Enzyklopädie des Märchens
Band 6

Enzyklopädie des Märchens

Handwörterbuch zur historischen und vergleichenden Erzählforschung

Begründet von Kurt Ranke

Mit Unterstützung der
Akademie der Wissenschaften zu Göttingen

herausgegeben von
Rolf Wilhelm Brednich, Göttingen

zusammen mit Hermann Bausinger, Tübingen
Wolfgang Brückner, Würzburg · Lutz Röhrich, Freiburg
Rudolf Schenda, Zürich

Redaktion
Ines Köhler — Ulrich Marzolph — Elfriede Moser-Rath
Christine Shojaei Kawan — Hans-Jörg Uther
Göttingen

Band 6

Gott und Teufel auf Wanderschaft · Hyltén-Cavallius

1990

Walter de Gruyter · Berlin · New York

Lieferung 1 Gott und Teufel auf Wanderschaft – Guevara, Antonio de
Lieferung 2/3 Gui de Warewic – Herr sieht mehr als der Knecht
Lieferung 4/5 Herr der Tiere – Hyltén-Cavallius

⊗ Gedruckt auf säurefreiem Papier,
das die US-ANSI-Norm über Haltbarkeit erfüllt

CIP-Titelaufnahme der Deutschen Bibliothek

Enzyklopädie des Märchens : Handwörterbuch zur historischen und vergleichenden Erzählforschung / begr. von Kurt Ranke. Hrsg. von Rolf Wilhelm Brednich zusammen mit Hermann Bausinger ... [Hrsg. im Auftr. der Akademie der Wissenschaften in Göttingen]. – Berlin ; New York : de Gruyter.
Bd. 1–5 hrsg. von Kurt Ranke zusammen mit Hermann Bausinger ...
NE: Ranke, Kurt [Begr.]; Brednich, Rolf W. [Hrsg.]
Bd. 6. Gott und Teufel auf Wanderschaft – Hyltén-Cavallius. – 1990
Abschlußaufnahme von Bd. 6.
ISBN 3-11-011763-0

Printed in Germany
Satz und Druck: Arthur Collignon GmbH, Berlin
Buchbinderische Verarbeitung: Fuhrmann KG, Berlin

Gefördert mit Mitteln der Bund-Länder-Finanzierung/Akademienprogramm.

HINWEISE FÜR DEN BENUTZER

Anordnung der Stichwörter

Die Stichwörter sind in alphabetischer Reihenfolge geordnet. Die Umlaute ä, ö, ü, äu werden wie a, o, u, au behandelt, der Buchstabe ß gilt als ss. Bei manchen Stichwörtern folgen Singular- und Pluralformen direkt aufeinander, woraus sich geringfügige Abweichungen von der alphabetischen Anordnung ergeben (Baum, Bäume, Baumann).

Die Schreibung richtet sich grundsätzlich nach den Regeln der Duden-Rechtschreibung. Die Benutzer werden gebeten, die Möglichkeit einer Schreibvariante von sich aus in Betracht zu ziehen (c unter k, ae unter ä, f unter ph etc.).

Dem Familiennamen vorangehende Zusätze werden in der landesüblichen Weise alphabetisiert (Friedrich von der Leyen unter: Leyen, Friedrich von der; Carl Wilhelm von Sydow unter: Sydow, Carl Wilhelm von; Aulnoy, Marie Catherine d'; dagegen: De Gubernatis, Angelo).

Transkriptionen

Namen, Werktitel und Begriffe aus Sprachen, die nicht das lateinische Alphabet benutzen, sind nach den heute wissenschaftlich gebräuchlichen Transkriptionssystemen umgeschrieben (siehe: Schürfeld, C.: *Kurzgefaßte Regeln für die alphabetische Katalogisierung an Institutsbibliotheken.* Bonn [4]1970).

Abkürzungen

Das jeweilige Stichwort wird innerhalb des Artikels abgekürzt. Alle anderen Abkürzungen sind im Verzeichnis der Abkürzungen aufgelöst; Flexionsendungen können den abgekürzten Substantiven angefügt sein. Ethnische, geographische und Religionsgemeinschaften betreffende Adjektive werden um die Endungen gekürzt, soweit sie nicht eigens im Abkürzungsverzeichnis aufgeführt sind. Für die biblischen Bücher und außerkanonischen Schriften ist das in *Die Religion in Geschichte und Gegenwart* ([3]1957) t. 1, p. XVI sq. verwendete Abkürzungssystem maßgebend. Die für wichtige Sammlungen, Nachschlagewerke, Buchreihen und Zeitschriften gebrauchten Kurztitel können anhand des Verzeichnisses 2 aufgeschlüsselt werden.

Literaturangaben und Anmerkungen

Weiterführende Literatur ist am Ende jedes Artikels, bei längeren Artikeln auch unter einzelnen Abschnitten in einem chronologisch oder nach Ethnien geordneten Verzeichnis angegeben. Anmerkungen zu einzelnen Textstellen sind mit hochgestellter Zahl gekennzeichnet. Manche Autoren verwenden auch die Kurzzitierweise (Autor, Jahr, Seite), die anhand der Literaturangabe aufgeschlüsselt werden kann.

Was Erzähltypen und -motive betrifft, so richtet sich die EM nach den Anordnungsprinzipien und dem Nummernsystem des international verwendeten Typenkatalogs Aarne-Thompson (AaTh), des Motiv-Index von Stith Thompson (Mot.) und der zahlreichen Regionalverzeichnisse. Die Angaben von Typen und Motivnummern im Text oder in den Anmerkungen sind als weiterführende Hinweise zu verstehen. Werktitel, Erzähltypen und -motive werden im Text kursiv wiedergegeben. Verweise auf andere Artikel sind durch Pfeile (Verweiszeichen: →) angezeigt.

VERZEICHNIS DER ABKÜRZUNGEN*

1. Allgemeine Abkürzungen

Abb.	Abbildung
Abhdlg	Abhandlung
a. Chr. n.	ante Christum natum
afrik.	afrikanisch
ags.	angelsächsisch
ahd.	althochdeutsch
Akad.	Akademie
allg.	allgemein
amerik.	amerikanisch
Anh.	Anhang
anthropol.	anthropologisch
app.	appendix
aram.	aramäisch
Art.	Artikel
Assoc.	Association
A.T.	Altes Testament
Aufl.	Auflage
Aug.	August
Ausg.	Ausgabe
Ausw.	Auswahl
Bearb., bearb.	Bearbeitung, bearbeitet
Beitr.	Beitrag
Ber.	Bericht
bes.	besonders, besonderer
betr.	betreffend
Bibl.	Bibliothek
bibl.	biblisch
Bibliogr. bibliogr.	Bibliographie, bibliographisch
Biogr., biogr.	Biographie, biographisch
Bl., Bll.	Blatt, Blätter
bret.	bretonisch
bulg.	bulgarisch
byzant.	byzantinisch
bzw.	beziehungsweise
ca	circa
cf.	confer
chin.	chinesisch
col.	columna
d. Ä.	der Ältere
Dez.	Dezember
d. h.	das heißt
Diss.	Dissertation
d. J.	der Jüngere
dt.	deutsch
ead.	dieselbe
ed., edd.	edidit, ediert von, edited, editio, editor etc.
Einl.	Einleitung
Enc., Enz.	Encyclopedia, Encyclopédie, Enzyklopädie etc.
erg.	ergänzt
erw.	erweitert
etc.	et cetera
ethnol.	ethnologisch
ethnogr.	ethnographisch
etymol.	etymologisch
europ.	europäisch
Faks.	Faksimile
Febr.	Februar
Festschr.	Festschrift
fol.	folio
Forts.	Fortsetzung
frz.	französisch
geb.	geboren
gedr.	gedruckt
geogr.	geographisch
germ.	germanisch
Ges.	Gesellschaft
gest.	gestorben
G. W.	Gesammelte Werke
H.	Heft
Hb., Hbb.	Handbuch, Handbücher
hebr.	hebräisch
hist.	historisch
Hl.	Heilige(r)
hl.	heilig
Hs., Hss.	Handschrift, -en
hs.	handschriftlich
Hwb.	Handwörterbuch
ibid.	ibidem
id.	idem
ide.	indoeuropäisch

* Hier nicht aufgelöste Abkürzungen siehe Verzeichnisse in den vorherigen Bänden.

idg.	indogermanisch
i. e.	id est
ill.	illustriert
indon.	indonesisch
Inst.	Institut
internat.	international
isl.	isländisch
ital.	italienisch
J.	Journal
Jahrber.	Jahresbericht
Jan.	Januar
jap.	japanisch
Jb., Jbb.	Jahrbuch, Jahrbücher
Jg	Jahrgang
Jh.	Jahrhundert
Kap.	Kapitel
kgl.	königlich
Kl.	Klasse
Kl.(re) Schr.	Kleine(re) Schriften
lat.	lateinisch
Lex.	Lexikon
Lfg	Lieferung
Lit.	Literatur
literar.	literarisch
MA., ma.	Mittelalter, mittelalterlich
masch.	maschinenschriftlich
mhd.	mittelhochdeutsch
Mittlg	Mitteilung
Monogr.,	Monographie
monogr.	monographisch
Ms., Mss.	Manuskript, -e
mündl.	mündlich
mythol.	mythologisch
Nachdr.	Nachdruck
ndd.	niederdeutsch
ndl.	niederländisch
N. F.	Neue Folge
nördl.	nördlich
norw.	norwegisch
not.	nota
Nov.	November
N. R.	Neue Reihe
N. S.	Neue Serie, New Series etc.
N.T.	Neues Testament
num.	numerus
n. u. Z.	nach unserer Zeitrechnung
Okt.	Oktober
Orig.	Original
österr.	österreichisch
östl.	östlich
p.	pagina
pass.	passim
p. Chr. n.	post Christum natum
phil.	philosophisch
philol.	philologisch
port.	portugiesisch
Proc.	Proceedings
Progr.	Programm
prov.	provenzalisch
Pseud.	Pseudonym
psychol.	psychologisch
Publ.	Publikation, Publication etc.
Qu.	Quelle
Quart.	Quarterly
rätorom.	rätoromanisch
Reg.	Register
rev.	revidiert, revised
Rez.	Rezension
rom.	romanisch
s. a.	sine anno
Sb.	Sitzungsbericht
Schr.	Schriften
schriftl.	schriftlich
schweiz.	schweizerisch
Sept.	September
skand.	skandinavisch
skr.	serbokroatisch
s. l.	sine loco
Slg	Sammlung
slov.	slovenisch
Soc.	Société, Society etc.
sog.	sogenannt
soziol.	soziologisch
sq., sqq.	sequens, sequentes
St.	Sankt, Saint etc.
südl.	südlich
Suppl.	Supplement
s. v.	sub verbo (voce)
t.	tomus
Tab.	Tabelle
theol.	theologisch
typol.	typologisch
u. a.	und andere, unter anderem
Übers.	Übersetzer, Übersetzung
übers.	übersetzt
u. d. T.	unter dem Titel
ukr.	ukrainisch
ung.	ungarisch
Univ.	Universität, University etc.
Unters.	Untersuchung
u. ö.	und öfter
V.	Vers
v.	vide
Var.	Variante
verb.	verbessert
Verf.	Verfasser
Veröff., veröff.	Veröffentlichung, veröffentlicht

Verz.	Verzeichnis
vietnam.	vietnamesisch
Vjh.	Vierteljahr(e)sheft
Vjschr.	Vierteljahr(e)sschrift
Vk.	Volkskunde
Vorw.	Vorwort
v. u. Z.	vor unserer Zeitrechnung
Wb.	Wörterbuch
westl.	westlich
Wiss., wiss.	Wissenschaft, wissenschaftlich
Z.	Zeile
ZA.	Zeitalter
z. B.	zum Beispiel
Zs., Zss.	Zeitschrift, -en
z. T.	zum Teil
Ztg	Zeitung

2. Lexika, Motiv- und Typenkataloge, Textausgaben, Fachliteratur, Reihentitel und Zeitschriften

AaTh	Aarne, A./Thompson, S.: The Types of the Folktale. A Classification and Bibliography. Second Revision (FFC 184). Helsinki 1961.
Acta Ethnographica	Acta Ethnographica Academiae Scientiarum Hungaricae.
ADB	Allgemeine Deutsche Biographie 1–56. Leipzig 1875–1912.
Afanas'ev	Afanas'ev, A. N.: Narodnye russkie skazki 1–3. ed. V. Ja. Propp. Moskva 1957.
Amades	Amades, J.: Folklore de Catalunya. Rondallística. Barcelona 1950.
Andreev	Andreev, N. P.: Ukazatel' skazočnych sjužetov po sisteme Aarne. Leningrad 1929.
Arājs/Medne	Arājs, K./Medne, A.: Latviešu pasaku tipu rādītājs (The Types of the Latvian Folktales). Rīga 1977.
ArchfNSprLit.	Archiv für das Studium der neueren Sprachen und Literaturen.
Arewa	Arewa, E. O.: A Classification of the Folktales of the Northern East African Cattle Area by Types. Diss. Berkeley 1966.
ARw.	Archiv für Religionswissenschaft.
AS	Acta Sanctorum. N. F. Paris 1864 sqq.
Äsop/Holbek	Holbek,B.: Æsops levned og fabler 1–2. Christiern Pedersens oversættelse af Stainhöwels Æsop. København 1961/62.
Babrius/Perry	Babrius and Phaedrus. ed. B. E. Perry. London/Cambridge, Mass. 1965.
Balys	Balys, J.: Lietuvių pasakojamosios tautosakos motyvų katalogas. Motif-Index of Lithuanian Narrative Folk-Lore. Kaunas 1936.
Barag	Barah, L. R. [Barag, L. G.]: Sjužėty i matyvy belaruskich narodnych kazak. Minsk 1978.
Basset	Basset, R.: Mille et un contes, récits et légendes arabes 1–3. Paris 1924–26.
Baughman	Baughman, E. W.: Type and Motif-Index of the Folktales of England and North America. The Hague 1966.
Bausinger	Bausinger, H.: Formen der „Volkspoesie". Berlin 1968 (²1980).
Bebel/Wesselski	Wesselski, A. (ed.): Heinrich Bebels Schwänke 1–2. München/Leipzig 1907.
Bédier	Bédier, J.: Les Fabliaux. Paris (1893) ⁵1925.
von Beit	Beit, H. von: Symbolik des Märchens 1–3. Bern (1952/57) ⁴1977.
Benfey	Benfey, T.: Pantschatantra 1–2. Fünf Bücher indischer Fabeln, Märchen und Erzählungen. Leipzig 1859 (Nachdruck Hildesheim 1966).
Berze Nagy	Berze Nagy, J.: Magyar népmesetípusok 1–2. Pécs 1957.
Bihari	Bihari, A.: Magyar hiedelemmonda katalógus. Budapest 1980.
Boberg	Boberg, I. M.: Motif-Index of Early Icelandic Literature. København 1966.
Boccaccio	Giovanni Boccaccio. Das Dekameron. Aus dem Italiänischen übertragen von A. Wesselski 1–2. Leipzig ⁴1912.
Bødker, Indian Animal Tales	Bødker, L.: Indian Animal Tales. A Preliminary Survey (FFC 170). Helsinki 1957.
Boggs	Boggs, R. S.: Index of Spanish Folktales (FFC 90). Helsinki 1930.

Bordman	Bordman, G.: Motif-Index of the English Metrical Romances (FFC 190). Helsinki 1963.
BP	Bolte, J./Polívka, G.: Anmerkungen zu den Kinder und Hausmärchen der Brüder Grimm 1–5. Leipzig 1913–32 (Nachdruck Hildesheim 1963).
Brückner	Brückner, W. (ed.): Volkserzählung und Reformation. Ein Handbuch zur Tradierung und Funktion von Erzählstoffen und Erzählliteratur im Protestantismus. Berlin 1974.
Chauvin	Chauvin, V.: Bibliographie des ouvrages arabes 1–12. Liège 1892–1922.
Chavannes	Chavannes, E.: Cinq cents Contes et apologues extraits du Tripiṭaka chinois et traduits en français 1–4. Paris 1910–35 (Neudruck Paris 1962).
Child	Child, F. J.: The English and Scottish Popular Ballads 1–5. (Boston/New York 1882–98) New York [3]1965.
Childers	Childers, J. W.: Motif-Index of the Cuentos of Juan Timoneda. Bloomington 1948.
Childers, Tales	Childers, J. W.: Tales from the Spanish Picaresque Novels. A Motif-Index. Albany 1977.
Choi	Choi, I. H.: A Type Index of Korean Folktales. Seoul 1979.
Christiansen, Migratory Legends	Christiansen, R. T.: The Migratory Legends. A Proposed List of Types with a Systematic Catalogue of the Norwegian Variants (FFC 175). Helsinki 1958.
Cirese/Serafini	Cirese, A. M./Serafini, L.: Tradizioni orali non cantate. Roma 1975.
ČL	Český lid.
Clarke	Clarke, K. W.: A Motif-Index of the Folktales of Culture Area 5, West Africa. Diss. Bloomington 1958.
Coetzee	Coetzee, A./Hattingh, S. C./Loots, W. J. G./Swart, P. D.: Tiperegister van die Afrikaanse Volksverhaal. In: Tydskrif vir Volkskunde en Volkstaal 23 (1967) 1–90.
Cosquin	Cosquin, E.: Contes populaires de Lorraine 1–2. Paris 1886.
Cross	Cross, T. P.: Motif-Index of Early Irish Literature. Bloomington 1952.
D'Aronco, Italia	D'Aronco, G.: Le fiabe di magia in Italia. Udine 1957.
D'Aronco, Toscana	D'Aronco, G.: Indice delle fiabe toscane. Firenze 1953.
DBF	Briggs, K. M.: A Dictionary of British Folk-Tales in the English Language. Part A: Folk Narratives 1–2. London 1970. Part B: Folk Legends 1–2. London 1971.
Del Monte Tàmmaro	Del Monte Tàmmaro, C.: Indice delle fiabe abruzzesi. Firenze 1971.
Delarue	Delarue, P.: Le Conte populaire français 1. Paris 1957.
Delarue/Tenèze	Delarue, P./Tenèze, M.-L.: Le Conte populaire français 2 sqq. Paris 1964 sqq.
DF	Danmarks Folkeminder. København 1908 sqq.
DFS	Dansk Folkemindesamling. København 1908 sqq.
Dh.	Dähnhardt, O. (ed.): Natursagen 1–4. Leipzig/Berlin 1907–1912 (Nachdr. Hildesheim 1983).
Dicke/Grubmüller	Dicke, G./Grubmüller, K.: Die Fabeln des Mittelalters und der frühen Neuzeit. Ein Katalog der deutschen Versionen und ihrer lateinischen Entsprechungen. München 1987.
DJbfVk.	Deutsches Jahrbuch für Volkskunde. (Fortgesetzt unter dem Titel:) Jahrbuch für Volkskunde und Kulturgeschichte.
DSt.	Danske Studier.
DVldr	Deutsche Volkslieder mit ihren Melodien 1–4. Berlin 1935–59; t. 5 sqq. Freiburg 1965 sqq.
DVLG	Deutsche Vierteljahrsschrift für Literaturwissenschaft und Geistesgeschichte.
Dvořák	Dvořák, K.: Soupis staročeských exempel. Praha 1978.
DWb.	Deutsches Wörterbuch der Brüder Grimm u. a. Leipzig 1854 sqq.
Eberhard/Boratav	Eberhard, W./Boratav, P. N.: Typen türkischer Volksmärchen. Wiesbaden 1953.
Eberhard, Typen	Eberhard, W.: Typen chinesischer Volksmärchen (FFC 120). Helsinki 1937.

EI^{1}	Enzyclopaedie des Islam 1–5. Leiden/Leipzig 1913–38.
EI^{2}	The Encyclopaedia of Islam. New Edition. Leiden/London 1960 sqq.
EM	Enzyklopädie des Märchens.
ERE	Hastings, J. (ed.): Encyclopaedia of Religion and Ethics 1–13. Edinburgh 1908–26.
Ėrgis	Ėrgis, G. U. (ed.): Jakutskie skazki 2. Jakutsk 1967.
Erk/Böhme	Erk, L./Böhme, F. W.: Deutscher Liederhort 1–3. Leipzig 1893/94.
Espinosa	Espinosa, A. M.: Cuentos populares españoles 1–3. Madrid ^{2}1946–47.
FFC	Folklore Fellows Communications. Helsinki u. a. 1907 sqq.
FL	Folklore.
Flowers	Flowers, H. L.: A Classification of the Folktales of the West Indies by Types and Motifs. Diss. Bloomington 1953.
Frenzel, Motive	Frenzel, E.: Motive der Weltliteratur. Stuttgart 1976.
Frenzel, Stoffe	Frenzel, E.: Stoffe der Weltliteratur. Stuttgart (1963) ^{7}1988.
Frey/Bolte	Jacob Freys Gartengesellschaft (1556). ed. J. Bolte. Tübingen 1896.
Gesta Romanorum	Oesterley, H.: Gesta Romanorum. Berlin 1872 (Nachdruck Hildesheim 1963).
Ginzberg	Ginzberg, L.: The Legends of the Jews 1–7. Philadelphia 1909–38 (^{2}1946–59).
Goedeke	Geschichte der deutschen Dichtung 1–3. ed. K. Goedeke. Dresden ^{2}1884–87. – Grundriß zur Geschichte der deutschen Dichtung aus den Quellen von K. Goedeke 4–15. Dresden u. a. ^{2}1891–1966 (Band 4, 1 - 4, 5 ^{3}1910–60). – Goedekes Grundriß zur Geschichte der deutschen Dichtung. N. F. Berlin 1962 sqq.
Gonzenbach	Gonzenbach, L.: Sicilianische Märchen. Theil 1–2. Leipzig 1870.
Granger	Granger, B. H.: A Motif Index for Lost Mines and Treasures Applied to Redaction of Arizona Legends, and to Lost Mine and Treasure Legends Exterior to Arizona (FFC 218). Helsinki/Tucson 1977.
Grimm DS	Deutsche Sagen. Herausgegeben von den Brüdern Grimm. ed. H. Grimm. Berlin ^{3}1891 (und öfter).
Grimm, Mythologie	Grimm, J.: Deutsche Mythologie 1–3. ed. E. H. Meyer. Gütersloh/Berlin 1876/78.
Grimm, Rechtsalterthümer	Grimm, J.: Deutsche Rechtsalterthümer 1–2. ed. A. Heusler/R. Hübner. Leipzig 1899.
GRM	Germanisch-Romanische Monatsschrift.
Günter 1910	Günter, H.: Die christliche Legende des Abendlandes. Heidelberg 1910.
Günter 1949	Günter, H.: Psychologie der Legende. Studien zu einer wissenschaftlichen Heiligen-Geschichte. Freiburg 1949.
György	György, L.: A magyar anekdota története és egyetemes kapcsolatai. Budapest 1934.
Hahn	Hahn, J. G. von: Griechische und albanesische Märchen 1–2. Leipzig 1864.
Hansen	Hansen, T. L.: The Types of the Folktale in Cuba, Puerto Rico, the Dominican Republic, and Spanish South America. Berkeley/Los Angeles 1957.
Haring	Haring, L.: Malagasy Tale Index (FFC 231). Helsinki 1982.
HDA	Hoffmann-Krayer, E./Bächtold-Stäubli, H. (edd.): Handwörterbuch des deutschen Aberglaubens 1–10. Berlin/Leipzig 1927–42 (Nachdruck Berlin 1986).
HDM	Mackensen, L. (ed.): Handwörterbuch des deutschen Märchens 1–2. Berlin 1930–40.
HDS	Peuckert, W. E. (ed.): Handwörterbuch der Sage. Lieferung 1–3. Göttingen 1961–63.
Herbert	Herbert, J. A.: Catalogue of Romances in the Department of Manuscripts in the British Museum 3. London 1910 (Nachdruck 1962). (Band 1–2 → Ward).
Hervieux	Hervieux, L.: Les Fabulistes latins 1–5. Paris 1893–99.
HessBllfVk.	Hessische Blätter für Volkskunde.
Hodne	Hodne, Ø.: The Types of the Norwegian Folktale. Oslo/Bergen/Stavanger/Tromsø 1984.

Hodscha Nasreddin	Wesselski, A. (ed.): Der Hodscha Nasreddin. Türkische, arabische, berberische, maltesische, sizilianische, kalabrische, kroatische, serbische und griechische Märlein und Schwänke. 1–2. Weimar 1911.
Hoffmann	Hoffmann, F.: Analytical Survey of Anglo-American Traditional Erotica. Bowling Green, Ohio 1973.
Honti	Honti, H.: Verzeichnis der publizierten ungarischen Volksmärchen (FFC 81). Helsinki 1928.
Höttges	Höttges, V.: Typenverzeichnis der deutschen Riesen- und riesischen Teufelssagen (FFC 122). Helsinki 1937.
Ikeda	Ikeda, H.: A Type and Motif-Index of Japanese Folk-Literature (FFC 209). Helsinki 1971.
Jacques de Vitry/Crane	Crane, T. F.: The Exempla or Illustrative Stories from the Sermones Vulgares of Jacques de Vitry. London 1890.
JAFL	Journal of American Folklore.
Jason	Jason, H.: Types of Jewish-Oriental Oral Tales. In: Fabula 7 (1965) 115–224.
Jason, Indic Oral Tales	Jason, H.: Types of Indic Oral Tales. Supplement (FFC 242). Helsinki 1989.
Jason, Iraq	Jason, H.: Folktales of the Jews of Iraq. Tale-Types and Genres. Or Yehuda 1988.
Jason, Types	Jason, H.: Types of Oral Tales in Israel 2. Jerusalem 1975.
JFI	Journal of the Folklore Institute.
Jolles	Jolles, A.: Einfache Formen. (Halle 1929) Tübingen [6]1982.
JSFO	Journal de la Société finno-ougrienne (Suomalais-ugrilaisen Seuran aikakauskirja).
Karlinger	Karlinger, F. (ed.): Wege der Märchenforschung. Darmstadt 1973.
Kecskeméti/Paunonen	Kecskeméti, I./Paunonen, H.: Die Märchentypen in den Publikationen der Finnisch-ugrischen Gesellschaft. In: JSFO 73 (1974) 205- 265.
Keller	Keller, J. E.: Motif-Index of Mediaeval Spanish Exempla. Knoxville, Tennessee 1949.
Keller/Johnson	Keller, J. E./Johnson, J. H.: Motif-Index Classification of Fables and Tales of Ysopete Ystoriado. In: SFQ 18 (1954) 85–117.
Kerbelytė	Kerbelytė, B.: Lietuvių liaudies padavimų katalogas. Vilnius 1973.
KHM	Kinder- und Hausmärchen, gesammelt durch die Brüder Grimm.
Kippar	Kippar, P.: Estnische Tiermärchen. Typen- und Variantenverzeichnis (FFC 237). Helsinki 1986.
Kirchhof, Wendunmuth	Kirchhof, H. W.: Wendunmuth. Buch 1–7. ed. H. Oesterley. t. 1–5. Tübingen 1869.
Kirtley	Kirtley, B. F.: A Motif-Index of Traditional Polynesian Narratives. Honolulu 1971.
Klapper, MA.	Klapper, J.: Erzählungen des Mittelalters in deutscher Übersetzung und lateinischem Urtext. Breslau 1914.
Klipple	Klipple, M. A.: African Tales with Foreign Analogues. Diss. Ann Arbor, Michigan 1938.
KLL	Kindlers Literatur Lexikon im dtv. München 1974.
Kl. Pauly	Ziegler, K./Sontheimer, W. (edd.): Der Kleine Pauly. Lexikon der Antike 1–5. Stuttgart u. a. 1964–75.
Köhler/Bolte	Köhler, R.: Kleinere Schriften 1–3. ed. J. Bolte. Weimar/Berlin 1898–1900.
Kongreß Kiel/Kopenhagen 1959	Internationaler Kongreß der Volkserzählungsforscher in Kiel und Kopenhagen (19. 8.–29. 8. 1959). Vorträge und Referate. ed. K. Ranke. Berlin 1961.
van der Kooi	Kooi, J. van der: Volksverhalen in Friesland. Lectuur en mondelinge overlevering. Een typencatalogus. Groningen 1984.
Kovács, Állatmesék	Kovács, Á.: Magyar állatmesék típusmutatója (Néprajzi közlemények 3, 3). Budapest 1958.
Kovács, Rátótiádák	Kovács, Á.: A rátótiádák típusmutatója. A magyar falucsúfolók típusai (AaTh 1200–1349). Budapest 1966.
Krzyżanowski	Krzyżanowski, J.: Polska bajka ludowa w układzie systematycznym 1–2. Wrocław/Warszawa/Kraków [2]1962–63.
Kurdovanidze	Kurdovanidze, T. L.: Sjužety i motivy gruzinskich volšebnich skazok (Sistematičeskij ukazatel' po Aarne-Tompsonu). In: Literaturnye Vzaimosvjazi 6. Tbilisi 1976, 240–263.

Lambrecht	Lambrecht, W.: A Tale Type Index for Central Africa. Diss. Berkeley 1967.
Laport	Laport, G.: Les Contes populaires wallons (FFC 101). Helsinki 1932.
LCI	Lexikon der christlichen Ikonographie 1–8. ed. E. Kirschbaum/ W. Braunfels. Rom/Freiburg/Basel/Wien 1968–76.
Legenda aurea/Benz	Jacobus de Voragine: Die Legenda aurea. Aus dem Lateinischen übersetzt von R. Benz. Heidelberg [10]1984.
Legenda aurea/Graesse	Jacobi a Voragine Legenda aurea. ed. T. Graesse. Osnabrück 1965 (Nachdruck der 3. Auflage von 1890).
Liungman	Liungman, W.: Sveriges samtliga folksagor 1–3. Stockholm 1949–52.
Liungman, Volksmärchen	Liungman, W.: Die schwedischen Volksmärchen. Berlin 1961.
LKJ	Lexikon der Kinder- und Jugendliteratur in drei Bänden mit einem Ergänzungs- und Registerband. ed. K. Doderer. Weinheim/Basel 1975–82.
Lo Nigro	Lo Nigro, S.: Racconti popolari siciliani. Firenze 1957.
Loorits	Loorits, O.: Livische Märchen- und Sagenvarianten (FFC 66). Helsinki 1926.
Lőrincz	Lőrincz, L.: Mongolische Märchentypen. Wiesbaden 1979.
LThK	Lexikon für Theologie und Kirche 1–10 und Register-Band. Begründet von M. Buchberger. ed. J. Höfer/K. Rahner. Freiburg [2]1957–67.
Lüthi, Märchen	Lüthi, M.: Märchen. Stuttgart (1962) [8]1990.
Martinez	Martinez, Q. E.: Motif-Index of Portuguese Tales. Diss. Chapel Hill 1955.
Marzolph	Marzolph, U.: Typologie des persischen Volksmärchens. Beirut 1984.
MdW	Märchen der Weltliteratur (ab 1904 Jena, ab 1949 Düsseldorf/Köln, ab 1982 Köln, ab 1988 München).
Megas	Megas, G. A.: To hellēniko paramythi. Athēnai 1978.
de Meyer, Conte	Meyer, M. de: Le Conte populaire flamand (FFC 203). Helsinki 1968.
de Meyer/Sinninghe	Sinninghe, J. R. W.: Vijftig sprookjes als vervolg op de Meyer's catalogus. In: Volkskunde 74 (1973) 130–132; 77 (1976) 121–123.
MGH	Monumenta Germaniae Historica. Hannover/Leipzig/Berlin 1842 sqq.
MNK	Magyar népmesekatalógus. ed. Á. Kovács. Budapest 1982 sqq.
Montanus/Bolte	Martin Montanus: Schwankbücher (1557–1566). ed. J. Bolte. Tübingen 1899 (Nachdruck Hildesheim/New York 1972).
Moser-Rath, Predigtmärlein	Moser-Rath, E.: Predigtmärlein der Barockzeit. Exempel, Sage, Schwank und Fabel in geistlichen Quellen des oberdeutschen Raumes. Berlin 1964.
Moser-Rath, Schwank	Moser-Rath, E.: „Lustige Gesellschaft". Schwank und Witz des 17. und 18. Jahrhunderts in kultur- und sozialgeschichtlichem Kontext. Stuttgart 1984.
Mot.	Thompson, S.: Motif-Index of Folk-Literature 1–6. Copenhagen 1955–58.
MPG	Patrologiae cursus completus [...]. ed. J. P. Migne. Series Graeca. Paris 1857 sqq.
MPL	Patrologiae cursus completus [...]. ed. J. P. Migne. Series Latina. Paris 1844 sqq.
MSFO	Mémoires de la Société finno-ougrienne (Suomalais-ugrilaisen Seuran toimituksia).
Müller/Röhrich	Müller, I./Röhrich, L.: Dt. Sagenkatalog. 10: Der Tod und die Toten. In: DJbfVk. 13 (1967) 346–397.
NDB	Neue Deutsche Biographie. 1953 sqq.
Neuland	Neuland, L.: Motif-Index of Latvian Folktales and Legends (FFC 229). Helsinki 1981.
Neuman	Neuman, D.: Motif-Index of Talmudic-Midrashic Literature. Diss. Bloomington 1954.
Nowak	Nowak, U.: Beiträge zur Typologie des arabischen Volksmärchens. Diss. Freiburg 1969.
Noy	Noy, D.: The Jewish Animal Tale of Oral Tradition. Haifa 1976.
NUC	The National Union Catalog (alle Ausgaben der Library of Congress. Washington, D. C.).
Ó Súilleabháin/Christiansen	Ó Súilleabháin, S./Christiansen, R. T.: The Types of the Irish Folktale (FFC 188). Helsinki 1963.
ÖZfVk.	Österreichische Zeitschrift für Volkskunde.

Pauli/Bolte	Pauli, J.: Schimpff und Ernst 1–2. ed. J. Bolte. Berlin 1924.
Pauly/Wissowa	Paulys Real-Encyclopädie der classischen Altertumswissenschaft. Neue Bearbeitung. ed. G. Wissowa u. a. Stuttgart 1894 sqq.
Perry	Perry, B. E. (ed.): Aesopica 1. A Series of Texts Relating to Aesop or Ascribed to Him or Closely Connected with the Literary Tradition that Bears His Name. Urbana, Illinois 1952.
Phaedrus/Perry	v. Babrius/Perry.
Pino Saavedra	Pino Saavedra, Y.: Cuentos folklóricos de Chile 1–3. Santiago de Chile 1960–63.
Plenzat	Plenzat, K.: Die ost- und westpreußischen Märchen und Schwänke nach Typen geordnet. Elbing 1927.
Poggio	Die Schwänke und Schnurren des Florentiners Gian-Francesco Poggio Bracciolini. Übersetzung, Einleitung und Anmerkungen von A. Semerau. Leipzig 1905.
Polívka	Polívka, J.: Súpis slovenských rozprávok 1–5. Turčiansky sv. Martin 1923–31.
Pujol	Pujol, J. M.: Contribució a l'índex de tipus de la rondalla catalana. Tesi de llicenciatura Barcelona 1982.
Qvigstad	Qvigstad, J.: Lappische Märchen- und Sagenvarianten (FFC 60). Helsinki 1921.
RAC	Klauser, T. (ed.): Reallexikon für Antike und Christentum. Stuttgart 1950 sqq.
Ranke	Ranke, K.: Schleswig-holsteinische Volksmärchen 1–3. Kiel 1955–62.
Raudsep	Raudsep, L.: Antiklerikale estnische Schwänke. Typen- und Variantenverzeichnis. Tallinn 1969.
Rausmaa	Rausmaa, P.-L.: A Catalogue of Anecdotes (NIF Publications 3). Turku 1973.
RDK	Reallexikon zur deutschen Kunstgeschichte. Begonnen von O. Schmitt. Stuttgart 1937 sqq.
RDL	Kohlschmidt, W./Mohr, W. (edd.): Reallexikon der deutschen Literaturgeschichte. Berlin ²1958–84.
Rehermann	Rehermann, E. H.: Das Predigtexempel bei protestantischen Theologen des 16. und 17. Jahrhunderts. Göttingen 1977.
RGG	Galling, K. (ed.): Die Religion in Geschichte und Gegenwart. Handwörterbuch für Theologie und Religionswissenschaft 1–6 und Registerband. Tübingen ³1956–66.
Robe	Robe, S. L.: Index of Mexican Folktales. Berkeley u. a. 1973.
Röhrich, Erzählungen	Röhrich, L.: Erzählungen des späten Mittelalters und ihr Weiterleben in Literatur und Volksdichtung bis zur Gegenwart 1–2. Bern/München 1962–67.
Röhrich, Märchen und Wirklichkeit	Röhrich, L.: Märchen und Wirklichkeit. Wiesbaden (1956) ⁴1979.
Röhrich, Redensarten	Röhrich, L. (ed.): Lexikon der sprichwörtlichen Redensarten. Freiburg/Basel/Wien (1973) ⁵1979.
Rotunda	Rotunda, D. P.: Motif-Index of the Italian Novella in Prose. Bloomington 1942.
RTP	Revue des traditions populaires.
RusF	Russkij fol'klor.
SAVk.	Schweizerisches Archiv für Volkskunde.
SbNU	Sbornik za narodni umotvorenija i narodopis (Sbornik za narodni umotvorenija, nauka i knižnina).
Scherf	Scherf, W.: Lexikon der Zaubermärchen. Stuttgart 1982.
Schullerus	Schullerus, A.: Verzeichnis der rumänischen Märchen und Märchenvarianten (FFC 78). Helsinki 1928.
Schwarzbaum	Schwarzbaum, H.: Studies in Jewish and World Folklore. Berlin 1968.
Schwarzbaum, Fox Fables	Schwarzbaum, H.: The Mishlé Shu'alim (Fox Fables) of Rabbi Berechiah ha-Nakdan. Kiron 1979.
SE	Slovenski etnograf.
Seki	Seki, K.: Types of Japanese Folktales. In: Asian Folklore Studies 25 (1966) 1–220.
SF	Studia Fennica.

SFQ	Southern Folklore Quarterly.
Simonsuuri	Simonsuuri, L.: Typen- und Motivverzeichnis der finnischen mythischen Sagen (FFC 182). Helsinki 1961.
Sinninghe	Sinninghe, J. R. W.: Katalog der niederländischen Märchen-, Ursprungssagen, Sagen- und Legendenvarianten (FFC 132). Helsinki 1943.
Smith	Smith, R. E.: Type-Index and Motif-Index of the Roman de Renard. Uppsala 1980.
SovĖ	Sovetskaja ėtnografija.
StandDict.	Funk & Wagnalls Standard Dictionary of Folklore, Mythology and Legend 1–2. ed. M. Leach. New York 1949–50.
STF	Svod tadžikskogo fol'klora 1. ed. I. Levin/Dž. Rabiev/M. Javič. Moskau 1981.
Stroescu	Stroescu, S. C.: La Typologie bibliographique des facéties roumaines 1–2. Bucureşti 1969.
SUS	Sravnitel'nyj ukazatel' sjužetov. Vostočnoslavjanskaja skazka. ed. L. G. Barag/I. P. Berezovskij/K. P. Kabašnikov/N. V. Novikov. Leningrad 1979.
Sveinsson	Sveinsson, E. Ó.: Verzeichnis isländischer Märchenvarianten (FFC 83). Helsinki 1929.
von Sydow	Sydow, C. W. von: Selected Papers on Folklore. Copenhagen 1948.
1001 Nacht	Die Erzählungen aus den Tausendundein Nächten 1–6 (nach der Calcuttaer Ausgabe 1839 übertragen von E. Littmann). Leipzig 1921–28 (Wiesbaden 1953 u. ö.).
Thompson/Balys	Thompson, S./Balys, J.: The Oral Tales of India. Bloomington 1958.
Thompson/Roberts	Thompson, S./Roberts, W. E.: Types of Indic Oral Tales. India, Pakistan, and Ceylon (FFC 180). Helsinki 1960.
Tille	Tille, V.: Verzeichnis der böhmischen Märchen (FFC 34). Porvoo 1921.
Tille, Soupis	Tille, V.: Soupis českých pohádek 1–2. Praha 1929–37.
Ting	Ting, N.-T.: A Type Index of Chinese Folktales in the Oral Tradition and Major Works of Non-Religious Classical Literature (FFC 223). Helsinki 1978.
Toldo 1901–1909	Toldo, P.: Leben und Wunder der Heiligen im Mittelalter. In: Studien zur vergleichenden Literaturgeschichte 1 (1901) 320–353; 2 (1902) 87–103, 304–353; 4 (1904) 49–85; 5 (1905) 337–353; 6 (1906) 289–333; 8 (1908) 18–74; 9 (1909) 451–460.
TRE	Theologische Realenzyklopädie. ed. G. Krause/G. Müller. Berlin/New York 1977 sqq.
Tubach	Tubach, F. C.: Index Exemplorum. A Handbook of Medieval Religious Tales (FFC 204). Helsinki 1969.
Verflex.	Stammler, W./Langosch, K. (edd.): Die deutsche Literatur des Mittelalters. Verfasserlexikon 1–5. Berlin 1933–55; zweite, völlig neu bearbeitete Auflage ed. K. Ruh u. a. Berlin/New York 1978 sqq.
Virsaladze	Virsaladze, E.: Zγaparta sinžetebis sadziebeli (Aarne Andreevis mixedvit) (Typenverzeichnis georgischer Tiermärchen [Nach dem System Aarne-Andreev]). In: Liṭeraṭuruli dziebani 13 (1961) 333–363.
de Vries	Vries, J. de: Volksverhalen uit Oost Indië 1–2. Zutphen 1928.
Wander	Wander, K. F. W.: Deutsches Sprichwörter-Lexicon 1–5. Leipzig 1867–80.
Ward	Ward, H. L. D.: Catalogue of Romances in the Department of Manuscripts in the British Museum 1–2. London 1883–93 (Nachdruck 1961–62). (Band 3 → Herbert).
Waterman	Waterman, P. P.: A Tale-Type Index of Australian Aboriginal Oral Narratives (FFC 238). Hels. 1987.
Wesselski, Arlotto	Wesselski, A. (ed.): Die Schwänke und Schnurren des Pfarrers Arlotto 1–2. Berlin 1910.
Wesselski, MMA	Wesselski, A.: Märchen des Mittelalters. Berlin 1925.
Wesselski, Theorie	Wesselski, A.: Versuch einer Theorie des Märchens. Reichenberg i. B. 1931.
WF	Western Folklore.
Wickram/Bolte	Georg Wickrams Werke 3 (Rollwagenbüchlein. Die Sieben Hauptlaster). ed. J. Bolte. Tübingen 1903 (Nachdr. Hildesheim 1974).

Wienert	Wienert, W.: Die Typen der griechisch-römischen Fabel. Mit einer Einleitung über das Wesen der Fabel (FFC 56). Helsinki 1925.
ZDMG	Zeitschrift der deutschen morgenländischen Gesellschaft.
ZfdA	Zeitschrift für deutsches Altertum und deutsche Literatur.
ZfVk.	Zeitschrift des Vereins für Volkskunde. (Fortgesetzt unter dem Titel:) Zeitschrift für Volkskunde.

3. Verlagsorte

Amst.	Amsterdam
Antw.	Antwerpen
B.	Berlin
Berk.	Berkeley
Bloom.	Bloomington
Bud.	Budapest
Buk.	Bukarest
Cambr.	Cambridge
Chic.	Chicago
Fbg	Freiburg im Breisgau
Ffm.	Frankfurt am Main
Hbg	Hamburg
Hels.	Helsinki
Kop.	Kopenhagen
L.	London
L. A.	Los Angeles
Len.	Leningrad
Lpz.	Leipzig
M.	Moskau
Mü.	München
N. Y.	New York
Ox.	Oxford
P.	Paris
Phil.	Philadelphia
Stg.	Stuttgart
Sth.	Stockholm
W.	Warschau
Wash.	Washington

Gott und Teufel auf Wanderschaft (AaTh 846), ein Legendenmärchen mit schwankhaften Zügen aus dem Motivumkreis von der → Erdenwanderung der Götter und ihrer → Gegenspieler:

→ Gott und → Teufel gehen zusammen auf der Erde spazieren. Der T. beklagt sich (nachdem er den Gruß der Menschen nicht erwidert, ihnen die Zunge herausgestreckt hat und von G. wegen mangelnder Höflichkeit zur Rede gestellt worden ist): „Wenn du wat utfreten hest, krieg ick de Schuld, un wenn ick wat in Ordnung bring, kriggst du den Dank [. . .]. Is dat noch ne Gerechtigkeit?" G. mag es nicht glauben, und der T. inszeniert den Beweis. Er läßt G. eine Kuh (selten Pferd, Ochse) in den Graben stoßen, der Bauer kommt, schimpft, welcher verdammte T. das getan hätte, und geht ins Dorf, um Hilfe zu holen. Währenddessen zieht der T. das Tier allein wieder heraus. Der zurückkehrende Bauer ruft: „Gott sei Dank!" „Sühst wul", sagt der T., „So geit dat op dien snaaksche Walt her."[1]

Von dieser Erzählung liegen vor allem dt. (fast ausschließlich aus dem ndd. Sprachgebiet, vorwiegend aus Schleswig-Holstein, Mecklenburg und Ostpreußen stammende), litau. und estn. Var.n vor; singulär aufgezeichnet und meist in den jeweiligen neueren regionalen Typenkatalogen nicht berücksichtigt wurden schwed., finn., poln. und russ. Fassungen[2]. Der bisher älteste Nachweis überhaupt findet sich in der Slg K. V. → Müllenhoffs aus der Mitte des 19. Jh.s[3]. Zwischen 1890 und 1930 zeichneten R. → Wossidlo, W. → Wisser und G. F. → Meyer den Hauptanteil der 37 dt. Fassungen auf[4]. Die Belege des Erzähltyps sprechen für eine jüngere, geogr. begrenzte mündl. Überlieferung, die nicht nur durch die intensive Erhebungstätigkeit der genannten Sammler erklärt werden kann. Allerdings rechnet J. → Krzyżanowski wohl mit einer längeren Erzähltradition, wenn er auf die Möglichkeit hinweist, diese ‚facecja' könne ein Widerhall der bereits bei dem poln. protestant. Schriftsteller Mikołaj Rej z Nagłowice (1505–69) vertretenen Anschauung vom stereotyp beschuldigten T. sein[5].

K. → Ranke[6] betont die Analogie zu anderen Erzählungen von der Erdenwanderung der Götter und ordnet den Erzähltyp – gegen G. → Henßen[7] und S. → Thompson[8] – im Anschluß an AaTh 791: cf. → *Christus und Petrus im Nachtquartier* unter der neuen Nummer 792* ein. Hingegen akzentuiert Thompson mit dem Lemma *Devil Always Blamed* die Schuldzuweisung an den T. und entspricht damit auch denjenigen Var.n, in denen der T. allein – bei ansonsten gleicher Struktur (verdammter T./G. sei Dank) – agiert (schwed., litau.). Repräsentativ für den Erzähltyp ist jedoch das gemeinsame Auftreten von G. und T. Eine maliziöse Variation bieten die beiden einzigen poln. Belege: G. und T. begegnen einer Kuh; diese stürzt sich drohend auf den T., während sie G. ihre Ehrfurcht bezeigt, wobei sie in einen Graben rutscht; danach nimmt die Erzählung den üblichen Verlauf und schließt in einer Var. mit einem abgewandelten Bibelspruch aus dem Mund des T.s[9].

Wie in anderen Erzählungen von der Erdenwanderung der Götter oder Heiligen werden G. und T. in AaTh 846 sehr menschlich dargestellt. G. erscheint hier unwissender als der T. und eigentlich mit dem Eingeständnis eigener Ohnmacht („de [die Menschen] sünd nu mal so!" kommentiert er das für ihn unerwartete Ergebnis[10]). Der T. hat hier wie in Geschichten vom dummen, überlisteten T. (cf. → *Wettstreit mit dem Unhold*) jeden Schrecken verloren und wird zu einer mitleiderregenden Figur. Fast gerät der Erzähltyp zu einer Demonstration der psychol. Erkenntnis, daß stereotype Erwartungen entsprechende Verhaltensweisen verstärken (→ Stereotypen). Dem durch Predigt und erbauliches Schrifttum geprägten Bild vom T. als der gefährlichen Verführerfigur, der Verkörperung des Bösen schlechthin, steht hier eine Vorstellung vom ‚armen T.' gegenüber, welche der Gestalt des schwachen, verlachten T.s in der Volksliteratur einen weiteren Aspekt hinzufügt. L. → Röhrich spricht von einer volkstümlichen Fassung des Theodizee-Gedankens[11].

Entsprechend der ätiologischen Wendung „Op de Art is de Undank in de Welt kam'n", mit der eine Var. schließt[12], ordnet sich AaTh 846 thematisch einem Kreis verschiedenartigster Erzählungen zu, in denen → Dankbarkeit und Undankbarkeit, ungerechtes Lob und falsche Schuldzuweisung (cf. → Gerechtigkeit und Ungerechtigkeit) behandelt werden; Erzählbeispiele mit Protagonisten wie hier aus dem sakralen Bereich bieten etwa der Erzähltyp AaTh 846*: *The Vengeful Saints*, in dem sich → Heilige von den Menschen ungerecht beurteilt fühlen, oder Fabeln aus der äsopischen Tradition, in denen sich Tyche — wie der T. in AaTh 846 — um ihren Ruf sorgt, da sie für jedes Unglück und Mißgeschick verantwortlich gemacht werde[13].

[1] Zitate aus Meyer Hs. 5 A 24 B, abgedr. in Ranke 3, 128 sq. — [2] Ergänzend zu AaTh: Ranke 3, 125 (Typ 792*); Neumann, S. A.: Plattdt. Legenden und Legendenschwänke. B. 1973, num. 31; Henßen, G.: Dt. Volkserzählungen aus dem Osten. Münster [2]1963, num. 26; Kerbelytė, B.: Litau. Volksmärchen. B. 1982, num. 95; Bondeson, A.: Svenska folksagor från skilda landskap. Sth. 1882, num. 62 (= Stroebe, K.: Nord. Volksmärchen 1. MdW 1915, 299, num. 21); Krzyżanowski, num. 2493; Coleman, M. M.: A World Remembered. Tales and Lore of the Polish Land. Cheshire 1965, 244 sq.; Knejčer, V. N.: S togo sveta. Antireligioznye skazki narodov SSSR. Char'kov 1959, 27 sq.; AaTh 846 nicht belegt bei Arājs/Medne; Liungman, Volksmärchen; SUS; entgegen den bei AaTh angeführten frz. Hinweisen kein Beleg bei Delarue/Tenèze 4. — [3] Müllenhoff, K.: Sagen, Märchen und Lieder der Herzogthümer Schleswig, Holstein und Lauenburg. Kiel [4]1845, num. 213. — [4] cf. Ranke 3, 125—129; Neumann (wie not. 2). — [5] Rej, M.: Żywot człowieka poczciwego (Das Leben eines Ehrenmannes) [1567/68]. ed. J. Krzyżanowski. Wrocław 1956, 201; cf. Krzyżanowski, num. 2493. — [6] Ranke 3, 125. — [7] Henßen (wie not. 2). — [8] Der Erzähltyp 846 war in der 1. Revision des AaTh ([FFC 74]. Hels. 1928) noch nicht eingeführt. — [9] Krzyżanowski, num. 2493; Coleman (wie not. 2) 245 („All you can do is pity them and forgive them, for they know not what they say"). — [10] Meyer Hs. 5 A 12, abgedr. in Ranke 3, 127. —
[11] Röhrich, L.: Teufelsmärchen und Teufelssagen. In: Sagen und ihre Deutung. Beitr.e von M. Lüthi u. a. Göttingen 1965, 28—58, hier 42. — [12] wie not. 1. — [13] Perry, 389, num. 174; Babrius/Perry, 64 sq., num. 49; cf. Schwarzbaum, Fox Fables, 485—487, 500.

Göttingen Ines Köhler

Gott ist tot (AaTh 1833 E), eine im christl. beeinflußten Kulturraum verbreitete[1] schwankhafte Erzählung, die S. → Thompson unter Mot. J 1738.4 der Thematik *Absurd Ignorance* (Mot. J 1730—J 1749) zugeordnet hat.

Ein Gemeindemitglied (häufig alte Frau oder Kind und abgelegen wohnend) hört durch den Pfarrer bei einem Haus- oder Krankenbesuch (Predigt, Beichte, Religionsunterricht oder Examen), zuweilen auch durch Stadtbewohner am Karfreitag oder Fronleichnamstag, zum erstenmal, daß G. (G.es Sohn, Jesus Christus) für die Menschheit gestorben sei. Die einfältige Person bringt durch ihre Reaktion zum Ausdruck, daß sie nicht begriffen hat, um was es bei diesem Tod geht. Die Unkenntnis kann sich auf die Person G.es sowie die mit seinem Tod verbundenen Handlungen und Umstände beziehen. Das Gehörte wird als Tagesneuigkeit aufgefaßt und löst unterschiedliche spontane Kommentare aus. Geäußert werden Gründe der Unkenntnis (z. B. abgelegenes Wohnen, fehlende Zeitung oder Post), Worte der Überraschung (Bedauern, Mitgefühl, Erleichterung, Skepsis, Angst, Rache). Gelegentlich wird die Frage nach dem Nachfolger des Verstorbenen aufgeworfen. Favorisiert werden u. a. Heilige (Antonius, Bernhard, Leonhard), weil sie etwas vom Vieh verstehen.

Der Schwank ist aus dän., dt., engl., estn., finn., fläm., frz., ir., lett., litau., ndl., österr., schweiz., span., anglo- und schwarzamerik., kanad., mexikan., austral. Überlieferung aufgezeichnet worden. Nach dem derzeitigen Forschungsstand sind Verbreitungswege nicht nachzuweisen.

Ein früher literar. Beleg für diesen Erzähltyp findet sich im *Liber facetiarum* (1470) des Humanisten Gian Francesco → Poggio: Ein Mailänder ist untröstlich, weil er ein weit zurückliegendes Ereignis, den Tod des christl. Helden → Roland, für eine akute Bedrohung hält[2]. Die gleiche Erzählstruktur findet sich in der Slg von Lügengeschichten *Neue Zeittung aus der gantzen Welt* (Anfang 16. Jh.): Dort ist die erste Neuigkeit, die einem leichtgläubigen Wirt von pfiffigen Studenten aufgetischt wird, der Tod der G.esmutter → Maria[3]. Bei Valentin → Schumann (1559) verschärft sich die komische Spannung, weil es den Studenten gelingt, den Wirt mit der Nachricht vom Tode des Herrgotts zum Narren zu halten[4]. Von 1729[5] an läßt sich AaTh 1833 E in zahlreichen internat. Var.n belegen, erreicht im 19. und 20. Jh. seine größte Verbreitung als mündl. Erzählung in bäuerlichen und kleinbürgerlichen Traditionsgemeinschaften und wird jetzt auch an dem bibl. → Adam[6] und an → Luther[7] festgemacht.

Entstehung und erzählerische Funktion des Schwanks werden gelegentlich mit → Blasphemie in Zusammenhang gebracht und als seelischer Entlastungsvorgang gedeutet[8]. Zu wenig beachtet wird dabei die sich mit dem Adressatenwechsel im 16. Jh. ergebende erzählerische Notwendigkeit, eine profane (Roland, Pindar) durch eine sakrale Persönlichkeit auszutauschen. Eine in allen Volksschichten bekannte profanhist. Gestalt stand nicht zur Verfügung. Außerdem wird nicht über den hl.

Toten gelacht, sondern über eine groteske irrige Vorstellung. Die Sinnmitte liegt nicht im Angriff auf den christl. Glauben, sondern in der Darstellung unzulänglichen menschlichen Verhaltens.

Die Personen mit dem beschränkten religiösen Wissen kommen fast immer aus dem ländlichen Milieu und gehören zu den unteren Bevölkerungsschichten. Sie leben isoliert (hohes Alter, Krankheit, Witwenschaft, Armut, abgelegenes Wohnen, Minderheitenstatus). Bei den Kindern fällt das Defizit auf die Eltern zurück. Die Träger der christl. Botschaft gehören je nach dem konfessionellen Umfeld der anglikan., evangel., kathol. oder orthodoxen Kirche an, müssen aber nicht Amtsträger sein. Es können auch Kolporteure oder Frauen sein, die Neuigkeiten verbreiten. Vordergründig erscheinen die unkundigen Außenseiter als dumm, weil die textinterne Intention eine Frage nach den Ursachen der Unkenntnis nicht zuläßt. Das Scheitern an einer simplen religiösen Wissensfrage ist aufschlußreich für die Vermittlungsfähigkeit kirchlicher Amtsträger und die religiöse Bildung in Teilen des Kirchenvolkes. Der hohe kirchliche Lehranspruch stößt auf eine Denkweise, der abstrakte metaphysische Gedankengänge schwer zugänglich sind. Der Schwank zeigt, wie das Verständnis von den göttlichen Personen in die eigene Alltagswelt eingepaßt wird. Die Heilsbedeutung des Todes Jesu („für uns") bleibt regelmäßig ohne Echo.

Das Szenarium ist weitgehend geprägt durch Lokalkolorit von Erzähler und Hörer. Die aus Mecklenburg, Skandinavien, dem Baltikum und Irland vorliegenden hs. Aufzeichnungen[9] weisen ein überdurchschnittliches Maß ökotypischer Ausprägungen auf. Der zentrale Dialog erlaubt erzählerische Ausgestaltung durch Szenenwechsel, Verdoppelung des Dialogs, Auftreten weiterer Personen. Bei gleichbleibender Grundstruktur der Handlung können funktionale Akzentuierungen dazu führen, daß die ursprünglich schwankhaft gedachte Erzählung (Lachen und Spott über Dumme und Ungebildete) zum Exempel wird für sündhafte Unwissenheit, Standes- und Theologiekritik und weltabgewandte Lebensweise von Bevölkerungsgruppen.

Das mythische Thema eines sterbenden (und auferstehenden) G.es gehört zum archaischen Bestand religiöser Ideen. Die Formel ‚Gott ist tot' erinnert an das antike Wort ‚Der große Pan ist tot' (cf. AaTh 113 A: → *Pan ist tot*)[10]. Seit dem Ende des MA.s findet sich die Formel in gläubigen, resignativen und aggressiven Äußerungen[11]. Mit F. Nietzsche wird sie zum atheistischen Schlagwort[12].

Offen bleiben muß die Frage, welches Abhängigkeitsverhältnis sich bei der Formel ‚Gott ist tot' nachweisen läßt zwischen der skizzierten schwankhaften Tradition und der ernsten Reflexion über die Existenz des christl. G.es oder ob eine Polygenese der Redensart vorliegt.

[1] Ergänzend zu AaTh: de Meyer, Conte; Ó Súilleabháin/Christiansen; Arājs/Medne (Hinweis auf 44 Var.n); Baughman (Angaben z. T. fehlerhaft); Rausmaa; van der Kooi; ca 50 Texte und Lit.hinweise im EM-Archiv; ferner: Röhrich, L.: Der Witz. Stg. 1977, 255; Höhl, L.: Rhönspiegel. Würzburg ²1892, 224. — [2] Poggio, num. 82. Auf möglicherweise antike Vorgabe läßt der anstelle von Roland in einer frz. Var. erscheinende Name Pindar schließen, cf. ibid., 218. — [3] ZfdA 16 N. F. 4 (1873) 446sq., 465. — [4] Valentin Schumanns Nachtbüchlein (1559). ed. J. Bolte. Tübingen 1893, num. 15. — [5] EM-Archiv: Polyhistor (1729), 149, num. 36. — [6] Strigenitz, G.: Conscientia-Predigten. Lpz. 1602, fol. 2v°—3r°; cf. Rehermann, 114, 149, 457. — [7] Kristensen, E. T.: Efterslæt til „Skattegraveren". Kolding 1890, num. 69; Christensen, A.: Molboernes vise gerninger. Kop. 1939, num. 53; Peuckert, W.-E.: Schles. Mü. ²1950, 46. — [8] Ranke, K.: European Anecdotes and Jests. Kop. 1972, 92sq., 162; id.: Die Welt der Einfachen Formen. B./N. Y. 1978, 61 sq. — [9] Freundliche Hinweise: Akad. der Wiss.en der DDR, Zentralinstitut für Geschichte, Berlin; K. Arājs, Riga; Akad. der Wiss.en der ESSR, Archiv für estn. Folklore, Tartu; Volkskundliches Archiv der Finn. Lit.-Ges., Helsinki; Department of Irish Folklore, Dublin. — [10] Ranke-Graves, R.: Griech. Mythologie 1. Reinbek 1960, 88—91. —
[11] Daecke, S.: Der Mythos vom Tode G.es. Hbg 1969. — [12] Kaempfert, M.: Säkularisation und neue Heiligkeit. B. 1971, 391—393.

Siegen Leonhard Intorp

Götterbote

1. Allgemeines — 2. Tierboten — 3. Botengötter und Dämonen

1. Allgemeines. Wollen die Götter nicht unmittelbar in die irdischen Geschehnisse eingreifen oder ihre Wünsche und Absichten den

Menschen nicht direkt kundtun, bedienen sie sich der Boten. In ihrer Ausformung spiegelt sich die Anschauung von den Göttern und ihren Verbindungen zur Welt und damit der Entfaltungsgrad der einzelnen Religion. Es gibt den nur einmal, eher zufällig mit einer Botschaft Betrauten neben dem nach Vorbild eines Hofstaates gedachten Amt des Gesandten, durch den die Götter auch miteinander verkehren. In Boteneigenschaft können sehr verschiedene Wesen auftreten wie Tiere, Menschen (→ Propheten, Schamanen [→ Schamanismus], Medien, Mittler), übernatürliche Wesen niederen Ranges (→ Dämonen, → Engel) und Botengötter (cf. allg. Mot. A 165.2).

Eine klare Abgrenzung des Tierboten vom Begleittier oder heiligen Tier, ja selbst von der tierischen Erscheinung einer Gottheit ist nicht immer möglich. Vom Glauben an den Botenauftrag der Tiere nahm die systematische Beobachtung des Verhaltens und der Bewegungen der Tiere, bes. des Vogelfluges, zur Gewinnung von Omina (→ Divination) ihren Ausgang. Mit Botendiensten sind die Aufgaben nur unvollständig umschrieben, da die Botengötter oft auch Begleiter, Berater oder Kundschafter der Ranghöheren sind[1]. Vom G.n zu trennen ist der → Kulturheros auch dort, wo er wie im Tale von Bogotá ausdrücklich ‚Bote Chiminigaguas', des höchsten Gottes, genannt wird[2].

2. Tierboten. Kein Tier wurde als zu gering erachtet, einen göttlichen Auftrag zu erfüllen.

Im *Popol Vuh* der Quiché läßt Xmucane die Laus eine Nachricht an ihre Enkel ausrichten, die eine Stechmücke als Kundschafter in die Unterwelt schikken[3]. Der Schöpfergott der Bena Lulua (Kongogebiet) entsendet Lufumbe, die rote Ameise[4]. Die → Biene war Botin und Kundschafterin der kleinasiat. Ḫannaḫanna[5], nach Charon von Lampsakos (5. Jh. a. Chr. n.) einer Eichen-Dryade und noch des christl. Gottes in Legendenmärchen des Balkans[6].

Agemo, das Chamäleon, der vertrauensvolle Diener des Himmelsgottes Olorun der Yoruba (Nigeria), ist der Bote zum Weltschöpfer und zur Meeresgöttin[7]. Den Gott Niraḫ, die Natter, erwähnt die keilschriftl. Überlieferung als Boten des Ištaran[8], und ein Volkslied nennt die in Litauen allg. verehrte Ringelnatter Abgesandte der Götter[9].

Bote und heiliges Tier der jap. Reisgöttin Inari ist der Fuchs. Im Volksglauben gilt er selbst als Gottheit der Reisfelder[10]. Drei Hunde schickt die Schwester des Helios im neugriech. Märchen aus[11]. Den Tiger und den Elefanten kennt das ind. Märchen (Thompson/Balys A 165.2.1.1.2, A 165.2.1.1.3), Bären, Leoparden und Löwen die jüd. Überlieferung (Neuman A 165.1.6.1 – A 165.1.6.3) als G.n. Die Stiergötter Ägyptens, Apis, Buchis und Mnewis, gelten als Mittler und Herolde des Ptah bzw. des Sonnengottes Re[12]. Ein Bote der Unterwelt trägt Fledermausflügel (*Popol Vuh*)[13].

Vor allem → Vögel waren wegen ihrer Fähigkeiten, weite Strecken schnell zu überwinden und in große Höhen aufzusteigen, sowie wegen des früh beobachteten Phänomens des jahreszeitlichen Zuges G.n (Mot. A 165.2.2; Cross A 165.1.1)[14]: z. B. vier dämonische Eulen (*Popol Vuh*)[15], der Vogel Tuli (Polynesien)[16], ein Vogel namens Otutu (Fon)[17], das Blaukehlchen (Pawnee)[18], zwei Schwalben (Toba-Batak)[19], der Schwan (Dolganen)[20]. Greifvögel (Adler, Falken) und Rabenvögel beeindruckten die Menschen am stärksten. Sie wurden bes. mit den himmlischen Numina verbunden. Das Motiv des Vogelboten läßt sich oft über das gelegentliche Erscheinen eines Gottes als Raubvogel auf eine ursprüngliche Vogelgestalt der Gottheit zurückführen.

Nach delph. Sage entsandte → Zeus zwei Adler, um die Erdmitte zu bestimmen[21]. Der Adler ist Bote des hethit. Sonnengottes[22]. Bei den Nordburjäten bringt er im Auftrage des Himmelsgottes Lebenskraft und Allwissenheit auf die Erde[23]. Der Goldadler gilt bald als Tirawa selbst, bald als sein Bote (Pawnee)[24]. Der Falke überbringt die Botschaften Huracans (*Popol Vuh*)[25]. Die Raben Huginn und Muninn tragen Odin Kunde zu[26]. Die Krähe verrät Apollon die Untreue seiner Geliebten[27]. Treibt Isten die Ungarn durch die Flügelschläge seiner Adler zu ihren späteren Wohnsitzen[28], so führt Apollon als Rabe sein Volk nach Libyen[29] und Huitzilopochtli die Azteken in der Gestalt des Kolibri ins mexikan. Hochland[30].

Bei der Begründung menschlicher Sterblichkeit weisen afrik. Mythen den Tierboten und ihren Nachrichten die entscheidende Rolle zu (Mot. A 1335.1)[31]. Den ursprünglichen Zustand dürften die Erzählungen der Khoekhoen (früher Hottentotten genannt) und Dama bewahrt haben. Sie berichten, daß der Mond (-gott) den Hasen mit der Botschaft zu den Menschen schickt, die ihnen nach seinem Vorbild eine Wiederauferstehung nach dem → Tode verheißt. Sei es aus Boshaftigkeit oder Nachlässigkeit, sei es wegen des Undanks der Menschen, verfälscht oder verändert der Hase den Wortlaut in eine Nachricht von der Endgültigkeit des Todesgeschickes[32]. Dagegen erzählen in vielen Varianten die Völker West-, Zentral- und Südafrikas von einem Hochgott, der zwei Tierboten entsendet, wobei das langsamere oder säumigere Tier mit der Ankündigung eines günstigeren Jenseitsloses vom schnelleren oder beflisseneren mit der schlechteren Nachricht überholt wird[33].

3. Botengötter und Dämonen. Das Botenamt kannten schon die austral. Ureinwohner[34]: So bedient sich seiner nach den Mythen der Kamilaroi auch Byamee[35]. Bei den Tussi Ruandas fährt Mutabazi, der Mittler des Imana, auf dem Blitz vom und zum Himmel[36]. Dem Himmelsgott der Yoruba steht als Sprecher der Gott der Vortragskunst Eschu zur Seite. Eschu vermittelt auch, wenn sich die Menschen an den Weltschöpfer Obatala wenden[37].

Allen bedeutenden Gottheiten des mesopotam. Pantheons sind Boten oder Berater beigegeben[38].

Ninšubura, die Botin der Inana, führt, als ihre Herrin in der Unterwelt getötet wird, gewissenhaft deren Anweisungen aus. Sie vollzieht die Trauerriten und bewegt endlich Enki zum Eingreifen. Zur Wiedererweckung Inanas schafft er zwei Wesen, die er mit → Lebenskraut und -wasser in die Unterwelt schickt. Die wiederauferstandene Inana wird von den dämonischen Bütteln des Hades begleitet, die eine Ersatzperson in das Totenreich schleppen sollen[39].

Im babylon. Mythos *Nergal und Ereškigala* sind die Götter der Ober- und Unterwelt so an ihre Sphären gebunden, daß sie nicht einmal zum Mahl zusammenkommen können und nur durch Boten miteinander verkehren. Kaka vertritt den Himmelsgott und Namtar, das ‚Geschick', die Göttin des Totenreiches[40].

Im alten Ägypten ist der Weisheitsgott Thot der G. Er gilt auch als Wesir des Osiris und wird später dem Hermes gleichgesetzt[41].

Mittler zwischen Göttern und Menschen im hinduist. Indien ist Nārada-Avatāra, ein göttlicher Weiser und Herr der himmlischen Musikanten[42]. Indra sendet seinen Wagenlenker Mātali auf die Erde[43]. Nach dem *Ṛgveda* waren zwei Hunde Boten und Wächter des Totengottes Yama[44]. Im Buddhismus verfügt er über fünf Boten: Krankheit, Alter, Tod, Geburt und Bestrafung (cf. AaTh 335: → *Boten des Todes*)[45].

Als Götterbotin erscheint in → Homers *Ilias* die goldgeflügelte Iris, der Regenbogen. Sie wird von Göttern, aber auch von Menschen bis zu den Meerestiefen der Thetis gesandt. Manchmal hilft sie aus eigenem Antrieb. Bes. der hellenist. Dichter Kallimachos sieht in ihr die persönliche Dienerin Heras[46]. Sie lebt im rhod. Märchen als die dem Regenbogen gebietende Frau Eléni fort[47].

Bereits in der *Odyssee* verdrängte Hermes, der menschennächste der zwölf olympischen Götter, als G. Iris[48]. Ursprünglich die personifizierte Macht des Weg und Grenze markierenden Steinhaufens, wird er der Gott der Hirten, Wanderer, Händler, auch die Seelen geleitet er in den Hades, so jene der von → Odysseus getöteten Freier. Hermes gilt auch als Gott der Redner, Wettkämpfer und Diebe. Mit Zeus und Poseidon war er Gast des boiot. Heros Hyrieus[49] und begleitete Zeus (bei → Ovid: Jupiter und Merkur), als sie von → Philemon und Baucis gastfreundlich aufgenommen wurden (→ Erdenwanderung der Götter).

Wegen des ganz anderen Charakters italischer Gottesvorstellung[50] bildeten sich um den dem Hermes gleichgesetzten Mercurius[51] ebensowenig originale Mythen wie um die anderen röm. Götter.

Nicht immer begegnet der Mensch den G.n mit der geforderten Ehrerbietung. So werden im mongol. Märchen die vom Götterkönig Khormusta zu böser Tat Ausgesandten: die eisenschnäblige Krähe, der Grauwolf, der Khabschighai und die sieben Teufel vom Grauen Alten überlistet und übel zugerichtet[52].

[1] cf. Walton, F. R.: G. In: RGG 2, 1675 sq. – [2] Krikkeberg, W.: Märchen der Azteken und Inkaperuaner, Maya und Muisca. MdW 1968, 194. – [3] Schultze Jena, L.: Popol Vuh. Stg. ²1972, 69–71, 73–75. – [4] Frobenius, L.: Schwarze Sonne Afrika. ed. U. Diederichs. Düsseldorf/Köln 1980, 368. – [5] Schuler, E. von: Kleinasien. In: Wb. der Mythologie 1. Stg. 1965, 141–215, hier 170, 178, 202; Haas, V.: Leopard und Biene im Kulte „hethit." Göttinnen. In: Ugarit-Forschungen 13 (1981) 101–116. – [6] Rose, H. J.: Griech. Mythologie. Mü. ²1961, 171; EM 2, 302 sq. – [7] Schild, U.: Westafrik. Märchen. MdW 1975, num. 76. – [8] Edzard, D. O.: Mesopotamien. In: Wb. der Mythologie 1. Stg. 1965, 17–139, hier 120, s. v. Schlangengötter. – [9] Balys, J./Biezais, H.: Balt. Mythologie. ibid. 2. Stg. 1973, 373–454, hier 452, s. v. Žaltys. – [10] Zachert, H.: Die Mythologie des Shintō. ibid. Lfg 20–21. Stg. 1986, 1–178, hier 69–72. –

[11] Klaar, M.: Tochter des Zitronenbaums. Kassel 1970, 87–97, bes. 94–96. – [12] Bonnet, H.: Reallex. der ägypt. Religionsgeschichte. B. 1952, 46–51, 126–128, 468–470; Helck, W.: Ägypten. In: Wb. der Mythologie 1. Stg. 1965, 313–406, hier 336sq., 345, 377. – [13] Schultze Jena (wie not. 3) 111. – [14] Keel, O.: Vögel als Boten. Freiburg (Schweiz)/Göttingen 1977. – [15] Schultze Jena (wie not. 3) 39–41, 49–51 u.ö. – [16] Poignant, R.: Ozean. Mythologie. Wiesbaden [ca 1968], 24, 38. – [17] Littlejohn, J.: Westafrika. In: Cavendish, R./Ling, T. O. (edd.): Mythologie. Mü. 1981, 222–228, hier 223 sq. – [18] Müller, W.: Neue Sonne – Neues Licht. Aufsätze zu Geschichte, Kultur und Sprache der Indianer Nordamerikas. ed. R. Gehlen/B. Wolf. B. 1981, 181. – [19] Stöhr, W.: Die Religionen der Altvölker Indonesiens und der Philippinen. In: id./Zoetmulder, P.: Die Religionen Indonesiens. Stg. 1965, 1–221, hier 48. – [20] Findeisen, H.: Dokumente urtümlicher Weltanschauung der Völker Nordeurasiens. Oosterhout 1970, num. 33. –
[21] Snell, B. (ed.): Pindari Carmina cum fragmentis. Lpz. 1953, 232 (Fragment 54). – [22] von Schuler (wie not. 5) 202. – [23] Findeisen (wie not. 20) num. 55. – [24] Müller (wie not. 18) 186. – [25] Schultze Jena (wie not. 3) 37, 107. – [26] Simek, R.: Lex. der germ. Mythologie. Stg. 1984, 196sq., 274; Ström, Å. V.: Germ. Religion. In: id./Biezais, H.: Germ. und balt. Religion. Stg. 1975, 5–306, hier 124. – [27] Rose (wie not. 6) 136; Rooth, A. B.: Motive aus griech. Mythen in einigen europ. Märchen. In: Siegmund, W. (ed.): Antiker Mythos in unseren Märchen. Kassel 1984, 35–42, hier 39. – [28] Ferdinandy, M. de: Die Mythologie der Ungarn. In: Wb. der Mythologie 2. Stg. 1973, 209–259, hier 234. – [29] Keel (wie not. 14) 82. – [30] Krickeberg (wie not. 2) 90, dazu 308, 312. –
[31] cf. Herrmann, F.: Symbolik in den Religionen der Naturvölker. Stg. 1961, 106sq., 109, 141. – [32] Benzel, U.: Sagen und Fabeln der Hottentotten und Kaffern. Ffm. 1975, 25–27; Schmidt, S.: Märchen aus Namibia. MdW 1980, num. 2. – [33] Baumann, H.: Schöpfung und Urzeit des Menschen im Mythus der afrik. Völker. B. 1936, 268–279; Benzel (wie not. 32) 25, 27; Kropf, A.: Das Volk der Xosa-Kaffern. B. 1889, 156 (= Eliade, M.: Geschichte der religiösen Ideen. Qu.ntexte. ed. G. Lanczkowski. Fbg 1981, 108); Schild (wie not. 7) num. 77, dazu p. 294sq.; Schmidt (wie not. 32) num. 1; Seiler-Dietrich, A.: Märchen der Bantu. MdW 1980, num. 3. – [34] Birket-Smith, K.: Geschichte der Kultur. Zürich ³1956, 374. – [35] Löffler, A.: Märchen aus Australien. MdW 1981, num. 67. – [36] Seiler-Dietrich (wie not. 33) num. 1, bes. p. 17–21. – [37] Schild (wie not. 7) num. 76; Zander-Giacomuzzi, L.: Eshu. Ein Numen in der Vorstellungswelt der Yoruba. Diss. Zürich 1981. – [38] Edzard (wie not. 8) 46, s. v. Botengötter; cf. Reallex. der Assyriologie 3. B. 1957–71, 537 § 2h. – [39] Sladek, W.: Inanna's Descent to the Netherworld. Ann Arbor 1979. – [40] Edzard (wie not. 8) 108; Hutter, M.: Altoriental. Vorstellungen von der Unterwelt. Freiburg (Schweiz)/Göttingen 1985, 65–83. –
[41] Bonnet (wie not. 12) 805–812; Helck (wie not. 12) 402sq.; Brunner-Traut, E.: Altägypt. Märchen. MdW 1963, num. 11–13, 17, 21. – [42] Moeller, V.: Die Mythologie der ved. Religion und des Hinduismus. In: Wb. der Mythologie 5. Stg. 1984, 1–203, hier 190; Hesse, M. (ed.): Vom guten König Vikrama. Zürich 1985, 19, 182, dazu 232. – [43] ibid., 19. – [44] Moeller (wie not. 42) 201. – [45] Grönbold, G.: Die Mythologie des Buddhismus. In: Wb. der Mythologie 5. Stg. 1984, 285–508, hier 501. – [46] Geisau, H. von: Iris. In: Kl. Pauly 2, 1452; Rose (wie not. 6) 24sq. – [47] Klaar (wie not. 11) 97–105, dazu 176sq. – [48] Fauth, W.: Hermes. In: Kl. Pauly 2, 1069–1076; Nilsson, M. P.: Geschichte der griech. Religion 1. Mü. ³1967, 501–510; Simon, E.: Die Götter der Griechen. Mü. 1969, 295–316; Burkert, W.: Griech. Religion. Stg. 1977, 243–247; Rose (wie not. 6) 58, 60, 143–148, 276. – [49] ibid., 113. – [50] cf. Wissowa, G.: Religion und Kultus der Römer. Mü. ²1912, 23–28. –
[51] Latte, K.: Röm. Religionsgeschichte. Mü. 1960, 162sq.; Radke, G.: Mercurius. In: Kl. Pauly 3, 1229sq. – [52] Heissig, W.: Mongol. Märchen. MdW 1963, num. 18.

Würzburg Josef Bauer

Götterwanderung → Erdenwanderung der Götter

Gottes unbegreifliche Gerechtigkeit → Engel und Eremit

Gottes Segen (AaTh 830, 830 A–C). Unter AaTh 830: *Refusal to Ask God's Blessing* sind mehrere aus dem 19. und 20. Jh. belegte Erzähltypen zusammengefaßt, von denen nur AaTh 830 B: „*My Crops will Thrive Here without God's Blessing*" ausdrücklich von einem → Segen berichtet. Vielmehr wird von einem Fehlverhalten des Menschen gegenüber Gott (G.) erzählt und impliziert, daß es in der Welt keine ‚natürliche' Ordnung gibt, auf die sich der Mensch verlassen kann. Auch das Gewöhnlichste ereignet sich durch direktes oder indirektes Einwirken G.es: Wer daran zweifelt, wird bestraft (Mot. Q 221.6, Q 223.2), bes. dann, wenn er von anderen zuvor auf diesen Umstand hingewiesen worden war.

In AaTh 830 A: *The Boastful Deer-slayer* hadert ein Fauler mit G., daß er ihm nichts gebe. Ein Alter rät ihm, selbst zu handeln und eine Falle aufzustellen, dann werde auch G. ihm etwas geben. Der

Faule befolgt den Rat, fängt einen Hirsch (Elch) und beginnt ihn abzuhäuten. Als der Alte erneut erscheint und dem Fallensteller vorhält, nun habe G. geholfen, verweist der Angesprochene statt dessen auf eigene Tüchtigkeit. Daraufhin macht der Alte das bereits teilweise abgehäutete Tier durch Anruf oder Berührung wieder lebendig, der Hirsch entflieht. Die Einsicht des Faulen, daß G. beim Fangen des Hirsches doch mitgewirkt hat, kommt zu spät. Abschließend heißt es, die weißen Flecken des Hirsches an seiner Bauchunterseite (Flanke) erklärten sich aus dem begonnenen Enthäutungs- bzw. Zerlegevorgang (→ Kleiner Fehler, kleiner Verlust).

Zu dieser bei Esten (22 Var.n)[1] und Letten (5 Var.n)[2] belegten Erzählung (z. T. ohne das ätiologische Schlußmotiv) sind keine weiteren Parallelen bekannt, obwohl verschiedene Geschichten das Aussehen von Hirschen, Rentieren und dergleichen durch ätiologische Mythen zu deuten suchen (z. B. AaTh 8**: *The Fox Summons the Animals to the Reindeer Slaughter*)[3] und die → Wiederbelebung halbgerösteter Tiere auch in einer Reihe kaukas. Märchen[4] und in indian. Erzählungen (Mot. E 161: *Killed game revives and flies away from the killers*) begegnet.

AaTh 830 B: „*My Crops will Thrive Here without God's Blessing*" ist weiter verbreitet und begegnet in zwei unterschiedlichen Versionen:

(1) Ein Bauer sät Getreide oder dergleichen. Unerkannte Heilige (oder G.) auf ↪Erdenwanderung wünschen ihm G.es Segen und eine gute Ernte. Der Bauer entgegnet, das Getreide wachse auch ohne G.es Segen. Auf dem Feld wächst Unkraut. Der Bauer bekehrt sich.

(2) Die erweiterte Fassung spricht von zwei Säern (auch Brüdern), einem armen und einem reichen. Heilige (Passant) begegnen dem armen Bauern und grüßen ihn: „G. helfe dir." Der Bauer dankt für den Gruß. Seine Ernte ist bes. reichlich. Dem reichen Bauern ergeht es dagegen schlecht, als er den Segensgruß zurückweist und erwidert, sein Getreide wachse auch ohne G.es Hilfe. Die Reue über sein Verhalten kommt zu spät.

AaTh 830 B ist wahrscheinlich litau.-lett. Ursprungs (63 bzw. 35 Var.n)[5]. Sonst findet sich der Typ nur sporadisch: 4 weißruss.[6], 3 ukr.[7], 9 ung.[8], 1 dt.[9], 3 fries.[10] Var.n. Die erweiterte Version mit zweigliedriger Struktur bringt die durch soziale und religiöse Normen vorgegebenen Polaritäten klar zum Ausdruck. Sie wird häufiger auch mit AaTh 752 C*: *The Discourteous Sower* eingeleitet. Statt des Segensgrußes fragt ein Vorübergehender den Bauern, was er aussäe. Auf die freundliche Frage gibt er eine absurde Antwort: Er säe Steine (Unkraut etc.). Der Alte wünscht ihm eine gute Ernte: Es wachsen reichlich Steine. Dem anderen, wahrheitsgemäß antwortenden Säer hingegen wird eine gute Ernte gewährt. Diese Spielart ist bes. in finn. Var.n (47 Var.n, meistens 2 Säer) belegt, seltener estn. (4 Var.n, 1 Säer), lett. (6 Var.n, 1 Säer), litau. (3 Var.n, 1 Säer; 9 Var.n, 2 Säer), ukr. (5 Var.n, 1 Säer), slov. (2 Var.n), port. (5 Var.n, 2 Säer)[11]. In einer deftigen Fassung antwortet der Säer, er säe Penisse. Weit voneinander lebende Völker erzählen davon sehr ähnlich[12]. G. ist dabei oft durch die Gestalt des → Tricksters ersetzt.

Nicht vom Segen, sondern vom Willen G.es handelt AaTh 830 C: *If God Wills*, die am weitesten verbreitete regionale Gruppe von Erzählungen[13]. Aber auch hier liegt die Aussage zugrunde, daß alles menschliche Handeln von G. bestimmt sei (cf. auch AaTh 836: → *Hochmut bestraft*). Die bei frommen Muslimen (*Koran* 18,23 sq.) und Christen (Jak. 4,15) übliche Gepflogenheit, jede Absichtserklärung mit einem „So Gott will" zu beschließen (cf. auch Platon, *Alkibiades* 1, 31, 135 D), ist Grundlage für eine Vielzahl heterogener, z. T. bereits in der ma. arab. Lit. belegter Erzählungen geworden, welche die Redewendung belehrend oder – häufiger – mit schwankhafter Tendenz mit einer Begebenheit in Verbindung bringen.

Beispiele: Ein webendes Mädchen hat seine Arbeit fast fertig, und der Küster wünscht ihr: „Du bekommst heute abend das Tuch noch runter, wenn Gott will." Das Mädchen entgegnet, mit G.es Willen habe die Beendigung ihrer Arbeit nichts zu tun. Das Tuch hat dann noch 14 Tage gehangen[14]. – Zwei Männer beschließen, am nächsten Tag zum Markt zu gehen. Der eine bekräftigt diese Absicht mit der Redewendung, wenn es nach G.es Willen sei, der andere macht sich darüber lustig. Am anderen Tag muß der letztere zu Hause bleiben, da sein Pferd über Nacht krepiert ist[15]. – Ein Mann will Bäume fällen. Seine Frau ermahnt ihn: „So Gott will." Doch der Mann schlägt die freundliche Erinnerung in den Wind: Er bricht sich ein Bein. Seiner Frau läßt er durch einen vorübergehenden Nachbarn unter ständiger Wiederholung des frommen Wunsches bestellen, sie solle ihn abholen[16]. – Ein Mann erwidert auf die Frage, wohin er gehe, er wolle sich auf dem Markt einen Esel kaufen. Der Fremde: „So Gott will." Der Mann: „Das wäre unnütz; das Geld ist im Beutel und der Esel auf dem Markt." Das Geld wird dem Mann gestohlen. Auf dem Heimweg trifft er wieder auf den Fremden, und nun berichtet er ihm das Geschehen unter ständiger Beteuerung, alles sei G.es Wille[17]. — Ein Mann (oft →Hodscha Nasreddin) vergißt vor dem Essen zu sagen: „So Gott will." Gleich darauf wird er den ganzen Tag beruflich beansprucht und kommt nicht zu seiner Mahlzeit[18].

Offen bleibt in den meisten Fassungen, ob die Einsicht in den unabänderlichen Willen G.es aufgrund des erlittenen Schadens bei den Protagonisten tatsächlich herbeigeführt worden ist, was aber wohl auch weniger von den Erzählern beabsichtigt war. Näher liegt die Vermutung, daß derartige Erzählungen zwar verbreitete Vorstellungen aufgreifen und in unterhaltender Absicht verbreiten, aber nicht unbedingt moralisch-belehrend wirken wollen.

[1] Sohberg, M.: Viies eesti jututooja. Viljandi 1876, 29—37; Dh. 3, 15, 87sq., 222, 501; Loorits, O.: Estn. Volkserzählungen. B. 1959, num. 162; Eisen, M. J.: Neljas rahva-raamat 4. Dorpat/Riga 1894, num. 12 (= Löwis of Menar, A. von: Finn. und estn. Märchen. MdW 1922, num. 73); weitere 14 ungedr. Var.n im Eesti NSV Kirjandusmuuseum, Tartu (aufgezeichnet zwischen 1820 und 1980). — [2] Arājs/Medne; die bei AaTh 830A notierten span. Belege (Boggs 836 *A—*G) haben inhaltlich und strukturell nichts mit dem Erzähltyp gemein. — [3] z. B. Kohl-Larsen, L.: Das Haus der Trolle. Kassel 1982, 172—174 (lapp.). — [4] Dzagurov, G. A.: Osetinskie narodnye skazki. M. 1973, num. 74, 99; cf. auch Kannisto, A.: Wogul. Volksdichtung 3. Hels. 1956, num. 19 (vermutlich aus dem Kaukasusgebiet). — [5] Nach Auskunft von K. Arājs, Riga, und B. Kerbelytė, Vilnius, erscheinen zwei Säer in 25 lett. und 39 litau. Var.n, dazu sieben Var.n mit ätiologischem oder legendenhaftem Schluß; cf. auch Balys **830, *758 und Arājs/Medne 830B. — [6] SUS 753B*, 830B; ergänzend: Dobrovol'skij, V. N.: Smolenskij ėtnografičeskij sbornik 1. St. Peterburg 1891, 319sq. — [7] SUS 830B*, 750B*; die Hinweise auf Etnogr. sb. 30,22 und Grinčenko 1, 211 bei SUS 750B* gehören zu AaTh 830C. — [8] MNK. — [9] Nimtz-Wendlandt, W.: Erzählgut der Kur. Nehrung. Marburg 1961, 111sq. — [10] van der Kooi. — [11] Ergänzend zu AaTh 752 C*: Arājs/Medne; SUS 830 B*; Balys *830; Rausmaa, P.-L.: Suomalaiset kansansadut 2. Hels. 1982, 331; Meier, H./Woll, D.: Port. Märchen. MdW 1975, num. 97. — [12] Moschkoff, V.: Mundarten der bessarab. Gagausen. St. Petersburg 1904, num. 184; Živaja Starina 21 (1912) 540 (türk.); ibid., 411sq. (mongol.); Potanin, G. N.: Tanguto-tibetskaja okraina Kitaja 2. St. Peterburg 1893, 167 (tibet.); Hoffmann 594*** (russ.). — [13] Ergänzend zu AaTh: Robe; Jason; Jason, Types; Kecskeméti/Paunonen; Cirese/Serafini; cf. auch Schwarzbaum, 271sq., 477. — [14] Zender, M.: Sagen und Geschichten aus der Westeifel. Bonn [2]1966, num. 529, cf. auch num. 530. — [15] Stojanović, M.: Pučke pripoviedke i pjesme. Zagreb 1867, 27sq.; Karadžić, V. S.: Srpske narodne pripovetke. Beograd [4]1937, 275. — [16] Meier/Woll (wie not. 11) num. 116; Cascudo, L. da Câmara: Trinta „estórias" brasileiras. [Lisboa] 1955, 70. — [17] Basset 1, num. 128 (= Wesselski, A.: Das lachende Buch. Lpz. 1914, num. 55) (kabyl., türk., pers.); Tachmasib, M. G.: Anekdoty Molly Nasreddina. Baku 1958, 139sq. (aserbaidschan.); vier Var.n sind aus Tadschikistan bekannt (Mittlg von I. Levin, Leningrad). — [18] an-Naisābūrī, al-Ḥasan ibn Muḥammad (gest. 406/1015): K. ʿUqalāʾ al-maǧānīn (Weise Narren). ed. M. Baḥr al-ʿulūm. Naǧaf [2]1968, 119; al-Ābī, Abū Saʿd Manṣūr ibn al-Ḥusain (gest. 421/1030): Naṯr ad-durr 2 (Prosaperlen). ed. M. ʿA. Qarna. Kairo 1981, 226; ar-Rāġib al-Iṣfahānī, al-Ḥusain ibn Muḥammad (gest. 502/1108): K. Muḥāḍarāt al-udabāʾ 3 (Unterhaltungen der Gelehrten). Beirut 1961, 193; Ibn al-Ǧauzī, ʿAbdarraḥmān ibn ʿAlī (gest. 597/1200): Aḫbār al-Ḥamqā (Nachrichten von den Dummen). ed. K. al-Muẓaffar. Naǧaf 1966, 145; Hodscha Nasreddin 1, num. 160; ibid. 2, num. 394; Marzolph, U.: Pers. Märchen Miniaturen. Köln 1985, 142.

Tartu Uku Masing

Gottes und Teufels Getier → Dualismus

Gottesdienst, die vor allem sonntägliche Versammlung der Gemeinde, kathol. Messe, ist die zentrale Form der christl. Gottesverehrung[1]. Die kirchliche Praxis ist in Brauch und Volkserzählung mit verschiedenen Anschauungen des Volksglaubens verbunden worden (cf. → Frömmigkeit)[2]. So finden sich in den Erzählungen über den G. einerseits → christl. Erzählstoffe (cf. bes. Kap. 5), andererseits magische und abergläubische Vorstellungen über die Bedeutung und Wirkung des G.es[3]. Die meisten Erzählungen gehen auf ma. → Exempel zurück[4]. Sie haben katechetische und pädagogische Funktionen: Sie erläutern die Bedeutung der Messe und erziehen zur richtigen Einstellung und zum richtigen Verhalten. Die Diskrepanz zwischen religiösem Anspruch und menschlicher Unzulänglichkeit wird in der Schwanküberlieferung mit vielen Beispielen thematisiert, die von den Ereignissen während des G.es und den daraus resultierenden komischen Situationen berichten.

Zahlreich sind im MA. die Erzählungen, die vor Verstößen warnen und → Strafen im

Diesseits oder im Jenseits androhen. Wenn ein Geistlicher (→ Klerus) vor der Messe nicht gebeichtet hat, befällt ihn eine heftige Krankheit, und er wird unfähig, die Messe zu beenden[5]; bei der Wandlung kommt eine menschliche Gestalt von oben herunter, reißt ihm die → Hostie aus den Händen und schlägt ihn zu Boden[6]. Ein → Mönch sieht, wie die Hostie aus dem Mund eines unwürdigen Zelebranten fällt und in den Mund eines heiligmäßigen Mannes gelangt, von dem er weiß, daß der zu diesem Zeitpunkt weit entfernt ist[7]. Ein → Küster sieht, wie der → Pfarrer von → Teufeln entführt und verschlungen wird[8]. Andererseits wird die Hochachtung vor der Messe belohnt: Kaiser Heinrich III. ernannte einen Priester zum Bischof, weil der sich geweigert hatte, eine Messe zu lesen, nachdem er vorher mit einer Frau gesündigt hatte[9]. Bestraft werden Priester auch, wenn sie das Messelesen[10] und Beichtehören[11] vernachlässigt haben. Ein Priester kommt in die Hölle, weil er eine Frau ohne → Beichte sterben ließ[12]. Ein Zisterzienser muß im → Fegefeuer leiden, weil er Totenmessen vernachlässigt hat[13]. Bestraft werden Kleriker, wenn sie die Messe lesen, bevor sie dazu berechtigt sind[14]. Ein noch nicht zum Priester geweihter Mönch beichtet seinem Abt das Vergehen. Der wendet sich an Papst Innozenz, welcher dem jungen Mönch einen Ablaß gewährt[15]. Einem Priester, der oft vor der angesetzten Zeit die Messe begann, um einen Ritter nicht durch die Dauer der Messe zu verärgern, erscheint dieser nach seinem Tod, macht ihm Vorwürfe wegen seiner falschen Rücksichtnahme und bestraft ihn[16]. Strafen treffen aber auch Gläubige für das Fehlen bei der (Sonntags-)Messe. Ein Mann, der häufig den G. versäumt, wird vom Teufel in die Hölle entführt[17]. Ein anderer, der stets zur Zeit des Sonntagsgottesdienstes ausreitet, wird vom Teufel auf freiem Feld zerschmettert[18]. Einer kommt bei einem Unwetter um, weil er nicht in der → Kirche war[19]. Eine Frau wird in ein Pferd verwandelt, weil sie fünf Wochen lang nicht der Messe beigewohnt hat[20]. Das Fernbleiben eines frommen Mannes vom G., der an einer Messe in der Natur teilnimmt, wird hingegen toleriert[21].

Viele Erzählungen erläutern die Bedeutung und Wirkung der Messe im Diesseits und im Jenseits. Während einer schweren Krankheit wird ein Mann durch das Lesen von Messen wieder gesund[22]. Eine Messe kann aus der → Gefangenschaft befreien[23] oder einen schiffbrüchigen Seemann retten[24]. Die Messen, die eine Frau für ihren Mann, einen Bergmann, lesen läßt, retten den Verschütteten[25]. Der tägliche Besuch der Messe befreit einen Adligen von Selbstmordanwandlungen: Eines Tages geht er zur Jagd, ohne vorher der Messe beigewohnt zu haben. Als die Versuchung wieder über ihn kommt, trifft er einen Bauern, der die Messe besucht hat, tauscht mit ihm die Kleider und wird so seine Zwangsvorstellungen los. Der Bauer aber begeht Suizid[26]. Der Besuch der Messe bewahrt einen von drei Kaufleuten vor einem Überfall, die anderen beiden fallen Räubern in die Hände[27]. Durch Messen werden Tote vom Fegefeuer erlöst[28]. Tote bitten um Messen für ihre Erlösung[29], oder sie bedanken sich für Messen[30]. Papst Gregor hört während der Totenmesse für einen freigebigen Bürger, daß er mit der Messe aufhören solle, weil der Mann verdammt sei[31]. Einer Frau erscheint ihre verstorbene Tochter und sagt, daß die anderen Seelen im Fegefeuer böse seien, weil sie nur für ihre Tochter eine Messe lesen lasse[32]. Als der hl. Gregor von Nazianz einmal die Totenmesse vergißt, erfährt er, daß 1000 Seelen aus dem Fegefeuer freigekommen wären, wenn er seine Aufgabe erfüllt hätte[33]. Ein Bischof suspendiert einen Priester, der jeden Tag Totenmessen liest. Der → Tod bedroht den Bischof, als er einen Friedhof betritt[34].

Was die Messe für die Lebenden bedeuten kann, veranschaulichen Erzählungen wie die von einem Einsiedler, dessen einzige Nahrung drei Jahre lang die sonntägliche Kommunion war[35]. Ein Arbeitsloser wird gegen Entgelt von einem Adligen eingestellt, während der täglichen Messe für ihn zu beten. Ein Engel fordert den Mann auf, das Geld zurückzugeben, da er als Lohn den Himmel erhalten habe[36]. Ein Kaufmann schickt seine Frau für sie beide zur Messe, bis er träumt, daß sie auch für beide in den Himmel kommt[37]. Am G. teilzunehmen, macht schlimme Taten wieder gut[38].

Beim G. können erscheinen: Gott selbst, → Christus als Kind und als Schmerzensmann, die Jungfrau → Maria, → Engel und → Heilige, → Tote und Teufel. Die Seele eines schlafenden Mädchens nimmt in Jerusalem an einer

Messe in der Gegenwart Gottes und der Jungfrau Maria teil. Beim Aufwachen hält das Mädchen noch immer ein Stück von der Kerze in ihrer Hand[39]. Beim Offertorium kann das Jesuskind in Erscheinung treten[40]. Dem hl. Gregorius fällt während der Messe der Kelch um; der gekreuzigte Christus erscheint ihm (→ Gregor der Große)[41]. Die Jungfrau Maria nimmt an G.en teil[42] oder feiert selbst eine Hausmesse für eine fromme Frau, die nicht zur Kirche gehen kann[43]. Ein vom Bischof suspendierter Priester, der nur Messen zu Ehren Marias singen konnte, wird mit Hilfe Marias wieder eingesetzt[44]. Engel assistieren einem Mönch bei der Messe[45], oder sie singen so lange die Dreifaltigkeitsmesse, bis der König von der Jagd zurückkommt und an der aufgeschobenen Messe des hl. Dunstan teilnimmt[46]. In einem anderen Fall kommt ein Ritter wegen der Teilnahme am G. zu spät zum Turnier. Engel haben an seiner Stelle den Kampf bereits gewonnen[47]. Der hl. Kaiser Heinrich II. nimmt an einer Messe teil, die der hl. → Nikolaus und zwei Engel im Beisein von Christus und der Jungfrau Maria zelebrieren. Ein Engel schlägt den Kaiser wegen der Verfolgung der hl. → Kunigunde[48]. Bei einem G. für Verstorbene erscheinen die Toten, bedanken sich[49] oder sprechen das Amen[50]. Erzählungen von der → Geistermesse berichten von Toten, die an bestimmten Tagen und an bestimmten Orten jedes Jahr ihre eigene Messe feiern[51]. Auch der Teufel treibt sein Unwesen während des G.es. Er unterbricht eine Messe, indem er einen Streit über die Frage anstiftet, wer in der Kirche neben dem Kaiser sitzen darf[52]. Zur Verspottung der Messe führen Teufel einen Tanz auf[53]. Ein Laienbruder schläft während der Messe, nagt dabei am Kirchengestühl und meint, das Holz sei Fleisch, das der Teufel ihm anbietet[54]. Ein Priester denkt während des G.es am Sonntag nur ans Essen. Der Teufel erscheint als schrecklicher Koch[55].

Auch die Tiere sind vom G. nicht ausgeschlossen. Die Vögel rufen im Jenseits zum Stundengebet (Mot. B 252.2). Auf der Erde schweigen die → Frösche während des G.es[56]. Bei der Totenfeier für den → Wolf zelebriert Berengarius, der → Bär, eine Messe[57]. Werwölfe (→ Wolfsmenschen) halten G.[58]. In der Vita verschiedener Heiliger (Machnudes, Brendan, Malo) findet sich die Legende von der Ostermesse auf einer Insel, die sich als → Walfischrücken entpuppt[59]. Allerdings werden G.e auch zur Abwehr von Tierplagen gehalten[60].

Ganz selten sind in den Erzählungen explizit kritische Äußerungen zu G., Priestern und Gläubigen anzutreffen. Ein Ritter weigert sich, zur Messe zu gehen, weil die Priester dabei an nichts anderes denken als an die Opfergaben für sie selbst[61]. Eines Sonntags findet ein Priester die Kirche leer. Er droht den Leuten draußen, die Messe auf dem Marktplatz zu feiern. Darauf folgen ihm die Leute beschämt in die Kirche[62].

Die Auseinandersetzungen der Reformation und Gegenreformation zeigen sich auch in den Erzählungen über den G. Der protestant. Polemiker H. → Rauscher[63] benutzt in seinen *Centurien* bes. häufig ma. Exempel, die die Kraft der hl. Messe und die Realpräsenz Christi beim Meßopfer bestätigen sollen, um den kathol. Glauben verächtlich zu machen, so die Erzählungen vom Schiffbrüchigen, der durch eine Messe gerettet wird, von Hostienmirakeln, etwa der Verwandlung in das Jesuskind[64], oder von der Messe auf dem Walfischrücken[65]. In anderen protestant. Exempeln holt der Teufel einen Pfaffen von der Kanzel, der erklärt, wenn die kathol. Lehre nicht wahr sei, könne ihn der Teufel holen[66]. Während der Messe wird Papst Silvester II., der durch einen → Teufelspakt zu seinem Amt gekommen war, vom Teufel geholt[67]. Daß Tote um Messen bitten, wird als Teufelsspuk charakterisiert[68]. Wer den evangel. G. stört[69] oder das Abendmahl bei den Katholiken und Protestanten nimmt[70], wird vom Teufel bestraft (cf. → Sakramente). Z. T. finden sich aber auch noch ma. Erzählungen wie die Sage von der Strafe für Tanz während der Messe[71] oder das Meßexempel vom Mäher, der für den G. die Arbeit unterbricht und anschließend auf der Wiese ein Goldstück findet[72].

Auch in den → Luther- und Reformationssagen des 19. Jh.s[73] begegnen noch Anklänge an ma. Meßexempel. Ein Priester predigt gegen die Reformation und kommt um[74]. Als die Katholiken nach der Gefangennahme eines evangel. Fürsten einen Dankgottesdienst halten, entfacht ein → Blitz einen Dombrand[75]. Der Teufel versucht vergebens, den ersten evangel. G. einer Stadt zu verhindern[76]. Die Auseinandersetzung zwischen den reformator.

Richtungen spiegelt sich in der Erzählung vom Teufel, der im luther. G. in der Gestalt eines Calvinisten erscheint[77]. In der gegenreformator. Liedkatechese leben bekannte ma. Meßexempel weiter, so die Erzählungen von der Heilung eines Kranken[78] und von der Erlösung der Toten durch Messen[79], von Geistermessen[80] und Hostienmirakeln[81]. Noch die kathol. Gegenpropaganda im 19. Jh. berichtet in Erzählungen von der Geistermesse über Priester, welche die → Konfession gewechselt haben[82], vom Sieg des Katholiken beim Streit um die rechte Abendmahlsfeier[83] und vom Bauern, der seine Arbeit nicht unterbricht, während es zur Wandlung läutet, und bei der Heimfahrt tödlich verunglückt[84].

Nur vereinzelt spielt der G. im Märchen eine Rolle, z. B. in AaTh 930: → *Uriasbrief* (cf. auch AaTh 910 K: → *Gang zum Eisenhammer*), in dem der Protagonist manchmal durch Besuch des G.es dem ihm zugedachten Schicksal entgeht. Hingegen sind Ereignisse während des G.es und das Verhalten seiner Teilnehmer in der Schwankliteratur reichlich thematisiert (cf. AaTh 1800–1849: *Other Jokes about Clergy or Religious Orders*). Häufig gilt der Spott den Vertretern des Klerus. Der Geistliche verwikkelt sich während der → Predigt (cf. → Predigtschwänke) in Widersprüche[85], da er sich verblättert, sein Konzept verliert[86] oder betrunken ist (cf. AaTh 1825 A: *The Parson Drunk*; AaTh 1825 B: *„I Preach God's Word"*; AaTh 1839 A: *Parson Calls out Cards*)[87]. Von weiterem ungebührlichen Verhalten auf der Kanzel wird berichtet: Der Prediger geigt auf der Kanzel[88], zieht sich dort die Hosen an[89], oder es fallen ihm Spielkarten herunter (AaTh 1827 A: *Cards [Liquor Bottle] Fall from the Sleeve of the Preacher*). Während des G.es unterhalten sich Geistlicher und Kirchendiener verklausuliert über einen Diebstahl (AaTh 1831: → *Pfarrer und Küster beim Messelesen*). Der Küster pfeift, um das Glöckchen am Klingelbeutel zu ersetzen[90], oder beginnt, aus dem Schlaf erwachend, an der falschen Stelle zu singen (AaTh 1828: *The Cock at Church Crows*)[91]. Während des G.es wird der Pfarrer wegen eines unzüchtigen Verhältnisses bloßgestellt (AaTh 1735 A: *Der falsche → Gesang*)[92], und die Hausgehilfin zeigt seine unehelichen Kinder vor[93]. Die Konfessionsproblematik ist aufgenommen, wenn das Instrument eines konvertierten Musikers nur die Lieder der anderen Konfession spielen kann[94]. Aber auch das Kirchenvolk bleibt in Schwänken nicht unberücksichtigt; so wird ein presbyterian. Gemeindemitglied während des G.es als Schürzenjäger gebrandmarkt[95]. Ein beliebtes Thema stellt die Schläfrigkeit der G.teilnehmer dar, das in der Mahnung des Pfarrers an die Kirchenbesucher gipfelt, nicht so laut zu reden, sie könnten sonst ihre Nachbarn wecken[96]. Der Kirchengesang kann für bedrohlichen Lärm gehalten werden[97] und eine sprechende Elster, die unbemerkt in die Kirche gekommen ist und die Predigt mit einem Fluch abschließt, für den Teufel, so daß die Kirche fluchtartig verlassen wird[98] (weitere Beispiele cf. AaTh 1825 C: *Die angesägte → Kanzel,* AaTh 1828*: → *Weinen und Lachen bei der Predigt*, AaTh 1834: → *Pfarrer mit der feinen Stimme*, AaTh 1837: → *Heiliger Geist in der Kirche*, AaTh 826: → *Sündenregister auf der Kuhhaut,* → Katechismusschwänke).

[1] Spieker, R./Moltmann, J.: G. In: LThK 4 (1968) 1099–1104; Jungmann, J. A./Mörsdorf, K./Fischer, B.: Messe, ibid. 7 (1968) 321–331, bes. 330sq.; Lanczkowski, G./Diebner, B./Hahn, F. u.a.: G. In: Theol. Realenz. 14. B./N. Y. 1985, 1–97. – [2] cf. für das MA. Franz, A.: Die Messe im dt. MA. Beitr.e zur Geschichte der Liturgie und des religiösen Volkslebens. Fbg 1902 (Nachdr. Darmstadt 1963). – [3] Beth, K.: G. In: HDA 3, 969–972. – [4] Tubach, Reg. s. v. Mass, Masses. – [5] Tubach, num. 3210. – [6] Tubach, num. 3229. – [7] Tubach, num. 3210. – [8] Tubach, num. 3211. – [9] Tubach, num. 3225. – [10] Tubach, num. 3224. –

[11] Alphabetum narrationum, num. 175; Johannes Gobius: Scala celi. Lübeck 1476, 47a. – [12] ibid., 161 b. – [13] Tubach, num. 3215. – [14] Tubach, num. 3212. – [15] Caesarius von Heisterbach, Dialogus miraculorum 3, num. 32; Alphabetum narrationum, num. 179. – [16] Tubach, num. 3208. – [17] Tubach, num. 3226. – [18] Alsheimer, R.: Das Magnum Speculum Exemplorum als Ausgangspunkt populärer Erzähltraditionen. Bern/Ffm. 1971, 136, num. VZ 75. – [19] ibid., num. VZ 74. – [20] Jacques de Vitry/Crane, num. 262; Alphabetum narrationum, num. 237; cf. Tubach, num. 2627. –

[21] Boggs 1805 B; Jegerlehner, J.: Sagen und Märchen aus dem Oberwallis. Basel 1913, 7sq., num. 10. – [22] Tubach, num. 4360; Welter, J. T.: Le Speculum Laicorum. P. 1914, num. 255. – [23] Tubach, num. 926, 3370. – [24] Tubach, num. 4148. – [25] Tubach, num. 3233; Alphabetum narrationum, num. 499; cf. Mot. V 41.1. – [26] Tubach, num. 3217. – [27] Tubach, num. 3264. – [28] Caesarius von Heisterbach, Dialogus miraculorum 12, num. 26, 33sq., 37; cf. Mot. V

42; Boggs 760 C; Moser-Rath, E.: Arme Seele. In: HDS, 628–641. – [29] Tubach, num. 3213 b, 3388. – [30] Tubach, num. 3213 a. –
[31] Tubach, num. 2369. – [32] Tubach, num. 3232. – [33] Tubach, num. 3213 d. – [34] Tubach, num. 3214. – [35] Tubach, num. 3205; cf. Nigg, W.: Niklaus von Flüe. In Ber.en von Zeitgenossen. Olten 1980, 27–29. – [36] Tubach, num. 3899. – [37] Tubach, num. 3206. – [38] Jacques de Vitry/Crane, num. 223; cf. Tubach, num. 2444; Ó Súilleabháin, S.: Scéalta Cráibhtheacha. Áth Cliath 1952, num. 98. – [39] Tubach und Dvořák, num. 4519; Caesarius von Heisterbach, Dialogus miraculorum 7, num. 20. – [40] Tubach, num. 3216. –
[41] Alphabetum narrationum, num. 345; cf. Tubach, num. 3227; Mot. V 222; cf. auch Alsheimer (wie not. 18) 144, num. VZ 102. – [42] Tubach, num. 5102; Caesarius von Heisterbach, Dialogus miraculorum 1, num. 35. – [43] Krappe, A. H.: Les Sources du Libro de exemplos. In: Bulletin Hispanique 39 (1937) 5–54, hier 35, num. 267 (196). – [44] Caesarius von Heisterbach, Dialogus miraculorum 7, num. 4; cf. Tubach, num. 3231; Alphabetum narrationum, num. 761. – [45] Tubach, num. 236. – [46] Tubach, num. 3228. – [47] Alphabetum narrationum, num. 462. – [48] Tubach, num. 935. – [49] cf. Tubach, num. 3213. – [50] Johannes Gobius (wie not. 11) 133 a. –
[51] cf. Deneke, B.: Legende und Volkssage. Unters.en zur Erzählung vom Geistergottesdienst. Diss. (masch.) Ffm. 1958. – [52] Alphabetum narrationum, num. 105; cf. Mot. G 303.9.9.2; cf. Tubach, num. 3219. – [53] Tubach, num. 1412. – [54] Caesarius von Heisterbach, Dialogus miraculorum 4, num. 83; cf. Tubach, num. 5372. – [55] Alsheimer (wie not. 18) 137, num. VZ 78. – [56] Brückner, 247. – [57] Tubach, num. 3209. – [58] Köhler/Bolte 1, 134. – [59] Alsheimer (wie not. 18) 137, num. VZ 76; cf. Brückner, 245 sq., 253 sq.; cf. Schenda, R.: Walfisch-Lore und Walfisch-Lit. In: Laogr. 22 (1965) 430–448, hier 437. – [60] Jegerlehner (wie not. 21) 25, num. 34. –
[61] Jacques de Vitry/Crane, num. 140. – [62] Tubach, num. 3170. – [63] Schenda, R.: Hieronymus Rauscher und die protestant.-kathol. Legendenpolemik. In: Brückner, 179–259. – [64] ibid., 230 sq., 252. – [65] ibid., 253 sq. – [66] Alsheimer, R.: Katalog protestant. Teufelserzählungen des 16. Jh.s. In: Brückner, 417–519, hier 440, num. 87 (J. Fincel) u. ö. – [67] ibid., 434, num. 30 (M. Luther) u. ö. – [68] ibid., 451, num. 214 (J. Manlius), 215 (J. Manlius/A. Hondorff). – [69] ibid., 490, num. 593 (W. Bütner). – [70] ibid., 450, num. 212 (J. Manlius) u. ö. –
[71] Schade, H.: Andreas Hondorffs Promptuarium Exemplorum. In: Brückner, 647–703, hier 682. – [72] ibid., 682 sq. – [73] Gruppe, H.: Katalog der Luther- und Reformationssagen des 19. Jh.s. In: Brückner, 295–324. – [74] ibid., 316, num. 196. – [75] ibid., 317, num. 204. – [76] ibid., 317, num. 208. – [77] ibid., 319, num. 221. – [78] Moser, D.-R.: Verkündigung durch Volksgesang. Studien zur Liedpropaganda und -katechese der Gegenreformation. B. 1981, 276. – [79] ibid., 278–280, 500 sq. – [80] ibid., 265–267. –
[81] ibid., 303–305; cf. Tubach und Dvořák, num. 2689 c. – [82] Gruppe (wie not. 73) 323, num. 261. – [83] ibid., 323, num. 266. – [84] ibid., 324, num. 271. – [85] Moser-Rath, E.: „Lustige Gesellschaft". Schwank und Witz des 17. und 18. Jh.s in kultur- und sozialgeschichtlichem Kontext. Stg. 1984, 162 sq. – [86] ibid., 425, num. 45. – [87] ibid., 163, 450, num. 124. – [88] ibid., 411, num. 4. – [89] ibid., 165, 411, num. 5. – [90] ibid., 420, num. 28. –
[91] ibid., 448, num. 115. – [92] Wehse, R.: Schwanklied und Flugblatt in Großbritannien. Ffm./Bern/Las Vegas 1979, 487, num. 474. – [93] ibid., 489, num. 477. – [94] ibid., 516, num. 522. – [95] ibid., 390, num. 288. – [96] Moser-Rath (wie not. 85) 421 sq., num. 32. – [97] ibid., 411, num. 3. – [98] Wehse (wie not. 92) 490, num. 479.

Freiburg/Br. Hans-Walter Nörtersheuser

Gotteslästerung → Blasphemie

Gottesurteil

1. G. (Ordal, mittellat. ordalium, ags. ordal, ahd. urteili)[1] ist eine formale Prüfung unter festgelegten Bedingungen, um den Willen und das → Urteil → Gottes in Angelegenheiten zu erforschen, welche die menschliche Fähigkeit der Wahrheitsfindung übersteigen (→ Wahrheitsprobe, cf. auch Himmlische → Weisung). G.e werden gesucht, um (1) die → Schuld/→ Unschuld eines Menschen zu erweisen, um (2) die Rechtmäßigkeit/Unrechtmäßigkeit eines Besitzanspruches zu untermauern, oder (3) in der weitesten und allgemeinsten Form, um eine Entscheidung in einer Sache herbeizuführen (z. B. bei der Frage, wo eine Kirche erbaut werden soll, welchen Weg man einschlagen soll etc.). Vom reinen → Wunder unterscheiden sich die G.e durch das Vorhandensein eines oft auch nur minimalen organisatorischen Elementes, welches das G. als erbetenes Wunder ausweist[2]. G.e sind in den meisten Fällen in die Vergangenheit gerichtete Weissagungen (im Gegensatz zum Orakel; cf. → Prophezeiungen), sie dienen in diesem Zusammenhang lediglich der Wahrheitsfindung (cf. auch → Folter[3]), die Bestrafung (→ Strafe) hat unmittelbar nichts mit ihnen zu tun (im Gegensatz zum Gottesgericht).

G.e hat es in allen Kulturen gegeben, in heidnischer Zeit sind sie als Zwingzauber auf die Elemente zu verstehen, in christl. Zeit erscheinen sie als Ausdruck des Gottvertrauens und der daraus folgenden Rechtsauffassung (→ Rechtsvorstellungen), daß Gott die Verurteilung des Unschuldigen oder einen anderen Rechtsbruch nicht duldet und durch ein Zeichen in das Verfahren eingreift; im G. legt der Mensch seine Angelegenheiten vertrauensvoll in die Hand Gottes (→ Divination, Kap. 5). Nach Art und Weise des Zustandekommens unterscheidet man zwischen berufenen und unberufenen G.en. Erstere treten vorwiegend, aber nicht ausschließlich im gerichtlichen Kontext auf: Gott wird aufgefordert, durch ein Zeichen die Wahrheit oder Unwahrheit einer in diesen speziellen Fällen meist mit einem → Eid verknüpften Aussage anzuzeigen. Bei den unberufenen G.en setzt Gott dieses Zeichen von sich aus, wobei oft an eine wie auch immer geartete Äußerung des Betroffenen (z. B. Unschuldsbeteuerung wie ‚der Blitz soll mich treffen, wenn ...') angeknüpft wird. Wurden die G.e zunächst in das kirchliche Zeremoniell integriert, so sind sie schon seit dem 9. Jh. nicht mehr unumstritten, und auf dem Laterankonzil von 1215 wurden sie durch Papst Innozenz II. endgültig verboten. Durch die kirchliche Ächtung haben sie auch bald ihre Bedeutung verloren, wenngleich spezielle Ausformungen sich noch lange danach erhalten haben (z. B. Hexenproben im Rahmen der spätma. Hexenprozesse [cf. → Hexe, → *Malleus maleficarum*]); in der Lit. jedenfalls finden sich immer wieder Anklänge an diese einst so beliebte Praxis der Urteilsfindung.

2. Berufene G.e treten bes. im gerichtlichen Kontext als Feuer- (cf. → Feuer, Kap. 6), → Wasser- (cf. → Fluß, Kap. 15), Erd- und Speiseprobe, als Los- (oder losähnliche) Probe, als Kreuzprobe und als → Zweikampf auf (cf. Mot. H 220–236)[4]. Für einige lassen sich literar. Beispiele beibringen:

Im Gedicht *Vom Recht* (1. Hälfte 12. Jh.) ist der Verf. von der Feuerprobe überzeugt, wenn er das Tragen von glühendem → Eisen als wirksames Mittel im Dienste der Wahrheitsfindung ansieht[5]. In der Sage *Die Königin im Wachshemd* (Grimm DS 459; *Kaiserchronik*, V. 15494–15509)[6] wird die des → Ehebruchs bezichtigte Gemahlin König Karls nur mit einem Wachshemd bekleidet der Feuerprobe ausgesetzt, welche sie als Zeichen ihrer Unschuld unverletzt übersteht; in der Sage *Kaiser Otto hält Witwen- und Waisengericht* (Grimm DS 474) verleumdet die Gemahlin Ottos III. einen Grafen, der sich geweigert hatte, mit ihr ein Verhältnis einzugehen; der Graf wird hingerichtet, aber dessen Frau erweist nachträglich durch das Tragen der glühenden Eisen seine Unschuld. Die hl. → Kunigunde reinigt sich vom Vorwurf des Ehebruchs durch den Gang über sieben glühende Pflugscharen (Grimm DS 476; Ebernand von Erfurt, *Heinrich und Kunigunde*, V. 1487–1580)[7]. Ein Feuerordal besteht auch Isolde in Gottfrieds von Straßburg → *Tristan* durch Manipulation des dem G. vorangehenden Reinigungseids (AaTh 1418: → *Isoldes Gottesurteil*; cf. auch → Bocca della verità, → Eideslist)[8].

Wird hier mit dem Aufzeigen der Manipulierbarkeit des G.s erstmals Kritik an dieser Art der Wahrheitsfindung laut, so zeigt sich die ganze Skepsis am Beispiel des erlisteten G.s im Schwank *Das heiße Eisen* des → Stricker und im späteren Fastnachtspiel zum gleichen Thema von Hans → Sachs[9]. Manipuliert wird das G. auch im *Engelhard* des → Konrad von Würzburg, wenn der bei einem Schäferstündchen mit der Königstochter Engeltrud überraschte Engelhard dem König gegenüber alles bestreitet; im zur Wahrheitsfindung festgelegten Gerichtskampf allerdings kämpft an Engelhards Stelle sein ihm aufs Haar gleichender Gefährte Dietrich, der – tatsächlich unschuldig – im Kampf siegt (V. 4000–4960). Eine Wasserprobe findet sich in der *Gongolflegende* Hrotsvits von Gandersheim, in der die ehebrecherische Herzogin ihren Arm verbrüht aus der kalten Quelle zieht[10]. In Priester Wernhers *Maria* reinigen sich → Joseph und danach → Maria vom Vorwurf der Unkeuschheit durch das Trinken des Giftbechers[11]. Am häufigsten lassen sich Beispiele für den Zweikampf als G. anführen:

Der Kampf zwischen → Beowulf und Grendel wird als Gerichtskampf im Vertrauen auf den Sieg der gerechten Sache ausgefochten, in *Battle of Maldon* gewährt der ags. Anführer Byrhtnoth den Dänen das kampflose Überqueren einer Brücke, um so den folgenden Heerkampf der beiden Gruppen, den er als Urteilskampf versteht, zu ermöglichen[12]. Der Kampf zwischen Tristan und Morold ist ein Gerichtskampf im Vertrauen auf den Sieg der gerechten Sache[13], und auch → Iwein kämpft in einem Gerichtskampf zunächst unerkannt für die gerechte Sache der jüngeren Gräfin vom Schwarzen Dorn gegen → Gawein, der deren ältere Schwester vertritt[14]. Um die Erbringung des letzten Schuldbeweises geht es im Gerichtskampf im *Rolandslied* des Pfaffen Konrad, in welchem der junge Tirrich als nächster Verwandter → Rolands den starken Binabel aus der Sippe Geneluns besiegt und so Genelun als Schuldigen am Verrat Rolands entlarvt[15]. In der Sage *Der Ritter mit dem Schwan* (Grimm DS 534) besiegt Helias nur mit einer Keule bewaffnet seinen Gegner und erweist so die Unschuld seiner Mutter Beatrix, die von ihrer Schwiegermutter Matabrun der Unzucht mit Hunden bezichtigt wird; in einem weiteren Kampf besiegt er den Grafen von Frankenburg, welcher die Herzogin von Billon beschuldigt hatte, ihren Mann vergiftet und eine unrechte Tochter geboren zu haben. In *Lohengrin zu Brabant* (Grimm DS 536; → Lohengrin) tritt dieser als Kämpfer für die Wahrheit der Beteuerung Elsams auf, Friedrich von Telramund nie ein Eheversprechen abgegeben zu haben. Ein auf wunderbare Weise ankommender → Schwanenritter beweist im Gerichtskampf die Rechtmäßigkeit des Erbanspruchs von Witwe und Tochter des verstorbenen Herzogs von Brabant gegenüber dem Herzog von Sachsen, der sich, alle Vermächtnisse seines Bruders mißachtend, des Landes bemächtigt hatte (Grimm DS 538; Konrad von Würzburg, *Der Schwanritter*). Friedrich von Oldenburg reinigt im Kampf gegen einen schrecklichen Löwen seinen Vater von der Verleumdung, einen Aufruhr gegen den Kaiser unternommen zu haben (Grimm DS 542)[16]. In der Geschichte vom *König Karl* (Grimm DS 454; *Kaiserchronik*, V. 14645–14682) fordert Karl die der Revolte überführten, aber leugnenden Römer auf, im Kampf ihre Unschuld zu erweisen. Als sie das als mit ihrem Recht nicht vereinbar zurückweisen und dafür den Eid anbieten, müssen sie auf das Heiligtum des Stiftes St. Pankratius schwören, doch bereits der erste stürzt beim Versuch des Meineides zu Boden. Eine spezielle Ausformung erhält der Zweikampf als G. in der Erzählung *Das rote Mandle*[17]. Hier läßt der Herzog auf Anraten seines Schloßgeistlichen ein Turnier veranstalten im Vertrauen darauf, daß Gott ihm im Sieger den Vater seines zukünftigen Enkels offenbart, zumal seine Tochter sich standhaft weigert, den Namen des Kindesvaters preiszugeben.

Waren die bisherigen Beispiele für berufene G.e eng mit dem gerichtlichen Kontext verknüpft (was mit Einschränkungen auch für die Beispiele aus *Beowulf* und *Battle of Maldon* gilt), so ist das letzte Beispiel schon ein Beleg dafür, daß berufene G.e auch außerhalb dieses engen Rahmens möglich sind; diese neutrale Ausprägung berufener G.e gibt es in vielfältigen Variationen:

So werden etwa → Pfeile abgeschossen, um den rechten Weg herauszufinden (Ez. 21, 26), oder in der Sage *Die Gründung des Gurker Domes*[18] erwählt die hl. Hemma die Stelle zum Bauplatz, von der ein Ochsengespann mit der Statue der Gottesmutter unter keinen Umständen mehr wegzubewegen ist. In der Sage von der Gründung des Stiftes Klosterneuburg (Grimm DS 498) spielt ebenfalls ein berufenes G. eine Rolle; Herzog Leopold ist erst dann bereit, der Bitte seiner Frau um die Gründung eines Stiftes zu entsprechen, wenn sich der eben fortgewehte Schleier der Herzogin wiederfindet. Auf einer Jagd findet der Herzog acht Jahre später den Schleier und läßt an dieser Stelle das Stift erbauen (→ Bauplatzlegende, → Gespannwunder, → Wegweisende Gegenstände und Tiere). In KHM 33, AaTh 671: cf. → *Tiersprachenkundiger Mensch* stellen die Kardinäle die Wahl des Papstes dem Urteil Gottes anheim; der von Gott Erwählte wird dadurch kenntlich, daß bei seinem Eintritt in den Dom zwei Tauben auf seine Schultern fliegen. In diesem Zusammenhang ist auch auf den → *Gregorius* (AaTh 933) des → Hartmann von Aue zu verweisen, in dem Gott ebenfalls bei der Papstwahl um sein Urteil gebeten wird.

3. Unberufene G.e treten vor allem als Schuld- bzw. Unschuldszeichen in vielfältiger Form auf. Die Bahrprobe, bei welcher in Gegenwart des Mörders die Wunden des Toten wieder zu bluten beginnen, ist u. a. aus dem → *Nibelungenlied* und auch aus Hartmanns *Iwein* bekannt[19]. Eine andere Ausformung erfährt das Schuldzeichen in KHM 28, AaTh 780: → *Singender Knochen*, in dem sich die Mordtat des älteren am jüngeren Bruder nach Jahren dadurch offenbart, daß ein Hirte zufällig aus einem Knöchlein des Ermordeten eine Pfeife schnitzt, die auf wunderbare Weise die Mordtat offenbart. Von vielfältiger Ausprägung sind die Unschuldszeichen:

In der Sage *Tod des Erstgebornen* (Grimm DS 260) fliegt im Augenblick der → Hinrichtung eine weiße Taube über das Haupt einer Amme, die den ersten Sohn eines vornehmen Geschlechtes im Schlaf erdrückt haben soll. Darüber hinaus wird ihre Unschuld auch dadurch nachträglich erwiesen, daß fortan ihrer Weissagung gemäß alle Erstgeborenen dieses Geschlechtes sterben. In *Gott weint mit dem Unschuldigen* (Grimm DS 360) beschwört eine zum Tod verurteilte Frau beim Regen, der aus heiterem Himmel hervorbrechen möge, ihre Unschuld; obwohl es tatsächlich zu regnen beginnt, wird die Frau hingerichtet. Das Blut des unschuldig Gerichteten verwandelt sich in Milch in den Erzählungen *Die verschütteten Silbergruben* (Grimm DS 97) und *Der unschuldige Ritter* (Grimm DS 473). In der auf die → Jakobspilgerlegende zurückgehenden Sage *Die Tauben zu Tiffen*[20] überlebt der schuldlos gehenkte Bauernsohn drei Tage am Galgen, und als der davon informierte Landpfleger störrisch die Schuld des Gehenkten bei seinen gebratenen Tauben beschwört, die ja auch nie wieder fliegen würden, bekommen die Tauben ihr Federkleid wieder und fliegen davon (→ Bratenwunder). Unschuldig verurteilte Frauen (cf. → Frau, Kap. 3.1.2) werden auf wunderbare Weise gerettet wie in KHM 76, cf. AaTh 652: → *Prinz, dessen Wünsche in Erfüllung gingen*, in dem die eingemauerte Königin nicht den ihr zugedachten Hungertod stirbt, oder in *Hildegard von Stein*[21], einer Sage, in der die Heldin nach einer böswilligen Verleumdung durch ihren Schwager vom erzürnten Gemahl in einen Abgrund gestürzt wird, aber auf wundersame Weise überlebt. Auf das Gebet des hl. Wolfram hin reißt der Strick des Henkers, und so wird in *Des Teufels goldnes Haus* (Grimm DS 447) der von den heidnischen Friesen unschuldig geopferte Occo vor dem Tode bewahrt. In der → *Tannhäuser*-Sage (Grimm DS 170) sieht sich der Papst nicht in der Lage, Tannhäuser die Absolution zu erteilen, es sei ebenso unmöglich, daß Gott ihm verzeihe, wie es unmöglich sei, daß der dürre Stab in seiner Hand wieder grünen könne. Verzweifelt kehrt Tannhäuser in den Venusberg zurück, er erfährt nicht mehr davon, daß der Stab tatsächlich zu grünen begann. Unberufene G.e dienen aber nicht nur dazu, Schuld oder Unschuld anzuzeigen; in der Sage *Der Altar zu Seefeld* (Grimm DS 355) dient das Wunder mit dem neu grünenden dürren Stab für die Frau eines Ritters lediglich als Beweis dafür, daß ihr Mann die Wahrheit erzählt hat (cf. AaTh 756: *Der grünende → Zweig*). In den Sagen *Riesensteine* (Grimm DS 134) und *Spuren im Stein* (Grimm DS 135) wird die Mutlosigkeit von Feldherren, die ihre Siegeschancen genauso hoch einschätzen wie die Möglichkeit, den vor ihnen liegenden Stein wie Butter zu durchstoßen, nur durch Eintreten dieses Wunders beseitigt.

Gerade die letzten Beispiele zeigen die Bandbreite dessen auf, was unter dem Begriff G. zusammengefaßt werden kann. Zwei Beispiele seien noch für den an und für sich fließenden Übergang von G. zu Gottesgericht angeführt; in beiden Fällen tritt Gott als urteilende Person direkt auf, wobei das Urteil gleich mit der Bestrafung verbunden wird: In KHM 35, AaTh 800: → *Schneider im Himmel* erfrecht sich ein Schneider, während der Abwesenheit des Herrn auf dessen Richterstuhl zu sitzen, auf dem er sich dann im Gegensatz zu Gott als gnadenloser Richter erweist, und von Gott aus dem Himmel gewiesen wird. Die Erzählung *Schlechter Bischof wird von Gott gerichtet*[22] berichtet davon, wie der verstockte Sünder letztendlich von Gott verdammt wird.

4. Abschließend ist noch auf den unterschiedlichen Stellenwert hinzuweisen, den berufene und unberufene G.e im Erzählzusammenhang einnehmen. Die unberufenen G.e – und da wiederum die Unschuldszeichen – bringen in der Regel dadurch eine tragische Komponente in die Erzählung ein, daß sie für den Betroffenen meistens zu spät kommen. Sie dienen dann nur noch der nachträglichen Rehabilitierung des Gerichteten; in manchen Fällen drücken sie auch das Mißverhältnis zwischen der irdischen und himmlischen Gerichtsbarkeit aus, wenn sich – wie z. B. in der Sage *Die Tauben von Tiffen* – der weltliche Richter zunächst hartnäckig weigert, ein bereits eingetretenes Zeichen zu akzeptieren, und wenn er gleichsam durch ein weiteres Zeichen gezwungen wird, seine vorgefaßte Meinung aufzugeben. Demgegenüber bringen die berufenen G.e ein dramatisches Element in die Erzählung ein. Sie bilden im Erzählzusammenhang einen Angelpunkt, auf den die Handlung entweder zusteuert oder von dem sie ihren Ausgang nimmt.

[1] cf. DWb. 7 (1889) 1316. – [2] Müller-Bergström, W.: G. (Ordal). In: HDA 3, 994–1064; Fehr, H.: Die G.e in der dt. Dichtung. In: Festschr. G. Kisch. Stg. 1955, 271–281; Nottarp, H.: G.studien. Mü. 1956; Bloomfield, M. W.: Beowulf, Byrhtnoth, and the Judgment of God: Trial by Combat in Anglo-Saxon England. In: Speculum 44 (1969) 545–559; Frenzel, Motive, 297–312; Erler, A.: G. In: HWb. zur dt. Rechtsgeschichte 1. B. 1971, 1769–1773; Schmidt-Wiegand, R.: ‚G.-Verfahren'. In: Verflex. 3, 117sq.; Röhrich, L./Meinel, G.: Reste ma. G.e in sprichwörtlichen Redensarten. In: Alemann. Jb. 1970, 341–346. – [3] cf. Nottarp (wie not. 2) 88–99 (G. und Folter). – [4] ibid., 213–313; cf. Tubach, num. 59, 2071, 2634, 2759, 3109; Toldo 1901, 325; Toldo 1902, 315; zahlreiche Sagenbeispiele im Peukkert-Archiv, Inst. für Vk., Freiburg. – [5] cf. Fehr (wie not. 2) 273sq. – [6] Es handelt sich dabei um Richardis, die Gemahlin Karls III., nicht um Kunigunde, wie Fehr (wie not. 2) 275 meint; cf. auch Frenzel, Motive, 300; Günter, H.: Legenden-Studien. Köln 1906, 140–142; Nottarp (wie not. 2) 257. – [7] cf. ibid., 258; Günter (wie not. 6). – [8] Schröder, W.: Text und Interpretation. Das G. im „Tristan" Gottfrieds von Strassburg. Wiesbaden 1979. – [9] Fehr (wie not. 2) 274; Frenzel, Motive, 303; Nottarp (wie not. 2) 258. – [10] cf. Frenzel, Motive, 300. –
[11] cf. ibid. – [12] Bloomfield (wie not. 2). – [13] cf. Fehr (wie not. 2) 278; Nottarp (wie not. 2) 281. – [14] cf. Frenzel, Motive, 310; Fehr (wie not. 2) 278. – [15] cf. ibid.; Frenzel, Motive, 307. – [16] cf. Holzberg, C./Rüdebusch, D.: Die Sage vom Löwenkampf des Grafen Friedrich und die bes. Beziehungen zwischen den Häusern Oldenburg-Delmenhorst und Schwarzburg-Rudolstadt. Oldenburg 1978, 9–27. – [17] Reiffenstein, I.: Österr. Märchen. MdW 1979, num. 7. – [18] Graber, G.: Sagen aus Kärnten 1–2. Klagenfurt 1979, hier t. 1, 280sq. – [19] cf. Frenzel, Motive, 304; Nottarp (wie not. 2) 36sq.; Müller-Bergström (wie not. 2) 1046–1059. – [20] Graber (wie not. 18) t. 1, 357–359. –

[21] ibid., t. 2, 232–236. – [22] Alsheimer, R.: Das Magnum Speculum Exemplorum als Ausgangspunkt populärer Erzähltraditionen. Bern/Ffm. 1971, 168.

Klagenfurt Hans Gröchenig

Gotthelf, Jeremias

1. Allgemeines – 2. Sagen – 3. Märchen – 4. Schwänke, Schwankhaftes

1. Allgemeines. G. (i.e. Albert Bitzius), *Murten 4. 10. 1797, † Lützelflüh (Emmental) 22. 10. 1854, schweiz. protestant. Pfarrer und Volksschriftsteller. Bürger von Bern, Pfarrerssohn; Theologiestudium, ab 1820 Pfarrvikar, 1821–22 Studienjahr in Göttingen; ab Neujahr 1831 Vikar, ab März 1832 Pfarrer von Lützelflüh[1].

G., nach Gottfried → Keller „ein großes episches Genie"[2], schrieb als politisch engagierter Volksschriftsteller u. a. 13 Romane, über 40 Erzählungen und sechs Jahrgänge des *Neuen Berner Kalenders*[3]. Nach dem Vorbild Pestalozzis wollte er Volkserzieher sein; literarhist. ist er schwer einzuordnen[4].

G.s wesentlich vom gesprochenen Wort (Dialekt) lebende Schriften sind eine reiche Quelle für die Kenntnis der Volkssprache und -rede[5]; unter den volkstümlichen Erzählformen stehen Sage und Schwank obenan, das Märchen tritt ganz zurück.

2. Sagen. Johannes von Müller, Walter → Scott und die Popularromantik nährten im heranwachsenden G. die Liebe zu Geschichte und Sage[6]. Seine Werke sind von Sagenmotiven durchsetzt[7], wobei sich fünf Formen der Gestaltung unterscheiden lassen:

(1) Episodische Verwendung von Sagenzügen, auch in Vergleichen und Anspielungen. Hauptthema: → Schuld und Sühne (→ Wiedergänger), ferner Drachen, Erdmännlein, Hexerei, der Teufel.

(2) Kürzere Einzelsagen wie *Der bekehrte Mordiofuhrmann, Die beiden Raben und der Holzschelm, Die Rabeneltern*[8].

(3) Als mahnende Exempla in Erzählungen eingefügte Sagen: *Der Ritter von Brandis* (Wiedergängersage) in *Die Wassernot im Emmental* (15, 39–43)[9], das → Loreleimotiv der Küherin vom Reichenbachfall in *Jakobs Wanderungen* (9,341–343), die Sage vom Besserstein in *Hans Berner und seine Söhne* (17,125 sq.)[10], die umgehende Ahnfrau von Krauchtal in *Der letzte Thorberger* (16,336–343); in der Jugendschrift *Der Knabe des Tell* (18,121–292) häufen sich Einschübe, z. B. über hilfreiche Erdmännlein, böse Schatzzwerge (133 sq., 198 sq.), Winkelrieds → Drachenkampf (152–156) und die Klariden-(= Blümlisalp-)Sage (202–204)[11].

(4) Erlebnissagen, in denen eine andere Erzählung gipfelt: In drei Abwandlungen[12] verwendet G. das volkstümliche Motiv der → Wilden Jagd: in *Dursli der Branntweinsäufer* (16,158–163)[13], in *Kurt von Koppigen* (17,341–347) und, mit zeitkritischer Wendung, in *Doktor Dorbach der Wühler und die Bürglenherren in der hl. Weihnachtsnacht 1847* (20,47–54).

(5) Die Kunstsagen oder Sagennovellen: Nach einer ersten, realistischen Schaffensperiode wandte sich G. 1840 Geschichts- und Sagenstoffen zu, teils aus Unsicherheit über die künftige Richtung seines Schaffens und im Streben nach kunstmäßigerer Produktion, teils angeregt durch „die allgemeine Aufmerksamkeit, die man [unter Literaten] der Sage zuwendet", schließlich, weil er durch Anfragen „in dieses Geleise gedrängt wurde"[14]. Er begann u. a. „einige Sagen auf- und einzufassen", die bruchstückhaft „in des Volkes Munde" lägen, und betonte die Schwierigkeit der Bearbeitung für einen „Neuling in der Sagenwelt"[15]; schon bald entwarf er aber einen großen schweiz. Sagen- und Geschichtszyklus[16]. Es entstanden u. a. die vier Sagen *Die Drei, Die Rotentaler, Die Brüder, Die schwarze Spinne*[17]. Die zwei ersten dieser „Dingerchen" wurden erst postum veröffentlicht[18], die Drachenkampfsage *Die Brüder* (= *Sintram und Bertram*) in einer stark umgearbeiteten Fassung 1846[19]; *Die schwarze Spinne* (geschrieben 1840) erschien 1842 (17,5–97).

Charakteristisch für die Sagennovellen G.s sind die phantasiemächtige Ausgestaltung kurzer volksläufiger Erzählungen, angereichert mit Reminiszenzen aus der romantischen Lit. und aus hist. Qu.n[20], sowie der kunstvolle, zu übersteigerter Pathetik neigende Stil.

Auch *Die schwarze Spinne*, berühmt durch den Gegensatz zwischen der gottgefällig geordneten Welt der Rahmenhandlung und dem Ausbruch der dämonischen Mächte in der Sage, gehört durchaus in diese Reihe[21]. Burschikos schreibt G. seinem Auftraggeber von einer Sage, „von der ich drei Bruchstücke aufgabelte, deren Verknüpfung mein armes Gehirn in Anspruch nahm"[22]; K. Fehr nennt sie „eine der großen Mythenkontaminationen der neueren Zeit"[23]. Die Novelle hat tiefenpsychol.[24], christl.[25] und politische[26] Deutungsversuche hervorgerufen. Als einer zeitlosen Vision wurde ihr z. B. von W. Muschg höchstes Lob zuteil[27]; neuere kritische Urteile fehlen nicht[28].

Wie die übrigen Werke jener romantischen Phase war auch *Die schwarze Spinne* bereits von Zeitgenossen als dem ‚Bauernepiker' unangemessen abgelehnt worden[29]. G. kehrte darauf zu den ihm gemäßen realistischen Gegenwartsstoffen zurück. Außer der schon genannten Weiterführung der → Tellsage folgten nur noch einige unbedeutende Einzelsagen[30].

Im ganzen haben die Sagen für G. nicht so sehr eine folkloristische und ästhetische als vielmehr eine moralische Funktion, so wie für Johann Peter → Hebel. Sie sind Erziehungsmittel; bezeichnend ist das starke Überwiegen von Wiedergänger- und anderen Warnsagen. Zudem geben die Sagen wichtige Aufschlüsse über G.s Wesen.

3. Märchen entsprechen nicht G.s Art. Das „Märlein" von den Erdmännchen in *Käthi die Grossmutter* (10,78 – 89) geht unversehens in eine Lokalsage über. Eine andere Großmutter erzählt immerhin im Märchenton das Geschichtlein *Das gelbe Vögelein und das arme Margrithli* (23,67 – 77); eine Mutter erfindet ein Märchen von der Herkunft des ‚Wiehnechtkingli' in *Leiden und Freuden eines Schulmeisters* (3,242 – 244); Märchenstimmung liegt über Teilen von *Das Erdbeeri Mareili* (21,5 – 53). Das einzige – schwache – Kunstmärchen G.s ist *Geraldine, die gebesserte Tochter: ein Mährchen* (Suppl. t. 10, 207 – 227)[31].

4. Schwänke, Schwankhaftes. G.s Werke sind wohl eine der ergiebigsten neueren dt.sprachigen Quellen von Schwänken; sie finden sich in fast allen Romanen und Erzählungen und natürlich gehäuft im *Neuen Berner Kalender*[32]. Eine Reihe kürzerer Erzählungen sind erw. Schwänke, z. B. *Wie Joggeli eine Frau sucht* (16,357 – 374), *Der Notar in der Falle* (19,89 – 126; Motiv des fingierten Testaments), die Histörchen aus den Tagen der Eroberung Berns durch die Franzosen (19,297 – 320; 22,31 – 46). *Hans Joggeli der Erbvetter* gipfelt im Schwankmotiv der geprellten lachenden Erben (19,242 – 244). Fast unüberblickbar ist die Masse schwankhafter Einschübe, assoziierender Abschweifungen – Zeugnisse von G.s übersprudelnder Fabulierlust. Neben knappen, eine Erzählsituation unterstreichenden Episoden kommen seitenlange Ausbuchtungen vor (z. B. 14,161 sq.; 21,216 sq.), auch ganze Schwank-Ketten (1,138 – 142; 3,108 – 111). Typisch sind anderseits zahllose embryonale Formen folgender Art: Sind die Mädchen verliebt, tritt der Zeitpunkt ein, „wo sie [. . .] das Psalmenbuch aufs Sauerkraut legen und mit der Wurst in der Hand andächtig zur Kirche gehen" (13, 83).

Häufige Themen und Motive (Ausw.): → Brautwerbung (7,210). – → Eheschwänke und -witze (5,362 sq.). – → Tod/Erben (3,259 sq.). – → Ständespott: bornierter Ratsherr (10,139 sq.). – → Pfarrer (13,487 sq.) (lange Predigt). – → Arzt (5,63) (heikle Patienten). – → Scharlatan (3,107 – 110) (falsche Schwangerschaftsdiagnose, cf. AaTh 1641 A – B). – Lehrer fragt Schulmädchen: „Was ist Unkeuschheit?" (3,80 sq.). – → Naivität: Rätselraten über die Bedeutung des Wortes Natur (5,60 – 70). – Es lebe die Emanzipation – d'Mannspersone (23,321). – Unpraktische Gebildete (ein Lieblingsmotiv G.s): Bessere Dame bestellt buchene Tannenzapfen (21,16). – Pfarrvikar macht sich mit der Frage nach dem ‚Kornsetzen' bei den Bauern unmöglich (6,405). – → Ortsneckerei: drei Schwänke über Merligen[33] (9,329 sq.) (→ Schildbürger). – Historisches: Franzosenzeit (1798) (15,45; 23,99). – Durchmarsch der Österreicher (1813) (13,420). – Hist. Persönlichkeiten treten eher selten auf, z. B. Albrecht von Haller, „der bei Tische immer las und dem Nächstsitzenden, sobald irgendwo am Tische Geräusch entstand, eine Ohrfeige verabreichte" (14,347). – Mehrfach erscheint der berühmte Naturheiler Michel Schüppach[34], der aus dem ‚Wasser' erkennt, wie viele Leitersprossen ein Verunglückter heruntergefallen ist (3,110 sq., cf. Mot. K 1955.2), und als Medizin für zankende Eheleute einen Schluck Wasser, im Munde zu behalten, verordnet (20,411 sq.) (AaTh 1429*: *Water of Slander*). – Im *Neuen Berner Kalender* wird auch von fremden Potentaten Spaßiges erzählt: von Kaiser Joseph II. (23,102), Ludwig I. von Bayern (23,206), Friedrich Wilhelm IV. von Preußen (24,38 sq.) etc.

Einen Teil der Schwänke verdankte G. ausgedehnter Lektüre; die Mehrzahl erlebte er selbst oder eignete sie sich aus dem volksläufigen Fundus an, z. B. bei Hausbesuchen, Audienzen, im Pfarrerkränzchen, bei ‚Abendsitzen' mit dörflichen Freunden, im Wirtshaus[35]. Für den Kurpfuscherroman *Anne Bäbi Jowäger* erhielt er zahlreiche mündl. und schriftl. Beitr.e[36]. Bei manchen Schwänken, die einer älteren Schicht entstammen, stellt sich das Problem des Wanderschwanks; ob sie G. der schriftl. oder der mündl. Überlieferung entnommen hat, ist meist nicht auszumachen:

Die Frage an ein Kind nach dem Namen des Vaters entspricht einer Episode in → Grimmelshausens *Der abenteuerliche Simplicissimus* (Buch 1,8): Das Kind antwortet, die Mutter nenne ihn „albeneinisch euige Branzi und Gugag" (gelegentlich ewigen Zänker und Schwätzer) (2,44 sq.). Die erwähnten Merliger Geschichten vom fensterlosen Rathaus (AaTh 1245: → *Sonnenlicht im Sack*) und vom durstigen Nußbaum (AaTh 1241: → *Baum tränken*) haben ihre Entsprechung bei den Schildbürgern bzw. Laleburgern[37], ebenso die Verbindung des Motivs der komplizierten Verwandtschaft mit dem des Bratenriechens (2,100 sq.): „myner Grossmutter Bruderssohn“ hat „bimene Haar“ schon Braten gegessen, nämlich „afe gschmöckt“ (bereits gerochen)[38]. Einige weitere auffällige Motivparallelen: Gespräch im Ehebett des neugebackenen Gerichtsässen (1,140 sq.)[39]. – AaTh 1416: *Die neue* → *Eva* (1,308). – Liebhaber als Gespenst (1,325)[40]. – AaTh 1351 A: *God Help You!* (5,362 sq.). – „Zwölfmässiger“ Sack Safran (17,14)[41]. – AaTh 1350: *Die rasch getröstete* → *Witwe* (20,317). – AaTh 1590: → *Eid auf eigenem Grund und Boden* (22,114 und 121 – 123).

[1] Maßgebende neuere Biogr. Fehr, K.: J. G. Zürich 1954. – [2] Keller, G.: Sämtliche Werke 22. ed. C. Helbling. Bern 1948, 108. – [3] Chronologischer Überblick: Fehr, K.: J. G. (Albert Bitzius). Stg. 1967, 5 – 13. – [4] Zuletzt Bauer, W.: J. G.: Ein Vertreter der geistlichen Restauration der Biedermeierzeit. Stg. 1975; Sengle, F.: Biedermeierzeit 3. Stg. 1980, 888 – 951; dazu Strübin, E.: J. G. als ‚Volksschriftsteller‘. In: SAVk. 79 (1983) 42 – 62; Holl, H. P.: G. im Zeitgeflecht. Bauernleben, industrielle Revolution und Liberalismus in seinen Romanen. Tübingen 1985; Braungart, W.: Aufklärungskritische Volksaufklärung. Zu J. G. In: Fabula 28 (1987) 185 – 226. – [5] cf. Reber, A.: Stil und Bedeutung des Gesprächs im Werke J. G.s. B. 1967; Strübin, E.: Volkstümliches und Schöpferisches in G.s Sprache. In: SAVk. 59 (1963) 131 – 165; Mieder, W.: Das Sprichwort im Werke J.G.s. Bern/Ffm. 1972. – [6] cf. Salfinger, T.: G. und die Romantik. Basel 1945, 116 – 147; G.s Lehrer J. R. Wyss d. J. war u. a. Mitherausgeber des Schweizer Almanachs ‚Alpenrosen‘ (1811 – 30) sowie Verf. von ‚Idyllen, Volkssagen, Legenden und Erzählungen aus der Schweiz‘ 1 – 2. Bern/Lpz. 1815 – 22; Henne, J. A.: Lieder und Sagen aus der Schweiz. Basel 1824 etc. – [7] cf. Muschg, W.: J. G. Die Geheimnisse des Erzählers. Mü. 1931, Kap. Sage, Mythus; Fehr (wie not. 1) 319 – 326. – [8] Zuerst im ‚Neuen Berner Kalender‘ (23,31 – 42, 79 – 88, 152 – 160). Zitate hier und im folgenden nach: Sämtliche Werke [. . .] (v. Ausg.). – [9] Als gesonderte Sage mit Rahmenerzählung überarbeitet (16, 425 – 442). – [10] cf. Rochholz, E. L.: Schweizersagen aus dem Aargau 2. Aarau 1856, 233 sq. –
[11] Zur Klaridensage cf. Lüthi, M.: Aspekte der Blümlisalpsage. In: SAVk. 76 (1980) 229 – 243. – [12] Vergleich der Fassungen bei Salfinger (wie not. 6) 61 – 69. – [13] Urfassung der Sage für einen Kalender bestimmt (Suppl. t. 10, 58 – 89, 281). – [14] An J. K. Mörikofer, den Schwager seines damaligen Verlegers C. Beyel, Suppl. t. 5, 143,166; aufschlußreich auch 5,77 – 79, 98, 150 – 153; ferner an den Vetter C. Bitzius, Suppl. t. 5, 65 sq., 192; an den Literaten A. Hartmann, Suppl. t. 5,115 sq.; „allgemeine Aufmerksamkeit“: G. denkt z. B. an den damaligen Freund J. J. Reithard und dessen ‚Republikaner-Kalender‘ (1836 – 40); an Wälti, C.: Blumen aus den Alpen. Erzählungen und Volkssagen 1 – 2. Bern 1841 – 43 (Anspielung auf Wälti: 23,344); cf. ferner Otte, F.: Schweizer-Sagen in Balladen, Romanzen und Legenden. Straßburg 1840; Müller, R.: Bilder und Sagen aus der Schweiz in episch-lyrischem Gewande. Glarus 1842. Direkte Anfragen an G.: ed. des Taschenbuchs ‚Alpina‘ (Suppl. t. 5,115); Redaktion der Zs. ‚Der Wanderer in der Schweiz‘ (Suppl. t. 5, 65 sq., 78); J. K. Mörikofer (Suppl. t. 5,79, 98). – [15] Suppl. t. 5,142 sq. – [16] Suppl. t. 5,151 sq.; der Plan wurde nur z. T. ausgeführt. Die meisten hist. Erzählungen und Sagen fanden dann Aufnahme in den Reihen ‚Bilder und Sagen aus der Schweiz‘ 1 – 6 (1842 – 1846) und ‚Erzählungen und Bilder aus dem Volksleben der Schweiz‘ 1 – 5 (1850 – 1855). – [17] Suppl. t. 5,143. –
[18] ‚Die Drei‘, auf einer volkstümlichen Wiedergängersage fußend und phantasievoll ausgesponnen, unter anderem Titel ‚Die drei Brüder‘ (1855; 18,5 – 39); ‚Die Rotentaler Herren‘ (erst 1941; Suppl. t. 10,239 – 277), starke Ausweitung und Umdeutung einer Riesensage, kombiniert mit der sagenhaften Gestalt des Vieharztes Mühleseiler. – [19] 1. Fassung Suppl. t. 10,91 – 143, 2. Fassung 18,293 – 408. – [20] Zur Qu.nfrage: Viele Belege und Vermutungen in der Gesamtausg. und bei Mäder, P.: G.s hist. Novellistik und ihre Qu.n. Bern 1932; Salfinger (wie not. 6). Nachweis des volkstümlichen Substrats oft schwierig; wichtigste hist. Qu. Müller, J. von: Geschichten Schweiz. Eidgenossenschaft 1 – 5 [in 6 Bänden]. Lpz. 1786 – 1808; wichtigste literar. Qu. W. Scott, cf. Muschg, W.: J. G.s Persönlichkeit. Erinnerungen von Zeitgenossen. Basel 1944, 61. –
[21] G., J.: Die schwarze Spinne. ed. W. Mieder. Stg. 1983. – [22] Suppl. t. 5,115 sq. Der Redaktor der ‚Alpina‘ hatte „eine Sage“ gewünscht, cf. auch Mieder, W.: Zur Qu.nfrage von G.s ‚Schwarzer Spinne‘. In: Sprachspiegel 36 (1980) 132 – 139. – [23] Fehr (wie not. 3) 56. – [24] Graber, G. H.: Die schwarze Spinne. Menschheitsentwicklung, dargestellt unter bes. Berücksichtigung der Rolle der Frau. Zürich/Lpz./Wien 1925; Muschg (wie not. 7). – [25] Fehr, K.: J.G.s Schwarze Spinne als christl. Mythos. Zürich 1942. –
[26] Mieder, W.: Das Napoleon-Bild in den Werken von J. G. In: SAVk. 66 (1970) 184 – 193. – [27] z. B. Muschg, W.: J. G. Eine Einführung in seine Werke. Bern 1954, 179. – [28] Sengle (wie not. 4) 947: Sie „verdankt ihren gegenwärtigen Ruhm in erster Linie der Mythisierungs- und Dämonisierungswut des frühen 20. Jahrhunderts“. – [29] cf. Suppl. t. 5, 257 sq., 325. – [30] Servaz und Pankraz (17,363 – 379); „Seltsame Reden, gehört zu Krebsligen [. . .]“ (18,105 – 119), fußend auf dem Glauben an das Reden der Tiere in der hl. Nacht, cf. Weiser-Aall, L.: Weihnacht. In: HDA 9,864 – 968, hier 926; die Wiedergängersage vom Meier auf der Mutte (21,93 – 114). –
[31] Der 2. Teil des Märchens stammt wohl von K. Gutmann. – [32] cf. Hunziker, R.: G. und der Neue Berner Kalender (24,357 – 362); Fehr (wie not. 1) 254 – 269; Itten, H.: J. G. als Kalenderschreiber. Diss. Bern 1959; Strübin, E.: Schwänke und Witze

aus J. G.s Geschichten-„Drucke“. Basel 1986. — [33] cf. Atlas der schweiz. Vk. 2. Karten 256/257. Kommentar 2, 727—752: [Schweiz.] Schildbürgerorte, Schildbürgerstreiche (E. Liebl). — [34] Meyer-Salzmann, M.: Michel Schüppach 1707—1781. Ein Höhepunkt handwerklicher Heilkunst. Bern 1981. — [35] cf. Suppl. t. 6, 246: G. sprach „mit jedermann, solange derselbe wollte“. Nach J. J. Reithard sah man ihn „mitten unter Bauern im Wirtshause häufig und fröhlich seinen Schoppen trinken“ (Muschg [wie not. 20] 192 sq.). Eigenes Erleben widerspiegeln z. B. Visitazessen der Pfarrer (6,415), Fischessen von Honoratioren (18, 6 sq., 39). — [36] cf. z. B. die Mitteilung von Professor Dr. med. E. Fueter (Suppl. t. 5, 223) mit ‚Anne Bäbi Jowäger‘ 5,64 sq.; Suppl. t. 5, 277 sq. enthält anonym zugesandte Quacksalberschwänke. — [37] Das Lalebuch (1597). ed. K. von Bahder. Halle (Saale) 1914, 36—51, 127—129; Trümpy, H.: Die Hintergründe des Schwankbuchs von den Laleburgern. In: Festschr. H. von Greyerz. Bern 1967, 759—782 (Beziehungen zur Schweiz. Eidgenossenschaft). — [38] cf. Lalebuch (wie not. 37) 41 (hier geht es um „Rephüner“). — [39] cf. ibid., 82 sq. — [40] Frey/Bolte, num. 94. —
[41] Von Hans Sachs in drei Meisterliedern und einem Fastnachtspiel behandelt, cf. Montanus/Bolte, 602 sq.

Ausg.: J. G. (Albert Bitzius): Sämtliche Werke in 24 Bänden und 18 Suppl.bänden. ed. R. Hunziker/ H. Bloesch/K. Guggisberg/W. Juker. Erlenbach- Zürich 1911—77.

Bibliogr.: Juker, B./Martorelli, G.: J. G. 1797—1854. Bibliogr. 1830—1975. Bern 1983.

Gelterkinden Eduard Strübin

Gottschalk Hollen → Hollen, G.

Götzenbild (-säule, -statue), meist figürliche Darstellung des verehrten Gottes bzw. eines ihn stellvertretenden symbolischen Gegenstandes (cf. auch → Statue, → Fetischismus). Vom christl. Standpunkt aus ist es die Darstellung eines falschen Gottes und rückt damit in den Bereich moralisierender Wertungen. In der Völkerkunde und Religionswissenschaft wird der Begriff G. deshalb durch Idol, Götterbild, Kultobjekt, Ahnenfigur ersetzt[1]. Der aus Götze in der Bedeutung Heiligenbild, gottesdienstliche Bildsäule abgeleitete Begriff G. ist erst im 16. Jh. im dt. Sprachraum belegt[2]. Das G. drückt in seinen inhaltlichen Konnotationen ‚Bildwerk‘ aus und weist auf den funktionalen Charakter im kultischen Bereich hin. → Luther nennt den Begriff G. noch nicht, gleichwohl gebraucht er ‚Götze‘ (idolum) und hat anstelle von simulacrum, statua, sculptilia der *Vulgata* das dem G. entsprechende ‚Abgott‘ für den Gott der Heiden[3].

Mit dem G., ähnlich wie mit Heiligenbildern (cf. → Bild, Bildzauber) im Volksglauben, werden wundertätige Vorstellungen verbunden und bes. Devotionsübungen veranstaltet. Die Verurteilungen dieser schon im Judentum und in der frühen christl. Kirche als Götzendienst (Idolatrie) abgelehnten Verehrungshandlungen nehmen ihren Ausgang in der alttestamentlichen Heidenkritik, die im 1. Gebot des mosaischen → Dekalogs mit seinem Verbot kultischer Bilder gründet[4]. Für die orthodoxe jüd. Dogmatik ist Götzendienst (cf. 1. Kor. 10,14; Gal. 5,20; Kol. 3,5; 1. Petr. 4,3) eine verwerfliche Verehrung und zählt zu den drei Kardinalsünden, neben Inzest und Mord[5]. Ein eigener Talmud-Traktat, *Áboda zara,* wendet sich detailliert gegen den Götzendienst (*Áboda zara* 3,1; 3,2; 4,4; 5,12)[6]. Nach bibl. Überlieferung ist bereits die Herstellung eines G.s, das als ein von unvermögender Menschenhand gefertigter sinnlicher Gegenstand begriffen wird, verwerflich (Ex. 20,4). Trotz des Verbotes kultischer Bilder (Dtn. 4,16—18; 5,7—9) und der Verhängung des Gesetzesfluches bei Zuwiderhandlung (Dtn. 27,15; Jes. 42,17) kam es zur Aufstellung von zwei goldenen Kälbern zu Bethel und Dan (1. Kön. 12, 28), deren Kultplätze als Tempelersatz dienten[7].

In den polemischen alttestamentlichen Passagen zur Bekämpfung des mit dem G. verbundenen Dienstes werden Aussagen über Wesen, Gestalt, Funktion und Wirkungsweise solcher Bilder greifbar.

Die G.er der Heiden werden als lediglich mit wesenhaften Zügen ausgestattete Materie aufgefaßt (Ps. 96,5; 115,4—8; Jer. 2,28; 10,3—5; Hab. 2, 18 sq.; Jes. 41,29; 46,6 sq.). Sie sind aus Holz und Stein (Dtn. 4,28), haben anthropomorphes (Mann, Frau), zoomorphes (Tier, Vogel, Gewürm, Fisch) Aussehen oder sind Bilder von den Gestirnen (Dtn. 4,16—19). Die deuterokanonische apokryphe Schrift *Baruch* (6,3—72) beschreibt die Nichtigkeit der heidnischen G.er, die durch die Chaldäer selbst verlacht werden (cf. Weish. 13—15). Jesaja prophezeit das Ende der Götzen in den Löchern der Maulwürfe und Fledermäuse (Jes. 2,18—22). Nach der Jahwe-Offenbarung dürfen die Juden keine Heiden in ihrem Land dulden und müssen alle paganen Kultstätten zerstören (Dtn. 7,5; 20,17).

Für die christl. Kritik am ‚idolorum cultus' behält das A.T. mit seinen einschlägigen Verboten heidnischer Praktiken bes. im MA. seinen großen Einfluß bei[8]. Zunächst wurde von → Gregor dem Großen im Zuge der kirchlichen Missionspraxis die Entfernung der Götterbilder gefordert mit der Empfehlung, die heidnischen Tempel nicht zu zerstören. Diese sollten durch entsprechende Lustrationen und durch Aufstellen von Altären als Gotteshäuser weiterbenutzt werden[9]. In zahlreichen Verordnungen, die auf Predigten des Caesarius von Arles (um 470 – 542) zurückgehen dürften, wird die Zerstörung der dämonisierten G.er vorgeschrieben und der mit ihnen verbundene Kult verurteilt (Synode von Nantes; ca 658)[10]. Die Auseinandersetzung der missionierenden Kirche mit dem Heidentum der Karolingerzeit dokumentiert der *Indiculus superstitionum et paganiarum* (nach 762)[11], der aus Teig oder Lumpen hergestellte Götterbilder und die Mitführung solcher ‚dii paganorum' bei Flurumgängen nennt[12]. In Anlehnung an Augustinus zählt auch Thomas von Aquin jede äußere Kultbezeugung, die nicht identisch mit ‚religio' ist, als Idolatrie unter die ‚superstitionis species'[13].

In die populäre Erzählliteratur Europas haben Motive biblischer und talmudischer Provenienz neben solchen antiker und ma. Prägung Eingang gefunden.

Behandelt wird der Ursprung religiöser Bilder und Idole und das jüd. Verbot jeder Art von Götzendienst (Mot. A 1544, A 1544.1, C 62), dem die Bestrafung folgt (Mot. Q 237), Idolatrie wird als Dämonenwerk hingestellt (Mot. G 302.9.8). Im Anschluß an Jes. 19,1 wird der Zusammensturz der G.er in der Nähe von Heiligen zum gängigen Topos in vielen Legenden (z. B. Bartholomäus, Thomas, Simon und Thaddäus, Vitus)[14]. Das G. wird jedoch auch von Naturgewalten wie dem Sturm (Mot. F 962.0.2) zerstört; Bäume und Pflanzen zeigen Götzenanbetern ihre Abneigung durch Abwenden der Äste (Mot. F 979.20); das Wohnen von Teufeln und Dämonen in Götzen und Bildern der Heiden (Mot. G 303.8.14) kennt die Longinuslegende[15]; Götzen werden durch den Satan gemacht (Mot. G 303.9.1.14), Gläubige durch den Teufel zur Idolatrie verführt (Mot. G 303.9.4.5.1).

Katechetische Texte des späten MA.s greifen mit paränetischem Ziel bes. in der Behandlung des Dekalogs unter dem 1. Gebot Formen der Götzenanbetung auf, die es zu verhindern gilt. Im sog. *Großen → Seelentrost* (um 1350), einem spätma. Erbauungsbuch[16], berichtet ein Exempel über das G. des Bel zu Babel, das durch → Daniel der Ohnmacht überführt und anschließend zerstört wird[17]. Zahlreiche Heiligenviten, z. B. die Legende der hl. → Barbara, illustrieren die Hinwendung zum wahren ‚cultus latriae'[18], und die Weigerung, G.er anzubeten, führt zum Tod durch → Enthaupten (Mot. Q 225.2)[19].

Quellen zur hist. Sagenforschung stellen auch die Landes- und Stammesbeschreibungen der dt. Humanisten dar. Historiographisches Interesse und ausgeprägtes Nationalbewußtsein sollten eine eigene ruhmvolle Geschichte nach dem Vorbild der Römer und Griechen bereitstellen. Dies führte zu einem Komplex von Verflechtungen zahlreicher unhist. Elemente, unhaltbaren etymol. Erklärungsversuchen mit tatsächlich hist. bezeugten Ereignissen (cf. → Etymologie), welche zu „scheinbar pseudohistorischen und anachronistischen Sagen"[20] beitrugen. So berichtet Aventinus (i. e. J. Turmair) in seiner *Bayer. Chronik* (zwischen 1526 und 1533) von den „alten Schwaben, den Langbarden", die als „unglaubige Teutsche" Italien mit Gewalt einnahmen, die Kirchen zerbrachen und das Volk erwürgten, weil es „ein geweicht auf ir monier gaißhaupt nit anbeten, von dem fleisch, iren abgöttern und nothelfern geopfert, nit essen wollt"[21]. Zur Reiseliteratur der Aufklärungszeit zählt die topographische Beschreibung der Rhön des Priesters F. A. Jäger (1765 – 1835). In der damals beliebten Darstellungsform der Briefsammlung erwähnt der Theologe im Zusammenhang mit → Kilians Missionierung der Franken rohe und hölzerne G.er[22].

Im Sinne der → Mythol. Schule des 19. Jh.s sieht J. → Grimm in hist. und zeitgenössischen Zeugnissen Relikte ältester Mythen und Religionen und berichtet in diesem Zusammenhang von Göttern und Götterbildern der alten Sachsen und Franken[23]. L. → Bechstein nahm in seine Slg die Sage vom Götzen Lollus auf, dessen ehernes G. in einem Wald bei Schweinfurt gestanden haben soll[24]. In F. → Panzers *Beitr.en zur dt. Mythologie* findet sich der Beleg zu der Sage *Die drei Götzen in der Zöllnerstube zu München* aus dem 18. Jh.[25]: Hier habe man einen Kopf mit drei unterschiedlich gefärbten Gesichtern (schwarz, rot und weiß) gezeigt, der die ‚drei Götzen' genannt würde, und an diesem Ort in einem heidnischen Tempel verehrt worden sei. Der Kopf trage die Jahreszahlen 1105, 1109 und 1767, sei aber spurlos verschwunden[26].

Europ. Natursagen behandeln häufig das Motiv der Verwandlungen. Die frühe ir. Überlieferung kennt Götter in Wolfs-, Hunde- und Kalbsform (Mot. A 132.8, D 113.1.2, D 133.4. 1); ein griech. Mythos berichtet von einem Gott in Wolfsform (Mot. D 113.1.2). Vor christl. Hintergrund stehen die ir. Erzählmotive, wonach heidnische Idole beim Herannahen eines Heiligen auf ihre Gesichter fallen (Mot. V 347) oder durch den Befehl eines Heiligen bis zum Hals in die Erde versinken (Mot. V 356.2.1) oder gänzlich von ihr verschluckt werden (Mot. F 948.1). Die Strafe eines mysteriösen Todes erwartet den Götzendiener, wenn er Idole am Allerheiligen-Tag anbetet (Mot. Q 558.12). Bes. Veränderungen der G.er berichten auch ital. Sagenstoffe. So figuriert ein G. als Indikator für Keuschheit, wonach sich das Bild schwarz in Gegenwart einer unkeuschen Frau und hell bei einer keuschen Frau verfärbt (Mot. H 411.9.1).

Erzählstoffe außereurop. Völker, bei denen die jeweiligen mythol. und religiösen Vorstellungen noch verbunden sind, liefern Motive für die Verehrung von Idolen, die als hl. Gegenstand Schutz in der Tabuisierung finden (Mot. C 51.8). Vom Schlagen eines Idols berichtet die ind. Überlieferung (Mot. Q 225.5.6); als schutzgebendes Idol öffnet es sich gegenüber Flüchtenden in Erhörung ihres Gebetes (Mot. R 325.2). Anbetungen von Holzidolen (Mot. V 11.3) finden sich in der hawai. Mythologie.

[1] Trimborn, H.: Lehrbuch der Völkerkunde. Stg. [4]1971, 109, 126 sq., 209 sq.; Hirschberg, W.: Wb. der Völkerkunde. Stg. 1965, 8,193,243; Alviella, G. d' u. a.: Images and Idols. In: ERE 7 (1914) 110–160; Koch, K.: Götzendienst. In: RGG 2 ([3]1958) 1680–1682; Fascher, E.: Gott und die Götter. In: Theol. Lit.ztg 81 (1956) 279–308; Eißfeldt, O.: Gott und Götzen im A.T. In: Theol. Studien und Kritiken 103 (1931) 151–160; Funke, H.: Götterbild. In: RAC 11 (1981) 659–828; Landtmann, G.: The Origin of Images as Object of Cult. In: ARw. 24 (1962) 196–208. – [2] DWb. 4,1,5 (1958) 1430–1452. – [3] D. Martin Luther. Biblia. Das ist die gantze Hl. Schrifft. Deudsch auffs new zugericht. Wittenberg 1545. ed. H. Volz. Mü. 1974; zur Terminologie: Fredouille, J.-C.: Götzendienst. In: RAC 11 (1981) 828–895, bes. 847–850. – [4] Koch (wie not. 1) 1680; Schlüter, M.: Deraqôn und Götzendienst. Studien zur antiken jüd. Religionsgeschichte. Ffm./Bern 1982; Schmid, J.: Götzendienst. In: LThK 4 (1960) 1146–1149. – [5] Faur, J./Bacon, G./Rabinowitz, L.: Idolatry. In: Enc. Judaica 8. Jerusalem 1971, 1227–1237. – [6] Der Jerusalemer Talmud in dt. Übers. ed. M. Hengel/H. P. Rüger/J. Neusner. t. 4,7: Avoda Zara, Götzendienst. Übers. G. A. Wewers. Tübingen 1980. – [7] Mowinckel, S.: Gottesdienst. In: RGG 2 ([3]1958) 1751–1756. – [8] Harmening, D.: Superstitio. Überlieferungs- und theoriegeschichtliche Aberglaubenslit. des MA.s. B. 1979, 65. – [9] Epistula ad Mellitem Abbatem (MG Epistolae 2, 330 sq.); cf. Harmening (wie not. 8) 61. – [10] cf. Boese, R.: Superstitiones Arelatenses e Caesario collectae. Diss. Marburg 1909, 54; Boudriot, W.: Die altgerm. Religion in der amtlichen kirchlichen Lit. des Abendlandes vom 5.–11. Jh. Bonn 1928 (Nachdr. Darmstadt 1964), 9, not. 3; cf. Harmening (wie not. 8) 59. –
[11] Homann, H.: Der Indiculus superstitionum et paganiarum und verwandte Denkmäler. Göttingen 1965. – [12] ibid., 21. – [13] Thomas von Aquin, Summa theologiae, bes. 2, 2, 94, 1; Augustinus, De doctrina christiana 2, 20; cf. Harmening (wie not. 8) 310. – [14] Günter 1910, 112; id. 1949, 142 sq., 155, 245 sq. – [15] Günter 1949, 143. – [16] Der Große Seelentrost. Ein ndd. Erbauungsbuch des 14. Jh.s. ed. M. Schmitt. Köln/Graz 1959. – [17] ibid., 10 (Exempel 2 c des 1. Gebotes). – [18] Rosenfeld, H.: Legende. Stg. 1972, 24. – [19] Seelentrost (wie not. 16) 131 (Exempel 6 des 4. Gebotes). – [20] Röhrich, L.: Sage. Stg. 1971, 50. –
[21] Johannes Turmair's gen. Aventinus Bayer. Chronik 2. ed. M. Lexer. Mü. 1886, 56; Schmidt, E.: Dt. Vk. im ZA. des Humanismus und der Reformation. B. 1904. – [22] Jäger, F. A.: Briefe über die hohe Rhöne Frankens in geogr.-topographisch-physisch und hist. Hinsicht. Arnstadt/Rudolstadt 1803 (Nachdr. Sondheim 1978), bes. 1. Teil, Brief 2,21; 3. Teil, Brief 2,9. – [23] Grimm, Mythologie 1, 87, 89, 96–100. – [24] Bechstein, L.: Die Sagen des Rhöngebirges und des Grabfeldes 1. Würzburg 1842, 151 (zitiert nach Kapfhammer, G.: Bayer. Sagen. Düsseldorf/Köln 1971, 280); Fischer, H.: Lollus, der Frankengott. In: Franken 1 (1913) 444–446. – [25] Panzer, F.: Bayer. Sagen und Bräuche 2. ed. W.-E. Peuckert. Göttingen 1956, num. 83. – [26] cf. Kapfhammer (wie not. 24) 18.

Würzburg Karin Baumann

Goulart, Simon, *Senlis (Département Oise) 20. 10. 1543, †Genf 3. 2. 1628; reformierter Theologe, religiöser Dichter, Übersetzer, Geschichtsschreiber der frz. Religionskriege,

Kompilator[1]. Nach dem Studium der Rechte in Paris wandte er sich dem Calvinismus zu und wurde 1566 Geistlicher in Genf, 1571 Pfarrer von St. Gervais daselbst, 1607 Nachfolger von T. Beze (1519–1605) als Präsident der Compagnie des Pasteurs (bis 1612). Vom Rat der Stadt (ab 1584 durch ewiges Bündnis mit Bern und Zürich gegen das kathol. Savoyen liiert) mit mancherlei geistlich-politischen Aufgaben und Missionen betraut, blieb G. doch Zeit für ausgedehnte Lektüre und ein reiches, reformiert-engagiertes literar. Œuvre (mehr als 80 Werke), wobei seine Dichtungen[2] mehr als seine Prosa-Studien internat. Beachtung erfuhren. Für die Geschichte protestant. → Märtyrer-Legenden (John → Foxe) wichtig ist seine Mitarbeit (seit 1582) an dem *Livre des martyrs* des Advokaten aus Arras und Genfer Buchdruckers Jean Crespin (1520–72), das 1554 erstmals erschien[3] und, immer wieder aufgelegt und von G. erweitert, bis 1619 starke Verbreitung (auch durch Vorlesen) erfuhr, aber auch kathol. und luther. Kritiker fand[4]. Ebenfalls volkskundlich relevant ist G.s gerontologischer Trost-Traktat *Le sage Vieillard* (1605)[5].

Zu wenig Aufmerksamkeit erhielten die *Histoires admirables et memorables*[6], eine riesige Kompilation von denkwürdigen und ungewöhnlichen Begebenheiten, Ereignissen und Zufällen des menschlichen Daseins, Zeugnisse für das unbegreifliche Wirken Gottes, exzerpiert aus mehr als 200 Werken der medizinischen (etwa Marcello Donato, Wilhelm Fabricius, Ambroise Paré, Johann Schenck), historiographischen (Georges Buchanan, Johann Carion, Paolo Giovio, Francesco Guicciardini, Josias Simler), phil. (Girolamo Cardano, Henri Estienne, Michel de Montaigne[7], Luis Vives), dämonologischen (Jean → Bodin, Johannes → Weyer) und kompilatorisch-unterhaltsamen (Job → Fincel, Johannes → Gast, Louis Guyon, Antonio de → Torquemada, Theodor → Zwinger), zumeist lat. erschienenen Lit. 1600/01 begonnen[8], hat G. diese Slg als *Thresor d'histoires admirables* [. . .] (1610/14)[9] bis zur letzten Ausg. von 1620/28[10] auf mehr als 2000 kleingedruckte Seiten erweitert. Die Bücher sind seinem Bruder Jean G. in Senlis zu dessen Zerstreuung gewidmet und dienten dem Autor zur Bestätigung seiner zunehmend stoisch-pessimistischen Auffassung vom Elend und Verfall dieser Welt und von der bewunderswerten Vielfalt göttlicher Entscheidungen[11]. Die Geschichten aus ganz Europa werden nach alphabetisch arrangierten Themenkreisen (1628: Abstinence, Ajournements, Accidents, Adresse, Affection, Aiguille avallée etc.), mit zumeist genauer Quellenangabe und nur selten mit einem Kommentar versehen, aneinandergereiht. Der *Thresor* ist wichtig für die Diffusion von Sagen und anderen Erzählstoffen des 16. Jh.s allg., bes. aber für die Vulgarisierung ursprünglich lat. geschriebener Casus, Exempel, Tragica und Memorabilien. Er wurde 1607 durch Edward Grimeston ins Englische[12], 1614 ins Niederländische[13], 1661 durch den Lausitzer Pfarrer und Kalendermacher Christoph Richter aus Görlitz (gest. 1680)[14] ins Deutsche[15] übertragen.

Folgende Geschichten aus dem Bereich der Kuriositäten und der Sagen seien erwähnt[16]:

Abstinenzler(innen), langes Fasten (2, 564 sq.; 4, 420–422). – Alter gibt Ratschläge, Nichtbeachtung wird bestraft (1,17 sq.). – cf. AaTh 726: *Die drei → Alten* (1,525 sq.). – Bayard, Ritter ohne Furcht und Tadel (3,75–79). – Behinderte, geschickte (1,446–450). – Cola Pesce (→ Taucher), Fischmensch (4,637). – Bonaventure → Des Périers' Selbstmord (1,106 sq.). – Doppelgänger Arnaut Du Thil (1,271–275). – Dracula (4,581 sq.). – Ehebrecher schläft mit Magd, wird unterdessen von Knecht gehörnt (1,374 sq.). – Ehebrecher nicht nur zum Schein kastriert (1,373 sq.). – Ehebrecherin mit der Leiche des Geliebten eingemauert (1,19 sq.). – Elternmörder verrät sich durch blutige Schuhe (1,217). – Erdbeben (4,721 sq.). – Flucher bestraft: (1) stürzt von Brücke, (2) verblutet (4,449 sq.). – AaTh 990: *Die tote → Frau kehrt zurück* (4,661). – Frevel an Kruzifix bestraft (4,452 sq.). – Galgenhumor: Henker möge den Bart schonen, sonst sei das abgeschlagene Haupt unansehnlich (4,658). – Geschlechtswechsel: Frauen werden Männer (1, 237–239). – Gespenst will Jüngling holen, der seinen Eltern fluchte (1,218). – Goldzahn in Kindermund (1,160–162). – Gotteslästerer bestraft (1,261–263; 3,62–64). – Grabinschriften, kuriose (4,479–487). – Handwerkskunst: (1) Goldkutsche von Fliege gezogen, (2) Spinne mit Uhrwerk (3, 300 sq.). – Heilungen, wunderbare (3,64 sq.; 4, 624 sq.). – Hermaphroditen (3,216–218). – Herzogin von Malfi, heimliche Heirat und Ermordung (1,319–322). – Hexen (1,464–475). – Hexenversammlung: Knecht folgt Herrin, fliegt durch die Luft, stürzt in Teich (1,178–181). – Himmelszeichen (1,549–554). – Hund, schwarzer, erscheint einem Kardinal (1,171 sq.). – Hungersnöte (2,735–763; 4,541–544). – Karl V. hält → Luther sein Wort (4,573 sq.). – Kröte im Gesicht: Strafe für undankbaren → Sohn ([AaTh 980 D] 1,216). – Läuse fressen Mann auf (1,399). – Liebhaber in der Truhe (Pandolfo) (1,254–256). – Löwen gebändigt (4,626 sq.). – Maximilian aus Bergnot gerettet (3,121–123). – Meerfrau, domestizierte (4, 548). – Meermann, Meerbischof (4,636). – Melancholiker (2,872–877; 4,651 sq.). – Milch in Männerbrust (4,634 sq.). – Mohr rächt sich, tötet Familie seines Herrn (1,507 sq.). – Mordtaten (1, 359–372; 2,877–885; 3,283; 4,653 sq.). – Mörder und Kalbsköpfe (1,368 sq.). – Räuber Guilleri (4, 454 sq.). – Riesen (1,246–250). – → Romeo und Julia (2,868–870, nach L. Guyon). – → Schatz des Blinden (3,58 sq.). – Schatzhöhle bei Basel (1,477–479). – Scheintote (4,659–665). – Schlafwandler (4,478 sq.). – Spiegel (3,299 sq.; 4,654 sq.). – Stärke, große (1,33–41; 239–242; 3,195–197). – Tanzen bestraft (4,466–469). – AaTh 821: → *Teufel als Advokat* (1,283 sq.). – Teufel als Mädchen im Bett (4,638–641). – Tollwut (3,284–288). – Trinker vom Teufel geholt (3,67). – Verjüngung (1,527–530). – Vorladung vor Gottes Gericht (3,1 sq.). – Werwölfe (1,336–341). – Wiedertäufer (3,371–399). – Wilde Jagd (3,191 sq.). – Wolfskinder (1,221–223). – Zähne, wunderbare (4,476–478).

[1] Zur Biogr. cf. Theodori Tronchini oratio funebris venerandi senis Simonis Goulartii Sylvanectini. Genf 1628; Haag, E. und E.: La France protestante 5. P. 1855, 329–336; Jones, L. C.: S. G. Sa vie et son œuvre 1543–1628. Thèse Genève 1916; Dictionnaire de Biogr. française 16,93. P. 1984, 737 sq. – [2] Beall, C. B.: John Eliot's Ortho-epia Gallica and Du Bartas – Goulart. In: Studies in Philology 43 (1946) 164–175; Pineaux, J.: Poésie profane et poésie sacrée: Les „Imitations Chrétiennes" de G. In: Bulletin de la Société de l'histoire du protestantisme français 116 (1970) 483–488; Reverdin, O.: Les „Poesmes chrestiens" de Bernard de Montmeja. Appendice: S. G. et la poésie. In: Littérature, Histoire, Linguistique. Festschr. B. Gagnebin. Lausanne 1973, 55–67, 68–70; Chimenti, A.: Le „Imitations Chrestiennes" di G. In: Rivista di storia e letteratura religiosa 11,2 (1975) 198–229. – [3] Piaget, A. / Berthoud, G.: Notes sur le Livre des martyrs de Jean Crespin. Neuchâtel 1930; cf. auch G., S.: Apophthegmatum sacrorum loci comunes. Genf 1592, 323–416 (De morte pia, seu martyrum & confessorum [...] apophthegmata). – [4] Vander Haeghen, F.: Bibliogr. des martyrologues protestants néerlandais 2. Den Haag 1890, 89–252; cf. die dt. Bearb. durch den Buchdrucker Christoph Rab (Märtyrbuch. Denckwürdige Reden und Thaten viler H. Märtyrer. Herborn 1608; Vorrede datiert 1. 1. 1590). – [5] Le sage Vieillard descrit de divers autheurs par S. G. S.[enlisien]. Lyon 1606; dt. Übers. durch Fürst Ludwig von Anhalt-Köthen (Der weise Alte. Cöthen 1643); cf. Chaubard, A.-H.: „Le sage Vieillard" par S. G. Un exemplaire inconnu de la première édition (1605). In: Bibliothèque d'Humanisme et Renaissance 27 (1965) 322–328. – [6] cf. Schenda, R.: Die frz. Prodigienlit. in der 2. Hälfte des 16. Jh.s. Mü. 1961, 84–89. – [7] Zum Verhältnis G./ Montaigne cf. das Referat über einen Vortrag von P. Michel in: Bulletin de la Société des Amis de Montaigne. 4ᵉ série, 25–26 (1971) 8 sq. – [8] Histoires admirables et memorables de nostre temps. Recueillies de plusieurs autheurs, memoires, & avis de divers endroits. Nouvellement mises en lumière par S. G. Senlisien. Premier livre [1.–3. Teil]. P. 1600–01 (benütztes Exemplar: Niedersächs. Staats- und Univ.sbibl. Göttingen, 8° H. misc. 310/41). – [9] Thrésor d'histoires admirables et memorables [...] 1–2. Cologny 1610; t. 3–4: Le troisiesme et quatriesme Volume du thresor des histoires admirables [...]. Cologny 1614. – [10] Thresor d'histoires admirables et memorables [...] 1–2. Genève 1620; t. 3–4. Genève 1628. –
[11] Vorreden an Jean G. vom 12. 5. 1600, 15. 4. 1604, 22. 12. 1610, 1. 3. 1614 und 24. 9. 1627 in den Ausg.n wie not. 8–10; zu G.s Frömmigkeit cf. Acht und zwentzig Christl. discurs oder Betrachtungen anlangend den zustand der Welt und Kirchen Gottes, in disen letzten gefährlichen zeiten [...] jetzt auß dem Frantzösischen Simonis Goulardi verteutschet von Nathane Chytraeo. Herborn 1593 (= Vingt-huit Discours chrestiens [...]. Genève[?] 1591); zu G.s Stoizismus cf. D'Angers, J.-E.: Le Stoïcisme en France dans la première moitié du XVIIᵉ siècle. In: Études franciscaines 2 (1951) 287–297, 389–410; 3 (1952) 5–19 (G.: 14–19), 133–157. – [12] NUC Pre-1956 Imprints 208 (1972) 260; zur Rezeption cf. Dent, R. W.: John Webster's Borrowing. Berk. / L. A. 1960, 82 sq., 246 sq., 249, 304 sq. – [13] NUC (wie not. 12) 262. – [14] cf. Otto, G. F.: Lex. der oberlausitz. Schriftsteller 3. Görlitz 1803, 58. – [15] [G., S. / Richter, C.:] Spectaculum historicum. Hist. Schau-Spiel, so auf dem Schau-Platz dieser Welt von Gott, von der Natur, von guten und bösen Engeln, von frommen und gottlosen Menschen, in natürlichen Dingen und politischen Welt-Händeln, meistentheils in dem XVI. Seculo nach Christi Geburt ist gepielet worden. Dargestellet in vierhundert gesamleten Wunder-Historien von einem Liebhaber der Welt-Geschichte. Jena 1661 (Lpz. ²1667) (benütztes Exemplar: Herzog-August-Bibl. Wolfenbüttel, Lb. 79); cf. Brückner, 1081 sq.; Die Centurien Richters bestehen zum größten Teil aus genau und flüssig übersetzten, allerdings anders angeordneten G.-Geschichten. Richter benützte G. auch da, wo er nur die von demselben angegebenen Qu.n zitiert; einige Historien aus Bodin, Fincel und Weyer (also Hexen-, Prodigien- und Gespenster-Stücke) mag er aus den Originalquellen hinzugefügt haben; ein paar Stettiner Chronik-Erzählungen (P. Friedeborn) und fünf Geschichten nach Georg Philipp Harsdörffers „Phil. Erquickstunden", auch der Bericht von der Königsberger Riesenbratwurst (3,44) sind Richters Zutat. – [16] Die Nachweise beziehen sich auf den Thrésor d'histoires admirables 1–4 (wie not. 9).

Zürich Rudolf Schenda

Gozzi, Carlo Graf, * Venedig 13. 12. 1720, † ebenda 14. 4. 1806, Schriftsteller, Dramatiker, wie sein ältester Bruder Gasparo Mitglied der venezian. Accademia dei Granelleschi, welche den puristischen Klassizismus gegen die Erneuerungsbestrebungen der aufklärerischen bürgerlichen Kultur verteidigte. In der Folge einer Polemik gegen den Realismus Carlo Goldonis und das romanhaft-sentimentale Theater Pietro Chiaris[1] schrieb er zwischen 1761 und 1765 zehn → Märchenspiele (fiabe) für die Karnevals- und Herbstsaison der Truppe von Antonio Sacchi, zur Bewahrung der traditionellen Formen des ital. nationalen Theaters, der → Commedia dell'arte. Nach Goldonis Übersiedlung nach Paris (1762) verfaßte er auch an die zwanzig ‚drammi spagnoleschi' gegen die Mode der comédia larmoyante[2]. Wichtig zum Verständnis des Zusammenhangs, in den die fiabe zu stellen sind, ist G.s Autobiographie[3]. Die fiabe entstanden als direkte polemische Repliken auf die Stücke Goldonis und Chiaris, also nicht in Umsetzung eines organischen, kohärenten theoretischen Programms, das G. erst einige Jahre später, gelegentlich der kompletten Neuauflage seiner Werke, nachträglich entwarf[4]. In *La più lunga lettera di risposta che sia stata scritta, inviata da C. G. a un poeta teatrale italiano*[5] erklärt G., seine Stücke gründeten auf einer Mischung aus Komischem, Satirischem, Lyrischem, Phantastischem, Lehrhaftem und Ethischem und benutzten die Möglichkeiten der venezian. Theatertechniken sowie Elemente aus der Märchen- und der Renaissanceliteratur, aus der Commedia dell'arte, des Théâtre de la Foire und des Melodrams[6].

Als Quellen nennt er → Basile, Pompeo → Sarnelli, die *Biblioteca dei Genj*, arab., pers. und chin. Erzählungen, das → Cabinet des fées und das span. Theater[7].

Das einzige Theatermärchen mit direktem Bezug zur venezian. mündl. Überlieferung ist *L'amore delle tre melarance* (AaTh 408: *Die drei → Orangen*)[8]. Der Text ist jedoch verschollen, es existiert nur noch eine ‚Analisi riflessiva'. Im Zusammenhang seiner Auseinandersetzung mit Goldoni, der auf den Erfolg seiner Volkskomödien sehr stolz war (*Il campiello, Le baruffe chiozzote, Le massere*), wollte G. die Möglichkeit aufzeigen, mit einem noch ‚niedrigeren' Thema Anklang zu finden, aber mit entgegengesetzten Zielen (phantastisch, nicht realistisch). Er nahm „la più vile fra le fole che si narrano a' ragazzi"[9], machte daraus eine Handlungsskizze (canovaccio) und bereicherte die fiaba mit zeitgemäßen, polemischen Hinweisen[10]. Die Erstaufführung des Stücks am 25. 1. 1761 wurde begeistert aufgenommen.

G. wurde von den Granelleschi aufgefordert, sein Experiment fortzusetzen, man legte ihm jedoch nahe, den literar. und phil. Aspekten stärkeres Gewicht zu verleihen und die polemischen und burlesken Elemente zu reduzieren[11]. Diesen Empfehlungen kam G. nach. In seinen folgenden fiabe sind die Texte der Hauptfiguren vollständig ausgearbeitet, die canovaccio-Technik und die Verwendung traditioneller Masken bleiben auf die komischen Nebenrollen beschränkt. Für seine Märchenstoffe griff G. künftig nicht mehr auf populäre mündl. Quellen, sondern fast ausschließlich auf die ital. und frz. literar. Tradition zurück, die er dank der reichhaltigen Spezialbibliothek seines Paduaner Freundes Anton Maria Borromeo gut kannte[12].

Der kultivierten neapolitan. Märchenkunst des 17. Jh.s entnahm G. im Herbst 1761 den Stoff seines *Corvo* (Basile 4,9; AaTh 516: *Der treue → Johannes*) und im Karneval 1765 das Thema seines *Augellin belverde* (Sarnelli, num. 3: *Ngannatrice ngannata*; AaTh 707: *Die drei goldenen → Söhne*)[13].

Die Themen der anderen sieben fiabe stammen alle aus frz. Übersetzungen der oriental. Märchen vom Anfang des 18. Jh.s, vermischt mit Anspielungen und Bezügen auf aktuelle Ereignisse aus dem venezian. Leben[14] und die klassische Mythologie. Reste der mündl. Überlieferung bleiben nur in den improvisierten Teilen für die Masken (bes. *La donna serpente*) erhalten.

Auf *Les Mille et un Jours* (P. 1710–12) von F. Pétis de la Croix (→ *1001 Tag*)[15] gehen zurück: *Il re cervo* ([1762] = *Histoire du Prince Fadlallah*), vermischt im einleitenden Abschnitt mit einem Motiv aus dem *Pellegrinaggio di tre giovani figliuoli del re di Serendippo* (Venezio 1557) von → Christoforo Armeno; *Turandot* ([1762] = *Histoire du Prince Calaf et de la Princesse de la Chine*; AaTh 851, 851 A: → *Rätselprinzessin*)[16]; *La donna serpente* ([1762] = *Histoire du Roy Ruzvanschad et de la Princesse Cheheristani*); *I pitocchi fortunati* ([1764] = *Histoire du Couloufe et de la belle Dilara*). Auf *Les Mille et une Nuits* (P./Lyon 1704–17) von A. → Galland (→ *1001*

Nacht) fußen *Zobeide* ([1763] ohne präzise Vorlage) und *Zeim Re dei Genj o sia La serva fedele* ([1765] = *Histoire du Prince Zeyn Alasnan et du Roy des Génies*). Aus *Les Mille et un Quarts d'heure* (P. 1712) von T.-S. → Gueulette schließlich stammt die Vorlage des *Mostro turchino* ([1764] = *Histoire de Gulguli-Chemamé Princesse de Tiflis* und *Histoire du Centaure Bleu*).

1765 wandte sich G. von den märchenhaften, exotischen Themen ab[17]. Im späten 18. Jh. hatten seine fiabe nur noch wenig Erfolg auf den ital. Bühnen. Von der dt. Romantik[18] wiederentdeckt und von der Polemik und der reaktionären Weltanschauung befreit, dienten sie (bes. *Turandot* und *La donna serpente*) im 19. und 20. Jh. vor allem der europ. Avantgarde als Vorlage für zahlreiche Theaterstücke und Opernlibretti, z. B. Friedrich von Schiller (*Turandot*, 1802), Giuseppe Giacosa (*Trionfo d'amore*, 1875), Richard Wagner (*Die Feen*, 1888; nach *La donna serpente*), Ferruccio Busoni (*Turandot*, 1917), Sergej Sergeevič Prokof'ev (*Ljubov' k trëm apel'sinam* [*L'amore delle tre melarance*], 1921), Alfredo Casella (*La donna serpente*, 1932, Libretto C. Lodovici), Giacomo Puccini (*Turandot*, 1928), Hans Werner Henze (*Il re cervo oder Die Irrfahrten der Wahrheit*, Libretto H. von Cramer, 1956; Neufassung 1963)[19].

[1] La Tartana degli influssi invisibili per l'anno bisestile. Venezia 1756; Il teatro comico dell'Osteria del Pellegrino. Venezia 1758; Petronio 1962 (v. Lit.); Bosisio 1979 (v. Lit.); Feldmann 1971 (v. Lit.); Ortolani, G.: La riforma del teatro nel Settecento e altri scritti. Venezia/Roma 1962, 243 – 331. — [2] Baroncelli da Ros, B.: Studi sul teatro di C. G. In: Drammaturgia 1 (1954) 1 – 107; ibid. 3 (1956) 53 – 62, 409 – 421; ibid. 4 (1957) 684 – 694. — [3] Memorie inutili della vita di C. G. scritte da lui medesimo, e da lui pubblicate per umiltà. s. l. 1797 (kritische Ausg. ed. G. Prezzolini. Bari 1910). — [4] Vorw. (v. Ausg.n 1772, 1801 – 03); vor allem das Vorw. des Ragionamento ingenuo e storia sincera delle mie dieci fiabe teatrali (1772). — [5] t. 14 (v. Ausg.n 1801 – 03) 151 sq.; zum Wunderbaren und zur Umformung der fiabe cf. bes. das Vorw. zu Zeim (v. Ausg.n 1801 – 03) hier t. 4, 5. — [6] Ziccardi 1924 (v. Lit.); Mangini, N.: Sulla struttura scenica delle ‚Fiabe' gozzione. In: Chigiana 31, N.S. 11 (1976) 61 – 67; Zorzi, L.: Stuttura Fortuna della ‚Fiaba' gozziana. ibid., 25 – 40. — [7] cf. auch Brief vom 20. 4. 1801 (v. Ausg.n 1801 – 03) hier t. 14, 24. — [8] Fabrizi 1978 (v. Lit.). — [9] Vorw. (v. Ausg.n 1801 – 03). — [10] Der Mago Celio stellt Goldoni dar, die Fata Morgana Chiari, Tartaglia ist das venezian. Volk, Truffaldino die Commedia dell'arte. — [11] Zorzi, E. G.: Intorno ai manoscritti del G. La „traccia" de „Il corvo". In: Chigiana 31, N. S. 11 (1976) 233 – 246; die Mss. von G. befinden sich in der Biblioteca Marciana, Venedig, cod. 680 – 686 (12070 – 12076), cl. IX. — [12] Catalogo dei novellieri italiani posseduti dal fu conte A. M. Borromeo gentiluomo padovano. L. ^{3}1817; cf. auch Masi 1891 (v. Lit.); Ziccardi 1924 (v. Lit.); Feldmann 1971 (v. Lit.). — [13] Posilecheata de Masillo Rappone [Pseud. von P. Sarnelli] di Granapoli. Napoli 1684; Pögl, J.: Pompeo Sarnelli: Posilecheata (Texte rom. Volksbücher 8). Salzburg 1982, 54 – 78; Klöne, K.: Die Aufnahme des Märchens in der ital. Kunstprosa von Straparola bis Basile. Diss. Marburg 1961, 153 – 160. — [14] z. B. Re cervo (Prolog); La donna serpente (3, 5); Zobeide (2, 99 – 101); Augellin belverde, pass. — [15] Statt oriental. Herkunft handle es sich um erfinderische Kompositionen, gestaltet aus freien Anleihen, vermutet P. Sebag in seiner Ausg. von Pétis de la Croix, F.: Les Mille et un Jours. P. 1981, 491 – 508. — [16] Di Francia, L.: La leggenda di Turandot nella novellistica e nel teatro. Trieste 1932 (G. kennt nicht La Princesse de la Chine von Lesage D'Orneval [1729]). — [17] Vorw. (v. Ausg.n 1772) hier t. 3, 14 sq. — [18] cf. Wesselski, A.: Dt. Märchen vor Grimm. Einführung und Anmerkungen. Brünn/Mü./Wien 1942, 92 – 99; Hoffmann-Rusack 1930 (v. Lit.); Ortolani (wie not. 1); Ringger 1969 (v. Lit.); Feldmann 1971 (v. Lit.); Luciani 1977 (v. Lit.); Marelli, A.: L. Tiecks frühe Märchenspiele und die G.sche Manier. Diss. Köln 1968. — [19] Di Francia (wie not. 16); Starobinski 1967 (v. Lit.); Atti 1976 (v. Lit.); Dienstbier, P.: C. G., J. Cocteau und die Identität des Märchens. Diss. Salzburg 1975.

Ausg.n: Opere del conte C. G. 1 – 8. Venezia 1772. — Opere edite ed inedite del conte C. G. 1 – 14. Venezia 1801 – 03. — Le fiabe di C. G. ed. E. Masi. Bologna 1885. — Opere. ed. G. Petronio. Milano 1962. — 1. dt. Ausg.: Theatralische Werke von C. G. ed. F. A. C. Werthes. Bern 1777 – 79. — 1. frz. Ausg.: Théâtre fiabesque. ed. A. Royer. P. 1865.

Lit.: Magrini, G. B.: C. G. e le fiabe. Cremona 1862. — Masi, E.: C. G. e le sue fiabe teatrali. In: id.: Sulla storia del teatro italianico nel secolo XVIII. Firenze 1891, 1 – 102. — Ziccardi, G.: Le fiabe di C. G. In: Giornale Storico della Letteratura Italiana 83 (1924) 1 – 53, 241 – 284 (= id.: Forme di vita e d'arte del Settecento. Firenze 1931, 111 – 180). — Hoffmann-Rusack, H.: ‚G.' in Germany and Austria, with Special Reference to the German Romanticists. N. Y. 1930. — Sozzi, B. T.: C. G. In: La Letteratura Italiana. I minori 3. Milano [1962], 2069 – 2095. — id.: Ironie et mélancholie: G., Hoffmann, Kierkegaard. In: Branca, V. (ed.): Sensibilità e razionalità nel Settecento 2. Firenze 1967, 423 – 462. — Ringger, K.: Le „Fiabe teatrali" di C. G. Realtà e mito romantico. In: Ateneo Veneto, N. S. 7 (1969) 1 sq. — Feldmann, H.: Die Fiabe C. G.s. Die Entstehung einer Gattung und der Transposition in das System der dt. Romantik. Köln/Wien 1971. – cf. die Beitr.e in: Atti del convegno internazionale di studi musicali: „La fortuna musicale e spettacolare delle fiabe di C. G." [1974]. In: Chigiana 31, N.S. 11 (1976). – Luciani, G.: C. G. (1720–1806). L'homme et l'œuvre. (Diss. Dijon 1974) Lille/P. 1977. – Fabrizi, A.: C. G. e la tradizione popolare (a proposito de „L'amore delle tre melarance"). In: Italianistica 7,2 (1978) 236–245. – Bosisio, P.: C. G. e Goldoni. Una polemica letteraria con versi inediti e rari. Firenze 1979. – Felici, L.: Le fiabe teatrali di C. G. In: Tutto è fiaba. Atti del convegno internazionale di studio sulla fiaba (Parma, 24.–25. Okt. 1979). Milano 1980, 169–182.

Udine Gian Paolo Gri

Grab, Grabwunder

1. Zur Lokalisierung und Gestaltung des G.es – 2. Vorstellungen und Bräuche – 3. Das G. in unterschiedlichen Lit.- und Erzählgattungen – 4. Erzählmotive (vornehmlich der Sage) – 5. G.wunder (Heiligenlegende, Mirakel, Exempel)

1. Zur Lokalisierung und Gestaltung des G.es. Das G. ist der Ort der Bestattung (→ Begräbnis) der → Toten (→ Leiche) oder deren → Asche, in wörtlicher Bedeutung als Grube in der Erde (auch als Gruft, G.kammer in Felsen, Katakomben, Nekropolen, Totenhäusern, Mausoleen)[1]. Als Stätte des Gedenkens an den Toten ist das G. mit G.stein, -kreuz oder -platte versehen[2]. Die Lokalisierung und Gestaltung des G.es wurde seit Urzeiten von sozialen und kulturellen Faktoren, zur Gegenwart hin stärker von normierenden Sacherwägungen bestimmt[3]. So werden etwa abgelöst oder wechseln vor- und frühgeschichtliche Megalith- und Hügelgräber mit Reihengräbern, Einzelgräber mit Familien- und Gemeinschaftsgräbern um die Behausung, mit G.erfeldern an den Ausfallstraßen der antiken Städte u. a.

Die frühen Christen wünschten, in der Nähe von Märtyrer- oder Heiligengräbern bestattet zu werden. Dies führte zu Begräbnissen in Kirchen und zur Entstehung von Kirchhöfen. Im MA. kam es zu mehrmaligen Konzilsbeschlüssen, die das Begräbnis im Kircheninnern verbieten. Im Konzil von Trient (1545–63) wird eine erste verbindliche Kirchenverordnung für die Reglementierung des Kirchen-G.es erlassen. Neben einer genauen Rangordnung der G.stellen wird dort ausdrücklich verboten, innerhalb des Chores oder größerer Kapellen G.er anzulegen. Die starke Zunahme der Stadtbevölkerung bes. seit dem 16. Jh. und hygienische Erwägungen führten allmählich zur Anlage von → Friedhöfen außerhalb der Siedlungen. Bestrebungen für eine einheitliche Gestaltung der G.er und G.mäler sind alt (z. B. Erlaß für den St. Johannisfriedhof in Nürnberg von 1522). Zu einer schlichten Vereinheitlichung der G.er kam es in Klöstern oder etwa auch in den Herrnhuter Brüdergemeinden (Friedhof in Herrnhut angelegt 1730)[4]. Heute werden Anlage und Unterhalt der G.er in kommunalen Friedhofsordnungen geregelt[5].

2. Vorstellungen und Bräuche. Die größtenteils im 19. Jh. aufgezeichneten Überlieferungen von den neolithischen Megalithgräbern[6] kreisen vornehmlich um deren Entstehung und Funktion. → Riesen und → Teufel werden in ätiologischen Sagen häufig für die Entstehung dieser G.er verantwortlich gemacht. Sie werden als Bestattungsort für Riesen (Hünen) oder Könige oder wegen ihrer oftmals tischförmigen Anlage als Heidenopfertische angesehen. Auch Reflexe der ihnen zugeschriebenen Funktion als Rechts- und Kultstätte (als Ahnengräber Gerichtsstätte, Ort der Eheschließung und anderer öffentlicher Verhandlungen) finden sich in Sagen, Sprichwörtern etc.[7] In den → Schatz-Sagen, die nicht selten mit Grabungsbefunden korrespondieren, wird diesen G.ern kostbarer Inhalt zugeschrieben[8].

Zu den ältesten Vorstellungen[9] über die Existenz des Toten im G. gehören der → Lebende Leichnam[10] und der Nachzehrer[11]. Manche der G.beigaben[12] mögen mit derartigen Vorstellungen verknüpft gewesen sein. Eine große Rolle spielte der Glaube an Todesvorzeichen am G.[13] und an heilende oder schädliche Wirkung des G.es[14]. → G.pflanzen[15] gelten als Eigentum des Toten und dürfen nicht gepflückt werden. → Lilie, → Rose u. a. sind bes. beliebte G.blumen und kommen häufig in Erzählungen, Redensarten und Liedern vor[16]. Erzählungen (Sagen, Exempel) mit solchen Inhalten haben auch die Funktion, zur Festigung und Durchsetzung von Kulturtraditionen, Sitten und Wertvorstellungen um das G. beizutragen.

3. Das G. in unterschiedlichen Lit.- und Erzählgattungen. Die vornehmlich von Geistlichen gehaltene G.rede hat vor allem die Ehrung des Toten und Tröstung der Hinterbliebenen zum Ziel. In ihr fanden auch Vorstellungen über das G., Gedanken, Motive und Topoi aus anderen Gattungen, etwa den G.liedern, Aufnahme[17]. G.lieder[18] wurden nur z. T. am G. gesungen, sonst im Trauerhaus, bes. bei Totenwachen, auch vor der Kirche[19]. Gelegentlich auch G.liedern entnommen sind G.sprüche (Marterlsprüche) und G.inschriften[20]. In der komisch-makabren Ausformung sind sie wohl zumeist fingiert, doch kommt aufgrund sprachlicher Ungeschicklichkeit auch unfreiwillige Komik zustande. Diese zum großen Teil also parodistischen Verse werden von einer Sammlung in die andere übernommen, wie sie schon seit dem 17. Jh. vorliegen[21]. In Sprichwörtern und Redensarten ist vom G. vor allem als Metapher für das Ende des Lebens, die Endgültigkeit des Todes und als bleibendem Aufenthalt der Toten, weniger von christl. geprägten Jenseitsvorstellungen und der Überwindung des G.es die Rede[22]. Für das Erzähllied (Ballade) sind weithin Parallelen (zumeist Übernahmen) zu Stoffen, Motiven und Vorstellungen der Sage festzustellen, aber auch eigentümliche Züge zu beobachten: Während in älteren Balladen das G. als Ort der Vereinigung durch Bande der Liebe und Ehe Zusammengehöriger aufscheint, das gemeinsame G. der Liebenden zur Erfüllung einer im Leben verhinderten Liebe wird, herrscht in den Flugblattliedern des 17. und 18. Jh.s – etwa um das Thema der erweckten → Scheintoten – eine Stimmung des Schauders, später der Sentimentalität um das G. vor[23].

Wie der Friedhof spielt das G. im Schwank eine geringe Rolle. In AaTh 1532: *The Voice from the Grave* erschwindeln zwei Betrüger Geld für angebliche Schulden des Verstorbenen von seinen Angehörigen, indem sich der eine im G. versteckt. Im Bereich der Ehesatire setzt die zanksüchtige Frau ihren Widerspruch aus dem G. heraus fort (AaTh 1365 F*: *The Buried Wife*, cf. *Die widerspenstige → Ehefrau*). In einer Erzählung bezahlt der Witwer den Totengräber dafür, daß er schwere Steine auf das G. seiner verstorbenen Frau wälzt, in einer anderen prügeln sich zwei Bauern noch im G.[24]

Im Märchen ist vom G. wie vom Tod überhaupt nicht sehr oft die Rede[25] (cf. jedoch → G.wache; AaTh 1130: → *G.hügel*[26]; AaTh 760: *Das unruhige → G.*). In Var.n zu AaTh 510: cf. → *Cinderella* wird das G. der → Mutter zum Zufluchtsort und der Baum auf ihm zum Gabenspender (cf. auch AaTh 720: → *Totenvogel*). Versöhnlich setzen sich Engel in Gestalt zweier weißer Tauben auf das G. der verstorbenen Königin in KHM 76, AaTh 652: → *Prinz, dessen Wünsche in Erfüllung gingen*. Die → Prinzessin im Sarge (AaTh 307) wird ebenso wie ihre Opfer aus dem G. erlöst[27]. Einige dieser Erzählungen stehen schon der Sage, vereinzelt auch dem Schwank näher. Tragisch und schwankhaft zugleich mutet die Geschichte *Der arme Junge im G.* an (KHM 185; cf. AaTh 1876: → *Gänse an der Leine*; AaTh 1313: cf. → *Mann glaubt sich tot*)[28].

4. Erzählmotive (vornehmlich der Sage). Es sind alte Motive, daß das G. das am Toten begangene Verbrechen offenbart oder aber eine Schuld des Bestatteten anzeigt: Über dem G. eines Ermordeten wächst ein Baum. Das aus ihm gefertigte Blasinstrument offenbart die Untat (AaTh 780: → *Singender Knochen*). Der Ermordete spricht aus dem G. und tut den Mord kund[29]. Die Frevelhand (Finger, Bein), bes. die Hand eines Kindes, das die Eltern geschlagen hat, wächst aus dem G. (Mot. E 411.0.1)[30]. Rauch steigt vom G. einer streitsüchtigen, jähzornigen Jungfrau auf, deren Hände und Zunge im G. vom Feuer verzehrt werden[31]. In Schuld und Sünde Verstorbene, bes. Gotteslästerer, Frevler, wirft das G. aus[32]. Vor allem in der Kirche begrabene Übeltäter werden, auch nach Anzeige durch einen Heiligen, aus ihren G.ern entfernt[33].

Abschreckende und erzieherische Wirkung intendieren die zahlreichen Erzählungen um gestörte G.esruhe. Vielfach handelt es sich um Vergehen, die nach dem heutigen Strafrecht als Störung der G.es-/Totenruhe oder G.schändung geahndet werden: Tote beklagen sich, weil man über ihr G. geht oder reitet[34]. Schwer bestraft werden G.raub und G.schändung

(Mot. E 235; E 236; Q 212.2)[35]. G.räuber können nicht mehr hinaussteigen, weil das G. tiefer sinkt (Mot. Q 552.2.2). Geahndet wird der Diebstahl des G.schmuckes, des Totenhemdes[36], der G.pflanzen[37], des G.steins[38]. Verbreitet sind Erzählungen von der bestraften → Mutprobe, eine Leiche auszugraben (AaTh 1676 B: → *Tod durch Schrecken*)[39]. Der Tote wehrt sich gegen Störung durch Musik, Lärm, Schmutz etc. an seinem G.[40]. Ein des → Selbstmordes Verdächtigter, der ausgegraben werden soll, verteidigt sein G. in geweihter Erde[41].

Der Tote erscheint, wenn man um Mitternacht an sein G. klopft und ihn beim Namen ruft, gibt Antwort aus dem G., wenn er angesprochen wird[42]. Der gestörte und zu Gast geladene Tote (AaTh 470 A: → *Don Juan*) holt den Ruhestörer ins G. Ein Kind kommt zurück und zeigt an, daß man ihm im G. die → Hand (→ Fuß, → Knochen) für magische Zwecke geraubt hat (Mot. E 235.4.1)[43]. Das zu sehr betrauerte Kind erscheint der Mutter und klagt, daß es im G. keine Ruhe finde und ihre Tränen im Krug sammeln müsse (AaTh 769: → *Tränenkrüglein*) oder daß sein Totenhemd von ihren Tränen ganz naß sei (Mot. E 324)[44]. Der zu sehr betrauerte Bräutigam steigt aus dem G. und springt seiner Verlobten auf den Nacken[45].

Die G.ruhe ist jedoch nicht allein von außen gestört: Der Tote kann seine Ruhe nicht finden wegen der im Leben begangenen Untaten oder Unterlassungen oder weil der vereinbarte letzte Wille nicht erfüllt ist (cf. → Frevel, Kap. 4; → Wiedergänger)[46]. Der Tote kehrt auch wieder, um den gewünschten Platz für sein G., ein G.kreuz, G.mal einzufordern[47], den schlechten Zustand des G.es oder G.beigaben anzumahnen[48]. Eine Wöchnerin, die mit ihrem neugeborenen Kind begraben worden war, bittet ihre Mutter um Faden, Nadel, Schere, Fingerhut, Wachs und Seife, damit sie für das Kind noch nähen und waschen könne[49]. Der Begrabene schleudert auch – unzufrieden und ärgerlich – den G.stein, den Deckrasen oder die Erde vom G.[50]. In der Fremde Verstorbene verlangen ein G. in der Heimat (Mot. M 258.3; P 711.8).

Nicht aufgefunden werden kann das G. des Ewigen Jägers Hackelberg[51]. Erst eine Seherin findet das G. Walthers von Aquitanien[52]. Nicht wiedergefunden werden soll nach der Sage das G. des Gotenkönigs Alarich und das des Hunnenkönigs → Attila[53].

Die Vorstellungen vom gefährlichen Toten im G. werden in der Reformationszeit als Teufelsblendwerk angesehen. Im G. lebensfrisch aufgefundene Leichen von Nachzehrern werden gepfählt oder geköpft[54], ebenso wird mit → Vampiren (→ Dracula) verfahren[55]; von → Luther dagegen wird die Geschichte über eine Frau, die sich im G. selbst auffresse, für Betrug des Teufels gehalten[56]. In einer engl. Erzählung holt der Teufel eine Hexe nach ihrem Tod aus dem G.[57]. Makarios der Alexandriner schläft in der Wüste in einem G. mit Totengebein. Er hat keine Angst, obwohl der Teufel unter den Knochen poltert[58].

Vielfach belegt ist die Geschichte von der Scheintoten im G.[59], die von G.räubern ihres Schmuckes beraubt und so zum Leben erweckt wird (AaTh 990: *Die tote → Frau kehrt zurück*)[60]. In dem Handlungstypus Die scheintote Geliebte (Mot. T 37) ist es die Liebe, die den einstigen Verlobten dazu bringt, das G. zu öffnen, um die Geliebte noch einmal zu sehen. Dabei erwacht diese und wird, obgleich inzwischen mit einem anderen Mann verheiratet, nach dessen Tod seine Gattin[61]. Hierher gehört auch die Geburt im G. (Mot. T 581.2.1; cf. Mot. T 584.2.1)[62]. Diese Geschichten sind seit dem 17. Jh. auch als Flugblattlieder verbreitet und leben noch als Schauerballaden weiter[63]. Zugrunde liegt die große Furcht der Menschen früherer Zeiten, lebendig begraben zu werden.

Im G. finden oder suchen Ehegatten nach ihrem Tod wiederum Vereinigung[64]. Die getrennten Gräber eines Ehepaares, das keusch gelebt hat, vereinen sich[65]. Bes. Balladen erzählen von der Vereinigung von Liebenden im G. (Mot. T 86)[66]: Der Überlebende wird ins G. geholt oder sucht das G. (AaTh 365: → *Lenore*[67]; *Der Vorwirt*[68]).

In jüngeren Liedern des 19. Jh.s ist, vielfach in sentimentaler Stimmung, von → Waisen die Rede, die am G. der Mutter Zuflucht und Hilfe suchen[69]. Zugrunde liegen Sagen von der Rückkehr der toten Mutter (Mot. E 323.1.2), bes. der Wöchnerin (Mot. E 323.1.1), aus dem G. zu ihren Kindern (cf. AaTh 450: → *Brüderchen und Schwesterchen*)[70].

Andere Erzählungen gründen ganz im Arme Seelen-Glauben: Die Armen Seelen strecken die Hände aus den G.ern, um die Meßfeier zu erbitten oder Weihwasser zu erlangen[71]. Zwei Mönche, aus dem → Fegefeuer durch die Gebete ihres Freundes erlöst, werden nach dessen Tod an seinem G. mit brennenden Kerzen gesehen[72]. Aus dem G. an der Straße gibt ein Toter Bescheid, als er vom hl. → Patrick gefragt wurde, ob er Christ oder Heide war[73]. Tote reden aus dem G., daß sie nicht mehr ins Leben zurückgerufen werden wollen[74], oder steigen aus den G.ern, um eine → Geistermesse zu feiern oder als → dankbare Tote Waffenhilfe zu leisten[75].

5. G.wunder (Heiligenlegende, Mirakel, Exempel). Die G.er der Heiligen haben – in Analogie zum G. Christi – im christl. Kult und in der Legende große Bedeutung. Zu ihnen pilgerten seit früher Zeit die Gläubigen. Am G. der Heiligen ereignen sich Mirakel, bes. Krankenheilungen, wie überhaupt die meisten der miracula post mortem, die in Heiligenlegenden, Mirakelbüchern und auch in Exempelsammlungen Aufnahme fanden[76]. Das G. des Heiligen selbst wird ausgezeichnet: erfüllt von Wohlgeruch, umhüllt von himmlischem Lichtschein[77], gefüllt mit Myrrhe, Manna, Öl (Mot. V 229.2.9), Milch, Wunderwasser[78]. Noch die Erde vom G. des Heiligen ist wirksam und vermag Dämonen zu vertreiben (Mot. D 1385.1).

Auf dem G. wachsen – vielfach aus dem Leib des Heiligen oder Begnadeten – Blumen (→ Ave Maria auf Lilien), Sträucher oder Bäume[79]: Ein dürrer Stab auf dem G. eines Mönches beginnt zu grünen und Früchte zu tragen zum Zeichen seines gottgefällig verbrachten Lebens (cf. auch AaTh 756: *Der grünende → Zweig*)[80]. Eine Linde auf dem G. eines Pfarrers soll erweisen, daß dieser recht gelebt habe[81]. Ein goldener Baum wächst aus dem G. von Bischof Erminold[82]. Es gewährt Schutz, z. B. einem verfolgten Bären, der dadurch zahm wird[83]. Das G. des hl. Dionysius schützt einen gejagten Hirsch vor seinen Verfolgern[84]. Es genießt bes. Schutz, etwa vor Feuer[85]; seine Vernachlässigung wird bestraft: Eine Frau, die das Licht am G. des hl. Thomas von Canterbury (→ Thomas Becket) zu unterhalten hatte, versäumte ihre Pflicht. Daraufhin erhob sich der bei Thomas ruhende Erzbischof Melittus aus dem G. und gab der Frau eine kräftige Ohrfeige[86]. G.schändung, G.raub oder Diebstahl vom G. des Heiligen werden bes. streng bestraft: Ein Räuber, der das G. des hl. Erzbischofs Helpidius in Lyon bestehlen wollte, wurde von diesem bis zum Morgen festgehalten und dann festgenommen[87]. Ein Bauer nahm ein Stück Opferkäse vom G. des hl. Albrecht in Utrecht; zur Strafe biß er sich die Finger ab, als er es aß[88]. Schwer bestraft werden am G. des Heiligen gesprochene Meineide oder Lügen[89].

Der Begräbnisplatz des Heiligen wird oft auf wunderbare Weise bestimmt[90], bes. durch weisende Tiere (→ Gespannwunder)[91]. Das G. kann auch von Tieren gegraben werden, z. B. von ihren treu ergebenen Löwen als letzter Dienst für die hl. Einsiedler → Antonius und → Paulus, für → Maria Aegyptiaca und → Onuphrius[92].

Das unbekannte (vergessene) G. des Heiligen wird Ahnungslosen oder den danach Suchenden entdeckt: So wird das G. des hl. → Makarios im Schottenkloster zu Würzburg durch liebliche Musik und Gesang angezeigt[93]. Das G. des Silphinus – angeblich in Künzing an der Donau – kann nur von jenem Geistlichen gefunden werden, der aus der Pfarrei Künzing stammt und dort Pfarrer werden wird[94]. Einem unberufenen Kleriker hingegen, der sich vermaß, das G. des hl. Quintinus zu finden, und zu graben begann, blieb der Hackenstiel in der Hand angewachsen; die Hand faulte und wimmelte von Würmern, bis er am anderen Tag starb[95].

Insbesondere wird das unwürdige G. von Heiligen angezeigt. Die → Reliquien werden unter wunderbaren Begleiterscheinungen gefunden (unversehrter Leib, Wohlgeruch), erhoben und an würdiger Stätte beigesetzt; oft wird eine Kirche oder ein Kloster über dem G. errichtet (→ Bauplatzlegende). Am neuen G.ort wirkt der Heilige hierauf viele G.wunder[96]; so wird etwa das G. des hl. → Kilian und seiner Gefährten unter einem Pferdestall gefunden[97]. Am G. des hl. → Leonhard geschehen viele Wunder, und die Stätte wird für den Andrang des Volkes zu eng, so daß das G. verlegt werden muß. Der neue Ort wird durch ein Schneewunder angezeigt[98].

Auch wird ein G.platz in der Kirche oder direkt in der Nähe des Altars gefordert: Die schwäb. Grafentochter Reginswind verlangt statt auf dem Kirchhof in Lauffen am Neckar ein würdigeres G. in der Kirche[99]. Der Sarg der hl. Hildegundis hob sich der Legende nach zweimal aus dem Boden im Kloster Mehre bei Neuß, da er nicht bei den Laienschwestern, sondern vor dem Hochaltar beigesetzt gehörte[100]. Die Mauer zwischen dem Marienaltar und dem G., in dem Abt Bobolenus von St. Maurus bei Paris beigesetzt wurde, öffnete sich, und der Sarg rückte dicht neben den Altar[101]. Zum anderen müssen Unwürdige die G.er in der Kirche verlassen wie zwei Nonnen, die in der Exkommunikation gestorben waren[102].

Der Heilige macht in seinem G. für einen weiteren Toten Platz (Mot. Q 147.1): Der hl. Laurentius rückt für den hl. → Stephan in seinem G. zur Seite[103]. Johannes Eleemosinarius wurde in ein G. gelegt, in dem schon zwei Bischöfe ruhten, worauf die beiden auseinanderrückten[104]. Ein Mönch macht seinem Lieblingsschüler Platz, indem er sich zur Seite dreht[105]. Die Leiche Kaiser Heinrichs II. rückt auf die linke Seite, damit der Leib seiner Gemahlin → Kunigunde die rechte Seite im G. einnehmen könne[106]. Als Bischof Severus von Ravenna stirbt, hebt sich der Stein am G. seiner Frau und Tochter, und beide machen ihm Platz[107].

Auch gegen die Wunder bei Heiligen-G.ern nimmt die Legendenpolemik der Reformationszeit Stellung. Autoren wie Hieronymus → Rauscher und Cyriacus Spangenberg vertreten die Ansicht, daß die G.wunder entweder ‚erdichtete Lügen‘ seien oder vom Teufel zuwege gebracht wurden[108].

[1] Reallex. der Vorgeschichte 4. ed. M. Ebert. B. 1926, 449–486; LThK 4, 1152–1156; RAC 12, 366–397; RGG 2, 1815 sq. – [2] HDA 3, 1108–1110; Atlas der schweiz. Vk. Kommentar 2, 2. ed. P. Geiger/R. Weiß. Basel 1959, 495–508 (zu Karte 2, 233: G.mal); Freckmann, K./Bölling, H.: Alte G.kreuze im Siebengebirge und an der unteren Sieg. Köln 1983. – [3] Hirzel, S.: G. und Friedhof der Gegenwart. Mü. 1927; Schweizer, J.: Kirchhof und Friedhof. Linz 1956; Hüppi, A.: Kunst und Kult der G.stätten. Olten 1968; Schuchard, J./Claussen, H. (edd.): Vergänglichkeit und Denkmal. Beitr.e zur Sepulkralkultur. Bonn 1985; cf. die Kasseler Studien zur Sepulkralkultur. ed. H.-K. Boehlke: t. 1: Wie die Alten den Tod gebildet. Ausstellungskatalog Mainz 1979; t. 2: Vom Kirchhof zum Friedhof. Mainz 1984; t. 3: Umgang mit hist. Friedhöfen. Mainz 1984; cf. die Lit.ber.e: Brückner, W.: Das alte Thema Tod im Boom der neuen Lit. In: Bayer. Bll. für Vk. 11 (1984) 75–96; Griebel-Kruip, R.: Thanatologie. Todesforschung in Frankreich. ibid., 97–106; cf. auch Lit.hinweise bei Schenda, R.: Begräbnis. In: EM 2, 28–41 und id.: Friedhof. ibid. 5, 346–358. – [4] Saldern, J. von: Friedhof und G. Zu einer Reglementierung der Bestattung. In: Geschmiedete G.zeichen 1982. Ausstellungskatalog Mü. 1983, 37–45. – [5] Boehlke, H.-K.: Friedhofsbauten. Mü. 1974; id.: Das Bestattungs- und Friedhofswesen in Europa. Wien 1977. – [6] Liebers, C.: Neolithische Megalithgräber in Volksglauben und Volksleben. Ffm./Bern/N. Y. 1986; Deneke, B.: Visbeker Braut und Bräutigam. Zur Entstehung und Deutung der Sage. In: Heimatkalender für das Oldenburger Münsterland (1957) 55–58; cf. auch Gottzmann, C. L. (ed.): Briefwechsel der Brüder Grimm mit Hans-Georg von Hammerstein-Equord. Marburg 1985, 338 sq. (zu Brief 65); cf. Höttges, A IV (G.er der Riesen). – [7] Meier, J.: Ahnengrab und Brautstein. Halle 1944; id.: Ahnengrab und Rechtsstein. B. 1950; Liebers (wie not. 6) 30–74. – [8] Rosenfeld, H.: Sagentradition, Kulttradition und Völkerschichtung. Betrachtungen zu G.ersagen und Dreifrauenkult. In: Bayer. Jb. für Vk. (1957) 144–150. – [9] cf. allg. Ranke, K.: Idg. Totenverehrung (FFC 140). Hels. 1951; Thomann, G.: Die Armen Seelen im Volksglauben und Volksbrauch des altbayer. und oberpfälz. Raumes. In: Verhandlungen des Hist. Vereins für Oberpfalz und Regensburg 110 (1970) 115–179, 111 (1971) 95–261, bes. 232–234; Hartinger, W.: ... denen Gott genad: Totenbrauchtum und Armen-Seelen-Glaube in der Oberpfalz. Regensburg 1979; Die letzte Reise. Sterben, Tod und Trauersitten in Oberbayern. ed. S. Metken. Ausstellungskatalog Mü. 1984. – [10] Wiegelmann, G.: Der „lebende Leichnam“ im Volksbrauch. In: ZfVk. 62 (1966) 161–183. –

[11] Grober-Glück, G.: Der Verstorbene als Nachzehrer. In: Atlas der dt. Vk. Erläuterungen 2. ed. M. Zender. Marburg 1966–82, 427–456 (zu den Karten N. F. 73–76a, b); während der Nachzehrer Hinterbliebene ins G. nachzieht, verläßt der Vampir als ‚lebender Leichnam‘ das G.; cf. Sturm, D./Völker, K. (edd.): Von denen Vampiren oder Menschensaugern. Mü. 1968; Harmening, D.: Der Anfang von Dracula. Würzburg 1983. – [12] HDA 3, 1082–1103; Zender, M.: Die G.beigaben im heutigen dt. Volksbrauch. In: ZfVk. 55 (1959) 32–51; id.: G.beigaben. In: Atlas der dt. Vk. Erläuterungen 1. ed. M. Zender. Marburg 1959–64, 233–380 (zu den Karten N. F. 13–20b). – [13] Grober-Glück, G.: Todesvorzeichen bei Tod und Begräbnis. In: Atlas der dt. Vk. (wie not. 11) 411–426 (zu den Karten 70–72c). – [14] HDA 3, 1076–1082. – [15] HDA 3, 1103–1105; HDM 2, 659 sq.; Atlas der schweiz. Vk. (wie not. 2) 509–513 (zu Karte 2, 234); cf. auch HDA 3, 95–98. – [16] Erk/Böhme 1, 618; Blümml, E. K.: Die Lilie als G.pflanze. In: Studien zur vergleichenden Lit.geschichte 7 (1907) 178–180. – [17] Hadwich, R.: Totenlieder und G.reden aus Nordmähren und dem übrigen sudetendt. Gebiete. Reichenberg 1926, 413–489; Kazmaier, M.: Die dt. G.rede im 19. Jh. Diss.

Tübingen 1977; Lenz, R.: Studien zur dt.sprachigen Leichenpredigt der frühen Neuzeit. Marburg 1981; Hay, G. (ed.): Dt. Abschiede. Mü. 1984; id.: Der Nekrolog als literar. Denkmal. In: Schuchard/Claussen (wie not. 3) 253–259. – [18] cf. Husenbeth, H.: Toten-, Begräbnis- und Armeseelenlied. In: Hb. des Volksliedes 1. ed. R. W. Brednich/L. Röhrich/W. Suppan. Mü. 1973, 463–481; Totenlieder (Beitr.e von E. Schusser u. a.). In: Geistliches Volkslied. Studienwoche Schwanberg 1986. ed. Bayer. Landesverein für Heimatpflege. Mü. 1986, 267–306. – [19] cf. z. B. Hadwich (wie not. 17) 12. – [20] Haßler, L. A.: Der Wandler unter den G.ern. Eine Slg von tausend G.- und Inschriften in mehreren Sprachen von allerlei In- und Gehalt. Gmünd 1819; Hörmann, L. von: G.schriften und Marterln. Lpz. 1887; Treichlingen, W. M.: Wohl ist ihr und auch mir. Eine Slg von G.inschriften. Zürich 1955; Spiegel, F.: A Small Book of Grave Humour. L./Sidney 1971 ([7]1979); Roth, H.: Marterlsprüch. Mü. 1973; Narr, D.: Memento mori. Barocke G.inschriften. In: Barock in Baden-Württemberg 2. Ausstellungskatalog Karlsruhe 1981, 201–211; Röhrich, L.: Komische G.poesie. In: Schuchard/Claussen (wie not. 3) 93–109. –
[21] Moser-Rath, Schwank, 9 und not. 14sq. – [22] Wander, K. F. W.: Dt. Sprichwörter-Lex. 2. Lpz. 1870, 117sq.; Büchmann, G.: Geflügelte Worte. B. [32]1972, v. Reg.; Lipperheide, F. von: Spruchwörterbuch. B. [8]1907, 352–354; Walther, H.: Lat. Sprichwörter und Sentenzen des MA.s in alphabetischer Anordnung 1–6. Göttingen 1963–69; Röhrich, Redensarten 1, 324. – [23] cf. Wimmer, E.: Das G. in der dt. Balladenüberlieferung. In: Protokollband der 16. Arbeitstagung über Probleme der europ. Balladenforschung in Kolympari/Kreta 1986. ed. W. Puchner (im Druck). – [24] EM-Archiv: Schreger, Zeitvertreiber (1754), num. 34; Brückner, 227. – [25] Röhrich, L.: Der Tod in Sage und Märchen. In: Leben und Tod in den Religionen. ed. G. Stephenson. Darmstadt 1980, 165–183; Röhrich, L.: Das Verhalten zum Tod und zu den Toten in der Volksdichtung. In: Boehlke 2 (wie not. 3) 89–106. – [26] Merkelbach, V.: Der G.hügel (KHM 195). Diss. Mainz 1964. – [27] Röhrich 1980 (wie not. 25) 167. – [28] HDM 2, 655–658. – [29] Müller/Röhrich D 4, 7. – [30] Müller/Röhrich H 17sq., J 9; Grimm DS 137; Brückner, 733; cf. Schmidt, L.: Die Volkserzählung. B. 1963, 225–234. –
[31] Brückner, 226; Schneider, A.: Exempelkatalog zu den „Iudicia Divina" des Jesuiten Georg Stengel von 1651. Würzburg 1982, num. 1536, cf. auch num. 1535; Tubach, num. 1137. – [32] Günter 1949, 205; Böck, E.: Sagen aus Niederbayern. Regensburg 1977, num. 18, 400; Schneider (wie not. 31) num. 273, 492. – [33] ibid., num. 1565–1574; Tubach, num. 1267. – [34] z. B. Schöppner, A.: Sagenbuch der Bayer. Lande 1. Mü. 1852, num. 69; DVldr 5, 12; ZfVk. 54 (1958) 173sq. – [35] Müller/Röhrich L 30–33; Tubach, num. 2363. – [36] Brückner, 227; cf. Goethes Ballade „Der Totentanz" (1813). – [37] Müller/Röhrich H 46. – [38] Böck, E.: Sagen aus der Oberpfalz. Regensburg 1986, num. 21. – [39] Müller/Röhrich O 5. – [40] Müller/Röhrich L 20–24. –
[41] Petzoldt, L.: Dt. Volkssagen. Mü. 1970, num. 128. – [42] Müller/Röhrich L 2sq. – [43] Müller/Röhrich L 47, 50. – [44] Müller/Röhrich F 41 sq.; cf. auch HDM 1, 433 (in der Edda wird der tote Helgi durch die Tränen der Sigrun in seiner G.esruhe gestört). – [45] Böck (wie not. 38) num. 342. – [46] cf. Lecouteux, C.: Gespenster und Wiedergänger. In: Euphorion 80 (1986) 219–231. – [47] Müller/Röhrich G 14–18; cf. EM 2, 33 und not. 50sq. – [48] wie not. 12. – [49] Baader, B.: Volkssagen aus dem Lande Baden. Karlsruhe 1851, num. 304. – [50] cf. EM 2, 33 und not. 52. –
[51] Grimm DS 172. – [52] Grimm DS 412. – [53] Grimm DS 373; Schneider (wie not. 31) num. 869; Petzoldt, L.: Hist. Sagen 1. Mü. 1976, num. 10a. – [54] Müller/Röhrich M 10–13. – [55] Harmening (wie not. 11) bes. 58–70. – [56] Brückner, 435, num. 38. – [57] Vincent de Beauvais, Speculum historiale 26, 26; Brückner, 447, num. 176. – [58] Brückner, 472, num. 434. – [59] Müller/Röhrich P 3–9. – [60] Röhrich, Erzählungen 2, 415–428; DVldr 5, num. 112. –
[61] ibid., num. 111; cf. auch Schneider (wie not. 31) num. 1539; Tubach, num. 2289. – [62] DVldr 5, num. 108–110. – [63] Petzoldt, L.: Grause Thaten sind geschehen. Mü. 1968, num. 1–7. – [64] Schneider (wie not. 31) num. 548–552. – [65] Günter 1910, 107. – [66] cf. EM 2, 31; Wimmer (wie not. 23). – [67] Müller/Röhrich F 39; Röhrich, L./Brednich, R. W. (edd.): Dt. Volkslieder 1. Düsseldorf 1965, num. 8; Ward, D.: The Return of the Dead Lover. In: Folklore on Two Continents. Festschr. L. Dégh. Bloom. 1980, 310–317. – [68] DVldr 5, num. 89. – [69] DVldr 5, num. 116–120. – [70] Müller/Röhrich F 11sq. –
[71] Tubach, num. 2424. – [72] Tubach, num. 2361. – [73] Günter 1910, 107. – [74] Günter 1949, 299. – [75] Müller/Röhrich K 2; Grimm DS 328; Peuckert, W.-E.: Dt. Sagen 2. B. 1962, num. 259; cf. Hain, M.: Arme Seelen und helfende Tote. In: Rhein. Jb. für Vk. 9 (1958) 54–64; Brückner, 227; Ranke, K.: Allerheiligen und Allerseelen in der Sagenüberlieferung. In: Rhein. Jb. für Vk. 9 (1958) 28–53; Deneke, B.: Legende und Volkssage. Diss. (masch.) Ffm. 1958. – [76] Vorbild für die G.wunderlit.: Augustinus, De civitate Dei 22, 8; cf. Assion, P.: Die Mirakel der hl. Katharina von Alexandrien. Diss. Heidelberg 1969; Hebenstreit-Wilfert, H.: Wunder und Legende. Diss. Tübingen 1975. – [77] Günter, H.: Legenden-Studien. Köln 1906, 155. – [78] ibid., 107, 155sq., 207; Günter 1949, 107, 264; Schneider (wie not. 31) num. 1453, 1585. – [79] Günter 1910, 99; Günter 1949, 268; Brückner, 226; Metzger, W.: Beispielkatechese der Gegenreformation. Georg Voglers „Catechismus in Außerlesenen Exempeln", Würzburg 1625. Würzburg 1982, num. 107. – [80] Brückner, 252. –
[81] Brückner, 318, num. 216. – [82] Böck, E.: Regensburger Stadtsagen. Regensburg 1982, num. 131. – [83] Brückner, 244. – [84] Grimm DS 436. – [85] Günter

(wie not. 77) 139. – [86] Günter 1949, 170. – [87] Günter (wie not. 77) 81; Günter 1949, 172 sq.; cf. Metzger (wie not. 79) num. 201, 1547 sq. – [88] Günter 1949, 19, 173. – [89] Metzger (wie not. 79) num. 173, 175; Schneider (wie not. 31) num. 1431. – [90] Günter 1949, 208. –
[91] Günter 1949, 184 sq., 265; Grimm DS 530 (Graf Hubert von Calw). – [92] Günter 1949, 180; Brückner, 244; cf. EM 2, 32. – [93] Dünninger, J.: Fränk. Sagen vom 15. bis zum Ende des 18. Jh.s. Kulmbach [2]1964, num. 39. – [94] Böck (wie not. 32) num. 38. – [95] Günter 1949, 174, 265. – [96] Günter 1949, 206, 264–266; Günter (wie not. 77) 106 sq.; cf. Schneider (wie not. 31) num. 1579–1583; Tubach, num. 2364; Hebenstreit-Wilfert (wie not. 76) 153. – [97] Dünninger (wie not. 93) num. 3. – [98] Günter 1949, 265. – [99] Günter (wie not. 77) 74. – [100] Günter 1949, 121. –
[101] Günter 1949, 206. – [102] Günter 1910, 107; cf. Tubach, num. 1267. – [103] Günter (wie not. 77) 157; Günter 1949, 121. – [104] Günter 1949, 121; cf. EM 2, 31. – [105] Tubach, num. 1271. – [106] Schöppner (wie not. 34) t. 3 (1853) num. 1052. – [107] Günter 1949, 121. – [108] cf. Brückner, 146, 169.

Würzburg Erich Wimmer

Grab: Das unruhige G. (AaTh 760). Der Erzähltyp vom nicht zu Erde gewordenen Leichnam (→ Leiche), der so lange im G. keine Ruhe finden kann (→ Wiedergänger), bis er für sein Verbrechen Vergebung erlangt hat, wird bei AaTh vor allem aufgrund finn. Var.n beschrieben:

Ein Mann hat drei schwangere Bräute (Frauen). Um sich ihrer zu entledigen, läßt er sie zusammen in die Sauna gehen und verbrennt sie dort. Nach dem späteren Tod des Mannes erscheint sein Leichnam immer wieder im Vorraum der Kirche. Ins Pfarrhaus kommen Gäste, die die seltsame Gestalt sehen wollen. Die Magd des Pfarrers trägt den → Toten herbei und bringt ihn nur gegen gute Bezahlung wieder zurück. Der Leichnam hält sie jedoch fest und verlangt von ihr, seine am Kirchenaltar erschienenen Bräute um Vergebung für ihn zu bitten. Erst beim dritten Mal willigen sie ein; der Leichnam kehrt ins G. zurück und findet dort Ruhe.

AaTh 760 ist in Finnland sehr beliebt: Über 100 Aufzeichnungen liegen vor[1]. Die starke Verbreitung der Erzählung ist u. a. durch den viermaligen Druck als Fliegendes Blatt[2] zu erklären, auf das sich ein großer Teil der mündl. überlieferten Var.n zurückführen läßt. Mit den finnlandschwed. Belegen verhält es sich ähnlich[3]. Auch in Schweden, Dänemark, Norwegen und auf Island sowie im dt. (bes. norddt.) und im slav. Sprachgebiet ist der Erzähltyp bekannt[4]. Von der finn. Erzählung weichen diese Fassungen insofern ab, als es sich – abgesehen von einigen norw. Var.n – nicht um drei Bräute (Frauen) handelt, sondern nur um eine. Außerdem zeigen sich Unterschiede in der Begründung dafür, daß der Verstorbene weder verwest noch in seinem G. Ruhe findet. Die Ermordung der Braut (Frau) findet sich selten, sehr oft besteht das Vergehen in schlechter Behandlung oder streitsüchtigem Verhalten und noch öfter im Bruch des Ehe- oder Treuegelöbnisses.

Im estn. und lett. Typenverzeichnis[5] wird unter dem Typ 760 eine abweichende Erzählung behandelt:

Ein Junge, der über die Kirche (den Geistlichen, die Jungfrau → Maria u. a.) spottet, wird verflucht und sinkt versteinert zu Boden. Später wird der Stein gefunden und ins Zimmer getragen. Dort lacht er und erzählt seine Geschichte. Ein Wort, das den Fluch aufhebt, verwandelt den zu Stein gewordenen Leichnam in Staub.

Auch in Schweden und Norwegen ist diese Form bekannt. Nach dem schwed. Forscher S. Ek[6] ist die Erzählung vom verwunschenen Steinleichnam älter als die vom Verstorbenen, der Vergebung verlangt: Zwischenformen dieser beiden sehr verschiedenen Erzählungen stellen die in Schweden anzutreffenden Versionen des Steinleichnam-Märchens dar, in denen von der Jungfrau Maria oder von ihrem Bild in der Kirche Vergebung erfleht wird. Nach Ek sind die Frauengestalten im Erzähltyp vom Vergebung suchenden Verstorbenen an die Stelle der Jungfrau Maria getreten, und der frühere religiöse Inhalt der Erzählung hat sich zum Weltlichen, Novellistischen hin gewandelt. Eks Schlußfolgerung, der Ursprung der Erzählung sei mit einer bestimmten Kirche in Westschweden verknüpft (→ Ikonographische Erzählung), stützt sich vor allem auf schwed. und anderes skand. Material. Dt. sowie balt. Überlieferungen werden kaum berücksichtigt, so daß eine Herkunftsbestimmung des Erzähltyps weitere umfassende Forschungen erfordert[7].

Die älteste bekannte Var. von AaTh 760 ist 1746 in Schweden belegt. Jedoch geht die Erzählung sowohl nach Eks als auch nach H. F. → Feilbergs[8] Untersuchungen mindestens bis auf das kathol. MA. zurück und enthält Hinweise auf noch ältere Vorstellungen aus der heidnischen Zeit. Den Hintergrund dieses Erzähltyps bilden zum einen Glaubensvorstellungen über Leichname, die im G. nicht zu Staub zerfallen, und zum anderen der weite Themenkreis über friedlos Gestorbene[9]. Die Unzerstörbarkeit des Leichnams kann wie in der hier vorliegenden Erzählung eine Bestrafung oder aber ein Hinweis auf die Heiligkeit des Verstorbenen oder seine Unschuld sein[10]. Für die Ruhelosigkeit, das Umherwandern und den Spuk des Verstorbenen gibt es sehr viele und sehr verschiedene Ursachen (→ Begräbnis, Kap. 3.1; Mot. E 410–419; Simonsuuri C 301–1000) ebenso wie für die Vergebung und → Erlösung des Toten mit Hilfe der Lebenden.

[1] Aarne, A.: Finn. Märchenvar.n (FFC 5). Hamina 1911; id.: Finn. Märchenvar.n. Ergänzungsheft 1 (FFC 33). Hamina 1920; hs. Texte im Archiv der Suomalaisen Kirjallisuuden Seura (Finn. Lit.-Ges.). — [2] Kirkonväki ja Pitkä-Piena (Kirchgänger und Pitkä-Piena). Turku 1856; Kolme muinaisajan satua (Drei uralte Märchen). Turku 1856, 1866, 1887. — [3] Finlands svenska folkdiktning 1 A. ed. O. Hackman. Hels. 1917, num. 160. — [4] Ergänzend zu AaTh: Hagberg, L.: När döden gästar. Sth. 1937, 619; Liungman 2, 185; Christiansen, M. L., num. 4020; Ek, S.: Sägnen om den döde, som vinner förlåtelse. Västsvenska hembygdsstudier. Göteborg 1928, 197–221; Feilberg, H. F.: Sjæletro (DF 10). Kop. 1914, 74–98; Plenzat, 45; Voges, T.: Sagen aus dem Lande Braunschweig. Braunschweig 1895, num. 95; Gander, K.: Niederlausitzer Volkssagen. B. 1894, num. 199; Peuckert, W.-E.: Schlesiens dt. Märchen. Breslau 1932, num. 178; Henßen, G.: Ungardt. Volksüberlieferungen. Marburg 1959, num. 78; Graber, G.: Sagen und Märchen aus Kärnten. Graz 1944, 58 sq.; Bll. für Pommersche Vk. 7 (1899) 6 sq. (Frau muß von ihrem Mann Vergebung erlangen); Krzyżanowski; Polívka 3, num. 54 C a; cf. auch Gašparíkowá, V.: Słoneczny koń. Bajki słowackie. W. 1981, num. 29; SUS; cf. auch Karadschitsch, W. S.: Volksmärchen der Serben. B. 1854, num. 21 (Vater und Söhne müssen Verzeihung erlangen). — [5] Aarne, A.: Estn. Märchen- und Sagenvar.n (FFC 25). Hamina 1918; Arājs/Medne. — [6] Ek (wie not. 4) 216. — [7] Liungman 3, 261 sq. — [8] Ek (wie not. 4) 215 sq.; Feilberg (wie not. 4) 95–98. — [9] cf. auch Müller/Röhrich J 9; Afanas'ev 3, num. 359 (Sohn muß Verzeihung der Mutter erlangen). — [10] Simonsuuri C 1411.

Helsinki Pirkko-Liisa Rausmaa

Graben zum Stein, Otto von, † Potsdam vor 1756[1], aus alter Innsbrucker Adelsfamilie stammend, gehörte zunächst dem Serviten-Orden (Ordo Servorum Mariae) an und wirkte als Garnisonsprediger in Sizilien. Wegen politischer und religiöser Differenzen mußte er gegen 1728 fliehen und konvertierte zum luther. Glauben[2]. Nach längeren Irrfahrten erlangte er 1732 schließlich in Berlin unter Friedrich Wilhelm I. das wenig angesehene Amt des Vicepräsidenten der Kgl. Preuss. Societät der Wiss.en[3].

Für die Erzählforschung relevant sind seine anonym erschienenen *Unterredungen von dem Reiche der Geister* [...] (t. 1–3. Lpz./B. 1730/31–41), die zunächst in Form einer Zs. als *Monathliche Unterredung* (Lpz. 1729–41) herauskamen. Ihre Forts. wurde jedoch verboten, da sie angeblich voller „Aberglauben und Schwärmerey" seien[4], in Wahrheit aber wohl eher deshalb, weil ihr Autor sich in vorsichtig abwägender Weise mit dem Verhältnis zwischen Aberglauben und Religion auseinandersetzte und dabei des öfteren überlieferte Glaubensvorstellungen in Zweifel zog[5]. Er leugnete die Existenz von → Geistern zwar nicht grundsätzlich – vor allem weil sie durch die Hl. Schrift bezeugt wäre –, aber er warnte vor dem Aberglauben.

In den zwischen Andrenio und Pneumatophilo geführten Unterredungen werden die Argumente für und wider die Existenz von Geistern und übersinnlichen Erscheinungen anhand zahlloser Beispiele aus der Sagenüberlieferung abgewogen, wobei G. z. S. eine Entscheidung jedoch in der Schwebe läßt. Er behandelt u. a. → Hausgeister, Geister Verstorbener (→ Tot, Tote), Erd-, → Wasser-, → Luft- und Feuergeister (→ Elementargeister), lokale und schatzhütende Geister, wobei er mit barocker Sammellust auch entlegene literar. oder mündl. Traditionen heranzuziehen weiß. Es dürfte kaum einen bedeutenden Sagenkomplex aus dem mitteleurop. Raum geben, der nicht mit einer oder mehreren Varianten in den *Unterredungen* repräsentiert wäre. Es ist offensichtlich, daß ein Großteil der späteren Geister- und Sagenliteratur bis hin zu J. G. T. → Grässe direkt oder indirekt aus dieser Quelle geschöpft hat, ohne daß sich eine solche Beziehung in jedem Falle exakt nachweisen ließe. Die gleiche Unsicherheit besteht in bezug auf die Quellen G.s z. S., da er des öfteren Sagen neu lokalisiert hat, um seiner Sammlung den Anschein des Authentischen zu geben[6]. Märchen oder Märchenmotive enthält sein Werk noch nicht.

Von volkskundlichem Interesse sind daneben seine *Merckwürdigen und recht seltsamen Begebenheiten des auf wundersamen Wegen gereiseten Pilgrims* (Ffm./Lpz. 1728–29 unter dem Pseud. Critile), in denen er sich kritisch mit den → Marienlegenden und -wundern sowie mit zahlreichen religiös motivierten Ortssagen in Österreich, Böhmen, Ungarn und Italien auseinandersetzt: Als Angehörigem eines Marienordens war ihm ein Blick ‚hinter die Kulissen' etlicher → Mirakel-Inszenierungen möglich. In seinen letzten Lebensjahren veröffentlichte G. z. S. noch einige Lobschriften über Berlin und Potsdam. Eine Monogr. über diesen bedeutenden Sammler und wunderlichen Gelehrten steht noch aus.

[1] Laut Auskunft der Akad. der Wiss.en der DDR, Berlin. – [2] cf. Forts. und Ergänzungen zu C. G. Jöchers allg. Gelehrten-Lexico [...] von J. C. Adelung 2. Lpz. 1787, 1558 sq. – [3] cf. Harnack, A.: Geschichte der Kgl. Preuss. Akad. der Wiss.en zu Berlin 1, 1. B. 1900, bes. 224, 233–235 (Hinweis auf die satirische Bestallungsurkunde G.s z. S., in der er vom König u. a. die Aufgabe erhält, ‚Nachtmähren' und andere Unholde zu fangen und auszurotten). – [4] cf. Jöcher/Adelung (wie not. 2) 1559. – [5] cf. Goldfriedrich, J.: Geschichte des dt. Buchhandels 2. Lpz. 1908, 468. – [6] Grundlegend: Deneke, B.: ‚Sage' im 18. Jh. Zu den ‚Unterredungen' des v[on] G. z. S. In: ÖZfVk. 64 (1961) 255–266; Peuckert, W.-E. (ed.): Die Sagen der Monathlichen Unterredungen Otto von G.s z. S. B. 1961 (unzureichend kommentierte Ausw.); Rez. von L. Schmidt in: ÖZfVk. 64 (1961) 291–293.

Paderborn Manfred Grätz

Graber, Georg, *Pörtschach (Kärnten) 15. 4. 1882, † Klagenfurt 27. 8. 1957, führender Volkskundler Kärntens in der 1. Hälfte des 20. Jh.s. G. studierte Germanistik und klassische Philologie an den Univ.en Graz, Wien und Leipzig (Diss.: *Das Sprunghafte im Volkslied.* Graz 1905). 1906–40 war G. im Schuldienst, zuletzt als Landesschulinspektor für Kärnten, seit 1944 Honorarprofessor an der Univ. Graz.

Seine volkskundlichen Forschungen beschränkte G. auf Kärnten; er betrieb sie noch im Sinne der älteren Germanistik, den Anregungen seines Leipziger Lehrers E. Mogk folgend. In Monographien zu Kärntner Volks-[1] und Rechtsbräuchen[2] sowie über Legendengestalten Kärntens[3] spürte G. völkerwanderungszeitlichen und frühma., vornehmlich germ. und frühdt. Schichten des vermeintlichen Volkskultes und -glaubens nach und leitete sie, verbreiteten Vorstellungen seiner Zeit entsprechend, aus der nord. Vanenreligion ab. Zugleich suchte G. dies mit der Landesgeschichte in Übereinstimmung zu bringen und verband so Mythologisches mit Historischem.

Außer in zahlreichen kleineren Aufsätzen gab G. in auflagenstarken Buchveröffentlichungen einen Überblick über die Kärntner Volkskultur (*Volksleben in Kärnten.* Graz 1934, [2]1941, [3]1949) und veröffentlichte umfangreiche Slgen von Sagen (auch mit einigen Märchen) sowie Texte einzelner Volksschauspiele[4]. Seine *Sagen aus Kärnten* (Lpz. 1914, [3]1921, [4]1927, leicht überarbeitet: Graz [5]1941, [6]1944), später etwas originalnäher fortgeführt in seinen *Sagen und Märchen aus Kärnten* (Graz 1935, [2]1944), gelten bisher als wichtigste Erzählsammlungen mit über 1000 Sagen und 17 Märchentexten (kombinierte Gesamtausgabe beider Slgen u. d. T. *Sagen aus Kärnten* 1–2. Klagenfurt 1979).

G.s Wirken muß primär aus seiner Tätigkeit in der Lehrerbildung und aus seiner Heimatbindung gesehen werden. Seine Bedeutung für die Forschung beruht auf seiner erstmaligen Sammlung und Sichtung der Stoffe. Das gilt bes. für seine Sagenausgaben, die nicht nur das Erzählgut der dt. Landesbewohner Kärntens erschließen[5], das von anderen Sammlern (F. Franziszi, R. Waizer, V. Pogatschnigg, J. Rappold, J. R. → Bünker, F. Pehr u. a.) hauptsächlich berücksichtigt wird. G.s Material stammt zum geringsten Teil aus eigenen Aufnahmen, sondern wurde vor allem von Schülern und Lehrern vermittelt; die Texte sind mehr oder weniger frei bearbeitet. Seine Textvorlagen freilich sind bis heute verschollen, in G.s Nachlaß (Klagenfurt, Landesmuseum für Kärnten) findet sich kaum etwas. G. verzichtet allg. auf nähere Herkunftsangaben, mit Ausnahme weniger Hinweise auf literar. Qu.n. Er konzipierte seine Ausg.n bewußt als ‚Volksbücher' mit der Absicht einer Wiederbelebung nicht zuletzt durch die Lehrerschaft.

[1] z. B. G., G.: Der Schlag mit der Lebensrute, [...] eine uralte Form des Erdkultes. In: Carinthia I 100 (1910) 1–11; id.: Die Vierberger, ein Beitr. zur Religions- und Kulturgeschichte Kärntens. In: Carinthia I 102 (1912) 1–87. – [2] z. B. id.: Der Einritt des Herzogs von Kärnten am Fürstenstein zu Karnburg (Sb.e der Wiener Akad. der Wiss.en, phil.-hist. Kl. 190,5). Wien 1919; id.: Das Schwert auf dem Brautlager. In: Völkerkunde 1,3 (1930) 9–20. – [3] id.: Der hl. Mann der Niklai. In: Zs. für österr. Vk. 19 (1913) 137–160, 217–245; id.: Hildegard von Stein (Zur Kritik der Sage und des Brauches). In: Festschr. E. Mogk. Lpz. 1924, 525–535; id.: Briccius in Heiligenblut. In: Carinthia I 140 (1950) 304–384. – [4] id.: Kärntner Volksschauspiele. 1: Weihnachtsspiel. Wien 1922; 2: Das Kärntner Paradeisspiel. Kärntner Jedermann. Wien 1922; 3: Passionsspiel. Wien 1923; 4: Der Kärntner Totentanz. Komödia von dem grimmigen Tode. Wien 1924; id.: Das Gmündner Hirtenspiel aus dem 17. Jh. oder die Geburt unseres Herrn Jesu Christi. Spittal (Drau) 1930; id.: Passionsspiel aus Köstenberg. Das Leiden Christi. Graz 1937; id.: Ein Kärntner Spiel vom Doktor Faust. Graz 1943. – [5] Dazu cf. Mais, A.: G. G., Volksleben in Kärnten. In: ÖZfVk. 54 (1951) 72 sq., hier 73; Matičetov, M.: Gefahren beim Aufzeichnen von Volksprosa in Sprachgrenzgebieten. In: Kongreß Kiel/Kopenhagen 1959, 179–187, hier 186 sq.

Lit. (Ausw.): Schmidt, L.: G. G. In: ÖZfVk. 60 (1957) 338–340. – Gölles, J.: Hofrat Dr. G. G., Landesschulinspektor i. R. In: Carinthia I 148 (1958) 737–740. – Weiß, I.: Kärntner Lebensbilder 1. Klagenfurt 1970, 26–31. – Moser, O.: G. G. – Ein Leben für Kärntens Landes- und Volkskunde. In: Die Kärntner Landsmannschaft (1982) H. 6, 4–7.

Festschr.n: Festschr. G. G. (Die Kärntner Landsmannschaft 1952, H. 1). – G. G., Hildegard von Stein und ihre Stiftung. Festschr. G. G. Klagenfurt 1952 (Bibliogr. 73–79). – Aus Kärntens Volksüberlieferung. Festschr. G. G. Klagenfurt 1957.

Graz Oskar Moser

Grabhügel (AaTh 1130). *Der G.* nannten die Brüder → Grimm recht willkürlich die aus zwei verschiedenen Erzählungen kontaminierte, von ihnen stark überarbeitete und erstmals 1850 in die 6. Aufl. als KHM 195 übernommene Geschichte, deren literar. Vorlage das drei Jahre zuvor von P. Hoffmeister, Pfarrer in Nordhausen bei Kassel, veröffentlichte *Märchen vom dummen Teufel* bildet[1].

Die von V. Merkelbach monogr. untersuchte G.geschichte[2] setzt sich aus der Sage vom Teufel, der eine Leiche schindet (AaTh 815: → *Schatz in der Totenhaut*), und dem Schwank vom bodenlosen Gefäß (AaTh 1130: *Counting out Pay*) zusammen[3]. Beide Erzählungen treten in der mündl. Überlieferung überwiegend getrennt auf[4]. Ihre Beschreibung bei AaTh ist unzureichend.

Im Schwank AaTh 1130 befreit sich ein Mensch durch → List aus einem Vertrag, den er zumeist mit dem → Teufel (→ Teufelspakt), seltener mit anderen dämonischen Gestalten, um den Preis seiner Seele geschlossen hat. Auf Geheiß des Menschen versucht der Jenseitige vergeblich, einen Stiefel ohne Sohle, einen durchlöcherten Hut, Sack, grundlose Kästen oder sonstige Behälter mit → Gold oder Geld zu füllen. Das bodenlose Gefäß ist gelegentlich über einer Grube im Erdboden, sehr viel häufiger aber in den hochgelegenen Teilen des Hauses, auf dem Dach, dem Schornstein, über dem Tennenboden angebracht, was zur Folge hat, daß der dumme Teufel seinem überlegenen Vertragspartner eine Unmenge Geldes in das Gefäß schüttet, bevor er geprellt das Weite sucht.

Bislang früheste literar. Zeugnisse für den Teufelsschwank finden sich im 16. Jh. im dt.sprachigen Gebiet, u. a. bei Hans → Sachs im Versschwank *Der pawer mit dem podenlosen sack* (1563)[5]. Merkelbach resümiert kritisch verschiedene Herkunftserklärungen des Schwanks und des zentralen Motivs vom bodenlosen Gefäß (Mot. K 275), so die J. → Boltes[6] aus einer Legende des 16. Jh.s vom hl. → Benedikt, dem der Teufel vergeblich den bodenlosen Stiefel mit Talern zu füllen suchte, oder die W. → Alys[7] aus dem griech. Mythos der → Danaiden (AaTh 1180: *Catching Water in a Sieve*), die als Strafe für die Ermordung ihrer Männer in der Unterwelt Wasser in ein Faß ohne Boden schöpfen müssen, und kommt zu dem schon von L. → Mackensen[8] vertretenen vorsichtigen Schluß, der Schwank müsse bereits im 16. Jh. unabhängig von der literar. Fassung des Hans Sachs mündl. überliefert worden sein. Vom dt.sprachigen Bereich, in dem er wie auch in wenigen frz. Fassungen als selbständiger Erzähltyp vorkomme, habe er sich als solcher nach Irland, Island und nach Schweden hin ausgebreitet und auf seiner Wanderung nach Osten allmählich seine Selbständigkeit verloren, um schließlich zu dem bloßen Erzählmotiv vom bodenlosen Gefäß reduziert zu werden[9].

Die dt., frz., bret., fries., ir., isl., schwed., finn., lapp., westslav., liv., estn., finn.-ugr., russ. und südslav. sowie nordamerik. Var.n werden in Merkelbachs Unters. ausgebreitet und in ihren ökotypischen Besonderheiten sowie Kontaminationen mit anderen Erzählungen jeweils zusammenfassend besprochen[10]. In der Folgezeit sind einige weitere Belege u. a. aus bisher nicht vertretenen Regionen (z. B. Spanien, Ostafrika) festgestellt worden[11].

Die motivischen Übereinstimmungen von AaTh 1130 mit der diabolisierten Wiedergängersage AaTh 815 bestehen im Vertrag und im Handel von Menschen mit dem Teufel, aus dem dieser als Unterlegener, die menschlichen Partner als Sieger hervorgehen (cf. → Wettstreit mit dem Unhold). Diese Gemeinsamkeiten begünstigten zweifelsohne die Kontamination beider Erzählungen, die ganz verschiedenen Gattungen angehören, zum Märchenschwank der G.geschichte, wie sie in KHM 195 vorliegt. Für deren in Deutschland lokalisierte Entstehung setzt Merkelbach allerdings eine fortgeschrittene Entdämonisierung der Teufelssage voraus, die sie befähigt habe, den Schwank ohne allzu deutlich spürbaren Bruch in sich aufzunehmen[12]. Da Wilhelm Grimm und vor ihm ganz offensichtlich auch Hoffmeister ihre G.version bearbeitet haben, dürfte der Entdämonisierung und Rationalisierung der numinosen Sage literar. nachgeholfen worden sein. Entgegen der Annahme Merkelbachs könnte die Kontamination von Sage und Schwank zur didaktisch wirksamen Erzählung von Hoffmeister stammen, der zwar die seinerzeit übliche ungenaue Erklärung abgibt, die G.geschichte mündl. aufgenommen zu haben, sie aber zumindest als deutlich erkennbare literar. Überarbeitung veröffentlicht[13]. Für Hoffmeisters Rolle als mit den Grimms übereinstimmender Schöpfer und Vermittler von ‚Volkserzählungen' spricht auch indirekt die Tatsache, daß alle aufgefundenen Var.n zu KHM 195 von der Grimmschen G.geschichte abhängig sind[14].

[1] Zs. des Vereins für hess. Geschichte und Landeskunde 4 (1847) 115–118 (unwesentlich veränderter Neudruck bei Hoffmeister, P.: Hess. Volksdichtung in Sagen und Mährchen, Schwänken und Schnurren. Marburg 1869, 169–171). — [2] Merkelbach, V.: Der G. Diss. Mainz 1964; cf. Rez. H. Lixfeld in: Fabula 10 (1969) 257–259. — [3] cf. Denecke, L.: Der „G." (KHM 195) aus dem Munde der Viehmännin. In: Fabula 12 (1971) 218–228. — [4] Merkelbach (wie not. 2) 129–158. — [5] Sachs, H.: Sämtliche Fabeln und Schwänke 2. ed. E. Goetze. Halle 1894, num. 350; cf. Merkelbach (wie not. 2) 221, not. 1. — [6] BP 3, 421. — [7] HDM 1, 371–373. — [8] HDM 2, 658. — [9] Merkelbach (wie not. 2) 215–222, bes. 222. — [10] ibid., 130–215. —
[11] SUS; Arājs/Medne; Baughman; Kecskeméti/Paunonen; MNK; Ó Súilleabháin/Christiansen; van der Kooi; Espinosa, A. M. (Hijo): Cuentos populares de Castilla. Buenos Aires 1946, num. 34; Kohl-Larsen, L.: Das Kürbisungeheuer. Kassel 1963, 12sq. (ostafrik.); weitere Nachweise von Var.n im EM-Archiv. — [12] Merkelbach (wie not. 2) 225. — [13] ibid., 3–20. — [14] ibid., 226–256.

Freiburg/Br. Hannjost Lixfeld

Grabpflanzen

1. Allgemeines — 2. Mythen und Märchen — 3. Legenden und Sagen

1. Allgemeines. Die Auseinandersetzung mit dem → Tod und der eigenen Sterblichkeit hat die Menschen seit Jahrtausenden bewegt. Jenseitsvorstellungen, Hoffnungen auf die Unsterblichkeit der Seele und Ideen der Wiedergeburt haben sich bes. sinnfällig in den G. konkretisiert[1]. Gedanken einer Weiterexistenz der Verstorbenen oder ihrer Seele als G. sind weltweit verbreitet[2] und stehen eng mit Riten und Bräuchen beim → Begräbnis und der Grabpflege (cf. auch → Friedhof) in Zusammenhang[3].

Unter G. versteht man alles, was auf dem Grab, das als Wohnung des Toten angesehen wird[4], wächst; einerseits die zum Gedenken an den Verstorbenen gepflanzten → Blumen, Sträucher und → Bäume, andererseits aber die hauptsächlich in Erzählungen relevanten von selbst aus dem Grab hervorsprießenden → Pflanzen, vorzugsweise → Rosen und → Lilien, aber auch Gras, Disteln und Dornen. Sie wurden mit dem Schicksal des → Toten, seinen Eigenschaften und Vorzügen, aber auch mit seinen Sünden und Vergehen in Verbindung gebracht und im Hinblick auf sein Seelenheil, auf Gnade und Vergebung gedeutet[5]. Noch heute werden weiße Rose und Lilie, Ringelblume, Raute und Rosmarin, Efeu und Immergrün, auch dunkle, dem Ernst des Todes entsprechende Bäume wie Eibe, Sadebaum, Buchsbaum, Wacholder und Zypresse z. T. als ausgesprochene Totenpflanzen angesehen[6]. Nach der Christianisierung Europas wurde im MA. eine Reihe der bereits seit der griech. Antike traditionellen G. neben einheimischen weiterverwendet; auch eine Bestattung im Obstgarten war in Klöstern gelegentlich üblich. In den folgenden Jh.en bildeten sich landschaftliche, konfessionelle und brauchtümliche Unterschiede heraus[7]. Die magisch-kultische Bedeutung der G. und ihr Symbolwert sind heute weitgehend verblaßt, die Bepflanzung der Gräber richtet sich z. T. nach praktisch orientierten Friedhofsordnungen.

2. Mythen und Märchen. Mythologische Motive werden in antiken Ätiologien aufgegriffen, die die Entstehung bestimmter Pflanzen durch → Verwandlung oder Reinkarnation (Mot. E 631) schildern: → Ovids *Metamorphosen* erläutern u. a. den Ursprung der Pflanzennamen Adonisröschen (10, 725 – 735), Hyazinthe (10, 205 – 216), Krokus (4, 283 sq.) und Narzisse (3, 508 – 510; → Narziß); die Namengeber waren schöne Jünglinge, Lieblinge von Göttern und Nymphen, aus deren → Blut (Mot. E 631.0.3) oder toten Körpern (Mot. A 2611) die Pflanzen wuchsen. In den bei Ovid angeführten Beispielen zeigt sich ein wichtiger Unterschied zum Märchen: Die Verwandlung oder Reinkarnation ist im Mythos endgültig.

Im Märchen stellen G. eine Verbindung zwischen dem Reich des Todes und der Welt der Lebenden dar, teils gelten sie auch als zeitweilige Verwandlungsformen auf einer anderen Seinsebene; die als unsterblich gedachte → Seele[8] lebt in ihnen fort und kann – z. B. indem die Pflanze gepflückt wird (Mot. E 29.4) – eine → Wiedergeburt als Mensch erfahren. Oft besitzen G. neben einem Rest von menschlichen Eigenschaften magische Kräfte, die sie Auserwählten offenbaren. Sie können, von ihrer Stummheit und Standortgebundenheit befreit, zu → Helfern und Beschützern des Helden werden. Diese Funktion übernehmen bes. die G. auf dem Grab der → Mutter: Sie sind aus psychol. Sicht der Schule C. G. → Jungs Symbole des weiblichen Wesens[9], die Beziehung zu ihnen kann als ‚ungelöste Verbindung' interpretiert werden.

In KHM 21, AaTh 510 A: cf. → *Cinderella*[10] wächst aus dem von Aschenputtel gepflanzten Haselreis ein gabenspendender Baum, der mit Hilfe eines Seelenvogels die Wünsche des Kindes erfüllt und ihm zum Glück verhilft. In KHM 130, AaTh 511: → *Einäuglein, Zweiäuglein, Dreiäuglein*[11] wächst der Grabbaum aus den Eingeweiden der hilfreichen Ziege, dabei erfolgt eine ‚Metallisierung': Die silbernen Zweige und goldenen Äpfel sind nicht nur Geschenke des mütterlichen Baumes, sondern sie können auch als Symbole von Todeserstarrung und damit schwindender Verbindung verstanden werden[12]. In einem Märchen der Roma pflückt der Sohn auf Geheiß seiner sterbenden Mutter die auf ihrem Grab erblühte sprechende Blume, die ihm den Weg ins Glück zeigt[13].

Eine andere Gruppe von G. wächst auf den Gräbern der getöteten Märchenhelden selbst; deren unverbrauchte Lebenskraft ist in die G. übergegangen, aus denen sie selbst zum menschlichen Dasein zurückfinden können. In einer ung. Var. von AaTh 318: cf. *Das ägypt.* → *Brüdermärchen* entsteht z. B. aus dem Blut des in ein Pferd verwandelten Helden ein Baum; als das Mädchen einen Splitter davon in den See wirft, erhält er seine Menschengestalt zurück[14]. In einer rumän. Var. von AaTh 303: *Die zwei* → *Brüder* werden die Knochen des getöteten Prinzen von der Hexe unter einer Eiche vergraben und sein Herz in dem Baum bewahrt[15].

In Glaubens- und Rechtsvorstellungen[16] sind die G. alleiniger Besitz der Toten; im Märchen sind sie manchmal dem künftigen Partner zugedacht (Mot. H 31.12.1). Auf dem Grab eines getöteten Mädchens entstehen als G. Rosen[17]. In einer rumän. Var. von AaTh 407: → *Blumenmädchen* verwandeln sich die G. nachts in das von einem → Vampir getötete Mädchen zurück[18].

In KHM 47, AaTh 720: → *Totenvogel* ist der Wacholder Ort der Wiederbelebung des Helden, der in der Verwandlungszwischenstufe als Vogel den Mord aufdeckt und die Schuldigen bestraft. Sofern sich keine Wiedergeburt des getöteten Helden ereignet, kann er mit Hilfe seiner G. versuchen, den Mörder zu entlarven: In zahlreichen Var.n zu AaTh 780: → *Singender Knochen* werden Musikinstrumente aus G. (meist Bäumen) hergestellt. In einer verwandten ostpreuß. Erzählung offenbaren die G. selbst den Mord: Die von der Mutter an der Unglücksstelle, wo ihre sieben Söhne im Moor versanken, gepflanzten Eichen klagen nachts. Die vom Förster aufmerksam gemachte Königin erfährt, daß ihr Mann die

Kinder zum Springen über ein Moorloch zwang[19].

In einer zypriot. Var. von AaTh 931: → *Ödipus* wird der Tochter geweissagt, daß sie von ihrem Vater schwanger werden und dann ihren eigenen Sohn heiraten soll. Sie läßt den Vater töten; als sie einen Apfel ißt, der vom Baum auf seinem Grab stammt, verursacht dieser ihre Schwangerschaft (wunderbare → Empfängnis); auch der zweite Teil der Prophezeiung erfüllt sich[20]. In Var.n von AaTh 451: → *Mädchen sucht seine Brüder* bergen die G. eines getöteten Unholds Gefahren, sie können eine Tierverwandlung bewirken[21].

Zentral ist das Motiv der G. in AaTh 970: *The Twining Branches*:

Zwei Liebenden wird im Leben die Gemeinschaft versagt. Sie sterben aus Kummer (begehen Selbstmord) und werden nebeneinander (auf dem gleichen Friedhof) begraben. Aus ihren Gräbern wachsen Pflanzen, deren Äste sich miteinander verschlingen (sich über dem Kirchdach treffen): So sind sie im Tod vereint.

Erzählungen dieses Grundmusters sind im europ. Raum aus mündl. Tradition in – meist singulären – Var.n lapp., ir., dt., russ., ung., slov., rumän. sowie katalan. Sprache nachgewiesen; zahlreicher ist der Erzähltyp im gesamten oriental. Raum belegt, so in arab., berber., jüd.-oriental., osset., pers., tadschik., usbek., tatar., pakistan., tibet., jap. sowie einer großen Anzahl chin. Var.n[22]. Der Erzählstoff ist auch in der Lied- und Balladentradition verbreitet[23]. Die literar. Verwendung des Motivs der ineinander verschlungenen Äste (Mot. E 631.0.1; cf. auch → Philemon und Baucis) ist, u. a. am Beispiel der Tristan-Sage (→ Tristan und Isolde), mehrmals ausführlich abgehandelt worden[24].

Während es sich meist um jugendliche Protagonisten handelt, die in unerfüllter Liebe sterben, werden z. B. in einer ätiologischen Erzählung aus China liebende Eheleute durch den Kaiser getrennt; als sie gestorben sind, wachsen aus ihren Gräbern sich verflechtende Zedern[25]. In der pers., der russ. und der tatar. Var. kommt als dritter ein verräterischer Diener (alte Frau) hinzu, der selbst im Tod die Vereinigung des Liebespaares verhindern will: Aus seinem Grab, zwischen den Liebenden gelegen, wächst ein Dornbusch[26].

3. Legenden und Sagen. In der Legende sind G. keine aktiv ins Geschehen eingreifenden Elemente. Sie sind Symbole für die Unschuld eines heiligmäßigen Menschen, aber auch für das Ergehen eines reuigen Sünders im Jenseits[27]. G., die aus dem Leib, Herzen oder Mund (Mot. V 229.2.7) von Märtyrern und Heiligen wachsen, werden als Wunder angesehen. Rote Rosen deuten auf das Blut von Märtyrern hin, weiße Lilien künden von der Erwähltheit der Heiligen[28], bes. dann, wenn sie eine Schrift auf ihren Blättern tragen (→ Ave Maria auf Lilien).

Viele Erzählungen von G., die im Munde eines Toten wurzeln, haben ihr Vorbild in der → Kreuzholzlegende: In Adamsviten wird berichtet, daß → Adam, als er sein Ende nahen fühlte, seinen Sohn Seth zum Garten Eden sandte, um für ihn das Öl der Barmherzigkeit zu erbitten. Seth erhielt es nicht, jedoch drei Samen (Körner, Zweige) vom Paradiesbaum (cf. → Lebensbaum) mit der Weisung, sie nach Adams Tod in seinen Mund zu pflanzen[29]. Die Vorstellung von der Errichtung des Kreuzes Christi auf Adams Grab, das am dürren Holz eine Frucht, den Erlöser selbst, tragen sollte, kann auch mit Erzählungen vom Stabwunder (AaTh 756: *Der grünende → Zweig*) in Verbindung gebracht werden.

Der Feigenbaum, der aus dem Blut von Märtyrern erwachsen ist, wird zum Heil für viele Kranke, die seine Früchte genießen[30]. Möglicherweise haben die zahlreichen bildlichen Darstellungen des ‚Jessebaumes' (cf. Jes. 11, 1; Mt. 1, 5sq.; Röm. 15, 12), der aus dem schlafenden Isai, dem Vater Davids, in dessen Traum hervorwächst und an seiner Spitze Maria mit dem Kind trägt, Erzählungen über Grabbäume angeregt. Schließlich lassen sich Schlaf und Tod im Bild ja kaum unterscheiden.

In der Sage erscheinen G. oft mit gleichen Motiven wie in der Legende, doch mit direkterem Lebensbezug und anderer Akzentuierung. Schuld, Unschuld und Liebe werden durch entsprechende G. offenbart. Hier finden sich Parallelen mit umgekehrten Vorzeichen zur → Hand des Sünders, die aus dem Grab ‚wächst'.

G. erinnern z. B. als lebendige Naturdenkmäler an vergangene Blutschuld, wie die drei blutroten Buchen auf dem Grab von drei in einer Hungersnot umgekommenen Brüdern[31]. Als die fromme Mutter eines Selbstmörders ein Zeichen erfleht, ob ihr Sohn in der ewigen Seligkeit lebe, erwächst plötzlich eine wunderschöne Distelstaude auf seinem Grab, und sie ist getröstet[32]. G. an der Richtstätte oder am

Grabe Verleumdeter bestätigen postum deren Unschuldsbeteuerung und die oft damit verbundene Vorhersage vom Wachstum einer bestimmten Pflanze[33]. Aus dem Grab der im Jähzorn getöteten vermeintlichen Ehebrecher sprießt jahrhundertelang ein Lilienstengel, der immer nur zwei Blüten treibt und für die Toten zeugt; er verschwindet erst, als man sie in geweihter Erde bestattet[34]. Häufig entstehen G. an den Scheiterhaufen angeblicher Hexen, um die Nachwelt vor allzu schnellem Urteil zu warnen, wie z. B. wilde Rosen[35], Veilchen[36] oder auch ein Kirschbaum, dessen Wachstum prophezeit wurde[37].

Auch in der Sage symbolisieren G. Liebe und Treue über den Tod hinaus. Als z. B. ein frommer Bauer zu seiner ersten Frau ins Grab gelegt wird, erblühen Rosen und Lilien darauf, Zeichen ihrer innigen Zuneigung[38].

[1] cf. Geiger, P.: Tod. In: HDA 8 (1936/37) 970–985, hier 970; id.: Tote (der). In: HDA 8, 1019–1034, hier 1019 sq.; Stephenson, G. (ed.): Leben und Tod in den Religionen. Darmstadt 1980, 9–11; cf. Ariès, P.: Geschichte des Todes. Mü. 1980, 37–40. – [2] cf. Kahlo, G.: G. In: HDM 2 (1934/40) 659 sq.; Dankkert, W.: Symbol, Metapher, Allegorie im Lied der Völker. 3: Pflanzen. ed. H. Vogel. Bonn-Bad Godesberg 1978, 1158; Mercatante, A. S.: Der magische Garten. Zürich 1980, 130–132. – [3] Sartori, P.: Sitte und Brauch 1. Lpz. 1910, 157; Reichhardt, R.: Geburt, Hochzeit und Tod im dt. Volksbrauch und Volksglauben. Jena 1913, 170–176; Richter, G.: Zur hist. Pflanzenverwendung auf Friedhöfen. In: Schuchard, J./Claussen, H. (edd.): Vergänglichkeit und Denkmal. Bonn 1985, 33–41. – [4] Geiger, P.: Grabblumen. In: HDA 3 (1930/31) 1103–1106, hier 1104. – [5] HDA 3, 1103; HDM 2, 659. – [6] Engel, F.-M.: Zauberpflanzen. Pflanzenzauber. Hannover 1978, 121–126; Tergit, G.: Kleine Geschichte der Blumen. Ffm./B./Wien 1981, 188–192; Richter (wie not. 3) 34–36; HDA 3, 1103. – [7] ibid.; Richter (wie not. 3) 36–39. – [8] Grimm, Mythologie 2, 689 sq.; Koberstein, A.: Über die in Sage und Dichtung gangbare Vorstellung von dem Fortleben abgeschiedener menschlicher Seelen in der Pflanzenwelt. In: Weimar. Jb. 1 (1854) 73–100; cf. hierzu Köhler/Bolte 3, 274–279. – [9] cf. von Beit 1, 152, 158 sq. – [10] cf. Scherf, 9–13. –
[11] Scherf, 87–91. – [12] cf. Lüthi, Europ. Volksmärchen, 27 sq.; von Beit 1, 735. – [13] Aichele, W./Block, M.: Zigeunermärchen. MdW 1962, num. 27. – [14] Kovács, A.: Ung. Volksmärchen. MdW 1966, num. 14. – [15] Karlinger, F./Bîrlea, O.: Rumän. Volksmärchen. MdW 1969, num. 12. – [16] cf. HDA 3, 1103 sq.; Prahn, H.: Glaube und Brauch in der Mark Brandenburg. In: ZfVk. 1 (1891) 178–197, hier 185; cf. Müller/Röhrich L 30. – [17] cf. Karlinger/Bîrlea (wie not. 15) num. 15. – [18] Aichele/Block (wie not. 13) num. 13. – [19] Grudde, H.: Plattdt. Volksmärchen aus Ostpreußen. Königsberg 1926, num. 38. – [20] Karlinger, F.: Inselmärchen des Mittelmeeres. MdW 1962, num. 3. –
[21] cf. BP 1, 71–73; von Beit 2, 242. – [22] Ergänzend zu AaTh: Ó Súilleabháin/Christiansen; Jason; Jason, Types; Marzolph; Ting; cf. Krzyżanowski, num. 966; Texte: Qvigstad, J. K.: Lappiske eventyr og sagn 2. Oslo/Lpz. 1928, num. 58; Ó Duilearga, S.: Seán Ó Conaill's Book. Baile Átha Cliath 1981, 169; Hüllen, G. (ed.): Märchen der europ. Völker [6]. Rheine 1965, 56–61; Haas, A.: Pommersche Sagen. Lpz. 1921, num. 218; Cammann, A.: Turmberg-Geschichten. Marburg 1980, 80 (westpreuß.); Schullerus, P.: Rumän. Volksmärchen aus dem mittleren Harbachtal. ed. R. W. Brednich/I. Taloş. Buk. 1977, num. 121; Tumilevič, F. V.: Russkie narodnye skazki Kazakov-nekrasovčev. Rostov 1958, num. 23; Fasi, M. El/Dermenghem, E.: Contes fasis. P. 1926, 41–47; Stumme, H.: Märchen der Schluh von Tázerwalt. Lpz. 1895, num. 11; Britaev, S.: Osetinskie narodnye skazki. M. 1959, 64–75, 227–233; Amonov, R.: Tadžikskie skazki. M. 1961, 516–528; Afzalov, M. I./Rasulev, Ch./Chusainova, Z.: Uzbekskie narodnye skazki 1. M. 1963, 94–103, 118–122, 533–539; Die Märchenkarawane. B. 1959, 158–172 (usbek.); Radloff, W.: Proben der Volkslitteratur der türk. Stämme 6. (Petersburg 1886) Nachdr. Lpz. 1965, num. 6; Abbas, Z. G.: Folk Tales of Pakistan. Karachi 1957, num. 1, 8; Kassis, V.: Prodelki djadjuški Dėnba. M. 1962, 14–20 (tibet.). – [23] cf. Child, num. 7, 64, 73–76, 222; MNK 970; Ortutay, G./Kriza, I.: Magyar népballadák. Bud. 1968, num. 22; DVldr 1, num. 9; cf. Truţă, D.: Motivul „Arborilor îmbrăţişaţi" (Das Motiv der sich umarmenden Bäume). In: Revista de etnografia şi folclor 17 (1972) 391–404. – [24] Gallais, P.: Les Arbres entrelacés dans les ‚romans' de Tristan et le mythe de l'arbre androgyne primordial. In: Festschr. P. le Gentil. Besançon 1973, 295–310; Long, E. R.: „Young Man, I Think You're Dyin'": The Twining Branches Theme in the Tristan Legend and in English Tradition. In: Fabula 21 (1980) 183–199. – [25] Mercatante (wie not. 2) 29. – [26] Marzolph 970; Tumilevič, Radloff (wie not. 22). – [27] Günter 1910, 99. – [28] Günter 1949, 268. – [29] HDA 5, 492–494; cf. Legenda aurea/Benz, 349 sq. – [30] Günter 1949, 268; cf. allg. Toldo 1908, 48–55. –
[31] Pröhle, H.: Dt. Sagen. B. ²1879, num. 134. – [32] Jahn, U.: Volkssagen aus Pommern und Rügen. Stettin 1886, num. 508. – [33] cf. Müller/Röhrich D 18*. – [34] Hebel, F. W.: Pfälz. Sagenbuch. Kaiserslautern 1912, num. 229. – [35] Haas, A.: Sagen des Kreises Grimmen. Greifswald 1925, num. 107. – [36] Treutwein, K.: Sagen aus Mainfranken. Würzburg 1969, 105. – [37] Bartsch, K.: Sagen, Märchen und Gebräuche aus Meklenburg 1. Wien 1879, num. 652. – [38] Jahn (wie not. 32) num. 506.

Freiburg/Br. Gertraud Meinel

Grabwache (Mot. H 1460), aus Sagen und Märchen bekanntes Erzählmotiv: Ein Sterbender nimmt einem anderen Menschen das Versprechen ab, zur Sicherstellung seiner Totenruhe (Rettung seiner → Seele) drei Nächte an seinem Grab zu wachen.

Die volksglaubensmäßigen Hintergründe dieses Motivs als einer Art verlängerter Totenwache[1] sind am besten in der Sage vom Teufel, der eine → Leiche schinden will, bewahrt (AaTh 815: → *Schatz in der Totenhaut*). In zahlreichen Var.n dieser europ. Wandersage[2] gelingt es dem armen Grabwächter, den Teufel durch unlösbare → Aufgaben oder einen → Zauberkreis von der Leiche fernzuhalten, die Seele des Sünders zu retten und selbst zu Reichtum zu gelangen. In anderen Erzählungen ist dieses Motiv vom Dienst am Toten zu einer Art → Mutprobe verblaßt. Dies gilt z. B. für einige Var.n der Sage vom nächtlichen Besuch auf dem → Friedhof (AaTh 1676 B: → *Tod durch Schrecken*): Zum Beweis seiner → Furchtlosigkeit soll ein Freund des Verstorbenen in der Nacht beim Grab Wache halten; irgendein Umstand versetzt ihn in Schrecken, so daß er tot umfällt[3].

Im Märchen herrscht größere Unbefangenheit im Umgang mit den Toten. In der Eingangsepisode von AaTh 530: → *Prinzessin auf dem Glasberg* wird häufig erzählt, daß der jüngste von drei Brüdern bei drei Nachtwachen am Grab seines Vaters drei Zauberpferde erhält, mit deren Hilfe es ihm beim dritten Versuch gelingt, auf den Gipfel des Glasberges vorzudringen und die Prinzessin zu erringen[4]. In einer schott. Var. von AaTh 480: *Das gute und das schlechte* → *Mädchen* werden drei Schwestern bei ihrem Dienstherrn vor die Aufgabe gestellt, drei Nächte bei einem Toten Wache zu halten; nur die Jüngste bleibt wach und gelangt in den Besitz der Zaubergaben, mit deren Hilfe sie ihre Schwestern wieder zum Leben erwecken kann[5].

Im N. T. (Mt. 27, 63–66; 28, 1–4) wird davon berichtet, daß Pilatus am Grab Jesu eine G. aufstellen ließ, um den Diebstahl des Leichnams durch die Jünger zu verhindern. Die Wirkung der Auferstehung Jesu auf die jüd. Grabwächter wird in den Apokryphen breit ausgemalt[6].

[1] EM 2, 695 sq.; BP 3, 420, not. 1. — [2] Merkelbach, V.: Der Grabhügel. Diss. Mainz 1964, 78–91. — [3] Müller/Röhrich O 5. — [4] cf. BP 3, 111 sq., not. 3; Köhler/Bolte 1, 551 sq. — [5] Campbell, J. F.: Popular Tales of the West Highlands 1. L. [2]1890, 220–225. — [6] EM 1, 651.

Göttingen Rolf Wilhelm Brednich

Graf Bobby → Witzfiguren

Grafenauer, Ivan, * Micheldorf (slov. Velika vas in der Gailtaler Pfarre Egg [Brdo] bei Hermagor [Šmohor]) 7. 3. 1880, † Ljubljana 29. 12. 1964, slov. Folklorist. G. wandte sich nach dem Studium der Slavistik und Germanistik in Wien neben seinem Gymnasiallehrerberuf linguistischen, literaturgeschichtlichen und volkskundlichen Problemen zu. Nach der Pensionierung (1940) widmete er sich fast ausschließlich der Vk. 1940 wurde er zum korrespondierenden und 1946 zum ordentlichen Mitglied der Slov. Akad. der Wiss.en und Künste gewählt. Er gründete 1947 eine Akad.-Kommission, aus welcher nach vier Jahren das Inst. für slov. Vk. erwuchs, das er bis zu seinem Lebensende leitete. 1964 wurde er Ehrenmitglied der Internat. Soc. for Folk Narrative Research.

Bei der komparatistischen Unters. der erzählenden slov. Volkslieder geistlichen und weltlichen Inhalts hat G. auf der Grundlage seines reichen slavistischen und germanistischen literatur- und kulturhist. Wissens eine eigene (‚kulturgeschichtliche') Forschungsmethode entwickelt, wobei er für die Versdichtungen Motivübereinstimmungen oder -ähnlichkeiten mit der Prosadichtung feststellte (z. B. der Motivkreis um → Salomon und Markolf[1], → Matthias Corvinus[2], bußfertiger → Sünder[3]). Zu eigener Sammeltätigkeit hat G., abgesehen von der Aufzeichnung einiger Kettenmärchen[4], nach der Studentenzeit keine Gelegenheit mehr gehabt. Mit seinen Institutsmitarbeitern gründete G. die internat. ausgerichtete „Freie volkskundliche Arbeitsgemeinschaft Alpes Orientales", die seit 1956 mehrere Symposien in Slovenien, Österreich, der Schweiz und Norditalien organisierte; die Vorträge liegen in bisher sieben Sammelbänden vor, in denen die Erzählforschung gut vertreten ist[5].

In der ersten synthetischen Bearb. der slov. Volksdichtung in Vers- und Prosaform konnte

G. überzeugend eine lange Reihe mündl. Überlieferungen in den in der slov. Lit.geschichte fast ‚leeren Raum' vom 10. bis zum 16. Jh. einreihen, deren Alter er durch geschickte Auswertung der inneren (Inhalt, Form) und äußeren (Vergleich) Kriterien bestimmte[6]. Trotz einiger Einwände (z. B. mythol. Fragen, vorbehaltlose Übernahme der → Kulturkreislehre, Annahme einer Überlieferungskontinuität zwischen Antike und MA.[7] betreffend) haben G.s Thesen als Ganzes nicht an Bedeutung verloren.

[1] G., I.: Legenda o Salomonu v slovenski narodni pesmi (Die Salomonlegende in slov. Volksliedern). In: Festschr. V. Jagić. B. 1908, 65–70; id.: Srednjeveška pripovedka o Salomonu in Markolfu in prekmurska pravljica o Maćaš-krali ino dekli (Die ma. Erzählung von Salomon und Markolf und das prekmur. Märchen von König Matthias und dem Mädchen). In: SE 8 (1955) 129–144. – [2] id.: Slovenske pripovedke o Kralju Matjažu (Slov. Sagen über König Matthias). Ljubljana 1951; id.: Slovenske ljudske pesmi o Kralju Matjažu (Slov. Volkslieder über König Matthias). In: SE 3–4 (1950–51) 189–240; id.: Hrvatske inačice praobrazcu balade „Kralj Matjaž v turški ječi" (Kroat. Var.n zur Ausgangsform der Ballade „König Matthias im türk. Kerker"). In: SE 6–7 (1953–54) 241–272. – [3] id.: Legendarna pesem „Spokorjeni grešnik" in staroalpska krvnoduhovna sestavina slovenskega naroda (Das Legendenlied vom „Bußfertigen Sünder" und die altalpine blutlich-geistige Struktur des slov. Volkes). In: Razprave Slovenske akademije znanosti in umetnosti 1, 1. Ljubljana 1950, 7–52; id. (ed.): Spokorjeni grešnik (Der bußfertige Sünder). Ljubljana 1965. – [4] id.: Das slowen. Kettenmärchen vom Mäuslein, das durch einen Zaun kroch, aus dem Gailtal in Kärnten. In: Humaniora. Festschr. A. Taylor. N. Y. 1960, 239–250. – [5] Alpes Orientales 1–7 (Ljubljana 1959, Graz 1961, Basel 1961, Firenze 1965, Ljubljana 1969, Mü. 1972, Mü. 1975). – [6] G., I.: Narodno pesništvo (Volksdichtung) [1945]. In: Narodopisje Slovencev. ed. I. G./B. Orel. Ljubljana 1952, 12–85. – [7] cf. Rez. von M. Matičetov zu G. (wie not. 3) in SE 3–4 (1950–51) 425 sq.; der dort geäußerte Zweifel an der Übernahme einer Tradition von den (rom.) Altsiedlern wird hiermit zurückgenommen, cf. auch Matičetov, M.: Sežgani in prerojeni človek (Der verbrannte und wiedergeborene Mensch). Ljubljana 1961.

Veröff.en (Ausw.): Prakulturne bajke pri Slovencih (Favole preculturali presso gli sloveni). In: Etnolog 14 (1942) 2–45. – Lepa Vida. Študija o izvoru, razvoju in razkroju narodne balade o Lepi Vidi. Ljubljana 1943 (neu rev. Zusammenfassung: L'origine, lo sviluppo e la dissoluzione della ballata popolare slovena „Lepa Vida" [La bella Vida]. In: Lares 19 [1953] 8–18). – Bog-daritelj, praslovansko najvišje bitje, v slovenskih kosmoloških bajkah („Bog" [Deus]-Donator, supremum numen veterum Slavorum, quomodo in fabulis cosmologicis Slovenorum exhibeatur). In: Bogoslovni vestnik 24 (1944) 57–97. – Slovenska pripovedka o ujetem divjem možu (Die slov. Sage vom gefangenen wilden Mann). In: Zgodovinski časopis 6–7 (1952–53) 124–153. – Zmaj iz petelinjega jajca (Der Drache aus dem Hahnenei). In: Razprave Slovenske akademije znanosti in umetnosti 2, 2. Ljubljana 1956, 311–333. – Zveza slovenskih ljudskih pripovedk z retijskimi (Zusammenhang slov. Volkssagen mit rät.). In: SE 10 (1957) 98–112, 11 (1958) 49–68, 12 (1959) 135–162. – Bogastvo in uboštvo v slovenski narodni pesmi in irski legendi (Reichtum und Armut im slov. Volkslied und ir. Legende). In: Razprave Slovenske akademije znanosti in umetnosti 2, 4. Ljubljana 1958, 37–100. – Netèk in „Ponočna potnica" v ljudski pripovedki (Ungedeih und „Nächtliche Wanderin" in der Volkssage). ibid., 157–200. – Slovensko-hrvaška ljudska pesem Marija in brodnik (Das slov.-kroat. Volkslied Maria und der Fährmann). Ljubljana 1966.

Bibliogr.n: [anonym:] Znanstveni spisi Iv. Grafenauerja (Wiss. Schr. I. G.s). In: Slovenski jezik 4 (1941) 17–23. – Matičetov, M.: Etnografsko delo Ivana Grafenauerja (Das ethnogr. Werk I. G.s). In: SE 3–4 (1950–51) 402–406. – id.: Ivanu Grafenauerju ob osemdesetletnici (I. G. zum 80. Geburtstag). In: SE 13 (1960) 199 sq. – Grafenauer, B.: Seznam spisov Ivana Grafenauerja (Verz. der Schr. I. G.s). In: G., I.: Kratka zgodovina starejšega slovenskega slovstva. Ljubljana 1973, 292–309. – Grafenauer, B.: Bibliografija. In: G., I.: Literarnozgodovinski spisi. Ljubljana 1980, 93–111.

Lit. (Ausw.): Matičetov, M.: I. G. In: Fabula 8 (1965) 113–116. – Kuret, N.: Narodopisna oporoka Ivana Grafenauerja (Le testament ethnographique d'I. G.). In: Narodno stvaralaštvo – Folklor 4/15–16 (1965 [Gedenkband I. G.]) 1127–1131. Matl, J.: I. G. (1880–1964). In: Südostforschungen 24 (1965) 259–262. – Grafenauer, B.: I. G. Življenje in delo (I. G. Leben und Werk). In: G. 1973 (v. Bibliogr.n) 225–291. – Pogačnik, J.: I. G. in literarna zgodovina (I. G. und die Lit.geschichte). In: G. 1980 (v. Bibliogr.n) 5–45. – Grafenauer, B.: Življenjepis (Biogr.). ibid., 47–92.

Ljubljana Milko Matičetov

Graien. Die G. (von griech. graus und gerōn) gelten in der griech. Mythologie als sehr alte, aber ‚schönwangige' Töchter der Meergottheiten Phorkys und Keto, des Sohnes und der

Tochter des Pontos[1]. → Hesiod (um 700 a. Chr. n.) spricht von zwei G. (*Theogonie*, 270–273), Äschylos (um 465 a. Chr. n.) nennt → drei mit einem gemeinsamen → Auge und → Zahn (*Prometheus*, 794–796) und bezeichnet sie als Schwestern der → Gorgonen. Die Charakterisierung durch das eine gemeinsame Auge (Mot. F 512.1.2) findet sich bei zahlreichen antiken Dichtern und Schriftstellern[2]. Die einzige bekannte Geschichte, in der die G. eine Rolle spielen, ist der Zug des → Perseus gegen die Gorgo Medusa; das älteste Zeugnis gibt Pherekydes (5. Jh. a. Chr. n.; cf. Scholion zu Apollonios Rhodios 4, 1515)[3]:

Auf Anraten des Hermes und der Athene entwendet Perseus den G. ihr gemeinsames Auge und den einen Zahn, gibt sich als Dieb zu erkennen und händigt ihnen ihr Eigentum erst wieder aus nach der Zusicherung, ihm den Weg zu den Nymphen (→ Wassergeister) zu beschreiben. Mit den → Zaubergaben der Nymphen ausgerüstet (Sandalen zum Fliegen, Tarnkappe, Ranzen[4] zum Bergen des durch seinen Blick todbringenden Gorgonenhauptes) macht er sich zum Kampf gegen die Medusa auf, köpft sie, indem er ihr Spiegelbild in einem metallenen Schild ansieht, und befreit später Andromeda. – Eine andere Version der Vorbereitung des Medusa-Abenteuers (G. bewachen den Weg zu den Gorgonen), mit Verwunderung über die Auslegbarkeit des einen Auges, erzählt Palaiphatos (4. Jh. a. Chr. n., *Peri Apistōn* 31)[5].

Die im 19. Jh. versuchten religions- und naturmythol. Deutungen der so eigenartig beschriebenen G., u. a. als Meergottheiten, Gewitterwolken, Symbole des Greisenalters und der Weisheit, als den → Schwanenjungfrauen verwandte Wesen[6] lassen das Merkmal des einen gemeinsamen und ausborgbaren Auges unberücksichtigt. Das Märchenhafte dieses die G. als Phantasiewesen[7] ausweisenden Zuges betonte zuerst E. S. → Hartland[8], und seine These von dem Vorhandensein alter Märchen in den Mythen um Perseus fand zunächst durch W. → Aly[9], dann bei anderen Forschern breite Unterstützung[10]. So lassen sich mit dem G.motiv verbundene Einzelzüge in verschiedener Kombination in Volkserzählungen des 19./20. Jh.s nachweisen:

In dem toskan. Märchen *La Maga*[11], einer zu AaTh 300: cf. → Drache gehörenden Version, muß der Held als → Freierprobe u. a. zwei alten Frauen ihr gemeinsames Auge entreißen, um bei der Rückgabe von ihnen einen Spiegel verlangen zu können, der ihn vor den Blicken einer Zauberin schützt. In einigen, nur aus Norddeutschland und Skandinavien bekannten Var.n zu AaTh 581: *The Magic Object and the Trolls*[12] erlangt der Held im Tausch gegen das gestohlene Auge drei Zaubergaben (Säbel [Mot. D 1082]; Rezept für das Brauen von → Bier; → Schiff zu Wasser und zu Lande [AaTh 513 B]), mit deren Hilfe er eine von Trollen bedrohte Prinzessin befreit. Parallelen zu AaTh 581 zeigt der ebenfalls aus Skandinavien bekannte Erzähltyp AaTh 328*: *A Boy Guards the King's Garden*, ein Seitenstück zu AaTh 328: → *Corvetto*: In dem Märchen *Per, Pool og Jesper*[13] z. B. gelingt es dem jüngsten der drei Brüder während der Nachtwache bei des Königs → Apfelbaum, drei alte Frauen als Diebinnen der Früchte zu ertappen, ihnen ihr gemeinsames Auge wegzunehmen und die blind herumtaumelnden Frauen zu erschlagen.

Das G.motiv dient hier deutlich zur Verlängerung der Geschichte und Vergrößerung der Spannung. In anderen Var.n sind auch männliche Wesen (Jenseitige, Tiere) die Besitzer des gemeinsamen Auges, wobei sich mitunter eine Vermischung mit dem aus AaTh 1135–1137: → *Polyphem* bekannten und oft modifizierten Motiv der → Blendung ergibt[14]. Ebenso anschaulich wie in *Per, Pool og Jesper* und einst bei Palaiphatos werden Aussehen und Diebstahl des Auges in der norw. Volkserzählung *Die Jungen, die im Hedalwald die Trolle trafen*[15] geschildert: „Alle drei [Riesen] hatten zusammen nur ein Auge, und das gebrauchten sie abwechselnd. Jeder hatte ein Loch in der Stirn, in dieses legten sie es und richteten es mit der Hand." Keck raubt es der eine Junge und verlangt für die Rückgabe Gold, Silber und zwei stählerne Jagdbogen. Alle übrigen sonst mit dem G.motiv verbundenen Erzählzüge fehlen hier; die Geschichte scheint nur wegen der kuriosen gemeinsamen → Einäugigkeit, des Augenraubes und des Gewinns von Geschenken vorgetragen worden zu sein. In zwei lapp. Märchen erinnert das Verbergen des erbeuteten Auges in der Tasche oder im Handschuh an die Kibisis des Perseus[16].

Der Raub des einen gemeinsamen Auges und dessen Rückgabe im Tausch gegen zauberkräftige Gaben ist ferner ein Strukturelement in manchen Fassungen zu AaTh 530: → *Prinzessin auf dem Glasberg*[17] und begegnet in ähnlicher Funktion – Raub eines oder beider Augen – in zahlreichen anderen Erzähltypen (→ Augen der Blinden zurückgebracht). Genetische Abhängigkeiten der einzelnen Erzählungen und deren Verbreitung sind bis heute nicht hinlänglich untersucht.

Obgleich die Ähnlichkeiten einiger Erzähltypen und -motive mit dem antiken G.mythos bestechend sind, erscheint es nicht zwingend, solchen Märchen aufgrund ihrer → archaischen Züge auch ein hohes Alter zuzuweisen. Es handelt sich nachweislich um regional begrenzte Erzählungen des 19./20. Jh.s, die im vorliegenden Aufbau nicht früher überliefert zu sein scheinen. Auf welchen Wegen die verwandten Motive in diese Erzählungen gelangten, läßt sich nicht feststellen.

[1] Grundlegend: Rapp, A.: Graiai. In: Roscher, W. H. (ed.): Ausführliches Lex. der griech. und röm. Mythologie 1, 2. Lpz. 1886–90, 1729–1738; Herzog-Hauser, G.: Die G. In: Wiener Studien 51 (1933) 66–72; Rose, M. J.: Griech. Mythologie. Mü. [3]1969, 27 sq., 335, not. 66. – [2] Rapp (wie not. 1) 1731 und pass., zur Zahl bes. 1730. – [3] Jacoby, F. (ed.): Fragmente der griech. Historiker. B. 1923, num. 3 (Pherekydes von Athen), Fragment 11, p. 390 sq. (Kommentar). – [4] Halliday, W. R.: Greek and Roman Folklore. N. Y. 1963, 92 sq.; id.: Perseus and the Kibisis [= Ranzen]. In: J. of the Gypsy Lore Soc. 3, 3 (1924) 155–158. – [5] cf. Hyginus, Astronomia 2, 12; Ovid, Metamorphosen 4, 772–779. Zum Unterschied im Erwerb der Zauberdinge v. Halliday 1924 (wie not. 4): „acquisition [of the talisman] by trickery or fraud“ und „acquisition [...] by gift of magical person“. – [6] Zusammengestellt und erläutert von Rapp (wie not. 1) 1731–1735. – [7] v. Kl. Pauly 2, 809. – [8] Hartland, E. S.: The Legend of Perseus 1. L. 1894, 10–14, 31–34; ibid. 3 (1896) 163 sq. und pass. – [9] Aly, W.: Hesiods Theogonie. Heidelberg 1913, 22, not. zu V. 270; Herzog-Hauser (wie not. 1) 69; Schauenburg, K.: Perseus in der Kunst des Altertums. Bonn 1960, 13. – [10] Ranke, K.: Die zwei Brüder (FFC 114). Hels. 1934, 60–62, 173, 365–367; Vries, J. de: Betrachtungen zum Märchen [...] (FFC 150). Hels. 1954, bes. 188; Thompson, Folktale, 279; Halliday 1963 (wie not. 4); HDM 1, 481 sq.; Hunger, H.: Lex. der griech. und röm. Mythologie. Wien [6]1969, 144, 321. –
[11] Pitrè, G.: Novelle popolari toscane 1. Rom 1939, num. 1. – [12] Ranke 2, 326–328. – [13] Kamp, J.: Danske folkeminder. Odense 1877, num. 1. – [14] HDM 1, 481; cf. EM 1, 994–996; Zaunert, P. (ed.): Dt. Märchen seit Grimm. MdW 1976, num. 19; Meyer, G. F.: „Dumm Hans“. Hbg/Lübeck 1921, 26–35; Qvigstad, J.: Lappiske eventyr og sagn 2. Oslo 1928, num. 25 sq.; Lagercrantz, E. (ed.): Lapp. Volksdichtung 1. Hels. 1957, 152–154. – [15] Saltveit, L.: Norw. Volksmärchen. Wedel 1945, 84–87. – [16] Qvigstad (wie not. 14). – [17] Kamp, J.: Danske folkeæventyr. Kop. 1879, num. 9.

Willingen Gertrud Werber

Gral. Mit ‚graal‘ bezeichnet → Chrétien de Troyes in seinem *Perceval* (zwischen 1180/81 und 1190), dem ersten ma. G.sroman, eine Schüssel oder Schale von einigem Umfang: man hätte darin einen größeren Fisch auftragen können (cf. V. 6420 sq.)[1]. Das Wort ist auf ein Etymon gradalis/gradale zurückzuführen[2]. Es handelt sich also bei Chrétien noch nicht um den Eigennamen eines bes. Dings, sondern um ein Appellativum. Es gibt eine Reihe von abweichenden Lesarten[3], die z. T. dadurch zustande gekommen sein dürften, daß das Wort nicht allg. geläufig war[4]. Auch dies mag dann den Übergang zum Eigennamen für ein Ding gefördert haben, das von Chrétien als etwas Einmalig-Wunderbares beschrieben wird:

Die Schale wird, als Perceval mit dem kranken Fischerkönig beim Essen sitzt, von einem Edelfräulein durch den Raum getragen; voraus gehen ein Knappe mit einer blutenden Lanze und zwei Knappen mit Kerzenleuchtern, und es folgt ein Fräulein mit einem silbernen Teller. Die Schale ist aus Gold gefertigt und mit Edelsteinen besetzt. Von ihr geht ein solcher Glanz aus, daß sie das Licht der Kerzen überstrahlt (V. 3220–3239)[5]. Perceval hätte fragen sollen, wen man mit dem graal bedient, und er hätte damit den Fischerkönig von seinem Leiden erlösen können. Später erfährt man, daß in der Schale – nun als sainte chose bezeichnet – eine → Hostie zum alten G.skönig getragen wird, die ihn am Leben erhält (V. 6413–6428).

Aus letzterem hat man gefolgert, daß dem G.skomplex bei Chrétien eine ursprünglich christl. Konzeption zugrunde liege. Dabei hat man die unkirchliche Vorstellung, daß die Hostie von einer Frau getragen wird, dadurch zu entschärfen versucht, daß man die G.strägerin als Allegorie der Kirche erklärte[6]. Dagegen spricht, daß die Schale für eine einzige Hostie unverhältnismäßig groß ist. So scheint es plausibler anzunehmen, daß hier Vorstellungen unterschiedlicher Herkunft widersprüchlich kombiniert worden sind. Man dachte bes. an Wundergefäße aus inselkelt. Sagentradition, die Nahrung, Fruchtbarkeit, Leben spenden und die von den betr. Helden auf gefahrvollen Wegen erreicht und errungen werden müssen. Die kelt. Suche nach dem Wundergefäß wäre dann durch einen christl. Heilsweg überformt worden, wobei man die diesem entsprechenden Erlösungssymbole einsetzte[7]. In Wolframs von Eschenbach Bearb. des Chrétienschen G.sromans (→ *Parzival*, ca 1200 – ca 1210) treten die Inkongruenzen noch offenkundiger in Erscheinung.

Bei Wolfram ist Grâl der Eigenname eines wunderbaren Steins, ohne daß dessen Gestalt näher beschrieben würde. Er wird, als Parzival beim Fischerkönig zu Tische sitzt, wie bei Chrétien in einer — freilich noch rätselhaft-prächtigeren — Prozession hereingetragen. Er spendet dann den Anwesenden das Abendessen, und zwar jedem das, was er sich wünscht (V. 232, 5—236, 22; 238, 3—239, 17)[8]. An jedem Karfreitag legt eine Taube auf den G. eine Hostie nieder, von der der alte G.skönig lebt. Der G. war, bevor er den G.srittern anvertraut wurde, in der Obhut der neutralen Engel, d. h. jener Engel, die sich bei der Empörung Luzifers weder für die eine noch die andere Seite entscheiden konnten und deshalb vom Himmel auf die Erde verstoßen wurden[9]. Durch die Kraft des G.s verbrennt auch der Vogel → Phönix, um immer wieder neu aus seiner Asche zu erstehen[10]. Und schließlich pflegt auf dem G. der Name desjenigen zu erscheinen, der zum G.skönig berufen ist (V. 468, 23—471, 29).

Der G. als Nahrungsspender erinnert in erhöhtem Maße an sagen- und märchenhafte Wundergefäße (Mot. D 1030.1, D 1345, D 1472, D 1855). Das Motiv findet sich übrigens auch beim Chrétien-Fortsetzer Manessier, in der *Estoire del Saint Graal*, in der *Queste* und in walis. Erzählungen[11]. Das führt zu der grundsätzlichen Frage, ob es möglich ist, über die späteren Romane etwas von einer Chrétien vorausliegenden G.stradition zu fassen. Die Vertreter der kelt. Ursprungsthese haben eine Menge Indizien dafür beigebracht, doch gibt es kaum Kriterien, die es erlauben, zwischen dem genuinen Motivbestand einer möglicherweise vorliterar. G.ssage und sekundärer Anreicherung aus disparaten Quellen zu unterscheiden.

Rätselhaft bleibt in jedem Fall die Steingestalt des G.s bei Wolfram und seine kryptische Bezeichnung: lapsit exillis. Es gibt eine Fülle von Erklärungsversuchen, von denen jedoch keiner auch nur einigermaßen zu sichern ist[12]. Um so wichtiger werden demgegenüber die Konnotationen, mit denen vor dem Horizont der bibl.-exegetischen Steinsymbolik, jedenfalls sekundär, gerechnet werden muß: Christus als Stein des Anstoßes, als Eckstein etc., mit den betr. alttestamentlichen Präfigurationen[13]. Damit aber ist im Grunde die Deutung schon in eine Perspektive gerückt, die zwar auch bei verschiedenen Ableitungsversuchen eine Rolle spielt, jedoch so sehr dominieren kann, daß jene belanglos erscheinen: die Deutung des G.s im Blick auf einen ihm von der Thematik des Romans her zukommenden Sinn. Dabei muß der G. zwangsläufig zum Symbol der jeweiligen Idee werden, die die einzelnen Interpreten im Roman dargestellt sehen, so daß die Deutungen ebenso vielfältig sind wie die Interpretationen des Werkes selbst. So erscheint denn der G. als Symbol der Synthese von Natur und Gnade, der Harmonie zwischen Gott und Welt, der Selbstwerdung des Helden etc.[14].

So fruchtbar diese Abwendung von einer vorwiegend stoff- und motivgeschichtlich orientierten Betrachtungsweise war, man sollte doch die konkrete literar. Gestalt des G.s nicht aus den Augen verlieren. Dabei ist zu beachten, daß sowohl Chrétien wie Wolfram ihn in irritierender Weise zwischen Märchending und religiösem Symbol in der Schwebe lassen. Der G. erscheint damit bei ihnen als ein frei gesetztes poetisches Motiv, das als solches polyfunktional auf das Romangeschehen bezogen ist: er soll als Wundererscheinung die Erlösungsfrage anstoßen. Dabei konkretisiert sich in ihm die Hoffnung auf die Heilstat, und zugleich ist diese über die Hostie gewissermaßen schon vorgeprägt. So wirkt die Hostie denn auch im Handlungszusammenhang einerseits ihr konkretes sakramentales Mirakel, andererseits wird sie zum Zeichen für die Öffnung ins Religiöse, dies jedoch — durch die Verbindung mit dem Märchengefäß und anderen Wunderdingen — im Sinne einer narrativen Dimension von eigenem poetisch-fiktionalem Recht. Bei Wolfram wird der fiktionale Charakter gerade auch der G.sszenen noch dadurch bes. herausgestellt, daß er das → Speisewunder nicht wörtlich ernst nimmt, sondern die Hörer augenzwinkernd zu Komplizen seines literar. Spiels macht[15].

Wenn man sich all dies bewußt hält, erscheint dann die dezidierte religiös-heilsgeschichtliche Umformulierung des G.sromans, zu der es nach 1200 in Frankreich kommt, als ein um so bedeutsamerer Entwicklungsschritt. Robert de Boron[16] hat den G. mit jener Schüssel identifiziert, die Christus und den Jüngern beim letzten Abendmahl diente und in der dann → Joseph von Arimathia das Blut des Erlösers am Kreuz aufgefangen haben soll.

Um diese Blutschüssel bilden sich in hist. Stufung drei Gemeinschaften.

Der erste G.shüter ist Joseph selbst. Der zweite ist dessen Schwager Bron, der reiche Fischer — so genannt, weil er einen Fisch fängt, den er auf die G.stafel legt. Durch Brons Sohn Alain gelangt der G. nach dem Westen, wo eine weitere Tischgemeinschaft, die arthurische Tafelrunde, gegründet wird und wo man auf den tierz hon, den dritten Mann, wartet, in dem die Geschichte sich erfüllen soll. Er bleibt bei Robert, der sein Werk nicht abschließen konnte, ohne Namen, doch kann schwerlich jemand anderer als Perceval gemeint gewesen sein.

Man hat nicht verkannt, daß dieses Dreistufenmodell Roberts eine romanhafte Umsetzung der trinitarischen Geschichtskonstruktion Joachims von Fiore darstellt, und diese läßt sich auch in der Weiterentwicklung des Robertschen Torsos zur *Prosa-Lancelot*-Kompilation (cf. → *Lancelot*) noch deutlich, wenn auch nicht eindeutig, fassen[17]. Jedenfalls ist der G. damit zum Symbol eines heilsgeschichtlichen Erlösungskonzepts geworden, und es wird ihm dann auch ein neuer Held, der reine G.sheld Galaad, zugeordnet.

Diese explizite christl. Umdeutung hat die Entwicklung in Frankreich in hohem Maße geprägt[18]. Demgegenüber bleibt der Eindeutschung des *Prosa-Lancelot* der Erfolg versagt[19]. Doch wird Albrecht, der Dichter des *Jüngeren Titurel*, die Robertsche Vorstellung vom G. als Abendmahls- und Blutschüssel in seinen Universalroman einbauen, so daß es in den 70er Jahren des 13. Jh.s auch im dt. Sprachbereich zur heilsgeschichtlichen Rückbindung des G.s und der G.ssuche kommt[20].

[1] Perceval. ed. W. Roach. P. 1959; cf. Frappier, J.: Du'Graal trestot descovert' à la forme du Graal chez Chrétien de Troyes. In: Romania 73 (1952) 82—92, hier 87—89 (= In: id.: Autor du Graal. Genève 1977, 63—71, hier 66—69); id.: La Légende du Graal: origine et évolution. In: Grundriß der rom. Lit.en des MA.s. 4: Le Roman jusqu'à la fin du XIIIe siècle. ed. H. R. Jauß/E. Köhler. Heidelberg 1978, 292—331, hier 294 sq. — [2] Tobler, A./Lommatzsch, E.: Altfrz. Wb. 4. Wiesbaden 1960, 491—494; Gossen, C. T.: Zur etymol. Deutung des G.s. In: Vox Romanica 18 (1959) 177—219; Frappier 1978 (wie not. 1) 295 sq. — [3] Fourquet, J.: Wolfram d'Eschenbach et le conte del Graal. P. [2]1966, 42—44. Es ist zu vermuten, daß diese Textunsicherheit mit für die divergierenden nach-Chrétienschen G.svorstellungen verantwortlich ist, cf. ibid., 44—47. — [4] Zur geogr. Verbreitung: Gossen (wie not. 2). — [5] Zu den weiteren Stellen cf. Roach (wie not. 1) 307 (Index des noms propres). — [6] Prominente Vertreter der christl. Ursprungsthese: J. D. Bruce, K. Burdach, A. Micha, P. Imbs, M. Roques, M. Lot-Borodine, Zusammenstellung mit Lit.angaben bei Frappier, J.: Chrétien de Troyes et le mythe du Graal. P. 1972, 25—28, 164—178 (Diskussion); id. 1978 (wie not. 1) 298—302; zu den weit divergierenden Versuchen einer Ableitung aus Mysterienkulten, Initiationsriten und dergleichen: id. 1972 (v. oben) 28 sq., 178—180; id. 1978 (wie not. 1) 302—304. — [7] Prominente Vertreter der kelt. Ursprungsthese: A. C. L. Brown, H. Newstead, R. S. Loomis, J. Vendryes, J. Marx, J. Frappier, Zusammenstellung und Lit.angaben bei Frappier 1972 (wie not. 6) 29—31, 181—203 (Diskussion; zum G. bes. 182—189); id. 1978 (wie not. 1) 304—308. — [8] ed. K. Lachmann. B./Lpz. [6]1926. — [9] Zu diesem Motiv und den damit verbundenen Interpretationsproblemen: Bumke, J.: Die Wolfram von Eschenbach-Forschung seit 1945. Ber. und Bibliogr. Mü. 1970, 263—268. — [10] Zu den Deutungsversuchen: ibid., 220, 258, 261. — [11] Springer, O.: Wolfram's Parzival. In: Loomis, R. S. (ed.): Arthurian Literature in the Middle Ages. Ox. 1959, 218—250, hier 231; Loomis, R. S.: The Origin of the Grail Legends. ibid., 274—294, hier 280 sq., 287 sq. — [12] Bumke (wie not. 9) 250—261; Kratz, H.: Wolfram von Eschenbach's Parzival. Bern 1973, 590—593. — [13] Poag, J. F.: Wolfram von Eschenbach's Grail-Stone: A Christological Symbol. In: Christianity & Literature 18, 3 (1979) 31—39. — [14] Zu den verschiedenen Interpretationsansätzen cf. Bumke (wie not. 9) 51, 131, 154, 252; Kratz (wie not. 12) 576—589. — [15] Curschmann, M.: Das Abenteuer des Erzählens. Über den Erzähler in Wolframs ‚Parzival'. In: DVLG 45 (1971) 627—667, hier 638. — [16] cf. Le Gentil, P.: The Work of Robert de Boron and the Didot Perceval. In: Loomis (wie not. 11) 251—262; Frappier 1978 (wie not. 1) 311, 317, 322; Struss, L.: Le Roman de L'Histoire du Graal. In: Jauß/Köhler (wie not. 1) 361—375. — [17] Ruh, K.: Joachitische Spiritualität im Werke Roberts de Boron. In: Typologia litterarum. Festschr. M. Wehrli. Zürich 1969, 167—196; Fromm, H.: Zur Karrenritter-Episode im Prosa-Lancelot. Struktur und Geschichte. In: Medium aevum deutsch. Festschr. K. Ruh. Tübingen 1979, 69—97. — [18] cf. Nitze, W. A.: Perlesvaus. In: Loomis (wie not. 11) 263—273; Frappier, J.: The Vulgate Cycle. In: Loomis (wie not. 11) 295—318; Frappier 1978 (wie not. 1) 317 sq., 324—331; id.: Le Cycle de la Vulgate. In: Jauß/Köhler (wie not. 1) 536—589. — [19] Steinhoff, H.-H.: Zur Entstehungsgeschichte des dt. Prosa-Lancelot. In: Probleme ma. Überlieferung und Textkritik. Oxforder Colloquium 1966. ed. P. F. Ganz/W. Schröder. B. 1968, 81—95; cf. Haug, W.: Lit.theorie im dt. MA. Darmstadt 1985, 237, 249. — [20] ibid., 358, 363.

Lit.: Umfassende bibliogr.-kritische Dokumentation im: Bulletin Bibliographique de la Soc. Internationale Arthurienne (1949 sqq.), Reg. s.v. grail/graal. — Für Chrétien: Kelly, D.: Chrétien de Troyes.

An Analytical Bibliography. L. 1976, 131 – 134. – Für Wolfram: Pretzel, U./Bachofer, W.: Bibliogr. zu Wolfram von Eschenbach. B. ²1968, 64 – 71.

Tübingen Walter Haug

Gramsci, Antonio, * Ales (Sardinien) 22. 1. 1891, † Rom 27. 4. 1937, marxistischer Theoretiker und Kulturkritiker, Mitbegründer (1921) und Generalsekretär (1924 – 27) der Kommunistischen Partei Italiens, vom faschistischen Regime verfolgt und 1926 verhaftet. In den 1929 – 35 im Gefängnis abgefaßten *Quaderni del carcere* arbeitet G. seine umfassende Gesellschaftstheorie aus, mit der er die phil. Gültigkeit des hist. Materialismus als Instrument zur Analyse sich vollziehender politischer Prozesse neu etablierte. Neuere Unters.en (cf. Lo Piparo 1979) zeigen, daß in G.s Werk eine ständige Wechselbeziehung zwischen seiner Gesellschafts- und Staatstheorie und den linguistischen und folkloristischen Forschungen besteht, mit denen er an der Univ. Turin als Schüler des Sprachwissenschaftlers M. Bartoli begonnen hatte.

In kritischer Auseinandersetzung mit den Ideen B. → Croces vertritt G. die Ansicht, daß Folklore als ‚Weltbild' der von modernen Geistesströmungen unberührten sozialen Schichten zu untersuchen sei, als Sediment, losgelöst von Kulturäußerungen, die einst offizielle Gültigkeit besessen hatten. G. betont die Herkunft der Folklore aus der Kultur der herrschenden Klasse; Volkslieder seien weder vom Volk noch für das Volk geschrieben worden, sondern das Volk habe sie sich zu eigen gemacht, weil sie seiner Art zu fühlen und zu denken entsprachen. In der von G. entwickelten Pädagogik, deren Ziel es ist, die Kluft zwischen moderner Kultur und Volkskultur zu überbrücken, soll die Folklore hegelianisch ‚überwunden' werden. Voraussetzung für ein moralisch-intellektuelles Wachsen der Nation sei, daß beim Individuum von frühester Kindheit an ein intuitives hist. Verständnis herausgebildet werde. Dieses politische Konzept schlägt sich in einer Reihe von Texten nieder, die für ein kindliches Publikum bestimmt sind: in den Kindergeschichten und Märchen, die G. seinen Söhnen erzählt und die Vergleiche mit dem sard. Erzählrepertoire zulassen (*Lettere dal carcere*. Torino [1965]²1968, 578 sq., 685 sq.), und in den 24 Märchen der Brüder → Grimm, die er für seine Neffen und seine Nichte übersetzte (*Quaderni del carcere*, A und B [1931]). Diese paßte er mittels geringfügiger, aber bedeutsamer Veränderungen der kulturellen Tradition und der Mentalität der Adressaten an und schuf einen verfremdenden Lesecode, der darauf abzielt, jenes Milieu und das herrschende Weltbild Teilchen für Teilchen zu verändern. Als Lit.soziologe und -kritiker hat sich G. auch mehrfach mit populären Lesestoffen (Volksbücher, Hintertreppenroman, Erziehungsschriften für das Volk) auseinandergesetzt.

Ausg.n: Quaderni del carcere. ed. critica dell'Istituto G. ed. V. Gerratana. Torino 1975 (ohne G.s Übers.en der KHM). – Favole di libertà. ed. E. Fubini/M. Paulesu. Firenze 1980 (KHM-Übers.en extrem verfälscht). – L'albero del riccio. ed. G. Ravegnani. Roma 1966 (G.s Briefe an seine Söhne, die seine Kindergeschichten und Märchen enthalten). – Letteratura e vita nazionale. Torino 1954. – Zu Politik, Geschichte und Kultur. Ausgewählte Schr. ed. G. Zamiš. Lpz. 1980. – Gedanken zur Kultur. ed. G. Zamiš. Lpz. 1987.

Lit.: Santoli, V.: Tre osservazioni su G. e il folclore. In: Società 7 (1951) 389 – 397 (= id.: I canti popolari italiani. Firenze ²1968, 219 – 228). – Bronzini, G. B.: Riflessioni sui concetti di letteratura e poesia popolare di G. In: Lares 39 (1973) 349 – 358. – Riechers, C.: Lettere dal carcere. In: KLL 13 (1974), 5613 sq. – Cirese, A. M.: Concezione del mondo, filosofia spontanea e folclore in G. In: Demologia e folklore. Studi in memoria di Giuseppe Cocchiara. Palermo 1974, 107 – 145. – id.: Intellettuali, folklore, istinto di classe. Torino 1976, 65 – 127, 142 – 147. – Baumer, I.: A. G. – eine „irreversible Kehrtwendung in der Ausrichtung der volkskundlichen Studien in Italien und anderswo". In: SAVk. 72 (1976) 171 – 190. – Cirese, A. M.: G. e il folklore come concezione tradizionale del mondo delle classi subalterne. In: Problemi 49 (1977) 155 – 167. – Lo Piparo, F.: Lingua, intellettuali, egemonia in G. Bari 1979. – Baumer, I.: „Volks- bzw. Nationallit." bei A. G. In: Europ. Volkslit. Festschr. F. Karlinger. Wien 1980, 30 – 47. – Cirese, A. M.: Ital. Volksbücher. Bemerkungen zu G., Santoli, Fernow, Müller, Wolff. ibid., 48 – 59. – Borghese, L.: A. G. und die Brüder Grimm. In: Brüder Grimm Gedenken 3. ed. L. Denecke. Marburg 1981, 374 – 390. – ead.: Tia Alene in bicicletta. G. traduttore dal tedesco e teorico della traduzione. In: Belfagor 36, 6 (1981) 635 – 665.

Firenze Lucia Borghese

Grass, Günter, *Danzig 16. 10. 1927, dt. Schriftsteller, Bildhauer und Graphiker. G. zeigt schon in seinen frühen Romanen den Einfluß des Märchens: Sowohl *Die Blechtrommel* (1959) wie die *Hundejahre* (1963) enthalten am Ende des ersten bzw. zweiten Buches ein ‚Schlußmärchen'[1], das sich mit der ständig wiederholten → Eingangsformel „Es war einmal"[2] und der → Schlußformel „und wenn er nicht gestorben ist, lebt er heute noch [...]"[3] bewußt der Märchenformeln bedient. G. benutzt die Märchenform, um seinem Weltbild vom „Stillstand im Fortschritt", von der Wiederkehr des Gleichen[4] durch die Zeitlosigkeit des Märchens Ausdruck zu geben. Krieg und Gewalt können jederzeit wieder ausbrechen, solange Menschen den sie auslösenden Ideologien nicht kritisch Widerstand leisten. In *Der Butt* (1977), der ursprünglich den Untertitel *Ein Märchen* bekommen sollte[5], wird die Märchenform bestimmend: Keimzelle ist in dem analog zu einer Schwangerschaft gegliederten Roman das Buch *Im sechsten Monat*: Im Herbst 1807 treffen sich die Brüder → Grimm, Bettina und Clemens → Brentano, Achim von → Arnim und Philipp Otto → Runge zur Arbeit an den KHM. Runge teilt KHM 19 (AaTh 555: → *Fischer und seine Frau*) in zwei Fassungen mit, in der überlieferten und in einer Gegenversion, in welcher der Mann der Unersättliche ist[6]. Diese Version wird verbrannt, um „die patriarchalische Ordnung [zu] schützen"[7]. Das Ich, Autor und unsterblicher Märchenheld zugleich, rekonstruiert die vernichtete Fassung, das Märchen wird zur Weltgeschichte von der Steinzeit bis zur Gegenwart, der Butt zur Verkörperung aller Ideologien, welche die Männer zum ‚Fortschritt' anstacheln, der in Wirklichkeit Stillstand und Rückschritt bedeutet. Die ständige Steigerung schlägt um in die Vernichtung durch eine globale Umweltkatastrophe. Hoffnung gibt es nur in einem von beiden Geschlechtern zu versuchenden Neubeginn, im „Dritten", „Dat een un dat anner tosamen"[8]. G.' Märchenverständnis ist dabei romantisch: Das Märchen bewahrt Volkstraditionen, die wahrer als die von den Siegern geschriebene Historie sind. In der mehrsträngig erzählten *Rättin* (1986)[9] besteht ein alle zwölf Kapitel durchziehender Handlungsstrang aus dem Stummfilmentwurf ‚Grimms Wälder', den der Autor-Erzähler für den zum Medienzar avancierten Oskar Matzerath aus der *Blechtrommel* entwirft. „Mit den Wäldern [...] sterben die Märchen aus"[10] – ihr letzter anarchischer Aufstand wird von der Staatsmacht niedergeschlagen. Dies ist aber nur möglich, weil sie durch die Grimmsche Fixierung „druckfertig und eindeutig gemacht worden" sind, „während das ungedruckte Erzählen immer die nächste, die ganz anders verlaufende, die allerneueste Geschichte meint"[11], wie es schon im *Butt* hieß. Durch die Sammlung der Brüder Grimm sind die Märchengestalten zu gefrorenen Figuren mit fixen Eigenschaften in einem ‚Museum'[12] geworden, und das bedingt ihr Scheitern: Der ‚Kußzwang'[13] des ‚Dornröschen'-Prinzen löst den Bann und führt zum Untergang. „Wenn die Märchen nur noch ihrer vor- und festgeschriebenen Rolle folgen, wenn sie nicht mehr ‚jedesmal anders erzählt' werden, sondern als museales Schaustück der konkreten Wirklichkeit entzogen sind, können sie eben dieser Wirklichkeit keinen Widerstand mehr leisten. Im Gegenteil: Sie werden beherrschbar und damit zum Instrument der Herrschenden."[14]

[1] G., G.: Werkausg. in 10 Bänden. ed. V. Neuhaus. Darmstadt/Neuwied 1987, hier t. 2 (Die Blechtrommel); t. 3 (Katz und Maus. Hundejahre) 502. – [2] ibid., 502–575; G. (wie not. 1) t. 2, 236–247. – [3] ibid., 247; abgewandelt in G. (wie not. 1) t. 3, 575. – [4] Neuhaus, V.: G. G. Stg. 1979, 115–117, 142 sq.; Cepl-Kaufmann, G.: G. G. Eine Analyse des Gesamtwerks unter dem Aspekt von Lit. und Politik. Kronberg 1975. – [5] Neuhaus (wie not. 4) 136. – [6] Grundlage für G.' Ansatz war möglicherweise die Tatsache, daß Runge das Märchen Anfang 1806 in zwei divergierenden Fassungen aufgeschrieben hatte, denen G. nun eine bei Runge nicht zu findende inhaltliche Komplementärfunktion gibt. Hierzu und zur Kritik an der Aufspaltung in ‚pro-feministisch' und ‚anti-feministisch' unter philol. wie märchenkundlicher Perspektive v. Rölleke, H.: Der wahre Butt. Düsseldorf/Köln 1978, 6–19; EM 4, 1232–1240. – [7] G. (wie not. 1) t. 5 (Der Butt) 25. – [8] ibid., 412; Neuhaus (wie not. 4) 143. – [9] G. (wie not. 1) t. 7 (Die Rättin). – [10] G. (wie not. 1) t. 5, 346. –
[11] G. (wie not. 1) t. 7, 15. – [12] ibid., 117 sq. – [13] ibid., 226. – [14] Filz-Kamphausen, W.: Es war einmal? Elemente des Märchens in der dt. Lit. der 70er Jahre. Diss. (masch.) Köln 1988, 267.

Lit.: Hermes, D.: Auswahlbibliogr. In: Text und Kritik 1 (⁶1988) (im Druck).

Köln Volker Neuhaus

Grässe, Johann Georg Theodor (auch Gräße, Graesse), * Grimma (Sachsen) 31. 1. 1814, † Niederlößnitz bei Dresden 27. 8. 1885, Polyhistor (Bibliograph, Kunsthistoriker, Lit.wissenschaftler). G. studierte ab 1833 an der Univ. Leipzig Philosophie und Archäologie, wechselte nach der Promotion an die Univ. Halle, um sich in Lit.wissenschaft weiter auszubilden. Dort ergaben sich die ersten Berührungen mit der Erforschung der Volksdichtung. Nach dem Scheitern der Habilitationsabsichten wurde G. zunächst 1838 Lehrer an der Dresdner Kreuzschule. Aufgrund seiner Sprachkenntnisse berief ihn der sächs. König Friedrich August II. 1843 als seinen Privatbibliothekar. 1848 wurde G. zum Direktor der kgl. Münzsammlung ernannt, 1852 zum Direktor der kgl. Porzellansammlung, und von 1863 bis zum Eintritt in den Ruhestand 1882 war er Direktor des Grünen Gewölbes in Dresden.

G. betätigte sich als überaus vielseitiger Wissenschaftler auf den verschiedensten Forschungsgebieten und hat eine Fülle von editorischen Leistungen hinterlassen. Darunter befinden sich zunächst Kataloge und Nachschlagewerke, die seinen beruflichen Werdegang vom Bibliothekar zum Leiter einer hervorragenden europ. Kunstsammlung spiegeln, so seine Beiträge zur Numismatik[1], Ortsnamen-[2] und Keramikforschung[3]. Schon von 1837 an begann er mit der Publikation eines großangelegten *Lehrbuchs einer allg. Literärgeschichte aller bekannten Völker der Welt*[4], der ersten Lit.geschichte, die neben der Geschichte der Dichtung auch die Fachliteratur sämtlicher wiss. und künstlerischen Disziplinen umfaßte. Der 1. Teil des 3. Bandes (1842) — Jacob → Grimm und Ludwig → Tieck zugeeignet — ist den ‚Sagenkreisen des MA.s' gewidmet und behandelt auch die wichtigsten Volksbuchstoffe. 1843 veröffentlichte G. mit seiner *Bibliotheca magica et pneumatica*[5] eine zwar unvollständige, aber bis heute nicht übertroffene[6] Bibliogr. des Schrifttums zum Zauber-, Wunder- und Aberglauben seit der Erfindung des Buchdruckes, unter bes. Berücksichtigung der → Hexen- und → Teufelsliteratur. Mit der dt. Übers. der → *Gesta Romanorum*[7] beginnt 1842 G.s lange Reihe von Editionen und Abhdlgen zur volkskundlichen Erzähl-, bes. zur Sagenforschung. Zwei Studien zum → Ewigen Juden[8] und zum → Tannhäuser[9] folgen eine Ausg. der → *Legenda aurea*[10] und Beiträge zur Lit. und Sage des MA.s[11], unter denen bes. die Forschungen zum Zauberer → Vergil hervorzuheben sind. Dem Märchen widmete G. lediglich eine populäre Anthologie[12] und eine gemeinsam mit P. C. → Asbjørnsen herausgegebene Übers. norw. Märchen[13]. Als G.s volkskundliche Hauptwerke gelten die beiden großen Editionen der Sagen des Königreichs Sachsen[14] und Preußens[15], die aber reine Kompilationen aufgrund schriftl. Quellen darstellen und deren Texte von ihrem Herausgeber starker stilistischer Bearb. unterzogen wurden[16]. Zu seinen Sageneditionen gehört auch die 1876 veröff. Slg von ätiologischen Geschlechts-, Namen- und Wappensagen[17]. Abgerundet wird das imposante Œuvre G.s von Studien zu ma. Fabelbüchern (→ *Dialogus creaturarum*)[18], zum → Freischütz[19], zur Kulturgeschichte der → Jagd[20] und von einer Anthologie zur Geschichte des → Biers[21].

[1] G., J. G. T.: Hb. der alten Numismatik [...]. 24 Lfgen. Lpz. 1852—54. — [2] G., J. G. T./Benedict, F.: Orbis latinus oder Verzeichniss der wichtigsten lat. Orts- und Ländernamen. Dresden (1861) ²1909 (Nachdr. Braunschweig 1972). — [3] Graesse, J. G. T.: Guide de l'amateur d'objets d'art et de curiosité. Dresden 1871 (erw. dt. Ausg. Gräße, J. G. T./Jaennicke, F.: Führer für Sammler von Porcellan und Fayence, Steinzeug, Steingut usw. Lpz. ¹³1910; Braunschweig ¹⁸1953). — [4] Gräße, J. G. T.: Lehrbuch einer allg. Literärgeschichte aller bekannten Völker der Welt [...] 1—4. Dresden/Lpz. [ab 1851: Lpz.] 1837—59 (Ausg. für Lehrer u. d. T. Leitfaden der allg. Lit.geschichte. Magdeburg/Lpz. 1854, [²1856, Lpz. ³1861]). — [5] G., J. G. T.: Bibliotheca magica et pneumatica, oder wiss. geordnete Bibliogr. der wichtigsten in das Gebiet der Zauber-, Wunder-, Geister- und sonstigen Aberglaubens vorzüglich älterer Zeit einschlagenden Werke. Lpz. 1843 (Nachdr. Hildesheim 1960, 1973). — [6] Brückner, 397. — [7] G., J. G. T.: Gesta Romanorum. Das älteste Mährchen- und Legendenbuch des christl. MA.s 1—2. Dresden/Lpz. 1842 (²1847, ³1850; Neudruck Lpz. 1905, Mü. 1962). — [8] Gräße, J. G. T.: Die Sage vom ewigen Juden [...]. Dresden/Lpz. 1844. — [9] G., J. G. T.: Die Sage vom Ritter Tannhäuser. Dresden/Lpz. 1846 (zusammen mit Gräße [wie not. 8] vereinigt u. d. T. Der Tannhäuser und Ewige Jude. Zwei dt. Sagen [...]. Dresden ²1861). — [10] Graesse, J. G. T.: Jacobi a Voragine Legenda aurea vulgo Historia Lombardica dicta 1—5. Lpz. 1843—46 (Lpz. ²1850; Nachdr. der 3. Aufl. [Breslau 1890] Osnabrück 1965). —
[11] Gräße, J. G. T.: Beitr.e zur Lit. und Sage des MA.s. 1: Die Mirabilia Romae. 2: Zur Sage vom Zauberer Virgilius. 3: Zur Naturgeschichte des

MA.s. Dresden 1850. – [12] G., J. G. T.: Märchenwelt. Anthologie der schönsten und beliebtesten Märchen und Sagen aller Völker und Zeiten für die Jugend und ihre Freunde. Lpz. 1868. – [13] Gräße, J. G. T./ Asbjörnsen, P. C.: Nord und Süd. Ein Märchen-Strauß. Dresden 1858 (²1859). – [14] Gräße, J. G. T.: Der Sagenschatz des Königreichs Sachsen. Dresden 1855 (erw. Ausg.: t. 1–2. ²1874). – [15] G., J. G. T.: Sagenbuch des Preuß. Staats 1–2. Glogau 1868/71 (Nachdr. Hildesheim 1974). – [16] cf. Meiche, A.: Sagenbuch des Königreichs Sachsen. Lpz. 1903, V. – [17] Gräße, J. G. T.: Geschlechts-, Namen- und Wappensagen des Adels dt. Nation. Dresden 1876. – [18] G., J. G. T.: Die beiden ältesten lat. Fabelbücher des MA.s. Des Bischofs Cyrillus Speculum sapientiae und des Nicolaus Pergamenus Dialogus creaturarum. Tübingen 1880 (Nachdr. Hildesheim 1965). – [19] Graeße, J. G. T.: Die Qu. des Freischütz. Dresden 1875. – [20] G., J. G. T.: Jägerbrevier. Jagdalterthümer, Waidsprüche und Jägerschreie, Jagdkalender, Jägerkünste und Jägeraberglauben, Jägersagen. Dresden 1857 (Wien ²1869); ein 2. Teil des Jägerbreviers erschien u. d. T. Hubertusbrüder. Geschichten von guten und bösen Jägern, die Sagen von der wilden Jagd, Jagdalterthümer, Jagdceremoniell. Wien 1875. –
[21] Gräße, J. G. T.: Bierstudien. Ernst und Scherz. Geschichte des Bieres und seiner Verbreitung über den Erdball. Dresden 1872.

Lit.: Haan, W.: Sächs. Schriftsteller-Lexicon. Lpz. 1875, 103 sq. – HDM 2 (1934/40) 669. – NDB 6 (1964) 716.

Göttingen Rolf Wilhelm Brednich

Grausamkeit

1. Märchen – 1.1. Allgemeines – 1.2. Erklärungsmodelle – 1.2.1. Rechtsgeschichte, kulturhist. Relativität von G. – 1.2.2. Strukturelle Bedingtheit, epische Gesetze – 1.2.3. Sublimation, Ent- und Verwirklichung von G. – 1.2.4. Bewußte und unbewußte G., psychol. Hintergründe, pädagogische Funktion und Vertretbarkeit – 2. Andere Erzählgattungen – 2.1. Legende – 2.2. Sage, Ballade, Bänkelsang – 2.3. Schwank, Witz

1. Märchen

1.1. Allgemeines. Die kontroverse Diskussion um die häufige Frage nach der G. im Märchen hat einerseits zu einer Anti-Märchenstimmung beigetragen (‚Böses kommt aus Kinderbüchern')[1], andererseits auch zu neuen Rechtfertigungen des Märchens geführt (‚Kinder brauchen Märchen')[2]. G. im Märchen hat nicht nur psychol. und pädagogische, sondern auch strukturalistisch-stilistische und bes. rechts- und sozialhist. Aspekte. In jedem Fall ist die G. in Volkserzählungen im größeren gesellschaftlichen Kontext der → Aggressions- und Gewalt-Forschung zu behandeln[3].

In keiner anderen Erzählgattung wird so viel geköpft, zerhackt, gehängt, verbrannt oder ertränkt wie im Märchen[4].

Schon allein die → *Kinder- und Hausmärchen* der Brüder → Grimm bieten einen ergiebigen Katalog grausamer (g.er) Handlungen: Da werden Kinder, bes. Waisenkinder, von ihren Stief- oder Pflegeeltern schikanös gepeinigt (KHM 21, AaTh 510 A: cf. → *Cinderella*; KHM 24, AaTh 480: *Das gute und das schlechte → Mädchen*; KHM 130, AaTh 511: → *Einäuglein, Zweiäuglein, Dreiäuglein*), ausgesetzt (→ Aussetzung), verstoßen oder sogar ermordet (KHM 13, AaTh 403 B: cf. *Die schwarze und die weiße → Braut*; KHM 53, AaTh 709: → *Schneewittchen*). In KHM 15, AaTh 327 A: → *Hänsel und Gretel* wird der Junge von einer Hexe gemästet, um später gegessen zu werden. In KHM 51, AaTh 313 A: cf. → *Magische Flucht* will die Köchin ein Findelkind kochen. In KHM 47, AaTh 720: → *Totenvogel* wird ein kleiner Junge von seiner Stiefmutter geköpft, indem sie den Deckel einer Apfelkiste zuschlägt. Seine Leiche wird zerhackt (→ Zerstückelung), in Essig gekocht und dem Vater als Schwarzsauer vorgesetzt. In KHM 9, AaTh 451: → *Mädchen sucht seine Brüder* will ein König seine zwölf Söhne töten, wenn das erwartete 13. Kind eine Tochter sein sollte. In KHM 31, AaTh 706: → *Mädchen ohne Hände* schlägt der Vater seiner Tochter beide Hände ab. Hunderte von jungen Mädchen werden nacheinander einem → Drachen zum Fraß ausgeliefert (KHM 60, cf. AaTh 300). Es finden sich Motive von → Kannibalismus (KHM 15, 47) und → Menschenopfern (KHM 6, AaTh 516: *Der treue → Johannes*; KHM 60), es geschieht → Mord am Bruder (KHM 28, AaTh 780: → *Singender Knochen*; KHM 60) und Gatten (KHM 16, AaTh 612: *Die drei → Schlangenblätter*; KHM 126, AaTh 531: → *Ferdinand der treue und F. der ungetreue*). Eine Mutter im Kindbett wird im Bad erstickt (KHM 11, AaTh 450: → *Brüderchen und Schwesterchen*). Aus sadistischer Freude am Quälen werden Augen ausgestochen (KHM 107, AaTh 613: *Die beiden → Wanderer*). Tauben picken Aschenputtels Schwestern die Augen aus (KHM 21). Rumpelstilzchen reißt sich selbst mitten entzwei (KHM 55, AaTh 500: → *Name des Unholds*). → Kinder spielen Schweineschlachten oder Hinrichten und töten eines der ihren (KHM 22 [1812], AaTh 2401)[5]. Frau Trude (KHM 43, AaTh 334: → *Haushalt der Hexe*) verwandelt ein kleines Mädchen in einen Holzblock und wirft ihn ins Feuer[6]. Menschen werden zerstückelt (KHM 47) oder lebendig begraben (KHM 16). Abgewiesene Freier werden von einer Prinzessin erbarmungslos hingerichtet, ihre Köpfe auf die Schloßmauer gesteckt (KHM 191, AaTh 329: → *Versteckwette*; → Köpfe auf Pfählen).

Ein Hexenmeister ermordet eine große Zahl von Mädchen und zerhackt ihre Körper (KHM 46, AaTh 311: cf. → *Mädchenmörder*)[7]. Es gibt die unterschiedlichsten Abwandlungen der → Todesstrafe, z. T. nur als quälende Vorstufen der eigentlichen → Hinrichtung (z. B. KHM 9, AaTh 451; KHM 61, AaTh 1535: → *Unibos*; KHM 76, AaTh 652: → *Prinz, dessen Wünsche in Erfüllung gingen*; KHM 89, AaTh 533: *Der sprechende → Pferdekopf*)[8]. Aber auch sonst begegnet manchmal eine sadistische Freude an der Gewalt, wenn z. B. der Knüppel aus dem Sack jeden beliebigen Gegner so lange verprügelt, bis das Gegenkommando gegeben wird (KHM 36, AaTh 563: → *Tischleindeckdich*)[9]. Tierquälerei erscheint in KHM 4, AaTh 326: → *Fürchtenlernen*: Der Furchtlose schraubt den beiden großen schwarzen Katzen die Pfoten fest, bis er sie schließlich totschlägt und ins Wasser wirft; in KHM 8, AaTh 151: cf. → *Einklemmen unholder Wesen* keilt der Fiedler dem Wolf, der bei ihm fiedeln lernen will, beide Pfoten in den Spalt eines alten Eichenbaums.

Einige der bes. g.en Erzählungen haben die Brüder Grimm später ausgeschieden (KHM 22 [1812]), um die Sammlung kindgemäßer zu gestalten. Doch das meiste ist stehengeblieben und erscheint wie blanker Hohn auf W. Grimms Äußerung in der Vorrede zur 2. Aufl. [1819], es gehe „innerlich durch diese Dichtungen jene Reinheit, um deretwillen uns Kinder so wunderbar und selig erscheinen". Doch ist die Kritik an den Grimmschen ‚Märchengreueln' nie verstummt. Man hat die KHM-Inhalte sogar für die Konzentrationslager des Zweiten Weltkriegs mitverantwortlich gemacht[10]. Sicher ist, daß die Märchen selbst keine Greuel verherrlichen. Aber die Erlebnisse der jüngst vergangenen und gegenwärtigen Zeit haben natürlich auch eine bes. Empfindsamkeit für diese Fragen geschaffen.

G. ist indessen keineswegs nur in den KHM anzutreffen. In frz. Var.n von AaTh 333: → *Rotkäppchen* z. B. frißt der Wolf die Großmutter nicht auf einmal und mit heiler Haut, sondern er legt das, was von ihr übriggeblieben war, in den Schrank, und das → Blut stellt er in einer Schüssel auf den Tisch. Als Rotkäppchen das Haus betritt, bietet ihr der Wolf das Fleisch und das Blut der Großmutter an. Es ißt und trinkt, bis es dann selbst vom Wolf aufgefressen wird[11]. In anderen Var.n wird dieser Zug mit noch gräßlicheren Details ausgeschmückt: Rotkäppchen muß erst das dickgemachte Blut der Großmutter in Butter schmoren; die Zähne soll das Kind als Bohnen (Reis) essen, die → Knochen liegen als Feuerholz unter dem Bett, die Därme sind an der Tür als Verschluß angebracht[12]. Ähnliche Zustände schildern Var.n von AaTh 334: Die Heldin findet im Haushalt der Hexe einen Finger (Hand, Fuß) als Türriegel (Klinke). Im Hause sind Kübel voll Blut und aufgehängtes Gedärm[13]. Das Blut in den Kübeln nennt die Kinderfresserin ihren Wein (Milch), die Menschenhaare im Blut ihr Kraut, die umgestülpten Schädel auf dem Zaun ihre Milchtöpfe[14]. Ähnlich wird in russ. Märchen gelegentlich das Haus der → Baba-Jaga geschildert[15]. In den oriental. Raum verweist der Typus der stolzen Prinzessin, die bedenkenlos zahllosen Freiern den Kopf abschlagen läßt (→ Enthauptung), weil sie sich nicht vor ihr zu verstecken oder ihr Rätsel nicht zu erraten vermochten (AaTh 329; AaTh 850, 851, 851 A: → *Rätselprinzessin*). Eine Königstochter läßt die Freier, die sich vor ihr nicht verbergen können, entmannen. Ein Turm im Schloßhof ist vollbehängt mit männlichen → Genitalien (→ Kastration)[16].

Mit Sicherheit lassen sich Motive der G. im Märchen nicht auf bestimmte Nationalcharaktere festlegen. Alle älteren diesbezüglichen Behauptungen beruhen lediglich auf ethnischen → Vorurteilen (→ Stereotypen, ethnische)[17]. Wohl aber haben sie bestimmte kulturelle, rechts- und sozialgeschichtliche Hintergründe.

1.2. Erklärungsmodelle

1.2.1. Rechtsgeschichte, kulturhist. Relativität von G. Am deutlichsten sind kulturhist. Bezüge bei den g.en Hinrichtungen. → Strafen im Märchen sind größtenteils Erinnerungen aus dem wirklichen Rechtsleben vergangener Zeiten (→ Rechtsvorstellungen).

Rechtshist. belegt sind Verstümmelungen aller Art, wie das Abhauen von Hand und Fuß, die → Blendung, das Vierteilen und Zu-Tode-Schleifen oder auch das → Ertränken in einem Faß (Sack)[18]. Die Strafe des Zerreißens durch Pferde (Mot. Q 416) hat eine bis ins Altertum zurückreichende Geschichte; der bestialische Hinrichtungsvollzug im → Nagelfaß war angeblich eine bereits bei den Karthagern praktizierte Todesstrafe[19]. Das Lebendigbegraben oder → Einmauern wird im Märchen nur gegenüber Frauen angewandt. Hier spiegeln sich noch genau die kulturhist. Tatbestände, denn das Lebendigbegraben war bis spät ins MA. hinein die Todesstrafe für Frauen bei jenen Verbrechen, um derentwillen die Männer gehängt oder gerädert wurden[20]. Auch das Ertränken in einem Faß oder Sack wird im Märchen ebenso wie im hist. Recht bes. an Frauen vollzogen[21]. Am Verbrennen der → Hexe erweist sich deutlich das Nachwirken der hist. Hexenprozesse[22].

G.e Strafen müssen immer aus der Perspektive der jeweiligen Zeit, in der sie verhängt wurden, gesehen werden. Öffentliche Hinrichtungen konnten nicht selten den Charakter von Volksfesten annehmen. Noch heute zeigt sich diese primitive Neugierde bei Verkehrsunfällen, Kriminalprozessen oder Naturkatastrophen.

Mehrere heute g. erscheinende Vorkommnisse im Märchen haben ihren Hintergrund in magischen Vorstellungen oder rituellen Handlungen. Schilderungen von Menschenopfern z. B. bewahren Erinnerungen an wirkliche Opferbräuche[23]. Ein eindrucksvolles Beispiel für den Volksglauben von der zauberischen Wirkung des Blutes gibt KHM 6, AaTh 516: Der treue Johannes kann nur durch das Blut der Kinder seines Herrn wieder zum Leben erweckt werden (→ Kinderblut)[24]. Das Motiv von der Zerstückelung einer → Leiche, vom Abkochen der Knochen etc. gehört kulturhist. in die Nähe archaischer Jägerbräuche (cf. → Archaische Züge, → Jägerzeitliche Vorstellungen, → Pelops, → Wiederbelebung)[25]. Als Grund dafür, daß Hexen (Riesen, Zauberer, der Teufel) Menschenfleisch essen, läßt sich mindestens partiell ein magischer Kannibalismus annehmen[26]. Die g. anmutende Art der → Erlösung durch Töten (Enthaupten, Erschlagen, Erschießen, z. B. KHM 108, AaTh 441: → *Hans mein Igel*; KHM 144, AaTh 980 D: cf. *Der undankbare → Sohn*) geht auf altertümliche Schichten des → Verwandlungsglaubens zurück, nämlich auf die Vorstellung der zeitweiligen Ablegbarkeit der Verwandlungsgestalt[27]. In jedem Fall darf G. im Märchen nicht nur mit neuzeitlich-humanitären Maßstäben gemessen werden, sondern sie hat vielfache Bezüge zu hist. Glaubensvorstellungen und Bräuchen. G. ist darum stets hist. zu relativieren.

1.2.2. Strukturelle Bedingtheit, epische Gesetze. Das Motiv des abschreckenden Palisadenschmucks mit den aufgespießten Köpfen der unglücklichen Brautwerber[28] verdeutlicht, daß Motive der G. im Märchen auch eine erzähltechnisch-epische Funktion als Spannungselemente (→ Dynamik) besitzen: Die Leistung des Helden wirkt um so gewaltiger, je größer die Gefahr geschildert wird, der er ausgesetzt war; die g.e Strafe im Falle des Mißlingens kann nicht abschreckend genug ausfallen. Auch das Menschenopfer sieht das Märchen ganz vom Erzählerischen her; es wird für die Helden nirgends dauernde tragische Wirklichkeit, sondern bleibt abschreckende Möglichkeit. Die Aufopferung der Prinzessin schafft die epische Voraussetzung für die spätere Befreiung.

Ebenso sind die Kannibalismusmotive im Märchen im Grunde Spannungsformeln: Die Lebensgefahr, in der Hänsel und Gretel (AaTh 327 A) schweben, wird erst durch die kannibalischen Absichten der Hexe auf ihren dramatischen Höhepunkt gebracht. Es verfehlt auch nie seine Wirkung, daß gerade die stumme oder zum Schweigen verpflichtete Heldin der Menschenfresserei angeklagt wird (KHM 3, AaTh 710: → *Marienkind*; KHM 49, AaTh 451). In KHM 51 bringt erst die Vorbereitung zur Tötung und Verspeisung der Heldin den eigentlichen Handlungskomplex der magischen Flucht in Gang. Nur eine Scheinkatastrophe ist das Schicksal der zwölf Brüder in KHM 9: Die Todesdrohung wird nicht verwirklicht, sondern schafft die Voraussetzung für die Trennung der Geschwister und den Beginn einer Abenteuerserie. G.e Taten stehen oft nicht im Mittelpunkt der Erzählung, sondern sind zumeist bloße Handlungsbeweger[29]. In den Erzählungen vom Blaubarttyp (AaTh 311, 312) ist das Schicksal der Schwestern der Heldin nicht Selbstzweck einer blutrünstigen Schilderung, sondern interessiert nur als mögliche Gefahr für die Heldin selbst. Im Märchenhörer bleibt eine gewisse Distanz, weil eben die Heldin dieses Schicksal nicht selbst erleidet.

Das Volksmärchen realisiert das ungetrübte → Glück seines Helden, und dazu räumt es bedenkenlos mit allen jenen auf, die ihm entgegenstehen[30]. Dabei liebt das Märchen im Guten wie im Bösen (→ Gut und böse) die → Extreme, deshalb sind außergewöhnliche Grenzfälle wie die Ermordung mit dem Deckel einer Truhe oder das unwissentliche Verzehren der eigenen Kinder in Volksdichtung und Lit. immer wieder aufgegriffen worden[31]. Auch Quantität und Qualität g.er Strafen scheinen im Märchen den Gesetzen epischen Erzählens unterworfen zu sein.

Es fällt auf, daß als Strafe meist die Todesstrafe verhängt wird, die oft in keinem Verhältnis zur begangenen Freveltat steht. Auch kleinere Vergehen wie Neugierde (KHM 46), Neid (KHM 21; KHM 101, AaTh 361: → *Bärenhäuter*; KHM 142, AaTh 676: cf. → *Ali Baba und die vierzig Räuber*), Hochmut (KHM 24), Ungeduld, Gleichgültigkeit oder bloße Trägheit, Habgier, Unbarmherzigkeit und anderes unsoziales Verhalten, d. h. Delikte, die in juristischem Sinne keine Verbrechen sind[32], werden im Märchen streng geahndet. G.e hist. Strafen hat das Märchen oft ins Phantastische erweitert: So wird die Hexe von 24 Pferden in Stücke gerissen, „daß auch nicht ein Fetzchen von ihr übrig blieb“[33]; oder am Schluß einer sizilian. Var. von AaTh 450 wird die falsche

Braut zerschnitten, eingesalzen und als Thunfisch ihrer Mutter gesandt, die sie verspeist[34].

Der Erzählstrategie des Märchens entspricht die Auffassung, daß gegen einen Bösewicht jedes Mittel recht sei: Die g.ste und ausgefallenste Vernichtung ist darum erzählerisch immer die wirkungsvollste. Deshalb kann es auch keine → Barmherzigkeit für den Bösewicht geben, sondern nur dessen radikale Beseitigung: Dem Drachen, dem schon sechs Köpfe abgeschlagen sind und der für den siebten um Schonung bittet, wird auch der siebte Kopf abgeschlagen[35]. Überall, wo die Schilderungen von G.en in die Details gehen, geht es um diesen Schlußakzent (→ Achtergewicht).

1.2.3. Sublimation, Ent- und Verwirklichung von G. Es hängt mit den Stilprinzipien des Märchens zusammen, daß die Auswirkungen g.er Behandlung nicht körperlich fühlbar werden[36]. Es gibt kein → ‚Gefühl' im Märchen. Das Kriminelle ist ‚entwirklicht'. Weder die mißhandelten Protagonisten noch die bestraften Gegenspieler beklagen sich über die G., die ihnen widerfährt, und über ihre Schmerzen wird nichts gesagt.

Das Abschneiden des Fingers (KHM 25, AaTh 451) oder der Ferse (KHM 97, AaTh 551: → *Wasser des Lebens*) geschieht offenbar ohne Folgen und ohne eigentlichen Schmerz. In KHM 31, AaTh 706 wird nur die Hilflosigkeit, nicht aber der Schmerz der Verstümmelung beschrieben. Es ist auch nicht von Schmerzen die Rede, als in KHM 107, AaTh 613 dem armen Schneider erst das eine und dann auch das andere Auge ausgestochen wird. Es wird nur vermerkt, daß er nichts mehr sieht.

Wo Märchen durch bürgerliche Sammler und Herausgeber schriftl. fixiert und überarbeitet wurden, sind G.en oft eliminiert worden. Das läßt sich gut an C. → Perraults Fassung von AaTh 333 verfolgen: Der kannibalistische Zug der Volksüberlieferung ist von ihm nicht aufgenommen worden. Immer wieder hat er seine Qu.n gemildert und abgeändert, wo der gute Geschmack, der Sinn für das rechte Maß und die moralischen Anschauungen seiner Zeitgenossen hätten verletzt werden können[37]. Für die Brüder Grimm sind ähnliche Bearbeitungstendenzen schon angeführt worden. Mit Sicherheit haben realistische Schilderungen von G. in den Märchensammlungen des 19./20. Jh.s zugenommen, wofür als Beispiel etwa die Slgen von U. → Jahn, E. → Zenker-Starzacher und H. → Grudde genannt seien[38].

1.2.4. Bewußte und unbewußte G., psychol. Hintergründe, pädagogische Funktion und Vertretbarkeit. Vieles g. Erscheinende wird von Kindern nicht notwendigerweise so empfunden. Für ein Kind ist es selbstverständlich, daß der Märchenheld den Drachen oder den feurigen Hund erschlägt. Kaum einem Kind würde es einfallen, die armen Riesen zu bedauern, oder es als Tierquälerei erscheinen, wenn die alte Geiß in KHM 5, AaTh 123: → *Wolf und Geißlein* dem Wolf den Bauch aufschneidet und ihm statt der Geißlein Steine hineinfüllt. Auch was Erwachsene in der Realität als kindliche Roheit empfinden, ist oft nicht eigentliche G., sondern einfach ein Nichtwissen[39]. Erst wo nicht mehr naiv apperzipiert wird, wird G. bewußt und damit zugleich abstoßend und greuelerregend.

Die Frage, ob Darstellung von Gewalt zur Nachahmung reize (Imitationsthese, Stimulationsthese) oder eher vorhandene Aggressionen ableite (Katharsisthese, Inhibitionsthese), läßt sich bis zu Platon (*Politeia*, 377b–c) zurückverfolgen. Die Diskussion hierüber wird heute in Zusammenhang mit den Auswirkungen von Gewaltdarstellung in den Massenmedien lebhaft fortgeführt[40]. Eine Strukturveränderung und Bewußtmachung von G. gibt es bes. dort, wo entsprechende Märchenhandlungen durch → Illustrationen (cf. → Film, → Television) verändert und damit erst real werden. Dabei ist die Illustration immer g.er als die Märchensituation, nicht nur weil sie den gräßlichen Augenblick erstarrend festhält und ihm dadurch Dauer verleiht, sondern auch weil sie etwas Unbewußtes ins Bewußtsein hebt.

Der Wunsch des Helden in KHM 93, AaTh 400: → *Mann auf der Suche nach der verlorenen Frau* „Köpf' alle runter, nur meiner nicht!" bekommt erst durch Otto Ubbelohdes Illustration (ca 1906/07) seine blutrünstige Realität. Andere Illustratoren wie Gustave Doré (1862) oder Max Slevogt (1922) haben in ihren Blaubart-Federzeichnungen die Bewußtseinsveränderung hinsichtlich des Geschehens durch das Bild absichtlich für die realistische Wirkung genützt. In diesen Momentaufnahmen ist aber auch schon die Grenze der Realisierung von Märchen-G. durch das Bild erreicht. Es wäre nicht nur ganz unmärchenhaft, sondern für alle Zuschauer unerträglich, wollte der Tonfilm solche Bilder in allen

Details nun noch in die auditive und zeitliche Dimension übertragen. Indem er den Märchenstoff verwirklicht, muß er ihn zugleich entwirklichen. In Walt → Disneys *Cinderella*-Film (1950) hacken sich die Schwestern der Heldin bezeichnenderweise nicht die Ferse ab. In einem Blaubartfilm (1973) werden die Frauen nicht ermordet und zerstückelt, sondern leben in einer Art Harem lustig und vergnügt weiter. Nur ‚die Leute' sagen, Blaubart sei ein Lustmörder, weil in seinem Schloß junge Mädchen spurlos verschwinden. Diese Abweichung von der Vorlage des Volksmärchens ist charakteristisch. Eine realistische Darstellung des Blutbads im Film wäre unerträglich[41].

Die Wirkung von G. auf Kinder ist sicher nicht einheitlich und generell zu beurteilen. Neben B. Bettelheim[42] hat neuerdings W. → Scherf auf die kindheitsspezifischen Funktionen g.er Märchen aus psychol. Sicht hingewiesen.

Scherf meint, daß sie frühe Kindheitskonflikte spiegeln und verarbeiten, Prozesse, die für das Kind die Funktion haben, den Weg zu sich selbst frei zu machen[43]. Die → Aussetzung durch die eigenen Eltern in AaTh 327 A lehre Kinder, daß sie selbst ihr Leben in die Hand nehmen müssen[44]. Man könne die Knusperhexe als negative Mutterprojektion auffassen[45], in Blaubart eine negative Vaterfigur sehen[46]. Das Kind müsse mit Ängsten fertig werden. Das könne es nur in von der Wirklichkeit abgespaltenen Phantasmen. Märchenhören verhindere die Verdrängung von → Angst und verlocke zu Angriffsgeist, gewitzter Beobachtung der Schwächen des Gegners und zu List[47]. Die Verschiebung der Angst auf andere, fremde Objekte sei ein Weg zu ihrer Verarbeitung[48].

Schließlich gibt es noch für Erwachsene eine Lust am Schaudern. Es ist auffällig, daß gerade bes. blutrünstige Stoffe wie der von Blaubart immer wieder in literar. Bearb.en und Verfilmungen aufgegriffen worden sind. Auch Leute, die selbst keine g.en Handlungen begehen würden, werden von ihren Schilderungen magisch angezogen und stillen ihr Bedürfnis auf andere Weise; was früher das Lesen von → Schauergeschichten (→ Dracula, → Frankenstein, → Horrorgeschichte, Horrorliteratur) war, entspricht heute dem Konsum von Filmen oder Videokassetten.

2. Andere Erzählgattungen. Weil das Märchen in der heutigen Kultur weitgehend zum → Kindermärchen geworden ist und darum unter didaktischen und psychol. Gesichtspunkten betrachtet wird, ist die Debatte um die G. so intensiv geführt worden und wird nicht so schnell verstummen. Sie hat den Blick davon abgelenkt, daß auch in anderen populären Erzählformen das Phänomen der G. eine jeweils gattungsspezifische Rolle spielt.

2.1. Legende. Bes. die christl. Heiligenviten (→ Acta martyrum et sanctorum) enthalten ein reiches Motivrepertoire von g.en Martern und → Foltern. Der heilige → Märtyrer erleidet den Tod für Christus. Durch die g.en Folterungen, die er über sich ergehen lassen muß, legt er Zeugnis ab für seinen Glauben. Ein Beispiel für viele: Kaiser Trajan ließ dem hl. Ignatius die Schultern zermalmen, die Seiten mit Krallen zerfetzen, die Wunden mit Steinen zerreiben, Salz in die Wunden schütten, ließ ihn über glühende Kohlen gehen, drei Tage ohne Nahrung in Ketten an einen Pfahl hängen und schließlich den Tieren vorwerfen[49]. Seit dem 7. Jh. gelangen solche Bekenner- und Märtyrerviten ins Frankenreich[50].

Obwohl es in der Visualisierung der Heiligenlegende, z. B. in der Tafelmalerei des 15./16. Jh.s, einen ausgeprägten Realismus bei der Schilderung der Torturen gibt, sind in den Erzählungen — analog zum Märchen — die geschilderten G.en auf seltsame Weise entwirklicht und sublimiert (→ Sublimation). Im Leben der Heiligen ist das Martyrium der notwendige Durchgang zum Himmelreich, wobei die Leiden dieser Zeit nichts gegen die künftigen Freuden sind[51]. Die realistische Darstellung von Brutalität hat geradezu die erzählerische Funktion, die Idee des Gottesschutzes für den Unschuldigen zu dokumentieren[52]. An den Heiligen prallen die Torturen ab, sie sind wirkungslos oder werden gar als Wohltat empfunden. Wunden heilen über Nacht, wilde Tiere können nicht schaden, Feuerbrände bleiben ohne Spuren[53].

Kaiser Maximian ließ den hl. → Erasmus in einen Kessel mit siedendem Blei, Pech und Öl bringen. Die Marter wurden dem Heiligen zur Erfrischung. Pergentius wurde auf glühende Kohlen gestellt, die ihm wie kühles Wasser vorkamen. Tiburtius war es beim Schreiten über glühende Kohlen, als ob er auf Rosen ginge. Der hl. Probus empfand die Auspeitschung ‚wie Salbe'[54].

2.2. Sage, Ballade, Bänkelsang. In der Sage hat G. einen höheren Wirklichkeitsanspruch. In der dämonologischen Sage ist sie als Tun von übernatürlichen Wesen bezeugt.

Die Sennenpuppe belebt sich und zieht dem Obersenn bei lebendigem Leib die → Haut ab (→ Schinden)[55]. Manchmal verraten schon die Namen jenseitiger Wesen ihre g.e Tätigkeit, wie der des ‚Blutschink'[56]. Andere übernatürliche Wesen quälen ihre Opfer, indem sie sie zu Tode kitzeln[57]. Wer die → Wilde Jagd beobachtet, wird geblendet oder durch einen Beilwurf des Wilden Jägers gelähmt. Im ganz körperlich vorgestellten Schicksal der Armen Seelen gibt es zahllose g.e Strafen[58]. Bes. der → Teufel geht mit den ihm Verfallenen mitunter sehr g. um. Den Teufelsbündner entführt er und zerreißt ihn in der Luft, so daß man keine Spur mehr von ihm findet; dem → Freimaurer dreht er das Genick um. Der Mensch greift in der Abwehr von magischen Gefahren zu g.en Maßnahmen: Der → Wechselbalg wird so lange geprügelt (in einen heißen Backofen geschoben), bis die Jenseitigen das gestohlene Kind wiederbringen und das ihre zurückverlangen. Der Nachzehrer oder → Vampir muß in seinem Grab gepfählt werden; das Haupt wird ihm abgeschlagen und zwischen die Füße gelegt.

Sagen von Deichbau-, Brückenbau- oder Pestopfern berichten davon, daß man kleine Kinder lebendig einmauerte, um Bauwerken Bestand zu geben oder um von Seuchen befreit zu werden[59]. Auch in der hist. Sage gibt es Schilderungen von G.: Mäuse fressen den Bischof Hatto von Mainz in seinem mitten im Rhein erbauten Turm bei lebendigem Leibe auf (→ Mäuseturm von Bingen).

Erzählende Lieder und Balladen haben häufig g.e Inhalte. So handeln sie von Verwandtenmord, Kindermord und Kindesaussetzung, g.en Formen der Hinrichtung (auch von Kindern) und der Tortur von Gefangenen[60]. In einer Ballade werden Hände und Füße eines Mädchens von einer eifersüchtigen Frau ihrem Mann zum Mahl vorgesetzt[61], in einer anderen verkauft ein Mann seine schwangere Frau an Räuber, die den Embryo zur Herstellung von ‚Diebskerzen' herausschneiden wollen[62]. Titel wie *Der Mädchenmörder, Die Bluthochzeit, Der ermordete Müller* etc. sprechen für sich[63].

Ebenso lebt der Bänkelsang von der Schilderung grauenerregender Geschehnisse, Verbrechen, Unglücksfälle und Exekutionen. Teils sind es die gleichen Themen, die auch in der Volksprosa vorkommen, wie z. B. der Erzähltyp → *Mordeltern* (AaTh 939 A). Die gemalten Bänkelsangschilder illustrieren die Höhepunkte dieser ‚erschröcklichen Geschichten', die moralische Entrüstung und Mitleid mit den Opfern provozieren sollen[64]. Literar. Bänkelsang und populäre Bänkelsangparodien schlagen in ihrer Schilderung von G. gelegentlich in Komik um.

2.3. Schwank, Witz. Schon die spätma. Schwänke von der mehrmals getöteten → Leiche (AaTh 1537) oder von den Mönchen von Kolmar[65] sind Beispiele von g.-makabrer Komik und → schwarzem Humor. Gelegentlich entwirklicht der Schwank g.e Vorgänge, wie z. B. das Motiv vom Zerstückeln und Abkochen einer Leiche in AaTh 753 A (cf. AaTh 753: → *Christus und der Schmied*). Auch der Witz konfrontiert seine Zuhörer oft genug mit G. Ältere Witz-Moden dieser Art sind die sog. Sick Jokes oder Mutti-Witze wie auch die Kannibalen-Witze[66]. Von seelischer G. zeugen oft Irren- und Behindertenwitze, Witze über Flugzeugkatastrophen und von sich nicht öffnenden Fallschirmen. Es gibt keine noch so schlimme Katastrophe, die nicht – oft sogar nach kürzester Zeit – in eine Witzserie einmünden könnte, Raumfahrt- und Atomkatastrophen und sogar Völkermord nicht ausgenommen. Erwähnt seien Challenger-Witze[67], Tschernobyl-Witze, Aids-Witze[68], Dead Baby-Witze[69], Anti-Türkenwitze[70], Terroristen-Witze, Biafra-Witze[71] und sogar KZ-Witze[72]. Bes. unter Jugendlichen sind g.e Witze sehr beliebt. Doch ist ihre gesamtgesellschaftliche und psychol. Funktion hinsichtlich der Transformation von Aggressionen und der Verharmlosung des Schreckens beim zynischen Witz noch wenig erforscht[73]. Vermutlich lassen sich die Grundregeln der psychoanalytischen Witztheorie auch hier anwenden: G.e Witze, die Tabus verletzen und gegen Moralvorstellungen und Gebote der Sitte verstoßen, dienen der Abreaktion und haben Ventilcharakter für Verdrängtes[74].

[1] cf. Gmelin, O. F.: Böses kommt aus Kinderbüchern. Mü. 1972; Mallet, K.-H.: Kopf ab! Gewalt im Märchen. Hbg/Zürich 1985. – [2] Bettelheim, B.: Kinder brauchen Märchen. Stg. 1977. – [3] cf. Neidhardt, F.: Aggressivität und Gewalt in der modernen Ges. Mü. 1973; cf. allg. Scherf, W.: Was bedeutet dem Kind die G. im Volksmärchen? In: Jugendlit. 6 (1960) 496–514; Dieckmann, H.: Zum Aspekt des G.en im Märchen. In: Praxis der Kinderpsychologie und Kinderpsychiatrie 16 (1967) 298–306; Gutter, A.: Einwände gegen das Märchen und die Antwort der Symbolik. In: ead.: Märchen und Märe. Solothurn 1968, 10–92. – [4] cf. Mallet (wie not. 1) 13. – [5] cf. Richter, D.: Wie Kinder Schlachtens mit

einander gespielt haben (AaTh 2401). In: Fabula 27 (1986) 1–11. – [6] cf. Scherf, W.: Die Herausforderung des Dämons. Form und Funktion grausiger Kindermärchen. Mü./N. Y./L./Ox./P. 1987, 25–65; Mallet (wie not. 1) 99–105. – [7] Röhrich, Märchen und Wirklichkeit, 125. – [8] ibid., 143sq. – [9] cf. Mallet (wie not. 1) 17–21. – [10] cf. Röhrich, L.: Die G. im dt. Märchen. In: Rhein. Jb. für Vk. 6 (1955) 176–224; Horn, K.: Motivationen und Funktionen der tödlichen Bedrohung in den KHM der Brüder Grimm. In: SAVk. 74 (1978) 20–40; Röhrich, Märchen und Wirklichkeit, 125, 276. –
[11] Tegethoff, E.: Frz. Volksmärchen 2. MdW 1923, num. 51; cf. Delarue 333, Var. 4, 6–8, 12, 19, 22, 25. – [12] cf. Rumpf, M.: Rotkäppchen. Diss. (masch.) Göttingen 1952, 51–54; cf. Delarue 333, Var. 16. – [13] cf. Scherf (wie not. 6) 51. – [14] cf. ibid., 63. – [15] cf. ibid., 72. – [16] Wlislocki, H. von: Märchen und Sagen der transsilvan. Zigeuner. B. 1886, num. 47. – [17] cf. Roback, A. A.: Aspects of Ethnic Prejudice. In: id.: A Dictionary of Internat. Slurs (Ethnophaulisms). (Cambr., Mass. 1944) Nachdr. Waukesha, Wisc. 1979, 247–344. – [18] cf. allg. Wulffen, E.: Das Kriminelle im dt. Volksmärchen. In: Archiv für Kriminalanthropologie und Kriminalistik 38 (1910) 340–370; Sack, F./König, R. (edd.): Kriminalsoziologie. Ffm. 1969; Amira, K. von: Die germ. Todesstrafen (Abhdlgen der Bayer. Akad. der Wiss.en, phil.-philol. und hist. Kl. 31, 3). Mü. 1922; Anger, S.: Das Recht in den Sagen, Legenden und Märchen Schleswig-Holsteins. Diss. (masch.) Kiel 1947; Fehr, H.: Das Recht in den Sagen der Schweiz. Frauenfeld 1959. – [19] cf. Page, E. S.: The ‚Nageltonne'. Its Uses in History and Folklore. In: JAFL 59 (1945) 20–24; Röhrich, Märchen und Wirklichkeit, 145–147. – [20] Grimm, Rechtsalterthümer 2, 274sq. –
[21] ibid., 278–280. – [22] cf. Röhrich, Märchen und Wirklichkeit, 144sq. – [23] cf. Schmitt, G.: Das Menschenopfer in der Spätüberlieferung der dt. Volksdichtung. Diss. Mainz 1959; Röhrich, L.: Die Volksballade von ‚Herrn Peters Seefahrt' und die Menschenopfersagen. In: Märchen, Mythos, Dichtung. Festschr. F. von der Leyen. Mü. 1963, 177–212. – [24] Weitere Beispiele cf. Röhrich, Märchen und Wirklichkeit, 133. – [25] ibid., 134–136. – [26] cf. Volhard, E.: Kannibalismus. Stg. 1939. – [27] cf. Röhrich, Märchen und Wirklichkeit, 137. – [28] ibid., 141sq. – [29] cf. Horn (wie not. 10) 35. – [30] cf. Richter, D./Merkel, J.: Märchen, Phantasie und soziales Lernen. B. 1974, bes. 76–88, hier 81. –
[31] cf. Röhrich, Märchen und Wirklichkeit, 133–136. – [32] ibid., 146. – [33] Stroebe, K.: Nord. Volksmärchen 2. MdW 1922, num. 21. – [34] Gonzenbach, num. 49. – [35] Peuckert, W.-E.: Schlesiens dt. Märchen. Breslau 1932, num. 34. – [36] Horn (wie not. 10) 33. – [37] cf. Delarue, P.: Les Contes merveilleux de Perrault et la tradition populaire. In: Bulletin folklorique d'Île de France 13 (1951) 195–201, 221–228, 251–260, 283–291; 14 (1952) 348–357; 15 (1953) 511–517. – [38] Beispiele cf. Röhrich, Märchen und Wirklichkeit, 154sq. – [39] ibid., 157. – [40] cf. allg. Piaget, J.: Das moralische Urteil beim Kinde. Zürich 1954; Rogge, J. U.: Gewalt und Jugendkultur. In: Medien und Erziehung 28 (1984) 258–269; Löffler, M. (ed.): Die Darstellung der Gewalt in den Massenmedien. Mü. 1973; Kunczik, M.: Gewalt im Fernsehen. Köln/Wien 1975; id.: Gewalt und Medien. Köln 1987. –
[41] Röhrich, Märchen und Wirklichkeit, 155sq. – [42] Bettelheim (wie not. 2). – [43] Scherf (wie not. 6) 18. – [44] ibid., 175, 182. – [45] cf. ibid., 169; Mallet (wie not. 1) 134. – [46] cf. Scherf (wie not. 6) 226–232, cf. auch 225. – [47] ibid., 187sq. – [48] ibid., 199. – [49] Legenda aurea/Benz, 182sq. – [50] cf. Günter 1910, 133–156. –
[51] Legenda aurea/Benz, 183. – [52] Günter 1949, 29. – [53] cf. ibid., 137. – [54] Weitere ähnliche Fälle cf. Günter 1910 und 1949, pass. – [55] cf. Isler, G.: Die Sennenpuppe. Basel 1971. – [56] cf. Ranke, F.: Blutschink. In: HDA 1 (1927) 1452. – [57] cf. z. B. Schöppner, A.: Sagenbuch der Bayer. Lande 1. Mü. 1874, num. 97; Federowski, M.: Lud białoruski na rusi litewskiej 1. Krakau 1897, num. 456. – [58] cf. Sailer, J.: Die Armen Seelen in der Volkssage. Diss. (masch.) Mü. 1956. – [59] cf. Schmitt (wie not. 23) bes. 8–15. – [60] cf. DVldr, num. 13, 16, 23sq., 65, 77–79, 114. –
[61] DVldr, num. 17. – [62] DVldr, num. 86. – [63] cf. DVldr, num. 41, 46, 49, 68, 70, 87. – [64] cf. Petzoldt, L. (ed.): Grause Thaten sind geschehen. Mü. 1968; id. (ed.): Die freudlose Muse. Texte, Lieder und Bilder zum hist. Bänkelsang. Stg. 1978; Braungart, W. (ed.): Bänkelsang. Stg. 1985. – [65] cf. Schupp, V.: Die Mönche von Kolmar. Ein Beitrag zur Phänomenologie und zum Begriff des schwarzen Humors. In: Festschr. F. Maurer. Düsseldorf 1968, 199–222. – [66] cf. Röhrich, L.: Der Witz. Stg. 1977, 140–150. – [67] Morrow, P. D.: Those Sick Challenger Jokes. In: J. of Popular Culture 20 (1987) 175–184. – [68] Schmidt, C. G.: AIDS Jokes: Or, Schadenfreude around an Epidemic. In: Maledicta 8 (1984/85) 69–75. – [69] Dundes, A.: The Dead Baby Joke Cycle. In: WF 38 (1979) 145–157. – [70] Albrecht, R.: Was ist der Unterschied zwischen Türken und Juden? Anti-Türkenwitze in der BRD. In: ZfVk. 78 (1982) 220–229; Nierenberg, J.: „Ich möchte das Geschwür loswerden". Türkenhaß in Witzen in der BRD. In: Fabula 25 (1984) 229–240. –
[71] Klintberg, B. af: Biafravitsar. In: Tradisjon 2 (1972) 61–72; cf. Christopher, R.: Ethiopian Jokes. In: Maledicta 8 (1984/85) 37–42. – [72] Dundes, A.: Auschwitz Jokes. In: WF 43 (1983) 249–260; id./Hauschild, T.: Kennt der Witz kein Tabu? In: ZfVk. 83 (1987) 21–31. – [73] cf. allg. Zijderveld, A. C.: Humor und Gesellschaft. Graz 1976; Röhrich (wie not. 66). – [74] cf. Freud, S.: Der Witz und seine Beziehung zum Unbewußten. Ffm. 1975, bes. 95–112.

Freiburg/Br. Lutz Röhrich

Gredt, Nikolaus (Nicolas), *Luxemburg 18. 2. 1834, † ebenda 20. 6. 1909, Mundartforscher, Gründungsmitglied von Ons Hemecht und bedeutendster Sammler der luxemburg. mündl. Erzählüberlieferung. G. studierte Philosophie und Lit.wiss. in Bonn und Paris (Promotion Luxemburg 1861) und war 1861–1906 als Lehrer, seit 1885 als Direktor des Athenäums in Luxemburg tätig. Zusammen mit dem Pfarrer J.-B. Klein (1835–1903) und dem Redakteur N. Gonner (1835–92) begann er seine Sammlungen in den 60er Jahren und erweiterte sie nach einem Aufruf 1877 an die Volksschullehrer entscheidend, zuletzt vor allem mit Hilfe der Zöglinge des von ihm geleiteten Gymnasiums. Auf literar. Quellen griff er nur vereinzelt zurück; solche Quellenangaben wollte er als „verdächtigen Geburtsschein" verstanden wissen (Vorw. 1883). Auch betonte er, sich stets an das Vorbild der Brüder Grimm gehalten und sich gehütet zu haben, an den Aufzeichnungen „herumzuarbeiten". Sein Ziel war es, Materialien „zur Urgeschichte unseres kleinen Vaterlandes" vor dem Vergessenwerden zu bewahren. Die Gewährsleute sind (bis auf die beitragenden Schüler und den Schuldiener, die im Vorw. namentlich aufgeführt werden – unter ihnen auch P. Nommesch, der spätere Bischof von Luxemburg) mit ihrem Beruf vermerkt. Die Zuverlässigkeit der Gewährsleute wird teilweise bestritten. Kommentare zu den Einzeltexten und Register hat G. nicht erarbeitet.

Die Editionsgeschichte seines Werkes ist kompliziert: Mit dem Druckvermerk 1883, in Wirklichkeit aber erst 1885 veröffentlicht, erschien die Erstausgabe, *Sagenschatz des Luxemburger Landes*, als Sonderdruck der *Publications de la section historique de l'Institut Royal Grand-Duché de Luxembourg*. Der Text wurde jedoch nicht, wie im Sonderdruck vermerkt, in Band 36, sondern erst 1885 in Band 37 aufgenommen (p. 243–903) – und zwar, wie das Nachwort von 1884 besagt, wesentlich ergänzt (auf 1215 Nummern). Nur die beiden bis auf die Paginierung gleichen Ausgaben von 1885 enthalten die Märchen, Schwänke und Legenden (vor allem im Kap. 11). Die zahlenmäßig weit überwiegenden Sagen hat G. nach mythol. Gesichtspunkten und herausragenden Sagengestalten gegliedert.

Den ersten Versuch zu einer auf vier Bände berechneten Neuausgabe unternahm A. Jacoby (1875–1943); der bereits zu zwei Dritteln gediehene Druck wurde bei Ausbruch des Krieges unterbrochen. 1963 brachte H. Rinnen (geb. 1914) in Luxemburg den ersten, die Sagen umfassenden Band in Jacobys und J. Dumonts (1889–1962) neuer Anordnung heraus (= 3. Aufl.). 1964 folgte ein erster, unveränderter, und 1982 ein zweiter Nachdr. dieses Bandes (mithin 4. und 5. Aufl. der Sagen). Inzwischen war 1967 auch ein Band mit den umfangreichen, vorzüglich nutzbaren Registern, der Sagenkonkordanz zur Umstellung und einem Mitarbeiter- und Quellenverzeichnis von Rinnen nach den Vorarbeiten von Dumont und Jacoby besorgt worden. Insgesamt lassen sich zu den Märchen und Schwänken rechnen: num. 215 (neu 970), 451 (349), 854, 905–920, 974, 1214, 1215.

Innerhalb des dt. Sprachgebietes zählen G.s teilweise bemerkenswert eigenständige Fassungen zu den besterzählten, z. B. von AaTh 334: → *Haushalt der Hexe* (num. 215, neu 970), AaTh 403: *Die schwarze und die weiße* → *Braut* (num. 911), AaTh 590: *Die treulose* → *Mutter* (num. 912), AaTh 900: → *König Drosselbart* (num. 916) sowie der Episodenschwank von den trickreichen Studenten: AaTh 1539: → *List und Leichtgläubigkeit* + AaTh 1540: → *Student aus dem Paradies* + AaTh 1528: → *Neidhart mit dem Veilchen* (num. 917). Allein deshalb wäre längst eine gesonderte Veröffentlichung geboten (das Ms. der Überarbeitung von Dumont und Jacoby liegt in der Sprachwiss. Sektion des Großherzoglichen Inst.s in Luxemburg vor). Verwandte Züge finden sich gelegentlich in den Sammlungen von E. → Cosquin und N. Fox.

Weitere Veröff.en (Ausw.): Die Luxemburger Mundart. Progr. Athénée de Luxembourg 1870/71, 3–63. – (mit N. Gonner): Das Luxemburger Land, seine Geschichte, seine Bewohner, sein Handel und sein Wandel. Dubuque, Iowa 1874.

Lit.: Blum, M.: Bibliogr. luxembourgeoise 1. Luxembourg 1902, 373. – Heuertz, F.: Le Personnel de l'enseignement moyen et secondaire du Grand-Duché de Luxembourg. Luxembourg 1922, 19. – Zender, M.: Pfarrer Prott. In: Zs. des Vereins für rhein.-westfäl. Vk. 30 (1933) 74–80.

München Walter Scherf

Gregor der Große, *Rom vor 540, † ebenda 12. 3. 604, Papst (G. I., 590–604) und letzter der vier großen lat. Kirchenväter. G., aus senatorischem Adel, versah das Amt des praefectus urbis in Rom, bevor er sich dort in dem von ihm selbst gegründeten Andreaskloster mönchischem Leben zuwandte. Nach seinem Aufenthalt am Kaiserhof in Konstantinopel (579–585/586) im Dienste des Papstes Pelagius II. und weiteren Jahren des Studiums und der Kontemplation in Rom wurde er 590 gegen seinen Willen zum Papst gewählt. In diesem Amt erwarb er der weström. Kirche politische Unabhängigkeit und geistliche Autorität. Die Mission der Angelsachsen ist sein Werk. Der Antike in jeder Hinsicht ferner als Ambrosius, Augustinus und → Hieronymus, hat G. durch seine auf die praktische pastorale Unterweisung des Volkes ausgerichteten Schriften das MA. stark beeinflußt[1]. Als eine der machtvollsten Gestalten der Kirchengeschichte lebt er in der bildenden Kunst (vor allem mit der Darstellung der ‚G.smesse') [2] und Lit. weiter.

Die drei lat. Prosaviten (713, anonym; nach 760, → Paulus Diaconus; um 876, Johannes Diaconus[3]) haben deutlich legendäre Züge; Kap. 46 der → *Legenda aurea*[4], das sich auf die dritte Vita bezieht, tradiert u. a. folgende Motive (weitere sind z. T. G.s *Dialogi* entnommen):

Das angeblich vom hl. Lukas gemalte Bild der Jungfrau → Maria (cf. Tubach, num. 3576), in der Bittprozession durch Rom getragen, bannt die → Pest (p. 191 sq.; cf. Mot. V 221.0.1.3). – Kaiser Trajan wird auf G.s Gebet aus der Hölle befreit (196; Tubach, num. 2368)[5]. – G.s Bücher werden vor der Verbrennung bewahrt durch die Beteuerung seines Sekretärs Petrus Diaconus, mehrfach den G. inspirierenden Hl. Geist in Gestalt einer → Taube gesehen zu haben, was er durch seinen plötzlichen Tod beglaubigt (199 sq.)[6]. – Eine schwarze Gestalt (→ Teufel) versucht die Abfassung der Vita G.s zu vereiteln. G. erscheint und verbrennt dem adversarius zur Strafe das Gesicht (201 sq.)[7].

An G.s Werken sind zu nennen: Briefe (in karolingischer Zeit im sog. *Registrum Gregorii* zusammengestellt); *Regula pastoralis*, eine praktische Anleitung für die Seelsorger; *Moralia in Job*, das maßgebliche Lehrbuch der ma. Moraltheologie; 40 Homilien über Evangelienperikopen und 22 Predigten zu Ezechiel.

Eines der fundamentalen Werke der europ. Erzählliteratur, zugleich formales Modell und Motivarsenal, sind die 593/594 entstandenen *Dialogi*. Im Gespräch mit seinem Vertrauten Petrus Diaconus, dessen Rolle sich auf kurze Fragen bzw. Bewunderung und Dank für die einzelnen Geschichten beschränkt, erzählt G. von den Wundertaten ital. Heiliger. Auf die geogr. und zeitliche Nähe ist, zur Unterscheidung von den Apophthegmata der griech. Väter, bes. Wert gelegt. Das 1. und 3. Buch enthalten in insgesamt 50 Kap.n kurze Berichte über → Wunder, die sich an einzelnen Personen bzw. Gruppen oder auch an Kirchen manifestieren; das 2. Buch besteht ganz aus der legendären Lebensbeschreibung des hl. → Benedikt von Nursia; das 4. Buch fragt, angesichts des in der Not der Zeit sich ankündigenden Weltendes, nach dem Schicksal der Seelen im Jenseits und nach den letzten Dingen[8]. Hier werden → Visionen und → Jenseitswanderungen, → Fegefeuer und Höllenstrafen (→ Hölle) geschildert und z. T. (cf. bes. 4, 39–50) theologisch diskutiert[9]. Die *Dialogi*, zugleich populär und literar. kultiviert, sprechen ihr Publikum auf verschiedenen kulturellen Ebenen an: Jenseits ihrer stets implizierten unterhaltenden Funktion mahnen sie zur Askese, welche oft im Verzicht auf Teilhabe an weltlicher Kultur und in der humilitas gesehen wird; sie zeigen den Zusammenhang zwischen Heiligkeit und Wunder (als sichtbarer Hilfe Gottes); sie trösten und stärken die einfachen Gläubigen durch Bilder von der Vorsorge des göttlichen Handelns. Ihr erklärtes Ziel ist die → Erbauung (aedificatio) des Lesers bzw. Hörers durch gut verbürgte exempla (1, Vorw. 9), die in ihm die Liebe zur Heimat im Himmel wecken sollen und die Freuden des → Paradieses bzw. die Strafen für die → Sünder im Jenseits schildern.

Motive der *Dialogi* (Ausw.; cf. ausführlich de Vogüé 1978–80, v. Ausg.n):

Dieb geht mit seiner Beute am Grab eines Heiligen vorbei, steht gebannt bis zum Morgen (3, 22, 2 sq.; cf. Tubach, num. 4782b; → Festbannen).

Heilungen bzw. Bannung von Schaden und Naturgewalten durch Gebet und Kreuzeszeichen (pass.).

Hostie bzw. Messe befreit Arme Seelen (4, 57–62); erlöst → Wiedergänger, der in einem Bad auf der Erde Dienst tun mußte (4, 57, 1–7).

Jenseitsbrücke (4, 37, 7–12; 4, 38, 2–6 [cf. Mot. A 657.1]).

Teufel als falscher Mönch im Kloster erhebt die Zelle des Abtes in die Luft (1, 4, 3—6); sitzt auf Salatblatt: Nonne verzehrt es ohne Kreuzeszeichen und wird besessen (1, 4, 7); als schwarzer Junge stört Gebet (2, 4, 1—3; Tubach, num. 1534); als → Spuk (mit Tierstimmen) im Haus, vom Bischof verjagt (3, 4, 1—3); exorziert (3, 14, 3; Tubach, num. 1598); schläft drei Jahre als Schlange mit einem Mönch in Höhle, ohne ihm schaden zu können, rächt sich durch Verbrennen des ganzen Berges (3, 16, 1—4; Tubach, num. 1557); fährt aus Besessener in ein Schwein (3, 21, 2sq.); bedrängt Sterbende (4, 40, 4—9); Teufelskonvent im Apollontempel, von später bekehrtem Juden beobachtet (3, 7, 3—9; Tubach, num. 1663).

Theoderich der Große wird in die Hölle gestürzt (4, 31, 2—4; Tubach, num. 4767).

Tiere: Schlange bewacht Garten vor Dieben (1, 3, 2—4; Tubach, num. 4266); Raupen verlassen auf Geheiß des hl. Bischofs den Garten (1, 9, 15); Fuchs gibt Gans zurück und fällt tot zu Boden (1, 9, 18); Bär vom Heiligen zum Schafhirten bestellt (3, 15, 3—8; Tubach, num. 519).

Tod der Heiligen von Licht, Gesang und Wohlgeruch begleitet (pass.; cf. Tubach, num. 3443).

Wunderbare Vermehrung bzw. Restitution von (zumeist für Arme ausgegebenem) Brot (1, 9, 17; 3, 37, 4—7; Tubach, num. 4943; → Speisewunder), Wein (1, 9, 2—5), Öl (1, 5, 2; 1, 7, 5sq.; 2, 28, 1—2, 29, 2), Geld (1, 10—13; 2, 27, 1sq.).

Vision des bevorstehenden Todes (1, 8, 2sq.; 4, 27); Jenseitswanderung (1, 10, 17sq.; 1, 12, 1—3); der Visionär lernt dabei fremde Sprachen (Griech. und Bulg.: 4, 27, 11—13); gleichzeitiger Tod an verschiedenen Orten (4, 36, 1—9).

Wiederbelebungen (z. B. durch Berührung mit Schuhwerk eines Heiligen: 1, 2, 5—7).

Die *Dialogi* haben prägend auf die ma. → Hagiographie[10] gewirkt und sind allg. zum Modell geworden für spätere → Exempelsammlungen[11], bes. für die Visionsliteratur[12]. Sie wurden in Martyrologien und Legendare[13] aufgenommen und erfuhren ungewöhnlich frühe Übers.en: u. a. griech. (8. Jh.), altengl.[14] und kirchenslav. (9. Jh.), arab. (10. Jh.), altfrz. (12. Jh.), sizilian. (14. Jh.); dt. und ndl. Übers.en sind erst aus dem 15., ital. aus dem 16. Jh. erhalten[15]. Das Nachleben der *Dialogi* (vor allem im ital. Bereich) hat G. Dufner ausführlich abgehandelt[16].

[1] cf. Dufner, G.: Die Dialoge G.s des Großen im Wandel der Zeiten und Sprachen. Padua 1968, bes. 22—45. — [2] Thomas, A.: G. I. der Große. In: LCI 6 (1974) 432—441; Euw, A. von: G. der Große. Autor und Werk in der buchkünstlerischen Überlieferung des 1. Jahrtausends. In: Imprimatur N.F. 11 (1984) 19—41. — [3] Bibliotheca hagiographica Latina antiquae et mediae aetatis 1—2. Bruxellis 1898—1901, num. 3636—3651, dort auch weitere Texte; der ‚Gregorius peccator‘ hat, von dem populären Papstnamen abgesehen, mit G. nichts zu tun; cf. auch Leonardi, C.: La ‚Vita Gregorii‘ di Giovanni Diacono. In: Roma e l'età carolingia. Roma 1976, 381—393. — [4] Legenda aurea/Graesse, 188—202; cf. Reames, S. L.: The Legenda aurea: A Reexamination of Its Paradoxical History. Madison/L. 1985. — [5] cf. Kretzenbacher, L.: Legendenbilder aus dem Feuerjenseits (Sb.e der österr. Akad. der Wiss.en, phil.-hist. Kl. 370). Wien 1980, bes. 9—26. — [6] cf. Speyer, W.: Die Legende von der Verbrennung der Werke Papst G.s I. In: Jb. für Antike und Christentum 13 (1970) 78—82. — [7] Devos, P.: Le mystérieux Épisode final de la Vita Gregorii de Jean Diacre. In: Analecta Bollandiana 82 (1964) 355—381. — [8] Zur Komposition cf. de Vogüé 1978—80 (v. Ausg.n) t. 1, 51—77. — [9] cf. Le Goff, J.: La Naissance du purgatoire. s.l. 1981, 121—131; Gatch, M. McC.: The Fourth Dialogue of Gregory the Great: In: Studia Patristica 10 (1970) 77—83. — [10] cf. de Vogüé (v. Ausg.n) t. 1, 141—143; Stiene, H. E.: G.s des Großen ‚Dialogi‘ und die ‚Vita Goaris‘ Wandalberts von Prüm. In: Mittellat. Jb. 18 (1983) 51—62. —
[11] z. B. Caesarius von Heisterbach, Dialogus miraculorum, cf. Verflex. 1 (²1978) 1152—1168; cf. Katona, L.: Temesvári Pelbárt példai (Die Exempel des Pelbárt von Temesvár). Bud. 1902, 10; Alsheimer, R.: Das Magnum Speculum Exemplorum als Ausgangspunkt populärer Erzähltraditionen. Bern/Ffm. 1971, 17 und pass.; Brückner, v. Reg. — [12] cf. Palmer, N. P.: ‚Visio Tnugdali‘. The German and Dutch Translations and Their Circulation in the Later Middle Ages. Mü./Zürich 1982, 406sq. — [13] Zum Wandel der Erzählstils cf. Wolpers, T.: Die engl. Heiligenlegende des MA.s. Tübingen 1964, 199—202. — [14] Colgrave, B. (ed.): The Earliest Life of Gregory the Great, by an Anonymous Monk of Whitby. Laurence, Kans. 1968. — [15] cf. Verflex. 3 (²1981) 238—240. — [16] Dufner (wie not. 1).

Ausg.n: Vogüé, A. de (ed.): Grégoire le Grand. Dialogues 1—3. P. 1978—80 (mit Bibliogr. t. 1, 17—24). — Moricca, U. (ed.): Gregorii Magni Dialogi, libri 4. Roma 1924. — G.s des Großen Vier Bücher Dialoge. Übers. von J. Funk. Mü. 1933. — Hecht, H. (ed.): Bischof Waerferths von Worcester Übers. der Dialoge G.s des Grossen 1—2. Lpz. 1900, Hbg 1907 (Nachdr. Darmstadt 1965).

Lit.: LThK 4 (1960) 1177—1181. — Gregorio I. In: Bibliotheca Sanctorum 7 (1966) 222—287 (mit reicher Bibliogr. 275—278). — Gillet, R.: Grégoire le Grand. In: Dictionnaire de spiritualité ascétique et mystique 6. P. 1967, 872—910. — Boglioni, P.: Miracle et nature chez Grégoire le Grand. In: Cahiers d'Études Médiévales 1 (1974) 11—102. — Brunhölzl, F.: Geschichte der lat. Lit. des MA.s 1. Mü. 1975, 50—59, 515sq. — Dagens, C.: St. Grégoire le Grand. P. 1977. — Boesch Gajano, S.: La proposta agiografica dei ‚Dialogi' di Gregorio Magno. In: Studi Medievali Serie terza 21, 2 (1980) 622–664. – id.: Demoni e miracoli nei ‚Dialogi' di Gregorio Magno. In: Hagiographie, cultures et sociétés IVe–XIIe siècles. P. 1981, 263–281. – Gracco, G.: Ascesa e ruolo dei ‚Viri Dei' nell'Italia di Gregorio Magno. ibid., 283–297. – Le Goff, J.: ‚Vita' et ‚pre-exemplum' dans le 2e livre des ‚Dialogues' de Grégoire le Grand. ibid., 105–120. – Verflex. 3 (²1981) 233–244. – RAC 12 (1983) 930–951. – TRE 14. B./N. Y. 1985, 135–145. – Evans, G. R.: The Thought of Gregory the Great. Cambr. 1986. – Lecouteux, C.: Gespenster und Wiedergänger: Bemerkungen zu einem vernachlässigten Forschungsfeld der Altgermanistik. In: Euphorion 80 (1986) 219–231. – Berschin, W.: Biogr. und Epochenstil im lat. MA. 1: Von der Passio Perpetuae zu den Dialogi G.s des Großen. Stg. 1986, bes. 305–324.

Göttingen Fidel Rädle

Gregor von Tours, * Clermont-Ferrand 30. 11. 538 oder 539, † Tours 17. 11. 594; von seinem Onkel Avitus literar. gut ausgebildet, seit 563 Diakon in Lyon und Brioude, seit 573 Bischof von Tours, unter den merowing. Königen Chilperich, Gunthram und Childebert II. einer der politisch und religiös einflußreichsten Männer im Frankenreich[1].

Während seiner gesamten Amtszeit als Bischof verfaßte G. die *Decem libri historiarum*, später *Historia Francorum* (HF) genannt, die vom Beginn der Schöpfung bis ins Jahr 591 führen. Aufgrund ihrer detaillierten Berichterstattung über hist., politische und religiöse Fakten stellt die HF ein einzigartiges Dokument zur Geschichte des 6. Jh.s dar[2]. Die *Miraculorum libri VIII* bieten eine ebenso wertvolle hagiographische Quelle für die merowing. Frömmigkeitsgeschichte[3]. Die acht Wunderbücher enthalten den *Liber in gloria martyrum* (GM), Wunderberichte aus der Zeit Christi bis zu den gall. Märtyrern, den *Liber de passione et virtutibus St. Juliani martyris*, die *Libri I–IV de virtutibus St. Martini episcopi*, eine Lebensbeschreibung des hl. → Martin und eine genaue Protokollierung seiner Wunder zu Lebzeiten sowie der nachmaligen → Grabwunder, den *Liber vitae patrum*, 20 Lebensbeschreibungen gall. Heiliger, und den *Liber in gloria confessorum* (GC), Viten gall. Bekenner. G. tradiert ferner die *Passio septem dormientium* (GM, num. 94), die älteste lat. Fassung der → *Siebenschläfer*-Erzählung (AaTh 766)[4]. Die Abhandlung *De cursu stellarum ratio*, die anfangs die sieben → Weltwunder Gottes, so den sich selbst verbrennenden → Phönix (Tubach, num. 3755)[5] oder die das Höllenfeuer (Mot. A 671) symbolisierende Quelle von Grenoble[6], erwähnt, dient der Bestimmung der Zeiten des Stundengebets. Während die *Passio Thomae apostoli* (→ Thomas, Hl.) G. abgesprochen wird[7], ist der *Liber de miraculis Andreae apostoli* (→ Apokryphen) sehr wahrscheinlich von G. bearbeitet[8]. G.s Autorschaft eines fragmentarisch erhaltenen Psalmen-Kommentars ist umstritten[9].

Die HF, in eher schlichter Sprache und einfachem Stil geschrieben[10], ist von stark novellistischem Reiz. Geschichte (ab Buch 4 Zeitgeschichte) wird von G. in eine bunte Fülle von großen hist. Ereignissen und scharf beobachteten Episoden und Anekdoten aufgelöst[11]. G. stützt sich neben gelehrt-antiquarischen Quellen vor allem auf mündl. Tradition[12]. Das Geschichtswerk dokumentiert nicht nur die Fortdauer paganer Glaubensvorstellungen und Bräuche[13], so der Zauberei (HF 5, 39; 7, 14; 8, 29)[14] oder der Verehrung der Diana (HF 7, 15)[15], sondern auch den fränk. Heiligenkult und Wunderglauben[16]. Es finden sich Belege zu → Visionserlebnissen[17], so auch zur Jenseitsbrücke (→ Brücke), zur Bibliomantie (→ Bibel)[18], zu → Gottesurteilen[19], → Teufelsvorstellungen[20] und → Exorzismen[21]. Auf mündl. Familientradition geht ein früher Beleg (HF 3, 15) eines Brautwerbungs-Motivs (Mot. T 51.1) zurück[22]. Um einen der ersten Belege (HF 9, 34) dürfte es sich auch bei der Erzählung von der List handeln, jemanden in einer Kiste etwas suchen und dann den Deckel zufallen zu lassen (Mot. S 121; cf. → Wieland der Schmied; AaTh 720: → *Totenvogel*)[23]. Weiter finden sich Beispiele für die Strafpraxis der Steinigung[24] und des Bewerfens mit Fäkalien[25] sowie zur sich wandelnden Einstellung dem Suizid gegenüber[26]. G. tradiert (HF 4, 9) ferner die Warnfabel von der vollgesogenen Schlange in der Weinflasche, eine singuläre Version von AaTh 41: → *Wolf im Keller*[27]. Schließlich nimmt G. auch germ. Erzählgut auf, so vom Burgunderkönig Sigimund[28], aus dem → *Beowulf*-Epos[29], von der Herkunft der Franken

(Grimm DS 423)[30] oder vom Untergang der Thüringer[31].

Schon in der HF berichtet G. oft von Wundertaten der Heiligen, vornehmlich des hl. → Martin. Diese Tendenz dominiert unübersehbar in den *Libri miraculorum*. G., der die hagiographische Propaganda als vornehmste Aufgabe des Bischofsamts ansieht, ist neben → Gregor dem Großen der wichtigste Vermittler nicht allein der spätantiken, sondern auch der frühma. hagiographischen Tradition, die mit der Intensivierung der Verehrung von Märtyrern, Bekennern und Asketen korreliert[32]. Vor allem den gegenwarts- und ortsbezogenen Wundern gilt G.s Interesse[33]. Aus der schier unübersehbaren Fülle von Reliquien-, Blut-, Vermehrungs-, Feuer-, Wetter-[34], Tier- und Grabwundern seien einige wenige ausgewählt:

So prägt G. die auf byzant. Quellen basierenden antisemitischen Legenden vom verletzten Kultbild (GM, num. 21 = Tubach, num. 1373; → Kruzifix)[35] oder vom Judenknaben im Feuer (GM, num. 9 = Tubach, num. 2041; → Judenlegenden)[36]. Neben frühen Belegen für den Typ der unschuldig verfolgten → Frau (GM, num. 68 sq.) tradiert G. auch als erster die Erzählung vom Stern der Hl. → Drei Könige (GM, num. 1), der in einen Brunnen gefallen sei[37]. Ebenso bietet er ein frühes Beispiel für die Erzählung vom → Fluß (GC, num. 30), der sein Opfer fordert (Mot. D 1311.11.1)[38], und für die → Geistermesse[39]; auch das Motiv vom → Galgenwunder klingt an (GM, num. 72; GC, num. 99)[40]. G. kennt auch schon das Motiv der zwei Liebenden, deren getrennte Gräber am Morgen nach der Bestattung vereinigt gefunden werden (GC, num. 31, 41; HF 1, 47)[41]. Schließlich berichtet G., daß er selbst aufgrund einer Vision seinen Vater nach dem Vorbild des bibl. → Tobias geheilt habe (GC, num. 39).

Eine systematische Erschließung des Erzählgutes G.s wie dessen Rezeption steht noch aus. Dennoch läßt sich feststellen, daß die Nachwirkung seiner Werke höchst vielfältig ist. Bereits im 7. Jh. benutzt die sog. Fredegar-Chronik[42] die HF ebenso wie im frühen 8. Jh. der *Liber historiae Francorum*[43]. Das gesamte MA. hindurch stützen sich Historiker wie → Paulus Diaconus (8. Jh.), Letald von Micy (10. Jh.), Aimoin von Fleury bis zu Hugo von Flavigny (12. Jh.) auf die HF[44], während G.s Mirakelbücher das Interesse von Odo von Cluny (9./10. Jh.)[45], Flodoard von Reims (10. Jh.)[46], Letald von Micy[47] oder Rodulfus Glaber (11. Jh.)[48] finden. Unübersehbar ist ferner G.s Einfluß auf die → *Legenda aurea*[49] und die spätma. Exempelsammlungen, so auf → Étienne de Bourbon, auf die franziskan. Sammlungen in Paris (vor 1297)[50] und in London (frühes 15. Jh.)[51], das → *Speculum exemplorum*[52] bzw. die → *Tabula exemplorum* (franziskan.)[53], das → *Speculum laicorum*[54], das *Sertum florum moralium* (14. Jh.)[55] und auf Johannes → Herolt[56]. Spuren finden sich in den allegorisierenden *Contes moralisés* des Nicole Bozon (2. Viertel des 14. Jh.s)[57] und im span. → *Libro de los e(n)xemplos*[58].

Von der nachma. kathol. Exempelsammlung *Magnum speculum exemplorum*[59] wird G. ebenso wie von den gegenreformatorischen Kompilatoren Tilmann → Bredenbach, Martin → Delrio[60], Antoine d' → Averoult sowie vom Mirabilien-Kompilator Giovanni Bonifazio → Bagatta und von Johann Heinrich Ursinus (17. Jh.) höchstwahrscheinlich vermittelt rezipiert[61]. In einem katechetischen Lied (gedr. 1621) wird G. als Autorität für die Echtheit der → Georgs-Passio zitiert[62].

Ferner beruft sich der dt. Palästina-Reisende Felix Fabri (1438 – 1502) beim Besuch Bethlehems auf G.[63]. Ebenso sind Spuren einer Benutzung von G.s Werken bei den dt. Humanisten zu konstatieren[64]. Aus nationalen Gründen wird G. im Frankreich des 16. – 18. Jh.s geschätzt, während ihn der engl. Historiker E. Gibbon (1737 – 94) scharf kritisiert[65]. Nachdem sich → Goethe[66] für G. eher am Rande interessiert hat, inspiriert G. (HF 3, 15) im 19. Jh. Franz Grillparzer zum hist. Lustspiel *Weh dem, der lügt!*[67]. Nachbildungen der von G. verarbeiteten Stoffe finden sich im 19. Jh. schließlich nicht nur bei den Brüdern → Grimm (DS 390, 397, 420), sondern auch, vermittelt durch Lektüre moderner Historiker, bei Conrad Ferdinand Meyer[68] und Detlev von Liliencron[69].

Weitere Erzähltypen und -motive (Ausw.): HF 1, 21 = → Joseph von Arimathia im Gefängnis (Tubach, num. 4870). – 2,1 = Feuerprobe des hl. Brictius (Briccius), trägt glühende Kohlen im Gewand (Mot. H 221.1.1)[70]. – 2, 21 = Teufel als Prostituierte will Bischof verführen (Mot. G 303.3.1.12). – 5, 3 = Lebendig begraben (Mot. S 123). – 5, 5 = Diakon träumt von Stich und fühlt ihn beim Erwachen (cf. Mot. F 1068.2.1). – 5, 19 = Kaiser Tiberius findet Schatz (Tubach, num. 4950)[71]. – 5, 35 = König läßt Ärzte töten (cf. Tubach, num. 3485). – 6, 44 = Wintergarten (Mot.

F 971), Obstbäume tragen im September zum zweiten Mal Früchte[72]. – 8, 25 = Blutsee (cf. Mot. F 713.6). – 10, 1 = Gregor der Große will nicht Papst werden (Tubach, num. 2374). – 10, 29 = Gottesurteil: Taube auf Kopf eines Abtes (Tubach, num. 1763).

GM, num. 28 = Apostel → Paulus verhindert Selbstmord (Tubach, num. 4668). – 29 = → Johannes Evangelista wartet schlafend auf Wiederkunft Christi (cf. Mot. D 1960)[73]. – 35 = Ein Jahr wie ein Tag (Frau findet am Grab des hl. Clemens ihr Kind; cf. → Entrückung)[74]. – 41 = Hl. Laurentius verlängert Balken bei Kirchenbau (cf. AaTh 1244: → *Balkenstrecken*). – 45 = Zerbrochener Kelch wird durch hl. Laurentius wieder hergestellt[75]. – 96 = Diebstahl bestraft: Gestohlene Hühner werden beim Kochen zu Stein (Mot. D 471.8.1). – 103 = → *Spinngewebe vor der Höhle* (AaTh 967; hl. Felix).

Liber vitae patrum, num. 12, 2 = Bekehrung des Jägers Brachio (Frühform der Eustachius-Legende; cf. AaTh 938: → *Placidas*). – 18, 2 = Mühle, die der Klostermühle das Wasser aufbraucht, verschwindet (Mot. Q 552.2.3.2.1)[76].

GC, num. 16 = → Frau in Männerkleidung (Mädchen tritt in Männerkloster ein, enthüllt erst drei Tage vor ihrem Tod ihre Identität). – 109 = Kapitän verweigert Almosen, Schiffsgut wird zu Stein (Tubach, num. 174)[77].

Liber de miraculis Andreae apostoli, num. 4 = Inzest: Hl. Andreas erbittet Erdstoß, der Mutter tötet (cf. Tubach, num. 2734). – 12 = Hl. Andreas und der bekehrte Knabe (Tubach, num. 211). – 28 = Hl. Andreas und der lüsterne Alte, der durch Fasten gerettet wird (Tubach, num. 212).

[1] Sehr gute Übersicht bietet Vollmann, B. K.: G. IV (G. v. T.). In: RAC 12 (1983) 895–930; Pietri, L.: G. v. T. In: TRE 14 (1985) 184–188; v. auch Aubert, R.: Grégoire de T. In: Dictionnaire d'histoire et de géographie ecclésiastiques 22. P. 1987, 47 sq.; ferner Brunhölzl, F.: Geschichte der lat. Lit. des MA.s 1. Mü. 1975, 128–140; Berschin, W.: Biogr. und Epochenstil im lat. MA. 1. Stg. 1986, 288–303; zur Rolle des Bischofsamtes mit Auswertung der Biogr. G.s cf. Scheibelreiter, G.: Der Bischof in merowing. Zeit. Wien/Köln/Graz 1983. – [2] Oldoni, M.: Gregorio di T. e i ‚Libri Historiarum': letture e fonti, metodi e ragioni. In: Studi medievali 13 (1972) 563–700; Wallace-Hadrill, J. M.: The Frankish Church. Ox. 1983, 37–54; Weidemann, M.: Kulturgeschichte der Merowingerzeit nach den Werken G.s v. T. 1–2. Mainz 1982 (mit analytischer Auswertung); cf. auch Walter, E. H.: Hagiographisches in G.s Frankengeschichte. In: Archiv für Kulturgeschichte 48 (1966) 291–310. – [3] Graus, F.: Volk, Herrscher und Heiliger im Reich der Merowinger. Studien zur Hagiographie der Merowinger. Prag 1965; Corbett, J. H.: The Saint as Patron in the Work of Gregory of T. In: J. of Medieval History 7 (1981) 1–13; Heinzelmann, M.: Une Source de base de la littérature hagiographique latine: le recueil de miracles. In: Hagiographie, culture et sociétés. Actes du colloque organisé à Nanterre et à Paris (2–5 mai 1979). P. 1981, 235–257; Nie, G. de: Views from a Many-Windowed Tower: Studies of Imagination in the Works of Gregory of T. Amst. 1987; Gurjewitsch, A. J.: Ma. Volkskultur. Mü. 1987, vor allem 32–36, 39–43, 105–108, 112–116. – [4] Krusch 1885 (v. Ausg.n) 398–403; Fuhrmann, M.: Wunder und Wirklichkeit. Zur Siebenschläferlegende und anderen Texten aus christl. Tradition. In: Funktionen des Fiktiven. ed. D. Henrich/W. Iser. Mü. 1983, 209–224. – [5] Krusch 1885 (v. Ausg.n) 411; Gerhardt, C.: Der Phönix auf dem dürren Baum. In: Natura loquax. ed. W. Harms/H. Reinitzer. Ffm./Bern/Cirencester 1981, 73–108, hier 78. – [6] Krusch 1885 (v. Ausg.n) 412; Speyer, W.: Der Ursprung warmer Qu.n nach heidn. und christl. Deutung. In: Jb. für Antike und Christentum 20 (1977) 39–46, hier 43 sq. – [7] Zelzer, K.: Zu den lat. Fassungen der Thomasakten. In: Wiener Studien 85 (1972) 185–212. – [8] id.: Zur Frage des Autors der Miracula B. Andreae Apostoli und zur Sprache des G. v. T. In: Grazer Beitr.e 6 (1977) 219–241. – [9] Vollmann (wie not. 1) 897. – [10] ibid., 924–928. –

[11] Ebenbauer, A.: Historiographie zwischen der Spätantike und dem Beginn volkssprachlicher Geschichtsschreibung im MA. In: Grundriß der rom. Lit. des MA.s 11, 1. ed. H. R. Jauß/E. Köhler/H. U. Gumbrecht/U. Mölk. Heidelberg 1986, 80–84. – [12] Oldoni, M.: Gregorio di T. e i ‚Libri Historiarum'. Le fonti scritte. In: Gregorio di T. (Convegni del Centro di Studi sulla spiritualità medievale 12). Todi 1977, 253–324; Vollmann (wie not. 1) 912–919. – [13] cf. Hébert, M.: Documents fournis à la préhistoire par St. Grégoire de T. In: Revue des études anciennes 18 (1916) 123–141; Weidemann (wie not. 2) 157–161. – [14] Cohn, N.: Europe's Inner Demons. N. Y. 1975, 148 sq. – [15] ibid., 212; Röhrich, L.: Sage und Märchen. Fbg/Basel/Wien 1976, 189; Weidemann (wie not. 2) 158 sq. – [16] ibid., 161–201. – [17] Kamphausen, H. J.: Traum und Vision in der lat. Poesie der Karolingerzeit. Bern/Ffm. 1975, 187–189; Dinzelbacher, P.: Vision und Visionslit. im MA. Stg. 1981, 13, 41, 203 sq., 211; id.: Ma. Vision und moderne Sterbeforschung. In: Psychologie in der Mediävistik. ed. J. Kühnel/H.-D. Mück/U. Müller. Göppingen 1985, 9–49, hier 22 sq. – [18] Harmening, D.: Superstitio. B. 1979, 194. – [19] Franz, A.: Die kirchlichen Benediktionen im MA. 2. Fbg 1909 (Nachdr. Graz 1960), 311, 340. – [20] Liebrecht, F. (ed.): Des Gervasius von Tilbury Otia Imperialia. Hannover 1856, 68; Russell, J. B.: Lucifer. The Devil in the Middle Ages. Ithaca/L. 1984, 154 sq. –
[21] ibid., 155; Hinweis in EM 4, 668 ist inkorrekt, es ist Gregor der Große gemeint. – [22] Pizarro, J. M.: A ‚Brautwerbung' Variant in Gregory of T.: Attalus' Escape from Captivity. In: Neophilologus 62 (1978) 109–118. – [23] BP 1, 422; Röhrich, Märchen und Wirklichkeit, 133. – [24] Fehling, D.: Ethologische Überlegungen auf dem Gebiet der Altertumskunde. Mü. 1974, 63 sq. – [25] ibid., 34; Feldhaus, F. M.: Ka-Pi-Fu und andere verschämte Dinge. B. 1921, 37,

306. — [26] Knapp, F. P.: Der Selbstmord in der abendländ. Epik des HochMA.s. Heidelberg 1979, 72–75. — [27] Grubmüller, K.: Meister Esopus. Mü. 1977, 122 sq.; Schwarzbaum, Fox Fables, 211, 215; cf. auch BP 2, 110; BP 4, 108, not. 2. — [28] Talbot, A.: Sigemund the Dragon-Slayer. In: FL 94 (1983) 153–162, hier 153–156. — [29] Voretzsch, C.: Das Merowingerepos und die fränk. Heldensage. In: Philol. Studien. Festgabe E. Sievers. Halle 1896, 53–111, hier 91 sq.; Wais, K.: Volkssprachliche Erzähler Alt-Irlands im Rahmen der europ. Lit.geschichte. In: Die Iren und Europa im früheren MA. 2. ed. H. Löwe. Stg. 1982, 639–685, hier 663 sq. — [30] Wagner, N.: Zur Herkunft der Franken aus Pannonien. In: Frühma. Studien 11 (1977) 218–228; Brunner, K.: Auf den Spuren verlorener Traditionen. In: Peritia 2 (1983) 1–22, hier 4. —

[31] Graus, F.: Lebendige Vergangenheit. Köln/Wien 1975, 80–83, 112–114. — [32] id. (wie not. 3) 217–302; Vollmann (wie not. 1) 916–919. — [33] Materialslgen bei Osterhage, G.: Bemerkungen zu G. v. T. kl.ren Schr. B. 1895; Weidemann (wie not. 2) 161–201; unentbehrlich ist ferner Günter, H.: Legenden-Studien. Köln 1906, 84–87, 106 sq., 133, 138 sq., 143 sq.; Günter 1910, pass.; id.: Buddha in der abendländ. Legende? Lpz. 1922, 29, 174, 233, 236, 246, 251; zur Wunderkonzeption cf. Lof, L. J. van der: Grégoire de T. et la magie blanche. In: Numen 21 (1974) 228–237; Giordano, O.: Sociologia e patologia del miracolo in Gregorio di T. In: Helikon 18/19 (1978/79) 161–209. — [34] Blöcker, M.: Wetterzauber. Zu einem Glaubenskomplex des frühen MA.s. In: Francia 9 (1981) 117–131. — [35] Kretzenbacher, L.: Das verletzte Kultbild. Mü. 1977, 66–68, 105. — [36] Burdach, K.: Der Gral. Stg. 1938 (Nachdr. Darmstadt 1974), 348–350. — [37] Liebrecht (wie not. 20) 53; Hartlaub, G. F.: Zauber des Spiegels. Mü. 1951, 198 sq.; weitere Belege bei Bischoff, B.: Ma. Studien 1. Stg. 1966, 229, not. 121. — [38] Graus (wie not. 3) 219 sq., 289. — [39] Werckmeister, O. K.: Die Auferstehung der Toten am Westportal von St. Lazare in Autun. In: Frühma. Studien 16 (1982) 208–236, hier 224 sq. — [40] Graus (wie not. 3) 224; Löwe, H.: Von Cassiodor zu Dante. B./N. Y. 1973, 97. —

[41] Wesselski, A.: Mönchslatein. Lpz. 1909, 241 (statt GC 32 recte 31); Graus (wie not. 3) 137, not. 473; Blöcker-Walter, M.: Imago fidelis — Incubus. Die Umdeutung eines Traumbildes im MA. In: Festschr. H. F. Haefele. Sigmaringen 1985, 205–209, hier 206. — [42] Qu.n zur Geschichte des 7. und 8. Jh.s. ed. A. Kusternig/H. Haupt. Darmstadt 1982, 17. — [43] ibid., 330. — [44] Belege und weitere Nachweise bei Manitius, M.: Geschichte der lat. Lit. des MA.s 2. Mü. 1923, 241, 290, 293, 338, 353–356, 402, 426–428, 760; ibid. 3 (1931) 43, 82, 242 sq., 347, 513 sq., 516 sq.; cf. auch Grundmann, H.: Ausgewählte Aufsätze 3. Stg. 1978, 196–274, hier 213. — [45] Manitius (wie not. 44) t. 2, 22. — [46] Jacobsen, P. C.: Flodoard von Reims. Leiden/Köln 1978, 187 sq. — [47] Manitius (wie not. 44) t. 2, 429. — [48] ibid., 350; weitere Nachweise ibid., 328, 365; id. (wie not. 44) t. 3, 517. —

[49] Zuidweg, J. J. A.: De duizend en een nacht der heiligenlegenden. Amst. 1948, 148, 180, 206; Dorn, E.: Der sündige Heilige in der Legende des MA.s. Mü. 1967, 30, not. 10; z. B. Legenda aurea/Benz, 914 sq. (= GM 35), 927 (= GM 47). — [50] Welter, T.: Un nouveau Recueil franciscain d'exempla de la fin du XIIIe siècle. In: Études franciscaines 42 (1930) 595–629 (num. 127 = GM 21). —

[51] Welter, J.-T.: L'Exemplum dans la littérature religieuse et didactique du moyen âge. P./Toulouse 1927, 382, not. 9. — [52] ibid., 390, not. 25; Kruitwagen, B.: Le Speculum Exemplorum (Deventer 1481) entre les mains de Savonarole à Brescia. In: Festschr. G. Mercati 4. Città del Vaticano 1946, 209–244, hier 219, num. 20. — [53] Welter, J. T.: La Tabula Exemplorum. P./Toulouse 1926, 101, num. 57 (= GM 21). — [54] id.: Le Speculum Laicorum. P. 1914, XXII, 47, num. 213 (= GM 41) (num. 214 bei G. unidentifizierbar); id. (wie not. 51) 299, not. 36. — [55] ibid., 328, not. 82. — [56] ibid., 401, not. 13; Pauli/Bolte, num. 664; cf. auch Graus (wie not. 3) 481–484. — [57] Welter (wie not. 51) 357, not. 52. — [58] Krappe, A. H.: Les Sources du ‚Libro de Exemplos'. In: Bulletin hispanique 39 (1937) 5–54, hier 19, num. 48, 26, num. 157, 27, num. 164, 38, num. 311, 40, num. 338. — [59] Magnum speculum exemplorum. Douai 1603, 594 sq., num. 20, 646, num. 130; cf. ferner Wesselski (wie not. 41) 241; Alsheimer, R.: Das Magnum Speculum Exemplorum als Ausgangspunkt populärer Erzähltraditionen. Bern/Ffm. 1971, 114, 163, 171 (= GM 110). — [60] Fischer, E.: Die ‚Disquisitionum Magicarum Libri Sex' von Martin Delrio als gegenreformator. Exempel-Qu. Diss. Ffm. 1975, 253, num. 64, 279, num. 133, 287, num. 147, 303, num. 185. —

[61] Ursinus, J. H.: Acerra philologica mille. Ffm. 1659, 340 sq. (= HF 3, 18). — [62] Moser, D.-R.: Verkündigung durch Volksgesang. B. 1981, 217–219. — [63] Fabri, F.: Evagatorium in terrae sanctae [...] peregrinationem 1. ed. C. D. Hassler. Stg. 1843, 448 (= GM 1). — [64] Borchardt, F. L.: German Antiquity in Renaissance Myth. Baltimore/L. 1971, 192 sq. — [65] Voss, J.: Das MA. im hist. Denken Frankreichs. Mü. 1972, 106 sq., 110, 114 sq., 143, 190; Thorpe 1974 (v. Ausg.n) 55. — [66] Steinen, W. von den: Menschen im MA. ed. P. von Moos. Bern/Mü. 1967, 330, not. 145. — [67] Scheibelreiter, G.: Franz Grillparzer und Bischof G. v. T. In: Jb. der Grillparzer-Ges. 15 (1983) 65–78; ferner Förnbach, K.: Franz Grillparzer, ‚Weh dem, der lügt'. Erläuterungen und Dokumente. Stg. 1970, 42–45, 52. — [68] cf. Meyer, C. F.: Sämtliche Werke. 4: Gedichte. ed. H. Zeller/A. Zäch. Bern 1975, 379. — [69] cf. Spiero, H.: Detlev von Liliencron. B./Lpz. 1913, 244. — [70] Ohly, F.: Zu den Ursprüngen der Chanson de Roland. In: Mediævalia litteraria. Festschr. H. de Boor. Mü. 1971, 135–153, hier 148, not. 48; Schoenen, H. G.: Der Mann mit den glühenden Kohlen. Rommerskirchen 1981; Jennings, M.: Tutivillus. The Literary Career of the Recording Demon. In: Studies in Philology 74 (1977) 1–83, hier 78–82. —

[71] Graus (wie not. 3) 349. — [72] Nie, C. de: Roses in January. A Neglected Dimension in Gregory of T. ‚Historiae'. In: J. of Medieval History 5 (1979) 259—289. — [73] Günter 1910, 127. — [74] Jacoby, A.: Die Sage vom verlorenen Kind in der Schatzhöhle. In: Volkskundliche Ernte. Festschr. H. Hepding. Gießen 1938, 93—102, hier 96—98. — [75] Weinreich, O.: Das Mirakel vom zerbrochenen und wieder geheilten Gefäß. In: id.: Ausgewählte Schriften 1. ed. G. Wille. Amst. 1969, 87—110, hier 88—91. — [76] Gleisberg, H.: Beitr.e zu einer Vk. des Müllers und der Mühle. In: DJbfVk. 1 (1957) 157—168, hier 159. — [77] Graus (wie not. 3) 218 sq.

Ausg.n: Gregorii episcopi Turonensis libri historiarum (MGH Scriptores rerum Merovingicarum 1, 1). ed. B. Krusch/W. Levison. Hannover 1937—51 (Nachdr. 1965). — G.s v. T. Zehn Bücher Geschichten [...] neubearb. von R. Buchner. t.1 (Buch 1—5) — 2 (Buch 6—10). Darmstadt 1955/56. — Schneider, I. und J.: Von Chlodwig zu Karl dem Großen. Wien/Köln/Graz 1976, 41—138 (Teilübers.). — Gregory of T.: The History of the Franks. Übers. L. Thorpe. Harmondsworth 1974. — Gregory of T. Life of the Fathers. Übers. E. James. Liverpool 1985. — Grégoire de T.: Histoire des Francs 1—2. Übers. R. Latouche. P. 1963/65. — Gregorii episcopi Turonensis miracula et opera minora (MGH Scriptores rerum Merovingicarum 1, 2). ed. B. Krusch. Hannover 1885 (Nachdr. 1969).

Berlin Wolfgang Maaz

Gregorius (AaTh 933). Die G.-Legende[1], die in zahlreichen Fassungen über ganz Europa und den Vorderen (christl.) Orient verbreitet ist, immer aber ihre charakteristische Gliederung in fünf Abschnitte bewahrt — (1) Vorgeschichte, (2) Aufwachsen in der Fremde, (3) Rückkehr in die Heimat, (4) Buße, (5) Erhöhung —, ist frz. Ursprungs. Inhalt der *Vie de saint Grégoire* (um 1160):

(1) G., im → Inzest vaterlos aufwachsender Geschwister gezeugt, heimlich geboren und in einem Boot ausgesetzt (Beigaben der Mutter: Geld, Seide, ein Elfenbeindiptychon mit dem Bericht über die Umstände der Geburt und Anweisungen zur Erziehung; → Aussetzung), (2) wird von zwei Fischern aufgefunden, vom Abt Gregorius, in dessen Dienst sie stehen, auf den eigenen Namen getauft und zunächst von einem Fischer, dann im Kloster aufgezogen. Zu einem ebenso schönen wie gelehrten Jüngling herangewachsen, erfährt G. im Alter von 15 Jahren durch die Frau des anderen Fischers, deren Sohn er beim Spiel niederschlägt, von seiner ungewissen Herkunft. Der Abt, der ihn vergeblich durch Versprechungen zu halten versucht (spätere Abtswürde oder ehrenvolle Heirat), rüstet ihn auf seinen unumstößlichen Wunsch hin zum Ritter aus, übergibt ihm die Elfenbeintafeln, deren Lektüre ihn erschüttert, und verabschiedet ihn. (3) G. gelangt übers Meer unwissend in sein Heimatland Aquitanien, in dem seine Mutter nach dem Tod ihres Bruders als ledige Landesherrin von dem Herzog von Rom mit Heeresmacht bedrängt wird. G. verdingt sich als Soldritter und besiegt den Herzog im Zweikampf. Auf den Rat ihrer Barone willigt die Landesherrin in eine Ehe mit ihrem Befreier ein. Das Glück des Paares wird durch die Anagnorisis jäh beendet: Von ihrer Zofe darüber unterrichtet, daß G. seine Kammer oft unter Tränen verlasse, spürt sie dort die Tafeln auf, fragt, Schlimmes ahnend, den von der Jagd herbeigerufenen Gatten nach deren Bedeutung und gibt sich ihm dann als seine → Mutter zu erkennen. (4) Den unwissentlich begangenen Frevel versucht die Mutter durch frommen Lebenswandel, der Sohn durch bes. harte → Buße zu sühnen. G. zieht heimlich außer Landes, erlangt mit Mühe Obdach bei einem Fischer, der ihn wegen seiner guten körperlichen Verfassung als heuchlerischen Büßer verspottet, und läßt sich tags darauf an einen einsamen Felsen im Meer führen, wo der Fischer ihm auf seinen Wunsch Beinfesseln anlegt, diese verschließt und den Schlüssel ins Meer wirft. (5) 17 Jahre später stirbt in Rom der → Papst, als dessen Nachfolger ein Engel G. bestimmt. Die Boten, die nach ihm suchen, gelangen an dieselbe Fischerhütte. In dem → Fisch, den der Fischer für seine Gäste zubereitet, findet er den → Schlüssel für die Fesseln des Büßers auf dem Felsen (cf. AaTh 736 A: *Ring des → Polykrates*). G., der sich die Jahre hindurch nur von Wasser ernährt hat und nun völlig abgemagert und verwildert ist, wird erst durch den Schlüssel vom göttlichen Auftrag überzeugt; außerdem verlangt er nach den Tafeln, die er vor der Ausfahrt beim Fischer vergessen hatte; sie werden trotz des Schmutzes, unter dem sie verborgen sind, sauber und unversehrt wiedergefunden. Bei seinem Einzug in Rom ereignen sich Heilungswunder und beginnen die Glocken ohne menschliches Zutun zu läuten. G. wird Papst. Der Ruf seiner Heiligkeit veranlaßt die Mutter, nach Rom zu wallfahren und dem Papst ihre Sünden zu beichten. G. erkennt seine Mutter und gibt sich ihr zu erkennen. Die Mutter tritt in ein Kloster ein, in dem sie der Sohn häufig aufsucht. Nach ihrem Tod erlangen beide das Seelenheil.

Der Text des frz. Originals ist aus den erhaltenen Hss. nur z. T. rekonstruierbar, da ihre Rezension den Wortlaut lediglich der beiden Subarchetypen A und B zu erschließen gestattet, wobei jedoch festzuhalten ist, daß Prolog, Gesamtaufbau, Szenenabfolge und Hauptmotive (wie auch fast alle Nebenmotive) ebenso wie das Metrum (gepaarte Achtsilber) in A und B übereinstimmen. Die Annahme[2], daß das Original strophisch gegliedert (jeweils acht gepaarte Achtsilber) und für den musikalischen Vortrag bestimmt gewesen sei, hat wenig Wahrscheinlichkeit.

Der frz. Dichter kündigt im Prolog die Lebensgeschichte eines guten → Sünders an (V.2: la vie d'un bon pecheor), der zugleich ein → Heiliger ist (genauer: wird; zwar ist seine Erzeugung ein „saintisme engendrement", er selbst wird aber erst nach der Anagnorisis „saint Gregoire" genannt, abweichend Fassung A, die diese Formel von Anfang an benutzt). Die Erzählung (conte) solle als Exempel (essample) dafür dienen, daß Gott selbst die schwersten Sünden erlasse, wenn der Sünder nicht der Verzweiflung anheimfalle, sondern Buße tue; sie ist darüber hinaus Demonstration von Gottes Macht und Gnade, der den Erniedrigten und Ausgestoßenen zu höchsten Ehren führen und erlösen kann. Die literar. Leistung des Dichters liegt vor allem darin, daß er den Typus des sündigen Heiligen in die volkssprachliche Lit. eingeführt hat, den die lat., aber nicht die frz. Tradition kennt; sie zeigt sich aber sicher auch daran, daß er das im Prolog herausgestellte Problem in verschiedener Beleuchtung darzustellen weiß.

So ist der Geschwisterinzest bewußte Sünde, auch der Schwester, die, zwischen „honte" (ihr Hilferuf hätte ‚Schande' zur Folge) und „pechiét" schwankend, sich für diese entscheidet, und ist es in um so höherem Maße, als sie von beiden in voller Übereinstimmung wiederholt wird. Auf der anderen Seite ist der Mutter-Sohn-Inzest unwillentlich begangene Sünde, für die der Dichter eine präzise Bezeichnung zur Verfügung hat (non sachant). Auch das Maß der Bußleistung kommt abgestuft zur Anschauung: Der Bruder unternimmt eine Pilgerfahrt nach Rom (auf der er, kurz nach dem Aufbruch, an einer Krankheit stirbt); die Schwester fastet nach der Aussetzung und ist mildtätig, trägt nach der Anagnorisis ein Büßerhemd unter ihrem Gewand und gelobt Keuschheit, wallfahrtet schließlich nach Rom und nimmt den Schleier; G. selbst wählt für sich eine extreme, alle zeitgenössischen Anordnungen übersteigende Form der Buße. Dabei läßt der Dichter keinen Zweifel daran, daß G. subjektiv nicht schuldig ist, nicht durch die Heirat mit der Mutter und auch nicht durch seine Entscheidung für das weltliche Leben (Ritterschaft und Elternsuche), die der Abt zwar bedauert und als riskant hinstellt, in die er sich aber doch verständnisvoll fügt. Allerdings hat der Dichter auch einen Begriff von der objektiven Sünde (pechiét) oder → Schuld (colpe), die auf G. infolge seiner inzestuösen Erzeugung lastet und deretwegen er von Anfang an der „pecheor" heißt. Es ist dies ein Makel (zeitgenössischer Rechtsterminus: infamia), der objektiv, d. h. an ihm und vor der Gesellschaft, besteht und sich rechtsmindernd auswirkt, der jedoch das Seelenheil nicht gefährdet.

Für seine Erzählung beruft sich der frz. Dichter auf eine Quelle, die er „sainte escripture" nennt. Damit muß nicht unbedingt der lat. Bibeltext, kann jedoch, wenn man dies nicht als formelhafte Wahrheitsbeteuerung abtun will, ein lat. Text aus einer der religiösen Unterweisung dienenden Exempelsammlung gemeint sein. Dafür jedenfalls, daß die Legende auf eine ältere Vorlage zurückgeht, scheint eine auffällige Unstimmigkeit im 2. Abschnitt zu sprechen: Entgegen der Anordnung der Mutter übergibt der Abt die zehn Silbermark nicht dem Pflegevater, der hier ja der reiche Fischer ist, sondern dessen armem und kinderreichem Bruder, dem er die Umstände der Auffindung geheimzuhalten gebietet; in allen anderen Fassungen, selbst den frz., ist diese Unstimmigkeit auf die eine oder andere Weise behoben.

Die Frage, ob die Legende auf einer lat. Vorlage beruht und diese auf eine byzant. Fassung zurückzuführen ist, ob die Legende also, sei es auf schriftl. Wege oder durch mündl. Vermittlung, aus dem östl. Mittelmeerraum stammt, ist schwer zu beantworten. An sich ist es für die Mitte des 12. Jh.s durchaus bezeichnend, daß jetzt verschiedene Erzählstoffe oriental. Ursprungs in die frz. Lit. Eingang finden (→ *Sieben weise Meister*, → *Floire et Blancheflor*, die *Iseut as blanches mains*-Episode des → *Tristan*-Romans). Für die G.-Legende läßt sich in diesem Sinne immerhin auf die Dārāb-Episode in Ferdousis *Šāh-Nāme* (→ Firdausī) verweisen, die wenigstens hinsichtlich der Abschnitte 1–3 eine bemerkenswerte Parallele bietet[3]. Ein byzant. Ausgangspunkt scheint sich auch aus der weiten Streuung der Legende in Südosteuropa und dem Vorderen Orient zu ergeben: Es sind eine bulg. (Paul von Cäsarea; 17. Jh.), serb. (Findling Simeon), kaukas., neuaram. (alle 19. Jh.)[4] und vor allem eine arab. Fassung (ältester Textzeuge: 15. Jh.)[5] erhalten. Die Frage ist nur, ob der postulierte byzant. Ausgangspunkt ein spätma. Text ist (dann könnte er durchaus auf eine frz. oder lat. Quelle zurückgehen) oder aber ein Text, der vor der ersten frz. Fassung entstanden ist. Die sogenannte kopt. Fassung, die ihr Übersetzer E. Amélineau kühn ins 4. bis 7. Jh.

setzte, hat bei der Lösung des Quellenproblems viel Staub aufgewirbelt[6]. Man übersieht dabei erstens, daß sie nur in dem Sinne kopt. zu nennen ist, als sie Ende des 19. Jh.s in einer kopt. Gemeinde Ägyptens bekannt war, zweitens, daß ihre Sprache Arabisch ist, und drittens, daß sie mit der in zahlreichen Hss. überlieferten arab. Fassung identisch ist.

Bevor eine frühere byzant. Fassung nicht wirklich nachgewiesen ist, scheint es ergiebiger zu fragen, ob die Entstehung der frz. G.-Legende nicht aus westl. Erzählgut verständlich gemacht werden kann. Da fällt der Blick zunächst auf den *Roman de Thèbes* (um 1150)[7], der nicht nur eine Kurzfassung des Ödipusstoffes (cf. AaTh 931: → *Ödipus*) bietet, sondern als eigentliche Erzählabsicht die Warnung vor dem Inzest zu erkennen gibt (Epilog) und diese Warnung durch das schlimme Schicksal der Eltern und der Söhne veranschaulicht: Bezogen auf diesen Roman könnte die G.-Legende als christl. Gegenentwurf gemeint sein. Auch für andere Motive könnten von zeitgenössischen Werken Anregungen ausgegangen sein: Zärtlichkeit zwischen gemeinsam aufwachsenden Kindern (*Floire et Blancheflor*), Geschwisterinzest (→ Karl der Große; vielleicht bereits dem Verf. der *Chanson de* → *Roland* bekannt), Enthüllung unehrenhafter Geburt durch Knabenstreit (→ Merlin in Waces *Brut*, 1155; → Artustradition), Entscheidung zwischen weltlichem oder geistlichem Leben (für dieses: → Alexius; für jenes: Constans im *Brut*), Buße auf dem Felsen im Meer (Judas in der Legende von → Brandans Seefahrt; Judas büßt dort, weil er seine Sünden nicht bereute), selbsttätiges Läuten der → Glocken[8]. Vor allem aber ist auf den Bericht des Ratherius, Bischofs von Verona, über den hl. Metro zu verweisen (10. Jh.)[9]:

> Metro kettet sich nach der Aufdeckung einer unwissend begangenen schweren Sünde (des Inzests mit der Tochter?) an einen Stein vor einer Kirche der Stadt, wirft den Schlüssel in die Etsch, büßt sieben Jahre, bis er durch das Wiederfinden des Schlüssels im Magen eines Fisches[10] die Buße abbrechen kann und von da an als Heiliger verehrt wird.

Es scheint, daß das Hauptgerüst der G.-Legende als Verbindung des Ödipusstoffs (Abschnitt 1–3) mit der Metro-Legende (Abschnitt 4 und 5) plausibel ist.

Von den jüngeren ma. Bearb.en kommt derjenigen → Hartmanns von Aue[11], die ihrerseits Ausgangspunkt für mehrere dt. und lat. Fassungen ist, und derjenigen der → *Gesta Romanorum* (num. 81) die größte Bedeutung zu. Hartmann folgt ziemlich genau seiner frz. Vorlage, die dem Subarchetyp B nahesteht, ohne mit ihm identisch zu sein. Seine Änderungen betreffen Einzelheiten des Handlungsablaufs und der Handlungsmotivierung und bes. das stärkere Maß der höfischen Stilisierung (die Zuneigung des Bruders ist „minne", die ihn auch, und nicht irgendeine Krankheit, in den Tod treibt; G. kämpft um der „êre" und nicht um des Soldes willen u. a.). Letztere fehlt völlig in der Fassung der *Gesta Romanorum*, die – auch dies im Sinne einer allg. geistlichen Unterweisung – durch eine unmittelbar anschließende „Moralizatio" allegorisch aufgeschlüsselt wird. Zur selben Zeit wie sie und in sehr ähnlicher Darstellung gelangt die Legende in Deutschland in eine dominikan. Exempelsammlung und Ende des 15. Jh.s sogar in ein Lübecker Plenar[12]. Dies ist der einzige Nachweis einer liturgischen Verwendung des Legendentextes, dessen Protagonist entgegen manch anderen Heiligen rein literar. Provenienz sonst nicht die Ehre der Altäre zuteil wurde.

Die G.-Legende gehört zum Umkreis ma. → Eltern- bzw. Vatermörder- und verschiedener Inzesterzählungen, wie den Legenden über → Judas, den hl. Andreas, Albanus oder Julianus Hospitator seu Parricida[13]. Diese dem Ödipusstoff z. T. näherstehenden Erzählungen lassen sich nicht in einen antiken Traditionszusammenhang stellen, sondern sind wie die G.-Legende auf ma. Bearb.en zurückzuführen[14]. Für die literar. wie mündl. Verbreitung des G.-Stoffes in ganz Europa spielten die *Gesta Romanorum* und ihre Übers.en in die Volkssprachen eine bes. wichtige Rolle[15]: Juan de → Timoneda (*El patrañuelo*, num. 5; 1576) greift auf sie zurück, → Martin von Cochem kompiliert in seinem *Auserlesenen History-Buch* ([3]1706) die Fassung der *Gesta Romanorum* und die der *Heiligen Leben* (1471)[16], ostslav. oder ung. mündl. Var.n sind aus den *Gesta Romanorum* bzw. der daraus hervorgegangenen Kolportageliteratur geschöpft[17], auch eine chassid. Var. könnte von einer russ. Übers. der *Gesta Romanorum* entscheidend beeinflußt worden sein[18]. Die vermutlich originale Fassung Martins von Cochem gibt das zwischen 1810 und 1813/14 in Köln erschienene Volksbuch *Eine schöne merkwürdige Historie des hl. Bischofs Gregorii auf dem Stein* wieder[19], das 1839 in Berlin von K. → Simrock neu herausgegeben wurde. In seiner 1865 veröff. Fassung wiederum greift Simrock auf dieses Volksbuch und auf den G. Hartmanns von Aue zurück[20]. Belege für die G.-Erzählung finden sich in den verschiedensten europ. Ländern, mit Ausläufern bei Hispano- und Frankoamerikanern[21]. Auf einige für die mündl. Tradierung charakteristische Änderungen machte schon A. von → Löwis of Menar anhand der vermutlich armen. Var. aus dem Kaukasus aufmerksam[22]. Außerdem ist zu beobachten, daß in den Erzählungen oft der Anfang verändert wird – so fehlt der Inzest zwischen Bruder und Schwester –, während sich die Bußepisode mit dem Wegwerfen des Schlüssels und seinem Wiederfinden im Fischbauch als relativ stabiles Element erweist[23].

Die G.-Fassung der *Gesta Romanorum* hatte Thomas Mann zunächst dem Adrian Leverkühn im *Doktor Faustus* (1947) als Bearb. für ein Puppenspiel „aufgegeben", sich dann aber vorgenommen, den Stoff seinem Helden „wegzunehmen und selber etwas daraus zu machen"[24]: Er schuf, inzwischen auch mit dem internat. Var.nmaterial vertraut, sich jedoch bes. auf Hartmann von Aue beziehend, den Roman *Der Erwählte* (1951)[25].

[1] Grundlegend: Cormeau, C.: Hartmanns von Aue ‚Armer Heinrich' und G. Mü. 1966; Dorn, E.: Der sündige Heilige in der Legende des MA.s. Mü. 1967; Lee, A. van der: De Mirabili Divina Dispensatione et Ortu Beati Gregorii Pape. Einige Bemerkungen zur Gregorsage. In: Neophilologus 53 (1969) 30–47, 120–137, 251–256; Sol, H. B.: La Vie du pape saint Grégoire. Huit versions françaises médiévales de la légende du bon pécheur. Amst. 1977; Mölk, U.: Über die altfrz. G.legende. In: Formen innerliterar. Rezeption. ed. W. Floeck/D. Steland/H. Turk. Wolfenbüttel 1987, 91–98; Mölk, U.: Zur Vorgeschichte der G.legende: Vita und Kult des hl. Metro von Verona. In: Nachrichten der Akad. der Wiss.en in Göttingen, philol.-hist. Kl. (1987) H. 4, 29–54; Mertens, V.: G. Eremita. Mü. 1978 (mit Charakterisierung aller dt. und lat. Fassungen seit Hartmann); cf. id.: G. In: Verflex. 3 (^{2}1981) 244–248. – [2] Roques, M.: Sur deux Particularités métriques de la Vie de saint Grégoire. In: Romania 48 (1922) 41–61. – [3] EM 4, 1189; van der Lee (wie not. 1) 121–124. – [4] Köhler/Bolte 2, 173–184; Löwis, A. von: Eine Umformung der G.legende im Kaukasus. In: ZfVk. 20 (1910) 45–56; Lidzbarski, M.: Geschichten und Lieder aus den neu-aram. Hss. der Kgl. Bibl. zu Berlin. Weimar 1896, 56–64. – [5] Graf, G.: Geschichte der christl. arab. Lit. 1. Città del Vaticano 1944, 118, 552. – [6] Amélineau, E.: Contes et romans de l'Égypte chrétienne 1. P. 1888, 165–189 (Die Vorlage seiner Übers. ist eine von ihm selbst an Ort und Stelle in Auftrag gegebene Niederschrift, die sich heute in der Pariser Bibliothèque Nationale findet: ar. 4791). – [7] Roman de Thèbes 1–2. ed. L. Constans. P. 1890; Le Roman de Thèbes 1–2. ed. G. Raynaud de Lage. P. 1966/68. – [8] Mölk, Vorgeschichte (wie not. 1) 47, not. 45. – [9] Dorn (wie not. 1) 80–83; Mölk, Vorgeschichte (wie not. 1). – [10] ibid., 46 sq., not. 44. –
[11] Sparnaay, H.: Hartmann von Aue. Studien zu einer Biogr. 1–2. Halle 1933/38 (Neudruck Darmstadt 1976). – [12] Mertens 1978 (wie not. 1) 111–118. – [13] cf. Rank, O.: Das Inzest-Motiv in Dichtung und Sage. Lpz./Wien 1926, 312–336; Diederichs, V.: Russ. Verwandte der Legende von Gregor auf dem Stein und der Sage von Judas Ischariot. In: Russ. Revue 17 (1880) 119–146; Seelisch, A.: Die G.legende. In: Zs. für dt. Philologie 19 (1887) 385–421; zur Entstehung und frühen Geschichte der Julianus Hospitator-Legende (12./13. Jh.) cf. zuletzt Rez. von U. Mölk zu Swan, C. T.: The Old French Prose Legend of St. Julian the Hospitaller. Tübingen 1977. In: Romanistisches Jb. 29 (1978) 207–212, hier 210–212. – [14] Brednich, R. W.: Die Legende vom Elternmörder in Volkserzählung und Volksballade. In: Festschr. E. Seemann. B. 1964, 116–143; id.: Volkserzählungen und Volksglaube von den Schicksalsfrauen (FFC 193). Hels. 1964, 42–56. –
[15] Tubach, num. 2375; Dvořák, num. 2728; Keller, C.: Die mittelengl. G.legende. Heidelberg 1914; cf. Falconer, S.: An Irish Translation of the Gregory Legend. In: Celtica 4 (1958) 52–95. – [16] Mertens 1978 (wie not. 1) 131–134. – [17] Barag; MNK. – [18] Elstein, Y.: The G. Legend: Its Christian Versions and Its Metamorphosis in the Hassidic Tale. In: Fabula 27 (1986) 195–215, hier 205. – [19] Plate, B.: G. auf dem Stein. Darmstadt 1983. – [20] Mertens 1981 (wie not. 1) 247. –
[21] Ergänzend zu AaTh und den bereits genannten Var.n: Ó Súilleabháin/Christiansen; Krzyżanowski; Polívka 4, 91 sq.; SUS; Cirese/Serafini; Robe; Henßen, G.: Ungardt. Volksüberlieferungen. Marburg 1959, num. 54; Uffer, L.: Rätorom. Märchen. MdW 1973, num. 15; Alcover, A. M.: Aplec de rondaies mallorquines 9. Palma s. a., 84–106. – [22] von Löwis (wie not. 4). – [23] z. B. Henßen und Uffer (wie not. 21); Kapełuś, H./Krzyżanowski, J.: Sto baśni ludowych. W. 1957, num. 64; cf. Brednich, Volkserzählungen (wie not. 14) 55; Künzig, J.: Der im Fischbauch wiedergefundene Ring in Sage, Legende, Märchen und Lied [1934]. In: id.: Kleine volkskundliche Beitr.e aus fünf Jahrzehnten. Fbg 1972, 63–81. – [24] Mann, T.: Miszellen. Ffm. 1968, 215–218, Zitat 215. – [25] cf. Mertens 1978 (wie not. 1) 1–11; Stackmann, K.: Der Erwählte. Thomas Manns MA.-Parodie. In: Euphorion 3. Folge 53 (1959) 61–74.

Göttingen Ulrich Mölk

Greif → Phönix

Greimas, Algirdas Julien, * Tula (bei Moskau) 9. 3. 1917, bedeutendster Vertreter der frz. strukturalen Semantik. Der Sohn litau. Eltern studierte Jura in Kaunas und Lit.wiss. in Grenoble (1936—39), promovierte in Paris über *La Mode en 1830. Essai de description du vocabulaire vestimentaire d'après les journaux de mode de l'époque* (1948). G. lehrte Geschichte der frz. Sprache an der Phil. Fakultät Alexandria (1949), frz. Sprache und Grammatik an den Univ.en Ankara (1958—62) und Istanbul (1960—62). Von 1962 bis 1965 Professor der frz. Linguistik an der Univ. Poitiers, wurde G. 1965 zum Directeur d'études an der École Pratique des Hautes Études, 6. Sektion, gewählt (heute: École des Hautes Études en Sciences Sociales), wo er auch nach seiner Emeritierung (1985) noch unterrichtet.

Die von G. im Jahre 1966 erarbeitete Aktantentheorie[1] hebt die unveränderlichen Größen hervor, die drei Aktantenmodellen gemeinsam sind: dem linguistischen (Syntax von L. Tesnière)[2], demjenigen des russ. Zaubermärchens (V. Ja. → Propps Morphologie)[3] und dem des Theaters (É. Souriau)[4]; der menschlichen Einbildungskraft würde danach eine drei Aktantenkategorien umfassende Grundstruktur innewohnen (Subjekt versus Objekt, Sender versus Empfänger, Helfer versus Gegenspieler). Wenn man die Redundanzen der Erzählung oder des Märchens als solche erkennt, lassen sich — nach G. — die meisten der 31 Funktionen des Proppschen Modells auf eine Sequenz von drei ‚Prüfungen' — Qualifizierung, Hauptprobe und Anerkennung — zurückführen, deren gemeinsames Schema die folgende Form aufweist: (ausdrücklicher Befehl + Einwilligung) + (feindlicher Zusammenstoß + Erfolg) + Folgerung. Die Forschungsarbeiten der in der Tradition von L. Hjelmslev stehenden frz. semiotischen Schule haben diese Theorie laufend weiterentwickelt und teilweise verändert[5].

Die Aufgliederung der ursprünglichen sechs Aktanten in Aktantenfunktionen (rôles actantiels) hat die Entwicklung einer Theorie des Subjekts begünstigt, der die Aufgabe zukommt, die Unters.en über Handlungsabläufe und Gefühlsmomente zu integrieren. Es ist nun möglich, die Aktantenrollen innerhalb einer Theorie der Modalitäten (Wissen, Wollen, Können, Müssen) zu definieren. Die jüngsten Forschungsarbeiten über ‚Glauben' und ‚Wahrhaftigkeit' machen es möglich, den Begriff des Diskurs-Universums (univers de discours) zu bestimmen, von dem so unterschiedliche Texte wie Mythen, Volkserzählungen, Sagen, rituelles Verhalten oder Glaubensvorstellungen abhängen[6].

→ Semantische Analyse, → Strukturalismus

[1] G. 1966 (v. Veröff.en). — [2] Tesnière, L.: Éléments de syntaxe structurale. P. 1959 (dt.: Grundzüge der strukturalen Syntax. Stg. 1980). — [3] Propp, V.: Morphologie des Märchens. Ffm. 1975. — [4] Souriau, É.: Les deux-cent mille Situations dramatiques. P. 1950. — [5] G. 1970 (v. Veröff.en) t. 1; G. 1976 (v. Veröff.en) 5—29 (Vorw. J. Courtès). — [6] G. 1979, Apie dievus (v. Veröff.en).

Bibliogr.: Coquet, J.-C.: Éléments de bio-bibliographie. In: Exigences et perspectives de la sémiotique 1. Festschr. A. J. G. Amst. 1985, LIII—LXXXV.

Veröff.en (Ausw.): Sémantique structurale. Recherche de méthode. P. 1966 (Nachdr. 1986; dt.: Strukturale Semantik. Methodologische Unters.en. Braunschweig 1971). — Du Sens 1—2. Essais sémiotiques. P. 1970/83. — Sémiotique et sciences sociales. P. 1976. — (mit J. Courtès:) Cendrillon va au bal. Les rôles et les figures dans la littérature orale française. In: Systèmes de signes. Festschr. G. Dieterlen. P. 1978, 243—257 (dt.: Aschenputtel geht zum Ball...: Bemerkungen zu den Rollen und Figuren der frz. mündl. Erzähllit. In: Research in Text Theory 3 [1979] 221—235). — Apie dievus ir žmones. Lietuvių mitologijos studijos. Chic. 1979 (frz.: Des Dieux et des hommes. P. 1985). — (u. a.): Introduction à l'analyse du discours en sciences sociales. P. 1979. — (mit J. Courtès:) Sémiotique. Dictionnaire raisonné de la théorie du langage. P. 1979.

Lit.: Große, E. U.: Current Trends in French Narrative Research. In: Linguistica Biblica 40 (1977) 21—54. — Grambo, R.: Structuralism and the Law of Immanence. Some Critical Observations. In: Fabula 19 (1978) 32—39.

Zürich Jacques Geninasca

Grendel → Beowulf

Grenze. Der Begriff G. ist wesentlich mit dem des Eigentums verknüpft: „ohne grenze sind eigenthum und besitz an land unmöglich"[1]; G.n, entwickelte J. → Grimm den Begriff weiter, trennen sowohl Völker und Länder als auch den Grundbesitz von Gruppen und Individuen. Neben natürlichen G.n wie → Fluß, → Meer, → Wald, → Berg etc. spielte schon früh und mit steigender Besiedlungsdichte immer stärker die künstliche Grenzziehung und damit einerseits Sicherheit innerhalb von G.n und andererseits Streit und → Krieg um G.n eine wichtige Rolle (cf. Grenzsicherungen wie die Chin. Mauer oder den röm. Limes). In den meisten Kulturen findet sich die Vorstellung, daß G.n, seien es Länder-, Haus- oder Feldgrenzen, heilig sind und unter göttlichem Schutz stehen. Eine bes. Geltung hatten die G.n sakraler Bezirke (Tempel, Kirche) und später spezieller profaner Bereiche (‚Bannmeile' politischer Institutionen), die auch für das Asylrecht von Bedeutung waren[2]. Die Markierung von G.n durch Grenzsteine ist in Babylonien schon für das 3. Jahrtausend a. Chr. n. bezeugt, wie auch Fluchformeln, die von Grenzfrevel abschrecken sollten. Bereits in Babylonien galt die Heiligkeit der G.n sowohl staatlichem wie privatem Besitz, ebenso im alten Israel („Verflucht ist, wer die G. seines Nächsten verrückt", Dtn. 27,17) wie in der griech. (u. a. → Zeus als Hüter des Rechts) und röm. (Fest der Terminalia) Antike[3]. Im germ. Bereich wurden Grenzstreitigkeiten u. a. durch → Gottesurteil (→ Zweikampf) ausgetragen. Bestimmend für das europ. MA. erwiesen sich bei Grenzproblemen die Vorschriften des A.T.s und des weltlichen röm. Rechts, wie dies z. B. bei → Isidor von Sevilla (*Etymologiae* 5,6; 15,2; 15,4; 15,14 u. a.) zum Ausdruck kommt.

G.n als Trennungslinien zur Festlegung von Landeigentum werden in Volkserzählungen vor allem durch die Sage thematisiert, wobei die folgenden Ausführungen auf den europ. Bereich beschränkt bleiben. Anders als in → Gründungssagen, z. B. in der Dido-Erzählung mit dem Motiv des listigen Landerwerbs durch eine in Streifen geschnittene Tierhaut (AaTh 2400: *The Ground is Measured with a Horse's Skin [ox-hide]*) oder in den Sagen mit dem Motiv der Landnahme durch Umreiten, Umschreiten oder Umpflügen, geht es hier meist nicht um eine erste Grenzziehung, um Formen der Besitzergreifung[4], sondern um Auseinandersetzungen über bereits bestehende G.n.

Eine große Gruppe bilden die sog. Grenzfrevelsagen, in denen G.n widerrechtlich verändert werden und dieser → Frevel nach dem Tod gebüßt werden muß. Heimlich versetzt der Grenzfrevler die Marksteine oder pflügt dem Nachbarn Land ab, vermißt die G. falsch oder leistet einen Meineid (→ Eid, → Eideslist), indem er mit Erde vom eigenen Grundbesitz in den Schuhen den angeblich richtigen Grenzverlauf beschwört, so wahr er auf eigenem Boden stehe, ein auch in Schwankform mit → Kristallisationsgestalten wie → Eulenspiegel tradiertes Erzählmotiv (AaTh 1590: → *Eid auf eigenem Grund und Boden*)[5]. Zur Strafe müssen die Grenzfrevler als → Wiedergänger meist in feuriger Gestalt, mit glühendem Markstein oder auch als → Kopflose umgehen und z. T. durch spiegelnde Strafen versuchen, den ursprünglichen Zustand wiederherzustellen. Die → Erlösung geschieht mit Hilfe Lebender, wenn z. B. ein nachts heimkehrender Bauer auf den Ruf des an der G. Spukenden „Wu setzen ich en hin?" antwortet: „Wusch de e jehollt has."[6] Der bisher früheste bekanntgewordene Beleg für versuchte Landvermehrung durch Meineid — hier als im Diesseits geahndetes Verbrechen — findet sich in der Vita des hl. Egwinus (8. Jh.)[7], die Abpflügesagen — für älter als die Grenzsteinfrevelsagen gehalten — werden für das 11. bzw. 14. Jh. angesetzt[8]. Nach L. → Kretzenbacher besitzen die verschiedenen Fassungen der in ganz Europa geläufigen Meineidsage, der er bes. in ihren südosteurop. Versionen nachgegangen ist, einen kaum variierten Erzählkern, der unterschiedliche, als ökotypisch zu bezeichnende Ausprägungen erhalten kann. Er stellt einen zentralbalkan., oft zu einer ätiologischen Sage umgestalteten Ökotyp fest, der durch die spezifische hist. Situation auf dem Balkan — geringere Bedeutung eines schriftl. fixierten Rechts-Codex unter der langen osman. Fremdherrschaft — bestimmt wurde: Ein Vater gräbt seinen Sohn heimlich an der Schwurstätte ein, läßt ihn als zum Zeugen angerufene Erde seinen Eid bekräftigen und findet ihn nicht, als er ihn wieder ausgraben will, denn der Sohn wurde zur Strafe in einen Maulwurf verwandelt[9]. Kretzenbacher macht weiter auf die doppelte Funktion solcher Erzählungen aufmerksam: Einerseits dienen sie im Sinne eines Exemplums eindeutig zur Mahnung und Warnung, andererseits stellen sie zum Trost für die sozial Schwächeren, die ‚kleinen Leute', eine ausgleichende Gerechtigkeit im Jenseits in Aussicht. Ambivalent ist die Behandlung der Grenzfrevelsagen im kirchlichen Bereich, z. B. in einer Predigt von 1730 über die *Verruckung der Marcken*, wenn die Darstellung der umgehenden Grenzfrevler zwischen natürlicher Erklärung und Akzeptanz von Volksglaubensvorstellungen schwankt (cf. → Fegefeuer)[10].

Ebenso wie diese einer am Grundbesitz orientierten bäuerlichen Welt verbundenen Frevelsagen sind die sog. Grenzlaufsagen nicht als hist. Quellen zu betrachten[11]; sie knüpfen an ein geschichtliches Ereignis an oder dienen zur Erklärung einer als ungerecht oder merkwürdig empfundenen G. oder eines Grenzpunktes. Der älteste Beleg, von Sallust (*Bellum Jugurthinum*, 79; 1. Jh. a. Chr. n.) überliefert, berichtet:

Ein Grenzstreit zwischen Karthagern und Kyrenäern soll, nachdem kriegerische Mittel versagten, dadurch entschieden werden, daß zu einem bestimmten Zeitpunkt Läufer beider Parteien von zu Hause aufbrechen: Wo sie sich träfen, solle die G. sein. Die verspäteten Kyrenäer beschuldigen die Vertreter Karthagos, die philänischen Brüder, vor der vereinbarten Zeit losgegangen zu sein, und fordern: Entweder sollten sich diese an dem Ort, den sie für ihr Volk als G. verlangten, lebendig begraben lassen, oder die Kyrenäer wollten den gleichen Tod erleiden und dafür so weit gehen, wie sie wollten. Die Brüder opfern sich für Karthago.

L. → Röhrich untersucht weitere antike Zeugnisse in ihren Kontexten (u. a. in röm. Tradition Schulbeispiel für Patriotismus, in griech. Überlieferung Exempel für List) und verfolgt die Popularisierung dieses Sagentypus durch die Grimmsche Fassung *Der Grenzlauf* (DS 288; Grenzlauf zwischen Urnern und Glarnern), die ihrerseits auf der Hexametersage *Der Grenzstreit* (1815) des sich auf mündl. Quellen berufenden, doch mit der Stelle bei → Valerius Maximus (5, 6, 4) bekannten Johann Rudolf Wyss beruht[12]. Bei der neuen volkstümlichen Verbreitung spielte auch die Verserzählung *Schweizertreue* (1827) von August Friedrich Ernst Langbein eine wichtige Rolle, deren Quelle wiederum die Grimmsche Version ist. Neuere Fassungen kontaminieren oft mit den Grenzfrevelsagen[13]. Andererseits weist Röhrich auf vermutlich von der schriftl. Tradition unabhängige, in der Schweiz lokalisierte Fassungen wie auch auf Parallelen in der neueren europ. Sagenüberlieferung hin[14]. Den Anteil einer mündl., die literar. Versionen von Wyss u. a. beeinflussenden Überlieferung hebt I. → Grafenauer hervor, der die slov., kroat. und ladin. Var.n untersucht; weitere Forschungen zu diesem Sagentyp fordert M. → Matičetov, der von einem slav.-makedon. Bindeglied (Ende 19. Jh., mit den Kristallisationsgestalten → Krali Marko und Sekula detence) zwischen der antiken nordafrik. und kleinasiat. Tradition und den in der Alpenregion, Pommern und Norwegen seit Anfang des 19. Jh.s aufgezeichneten Sagen spricht[15]. Durch die Verschiebung ins Schwankhafte, die Akzentuierung des Moments der List in manchen Var.n der Grenzlaufsage zeigt sich Nähe zu einem weiteren Sagentypus über die Grenzfestlegung: Ein blindes Pferd (Esel) oder ein Reiter mit verbundenen Augen soll den Verlauf der G. festlegen[16]; sogar durch den Gang eines → Krebses soll der Zick-Zack-Verlauf einer G. erklärt werden (Grimm DS 287).

Ein anderer großer Sagenkomplex handelt nicht von realer Landaufteilung, aber auch von der Abgrenzung von Machtbereichen: Zahllose Spukgeschichten berichten, wie sich ein Mensch gerade noch vor dämonischen Verfolgern retten kann. Unter Hinzuziehung eines reichen Var.nmaterials stellt W.-E. → Peuckert zwei spezifische G.n, an denen die Macht der → Geister endet, fest: die Dachtraufe und die Flurgrenze, wobei er die Dachtraufe als ältere und typisch germ. Banngrenze gegen → Dämonen ansieht und die Flurgrenze für die spezifisch slav. Parallele hält (cf. auch → Dach)[17].

Von G.n, welche ebenfalls Machtbereiche, allerdings die irdischer Gewalten, trennen, berichten um 1900 in Mecklenburg aufgezeichnete Sagen, die — aus hist. Realität erwachsen — z. T. mit magischen Elementen angereichert sind: Leute haben ihren grausamen Gutsherrn auf dem Feld erschlagen und müssen flüchten. Die ‚Mätress' oder Ehefrau des Erschlagenen bespricht die ‚Scheide', und die Flucht kann nur noch über das Wasser oder durch auf beiden Seiten in der Erde verwachsene Brombeerranken gelingen. Das Überschreiten z. T. der Flur-, z. T. der Landesgrenzen (ins Preußische, Hannoversche) gibt Sicherheit[18].

Von wiss. Seite noch wenig berücksichtigt ist die Grenzthematik im Zusammenhang von → Lebensgeschichten und -erinnerungen. Frontier-Erlebnisse in den USA beim Zug der Siedler gen Westen z. B. haben bisher in der Folkloristik kaum Beachtung gefunden[19]. G.n – im Sinn von Staatsgrenzen – sind bei der existentiellen Bedeutung von Pässen im 20. Jh. vermutlich vielfaches Thema von → alltäglichem Erzählen überhaupt. In Kriegserzählungen bildet die Front die G.[20], Flüchtlinge überqueren illegal oder mit falschen Pässen G.n, auch ‚grüne' G.n[21], und die verstärkte grenzüberschreitende Mobilität von Urlaubsreisenden wird sich auch in Geschichten über das Passieren von G.n niederschlagen. In Grenzgebieten werden wohl immer durch die jeweilige G. stimulierte Erzählungen kursieren; z. B. zeigt sich die mexikan.-amerik. Folklore durch die G. auf verschiedene Weise beeinflußt, einerseits bieten Schmuggler und Illegale ein bes. Thema, andererseits wird auch ein Erzählmotiv wie z. B. *La Llorona* grenzspezifisch verändert[22]; oder bei 1988 auf der Westseite der dt.-dt. G. aufgenommenen, ernsten bis schwankhaften Geschichten, die eng mit dem biogr. Hintergrund der Erzähler verbunden sind, kristallisieren sich Gruppen von Erzählungen über Grenzgängerei, Grenzverletzungen und Grenzbeamte heraus[23].

Anders als in Sagen spielen die künstlich gezogenen G.n in Märchen kaum eine Rolle – die Protagonisten ziehen einfach von einem Königreich ins andere –, hingegen gewinnen die natürlichen G.n an Bedeutung, und zwar meist als Abgrenzung zur jenseitigen Welt (→ Jenseits, cf. auch → Ende der Welt, → Fremde). → Jenseitswanderungen und damit Grenzüberschreitungen nehmen eine zentrale Stelle im Zaubermärchen ein, sie sind oft Voraussetzung für die vom Helden oder von der Heldin zu lösenden Aufgaben[24]. Dabei werden aus Grenzlinien, als die auch noch Flüsse gelten können, Grenzräume wie Meer, Wald oder Gebirge (cf. Mot. F 140, F 150). Diese Gebiete werden als ‚nicht ganz geheuer' geschildert, sie sind schwer zu durchdringen und werden von dämonischen Wesen bewohnt; solche Grenzbereiche scheinen z. T. schon der jenseitigen Welt anzugehören. Bei Flüssen bilden oft → Brükken die Verbindung (cf. AaTh 471: → *Brücke zur anderen Welt*), oder ein → Fährmann setzt ins Jenseits über. Ist ein ‚großer finsterer Wald' das Grenzgebiet, trifft der Held bei der Durchquerung oft nacheinander auf drei jenseitige, meist verwandte Wesen: In russ. Var.n zu AaTh 551: → *Wasser des Lebens* z. B. kommt der Zarensohn zur → Baba-Jaga, die ihn zu ihrer älteren Schwester weiterschickt, bis er schließlich von der ältesten den Weg zur Heldenjungfrau erfährt[25]. Wie sehr Wald, Gebirge und Gewässer als Barrieren, als G.n empfunden werden, kommt in vielen Var.n von AaTh 313: cf. → *Magische Flucht* zum Ausdruck, in denen aus → Kamm, Bürste etc. hervorgezauberte Wälder, Berge sozusagen ‚mobile' G.n darstellen, bis der Endpunkt, die letzte Barriere, erreicht wird, an der der Verfolger zum Umkehren gezwungen ist. Jenseitswelten können auch als Ober- und → Unterwelten erscheinen. Für das oriental. Zaubermärchen z. B. sind verschiedene Welten (irdische, obere und untere) charakteristisch, in die der Held mit Hilfe jeweils verschiedenfarbiger Widder (weiß, schwarz und rot) gelangt[26]. Oft kommt der Held auch in die Unterwelt durch einen Brunnenschacht, in dem ihn seine treulosen Brüder zurückgelassen haben (cf. AaTh 550: → *Vogel, Pferd und Königstochter*, Der keusche → Joseph). In Var.n von AaTh 480: *Das gute und das schlechte* → *Mädchen* bildet ebenfalls ein → Brunnen den Eingang zur Unterwelt, in anderen weist ein Fluß den Weg zum Jenseitswesen[27]. Figuren wie der Fährmann, der z. B. in AaTh 461: *Drei* → *Haare vom Bart des Teufels* in die Jenseitswelt übersetzt, oder die Baba-Jaga, die nach V. Ja. → Propp die G. zwischen Leben und Tod bewacht[28], verweisen auf unterschiedliche Mythen vom Reich der → Toten, bei denen im Gegensatz zum Märchen universell Übereinstimmung besteht, daß nach Überschreiten dieser G. kaum eine Rückkehr möglich ist.

[1] Grimm, J.: Dt. Grenzalterthümer [1843]. In: id.: Kl.re Schr. 2. B. 1865, 30–74, Zitat 30. – [2] Ziegler, K.-H.: G. In: RAC 12 (1983) 1095–1107; Müller-Bergström, W.: G., Rain, Grenzstein. In: HDA 3 (1930/31) 1137–1157; Hoke, R.: G. In: Hwb. zur dt. Rechtsgeschichte 1. B. 1971, 1801–1804; Kramer, K.-S.: Grenzumgang. ibid., 1804–1806; cf. auch zur Erklärung des Begriffs Temenos als eines profanen wie heiligen Bezirkes Temenos 1 (1965) 6; Wildhaber, R.: Die europ. Verbreitung der Grenzzeugen. In: Folkeliv og kulturlevn. Festschr. K. Uldall. Kop. 1960, 158–170. – [3] Ziegler (wie not. 2)

1096–1104; cf. Neuman A 995, A 1599.2. – [4] Wildhaber, R.: Formen der Besitzergreifung im Volksrecht, im Volksglauben und in der Volksdichtung. In: Narodno stvaralaštvo 4 (1965) 1128–1239. – [5] Müller/Röhrich H 16, H 25, H 48–50, H 57, H 59, J 6, J 17; Ranke, F.: Grenzfrevler. In: HDA 3, 1157 sq.; Peuckert, W.-E.: Advent. In: HDS 1 [1961], 119–129, hier 126 sq.; id.: Abgepflügt. ibid., 58–60; Petschel, G.: Niedersächs. Sagen 6. Göttingen 1983, num. 4109–4134; Petzoldt, L.: Dt. Volkssagen. Mü. [2]1978, num. 133 sq., 140, 143, 145, 156; Fischer, H.: Sagen des Westerwaldes. Montabaur 1983, num. 9, 131, 143; Baughman E 345.1; Krzyżanowski, num. 6527; Sinninghe, num. 194 sq., 404; Kristensen, E. T.: Danske sagn [...] 5. Silkeborg 1897, 404–411; Oeri-Sarasin, R.: Allerlei über Grenzzeichen, Grenzfrevel und Grenzspuk. Basel 1917, 48–61; Branky, F.: Fünf Sagen vom Hochschwab. In: Zs. für dt. Philologie 12 (1880) 342–348, hier 345–348 (Die fuchtelmänner); Gerstner-Hirzel, E.: Aus der Volksüberlieferung von Bosco Gurin. Basel 1979, num. 54, 120 sq.; weiteres Material im Peuckert-Archiv im Inst. für Vk., Fbg (Kopie im Seminar für Vk., Göttingen); Uther, H.-J.: Eulenspiegel und die Landesverweisung (Historie 25, 26). In: Eulenspiegel-Jb. 25 (1985) 60–74. – [6] Zender, M.: Sagen und Geschichten aus der Westeifel. Bonn 1966, num. 792. – [7] Kretzenbacher, L.: Südost-Entsprechungen zur steir. Rechtslegende vom Meineid durch betrügerische Reservatio mentalis (AT 1590). In: Das Recht der kleinen Leute. Festschr. K.-S. Kramer. B. 1976, 125–139, hier 129 sq.; id.: Balkan. Rechtslegenden um meineidigen Grundstückbetrug zwischen Sozialverbrechen und aitiologischer Sage. In: Festschr. B. Sutter. Graz 1983, 309–324, hier 310 sq. – [8] HDS 1, 59 sq.; cf. auch Der große Seelentrost. Ein ndd. Erbauungsbuch des 14. Jh.s. ed. M. Schmitt. Köln/Graz 1959, 239. – [9] Kretzenbacher 1976 und 1983 (wie not. 7). – [10] Moser-Rath, E.: Erzähler auf der Kanzel. In: Fabula 2 (1959) 1–26, hier 11 sq.; Moser-Rath, Predigtmärlein, 47, 98 sq., 432 sq. – [11] cf. Orend, M.: Vom Schwur mit Erde in den Schuhen. In: DJbfVk. 4 (1958) 386–392. – [12] Röhrich, L.: Eine antike Grenzsage und ihre neuzeitlichen Parallelen [1949/50]. In: id.: Sage und Märchen. Fbg/Basel/Wien 1976, 210–234; cf. auch id.: Sage. Stg. [2]1966, 53 sq. – [13] id. 1976 (wie not. 12) 225. – [14] ibid., 225–231. – [15] Grafenauer, I.: Der slowen.-kroat.-ladin. Anteil an der Grenzlaufsage und dessen Bedeutung (1). In: Alpes Orientales 2 (1961) 41–46; Matičetov, M.: Un nuovo anello nelle tradizioni sulla corsa per il confine. In: SAVk. 62 (1966) 62–76 (mit Var.nliste). – [16] Röhrich 1976 (wie not. 12) 211; Grimm (wie not. 1) 69 sq. – [17] Peuckert, W.-E.: Traufe und Flurgrenze. In: ZfVk. 50 (1953) 66–83. – [18] Schneidewind, G.: Herr und Knecht. Antifeudale Sagen aus Mecklenburg. Aus der Slg R. Wossidlos. B. 1960, num. 186 a–e, 161, 168, 170. – [19] Dorson, R. M.: Handbook of American Folklore. Bloom. 1983, 329 sq. (The Frontier); Stratton, J. L.: Durch die Wildnis zu den Sternen. Pionierfrauen schreiben die Geschichte der Besiedlung Amerikas. Köln 1985 (Orig.: Pioneer Women. New Ringold 1982); Byington, R. H.: The Frontier Hero. In: Publ.s of the Texas Folklore Soc. 30 (1961) 140–155. – [20] cf. Lehmann, A.: Erzählstruktur und Lebenslauf. Ffm./N.Y. 1983, 120–146. – [21] cf. zu weiteren Sprichwörtern und Redensarten über G.: Wander, K. F. W.: Dt. Sprichwörter-Lex. 2. Lpz. 1870, 133; Krzyżanowski, J.: Nowa księga przysłów i wyrażeń przysłowiowych polskich 1. W. 1969, 732 sq. – [22] Glazer, M.: The Traditionalization of the Contemporary Legend: The Mexican American Example. In: Fabula 26 (1985) 288–297, hier 295 sq.; zu Schmuggel cf. auch Kühnau, R.: Oberschles. Sagen geschichtlicher Art. Breslau 1926, num. 100; Shah, I.: The Exploits of the Incomparable Mulla Nasrudin. L. 1973, 22. – [23] Mittlg von A. Hartmann (Göttingen) zu seinem und S. Künstings (Bonn) Forschungsprojekt ‚Geschichten von der G.'. – [24] Siuts, H.: Jenseitsmotive im dt. Volksmärchen. Lpz. 1911, 19–49, 235–242. – [25] z. B. Afanas'ev, num. 171 sq. – [26] cf. Eberhard/Boratav, num. 72; Marzolph 301; Fähnrich, H.: Georg. Märchen. Lpz. 1980, 27. – [27] Roberts, W. E.: The Tale of the Kind and the Unkind Girls. AA-TH 480 and Related Tales. B. 1958. – [28] Propp, V.: Die hist. Wurzeln des Zaubermärchens. Mü./Wien 1987 (Orig.: Istoričeskie korni volšebnoj skazki. Len. 1946 [[2]1986], 52–111), 59–135.

Göttingen Ines Köhler

Greverus, Ina-Maria, *Zwickau 16. 8. 1929, Volkskundlerin und Kulturanthropologin, studierte in Marburg und Uppsala Germanistik, Skandinavistik, Kunstgeschichte und Vk., promovierte 1956 in Marburg mit einer Monogr. zu AaTh 503: → *Gaben des kleinen Volkes*[1], habilitierte sich 1970 in Gießen und bekleidet seit 1974 den Lehrstuhl für Kulturanthropologie und europ. Ethnologie an der Univ. Frankfurt (Main). Während ihrer Tätigkeit am Inst. für mitteleurop. Volksforschung in Marburg veröffentlichte sie zwischen 1960 und 1970 eine Reihe wichtiger Beitr.e zur volkskundlichen Erzählforschung, u. a. zu den Begriffen → Thema, → Typus und → Motiv[2], zur → Chronikliteratur (Christoph → Lehmann)[3] und zur skand. Volksballade[4]. Sie erwarb sich bes. Verdienste durch ihre Mitarbeit an der von G. Heilfurth veranstalteten Edition der dt.sprachigen Bergmannssagen (→ Bergmann)[5]. In ihrer Habilitationsschrift *Der territoriale Mensch*[6] hat G., wie in zahlreichen weiteren

Veröff.en[7], die auch nach Sizilien ausgreifen, das Phänomen Heimat und Identität vor allem auch am Beispiel schriftl. und mündl. Überlieferungen analysiert. Aus ihrer Lehr- und Forschungstätigkeit an der Univ. Frankfurt ist ein Lehrbuch[8] hervorgegangen, das insbesondere wegen seines Plädoyers für die Erforschung des Alltags (cf. → Alltägliches Erzählen) für die Erzählforschung Relevanz besitzt.

[1] G., I.-M.: Die Geschenke des kleinen Volkes — KHM 182 — Eine vergleichende Unters. Diss. (masch.) Marburg 1956 (Auszug in: Fabula 1 [1958] 263—279). — [2] ead.: Thema, Typus und Motiv. Zur Determination in der Erzählforschung. In: Laographia 22 (1965) 130—139. — [3] ead.: Die Chronikerzählung. Ein Beitr. zur Erzählforschung am Beispiel von Chr. Lehmanns „Hist. Schauplatz" (1699). In: Volksüberlieferung. Festschr. K. Ranke. Göttingen 1968, 37—80. — [4] ead.: Skand. Balladen des MA.s. Reinbek 1963; ead.: Wege zu Wilhelm Grimms ‚Altdän. Heldenliedern'. In: Brüder Grimm Gedenken [1]. ed. L. Denecke/I.-M. G. Marburg 1963, 469—488. — [5] ead.: Zur Problematik der Bergmannssage. In: Rhein.-westfäl. Zs. für Vk. 9 (1962) 77—106; ead.: Thema und Motiv. Zu einem Index der dt.sprachigen Bergmannssage. In: Tagung der „Internat. Soc. for Folk-Narrative Research" in Antwerp. Antw. 1963, 78—85; Heilfurth, G. (unter Mitarbeit von I.-M. G.): Bergbau und Bergmann in der dt.sprachigen Sagenüberlieferung Mitteleuropas. 1: Qu.n. Marburg 1967. — [6] G., I.-M.: Der territoriale Mensch. Ein lit.anthropol. Versuch zum Heimatphänomen. Ffm. 1972. — [7] ead.: Auf der Suche nach Heimat. Mü. 1979; ead.: The Heimatproblem. In: Seliger, H. W. (ed.): Der Begriff „Heimat" in der dt. Gegenwartslit. Mü. 1987, 9—27. — [8] ead.: Kultur und Alltagswelt. Eine Einführung in Fragen der Kulturanthropologie. (Mü. 1978) Ffm. [2]1987.

Göttingen Rolf Wilhelm Brednich

Griechenland

1. Allgemeines — 2. Das neugriech. Märchen als Forschungsgegenstand — 3. Sammeltätigkeit und Forschungsschwerpunkte — 4. Eigenheiten in Gattungen, Typen, Motiven — 5. Zur Biologie und Soziologie neugriech. Volkserzählungen — 6. Stilmerkmale

1. Allgemeines. G. als eine der ältesten europ. Kulturlandschaften bietet mit seinen Mythen, legenden- und sagenhaften Erzählungen, Exempla, allg. didaktisch orientierter Lit., mit Sprichwörtern, Apophthegmata, Anekdoten etc. früheste Belege für zahlreiche europ. Erzählstoffe und -motive. Nicht unwesentlich dazu beigetragen haben griech. Dichter und Historiker (z. B. → Aristophanes, → Herodot, → Hesiod, → Homer, → Pausanias) wie auch solche griech. Sprache aus dem ganzen mediterranen Raum (z. B. → Babrios, → Claudius Aelianus, → Lukian, → Vergil), deren Werke (z. T. über röm. Autoren vermittelt), Gedankengut und damit auch griech. Erzählstoffe und -motive — aus dem Bereich der Mythologie (z. B. → Äneas, → Bellerophon, → Herakles, → Medea, → Pelops, → Perseus, → Symplegaden, → Theseus) — in vielfältiger Form in die Lit.en europ. Länder und von Europa beeinflußter Kulturen Eingang fanden. Problemen der Tradierung, Rezeptions- und Vermittlungsfragen sowie der Möglichkeit einer Interdependenz zwischen literar. und oraler Transmission wird in speziellen EM-Artikeln nachgegangen (z. B. → Acta martyrum et sanctorum, → Apophthegma, → Äsopika, → Byzant. Erzählgut, → Fabel, → Fabelbücher, → Fabelwesen). Im folgenden sollen schwerpunktmäßig die hist. Entwicklung der griech. Erzählforschung des 19./20. Jh.s beschrieben sowie griech. Eigenarten unter Berücksichtigung ihrer hist. und sozialen Determinanten im Erzählungsbestand dokumentiert werden[1].

2. Das neugriech. Märchen als Forschungsgegenstand. In der Wissenschaftsgeschichte des 19. Jh.s sind zwei konträre Richtungen erkennbar, die bis heute die Diskussion um die → Altersbestimmung des griech. Märchens und dessen mögliche Zusammenhänge mit griech. → Mythen (cf. auch → Mythol. Schule, → Archaische Züge im Märchen) und antiken Erzählstoffen bestimmt haben. Die eine Seite wollte bei der aufkommenden intensiven Beschäftigung und der Suche nach den vermeintlichen Quellen der Volkserzählungen das antike G. durchwegs als Stofflieferanten in Anspruch nehmen, die andere verneinte jedwede Zusammenhänge zwischen Märchen und antiken Mythen. So sprach z. B. F. G. Welcker[2] dem altgriech. Geist jede → Naivität ab, welche das Wesen des dt., slav. oder pers. Märchens ausmache. Oder der klassische Philologe W. R. → Halliday[3] leugnete zwar nicht die Existenz von Mär-

chenmotiven in klassischen Erzählungen, war aber der Ansicht, daß eine direkte → Kontinuität zwischen den antiken Erzählungen und neugriech. Märchen nicht behauptet werden könne. Vielmehr betonte er den Wert literar. Zeugnisse für orale Traditionen und ließ erkennen, daß erst genaue Untersuchungen über die → Verbreitung und Gemeinsamkeiten Aufschluß über mögliche Interdependenzen verschaffen würden. Andere Forscher wie z. B. H. Usener[4], E. Rohde[5] oder W. → Aly[6] betrachteten die griech. Mythen und Märchen in ihren komparatistischen, religions- und geistesgeschichtlich orientierten Arbeiten unter dem Blickwinkel einer gemeinsamen geistigen Grundhaltung.

Gerade weil vielleicht die thematischen und motivlichen Übereinstimmungen zwischen Mythen und Märchen nicht zu übersehen waren, sahen sich bes. klassische Philologen zu wagemutigen Behauptungen über Alter und Kontinuität des griech. Märchenschatzes veranlaßt, ohne dabei zu bedenken, daß derartige Themen und Motive oft in ganz anderer Zielsetzung und Funktion begegneten und im Verlauf ihres jahrhundertelangen Fortlebens einen mehrfachen Bedeutungswandel durchgemacht hatten. Charakteristisch für die Annahme der engen Bindung und Abhängigkeit des Neuen vom Alten ist z. B. die Ansicht des klassischen Philologen T. Zielinski[7], der für die Komödien des Aristophanes sogar eine Märchenvorform – im Rahmen einer Märchenkomödie ion. Herkunft – vermutete und in den bis dato veröff. Märchen wie die meisten seiner Zeitgenossen Zeugnisse eines Fortlebens des Märchens von der Antike bis in seine Zeit sah. Darüber hinaus glaubte man, auf eine volkstümliche (= orale) Tradition ex silentio schließen zu dürfen und begründete das Fehlen charakteristischer Formeln und Stilmerkmale in den überlieferten antiken Schriftzeugnissen – wie etwa im Vorw. zu den von A. Hausrath und A. Marx herausgegebenen griech. Märchen aus dem Altertum – mit der Annahme: „Als Ganzes sind Märchen, Legenden und Schwänke nur in allerlei Brechungen und Umbiegungen in die Welt der griechischen Dichter und Erzähler eingezogen. Dabei ist natürlich viel verloren gegangen, vor allem der volkstümliche Ton, der uns beim Märchen selbstverständlich erscheint."[8]

Unter diesen Aspekten mußte es legitim erscheinen, die aus oraler Tradition stammenden neugriech. Märchen gewissermaßen als Bruchstücke (→ Fragmententheorie, → Survivaltheorie) zu betrachten, die möglicherweise neben der literar. Überlieferung und auch unabhängig davon tradiert worden sein und aus deren Synopse die wahrscheinlichen → Urformen antiker Dichtungen gewonnen werden könnten (cf. auch → Rekonstruktion). Bis zu G. A. → Megas[9] hat es nicht an Gelehrten gefehlt, die trotz ihrer ungemein großen Kenntnisse anderer Mythologien und verwandter Stoffe und Themen Zeit ihres Lebens für diese Idee einer Kontinuität eintraten, die eher an die idealistische Betrachtungsweise aus den Anfängen der Märchenforschung erinnert als durch Tatsachen erhärtet werden konnte. Daß Mythenmotive durchaus in neugriech. Märchen Eingang fanden, wird von der Forschung auch anerkannt, wie aus den meisten Beiträgen des Sammelbandes *Antiker Mythos in unseren Märchen*[10] hervorgeht. Doch fehlt es nicht an kritischen Stimmen, die vor einer Überschätzung einer Jh.e währenden mündl. Überlieferung warnen und Schriftlichkeit und Mündlichkeit zu differenzieren wissen. Eine solche Position bekleidet etwa D. Fehling[11]. Er wies am Beispiel des → *Amor und Psyche*-Märchens (AaTh 425) schlüssig nach, daß der Versuch, aus einer weiten zeitlichen und räumlichen Distanz Früheres aus Späterem zu erklären, ebenso untauglich sei wie die fast völlige Negierung der literar. Zeugnisse und deren → Chronologie. Andere, wie etwa O. Weinreich[12], traten bereits früher für eine starke Beachtung der literar. Texte ein und konnten in der chronologischen Analyse der Textbelege die Dominanz der schriftl. fixierten Zeugnisse aufzeigen, ohne die Existenz einer gleichzeitigen mündl. Überlieferung in Frage stellen zu wollen. Fehling, der an die von A. → Wesselski geübte Kritik an der geogr.-hist. Methode anschließt, zeigt mit seinem Beitrag insbesondere die Problematik des Verhältnisses Mündlichkeit/Schriftlichkeit auf, worüber die Diskussion noch nicht abgeschlossen ist. Unabhängig von den verschiedenen Positionen herrscht Einigkeit darüber, daß viele der in griech. und damit verwandten Volkserzählungen vorkommenden Motive und Stoffe vom mediterranen, speziell kleinasiat. Gebiet aus verbreitet worden sind.

3. Sammeltätigkeit und Forschungsschwerpunkte. Die Sammeltätigkeit griech. Erzählungen, Lieder und allg. Bräuche setzt in der Mitte des 19. Jh.s ein[13]. Schon zuvor waren sporadisch griech. Märchen in dt., frz. und russ. Sprache in Zeitschriften oder Anthologien erschienen, z. B. 1832 eine Var. zu → *Cinderella* (AaTh 510 A)[14] oder 1843 zum → *Wasser des Lebens* (AaTh 551)[15]. 1850 begann die neugegründete Zs. *Pandora* mit dem Abdruck von Volksliedern nach dem Beispiel C. Fauriels[16], um diese Lieder vor dem Vergessenwerden zu bewahren, und reihte sich damit in den Kreis derer ein, die in anderen Ländern Europas das gleiche Ziel verfolgten. Intensiviert wurde die Sammeltätigkeit seit 1856 durch einen Aufruf des Erziehungsministeriums, das den Lehrern das Sammeln volkskundlicher Materialien empfahl, welches dann in der *Pandora* zur Veröffentlichung gelangte. Weitere Zeitschriften folgten dieser Zielsetzung; außerdem verbreiterte sich die Materialbasis, als die philol. Gesellschaft Parnassos 1870 eine Kommission für die Sammlung und Veröffentlichung neugriech. Sitten und Bräuche, Märchen und anderer Volkserzählungen gründete. Im 1. Heft der *Neohellēnika analekta* (1870–74) waren elf Märchen (u. a. eine Version des Erzähltyps AaTh 545 B: *Der gestiefelte → Kater*) abgedruckt[17]. Nach den Feststellungen von S. P. → Kyriakides[18] war es nicht primär wiss. Interesse, das die griech. Forscher bewog, Sprache und Lebensformen ihres Volkes zu studieren, sondern vor allem ein patriotisches Anliegen. Für das Volkslied wie auch für die anderen Gebiete der Volksdichtung glaubte man, Spuren der Alten Welt im neuen G. auffinden zu können, um die Kontinuität griech. Geisteslebens vom Altertum bis in die Jetztzeit gegen die Theorien J. P. Fallmerayers[19] u. a. zu dokumentieren. Zum Sammeln rief auch S. Zambelios (1815–81)[20] auf, der einerseits die Notwendigkeit von Feldforschungen hervorhob, um das Studium des zeitgenössischen Volkslebens in ausreichender Breite betreiben zu können, andererseits aber auch auf die Vermittlerrolle der byzant. Welt zwischen Altertum und neuerem Griechentum hinwies, was damals zunächst ignoriert und erst wesentlich später in seiner Bedeutung erkannt wurde[21]. Zunächst lagen die Sammelschwerpunkte auf dem europ. Festland, daneben auch auf Kreta, → Zypern und den Ägä. Inseln. Die Gebiete Kleinasiens (Pontos, Kappadokien, Lykien etc.) fanden geringere Berücksichtigung[22]. Materialien aus dieser Region wurden erst nach 1922 gesammelt, als rund 1,5 Millionen Menschen nach der Niederlage des griech. Heeres in Kleinasien ihre Heimat verlassen mußten. Die Flüchtlinge waren begeisterte Traditionsträger, u. a. auch, weil sich in der Überlieferung Erinnerungen an die Heimat, in der sie zusammen mit den Türken ein glückliches und sozial gesichertes Leben geführt hatten, stabilisierten. Seit dieser Zeit sind viele Arbeiten über die kleinasiat. Griechen und entsprechende Textsammlungen erschienen[23], in denen Märchen selten fehlen (z. B. die Beschreibung des Volkslebens von Kotyora [türk. Ordu] mit Märchen, Sagen und Anekdoten von X. → Akoglou[24]); zum überwiegenden Teil waren es gar reine Märchensammlungen.

Das Erscheinen der zweiteiligen Sammlung *Griech. und albanes. Märchen* (Lpz. 1864) mit 101 griech. und 13 alban. Märchen sowie im Anhang abgedr. Varianten, die der österr. Konsul in Jannina und Syros J. G. von → Hahn[25] ins Deutsche übersetzt und herausgebracht hatte, markierte, wenn auch nur ansatzweise, den Beginn der Erforschung griech. Volkserzählungen. 30 nicht darin publizierte Texte brachte J. Pio 1879 u. d. T. *Neohellēnika paramythia. Contes populaires grecs* (Kop. 1879) heraus und fügte 17 weitere Märchen aus der Ägäis aus seiner eigenen Sammlung hinzu, die er vor allem aus sprachlicher Sicht kommentierte und sich – im Gegensatz zu von Hahn – komparatistischer Hinweise auf verwandte Märchentypen und -motive und mythol. Deutungen weitgehend enthielt. Als Anhänger der Theorien der Brüder → Grimm betrachtete von Hahn die griech. Märchen als lebendige Zeugen einer Jh.e währenden Überlieferung altgriech. Mythen, was sich auch in der von ihm vorgenommenen Gliederung seiner Texte widerspiegelt.

Vor von Hahns Sammeltätigkeit hatte schon der Sprachwissenschaftler B. → Schmidt[26] auf der ion. Insel Zakynthos mit dem Sammeln von Volkserzählungen begonnen, doch erschienen seine Texte erst 1877. Schmidt hatte wie auch R. → Köhler vermerkt, wo in der Zwischenzeit weitere Märchen erschienen waren[27]. Wie von Hahn war Schmidt bestrebt zu erfahren, ob und in welchem Umfang Überbleibsel der hellen. Mythologie in den griech. Märchen seiner Zeit fortlebten[28]. Obwohl sich seine Sammlung mit 25 Texten recht bescheiden ausnahm, war sie „aber reicher an antiken Reminiszenzen als die Hahnsche"[29], da Schmidt primär nur solche Texte interessierten, die seiner Argumentation von der Kontinuität der Themen und Motive nützten. An die → Authentizität des Inhalts der Sammlung jedoch vermochte selbst Megas, ebenfalls Anhänger der Kontinuitätstheorie, nicht so recht zu glauben und bescheinigte Schmidt, er habe den archaisierenden Tendenzen seiner Erzähler wohl nicht entgehen können, warf ihm sogar vor: „So sind in seine Texte einige Züge eingedrungen, die wohl eine Reminiszenz an gewisse altgriechische Mythen aufweisen, aber sonst selten in den Volkserzählungen vorkommen und deshalb bei der Forschung nur mit Vorsicht benutzt werden dürfen."[30]

Eine neue Epoche der Sammelarbeit und intensiveren Erforschung beginnt 1909 mit der von N. G. → Politis begründeten Hellenikē laographikē hetaireia (Griech. Gesellschaft für Vk.), deren Organ *Laographia*[31] zur Veröffentlichung von Volkserzählungen, bes. Märchen, diente, die sowohl synchron als auch diachron unter komparatistischen Aspekten betrachtet wurden. Politis beschäftigte sich u. a. mit der Bedeutung von Versen in Märchen, z. B. in Zusammenhang mit dem griech. Ökotyp 938** (cf. AaTh 938: → *Ödipus*)[32], dem → *Apollonius*-Märchen und Varianten zur vergessenen → Braut[33] und stellte Verzeichnisse griech. und ausländischer Varianten zusammen zu den Themenkreisen → Kind dem Teufel oder Dämon verkauft oder versprochen, Schwängerung durch Verzehr von → Früchten und andere Formen wunderbarer → Empfängnis[34].

Über die Aktivitäten der sog. Finn. Schule (cf. → Folklore Fellows Communications, → Geogr.-hist. Methode) war Politis gut informiert, wollte aber bei der systematischen Erforschung griech. Volkserzählungen nicht die bereits vorhandenen Klassifikationen von Erzähltypen ohne Einschränkung adaptieren. Gleichwohl übertrug er seinem damaligen Assistenten Megas (wie auch Kyriakides bedeutender Schüler von Politis) 1910 die Materialzusammenstellung für die Ausarbeitung eines griech. Märchenkatalogs, doch erst 1978 konnte Megas einen kleinen Teil, die Tiermärchen (AaTh 1 – 299)[35], veröffentlichen und nur in griech. Sprache, obwohl zunächst auch eine gleichzeitige engl. Ausgabe geplant war. Megas, der auf dem Gebiet der geogr.-hist. Methode sachkundigste griech. Märchenforscher, steuerte zur 2. revidierten Auflage des AaTh (1961) eine große Zahl griech. Ökotypen und Var.n bei.

Ein anderer Schüler von Politis, der Byzantinist A. → Adamantiou[36], veröffentlichte 1896 eine bedeutende Studie über die Erzählgemeinschaft von Inselgriechen auf Tinos und deren Erzählgut. Aus Lesbos und von den südl. Sporaden trugen P. → Kretschmer[37] und K. Dieterich[38] im Rahmen sprachwiss.-komparatistischer Studien weitere Volkserzählungen bei. Den bedeutendsten Beitrag zur Sammlung und Erforschung neugriech. Märchen lieferte der engl. Archäologe und Philologe R. M. → Dawkins, der viele Jahre in G., auch in entlegenen Teilen, zugebracht hatte, um dort bes. die neugriech. Dialekte studieren zu können. Nachdem er noch die Kommentierung der Märchentexte seiner Untersuchung *Modern Greek in Asia Minor* (Cambr. 1916) Halliday überlassen hatte, schuf er mit *Forty-five Stories from the Dodekanese* (Cambr. 1950), *Modern Greek Folktales* (Ox. 1953) und *More Greek Folktales* (Ox. 1955) sowie den dazugehörigen ausführlichen Kommentaren repräsentative Anthologien, die seiner Meinung nach die wesentlichen → Ökotypen, aber auch nur singulär bekannte Märchen enthielten. Wie C. W. von → Sydow (und auch Halliday) hielt er die Ausarbeitung nationaler Märchenmonographien für vordringlicher als die Auffindung einer vielfach künstlichen und konventionellen Urform unter Vergleichung internat. verbreiteter Fassungen[39].

Eine kommentierte Ausgabe griech. Volkserzählungen mit Märchen- und auch Sprichworttexten, die ein Gesamtbild des griech. Märchens entwirft, legte D. → Loukatos vor (*Neohellēnika laographika keimena*. Athen 1957); Repräsentativität beanspruchen ebenfalls die beiden Auswahlbände *Hellēnika paramythia* von Megas (Athen 1956/63; einbändige

Ausg. bereits Athen 1927). Loukatos befaßte sich überdies mit den griech. Varianten des → *Cinderella*-Märchens (AaTh 510 A)[40]. Verschiedene Auswahlbände mit griech. Volkserzählungen kamen in den letzten Jahrzehnten u. a. in Frankreich, den USA und bes. im dt.sprachigen Gebiet heraus[41]. Dort veröffentlichte Megas (1965)[42] nach Kretschmer[43] einen Band in den MdW (z. T. mit anderen Texten 1970 in den USA erschienen)[44] und stellte auch eine zweisprachige Sammlung[45] mit zahlreichen bislang ungedr. Fabeln (1968)[46] zusammen. Erzählungen aus Rhodos legte P. Hallgarten[47], aus Rhodos, Lesbos und der Ägäis M. Klaar[48] vor[49]. Klaar widmete auch einen Band den vernachlässigten Gattungen der Legende und des Legendenmärchens[50]. In G. selbst erschien 1982 ein Band zypriot. Märchen in der Übersetzung I. Dillers[51]. Eine Studie über das Märchen von der vergessenen Braut legten M. I. Manusakas und W. Puchner vor[52], in der sie 74 Varianten von AaTh 313 C (cf. → *Magische Flucht*) in ihren Zusammenhängen mit einer rekonstruierten kret. Komödie des 17. Jh.s untersuchten. Unter pädagogischen Aspekten betrachtete A. Michaēlidēs-Nouaros[53] griech. Märchen, während M. G. Papageōrgios[54] in Anlehnung an die Kontinuitätstheorie den Beziehungen von 52 Märchen eines vlach. Dorfes zum altgriech. Mythos nachging.

Im ganzen beschäftigte sich die Forschung hauptsächlich mit den Märchen, aber auch mit Volkslied und Ballade (z. B. Kyriakides, D. Petropoulos, K. Romaios, Megas, D. Tsangalas)[55], während andere Gattungen wie Sprichwort (K. Krumbacher[56], Loukatos[57]) oder Sage (Politis[58]) einschließlich Fragen ihrer Klassifizierung (ein Entwurf stammt von M. Ioannidou-Barbarigou[59]) nur marginales Interesse fanden. Dies ist um so bedauerlicher, als umfangreiche Textkonvolute, Früchte einer intensiven Sammeltätigkeit, die oft den Charakter einer nationalen Angelegenheit angenommen hatte, bis heute unveröffentlicht und unausgewertet in verschiedenen Archiven lagern. Nur ein kleiner Teil gelangte zur Veröffentlichung. Hauptsächlich befinden sich die Sammlungen in dem 1918 von Politis gegründeten Griech. Volkskundearchiv, das später von der Akademie der Wissenschaften (Athen) übernommen wurde, und in dem von M. Merlier 1933 in Athen gegründeten Zentrum für Kleinasiat. Studien, das volkskundliches Material der Flüchtlinge aus Kleinasien bewahrt. Eine Auswahl mit Texten aus Libision und Nea Makri – mit Kommentaren von M. → Meraklis (übers. ins Französische) – erschien 1976[60].

4. Eigenheiten in Gattungen, Typen, Motiven. Megas wie auch Dawkins vertraten die Ansicht, daß der griech. Märchenraum eine mehr oder weniger selbständige Einheit bilde[61], obwohl sich G. wie eine Brücke zwischen Orient und Okzident, zwischen dem Nahen Osten und Ägypten auf der einen Seite und dem südl. Europa auf der anderen Seite befinde. Trotz der typol. und thematischen Gemeinsamkeiten sah Dawkins jedoch wesentliche Unterschiede zum einen zwischen griech. und türk.[62], zum anderen zwischen griech. und ital. Märchen. Die Türkei und Italien sind freilich zwei Länder, die einen bes. Platz in einer kulturellen Wechselwirkung mit G. beanspruchen dürfen: nicht nur aus naheliegenden geogr. Gründen, sondern vor allem aufgrund der hist.-politischen Entwicklung. Schließlich hatte G. eine Jh.e währende, das ganze Land umfassende Türkenherrschaft (1453–1821) erlebt, wie auch eine venezian. Herrschaft über einen Teil des Landes (1204–1669).

Dawkins glaubte, daß Tiererzählungen niemals in G. verbreitet gewesen seien[63], was Megas jedoch widerlegen konnte[64], indem er nicht nur internat. verbreitete Typen nachwies[65], sondern auch eine beträchtliche Zahl von Ökotypen; 54 von 208 Nummern finden sich nicht bei AaTh[66]. Festzuhalten ist ferner, daß einige Fabeln aus mündl. Tradition besser überliefert zu sein scheinen als in der schriftl., über Byzanz verlaufenden Tradition[67]. Die von Dawkins geschätzte Zahl von etwa 80 in G. vorhandenen Märchen bezweifelte Megas ebenso, denn „allein schon die eigentlichen oder magischen Märchen (AaTh 300–725) in meinem noch nicht vollendeten Katalog der griechischen Märchenvarianten, die von mir selbst hinzugefügten Nummern nicht mitgerechnet, betragen 100“[68].

Dawkins[69] beobachtete bei den Märchen vom Dodekanes eine fortgeschrittene Säkularisierung und Inhalte, die sich deutlich an ein Publikum wenden, das der traditionellen Geschichten überdrüssig ist. Die gleiche Meinung vertritt auch Meraklis in der Einleitung zu den Märchen aus Lesbos[70] und Thessalien[71]. Es handelt sich hier offenbar um ein grundlegendes Charakteristikum des neugriech. Märchens, eine Hinwendung zur Rationalität, die sich unter sehr schwierigen hist. und geogr. Verhältnissen entwickelte.

Einige Beispiele für das Zaubermärchen: Im Rapunzelmärchen (AaTh 310: → *Jungfrau im Turm*) ist in allen griech. Varianten (sowie zwei skr. und einer kors.)[72] die Heldin Tochter einer Zauberin, im Gegensatz zu den übrigen Fassungen, in denen sie Tochter einer gewöhnlichen Sterblichen ist, die der Zauberin aus dem einen oder anderen Grunde versprochen ist. Signifikanten Fällen von Ökotypen in der Gesamtheit der Subtypen von AaTh 425: cf. → *Amor und Psyche* geht Megas[73] in seiner ausführlichen Studie zu diesem vieldiskutierten Märchen nach. Bezüglich AaTh 450: → *Brüderchen und Schwesterchen* merkte Dawkins[74] an, daß griech. Varianten von einem Geschwisterpaar namens Avjerinos (Morgenstern) und Poulia (Siebengestirn) sprechen, Namen, die in Verbindung mit dem Ende der Erzählung zu sehen sind, wo die beiden Kinder in Sterne verwandelt werden[75]. Diese eigentümliche Umformung ist lediglich für G. belegt, obwohl die Sternwerdung menschlich gedachter Wesen in vielen Mythologien (cf. auch → Astralmythologie) thematisiert worden ist. Ausgehend von griech. Varianten konnte Megas die unzureichenden Typenbeschreibungen von AaTh 894: → *Geduldstein*[76], AaTh 707 A: cf. *Die drei goldenen* → *Söhne*[77] und AaTh 710: → *Marienkind*[78] präzisieren und neue Grenzen ziehen; so wies er S. → Thompson u. a. nach, daß er sich bei der Strukturbeschreibung von AaTh 894 auf eine Erzählung aus der Sammlung L. → Gonzenbachs gestützt hatte, die lediglich eine kontaminierte Form darstellte.

5. Zur Biologie und Soziologie neugriech. Volkserzählungen. Die Märchentexte interessierten in der ersten volkskundlichen Forschungsphase vorwiegend als archäologische Zeugnisse, im engeren Sinn als Fundgruben antiker Wörter, Bedeutungsfelder, Bräuche, Mythen etc., denn als Zeugnisse rezenter Volkskultur. So war es nur natürlich, daß Fragestellungen, die sich auf die Gegenwart bezogen, etwa auf die Funktion und Existenzform der Texte, die komplexe Erzählerpersönlichkeit und deren Rolle in bezug auf soziale Herkunft, Alter, Geschlecht etc. zunächst nicht weiter interessierten. Die Beobachtung von Dawkins[79] über den Gewährsmann, der ihm das erste Material überbracht hatte, stellt keinen Einzelfall dar: Der Informant hatte nichts über die Erzähler selbst notiert. Aber diese Feststellung läßt sich auf die meisten in Europa tätigen Sammler und ihre Sammlungen aus dem 19. Jh. und den ersten Dezennien des 20. Jh.s übertragen.

Nur sporadisch haben sich Beobachtungen zur → Biologie des Erzählguts erhalten. Von Hahn[80] z. B. stellt um die Mitte des 19. Jh.s fest, daß die Erzähler sich scheuten, Märchen zu erzählen: Nur gegen Entgelt fanden sich männliche Erzähler dazu bereit und überwanden ihre Scham und die Befürchtung, sich lächerlich zu machen. Das Publikum hörte nichtsdestoweniger mit Genuß zu. Auf einen ständigen Kreis von erwachsenen Zuhörern läßt auch die Tatsache schließen, daß die Märchen auf kindliche Interessen oder pädagogische Absichten keine Rücksicht nahmen, obwohl es in den Märchentexten Hinweise gibt, z. T. formelhaft und mehrfach wiederholend, die auf die Anwesenheit von Kindern schließen lassen[81]. Ein Märchen wird unterbrochen, weil es sonst zu lange dauert, oder es wird abgekürzt, weil die zuhörenden Kinder sonst einschlafen könnten.

Während Dawkins, der bei seinen ihm nur schriftl. bekannten Texten das Geschlecht der Erzähler nicht kannte, jedoch vermutete, daß die meisten Märchen von Frauen (cf. → Frauenmärchen) erzählt worden seien, wies M. G. Michaēlidēs-Nouaros[82] auf die wichtige Rolle erzählender Männer hin. Der Wahrheit am nächsten kommen wird wohl die von Adamantiou vertretene mittlere Position, daß die Erzählkunst bei Frauen und Männern gleich häufig anzutreffen sei. Ergänzend ist noch festzuhalten, daß Dawkins, Michaēlidēs-Nouaros und Adamantiou[83] ihre Feldforschungserfahrungen bei Inselgemeinden, also isolierten Mikrogesellschaften, erwarben, während von Hahn hauptsächlich auf seine Erfahrungen aus Jannina, der Hauptstadt von Epirus, zurückgriff, das schon im 18. Jh. in der Phase der griech. Aufklärung ein Kulturzentrum von weitreichender Ausstrahlungskraft darstellte. Von daher betrachtet sind von Hahns Beobachtungen nicht auf ganz G. übertragbar. Die unterhaltende Rolle von Volkserzählungen im weitesten Sinne stellte vermutlich den Normalfall dar (wobei die Schwänke großen Anteil hatten wie auch sexuelle Witze und Anekdoten), zumindest bis zum Ende des vergangenen Jh.s. Aus diesem Grunde und im Zusammenhang mit dem bis in die ersten Dezennien des 20. Jh.s andauernden Analphabetismus breiter Schichten blieb der Einfluß schriftl. Überlieferung, die zu einem wesentlichen Teil bis zum Anfang des 20. Jh.s moralisch-religiös bestimmt war, sehr beschränkt, trotz intensiver Propaganda der kathol. Kirche, die sich nicht nur auf die eigenen Einflußbereiche beschränkte[84]. Es ist gewiß kein Zufall, daß die Legendenmärchen (AaTh 750—849) innerhalb der griech. Märchen keine herausragende Rolle einnehmen; am verbreitetsten sind AaTh 750 D, 750 F*, 750 H*, 754, 756, 759, 780, 782, 812, 842 B* sowie die Ökotypen *808 B, *821 C[85].

6. Stilmerkmale. Wie viele zeitgenössische Wissenschaftler vertrat Dawkins die Meinung, daß sich das griech. Märchen aus einem archaischen Stadium heraus entwickelt habe. Von den zwei denkbaren Wegen — entweder in Richtung Kinderliteratur unter Beibehaltung seiner Struktur in großen Zügen mit einer gewissen Verkindlichung der Helden oder in Richtung einer Art mündl. erzählten Romans — habe das griech. Märchen die Tendenz zum Roman hin eingeschlagen[86]. Er schloß dies aus der Kunstfertigkeit der Erzähler, mündl. auch im Rahmen der oralen Tradition etwas zum Ausdruck bringen zu können, was gewöhnlich nur in schriftl. Überlieferung zu finden sei. Grundlegende Bestandteile dieser erweiterten Märchengattung sind der lebendige Dialog und die sich daraus ergebenden, oftmals komischen Wirkungen: zugleich eine weitere Bestätigung für die Tendenz zur Rationalisierung und Säkularisierung des Mythos[87]. Der Umschlag vom Ernsten zum Komischen kann auch als ein mehr oder weniger bewußtes Kunstmittel angesehen werden.

Ein weiteres stilistisches Kriterium des griech. Märchens besteht darin, abstrakte Begriffe, Handlungen und Anliegen zu konkretisieren. So begegnet häufiger die Materialisierung eines Segenswunsches, wenn z. B. die Mutter ihrer verreisten Tochter einen Segen in einer Tabaksdose zukommen läßt[88] oder die Schönheit, ein ‚nicht faßbares Ding', in eine Schachtel eingeschlossen ist[89]. In einer Variante zu AaTh 531: → *Ferdinand der treue und F. der ungetreue* von der Insel Chios[90] erhält ein Jüngling vor seiner Abreise von seinen Eltern einen Segen. Ein Erdbeben zerstört seine Heimat, aber bei seiner Rückkehr findet er in den Trümmern seines Elternhauses ein goldenes Pferd, das ihn eine Stimme besteigen heißt, denn dieses Pferd ist der Segen seines Vaters und seiner Mutter.

Bei einem so sangesfreudigen Volk wie den Griechen scheint es verwunderlich, daß kaum eine Vermischung der Gattungen Lied und Märchen zu beobachten ist. Zwar findet sich z. B. die Drachentötung von Heiligen (bes. des hl. → Georg) als beliebtes Liedthema[91], aber zu den Drachentötern des Märchens (z. B. AaTh 300: cf. → Drache, Drachenkampf, Drachentöter) ergeben sich keine Berührungspunkte[92]. Einen seltenen Fall einer Koexistenz beider Gattungen stellt das Thema der unterschobenen → Braut (AaTh 892: cf. → *Cymbeline*) dar, obwohl bei den Griechen das Motiv der Verstümmelung der Dienerin als Beweis der Verführung ausschließlich im Liedmaterial auftritt[93].

Eine Begründung für die Unabhängigkeit beider Hauptgattungen griech. Volksüberlieferung könnte in der Gefühlsbetontheit und der zugleich starken Abwehr alles Metaphysischen liegen, die die griech. Volkslieder auszeichnen. Selbst als Kunstmotive dulden sie keine Themen wie etwa die Auferstehung Toter und deren Verwandlung. Eine Zwischenstellung nimmt die Sage ein[94].

Auch wenn Lied und Märchen thematisch keine größeren Affinitäten aufweisen, haben Verse und Lieder in den griech. Märchen durchaus ihren Platz gefunden. Sie variieren den Prosatext oder verbinden verschiedene Teile der Erzählung. Bei diesen formelhaften Elementen handelt es sich um selbständige Lieder[95]. Ihre organische Eingliederung erweist sich daran, daß sie allen Bedeutungen und Funktionen, die gewöhnlich solchen Liedern zukommen, genügen[96]. Daß diese Texte auch einmal regelrechte Lieder gewesen sein dürften, die von den Erzählern gesungen wurden, ist aus manchen Redewendungen zu vermuten: ‚Da beginnt der Gevatter der Katze zu singen und sagt', ‚der Schneider, arglos in allem, sang ihnen vor'[97].

Darüber hinaus wird verschiedentlich die — höchst umstrittene — Ansicht vertreten, daß die Verspartien der Märchen die einzigen überlebenden Bruchstücke epischer Gedichte seien. Schon Politis hatte in seiner Untersuchung der Märchenverse hierfür eigens eine Kategorie vorgesehen und z. B. für das weitverbreitete Thema von der vergessenen Braut (AaTh 313 C) behauptet, die darin vorkommenden Verse stellten eine Zusammenfassung eines alten (längeren) Gedichts dar[98]. Dieser Hypothese sind Manusakas und Puchner weiter nachgegangen[99] und haben statt dessen aus den Verspartien der einzelnen griech. Fassungen eine bisher unbekannte griech. Komödie aus dem 16. oder 17. Jh. erschlossen, die auf dem damals venezian. Kreta entstanden sein und weite Verbreitung gefunden haben müsse. Das Märchen als Vermittlungsinstanz von Theaterstücken ist etwas Seltenes; dies macht den obigen Fall noch bemerkenswerter.

[1] cf. Rez. R. Köhlers [1871] zu Neohellēnika analekta 1, 1–2 in Köhler/Bolte 1, 365–377; BP 4, 108–122; BP 5, 94–97; Kretschmer, P.: Neugriech. Märchen. MdW 1917 (1919, 1941), I–XII; Megas, G. A.: Märchenslg und Märchenforschung in G. seit dem Jahre 1864. In: DJbfVk. 8 (1962) 153–159; id.: Griech. Volksmärchen. MdW 1965, 295–304; id.: Folktales of Greece. Chic./L. 1970, XI–LVII. – [2] Welcker, F. G.: Griech. Götterlehre 1. Göttingen 1857, 110. – [3] Halliday, W. R.: Modern Greek Folk-Tales and Ancient Greek Mythology. In: FL 23 (1912) 486–489, 25 (1914) 122–125; id.: The Subject Matter of the Folk-Tales. In: Dawkins, R. M.: Modern Greek in Asia Minor. Cambr. 1916, 215–283; id.: Indo-European Folk-Tales and Greek Legend. Cambr. 1933. – [4] z. B. Usener, H.: Die Legenden der Pelagia. Bonn 1879. – [5] z. B. Rohde, E.: Der griech. Roman und seine Vorläufer. Lpz. 1876 ([3]1914; Nachdr. Hildesheim 1960); id.: Psyche. Seelenkult und Unsterblichkeitsglaube der Griechen 1. Tübingen [7+8]1921. – [6] Aly, W.: Volksmärchen, Sage und Novelle bei Herodot und seinen Zeitgenossen. Eine Unters. über die volkstümlichen Elemente der altgriech. Prosaerzählung. Göttingen (1921) [2]1969. – [7] Zielinski, T.: Die Märchenkomödie in Athen. St. Peterburg 1885 (= Jahrber. der dt. Schulen zu St.-Annen für 1885). – [8] Hausrath, A./Marx, A.: Griech. Märchen, Fabeln, Schwänke und Novellen aus dem klassischen Altertum. Jena (1913) [2]1922, VIII. – [9] cf. die gesammelten Kl. Schr. von Megas, G. A.: Laographikai meletai. Athen 1967 (= Laographia 25). – [10] Antiker Mythos in unseren Märchen. ed. W. Siegmund. Kassel 1984. –
[11] Fehling, D.: Amor und Psyche. Die Schöpfung des Apuleius und ihre Einwirkung auf das Märchen, eine Kritik der romantischen Märchentheorie (Akad. der Wiss.en und der Lit., Mainz. Abhdlgen der geistes- und sozialwiss. Kl. 9, 1977). Mainz 1977. –
[12] z. B. Weinreich, O.: Zu antiken Epigrammen und einer Fabel des Syntipas. In: Annuaire de l'Inst. de Philologie et d'Histoire Orientales et Slaves 11 (1951) 417–467; id.: Antike Heilungswunder. Unters.en zum Wunderglauben der Griechen und Römer. (Gießen 1909) Nachdr. B. 1969; id.: Antiphanes und Münchhausen. Das antike Lügenmärlein von den gefrorenen Worten und sein Fortleben im Abendland. Wien/Lpz. 1942. – [13] cf. zum folgenden die in not. 1 genannten Überblicksdarstellungen. – [14] Das Ausland (1832) H. 58, 230. – [15] Eulampios, G.: Ho Amarantos ētoi ta roda tēs anagennētheisēs Hellados (Der Amarant oder die Rosen der Wiedergeburt G.s). St. Peterburg 1843, 76–134 (Abdruck in griech. und russ. Sprache). – [16] Fauriel, C.: Chants populaires de la Grèce moderne 1–2. P. 1824/25; zu Fauriel v. Ibrovac, M.: Claude Fauriel et la fortune européenne des poésies grecque et serbe. P. 1966. – [17] cf. Köhler/Bolte 1, 371–374. – [18] Laographia 7 (1923) Xsq. – [19] Fallmerayer, J. P.: Geschichte der Halbinsel Morea während des MA.s 1–2. Stg. 1830/36. – [20] Zampelios, S.: Asmata dēmotika tēs Hellados (Volkslieder G.s). Korfu 1852, Einl. –
[21] Zusammenfassend Beck, H.-G.: Geschichte der byzant. Volkslit. Mü. 1971. – [22] z. B. Carnoy, E. H./Nicolaidès, J.: Traditions populaires de l'Asie Mineure. P. 1889; Iōannidēs, S.: Historia kai statistikē Trapezountos kai tēs peri autēn chōras (Geschichte und Statistik Trapezunts und des umliegenden Gebiets). Konstantinopel 1870; Lagarde, P. de: Neugriech. aus Kleinasien. Göttingen 1886; Nicolaidès, J.: Contes licencieux de Constantinople et de l'Asie Mineure. P. 1906; Sarantidēs, A. I.: Hē Sinassos. Athen 1899. – [23] Lianidēs, S.: Ta paramythia tou pontiakou laou (Die Märchen des pont. Volkes). Athen 1962; Pampoukēs, I. T.: Mythoi tēs Oinoes tou Pontou (Fabeln aus Oenoe, Pontos). Athen 1963; Epiphanios-Petrakēs, S.: Laographika tēs Smyrnēs 1–4 (Volkskundliches aus Smyrna). Athen 1964–69; Mousaiou-Mpougioukou, K.: Paramythia tou Libisiou kai tēs Makrēs (Märchen aus Libision und Nea Makri). Athen 1976. – [24] Akoglou, X.: Laographika Kotyōrōn 1–2 (Volkskundliches aus Kotyora). Athen 1939/64. – [25] Zur Biogr. cf. Grimm, G.: Johann Georg von Hahn (1811–1869). Leben und Werk. Wiesbaden 1964. – [26] Schmidt, B.: Griech. Märchen, Sagen und Volkslieder. (Lpz. 1877) Nachdr. Hildesheim/N.Y. 1978. – [27] ibid., 3, not. 1; cf. auch Köhler/Bolte 1, 366–370. – [28] Schmidt, B.: Das Volksleben der Griechen und des hellen. Altertums. Lpz. 1871. – [29] Megas 1962 (wie not. 1) 154. – [30] ibid., 156. –
[31] Eine Aufstellung der in den ersten Bänden der Laographia veröff. Volkserzählungen mit einer Bestimmung der Ökotypen gibt G. A. Megas in Laographia 19 (1960) 569–575. – [32] Politēs, N. G.: Paratērēseis tines eis to anōterō paramythion (Einige Bemerkungen zu obigem Märchen). In: Laographia 1 (1909) 77–81. – [33] id.: Paramythion (Ein Märchen). In: Laographia 2 (1910/11) 146–148. – [34] id.: Paratērēseis eis ta sōzopolitika paramythia (Bemer-

kungen zu den Märchen von Sozopolis). ibid. 5 (1915) 459–488. – [35] Megas, G. A.: To hellēniko paramythi. Analytikos katalogos [...]. 1: Mythoi zōōn (Das griech. Märchen. Analytischer Katalog [...]. 1: Tiermärchen). Athen 1978; cf. auch id.: Der griech. Märchenraum und der Katalog der griech. Märchenvar.n. In: Kongreß Kiel/Kopenhagen 1959, 199–205. – [36] Adamantiou, A.: Tēniaka (Materialien aus Tenos). In: Deltion tēs historikēs kai ethnologikēs hetaireias 5 (1896) 277–298. – [37] Kretschmer, P.: Neugriech. Dialektstudien. 1: Der heutige lesb. Dialekt verglichen mit den übrigen nordgriech. Mundarten. Wien 1905. – [38] Dieterich, K.: Sprache und Volksüberlieferungen der südl. Sporaden im Vergleich mit denen der übrigen Inseln des Ägä. Meeres. Wien 1908. – [39] Dawkins, R. M.: Forty-five Stories from the Dodekanese. Cambr. 1950, 18. – [40] Loukatos, D. S.: Hē paroimia gia tēn kenodoxē syzygo (Sprichwörter über die ruhmsüchtige Ehefrau). In: Laographia 18 (1959) 497–520. –
[41] cf. Miller, J. E.: Modern Greek Folklore. An Annotated Bibliogr. N.Y./L. 1985. – [42] Megas 1965 (wie not. 1). – [43] Kretschmer (wie not. 37). – [44] Megas 1970 (wie not. 1). – [45] id.: Griechenland – Deutschland (Begegnung der Völker im Märchen 3). Münster 1968. – [46]id.: Zur „Begegnung der Völker im Märchen“. In: Fabula 15 (1974) 232–244. – [47] Hallgarten, P.: Rhodos. Die Märchen und Schwänke der Insel. Ffm. 1929. – [48] Klaar, M.: Tochter des Zitronenbaums. Märchen aus Rhodos. Kassel 1970; ead.: Die Reise im goldenen Schiff. Märchen von ägä. Inseln. Kassel 1977; ead.: Die Pantöffelchen der Nereide. Griech. Märchen von der Insel Lesbos. Kassel 1987. – [49] cf. auch Karlinger, F.: Märchen griech. Inseln und Märchen aus Malta. MdW 1979. – [50] Klaar, M.: Christos und das verschenkte Brot. Neugriech. Volkslegenden und Legendenmärchen. Kassel 1963; ferner Karlinger, F./Mykytiuk, B.: Legendenmärchen aus Europa. MdW 1967. –
[51] Diller, I.: Zypriot. Märchen. Athen 1982. – [52] Manusakas, M. I./Puchner, W.: Die vergessene Braut. Bruchstücke einer unbekannten kret. Komödie des 17. Jh.s in den griech. Märchenvar.n vom Typ AaTh 313 c (Österr. Akad. der Wiss.en, phil.-hist. Kl., Sb.e 436). Wien 1983. – [53] Michaēlidēs-Nouaros, A.: Hē domē enos hellēnikou mythou (Die Struktur der griech. Fabel). Athen 1964 (frz. Ausg.: Un Fable grecque moderne. Athen 1979); id.: Hena paramythi: genika problēmata kai eidikōterēs paidagōgikēs apopseis (Ein Märchen: Generelle Probleme und spezifische pädagogische Bemerkungen). In: Epeteris tēs philosophikēs scholēs tou panepistēmiou Thessalonikēs 21 (1983) 305–362. – [54] Papageōrgios, M. G.: Paramythia apo mythus archaiōn hellēnikōn poiētikōn ergōn pou chathēkan kai alla paramythia tou vlachophōnou chōriou Skra (Lioumnitsa) (Märchen aus Mythen von altgriech. poetischen Werken, die verlorengegangen sind, und andere Märchen aus dem vlachophonen Dorf Skra [Lioumnitsa]) 1–2. Thessaloniki 1984. – [55] cf. Miller (wie not. 41). – [56] Krumbacher, K.: Mittelgriech. Sprichwörter. Mü. 1893. – [57] Loukatos, D. S.: Neohellēnika laographika keimena (Neugriech. Volksmärchen). Athen 1957, bes. 1–39, 243–296. – [58]z. B. Politēs, N. G.: Paroimiai (Sprichwörter) 1–4. Athen 1899–1902. – [59] Ioannidou-Barbarigou, M.: Classification des légendes populaires grecques. In: Laographia 22 (1965) 179–184. – [60] Mousaiou-Mpougioukou (wie not. 23). –
[61] Megas 1959 (wie not. 35). – [62] cf. auch Horálek, K.: Zur Frage der türk. Einflüsse in den griech. Volksmärchen. In: Serta Slavica (1971) 270–276. – [63] Dawkins, R. M.: Modern Greek Folktales. Ox. 1953, XIX. – [64] Megas 1959 (wie not. 35). – [65] id. 1978 (wie not. 35). – [66] Megas 1978 (wie not. 35); cf. auch zusammenfassend id. (wie not. 35). – [67] id.: Some Oral Greek Parallels to Aesop's Fables. In: Humaniora. Festschr. A. Taylor, N. Y. 1960, 195–207. – [68] Megas 1959 (wie not. 35). – [69] Dawkins (wie not. 39) 5, 17; id. (wie not. 63) 373 sq. – [70] Zourou, F. M.: Lesbiaka paramythia. Athen 1978, 7 sq. –
[71] Kliapha, M.: Paramythia tēs Thessalias (Märchen aus Thessalien). Athen 1977, 13–16. – [72] Meraklēs, M.: Une autre Version de la „Persinette“. In: Laographia 22 (1965) 300–303 (ausführlicher u. d. T.: Paratērēseis sto paramythi tēs xanthomallousas [AaTh 310] [Bemerkungen zu dem Märchen von der Blondhaarigen]. ibid. 21 [1963/64] 433–465). – [73] Megas, G. A.: Das Märchen von Amor und Psyche in der griech. Volksüberlieferung. Athen 1971; cf. dagegen Fehling (wie not. 11). – [74] Dawkins (wie not. 63) 7–9. – [75] cf. auch Schadewaldt, W.: Griech. Sternsagen. Mü. 1970. – [76] Megas, G. A.: Die Novelle vom menschenfressenden Lehrer. In: Demologia e folklore. Festschr. G. Cocchiara. Palermo 1974, 197–208. – [77] ibid. – [78] ibid. – [79] Dawkins (wie not. 39) 2. – [80] Hahn, 11. –
[81] cf. Dawkins (wie not. 39) 3, 7; Kyriakides, S.: Hellēnikē laographia (Griech. Volkskunde). Athen 1922 (Nachdr. 1965), 288. – [82] Michaēlidēs-Nouaros, M. G.: Karpathiaka mnēmeia. 2, 1: Laographika symmeikta Karpathou (Karpath. Denkmäler. 2, 1: Volkskundlich Vermischtes aus Karpathos). Athen 1932, 266–268. – [83] Adamantiou (wie not. 36) 278. – [84] Zur Bekehrungstätigkeit der Katholiken im griech. Raum mit Hilfe der religiösen Volkslit. cf. Tsirpanlēs, Z. N.: Hoi hellēnikes ekdoseis tēs Sacra congregatio de propaganda fide (17 os aiōnas) (Die griech. Ausg.n der Sacra congregatio [...] [17. Jh.]). Athen 1974. – [85] cf. Megas (wie not. 31). – [86] Dawkins (wie not. 39) 5. – [87] cf. Meraklēs, M. G.: Ho orthologismos sto hellēniko paramythi (Rationalismus im griech. Volksmärchen). In: Laographia 30 (1975/76) 11–16. – [88] z. B. Laographia 21 (1963/64) 452. – [89] ibid., 456. – [90] Dawkins (wie not. 63) 459 sq.; id.: More Greek Folktales. Ox. 1955, 59. –
[91] Politēs, N. G.: Ta dēmōdē hellēnika asmata peri tēs drakontoktonias tou Hagiou Geōrgiou (Über die griech. Volkslieder von der Drachentötung des hl.

Georg). In: Laographia 4 (1912/13) 185–235. – [92] Alexiadēs, M. A.: Hoi hellēnikes parallages gia tōn drakontoktono ēroa (Die griech. Parallelen zum Drachentöter). Jannina 1982. – [93] cf. Köhler/Bolte 1, 374–376; Bourboulis, P. B.: Studies in the History of Modern Greek Motifs. Saloniki 1953, 53–104. – [94] Meraklēs, M. G.: Ta themata tēs metamorphōseōs kai tēs anastaseōs nekrou ōs eididologika stoicheia tou pezou kai tou poiētikou logou tou laou (Das Thema der Verwandlung und der Auferstehung des Toten als Gattungselement der Volksprosa und der Volksdichtung). In: Laographia 24 (1966) 94–112. – [95] cf. id.: Ta paramythia mas. Thessaloniki 1973, 178–205. – [96] cf. auch Karlinger, F.: Die Funktion des Liedes im Märchen der Romania (Salzburger Univ.sreden 34). Salzburg/Mü. 1968. – [97] Meraklēs (wie not. 95) 179. – [98] Politēs (wie not. 32). – [99] Manusakas/Puchner (wie not. 52).

Jannina Michael Meraklis

Grille und Ameise (AaTh 280 A), bes. in der schriftl. Tradition weitverbreiteter Fabeltyp aus der mit dem Namen des → Äsop verbundenen Sammlung, den bedeutende Fabeldichter der Antike (→ Babrios, → Phädrus, → Avianus), des MA.s und der Neuzeit aufgegriffen haben[1]. Die seit den frühesten Belegen nahezu unverändert gebliebene Handlung vermittelt im wesentlichen das Lob des Fleißes und die Verurteilung der Faulheit (→ Fleiß und Faulheit):

Den ganzen Sommer über singt die Grille (Mistkäfer, Vogel, Frosch) ihre Lieder, während die → Ameise ununterbrochen Vorräte für den Winter sammelt. In der kalten Jahreszeit bittet die hungrige G. die A. um Nahrung, damit sie überleben kann. Als diese den Grund für die Not der G. erfährt, erteilt sie ihr lediglich den Rat, nunmehr zu tanzen, weil sie im Sommer ja gesungen habe.

Im MA. haben → Marie de France (num. 39) und → Berechja ha-Nakdan den Stoff eigenständig erweitert[2]. So belehrt in der hebr. Fassung die A. die G. ausführlich darüber, daß sie trotz ihrer Kleinheit und Schwäche weise sei, und beschimpft die G. als Faulpelz. Die erste greifbare dt. (mittelndd.) Übers. verfaßte → Gerhard von Minden[3]. In seinem Lehrgedicht *Der Renner* (1300)[4] benutzt Hugo von Trimberg die Fabel, um Kritik am Leben des Hofes zu üben, dem die Rechtschaffenheit des armen Mannes (A.) entgegengestellt wird[5]. Sie findet sich auch bei Ulrich → Boner, in den dt. Cyrillus-Übertragungen, bei Heinrich → Steinhöwel und Burkart → Waldis[6]. Waldis knüpft an den üblichen Verlauf der Ereignisse die für seine Zeit ungewöhnliche Moral, daß materielles Gut vergänglicher als persönlicher Einsatz sei. Eine bemerkenswert verknappte Version mit prägnanter Weisung am Ende („Appren des bestes mon ami") gibt 1597 Jean Antoine de Baïf[7], während die *Alte Newe Zeitung* (1592), Hans → Sachs und → Abraham a Sancta Clara jeweils die Notwendigkeit einer vorsorgenden Lebensweise herausarbeiten[8]. W. → Kobolt verzichtet auf den ablehnenden Bescheid der A., bei ihm führen die Tiere lediglich im Sommer ein belehrendes Gespräch[9].

Schon die antiken Bearbeiter und auch die → Romulus-Paraphrasen benutzten die Fabel von G. und A. als Ermahnung zu Fleiß, Altersvorsorge und Warnung vor ‚unnützen Verrichtungen'. Auch die in ihrer Nachfolge stehenden Dichter des MA.s und der Neuzeit sparen nicht mit weisen, an das abschreckende Beispiel der G. geknüpften Belehrungen; eine häufige Übereinstimmung zeigt sich in der Ansicht, daß nicht sichtbar produktive Beschäftigungen keine Berechtigung haben.

Die Fassung Jean de → La Fontaines (1, 1) bringt keine wesentliche Neuerung[10]. Eine engl. Version von 1692[11] gibt in einem ausgedehnten Kommentar erstmals zu bedenken, daß die A.n der G. besser geholfen hätten, als sich geizig zu zeigen. Einen kritischen Unterton hat auch Isaac de Benserades (1678)[12] Einleitung zur Fabel: Die Freunde erkennt man in der Not. Noch deutlicher verändert 1854 der frz. Sozialist Pierre Lachambeaudie[13] die früheren Fassungen, indem er um Verständnis für von Gott auferlegte Aufgaben wirbt: Eine Taube rettet die von der A. zurückgestoßene G. vor dem Verhungern. Auch Gottlieb Conrad → Pfeffel[14] fügt sich nicht den antiken Vorgaben, sehr im Unterschied zu dt. Dichtern der Aufklärung[15]. Originelle Umdichtungen gibt es im 20. Jh.[16]. Namentlich eine moderne Fassung widersetzt sich der harten Moral des antiken Stoffes gänzlich: Die G. befolgt den sarkastischen Rat der A. wörtlich und wird beim Ballett bald erfolgreich und wohlhabend. Ironisch schließt der Dichter, daß ein guter Rat oft mehr wert sei als eine Scheibe Brot[17].

In Persien und der Türkei lassen sich teils eng verwandte Fassungen nachweisen. Meist hat die A. hier andere Partner als die G., z. B. Nachtigall oder Amsel[18]. Die früheste Var. findet sich bei dem pers. Mystiker Sa'di (gest. 691/1292)[19], der die A. wohl die Nachtigall tadeln, ihr aber dennoch helfen läßt. In die türk. Lit. des Osman. Reiches wurde die Fabel mit großer Wahrscheinlichkeit von den Griechen getragen[20]. In einer osman. Chronik (1490) sowie in einer von J.-A. → Decourdemanche aus Texten des 15. Jh.s zusammengestellten Anthologie[21] verbringt die G. (Amsel) den Sommer damit, den Reisenden mit ihrem Gesang die Zeit zu verkürzen. Nachhaltigen Einfluß auf die weitere Entwicklung der Fabel hatte hier die Fassung La Fontaines (früheste Übers. wohl Ende 18. Jh.), durch welche erst die strengen Schlußfolgerungen in die türk. Bearb.en eingeführt wurden[22]. Neuere türk. Autoren haben sich von diesem Vorbild wiederum freigemacht und eigenständige Nachdichtungen verfaßt[23].

Populäre Fassungen der in der mündl. Überlieferung in den wesentlichen Zügen konstanten Fabel sind in meist singulären Var.n ohne erkennbaren regionalen Schwerpunkt belegt[24]. In Mitteleuropa ist die Überlieferung der Fabel offensichtlich auf die schriftl. Bearb.en beschränkt geblieben.

[1] Äsop/Halm, num. 401, 295; Babrius/Perry, num. 373, 140; allg. cf. Dicke, G./Grubmüller, K.: Die Fabeln des MA.s und der frühen Neuzeit. Mü. 1987, num. 35. — [2] Schwarzbaum, Fox Fables, num. 17. — [3] Die Fabeln Gerhards von Minden in mittelndd. Sprache. ed. A. Leitzmann. Halle 1898, num. 74; cf. Leibfried, E.: Fabel. Stg. 41982, 57. — [4] Hugo von Trimberg: Der Renner 1—4. ed. G. Ehrismann. Tübingen 1908—09, V. 5565—5618, 20039—20086. — [5] cf. Grubmüller, K.: Meister Esopus. Mü. 1977, 278 sq. — [6] Der Edelstein von Ulrich Boner. ed. F. Pfeiffer. Lpz. 1844, num. 42; Cyrillus: Spiegel der natürlichen Weisheit. Augsburg 1571, Kap. 4; Steinhöwels Äsop. ed. H. Österley. Stg. 1873, num. 144b; Esopus von Burkart Waldis 1. ed. H. Kurz. Lpz. 1862, num. 84; zum Einfluß u. a. auf Hans Sachs cf. Leibfried (wie not. 3) 67; cf. auch Chevalier, M.: Cuentos folklóricos en la España del Siglo de Oro. Barcelona 1983, num. 29. — [7] Les Mimes, enseignements et proverbes de Jean Antoine de Baïf. ed. P. Blanchemain. P. 1880, 43 sq. — [8] Sobel, E. (ed.): Alte Newe Zeitung. Berk./L. A. 1958, num. 33; Goetze, E./Drescher, C. (edd.): Sämtliche Fabeln und Schwänke von Hans Sachs 1—6. Halle 1893—1913, t. 1 (1893) num. 47; t. 3 (1900) num. 64; cf. Dithmar, R.: Fabeln, Parabeln und Gleichnisse. Mü. 1970, 265. — [9] EM-Archiv: Kobolt, Schertz und Ernst (1747), 24 sq. — [10] cf. Carnes, P.: Fable Scholarship. N. Y./L. 1985, num. 46, 244, 406, 984; cf. auch Leibfried (wie not. 3) 77; Mongrédien, G.: Recueil des textes et des documents du XVIIe siècle relatifs à La Fontaine. P. 1973, 109 (anonyme satirische Bearb. von 1671); Lindner, H.: Fabeln der Neuzeit. Mü. 1978, 351 sq. — [11] cf. ibid., num. 10. — [12] cf. ibid., num. 50. — [13] cf. ibid., num. 87. — [14] Pfeffel, G. C.: Fabeln und poetische Erzählungen 1. Stg./Tübingen 1861, 370. — [15] Hagedorn, F. von: Sämmtliche Poetische Werke 2. (Hbg 1757) Nachdr. Bern 1968, 117—119; Ramler, K. W.: Fabeln und Erzählungen aus verschiedenen Dichtern. B. 1797, 116; Gleim, J. W. L.: Sämtliche Werke 3. ed. W. Körte. Halberstadt 1811, num. 66. — [16] Born, G.: Borns Tierleben. Offenbach 1955, 15; Arntzen, H.: Kurzer Prozeß. Aphorismen und Fabeln. Mü. 1966 (zitiert nach Dithmar, R.: Die Fabel. Paderborn 61984, 79). — [17] Born (wie not. 16). — [18] Anhegger, R.: Die Fabel von der G. und der A. in der Türkei. In: Asiat. Studien 3 (1949) 30—47, hier 31 sq. — [19] Nacherzählung bei Hammer, J. von: Geschichte der schönen Redekünste in Persien [...]. Wien 1818, 207 sq.; cf. Anhegger (wie not. 18) 34. — [20] ibid., 40. — [21] cf. ibid., 38 sq., 40. — [22] ibid., 41 sq. — [23] cf. ibid., 45—47. — [24] Ergänzend zu AaTh: SUS; Kippar; Hodne; Ó Súilleabháin/Christiansen, num. 249; Megas; STF; Jason, Types; Kohl-Larsen, L.: Die steinerne Herde. Kassel 1975, 180 sq. (Lappland); Karadžić, V.: Srpske narodne poslovice. Beograd 1965, num. 1245; MNK; Christensen, A.: Textes ossètes. Kop. 1921, num. 11.

Göttingen Susanna Vida

Grillenvertreiber

1. Entstehungs- und Verf.probleme — 2. Zum Inhalt — 3. Bekannte Erzählstoffe (Ausw.)

1. Entstehungs- und Verf.probleme. Das Schwankbuch G. (1603) und seine Forts. *Hummelnvertreiber* (H.) (1605) sind Bearb.en des → *Lalebuches* und der → *Schiltbürger*. Die seit langem umstrittenen Fragen von Original, Bearb. und Forts. sowie die Suche nach den Autoren dieser ausnahmslos pseudonym veröffentlichten Werke lassen sich nach jüngsten Forschungsergebnissen folgendermaßen zusammenfassen:

„Mit an Sicherheit grenzender Wahrscheinlichkeit hat Johannes [→] Fischart eine *Schiltburgerchronik* verfaßt, deren Erstdrucke nicht mehr vorfindbar sind. Ein unbekannter, hochgebildeter humanistischer Gelehrter und Literat aus dem Elsaß hat die *Schiltbürger* zum *Lalebuch* umgearbeitet, das 1597 bei Jobin [in Straßburg] herauskam. Vermutlich hat der hessische Dorfpfarrer Johannes Mercator unter Ausnutzung der biographischen Parallelen in dem Achtzeiler vom Großhans Fischarts *Schiltbürger* verschlimmbessert und bei Brachfeld [in Frankfurt am Main] vielleicht schon 1597, auf alle Fälle aber 1598 herausgebracht und 1603 sowie 1605 die beiden Fortsetzungen *Grillenvertreiber* und *Hummelnvertreiber* folgen lassen."[1]

Wegen der komplizierten Überlieferungslage und der schwer durchschaubaren Verf.-/Bearbeiterproblematik ist es bisher noch zu keiner literaturwiss. Unters. gekommen, die *Lalebuch, Schiltbürger* sowie G. und H. als einheitlichen Stoff- und Motivkomplex analysiert und deutet[2]. Dabei müßte der Konzeptionswandel von der Zeit- und Gesellschaftssatire zu einem harmlosen Unterhaltungsbuch mit überwiegender Situationskomik im Vordergrund stehen[3].

2. Zum Inhalt. Der G. besteht aus zwei Teilen. Sein erstes Buch ist eine Umarbeitung der *Schiltbürger*. Sie heißen jetzt „Witzenbürger" und sind Schwätzer wie die Lalen; Schilde ist durch Witzenburg ersetzt, das ebenfalls in „Misnopotamia" (d.h. in einem Narrenland mit exotisch klingendem Namen) gelegen ist. Das zweite Buch beginnt damit, daß die Bürger ihre zerstörte Stadt wieder aufbauen (beherrschendes Motiv: Rathausbau). Aus dem Königreich „Klein Witzky" kommen Abgesandte, um die Witzenbürger zu beobachten und zu prüfen, „ob sie dieselbigen mit jrer Witz vberteuffeln köndten" (p. 158). Der zweite und umfangreichere Erzählschwerpunkt beginnt mit der Rückkehr der Gesandten nach Klein Witzky, ihrem Bericht vor dem König und den Vorbereitungen zu einer weiteren Reise nach Witzenburg, die aber nicht zustande kommt.

1605 erschien der G. mit einem dritten Teil, dem H. In ihm wurden verschiedene Stoffkomplexe kompiliert. Deutlich lassen sich zwei Schwerpunkte erkennen: (1) → Zigeuner stellen beim Witzenburger Parlament den Antrag, in Witzenburg „ihr beständig Gewerb" der Bettelei betreiben zu dürfen. Das gibt Gelegenheit, die → Bettler-Zunft der Zigeuner ausführlich darzustellen (Kap. 1–8, darunter ein kleines rotwelsches Wb. und verschiedene internat. Bettler-Tricks). – (2) Tischzucht-Materien aus Friedrich Dedekinds *Grobianus* ([1549] Kap. 9–24). Begründung für den Wechsel der Materie: Witzenburg brauche eine „gemeine Ordnung". Die Kap. 21–23 sind in Versform gehalten.

3. Bekannte Erzählstoffe (Ausw.): Im 1. Buch des G.s sind die bekannten Schildbürger-Motive nachweisbar:

Kap. 7 = *The Wood is Carried Down the Hill* (AaTh 1243). – Kap. 9–12 = → *Sonnenlicht im Sack* (AaTh 1245). – Kap. 13–15 = → *Salzsaat* (AaTh 1200). – Kap. 33 = → *Beinverschränkung* (AaTh 1288). – Kap. 36 = → *Kuh auf dem Dach* (AaTh 1210). – Kap. 40 = → *Baum tränken* (AaTh 1241). – Kap. 43 = *Die merkwürdige* → *Markierung* (AaTh 1278). – Kap. 48 = → *Katze als unbekanntes Tier* (AaTh 1281).

2. Buch, Kap. 4 = → *Brunnenkette* (AaTh 1250, 1250 A). – Kap. 6 = → *Erdloch für Aushub graben* (AaTh 1255).

[1] Wunderlich, W.: „Schildbürgerstreiche". Ber. zur Lalebuch- und Schildbürgerforschung. In: DVLG 56 (1982) 641–685, hier 666. – [2]ibid., 675; zur Entschlüsselung des Pseud.s cf. Hepding, H.: Johannes Mercator von Zierenberg (Conradus Agyrta von Bellemont). In: Beitr.e zur hess. Kirchengeschichte 12 (1941) 325–344; cf. Wunderlich, W.: „Unerhörte Geschichten". Vom Ursprung des Strassburger Lalebuchs (1597) und seinen Folgen für die dt. Lit. In: Études Germaniques 36, 2 (1981) 129–145, bes. 141; gegen die Mercator-These: Honegger, P.: Die Schiltburgerchronik und ihr Verf. Johann Fischart. Hbg 1982. – [3] cf. Wunderlich (wie not. 1).

Ausg.n: G. /Das ist:/ Neuwe wun=/derbarliche Historien seltzame /abentheurliche Geschichten / Kauderwelsche Rahtschläg vnd / Bedencken [...]. In zwey Bücher abgetheilet:/ Durch Conradum Agyrtam, / von Bellemont. Ffm. 1603 (Besitznachweise: Bayer. Staatsbibl. München, 1/L.eleg. m. 13 u; Herzog August Bibl. Wolfenbüttel, QuH 139 [1]; Univ.sbibl. Krakau, Yt 7646 [1] = ehemals Preuß. Staatsbibl. Berlin). – Hummeln: oder Grillen=/vertreiber / Von dero Wi=/tzenburgischen und Calecuti=/schen Wunderbarlichen [...] Rathschlägen/ Das dritte Buch [...]. Durch Conradum Agyrtam, von Bellemont. Ffm. 1605 (Besitznachweis: Bayer. Staatsbibl. München, 1/Ph. Pr. 618). – Bahder, K. von (ed.): Das Lalebuch (1597) mit den Abweichungen und Erweiterungen der Schiltbürger (1598) und des G.s (1603). Halle 1914.

Gießen Winfried Theiß

Grimm, Albert Ludwig, * Schluchtern bei Heilbronn 19. 7. 1786, † Baden-Baden 1. 12. 1872, Pädagoge und Jugendliteraturschriftsteller. Er wuchs als Sohn Georg Ludwig G.s, des – nicht mit den Brüdern → Grimm verwandten – Stadtpfarrers und ehemaligen Rektors der Lateinschule in Weinheim, in ärmlichen Verhältnissen auf, ging als Student der Theologie 1803 ans Tübinger Stift, im Okt. 1804 an die Univ. Heidelberg. Von 1806 bis 1854 war er Schulrektor in Weinheim, seit 1825 Abgeordneter im Bad. Landtag, 1832–36 Bürgermeister von Weinheim, 1843 wurde ihm der Titel Hofrat verliehen.

Durch die Pädagogen F. Schwarz (Schwiegersohn Johann Heinrich → Jung-Stillings) und Caroline Rudolphi wurde G. mit Clemens → Brentano bekannt, für den er Lieder zu *Des Knaben Wunderhorn* 1–3 (Heidelberg 1805/08) sammelte. Im ersten Band dieser Slg wird er als erster Beiträger überhaupt erwähnt[1]; von seinen zahlreichen Volksliedaufzeichnungen nach mündl. und schriftl. (Fliegende Blätter) Tradition wurden 15 im *Wunderhorn* veröffentlicht[2]. Ebenfalls durch Brentano angeregt, zeichnete er Sagen auf, die in der *Bad. Wochenschrift* und den *Süd-Dt. Miscellen* erschienen[3] und 1816 z. T. in die *Dt. Sagen* der Brüder Grimm übernommen wurden[4].

Neben vielen Einzelpublikationen veröffentlichte G. in Buchform einen lyrischen Almanach, zwei Dramen, drei hist.-topographische Schriften und 13 erzählerische Werke für die Jugend, vornehmlich Märchen, Sagen und Fabeln enthaltend – darunter populär gewordene Bearb.en griech.-röm. Sagen (G. ist somit Vorläufer Gustav → Schwabs), oriental. Slgen, aber auch der Märchen Johann Karl August → Musäus' und Wilhelm → Hauffs.

Wegen der Priorität vor den KHM einerseits wie der erzählerischen Eigenheiten andererseits kommen G.s *Kindermährchen* (Heidelberg [1808]) und *Lina's Mährchenbuch* (Ffm. 1816) bes. Bedeutung zu. 1808 wendet er sich im Vorwort der *Kindermährchen* gegen die aufklärerische Jugendliteratur und fordert für Erzieher und Kinder die Wiederbelebung mündl. tradierter Volksmärchen wie *Aschenpittchen* (AaTh 510 A: cf. → *Cinderella*), *Lebkuchenhäuschen* (AaTh 327 A: → *Hänsel und Gretel*) und → *Schneewittchen* (AaTh 709); letzteres bietet er im Textteil in dramatisierter Form[5], sonst neben elf Fabeln noch *Hans Dudeldee* (AaTh 555: → *Fischer und seine Frau*; eine gut motivierte, von Philipp Otto → Runge unabhängige Aufzeichnung[6]), *Die drey Königssöhne* (AaTh 554: cf. → *Dankbare [hilfreiche] Tiere*; Quelle für KHM 62[7]) und *Die drey Königstöchter* (hauptsächlich nach → *1001 Nacht* und dem *Heinrich von Ofterdingen* des → Novalis). Unter den fünf Märchen der Slg von 1816 sind beachtenswert *Frieder mit seiner Geige* (AaTh 592: → *Tanz in der Dornhecke*; nach Jakob → Ayrers *Ein Fassnachtspil von Fritz Dölla mit seiner gewünschten Geigen* [1618], 1820 zwischen einigen KHM ins Niederländische übersetzt[8]), *Brunnenhold* (AaTh 303: *Die zwei* → *Brüder*; eine vollständigere Var. gegenüber KHM 74 von 1812, das die Grimms daraufhin 1819 eliminierten, um zugleich in ihr KHM 60 Züge nach G.s Fassung einzubauen) und *Knüppel aus dem Sack* (AaTh 563: → *Tischleindeckdich*). Im Vorwort zu *Lina's Mährchenbuch* tadelt G. die KHM als nicht kindgemäß und als unkünstlerisch[9]. Die Grimms hatten zuvor seine Slg von 1808 ungerecht hart verurteilt[10], was zur Mißachtung G.s im 20. Jh. beitrug, obwohl seine Jugendbücher im 19. Jh. hohe Aufl.n erreichten und in mindestens zwölf Sprachen übersetzt wurden[11].

G. nennt als seine Quellen außer einigen gedruckten Vorlagen glaubhaft Erzählungen seines Großvaters und andere mündl. Traditionen im Badischen. Dieser dokumentarische Wert seiner Märchenaufzeichnungen ist bislang unterschätzt worden. Sein Erzählstil, eine Mischung aus trockenem Schuldeutsch, angestrengter Kindertümlichkeit, anakreontischer Geziertheit und Schillerschem Pathos, kann ebensowenig ansprechen wie die oft gesuchten, christl.-biedermeierlich geprägten didaktischen Komponenten.

[1] „Mündlich durch die gütige Bemühung des Herrn A. L. Grimm [...], dem wir noch einige andere verdanken", zitiert nach: Rölleke, H. (ed.): Des Knaben Wunderhorn 1–9. Stg./B./Köln/Mainz 1979, hier t. 1, 78. – [2] ibid., t. 9, 810 sq. – [3] cf. id.: Neuentdeckte Beitr.e C. Brentanos zur ‚Bad. Wochenschrift'. In: Jb. des Freien dt. Hochstifts (1973) 241–346. – [4] Grimm DS 305 sq., 350. – [5] Von Einfluß auf T. Storms „Märchenszenen Schneewittchen" (1872); Nachdr. bei Wesselski 1942 (v. Lit.), t. 1, 73–124. – [6] Nachdr. ibid., 44–52; Rölleke, H.: Der wahre Butt. Düsseldorf/Köln [2]1978, 32–43; Neumann, S. (ed.):

Es war einmal. t. 1. Rostock 1982, 207–214. – [7] cf. Die älteste Märchensammlung der Brüder Grimm. ed. H. Rölleke. Cologny-Genève 1975, 102–105, 358 sq.; Nachdr. bei Wesselski 1942 (v. Lit.), t. 1, 207–218 und Neumann (wie not. 6) 199–207. – [8] cf. Zijpe, R. van de: Die erste ndl. Übers. Grimmscher Märchen von 1820. In: Brüder Grimm Gedenken 2. ed. L. Denecke. Marburg 1975, 168–182. – [9] Die Brüder Grimm sahen sich dadurch veranlaßt, u.a. ihrer „Rapunzel"-Version einiges ‚Anstößige' zu nehmen, v. KHM 12 (1819) in: Brüder Grimm. Kinder- und Hausmärchen [...]. ed. H. Rölleke. MdW 1982 ([2]1984), t. 1, 54, t. 2, 573 sq. – [10] „daß eine [...] unter dem Titel: Kindermärchen zu Heidelberg herausgekommene, nicht eben wohl gerathene, Sammlung mit uns und der unsrigen gar nichts gemein hat", Vorrede zu KHM (1812), zitiert nach: Die Kinder- und Hausmärchen der Brüder Grimm. ed. F. Panzer. Wiesbaden s. a., 61. –
[11] Eine komplette Bibliogr. unter Verzeichnung aller Aufl.n und Übers.en bei Reimers 1985 (v. Lit.), 362–389.

Werke (Ausw.): Kindermährchen. Heidelberg [1808] (Ffm. [5]1869). – Lina's Mährchenbuch. Ffm. 1816 (Lpz. [5]1877 u. d. T. Märchenbuch). – Mährchen der Tausend und Einen Nacht 1–5. Ffm. 1820 (Lpz. [12]1920). – Mährchen der alten Griechen und Römer 1–2. Ffm. 1824–26 (Lpz. [6]1899). – Dt. Sagen und Märchen für die Jugend bearb. Lpz. 1867 ([4]1886). – Musäus's Volksmärchen der Deutschen für die Jugend ausgewählt und erzählt. Lpz. 1868 ([2]1872). – Hauff's Märchen für die Jugend durchgesehen. Lpz. 1870 ([3]1878).

Lit.: Benz, R.: Märchendichtung der Romantiker. Gotha 1908, 100 sq. – Künzig, J.: Die Geschichte des Volksliedinteresses in Baden. Diss. (masch.) Heidelberg 1922, 13–15. – Allgayer, G.: A. L. G. – Sein Leben, sein öffentliches und literar. Wirken. Heidelberg 1931. – Wesselski, A.: Dt. Märchen vor Grimm [1–2]. Brünn/Mü./Wien 1942, t. 2, 55–60, 62–75, 99–103. – Schilling, H.: A. L. G., der Romantiker der Bergstraße und des Odenwaldes. In: Der Odenwald 16 (1969) 3–7. – Müller, H.: G., A. L. In: LKJ, Ergänzungs- und Reg.band, 244 sq. – Reimers, E.: A. L. G. (1786–1872). Leben und Werk. Diss. Wuppertal 1985.

Wuppertal Heinz Rölleke

Grimm, Ferdinand Philipp, * Hanau 18. 12. 1788, † Wolfenbüttel 6. 1. 1845, Herausgeber von Sagen[1]. F., der vierte der fünf G.-Brüder, lebte 1812–14 mit dem Bruder Ludwig Emil (1790–1863, Maler und Zeichner) in München. Seit 1815 Korrektor im Verlag Reimer in Berlin, wurde er von allen Brüdern und den Berliner Freunden ergebnislos unterstützt. 1834 entlassen hielt er sich bis 1836 bei den Brüdern Jacob und Wilhelm → G. in Göttingen auf; nach Auseinandersetzungen mit ihnen lebte F. G. (laut Adreßbuch) als Schriftsteller in Wolfenbüttel[2].

Er half zunächst J. und W. G. bei der Materialsammlung ihrer *Dt. Sagen* – sein von den Brüdern anerkannter Beitr. ist im einzelnen nicht erkennbar[3] –, ehe der Vielbelesene für eigene Publ.svorhaben Sagen (nur drei Märchen) aus älterer Lit., doch auch „aus mündlich lebenden Erzählungen"[4] sammelte und in einen eigenen Stil umsetzte. Die Märchen wurden in W. G.s Weise anschaulich und ausmalend erzählt. Jede der drei veröff. Slgen F. G.s erschien unter einem anderen Pseud.: Lothar: *Volkssagen und Mährchen der Deutschen und Ausländer* (Lpz. 1820)[5], Philipp von Steinau: *Volkssagen der Deutschen* (Zeitz 1838)[6] und postum Friedrich Grimm: *Burg- und Bergmärchen* 1–2 (Wolfenbüttel 1846; Rahmenerzählungen mit eingeflochtenen Sagen)[7]. F. G.s erste Slg, für deren Autor bis zur Klärung durch G. Hoffmann 1981[8] ein Otto Carl von Graeven gehalten wurde, umfaßt 123 Texte aus verschiedenen europ. Ländern ohne genaue Qu.nangaben; neben einem Heidelberger Zuträger werden Otmar (i. e. J. K. C. Nachtigal) und Heinrich von Kleist genannt. Gerade die von Kleist übernommene und zu den Volkssagen aus Italien gestellte Novelle *Das Bettelweib von Locarno* verdeutlicht F. G.s unkritische und von den Brüdern verschiedene Arbeitsweise.

[1] G., L. E.: Erinnerungen aus meinem Leben. ed. und erg. A. Stoll. Lpz. 1911 ([2]1913), 544–567 (mit Briefen); cf. auch F. G.s Gedicht(e) in: Erheiterungen 4 (1814) 257. – [2] Schoof, W.: F. G. als Buchhändler. In: Börsenbl. für den dt. Buchhandel 15 (1959) 1011–1017; id.: Briefe von J. und W. G. an ihren Bruder F. In: Neues Magazin für Hanau. Geschichte 3 (1955–59) 14–22; Brieforiginale befinden sich im G.-Nachlaß in der Staatsbibl. Preuß. Kulturbesitz, Berlin und im Hess. Staatsarchiv Marburg. – [3] Zu den Märchen trug F. G. KHM 109 (Das Totenhemdchen) bei, nicht J. N. Ringseis, wie H. Rölleke (KHM 3. Stg. 1980, 488) zunächst vermutete; zur früheren Nähe der Brüder J., W. und F. G. cf. J. G.s Widmung seines ersten Buches „Über den altdt. Meistergesang" (Göttingen 1811): „Meinen zwei lieben Brüdern Wilhelm und Ferdinand Grimm zugeeignet aus Treue, Liebe und Einigkeit". – [4] Lothar: Volkssagen

und Mährchen der Deutschen und Ausländer. Lpz. 1820, V. — [5] Diese Ausg. wird in KHM t. 3 ([2]1822) 420, num. 23 (unverändert in [3]1856) genannt, mit Angabe der Märchentitel und Hinweisen auf KHM 63, 64, 129, 110 und Straparola 1,2, jedoch in den KHM-Anmerkungen selbst nicht zum Vergleich herangezogen; cf. Rölleke (wie not. 3) 335 [347]; cf. BP 5, 8. — [6] cf. Rez. von K. Goedeke in: Hamburg. Correspondent (1839) num. 60. — [7] cf. Der unbekannte Bruder G. Dt. Sagen von F. P. G. Aus dem Nachlaß ed. G. Hoffmann/H. Rölleke. Düsseldorf/Köln 1979; dazu Rez. von L. Denecke in: Zs. des Vereins für hess. Geschichte und Landeskunde 88 (1980/81) 274—277. — [8] Hoffmann, G.: Der Sagen- und Märchensammler „Lothar" war F. G. In: Brüder G. Gedenken 3. ed. L. Denecke. Marburg 1981, 435—444.

Hann. Münden Ludwig Denecke

Grimm, Jacob Ludwig Carl

1. Biogr. Abriß — 2. Volkspoesie — 3. Frühe Arbeiten — 4. Märchen — 5. Sagen — 6. Lit. — 7. Sprache — 8. Recht — 9. Volksglauben — 10. Brauch — 11. Politik — 12. Wirkung und Nachwirkung

1. Biogr. Abriß. * Hanau 4. 1. 1785, † Berlin 20. 9. 1863, Mitbegründer der Dt. Philologie, Märchen-, Sagen-, Rechts- und Mythenforscher. Für sein Leben bestimmend waren die Eindrücke von Natur und Menschen in der kleinen Stadt Steinau (1791—98) und der frühe Tod des Vaters (1796). Der Gymnasialzeit in Kassel (1798—1802) folgte das Studium der Rechte in Marburg (1802—05), beides gemeinsam mit dem Bruder Wilhelm → G. Bereichernd wirkte die rechtshist. Lehre F. K. von Savignys, richtunggebend jedoch wurden die Bekanntschaft mit Clemens → Brentano und die Lit.vorlesungen L. Wachlers. Nach Aufgabe seiner Tätigkeit als Sekretär beim Kriegskollegium in Kassel (1806—07) war er Privatbibliothekar des Königs Jérôme (1808—13); in dieser Zeit entschloß sich J. G. zu eigenständigem „Studium der Geschichte der Poesie und Literatur überhaupt" anstelle einer Laufbahn in der universitären Rechtswissenschaft[1]. Nach dem Ende des Königreichs Westphalen wurde J. G. hess. Legationssekretär (Paris und Wien; 1813—16). 1816 erhielt er die erwünschte Anstellung an der kurfürstlichen Bibl. in Kassel an der Seite W.s: „Von jetzt an beginnt die ruhigste, arbeitsamste und vielleicht auch die fruchtbarste zeit meines lebens."[2] Seit 1830 war er als Bibliothekar und Professor an der Univ. Göttingen tätig, kehrte 1837 wegen führender Teilnahme am Protest der ‚Göttinger Sieben' des Landes verwiesen nach Kassel zurück und wurde 1840, wieder mit dem Bruder, als Mitglied der Akad. nach Berlin berufen.

2. Volkspoesie. Noch unselbständig waren J. G.s Mitarbeit an Achim von → Arnims und Brentanos *Des Knaben Wunderhorn* (t. 1. Heidelberg/Ffm. [1805], t. 2—3. Heidelberg 1808)[3] und an J. von → Görres *Rhein. Merkur* (1807) wie auch kleinere Beitr.e in literar. Zss. Seinen Weg vom Romantikerfreund zum wiss. Realisten kennzeichnet der Inhalt der eigenen Zs. *Altdt. Wälder* (1813—16)[4]. Der von den Romantikern gepflegte Begriff der → Naturpoesie war für die Brüder G. der Ausgangspunkt ihres gemeinsamen Wirkens, erfuhr aber die tiefgreifende Wandlung vom literar.-ästhetischen Bezug zu der bes. von J. G. verfolgten sachlichen Ausweitung auf alle Gebiete geistigen Lebens: Poesie, Sprache, Recht, Glauben, Sitte und deren Gegenwartsbezug[5] bis in die Politik. Das ‚Altertum' wurde in diesem Konzept nicht als zeitliche Dimension gesehen, sondern als reinere Urform des bis zur Gegenwart Bestehenden und Bleibenden, des unter dem Begriff ‚Volk' supranational gefaßten allg. Menschlichen. In diesem Zusammenhang stand für J. G. — in bewußtem Gegensatz zu Brentano[6] — auch die Sammlung und Darbietung der Märchen und Sagen; sie blieben für ihn ein wiss., den übrigen Forschungsfeldern gleichgeordnetes Quellenmaterial.

Der ‚dt.' Gesichtspunkt bedeutete keinen ‚nationalistischen' Gegensatz zu anderen Völkern, sondern verlangte Gleichberechtigung der politisch zerteilten dt. Nation gegenüber den anerkannten anderen. J. G.s Werk zeigt insofern sachliche Universalität. Bes. Berücksichtigung, ja Zuneigung fanden die kleineren, vielfach mindergeachteten Völker wie Serben, Flamen oder Finnen.

Mit diesem neuen Konzept[7] sah sich bes. J. G. im Gegensatz zu bestehenden konservativen Doktrinen und Ansprüchen: In der Altertumskunde war dies die modische, dt.tümelnde Fürsten- und Ritterromantik, in der Lit. die hochangesehene Kunstpoesie (auch des MA.s), im Bildungsgut und in der Philologie die Vorherrschaft des Klassischen Altertums, in der Jurisprudenz das kodifizierte Röm. Recht, in der Pädagogik der herrschende Anspruch der Kirchen[8], im Staatswesen die dynastische Zerstörung der dt. Einheit, fürstliche Willkür und noch bestehende Privilegien des Adels sowie die Einflüsse der frz. Herrschaft. In keinem Falle stellte J. G. jedoch ein Feindbild auf, vielmehr erkannte er Verdienst und Recht des anderen an, forderte aber entschieden die Geltung des im eigenen Volk von altersher Gewachsenen auf allen Gebieten.

Die auf scharfsinnig systematisches Denken ausgerichtete juristische Schulung und die nach von Savigny übernommene Berücksichtigung hist. Zusammenhänge und Begründungen bestimmten die Entwicklung in den Arbeiten beider Brüder. Mit G. F. Benecke (seit 1807) und K. Lachmann (seit 1819) geschah ein fruchtbarer Austausch von Fragen und Ergebnissen im philol. Handwerk. Ergiebige Kenntnis auf den verschiedensten wiss. Fachgebieten vermittelte die jahrzehntelange bibliothekarische Tätigkeit.

Methodisch arbeitete J. G. auf allen Gebieten nach dem Grundsatz, nicht deduktiv von erdachten Konzeptionen auszugehen, sondern aus der Sammlung erreichbarer Realien gültige Ansichten zu gewinnen[9]. Immer wieder hat er betont, daß ihm Lernen wichtiger sei als Lehren[10], d. h. eine ständige Erweiterung der Sachforschung wichtiger als ein ‚Schule machen' in Lehrmeinungen. So sind seine großen Arbeiten weit ausgreifende Slgen bis dahin unbeachteter Materialien, deren Auswertung in richtungweisenden Vorreden geboten wird. Jede der übrigen Schriften und Reden bedeutet über den Beitr. zur Sache hinaus eine exemplarische Stellungnahme.

Wichtig für die Beurteilung programmatischer Begriffe ist eine auf möglichst vollzählige Belege gegründete Unters. von Bedeutung und Anwendung der Wörter Altertum[11], Epos, Sage, mündl.[12], treu, unschuldig[13], Volk[14], auch echt und edel[15]. Kennzeichnend ist u. a., daß die theoretisierende Bezeichnung ‚Naturpoesie' bei J. G. nur wenig belegt ist; sie wurde alsbald durch den gesellschaftlich-dynamischen Begriff ‚Volkspoesie' bzw. → ‚Volksdichtung' ersetzt[16]. In den gern zitierten, etwas mühsamen, aber unfruchtbaren Wortgefechten mit von Arnim (1812)[17] vertritt J. G. das Postulat der Unantastbarkeit und bleibenden Gültigkeit des Gehalts der Volkspoesie, deren Urform im ‚Altertum' aufzusuchen sei.

3. Frühe Arbeiten (großenteils gemeinsam mit dem Bruder W.). Aus der Mitarbeit an *Des Knaben Wunderhorn* erwuchsen zunächst unbearb. Slgen von Volksliedern und -erzählungen[18]. 1808 erschienen u. a. die programmatischen *Gedanken, wie sich die Sagen zur Poesie und Geschichte verhalten*[19] in der *Ztg für Einsiedler* sowie kleinere, meist kritische Beitr.e in C. von Aretins *Neuem Literar. Anzeiger* und in den *Heidelberg. Jb.ern der Lit.*[20] Die Streitschrift *Über den altdt. Meistergesang* (Göttingen 1811) handelt von ma. Kunstpoesie, während Ankündigungen des *Reinhart Fuchs* (1811, 1812, 1817; → *Reineke Fuchs*)[21] den Versuch eines Vorstoßes zur (vermeintlich) frühesten Volkspoesie bedeuten. Die erste gemeinsame Veröff. der Brüder galt dem *Hildebrandlied* (Kassel 1812) als dem ersten überlieferten epischen Lied, im selben Jahr erschienen die → *Kinder- und Hausmärchen* ([1]. B. 1812) als zeitgenössische Volksüberlieferung[22]. 1815 kam *Der arme Heinrich* (B. 1815; → Hartmann von Aue)[23] heraus ebenso wie – in Auseinandersetzung mit F. H. von der → Hagen – *Irmenstraße und Irmensäule* (Wien 1815). Im selben Jahr erschienen, wesentlich von W. G. gefördert, die unvollendet gebliebene Ausg. *Lieder der alten Edda* (B. 1815; → Edda), J. G.s seit 1810 bearb. *Silva de romances viejos* (Wien 1815) und das alles Volkskundliche erfassende Wiener *Circular*[24]; als letzte durch ‚die Brüder G.' herausgegebene Titel sind die *Dt. Sagen* 1–2 (B. 1816/18) und die *Ir. Elfenmärchen* (Lpz. 1826) zu nennen[25].

4. Märchen. An der Slg der Volkslieder wie der Märchen hatte J. G. zunächst den stärkeren Anteil[26]. An eigenen Beitr.n lassen sich nachweisen:

Nach W. G.s Aufzeichnung sind „von Jacob erzählt" in der 1. Aufl. der KHM t. 1, num. 6, 8, 12, 40, 51, 57, t. 2, num. 3, 49, 61, 67, 68, nach H. → Rölleke sind Frühformen von KHM 58, 180 sowie KHM 38/I, 153 auf J. zurückzuführen[27]. Es lassen sich hinzufügen: *Das Mährlein von der ausschleichenden Maus* (1815), *Geschichte vom Feuerfunken* (1816),

Teufel und Fortuna (1836)[28] und *Der gute und der böse Geist*[29]. Wichtig ist die einzige erhaltene Aufzeichnung einer Erzählung der Dorothea Viehmann von seiner Hand[30]. Bekannt sind 12 durch ihn vermittelte Texte aus Wien (1815)[31] und Bitten um Beitr.e z. B. an J. R. Wyss (1819), F. J. Mone (1820), H. G. von Meusebach (1820), W. Wackernagel (1833)[32].

Die sprachliche Gestaltung ist bei J. G. der des Bruders W. gleich[33]. Zu wenig beachtet ist die von J. G. 1807–11 angelegte und von W. G. mitgestaltete umfangreiche hs. ‚Sagenkonkordanz', gewissermaßen ein Motivindex zur Volkserzählung insgesamt[34]. Schon bei der 2. Aufl. der KHM (1819) überließ J. G. die Arbeit daran dem Bruder, doch blieb das grundsätzliche und tätige Interesse an der Volkspoesie erhalten (insofern ist W. Scherers Periodisierung nach der Grammatik unzutreffend)[35]. Zeugnisse dafür sind:

Vorrede zu A. Dietrichs Übers. *Russ. Volksmärchen* (Lpz. 1831)[36], *Reinhart Fuchs* (B. 1834; seit 1811 mit dem Bruder angekündigt), *Andreas und Elene* (Kassel 1840); mit Aufdeckung von Spuren alter Heldendichtung in mittelengl. Legenden), *Frau Aventiure klopft an Beneckes Tür* (B. 1842; Frau Aventiure als Göttin Saga), *Schwed. Volkssagen* (1844)[37], → *Abor und das Meerweib* (1845), *Über das finn. Epos Kalevala* (1845; von europ. Wirkung; → *Kalevala*)[38], Vorrede zu F. → Liebrechts Übers. (Breslau 1846) von Giambattista → Basiles *Pentamerone*[39], *Der Nothhalm* (1849; Mythologie der → Frau Holle)[40], Vorrede zu den *Volksmärchen der Serben* des Freundes V. S. → Karadžić (B. 1854)[41], 1856–63 brieflich bezeugte Vorbereitung einer Arbeit über echte Bestandteile des → *Ossian*[42], 1857 als Plan: „eine abhandlung über die märchen, zu der ich lange schon hübsches material gesammelt habe"[43]; so noch 1860 in der Gedenkrede auf W. G.: „ansichten [...] die ich, wenn mir das leben fristet, in einer schrift über märchen und thierfabel nochmals aufzunehmen beabsichtige"[44].

Im ganzen lag der Akzent bei J. G. mehr auf dokumentarischer Auswertung bestimmter Elemente der Märchen und Sagen als bei deren sprachlicher Gestalt oder hist. Ansiedlung[45].

5. Sagen. Auch an der Slg *Dt. Sagen* – gemeinsam mit der der Märchen 1806 begonnen – hatte J. G. den größeren Anteil; die Vorreden sind von ihm verfaßt[46]. Die Scheidung von Märchen (‚poetischer') und Sage (‚historischer') geschah praktisch bereits 1812 durch das Erscheinen der KHM, obwohl noch 1814 und 1815 ‚Sage' auch für beide gemeinsam gebraucht wurde[47]. Frühere und zeitgenössische Sagensammler suchten in den Sagen Spuren der Geschichte, während J. und W. G. sie der Poesie zuordneten, d. h. der Reflexion geschichtlicher Vorgänge im Volksbewußtsein[48]. Deutlich ist J. G.s Satz: „wir würden nicht über das geschichtliche im Nibelungenliede, sondern über das Nibelungische in der altdeutschen geschichte geschrieben haben."[49]

In den Vorreden wird neben der heute geläufig gewordenen, aber auch schon anderweitig beobachteten Definition von Sage und Märchen die Einteilung (t. 1: Ortssagen, t. 2: geschichtliche Sagen) begründet und die Quellenlage erläutert. Während für die Ortssagen neben mündl. Quellen die Lit. vor allem des 16./17. Jh.s, z. B. Johannes → Praetorius, exzerpiert wurde, hat der 2. Band fast nur literar. Quellen zur Grundlage: von der *Germania* und den *Annalen* des → Tacitus über → Paulus Diaconus oder → Gregor von Tours bis zur ma. Chronikliteratur. Die Texte bieten Übers.en aus dem Lateinischen, Prosaauflösungen von Reimdichtungen und Auszüge aus Romanen. Eine geplante erläuternde Abhdlg zur dt. Sagenpoesie (Vorrede 1816)[50] fiel dem mangelnden buchhändlerischen Erfolg der Slg und anderen Arbeiten zum Opfer, doch blieb das Interesse an der Sage gewahrt (s. Kap. 4 und Kap. 9). Die unmittelbare Auswirkung auf die Sammeltätigkeit anderer war nicht geringer als bei den Märchen; die Breitenwirkung war dagegen mehr den landschaftlich gebundenen Slgen vorbehalten[51].

6. Lit. Die frühen Slgen und Unters.en zielten auf eine Lit.geschichte, in welcher der ‚zeitlosen' Volkspoesie eine tragende Rolle zugedacht war[52]. Noch die 1834–37 gehaltenen Göttinger Lit.vorlesungen begann J. G. mit einem dringenden Hinweis auf Umfang und Bedeutung auch der nicht mehr nachweisbaren mündl. Überlieferung[53], deren Einsickerungen in die jeweilige Schriftliteratur – bis zur Gegenwart – er in aufmerksamer Spurensuche, so auch in der mittellat.[54] und mittelengl. Lit., nachging. Literar. Bewertungen – vom MA. bis zu → Goethe – beruhten vornehmlich auf dem Anteil an volkstümlicher Sprache und Denkart. So erhielten etwa Johann Peter → Hebel, Jeremias → Gotthelf, August Corrodi, Karl Candidus, Fritz Reuter (nicht hingegen

Klaus Groth) lebhafte Zustimmung. Stete aufmerksame Beachtung fand die – bis zur Gegenwart lebendige – Volksliteratur in den europ. Ländern, beispielhaft etwa in Serbien, Griechenland, Italien, Finnland, Rußland.

7. Sprache. Schon 1813 heißt es in den *Grammatischen Ansichten*: „Eine solche große, historische Grammatik wird zugleich ein Licht der Geschichte der Poesie werden und sie überall begleiten."[55] Hier wird auch bereits das freie Wachstum der Sprache (wie Volkspoesie) gegen autoritäre Eingriffe der Puristen C. H. Wolke und J. G. Radlof (wie Kunstpoesie) verteidigt. Die Weiterarbeit, die zu der epochemachenden *Dt. Grammatik* 1–4 (Göttingen 1819 [^{2}1822] /26/31/37) führte, erkennt in der Durchleuchtung der Sprache den Zugang zu gesicherten Erkenntnissen über die Verwandtschaft der Völker und deren Geistesgeschichte, parallel zu den Verwandtschaften in der Volkspoesie. J. G.s Übers. der *Kleinen serb. Grammatik* von Karadžić (Lpz./B. 1824) enthält außer einer umfangreichen Darstellung der Volks-, Sprach- und Dichtungsgeschichte einen Beitr. von S. Vater: *Über die neueste Auffassung langer Heldenlieder aus dem Munde des Volks in Serbien; zur Vergleichung mit Homer und Ossian* [...][56]. Das bleibende Muster einer Anwendung der Sprache auf die Sachen ist die *Geschichte der dt. Sprache* 1–2 (Lpz. 1848).

Das DWb. (heute neubearb. von der Akad. der Wiss.en der DDR in Zusammenarbeit mit der Akad. der Wiss.en zu Göttingen) war geplant als sieben- bis achtbändiges hist. Wb. der neuhochdt. Schriftsprache von → Luther bis → Goethe, mit möglichst weit zurückführender Etymologie, doch fanden auch die hoch bewerteten Mundarten sowie mündl. Belege Verwendung. Der politische Akzent (dt. Gemeinsprache) setzt das Werk in die Nachbarschaft zu den Arbeiten von Karadžić (serb.), J. F. Willems (ndl.), J. Jungmann (tschech.) und S. B. Linde (poln.). Es ist das voluminöseste Zeugnis für die lebenslange Gültigkeit der Absichtserklärung der Brüder von 1813: „Wir erkennen eine über alles leuchtende Gewalt der Gegenwart an, welcher die Vorzeit dienen soll."[57]

8. Recht. Von der dem gesetzten Recht verpflichteten universitären Rechtswissenschaft trennte sich J. G. schon 1807 zugunsten der Betrachtung volksmäßiger Rechtsvorstellungen und ihrer Überlieferung[58]. Das ‚genetische Prinzip'[59], vorgebildet in von Savignys *Juristischer Methodenlehre* (Kolleg 1802/03)[60] stellte die Entstehung von Poesie und Rechtsvorstellungen in einen inneren Zusammenhang. So ist es folgerichtig, daß die frühe Programmschrift J. G.s den Titel *Von der Poesie im Recht* (1815)[61] trägt und das als rechtliche Vk. zu bezeichnende, in Europa epochemachende Standardwerk *Dt. Rechtsalterthümer*[62] auch Belege aus Sage, Märchen und Volkslied anführt. Den fachübergreifenden Zusammenhang erläutert bedeutsam die Berliner Antrittsvorlesung *Über die Alterthümer des Dt. Rechts* (1841)[63].

Ganz auf als volkstümlich angesehenes Recht zielte die Slg der *Weisthümer* 1–7 (Göttingen 1840/40/42/63/66/69/78; ab t. 5 postum), die sich J. G. mit vollem Recht als bes. Verdienst anrechnete und folgendermaßen charakterisierte: „Namentlich sind die weisthümer des deutschen rechts, ihrem wesen und gehalt nach, völlig vergleichbar der gemeinen volkssprache und den volksliedern."[64]

9. Volksglauben. Die *Dt. Mythologie* (Göttingen 1835) stellt sich (unter Ausschluß der nord.) schon in ihrem Titel deutlich der klassischen → Mythologie entgegen[65] und verteidigt zugleich das heidnische Altertum. Die zeitgenössische Rezeption war außerordentlich groß. In Deutschland sind die Arbeiten J. W. → Wolfs, W. → Mannhardts oder K. → Müllenhoffs in der Nachfolge zu sehen, und in anderen europ. Ländern entstanden in deutlicher Anlehnung an J. G.s Werk ndl., slav., finn., ung. Mythologien. Für J. G. bildeten die einzelnen Wiss.sbereiche eine Einheit und waren mit gleicher Methode zu erschließen. In der Vorrede zur 2. Aufl. (1844) schrieb er: „[...] gelten also in der sprache schlüsse auf das was abhanden ist, [...] so muß auch in der mythologie ein ähnliches verfahren sich rechtfertigen" und „Diese verhältnisse bestätigen sich auch durch die bewandtnis, die es um poesie und sage hat."[66] Für die Volksglaubensforschung griff J. G. auch auf Volkserzählungen als Quellenbereich zurück; die KHM werden zitiert, mehrere mundartlich zugekommene Sagen abgedruckt[67]. Bes. lebhaft aufge-

nommen (cf. die Kommentare der zeitgenössischen Slgen) wurden J. G.s vorsichtige Versuche, in den Märchen mythol. Elemente zu entdecken, was in Deutschland und im Ausland durch die → mythol. Schule übermäßig ausgeweitet wurde.

10. Brauch. Nicht zur Ausführung gelangte eine Darstellung zur Geschichte der Bräuche in Deutschland. Schon der *Circularbrief* von 1815 verlangte (nach Volkslied und Volkserzählung) „Einsendungen über Volksfeste, Sitten, Bräuche und Spiele; Feierlichkeiten bei Geburt, Hochzeit und Begräbniß“[68]. J. G. schrieb 1836 an von Savigny: „Auch ein ausführliches Buch über deutsche Sitten und Gebräuche liegt mir im Sinn, d. h. aller solcher die sich nicht auf das Recht und den Glauben des Heidentums beziehen.“[69] Die gesammelten reichen Materialien befinden sich im Nachlaß[70].

11. Politik. J. G.s wiss. Tätigkeit ist organisch durchsetzt mit staatsbürgerlich-politischem Denken, das deutlich von seiner persönlichen Situation ausging: positiv eingestelltes Elternhaus, drohende Proletarisierung durch den frühen Verlust des Vaters, Erfahrungen mit Verwaltungen und den Landesherren in Hessen und Hannover; Einblicke in die große Politik, bes. beim Wiener Kongreß und beim Parlament in der Paulskirche formten eine aktive politische Einstellung, die ihn mit Freunden in allen europ. Ländern verband[71]. Nicht nur die durchaus politisch motivierte Teilnahme am Protest der ‚Göttinger Sieben‘ (1837), an den ‚Germanisten‘-Tagen in Frankfurt (1846) und Lübeck (1847) sowie am Frankfurter Parlament (jeweils an hervorragender Stelle)[72], auch zahlreiche Äußerungen in seinen Briefwechseln machen eine ausgesprochen demokratische (doch nicht republikanische) Haltung deutlich; sie dauerte nach dem Ausscheiden aus dem Parlament unresigniert an[73].

Lebenslanges schöpferisches Eintreten für Volkspoesie, Volkssprache, Volksrecht, Glauben und Bräuche zielte auf eine Befreiung bisher gebundener und vernachlässigter Kräfte, mit denen er sich identifizierte, ohne Zerstörung gewachsener Formen, ohne Parteiungen und ihre Feindbilder in einer alle umfassenden Gesellschaft.

12. Wirkung und Nachwirkung. Das so vielseitige und tiefgreifende Werk J. G.s hatte zu Lebzeiten der Brüder eine stärkere Geltung als die KHM, freilich bei einem anderen Publikum. Vereinzelter, zum Teil heftiger Widerspruch (A. W. Schlegel, F. Schmitthenner, D. Sanders, C. F. Wurm)[74] wich bald einer anderen Einsicht. Die Nachfolge in den europ. Ländern — oft verbunden mit der jeweiligen nationalen Identitätsfindung — war überragend und ist es bis heute. In Deutschland bewirkten die weitere Entwicklung der dt. Philologie und die politische Konstellation in der 2. Hälfte des 19. Jh.s, daß J. G.s Andenken wohl geehrt, auch einige seiner Werke weiter benutzt bzw. weitergeführt wurden; der Grundzug seiner ‚Philologie vom Menschen‘ wurde jedoch zugunsten einer leichter lehrbaren, politisch unanstößigen Spezialisierung verlassen. An der wiss. Erschließung der Volkserzählung und damit der Begründung des ihr gewidmeten Forschungszweiges hat J. G. einen nicht zu unterschätzenden Anteil.

Die Universalität in Weltsicht und Wirken J. G.s[75] ist nach Vernachlässigung und Verfälschung seines Andenkens — auch in der Wiss. — über alle Grenzen hinweg ein wirksames Vorbild geblieben.

Siglen: KS = G., J.: Kl. re Schr. 1—5. ed. K. Müllenhoff. B. 1864/65/66/69/71, t. 6—7. ed. E. Ippel. B. 1882/84, t. 8. ed. id. Gütersloh 1890 (t. 1. B. [2]1879; Nachdr. t. 1—8. Hildesheim 1965/66). — BGG = Brüder G. Gedenken [1]. ed. L. Denecke/ I.-M. Greverus. Marburg 1963 (= HessBllfVk. 54 [1963]); t. 2. ed. L. Denecke. Marburg 1975 (= HessBllfVk. 64/65 [1974]); t. 3. ed. id. Marburg 1981; t. 4. ed. id. Marburg 1984 und weiter jährlich (bes. zahlreiche Beitr.e zur Rezeption in der Vk.).

[1] Briefe der Brüder G. an Savigny. ed. W. Schoof. B. 1953, 28—30. — [2] G., J.: Selbstbiogr. [1830]. In: KS 1, 1—24, Zitat 14. — [3] Rölleke, H.: Die Beitr.e der Brüder G. zu „Des Knaben Wunderhorn“. In: BGG 2 (1975) 28—42. — [4] Altdt. Wälder 1—3. Ffm./Kassel 1813—16 (Nachdr. ed. W. Schoof. Darmstadt 1966). — [5] „Für eine practische Wiedereinführung des meisten dessen, was wir bei unsern Vorfahren herrliches oder löbliches erkennen, in unser Leben selbst bin ich garnicht; das heutige ist anders, muß anders sein und kann nicht wieder zurück.“ (J. G. an von Savigny, Wien 5.2.1815), cf. Schoof (wie not. 1) 192. — [6] „Dieser Geist von

Sammeln und Herausgeben alter Sachen ist es doch, was mir bei Brentano und Arnim am wenigsten gefällt, [...] sie lassen das Alte nicht als Altes stehen, sondern wollen es durchaus in unsere Zeit verpflanzen." (J. an W. G., 17. 5. 1809), cf. Briefwechsel zwischen J. und W. G. aus der Jugendzeit. ed. H. Grimm/G. Hinrichs. Weimar 1881, 98 (= ed. W. Schoof. Weimar [2]1963, 101). — [7] Denecke, L.: Das dynamische Konzept der Brüder G. In: MA.-Rezeption. ed. J. Kühnel/H.-D. Mück/U. Müller. Göppingen 1979, 63 — 79. — [8] Häufig gründete sich u. a. das Berufsziel ‚Lehrer' auf ein theol. Studium. — [9] cf. Denecke, L.: W. und J. G. gegen Friedrich Schmitthenner. In: BGG 7 (1987) 1 — 29. — [10] G., J.: Über Schule, Univ., Akad. in: KS 1, 211 — 254 (vermehrt nach Handexemplar ed. L. Denecke in: BGG 4 [1984] 1 — 55, hier 6 sq.). —
[11] In jedem Schulbuch und Schreibkalender stand damals das Jahr 3484 (nach J. J. Scaliger 3949) a. Chr. n. für die Erschaffung der Welt, also ein durchaus überschaubar erscheinender Zeitraum. — [12] Griech. epos (das Gesagte, Wort, Rede, Erzählung; so den Brüdern geläufig) entspricht das dt. ‚Sage'; ‚mündl.' besagt, daß das Stück erzählt wurde, kennzeichnet aber nicht die Art der Beiträger. — [13] ‚Treu' bedeutet nicht wortgetreu, sondern sachgetreu und im Volkston; in ‚unschuldig' dürfte Biblisches anklingen (ohne den Sündenfall durch Erkenntnis); cf. Lexer, M.: Naiv. In: DWb. 7 (1889) 321 (Neudruck Mü. 1984, t. 13, 321). — [14] KS 7, 557 (J. G. 1846: „was ist ein volk? [...] ein volk ist der inbegriff von menschen, welche dieselbe sprache reden."), cf. Briefwechsel der Brüder J. und W. G. mit Karl Lachmann 2. ed. A. Leitzmann. Jena 1927, 736, 740 (W. G. am 31. 5. 1820); cf. G., W.: Kl.re Schr. 4. Gütersloh 1887, 581 sq.; gemeint ist eine zeitunabhängige menschliche Gemeinsamkeit in Anlagen, Ansichten und Handlungsweisen, deren Ausdruck für J. G. in der Volkspoesie erkennbar wird, cf. Grosse 1985 (v. Lit. 3). — [15] cf. G., J.: Echt. In: DWb. 3 (1862) 20; id.: Edel. ibid., 25 — 27. — [16] cf. Diewerge, H.: J. G. und das Fremdwort. Lpz. 1935, 166, 223, 257 (Volk-Komposita). — [17] Steig, R.: Achim von Arnim und J. und W. G. Stg. 1904, 115 — 144, 233 — 239. — [18] Brüder G.: Volkslieder 1 — 3. ed. C. Oberfeld u. a. Marburg 1985/im Druck/1987; Rölleke 1975 (v. Lit. 1). — [19] KS 1, 399 — 403. — [20] KS 5, 485 sq. —
[21] v. Denecke 1971 (v. Lit. 1) 59. — [22] Die beiden ältesten dt. Gedichte aus dem achten Jh.: Das Lied von Hildebrand und Hadubrand und das Weißenbrunner Gebet [...]. ed. Brüder G. Kassel 1812; cf. Denecke 1971 (v. Lit. 1) 54; Brüder G.: KHM 1 — 2 (Vergrößerter Nachdr. der zweibändigen Erstausg. von 1812 und 1815). ed. H. Rölleke. Göttingen 1986. — [23] v. Denecke 1971 (v. Lit. 1) 196 sq. — [24] cf. ibid., 56 — 58; G., J.: Circular wegen Aufsammlung der Volkspoesie. Wien 1815. Facsimile. Nachwort K. Ranke. ed. L. Denecke. Kassel 1968; cf. KS 7, 593 — 597. — [25] Brüder G.: Dt. Sagen 1 — 2. B. 1816/18 (ed. H. Grimm. B. [2]1865/66, [3]1891; ed. R. Steig. B. [4][1905]; ed. A. Stoll. Lpz. [1911], mit Personen-, Orts-, Sachreg.); Dt. Sagen, herausgegeben von den Brüdern G. Mü. 1956 u. ö. (vollständige Ausg. nach [3]1891); The German Legends of the Brothers G. 1 — 2. ed. D. Ward. Phil. 1981; Ir. Elfenmärchen. Übers. von den Brüdern G. Lpz. 1826; cf. G., W.: Kl.re Schr. 1. B. 1881, 405 — 490. — [26] G. (wie not. 18) XXII (2/3 der Volkslied-Slg von der Hand J. G.s geschrieben, 1/4 von W. G., Rest von dritten); in der Märchen-Slg sind 26 Stücke von J.s, 18 von W.s Hand, cf. Rölleke 1975 (v. Lit. 1); cf. BP 4, 184 — 259, 189, not. 1 (38 der 50 Basile-Übers.en im Kommentar von 1822 von J.s Hand). — [27] cf. EM 6, 194 (W. G. Ausg.n); cf. BP 4, 448 (hier mit der Zählung der 1. Aufl.); Rölleke, H.: Unbekannte Märchen von W. und J. G. Köln 1987; KHM 3. ed. H. Rölleke. Stg. 1980, 561; cf. KS 6, 226 — 232 (Übers. J.s von Basile, Pentamerone, num. 15). — [28] KS 4, 87; KS 6, 192 — 196 (verkürzt als Grimm DS 433); Altdt. Wälder 3 (1816) 284; KS 7, 9. — [29] cf. BP 3, 459; Grimm, Rechtsalterthümer 2, 129 sq. (als ‚Kindermärchen' zitiert). — [30] Denecke, L.: „Der Grabhügel" (KHM 195) aus dem Munde der Viehmännin. In: Fabula 12 (1971) 218 — 228. —
[31] Rölleke 1980 (wie not. 27) 568 (Passy), 569 (Schumacher), 570 (Sechter), 572 (Wien). — [32] Briefe der Brüder G. Gesammelt von H. Gürtler. ed. A. Leitzmann. Jena 1923, 158 (Wyss); Neue Heidelberg. Jbb. 7 (1897) 8 (Mone); Briefwechsel des Freiherrn K. H. G. von Meusebach mit J. und W. G. ed. C. Wendeler. (Heilbronn 1880) Neudruck Walluf 1974, 8 (von Meusebach); Rölleke 1980 (wie not. 27) 505 sq. (KHM 165 — 167; Wackernagel); Heule, M.: Wilhelm Wackernagel als Vermittler von G.beitr.en. Ergänzungen und Korrekturen zu Heinz Röllekes Beitr. über die Herkunft der KHM 165, 166 und 167. In: SAVk. 80 (1984) 88 — 92. — [33] Ginschel 1963 (v. Lit. 3) 131 — 168. — [34] Ginschel 1967 (v. Lit. 3) 282 — 295; Mss.: Staatsbibl. Preuß. Kulturbesitz, Berlin, Nachlaß G. 1756, 251, cf. Daffis (v. Bibliogr.n) 49, 52. — [35] KHM 2. ed. H. Rölleke. MdW 1982, 556 — 566; cf. Eberhard von Groote. Mittlgen aus seinem Briefwechsel. ed. A. Reifferscheid. Bonn 1875, 80 (J. G. am 10. 11. 1821: „Die Grammatik hat mich den Sagen und Mythen nicht abspenstig gemacht."). — [36] KS 8, 145 — 147. — [37] KS 7, 154 — 160. — [38] cf. Kunze, E.: J. G. und Finnland (FFC 165). Hels. 1957. — [39] KS 8, 191 — 201. — [40] KS 7, 222 — 230. — [41] KS 8, 386 — 398. — [42] KS 7, 537 — 543 (unvollendetes Ms.). — [43] Anzeiger für dt. Altertum 16 (1890) 241 (an S. Hirzel, 21. 2. 1857); Germania 11 (1866) 236 (an F. Pfeiffer, 30. 4. 1857). — [44] KS 1 (nur in [2]1879) 179. — [45] Schmidt, K.: J. G. und die KHM. In: Zs. für Deutschkunde (1939) 27 — 36. — [46] Erfurth 1938 (v. Lit. 1) 98; KS 8, 10 — 25. — [47] Erfurth 1938 (v. Lit. 1) 21 sq.; G., Circular (wie not. 24) („Sagen in ungebundener Rede"). — [48] KS 4, 10, not. 4 („ich behaupte folgende sätze und ihre identität: die älteste geschichte jedwedes volks ist volkssage." [1807]). — [49] KS 4, 91. — [50] Dazu Erfurth 1938 (v. Lit. 1) 58 sq. —
[51] cf. Denecke 1971 (v. Lit. 1) 85 sq.; Daxelmüller, C.: Disputationes curiosae. Würzburg 1979, 222 — 235;

Gerndt, H.: Zur Frühgeschichte der Sagenforschung. In: Dona Ethnologica Monacensia. Festschr. L. Kretzenbacher. Mü. 1983, 251–266. — [52] v. EM 6, 190 sq. — [53] Roethe, G.: J. G.s Vorlesungen über dt. Litteraturgeschichte. In: Nachrichten der Ges. der Wiss.en Göttingen, phil.-hist. Kl. (1899) 508–548; eine vollständige Wiedergabe nach studentischen Mitschriften ist vorgesehen von L. Denecke und U. Meves. — [54] Schmidt, P. G.: nach dem mönch riechend, aber lesenswert. J. G. und das Mittellatein. In: Brüder-G.-Symposion zur Hist. Wortforschung. ed. R. Hildebrand/U. Knoop. B./N.Y. 1986, 139–147; Wagner, F.: J. G. als Begründer der Mittellat. Philologie. In: BGG 7 (1987) 30–62. — [55] Altdt. Wälder 1 (1813) 179–187, hier 180, 173–179 (über den Umlaut). — [56] Faks. des Handexemplars: Karadžić, V. S.: Kleine serb. Grammatik. Übers. und mit einer Vorrede von J. G. (1824). ed. M. Mojašević/P. Rehder. Mü./Beograd 1974. — [57] Altdt. Wälder 1 (1813) II; cf. auch KS 8, 309, 314 (Vorrede zum DWb. 1 [1854]); cf. Denecke 1971 (wie Lit. 1) 129. — [58] Brief an von Savigny (wie not. 1) 28. — [59] Schmidt-Wiegand, R.: J. G. und das genetische Prinzip in Rechtswiss. und Philologie. Marburg 1987. — [60] Savigny, F. C. von: Juristische Methodenlehre. Nach der Ausarbeitung des J. G. ed. G. Wesenberg. Stg. 1951. —
[61] KS 6, 152–191 (Nachdr. Darmstadt 1963); KS 6, 272–276. — [62] G., J.: Dt. Rechtsalterthümer. (Göttingen 1828; Göttingen [2]1854; Göttingen [3]1881) t. 1–2. Lpz. [4]1899 (mit Einarbeitung der hs. Nachträge; Nachdr. Darmstadt 1974); Ebel 1974 (v. Lit. 3); ead.: J. und W. G. und ihre Vorlesungstätigkeit in Göttingen 1830–1837. In: BGG 4 (1984) 56–98, hier 61, 79 sq., 86. — [63] KS 8, 545–551. — [64] G. (wie not. 62) IX. — [65] id.: Dt. Mythologie. (Göttingen 1835; t. 1–2. Göttingen [2]1844; t. 1–2. Göttingen [3]1854) t. 1–2. Gütersloh [4](1876)/[76], t. 3. B. [4]1878 (mit Einarbeitung der hs. Nachträge; Nachdr. Graz 1968); cf. Denecke 1971 (v. Lit. 1) 112 sq.; zur Geltung der klassischen Mythologie: Petiscus, A. H.: Der Olymp, oder Mythologie der Aegypter, Griechen und Römer. B. 1821 (bis 1890 in 20 Aufl.n). — [66] G. (wie not. 65) t. 1, VI. — [67] ibid., z. B. t. 1, 380 und 2, 783 (hess.); 1, 380 sq., 385–387, 410 (ndd.); 1, 372 sq. (schweiz.); 1, 378 sq. (schwed.); cf. 1, XI sq. (zu Sage und Märchen). — [68] G., Circular (wie not. 24). — [69] Schoof (wie not. 1) 382; Hain 1963 (v. Lit. 3) 184–186; cf. auch KS 1, 122 (J. G.s Vorsatz noch 1850, das Hirtenleben der Vorzeit zur Erhellung von Bräuchen und Poesie zu untersuchen); cf. G., H.: Besprechung der „Aufsätze über Goethe von Wilhelm Scherer“ [1888]. In: id.: 15 Essays. 4. Folge. Gütersloh 1890, 126 (W. Scherer über J. G.s Projekt). — [70] Daffis 1923 (v. Bibliogr.n) 52, num. 264, 275, 1754; 54, num. 330. —
[71] Denecke, L.: Buchwidmungen an die Brüder G. In: BGG 2 (1975) 287–304; 3 (1981) 457–470; 4 (1984) 200–208 (die Widmenden sind ganz überwiegend politisch freiheitlich Gesinnte in Europa). — [72] cf. KS 7, 556–581; 8, 466 sq., 435–443 (in der Paulskirche; nicht vollständig); G., J.: Antrag zur Beratung über die Grundrechte des dt. Volkes in der Nationalversammlung zu Frankfurt am Main 1848. ed. L. Denecke. Kassel [1964] (mit Faks.). — [73] Spreu, A.: G. in Gotha. In: Zs. für Germanistik 6 (1985) 76–80 (zur Teilnahme am Rumpfparlament in Gotha); KS 8, Reg. s. v. Schleswig-Holstein; KS 8, 452–454 (Eintreten für protestierende hess. Offiziere); Waitz, G.: Zum Gedächtnis an J. G. Göttingen 1863, 23 sq. (keinesfalls als ‚Altersradikalismus‘ zu wertende briefliche Äußerung J. G.s an Waitz, 1858); Denecke 1971 (v. Lit. 1) 141 sq.; cf. G. (wie not. 62) XVII (zur sozialen Situation). — [74] cf. Schlegel, A. W.: Sämmtliche Werke 12. Lpz. 1847, 383–426; Denecke (wie not. 9) 1–29; cf. Denecke 1971 (v. Lit. 1) 125. — [75] ibid., 160–182.

Bibliogr.n: Chronologisches Verz. der Schr. J. G.s In: KS 5, 483–502. – Ergänzungen und Berichtigungen: Denecke 1971 (v. Lit. 1) 3 sq. und id. 1982 (v. Lit. 1) 306–313.
Briefe: id.: Bibliogr. der Briefe von und an J. und W. G. In: Aurora 43 (1983) 169–227 (= Schr. der Brüder G.–Ges. Kassel 7. Kassel 1983 [mit Einl. über J. und W. G. als Briefschreiber]).
Nachlaßbestände: Daffis, H.: Inventar der G.-Schränke in der Preuss. Staatsbibl. Lpz. 1923 (jetzt Staatsbibl. Preuß. Kulturbesitz, Berlin, Nachlaß G.). – Rumpf, M.: Volkskundliche Kostproben aus dem „G.-Schrank“. Begleitheft zur Ausstellung. B. 1983. – Moritz, W.: Verz. des Nachlaß-Bestandes G. im Hess. Staatsarchiv Marburg. Marburg 1988. – Hennig, D.: Brüder G. Museum Kassel. Ausstellungskatalog Kassel 1973. – Bandoly, S.: Der Nachlaß der Brüder G. im Kreismuseum Haldensleben. In: Jahresschrift des Kreismuseums Haldensleben 16 (1975) 27–37. – ead.: Teilnachlaß der Brüder J. und W. G. im Kreismuseum Haldensleben. In: Marginalien 97 (1985) 61–66. – Denecke, L./Teitge, I.: Die Bibl. der Brüder G. Annotiertes Verz. des festgestellten Bestandes. ed. F. Krause. Weimar (im Druck).
Lit. 1 (zu J. und W. G.): Erfurth, F.: Die „Dt. Sagen“ der Brüder G. Diss. Münster 1938. – Gerstner, H.: Die Brüder G. Ihr Leben und Werk in Selbstzeugnissen, Briefen und Aufzeichnungen. Ebenhausen 1952. – Schoof, W.: Lebensweisheit. Aus dem geistigen Vermächtnis der Brüder G. Kassel 1953. – Denecke, L./Schulte Kemminghausen, K.: Die Brüder G. in Bildern ihrer Zeit. Kassel 1963 ([2]1980). – Denecke, L.: J. G. und sein Bruder W. Stg. 1971 (mit umfassender Bibliogr.). – Rosenfeld, H.-F.: Zur Arbeitsweise der Brüder G. in ihren Dt. Sagen [1958]. In: id.: Ausgewählte Schr. 1. Göppingen 1974, 38–90. – Rölleke, H.: Die älteste Märchenslg der Brüder G. Synopse der hs. Urfassung von 1810 und der Erstdrucke von 1812. Cologny-Genève 1975 (grundlegend). – Denecke, L.: J. und W. G. als Rezensenten. In: Sammeln und Sichten. Festschr. O. Fambach. Bonn 1982, 294–323. – Mackensen, L.: Aus Anlaß der G.-Feiern. In: Philo-

biblon 28 (1984) 279–300. – Seitz, G.: Die Brüder G. Leben – Werk – Zeit. Mü. 1984. – Rölleke, H.: Die Märchen der Brüder G. Eine Einführung. Mü./Zürich 1985 (vornehmlich Frühgeschichte). – Schenda, R.: J. und W. G.: Dt. Sagen Nr. 103, 298, 337, 340, 350, 357 und 514. Bemerkungen zu den literar. Qu.n von sieben Schweizer Sagen. In: SAVk. 81 (1985) 196–206. – Denecke, L.: Die Geltung der Brüder G. in 200 Jahren. In: Hanau 1985–1986. 200 Jahre Brüder G. Reden zum Jubiläum. Hanau 1986, 5–24. – Mieder, W.: „Findet, so werdet ihr suchen!" Die Brüder G. und das Sprichwort. Bern/Ffm./N.Y. 1986. – Stackmann, K.: Über das Wb. der Brüder G. In: J. und W. G. Vorträge und Ansprachen [...] anläßlich der 200. Wiederkehr ihrer Geburtstage [...]. Göttingen 1986, 7–37.

Lit. 2 (Sammelbände): BGG [1]: Gedenkschrift zur hundersten Wiederkehr des Todestages von J. G. (v. auch die späteren Folgebände, v. Siglen). – J. G. zur 100. Wiederkehr seines Todestages. ed. W. Fraenger/W. Steinitz. B. 1963 (= DJbfVk. 8). – J. und W. G. als Sprachwissenschaftler. Geschichtlichkeit und Aktualität ihres Wirkens. ed. W. Bahner u. a. B. 1985. – Der Ginkgo-Baum. Germanistisches Jb. für Nordeuropa 4 (1985). – Die Brüder G. in ihrer amtlichen und politischen Tätigkeit. ed. H.-B. Harder/E. Kaufmann. Ausstellungskatalog Kassel 1985. – Die Brüder G. Dokumente ihres Lebens und Wirkens. ed. D. Hennig/B. Lauer. Ausstellungskatalog Kassel 1985 (wichtige Aufsatz-Beitr.e). – Die Brüder G. Erbe und Rezeption. Stockholmer Symposium 1984. ed. A. Stedje. Sth. 1985. – Humboldt-G. Konferenz Berlin 22.–25. Okt. 1985. Protokollband 1–3. ed. A. Spreu. B. 1986. – J. und W. G. Vorträge anläßlich der 200. Wiederkehr ihrer Geburtstage. ed. H. Stiller. B. 1986. – Kasseler Vorträge in Erinnerung an den 200. Geburtstag der Brüder J. und W. G. Marburg 1987 (BGG-Sonderband).

Lit. 3 (zu J. G.): Rassmann, A.: J. G. In: Allg. Enc. der Wiss.en und Künste 91. Lpz. 1871, 176–275. – Scherer, W.: J. G. Neudruck der 2. Aufl. mit Beigaben aus der 1. Aufl. und Scherers Rede auf G. ed. S. v. d. Schulenburg. B. 1921. – Fiesel, E.: Die Sprachphilosophie der dt. Romantik. Tübingen 1927. – Schoof, W.: J. G. Aus seinem Leben. Bonn 1961. – Ginschel, G.: Der Märchenstil J. G.s. In: DJbfVk. 9 (1963) 131–168. – Hain, M.: Der nie stillstehende Fluß lebendiger Sitte und Sage. In: ZfVk. 59 (1963) 177–191. – Magon, L.: J. G. Leistung und Vermächtnis. B. 1963. – Stern, L.: Der geistige und politische Standort von J. G. in der dt. Geschichte. B. 1963. – Ginschel, G.: Der junge J. G. 1805–1819. B. 1967 (grundlegend). – Ganz, P.: J. G.'s Conception of German Studies. Ox. 1973. – Ebel, E.: J. G.s Dt. Altertumskunde. Göttingen 1974 (Tacitus, Rechtsaltertümer, Mythologie). – Rölleke, H.: Die ‚stockhessischen' Märchen der ‚Alten Marie'. Das Ende eines Mythos um die frühesten KHM-Aufzeichnungen der Brüder G. In: GRM N.F. 25 (1975) 74–86 (= Rölleke, H.: „Wo das Wünschen noch geholfen hat." Bonn 1985, 39–54). – Holzapfel, O.: Aus dem Nachlaß der Brüder G.: Ein Brief C. E. Steenblochs mit einer norw. Erzählung (1812). In: Fabula 18 (1977) 117–132. – Schmidt-Wiegand, R.: Mark und Allmende. Die Weistümer J. G.s und ihre Bedeutung für eine Geschichte der dt. Rechtssprache. Marburg 1981. – Schupp, V.: „Wollzeilergesellschaft" und „Kette". Impulse der frühen Vk. und Germanistik. In: Zs. für dt. Philologie 100 (1981) 4–31 (leicht erw. Fassung: Schr. der Brüder G.-Ges. Kassel 6. Marburg 1983). – Mojašević, M.: Jakob Grimm i srpska narodna književnost. Književnoistorijske i poetološke osnove (J. G. und die serb. Volksdichtung. Lit.wiss. Grundlagen). Beograd 1983 (dt. Zusammenfassung p. 543–545). – Rölleke, H.: Schweiz. Beitr.e zur Märchenslg der Brüder G. In: SAVk. 79 (1983) 129–133. – Ginschel, G.: Historisches und Romantisches bei J. G. In: Bahner 1985 (v. Lit. 2) 109–119. – Grosse, R.: Volk und Nation bei G. und seinen Nachfolgern. In: Zs. für Phonetik, Sprachwiss. und Kommunikationsforschung 38 (1985) 481–488. – Ogris, W.: J. G. und die Rechtsgeschichte. In: J. und W. G. Vorträge und Ansprachen [...] anläßlich der 200. Wiederkehr ihrer Geburtstage [...]. Göttingen 1986, 67–96. – Schmidt-Wiegand, R.: Die ‚Weisthümer' J. G.s in ihrer Bedeutung für die Rechtswortgeographie. In: Brüder-G.-Symposion zur Hist. Wortforschung. ed. R. Hildebrand/U. Knoop. B./N.Y. 1986, 113–138. – Sonderegger, S.: National gebändigte Universalität. Die hist. Wortforschung als programmatische Erkenntnis und sprachwiss. Vermächtnis der Brüder G. ibid., 1–23.

Hann. Münden Ludwig Denecke

Grimm, Wilhelm Carl

1. Biogr. Abriß – 2. Zur Lit. des ‚Altertums' – 3. Stoff- und Motivgeschichte – 4. Volkslied, Märchen und Sage – 5. Verhältnis zur neueren Lit. – 6. Lexikographie und Wortgeschichte – 7. Runenkunde – 8. Wirkung und Nachwirkung

1. Biogr. Abriß. * Hanau 24. 2. 1786, † Berlin 16. 12. 1859, Mitbegründer der Dt. Philologie und der vergleichenden Erzählforschung, mit dem älteren Bruder Jacob → G. lebenslang eng verbunden. Die anstrengende Schulzeit in Kassel (1798–1803) verursachte eine bleibende Schädigung seiner Gesundheit[1]; auf das Studium der Rechte in Marburg (1803–06) folgte eine berufslose Zeit in Kassel. 1814 erhielt W. G., 1816 J. G. eine Stellung

an der Kurfürstlichen Bibl. in Kassel. 1825 heiratete W. Dorothea Wild[2]. Beide Brüder wurden 1829 als Bibliothekare und Professoren (W. 1831–35 außerordentlicher Professor) nach Göttingen berufen. Nach der Amtsenthebung wegen der Teilnahme am Protest der ‚Göttinger Sieben' folgte W. 1838 dem Bruder nach Kassel und 1841 als Mitglied der Akad. der Wiss.en nach Berlin.

Nach den ersten, meist mit dem Bruder J. gemeinsam verfaßten Arbeiten, verblieb W., zunehmend seit der Göttinger Zeit, sehr selbständig bei Vorhaben, die, enger begrenzt, aber in stetem innerem Zusammenhang, seiner von der des Bruders stark unterschiedlichen Natur gemäß waren: Textedition, Motivgeschichte, zeitgenössische Lit., bes. die Weiterführung und sprachliche Gestaltung der → *Kinder- und Hausmärchen*. Alles beruhte wie bei dem Bruder auf der gemeinsamen Grundlage des umfassenden Begriffs ‚Volk', der im Bereich der Lit.geschichte die gängigen Periodisierungen durchbricht (→ Naturpoesie, → Volksdichtung).

2. Zur Lit. des ‚Altertums'. Wie beim Bruder J. ging W. G.s wiss. Tätigkeit von der poetischen Volksüberlieferung, dem ‚Epos' aus, und blieb ganz vorwiegend auf sie gerichtet. Von früh an war er der Herausgabe von Texten zugeneigt, während J. G. zunehmend nur mit dem Exzerpt arbeitete. Nach kleineren Zss.beiträgen veröffentlichte W. G. 1808 den umfangreichen programmatischen Aufsatz *Über die Entstehung der altdt. Poesie und ihr Verhältnis zu der nord.*[3] Auch sein erstes Buch *Altdän. Heldenlieder, Balladen und Märchen* (Heidelberg 1811; Übers.en, im Anh. Hinweise auf dt. Parallelen)[4] überschritt die ‚nationalen' Grenzen. Dem ersten gemeinsamen Werk der Brüder, der Ausg. des *Hildebrandliedes* (Kassel 1812), ließ W. G. 1830 eine Faks.ausgabe folgen, in deren Selbstanzeige die Annahme unmittelbarer mündl. Überlieferung begründet wird[5]. 1815 erschienen die von J. und W. G. gemeinsam herausgegebenen Ausg.n *Der arme Heinrich von Hartmann von der Aue* (B. 1815; → Hartmann von Aue)[6] und *Lieder der alten Edda* (B. 1815; → Edda)[7]; letztere bedeutete für W. G. den Abschluß der altnord. Studien[8].

Weitere Textausgaben (in eigener, bisher noch nicht untersuchter Editionstechnik) widmete W. G. der poetischen Sage: u. a. *Grâve Ruodolf* (Göttingen 1828, ²1844), *Der Rosengarten* (Göttingen 1836)[9], *Ruolandes liet* (Göttingen 1838; → Roland)[10], → *Konrads von Würzburg Goldene Schmiede* (B. 1840)[11], → *Athis und Prophilias* (1846)[12]. In allen Fällen setzte W. G. die Unters.en zum Thema fort.

Vorlesungen in Göttingen und Berlin behandelten das → *Nibelungenlied, Gudrun* (→ Kudrun) und Hartmanns von Aue → *Erek* (darin über → Artustradition und Volksepos, ‚volksmäßige Wörter', ‚Wesen des Märchens')[13].

Der Edition von *Vrîdankes bescheidenheit* (Göttingen 1834, ²1860) folgten mehrere Arbeiten und Vorlesungen zum Thema[14]. Bemerkenswert ist W. G.s Versuch, hinter dem Namen Freidank (als Pseud.) Walther von der Vogelweide zu entdecken[15], der damit vom höfischen zum Volksdichter würde; die Begründungen behalten ihre Bedeutung als Nachweise von Spuren der Volkspoesie.

In *Exhortatio ad plebem christianam. Glossae Casselanae. Über die Bedeutung der dt. Fingernamen* (1848/53) und *Altdt. Gespräche* (1850/51) verfolgt W. G. ahd. Gebrauchssprache[16]. Seine Beschäftigung mit ahd. und mhd. Texten ergänzte die Arbeitsfelder des Bruders zu einer ganzheitlichen Germanistik.

3. Stoff- und Motivgeschichte. In den drei Bänden der von den Brüdern nahezu allein bestrittenen Zs. *Altdt. Wälder* (1813–16) brachte W. G. Zeugnisse für die altdt. Heldensage[17], die sich zu seinem Hauptwerk *Die dt. Heldensage* (Göttingen 1829)[18] erweiterten. Dies ist die erste, bisher nicht erneuerte literar. Wirkungsgeschichte, die unter literatur-soziologischem Gesichtspunkt das Publikum der Dichtung zu erfassen sucht. Vorbildliche Einzeldarstellungen sind weiter *Die Sage vom Ursprung der Christusbilder* (1842; cf. → Bilder vom Himmel, → Veronika) sowie *Die Sage von Polyphem* (1857; AaTh 1135–1137: → *Polyphem*)[19]; postum erschien *Die mythische Bedeutung des Wolfes* (1865; → Wolf)[20]. Bedeutend ist auch W. G.s Anteil an den komparatistischen Anmerkungen der KHM (v. Kap. 4).

4. Volkslied, Märchen und Sage. An den Slgen der Volkslieder, Märchen und Sagen war zunächst J. umfangreicher beteiligt als W. G. Einig waren sich beide in dem Bestreben,

der mündl. Überlieferung so nahe zu kommen, wie es unter den damaligen Umständen möglich war, und sie vor willkürlichen Eingriffen zu bewahren; zugleich aber in der Erkenntnis, daß solche Überlieferung variabel, zufällig und vielfach unvollkommen sein mußte, sowie in dem Verfahren, ihre Texte inhaltlich ‚treu', in der Darstellung aber möglichst vollständig und gut erzählt wiederzugeben (→ Authentizität, → Bearbeitung).

Mehr als J. beschäftigten W. G. Fragen der Entstehung, Verwandtschaft und der zeitunabhängigen Überlieferung der Märchen (keineswegs nur der dt.). Für die eigene Slg, die KHM, erschien J. und W. G. die Bedeutung der einzelnen Beiträger und des von ihnen gegebenen Wortlauts geringfügig gegenüber der weitflächigen Überlieferung[21]. Neben eigenen Aufzeichnungen nutzten sie weitgehend die Mitteilungen von Freunden und Korrespondenten[22]. Von der 2. Aufl. (1819) an ist W. G. allein verantwortlich für den Bestand und die sprachliche Gestalt der weiteren Ausg.n, während J. G. — ohne W.s Verfahren zu widersprechen — sich nur noch an der Stoffsammlung beteiligte. Die *Kleine Ausg.* der KHM (1825 nach dem Vorbild von E. Taylors engl. Ausw.-Übers.) ist allein W. G.s Werk[23] und wurde — auch später kaum verändert — zum eigentlichen → Kinderbuch, in der Popularität zunächst den Ausg.n L. → Bechsteins nachstehend. Ebenso allein W. G.s Verdienst ist die Endgestalt der Anmerkungen (1856, als 3. Aufl. der Fassung von 1822)[24] mit einer Forts. der Bibliogr., vergleichender Auswertung ausländischer Slgen und gehaltreichen allg. Betrachtungen bes. zur Motivverwandtschaft[25]. Bedeutsam sind die Widmungen an Bettina von → Arnim und die Vorreden[26] sowie die Einl.en zum 1. und 2. Band der 2. Aufl. (1819) *Über das Wesen der Märchen* und *Kinderwesen und Kindersitten* mit reichem Quellenmaterial[27]. Die Textvermehrungen in der 3.—7. Aufl. sind nur eine Nachlese, meist aus zeitgenössischen Drucken[28].

Neben dem Sammeln und der wiss. Erforschung des Märchens galt W. G.s Arbeit dessen Fortleben durch sprachgestalterische Weitererzählung[29]. Die von H. → Rölleke edierten Stücke aus dem G.schen Nachlaß[30] machen die Trümmerhaftigkeit des den Brüdern zugekommenen Materials anschaulich. W. G.s Kontaminationen sind Versuche, einen idealen älteren, vollständigen Text in gegenwärtiger Form herzustellen. Der Übergang von der variablen Erzählform zu einer fixierten Fassung für ein lesendes Publikum verlangte dabei eine Gestaltung, die Tonart, Beiseitegesprochenes und Gestik ersetzte. Sie geschah durch W. G. mit poetischem Feinsinn unter ‚treuer' Wahrung des Inhalts (auch der sog. → ‚Grausamkeiten'). Hinzugefügt wurden außer Veranschaulichungen und Motivationen bes. volkstümliche Verse und Sprichwörter, die W. G. durch seine Freidank-Arbeiten nahe lagen[31].

Ein Beweis für die Richtigkeit des Verfahrens, dem übrigens nicht alle Erzählungen unterzogen wurden, z. B. nicht die von Dorothea Viehmann sowie die in Mundart aufgezeichneten, ist die beispiellose Rezeption in der lesenden Welt. Das bedeutet als nicht abschätzbares Verdienst die Rettung der Volkserzählung in einer neuen, der Zeit angemessenen Form, zum andern die Schaffung einer neuen Lit.gattung (→ Buchmärchen). Wesentlichen Anteil hat W. G. an der Ausg. der *Ir. Elfenmärchen* (Lpz. 1826), die die Bemühungen der Brüder um ausländische Volksüberlieferungen (Dänemark, Spanien, Italien, Serbien u. a.) fortsetzte. W. G. lieferte die gehaltreiche, auch skand. Quellen einbeziehende Einl. *Über die Elfen* und einen Beitr. *Über das Wesen der Elfen*[32]. Eine begonnene Übers. des 2. Bandes wurde nicht vollendet und erst 1986 aus dem Nachlaß ediert[33].

Zu den *Dt. Sagen*[34] war ein 3. Band (Texte und Anmerkungen) lange beabsichtigt[35]. W. G. hat zu diesem ihn weniger anziehenden Vorhaben keine Vorarbeit geleistet, während J. G. weitere Stücke zum Abdruck brachte[36]. Ein Beispiel für W. G.s Mitarbeit ist DS 544, eine kurze Nacherzählung des von ihm edierten *Der Schwan-Ritter von Conrad von Würzburg* (cf. → Schwanenritter)[37]. Unausgeführt blieb der Plan einer Ausg. des → *Mabinogi*[38].

5. Verhältnis zur neueren Lit. Während J. G.s Bemühung vornehmlich auf die Erhellung (nicht Nachahmung) des ‚Altertums' und dessen Gegenwartsbezug gerichtet war, wandte sich W. G. darüber hinaus der zeitgenössischen Lit. zu. Seine Vorstellung von einer modernen Lit.geschichte, wie sie die Brü-

der zu liefern gedachten, skizzierte er schon 1812:

„Ein umständlicher Abschnitt über das öffentliche und häusliche Leben, das Verhältnis der Dichtkunst zur Gelehrsamkeit, des Adels zu dem Bürger grosser Städte und über die Volkspoesie jener Zeit [...] wird ein anderes Werk einmal passend einleiten; auch die Bemerkung gehört hierher, dass die poetische Entwickelung nicht immer mit der politischen, deren Einfluss übrigens ausser Zweifel ist, parallel gelaufen und nicht alle Stützen des Menschen zugleich niedergesunken sind.“[39]

Gegenwartsbezogen waren W. G.s Übers.en, zugleich Zeugnisse seiner dichterischen Sprachkunst[40].

Die Freundschaft mit Achim von → Arnim führte zu einer Verwandtschaft der Meinungen, auch zu teilnehmenden Rez.en seiner Romane[41] sowie nach von Arnims Tod zur Herausgabe eines Teils seiner 22bändigen *Sämmtlichen Werke* (t. 1–8. B. 1839–40; t. 9–12. Grünberg/Lpz. 1841–42)[42]. Wichtig sind die Rezensionen der Prosa Heinrich von Kleists, welcher W. G. eine der Volkspoesie verwandte Gültigkeit zuerkannte[43]. Für das DWb. exzerpierte er u. a. Gustav Freytag, Karl Gutzkow, Jean Paul, August von Kotzebue, August Wilhelm Iffland, Johann Heinrich Merck.

6. Lexikographie und Wortgeschichte. Über den Plan zum DWb. berichtete auf der Frankfurter Germanisten-Tagung nicht J., sondern W. G. (mit einem bemerkenswerten Exkurs über Fremdwörter)[44]. W. G.s eigener Beitr. zum DWb. (Buchstabe D), vom Bruder kritisiert[45], wahrt seine Eigenart: Neigung zur Ausführlichkeit, Zurückstehen der Etymologie, vordringlicher Gegenwartsbezug. Ein erstes Beispiel für Wortfeldforschung ist die nur zum Teil vollendete Akad.rede *Dt. Wörter für Krieg* (1846), gekennzeichnet durch Arbeitsnotizen wie: „Beobachtung des Wechsels, Naturgeschichte des Worts. Ein Beispiel oder ein Begriff, der nie fehlte und von dem jedesmaligen geistigen Zustand eines Volks Zeugnis ablegt, ist bellum.“[46]

7. Runenkunde. Dem Bestreben, den frühsten Zeugnissen des ‚Altertums‘ nahe zu kommen, entsprang die intensive Beschäftigung mit den runischen Zeichen. W. G.s Buch *Über dt. Runen* (Göttingen 1821), in zahlreichen Einzelarbeiten fortgesetzt[47], ist die Grundlage der Runenforschung in Deutschland.

8. Wirkung und Nachwirkung. Wenn W. Scherers Äußerung zutreffend ist, daß aus der Zeit der Romantik „die Grimmsche Sammlung der Märchen mit Uhlands Geschichten und Schlegels Shakespeare so ziemlich das einzige“ ist, „was sich [...] ununterbrochen erhalten hat“[48], so ist das für die Märchen das Verdienst W. G.s, und das gilt auch für die weltweite Ausbreitung der KHM als Zeichen einer menschlichen Verbundenheit der Völker.

W. G.s behutsame Edition mhd. Texte wurde durch K. Lachmanns klassisch-philol. Kritik verdrängt, kommt aber in der Germanistik zu neuer Geltung, ebenso wie die rezeptionsgeschichtliche Betrachtungsweise der *Dt. Heldensage* und die Neubelebung (nicht Slg) des Sprichworts. Das Verhältnis von W. G.s Arbeiten zu denen des Bruders J. verlangt eine neue, unvoreingenommene Beachtung.

Siglen: KS = G., W.: Kl.re Schr. ed. G. Hinrichs. t. 1–3. B. 1881/82/83, t. 4. Gütersloh 1887. – BGG = Brüder G. Gedenken [1]. ed. L. Denecke/I.-M. Greverus. Marburg 1963 (= HessBllfVk. 54 [1963]); t. 2. ed. L. Denecke. Marburg 1975 (= HessBllfVk. 64/65 [1974]; t. 3. ed. id. Marburg 1981; t. 4. ed. id. Marburg 1984 und weiter jährlich (bes. zahlreiche Beitr.e zur Rezeption in der Vk.).

[1] G., W.: Selbstbiogr. [1831]. In: KS 1, 3–27; Stockmann, H.: W. G. und sein Herzleiden. In: BGG 2 (1975) 246–262 (paroxysmale Tachykardie in ihrer ernsten Erscheinungsform). – [2] cf. Knetsch, K.: Ahnentafel des Kunsthistorikers Herman G. [1932]. In: Ahnentafeln berühmter Deutscher [1]. Lpz. 1929/32, 303–323, 330; 2. Lpz. 1933/35, 307. – [3] KS 1, 92–170. – [4] Vorarbeiten seit 1808, v. Denecke, L.: J. G. und sein Bruder W. Stg. 1971, 194 sq. – [5] Selbstgefertigtes Faks. (bis heute wichtig), dazu Selbstanzeige v. KS 2, 423–426. – [6] KS 2, 504. – [7] Denecke (wie not. 4) 195. – [8] Gottzmann, C. L.: Die altnord. Studien und Publ.en von W. und J. G. zur Lit., Sprache, Ur- und Frühgeschichte, Rechtsgeschichte und Runologie. In: BGG 7 (1987) 63–88. – [9] Selbstanzeige v. KS 2, 470 sq.; Forts.en (1859) v. KS 4, 468–523. – [10] Lange Zeit gültige Ausg.; cf. Denecke (wie not. 4) 197. –
[11] Abdruck einer Hs. mit Einführung schon in: Altdt. Wälder 2 (1815) 193–288. – [12] KS 3, 212–366. – [13]Ebel, E.: J. und W. G. und ihre Vorlesungstätigkeit in Göttingen 1830–1837. In: BGG 4 (1984) 56–98; ead. (ed.): W. G.s Nibelungenkolleg. Marburg 1985; KS 4, 524–576 (Einl. zur Gudrun-Vorlesung); KS 4, 577–617 (Einl. zur Erek-Vorlesung). – [14]Alle

Veröff.en v. Denecke (wie not. 4) 197; zu den Vorlesungen: Ebel, E.: Eine bisher unbekannte Nachschrift von W. G.s Freidank-Kolleg. In: BGG 3 (1981) 158–169; Klein, A. M./Arndt, R.: W. G.s Ms. zur Einl. seines Freidank-Kollegs. In: BGG 5 (1985) 94–125. – [15] KS 4, Reg. s. v. Freidank, Walther von der Vogelweide. – [16] KS 3, 367–471, 472–515. – [17] Altdt. Wälder 1 (1813) 195–323; 2 (1815) 115–134; 3 (1816) 252–283 (Nachdr. Darmstadt 1966). – [18] G., W.: Die dt. Heldensage. Göttingen 1829 (ed. K. Müllenhoff. B. [2]1867; ed. R. Steig. Gütersloh [3]1889 [Nachdr. Darmstadt 1957]). – [19] KS 3, 138–199; KS 4, 428–462. – [20] KS 4, 402–427. –
[21] cf. dazu schon G., W.: Altdän. Heldenlieder, Balladen und Märchen. Heidelberg 1811, XI („Wir sind zwar der Meinung, daß jede Zeit sich eigenthümlich verkündigt hat, [...] aber eine solche historische Scheidung ist an der Volksdichtung, die bei ihrem Alter immer auch neu und jugendlich bleibt, kaum möglich."). – [22] Verz. der Beiträger cf. Rölleke 1980 (v. Ausg.n) t. 3, 559–574. – [23] Zum Textbestand cf. Rölleke 1982 (v. Ausg.n) t. 2, 555 sq. – [24] Auch die Anmerkungen von 1822 sind im wesentlichen W. G.s Arbeit, cf. Briefe der Brüder G. Gesammelt von H. Gürtler. ed. A. Leitzmann. Jena 1923, 235 (W. G. an K. Simrock, 26. 2. 1851); Briefe der Brüder J. und W. G. an G. F. Benecke. ed. W. Müller. Göttingen 1889, 151 (J. G. an Benecke, 27. 6. 1822); Briefwechsel des Freiherrn K. H. G. von Meusebach mit J. und W. G. ed. C. Wendeler. (Heilbronn 1880) Nachdr. Walluf 1974, 8 (J. G. an von Meusebach, 24. 12. 1822); BP 4, 461 (J. G. über die Ausg. von 1856: „Wh. war bei der Ausarbeitung dieser neuen Ausgabe des Materials nicht mächtig"). – [25] Zusätze bereits in KHM 1 ([6]1850) XXII–LXXII, cf. Rölleke 1980 (v. Ausg.n) t. 3, 405 [417]–414 [426]; auch BP 5, 239–249. – [26] KS 1, 317–319; KS 1, 320–332. – [27] KS 1, 333–358, 359–404. – [28] Rölleke 1985 (v. Ausg.n) 1170–1177 (zur 3. Aufl.), 647–803 (zur 4.–7. Aufl.); cf. auch id.: Unbekannte Märchen von W. und J. G. Köln 1987 (acht frühe Versionen W. G.s). – [29] BP 4, 453–457; Berendsohn 1921 (v. Lit.); Rölleke 1982 (v. Ausg.n) t. 2, 566–578. – [30] Rölleke, H.: Märchen aus dem Nachlaß der Brüder G. Bonn [3]1983. –
[31] id. (ed.): „Redensarten des Volks, auf die ich immer horche". Das Sprichwort in den Kinder- und Hausmärchen der Brüder G. Bern 1988. – [32] KS 1, 405–438, 438–490; cf. Stengel, E.: Private und amtliche Beziehungen der Brüder G. zu Hessen 1–3. Marburg 1886–1910, hier t. 1: Briefe der Brüder G. an hess. Freunde, 244 (W. G. an D. T. A. Suabedissen, 3. 1. 1827: „nur das erste Capitel mit den Etymologien ist von meinem Bruder"). – [33] Ir. Land- und Seemärchen. Gesammelt von T. Crofton Croker. Übers. von W. G. ed. W. Moritz/C. Oberfeld. Marburg 1986. – [34] v. EM 6, 175 sq. – [35] cf. Germania 11 (1866) 378 (J. G. an A. H. Hoffmann von Fallersleben, 5. 3. 1819); Leitzmann (wie not. 24) 283 (W. G. an F. Pfister, 26. 9. 1828). – [36] EM 6, 183, not. 67. –
[37] Altdt. Wälder 3 (1816) 49–96. – [38] cf. Ebel (wie not. 14) 163; Klein/Arndt (wie not. 14) 107, Z. 153 (hier nicht enthalten!). – [39] KS 1, 273. – [40] Denecke (wie not 4) 193. –
[41] KS 1, 289–310. – [42] cf. auch KS 1, 311–314 (Vorw.). – [43] Sembdner, H.: Heinrich von Kleists Lebensspuren. Ffm. [2]1977, 303–308, 390 sq., 393–395; id.: Heinrich von Kleist im Urteil der Brüder G. In: Jb. der Dt. Schillerges. 9 (1965) 420–446; Obenaus, S.: W. G.s Kleist-Rez. ibid. 25 (1981) 77–96 (dazu Sembdner, H.: W. G.s Kleist-Rez.en. Zu Sibylle Obenaus' Methodenproblem. ibid. 26 [1982] 31–39); cf. Stengel (wie not. 32) t. 3: Briefe der Brüder G. an Paul Wigand, 71, 93 (W. G. am 22. 3. und 31. 10. 1811). – [44] KS 1, 508–520, bes. 518 sq.; cf. auch KS 1, 505–507 (Berliner Antrittsrede 1841, mit Zusätzen von J. G.). – [45] G., J.: Kl.re Schr. 8. ed. E. Ippel. Gütersloh 1890, 381 sq.; Henne 1985 (v. Lit.). – [46] KS 3, 516–567, Zitat 517. – [47] Denecke (wie not. 4) 195 sq. – [48] Scherer, W.: J. G. ed. S. v. d. Schulenburg. B. 1921, 95.

Bibliogr.: Chronologisches Verz. der Schr. W. G.s. In: KS 4, 637–659 und Ergänzungen KS 4, IV–VI. – Weiteres v. EM 6, 184 (Bibliogr. J. G.).

Ausg.n (KHM): Kinder- und Haus-Märchen. Gesammelt durch die Brüder G. [1]–2. B. 1812/15 (t. 1–3. B. [2]1819/22; t. 1–2. [3]1837; [4]1840; [5]1843; [6]1850; Anmerkungsband [3]1856; [7]1857). – KHM. Kleine Ausg. B. 1825 ([2]1833; [3]1836; [4]1839; [5]1841; [6]1844; [7]1847; [8]1850; [9]1853; [10]1858; [44]1898; [50]1912). – Neue Ausg.n: KHM 1–3 (Nach der Ausg. letzter Hand [7]1857). ed. H. Rölleke. Stg. 1980 (überarbeitet 1982) (mit Verz. der Beiträger und Vermittler sowie Lit.hinweisen; grundlegend). – KHM 1–2. (Nach der Aufl. [2]1819). ed. id. MdW 1982 (ohne den Anmerkungsband von 1822). – KHM [1–2] (Nach der Aufl. [3]1837). ed. id. Ffm. 1985 (darin neue Texte der 4.–7. Aufl., ausgeschiedene Texte der 1. und 2. Aufl., Anmerkungen der Brüder G. [für KHM 1–160 nach 1822, die weiteren nach 1856, die ausgeschiedenen nach 1812/15], ausführlicher Kommentar). – KHM 1–2 (Vergrößerter Nachdr. der zweibändigen Erstausg. von 1812 und 1815). ed. id. Göttingen 1986 (ersetzt für die wiss. Benutzung alle früheren Ausg.n).

Lit. (beide Brüder betr. Lit.v. EM 6 [Lit. 1 zu J. G.]): Rassmann, A.: W. G. In: Allg. Enc. der Wiss.en und Künste 91. Lpz. 1871, 275–307. – Hamann, H.: Die literar. Vorlagen der Kinder- und Hausmärchen und ihre Bearb. durch die Brüder G. B. 1906 (Nachdr. N.Y./L. 1970). – Berendsohn, W. A.: Grundformen volkstümlicher Erzählerkunst in den Kinder- und Hausmärchen der Brüder G. Hbg 1921 (2. vermehrte Ausg. Walluf 1968). – Schmidt, K.: Die Entwicklung der Grimmschen Kinder- und Hausmärchen seit der Urhs. Halle 1932 (Nachdr. Walluf 1973). – Schoof, W.: W. G.s Plan eines Höxterschen Idiotikons. In: Rhein.-westfäl. Zs. für Vk. 1 (1954) 253–256. – Neumann, E.: W. G.

Akademische Festrede. B. 1959. – Schoof, W.: W. G. Aus seinem Leben. Bonn 1960. – Mojašević, M.: Zu W. G.s Tagebüchern. In: Jb. des Wiener Goethe-Vereins 69 (1965) 206–219 (= id.: Dt.-jugoslaw. Begegnungen. Wien 1970, 69–81). – Woeller, W.: Die Bedeutung der Brüder G. für die Märchen- und Sagenforschung. In: Wiss. Zs. der Humboldt-Univ. Berlin. Gesellschafts- und sprachwiss. Reihe 15 (1965) 507–514. – Fitzsimons, E.: J. and W. G.'s Ir. Elfenmärchen. A Comparison of the Translation with the English Original: „Fairy Legends and Traditions of the South of Ireland" by T. Crofton Croker. Diss. Chic. 1978. – Rölleke, H.: W. G.s Traumtagebuch. In: BGG 3 (1981) 15–37. – id.: Die Brüder G. in Spinnstuben, dämmrigen Küchenwinkeln und an Kohlenmeilern? Oder: Über die Fragwürdigkeit tertiärer Überlieferungen. In: Aurora 43 (1983) 160–168. – id.: August Stöbers Einfluß auf die ‚Kinder- und Hausmärchen'. Zur Textgenese der KHM 5 und 15. In: Fabula 24 (1983) 11–20. – id.: ‚Schneeweißchen und Rosenrot'. Rätsel um ein G.sches Märchen. In: Wirkendes Wort 33 (1983) 152–163. – id.: ‚Volkssagen aus Vorarlberg', eine späte Qu. für die ‚Kinder- und Hausmärchen'. In: BGG 4 (1984) 126–133. – Denecke, L.: Albanes. Märchen. Johann Georg von Hahn und W. G. In: Hess. Bll. für Volks- und Kulturforschung 18 (1985) 10–14. – Henne, H.: ‚Mein Bruder ist in einigen Dingen [...] abgewichen'. W. G.s Wb.arbeit. In: Zs. für Phonetik, Sprachwiss. und Kommunikationsforschung 38 (1985) 533–543 (= BGG 6 [1986] 1–12). – Rölleke, H.: „Wo das Wünschen noch geholfen hat". Gesammelte Aufsätze zu den „Kinder- und Hausmärchen" der Brüder G. Bonn 1985. – Schindehütte, A.: Krauses G.sche Märchen. Kassel 1985 (mit Geleitwort von H. Rölleke und Dokumenten zum Wachtmeister J. F. Krause). – Denecke, L.: „Ich soll hier vom Bruder reden ...". W. G., der andere der beiden Großen. In: Zs. des Vereins für hess. Geschichte und Landeskunde 91 (1986) 165–175.

Hann. Münden Ludwig Denecke

Grimmelshausen, Johann Jakob Christoph von

1. Biogr. – 2. Simplicissimus – 3. Volkstümliche Erzählstoffe im Werk G.s. Vorlagen und Bearb.stendenzen – 4. Kalendergeschichten, hist. Sagen, Schwänke und Apophthegmata – 5. Wirkungen und Publikum

1. Biogr. Hans Jakob Christoffel von G. (Pseud.e: Samuel Greifnson von Hirschfeld, German Schleifheim von Sulsfort, Michael Sternfelß von Fugshaim), * Gelnhausen (Hessen) 17. 3.(?) 1621 (oder 1622), † Renchen (Baden) 17. 8. 1676, dt. Barockdichter. G. war Sohn eines Gastwirts und Bäckers aus einfachen protestant. Handwerkerkreisen; während des 30jährigen Krieges Pferdeknecht, Soldat, Dragoner bei verschiedenen Truppenteilen; ab 1639 Sekretarius des Obristleutnants H. R. von Schauenburg in Offenburg; 1649 dort Heirat (kathol.); 1650–60 Verwalter der Schauenburgischen Güter auf Schloß Gaisbach bei Oberkirch; 1663–65 Vogt auf der Ullenburg des Straßburger Arztes J. Küffer (Besitzer einer großen Bibl. und Unterstützer G.s schriftstellerischer Vorhaben); 1665–67 Gastwirt in Gaisbach; 1667–76 bischöflich-straßburg. Schultheiß in Renchen[1].

2. Der Simplicissimus. G.s Hauptwerk ist *Der abenteuerliche Simplicissimus Teutsch* (16[68]69; *Continuatio* 1669), der erste dt.sprachige Prosaroman von Weltrang. Vorbilder waren span. Schelmenromane wie der *Guzmán de Alfarache* des Mateo → Alemán.

Der durchaus als Entwicklungs- oder Bildungsroman[2] zu bezeichnende *Simplicissimus* ist seiner Erzählform nach ein pseudobiogr. Bericht; er kann aber auch als satirischer Roman gelten. Das Werk gehört zur Barockgattung des sog. ‚niederen Romans'. Sein Held ist ein Angehöriger des ausgebeuteten Bauernstandes. Diese sozialen Verhältnisse erklären auch die Einfalt des Helden, der praktisch keine Erziehung genossen hat[3]. Die → Ich-Erzählung ist zwar eine fingierte Wirklichkeitsaussage, doch zeigt sich die enge Verbundenheit G.s mit dem bäuerlichen Milieu – als Gastwirt, Schaffner und Schultheiß – in zahlreichen Passagen, z. B. auch in den Dialogszenen[4]. Durch seinen → Realismus ist der *Simplicissimus* eine ergiebige kulturgeschichtliche Quelle des 30jährigen Krieges; über das Kriegsgeschehen hinaus schildert G. Sitten und Bräuche, Kleidung, Essen, Trinken, Wohnen in armen und begüterten Schichten[5].

Die Ständebaum-Allegorie (*Simplicissimus* 1, Kap. 15–18) analysiert die → Ständeordnung im Krieg. Der seit dem MA. gültige Ordo-Gedanke, die strenge standesmäßige Reglementierung wird hier – allerdings nur im Traum – ironisch desavouiert[6]. Ein Ständelob im Munde des Simplicius ist das *Lied vom Bauernstand* (*Simplicissimus* 1, 3)[7], und in der *Verkehrten Welt* (1672) zitiert G. eine bekannte Bauernklage[8]. Der Erzähltyp AaTh 1199 A: → *Qual des Brotes (Flachses)* liegt der sog. Schermesserepisode (*Simplicissimus, Continuatio* Kap. 11 sq.) zugrunde, die G. nicht nur um technische, wirtschaftliche und geogr. Details anreichert, sondern zu einer gesellschaftskritischen Parabel gestaltet[9].

Eine unerschöpfliche Quelle ist G. auch für Sprichwörter und Redensarten. Wie kein anderer dt. Autor seit → Luther hat er ‚dem Volk aufs Maul geschaut'. Die stärkste Sprichwörterhäufung findet sich in den ersten Büchern des *Simplicissimus* (1,17; 2,20; 3,19; 4,14). Ganz gleich, ob die Handlung in Westfalen, im Hessischen oder im Badischen spielt – immer versteht es G., durch die getreue Wiedergabe des → Dialekts die Personen zu authentischem Leben zu erwecken[10]. Obwohl G. die volkstümliche Umgangssprache als Quelle benutzte, waren ihm doch auch die Sprichwortsammlungen seit Johannes Agricola (gest. 1566) sicher geläufig[11].

3. Volkstümliche Erzählstoffe im Werk G.s. Vorlagen und Bearb.stendenzen. Die Bedeutung G.s für die volkskundliche Erzählforschung ist seit langem bekannt. So haben schon die Brüder → Grimm mehrere Erzählungen als Frühbelege für Sagentypen übernommen: *Mummelsee* (Grimm DS 59), *Alraun* (DS 84), *Spiritus familiaris* (DS 85), *Vogelnest* (DS 86), *Glockenguß zu Attendorn* (DS 127), *Soester Schatz* (DS 160). Sie haben auch die Erzählung vom → *Bärenhäuter* (AaTh 361) in ihre Märchensammlung aufgenommen (KHM 101) und mit Hilfe dieses literar. Textes selbst aufgezeichnete orale Traditionen wiederhergestellt. Die Bärenhäuterepisode im *Simplicissimus* ist indessen kein wirkliches Volksmärchen, sondern eine von G. aus heterogenen Elementen geschaffene literar. Erzählung[12]. Über das Werk G.s verstreut findet sich eine große Anzahl von dämonologischen Sagen und Geistergeschichten[13].

In der *Continuatio* (Kap. 15) bringt G. auch die Erzählung vom rasierenden Gespenst[14]. Bes. ergiebig ist G. als Quelle für → Hexen- und → Teufelsgeschichten. Im *Simplicissimus* (2, 18) verschmilzt G. zwei Sagen, die noch im 20. Jh. häufig aus der mündl. Überlieferung notiert worden sind: Die Sage von der nachgeahmten, aber mißlungenen Hexenfahrt und von den Musikanten auf dem Blocksberg[15]. In der *Continuatio* (Kap. 2) führt G. die Sage vom in Ketten gefesselten Teufel aus[16].

Lit.wiss. und Vk. haben sich immer wieder mit der Frage der Quellen von G.s Geschichten beschäftigt[17]. Lange Zeit hat man die Kenntnis dieser Stoffe G.s persönlichem Umgang mit einfachen Leuten zugeschrieben. Doch die Legende vom Schwarzwälder Bauernphilosophen ist eine Fiktion[18]. G. muß vielmehr über eine enorme Belesenheit verfügt haben. Abgesehen von zahllosen Anspielungen auf Bibel und griech.-röm. Mythologie oder von lexikalischen Kenntnissen stecken seine Werke voller Stoffe, die aus spätma. und frühneuzeitlicher volkstümlicher Literatur bekannt sind. Sehr geläufig waren ihm die sog. → Volksbücher → *Fortunatus*, → *Eulenspiegel*, *Doktor* → *Faust*, → *Melusine* ebenso wie die → Artustradition. Auch von den populären Schwanksammlungen des 16. Jh.s, die noch im 17. Jh. neue Auflagen erlebten, muß G. viele gekannt haben, denn er nimmt Stücke aus bekannten Slgen oft wortgetreu in sein Werk auf. Georg → Wickrams *Rollwagenbüchlein*, Valentin → Schumanns *Nachtbüchlein*, Johannes → Paulis *Schimpff und Ernst* und die dt. Übers. von Heinrich → Bebels *Facetiae* hat G. z. T. als Quelle selbst angeführt. Er kennt Johann → Fischart, und als einen seiner Lieblingspoeten nennt er Hans → Sachs. Dieser ist z. B. die Quelle der Speckdiebstahlepisode (*Simplicissimus* 2, 31; cf. AaTh 1624 B*: → *Speckdieb*). Eine Reihe von Erzählungen hat G. von Georg Philipp → Harsdörffer übernommen[19]. G.s Hexengeschichten lassen sich z. T. in der magischen Lit. seiner Zeit und den Dämonologien des 16. und 17. Jh.s nachweisen. G. kannte Johannes → Praetorius; bes. in der Sylphenvorstellung der Mummelsee-Episode (*Simplicissimus* 5, 12) stimmt G. mit ihm überein, der wiederum aus → Paracelsus schöpfte[20]. Eine Vorlage für viele Passagen war ferner die Übers. der *Piazza universale* des Italieners Tomaso → Garzoni[21]. Wichtig sind weiter die Anregungen aus Aegidius → Albertinus von Johann Michael → Moscherosch. Ein Teil der Kalendergeschichten stammt aus Conrad → Lycosthenes' *Prodigiorum ac ostentorum chronicon*, das G. in der dt. Übers. J. → Herolds (*Wunderwerck*) von 1557 benutzt hat[22]. Mindestens in Übers. kannte G. auch → Cervantes[23]. G.s genaue Kenntnisse von Leben und Leiden der Heiligen stammen weniger aus mündl. Überlieferung seiner Zeit als aus bestimmten nachweisbaren Legendensammlungen[24].

Abgesehen von den Quellenforschungen zu G. hat sich die Wiss. mit den Bearb.sweisen und -intentionen[25] G.s sowie Kontextfragen[26] beschäftigt. So sind G.s Hexen- und Teufelsgeschichten nicht einfach nur Dokumente für den Volksglauben seiner Zeit oder Frühbelege einzelner Erzähltypen, sondern verraten seine kritische Distanz und seine Tendenz zu schon fast aufklärerisch-rationaler Erklärung.

In der Hexengeschichte im *Simplicissimus* (2, 17) gibt G. nicht bloß eine Glaubenssage über den → Schadenzauber einer Hexe wieder, er nähert seine Schilderung dem Schwank an: Der unbeabsichtigte Flug durch die Luft, der den Helden nach Magdeburg entführt[27], der verkehrt benutzte Zauberspruch, aber auch die Katzenmusik und die absonderliche Art der Musikinstrumente gehören in den Bereich der Groteskkomik und mindern den Eindruck des Zauberisch-Numinosen. Auch nimmt der Held das Geschehen keineswegs als Wirklichkeit, sondern als Traum. Es folgt eine lange Erörterung, ob ein solcher Flug rational denkbar ist oder nicht, mit einer Liste von gelehrten hist. Belegen, die am Schluß des Kap.s mit einem Augenzwinkern relativiert werden. Durch Ausgeben der Erzählung als Erlebnisbericht, als Memorat, entsteht eine zusätzliche Distanzierung. Wo Simplicissimus Wundergeschichten aus eigenem Erleben berichtet, handeln sie bezeichnenderweise von der Entlarvung angeblicher Mirakel als Betrügereien[28]. G. ist ein Skeptiker, und wie wenig er den Hexenaberglauben selbst für wahr nimmt, zeigt auch das Verhör, dem sich der in Weiberkleidung stekkende und als Zauberer angeklagte Simplicissimus unterwerfen muß. Es erweckt eher den Eindruck einer Satire auf das Verfahren bei derartigen Prozessen[29]. Das ist für eine Zeit bemerkenswert, in der Hexenprozesse noch von ‚wiss.‘ Gutachten ganzer Universitätsfakultäten gestützt wurden[30]. Zumindest zwingt G. den Leser, seiner Infragestellung der Hexenprozesse in diesem einen Fall zu folgen. Es gelingt ihm, die Kluft zwischen dem objektiven Wahrheitsgehalt und einer subjektiven Auslegung der Ereignisse bewußt zu machen[31].

Die Melusinen-Sage, in ihrer bad. Form fixiert auf Schloß Staufenberg (→ Peter von Staufenberg)[32], hat G. in ihrem sozialen Milieu verändert und rationalisiert. (Der Ritter wird zum Bäckerknecht, Melusines Schwesterntochter ist kein übernatürliches Wesen, sondern eine Betrügerin, und der gläubige Bäckerknecht wird zum Betrogenen.) Traditioneller Dämonenglaube und moderne Wissenschaftlichkeit greifen oft sehr merkwürdig ineinander, am deutlichsten bei der abenteuerlichen Fahrt des Helden in den Mummelsee[33], dessen Sylphen-Reich weder mythisch noch naturwiss. erfahrbar, sondern als utopische Gegenwelt zur menschlichen Gesellschaft poetisch ausgestaltet ist[34]. Auch im *Springinsfeld* (1670)[35] wird kompromißlos der Einsatz des Verstandes gegen Aberglauben und Wundergläubigkeit gefordert[36]. Nicht anders als rationalistisch kann auch G.s Erzählung von der Auffindung des Soester Schatzes aufgefaßt werden, die keine volkstümliche Schatzsage, sondern eher eine Parodierung des Schatzaberglaubens bietet[37]. In der berühmten Speckdiebstahl-Geschichte (*Simplicissimus* 2, 31) wird der Teufel als Mensch, als Jäger von Soest entlarvt[38].

In *Simplicissimi Galgen-Männlin* (1673) geht es um die vermeintlich magischen Kräfte der → Mandragora-Wurzel, die ihrem Besitzer nicht nur Gesundheit, sondern auch Geld und Glück bringen soll. Zauberepisoden werden hier distanziert als ‚seltzambe und merckwürdige‘ Geschichten dargeboten[39]. Das Ziel ist christl. Belehrung: Aberglaube ist nicht nur Dummheit, sondern auch Sünde; mit dem christl. Glauben sei der Alraun-Besitz nicht zu vereinbaren[40].

G. ist ein christl. und moralisch-lehrhafter Autor, dessen Werk von einer asketischen Weltauffassung geprägt ist. Charakteristisch hierfür sind die Motivik der Weltentsagung zu Beginn des *Simplicissimus*, die Gestalt des → Einsiedlers, der sich von der Welt zurückgezogen hat, aber die Kirche besucht, die Begegnung mit den Geistlichen der drei christl. Hauptkonfessionen (luther., calvinist., kathol.) und den Wiedertäufern, die Jupiter-Prophetie von der Vereinigung der Konfessionen[41]. Es finden sich bei G. ständige Hinweise und Anspielungen auf den göttlichen Heilsplan[42]. Andererseits wird die Distanz des Dichters zu konfessionellem Dogmatismus immer wieder deutlich. Den Mirakelgeschichten der Heiligenlegenden stand er durchaus skeptisch gegenüber[43], und es gibt Passagen, in denen er Stellen aus der Hl. Schrift parodiert[44].

4. Kalendergeschichten, hist. Sagen, Schwänke und Apophthegmata. → Kalender beherrschten seit Erfindung des Buchdrucks bis ins 18. Jh. den Büchermarkt. Mit einem vielversprechenden Titel, der gleichwohl

nicht übertreibt, suchte G. 1671 einen Platz auf diesem Markt zu gewinnen. Hinter der marktschreierischen Ankündigung des Titelblatts versteckt sich freilich wieder Ironie und Polemik[45]. Im *Ewig-währenden Calender* öffnete G. zwar dieses Genre für Erzählungen, jedoch in anspruchsvoller literar. Form mit aufklärerischen Absichten. Er entwickelte eine bes. Vorliebe für die hist. Sage, für Erzählstoffe, die schon antike oder ma. Geschichtsschreiber im guten Glauben an die Tatsächlichkeit des Verbürgten und Tradierten wiedergegeben hatten und an denen auch G. zu zweifeln keinen Anlaß hatte.

Immer sind diese Geschichten mit einem genauen Jahres- und Tagesdatum eingetragen und beziehen sich auf bekannte Persönlichkeiten der Geschichte und auf reale Orte — auch wenn der sonstige Inhalt noch so phantastisch ist. Meist sind es zugleich didaktische Stücke. Z. T. finden sich Stoffe der antiken Historiographie, wie AaTh 960 A: → *Kraniche des Ibykus*[46] oder AaTh 736 A: *Ring des* → *Polykrates*[47]. G. verbürgt dabei die Historizität des sagenhaften Geschehens; in seinem Weltbild klaffen Geschichtsschreibung und Sagenbericht noch nicht auseinander. Ganz selbstverständlich bringt er auch die Erzählung vom Schweizer Helden Winkelried und seinem Kampf mit dem → Drachen, sogar mit einem eindrucksvollen Bild des greulichen Untiers[48]. Datiert und glaubhaft tradiert G. auch das Predigtexempel vom Freveltanz um die Kirche (→ Frevel, Frevler)[49]. Die Sage vom → Mäuseturm von Bingen bietet er in mehreren Versionen[50], zweimal mit einer Abbildung. Mehrfach belegt G. auch AaTh 762: → *Mehrlingsgeburten*[51].

Viele Ausführungen des Kalenders sind eng mit dem Kirchenkalender verknüpft, mit dem Arbeits- und Wetterkalender[52] oder auch mit mancherlei Bräuchen (Martinsgans, In den April schicken, Walpurgisnacht etc.). Neben dem Bewährten und Traditionellen bringt der Kalender alle möglichen Sensationsnachrichten, bes. → Prodigien, d. h. Vorzeichen wie Blut-, Geld-, Steinregen und Sonnenfinsternisse, → Geschlechtswechsel[53] etc.: Ein Weib hat einen Elefanten und eine Dienstmagd einen Wurm geboren[54]; eine Kuh fängt an zu reden; ein Hahn mit vier Füßen wurde ausgebrütet[55]. Doch daneben schmuggelte G. seinen Mitmenschen bildenden Lesestoff ins Haus[56]. So hat G. den Kalender schon vor Johann Peter → Hebel literaturfähig gemacht. Zu Recht hat man in seinen Kalendergeschichten eine Vorform ‚aufklärerischer Publizistik' gesehen[57].

Neben Glaubenssagen findet sich auch eine Vielzahl von traditionellen Schwänken im Werke G.s[58], darunter → Lügengeschichten, → Jägerlatein und → Aufschneidereien wie etwa die Erzählungen *Aufschneiderei*[59], *Der beschimpfte Aufschneider*[60] oder Aussagen über die ‚Verkehrte Welt'. Es geht in diesen Geschichten darum, den Leichtgläubigen und Dummen hereinzulegen, der die Geschichte für wahr hält. Der Lügenerzähler selbst steht dagegen auf der rationalistisch-überlegenen Seite[61].

Außerdem verwendet G. das Apophthegma[62] und benutzt das Wort selbst: In der Vorrede des Kalenders sagt er von Simplicissimus, daß er „von ziemlicher Konversation und ein ganz apophthegmatischer Mensch gewesen sein muß"[63]. Die Erzählungen dienen niemals nur der Unterhaltung, sondern auch der Lehre; es sind nicht selten didaktische Exempel[64]. Ganz im Sinne barocker Poetik folgt G. der Empfehlung des → Horaz, Vergnügen und Nutzen zu mischen, oder mit seinen eigenen Worten auf dem Titelblatt des *Simplicissimus*: „Es hat mir so wollen behagen, mit Lachen die Wahrheit zu sagen."

5. Wirkungen und Publikum. Das Überwiegen des Schwankmäßig-Volkstümlichen in den Schriften G.s war wohl die Ursache, daß seine gelehrten Zeitgenossen ihn nicht als ihresgleichen anerkannten, ja sogar seine Werke unter jene Kategorie von Büchern rechneten, für die Johann Rist das Wort ‚Lumpenscharteken' und ‚ärgerliche Possen' gebraucht hatte[65]. Wenn auch hohe Standespersonen wie die Herzogin Sophie von Hannover, Schriftsteller wie Philipp von Zesen, Johannes Beer, Christian Weise und sogar G. W. Leibniz zu den Lesern seiner Werke zählten, so schrieb G. doch für eine breitere Leserschaft, für den ‚Herrn Omne' mit der Absicht, Bildung in populärer Form zu verbreiten[66].

[1] cf. Muschwitz, G.: G. Der abenteuerliche Simplicissimus. In: Spektrum der Lit. ed. B. und L. Clausen. Gütersloh u. a. 1975, 120; Weydt 1971 (v. Lit.); KLL 3, 717 sq. — [2] Muschwitz (wie not. 1) 120 sq. — [3] cf. Carbonnel, Y.: G.s Simplicius Simplicissimus oder die Auseinandersetzung zwischen Individuum und Volk. In: Lit. und Volk im 17. Jh. 1–2. ed. W. Brückner/ P. Blickle/ D. Breuer. Wiesbaden 1985, t. 1, 281–300, hier 283 sq. — [4] Gebauer, H. D.: G.s Bauerndarstellung. Literar. Sozialkritik und ihr Publikum. Marburg 1977, 262. — [5] cf. Muschwitz (wie not. 1) 120. — [6] cf. Gebauer (wie not. 4) 104, 125–131; Weydt, G.: Der Ständebaum. Zur Geschichte eines Symbols von Petrarca bis G. In: Blickle u. a. (wie not. 3) t. 1, 273–280. — [7] cf.

Gebauer (wie not. 4) 63–79. – [8] cf. allg. Strobach, H.: Bauernklagen. B. 1964; Gebauer (wie not. 4) 207. – [9] cf. ibid., 275–303. – [10] ibid., 263. –
[11] cf. Lenschau, M.: G.s Sprichwörter und Redensarten. Ffm. 1924; Hiss, A.: Volksweisheit in den Sprichwörtern und Redensarten des Simplicissimus von J. J. C. von G. In: G.-Archiv 1 (1976) 1–89. –
[12] Weydt, G.: Vom wahren Ursprung des ‚Bärenhäuters'. Zum Märchen-, Sagen- und Aberglaubenproblem bei G. In: Schützeichel, R. (ed.): Studien zur dt. Lit. des MA.s. Bonn 1979, 752–759. – [13] Auflistung bei Amersbach, K.: Aberglaube, Sage und Märchen bei G. 1–2. Baden-Baden 1891/93, t. 1, 1–32, t. 2, 33–82; cf. auch Rez. von E. Moser-Rath zu G., Hans Jakob Christoffel von: Der abenteuerliche Simplicissimus [...]. ed. A. Kelletat. Mü. [1970] in: Fabula 18 (1977) 151–153; Werner, W.: Die Kalendergeschichte bei G. und ihre Zuordnung zum Volkslesestoff. Diss. (masch.) Fbg 1950. – [14] cf. Lambertz, M.: Geisterbarbier. In: HDM 2 (1934/40) 447–449. – [15] z. B. Künzig, J.: Bad. Sagen. Lpz. 1923, num. 167; Röhrich, L.: Sage und Märchen. Fbg/Basel/Wien 1976, 89 sq.; Reiser, K.: Sagen, Gebräuche und Sprichwörter des Allgäus 1. [Kempten] 1894, num. 192; cf. Leyen, F. von der/Höttges, V. (edd.): Lesebuch der dt. Volkssage. B. 1933, num. 19; Amersbach (wie not. 13) 29–31. – [16] cf. allg. Leyen, F. von der: Der gefesselte Unhold. Reichenberg 1908. – [17] cf. Röhrich, L.: Vk. und Lit. In: RDL 4 (1984) 742–761, hier 753. – [18] Rohner, L.: Kalendergeschichte und Kalender. Wiesbaden 1978, 119–158, hier 152. – [19] Weydt, G.: Nachahmung und Schöpfung im Barock. Studien um G. Bern/Mü. 1968, 47–187. – [20] Gebauer (wie not. 4) 7 sq.; cf. Battafarano, I. M.: Hexenwahn und Teufelsglaube im Simplicissimus. In: Argenis 1 (1977) 301–372; Waibler, H.: M. Johannes Praetorius, P. L. C. Biobibliogr. Studien zu einem Kompilator curieuser Materien im 17. Jh. Ffm./Bern/Las Vegas 1979, 55 und pass. –
[21] Gebauer (wie not. 4) 20–33. – [22] cf. Weydt (wie not. 19) 20 sq.; Challier, M.: G.s Weltbild. In: HessBllfVk. 27 (1928) 90–133, hier 96; Knopf, J.: Geschichten zur Geschichte. Stg. 1973, 35; Gebauer (wie not. 4) 19. – [23] cf. Köhler/Bolte 3, 80–83. – [24] cf. Konopatzki, I.-L.: G.s Legendenvorlagen. B. 1965. – [25] cf. Weydt (wie not. 19) 60, 84 und pass. – [26] cf. Geulen, H.: Wirklichkeitsbegriff und Realismus in G.s Simplicissimus Teutsch. In: Argenis 1 (1977) 31–40, hier 34; Röhrich, L.: Zur Deutung und Be-Deutung von Folklore-Texten. In: Fabula 26 (1985) 3–28. – [27] Bechtold, A.: Zur Qu.ngeschichte des Simplicissimus. In: Euphorion 19 (1912) 19–66, 491–546, hier 498. – [28] cf. Lemke, G.: Die Astrologie in den Werken G.s und seiner Interpreten. In: Argenis 1 (1977) 63–105, hier 71. – [29] cf. Amersbach (wie not. 13) 31. – [30] Gebauer (wie not. 4) 345. –
[31] Battafarano (wie not. 20) 342–348. – [32] cf. Röhrich, Erzählungen 1, 27–61, 243–253. – [33] cf. Röhrich (wie not. 15) 82–84. – [34] cf. Gebauer (wie not. 4) 335 sq.; Weydt (wie not. 12) 753. – [35] Sieveke 1969 (v. Werke) 7. – [36] Gebauer (wie not. 4) 337 sq. – [37] cf. Amersbach (wie not. 13) 18. – [38] Battafarano (wie not. 20) 349–355. – [39] id.: Mandragora – Alraun – Galgen-Männlin. G.s Auseinandersetzung mit dem Aberglauben. In: Jb. für Vk. N. F. 7 (1984) 179–194; Schlosser, A.: Die Sage vom Galgenmännlein im Volksglauben und in der der Lit. Diss. Münster 1912. – [40] Battafarano (wie not. 39) 184–193. –
[41] RGG 2, 1878. – [42] cf. Gebauer (wie not. 4) 307–319. – [43] cf. Konopatzki (wie not. 24) 132. –
[44] Zusammenstellung der Belege bei Gebauer (wie not. 4) 316 sq. – [45] cf. Lemke (wie not. 28) 64 sq.; Härtl, H.: Zur Tradition eines Genres. Die Kalendergeschichte von G. über Hebel bis Brecht. In: Weimarer Beitr.e 24 (1978) 58–95; Rohner (wie not. 18). –
[46] Haberkamm 1967 (v. Werke) 377 sq. – [47] ibid., 378 sq.; cf. Künzig, J.: Der im Fischbauch wiedergefundene Ring in Sage, Legende, Märchen und Lied. In: Volkskundliche Gaben. Festschr. J. Meier. B. 1934, 85–103. – [48] Haberkamm 1967 (v. Werke) 160 sq. – [49] ibid., 22 sq.; cf. Kretzenbacher, L.: Freveltanz und ‚Überzähliger'. In: Carinthia I, 144 (1954) 843–866. – [50] Haberkamm 1967 (v. Werke) 76 sq., 104, cf. 21. –
[51] ibid., 25–28, 44. – [52] Werner (wie not. 13) 14. –
[53] Haberkamm 1967 (v. Werke) 396 sq. – [54] ibid., 120. – [55] ibid., 21. – [56] Gersch 1966 (v. Werke) 56. – [57] Gebauer (wie not. 4) 344–346. – [58] Werner (wie not. 13) 22. – [59] Gersch 1966 (v. Werke) 20 sq. – [60] ibid., 24 sq. –
[61] cf. Röhrich, L.: Der Witz. Stg. 1977, 120–124. –
[62] cf. Weydt (wie not. 19) 154; Verweyen, T.: Apophthegma und Scherzrede. Bad Homburg/B./Zürich 1970, 157–186. – [63] ibid., 157; Rohner (wie not. 18) 142. – [64] cf. Gersch 1966 (v. Werke) 60 sq. –
[65] cf. Bechtold (wie not. 27) 492. – [66] Gersch 1966 (v. Werke) 55.

Bibliogr.n: Dünnhaupt, G.: Bibliogr. Hb. der Barocklit. 1. Stg. 1980, 689–711. – Habersetzer, K.-M.: Bibliogr. der dt. Barocklit. Ausg.n und Reprints 1945–76. Hbg (1978), num. 305–385.

Werke (in Ausw.): Simplicianische Kalendergeschichten. ed. H. Gersch. Ffm. 1966. – Der Abentheurliche Simplicissimus Teutsch und Continuatio des abentheurlichen Simplicissimus. Abdruck der beiden Erstausg.n von 1669. ed. R. Tarot. Tübingen 1967 (^{2}1984). – Des Abentheurlichen Simplicissimi Ewig-währender Calender. Faks.druck der Erstausg. Nürnberg 1671. ed. K. Haberkamm. Konstanz 1967. – Lebensbeschreibung der Ertzbetrügerin und Landstörzerin Courasche. Abdruck der Erstausg. 1670 mit den Lesarten der späteren unrechtmäßigen und der 2. rechtmäßigen Ausg. ed. W. Bender. Tübingen 1967. – Der seltzame Springinsfeld. Abdruck der Erstausg. von 1670 mit den Lesarten der 2. Ausg. ed. F. G. Sieveke. Tübingen 1969. – Das wunderbarliche Vogelnest. Abdruck der beiden Erstausg.n mit den Lesarten der zu Lebzeiten des

Dichters erschienenen Ausg.n. ed. R. Tarot. Tübingen 1970. — Die verkehrte Welt. ed. F. G. Sieveke. Tübingen 1973. — Kl.re Schr. ed. R. Tarot. Tübingen 1973.

Lit. (soweit nicht bereits genannt): Dieffenbacher, J.: G.s Bedeutung für die bad. Vk. In: Korrespondenzblatt des Gesammtvereins der dt. Geschichts- und Altertumsvereine 49,12 (1901) 193—197. — Scholte, J. H.: Probleme der G.forschung. Groningen 1912. — Ermatinger, E.: Weltdeutung in G.s Simplicius Simplicissimus. Lpz./B. 1925. — Brie, R.: Die sozialen Ideen G.s, bes. über die Bauern, die armen Leute und die Soldaten. B. 1935. — Domagalla, L.: Der Kalendermann G. und sein ‚Simplicissimus'. (Diss. Kiel 1942). Würzburg 1942. — Pontesegger, A.: G. und sein ‚Ewigwährender Kalender'. Diss. (masch.) Wien 1952. — Heining, W.: Die Bildung G.s. Diss. Bonn 1965. — Koschlig, M.: Der Mythos vom ‚Bauernpoeten' G. In: Jb. der Dt. Schiller-Ges. 9 (1965) 33—105. — Weydt, G.: Hans Jacob Christoffel von G. Stg. 1971. — Berghaus, P./ Weydt, G. (edd.): Simplicius Simplicissimus. G. und seine Zeit. Ausstellungskatalog Münster 1976. — Stoll, C.: H. J. C. von G. Mü. 1976. — Koschlig, M.: Das Ingenium G.s und das „Kollektiv". Mü. 1977. — Tarot, R.: Formen erbaulicher Lit. bei G. In: Gegenreformation und Lit. ed. J. M. Valentin. Amst. 1979, 95—121. — Triefenbach, P.: Der Lebenslauf des Simplicius Simplicissimus. Figur, Initiation, Satire. Stg. 1979. — Simpliciana. Schr. der G.-Ges. 1 sqq. (1979 sqq.).

Freiburg/Br. Lutz Röhrich

Grinčenko, B. → Hrinčenko, B.

Grindkopf → Goldener

Griseldis (AaTh 887). Die Erzählung, mit der → Boccaccio sein *Decamerone* (1348) abschließt (10, 10), ist die älteste bisher bekannte Fassung des G.-Stoffes[1]. Dieser war dem Dichter vermutlich aus der volkstümlichen Tradition bekannt. Dagegen spricht sicher nicht, daß die im 19. Jh. aufgezeichneten märchenhaften Versionen aus verschiedenen europ. Ländern im wesentlichen auf die → Volksbuchtradition zurückzuführen sind[2].

Inhalt (nach Boccaccio): Der auf seine Freiheit bedachte Markgraf Gualtieri (Walter) von Saluzzo wird durch die Bitten seiner Untertanen veranlaßt, eine Frau zu nehmen. Er wählt, um eine Frau nach seinen Wünschen zu haben, Griselda, die Tochter eines armen Bauern. Vor der Heirat aber verlangt er von ihr völlige Unterwerfung unter seinen Willen. Sie gebiert ihm einen Knaben und ein Mädchen, und er prüft ihren Gehorsam, indem er ihr die Kinder wegnehmen läßt und sie glauben macht, er habe sie töten lassen. Nach 15jähriger Ehe verstößt er Griselda, läßt die inzwischen erwachsenen Kinder nach Hause kommen und gibt vor, die Tochter sei seine neue Gattin. Griselda soll sie bei der Hochzeit bedienen. Als sie auch diese Demütigung willig hinnimmt, erklärt er ihr alles und nimmt Griselda wieder als Gattin auf.

Diese Geschichte gehört thematisch in eine Reihe von Erzählungen, die das Motiv der unschuldig verstoßenen Ehefrau (→ Genovefa, → Constanze, → Hirlanda; cf. auch → Frau, Kap. 3.1.2, → Unschuld) und ihre späte Rehabilitierung behandeln. Griselda bildet insofern eine Ausnahme, als sie nicht aufgrund einer → Verleumdung verstoßen wird, sondern an ihrem Beispiel der Herrschaftsanspruch des → Mannes in der → Ehe exemplifiziert wird. Doch bereits bei Boccaccio wird der seelischen Roheit Gualtieris der innere Adel Griseldas gegenübergestellt.

Boccaccios Novelle war die Vorlage für Francesco → Petrarcas lat. Bearb. *De oboedientia ac fide uxoria mythologia* (1373; Druck u. d. T. *Epistola de insigni oboedientia et fide G.* 1470 und 1473)[3]; doch gab es inzwischen fünf verschiedene dt. Übers.en[4]. Auf Boccaccio geht die *Griselda* im dt. *Decameron* (1472) des Nürnbergers Heinrich Schlüsselfelder (Arigo) zurück. Auf Petrarca beruhen die in ihrer Zuordnung fragliche[5] Übertragung des Esslinger Stadtschreibers Niklas von Wyle (um 1450; verschollen), die Übers. eines mitteldt. Klerikers (Mitte 15. Jh.)[6] sowie die Heinrich → Steinhöwels (vor 1464)[7]. A. → Taylor hat die überaus breite Rezeption der G. in der Steinhöwelschen Übers. auf die in der Renaissance aktuelle Thematisierung der Ehe zurückgeführt[8].

Auf Steinhöwels Übers. (9 Hss. nachweisbar)[9] beruht das 1471 zunächst anonym u. d. T. *Grisel* erschienene Volksbuch. Von diesem sowie einer 1473 erschienenen Ausg. sind die zwischen 1471 und 1678 erschienenen rund 27 Volksbuchdrucke abhängig[10]. Aufgrund der Vorarbeiten von K. → Goedeke, R. → Köhler, P. Heitz und F. Ritter konnte U. Hess kritisch die Filiationen der Drucke diskutieren und ein Stemma anlegen[11]; zwei ndd. Ausg.n (um 1480 bzw. 1502) können als wörtl. Übers. der G. Steinhöwels gelten[12].

Die ab 1565 erscheinenden engl. → chapbooks[13] gehen wie die skand., slav. und ndl. Volksbücher auf Petrarca bzw. Steinhöwels Übers. zurück. Neben dem mittelndl. Volksbuch *G., Histori mit eynre geestelike bedudnisse* (15. Jh.), einer anonymen Petrarca-Übers. mit religiös-allegorischer Deutung, und dem Volksbuch *Dye Historie von der Goeder vrouwen G., die een Spieghel is gheweest van patienten* (ca 1500) gibt es ein ndl. *Historielied van de verduldige Grisella*[14]. 1622 wird das Volksbuch erstmals in Schweden gedruckt[15]. U. d. T. *Grisilla* erreicht es von 1636 bis 1876 rund 40 Aufl.n, deren Vorlage nach W. → Liungman ein dän. Volksbuch von 1592 (1597) ist, das auf einen von Steinhöwel abhängigen Straßburger Druck von 1554 zurückgeht[16]. Schon aus der Zeit um 1500 findet sich in Schweden eine ikonographisch bedeutsame Darstellung des G.-Motivs in Bildern mit dt. Text auf einer Altardecke, die wohl auf einem dt. Volksbuchdruck basiert[17].

Drei Jahrzehnte vor Steinhöwel entstand die stilistisch weit anspruchsvollere Fassung des Kartäusers Erhart Gross[18], der seine zuerst lat. verfaßte *Grisardis* 1436 verdeutschte. Seine im Stil eines Predigtexempels mit religiös-didaktischen Betrachtungen und Bibelzitaten ausgeschmückte Prosanovelle wurde lange Zeit Albrecht von Eyb zugeschrieben. 1653 erschien eine dem Zeitgeschmack der Empfindsamkeit entsprechende freie Übertragung Petrarcas durch den protestant. Geistlichen Johann Fiedler von Reichenbach, *Marggraf Walther*[20], und schließlich veröffentlichte 1687 → Martin von Cochem in seinem Werk *Ausserlesenes History-Buch* [...] 1 (927–945) eine nach eigenen Angaben von Petrarca übernommene G.-Erzählung[21], die auch als Einzelausgabe erschien[22]. Durch die Übertragungen Fiedlers und Martins von Cochem wurden die bis dahin geläufigen Volksbuchausgaben abgelöst. K. → Simrock (1847) übernahm Fiedlers Text ohne Änderungen in seine Volksbucherneuerung, während die G.-Version G. → Schwabs (1836) auf Martin von Cochem zurückgeht. G. O. Marbachs Ausg. (1838) benutzt dagegen beide Vorgänger[23]. Auch in der geistlichen Lit. der Barockzeit, vor allem im Predigtexempel, wird G. als Typus der unschuldig verfolgten, aber geduldig leidenden Ehefrau neben Genovefa und Ida von Toggenburg immer wieder neu beschrieben, wobei sich die Autoren, u. a. Athanasius von Dillingen, → Abraham a Sancta Clara, Andreas → Strobl, Placidus Taller, Dominicus → Wenz, Albert Joseph → Conlin, meist auf Petrarca berufen[24], ebenso wie die Verf. von Jesuiten-(Schul-)Dramen (Aufführungen u. a. Wien 1681, Freising 1736 und 1762 sowie Regensburg 1783)[25]. Der Verbreitung der G.-Erzählung über die Kanzel und das geistliche Schauspiel ist eine zumindest ebenso große Bedeutung für die mündl. Tradierung des Stoffes zuzumessen wie dem Volksbuch und den volkstümlichen Dramatisierungen, angefangen bei Hans → Sachs, dessen *Gedultig und gehorsam marggräfin Griselda* (1546) „geradezu eine Dialogisierung des Boccaccio"[26] darstellt, und drei weiteren Dramatisierungen aus dem 16. Jh.[27] bis hin zu Volksschauspielen des 19. Jh.s[28].

Neben dieser breiten literar. Tradition sind zahlreiche Fassungen des 19. Jh.s ein Zeugnis für das Weiterleben des G.-Stoffes in der mündl. Überlieferung. Außer dt.sprachigen Versionen aus Mecklenburg, Lothringen, Südtirol, dem Oberwallis und den ehemaligen dt. Siedlungsgebieten des Ostens[29] finden sich neben jüd.-oriental., türk., und span.-amerik. Fassungen in fast allen Teilen Europas Belege[30], die in Korrespondenz zu der jeweiligen literar. Entwicklung zu sehen sind[31].

Auf der Suche nach den Quellen der G.-Erzählung, die Boccaccio gekannt oder benutzt haben könnte, wurden unterschiedliche Theorien aufgestellt, deren Mangel meist in einem fehlenden hypothetischen Zwischenglied besteht, das die ‚Quelle' mit Boccaccio verbindet[32]. So weisen W. E. Bettridge und F. L. → Utley[33] anhand von 43 G.-Märchen vor allem aus der mittel- und nordeurop. mündl. Überlieferung deren Abhängigkeit von literar. Vorlagen – Boccaccio bzw. Petrarca – nach und führen ein türk. Märchen[34] als mögliche Quelle Boccaccios an, können jedoch nicht die Art und Weise, wie dieser Stoff aus der oralen Überlieferung nach Italien gelangte, klären[35]. Von den schwed. Versionen ausgehend, beurteilt Liungman die Herkunft des Märchens, dessen Ursprung er im 11. Jh. ansetzt, ähnlich: „Es scheint eher von der Lebensauffassung der Franziskaner oder vielleicht der Mohammedaner inspiriert zu sein [...]."[36]

Immer wieder wurde der Stoff literar. bearbeitet. In einer frz. Hs. von 1395 wird das Versdrama eines unbekannten Dichters überliefert, der den Stoff Philippes de Mézières *Livre de la vertu du sacrement de mariage et du réconfort des dames mariées* (um 1385) entnahm[37]. Es ist im Stil der Moralitäten geschrieben und erlebte um 1550 eine erste Drucklegung u. d. T. *Le Mystère de Griselides*[38]. C. → Perraults Reimnovelle *La Marquise de Salusses ou la Patience de Griselidis* (1691)[39] hat die frz. mündl. Tradition stark beeinflußt. In Spanien wurde der G.-Stoff in der Version Petrarcas zu Beginn des 15. Jh.s populär und zog freie dramatische Bearb.en von Juan de → Timoneda (1567) und Lope de → Vega (1616) nach sich[40]. Geoffrey → Chaucer, der während seiner Italienreise (1372/73) sicher die Petrarca-Fassung kennengelernt hatte, nahm den Stoff als *The Clerke's Tale of Oxenford* in seine *Canterbury Tales* auf[41]. Um 1596 verarbeitete Thomas Deloney ihn zu einer Ballade; erstmals dramatisiert[42] wurde er von Thomas Dekker, Henry Chettle und William Haughton 1598/99 in *The Pleasant Comodie of Patient Grissill*[43]. In der dt. Dichtung wurde er von Friedrich Halm (= Eligius Freiherr von Münch-Bellinghausen) zu einem Drama G. (1835) verarbeitet, Ludwig Heinrich von Nicolay schrieb 1778 eine moralische Romanze *Griselde*, und Achim von → Arnim unterlegte ihn seinem Gedicht *Die zweite Hochzeit* (1804). Schwab gestaltete den Stoff in einer Erzählung G. (1830) und Gerhart Hauptmann in einem Lustspiel *Griselda* (1909)[44].

Das Spektrum der Beurteilungen und Interpretationen der G.-Erzählung reicht von der Würdigung der Hauptperson als idealer Frauengestalt[45], deren Duldsamkeit mit der → Demut der Gottesmutter verglichen wird und die nichts als den „pflichtschuldigen Gehorsam der Ehefrau" leistet[46], bis hin zur Charakterisierung der Novelle als „Sinnbild unmenschlicher Unterdrückung"[47]. Bis zu einem gewissen Grad ist die G.-Erzählung vor dem sozialen Hintergrund der spätma. Feudalordnung zu deuten, die von einem „absoluten Herrschafts- und Eigentumsstandpunkt des Mannes gegenüber der Frau"[48] als Untertanin ausgeht. Zweifellos hat gerade die ungewöhnliche und extreme zwischenmenschliche Verhaltensweise, die von dem Psychoanalytiker O. → Rank auf den einfachen Nenner gebracht wird, „daß sie den allzumenschlichen Wunsch des Vaters, seine alte und für ihn reizlos gewordene Frau gegen seine hübsche blühende Tochter einzutauschen"[49] repräsentiere, dazu geführt, daß sich immer wieder Dichter mit diesem Stoff auseinandersetzen, um sie menschlich verständlich zu machen.

[1] cf. Köhler/Bolte 2, 501–534. – [2] cf. ibid., 535 sq.; zur Diskussion um die Abhängigkeit der mündl. Fassungen cf. Laserstein, K.: Der G.stoff in der Weltlit. Weimar 1926; Petzoldt, L.: G. In: Volkslesestoff in mündl. Überlieferung. ed. J. Künzig/W. Werner-Künzig. Fbg 1978, 81–83 (Kommentar). – [3] cf. Köhler/Bolte 2, 534 sq. – [4] Kreuder, H.-D.: Nachwort zu „G.". In: id. (ed.): Appollonius von Tyrus [...], G. [...], Lucidarius [...]. Hildesheim/N.Y. 1975, I*–VIII*. – [5] Strauß, B.: Der Übersetzer Nikolaus von Wyle. B. 1912, pass.; Hess hält die Zuordnung zu N. von Wyle für irrtümlich, cf. Hess, U.: Heinrich Steinhöwels „G.". Mü. 1975, 10 sq. – [6] Schröder, C. (ed.): G., Apollonius von Tyrus. Lpz. 1873, VII; Knapp, F. P.: Leipziger G. In: Verflex. 5 (^{2}1985) 691–694. – [7] cf. Sudhoff, K.: Der Ulmer Stadtarzt und Schriftsteller Heinrich Steinhöwel. In: Klebs, A. C.: Die ersten gedr. Pestschriften. Mü. 1926, 169–274; Wunderlich, H.: Heinrich Steinhöwel und der „Dekameron". Braunschweig 1889. – [8] Taylor, A.: Problems in German Literary History of the Fifteenth and Sixteenth Centuries. N.Y. 1939, 124–141. – [9] cf. Hess (wie not. 5) 20–46. – [10] cf. Heitz, P./Ritter, F.: Versuch einer Zusammenstellung der dt. Volksbücher des 15. und 16. Jh.s nebst deren späteren Ausg.n und Lit. Straßburg 1924, 63–67. – [11] Goedeke 1 (1884) 364–366; Köhler/Bolte 2, 501–534; Heitz/Ritter (wie not. 10); Hess (wie not. 5) 47–57, 147; cf. Rez. Kartschoke, D. in: Fabula 17 (1976) 107–112; nicht von Hess berücksichtigt werden konnte Schmitt, A.: Die dt. Volksbücher 1–2. Diss. (masch.) B. 1973 (Nachweis von 22 Drucken). – [12] Siggelkow, F.-F.: Studien zu mittelndd. Volksbüchern. In: Jb. des Vereins für ndd. Sprachforschung 55 (1931) 40–81, hier 77–80. – [13] Jones, W. M.: The Chapbook Treatment of the G. Tale. In: SFQ 17 (1953) 221–231; Ashton, J.: Chap-Books of the Eighteenth Century. L. 1882 (Nachdr. N.Y./L. 1966), 171–183; Lane, W. C./Welsh, C./Tillinghast, W. T.: Catalogue of English and American Chap-books and Broadside Ballads in Harvard College Library. Cambr., Mass. 1905 (Nachdr. Detroit 1968), num. 1002–1005 (4 engl. chapbooks). – [14] Debaene, L.: De nederlandse volksboeken. Antw. 1951 (Nachdr. Hulst 1977) 62–66; Ypel, C.: Petrarca in de nederlandse letterkunde. Diss. Amst. 1934; Verdam, J.: De G.-Novelle in het nederlandsch. In: Tijdschrift voor nederlandse taal- en letterkunde 17 (1898) 1–30. – [15] Bäckström, P. O.: Svenska folkböcker 1. Sth. 1845, 275–292. – [16] Liungman, Volksmärchen, 234 sq. – [17] ibid., 234; cf. auch Neu-

ruppiner Bilderbogen. Ausstellungskatalog B. 1971, num. 140 sq. (von 1852 und 1880). — [18] Strauch, P.: Erhart Gross, der Verfasser der „Grisardis". In: ZfdA 36 (1892) 241—254. — [19] Laserstein (wie not. 2) 47—57. — [20] cf. Köhler/Bolte 2, 507. — [21] ibid. — [22] ibid., 508. — [23] Weitere von Fiedler abhängige Volksbuchdrucke cf. ibid., 507 sq.; Simrock, K.: Die dt. Volksbücher 6. Ffm. 1847 (Markgraf Walther); Schwab, G.: Buch der schönsten Geschichten und Sagen, für Alt und Jung wiedererzählt 1. Stg. 1836 (G.); Geschichte von G. und dem Markgrafen Walther (Volksbücher 1). ed. G. O. Marbach. Lpz. [1838]. — [24] Moser-Rath, Predigtmärlein, 69; Conlin, A. J.: Der Christl. Welt-Weise beweinet die Thorheit derer in diesem Buch beschriebener 25 Närrinnen [...]. Augsburg 1710, 111—117. — [25] Köhler/Bolte 2, 527 sq.; kein Nachweis bei Szarota, E. M.: Das Jesuitendrama 1—4. Mü. 1979—87. — [26] Laserstein (wie not. 2) 65; cf. auch Tacconelli, L.: Il motivo della Griselda in Boccaccio e in Hans Sachs. In: Ber.e im Auftrag der internat. Arbeitsgemeinschaft für Forschung zum rom. Volksbuch [1]. ed. F. Karlinger. Seekirchen 1974, 94—104. — [27] Köhler/Bolte 2, 525 sq.; Widmann, G.: G. in der dt. Lit. des 19. Jh.s. In: Euphorion 13 (1906) 1—47, 535—556; 14 (1907) 101—134. — [28] Hippe, M.: G.: Ein Volksschauspiel aus dem früheren Oesterreich-Schlesien. In: Mittlgen der schles. Ges. für Vk. 34 (1934) 316—364; hier 320, 326—364 (Text); Köhler/Bolte 2, 528. — [29] Ranke 3, 229; Petzoldt (wie not. 2) (aus der Karpaten-Ukraine). — [30] Ergänzend zu AaTh: Ó Súilleabháin/Christiansen; Hodne; Arājs/Medne; Kecskeméti/Paunonen; SUS; Jason; Jason, Types; Levinsen, N.: Folkeeventyr fra Vendsyssel. Kop. 1958, 72, num. 14; Kristensen, E. T.: Æventyr fra Jylland 4. Aaarhus 1897, num. 1; Rittershaus, A.: Die neuisl. Volksmärchen. Halle 1902, num. 56; cf. hierzu Hermansson, H.: The Story of Griselda in Iceland. Ithaca/N.Y. 1914; Meier, H./Woll, D.: Port. Märchen. MdW 1975, num. 66; Polívka 4, 257, num. 101. —
[31] cf. Köhler/Bolte 2, 535 sq. (Einfluß von Boccaccio bzw. von Volksbüchern auf Var.n des 19. Jh.s; Vermutung einer poln. Vermittlung für die G. des dt. Volksbuchs nach Rußland); cf. Dunin, J.: Papierowy bandyta (Papierbandit). Lodz 1974, 103 (poln. Übers. von 1911 der G.-Ausg. G. O. Marbachs [Lpz. 1838]). — [32] Castle, E.: Die Qu. von Boccaccios Griselda-Novelle. In: Archivum Romanicum 8 (1924) 281—293; Küchler, W.: Über Herkunft und Sinn von Boccaccios Griselda-Novelle. In: Die neueren Sprachen 33 (1925) 241—265 (Ursprung im MA. bzw. in idg. Zeit); Griffith, D. D.: The Origin of the Griselda Story. Seattle 1931 und mit ihm Cate, W. A.: The Problem of the Origin of the Griselda Story. In: Studies in Philology 29 (1932) 389—405 sehen in Gualtieri eine Rationalisierung des Tierbräutigams aus Amor und Psyche (AaTh 425 A) und postulieren als direkte Qu. für Boccaccio eine (bisher nicht aufgefundene) Version des Amor und Psyche-Märchens aus dem 13. Jh. — [33] Bettridge, W. E./Utley, F. L.: New Light on the Origin of the Griselda Story. In: Texas Studies in Literature and Language 13, 2 (1971) 153—208. — [34] cf. Eberhard/Boratav, num. 306. — [35] Bettridge/Utley (wie not. 33) 199; cf. zur ‚oriental.' Redaktion die jüd. Var.n: Jason; Jason, Types. — [36] Liungman, Volksmärchen, 234. — [37] Golenistcheff-Koutouzoff, E.: Étude sur le „Livre de la vertu du sacrement de mariage". Belgrad 1937. — [38] cf. Groeneveld, H.: Die älteste Bearb. der G.sage in Frankreich. Marburg 1888; Golenistcheff-Koutouzoff, E.: L'Histoire de G. en France au XIVe et au XVe siècle. P. 1933; Woledge, B.: Bibliogr. des romans et nouvelles en prose française antérieurs à 1500. Suppl. 1954—1973. Genf 1975, num. 72—74; zum frz. Volksbuch: Nisard, C.: Histoire des livres populaires ou de la littérature du colportage [...] 2. P. [2]1864, 481—494; Morin, A.: Catalogue descriptif de la Bibliothèque bleue de Troyes (almanachs exclus.). Genève 1974, num. 870—871; Schenda, R.: Tausend frz. Volksbüchlein aus dem 19. Jh. In: Archiv für Geschichte des Buchwesens 63 (1968) 465—551, hier num. 420, 420a. — [39] Perrault, C.: Contes de ma mère Loye. ed. A. Cœuroy. P. 1948, 27—66. — [40] cf. Wannenmacher, F. X.: Die G.sage auf der Iber. Halbinsel. Diss. Straßburg 1894; Frenzel, Stoffe, 261—265, hier 262 sq. —
[41] Severs, B.: The Literary Relationships of Chaucer's Clerke's Tale. New Haven 1942 (Nachdr. Hamden, Conn. 1972); Lindahl, C.: Earnest Games. Folkloric Patterns in the Canterbury Tales. Bloom./Indianapolis 1987, 148—153; Stackelberg, J. von: G. auf dem Weg zu sich selbst. In: id.: Übers.en aus zweiter Hand. B./N.Y. 1984, 1—33. — [42] Frenzel, Stoffe, 263. — [43] ibid.; Keyishian, H.: Griselda on the Elizabethan Stage: The „Patient Grissil" of Chettle, Dekker, and Haughton. In: Studies in English Literature 1500—1900. t. 16 (1976) 253—261. — [44] Frenzel, Stoffe, 264; Widmann (wie not. 27). — [45] Westenholz, F. von: Die G.-Sage in der Lit.geschichte. Heidelberg 1888, 4. — [46] Küchler (wie not. 32) 264, 262. — [47] Boeckh, J. G. u. a.: Geschichte der dt. Lit. von den Anfängen bis zur Gegenwart 4. B. 1960, 104, zitiert nach Kreuder (wie not. 4) V*. — [48] Frenzel, Stoffe, 261. — [49] Zitiert nach Rank, O.: Der Sinn der Griselda-Fabel [1912]. In: Brockmeier, P. (ed.): Boccaccios Decameron. Darmstadt 1974, 193—212, hier 202.

Innsbruck Leander Petzoldt

Grobheit, ein Begriff mit vielfältigen Konnotationen: G. kann in Gesichtszügen und Händen, am Körperbau wie auch am ungepflegten Äußeren eines Menschen zum Ausdruck kommen, sie äußert sich in sittenwidrigem Verhalten wie Gewalttätigkeit, Dreistigkeit, Freß- und Trunksucht (→ Vielfraß, → Trunkenheit) und anderen Formen der Unmäßigkeit, in mangelnder Beherrschung von Körperfunktionen, die auch bewußt zur Verunglimpfung anderer eingesetzt werden können (→ Arsch, → Exkremente, → Furz, → Genitalien, → Skatologie). Als grob gilt, sofern nach dem Sittenkodex als unangenehm empfunden, das Verursachen von Geräuschen wie lautes Räuspern, Rülpsen, Schmatzen, Schlürfen, unnötiges Schreien und Lärmen. Bestimmte → Gebärden können Unflätiges bedeuten. Schließlich verfügen grobe Menschen über ein Repertoire an Schimpfwörtern, die aus dem Tierbereich oder aus der Fäkal- und Sexualsphäre (→ Obszönitäten) stammen. Verbale G. begegnet in Redensarten, Sprichwörtern und Erzählstoffen, vor allem in Schwänken, Witzen und Zoten. In Bildquellen, bes. in der Karikatur und neuerdings auch in der → Xeroxlore, fehlt es nicht an derben Darstellungen.

In älterer literar. Erzähltradition beziehen → Schelmentypen wie Arlotto (A. → Mainardi), → Bertoldo und Bertoldino, → Gonnella, Markolf (→ Salomon und Markolf), → Neidhart Fuchs, → Strickers Pfaffe Amis oder der → Pfaffe vom Ka(h)lenberg komische Effekte aus unflätiger Rede oder Handlung; im so erfolgreichen Buch vom → Eulenspiegel zumal häuft sich Anrüchiges im wahren Sinn des Wortes. Ein nachhaltig wirksames, aus Adelsdünkel und bürgerlicher Überheblichkeit entstandenes Klischee vom groben → Bauern[1] kennzeichnet zahlreiche → Fastnachtspiele. Die Benennung dieses Typs als ‚Grobian' ist erstmals im *Vocabularius theutonicus* von 1482[2] als Übers. von ‚rusticus' (Bauer) belegt. Im 72. Kap. von Sebastian → Brants *Narrenschiff* (1494), *Von groben Narren*, ist eingangs von einem neuen Heiligen namens Grobian mit großer Anhängerschaft unter Schlemmern, Säufern, ja sogar unter der Geistlichkeit die Rede[3]. Die Brantsche Figur verwandelte Thomas → Murner im 21. Kap. seiner *Schelmenzunft* (1512) in ein Schwein, das die Zecher begrüßt und zu guten Manieren an der Tafel auffordert; „mit der Sauglocken läuten" ist eine seit damals bekannte Redensart für ordinäres Sprachverhalten[4].

Ansätze zur sog. grobianischen Lit. sind in Zusammenhang mit den zahlreichen, seit dem 12. Jh. nachweisbaren Tischzuchten zu sehen, Anstandsregeln für die höfische Gesellschaft, darum oft auch Hofzuchten genannt[5]. Sie waren nötig angesichts damaliger Eßgewohnheiten bei spärlichem Gedeck: Man aß Suppe oder Breispeisen mit Löffeln aus gemeinsamer Schüssel, hatte wohl Messer zum Tranchieren und – mangels Gabeln – zum Aufspießen von Fleischstücken, verwendete ansonsten die Finger und trank oft zu mehreren aus einem Becher. Der Gebrauch von Taschentüchern oder Servietten war unbekannt, also benützte man zum Mundwischen und Säubern der Finger Ärmel oder Tischtuch. Die zunächst lat., dann auch volkssprachlichen Tischzuchten[6] lieferten in stereotyper Wiederholung Vorschriften, die auf vielfach gieriges und entsprechend unappetitliches Verhalten an der Tafel schließen lassen. Noch → Erasmus von Rotterdam sah sich 1530 zu einer an einen Fürstensohn gerichteten Anstandsschrift veranlaßt[7]. Wie N. Elias anhand von dt., frz., engl. und ital. Quellen nachweist, zog sich die Entwicklung zivilisierter Tischsitten bis ins 18. Jh. hin[8].

Spöttische Schilderungen ungehemmter G. boten Heinrich Wittenweilers Beschreibung eines wüsten Hochzeitsmahls (Anfang 15. Jh.), Jacob Köbels *Tischzucht* (1492), Brants einschlägiges Kap. 110a im Anhang zur 2. Aufl. des *Narrenschiffs* (1495), anonyme Schriften vom Beginn des 16. Jh.s oder Spruchdichtungen des Hans → Sachs zu diesem Thema; sie richteten sich nun an ein bürgerliches Publikum[9].

Dem niedersächs. Pfarrer Friedrich Dedekind (um 1525–98) fehlte es also nicht an Vorlagen für seinen 1549 in lat. Versen publizierten *Grobianus*. Allerdings handelte es sich um eine Anstandslehre in satirischer Umkehr: Das unflätige Benehmen wird kritisiert, indem man es scheinbar zur Vorschrift macht[10]. Hier wie auch in der erweiterten dt. Übers. des Wormser Schulmeisters Caspar Scheidt (um 1520–65) von 1551[11] werden nicht nur Fragen der Tischzucht, sondern das Betragen eines groben Kerls im gesamten Tageslauf erörtert. Bei Scheidt und danach auch in Dedekinds Bearb. seines Werkes von 1552 wird dem Grobianus eine Grobiana zugesellt, wenngleich sie nur eine relativ geringe Rolle spielt[12]. Daß Dedekind seine Hauptfigur oft mit ‚rusticus' und ‚simplex' übersetzte und auch Scheidt die ironisch propagierten Unsitten als ‚beurisch' bezeichnete, sollte wohl bes. abschreckend auf den bürgerlichen Leser wirken und könnte an die Neidhartsche Bauernsatire erinnern (AaTh 1528: → *Neidhart mit dem Veilchen*). Doch galt der als häßlich, ungeschlacht und dummdreist geschilderte ‚Dörper' nach Meinung von B. Könneker[13] nur insofern als Gegenbild zur herrschenden Gesellschaft, als er in seiner Aufsteigerrolle höfische Lebensformen vergeblich nachzuahmen trachtete. Dem Grobian des 16. Jh.s fehlt es nicht an der Fähigkeit, sondern am Willen zu gesittetem Umgang; er ist nicht nur grob, sondern auch rücksichtslos auf den eigenen Vorteil bedacht.

Ob es Dedekinds *Grobianus* und diverse Übers.en der didaktischen Absicht wegen zu so vielen Aufl.en und Bearb.en[14] gebracht haben, ist fraglich; der Unterhaltungswert trug wohl mindestens ebenso dazu bei. Der Grobianismus, zum Signum des 16. Jh.s geworden, griff auf andere Lit.gattungen über. Unmittelbar beeinflußt von seinem Paten und Lehrer Scheidt übernahm Johann → Fischart in der *Geschichtklitterung* (zuerst 1575), einer freien Übers. von → Rabelais' *Gargantua et Pantagruel*, den derben Ton seiner Vorlage und wirkte hier wie auch in sonstigen Werken geradezu sprachschöpferisch. Nach dem Vorbild von → Poggios Fazetien oder etwa → Boccaccios *Decamerone* boten die Autoren der Schwankbücher des 16. Jh.s grobe Kost, in Maßen noch Heinrich → Bebel und Johannes → Pauli, ungescheut jedoch Georg → Wikkram, Jacob → Frey, Martin → Montanus, Valentin → Schumann und vor allem Michael → Lindener in ihren um die Jh.mitte erschienenen Slgen. Eine vergleichende Unters. zum grobianischen Inhalt der Schwankliteratur anderer Länder steht noch aus, doch sprechen die rasch erfolgten engl. und frz. Übers.en des *Eulenspiegel* wie auch einschlägige ital. Materialien dafür, daß Sprachgrenzen für Geschmacksrichtungen keine Rolle spielten[15].

Während die → Erotik in der grobianischen Dichtung kaum thematisiert wurde[16], gewinnt im Schwank Sexuelles bis Obszönes zunehmend an Gewicht; hier wie dort zeigt sich das zu jener Zeit unbefangene Verhältnis zur Körperlichkeit. Dem zweifelsohne vorhandenen Vergnügen der Leser an den Schwankbüchern stand heftige Kritik der Moralisten gegenüber[17] und veranlaßte die Autoren zu relativierender Verteidigung anstößiger Geschichten[18]. Als Maßstab galt für sie, ob auch ehrbare Frauen und Mädchen diese hören dürften[19]. Die Bewertung von G. ist freilich von gesellschaftlichen Normen abhängig: Solange etwa das Verprügeln von Ehefrauen als Vorrecht der Männer galt, wurde dies auch in Eheschwänken und -witzen nicht negativ sanktioniert, sehr wohl hingegen der umgekehrte Fall (cf. → Frau, Kap. 3.2.1).

Ein allg. Geschmacks- und Sittenwandel durch Erhöhung der Peinlichkeitsschwelle und der Schamgrenze, den Elias auf gehobener literar. Ebene schon im 16. Jh. beobachtet[20], wirkt sich nach und nach auch auf die Inhalte von Schwank- und Unterhaltungsbüchlein aus. Die Übergänge sind allerdings fließend und sicherlich auch individuell bedingt. Während man etwa in H. W. → Kirchhofs *Wendunmuth* (1563—1603) ausgesprochene Zoten vergeblich sucht, bediente sich der unbekannte Autor von *Maynhincklers Sack Voller* [...] *Bossen und Schwäncken* (1612) eben dieses Genres, vor allem zur Verunglimpfung von Pfaffen, Mönchen und Nonnen[21]. L. Sandrub betont im Vorwort seiner *Delitiae historicae et poeticae* (1618), daß er sich grober, unflätiger, säuischer, scham- und zuchtloser Erzählungen enthalten habe[22]. Die auch von späteren Kompilatoren vorgebrachte Versicherung, nur Ehrbares in ihre Slgen aufgenommen zu haben, braucht man nicht für bare Münze zu nehmen. Beschimpfungen anderer als Schelm oder Schinder (damals gravierende Injurien), als Esel oder die Bezeichnung einer Frau als Hure sind häufig belegt, nicht zuletzt als verbale Waffe der sozial Benachteiligten gegenüber Vertretern der Oberschicht[23]. Die Verwendung des sog. Götz-Zitats, nämlich die Aufforderung ‚Leck mich im Arsch', erscheint gängig, wird jedoch als G. empfunden[24]. Die Wiedergabe des obszönen Schwankes AaTh 1361: → *Flut vorgetäuscht* entbehrt auch im 17. Jh. nicht der Drastik[25], Fäkalscherze werden nach wie vor meist mit Bauern in Verbindung gebracht[26]. Nebenbei erwähnen die Kompilatoren, daß beim Erzählen in fröhlicher Runde, also im Bereich des Mündlichen, Anstößiges durchaus üblich sei[27], worüber die Prediger der Barockzeit des öfteren klagen[28]. Der Quantität und der Deftigkeit nach scheinen jedoch die Grobianismen, soweit literar. faßbar, im Verlauf des 17. und erst recht im 18. Jh. zurückgegangen zu sein.

Die Aufzeichnungen des 19. und frühen 20. Jh.s aus oraler Tradition vermitteln in bezug auf G.en ein schiefes Bild. Hatten schon die Brüder → Grimm in den Bearb.en der KHM mit Rücksicht auf den angesprochenen bürgerlichen Leserkreis Anzüglichkeiten ausgemerzt, so fiel Obszönes oder Skatologisches der bewußt oder unbewußt geübten Zensur der folgenden Sammlergenerationen zum Opfer[29]. Die seit der Aufklärung intensiv geführte Diskussion um ‚Schmutz und Schund', speziell in der Jugendlektüre, blieb nicht ohne Wirkung[30]. Unflätiges widersprach den romantischen Idealvorstellungen von der ‚Volksseele', und die Gewährsleute selbst dürften die Ablehnung des aus der gebildeten Oberschicht stammenden Sammlers gespürt und G.en nicht mit der gleichen Unbefangenheit wiedergegeben haben wie in der natürlichen Erzählsituation; übrigens wurde auch da auf die Zusammensetzung der Zuhörerschaft Rücksicht genommen; die Bezeichnung Herrenwitze spricht für sich[31].

Einen Pendelausschlag in der anderen Richtung, nämlich gezielte Forscherinteressen an obszöner und skatologischer Folklore, boten um die Jh.wende die vor allem von F. S. → Krauss und einem z. T. anonym wirkenden Mitarbeiterkreis herausgegebenen Zss. → *Kryptádia* und → *Anthropophyteia*, die auf heftige Kritik der Öffentlichkeit stießen und in Bibliotheken zumeist der allg. Benützung entzogen waren. In frühen Typenkatalogen und auch in S. → Thompsons Motivindex wurden die ‚schlüpfrigen Geschichten' schamhaft verborgen[32]. Neuerdings hat man jedoch diese Abstinenz gerade in den USA aufgegeben. Namhafte Folkloristen wie R. D. Abrahams, A. → Dundes, H. → Halpert, bes. aber G. → Legman haben sich ausgiebig mit der Materie befaßt[33]. Von F. Hoffmann stammt ein Katalog der erotischen Überlieferung in Nordamerika[34]. Der dt. Wortforschung dient E. Bornemans Lex. *Sex im Volksmund*[35], seine Slgen zur Kinderfolklore[36] bestätigen die bekannte Neigung der Jüngsten zu derben Anspielungen. In der Tradition der genannten Zss. erscheint seit 1977 in Waukesha, Wisc. das Periodikum *Maledicta* mit dem Untertitel *Internat. J. of Verbal Aggression.*

Die Anhäufung solcher Materialien mag teils erheiternd, teils abstoßend wirken und als Destillat einen Stellenwert vermitteln, den G.en im Gesamt der Überlieferung und im Alltagsleben der Bevölkerung wohl doch nicht haben. Sie sind jedoch für Analysen des psychosozialen Kontexts von Bedeutung, zumal in einer Zeit, die gegenüber dem Gebrauch von Derbheiten ziemlich lässig geworden ist, deren Medien kaum noch Tabus kennen, was Sex, Pornographie und Gewaltdarstellungen betrifft. Man könnte demnach durchaus von einem modernen Grobianismus sprechen.

[1] cf. Jöst, E.: Bauernfeindlichkeit. Die Historien des Ritters Neithart Fuchs. Göppingen 1976; Moser-Rath, Schwank, 232–235, 241 sq., 246; Tomkowiak, I.: Curiöse Bauer-Historien. Zur Tradierung einer Fiktion. Würzburg 1987, 29–36, 94–98, 160. – [2] DWb. 4, 1, 6 (1935) 417 sq. – [3] Brant, S.: Das Narrenschiff. ed. M. Lemmer. Tübingen 1962, 116–118. – [4] Thomas Murners Schelmenzunft. ed. M. Spanier. Halle [2]1912, 35 sq.; Röhrich, Redensarten 2, 793. – [5] Bumke, J.: Höfische Kultur. Lit. und Ges. im hohen MA. 1. Mü. 1986, 267–271 (mit Lit.). – [6] cf. Bömer, A. (ed.): Fridericus Dedekindus Grobianus. B. 1903, XI–XXIII; Zaehle, B.: Knigges Umgang mit den Menschen und seine Vorläufer. Heidelberg 1933, 13–29; Hauffen, A./Diesch, C.: Grobianische Dichtung. In: RDL 1, 605–608. – [7] De civilitate morvm pverilivm [...]. Basel 1530. – [8] Elias, N.: Über den Prozeß der Zivilisation 1. Bern/Mü. [2]1969, 75–132 u. ö. – [9] Nachweise und Textbeispiele bei Thornton, T. P.: Grobianische Tischzuchten. B. 1957. – [10] cf. Bömer (wie not. 6); Brüggemann, T. (ed.): Hb. zur Kinder- und Jugendlit. Vom Beginn des Buchdrucks bis 1570. Stg. 1987, 656–678, 988–993. –

[11] Neudruck beider Texte: Dedekind, F.: Grobianus. De morum simplicitate. Dt. Fassung von C. Scheidt. Darmstadt 1979; Könneker, B.: Zu den „Grobianischen Heiligen" in Dedekind–Scheidts Grobianus. In: Eulenspiegel-Jb. 27 (1987) 51–67. – [12] Bömer (wie not. 6) XXXIV sq., LXXIII. – [13] Vorw. von B. Könneker zu Dedekind (wie not. 11) XVII. – [14] Bömer (wie not. 6) LXXIV–LXXIX; ein Nachzügler: Ludwig Tölpels [...] neue Bauren Moral [...]. Kamtschacka 1752, cf. Tomkowiak (wie not. 1) 160. – [15] Moser-Rath, E.: „Calembourg". Zur Mobilität populärer Lesestoffe. In: Vk. Fakten und Analysen. Festschr. L. Schmidt. Wien 1972, 470–481. – [16] Vorw. von Könneker zu Dedekind (wie not. 11) XVI. – [17] Beyer, H.: Die dt. Volksbücher und ihr Lesepublikum. Diss. Ffm. 1962, 35, 50. – [18] cf. z. B. Valentin Schumanns Nachtbüchlein (1559). ed. J. Bolte. (Tübingen 1893) Nachdr. Hildesheim/N. Y. 1976, 8, 170 sq. – [19] Moser-Rath, Schwank, 50. – [20] Elias (wie not. 8) 89. –

[21] Moser-Rath, Schwank, 11. – [22] ibid., 83. – [23] ibid., 201, 241, 260 sq. – [24] ibid., 377, 423. – [25] ibid., 383, 432. – [26] ibid., 241 sq. – [27] ibid., 85. – [28] Moser-Rath, Predigtmärlein, 67 sq.; cf. das Kap.

„Grober Narr“ in dem Abraham a Sancta Clara zugeschriebenen Centi-Folium Stultorum [...]. (Wien/Nürnberg [1709]) Nachdr. Dortmund 1978, 184—188. — [29] Brednich, R. W.: Schwankballade. In: Hb. des Volksliedes 1. ed. id./L. Röhrich/W. Suppan. Mü. 1973, 157—204, hier 158 sq.; id.: Erotisches Lied. ibid., 575—615, hier 584. — [30] Schenda, R.: Volk ohne Buch. Ffm. 1970, Reg. s. v. Schmutz und Schund, Schundlit. — [31] Neumann, S.: Ein mecklenburg. Volkserzähler. Die Geschichten des August Rust. B. 1968, 26; cf. Röhrich, L.: Der Witz. Stg. 1977, 5, 33, 36. — [32] cf. EM 1, 597; Legman, G.: Toward a Motif-Index of Erotic Humor. In: id.: The Horn Book. N. Y. 1966, 454—493. — [33] cf. die Lit.verz.se zu den EM-Artikeln Anthropophyteia; Erotik, Sexualität; Exkremente; Furz; Genitalien; dazu Loots, S.: Uit de vuildoos. Vlaamse erotische volksvertellingen. Antw. 1985. — [34] Hoffmann. — [35] Borneman, E.: Sex im Volksmund. Reinbek 1971. — [36] id.: Studien zur Befreiung des Kindes. 1: Unsere Kinder im Spiegel ihrer Lieder, Reime, Verse und Rätsel. 2: Die Umwelt des Kindes im Spiegel seiner „verbotenen“ Lieder [...]. 3: Die Welt der Erwachsenen in den „verbotenen“ Reimen dt.sprachiger Stadtkinder. Olten/Fbg 1973—76; cf. auch Gaignebet, C.: Le Folklore obscène des enfants. P. [2]1980.

Göttingen Elfriede Moser-Rath

Grohmann, Josef Virgil → Tschechoslowakei

Groome, Francis Hindes, * Monk Soham (bei Framlingham) 30. 8. 1851, † London 24. 1. 1902, engl. Lexikograph, Schriftsteller, Erforscher von Leben, Sprache und Folklore der Roma (→ Zigeuner). G., Sohn eines Geistlichen, studierte seit 1870 am Corpus Christi College in Oxford und bereiste 1873/74 Deutschland (längerer Aufenthalt in Göttingen, dort Treffen mit T. → Benfey), Ungarn und Rumänien. Bereits in Oxford, auf dem Kontinent und in den folgenden Jahren in Großbritannien lebte er bei verschiedenen Roma-Gruppen. Zusammen mit seiner späteren Frau Esmeralda aus der Roma-Familie der Lock[1] versuchte er 1875 vergeblich, einen Lebensunterhalt in Deutschland zu finden. 1876 ließen sie sich in Edinburgh nieder, und es begann G.s vielfältige Redaktions-, Publ.s- und Rez.stätigkeit[2], darunter 1877—78 die Edition der *Suffolk Notes and Queries* im *Ipswich J.*[3]. 1888 war G. an der Gründung der Gypsy Lore Soc. beteiligt, deren Organ *J. of the Gypsy Lore Soc.* er zusammen mit D. MacRitchie bis zur zeitweiligen Einstellung der Zs. (1892) herausgab[4].

Als theoretische Beitr.e zur Erzählforschung von bes. Interesse[5] sind G.s Art. *Gypsies* für die *Enc. Britannica* (1879)[6], sein Aufsatz *Gypsy Folk-Tales: A Missing Link* (1888)[7] und seine ausführlich kommentierte Slg *Gypsy Folk-Tales* (1899)[8] zu nennen, deren 75 Seiten lange Einl. einen Abriß zur Geschichte der Roma und ihres Erzählguts gibt. Bereits im *Enc. Britannica*-Art. ist seine These Roma als „Colporteurs of Folklore“[9] enthalten. G. lehnt die → anthropol. Theorie und → Survivaltheorie ebenso wie die Vorstellungen der → mythol. Schule ab und setzt sich u. a. mit A. → Lang, G. W. → Cox und A. De Gubernatis auseinander[10]. Z. T. in Übereinstimmung mit Benfeys → ind. Theorie und den Studien R. → Köhlers, E. → Cosquins oder J. → Jacobs untersucht er, von den Roma-Texten ausgehend, die → Diffusion der Märchen und weist auf eine mögliche Rolle der Roma beim Ost-West-Transfer von Erzählgut hin: „One channel, perhaps, was the Gypsies.“[11]

Zur Illustrierung seiner Vorgehensweise: Z. B. veranlaßt durch Roma-Var.n zu AaTh 882: → *Cymbeline* und AaTh 675: *Der faule* → *Junge*, die mit den Texten von → Boccaccio (2, 9) und → Basile (1, 3) übereinstimmen, wirft G. die Frage auf, ob hier anstelle eines literar. Einflusses nicht umgekehrt ein mündl. Einfluß auf die Lit. durch in der Levante ansässige Roma angenommen werden könnte, und macht darauf aufmerksam, daß Roma häufig als Puppenspieler ihren Lebensunterhalt verdienten[12].

G.s *Gypsy Folk-Tales* enthalten 76 z. T. bereits früher publ. Texte verschiedener Sammler, die von türk., rumän., slovak., poln., engl., walis. Roma und schott. travellers stammen. Sowohl die Einl. als auch die Kommentare zeigen G.s äußerst genaue Kenntnis der internat. Märcheneditionen und seine modern anmutenden Methoden: Forderung nach Texttreue (H. von → Wlislockis Texte vergleicht er mit „‚restored‘ building[s]“; Jacobs weist er nach, Roma-Erzählungen als engl. Märchen ausgegeben und dabei die Texte entsprechend geändert zu haben)[13] und Berücksichtigung des Erzählkontextes, der Erzählerpersönlichkeiten und Erzählgelegenheiten. Bei G. vereinigen sich Buchwissen und Feldforschungserfahrung. Allg. anerkannt sind seine Sprachkenntnisse des Romanes und seine große Vertrautheit mit dem Leben der Roma, wovon auch sein autobiogr. Werk *In Gipsy Tents* (1880)[14] und seine Novelle *Kriegspiel: The War-Game* (1896)[15] zeugen. Von der Folkloristik wurden G.s Arbeiten weitgehend übergangen[16]; er selbst sah dies voraus und kommentierte ironisch: „[...] I doubt if to folkorists my theory is likely to commend itself. From solar myths, savage philosophy, archæan survivals, polyonymy, relics of Druidism, polygamous frameworks, and such-like high-sounding themes, it is a terrible come-down to Gypsies = gipsies = tramps."[17]

[1] Romani pen: Esmeralda Groome. In: J. of the Gypsy Lore Soc. 18, 3 (1939) 153–158. – [2] Herausgeber, Mitherausgeber und Autor von Globe Enc. (1876–79), Ordnance Gazetteer of Scotland (1882–85), seit 1885 bei Chambers's Enc. (1888–92), Chambers's Biographical Dictionary (1897), Mitarbeit an der Vorbereitung für Chambers's Cyclopaedia of English Literature (bis 1902); Autor des Dictionary of National Biography (1890–99); Autor und Rezensent der Zs. Athenaeum. – [3] In seiner Kolumne veröffentlichte er auch Volkserzählungen, u. a. im Ipswich J. 15 (1878) das Märchen ‚Tom Tit Tot', auf das E. Clodd in seiner Unters. (Tom Tit Tot. L. 1898) zurückgriff. – [4] Patrick, D.: G., F. H. In: The Dictionary of National Biography 1901–1911. 2. Suppl. t. 2. L. 1912, 172 sq.; cf. Clinch, A. J.: Foreword. In: G., F. H.: In Gipsy Tents. Nachdr. East Ardsley 1973, (V)–(XXIX). – [5] Für G.s Publ.en zu Roma-Fragen cf. Black, G. F.: A Gypsy Bibliography. L. 1914, num. 1747–1776; zur Bedeutung G.s für die Folkloristik cf. Jones, M. O.: F. H. G. „Scholar Gypsy and Gypsy Scholar". In: JAFL 80 (1967) 71–80, 78 sq. not. 3 (Auflistung von G.s Publ.en zur Folklore) und Dorson, R. M.: The British Folklorists. L. 1968, 270–273. – [6] G., F. H.: Gypsies. In: Enc. Britannica 10. Edinburgh [9]1879, 611–618, hier 615 sq. – [7] id.: Gypsy Folk-Tales: A Missing Link. In: National Review 11 (1888) 659–673. – [8] id.: Gypsy Folk-Tales. L. 1899 (Nachdr. mit Vorw. von W. Starkie. Hatboro, Pa. 1963); Rez. von A. Nutt in FL 10 (1899) 239–243; Rez. zum Nachdr. von G. V. Tomashevich in: JAFL 78 (1965) 368 sq. – [9] G. (wie not. 8) lxxxiii. – [10] G. (wie not. 7); G. (wie not. 8) lxxi–lxxiv.
[11] ibid., lxiii. – [12] ibid., num. 33, 65, lxvii sq., cf. auch 293–295 (Hinweise zur Herkunft John Bunyans, Verf. von „The Pilgrim's Progress" [1–2. L. 1678/84], aus einer Roma-Familie). – [13] ibid., liv, lxxv. – [14] G., F. H.: In Gipsy Tents. Edinburgh 1880 ([2]1881); zum Nachdr. cf. Clinch (wie not. 4). – [15] G., F. H.: Kriegspiel: The War Game. L. 1896. – [16] Ausnahmen sind Jones und Dorson (wie not. 5), die G.s These jedoch lediglich referieren; Dorsons abschließende Wertung G.s durch den von ihm danach abgehandelten M. Gaster: „Another unpredictable figure" (p. 273); bei BP ist G.s Slg berücksichtigt, nicht aber bei AaTh und Mot. angeführt, ausgewertet wurde sie bei Mode, H.: Zigeunermärchen aus aller Welt 1–4. Wiesbaden 1983–85, cf. t. 4, 584–612 (Typen-Verz. der Roma-Märchen). – [17] G. (wie not. 8) lxxv.

Göttingen Ines Köhler

Großbritannien

1. Zur Geschichte der Volkserzählung in G. – 2. Brit. Folkloristen – 2.1. England – 2.1.1. Anfänge der Erzählforschung – 2.1.2. Das ‚große Forscherteam' – 2.1.3. Weitere Aktivitäten – 2.1.4. Gegenwart – 2.2. Forschungen in den kelt. Regionen G.s – 2.2.1. Schottland – 2.2.2. Wales

1. Zur Geschichte der Volkserzählung in G. Es ist allg. Konsens der mit Erzählforschung in G. befaßten Folkloristen, daß sich in der Moderne in England – im Gegensatz zu Schottland und Wales (cf. auch → Kelt. Erzählgut) – nur wenige internat. verbreitete Erzählstoffe nachweisen lassen[1]. Daß diese Tatsache nicht zu der Annahme führen darf, auch in der Vergangenheit habe in G. keine Erzähltradition existiert, beweisen die reichlich belegten Textzeugnisse.

Bereits ca im 8. Jh. entstand, wahrscheinlich im angl. Dialektgebiet, der → *Beowulf*, ein Epos, das eine große Anzahl märchenhafter Elemente aufweist, so z. B. Anklänge an → *Bärensohn*, an AaTh 650 A: → *Starker Hans* und an AaTh 300: cf. → Drache. Die im *Beowulf* verarbeiteten Stoffe sind dem → germ. Erzählgut zuzuordnen. Dies trifft auch zu für den *Widsith* (7. Jh.), eine ansonsten eher katalogähnliche Kompilation, die Ereignisse nicht ausführlich schildert, sondern Begebenheiten und Namen nur andeutet; auch hierdurch weist sie aber das Vorhandensein germ. Erzählstoffe in der altengl. Tradition nach, so z. B. der Sagen von Offa (cf. AaTh 710: → *Marienkind*) oder Hrólfr Kraki.

Im MA. wird durch die berühmte *Historia regum Britanniae* des → Geoffrey of Monmouth (ca 1100–55) die Popularität der → Artustradition begründet, die ihren frühesten Textzeugen in der Erzählung *Culhwch und Ol-*

wen (ca Mitte 10. Jh.) des → *Mabinogion* hat. Die Erzählungen von Geoffreys Werk beruhen sowohl auf antiken wie auch auf kelt. zeitgenössischen Traditionen, welche durch die gestaltende Kraft des Autors eine eigene Prägung erfuhren. Internat. verbreitete Erzählstoffe finden sich auch in den Chroniken des William of Newburgh (1136 – ca 1198) und des Walter → Map (ca 1140 – ca 1209)[2]. In Maps *De nugis curialium* begegnet z. B. die zuerst bei Cicero (106 – 43 a. Chr. n.) belegte Erzählung vom → Baum der Frauen (Mot. J 1442. 11). Überaus ergiebige Quellen sind die Werke des mit Map befreundeten → Giraldus Cambrensis (ca 1146 – ca 1223) und seines Zeitgenossen → Gervasius von Tilbury (ca 1152 – nach 1220); auch die *Summa predicantium*, das bisher wenig erschlossene Hauptwerk des Predigers John → Bromyard (14. Jh.) ist eine wichtige Quelle für die vergleichende Erzählforschung. Die → Fairy-Tradition (→ Fee, Feenland) ist bereits seit dem 14. Jh. belegt. Mit den Werken Geoffrey → Chaucers (1340 – 1400) sowie den engl. Übers.en der → *Gesta Romanorum* finden verstärkt Erzählstoffe in den volkssprachlichen Bereich Eingang.

Gedichte und Balladen des 15./16. Jh.s belegen die Verbreitung von Erzähltypen wie AaTh 571: → *Klebezauber*, AaTh 592: → *Tanz in der Dornhecke*, AaTh 700: → *Däumling* oder AaTh 922: → *Kaiser und Abt*[3]. William → Shakespeare (1564 – 1616) verarbeitete eine Fülle zu seiner Zeit noch geläufiger populärer Stoffe in seinen Werken, so z. B. AaTh 890: → *Fleischpfand* in *The Merchant of Venice*, AaTh 955: → *Räuberbräutigam* in *Much Ado about Nothing* (1, 1) oder AaTh 882: cf. → *Cymbeline* in der gleichnamigen Tragikomödie[4]. Auch bei anderen, weniger bekannten Autoren des 16./17. Jh.s finden sich Geschichten, die augenscheinlich damals noch in G. zum allg. bekannten Erzählgut gehörten. So enthält z. B. die Märchenkomödie *The Old Wives' Tale* von George Peele (1556 – 96) Bearb.en von AaTh 471: → *Brücke zur anderen Welt*, AaTh 480: *Das gute und das schlechte* → *Mädchen* und AaTh 506: cf. → *Dankbarer Toter*[5].

Die vor allem im 17./18. Jh. weitverbreiteten → Chapbooks waren ein zentrales Vehikel zur Verbreitung populärer Erzählstoffe. Sie schöpften ihre Stoffe aus schriftl. wie mündl. Überlieferung; es wurden aber auch Märchen gezielt für Kinder geschrieben, die in späterer Zeit als ‚echt engl. Märchen' betrachtet wurden, so *Jack the Giant Killer* oder *Jack and the Beanstalk* (AaTh 328: → *Corvetto*; → Bohnenranke)[6].

Als sich im 18./19. Jh. das Interesse für die Volksüberlieferung in G. herausbildete, ließ sich nur noch wenig in der Tradition lebendiges Material sammeln. Die Gründe werden zum einen darin gesehen, daß die in England im Zuge der Industrialisierung scharf ausgeprägte Trennung der sozialen Schichten vom 18. Jh. an zu einem Verlust an Muße bei den ärmeren Bevölkerungsteilen führte, was wiederum mangelnde Gelegenheiten zum Erzählen zur Folge hatte. Als weiterer Faktor wird der Puritanismus im 16. und 17. Jh. angeführt, durch den die als ‚unwahre Geschichten' verpönten Produkte der Phantasie vehement unterdrückt wurden. Das sich hierdurch bildende Vakuum füllten seit dem 18. Jh. Übers.en bes. aus dem Französischen, so 1708 die erste engl. Übers. von → *Tausendundeinenacht* nach der Fassung A. → Gallands durch G. S. Beaumont[7], 1707 und 1716 Übers.en der *Contes de fées* der Marie Catherine d' → Aulnoy (→ Conte de[s] fées)[8] sowie 1729 die erste Übers. durch R. Samber von acht der Geschichten aus C. → Perraults *Contes de ma mère l'Oye*, die später in G. und den USA als *Mother Goose* bekannt wurden[9]. Die 1823 erfolgte erste engl. Übers. einer Ausw. der KHM der Brüder → Grimm durch E. Taylor (mit den Ill.en von George Cruikshank)[10], die ihrerseits den Anstoß für die Zusammenstellung der Grimmschen *Kleinen Ausg.* (1825) gab, stimulierte Sammelaktivitäten auf den Brit. Inseln, die sich anfangs noch an vergleichbaren Kriterien der Bearb. der mündlichen Texte orientierten und erst gegen Ende des 19. Jh.s zu einer authentischeren Wiedergabe des Materials den Zugang fanden.

2. Brit. Folkloristen

2.1. England

2.1.1. Anfänge der Erzählforschung.

In seinem berühmten, am 22. Aug. 1846 veröff. Brief an die Wochenzeitung *The Athenaeum* schrieb W. J. Thoms (1803 – 85): „What we in England designate as Popular Antiquities [...] would be most aptly described by a good Saxon compound, Folk-Lore". Der neue Terminus → Folklore wurde schnell gebräuchlich und führte über eine in der 1849 von Thoms begründeten Zs. *Notes and Queries* geäußerte Idee 1878 zur Gründung der Folklore Soc. durch eine Gruppe von Privatgelehrten[11].

Ein Interesse an der Volksüberlieferung ist allerdings schon wesentlich früher festzustellen. So zeigt sich in den Werken des Altertumswissenschaftlers und Schriftstellers John Aubrey (1626–97) ein ausgeprägtes Interesse an der Aufzeichnung von ‚antiquities', an Lokaltraditionen und Manifestationen des Wunderbaren. Als scharfsinnigem Beobachter des Umbruchs, der sich in der Gesellschaft des 17. Jh.s vollzog, waren ihm dessen Konsequenzen für die mündl. Überlieferung nicht entgangen: „Before Printing, Old-wives Tales were ingeniose, and since Printing came in fashion [...] the ordinary sort of People were not taught to reade. Now-a-dayes Bookes [...] have putt all the old Fables out of doors: and the divine art of Printing and Gunpowder have frightened away Robin-goodfellow and the Fayries"[12]. Aubreys Schriften sind eine Fundgrube für Folkloristen. Charakteristisch für seine Werke sind eingestreute Anekdoten und Sagen; so enthalten seine *Miscellanies* (L. 1696) Memorate von Begegnungen mit dem Übernatürlichen und geben Aufschluß über populäre Vorstellungen, die zu seiner Zeit geläufig waren[13]. Eine frühe Var.nliste von Erzählungen erstellte F. Douce (1757–1834) in den Anmerkungen zu den engl. Fassungen der *Gesta Romanorum*, so u. a. einen Kommentar zu AaTh 178 A: → *Hundes Unschuld*[14]. Die daraufhin von Sir Walter → Scott geforderte Unters. über die Migration von Erzählungen unternahm später T. Keightley (1789–1872) in *Tales and Popular Fictions* (L. 1834). Keightley leistete auch sonst Pionierarbeit auf dem Gebiet der Komparatistik; u. a. trug er in *The Fairy Mythology* (L. 1828) traditionelle Erzählungen über Fairies aus literar. Werken zusammen; er gibt dabei seine Quellen genau an und zeigt sich der Bedeutung der mündl. Überlieferung bewußt[15]. T. → Wright (1810–77), ein Bewunderer J. → Grimms, befaßte sich mit ma. Lit. Seine *Essays on Subjects Connected with the Literature, Popular Superstitions, and History of England in the Middle Ages* 1–2 (L. 1846) behandeln Volksüberlieferungen in den Werken des Giraldus Cambrensis, Gervasius von Tilbury und William of Newburgh, deren Spuren er sowohl weiter zurück als auch bis in die spätere Tradition verfolgte. In seinem wichtigsten Aufsatz *On the History and Transmission of Popular Stories* wies er auf die Rolle der *Gesta Romanorum* bei der Vermittlung des oriental. und antiken Erzählguts hin und zog orale Wanderwege von Erzählungen in Betracht[16]. Wright gab verschiedene ma. Werke heraus, die Sagen und populäre Erzählungen enthalten, so u. a. *St. Brandan: A Medieval Legend of the Sea* (L. 1844; → *Brandans Seefahrt*) und *The Seven Sages* (L. 1845; → *Sieben weise Meister*). Er erkannte Einflüsse der mündl. Überlieferung auf die Chroniken, die Hagiographie und die Lit. des MA.s. So sah er z. B. eine Einwirkung der Fairy-Tradition auf die christl. Heiligenlegenden[17].

J. O. → Halliwell (1820–89) bot in *Popular Rhymes and Nursery Tales* (L. 1849) eine hist.-vergleichende Analyse von Kinderversen und -märchen und stellte die engl. Volkserzählung erstmals als eine spezifische Gattung dar; eine Reihe der Erzählungen ist mündl. Herkunft. Halliwell edierte auch einige frühe Schwank- und Witzbücher[18]. 1861 veröffentlichte er die bei einer Wanderung durch Cornwall aufgezeichneten Lokaltraditionen[19].

Ermutigt durch den Dichter Robert Southey (1774–1843) veröffentlichte die Romanautorin Anna Eliza Bray (1790–1883) umfassende Slgen von Lokalgeschichte, Folklore und paraphrasierten Regionalsagen aus Devonshire, bes. Erzählungen über den Freibeuter und Volkshelden Sir Francis Drake[20]. Dem Bankier J. Roby (1793–1850), Herausgeber von *The Traditions of Lancashire* 1–2 (L. 1829), fehlte es an Verständnis für die mündl. Überlieferung; er betrachtete sein Material als ‚entstellt' und schrieb es um.

Sir G. W. → Cox (1827–1902), Nacherzähler antiker Mythen, baute M. → Müllers mythol. Theorie (→ Mythol. Schule) bis zur Absurdität aus; durch den von ihm angewandten strukturellen Vergleich narrativer Elemente von Mythen, Sagen, Märchen und Heldendarstellungen darf er als Vorläufer der Typen- und Motivanalyse gelten. A. S. Palmer analysierte die Geschichte → Simsons in *The Samson-Saga and Its Place in Comparative Religion* (L. 1913) als einen alten Sonnenmythos.

E. B. → Tylor (1832–1917), der als Vater der → anthropol. Theorie gilt[21], war ein Vertreter von Müllers Sonnentheorie und mit J. Grimms mythol. Forschungen vertraut. Er verstand → Mythos als Ausdruck der Weltsicht von Naturvölkern; Volkserzählungen hielt Tylor für mythische → Survivals. Zur Erklärung der Ähnlichkeiten von Mythen aus verschiedenen Weltgegenden neigte er eher der → Diffusionstheorie als der Entstehung durch → Polygenese zu.

2.1.2. Das ‚große Forscherteam'. Die Arbeit der Folklore Soc. wurde entscheidend geprägt durch sechs Mitglieder, die R. M. → Dorson als ‚the great team' bezeichnet hat: A. → Lang, G. L. → Gomme, A. → Nutt, E. S. → Hartland, E. → Clodd und W. A. → Clouston.

Lang (1844–1912)[22] war Tylor-Schüler, befürwortete aber in bezug auf die Diskussion um Polygenese und Diffusion von Mythos und Märchen die Polygenese, obwohl er seinen Standpunkt in späteren Jahren modifizierte[23]. Lang hob verschiedentlich die Wichtigkeit der Unters. außereurop. Erzählungen, für die er Entsprechungen zur europ. Überlieferung aufzeigte, hervor[24]; so bediente er sich seiner Kolumne *At the Sign of the Ship* (1885–1905) in *Longman's Magazine* dazu, in- und ausländische Leser um Zusendung von Folkloredmaterial, bes. Märchen, zu bitten.

Gomme (1853–1916) benutzte Volkserzählungen zur Rekonstruktion alter politischer Institutionen des Landes. Zur Stützung seiner These, daß Volksüberlieferungen hist. Fakten enthalten, zog er insbesondere eine mit der London Bridge verknüpfte Schatzsage heran[25]. In der Einl. seiner Edition des Volksbuches *The History of Thomas Hickathrift* (L. 1885) erörterte er die Interdependenz von oraler und literar. Tradition.

Nutt (1856–1912) vertrat in einem programmatischen Aufsatz von 1881, in dem er J. G. von → Hahns Schema der Heldensage anwandte, die Polygenese-Theorie[26]. In *Studies on the Legend of the Holy Grail* (L. 1888) postulierte er die Entwicklung der → Grals-Legenden aus der Volkstradition. Sein Hauptwerk bildet die Einl. und Kommentierung von *The Voyage of Bran* 1–2 (L. 1895/97). Nutt sah in der zeitgenössischen Folklore den Schlüssel zum Verständnis ma. Versromane, die seiner Ansicht nach stark aus der Volksüberlieferung schöpften[27].

1822 hatte W. → Grimm bemerkt, bislang seien wenig engl. Märchen gesammelt oder mitgeteilt worden[28]. Hartland (1848–1927), der gleichfalls feststellen mußte, daß in England kaum noch Märchenmaterial gesammelt werden konnte, wies jedoch auf die Existenz eines großen Korpus von Sagen hin, so z. B. über Robin Hood (→ Räubergestalten), König Arthur oder die Riesen von Cornwall[29]. Hartlands Buch *English Fairy and Other Folk Tales* (L. 1890) enthält wenige direkt aus mündl. Tradition aufgezeichnete Texte, sondern stützt sich vor allem auf Chapbooks, regionale Sammlungen und andere Publikationen. Beim internat. Folklorekongreß von 1891 in London hob Hartland als Sektionsvorsitzender die Bedeutung von Volkserzählungen als Schlüssel zum Verständnis früher Kulturen und der Entwicklung der Menschheit hervor[30].

Clodd (1840–1930) machte die neue Wiss. der vergleichenden Anthropologie durch seine Bücher *The Childhood of the World* (L. 1873) und *The Childhood of Religions* (L. 1875) populär. In seiner zweiten, in der Folgezeit heftig umstrittenen Rede als Präsident der Folklore Soc. brachte er christl. Riten und Vorstellungen in direkten Zusammenhang mit heidnischen Praktiken und Vorstellungen[31]. Clodd war Animist (→ Animismus) und verfocht die von J. G. → Frazer dargelegten Sichtweisen ebenso wie Tylors Thesen zur Psychologie der Wilden und die Survivaltheorie. Als überzeugter Rationalist attackierte Clodd die Forschungen der ‚Psychofolkloristen' wie z. B. Lang; er verglich sie mit den ‚Wilden' und warf ihnen Mangel an kritischem Urteilsvermögen und wiss. Methodik vor.

Der von den Orkneyinseln gebürtige Clouston (1843–96) war ein moderater Vertreter der diffusionistischen Schule[32]. Sein bes. Verdienst liegt darin, daß er das Netz der Wanderwege populärer Stoffe von Asien nach Europa sichtbar machte und ihren Wandlungen nachging. Mit Ausg.n wie *The Book of Sindibad* (Glasgow 1884) und *A Group of Eastern Romances* [...] (Glasgow 1889) machte er den Europäern vermehrt pers. und arab. Erzählgut zugänglich. Sein Werk *Popular Tales and Fictions. Their Migrations and Transformations* 1–2 (Edinburgh 1887) zeichnet die Lebensgeschichte einzelner Erzählungen in ihren vielfältigen Erscheinungsformen nach; dabei gelang es ihm, Erzähltypen und -motive herauszuarbeiten, die später in die internat. Typen- und Motivverzeichnisse eingingen. Als erster Brite legte Clouston mit *The Book of Noodles* (L. 1888) eine vergleichende Unters. der schwankhaften Gattung vor.

2.1.3. Weitere Aktivitäten. J. → Jacobs (1854–1916) wandte auf dem Gebiet populärer Erzähltraditionen sein Interesse in erster Linie der Fabel und dem Tierepos zu[33]. In seiner Ausg. von → *Barlaam und Josaphat* nahm er Stellung zum Problem der Migration von Volkserzählungen: Da die Parabeln → Buddhas schriftl. tradiert wurden, konnten sie seiner Meinung nach nicht dazu beitragen, die Wanderungen von Volkserzählungen zu erklären[34]. Als Anhänger der Diffusionstheorie verwies er auf die Notwendigkeit der Unters. von Episoden, die im Erzählgut häufig wiederkehren, und stellte selbst eine Liste von 700 solcher Episoden aus europ. Volkserzählungen zusammen[35].

Der Roma-(Zigeuner-)Spezialist F. H. → Groome (1851–1902) war 1888 an der Gründung der Gypsy Lore Soc. beteiligt. Er veröffentlichte die wichtige Slg *Gypsy Folk-Tales* (L. 1899), deren Einl. Aufschluß über die Erzähler und ihre Geschichten gibt. Als Vertreter der Diffusionstheorie vertrat er ähnliche Standpunkte wie Clouston. Groome war der Ansicht, daß die Roma auf ihren Wanderungen von Asien nach Europa Volkserzählungen verbreitet hätten[36].

Der exilierte rumän. Jude M. → Gaster (1856–1939), der sich mit Müllers Hilfe in England niederlassen konnte, übernahm 1907–08 die Präsidentschaft der Folklore Soc.[37] Er lehnte die Survivaltheorie ab[38] und trat, so in seinem Werk *Rumanian Bird and Beast Stories* (L. 1915), für die Diffusionstheorie ein.

Die erste komparatistische Unters. eines einzelnen Märchenzyklus überhaupt ist M. R. → Cox' (1860–1916) *Cinderella* (L. 1893). Das Buch enthält die Zusammenfassungen von 345 *Aschenputtel*- und *Allerleirauh*-Var.n sowie eine Erörterung ma. Analogien; in Methodik und Technik trug es zur Stützung der Diffusionstheorie bei.

Mit seinem berühmten Werk *The Golden Bough* 1–2 (L. 1890; 1–3. L. ²1900; 1–12. L. ³1907–15) brachte Frazer (1854–1941) das Forschungsgebiet der Anthropologie einem breiteren Publikum nahe. Frazer trug umfangreiches Material zusammen, das verschiedene Mythentheorien veranschaulichte; er bediente sich der Komparatistik, um eine kontinuierliche Entwicklung menschlicher Institutionen auf der Grundlage der Survivalkonzeption darzulegen. Frazers Werk rief eine lebhafte Diskussion hervor und wurde in der Folge sehr kritisiert, bes. von Gaster[39]; der Einfluß seiner Thesen und Ergebnisse auf die unterschiedlichsten wiss. Bereiche ist dennoch von großer Bedeutung[40].

Der Geistliche S. → Baring-Gould (1834–1924), ein Vertreter der Survivaltheorie, verbuchte größeren Ruhm als dem Niveau seiner Arbeiten angemessen war. In seinen über 200 Werken ging er oft nachlässig mit den Fakten um. Seinen wichtigsten Beitrag zur Forschung bildet das von ihm entwickelte Klassifikationssystem von ‚story radicals' (den Elementen von Volkserzählungen)[41], das teilweise im AaTh-Index benutzt wurde.

Auf dem Gebiet der Feldforschung war England weniger bedeutend. Zwar erschien Anfang des 19. Jh.s „the first intentional field collection [von Sagen] to be made in Britain"[42], die anonym von T. C. Croker (1798–1854) herausgegebene Slg *Fairy Legends and Traditions of the South of Ireland* (L. 1825)[43]; der Hauptanteil der späteren Folklore-Forschung bestand jedoch in Bibliotheks- und Schreibtischarbeit. Zwei herausragende Sammler wirkten allerdings in der Zeit von 1865 bis 1914: R. → Hunt (1807–87) und S. O. → Addy (1848–1933). Hunts *Popular Romances of the West of England* (L. 1865) waren das Ergebnis einer 1829 unternommenen zehnmonatigen Wanderung durch Cornwall. Als Sekretär der Royal Cornwall Polytechnic Soc. und als Beamter der Bergbehörde kam er in Berührung mit Bergleuten und Bauern, deren Vertrauen er gewann. Er konnte noch zwei der traditionellen ‚droll-tellers' interviewen, jener wandernden Erzähler, die dann im Laufe der 1. Hälfte des 19. Jh.s ausstarben. Addys wichtigster Beitrag zur Erzählforschung sind seine *Household Tales with Other Traditional Remains, Collected in the Counties of York, Lin-*

coln, Derby and Nottingham (L. 1895), die 52 Erzählungen, hauptsächlich Lokalsagen, enthalten. Anders als Hunt legte Addy Wert darauf, sie mit den Worten des Erzählers, möglichst sogar im Dialekt, wiederzugeben, und er betonte auch, daß es wichtig sei, den Erzählern Sympathie und Teilnahme zu bezeigen.

Aus den nördl. Grafschaften stammen einige Slgen von geringerem Wert, in denen mündl. und schriftl. Quellen vermischt werden, so Hartland, J./Wilkinson, T. T.: *Lancashire Legends, Traditions, Pageants, Sports etc.* (L. 1873); Brockie, W.: *Legends and Superstitions of the County of Durham* (Sunderland 1886); Parkinson, T.: *Yorkshire Legends and Traditions, as Told by the Ancient Chronicles, the Poets, and Journalists* (L. 1888); Hardwick, C.: *Traditions, Superstitions and Folk-lore, Chiefly Lancashire and the North of England* (Manchester 1872).

C. Burne (1850–1923) verwendete für die Sagen in *Shropshire Folk-Lore* (L./Shrewsbury/Chester 1883) eine einfache Umgangssprache und gab die Namen der Erzähler an, wenn mehrere Var.n existierten; sie vermerkte u. a., daß zwei Versionen einer speziellen Sage entsprechend der Persönlichkeit ihrer jeweiligen Erzähler voneinander abwichen[44]. Burne gab auch eine erw. Fassung des von Gomme zusammengestellten *Handbook of Folklore* (L. 1890, L. ^{2}1914) heraus. E. M. Leather, die Autorin von *The Folk-Lore of Herefordshire* (Hereford/L. 1912), gab Hinweise, wie Sammler bei der Feldforschung verfahren sollten. Es sei zwecklos, auf die Informanten mit Fragen einzudringen; man solle besser Proben geben: denn die Leute auf dem Land hörten gern Geschichten, und es sei ihnen ein Bedürfnis, danach eine ebenso gute oder bessere zu erzählen[45].

2.1.4. Gegenwart. In der Gegenwart wurde die volkskundliche Erzählforschung von K. M. → Briggs (1898–1980) fortgeführt, die u. a. *The Folktales of England* (L. 1965) und das *Dictionary of British Folk-Tales* 1–4 (L. 1970–71) veröffentlichte[46]. E. Porter (gest. 1984), die frühere Direktorin des Cambridge Folk Museum, gab die von W. H. Barrett nach der Erinnerung niedergeschriebenen Lokaltraditionen aus dem Moorgebiet an der Grenze von Cambridgeshire und Norfolk heraus[47]. V. Newall (geb. 1935) sammelte Material unterschiedlicher Gattungen bei westind. und asiat. Gruppen in London[48]. E. W. → Baughman (geb. 1916) gab den Erzählforschern mit seinem *Type and Motif-Index of the Folktales of England and North America* (The Hague 1966) ein wichtiges Werkzeug an die Hand. Die Unters. der Folklore in allen ihren Aspekten und damit auch der volkstümlichen Erzählüberlieferung wird von der Folklore Soc. in London und dem Centre for English Cultural Tradition and Language (CECTAL) an der Univ. Sheffield gefördert. CECTAL bietet unter der Leitung von J. D. A. Widdowson ein volles Lehrprogramm an. 1982–87 veranstaltete CECTAL fünf zentrale Symposien zum Thema ‚Perspectives on Contemporary Legend'[49].

2.2. Forschungen in den kelt. Regionen G.s

2.2.1. Schottland. Scott (1771–1832) hatte entscheidenden Anteil daran, daß das Interesse an der schott. Überlieferung geweckt wurde[50]. In seiner Balladenausgabe *Minstrelsy of the Scottish Border* 1–3 (Kelso 1802–03) wollte er durch Erläuterungen der abergläubischen Vorstellungen und hist. Sagentraditionen zur Kenntnis der Geschichte seines Heimatlandes beitragen. Trotz des freien Umgangs mit volkstümlichem Material, der in Scotts literar. Werken zu beobachten ist, zeigt sich in seinen Einl.en und Anmerkungen eine enge Vertrautheit mit echten Volksüberlieferungen; z. B. wies er in seiner Balladenausgabe darauf hin, daß das darin abgedruckte Dialektgedicht *Water-Kelpie* von John Jamieson (1759–1838) auf die in Schottland sehr geläufige und schon bei Gervasius von Tilbury belegte Sage vom → Wassergeist anspielt, der laut rufend sein Opfer fordert (Mot. D 1311. 11. 1)[51]. Er übersah auch nicht die bisher noch weniger beachteten schwankhaften Erzählungen und vermerkte u. a. eine Version von AaTh 1833 E: → *Gott ist tot*[52].

Scott war ein Mentor und Freund des Dichters Allan Cunningham (1784–1842), bei dessen *Traditional Tales of the English and Scottish Peasantry* 1–2 (L. 1822) es sich keineswegs um traditionelle Erzählungen handelt, sondern um durch mündl. Überlieferungen angeregte literar. Erzeugnisse[53]. Ein anderer Bewunderer

Scotts, Robert → Chambers (1802–71), widmete den 2. Band seiner *Traditions of Edinburgh* 1–2 (Edinburgh 1825) dem berühmten Autor, der ihn ermutigt und ihm großzügig Material für den 1. Band zur Verfügung gestellt hatte. Die *Traditions of Edinburgh* sind eine Pionierarbeit auf dem Gebiet städtischer Folklore; Chambers gibt darin seine Informanten an und hält sich eng an ihre mündl. Berichte. Von Scott beigesteuertes Material enthält auch die Arbeit *The Popular Rhymes of Scotland* (Edinburgh 1826), Chambers' Slg traditioneller Verse, von denen einige Bezüge zu Lokalsagen aufweisen (z. B. → Tom der Reimer). Chambers' *Scottish Jests and Anecdotes* (Edinburgh 1832) sind nach seiner Angabe größtenteils aus dem Volksmund gesammelt[54].

H. Miller (1802–56), ein weiterer Bewunderer Scotts, brachte in *Scenes and Legends of the North of Scotland* (Edinburgh 1835), einer Slg lokaler Erzählungen aus seinem Heimatort Cromarty[55], literar. Retuschen an. Als Rechtfertigung hierzu führte er an, daß „some of the stories are of too wild and fantastic a character for furnishing a suitable basis for a prose tale; and the great bulk of them, though they might prove interesting when wrought up together, are too simple and too naked of both detail and description to stand alone“[56]. Unter Millers Material finden sich neben persönlichen Erinnerungen und traditionellen Sagen auch hist. Erzählungen über das Jahr 1745, als der Kronprätendent Charles Edward Stuart mit seinem Heer plündernd durch das Land zog, bevor er bei Culloden geschlagen wurde. Den größten Teil der von Miller nach den Kategorien wahr, unwahr oder einer Mischung aus beidem unterschiedenen Erzählungen der Slg machen Sagen aus, Zauber- und Novellenmärchen sowie Tall tales fehlen[57].

W. G. Stewarts *The Popular Superstitions and Festive Amusements of the Highlanders of Scotland* (Edinburgh 1823), von den Brüdern Grimm für das Vorwort zu ihrer Übers. von Crokers *Fairy Legends* [...] (L. 1825) benutzt[58], enthält neben Aberglauben und Bräuchen auch Erzählungen, die der Autor bei Besuchen der „most celebrated professors of traditional lore in the district“[59] zusammengetragen hatte. Wie er angibt, entspricht die sprachliche Form weitgehend dem ‚Volksmund‘ der Hochland-Erzähler; Eingriffe seien nur vorgenommen worden, um dem Zielpublikum, einer bäuerlichen Leserschaft, das Verständnis zu erleichtern[60].

Völlig der Survival-Doktrin verhaftet ist *The Childhood of Fiction* (L. 1905) des Geistlichen J. A. → MacCulloch (1868–1950).

Einer der bedeutendsten Sammler von Volkserzählungen auf den Brit. Inseln war ein Angehöriger der Hocharistokratie, J. F. → Campbell of Islay (1822–85) von den Hebriden. Campbell baute ein Netz einheimischer gäl.sprachiger Mitarbeiter auf, betrieb aber auch eigene Feldforschungen. Seine in *Popular Tales of the West Highlands* 1–4 (Edinburgh 1860–62; Paisley/L. ²1890–93) teilweise veröff. Sammelergebnisse verdienen insofern bes. Aufmerksamkeit, als Campbells Umgang mit dem Material von einer relativ modernen kritischen Einstellung zeugt. Seine Arbeiten inspirierten Lord A. Campbell (1835–1908) zu der Reihe *Waifs and Strays of Celtic Tradition* 1–5 (L. 1889–95)[61]. In seinem Werk *Superstitions of the Highlands & Islands of Scotland* (Glasgow 1900) gibt J. G. Campbell statt einer bloßen Aufzählung von Glaubensvorstellungen den erzählerischen Kontext, d. h. Memorate übernatürlicher Erfahrungen, im genauen Wortlaut der Erzähler wieder. G. Calder gab u. d. T. *Folk Tales and Fairy Lore in Gaelic and English* (Edinburgh 1910) aus J. MacDougalls (1833–1906) nachgelassenen Mss. acht Zaubermärchen, eine Reihe von Fairy-Erzählungen und anderen Sagen heraus. J. L. Campbell von der Insel Canna führte die Sammeltradition fort. 1951 initiierte die School of Scottish Studies an der Univ. Edinburgh ein Sammelprogramm für Volkserzählungen und anderes traditionelles Material, das sich in den folgenden Jahren stetig entwickelte. Wichtige Sammler sind u. a. H. → Henderson (geb. 1919) und C. Maclean (1915–60)[62], bedeutende Arbeit hat auch der Archivar A. Bruford (geb. 1937) geleistet[63]. Aus neuerer Zeit liegt eine Reihe von Slgen vor[64].

2.2.2. Wales. Zum mündl. Repertoire der walis. Barden gehörten viele kunstvolle epische Zyklen, darunter auch die *Mabinogi*-Erzählungen[65]. Diese elf Prosa-Erzählungen sind im *Llyfr Gwyn Rhydderch* (Weißes Buch von Rhydderch, ca 1300–25) und im *Llyfr Coch Hergest* (Rotes Buch von Hergest, ca

1375–1425) überliefert. Die ersten vier Erzählungen, die *Vier Zweige des Mabinogi* (*Pwyll, Prinz von Dyved; Branwen, Tochter des Llyr; Manawydan, Sohn des Llyr; Math, Sohn des Mathonwy*) werden in ihrer sprachlichen Gestaltung auf die Mitte des 11. Jh.s datiert.

Der Philologe Sir J. Rhŷs (1840–1916), Verf. der *Studies in the Arthurian Legend* (Ox. 1891), wurde von Campbell of Islay zum Sammeln angeregt, fand aber größtenteils nur noch Bruchstücke traditioneller Erzählüberlieferung vor, die er in *Celtic Folklore, Welsh and Manx* 1–2 (Ox. 1901) publizierte; in seinem Verz. der relevanten Lit. bis 1900 fehlt die erste Veröff. walis. Volksüberlieferungen, J. Badcocks *Welsh Legends. A Collection of Popular Oral Tales* (L. 1802), die aber in literar. Manier abgefaßt ist.

W. Howells (1778–1832) trug *Cambrian Superstitions, Comprising Ghosts, Omens, Witchcraft and Traditions, etc.* (L. 1831) zusammen, nachdem das *Carmarthen J.* einen Preis für die beste gedr. engl. Abhdlg über den Aberglauben, die Geister und Sagen aus allen Teilen von Wales ausgeschrieben hatte. Wegen ihrer kathol. Geisteshaltung lehnte Howells Heiligenlegenden ab, statt dessen sammelte er eine Reihe von Sagen über Entführungen durch Fairies. W. Sikes (1836–83), der Konsul der Vereinigten Staaten in Wales, griff in *British Goblins. Welsh Folk-Lore, Fairy Mythology, Legends and Traditions* (L. 1880) sowohl auf literar. als auch auf mündl. Berichte zurück, wobei er nur ungenaue Quellenangaben macht. Ähnlich wie Howells' Werk ist E. Owens (1833–1899) *Welsh Folk-Lore. A Collection of the Folk-Tales and Legends of North Wales* (Oswestry 1896) aus Anlaß eines Preiswettbewerbs entstanden.

D. E. Jenkins' *Bedd Gelert. Its Facts, Fairies and Folk-Lore* (Portmadoc 1899) beruht auf Artikeln von W. Jones (1829–1903), der einen Preis für einen Aufsatz über die Bedd Gelert-Region gewonnen hatte. Rhŷs räumte Jones und seiner Slg von Fairy-Sagen in *Celtic Folklore* beachtlichen Raum ein. Jones' Geschichten stammen meist von Kleinbauern und wandernden Erzählern, doch machte Jenkins von Jones' Mss. einen nicht sehr vorteilhaften Gebrauch, sein Buch liest sich eher wie ein Touristenführer. Ein Kap. darin ist AaTh 178 A: → *Hundes Unschuld*, einer Lokalsage von Bedd Gelert, gewidmet. M. Trevelyan (1853–1922) veröffentlichte *Folk-Lore and Folk-Stories of Wales* (L. 1909). Heute ist das Welsh Folk Museum, St Fagan's Castle (Cardiff), u. a. ein Zentrum für volkskundliche Erzählforschung, wobei bes. die Arbeiten des dort wirkenden R. Gwyndaf (geb. 1941) hervorzuheben sind[66].

[1] cf. Lenz, L.: Die neuesten engl. Märchenslgen und ihre Qu.n. Diss. Marburg 1902, 3 sq.; Briggs, K. M./Tongue, R. L.: Folktales of England. Chic./L./Toronto 1965, v–vii, xxiii; Briggs, K. M./Michaelis-Jena, R.: Engl. Volksmärchen. MdW 1970, 267 sq.; Hellwig, K.: Engl. Volksmärchen, literar., kulturhist., soziol. Bonn 1971, 14–16. – [2] cf. Wright, T.: Essays on Subjects Connected with the Literature, Popular Superstitions, and History of England in the Middle Ages 1–2. L. 1846; id. (ed.): Gualteri Mapes De nugis curialium [...]. L. 1850. – [3] cf. BP 2, 40; 2, 491; 1, 390; 3, 223. – [4] cf. allg. Muir, K.: The Sources of Shakespeare's Plays. L. 1977; BP 1, 371; 3, 430; 4, 65. – [5] BP 3, 430; 3, 498. – [6] cf. Kotzin, M. C.: The Fairy Tale in England, 1800–1870. In: J. of Popular Culture 4, 1 (1970) 130–154, hier bes. 131. – [7] cf. ibid., 132; Knipp, C.: The Arabian Nights in England: Galland's Translation and Its Successors. In: J. of Arabic Literature 5 (1975) 44–54. – [8] Palmer, M. D.: Madame d'Aulnoy in England. In: Comparative Literature 27 (1975) 237–253. – [9] cf. Kotzin (wie not. 6) 132; Enc. Americana 19. N.Y./Chic./Wash. 1958, 512 sq. – [10] Briggs, K.: The Influence of the Brothers Grimm in England. In: Brüder Grimm Gedenken [1]. ed. L. Denecke/I.-M. Greverus. Marburg 1963, 511–524; Michaelis-Jena, R.: Edgar und John Taylor, die ersten engl. Übersetzer der Kinder- und Hausmärchen. In: Brüder Grimm Gedenken 2. ed. L. Denecke. Marburg 1975, 183–202; cf. Zirnbauer, H.: Grimms Märchen mit engl. Augen [...]. ibid., 203–242; LKJ 1, 469–503, bes. 482; Apel, F.: Die Zaubergärten der Phantasie. Heidelberg 1978, 215–256, bes. 221 sq. –
[11] cf. Briggs, K. M.: The Folklore Soc. and Its Beginnings. In: Porter, J. R./Russell, W. M. S. (edd.): Animals in Folklore. Ipswich/Cambr. 1978, 3–20, bes. 4 sq.; Dorson, R. M.: The Founders of British Folklore. In: Newall, V. J. (ed.): Folklore Studies in the 20th Century. Woodbridge/Totowa 1980, 7–13, bes. 7 sq.; cf. auch: Porter, J. R.: The Place of the Folklore Soc. in Folklore Studies. ibid., 1–6. – [12] Aubrey, J.: Remaines of Gentilisme and Judaisme. ed. J. Britten. L. 1881, 67 sq. – [13] cf. allg. id.: Brief Lives 1–2. Ox. 1898; Dorson, R. M.: The British Folklorists. L. 1968, 4–10. – [14] Douce, F.: Illustrations of Shakespeare, and of Ancient Manners [...] 1–2. L. 1807; cf. Dorson (wie not. 13) 57–61, hier bes. 59 sq. – [15] cf. ibid., 52–57; Hultin, N. C.: Anglo-Irish Folklore from Clonmel: T. C. Croker and British Library Add. 20 099. In: Fabula 27 (1986)

288–307, hier 289 sq. – [16] Wright, T.: Essays on Subjects Connected with the Literature [...] of England in the Middle Ages 2. L. 1846, 51–81. – [17] cf. Strohm, P.: Middle English Narrative Genres. In: Genre 13 (1980) 379–388; Blamires, D.: The Challenge of Fairytales to Literary Studies. In: Critical Quart. 21 (1979) 33–40; Dorson (wie not. 13) 61–66. – [18] Halliwell, J. O.: The Jokes of the Cambridge Coffee-Houses in the 17th Century. L. 1841; id. (ed.): The Will of Wit [1599]. L. 1860. – [19] id.: Rambles in Western Cornwall by the Footsteps of the Giants. L. 1861; cf. Dorson (wie not. 13) 66–74, hier 74. – [20] Bray, A. E.: A Description of the Part of Devonshire Bordering on the Tamar and the Tavy [...] 1–3. L. 1836; ead.: Traditions, Legends, Superstitions, and Sketches of Devonshire [...] 1–3. L. 1838, t. 1, 14; t. 2, 150, 166, 168, 170 sq., 178 (zu Drake); cf. Hunt, R.: Popular Romances of the West of England. L. 1865, 260–262. –
[21] cf. Mair, L.: An Introduction to Social Anthropology. Ox. 1972, 23; Dorson (wie not. 13) 187–197. – [22] ibid., 206–220; Green, R. L.: Andrew Lang. Leicester 1946. – [23] Lang, A.: Cinderella and the Diffusion of Tales. In: FL 4 (1893) 413–433, hier 419. – [24] Lang, A. (ed.): Grimm's Household Tales. L. 1884, xi–lxxv; id.: Myths, Ritual and Religion 1–2. L. 1887; id.: The Comparative Study of Ghost Stories. In: Nineteenth Century (1885) 623–632. – [25] Gomme, G. L.: Folklore as an Historical Science. L. 1908, 13–32. – [26] Nutt, A.: The Aryan Expulsion and Return Formula in the Folk and Hero Tales of the Celts. In: The Folk-Lore Record 4 (1881) 1–44. – [27] Jessie, L. W.: Alfred Nutt: An Appreciation. In: FL 21 (1910) 512–514; Clodd, E.: In Memoriam: Alfred Nutt. In: FL 21 (1910) 335–337; Dorson (wie not. 13) 229–239. – [28] cf. Hunt, M. (ed.): Grimm's Household Tales 2. L. 1884, 501. – [29] Hartland, E. S.: English Fairy and Folk Tales. L. 1890, vii–xxvi. – [30] cf. Dorson (wie not. 13) 239–248, hier 241 sq. –
[31] Clodd, E.: Presidential Address. In: FL 7 (1896) 35–60; cf. Dorson (wie not. 13) 248–257, bes. 251–256. – [32] ibid., 257–265. – [33] cf. Jacobs, J.: The Earliest English Version of the Fables of Bidpai. L. 1888; id.: The Fables of Aesop as First Printed by William Caxton in 1484 [...]. L. 1894; id.: The Most Delectable History of Reynard the Fox. L. 1895. – [34] id.: Barlaam and Josaphat, English Lives of Buddha. L. 1896, xi–xcv. – [35] id.: The Science of Folk-Tales and the Problem of Diffusion. In: id./Nutt, A. (edd.): The Internat. Folk-Lore Congress 1891. L. 1892, 76–86; cf. Dorson (wie not. 13) 266–270. – [36] ibid., 270–273. – [37] Newall, V.: The English Folklore Soc. under the Presidency of Haham Dr Moses Gaster. In: Studies in the Cultural Life of the Jews in England. Jerusalem 1975, 197–225. – [38] Gaster, M.: The Modern Origin of Fairy Tales. In: Folk-Lore J. 5 (1887) 339–351. – [39] Gaster, T. H. (ed.): The New Golden Bough. N.Y. 1959. – [40] cf. Dorson (wie not. 13) 283–287. –
[41] Anh. zu Henderson, W.: Notes on the Folklore of the Northern Counties of England and the Borders. L. 1866 ([2]1879), 300–344; cf. The Folk-Lore Record 5 (1882) 207–211. – [42] Dorson (wie not. 13) 45. – [43] cf. Hultin (wie not. 15). – [44] Burne, C.: Shropshire Folk-Lore. L./Shrewsbury/Chester 1883, 66. – [45] Leather, E. M.: The Folk-Lore of Hereford. Hereford/L. 1912, xvi. – [46] cf. auch Briggs, K. M.: Historical Traditions in English Folk-Tales. In: FL 75 (1964) 225–242; ead.: The Transmission of Folk-Tales in England. In: FL 79 (1968) 81–91; Gwyndaf Jones, R.: A Standard Dictionary of English Folktales. In: Folk Life 10 (1972) 104–117. – [47] Barrett, W. H.: Tales from the Fens. ed. E. Porter. L. 1963 ([2]1966); id.: More Tales from the Fens. ed. E. Porter. L. 1964; id.: A Fenman's Story. L. 1965. – [48] Newall, V.: The Ghost Lore of the Jamaican Ethnic Community in Britain. In: SF 20 (1976) 202–208; ead.: Tell Us A Story. In: Not Work Alone. ed. J. Cherfas/R. Lewin. L. 1980, 199–213; ead.: West Indian Ghosts. In: The Folklore of Ghosts. ed. H. R. E. Davidson/W. M. S. Russell. Cambr. 1981, 73–93; ead.: Narrative as a Means of Communication. In: Fabula 22 (1981) 84–89; ead.: The Hero as a Trickster: The West Indian Anansi. In: The Hero in Tradition and Folklore. ed. H. R. E. Davidson. L. 1984, 46–89; ead.: Narrative as an Image of Cultural Transition. Portrait of an Asian Storyteller. In: Fabula 26 (1985) 98–103. – [49] cf. Nicolaisen, W. F. H.: Perspectives on Contemporary Legend. In: Fabula 26 (1985) 213–218; Smith, P. (ed.): Perspectives on Contemporary Legend. Sheffield 1984; Bennett, G./Smith, P./Widdowson, J. D. A. (edd.): Perspectives on Contemporary Legend 2. Sheffield 1987. – [50] cf. Dorson (wie not. 13) 107–118. –
[51] Scott, Sir W.: Minstrelsy of the Scottish Border 1. Edinburgh [2]1803, 365 sq.; cf. Christiansen, R. T.: Folktales of Norway. L. 1964, 67; cf. Wildhaber, R.: ‚Die Stunde ist da, aber der Mann nicht'. Ein europ. Sagenmotiv. In: Rhein. Jb. für Vk. 9 (1958) 65–88. – [52] Scott, Sir W.: Introduction and Notes and Illustrations to the Novels [...] 1. Edinburgh 1833, 386. – [53] cf. Lockhardt, J. G.: Memoirs of the Life of Sir Walter Scott 6. Edinburgh 1838, 385; allg. cf. Dorson (wie not. 13) 118–122, bes. 119 sq. – [54] cf. ibid., 122–137; Chambers, W.: Memoirs of William and Robert Chambers. Edinburgh [13]1884, 205–207. – [55] cf. Miller, H.: My Schools and Schoolmasters. Edinburgh 1854; Mackenzie, W. M.: Hugh Miller. A Critical Study. L. 1905. – [56] cf. allg. Dorson (wie not. 13) 137–152. – [57] Bayne, P.: The Life and Letters of Hugh Miller 1. Boston 1871, 420. – [58] Ir. Elfenmärchen. Übers. von den Brüdern Grimm. Lpz. 1826. – [59] Stewart, W.: The Popular Superstitions [...] of Scotland. Edinburgh 1823, xiii. – [60] ibid., xv sq.; cf. Dorson (wie not. 13) 155–157. –
[61] cf. ibid., 406–413. – [62] Maclean, C. G.: Folktale Studies in Scotland. In: Kongreß Kiel/Kopenhagen, 169–171. – [63] Bruford, A.: Gaelic Folk-Tales and Medieval Romances. Dublin 1969; id.: The King's Questions (AT 922) in Scotland. In: Scottish Studies 17 (1973) 147–154; id.: Recitation or Re-creation?

Examples from South Uist Storytelling. ibid. 22 (1978) 27—44; id.: Storytellers and Storytelling. In: Tocher 31 (1979) 35—66; id.: Problems in Cataloguing Scottish Supernatural and Historical Legends. In: JFI 16, 3 (1979) 155—166. — [64] Montgomerie, N. und W.: The Well at the World's End: Folktales of Scotland. L. 1975; Lochhead, M.: Scottish Tales of Magic and Mystery. L./Edinburgh 1978; Buchan, D.: Scottish Tradition. A Collection of Scottish Folk Literature. L./Boston/Melbourne/Henley 1984; cf. auch Aitken, H./Michaelis-Jena, R.: Schott. Volksmärchen. MdW 1965; Agricola, C.: Schott. Sagen. B. 1967; ead.: Volkssagen aus Schottland. B. 1986. — [65] cf. Jackson, K. H.: The Internat. Popular Tale and Early Welsh Tradition. Cardiff 1961; Jones, G. und T. (edd.): The Mabinogion. L. 1949. — [66] Gwyndaf, R.: The Prose Narrative Repertoire of a Passive Tradition Bearer in a Welsh Rural Community: Genre Analysis and Formation [Part 1]. In: SF 20 (1976) 283—293; Part 2. In: Fabula 22 (1981) 28—54; id.: The Welsh Folk-Narrative Tradition. In: Newall (wie not. 11) 218—225; Gwyndaf Jones, R.: Chwedlan Gwerin Cymru (Welsh Folktales). In: Amgueddfa 6 (1970) 14—24; cf. auch Jones, T.: Y Stori Werin Yng Nghymru (The Folktale in Wales). In: Transactions of the Honourable Soc. of Cymrodorion (1970/71) 16—32; Rachel, B.: The Triads of the Island of Britain. Cardiff 1979; Jones, D. P.: Welsh Legends and Folklore. L. 1953; Jones, G.: Welsh Legends and Folk Tales. Ox. 1955; Jones, T. (ed.): The Black Book of Carmarthen. Ox. 1967; Styles, S.: Welsh Walks and Legends. L. 1972.

London Venetia J. Newall

Grosse, Henning → Kompilationsliteratur

Größe: Die ungewöhnliche G. (AaTh 1960—1960 Z). Unter AaTh 1960 ist eine umfangreiche Gruppe unterschiedlicher Erzählungen zusammengefaßt. AaTh 1960 kann man eigentlich nicht in demselben Sinn wie die übrigen Typen dieses Index als Erzähltyp bezeichnen. Nach G. → Henningsen handelt es sich nicht um einen Inhaltstyp, dessen Var.n alle dem gleichen Handlungsschema folgen oder dieses variieren, vielmehr ist allen Var.n ein bestimmtes Prinzip gemeinsam: Der Gegenstand der Erzählung (→ Tier, → Pflanze, Gerät etc.) nimmt übernatürlich große Ausmaße an. Henningsen bezeichnet einen solchen Typ als Formtyp, dessen Var.n die Subtypen (hier AaTh 1960 A—Z) sind[1].

Die Erzählungen von der u. G. gehören zur Gruppe der → Lügengeschichten. Wie die meisten Lügenmärchen werden auch sie gewöhnlich in der ersten Person erzählt, der Erzähler behauptet, das Berichtete selbst gesehen oder erlebt zu haben, und obwohl die Übertreibung bis zum Riesenhaften dem Zuhörer klarmacht, daß die Erzählung nicht für wahr gehalten werden muß, wird sie doch wie ein authentischer Bericht gestaltet, wobei Orte und Personen mit Namen genannt werden. Die Einschätzung des Wahrheitsgehaltes solcher Erzählungen dürfte jedoch zu verschiedenen Zeiten unterschiedlich gewesen sein: Im MA. und in noch früheren Zeiten, als Kenntnisse über fremde Länder und über den Bau der Welt kaum existierten, können diese ‚erlernten Lügen' über die merkwürdigen Wesen ferner Länder durchaus glaubhaft gewesen sein[2]. Auch Mythen und religiöse Erzählungen verwenden solche Motive (riesenhafte mythische Tiere, der himmelhohe → Baum etc.), wobei deren Funktion allerdings eine vollkommen andere ist.

Schilderungen dieser Art finden sich häufig auch in → Reiseberichten, in denen seltsame und schreckliche Wesen und andere Merkwürdigkeiten fremder Länder beschrieben werden, und sind schon in der antiken Lit. anzutreffen. So berichtet z. B. → Lukian von riesigen → Mücken, → Flöhen, → Spinnen und → Ameisen[3]. In den Reiseberichten des → Talmud gibt es seit dem 3. Jh. p. Chr. n. entsprechende Darstellungen z. B. von großen Tieren (→ Fisch, → Vogel, → Frosch, → Schlange etc.)[4]. In den Klostermärlein von St. Gallen aus dem 9. und 10. Jh. wird u. a. von einem Bock erzählt, zwischen dessen Hörnern ein Vogel lange Zeit fliegen muß, um von einem Horn zum anderen zu kommen, weiter von einem fünf Ellen langen Aal, von einem Riesenwildschwein, von einem großen Ofen, Kessel, einer großen Scheune (→ Aufschneider, → Deutschland, Kap. 1.2.1)[5]. Seit dem MA. erscheinen dann in immer größerem Maße von übernatürlich großen Dingen berichtende Texte unterschiedlicher Art.

Vermutlich sind die zu diesem Motivkreis gehörenden Erzählungen überall auf dem Erdball anzutreffen. Es handelt sich nicht immer unbedingt um die Variation derselben Themen, sondern um eine ähnliche Grundidee. Bei den für Nordamerika als typisch angesehenen Tall tales, bes. bei dem umfangreichen und lebendigen Zyklus um → Paul Bunyan, wurde z. B. erörtert, in welchem Maße diese Erzählungen in Amerika entstanden bzw. ob sie europ. Ursprungs seien[6].

Die Erzählungen von der u. G. können als einzelne kleine Geschichten erzählt werden, häufig jedoch werden sie zu langen Motivketten zusammengefügt. Die Motive können auch in Verbindung mit verschiedenen Erzählrahmen erscheinen, der verbreitetste ist vielleicht die → Lügenwette (AaTh 1920 u. a.), bei der zwei Personen versuchen, sich gegenseitig im Lügen zu übertreffen. Im Novellenmärchen → *Redekampf mit der Prinzessin* (AaTh 852), in dem der Held die Prinzessin dazu bringen muß, seine Erzählung als Lüge zu erkennen, werden ebenfalls Motive der u. G. verwendet[7]. Weiterhin ist der → *Raparius*-Schwank (AaTh 1689 A) zu erwähnen, dessen älteste Var.n aus dem 14. Jh. stammen[8].

Im folgenden werden die bei AaTh aufgeführten Subtypen AaTh 1960 A – Z behandelt; das Material der Subtypen ist, auch zahlen- und verbreitungsmäßig, sehr heterogen. Die Beispiele stammen, wenn nicht anders erwähnt, aus Slgen finn. Lügenerzählungen (hs. Slgen der finn. Lit.gesellschaft in Helsinki).

AaTh 1960 A: *The Great Ox* (Mot. B 871.1.1.1, X 1201, X 1224.1, X 1233.1.1, X 1235.1, X 1241.1, X 1244.3, X 1342.1)[9] befaßt sich mit allen Tieren außer den Fischen (AaTh 1960 B), Vögeln (AaTh 1960 J) und Insekten (AaTh 1960 M). Meistens sind Haustiere der Gegenstand der Übertreibung: → Ochse, → Kuh, → Pferd, Hammel, Schaf, → Schwein, → Hund, → Katze. Viel seltener wird von Waldtieren berichtet: → Fuchs, → Bär, → Hase, Wildschwein, Beutelratte. Manchmal ist auch ein von Natur kleines Tier ins Riesenhafte gewachsen: Frosch, → Schildkröte, Schlange.

Zu den am meisten verbreiteten Riesentieren gehört der Ochse. Um dessen G. zu demonstrieren, wird häufig berichtet, ein Vogel brauche einen Tag (eine Woche, ein Jahr), um vom einen Horn des Ochsen zum anderen zu fliegen, oder aus seinem Horn werde ein Mühltrichter gemacht, in den ein Faß Roggen paßt. – Das große Schwein wird ebenso wie viele andere Tiere z. B. dadurch beschrieben, daß es drei Tage lang hinter einer Ecke hervorkommt und seine Augen immer noch nicht sichtbar werden. – Hammel und Schaf haben einen Schwanz, der auf einer Schubkarre transportiert werden muß und einen Doppelzentner Wolle ergibt; ein auf den Rücken des Hammels fallender Mann ertrinkt in der Wolle.

Außer in Lügenmärchen sind Motive vom ungewöhnlich großen Tier auch in anderen Gattungen anzutreffen, z. B. in Mythen, die zumindest in einigen Fällen hinter den Beschreibungen der u. G. in den Lügenmärchen stehen können. So trifft man z. B. auf das in Finnland sehr verbreitete Motiv des großen Ochsen (Schweins) auch in alten → *Kalevala*-Liedern, zum einen von der Forschung als kosmogonischer Sternenmythos angesehen, zum anderen mit dem großen Stier des pers. Mithras-Mythos verglichen, wobei der Text als ritueller Teil des Ochsenopfers verstanden wird[10]. Von der großen Schlange wird eher in Glaubenssagen als in Lügenmärchen erzählt (Mot. B 875.1, X 1321.1, Simonsuuri R 101 – R 200).

Der große Fisch (AaTh 1960 B: *The Great Fish*; Mot. X 1301, B 874)[11] ist das verbreitetste Übertreibungsobjekt von Lügenmärchen. Allein in Finnland sind 340 Var.n verzeichnet, und es ist sicher, daß die Sammler sich bei weitem nicht immer der Mühe unterzogen haben, diese häufig erzählten Geschichten aufzuzeichnen. Die G. des Fisches schwankt gewaltig. Die Skala reicht vom gewöhnlichen Anglerlatein über Fische, die größer als normal sind, sich aber dennoch an der Grenze des Glaubhaften bewegen, bis hin zu ungeheuer riesenhaften Fischen, bei deren Beschreibung die Phantasie des Erzählers freien Lauf nimmt:

Ein Fisch hat sich dreimal um die Insel gewunden, und wenn man ihn an Land zieht, so sind am dritten Tag die Augen immer noch nicht sichtbar. Im Innern des Fisches findet man die Glocken von 17 Schafen. Das von ihm gewonnene Fleisch reicht für den Jahresbedarf eines Krankenhauses, und zum Einpökeln sind 300 Pfund Salz notwendig. Allein das Auge des Fisches wiegt fünf Pfund. Die Schuppen werden mit einem Pflug gepflügt, und aus ihnen wird das Dach eines Kuhstalls gemacht; aus den Gräten wird der Zaun des Feldes angefertigt und aus dem Schädel ein Saunaofen.

Nahezu jede beliebige Fischart kann Gegenstand solcher Erzählungen sein: Hecht, Kaulbarsch, Barsch, Aalraupe, Lachs, Aal oder sogar Wal (cf. auch AaTh 1889 G: *Man Swallowed by Fish*; → Jonas).

AaTh 1960 C: *The Great Catch of Fish* (Mot. X 1150.1) erscheint in relativ wenigen Typenkatalogen[12] und weicht von den anderen Subtypen insofern ab, als in ihm nicht die u. G., sondern die große Anzahl beschrieben wird (cf. auch AaTh 1920 B: *„I Have not Time to Lie"*):

Es werden so viele Fische gefangen, daß sie in Heuscheunen eingepökelt werden. Es gibt so viele Schuppen, daß man damit mehrere Dächer deckt. In einem See sind so viele Fische, daß man trockenen Fußes über ihn gelangt. Beim Angeln muß man den Wurm hinter einem Stein auf den Haken spießen, damit die Fische ihn nicht aus der Hand wegschnappen.

Einige Var.n beschreiben eher unterschiedliche Fangmethoden (cf. auch AaTh 1895: *A Man Wading in Water Catches Many Fish in his Boots*): Während der Frühjahrsflut steigen die Fische auf die nahegelegenen Felder und bleiben nach dem Rückgang des Wassers dort, weil der Zaun zu engmaschig ist.

Es ist jedoch sicher, daß über einen großen Fischfang öfter in übertreibender Weise erzählt wird, als es aus den Typenverzeichnissen ersichtlich ist. R. Andersen hat die Art und Weise untersucht, wie Trawlerfischer des Nordatlantik sich über Funk von ihrem Fang erzählen, und festgestellt, daß über den Fang niemals in seinem tatsächlichen Ausmaß berichtet wird, sondern das übertreibende Erlügen der Fangmenge zu einer regelrechten Institution geworden ist[13].

Zu den häufigsten Erzählgegenständen von AaTh 1960 D: *The Great Vegetable* (Mot. X 1401 – X 1455)[14] zählen Rübe und Kohl. Seltener kommen Kartoffel, Kohlrübe, → Kürbis, Melone, Gurke u. a. vor. Unter diesem Typ werden auch die mit → Tabak und Getreide zusammenhängenden Übertreibungen aufgeführt, obwohl sie teilweise eher AaTh 1960 G: *The Great Tree* zuzuordnen sind. Desgleichen gibt es Schilderungen des großen Pilzes, die den Beschreibungen des ungewöhnlich großen Kohlkopfs ähneln. Die Mehrzahl der Var.n tritt in Verbindung mit der Lügenwette (AaTh 1920 A: *„The Sea Burns"*, AaTh 1920 C: *The Master and the Peasant: the Great Ox*) auf, wobei die zweite Lüge immer den großen Kessel betrifft (AaTh 1960 F: *The Great Kettle*). Die Schilderung einer großen Rübe (von der ebenfalls der *Raparius*-Schwank erzählt) oder eines großen Kohlkopfes etc. kann auch isoliert oder mit anderen Motiven von AaTh 1960 kombiniert auftreten. Es finden sich u. a. folgende Übertreibungen:

Eine Rübe wächst so schnell und wird so groß, daß der Zaun dreimal in einem Sommer versetzt werden muß. Es dauert einen Tag, die Rübe zu umreiten. Eine Schwalbe fliegt sieben Tage um die Rübe. Ein Schwein frißt sich in die Rübe hinein, die wieder zuwächst: Zu Weihnachten zerteilt man die Rübe und findet das Schwein und sieben Ferkel. Aus dem Inneren einer Rübe erhält man sieben Fuhren Hasen. 15 Männer stemmen eine Rübe mit Hebeln aus der Erde, und sie wird mit zwei Pferden nach Hause gezogen. Aus der Schale der Rübe stellt man ein Boot her. – Unter den Blättern eines Kohlkopfes (unter einem Pilz) findet ein Regiment Soldaten Platz und exerziert dort oder schützt sich vor dem Regen. Aus einem Teil des Kohls wird eine Suppe für ein Bataillon gekocht, und auch danach paßt der Kohl noch nicht durch die Kanalschleuse. – Sechs Männer haben nach sechs Wochen die große Kartoffel erst halb ausgegraben. – Ein Roggenhalm ist so dick, daß ein Schwein hineinpaßt oder ein Mann sieben Stunden mit einem Pferdewagen hineinfährt und dann umkehrt. Auf einer Getreidestoppel können fünf Männer stehen. Ein Korn ist so groß, daß man beim Entzweisägen einen Eimer Sägemehl erhält. – Zum Ausästen des Tabaks werden neun aufeinandergestellte Leitern benötigt. Je zwei Männer hacken mit der Axt einen Tag lang an zwei Seiten des Tabakstengels; auf dem Stumpf streiten sie zwei Tage lang um den Tabak.

AaTh 1960 F: *The Great Kettle* (Mot. X 1030.1.1)[15] erscheint fast regelmäßig zusammen mit AaTh 1960 D und meistens in Verbindung mit einer Lügenwette vom Typ AaTh 1920 A. Die G. des Kessels wird fast immer mit den gleichen Beschreibungselementen geschildert: Bei der Herstellung des Kessels schmieden zehn (50, 100 etc.) Schmiede an ihm, und sie stehen so weit voneinander entfernt, daß keiner den Schmiedelärm der anderen hört.

Außerhalb der Aufschneiderei mit der großen Rübe und des Lügenwettstreits erscheint der große Kessel in den Schilderungen des großen Hofes (Mot. X 1031) oder als Ausrüstungsgegenstand des großen Schiffes (AaTh 1960 H: *The Great Ship*). Dabei wird z. B. erzählt, daß der Koch oder sogar das vom Sturm hin- und hergeworfene Schiff in den Breikessel gerät und untergemischt wird.

Unter AaTh 1960 E: *The Great Farmhouse* (Mot. X 1030 – X 1036)[16] sind sowohl Beschreibungen einzelner Gebäude als auch eines großen Bauernhofes und seiner Bewirtschaftung subsumiert. Von den Darstellungen der G. einzelner Gebäude (→ Haus, Kuhstall, Darre, Scheune, → Mühle, → Kirche etc.) sind bes. zwei verbreitet:

Ein Gebäude ist so hoch, daß, während eine Axt vom First auf den Boden fällt, eine Schwalbe ein Nest in das Auge der Axt gebaut, Eier gelegt und die Jungen ausgebrütet hat. – Ein Kuhstall ist so groß, daß die Kuh, die man vom anderen Ende des Stalls zum Ochsen gebracht hat, noch vor der Rückkehr an ihren Platz das Kalb zur Welt bringt. Dieses Motiv kann ähnlich auch auf eine Kirche bezogen werden: Die Kathedrale von Paris ist so groß, daß ein Täufling erst nach dem Empfang des ersten Abendmahls wieder herauskommt[17]. Die eigentlichen Wohnräume werden seltener beschrieben: Die Stube ist so groß, daß Vater und Mutter sich drei Jahre suchen. Wenn der Bauer morgens zum Kaffeetrinken geht, muß er unterwegs zweimal essen. In der Mitte der Stube sieht man die Wände nicht, sondern muß sich an den Dielenritzen orientieren.

Die Beschreibungen des großen Bauernhofes bestehen aus umfangreichen Aneinanderreihungen unterschiedlicher Motive und können entweder mit einem bestimmten, in der Gegend bekannten Gebäude in Verbindung gebracht werden oder mit irgendeinem entfernten exotischen Hof. Auf dem Hof ist alles groß: Gebäude, Tiere, Äcker, Ackerpflanzen, Fischfänge, Öfen, Gefäße und Kochgeräte, sogar die Pfeifen der alten Männer. Es kommen viele Menschen vor, und auch sie selbst können übernatürlich groß sein. Das Vieh gibt so viel Milch, daß sie aus dem Kuhstall mit einer Rinne in einen Milchsee geleitet wird, aus dem man in einem Boot rudernd die Sahne schöpft etc.[18].

In verschiedenen Typenverzeichnissen ist unter den Subtypen AaTh 1960 D und 1960 G: *The Big Tree* (Mot. F 54)[19] teilweise dasselbe Element angeführt. Große Rüben und Kartoffeln stehen immer unter AaTh 1960 D und die großen Bäume unter AaTh 1960 G, aber bei den anderen Pflanzen hat es eine Aufspaltung gegeben: Tabak und Hanf, Erbsen und Bohnen und lange und dicke Getreidehalme kann man unter beiden Typennummern antreffen.

In einigen Typenverzeichnissen sind unter AaTh 1960 G auch jene Motive vom großen Baum angeführt, die zu anderen Märchentypen als zu den Lügenmärchen gehören (Der himmelhohe → Baum). Lügenmärchentypen, in denen das Motiv des großen Baumes erscheint, sind z. B. AaTh 1920 C, 852, 1889 (cf. → Münchhausiaden). Bei ihnen handelt es sich im allg. um einen bis zum Himmel wachsenden Baum oder eine ebensolche Pflanze, an welcher der Erzähler in den Himmel klettert (cf. → Bohnenranke).

Isoliert oder mit der übrigen Motivik von AaTh 1960 verbunden wird z. B. von einer Eiche erzählt, auf deren Stumpf 80 Menschen Polka tanzen können, oder von einer Kiefer, auf deren Stumpf man eine Kirche errichtet. Eine große hohle Kiefer wird für eine Heuscheune gehalten, und unter ihren Wurzeln haben 300 Bären ihre Winterhöhle. Eine Landstraße führt durch die Kiefer. Ein Mann fährt mit einem Pferdewagen durch ein Loch hinein und irrt drei Tage lang darin umher. Wenn man einen langen Baum transportiert, kommt das Wurzelende zu Ostern vorüber und der Wipfel erst zum Dreikönigsfest.

Die zu AaTh 1960 H: *The Great Ship* (Mot. X 1061.1) gehörenden Geschichten sind ebenso wie die den großen Bauernhof betreffenden Erzählungen Verkettungen zahlreicher Motive[20].

Ein Schiff ist so lang, daß ein Zug drei Tage von einem Ende zum anderen unterwegs ist. Wenn man das Schiff auf der Ostsee wendet, fegt das Bugsegel alle Schafe von Schonen ins Meer. Um durch das Kattegatt zu kommen, werden die Seitenwände des Schiffes eingeseift. Wenn ein kleiner Schiffsjunge in den Mast steigt, so ist er bei der Rückkehr ein grauhaariger alter Mann.

Henningsen hat festgestellt, daß in den Lügenmärchen vom großen Schiff im Laufe der Zeit eine Modernisierung stattgefunden hat. Während in den älteren Var.n die Steuermänner reitend ihre Befehle austeilen, so tun sie dies in den jüngeren mit Hilfe des Flugzeugs oder des Hubschraubers, und der Koch rührt den Brei um, indem er mit dem Motorboot im Topf umherfährt (cf. → Modernismen, → Requisit)[21].

Nach Henningsen sind die episodenreichen Lügenmärchen vom großen Schiff und vom großen Bauernhof Variationen des gleichen Gedankens; die einen wurden von Seeleuten, die anderen von der bäuerlichen Bevölkerung erzählt[22].

AaTh 1960 J: *The Great Bird* (Mot. B 31.1)[23] erzählt meistens von einer an sich schon großen Vogelart: → Adler, Auerhahn, Habicht, → Kranich etc. Die G. des Vogels kann mit den gleichen Darstellungselementen geschildert werden wie die der Fische oder anderer Tiere:

Beim Vorübertragen ist zwei Tage nur der Hals sichtbar, am dritten Tag erst der Körper. Manchmal wird über den Vogel nur indirekt erzählt, indem die G. des Nestes oder der Gegenstände, die man darin findet, geschildert wird: Ein Nest ergibt drei Fuhren Reisig, man findet darin Schafsglocken, Pferdegeschirr etc. Wenn man ein Nest anzündet, versucht der Vogel es zu löschen, indem er Wasser in einem Boot herbeiträgt.

Im Zusammenhang mit dem großen Bauernhof wird manchmal auch von großem Federvieh erzählt: → Gans, → Ente, → Hahn[24]. Außer in den Lügenmärchen erscheint ein riesenhafter Vogel auch in Mythen, Sagen und Zaubermärchen (cf. → Phönix).

AaTh 1960 L: *The Great Egg* (Mot. X 1813)[25] findet sich oft bei den Schilderungen des großen Vogels, ist jedoch auch isoliert oder zusammen mit anderen Motiven anzutreffen (cf. → Ei, Kap. 5).

Bei AaTh 1960 K: *The Great Loaf of Bread* [...] (Mot. X 1811.1.1)[26] kann es sich um → Brot, Kuchen, Piroggen oder anderes Backwerk handeln. Auch große → Käselaibe sind unter diesem Subtyp verzeichnet. Die Schilderungen stehen oft in Zusammenhang mit der Beschreibung eines großen Hofes, wobei auch noch die Beschreibung eines großen Ofens hinzutreten kann.

Eine Pirogge ist so groß, daß für die Füllung sieben Säcke Rüben, das Fleisch zweier Schweine und für den Teig zwei Fässer Roggenmehl verwendet werden. Der Bauer steigt in die Pirogge und holt dort mit der Mistgabel für seine Familie Essen. 300 Menschen sterben an dem Dampf, der beim Öffnen einer Pirogge aufsteigt. Aus der Rinde der Pirogge wird ein Boot hergestellt.

Bei AaTh 1960 M: *The Great Insect* (Mot. X 1280–X 1299)[27] dürften → Biene und Mücke am verbreitetsten sein, aber auch andere Insekten sind anzutreffen, z. B. → Laus, Floh und → Heuschrecke. Die Läuse fressen drei junge Hunde. Eine Laus klettert in ein Bett, das Schienbein eines Schafes zwischen den Zähnen. Aus den Knochen einer Mücke macht man einen Zaun. Mücken befördern Menschen oder Tiere (AaTh 1960 M2: *Large Mosquitoes Carry off Men or Animals*). Bienen kämpfen mit einem Bären (AaTh 1960 M3: *Large Bumblebee*).

AaTh 1960 Z enthält weitere Darstellungen der u. G., die nicht zu den zuvor genannten Untertypen gehören[28].

[1] Henningsen, G.: Det store skib og den store gård (ATT 1960 H og E). In: Folkeminder 9 (1963) 196–213, hier 203; id.: The Art of Perpendicular Lying. In: JFI 2 (1965) 180–219, hier 197. – [2] Müller-Fraureuth, C.: Die dt. Lügendichtungen bis auf Münchhausen. Halle 1881 (Nachdr. Hildesheim 1965), 127; Ben-Amos, D.: Talmudic Tall Tales. In: Folklore Today. Festschr. R. M. Dorson. Bloom., Ind. 1976, 25–43, hier 26. – [3] Müller-Fraureuth (wie not. 2) 58; Pfister, F.: Von den Wundern des Morgenlandes. In: DJbfVk. 1, 1/2 (1955) 127–146. – [4] Ben-Amos (wie not. 2) 26, 30, 32. – [5] BP 2, 515. – [6] Thompson, Folktale, 215; Haney, G.: Paul Bunyan Twenty-five Years after. In: JAFL 55 (1942) 155–168; Welsch, R.: Tall-tale Postcards: A Pictorial History. South Brunswick 1976. – [7] Bødker, L.: Den lange løgn. In: DSt. (1954) 109–126. – [8] BP 3, 188–193. – [9] Ergänzend zu AaTh: Arājs/Medne; Baughman; Flowers; György; Hodne; Kecskeméti/Paunonen; van der Kooi; de Meyer, Conte; Ó Súilleabháin/Christiansen; Rausmaa; Robe; SUS; zur literar. Tradition cf. Äsop/Holbek 2, num. 136; Schwarzbaum, 202. – [10] Haavio, M.: Karjalan jumalat (Die Götter Kareliens). Porvoo 1959, 39–78; Finnish Folk Poetry. Epic. ed. M. Kuusi/K. Bosley/M. Branch. Hels. 1977, 268 sq., 547 sq.; Kuusi, M./Honko, L.: Sejd och saga. Angered 1983, 140–142. –
[11] Ergänzend zu AaTh: Arājs/Medne; Baughman; Flowers; Hodne; van der Kooi; de Meyer, Conte; Ó Súilleabháin/Christiansen; Rausmaa; SUS; Ting; Schwarzbaum, 197 sq.; Thomas, G.: The Tall Tale and Philippe d'Alcripe. St. John's 1977, num. 25. – [12] Cirese/Serafini; Hodne; van der Kooi; Ó Súilleabháin/Christiansen; Rausmaa. – [13] Andersen, R.: Those Fisherman Lies: Custom and Competition in North Atlantic Fisherman Communication. In: Ethnos 38 (1973) 153–164. – [14] Ergänzend zu AaTh: Arājs/Medne; Baughman; Cirese/Serafini; Coetzee; Eberhard/Boratav, num. 363; Flowers; Hodne; Kecskeméti/Paunonen; van der Kooi; de Meyer, Conte; Ó Súilleabháin/Christiansen; Rausmaa; Robe; SUS; Ting; Schwarzbaum, 198, 201. – [15] Ergänzend zu AaTh: Arājs/Medne; Baughman; Cirese/Serafini; Jason, Types; van der Kooi; de Meyer, Conte; Ó Súilleabháin/Christiansen; Rausmaa; Schwarzbaum, 197 sq., 201. – [16] Ergänzend zu AaTh: Arājs/Medne; Baughman; Hodne; Ikeda; de Meyer, Conte; Ó Súilleabháin/Christiansen; Rausmaa; SUS. – [17] Meyere, V. de: De vlaamsche vertelselschat 2. Antw./Santpoort 1927, num. 94. – [18] Haiding, K.: Lügengeschichten von obersteir. Bauernhöfen. In: Bll. für Heimatkunde 4 (1971) 1–10. – [19] Ergänzend zu AaTh: Arājs/Medne; Baughman; Cirese/Serafini; György; Hodne; Kecskeméti/Paunonen; van der Kooi; de Meyer, Conte; Ó

Súilleabháin/Christiansen; Rausmaa; SUS; Ting. — [20] Ergänzend zu AaTh: Baughman; Hodne; van der Kooi; Ó Súilleabháin/Christiansen; Rausmaa; Schwarzbaum, 201; Kristensen, E. T.: Molbo- og Aggerbohistorier 2. Århus 1903, num. 488—492 (und zahlreiche weitere Beispiele für u. G.). — [21] Henningsen 1963 (wie not. 1) 204 sq. — [22] ibid., 212. — [23] Ergänzend zu AaTh: Arājs/Medne; Baughman; Choi; Flowers; Ikeda; van der Kooi; Lőrincz; Ó Súilleabháin/Christiansen; Rausmaa; SUS; Ting; Schwarzbaum, 200 sq. — [24] z. B. Bødker (wie not. 7) 115. — [25] Ergänzend zu AaTh: Baughman; van der Kooi; de Meyer, Conte; SUS. — [26] Ergänzend zu AaTh: Hodne; Ó Súilleabháin/Christiansen; Rausmaa; Ting. — [27] Ergänzend zu AaTh: Arājs/Medne; Baughman; Hodne; Kecskeméti/Paunonen; Robe; SUS; Ting. — [28] Ergänzend zu AaTh: Arājs/Medne; Ó Súilleabháin/Christiansen; Rausmaa; Ting; Schwarzbaum, 198, 202; cf. Lőrincz 1960 N*, 1960 O*; cf. auch Hodne, 351; die Belege zu AaTh 1960 und AaTh 1960 Z werden in den Katalogen ohne Subtypen-Analyse angeführt, wahrscheinlich gehören die meisten der bei AaTh 1960 registrierten Var.n zu AaTh 1960 Z, cf. ergänzend zu AaTh 1960: Arājs/Medne; Cirese/Serafini; Lőrincz; de Meyer, Conte; Rausmaa; cf. Schwarzbaum, Fox Fables, 11 sq., 13, not. 12.

Helsinki Pirkko-Liisa Rausmaa

Großeltern spielen als Protagonisten in den Volkserzählungen des europ. Raumes nur eine marginale Rolle. Die → Familie des europ. Volksmärchens ist die Kleinfamilie mit → Kindern und Elterngeneration[1]. Auch in anderen Gattungen werden Großmutter (Gm.) und Großvater (Gv.) nur selten erwähnt, erfahren dann aber eine ähnlich ambivalente Behandlung wie die Eltern, vor allem die → Mutter. Versucht man die wenigen disparaten Belege zu systematisieren, so bilden sich zwei hauptsächliche Felder heraus: G. treten einerseits auf als → Helfer und Beschützer, können aber auch grausam sein (→ Grausamkeit) und Unheil bewirken (cf. → Schädigung).

Terminologisch ist festzuhalten, daß nicht alle → alten Leute G. sind, sondern dies erst durch ihre Beziehung zu den Enkeln werden, die meist unter Ausschluß der dazwischenliegenden Generation direkt zustande kommt. Die etwa im russ. Volksmärchen übliche Anrede ‚Großväterchen' ist liebevolle Ehrenbezeichnung, nicht Ausdruck einer konkreten verwandtschaftlichen Beziehung[2].

Die Gm. wird aus der psychol. Sicht der Jung-Schule als ‚große Mutter' und mütterliche Beschützerin verstanden (cf. Mot. N 825.3.3)[3]. In diesem Sinn kann z. B. in einem Eskimomärchen selbst noch der Totenkopf der verstorbenen Gm. helfen[4]; in einem Mythos der Maya hat die Gm. vor den Enkeln die Ballspielgeräte versteckt, welche den Tod des Vaters verursacht hatten[5]. In den Mythen der nordamerik. Indianer, die von S. → Thompson aufgrund seiner eigenen Studien[6] bei den entsprechenden Stichwörtern in Mot. bevorzugt und fast ausschließlich angeführt werden, findet sich öfter die Vorstellung, daß die Gm. anstelle der Mutter für das Waisenkind sorgt (Mot. L 111.4.1, P 292.1, S 351.1)[7]. Demgemäß ist auch der Held von Longfellows Versepos *The Song of Hiawatha* (1855) unter der Obhut seiner Gm. aufgewachsen. Vergleichbar hiermit wird der sehr selten erwähnte Gv. als Helfer angeführt, manchmal als → Schutzgeist[8], der die magische „Hilfe des Urahnen"[9] gewährt. Im europ. Volksmärchen ist die Vorstellung weit verbreitet, der Teufel lasse sich den Haushalt von seiner Gm. führen (Mot. G 303.11.4.2; → Teufelsmutter, Teufelsgroßmutter), die gelegentlich, wie in AaTh 461: *Drei → Haare vom Bart des Teufels* oder AaTh 812: *→ Rätsel des Teufels*, dem Helden bei der Bewältigung seiner unlösbaren → Aufgaben hilft[10].

Sicherlich am bekanntesten ist die Gm. in AaTh 333: → *Rotkäppchen*. Nach M. → Rumpf hat die Gm. dort meist eine eher neutrale Objektrolle[11], nur in einer von 33 untersuchten Var.n sind Gm. und Verschlinger (cf. AaTh 2027, 2027 A, 2028: → *Fressermärchen*) dieselbe Person[12]. Auch weitere Belege zur Gm. als grausamer Person erscheinen arbiträr, so eine wallon. Mythe, in der die Gm. als → Spinne ihre Enkel tötet[13], oder ein Südseemärchen, in dem die Gm. — die Schwiegermutter (→ Schwiegereltern) der Heldin — versucht, ihre Enkel zu fressen[14]. Ein grausamer und liebloser Gv. (Mot. S 42) ist u. a. aus einer türk. Var. zu AaTh 894: → *Geduldstein*[15] und einer engl. Fassung von AaTh 510 A: → *Cinderella*[16] bekannt.

Mangelnder Respekt vor dem Alter drückt sich in einer Reihe von Erzählungen aus, in denen G. als schwache und passive Mitglieder der Familie aufgrund ihres Alters, ihrer Gebrechlichkeit oder ihrer niedrigen sozialen Stellung schlecht behandelt werden. Hierzu zählt AaTh 980 A—B: → *Gv. und Enkel* ebenso wie ein in Pennsylvania aufgezeichneter dt. Schwank, in dem Eileschpijjel (→ Eulenspiegel) seine ärgerliche Gm. mit der Mistgabel ‚kitzelt'[17]. Auch ist die leichtfertige und eher beiläufige Tötung (cf. AaTh 981: → *Altentötung*) der Gm. in AaTh 1013: *Bathing or Warming Grandmother* (cf. → Wörtlich nehmen) oder AaTh 2037: *I Killed my Grandmother because she Refused to Cook a Hare* zu erwähnen. Hier wirkt die Gm. als Opfer ebenso zufällig, wie sie in einer Var. zu AaTh 237: → *Elster (Papagei) und Sau*, die lediglich in der Schwankliteratur des 17./18. Jh.s belegt ist, als Requisit auftaucht. Demgegenüber ist sie notwendiges Objekt in dem misogynen Witz vom → Koitus mit der eigenen Gm. (Mot. T 423, → Inzest)[18] wie auch im Schwank von der karbonierten Gm.[19]: Der Knecht flüchtet nach dem Tod der Gm. vom Hof, weil es zuvor nach dem Verrecken der Kuh acht Wochen lang Rindfleisch, nach dem des Schweines vier Wochen lang Schweinefleisch, nach dem der Ziege zwei Wochen lang Ziegenfleisch zu Mittag gegeben hatte.

Nach K. Horn mag ein Grund für das marginale Auftreten der G. in Erzählungen darin zu suchen sein, daß ihre eigentliche Funktion die der → Erzähler (cf. → Familientradition) ist[20]. Auch K. → Ranke hat betont, daß „das Traditionsverhältnis zwischen Großeltern und Enkeln das natürlichere als das zwischen Eltern und Kindern ist"[21]. So hören Kinder auch heute noch Geschichten von ihren G., und oft beginnen Märchenaufzeichnungen mit einführenden Worten wie „die alte Großmutter hat die Geschichte erzählt und was die erzählte, das war wahr"[22] oder „mien Grootvader, van den ick se hew [...]"[23], mit denen die → Authentizität der Erzählung gleichsam bekräftigt wird.

[1] cf. HDM 2, 49sq., 671sq.; EM 4,815; cf. auch die in HDA 3, 1175—1178 genannten Sagenbelege. — [2] z. B. Löwis of Menar, A. von: Russ. Volksmärchen. MdW 1921, num. 22; cf. auch Stroebe, K.: Nord. Volksmärchen 1. MdW 1922, num. 20; Jungbauer, G.: Märchen aus Turkestan und Tibet. MdW 1923, num. 7; Koch-Grünberg, T.: Indianermärchen aus Südamerika. MdW 1921, num. 48. — [3] cf. von Beit 1, 132 und pass. — [4] Rasmussen, K.: Die Gabe des Adlers. Ffm. 1937, 192. — [5] Krickeberg, W.: Märchen der Azteken und Inkaperuaner, Maya und Muisca. MdW 1928, num. 20. — [6] Thompson, S.: European Tales among the North American Indians. Colorado Springs 1919; id.: Tales of the North American Indians. Bloom. 1929. — [7] cf. auch Wilbert, J./Simoneau, K. (edd.): Folk Literature of the Gê Indians 1—2. L. A. 1978—84; iid. (edd.): Folk Literature of the Bororo Indians. L. A. 1983; iid. (edd.): Folk Literature of the Tehuelche Indians. L. A. 1984 (jeweils Reg. s. v. Grandfather, Grandmother, Grandparents). — [8] cf. van Deursen, A.: Der Heilbringer. Groningen/Den Haag/Batavia 1931, 82sq. — [9] von Beit 1, 422. — [10] cf. auch Grimm, Mythologie 2, 841 und 3, 297. —
[11] Rumpf, M.: Rotkäppchen. Diss. (masch.) Göttingen 1952, 40sq. — [12] Bacher, J.: Die dt. Sprachinsel Lusern. Lusern 1905, 109. — [13] Sébillot, P.: Le Folklore de France 3. P. 1906, 331. — [14] Hambruch, P.: Südseemärchen. MdW 1979, num. 12, cf. num. 35. — [15] Eberhard/Boratav, num. 154 III. — [16] Ehrentreich, A.: Engl. Volksmärchen. MdW 1938, 79. — [17] Brendle, T. R./Troxell, W. S.: Pennsylvania German Folk Tales [...]. Norristown, Pa 1944, 171. — [18] cf. Marzolph, U.: Philogelos arabikos. In: Der Islam 64 (1987) 185—230, hier 205sq. — [19] Ranke, K.: European Anecdotes and Jests. Kop. 1972, num. 53; cf. id.: Zum Motiv „Accidental Cannibalism" [1973]. In: id.: Die Welt der Einfachen Formen. B./N. Y. 1978, 286—290, hier 290; Hetmann, F.: Märchen aus Wales. MdW 1982, num. 53. — [20] cf. EM 4, 825. —
[21] Nachwort zu Wisser, W.: Plattdt. Volksmärchen. MdW 1982, 294. — [22] Ey, A.: Harzmärchenbuch. Stade 1862 (Nachdr. Hildesheim/N. Y. 1971), 176. — [23] KHM 2. ed. H. Rölleke. Stg. 1980, 376.

Binghamton Elizabeth Tucker

Größenwahn → Hybris

Großrussen → Russen

Großvater und Enkel (AaTh 980 A—B). Die Geschichte von den gegenüber ihrem altgewordenen Vater (→ Alte Leute) undankbaren Kindern (→ Dankbarkeit und Undankbarkeit; AaTh 980, 980 C—D: *Der undankbare → Sohn*), die durch das spiegelbildliche Verhalten des eigenen Söhnleins zum Nachdenken und zur Änderung ihres Verhaltens gebracht werden, wurde weltweit in der — seit 1812 im wesentlichen unveränderten[1] — Gestalt von KHM 78 (*Der alte Großvater und der Enkel*) bekannt.

Als Sohn und Schwiegertochter den Vater vom Tisch verbannt und ihm ein hölzernes Tröglein als

Eßgeschirr zugemutet haben, beginnt der vierjährige Enkel einen ebensolchen Eßnapf für seine dereinst alt werdenden Eltern zu bauen. Um der späteren Analogie ihrer pietätlosen Handlungsweise zu entgehen, integrieren Mann und Frau den alten Vater wieder in die familiäre Tischgemeinschaft.

Es handelt sich – wie bei der überwiegenden Zahl der KHM-Texte – nicht um ein Märchen im gattungsspezifischen Sinn[2], sondern eher um eine Parabel mit eindeutig didaktischen Intentionen[3]. Zwar finden sich einige Stilzüge des Märchens, aber die entscheidenderen Gattungsmerkmale fehlen[4]: Es begegnet weder Wunderbares noch ein Wunderwesen; die eigentlichen Handlungsträger (die Grimmsche Überschrift täuscht in dieser Hinsicht[5]) sind erwachsene, alltäglich-bürgerlich agierende Menschen; die Requisiten Tisch, Eßgeschirr und Ofen in der Ecke bewirken den Eindruck eines unmärchenhaften, realistisch-kleinbürgerlichen Milieus. Auch die Wandlung der Hauptfiguren durch Einsicht wirkt wenig märchengerecht.

Die Brüder → Grimm haben die Geschichte – kaum verändert nach der Fassung in Johann Heinrich → Jung-Stillings Lebensbeschreibung von 1778[6] – dennoch in die KHM aufgenommen, u. a. weil ihnen einige ältere Parallelfassungen bekannt waren und weil sie ihnen in der mündl. Tradition in Hessen begegnet war[7].

Tatsächlich ist die Parabel über ein bereits im 4. Gebot des A. T.s und im röm. Begriff der pietas angesprochenes Grundproblem familiären Zusammenlebens schon ungewöhnlich früh, gut und internat. reich belegt. Dabei ist zwischen den sog. Schüssel- (AaTh 980 B), Tuch- (AaTh 980 A) und Karrenvarianten (z. T. unter AaTh 980 subsumiert) zu unterscheiden. Letztere erzählen – gelegentlich in Verbindung mit dem Thema AaTh 981: → *Altentötung* – vom Abtransport des altgewordenen Vaters (meist in die Wildnis oder in einen Abgrund) mittels eines Karrens, Schlittens oder Korbes; der Enkel hebt das Gerät für seine Eltern auf und bringt sie zur Einsicht. Diese Version scheint altjidd. Ursprungs zu sein, begegnet allerdings nicht in der germ. Überlieferung[8].

Die Tuchvarianten führen eine Kotze (Umhang), einen Rock, eine (Pferde-)Decke oder eben ein beliebiges Tuch als Requisit der Analogisierung ein, das der Enkel dem Großvater nur halb überläßt, um die zweite Hälfte für seine Eltern aufzubewahren. Diese Version ist seit dem 13. Jh. belegt, und zwar überaus häufig als mittellat. Predigtmärlein, zuerst bei → Jacques de Vitry und → Caesarius von Heisterbach (beide vor 1240), in den mhd. Verserzählungen *Kotzenmære* (vor 1300) und *Die halbe Decke* (von Heinrich Kaufringer um 1400), sodann in Johannes → Paulis *Schimpf und Ernst* (1522), in drei Reimdichtungen des Hans → Sachs (1543, 1549, 1577), einem Meisterlied Jörg Brentels (1547)[9], einer moralisierenden Erzählung von Wolfgang Ketzel (1617; O. → Melander)[10] bis hin zur Kalendergeschichte Johann Peter → Hebels von 1804. Die Umdichtung Clemens → Brentanos in *Des Knaben Wunderhorn* (1808; t. 2, 269) basiert auf einem anonymen Meisterlied (um 1530)[11].

Die Schüsselvariante ist erstmals bei Bernhardin von Siena (*Opera* 4, 56; kurz vor 1444) als kleines lat. Predigtmärlein nachweisbar. Nicolaus Florus veröffentlichte 1579 die erste dt.sprachige Fassung (angeblich nach einer Familientradition im Elsaß)[12]. Johannes → Mathesius bot 1586 beide Var.n unmittelbar nacheinander[13], ehe der elsäss. Satiriker Johann Michael → Moscherosch AaTh 980 C nach Aristoteles (*Nikomachische Ethik* 7, 7, 1149^b) mit der Schüsselvariante zu einer moralisierenden Ballade u. d. T. *Kinderspiegel* kontaminierte[14]. Die Ballade ist zweifellos Quelle eines 1817 aufgezeichneten ‚Volksliedes', das bis zur Entdeckung dieser Zusammenhänge (1973) stets als Kronzeuge für volksläufige Belege innerhalb der sonst literar. bestimmten Tradition angeführt wurde[15]. Auch Jung-Stillings Prosafassung ist dem Moscherosch-Text bis in die Wortwahl direkt oder indirekt (Überlieferung im Elsaß)[16] engstens verpflichtet[17]. „Differenzierte Motivgliederungen", die L. → Röhrich zur Erhellung der literar. Traditionsströmungen und als Beweis „für eine eigenständige volkstümliche Überlieferung" fordert[18], können also nur die Priorität literar. Fassungen verdeutlichen.

Die Belege der Tuch- und Schüsselvarianten stammen mit wenigen Ausnahmen aus Europa und zeigen im Unterschied zur Karrenvariante keine geschlossenen Verbreitungsgebiete auf[19]. Mündl. Nachweise zur Schüsselvariante sind aus den dt. Sprachgebieten kaum bekannt; die von Röhrich veröff. Fassung aus der Steiermark[20] basiert ebenso wie einige der internat. Schüsselvarianten[21] auf KHM 78.

Die überaus reiche Verbreitung der Geschichte (ganz überwiegend in der Form der Tuchvariante) erweist, daß das Generationsproblem der Menschheit überall und zu jeder Zeit auf den Nägeln brannte. Die stets eindeutig didaktische Intention führte zur Ausbildung und Tradierung von Parabeln, Exempeln sowie Predigtmärlein, nicht jedoch zu märchenhaften Ausformungen und damit auch nicht zu einer nennenswerten eigenständigen mündl. Überlieferung.

[1] Ein Vergleich aller KHM-Fassungen bei Rölleke, H.: Der alte Großvater und der Enkel. In: Imprimatur N.F. 12 (1987) 185–191. – [2] Schon Büsching 1813 (v. Lit.) 81 monierte die Aufnahme in die KHM: „Erzählung, von der man nicht recht begreift, wie sie an diesem Ort vorkommen kann". – [3] cf. Erläuterung der Grimms: „der zarten Kindheit vor allen nahliegend und eindringlich", zitiert nach KHM 1–2. Vergrößerter Nachdr. der zweibändigen Erstausg. von 1812 und 1815. ed. H. Rölleke. Göttingen 1986, t. 2, XXXXIV. – [4] cf. Bergel: G. und E. In: HDM 2, 671–673. – [5] cf. die treffendere Überschrift zum thematisch verwandten KHM 145: „Der undankbare Sohn". – [6] Henrich Stillings Jünglings-Jahre. B./Lpz. 1778, 8 sq. (Nachdr. in: Der christl. Hausfreund 3 [1803]), eingeführt als Augenzeugenbericht aus Hilchenbach im Kreis Siegen. Daraus muß nicht auf mündl. Tradition im Siegerland geschlossen werden, sondern es ist eher mit einer Reminiszenz an Jung-Stillings Straßburger Studienzeit (seit 1772) zu rechnen, cf. Rölleke, H.: Die Volksballade von der Wiedervergeltung (DVLdr Nr. 123) bei Hans Michael Moscherosch. In: Jb. für Volksliedforschung 18 (1973) 71–76; Stützel, I.: Jung-Stilling und die Vk. Diss. (masch.) Tübingen 1952, 151 sq. – [7] KHM (wie not. 3) t. 1, LI („wie wir es gleichfalls oft gehört"). – [8] cf. Schwarzbaum, 254 sq.; Ambainis, O.: Lett. Volksmärchen. B. 1979, 292–294; Arājs/Medne 980; Afanas'ev, num. 449; Schmidt, B.: Griech. Märchen, Sagen und Volkslieder. Lpz. 1877, 26; Lajpanov, Ch.: Karačaevskie i balkarskie narodnye skazki. Frunse 1957, 58; Zaborowski, H.-J.: Märchen aus Korea. MdW 1975, num. 73; Zŏng In-Sŏb: Folk Tales from Korea. N.Y./L. 1952, 186 sq.; cf. Li, D./Tao, X.: Yizu minjian gushi xuan (Auswahl der Folklore des Yi-Volkes). Shanghai 1982, 346 (ohne Enkel), cf. auch Ting 980 A; Seki, num. 330; Ikeda 980 A; die jüngere hebr. Überlieferung hat auch die Tuchvariante, cf. Gaster, M.: The Exempla of the Rabbis 1. L./Lpz. 1924, 171, num. 437. – [9] Genauere Nachweise und zahlreiche Textauszüge cf. GA 2, LV–LVIII, 387–399; t. 3, 729–736, 798; BP 2, 135–140; Röhrich, Erzählungen 1, 93–113, 262–267. – [10] EM-Archiv: Melander/Ketzel, Joco-Seria 2 (1617), 80. –
[11] Röhrich, Erzählungen 1, 266 sq.; weitere Beispiele aus der neueren Kunstdichtung: C. F. D. Schubarts Ballade „Fluch des Vatermörders" (1783; Gedichte. ed. U. Karthaus. Stg. 1978, 52–57), E. T. A. Hoffmanns „Kater Murr" (Buch 2, Kap. 4; Werke 9. ed. G. Ellinger. B./Lpz. [[2]1927], 309), K. J. Clements „Der Lappenkorb" (Lpz. 1846, 196–206; nach westfries. Überlieferung), die Dramatisierung durch den span. Dichter J. Benavente (cf. Corona 1 [1930] 131) oder die griech. Versdichtung (nach KHM 78) von A. Martzokis (cf. Mygdalis, L.: Die Brüder Grimm in Griechenland. In: Denecke, L. [ed.]: Brüder Grimm Gedenken 3. Marburg 1981, 391–421, hier 396). – [12] Florus, N.: Kurtze vnd einfeltige erinnerung, vom Ampt der Kinder gegen jhren Eltern [...]. Straßburg 1579, Bl. 21ᵛ sq. – [13] Abdruck bei Brückner, 741 sq. – [14] Moscherosch, J. M.: Insomnis cura parentum. Straßburg 1643. – [15] Rölleke (wie not. 6). – [16] cf. not. 6. – [17] Röhrich, Erzählungen 1, 266 sq.; cf. ferner Rölleke, H.: Das Exempel vom undankbaren Sohn (KHM 78/AT 980 B) in einer Fassung Moscheroschs von 1643. In: Fabula 4 (1973) 237–242 (Nachdr. in id.: „Wo das Wünschen noch geholfen hat". Bonn 1985, 184–190). – [18] Röhrich, Erzählungen 1, 266; cf. Scheiber, A.: Alte Geschichten in neuem Gewande. In: Fabula 12 (1971) 248–256, hier 252 sq. (Bearb. L. Tolstojs). – [19] Ergänzend zu AaTh und den bereits genannten Var.n: zu: AaTh 980 A: Ó Súilleabháin/Christiansen; van der Kooi; de Meyer, Conte; Cirese/Serafini; Jason; Jason, Types; Robe; Tubach, num. 2001 (hier als AaTh 980 B); zu AaTh 980 B: Kecskeméti/Paunonen; van der Kooi; de Meyer, Conte; MNK; Cirese/Serafini, app.; Jason, Types; nicht eindeutig zuzuordnen: Krzyżanowski, num. 943; SUS 980 A; Jason 980; weitere Belege zur Tuch- und Schüsselvar. im EM-Archiv. – [20] Röhrich, Erzählungen 1, 111 sq. – [21] z. B. Mägiste, J.: Woten erzählen. Hels. 1959, num. 122; Amades, num. 2145.

Lit.: Büsching, J. G.: Versuch der Erklärung einer an mehreren Orten Deutschlands zu findenden Alterthümlichkeit. In: Dt. Museum 4 (1813) 77–83. – Grimm, J.: Von der Poesie im Recht. In: id.: Kl.re Schr. 6. B. 1882, 152–191, hier 190, not. 1. – Hamann, H.: Die literar. Vorlagen der KHM und ihre Bearb. durch die Brüder Grimm. B. 1906, 30 sq. – BP 2, 135–140 und 4, 172. – Pauli/Bolte 2, 359 sq. – Wesselski, Theorie, 93, 99. – Moser-Rath, Predigtmärlein, 122 sq., 439 sq. – Rehermann, 145, 264. – Rölleke, H. (ed.): Des Knaben Wunderhorn (Clemens Brentanos sämtliche Werke und Briefe 9, 2). Stg. 1977, 446–451.

Wuppertal Heinz Rölleke

Grudde, Hertha, * Tengutten (Kreis Allenstein) 4. 12. 1885, † Neutief (Kreis Fischhausen) 25. 2. 1945, ostpreuß. Sammlerin. G. begann bereits 1907, bei den Landarbeiterinnen und Tagelöhnern des Gutsbesitzes in Beisleiden (Kreis Preuß. Eylau), den ihr Mann verwaltete, volkstümliche Überlieferungen zu sammeln. Für E. Roeses Buch *Lebende Spinnstubenlieder* (B. 1911) lieferte sie das wichtigste Material. Umfangreiche Materialsammlungen schickte sie auch an das *Preuß. Wb.* und ab 1925 an das Inst. für Heimatforschung in Königsberg.

Die von ihr in den Jahren 1926/27 gesammelten mundartlichen Erzählungen erschienen u. d. T. *Plattdt. Volksmärchen aus Ostpreußen* (Königsberg 1931). Diese Slg erregte in Fachkreisen erhebliches Aufsehen, einmal durch die → Dialektform, zum anderen durch eingestreute hochdt. und ndd., während des Vortrags gesungene Liedverse, die bisher in diesem Raum unbekannt waren. Ebenso nahmen die aufgezeichneten Texte und Lieder wegen des mythischen Grundtons, vieler sagenhafter Elemente und einer starken Realitätsbezogenheit eine Sonderstellung ein. So wurde die → Authentizität der Slg, mit deren Material sich mehrere Aufsätze und Diss.en (u. a. Brachetti 1935; Sauer 1936; Sareyko 1954) beschäftigten, früh in Zweifel gezogen: G. → Henßen konnte bei einer Nachuntersuchung 1937 in Beisleiden feststellen, daß ein Großteil der in Stoffwahl und Präsentation nicht traditionellen Texte und fast alle Liedverse als Individualleistung eines erzählbegabten und musizierenden Landarbeiters zu werten sind, der die Erzählungen an seine weiblichen Familienmitglieder weitergab, die diese dann der Sammlerin vortrugen (cf. Henßen 1952, 16—20).

G. veröffentlichte später hochdt. Übers.en ihrer Texte in den Bänden *Ostpreuß. Märchen und Geschichten* (Königsberg [1932]), *Alte Märchen und Geschichten aus der Spinnstube* (Königsberg [1934]) und *Vom Bernstein und andere alte Märchen und Geschichten aus der Spinnstube* (Königsberg [1935]).

G. schrieb die von ihr gesammelten Texte nach Diktat nieder. In der ersten Zeit notierte sie die mundartlichen Erzählungen in hochdt. wörtlicher Übers. Später bediente sie sich einer selbsterfundenen Kurzschrift für das Plattdeutsche, die sie am Abend in Vollform umwandelte. Über ihre Methoden und das Zustandekommen der Slgen berichtete sie in ihren zwei kleinen Schriften *Wie ich meine „Plattdt. Volksmärchen aus Ostpreußen" aufschrieb* ([FFC 102]. Hels. 1932) und *Ein Leben für die Heimat* (Königsberg 1938).

Lit.: Brachetti, A.: Studien zur Lebensform des dt. Volksmärchens. (Diss. Ffm. 1934) Bühl 1935. — Sauer, H.: Die Schuldvorstellungen in ostpreuß. und westfäl. Volkserzählungen der Gegenwart. (Diss. B.) B. 1936. — Henßen, G.: Slg und Auswertung volkstümlichen Erzählgutes. In: HessBllfVk. 43 (1952) 5—29, bes. 10—28. — Sareyko, H. U.: Das Weltbild eines ostpreuß. Volkserzählers. Abhdlg zur Slg von H. G. Diss. (masch.) Marburg 1954. — Riemann, E.: G., H. In: Altpreuß. Biogr. 3. Marburg 1975, 933.

Kiel Ulrich Tolksdorf

Grundform ist ein in der volkskundlichen Erzählforschung zwar relativ häufig verwendeter, jedoch nicht eindeutig definierter Begriff. K. → Krohn versteht unter G. die mit Hilfe der → geogr.-hist. Methode zu rekonstruierende ursprüngliche Form einer Überlieferung; von dieser organisch einheitlichen G., die keine abstrakte schematische Formel, sondern ein alle zugehörigen Einzelzüge enthaltendes Gebilde darstelle, seien die Var.n einer internat. Überlieferung ausgegangen, sie bestehe trotz aller zeitlichen und örtlichen Variationen fort[1]. Während A. → Aarne eine solche, durch zugweise vergleichende Untersuchung aller vorliegenden Var.n erschlossene Form als → Urform bezeichnet hatte[2], machte Krohn auf die zeitliche wie räumliche Relativität der aus → Normalformen abgeleiteten G. aufmerksam und betonte, mit der Feststellung einer nordeurop. oder allg.europ. G. sei die Urform, wenn ihr Ausgangsland außerhalb Europas liege, noch nicht erreicht[3].

A. → Wesselski weist in einer kritischen Auseinandersetzung mit der Finn. Schule auf die uneinheitliche Verwendung der Begriffe G. und Urform bei Aarne und Krohn hin[4], die sich auch in späteren Arbeiten zu diesem Forschungsgegenstand fortsetzt:

Während z. B. W. → Anderson in seiner Darstellung der geogr.-hist. Methode ganz auf den Terminus G. verzichtet[5], verwendet K. → Ranke ihn synonym mit Urform[6], und M. → Lüthi beschreibt die Arbeit der finn.-skand.-amerik. Schule als Versuch, „zu einer Urform (Archetyp) oder wenigstens einer Grundform durchzustoßen“[7] (cf. auch → Archetypus). Er wertet die „freilich vorsichtig als Hypothesen aufzufassenden Konstruktionen von Grundformen [als] eine wichtige Grundlage für die Klärung wesentlicher Fragen der Märchenforschung, auch der psychologischen und der literaturwissenschaftlichen“[8].

Häufig steht G. als Oberbegriff für verschiedene Erzählungsgattungen[9]: Für W. A. → Berendsohn stellen Märchen, Schwänke und Sagen unvergängliche Lösungen immer wiederkehrender künstlerischer Aufgaben dar, seien somit volkstümliche G.en, entstanden vor aller Lit.[10] G.en seien „wirkliche, altüberlieferte Gattungen, die im Volksmund leben“[11]. Damit wendet sich Berendsohn gegen A. → Jolles, dessen Begriff der → Einfachen Form(en) sich auf die „hervorzubringende Gestalt“[12] poetischer Produkte bezieht, die ihrerseits Ausdruck bestimmter „Geistesbeschäftigungen“ – Grundbedürfnisse und -möglichkeiten des menschlichen Geistes – seien[13]. Auch Lüthi betrachtet die G.en als „Grundmöglichkeiten der Erzählung“[14]; wie Jolles, dessen Einfache Formen er als G.en bezeichnet[15], verwendet er den Begriff für die Form, nach der eine Erzählung hinstrebe[16], und hält so dem Konzept der Urform die Idee der → Zielform entgegen[17].

Zusammenfassend lassen sich drei Deutungen des Begriffs feststellen: G. hist. interpretiert als Urform (oder deren Vorstufe), morphologisch als Zielform und phänomenologisch als Grundmöglichkeit der „geistigen Bewältigung des Daseins“[18].

[1] Krohn, K.: Die folkloristische Arbeitsmethode. Oslo 1926, 111–117, bes. 111, 114. – [2] Aarne, A.: Leitfaden der vergleichenden Märchenforschung (FFC 13). Hamina 1913, 39–56, hier 48; cf. auch die Unterscheidung von G.en und von durch Transformationen entstandenen abgeleiteten Formen eines Märchenelements bei Propp, V.: Transformationen von Zaubermärchen. In: Propp, 155–180. – [3] Krohn (wie not. 1) 116. – [4] Wesselski, Theorie, 157 sq. – [5] Anderson, W.: Geogr.-hist. Methode. In: HDM 2, 508–522. – [6] EM 1, 749. – [7] Lüthi, Europ. Volksmärchen, 112. – [8] Lüthi, Märchen, 77 sq. – [9] Die Anzahl der als G.en angesehenen Gattungen variiert, cf. hierzu z. B. Čistov, K. V.: Das Problem der Kategorien mündl. Prosa nichtmärchenhaften Charakters. In: Fabula 9 (1967) 27–40, bes. 28 sq.; Bausinger, H.: Einfache Form(en). In: EM 3, 1211–1226, hier 1218–1222; Berendsohn, W. A.: Einfache Formen. In: HDM 1, 484–498, hier 496; cf. auch Ranke, K.: Kategorienprobleme der Volksprosa. In: Fabula 9 (1967) 4–12; cf. auch Honko, L.: Gattungsprobleme. In: EM 5 (1987) 744–769, hier 756–758. – [10] Berendsohn, W. A.: G.en volkstümlicher Erzählerkunst in den Kinder- und Hausmärchen der Brüder Grimm. Hbg 1921 (Wiesbaden [2]1968), 38, 130 und pass. – [11] id. (wie not. 9) 495. – [12] Jolles, 6. – [13] Jolles, pass.; Lüthi, Märchen, 14 sq.; cf. Bausinger (wie not. 9). – [14] Lüthi, M.: Volksmärchen und Volkssage. Zwei G.en erzählender Dichtung. Bern/Mü. 1961, 7. – [15] Lüthi, Märchen, 14. – [16] Lüthi, Europ. Volksmärchen, 94, cf. auch 6 sq. – [17] id.: Urform und Zielform im Märchen. In: Fabula 9 (1967) 41–54, bes. 41, 54. – [18] id. (wie not. 14) 117.

Göttingen Ingrid Tomkowiak

Grundtvig, Svend Hersleb, * Kopenhagen 9. 9. 1824, † ebenda 14. 7. 1883, dän. Erzähl- und Balladenforscher, Philologe, Initiator systematischen Sammelns und Herausgeber von dän. Volksüberlieferungen. G., Sohn des Theologen, Philologen und Volkserziehers Nikolai Frederik Severin G., wurde zu Hause unterrichtet, z. T. von seinem Vater selbst. 1846 legte er die Zulassungsprüfung zur Univ. ab. Während des dt.-dän. Krieges (1848–50) diente er als Freiwilliger in der dän. Armee, zuletzt als Leutnant. Sein Studium der Nord. Philologie an der Univ. Kopenhagen schloß er 1860 mit dem Magister ab, seit 1863 lehrte er als Dozent, seit 1869 als Professor für Nord. Philologie. 1868 wurde er Mitglied der Kongelige danske Videnskabernes Selskab (Kgl. Dän. Ges. der Wiss.en), 1877 verlieh ihm die Univ. Uppsala die Ehrendoktorwürde.

G. betrachtete Folklore als einen wesentlichen Bestandteil der Philologie, von ihm definiert als eine Wiss., die das geistige Leben eines Volkes in allen seinen Äußerungen zum Gegenstand hat[1]. Die Impulse, die G. zum Sammeln volkstümlicher Überlieferungen gab, sind in Zusammenhang mit den national-romantischen Bestrebungen seiner Zeit, in der Nachfolge Johann Gottfried → Herders und der Brüder → Grimm, zu sehen. Durch sein Engagement in der zeitgenössischen Diskussion gewann G. starken Einfluß auf Sozialreformer, Dichter und Intellektuelle, die sich mit der dän. Kulturgeschichte beschäftigten, und weckte ein breites nationales Interesse an dän. Volksdichtung.

1838 erwarb G.s Vater – ein Pionier auf dem Gebiet der frühen skand. und der ags. Lit., der → Saxo Grammaticus, Snorri Sturluson (→ *Edda*) und den → *Beowulf* übersetzt hatte – ein dän. Balladen-Ms. von 1656 (G.s kvart). Die Unters. der Hs. sowie veröff. Ausg.n überzeugte G. von der Notwendigkeit einer wiss. Edition von Balladen-Hss. Dieses Projekt wurde von G. mit der Publikation von Übers.en engl. und schott. Balladen begonnen (*Engelske og skotske Folkeviser, med oplysende Anmærkninger fordanskede* [Kop. 1842–46]). Zusammen mit seinem Vater besuchte er 1843 Archive und Bibliotheken in England und Schottland; diese Reise wurde prägend für seine späteren Balladenuntersuchungen. Im selben Jahr richtete G. zusammen mit C. S. Ley im *Dansk Folkeblad* (8.12.1843) einen Aufruf an alle Dänen, heroische Balladen und ihre Melodien zu sammeln (*Om Kæmpeviserne, til danske Mænd og Qvinder*). Während dieser erste Appell kaum Aufmerksamkeit erregte, hatte ein nochmaliger Aufruf in *Danebrog* (Feb. 1845) größeren Erfolg.

1846 wurde G. von der Samfundet til den danske Litteraturs Fremme (Ges. zur Förderung der dän. Lit.) zur Vorlage eines Plans für eine wiss. Edition dän. Balladen aufgefordert. G.s Vorschlag, *Plan til en ny Udgave af Danmarks gamle Folkeviser* (Kop. Febr. 1847), rief eine lebhafte Auseinandersetzung zwischen ihm und dem Lit.kritiker und Märchensammler C. Molbech vor allem um die Frage hervor, ob eine wiss. Ausg. alle Balladenvarianten enthalten solle. G.s dementsprechende Konzeption konnte sich durchsetzen. Im Dez. desselben Jahres erschien sein Plan als zweiter Entwurf zusammen mit einem kommentierten Musterbeispiel u. d. T. *Prøve paa en ny Udgave af Danmarks gamle Folkeviser* (Kop. 1847). In der Zeit zwischen den beiden Kriegen mit Deutschland (1848–50, 1864) edierte G. die dän. Balladen in der Reihe *Danmarks gamle Folkeviser* ([DgF] 1: *Kæmpeviser*. Kop. 1853; 2. *Naturmytiske viser. Legendeviser*. Kop. 1856; 3. *Historiske viser*. Kop. 1862). Später betreute er noch die Ausg. der höfischen Balladen (*Ridderviser* [DgF 4–5, 1]. Kop. 1883, 1877/78). A. → Olrik, H. Grüner Nielsen und K.-I. Hildeman setzten G.s Editionsarbeit fort; die DgF wurden 1976 von Balladenforschern der Dansk Folkemindesamling (Dän. Volksüberlieferungssammlung) abgeschlossen[2].

G.s umfangreiche Anmerkungen zu den einzelnen Balladen in den DgF, sein nachdrückliches Bestehen auf Vollständigkeit und Genauigkeit bei der Textedition[3] und seine Klassifikation von Balladentexten legten den Grundstein zur Erforschung der dän. Folklore. G. sah in Balladen, wie überhaupt in allen traditionellen Erzähl- und Dichtungsformen, lebende Organismen, die Variabilität und Stabilität innerhalb eines gegebenen Milieus zum Ausdruck brächten. Er dokumentierte, ordnete und klassifizierte nicht nur vollständige dän. Balladentexte; er untersuchte auch einzelne Strophen und narrative Einheiten und verfolgte ihre hist. Wege. G. begriff Volksdichtung als ein wesentliches Bindeglied zwischen dem dän. Volk und seiner Vergangenheit[4]. Dieses Verständnis beeinflußte u. a. über Olrik auch die spätere Konzeption der → geogr.-hist. Methode. G.s Balladenedition war Vorbild für die Edition seines Zeitgenossen F. J. → Child und ist darüber hinaus von bleibender Wirkung auf die Balladenforschung, wie sich noch kürzlich an der neuen Ausg. schwed. Balladen zeigte[5].

G. förderte allg. das Interesse an den ‚dän. Altertümern' (danske minder, folkeminder) und brachte eine breite Sammelbewegung zum Aufzeichnen von Volksüberlieferungen bei lokalen Korrespondenten (Lehrer, Geistliche, Bibliothekare, Heimatforscher)[6] in Gang; er veröffentlichte Sagen, Märchen, Schwänke, Rätsel, Lieder, Balladen und Beschreibungen von Spielen, Glaubensvorstellungen und Bräuchen. In der populären Slg *Gamle danske Minder i Folkemunde* 1–3 (Kop. 1854–61, 1861 umbenannt in *Danske Folkeminder*) spricht G. davon, ein Museum dän. Altertümer zu schaffen, in dem alle Arten traditioneller Dichtung enthalten sein sollten[7].

Seine Unters.en über einzelne Balladentexte und -strophen und ihre Geschichte stützten sich z. T. auf die gründlichen, auf enger Vertrautheit mit der jüt. Landbevölkerung beruhenden Feldforschungen von E. T. → Kristensen, zu dessen Arbeitsweise G.s philol. Vorgehen auf dem Gebiet der Volkserzählung in scharfem Gegensatz stand. Eine für G.s Methode exemplarische Unters. ist die Balladenmonographie *Elveskud* (Kop. 1881), in der G.

die vorhandenen europ. Var.n der Ballade zusammenstellt, sie vergleicht und ihre Geschichte, Lokalisierung und Verbreitung erörtert.

Schon 1856 begann er mit der Ausarbeitung eines Katalogs dän. Volkserzählungen, der ca 800 dän. Volksmärchen in 134 Typen einordnet und in dem die Zaubermärchen an erster Stelle stehen[8]. Es war das früheste Verz. dieser Art und bildete später einen Teil des Basismaterials für A. → Aarnes umfassendes internat. *Verz. der Märchentypen* (1910), das durch S. → Thompsons Revisionen (1928, 1961) zum heute gültigen internat. → Typenkatalog AaTh ausgebaut wurde. Ebenso bildete G.s Verz. die Grundlage für die jetzige Klassifikation des Märchenmaterials im Archiv der Dansk Folkemindesamling[9]. Die von G. in seiner Slg dän. Volkserzählungen (*Danske Folkeæventyr* 1–3. Kop. 1876/78/84) publizierten Texte sind keine ‚getreuen' Erzählungen, sondern der Zeit entsprechend bearbeitete und kontaminierte Var.n (cf. → Bearbeitung)[10].

Als Philologe und Verfechter der färö. Sprachbewegung setzte sich G. für die Förderung der färö. Sprache und Dichtung ein. Zusammen mit J. Bloch arbeitete er ab 1871 an der grundlegenden Balladen-Slg *Føroya kvæði*, die erst 1941–72 veröffentlicht wurde. Er gab auch eine Slg isl. Balladen heraus[11] und befaßte sich mit den Ursprüngen der eddischen Dichtung, in der er ein gemeinsames Erbe der nord. Länder sah. 1879 war er an der Gründung der Samfund til Udgivelse af gammel Nordisk Litteratur (Ges. zur Veröff. altnord. Lit.) beteiligt, deren Vorsitz er eine Zeitlang innehatte. Sein umfangreiches Archiv, das nach seinem Tod an die Kgl. Bibl. fiel, bildete den Grundstock der Dansk Folkemindesamling. G.s Wirken war von dauerhafter Bedeutung für die volkskundliche Erzählforschung.

[1] Piø 1969/70 (v. Lit.) 199. – [2] G., S. u. a. (edd.): Danmarks gamle Folkeviser 1–12. Kop. 1853–1976. – [3] G., S.: Prøve paa en ny Udgave af Danmarks gamle Folkeviser. Kop. 1847, 33, abgedruckt im Anh. zu id. (wie not. 2) t. 1. – [4] Liestøl 1954 (v. Lit.) 175. – [5] Jonsson, B. R.: Sveriges medeltida ballader 1. Sth. 1983. – [6] Ellekilde, H.: S. G.s danske Folkesagn 1839–83. t. 1–2 (DF 53–54). Kop. 1944/48, t. 1, 14–43, t. 2, 224–253, 301–303. – [7] cf. Piø 1969/70 (v. Lit.) 214 sq. – [8] Lunding, H.: The System of Tales in the Folklore Collection of Copenhagen (FFC 2). Hels. 1910. – [9] Piø, I.: Folkeminder og traditionsforskning. Kop. 1971, 78. – [10] G., S.: Danske Folkeæventyr 1. Kop. 1876, 231 sq.; id.: Dän. Volksmärchen. Übers. W. Leo. Lpz. 1878, VII–IX. – [11] G., S.: Íslenzk fornkvæði 1–2. Kop. 1854–85.

Lit.: Liestøl, K.: Omkring S. G.s folkloristiske metode. In: Festschr. L. L. Hammerich. Kop. 1954, 172–178. – Dal, E.: Nordisk folkeviseforskning siden 1800. Kop. [1956], bes. 26. – Mathiesen, E. K.: S. G. og folkedigtningen. In: Folkeminder 11 (1965) 48–56. – Piø, I.: S. G. (1824–1883). In: Arv 25/26 (1969/70) 189–224 (= Biographica. Nordic Folklorists of the Past. Festschr. J. Hautala. Kop. 1970, 189–224 = Leading Folklorists of the North. ed. D. Strömbäck. Oslo/Bergen/Tromsö 1971, 189–224). – id.: S. G. og hans folkloristiske arbejdsmetode. In: DSt. 66 (1971) 91–120. – id.: G., S. In: Dansk biografisk leksikon 15. Kop. 1980, 329–331.

Madison Lanae H. Isaacson

Gründungssage

1. G.n finden sich bei allen europ. Völkern als Stammessagen, Kirchenbausagen (→ Kirche, → Kloster), Geschichten vom Landerwerb und von Städtegründungen. Sie entstammen teilweise populärem Erzählgut, die überwiegende Zahl aber ist Produkt gelehrter Spekulationen; auch in diesem Fall wirken sie jedoch traditionsbildend, d. h. sie werden über mehrere Generationen hinweg geglaubt. Soweit in den G.n lediglich der Name eines Ortes, einer Kultstätte, eines Volkes oder Reiches erklärt wird, gehören sie zu den ätiologischen Erzählungen (→ Ätiologie; cf. auch → Denkmalerzählungen). G.n (altgriech. ktiseis) haben die geschichtlichen Anfänge an einem sakralen oder profanen Ort bzw. deren Vorgeschichte zum Gegenstand. Dabei ist das Geschichtliche nicht nur das, was sich tatsächlich ereignet hat, sondern auch das, was man dafür hielt. Geistesgeschichtlich sind die G.n anzusiedeln zwischen Mythos und Geschichtsschreibung. Sie spiegeln das Denken und das Geschichtsbewußtsein ihrer Entstehungszeit wider[1].

Die ältesten griech. Autoren von → Homer an verzeichnen G.n; die Gattung wurde also vor der Geschichtsschreibung ausgebildet. Hellanikos von Lesbos (5. Jh. a. Chr. n.) stellte bereits ein Sammelwerk *Ktiseis ethnōn kai poleōn* (G.n von Völkern und Städten) zusammen. Die Autoren der hellenist. Zeit bemühten sich, das Erzählgut zu sammeln, verfaßten aber auch selbst neue G.n. Die Motive der antiken griech. und röm. G.n übernimmt die christl. Legende, und von ihr aus gelangen sie in die ma. Kirchenbausagen auch von Mittel- und Nordeuropa. Hier findet sich darüber hinaus die Gruppe der Sagen vom dämonischen → Baumeister (→ Riese, → Teufel). Die Renaissancezeit bringt vereinzelt neue G.n hervor, übt aber vorwiegend Kritik an Einzelmotiven, bes. an dem der Gründung durch Trojaner (cf. → *Troja-Roman*)[2]; diese Kritik kann sich jedoch gegen die Tradition nur selten durchsetzen.

Das zur Verfügung stehende Material ist sehr umfangreich, die einzelnen Geschichten sind jedoch in der jetzt vorliegenden Form, von wenigen Ausnahmen abgesehen, sehr knapp, da zwischen der Entstehungszeit und dem Zeitpunkt der schriftl. Fixierung bereits bei den in der Antike aufgezeichneten G.n Jh.e liegen. Für ein und denselben Ort können mehrere inhaltlich verschiedene G.n existieren: So soll z. B. Rom in den verschiedenen Traditionen (1) nach dem Fall von Troja von heimkehrenden Griechen, (2) vom Trojaner → Äneas, (3) von Romos oder (4) von → Romulus und Remus gegründet sein[3]. Spätere Generationen haben oftmals die ursprünglichen Erzählungen durch neue Motive erweitert oder ein älteres, unverständlich gewordenes Motiv dem zeitgenössischen Denken angepaßt.

2. Antike G.n enthalten eine Reihe häufig wiederkehrender Motive[4]: (1) Stadtgründer von göttlicher Abkunft: Ein Gott verbindet sich mit einer Nymphe (Sterblichen). Ihr Sohn (sie selbst) wird Eponym (Gründer) der Stadt. Oftmals wird dieses Motiv durch das der → Aussetzung und Tiersäugung (cf. → Säugen) ergänzt. Es handelt sich hierbei um den nachweislich ältesten Ktiseistyp. (2) Autochthonie: Urmenschen erhalten von Göttern Zivilisationsgüter geschenkt, sind Kulturbringer (→ Kulturheros) oder führen die Menschen erstmals zu einem gemeinschaftlichen Verband zusammen. (3) Entflohene Trojaner (griech. Helden, die auf der Heimfahrt von Troja versprengt wurden) gründen eine Ansiedlung. (4) Flucht vor Blutrache: Jemand hat einen → Mord (Totschlag) begangen, flieht vor der Blutrache außer Landes und siedelt sich in der später nach ihm benannten Gegend an. (5) Orakel: Eine Gruppe von Siedlern wird von einer Orakelstätte (Delphi) zur Koloniegründung ausgesandt. Dabei wird ihnen der Gründungsort in verschlüsselter Form mitgeteilt. Diese Ktiseis können ergänzt sein durch die Motive ‚Mordsühne‘ (Mot. Q 520.1), ‚Dürrekatastrophe‘ (cf. Mot. Q 552.3.3), → ‚wegweisende Tiere‘[5].

G.n mit dem Thema Landerwerb enthalten vorwiegend folgende Motive: (1) Erdschollenübergabe: Landesfeinde erwerben sich die Herrschaft über das Land dadurch, daß sie sich Erde schenken lassen. Mit der Übergabe des → Pars pro toto ist das Eigentum abgetreten; beide Seiten gehen von der unmittelbaren Rechtswirksamkeit der symbolischen Handlung aus. Geschichten mit solchen → Rechtsvorstellungen dürften einer von magischem Denken geprägten Frühzeit entstammen (cf. → Altersbestimmung des Märchens)[6]. Demgegenüber sind möglicherweise verwandte Erzählungen wie AaTh 1590: → *Eid auf eigenem Grund und Boden* als jünger einzustufen. (2) Speerwurf: Ein Speer wird in fremde Erde geworfen und daraus der Anspruch auf ihren Besitz sowie eine Festlegung der → Grenzen abgeleitet (cf. auch Mot. K 185.6: *Deceptive land purchase: bounds fixed by throwing object*). Auch solche Erzählungen weisen auf ein hohes Alter hin[7]. (3.1) Eine Person erhält so viel Land, wie sie in einer festgesetzten Zeit (ein Tag, eine Woche) umlaufen (umfahren, umreiten) kann (Mot. K 185.7; SUS 2400*)[8]. (3.2) Am verbreitetsten ist die mit dem Namen der Dido[9] verbundene G. AaTh 2400: *The Ground is Measured with a Horse's Skin (ox-hide)*:

Dido, die vor ihrem Bruder Pygmalion aus Tyros geflohene Gattin des Königs Acerbas, soll nach der Ankunft in Libyen Karthago gegründet haben. Hierfür erhielt sie so viel Land zur Verfügung gestellt, wie eine Ochsenhaut bedecken könne; indem sie die Haut in schmale Streifen schneiden ließ, erwarb sie mit List ein großes Territorium.

Dieses Motiv, von T. → Benfey u. a. bereits im altind. *Śatapatha Brāhmana* (1,2,5,2) aufgezeigt[10], ist im Mittelmeerraum erst in hellenist. Zeit (Timaios von Tauromenien, 4./3. Jh. a. Chr. n.)[11] nachweisbar. Die Lokalisierung in Karthago, so bei → Vergil (*Äneis* 1, 365–368) wie auch in der Fassung des Justinus (18,4,3 sq.; 3. Jh. p. Chr. n.), diente hier zur Erklärung des phöniz. Burgnamens von Karthago, bîrtâ, von den Griechen mit byrsa (Ochsenhaut) wiedergegeben[12]. In der ma. Lit. ist AaTh 2400 u. a. durch → Geoffrey of Monmouth (*Historia regum Britanniae* 6, 11) bei der Landnahme Englands durch die Sachsen belegt[13]. Die nicht sehr zahlreichen Belege aus rezenter mündl. Überlieferung lassen hinsichtlich des Verbreitungsgebietes, das sich von Westeuropa über den slav. Raum bis nach China erstreckt, keinen geogr. Schwerpunkt erkennen[14]. Nur im ostasiat. Bereich nachgewiesen ist eine analoge Erzählung vom Landerwerb durch einen magisch anwachsenden → Schatten (Ikeda 2400; Ting 2400 A; cf. Mot. K 185.4..1).

3. Die ältesten G.n im MA. sind Ursprungsgeschichten von Völkern (Franken, Burgunder, Briten, Hunnen), nicht von Städten[15]. G.n von Städten erscheinen erst wieder, als die Stadt in nachkaroling. Zeit an Bedeutung gewinnt. Die sehr knappen Stadtgründungsgeschichten nennen vorwiegend nur den Gründer: Ninus gründete Ninive (→ Gregor von Tours, *Historia Francorum* 1,7), → Odysseus Lissabon (→ Isidor von Sevilla, *Etymologiae* 20,15,70), Trebeta Trier (*Gesta Treverorum*, Kap. 2)[16]. Cäsar ist Gründer der Bäder von Bath (William of Malmesbury, *De gestis pontificum Anglorum* 2,90), von Magdeburg und Lüneburg (*Magdeburger Schöppenchronik* 1,1), Kaiser Claudius von Gloucester (William of Malmesbury 4, 153), → Karl der Große von Aachen[17] und Bockholt[18], Barbarossa von Gelnhausen[19]. Bei solchen G.n handelt es sich, wie auch bei den vorherigen, in der Regel nicht um die Wiedergabe eines hist. Vorgangs; vielmehr schreibt die Sage bekannten → Herrschern als → Kristallisationsgestalten weitere Stadtgründungen zu[20]. Durch die Verbindung zu einem bekannten Herrscher werden die Bedeutung und das Alter des betreffenden Ortes unterstrichen. So genügte die Anwesenheit Cäsars in Gallien, um ihn zum Gründer zahlreicher ma. Städte werden zu lassen; außerdem gilt er im MA. als Burgenbauer (Dover, Canterbury)[21]; noch in elisabethan. Zeit gilt der Tower von London als Bauwerk Cäsars. Turicus (der eponyme Gründer Zürichs) wird in der frühen Neuzeit im Stadtwappen verewigt; Solothurn prägt Münzen mit der Inschrift, daß die Stadt zur Zeit → Abrahams gegründet sei[22].

Der Gründer wird vielfach aus dem Stadtnamen erschlossen; solche Eponymiesagen entstehen in großer Zahl am Ende des MA.s. Dem Namengeber wird eine vornehme Abkunft oder eine Verbindung zu antiken Helden oder bibl. Personen zugeschrieben: Arpentinus ist ein Begleiter von → Herakles; Ebrancus, der Gründer von York, ist verschwägert mit dem Gründer von Alba Longa, der Konkurrenzstadt Roms, und regiert zur Zeit des Königs David; Trebeta ist Sohn der → Semiramis und des Königs Ninus von Ninive. Häufig werden im Spätmittelalter die Söhne → Noahs als Stadtgründer genannt; dieses Motiv findet sich z. B. in Italien (Mailand)[23]. Die großen Gestalten der ma. Epen treten nicht als Stadtgründer auf, vielmehr wird von den gelehrten Verfassern der G.n Anschluß an die antiken und bibl. Überlieferungen gesucht. Lediglich vier Artusritter (→ Artustradition) werden als Stadtgründer genannt: Kay (Chinon und Caen), Beduerus (Bayeux), Berius und Melianus (Chambéry und Montmélian)[24].

Die Verbindung zur Sage von Troja ist ein vorherrschendes Thema ma. G.n. Auf einen Trojaner führen Franken, Briten und Dänen ihre Herkunft zurück. Älteste Quelle für dieses Thema ist die Chronik des sog. Fredegar (2,2–4; 3,2; 7. Jh.): Die Franken zogen nach dem Fall von Troja unter dem König Francio donauaufwärts, später drangen sie bis an den Rhein vor und gründeten eine Stadt nach dem Vorbild Trojas, die aber unvollendet blieb[25]. Xanten nahm diese Tradition für sich in Anspruch: Auf Münzen des 11.–15. Jh.s heißt Xanten Troja Francorum oder Sancta Troja. London (alter Name Trinovantum, im MA. gedeutet als Neu-Troja; cf. → Etymologie[26]) gilt bei Geoffrey of Monmouth (*Historia regum Britanniae* 1,17) als Gründung des brit. Ahnherren Brutus, eines Enkels des Äneas. Ebenso führen Trojana (bei Ljubljana), das frz. Troyes[27] und Passau (Otto von Freising, *Chronica* 1,25) ihre Gründung auf einen Trojaner zurück[28]. Die ma. Sympathie für die Abstammung von den Trojanern (und nicht von den siegreichen Griechen) hat z. T. literar. Gründe: Die *Äneis* Vergils übte große Wirkung im MA. aus, Homer wurde kaum gelesen; ferner galt dem gesamten MA. die dem Dares zugeschriebene trojan. Geschichte, erhalten in der lat. Bearb. u. d. T. *Historia de excidio Troiae* (frühestens 5. Jh. p. Chr. n.), als authentische Quelle des Krieges um Troja. An Dares wurde Homer gemessen und teilweise als Fälscher abgetan. Außerdem galt es als ehrenvoll, dieselbe Abstammung wie die Römer zu haben. Die Tradition, von den Trojanern abzustammen, hat die ältere, sich von den Römern herzuleiten, verdrängt. Diese ist noch faßbar in der bei Ammianus Marcellinus (27,5; 4. Jh.) belegten burgund. Sage. Das Trojanermotiv seinerseits wird durch die Kritik der Humanisten an den ma. G.n verdrängt[29].

G.n von religiösen Stätten geben ebenfalls so gut wie nie Auskunft über den hist. Gründungsvorgang, sind aber, im Unterschied zu den G.n von Städten, reicher ausgestaltet. Es handelt sich überwiegend um → Bauplatzlegenden, die mit dem teilweise unverändert aus altgriech. G.n übernommenen Motivschatz der Heiligenviten (z. B. Sühne, wegweisende Tiere) gebildet sind. Beliebt sind außerdem die von der Forschung als → Gespannwunder und → Schwemmwunder bezeichneten Erzählmotive[30]. Neben den Bauplatzlegenden bilden Sagen vom dämonischen Baumeister eine große Gruppe der G.n religiöser (aber auch profaner) Stätten. Ausgestaltet sind die Sagen vielfach mit dem Motiv vom geprellten Teufel (Riesen): Der Teufel hält die ausgemachte Bauzeit ein, wird aber um seinen Lohn, meist eine Seele, gebracht, indem ihm z. B. ein → Hahnenschrei vorgetäuscht wurde. Verbreitungsgebiet dieses Sagentyps ist neben Deutschland vorwiegend Skandinavien und das Baltikum.

4. G.n verdanken ihre Entstehung dem Erklärungsbedürfnis und dem geschichtlichen Interesse der Menschen, denn Geschichte ist es für Erzähler und Publikum, selbst wenn das Geschehen in mythischer Vorzeit spielt. Sie können gelegentlich Propagandazwecken dienen. Drei antike Beispiele hierfür: (1) Die gemeinsame G. der im Panionion zusammengeschlossenen zwölf ion. Städte Kleinasiens (5. Jh. a. Chr. n.); nur die Städte, die ihre G. diesem neuen Geschichtsbild anglichen, wurden in den Städtebund mit aufgenommen[31]. (2) Die Ausdehnung athen. Herrschaft im 5. Jh. a. Chr. n. führte zur Abänderung der lokalen Geschichtstradition, indem mancher Städtegründer genealogisch mit dem (sagenhaften) Gründer von Athen verbunden wurde. (3) Eine gehässige Version der röm. G., das Gründerpaar sei von einer Dirne aufgezogen worden, haben italische Griechen wohl aus wirtschaftlichem Konkurrenzneid um 300 a. Chr. n. geschaffen[32]. Auch im MA. werden G.n zur Begründung von Rechtsansprüchen oder zur Untermauerung eines politischen Programms geschaffen. So erfanden Gelehrte Edwards I. (1239–1307) die G. des schott. Reiches, indem sie den zweiten Sohn von Brutus, dem sagenhaften engl. Reichsgründer, zum Erben des schott. Gebietes machten, um den von Papst Bonifatius VIII. geforderten Nachweis zu erbringen, daß Schottland zu England gehöre[33]. G.n können traditionsbildend wirken, ohne daß ihnen echte Lokaltradition zugrundeliegt, und hohe → Glaubwürdigkeit erlangen. Aufgrund der Sage, die Abtei Gladstonbury sei eine Gründung von König Arthur, nahm man im 12. Jh. eine Exhuminierung des angeblichen kgl. Leichnams in Gegenwart Heinrichs II. vor, um im Streit gegen die Abtei Wells zu gewinnen. Oxford und Cambridge, von denen es keine hist. Gründungsnachricht gibt, erhielten im 14. Jh. ihre G.n, die noch im 18. Jh. auch in gelehrten Kreisen für authentisch erachtet wurden[34].

[1] Allg. cf. Gierth, L.: „Griech. Gründungsgeschichten als Zeugnisse hist. Denkens vor dem Einsetzen der Geschichtsschreibung". Diss. Fbg 1971; Prinz, F.: Gründungsmythen und Sagenchronologie. Mü. 1979; cf. auch Röhrich, L.: Sage. Stg. [2]1971, 33 sq. Das Peuckert-Archiv, Inst. für Vk., Freiburg (Kopie im Seminar für Vk., Göttingen) enthält ca 3000 Einzelbelege für G.n von Kirchen, Klöstern, Burgen, Dörfern, Städten etc. — [2] cf. Fueter, E.: Geschichte der neueren Historiographie (Hb. der ma. und neueren Geschichte 1, 3). Mü./B. [3]1936, 140, 163. — [3] cf. allg. Strasburger, H.: Zur Sage von der Gründung Roms. Heidelberg 1968. — [4] cf. Gierth (wie not. 1) 9–86. — [5] ibid., bes. 87–94. — [6] ibid., 25–40. — [7] ibid., 36 sq.; cf. Röhrich, L.: Eine antike Grenzsage und ihre neuzeitlichen Parallelen [1949/50]. In: id.: Sage und Märchen. Fbg/Basel/Wien 1976, 210–234; Sieber, F.: Beil und Beilwurf auf dem rückseitigen Gemälde des Annaberger Bergaltars. In: DJbfVk. 6 (1960) 197–212, bes. 197–201. — [8] cf. Filipović, M. S.: Einige Motive in der balkan. Folklore. In: Zs. für Balkanologie 3 (1965) 64–76, hier 71–73. — [9] Zu Dido als tragischer Liebesfigur in der Weltlit. cf. Frenzel, Stoffe, 150–153; Semrau, E.: Dido in der dt. Dichtung. B./Lpz. 1930. — [10] Benfey, T.: Kl.re Schr. 2, 4. ed. A. Bezzenberger. B. 1892, 84. — [11] Jacoby, F.: Die Fragmente der griech. Historiker 3 B. Leiden 1950/55, num. 566. — [12] Rossbach, O.: Dido. In: Pauly/Wissowa 5, 1 (1905) 426–433; cf. Mordtmann, J. H.: Die Didosage im Orient. In: Der Islam 12 (1922) 195–197. — [13] cf. Matter, H.: Engl. G.n von Geoffrey of Monmouth bis zur Renaissance.

Heidelberg 1922, 128 sq., 378 sq.; Rehermann, 486, num. 72. — [14] Ergänzend zu AaTh: SUS; Barag; Arājs/Medne; Ó Súilleabháin/Christiansen; Baughman; Jason; Ting; cf. van der Kooi; Ikeda; Textbeispiele: Bošković-Stulli, M.: Narodne pripovijetke. Zagreb 1963, num. 165; Amades, num. 1763, 1825; Hoffmann, H.: Märchen aus Tibet. MdW 1965, 247, num. 8; Afzalov, M. I./Rasulev, Ch./Chusainova, Z.: Uzbekskie narodnye skazki 2. Taškent [2]1963, 298—301; cf. auch Köhler/Bolte 2, 319—324; Scobie, A.: Some Folktales in Graeco-Roman and Far Eastern Sources. In: Philologus 121 (1977) 1—23, hier 10—12; Filipović (wie not. 8) 66 sq. — [15] Graus, F.: Lebendige Vergangenheit. Überlieferung im MA. und in den Vorstellungen vom MA. Köln/Wien 1975, bes. Kap. 3; cf. Grimm DS 413—424. — [16] cf. Zenz, E. (ed.): Die Taten der Trierer. Gesta Treverorum 1. Trier 1955, 12; Zaunert, P.: Rheinland Sagen 2. Jena 1924, 68. — [17] ibid. 1 (1924) 67; Schell, O.: Sagen des Rheinlandes. Lpz. 1922, num. 297. — [18] Kuhn, A.: Sagen, Gebräuche und Märchen aus Westfalen [...] 1. Lpz. 1859, num. 121. — [19] Herrlein, A.: Die Sagen des Spessarts. Aschaffenburg [2]1885, 112—115. — [20] Matter (wie not. 13) 333—338, 343; cf. Prütting, H.: Zur geschichtlichen Volkssage. In: Bayer. Jb. für Vk. (1953) 16—26. —
[21] Matter (wie not. 13) 342 sq., 356—359. — [22] cf. Amiet, J.: Die G. der Schwesterstädte Solothurn, Zürich und Trier. Solothurn 1890, pass. — [23] cf. Matter (wie not. 13) 339, 548. — [24] ibid., 344. —
[25] cf. Kustering, A. (Übers.): Qu.n zur Geschichte des 7. und 8. Jh.s. Die vier Bücher der Chroniken des sog. Fredegar [...]. Darmstadt 1982, bes. 5, 84 sq. — [26] cf. Mackensen, L.: Name und Mythos. Sprachliche Unters.en zur Religionsgeschichte und Vk. Lpz. 1927, bes. 9—19. — [27] Matter (wie not. 13) 338, 343 sq.; cf. Krause, E.: Die Trojaburgen Nordeuropas. Glogau 1893, 286. — [28] cf. allg. Dunger, H.: Die Sage vom trojan. Krieg in der Bearb. des MA.s. Dresden 1869. — [29] cf. Grau, A.: Der Gedanke der Herkunft in der dt. Geschichtsschreibung des MA.s. Troja-Sage und Verwandtes. Diss. Lpz. 1938. — [30] cf. z. B. Lauter, C.: Die Ursprungslegenden auf den österr. Wallfahrtsbildchen. Wien 1967. —
[31] cf. Prinz (wie not. 1) 332. — [32] cf. Strasburger (wie not. 3) 28—31. — [33] cf. Matter (wie not. 13) 476—479. — [34] ibid., 409—442, 394—409.

Wittnau Liebgard Priesner

Grunwald, Max, * Hindenburg (Oberschlesien; heute Zabrze) 10. 10. 1871, † Jerusalem 24. 1. 1953, Rabbiner, Folklorist, Historiker und Philosoph[1]. Nach dem Besuch des Gymnasiums in Gleiwitz studierte er ab 1889 an der Univ. und am Jüd.-Theol. Seminar (Fraenckelscher Stiftung) in Breslau, u. a. bei H. Graetz (1817—91). 1892 promovierte er mit einer Arbeit über *Das Verhältnis Malebranches zu Spinoza* (Breslau 1892). Von 1895 bis 1903 wirkte er als Rabbiner in Hamburg und von 1903 bis 1931 in Wien. 1938 emigrierte er nach Palästina.

Mit G. beginnt die Geschichte der auf institutioneller Grundlage betriebenen jüd. Vk.[2]. 1898 gründete er in Hamburg mit Unterstützung der dortigen Henry Jones-Loge im Orden B'nai B'rith (U. O. B. B.) die Ges. für jüd. Vk. sowie das Museum für jüd. Vk. und gab von 1898 bis 1929 die insgesamt 31 Bände umfassenden *Mittlgen (der Ges.) für jüd. Vk.* heraus, die 1923—25 als *Jb. für jüd. Vk.* erschienen. Daneben verfaßte G. trotz seiner beruflichen und karitativen Verpflichtungen, etwa im Bereich der Kinder- und Waisenfürsorge, zahlreiche hist., wirtschafts-, kunst- und kulturgeschichtliche Monogr.n und Zss.-Beitr.e[3].

In der umfassenden, nahezu alle volkskundlichen Bereiche einschließenden Forschungstätigkeit G.s spielte von Beginn an die Erfassung populären jüd. Erzählguts eine wichtige Rolle. Bereits im 1896 versandten Fragebogen *Slgen zur jüd. Vk.*[4] rief er zur Aufzeichnung von Erzählstoffen sowohl aus West- wie Osteuropa auf und publizierte die ersten Einsendungen 1898[5]. Im gleichen Jahr erschienen seine *Märchen und Sagen der dt. Juden*[6] mit ausführlichen vergleichenden Anmerkungen. H. → Schwarzbaum charakterisierte sie als „the first scholarly attempt at collecting Jewish folktales“[7]. Für das HDM schrieb er die Artikel *Belauschen von Dämonen* und *Froschkönig* (AaTh 440) und hatte eine Reihe weiterer Stichwörter übernommen[8].

Ein Schwergewicht innerhalb G.s erzählforscherischer Aktivitäten bildete die Folklore der sephard. Juden. Der Anfang dieses Interesses geht auf seine Hamburger Zeit zurück[9]. In Wien erhob er populäre Erzählungen, Sprichwörter und Lieder sephard. Emigranten aus Südosteuropa, hielt sich im Rahmen dieser Studien in Spanien auf und publizierte einen Teil seines reichhaltigen Materials in zahlreichen kleineren Beitr.en[10]. Einen weiteren Teil dieser Slgen edierte D. → Noy postum 1982[11].

G.s Intentionen reichten weit über die jüd. Erzählforschung, für die er Pionierarbeit geleistet hat, hinaus. 1921 versuchte er, in seinen *Monistischen Märchen* zwischen Judentum und Naturwiss. eine Brücke zu finden und, vor allem für den jugendlichen Leser, eine Apologetik jüd. Denkens zu schaffen[12]. Man kann dieses Werk auch als Schlüssel zu G.s Verständnis von den Inhalten und gesellschaftlichen Aufgaben der jüd. Vk. betrachten, deren definitives Ende 1938 in Deutschland durch den Nationalsozialismus einen in seiner Tragweite bis heute noch nicht ermeßbaren Verlust für die europ. Wiss.skultur darstellt.

[1] Wininger, S.: G., M. In: id.: Große Jüd. National-Biogr. 2. Cernauţi 1927, 542 sq.; Noy, D.: Dr. M. G. – The Founder of Jewish Folkloristics. In: G., M.: Tales, Songs & Folkways of Sephardic Jews. ed. D. Noy. Jerusalem 1982, IX–XIV; G., M.: Kapitlekh fun an Oytobiografiye. In: YIVO-Bleter 36 (1952) 241–251 (Teile der Autobiogr., jidd.); Daxelmüller, C.: Wiener jüd. Vk. In: ÖZfVk. 90 (1987) 209–230, bes. 218–225; id.: Geschichte der jüd. Vk. in Mittel- und Osteuropa (in Vorbereitung). – [2] id.: Jüd. Vk. in Deutschland vor 1933. In: Brückner, W./Beitl, K. (edd.): Vk. als akademische Disziplin. Wien 1983, 117–142, hier 129–132; Daxelmüller, C.: M. G. and the Origin and Conditions of Jewish Folklore at Hamburg. In: Proc. of the Ninth World Congress of Jewish Studies 2. Jerusalem 1986, 73–80; id.: Vergessene Geschichte. Die „Ges. für jüd. Vk." in Hamburg. In: Sichtweisen der Vk. Festschr. G. Lutz. B. 1988, 11–31; Noy, D.: Eighty Years of Jewish Folkloristics. In: Talmage, F. (ed.): Studies in Jewish Folklore. Cambr., Mass. 1980, 1–11. – [3] Narkiss, M.: Dr. M. G. In: Omanuth. Quart. Bulletin of the Jewish National Museum Bezalel 2, 2–3 (1941) 5–21 (Bibliogr. 1); Patai, R. (ed.): G. Anniversary Issue. In: Edoth 2 (1946/47) 13–16 (Bibliogr. 2). – [4] The Jewish National and Univ. Library, Jerusalem, Nachlaß Dr. M. G., Signatur 4° 1182/XX. – [5] G., M.: Glaube und Sage. In: Mittlgen der Ges. für jüd. Vk. 1 (1898) 69–80. – [6] id.: Märchen und Sagen der dt. Juden. ibid. 2 (1898) 1–36. – [7] Schwarzbaum, 5. – [8] Gemäß Verlagsvertrag vom 13. 5. 1928, cf. Nachlaß (wie not. 4) Signatur 4° 1182/II: 13-4 (Haustier [altgewordenes], Hund, Hund und Sperling, Warum Hunde einander beriechen, Jude im Dorn, Meerungeheuer, Mittrauern der Natur, Rätselaufgaben, Regen von Kuchen, Seelensitz, Tau als Heilmittel, dankbare Tiere, Uriasbrief, Walfisch, Wasser des Lebens, Wassergeister, Zauberlehrling). – [9] G., M.: Portugiesengräber auf dt. Erde. Hbg 1902. – [10] Narkiss und Patai (wie not. 3) num. 58, 60, 65, 98, 196, 346, 420, 427 sq., 436, 442, 448, 480, 706 sq., 710, 712, 714, 717, 725, 731, 737, 741 sq., 750. –
[11] Noy (wie not. 1). – [12] G., M.: Monistische Märchen. B./Wien 1921, 9.

Freiburg/Br. Christoph Daxelmüller

Gruselgeschichte → Horrorgeschichte

Grusinier → Georgier

Gruß, Grüßen. Grüße (G.e) als Formen der Kontaktnahme gibt es wohl in allen Kulturen; die Verhaltensforschung hat zudem analoge Rituale der Beschwichtigung und der Herstellung von Bindungen auch bei höheren Wirbeltieren nachgewiesen[1]. Es gibt G.gebärden und sprachliche Formen des Grüßens. In diesen ist häufig ein Glückwunsch an die Gegrüßten enthalten, der religiös – durch die Anrufung eines transzendenten Wesens – abgesichert ist, oder es wird Respekt und Unterordnung ausgedrückt. Diese ursprüngliche Bedeutung tritt jedoch in vielen Fällen nicht mehr in Erscheinung, weil die G.e formelhaft verwendet werden und oft auf Kurzformen reduziert sind („Grüß Gott", „Servus"). Die Skala der G.e reicht allerdings von ‚inhaltslosen' Zurufen („Hej!") bis zu längeren, teilweise gereimten G.ritualen wie den Wechselreden zwischen reisenden Handwerksgesellen[2]. Der Formelcharakter macht den G. zu einer Kleinform der Volkspoesie[3].

In Volkserzählungen spielt das Motiv des Grüßens in zwei entgegengesetzten Funktionen eine zentrale Rolle: Einerseits werden Situationen geschildert, in denen der G. geboten ist – die Erfüllung des Gebots wird belohnt, die Verweigerung des G.es bestraft. In KHM 13, AaTh 403 B: cf. *Die schwarze und die weiße* → *Braut* kommt zuerst die Stieftochter, ein schönes und liebliches Mädchen, zu den „drei kleinen Haulemännerchen" in den Wald. „Es wünschte ihnen die Tageszeit und klopfte bescheidenlich an die Tür." Seine Freundlichkeit und Dienstfertigkeit werden belohnt; als es daheim „Guten Abend" sagt, fallen ihm Goldstücke aus dem Mund. Daraufhin wird auch die richtige Tochter, die „häßlich und widerlich" ist, in den Wald geschickt. Sie stolpert in die Stube der Männchen, ohne sie zu grüßen, und verweigert die gewünschten Hilfsarbeiten – ihr fallen später nicht Goldstücke, sondern Kröten aus dem Mund. Zentral ist das Motiv des belohnten Grußes auch in AaTh 298 A*–B*: → *G. an den Wind.*

Häufiger ist das umgekehrte Motiv: Das Grüßen oder auch ein bestimmter G. ist verboten; wer sich an das Verbot hält, wird belohnt, wer es vergißt, wird bestraft oder verspielt den möglichen Gewinn. Dieses Motiv begegnet sowohl in der Sage wie im Märchen. Es beruht auf der verbreiteten Glaubensvorstellung, daß jeglicher Kontakt mit bösen Mächten gefährlich, daß also auch der G. oder die Erwiderung des G.es zu vermeiden ist[4]. In KHM 123, AaTh 422: *The Old Man in the Forest* rät ein Täubchen der Heldin, in ein kleines Haus zu gehen, den G. der dort sitzenden alten Frau aber zu ignorieren. Dies ist die Voraussetzung für die Erlösung der Taube aus dem Bann der Hexe. Andererseits können Geister durch einen frommen G. erlöst werden: In einer böhm. Geschichte wartet ein „feuriger Mann" 300 Jahre auf seine Erlösung, bis ein Berauschter ihn mit „Grüß dich Gott" anspricht[5].

In manchen Erzählungen sind G.e Teil realistischer Situationsschilderung. Wo Erzählerinnen oder Erzähler ihren Gegenstand behaglich ausbreiten, fügen sie auch einmal einen G. ein; so ruft in einer heanz. Var. zu AaTh 1641: → *Doktor Allwissend* die Prinzessin zum Fenster hinaus: „Guit'n Måaring, gaistla' Hea', këimma' S' auffa'!" (Guten Morgen, geistlicher Herr, kommen Sie herauf!)[6]. Aber G.e kommen auffallend selten vor: Der karge Erzählstil der Sage verbietet eine gemächliche Darstellung peripherer Kommunikationsakte, und auch das Märchen steuert meist geradlinig auf handlungsbedeutsame → Dialoge zu und spart die Kontaktnahme aus. Eher noch werden G.gesten erwähnt: Verbeugung, Umarmung, Kuß[7]. Wo verbale G.e einbezogen sind, dienen sie meist der Charakterisierung von Figuren oder der genaueren Bestimmung sozialer Konstellationen — so, wenn → Schneewittchen in KHM 53, AaTh 709 vertrauensselig ihre Widersacherin „Guten Tag, liebe Frau" begrüßt oder wenn das → Tapfere Schneiderlein in KHM 20, AaTh 1640 zum Riesen „Guten Tag, Kamerad" sagt und sich damit auf eine Stufe mit ihm stellt.

Im Schwank fungieren G.e nicht nur als Elemente realistischer Schilderung, sondern auch als Komik auslösendes Motiv. Im weiteren Sinne handelt es sich dabei meist um verkehrte oder verkehrt aufgefaßte → Begrüßungen: Drei Männer streiten sich, wem der G. eines Fremden galt; er belehrt sie: dem größten Narren (AaTh 1332: cf. → *Narrensuche*). Ein Dummer murmelt ein Wort vor sich hin, das er auf keinen Fall vergessen möchte — die Leute, die er trifft, halten es für einen böswilligen G. (Mot. J 2671.2.1). Einem törichten Menschen wird der richtige G. beigebracht, den er aber dann in der falschen Situation verwendet (AaTh 1696: → *„Was hätte ich sagen [tun] sollen?"*). Der G. kann aber auch absichtlich an den ‚Falschen' gerichtet werden: In einem aus Frankfurt und aus Mecklenburg belegten Schwank grüßt ein Junge den Bullen, nicht aber den Pfarrer — der Bulle hat der Kuh ein Kalb gemacht, das Gewinn gebracht hat, der Pfarrer der Mutter des Jungen ein Kind, für das kein Pfennig bezahlt wurde[8].

[1] cf. allg. Prause, K.: Dt. G.formeln in neuhochdt. Zeit. Breslau 1930; Bächtold-Stäubli, H.: G., grüßen. In: HDA 3 (1930/31) 1197—1199; Grohne, E.: G. und Gebärden. In: Hb. der dt. Vk. 1. ed. W. Peßler. Potsdam [1939], 315—324; Boggs, R. S.: G. In: HDM 2 (1934/40) 674 sq.; Dünninger, J.: G. und Anrede. In: Der Deutschunterricht 15, 2 (1963) 21—35; Eibl-Eibesfeldt, I.: Die Bedeutung des G.verhaltens bei Menschen und bei Tieren. In: Meyers Enzyklopädisches Lex. 11. Mannheim/Wien/Zürich [9]1974, 129—133; Zilliacus, H.: G.formen. In: RAC 12 (1983) 1204—1232. — [2] cf. z. B. Gräter, F. D.: Ueber die teutschen Volkslieder und ihre Musik [1794]. In: Württemberg. Franken 52 (1968) 201—226, hier 203 sq. — [3] cf. Bausinger ([2]1980), 71—75. — [4] cf. HDA 3, 1197 sq. — [5] Grohmann, J. V.: Aberglauben und Gebräuche aus Böhmen und Mähren. Prag/Lpz. 1864, 22. — [6] Bünker, J. R.: Schwänke, Sagen und Märchen in heanz. Mundart. Lpz. 1906, 5. — [7] cf. z. B. Hahn, 96, 307; weitere Beispiele cf. HDM 2, 674. — [8] Anthropophyteia 7 (1910) 309, num. 36; Wossidlo, R.: Volksschwänke aus Mecklenburg. ed. S. Neumann. B. [3]1965, num. 281.

Tübingen Hermann Bausinger

Gruß an den Wind (AaTh 298 A*—B*), Erzählung über die antagonistischen Kräfte der Natur. Die am meisten verbreitete Spielart ist AaTh 298 A*: Anläßlich einer Begegnung mit → Sonne, Frost und → Wind (Sonne und Wind) verneigt sich der Mensch vor dem Wind, weil er ihn sowohl vor der Sonne als auch vor dem Frost schützt. Var.n sind aus der neueren russ., ukr., weißruss.[1], lett.[2], litau.[3], finn.[4], rumän.[5] und frz.[6] mündl. Tradition bekannt. Die einzige bekannte frz. Var. weist jedoch große Affinität zur frz. Übers. eines weißruss. Märchens aus der Slg A. N. → Afanas'evs auf[7]. Vladimir Dubovka verwendet die Thematik in seinem häufig abgedruckten Gedicht *Kto sil'nee* (Wer ist stärker; 1959)[8]. In AaTh 298 B* streiten Frost und Wind darüber, wer stärker sei. Der als → Schiedsrichter herbeigerufene Bauer bringt seine Sympathie für den Wind zum Ausdruck. Der verbitterte Frost mißt sich daraufhin auf dem Gerstenfeld des Bauern mit dem Wind und entscheidet, daß nur so viele Gerstenbündel reifen, wie auf eine Fuhre passen. Auf Rat des Windes holt der Bauer die Gerste auf kleinen Karren. Einige Var.n sind aus der lett.[9], ein einziger Text aus der jüd.-afghan.[10] Überlieferung bekannt. Die Erzählungen handeln davon, daß der Mensch dem Wind mehr Ehrfurcht entgegenbringt als der Sonne und dem Frost. Die älteste literar. Behandlung dieses Themas findet sich in der äsopischen Fabel *Die Sonne und der Nordwind* (Äsop/Halm, num. 82), die in zahlreichen Fabelsammlungen des MA.s und der Neuzeit nachweisbar ist (AaTh 298: → *Streit zwischen Sonne und Wind*)[11]. AaTh 298 A* – B* wie auch AaTh 298 A: → *Frost und Sohn* lassen sich als regional eingrenzbare Variationen der beliebten Rangstreitfabeln (z. B. AaTh 293: → *Magen und Glieder*) charakterisieren. Die wechselseitige Verbindung der Erzähltypen AaTh 298 A* und AaTh 298 zeigt sich auch in der Entwicklung ihres mündl. Vorkommens. So gibt es unter den rumän. Var.n von AaTh 298 A* solche, in denen der Mensch nicht dem Wind, sondern der Sonne – wie in AaTh 298 – den Vorzug einräumt[12]. In einer weißruss. Var. wird der Streit zwischen Sonne und Wind zwar zugunsten des Windes entschieden, aber die Schilderung des Kampfes zwischen Sonne und Wind erinnert an die Handlung von AaTh 298[13].

Bei relativer Stabilität des inhaltlichen Schemas unterscheiden sich die Var.n von AaTh 298 A* vor allem durch Einzelheiten und Besonderheiten der Darstellung der Handelnden, was häufig mit nationalen Traditionen verbunden ist. Gewöhnlich beschützt der Wind den Menschen vor Sonne und Frost dadurch, daß er zu wehen aufhört. In der ukr. Var. aus der Slg P. P. → Čubyns'kyjs jedoch hilft der Wind dem Menschen dadurch, daß er dunkle Regenwolken vom Himmel hinwegfegt und einen hellen Weg eröffnet[14]. In einigen rumän. und weißruss. Var.n trifft statt eines Bauern ein Mädchen Sonne, Frost und Wind auf ihrem Weg[15]. In manchen litau. Var.n hat die Sonne das Aussehen einer Frau und der Wind das eines Mannes mit einer spitzauslaufenden Narrenkappe[16]. In den ukr. Var.n wird der Wind häufig als dicklippiger Alter gezeichnet[17]. Solche → Personifikationen der Elemente sind bes. bei den Ostslaven in Märchen, Zaubersprüchen und Liedern geläufig[18].

Von der Struktur her ähnelt AaTh 298 B* dem bei den Ostslaven, Letten, Litauern, Esten und Finnen bekannten Legendenmärchen AaTh 846*: *The Vengeful Saints*[19]:

> Die Heiligen Il'ja und Petro (Mikola und Jur'ja) fragen einen entgegenkommenden Bauern, wen von beiden er mehr verehre (wer schöner sei). Der benachteiligte Heilige rächt sich an dem Bauern (schickt Hagel auf sein Feld, will für schlechte Ernte sorgen). Der andere Heilige warnt den Bauern jedoch und bringt die Angelegenheit in Ordnung[20].

Die AaTh 298 A* – B* zugrundeliegende Thematik begegnet auch im humoristischen Kettenmärchen AaTh 2031: → *Stärkste Dinge*, doch ist die alte mythol. Grundlage der Frage nach dem Stärkeren, die dort anekdotisch einen neuen Sinn erhält, zerstört. So heißt es etwa in baschkir. und anderen oriental. Texten: Ein alter Mann springt auf das Eis, fällt hin und spricht zu ihm, wie stark es, das Eis, doch sei; das Eis antwortet, noch stärker als es sei die Sonne; der Alte geht zur Sonne, dann zum Wind, der die Wolke verfolgt, zum Regen, zum Gras, zum Stier, zum Messer, zum Mäuschen und zum Schluß zur Katze – sie ist am stärksten[21].

[1] Ergänzend zu AaTh: Barag; SUS. – [2] Arājs/Medne. – [3] Kerbelytė, B.: Litau. Volksmärchen. B. 1978, 419 (zu num. 21; 28 Var.n bekannt). – [4] Kecskeméti/Paunonen. – [5] Bîrlea, O. (ed.): Antologie de proză populară epică 3. Buk. 1966, 3, 251 sq. (31 Var.n). – [6] RTP 1 (1887) 327. – [7] Afanas'ev, num. 91. – [8] Dubovka, V.: Polesskaja rapsodija. Len. 1967, 167 – 172. – [9] Arājs/Medne 298 B*. – [10] Noy 298 B*. –
[11] Schwarzbaum, Fox Fables, 290 – 295; Dicke/Grubmüller, num. 532. – [12] Bîrlea (wie not. 5) 252. – [13] Pietkewicz, C.: Kultura duchowa Polesia rzeczyckiego. W. 1938, 18 sq. – [14] Čubyns'kyj, P. P.: Trudy ėtnografičesko-statističeskoj ėkspedicii v Zapadno-Russkij kraj 1. St. Peterburg 1872, 30 sq. – [15] Bîrlea (wie not. 5); Federowski, M.: Lud białoruski

na Rusi litewskiej 1. Krakau 1897, num. 162. – [16] Kerbelytė (wie not. 3) 32. – [17] Čubyns'kyj (wie not. 14); Ėtnografičnij zbirnik 14 (1903) 231, num. 37. – [18] Afanas'ev, A. N.: Drevo žizni. M. 1982, 91–93; cf. ferner Liungman, W.: Der Kampf zwischen Sommer und Winter (FFC 130). Hels. 1941. – [19] Ergänzend zu AaTh: SUS; Barag (ausführlicher Kommentar); Arājs/Medne; Rokala, K. (ed.): A Catalogue of Religious Legends in the Folklore Archives of the Finnish Literature Soc. In: Catalogues of Finnish Anecdotes and Historical, Local and Religious Legends (NIF Publ.s 3). Turku 1973, 119. – [20] So auch die ind. Sage über den Gott Sani und die Göttin Lakśmi, cf. Polívka, J.: Pohádkoslovné studie (Studien über Märchen). Praha 1904, 180–197. – [21] Baškort chalyk ižady. Ėkiėttėr 5. ed. L. G. Barag/ N. Zaripov/K. Mėrgen/G. Chusainov. Ufa 1983, num. 134sq., not. p. 376; Marzolph 2031.

Ufa Lev G. Barag

Guarinoni(us), Hippolytus, *Trient 18. 11. 1571, †Hall (Tirol) 31. 5. 1654, Arzt, Schriftsteller und Hagiograph. Der illegitime Sohn des Bartholomäus G. und der Catharina Pellegrini wurde zunächst in Trient erzogen (ein Aufenthalt als Page am Hof des Mailänder Erzbischofs und Kardinals Carlo Borromeo ist eine spätere Legende). 1580 folgte er seinem Vater, der 1575 zum kaiserlichen Leibarzt berufen worden war, nach Wien, 1582 nach Prag (Ausbildung bei den Jesuiten). 1594 begann G. in Padua sein Medizinstudium (Promotion 1597). Angebotene Hofstellungen schlug er aus und ließ sich 1598 in Hall nieder, zunächst als Hausarzt am Kgl. Damenstift, ab 1601 auch als Stadtphysikus, ab 1604 zusätzlich als Gewerkenarzt im nahen Schwaz, ab 1607 als Leibarzt der Erzherzoginnen Eleonore und Christierna im Damenstift. Er stützte die tridentinische Kirchenreform des Brixener Bischofs im damals sozial und konfessionell noch unruhigen Gebiet von Hall und Schwaz und trat ab 1610 als kämpferischer Schriftsteller und Moralist sowie als Förderer neuer Heiligenkulte und als Tiroler Hagiograph hervor.

Sein weitverbreitetes Hauptwerk *Die Grewel der Verwüstung Menschlichen Geschlechts* (1610) verbindet in der Sprache des ‚gemeinen Mannes' eine kritische Analyse der religiös-sittlichen und körperlichen Verfassung der Bewohner des Reiches, vor allem Tirols, mit einer Anleitung zu gesundem, natur- und vernunftgemäßem Leben. Den hippokratischen Bedingungen der Gesundheit stellt G. als weitere theol. Bedingung das rechte Gottesverhältnis voran. Daraus folgt für ihn jedoch keine aszetische Welt- und Leibverachtung; die real beobachteten Deformationen des Menschen werden vielmehr am Renaissance-Ideal der ‚Schöne des Leibs' bemessen. Humanistische Weltoffenheit und Vorurteilslosigkeit etwa in der Kritik an Astrologie und Alchemie, Genauigkeit der Beobachtung und ein ausgeprägtes Selbstbewußtsein, das sich u. a. in zahlreichen autobiogr. Exempelerzählungen äußert, verhindern andererseits nicht zeittypische Misogynie, Judenhaß, konfessionelle Intoleranz, Bekämpfung der Paracelsisten. Für Medizin-, Kultur- und Musikhistoriker sowie Volkskundler sind die *Grewel* stets eine Fundgrube gewesen; kaum eine Kulturgeschichte der frühen Neuzeit wertet sie nicht aus. Gemäß der im 2. Buch entwickelten affektrhetorischen Ästhetik mildert er die strenge Ordnung der Traktatform der *Grewel* durch einen kurzweiligen Ich-Erzähler. ‚Volkstümlich' ist das Werk nur in dem Sinne, daß der gelehrte Autor für „Geist: als Weltliche/Gelehrt vnd Vngelehrte/ hoch vnd nidern Stands Personen" schreibt.

Neben weiteren populärmedizinischen Werken arbeitete G. ebenso unbeirrbar an der Popularisierung neuer religiöser Vorbilder; davon zeugen seine umfangreichen Übers.en der Viten der hl. Francisca Romana (1613) und des hl. Carlo Borromeo (1618) aus dem Italienischen, denen er später in seiner Kirche Altäre baute, sowie die Vita des angeblich 1462 einem jüd. Ritualmord zum Opfer gefallenen Kindes Andreas Oxner (→ Judenlegenden, → Antisemitismus) aus dem benachbarten Dorf Rinn (1642, vielfach aufgelegt), mit der er einen neuen Tiroler → Wallfahrtskult begründete. Hinzu kommen zahlreiche noch unedierte nachgelassene Schriften, darunter Viten meist aus Tirol stammender Vorbilder nachtridentinischer Standesfrömmigkeit, Moralsatiren (z. B. *Der Christl. Weltmann*), Aufzeichnungen ‚merkwürdiger Geschichten' beim Bau seiner Kirche (cf. → Bauplatzlegende), Beschreibung einer Pilgerreise nach Rom: insgesamt ein umfangreiches Œuvre, in dessen Zentrum – untypisch für die frühabsolutistische Zeit – ein seiner selbst sicheres, sich unbekümmert artikulierendes Ich steht. Die ausdrucksvollen Porträts, mit denen er ohne Rücksicht auf die Kosten seine Bücher (wie auch seine Altarbilder) schmückte, bestätigen dies.

Werke (Ausw.): Die Grewel der Verwüstung Menschlichen Geschlechts [...] Zu sondern Nutz/ Glück/ Heil/ Wolfahrt/ langen Gesondt/ Zeitlich: vnd ewigen Leben/ gantz Hochlöblicher Teutscher Nation [...]. Ingolstadt 1610. — Pestilentz Guardien/ Für allerley Standts Personen/ mit Säuberung der inficierten Häuser/ Beth=Leingewandt/ Kleider [...] Neben kurtzer Verantwortung etlicher nit weniger vngeschickten/ als boshafftigen/ wider das Buch der Greweln fahrenden Affterreden. Ingolstadt 1612. — Spiegel Christl. Eheleut/ Deß auch Wittiblichen/ Jungfrewlichen/ vnd Geistlichen Standts/ In dem verwunderlichen Leben vnd Wandel der [...] vnlengst canonizierten heiligsten Frawen/ vnnd Röm. Burgerin/ der H. Franciscae Pontianin, gebornen von Busso [...]. Ingolstadt 1613. — Praelaten Cron Lebens vnd der gewaltigen Thaten des H. Caroli Borromaei [...]. Fbg 1618. — Triumpf Cron Marter vnd Grabschrift dess heilig-Vnschuldigen Kindts Andreae von Rinn [...]. Innsbruck 1642 (1658, 1677, erw. Fassung 1729 u. ö.). — Wallfahrt nach Rom 1613. ed. C. Stampfer. In: Zs. des Ferdinandeums 23 (1879) 57—94. — Thomas von Bergamo. Lat. und verdeutscht von S. Mitterstiller. Innsbruck 1933.

Autographa inedita: Univ.sbibl. Innsbruck, Hs. num. 110. — Pfarrarchiv Telfs. — Tiroler Landesmuseum Ferdinandeum, Innsbruck. — Pfarrarchiv Hall.

Lit.: ADB 10, 83—85. — NDB 7, 247. — Koch, K.: H. G. Diss. Innsbruck 1925. — Grass, F.: H. G. Diss. Innsbruck 1941. — Mayr, E.: Die Werke des H. G. als volkskundliche Erkenntnisquelle. Diss. Innsbruck 1946. — Dörrer, A. u. a. (edd.): H. G. (1571—1654). Zur 300. Wiederkehr seines Todestages. Innsbruck 1954 (mit wichtigen Beitr.en von F. Grass, K. Schadebauer, E. Mayr, A. Dörrer, K. Koch und umfangreichem Verz. der Qu.n und älteren Lit.). — Bücking, J.: Kultur und Ges. in Tirol um 1600. Des H. G. „Grewel [...]“ als kulturgeschichtliche Qu. des frühen 17. Jh.s. Lübeck/Hbg 1968. — id.: Frühabsolutismus und Kirchenreform in Tirol (1565—1665). Wiesbaden 1972. — Valentin, J. M.: Bouffon ou religieux? Le débat sur le théâtre dans l'Allemagne catholique au début du XVIIe siècle. In: Revue d'Allemagne 12 (1980) 442—480. — Breuer, D.: H. G. als Erzähler. In: Die österr. Lit. — ihr Profil von den Anfängen im MA. bis ins 18. Jh. (1050—1750). ed. H. Zeman. Graz 1986, 1117—1133. — Schroubek, G. R.: Zur Frage der Historizität des Andreas von Rinn. In: Das Fenster 38 (1985) 3766—3774. — Petzoldt, L.: Religion zwischen Sentiment und Protest. Zur Sistierung des Kultes um „Andreas von Rinn“ in Tirol. In: ZfVk. 83 (1987) 169—192.

Aachen Dieter Breuer

Guatemala → Mittelamerika

Gudrun → Kudrun

Gueul(l)ette, Thomas-Simon, * Paris 2. 6. 1683, † Charenton 22. 12. 1766, Inhaber verschiedener hoher Justizämter, einer der fruchtbarsten und erfolgreichsten frz. Märchenschriftsteller[1].

Sein erstes Werk in diesem Genre stellten die (wie auch die übrigen Märchenausgaben G.s) anonym erschienenen *Soirées bretonnes* (P. 1712) dar[2]. Sie beruhten nach Aussage des Verf.s angeblich auf einem wiedergefundenen ma. Manuskript. Doch entstammen alle hier versammelten → Contes des fées — die nur teilweise die Bretagne zum Hintergrund haben — seiner eigenen Feder; es war ihnen nicht der gleiche Erfolg beschieden wie seinen späteren, an exotischen Schauplätzen spielenden Werken. Vorbild war neben zeitgenössischen Feenmärchen eventuell auch das *Peregrinaggio di tre giovani figliuoli del re di Serendippo* des → Christoforo Armeno (Venezia 1557 u. ö.)[3].

G.s zweite Märchensammlung *Les Mille et un quart d'heure* mit dem Untertitel *Contes tartares* (t. 1—2. P. 1712) war ungleich erfolgreicher[4]. Ebenso wie A. → Gallands kurz zuvor erschienene Übersetzung der → *Tausendundeinenacht* wurde auch diese Sammlung bald ins Deutsche und in andere Sprachen übertragen[5]. Diese Bände enthalten viele märchenhafte Erzählungen[6], die hauptsächlich zwischen Astrachan und China, aber auch in Vorderasien und Indonesien spielen und in eine Rahmenhandlung eingebettet sind:

Ben Eridoun, der Sohn des Arztes Abubeker, erzählt dem blinden König Schems-Eddin Märchen, während sie auf den Arzt warten, der ein Zauberwasser zur Heilung der Blindheit des Königs holen will. Dieses Heilmittel befindet sich auf der Insel Serendip (Ceylon) im Schnabel eines Vogels, der auf einem Baum wohnt, welcher nur von einer Frau erstiegen werden kann, die ihrem Manne niemals untreu war; dies gelingt schließlich einzig der Gattin des Königs.

Die eheliche Treue bzw. Untreue bildet ein Hauptthema von G.s orientalisierenden Märchen; ein weiteres Leitthema sind Erbteilungsprobleme. Es handelt sich einerseits um umgearbeitete europ. Vorlagen (verschiedene Fabliaux, Geschichten aus → Straparola, den → *Cent Nouvelles nouvelles*, Alain René Lesages *Diable boiteux* u. a.), andererseits lehnen sich die Texte an oriental. Erzählmotive aus dem Umkreis der *Tausendundeinenacht* (z. B. → *Geist im Glas* [AaTh 331], *Die drei → Buckligen* [AaTh 1536 B] u. a.) an. Das Lokalkolorit gewann G. aus Reiseberichten, Handbüchern und Lexika, die er z. T. auch in den Fußnoten zitiert.

Ebenfalls auf große Resonanz stießen G.s *Aventures merveilleuses du mandarin Fum-Hoam* (t. 1–2. P. 1723)[7], bei denen es sich vorgeblich um *Contes chinois* handelt[8]. Ein Schwerpunkt dieser Erzählungen liegt auf den erotischen Szenen, die der mit magischen Fähigkeiten ausgestattete Mandarin in der Gestalt von Schoßhunden, Flöhen etc. beobachtet haben will. G.s *Fum-Hoam* ist somit den sog. contes licencieux oder libertins zuzurechnen, deren bekanntestes Produkt das *Sopha* (P. 1742) von Claude-Prosper Jolyot de Crébillon ist, das in einigen Episoden deutliche Anklänge an G.s *Fum-Hoam* zeigt.

Auch bei G.s *Sultanes de Guzarate, ou les Songes des hommes éveillés*, die gemäß Untertitel *Contes mogols* darstellen sollten (t. 1–3. P. 1732)[9], handelt es sich um eine Mischung von europ. und oriental. Erzählmotiven, in denen fast ausschließlich Liebesabenteuer, Schiffbrüche, Entführungen und Intrigen im Stile der *Tausendundeinenacht* im Mittelpunkt stehen; Zaubereien und Feen spielen in diesem romanhaften Werk, das weitaus mehr Eigenständigkeit zeigt, nur noch eine Nebenrolle. Die Übers. dieser in Deutschland und England ebenfalls erfolgreichen Sammlung[10] wurde noch 1769 positiv rezensiert[11].

Exotische und abenteuerliche Themen wählte G. auch ein Jahr später in seinen *Mille et une Heure, contes peruviens* (t. 1–2. Amst. 1733)[12], die angeblich auf wiederentdeckten Mss. der Inkas beruhten. Es handelt sich hierbei um ein Amalgam aus Liebesgeschichte, Staats- und Erziehungsroman mit Märchenelementen wie Ungeheuer, tiersprachenkundigen Menschen u. a.

Auch als bibliophiler Gelehrter und Herausgeber war G. von Bedeutung: Neben Schriften über das ital. Theater, den Werken Montaignes und → Rabelais' gab er auch die *Contes et fables indiennes de Bidpai* (P. 1724; cf. → *Kalila und Dimna*) neu heraus und war an der Edition von Chéc Zadés *Histoire de la sultane de Perse et des visirs. Contes turcs* (1. Ausg. P. 1707 durch François Pétis de la Croix) beteiligt[13].

[1] Grundlegend Coderre, A. D.: L'Œuvre romanesque de T.-S. Gueullette (1683–1766). Diss. Montpellier 1934. – [2] Andere Ausg.n: Genève/P. 1756; P. 1786 (Cabinet des fées 32); zum Inhalt cf. Coderre (wie not. 1) 55–76 und Delarue, 23–27. – [3] Wesselski, A.: Qu.n und Nachwirkungen der Haft paikar. In: Der Islam 22 (1935) 106–119, hier 112. – [4] Erscheinungsjahr der Erstausg. nach Gueulette, J. E.: T.-S. G. P. 1938, 96; weitere frz. Ausg.n 1715, 1717, 1723, 1725, 1730, 1753, 1778–80; 1786 (Cabinet des fées 21–22). – [5] Lpz. 1716/17, 1722–28, 1730, 1738, 1753, 1775, 1790; bedeutend noch die kommentierte Ausg. von J. H. Dessauer. Erlangen 1844/[45]; Kop. 1755; L. 1759; Dublin 1764; L. 1785; Amst. 1765; Madrid 1789; cf. auch Grätz, M.: Das Märchen in der dt. Aufklärung. Stg. 1988, 37–39, 343–345. – [6] Zum Inhalt cf. Coderre (wie not. 1) 77–103; John Dunlop's Geschichte der Prosadichtungen [...]. ed. F. Liebrecht. B. 1851, 414–416; Fürst, R.: Die Vorläufer der modernen Novelle im 18. Jh. Halle 1897, 50 sq. – [7] Weitere Ausg.n P. 1725, La Haye 1725, P. 1728, Genève/P. 1786; P. 1785 (Cabinet des fées 19); zum Inhalt cf. Coderre (wie not. 1) 103–117. – [8] Mehrfach übers., z. B. L. 1725, 1781; Lpz. 1727. – [9] Weitere Aufl.n P. 1733, Utrecht 1736, La Haye 1749 (u. d. T.: Les mille et une Soirées), Genève/P. 1756, P. 1765; P. 1786 (Cabinet des fées 22–23); cf. auch Coderre (wie not. 1) 118–132. – [10] Die Sultaninnen von Guzarate [...]. Lpz. 1735; später u. d. T. Träume wachender Menschen [...] 1–2. Ulm 1768 (als t. 3–4 der „Jungen Amerikanerinn" [von G.-S. Barbot de Villeneuve] angehängt); L. 1736, 1743. –
[11] cf. ADB 9, 2 (1769) 261 sq. – [12] Weitere Aufl.n u. a. P. 1734, L. 1759 ([4]1764), Lille 1782; P. 1786 (Cabinet des fées 22–23). – [13] cf. [Jantz, H.:] German Barock Literature 1. New Haven 1974, 156.

Paderborn Manfred Grätz

Guevara, Antonio de, * Treceño (?) ca 1480, † Mondoñedo 3. 4. 1545, aus einer alten nordspan. Adelsfamilie, kam wahrscheinlich 1492 als Page an den Hof der Kathol. Könige. Der Tod Isabellas von Kastilien (1504) machte frühe Hoffnungen auf eine höfische Laufbahn zunichte. 1507 wurde er Franziskaner und hatte mehrere Ordensämter inne, bevor er 1517/18 Karl I. (V.) begegnete, der ihn zum Hofprediger (1521/23) und kgl. Chronisten (1526) bestellte. Zeitweise im Dienst der Inquisition, wurde G. 1529 Bischof von Guadix und 1537 Bischof von Mondoñedo.

G. vereinigte docta pietas mit dem Leben des aristokratischen Höflings und dem schriftstellerischen Beruf. Er spielte eine politisch und spirituell wichtige Rolle als Ratgeber des Kaisers. Als Kanzelredner wurde er um 1515 bekannt; erhalten sind nur 23 Predigtentwürfe, in denen keine alten Predigtmärlein verwendet werden. Als moralistisch-asketischer Schriftsteller richtet sich G. an Fürsten, Höflinge und Religiose. Der *Libro aureo de Marco Aurelio emperador y eloquentissimo orador* (1518 begonnen, 1524/25 fertiggestellt, unrechtmäßiger Erstdruck Valencia [1528]; über 100 Aufl.n bis zum 18. Jh.; engl., frz., ndl., ital. Übers.en) stellt in einer Pseudobiographie Kaiser Mark Aurel als Vorbild eines Herrscher-Philosophen dar. Neben Reden (Kap. 31 sq. Klage des Bauern Mileno von der Donau vor dem röm. Senat [cf. → Paysan du Danube]; Kap. 19–21 epideiktische Rede des Kaisers an seine Gemahlin Faustina) dienen Episteln (Liebes-, Trost-, Spottbriefe) der Technik der narratio. Als Mustertexte wurden Reden und Sendschreiben einflußreich (der edle → Wilde bei Montaigne, *Essais*, 1, 30; P. → Boaistuau, *Histoires prodigieuses*, Kap. 30; → La Fontaine, *Fables*, 11, 7). Klassische und ma. Exempla, moralische Sentenzen, Zitate, wundersame Begebenheiten (z. B. → Monstrum, Kap. 26) werden wirkungsvoll für die probatio herangezogen.

Der Karl V. gewidmete Fürstenspiegel *Relox de Principes* (Valladolid 1529, etwa 120 Aufl.n bis Mitte des 18. Jh.s; vier dt. Übers.en, ferner engl., frz., ndl., ital., lat., poln., rumän., ung.) nimmt Teile des *Libro aureo* auf (u. a. die Klage des Bauern, 3, 3–5, jetzt aber im Zusammenhang mit der Diskussion um span. Eroberung, Kolonialpolitik und die Indios). Weitere gelehrte Exkurse handeln vom Gemeinwesen, dem Goldenen → Zeitalter (Kap. 31), der Regierungskunst, von Frau, Ehestand, Familie und Kindererziehung sowie von Gerechtigkeit, Krieg und Frieden. Bedeutsam ist als utopischer Entwurf die Episode der (erfundenen) Begegnung → Alexanders des Großen mit dem barbarischen Stamm der Garamanten und ihrem weisen alten Sprecher (1, 33–35). Neben rhetorischen Elementen haben die fiktional-novellesken für G.s Darstellungstechnik große Bedeutung (Erzählung von der schönen Camma). Die Zahl der belehrenden Briefe und unterhaltsamen Anekdoten hat G. sichtlich vermehrt. Kastil. Sprichwörter werden z. B. als Kern einer beispielhaften Erzählung zugrunde gelegt. Trotz der Fülle gelehrter Details (etwa aus dem klassischen Altertum) entspricht das Werk nicht eindeutig dem Geist der Renaissance und wurde von dem Humanisten Pedro de Rúa angegriffen wegen der Verwendung erfundener Quellen und Gewährsleute, falscher Angaben, apokrypher Überlieferung.

Die 112 *Epistolas familiares* (t. 1–2. Valladolid 1539–42; rund 150 Aufl.n; dt., engl., frz., ndl., ital., lat. Übers.en) sind nur z. T. echte Briefe. Die in Briefform gekleideten Traktate bilden eine Vorstufe des Essays und behandeln in lockerer, unterhaltsamer und bildender Weise eine Vielzahl von Themen (u. a. Rätsel in Frage und Antwort, Ratschläge für verschiedene Stände und Berufe, Medizinisches, Alltagsleben, Zeitgeschichte, Philologisches, Geschichte des Sklaven → Androklus mit dem Löwen).

Die 1539 in Valladolid erschienene Ausg. der *Obras* enthält außer 10 Kaiserbiographien (*Una década de Césares*) und dem kultur- und sozialgeschichtlich aufschlußreichen *Libro de los inventores del arte de marear y de muchos trabajos que se passan en las galeras* (Hb. für Seereisende, in das eigene Erfahrungen eingehen, Kap. 8 über Matrosensprache) zwei sehr einflußreiche Schriften: den *Aviso de privados y doctrina de cortesanos* und den *Libro llamado menosprecio de corte y alabanza de aldea*. Beide liefern praktische Verhaltensregeln, eine Erziehungs- und Sittenlehre für den Hofmann, jedoch kein Idealbild wie Baldassare Castigliones *Libro del cortegiano* (Venedig 1528). G. kannte das höfische Leben genau. Als ‚höfischer Zuchtmeister' wirkte er über ganz Europa bis in das 18. Jh., auch seine Hofkritik (bes. *Menosprecio de corte*. Valladolid 1598) war von internat. Einfluß (Lob des Landlebens, Gegensatz Stadt – Land, moralsatirisches Typenrepertoire, Lasterkataloge). In meist lat. Florilegien, Spruchsammlungen und Traktaten wirkte G. auf höfische Lebenslehre und Staatskunde des Barock weiter.

An einen kirchlich-monastischen Leserkreis wenden sich die Erbauungsbücher *Oratorio de religiosos y ejercicio de virtuosos* (Valladolid 1542) sowie der *Libro llamado Monte Calvario*

(Valladolid 1545; Teil 2: *De las siete palabras que nuestro redemptor Jesuchristo dixo en el arbol de la cruz*. Valladolid 1549).

Die Wirkung der Übertragungen von G.s Werken, die sich wiederum gegenseitig beeinflußten und in Frankreich und Italien früher entstanden als in Deutschland, ist enorm. In Frankreich hält sich die Zahl der → *Amadis*-Ausg.n die Waage mit denen von G.s Werken. Die Übers.en tragen bei zur massenhaften Verbreitung populärer Lesestoffe und prägen sowohl manieristische Moden (Euphuismus in England) als auch ständische Verhaltensformen und das Gedankengut der ‚Höflichkeit'. In Deutschland verläuft die Rezeption einerseits auf gelehrter Ebene und in lat. Sprache, zum anderen durch dt. Übers.en ohne konfessionelle Unterschiede. Aegidius → Albertinus hat G.s Werke entsprechend den Bedürfnissen seiner Zeit kompiliert und adaptiert. Dabei verfährt er mit der Vorlage oft ebenso frei wie G. (Zusätze in den *Guldenen Sendtschreiben* [= *Epistolas familiares*]. Mü. 1598/99; der *Zeitkürtzer* [Mü. 1603] wird als dt. Fassung eines Werkes von G. vorgestellt, folgt jedoch Luis de Escobar: *Las quatrocientas respuestas a otras tantas preguntas*. Valladolid 1545). Auszüge und einzelne Kapitel (Ehezucht, Landleben) erscheinen im dt. Sprachraum bis ins 18. Jh. Über Albertinus (*Verachtung dess Hoflebens*. Mü. 1598) wird G.s Abschied an die Welt (*Menosprecio*, Kap. 18–20) an Johann Jakob Christoph von → Grimmelshausen (*Simplicissimus Teutsch* 5, 24) vermittelt. Als Autorität wurde G. sogar gelegentlich mit der sog. Trunkenheits- und Convivia-Lit. des 17. Jh.s in Verbindung gebracht.

G. ist ein Meister der ‚Buntschriftstellerei'. Das erklärt teilweise seine Beliebtheit und Bucherfolge über Jh.e in verschiedenen Ländern und Situationen. G. schrieb eigentlich nicht für eine volkstümliche Leserschaft, aber auch nicht für Gelehrte. Er war selbst ein unersättlicher Leser, der aus klassischer und ma. Überlieferung schöpfte. In neuen Formen, die in Konkurrenz stehen zu volkstümlich beliebten Lektüren (Ritterromane, novela sentimental), versteht er es, Bildungswissen popularisierend umzusetzen in unterhaltsame und zugleich nützliche Belehrung für ein breites Publikum. Sein Werk ist ein Arsenal an griffig aufbereitetem Beispiel-, Sentenzen- und Erzählmaterial, das von Kompilatoren, Übersetzern, Bearbeitern, Moralisten, Geschichtenschreibern vielfältig verwendet und bis zur Trivialisierung umgestaltet wurde. Mit der Mischung von Fiktion und Information, Übers. und eigener Erfindung, Gelehrsamkeit und Fabulierkunst hatte G. dafür selbst den Weg gewiesen.

Bibliogr.: Simón Díaz, J.: Bibliografía de la literatura hispánica 10. Madrid 1976, 352–393. – Schweitzer, C. E.: A. de G. in Deutschland, eine kritische Bibliogr. In: Romanistisches Jb. 11 (1960) 328–375. – id.: A. de G. in Deutschland, eine kritische Bibliogr. In: Romanistisches Jb. 28 (1977) 322–325.

Lit.: Clément, L.: Antoine de G., ses lecteurs et ses imitateurs français au XVIe siècle. In: Revue d'Histoire Littéraire de la France 7 (1900) 590–602, 8 (1901) 214–233. – Gálvez, J. M.: G. in England. B. 1916. – Gómez Canedo, L.: Las obras de Fray A. de G., ensayo de un catálogo completo de sus ediciones. In: Archivo Ibero-Americano 6 (1946) 441–603 (dort auch weitere Aufsätze über G.). – Clavería, C.: Estudios hispano-suecos. Granada 1954, 9–52. – Iams, C. L.: A. Albertinus and A. de G. Diss. Berk. 1956. – Gómez-Tabernera, J. M.: La plática del villano del Danubio, de Fray A. de G., o las fuentes hispanas de la concepción europea del mito del buen salvaje. In: Revista Internacional de Sociología 24 (1966) 297–316. – Márquez Villanueva, F.: Espiritualidad y literatura en el siglo XVI. Madrid 1968, 17–66. – Granjel, L. S.: Humanismo y medicina. El capítulo médico en la obra literaria de Fray A. de G. In: Cuadernos de Historia de la Medicina Española 9 (1970) 99–119. – Grey, E.: G., a Forgotten Renaissance Author. The Hague 1973. – Jones, J. R.: A. de G. Boston 1975. – Redondo, A.: A. de G. (1480?–1545) et l'Espagne de son temps. De la carrière officielle aux œuvres politico-morales. Genève 1976. – Wiltrout, A. E.: Women in the Works of A. de G. In: Neophil. 60 (1976) 525–533. – Brunori, L.: Le traduzioni italiane del Libro aureo de Marco Aurelio e del Relox de principes di A. de G. Imola 1979. – Gemert, G. van: Die Werke des Aegidius Albertinus (1560–1620). Amst. 1979. – Kiesel, H.: „Bei Hof, bei Höll". Unters.en zur literar. Hofkritik von S. Brant bis F. Schiller. Tübingen 1979, 88–106. – Rallo Gruss, A.: A. de G. en su contexto renacentista. Madrid 1979. – Schweitzer, C. E.: A. de G.s Adjeu Welt in der dt. Lit. In: Daphnis 10 (1981) 195–209. – Walz, H.: Der Moralist im Dienste des Hofes. Eine vergleichende Studie zu der Lehrdichtung von A. de G. und A. Albertinus. Ffm. 1984. – Concejo, P.: A. de G., un ensayista español del siglo XVI. Madrid 1985. – Prieto, A.: La prosa española del siglo XVI. t. 1. Madrid 1986, 177–217. – Albertinus, A.: Verachtung dess Hoflebens und Lob dess Landlebens. Faks.druck der Erstaufl. von 1598. ed. C. E. Schweitzer. Bern/Ffm./N. Y. 1987 (mit umfassender Einl. und Bibliogr.).

Berlin Dietrich Briesemeister

Gui de Warewic nimmt eine zentrale Stellung in der literar. Tradition des ma. frz. Abenteuerromans (im Unterschied zum höfischen Roman) ein, bes. innerhalb einer irreführend als Familienromane (ancestral romances)[1] bezeichneten Gruppe, zu der *Horn* (um 1170), *Haveloc* (Anfang 13. Jh.), *Waldef* (um 1200), → *Beuve de Hampton* und → *Fouke le Fitz Waryn* gehören. Gemeinsam ist diesen vornehmlich aus dem 13. Jh. stammenden Versromanen von den Brit. Inseln und ihren Gegenstücken auf dem Kontinent (wie *Guillaume d'Angleterre* [um 1175] und → *Amicus und Amelius*), daß sie sich fast völlig auf die unrealistische Abenteuerhandlung konzentrieren, die wenig Raum für eine differenzierte Behandlung psychol. und gesellschaftlicher Themen läßt, wie sie etwa vom Publikum des → Chrétien de Troyes geschätzt wurde. Der mündl. vorgetragene populäre Versroman ist charakterisiert durch die schnelle, abwechslungsreiche und locker strukturierte Abfolge der aus einem gemeinsamen Bestand traditionellen Materials geschöpften Motive und Episoden. In seinem Mittelpunkt steht die Gestalt eines oft überdimensionierten ritterlichen Helden, der auf seinen Fahrten durch ganz Europa und über dessen Grenzen hinaus gelangt[2]. Diese weitschweifigen, stets nach demselben Rezept verfertigten Versromane, die → Chaucer in *Sir Thopas* (*Canterbury Tales*, num. 19) treffend parodiert hat, fanden über lange Zeit begeisterte Aufnahme, und G. de W. sollte sich nicht nur als der beliebteste, sondern auch als der einflußreichste und dauerhafteste erweisen[3]. Dieser Erfolg mag in großem Maße darauf beruhen, daß G. de W. sowohl Liebesroman als auch episches Heiligenleben darstellen will: Auf einen rein weltlichen ersten Teil, in dem G. durch Antrieb der Liebe irdischen Ruhm erlangt, folgt ein zweiter, didaktischer, der von der Neuorientierung seiner ritterlichen Tugenden und seiner neuen beispielhaften Mission als Streiter Gottes gegen die → Heiden handelt.

Der anglonormann. G. de W. (vermutlich 1. Hälfte 13. Jh.) besteht aus nicht ganz 13 000 achtsilbigen Reimpaaren und ist in über 15 Hss. erhalten[4]. Die um 1300 angefertigte mittelengl. Version *Guy of Warwick* hält sich trotz einiger Umgestaltungen eng an ihre frz. Quelle[5]. Ein lat. Resümee der frz. Dichtung, die *Historia Guidonis Warwick* (14. Jh.), wurde im 15. Jh. von John Lydgate (um 1373 – um 1449) in engl. Verse übersetzt. Aus dem 15. Jh. stammen ferner: eine von der mittelengl. Version abhängige ir. Fassung, die dt. Prosaerzählungen *Gydo und Thyrus*, welche auf eine bereits in der ältesten Hs. der → *Gesta Romanorum* (num. 172 = Tubach, num. 2390)[6] enthaltene Kurzform zurückgehen, die G. de W. stark verpflichtete katalan. Fassung *Tirant lo Blanch* sowie die Prosabearbeitung *Le Romannt de Guy de Warwik et de Herolt d'Ardenne*[7].

Der anglonormann. Versroman spielt im ags. England zur Zeit König Athelstans (924/25 – 939). Als hist. Vorbilder für G. wurden u. a. Wigod of Wallingford (um 1050) und Brian FitzCount (um 1150) angesehen, doch sind Spekulationen dieser Art (wie auch die mutmaßliche Entstehung der G.-Dichtung unter dem Patronat der Familie d'Oilli in Oseney Abbey und ihre angebliche politische Relevanz) von recht beschränktem literar. Interesse[8].

Ein Prolog verweist auf den moralisch-belehrenden Wert der Dichtung (V. 16; wiederholt im Epilog, 12 915). Felice, die Tochter des Grafen Roalt, Herrn von Oxford und Buckinghamshire, wird geliebt von G., dem Sohn von Roalts treuem Seneschall Sequart (84). Felice weist G. ab, da er ihr nicht ebenbürtig sei (335), ist aber gewillt, ihn zu heiraten, wenn es ihm gelinge, Ritterwürde und internat. Ansehen zu erwerben (625, 685). Während dieses mehrjährigen Dienstes für die geliebte Dame erwirbt G. im Ausland ständig wachsenden Ruhm, bis er schließlich als größter Ritter der Welt anerkannt wird (7472), worauf die Hochzeit stattfinden kann (7538). Bald darauf jedoch erfährt G. eine religiöse Bekehrung, beschließt, sein Leben dem Dienst Gottes zu weihen (7594), und verläßt seine schwangere Frau. Eine Bußpilgerreise nach Jerusalem löst eine zweite Serie großer Abenteuer und unerkannt vollbrachter Heldentaten aus; sie gipfeln in G.s Heimkehr nach England (10 780): Er rettet König Athelstan vor den eingefallenen Dänen, indem er den riesenhaften heidnischen Kämpen Colbrand erschlägt (11 271). G. wird → Einsiedler und stirbt kurz darauf (11 632).

Handlungsauslösend ist das Motiv des Liebhabers von niedrigem Stand (343, 4470). Im

Verlauf der von der Liebe zur Heirat führenden Sequenz, die die erste Hälfte des Versromans bildet, schlägt G. zuerst die Liebe (942) und dann die Hand (3227, 4245) von zwei Kaiserstöchtern aus. In einer Nebenhandlung erscheint die Gestalt des bösen und eifersüchtigen Seneschalls (3150, 3679). Eine Geschichte in der Geschichte (4623–6804) nimmt das Thema Bedrohte Heirat – Errettung – Heirat[9] einschließlich der traditionellen Rettung in unkenntlicher Gestalt (mit geschwärztem Gesicht) auf, hier durch einen Stellvertreter des Helden (6192).

Weitere Motive: episches Streitgespräch (1257); traditioneller planctus (1420); wunderbare Wiederbelebung des als tot zurückgelassenen Waffengefährten durch Mönch (1501); zufälliges Zusammentreffen des Helden mit verkleidetem totgeglaubtem Waffengefährten (1553); sarazen. Bildersturm (3630); Entsendung in verräterischer Absicht (3679; cf. AaTh 930: → *Uriasbrief*); Warntraum mit Vorbedeutung (4005); Held vermittelt zwischen Löwe und Schlange, schließt Freundschaft mit ersterem (4125; cf. Chrétiens *Yvain* [→ *Iwein*, AaTh 156: → *Androklus und der Löwe*]); nimmt falschen Namen an (6266); befreit Verbündeten durch List aus ungerechter → Gefangenschaft (6414); verletzt Grenze bei der Eberjagd (6812 sq.); befreit Land, indem er menschenfressenden Drachen erschlägt (7395); verläßt schwangere Gattin, die ihm → Ring als → Erkennungszeichen gibt (7725); zufälliges Zusammentreffen des Helden mit Person, die seine Hilfe sucht – Hilfe unerkannt angeboten (8199); Held kleidet sich in unbesiegbar machende Rüstung: → Karls des Großen Halsberge, → Alexanders des Großen Helm, Hektors Schwert, Darius' Schild (8389); erschöpfter Held mit Flußwasser gestärkt, erhält neuen Namen (8805), enthauptet Riesen (8877); Sohn des Helden von ausländischen Kaufleuten entführt, nach Schiffbruch von fremdem (afrik.) König an Sohnes Statt angenommen (8997; cf. AaTh 938: → *Placidas*); zufälliges Zusammentreffen von Held und verkleidetem Waffengefährten (9407); unerkannter Held bietet Hilfe an (9725); Traum weist auf vergrabenen → Schatz hin (9755; cf. AaTh 1645 A: → *Guntram*); Held auf Bett ins Meer geworfen und durch Seemann gerettet (10 195); Held enthüllt wahre Identität (10 671); Warntraum mit Vorbedeutung (10 925); Held befreit unerkannt Land, indem er heidnischen Riesen köpft (11 271); besucht unerkannt Gattin (11 400); wird Einsiedler (11 428); ruft Frau durch Erkennungsring an sein Totenbett (11 523); Sohn des Helden dringt ins Jenseits ein, um einen verschwundenen Waffengefährten seines Vaters wiederzufinden und zurückzuholen (12 257)[10]; der Sohn übernimmt die Macht (12 899).

Zwar wurden mehrere Werke (→ Alexius, *Placidas, Moniage Guillaume* [→ Guillaume d'Orange], *Jourdain de Blaives* [13. Jh.], *Amicus und Amelius*) als direkte Quelle von G. de W. angesehen, zahlreiche auffallende Analogien zu *Amadas et Ydoine* (um 1190), *Horn, Beuve de Hampton* und bes. *Waldef*[11] verweisen jedoch eher darauf, daß die dichtenden Kompilatoren zu ihrer literar. Patchworktechnik frei aus einem Korpus narrativer Versatzstücke schöpften. G. de W. hebt sich durch das weltlich/geistliche Diptychon und die relativ kunstvolle Komposition von seinen banaleren Zeitgenossen ab.

[1] Legge, M. D.: Anglo-Norman Literature and Its Background. Ox. 1963, 139–175. – [2] Ramsey, L. C.: Chivalric Romances. Popular Literature in Medieval England. Bloom. 1983; Mauritz, H.-D.: Der Ritter im magischen Reich. Märchenelemente im frz. Abenteuerroman des 12. und 13. Jh.s. Bern 1974. – [3] Crane, R. S.: The Vogue of Guy of Warwick from the Close of the Middle Ages until the Romantic Revival. In: Publ.s of the Modern Language Assoc. 30 N.S. 23 (1915) 125–194. – [4] G. de W. ed. A. Ewert. P. 1932; Grundriß der rom. Lit.en des MA.s 4,1. ed. H. R. Jauß/E. Köhler. Heidelberg 1978, 478 sq.; ibid. 4,2 (1984) num. 240; Vieilliard, F.: Bibliotheca Bodmeriana. Catalogues 2: Manuscrits français du moyen âge. Cologny-Genève 1975, 25 sq., 97 sq. – [5] Guy of Warwick. ed. J. Zupitza. L. 1883–91; Mehl, D.: Die mittelengl. Romanzen des 13. und 14. Jh.s. Heidelberg 1967; cf. Hibbard, L. A.: Medieval Romances in England [...]. N. Y. 1924, 127–142; Rice, J. A.: Middle English Romance. An Annotated Bibliogr., 1955–1983. N. Y. 1986; Richmond, V. B.: G. de W. A Medieval Thriller. In: South Atlantic Quart. 73 (1974) 554–563; Klausner, D. N.: Didactism and Drama in „Guy of Warwick". In: Medievalia et Humanistica 6 (1975) 103–119. – [6] Gerdes, U.: Gydo und Thyrus. In: Verflex. 3,2–3 (²1981) 353–356. – [7] Le Romannt de Guy de Warwik et de Herolt d'Ardenne. ed. D. J. Conlon. Chapel Hill 1971. – [8] Legge (wie not. 1) 162, 169 sq.; Dannenbaum, S./Crane, S.: G. de W. and the Question of Exemplary Romance. In: Genre 17 (1984) 351–374; Crane, S.: Insular Romance. Politics, Faith and Culture in Anglo-Norman and Middle-English Literature. L. A. 1986. – [9] Wittig, S.: Stylistic and Narrative Structures in the Middle English Romance. Austin 1978. – [10] Braet, H.: Un Thème celtique dans le roman de „G. de W.". In: Festschr. C. Foulon 2. Liège 1980, 19–25. – [11] Holden, A. J. (ed.): Le Roman de Waldef. Cologny-Genève 1984, 29–32; über G. de W.s Einfluß auf Philippe de Rémis' Jehan et Blonde (13. Jh.) cf. die Ausgabe von S. Lécuyer (P. 1984, 24–26).

London Ian Short

Guicciardini, Lodovico, * Florenz 19. 8. 1521, † Antwerpen 15. 2. 1589, Politiker, Historiker, Geograph und Schriftsteller, Neffe des Historikers Francesco G. Nachdem G. mehrere Aufträge am Hof Cosimos I. in Florenz ausgeführt hatte, übersiedelte er nach Flandern und lebte von 1565 bis zu seinem Tod in Antwerpen. Dort besaß er zunächst das Vertrauen des Herzogs von Alba; später fiel er in Ungnade und kam ins Gefängnis. Weit verbreitet, z. T. auch in lat., dt., frz. Übers., waren G.s Chronik *Commentari delle cose più memorabili seguite in Europa e specialmente in questi Paesi Bassi dalla pace di Cambrai del 1529 insino a tutto l'anno 1560* (Antw. 1565) und die Beschreibung der Niederlande *Descrittione di tutti i Paesi Bassi altrimenti detti Germania inferiore* (Antw. 1567).

Für die Erzählforschung bedeutsam ist seine in ganz Europa verbreitete Fazetien-Sammlung *Hore di ricreatione* (Antw. 1568), die im 16./17. Jh. in über 20 Ausg.n erschien, z. T. zwei- und dreisprachig, und daher auch zu einem beliebten Sprachlehrbuch wurde. Die erste Ausg. enthielt 514 Erzählungen. 1565 war G.s Ms. ohne sein Wissen in Venedig von F. Sansovino veröffentlicht worden; diese venezian. Ausg. trug den Titel *Detti e fatti piacevoli et gravi di diversi principi, filosofi et cortigiani raccolti dal G. et ridotti a moralità* und wurde 1566 unverändert zum zweiten Mal herausgegeben. Die beiden ital. Ausg.n stimmen mit der Ausg. von 1568 nicht ganz überein, die Erzählungen sind anders geordnet und die Texte leicht verändert. Die zweite von G. autorisierte Auflage erschien 1583 in Antwerpen u. d. T. *L'hore di ricreatione di M. L. G. patritio fiorentino rivedute di nuovo, aumentate assai et ripartite in tre libri con buon ordine dal medesimo autore*. Die Vorlagen für G.s Fazetien sind nicht in jedem Fall ermittelbar, doch sind die Themen und Motive in anderen zeitgenössischen Slgen ebenfalls nachzuweisen. Da G. in Antwerpen lebte, kannte er wahrscheinlich auch dt.sprachige Slgen, z. B. die von Johannes → Pauli, Georg → Wickram, Jacob → Frey, Martin → Montanus, Valentin → Schumann und Michael → Lindener, ferner auch die Schriften von → Erasmus von Rotterdam, Heinrich → Bebel und vor allem die von Otmar Luscinius (i. e. Nachtigall), mit dessen *Joci et sales mire festivi* (Augsburg 1524 u. ö.) seine Slg Ähnlichkeiten aufweist, z. B. in der äußeren Struktur und in der Mischung von alten und modernen Motiven. Unter den ital. Humanisten können → Poggio, Baldassare Castiglione, Angelo → Poliziano und Lodovico → Domenichi als seine Vorlagen gelten.

Die *Hore di ricreatione* enthalten nicht nur Fazetien, sondern auch Apophthegmata, Anekdoten, sprichwortartige und erotische kleine Erzählungen im Stil der ital. Tradition des 15. Jh.s. Das Werk wurde in mehrere europ. Sprachen übersetzt: u. a. von François de → Belleforest ins Französische (*Les Heures de récréation et aprèsdisnées*. P. 1571), ins Deutsche von Daniel Federman (*Erquickstunden*. Basel 1574) sowie ins Englische (*Choice Proverbs and Dialogues in Italian and English, also delightful stories and apophthegms taken out of famous G.* L. 1666).

Erzähltypen und -motive (Ausw.; nach der Aufl. Antw. [2]1583): p. 5 (c) = AaTh 1354: → *Tod der Alten*. – 5 (f) = Mot. T 121.5: *Wealthy girl marries deformed and penniless philosopher*. – 6 (e) = AaTh 1750 A: cf. → *Tiere lernen sprechen*. – 7 (a) = AaTh 1935: cf. → Verkehrte Welt. – 9 (b) = Mot. J 2133.8: *Stargazer falls into well* (→ Astrologe). – 10 (d) = Mot. J 1218: *Thirty years old for twelve years*. – 13 (c) = Mot. J 1273: → Maler malt schöne Kinder. – 13 (d) = Mot. J 1274: Kaiser begegnet einem ihm ähnelnden jungen Mann. Ob seine Mutter schon in Rom gewesen sei? – Nein, aber sein Vater. – 14 (d) = Mot. J 1161.9: *Drunk philosopher wages that he can drink the ocean dry*. – 16 (d) = AaTh 1331: → *Neidischer und Habsüchtiger*. – 18 (b) = AaTh 62: → *Friedensfabel*. – 23 (a) = AaTh 1381 D: cf. *Die geschwätzige* → *Frau*. – 24 (a) = Tubach, num. 5192: *Wager lost by temptress*. – 36 (b) = AaTh 845: *Der* → *Alte und der Tod*. – 41 (c) = Tubach, num. 3289: *Miller meets Alexander* (→ Alexander der Große). – 44 = Mot. J 1337: *Beggar claims to be emperor's brother*. – 47 (d) = AaTh 1305 B: *Miser's Treasure Stolen* (→ Geiz). – 48 (d) = AaTh 1273 A*: *Numskull Bales Out the Stream*. – 52 (d) = Tubach, num. 3299, 5289: Frau als schwerste Last an Bord. – 55 (a) = AaTh 1585: → *Patelin*. – 61 (c) = Mot. J 2342.2: *Husband away three years accepts children born in his absence as his own*. – 64 (c) = Mot. K 1544: *Husband unwittingly instrumental in wife's adultery*. – 77 (b) = Mot. H 492.3: *Husband castrates himself to test wife's faithfulness*. – 82 (d) = Mot. K 1567: Treulose Frau wird mittels durstigen Esels in Fluß ertränkt. – 83 (b) = AaTh 75: → *Hilfe des Schwachen*. – 85 (b) = AaTh 41: → *Wolf im Keller*. – 85 (c) = Mot. K 1667.1.1: → Schatz des Blinden. – 85 (e) = AaTh 1861 A: cf. → Bestechung. – 87 (a) = AaTh 76: → *Wolf und Kranich*. – 89 = Mot. J 1279.1: *Plea for* *a good father.* — 91 (c) = Mot. K 2010.3: *Wolves sign false truce with sheep.* — 99 (d) = AaTh 111 A: → *Wolf und Lamm.* — 108 (c) = AaTh 51: → *Löwenanteil.* — 110 (d) = AaTh 775: cf. → *Midas.* — 111 (c) = AaTh 910 D: cf. → *Schatz hinter dem Nagel.* — 113 (e) = AaTh 122 C: cf. → *Überreden zum Sprechen, Singen etc.* — 116 (c) = AaTh 893: → *Freundesprobe.* — 120 (b) = Mot. J 2569: Philosoph glücklich über den Verlust seiner Habe. — 151 (b) = Mot. J 1442.1: → Diogenes bittet Herrscher, aus der Sonne zu gehen. — 152 (b) = AaTh 280 A: → *Grille und Ameise.* — 159 (b) = Tubach, num. 1944: Ehebrecherischem Sohn droht Blendung.

Lit.: Fabris, G.: Per la storia della facezia. In: Raccolta di studi di storia e critica letteraria. Festschr. F. Flamini. Pisa 1918, 95—138. — G., L.: Ore di ricreatione. Modena 1924 (Vorw. G. Fabris).

Pavia Enza Gini

Guillaume d'Orange

1. Hist. Grundlagen — 2. Älteste Sagenzeugnisse — 3. Der Wilhelmszyklus — 4. Stellung der Wilhelmsepik im Bezugssystem der altfrz. Heldendichtung — 5. Idg. Wurzeln der Wilhelmsepik — 6. Bearb.en

1. Hist. Grundlagen. Dem epischen G. d'Orange liegt im wesentlichen die hist. Gestalt des Grafen Wilhelm von Toulouse zugrunde. Er war der wichtigste Ratgeber von → Karls des Großen Sohn Ludwig (778—840), seit 781 König von Aquitanien. 793 warf sich Wilhelm den in Septimanien eingedrungenen span. Mauren am Orbieu entgegen und zwang sie trotz seiner Niederlage zum Rückzug. 803 nahm er an der Eroberung Barcelonas teil. Nach dem Tod seiner zweiten Ehefrau Witburgh trat er 804 in die Abtei Aniane ein. 806 zog er sich nach Gellone, einer von ihm selbst gegründeten Tochterabtei von Aniane, zurück, wo er 812 starb. Zweifellos ist Wilhelm von Toulouse das Vorbild des epischen G., wie er im 1. Teil der *Chanson de G.* (CG) und im *Moniage G.* (MG; um 1160) auftritt. In einigen Branchen des *Couronnement de Louis* (CL; entstanden 1131—37) geht G. jedoch auf andere hist. Gestalten gleichen Namens zurück. Die 2. Branche beruht auf Taten des Normannen Wilhelm Ferabrachia (daher G.s Beiname Fierebrace), der 1038/39 an einem Feldzug gegen die Sarazenen auf Sizilien teilnahm. In der 3. Branche trägt G. Züge des Normannenherzogs Wilhelm Langschwert (gest. 943) und Wilhelms III. Flachskopf, des Grafen von Poitiers und Herzogs von Aquitanien (Regierungszeit 935—63). Ersterer hat sich 936 gegenüber den frz. Großvasallen für die Krönung Ludwigs IV. des Überseeischen eingesetzt, und beide haben Ludwig 940/42 in seinen Kämpfen mit den Großvasallen beigestanden. Seinen Beinamen d'Orange verdankt der epische G. Wilhelm dem Befreier, der in der 2. Hälfte des 10. Jh.s als Graf der Provence die Sarazenen besiegte. Die Taten dieser hist. Wilhelmsgestalten wurden in der Sage auf Wilhelm von Toulouse übertragen. Die Verschmelzung erklärt sich dadurch, daß der Graf von Toulouse wegen seiner Beschützerrolle gegenüber Ludwig von Aquitanien und seiner Kämpfe gegen die Mauren als Ideal des treuen Vasallen und unerschütterlichen Kriegers gegen die Heiden aufgefaßt wurde.

2. Älteste Sagenzeugnisse. Wilhelm von Toulouse wurde schon bald nach seinem Tod zu einer Gestalt der nationalen Heldensage. Dies belegen die 827 entstandenen *Carmina in honorem Hludowici Pii* des Ermoldus Nigellus. Zwischen 980 und 1030 datiert das *Haager Fragment*, die lat. Prosaauflösung eines Gedichts in lat. Hexametern, das wiederum auf ein volkssprachliches Heldenlied zurückgeht. Zwar kommt G. darin nicht vor, doch berichtet es von einem Feldzug seiner aus späteren Liedern bekannten Brüder an der Seite Karls. Die *Nota Emilianense*, ein um 1070 verfaßter lat. Abriß eines archaischen Rolandsliedes, zählt Ghigelmo alcorbitanas zu Karls Pairs. Altertümlich daran ist, daß G.s Wirken in die Regierungszeit Karls fällt (was mit den geschichtlichen Tatsachen übereinstimmt), während ihn alle bekannten Lieder des Wilhelmszyklus an die Seite von Karls Sohn und Nachfolger Ludwig stellen, und daß sein Beiname ‚mit der krummen Nase' lautet, den sonst nur noch die falsche Urkunde von Saint-Yrieix-de-la-Perche (um 1090) und CG kennen, während er in allen späteren Liedern ab CL durch den Beinamen ‚mit der kurzen Nase' ersetzt wird. Über die Vorgeschichte der Wilhelmsage vor dem Einsetzen der Liederüberlieferung gibt auch die Namenforschung Auskunft. So deutet das häufige Vorkommen des Namenpaares

G. – Vivien in Urkunden des späteren 11. Jh.s aus dem nördl. Poitou darauf hin, daß dort um diese Zeit die Verschmelzung eines septimanischen Liedes auf die Orbieu-Schlacht mit einem Lied auf die Niederlage des Laienabtes Vivien von Tours gegen die Bretonen (851) erfolgt sein muß, so daß Vivien, dessen hist. Vorbild in keiner verwandtschaftlichen Beziehung zu Wilhelm von Toulouse stand, zum Neffen G.s gemacht wurde. Die am Ende des 10. Jh.s im Rhônetal häufige Namenpaarung G. – Rainouart zeigt an, daß dort eine ursprünglich unabhängige Sage um Wilhelm den Befreier existierte und die Gestalt des Rainoart au tinel keineswegs eine junge Zutat in der Wilhelmsepik darstellt.

3. Der Wilhelmszyklus. CG ist das älteste erhaltene Lied der Wilhelmsepik, ist aber auf Grund seiner Anspielungen bereits in einen ganzen Zyklus eingebettet und besteht aus zwei verschiedenartigen Teilen, die um 1150 willkürlich zusammengefügt wurden: G_1 ist die Neufassung einer Mitte des 11. Jh.s entstandenen *Chanson de Vivien et de G.*, G_2 der Schlußteil einer um 1110 entstandenen *Chanson de G. et de Rainouart*. Wichtige Motive der Wilhelmsepik sind der Heldenknabe (G_1), der verkannte Einfältige (G_2), der Riesenkampf (CL), die durch List eroberte Stadt (*Charroi de Nîmes*), die Brautfahrt (*Prise d'Orange*) und der Held im Kloster (MG).

4. Stellung der Wilhelmsepik im Bezugssystem der altfrz. Heldendichtung. G. verkörpert das Ideal des seinem Lehnsherrn, dem König von Frankreich, in bedingungsloser Treue ergebenen Vasallen. Sein Lebenswerk vom CL bis zum MG besteht darin, den schwachen König Ludwig gegen innere und äußere Feinde zu verteidigen. Insofern ist er herausragender Vertreter einer Sippe, in der Königstreue erblich verankert ist und die durch alle Generationen ihre Aufgabe darin erblickt, Mehrer des Reiches im Kampf gegen die Ungläubigen zu sein. Damit bilden die Narbonner, so benannt nach G.s Vater Aimeri de Narbonne, ein Gegengewicht zu den mächtigen Empörern, die sich dem Zugriff der kgl. Zentralgewalt zu entziehen trachten, und dem Mainzer Verrätergeschlecht, das, in verhängnisvoller Weise mit dem Königshaus verschwägert, selbst nach der Krone strebt. Zugleich bilden die Narbonner auch einen Gegenpol zur Königssippe. Bei den Aimeriden ist das Einvernehmen zwischen den lateralen Verwandten bes. herzlich, jede Generation ist reichlich mit Nachkommenschaft gesegnet (G. selbst ist allerdings kinderlos), und alle Sippenmitglieder zeigen ein ausgeprägt exogames Brautwerbungsverhalten. Im Königshaus hingegen sind die Beziehungen zwischen den lateralen Verwandten kühl, die Thronfolge stellt in allen Generationen ein äußerst heikles Problem dar, und die Dynastie ist inzestbelastet.

5. Idg. Wurzeln der Wilhelmsepik. Der Sagenkreis um G. wurzelt in der idg. Mythologie (Grisward 1981). Alle idg. Völker teilen die Gesellschaft in drei Klassen (Priester, Krieger, Bauern) ein; jede Klasse erfüllt eine soziale Funktion (Kult, Rechtsprechung, Lehre; Verteidigung; Fruchtbarkeit, Produktion, Ernährung). Der über den Klassen stehende Herrscher ist durch eine mehr oder weniger ausgeprägte Affinität zur 1. und 2. Funktion gekennzeichnet. Den Funktionen sind jeweils zwei Götter zugeordnet, die wiederum verschiedene Aspekte jeder Funktion verkörpern. Ihnen wird eine Göttin an die Seite gestellt, die Anteil an allen Funktionen hat. Im Epos *Les Narbonnais* (1210) verheißt Aimeri, bevor er seine sechs ältesten Söhne in die Welt hinausschickt, jedem von ihnen das Amt bzw. Lehen, das er einmal innehaben soll. Die Aimeriden erscheinen dabei als Abbild der idg. Gesellschaft und Weltsicht: Um den jüngsten Bruder gruppieren sich drei Brüderpaare, von denen jedes eine soziale Funktion vertritt; Aimeris Tochter nimmt den Platz der dreifunktionalen Göttin ein.

6. Bearb.en. Die Wilhelmsepik ist Anfang des 13. Jh.s nach Deutschland und Skandinavien sowie Anfang des 15. Jh.s nach Italien gedrungen. Vor allem auf *Aliscans* (um 1185) fußt der → *Willehalm* (1215–18) Wolframs von Eschenbach, dem Ulrich von dem Türlin eine Vorgeschichte (*Arabel*, 1261–69) und Ulrich von Türheim eine Forts. (*Rennewart*, 1247–50) hinzufügten. Der 9. Branche der altnord. *Karlamagnús saga* (entstanden in verschiedenen Redaktionen zwischen 1200 und 1280), der *Saga af Vilhjálmi Korneis*, liegt eine

verlorene Version des MG zugrunde. Der Toskaner Andrea de' Magnabotti aus Barberino di Val d'Elsa dichtete den ganzen Zyklus, unter Verwendung z. T. älterer, in Frankreich verlorengegangener Überlieferungen, zu dem Prosaroman *I Nerbonesi* (1410) um.

Lit.: Becker, P. A.: Die altfrz. Wilhelmsage und ihre Beziehung zu Wilhelm dem Heiligen. Halle 1896. — id.: Der südfrz. Sagenkreis und seine Probleme. Halle 1898. — Zenker, R.: Die hist. Grundlagen der 2. Branche des ‚Couronnement de Louis'. In: Beitr.e zur rom. Philologie. Festgabe G. Gröber. Halle 1899, 171—232. — Bédier, J.: Les Légendes épiques. 1: Le Cycle de G. d'Orange. P. [3]1926. — Lot, F.: Études sur les légendes épiques françaises. 4: Le Cycle de G. d'Orange. In: Romania 53 (1927) 449—473. — Becker, P. A.: Das Werden der Wilhelm- und der Aimerigeste. Lpz. 1939. — Frappier, J.: Les Chansons de geste du Cycle de G. d'Orange 1—3. P. 1955/(1964) [2]1967/1983. — Tyssens, M.: La Geste de G. d'Orange dans les manuscrits cycliques. P. 1967. — Lejeune, R.: La Naissance du couple littéraire ‚G. d'Orange et Rainouart au tinel'. In: Marche romane 20 (1970) 39—60. — Adler, A.: Epische Spekulanten. Mü. 1975. — Wathelet-Willem, J.: Recherches sur la Chanson de G. 1—2. P. 1975. — Grisward, J. H.: Archéologie de l'épopée médiévale. Structures trifonctionnelles et mythes indo-européens dans le Cycle des Narbonnais. P. 1981. — Mölk, U.: La Liturgie de St. G. et la Geste de G. aux 11e et 12e siècles. In: VIII congreso de la Société Rencesvals. Institución Príncipe de Viana 1981, 353—357. — Lejeune, R.: Le Nom de Vivien, héros épique. Étude anthroponymique. In: Symposium in honorem M. de Riquer. Barcelona 1984, 115—136. — Mölk, U.: Ein Buch für den lebenden und ein Gedicht auf den verstorbenen Wilhelm, Mönch in Gellone. In: MA.studien. E. Köhler zum Gedenken. Heidelberg 1984, 218—228. — Guidot, B.: Recherches sur la chanson de geste au treizième siècle d'après certaines œuvres du cycle de G. d'Orange 1—2. Aix-en-Provence/ Marseille 1986.

Göttingen Michael Heintze

Gul und Sanaubar → Sidi Numan

Gulliver → Swift, J.

Gunkel, Johannes Friedrich Hermann, * Springe bei Hannover 23. 5. 1862, † Halle 11. 3. 1932, evangel. Theologe, Alttestamentler der religionsgeschichtlichen Schule, Begründer der formgeschichtlichen Methode in der Bibelexegese[1]. Der Sohn eines Pfarrers studierte 1881—88 Theologie in Göttingen, Gießen, Leipzig, habilitierte sich 1888 in Göttingen mit seiner Schrift *Die Wirkungen des Heiligen Geistes nach der populären Anschauung der apostolischen Zeit und nach der Lehre des Apostels Paulus* (Göttingen [3]1909) für bibl. Theologie und Exegese, ging 1889 nach Halle (Umhabilitierung für A.T.-Exegese), wurde 1894 zum außerordentlichen Professor ernannt, wechselte 1895 nach Berlin und wirkte schließlich seit 1907 in Gießen und seit 1920 in Halle als ordentlicher Professor.

G. war vor allem der hist. Methode A. Harnacks (1851—1930) verpflichtet, nämlich Religion und Geschichte als aufeinander bezogene Größen zu verstehen, d. h. Offenbarung als innerhalb der Geschichte des Geistes geschehend zu begreifen. Seine Werke lassen sich am besten als eine Verbindung von hist. und systematischem Denken charakterisieren. Dieser Versuch einer Synthese stand gegen die dogmatisierte bibl. Theologie des 19. Jh.s und war zugleich ein Stück idealistischer Weltanschauung der Zeit, wogegen sich später die dialektische Theologie wenden sollte. Diese ist jedoch nicht denkbar ohne die methodologischen Voraussetzungen der durch G.s Schüler M. Dibelius und später R. Bultmann entfalteten, nun aber auf das N.T. übertragenen neuen Exegese, die Literarkritik als formgeschichtliche Analyse auffaßt, welche von einer bloß überlieferungsgeschichtlichen Betrachtung zu einer gattungsgeschichtlichen fortschreitet. Der Zusammenhang von Erzählgenus, Redaktionsgeschichte und gesellschaftlichem Hintergrund in Texten und Redeweisen bestimmt die neue Fragestellung nach dem ‚Sitz im Leben'. Das heute gängige Schlagwort prägte G. 1906 zunächst in der offensichtlich von den Gießener Volkskundlern im Umkreis von H. Hepding beeinflußten Formulierung ‚Sitz im Volksleben'[2]. Dibelius berief sich 1919 bei der Einführung seines Begriffs Formgeschichte auf A. → Olriks → Epische Gesetze und dessen schon 1909 geprägter Formulierung einer → Biologie der Sage[3] — also lange vor F. → Ranke (1926) und C. W. von → Sydow (1932), die von L. → Dégh dafür in Anspruch genommen werden[4].

Gattungen erweisen sich als situations- und standesgebunden, gehören bestimmten

Lebensbereichen an und besitzen dort ihre ursprüngliche Aussageintention. Sprachliche Formung, sozialer Gebrauchsort und theol. Erzählabsicht prägen die literar. Gestalt. So erschloß G. aus den Kunstformen von Sage und Märchen in der *Genesis* die Prävalenz ihrer mündl. Tradition. Demnach gehörte die schriftl. Fixierung einer späteren Epoche an. Deshalb sei der Sitz im Leben dieser bibl. Texte entgegen der Annahme, nach Art der bisherigen Lit.geschichte jedem Text einen festen Autor zuschreiben zu wollen, das ‚Gemeingut großer Kreise' innerhalb des volkstümlichen Erzählens gewesen. Hier griff G. auf Johann Gottfried → Herder und die Theorie mündl. Traditionen in volkstümlichen Gemeinschaften zurück. Den Hintergrund bildete das soziokulturelle Gefüge des alten Israel. Gesellschaftliche Verankerung und ästhetische Form werden als künstlerische Aussageeinheit begriffen. Darum: „Je selbständiger eine Erzählung ist, je sicherer ist sie in alter Form erhalten" und: „Je knapper eine Sage ist, um so wahrscheinlicher ist es, daß sie in alter Gestalt erhalten ist"[5]. Märchen, Sage, Legende, Mythos werden bei G. noch nicht im Sinne der heutigen Erzählforschung benutzt. Auch die formgeschichtliche Methode ist bei ihm noch nicht systematisch ausformuliert. Erst Dibelius hat in der Neubearbeitung seines grundlegenden Werks ([2]1933)[6] die damals aktuelle literarwiss. Gattungsdiskussion um A. → Jolles, K. Vietor, R. Petsch und die → Einfachen Formen aufgegriffen. Die volkskundliche Erzählforschung hat den Begriff der Formgeschichte nicht aufgenommen[7] und kennt auch deren Problematik in ihrer Gattungsdiskussion (cf. → Gattungsprobleme, → Morphologie des Erzählguts) kaum. Deshalb ist es wichtig, einen Titel wie G.s *Das Märchen im A.T.* (1917) nicht wörtlich zu nehmen, sondern ‚Märchen' lediglich als Hinweis auf Traditionen mündl. Erzählens zu verstehen. Selbst nach G. gibt es „das Märchen im Alten Testament nur noch uneigentlich, in ‚Märchenmotiven' und zu anderen Erzählgattungen umgestaltet"[8].

[1] Galling, K.: G., H. In: RGG 2 ([3]1958) 1908 sq.; Rabenau, K. von: G., J. F. H. In: NDB 7 (1966) 322 sq.; Wonneberger, R.: G., H. In: TRE 14 (1985) 297–300 (mit Lit.). — [2] cf. Güttgemanns 1970 (v. Lit.) 126, 154–166. — [3] Olrik, A.: Epische Gesetze der Volksdichtung. In: ZfdA 51 (1909) 1–12, hier 1; Dibelius 1919 (v. Lit.). — [4] EM 2, 386–406, hier 387; Müller, P.-G.: Lex. exegetischer Fachbegriffe. Stg. 1985, 224 s. v. Sitz im Leben; G., H.: Ziele und Methoden der Erklärung des A.T.s. In: id. 1913 (v. Werke) 1–28; Buss, M. J.: The Idea of Sitz im Leben. History and Critique. In: Zs. für alttestamentliche Wiss. 90 (1978) 157–170. — [5] G. 1901 (v. Werke) XXXIII sq. — [6] Dibelius [2]1933 (v. Lit.). — [7] Brückner, W.: „Narrativistik". Versuch einer Kenntnisnahme theol. Erzählforschung. In: Fabula 20 (1979) 18–33, bes. 23–25. — [8] cf. H.-J. Hermissons Nachwort zum Nachdr. von G.s ‚Märchen' 1921 (v. Werke) 191–202, hier 191.

Bibliogr.: Hempel, J.: Bibliogr. H. G. In: Eucharisterion 2. Festschr. H. G. Göttingen 1923, 214–225 (bis 1922). — Klatt 1969 (v. Lit.) 272–274.

Werke (Ausw.): Schöpfung und Chaos in Urzeit und Endzeit. Göttingen 1895 ([2]1921; Nachdr. Ann Arbor, Mich. 1980). — Genesis übers. und erklärt (Genesis-Handkommentar zum A.T. 1,1). Göttingen 1901 ([3]1910, [9]1977). — Ausgewählte Psalmen. Göttingen 1905 ([5]1968). — Reden und Aufsätze. Göttingen 1913. — Das Märchen im A.T. Tübingen 1917 (4.–6. Tausend 1921; Nachdr. Ffm. 1987, Nachwort p. 191–202 von H.-J. Hermisson). — Die Propheten. Göttingen 1917. — Über 300 Art. in der als Mitherausgeber betreuten 2. Aufl. des RGG (1917–31).

Lit.: Dibelius, M.: Die Formgeschichte des Evangeliums. Tübingen 1919 ([2]1933, [3]1959 u. ö.). — Kraus, H.-J.: Geschichte der hist. kritischen Erforschung des A.T.s. Neukirchen 1956, bes. 309–334. — Koch, K.: Was ist Formgeschichte? Neukirchen 1964 ([4]1981). — Klatt, W.: H. G. Zu seiner Theologie der Religionsgeschichte und zur Entstehung der formgeschichtlichen Methode. Göttingen 1969. — Güttgemanns, E.: Offene Fragen zur Formgeschichte des Evangeliums. Bonn 1970. — Bovon, F.: H. G., historien de la religion et exégète des genres littéraires. In: id./Roullier, G. (edd.): Exegesis. Problèmes de méthode de exercices de lecture (Genèse 22 et Luc 15). Neuchâtel/P. 1975, 86–97. — Müller, H.-P.: H. G. In: Theologen des Protestantismus im 19. und 20. Jh. 2. ed. M. Greschat. Stg. 1978, 241–255. — Smend, R.: H. G. (1862–1832) — Theologe. In: Gundel, H. G./Moraw, P./Press, V. (edd.): Gießener Gelehrte in der 1. Hälfte des 20. Jh.s. Marburg 1982, 345–356.

Würzburg Wolfgang Brückner

Günter, Heinrich, * Schelklingen (Württemberg) 15. 2. 1870, † München 13. 5. 1951. Studierte zuerst Theologie, dann Geschichte in Tübingen; nach der Promotion seit 1894 Mitarbeiter der Württemberg. Kommission für Landesgeschichte, 1897 Habilitation; seit 1902

Extraordinarius in Tübingen, seit 1923 Ordinarius in München, 1935 emeritiert. Veröff.en zur dt. Geschichte des MA.s, bes. zur Idee des Kaisertums, zur schwäb. Landesgeschichte, zur Kulturgeschichte; christl. geprägte Geschichtsphilosophie[1].

G.s Bedeutung für die Erzählforschung beruht auf seinen motivgeschichtlichen Unters.en zur christl. → Legende, durch die er zusammen mit P. → Toldo und H. → Delehaye eine Neuorientierung der → Hagiographie-Forschung bewirkte[2]; seine hist.-kritische Haltung (die ihn 1907 vorübergehend in Gegensatz zur kathol. Kirche brachte[3]) ließ ihn erkennen, daß die Hl.nlegenden den Lebenslauf des Protagonisten nach einem vorgegebenen Schema gestalten[4] (cf. → Heilige); während die Märtyrer-Akten der ersten Jh.e die hist. Wirklichkeit meist getreu darstellten (cf. → Acta martyrum et sanctorum, → Märtyrer), allenfalls die inneren Anfechtungen der Hl.n extrapolierend zu Versuchungen durch Dämonen machten[5], nehme in den seit dem 5. Jh. entstandenen Legenden das → Wunder immer mehr Raum ein. In der Wundermacht sieht G. das wichtigste Merkmal des Hl.n[6]; seit A. → Jolles die Imitatio als für die Legende charakteristische Geistesbeschäftigung (→ Einfache Form[en]) bestimmt hat, betrachtet man den Hl.n nicht mehr nur als ‚magischen Helfer' (= Wundertäter), sondern auch als ‚ethischen Virtuosen' („Vorbild für Lebensbewältigung durch gerechtes Handeln")[7].

G. sieht die Legende als ‚gemeinmenschliche religiöse Erzählung'[8]; ihr Motivbestand ist bei allen Völkern weitgehend gleich: Die christl. Legende weist zahlreiche Parallelen zu den Göttermythen u. a. Erzählungen der heidnischen Antike auf[9], was mit (umgestaltender) Übernahme zu erklären ist. Daß das Wunder in der europ. Legende des MA.s immer wichtiger wird, ist auf den Einfluß der Hagiographie des Ostens zurückzuführen, der sich seit der Wende vom 6. zum 7. Jh. bemerkbar macht[10]. Daneben gibt es freilich auch „Gleichartigkeit ohne Entlehnung"[11], die auf → Polygenesis[12] (cf. auch → Generatio aequivoca) beruht: z. B. ist nach G.[13] die europ. Legende (anders als die profane Erzählung) kaum von ind. Vorbildern beeinflußt, Übereinstimmungen beruhten auf der Herausbildung des gleichen Hl.ntyps in der buddhist. und der christl. Religion[14] oder auf der Benutzung der gleichen Quellen – z. B. bei der → Placidas-Eustachius-(AaTh 938) oder der → Christophorus-Legende (AaTh 768)[15]. Nur die → *Barlaam und Josaphat*-Geschichte folge den → Jātakas, sei dem Westen aber über islam. Zwischenstufen vermittelt[16]; sonst lasse lediglich die Erzählung vom → *Gang zum Eisenhammer* (AaTh 910 K) ind. Einfluß erkennen. (G.s apodiktisches Urteil blieb allerdings nicht unbestritten[17].)

G. begreift die Legende als ‚Volkstheologie'[18], ja als Ausdruck der ‚Volksseele'[19]; er verweist z. B. auf Erzählungen, die auf Mißverständnissen (etwa falscher Deutung eines Namens, cf. → Etymologie) beruhen[20], als Beweis für Entstehung in mündl. Überlieferung. Dabei berücksichtigt er nicht, daß Kleriker bedeutenden Einfluß auf die Entstehung von Legenden haben können, wenn sie z. B. ältere Traditionen nach dem Schema der → Vita umformen: Die Legende des MA.s ist ebensosehr gelehrte wie populäre Schöpfung.

G. sieht, daß viele Legenden „bloße Unterhaltungsliteratur mit allen poetischen Lizenzen"[21] oder reine Schulübungen sind. Trotzdem sucht er nach den hist. Ereignissen hinter den Wunderberichten und bemüht sich um psychol. Erklärungen (zum Wunder in den Märtyrer-Viten cf. etwa den Hinweis auf „Ausnahmezustände der Psyche" im Augenblick des Todes[22]). Kollektivpsychologisch werden die Legenden, vor allem die Wundergeschichten, als Antwort auf die Hilfsbedürftigkeit des Menschen gedeutet[23]: Die Legende stellt die → Wünsche der Menschen als erfüllbar dar; sie ist allg.menschlich, weil die Wünsche der Menschen in allen Kulturen die gleichen sind.

G.s Auffassungen müssen vor dem Hintergrund der neueren (vor allem mentalitätsgeschichtlichen[24]) Forschung überprüft und modifiziert werden; alle seine Arbeiten bleiben aber Standardwerke wegen der Inventarisierung des kaum überschaubaren Motivbestandes der christl. Legende des MA.s (nach der → *Legenda aurea* und den von den → Bollandisten herausgegebenen Quellen). Ihr (durch Register erschlossener) Materialreichtum macht sie bis heute zu wichtigen Grundlagen stoffgeschichtlicher Forschung.

[1] Spörl, J.: G. Ein Nachruf. In: Hist. Jb. der Görres-Ges. 70 (1951) 3–14; Bibliogr. bis 1940: ibid. 60

(1940) 312 sq. — [2] cf. Hansel, H.: Das Nachleben der Hl.n in der Dichtung und die stoffgeschichtliche Darstellung. In: Volk und Volkstum 3 (1938) 231—251, bes. 231 sq. — [3] cf. Spörl (wie not. 1) 5 sq. — [4] G., H.: Legenden-Studien. Köln 1906, VII. — [5] ibid., 8 sq. — [6] cf. ibid., pass.; G., H.: Buddha in der abendländ. Legende? Lpz. 1922, 183; id.: Psychologie der Legende. Studien zu einer wiss. Hl.n-Geschichte. Mü. 1949, 3. — [7] Gumbrecht, H. U.: Faszinationstyp Hagiographie. In: Dt. Lit. im MA. H. Kuhn zum Gedenken. Stg. 1979, 37—84, bes. 54. — [8] G., H.: Die christl. Legende des Abendlandes. Heidelberg 1910, 1. — [9] cf. ibid., 50—69. — [10] cf. G. (wie not. 4) 83; id. (wie not. 8) 140. — [11] So der Titel von Kap. 2 in G. 1949 (wie not. 6) 94. — [12] ibid., 93. — [13] cf. G. 1922 (wie not. 6). — [14] ibid., 183. — [15] ibid., 8—31. — [16] ibid., 32—40, 278. — [17] cf. Haas, H.: Buddha in der abendländ. Legende? Lpz. 1923. — [18] G. (wie not. 8) 1. — [19] id. 1949 (wie not. 6) 2. — [20] cf. id. (wie not. 8) 120. — [21] cf. id. (wie not. 4) 77; jetzt auch Kech, H.: Hagiographie als christl. Unterhaltungslit. Göppingen 1977. — [22] G. (wie not. 4) 52. — [23] cf. id. 1949 (wie not. 6) 3—5. — [24] cf. z. B. Delaruelle, E.: La Piété populaire au moyen âge. Torino 1975.

Heidelberg Albert Gier

Guntram (AaTh 1645 A). Die mit dem Namen des fränk. Königs G. (561—592) verbundene Erzählung vom sich als wahr erweisenden → Traum gilt als bekanntester Erlebnisbericht aus dem Zyklus der Sagen vom Alter ego in Tiergestalt (cf. → Seelentier) und zählt zu den ältesten europ. Sagenbelegen überhaupt. Sie begegnet erstmals in der *Historia Langobardorum* (3, 34) des bedeutenden frühma. Historiographen → Paulus Diaconus (ca 720—ca 799).

Den mit einem Diener auf der Jagd befindlichen G. überkommt große Müdigkeit. Unter einem Baum, den Kopf in des Begleiters Schoß, schläft er ein. Der wachende Diener sieht aus G.s Mund ein nicht näher bezeichnetes Tier sich herauswinden, das zu einem nahen Bach läuft. Als es sich vergeblich bemüht, diesen zu überqueren, legt der Diener sein Schwert darüber. Das Tier gelangt über diese → Brücke zu einer Öffnung im Berg und begibt sich hernach auf gleichem Weg in den Mund des Schlafenden zurück. Wach geworden, schildert G., er habe im Traum einen Fluß auf einer eisernen Brücke überschritten, sei in einen Berg gegangen und habe dort einen riesigen → Schatz entdeckt. Der Diener berichtet G. von seinen Wahrnehmungen. Es wird nachgegraben, und tatsächlich findet sich eine große Menge Gold und Silber. Aus den gefundenen Reichtümern stiftet G. Kirchengerät.

Die in ihren geistes- und religionsgeschichtlichen Grundlagen von H. → Lixfeld[1] monogr. untersuchte Erzählung[2] umfaßt drei Kernmotive: (1) Das tiergestaltige Alter ego einer schlafenden Person wird beobachtet, wie es den Körper des Schlafenden verläßt, in einer Erdöffnung verschwindet und zurückkehrt; (2) Der Traum reflektiert die Handlungen des Alter ego, ergänzt um einen Hinweis auf einen Schatz an der Stelle, an der das Tier verschwand; (3) Das Traumerlebnis wird bestätigt.

Die ältere literar.[3] Überlieferung (z. B. → Petrus de Natalibus, *Catalogus sanctorum et gestorum eorum* 4, 8; → *Gesta Romanorum*, num. 172) zeichnet sich durch relative Stabilität dieses Handlungsgerüsts aus. Aber es ist auch bereits eine verkürzte Version geläufig, die nur auf den Kernmotiven (1) und (2) basiert — den Schatzhinweis und -fund aber ausklammert (z. B. im weitverbreiteten und mehrfach aufgelegten Hauptwerk *De praestigiis daemonum* des rhein. Arztes Johannes → Weyer, der sich auf die *Chronica* des Hélinand de Froidmont [ca 1160—1237] beruft[4]). Im weiteren Zusammenhang tauchen seit dem 17. Jh. verschiedene Berichte in der Chronik- und Kuriositätenliteratur auf[5], die Beobachtungen schildern, daß theriomorphe Wesen (Maus, Wiesel) Schlafende verließen und diese so lange in einem gewissermaßen reglosen Zustand verharren müßten, bis die Tiere wieder durch Mund oder Nase in den Körper eingegangen seien. Auch sei der Tod eines Menschen in solchen Fällen erfolgt, in denen das Tier nicht zurückgekehrt sei (Grimm DS 248 sq.).

Während die Motivstruktur keine größeren Änderungen aufweist, sind für die Erzählung sehr heterogene Funktionen zu erkennen. Bei Paulus Diaconus z. B. deutet der Schluß auf eine Rechtfertigungsgeschichte hin, die den heiliggesprochenen G. (Fest in Chalon-sur-Saône, 28.3.) in eine enge Verbindung mit der Kirche bringt. Zwar verliert sich dieser Zusammenhang in späteren literar. Fixierungen, aber statt dessen erfährt die Erzählung eine andere Deutung: Verschiedenen Fassungen der *Gesta Romanorum* (num. 172) dient die Erzählung von Tirius und dem Traum des Guido (cf. Tubach, num. 2390) als Allegorie für die Verherrlichung Gottes und seines Sohnes Jesus Christus. Weyer hingegen, ganz dem Kampf gegen den Aberglauben zugewandt, verweist die „geschicht" ins Reich der Phantasterei und hält sie für „lauter Teuffes gespött"[6], während der anonyme Kompilator (mutmaßlich G. P. → Harsdörffer[7]) des *Mercurius historicus* rund 100 Jahre später den arg reduzierten Inhalt mit einem Bibelwort zusammenfaßt: „Sonsten sagt Sirach: Wer sich auf Tråume verlåst/der greifft nach dem Schatten. c. 34.2."[8]

Dergleichen Moralisationen kennen die aus mündl. Tradition vorliegenden Fassungen eines relativ großen Verbreitungsgebiets kaum; vielmehr begegnet die G.sage immer stärker als Erlebnisbericht, bald ohne Schatzfund, bald mit Schatzteilung, oder in märchen- bzw. schwankhafter Tendenz mit dem Angebot, den Traum zu kaufen (Mot. N 531.3), was dann auch geschieht[9], oder in dramatischer Form als Mordgeschichte, in welcher der Beobachter seinen Gefährten aus Habgier erschlägt, das Verbrechen aber später durch die beim Nahen des Mörders erfolgende Verfärbung der aufgefundenen Gebeine des Toten aufgedeckt wird (AaTh 780: → *Singender Knochen*)[10]. Solche Erzählungen, nunmehr ohne historisierende Anklänge, mit Handlungsträgern aus dem bäuerlichen Bereich (auch Handwerker, Metzger etc.) begegnen vor allem im dt.sprachigen Gebiet, sind ebenso aus Frankreich, den Niederlanden, aus Schottland, Irland, Island, Dänemark, Norwegen, Schweden, Lappland, Litauen, Lettland, Polen, Jugoslawien, Rumänien, Ungarn, Iran, Indien, Korea und Japan bekannt sowie vereinzelt bei Wotjaken, Mongolen, Tschuwaschen und Burjäten des Altaigebiets, Juden aus dem kurd. Irak, ostind. Santal und Chilenen[11]. Nach Lixfeld[12] lassen sich folgende, z. T. miteinander kontaminierende Redaktionen unterscheiden: (1) Die am weitesten verbreitete Schatzredaktion endet mit einem Schatzfund und knüpft am ehesten an die literar. Traditionen an. (2) Die Tierschädelredaktion läßt das Tier bei seiner beobachteten Wanderung in einem verwitterten Pferdeschädel oder dergleichen herumirren, den der Träumer, gewissermaßen im anderen Extrem, als wunderschönes Schloß wahrnimmt, bevor er schweißgebadet wieder aufwacht. Lassen beide Redaktionen durchaus Motive der G.sage noch erkennen, ist ein solcher Zusammenhang bei den übrigen drei Redaktionen nur noch entfernt zu konstatieren. (3) In der Durstredaktion, auf der Vorstellung beruhend, vor dem Schlafengehen müsse man etwas trinken, sonst begebe sich die Seele auf die Suche nach etwas Trinkbarem, läuft das Tier zu einem Wasserbehälter. Auch hier wird es zwar beobachtet, das Traummotiv jedoch fehlt völlig. Statt dessen heißt es, der Schläfer hätte den Tod gefunden, wenn ihn der Gefährte aufgeweckt hätte, oder er findet den Tod, da ihm der Begleiter in vermeintlich guter Absicht den Mund zuhält und so das Tier an der Rückkehr hindert. (4) Gleichfalls mit → Wasser verbunden ist die Wassernotredaktion, in der das Tier unterwegs zu ertrinken droht, während der Schläfer zur gleichen Zeit eine Angstphase durchmacht. (5) Die Baderedaktion schildert, daß das Alter ego eine am Boden liegende Kranke verläßt, badet und nach der Rückkehr in ihren Körper bewirkt, daß sie gesundet.

Die Vorstellung von der → Seele, die während des → Schlafs (Traum, Krankheit) als (häufig theriomorph gedachte) Freiseele zeitweilig – im Unterschied zur → External soul (Mot. E 710) – den menschlichen Körper verlassen kann[13], zählt wie die Idee eines zweiten Lebens oder mehrerer Existenzen (→ Doppelgänger, → Bilokation, Translokation) nach C. Tuczay „zu den ältesten und weitverbreitetsten Konzepten, sowohl bei den Primitiven als auch in abendländischen, sog. höheren Kulturen"[14]. Dazu gehört auch der Glaube, daß der Untergang des Alter ego zugleich den → Tod des Menschen zur Folge habe (cf. Redaktionen 4 und 5). Unabhängig von diesen weithin akzeptierten Auffassungen[15] differieren die Ansichten über Zeit und Ort der Entstehung der Alter ego-Vorstellungen beträchtlich.

So meinte z. B. J. → Grimm, als Entstehungszeit das 5./6. Jh. annehmen zu können; er deutete die G.sage als „eine spur altgermanischer religion"[16]. Als „Erbe aus indogermanischer Zeit"[17] betrachtete F. von der → Leyen die G.sage, in der er zugleich animistische Elemente (→ Animismus) entdeckte. Als eine ‚Seelensage' sei sie von Odin/Wodan, dem Führer der Seelen, auf den Wodanverehrer G. übertragen worden. Die bes. von A. → Wesselski vertretene Vorstellung einer → Polygenese[18] griff ohne Kenntnis dessen M. Istvánovits[19] erneut auf. In der Motivkonstruktion der Episode von König Pharnavaz' Traum (Traum, ‚anlockendes Tier' auf der Jagd, Schatz in der

Höhle, Staatsgründung) aus der georg. Chronik *Kartlis cxovreba* (Das Leben Georgiens) erkannte er Parallelen zur G.sage, faßte aber die Episode als eigenständige Schöpfung und Gründungssage Georgiens auf, die wohl zum ältesten Bestand der Chronik (wahrscheinlich 8. Jh.) rechne. Im Unterschied zu der Herleitung aus animistischen Vorstellungen glaubte Lixfeld[20] in Anlehnung an W. E. → Peuckert[21], als geistes- und religionsgeschichtliche Basis der G.sage die schamanistische Ekstase (→ Schamanismus) voraussetzen zu dürfen, und stützte sich dabei auf das auch aus schamanistischen Visionen bekannte Überschreiten der Schwertbrücke.

Alle Erklärungsmodelle dokumentieren Vorstellungen eines Alter ego, lassen aber offen, warum derartige Ideen mit der Motivkombination der G.sage nicht weiter im altgerm. Erzählgut und auch nicht bei den Völkern, die Schamanen und schamanistische Ekstasen kennen, heimisch geworden sind. Daher erschiene die Entstehung der G.sage auch denkbar als Reminiszenz an einen ungemein inspirierenden Traum, in dem ein zweites Ich vom Schläfer (auch in Verbindung mit einem Angsttraum) wahrgenommen wird, wobei sich das Alter ego losgelöst von den Zwängen des Alltags bewegt.

Daß in Träumen angezeigte Schätze sich als real vorhanden erweisen, ist in Volkserzählungen wie AaTh 834, 834 A: → *Schatz des armen Bruders* oder AaTh 1645: → *Traum vom Schatz auf der Brücke* gleichfalls thematisiert. Keineswegs als Widerspruch erscheint, daß derartige Reichtümer nur dann legitimiert sind, wenn sie, wie bei Paulus Diaconus, als Kirchengut gestiftet werden oder, in späteren Fassungen, in das Eigentum der Finder übergehen. Da ein so leichter Erwerb materieller Güter jedoch im Gegensatz zur Realität des Alltagslebens steht, könnte die G.sage in diesem Sinne eine interkulturell verbreitete → Glücksvorstellung widerspiegeln. Dazu passen die von J. Grimm zusammengetragenen, bisher nicht weiter beachteten sprichwörtlichen Redensarten aus der späthöfischen Lehrdichtung des 13. Jh.s. So findet sich beim Winsbecke (num. 40) die Wendung: „ez loufet selten wisu mus slafenden vohen in ein munt" (und ähnlich bei Guter), was im Kontext heißt, daß nicht jeder so glücklich ist, daß ihm eine weiße Maus den Reichtum herbeischafft und sich hernach wieder in seinen Mund begibt[22].

Die unterschiedliche Art der Verbreitung, verbunden mit wechselnden Motivkombinationen, läßt die Einordnung der G.erzählung, die als Fabulat, didaktische Erzählung, Erlebnissage und Märchen begegnet, innerhalb der Schwänke als *Lucky Accidents* (AaTh 1640–1674*) problematisch erscheinen[23].

[1] Lixfeld, H.: A G.-monda Paulus Diaconusnal (AT 1645 A) – Előzetes közlemény (Die G.sage des Paulus Diaconus [AT 1645 A] – Vorläufiger Ber.). In: Ethnographia 81 (1970) 136–147; id.: Die G.sage (AT 1645 A). Volkserzählung vom Alter ego in Tiergestalt und ihre schamanistische Herkunft. In: Fabula 13 (1972) 60–107 (mit umfangreicher Var.nliste und Lit.). – [2] cf. ferner Grimm, J.: Das Märlein von der ausschleichenden Maus [1815]. In: id.: Kl.re Schr. 6. B. 1882, 192–196; Wesselski, Theorie, 168–175; Istvánovits, M.: Pharnavaz király álma (A G.-monda történetéhez) (König Pharnavaz' Traum [Zur Geschichte der G.sage]). In: Népi kultúra – népi társadalom 9 (1977) 9–27; Almqvist, B.: Dream and Reality. Some Notes on the G. Legend (ML 4000) in Irish Tradition. In: Sinsear (1979) 1–22; Güting, E.-D.: Der Märchentraum des Hirtenknaben. Die G.sage als Busch-Gedicht. In: Wilhelm-Busch-Jb. (1979–80) 20–30. – [3] Belege bei Lixfeld 1972 (wie not. 1) 98. – [4] Weyer, J.: De praestigiis daemonum. Von Teuffelsgespenst, Zauberern und Gifftbereytern [...]. Ffm. 1586, 35 (Grimm DS 461). – [5] cf. Lixfeld 1972 (wie not. 1) 65 sq., 75 sq., 87–89; Belege ibid., 98, 104. – [6] Zitiert nach Weyer (wie not. 4). – [7] Weller, E.: Lexicon pseudonymorum. Regensburg ²1886, 108. – [8] EM-Archiv: Mercurius historicus (1665), 199, num. 61, 16. – [9] Lorimer, D. L. R. und E. O.: Persian Tales. L. 1919, num. 49; Seki, K.: Folktales of Japan. Chic. 1963, num. 45 (18 Var.n); Dorson, R. M.: Folk Legends of Japan. Rutland/Tokyo 1962, 185 sq.; cf. Wesselski, Theorie, 173. – [10] Böhm, M./Specht, F.: Lett.-litau. Volksmärchen. MdW 1924, num. 49 (= Basanavičius, J.: Iš gyvenimo lietuvišku vėliu bei velniu. Chic. 1903, 64–67); cf. auch Marzolph und ibid., p. 264 (k); Ting. –
[11] Ergänzend zu AaTh: Christiansen, Migratory Legends, num. 4000 (fehlt bei Hodne); Ó Súilleabháin/Christiansen; Choi, num. 245; Ikeda; Marzolph; ferner Ikeda 1645 AA; cf. auch Nihonmukashibanashi jiten (Enz. des jap. Märchens). ed. K. Inada u. a. Tokio 1977, 991; zu den ir. Var.n cf. die Richtigstellung durch Almqvist (wie not. 2) 4–16. – [12] Lixfeld 1972 (wie not. 1) bes. 67–77. – [13] Frazer, J. G.: The Golden Bough. 7,2: Balder the Beautiful. L. ³1913 (Nachdr. 1951), 95–152; cf. id.: The Golden Bough. 2: Taboo and the Perils of the Soul. L. ³1911 (Nachdr. 1951), 30–77 (Kap. 2). – [14] Tuczay, C.: Der Unhold ohne Seele. Wien 1982, 122. –

[15] Meyer-Matheis, V.: Die Vorstellung eines Alter ego in Volkserzählungen. Diss. Fbg 1974, bes. 179 sq. (zusammenfassend); cf. auch Grober-Glück, G.: Volksglaubensvorstellungen über die scheidende Seele. Erscheinungsformen in Deutschland und Österreich um 1930. In: Jb. für Vk. N.F. 6 (1983) 149–181. – [16] Grimm (wie not. 2) 195. – [17] Leyen, F. von der: Die Götter der Germanen. Mü. 1938, 64, 131. – [18] Wesselski, Theorie, 173. – [19] Istvánovits (wie not. 2). – [20] Lixfeld 1972 (wie not. 1) hier 93–97. –
[21] Peuckert, W.-E.: Der zweite Leib [1939]. In: id.: Verborgenes Niedersachsen. Göttingen 1960, 11–35. – [22] cf. Grimm (wie not. 2) 195 sq. – [23] Kritik an der Einordnung übte bereits Almqvist (wie not. 2) 3.

Göttingen Hans-Jörg Uther

Gürtel, um die Taille getragenes, in Material und Ausführung unterschiedlich beschaffenes Band (Gurt, Riemen), das primär dem Zusammenhalten der → Kleidung dient. Der G. stellt, wie u. a. auch durch archäologischen Befund bereits für prähist. Zeit gesichert, wohl das erste Kleidungsstück des Menschen überhaupt dar. Seine ursprüngliche Funktion lag vermutlich im Schutz der → Genitalien[1]. Mit dieser ursächlichen Bedeutung stehen auch die in Erzählungen unterschiedlicher Gattungen reflektierten Bezüge in Zusammenhang.

Die Funktion des G.s als Schutz der Zeugungsorgane dürfte in Verbindung mit dem Glauben an die magische Wirksamkeit des → Kreises (→ Ring, cf. auch → Amulett[2]) sowie allg. an die Krafterfülltheit von Dingen (→ Dingbedeutsamkeit, -beseelung) Ursprung der Vorstellung vom Zauber- oder Kraftgürtel sein. Der G. beinhaltet die Kraft des Helden (cf. AaTh 590: *Die treulose → Mutter*; Mot. D 1335.4, F 451.3.1; cf. → External Soul), er verleiht außergewöhnliche → Stärke.

Der slovak. edle → Räuber Jánošík (gehängt ca 1713/14) erhält von einer Waldfee einen G., der „soviel Kraft, wie ein Regiment Soldaten"[3] verleiht. Solange er ihn trägt, ist er unbesiegbar. Er wird erst überwunden, als der G. vermittels einer List zerschnitten wird[4]. In einer österr. Sage verspricht ein → Zwerg einen G., „der dir zwanzig Männer Stärke gibt"[5] als Belohnung für Hilfe im Kampf (cf. Grimm DS 29). Gelegentlich hat auch derjenige, der einen fremden G. erhält, Macht über dessen Besitzer: So kann in einer färö. Geschichte ein Mann die Zwerge zwingen, ihm zu Willen zu sein[6].

Gleichzeitig ist der G., nicht nur in religiösem Kontext, ein ambivalentes Sinnbild der Geschlechtlichkeit: Einerseits beschützt er die → Keuschheit (der Frau) und verleiht bzw. erhält so die der Unberührtheit innewohnende Kraft, andererseits ist er ein deutliches erotisches Symbol, „denn die Jungfrau bliebe unfruchtbar ohne den ‚den G. lösenden Mann'"[7] (→ Jungfrau, Jungfernschaft). Belege für die verschiedenen Aspekte finden sich in den unterschiedlichsten Zeiten und Kulturen:

In → Homers *Ilias* (14, 215) ist der G. Sitz von Aphrodites Liebesreizen. In der *Thidrekssaga* verteidigt Brünhild ihre Jungfernschaft in der Brautnacht, indem sie Gunnar mit zwei G.n fesselt[8]; hier ist der spätere G.raub zudem kaum verhülltes „Symbol der sexuellen Vergewaltigung"[9]. Der G. der Jungfrau → Maria, zum Zeichen ihres Aufstiegs vom Himmel gefallen[10], wurde, wie u. a. durch die Erwähnung in → *Tausendundeinenacht*[11] belegt, in Byzanz als wundertätig verehrt[12].

In einem griech. Märchen kann die Frau das Kind nicht eher gebären, als bis der Ehemann selbst den von ihm geschenkten G. gelöst hat[13]. Gleichfalls in Zusammenhang mit einer → Geburt steht ein Bericht von der Herkunft Olafs des Heiligen: Der verstorbene König Olaf Geirsta ðaa'fr befahl im Traum, der Mutter Olafs in den Wehestunden seinen dem Grab entnommenen G. umzulegen (cf. auch Mot. T 532.5: *Conception from putting on another's girdle*)[14].

In Erzählungen selten erwähnt werden Reminiszenzen an Keuschheitsgürtel, die laut G. → Legman Ersatz für die Infibulation waren[15] und von denen bis heute nicht feststeht, ob sie wirklich benutzt wurden[16]. So erzählt ein Lai der → Marie de France, wie Guigemar seiner Freundin als → Erkennungszeichen einen G. gibt, dessen Schloß nur er öffnen kann; sie macht in sein Hemd einen Knoten, den nur sie lösen kann[17]. Mehrfach belegt in der Exempelliteratur ist die Erzählung vom G. (Ring) des Vergessens (Tubach, num. 2287): Ein Herrscher gibt diesen bei der Abreise seiner Frau, die ihn daraufhin vergißt.

Die Vorstellung von der Übertragbarkeit numinoser Macht läßt den (geweihten) G. (der Heiligen) selbst zu einem wundertätigen Objekt werden: In einer ukr. Erzählung fängt ein Mann die ‚Viehhexe', die nachts Kühe melkt, mit einem geweihten G.[18] Eine poln. Legende läßt einen Einsiedler den Teufel mit dem G. des hl. → Franz von Assisi fangen[19]. Der G. von Heiligen macht → unverwundbar (Mot. D 1344.7), unterdrückt sexuelle Begierde

(Mot. D 1356.2) und heilt auf magische Weise (Mot. D 1500.1.13.1).

Für den Handlungsablauf zentral ist der G. in zwei regional begrenzt belegten Sagentypen:

In der fast ausschließlich in Mitteleuropa nachgewiesenen Sage vom Todesgürtel übergibt eine Wildfrau dem von ihr geliebten Mann einen G. als Geschenk für seine Frau. Mißtrauisch geworden legt der Mann auf dem Heimweg den G. um einen Baum, der sofort in tausend Stücke zerrissen wird (Mot. F 302.5.5, K 525.8.1)[20].

Ebenso „übersteigert als Sinnbild der Kraft"[21] ist der G. im germ. Glauben vom Wolfsgürtel. In Mitteleuropa und dem Baltikum überlieferte Sagen berichten davon, wie ein Mensch sich durch Anlegen eines G.s in einen Werwolf (→ Wolfsmenschen) verwandelt. Eine Rückverwandlung ist nur möglich, wenn ihm der G. abgenommen wird (zerreißt)[22].

In einer Vielzahl unterschiedlichster Erzählungen, von denen hier nur einige exemplarisch angeführt seien, ist der G. ein letztlich austauschbares magisches Objekt:

Der im apokryphen *Testament des Hiob* (7–9) erwähnte, von Gott verliehene G. des → Hiob läßt Schmerz verschwinden und verleiht dem Träger die Gabe, Vergangenes und Zukünftiges zu sehen. Als er später, in drei Bänder aufgelöst, an Hiobs Töchter vererbt wird, werden diese durch Umgürten in höhere Wesen verwandelt[23].

Eine orientalisierte Var. zu AaTh 567: *Das wunderbare → Vogelherz* beinhaltet einen G., der an den gewünschten Ort versetzt[24]. In einer türk. Var. zu AaTh 571: → *Klebezauber* bringt der Jüngste die Prinzessin zum Lachen, indem er auf einem Zaubergürtel reitet[25]. Eine Volkserzählung aus dem Oberwallis belegt einen weißen G. als → Schlüssel zu einer im Berg gelegenen Schatzhöhle[26]. In dem singulären estn. Schwank AaTh 1293**: *Keeping Life In* bindet der Mann einen G. um den Hals seiner Frau, damit das Leben nicht entkommt: Sie erstickt dabei. Ein isl. Märchen kennt einen Zaubergürtel, der vor Hunger bewahrt (Mot. D 1349.1.4), eine philippin. Erzählung einen solchen, der über das Wasser trägt (Mot. D 1524.2.2; cf. AaTh 827: → *Heiligkeit geht über Wasser*). In einer aromun. Var. zu AaTh 709: → *Schneewittchen* wird der Zauberschlaf der Heldin durch einen vergifteten G. ausgelöst[27]. → Gervasius von Tilbury schließlich erwähnt in seinen *Otia imperialia*[28] einen auch aus ir. und jüd. Erzählungen (cf. Mot. B 768.2) bekannten G. aus dem Leder des nach gängiger Vorstellung feuerunempfindlichen Salamanders.

Aus den angeführten – oft singulären – Belegen wird deutlich, daß der G. im volkstümlichen Erzählgut selten mehr als ein marginales → Requisit ist.

[1] allg. cf. Speyer, W.: G. In: RAC 12 (1983) 1232–1266 (mit umfassender Bibliogr.); Feucht, E.: G. In: Lex. der Ägyptologie 2. Wiesbaden 1977, 917–919; Jungbauer, G.: G. In: HDA 3 (1930/31) 1210–1230; id.: G. In: HDM 2 (1934/40) 675 sq.; Dilling, W. J.: Girdle. In: ERE 6 (1913) 226–230; Tervarent, G. de: Attributs et symboles dans l'art profane. Genève 1958, 63; Bilder-Lex. der Erotik 1. Wien/Lpz. 1928, 433–435. – [2] cf. Scheftelowitz, I.: Das Schlingen- und Netzmotiv im Glauben und Brauch der Völker. Gießen 1912, 48; Grabner, E.: Das „Umgürten" als Heilbrauch. In: Carinthia I 155 (1965) 548–566. – [3] Cammann, A./Karasek, A.: Volkserzählungen der Karpatendeutschen – Slowakei 1–2. Marburg 1981, t. 2, 46. – [4] ibid. t. 1, 76–78, 91 sq., 104, 107, 129; t. 2, 45–49; cf. Polívka 5, 236–245, bes. 237–240. – [5] Haiding, K.: Alpenländ. Sagenschatz. Wien/Mü. 1972, 349. – [6] ZfVk. 2 (1892) 2. – [7] RAC 12, 1238. – [8] Die Geschichte Thidreks von Bern. Übers. F. Erichsen. Jena 1942, 267. – [9] Rank, O.: Das Inzest-Motiv in Dichtung und Sage. Lpz./Wien [2]1926, 267. – [10] Legenda aurea/Benz, 588. –
[11] 1001 Nacht 1, 677, 693. – [12] RAC 12, 1255 sq. – [13] Hahn, num. 71. – [14] cf. HDA 7, 1579. – [15] Legman, G.: Rationale of the Dirty Joke 1. N.Y. 1968, 384; allg. cf. Levine, E.-E.: Chastity Belts. An Illustrated History of the Bridling of Women. N.Y. 1931. – [16] cf. HDA 3, 1217. – [17] Les Lais de Marie de France. ed. J. Rychner. P. 1971, 22 sq.; Die Lais der Marie de France. ed. K. Warnke. Halle 1925, CIII sq., 27 sq. – [18] Zbiór wiadomości do antropologii krajowej 3 (1879) 103; ibid. 4 (1880) 30. – [19] Materiały antropologiczno, archeologiczne i etnograficzne 6 (1901) 249, 341. – [20] Haiding, K.: Österreichs Sagenschatz. Wien 1965, num. 229; id.: Über eine Wildfrauensage aus der Umgebung Trofaiachs. In: Leobener Strauß (1975) 85–94, hier 87; Cammann/Karasek (wie not. 3) t. 1, 175 sq.; t. 2, 74; Panzer, F.: Bayer. Sagen und Bräuche 1–2. ed. W.-E. Peuckert. Göttingen 1954/56, t. 1, num. 19, 88; t. 2, num. 365; cf. auch Krappe, A. H.: La Robe de Déjanire. In: Revue des études grecques 52 (1939) 565–572, bes. 569–571. –
[21] Hwb. zur dt. Rechtsgeschichte 1. B. 1971, 1863. – [22] Kuhn, A.: Märk. Sagen und Märchen. B. 1843, 375; id.: Sagen, Gebräuche und Märchen aus Westfalen 2. Lpz. 1859, 25 sq.; Grässe, J. G. T.: Sagenbuch des Preuß. Staats 2. Glogau 1871, num. 996, 1182; Jahn, U.: Volkssagen aus Pommern und Rügen. B. [2]1889, num. 486, 488 sq., 491; Haas, A.: Pommersche Sagen. Lpz. [3]1921, num. 136; Boehm, M./Specht, F.: Lett.-litau. Volksmärchen. MdW 1924, num. 40; Zender, M.: Sagen und Geschichten aus der Westeifel. Bonn 1937, num. 1130–1136; Gredt, N.: Sagenschatz des Luxemburger Landes 1. Neudruck Esch-Alzette 1963, num. 829, 839, 841, 844, 848–851, 853; ca 40 weitere Belege im Peuckert-Archiv, Inst. für Vk., Freiburg (Kopie im Seminar für Vk., Göttingen); cf. auch Grimm, Mythologie 2, 916 sq.; HDA 2, 1475. – [23] cf. Ginzberg 2, 240–242. – [24] Köhler/

Bolte 1, 588. — [25] Eberhard/Boratav, num. 182 III 2 h. — [26] Guntern, J.: Volkserzählungen aus dem Oberwallis. Basel 1978, num. 1884. — [27] cf. BP 1, 457. — [28] Liebrecht, F. (ed.): Des Gervasius von Tilbury ‚Otia imperialia'. Hannover 1856, 13.

Göttingen Ulrich Marzolph

Guru Paramártan → Schelmentypen

Gusev, Viktor Evgen'evič, * Mariupol' (heute: Ždanov) 2. 5. 1918, russ. Lit.wissenschaftler, Folklorist. 1941 beendete G. das Studium am Moskauer N. G. Černyševskij-Inst. für Geschichte, Philosophie und Lit., lehrte 1946—55 Folklore und russ. Lit. am pädagogischen Inst. in Čeljabinsk und hatte dort auch den Lehrstuhl für allg. Lit. inne; 1955—69 arbeitete er am Inst. für russ. Lit. der Akad. der Wiss.en (Puškin-Haus), u. a. in der Sektion Volksschaffen, seit 1969 war er wiss. Prorektor im Leningrader Inst. für Theater, Musik und Kinematographie und hier auch Leiter der von ihm begründeten Sektion Folklore. Seit 1979 ist er Professor und wiss. Berater des Inst.s.

Seine wiss. Tätigkeit begann G. 1938/39 unter N. K. Gudzij, Ju. M. → Sokolov und Ė. V. → Pomeranceva; als Student nahm er an volkskundlichen Erhebungen bei Arbeitern der Fabrik Bogatyr' in Moskau und an einer Expedition in das Gebiet von Tambov teil[1]. In den 40er und 50er Jahren leitete er die alljährlichen studentischen Folkloreexpeditionen im Südural[2] und 1960—61 eine umfangreiche Folkloreexpedition im Wolgagebiet.

Die wiss. Interessen G.s sind äußerst breitgestreut: Ästhetik und Theorie des Volksschaffens; Methodologie und Historiographie der Folkloristik, Ethnographie und Slavistik; Geschichte des Volkstheaters; Volksliedschaffen während des 2. Weltkrieges; zeitgenössische Prozesse in der Volkskultur. G. veröffentlichte eine Reihe von Monogr.n und mehr als 150 Aufsätze, die in Russ., Ukr., Weißruss. und anderen Sprachen erschienen. In seinen theoretischen Unters.en zu Problemen der Folklore und Folkloristik widmet er seine Aufmerksamkeit dem Volksmärchen, bes. in *Russkie revoljucionnye demokraty o narodnoj poėzii* ([Die russ. revolutionären Demokraten zur Volksdichtung]. M. 1955) und in der Monogr. *Ėstetika fol'klora* ([Ästhetik der Folklore]. Len. 1967), in der unter hist.-theoretischem Aspekt Fragen der Klassifikation von Folklore behandelt werden, einschließlich des Märchens (Bestimmung des Märchens, Verhältnis von Märchen und Wirklichkeit, Märchen und Mythos, Realismus des satirischen Märchens etc.). Komparatistisch arbeitete G. u. a. über Geschichte, Los und Bestimmung der Märchen und anderer Folklorewerke der slav. Völker[3].

[1] Zu den Folkloreaufzeichnungen, darunter Märchen, cf. Tambovskij fol'klor (Folklore aus Tambov). ed. Ju. M. Sokolov/Ė. V. Gofman. Tambov 1941. — [2] Zur Märchentradition dieses Gebiets cf. G., V. E.: Izučenie fol'klora Južnogo Urala v 1948—49 godach (Die Erforschung der Folklore des Südurals in den Jahren 1948—49). In: Zapiski Čeljabinskogo otdela Geografičeskogo obščestva SSSR 1 (1950) 54—61; id.: K izučeniju narodnogo tvorčestva Južnogo Urala (Zur Erforschung des Volksschaffens des Südurals). In: Fol'klorno-dialektologičeskij sbornik. Čeljabinsk 1953, 16—38. — [3] z. B. id.: Vidy sovremennogo fol'klora slavjanskich narodov (Aspekte der zeitgenössischen Folklore der slav. Völker). In: Istorija, kul'tura, fol'klor i ėtnografija slavjanskich narodov. VI Meždunarodnyj s-ezd slavistov-Praga 1968. Doklady sovetskoj delegacii. M. 1968, 293—317.

Lit.: Šapovalova, G. G.: G., V. E. In: Kratkaja literaturnaja ėnciklopedija 2. M. 1964, 457; V. E. G. Bibliografičeskij ukazatel' naučnich trudov 1941—81 (V. E. G. Bibliogr. Verz. der wiss. Arbeiten 1941—81). ed. L. M. Ivleva/A. Ja. Trabskij. Len. 1984.

Leningrad Nikolaj V. Novikov

Guslar → Spielmann

Gut und böse. Die → Polarisation in g. und b. ist nicht erst Ergebnis von Erzählstrategien und -gesetzen (→ Dichotomie, → Extreme), sondern bereits in der Alltagserfahrung angelegt. Handlungsentscheidungen werden dadurch erleichtert, daß das moralische Kontinuum auf die eindeutigen Werte g. und b. reduziert wird, und es besteht eine Neigung, diese moralischen Bewertungen stereotypisierend an Personen festzumachen (→ Charaktereigenschaften und -proben): Wer b. handelt, ist b. (→ Bosheit, böse, → Stereotyp, → Vorurteil). Diese Verankerung in gängigen Erfahrungsmodi und die Unumgänglichkeit moralischer Wertung und Entscheidung in der Realität legen es nahe, daß mit g. und b. auch eine wichtige Dimension der Volkserzählung anvisiert ist. Sie ist allerdings nicht in allen Erzählformen gleich wichtig, und sie unterliegt entscheidenden Prägungen und Modifikationen durch die Form- und Strukturgesetze der jeweiligen Gattung.

Es gibt Erzählformen, in denen moralisches Handeln — und damit auch die Entscheidung zwischen g. und b. — das zentrale Thema bildet. In erster Linie ist hier das Beispiel anzuführen, das, anders als das theol.-exegetisch orientierte Exemplum, nur wegen seines moralischen Gehalts verbreitet wird; das Beispiel demonstriert vor allem den Sinn g.er Taten durch den Hinweis auf die daraus folgende — häufig sehr handfeste — → Belohnung[1]. Verwandt ist die bes. katechetisch verwendete Parabel, aber auch die Fabel, in der allerdings die Dimension g. und b. durchkreuzt wird von der Opposition klug/dumm. Der Fuchs, der zu den wichtigsten Fabeltieren gehört, erscheint in vielen Fabeln als b.; aber er erreicht seine Ziele oft durch List, was die Bewertung umkippen lassen kann, zumindest weniger eindeutig macht.

Auch in der Legende ist die radikale Entscheidung für das G.e ein wesentliches Element; von kirchlicher Seite wird bes. im späten MA. immer wieder davor gewarnt, daß sich Wunder zu sehr in den Vordergrund schieben und so den eigentlichen Sinn der Legende, den moralischen Appell zur imitatio[2], verfälschen[3]. Die — biogr. oder autobiogr. — Erzählung der Lebensgeschichte orientiert sich zwar in der Regel stärker an äußeren Stationen und an bes. Ereignissen als an moralischen Bezügen[4], aber Entscheidungen im Spannungsfeld von g. und b. werden doch oft herausgearbeitet.

Die Sage, „viel betonter ethisch orientiert als das Märchen"[5], bewegt sich ebenfalls häufig in diesem Spannungsfeld. Dabei behandelt sie nicht Alternativen zwischen moralisch richtigen und weniger richtigen Entscheidungen, sondern radikalisiert vor allem falsches Handeln zum absolut b.en Handeln, das im christl. Bereich mit der → Personifikation des B.n, dem → Teufel, in Verbindung gebracht wird. Dem entspricht die Unerbittlichkeit der vorgeführten → Strafen. Da numinose Erlebnisse (z. B. die Begegnung mit → Wiedergängern) den Ausgangspunkt vieler Sagen bilden, läßt sich die Kausalität auch umkehren: Die Radikalität der Strafen (Verstümmelung, Tod, Ruhelosigkeit nach dem Tode) rückt die bestraften Verfehlungen ins absolut B. In ihrer Unters. der Schuld in der Volkssage weist E. Goez allerdings mit Recht darauf hin, daß die moralische Dimension von g. und b. nicht zwingend ist für die Sage: Umgehende Tote büßen nicht immer für b. Taten, sondern können auch unerlöst sein aufgrund eines unzeitigen Todes (Ermordete, Gefallene, kleine Kinder)[6]; und die Fähigkeit zur Erlösung beruht nicht immer auf moralischer Integrität[7].

Im Gattungsbereich von Schwank und Witz ist die Gewichtung umgekehrt. Da hier die Komik oft aus der Verletzung von Tabus und dem Verstoß gegen herrschende Normen erwächst, stehen diese Gattungen im Prinzip nicht im Dienst der Normen von g. und b.: Schwankfiguren sind „moralisch ganz indifferente Gestalten"[8]. Die grundsätzliche Indifferenz schließt aber eine moralische Anwendung nicht völlig aus. Die Betonung des moralischen Zweckes in den Vorreden gedr. Slgen und die einzelnen Erzählungen angehängte Moral dienen oft dem Versuch, der leichten Gattung etwas mehr Gewicht zu geben[9]. Dies wäre aber kaum möglich, wenn nicht tatsächlich die Erzählungen selbst die Möglichkeit zuließen, die Kategorien g. und b. auszuspielen. Schwänke und Witze können sich gegen als b. betrachtete Momente wenden; Gruppen, die aufgrund eines gesellschaftlich sanktionierten Verhaltens ausgegrenzt sind (z. B. Homosexuelle), werden leicht zum Gegenstand des Spotts, und auch durchgängig verbreitete Verstöße gegen die Moral können in Schwank und Witz angegriffen werden. Aber dies ändert nichts an der prinzipiellen Indifferenz: Ehebruchschwänke, in denen der betrogene Teil überlistet und verlacht wird, sind nicht weniger häufig und auch nicht weniger lustig als solche, in denen die Ehebrecherin oder der Ehebrecher dem Lachen ausgeliefert wird.

Das Märchen scheint den Kategorien g. und b. am eindeutigsten verpflichtet. Seine → Abstraktheit und sein figuraler Stil[10] erlauben problemlos die Polarisierung. Das Märchen überläßt sich der „Faszination des Extremen"[11], und g. und b. gehören zu seinen wichtigsten „polaren Gegensätze[n]"[12]. Schon W. → Grimm hat den „Gegensatz des Guten und

Bösen" herausgestellt; in seiner Übersicht der Märcheninhalte führt er den „Kampf des Guten und Bösen", dargestellt „in vielfachen Verschlingungen und Wendungen", an erster Stelle an; als wesentliches Prinzip hebt er hervor, daß das G.e „belohnt, das Böse bestraft" wird[13].

Tatsächlich läßt sich aus den Handlungen der zentralen Märchenfiguren, der ,Heldinnen' und → ,Helden', ein respektabler Tugendkatalog zusammenstellen. Sie zeigen Mut und Ausdauer, sind treu und zu Opfern bereit, bescheiden und geduldig, fleißig und pünktlich, freigebig und gutmütig, nehmen unsägliche Entbehrungen auf sich und haben Mitleid nicht nur mit anderen Menschen, sondern auch mit Tieren. All diese Tugenden treten nicht nur beiläufig in Erscheinung, sondern stehen in Verbindung mit den günstigen Wendungen der Handlung und letztlich mit dem glücklichen Ende. Und sie erscheinen nicht als isolierte Einzeltugenden, sondern repräsentieren Tugend schlechthin, stehen für das G.e, dem sich in den Figuren der → Gegenspieler das B. entgegenstellt.

Die didaktische Funktion der Märchen (→ Didaktisches Erzählgut) trug mit dazu bei, daß der moralische Vorbildcharakter verstärkt wurde. In den → *Kinder- und Hausmärchen* wurde moralisches Handeln deutlich herausgestellt; wo ein Motiv dazu im Widerspruch stand, schoben die Brüder Grimm mitunter eine entschuldigende Erklärung nach. In KHM 88, AaTh 425 A: cf. → *Amor und Psyche* fängt ein Mann auf Wunsch seiner Tochter einen Vogel und provoziert damit den drohenden Protest eines Löwen. In der Urfassung fragt der Mann den Löwen einfach, ob er sich nicht von ihm loskaufen könne; in der Endfassung sagt er: „ich will mein Unrecht wiedergutmachen und mich mit schwerem Golde loskaufen [...]"[14]. Die moralisierende Tendenz hat auch die Auswahl der Märchen bestimmt; dies gilt bereits für die frühen Auflagen der KHM, mehr aber noch für die von W. Grimm besorgte kleine Ausg. (1825 u. ö.)[15], spätere Auswahlbände[16] und für die Verwendung der Märchen in der Schule[17].

Diese mit der Festlegung der Märchen auf ein kindliches Publikum verbundene Moralisierung läßt einen für das Verständnis des Märchens wichtigen Sachverhalt zurücktreten: daß die Märchenhelden nämlich keineswegs immer tugendhaft handeln. Die Ausnahmen von der Regel beschränken sich nicht nur auf Schwankmärchen vom Typus AaTh 1640: → *Tapferes Schneiderlein* oder AaTh 1525 A: cf. → *Meisterdieb*, in denen betrügerische Manipulationen wegen der Geschicklichkeit ihrer Ausführung mit positiven Vorzeichen versehen werden. Im Zaubermärchen weichen die Hauptfiguren mitunter vom Pfad der Tugend ab und begehen Untaten, die unter moralischen Aspekten nicht nur problematisch, sondern ausgesprochen b. sind. Auch die KHM sind von solchen Zügen nicht frei: In KHM 54, AaTh 569: → *Ranzen, Hütlein und Hörnlein* macht der Held den ehrlichen Tausch mit einem armen Köhler rückgängig, sobald er die Macht dazu hat. Der Protagonist von KHM 93, AaTh 400: → *Mann auf der Suche nach der verlorenen Frau* listet drei Männern nicht nur ihre Zaubergegenstände ab, sondern bestraft sie anschließend damit. In KHM 126, AaTh 531: → *Ferdinand der treue und F. der ungetreue* läßt der Held ein armes Mädchen sitzen und heiratet die b. Königstochter. Grausame Tötungsbefehle (KHM 9, AaTh 451: → *Mädchen sucht seine Brüder*), Mord (KHM 56, cf. AaTh 327 A: → *Hänsel und Gretel*), Diebstahl (KHM 57, AaTh 550: → *Vogel, Pferd und Königstochter*), bösartige Quälerei und Erpressung eines Juden (KHM 110, AaTh 592: → *Tanz in der Dornhecke*) – die Liste ungesühnter Bösartigkeiten ließe sich fortsetzen. Im Erwachsenenmärchen, zumal im außereurop., sind solche Züge noch ausgeprägter; L. → Röhrich erwähnt ein kabyl. Märchen, in dem ein junger Mann seine sieben Pflegeschwestern aus Habgier auf scheußliche Weise umbringt (cf. → Grausamkeit)[18]. Auffallend ist, wie wenig auffallend diese b.n Züge der Märchenhelden sind und wie wenig sie das geläufige Schema vom g.en Helden und seinen b.n Gegenspielern beeinträchtigen. Selbst dort, wo „der unmoralische Held" ausdrücklich zum Gegenstand gemacht wird[19], kann die Betrachtung in die generalisierende Feststellung münden: „Egoismus wird im Märchen immer bestraft, Hilfsbereitschaft dagegen belohnt"[20].

Der Widerspruch zwischen der ziemlich allg. Auffassung von den unschuldig-g.en Helden und Heldinnen und den tatsächlichen Abweichungen von diesem Bild ist erklärungsbedürftig. Daß die b.n Absichten und Taten auf periphere Handlungszüge beschränkt bleiben, trifft nur für einen Teil der erwähnten Märchen zu. Die → Isolation der Handlungslinien und Episoden[21] erklärt zwar, daß von den b.n Taten nicht unbedingt ein Schatten auf die vorausgehenden und nachfolgenden g.en Taten fallen muß, reicht aber zur Erklärung der so eindeutig positiven Gesamtbilanz nicht aus.

Die entscheidenden Einsichten dürfte P. Groth[22] vorgetragen haben. Er geht aus von der Beobachtung, daß das B. bei den Gegenspielern grundsätzlich bestraft, oft extrem grausam geahndet wird. Im Umkreis des Helden fordert das B. dagegen keine Sühne heraus. Dies ist möglich, weil das Märchen nicht in erster Linie eine moralische Dichtung ist, sondern Glücksdichtung (→ Glück, → Wunschdichtung)[23], eine ganz auf Wunscherfüllung orientierte Form: „Nichts ist im Märchen Voraussetzung als die Wunscherfüllungstendenz, von ihr aus erklärt sich die Handlung, die Moral und die Wertung dieser Moral." [24] G. und b. werden im Interesse des Helden gesehen und beurteilt; im Märchen herrscht nicht die strenge Buchführung moralischer Vorschriften, sondern eine „Ethik der Entfaltung, der Selbstverwirklichung"[25], die es erlaubt, dem Helden auch dann die Gefolgschaft nicht zu verweigern, wenn er vorübergehend vom G.en abweicht. Anders gesagt: Das Märchen vertritt eine „naive Moral". So hat es A. → Jolles, gleichzeitig mit Groth, ausgedrückt[26]. Groth ist allerdings konsequenter, indem er die Charakterisierung des Märchens stärker aus dem Bereich von → Ethik und → Moral (→ Tugenden und Laster) herausrückt; er betont, „daß stilistische Gesetze stärker sind als ethische", daß vieles im Märchen „nicht ethisch, sondern episch" bedingt sei (cf. → Epische Gesetze)[27]. Diese Feststellungen nähern sich einem Gedanken, den später V. Klotz ausgeführt hat: Das Verlangen, „das im Märchen gleichermaßen angerührt wie gestillt wird", sei zwar naiv — „aber es ist nicht moralisch, sondern ästhetisch"; die Ordnung des Märchens sei „keine Ordnung der Gerechtigkeit, sondern der Harmonie"[28]. Streng genommen kann also auch für das Märchen moralische Indifferenz beansprucht werden; wie im Schwank um Komik, geht es im Märchen um Glück.

Zweierlei darf dabei jedoch nicht übersehen werden. Zum einen besteht eine strukturelle Verwandtschaft zwischen Ethischem und Ästhetischem, wie sie z. B. in dem von Klotz verwendeten Begriff Ordnung zum Ausdruck kommt. Ästhetische Befriedigung setzt, wo es sich nicht um gewissermaßen inhaltsfreie Produkte handelt, im allg. voraus, daß die Dinge auch ethisch ‚in Ordnung' sind. Vorsichtiger gesagt: Das Moralische schmiegt sich dem ästhetischen Harmoniebedarf verhältnismäßig dicht an und kann deshalb nicht völlig ausgeblendet werden. Dies zeigt sich auch in der Parallelisierung, ja weitgehenden Gleichsetzung der Oppositionen g. und b., → hell und dunkel, → schön und häßlich[29]. Zum andern ist das Märchen zwar nicht schlechterdings eine Apotheose des G.en, die ethische Rechnung geht also nicht völlig auf, doch ist es jedenfalls ein wichtiges Medium in der Auseinandersetzung mit dem B.n[30]. Gerade weil sittlich fragwürdige Handlungen des Helden oder der Heldin nicht als b. erscheinen, wird die ethische Gegenwelt auch nicht relativiert. W. Grimm hat über das B. im Märchen einen schwer verständlichen, aber klugen Satz geschrieben: „Das Böse ist nicht ein Kleines, Nahstehendes und das Schlechteste, weil man sich daran gewöhnen könnte, sondern etwas Entsetzliches, streng Geschiedenes, dem man sich nähern darf." [31] Indem das B. in seinen extremen Ausformungen gezeigt wird, rückt es ab von den immer auch entschuldbaren Mängeln und Boshaftigkeiten des Alltags, und eben dadurch verlangt und erlaubt es die Auseinandersetzung. Diese Auseinandersetzung aber ist getragen vom optimistischen Grundton (→ Optimismus) des Märchens, von der Überzeugung, daß aus dem B.n das G.e hervorgeht[32].

[1] cf. Bausinger, H.: Zum Beispiel [1968]. In: id.: Märchen, Phantasie und Wirklichkeit. Ffm. 1987, 119—132. — [2] Jolles, 36. — [3] cf. Reber, O.: Die Gestaltung des Kultes weiblicher Heiliger im SpätMA. Hersbruck 1963, 126sq., 230 und pass.; Bausinger (²1980), 198sq. — [4] cf. Brednich, R. W./ Lixfeld, H./Moser, D.-R./Röhrich, L. (edd.): Lebenslauf und Lebenszusammenhang. Fbg 1982; Lehmann, A.: Erzählstruktur und Lebenslauf. Ffm./ N. Y. 1983. — [5] Röhrich, Märchen und Wirklichkeit, 26. — [6] Goez, E.: Der Schuldbegriff in der dt. Volkssage der Gegenwart. In: Ndd. Zs. für Vk. 6 (1928) 129—159, 222—244, hier 132sq. — [7] ibid., 223. —

[8] Löwis of Menar, A. von: Der Held im dt. und russ. Märchen. Jena 1912, 49. — [9] Moser-Rath, Schwank, 49, 59, 82 u. ö. — [10] cf. Lüthi, Europ. Volksmärchen (⁷1981), 25 sq. — [11] Lüthi, M.: Das Volksmärchen als Dichtung. Düsseldorf/Köln 1975, 50. — [12] Röhrich, Märchen und Wirklichkeit, 236. — [13] Grimm, W.: Einl. Über das Wesen der Märchen [1819]. In: id.: Kl.re Schr. 1. ed. G. Hinrichs. B. 1881, 333—358, hier 341, 350, 342. — [14] KHM. Ausg. letzter Hand. t. 2. ed. H. Rölleke. Stg. 1980, 18. — [15] cf. Schmidt, K.: Der Text der Grimmschen Märchen in den Lesebüchern. In: Zs. für dt. Bildung 11 (1935) 367—378, hier 370. — [16] Zu den Auswahlprinzipien cf. Wenk, W.: Das Volksmärchen als Bildungsgut. Langensalza 1929, bes. 39—42, 63 sq., 125 sq. — [17] Ledermann, W.: Das Märchen in Schule und Haus. Langensalza 1921, bes. 15—18. — [18] Röhrich, Märchen und Wirklichkeit, 151. — [19] ibid., 150—156. — [20] ibid., 240. — [21] Lüthi, Europ. Volksmärchen (⁷1981), 37—62. — [22] Groth, P.: Die ethische Haltung des dt. Volksmärchens. (Diss. Greifswald 1930) Lpz. 1930. — [23] cf. Bausinger, H.: Märchenglück. In: Zs. für Lit. und Linguistik 13, H. 50 (1983) 17—27. — [24] Groth (wie not. 22) 47. — [25] EM 4, 503. — [26] Jolles, 240. — [27] Groth (wie not. 22) 59, 65. — [28] Klotz, V.: Weltordnung im Märchen. In: Neue Rundschau 81 (1970) 73—91, hier 84 sq. — [29] cf. Grimm (wie not. 13) 341. — [30] cf. Franz, M.-L. von: Der Schatten und das B. im Märchen. Mü. 1985. — [31] Grimm (wie not. 13) 335. — [32] Lüthi (wie not. 11) 183.

Tübingen Hermann Bausinger

Gut, nicht gut (AaTh 2014 A), in → Dialogform gehaltene Erzählung mit schwankhafter Tendenz über ein zurückliegendes Geschehen, das für die Partner des Zwiegesprächs je nach Blickwinkel entgegengesetzte Bedeutung haben kann. Von drei zu unterscheidenden Ökotypen hat der am weitesten verbreitete folgende Struktur:

(1) Zwei Freunde (Nachbarn, Fremde) unterhalten sich. Dabei stellt sich heraus, daß der eine inzwischen geheiratet hat. Der andere sieht das Ereignis positiv, der Verheiratete hingegen nicht und liefert eine Begründung. Darauf pflichtet der andere ihm bei. Dies mißfällt jedoch nun dem Verheirateten. Im weiteren Gespräch tauschen beide Neuigkeiten aus. U. a. schildert der eine, wie eine Ziege (Schweine) riesengroße Kohlköpfe abfrißt und davon so fett wird, daß man sie schlachten kann. Das folgende Frage- und Antwortspiel — das beliebig fortgeführt werden kann — verläuft immer nach dem Schema: „Das ist gut". — „Aber nicht allzu gut". — „Das ist schlecht". — „So schlecht auch wieder nicht". Die Frage-Antwort-Kette endet damit, daß der eine erzählt, sein Haus sei abgebrannt. Darauf der andere: „Oh, das ist ein großes Unglück". — „Nicht so groß, denn mit dem Haus zusammen ist auch meine Frau verbrannt".

Die in einer lat. Hs. des 15. Jh.s belegte[1], vor allem aber durch die Novellensammlung des Bonaventure → Des Périers (*Nouvelles Récréations*, num. 75) verbreitete Farce, möglicherweise mündl. Tradition entstammend[2], ist in dt., engl. und ung. Schwank- und Anekdotenbüchlein des 17./18. Jh.s nachzuweisen[3] und begegnet verschiedentlich in Aufzeichnungen des 19./20. Jh.s aus geogr. disparaten Gebieten: bei Esten[4], Letten[5], Sorben[6], Tschechen[7], Ungarn[8], Rumänen[9], Deutschen[10], Dänen[11], Schweden[12], Norwegern[13], Lappen[14], Friesen[15], Flamen[16], Iren[17], Schotten[18] und engl.sprachigen Nordamerikanern[19]. In norw., lapp. und dt. Überlieferung handelt es sich statt menschlicher Handlungsträger um Tiere wie Hase und Fuchs[20], Igel und Fuchs[21], Rabe und Hase[22].

(2) In Osteuropa (weißruss.[23], ukr.[24], russ.[25], poln.[26] Varn.) hat sich eine andere Form ausgebildet, die das Gespräch zweier Paten (Fremder) mit der Mitteilung über den Fund oder Verlust eines Geldstücks (Säge, Erbse) beginnen läßt und abwechselnd beifälligem oder abwertendem Kommentar fortführt. Nach L. G. → Barag[27] stammt die älteste schriftl. Fassung aus einer anonymen Anekdotensammlung von 1776[28]; Texte aus der 2. Hälfte des 19. Jh.s zeichneten sich nicht selten durch einen markanten Schluß aus, der ihnen eine scharfe sozialkritische Note verleihe: So erzählt der eine, er habe den Wolf, welcher den Eber fraß, erschlagen, und der andere bekundet sein Einverständnis: „Das ist gut". — „Gut, aber nicht sehr gut". — „Warum denn"? — „Der Gutsherr hat mir das Fell weggenommen."[29]

(3) Im serbo-kroat. Sprachgebiet[30] findet sich die positive wie negative Bewertung von Ereignissen innerhalb des Erzähltyps AaTh 852: cf. → *Redekampf mit der Prinzessin*. Die entscheidende Funktionsänderung liegt darin, daß sich nunmehr ein Schlauer der Prinzessin im Dialog überlegen zeigt. Bei der Beantwortung ihrer Fragen bzw. der Erwiderung auf ihre Kommentare weiß er seinen jeweiligen Standpunkt zur einen wie zur anderen Seite zu relativieren. Die Prinzessin wird geschlagen,

indem sie ihn der Lüge bezichtigt, und muß den sozial Niedrigstehenden heiraten. Die von Des Périers bereits als ‚Steigbügelgeschichte' bezeichnete Erzählung erscheint im internat. Var.nspektrum als „Verkettung mittels Widerspruch"[31], variierbar als Lang- oder Kurzform bis zum „Standpunkts- und Relationswitz"[32] heutiger Tage. In den jeweiligen Regionen erweist sich die Struktur als recht stabil. Als eine Forts. der unter AaTh 2014 A notierten schwankhaften Erzählungen läßt sich der Witztyp ‚Gute Nachricht – schlechte Nachricht' ansehen, der seit vielen Jahren durch die Medien bei der Verbreitung sehr heterogener Informationen Anwendung findet und auch aus mündl. Tradition bekannt ist[33].

Die Angaben bei AaTh 2014 A erscheinen ergänzungsbedürftig. Tatsächlich zählen dazu die meisten zu AaTh 2014: *Chains Involving Contradi[c]tions or Extremes* gestellten Var.n; bei weiteren dort notierten Belegen (Boggs *2225, *2226, *2227, *2228; Schullerus 1961*) erscheint die Zuweisung höchst problematisch. Das von A. → Taylor[34] übernommene Lemma für AaTh 2014 benennt, wie so oft im Bereich der sog. *Formula Tales* (AaTh 2000–2399), weniger den Inhalt als vielmehr das Genre und läßt Raum für weitere Klassifizierungen. Der Hinweis bei AaTh 2014 auf den vergleichbaren Erzähltyp AaTh 2335: *Tales Filled with Contradictions* – mit Bezug auf den Katalog westind. Erzählungen[35] – erweist sich ebenso unzutreffend (dort sind Lügengeschichten subsumiert wie z. B. Var.n zu AaTh 1965: *Die schadhaften → Gesellen*) wie die Klassifikation des jap. Index[36], der Sprichworterzählungen von der Unerfindlichkeit menschlichen Schicksals AaTh 2014 zuordnet.

[1] Bolte, J.: Ein Schwank des 15. Jh.s. In: Vjschr. für Kultur und Litteratur der Renaissance 1 (1886) 484–486. – [2] cf. Haubold, R.: Les nouvelles Récréations et joeux devis des Bonaventure Des Périers in litterarhist. und stilistischer Beziehung. (Diss. Lpz. 1888) Reudnitz 1888; Hassell, J. W.: Sources and Analogues of the Nouvelles Récréations [...]. Chapel Hill, N.C. 1957; 2: Athens, Ga 1969. – [3] Dt. und ung. Belege bei György, L.: Kónyi János Democritusa. Bud. 1932, num. 22; engl. z. B. Hazlitt, W. C.: Studies in Jocular Literature. N.Y. 1890, 84 sq.; cf. ferner Randolph, V.: The Talking Turtle and Other Ozark Folk Tales. N.Y. 1956, 199 sq. (Kommentar von H. Halpert). – [4] Löwis of Menar, A. von: Finn. und estn. Volksmärchen. MdW 1922, num. 65; Tampere, H.: Eesti rahvalaule viisidega 3. Tallinn 1968, num. 10; weitere 8 ungedr. Var.n im Eesti NSV Kirjandusmuuseum, Tartu. – [5] Arājs/Medne (16 Var.n). – [6] Nedo, P.: Lachende Lausitz. Ffm. 1957, 71 sq. – [7] Franko, I.: Studii nad St. Rudans'kym. „Ni zle ni dobre". In: Zorja (1892) num. 16, 314 sq. – [8] György (wie not. 3) (8 Var.n). – [9] Schullerus 1331, Var. 11. – [10] Wossidlo, R.: Mecklenburger erzählen. ed. G. Henssen. B. 1957, num. 129 b. –

[11] Fünf Var.n, z. B. Kamp, J.: Danske Folkeæventyr. Kop. 1879, num. 19. – [12] Liungman 1, 575 sq. – [13] Asbjørnsen, P. C.: Norske folke-eventyr. Ny samling. Christiania 1871, num. 73; Hodne verzeichnet eine andere Var. mit Dialogpartnern Bauer/Troll. – [14] Qvigstad, J.: Lappiske eventyr og sagn 1. Oslo 1927, num. 58. – [15] van der Kooi (4. Var.n). – [16] de Meyer, Conte (3 Var.n). – [17] Ó Súilleabháin/Christiansen (1 Var.). – [18] DBF A 2, 104. – [19] Baughman (2 Var.n). – [20] Asbjørnsen (wie not. 13). –

[21] Qvigstad (wie not. 14). – [22] Wossidlo (wie not. 10) num. 129 a. – [23] SUS (4 Var.n). – [24] SUS (3 Var.n). – [25] SUS (11 Var.n). – [26] Krzyżanowski (2 Var.n). – [27] Barag. – [28] Sputnik i sobesednik veselyde ljudej 3. M. 1776, num. 11. – [29] z. B. Barag, L. G.: Beloruss. Volksmärchen. B. 1966, num. 91 (8 Var.n). – [30] Narodna Umjetnost 5–6 (1967–68) num. 17 (15 Var.n). –

[31] Taylor, A.: Formelmärchen. In: HDM 2 (1934/40) 164–191, hier 175. – [32] Röhrich, L.: Der Witz. Stg. 1977 (Mü. 1980), 111. – [33] cf. ibid., 12; auch als Witzslg: Ragaway, M. A.: The Good News – Bad News Book 1. L.A. [2]1972. – [34] cf. Taylor, A.: A Classification of Formula Tales. In: JAFL 46 (1933) 77–88; ferner HDM 2, 175. – [35] Flowers, 587. – [36] Ikeda.

Tartu Uku Masing

Guyana, im Nordosten Südamerikas befindliche Großlandschaft mit 1,5 Millionen Quadratkilometern, entfällt zu zwei Dritteln auf Brasilien und Venezuela, der Rest auf die Republik G., Ndl.-G. (Surinam) sowie Frz.-G. (Guyane française).

Die frühesten Veröff.en guyanes. Volkserzählungen stammen von W. H. Brett (1868), C. D. Dance (1881) und W. E. Roth (1915). Dances Werk *Chapters from a Guianese Logbook* enthält dämonologische Sagen und Erzählungen von → Indianern und Afro-Guyanesen und ist eine unschätzbare Quelle für Volksglauben und Volksleben jener Zeit. Bretts Arbeit *The Indian Tribes of Guiana* beschäftigt sich mit der ‚geschichtlichen Vergangenheit, dem Aberglauben, den Sagen, Altertümern und Sprachen' der Indianer, sie enthält eine Fülle von Zeugnissen über indian. traditionelle Glaubensvorstellungen, Kosmologie, soziale Mechanismen und Medizin und ist die erste Sammlung indian. Erzählungen und Mythen. Mit *An Inquiry into the Animism and Folk-lore of the G. Indians* setzte Roth Bretts Arbeit fort. Sowohl Brett als auch Dance waren christl. Missionare, die sammelten, um das Weltbild der Guyanesen zu verstehen und ihnen das Christentum begreiflich machen zu können. Manche Geschichten wurden, bes. durch Brett, tendenziös-protestant. entstellt.

Seit der Erlangung der politischen Unabhängigkeit von Großbritannien (1966) wird die nationale Kultur stärker gefördert, die sich aufgrund der Zugehörigkeit der Bevölkerung zu verschiedenen ethnischen Gruppen (Inder, Schwarze, Mulatten, Indianer, Weiße, Chinesen) durch bes. Vielfalt auszeichnet. Die folkloristische Sammeltätigkeit wird von der Regierung, der Univ. of G., Georgetown, und einigen Privatleuten unterstützt. 1975 wurde am Kulturministerium eine Sektion für Folklore-Forschung eingerichtet, die von Schwester Rose Magdalene geleitet wird. Unter ihren Tonbandaufnahmen befinden sich mündl. Überlieferungen, vor allem von Indianern und Afro-Guyanesen, und sie hat drei Bändchen indian. Erzählungen (1980/84/84) herausgebracht. Die Univ. of G. ist über das 1976 von W. F. H. Edwards initiierte Forschungsprogramm (Amerindian Research Project Unit) an der Sammelarbeit beteiligt, ferner wurde 1982 zur Förderung der Forschung und zur Ausbildung von Lehrern und Wissenschaftlern in Folklore an der Engl. Abteilung das Lehrfach Oral Traditions geschaffen. Die 1983 gegründete und von der UNESCO unterstützte G. Heritage Soc. widmet sich der Erhaltung materieller und nichtmaterieller Kultur. Diese neuen Institutionen und Sammler wie P. A. Brathwaite, W. McAndrew und R. Brummel bemühen sich darum, die Traditionen sowohl zu bewahren als auch wiederzubeleben.

Vom ethnischen Gesichtspunkt aus ist die Sammelintensität ungleichgewichtig. Bei weitem das meiste volkskundliche Material wurde bei den Indianern aufgezeichnet (cf. Niles 1981), auf die sich die Forschung seit dem 19. Jh. konzentriert. Beträchtlich ist aber auch der Anteil afro-guyanes. Traditionen; von den Indern hingegen liegen nur wenige Aufzeichnungen vor und von den Portugiesen und Chinesen so gut wie keine.

Die Sammelarbeiten versuchen, die Vielfalt von G.s traditionellen Kulturen zu erfassen. Bis vor kurzem gab es kein wirklich systematisches Forschungsprogramm, und die neugeschaffenen Institutionen sind durch Mangel an Geld, Vertrauen und Erfahrung stark behindert. Es liegt eine relativ große Anzahl von Materialien auf Band vor, die auf Transkription und wiss. Analyse warten.

G. ist das einzige engl.sprachige Land Südamerikas. Es hat hist. und kulturelle Bindungen zu den engl.sprachigen → Westind. Inseln, nimmt aber aufgrund seiner kontinentalen Lage, seines Hinterlands, das von jeher eine Herausforderung für Abenteurer und Glücksritter bildete, und der Verschiedenartigkeit seiner ethnischen Gruppen eine Sonderstellung ein. Obwohl die Spinne → Anansi afrik. Ursprungs ist, erzählen alle Guyanesen Nansi stories, und Nansi, der Volksheld, der gegen die Tyrannei kämpft und mit seinem Verstand über den stärkeren Feind triumphiert, ist für die Guyanesen zu einem Überlebenssymbol geworden. Eigentliche Anansi-Geschichten gehören zur Kategorie der Tier-, Trickster- und ätiologischen Erzählungen, doch die Guyanesen bezeichnen alles, was erzählt wird, als ,Nansi story'. Am häufigsten sind Tier- und Formelerzählungen, doch auch Geistergeschichten sind recht zahlreich. Neben Mythen und Sagen gibt es Anansi-, Pork-knocker- und Stupidy Bill/Sensible Bill-Geschichten (cf. dazu James 1985). Die Pork-knocker-Erzählungen, die von den Wechselfällen des Goldgräber-Lebens, seiner Einsamkeit, seinem Leiden und seinen Mißerfolgen handeln, sind möglicherweise auf G. beschränkt. Eine neuere Entwicklung sind die Nonsens-Erzählungen um das Paar ,Stupidy Bill' und ,Sensible Bill', die unter Kindern am geläufigsten und meistens spontane Schöpfungen sind. Weitere Erzählfiguren, die meisten davon Geister, sind Massakuruman, Baidal, Ol' Higue, Ganga Mani, Satira Gal, Lulu, Old Man Pappy, Jumbie Baccoo, Duppy, Fair-maid, Water Mama und Kanaima (cf. James 1985). Als flußreiches Land mit undurchdringlichen Wäldern besitzt G. zahlreiche Geschichten über Wald- und

Wassergeister. Es gibt auch solche über holländ. Schatz- und Baumwollseidenbäume. Die meisten guyanes. Erzählungen, ob dämonologische Sagen oder andere Volkserzählungen, behandeln das Doppelthema des Überlebens und des menschlichen Kampfs mit den Elementen. Einige Erzählungen afro-guyanes. Gemeinschaften berichten, daß in der Sklavenzeit Schwarze zurück nach Afrika flogen; wer Salz aß, verlor die Fähigkeit zu fliegen und kam um. Die Mythen, Sagen und Erzählungen der Indianer, der autochthonen Landesbewohner, wurden von Generation zu Generation mündl. überliefert und blieben aufgrund ihrer Isolation homogen.

Bemerkenswerte Erzähler finden sich unter Frauen und Männern aller Altersklassen. Ein Einzelfall scheint eine Familie in Ithaca zu sein, die drei Generationen hindurch ausschließlich weibliche Erzähler hervorgebracht hat. Ländliche Gemeinden bilden immer noch die hauptsächlichen Erzählgemeinschaften, so die von Schwarzen bewohnten Dörfer an der Ostküste von Demerara, bes. Annandale, oder Dartmouth, Queenstown und Charity in Essequibo. In Berbice ist Ithaca für die dynamische Bewahrung seiner afrik. Traditionen bekannt. Bei indian. Gemeinschaften ist Erzählen die abendliche Hauptunterhaltung. Jede Gemeinschaft kann ‚den' Erzähler bezeichnen, der gewöhnlich männlich ist. A. James (1985) fand jedoch bei ihren Feldforschungen Frauen als Erzählerinnen vor, mit Ausnahme der Goldgräberstadt Mahdia, in der alle Erzähler Männer sind. Zwei der bemerkenswertesten Erzähler der heutigen Zeit sind Naomi Clerk und Roy Brummel. Die 55jährige Afro-Guyanesin Clerk, die in einer kleinen Gemeinde an einem Fluß wohnt und in der Landwirtschaft tätig ist, hat in verschiedenen Teilen G.s gelebt und kennt alle Arten volkstümlicher Erzählungen. Der 30jährige Brummel, aufgewachsen in Dartmouth am Essequibo, ist Lehrer an einer höheren Schule. Geschmack am Erzählen fand er durch seine Großmutter. Er hat ein wöchentliches Radioprogramm und verbessert sein Repertoire durch Feldforschungen im ganzen Land.

Guyanes. Erzählungen werden auf Kreolisch erzählt und lebendig und dramatisch gestaltet: Die Erzähler setzen Mimik, Gestik und stimmliche Mittel ein, lassen z. B. die Erzählfiguren mit verschiedenen Stimmen sprechen, geben lustige oder tragische Betonungen, fügen Gesangseinlagen ein und benutzen stereotype Wendungen und Wiederholungen, um das Verstreichen der Zeit anzuzeigen. Es gibt Formeln verschiedener Art. Einige allg. Gepflogenheiten wie das Gesetz der → Dreizahl werden eingehalten. Eingangsformeln sind z. B.: „Long long ago"; „This was a time"; „Once upon a time monkey shit slime and Miss Mary tik it and mek window blind"; „They had a time when Nansi was a man"; „You ever hear about when Jumbie used to walk?". Als Beispiele für Schlußformeln seien angeführt: „The boy kick the tinin, the tinin bend and the story end" oder „A sa me buy am, a so me sell am Tara Tara". Manchmal wird das Geschichtenerzählen durch Rätselraten eingeleitet, vor allem bei Totenwachen. Während die Geschichte erzählt wird, ruft ein Zuhörer ‚Nansi story', um alle daran zu erinnern, daß es hier nicht um Tatsachen, sondern um eine fiktive Begebenheit geht.

Geschichtenerzählen ist immer noch ein lebendiges soziales Ereignis. In ländlichen Gegenden findet in Mondnächten das ‚ring play' mit Rätselraten, Singen im Kreis und Erzählen statt. Das Erzählen von Nansi stories gehört auch zu den Übergangsriten, die für die Toten veranstaltet werden. In den Nächten der Totenwachen, gewöhnlich der Nacht vor dem Begräbnis oder der neunten Nacht nach dem Tod, werden u. a. Geschichten erzählt, zum Wachhalten, zum Trost für die Hinterbliebenen und zur Erinnerung an die Toten. Allg. steht beim Erzählen immer der unterhaltende Aspekt im Mittelpunkt, indirekt wird es jedoch auch zur Belehrung und zur Kommentierung von Sozialverhalten benutzt. Einige Geschichten sind hist. Art, sie berichten den Jungen über die Kämpfe und Leistungen der Vergangenheit. Für die Pork-knocker ist Erzählen ein Mittel gegen die Langeweile. Bei den Indianern, die nur zu einem geringen Teil alphabetisiert sind, ist die mündl. Überlieferung gewissermaßen die ‚Schule des Lebens'. Erzählen ist eine den ganzen Tag über auf den Bauernhöfen und zu Hause beim Maniokstampfen sowie zu Feierabend gepflegte Kommunikationsform. Seine Funktionen sind Didaxe, Sozialkontrolle, Unterhaltung, Therapie, Vermittlung der Religion und der Kosmologie. Die wirkliche Definition des guyanes. Volkes findet sich in diesen Geschichten.

Bibliogr.: Ullom, J. C.: Folklore of the North American Indians. An Annotated Bibliography. Wash. 1969. – Niles, S. A.: South American Indian Narrative. Theoretical and Analytical Approaches. An Annotated Bibliography. N.Y./L. 1981.

Ausg.n und Lit.: Brett, W. H.: The Indian Tribes of Guiana. Their Conditions and Habits. L. 1868. – Dance, C. D.: Chapters from a Guianese Log-book, or The Folklore and Scenes of Sea-coast and River Life in British Guiana. Georgetown 1881. – Im Thurn, E. F.: Among the Indians of Guiana. Being Sketches Chiefly Anthropologic from the Interior of British Guiana. (L. 1883) Nachdr. N. Y. 1967. – Roth, W. E.: An Inquiry into the Animism and Folk-lore of the Guiana Indians. In: 30th Annual Report of the Bureau of American Ethnology 1908/09 (1915) 103–387. – Gillian, J.: The Barama River Caribs of British Guiana. Cambr., Mass. 1936. – Kerswill, F. W.: Children of the Silence. An Account of the Aboriginal Indians of Upper Mazaruni River. Georgetown 1946. – Brathwaite, P.: G. Folklore: Guyanese Proverbs and Stories. Georgetown 1966. – Wilbert, J.: Folk Literature of the Warao Indians. L.A. 1970. – Rickford, J. R.: Cut-Eye and Suck-Teeth: African Words and Gestures in New World Guise. In: JAFL 89 (1976) 294–309. – id.: Festival of Guyanese Words. Georgetown 1976. – Wishart, N./Augustin, J.: More Amerindian Stories. Georgetown 1977. – Adams, K. J.: Barama River Carib Narratives. Wash. 1979. – Edwards, W. F./Hubbard, H. R.: Folk Tales and Legends of Some G. Amerindians. Georgetown 1979. – Sister Rose Magdalene: Amerindian Stories for Young Guyanese 1–3. Georgetown 1980/84/84. – James, A.: Folk Narrative and the Question of Identity in a Multi-Racial Soc.: The Case of G. In Papers 3. The 8th Congress for the ISFNR. Bergen, June 12th–17th 1984. ed. R. Kvideland/T. Selberg. Bergen 1985, 423–446.

Georgetown Adeola James

Gyges. Die G.-Erzählung[1] ist in vier griech. Versionen aus dem 5./4. Jh. a. Chr. n. bekannt. Sie finden sich (1) bei Xanthos dem Lyder, vermittelt über die *Historiai* des Nikolaos von Damaskos (1. Jh. a. Chr. n.), (2) → Herodot, (3) in einem fragmentarischen ‚G.-Drama' eines unbekannten Autors, (4) bei Platon.

Bei Xanthos[2] versucht G., der Günstling des Königs Sadyattes, dessen Braut zu verführen; der König schwört, ihn töten zu lassen, G. wird informiert, ermordet mit seinen Freunden den König und erlangt Thron und Königin. In Herodots Version (1,8,3–1,12,2)[3] wird G., Günstling des lyd. Königs Kandaules, von diesem genötigt, sich hinter der Schlafzimmertür der Königin zu verstecken und ihr beim Auskleiden zuzusehen. Die gekränkte Königin stellt G. vor die Wahl, entweder Kandaules umzubringen, sie zu heiraten und den Thron zu besteigen oder selbst zu sterben. Im G.fragment beschreibt die Königin die Szene in ihrem Schlafgemach[4]. Bei Platon (*De republica* 2, 359 d–360 b)[5] findet der Hirt G. einen → unsichtbar machenden Zauberring (Mot. D 1076, D 1361.17; cf. → Tarnkappe, → Ring), den er benützt, um die Königin zu verführen und im Einvernehmen mit ihr die Herrschaft über Lydien an sich zu reißen.

Die Überlieferungen (2) und (3) sind deutlich voneinander oder von einer verlorenen gemeinsamen Quelle abhängig, (4) dagegen kann nicht überzeugend mit einer der anderen Fassungen in Verbindung gebracht werden. Zwar halten K. Flower Smith[6] und W. → Aly[7] Herodots Historie und Platons ahist. Märchen für verwandt, D. L. Page u. a. haben diese These jedoch als unwahrscheinlich zurückgewiesen[8]. Bes. in Platons Version vermeinte die ältere Forschung[9] nicht nur Märchenmotive zu entdecken wie die unsichtbar machende Tarnkappe, die magische Wirkung von → Edelsteinen etc., sondern glaubte auch, enge Verbindungen zu neueren Märchen nach Art der → *Tausendundeinenacht* (cf. AaTh 560: → *Zauberring*, AaTh 561: → *Aladdin*), zu Heldensagen (z. B. → *Nibelungenlied*) oder zu Epen (z. B. *Ortnit*) herzustellen, die griech. mythischen Erzählungen gewissermaßen als Ursprungsmärchen ansehen zu können. Doch erwiesen sich solche Konstruktionen und Vergleiche trotz des Vorliegens märchenhafter Motive als wenig stichhaltig, weil zugleich Kontextfragen, speziell das soziale und kulturelle Umfeld, zu wenig Beachtung fanden, ganz zu schweigen von ethnischen Verschiebungen und Zeitsprüngen. Auch die Rollen von Held und Schädiger sind nach Ansicht von J. N. Kazazis[10] nicht unbedingt märchentypisch: Der Protagonist erscheint als Verführer der Königin und als Mörder des Königs in der Rolle des Schädigers und wird dennoch belohnt.

Nach Ptolemaios Chennos (1. Jh. p. Chr. n.), vermittelt über Photios von Konstantinopel (9. Jh. p. Chr. n.)[11], besaß die Frau des Königs Kandaules eine doppelte Pupille und einen Schlangenstein (cf. AaTh 672 sqq.: → *Schlangenkrone, -stein*), wodurch sie G. trotz seines Zauberrings sehen konnte. In einem Exkurs bemerkt Flavius Philostratos (*Vita Apollonii* 3, 8; 3. Jh. p. Chr. n.)[12], der ind. Schlangenstein habe ähnliche magische Eigenschaften wie der Ring von G. Dieser Beleg kann jedoch nicht zur Stützung der These herangezogen werden, daß eine Version der G.-Erzählung existierte, in der G.' unsichtbar machender Ring vom Schlangenstein der Königin unwirksam gemacht wurde[13]. Außer für G. ist ein solcher Tarnring nur noch bei → Plinius (*Naturalis historia* 33,8) für Midas belegt.

Die G.-Erzählung scheint nur literar. (cf. Tubach, num. 2391), nicht mündl. überliefert worden zu sein. Ihr Nachleben in Europa wurde ausführlich von Flower Smith[14], E. Bickel[15], K. Reinhardt[16] und R. Pichler[17] behandelt.

[1] Zum hist. Hintergrund cf. bes. Musumarra, C.: La leggenda di Candaule. In: Festschr. C. Naselli 2. Catania 1968, 191–210; Fauth, W.: Zum Motivbestand der platonischen G.legende. In: Rhein. Museum für Philologie 113 (1970) 1–42; Hanfmann, G. M. A.: Sardis from Prehistoric to Roman Times. Harvard 1983, s. v. G.; Pichler, R.: Die G.geschichte in der griech. Lit. und ihre neuzeitliche Rezeption. Diss. Mü. 1986. – [2] Jakobs, F.: Die Fragmente der griech. Historiker. B. 1926, Fragment 46 sq. – [3] cf. Aly, W.: Volksmärchen, Sage und Novelle bei Herodot und seinen Zeitgenossen. Göttingen 1921, Reg. s. v. G. – [4] Kanicht, R./Snell, B.: Tragicorum Graecorum fragmenta 2. Göttingen 1981, 248–251; zur Datierungsfrage cf. Snell, B.: G. und Croisos als Tragödienfiguren. In: Zs. für Papyrosforschung und Epigraphik 12 (1973) 192–205. – [5] Danach Cicero, De officiis 3, 38. – [6] Flower Smith, K.: The Tale of G. and the King of Lydia. In: American J. of Philology 23 (1902) 261–282, 361–387. – [7] Aly, W.: G. In: HDM 2 (1934/40) 676–680, hier 677. – [8] Page, D. W.: A New Chapter in the History of Greek Tragedy. Cambr. 1951, 18–20; Fauth (wie not. 1) bes. 4–6. – [9] cf. Pichler (wie not. 1) bes. 12–17. – [10] Kazazis, J. N.: Herodotus' Stories and Histories: A Proppian Analysis of His Narrative Technique. Diss. Urbana, Ill. 1978, 109–113. – [11] Tomberg, K. H.: Die Kaine Historia des Ptolemaios Chennos. Bonn 1968, 169–171. – [12] cf. Flower Smith, K.: The Literary Tradition of G. and Candaules. In: American J. of Philology 41 (1920) 1–37, hier 5. – [13] Page (wie not. 8) 20. – [14] Flower Smith (wie not. 12). – [15] Bickel, E.: G. und sein Ring. In: Neues Jb. für Klassisches Altertum 47 (1921) 336–358. – [16] Reinhardt, K.: Vermächtnis der Antike. Göttingen (1960) ²1966. – [17] Pichler (wie not. 1).

Wellington Alex Scobie

György, Lajos, * Marosvásárhely (dt. Neumarkt, heute rumän. Tîrgu Mureş) 3. 4. 1890, † Cluj (dt. Klausenburg, ung. Kolozsvár) 31. 12. 1950, ung. Erzählforscher. G. studierte an der Univ. Kolozsvár ung. und lat. Philologie, promovierte 1912 mit einer Diss. über das Volksbuch von der schönen → Magelone (*Szép Magelona.* Kolozsvár 1911), lehrte nach der Angliederung Siebenbürgens an Rumänien an der röm.-kathol. Lehrerbildungshochschule in Kolozsvár (1919–23). In den folgenden Jahren war er als Redaktor der Zss. *Pásztortüz, Erdélyi Irodalmi Szemle* und *Erdélyi Muzeum* sowie ab 1928 als Direktor des Báthory-Apor-Seminars für die Weiterbildung ung. Studenten an der Univ. Kolozsvár tätig. 1930 zum korrespondierenden Mitglied der Ung. Akad. der Wiss.en gewählt, habilitierte er sich 1931 in Budapest mit *Kónyi János Democritusa* ([Der Democritus des János Kónyi]. Bud. 1932). Nach der Rückgliederung Siebenbürgens an Ungarn wurde er 1940 zum ordentlichen Professor für ältere ung. Lit. an der Univ. Kolozsvár ernannt. Nach der Wiederangliederung des Gebietes an Rumänien wurde 1947 der Lehrstuhl aufgelöst und G. 1948 die Pension entzogen, so daß er in Armut starb.

G. veröffentlichte zahlreiche bedeutende Arbeiten zur hist. und vergleichenden Erzählforschung. So untersuchte er alte ung. gereimte Historien sowie ung. Volksbücher des 16.–18. Jh.s. Dabei war er bestrebt, die von A. → Wesselski, R. → Köhler und J. → Bolte geprägten methodischen Ansätze unter Berücksichtigung der ung. Verhältnisse mit geistesgeschichtlicher Betrachtung zu ergänzen. Seine große Belesenheit ermöglichte es ihm, durch komparatistische Analyse europ. Geistesströmungen zu beleuchten. In seiner Monogr. *A magyar regény előzményei* ([Die Vorgeschichte des ung. Romans]. Bud. 1941) behandelte G. zusammenfassend auch die ung. Volkslesestoffe von 1730 bis 1840.

G. gilt u. a. auch als Begründer der ung. Schwank- und Anekdotenforschung. Er zeigte den stoffgeschichtlichen Hintergrund von ca 2000 dieser Erzählungen auf, legte die hist. Schichtung des ung. Materials fest und untersuchte die Herkunft der Texte in den ersten ung. Anekdotensammlungen aus dem 18. Jh. Daneben beschäftigte er sich mit den auch in Ungarn bekannten Schelmentypen → Eulenspiegel und → Hodscha Nasreddin, aber auch mit typisch ung. Figuren wie dem Bauernmillionär Józsa Gyuri (*A magyar nábob* [Der ung. Nabob]. Kolozsvár 1940). G.s Hauptwerk *A magyar anekdota története és egyetemes kapcsolatai* ([Die Geschichte der ung. Anekdote und ihre universellen Verbindungen]. Bud. 1934) behandelt die hist. Entwicklung der ung. Anekdote aufgrund von 250 internat. verbreiteten Themen. G. stellte dazu auch die Anthologie *Világjáró anekdoták* ([Weltumspannende Anekdoten]. Bud. 1938) zusammen.

Weitere Veröff.en: Octavianus. In: Irodalomtörténeti Közlemények (1914) 257–278. – Jovenianus históriája (Die Geschichte des Jovinian). ibid. (1918) 159–190. – A Genovéva-legenda és népkönyv története (Die Geschichte der Genoveva-Legende und des Volksbuches). Bud. 1929. – Andrád Sámuel elmés és mulatságos anekdotái (Sámuel Andráds geistreiche und unterhaltende Anekdoten [1789–90]). Kolozsvár 1929. – Egy középkori Sybilla-vers régi magyar irodalmunkban (Ein ma. Sybille-Gedicht in unserer Lit.). Pécs 1929. – Poggio és Arlotto-elemek a magyar anekdota-irodalomdan (Poggio- und Arlotto-Elemente in der ung. Anekdotenlit.). In: Budapesti Szemle 214 (1929) 57–90. – Eulenspiegel magyar nyomai (Eulenspiegels Spuren in Ungarn). Kolozsvár 1932. – Magyar anekdotáink Nasreddin kapcsolatai (Die Nasreddin-Verbindungen unserer ung. Anekdoten). In: Erdélyi Muzeum 28 (1933) 65–85. – Tárgytörténeti jegyzetek Mikszáth anekdotáihoz (Stoffgeschichtliche Erörterungen über Mikszáths Anekdoten). Bud. 1933. – Anekdota (Die Anekdote). In: A magyarság néprajza 3. Bud. 1935, 148–182. – Hermányi Dienes József: Nagyenyedi siró Heráklitus és hol mosolygó és hol kacagó Demokritus (Der weinende Heraklitus und der bald lächelnde, bald lachende Demokritus aus Nagyenyed des József Hermányi Dienes) 1–2. Kolozsvár 1937. – Valkai András. Egy kalotaszegi énekszerző a XVI. században (András Valkai. Ein Liedermacher aus Kalotaszeg im 16. Jh.). Kolozsvár 1947.

Lit.: Katona, Á.: A „pozitivista“ G. L. ról (Über L. G. als „Positivisten“). In: Korunk 30, 12 (1971) 1856–1864. – id.: Az elfelejtett G. L. (Der vergessene L. G.). In: Nyelv- és Irodalomtudományi Közlemények 28, 2 (1984) 103–112.

Budapest István Sándor

H

Haar. Das H. spielt, ebenso wie andere Bestandteile des menschlichen Körpers, sowohl mit seinen natürlichen als auch bes. mit Eigenschaften, die ihm im Zusammenhang mythischen Denkens und magischer Praxis zukommen, seit alters eine bedeutende Rolle in populären Erzählungen (→ Archaische Züge). Umgekehrt signalisiert das Fehlen von H. (→ Bartloser, → Kahlkopf) oder eine bestimmte H.farbe (→ Rothaarig) oft negative Charakterzüge der betreffenden Figur. Daß H.e gekämmt (→ Kamm, kämmen), geflochten und abgeschnitten werden können, geht ebenso in die Volkserzählung ein wie z. B. ihre Nutzung als Zaubermittel aufgrund ihrer sympathetischen Verbindung mit dem Körper, von dem sie abgeschnitten wurden[1].

Weit verbreitet ist das Motiv von außergewöhnlicher → Stärke, die ihren Sitz im H. hat (Mot. D 1831)[2]. Die Kraft → Simsons, dessen H.e noch nie geschnitten wurden, liegt in seinen Locken; Delila, seine Geliebte, verät das Geheimnis seiner Stärke den Philistern, die ihm die Locken abschneiden und ihn blenden (Ri. 16, 4–21). Der Typus des im frühen Mesopotamien auch archäologisch belegten siebenlockigen Helden ist hier mit dem Motiv der in den H.en liegenden Körperkraft verbunden[3]. Analoge Vorstellungen vom Verlust der Kraft liegen der griech. Sage von → Skylla zugrunde, die ihrem Vater Nisos, dem König der belagerten Stadt Megara, die goldene Locke abschneidet, um dem von ihr geliebten König Minos die Einnahme der Stadt zu ermöglichen, und ähnlich ergeht es Pterelaos, der mit dem Abschneiden des H.s durch seine Tochter Komaitho die Unsterblichkeit verliert (Apollodorus, *Bibliothēke* 3, 15, 8; Herodot 5, 59). Neuzeitliche Märchen haben statt der Sieben- die → Dreizahl der Locken oder H.e. In einer türk. Erzählung z. B. reißt die Mutter ihrem Sohn die drei weißen H.e aus, auf denen seine übermenschliche Kraft beruht[4]. Die Stärke eines Riesen (Mot. F 531.1.6.13), aber auch die Fähigkeit der Hexen zu versteinern, zu binden oder zu verwandeln, liegt in deren H.en, eine Vorstellung, die z. B. zahlreiche Var.n von AaTh 303: *Die zwei → Brüder* vermitteln[5]. In anderen Erzählungen hängt nicht nur die ungewöhnliche Stärke, sondern das Leben selbst an einem H. (→ Pars pro toto). Vorausgesetzt ist hier die Vorstellung vom H. als dem Sitz der Seele (cf. → External soul; AaTh 302: → *Herz des Unholds im Ei*)[6]. In einem Mythos der Modoc-Indianer heißt es von Kmúkamch, dem Großen Greis: „Er braucht nur ein Haar, um einen Menschen wiederzuerwecken."[7].

Unfreiwilliges Scheren des H.s ist entehrend (Mot. P 672.2; isl.), ein Zeichen von Knechtschaft[8] oder dient als Strafe, wenn z. B. der lügnerischen Ziege die Hälfte ihres Fells abgeschoren wird (AaTh 212: *Die boshafte → Ziege*). Hingegen kann der Verlust des H.s auch auf Freiwilligkeit beruhen, um eine bestimmte Lebensstufe (Schneiden der H.e als → Initiation bei Eintritt in das Mannesalter und in die Ehe)[9] oder die Zugehörigkeit zu einer Gemeinschaft (Mönchstonsur) zu charakterisieren.

Abgeschnittene und verlorene H.e dienen als Mittel für Gebots- und → Schadenzauber. Nordamerik. Erzählungen kennen den sog. Hexenball, in Bienenwachs gerolltes H., das zur Behexung (Mot. D 2070.1) oder zur Tötung (Mot. G 262.4) gebraucht wird. In einem usbek. Märchen heißt es vom H. der schönen Dunja, wer eins davon bekomme, in dessen Hände werde auch sie selbst fallen, aber der Held müsse sie bei ihren 40 Zöpfen ergreifen[10]. Wer ein H. verbrennt, löst damit ein Notsignal aus. Tierhelfer oder auch hilfreiche → Devs halten so Kontakt zu den Helden; dieser Zug begegnet in verschiedenen Var.n zu AaTh 314: → *Goldener* und AaTh 531: → *Ferdinand der treue und F. der ungetreue*[11]. Offenbar liegt die archaische Vorstellung zugrunde, daß der Besitz eines Körperteils des Jenseitigen zugleich die Verfügungsgewalt über ihn ermöglicht. Die Gleichsetzung des H.s mit seinem Träger geht gelegentlich so weit, daß eine H.strähne, etwa die einer ertränkten Frau, zu sprechen anhebt (Mot. E 545.20.1) oder weint (Mot. F 1041.21.6). Jenseitige bzw. dämonisch gedachte Handlungsträger können durch das Verbrennen eines H.s auch Schaden verursachen. In einer ital. Var. zu AaTh 400: → *Mann auf der Suche nach der verlorenen Frau* etwa wirft die betrogene Alte ein H. der Prinzessin ins Herdfeuer, worauf diese vor den Augen der Umherstehenden in der Tiefe verschwindet[12]. Umgekehrt kann durch das Verbrennen des H.s sein Gebrauch zum Schadenzauber verhindert werden (Mot. D 2176.5). Auch das Kochen des H.s (Mot. D 1355.3.5) hat, wie sein Verpflocken im Loch eines Baums (Mot. D 2161.4.18), magische Wirkung. Das Verbrennen einer Locke streckt einen Geist zu Boden (Tubach, num. 2276). Aufgrund des sympathetischen Zusammenhangs zwischen dem H. und seinem Träger hat sogar ein einzelnes H. die Kraft, Liebe zu erwecken, und veranlaßt die → Suche nach seinem ursprünglichen Besitzer.

Dieser Zug ist Bestandteil einiger weitverbreiteter Märchen, in denen der Held sich in die unbekannte Besitzerin des H.s verliebt (→ Fernliebe) und sie zu gewinnen trachtet (z. B. AaTh 516: *Der treue → Johannes*)[13]. Öfter ist das H. golden (cf. → Gold, Geld) oder silbern, womit die Schönheit (→ Schön und häßlich) des Trägers symbolisiert wird[14]. Goldenes und silbernes H. ist ein → Zeichen edler Herkunft, z. B. für → Goldener (AaTh 314), die drei goldenen → Söhne (AaTh 707) oder die Gänsemagd (AaTh 533: *Der sprechende → Pferdekopf*). Könige, Freie und Helden (Mot. P 632.5) tragen langes H.[15] Neben der Verwandlung des H.s in Gold (Mot. D 475), auch als Strafe für das Betreten eines verbotenen → Zimmers (AaTh 314; Mot. C 912), kommt auch die plötzliche Änderung der H.farbe (Mot. D 492.3; cf. → Altern) vor. Außergewöhnliche Farbe und Beschaffenheit des H.s sind wesentliche Merkmale übernatürlicher Wesen: Feen bzw. Fairies haben langes (Mot. F 232.4) und/oder gelbes (goldenes) (Mot. F 233.5) H. (cf. auch → Lorelei, → Melusine, → Schwanjungfrau), Zwerge grobes (Mot. F 451.2.4.1) oder silberweißes (Mot. F 451.2.4.2), Heinzelmännchen (Brownies) rotes (Mot. F 482.1.1). Das H. der Riesen ist struppig (Mot. F 531.1.6.3), ungewöhnlich lang (Mot. F 531.1.6.31; cf. auch → Rübezahl), aber auch auf der Stirn golden (Mot. F 531.1.6.5). Mitunter erhält der Held im → Dienst beim Dämon die Auflage, sich während der Dauer seiner Verpflichtung nicht zu kämmen, die H.e und Nägel nicht zu schneiden, und wird so zu des ‚Teufels rußigem Bruder' (KHM 100, AaTh 475: → *Höllenheizer*). Nach L. → Röhrich[16] erinnert das Verbot der H.pflege entfernt an Simson, von dem es heißt, daß ihm „kein Schermesser soll aufs Haupt kommen" (Ri. 13,5). In Märchen der Zulu und Ambundu sind die Ungeheuer (izimu) durch ihr langes, ungekämmtes H. charakterisiert[17]. Der Teufel hat blutrote H.e (Mot. G 303.4.8.1) oder, wie in Var.n zu AaTh 461: *Drei → H.e vom Bart des Teufels*, drei goldene, die von seinem Kopf zu holen sind.

Verschiedene natürliche und magische Eigenschaften des H.s verbinden sich mit dem H.zopf. Das Kennzeichen der Wildfrau (Saligen), die von irdischen Männern aufgesucht wird oder die sich ihrerseits zu ihnen legt, sind ihre langen schönen H.flechten, auf denen ihre verführerische Kraft beruht und die ihr meist (von den Ehefrauen der betörten Männer) abgeschnitten werden[18]. Auch die → Jungfrau im Turm (AaTh 310) wird mit dem Verlust ihrer langen, als Leiter in ihren Turm benutzten H.flechten bestraft; doch enthielt die ursprüngliche Version der Charlotte Rose de la → Force diese Entwürdigung der Heldin nicht[19].

Einer alten Schicht der Märchenüberlieferung gehört das Motiv des über und über mit einem H.kleid bedeckten menschlichen Körpers an (cf. auch → Federhemd, -kleid). Hohes Alter verrät nicht nur die Vorstellung, der Mensch sei ursprünglich ganz mit H.en bedeckt gewesen (Mot. A 1281.2), sondern auch das Motiv des mit Tierhaaren umhüllten Menschen (Mot. F 521.1 sq.; → Bärensohn)[20]. Dieses verweist wie die Vorstellung einer Verwandlung des Menschen in ein Tier und umgekehrt (→ Theriomorphisierung) auf ein ursprüngliches Sympathieverhältnis zwischen Mensch und Tier[21]. In manchen indian. Mythen, die von der Zeit handeln, „da die Tiere sich nicht von den Menschen unterschieden"[22], trägt der Held seine langen H.e als natürliches Kleid[23].

Auch in anderen Gattungen der Volkserzählung kommt das Motiv der Behaarung als Bekleidung vor. In Sage und Legende erscheint es unter den Aspekten der Sittsamkeit und der Bewahrung der → Keuschheit. Der hl. Agnes, die auf richterlichen Befehl nackt in ein Bordell gebracht wurde, ließ Gott „ihr Haar so dicht wachsen, daß ihr Leib davon besser gedeckt war denn mit Gewand"[24]. Die für die Legendenüberlieferung wichtige Bildtradition[25] zeigt die hl. → Maria Aegyptiaca[26] und die hl. → Maria Magdalena[27], aber auch männliche Wüstenheilige und Eremiten wie → Makarios, → Johannes Chrysostomus[28], seltener → Onuphrius, am ganzen Leibe behaart[29]. Eine in Coventry lokalisierte Sage erzählt von → Godiva, die nackt durch die Stadt ritt, wobei ihr H. sie verhüllte. Auf H.pflege konzentrierte Eitelkeit wird in der Legende verurteilt. Der hl. Coemgenus läßt daher den Ritter Rotan, der ob seines schönes H.s sein Seelenheil vernachlässigt, zum Kahlkopf werden und zwingt ihn zur Buße[30].

Erzählungen mit schwankhafter Tendenz nutzen die natürlichen Erscheinungsformen des H.s, damit verbundene Schönheitsvorstellungen oder auch den Glauben an magische Fähigkeiten in absurder Weise zur Karikierung. Das Ergrauen der H.e mit zunehmendem Alter exemplifiziert u. a. bei → Phädrus (2,2) eine misogyne Haltung (Promythion: „Daß Weiber von Männern rauben [...], lehrt die tägliche Erfahrung"): Die junge Geliebte eines Mannes von mittleren Jahren zieht ihm die grauen H.e aus, die alte die schwarzen, so daß er schließlich kahlköpfig wird (cf. auch Tubach, num. 2401). In einer engl. Version des Schwanks von den drei vergeudeten Wünschen (cf. AaTh 750 A–D: *Die drei → Wünsche*) aus dem 14. Jh. wünscht sich die Frau als erstes die schönsten H.e der Welt (Tubach, num. 5326). In manchen Erzählungen des Zyklus vom geprellten → Teufel können sich Teufelsbündner aus der Verpflichtung befreien, indem sie dem Teufel eine unlösbare → Aufgabe stellen, z. B. ein krauses H. glatt zu schmieden (AaTh 1175). Zu grotesken Ergebnissen führt die Anwendung magischer Praktiken in einer seit → Apuleius (*Metamorphosen* 3, 16) bekannten Erzählung über die Leichtgläubigkeit einer Ehefrau (Tubach, num. 2395):

Eine Frau glaubt sich der Treue ihres längere Zeit abwesenden Ehemanns versichern zu können, indem sie auf Rat einer Hexe (alten Frau) etc. ein paar H.e aus seinen → Augenbrauen erbittet, um ihn damit jederzeit (→ Fernzauber) an ihre Liebe erinnern zu können. Aber der Ehemann gibt ihr in weiser Voraussicht H.e aus seinem mit Fell bespannten Köcher. Als die Frau nun die magische Kraft der ihr verbliebenen H.e ausprobiert, fängt der Köcher an zu wakkeln, und der Mann nimmt ihn dann vom Aufbewahrungsort herunter und schickt ihn heim (cf. → Gegenstände handeln und sprechen).

[1] Bächtold-Stäubli, H.: H. In: HDA 3 (1930/31) 1241–1287, bes. 1271–1273; Heckscher, K.: Gebotszauber. In: HDM 2 (1934/39) 323–350, bes. 350; Schimmel, A.: H. In: RGG 3 (1959) 1 sq.; Kötting, B.: H. In: RAC 13 (1986) 177–203; Röhrich, Redensarten 1, 355–358; Jeggle, U.: Der Kopf des Körpers. Eine volkskundliche Anatomie. Weinheim/B. 1986, 52–73; Koenig, O.: Urmotiv Auge. Mü./Zürich 1975, 230–235; Linden, R. van der: Kaalhoofdigheid en haarkracht. In: Oostflaamse Zanten 56 (1981) 27–40, 43–56; Willer, S.: H. und Nagel in Magie, Religion und Vk. Diss. Lübeck 1984. – [2] Gunkel, H.: Das Märchen im A.T. Tübingen 1921, 109; Nowak, num. 235; Koenig (wie not. 1) 230. – [3] Wenning, R./Zenner, E.: Der siebenlockige Held Simson. In: Biblische Notizen 17 (1982) 43–55; zu dem magischen Schutz, den eine bestimmte H.tracht verleiht, cf. Koenig (wie not. 1) 231 sq. – [4] Spies, O.: Türk. Volksbücher. Lpz. 1929, 34–36, 69–72. – [5] Ranke, K.: Die zwei Brüder (FFC 114). Hels. 1934, 271–277. – [6] Tuczay, C.: Der Unhold ohne Seele. Eine motivgeschichtliche Unters. Wien 1982, 95, 130 und pass. – [7] Lévi-Strauss, C.: Mythologica 4. Ffm. 1976, 70. – [8] Koenig (wie not. 1) 230 sq. – [9] Nilsson, M. P.: Geschichte der griech. Religion 1. Mü. [3]1967, 136 sq.; HDA 3, 1265 sq. – [10] Jungbauer, G.: Märchen aus Turkestan und Tibet. MdW 1923, 59–74. –
[11] ibid.; Hahn, num. 26; Nowak, num. 94, 175, 254, 262. – [12] Karlinger, F.: Ital. Volksmärchen. MdW 1973, num. 29. – [13] Uther, H.-J.: Schönheit im Märchen. In: Lares 52 (1986) 5–16, hier 11. – [14] cf. auch BP 2, 275, 380, 393, 528. – [15] Koenig (wie not. 1) 230; HDA 3, 1201, 1260. – [16] Röhrich, Märchen und Wirklichkeit, 122. – [17] Werner, A.: Myths and Legends of the Bantu. L. 1933, 174. – [18] BP 3, 411; Haiding, K.: Über eine Wildfrauensage aus der Umgebung Trofaiachs. In: Der Leobener Strauß 3 (1975) 85–94. – [19] Lüthi, M.: Die Herkunft des Grimmschen Rapunzelmärchens (AaTh 310). In: Fabula 3 (1960) 95–118, bes. 116. – [20] EM 1, 277. –
[21] cf. Röhrich, L.: Mensch und Tier im Märchen. In: SAVk. 94 (1953) 165–193. – [22] Lévi-Strauss (wie not. 7) 437. – [23] ibid., 449. – [24] Legenda aurea/

Benz, 134; BP 1, 21. — [25] LCI 7, 508, 520, 475, 100; LCI 8, 85 sq.; zu dem ‚härenen' Hemd des Onuphrius cf. Mt. 3, 4 und Mot. V 462.5.1. — [26] Legenda aurea/Benz, 287; LCI 7, 507—511, bes. 507. — [27] Legenda aurea/Benz, 479 sq.; LCI 7, 516—541, bes. 519 sq.; BP 1, 21. — [28] LCI 7, 39—101, bes. 100. — [29] cf. Karlinger, F.: Legendenforschung. Darmstadt 1986, bes. 21—23. — [30] Günter 1910, 33.

Braunschweig Ulrich Kuder

Haare: Drei H. vom Bart des Teufels (AaTh 461). A. → Aarne hat dem Zaubermärchen AaTh 461 zusammen mit AaTh 460 A—B: → *Reise zu Gott* (*zum Glück*) den zweiten Teil seiner Monogr. *Der reiche Mann und sein Schwiegersohn*[1] gewidmet. Die Ergebnisse seiner Unters. können unter Heranziehung neuerer Var.n[2] und Abhdlgen[3] wie folgt zusammengefaßt werden. Das Minimalgerüst von AaTh 461 besteht aus vier Abschnitten:

(1) Ein nicht standesgemäßer Freier wirbt um die Tochter eines reichen Mannes. Um sich seiner zu entledigen, stellt der Schwiegervater ihm die unlösbare → Aufgabe, → Haare (→ Federn) eines dämonischen Wesens (→ Dämon) zu besorgen. (2) Auf der Reise wird der Held gebeten, nach der Ursache verschiedener Mißstände zu fragen. (3) Er erlangt die Haare und erfährt die Lösungen der → Fragen. (4) Auf der Rückreise von den Fragestellern reich belohnt, wird er bei der Heimkehr von dem Reichen als Schwiegersohn angenommen. Der mißgünstige Schwiegervater wird bestraft.

In etwa der Hälfte aller vorliegenden Var.n ist AaTh 461 das Schicksalsmärchen AaTh 930: → *Uriasbrief* (cf. auch AaTh 910 K: → *Gang zum Eisenhammer* [*Kalkofen*]) vorgeschaltet[4]: Der Reiche (König, Kaufmann, Gutsbesitzer) versucht vergeblich, den Jungen, dem die Heirat mit seiner Tochter prophezeit wurde, fast immer durch → Aussetzung, Jahre später durch die Überbringung eines → Briefes mit dessen eigenem Todesurteil zu vernichten; der Brief wird ohne Wissen des Überbringers vertauscht, der neue Inhalt befiehlt sofortige Verheiratung mit der Tochter. In diesen Var.n stellt AaTh 461 den dritten Versuch des Reichen dar, den unliebsamen Schwiegersohn loszuwerden.

Innerhalb des allg. Handlungsgerüstes bietet sich den Erzählern ein großer Spielraum zur schöpferischen Ausschmückung von Einzelzügen, wenngleich nur eine relativ beschränkte Anzahl von Motiven mit größerer Häufigkeit erscheint:

(1) Alternativ zur Einl. durch AaTh 930 kann AaTh 461 direkt mit dem Wunsch des Armen (Sohn von Bauer, Schneider, Köhler, Besenbinder, Schweinehirt etc.; gelegentlich auch Soldat[5]) beginnen, die Tochter eines Königs (Kaufmann; in diesem Fall — auch in Verbindung mit AaTh 930 — öfter lokalisiert, auf London, Amsterdam[6]) zu heiraten. Nur selten zieht der mit seinem Vater (seinem Glück) unzufriedene Held von sich aus in die Welt[7]. Die gestellte Aufgabe, primäres Kriterium für eine Klassifizierung, lautet immer, drei (ein) Haare (Federn) vom → Bart (Kopf, Schwanz) des → Teufels (→ Drache, → Phönix) zu besorgen (auch → Sonne, Teufel befragen). (2) Die dem Helden während seiner Reise aufgetragenen Fragen sind meist: Warum ist ein → Brunnen vertrocknet (Mot. H 1292.1; war Jungbrunnen [→ Verjüngung]; gab Wein, Heil- oder Lebenswasser [cf. AaTh 551: → *Wasser des Lebens*])? Warum trägt ein Baum (Apfel-, Birn-, Feigenbaum) keine → Früchte (Mot. H 1292.2; aus Gold und Silber, mit Heilwirkung)? Wie kann kranke Prinzessin geheilt werden (Mot. H 1292.4.1)? Wo ist verschwundene Prinzessin (Mot. H 1292.7)? Häufig als letztes muß der Held ein großes Wasser überqueren; der → Fährmann (→ Fisch) fragt ihn, wie er von seiner Tätigkeit erlöst werden kann (Mot. H 1292.8). (3) Im Haus des menschenfressenden Dämons (→ Menschenfleisch riechen; → Kannibalismus) hilft dem Helden ein weibliches Wesen (Frau, Mutter, Großmutter; → Teufelsmutter, Teufelsgroßmutter; entführte Prinzessin). Die Frau reißt dem Teufel im Schlaf (beim → Lausen) die Haare aus und erfährt die Antwort auf die Fragen (Situation meist als angeblicher Traum geschildert): Die Wurzeln des Baumes sind geschädigt (Schlange, Maus, Ratte; Schatz); die Quelle des Brunnens ist verstopft (von → Frosch, → Kröte, Schmutz); die kranke Prinzessin hat eine → Hostie fallen lassen, die von einem Tier (Kröte) gefressen wurde; der Fährmann muß jemanden finden, der sein Amt übernimmt (Ruder übergeben, Getragenen ins Wasser werfen). (4) Auf dem Heimweg (selten in Verbindung mit AaTh 313 sqq.: cf. → *Magische Flucht*)[8] beantwortet der Held (in umgekehrter Reihenfolge) die Fragen, dem Fährmann allerdings erst, nachdem er sicher am gegenüberliegenden Ufer ist[9]. Für seine Hilfe wird er von den dankbaren Auftraggebern reich beschenkt (erhält Schätze, Soldaten zum Schutz). Der Reiche akzeptiert ihn jetzt widerwillig als Schwiegersohn, neidet ihm aber seinen Reichtum. Auch er will durch die Reise zum Dämon Schätze erwerben (meist bewußt ins Unglück geschickt), muß aber unterwegs den Fährmann ablösen.

Die Feststellung K. → Rankes, daß keine ‚vollständigen' (d. h. AaTh 930 und AaTh 461 umfassenden) Var.n vor 1800 aufgezeichnet wurden[10], muß nach den Hinweisen von V.

→ Tille[11] und A. → Wesselski[12] zumindest dahingehend relativiert werden, daß bereits das 1794 in Prag erschienene tschech. Volksbuch *Rybrcol na krkonoských horách* (Rübezahl im Riesengebirge) eben diese Typenkombination aufweist. Die früheste nachweisbare Aufzeichnung ‚aus dem Volksmund' findet sich in J. G. → Büschings drei Monate vor dem 1. Band der KHM erschienener Märchensammlung[13]; der dort angeführte Text wurde in seiner Weitschweifigkeit von W. → Grimm wohl zu Recht deutlich kritisch als „vorsätzlich erweitert und vermuthlich nach einem französ. Buch erzählt"[14] beurteilt. Die KHM selbst enthalten in der 1. Aufl. (1812) zunächst zwei verschiedene selbständige Versionen des Märchens (KHM 29: *Von dem Teufel mit drei goldenen Haaren*; KHM 75: *Vogel Phönix*), die von der 2. Aufl. (1819) an durch eine mit AaTh 930 kombinierte Fassung (KHM 29: *Der Teufel mit den drei goldenen Haaren*) ersetzt wurden. Im 19./20. Jh. ist AaTh 461 dann in einer Vielzahl von Var.n aus mündl. Überlieferung belegt, wobei das Verbreitungsgebiet sich im wesentlichen auf den europ. Raum beschränkt. Abstrahlungen, etwa nach Südost- und Ostasien, erscheinen marginal und können u. U. durch Übers.en aus europ. Sprachen beeinflußt sein[15]. Anstelle von AaTh 461 findet sich in Südosteuropa sowie im Vorderen Orient häufiger der verwandte Typ AaTh 460 B: *The Journey in Search of Fortune*, in Indien eher Typ 460 A: *The Journey to God to Receive Reward*, zu dem wohl auch die von S. → Thompson als AaTh 461 A: *The Journey to the Deity for Advice or Repayment* typisierten ind. Belege gestellt werden sollten.

Wenn auch der häufig als Einl. stehende Typ AaTh 930 mit ziemlicher Sicherheit ind. Herkunft ist, so läßt sich wenig Bestimmtes über Alter und Herkunft von AaTh 461 aussagen, dies vor allem in Ermangelung alter Belege. Aarne führt zwar vier Texte an, die er als Vorstufen des Typs ansieht, sie enthalten jedoch wenig mehr Gemeinsamkeiten als die Tatsache, daß ein Mensch um die Beantwortung bestimmter Fragen gebeten wird: Vor 1300 ist ein Text aus einer ind.-tibet. *Avadāna*-Slg zu datieren (dort als Einl. AaTh 1534: *Die Urteile des → Schemjaka*)[16]; ganz ähnlich ist auch die → *Jātaka*-Erzählung von Gāmaṇicaṇḍa (num. 257)[17]. Eine vage Analogie enthält das 730/1329 beendete *Ṭuṭi-Nāme* des Naḫšabi (→ *Papageienbuch*)[18]. Auch die Rahmensituation und die Fragen einer serb.-slov. Hs. (Anfang 16. Jh.)[19] sowie einer Erzählung bei → Basile (4,8; im Anschluß an AaTh 451: → *Mädchen sucht seine Brüder*) scheinen zu wenig verwandt, als daß darin konkrete Vorgänger von AaTh 461 gesehen werden könnten. Insofern hat Aarnes Vermutung einer Kombination der ursprünglich selbständigen Erzähltypen AaTh 930 und AaTh 461 in Europa — von W. → Liungman auf byzant.-christl. Zeit eingegrenzt[20] — spekulativen Charakter. Auch der Nachweis anderer weitläufig verwandter Motivspuren hat zur Herkunftsfrage keinen weiteren Aufschluß liefern können; zu nennen wäre etwa das Zusammentreffen des göttlichen Helden Izdubar mit einem Fährmann, wie es in Keilschriftfragmenten des 7. Jh.s v. u. Z. geschildert wird (cf. → Jenseitswanderungen)[21], oder → Saxo Grammaticus' (Buch 8) Bericht von der Fahrt des Thorkillus in die Hölle, der dem angeketteten Unhold Ugarthilokus ein Barthaar als Andenken ausreißt[22].

Eine Deutung von AaTh 461 muß sich auf die Funktion des Haares in der Volkserzählung konzentrieren, dem hier die Feder entspricht. Das Haar ist Sitz der Weisheit und der Kraft des Dämonen. Hierdurch ergibt sich einerseits die Verbindung mit der Beantwortung der Fragen, die im Handlungsablauf überwiegend bereits dadurch gegeben ist, daß das Ausreißen der Haare mit dem Stellen der Fragen kombiniert wird: Meist kennt der Dämon die Lösungen, weil er allwissend ist, seltener ist er selbst Urheber der Probleme. Andererseits geht durch den Verlust der Haare, in dessen Folge der Dämon manchmal konsequenterweise stirbt[23], die Kraft auf den Helden über, so daß er nicht nur durch die Bewältigung der ihm gestellten Aufgabe, sondern auch durch den zusätzlichen Krafterwerb dem Schwiegervater, seinem Widersacher, überlegen ist: Er erreicht sein Ziel nicht durch → Glück, sondern durch die Auszeichnung, die er sich bei der → Bewährungsprobe durch Mut und Klugheit erworben hat. Bezeichnend für die Perspektive der Erzählung ist die Tatsache, daß fast ausschließlich männliche Figuren als Protagonisten auftreten[24].

[1] Aarne, A.: Der reiche Mann und sein Schwiegersohn (FFC 23). Hamina 1916, 115–190; cf. Krohn, K.: Übersicht über einige Resultate der Märchenforschung (FCC 96). Hels. 1931, 57–62. — [2] Ergänzend zu AaTh: SUS; Arājs/Medne; Kecskeméti/Paunonen; Hodne; Ó Súilleabháin/Christiansen; de Meyer, Conte; van der Kooi; Delarue/Tenèze; Cirese/Serafini; Jason; Kurdovanidze; Lőrincz; Ting; Choi; Robe; Flowers; etwa 125 nach 1916 publ. Texte im EM-Archiv. — [3] cf. Lüthi, M.: So leben sie noch heute. Göttingen 1969, 70–84. — [4] Aarne (wie not. 1) 16–115. — [5] Čajkanovič, V.: Srpske narodne pripovetke 1. Beograd 1927, num. 37; Uffer, L.: Die Märchen des Barba Plasch. Zürich 1955, 43–53; Kapełuś, H./Krzyżanowski, J.: Sto básni ludowych. W. 1957, num. 27; Ranke, K.: Folktales of Germany. Chic. 1966, num. 33. — [6] Nedo, P.: Sorb. Volksmärchen. Bautzen 1956, num. 44; Marichal, W.: Volkserzählgut und Volksglaube in der Gegend von Malmedy und Altsalm. Würzburg 1942, 119–122; Oberfeld, C.: Volksmärchen aus Hessen. Marburg 1962, num. 8. — [7] Henßen, G.: Vom singenden klingenden Baum. Dt. Volksmärchen. Stg. 1944, 167–172; Zenker-Starzacher, E.: Es war einmal... Dt. Märchen aus dem Schildgebirge und dem Buchenwald. Wien 1956, 75–83; O'Sullivan, S.: Folktales of Ireland. L. 1966, num. 37; cf. Hallgarten, P.: Rhodos. Ffm. 1929, 65–69; Henßen, G.: Ungardt. Volksüberlieferungen. Marburg 1959, num. 24. — [8] cf. z. B. Heller, L./Surowzowa, N.: Ukr. Volksmärchen. Wien/B./Lpz./Mü. 1921, 15–20; Haiding, K.: Österreichs Märchenschatz. Wien 1953, 179–183; Goyert, G./Wolter, K.: Vläm. Sagen, Legenden und Volksmärchen. Jena 1917, 34–37. — [9] cf. aber z. B. Noy, D.: Contes populaires racontés par des Juifs du Maroc. Jerusalem 1965, num. 66 (vor Überfahrt gesagt, dennoch sicher übergesetzt). — [10] Ranke (wie not. 5) 210. —
[11] Tille, V.: Das Märchen vom Schicksalskind. In: ZfVk. 29 (1919) 22–40, hier 36 sq. — [12] Wesselski, A.: Dt. Märchen vor Grimm 2. Brünn/Mü./Wien 1942, 82–87. — [13] Büsching, J. G.: Volkssagen, Märchen und Legenden. Lpz. 1812 (Nachdr. Hildesheim 1969), 267–286. — [14] KHM 1 (1812) XXII. — [15] cf. Esche, A.: Märchen der Völker Burmas. Lpz. 1976, num. 316–322 (entspricht bis in Einzelheiten KHM 29); Mode, H./Ray, A.: Bengal. Märchen. Ffm. s. a., 309–320, 462; cf. auch Yizu minjian gushi xuan. Shanghai 1982, 250–256; hierzu Li Shouhua: Minjian tonghua zhi mi — yi zu minjian tonghua de bijiao yangjiu (Das Rätsel eines Volksmärchens — eine vergleichende Unters. einer Gruppe von Volksmärchen). In: Zhang Longxi/Wen Rumin (edd.): Bijiao wenxue luwenji. Peking 1984, 289–303 (sieht Yi-Erzählung als archaisch und autochthon an; Hinweis von J. Bäcker, Bonn). — [16] Aarne (wie not. 1) 116 sq.; Hoffmann, H.: Märchen aus Tibet. MdW 1965, num. 37. — [17] Eberhard, Typen, num. 125; Lüders, E.: Buddhist. Märchen aus dem alten Indien. MdW 1979, num. 12. — [18] Hatami, M.: Unters.en zum pers. Papageienbuch des Naḫšabī. Fbg 1977, num. 79. — [19] Jagić, V./Köhler, R.: Aus dem südslav. Märchenschatz. In: Archiv. für slav. Philologie 5 (1881) 17–79, hier 71–74; cf. Aarne (wie not. 1) 118 sq. — [20] Liungman, Volksmärchen, 112; cf. Thompson, S.: The Folktale. (N. Y. 1946) Nachdr. Berk./L. A./L. 1977, 139 sq. —
[21] Tille (wie not. 11) 33–35. — [22] Wolf, J. W.: Beitr.e zur dt. Mythologie 1. Göttingen/Lpz. 1852, 137–139; Leyen, F. von der: Das Märchen in den Göttersagen der Edda. B. 1899, 18–20; Herrmann, P.: Die Heldensagen des Saxo Grammaticus. Lpz. 1922, 597–605; cf. hierzu auch die völlig überzogene mythol. Deutung bei Linnig, F.: Dt. Mythen-Märchen. Paderborn 1883, 68–74. — [23] cf. Haiding, K.: Märchen und Schwänke aus Oberösterreich. B. 1969, num. 137; Mode, H.: Zigeunermärchen aus aller Welt 4. Wiesbaden 1985, num. 251 (aus Ungarn). — [24] cf. aber z. B. JAFL 39 (1926) 266 sq. (puertorikan.); Camarena Laucirica, J.: Cuentos tradicionales recopilados en la provincia de Ciudad Real. Ciudad Real 1984, num. 92 (span.); Mode (wie not. 23).

Göttingen Ulrich Marzolph

Haarnadel → Nadel

Haavio, Martti, * Temmes 22. 1. 1899, † Helsinki 4. 2. 1973, führende Persönlichkeit der finn. Folkloristik in den Jahren nach dem 2. Weltkrieg, Leiter des Volksdichtungsarchivs der Finn. Lit.gesellschaft seit 1934, Professor für finn. und vergleichende Volksdichtungsforschung an der Univ. zu Helsinki seit 1949, Hauptherausgeber der → *Folklore Fellows Communications* (1949–68) und seit 1956 Mitglied der Finn. Akad., gleichzeitig bedeutender Lyriker.

Volkserzählungen nehmen in H.s umfangreichem Werk eine zentrale Stellung ein. In seiner der → geogr.-hist. Methode verpflichteten Diss. (*Kettenmärchenstudien* 1–2, 1929/32) behandelte er zwei → Kettenmärchen (AaTh 1696: → *„Was hätte ich sagen [tun] sollen?"*; AaTh 2021, 2022: → *Tod des Hühnchens*), analysierte deren Migration und versuchte, die Geschichte ihres Wandels an unterschiedlich alten typol.-strukturellen Schichten aufzuzeigen. In den 30er Jahren baute H. das Hauptarchiv der finn. Volksdichtung u. a. durch die Organisation einer umfangreichen Sammlung der Erzähltraditionen erheblich aus, durch die der Forschung zum ersten Mal bes. reichhaltige Sagen- und Memoratüberlieferungen zugänglich gemacht wurden. Auf diesem Gebiet publizierte H. bemerkenswerte Forschungsergebnisse u. a. über finn. → Hausgeister (1942) und die mit ihnen verknüpften Sagen. Bei dieser Arbeit begann er, aufgrund vornehmlich von schwed. Folkloristen wie C. W. von → Sydow und A. Nilsson (Eskeröd) erhaltener Anregungen, die überlieferungspsychol. Forschungsmethode auf übernatürliche Erlebnisse und Memorate anzuwenden. In anderen Untersuchungen befaßte er sich ferner mit archaischen Glaubensvorstellungen, Kultplätzen, Ursprungssagen, Legenden, Klageliedern, Zaubersprüchen, Sprichwörtern, Rätseln, Spielen und den epischen Liedern im → *Kalevala*-Versmaß. Teilweise von U. Harva (1882—1949) beeinflußt, begeisterte er sich schon in jungen Jahren für die Erforschung der uralten internat. Mythologien, und im Alter kehrte er immer häufiger zum Gebiet der vergleichenden Religionswissenschaft zurück, u. a. zum Problem des → Schamanismus (1952) und des mythischen und ritualistischen Hintergrunds von Gedichten (1955, 1963). Sein letztes Werk (1967) stellt eine umfassende Gesamtdarstellung der finn. Mythologie dar. H. ist einer der produktivsten Vertreter der finn. Folkloristik, und zum Überdauern seiner Werke trägt die Lesbarkeit seines Stils, die geschickte Kombination verschiedenartiger Quellen und die Aufstellung mutiger Hypothesen bei.

In methodischer Hinsicht hat H. u. a. den Grundstock gelegt zur Kartierung der finn. Volksüberlieferungen, zur Systematisierung der Überlieferungsarten, zur Analyse des Strophenaufbaus der im *Kalevala*-Versmaß produzierten Dichtung und zur motivgeschichtlichen Behandlung von Überlieferungen, die ihren internat. Hintergrund beleuchtet. In seinem Werk läßt sich eine gewisse Spannung zwischen dem hist. und dem phänomenologischen Paradigma erkennen: Einerseits möchte er den Ursprung der Volkserzählungen im Sinne der geogr.-hist. Methode untersuchen, deren Schichten und Wanderwege (die oftmals von der Antike oder von anderen alten Kulturen ausgehen), andererseits löst er sich von den einzelnen Zeugnissen der Überlieferung und geht über zu einem breiten internat. Vergleich der Themen. Dieser Vergleich entwickelt sich letzten Endes zur Erforschung des Aufbaus des mythischen Weltbildes und ist von seinem Charakter her eher phänomenologisch als hist. zu nennen. H. betonte stets den Kunstcharakter der Volksdichtung und wandte sein Augenmerk auch auf die unbekannten hypothetischen Dichterpersönlichkeiten und Dichterschulen. Die nationale Bedeutung H.s übersteigt die internat. Nur wenige seiner Arbeiten liegen in Übersetzungen vor.

Bibliogr.: Bibliogr. M. H. 1920—1959. Bearb. von R. Puranen. In: SF 8 (1959) 243—270. — ead.: M. H. Bibliogr. 1959—1973. In: SF 17 (1974) 198—205.

Veröff.en (Ausw.): Kettenmärchenstudien 1—2 (FFC 88, 99). Hels. 1929/32. — Suomalaiset kodinhaltiat (Die finn. Hausgeister). Porvoo 1942. — Piispa Henrik ja Lalli. Piispa Henrikin surmavirren historiaa (Bischof Henrik und Lalli. Die Geschichte des Todesliedes von Bischof Henrik). Porvoo 1948. — Väinämöinen. Eternal Sage (FFC 144). Hels. 1952. — Kansanrunouden maailmanselitys (Das Weltbild der Volksdichtung). Porvoo 1955. — Essais folkloriques (SF 8). Porvoo 1959. — Heilige Haine in Ingermanland (FFC 189). Hels. 1963. — Suomalainen mytologia (Finn. Mythologie). Hels. 1967.

Lit.: Hautala, J.: Suomalainen kansanrunoudentutkimus (Die finn. Volksdichtungsforschung). Hels. 1954, 351—378. — Honko, L.: M. H. 1899—1973. In: Temenos 9 (1973) 148—150. — Pentikäinen, J.: M. H. 1899—1973. In: Sananjalka 15 (1973) 239—243. — Vilkuna, A.: M. H. 1899—1973. In: Ethnologia Scandinavica (1973) 142 sq. — Honko, L.: M. H. Gedächtnisrede gehalten am 11. 3. 1974. In: Academia Scientiarum Fennica, Sb.e 1974. Hels. 1976, 63—68. — id.: M. H. Muistopuhe (Zum Gedächtnis). In: Suomalaisen Tiedeakatemian esitelmät ja pöytäkirjat 1974 (1976) 111—117.

Turku Lauri Honko

Habsüchtiger und Neidischer → Neidischer und H.

Hackbaukultur → Altersbestimmung des Märchens

Hackman, Walter Oskar, * Viborg 27. 7. 1868, † Helsinki 2. 8. 1922, finnlandschwed. Folklorist[1]. Nach dem Schulbesuch in Deutschland mit Abiturabschluß in Leipzig studierte H. seit 1887 an der Univ. Helsinki bei K. → Krohn und promovierte dort 1904 über *Die Polyphemsage in der Volksüberlieferung* (AaTh 1135–1137: → *Polyphem*). Er war 1909–22 als Mitarbeiter der Schwed. Lit.gesellschaft tätig.

Schon in seiner Diss. wandte H. die → geogr.-hist. Methode an und untersuchte unter Berücksichtigung von 221 Var.n das Verhältnis der homerischen Sage (→ Homer) zur Volksüberlieferung, die er in drei Gruppen ordnete: der homerischen Sage entsprechende Var.n (A), die Niemand- oder Selbstepisode gemeinsam mit Homer enthaltende, ansonsten abweichende Var.n (B) und kurze, die Selbstepisode mit der Blendung vereinigende Var.n ohne Fluchtepisode, die sich nur in Finnland und den russ. Ostseeprovinzen finden (C).

Zusammen mit Krohn unterstützte H. die Arbeiten A. → Aarnes zur Erstellung seines → Typenkatalogs. In dessen 1910 erschienenem *Verz. der Märchentypen* hatte H. die Märchen vom dummen Teufel (num. 1000–1199) klassifiziert[2]. H.s Hauptinteresse lag jedoch in der Erforschung des finnlandschwed. Märchenguts (→ Finnland, Kap. 1.4). Bereits 1911 hatte er einen Typenkatalog der Erzählüberlieferung dieser Bevölkerungsgruppe publiziert[3], der als Vorarbeit zu seinem zweibändigen Sammelwerk *Finlands svenska folkdiktning*[4] zu betrachten ist. Hier gibt H. eine Übersicht aller bis dahin bei den Finnlandschweden aufgezeichneten Var.n, die er referiert, mit einigen Abweichungen nach dem Aarneschen System ordnet und mit der Nummer seines eigenen Katalogs versieht. Diese Übersicht umfaßt 404 Erzähltypen und gilt noch heute als ein Standardwerk der Erzählforschung. In der Einl. und in seiner Textanordnung kommen H.s früher geäußerte Kritikpunkte an Aarnes Einleitung erneut zum Ausdruck[5]. Ein von ihm begonnener Typenkatalog mythischer Sagen blieb unvollendet.

[1] O. H. In: Budkavlen 1 (1922) 25. – [2] Aarne, A.: Verz. der Märchentypen (FFC 3). Hels. 1910, X. – [3] H., O.: Katalog der Märchen der finnländ. Schweden (FFC 6). Lpz. 1911. – [4] id.: Finlands svenska folkdiktning I: A, 1–2. Hels. 1917/20; dazu Rez. von J. Bolte in ZfVk. 30–32 (1920–22) 89 sq. – [5] H., O.: Folksagorna och deras indelning. In: Folkloristiska och etnografiska studier 1 (1916) 186–194.

Turku Gun Herranen

Hades → Jenseitswanderungen, → Unterwelt

Ḫaḍir → Chadir

Hagen, Friedrich Heinrich von der, * Schmiedeberg (Uckermark) 19. 2. 1780, † Berlin 11. 6. 1856, Germanist. Jurastudium in Halle 1798–1800, Referendar am Stadt- und Kammergericht Berlin; preuß. Adelslegitimation 1803, scheidet 1807 aus dem Staatsdienst aus. Schon während Studium und Referendariat besuchte er die Homer-Vorlesungen F. A. Wolfs und die Vorlesungen über ‚Schöne Lit. und Kunst' A. W. Schlegels, die ihn für die dt. Lit. des MA.s, vor allem das → *Nibelungenlied*, begeisterten; Förderung durch J. von Müller. 1810 erhielt er, um Anerkennung der Dt. Altertumswissenschaft werbend, auf eigenes Drängen hin eine außerordentliche Professur (ohne Gehalt) an der neu gegründeten Univ. Berlin. 1811 wurde er an die Univ. Breslau versetzt, wo er auch als Bibliothekar tätig war und enge Kontakte zu J. G. → Büsching pflegte. 1816/17 unternahm er eine von Staatskanzler K. A. von Hardenberg unterstützte Forschungs- und Handschriftenreise nach Süddeutschland, der Schweiz und Italien. 1818 Ernennung zum ordentlichen Professor (Breslau), 1823 Studium der *Manessischen Liederhandschrift* in Paris, 1824 Annahme eines Rufs als ordentlicher Professor in Berlin. Dort wirkte er bis zu seinem Tode. 1841 nahm ihn die Berliner Akad. der Wiss.en (gleichzeitig mit W. → Grimm) als Mitglied auf. Er las hauptsächlich über das *Nibelungenlied* und die Geschichte der alten dt. Dichtkunst.

H. widmete seine wiss. Tätigkeit vor allem der dt. und altnord. Heldendichtung, der frühen dt. Novellistik und Lyrik sowie dem Sammeln von literar. überlieferten populären Erzählungen. Im Zentrum seiner Heldensagenforschung stand das *Nibelungenlied*, das er 1807 in einer umstrittenen, zwischen Mittel- und Neuhochdeutsch oszillierenden Sprache („Erneuung"[1]) und 1810 in der „Ursprache" herausbrachte. Die umfassendste und schärfste Kritik zur Ausg. von 1807 stammt von W. Grimm, die Ausg. von 1810 wurde u. a. negativ von J. → Grimm rezensiert[2]. Die altertümelnde Sprache – so H.s Intention – sollte die zeitgenössischen sprachreformerischen Impulse stärken, die sich ihrerseits mit den politisch-gesellschaftlichen Reformen in Preußen verbanden. Die mhd. Edition, die noch stark der Ausg. C. H. Müllers (Myllers)[3] verpflichtet war, wurde in der 2. Ausg. zugunsten der St. Galler Hs. (B) geändert, ohne daß hier – wie auch später – je das Niveau der kritischen Philologie erreicht worden wäre. Rasch hergestellte Ausg.n kleinerer dt. Heldendichtungen in modernisierter Sprachform (1811–25) und altnord. Heldensagen (seit 1812) schlossen sich an. Der aus der kritischen Philologie und Schellings Identitätsphilosophie erwachsenen Epentheorie (Liedertheorie; cf. → Epos, → Fragmententheorie) und der sich ihr anschließenden Methode der Textrekonstruktion mochte er nicht folgen.

H.s Philologiebegriff war nicht vorrangig textkritisch, sondern publikums- und wirkungsorientiert. So legte er hauptsächlich Wert auf die Vermittlung traditionsreicher Stoffe; von ihm stammt eine Fülle handschriftennaher Textausgaben, unter denen das *Gesammtabenteuer* (1850) und die *Minnesinger* (1838) hervorragen. Die 100 Erzählungen des *Gesammtabenteuer* legte er parallel zur Menschheitsgeschichte an: Adam und Eva, sündiges Erdenleben, neues Paradies. Abgedruckt sind u. a.:

num. 2: → *Aristoteles und Phyllis* (AaTh 1501). – 7: → *Crescentia* (AaTh 712). – 10: Die halbe → Birne. – 15: → *Hero und Leander* (AaTh 666*). – 16: → *Magelone*. – 23: cf. → *Junge weiß nichts von Frauen* (AaTh 1678). – 43: *Die abgeschnittene* → *Nase* (AaTh 1417). – 47: → *Schneekind* (AaTh 1362). – 48: cf. → *Großvater und Enkel* (AaTh 980 A). – 53: *Les* → *bijoux indiscrets* (AaTh 1391). – 55: *Die Erzählung von der* → *Wiege* (AaTh 1363). – 62: *Die drei* → *Buckligen* (AaTh 1536 B). – 63: cf. → *Rätselprinzessin* (AaTh 851 A). – 65: cf. → *Bärenführer* (AaTh 1161). – 68: cf. → *Cymbeline* (AaTh 882).

Neben Slgen von Erzählungen und Märchen (1824; 1825/26), die aus verschiedensten Quellen stammen, sind H. dt. Ausg.n von → *Tausendundeinenacht* (1825) und → *Tausendundeintag* (1827–32) zu verdanken. Bereits 1809 – zwei Jahre nach J. von → Görres' *Teutschen Volksbüchern* – hatte er zusammen mit Büsching das *Buch der Liebe* (Inhalt: → *Tristan und Isolde*, → *Fierabras*, → *Pontus und Sidonia*) herausgegeben, in dessen Vorw. zwischen Volksromanen (im 15./16. Jh. angeblich in allen Schichten verbreitet) und → Volksbüchern (im 17./18. Jh. in unteren sozialen Schichten populär) unterschieden wird[4]. Das von C. F. Tieck für seinen Bruder Ludwig → Tieck im Winter 1809 entwickelte Kartenspiel bildete die Grundlage für H.s *Heldenbilder* ([1819]–23)[5], die Eingang in die Jugendliteratur fanden[6].

[1] H., F. H. von der: Ueber die Grundsätze der neuen Bearb. vom Liede der Nibelungen. In: Eunomia 5,1 (1805) 254–265, hier 254. – [2] W. Grimms Rez. von 1809, cf. id.: Kl.re Schr. 1. ed. G. Hinrichs. B. 1881, 61–91; J. Grimms Rez. von 1815, cf. id.: Ueber die Nibelungen. In: Altdt. Wälder 2 (1815) 145–180, bes. 146 sq.; cf. allg. zur Rezeption Ehrismann 1975 (v. Lit.) 54–74; Grunewald 1988 (v. Lit.) 53–58, 76–78. – [3] Müller [Myller], C. H.: Der Nibelungen Liet. Ein Rittergedicht aus dem XIII. oder XIV. Jh. s. l. [1783]. – [4] cf. Grunewald 1988 (v. Lit.) 288–303, hier 293. – [5] ibid., 149–157, hier 150 sq.; Hoffmann, D.: Friedrich Tiecks Kartenspiel. Lpz. 1982. – [6] cf. Göbels, H.: Hundert alte Kinderbücher aus dem 19. Jh. Dortmund 1979, 94–97.

Veröff.en (Ausw.): (mit J. G. Büsching:) Slg Dt. Volkslieder [...]. B. 1807. – Der Nibelungen Lied. B. 1807. – Buch der Liebe 1. B. 1809. – Der Nibelungen Lied in der Ursprache mit den Lesarten der verschiedenen Hss. B. 1810 (²1816, ³1820). – Narrenbuch. Halle 1811. – Der Helden Buch 1–2. B. 1811/25. – Lieder der älteren und Sämundischen Edda. B. 1812. – (mit. J. G. Büsching:) Literar. Grundriß zur Geschichte der Dt. Poesie von der ältesten Zeit bis in das 16. Jh. B. 1812. – Nord. Heldenromane 1–5. Breslau 1814–28. – Briefe in die Heimat aus Deutschland, der Schweiz und Italien 1–4. Breslau 1818–21. – Heldenbilder aus den Sagenkreisen Karls des Großen [...] 1–2, 1. Breslau/ Lpz. [1819]–1823. – Gottfrieds von Straßburg Werke [...] 1–2. Breslau 1823. – (mit E. T. A. Hoffmann und H. Steffens:) Geschichten, Sagen und Märchen. Breslau 1823. – (mit M. Habicht und K. Schall:) Tausend und eine Nacht 1–15. Breslau 1825 (²1827, ³1834, ⁴1836, ⁵1840). – Erzählungen und Mährchen 1–2. Prenzlau 1825/26 (²1838). – Tausend und Ein Tag 1–11. Prenzlau 1827/28 (²1836). – Minnesinger. Dt. Liederdichter des 12., 13. und 14. Jh.s [...]. t. 1–5. B. 1838–56. – Gesammtabenteuer. Hundert altdt. Erzählungen [...]. t. 1–3. Stg./Tübingen 1850 (Nachdr. Darmstadt 1961/62).

Lit. (Ausw.): Reifferscheid, A.: F. H. v. d. H. In: ADB 10 (1879) 332–337. – Assmann, H.: F. H. v. d. H. und seine Forschungen zu den dt. Heldensagen. Diss. (masch.) Rostock 1922. – Mackensen, L.: Breslaus erster Germanist. In: Jb. der Schles. Friedrich-Wilhelms-Univ. zu Breslau 3 (1958) 24–38. – Elschenbroich, A.: H., F. H. v. d. In: NDB 7

(1966) 476—478. — Rölleke, H.: Von dem Fischer un syner Fru. Die älteste schriftl. Überlieferung. In: Fabula 14 (1973) 112—123. — Müller, J. J.: Germanistik — eine Form bürgerlicher Opposition. In: id.: Germanistik und dt. Nation. 1806—1848. Stg. 1974, 5—112. — Ehrismann, O.: Das Nibelungenlied in Deutschland. Mü. 1975. — Meves, U.: Zur Einrichtung der ersten Professur für dt. Sprache an der Berliner Univ. (1810). In: Zs. für dt. Philologie 104 (1985) 161—184. — Grunewald, E.: F. H. v. d. H. 1780—1856. Ein Beitr. zur Frühgeschichte der Germanistik. B./N.Y. 1988 (grundlegend).

Gießen Otfrid Ehrismann

Haggada → Agada

Hagiographie

1. Allgemeines — 2. Von den Anfängen bis Konstantin — 3. Von Konstantin bis ins frühe MA. — 4. Das hohe und späte MA. — 5. Von der Reformation bis zur Gegenwart

1. Allgemeines. H. ist im ursprünglichen Sinne Schreiben über → Heilige (→Legende, → Mirakel), wobei freilich keineswegs nur kanonisierte Heilige gemeint sind[1]. In der Regel verfolgt die H. eine erbauliche Absicht (aedificatio), will anhand eines vorbildlichen Lebens zur Nachahmung (imitatio) anregen und Mut und Zuversicht vermitteln. Im Mittelpunkt der Erzählung stehen eine oder mehrere Personen, die in der Regel kirchlicherseits als hist. bezeugt gelten. Eine möglichst genaue Wiedergabe ihres Lebens im heutigen dokumentarisch-positivistischen Verständnis ist aber so gut wie nie Hauptintention der H. (insofern ist sie als Geschichtsquelle höchst problematisch). Dementsprechend beabsichtigen Hagiographen nicht, kritisch und objektiv zu berichten, sondern wollen eine im religiösen Sinne ‚heldenhafte' Biographie gestalten, in der das Streben der Heiligen, in der Nachfolge → Christi zu leben und zu wirken, dargestellt werden soll. Insofern können hist. Abläufe, Personen und Lokalitäten frei erfunden sein, und es kann auf die chronologische Kausalität verzichtet werden, ohne daß das jeweilige Werk mit dem Makel der ‚Lüge' behaftet sein müßte. H. erhebt Anspruch auf Wahrheit, freilich im Sinne innerer Wahrheit, d. h. der spirituellen Absicht des Erzählten, die das entscheidende Wahrheitskriterium darstellt[2]. Frühchristl. Autoren, etwa Augustinus, haben — mit Hinweis auf die → Parabeln des N.T.s — den Gebrauch von Fiktion für die Vermittlung höherer Wahrheiten ausdrücklich gebilligt, was etwa für Hagiographen, denen bisweilen nur wenige biogr. und hist. Fakten über den Heiligen zur Verfügung standen, die freie Ausgestaltung mit dem — zumeist stark typisierten — Erzählgut legitimierte. Dabei kann neben eigens Erfundenem sowohl bibl. als auch heidnisches Erzählgut in die H. einfließen (→ Christl. Erzählstoffe; → Byzant. Erzählgut). Auch können → Etymologien oder deren Mißverständnisse (cf. AaTh 768: → *Christophorus*) als Anregung zur Ausgestaltung dienen. Durch ein Verlesen des Kürzels XI M V (XI martyres virgines) werden aus elf jungfräulichen Märtyrern XI milia virgines, also 11 000 Begleiterinnen der hl. → Ursula. Die grundsätzliche gestalterische Freiheit in der H. erlaubt auch ein problemloses Erweitern bestehender Texte durch weitere Erzählelemente, wie etwa Jugendgeschichten oder Episoden wie Drachenkämpfe (cf. hl. → Georg).

2. Von den Anfängen bis Konstantin. Voraussetzung für die H. ist die Heiligenverehrung, deren Anfänge um die Mitte des 2. Jh.s liegen. Die ersten Heiligen, denen kultische Verehrung zuteil wurde, waren die → Märtyrer. Dementsprechend besteht die H. zwischen 150 bis 350 fast insgesamt aus Leidensgeschichten (passiones). Als Quellen dienten vornehmlich Gerichtsprotokolle von Märtyrerverhören (etwa die Akten Cyprians[3]), als glaubhaft bewertete Augenzeugenberichte, Selbstaufzeichnungen der Märtyrer etc. (→ *Acta martyrum et sanctorum*). Die Texte der Frühzeit sind schmucklos und noch ohne jene legendarischen Züge, die für die spätere H. kennzeichnend sind. Der älteste hagiographische Bericht ist das *Martyrium Polycarpi* (156)[4], in dem vom greisen Bischof von Smyrna berichtet wird, der um die Mitte des 2. Jh.s für sein Glaubensbekenntnis hingerichtet wurde. Charakteristisch für die H. der Frühzeit ist die Konzentrierung des Berichts auf die passio und die Umstände, die dazu führten. Das frühere Leben bleibt generell ausgeblendet. Geschrieben wurden die Märtyrerberichte für lokale Kirchen, wo die jeweilige kultische

Verehrung (zumeist verbunden mit der Verehrung von → Reliquien) ihren Mittelpunkt hatte. Diese ausgesprochen ortsgebundene H. hatte eine große Uneinheitlichkeit in Stil und Anlage des Genres in den ersten Jh.en zur Folge. So entwickeln sich auch mehrere Möglichkeiten für die Vermittlung von hagiographischen Stoffen: neben der Legende, die zum wichtigsten hagiographischen Typus wird, vor allem die Homilie, das Panegyrikon und das Enkomion. Aus Märtyrer und Heilige preisenden Epitaphien entsteht bald auch versifizierte H. (etwa das *Peristephanon* des Prudentius, 405). Als Enkomion ist die ‚erste christl. Biogr.' gestaltet, die *Vita Cypriani* (260), verfaßt von Cyprians Diakon Pontius[5]. Sie ist für die Entwicklung der H. insofern von bes. Bedeutung, als sie sich nicht nur auf die Verherrlichung des Märtyrertodes konzentriert, sondern verhältnismäßig breit über das Leben Cyprians vor seiner passio berichtet. Bemerkenswert ist aber auch die relative Nüchternheit der Erzählung: z. B. respektieren Cyprian und der Richter während der Gerichtsverhandlung ihre gegenseitigen Standpunkte.

Es kam bald das Bedürfnis auf, viele Märtyrer, von denen außer dem Namen und eventuell dem Sterbedatum keine Daten überliefert waren, ebenfalls hagiographisch zu würdigen. Dies führte zu einer breiten Entfaltung der ‚fiktionalen' H. Stereotyp wird dabei stets die Gerichtsszene aus der frühen H. übernommen, die im wesentlichen aus Verhör, → Folter und → Hinrichtung besteht. Erzählmotive werden aber auch aus heidnischem Erzählgut adaptiert, etwa in der *Potamiaina-Legende* des Pelagios (419/420)[6] aus dem antiken Roman. Jetzt wird auch der ‚Megalomärtyrer' konzipiert (Christophorus, Georg), dessen passio das Motiv vom unzerstörbaren Leben zugrundeliegt. Später finden sich auch Gerichtsszenen in katechetischer Absicht zu regelrechten Glaubensdisputationen ausgestaltet, die die Überlegenheit des christl. Glaubens argumentativ vor Augen führen wollen (cf. hl. → Katharina).

3. Von Konstantin bis ins frühe MA. Mit → Konstantin dem Großen (306–337) und dem Ende der Christenverfolgung beginnt eine Blütezeit der H. In den folgenden Jh.en werden Texte verschiedener Provenienz gesammelt und in einen liturgischen Zusammenhang gebracht. Zum Zwecke der öffentlichen Verlesung am Todestag des jeweiligen Heiligen entstehen Legendensammlungen (Legendare, Passionale) und das Martyrologium[7].

Bereits vor Konstantin waren die Kriterien für erlittenes Martyrium beträchtlich erweitert worden, um jene Standhaften, die zwar unter der Verfolgung schwer gelitten, aber nicht zu Tode gekommen waren, gebührend als Heilige verehren zu können. Der erste confessor (Bekenner), der im Ruf der Heiligkeit stand, war im Osten Gregorius der Wundertäter (gest. um 270)[8], im Westen → Martin von Tours. Im Laufe der Zeit wird die Kategorie confessor in ihrem Bedeutungsfeld immer stärker ausgeweitet, so z. B. durch Clemens von Alexandrien, der das makellose Tugendleben, die monastische Askese und die rigorose Absage gegenüber säkularen Werten zum ‚gnostischen' Martyrium erhebt. Ein unter außergewöhnlichen Entsagungen vollendetes Leben reicht aus, um mit den Blutzeugen, die allerdings weiterhin die Ranghöchsten in der Heiligenhierarchie bleiben, kultische Verehrung genießen zu dürfen.

Zu bes. Bedeutung gelangen in der frühen nachkonstantinischen Zeit die Viten oriental. Wüstenasketen, vor allem im Gefolge der in Form eines Sendschreibens gestalteten *Antonius-Vita* (→ Antonius Eremita) des Athanasius (4. Jh.)[9]. In einer Zeit, als das Christentum keine staatlichen Pressionen mehr zu fürchten hatte, tritt in der H. an die Stelle des heidnischen → Tyranns der → Teufel, der die rigide apostolische Lebensform der Asketen zu sabotieren versucht. Für die H. innovativ ist des Athanasius Rückgriff auf das Sonderbare: Der Teufel manifestiert sich nicht mehr durch die heidnischen Verfolger, sondern in grausamen Tiergestalten oder widerlichen Krankheitssymptomen. Zwar sind die meisten Bilder und Motive der *Antonius-Vita* bibl. Ursprungs, indessen wird Athanasius auch von Texten wie der *Plotin-Vita* (um 300) des Porphyrios stark beeinflußt. Die *Antonius-Vita* wird zum Vorbild für weitere populäre Eremiten-Legenden, sie übt großen Einfluß auf Augustinus aus und fördert das Ansehen des monastischen Standes ungemein. Auch die von → Hieronymus verfaßten Viten des → Paulus Eremita, Hilarion und Malchus[10] stehen (wenn auch z. T. als

Opposition) in deren Tradition wie auch die *Historia Lausiaca* (419/420) des Palladius und die *Historia monachorum in Aegypto* (Anfang 5. Jh.) des Rufinus, die mit den *Apophthegmata patrum* (→ Apophthegma) den Grundstock für das wirkungsmächtige Sammelwerk *Vitaspatrum* (→ *Vitae patrum*) bilden, das von Ordensgründern (etwa → Benedikt von Nursia und Dominikus) immer wieder zur monastischen Pflichtlektüre erhoben wurde. Zu den *Vitaspatrum*, die eigentlich kein festes Corpus besaßen und nicht nur von Heiligen berichteten, gesellen sich dann auch die Viten von Anachoretinnen (Einsiedlerinnen) wie → Maria Aegyptiaca, für deren Vita Motive aus der *Paulus-Legende* des Hieronymus Verwendung finden. Das Motiv des eremitischen Büßerlebens (Maria war Prostituierte) stammt aus diesem Text und wird im 12. Jh. auf → Maria Magdalena übertragen[12]. Auch die Viten von Pelagia[13], Marina und Euphrosyne greifen erzählerisch auf Altväterviten zurück. Es bildet sich bei den → Einsiedler-Legenden – wie bei den passiones – ein Motivfundus heraus, der bis in die Neuzeit literar. immer wieder in verschiedenen Variationen Verwendung findet[14]. Einflußreich für die Entwicklung der H. ist auch die als Lobpreisung konzipierte Vita des Missionars und Vaters des abendländ. Mönchtums Martin von Tours (gest. 397) durch seinen Schüler Sulpicius Severus[15]. Der ehemalige Soldat Martin wird zum miles Christi, der fremde Völker mit der Waffe des Wortes gegen die Mächte des Bösen zum Christentum konvertieren will. Sulpicius setzt sich in seinem Werk mit antiken Vorbildern auseinander. Für ihn kann H. im Gegensatz zur antikheidnischen Dichtung nicht vorwiegend zum ästhetischen Selbstzweck entstehen, sondern sie hat vornehmlich erbaulich zu wirken, wodurch die Form dem Inhalt nachgeordnet wird[16]. Er fordert mit Augustinus die Verwendung des sermo humilis (der niederen Stilebene), was eine Ablehnung antiker Sprachkunst impliziert. Antike Topik wird bei Sulpicius im spezifisch christl. Sinne eingesetzt. Obwohl eine Richtung in der H. (Venantius Fortunatus, Jona von Susa u. a.) die antike Forderung nach der Entsprechung von Inhalt und Ausdruck im Sinne einer objektiven Zuordnung von Gegenstandshöhe und Stilstufe vertrat[17], hat der sermo humilis die Sprachgestalt der H. wesentlich geprägt. Der von Sulpicius entworfene Typ der Bischofsvita sollte in späteren Jh.en sehr beliebt werden; er beeinflußt z. B. die *Augustinus-Vita* (435) des Possidius von Calama[18] und das *Ambrosius-Leben* (422) des Paulinus von Mailand[19].

Im wesentlichen wurden alle wichtigen hagiographischen Typen in den ersten fünf Jh.en herausgebildet. Als Vermittler des heidnischen antiken Erbes in christl. Umdeutung an die H. des MA.s ragen im 6. Jh. vor allem → Gregor von Tours (gest. 594) und → Gregor der Große (gest. 604) heraus. Für beide ist eine starke Hinwendung zum Mirakulösen charakteristisch: Gregor von Tours faßt bezeichnenderweise sein hagiographisches Schrifttum in sieben *Libri miraculorum*[20] zusammen, denen er als 8. Buch seine *Vitae patrum* anfügt; Gregor der Große nennt sein Hauptwerk *Dialogi de miraculis patrum italicorum*[21].

Gregor von Tours sieht in seiner H. einen klaren pastoralen Auftrag; er will gegen die antiken Autoren und ihre Mythologie die christl. H. setzen. Auch er widmet sich dem hl. Martin. Er stellt die postum bewirkten Mirakel – zumeist Krankenheilungen – zusammen. In seiner *Julianus-passio* erschließt Gregor der H. vor allem den postmortalen Bereich; er verlagert den Schwerpunkt seiner Berichte auf die → Wunder, die er z. T. aus eigenem Erleben mitteilt. Hier betont Gregor auch die Nothelferfunktion der Heiligen, die für die ma. Heiligenverehrung und H. charakteristisch werden sollte (cf. auch → Vierzehn Nothelfer). Auch seine Berichte über Reliquienwunder (*Liber in gloria martyrum*), etwa das berühmte → Blutwunder, welches von einem Bild Christi erzählt, das von einem Juden durchbohrt zu bluten beginnt, sind von großem Einfluß auf die Entwicklung der H. in den nächsten Jh.en. Gregor ist auch zu einem Vermittler oriental. Legendenguts geworden, indem er in zwei Fassungen die → *Siebenschläfer-Legende* dem Abendland bekannt machte. Seine *Vitae patrum* stellen traktat- bzw. predigthafte H. dar. Es handelt sich um 20 Viten von Heiligen aus der Gegend von Clermont und Tours. Hier werden die Lebensberichte zur Exemplifizierung einer Tugendlehre eingesetzt, in ähnlicher Weise wie dann seit dem 12. Jh. Exempla in Predigten Verwendung finden.

Gregors des Großen aus vier Büchern bestehende *Dialogi* sind als Gespräch zwischen dem an seinem Amt leidenden Papst Gregor und dem Jugendfreund Petrus gestaltet. Dieser fragt ihn nach den Heiligen. Auch hier stehen mirakulöse Taten im Mittelpunkt, denn erst das Wunder (so Gregor) weise den tatsächlichen Heiligen aus. Das 4. Buch handelt z. B. vom Leben nach dem Tode, wobei Geschichte, → Jenseitsvisionen und Totenerscheinungen als Nachweis für das ewige Leben dienen. Stets schließt Gregor Didaktisches, z. T. auch theol. Erörterungen, an die jeweiligen Erzählungen an. Gregors Werk hat nicht nur die H., sondern auch die erzählende Lit. des MA.s stark beeinflußt, etwa den im MA. hochgeschätzten *Dialogus miraculorum* des → Caesarius von Heisterbach. Gregor wirbt in bes. Maße für das mirakulöse Element in der H., welches sodann für die H. der Merowingerzeit prägend wird[22].

4. Das hohe und späte MA. Eine intensive Heiligenverehrung geht im MA. mit einer geradezu explodierenden Aktivität in der H. Hand in Hand. Zu den Viten von Heiligen der frühen Kirche gesellen sich vor allem nun Legenden von Bischöfen, → Mönchen, → Nonnen und Missionaren[23] (cf. auch → Klerus), aber auch von → Herrschergestalten (→ Karl der Große, Heinrich und → Kunigunde etc.). Die göttliche Legitimierung von Orden, die Untermauerung von Herrschaftsansprüchen oder Kultpropaganda können nun als Beweggründe für das Verfassen von H. dienen (cf. → Kultlegende). Vom theol. begründeten Wahrheitsverständnis bleibt nicht selten wenig übrig; sogar bewußte Fälschungen kommen vor[24]. Seit der Einführung der Kanonisation (993) dient H. oft dazu, eine Heiligsprechung vorzubereiten. Als neue hagiographische Typen kommen im MA. u. a. Translationsbericht und Gründungsgeschichte hinzu (cf. → Bilokation, → Gründungssage).

Kennzeichnend für das späte MA. sind Abbreviationen der langen Heiligen-Viten, die zunächst für die gemeinsame monastische Lesung konzipiert werden. Es entstehen ‚Andachtsbilder'[25], die lediglich virtutes und miracula exemplarisch vorführen wollen, Historisch-Biographisches tritt immer stärker zurück. Viten bestehen dementsprechend vorwiegend aus einer lockeren Aneinanderreihung austauschbarer Episoden, ergänzt durch eine variable Anzahl postum geschehener Mirakel. Zwar gab es immer wieder scharfe Kritik besorgter Theologen am hagiographischen Wildwuchs, jedoch vermochten diese Mahnungen die Entwicklung kaum zu hemmen. In dieser Zeit finden Erzählstoffe und Motive heterogenster Provenienz Eingang in die H.: so etwa die → *Buddha-Legende*, die über eine griech. Bearb. des → Johannes Damascenus zur → *Barlaam und Josaphat-Legende* wird. Für die (vor allem volkssprachliche) Lit. des MA.s wird die H. zu einer Hauptquelle. Mit der wachsenden Bedeutung apostolischer Armutsbewegungen im 12. und 13. Jh. konzentriert sich ein bedeutender Zweig der H. auf die asketischen Tugendübungen der neuen Heiligen, wobei der Einfluß der *Vitaspatrum* und von Gregors *Dialogi* unverkennbar ist. Ordensgründerviten des 13. Jh.s suchen bewußt die literar. Nähe zu den frühen oriental. Vorbildern. Neben den prädominanten abbreviationes kommt auch der neue hagiographische Typus des libellus[26] auf, eine ausführlicher gestaltete Form der Legende (‚büchleinfüllend'), die im allg. durchsetzt ist mit paränetischen Exkursen, Panegyrika etc.: Die Sprache ist auch nicht mehr so schlicht wie in den Kurzviten. Als prototypisch können die Franziskus-Viten des Thomas von Celano oder des Bonaventura (→ Franz von Assisi) gelten. Vor allem für Heilige der Bettelorden werden libelli angelegt, etwa die → *Elisabeth-* und die *Dominikus-Legende* Dietrichs von Apolda[27], der im Prolog der *Dominikus-Vita* den libellus als Typ ausdrücklich von der legenda abhebt[28].

Charakteristisch für das spätere MA. ist aber auch die Entstehung von umfassenden Legendensammlungen[29], die in der → *Legenda aurea* des Dominikaners → Jacobus de Voragine (vor 1267) ihren herausragenden Vertreter haben[30]. Die Entstehung der Legendare dürfte durch die Popularität der sog. ‚hist. Martyrologien' angeregt worden sein, deren Entstehung und Weiterentwicklung im 8. und 9. Jh. mit den Namen Beda Venerabilis, Ado und Usuard verbunden sind[31]. Während die Martyrologien mit ihren stichwortartigen Einträgen für das Stundengebet konzipiert sind, dienen die neuen Legendare als Tischlektüre, Predigtquellen etc.

Legendare sind zwar als bewußt angelegte Sammlungen bereits im 8. Jh. greifbar[32], jedoch handelt es sich um unredigierte Zusammenstellungen von Texten verschiedener Autoren und aus verschiedenen Epochen. Bei den von Jacobus und anderen Dominikanern (Jean de Mailly, Bernhard Guidonis) konzipierten Legendaren handelt es sich um hagiographische Kompendien, die erzählerisch und stilistisch vereinheitlicht, d. h. auch vereinfacht worden sind. Diese popularisierende, literar. anspruchslosere Form von H. trug zur beispiellosen Verbreitung der *Legenda aurea* in entscheidendem Maße bei und begünstigte ihre Übers. in beinahe jede europ. Volkssprache[33]. Indessen warnte kein Geringerer als Nikolaus von Kues vor der unkritischen Benutzung dieses Legendars[34]. Als bedeutendes und reichhaltiges hagiographisches Quellenwerk kann auch das chronologisch angelegte *Speculum historiale* des → Vincent de Beauvais gelten, das aber nicht als Legendar, sondern als Geschichtsenzyklopädie konzipiert ist.

Die Entwicklung der H. verlief im Westen nicht wesentlich anders als im Bereich der Ostkirchen[35]. Auch hier entstanden kalendarisch organisierte Zusammenstellungen von Heiligenviten und Lobreden. Die hagiographischen Sammlungen wurden durch Symeon Metaphrastes[36] um die Mitte des 10. Jh.s einer durchgreifenden Revision unterzogen. Sein *Menologion* wurde seit dem 11. Jh. zur maßgeblichen Legendensammlung im griech., slav. und georg. Bereich. Höhepunkt der altbulg. H. war das Werk des Patriarchen von Tŭrnovo, Euthymios[37] (1325/30–1401/02); er verfaßte vier Viten und vier Enkomia, die vor allem bulg. Heiligen oder Heiligen, deren Reliquien in diesem Raum aufbewahrt wurden, gewidmet sind. Im Serbischen[38] ragen die im 12. Jh. entstandenen Viten von Herrschern und Kirchenfürsten der Nemanjiden-Dynastie hervor. Im 11. Jh. wurde die altruss. H. mit den passiones des fürstlichen Brüderpaares Boris und Gleb (1072) initiiert[39]. Die in den folgenden Jh.en florierende H. wurde im 16. Jh. gesammelt und z. T. stark überarbeitet bzw. neu verfaßt.

Original-H. wurde im Westen, von wenigen Ausnahmen abgesehen, bis in die Neuzeit hinein nur in lat. Sprache verfaßt. Jedoch gehörte die H. in allen christl. geprägten Kulturkreisen zu jener geistlichen Lit., die zuerst in die Volkssprache übersetzt werden durfte. Der Kirche erschienen die auf Erbauung angelegten schlichten Erzählungen von den Heiligen als ideale Lit. für den geistigen Horizont des illiteratus, was die H. schließlich zur insgesamt am breitesten tradierten Erzählgattung des MA.s überhaupt werden ließ. Im dt./ndl. Raum sind z. B. etwa 4000 verschiedene volkssprachliche Legenden erhalten; das dt. Legendar *Der Heiligen Leben* ist in 200 Hss. und 41 Druckauflagen bis 1521 überliefert[40].

Die hagiographische Lit. aus dem MA. ist, vor allem was die zahlreichen unterschiedlichen Fassungen einzelner Legenden angeht, immer noch völlig unüberschaubar. Es ist daher kaum verwunderlich, daß die Erzählforschung aufgrund des enormen Umfangs dieser Überlieferung in den Anfängen steckt. Verdienstvoll ist die motivmäßige Legendenforschung H. → Günters (1910, 1949), die – z. T. von den motivgeschichtlichen Forschungen P. → Toldos angeregt – einen ersten Versuch der Materialaufbereitung darstellt. Auch wenn Günters Forschung z. T. herbe Kritik erfuhr (sie „gerät in Gefahr, ihren Gegenstand mehr aufzulösen als zu klären")[41], bietet sie eine solide Grundlage für weiterführende Unters.en zum Phänomen der H. Die Erzählforschung hat sich allerdings vorwiegend auf die Erforschung von Einzelbeispielen konzentriert.

Zu der eher theol. begründeten Kritik gelehrter Kleriker an der inneren Wahrheit gewisser hagiographischer Stoffe gesellt sich im 14. und 15. Jh. zunehmend die Kritik lesefähiger Laien an der hist.-faktischen Unglaubwürdigkeit des Erzählten. Durch die allmähliche Verbreitung entsprechender Wertungen und Kriterien wurde die H. kurz vor der Reformation immer stärker kritisiert[42]. Das traditionelle hagiographische Wahrheitsempfinden fand wenig Verständnis in einer Zeit, die paradoxerweise gleichzeitig den Höhepunkt ma. Heiligenverehrung darstellt.

5. Von der Reformation bis zur Gegenwart. Die → Reformation brachte – zumindest in den Ländern, die durch sie erfaßt werden – die Entstehung und Verbreitung von H. zu einem abrupten Stillstand. → Luther, der (im Gegensatz zu landläufigen Vorstellungen) zuvörderst nicht die hist. Wahrheit in der

kathol. H. kritisierte, sondern die Verbreitung ‚unevangel.' Stoffe, die keinen religiösen Nutzen aufzuweisen vermochten oder gar schädlich für den Glauben waren (z. B. wenn Maria in einem Mirakel einen sie verehrenden Verbrecher vor der Strafe rettet), unterbinden wollte[43], wurde von seinen Nachfolgern wie Hieronymus → Rauscher[44] und Caspar Finck in seiner differenzierten ‚ma.' Kritik mißverstanden. Mit dem Wortspiel Legende/Lügende wollte Luther die H. an sich nicht in Frage stellen, sondern nur theol. Abwegiges brandmarken. Rauscher und andere Polemiker veröffentlichten Spottschriften, in denen die kathol. H. als Volksverdummung dargestellt wurde, indem sie die Vernunft mit dem fabulösen Erzählgut der H. konfrontierten.

Die unablässigen und populären Attacken der Reformatoren auf die H. führen zu deren schwerster Krise. Zwischen 1521 und 1544 wird im dt.sprachigen Raum kaum H. veröffentlicht. Die kathol. Seite reagiert mit einer Reform der H. Erste Antworten der → Gegenreformation stellen das zwölfbändige Legendar *Chorus sanctorum omnium* des Georg Wicelius (Köln 1554) und das achtbändige *Sanctorum priscorum patrum vitae* des Luigi Lipomanus (Venedig 1551–60) dar[45]. In den Vorworten betonen beide die hist. Glaubwürdigkeit der Quellen, problematische Mirakel werden gemieden. Das erfolgreichste Legendar der Zeit ist aber das sechsbändige *De probatis Sanctorum historiis* (Köln 1570–75) des Humanisten Laurentius → Surius[46], das auf Lipomanus zurückgreift. Deutlich ist in allen kathol. Legendenwerken des 16. Jh.s die apologetische Absicht, indessen vermögen sie trotz Betonung der hist. Faktizität des Berichteten immer noch nicht, der Kritik den Stachel zu nehmen.

1554 erscheinen dann erstmals Legendare, welche die passiones protestant. Märtyrer, die unter der Verfolgung der Katholiken den Tod erlitten, zusammenstellen: die *Commentarii* (Straßburg) des John → Foxe (cf. Übers.: *Book of Martyrs*. L. 1563; Nachdr.e bis Ende 19. Jh.), die *Historien* (Straßburg) des Ludwig Rabus und die calvinist. geprägte Slg *Le Livre des martyrs* (Genf) von Jean Crespin (cf. Simon → Goulart). Kennzeichnend für die protestant. Legendare ist der stark belehrende und polemisch-zeitbezogene Ton, der übrigens in den nachfolgend erscheinenden kathol. Sammlungen übernommen wird[47]. Die H. beider Glaubensrichtungen trifft sich in der Betonung hist. Glaubwürdigkeit.

Einen deutlichen Einschnitt in der Geschichte der kathol. H. markiert die Arbeit des Utrechter Jesuiten Heribert Rosweyde (gest. 1629; cf. → Jesuitische Erzählliteratur). Sein Prinzip, die Quellen aus den Hss. unverändert in voller Länge, aber mit kritischem Kommentar versehen zu edieren, wurde zum neuen Programm in der Beschäftigung mit H. Rosweydes ehrgeizige Pläne wurden nach seinem Tode von seinem Ordensgenossen Johannes Bolland (→ Bollandisten) energisch aufgegriffen. Bolland strebte eine hist.-kritische Ausg. möglichst aller alten hagiographischen Überlieferungen in der Ordnung des Heiligen-Kalenders an. Die ersten beiden Januar-Bände initiierten 1643 die bis heute noch nicht abgeschlossene Reihe *Acta Sanctorum*. Zusammen mit den Maurinern um Jean Mabillon[48] wurde die H. nun zum Gegenstand akribischer philol. Unters.en. Diese Ausrichtung der Interessen und Arbeiten hat sich für die Erzählforschung als ungünstig erwiesen. Den Versuch der Bollandisten, hagiographische Tradition unter Ausklammerung des ihr ursprünglichen Wahrheitsverständnisses aufzubereiten, wertet R. → Benz als „eine der ungeheuersten Kraftverschwendungen menschlichen Scharfsinns und Fleißes"[49].

Das neben den *Acta Sanctorum* wichtigste hagiographische Editionen-Corpus enthalten die vom Reichsfreiherrn K. von und zum Stein (1757–1831) gegründeten *Monumenta Germaniae Historica*, da hagiographische Texte einen Großteil ältester dt. Geschichtsquellen darstellen[50].

Neben diesen historiographisch-wiss. Ausg.n erscheint H. im 17. bis 20. Jh. weiterhin zum Zwecke der Erbauung in den Volkssprachen (cf. → Erbauungsliteratur); allerdings schlägt sich die Tendenz zur Reduzierung fabulöser Erzählinhalte auch hier deutlich nieder. Als populärstes Werk dt. H. kann das Legendar des Kapuziners → Martin von Cochem gelten (1634–1712), das bis ins 19. Jh. hinein ein Bestseller blieb. Für die aufgeklärte Oberschicht blieb H. weitgehend indiskutabel. Die Jesuiten, die im Anschluß an ma. Traditionen seit dem 16. Jh. wieder hagiographische Stoffe auf die Bühne brachten, förderten die Herausgabe von volkssprachlichen Legendenbüchern und trugen zur Bewahrung der Legendenstoffe im religiösen Bildungsgut der Unterschicht bei. Auch die Protestanten schufen in dieser Zeit populäre Sammlungen hagiographischer Lit., etwa die mehrfach aufgelegten *Historien der Wiedergebohrnen* des Pietisten J. H. Reitz[51]. Mit der Romantik wurden hagiographische Stoffe für Lit. und Kunst wieder interessant. Große Beliebtheit erreichte die volkstümlich-lehrhafte, mehrbändige Legendensammlung des Alban Stolz[52], die mit starkem didaktischen Einschlag zwischen 1850 und 1915 zwölfmal aufgelegt wurde. Zwar blieb die H. bis zum heutigen Tag in der kathol. Kirche ein wichtiger Teil der religiös-didaktischen Lit. – wie etwa das Leben der Maria Goretti als Lektüre für Mädchen –, ihre einstige Popularität hat sie aber seit den Glaubenskämpfen nicht mehr erreichen können. Jedoch sind in jüngster Zeit durch Interpreten wie etwa W. Nigg[53] Versuche unternommen worden, dem modernen Menschen einen religiös-fruchtbaren Zugang zur alten H. zu verschaffen.

[1] Grundsätzlich: Kötting, B.: H. In: LThK 4 (1960) 1316–1321; Farmer, D. H.: H. I. Alte Kirche. In: TRE 14 (1985) 360–364; Hausberger, K.: H. II. Röm.-kathol. Kirche. ibid., 365–371; Hannick, C.: H. III. Orthodoxe Kirchen. ibid., 371–377; Schulz, F.: H. IV. Protestant. Kirchen. ibid., 377–380 (Lit.); Uytfanghe, M. van: Heiligenverehrung II (H.). In: RAC 14 (1987) 150–183; Delehaye, H.: Les Légendes hagiographiques. Brüssel 1905 ([4]1955; dt. Kempten/Mü. 1907); id.: Cinq Leçons sur la méthode hagiographique. Brüssel 1934; Rosenfeld, H.: Legende. Stg. [4]1982; Bekker-Nielsen, H. u. a. (edd.): Hagiography and Medieval Literature. Odense 1981; Aigrain, R.: L' H.: Ses sources, ses méthodes, son histoire. P. 1953; H. Cultures et sociétés IVe–XIIe siècles. Actes du colloque organisé à Nanterre et à Paris (2–5 mai 1979). P. 1981; Karlinger, F.: Legendenforschung. Aufgaben und Ergebnisse. Darmstadt 1986; Berschin, W.: Biogr. und Epochenstil im lat. MA. 1. Stg. 1986; Spangenberg, P.-M.: Maria ist immer und überall. Die Alltagswelten des spätma. Mirakels. Ffm. 1987. – [2] Schreiner, K.: Discrimen veri ac falsi. Ansätze und Formen der Kritik in der Heiligen- und Reliquienverehrung des MA.s. In: Archiv für Kulturgeschichte 48 (1966) 1–53; id.: Zum Wahrheitsverständnis im Heiligen- und Reliquienwesen des MA.s. In: Saeculum 17 (1966) 131–169; Strunk, G.: Kunst und Glaube in der lat. Heiligenlegende. Mü. 1970; Schulmeister, R.: Aedificatio et imitatio. Studien zur intentionalen Poetik der Legende und Kunstlegende. Hbg 1971. – [3] Hartl, W. (ed.): Cypriani opera 3. Wien 1871, CX–CXIV; dazu Berschin (wie not. 1) 57 sq. – [4] Fischer, J. A. (ed.): Die apostolischen Väter. Mü. 1956, 227–265. – [5] Bastiaensen, A. A. R. (ed.): Vita di Cipriano, Vita di Ambrogio, Vita di Agostino. [Mailand] 1975, 4–48; Berschin (wie not. 1) 57 sq. – [6] LThK 8, 645. – [7] Philippart, G.: Les Légendiers latins et autres mss. hagiographiques. Turnhout 1977; id.: L'Édition médiévale des légendiers latins dans le cadre d'une hagiographie générale. In: Bekker-Nielsen (wie not. 1) ([2]1985) 127–158; Verflex. 5, 644–657. – [8] LThK 4, 1216 sq. – [9] MPG 26, 835–976; MPL 73, 125–168; Berschin (wie not. 1) 113 sq. (Lit.). – [10] MPL 23, 17–60; Strunk (wie not. 2) 31 sq., pass.; Kech, H.: H. als christl. Unterhaltungslit. Göppingen 1977. – [11] v. zuletzt (mit Lit.): Kunze, K./Williams, U./Kaiser, P.: Information und innere Formung. Zur Rezeption der ‚Vitaspatrum'. In: Wissensorganisierende und wissensvermittelnde Lit. im MA. ed. N. R. Wolf. Wiesbaden 1987, 123–142. – [12] Kunze, K.: Studien zur Legende der hl. Maria Aegyptiaca im dt. Sprachgebiet. B. 1969, pass.; Dorn, E.: Der sündige Heilige in der Legende des MA.s. Mü. 1967. – [13] Petitmengin, P. u. a.: Pélagie la péniténte. Metamorphoses d'une légende 1–2. P. 1981/84. – [14] Čyževśkyj, D.: Studien zur russ. H. Die Erzählung vom hl. Isaakij. In: Wiener Slavistisches Jb. 2 (1952) 22–49; Brückner, A. und W.: Zeugen des Glaubens und ihre Lit.: Altväterbeispiele, Kalenderheilige, protestant. Märtyrer und evangel. Lebenszeugnisse. In: Brückner, 520–578; Brückner, W.: Das alternative Väterleben. Zur Vitaspatrum-Rezeption in nachma. Zeit. In: Volkskultur und Heimat. Festschr. J. Dünninger. Würzburg 1986, 294–309; Gnädinger, L.: Das Altväterzitat im Predigtwerk Johannes Taulers. In: Unterwegs zur Einheit. Festschr. H. Stirnimann. Fribourg 1980, 253–267. – [15] Sulpicius Severus: Vita S. Martini. ed. C. Halm. Wien 1866; Strunk (wie not. 2) pass.; Berschin (wie not. 1) Reg. s. v. Sulpicius Severus, Martin von Tours. – [16] Strunk (wie not. 2) 23. – [17] ibid., 138. – [18] MPL 32, 33–66; neuere Ausg. Bastiaensen (wie not. 5) 130–240; Berschin (wie not. 1) 226 sq. (Lit.). – [19] Bastiaensen (wie not. 5) 54–124; Berschin (wie not. 1) 212 sq. – [20] MGH Scriptores rerum Merovingicarum 1, 2. ed. B. Krusch. Hannover 1885 (Nachdr. 1969); RAC 12, 895–930 (bester Überblick, Lit.); Berschin (wie not. 1) 288 sq. – [21] Moricca, U. (ed.): Gregorii Magni Dialogi. Rom 1924; Vogüé, A. de (ed.): Grégoire le Grand. Dialogues 1–3. P. 1978–80; TRE 14, 135–145; Verflex. 3 ([2]1981) 233–244; Berschin (wie not. 1) 305 sq. – [22] Bernoulli, C. A.: Die Heiligen der Merowingerzeit. Tübingen 1900; Graus, F.: Volk, Herrscher und Heiliger im Reich der Merowinger. Prag 1965; Prinz, F.: Heiligenkult und Adelsherrschaft im Spiegel merowing. H. In: Hist. Zs. 204 (1967) 529–544; Brunhölzl, F.: Geschichte der lat. Lit. des MA.s 1. Mü. 1975, 115 sq. – [23] Bieler, L.: The Celtic Hagiogra-

pher. In: Studia Patristica 5 (1962) 243–265. – [24] Schreiner, Discrimen (wie not. 2); Fuhrmann, H.: Die Fälschungen im MA. In: Hist. Zs. 197 (1963) 529–601; Bosl, K.: Zu einer Soziologie der ma. Fälschung. In: id. (ed.): Frühformen der Gesellschaft im ma. Europa. Mü./Wien 1964, 413–424. – [25] Wolpers, T.: Die engl. Heiligenlegende des MA.s. Tübingen 1964. – [26] Philippart (wie not. 7) 99–101; Williams-Krapp, W.: Die dt. und ndl. Legendare des MA.s. Tübingen 1986, 11, 276, pass. – [27] Verflex. 2 (^{2}1980) 103–110; Lex. des MA.s 3. Mü./Zürich 1986, 1032 sq. – [28] Williams-Krapp (wie not. 26) 276. – [29] Philippart (wie not. 7). – [30] Legenda aurea/Graesse; Verflex. 4 (^{2}1983) 448–466; Williams-Krapp (wie not. 26) pass. –
[31] Reiche Lit.angaben zu diesem Typus bei Meyer, G./Burckhart, M.: Die ma. Hss. der Univ.sbibl. Basel 2. Basel 1966, 50–63. – [32] Hinweise, daß es bereits im 6. und 7. Jh. Legendare gegeben hat, sind unsicher, cf. Philippart (wie not. 7) 27 sq. – [33] ‚Legenda aurea'. Sept siècles de diffusion. Actes du Colloque internat. sur la ‚Legenda aurea': texte latin et branches vernaculaires. ed. B. Dunn-Lardeau. Montreal/P. 1986; Boureau, A.: La Légende dorée. P. 1984. – [34] Synodi Brixinenses saeculi XV. ed. G. Bickell. Innsbruck 1880, 41. – [35] Peeters, P.: Orient et Byzance. Le tréfonds oriental de l'hagiographie byzantine. Brüssel 1950; Beck, H.-G.: Kirche und theol. Lit. im byzant. Reich. Mü. 1959, 267 sq.; Budovnic, I. U.: Slovar' russkoj, ukrainskoj, belorusskoj pis'mennosti i literatury do XVIII veka. M. 1969; The Byzantine Saint. Univ. of Birmingham. 14th Spring Symposium of Byzantine Studies. ed. S. Hackel. L. 1981; Dujčev, I.: Slaw. Heilige in der byzant. H. In: id.: Medioevo bizantino-slavo 2. Rom 1968, 207–223; Halkin, F.: Bibliotheca hagiographica Graeca 1–3. Brüssel ^{3}1957; Hannick, C.: Biogr. VIII. Slav. Lit.en. In: Lex. des MA.s 2. Mü./Zürich 1983, 209–211; id. (wie not. 1) (bester Überblick und reiche Lit.). – [36] LThK 9, 1214 sq.; Dobrev, I.: Agiografska reforma na Simeon Metafrast i sŭstavŭt na Suprasŭlskija sbornik. In: Starobŭlgarska literatura 10 (1981) 16–38. – [37] LThK 3, 1210 sq. – [38] Hafner, S.: Studien zur altserb. dynastischen Historiographie. Mü. 1964; Birnbaum, H.: On Medieval and Renaissance Slavic Writing. Den Haag/P. 1974, 299–340. – [39] Altruss. Heiligenleben. ed. K. Onasch. B. 1977; Freydank, D.: Die altruss. H. in ihren europ. Zusammenhängen. In: Zs. für Slawistik 28 (1983) 78–85. – [40] Williams-Krapp (wie not. 26) pass. –
[41] Wehrli, M.: Roman und Legende im dt. HochMA. In: id.: Formen ma. Erzählung. Zürich/Fbg 1969, 155–176, Zitat 156; Köhler, J.: Heinrich Günters Legendenstudien. In: Studien zur Theologie und Geistesgeschichte des 19. Jh.s 32 (1980) 307–337; Karlinger (wie not. 1) 81 sq.; cf. auch die Forschungen von Loomis, C. G.: White Magic. An Introduction to the Folklore of Christian Legend. Cambr., Mass. 1948. – [42] Schreiner, Discrimen (wie not. 2); Williams-Krapp, W.: Laienbildung und volkssprachliche H. im späten MA. In: Lit. und Laienbildung im SpätMA. und in der Reformationszeit. Symposion Wolfenbüttel 1981. ed. L. Grenzmann/K. Stackmann. Stg. 1984, 697–709. – [43] Martin Luthers Werke. Krit. Gesamtausg. Briefwechsel 1. ed. O. Clemen. Weimar 1930, 130; Schreiner, Zum Wahrheitsverständnis (wie not. 2) 153 sq.; Hieber, W.: Legende, protestant. Bekennerhistorie, Legendenhistorie. Diss. Würzburg 1970, 24 sq., 313 sq., pass.; Schnyder, A.: Legendenpolemik und Legendenkritik in der Reformation: ‚Die Lügend von St. Johannes Chrysostomo' bei Luther und Cochläus. In: Archiv für Reformationsgeschichte 70 (1979) 122–140. –
[44] Schenda, R.: Die protestant.-kathol. Legendenpolemik im 16. Jh. In: Archiv für Kulturgeschichte 52 (1970) 28–48; id.: Hieronymus Rauscher und die protestant.-kathol. Legendenpolemik. In: Brückner, 178–259. – [45] Zu den Legendaren des 16. Jh.s grundsätzlich: Hieber (wie not. 43); Brückner, A. und W. (wie not. 14); v. auch Schulz (wie not. 1). –
[46] Hebenstreit-Wilfert, H.: Wunder und Legende. Studien zu Leben und Werk von Laurentius Surius (1522–1578) […]. Diss. Tübingen 1975; Hieber (wie not. 43) pass.; Schmitt, A.: Die dt. Heiligenlegende von Martin von Cochem bis Alban Stolz. Fbg 1932. – [47] Hieber (wie not. 43). – [48] Weitlauff, M.: Die Mauriner und ihr hist.-kritisches Werk. In: Studien zur Theologie und Geistesgeschichte des 19. Jh.s 32 (1980) 153–209. – [49] Legenda aurea/Benz (^{5}1925) XXV. – [50] TRE 12, 650. –
[51] Reitz, J. H.: Historie der Wiedergebohrnen 1–3. ed. H. J. Schrader. Tübingen 1982. – [52] Legende oder der christl. Sternhimmel. 12 Monatshefte. Fbg 1850–62. – [53] Nigg, W.: Glanz der Legende. Zürich/Stg. 1964.

München Werner Williams-Krapp

Hahn, Huhn. Das Haushuhn ist im Mittelmeerraum seit dem 8. Jh. a. Chr. n., in Nordeuropa bereits seit der Bronzezeit nachgewiesen; seine Stammform hat ihre Herkunft im südasiat. Raum (Persien, Indien). Es ist seit ca vier Jahrtausenden domestiziert und hat sich wegen seiner vielseitigen wirtschaftlichen Verwendbarkeit (Eier, Federn, Fleisch) noch vor → Ente und → Gans zum unentbehrlichen Haustier entwickelt[1]. Dieser Stellenwert spiegelt sich auch in den häufigen Erwähnungen von Hahn und Huhn (Henne) im Erzählgut. Aus der Vielzahl der oft singulären Belege lassen sich einige zentrale Aspekte ermitteln.

Das hervorstechendste Merkmal des Hahns ist sein morgendliches Krähen, mit dem er den nahenden Tag ankündigt. Die Vorstellung, daß er hiermit den Tag gleichsam herbeizwingt, ist bei fast allen idg. Völkern verbreitet[2]. Das Krähen des Hahns, das sogar der mächtige Löwe fürchtet (Mot. J 2614.3, cf. J 881.2), wird durch verschiedene Ätiologien erklärt (cf. Mot. A 2421.6, A 2426.2.18.1, A 2489.1). Eine mehrfach belegte schwed. Erzählung führt hierzu einen Streit von Kuckuck, Birkhuhn und Hahn darüber an, wer der munterste am Morgen sei; derjenige, der zuerst erwache und die Sonne begrüße, solle eine Kuh erhalten. Da ruft der Kuckuck: Godko (Gutkuh)! Und der Hahn: Koä ä mi (Kuh ist mein)! Und das Birkhuhn: Kärä venner, gör vad som rätt ääär (Liebe Freunde, tut, was recht ist)![3]

Bereits in der altiran. Mythologie wird der Hahn als „Besieger der Gefahren der Nacht"[4] gesehen; er ist derjenige, der den Menschen aus dem Schlaf weckt und ihn dadurch vor der Macht der bösen Dämonen und vor dem Tod rettet. Reminiszenzen an diese Vorstellung sind wohl Ursprung der in zahlreichen Var.n nachgewiesenen Sage, in welcher der Hahn einen dämonischen → Baumeister (cf. AaTh 1191: → *Brückenopfer*) durch seinen Schrei vertreibt (Mot. E 452, G 303.16.19.4, G 303.17.1.1)[5]. Häufig treten in diesem Zusammenhang drei Hähne verschiedener → Farbe auf (weiß, schwarz, rot; Mot. Z 65.2)[6].

In der griech. Antike galt der Hahn als Symbol der Wachsamkeit. So verwandelte z. B. Ares seinen unaufmerksamen Diener Alektryon, der Helios Gelegenheit gab, Ares' Stelldichein mit Aphrodite zu entdecken, in einen Hahn, damit er lerne, wachsam zu sein[7]. In christl. Tradition ist der Hahn hauptsächlich Mahner und Warner: Er kräht dreimal, als → Petrus seinen Herrn verleugnet (Mk. 14, 16). Andererseits ist der Hahn in frühchristl. Deutung mit → Christus als Verkünder des Lichts verbunden (Spr. 30, 31). Vielleicht durch pers. Einfluß erscheint er in antiker Vorstellung zusammen mit dem → Götterboten Merkur[8]; gelegentlich wird er auch selbst als Botschafter Gottes (Mot. A 165.2.2.1) und Begleiter Christi gesehen[9]. Allg. warnt er vor Feuersbrunst und bewirkt, daß Menschen vor dem → Feuer gerettet werden; hiermit steht auch die Verwendung des Hahns als Figur auf der Kirchturmspitze in Zusammenhang[10]. Außer mit dem Feuer wird der Hahn auch mit dem Wasser in Verbindung gebracht, so in einer nord. populären Überlieferung, in der er als Medium für das Aufspüren Ertrunkener agiert[11].

Ein Krähen des Hahnes zur Unzeit (Abend, Nacht) ist ein schlechtes Omen[12]. Auch das von einem Hahn gelegte → Ei bedeutet Unheil: Hieraus werden → Drache (Mot. B 11.1.1) oder → Basilisk (Mot. B 12.1) erbrütet[13].

Vor allem Sprichwort und Redensart beschreiben den Hahn als stolzen und eitlen Vogel[14]. Außer der Stimme sind sein Kamm und die Sporen hervorstechende Züge seiner Erscheinung, die auch in Erzählungen aufgegriffen werden (cf. Mot. A 2321.10: *Origin of cock's red crest*)[15]. Der Hahn ist Herr in seinem Hause; in der Formulierung → Senecas (*Apocolocyntosis* 7): „Gallus in suo sterquilino plurimum potest."[16] In dieser Bedeutung symbolisiert der Hahn auch den potenten, gelegentlich den geilen Mann: In AaTh 670: → *Tiersprachenkundiger Mensch* lacht der Hahn, der viele Frauen beherrscht, über den Mann, der es noch nicht einmal schafft, mit seiner einen Frau zurechtzukommen. Dem im frz.sprachigen Kanada belegten Schwank AaTh 1487*: *Guarding Against Neglect* liegt zusätzlich das Klischee von der sexuellen Unersättlichkeit der Frau zugrunde: Eine alte Frau hält sich elf Hähne für ein Huhn, denn dem Huhn soll es besser ergehen als ihr. Andererseits hat der Hahn im Deutschen auch seinen Namen für den betrogenen Ehemann gegeben, den → Hahnrei (cf. frz. cocu, engl. cuckold). Diese Bezeichnung, deren genaue Etymologie ungeklärt ist, geht auf das 15. Jh. zurück[17].

Wie der Hahn zum Haustier wurde, erklären z. B. nord. Erzählungen damit, daß er listiger Gewinner eines Wettrennens zur menschlichen Siedlung war (Mot. A 2250.1); hingegen wird er in einem Märchen aus Kamerun von den wilden Tieren zum → Feuerraub zu den Menschen geschickt; dort wird er gefangen und domestiziert[18].

Als anthropomorphisiertes Wesen (→ Anthropomorphisierung) gehört der Hahn zum stereotypen Personal von Fabel und Tiermärchen. Die Fabel orientiert sich dabei noch relativ eng an den ihm allg. zugeschriebenen Eigenschaften: Seine Eitelkeit läßt ihn glauben, die Sonne gehe durch sein Krähen auf (AaTh 114: *Chanticleer Believes that his Crowing Makes the Sun Rise*); seine Freßgier tritt zutage in der weitverbreiteten Erzählung vom Hahn, der die im Mist gefundene Perle geringschätzt: er ist nur am Fressen interessiert (Mot. J 1061.1)[19]; seine Streitsucht dokumentiert die Fabel vom Rebhuhn, das beruhigt ist, als es sieht, daß die Hähne nicht nur mit ihm, sondern auch untereinander streiten (Mot. J 1025)[20]. In AaTh 243 A: → *Ehebruch verraten* werden zwei Hähne, die lauthals – wie es ihrer Natur entspricht – den Ehebruch ihrer Herrin verraten, geschlachtet; erst der dritte schweigt weise und überlebt[21]. In einigen im bäuerlichen Milieu angesiedelten Erzählungen ist der Hahn Gegenspieler des Fuchses (z. B. AaTh 61: → *Fuchs und Hahn*, AaTh 61 B: → *Katze, Hahn und Füchsin*), Wolfs (Var.n von AaTh 111 A: → *Wolf und Lamm*), aber auch z. B. der Ente (AaTh 208*: *Duck Persuades Cock to Cut off his Crest and Spurs*; AaTh 211 A*: *The Cock Laughs at the Duck*[22]). In der Sage vom Hahnenbalken (AaTh 987: → *Augenverblendung*) läßt ein Zauberer die Zuschauer glauben, ein Hahn trage einen schweren Balken; in Wirklichkeit ist es nur ein Strohhalm[23].

Während in AaTh 715: → *Halbhähnchen* ein Hahn die zentrale Figur ist, erscheint in einer Reihe von Tier-, Ketten- und Schwankmärchen der Hahn als letztlich austauschbarer Protagonist ohne spezifische Eigenschaften, so in AaTh 204: → *Tiere auf Seereise*, AaTh 207, 207 A–B: → *Aufstand der Arbeitstiere*, AaTh 210: → *Tiere auf Wanderschaft*, AaTh 1260 A: → *Mahl der Einfältigen* oder AaTh 2021: → *Tod des Hühnchens*, AaTh 2027*: *„Get into my Belly"* (cf. → Fressermärchen), AaTh 2032, 2033: → *Heilung des Hähnchens*. In AaTh 1655: *Der vorteilhafte → Tausch* ist ein Hahn das zweite Glied einer von einem Korn bis zu einem Ochsen reichenden Tauschkette.

Zum Schwank tendieren u. a. die Geschichte vom Hahn, der den während der Predigt schlafenden Küster durch sein Krähen weckt (AaTh 1828: *The Cock at Church Crows*)[24], sowie der absurde Rat des Hahns bei seiner Begegnung mit einem Pferd: Er empfiehlt, keiner solle auf den anderen treten (→ Proportionsphantasie)[25].

Das Huhn interessiert im populären Erzählgut weniger als eigenständiges Wesen mit signifikanten Charaktereigenschaften, sondern hauptsächlich als eierlegender Nahrungsspender. Dies dokumentieren Var.n von AaTh 303: *Die zwei → Brüder* und AaTh 563: → *Tischleindeckdich*, in denen sich das Motiv des Goldmistens (cf. → Exkremente) „auf den Weg zur Vernatürlichung" begibt[26]: Das Huhn legt goldene Eier. Hierzu ist wohl auch das Bild von der bes. Kostbarkeit der goldenen Henne mit ihren Küken zu stellen, das sich in unterschiedlichen Erzählungen sagen- und märchenhafter Prägung findet[27].

Ein Huhn, das sich widernatürlich verhält und wie ein Hahn kräht, bedeutet Unheil[28]. Diese seit der Antike bis in die heutige Zeit ununterbrochen dokumentierte misogyne Vorstellung dient ziemlich unverhohlen der Stabilisierung männlicher Vorherrschaft. In einem dt. Reim, der ähnlich auch mehrfach im Amerikanischen belegt ist, wird deutlich die entsprechende Analogie aufgezeigt: „Mädchen die pfeifen und Hühnern die krähen, den soll man beiden die Hälse verdrehen (den Hals umdrehen)."[29] Ähnliche Ansichten finden sich wohl in den meisten patriarchalischen Gesellschaften. Der arab. Dichter al-Farazdaq (gest. ca 110/728) sagte in dem zum Sprichwort gewordenen Ausspruch über eine dichtende Frau: „Wenn ein Huhn wie ein Hahn kräht, soll man es schlachten."[30]

Ansonsten erscheinen Hahn und Huhn in Erzählungen meist als Braten. Der Hühnerbraten wird seit frühester Zeit als einfach zuzubereitende Speise, bes. für unerwartete Gäste, geschätzt. Sehr häufig nachgewiesen ist die Legende vom wieder zum Leben erwachten gebratenen Hahn (→ Bratenwunder). In einer zu AaTh 980 D: cf. *Der undankbare → Sohn* gehörenden Erzählung verweigert der Sohn seiner Mutter einen Bissen vom Braten; dieser wird zur Schlange, die sich um den Sohn windet (Tubach, num. 970). In einem Exempel mit schwankhaften Zügen verprügelt der Mann seine gierige Frau mit den Worten, wenn sie schon den Braten alleine gegessen habe, solle sie auch den Bratspieß bekommen (Tubach und Dvořák, num. 969). Im → Schlaraffenland (→ Verkehrte Welt) fliegen den Menschen gebratene Hühner in den Mund. Der Hühner-(Gänse-)braten ist auch zentrales Requisit in Schwänken wie AaTh 1533: *Die sinnreiche → Teilung des Huhns* oder Var.n von AaTh 1741: → *Priesters Gäste*.

[1] Allg. cf. De Gubernatis, A.: Die Thiere in der idg. Mythologie. Lpz. 1874, 553–563; Hahn, E.: Huhn. In: Reallex. der Germ. Altertumskunde 2. Straßburg 1913–15, 568 sq.; Orth, E.: Huhn. In: Pauly/Wissowa 8, 2 (1913) 2519–2536; Güntert, H.: Hahn. In: HDA 3 (1930/31) 1325–1336; id.: Huhn. In: HDA 4 (1931/32) 448–458; Heckscher, K.: Geflügel. In: HDM 2 (1934–40) 352–388 (über 1100 Belege); Tervarent, G. de: Attributs et symboles dans l'art profane. Genève 1958, 112–114, 418; Lex. der Ägyptologie 3. Wiesbaden 1980, 70–72; Nauerth, C.: Hahn. In: RAC 13 (1986) 360–372. – [2] cf. Güntert, H.: Hahnenkrähen. In: HDA 3 (1930/31) 1340–1343; RAC 13, 363–365. – [3] Tillhagen, C.-H.: Fåglarna i folktron. Sth. 1978, 267; Sahlgren, J. (ed.): Sagor och sägner upptecknade av Gabriel Djurklou. Sth. 1943, num. 12; Asbjørnsen, P./Moe, J.: Norske Folke-Eventyr. Kristiania 1914, num. 23. – [4] Wb. der Mythologie 4. Stg. 1986, 360. – [5] cf. HDA 3, 1340. – [6] Köhler, R.: Der weisse, der rote und der schwarze Hahn [1866]. In: Köhler/Bolte 3, 581–589. – [7] cf. Kl. Pauly 1, 240. – [8] cf. Wb. der Mythologie 4. Stg. 1986, 361; Tervarent (wie not. 1) 113. – [9] cf. Dh. 2, 200. – [10] cf. Kretzenbacher, L.: Der Hahn auf dem Kirchturm. In: Rhein. Jb. für Vk. 9 (1958) 194–206. –
[11] Bringéus, N.-A.: Helgonattribut som hjälpmedel att återfinna drunknade (Das Heiligenattribut als Hilfsmittel zum Wiederfinden Ertrunkener). In: Saga och sed (1976) 124–141; cf. Granlund, J.: „Mediet är budskapet" eller „För tuppar röda springa de döda" („Das Medium ist eine Botschaft" oder „Für rote Hähne laufen die Toten"). ibid. (1973/74) 25–72. – [12] HDA 3, 1341 sq. – [13] Güntert, H.: Hahnenei. In: HDA 3, 1337 sq.; cf. Rowland, B.: Animals with Human Faces. L. 1974, 28. – [14] cf. Wander, K. F. W.: Dt. Sprichwörter-Lex. 2. Lpz. 1870, 261–272, cf. 509–520, 798–810; Röhrich, Redensarten, 367–371, cf. 412, 443 sq.; Stevenson, B.: Stevenson's Book of Proverbs, Maxims and Familiar Phrases. L. 1949, 374–377. – [15] cf. Walker, B. und W.: Nigerian Folk Tales. N.Y. 1961, 29 sq. (Fuchs hält roten Kamm des Hahnes für Feuer). – [16] cf. Taylor, A.: An Index to „The Proverb" (FFC 113). Hels. 1934, 22 sq. – [17] cf. Moser-Rath, Schwank, 123–127. – [18] cf. Ndong, N.: Kamerun. Märchen. Ffm./Bern/N.Y. 1983, 98–127; allg. cf. Lévy-Strauss, C.: Mythologica 1. Ffm. 1971, Reg. s. v. Hühnervögel. – [19] Dicke/Grubmüller, num. 249; Küster, C. L.: Ill. Aesop-Ausg.n des 15. und 16. Jh.s. Diss. Hbg 1970, 302; cf. Schütze, G.: Gesellschaftskritische Tendenzen in dt. Tierfabeln. Ffm./Bern 1973, 129–132. – [20] Dicke/Grubmüller, num. 243. –
[21] ibid., num. 245. – [22] Ergänzend zu AaTh: van der Kooi. – [23] Güntert, H.: Hahnenbalken. In: HDA 3, 1336 sq. – [24] cf. Moser-Rath, Schwank, 394, 448, num. 115. – [25] Dicke/Grubmüller, num. 250; Taylor (wie not. 16) 23; cf. Henßen, G.: Sagen, Märchen und Schwänke des Jülicher Landes. Bonn 1955, num. 443. – [26] HDM 2, 371. – [27] Allg. cf. Schmidt, L.: Die goldene Henne mit den sieben Kücken. In: Rhein. Jb. für Vk. 12 (1961) 23–46. – [28] Pauly/Wissowa 8, 2, 2536; HDA 4, 449 sq. – [29] Wander (wie not. 14) t. 3 (1873) 315, num. 131; cf. Dundes, A.: The Crowing Hen and the Easter Bunny. In: id.: Interpreting Folklore. Bloom./L. 1980, 160–175, hier 171; HDA 4, 449. – [30] al-Maidānī, Abū l-Faḍl Aḥmad ibn Muḥammad: Maǧma' al-amṯāl 1. ed. M. A. Ibrāhīm. Kairo 1977, 105, num. 294; cf. De Gubernatis (wie not. 1) 556.

Uppsala Kerstin Rodin

Hahn, Johann Georg von, * Frankfurt (Main) 11. 7. 1811, † Jena 23. 9. 1869, bedeutender Sammler griech. und alban. Märchen; Studium der Rechte in Gießen, dann in Heidelberg (Promotion 1832), 1833–43 Dienst im Justizwesen des neubegründeten Königreichs Griechenland, bis 1847 kommissarischer preuß. Konsul in Athen, 1847–51 Verwalter des österr. Vizekonsulats in Jannina, ab 1851 österr. Konsul auf der griech. Ägäisinsel Syra. In Jannina begann H., sich neben seinen Amtspflichten wiss. zu betätigen. Er erlernte die alban. Sprache und schuf ihre erste gründliche Grammatik und ein umfassendes Wörterbuch. Daneben sammelte er volkskundliche Texte, betrieb hist. Forschungen und verfaßte seine *Albanes. Studien* (Jena 1854), die auch heute noch Grundlage jeder eindringlichen Beschäftigung mit dem Gegenstand sind. 1851 als Konsul auf die griech. Ägäisinsel Syra versetzt, wandte H. sein wiss. Interesse dem Aufbau der homerischen Epen und Vergleichungen zwischen griech. und altnord. Mythen (*Mythol. Parallelen.* Jena 1859) zu. Nach Dienstreisen durch Mazedonien (1858) und Nordalbanien (1864) führte er – allerdings erfolglos – die ersten größeren Ausgrabungen durch, um den Sitz des alten Troja wiederzufinden (*Die Ausgrabungen auf der homerischen Pergamos.* Lpz. 1865). Seine letzten Lebensjahre widmete er der Veröff. der Beobachtungen während seiner zweiten Reise (*Reise durch die Gebiete des Drin und Wardar* 1–2. Wien 1867–69) und der Ausarbeitung seiner *Sagwiss. Studien* (Jena 1876).

H.s Bedeutung liegt auf dem Gebiet der Albanienkunde, einen wichtigen Platz nimmt er jedoch auch in der Erzählforschung ein. Schon 1854 veröffentlichte er in den *Albanes.*

Studien fünf tosk. (südalban.) Märchen mit dt. Übers., die W. → Grimm vorabdrucken ließ[1]. H. lieferte damit der Wiss. die ersten Märchen aus Albanien überhaupt. Die sehr viel zahlreicheren griech. Märchen aus Jannina erschienen in seiner Übers. erst zehn Jahre später als *Griech. und Albanes. Märchen* 1—2 (Lpz. 1864; 2. [um einen Anh. vermehrte] Ausg. Mü./B. 1918; [gekürzter] Neudruck u. d. T. *Griech. Märchen.* Nördlingen 1987). Die Slg besteht aus 101 griech. und 13 alban. — darunter den schon früher veröff. — Stücken. Höchstens fünf davon hat H. selbst aufgenommen; die anderen entstammen den Niederschriften seiner Freunde und von Schülern des Gymnasiums von Jannina, derer sich später auch A. → Dozon bediente. H. ließ sich die aufgezeichneten Texte vorlesen und übertrug sie dann „sorgfältig und fein in die Sprache [...], die man in der Mitte des vorigen Jahrhunderts für die Märchensprache hielt“[2]. Einen Teil der griech. Originalniederschriften dieser Märchen gab der mit H. befreundete dän. Philologe J. Pio[3] heraus (*Neoellēnika paramythia. Contes populaires grecs.* Kop. 1879). Der nicht edierte größere Teil wird in der Hss.abteilung der Nationalbibliothek Athen aufbewahrt.

H. bereicherte seine Märchenausgabe durch den ersten Versuch eines systematischen → Anordnungsprinzips (→ Typenkataloge, → Motivkataloge). Seine ‚Märchenformeln‘ sollten der Erfassung des idg. Märchenguts dienen. Als Vergleichsmaterial wertete H. zehn größere zeitgenössische Slgen dafür aus, darunter die KHM der Brüder → Grimm sowie von A. → Ey, V. S. → Karadžić, Arthur → Schott, A. → Schleicher, J. W. → Wolf und den Brüdern → Zingerle publizierte Texte. Zwar war H.s Motivbasis zu schmal, als daß sein System allg. Anwendung hätte finden können; sein Versuch, zu einem ersten Typensystem zu gelangen, war aber als Anregung wirksam[4]. Direkt auf H.s Prinzip beruhen S. → Baring-Goulds ‚story radicals‘[5], die G. L. → Gomme in sein *Handbook of Folk-Lore* (L. 1890) aufnahm[6].

H.s Theorie des Märchens steht in engem Zusammenhang mit seiner Auffassung vom Wesen der Sage. Diese sei Ausdruck des Naturverständnisses bei Menschen geringer Naturkenntnis: „Steigende Versinnlichung ist daher das Entwicklungsgesetz für alle Sage.“[7] Aus der Göttersage werde die Heldensage, aus der Heldensage das Märchen, daraus schließlich die Novelle oder die hist. Erzählung. Die erstaunliche Traditionskraft von Sage und Märchen erklärte H. aus ihrem prälogischen Kern, der in der Sage als Religion, im Märchen als Wunderglaube enthalten sei.

H. hat durch die Erschließung der alban. und neugriech. Märchen das Blickfeld der Märchenforschung wesentlich erweitert und durch seine anregenden, wenn auch teilweise zeitgebundenen theoretischen Überlegungen die Forschung befruchtet.

[1] Zs. für dt. Mythologie 1 (1853) 377—381; cf. Denecke, L.: „Albanes. Märchen“. J. G. v. H. und Wilhelm Grimm. In: Hess. Bll. für Volks- und Kulturforschung 18 (1985) 10—14. — [2] Leyen, F. von der: Die Welt der Märchen 2. Düsseldorf 1954, 94. — [3] cf. Dansk Biografisk Leksikon 18. Kop. 1940, 362 sq. — [4] Lüthi, Märchen, 22 sq.; zur Kritik an H.s System cf. Katona, L.: Zur Litteratur und Charakteristik der magyar. Folklore. In: Zs. für Vergleichende Litteraturgesch. und Renaissance-Litteratur N. F. 1 (1887/88) 14—45, bes. 20. — [5] Anh. zu Henderson, W.: Notes on the Folklore of the Northern Counties of England and the Borders. L. ²1879; cf. The Folklore Record 5 (1882) 207—211. — [6] cf. The Handbook of Folklore. New ed., revised and enlarged by C. S. Burne. L. 1914, 344—355. — [7] Hahn, 1—40, Zitat 4; cf. Grimm (v. Lit.) 250—264.

Lit.: Grimm, G.: J. G. von H. (1811—1869). Leben und Werk. Wiesbaden 1964, bes. 241—285.

München Gerhard Grimm

Hahnenbalken → Augenverblendung

Hahnrei, Hahnreiter

1. Allg. Bedeutung, Etymologie — 2. Bräuche — 3. Schriftl. und mündl. Überlieferung

1. Allg. Bedeutung, Etymologie. Hahnrei (H.) ist ein Spottname für den betrogenen, gehörnten Ehemann (Cornut)[1]. Das Wort ist vermutlich ndd. Ursprungs, im 14. Jh. belegt und seit dem 16. Jh. in ganz Deutschland verbreitet[2]. Vom 17./18. Jh. an erscheinen zahlreiche Erläuterungen, von Enzyklopädien[3] und Wörterbüchern[4] übernommen, ohne daß bis heute eine schlüssige Erklärung gefunden wurde:

→ Hahn symbolisiert Feigheit und Eifersucht[5], bezeichnet einen gutmütigen und trägen Tropf[6] und ist Vulgärausdruck für Penis[7]. Für J. W. → Zincgref setzt sich H. aus Hahn und Reh zusammen und steht für gehörntes Tier[8]. Leibniz faßt Hahn als gallus und reh vom isl. runa abgeleitet als castratus auf[9]. Dem entspricht ostfries. hanrune für Kapaun[10], dem als Erkennungsmerkmal die abgeschnittenen Sporen in den Kamm eingepflanzt wurden[11]; in Redensarten meint hanrune den betrogenen Ehemann und Vater unterschobener Kinder[12] (cf. dafür auch frz. bélier: verschnittener Schafbock[13]). Auf ein gräzisierendes Wortspiel in einem Stück des Heinrich Julius von Braunschweig (1594), der rei als Reigen deutet und eine Figur deshalb Gallichorea nennt[14], geht die Auffassung vom H. als einem Tänzer im Reigen betrogener Ehemänner zurück[15]. Auch als Verballhornung des ital. cornuaro[16] oder des frz. Henri[17] ist H. erklärt worden.

Aufgrund mundartlicher Verwendung und volkstümlicher Darstellungen flöteblasender Hahnreiter (Hr.) kann man auch vermuten, daß H. ursprünglich den bes. potenten Ehemann bezeichnete oder eine erotische Symbolfigur wie Papageno in Mozarts *Zauberflöte* verkörperte[18]; seit dem 14. Jh. wird H. in ironischer Umkehrung auf den sexuell trägen Ehemann angewandt[19].

Dem Wort Hr. in der Bedeutung von H. dürfte eine Volksetymologie zugrundeliegen (z. B. volkstümlich H.taler für eine Münze mit Reiter auf einem Hahn[20])[21]. Mehrere Kupferstiche des 17./18. Jh.s illustrieren Spottverse und zeigen einen gehörnten, Hahnenfedern tragenden Mann, der einen Hahn reitet und die Gebärde des Hörneraufsetzens macht[22], die schon durch griech. Vasenmalereien, Terrakotten, Reliefs oder Plastiken überliefert ist. Ein Bedeutungszusammenhang zu einer entsprechenden Lebkuchenfigur im Salzburgischen und in der Steiermark[23] ist nicht erkennbar. Das Motiv des Reiters auf dem Hahn dient in Märchen[24] (KHM 108, cf. AaTh 441: → *Hans mein Igel*) und Sagen[25] der Verkörperung dämonischer und zauberischer Kräfte.

2. Bräuche. Als Beiname ist H. seit dem frühen 13. Jh. überliefert[26]. Familiennamen wie Hahnreyer können auf die Schimpf- und Spottbedeutung zurückgehen[27]. Ernte- und Wettänze um einen Hahn[28] haben möglicherweise die Auffassung vom H.-Reigen beeinflußt. Verschiedenorts ist zu Kirmes oder Fastnacht ein bekannter H. auf einem Esel im Umzug mitgeführt worden[29]. Auch die Figur des Hr.s ist im Fastnachtsbrauch verbreitet[30]. Im 18. Jh. scheint es ein H.-Schäferspiel gegeben zu haben[31]. In verschiedenen Gegenden Norddeutschlands heißt ein Kartenspiel, bei dem gemogelt wird, H. oder Hahndreier[32].

3. Schriftl. und mündl. Überlieferung. Die Vorstellung vom gehörnten Ehemann (Mot. H 425.2) findet sich schon in antiker Lit., und Geschichten um das H.-Motiv überliefern ind. Slgen (→ *Pañcatantra*, → *Papageienbuch*). Spottlieder, Schwänke, Komödien und Epigramme – z. T. durch die H.- und Cornutenschriften beeinflußt[33] – pflegen die Tradition der komischen Darstellung des H.-Motivs in der europ. Dichtung vor allem des 16. bis 18. Jh.s[34]. In der Lit. des 19. und 20. Jh.s erscheint der H. als differenzierte Figur, während die schwankhafte Tradition in der mündl. Überlieferung weiterlebt. So nimmt der moderne Witz den Ehebruch häufig als Anlaß zur Pointe auf Kosten des H.s[35] (→ Ehebruch, → Ehebruchschwänke und -witze).

Ausgangssituation der H.-Geschichten[36] ist immer die Bedrohung der → Ehe durch einen Dritten. Dieses Dreiecksverhältnis läßt nur wenige Handlungskonstellationen zu, in denen die Frau mit Hilfe von Tricks und Streichen ihrem Ehemann Hörner aufsetzt. Dabei geht es nicht um die Korrektur sittlich-moralischer Maßstäbe, sondern um das Verlachen intellektueller und sexueller Defekte. Der Triumph von List und Betrug ist prinzipiell als Mittel der physisch und sozial Schwächeren sanktioniert, auch dann, wenn die Frau leichtfertig gegen Gesetz und Moral verstößt. Die junge, schöne Frau hat Anspruch auf sexuelle Befriedigung; dem unfähigen H. wird die Schuld am Seitensprung der Ehefrau angelastet. H.-Geschichten sind so auch Ausdruck gesellschaftlicher Verhältnisse, in denen Ehen oft aufgrund von Konventionen geschlossen wurden.

Die den H. betreffenden Ehebruchschwänke sind von K. Roth unter dem von ihm erstellten Formtyp 1 aufgelistet worden[37]. So werden im folgenden nur einige Beispiele zur Charakterisierung des H.s angeführt. Zahlreich sind die Erzählungen vom einfältigen H. Seine Dummheit ermöglicht den Ehebruch (z. B. AaTh 1361: → *Flut vorgetäuscht*), ihm werden Kinder unterschoben (AaTh 1362 A*: → *Dreimonatskind*). Er verjagt die Ankläger der ehebrecherischen Frau (Mot. J 2342.3)[38] oder läßt sich den Tod des → Liebhabers weismachen (Mot. J 2349.2). Der mißtrauische H. wird am Ende doch übertölpelt und dem Spott preisgegeben: Die Ehefrau tauscht ihren Platz mit der Kupplerin, der der H. die Nase abschneidet (AaTh 1417: *Die abgeschnittene → Nase*); die Frau hält dem halbblinden H. das gesunde Auge zu (AaTh 1419 C: *Der einäugige → Ehemann*); in den Kleidern seiner Frau bezieht der H. Prügel (Mot. K 1514.4.1)[39].

Der feige H., der als → Pantoffelheld (AaTh 1366 A*, 1375) den Launen und Listen seiner Frau ausgesetzt ist, kommt seltener vor[40]. Er reagiert nicht beim erwiesenen Ehebruch (Rotunda J 2752.1), findet sich damit ab oder tröstet sich mit der Untreue als einem überall verbreiteten Laster (Mot. J 882.1). Sympathie erhält der H. nur dann, wenn er eine List ersinnt, um sich bei Gelegenheit zu rächen (AaTh 1362: → *Schneekind*). Der sich zunächst grundlos als H. fühlende Ehemann ist eher eine tragische Figur. In der Maske eines anderen erprobt er die Tugend seiner Frau und begeht damit unheilvolles Unrecht (Ariost, *Orlando furioso*, 42 sq.; La Fontaine, *Contes et nouvelles* 1,4).

[1] Synonyme sind Kuckuck, Gauch, Hans, Jean, Joseph, Siemann, Hellerhörre, cf. Bolte, J.: Bilderbogen des 16. und 17. Jh.s. 10: Der H. In: ZfVk. 19 (1909) 63–82, hier 72; Deltgen, M.: Der H. Versuch der Darstellung eines komischen Typs im dt. Lustspiel des 17. und 18. Jh.s. Diss. Köln 1966, 38–43; zu Bezeichnungen in anderen Sprachen cf. Brinkmann, F.: Die Metaphern 1. Bonn 1878, 527–529; Danver, K.: Ordet hanrej belyst med hjälpav folktraditionen. In: Folkkultur (1941) 125–144; Falk, P.: Le Couvre-chef comme symbole du mari trompé. In: Neophilologus 33 (1961) 39–68; Hermann, M.: Le Mari trompé chez Molière. Dijon 1971; Köhler/Bolte 3, 621; Lütcke: Ueber das Wort H. und die entsprechenden Wörter verschiedener Sprachen. In: Germania 1 (1836) 144–157; Piel, J. M.: Amboß, Ziegenbock und betrogener Ehemann. In: Baehr, R./Wais, K. (edd.): Serta Romanica. Festschr. G. Rohlfs. Tübingen 1968, 171–174; Wagner, M. L.: Phallus, Horn und Fisch. In: Festschr. C. Jaberg. Zürich/Lpz. 1937, 77–130, hier 77–89. – [2] v. Sprachbelege bei Deltgen (wie not. 1) bes. 50–58; Schiller, K./Lübben, A.: Mndd. Wb. 2. Bremen 1876, 188; cf. Wander, K. F. W.: Dt. Sprichwörter-Lex. 2. Lpz. 1870 (Nachdr. Darmstadt 1964), 273; Röhrich, Redensarten 1, 371–373. – [3] z. B. [Zedlers] Großes vollständiges Universal-Lexicon [...] 12. Halle/Lpz. 1735, 215. – [4] z. B. Pistorius, G. T.: Thesaurus Paroemiarum Germanico-Juridicarum 4. Lpz. 1714, 170; t. 5 (1716) 396; Adelung, J. C.: Versuch eines grammatisch-kritischen Wb.s der hochdt. Mundart 2. Wien 1802, 899 sq. – [5] cf. Brinkmann (wie not. 1) 514, 522. – [6] Sanders, D.: Hwb. der dt. Sprache. Lpz. 1869, 331; cf. Mensing, O.: Schleswig-holstein. Wb. 2. Neumünster 1929, 565–567 (Scheltwort H. für müßige Erntezuschauer). – [7] Borneman, E.: Sex im Volksmund. Reinbek 1971, Thesaurus 1. 73. – [8] Zincgref, J. W.: Teutscher Nation Apophthegmatum 3. Amst. 1653, 40. – [9] Dutens, L. (ed.): Gothofredi Guillelmi Leibnitii [...] Opera Omnia 6. Genf1768, 180 sq. – [10] Doornkaat Koolmann, J. ten: Wb. der ostfries. Sprache 2. Norden 1882, 34. – [11] Dunger, H.: ‚Hörner aufsetzen' und ‚H.'. In: Germania 29 (1884) 59–70, hier 64. – [12] v. Doornkaat Koolmann (wie not. 10); Schiller/Lübben (wie not. 2) 188. – [13] Lütcke (wie not. 1) 150; Dunger (wie not. 11) 60; Deltgen (wie not. 1) 3 sq. – [14] Holland, L. W. (ed.): Die Schauspiele des Herzog Julius von Braunschweig. Stg. 1855, 439. – [15] v. Pistorius (wie not. 4) 390; DWb. 4, 170 sq.; Schröder, E.: H. In: Korrespondenzbl. des Vereins für ndd. Sprachforschung 27 (1906) 4 sq., hier 4; Brinkmann (wie not. 1) 528 sq. – [16] Frisch, J. L.: Teutsch-Lat. Wb. B. 1741, 397; Lütcke (wie not. 1) 155; Deltgen (wie not. 1) 56. – [17] Schmeller, J. A.: Bayer. Wb. 1. Mü. [2]1872, 1115. – [18] Rosenberg, A.: Die Zauberflöte. Mü. 1964, 317. – [19] cf. Berger, W.: Das Ehebruchsmotiv im älteren dt. Drama. Diss. Würzburg 1912, 21, not. 10. – [20] Borneman (wie not. 7) Wb., s. v. H.taler. –
[21] Röhrich, Redensarten 1, 373. – [22] v. Bolte (wie not. 1) 76–82; Moser-Rath, Schwank, 124; Röhrich, L.: Gebärdensprache und Sprachgebärde. In: Humaniora. Festschr. A. Taylor. Locust Valley, N. Y. 1960, 121–149, hier 129 sq. – [23] v. Höfler, M.: St. Nikolaus-Gebäck in Deutschland. In: ZfVk. 12 (1902) 80–89, hier 86 sq. – [24] Weinhold, K.: Märchen vom Hr. In: ZfVk. 6 (1896) 320–322; cf. z. B. auch Anğavi Širāzi, A.: Gol be-ṣenoubar če kard? Qeṣṣehā-ye irāni 1,2. Teheran [2]1359/1980, 332–345. – [25] z. B. Kuhn, A./Schwartz, W.: Norddt. Sagen, Märchen und Gebräuche [...]. Lpz. 1848, 67–70, num. 71, 217 sq., num. 247; Gerstner-Hirzel, E.: Aus der Volksüberlieferung von Bosco Gurin. Basel 1979, num. 176; Zentralarchiv der dt. Volkserzählung, Marburg (in Abteilung 3). – [26] [anonym:] Der älteste Güterbesitz des ehemaligen Reichsstiftes Salem. In: Zs. für die Geschichte des Oberrheins 1 (1850) 315–353, hier 345. – [27] Brechenmacher, J. K.: Etymol. Wb. der dt. Familiennamen. Glücksburg 1957, 637. – [28] Keller, A. von (ed.): Fastnachtspiele aus dem 15. Jh. 2. Stg. 1853, 580–592, 715–718; Fischer, H.: Schwäb. Wb. 3. Tübingen 1911, 1142; Deltgen (wie not. 1) 55; Böhme, F. M.: Geschichte des Tanzes in Deutschland. Lpz. 1886, 171 sq. – [29] Deltgen (wie not. 1) 68 sq.; Lütcke (wie not. 1) 151; Bolte (wie not. 1)

64. — [30] Mezger, W.: Narretei und Tradition. Stg. 1984, 147—152; Brednich, R. W.: Mitteleuropa, Baden — Wolfacher Fasnet (Publ.en zu wiss. Filmen. Sektion Ethnologie 14,1). Göttingen 1984, 9; Kutter, W.: Schwäb. alemann. Fasnacht. Künzelsau 1976, 103. — [31] Schröder (wie not. 15) 4 sq. — [32] cf. Fabricius, F.: H. In: Korrespondenzbl. des Vereins für ndd. Sprachforschung 27 (1906) 23 sq.; Carstens, H.: H. ibid., 45; Seitz, K.: H. ibid., 45; Mensing (wie not. 6) 565; Danver (wie not. 1) 142. — [33] cf. bibliogr. Hinweise bei Hayn, H./Gotendorf, A. N.: Bibliotheca Germanorum erotica & curiosa 3. Hanau [3]s. a. (Nachdr. 1968), 8—12. — [34] Frenzel, Motive, 313—329; Schneider-Pachaly, B.: Der betrogene Ehemann. Konstanz und Wandlung eines literar. Motivs in Frankreich und Italien bis zum 17. Jh. Diss. Fbg 1970; Thomann, W.: Der eifersüchtige Ehemann in den Dramen der elisabethanischen Zeit. Diss. Halle 1908; Deltgen (wie not. 1); Bolte (wie not. 1) 63; Dunger (wie not. 11) 60; cf. EM-Archiv: Exilium melancholiae (1643), 540, num. 136 sq.; Marott (1660), 9 sq.; Zeitvertreiber (1685), 305, 321; Abraham a Sancta Clara, Huy und Pfuy (1707), 124; Polyhistor 1 (1729), 1, num. 2. — [35] cf. Legman, G.: Der unanständige Witz. Hbg 1970, 677—790; Röhrich, L.: Der Witz. Stg. 1977, 154. — [36] cf. zur Dokumentation und Bibliogr. Moser-Rath, Schwank, 123—128, 317—319; Roth, K.: Ehebruchschwänke in Liedform. Mü. 1977, 25, 30; Wehse, R.: Schwanklied und Flugblatt in Großbritannien. Ffm./Bern/Las Vegas 1979, 380—430; Deltgen (wie not. 1) 231—247. — [37] EM 3, 1071 sq., cf. auch 1049. — [38] EM-Archiv: Gerlach, Eutrapeliae 1 (1647), 206 sq., num. 814; Fasciculus facetiarum 6 (1670), 150 sq., num. 2; Poggio, 108 sq., num. 139; Wesselski, Arlotto 2, num. 219. — [39] EM-Archiv: Boccaccio 7,7; Jan Tambaur (ca 1660), 165 sq.; Scheer-Geiger 2 (1673), 50 sq., num. 88; Zeitvertreiber (1685), 327; Schau-Platz der Betrieger (1687), 144, num. 71; Arlequin (1691), 33; Polyhistor 2 (1729), 82, num. 42. — [40] Moser, D.-R.: Schwänke um Pantoffelhelden. In: Fabula 13 (1972) 205—292.

St. Gallen Werner Wunderlich

Haiding, Karl, * Wien 3. 7. 1906 (als Karl Paganini, Namensänderung 1936), † Stainach (Steiermark) 20. 3. 1985, österr. Volkskundler. Schon während seiner zunächst technisch-gewerblichen Ausbildung weckte die Jugendbewegung des Wandervogels und deren Grenzlandarbeit im Burgenland Interesse für Volkslied und -tanz, Kinderspiel und Erzählgut. H. studierte an der Univ. Wien Vk., Völkerkunde und Urgeschichte und promovierte dort 1936 mit der Diss. *Beiträge zur Quellen- und Wesenserschließung des volkstümlichen Kindergutes.* Ab 1937 widmete er sich im Kulturamt der Reichsjugendführung in Berlin der Volkstumspflege und intensivierte im Rahmen der von der NSDAP begründeten Arbeitsgemeinschaft für Volkskunde die Spielforschung, die er 1941 in das vom Amt Rosenberg geförderte Inst. für Dt. Volkskunde einbringen konnte; seine Arbeitsstelle wurde 1943 wegen kriegsbedingter Gefährdung in das Stift Rein bei Graz ausgelagert. H. war zudem von 1941—44 Schriftleiter der von der Arbeitsgemeinschaft herausgegebenen Zs. *Dt. Volkskunde*[1]. Nach 1945 war er, vorerst berufsfremd, im steir. Ennstal und im Salzkammergut tätig, nützte jedoch seine Freizeit zur Sammelarbeit im Bereich der Volkserzählung und der Sachkultur. 1955 wurde er mit dem Aufbau des Landschaftsmuseums Trautenfels bei Stainach betraut, das er zu einem ländlichen Kulturzentrum ausbaute. 1967 erhielt H. einen Lehrauftrag für Volkserzählung und Volksspiel an der Univ. Graz und wurde 1971 zum Honorarprofessor für Volkskunde ernannt. Er war seit 1960 Mitglied der Internat. Soc. for Folk-Narrative Research und konnte in Österreich mehrere Auszeichnungen entgegennehmen[2].

In den 1935—38 publizierten kleinen Beiträgen zur Volkstumspflege[3], in Studien zum → Kinderspiel[4] wie auch in Kommentaren zu den seit 1953 erschienenen Slgen österr. Erzählguts[5] zeigt sich die geistige Nähe zur Wiener → Mythol. Schule, zu E. → Mudrak und K. von → Spieß. Es ist H.s Verdienst, ältere Sammelbestände durch eigene Aufzeichnungen, vor allem aus der Steiermark, aus Oberösterreich und dem Burgenland, ergänzt zu haben. In erster Linie war es sein Ziel, das Erzählgut Österreichs zu popularisieren, also brachte er überwiegend schriftsprachliche Texte; Tonbänder mit Originalaufnahmen im Nachlaß harren noch der Auswertung. Jeder seiner Bände ist mit Vergleichsmaterial und Angaben über die → Informanten versehen. In speziellen Studien zu deren Lebensumständen und den Erzählsituationen, zu Gestik und Mimik seiner Zuträger(innen)[6] hat H. wertvolle Beitr.e zur → Biologie des Erzählguts geliefert. Weitere Aufsätze zur lokalen Tradition, zum Brauchleben und zu sachkundlichen Themen, die sich aus der Museumsarbeit ergaben, sind der Bibliogr.[7] zu entnehmen.

[1] Schmidt, L.: Geschichte der österr. Vk. Wien 1951, 137 sq.; Kater, M. H.: Das ‚Ahnenerbe' der SS 1935–1945. Ein Beitr. zur Kulturpolitik des Dritten Reiches. Stg. 1974, 198; Brückner, W.: Vk. als gläubige Wiss. In: Wandel der Volkskultur in Europa. Festschr. G. Wiegelmann 1. Münster 1988, 17–42, hier 31. – [2] Walter, S.: K. H. 75 Jahre. In: Volkskundliches aus dem steir. Ennsbereich. Festschr. K. H. Liezen 1981, 11–18. – [3] Zumeist erschienen in: Die Spielschar. Zs. für Feier- und Festgestaltung. – [4] cf. z. B. H., K.: Das Spielbild Pieter Brueghels. In: Bausteine zur Geschichte, Völkerkunde und Mythenkunde 6 (1937/38) 58–74; id.: Kinderspiel und Volksüberlieferung. Mü. [1939]; dazu Schmidt (wie not. 1). – [5] Hier die wichtigsten Titel von K. H.: Österreichs Märchenschatz. Wien 1953; Österreichs Sagenschatz. Wien 1965; Neubearb. von Geramb, V. von: Kinder- und Hausmärchen aus der Steiermark [1941]. Graz [4]1967, [5]1980; Märchen und Schwänke aus Oberösterreich. B. 1969; Der Grimming in der Volkserzählung. Liezen 1976; Märchen und Schwänke aus dem Burgenlande. Graz 1977; erw. Ausg. von Bünker, J. R.: Schwänke, Sagen und Märchen in heanz. Mundart [1906]. Graz 1981; Volkssagen aus der Steiermark. Graz/Wien 1982; Bergbausagen Österreichs. Wien 1984. – [6] id.: Träger der Volkserzählungen in unseren Tagen. In: ÖZfVk. 56 (1953) 24–36; id.: Von der Gebärdensprache der Märchenerzähler (FFC 155). Hels. 1955; id.: Das Erzählen bei der Arbeit und die Arbeitsgruppe als Ort des Erzählens. In: Arbeit und Volksleben. Dt. Vk.kongreß 1965 in Marburg. ed. G. Heilfurth/I. Weber-Kellermann. Göttingen 1967, 292–302. – [7] Hänsel, V.: Schr.verz. K. H. 1935–1981. In: Festschr. H. (wie not. 2) 19–39 (mit zahlreichen Rez.en).

Göttingen Elfriede Moser-Rath

Haimonskinder

1. Textüberlieferung und Verbreitung – 2. Inhalt des frz. Epos – 3. Geschichtliche Grundlagen – 4. Volksüberlieferung – 5. Das dt. Volksbuch – 6. Reinoldlegende – 7. Erzählmotive

1. Textüberlieferung und Verbreitung. Der Erzählstoff von den H.n ist auch u. d. T. *Renaut (Renaus, Renaud) de Montauban* in mehreren europ. Lit.en überliefert[1] und mit der Hauptfigur Renaut (dt. Reinold, ital. Rinaldo), die zum literar. Volkshelden wurde, jahrhundertelang beliebt geblieben. Der Stoff geht zurück auf den Sagenkreis um → Karl den Großen und ist in frz. Karlsepen (z. B. → Roland, → Fierabras, → Holger Danske) überliefert, die zu den → Chansons de geste gehören[2]. Die literar. Gestaltung nimmt die Tradition der Empörer-Geste (z. B. *Garmont et Isembart, Raoul de Cambrai*)[3] und der Legende[4] auf. Der Überlieferungszusammenhang der fragmentarisch oder vollständig erhaltenen Hss. und Drucke in den verschiedenen Sprachen ist überaus kompliziert. Datierungs-, Redaktions-, Abhängigkeitsfragen gehören zu den teils noch ungelösten philol. Problemen, die eine umfangreiche Forschungsliteratur behandelt[5].

Frankreich: Eine Reihe von Hss. überliefert das *Renaus de Montauban* oder *La Chanson des Quatre Fils Aymon* genannte Epos (Ende 12. Jh.)[6], dessen wichtigste Hs., der mehr als 18 000 Verse umfassende Codex *La Vallière*[7], aufgrund sprachlicher Differenzen von wenigstens drei Autoren stammen dürfte[8]. Die vielen Hss. und die Erwähnung von Haimonsabenteuern, u. a. in Jean Bodels *Chanson de Saxon* (um 1200) und Philippe Mouskés' *Chronique rimée* (1243)[9], lassen auf große Beliebtheit des Stoffes schließen. Im 15. Jh. entsteht die Prosafassung, die hs. als Einzeldichtung und innerhalb von Prosaromansammlungen zur Heldengenealogie der Haimonssippe (*Renaut, Maugis d'Aigremont, Vivien de Monbranc, Mort de Maugis*) und den Karlsdichtungen des Jean d'Outremeuse[10] überliefert ist[11]. Zahlreich sind Episoden- und Motivparallelen sowie Textverknüpfungen zu anderen Karlsepen. Im 16. Jh. setzen die Prosaromane *Conqueste de Trebizonde* (1517) und *Mabrian* (1530) die Haimonsgeschichte genealogisch fort. Die ersten Drucke der H. entstehen in Lyon (*L'Istoire de Regnault de Montauban*, um 1480), Paris (*Quatre fils Aimon*, 1506) und später in Troyes (*Quatre fils Aimon*, 1625). Die Tradition volkstümlicher Drucke hält bis ins 19. Jh. an[12].

Niederlande: Im 13. Jh. entsteht nach frz. Vorlage das Versepos *Renout von Montalbaen*, das in mehreren Hss.fragmenten überliefert ist[13] (Prosaumwandlung im 15. Jh.[14]; ältester Druck *Historie van die vier heems kindere*. Leiden 1508[15]); bes. populär geworden sind die Drucke *Historie van de vier Heemskinderen* (Amst. 1602)[16] und *Historie van de vier vroome Ridders genaemd de vier Hemskinderen* (Anvers 1619).

Deutschland: Um 1474 hat ein Unbekannter (A. H. Hoffmann von Fallersleben hielt ihn für Johann von Soest[17]) das ndl. Versepos ins

Ndd. (*Reinolt von Montauban*[18]) übertragen[19]. Die dt. Erzähltradition verknüpft damit im 15. Jh. die Reinoldlegende. Der älteste dt. Druck stellt die ndd. Prosafassung einer ndl. Vorlage dar: *Historie van den vier heimschen Kynderen* (Köln 1493)[20]. Auf die älteste hochdt. Prosaversion nach frz. Vorlage mit sonst in den dt. Texten fehlenden Ardennenepisoden (*Ein schöne hystoria von den fier sūn des hertzog Amons*, 1531)[21] geht der älteste hochdt. Druck zurück: *Ein schoen lustig Geschicht wie Keyser Carle der Gross vier Gebruder, Hertzog Aymons Soehn, sechzehen jar langk bekrieget* (Simmern 1535), dessen Autor Johann II. von Simmern ist[22]. Diese Ausg.n fanden kaum Verbreitung. Seine Beliebtheit und Langlebigkeit verdankt der Erzählstoff in Deutschland dem nach ndl. Vorlage 1604 in Köln gedruckten und bis ins 19. Jh. mehrfach aufgelegten Prosaroman *Lustige historia von den vier Heymons-Kindern*[23]. Spätere Neufassungen gehen darauf zurück: Ludwig → Tiecks Bearb. (1796)[24], die Neuerzählungen von G. → Schwab (1836)[25], G. O. Marbach (1838)[26], K. → Simrock (1845)[27], O. F. H. Schönhuth (1864)[28], W. Raible (1870)[29], die Versdichtung Ludwig → Bechsteins (1830)[30] und Jugendbuchbearbeitungen wie die von S. Rüttgers (1944)[31], A. Reißenweber (1953)[32] und A. Lechner (1969)[33] etc.[34]

Über Frankreich und die Niederlande gelangte der Stoff u. a. auch nach England, Portugal, Spanien, Italien und Skandinavien. Um 1489 erscheint William Caxtons Druck in London[35]. In Spanien entstehen mehrere Bearb.en, u. a. Luys Domingues' *Cavallero Renaldos de Montalvan* (1523), der *Libro de Don Reynaldos* (1685) oder Lope de → Vegas Dramatisierung *Las pobrezas de Reynaldos* (1604)[36]. In Italien liegt schon 1474 der Druck *Innamoramento di Rinaldo da Monte-Albano* vor. Zahlreiche Reim- und Prosabearbeitungen folgen: z. B. Marco Cavallos *Rinaldo furioso* (1526), Torquato Tassos *Rinaldo* (1562) oder Carlo Goldonis Drama *Rinaldo ardito* (1736)[37]. Auch in zahlreichen Rolanddichtungen tritt Rinaldo auf. Der populäre Stoff bleibt in volkstümlichen Erzählungen, Liedern und Puppenspielen bis heute als Räuberliteratur lebendig. In Skandinavien entsteht nach 1350 die *Mágus-Saga*, die die Handlung nach Deutschland verlegt und den zauberischen Haimonsvetter in den Mittelpunkt stellt.

2. Inhalt des frz. Epos. Eine Vorgeschichte leitet die zweiteilige Haupthandlung ein und begründet den Generationen währenden Sippen- und Vasallenkonflikt.

Karl der Große (K.) liegt mit den Brüdern Aymon (A.), Doon, Girart, Beuves (→ Beuve de Hampton) und deren Sippe in altem Zwist. Den kgl. Boten, der ihn auffordert, seiner Vasallenpflicht nachzukommen, erschlägt Beuves ebenso im Zorn wie K.s Sohn Lohier. Nach Krieg und Aussöhnung mit den Brüdern läßt K. Beuves Ermordung zu. Nach neuerlichem Frieden dient A. treu als Vasall. K. schlägt A.s Söhne Renaut (R.), Aalart, Richart und Guichart zu Rittern und schenkt R. das Wunderroß Baiart.

Die epische Einheit der folgenden Episoden wird durch die Figur R.s zuerst als Helden-, dann als Heiligenbiographie hergestellt. Beim Schachspiel tötet R. den kgl. Neffen, nachdem dieser R. beleidigt und K. dafür wie für Beuves Tod Genugtuung verweigert hatte. Für diese Empörertat soll R. hängen. Die vier Brüder fliehen auf Baiart in die Ardennen, wo sie die Burg Montessor erbauen. Nach sieben Jahren entdeckt sie K. und erobert die Burg durch Verrat. Die Brüder entkommen und führen in den Ardennen ein armseliges Räuberleben. Nach Versöhnung mit A., der im Konflikt von Vasallentreue und Vaterliebe steht, ziehen alle vier mit Beuves' Sohn, dem Zauberer und Meisterdieb Maugis, zu König Yon in die Gascogne und besiegen die Sarazenen. Zum Dank läßt Yon die Burg Montauban bauen und vermählt seine Schwester mit R.

K. entdeckt die Fluchtstätte, es folgt eine lange Episodenkette von Belagerungen und Kämpfen, Schelmenstreichen und Zauberkunststücken. Mit Hilfe von Maugis entziehen sich die Brüder K.s unerbittlicher Verfolgung. R.s Unterwerfungsangebote schlägt K. aus. R. wird zum leidenden Dulder, dem der ungerechte und unantastbare Lehnsherr mit Rachsucht und Wortbruch zusetzt. Schließlich fliehen die Brüder nach Trémoigne (Dortmund), wo K. von seinen Pairs gezwungen wird, R.s Unterwerfung anzunehmen. Baiart wird ausgeliefert und soll ertränkt werden, entkommt aber in die Ardennen. R. muß zur Sühne ins Hl. Land ziehen, wo er mit Maugis das Hl. Grab befreit.

Nach seiner Rückkehr, dem Tod seiner Frau, der Heirat seiner Brüder, siegreichen Kämpfen seiner Söhne regelt R. seinen Nachlaß und verläßt heimlich Montauban. Als Büßer will er für begangenes Unrecht sühnen. In Köln verdingt er sich beim Bau von St. Peter, wird wegen seiner Tüchtigkeit und seiner Bedürfnislosigkeit aus Mißgunst erschlagen und in den Rhein geworfen. Die Fische tragen seinen Leichnam an die Oberfläche. Als Heiliger wird er in einem → Sarg beigesetzt, der von selbst nach Trémoigne gleitet (cf. → Gespannwunder, → Schwemmwunder). Dort wird er in der Frauenkirche bestattet und als Heiliger verehrt.

3. Geschichtliche Grundlagen. Der literar. Stoff geht auf Sagenbildungen zurück,

denen geschichtliche Ereignisse der Merowinger- und Karolingerzeit zugrunde liegen. Dabei ist es zu einer sagentypischen Kontamination zweier hist. Personen zur epischen Karlsfigur gekommen. Hofleben, Paladine, Sachsenkriege verweisen auf Karl den Großen (768–814), von dem die Sagen ein von der epischen Überlieferung abweichendes Bild zeichnen, während die Wesenszüge der epischen Figur an Karl Martell (714–741) erinnern. Der epische Konflikt läßt an dynastische und vasallische Kämpfe im Frankenreich der Pippiniden und Karl Martells denken: Die vier Söhne Drogos, Sohn Pippins II., flüchteten vor Karl Martell zu Herzog Eudo von Aquitanien. A. Longnon, der Eudo mit Yon identifiziert, ist von der sagenhaften Umgestaltung jener Vorgänge als Grundlage des Epos überzeugt[38]. Nach F. Zinnov allerdings ist Renaut der Herzog Hunand von Aquitanien, der Karl Martells Nachfolger Pippin I. (751–768) und später Karl den Großen bekämpft hat[39]. Ohne Zweifel spiegelt das Epos die Krise des frz. → Feudalismus in der Zeit der Erneuerung der kapetingischen Monarchie wider[40]: Die alte Feudalordnung zerfiel, die Vasallen unterlagen Philipp II. (1180–1223) und waren damit machtpolitisch nicht mehr gleichrangig. Die epische Karlsgestalt verkörpert das neue Verhältnis von Macht und Recht, das die alte mythische Idealität des Karlskönigtums, wie es die *Chanson de Roland* noch vermittelte, ins Gegenteil verkehrt. Trotzdem bleiben die Stellung des Königs und die Gültigkeit des Lehnsrechts unangefochten. Im epischen Konflikt zwischen Sippensolidarität und Vasallenpflicht, dem Aymon, Ogier oder Roland ausgesetzt sind, obsiegt letztlich immer die Bindung an den Lehnsherrn. So bleibt Karl militärischer und politischer Sieger, während Renaut moralisch überlegen ist.

4. Volksüberlieferung. Die Ardennenabenteuer der H. und die Flucht Bayards in die Ardennen[41] haben in wallon. Sagen und Bräuchen Spuren hinterlassen[42]. Mehrere Orte werden mit epischen Schauplätzen in Verbindung gebracht. Lokalsagen berichten von Schlössern in Aigremont, Buzenol, Chiny, Renardstène oder St. Mard, den Belagerungen durch Karl und dem Räuberleben. Bayardsagen erzählen, wie Maugis das Zauberpferd ursprünglich dem Riesen Rouart auf einer Moselinsel abgelistet hat, schildern das Wettrennen von Herstal oder wissen, daß sich Bayard verlängern konnte[43]. In Couillet, Chiny, Dolembreux, Pepinster, Sougné-Remouchamps oder Wéris soll das Roß seinen Hufabdruck hinterlassen haben (→ Fußspuren)[44], in Berthem zeigte man noch zu Anfang des 20. Jh.s seine Futterkrippe[45]. G. Doutrepont weist auf die Ableitung des Namens Bayard von cheval bai hin[46]. Literar. Überlieferung erst machte die Ardennen zur Sagenlandschaft der H. Skulpturen, Häuserreliefs, Gemälde, Marionetten, Puppen, volkstümliche Drucke[47], aber auch die Identifizierung von Figuren röm. Viergöttersteine mit den H.n[48] überliefern die Sagenbildung und ihre bis heute lebendige Tradition.

5. Das dt. Volksbuch. Das → Volksbuch von 1604 weicht wie seine ndl. Vorlage in Vorgeschichte und Haupthandlung vom frz. Orig. ab. Der ursprünglich feudale Konflikt ist hier zum bloßen Erzählanlaß für ausgeschmückte Kampf- und Abenteuerepisoden sowie rührselige Mitleidsszenen geworden:

Hugo von Bourbon erinnert Karl den Großen (K.) an die Verdienste seines Onkels Haimon und die ausstehende Belohnung dafür. K. erschlägt Hugo. Es kommt zum Krieg zwischen K. und Haimons Sippe, der mit Aussöhnung und Heirat zwischen K.s Schwester Aya und Haimon endet. Ihre vier Söhne Ritsard, Writsard, Adelhard und Reinold (R.) werden heimlich großgezogen, da Haimon dem ganzen K.sgeschlecht den Tod geschworen hat. Er entdeckt schließlich seine herangewachsenen Söhne, schlägt sie zu Rittern und schenkt R. das Wunderroß Bayard. Adelhard besiegt im Schachspiel um den Kopf des Verlierers K.s Sohn Ludwig, nach Beleidigungen schlägt R. Ludwig das Haupt ab. Auf Bayard fliehen die Brüder zu König Yvo und bauen die Burg Montalban. Mit Hilfe ihres zauberkundigen Vetters Malegys können sich die Brüder in vielen Kämpfen der Verfolgung K.s immer wieder entziehen. K.s Schwester Aya erreicht schließlich die Aussöhnung, und R. übergibt Bayard, der ertränkt wird. Wie in der frz. Fassung kämpft R. im Hl. Land, wird in Köln ermordet und in Dortmund begraben.

6. Reinoldlegende. Heldengeschichte der H. und Legende von St. Reinold dürften sich relativ früh vermengt haben[49]. Umstritten ist, ob eine eigenständige Reinoldlegende oder eine hist. Person im 8. Jh. und später als legendarische → Kristallisationsfigur existiert haben[50].

Vermutlich erst aufgrund der literar. Vermittlung der H. ist die Legende entstanden, indem sie Läuterung, Buße und Märtyrertod Reinolds zu einer eigenen Geschichte gestaltet: Die lat. Reimlegende *Uita sancti Reynoldi rythmice* (13. Jh.)[51] ist in einer Brüsseler Hs. des 14. Jh.s überliefert. Die älteste dt. Fassung ist die ndd. Prosalegende *Historie van Sent Reinolt* (um 1480) in einer Kölner Hs.[52], die Eingang in Dortmunder Chroniken gefunden hat[53]. Beiden Dichtungen liegt das ndl. *Renout*-Epos zugrunde. Der Schluß des Volksbuchs geht auf die Kölner Legende zurück. Auch Drucke der → *Legenda aurea* (1483, 1485) und ihre Übers. *Dat duytsche passionail* (1485) enthalten die Reinoldlegende. Im Zuge humanistischer Textkritik entstehen lat. Prosafassungen, die Sage und Legende trennen und auf der Textgrundlage der *Legenda aurea* die Heiligenvita R.s episch ausschmücken. Am bekanntesten ist die Bearb. des Florentius de Schnecki *Legenda de Sancto Reynoldo martire strenuo et inclito* (Kölner Hs. um 1530)[54] sowie Johannes Vlimmers *De sancto Reinoldo martyre et monacho in Colonia* (Brüsseler Hs. 1597)[55] in der Fassung der *Acta sanctorum* (1643)[56].

Die lat. Reimlegende und die ndd. Prosalegende erzählen, wie Reinold nach kriegerischem Leben zum Gottesstreiter im Hl. Land wird (vita activa) und sich danach in ein Kloster zu Köln zurückzieht (vita contemplativa). Hier verrichtet er → Wunderheilungen, wird Aufseher beim Bau von St. Peter, aus Neid getötet, und seine Leiche wird in den Rhein geworfen. Durch die Vision einer Kranken wird diese gefunden, es geschehen neue Wunder. Ein Wagen mit seinem Sarg setzt sich nach Dortmund in Bewegung. Auf Bitten Karls wird Reinold an seinem dritten Todestag von Papst Leo heiliggesprochen.

Die Handlung der übrigen Prosalegenden beginnt gleich mit Reinolds Klosteraufenthalt und den Wunderheilungen. Der Sarg mit seiner Leiche wird nach Dortmund gebracht, wo am Grab des Heiligen in der Frauenkirche fortan Wunderheilungen geschehen.

Dortmunder Chroniken überliefern die hist. haltlose Annahme, der Kölner Erzbischof Anno II. habe im 11. Jh. die Reinoldikirche errichten und die Gebeine Reinolds dorthin überführen lassen[57]. Aufgrund der literar. und chronikalischen Legendenüberlieferung bildet sich ein Reinoldkult, der sich in Gedenktagen und Bräuchen, Statuen und Gemälden (Reinold als Schutzpatron Dortmunds) sowie Darstellungen auf kirchlichen und profanen Gegenständen (Reinold als Ritter und Mönch) niederschlägt. Aus dieser Überlieferung entstehen rhein. und berg. Volkssagen über Reinolds Wirken in Köln, die Heiligenverehrung in Dortmund[58] oder den Standort der St. Reinoldikapelle bei Solingen[59]. Literar. Niederschlag hat die Legende in Friedrich Schlegels Ballade *St. Reinold* (um 1810) gefunden[60].

7. Erzählmotive. Die literar. Überlieferung von Reinold bzw. den H.n enthält eine Reihe von Erzählmotiven, die auch Bestandteil von Sagen und Märchen sind: Von den vier → Brüdern ist Reinold als der → Jüngste am stärksten. Ihm gehört auch das wunderbare → Pferd Bayard, das an Heimes Hengst Rispe aus der Sage von → Dietrich von Bern erinnert. Der Figurentypus des → Zauberers und Meisterdiebs Malegys mit seinen → Verwandlungskünsten taucht in zahlreichen Varianten in den sog. Spielmannsepen und in Schwankmären auf (z. B. *Der Dieb von Brügge*, 15. Jh.[61]). R.s Bautätigkeit gleicht derjenigen der sagenhaften → Baumeister. Ritsard kann seine → Hinrichtung durch ein Gebet aufschieben und wird gerettet. Die Grundhandlung übernimmt das alte Motiv vom edlen → Räuber (cf. Jud. 11) und vom schuldlos Verfolgten und Geächteten (z. B. Robin Hood), der die Ausübung der Gerechtigkeit in eigene Hände nimmt. Verwandt ist der Erzählstoff der H. mit der Sage *Die sieben Kinder von Lara* (12. Jh.) aus der Chronik Alfons' des Weisen (1. Hälfte 14. Jh.)[62]. Die Tiroler Volkssage vom Riesen Haymon, der zu Ehren von St. Benedict alleine ein Kloster erbaut, steht in keiner direkten Beziehung zu den H.n[63].

[1] cf. Westermann, R.: H. In: Verflex. 2 (1936) 149–152; Frenzel, Stoffe, 271–273; Fleischmann, U.: Renaud de Montauban. In: KLL 19 (1974) 8113 sq.; Graus, F.: Lebendige Vergangenheit. Überlieferungen im MA. und in den Vorstellungen vom MA. Köln/Wien 1976, 48–60. – [2] Ott-Meimberg, M.: Karl, Roland, Guillaume. In: Mertens, V./Müller, U. (edd.): Epische Stoffe des MA.s. Stg. 1984, 81–110. – [3] Adler, A.: Rückzug in epischer Parade. Ffm. 1963, 31–75. – [4] Hasselt, M. von (ed.): Narratio de sancto Reynoldo et genealogia eius et suorum. In: Annuaire de la Bibliothèque Royale de Belgique 12 (1851) 239–281; Baecker, L. de: Saint Renaud, fils de Charlemagne et un des quatre fils Aymon. In: Chants historiques de la Flandre. Lille

1855, 131–133. – [5] Korte, K. E.: Zum Hss.verhältnis des Chanson de Renaut de Montauban. Diss. Greifswald 1914; Kempel, E.: Das Hss.verhältnis und die Sprache des altfrz. Heldengedichts Maugis d'Aigremont. In: Rom. Forschungen 33 (1915) 617–682 (u. a. Berücksichtigung von 11 Greifswalder Diss.en [1913–15] zum Thema). – [6] Zinnov, [F.]: Die Sage von den H.n. In: Germania 7 (1846) 10–68; Gautier, L.: Bibliogr. des Chansons de geste. P. 1897, 158–167; Castets, F.: Recherches sur les rapports des chansons de geste et de l'épopée chevaleresque italienne. In: Revue des langues romanes 15 (1886) 5–16, 16; (1887) 61–237; id.: Les quatre Fils Aymon. ibid. 49 (1906) 97–219; 50 (1907) 97–182, 216–221; 345; 51 (1908) 490–504, 67, 143, 289, 407; Bédier, J.: La Légende des quatre fils Aymon. In: Revue de Paris 20 (1913) 260–286, 491–518; Panzer, F.: Studien zum Nibelungenliede. Ffm. 1945, 42–72; Curtius, E. R.: Renaut de Montauban (Les Quatre Fils Aymon). In: Rom. Forschungen 62 (1950) 315–342; Thomas, J./Verelst, P./Piron, M. (edd.): Études sur „Renaut de Montauban". Gent 1981. – [7] Michelant, H. (ed.): Renaus de Montauban oder Die H. Stg. 1862 (Nachdr. Amst. 1966); Castets, F. (ed.): La Chanson des Quatre fils Aymon. Montpellier 1909; Verelst, P. (ed.): Renaut de Montauban. Gent 1988. – [8] cf. Zwick, R.: Über die Sprache des Renaut de Montauban. Diss. Halle 1884; Jordan, L.: Die Sage von den vier H.n. Mü./Erlangen 1905. – [9] Reiffenberg, F. d[e] (ed.): Chronique rimée de Philippe Mouskés. Bruxelles 1836. – [10] Michel, L.: Les Légendes épiques carolingiennes dans l'œuvre de Jean d'Outremeuse. [Bruxelles] 1935, 211–236. –
[11] Besch, E.: Les Adaptions en prose des chansons de geste au XVe et au XVIe siècle. In: Revue du seizième siècle 2 (1915) 155–181; Woledge, B.: Bibliogr. des romans et nouvelles en prose française antérieurs à 1500. Genève 1954, 106–109, num. 139–144; Thomas, J.: Les Mises en prose de Renaut de Montauban. Classement sommaire et sources. In: Fin du moyen âge et renaissance. Festschr. R. Guiette. Antw. 1961, 127–137. – [12] cf. Nisard, C.: Histoire des livres populaires 2. P. [2]1864, 470–472; Doutrepont, G.: Les Mises en prose des épopées et des romans chevaleresques du XIVe au XVIe siècle. Bruxelles 1939 (Nachdr. Genève 1969), 184–219; Schenda, R.: Tausend frz. Volksbüchlein aus dem 19. Jh. In: Archiv für Geschichte des Buchwesens 9 (1969) 779–952, hier num. 777–777b; Morin, A.: Catalogue déscriptif de la Bibliothèque Bleue de Troyes (almanachs exclus). Genève 1974, 591–603. – [13] Hoffmann von Fallersleben, A. H. (ed.): Renout van Montalbaen. In: Horae Belgicae 5 (1837) 45–124; Matthes, J. C. (ed.): Renout van Montalbaen. Groningen 1875; Diermanse, P. J. J. (ed.): Renout van Montalbaen. De middelnederlandse fragmenten en het middelnederduitsche fragment. Diss. Leiden 1939; Maelsaeke, D. van (ed.): Renout van Montalbaen. Antw. 1966. – [14] cf. Bergh, H. van den: De nederlandse volksromans. Amst. 1837, 12–28; Debaene, L.: De nederlandse volksboeken. Antw. 1951, 67–73. – [15] Overdiep, G. S. (ed.): De Historie van den vier Heemskinderen. Groningen 1931. – [16] Matthes, J. C. (ed.): De vier Heemskinderen. Groningen 1872; Blessing, J. J. (ed.): De vier heemskinderen. Amst. 1965. –
[17] Hoffmann (wie not. 13) 100 sq. – [18] Pfaff, F. (ed.): Reinolt von Montauban oder die H. Tübingen 1885. – [19] Goedeke 2 ([2]1886) 21; Heitz, P./Ritter, F. (edd.): Versuch einer Zusammenstellung der dt. Volksbücher des 15. und 16. Jh.s [...]. Strassburg 1924, 70–72; Bibliogr. dt. Übers.en aus dem Frz. 1700 bis 1948 t. 5. Bearb. H. Fromm. Baden-Baden 1952, 205–207; grundlegende Lit.: [Reichard, H. A. O. (ed.):] Bibl. der Romane 7. B. 1781, 7–36; Goerres, J.: Die teutschen Volksbücher. Heidelberg 1807 (Nachdr. Hildesheim/N.Y. 1982), 99–131; Pfaff, F.: Der Verf. des dt. Volksbuches von den H.n. In: Zs. für Lit.geschichte 1 (1887) 167–169. – [20] Borling, C./Claussen, B.: Ndd. Bibliogr. Gesamtverz. der ndd. Drucke bis zum Jahre 1800. t. 1. Neumünster 1931/36, 103 sq., num. 220; Gesamtkatalog der Wiegendrucke 3. Lpz. 1928, num. 3140. –
[21] Bachmann, A. (ed.:) Die H. in dt. Übers. des XVI. Jh.s. Tübingen 1895. – [22] cf. Heitz/Ritter (wie not. 18) num. 232; Wunderlich, W. (ed.): Die Haymonskinder. In Abb. des Drucks von 1535 [...]. Hildesheim/N.Y. (im Druck). – [23] Pfaff, F. (ed.): Das dt. Volksbuch von den H.n. Fbg 1887; Aelst, P. von der: Die vier Heymonskinder. Nachdr. der Ausg. 1618. Bern/Ffm./N.Y. 1986; Suchsland, P. (ed.): Dt. Volksbücher in drei Bänden. t. 3. B./Weimar [3]1979, 123–323, 335–338; cf. Bircher, M.: Dt. Drucke des Barock 1600–1720 in der Herzog August Bibl. Wolfenbüttel 13,1. Millwood, N.Y./L./Nendeln s. a., 389–391; Rohloff, H.-G. (ed.): Die dt. Lit. 2 A, 1. Bern/Ffm./N.Y. 1985, 286–290; ibid. 2 B, 1, 66 sq. – [24] Die Geschichte von den H.n in zwanzig altfränk. Bildern. In: Volksmaehrchen. ed. P. Lebe-recht. B. 1798. – [25] Schwab, G.: Buch der schönsten Geschichten und Sagen für Alt und Jung wieder erzählt. Stg. 1836. – [26] Marbach, G. O.: Geschichte von den vier H.n. Lpz. 1838. – [27] Simrock, K.: Eine schöne Geschichte von den vier H.n mit ihrem Ross Baiart. B. 1845. – [28] Schönhuth, O. F. H.: Historie von den vier H.n. Reutlingen [1864]. – [29] Raible, W.: Die H. Reutlingen [um 1870]. – [30] Bechstein, L.: Die H. Ein Gedicht aus dem Sagenkreise Karls d. Gr. in vier Sängen. Lpz. 1830. –
[31] Rüttgers, S.: Dt. Volksbücher. Lpz. 1944, 25–107. – [32] Reißenweber, A.: Ausgewählte Rittersagen. Heidelberg 1953, 116–134. – [33] Lechner, A.: Der Reiter auf dem schwarzen Hengst. Innsbruck 1969. – [34] z. B. Wiesenberger, F. (ed.): Die vier H. Linz 1907; Kindermann, H. (ed.): Volksbücher vom sterbenden Rittertum. Weimar/Lpz./Wien 1928, 263–283; Ernst, P. (ed.): Die vier H. B. 1932; Schneider, G./Arndt, E. (ed.): Eine schöne und lustige Historie von den vier H.n. B. 1958; Riha, K./Bollenbeck, G. (ed.): Die dt. Volksbücher wiedererzählt

von Gustav Schwab 2. Ffm. 1978, 63—194; cf. Schenda, R.: Tausend dt. populäre Drucke aus dem 19. Jh. In: Archiv für Geschichte des Buchwesens 11 (1971) 1465—1652, hier num. 460, 783—786, 905 sq.; Scherf, W.: Volksbuch und Jugendlit. Mü. 1976, 19. — [35] The right plesaunt and goodly Historie of the foure sonnes of Aymon. ed. O. Richardson. L. 1884/85 (Nachdr. 1973). — [36] cf. Gasparetti, A.: Vicende italiane di una commedia spagnola: Rinaldo de Montalbano nelle commedie di Lope de Vega, di G. A. Cicognini, di Luca Raimondi e di Carlo Goldoni. Roma 1927. — [37] cf. ibid. — [38] Longnon, A.: Les quatre fils Aymon. In: Revue des questions historiques 25 (1879) 173—196. — [39] Zinnov (wie not. 6) 58 sq. — [40] cf. Bender, K.-H.: König und Vasall. Unters.en zur Chanson de geste des XII. Jh.s. Heidelberg 1967, 145—175. — [41] Thomas, J. (ed.): L'Épisode ardennais de ‚Renaut de Montauban'. Brugge 1962. — [42] cf. Pierret, A.: L'Origine de la Légende des Quatre Fils Aymon. In: Enquêtes du Musée de la Vie Wallone 15 (1935) 165—178; Piron, M.: La Légende des Quatre Fils Aymon. ibid. 4 (1946) 181—212; 6 (1951) 1—66; 7 (1955) 129—192, 344—352; 9 (1961) 179—183. — [43] Laport, G.: Le Folklore des paysages de Wallonie (FFC 84). Hels. 1929. — [44] ibid. — [45] Cornette, R.: Bayard, le cheval des Quatre Fils Aymon. In: Folklore Brabançon 3 (1923) 82. — [46] Doutrepont (wie not. 12) 23. — [47] cf. Piron (wie not. 42); Laport (wie not. 43). — [48] Moreau, J.: Montauban-Buzenol und die Sage von den H.n. In: Bonner Jbb. 161 (1961) 155—164. — [49] cf. Floss: Legende von St. Reinold. In: Annalen des Hist. Vereins für den Niederrhein 30 (1876) 174—203; Ostendorf, F.: Überlieferung und Qu. der Reinoldlegende. Diss. Münster 1911; Knörich, G.: Der hl. Reinold. In: Beitr.e zur Geschichte Dortmunds und der Grafschaft Mark 31 (1924) 77—128; zusammenfassend bei Fiebig, P.: St. Reinoldus in Kult, Liturgie und Kunst. Dortmund 1956; Brandt, H. J.: St. Reinoldus in Dortmund. In: Luntowski, G./Reimann, N. (edd.): Dortmund. 1100 Jahre Stadtgeschichte. Dortmund 1982, 79—105. — [50] cf. Baix, F.: L'Hagiographie à Stavelot-Malmedy. In: Revue benedictine 60 (1950) 120—162. — [51] Floss (wie not. 49) 185—203. — [52] Reifferscheid, A. (ed.): Histôrie van sent Reinolt. In: Zs. für dt. Philologie 5 (1874) 271—293. — [53] cf. [Hansen, J. (ed.):] Die Chroniken der westfäl. und niederrhein. Städte 1. Lpz. 1887. — [54] Ostendorf (wie not. 49) 17—22; Knörich (wie not. 49) 121—127. — [55] Floss (wie not. 49) 181—185. — [56] AS Jan. (1643) 385—387. — [57] Hansen (wie not. 53) 184—186. — [58] Zaunert, P. (ed.): Rheinlandsagen 1. Jena 1924, 143 sq. — [59] Schell, O. (ed.): Berg. Sagen. Elberfeld 1897, 232. — [60] Simrock, K. (ed.): Rheinsagen aus dem Munde des Volks und dt. Dichter. Bonn [10]1891, 56—58. — [61] Verflex. 2 ([2]1980) 86—88. — [62] cf. Jordan (wie not. 8) 74. — [63] Zingerle, I. V.: Sagen aus Tirol. Innsbruck [2]1891, num. 212; cf. Seemüller, J.: Die Wiltener Gründungssage. In: Zs. des Ferdinandeums für Tirol und Vorarlberg (1895) H. 39, 92 sq.

St. Gallen Werner Wunderlich

Haiti → Westindische Inseln

Halbhähnchen (AaTh 715), von A. → Aarne den Zaubermärchen zugeordneter Erzähltyp über die Auseinandersetzung eines tierischen Helden, dem H., mit einem höhergestellten Gegenspieler. Die Typenbeschreibung bei AaTh ist stark revisionsbedürftig; charakteristisch sind folgende Episoden:

(1) Ein H. (halber, kleiner → Hahn; → Halbwesen; → Däumling) verläßt sein Zuhause, um einen verliehenen (gestohlenen) Gegenstand (meist Geld) zurückzufordern. (2) Auf dem Weg begegnen ihm Fuchs und Wolf, die es — ebenso wie als drittes einen Fluß — in seinen Verdauungstrakt (→ Arsch, Magen) aufnimmt. (3) Die mitgenommenen Wesen und Dinge retten das H. bei den Vernichtungsversuchen des Schuldners, der das H. nachts zu seinen Tieren sperrt, die es töten sollen: Der Fuchs frißt die Kampfhähne (Enten, Gänse, Schafe), der Wolf die Pferde (Kühe), der Fluß löscht das Feuer des Ofens, in den das H. geworfen wird. Schließlich erhält das H. das geforderte Geld, welches es ebenfalls in den Hintern aufsaugt. (4) Nach der Heimkehr läßt das H. sich von seinem Besitzer schlagen, wobei es die mitgebrachten Schätze wieder von sich gibt.

R. S. → Boggs hat dem Erzähltyp 1933 eine Monogr.[1] gewidmet, deren Ergebnisse allerdings aufgrund der wenigen zugrundegelegten Texte (33 Var.n) äußerst problematisch sind. Auch nach der durch A. M. → Espinosa auf größerer Materialbasis (73 Var.n) erfolgten detaillierten Analyse[2] besteht bis heute das zuletzt 1961 von Y. → Pino Saavedra formulierte Desiderat[3] einer Unters. des Erzähltyps unter Berücksichtigung aller bekannten Var.n. Die Sichtung der etwa 130 Texte im EM-Archiv ergibt hierzu folgendes Bild: Der weltweit in mehr als 700 im 19./20. Jh. aus mündl. Tradition aufgenommenen Texten dokumentierte Erzähltyp ist in Europa schwerpunktmäßig im rom., balkan., slav. und balt. Raum verbreitet[4]. Auffällig ist, daß er in der Germania fast völlig fehlt; die relativ wenigen dt.sprachigen (lothring., siebenbürg., ostpreuß.)[5] und schwed. Belege lassen sich hierbei als Abstrahlungen der reichen Überlieferung benachbarter oder umgebender Gebiete verstehen (frz.[6], rumän.[7], balt.[8], finn.[9]). Nachweise in Nord- und Südamerika (frz., span., port.)[10] dürften sich aus einer Beeinflussung durch die rom. Überlieferung Europas erklären. In (West-)Afrika[11] finden sich nur sporadische Nachweise[12], während der Erzähltyp in Asien bes. im iran. Raum (pers.[13], tadschik.[14], kurd.[15], kaukas.[16]) überraschend reich, darüber hinaus auch in der Türkei[17] und in Indien[18], belegt ist.

Aufgrund der Var.nlage ist, auch unter Berücksichtigung unterschiedlicher Sammelintensität, ein bisher vermuteter Ursprung des Erzähltyps in Spanien (Boggs)[19], Frankreich (Espinosa)[20] oder dem Mittelmeerraum (W. → Liungman)[21] eindeutig abzulehnen. Denkbar wäre hingegen ein Ursprung im iran. Raum, von dem aus sich der Erzähltyp nordwärts (kaukas., slav., balt.) und westwärts (türk., balkan.) verbreitet haben könnte. Die Existenz des Erzähltyps in der westl. Romania ließe sich nach dieser Hypothese zum einen erklären aus einer Wanderung über die nordafrik.-arab. Tradition nach Spanien und Frankreich; Italien scheidet aufgrund der wenigen Belege[22] als Vermittlungspartner aus. Zum anderen wäre auch eine direkte Übernahme der oriental. Überlieferung in die frz. Erzähltradition zu vermuten, die etwa Ende des 17. Jh.s stattgefunden haben könnte: Indiz hierfür ist neben der großen Belegdichte in Frankreich (82 Var.n bei Delarue/Tenèze) die Tatsache, daß der Erzähltyp *Moitié de Cocq* nach Ausweis einer Erwähnung im Theaterstück *La fausse Agnès* (1,1; 1755) von Philippe Néricault Destouches in Frankreich bereits Mitte des 18. Jh.s geläufig war, wenngleich ein erster ausführlicher (literar.) Nachweis erst in Nicolas Edme Restif de la Bretonnes *Le nouvel Abeilard* (1778)[23] vorliegt. Auffällig ist außerdem die Tatsache, daß seit Beginn des 18. Jh.s die (pseudo-)oriental. → Contes de fées eine ausgesprochene Modeerscheinung darstellen; ferner ist im übrigen für eine weitere Klärung der Herkunftsfrage zu bedenken, daß aus der Erwähnung bei Destouches zunächst wohl nur auf eine Bekanntheit der Erzählung primär in gebildeten Kreisen, keineswegs ‚im Volksmund' geschlossen werden darf.

Die wichtigsten ökotypischen Ausprägungen von AaTh 715 lassen sich relativ klar gegeneinander abgrenzen. Hauptsächlich in der Romania erscheint de facto ein halber Hahn, der meist als → Mißgeburt oder selbständig weiterlebende Hälfte[24] eines geteilten Tieres erklärt wird; in der oriental. Überlieferung handelt es sich oft um ein kleines Wesen (Spatz; auch Däumling, Erbschen etc.)[25]; sonst ist der Protagonist meist ein Hahn. Als Grund für die Abreise des Hahnes weist das Eintreiben von Schulden[26] die größte geogr. Verbreitung auf (nicht: skand., ostslav., balkan. [jedoch bulg.[27]]). Eine speziell ostslav.[28] und balt. Ausprägung läßt den Hahn ausziehen, um die gestohlene → Wundermühle (AaTh 565[29]; gelegentlich in Verbindung mit dem Motiv der magischen → Bohnenranke[30]) eines armen Paares zurückzuholen. Oft zieht der Hahn auch aus, um sich eine Braut zu suchen (die Prinzessin zu heiraten)[31]. Zwei schwed. sowie eine katalan. Var. beenden diese Erzählung mit einer finalen → Verwandlung des Hahns in einen Prinzen (durch Köpfen)[32]. Ursprünglich wohl im Balkan beheimatet ist folgende Ausgangssituation: Ein alter Mann besitzt einen Hahn, seine Frau eine Henne. Während die Henne jeden Tag ein Ei legt (das die Frau nie mit dem Mann teilt), bringt der Hahn dem Mann keinen Nutzen. So jagt er ihn fort, um seinen Lebensunterhalt selbst zu verdienen (Geld zu besorgen)[33].

An Tieren, die der Hahn während seiner Reise in sich aufnimmt (unter den Flügeln versteckt, mitgehen läßt), werden außer Fuchs und Wolf am häufigsten Bär, Löwe oder Bienen genannt[34], nur selten etwa Katze, Eichhörnchen oder Hase. Bei den Tötungsversuchen ergibt sich als wesentliche Erweiterung eine zusätzlich versuchte Vernichtung durch Wasser: Auch dieses saugt das H. in den Hintern ein, läßt es darauf im Feuer (Ofen) wieder heraus[35]. Nach der erfolgten glücklichen Heimkehr ist gelegentlich, bei den balkan. Var.n mit einiger Regelmäßigkeit[36], der Imitationsversuch einer neidischen Person angeschlossen, manchmal ausgelöst durch ein im → Scheffelmaß klebengebliebenes Goldstück[37]; der Versuch endet manchmal für den Auftraggeber (oder die Henne) tödlich[38].

Schwerpunktmäßig in der ostslav. und balt. sowie der oriental. Überlieferung schließt sich an AaTh 715: *Demi-coq*, dem auch AaTh 715 A: *The Wonderful Cock* subsumiert werden muß (von S. → Thompson einzig aufgrund des litau. Ökotyps[39] als Subtyp eingeführt), die türk., tadschik., ind. und afrik.[40] auch selbständig belegte Episode Mot. B 171.1.1: *Demicoq crows in king's body* an. Diese sollte, eventuell in Verbindung mit AaTh 235 C*: *Bird has New Clothes Made* oder AaTh 246: → *Hund und Sperling*, zu denen sie oft den 2. Teil darstellt[41], als eigenständiger Erzähltyp behandelt werden:

Der freche Vogel wird vom König gefangen, geschlachtet und gebraten. Währenddessen singt er seine provozierenden Sprüche (‚Ich bin größer als der König'; ‚Was in meinem Bauch ist, rätst du nie' etc.) immer weiter. Als der König ihn ißt, macht der Vogel Bemerkungen über die Speiseröhre (eng), den Darm (stinkt) und steckt schließlich lebendig seinen Kopf zum After heraus. Als ein Diener auf Befehl des Königs den Kopf des Vogels abschlagen soll, verletzt er den König am Hintern (tötet ihn versehentlich). Der Vogel fliegt wohlbehalten heraus und kehrt nach Hause zurück.

Außer dieser relativ häufigen Kontamination (etwa 20% der untersuchten Texte) ergeben sich weitere Verbindungen mit verwandten Typen extrem selten: Eine griech. Var.[42] kombiniert etwa mit AaTh 1685: *Der dumme* → *Bräutigam* und AaTh 123: → *Wolf und Geißlein*, eine alban. Var.[43] mit AaTh 126 C*: cf. → *Schaf verjagt den Wolf* und AaTh 130: → *Tiere auf Wanderschaft*. Die pers. Überlieferung zeigt starke Affinitäten zu AaTh 700: → *Däumling*[44] und kennt zudem den eng verwandten, auch in der arab. und turkmen. Überlieferung belegten[45] Ökotyp Marzolph *550 (cf. AaTh 550: → *Vogel, Pferd und Königstochter*), dessen Protagonist — gleichfalls ein Halbling — sich auch dadurch auszeichnet, daß er außerordentliche Mengen von Nahrung (Wasser) in sich aufnehmen kann.

Eine vor allem in engl. und angloamerik. ausschließlich schriftl. Qu.n bezeugte Fassung[46] beruht auf der literar. Prägung durch Fernán Caballeros (i. e. Cecilia Böhl von Faber) *La Gaviota* (1849)[47]: Ein H. will seine Deformation operativ beseitigen lassen. Auf seiner Reise hilft es Wasser, Holz und Wind trotz deren Bitten nicht. Als es später gefangen, geschlachtet und gekocht wird, erfährt es von den im Stich gelassenen Hilfebedürftigen ebenfalls keine Unterstützung und kommt zu Tode. Die eindeutig moralisierende Tendenz dieser literar. Version hat keinen dauerhaften Einfluß auf die mündl. Überlieferung gehabt.

[1] Boggs, R. S.: The Halfchick Tale in Spain and France (FFC 111). Hels. 1933. — [2] Espinosa 3, 373–386. — [3] Pino Saavedra 2, 323. — [4] Ergänzend zu AaTh 715: Arājs/Medne; Barag; Kecskeméti/Paunonen; Delarue/Tenèze; Pujol; Cirese/Serafini; Berze Nagy; Schullerus 213*; Kurdovanidze; Marzolph; STF 715[I]; zu AaTh 715 A: SUS 715 A, 715 A*; Ėrgis, num. 146 sq.; Kurdovanidze. — [5] cf. Ranke 3,76. — [6] Delarue/Tenèze (80 Var.n). — [7] Bîrlea, O.: Antologie de proză populară epică 1. Buk. 1966, 154 (15 Var.n). — [8] Kerbelyte, B.: Litau. Volksmärchen. B. 1982, 431 (125 Var.n); Arājs/Medne (ca 70 Var.n); Viidalepp, R.: Estn. Volksmärchen. B. 1980 (55 Var.n). — [9] Mittlg P.-L. Rausmaa, Helsinki (112 Var.n). — [10] Hansen; Robe; Flowers. — [11] Klipple. — [12] cf. auch Parker, H.: Village Folk-Tales of Ceylon 2. L. 1914, 433 sq.; Longchamps, J. de: Contes malgaches. P. 1955, num. 3. — [13] Ergänzend zu Marzolph cf. Anğavi, A.: Gol be şenoubar če kard? 1,2. Teheran [2]1359/1980, num. 6 sq. (14 Var.n). — [14] STF 715[I] (36 Var.n). — [15] cf. Darvišiyān, 'A. A.: Afsānehā, namāyešnāmehā va bāzihā-ye kordi 1. Teheran 1366/1987, 211–214. — [16] Kurdovanidze; Dolidze, N. I.: Gruzinskie narodnye skazki. Tiflis 1971, 216 sq.; Chalilov, Ch.: Skazki narodov Dagestana. M. 1965, num. 44. — [17] Eberhard/Boratav, num. 54. — [18] Thompson/Roberts; Thompson/Balys B 171.1.0.1. — [19] Boggs (wie not. 1) bes. 33–35. — [20] Espinosa 3, 382–385. — [21] Liungman, Volksmärchen, 207. — [22] cf. Cirese/Serafini; De Nino, A.: Usi e costumi abruzzesi 3. Firenze 1883, num. 3. — [23] Restif de la Bretonne, N. E.: Le nouvel Abeilard 2. P. 1778, 21–29, 261–357; cf. Boggs (wie not. 1) 9 sq. — [24] z. B. Espinosa 1, num. 253; Goyert, G.: Vläm. Märchen. Jena 1925, 40 sq. — [25] cf. Marzolph; STF 715[I]. — [26] cf. Cosquin, E.: La Thème de la „Dette réclamée". In: id.: Les Contes indiens et l'Occident. P. 1922, 474–477. — [27] Daskalova, L./Dobreva, D./Koceva, J./Miceva, E.: Narodna proza ot Blagoevgradski okrŭg. Sofia 1985, num. 50. — [28] Afanas'ev, num. 188; Kabašnikau, K. P.: Kazki i legendy rodnaga kraju. Minsk 1960, 58–62; Konkka, U. S.: Karel'skie narodnye skazki. M./Len. 1963, num. 50; Schier, K.: Schwed. Volksmärchen. MdW 1971, num. 42. — [29] Hackman, O.: Finlands svenska folkdiktning 1,1. Hels. 1917, 340 sq., num. 5. — [30] Löwis of Menar, A. von: Finn. und estn. Volksmärchen. MdW 1922, num. 90 (liv.); Wichmann, Y.: Syrjän. Volksdichtung. Hels. 1916, num. 29. —
[31] Basset, R.: Contes populaires berbères. P. 1887, num. 42; Hahn, F.: Blicke in die Geisteswelt der heidn. Kols. Gütersloh 1906, num. 22 (zentral-ind.). — [32] Djurklou, G.: Sagor och äfventyr. Sth. 1883, 180–187; Hackman (wie not. 29) 398 sq., num. 5; Sales, J.: Rondalles gironines i valencianes. Barcelona 1951, 108–121. — [33] cf. Hahn 2, num. 85; Dozon, A.: Contes albanais. P. 1881, num. 23; Bošković-Stulli, M.: Istarske narodne priče. Zagreb 1959, num. 23; Kremnitz, M.: Rumän. Märchen. Lpz. 1882, num. 4. — [34] cf. etwa Böhm, M.: Lett.

Schwänke […]. Reval 1911, num. 52; Bošković-Stulli (wie not. 33); Dima, A.: Rumän. Märchen. Lpz. 1944, num. 2. — [35] z. B. Javorskij, J. A.: Pamjatniki galicko-russkoj narodnoj slovesnosti 2. Kiev 1915, num. 63; Kremnitz (wie not. 33); Novikov, N. V.: Russkie skazki v zapisjach i publikacijach pervoj poloviny XIX veka. M./Len. 1961, num. 90. — [36] cf. not. 33. — [37] cf. Honti, J.: Geld mit Scheffeln messen. In: HDM 2 (1934/40) 481—483; Karlinger, F.: Rumän. Märchen außerhalb Rumäniens. Kassel 1982, num. 12. — [38] Dozon (wie not. 33); cf. Javorskij (wie not. 35); Dima (wie not. 34). — [39] cf. Balys. — [40] Eberhard/Boratav, num. 33; STF, num. 23, cf. num. 1; cf. Jason, H.: Types of Indic Oral Tales. Suppl. Typoskript [1987] 715 *B; Parker und Longchamps (wie not. 12). —
[41] cf. Marzolph 235 C* (Var. 2); Boggs *244. — [42] Hahn 2, num. 85. — [43] Lambertz, M.: Alban. Märchen […]. Wien 1922, num. 60. — [44] cf. auch Cosquin, E.: Le Conte de „La chaudière bouillante et de la feinte maladresse“ dans l'Inde et hors de l'Inde 2. In: RTP 25 (1910) 25—86, bes. 82: „une forme qu'on pourrait presque appeler une parodie“. — [45] cf. Nowak, num. 179 sq., cf. num. 190; Die Wunderblume und andere Märchen. B. 1964, 498—503. — [46] cf. Boggs (wie not. 1) 10—12; Lang, E.: The Green Fairy Book. L./N. Y./Bombay [5]1899, 27—31; cf. Meier, H.: Span. und port. Märchen. MdW 1940, num. 2 (span.); Larrea Palacín, A. de: Cuentos populares de los judíos del norte de Marruecos 1. Tetuan 1952, num. 28. — [47] cf. Caballero, F.: La gaviota. ed. J. Rodríguez-Luis. Barcelona 1972, 174—180.

Göttingen Ulrich Marzolph

Halbwesen. Die Bezeichnung H. ist ein heterogener Sammelbegriff für einige interkulturell verbreitete → Fabelwesen. Berichte über solche Erscheinungen begegnen in den Mythologien vieler Völker und z. T. bereits in antiken Quellen (Reiseberichte, mythol. bestimmte Lit., griech. Romanliteratur, naturwiss. orientierte Werke)[1]. Zu derartigen Gestalten mit physischen Abnormitäten rechnen (1) Wesen, deren eine Körperhälfte (Längs- oder Querteilung) gewöhnlich theriomorph, die andere hingegen anthropomorph ist (→ Anthropomorphisierung, → Theriomorphisierung); (2) Wesen, die durch das Fehlen einer Körperhälfte oder eines bestimmten Körperteils, Gliedes etc. charakterisiert sind. Für die erste Gruppe ergeben sich Überschneidungen mit fabulösen Figuren aus der Mythologie verschiedener Völker, die nicht direkt als H., sondern eher als Mischwesen anzusprechen sind, etwa mit Zwittern männlicher bzw. weiblicher Dominanz, mit solchen, die als zwei geschlechtlich verschiedene Wesen eine Einheit bilden und erst durch Spalten, Zersägen etc. eingeschlechtliche Hälften ergeben (z. B. ind.: Manu-Satarupa), ferner mit den → Hundsköpfigen, den Fisch-, Esel-, Löwen- oder Pferdemenschen, wie sie u. a. als Satyr, Zentaur, → Sirene, → Sphinx vorkommen (cf. allg. auch → Monstrum)[2]. Bei der zweiten Gruppe kommt einzelnen Körperteilen eine bes. Funktion zu, wenn z. B. Skylax von Karyanda (6. Jh. a. Chr. n.) in seinem Reisebericht Fabelwesen beschreibt, die nur ein einziges Bein mit einem riesenhaften Fuß besaßen (monokōloi)[3], der als Sonnenschutz diente, oder wenn eine scheinbare Deformität — Śiva als auch Viṣṇu werden in der hinduist. Ikonographie einbeinig dargestellt[4] — die Außergewöhnlichkeit der menschlich gedachten Figur im Sinne einer Kompensation symbolisiert (cf. auch die Figur des hinkenden → Schmiedes)[5].

Allg. sind H. Beispiele für eine Neigung, sich monströse Formen des Menschen vorzustellen, z. B. Gestalten mit einem Auge wie → Gorgo oder → Polyphem (cf. AaTh 1135—1137) oder mit einem fischähnlichen Schwanz wie → Melusine oder Nixen (cf. → Wassergeister). Ein H. im strengen Sinn ist jedoch ein phantastisches Wesen, das nur aus e i n e r Körperhälfte besteht, also nur ein Auge, einen Arm und ein Bein hat.

Erzählungen, in denen der Halbmensch erscheint, finden sich auf der ganzen Welt[6]. Das Motiv kommt bei den Ureinwohnern Australiens vor (z. B. Waterman, num. 1614 [1]: Halbmensch als Menschenfresser) und kann über die Marquesas-Inseln und Tikopia (Westpazifik) nach Neuguinea verfolgt werden. Indonesien besitzt zahlreiche Var.n. Die Vorstellung vom Halbmenschen läßt sich im asiat. Raum in China, bei Jakuten, Samojeden, Burjäten und auch in Tibet, Indien und Sri Lanka nachweisen. Europa besitzt Beispiele in der Folklore Rumäniens, Griechenlands, Deutschlands, Frankreichs und Irlands. In griech. und frz. Var.n zu AaTh 675: *Der faule → Junge*[7] rehabilitiert sich ein wegen seiner deformierten Gestalt zunächst verspotteter Knabe „mit halbem Kopfe, halber Nase, halbem Munde, halbem Körper, einer Hand und einem Fuß“[8], gewinnt dank außergewöhnlicher Gaben die

Königstochter und erhält selbst am Königshof eine angesehene Stellung. Halbmenschen sind auch in arab. Erzählungen verbreitet[9].

Innerhalb von ätiologischen Mythen begegnet das Motiv in Ostafrika[10] und auf Madagaskar, und viele Erzählungen dieser Art finden sich im ganzen afrik. Bantu-Gebiet[11]. Es ist praktisch allen Eskimo-Völkern bekannt und verschiedenen nordamerik. Indianerstämmen. Es ist ein Bestandteil der Kosmologie der Azteken; Hinweise darauf gibt es auch im tropischen Regenwald Südamerikas[12], und schließlich ist es auch in Feuerland belegt. Ein umfassendes Verzeichnis von Erzählungen über H. wurde bis jetzt nicht erstellt[13]; wiss. Unters.en beschränken sich hauptsächlich auf einzelne Versionen begrenzter Gebiete.

Abgesehen davon, daß der Halbmensch aus einer einzigen Körperhälfte besteht, gibt es keinen Standardtyp, der auf die Phantasiefiguren verschiedener Kulturen paßt. Im allg. ist der Einseitige meist männlichen, seltener weiblichen Geschlechts[14]. Es gibt auch keinen Standard-Erzähltyp, in dem der Halbmensch auftritt. In einer Roti-Version aus Indonesien ist eine Frau in sich selbst verliebt und teilt sich daher in zwei Hälften, die einander heiraten. Nach einer Erzählung aus Ceram streitet ein Stein mit einem Bananenbaum über die Form, die der Mensch erhalten soll, verliert, erklärt aber, daß die Menschen nicht einseitig und unsterblich, sondern zweiseitig und sterblich sein sollen. In einer feuerländ. Ätiologie hat ein mythisches Paar einen Sohn, der ohne Unterlaß weint; als der Vater ihm befiehlt aufzuhören, teilt er sich der Länge nach in zwei Hälften, und dies sind die ersten menschlichen Wesen. Häufiger belegt ist der Erzähltyp, in dem der Halbmensch das Kind eines Gottes und einer Sterblichen ist, auf der Suche nach seinem Vater in der Welt der Überirdischen viele Prüfungen besteht, dort zu einem vollständigen Menschen gemacht wird und nach Überwindung weiterer Hindernisse auf die Erde zurückkehrt, wo er in den Genuß großen Glücks und Ansehens kommt. Belege hierfür stammen aus Borneo[15] und Bali[16]. Gar nicht selten kann der Einseitige auch ein nichtmenschliches Wesen, z. B. ein Vogel, sein[17].

Um ein mit zauberischen Fähigkeiten ausgestattetes Huhn (Hahn) handelt es sich in (bes. span. und frz.) Var.n des Erzähltyps AaTh 715: → *Halbhähnchen*, das u. a. größere Tiere wie Wolf und Bär als Helfer verpflichtet und sie verborgen im Anus oder Magen bei sich führt, Tötungsabsichten des ihm feindlich gesonnenen Königs widersteht und den Herrscher schließlich zur Kapitulation und Respektierung seines Wesens zwingt.

Es gibt kaum Zweifel darüber, daß in bestimmten Gebieten, z. B. Indonesien oder Afrika, die Vorstellung vom Halbmenschen innerhalb verschiedener Kulturen durch Diffusion verbreitet wurde. Vermutlich aber ist das Motiv in den verschiedenen Bereichen jeweils unabhängig entstanden[18]. Dementsprechend waren die Theorien zu seiner Erklärung im allg. psychol. Natur. A. Szabó zufolge besteht der Mensch nach mythischer Vorstellung nicht aus einem Einzelwesen, sondern immer aus einem Paar; das Individuum als Hälfte dieses Ganzen wird durch den Halbmenschen dargestellt[19]. Nach A. E. Jensen entstehen mit der Erkenntnis der Symmetrie des Körpers automatisch asymmetrische Phantasieformen[20]. W. Deonna stellt die These auf, Einseitigkeit sei eine Art des Ausdrucks magischer Kraft, die nicht, wie üblich, auf die doppelt vorhandenen Organe und Gliedmaßen verteilt, sondern auf eine Seite konzentriert sei[21]. D. Zahan führt aus, in Afrika bedeute der Halbmensch eine Umsetzung der Idee des Gleichgewichtsgedankens in die Verlagerung auf eine Seite[22].

Die Vorstellung vom Halbmenschen kann mit keinem einzelnen Erzähltyp und keiner bestimmten Kosmologie, Gesellschaftsstruktur oder Sprachtradition in Zusammenhang gebracht werden. Selbst die Kontrastwerte → Rechts und Links spielen hier kaum eine Rolle; die meisten Erzählungen machen keine Aussage darüber, welche Seite das H. einnimmt. Bildliche Darstellungen sind äußerst selten; z. B. gibt es die Maske eines Eskimo-Schamanen, die nur die rechte Gesichtshälfte zeigt[23]. Die weltweite Verbreitung des Motivs in sehr verschiedenartigen Texten trägt zur Stützung der These bei, daß es ein spontanes Produkt der menschlichen Phantasie ist und allem Anschein nach archetypischen Charakter hat.

[1] cf. EM 4, 765 sq. — [2] Eingehende Darstellung bei Holbek, B./Piø, I.: Fabeldyr og sagnfolk. Kop. 1967. — [3] Fragmente griech. Historiker. 3 C 2: Illyrien-Thrakien. Leiden 1958, num. 709 F 7; cf. Lecouteux, C.: Les Monstres dans la littérature allemande

du moyen âge 2. Göppingen 1982, 149–152. – [4] Banerjea, J. N.: The Development of Hindu Iconography. Calcutta 1956, 232, 519. – [5] Beck, H.: Der kunstfertige Schmied – ein ikonographisches und narratives Thema des frühen MA.s. In: Medieval Iconography and Narrative. Proc. of the Fourth Internat. Symposium [...] Held at Odense Univ. on 19–20 Nov. 1979. ed. F. G. Andersen u. a. Odense 1980, 16–37; Uther, H.-J.: Behinderte in populären Erzählungen. B./N.Y. 1981, 30 sq., 41–50, bes. 42. – [6] Zu den folgenden Beispielen cf. Needham, R.: Reconnaissances. Toronto/Buffalo/L. 1980, bes. 17–40. – [7] z.B. Loukatos, D. S.: Neoellēnika laographika keimena. Athen 1957, 125–127; Hahn, num. 8; Delarue, P.: The Borzoi Book of French Folktales. N.Y. 1956, num. 37. – [8] Hahn, num. 8. – [9] Meier, F.: Das Volk der Riemenbeinler. In: Festschr. W. Eilers. Wiesbaden 1967, 341–367; Mundy, C. S.: Philogelos, the Nesnas and Misokolakis. In: Laographia 22 (1965) 324–327; Viguera, M. J.: El-Nasnās: un motivo de ʿAǧāʾib. In: Orientalia Hispanica. Festschr. F. M. Pareja. Leiden 1974, 646–674. – [10] Kohl-Larsen, L.: Die Leute im Baum. Kassel 1978, num. 12, 34. – [11] Werner, A.: Myths and Legends of the Bantu. (L. 1933) Nachdr. 1968, 198–200. – [12] z. B. Wilbert, J.: Folk Literature of the Warao Indians. L. A. 1970, num. 92, 186; id./Simoneau, K.: Folk Literature of the Gê Indians 2. L.A. 1984, num. 50. – [13] Vorläufige Betrachtung des Phänomens der Halbmenschen bei Needham (wie not. 6). – [14] cf. HDM 2, 583–585. – [15] Schärer, H.: Die Gottesidee der Ngadju-Dajak in Süd-Borneo. Leiden 1946, Beilage 2. – [16] Hooykaas, C.: Balische verhalen van den halve. 's-Gravenhage 1948. – [17] Werner, A.: African Mythology. L. 1925, 244. – [18] Hatt, C. G.: Asiatic Influences in American Folklore. Kop. 1949, 89. – [19] Szabó, A.: Der halbe Mensch und der bibl. Sündenfall. In: Paideuma 2 (1941) 95–100. – [20] Jensen, A. E.: Die mythische Vorstellung vom halben Menschen. In: Paideuma 5 (1950) 23–42, hier 31. – [21] Deonna, W.: Un Divertissement de table ‚A cloche-pied'. Brüssel 1959. – [22] Zahan, D.: Colors and Body Painting in Black Africa: The Problem of the „Half-Man". In: Diogenes 90 (1975) 100–119, hier 115 sq. – [23] Ray, D. J.: Eskimo Masks. Seattle/L. 1967, 187.

Oxford Rodney Needham

Halliday, William Reginald, * Belize (British Honduras) 26. 9. 1886, † London 24. 11. 1966, engl. Altphilologe und Volkskundler. H. studierte in Oxford, lehrte Archäologie und Alte Geschichte in Glasgow, Liverpool und London, wurde 1946 geadelt. Seine Arbeiten befassen sich mit der Kontinuität populärer Überlieferungen von der Antike bis zur ma. und modernen Welt.

Als Komparatist war er mit der mündl. und schriftl. Überlieferung Europas und des Nahen Ostens vertraut. In seinem wichtigsten Werk, *Indo-European Folk-Tales and Greek Legend* (Cambr. 1933), fand er in klassischen griech. Erzählungen Märchenelemente, die vordem als Mythen interpretiert worden waren. In bezug auf die Märchenforschungen vertrat er die Ansicht, daß zum Nachweis von Diffusionsprozessen das ziellose Sammeln von Erzählungsvarianten aus dem gesamten ide. Raum zu vermeiden sei und statt dessen Vollständigkeit im Lande der jeweiligen Forschungen und seinen kulturell verwandten Nachbarregionen angestrebt werden sollte. Die pers. Kultur hielt er für bes. einflußreich für die Verbreitung von Erzählungen, außerdem betonte er die Bedeutung von literar. Texten für die Bewahrung der Stabilität von Volkserzählungen.

Werke (Ausw.): Modern Greek Folk-Tales and Ancient Greek Mythology. In: FL 23 (1912) 486–489, 25 (1914) 122–125. – Greek Divination. L. 1913. – The Subject-Matter of the Folk-Tales. In: Dawkins, R. M.: Modern Greek in Asia Minor. Cambr. 1916, 215–283. – Notes upon Indo-European Folk-Tales and the Problem of Their Diffusion. In: FL 34 (1923) 117–140. – Folklore Studies. L. 1924. – Greek and Roman Folklore. N.Y. 1927. – Indo-European Folk-Tales and Greek Legend. Cambr. 1933.

Lit.: Dorson, R. M.: Foreword. In: Megas, G. A.: Folktales of Greece. Chic. 1970, xi–xlv, hier xxi–xxviii.

St. John's, Newfoundland Martin J. Lovelace

Halliwell, James Orchard (seit 1872 H.-Phillipps), * Chelsea 21. 6. 1820, † Hollingbury 3. 1. 1889, engl. Lit.wissenschaftler und Altertumsforscher. Sein Arbeitsschwerpunkt lag auf dem Gebiet der → Shakespeare-Forschung, auf dem H. als der fruchtbarste Gelehrte seiner Zeit gelten kann. Er war 1840 Mitbegründer der ersten Shakespeare-Soc. und publizierte im Laufe seines Lebens eine Fülle von Schriften und Dokumenten zu Shakespeare und seiner Zeit.

Für die Erzählforschung und Vk. ist zum einen H.s Editionstätigkeit im Bereich der ma. und frühneuzeitlichen Lit. von Bedeutung

(z. B. *The Voiage and Travaile of Sir J. Mandeville*. L. 1839 [Jean de → Mandeville]; [zusammen mit T. → Wright:] *Reliquiae Antiquae*. L. 1841; *Nugae Poeticae*. L. 1844). Zum anderen gab H. auch Schwank- und Witzbücher heraus, z. B. *The Jokes of the Cambridge Coffee Houses in the Seventeenth Century*. Cambr. 1841; *The Merry Tales of the Wise Men of Gotham*. L. 1840 (→ Schildbürger). Für die Percy Soc. edierte er u. a. *Early Naval Ballads* of England (L. 1841) und mit Wright *Ancient Ballads and Broadsides Published in England in the Sixteenth Century* [...]. (L. 1867). Bedeutende Sammlungen von Kinderreimen und populären Erzählungen sind die mehrfach aufgelegten *Nursery Rhymes of England, Collected Chiefly from Oral Tradition* (L. 1842) und die hist.-komparatistisch kommentierten *Popular Rhymes and Nursery Tales* (wobei sich unter den Märchen auch einige wenige finden, die er selbst aufgezeichnet hatte). → Fairy-Vorstellungen vor und zur Zeit Shakespeares, die sich in literar. Quellen finden, behandelt H. in *Illustrations of the Fairy Mythology of A Midsummer Night Dream* (L. 1845). Einer möglichen Übernahme von Stoffen aus oraler Tradition, z. B. bei der Thematik Liebe zwischen Fairies und Sterblichen, steht H. skeptisch gegenüber. Ferner sammelte er auch einige Lokalsagen in Cornwall (*Rambles in Western Cornwall by the Footsteps of the Giants*. L. 1861) und stellte ein umfangreiches *Dictionary of Archaic and Provincial Words, Obsolete Phrases, Proverbs, and Ancient Customs from the Fourteenth Century* (L. 1847) zusammen. Der Wert seiner Publikationen liegt vor allem darin, daß sie der Forschung ein umfangreiches Text- und Dokumentenmaterial erschließen.

Lit.: Winsor, J. (ed.): Halliwelliana. A Bibliogr. of the Publ.s of J. O. H.-Phillipps. Cambr., Mass. 1881. – Lee, S.: H., J. O. In: Dictionary of National Biography 8. L. 1908, 999–1004. – Dorson, R. M.: The British Folklorists. L. 1968, 66–74. – Briggs, K.: A Dictionary of Fairies, Hobgoblins, Brownies, Bogies and Other Supernatural Creatures. L. 1976, 216 sq.

Bonn Karl Reichl

Hallo, Haus! (AaTh 66 A), Erzählung aus dem Themenkreis der Überlistung Stärkerer durch Schwächere (→ Stark und schwach). AaTh 66 A ist nach dem ältesten Typenverzeichnis von A. → Aarne und auch nach den Ausführungen W. → Liungmans[1] in Europa nicht nachweisbar und wurde erst 1961 bei der Revision des AaTh als Typ 66 A eingesetzt. Bei AaTh 66 A angegebene Nachweise beziehen sich vor allem auf Indien (= Bødker, *Indian Animal Tales*, num. 533) und dessen nördl. und südl. Nachbarländer, auch auf den amerik. Kontinent und Afrika.

Inhalt: Ein sich langsam bewegendes, aber starkes Tier (meist Krokodil) will ein schnellfüßiges, aber schwächeres (Schakal, Affe) fangen und versteckt sich in dessen Behausung (Höhle). Das heimkehrende Tier schöpft Verdacht, als es sich seiner Höhle nähert. Es erkennt Spuren, die in die Höhle führen, aber keine, die herauskommen. Listig stellt es eine Falle. Es ruft wiederholt: „Hallo, Höhle!" und behauptet, die Höhle müsse antworten als Zeichen, daß sich kein Feind in ihr aufhalte. Das dumme Tier läßt sich übertölpeln, antwortet und entlarvt sich dadurch. Der Höhlenbesitzer sucht rasch das Weite oder tötet den Feind.

Solche Tiererzählungen, in denen der Schwächere den Stärkeren zu unbedachtem Sprechen oder Handeln verleitet (z. B. AaTh 66 B: *Sham-dead [Hidden] Animal Betrays Self*), sind gerade auch auf dem ind. Subkontinent weit verbreitet[2]. Eine enge Parallele zum Hallo, Höhle-Motiv findet sich im ind.-buddhist. → *Jātaka*, num. 57. Dort ist es mit dem Thema der gebrochenen Freundestreue verbunden[3].

Ein Krokodil verspricht seiner Frau, ein → Affenherz als Heilmittel (AaTh 91) zu besorgen. Es legt sich wie ein Stein auf einen Felsen im Fluß und stellt sich tot (Sich → tot stellen). Ein Affe, der immer über diesen Felsblock zu einer Insel springt, erkennt, daß er höher als gewöhnlich aus dem Wasser ragt. Das Hauptmotiv von AaTh 66 A wiederholt sich: Der Affe behauptet, daß der Felsstein ihm stets antworte. Das dumme Krokodil spricht und entlarvt sich.

Dieses *Jātaka* scheint die älteste Aufzeichnung des Motivs zu sein, das übertragen auf eine Höhle bzw. Tierbehausung im ind. → *Pañcatantra* (3,14)[4] und im pers. *Ṭuṭi-Nāme* (→ *Papageienbuch*)[5] begegnet.

In rezenten Überlieferungen findet sich AaTh 66 A kaum je selbständig[6], sondern fast immer in Kontamination mit anderen Erzählungen aus dem Umfeld der Düpierung starker durch schwache Tiere. Die Verbindungen

AaTh 66 A + 91[7] und AaTh 66 A + 5: → *Biß in die Wurzel*[8] sind dabei am häufigsten anzutreffen. Der Schwerpunkt der Tradierung ist zweifellos für den ind. Subkontinent feststellbar[9]. Das Hallo, Höhle-Motiv könnte unter Umständen sogar sprachlich mit dem Hallo, Stein-Motiv des *Jātaka*, num. 57 – dort heißt es „bho pāṣāna" (sanskrit pāṣāna = Stein, bho ist der Vokativ) – zusammenhängen bzw. daraus entlehnt sein, da im Altindischen das Wort für Stein, Felsen (śila; pāṣānśila = Steinplatte) offenbar auch mit der Bedeutung Höhle (śilagṛha = Gemach in einem Felsen) gebräuchlich war, so daß nicht nur zeitlich, sondern auch sprachlich ein ind. Ursprung des Typs gesichert wäre.

Merkwürdig ist, daß T. → Benfey in seinem *Pañcatantra*-Kommentar zu 3,14 auf diese Kernfrage nicht eingeht, obwohl gerade er sonst stets die ind. Herkunft der Märchen hervorhebt (→ Ind. Theorie)[10]. Benfey hält die Erzählung für eine „spätere Ausspinnung" und für ein Derivat der griech. Fabel vom kranken, schwachen Löwen, der seine Opfer einzeln zu sich in die Höhle kommen läßt und dann auffrißt, bis schließlich der schlaue Fuchs merkt, daß die Spuren der Tiere nur hinein-, niemals aber wieder herausführen (Babrius/Perry, num. 103; AaTh 50 A: *Fußspuren vor der → Löwenhöhle*)[11]. Dabei übersieht Benfey das eigenartige Hauptmotiv der angeblich sprechenden Höhle und dessen Verbindung zu dem Motiv des angeblich sprechenden Felsens. In seinem Kommentar zu den *Jātakas* (num. 57, 208) schließt sich J. Mehlig[12] den Auffassungen Benfeys an und betont wie dieser den Zusammenhang mit griech. Fabeln, stellt aber das Begehren des Krokodils nach dem Herzfleisch des Affen in den Vordergrund.

Wenn AaTh 66 A ind. Ursprungs sein sollte, bleibt doch die Verbindung zu den amerik. und selteneren afrik. Var.n schwer zu erklären[13]. Man könnte an eine Verbreitung über das ehemalige brit. Kolonialimperium (ind. Personal, schwarze Sklaven) denken und dafür die amerik. Sammlungen von → Uncle Remus als Quelle heranziehen. Auch die ind. Auswanderung nach Übersee wäre zu beachten. Die Verbreitung über chin. und arab. Erzähler ist unwahrscheinlich, da AaTh 66 A im Chinesischen sehr selten (Ting) und im Arabischen gar nicht vorkommt.

[1] Aarne, A.: Verz. der Märchentypen (FFC 3). Hels. 1910; Liungman, Volksmärchen. – [2] cf. Bødker, Indian Animal Tales, num. 480–824, bes. num. 515–535: Escape by deceiving enemy into declaring himself. – [3] Bødker, Indian Animal Tales, num. 535; Mehlig, J.: Buddhist. Märchen. Lpz. 1982, num. 4. – [4] Schmidt, R.: Das Pañcatantram. Lpz. 1901, 239 (3,15: Löwe und Schakal und die sprechende Höhle). – [5] Hatami, M.: Unters.en zum pers. Papageienbuch des Naḫšabī. Fbg 1977, 103. – [6] Univ. of Arizona General Bulletin 9 (1945) 34; Espinosa, J. M.: Spanish Folk-Tales from New Mexico. N.Y. 1937, num. 109. – [7] z. B. Mostaert, A.: Folklore Ordos. Peip'ing 1947, num. 31 (AaTh 91 + 66 A + 56 B); O'Connor, W. F.: Folk Tales from Tibet. L. 1906, num. 20. – [8] z. B. Mode, H./Ray, A.: Bengal. Märchen. Ffm. [1967], 192–194; Frere, M.: Old Deccan Days or Hindoo Fairy Legends. L. [4]1889, num. 24; de Vries 1, 328–330 (AaTh 5 + 66 A + 1140); de Vries 2, 96 sq. (AaTh 66 B + 5 + 66 A); Wrigglesworth, H. J.: An Anthology of Ilianen Manobo Folktales. Cebu City 1981, num. 16 (AaTh 5 + 58 + 66 A). – [9] Spätere ind. Fassungen weist Bødker, Indian Animal Tales, num. 533, 535 nach; der Begriff Cave Call stammt von Bloomfield, M.: On Recurring Psychic Motifs in Hindu Fiction, and the Laugh and Cry Motif. In: J. of the American Oriental Soc. 35 (1916) 54–89, hier 58–60. – [10] Benfey 1, 381 sq. – [11] ibid., 381. – [12] Mehlig (wie not. 3) 500. – [13] z. B. Espinosa (wie not. 6); Parsons, E. C.: Folk-lore from the Cape Verde Islands 1. Cambr., Mass./N.Y. 1913, num. 24, 108; Paredes, A.: Folktales of Mexico. Chic./L. 1970, num. 26 (mit weiterer Lit.); Robe; Arewa, num. 2086.

Halle/Saale Heinz Mode

Halpert, Herbert, * New York 23. 8. 1911, nordamerik. Folklorist, Präsident der Hoosier Folklore Soc. (1941), Präsident der Kentucky Folklore Soc. (1953), Fellow der American Anthropological Assoc. (1954), Präsident der American Folklore Soc. (1955–56), Fellow der American Folklore Soc. (1960), Ehrenpräsident der Folklore Studies Assoc. of Canada (1976), Henrietta Harvey Research Professor of Folklore (1973), Honorary Fellow der engl. Folklore Society (1974), 1979 emeritiert.

Nach der Graduierung in Englisch an der Univ. New York (1934) begann H., in den Straßen New Yorks Kinderreime zu sammeln. Dies brachte ihn in Kontakt mit R. Benedict und G. Herzog an der Columbia Univ., bei denen er 1946 den Magister Artium in Kulturanthropologie erwarb (*Folk Rhymes of New*

York City Children; unveröff.). Umfangreiche Feldforschungen in den New Jersey Pines, wo er Volkslieder, Volkserzählungen und Sagen sowie Lebensgeschichten seiner Informanten zusammentrug, veranlaßten ihn zum Studium bei S. → Thompson an der Indiana Univ., an der er 1947 mit *Folktales and Legends from the New Jersey Pines: A Collection and Study* (unveröff.) promovierte. Der Einfluß von Benedict und Herzog hatte H.s Sensibilität für die Funktionen und die Träger der Folklore geschärft; er wird heute als Gründer der ‚kontextuell-funktionalen' Schule in der nordamerik. Folkloreforschung angesehen.

H.s früheste Veröff.en zeugen von einem äußerst breiten bibliogr. Wissen; viele Beiträge zum *Hoosier Folklore Bulletin*, das er 1941 gegründet hatte, versah er (oft anonym) mit sorgfältigen Anmerkungen. Nach 1946 unterrichtete H. zunächst an mehreren Colleges in den Vereinigten Staaten; 1962 kam er nach Newfoundland und baute an der Memorial Univ. in St. John's ein vollständiges akademisches Programm für das Fach Folkloristik auf. Von 1963 bis 1967 sammelte er zusammen mit J. D. A. Widdowson die Materialien, welche die Grundlage des Memorial Univ. of Newfoundland Folklore and Language Archive (MUNFLA) darstellen. 1986 schlossen H. und Widdowson die Arbeit an dem Ms. einer umfangreichen Slg von Erzählungen ab, das auf ihren früheren Feldforschungen beruht; diese Publikation wird eine Auswahl von 150 Erzähltexten aus der rezenten mündl. Tradition Neufundlands präsentieren. Die Texte bieten möglichst exakte Wiedergaben der ursprünglichen Bandaufnahmen, insbesondere hinsichtlich dialektaler Eigenarten; sie sind mit den für H. bezeichnenden gründlichen Anmerkungen versehen.

Neben Untersuchungen und Veröff.en zu Volksliedern, -sprache, -schauspiel und anderen populären Gattungen hat sich H. auch mit bis dahin relativ wenig untersuchten Erzählbereichen befaßt. Seine Art. über Cante fable, Tall tale und Sage weckten in neuartiger Weise Aufmerksamkeit für Themen, Zusammenhänge, Funktionen und Erzähler. Als Lehrer, Feldforscher, Kommentator und Autor ist H. einer der einflußreichsten Volkskundler Nordamerikas in der 2. Hälfte des 20. Jh.s.

Veröff.en (Ausw.): The Cante Fable in Decay. In: SFQ 5 (1941) 191–200. – The Cante Fable in New Jersey. In: JAFL 55 (1942) 133–143. – Indiana Storyteller. In: Hoosier Folklore Bulletin 1 (1942) 43–61. – Liars' Club Tales. ibid. 2 (1943) 11–13. – The Devil and the Fiddle. ibid., 39–43. – John Darling. A New York Munchhausen. In: JAFL 57 (1944) 97–106. – Tales of a Mississippi Soldier. In: SFQ 8 (1944) 103–114. – Tall Tales and Other Yarns from Calgary, Alberta. In: California Folklore Quart. 4 (1945) 29–49. – Tales Told by Soldiers. ibid., 364–376. – ‚Egypt' – A Wandering Place-Name Legend. In: Midwest Folklore 4 (1954) 165–168. – Fiddlers Lost in Caves. In: Kentucky Folklore Record 2 (1956) 99–101. – Legends of the Cursed Child. In: New York Folklore Quart. 14 (1958) 233–241. – Place Name Stories of Kentucky Waterways and Pools, with a Note on Bottomless Pools. In: Kentucky Folklore Record 7 (1961) 85–101. – Definition and Variation in Folk Legend. In: American Folk Legend: A Symposium. ed. W. D. Hand. Berk./L.A./L. 1971, 47–54. – The Tree from a Riding Whip: American Versions of a Tree-Origin Legend. In: Norveg 2 (1978) 87–107. – (mit J. D. A. Widdowson:) Folk-Narrative Performance and Tape Transcription: Theory versus Practice. In: Lore and Language 5 (1986) 39–50.

Bibliogr.: Rosenberg, N. V.: The Works of H. H.: A Classified Bibliography. In: Goldstein, K. S./Rosenberg, N. V. (edd.): Folklore Studies. Festschr. H. H. St. John's, Newfoundland 1980, 15–30.

Lit.: Rosenberg, N. V.: H. H.: A Biographical Sketch. In: Goldstein/Rosenberg (v. Bibliogr.) 1–13.

St. John's, Newfoundland Gerald Thomas

Halslöserätsel (AaTh 927), ein aus einer → Rahmenerzählung und einem spezifischen, in der Regel strophisch gebundenen, meist vierzeiligen → Rätsel bestehender Erzähltyp über die Rettung eines zum Tode verurteilten Mannes (seltener Frau)[1], der sich durch das Aufgeben eines für den → Richter (König) unlösbaren Rätsels vor der → Hinrichtung (meist durch den → Galgen) bewahrt; öfter geht die Initiative von Verwandten des Delinquenten aus[2]. Das Rätsel bezieht sich stets auf bes., oft auch rein zufällige Ereignisse, die eng mit der Biographie des Rätselstellers verbunden und für Außenstehende somit nicht zu lösen sind: Erst die vor- oder nachgestellte, in ihrem Umfang stark variierende, immer aber untrennbar mit dem Rätsel verbundene Rahmenhandlung löst dies auf.

Die etymol. Ableitung des Begriffs Halslösung aus dem mndd. hovetlosinge (= Ablösung der Todesstrafe) sowie die seit dem 13. Jh. aufkommende Bezeichnung Halsgericht für die Gerichtsbarkeit bei schweren Verbrechen[3] weisen auf hist. → Rechtsvorstellungen hin[4], die das H. in die Nähe von Erzählungen über eine Gewährung der letzten → Gnade oder zum Erzähltyp AaTh 927 A: *Der letzte → Wunsch* setzen[5]. Der früher übliche Begriff Heidreksrätsel deutet auf den in der isl. *Hervarar saga ok Heiðreks konungs*[6] (Geschichte von Hervör und König Heidrek; vermutlich 2. Hälfte 13. Jh.) geschilderten Rätselwettkampf zwischen König Heidrek (→ *Edda*, Kap. 2) und Odin, der in Gestalt des zum Tode verurteilten, blinden Bauern Gestumblindi dem König eine nicht zu beantwortende Frage stellt und damit sein Leben rettet[7].

Die bereits von E. → Moser-Rath beklagte Schwierigkeit, die auch nur annähernd vollständige Biologie eines Rätsels zu dokumentieren[8], stellt sich in bes. Maße für das aufgrund formaler und inhaltlicher Kriterien vom → Rätselmärchen abzugrenzende H., das im wesentlichen in vier Gruppen einzuteilen ist: → Simson-Rätsel, Rätsel von der säugenden Tochter (→ Säugen), Ilo-Rätsel und Rätsel vom → Ungeborenen[9]. Das H. ist nach Sichtung der im EM-Archiv vorhandenen Texte und Informationen in Europa, Nord- und Lateinamerika, auf den Westind. Inseln und in der Mongolei – mit unterschiedlicher Verbreitungsdichte für die einzelnen Untergruppen – belegt[10].

Das dem ältesten H., dem Simson-Rätsel, zugrundeliegende Motiv vom Lebendigen im Toten ist in der Erzählung des A.T.s von Simsons Hochzeit (Ri. 14) vorgebildet: Simson tötet einen Löwen, in dessen Kadaver später ein Bienenschwarm Honig sammelt, den er seinen Eltern als Speise reicht. Anläßlich seiner Hochzeitsfeier verrätselt Simson diesen ungewöhnlichen Vorgang: Speise ging aus von dem Fresser und Süßigkeit von dem Starken (Mot. H 804)[11]. Die Familie seiner Frau vermag das Rätsel nicht eher zu lösen, als diese es ihr – unter Todesandrohung dazu gezwungen – heimlich verrät. Das Motiv des sog. → lebenden Leichnams ist in zahlreichen Variationen überliefert (lebende Tiere im Schädel oder Gerippe eines Pferdes oder anderen Tieres, im Leichnam eines Erhängten[12] oder in abgestorbenen Baumstümpfen), die aber alle den Gegensatz zwischen Tod und Leben betonen. Das Rätsel von Simson ist neben dem Gespräch des weisen → Salomo mit der Königin von → Saba (1. Kön. 10) nach M. Hain das einzige bibl. Rätsel, das in die literar. und volkstümliche Rätseltradition Europas Eingang gefunden hat[13]. In der mündl. Überlieferung, die sich vor allem auf England, Nord- und Mitteleuropa und Nordamerika erstreckt[14], findet sich häufig die Version vom Nest im Pferdeschädel (Totenschädel; Mot. H 793)[15]. In der 1928 erschienenen Ausg. des Typenkatalogs wird unter AaTh 927 lediglich diese Rätselform verzeichnet[16], auch einzelne regionale Typenkataloge führen nur das Rätsel vom ‚Lebendigen im Toten' an[17]. Die Rahmenhandlung ist für die Klärung der Rätselfrage zwingend notwendig; fehlt sie, sind zahlreiche, z. T. nur vage formulierte Deutungen überliefert, so daß eine eindeutige Zuordnung oft nicht möglich scheint[18].

Am weitesten verbreitet ist das Rätsel von der säugenden Tochter. Dieses wahrscheinlich in hellenist. Zeit entstandene, ein unnatürliches Verwandtschaftsverhältnis thematisierende Motiv (Mot. H 807, R 81; cf. → Inzest)[19] ist ausführlich bei → Valerius Maximus (5, 4, externae 1) in der Erzählung von dem zum Hungertod verurteilten Cimon und seiner den eingekerkerten Vater (cf. → Gefangenschaft) durch ihre Milch am Leben erhaltenden Tochter Pero belegt[20]. Valerius Maximus fügt innerhalb des Abschnitts ‚Kindliche Liebe' (5, 4, 7) ein weiteres Beispiel hinzu, in dem eine verurteilte Frau von ihrer Tochter solange gesäugt wird, bis sie schließlich von den durch die Fürsorge der Tochter gerührten Richtern begnadigt wird[21]. Als rühmliches Beispiel wahrer Elternliebe im MA. (z. B. *Gesta Romanorum*, num. 215; Jacques de Vitry, num. 238)[22] weitverbreitet, ist die Erzählung in Exempelsammlungen und Predigten des Barock[23] sowie der unterhaltenden Gebrauchsliteratur des 17. und 18. Jh.s häufig verwendet[24]. Auch die bildende Kunst nahm sich frühzeitig des Stoffes an[25]. Die für die bildliche Darstellung der Vater-Tochter-Gruppe gewählte Bezeichnung ‚Caritas Romana' geht auf → Boccaccios Heldin Romana zurück (*De claris mulieribus*, ca 1362)[26] und bildete auch die Vorlage für das

1569 verfaßte Gedicht *Romana, die seugend dochter* von Hans → Sachs, der durch die Übers. Heinrich → Steinhöwels (1473) mit der Erzählung bekannt geworden war[27].

Die Einkleidung des Motivs in Rätselform — wohl die volkstümliche Neigung zur Verrätselung als absurd empfundener, umgekehrter Verwandtschaftsbeziehungen berücksichtigend[28] — läßt sich im *Straßburger Rätselbüchlein* (1505), in den *Aenigmata* des N. Reusner (1602) und in der *Aenigmatographia rhythmica* des H. Therander (1606) nachweisen[29]. In mündl. Überlieferungen des 19./20. Jh.s scheinen Vater und Tochter als Handlungsträger zu dominieren: Die überwiegende Anzahl der Erzählungen preist die Rettung des Vaters[30]. Aber auch Schilderungen, in denen eine Frau ihren Sohn (Ehefrau fremden Mann) säugt, sind recht häufig[31]. In einer von U. → Jahn aufgezeichneten Var. ist das z. T. als geschmacklos empfundene Motiv der Säugung, in der bildenden Kunst als ‚Zahnextraktion' gedeutet, durch eine unverfänglichere Art der Nahrungsaufnahme ersetzt: Der Vater wird durch einen dünnen Schlauch mit Suppe ernährt[32]. Den rechtlichen Charakter der Halslösung durch Rätselstellung betont u. a. eine puertorikan. Var., in welcher der König — einem alten Brauch folgend — den Gefangenen alljährlich die Möglichkeit der Begnadigung durch das Ersinnen eines unlösbaren Rätsels zubilligt[33].

Die charakteristischen Merkmale der als Ilo-Rätsel bezeichneten Var.n lassen sich bes. an einer Version aus Devonshire verdeutlichen:

Eine vornehme Frau wird aufgrund eines Verbrechens zum Tode verurteilt. Sie stellt den durch ihre Güte und Schönheit milde gestimmten Richtern folgendes Rätsel: „Love I sit, Love I stand; Love I hold, Fast in hand. I see Love, Loves sees not me. Riddle me that, Or hanged I'll be"[34]. Die Frau hatte ihren Hund Love getötet, aus seiner Haut waren Schuhe (Love I stand), Handschuhe (Love I hold) und eine Stuhlbespannung (Love I sit) angefertigt worden.

Das sog. Ilo-Rätsel — Ilo heißt der Hund oftmals in dt. Fassungen — ist die im dt.sprachigen Gebiet bekannteste Version des H.s[35], darüber hinaus aber auch in England und Nordamerika verbreitet: „This story still enjoys a wide popularity in America, and has been printed there in at least fifteen versions, ten of which are from Negroes in the United States, Barbados, and Bermuda"[36]. Die Verrätselung des eigentlichen Rätselgegenstandes, die unterschiedliche Verwendung der Hundehaut, verweist auf den Zusammenhang des Ilo-Rätsels mit dem Rätselmärchen von dem ermordeten Geliebten[37]:

Eine Königin läßt sich aus dem Totenschädel ihres Geliebten ein Trinkgefäß, aus den Augen einen Ring und aus den Zähnen Verzierungen für ihre Schuhe anfertigen. Diesen Vorgang verrätselt sie folgendermaßen: „Womit du siehst, das trage ich, womit du kaust, das trete ich, den Verstand halte ich und trinke, rate, was ist das"[38] (Mot. H 805: *Riddle of the murdered lover*). Gelingt es dem König, das Rätsel zu lösen, soll er seine Frau töten dürfen, löst er es aber nicht, wird er sein Leben verlieren.

In einem ung. Roma-Märchen wird die Verarbeitung der Haut einer von ihrem Sohn getöteten Frau verrätselt. Beide waren wegen des gemeinsam begangenen Inzests (Mot. T 412) vor Gericht gestellt und zum Tode verurteilt worden. Den Rat der Mutter befolgend, tötet der Sohn sie, fertigt aus der Haut Strümpfe und Handschuhe und verkleidet diese Tat in ein Rätsel, das ihn vor der Vollstreckung bewahrt[39].

Das Rätsel vom Ungeborenen (Mot. H 792), das der zum Tode Verurteilte dem König (Richter) aufgibt, bestimmt die letzte H.-Gruppe[40], in der als Rätselmotiv die unnatürliche Geburt eines Lebewesens zum Gegenstand des Rätsels gemacht wird: Ungeboren bin ich (reit ich, eß' ich). Der Angeklagte ist auf unnatürliche Weise zur Welt gekommen (hat ein Reittier, das unter ungewöhnlichen Bedingungen geboren wurde, ißt von dem Fleisch eines aus dem Leib seiner Mutter herausgeschnittenen Tieres). Es ist in Dänemark, Deutschland und im ags. Raum belegt, aber auch in Spanien und Lateinamerika nachgewiesen[41]. Das Rätsel vom Ungeborenen läßt sich auch als eine der drei Rätselfragen in AaTh 851: cf. → *Rätselprinzessin* wiederfinden[42].

Neben den problemlos einer Untergruppe zuzuordnenden Versionen gibt es zahlreiche Formen, die sich einer konkreten Klassifizierung entziehen; sei es, weil sie als Kombination mehrere Motive aufweisen, sei es, weil sie zwar formal ein typisches H. darstellen, aber die Rahmenhandlung keinerlei Hinweise auf eine Halslösung gibt, oder weil sie einen für das

H. typischen Rahmen überliefern, das gestellte Rätsel selbst aber eher selten zu finden ist. Manche Var.n beschreiben wohl eine Halslösung durch Rätselaufgaben, sind dann aber nur bedingt zu AaTh 927 zu stellen. So läßt sich z. B. in einer westafrik. Erzählung des Typus *Rätselprinzessin* ein junger Mann in einen Rätselwettkampf auf Leben und Tod ein und besiegt seinen Gegner, indem er die Folgegeschichte eines vergifteten Kekses verrätselt (cf. Mot. H 802: *Riddle: One killed none and yet killed twelve*)[43]. In einer bei G. → Henßen mundartlich aufgezeichneten Var. mit der Überschrift *Halslösung* wird zwar ein geradezu idealtypischer H.-Rahmen formuliert („Aine de häff up'n Dot säten")[44], die im Verlauf der Handlung gestellten Rätselfragen nach der Zahl der Sterne, dem Mittelpunkt der Erde und dem Wert des Königs lassen aber eine Zuordnung zu AaTh 922: → *Kaiser und Abt* sinnvoll erscheinen. Eine bei AaTh 927 angeführte brasilian. Var.[45], in der eine Mutter mit ihrem Sohn ein Kind zeugt und diese inzestuöse Beziehung verrätselt, ist eher AaTh 931: → *Ödipus* zuzurechnen, auch zwei der dort genannten katalan. Versionen sind für das H. im engeren Sinn untypisch[46].

[1] cf. Müller-Bergström, W.: Verurteilter, zum Tode. In: HDA 9 (1938–41) 827–834. – [2] Amades, J.: Les Contes-devinettes de Catalogne. In: Fabula 3 (1960) 199–223, hier 199. – [3] cf. Lieberwirth, R.: Halslösung. In: Hwb. zur dt. Rechtsgeschichte 1. B. 1971, 1915; id.: Halsgerichtsordnungen. ibid., 1914 sq. – [4] Anger, S.: H. und Rechtsbrauch. In: Die Heimat 77 (1970) 200–202. – [5] cf. Bolte, J.: Volksrätsel aus der Mark Brandenburg. In: ZfVk. 44 (1934) 250–260, hier 260, num. 120; cf. Wetter, H.: Bitte, letzte (des Verurteilten, des Todesopfers, des Verstoßenen). In: HDM 1 (1930–34) 260–266. – [6] Tolkien, C.: The Saga of King Heidrek the Wise. L. u. a. 1960, bes. 44, num. 73. – [7] Heusler, A.: Die altnord. Rätsel. In: ZfVk. 11 (1901) 115–149, bes. 124 sq.; dazu relativierend Vries, J. de: Die isl. Saga und die mündl. Überlieferung. In: Märchen, Mythos, Dichtung. Festschr. F. von der Leyen. Mü. 1963, 169–176, bes. 171; Bødker, L.: The Nordic Riddle. Kop. 1964, 19, 22 sq., 35 sq., 45, 67. – [8] Moser-Rath, E.: Rätselzeugnisse in barocken Predigtwerken. In: von der Leyen (wie not. 7) 409–421, hier 409 sq. – [9] So Amades (wie not. 2); Norton, F. J.: Prisoner Who Saved His Neck with a Riddle. In: FL 54 (1943) 27–57 (grundlegend); Meyer, H.: Das Halslösungsrätsel. Diss. Würzburg 1967; Abrahams, R. D.: Between the Living and the Dead (FFC 225). Hels. 1980 (nennt 18 Untergruppen); dazu Rez. von L. Petzoldt in Fabula 24 (1983) 124 sq. – [10] Ergänzend zu AaTh: Ó Súilleabháin/Christiansen; de Meyer, Conte; de Meyer/Sinninghe; van der Kooi; Hodne; Arājs/Medne; Kecskeméti/Paunonen; SUS; György; MNK; Lőrincz; Cirese/Serafini; Robe; Flowers; cf. Thompson/Roberts. –
[11] cf. Röhrich, L.: Gebärde – Metapher – Parodie. Düsseldorf 1967, 108. – [12] Addy, S. O.: Household Tales with Other Traditional Remains. L./Sheffield 1895, num. 8. – [13] Hain, M.: Rätsel. Stg. 1966, 42 sq. – [14] Norton (wie not. 9) 28–35; Liungman, Volksmärchen, 242 sq. – [15] Wossidlo, R.: Rätsel. Wismar 1897, num. 967 (35 Var.n). – [16] Aarne, A.: The Types of the Folk-Tale. Translated and Enlarged by S. Thompson (FFC 74). Hels. 1928, 139. – [17] Aarne, A.: Estn. Märchen- und Sagenvar.n (FFC 25). Hamina 1918, num. 924*. – [18] Wossidlo (wie not. 15) 211. – [19] cf. Tubach und Dvořák, num. 3969. – [20] Knauer, E. R.: Caritas Romana. In: Jb. der Berliner Museen 6 (1964) 9–23, hier 14; cf. Uther, H.-J.: Die letzte Bitte Verurteilter. Zur Umsetzung von Rechtsvorstellungen in Volkserzählungen. In: Anales de la Universidad de Chile 5, 20 (1988) (im Druck). –
[21] cf. Kuntze, F.: Die Legende von der guten Tochter in Wort und Bild. In: Neue Jbb. für das klassische Altertum 13 (1904) 280–300, hier 281 sq.; Knauer (wie not. 20) 14 sq. – [22] Kretschmer, P.: Zur Geschichte von der ‚säugenden Tochter'. In: ZfdA 43 (1899) 151–157, bes. 151. – [23] Rehermann, 165 sq. – [24] EM-Archiv: Lehmann, Exilium melancholiae (1643), 275, num. 28; Gerlach, Eutrapeliae 1 (1647), 143, num. 442; Plener, Acerra philologica (1687), 613 sq., num. 73; Hilarius Salustius (1717), 167; Schreger, Zeitanwendung (1766), 215a. – [25] Scheiber, A.: Alte Geschichten in neuem Gewande 7. In: Fabula 13 (1973) 160–166, hier 164; zur kunstgeschichtlichen Bedeutung des Vorwurfs cf. Bringéus, N.-A.: Caritas Romana [...]. In: Béaloideas 39–41 (1975) 79–94; Dömötör, S.: Kimon és Péra története (Die Geschichte von Cimon und Pera). In: Képzőművészet (1934) 3–15 (mit Abb.en); umfassend Deonna, W.: La Légende de Pero et de Micon et l'allaitement symbolique. In: Latomus 13 (1954) 140–166, 356–375; id.: Les Thèmes symboliques de la légende de Pero et de Micon. ibid. 15 (1956) 489–511. – [26] Knauer (wie not. 20) 18 sq. – [27] Kretschmer (wie not. 22) 153. – [28] ibid., 154. – [29] Knaack, G.: Die säugende Tochter. Ein Beitr. zur vergleichenden Vk. In: Zs. für vergleichende Lit.geschichte N.F. 12 (1898) 450–454, hier 454; cf. Taylor, A.: Straparola's Riddle of Pero and Cimon and Its Parallels. In: Romance Philology 1 (1947–48) 297–303, hier 298 sq.; Kretschmer (wie not. 22) 154; cf. Schmidt, A.: Studien zum „Straßburger Rätselbuch". In: DJbfVk. 8 (1962) 76–97, bes. 79. – [30] Kuntze (wie not. 21) 289, 298; cf. auch die Mehrzahl der im EM-Archiv vorhandenen Var.n dieser Untergruppe. –
[31] cf. Randolph, V.: The Talking Turtle and Other Ozark Folk Tales. N.Y. 1956, 44–46; Taylor, A.:

The Riddle of Morning-Spring. In: SFQ 8 (1944) 23–25. — [32] Jahn, U.: Volkssagen aus Pommern und Rügen. B. [2]1889, num. 669; cf. auch Wossidlo (wie not. 15) num. 968. — [33] Arellano, R. R. de: Folklore portorríqueno. Madrid 1926, num. 31c; Kvideland, R.: Glunten og riddar rev. Oslo 1977, 15 sq.; grundlegend für die span. und lateinamerik. Var.n cf. Chertudi, S.: „Antes fui hija/Ahora soy madre". In: Cuadernos del instituto national de investigaciones folklóricas 3 (1962) 63–74. — [34] Hendersohn, W./Baring-Gould, S.: Notes on the Folk-Lore of the Northern Counties of England and the Borders. L. 1866, 318; cf. dazu Köhler/Bolte 1, 45 sq. — [35] Röhrich (wie not. 11) 106; Wossidlo (wie not. 15) num. 962 (83 Var.n). — [36] Norton (wie not. 9) 36. — [37] Köhler/Bolte 1, 350–360, bes. 358–360. — [38] ibid., 352. — [39] Mode, H.: Zigeunermärchen aus aller Welt 3. Wiesbaden 1984, num. 178. — [40] Wossidlo (wie not. 15) num. 970; Norton (wie not. 9) 42–49. —
[41] Abrahams (wie not. 9) num. 68–144; Carter, I. G.: Mountain White Riddles. In: JAFL 47 (1934) 76–80, hier 77; Pino Saavedra 2, num. 144. — [42] cf. Norton (wie not. 9) 48. — [43] Barker, W. H./Sinclair, C.: West African Folk-Tales. L. 1917, num. 34. — [44] Henßen, G.: Überlieferung und Persönlichkeit. Münster 1951, num. 42. — [45] Cascudo, L. da Câmara: Contos tradicionais do Brasil. Bahia [2]1955, 405 sq. — [46] Amades, num. 438, 450; die durchgesehenen 92 Var.n verteilen sich wie folgt: Simson-Rätsel (17), säugende Tochter (25), Ilo-Rätsel (13), Rätsel vom Ungeborenen (18), Subtypen (14 Texte).

Göttingen Susanne Ude-Koeller

Haltrich, Josef (ursprünglich Joseph), * Sächs.-Reen (rumän. Reghin) 22. 7. 1822, † Schaas (rumän. Şaeş) 17. 5. 1886, siebenbürg.-sächs. Volkskundler. Nach theol.-humanistischen Studien in Leipzig (1845–47) war H. Gymnasiallehrer und -direktor in Schäßburg (rumän. Sighişoara), von 1872 an Gemeindepfarrer in Schaas.

H. betreute bei der gemeinsam mit F. W. Schuster, F. Müller u. a. geplanten und im Zeichen der romantischen Vk. stehenden Erschließung der sächs. Volkskultur speziell die Herausgabe der Märchen. Die Tiermärchen seiner auch andere Bereiche umfassenden Abhdlg *Zur dt. thiersage* (1854/55)[1] gingen in die 3. Ausg. von H.s erstmals 1856 in Berlin erschienenem Hauptwerk *Dt. Volksmärchen aus dem Sachsenlande in Siebenbürgen* (Wien 1882) ein. Diese bis heute umfangreichste siebenbürg.-sächs. Märchenveröffentlichung[2] enthält 119 Texte, die nach Gestalten und Themen geordnet und – z. T. auch stofflich – bearbeitet sind; num. 39 der Slg wurde von W. → Grimm als KHM 191 (AaTh 329: → *Versteckwette*) in die 7. Aufl. (1857) eingefügt[3]. Trotz der guten Aufnahme seines Werkes[4] hat H., inzwischen mit der Erstellung eines siebenbürg.-sächs. Idiotikons betraut, zugesagte Ergänzungen (einen 2. Band, Kommentar und Anmerkungen zu sämtlichen Erzählungen) nicht mehr verfaßt. Die Herausgabe seiner gesammelten Aufsätze übertrug er J. Wolff[5]. Weitere Erzähltexte befinden sich im hs. Nachlaß[6].

Unter den frühen siebenbürg. Volkskundlern war H. der vielseitigste Sammler. Stand seine Abhdlg *Zur dt. thiersage* noch in der Nachfolge J. → Grimms, so geht das spätere Aufgeben märchenkundlicher Vorhaben im Grunde auf die Kritik an seinen Leitbildern zurück. Der mythol. orientierten und auf die dt. Überlieferung ausgerichteten siebenbürg.-sächs. Märchenforschung, bes. vertreten durch Schuster[7], setzte erst A. → Schullerus eine der siebenbürg. Tradition angemessenere, interethnische Sicht entgegen.

[1] In: Progr. Schäßburg 1854/55, 2–73; bearb., durch hs. Texte erg. und als spätma. Folklorisierung gedeutet in Wolff, J. (ed.): Zur Vk. der Siebenbürger Sachsen. Kl.re Schr. von J. H. Wien 1885, 29–103, 492–524; dagegen Plötzeneder, G.: Fuchs und Wolf im siebenbürg.-sächs. Tiermärchen. In: Südostdt. Semesterbll. 22 (1968) 9–18. — [2] Spätere Gesamtausg.n: Wien [4]1885, Hermannstadt [5]1924, Mü. [6]1956; u. d. T. Sächs. Volksmärchen aus Siebenbürgen. ed. H. Markel. Buk. 1971 ([4]1974; aus anderen Schr. auf 138 Nummern erg.). — [3] BP 3,365. — [4] cf. Anh. der 3.–6. Ausg.; Briefe an J. H. In: Archiv des Vereins für siebenbürg. Landeskunde 42 (1924) 285–304. — [5] Wolff (wie not. 1). — [6] cf. Orend, M.: Siebenbürg. Märchenforschung. Aus dem Nachlaß J. H.s. In: ÖZfVk. 62 (1959) 1–19; Markel, H.: Provenienţa poveştilor din culegerea lui J. H. In: Anuarul de folclor 2 (1981) 267–287 (mit dt. Zusammenfassung). — [7] cf. Schuster, F. W.: Dt. Mythen aus siebenbürg.-sächs. Qu.n. In: Archiv des Vereins für siebenbürg. Landeskunde N.F. 9,2 (1870) 230–331; 9,3 (1871) 401–497; 10,1 (1872) 65–155.

Lit.: Teutsch, G. D.: Dankrede auf J. H. In: Archiv des Vereins für siebenbürg. Landeskunde 21 (1887) 206–230. – Schuller, F.: Schriftsteller-Lex. der Siebenbürger Deutschen 4. Hermannstadt 1902, 168–172. – ADB 49 (1904) 734–736. – Schullerus, A.: J. H. und seine dt. Volksmärchen aus dem Sachsenlande in Siebenbürgen. In: Dt. Vaterland 4 (1922) 185–189. – Dactu, I./Stroescu, S. C.: Dicţionarul folcloriştilor 1. Buk. 1979, 459 sq. – Curriculum vitae von J. H. ed H. Markel. In: Karpatenrundschau 19 (1986) H. 20, 4 sq.

Cluj-Napoca Hanni Markel

Hamlet. Die Figur des H. ist im kulturellen Bewußtsein der Neuzeit so unzertrennlich mit → Shakespeares gleichnamiger Tragödie verbunden, daß die weit ältere H.-Sage darüber vielfach in Vergessenheit geraten ist[1]. Nach der ausführlichen Darstellung des → Saxo Grammaticus in den *Gesta Danorum* (3,6–4,2; ca 1185 bis nach 1216)[2] hat die Sage folgenden Inhalt:

Aus Neid tötet Fengo seinen Bruder, den erfolgreichen Horwendillus, und heiratet Gerutha, die Frau des Ermordeten. Amlethus, der Sohn von Horwendillus und Gerutha, zur → Rache des Vaters entschlossen, beileibe nicht zögerlich und melancholisch wie Shakespeares gedankenschwerer Dänenprinz, wartet auf einen günstigen Zeitpunkt und spielt – im Rückgriff auf ein archaisches Muster der Schutzsuche (cf. David in 1. Sam. 21, 12–15) – den Wahnsinnigen als → Narr (Mot. K 1818.3; → Verstellung), um den mörderischen Nachstellungen seines Onkels zu entgehen. Er schnitzt beispielsweise hölzerne Klammern (Mot. H 591.3), die er seinen spöttischen Zuhörern als Speere im Dienste der Vaterrache deutet und später auch tatsächlich zu diesem Zweck einsetzen wird. Amlethus' Verstellung soll entlarvt werden: Man führt ihm eine schöne Frau zu, seine Ziehschwester, mit der Amlethus den Beischlaf in einem unwegsamen Sumpf vollzieht; beide vereinbaren, über ihre Beziehung Stillschweigen zu wahren. Als man hofft, Amlethus werde sich seiner Mutter in einem Zwiegespräch anvertrauen, ersticht Amlethus den verborgenen Lauscher und wirft der Mutter lüstern-ruchlosen Umgang[3] mit Fengo vor: Sie bereut ihre Tat.

Fengo schickt Amlethus nach England in Begleitung von zwei Bediensteten. Diese führen Holztafeln mit, die den Auftrag an den befreundeten König enthalten, Amlethus zu töten. Amlethus ändert das Schreiben, er lenkt das Todesurteil von sich auf seine beiden Begleiter (cf. AaTh 910 K: → *Gang zum Eisenhammer* [*Kalkofen*]; AaTh 930: → *Uriasbrief*). Später entrüstet sich Amlethus, der sich am Königshofe durch scharfsinnige Bemerkungen (cf. AaTh 655, 655 A: *Die scharfsinnigen → Brüder*) und rätselhafte Äußerungen (Mot. H 599.2) hervortut, zum Schein über die Ermordung seiner Begleiter und erhält als Buße des Königs Gold (Wergeld), das er in ausgehöhlte Stäbe gießt. Nach einem Jahr gelangt er gerade in dem Moment in die Heimat zurück, als die Totenfeier für ihn begangen wird. Der vermeintlich Tote erstaunt die Anwesenden und verweist, nach seinen Begleitern gefragt, auf seine Stöcke: eine Bemerkung, die Wahrheit und Scherz vereint, so wie er früher schon List und Offenherzigkeit verband. Die als Narreteien getarnte Wahrheit mag niemand glauben, der Anschein albernen Tuns täuscht Amlethus' Beobachter. Schließlich macht Amlethus Fengos Mannen betrunken und tötet sie und den König.

Genesis und Filiationen der H.-Sage sind umstritten. Auch etymol. Forschungen zur nordgerm.-isl. Wortgeschichte von Amleth haben keine Klarheit gebracht; gemeinhin wird der Name mit dem Wortfeld Verrücktheit, Wahnsinn in Verbindung gebracht, gelegentlich auch als Übersetzung des lat. brutus (cf. → Dümmling, Dummling, Kap. 4) gedeutet, von dem Götternamen Odin (aml-óði) hergeleitet oder zu dem Sturmdämon Amlodi in Beziehung gesetzt[4].

Ursprünge der H.-Sage werden gerne im germ., bes. skand. Kulturraum gesehen. In der *Prosa-Edda* (hier *Skálskaparmál*, Strophe 133; → *Edda*) zitiert und kommentiert Snorri Sturluson eine schwer zu enträtselnde Kenning, die dem Dichter Snæbjǫrn zugeschrieben wird; sie wird häufig dahingehend interpretiert, daß das Meer Amlodis Mühle darstellte, wobei Amlodi als mythisches ozeanisches Wesen erscheine. Dieses Bild ist bei Saxo aufgegriffen im Sand als Mehl des Ozeans[5]. Die isl. *Ambales-Saga*, erst aus der Mitte des 17. Jh.s in einer romantisierenden Fassung überliefert, vielleicht aber auch ursprünglichere Versionen der Sage als Saxos Chronik enthaltend[6], begründet den gespielten Wahnsinn des Helden durch Hinweis auf einen Bruder Amleths, der getötet wird, da er sich nicht verstellt. Innerhalb des germ. Kulturraums stellen sich überdies Bezüge ein zur Runeninschrift auf den Eibenstäbchen von Westerenden, deren Echtheit jedoch fraglich ist[7]. Ebenso skeptisch zu beurteilen sind mögliche Beziehungen zu der Sage von Hrólfr kraki (cf. → Germ. Erzählgut, Kap. 2.4; zwei Söhne eines ermordeten Königs täuschen Wahnsinn vor u. a. Motivverwandtschaften), zum isl. Märchen von Brjám (u. a. auch ausgelegt als „nothing but a levelling down of the story of ‚Hamlet', cleverly blended with another folktale of the ‚Clever Hans' type"[8]), wie zur Sage von Havelok dem Dänen (12. Jh.)[9].

Eine mythol. Interpretation der H.-Sage, die sich an der Orwendil-Sage ausrichtet, führt die Erzählstruktur auf einen germ. Naturmythos von einem sterbenden und wiederauferstehenden Gott zurück[10]. Zu den mythol. Herleitungen zählt auch die in astrologische Deutungsmuster eingebundene, kosmologisch intendierte, recht spekulative Lesart einer universell auftretenden H.-Figur als „Amlethus-Kronos, King of the Cosmic Mill"[11].

Eine andere, eher phänomenologisch orientierte grundsätzliche Deutung, die bes. von F. Detter vertreten wird, verläßt den germ. Kulturkreis und begreift die H.-Sage als nord. Version der Brutus-Sage, wie sie durch → Valerius Maximus (4,68) und Titus Livius (1,56) überliefert wird (zahlreiche überzeugende Übereinstimmungen, so z. B. Nachstellung des Oheims eines Königssohnes, vorgetäuschter Wahnsinn, Goldstabmotiv)[12]. Der röm. Grundlage sind nach M. A. Taylor byzant. Erzählelemente beigemengt; diese „Roman-Byzantine concoction"[13] sei zum größten Teil durch die Waräger über Rußland nach Skandinavien gebracht worden. R. Zenker schließlich macht eine Verschmelzung griech. und röm. Sagen geltend: Hamlet als „metamorphisierter Bellerophon-Brutus" (cf. → Bellerophon, → *Beuve de Hampton*)[14]. Bei den vielfältigen Versuchen, die H.-Sage in ein globales Vernetzungssystem folkloristischer Motivverwandtschaften einzubringen, stellen sich u. a. auch Bezüge ein zur finn. *Kullervo-Sage*[15], ja sogar zum Schicksal des Kei Ḫosrou in Ferdousis (→ Firdausī) iran. Epos *Šāh-Nāme*[16].

Ein Märchen aus der Gascogne, von J.-F. → Bladé nach dem Vortrag einer einfachen Landfrau aufgezeichnet[17], weist sich als kontrastreiche Volkserzählung aus (der gute, gerechte König gegen die böse, geizige Königin), in welcher der Geist des ermordeten Königs, dem hier kein Bruder beigegeben ist, den — nicht wahnsinnigen, letztlich gehorsamen, aber doch zögerlichen und die Einsamkeit suchenden — Königssohn dreimal zur Rache auffordert. Das Märchen, in vielem Shakespeares Drama näher als Saxos Erzählung, erfuhr unterschiedliche Deutungen: Der Ansicht A. H. → Krappes, als Quelle der Erzählung müsse man, ohne dabei die → Authentizität der von Bladé aufgezeichneten Version in Zweifel zu ziehen, eine der zahlreichen frühen frz. Shakespeare-Übersetzungen annehmen[18], steht die Warnung M. → Lüthis entgegen, in ihm „nicht ohne weiteres die ins Volk abgesunkene Shakespearesche Dichtung"[19] zu sehen. Auch kann die Wirkung einer Aufführung durch Wanderschauspieler auf die mündl. Überlieferung nicht ausgeschlossen werden.

[1] allg. cf. Echtermeyer, T./Henschel, L./Simrock, K. (edd.): Qu.n des Shakespeare in Novellen, Märchen und Sagen 1–3. B. 1831, hier t. 1, 67–94; 2, 162–173; Hansen, G. P.: The Legend of H. Prince of Denmark. Chic. 1887 (Nachdr. N.Y. 1972); Schick, J.: Corpus Hamleticum. H. in Sage und Dichtung, Kunst und Musik. 1,1–2: Das Glückskind mit dem Todesbrief. B. 1912/Lpz. 1932; 4,1 und 5,2: Die Scharfsinnsproben. B. 1934/Lpz. 1938; Schneider, H.: Germ. Heldensage. 2,1,2: Nordgerm. Heldensage. B./Lpz. 1933, 225–250; Frenzel, Stoffe, 237–240; Lüthi, M.: Shakespeares Dramen. B. 1957, 34–63, 416 sq.; Malone, K.: The Literary History of H. N.Y. 1964; Bullough, G. (ed.): Narrative and Dramatic Sources of Shakespeare 7. L./N.Y. 1973, 3–189; Dollerup, C.: Denmark, H., and Shakespeare 1–2. Salzburg 1975; Habicht, W.: H.s ‚prophetischer Geist'. In: Fabula 20 (1979) 79–85; Sjögren, G.: H. the Dane. Lund 1983, 13–25. — [2] Herrmann, P.: Erläuterungen zu den ersten 9 Büchern der Dän. Geschichte des Saxo Grammaticus. 1: Übers. Lpz. 1901, 113–141; id.: Die Heldensagen des Saxo Grammaticus. Lpz. 1922, 248–296; Davidson, H.E./Fisher, P.: Saxo Grammaticus. The History of the Danes. Books 1–9. t. 2; Commentary. Cambr. 1980, bes. 59–68; Text nach Saxo Grammaticus auch in Bødker, L.: Dän. Volksmärchen. MdW 1964, num. 50. — [3] Eine späte Deutung, die der heidn. Einschätzung des Levirats noch nicht zugrunde lag, cf. Taylor, M. A.: A New Look at the Old Sources of ‚H.'. Den Haag/P. 1968, 47–55. — [4] Zur Etymologie cf. u. a. Meißner, R.: Der Name H. In: Idg. Forschungen 45 (1927) 370–394; Krause, W.: Die H.strophe Snæbjorns. In: Festschr. K. Reichardt. Bern/Mü. 1969, 87–97, bes. 93 sq. — [5] cf. Herrmann 1922 (wie not. 2) 271; Neckel, G./Niedner, F. (Übers.): Die jüngere Edda [...]. Jena 1942, 174; cf. den Interpretationsvorschlag von W. Krause (wie not. 4) 91: „Amlodis Rauschtrank ist das aufgeregte Meer und dessen Mahlgut alles, was vom Meer zermahlen wird." — [6] cf. Gollancz, I.: H. in Iceland [...]. L. 1898; Jiriczek, O. L.: Die Amleth-Sage auf Island. In: Germanistische Abhdlgen 12 (1896) 61–108; O. Elton sieht in der Ambales-Saga jedoch „no proof of any early element", cf. id. (Übers.): The Nine Books of the Danish History of Saxo Grammaticus. (L./N.Y. 1905) Nachdr. Nendeln 1967, 104. — [7] cf. Dollerup (wie not. 1) t. 1, 13 sq. — [8] Gollancz, I.: The Sources of H. L. 1967, 70; cf. auch Brjáms saga. In: Einarsson, B. (ed.): Munnmælasögur 17. aldar. Reykjavík 1955, 61–63 (dt. Übers. bei Schier, K.: Märchen aus Island. MdW 1983, num. 41). — [9] cf. Herrmann 1922 (wie not. 2) 280 sq. — [10] cf. Zinzow, A.: Die H.sage an und mit verwandten Sagen erläutert. Halle 1877; Schröder,

F. R.: Der Ursprung der H.sage. In: GRM 26 (1938) 81–108. – [11] Santillana, G. de/Dechend, H. von: H.'s Mill. An Essay on Myth and the Frame of Time. Boston 1969, 176. – [12] Detter, F.: Die H.sage. In: ZfdA 36 (1892) 1–25. – [13] Taylor (wie not. 3) 10. – [14] Zenker, R.: Boeve-Amlethus. Das altfrz. Epos von Boeve de Hamtone und der Ursprung der H.sage. B. 1905, IX. – [15] cf. Setälä, E. N.: Kullervo – H. In: Finn.-ugr. Forschungen 3 (1903) 61–97; 7 (1907) 188–264; 10 (1910) 44–127. – [16] cf. Jiriczek, O. L.: H. in Iran. In: ZfVk. 10 (1900) 353–364; Herrmann 1922 (wie not. 2) 278 sq. – [17] Bladé, J.-F.: Contes populaires de la Gascogne 1. P. 1886, 57–66 (= id.: Der Mann in allen Farben. Stg. s. a., 169–176; Tegethoff, E.: Frz. Volksmärchen. Aus neueren Slgen. MdW 1923, num. 54). – [18] Krappe, A. H.: Shakespeare in Romance Folk-Lore. In: Neuphilol. Mittlgen 27 (1926) 65–76, bes. 69 sq. – [19] Lüthi, M.: H. in der Gascogne [1951]. In: id: Volksmärchen und Volkssage. Bern/Mü. [3]1975, 97–108, hier 106.

Berlin Werner Bies

Hammel Gottes (AaTh 1832 N*). Dieser Erzähltyp, der in verschiedenen Schwankkomplexen realisiert werden kann (→ Katechismus- und → Beichtschwänke, Schwänke vom dummen → Bauern oder frechen bzw. einfallsreichen Jungen oder vom → Narren), basiert auf absurder Logik, genauer auf absurdem Verständnis von Wachstum und Zeitverlauf (Mot. J 2212; cf. auch → Mißverständnisse). Bei AaTh ist der Typ, unter Berufung vor allem auf die jüngere mündl. Überlieferung, dem Schwank AaTh 1832*: *Boy Answers the Priest* und dessen Subtypen zugeordnet. Nach Inhalt und geogr. Verbreitung lassen sich deutlich zwei Subtypen erkennen.

(1) Ein Schelm antwortet auf die Frage, unter welchem Sternzeichen er geboren sei: unter dem Sternzeichen des Bockes. Als der Fragende ihm entgegenhält, das Sternzeichen existiere nicht, beruft er sich auf seine Mutter, die ihm erzählt habe, er sei unter dem Sternzeichen des Zickleins geboren. Den erneuten Einwand, ein Zicklein sei kein Bock, pariert er mit den Worten, schließlich seien 40 bis 50 Jahre vergangen, nunmehr seien doch wohl die Zicklein zu Böcken geworden.

(2) Ein Geistlicher lehrt einen dummen Mann (Bauer, Schäfer, Jungen), der meistens zu Ostern (im Frühjahr) zur Beichte (in den Religionsunterricht) kommt, ein Gebet (Lied), das auf Latein (in der Landessprache) mit der Anrufung Agnus Dei (Lamm Gottes) beginnt[1]. Später (nach einem Jahr, vielen Jahren) überprüft der Geistliche den Mann. Dieser beginnt, auf die gleiche Weise wie oben argumentierend, mit: H. Gottes.

Der 1. Subtyp hat seine Wurzeln in der arab. Astrologie, in der tatsächlich ein Sternbild ‚Zicklein' eine Rolle spielt. Er scheint sich bes. im Zuge der um die mediterrane Schelmenfigur → Hodscha Nasreddin kreisenden mündl. und schriftl. Überlieferung (erstes gedr. türk. Volksbuch 1837) in der arab. Welt und im islam. Orient verbreitet zu haben[2]. Der Hodscha ist hier eine jüngere → Kristallisationsgestalt; der älteste Beleg für diesen Subtyp findet sich in der Anekdotensammlung *Aḫbār al-Ḥamqā* des hanbalitischen Theologen und Vielschreibers → Ibn al-Ǧauzī (gest. 587/1200)[3]. Der 2. Subtyp ist abendländ. und vom Beginn des 16. Jh.s an schriftl. in Schwankbüchern und damit vergleichbaren Sammlungen überliefert (im 19. und 20. Jh. auch mündl.). Die schriftl. Überlieferung beginnt mit dem chapbook *A C Mery Talys* (1526)[4]. Danach folgen in Deutschland Georg → Wickrams *Rollwagenbüchlein* (1555)[5] und Hans Wilhelm → Kirchhofs *Wendunmuth* (1563)[6], in den Niederlanden ein *Cluchtboeck* (1576)[7]. In Spanien existiert eine Version in den *Diálogos familiares* (1589) des Juan de Pineda[8], und im Französischen kommt die Erzählung bei A. Tyron vor[9]. Im 17. Jh. lassen sich Var.n u. a. bei J. W. → Zincgref[10] und Sieur d' → Ouville[11] finden, im 18. Jh. im *Bienenkorb*[12].

Der eventuelle Zusammenhang der Texte der bislang sicherlich nur z. T. bekanntgewordenen literar. Überlieferung ist noch nicht umfassend untersucht worden. Fest steht z. B., daß das ndl. *Cluchtboeck* auf Wickrams Version zurückgeht und daß Tyron wiederum diesen ndl. Text übersetzt hat[13]. Eine monogr. Darstellung von AaTh 1832N* hätte u. a. zu erhellen, ob der jüngere (?) 2. Subtyp genetisch mit dem 1. Subtyp verwandt ist und ob das recht disparate Verbreitungsmuster der jüngeren mündl. Überlieferung des 2. Subtyps durch eine ungleichmäßige Auffächerung der älteren literar. Überlieferung und/oder durch unterschiedlich intensive Sammelaktivitäten etc. verursacht wurde. Diese mündl. Überlieferung ist in Finnland[14], Estland[15], Litauen[16], Deutschland[17], Irland[18] und Italien[19] nachgewiesen worden. Wahrscheinlich über Spanien hat der Typ auch Argentinien erreicht[20]. In den älteren Varianten sind die Handlungsträger zumeist ein Geistlicher und ein Bauer oder Schäfer (bei Pineda ausnahmsweise eine alte Frau), wobei vor allem die Dummheit des zweiten herausgestrichen wird; in den jüngeren Versionen agiert neben dem Geistlichen öfters ein Junge. Dieser wird eher als frech und gerissen denn als dumm dargestellt.

[1] Zur Rolle dieser auf verschiedenen Bibelstellen fußenden, schon seit dem 4. Jh. belegten und in Messe, Gebet und Kirchenlied verwendeten Anrufung Jesu cf. Dictionnaire d'archéologie chrétienne et de liturgie 1. P. 1907, 965 sq.; LThK 1, 203 sq.; LCI 3, 7 sq.; Jungmann, J. A. J.: Missarum sollemnia 2. Wien 1952, 403–413. — [2] Hodscha Nasreddin 1, num. 105. — [3] Ibn al-Ǧauzī, ʿAbdarraḥmān ibn ʿAli: Aḫbār al-Ḥamqā wal-muġaffalīn (Nachrichten von Dummen und Narren). ed. K. al-Muẓaffar. Naǧaf 1386/1966, 182; cf. auch Mouliéras, A.: Les Fourberies de Si Djeh'a. Contes kabyles [1892]. Neuausg. ed. J. Déjeux. P. 1987, 188. — [4]Zall, P. M. (ed.): A Hundred Merry Tales and Other English Jestbooks of the Fifteenth and Sixteenth Centuries. Lincoln, Nebr. 1963, 124; DBF A 2, 263. — [5] Wickram/Bolte, 45 sq., 372. — [6] Kirchhof, Wendunmuth 1, 297; 5, 51. — [7] Bolte, J.: Ein Antwerpener Cluchtboeck von 1576. In: Tijdschrift voor nederlandsche taal- en letterkunde 10 (1891) 127–143, bes. 133. — [8] Chevalier, M.: Cuentos folklóricos en la España del Siglo de Oro. Barcelona 1983, 388. — [9] Tyron, A.: Recueil de plusieurs plaisantes nouvelles, apophthegmes, et recreations diverses. Antw. [2]1591, 46; cf. Stiefel, A. L.: Zur Schwanklitteratur im 16. Jh. In: ArchfNSprLit. 94 (1895) 127–148, bes. 133. — [10] EM-Archiv: Zincgref/Weidner 5 (1655), 110. — [11] L'Élite des contes du Sieur d'Ouville 1. ed. G. Brunet. P. 1883, 72. — [12] EM-Archiv: Bienenkorb 7 (1771), 83 sq. — [13] Bolte (wie not. 7); Stiefel (wie not. 9). — [14] Rausmaa (3 Var.n). — [15] Raudsep, num. 123 (11 Var.n). — [16] Arājs/Medne (15 Var.n). — [17] Merkens, H.: Was sich das Volk erzählt [1]. Jena 1892, 251, 277 (mit dem Hinweis: eine uralte, noch vielfach im Munde des Volkes lebende Anekdote); Volksschwänke aus Mecklenburg. Aus der Slg R. Wossidlos. ed. S. Neumann. B. 1963, 90, 188. — [18] Ó Súilleabháin/Christiansen (17 Var.n). — [19] Cirese/Serafini (1 Var.). — [20] Chevalier (wie not. 8).

Groningen Jurjen van der Kooi

Hammer-Purgstall, Joseph Freiherr von (geb. als J. von H.), * Graz 9. 6. 1774, † Wien 23. 11. 1856, Orientalist, Übersetzer und Dichter, Vermittler oriental. Erzählguts. 1788–98 Ausbildung an der Kgl. und Kaiserlichen Akad. der morgenländ. Sprachen zu Wien; 1799 Hilfsdolmetscher bei der Wiener Internuntiatur in Konstantinopel; 1802–06 ebenda Legationssekretär; 1806 österr. Generalkonsul in Jassy; 1807 Abberufung nach Wien; 1811 Wirklicher Kanzleirat und Hofdolmetscher; 1817 Hofrat; 1835 Namenszusatz Purgstall und Erhebung in den Freiherrenstand als Erbteil seiner Gönnerin, der Gräfin Jane Anne von Purgstall; 1839 Ende der amtlichen Laufbahn; Mitbegründer und 1848–49 erster Präsident der neugegründeten Wiener Akad. der Wiss.en.

Mit mehr als 100 Titeln zeugt H.-P.s Schriftenverzeichnis von Fleiß und immenser Produktivität. Er wurde durch seine zahlreichen Studien zu Lit., Geschichte und Kultur des islam. Vorderen Orients im dt.sprachigen Raum zum Wegbereiter für eine von der Theologie unabhängige Orientalistik, die dem enzyklopädischen Wiss.sideal verpflichtet war. Als Übersetzer und Dichter machte er die Literaten der Romantik und die zeitgenössische Leserschaft mit Stoffen, Themen und Formen ‚morgenländ.' Dichtkunst bekannt. Bereits 1795–97 erschien von H. Übersetztes und Selbstverfaßtes in → Wielands *Neuem Teutschen Merkur*, später auch in J. F. Cottas *Morgenblatt für gebildete Stände*, wodurch z. B. → Goethe und → Herder auf ihn aufmerksam wurden.

Während seiner Orientaufenthalte (1799–1806) entdeckte H. u. a. ein Exemplar des in Europa weitgehend unbekannten *ʿAntar*-Romans, der erst bedeutend später durch B. → Heller untersucht wurde[1], sowie eine vollständigere und zuverlässigere Version von → *Tausendundeinenacht*, als sie A. → Galland vorgelegen hatte[2]. Auch das *Kitāb aṣ-Ṣādiḥ wal-bāġim* (Buch des laut Schreienden und des leise Sprechenden) des Ibn al-Habbārīya (gest. ca 509/1115), eine Slg von Fabeln in Versen im Stile von → *Kalila und Dimna*, machte H.-P. durch eine Übers. erstmals zugänglich[3]. Seine Beitr.e in der von ihm herausgegebenen Zs. *Fundgruben des Orients* (1809–18), seine vielbeachtete Übers. des *Diwans* des pers. Dichters Ḥāfeẓ (gest. ca 792/1390)[4] sowie seine Anthologien *Rosenöl* (1–2. Stg./Tübingen 1813 [recte 1815], ursprünglich anonym erschienen; [Nachdr. Hildesheim/N.Y. 1971]), *Geschichte der schönen Redekünste Persiens* (Wien 1818) und *Morgenländ. Kleeblatt* (Wien 1819) lieferten Goethe die Anregung für den *West-östl. Divan* (Stg. 1819). Nicht nur mit seinen literarhist. Abhdlgen betrat H. Neuland; auch seine hist. Darstellungen, so seine monumentale *Geschichte des Osman. Reiches* 1–10 (Pesth 1827–35), waren zu seiner Zeit bahnbrechend.

H.-P. wird durchaus kontrovers beurteilt. Zeitgenössische Orientalisten wie H. L. Fleischer (1801–88) oder W. Ahlwardt (1828–1909) warfen ihm Mangel an philol. Akribie und methodische Nachlässigkeiten vor, bes. verrissen sie seine Übers.en; jedoch gibt es in jüngerer Zeit positivere Einschätzungen[5]. Auch die schärfsten Kritiker würdigten H.-P. jedoch als unermüdlichen Pionier, der den islamkundlichen Studien in Deutschland zu Aufschwung und Ansehen verhalf[6].

Von Interesse für die Erzählforschung ist bes. H.s Anthologie *Rosenöl*, mit der er einem breiten Publikum Mythologie und Sagenwelt des ‚Morgenlandes' nahebringen wollte. Es handelt sich um eine gefällige Montage arab., pers. und türk. Textauszüge, die er unter Angabe der jeweiligen Quelle teils wortgetreu übersetzte, teils dem Zeitgeschmack angepaßt nacherzählte (→ Bearbeitung): Der 1. Band handelt von der Schöpfung, den Engeln, dem Teufel, den Dschinnen, der Erschaffung Adams und dem Sündenfall. Es folgen Legenden zu den 25 islam. Propheten von Adam bis → Mohammed. Den breitesten Raum nehmen die Geschichten um → Salomo ein. Unter den nichtbibl. Propheten sind vor allem Ḫaḍir (→ Chadir), der Hüter des Lebenswassers, und → Alexander der Große zu nennen. Der 2. Band wendet sich der hist. Zeit zu und reicht von Mohammed (gest. 632) bis zum Untergang des abbasid. Kalifats (1258). Die 199 Anekdoten spielen vorzugsweise im Umfeld hist. Gestalten wie → Hārūn ar-Rašīd oder der Wesirsfamilie der Barmakiden. Hof, Harem, Audienzhalle und Wüste sind die Schauplätze; Kalifen, Prinzen, Wesire, Eunuchen und Odalisken, Dichter, Musikanten und Kaufleute die bevorzugten Akteure. Während H. für den 1. Band völlig heterogenes Material benutzte (u. a. eine Kosmographie, zwei Geschichtswerke, ein Alexander-Epos), hat er für den 2. Band vor allem auf diverse charakteristische Anthologien und Anekdotensammlungen, so auch das anonyme → *Nuzhat al-udabā'* (17. Jh.), zurückgegriffen.

[1] Les Aventures d'Antar [...] 1–4. P. 1868; cf. Chauvin 3, 113–126, hier 121 sq., num. 100; KLL 20, 8756 sq.; EI² 1, 518–521; Heller, B.: Die Bedeutung des arab. ʿAntar-Romans für die vergleichende Litteraturkunde. Lpz. 1931. – [2] Der Tausend und einen Nacht noch nicht übers. Mährchen [...] 1–3. Übers. A. E. Zinserling. Stg./Tübingen 1823/24/24 (Nachdr. Hildesheim/N.Y. 1976; H.s frz. Orig. ist verloren); cf. Chauvin 4, 98 sq., 150–153, num. 257; Kirby, W. F.: Contributions to the Bibliography [...]. In: Burton, R. F.: A Plain and Literal Translation of the Arabian Nights' Entertainments [...] 10. (Benares [recte London] 1885) Nachdr. Beirut 1966, 465–531, hier 494 sq.; Walther, W.: Tausend und eine Nacht. Mü./Zürich 1987, 42 sq. – [3] cf. Chauvin 2, 171–174; EI² 3, 774 sq. – [4] H., J.: Der Diwan von Mohammed Schemsed-Din Hafis 1–2. Tübingen 1812/13 [recte 1814]. – [5] cf. exemplarisch Fleischer, H. L.: Samachschari's goldene Halsbänder [...]. Lpz. 1835; Ahlwardt, W.: Chalef elahmar's Qasside [...]. Nebst Würdigung J. von H.s als Arabisten. Greifswald 1859; Schlottmann, K.: J. von H.-P. Zürich 1857; cf. dagegen Lentz, W.: Goethes Noten und Abhdlgen zum West-östl. Divan. Hbg [1958]; Schimmel, A.: Zum Problem der Übers. pers. Poesie. In: Zs. für Ästhetik und allg. Kunstwiss. 22 (1977) 227–241, bes. 234 sq. – [6] cf. Fück, J.: Die arab. Studien in Europa bis in den Anfang des 20. Jh.s. Lpz. 1955, 158–166; Rodinson, M.: Die Faszination des Islam. Mü. 1985, 75 sq.

Lit.: Biograph. Lex. des Kaiserthums Österreich 6, 7. Wien 1861, 267–289. – ADB 10 (1879) 482–487. – NDB 7 (1966) 593 sq. – Erstausg.n dt. Dichtung. ed. G. von Wilpert/A. Gühring. Stg. 1967, 486–488. – Sevimcan, H.: H.-P. und der Orient. Diss. (masch.) Wien 1955. – Solbrig, I. H.: H.-P. und Goethe. Bern/Ffm. 1973. – Elgohary, B. M.: J. Freiherr von H.-P. (1774–1856). Stg. 1979.

Berlin Birgitt Hoffmann

Ḥamza-Nāme (Buch des Ḥamza [Ḥ.]; auch *Dāstān-e/Qeṣṣe-ye Amir Ḥ. [-ye ṣāhebqerān], Asmār-e/Romuz-e Ḥ.*, alle etwa: Erzählungen von Ḥ.), ma. pers. Ritterroman um → Mohammeds Onkel Ḥ. ibn ʿAbdalmuṭṭalib (gest. 3/625). Die nachstehende Inhaltsangabe folgt der Edition der Berliner Hs.[1]:

Ḥ., bereits in frühester Jugend von außergewöhnlicher → Stärke, erlangt auf Rat des mythischen Weisen Ḥeżr (→ Chadir) im Garten des → Salomo eine unbesiegbar machende Kampfausrüstung (Pferd des Isaak, Waffen der islam. Propheten David, Hūd und Ṣāliḥ). Damit überwältigt er, zusammen mit seinem Kundschafter ʿUmar Umaiya, einen Räuber, der die Tributkarawane der Mekkaner auf dem Weg in den Jemen überfiel; er wird von Ḥ., wie später alle besiegten Kämpfer, (in vorislam. Zeit) zum Islam bekehrt und schließt sich seiner Gefolgschaft an. Nach einer Reihe weiterer kriegerischer Auseinandersetzungen wird Ḥ. vom befreundeten Bozorğmehr[2], dem Nachkommen des → Daniel[3] und (guten) Berater des pers. Königs Nuširvān (= Anuširvān), an dessen Hof nach Madā'en (Ktesiphon) geholt. Alqaš, der zweite (böse) Berater, empfindet Ḥ. als Bedrohung des pers. Herrschaftsanspruches, obwohl Ḥ. selbst sich stets — und bis zum Schluß — als treuer Vasall verhält. Als Ḥ. sich in Mehrnegār, die Tochter des Nuširvān, verliebt, stachelt Alqaš diesen gegen ihn auf. Nach außen weiterhin freundlich, versucht Alqaš nun mit Billigung des Nuširvān, Ḥ. durch immer neue gefährliche Abenteuer, scheinbar unlösbare → Aufgaben, Listen und Hinterhalte zu vernichten. Trotz zweimaliger schwerer Verwundung bleibt Ḥ. selbst bei den phantastischsten Unternehmungen erfolgreich und bekehrt die gesamte (damals bekannte) Welt zum Islam. Nach einer Vielzahl von Kämpfen in fremden Ländern (u. a. Ceylon, Nordafrika, Frankenreich) unterwirft er schließlich noch die jenseits der von Menschen bewohnten Gebiete beheimateten kamelfüßigen → Halbwesen, Wolfsreiter und riesenhaften → Kannibalen, bevor sein 70 000 Menschen zählender Troß bis auf 71 Ritter in einem großen Feuer umkommt. Nachdem er schließlich noch das Zauberwerk des Zarathustra zerstört hat, kehrt Ḥ. nach Mekka zurück. Mit seinen verbliebenen Kampfgefährten schließt er sich Mohammed an, für den er in der Schlacht von Badr (2/624) heldenhaft kämpft, schließlich aber in der Schlacht von Uḥud (3/625) fällt.

Die Ursprünge des *Ḥ.-Nāme* werden von der bisherigen Forschung[4] in einer Verknüpfung der Gestalt des Ḥ. ibn ʿAbdalmuṭṭalib mit der des Ḥ. ibn Āẕarak (gest. ca 210/825) gesehen, der in Sistān einen erfolgreichen Aufstand gegen die Herrschaft des → Hārūn ar-Rašīd durchführte. Um dessen Heldentaten war nach Ausweis der anonymen *Tāriḫ-e Sistān* (Geschichte von Sistān) bereits gegen Anfang des 11. Jh.s ein *Qeṣṣe-ye maġāzi-ye Ḥ.* (Erzählung von den Kriegszügen des Ḥ.) betiteltes Werk entstanden, das als Prototyp für die folgende Entwicklung gelten darf[5]. Im 14. Jh. beklagt sich der arab. Theologe und Jurist Ibn Taimīya (gest. 728/1328) über die unter der turksprachigen Bevölkerung in Syrien beliebten Erzählungen, die der hist. Sichtweise entgegenständen[6]; um 1400 entsteht die 20bändige türk. Bearb. des Ḥamzevi (gest. 815/1412)[7]; wohl schon im 15. Jh. wird das Werk nach einer pers. Vorlage ins Malaiische übersetzt[8]. Der Moghul-Herrscher Akbar (1542—1605) schließlich, zu dessen Lieblingslektüre das *Ḥ.-Nāme* zählt, läßt eine verschwenderisch ill. Prachthandschrift anfertigen[9]. Bis auf diese allg. Eckdaten sind Einzelfragen zu Herkunft, Abfassungsdatum und Autorenschaft der divergierenden Rezensionen des *Ḥ.-Nāme* wenig untersucht, wobei die Forschungslage durch die große Anzahl verschiedensprachiger Ausg.n erschwert wird. Fest steht, daß neben schriftl. Quellen auch ein mündl. Vortrag des Werkes, wie z. B. für das Persien des 17. Jh.s durch M. Ṭ. Naṣrābādi[10] oder für die Türkei des 19. Jh.s durch S. Fā'iqs (1784—1837) vernichtendes Urteil[11] und J. von → Hammer-Purgstalls Zeugnis[12] belegt, zur Verbreitung der sich um Ḥ. rankenden Erzählungen beitrug. Ein weiteres Indiz hierfür ist die Tatsache, daß die Anfangsepisode (Kap. 1—2) des *Ḥ.-Nāme* in Persien aus rezenter mündl. Überlieferung mehrfach belegt ist[13].

Seit dem frühen 19. Jh. in teils voluminösen Ausg.n gedruckt, zählt das *Ḥ.-Nāme* heute, bes. im pers.[14], pakistan.[15] und arab.[16] Raum in billigen Drucken verbreitet, nach wie vor zu den populärsten Volksbüchern des islam. Orients. Dies zeigt sich auch in der mehrmaligen Bearb. der Thematik in Drama und Roman[17]. Ausstrahlungen über den islam. Raum hinaus sind bislang nur für den georg. Ritterroman *Amirandaredžaniani* von Mose Xoneli (12. Jh.) nachgewiesen, der allerdings nicht — wie früher pauschal angenommen — als Ganzes, sondern nur in einzelnen Abschnitten (bes. Kap. 6, 9) eine direkte Abhängigkeit von der pers. Vorlage aufweist[18]. Die Unters. weiterer Interdependenzen, etwa mit dem mongol. Heldenepos von → Geser Khan, ist gleichfalls — wohl auch wegen des Fehlens einer europ.sprachigen Übers. — noch ein Desiderat.

Eine Fülle traditioneller Erzählmotive verbindet das *Ḥ.-Nāme* mit anderen pers. Heldenerzählungen, so dem *Šāh-Nāme* des Ferdousi (→ Firdausī)[19], wie auch mit vergleichbaren Werken der europ. Überlieferung, etwa dem → *Alexanderroman* oder dem bereits im 14. Jh. bezeugten Ritterroman → *Amadís de Gaula*:

Kap. 1: Prophezeiung des Baḫt-Ǧamāl vom eigenen Unheil; Vermächtnis des Ermordeten: Name des Sohnes (cf. AaTh 1645 A: → *Guntram*). — 2: Bozorğmehr erzählt dem König einen vergessenen Traum, deutet ihn. — 3: Bozorğmehr versteht die Vogelsprache: Eulen unterhalten sich über Ruinen als Brautgabe – solange dieser Herrscher bleibt, gibt es mehr als genug! (Mot. J 816.1)[20]. – 7: Heldenjungfrau besiegt Kämpfer mit List: beim Ringkampf verschleiertes Gesicht entblößt. – 16: Insel der Riemenbeinler[21]; ʿUmar Umaiya erhält Zaubergaben: Tischleindeckdich, Siebenmeilenstiefel, Verwandlungsgegenstand. – 17: Ḥ. nach Vergiftung durch Milch geheilt. – 19: Jungfräuliche Schwangerschaft durch mit Sperma benetztes Handtuch (cf. Mot. T 531.1). – 21: Ḥ., als Baby von einer Pari-Frau (→ Peri) gesäugt (cf. Mot. F 611.2.2), unterstützt die Paris in ihrem Kampf gegen die Divs (→ Dev)[22]; Wiederbelebung des tödlich verletzten Div durch Gnadenstoß (Mot. C 742)[23]. – 22: Tarnkappe. – 23: Ḥ. erhält von Ḫeẓr magischen Gürtel, der unendlich dehnbar ist; betäubter Ḥ. wird in Tierhaut eingenäht, von Simorġ (→ Phönix) dessen Jungen zum Fraß vorgeworfen. – 24: Pari, von Div geschwängert, gebiert Zauberfohlen; Ḥ. schießt dem Daǧǧāl/Antichrist ein Auge aus (→ Einäugiger, Einäugigkeit)[24]. – 25: Land der Elefantenohrigen; Teilung des Meeres (Mot. D 1551); ʿUmar (= ʿAmr) Maʿdikarib durch Vogelflugordal zum König gewählt, soll mit seiner verstorbenen Frau lebendig begraben werden (Mot. M 254, S 123.2). – 26: Unfreundlicher Div wird wieder in Kiste eingesperrt (cf. AaTh 331: → *Geist im Glas*). – 37: Aus Trauer um die ermordete Mehrnegār wird Ḥ. verrückt, im Traum durch → Abraham geheilt. – 38: Betäubung durch präparierte Blumen. – 39: Kämpfer aus Eisen[25]. – 41: Drachenkampf[26]. – 49: Aussetzung des Neugeborenen in einem Korb auf dem Meer. – 50: Div hat Lebenswasser, das abgeschlagene Glieder neu wachsen läßt. – 58: Durch Zauberei erblindete Helden werden von Ḫeẓr durch Auflegen eines Blattes geheilt; getöteter Feind wird dem Nuširvān als Fleischspeise vorgesetzt (cf. AaTh 992: → *Herzmäre*). – 59: Blendung durch Ausreißen der Augen, Heilung durch Auflegen des Fußes des 40 Tage alten Mohammed (dessen erstes Wunder). – 60: Verzauberte Stadt: Lachzauber hält Störenfriede gefangen[27]. – 61: Zauberer verwandelt sich in fliegendes Pferd. – 66: Elefantenzahnige Halbwesen. – 67: Kopf der getöteten Zauberin rollt zu anderen Zauberinnen (→ Wegweisende Gegenstände und Tiere); Wetterzauber aus Flaschen (Mot. D 1540); Wunderbare Entrückung von H.s Sohn Badiʿazzamān.

Die oriental. gelehrte Welt steht der Popularität von Produkten der Phantasie, wie z. B. den Erzählungen aus → *Tausendundeinenacht*, seit jeher ablehnend gegenüber[28]. Dennoch ist das *Ḥ.-Nāme* selbst heute, bei entsprechendem ironischen Abstand auch für den gebildeten Leser, ein Lesevergnügen ersten Ranges. Zwar wirken die stereotypen Truppenaufmärsche und Kampfbeschreibungen gelegentlich ermüdend, der Roman gewinnt jedoch immer wieder durch überraschende Wendungen des Handlungsablaufes und liebevoll humoristisch gestaltete Detailschilderungen. Entscheidenden Anteil an der Farbigkeit und Spannung des Geschehens hat die → Trickster-Figur des ʿaiyār, eine Mischung aus Kundschafter, Zauberkünstler und Witzbold und gewissermaßen ein Alter ego des Helden[29], die in Ḥ.s am gleichen Tag geborenem Kampfgefährten ʿUmar Umaiya ihre vollendete Darstellung findet.

[1] Qeṣṣe-ye Ḥ. (Ḥ.-Nāme) 1–2. ed. Ǧ. Šiʿār. Teheran 1347/1968 (²1362/1983); zu pers. Mss. cf. Monzavi, A.: Fehrest-e nosḫehā-ye ḫaṭṭi-ye fārsi (Katalog pers. Mss.) 5. Teheran 1349/1970, 3684 sq., num. 40035–40045; ibid., 3718, num. 40359; zu Druckausgaben cf. Fehrest-e ketābhā-ye čāpi-ye fārsi [...] (Katalog gedr. pers. Bücher) 1–3. Teheran 1352/1973, 340, 1747, 2077; Edwards, E.: A Catalogue of the Persian Printed Books in the British Museum. L. 1922, 245; Arberry, A. J.: Catalogue of the Library of the India Office. 2,6: Persian Books. L. 1937, 97. – [2] Maḥǧūb, M. Ǧ.: Bozorǧmehr dānā-ye irāni dar afsānehā-ye fārsi (Der iran. Weise Bozorǧmehr in neupers. Erzählungen). In: Irān-e ābād 1 (1339/1960) 33–38. – [3] cf. Grotzfeld, S.: Dāniyāl in der arab. Legende. In: Festgabe H. Wehr. Wiesbaden 1969, 72–85. – [4] allg. cf. Meredith-Owens, G. M.: Ḥamza b. ʿAbd al-Muṭṭalib. In: EI² 3 (1971) 152–154; Grundriss der iran. Philologie 2. ed. W. Geiger/E. Kuhn. Strassburg 1904, 318–320; Ronkel, P. S. van: De Roman van Amir Hamza. Diss. Leiden 1895; Virolleaud, M. C.: Le Roman iranien de l'Émir Hamza. In: Académie des Inscriptions et Belles-Lettres. Comptes Rendus (1948) 224–234; id.: Le Roman de l'Émir Hamza, oncle de Mahomet. In: L'Éthnographie N.S. 53 (1958/59) 3–10. – [5] cf. Bahār, M.: Sabk-šenāsi (Stilkunde) 1. Teheran ⁴2535/1976, 285. – [6] Ibn Taimīya: Minhaǧ as-sunna [Theol. Werk]. Būlāq 1322/1904, 12, Z. 27. – [7] cf. Babinger, F. C. H.: Die Geschichtsschreiber der Osmanen und ihre Werke. Lpz. 1927, 13. – [8] cf. Brakel, L. F.: Persian Influence on Malay Literature. In: Abr-Nahrain 9 (1969/70) 1–16; Hooykaas, C.: Over maleische lit. Leiden 1937, 146–152; Winstedt, R.: A History of Classical Malay Literature. N.Y./L./Melbourne 1969, 95–97. – [9] Glück, H.: Die ind. Miniaturen des Haemzae-Romanes. Zürich/Wien/Lpz. 1925; Egger, G.: Der Hamza Roman. Wien 1969; Ḥ.-Nāme 1–2. Vollständige Wiedergabe der bekannten Bll. der Hs. [...] (Codices selecti 52, 1–2). Graz 1974/82. – [10] Naṣrābādi, M. Ṭ.: Taẕkere-ye Naṣrābādi [Dichterbiogr.n]. ed. V. Dastgerdi. Teheran 1352/1973, 357; cf. Ṣafā, Z.: Ḥamāse-sarāʾi dar Irān [Geschichte der pers. epischen Dichtung]. Teheran ³1352/1973, 379. –
[11] Kellner, B.: Aus dem osman. Musik- und Theaterleben. In: Studien zur Geschichte und Kultur des Vorderen Orients. Festschr. B. Spuler. Leiden 1981,

181–196, bes. 183, 194 sq.; cf. Nutku, Ö.: Meddahlık ve meddah hikayeleri (Geschichtenerzähler und ihre Geschichten). Ankara s. a., bes. 95–97. – [12] Hammer-Purgstall: Geschichte der Osman. Dichtkunst [...] 1. Pesth 1836, 71 sq. – [13] cf. Marzolph, p. 264 (k); Lorimer, D. L. R.: The Burushaski-Language 2. Oslo u. a. 1935, 48–99 (= Felmy, S.: Märchen und Sagen aus Hunza. Köln 1986, num. 27); zur Resonanz des Namens Ḥ. cf. auch Prym, E./Socin, A.: Syr. Sagen und Maerchen. Göttingen 1881, num. 19. – [14]Dāstān-e Amir Ḥ.-ye ṣāhebqerān va ʿOmar Omeiye. Teheran [ca 1977]. – [15] cf. allg. Schimmel, A.: Classical Urdu Literature from the Beginning to Iqbal. Wiesbaden 1975, 204; Aḥmad Āḫūn Ḫel: Dāstān-e Amir Ḥ. (Peshawar [ca 1900]) Nachdruck [ca 1987] (gereimte Paschto-Version); Dāstān-e Amir Ḥ. ed. M. Mobinorraḥmān. Karachi [1987] (Urdu Prosa-Version). Der Verlag Ferozsons (Karachi/Lahore/Rawalpindi) vertreibt derzeit eine ganze Reihe von Büchlein, in denen Einzelabenteuer Ḥ.s geschildert werden. – [16] Qiṣṣat al-amīr Ḥ. al-bahlawān al-maʿrūf bi-Ḥ. al-ʿarab 1–5. Kairo 1382/1962 (weitere Ausg.n: 1–4. Kairo [ca 1982]; 1–4. Beirut [ca 1982]); cf. auch Ġarīb, Ġ. M.: Ḥaula qiṣṣat Ḥ. al-bahlawān (Über die Geschichte von Ḥ.). In: al-Funūn aš-šaʿbīya 14 (1970) 120–125. – [17] Für den arab. Raum cf. hierzu Budair, Ḥ.: Aṯar al-adab aš-šaʿbī fī l-adab al-ḥadīt (Spur[en] der Volkslit. in der modernen Lit.). Kairo 1986, 211–213: Theaterstücke von Abū Ḫalīl al-Qabbānī (1884), Muḥammad Ibrāhīm Abū Sunna (1971), Roman von ʿAbbas Ḫiḍr (1964). – [18] Lang, D. M./Meredith-Owens, G. M.: Amiran-Darejaniani. A Georgian Romance and Its English Rendering. In: Bulletin of the School of Oriental and African Studies 22 (1959) 454–490, bes. 471–479. – [19] cf. Hanaway, W. L.: Persian Popular Romances Before the Safavid Period. Diss. N.Y. 1970, 146, 197–201, 237 sq., 260 sq., 271 sq., 337–349; id.: Popular Literature in Iran. In: Chelkowski, P. J. (ed.): Iran: Continuity and Variety. N.Y. 1971, 59–75; id.: Formal Elements in the Persian Popular Romances. In: Review of National Literatures 2 (1971) 139–160; Piemontese, A. M.: Magia e mito nel romanzo persiano di Hamza. In: Magia. Studi di storia delle religioni in memoria di R. Garosi. Rom 1976, 157–163; cf. auch Coyajee, J. C.: Some Shahnameh Legends and Their Chinese Parallels. In: J. of the Royal Asiatic Soc. of Bengal 24 (1928) 177–202. – [20] Frühester Beleg bei dem arab. Autor al-Masʿūdī (gest. 345/956); cf. Basset 2, num. 158. – [21] Meier, F.: Das Volk der Riemenbeinler. In: Festschr. W. Eilers. Wiesbaden 1967, 341–367. – [22] cf. Bivar, A. D.: A Persian Fairyland. In: Festschr. M. Boyce (Acta Iranica 24). Leiden 1985, 25–42, bes. 37–40. – [23] cf. Wesselski, A.: Erlesenes. Prag 1928, 18–25; ältester Beleg bei al-Ǧāḥiẓ (gest. 255/868), cf. al-Ǧāḥiẓ, ʿAmr ibn Baḥr: K. al-Ḥayawān 6. ed. ʿA. M. Hārūn. Beirut ³1388/1969, 233. – [24] In islam. Vorstellung ist der Daǧǧāl einäugig; cf. Abel, A.: al-Dadjdjāl. In: EI² 2 (1965) 76–78. – [25] Omidsalar, M.: Invulnerable Armour as a Compromise Formation in Persian Folklore. In: Internat. Review of Psycho-Analysis 11 (1984) 441–452; Ḫāleqi-Moṭlaq, Ǧ.: Babr-e bayān (ruyin-tani va gunehā-ye ān) (Babr-e Bayān: Varieties of Invulnerability). In: Iran Nameh 6 (1987/88) 200–227, 382–416. – [26] cf. Fasāʾi, M. R.: Eždehā dar asāṭir-e Irān (Der Drache in der pers. Mythologie). Širāz 1365/1986, 235 sq. – [27] cf. Ruska, J.: Das Steinbuch des Aristoteles. Heidelberg 1912, 8–14; Al-Bīrūnī: In den Gärten der Wiss. Übers. G. Strohmaier. Lpz. 1988, 212. – [28] cf. Grotzfeld, H. und S.: Die Erzählungen aus „Tausendundeiner Nacht". Darmstadt 1984, bes. 89–96; Walther, W.: Tausendundeine Nacht. Mü./Zürich 1987, bes. 21–27. – [29] cf. Hanaway, W. L.: ʿAyyār. 2.: ʿAyyār in Persian Sources. In: Encyclopedia Iranica 3 (1987) 161–163; cf. an-Naǧǧār, M. R.: Ḥikāyāt aš-šuṭṭār wal-ʿayyārīn fī t-turāṯ al-ʿarabī (Erzählungen von Schlauen und ʿaiyārūn in der arab. Überlieferung). Kuweit 1401/1981, bes. 287–294; Gaillard, M.: Le Livre de Samak-e ʿAyyâr. P. 1987, 27–42.

Göttingen Ulrich Marzolph

Hand

1. Einl. – 2. Erzählende H.e – 3. Körpertheologie und -theorie – 4. H. Gottes – 5. Die Macht der H. – 6. H. als Erzählrequisit

1. Einl. H. und → Finger bilden anatomisch wie in übertragenem erzählerischen und symbolisch-deiktischen Zusammenhang eine untrennbare Einheit. Die H. besitzt als Arbeits- und Greifinstrument, aber auch als Kampfmittel (Faust, Handkante) zuvorderst ergative Funktion: Sie ist sowohl „das natürlichste, nächste, einfachste zeichen"[1] wie das „Werkzeug der Werkzeuge"[2]. Zu → Noah, der das Ackergerät erfand, nachdem man bis dahin die Erde mit den Fingern aufgerissen hatte (*Tanchuma*, 11), überliefert die Agada, daß er der erste Mensch mit geteilter H. gewesen sei, folglich als erster über die mit freibeweglichen Fingern versehene H. als Arbeitsgerät verfügt habe[3]. Die H. drückt zudem innerhalb eines festgeschriebenen kulturellen Normen- und Wertsystems Zuneigung aus (z. B. Streicheln, ‚Händchenhalten') und bezieht daraus ihre symbolische Bedeutung: Ineinander verschlungene H.e auf christl. und jüd. Grabsteinen oder auf jüd. Eheverträgen signalisieren eheliche Zusammengehörigkeit, Liebe und Treue. Auf die H. bezieht sich schließlich ein hist. gewach-

sener Sittenkodex: Das H.ewaschen vor dem → Gebet (v. Mot. V 58.4) und bes. vor und nach dem Essen, ursprünglich hygienischen Ansprüchen entwachsen, hat sich längst als normierter Bestandteil des Eßrituals verselbständigt.

2. Erzählende H.e. Diese reale ‚Hand-Habung' im Alltag steht in enger Verbindung mit symbolischen Bedeutungsebenen. Die H. ‚greift', ‚nimmt', ‚gibt' oder ‚schlägt' nicht nur, die Lehre von den Sinnen versteht sie auch als das eigentliche Tastinstrument; so schrieb man im MA. dem Zeigefinger den feinsten Tastsinn zu[4]. Erst in ihrer Gesamtheit ergeben Fingerstellung (→ Fingererzählungen), H.-, Arm- und Körperhaltung die → Gebärde[5] und geraten dadurch zur nonverbalen Körpersprache, zu Geschichten ohne Worte (cf. → Schattenspiel als augenfälligster visueller Ausdruck; cf. auch AaTh 924 A–B: → *Zeichendisput*). Dieses Zeichen- und Kommunikationssystem ist in zahlreichen Bereichen des täglichen Lebens internat. ebenso verständlich wie gebräuchlich:

Schütteln der Faust bedeutet Drohung, die flach nach unten ausgestreckte und leicht vom Körper abgewinkelte Innenhand Bedauern und Unterlegenheit, ein Schlag mit der flachen Innenhand an den eigenen Kopf im Körperritual der Autofahrersprache Verärgerung und Herabsetzung des Kommunikationspartners. Einer allg. gültigen Finger-, H.- und Armsprache bedient sich das Flugwesen und die Verkehrsregelung. Über Spottgesten geben bereits ma. Passionsdarstellungen Auskunft[6]. Das bis heute verwandte cornuto (cf. → Hahnrei) weist auf Ehebruch hin und wehrt zugleich den Bösen Blick ab; gespreizter Zeige- und Mittelfinger (Victory) besagt Sieg und Überlegenheit. Solche Symbolmuster können trotz Konstanz der äußeren Form ihre ursprüngliche Bedeutung verändern. Die Kuß-H., in der Antike als Ausdruck der Devotion bezeugt (z. B. Cassius Dio 64, 8), wird heute als ‚gehauchte Kuß-H.' u. a. in das Abschiedszeremonial einbezogen. Man begrüßt sich mit der H.; die in der Zeit der nationalsozialistischen Gewaltdiktatur vorgeschriebene Grußform mit ausgestrecktem rechten Arm und dem Heilsruf ‚Heil Hitler' pervertierte traditionelle religiöse Vorstellungen und Inhalte.

Darüber hinaus verbildlichen spezielle H.haltungen bestimmte Situationen wie den Gebets- und Segensgestus. Die segnenden Kohanim-H.e, häufiges Symbol auf jüd. Grabsteinen, weisen auf Nachkommen → Aarons hin[7], die Schwur-H. ist an drei erhobenen Fingern (benedictio Latina; → Eid, Meineid), der Zwangsgestus an den gespreizten Fingern und der Zaubergestus an der erhobenen H. als Zeichen des Gebietens, Fernhaltens, Einhaltens und Bannens zu erkennen. Ein System zauberischer H.- und Fingerhaltungen stellen u. a. die hinduist. und buddhist. mudrā dar[8]. Enthält folglich die H.- und Fingersprache ein hist. greifbares, weitverbreitetes und bis heute fortentwickeltes Verständigungsschema, hat sie sich als Kommunikationsmittel mit und zwischen Gehörlosen als selbständige Sprache installiert, so scheint es mehr als gerechtfertigt, die am Beispiel religiöser Symbolik geschaffene Formulierung R. Guardinis von der „Sprache der Hand"[9] auch auf den Bereich des Alltags zu übertragen.

Die H. dient schließlich als mnemotechnisches Hilfsmittel, indem sie nichtnarrative Wissensinhalte ‚erzählt'. Mit der Zehnzahl der Finger läßt sich nicht nur rechnen und zählen, man konnte auch die Zehn Gebote darstellen[10]. W. → Brückner hat 1965 und 1978, ausgehend von H.darstellungen im Nürnberger *Schatzbehalter* von 1491, umfangreiches literar. und bildliches Material zum Bedeutungsumfeld der H. im Rahmen der ma. und nachma. ars memorandi zusammengetragen, die Zuordnung der einzelnen H.teile und Fingerglieder etwa an Heilige, an kontemplative Bezüge und katechetische Funktionen im Rahmen der Spiritualität und des Frömmigkeitsvollzugs (praxis pietatis; → Frömmigkeit) analysiert und die Verbindung zum Devotionalien- und Amulettwesen aufzuzeigen versucht, darunter zur ‚H. der Mutter → Anna'[11].

Sie war 1743 in die Wiener Annakirche gekommen, bei einer weiteren ‚Anna-H.', die 1687 von Kaiserin Eleonora Magdalena Theresia nach Oberthalham (Oberösterreich) gestiftet worden war, handelt es sich wahrscheinlich um eine Sekundärreliquie[12]. ‚Hl. H.e' und ‚Finger' sind auch von anderen Heiligen und an anderen Orten bezeugt (→ Reliquie). In Antiochia und ab 956 in Konstantinopel wurde die H. des hl. → Johannes Baptista verehrt[13], dessen Finger – nach der → *Legenda aurea* – bei der Vernichtung der Gebeine nicht verbrennen wollte und von der hl. Thekla in die Normandie gebracht wurde (seit dem MA. in St.-Jean-du-doigt, Bretagne)[14].

Von solchen Merk-H.en sind die chiromantischen H.e zu trennen. Die Chiromantie, die Technik, aus der Beschaffenheit der H. und der H.linien prognostische und psychognostische

Erkenntnisse zu erlangen, indem man etwa den einzelnen H.teilen und Fingergliedern Planeten zuordnet, beruht auf der Theorie von der harmonia mundi, vom Mikrokosmos als dem Spiegelbild des Makrokosmos.

Die meist der magia naturalis zugeordnete → Divinationskunst lag in Ansätzen bereits in der Spätantike vor und wurde von der ma. Signaturenlehre fortentwickelt. Die ma. Überlieferung setzte mit dem um 1480 entstandenen Blockbuch des Dr. Johann Hartlieb[15] ein und wurde durch Bartolommeo Cocle della Rocca[16] und Johannes ab Indagine[17] systematisiert; zahlreiche akademische Abhdlgen zeugen von der Beliebtheit des Themas noch im 17. und 18. Jh.[18]; so schrieb der Jesuit Baltasar Gracián y Morales sein phil.-pädagogisches Lehrsystem 1647 unter dem Schlagwort *Oráculo manual* (H.-Orakel) nieder[19]. Heute erlebt die Chiromantie nicht zuletzt durch die alternative Heilkunst der Chiropraktik einen neuen Höhepunkt.

In der abendländ. Emblematik bezeichnet die H. mit eingeschriebenem Auge das Prinzip des fide videre (fide et vide)[20], die Aufforderung, eine Handlung vor ihrer Ausführung sorgfältig zu überdenken[21]. Einem völlig anderen Bedeutungsumfeld entstammt hingegen das formal identische, aus dem Segensgestus abgeleitete Bildprinzip der H. mit dem Auge, das in der islam. Welt als Amulett gegen den Bösen Blick verwendet wird und inzwischen durch Kulturkontakte (Arbeitsemigration, Tourismus) auch in der westl. Hemisphäre, z. B. als Schmuck, zu einem Gegenstand der Alltagskultur geworden ist[22]. Als ‚H. der Fāṭima' (islam.), ‚H. Gottes' (jüd.) und ‚H. Marias' (christl.) begegnet das Amulett ferner als Abdruck blutiger oder in Farbe getauchter H.e an Haustüren und -wänden.

Vergleichbar mit den abendländ. Merk-H.en diente die ‚H. der Fāṭima' — wie die kabbalistische H.[23] — der theol. Mnemotechnik. Sie symbolisiert als Inbegriff des Glaubens nicht nur die göttliche Vorsehung, sondern auch analog zur Fünfzahl der Finger die fünf Grundpfeiler des Islam (arkān al-islām). Da aber die fünf Finger der Einheit der H. unterworfen sind, entspricht die H. der Einheit Gottes[24]. Andererseits verband man die fünf Finger mit → Mohammed (Daumen), Fāṭima (Zeigefinger), ʿAlī (Mittelfinger), Ḥasan (Ringfinger) und Ḥusain (kleiner Finger)[25].

3. Körpertheologie und -theorie. Die christl. Theologie begreift den Körper als Gesamtheit, wobei jedem Körperglied eine bestimmte, von den anderen Organen nicht wahrnehmbare Aufgabe zukommt. Laut Augustinus beruht die Einheit des Körpers auf dem aktiven Prinzip der H. (manus ut operetur), auf der Sehfähigkeit des Auges (oculus ut videat), auf dem Hören durch das Ohr (auris ut audiat) und dem Gehen mit dem Fuß (pes ut ambulet); die Seele lenkt all diese Funktionen (Augustinus, *In Johannem* 14, 10; cf. auch 1. Kor. 12, 14—17); das Verhältnis von Auge und H. ist das von contemplatio und actio (Augustinus, *De sermone Domini in monte* 1, 13, 38)[26]. Da aber die Körperglieder füreinander in Freude wirken, konnte das Bild von der Harmonie des Körpers auf die Struktur der civitas Dei übertragen werden, was für die ma. Theorienbildung von Bedeutung wurde. So verglich Haimo von Auxerre die Glieder des Körpers mit den geistigen Gliedern der Kirche: die H.e etwa bedeuteten das Almosenspenden als Aufgabe der Kirche[27].

Seine naturwiss. Umdeutung erfuhr dieses Körperverständnis in der frühen Neuzeit, die im Körper ein Abbild der Harmonie des Makrokosmos sah. Gott habe, so Heinrich Cornelius Agrippa von Nettesheim, den Noah gelehrt, die Arche nach den Maßen des menschlichen Körpers zu bauen. Die H. wiederum sei in ihren Proportionen ein Spiegelbild des Körpers[28].

4. H. Gottes. Nach mesopotam. Glauben wurden Krankheiten u. a. durch Götter und Dämonen verursacht; die Diagnose lautete ‚H. eines Gottes' (qāt ili) oder ‚H. des Totengeistes' (qāt eṭemmi)[29]. Auch A.T. und N.T. benutzen das Bild von den Fingern Gottes (z. B. Ex. 8, 15). Der pseudoambrosianische Pfingsthymnus *Veni creator spiritus* bezeichnet Jesus als digitus paternae dexterae (Finger der rechten H. seines Vaters). In der bildenden Kunst wurde Gott seit dem Frühchristentum bis ins MA., in der Ostkirche bis heute, mit der aus dem Himmel herabgestreckten H. dargestellt, einem in der Spätantike entstandenen Bildsymbol[30], das durch die Bildertheologie des → Johannes Damascenus theol. untermauert wurde: im Gegensatz zu Christus sei Gott nicht abbildbar[31]. Auf diese in den orthodoxen Kirchen umstrittene Bilderlehre läßt sich eine seit dem MA. auch im Westen weitverbreitete (Tubach, num. 2419) und im 17. und 18. Jh. in der Predigt- und Exempelliteratur tradierte Le-

gende und auf diese wiederum der Ikonentyp der Gottesmutter mit den drei H.en (russ. Troeručnica, griech. Tricheirousa) zurückführen[32]:

Der byzant. Kaiser verleumdete Johannes Damascenus bei dessen Landesherren, dem Kalifen, wegen Hochverrat, worauf ihm die rechte H. abgeschlagen wurde. Johannes betete vor einer Marienikone, Gott möge ihm, da er unschuldig sei, die Hand zur Fortführung seines Kampfes für die Bilderverehrung wiedergeben. Vom Kalifen erhielt er die abgeschlagene H. zurück, die sich auf wunderbare Weise an den Armstumpf anfügte. Nur ein feiner roter Streifen blieb am Handgelenk sichtbar. Daraufhin stiftete Johannes dem Bild eine silberne Votivhand.

Im 12. Jh. kam die Ikone aus dem Sabbas-Kloster als Geschenk an den hl. Sava nach Serbien. Bei der Eroberung Serbiens durch die Türken (14. Jh.) brachte ein Maulesel sie auf den Berg Athos, wo er vor dem serb. Kloster Chilandar zusammenbrach (cf. → Gespannwunder). Das Original der Tricheirousa ist heute Hauptgnadenbild und zugleich Abt dieses Klosters[33].

5. Die Macht der H. Die H.auflegung ist zum einen Zeichen der Segnung, zum anderen Ausdruck der Ordinierung (z. B. Num. 27, 18; 2. Tim. 1, 6)[34]. Die Amtsübertragung durch Auflegen der H.e fand nicht nur Eingang in das Krönungsritual der Könige, sondern auch in die kirchliche Liturgie als Ausdruck der Geistvermittlung und als Zeichen der apostolischen Sukzession (Taufritus, Firmung, Konfirmation, Weihe kirchlicher Amtspersonen, Krankenölung, → Exorzismus).

In Ritualen spielt die H. sowohl real (z. B. H.schlag als Rechtsakt) wie in symbolischer Übertragung eine Rolle[35]. Dies betrifft gleichermaßen die religiöse wie die nicht immer korrekt hiervon zu trennende magische Ebene. Eng verwandt mit der H.auflegung als Rechtsakt und als Segnung ist das → Heilen durch Auflegen der H.e.

Jesus heilte damit Kranke und Besessene (z. B. Mk. 5, 23), die Apostel und die Heiligen folgten ihm in dieser Praktik. Heilung durch H.auflegung gehört zum festen Bestandteil der Heiligenviten und -legenden; so heilte der hl. Blasius einen Knaben durch H.auflegung[36]. Der bis heute am 3. Febr. in kathol. Kirchen erteilte Blasiussegen gilt im populären Glauben als Schutz vor Halserkrankungen. Ihre Forts. finden solche Überzeugungen noch in der sakralen Institution des Königtums: Bis ins 18. Jh. hinein legten frz. Könige den an Skrofeln, einer tuberkulösen Halsdrüsenerkrankung, Leidenden die H. mit den Worten auf: „Le roi te touche, Dieu te guérisse". König Edward I. von England mußte alljährlich fast 2000 Menschen die H. auflegen, um sie zu heilen[37].

Ähnliche Vorstellungen von der magischen Kraft der H. finden sich auch in populären Praktiken. J. Favret-Saada beobachtete im westfrz. Hainland die Angst vor Verhexung durch direkte Berührung beim ansonsten alltäglichen H.edruck[38]. Körperlicher Kontakt mit einem Dämonen bleibt nicht ohne Folgen:

So bezeugt u. a. Johannes → Weyer: Als sich Melanchthons Tante von dem ihr in Gestalt eines Franziskanermönchs erschienenen Teufel verabschiedete, verbrannte ihre H. und blieb bis an ihr Lebensende schwarz[39]. 1589 versengte die Hexe Ina Blasius ihrem Opfer Claudius Girardus mit verzauberten Äpfeln die H.e[40]. Als bes. machthaltige Zauberutensilien galten Daumen und H.e, die man den Gehenkten abschnitt (Diebsdaumen, Diebs-H., main de la gloire; cf. Mot. D 996, D 1500.1.6.1, K 437, K 912.0.2; → Henker)[41]. Noch 1823 schnitt man in Deutschland dem Leichnam eines Hingerichteten in der ersten Nacht beide Daumen ab[42]. Berührt die H. des Mörders bei der Bahrprobe die Leiche, beginnt Blut zu fließen[43].

Wie stark man noch in der Gegenwart traditionellen Ätiologien verhaftet ist, zeigt die vom Spiritismus aufgestellte und von der Parapsychologie immer wieder naturwiss. zu begründen versuchte Theorie von der Aura der menschlichen H.

6. H. als Erzählrequisit. Da erzählte Geschichte stets intentional ist und noch in belustigender Absicht moralisch unterweisen will, können Erzählrequisiten austauschbar werden. → Fußspuren, die Jesus, Heilige oder der → Teufel hinterließen, stehen neben H.spuren (z. B. H.abdruck Jesu in der Via dolorosa, Jerusalem), ohne daß sich dadurch die Erzählaussage verändern würde. Daß ausgerechnet die H.e eines armen Bauern, der zwei Ochsen im Wald verloren hatte, ein überirdisches Licht auszustrahlen begannen, nachdem ihn der hl. Sebald zur nächtlichen Suche aufgefordert hatte (cf. Mot. D 1478.1), scheint willkürlich und im narrativen Kontext – der Altdorfer Gelehrte J. C. Wagenseil bezog sich auf die Sebaldslegende als hist. Dokument – wenig plausibel zu sein[44]. Im Märchen hätte Hänsel statt seines Fingers auch ein anderes Körperglied aus dem Stall stecken können, um die Hexe zu täuschen (KHM 15, AaTh 327 A: → *Hänsel und Gretel*), Dornröschen sich statt in

den Finger in einen anderen Körperteil stechen können (KHM 50, AaTh 410: → *Schlafende Schönheit*). Für die Gänsemagd (KHM 89, AaTh 533: *Der sprechende → Pferdekopf*) ist nicht von Bedeutung, daß das Blut aus dem Finger stammt, sondern daß die drei Blutstropfen später eine divinatorische Rolle für die auf Reisen gehende Königstochter spielen werden.

Wo das Erzählrequisit jedoch zeichenhafte Bedeutung erhält, steht es, wenn auch weiterhin ersetzbar, in direkter Verbindung mit der Erzählaussage. Die H., die der ungläubige → Thomas in die Seitenwunde Christi legte (Joh. 20, 26—28), wurde sprichwörtlich (cf. Tubach, num. 2416). Die H., mit der die an der Jungfräulichkeit → Marias zweifelnde Salome deren Vagina berührte, verbrannte, fiel ab, wuchs jedoch wieder an, nachdem sie ihren Unglauben bereut hatte (Protev. 20, 1—4)[45]. Unverweslichkeit der H. nach dem Tode verweist auf ein bes. Verdienst zu Lebzeiten, das mit diesem Körperteil erworben wurde.

→ Caesarius von Heisterbach überlieferte die Geschichte vom engl. Kopisten Richard, dessen H. von seinen Mitbrüdern unverwest im Grab aufgefunden wurde, obwohl der restliche Körper völlig zerfallen war (*Dialogus miraculorum* 12, 471; Tubach, num. 2418). Einen ähnlichen Fall berichtet das zwischen 1190 und 1215 verfaßte → *Sefer Chassidim* des Jehuda ben Samuel he-Chassid von Regensburg[46]. Die H. König Oswalds, mit der er Almosen verteilt hatte, blieb auch nach dessen Tod unversehrt (Tubach, num. 2413). Ähnliches geschah mit den Fingern Königin Hedwigs von Polen, die zu Lebzeiten stets ein Marienbild mit sich getragen hatte[47].

Doch die partielle Unverweslichkeit betrifft auch andere Körperteile, z. B. die unverweste → Zunge des hl. → Johannes von Nepomuk[48] oder des hl. → Antonius von Padua[49].

Im dualen Prinzip der Moralisation stehen die Zeichen für wunderbare Belohnung neben denen der Bestrafung. Zu den bekanntesten Vertretern der Frevelerzählung gehört das Motiv der aus dem Grab herauswachsenden H. (z. B. KHM 117: *Das eigensinnige Kind*)[50].

Es verbildlicht die Untat, die mit der H. ausgeführt wurde, noch nach dem Tode (Geiz, Ausbeutung, Raub, Mord, Meineid). Relativ weit zurückzuverfolgen ist die Verbindung dieser Erzählung mit der Strafe für Ungehorsam gegenüber den Eltern, so z. B. in einem Predigtexemplum Valerius → Herbergers: In Ingolstadt schlug ein Sohn seine Mutter. Nach dem Tod ragte die H., die nicht verwesen konnte, aus dem Grab, bis die Mutter auf Geheiß der Obrigkeit sie blutig gepeitscht hatte[51]. Ein realer Hintergrund für das Entstehen solcher Berichte kann nicht ausgeschlossen werden (Bestattung in geringer Tiefe und postmortale Veränderungen der Leiche infolge des Fäulnisprozesses)[52].

Im Märchen hingegen spielt die H. als Erzählrequisit nur eine untergeordnete Rolle (cf. oben). Eine Ausnahme bildet hier lediglich das → Mädchen ohne Hände (KHM 31, AaTh 706), dem der Vater aus Angst vor dem Teufel die H.e abschlägt. Eine makabre Sonderstellung nimmt allerdings die brutale Vorstellungswelt des Zaubermärchens ein. Neben Fußstümpfen und anderen Leichenteilen dienen abgehackte H.e den Hexen, dämonischen Wesen und Menschenfressern als Nahrung oder als Türriegel (AaTh 334: → *Haushalt der Hexe*)[53]. Ob solche Erzählinhalte tatsächlich mit dem geistigen Entwicklungsprozeß von Kindern korrespondieren, wie zuletzt W. → Scherf nachzuweisen versuchte, bleibe hier dahingestellt. Immerhin öffnen sie den Blick auf die nach wie vor gesellschaftlich umstrittenen Erwachsenenmärchen; in Horrorvideos gehören H.stümpfe und andere abgehackte Körperteile zum unverzichtbaren Handlungs- und Emotionselement[54]. Eine folkloristische Analyse dieses Materials aber steht noch aus.

[1] Grimm, Rechtsalterthümer 1, 190. — [2] z. B. Steinthal, H.: Abriß der Sprachwiss. 1. B. 1871 (^{2}1881), 342. — [3] Löw, I.: Die Finger in Litteratur und Folklore der Juden [1900]. In: id.: Studien zur jüd. Folklore. ed. A. Schreiber. Hildesheim/N.Y. 1975, 1—25, hier 2 sq. — [4] Kaufmann, D.: Die Sinne. Beitr.e zur Geschichte der Physiologie und Psychologie im MA. Bud. 1884, 179; Révész, G.: Die menschliche H. Eine psychol. Studie. Basel/N.Y. 1944. — [5] Röhrich, L.: Gebärdensprache und Sprachgebärde. In: Humaniora. Festschr. A. Taylor. Locust Valley, N.Y. 1960, 121—149; id.: Gebärde — Metapher — Parodie. Düsseldorf 1967; id., Redensarten 1, 379—385; cf. auch HDS 1 (1963) 625—627 (Arm); Demisch, H.: Erhobene H.e. Geschichte einer Gebärde. Stg. 1984. — [6] LCI 2, 214—216. — [7] Löw (wie not. 3) 8. — [8] Aubojer, J.: Mudrā et Hasta ou le language per gestes. L. 1950/51. — [9] Guardini, R.: Von hl. Zeichen. Mainz [1927], 13. — [10] cf. Murbach, E.: Die zehn Gebote als Wandbild. In: Unsere Kunstdenkmäler 20 (1969) 225—230. — [11] Brückner, W.: H. und Heil im „Schatzbehalter" und auf volkstümlicher Graphik. In: Anzeiger des Germ. Nationalmuseums Nürnberg (1965) 60—109; id.: Bildkatechese und Seelentraining. Geistliche H.e in der religiösen Unterweisungspraxis seit dem SpätMA. ibid. (1978) 35—70. — [12] Kriss-Rettenbeck,

L.: Bilder und Zeichen religiösen Volksglaubens. Mü. [2]1971, 142, not. 81; cf. auch Kleinschmidt, B.: Die hl. Anna. Düsseldorf 1930, 398. — [13] Dobschütz, E. von: Christusbilder. Lpz. 1899, 159. — [14]Legenda aurea/Benz, 664. — [15] Hartlieb, J.: Die kunst Ciromantia. ed. E. Weil. Mü. 1923; cf. Schmitt, W.: Hans Hartliebs mantische Schr. und seine Beeinflussung durch Nikolaus von Kues. Diss. Heidelberg 1962. — [16] Cocle, B.: Physiognomantiae et chiromantiae compendium. Straßburg 1536 (u. ö.). — [17] Indagine, J. ab: Introductiones in chiromantiam, physiognomiam, astrologiam [...]. Straßburg 1522 (u. ö.). — [18] z. B. Schultz, C. (Präses)/Engelbrecht, P. C. (Respondent): Dissertatio academica de chiromantiae vanitate. Königsberg 1691; cf. Daxelmüller, C.: Bibliogr. barocker Diss.en zu Aberglaube und Brauch 1. In: Jb. für Vk. N.F. 3 (1980) 227—229, num. 707—795. — [19] Gracián, B.: H.-Orakel und Kunst der Weltklugheit. ed. A. Hübscher. Mü. 1985. — [20] Ohly, F.: Hohelied-Studien. Grundzüge einer Geschichte der Hoheliedauslegung des Abendlandes bis um 1200. Wiesbaden 1958, 175. —
[21] cf. z. B. Albertinus, A.: Hirnschleiffer. ed. L. S. Larsen. Stg. 1977, 206; Neugebauer, S.: Electorum symbolorum heroicorum. Ffm. 1619, 95 sq.; Rollenhagen, G.: Nucleus emblematum selectissimorum. Köln s. a. (Utrecht 1611), 72; cf. ferner Deonna, W.: Le Symbolisme de l'œil. P. 1965, 287; id.: Manus oculatae. In: Festschr. L. Herrmann. Brüssel/Berchem 1960, 292—300; Keller, W.: Goethes dichterische Bildlichkeit. Mü. 1972, 73 sq. (mit not. 32). — [22] Kriss, R./Kriss-Heinrich, H.: Volksglaube im Bereich des Islam 2. Wiesbaden 1962, 2—7. — [23] Halevi, Z. ben Shimon: Kabbalah. s. l. 1979, 56 und pass.; Richter, E.: Oriental. und kabbalistische Ursprungsbezirke der „geistlichen H.e". In: Dt. Gaue 43 (1951) 18—27. — [24] Seligmann, S.: Der böse Blick 2. B. 1910, 168. — [25] Budge, E. A. W.: Amulets and Superstitions. L. 1930, 469. — [26] Schleusener-Eichholz, G.: Das Auge im MA. 1. Mü. 1985, 189, 374. — [27] MPL 117, 471 D—472 B. — [28] Agrippa von Nettesheim, H. C.: De occulta philosophia libri tres. [Köln] 1533, CLX—CLXVIII. — [29] cf. z. B. Labat, R.: Traité akkadien de diagnostics et prognostics médicaux. Leiden 1951, pass. — [30] Alföldi, A.: Insignien und Trachten der röm. Kaiser. In: Mittlgen des Dt. Archäologischen Inst.s. Röm. Abteilung 50, 1 (1935) 1—171; cf. ferner LCI 2, 211—214; Kötzsche, L.: H. II. In: RAC 13 (1986) 402—482. —
[31] MPG 94, 1232—1420; Kawerau, P.: Das Christentum des Ostens. Stg./B./Köln/Mainz 1972, 108—113; Menges, H.: Die Bilderlehre des hl. Johannes von Damaskus. Münster 1938. — [32] z. B. J. Herolt, Sermones Discipuli, 33; Lemmer, L.: Lauretanum Mariale. Würzburg 1687, 108, num. 18; Hahner, G.: Der Exempelgebrauch im Lauretanum Mariale des Laurentius Lemmer. Würzburg 1687. Würzburg/Mü. 1984, 57 sq., num. 45. — [33] Ikonen-Museum. Ausstellungskatalog Recklinghausen [4]1968, num. 166; cf. Wild, D.: Ikonen. Bern 1946, vor fol. XXI. — [34] Andresen, C.: Die Kirchen der alten Christenheit. Stg./B./Köln/Mainz 1971, 139—143; cf. ferner RAC 13, 482—519; Coppens, J.: L'Imposition des mains et les rites connexes dans le Nouveau Testament et dans l'église ancienne. Wetteren/P. 1925; Eldernbosch, P. A.: De opleging der handen. Den Haag 1953; Lohse, E.: Die Ordination im Spätjudentum und im N.T. Göttingen 1951; Siotis, M. A.: Die klassische und die christl. Cheirotonie in ihrem Verhältnis. In: Theologia 20 (1949) 314—334; 21 (1950) 598—617; 22 (1951) 108—118, 288—293; Vogel, C.: Chirotonie et Chirothésie. Importance et relativité du geste dans la collation des ordres. In: Irénikon 45 (1972) 7—21, 207—238. — [35] Zum Rechtsbereich cf. auch Schwineköper, B.: Der H.schuh im Recht, Ämterwesen, Brauch und Volksglauben. B. 1938. — [36] Legenda aurea/Benz, 195. — [37] Brückner, W.: Bildnis und Brauch. B. 1966, 65; Bloch, M.: Les Rois thaumatourgues. Straßburg 1924. — [38] Favret-Saada, J.: Die Wörter, der Zauber, der Tod. Der Hexenglaube im Hainland von Westfrankreich. Ffm. 1979, 164 sq.; Bächtold-Stäubli, H.: H. In: HDA 3 (1930/31) 1379—1398. — [39] Weyer, J.: De praestigiis daemonum. Von Teuffelsgespenst [...]. Ffm. 1586, 47. — [40] Delrio, M.: Disquisitionum magicarum libri sex. Löwen 1599/1600 (u. ö.), 710; cf. Fischer, E.: Die „Disquisitionum magicarum libri sex" von Martin Delrio als gegenreformatorische Exempel-Qu. Diss. Ffm. 1975, 305, num. 192. —
[41] z. B. Praetorius, J.: Philologemata abstrusa de pollice. Lpz. 1677. — [42] Strack, H. L.: Das Blut im Glauben und Aberglauben der Menschheit. Mü. [5—7]1900, 78 sq. — [43] Röhrich, L.: Der Tod in Sage und Märchen. In: Stephenson, G. (ed.): Leben und Tod in den Religionen. Darmstadt 1980, 165—183, hier 181. — [44] Wagenseil, J. C.: De Sacri Rom[ani] Imperii libera civitate Noribergensi commentatio. Altdorf 1697, 42 sq. — [45] Michaelis, W.: Die Apokryphen Schr. zum N.T. Bremen [3]1962, 88 sq. — [46] Dan, J.: Rabbi Juda the Pious and Caesarius of Heisterbach. Common Motifs in Their Stories. In: Heinemann, J./Noy, D. (edd.): Studies in Aggadah and Folk Literature. Jerusalem 1971, 18—27; Scheiber, A.: Alte Geschichten im neuen Gewande. In: Fabula 15 (1974) 114—123, hier 116. — [47] Lemmer (wie not. 32) 308, num. 68; Hahner (wie not. 32) 80, num. 114. — [48] Werfer, A./Steck, F. X./Lander, P. B. (edd.): Große ill. Heiligen-Legende auf alle Tage des Jahres. Ulm/Rom [[2]1858], 462. — [49] ibid., 552. — [50] BP 2, 550—552; Müller/Röhrich H 17, H 18, L 31; Zentralarchiv der dt. Volkserzählung, Marburg (in Abteilung 18); Peuckert-Archiv im Inst. für Vk., Freiburg (Kopie im Seminar für Vk., Göttingen) (s. v. Wilde Jagd und Strafen); Becker, A.: Die abgehackte, unverwesliche H. in der Sage. Kaiserslautern 1928; Schmidt, L.: Die H. aus dem Grab. In: id.: Die Volkserzählung. B. 1963, 225—234. —
[51] Herberger, V.: Sirachs Hohe Weißheit- und Sitten-Schule. Lpz. 1698, 74; Brückner, 733; cf. Rehermann, 155 sq. — [52] Berg, S./Rolle, R./Seemann, H.: Der Archäologe und der Tod. Archäologie und Gerichtsmedizin. Mü./Luzern 1981, 66—75. — [53] Scherf, W.:

Die Herausforderung des Dämons. Mü. u. a. 1987, 274 sq. und pass. — [54] z. B. Nightmare in Garden City ... ich will Deinen Arm. Orig.-Videotitel: Amputiert. Regie T. S. Adelman. USA um 1980.

Freiburg/Br. Christoph Daxelmüller

Hand, Wayland Debs, * Auckland, Neuseeland 19.3.1907, † Pittsburgh 22.10.1986, nordamerik. Volkskundler. Nach einem Aufenthalt in Deutschland (1928) studierte H. an der Univ. of Utah, erwarb dort 1934 den Magister Artium in Deutsch und promovierte 1936 bei A. → Taylor an der Univ. of Chicago mit *The Schnaderhüpfel: An Alpine Folk Lyric* (Chic. 1936). Bis auf eine einjährige Lehrtätigkeit an der Univ. of Minnesota (1936—37) verbrachte H. seine weitere wiss. Laufbahn an der Univ. of California, Los Angeles, an der er das Center for the Study of Comparative Folklore and Mythology, eines der führenden Institute dieser Art in Amerika, gründete. Gleichzeitig baute er auch die Folklore-Abteilung der Univ.sbibliothek zu einer der weltweit bedeutendsten volkskundlichen Sammlungen aus. 1957—58 war er Präsident der American Folklore Soc., 1969—70 der California Folklore Soc., ferner Gründungsmitglied und 1976—77 Vorsitzender des Treuhänderausschusses des American Folklife Center in der Library of Congress, seit 1964 Vizepräsident der Internat. Soc. for Folk Narrative Research und seit 1978 deren Ehrenvizepräsident auf Lebenszeit.

Als Feldforscher befaßte sich H. von den 30er bis in die 60er Jahre mit der Dokumentation von Überlieferungen einzelner Berufsgruppen, bes. von Bergleuten, in Montana, Utah und Kalifornien. Eine seiner bemerkenswertesten Leistungen ist das Archive of Popular Beliefs and Superstitions, das er in mehr als 40 Jahren zusammengetragen hat. Es enthält weit über eine Million Eintragungen zu volkstümlichen Glaubensvorstellungen und bildet die Materialgrundlage für die von H. geplante *Enc. of American Popular Beliefs and Superstitions*, an der auch nach seinem Tode weitergearbeitet wird. H. selbst publizierte drei regionale Sammlungen von Volksglaubensvorstellungen aus North Carolina, Ohio und Utah (*Popular Beliefs and Superstitions from North Carolina* 1—2. Durham, N.C. 1961—64; *Popular Beliefs and Superstitions: A Compendium of American Folklore from the Ohio Collection of Newbell Niles Puckett* 1—3. Boston 1981; *Popular Beliefs and Superstitions from the Anthon S. Cannon Collection of Folklore*. Salt Lake City 1984).

1947—51 gab H. die Reihe *Memoirs of the American Folklore Soc.* und das *J. of American Folklore* heraus, 1954—66 die Zs. *Western Folklore*, die er zu einem der führenden volkskundlichen Organe der Vereinigten Staaten machte. H. edierte die Tagungsbände *American Folk Legend* (Berk./L.A./L. 1971), *American Folk Medicine* (Berk./L.A./L. 1976) und *Magical Medicine* (Berk./L.A./L. 1981). Er verfaßte über 150 Artikel in volkskundlichen Zeitschriften, von denen sich viele auch mit der Volkserzählung befassen.

Lit.: Who's Who in America 1. Wilmette, Ill. [43]1984/85, 1368. — Mieder, W.: W. D. H. as Paremiologist. In: Proverbium 3 (1986) 5—8. — Ward, D.: W. D. H. (1907—1986). In: Fabula 27 (1986) 322 sq. — Newall, V.: Obituary: Professor Emeritus W. D. H. In: FL 98 (1987) 105.

Los Angeles Donald Ward

Hände trocknen → Brautproben

Händedruck mit dem Dämon → Wettstreit mit dem Unhold

Handel: Der gute H. (AaTh 1642), eine Kombination von Schwankmotiven aus dem Bereich der → Mißverständnisse eines Dummkopfs (→ Dummheit) oder Dummschlauen, dessen zunächst unsinnige Aktionen letztlich zu seinem Vorteil ausschlagen.

(1) Ein einfältiger Bauer mißdeutet Tierstimmen, meist das Quaken von Fröschen, und wirft ihnen sein auf dem Markt erhandeltes Geld zum Zählen hin. (2) Er tätigt absurde Handelsgeschäfte: (2.1) Er überläßt Fleisch ihn anbellenden Hunden in der Meinung, sie würden es zum Metzger bringen (→ Ausschicken von Gegenständen oder Tieren); (2.2) Er hinterlegt für den Verkauf bestimmte Waren (Butter, Honig, Leinwand) bei einem Wegweiser. (3) Da er tags darauf das erwartete Geld nicht findet, beschwert er sich beim König und bringt damit die schwermütige Prinzessin zum → Lachen (cf. AaTh 559). Er soll sie zur Frau erhalten, lehnt jedoch

ab, worauf ihm eine andere Belohnung angekündigt wird. (4) Er verspricht diese einem Wächter und → Juden; der beleidigte König läßt jedoch Prügel statt des erwarteten Geldes austeilen (AaTh 1610: → *Teilung von Geschenken und Schlägen*). (5) Der Jude erhebt Anklage gegen den Bauern und drängt dem dürftig Bekleideten auf dem Weg zum Gericht seinen → Mantel (Stiefel) auf; der Bauer leugnet dies jedoch beim Prozeß und macht damit die Aussagen seines Gegners unglaubwürdig (erklärt ihn für verrückt) (AaTh 1642 A: *The Borrowed Coat*; cf. → Prozeßmotive).

Diese Beschreibung des Typs bei AaTh beruht auf der mit beachtlichem sprachlichen Geschick komponierten Version der Brüder → Grimm, er ist jedoch, wie bei BP zu KHM bereits festgestellt und aus erneuter Materialdurchsicht zu bestätigen, in dieser Vollständigkeit nur in einem schwed. Volksbüchlein von 1826, in einer ostpreuß. und einer kroat. Erzählung belegt[1]; eine unmittelbare Abhängigkeit dieser Fassungen von KHM 7 ist, wie auch W. → Liungman vermutete[2], angesichts der allg. frühen Bekanntheit der Grimmschen Slg wahrscheinlich. Selbständig oder in anderen, äußerst vielfältigen Kontaminationen sind die Motive (1), (2.1) und (2.2), die man als die eigentlich charakteristischen für AaTh 1642 ansehen muß, in ganz Europa[3], in Nord- und Mittelamerika[4], im mediterranen Bereich[5], in der Türkei[6], Persien[7], bei Usbeken und Tadschiken[8], vereinzelt auch in China[9] nachweisbar. Ungeachtet der zahlreichen Belege bei BP, AaTh und in anderen Typenkatalogen wie auch im Archiv der EM ist das Verbreitungsbild wohl immer noch lückenhaft, manche Zuordnung vage.

Hist. bezeugt ist die erste Fehlleistung des Dummkopfs im Volksbuch vom → Bertoldino[10], ferner in der zunächst in ndl. Sprache, dann auch in dt. Übers. erschienenen Slg von Schwänken um Clément Marot (dort auf einen einfältigen Schwaben bezogen)[11] und in ähnlichen dt. Kompilationen des 17. Jh.s[12]. In neueren dt. und dän. Aufzeichnungen fällt der Bezug zum → Eulenspiegel auf[13]. Einzeln begegnet Motiv (1) in der mündl. Tradition vor allem im dt. Sprachbereich, internat. typisch erscheint die Verquickung mit (2.1) oder (2.2) und die Einbettung in längere Motivketten[14]; wie in Erzählerrunden oft zu beobachten, zog eben die eine Dummengeschichte Verwandtes nach sich. So wirkte etwa die Affinität zu AaTh 1643: → *Geld im Kruzifix* immer dann, wenn dem Erzähler daran lag, dem Dummen schließlich doch zu Glück, d. h. einem Schatzfund zu verhelfen; eine präzise Typentrennung ist hier oft kaum möglich. Als häufig belegte Kontaminationselemente sind ferner zu nennen: AaTh 1291 B: *Filling Cracks with Butter* (vor allem in Fassungen, in denen die Butter die verschleuderte Ware darstellt)[15]; AaTh 1381: cf. *Die geschwätzige → Frau* (sofern der Dummkopf unglaubwürdig gemacht werden soll)[16]; AaTh 1386, 1387: cf. → *Kluge Else* und AaTh 1408: → *Hausarbeit getauscht*[17]; AaTh 1586: → *Fliege auf des Richters Nase*[18]; oft belegt ist die Verbindung mit AaTh 1600: *Der begrabene → Schafskopf*[19] und AaTh 1653 B: → *Räuber unter dem Baum*[20]; plausibel wirkt auch, den Handlungsträger von AaTh 1642 als den notorischen Querkopf in AaTh 1685: *Der dumme → Bräutigam*[21] oder in AaTh 1696: → *„Was hätte ich sagen (tun) sollen?“*[22] hinzustellen.

Während Kontaminationen mit diesen und anderen Episoden beliebig variabel erscheinen und sich geogr. kaum eingrenzen lassen, könnte die Verbindung der Eingangsmotive mit dem Lachen der Prinzessin (3) in dt., tschech., slovak. und russ. Var.n[23] als mittel- und osteurop. Ökotyp bezeichnet werden; allerdings ist Motiv (2.1) + (3) auch in türk. und berber. Überlieferung um → Hodscha Nasreddin bezeugt[24]. Motiv (4), also AaTh 1610 – ein selbständig weitverbreiteter und schon ma. bezeugter Typ –, begegnet im Konnex mit AaTh 1642 in erster Linie in Skandinavien[25].

Der weitgehenden Eigenständigkeit der 5. Episode der Grimmschen Version, die, wie gesagt, nur selten in Kombination mit AaTh 1642 auftritt[26], hat S. → Thompson insofern Rechnung getragen, als er sie mit einer eigenen Typennummer, eben AaTh 1642 A, versah. Der Trick mit dem geliehenen Mantel, der die Aussage des Prozeßgegners, meist eines Juden, diskreditiert, ist wiederum im Schwankzyklus um Hodscha Nasreddin bezeugt[27], vermutlich oriental. Herkunft, und läßt sich in die ital. und span. Novellistik des 15. und 16. Jh.s[28] zurückverfolgen, ebenso in die dt. Schwanktradition der Barockzeit[29]. Im Verbreitungsbild der Aufzeichnungen aus mündl. Überlieferung wirken fläm. und fries. Belege[30] insofern isoliert, als dt. Var.n nach derzeitigem Befund vom Ostrand des dt. Sprachgebiets stammen[31]. Weitere Fassungen liegen aus nordost-, ost- und südosteurop. Bereichen vor[32], aus dem Mittelmeerraum[33], aus Ostafrika[34], aus jüd. Überlieferung[35], Persien[36] und zahlreiche auch aus China[37]. Sehr häufig ist die Kontamination von AaTh 1642 A mit AaTh 1543: *Keinen → Pfennig weniger* zu beobachten: Ein Armer bittet zum Schein um eine runde Summe, nicht mehr und nicht weniger; als ihm der Reiche probeweise 99 statt 100 Münzen zuwirft, kassiert er aber doch[38]. Daraus ergibt sich in diesen Var.n der Streit vor Gericht, bei dem der Kläger durch den Verleih seines Mantels dann nochmals das Nachsehen hat. Insofern geht es also auch bei diesem von AaTh 1642 abweichenden Typ letztlich um einen ‚guten Handel'.

[1] BP 1, 59. — [2] Liungman, Volksmärchen, 324. — [3] Ergänzend zu AaTh: van der Kooi; Ó Súilleabháin/Christiansen; Arājs/Medne; Rausmaa; SUS; Berze Nagy; Kecskeméti/Paunonen; Cirese/Serafini. — [4] Ergänzend zu AaTh: JAFL 36 (1923) 233—235, num. 101 (franko-kanad.); Dorson, R. M.: Negro Tales from Pine Bluff, Arkansas, and Calvin, Michigan. Bloom. 1958, 250 sq., num. 85; id.: Buying the Wind. Chicago/L. 1964, 250—252; Miller, E. K.: Mexican Folk Narrative from the Los Angeles Area. Austin/L. 1973, num. 81 (mit not.); Robe; Flowers. — [5] Alcover, M. A.: Aplec de rondaies mallorquines 9. Palma de Mallorca s. a., 60—83; Gonzenbach 1, num. 37, dazu der Kommentar von R. Köhler und J. Bolte in: ZfVk. 6 (1896) 73 sq.; Larrea Palacín, A. de: Cuentos populares de los judíos del norte de Marruecos 2. Tetuán 1953, num. 123; Rivière, J.: Recueil de contes populaires de la Kabylie du Djurdjura. P. 1882, 179—182, num. 4; Megas, G. A.: Griech. Volksmärchen. MdW 1965, 277—283; id.: Begegnung der Völker im Märchen. 3: Griechenland — Deutschland. Münster 1968, num. 29. — [6] Ergänzend zu AaTh: Boratav, P. N.: Contes turcs. P. 1955, num. 19; Walker, W. S./Uysal, A. E.: Tales Alive in Turkey. Cambr., Mass. 1966, num. 11. — [7] Marzolph. — [8] Afzalov, M. I./Rasulev, Ch./Chusainova, Z.: Uzbekskie narodnye skazki 2. Taškent [2]1963, 207 sq.; Amonov, R.: Tadžikskie skazki. M. 1961, 479—482. — [9] Ergänzend zu AaTh: Ting. — [10] EM 2, 168. —
[11] Moser-Rath, E.: Clément Marot als Schwankfigur. In: Fabula 20 (1979) 137—150, hier 149. — [12] EM-Archiv: Rottmann, Historien-Schreiber (1729), 448, num. 82 (= Polyhistor [1729], 233, num. 33). — [13] Debus, O.: Till Eulenspiegel in der dt. Volksüberlieferung. Diss. (masch.) Marburg 1951, 224, 228 sq.; Henßen, G.: Berg. Märchen und Sagen. Münster 1961, num. 44; Levinsen, N.: Folkeeventyr fra Vendsyssel. ed. L. Bødker. Kop. 1958, num. 7 mit not. p. 243—246. — [14] cf. z. B. Megas 1968 (wie not. 5); Kovács, Á.: Kalotaszegi népmesék 1—2. Bud. 1943, hier t. 1, num. 24; Parpulova, L./Dobreva, D.: Narodni prikazki. Sofija 1982, 334—343 mit not. p. 508; Miller (wie not. 4); Liungman 2, 306—308. — [15] cf. z. B. Ambainis, O.: Lett. Volksmärchen. B. 1979, num. 124; Märchen der europ. Völker. ed. K. Schulte Kemminghausen/G. Hüllen. Münster 1963, 74 sq. (frz.); Saucier, C. L.: Folk Tales from French Louisiana. N. Y. 1962, num. 22, 22 a; JAFL (wie not. 4). — [16] Mazon, A.: Documents, contes et chansons slaves de l'Albanie du Sud. P. 1936, num. 67; Kretschmer, P.: Neugriech. Märchen. MdW 1917, num. 19; Socin, A./Stumme, H.: Der arab. Dialekt der Houwāra [...]. Lpz. 1895, 98 sq.; Frobenius, L.: Volksmärchen der Kabylen 1. Jena 1921, num. 38; Rivière (wie not. 5); Boratav (wie not. 6). — [17] Liungman 2, 306—308; Kovács (wie not. 14); Tille, Soupis 1, 429. — [18] cf. EM 4, 1288 mit not. 32; Henßen (wie not. 13); Parsons, E. C.: Folk-Lore from the Cape Verde Islands 1. Cambr., Mass./N.Y. 1923, num. 93; JAFL 34 (1921) 152—155, 180—183 (puertorican.); Ramirez de Arellano, R.: Folklore portorriqueño. Madrid 1926, num. 116. — [19] Kovács (wie not. 14); Larrea Palacín (wie not. 5); Frobenius (wie not. 16); Walker/Uysal (wie not. 6); Viidalepp, R.: Estn. Volksmärchen. B. 1980, num. 132; Liungman 2, num. 471; Liungman, Volksmärchen, 315, 323 sq.; Amonov (wie not. 8). — [20] Setälä, E. N.: Näytteitä liivin kielestä. ed. V. Kyrölä. Hels. 1953, num. 53; Ambainis (wie not. 15); Liungman 2, 306—308; Benzel, U.: Sudetendt. Volkserzählungen. Marburg 1962, num. 188; Kovács (wie not. 14); Haltrich, J.: Dt. Volksmärchen aus dem Sachsenlande in Siebenbürgen. B. [6]1956, num. 64; Megas 1965 (wie not. 5). —
[21] Tille, Soupis 1, 429; Levinsen (wie not. 13); Revista de etnografia 5 (1965) 459—461; cf. EM 2, 739. — [22] Müller-Rüdersdorf, W.: Am Quell der Wunder. Isergebirg. Volksmärchen. Bad Nassau/Winnenden s. a., 34—40; Benzel (wie not. 20); JAFL (wie not. 4). — [23] Beckmann, P.: Kreuzbube Knud und andere mecklenburg. Märchen. B. s. a., 125; Meyer, G. F.: Plattdt. Volksmärchen und Schwänke. Neumünster 1925, num. 56; Neumann, S.: Mecklenburg. Volksmärchen. B. 1971, num. 154; Fox, N.: Märchen und Tiergeschichten. In den Landschaften der Westmark aufgezeichnet. Saarlautern 1942, num. 24; Moser-Rath, E.: Dt. Volksmärchen. MdW 1966, num. 34 (Dt.-Probener Sprachinsel); Tille, Soupis 1, 429; Polívka 3, 97—99; SUS. — [24] Hodscha Nasreddin 2, num. 413. — [25] Kristensen, E. T.: Fra Bindestue og Kølle 1. Kop. 1896, num. 24; Levinsen (wie not. 13); Hackman, O.: Finlands svenska folkdiktning 1. Hels. 1917, 42 sq., 249; t. 2 (1920) 147—150. — [26] Robe; Miller (wie not. 4). — [27] Hodscha Nasreddin 1, num. 54 mit Lit. p. 220—222; cf. auch Chauvin 6, 126; Marzolph. — [28] cf. Rotunda J 1151.2. — [29] Moser-Rath, Schwank, 260 sq.; dazu Texte im EM-Archiv: Johann Peter de Memel (1656), num. 222; Der Pohlnische Sackpfeiffer (1663), 12 sq.; Wol-

gemuth, Haupt-Pillen (1669), 99, num. 7; Lieblicher Sommer-Klee (1670), num. 129; Scheer-Geiger 1 (1673), 246, num. 86; Kurtzweiliger Zeitvertreiber (1685), 244 sq. — [30] de Meyer, Conte; van der Kooi. —
[31] Findeisen, H.: Sagen, Märchen und Schwänke von der Insel Hiddensee. Stettin 1925, num. 35; Grannas, G.: Plattdt. Volkserzählungen aus Ostpreußen. Marburg 1957, num. 50; Neumann, S. (ed.): Volksschwänke aus Mecklenburg. Aus der Slg R. Wossidlos. B. 1963, num. 210; Kubitschek, R.: Böhmerwäldler Bauernschwänke. Wien/Prag/Lpz. 1920, 19; Haiding, K.: Märchen und Schwänke aus dem Burgenlande. Graz 1977, num. 25. — [32] Ergänzend zu AaTh: Arājs/Medne; Raudsep; SUS; Barag, L. G.: Beloruss. Volksmärchen. B. 1966, num. 85; Javorskij, Ju. A.: Pamjatniki galicko-russkoj slovesnosti. Kiev 1915, num. 77; Paasonen, H.: Gebräuche und Volksdichtung der Tschuwassen. Hels. 1949, num. 21; Kecskeméti/Paunonen; György; Kovács (wie not. 14) t. 2, num. 55; Lambertz, M.: Alban. Märchen. Wien 1922, 62 sq. — [33] Stumme, H.: Märchen und Gedichte aus der Stadt Tripolis [...]. Lpz. 1898, 176—178; Ilg, B.: Maltes. Märchen und Schwänke 2. Lpz. 1906, num. 113; Georgeakis, G./Pineau, L.: Le Folk-Lore de Lesbos. P. 1894 (Nachdr. 1968), 111—115. — [34] Kohl-Larsen, L.: Der Perlenbaum. Ostafrik. Legenden, Sagen, Märchen und Diebsgeschichten. Kassel 1966, 192—194. — [35] Jason; Schwarzbaum, 57, 324, 453 (mit Lit.). — [36] Marzolph. — [37] Ting. — [38] cf. Toldo, P.: Das vom lieben Gott geschenkte Geld und der geliehene Mantel. In: ZfVk. 13 (1903) 420—426 (mit hist. Nachweisen und Lit.).

Göttingen Elfriede Moser-Rath

Handel mit dem Teufel (AaTh 360, 1697) bezeichnet zwei Erzähltypen, die im zentralen Motiv deckungsgleich sind. In eigenständiger Form ist der Erzähltyp AaTh 1697: *„We Three; For Money“*, der in späterer Zeit als Bestandteil der Teufelsgeschichte AaTh 360: *Bargain of the Three Brothers with the Devil* erscheint, literar. wie mündl. bereits seit dem 14. Jh. tradiert worden:

(1) Drei Waliser, die nach England fahren müssen, versorgen sich zuvor mit den, wie sie meinen, für sie wichtigsten Ausdrücken der engl. Sprache. Der eine lernt „Drei Walliser“, um auf die Frage, wer sie seien, antworten zu können, der andere „Um das Geld im Beutel“, um ausdrücken zu können, daß sie für verlangte Speisen und Getränke bezahlen wollten, und der dritte „Recht ists“, um sich mit dem geforderten Preis einverstanden erklären zu können. (2) Als sie auf ihrer Reise zu Unrecht eines Mordes beschuldigt und vor den Richter geführt werden, antwortet der erste auf die Frage nach dem Täter „Wir drei Walliser“, als Begründung für die Tat weiß der zweite zu sagen „Um das Geld im Beutel“, und das Urteil, daß sie gehängt werden sollen, kommentiert der dritte mit „Recht ists“[1].

Diesen Schwank führt zuerst John → Bromyard in seiner *Summa predicantium* (S 4, 18) als Warnung vor den Folgen der Beschäftigung mit leerer Wiss. an, die ohne Gedanken an Gott aus purer Eitelkeit betrieben werde: Durch sie verdumme der Mensch und scheitere[2]. Über Bromyards Quelle ist die Forschung geteilter Ansicht: Während S. → Thompson literar. Ursprung vermutet[3], plädiert J. W. Hassell mit aller gebotenen Vorsicht dafür, daß Bromyard auf eine in gelehrten Kreisen umlaufende Erzählung zurückgegriffen habe[4]. Darauf deute auch die in einem Ms. von Bromyards Predigten erscheinende Einführung der Geschichte, „Narratur exemplum, seu truffa [...]“[5]. Da Bromyards Werk nach J. T. → Welter sowohl auf Kompilationen aus literar. Quellen als auch auf eigenen Erfahrungen und Erinnerungen beruht[6], muß die Herkunftsfrage offen bleiben, solange sich kein älterer Beleg findet.

Direkt oder indirekt auf Bromyard zurückzuführen ist vermutlich die zwischen 1505 und 1515 entstandene Fassung in den *Cent Nouvelles nouvelles* des → Philippe de Vigneulles[7]: Drei dt. Freunde, die nach Frankreich gehen, um die frz. Sprache zu lernen, bedienen sich der drei Wendungen, ohne deren Bedeutung zu kennen. Anders als bei Bromyard werden hier die wahren Täter rechtzeitig gefangen, und die drei können unbeschadet nach Hause gehen. Wohl ebenfalls auf Bromyard geht die zum Akademikerspott geratene Bearb. von Bonaventure → Des Périers in *Les nouvelles Récréations et joyeux devis* (1558; num. 20) zurück: Drei faule Studenten haben ihre Lateinstudien vernachlässigt und suchen diese, bevor sie wieder in ihre Heimat zurückkehren, schnell nachzuholen. Sie lernen jeder einen lat. Satz, auf den sie sich in ihren Äußerungen von nun an beschränken wollen, damit sie als Gelehrte gelten[8]. C. H. Livingston hält es für wenig wahrscheinlich, daß Des Périers das bis ins 19. Jh. unveröffentlicht gebliebene Werk de Vigneulles' im Ms. zur Verfügung stand[9], auch legt die Veränderung der Grundsituation eine andere Entstehungsgeschichte nahe: In Relativierung der Vermutung A. → Wesselskis,

Des Périers' Fassung stamme „aus einem alten Lesebuche“[10], formuliert Hassell die Annahme, daß Bromyards Exempel in Schulen mündl. kursierte und in der sich daraus entwikkelnden Version dann zur direkten Quelle Des Périers' geworden sei[11]. Dessen Bearb. wiederum beeinflußte wahrscheinlich die Fassung in Antoine Tyrons *Recueil de plusieurs plaisantes nouvelles* (1596)[12] und die in den Unterhaltungsbüchlein des 17. und 18. Jh.s als eines der zahlreichen Beispiele für falschen Gebrauch unverstandener lat. Phrasen tradierte Version[13].

Der nicht sehr zahlreich aus mündl. Überlieferung in Europa, Nord- wie Südamerika und vereinzelt in Afrika und Asien belegte[14], bei AaTh im Abschnitt *The Stupid Man* verzeichnete Erzähltyp AaTh 1697 weist eine recht stabile Form auf. Zumeist geht es um das Erlernen der Sprache einer benachbarten Region, oft verbunden mit der Hoffnung auf einen Arbeitsplatz oder materiellen Nutzen. Wie die literar. enden auch die mündl. Fassungen entweder glücklich oder mit dem Tod der drei, oft als dumm charakterisierten Protagonisten. In wenigen Fällen ist AaTh 1697 mit anderen Erzähltypen, meist ebenfalls Schwänken, kontaminiert, so in einer kaukas. Var. mit AaTh 1319 J*: *Fool Eats Beetle Thinking it Is Blueberry with Wings*[15], in ir. Fassungen mit AaTh 1696: → *„Was hätte ich sagen (tun) sollen?“*, AaTh 1698: *Deaf Persons and their Foolish Answers* (cf. → Schwerhöriger), AaTh 1699: → *Sprachmißverständnisse* oder auch mit AaTh 950: → *Rhampsinit*[16].

AaTh 360 ist eine in Europa weitverbreitete Teufelsgeschichte, deren Beschreibung in AaTh dem dreiteiligen Aufbau von KHM 120: *Die drei Handwerksburschen* entspricht[17]:

(1) Drei Handwerksburschen (Brüder, Freunde) auf Suche nach Arbeit oder besseren Verdienstmöglichkeiten begegnen dem → Teufel. Dieser schlägt ihnen einen Handel (→ Teufelspakt) vor, in den sie gern einwilligen: Der erste solle nur noch sagen: „Wir alle drei“, der zweite: „Ums Geld“, und der dritte: „Und das war recht“. Wenn sie sich auf diese Sätze beschränkten, werde es ihnen an Geld nicht fehlen. (2) Der Wirt des Gasthauses, in dem sie übernachten, tötet einen reichen Kaufmann. Die drei werden des Mordes beschuldigt, und da sie mit den verabredeten Sätzen gewissermaßen die Tat gestehen, sollen sie gehängt werden. (3) Kurz vor der Hinrichtung werden sie vom Teufel gerettet. Die Wahrheit kommt ans Licht, und der Teufel gibt sich mit der Seele des Mörders zufrieden.

Den frühesten Beleg für die Verbindung von AaTh 1697 mit übernatürlichen Geschehnissen oder Figuren, wie sie für AaTh 360 charakteristisch ist, stellt Georg Gustav Fülleborns *Die stummen Bekenntnisse* (1789) dar, eine „weitläufig ausgesponnene“[18], als Anekdote bezeichnete Erzählung[19]. Der in der Nachfolge von Johann Karl August → Musäus stehende Fülleborn bindet den Schwank in eine langatmige Handlung ein, die ihren Ausgang von dem hist. Ereignis des Kampfes Heinrichs I. gegen die Slaven (928–929) nimmt. Protagonisten sind drei Franken, die Soldatenwerbern, den „verkappten Seelenkäufern“[20], ins Netz gegangen waren und sich nun als Deserteure auf der Flucht befinden. Umständlich wird die Entstehung der drei stereotypen Wendungen erklärt. Die Beschränkung ist hier keine selbstauferlegte, sondern ein von einem mächtigen Gnom in Schäfergestalt verhängter Zauber, dessen Auswirkungen auf die Gefühle und Gedanken der drei Soldaten minutiös geschildert werden. Der Mode der Zeit entsprechend ist die Erzählung mit Elementen des Feenmärchens (→ Conte de[s] fées) und der Bukolik sowie mit rationalisierenden Passagen durchsetzt und enthält Anspielungen auf die zeitgenössische Auseinandersetzung um die Physiognomik.

Eine Abhängigkeit der Fassung der Brüder → Grimm von Fülleborn läßt sich bisher nicht nachweisen. Diese verfaßten das Märchen ihren eigenen Angaben zufolge auf der Basis einer am 7. 4. 1813 von Katharina Dorothea Viehmann „aus Zwehrn“[21] und einer – wohl durch den Altphilologen und Pfarrer G. A. F. Goldmann (1785–1855) – „aus der Leinegegend“[22] mitgeteilten Erzählung (KHM 34 [1815]; unverändert als KHM 120 [seit 1819]). In den Anmerkungen zur KHM-Ausg. von 1856 finden sich Hinweise der Grimms auf kurz zuvor publizierte andere Aufzeichnungen und auf Des Périers[23]. Zwar wird der Erzählung in dieser Form, in der der Teufel nicht als Gegner, sondern als Helfer und Retter, sogar als „gerechter Richter“[24] auftritt, zuweilen vorgeworfen, sie sei ungeschickt konstruiert und unlogisch[25], doch ist sie – vermutlich infolge der Fixierung durch die Grimms – immerhin so stabil, daß sie neben AaTh 1697 in fast ganz Europa Verbreitung gefunden hat[26], wobei die dt. Aufzeichnungen der

Grimmschen Fassung am nächsten kommen. Die Schlußszene von KHM 120, in der der rettende Teufel mit dem Ausruf „Gnade! Gnade!" Einzug hält, hat nach H. → Rölleke die Gestaltung des Finales von Clemens → Brentanos *Geschichte vom braven Kasperl und dem schönen Annerl* (1817) beeinflußt[27].

Während sich in KHM 120 die Handwerksburschen versichern lassen, daß ihre → Seele bei dem Geschäft keinen Schaden nehme[28], handeln sie in anderen Fassungen aus mündl. Überlieferung weit weniger überlegt: In den meisten Var.n kommt das Thema gar nicht zur Sprache[29], in einigen ist der Verlust der Seele sogar ausdrücklich Bestandteil des Handels[30]. Die Aufzeichnungen zeigen im allg. weitgehende Übereinstimmung, auffällige Abweichungen sind selten, so eine von K. V. → Müllenhoff als Parodie auf AaTh 360 interpretierte dt. Var. mit drei dummen Königssöhnen als Protagonisten[31]; eine andere dt. Fassung, in der Gott in Gestalt eines alten Mannes die drei Burschen vor Teufeln warnt und später rettet[32], und ähnlich eine katalan. Erzählung, in der jedoch der Handel mit dem Komplizen des Mörders abgeschlossen wird[33]. Auch einige Schlußpassagen variieren: Ein drastisches Ende erfährt die Handlung, wenn der Wirt, seine Frau und sein Sohn nacheinander Selbstmord begehen[34]. Eine überraschende Wendung nehmen zwei Var.n, die aufgrund ihrer Ausgangssituation auch AaTh 1697 zugeordnet werden könnten: In einer ung. Version erkennen die drei Burschen in der Leiche ihren Sprachlehrer. Plötzlich wird dieser wieder lebendig und lacht die drei aus: Es ist der Teufel[35]. Eine 1938 im nationalsozialistischen Deutschland publizierte poln. Fassung präsentiert einen wahrhaft teuflischen Teufel. Er bleibt so lange Leiche, bis die Hinrichtung von drei Deutschen vollzogen ist. Der Grund wird nachgeliefert: Der Teufel könne Deutsche nicht leiden[36].

Die meisten Kontaminationen von AaTh 360 mit anderen Erzähltypen sind nach K. → Ranke für Skandinavien belegt[37], in der Mehrzahl in Form der Aneinanderreihung mehrerer Teufelsgeschichten. Folgende Verbindungen sind bekannt: AaTh 812: → *Rätsel des Teufels* + AaTh 1182: *The Level Bushel* + AaTh 360 + AaTh 361: → *Bärenhäuter*[38]; AaTh 812 + AaTh 360[39]; AaTh 360 + AaTh 361[40]; AaTh 360 + AaTh 475: → *Höllenheizer*[41]; AaTh 330: → *Schmied und Teufel* + AaTh 360[42]; AaTh 360 + AaTh 1182[43]; AaTh 360 + AaTh 653 B: *The Suitors Restore the Maiden to Life* + AaTh 1137: cf. → *Polyphem*[44].

[1] Zitiert nach: Wesselski, A.: Mönchslatein. Lpz. 1909, num. 37. — [2] Abdruck des Exempels (ohne Kontext) vermutlich nach der Ausg. Basel 1474 bei BP 2, 564. — [3] Thompson, Folktale, 65, 179. — [4] Hassell, J. W.: Sources and Analogues of the Nouvelles Récréations et Joyeux Devis of Bonaventure des Périers. Chapel Hill, N.C. 1957, 105 sq. — [5] Wright, T.: A Selection of Latin Stories. L. 1843, num. 141 (= dt.: Wesselski [wie not. 1]); anders dagegen Bromyard bei BP 2, 564. — [6] Welter, J.-T.: L'Exemplum dans la littérature religieuse et didactique du moyen âge. P./Toulouse 1927, 333 sq. — [7] Livingstone, C. H. (ed.): Philippe de Vigneulles: Les cent Nouvelles nouvelles. Genève 1972, num. 60; Hassell (wie not. 4) 107 sq.; cf. auch Wetzel, H. H.: Märchen in den frz. Novellenslgen der Renaissance. B. 1974, 56. — [8] Tegethoff, E.: Frz. Volksmärchen 1. MdW 1923, num. 22; cf. Hassell (wie not. 4) 104–108, bes. 107 sq.; cf. auch Wetzel (wie not. 7) 56, not. 27. — [9] Livingston (wie not. 7) 251; Hassell (wie not. 4) 108 (auf einem Leseirrtum beruhende unberechtigte Korrektur der Position Livingstons). — [10] Wesselski, A.: ‚Die Scheune brennt'. In: ZfVk. 26 (1916) 370 sq., hier 371. —
[11] Hassell (wie not. 4) 107 sq. — [12] cf. Livingston (wie not. 7) 251. — [13] EM-Archiv: z. B. Freudenberg, Etwas für Alle (1732), num. 16; BP 2, 564 sq.; cf. Moser-Rath, Schwank, 177 sq. — [14] Ergänzend zu AaTh: Tubach, num. 5196; SUS; Kecskeméti/Paunonen; Arājs/Medne; Rausmaa; Ó Súilleabháin/Christiansen; van der Kooi; de Meyer, Conte; György; Cirese/Serafini; Coetzee; Robe; kaukas., ukr., schwed., engl., fläm., frz., ital., griech., span., ecuadorian., argentin., chilen. und korean. Var.n im EM-Archiv; Espinosa 1, num. 52 (AaTh nennt fälschlich num. 29); cf. Schwarzbaum, 90 sq.; Prieler, M.: 100 Saidi-Witze. Magisterarbeit Wien 1985, num. 57 (ägypt.). — [15] Dirr, A.: Kaukas. Märchen. MdW 1920, num. 81. — [16] Ó Súilleabháin/Christiansen. — [17] Ergänzend zu AaTh: SUS; Arājs/Medne; Hodne; van der Kooi; de Meyer, Conte; schweiz., wagr., sudetendt., ung. (aus dem Burgenland) und poln. Var.n im EM-Archiv; die Hinweise auf ir. und span.-amerik. Var.n bei AaTh 360 betreffen AaTh 1697. — [18] BP 2, 562. — [19] [Fülleborn, G. G.:] Volksmährchen der Deutschen 6. Nicht von Musäus. (Halle 1789) Prag 1798, 56–81. — [20] ibid., 59. —
[21] KHM. Vergrößerter Nachdr. der zweibändigen Erstausg. von 1812 und 1815. t. 2. ed. H. Rölleke. Göttingen 1986, XIV (hs.), XXXI; cf. KHM. Ausg. letzter Hand [...]. t. 3. ed. id. Stg. 1980, 491. — [22] ibid.; cf. Mehlem, R.: Ndd. Qu.n der Grimmschen „Kinder- und Hausmärchen" unter bes. Berücksich-

tigung Niedersachsens. In: Archiv für Landes- und Vk. von Niedersachsen (1940) H. 2, 49–99, hier 76 sq. – [23] KHM 1980 (wie not. 21) 212. – [24] Leyen, F. von der: Das dt. Märchen und die Brüder Grimm. MdW 1964, 269 sq.; cf. Thompson, Folktale, 65; dagegen die Zuordnung zum Abschnitt Supernatural Adversaries bei AaTh. – [25] z. B. Wetzel (wie not. 7). – [26] wie not. 17. – [27] KHM. Vollständige Ausg. auf der Grundlage der dritten Aufl. (1837). ed. H. Rölleke. Ffm. 1985, 1250. – [28] cf. auch Pröhle, H.: Märchen für die Jugend. Halle 1854, num. 42. – [29] z. B. Benzel, U.: Sudetendt. Volkserzählungen. Marburg 1962. num. 175. – [30] z. B. Behrend, P.: Märchenschatz. Danzig 1908, num. 5. – [31] Müllenhoff, K. V.: Sagen, Märchen und Lieder der Herzogthümer Schleswig Holstein und Lauenburg. Kiel [4]1845, 457 sq., num. 22 (mit not.). – [32] Haltrich, J.: Dt. Volksmärchen aus dem Sachsenlande in Siebenbürgen. B. 1856 (Mü. [6]1956), num. 2. – [33] Amades, num. 360. – [34] Pröhle (wie not. 30). – [35] Jones, W. H./Kropf, L. L. (edd.): The Folk-Tales of the Magyars. L. 1889, num. 23. – [36] Lück, K.: Der Mythos vom Deutschen in der poln. Volksüberlieferung und Lit. 2. Lpz. (1938) [2]1943, 136 sq. – [37] Ranke, K.: Folktales of Germany. Chic. 1966, 208. – [38] Grundtvig, S.: Danske Folkeæventyr. Kop. 1878, num. 19. – [39] Berntsen, K.: Folke-æventyr 1. Odense 1873, num. 2. – [40] Husvennen (1898) 222 sq. (dän.). – [41] Kristensen, E. T.: Æventyr fra Jylland 1. Kop. 1881, num. 28. – [42] ibid., num. 29. – [43] Hackman, O.: Finlands svenska folkdiktning 1. Hels. 1917, num. 94,2. – [44] Top, S.: Volksverhalen uit Vlaams Brabant. Utrecht/Antw. 1982, num. 8.

Göttingen Ingrid Tomkowiak

Handlung: Die vornehmste H. (AaTh 976), didaktische, öfter kontaminierende Erzählung, in der Edelmut einerseits und die Tugend, ein Versprechen (cf. → Eid, → Gelübde) treu zu halten, andererseits idealisiert werden.

Ein Mann erlaubt seiner → Braut in der → Hochzeitsnacht, ihren vormaligen → Liebhaber (Verlobten) zu besuchen, um ein von ihr gegebenes Versprechen zu halten (die → Verlobung zu lösen). Unterwegs begegnet ihr ein → Räuber. Als dieser ihre Geschichte hört, läßt er sie unbehelligt. Als der Liebhaber (Verlobte) von der Großmut ihres Bräutigams bzw. des Räubers erfährt, verzichtet er auf sie.

Die Erzählung ist mit großer Wahrscheinlichkeit in Indien beheimatet. Ihre älteste Version (3. Jh. p. Chr. n.) findet sich in den buddhist. Geschichten des chin. → *Tripiṭaka* (19,7)[1]. Eine weitere alte literar. Fassung liegt vor in der → *Vetālapañcaviṃśatikā* (num. 9), die auch in → Somadevas *Kathāsaritsāgara* aufgenommen wurde[2]. Aus diesen frühen ind. Quellen fand die Erzählung seit dem 14. Jh. Eingang in die verschiedenen Redaktionen des pers. und türk. *Ṭuṭi-Nāme* (→ *Papageienbuch*)[3]. N. M. → Penzer[4] beschreibt ihren Weg über den Mittleren Osten in die Türkei und von dort nach Europa, wo sie u. a. durch → Boccaccio (*Decamerone* 10,5) verbreitet wurde; verschiedene frz. Versionen waren dann wahrscheinlich Grundlage von → Chaucers *Franklin's Tale*. Die jüd. Var.n scheinen auf den sog. *Midrasch Dekalog* (8. Gebot) zurückzugehen, eine der ältesten Slgen hebr. Erzählungen (ca 9. Jh.)[5]. Aufzeichnungen aus mündl. Tradition liegen schwerpunktmäßig aus Indien, Zentralasien und dem Mittleren Osten vor, die wenigen europ. (schott., ir., slov., griech., russ.) Belege sowie die Nachweise aus Südamerika und China wirken peripher[6].

In AaTh 976 wird u. a. der Unterschied zwischen dem Eheversprechen und dem Vollzug der Ehe verdeutlicht: Das Mädchen verspricht dem Liebhaber, in der Hochzeitsnacht zu ihm zu kommen[7] oder mit keinem anderen als ihm die → Ehe einzugehen[8]. Dies wird allerdings nicht als formale Verlobung angesehen. Vielmehr bezieht sich das Versprechen meist recht unverhüllt auf den ersten ‚Liebesgenuß'[9], während der Bräutigam derjenige ist, mit dem die Verlobte als Ehefrau ihr weiteres Leben verbringen wird. Zudem sind in manchen Var.n die Beteiligten oft schon als Kinder oder sogar vor der Geburt einander versprochen worden, so daß die Wahl des Bräutigams meist keine Entscheidung ihrerseits ist[10].

S. → Thompson zählt AaTh 976 völlig berechtigt zu den Novellenmärchen, in denen u. a. Erzählungen zu moralischen Werten wie → Liebe und → Treue zusammengefaßt sind. Der Konflikt zwischen Bräutigam und ehemaligem Liebhaber (Verlobtem) wird stereotyp dadurch gelöst, daß der Bräutigam das Versprechen seiner Braut selbstlos respektiert und ihr vertraut, der Liebhaber auf das Mädchen verzichtet und die Braut Treue und Aufrichtigkeit beweist.

Gelegentlich ist der erste junge Mann, den das Mädchen liebt, ein Freund, den es nicht heiraten kann, weil er arm ist[11] oder der gleichen Sippe angehört[12]. In einer türk. Var. werden die bereits verlobten Liebenden getrennt, weil ihre Väter streiten[13]; in einer uigur. Fassung ist plötzlicher Reichtum des Brautvaters der Grund hierfür[14]. Nur vereinzelt hat der Jüngling das Versprechen der Braut inzwischen vergessen[15]. Gelegentlich verzichtet er auf sie aus Angst vor der Rache ihrer Familie[16] oder weil er ein Verschwender ist und fürchtet, auch ihr Vermögen zu vergeuden[17]. Der Bräutigam seinerseits gibt dem Mädchen in einigen Var.n nicht nur die Erlaubnis, den Geliebten aufzusuchen, sondern schickt es ausdrücklich, um ihn zufriedenzustellen[18] oder Lebewohl zu sagen[19]. Es kommt vor, daß er ihr – um das Gerede der Leute zu vermeiden – die Hintertür öffnet[20], sie bis nahe zum Haus des ehemaligen Freundes begleitet[21] oder mit ihr geht, um diesen mit Geld abzufinden[22]. Nur selten verzichtet der Bräutigam ganz auf das Mädchen[23]. Manchmal verleiht die Braut ihrem Wunsch zu gehen dadurch Nachdruck, daß sie droht, den Bräutigam oder sich selbst zu töten[24]. Eine jüd. Var. aus Marokko weicht insofern von den erwähnten Fassungen ab, als das Mädchen einem Fremden aus einer Zwangslage heraus die Ehe verspricht[25]:

Ein reiches junges Mädchen verirrt sich in der Stadt. Es kommt zu einem Schuster und bittet ihn, es nach Hause zu begleiten. Er bedrängt das Mädchen und erfüllt seine Bitte erst, nachdem es ihm versprochen hat, ihn zu heiraten. Die junge Frau wird nach der Rückkehr von ihren Verwandten mit einem ihr ebenbürtigen Mann vermählt. In der Hochzeitsnacht macht sie den Bräutigam betrunken, damit er nicht merkt, daß sie zu dem Schuster geht, um ihr Versprechen einzulösen. Der Schuster schickt sie unberührt fort, weil sie jetzt die Frau eines andern ist.

In den ind. und pers. Var.n[26] sind es Bewerber, die die junge Frau in eine schwierige Situation bringen.

Ein Gärtner (Kaufmann) verliebt sich in das schon verlobte Mädchen, das ihm eine Bitte gewähren muß, weil es eine Rose gepflückt hat. Nur das Versprechen des Mädchens, seine Hochzeitsnacht (irgendeine Nacht nach der Hochzeit) mit ihm zu verbringen, hält ihn davon ab, sie weiter zu bedrängen. Damit sie ihr Versprechen einlösen kann, läßt der Bräutigam (Gatte) sie gehen. Unterwegs lassen ein wildes Tier und ein Räuber sie unbehelligt passieren.

In den literar. Bearb.en Boccaccios und Chaucers verspricht die jungverheiratete Frau, dem sie Umwerbenden zu Willen zu sein, wenn ein bestimmtes übernatürliches Ereignis eintrete (Mot. M 261). Durch die Zauberkunst eines Dritten wird dies bewirkt. Nachdem die junge Frau ihren Gatten über alles aufgeklärt hat, läßt er sie gehen, damit sie ihr Versprechen halten kann. Der Werber verzichtet auf sie und der Zauberer auf seinen Lohn.

Mit wenigen Ausnahmen[27] kommen in fast allen Var.n Räuber vor, die die Braut unterwegs überfallen. Der Räuber hört sich ihre Geschichte an und verzichtet aus Respekt vor ihrer Treue darauf, sie zu berauben und zu vergewaltigen. Er begleitet sie zum Geliebten[28] und auf dem Heimweg zum Bräutigam[29], oder er läßt sie nur unter der Bedingung frei, daß sie ihm auf dem Rückweg erzähle, wie der Liebhaber sie behandelt hat[30]. Ebenso wie der Bräutigam sie in einer usbek. Var. freigibt, damit sie den armen Geliebten heiraten kann, schenkt der Räuber ihnen Geld zum Leben[31]. Penzer führt hierzu verschiedene Beispiele für den Topos des uneigennützigen Räubers in der ind. Lit. an[32].

AaTh 976 steht oft innerhalb einer → Rahmenerzählung, in der es darum geht, einen Dieb ausfindig zu machen (AaTh 976 A: *The Thief Exposed by a Story*):

Drei (vier) Söhne haben von ihrem Vater Schmuck (Geld) geerbt (Kaufleute vergraben ihr Vermögen am Beginn des Sabbat). Das Geld wird von einem der Brüder (Kaufleute) entwendet. Die Bestohlenen rufen einen weisen Mann (Richter, König, → Salomo) an, damit dieser den Dieb ausfindig mache. Der weise Mann (dessen Tochter) erzählt die Geschichte AaTh 976. Der Dieb gibt sich unwissentlich zu erkennen, indem er als Antwort auf die Frage „Wer handelte am edelsten?" auf den Räuber verweist (anders formulierte Fragen so beantwortet, daß seine wahre Gesinnung zutage tritt).

Gelegentlich erscheint AaTh 976 im Rahmen des Erzähltyps AaTh 945: → *Glück und Verstand*, in dem die stumme Prinzessin zum Sprechen gebracht werden soll; einige Male ist die Erzählung von der v. H. mit AaTh 655, 655 A: *Die scharfsinnigen* → *Brüder* kontaminiert; sie wird auch mit anderen Geschichten verbunden, die ein voreiliges Urteil oder eine unüberlegte Tötung verurteilen (z. B. Eberhard/Boratav, num. 348 V). Eine Sonderstellung nehmen in diesem Zusammenhang eine jüd. Erzählung über den frommen Metzger ein, die Rabbi Nissim aus Kairuan (ca 990–1062) aufgezeichnet hat[33], und die Amba-Sage des → *Mahābhārata*[34]:

Amba ist die älteste von drei Schwestern, die von dem Helden Bhisma für seinen Neffen unter schweren Kämpfen geraubt werden. Er läßt Amba frei, als diese ihm erklärt, den König von Saubha zu lieben. Der Geliebte will sie jedoch nicht heiraten mit der Begründung, daß sie nun schon durch die Entführung die Frau eines andern sei und er außerdem die Rache Bhismas fürchte. Da der eine auf sie verzichtet, weil sie einen andern liebt, und der andere sie fortschickt, zieht Amba den Scheiterhaufen einem Leben in Ehelosigkeit vor.

Während der Kern der Amba-Sage wohl mehr auf das Ideal einer Liebesheirat ausgerichtet ist als auf die Großzügigkeit Bhismas, ist in AaTh 976 die Vornehmheit der Gesinnung maßgebend. Dies wird in der jüd. Var. des Rabbi Nissim zusätzlich dadurch hervorgehoben, daß der großmütige Metzger mit einem Ehrenplatz im Paradies belohnt wird.

[1] Chavannes 1, num. 117; cf. Wesselski, MMA, 225, not. 1. — [2] cf. BP 4, 307 sq. — [3] Hatami, M.: Unters.en zum pers. Papageienbuch des Naḫšabī. (Diss. Fbg 1977) Fbg 1977, num. 24. — [4] Penzer, N. M.: The Ocean of Story 7. (L. 1927) Nachdr. Neu Delhi 1968, 203. — [5] Yassif, E.: From Jewish Oicotype to Israeli Oicotype: the Tale of ‚The Man who never Swore an Oath'. In: Fabula 27 (1986) 216—236, hier 221; Schwarzbaum, 215. — [6] Ergänzend zu AaTh: Ó Súilleabháin/Christiansen; SUS; Jason, Types; Marzolph; Ting; Thompson/Roberts 976 A. — [7] z. B. Levin, I.: Armen. Märchen. MdW 1982, num. 14. — [8] ibid., num. 69. — [9] Anthropophyteia 1 (1904) 219—222; cf. Aitken, H./Michaelis-Jena, R.: Schott. Volksmärchen. MdW 1965, num. 67. — [10] Helvicum, C.: Jüd. Historien [...]. Gießen 1611, 159—168; Gaster, M.: Ma'aseh Book 2. Phil. 1934, num. 223; Lévi, I.: Une Fable de La Fontaine et les contes orientaux. In: Mélusine 2 (1884/85) 541—545; Novikov, N. V.: Russkie skazki v zapisjach i publikacijach pervoj poloviny xix veka. M./Len. 1961, 296—298; Israel Folktale Archives, Haifa, num. 5115 (aus dem irak. Kurdistan), 3491 (aus der Türkei). — [11] z. B. Dawkins, R. M.: Modern Greek Folktales. L. 1953, num. 72. — [12] Sidel'nikov, V. M.: Kazachskie skazki. Alma-Ata 1958, 294—303; Balázs, B.: Das Goldene Zelt. Kasach. Volksepen und Märchen. B. 1956, 113—129. — [13] Walker, W. S./Uysal, A. E.: Tales Alive in Turkey. Cambr., Mass. 1966, 114—119. — [14] Jungbauer, G.: Märchen aus Turkestan und Tibet. MdW 1923, num. 1. — [15] Noy, D.: A Tale for Each Month 1971. Haifa 1972, num. 4 (aus irak. Kurdistan). — [16] Amonov, R.: Tadžikskie skazki. M. 1961, 284—296; Die Sandelholztruhe. Tadshik. Volksmärchen. B. 1960, 86—101. — [17] Helvicum, Gaster, Lévi (wie not. 10). — [18] Radloff, W.: Proben der Volkslitteratur der nördl. türk. Stämme 6. (Petersburg 1886) Nachdr. Lpz. 1965, 145—149. — [19] Makeev, L.: Kazachskie i ujgurskie skazki. Alma-Ata [2]1952, 217—224; Die Stadt der tauben Ohren und andere ujgur. Volksmärchen. B. [2]1959, 119—122. — [20] Chauvin 8, 123 sq. — [21] Aitken/Michaelis-Jena (wie not. 9) num. 69. — [22] Gaster, M.: The Exempla of the Rabbis. L./Lpz. 1924, num. 111, 112; Israel Folktale Archives, Haifa, num. 3217; BP 4, 328, num. 19; Bin Gorion, M. J.: Der Born Judas 3. Lpz. [ca 1918], 97—100; Farhi, J. S.: Oseh Pele. (Livorno 1870) Nachdr. Jerusalem 1959, 38 sq.; Ginzberg 4, 132—134; 6, 286, not. 30. — [23] Stebleva, I.: Prodannyj son. Turkmenskie narodnye skazki. M. 1969, 327—329. — [24] Amonov (wie not. 16); Jungbauer (wie not. 14). — [25] Larrea Palacín, A. de: Cuentos populares de los judíos del norte de Marruecos 1. Tetuán 1952, 21—25. — [26] Marzolph; EM-Archiv: Mašdi Galin, num. 50 (pers.); Hammer-Purgstall, J. von: Rosenöl 2. (Stg./Tübingen 1813) Nachdr. Hildesheim/N.Y. 1971, 277—280 (nach dem Ǧāmi' al-ḥikāyāt des 'Aufī [13. Jh.]); Oesterley, H. (ed.): Baitál Pachísí. Lpz. 1873, 86—89, 197—199. — [27] Walker/Uysal (wie not. 13); Dawkins (wie not. 11). — [28] Makeev, Stadt der tauben Ohren (wie not. 19). — [29] Aitken/Michaelis-Jena (wie not. 9). — [30] Novikov (wie not. 10). — [31] Jungbauer (wie not. 14). — [32] Penzer (wie not. 4) 201 sq. — [33] BP 3, 510 sq.; Gaster (wie not. 22) 261 sq., num. 413 a; Larrea Palacín (wie not. 25) t. 2 (1952) 102—107; Shenhar, A. (ed.): A Tale for Each Month 1973. Haifa 1974, 17—19 (aus Georgien); Ben-Yeheskel, M.: Sefer ha-Ma'asiot 3. Tel Aviv [2]1958, 351—353. — [34] cf. Holtzmann, A.: Ind. Sagen 1. Stg. [2]1854, 209—242.

Haifa Elisheva Schoenfeld

Handlungselement → Episode, → Motiv, → Motivem

Handlungsträger

1. Allgemeines — 2. H. im Märchen — 2.1. Funktionen der H. — 2.2. H. und ihre Aktionen — 3. H. in anderen Gattungen

1. Allgemeines. Der Begriff H. wird öfters als neutrale Bezeichnung für die Personen des Märchens und anderer Volkserzählungen verwendet. Er trägt der Tatsache Rechnung, daß die Handlung in solchen Erzählungen im allg. nicht nur von dem Helden (→ Held, Heldin), sondern auch von andern bewegt wird; außerdem erlaubt er den (zumindest partiellen) Verzicht auf diese Bezeichnungen, die deshalb problematisch sind, weil sich beispielsweise im Märchen die Hauptpersonen oft keineswegs

heroisch im eigentlichen Sinne verhalten; sie stellen auch nur selten selber die Weichen, vielmehr „erscheint die Handlung überall von außen gestoßen“[1]. H. sind also auch die → Nebenfiguren, die jenseitigen → Helfer etc.

Bezieht man den Begriff in dieser Weise auf das ganze Personal, so ist eine Einteilung der H. nach den verschiedensten, aus der gesellschaftlichen Wirklichkeit entwickelten Kategorien möglich: nach sozialem Rang, Geschlecht und Alter, Aktivitätsgrad und moralischem Standard. Das personelle Aufgebot der Erzählungen ist sehr vielfältig, und es ist unterschiedlich in verschiedenen Kulturen. In den Märchen ist eine Tendenz zur → Polarisation weit verbreitet: Die Märchengestalten gehören zu den ärmsten Schichten oder zu den Privilegierten, sie sind entweder gut oder böse (→ Gut und böse), sie stehen der Hauptperson entweder freundlich oder feindlich (→ Freundschaft und Feindschaft, → Gegenspieler) gegenüber. Innerhalb der Kulturen ist eine „bemerkenswerte Konstanz“[2] der H. zu verzeichnen.

Der Begriff H. deutet allerdings schon in dieser neutralen Verwendung darauf hin, daß es nicht um real existierende Personen geht. Ähnlich wie die Entsprechungen personnage (frz.) und obrazy (russ.) zielt er auf eine bestimmte Formung und Gestaltung in dem durch die Gattung vorgegebenen Rahmen; allgemeiner gesprochen: Er betont das fiktionale Moment. Reale Personen handeln, werden aber nicht als H. bezeichnet; der Begriff setzt eine in sich geschlossene Handlung voraus, die sich aus den Aktionen der H. konstituiert.

2. H. im Märchen

2.1. Funktionen der H. Tatsächlich ist der Begriff H. nicht nur ein Ersatz oder eine Umschreibung für Personen. In bezug auf das Märchen – und so wird er vor allem verwendet – drückt er aus, daß es praktisch die einzige Funktion der Märchengestalten ist, Handlung zu tragen oder zu bewegen. Dieses Verständnis hat sich allmählich herausgebildet. Schon in der älteren Forschungsliteratur gibt es immer wieder Hinweise darauf. A. → Olrik schreibt 1909: „jede eigenschaft der personen und der dinge muß sich in handlung aussprechen, sonst ist sie nichts“[3]. A. von → Löwis of Menar betont 1912, daß „Charakterentwicklung“ nicht gezeigt wird, daß vielmehr einzelne Motive „in grelle Bedeutung gerückt werden, [...] während alles Übrige im Schatten bleibt“[4]. C. → Bühler greift 1918 diesen Gedanken auf und führt ihn näher aus: Eigenschaften dürfen im Märchen „nicht einfach nur genannt werden“, sondern müssen „in den Handlungen hervortreten“[5]; „der Charakter hat Bedeutung nicht um seiner selbst, sondern um der Handlungen willen, die von ihm ausgehen“[6] (→ Charaktereigenschaften und -proben); Schilderung wird „in Sukzession aufgelöst“, wird „zur Handlung“[7]. „Weder die Natur der Dinge, noch die der Personen wird zum Problem, zur Sache genauer Betrachtung“, denn alles hat „nur Interesse im Fluß des Geschehens“[8] (→ Dynamik). Der Inhalt der Märchen „ist Geschehen, unaufhörliches Handeln“[9]. Bei Bühler taucht zwar das Wort H. nicht auf; die entsprechende Vorstellung ist aber bereits da: Den Handlungszusammenhang stifte „die Person des Helden“, aber „nicht etwa, daß eine Persönlichkeit die Grundlage für das Ganze abgäbe, sondern nur in der äußerlichen Form, daß sie Träger all der Einzelheiten ist“[10].

Auch in der Folgezeit wird das Konzept gelegentlich berührt, so wenn R. Petsch die Gegenspieler im Märchen „als die menschlichen ‚Exponenten‘ der Hemmungen“ versteht, „die dem Helden auf seinem Wege entgegentreten“, als „Träger der märchenhaften Logik der Ereignisse“[11]. Ausführlich entwickelt wurde die Vorstellung durch M. → Lüthi. Das Märchen ist für ihn nicht nur in einem allgemeineren Sinn „handlungsfreudig“, es hat vielmehr einen „nur die Handlungspunkte bezeichnenden Stil“[12]. Lüthi zitiert Gerhart Hauptmann: „Was man der Handlung gibt, nimmt man den Charakteren“[13] – tatsächlich ist im Märchen „alles Seelische [...] nach außen verlegt, ist Handlung geworden“[14]; seine Personen sind nicht eigentlich sozial verankert, „stehen in keiner lebendigen Beziehung zu Familie, Volk oder irgendeiner anderen Art von Gemeinschaft“[15]. Ratschläge sind im Märchen keine diskutablen Entwürfe, sondern „mechanischer Handlungsantrieb“[16]. Die Helfer tauchen nur auf, wenn sie für die Fortführung der Handlung gebraucht werden, sie sind „nicht allwissend; aber sie wissen immer das, was an dem betreffenden Punkte der Handlung zu wissen not tut“[17]. Zusammengefaßt: Es gibt zwar „realistische Einzelzüge" im Märchen, und „die Träger des Märchengeschehens" sind „Repräsentanten von Lebewesen [...]; sie sind aber nicht Individuen, nicht Charaktere, nicht einmal Typen [...], sondern im wesentlichen Handlungsträger"[18] (→ Abstraktheit, → Flächenhaftigkeit).

Daß der Begriff H. auf fast alle Figuren des Märchens Anwendung finden kann, hängt sicher auch mit der großen Reichweite von handeln zusammen. Eine auf das Kommunizieren bezogene Feststellung von P. Watzlawick variierend könnte man sagen: Man kann nicht nicht handeln[19]. Strenggenommen ist eine Märchenfigur erst dann nicht mehr H., wenn sie sich aus dem Horizont eines Märchens entfernt; in gewisser Weise ist das der Fall bei den in Indien verbreiteten verschachtelten Erzählungen, bei denen ein H. einer Geschichte aus dieser heraustritt und zum Erzähler der nächsten wird. Vor allem aber läßt die Geradlinigkeit des Märchens „geschehnisirrelevante, handlungsunwichtige"[20] Züge fast ganz zurücktreten; nur wenige Figuren sind lediglich „Staffage"[21] – es gibt fast nur H. Auch jenseitige Wesen, Tiere, Pflanzen und sogar Dinge (→ Dingbeseelung) werden in die Kategorie einbezogen. Die Dinge treten zwar „meist nur als Requisiten oder Attribute, nicht als selbständige Handlungsträger hervor"[22]; aber oft sollen sie doch „ganz bestimmte Handlungssituationen bewältigen", und sogar „gewonnene Reichtümer wirken nur als Handlungsbeweger oder als Episodenschluß"[23], werden also nicht weiter genutzt.

2.2. H. und ihre Aktionen. Die Handlungsorientierung des Märchens schränkt die Bedeutung und das Gewicht der einzelnen H. ein. Zwar kann nicht jede Handlung von jeder beliebigen Figur ausgeführt werden; es gibt → Affinitäten zwischen bestimmten Figuren und bestimmten Handlungszügen. Aber bis zu einem gewissen Grad sind die H. doch auswechselbar. Diese Auswechselbarkeit ist von großer Wichtigkeit für die strukturalistische Märchentheorie, die V. Ja. → Propp schon 1928 vorgelegt hat (→ Morphologie, → Struktur, → Strukturalismus), die allerdings ihre nachhaltigste Wirkung erst nach ihrer Übertragung ins Englische (*Morphology of the Folktale*. Bloom. 1958) hatte. Propp führt in seine Problematik ein, indem er vier Motivzusammenhänge nebeneinander stellt:

„1. Der Zar gibt dem Burschen einen Adler. Dieser bringt den Burschen in ein anderes Reich.

2. Der Großvater gibt Sučenko ein Pferd. Das Pferd bringt Sučenko in ein anderes Reich.

3. Der Zauberer gibt Ivan ein kleines Boot. Das Boot bringt Ivan in ein anderes Reich.

4. Die Zarentochter gibt Ivan einen Ring. Die Burschen, die in dem Ring stecken, bringen Ivan in das fremde Zarenreich."[24]

In diesem Beispiel sind die H. verschieden, „ihre Aktionen bzw. Funktionen" bleiben dagegen gleich. Eine Märchenanalyse ist für Propp nur „auf der Basis der Funktionen der handelnden Personen möglich"[25], und diese Funktionen dürfen nicht nach dem jeweiligen H. definiert werden. Propp arbeitet vielmehr umgekehrt Gruppen von handelnden Personen heraus, die durch die von ihnen ausgeübten Funktionen definiert sind. Beim Zaubermärchen, auf das sich seine Untersuchung konzentriert, unterscheidet er sieben „Handlungskreise": den des Gegenspielers, des Schenkers, des Helfers, der Zarentochter (der gesuchten Gestalt) und ihres Vaters, des Senders, des Helden und des falschen Helden[26]. Propp räumt selbst ein, daß mehrere Handlungskreise in einer Person zusammenfallen können oder daß sich ein Handlungskreis auf mehrere Gestalten verteilen kann[27]. A. J. → Greimas hat in diesem Sinn beispielsweise Sender und Helfer zusammengefaßt und kommt insgesamt zu einem variierten Strukturmodell[28]. C. Brémond weist darauf hin, daß an einer Märchenhandlung in der Regel zwei H. beteiligt sind, für welche die Handlung verschiedene Aspekte hat[29]. Solche Einwände und Differenzierungen können hier nicht verfolgt werden[30]. Wesentlich ist, daß die handelnden Figuren nicht primär nach ihren Realbezügen definiert werden, sondern nach ihrem strukturellen Ort, also nach ihrer Zuordnung zu bestimmten Funktionsbereichen; A. → Dundes spricht in Anlehnung an K. L. Pike von ‚emischen' Einheiten (→ Motivem)[31].

Ansätze zu einer solchen funktional-strukturellen Einteilung der H. entwickelten sich selbstverständlich auch unabhängig von Propp, dessen Verdienst vor allem der Versuch einer weitgehenden Formalisierung der Grammatik des Märchens ist. A. I. → Nikiforov, ein russ. Vorläufer Propps, unterschied zwei Handlungsbereiche: den gewissermaßen „biographischen“ des Helden und den der „sekundären“ Gestalten, in dem es vor allem um abenteuerliche Verwicklungen geht[32]. Fast 50 Jahre später untersuchte N. V. → Novikov die Gestalten des ostslav. Zaubermärchens[33]. Er differenzierte zwei Gruppen von Helden, die echten „Helden-Recken“ und die „ironischen Glückspilze“; weitere Gruppen von H.n bilden die „Helfer des Helden“ und seine „Gegenspieler“.

Lüthi wandte gegen Propps Verteilung der H. auf die sieben Handlungskreise ein, es handle „sich hier um Rollen, nicht um Personen“[34]. Dies ist richtig, aber indem die Personen des Märchens lediglich als H. präsentiert werden, sind sie bis zu einem gewissen Grad auf → Rollen – genauer sogar auf aktualisierte Rollen – beschränkt. Trotzdem ist es keineswegs völlig gleichgültig, wer die Handlung trägt. Propp betont zwar, „daß die Funktionen unabhängig von der ausführenden Gestalt zu bestimmen sind“, außerdem „unabhängig davon [...], auf welche Art und Weise sie vollzogen werden“[35]. Diese prinzipielle Forderung wird aber relativiert durch Propps Definition der Funktion als „Aktion einer handelnden Person [...], die unter dem Aspekt ihrer Bedeutung für den Gang der Handlung definiert wird“[36]. Bei der Feststellung der Bedeutung kann von der jeweils handelnden Person kaum abgesehen werden. Propp erörtert selbst einen Fall, in dem „unterschiedliche Funktionen [...] völlig identisch realisiert werden“[37]:

> Im einen Märchen bittet Ivan die Hexe um ein Pferd. „Sie schlägt ihm vor, sich das beste aus einer Herde völlig gleichartiger Fohlen auszusuchen. Er trifft die richtige Wahl und bekommt das Pferd. Diese Handlung der Hexe entspricht einer Erprobung des Helden durch den Schenker mit anschließendem Erhalt des Zaubermittels. In einem anderen Märchen will der Held die Tochter des Meerkönigs freien. Dieser verlangt, er solle sich die rechte Braut unter 12 ganz gleich aussehenden Jungfrauen auswählen. Läßt sich dieses Beispiel ebenfalls als Erprobung durch den Schenker definieren? Trotz identischer Handlungen haben wir es hier mit einem ganz anderen Element zu tun, nämlich mit einer schweren Aufgabe, die im Zusammenhang mit der Brautwerbung zu bestehen ist.“[38]

Propp betont, daß die identischen Handlungen „als Funktionen stets nach ihren Folgen bestimmt werden können“[39]; aber Bedeutung im Handlungsgefüge und Folgen der Handlung sind nicht unabhängig von den H.n. Am Beispiel der Geschichte vom Eierbrüten (AaTh 1218, 1677: → *Eierbrüter*) soll dies nochmals verdeutlicht werden: Eine Frau fordert ihren Mann auf, die Henne beim Brüten zu überwachen; nachdem er das Tier versehentlich erschlagen hat, setzt er sich selbst auf die Eier. Diese Geschichte wurde variiert, indem statt des Ehepaars Mutter und Sohn eingesetzt wurden; die H. können also wechseln, ohne daß die Funktion sich verändert[40]. Aber es gibt auch Geschichten, in denen ein Schelm einen anderen zum Eierbrüten verleitet, um ihn lächerlich zu machen – für diese Version ist die Kombination der Eheleute nur bedingt, die von Mutter und Sohn gar nicht geeignet. Zumindest empirisch ist also die Auswechselbarkeit eingeschränkt, und es zählt der zwar durchaus flache, aber eben doch andeutungsweise vorhandene Charakter des jeweiligen H.s.

3. H. in anderen Gattungen. Das zuletzt angeführte Beispiel bezieht sich nicht auf Märchen, sondern auf Schwänke. Tatsächlich kann das Konzept des H.s zum Anlaß genommen werden zu untersuchen, inwieweit am Märchen entwickelte Stil- und Strukturmerkmale auf andere Gattungen der Volksliteratur ausgedehnt werden können. W. D. → Hand erörterte das Problem verschiedener H., welche die gleiche Funktion ausführen, am Beispiel der Sage. Er betonte, daß „examples of stable function and variable dramatis personae“ in weit auseinander liegenden Weltteilen und auch in verschiedenen Bereichen der Folklore nachzuweisen sind[41].

Nun sollen keineswegs die Unterschiede verwischt werden, die z. B. zwischen Märchen und Sage herausgearbeitet wurden: Die Menschen der Sage sind stärker individualisiert, zeigen Gefühle, haben eine größere ‚Tiefe‘ als die Märchenfiguren[42]. Aber auch sie sind in erster Linie H. – erzählt wird um der bes. Handlungen willen, die sie ausführen oder die ihnen zustoßen. Ähnliches gilt für die Legende, die zwar oft einen reichen biogr. Hintergrund ausmalt, vor dem aber dann doch primär die Taten und Leiden der Heiligen entfaltet werden; auch sie sind vor allem H. Schließlich:

Auch im Witz sind die auftretenden Personen H. in einem Sinn, der von den Gegebenheiten des Märchens gar nicht weit weg ist. Es gibt zwar bestimmte Typen als bevorzugte H. bestimmter Witze, und oft sind diese Typisierungen nicht ohne reale Bezüge (cf. z. B. → Stereotypen, ethnische, → Berufsschwänke, → Herr und Knecht); aber der knapp pointierende Witz läßt sich auf diese Bezüge in aller Regel nicht ein, sondern begnügt sich mit dem Entwurf einer komischen Konstellation und einer daraus entspringenden witzigen Handlung (einschließlich witziger Aussprüche).

Solche Parallelen verweisen auf Gemeinsamkeiten der Volksliteratur, die weitgehend durch Direktheit und Handlungsorientierung gekennzeichnet ist. Petsch spricht in diesem Sinne verallgemeinernd von der „von Hause aus flächenhaften Darstellung der volksmäßigen Erzählung“[43]. Diese Flächenhaftigkeit bringt Personen vor allen Dingen und oft ausschließlich als H. zur Geltung.

[1] Panzer, F.: Märchen [1926]. In: Karlinger, 84–128, hier 93. — [2] Lüthi, Europ. Volksmärchen, 116. — [3] Olrik, A.: Epische Gesetze der Volksdichtung. In: ZfdA 51 (1909) 1–12, hier 8. — [4] Löwis of Menar, A. von: Der Held im dt. und russ. Märchen. Jena 1912, 39. — [5] Bühler, C.: Das Märchen und die Phantasie des Kindes. In: ead./Bilz, J.: Das Märchen und die Phantasie des Kindes. ed. H. Hetzer. Mü. [2]1961, 17–72, hier 27. — [6] ibid., 33. — [7] ibid., 41. — [8] ibid., 45. — [9] ibid., 56. — [10] ibid., 67. —
[11] Petsch, R.: Gestalten und Umwelt im Märchen. In: HDM 2 (1934/40) 606–612, hier 608. — [12] Lüthi, Europ. Volksmärchen, 25, 21. — [13] ibid., 26; cf. Hauptmann, G.: Ausblicke. B. 1924, 22. — [14] Lüthi, Europ. Volksmärchen, 30. — [15] ibid., 37. — [16] ibid., 68. — [17] ibid., 18 sq., 31 (Zitat). — [18] EM 1, 35; der Begriff H. wird von M. Lüthi auch sonst explizit verwendet, cf. Lüthi, Europ. Volksmärchen, 22, 37, 116; id.: Märchenfiguren. In: LKJ 2 (1977) 426–429, bes. 426. — [19] cf. Watzlawick, P./Beavin, J. H./Jackson, D. D.: Menschliche Kommunikation. Formen, Störungen, Paradoxien. Bern 1969, 51. — [20] EM 3, 855. —
[21] Bühler (wie not. 5) 26. — [22] Lüthi 1977 (wie not. 18) 426. — [23] Lüthi, Europ. Volksmärchen, 31, 57. — [24] Propp, V.: Morphologie des Märchens. ed. K. Eimermacher. Ffm. 1975, 25. — [25] ibid., 26. — [26] ibid., 79 sq. — [27] ibid., 80 sq. — [28] Greimas, A. J.: Le Conte populaire russe. Analyse fonctionelle. In: id.: Semantique structurale. Recherche de méthode. P. 1966 (Nachdr. 1986), 192–213. — [29] Brémond, C.: La Logique de possibles narratifs. In: Communications 8 (1966) 60–76. — [30] cf. Meletinskij, E.: Zur strukturell-typol. Erforschung des Volksmärchens. In: Propp (wie not. 24) 241–276; Breymayer, R.: Vladimir Jakovlevič Propp (1895–1970) — Leben, Wirken und Bedeutsamkeit. In: Linguistica Biblica 15/16 (1972) 36–66. —
[31] Dundes, A.: From Etic to Emic Units in the Structural Study of Folktales. In: JAFL 75 (1962) 95–105 (abgedr. u. a. in: Koch, W. A. [ed.]: Strukturelle Textanalyse. Hildesheim/N.Y. 1972, 104–115). — [32] Der 1927 russ., 1928 dt. erschienene Aufsatz A. I. Nikiforovs wurde von H. Jason in engl. Übers. neu präsentiert und kommentiert: On the Morphological Study of Folktale. In: Linguistica Biblica 27/28 (1973) 25–35. — [33] Novikov, N. V.: Obrazy vostočnoslavjanskoj volšebnoj skazki (Die Gestalten des ostslav. Zaubermärchens). Len. 1974; cf. auch die Rez. von B. Emmrich in: Jb. für Vk. und Kulturgeschichte N.F. 7 (1979) 281–283. — [34] Lüthi, Europ. Volksmärchen, 120. — [35] Propp (wie not. 24) 67. — [36] ibid., 27. — [37] ibid., 67. — [38] ibid. — [39] ibid. — [40] EM 3, 1164–1166. —
[41] Hand, W. D.: Status of European and American Legend Study. In: Current Anthropology 6 (1965) 439–446, hier 443. — [42] Lüthi, M.: Volksmärchen und Volkssage. Zwei Grundformen erzählender Dichtung. Bern/Mü. 1961, 22–48; Röhrich, Märchen und Wirklichkeit, 9–27. — [43] Petsch (wie not. 11) 612.

Tübingen Hermann Bausinger

Handwerker. Die Herstellung von Gebrauchsgegenständen in Handarbeit unter Benützung einfacher Werkzeuge und Geräte ging zunächst in allen Kulturen im Rahmen einer auf Autarkie ausgerichteten Hauswirtschaft vonstatten. Erst bei einer Produktion über den Eigenbedarf hinaus, bedingt durch das Vorkommen bestimmter Rohmaterialien, die Entwicklung bes. Geschicklichkeit und den Zwang, bei Nahrungsmangel Erzeugnisse gegen Lebensmittel einzutauschen, läßt sich von H.n im eigentlichen Sinn sprechen. Ihre nunmehr gewinnorientierte Tätigkeit konnte Bedürfnisse der engeren Nachbarschaft decken, sich aber auch bei mengenmäßiger Steigerung und zunehmender Differenzierung der Gerätschaften und Waren schon früh zum bedeutsamen Handelsfaktor entfalten[1].

Als Gott des Feuers, der → Schmiede und der H. insgesamt galt im griech. Mythos Hephaistos, Sohn des → Zeus und der Hera, der mit den Zyklopen unterirdisch Waffen und kostbare Geräte für die Götterfamilie herstellte (Mot. A 141 sq., A 451.1)[2]. Auch in der nord. Überlieferung wurde der Metallverarbeitung bes. Wert beigemessen (Mot. A 142; → Wieland der Schmied). Mythischen Ursprungs sind nach Aischylos auch andere handwerkliche Tätigkeiten, so etwa der Schiffbau und die Kunst des Zimmermanns (Mot. A 1445.1 sq.)[3]. Häufig bezeugt ist die Vermittlung von Kunst und Handwerk durch einen → Kulturheros (Mot. A 541).

Daß H.n innerhalb der christl. Tradition ein hoher Stellenwert eingeräumt wurde, ergab sich u. a. aus der Lebensgeschichte → Christi, wonach dieser gleich seinem Nährvater → Joseph den Beruf eines Zimmermanns ausübte (Mk. 6,3). Der Apostel Paulus formulierte in seiner Nachfolge Gedanken über die Handarbeit, die christl. Soziallehre über das Recht auf Arbeit und die Arbeitspflicht (2 Thess. 3, 6—12) zum Erwerb des Lebensunterhalts wie auch im Dienste der Karitas; körperliche Tätigkeit galt für Ordensleute als Mittel der Askese[4]. In den Viten der Heiligen aus frühchristl. Zeit und dem MA. ist dieses paulinische Arbeitsprinzip von Bedeutung. H. gelangten zwar aufgrund ihres Martyriums und anderer Verdienste um den Glauben in den Stand der Heiligkeit, doch fand ihr beruflicher Fleiß Erwähnung in der Legende. Handwerksattribute kennzeichnen sie als verehrungswürdig und hilfreich für die Angehörigen des betreffenden Berufs. Als Schutzpatron der Gold- und Silberschmiede, darüber hinaus aber als der heilige H. schlechthin gilt seit dem 12. Jh. der hl. Eligius (cf. AaTh 753: → *Christus und der Schmied*)[5], als Fürbitter der → Schuster die hl. Crispinus und Crispinianus mit den Schuhmacherwerkzeugen[6], als Tuchmacher und → Schneider mit Elle und Schere wurde der hl. Homobanus von Cremona dargestellt[7]. Zahlreiche Assoziationen dieser Art bietet die Barockpredigt. Der oberbayer. Weltpriester C. Selhamer (um 1640—1708) sprach von ‚viel tausend' H.n, die durch Fleiß und Frömmigkeit den höchsten Stand der Heiligkeit erlangt hätten, so außer den schon genannten Patronen Gualfardus als Sattler, Dunstanus als Schmied, Proculus als Maurer, Meningus als Färber, Eugenius als → Müller etc.[8] Obenan stand in der Barockzeit die Verehrung des hl. Joseph, die in der kathol. Arbeiterbewegung des 19. Jh.s neue Impulse erfahren sollte[9].

Insgesamt ist die Bewertung der H. in der Erzähltradition ambivalent. In AaTh 758: *Die ungleichen Kinder* → *Evas*, einer im 15. Jh. aufgekommenen, dann vor allem in der protestant. Lit. verbreiteten Erzählung zur Rechtfertigung der → Ständeordnung im Rahmen der Schöpfungsgeschichte, werden H. unteren Gesellschaftsschichten zugeteilt[10]; das entsprach der schon in der ma. Predigt und auch von → Luther explizit vertretenen Ideologie gottgewollter Ungleichheit und der Forderung an die niederen Stände, sich in die Rolle der Dienstbarkeit zu fügen[11]. Von Standesdenken geprägt ist auch die Sage von Willegis, dem 1009 zum Bischof von Mainz erwählten Sohn eines Wagnermeisters (Grimm DS 474): Er begegnet dem Spott der adeligen Domherren über seine bescheidene Herkunft, indem er Wagenräder an die Wände seiner Gemächer malen und ins bischöfliche Wappen aufnehmen läßt. Das sollte die Lästerer zum Schweigen bringen, ein über der Bettstatt angebrachtes Pflugrad den Bischof selbst an die dem Sohn eines H.s zustehende Demut erinnern. Eine indirekt positive Bewertung handwerklicher Tätigkeit ergeben manche auf einen Weber, Schuster oder Schmied bezogene Var.n von AaTh 754: → *Glückliche Armut*, wonach Arbeit mehr Befriedigung bringt als Reichtum. Sogar eine gering geachtete Fertigkeit wie die Korbflechterei gilt bei einem Freier mehr als sein Vermögen (AaTh 888 A*: *The Basketmaker*; AaTh 949*: *Young Gentleman Learns Basketwork*[12]). Wenn Königssöhne ein Handwerk erlernen sollen, so mögen dem gedanklich erzieherische Effekte zugrundeliegen, der Erwerb praktischer Fähigkeiten für unvorhersehbare Notlagen ebenso wie die Bewahrung vor Hoffart. L. → Röhrich vermutet in diesem Motiv allerdings ein Zeichen dafür, daß Erzähler ihre Märchenfiguren in die eigene Lebenskonzeption versetzen; tatsächlich gehört die Wanderschaft — ein wesentliches Element handwerklicher Ausbildung — zur Ausgangsposition des jungen → Helden[13].

Zunehmend standesbewußt gaben sich entsprechend ihrer Bedeutung als Wirtschaftsfaktor die H. in den aufblühenden Städten des Hoch- und Spätmittelalters. Zunftgenossen waren in der Regel Angehörige der Bürgerwehr und erwarben sich städtischer Sagentradition zufolge durch bes. Verdienste im Kriegsfall

Achtung und Privilegien. So rühmten sich z. B. die Augsburger Weber, 955 Kaiser Otto dem Großen in der Schlacht auf dem Lechfeld zum Sieg gegen die Ungarn verholfen zu haben und dafür das erbeutete Feindeswappen an ihre Fahnen heften und Degen tragen zu dürfen[14]. Ähnlichen Ruhm sollen sich vielerorts die an sich privilegierten → Bäcker erworben haben[15]. Die in vielen Städten ranghöchste Zunft der Metzger erlangte in Nürnberg das Recht, den berühmten Maskenaufzug zur Fastnacht, den Schembartlauf, auszurichten, weil sie sich 1348/49 nicht an einem H.aufstand beteiligt haben sollen. Die ab 1449 tatsächlich bezeugten Umzüge wurden zunehmend Sache des Patriziats, doch mußten die Metzger alljährlich für den Verzicht auf ihr Privileg entschädigt werden[16]. Der bis heute alle sieben Jahre im Fasching aufgeführte, auch zum Glockenspiel am Rathaus in Figuren dargestellte Münchner Schäfflertanz (Schäffler = süddt. Bezeichnung für Faßbinder oder Böttcher) geht auf eine erst im 19. Jh. aufgekommene → Pestsage zurück: Nachdem die Seuche 1517 (nach anderer Überlieferung 1563) lange Zeit in der Stadt gewütet und die überlebende Bevölkerung sich verschreckt in ihre Häuser verkrochen hatte, sollen die Schäffler Mut gefaßt und mit Musik und Tanz die Münchner auf die Straßen gelockt haben[17]. Nicht wie beim Schäfflertanz als Begründung für eine Brauchentstehung[18], weil unterschiedlich oder gar nicht datiert und lokalisiert, diente die Sage von der Kriegslist eines Schneiders, der nach langer Belagerung einer Festung Hörner und Fell eines Ziegenbocks überzog und so auf der Mauer paradierte, um dem Feind noch vorhandene Nahrungsvorräte vorzutäuschen und ihn zum Abzug zu bewegen (cf. Mot. K 2365.1). Dies brachte den Schneidern allerdings keine Privilegien ein, sondern angeblich die gängige, eher diskriminierende Assoziation der Schneider mit der → Ziege[19].

Städtewahrzeichen stehen mitunter in Beziehung zur H.schaft, so etwa der sog. Stock im Eisen im Zentrum von Wien, ein gegabelter Baumstumpf, den der Sage nach ein Schlossergeselle im → Teufelspakt mit einem kunstreichen Schloß versehen hatte, das niemand aufschließen konnte; alle Zunftangehörigen mußten beim Besuch der Stadt einen Nagel in das Holz schlagen, so daß es heute dicht mit Nagelköpfen besetzt ist[20]. Eine Deutung dieses Wahrzeichens als Rechtssymbol, die den H.brauch als sekundär erscheinen läßt, lieferte L. → Schmidt, der auch anderweitig auf den Bedeutungswandel von Denkmälern hingewiesen hat[21]. Städtewahrzeichen spielten in der H.tradition auch insofern eine Rolle, als wandernde Gesellen verpflichtet waren, sich solche mit den daran haftenden Überlieferungen einzuprägen, um in der Zunftstube der nächsten Stadt die Stationen der bisherigen Wanderung glaubhaft machen zu können (→ Denkmalerzählungen)[22], wie gelegentlich aus H.autobiographien hervorgeht[23]. Daß Sagen von Dombauten und anderen markanten Bauwerken weiträumig Übereinstimmungen aufweisen, indem die Errichtung zumindest der Mithilfe eines dämonischen → Baumeisters (Riese, Teufel) zugeschrieben wird, mag damit zusammenhängen, daß Maurer, Zimmerleute, Stukkateure etc. von auswärts, häufig aus Italien, angeworben wurden und dann auch über Jahre am Ort arbeiteten, ein Überlieferungsaustausch also gegeben war.

H. waren eine organisatorisch überaus effiziente Gruppe, notwendigerweise, weil die Ausbildungsprinzipien und Verhaltenscodices für die jeweils Anwesenden und die Zuzugsbedingungen für fremde Meister ein über weite Räume einigermaßen einheitliches Ordnungs- und Versorgungssystem, Zunftstuben, Herbergen etc. erforderlich machten. Die Konzentration bestimmter Gewerbe an Straßen und Plätzen, die vielfach heute noch danach benannt werden, konnte praktische Gründe haben (Gerber z. B. brauchten fließendes Wasser, Schmiede durften der Feuergefahr wegen nicht in engen Gassen arbeiten) und der Solidargemeinschaft wie auch der gegenseitigen Kontrolle konkurrierender Betriebe dienen. Verbal ausgetragene Rangstreitigkeiten fanden häufig ihren Niederschlag im Erzählgut, sowohl solche von H.n mit anderen Ständen als auch von verschiedenen Gewerben untereinander (→ Beruf, Berufsschwänke)[24]. Daß standesintern viel gelästert und gehänselt wurde, beweisen von Nürnberger Handwerksmeistern verfaßte Fastnachtspiele mit gelegentlich obszönen Späßen über Zunftangehörige[25], vor allem aber zahlreiche, H. betreffende schwankhafte Dichtungen des prominentesten Meistersingers Hans → Sachs, selbst Schuster und Sohn eines

Schneiders: Er ließ z. B. einen → Bauern versuchen, seinem Sohn sieben verschiedene Lehrberufe schmackhaft zu machen, und aus den Widerreden des Jungen wird offensichtlich gängiger Spott deutlich, einschließlich von Schimpfnamen wie etwa „drecklotter" für den Goldschmied, „maunzen scherer" für den → Barbier oder „zancken fleck" für den Schuster; im versöhnlichen Schluß heißt es allerdings, daß niemand das Handwerk verachten solle, weil es doch „ein guelden poden hat"[26]. Eine längere Liste massiven Gespötts findet sich in dem als Schwank bezeichneten *Fatzwerck auff etliche Handwerck*, womit ein loser Kerl eine fröhliche Runde von Gesellen reizen will – eine echte Erzählsituation also[27].

Es ist bemerkenswert, daß trotz reichlich aufgefächerter Spezialisierung des Handwerks, wie sie u. a. in Jost Ammans berühmtem Bildwerk aus dem 16. Jh.[28] wie auch aus C. Weigels Ständebuch von 1698[29] deutlich wird, im Erzählgut gemeinhin nur wenige H.typen auftreten, und auch diese kaum im Zusammenhang mit ihrer Arbeit. So erlernen etwa in AaTh 563: → *Tischleindeckdich* die vom erzürnten Vater aus dem Hause gejagten Söhne jeweils ein Handwerk, doch spielen ihre Fähigkeiten im weiteren Verlauf der Handlung keine Rolle. Auch das → Tapfere Schneiderlein (AaTh 1640) erringt seine Erfolge nicht durch handwerkliche Tüchtigkeit, im Gegenteil, sobald es im Traum seine Profession verrät, erscheint sein gesellschaftlicher Aufstieg als Gemahl der Prinzessin gefährdet. In AaTh 654: *Die behenden → Brüder*, einem nach Vermutung von K. → Ranke im Hoch- oder Spätmittelalter in H.kreisen entstandenem Schwankmärchen[30], schlägt die handwerkliche Perfektion sogleich in Übertreibung um. Die Schilderung realer Arbeitsvorgänge hätte wohl wenig Interesse gefunden.

Um die allg., vor allem in kriegs- und seuchenbedingten Notlagen und im Zeichen des Merkantilismus und des zunehmenden Manufakturwesens schwankende wirtschaftliche Lage der Betriebe einigermaßen stabil zu halten, kontrollierten die Zünfte den Zugang zum Handwerk. Schon der Lehrling mußte die eheliche Geburt bis ins dritte Glied, vor allem aber die ‚ehrliche Geburt' nachweisen können, wobei es sich bei dem Ehrbegriff weniger um eine moralische als eine soziale Kategorie handelte, d. h. kein H. durfte von Vertretern ‚unehrlicher Gewerbe' wie → Henker, Scharfrichter oder → Schinder abstammen oder je mit diesen in Berührung gekommen sein[31]. Doch auch Bader, Müller oder Weber konnten aus unterschiedlichen, nicht restlos geklärten Gründen in Verruf geraten[32]. Kein ehrsamer Meister durfte eine Beschimpfung auf sich sitzen lassen, wollte er nicht seiner gesamten Zunft schaden, wie im Schwankbeispiel eines Seilers von Straßburg bezeugt, der sich von einem Edelmann eher als Narr denn als Schelm, einer im damaligen Sprachgebrauch gravierenden Injurie, bezeichnen lassen wollte[33].

Häufiger thematisiert sind freilich die anderen Formen von Unehrlichkeit der H., nämlich die schon in der ma. Predigt gerügten unlauteren Geschäftspraktiken[34], in der Erzähltradition stereotyp auf drei Gewerbe konzentriert (→ Stereotypisierung): Die Bäcker wurden der Herstellung zu kleiner oder zu feuchter Brote beschuldigt und dafür de facto oft bestraft[35]. Die Unredlichkeiten der Müller, die tatsächlich bei Überprüfung der Mühlen häufig festgestellt wurden, haben eine bes. variantenreiche Überlieferung hervorgebracht; das Klischee vom Müller als Dieb bestimmte sogar die Ausdeutung der Mühlengeräusche (AaTh 1853: cf. → Müllerschwänke)[36]. Mehrfacher Diskriminierung war der Schneider ausgesetzt, nämlich dem Spott über Schwächlichkeit, Armut und üblen Geruch, verbunden mit der erwähnten Beziehung zum Geißbock, und eben über seinen angeblichen Hang, Stoffe zu Ungunsten seiner Kunden zuzuschneiden (AaTh 1574: → *Schneider mit der Lappenfahne*, dazu AaTh 1574 A – C: cf. → Schneider; cf. auch → Dieb, Diebstahl, Kap. 6)[37]. Pfiffiger Betrug wird H.n aber auch in anderen Zusammenhängen zugeschrieben: die wandernden Gesellen sind oft erfolgreiche → Zechpreller[38].

Von Situationskomik geprägt ist das auch realiter zweifellos konfliktreiche Verhältnis von → Meister und Geselle. → Hungrigenschwänke (AaTh 1567 etc.) oder der Typ AaTh 1568*: *Die umgedrehte → Schüssel* begegnen des öfteren auf H. bezogen[39]. Hans Clawert (cf. → Schelmentypen) macht einen Handwerksmeister glauben, sein Kunde sei schwerhörig und umgekehrt, so daß die beiden ihr Gespräch im Schreien führen (AaTh 1698 C:

cf. → Schwerhörigkeit)[40]. Drastischer endet ein Streitfall, den Gesellen eines bei Tisch eigennützigen Schneiders hervorrufen: Da der Meister die Fleischstücke aneinander genäht und unter Zitierung der Bibelstelle „Was Gott zusammenfügt, soll der Mensch nicht scheiden" (Mt. 19,6) allein verzehrt hat, weigern sich die Gesellen, ihm bei einer Prügelei mit einem Kunden beizuspringen, ebenfalls unter Hinweis auf dieses Bibelwort (AaTh 1568**: *The Master and the Pupil Quarrel*; cf. → Herr und Knecht)[41]. Differenzierter noch als der Befund in älteren literar. Quellen erweisen sich gezielte Sammelergebnisse des 19. und 20. Jh.s, wie sie etwa R. → Wossidlo und S. → Neumann aus ländlichen Bereichen Mecklenburgs vorgelegt haben, wo alle Themen des H.lebens – Lehre, Wanderschaft, Lohn- und Kostverhältnisse wie auch die Beziehungen zur Kundschaft – variantenreich belegt sind[42].

Wie oben erwähnt begegnen H. nicht nur als Handlungs-, sondern auch als Überlieferungsträger. L. → Dégh hat sie in ihrer Aufstellung von Erzählgemeinschaften (→ Erzählen, Erzähler, Kap. 4.3.) den mobilen Arbeitsgruppen zugeordnet, wobei sowohl an häufigen Ortswechsel als auch an geistige Beweglichkeit zu denken ist[43]. Die wandernden Gesellen waren in Wirtshäusern, ihren eigenen Herbergen oder bei Quartiernahme in Privathäusern als Übermittler von Neuigkeiten und unterhaltenden Erzählstoffen geschätzt. Ländliche H. zogen oft von Dorf zu Dorf und werkten ‚auf Stör' in den Häusern ihrer Kunden, und gerade da ergaben sich, wie L. → Uffer beobachtete, Erzählsituationen, auch mit Kindern als Zuhörern[44]. M. → Zender[45] ermittelte unter seinen Gewährsleuten in der Eifel 17,5% H., nach Rankes Befund in Schleswig-Holstein waren es fast ein Drittel[46]. K. → Haiding schrieb die Variantenbildung von Erzählstoffen innerhalb einzelner Ortschaften nicht zuletzt zukehrenden H.n zu[47].

[1] Allg. zum Thema: Mummenhoff, E.: Der H. in der dt. Vergangenheit. (Lpz. 1901) Jena ²1924; Jungwirth, H.: H. In: HDA 3 (1930/31) 1413–1435; Potthoff, O. D.: Kulturgeschichte des dt. Handwerks [...]. Hbg 1938; Rumpf, M.: Dt. H.leben und der Aufstieg der Stadt. Stg. 1955; Wernet, K. F.: Handwerksgeschichte als Forschungsgegenstand 1. Münster 1961; Wissell, R.: Des alten Handwerks Recht und Gewohnheit 1–5. ed. E. Schraepler. B. ²1971–86; Harvey, J.: Mediaeval Craftsmen. L./Sydney 1975; Elkar, R. S. (ed.): Dt. Handwerk in SpätMA. und früher Neuzeit. Göttingen 1983. – [2] Hunger, H: Lex. der griech. und röm. Mythologie. Wien ⁴1953, 133 sq. – [3] Aischylos, Der gefesselte Prometheus, 468, 447. – [4] Neubner, J.: Die hl. H. in der Darstellung der Acta Sanctorum. Münster 1929, 51–56, 215–218. – [5] ibid., 123–127, 227 sq. – [6] ibid., 65 sq., 229 sq. – [7] ibid., 185 sq., 240. – [8] Selhamer, C.: Tuba clementina, Das ist: Milde und Gnaden-reiche Wunder-Geschicht [...]. Nürnberg 1698, 499 sq.; zu Selhamer cf. Moser-Rath, Predigtmärlein, 153 sq. – [9] cf. EM 2, 175 (mit Lit.). – [10] cf. Geddes, V. G.: „Various Children of Eve" (AT 758). Cultural Variants and Antifeminine Images. Uppsala 1986. –
[11] cf. Heinemann, W.: Zur Ständedidaxe in der dt. Lit. des 13.–15. Jh.s. In: Beitr.e zur Geschichte der dt. Sprache und Lit. 88 (1966) 1–90, hier bes. 73 sq., 85 sq. – [12] Ergänzend zu AaTh 888 A*: Ó Súilleabháin/Christiansen; van der Kooi; Arājs/Medne; SUS; Jason; Jason, Types; Schwarzbaum, Fox Fables, 50, not. 11; Marzolph *888B; Mayeda, N./Brown, W. N.: Tawi Tales: Folk Tales from Jammu. New Haven 1974, num. 49; zu AaTh 949*: Jason. – [13] Röhrich, Märchen und Wirklichkeit, 218; Propp, V.: Morphologie des Märchens. ed. K. Eimermacher. Mü. 1972, 31 sq. (Funktion I); cf. auch EM 1, 18. – [14] Keller, A.: Der H. im Volkshumor. Lpz. 1912, 56 (mit Lit.). – [15] Zum Erwerb von Privilegien in Rechtssagen cf. Künßberg, E. Freiherr von: Rechtliche Vk. Halle 1936, 15. – [16] Roller, H. U.: Der Nürnberger Schembartlauf. Studien zum Fest- und Maskenwesen des späten MA.s. Tübingen 1965, 8, 22. – [17] Kapfhammer, G./Lachner, C. J./Moroda, F. D.: Der Münchner Schäfflertanz. Mü. 1976, 6–21. – [18] cf. HDA 3, 1434. – [19] Salditt, B.: Der Schneider und die Geiß im Volksmunde bis zum 17. Jh. In: HessBllfVk. 30/31 (1931/32) 88–105; Keller (wie not. 14) 124–132; Moser-Rath, Schwank, 207. – [20] Gugitz, G.: Die Sagen und Legenden der Stadt Wien. Wien 1952, num. 21–23, 132, not. p. 170–175, 211. –
[21] Schmidt, L.: Die Volkserzählung. B. 1963, 175–182, not. p. 386 sq. – [22] cf. EM 3, 425. – [23] Fischer, W.: Qu.n zur Geschichte des dt. Handwerks. Göttingen/B./Ffm. 1957, bes. 79–91 (zur Reisebeschreibung des 1702 geb. Gerbers S. Klenner); Auszüge auch bei Steinmann, U.: Zur Bedeutung der Städtewahrzeichen für die wandernden Handwerksgesellen. In: Vk. Fakten und Analysen. Festschr. L. Schmidt. Wien 1972, 166–176, hier 170 sq. – [24] cf. EM 2, 180. – [25] EM 4, 893; cf. auch Rauers, F.: Hänselbuch [...]. Essen 1936, bes. 87–132. – [26] Goetze, E./Drescher, C.: Sämtliche Fabeln und Schwänke von Hans Sachs 5. Halle 1904, num. 745; cf. auch Wander, K. F. W.: Dt. Sprichwörter-Lex. 2. Lpz. 1870, 338 sq., num. 31. – [27] ibid. 2, num. 273. – [28] Amman, J.: Eygentliche Beschreibung Aller Stände auff Erden [...]. Ffm. 1568. – [29] Weigel, C.: Abbildung und Beschreibung der ge-

meinnützlichen Hauptstände. Faks.-Neudruck der Ausg. Regensburg 1698. ed. M. Bauer. Nördlingen 1987. — [30] EM 2, 868. —
[31] Kramer, K.-S.: Grundriß einer rechtlichen Vk. Göttingen 1974, 53. — [32] Danckert, W.: Unehrliche Leute. Die verfemten Berufe. Mü. 1963 (mit fragwürdiger Argumentation). — [33] Kramer (wie not. 31) 52; Moser-Rath, Schwank, 201. — [34] Keller (wie not. 14) 44; cf. Müller/Röhrich H 39. — [35] EM 1, 1135. — [36] Moser-Rath, Schwank, 203 sq., 395, 449 (mit Lit.); cf. auch Keller (wie not. 14) 73—90. — [37] ibid., 111—163; cf. auch Hasse, M.: Das Schneiderlied. In: Hb. des Volksliedes 1. ed. R. W. Brednich/L. Röhrich/W. Suppan. Mü. 1973, 801—831. — [38] Moser-Rath, Schwank, 200, 217 sq. — [39] ibid., 209 sq., 345, not. 70. — [40] Hans Clawerts Werckliche Historien, beschrieben durch Bartholomäum Krüger [...]. ed. T. Raehse. Halle 1882, num. 1; weitere Texte des 17. und 18. Jh.s bei Moser-Rath, Schwank, 430 sq., num. 58. —
[41] Kirchhof, Wendunmuth 1,1, num. 233 (mit Lit.); Moser-Rath, Predigtmärlein, num. 110; Moser-Rath, Schwank, 209 sq., 345, not. 70; aus mündl. Überlieferung ergänzend zu AaTh: Neumann, S.: Plattdt. Schwänke. Rostock 1968, 66, num. 104; Kristensen, E. T.: Danske skjæmtesagn 1. Aarhus 1900, 225 sq., num. 521; Rausmaa (13 Var.n). — [42] Wossidlo, R.: Volksschwänke aus Mecklenburg. ed. S. Neumann. B. ³1965, num. 70—128; H. unter sozialem Aspekt im Schwankgut cf. Neumann, S.: Der mecklenburg. Volksschwank. B. 1964, 34 sq. — [43] Dégh, L.: Märchen, Erzähler und Erzählgemeinschaft. B. 1962, 71—76. — [44] Uffer, L.: Rätorom. Märchen und ihre Erzähler. Basel 1945, 16 sq. — [45] Zender, M.: Volksmärchen und Schwänke aus der Westeifel. Bonn 1935, XXII sq. — [46] Ranke 1, 351—354; zum Erzählen bei der Handarbeit cf. auch Henßen, G.: Überlieferung und Persönlichkeit. Münster 1951, 2 sq. — [47] Haiding, K.: Österreichs Märchenschatz. Wien 1953, 389 sq.

Göttingen Elfriede Moser-Rath

Hängen spielen (AaTh 1066, 1343). Um den Tod durch Erhängen als rechtliche → Strafe zur Sühne begangener Verbrechen (→ Galgen) hat sich ein Erzählkreis ausgebildet, dessen Sinn es ist, vor einer spielerischen Nachahmung des Hinrichtungsritus zu warnen und die schlimmen Folgen solchen Tuns zu exemplifizieren. Die einfachste Form dieser Warnerzählungen (→ Schreckmärchen) stellen Sagen dar, in denen davon berichtet wird, daß sich in einer Gesellschaft junger Leute jemand dazu überreden läßt, zum Scherz einen Strohhalm[1] oder einen Zwirnsfaden[2] um den Hals zu legen, um das Erhängen auszuprobieren. „In diesem Augenblicke ertönte eine so liebliche Musik draußen vor dem Hause, daß alles hinauslief [...]. Als man jedoch wieder ins Zimmer kam, fand man den Stuhl unter dem Burschen weggezogen und denselben todt am Zwirnsfaden hangen."[3] Das Alter dieser Vorstellungen wird durch die in den *Gesta Danorum* (6, 5, 6—7) des → Saxo Grammaticus überlieferte *Víkars saga* bezeugt: Darin verlangt Odin den Tod des Königs Víkar. Der Held Starkaðr fertigt einen Strick aus Weidenruten und legt ihn dem König um den Hals, um das geforderte Opfer symbolisch zu vollziehen. Aber aus der Scheinhinrichtung wird Ernst und der König erdrosselt (Mot. N 334.2)[4].

Die bekannteste Erzählform vom H.s. ist die in zahlreichen Var.n verbreitete Geschichte von Kindern oder Jugendlichen, die zum Spaß einen aus ihrem Kreise hängen und ihn dabei umbringen. Das älteste Zeugnis für diese Erzählung findet sich in den *Bella* (1, 20) des Prokopios von Caesarea (ca 500—560 p. Chr. n.).

Danach soll sich die Geschichte 537 während der Belagerung Roms durch Belisar in einem samnit. Dorf ereignet haben. Die Knaben, die ihre Schafe hüteten, wählten zwei kräftige Jungen aus ihrer Mitte, nannten den einen Belisar, den anderen Wittigis und ließen sie miteinander ringen. Letzterer, Darsteller des Gotenkönigs, unterlag und wurde zum Scherz an einen Baum gehängt. Plötzlich kam ein Wolf, die Knaben ergriffen die Flucht, ‚Wittigis' aber, den man am Baum hatte hängen lassen, büßte nach einiger Zeit mit dem Tod. Als die Samniten davon hörten, straften sie die Knaben nicht, deuteten vielmehr das Geschehen in dem Sinne, daß Belisar einen entscheidenden Sieg erringen werde. Dies geschah auch.

Für die Erzählforschung ist dieser Frühbeleg deswegen von bes. Interesse, weil Aufzeichnungen dieser Erzählung, die mit der Fassung bei Prokopios in vieler Hinsicht identisch sind, bis ins 20. Jh. aus dem Volksmund aufgezeichnet werden konnten. Möglicherweise haben populäre Erzählsammlungen wie H. W. → Kirchhofs *Wendunmuth* (1562)[5] und Johann Peter → Hebels *Schatzkästlein des rhein. Hausfreundes* (1811 u. ö.)[6] ihren Anteil an der Erneuerung des Stoffes. A. → Wesselski nahm an, daß alle neuzeitlichen Belege ihren Ausgangspunkt in der Erzählung bei Prokopios hätten[7]. Da aufgrund der frappierenden Motivübereinstimmungen → Generatio aequivoca bzw. → Polygenese auszuschließen sind und eine rein mündl. Kontinuität über 13 Jh.e kaum denkbar erscheint, kommt den literar. Zwischengliedern zweifellos bei der Vermittlung bes. Bedeutung zu. Nur so ist es zu erklären, daß die Aufzeichnungen des 19. und 20. Jh.s die Erzählung regelmäßig im Hirtenjungenmilieu ansiedeln und daß wie bei Prokopios ein Wolf[8] (Wildschwein[9], Fuchs[10]) den tragischen Ausgang hervorruft. Das Hauptverbreitungsgebiet der Sage ist das dt.sprachige Mitteleuropa, Skandinavien und die balt. Länder. Hier hat sich unter dem Einfluß christl. Gedankengutes eine Normalform herausgebildet, in der der → Teufel in Gestalt eines dreibeinigen Hasen die Spielenden hinter sich her lockt und diese nach der Rückkehr den in der Schlinge gelassenen Kameraden tot auffinden[11]. Der älteste Beleg für diese Ausprägung der Sage ist eine von L. Rochholz ausgewertete Schweizer Chronik[12]. Sie berichtet für 1579 von einem Berner Gerichtsverfahren gegen eine Gruppe von Roßbuben, die einen der ihren wegen Diebstahls im Spaß gehängt hatten und freigesprochen wurden. Ähnlich wie bei der Erzählung → *Kinder spielen Schweineschlachten* (AaTh 2401) haben die Überlieferungen vom H.s. durch tatsächliche Ereignisse oft neue Nahrung erhalten. Aus den Kollektaneen von M. → Zender und K. → Ranke liegt im EM-Archiv eine Reihe von neueren Zeitungsmeldungen über verunglückte Kinder vor, die zum H.s. teilweise durch Westernfilme angeregt wurden. Eine hist. Pressemeldung (1699) berichtet von Chorknaben in Nantes, die bei der spielerischen Nachahmung einer öffentlichen Hinrichtung einen der ihren strangulierten[13]. Erich Kästner hat den Stoff nach einem Pressebericht von 1930 in seiner *Ballade vom Nachahmungstrieb* (1932) literar. gestaltet[14].

AaTh 1343: *Hanging Game* registriert lediglich eine leicht schwankhafte Ausformung des Erzählstoffes und gibt keinerlei Hinweise auf die anderen Verbreitungsformen. Wiederum ist in dieser Seitenform davon die Rede, daß Hirtenjungen H.s. und verabreden, daß der Gehenkte pfeifen solle, sobald ihm der Strick weh zu tun beginne. Als er hochgezogen wird, spitzt er nur den Mund; seine Kameraden verspotten ihn mit dem Zuruf: „[...] da hilft kein Maulspitzen, es muß gepfiffen sein!"[15] und sehen zu, wie er zu Tode kommt. In manchen Var.n versteht man die Äußerungen des Gehenkten falsch und läßt ihn am Strick baumeln, statt ihn abzunehmen[16]. Über die aus Nordeuropa stammenden Nachweise bei AaTh hinaus sind weitere Belege für diese Sage aus der Eifel[17], aus West-[18] und Ostpreußen[19], Friesland[20], Dänemark[21], Schweden[22], Lettland[23] und bei den kanad. Hutterern[24] bekannt geworden. Bereits J. → Grimm hat darauf aufmerksam gemacht, daß sich die Pointe der Erzählung als Sprichwort auch verselbständigt findet[25].

Unter dem vorliegenden Stichwort muß zur Vervollständigung noch eine singuläre ind. Erzählung erwähnt werden, die bei AaTh 1066: *Deceptive Game* registriert ist (alle anderen unter diesem Typ verzeichneten Belege sind irrelevant bzw. gehören zu AaTh 1343). Sie stammt aus → Somadevas *Kathāsaritsāgara*[26] und handelt von dem Mädchen Siddhikarī. In den Diensten eines Kaufmannes stehend, stiehlt es ihm sein ganzes Gold und flieht damit. Ein Dummkopf verfolgt sie, um sie zu berauben. Als er sie unter einem Baum erreicht hat, macht sie ihm weis, sie wolle sich aus Kummer über einen Streit mit ihrem Mann erhängen, wisse aber nicht, wie dies anzustellen sei. Der Verfolger demonstriert ihr das Erhängen und kommt selbst dabei zu Tode.

[1] Schulenburg, W. von: Wend. Volksthum in Sage und Sitte. B. 1882, 85 sq.; Haiding, K.: Österreichs Sagenschatz. Wien 1965, num. 56. — [2] Kuhn, A.: Sagen, Gebräuche und Märchen aus Westfalen 1. Lpz. 1859, num. 184. — [3] ibid. — [4] Nachweis von Parallelen bei Krappe, A. H.: The Vassal of the Devil. In: Archivum Romanum 7 (1923) 470—477, hier 476 sq. — [5] Kirchhof, Wendunmuth 1, num. 410. — [6] cf. Hebel, J. P.: Der rheinländ. Hausfreund. Faks.druck der Jge 1808—1815 und 1819. ed. L. Rohner. Wiesbaden 1981, 79 sq. (Der unschuldig Gehenkte, Erstdruck 1809; Qu. Hochfürstlich-Markgraf Baden-Bad. Kalender, Rastatt 1781). — [7] Wesselski, Theorie, 18 sq. — [8] Heyl, J. A.: Volkssagen, Bräuche und Meinungen aus Tirol. Brixen 1897, 248. — [9] Birlinger, A.: Volksthümliches aus Schwaben 1. Fbg 1861, num. 438. — [10] Simonsuuri, L./Rausmaa, P.-L.: Finn. Volkserzählungen. B. 1968, num. 337; Hackman, O.: Finlands svenska folkdiktning 1, A 1. Helsingfors 1917, num. 168,1. —
[11] Var.nnachweise bei Köhler/Bolte 1, 585 sq.; HDA 3, 1443—1446, not. 20—39; Peuckert-Archiv im Inst. für Vk., Freiburg (Kopie im Seminar für Vk., Göttingen, 18: Aberwitz und Übermut); Jegerlehner, J.: Sagen und Märchen aus dem Oberwallis. Basel 1913, 326; Zender, M.: Sagen und Geschichten aus der Westeifel. Bonn 1966, num. 903. — [12] Rochholz, E.

L.: Naturmythen. Neue Schweizersagen. Lpz. 1862, 278 sq. — [13] Hamburger Relations-Courier (19.10.1699) num. 162 (Nachweis von D. Richter, Bremen). — [14] Kästner, E.: Gesammelte Schr. 1: Gedichte. Köln 1959, 258 sq. — [15] Cammann, A.: Turmberg-Geschichten. Marburg 1980, 280 sq., hier 281. — [16] Benzel, U.: Volkserzählungen aus dem oberpfälz.-böhm. Grenzgebiet. Münster 1965, num. 202. — [17] Zender (wie not. 11) num. 902. — [18] Cammann (wie not. 15). — [19] Behrend, P.: Verstoßene Kinder. Königsberg 1912, num. 9. — [20] van der Kooi 1343. — [21] Kristensen, E. T.: Molbo- og aggerbohistorier 1. Viborg 1892, num. 56; id.: Danske skjæmtesagn 1. Aarhus 1900, num. 85, 86. — [22] Segerstedt, A.: Svenska folksagor och äfventyr. Sth. 1884, 180. — [23] Arājs/Medne. — [24] German-Canadian Yearbook 6 (1981) 218—222. — [25] Grimm, J.: Hängens spielen. In: ZfdA 7 (1849) 477 (= id.: Kl.re Schr. 7. ed. E. Ippel. B. 1882/84, 259); Sprichwortbeleg bei Simrock, K.: Die dt. Sprichwörter. Ffm. s. a., 370. — [26] Penzer, N. M.: The Ocean of Story 1. L. 1924, 157 sq., num. 8 A.

Göttingen Rolf Wilhelm Brednich

Hannā Diyāb, Aleppo um 1700 (genaue Lebensdaten unbekannt), syr. Maronit, A. → Gallands Gewährsmann für die Geschichten der letzten Bände seiner → *Tausendundeinenacht*-Übers. (*Les mille et une Nuits* 9—12. P. 1712/12/17/17), u. a. → *Aladin* (AaTh 561)[1], → *Ali Baba und die 40 Räuber* (AaTh 676, 954)[2], *Die Geschichte vom Ebenholzpferd*[3]. Galland lernte H. im Frühjahr 1709 in Paris im Haus des Orientreisenden P. Lucas kennen, in dessen Begleitung dieser wohl nach Frankreich gekommen war. Die Reisebücher von Lucas erwähnen H. nicht; alle Nachrichten über ihn stammen aus Gallands Tagebuch. Danach sprach H. außer Arabisch Türkisch, Provenzalisch und ziemlich gut Französisch.

H. erzählte Galland arab. Geschichten, wie sie auch in *Tausendundeinenacht* stehen, und versprach ihm eine Niederschrift. Wieweit H. dieses Versprechen erfüllte, ist nicht bekannt; nur für *Aladin* steht fest, daß er Galland eine arab. Niederschrift übergab. Zwischen dem 6. Mai und 2. Juni 1709 notierte Galland in seinem Tagebuch ausführliche Resümees der gehörten Geschichten, von denen er einige in seine *Les mille et une Nuits* aufnahm. Manche, wie die vom *Ebenholzpferd*, erzählte er dabei neu, doch in enger Anlehnung an die Resümees ohne größere Umgestaltung. Andere, darunter auch *Aladin* und vermutlich *Ali Baba*, übersetzte er nach den von H. gelieferten (und heute verschollenen) arab. Niederschriften. Von *Aladin* und *Ali Baba* wurde Ende des 19. Jh.s ein der Übers.sfassung nahestehender arab. Text gefunden, doch ist er in beiden Fällen nach 1800 in Europa geschrieben, und wurde, u. a. auch von E. → Littmann[4] — allerdings wohl zu Unrecht — als Rückübersetzung der Gallandschen Fassung betrachtet. Oriental., vom Gallandschen Text völlig unabhängige Fassungen von *Aladin* und *Ali Baba* sind nicht bekannt. Lediglich vom *Ebenholzpferd* existiert eine oriental. Fassung; sie wurde im 18. Jh. in das ägypt. Korpus von *Tausendundeinenacht* aufgenommen, weicht jedoch von der Fassung in Gallands *Les mille et une Nuits* und vom Resümee in dessen Tagebuch erheblich ab.

Es ist unwahrscheinlich, daß H.s Geschichten einem oriental. *Tausendundeinenacht*-Korpus entstammen; auf das Fehlen einer schriftl. Vorlage deutet auch Gallands Ausdrucksweise „mettre par écrit“[5]. Somit ist anzunehmen, daß H. aus dem gleichen Fundus anonymer Erzählliteratur des Vorderen Orients schöpfte, aus dem auch die einzelnen Kompilatoren von *Tausendundeinenacht* im 17. und 18. Jh. ihr Korpus zusammenstellten. Nur der zufälligen Begegnung H.s mit Galland ist es zu verdanken, daß diese Schöpfungen der Nachwelt erhalten blieben und seit ihrer Publikation durch Galland unverzichtbarer, gewissermaßen exemplarischer Bestandteil von *Tausendundeinenacht* geworden sind.

[1] 1001 Nacht 2, 659—791; Chauvin 5, 55—67. — [2] 1001 Nacht 2, 791—859; Chauvin 5, 79—84. — [3] 1001 Nacht 3, 350—385; Chauvin 5, 221—231. — [4] Littmann, E.: Tausendundeine Nacht in der arab. Lit. Tübingen 1923, 8; cf. auch Littmanns Nachwort (etwas zurückhaltender) in seiner Übers. von 1001 Nacht (6, 686). — [5] cf. Abdel-Halim 1964 (v. Lit.) 274, num. 88.

Lit.: Zotenberg, H.: Notice sur quelques manuscrits des Mille et une nuits et la traduction de Galland. In: Notices et extraits des manuscrits de la Bibliothèque Nationale 28 (1887) 167—320 (als selbständige Veröff. u. d. T.: Histoire d'Alâ al-Dîn ou la lampe merveilleuse. P. 1888). — Macdonald, D. B.: „Ali Baba and the Forty Thieves“ in Arabic from a Bodleian Ms. In: J. of the Royal Asiatic Soc. (1910) 327—386. —

id.: Further Notes on „Ali Baba and the Forty Thieves". ibid. (1913) 41–53. — Abdel-Halim, M.: Antoine Galland, sa vie et son œuvre. P. 1964.

Münster Heinz Grotzfeld

Hans Clawert → Schelmentypen

Hans Dumm → Junge: der faule J.

Hans im Glück (AaTh 1415), Erzählung über ungünstig verlaufende Tauschgeschäfte eines → Dümmlings.

H. erhält nach siebenjährigem Dienst als Lohn (→ Belohnung) einen kopfgroßen Goldklumpen. Geplagt von der schweren Last, tauscht er bei erstbester Gelegenheit sein → Gold gegen ein Pferd. Als der ungeübte Reiter das Pferd traktiert, wirft es ihn ab. H. nutzt die Gelegenheit und tauscht es gegen eine Kuh, die Kuh gegen ein Schwein, das Schwein gegen eine Gans, die Gans gegen einen Wetzstein, der ihm durch eigenes Ungeschick in einen Brunnen fällt. Bar jeder Last, doch frohen Herzens langt der Heimkehrer bei seiner Mutter (seltener den Eltern) an.

Die erste Fassung dieser Erzählung — wohl auf eigene Erfindung zurückgehend — veröffentlichte A. Wernicke (1794–1819)[1] 1818 in der Zs. *Wünschelruthe* u. d. T. *Hans Wohlgemut*, zeitgemäß mit dem Zusatz *Eine Erzählung aus dem Munde des Volkes*[2]. Sie diente W. → Grimm als Vorlage für das 1819 in der 2. Aufl. der KHM veröff. ‚Märchen' H. i. G. (KHM 83), schon in dieser Form kräftig inhaltlich bearbeitet und sprachlich geglättet (bes. Wegfall von Partizipialkonstruktionen und Nebensätzen)[3]. H. i. G., bereits früh u. a. ins Englische (1823) und Französische (1830) übersetzt[4], gehörte auch zu den ausgewählten 50 Märchen der *Kleinen Ausg.* (B. 1825, num. 33) und wurde bis zur Ausg. letzter Hand stets in Kleinigkeiten weiter verbessert. Wenige Jahre später erschien eine Versbearbeitung Adelberts von → Chamisso (1831), die die Nähe zu Grimm nicht verleugnen kann[5]. L. → Bechstein hatte seine Fassung H. i. G.e (1845) als eine der 17 von Grimm übernommenen angegeben (einige sprachliche Änderungen)[6] und zusätzlich auf Chamisso und den Abdruck des Gedichts im *Dt. Volkskalender* (1837/38) — dort bereits mit vier den Text auflockernden Holzschnitten von F. E. Holbein[7] — hingewiesen. Seine Angabe ‚mündl.' scheint, ebenso wie bei Wernicke, mehr eine Reverenz an den Zeitgeist zu sein, als daß sie der Realität entspräche: Die ersten mündl. aufgezeichneten Fassungen stammen frühestens aus der 2. Hälfte des 19. Jh.s.

H. i. G., zu den klassischen KHM zählend, erlangte eine ungemeine Popularität und ging nicht nur als fester Bestandteil in diverse Grimm- und Bechstein-Teilausgaben ein, sondern bildete u. a. die Vorlage für verschiedene auflagenstarke Bilderbogen (auch in den Niederlanden, Frankreich, Dänemark)[8] und seit Anfang des 20. Jh.s bis heute für Märchenbilderbücher sowie Einzelausgaben (im dt.sprachigen Gebiet seit 1945 mehr als 15)[9], wobei der Text entsprechend reduziert und den jeweiligen Abb.en (4, 8, 12, 16, 24; im wesentlichen Darstellungen des Tauschgeschäftes) angepaßt wurde. Die prägende Gestalt des → Buchmärchens wie die von namhaften Künstlern (u. a. G. Cruikshank [1823], L. Richter [ca 1853], O. Pletsch [1867], M. Slevogt [1920]) geschaffenen Illustrationen trugen zur Stabilisierung der Episodenstruktur (Kettentechnik) bei und verhinderten offenkundig eine Popularisierung mittels mündl. Verbreitung. Seltener dagegen sind H. i. G.-Parodien[10]: Als erstes (von 50) ‚Märchen' zeigt Janosch (1972) den „glücklichen Hansl", der selbst harten Schicksalsschlägen Positives abgewinnen kann, nach der Heimkehr noch in den Krieg ziehen muß, ein Bein verliert, eine Faule heiratet, die ihn verläßt, jedoch wieder zurückkommt, und der darüber alt wird, aber: „Schön war's gewesen. Hab' lange gelebt. Immer war's lustig, und Glück hab' ich gehabt — immer nur Glück"[11].

Die durch H. i. G. intendierte Botschaft scheint auf den ersten Blick unzweideutig. Der in der Fremde untadelig dienende H. erhält nach Abschluß seines Dienstes ein überaus reich bemessenes Entgelt und macht sich auf den Heimweg. Er vermag aber den urplötzlich gewonnenen Reichtum nicht einzuschätzen, so daß seine Tauschgeschäfte materiell zu seinen Ungunsten ausschlagen. Doch der materielle Besitz interessiert H. nicht, er lebt spontan seinen Empfindungen und ist davon überzeugt, stets einen vorteilhaften Tausch abgeschlossen zu haben. H. verkörpert in seiner Unbekümmertheit ein von allg. Normen abweichendes Handeln, indem er sein persönliches → Glück und Wohlbefinden höher stellt als die materielle Wertigkeit der Dinge. Dennoch hat man es auch mit einem einfältigen Menschen zu tun. Dies macht, nach Meinung der meisten Interpretatoren[12], den Reiz der H. i. G.-Figur aus.

Die Vorstellung, daß der Besitz materieller Werte eine Wende zum Unglück bedeutet[13], ist eine Zeiten überdauernde Thematik, die immer wieder aufgegriffen wird. So heißt es etwa im *Sittenbuch für den christl. Landmann* (1790) über *Reichthum und Armuth* u. a., „daß nicht Reichthum sondern ein zufriedenes Herz uns glücklich macht"[14], und exemplifiziert ist diese These mit Beispielen armer, aber glücklicher Menschen (cf. auch AaTh 754: → *Glückliche Armut*). Fabel- und Exempelsammlungen wie J. J. Eberts *Fabeln und Erzählungen für Kinder und junge Leute beyderley Geschlechts* (1798) künden von dem *Glück der Niedern*[15], aber auch davon, daß es nicht erzwungen werden kann, vielmehr müsse man sich über jeden Tag freuen, denn, so der Pädagoge C. F. Weiße in der bedeutenden Jugendschrift *Der Kinderfreund* (1776): „Sey nicht stolz auf den Besitz des Glückes; ein einziger Tag ist zureichend, dir es zu rauben."[16] Aber H. verkörpert durch sein Handeln nicht nur das sprichwörtliche Glücklichsein infolge wunschloser Zufriedenheit („Beatus est qui non cupit quae non habet"[17]), sondern zeigt mit seinen Tauschgeschäften, daß er im Grunde seine vorhandenen Bedürfnisse nach besserem Leben, Essen und Trinken[18] – bei Wernicke wesentlich deutlicher herausgestellt als bei Grimm und Bechstein – in die Tat umsetzen will. Doch scheitert dies an seiner Einfalt, da er nicht einmal die einfachsten Gesetze des Tauschhandels anzuwenden weiß, den Handel mit der (eigentlich minderwertigeren) Ware z. T. gar selbst anregt, beflügelt von dem Gedanken an die Heimkehr in den Schoß der Familie (H. denkt nur an die Mutter).

Endet das Zaubermärchen für den Helden mit sozialem Aufstieg, Reichtum und Macht, so verkörpert H. i. G. das Gegenteil: Er kehrt arm wie zuvor in die Heimat zurück; weiß sein Gold, anders als der → Höllenheizer (KHM 100, AaTh 475), nicht sparsam einzusetzen; heiratet keine Königstochter, will statt dessen zur Mutter; handelt nicht unter ethischen Aspekten (→ Ethik), lebt spontan und unbeschwert. In den einfachsten Tätigkeiten wie Reiten oder Melken kennt er sich nicht aus. So gesehen läßt sich H. als ‚Antiheld'[19] betrachten, die Erzählung selbst als ‚Spottmärchen'[20] und → ‚Antimärchen'[21], weil die im Zaubermärchen vorherrschende Einstellung zum Glück (→ Optimismus) gewissermaßen auf den Kopf gestellt wird. Aber deshalb ist H. noch lange kein Dummkopf, auch wenn seine Handlungen diesen Eindruck hervorrufen könnten. Anders als die Handlungsträger von Dummenschwänken (cf. → Dummheit), in denen auch Handels- und Tauschgeschäfte thematisiert sind (z. B. AaTh 1642: *Der gute → Handel*, AaTh 1696: → *„Was hätte ich sagen [tun] sollen?"*), zeigt H., wie verschiedentlich herausgestellt[22], geradezu liebenswerte Züge, „seine Kunst, die Dinge leicht zu nehmen", charakterisiert nach M. → Lüthi einen Wesenszug, „der in jedem von uns steckt"[23]. So verkörpert er die auch in der Psychologie bekannte Neigung zu zeitweiligem Aussetzen der ratio, nur davon bestimmt, den Augenblick zu genießen[24]. H. läßt sich daher als ein Dümmling (= Einfältiger) begreifen, der sein – subjektives – Glück macht. Ausgehend von der Weltferne und Lebensuntüchtigkeit des stets Glücklichen und Zufriedenen könnte man den Inhalt von H. i. G. auch als Absage an eine kapitalistische Gesellschaftsform deuten, die subjektives Glück nicht zuläßt. In ihr muß jeder auf Besitzstandswahrung oder auf Vergrößerung seines materiellen Besitzes aus sein, was nur auf Kosten der Umwelt durch bessere Tauschgeschäfte möglich scheint. Ein Leben in Unbeschwertheit ist von daher unmöglich[25]. In ähnlich gelagerten Erzählungen[26], die vor allem außerhalb des dt.sprachigen Raums (vielfach mündlich) verbreitet sind und gemeinhin zu AaTh 1415 gerechnet werden, erfährt die nicht so eindeutige Bewertung der H. i. G.-Figur noch weitere Pointierungen. Die wohl bekannteste Fassung findet sich in der Märchensammlung Hans Christian → Andersens (*Was Vater tut, ist immer richtig*, zuerst 1861 veröff.)[27]:

Dort beauftragt eine Frau ihren Mann, auf dem Markt ein Pferd zu verkaufen bzw. zu tauschen. Es folgen ungünstige Tauschgeschäfte (Pferd, Kuh, Schaf, Gans, Huhn, faule Äpfel), bevor der Bauer den Markt erreicht hat. In einer Schenke kommt er ins Gespräch mit zwei reichen Engländern, die spontan eine → Wette mit ihm über einen Scheffel Gold abschließen, nachdem sie von seinen Handelsgeschäften gehört haben. Die Wette soll der Bauer gewinnen, wenn seine Voraussage eintrifft, daß seine Frau bei seiner Heimkehr nicht schimpft. Im Gegenteil: „unsere Mutter wird sagen: ‚Was Vater tut, ist immer recht'". Dies geschieht, und so enden die scheinbar fatalen Handelsgeschäfte (cf. auch AaTh 1655: *Der vorteilhafte → Tausch*) mit einem „Schiffspfund Goldstücke".

Selbst hier, trotz eindeutig schwankhafter Tendenz, ist Andersens Utopie, „der im Märchenglück Gestalt gewordene Traum vom besseren Leben"[28], realisiert und überlagert die leitmotivisch anklingende Sentenz vom richtigen Handeln des Mannes (wobei nicht nur die Wette typisch männlicher Mentalität entspricht). Eher noch als bei den Brüdern Grimm und ihren Nachfolgern kommt hier die Auffassung von der Zufälligkeit des Glücks zum Tragen, die auch verschiedenen anderen Erzählungen (cf. z. B. → Fortuna, AaTh 566: → *Fortunatus*, AaTh 735, 735 A: cf. → *Glück und Unglück*) zugrunde liegt.

Bestandteil der meisten Fassungen aus mündl. Überlieferung ist die Wette des Einfältigen, doch ist ein geogr. Schwerpunkt nicht auszumachen. Auch im dt.sprachigen Raum lassen sich derartige Fassungen nachweisen[29]. Die unvorteilhaften Tauschgeschäfte des Einfältigen sind in vielen Teilen Europas, bes. bei Finnen, Schweden, Iren, Franzosen und den ostslav. Völkern, bekannt, lassen sich aber auch vereinzelt für Nord- und Südafrika, Südostasien sowie unter der span.-amerik. Bevölkerung nachweisen[30]. Die Bewertung der Handlungen des Tauschenden/Verkaufenden ist recht unterschiedlich.

Einige Beispiele: Bei den Syrjänen (auch als Lied bekannt[31]) fragt der Vater seinen Sohn, was er alles erlebt habe. Als er von den immer minderwertigeren Tauschgeschäften hört (Silberteller, Pferd, Kuh, Schwein, ..., Katze), jagt er ihn aus dem Haus. – In einer tscheremiss. Version[32] begegnet eine Frau (sonst nicht belegt) in der Rolle der Einfältigen: Mit dem eingehandelten Stock verprügelt sie ihr Mann. – In ukr., russ. u. a. Texten[33] findet ein Armer eine Erbse, die nach dem Einpflanzen in Minutenschnelle bis zum Himmel wächst (AaTh 1960 G: cf. *Der himmelhohe → Baum*) und eines Tages verschwunden ist. Er macht sich auf die Suche nach Gott und erhält von ihm als Ausgleich goldene Schuhe und silberne Schuhbänder. Bei den folgenden Tauschgeschäften verliert der Arme alle eingetauschten Tiere bzw. Gegenstände. Seine Frau freut sich, daß er unversehrt wiedergekommen ist, und verzeiht ihm. – Umgekehrt kann der unvorteilhafte Tausch auch unangenehme Folgen haben, u. a. in russ. und karel. Texten[34]: Als der Ehemann mit einem Schüreisen zuhause ankommt, schlägt ihn die zornige Ehefrau damit tot „und verscharrte ihn hinter dem Herd"[35]. – Innerhalb einer Kette von Dummenschwänken gerät der Tauscher zum Tölpel wie in einer isl. Erzählung[36]: Das letzte Besitzstück (goldener Kamm) eines armen Bauernehepaars tauscht der Bauer in absteigender Kette gegen Nadeln ein, die ihm beim Sprung über einen Bach ins Wasser fallen. Mit seinen Kindern begibt sich das Ehepaar auf die Suche. Alle stecken den Kopf ins Wasser, suchen und ertrinken.

An Hinweisen auf vergleichbare Tauschgeschäfte aus schriftl. Zeugnissen des MA.s fehlt es nicht. So sahen W. → Liungman[37] und (vorsichtiger) E. Ó. → Sveinsson („nur die gleiche psychologische Tendenz"[38]) u. a. in der sog. *Refs saga* aus der *Gautreks saga* (nicht vor Ende 13. Jh.) eine ähnliche Überlieferung festgehalten. Aber dort erhält der norw. Bauernsohn Refr (Ref = Fuchs) keineswegs nur Minderwertiges, sondern tauscht späterhin immer größere Geschenke von König Gautrek ein, bis er schließlich dessen Tochter heiratet (AaTh 1655: cf. *Der vorteilhafte → Tausch*). Daß aber unvorteilhafte Tauschgeschäfte nicht unbekannt und ‚Narren' zugeschrieben waren, wird u. a. aus Sebastian → Brants *Narrenschiff* (1494; *Von törichtem Tausche*)[39] oder Thomas → Murners *Narrenbeschwörung* (1512, Kap. 8, 51) deutlich: „Ein Löffel [Narr] war auch Dotzinger, Von dem uns sagt all Landesmär, Daß er im Tausch ein Esel gab Umb eine Pfeif, ein ringe Hab." Und schließlich wird der einfältige Tauscher im Gefolge der Dummenschwänke im Stile eines Vardiello (Basile 1, 4) internat. populär, so daß sich verschiedene literar. Typen herauskristallisieren. Eine Version in Verbindung mit einer (gewonnenen) Wette läßt sich aber erst im dän. *Tolv moralske Lystigheder* von 1756 nachweisen[40], die Andersen möglicherweise gekannt haben könnte. Während die Fassungen aus mündl. Überlieferung mehrheitlich zur Schilderung des Einfältigen und seines unerwarteten Reichtums tendieren, vermitteln die zahlreichen (bes. mitteleurop.) literar. Bearb.en (vornehmlich auf KHM 83 basierend) und Adaptationen einschließlich der Illustrationen das Bild des unbekümmert Glücklichen. Ein weiteres Indiz für die Popularität von AaTh 1415 und verwandten Erzählungen könnte darin bestehen, daß ein nachteiliger Tausch jedem passieren könnte, die Geschichte deshalb zu schadenfrohem Lachen anregt, was durch die Absurdität der Häufung solcher fataler Tauschgeschäfte noch gesteigert wird.

[1] Erinnerung an F. A. E. Wernicke (Gestorben den 2. März 1819). In: Jb. der Berlin. Ges. für dt. Sprache 1 (1820) 177–193 (davon Nachruf 177–181). – [2] Wernicke, A.: H. Wohlgemut. In: Wünschelruthe 33 (1818) 129–131. – [3] cf. Hamann, H.: Die literar. Vorlagen der Kinder- und Hausmärchen und ihre Bearb. durch die Brüder Grimm. B. 1906, 73 sq. (erheblich ergänzungsbedürftig). – [4] cf. Denecke, L.: Jacob Grimm und sein Bruder Wilhelm. Stg. 1971, bes. 76–79. – [5] Chamisso, A. von: H. i. G.e. In: Musenalmanach 3 (1831) 128–138. – [6] Bechstein, L.: Sämtliche Märchen. ed. W. Scherf. Mü. 1988, 124–129, not. p. 807 sq.; Schmidt, K.: Unters.en zu den Märchenslgen von Ludwig Bechstein. Diss. Greifswald 1935, 80 sq. – [7][Chamisso, A. von:] H. i. G.e. In: Dt. Volkskalender (1837) 35–40; zwei weitere Holzschnitte ibid. (1838) 131. – [8] Eichler, U.: Münchener Bilderbogen. Mü. 1973, 97 (Münchener Bilderbogen, num. 213); Roth, T.: Literar. Vorlagen populärer Druckgraphik aus dt. Verlagen des 19. Jh.s. Diss. Mü. 1978, M 34–37, M 46; cf. Neuruppiner Bilderbogen. Katalogbearb. T. Kohlmann. Ausstellungskatalog B. 1981, num. 8459, 9267, 9720. – [9] cf. Zusammenstellung bei Weinrebe, H. M. A.: Märchen – Bilder – Wirkungen. Ffm./Bern/N.Y./P. 1987, 166; cf. für Märchen- und Bilderbücher auch Kaiser, M.: H. i. G. Geschichte einer Märchenillustration. In: Librarium 29 (1986) 160–189. – [10] Janosch erzählt Grimm's Märchen. Weinheim/Basel 1972 (^{2}1973), 5–8; Fetscher, I.: Wer hat Dornröschen wachgeküßt? [1972]. Ffm. 1979, 34–44 (aus H. i. G. wird der wahrlich tüchtige ‚Paul im Geschäft'). –
[11] Janosch (wie not. 10) 5–8. – [12] Jancke, O.: Die Brüder Grimm. ‚H. i. G.' In: id.: Kunst und Reichtum dt. Prosa von Lessing bis Thomas Mann [1942]. Mü. 1954, 222–230 (erw. Neuausg.); Federspiel, C.: Vom Volksmärchen zum Kindermärchen. (Diss. Wien 1966) Wien 1968, 285 sq.; Lüthi, M.: Kluges Gretel, H. i. G. und Kluge Else. In: id.: So leben sie noch heute. Göttingen (1969) ^{2}1976, 101–116; Hierdeis, H.: ‚H. i. G.' Annäherungsversuch an einen Außenseiter. In: Lebendige Volkskultur. Festgabe E. Roth. Bamberg 1980, 121–128; Lüderssen, H.: H. i. G. Kriminalpsychol. Betrachtungen – mit einem Seitenblick auf die Genese sozialer Normen. In: Und wenn sie nicht gestorben sind … ed. H. Brackert. Ffm. 1980, 137–152; Poser, T.: Das Volksmärchen. Mü. 1980, 113–117; Nişcov, V.: Das Märchen – Typologie und Hermeneutik. Am Rande der rumän. Var.n zum H. i. G. In: Dacoromania 6 (1981/82) 49–60; Kaiser (wie not. 9). – [13] Bausinger, H.: Märchenglück. In: Zs. für Lit.wiss. und Linguistik 50 (1983) 17–27. – [14] Pothmann, M. C.: Sittenbuch für den christl. Landmann mit wahren Geschichten und Beyspielen zur Lehre und Erbauung. Lpz. 1790, 323–331, hier 330. – [15] Ebert, J. J.: Fabeln und Erzählungen für Kinder und junge Leute beyderley Geschlechts. Lpz. 1798, num. 35. – [16] Der Kinderfreund 2 (1776) 227. – [17] Wander, K. F. W.: Dt. Sprichwörter-Lex. 1. Lpz. 1867, s. v. Glücklich; cf. ferner Mieder, W.: The Prentice-Hall Enc. of World Proverbs. Englewood Cliffs, N. J. 1986, s. v. Luck. – [18] Hierzu cf. Lüthi (wie not. 12); ebenso Kaiser (wie not. 9). – [19] Röhrich, Märchen und Wirklichkeit, 234. – [20] Bausinger (wie not. 13) 24. –
[21] Lüthi (wie not. 12) 107. – [22] z. B. Bausinger (wie not. 13); Nişcov (wie not. 12). – [23] Lüthi (wie not. 12) 108. – [24] Wittgenstein, O. Graf: Märchen, Träume, Schicksale. Mü. 1976, 55–64 sieht in H. i. G. aus psychotherapeutischer Sicht nur den Lebensuntüchtigen. – [25] Zu dieser mit Absicht überspitzten Ausdeutung cf. Fetscher (wie not. 10). – [26] BP 2, 199–203; die Analyse stützt sich ferner auf rund 100 im EM-Archiv befindliche Texte sowie weitere Katalogangaben. – [27] Andersen, H. C.: Märchen 2. Ffm. 1975, 361–367. – [28] Pulmer, K.: Vom Märchenglück zum Bürgeridyll. Zu H. C. Andersens Volksmärchenbearb.en. In: Skandinavistik 10 (1980) 104–117, hier 113. – [29] Zingerle, I. und V.: Kinder- und Hausmärchen aus Tirol. ed. O. von Schaching. Regensburg/Rom ^{2}1916, 184–189; Geramb, V. von: Kinder- und Hausmärchen aus der Steiermark. Graz/Wien ^{3}1948, 188 sq. (auf Eulenspiegel übertragen); Henssen, G.: Vom singenden klingenden Baum. Stg. 1944, 34–37 (als ndd. Fassung cf. id.: Volkserzählungen aus dem westl. Niedersachsen. Münster 1963, num. 65); Merkelbach-Pinck, A.: Lothringer Volksmärchen. Kassel [1940], 98–102 (ähnlich wie KHM 83). – [30] cf. Var.nzusammenstellung bei BP 2, 199–201; ergänzend zu AaTh: de Meyer, Conte; van der Kooi; Ó Súilleabháin/Christiansen; Hodne; Rausmaa; Arājs/Medne; Kecskeméti/Paunonen; SUS; MNK; Coetzee; Ting; Robe; Schwarzbaum, 177. –
[31] Rédei, K.: Zyrian Folklore Texts. Bud. 1978, num. 137. – [32] Paasonen, H.: Tscheremiss. Texte. ed. P. Siro. Hels. 1939, num. 2. – [33] z. B. Afanas'ev, num. 409. – [34] z. B. Kabašnikov, K. P.: Kazki i legendy rodnaga kraju. Minsk 1960, 197–199. – [35] ibid., 199. – [36] Rittershaus, A.: Die neuisl. Volksmärchen. Halle 1902, num. 102. – [37] Liungman, Volksmärchen, 295. – [38] Sveinsson, XLIII. – [39] Brant, S.: Das Narrenschiff. ed. H.-J. Mähl. Stg. (1964) 1978, 330–332. – [40] BP 2, 200.

Göttingen Hans-Jörg Uther

Hans mein Igel (AaTh 441), ein nach KHM 108 benannter Erzähltyp aus dem Komplex der → Amor und Psyche-Märchen (AaTh 425 sqq.).

Ein kinderloses Ehepaar erhält meist durch den Wunsch ‚Hätten wir doch ein Kind, auch wenn es nur ein Igel wäre!' einen Sohn in Gestalt eines → Igels. Von den Eltern teils akzeptiert, teils abgelehnt, zieht er als Schweinehirt in den Wald und hilft nacheinander drei (zwei) verirrten Königen (Kaufmann, Graf, König; einem König dreimal etc.) gegen das Versprechen, eine ihrer Töchter als Frau zu bekommen. Den Eltern bringt er nach einigen Jahren die stark angewachsene Herde zurück und reitet dreimal auf einem → Hahn (cf. → Hahnrei, Hahnreiter) los, um die versprochene Braut zu holen. H. m. I. erreicht durch Gewaltandrohung die Herausgabe der Töchter der ersten beiden Könige und schickt sie zerkratzt und ohne ihre Mitgift zurück (läßt ihnen die Wahl, ob sie mitkommen oder zurückkehren wollen). Erst die dritte Tochter akzeptiert ihn. Meist durch → Verbrennen der → Tierhaut (Auspeitschen, Aufschlitzen, → Enthauptung, → Kuß, → Träne) verwandelt sich H. m. I. (auf dem Weg zur Kirche, in der ersten Nacht, nach längerem Zusammenleben tags als Igel und nachts als Mensch) für immer in einen wunderschönen jungen Mann. Die Töchter, die ihn abgelehnt haben, bringen sich oft vor Neid und Wut um.

Als ältester literar. Beleg gilt seit den Brüdern → Grimm[1] *Il re porco* von → Straparola (2,1), auf den *Le Prince Marcassin* der Madame d' → Aulnoy (hier erstmals Entführung der dritten Tochter in den Wald) und später der Text J. W. → Wolfs[2] zurückgehen, obwohl die relativ stabilen und den Erzähltyp AaTh 441 von anderen → Tierbräutigam-Märchen unterscheidenden Elemente – Igelgestalt, Schweinehüten, durch den Helden selbst erlangte Brautversprechen, Hahnenritt – fehlen. Der Straparola-Text wird zu Recht auch für die H. m. I. nahestehenden Erzähltypen AaTh 433 A – B: → *König Lindwurm* als frühes Zeugnis angeführt, in denen der Sohn eine ungebärdige Schlange ist. Auf eine Vermischung von Igel, Stachelschwein und → Schwein wird ebenfalls schon seit den Brüdern Grimm – nach ihnen sind die Tiere „mythisch eins, wie Porc und Porcaril"[3] – hingewiesen. Doch begegnen andere Erscheinungsformen als der Igel (in KHM 108: halb Mensch, halb Igel) selten: Den Helden als Schwein hat die Straparola/d'Aulnoy/Wolf-Überlieferung, in der die Hauptfigur eben kein Schweinehirt, sondern ein Königssohn ist[4]; auch Stachelschwein[5] und Däumling[6] finden sich eher als Ausnahmen.

Die früheste Aufzeichnung einer Volkserzählung stellt bisher der 1813 aufgenommene KHM-Text dar[7]. Die meisten Belege liegen seit der Mitte des 19. Jh.s vor allem in balt., west- und südslav., ung. sowie dt. Var.n vor[8]. Inwieweit KHM 108 stabilisierend oder gar prägend wirkte, ist noch zu untersuchen. Für das estn. Material nimmt U. → Masing[9] eine westl. Herkunft an. O. Ambainis bezeichnet *Das Igelpelzchen* als eines der bekanntesten lett. Kindermärchen, „das bis auf den heutigen Tag fast in jedem Schullesebuch abgedruckt wurde"[10]. Relativ häufig zeigen sich Variationen, die als Zeichen sowohl einer kreativen mündl. Tradition als auch einer ‚Instabilität des Typs' interpretiert werden können. Im Unterschied zum Grimm-Text fordert der Held in fast allen Var.n direkt die Töchter als Bräute und nicht das zuerst Begegnende (→ Jephtha). Das häufig vorkommende Schlußmotiv, daß die ersten beiden Töchter sich vor Wut umbringen, fehlt in KHM 108. Die → Erlösung aus der Tiergestalt variiert sehr. Sie muß nicht auf Geheiß des Helden erfolgen, sondern kann wie in anderen Tierbräutigam-Märchen auf den Ratschlag der Mütter hin oder durch die Beobachtung der Frau selbst veranlaßt werden[11]. Ähnlich den → Tabuverletzungen kann der Erlösungsversuch in einzelnen Fällen zu früh unternommen werden und eine → Suchwanderung der Frau auslösen[12]. Aus anderen Märchen bekannte Elemente zeigen sich, wenn in einer estn. Var.[13] die abfallenden Stacheln zu Goldstücken werden, in einer dt. Var.[14] das Reiben am Haar des Igelfells 1000 Soldaten herbeiruft (cf. → Dankbare [hilfreiche] Tiere) oder man sich in einem ung. Beleg[15] des unliebsamen Freiers durch Unterschieben falscher → Bräute entledigen will. Eine tschech. Erzählung[16] kontaminiert mit AaTh 314: → *Goldener*. Aber auch ein für H. m. I. typisches Element, der Hahnreiter, kann in anderen Märchen erscheinen[17].

In den Var.n fällt eine realistische, an wirtschaftlichen Notwendigkeiten orientierte Tendenz auf: Der Held bringt durch seine große Schweineherde Wohlstand ins Dorf, er steckt das Hab und Gut der zurückgeschickten Königstöchter einschließlich ihrer Ohrringe ein, wenn auch die Mutter gegen „die vielen todten Schätze"[18] protestiert und endlich eine Schwiegertochter haben will. Das dörfliche Milieu und der auf das materielle Auskommen bedachte Sinn lassen H. m. I. als bäuerliches Gegenstück zum höfischen → *Asinarius* (AaTh 430) erscheinen: hier ein Schweine hütender, stinkender Igel — dort ein wohlerzogener, Laute spielender Esel.

Als anschauliches Beispiel für die verschiedenen Ebenen, auf denen Tiere im Märchen vorkommen, wird H. m. I. von L. → Röhrich herangezogen[19]. In AaTh 441 finden sich drei Tierformen nebeneinander: (1) das reale Tier — die Schweine, deren Schlachtung oft anschaulich geschildert wird, (2) das wundersame Tier — der Hahn als Reittier (in späteren Var.n z. T. rationalisiert: der Hahn wird trainiert[20]) und (3) der in ein Tier verwandelte, erlösungsbedürftige Mensch. Die letztere Form erweist sich als charakteristisch für europ. Märchen, die im Unterschied zu den Erzählungen sog. Naturvölker die → Verwandlung von Mensch zu Tier nicht wertneutral sehen, sondern als einen negativen Zustand, aus dem der Mensch erlöst werden muß. Die zeitweilige Ablegbarkeit der Tierhaut — z. B. in den Var.n, in denen H. m. I. tags ein Tier und nachts ein Mensch ist — kann als → Survival altertümlicher Schichten des Verwandlungsglaubens gesehen werden. Im Kontext der Erlösungsbedürftigkeit steht die Schuldfrage: → Mißgeburten sind Zeichen einer Bestrafung. In vielen Var.n zu AaTh 441 heißt es, daß die Eltern die Mißgeburt wegen ihres unbedachten Wunsches verursacht hätten, in zwei litau. Var.n wird als Grund die elterliche Arroganz genannt[21]. Die Tierverwandlung durch den unbedachten Wunsch nach einem Kind, der sich sogleich erfüllt, sieht Röhrich u. a. in Zusammenhang mit Volksglaubensvorstellungen zur Geburt (cf. → Wolfsmenschen)[22]. Die Erlösung des Tierbräutigams oder -gatten geschieht, wie M. → Lüthi es allg. für Tierbraut- und -bräutigam-Märchen beschreibt, durch Selbstüberwindung und → Liebe, die sowohl dem Erlösten als auch der Erlöserin Glück bringen[23]. Im Unterschied zum Erzähltyp AaTh 440: → *Froschkönig*, in dem — diametral entgegengesetzt — nicht Liebe, sondern → Zorn erlöst und in dem die Tochter mit ihrem eigenen Versprechen konfrontiert wird, liefern hier wie in AaTh 425 C: *Beauty and the Beast* die Väter ihre Töchter aus, um ihr eigenes Leben zu retten. Aus Liebe zum Vater willigt die Tochter ein. Während in *Beauty and the Beast* die Perspektive der Erzählung auf die Tochter ausgerichtet ist, steht in H. m. I. der Sohn im Vordergrund. So interpretiert W. → Scherf H. m. I. auch als ein „Zu-sich-selber-Finden eines jungen Mannes"[24].

[1] KHM 2 (1815) XXV. — [2] Le Cabinet des fées 4. Genf/P. 1785, 313—377; Wolf, J. W.: Dt. Märchen und Sagen. Lpz. 1845, num. 3. — [3] KHM (wie not. 1). — [4] cf. jedoch Berze Nagy 441, Var. 2 (Ferkel hütet Schweineherde). — [5] Pröhle, H.: Märchen für die Jugend. Halle 1854, num. 13 (‚Zaunigel, das ist ein Stachelschwein', cf. dazu Kluge, F.: Etymol. Wb. der dt. Sprache. B./N.Y. [21]1975, 324: Schwein-, Zaunigel mundartlich für Igel); Mode, H.: Zigeunermärchen aus aller Welt 3. Wiesbaden 1984, num. 188 (aus Ungarn). — [6] Henssen, G.: Ungardt. Volksüberlieferungen. Marburg 1959, num. 10; cf. auch Tille, Soupis 2,2, 300. — [7] KHM. Ausg. letzter Hand [...] 3. ed. H. Rölleke. Stg. 1983, 488. — [8] Ergänzend zu AaTh: Aräjs/Medne; Barag; Byhan, E.: Wunderbaum und goldener Vogel. Kassel 1958, 158 sq. (slov.); Berze Nagy; Neumann, S.: Mecklenburg. Volksmärchen. B. 1971, num. 85 (die russ. Var. bei AaTh ist unzutreffend). — [9] EM 4, 482. — [10] Ambainis, O.: Lett. Volksmärchen. B. 1979, 425, num. 50. —
[11] Leskien, A.: Balkanmärchen. MdW 1919, num. 33: Dowojna-Sylwestrowicz, M.: Podania żmujdzkie 1. W. 1894, 368—373; ibid. 2, 460—465; Mode (wie not. 5); Danner, E.: Die Tanne und ihre Kinder. B. [2]1961, 160—167 (litau.); Ambainis (wie not. 10); Böhm, M./Specht, F.: Lett.-litau. Märchen. MdW 1924, 250—253. — [12] Danner (wie not. 11); Mode (wie not. 5). — [13] Loorits, O.: Estn. Volkserzählungen. B. 1959, num. 98. — [14] Pröhle (wie not. 5). — [15] Berze Nagy 441, Var. 3. — [16] Tille, Soupis 2,2, 300 sq. — [17] z. B. Lintur, P. V.: Ukr. Volksmärchen. B. [2]1981, num. 35. — [18] Pröhle (wie not. 5); cf. auch Henssen (wie not. 6); cf. auch Neumann (wie not. 8). — [19] Röhrich, Märchen und Wirklichkeit, 87 sq. — [20] z. B. Henssen (wie not. 6). —
[21] Dowojna-Sylwestrowicz (wie not. 11). — [22] Röhrich, Märchen und Wirklichkeit, 88 sq. — [23] Lüthi, M.: Das Märchen [1951]. In: id.: Volksmärchen und Volkssage. Bern/Mü. 1961, 9—21, hier 9—12. — [24] Scherf, 198.

Göttingen Ines Köhler

Hans: Der starke H. → Starker H.

Hänsel und Gretel (AaTh 327 A)

1. Inhalt — 2. Textgeschichte — 3. Var.n — 4. Deutungen — 5. Wirkungsgeschichte

1. Inhalt. Das → Fressermärchen H. u. G. (KHM 15, AaTh 327 A) thematisiert aus der Perspektive des kindlichen Erlebnisbereichs den Beziehungskonflikt der Identifikationsgestalt mit den Eltern:

(1) Ein Junge und ein Mädchen (Junge, Mädchen allein, mehrere Geschwister) werden von der bösen → Stiefmutter (den Eltern) aus dem Haus vertrieben (im Wald ausgesetzt). (2) Die Geschwister gelangen zu einer – mehr verführerischen als unheimlichen – Dämonenbehausung, in der eine → Hexe (Fresserin, Fresser, Fresserpaar; → Kannibalismus) wohnt. (3) Der Junge (Mädchen) wird von der Hexe gemästet. Sie prüft nach einiger Zeit, ob er schon fett genug zum Schlachten ist (sog. Feistprobe; → Dick und fett). (4) Die Kinder überlisten und vernichten die Hexe. (5) Mit ihren Schätzen beladen kehren sie nach Hause zurück.

2. Textgeschichte. Die ältesten Zeugnisse für AaTh 327 A geben nur die Kernmotivik des Anfangs wieder. Sie finden sich in Martin → Montanus' *Gartengesellschaft* (Kap. 5; um 1559), bei → Basile (5, 8; 1636), → Perrault (1697)[1] und in den *Contes de fées* der Madame d' → Aulnoy (1697)[2]; bei Montanus ist der Erzähltyp kontaminiert mit AaTh 511: → *Einäuglein, Zweiäuglein, Dreiäuglein*, bei Basile mit AaTh 450: → *Brüderchen und Schwesterchen*, bei Perrault mit AaTh 327 B: → *Däumling und Menschenfresser*, bei d'Aulnoy mit AaTh 510 A: cf. → *Cinderella*. Jede dieser Verbindungen, die häufig auch in späteren Fassungen erscheinen, hat eine Reihe charakteristischer Züge:

Montanus erzählt von einer Stiefmutter, die sich mit der älteren Tochter gegen die jüngere und den schwachen Vater verbündet. Als die jüngere Tochter ausgesetzt werden soll, holt sie Rat bei ihrer Patin (→ Pate) und streut als → Wegmarkierung der Reihe nach Sägemehl, Spreu und schließlich Hanf aus, der aufgepickt wird. Ihre Zuflucht wird das im Wald verborgene Haus des Erdkühleins, nährende Verwandlungsgestalt der leiblichen Mutter. Bei Basile läßt eine Stiefmutter ihren Mann erst bei sich schlafen, als er die Kinder ausgesetzt hat; hier legt der Vater selbst eine Asche-, dann eine Kleiespur. Hauptgestalt der Version von Perrault ist, in Anlehnung an → Corvetto (AaTh 328), ein → Däumling (cf. AaTh 700), der gewitzte Jüngste von sieben Söhnen eines armen Holzfällerpaares; er legt eine Spur mit Kieseln, dann mit Brotkrumen. Bei d'Aulnoy schließlich setzt die heuchlerische zweite Frau eines verarmten Königs die drei Töchter aus; die Jüngste holt sich nachts mit Hilfe eines Zauberpferdes Rat bei der Patin und legt Spuren: Erst knüpft sie einen Faden an das Elternhaus (→ Ariadne-Faden), dann streut sie Asche, endlich Erbsen. Abgesehen von dem Wiedererscheinen der schon bei Montanus vertretenen Motive und der Tatsache, daß das Motiv der Feenpatin bereits mehr als hundert Jahre vor der Pariser Mode der → Conte de(s) fées im Elsaß auftaucht, ist noch eine weitere Einzelheit bemerkenswert: Die ausgesetzten Mädchen finden eine Eichel; daraus wächst ein Baum, aus dem die Heldin Finette Cendron das Haus der einäugigen Riesin und ihres fresserischen Mannes erspäht. Dieser Komplex, bis hin zur Überlistung und Tötung der Dämonin beim Schönmachen ihres Haars, taucht immer wieder in späteren Fassungen auf[3].

KHM 15 ist im ersten Teil weitgehend von Perrault abhängig[4]. Die hs. Urfassung durch W. → Grimm stand u. d. T. *Das Brüderchen und das Schwesterchen*[5]. Die Herkunft ist ungewiß; sicher ist nur, daß Dorothea Wild 1813 den Vers vom Wind ergänzte[6]. Doch ist in gebildeten Bürgerkreisen des frühen 19. Jh.s eher mit literar. als mit mündl. Überlieferung zu rechnen; außerdem ist die weite Verbreitung der Märchen von Perrault und d'Aulnoy sowohl in frz. als auch in dt. Ausg.n. zu berücksichtigen[7]. Das eingefügte Motiv vom Zuckerhäuschen (Mot. F 771.1.10) ist vermutlich eine Erfindung der späten Aufklärungszeit, die der romantischen Sichtweise des Biedermeiers entsprach. So teilte A. von → Arnim mit, der Schwäbisch Haller Gymnasiallehrer F. D. Gräter kenne ein Märchen vom zuckrigen Häuschen[8]. Die Brüder Grimm erhielten zwar keine Aufzeichnung von Gräter, doch möglicherweise reichte ihnen bereits die Erwähnung des Motivs, um es in der Erzählung zu verankern. Im weiteren Verlauf der Bearb.sgeschichte von KHM 15 übernahm W. Grimm, offensichtlich ohne die Zusammenhänge zu bemerken, einige auffällige Züge und Redewendungen aus der 1842 von A. → Stöber veröff. motivisch angereicherten Mundartbearbeitung des Grimmschen Märchens u. d. T. *Das Eierkuchenhäuslein*[9]. Vielleicht war ihm auch F. W. Gubitz' (1844) veröff. Rückübertragung ins Hochdeutsche[10] zur Hand, die wiederum L. → Bechstein (1845) benutzte[11].

3. Var.n. AaTh 327 A ist in einer Vielzahl von Var.n (ca 200 Texte im EM-Archiv) im gesamten europ. Raum belegt; identische oder eng verwandte Erzählungen finden sich in Nord- und Südamerika wie auch in Asien[12].

Außerdem entsprechen einige der in den regionalen Typenkatalogen zu dem Konstrukt AaTh 327: *The Children and the Ogre* gestellten Var.n mit großer Wahrscheinlichkeit AaTh 327 A.

Im folgenden werden anhand des gesamten Var.nmaterials Sonderformen und variierende Einzelheiten besprochen. Bereits der Vergleich der Eingangsmotivik zeigt, daß die Buchfassungen dieses klassischen Kindermärchens (Bestandteil nahezu jeder Teilausgabe der KHM sowie von Märchenanthologien) die Härte des Ablösungskonfliktes häufig zu verschleiern und zu sentimentalisieren suchen. Im Extremfall wird die Erzählung zur frommen Verhaltensbelehrung stilisiert: In einer fläm. Var. erfrieren die Kinder im Wald, und die Kirchgänger sehen zwei Engel dem Himmel zuschweben[13]; andere fläm. Erzähler bedienen sich einer bedenkenlosen Schuldzuweisung an die (Stief-)Mutter, die auch vor Giftanschlägen nicht zurückschreckt[14]. Die mündl. Überlieferung dagegen kann unverhohlen gesellschaftliche Wirklichkeit einbeziehen, so das noch im 19. Jh. real praktizierte Abschieben der Dorfarmen[15]; T. de Haan geht mit der Betonung des → Realismus so weit, daß er dem Text düstere Elendsfotografien ländlicher Verhältnisse beigibt[16]. In einer serb. Version weigert sich die Frau, mit ihrem Mann Brot zu essen, wenn er die lästig werdenden Kinder nicht aus dem Haus schaffe[17]. In einer Zigeuner-Erzählung nennt die Mutter die zurückgekehrte Tochter gar eine Hure, die dem Vater in die Augen blicken wolle[18]. Nach der Konfiguration deutlich zu unterscheiden sind vier Untertypen:

(1) Gerät ein Knabe allein in das Dämonenhaus, so findet er gewöhnlich eine Tochter der Fresserin oder ein von der Hexe oder deren Tochter in die gleiche Lage gebrachtes Mädchen. Beide zusammen vernichten die Hexe[19], oder sie brechen sofort auf[20]. Sodann schließt sich eine → magische Flucht (AaTh 313 A) an. Zu dieser Form sind auch Var.n von AaTh 327 F: → *Hexe und Fischerjunge*[21] zu stellen. (2) Gelegentlich ist, teils mit deutlichen Abhängigkeiten von d'Aulnoy, von drei Mädchen die Rede, die im Kontrastverhältnis zwei zu eins stehen[22]. (3) Eine weitere Version beruht möglicherweise auf eigenständiger, in der Lit. nicht nachweisbarer Überlieferung: Drei Mädchen (Knaben) werden wegen des Jüngsten, sich herausfordernd Benehmenden, von der Hexe ergriffen[23]; gelegentlich verraten sich die Kinder auch durch Gekicher[24]. (4) Als betontes Weiterführen des Geschwisterthemas (Kernfiguration) kann die in einer bayer. und einer wallon. Var. vollzogene Verschmelzung mit AaTh 450: → *Brüderchen und Schwesterchen* verstanden werden[25], z. B. durch die Warnung, auf dem Rückweg das aus dem Ofen rinnende Blut und Fett der Hexe nicht aufzulecken (→ Tierverwandlung)[26].

Die gelegentlich bis zu formelhaften Wechselreden ausgebaute Szene der überraschenden Heimkehr soll offensichtlich die Schuld der schlechten (Stief-)Mutter stärker herausarbeiten und den Anspruch auf Ernährung und Versorgung verstärken (bereits bei Perrault): Da verbergen sich die unerwartet Zurückkehrenden und entdecken, daß im Hause keineswegs Mangel herrscht; als die Frau gerade davon spricht, daß sie ihnen höchstens eine angebrannte Waffel (Pfannkuchen) zubilligen würde, rufen sie selbstbewußt: „Hier sind wir ja!“[27]

Die Herkunft der Vorstellung vom Lebkuchenhaus ist unbekannt. Die Grimmsche Fassung hat ja nicht nur Nachahmer, sondern mit Gräter zumindest einen Vorläufer. Bereits 1818 wird zudem in der Slg der liv. Erzieherin C. Stahl ein *Häuschen von Zuckerwerk* erwähnt[28]. Nahrhaft geht es in jedem Fall im Dämonenhaus zu, wobei vor allem Milch, aber auch Käse und süße Nüsse die beherrschende Rolle spielen. Bei den Feistproben kommen je nach Einstellung des Erzählers Angst und Wehleidigkeit, gelegentlich auch Zuversicht und Popanz-Ironisierung zum Zuge. Das Befühlen des Knöchelchens klingt eher domestiziert, während in ursprünglicher erscheinenden Var.n ein Kohlstrunk oder Rattenschwanz vorgewiesen wird, wenn in ein Holzstück, einen Schweins- oder Rechenzahn gebissen wird oder so kräftig in den → Finger, daß das angesetzte Fett herausspritzt[29].

Hat es die Kinder zu einem Fresserpaar verschlagen, so werden die Beziehungen zu AaTh 327 B und AaTh 328 deutlich. Auffällig sind Hexen oder Riesenfrauen, die als → einäugig oder → blind auf einem Auge dargestellt werden. Vielleicht gehört auch die alban. Augenhündin[30] hierher, falls sie nicht den → Hundsköpfigen zuzurechnen ist; diese stellen in der schwed.-estn., wohl nachreformatorischen Überlieferung als Freßdämon den zentralen dämonischen Gegenspieler dar[31]. Hier finden sich Anklänge an AaTh 1135–1137: →

Polyphem, die auch in anderen verwandten Texten erscheinen[32], so in einer isl. Erzählung, in der die beiden Kinder ein Schwein töten und sie der Troll unter der Schweinsschwarte entkommen läßt[33], und der Erzählung aus dem Languedoc, in welcher der Unhold mit Pech geblendet wird und die Täter unter einem Ziegenfell entkommen[34]. Auch zwei von J. → Jegerlehner publizierte, wohl voneinander abhängige Walliser Fassungen, in denen der Flüchtende bei dem sonderbaren Namen ‚Nedelbriet' (= Niemand?) gerufen wird, sind hierher zu stellen[35].

Für Erzähler und Zuhörer von überragender Faszination ist die Szene, in der die Kinder die Hexe überlisten und in den Backofen schieben[36]; dem stehen zwei andere Motive nahe: Nachschauen, ob das Wasser siede[37]; Hitzeprüfung durch Hineinkriechen in den Ofen und nach dem Fett Schauen[38]. In den Rahmen dieser Vernichtungsmotivik gehört es, daß gelegentlich der Freßdämon unwissentlich das Fleisch seiner eigenen Frau verzehrt[39] oder die Hexentochter die Knochen der Mutter abnagt[40]. Weitere ausschmückende → Details können sein: Das Riechen des Bratens[41], das Anstarren der verbrannten Frau im Ofen[42] oder das Herrichten einer vor dem Ofen stehenden Puppe mit den Kleidern der Verbrannten[43], sowie die zugehörigen Wechselreden. In einer ostpreuß. Var. ist singulär davon die Rede, daß der im Baum verborgene Held die nach dem Mahl satte, schnarchende Hexentochter mit einem Sack voller Steine erschlägt[44]; in einem mordwin. Text folgt hierauf der nahestehende Schwank AaTh 1653 B: cf. → *Räuber unter dem Baum*[45]. Ein wallon. Erzähler berichtet von der freundlichen Magd im Fresserhaus, die den im Sack gefangenen Knaben befreit und dafür Teller einfüllt: In der Frühe kühlt der Riese seinen Zorn, indem er den Sack mit einem Knüppel bearbeitet und seine Freude an den ‚knackenden Christenknochen' hat[46]. Daß all dies häufig sehr humorvoll ausgeschmücktes Theater ist, geht bereits aus den oft ausgesucht höflichen Anreden hervor, mit denen die Freßdämonin bedacht wird; so wird sie als ‚Großmütterchen' oder auch ‚Gnädigste Frau Hexe' begrüßt[47].

Die glückliche Heimkehr mit den Schätzen des überwundenen Dämons wird gegebenenfalls als Verwandlungs- oder Hindernisflucht geschildert: Teils findet diese mit Hilfe eines magischen Reittieres oder Zaubergefährts statt (cf. AaTh 313B, 327 D)[48]; gelegentlich enthält sie Episoden, welche an AaTh 956 B: *Das tapfere → Mädchen und die Räuber* erinnern[49]; manchmal entkommen die Kinder auch dank guten Rates bzw. Fehlweisung durch Heumacher, Hirten oder Müller – letzterer redet dem Verfolger (der zuweilen Siebenmeilenstiefel hat)[50] z. B. ein, der Mühlstein sei die beste Schwimmhilfe zur Durchquerung des Grenzwassers[51]. Die Enten- oder Schwanenbrücke[52] und bes. der Anruf vom Ufer dürften auf Grimm zurückgehen. Von den transsilvan. Zigeunern ist eine Erzählung bekannt, in welcher der Halt am Grenzwasser zu einer siebenjährigen Wartezeit wird; dies ermöglicht die Verbindung mit einer mit AaTh 402: → *Maus als Braut* verwandten Erzählung[53].

4. Deutungen. Das Märchen von H. u. G. hat eine Vielzahl unterschiedlicher Deutungen erfahren. E. → Cosquin (1910) hat in der gründlichsten und materialreichsten Unters. des Erzähltyps[54] keine Interpretationsabsicht; er will anhand der Überlistungsmotivik im Sinne der → Indischen Theorie die Abhängigkeitslinie von Indien über Persien und Nordafrika bis Europa nachweisen. V. Ja. → Propp (1946) interpretiert demgegenüber das Motiv des Verbrennens der Hexe als Zeugnis für die Ablösung des Mythos vom ursprünglichen Ritus der → Initiation, in dem das Kind im Leib des Vernichtungsdämons verbrannt und der Heranwachsende zu einem neuen Leben wiedergeboren wird; das Abhacken des Fingers ist für ihn ein Relikt des Ritus[55]. Der älteren → Survivaltheorie verhaftet, sieht F. von der → Leyen (1964) in KHM 15 Spuren alten germ. Erzählgutes: Der Anruf des Entchens beim Überqueren des Wassers auf dem Heimweg ist für ihn „eine alte reizende Erfindung aus der Zeit, in der die Tiere und Menschen einander halfen"[56]; er verweist auf die primitive Anschauung, daß Wasservögel „zauberischer Kräfte"[57] mächtig seien. Für die psychol. Sichtweise B. Bettelheims ist H. u. G. ein in Bildersprache vorgetragenes Lesebuch über die verheerenden Folgen, wenn der Gier nach oraler Befriedigung nachgegeben wird; der Kern seiner Einsicht lautet: Regression zum frühesten ‚himmlischen' Zustand des Seins, als

man symbiotisch an der Mutterbrust und von der Mutter gelebt hat, beendet jegliche Individuation und Gewinnung von Unabhängigkeit[58].

In einer lit.wiss. orientierten Analyse erarbeitet H. Brackert (1980) die antithetische Struktur von KHM 15 in der Erstfassung, sowohl in formaler Hinsicht als auch bezüglich präzis formulierter Fragen an die weiterführenden Disziplinen[59]. Aufschlußreich ist auch die Deutung des anthroposophischen Erzählers R. Geiger (1982), der die Verfolgung der Ablösungs- und Beziehungskonflikte mit einer Kette von Symbol-Erörterungen verbindet (→ Anthroposophische Theorie)[60].

5. Wirkungsgeschichte. Vorreiter der außerordentlichen Popularisierung[61] war die mit Kupfern ill. europ. Kinderliteratur des 19. Jh.s, die fast ausschließlich Text- und Bildfassungen nach Perrault und d'Aulnoy bot[62]. KHM 15 verdankt seine Popularität z. T. der Tatsache, daß es in der von Ludwig Emil Grimm bebilderten *Kleinen Ausg.* (1825)[63] sowie in frühen Auswahlübersetzungen mit einer Illustration versehen war. Zur Textverbreitung im 19. Jh. trugen zweifellos auch die in hohen Aufl.n verbreiteten Bechsteinschen Märchen bei, die ab 1853 mit den Illustrationen von Ludwig Richter sehr beliebt waren[64]. Bevor Anfang des 20. Jh.s die vollständige, von Otto Ubbelohde ill. Grimm-Ausg.[65] zum ‚Hausbuch' wurde, dürften herausragende Bildwirkungen vor allem von Franz Graf Pocci (seit 1838)[66], Wilhelm Buschs Bildergeschichte (1864)[67] und den Bilderbogen von Ignaz Stölzle (1849/50), Theodor Hosemann (1869) und Heinrich Lefler (1896) ausgegangen sein, abgesehen von den anonymen Erzeugnissen etwa aus Neuruppin oder Epinal[68]; auch ist an eine Verbreitung über Sammelbilder, Postkarten und Lesebücher[69] oder — in neuerer Zeit — etwa über Märchen-Bildwitze zu denken[70]. Doch nicht nur Illustration und Text bestimmen in ihrer Wechselwirkung die breite Aufnahme des Stoffes. Theater und Musik, Spielfiguren und Bühnenbild, Kinderspiel und Lied sind ebenfalls hervorragend beteiligt, vom Jahrmarkt bis zur Opernbühne[71]. Die Weihnachtsinszenierungen der von Richard → Wagners Musikdramaturgie abhängigen → Märchenoper Engelbert Humperdincks (Erstaufführung Weimar 1893, dann Mainz 1894) sind ein halbes Jh. obligat geblieben, gingen allerdings in mancherlei Hinsicht am Kind vorbei.

Eine tiefgreifende Wirkung ging auf die Erzählung von H. u. G. von zwei gesellschaftskritischen Wogen aus, die auf die Rezeption und Produktion von Kinderliteratur durchschlug: Von der mit der Frage der → Grausamkeit in Märchen befaßten Diskussion des ersten Nachkriegsjahrzehnts[72] und von der antiautoritären und emanzipatorischen, betont auf Verhaltensbelehrung und Zustandsänderung zielenden 68er Bewegung[73]. Erfolgreichster Vorgriff war freilich die sich amateurwiss. gebende ‚märchenarchäologische' Studie des Karikaturisten Hans Traxler zu H. u. G. (1963). Obwohl als Parodie pedantischer Wiss. gedacht, wurde sie teils als sensationelle Enthüllung der hist. Hintergründe des H. und G.-Märchens genommen (Raubmord wegen des Lebkuchenrezepts)[74].

[1] Perrault, C.: Histoires ou contes du temps passé. P. 1697, 183—228 (Faks.-Nachdr. Genève 1980 u. d. T. Contes de Perrault). — [2] Le Cabinet des fées 2. Genève/P. 1785, 485—516. — [3] z. B. Stier, G.: Ung. Sagen und Märchen. B. 1850, num. 5 (= Jones, W. H./Kropf, L. L.: The Folk-tales of the Magyars. L. 1889, 144—149). — [4] Hagen, R.: Der Einfluß der Perraultschen Contes auf das volkstümliche dt. Erzählgut und bes. auf die KHM der Brüder Grimm 1—2. Diss. (masch.) Göttingen 1954, hier t. 1, 38—53, t. 2, 46—59. — [5] Rölleke, H. (ed.): Die älteste Märchenslg der Brüder Grimm. Cologny/Genève 1975, 70—81, 355 sq. — [6] KHM 3. ed. H. Rölleke. Stg. 1980, 448. — [7] Fink, G.-L.: Naissance et apogée du conte merveilleux en Allemagne 1740—1800. P. 1966; Barchilon, J.: Le Conte merveilleux français de 1690 à 1790. P. 1975; Grätz, M.: Das Märchen in der dt. Aufklärung. Stg. 1988. — [8] Steig, R.: Achim von Arnim und die ihm nahe standen 3. Stg. 1904, 262—264, 271 sq.; cf. Narr, D.: Zur Geschichte von Volkskunde und Mundartforschung in Württemberg. Tübingen 1964, 34—65, bes. 59; Grätz (wie not. 7) 116—120, 367 sq. — [9] Hagen (wie not. 4); Stöber, A.: Elsäss. Volksbüchlein. Straßburg 1842, num. 8; cf. Rölleke, H.: August Stöbers Einfluß auf die KHM der Brüder Grimm. Zur Textgenese der KHM 5 und 15. In: Fabula 24 (1983) 11—20, bes. 16—19. — [10] Jb. des Nützlichen und Unterhaltenden (1844) 63—67. —
[11] Bechstein, L.: Dt. Märchenbuch. Lpz. 1845, 55—60. — [12] Ergänzend zu AaTh: SUS; Barag; Kecskeméti/Paunonen; Ó Súilleabháin/Christiansen; de Meyer, Conte; van der Kooi; Delarue/Tenèze; Cirese/Serafini; Berze Nagy; Robe; Flowers; Nowak,

num. 167, 184; Lőrincz; Ting; Choi; Ikeda; cf. auch Taggart, J. M.: „Hansel and G." in Spain and Mexico. In: JAFL 99 (1986) 435–460. – [13] Rond den heerd 24 (1888/89) 149 sq., num. 66. – [14] Cornelissen, P. J./Vervliet, J. B.: Vlaamsche volksvertelsels en kindersprookjes. Lier 1900, 79–81; Boekenoogen, G. J.: Nederlands sprookjes en vertelsels. In: Vk. 16 (1904) 244–249. – [15] Auerbach, J.: Auswanderung aus Kurhessen 1832–1866. In: Hess. Bll. für Volks- und Kulturforschung 17 (1985) 19–50, bes. 28. – [16] Haan, T. W. R. de: Smeulend vuur. Groninger volksverhalen. Den Haag 1974, 77–81. – [17] Karadschitsch, W. S.: Volksmärchen der Serben. B. 1854, 205–212; cf. Aichele, W./Block, M.: Zigeunermärchen. MdW 1962, num. 10. – [18] ibid. – [19] Peter, A.: Volksthümliches aus Österr.-Schlesien 2. Troppau 1867, 164–167; Peuckert, W.-E.: Schlesiens dt. Märchen. Breslau 1932, num. 64; Zentralarchiv der dt. Volkserzählung, Marburg, num. 144 501 (böhm.). – [20] Jbb. des Vereins für meklenburg. Geschichte und Alterthumskunde 5 (1840) 82 sq., num. 7; Wallonia 3 (1895) 186–188; Fox, N.: Märchen und Tiergeschichten. Saarlautern 1942, num. 11–13; Wisser, W.: Plattdt. Volksmärchen 1. MdW 1914, 54–58; Mont. P. de/Cock, A. de: Dit zijn vlaamsche vertelsels. Gent 1898, num. 26. –
[21] Zentralarchiv (wie not. 19) num. 135 033, 135 110, cf. 133 728 (alle ostpreuß.). – [22] cf. Lambert, L.: Contes populaires du Languedoc. (Montpellier 1899) Nachdr. Carcassonne 1985, num. 3. – [23] Wichmann, Y.: Wotjak. Sprachproben 2. Hels. 1901, 65–69; cf. auch Russwurm, K. F. W.: Sagen aus Hapsal, der Wiek, Ösel und Runö. Reval 1861, 99 sq.; Ilg, B.: Maltes. Märchen und Schwänke 1. Lpz. 1906, num. 42. – [24] Paasonen, H.: Mordwin. Volksdichtung 3. ed. P. Ravila. Hels. 1941, 230–236; Rittershaus, A.: Die neuisl. Volksmärchen. Halle 1902, num. 29 a. – [25] Panzer, F.: Bayer. Sagen und Bräuche 2. Mü. 1855, 185 sq.; Polain, E.: Il était une fois ... Liège/P. 1942, num. 9. – [26] Paasonen (wie not. 24) 228–230; ibid., 230–236; Afanas'ev, num. 114. – [27] Panzer (wie not. 25); Karadschitsch (wie not. 17); Mode, H.: Zigeunermärchen aus aller Welt 2. Lpz. 1984, 447–454 (aus Transsilvanien). – [28] Stahl, C.: Fabeln, Mährchen und Erzählungen für Kinder. Nürnberg (1818) ²1821, 92–94; cf. auch Lewald, A.: Blaue Mährchen für alte und junge Kinder. Stg. 1837, VII sq. (ostpreuß.). – [29] Paasonen (wie not. 24). – [30] Hahn, num. 95. –
[31] Russwurm (wie not. 23). – [32] Scherf, W.: Die Herausforderung des Dämons. Mü. u. a. 1987, 178, 184, 186 sq., 189. – [33] Rittershaus (wie not. 24). – [34] Lambert (wie not. 22). – [35] Jegerlehner, J.: Sagen und Märchen aus dem Oberwallis. Basel 1913, 41 sq., 312; id.: Blümlisalp. Lpz./Zürich 1922, 73–75. – [36] Zentralarchiv (wie not. 19) num. 140 002 (slovak.); Stahl (wie not. 28); Haupt, L./Schmaler, J. E.: Volkslieder der Wenden in der Ober- und Nieder-Lausitz 2. Grimma 1843, 172–174 (Nachdr. B. 1953 u. d. T. Volkslieder der Sorben [...]); Lindenbaum, R./Hayduk, A./Schmauch, J.: Ostdt. Märchen- und Sagenborn. Mü. 1953, A 22–27; Steffen, R.: Gamla Maj-Lenas sagor. Sth. 1902, 38 sq.; Winther, M.: Danske folkeeventyr. Kop. 1823, 1–6, 115 sq.; Wichmann (wie not. 23); Karadschitsch (wie not. 17). – [37] de Haan (wie not. 16); Zentralarchiv (wie not. 19) num. 195 325 (ung.); Polain (wie not. 25) num. 8; Wallonia 18 (1910) 19–21; Jegerlehner 1913 und 1922 (wie not. 35); Cornelissen/Vervliet (wie not. 14) 51–54. – [38] Stier (wie not. 3); Cammann, A.: Dt. Volksmärchen aus Rußland und Rumänien [...]. Göttingen 1967, 228–230, 436; Meyere, V. de: De vlaamsche vertelselschat 3. Antw./Santpoort 1929, 21–24, 295; Bad. Heimat (1918) 114. – [39] Zentralarchiv (wie not. 19) num. 140 002 (slovak.); Ilg (wie not. 23); cf. Wichmann (wie not. 23); Zentralarchiv (wie not. 19) num. 133 728 (ostpreuß.). – [40] ibid., num. 135 033, 135 110 (ostpreuß.); Bondeson, A.: Svenska folksagor. Sth. 1882, 162–166; ZfVk. 11 (1901) 32–35. –
[41] Russwurm (wie not. 23); Bondeson (wie not. 40). – [42] Die dt. Mundarten 6 (1859) 269–271, num. 4 (südböhm.); Lindenbaum u. a. (wie not. 36); Karadschitsch (wie not. 17). – [43] Zentralarchiv (wie not. 19) num. 140 002; cf. Ilg (wie not. 23). – [44] Zentralarchiv (wie not. 19), num. 135 033, 135 110). – [45] Wichmann (wie not. 23). – [46] Wallonia 3 (1895) 186–188. – [47] Paasonen (wie not. 26); Stahl (wie not. 28). – [48] Zentralarchiv (wie not. 19) num. 143 925 (böhm.); Gorzel, P.: Beim Federschleißen erlauschte Erzählungen. Oppeln (1927), 19 sq.; Lemke, E.: Volksthümliches aus Ostpreußen 2. Mohrungen 1887, 151–153; Haltrich, J.: Dt. Volksmärchen aus dem Sachsenlande in Siebenbürgen. (B. 1856) Mü. ⁶1956, num. 38. – [49] Russwurm (wie not. 23). – [50] Frommann (wie not. 42); Lindenbaum u. a. (wie not. 36); Jungbauer, G.: Böhmerwald-Märchen. Passau 1923, num. 5; Haltrich (wie not. 48); Frommann (wie not. 42); Lindenbaum u. a. (wie not. 36). –
[51] Haltrich (wie not. 48); Die dt. Mundarten (wie not. 42); Lindenbaum u. a. (wie not. 36); Jungbauer (wie not. 50). – [52] Merckelbach-Pinck, A.: Volkserzählungen aus Lothringen. Münster 1967, 218–220; de Meyere (wie not. 38); de Mont/de Cock (wie not. 20); cf. auch Lemke (wie not. 47). – [53] Mode (wie not. 27). – [54] Cosquin, E.: Le Conte de la chaudière bouillante et la feinte maladresse dans l'Inde et hors de l'Inde [1910]. In: id.: Études folkloriques. P. 1922, 349–399. – [55] Propp, V. Ja.: Die hist. Wurzeln des Zaubermärchens. Mü./Wien 1987, 87, 109. – [56] Leyen, F. von der: Das dt. Märchen und die Brüder Grimm. MdW 1964, 146. – [57] ibid., 147. – [58] Bettelheim, B.: The Uses of Enchantment. N.Y. 1977, 159–166 (dt.: Kinder brauchen Märchen. Mü. ¹⁰1987, 183–191); id.: H. u. G., mein Lieblingsmärchen. In: Stork, J.: Das Märchen – ein Märchen? Stg.-Bad Cannstatt 1987, 137–160. – [59] Brackert, H.: Und wenn sie nicht gestorben sind ... Ffm. 1980, 9–38. – [60] Geiger, R.: Märchenkunde. Stg. 1982, 263–282. –

[61] Böhm, R.: H. und G., eine Fallstudie. Magisterarbeit Fbg 1985, 251—348; Scherf (wie not. 32) 170—173. — [62] Heurck, É. H. van/Boekenoogen, G. J.: Histoire de l'imagerie populaire flamande. Bruxelles 1910, bes. 504—506, 559, 690 sq.; Meyer, M. de: Over de verhouding van de volksprenten tot de volkssprookjes. In: Nederlandsch tijdschrift voor volkskunde 33 (1928) 27—37; id.: De volks- en kinderprent in de Nederlanden. Antw./Amst. 1962, 504 sq. — [63] Dielmann, K.: Märchenillustrationen von Ludwig Emil Grimm. In: Hanauer Geschichtsblätter 18 (1962) 281—306; Wegehaupt, H.: Mein Vöglein mit dem Ringlein rot. B. 1985, 115—127, 216 sq., 220. — [64] Ludwig Bechstein's Märchenbuch. (Lpz. [12]1853) Nachdr. Dortmund [3]1983, 45—50; Schneider, R.-R.: Bechsteins „Dt. Märchenbuch". Diss. Wuppertal 1980; Scherf, W.: Ludwig Bechstein. In: Killy, W. (ed.): Lit.lex. 1. Gütersloh/Mü. 1988, 368—370. — [65] Brüder Grimm: KHM 1—3. Lpz. [1907—09]. — [66] Pocci, F. Graf: H. und Grethel. Mü. 1838. — [67] Busch, W.: Bilderpossen. Dresden 1864, 27—35. — [68] Roth, T.: Literar. Vorlagen populärer Druckgraphik aus dt. Verlagen des 19. Jh.s. Diss. (masch.) Mü. 1978, M 5—7; Stula, H.: Dt. Bilderbogen für Jung und Alt. Hannover 1980, num. 53; Neuruppiner Bilderbogen. Katalogbearb. T. Kohlmann. B. 1981, num. 8656, 9717, 9769, 9805; Mielke, H.-P.: Vom Bilderbuch des kleinen Mannes. Köln 1982, 114, 131, 139, 301. — [69] cf. Schneider (wie not. 64) 143—147. — [70] cf. Horn, K.: Märchenmotive und gezeichneter Witz. In: ÖZfVk. 86 (1983) 209—237, Abb. 5, 7, 8, 21, 22, 32. — [71] Stier-Somlo, H.: Das Grimmsche Märchen als Text für Opern und Spiele. B./Lpz. 1926, 19—21, 66, 121—125, 185 sq.; cf. allg. Schier-Oberdorffer, U.: Hex im Keller. Mü. 1985; Scherf, W.: Kinderspiele als Provokation des Grausigen. In: Baumgärtner, A. C./Maier, K. E.: Mythen, Märchen und moderne Zeit. Würzburg 1987, 57—77. — [72] Röhrich, Märchen und Wirklichkeit, 123—158; Scherf, W.: Was bedeutet dem Kind die Grausamkeit im Volksmärchen? In: Jugendlit. 6 (1960) 496—514. — [73] Scherf, E.: Bewältigung der Gegenwart? Pullach 1974, bes. 98. — [74] Traxler, H.: Die Wahrheit über H. u. G. Ffm. 1963 ([18]1986).

Petershausen Walter Scherf

Hansen, Terrence Leslie, * Logan, Utah 1.11.1920, † Provo, Utah 17.5.1974, Professor für Hispanistik und Leiter der sprachwiss. Abteilung des Missionarerziehungsinstitutes der Mormonen-Kirche. H.s Magisterarbeit *A Motif-Index of the Novelas Ejemplares of Cervantes* (Stanford 1948) blieb unveröffentlicht; nach der Promotion in Folklore an der Univ. Stanford 1951 publizierte er die Diss., sein für die Erzählforschung bedeutendstes Werk, *The Types of the Folktale in Cuba, Puerto Rico, the Dominican Republic and Spanish South America* (Berk./L.A. 1957). Darin folgt er der von A. M. → Espinosa senior für den Terminus Spanish-American vorgegebenen Definition[1] insofern, als er Belege von span.sprachigen Indianern einbezieht. Der → Typenkatalog ist grundsätzlich an AaTh orientiert, berücksichtigt aber auch die von R. S. → Boggs vorgeschlagenen neuen Erzähltypen, zu denen hispanoamerik. Var.n belegt sind. Dies betrifft bes. Erzählungen zum klugen Kaninchen (**74 A—DD, → Brer Rabbit). Während das kuban. Erzählgut durch die unveröffentlichte Slg von H. Portell Vilá gut vertreten ist, enthält das Verz. nach der Rez. von S. L. → Robe[2] keine Typen aus Bolivien und Ecuador, nur einen aus Paraguay, drei aus Uruguay, fünf aus Kolumbien und sieben aus Venezuela. Demgegenüber erscheinen Typen aus Argentinien, Chile, Peru, der Dominikan. Republik und aus Puerto Rico mit großer Regelmäßigkeit. Ein bereits von H. erwähnter Index für die span.sprachigen Regionen Mittel- und Nordamerikas wurde 1973 von Robe vorgelegt[3].

Abgesehen von kleineren Veröff.en[4] hat H. in seinen späteren Jahren die folkloristischen Forschungen zugunsten der kirchlichen Laufbahn völlig aufgegeben.

[1] Espinosa, A. M.: Spanish and Spanish-American Folk Tales. In: JAFL 64 (1951) 151—162, hier 152. — [2] ibid. 72 (1959) 78 sq. — [3] Robe. — [4] H., T. L.: The Distribution and Relative Frequency of Folktale Types in Spanish South America. In: JAFL 68 (1955) 90—93; id.: The Legend of the Weeping Eucalyptus. In: WF 15 (1956) 124; id.: Corridos in Southern California. ibid. 18 (1959) 203—232, 295—315; id.: Folk Narrative Motifs, Beliefs, and Proverbs in Cervantes' Exemplary Novels. In: JAFL 72 (1959) 24—29.

Lit.: Evory, A. (ed.): Contemporary Authors. Detroit 1979, 225 sq.

Amherst Alan Soons

Hanswurstiade → Volksschauspiel

Happel, Eberhard Werner (Everhardus Gvernerus Happelius), * Kirchhain (Hessen) 18.8.1647, † Hamburg 15.5.1690. Der Sohn des luther. Pfarrers Martin H. studierte

1663–66 in Marburg und Gießen Medizin, Jurisprudenz und Naturwissenschaften, verdiente dann sein Brot in Hamburg und Schleswig als Hofmeister, nach der Heirat mit Margarethe Glashoff aus Hamburg (1679) als freier ‚Scribent'[1]: als Kompilator, Polyhistor und Kuriositäten sammelnder Romanschreiber. Zu seinen wichtigsten Werken gehören: *Der asiat. Onogambo*. Hbg 1673; *Der europ. Toroan*. Hbg 1676; *Der insulanische Mandorell*. Hbg/Ffm. 1682 (im folgenden: IM); *Der ung. Kriegs-Roman* 1–6. Ulm 1687/85/86/87/89/97 (UK); *Der italiän. Spinelli* 1–4. Ulm 1685/85/86/86 (IS); *Der span. Quintana* 1–4. Ulm 1686/87 (SQ); *Der frantzösische Cormantin* 1–4. Ulm 1687/88; *Der ottoman. Bajazet* 1[–4]. Ulm 1688[–89]; *Africanischer Tarnolas*. Ulm 1689; *Der teutsche Carl*. Ulm 1690; *Der academische Roman*. Ulm 1690 (AR)[2]. Diese umfangreichen *Liebes- und Helden-Geschichten* (SQ, Untertitel) (Vorbilder: → *Amadis*, → *Apollonius von Tyrus*, *Aithiopika* des → Heliodoros von Emesa) enthalten nicht nur Hunderte von entlehnten ‚Erzählungen in der Erzählung' (z. B. im AR aus → Boccaccios *Decamerone* 3,1; 3,3; 7,1 sq.; 7,7 sq.; 8,7; 9,6)[3], sondern auch ganze Werke älterer Autoren: So bringt UK 3 (zwischen p. 328 und 329) einen Nachdr. von → Abraham a Sancta Claras *Auff, auff Ihr Christen* (1683), IM (572–629) eine Übers. von Pierre Daniel Huets *Traité de l'origine des romans* (1670)[4], SQ 1 (85–99) „ein Tractätlein" von der gehenkten und wieder zum Leben erwachten engl. Kindsmörderin Anna Greene oder SQ 2 (101–103) ein Liedflugblatt über den Kölner Rebellen Nikolaus Gülich (1686)[5]. H. übersetzte auch die *Facta et dicta memorabilia* des → Valerius Maximus (*Von denckwürdigen Reden und Thaten* [...]. Hbg 1678). Die Kompilationswerke ohne romanhaften Rahmen (*Kern-Chronica der merckwürdigsten Welt- und Wunder-Geschichte* 1–2. Hbg 1680/90; *Straff- und Unglücks Chronick*. Ulm 1682; *Gröste Denkwürdigkeiten der Welt* 1–5. Hbg 1683/85/87/89/91 [GDW]; *Mundus mirabilis tripartitus* 1–3. Ulm 1687/88/89 [MMT]; *Thesaurus exoticorum*. Hbg 1688) bieten auf rund 10 000 Druckseiten das gesamte ‚curieuse' Wissen der Zeit (cf. → Kuriositätenliteratur) in vorgetäuschter Ordnung und mit zahlreichen Wiederholungen, getragen von einem Geist früher vernunftgelenkter Neugier bei gleichzeitigem Festhalten an tradierten Glaubens- (nicht zuletzt Teufels-)Vorstellungen[6] und an ethnozentrischen Beurteilungen des → Exotischen[7].

H. wehrt sich in der Vorrede (unpaginiert) zu GDW 2 gegen den Vorwurf, er bringe nichts Neues, mit dem Einwand, „daß ein Schatz von schönen Materien allemahl angenehm sey, ob er gleich schon vor uhralten Zeiten von anderen Autoren gleichsam gestempelt oder beschrieben worden, wann er nur füglich und pertinent angebracht wird".

Die Brüder → Grimm haben für ihre *Dt. Sagen* die GDW in zwölf Fällen herangezogen (Grimm DS 43, 71, 75, 87, 99 sq., 104, 110, 161, 280, 475, 535)[8]. Zu KHM 129 (AaTh 653: *Die vier kunstreichen → Brüder*) findet sich die älteste dt. Fassung in UK 1 (537–541, 547–556)[9]. H. läßt sich jedoch mit allen seinen Werken als Kompilator populärer Erzählstoffe beiziehen; hier nur wenige Beispiele für die von ihm zitierten Stoffe und Motive:

Abstinenzler(innen) (GDW 1, 75–78; 4, 92 sq.). – Affen (GDW 1, 15 sq.: Affe schwängert Frau; 2, 494–498: Affe als Gespenst; MMT 3, 49–70: Varia). – Alter, hohes (GDW 1, 107 sq.; SQ 2, 1–8). – Ameisen (MMT 3, 203–209). – Bahrproben (GDW 4, 146–149). – Bajazet (Bayezid I., 1389–1402 ottoman. Sultan, Gegner des Timur = Tamerlan; GDW 2, 273–282). – → *Bärenhäuter* (AaTh 361) (GDW 2, 689 sq.). – Bärensöhne (Monstren) (IS 3, 250). – Basilisk (GDW 1, 233–252). – Bauer, gelehrter (Nicolaus Küntzel) (GDW 4, 35–38). – Baumvögel (GDW 2, 9–11). – Bienen (MMT 3, 209–220). – Blitzschlag, Strafen (GDW 3, 41–46; MMT 1, 119–130). – Blutregen (GDW 1, 611 sq.; IS 1, 168–182). – Brüste eines Mannes geben Milch (GDW 1, 177 sq.). – Bücher, nicht brennbare (GDW 4, 129 sq.; SQ 2, 277 sq.: J. Arndts *Paradiesgärtlein*). – Delphine (SQ 3, 286–288: Liebe zu Menschen; MMT 1, 227 sq.: mit Ring gekennzeichnet, schwimmt vom Roten ins Mittelländ. Meer). – Drachen (MMT 3, 179–191). – Einhorn (GDW 1, 81 sq.). – Elefanten (GDW 2, 730–746; MMT 3, 1–19). – Faß mit eingepökeltem Menschenfleisch, Fischer essen davon (MMT 1, 324)[10]. – Feuerproben (GDW 1, 457–464; 4, 123–131). – Frauen, gebildete (GDW 2, 401–417). – Gaukler (GDW 1, 441–445). – Gehenkte leben noch (GDW 3, 793 sq.; SQ 1, 81–99). – Gespenster (IS 1, 374–401; GDW 3, 502–540). – Glocke läutet als Todesvorzeichen (IS 2, 70 sq.). – Hahn legt Eier (GDW 1, 244 sq.). – Hecht, alter (GDW 1, 151 sq.; MMT 3, 144 sq.). – Herz gegessen (GDW 3, 12). – Hinrichtungen (IS 2, 15: Arm, der die Mutter geschlagen, brennt nicht; UK 2, 212—215: Grausamkeit). — Höhlen (MMT 3, 728—744). — Huhn, totes, lebt auf (GDW 4, 7 sq.). — Hund (GDW 3, 369; 5, 694: Verwandlung eines Edelmanns in Hund[11]; MMT 3, 31—39, 256: Varia; MMT 3, 39 sq.: Hundemensch; IS 3, 251: Hundetochter). — Hungersnöte (und Kannibalismus) (SQ 2, 20—27; MMT 3, 465). — Jeanne d'Arc (GDW 2, 429—436). — Jüngster Tag, drei Männer in Höhle warten (MMT 3, 740 sq.: Zotten-Berg). — Kinder, grüne, unter der Erde (GDW 1, 22—24; SQ 1, 24—29). — Kornähre, wunderbare (GDW 1, 503). — Kornregen (SQ 1, 185 sq.; MMT 1, 95 sq.). — Küfer im Drachenloch (GDW 1, 179—181; MMT 3, 184—186). — Lebender Leichnam (GDW 3, 790 sq.; SQ 1, 71—75). — Löwe (verschont Kind: IS 1, 102 sq.; Löwen, dankbare: GDW 2, 756—758; MMT 3, 20—31). — Massenmörder Melcher Hedloff (GDW 5, 92—95). — Meermenschen (GDW 2, 11—19; MMT 3, 145—156). — Menschenfresser (IS 4, 221—224). — → *Mordeltern* (AaTh 939 A) (GDW 1, 351). — Mordwirtshäuser (GDW 1, 349—352; → Wirtshaus). — Paysan du Danube (GDW 5, 309—318). — Phönix (GDW 1, 27—29). — Pocahontas, die Indianerin, welche (nach nordamerik. Sage) den Captain John Smith errettete (GDW 2, 209—219)[12]. — Predigermönche in Bern und die vermeintlichen Muttergottes-Wunder des Johann Jetzer (1483—ca 1514) (GDW 3, 516 sq.). — Rattenfänger von Hameln (MMT 3, 734). — Regen, prodigiöse (GDW 1, 610—623; MMT 1, 94—97). — Riesen (GDW 2, 93—114; SQ 2, 50—53). — Schatzhöhle Augst bei Basel (MMT 3, 732 sq.). — Schlange (GDW 1, 84; MMT 3, 200 sq.: säugt an Kuh; GDW 1, 84; MMT 3, 201: an Mutterbrust). — Sibyllen (SQ 2, 57—74). — Stärke, große (GDW 1, 290—293). — Syntram und Bertram (GDW 1, 181 sq.; MMT 3, 186 sq.). — Tarantel und Tarantella (GDW 2, 29—32; MMT 3, 243—249; cf. → Gift). — Taucher (GDW 1, 91—93; MMT 1, 233 sq.; SQ 4, 65). — Teufel, als Kupplerin verkleidet, bringt Mädchen dreimal vergiftete Gaben (SQ 4, 76—80). — Toter (Doktor) erhebt sich dreimal (SQ 1, 75 sq.). — Träume, Vorbedeutungen (SQ 4, 74—76, 82 sq.). — Turm von Babel (GDW 1, 209—218). — Versunkene Städte (MMT 1, 181—184). — Vorladung vor Gottes Gericht (GDW 2, 266—282). — Vorzeichen (Omina) (IS 2, 68—73). — Wintergarten (GDW 1, 223 sq.). — Wolf und Ziegenbock von Esel weggetragen (UK 1, 556—558). — Wolfsmensch (GDW 3, 489 sq.). — Zahn, goldener (GDW 1, 117 sq.). — Zauberer, chin., indian. (SQ 4, 27—34).

Das Phänomen H. erklärt sich aus seinem Skribentendasein und den Produktionsbedingungen seiner Werke; zum Enzyklopädisten fehlt ihm das systematische Denken, zum Dichter die intensive Kraft der Phantasie. Eine vertiefte Studie, die bisher niemand gewagt hat, wird jedoch zeigen können, daß H. seinen eigenen hess. und hamburg. Witz, seinen spezifischen politischen Verstand und ein feines Gespür für Leser-Exigenzen und Zuhörer-Erwartungen besaß.

[1] ADB 10 (1879) 551 sq.; NDB 7 (1966) 644 sq. — [2] Genaue Titelangaben bei Dünnhaupt, G.: Bibliogr. Hb. der Barocklit. 2. Stg. 1981, 761—775. — [3] cf. Kühlmann, W.: H.s ‚Academischer Roman' und die Krise der späthumanistischen Gelehrtenkultur. In: Schöne, A. (ed.): Stadt — Schule — Univ. — Buchwesen und die dt. Lit. im 17. Jh. Mü. 1976, 383—395. — [4] Lock, G.: Der höfisch-galante Roman des 17. Jh.s bei E. W. H. (Diss. B. 1939) Würzburg—Aumühle 1939, 28—32; Huet, P. D.: Traité de l'origine des romans. Faks.drucke nach der Erstausg. von 1670 und der H.schen Übers. von 1682. ed. H. Hinterhäuser. Stg. 1966. — [5] Revolutionen in Köln 1074—1918. Katalog Köln 1973, 58—68. — [6] Wagener, H.: E. W. H. — Vernunft und Aberglaube im Spätbarock. In: HessBllfVk. 59 (1968) 45—56. — [7] Gearhart, E. F.: The Treatment of the Jew in Works of Bucholz, Grimmelshausen and H. Diss. Bloom. 1965; cf. Diss. Abstracts 26 (1966) 2750. — [8] Rosenfeld, H.-F.: Zur Arbeitsweise der Brüder Grimm in ihren Dt. Sagen. In: DJbfVk. 4 (1958) 82—90, bes. 86 sq. — [9] Die Erzählung wird von H. bald als „Fabel" (537), bald als „Mährlein" (556) bezeichnet. — [10] cf. Ranke, K.: Zum Motiv „Accidental Cannibalism" [1973]. In: id.: Die Welt der Einfachen Formen. B./N.Y. 1978, 286—290. — [11] cf. Brednich, R. W.: Der Edelmann als Hund. In: Fabula 26 (1985) 29—57, hier 35. — [12] Meid, V.: Francisci, H. und Pocahontas. Amerik. in der dt. Lit. des 17. Jh.s. In: Bauschinger, S./Denkler, H./Malsch, W.: Amerika in der dt. Lit. Stg. 1975, 17—27.

Zürich Rudolf Schenda

Häretiker → Ketzer

Harfe: Die lebende H. → Mann wird wegen seiner schönen Frau verfolgt

Harke: Die verdammte H. → Bauernsohn: Der gelehrte B.

Harkort, Fritz, * Heessen (bei Hamm) 14. 7. 1927, † Göttingen 3. 2. 1972, dt. Volkskundler und Erzählforscher. Das Studium bes. der Germanistik, Geschichte und Volkskunde in Münster, Marburg und (seit 1952) in Kiel schloß H. bei K. → Ranke 1956 mit der Diss.

Die Schein- und Schattenbußen im Erzählgut (cf. u. a. AaTh 1262: *Fernwirkung des → Feuers*; AaTh 1804, 1804 A—B: → *Scheinbuße*) ab. Seit 1957 war H. Mitarbeiter Rankes bei den Vorarbeiten zur *Enz. des Märchens* (Erstellung bibliogr. Hilfsmittel zu Problemen der Erzählforschung wie Anlage eines Schlagwortkatalogs, Aufbau eines internat. Textarchivs, Entwurf einer Stichwortliste etc.) und folgte seinem Lehrer 1960 nach Göttingen, wo er u. a. die Zs. *Fabula* redaktionell betreute und für das umfangreiche Reg. (*Fabula* 5—12) zuständig war. H. gehört zu den Mitbegründern der Internat. Soc. for Folk Narrative Research (Gründung 1960), deren Sekretariat er bis zu seinem Tode führte.

H. verfaßte verschiedene, z. T. grundlegende Beiträge zur Erzählforschung, bes. zur Klassifikation von Erzähltypen und -motiven[1] und zur Problematik der Erzählungsgattungen[2]. Auch legte er mit K.-H. Pollok eine wichtige vergleichende Studie zu den *Übers.en russ. Volksmärchen aus der Slg von A. N. Afanas'ev*[3] vor. In seinen letzten Lebensjahren galt H.s Interesse vor allem dem Kategorienproblem der Volkserzählung, auch im Hinblick auf parapsychol. Phänomene[4], das er schließlich in seiner kurz vor dem Tod vollendeten und als Habilitationsschrift vorgesehenen Arbeit *Die Kategorien der Volkserzählungen* (Göttingen 1972, ungedr.) umfassend dargestellt hat. Darin legte er seinem Einteilungsprinzip nicht Märchen, Sagen, Legenden und Schwänke mit ihren labilen Kriterien zugrunde, die seiner Auffassung nach keine Gattung ausmachten; vielmehr ging er von den durch ihn geprägten ‚neuen' Gattungen der ‚Erklärungsvolkserzählungen', der ‚Beispielvolkserzählungen' und der ‚irrealen Erlebnisvolkserzählungen' aus.

[1] H., F.: Zur Geschichte der Typenindices. In: Fabula 5 (1962) 94—98; id.: Volkserzählungstypen und -motive und Vorstellungsberichte. In: Fabula 8 (1966) 208—223. — [2] id.: Tiervolkserzählungen. In: Fabula 9 (1967) 87—99; id.: Tiergeschichten in der Volksüberlieferung. In: Das Tier in der Dichtung. ed. U. Schwab. Heidelberg 1970, 12—54, 244—258. — [3] id./Pollok, K.-H.: Übers.en russ. Volksmärchen aus der Slg von A. N. Afanas'ev. In: Slavist. Studien zum 6. internat. Slavistenkongreß in Prag 1968. ed. E. Koschmieder/M. Braun. Mü. 1968, 591—630. — [4] H., F.: Volkserzählungsforschung und Parapsychologie. In: Volksüberlieferung. Festschr. K. Ranke. Göttingen 1969, 89—106.

Lit.: Ranke, K.: F. H. (1927—1972). In: Fabula 13 (1972) 182 sq.

Göttingen Herbert Weißer

Harris, Joel C. → Uncle Remus

Harsdörffer, Georg Philipp (Pseud.e Harpagiander, Quirinus Pegeus, Der Spielende), * Nürnberg 1.11.1607 (vielleicht Tauftag), † ibid. 17.9.1658, dt. Schriftsteller und Jurist[1]. H. studierte von 1623 an in Altdorf Rechtswissenschaft, Philosophie, Philologie und hörte Vorlesungen bei dem Orientalisten und Mathematiker D. Schwenter; 1626 setzte er seine Studien in Straßburg fort, wo er möglicherweise erste Anregungen zu den *Frauenzimmer Gesprechspielen* (FG) erhielt. Auf einer ausgedehnten (damals üblichen) Bildungsreise (1627—32), die ihn durch Frankreich und Italien über die Schweiz und Belgien bis nach England führte, vervollkommnete H. vor allem seine frz. und ital. Sprachkenntnisse. 1634 war H. Assessor am Untergericht in Nürnberg. 1637 wurde er in gleicher Position ans Stadtgericht berufen; 1655 erfolgte seine Wahl in den Inneren Rat, bald darauf seine Ernennung zum Schöffen und Rugherrn (Mitglied des Handwerkergerichts). Neben seinen Berufspflichten widmete sich H. der Lyrik und Prosaschriftstellerei. Er war ein bedeutender Theoretiker und Organisator im damaligen Nürnberger Lit.leben. 1642 wurde er als ‚Der Spielende' Mitglied der Fruchtbringenden Ges., 1643 Mitglied in Philipp von Zesens Teutschgesinnter Genossenschaft. 1644 gründete H. zusammen mit Johannes Klaj den Pegnesischen Blumenorden, der sich der Schäferdichtung nach süd- und westeurop. Vorbild zuwandte.

Alle Werke H.s, die für die volkskundliche Erzählforschung wichtig sind, hatten auch bemerkenswerten Publikumserfolg: *Der Grosse Schau Platz Jämmerlicher Mordgeschichte* (JMG), *Der Grosse Schau-Platz Lust- und Lehrreicher Geschichte* (LLG), *Heraclitus und Democritus* (HuD), *Geschichtspiegel* (Gsp)[2]. Dem 17. Jh. hat H. vor allem rom. Erzählstoffe vermittelt[3]. Eine zentrale, im einzelnen noch nicht erforschte Rolle spielt dabei – neben Matteo → Bandello, Tomaso → Garzoni, Simon → Goulart, Jacques-Auguste de Thou (Thuanus, 1553–1617), Jean Nicolas de Parival (1605–69), Miguel de → Cervantes u. a. – das Werk des Franzosen Jean Pierre Camus, Bischof von Belley (1585–1652). H. übersetzte dessen *Heraclite et Democrite* (P. 1652) ins Deutsche und nennt das *Amphithéâtre sanglant* (P. 1630) als Quelle für JMG und LLG. Da Nürnberg zu dieser Zeit ein Zentrum der Produktion populärer Lesestoffe war, fand H. einen aufnahmebereiten Markt. Auch scheint der Verzicht auf stilistische Gestaltung bei gleichzeitiger Moralisierung ein breites, geistig nicht gerade anspruchsvolles Zielpublikum vorauszusetzen. Diesem Verdacht widersprechen allerdings die häufigen Querverweise auf die FG, die den ‚honnête homme' als Leser ansprechen wollen; auf ihn ist die Mannigfaltigkeit der Stoffe zugeschnitten. Allerdings versucht H., das Französische durch eine starke volkstümliche Komponente auszubalancieren, wozu vor allem die Verwendung von Sprichwörtern dient. Auf bewußte ‚Spracharbeit' in den dt. Sprachgesellschaften des Barock-ZA.s ist H.s lebenslanges Interesse am Sprichwort zurückzuführen. Von den FG an bis zu den späten Kompilationen verwendet er Sprichwörter gern zur moralischen Nutzanwendung des dargebotenen unterhaltsamen Stoffes. Gerade diese Tendenz zur Lehrhaftigkeit tritt in H.s literar. Schaffen zunehmend, bes. in seinen Prosakompilationen, hervor.

In seinen beiden durch Martin → Zeillers *Theatrum tragicum* (1615 u. ö.) angeregten Schauplatz-Anthologien, auch in HuD und Gsp, bringt H. aufs äußerste verkürzte ‚Geschicht-Erzählungen', gleichsam Rohmaterialien, die später von anderen Autoren und Kompilatoren aufgegriffen und verarbeitet werden konnten. Die Probleme der Quellenbenutzung und der Wirkungsgeschichte müssen für H. noch geklärt werden. Als gesichert darf gelten, daß er – wie aus den FG hervorgeht (1, 269) – Kompilationen des François de → Belleforest benutzt hat, der seinerseits Novellen des Matteo Bandello übersetzt (*Les Histoires tragiques* 1–7. P. 1559–82), und mit diesen Übers.en u. a. auf die engl. Novellistik und die elisabethanische Tragödiendichtung eingewirkt hat; auch Übertragungen ins Deutsche (Magdeburg 1601; Lpz. 1615) sind bekannt. Es ist aber auch gut möglich, daß H. den gesamten Komplex der nordital. Novellistik (neben Bandello noch Luigi Da Porto, Gerolamo Parabosco, Giovan Francesco → Straparola) auf seiner Bildungsreise im Original rezipiert hat. Die Wirkungsgeschichte der H.schen Erzählkompilationen ist bisher nur für → Grimmelshausen erforscht[4] und für die *Metamorphosis telae iudiciariae oder Seltzsame Gerichts-Händel* [...] (t. 1–4. Linz/Nürnberg 1651–54) des Matthias → Abele von Lilienberg bekannt. Nur wenige Jahre nach H.s Tod hat Erasmus → Francisci die Tradition der Schauplatz- und Geschichtspiegel-Anthologien sehr erfolgreich weitergeführt.

H. stellt in JMG, LLG, HuD fast 1500 kurze Geschichten und Begebenheiten vor. Charakteristisch für diese Erzählungen sind: geringe und deshalb überschaubare Personenzahl, knapper Aufriß der Erzählhandlung (JMG, num. 24: „ohne umbständ" und „weil wir die kurtze lieben") und ausführlichere moralische Ausdeutungen zu Beginn und Ende unter Verwendung von Sprichwörtern, Beispielgeschichten aus der Bibel und Merkversen. In den Handlungsablauf können auch Fabeln zur Veranschaulichung und einprägsamen Zusammenfassung eingeschoben sein. Durchweg sind es komplexe, mehrepisodische Erzählungen, die dem Leser vorgestellt werden.

Erwähnenswert ist, daß H. seine Vorlagen pauschal angibt, aber auch angeblich Selbsterlebtes oder Selbstgehörtes einbringt (z. B. JMG, num. 15, nach num. 35, num. 40; LLG 1, num. 6). Die Absicht der Kompilationen ist, durch die angeführten Beispiele eine abschreckende Wirkung und Erziehung zu tugendhaftem Leben zu erzielen. Die Exempla können auch „etwan in frölicher Gesellschaft erzehlet" werden (LLG 1, num. 100). Bemerkenswert ist außerdem, daß H. für JMG und LLG keine Akten verarbeitet hat, sondern Erzählstoffe wiedergibt, sich hierin also vom späteren Pitaval grundsätzlich unterscheidet. Diese Erzählstoffe sind in den meisten Fällen schriftl. vermittelt. In welchem Umfang die schon erwähnten Behauptungen, auch Selbsterlebtes oder Selbstgehörtes zu berichten, lediglich Fiktionen sind, die den Wahrheitsgehalt des Erzählten verstärken sollen, ist noch nicht im einzelnen erforscht. Schon bei Bandello finden sich diese Hinweise öfter. Das Problem ihrer Überprüfung wird dadurch erschwert, daß H. Orts- und Personennamen verändert und die Geschehnisse auf einen Erzählkern reduziert hat[5]. JMG referiert nur traurige und tragische Erzählungen (→ Mordgeschichten), LLG hingegen nur „lustige und listige Händel" (p. 357). Unterscheiden lassen sich für die hier ausgewerteten Schauplatz-Kompendien JMG und LLG folgende Themenkreise (Ausw.):

Erzählungen mit erotischer Motivik: (1) Ehebruchgeschichten: JMG, num. 21 = Nebenfrau wird von eifersüchtiger Gattin bestraft, indem diese zuerst die Kinder erwürgt und dann die Nebenfrau lebendig begraben läßt (Mot. Q 243.3, S 123). – JMG, num. 28 = Mot. Q 243.3. – JMG, num. 30 = Verführung einer Frau, indem der Verführer nachts den Ehemann nachahmt (Mot. K 1311.0.1). – JMG, num. 46 = Ehefrau betrügt ihren Ehemann (Mot. K 2213, T 230). – (2) Dreiecksgeschichten ohne Ehebruchmotivik: JMG, num. 12; LLG 1, num. 13 = Untreue Schöne verunstaltet (Mot. T 75.2.1). – JMG, num. 25 = Rivalen in der Liebe (Mot. T 92.1, T 92.7). – JMG, num. 26 = Mörder soll erfolgreichen Nebenbuhler töten, wird jedoch selbst getötet (Mot. T 75.2.1). – JMG, num. 42 = Liebhaber tötet eigenen Bruder (Mot. T 92.5). – (3) Verführungen, Vergewaltigungen: JMG, num. 13 = Verführung aufgrund falscher Versprechungen (Mot. K 1315.8, T 75.2.1, Q 243). – JMG, num. 20 = Jungfrauenräuber muß das Mädchen heiraten und wird dann enthauptet (Mot. R 10.1, Q 244.0.1). – JMG, num. 24 = Blutende Kindesleiche überführt Mörderin (Mot. D 1318.5; cf. AaTh 960: → *Sonne bringt es an den Tag*). – JMG, num. 31 = Liebeszauber mittels Gebäck (Mot. D 1900). – JMG, num. 54 = Mönch verführt Mädchen (Mot. V 465.1.1.1). – LLG 1, num. 4 = Verkleidung erlaubt, ins Mädchenzimmer einzudringen (Mot. K 1349.1). – (4) Laster- und Intrigen-Reihen: JMG, num. 14 = Ehebruch. – JMG, num. 41 = Intrigen-Reihe zum Gewinn materieller Vorteile.

Diebstahls-, Räuber- und Betrugsgeschichten: JMG, num. 15 = Diebe bestehlen einander (Mot. K 306). – LLG 1, num. 45 = Simulant stellt sich pestkrank und stiehlt den Almosensack der Klosterkirche. Nun erkrankt er tatsächlich und beichtet den Raub. Die Mittäter werden gefangen und gehängt. – LLG 1, num. 47 = Von einem span. Hauptmann gestohlene und verschluckte Perlen werden mit Hilfe eines Abführmittels wieder ans Licht gebracht. – LLG 1, num. 66 = Betrugsgeschichten (u. a. p. 236 sq. = Esel wird einem Wasserhändler zweimal verkauft; p. 237 sq. = Soldaten ergaunern bei einem christianisierten span. Juden Bekleidungstuch; p. 238 sq. = Mißlungene Geisterbeschwörung: Vermeintlicher Teufel wird ergriffen und verprügelt).

Fabeln, Märchen, Sagen: LLG 2, num. 182 = AaTh 960 A: → *Kraniche des Ibykus* (hier Raben). – LLG 1, num. 2, § 15 = Hunde vereinen sich gegen Wolf (Tubach, num. 5342). – LLG 1, num. 2, § 12 = Dornbusch wird König der Bäume. – LLG 1, num. 2, § 7 = AaTh 76: → *Wolf und Kranich*. – LLG 1, num. 30, § 8 = AaTh 201: *Der freie* → *Wolf* (hier Löwe). – LLG 1, num. 30, § 10 = Streit zwischen Fliege und Ameise (Tubach, num. 2096). – LLG 1, num. 76, § 9 = AaTh 80: → *Igel im Dachsbau* (hier Kaninchen). – JMG, num. 32, § 9: Ungleiche Heirat zwischen Schwalbe und Nachteule. – JMG, num. 181 = KHM 27 (1812): *Der Tod und der Gänsehirt*. – LLG 2, num. 109, § 12 = → *Rattenfänger von Hameln*.

Volksglauben: JMG, num. 45 = Alraun. – JMG, num. 50 = Wiedergänger veranlaßt Bestrafung (Mot. E 230).

Sprichwörter: LLG 1, num. 13, § 12 = „Untreu trifft seinen eignen Herrn". – LLG 1, num. 16, § 16 = „Die Ehen werden in dem Himmel beschlossen / und auff Erden vollzogen; Was mir Gott gönnet kan mir S. Peter nicht nehmen". – LLG 1, num. 36, § 2 = „Gut macht Muth / Muth macht übermut / übermut selten gut thut". – LLG 1, num. 38, § 3 = „Es ist nit alles Gold was gleisset". – LLG 1, num. 38, § 15 = „Unrecht Gut kommet selten auf den dritten Erben". – LLG 1, num. 43, § 1 = „Gestrenge Herren regieren nicht lang".

[1] cf. Böttcher 1984 (v. Lit.); bei Narciß 1928 (v. Lit.) 176 Abdruck des Ratsverlasses vom 20. 9., in dem für den verstorbenen H. ein Leichenwagen genehmigt wird. – [2] cf. Böttcher 1984 (v. Lit.) 325. – [3] Auflistungen bei Narciß 1928 (v. Lit.) 100–110; cf. auch Schneider, A.: Spaniens Anteil an der dt. Lit. des 16. und 17. Jh.s. Straßburg 1898, 50–52, 149, 239, 268 sq. – [4] Weydt 1968 (v. Lit.) 63–107. – [5] cf. ibid., 53, 59, 112.

Bibliogr.n: Zirnbauer, H.: Bibliogr. der Werke G. P. H.s. In: Philobiblon 5 (1961) 12–49. – Habersetzer, K.-H.: Bibliogr. der dt. Barocklit. Ausg.n und Reprints 1945–1976. Hbg 1978, 64 sq. – Dünnhaupt, G.: Bibliogr. Hb. der Barocklit. 2. Stg. 1981, 776–820.

Werke (Ausw.): Frauenzimmer Gesprechspiele 1–8 (ab t. 3: Gesprechspiele). Nürnberg 1641–49 (Nachdr. ed. I. Böttcher. Tübingen 1968/69). – (mit J. Klaj): Pegnesisches Schaefergedicht. Nürnberg 1644; (mit J. Klaj/S. von Birken): Forts. Der Pegnitz-Schäferey. Nürnberg 1645 (Nachdr. beider Werke u. d. T. Pegnesisches Schäfergedicht. 1644–45. ed. K. Garber. Tübingen 1966). – Poetischer Trichter 1–3. Nürnberg 1650/48/53 (Nachdr. der Ausg. Nürnberg 1648–1653. Darmstadt 1969/75, Hildesheim 1971). – Der Grosse Schau Platz Jämmerlicher Mordgeschichte 1–8. Hbg 1649[–50] (Nachdr. der 3. Aufl. von 1656 Hildesheim 1976). – Der Grosse Schau-Platz Lust- und Lehrreicher Geschichte 1–2. Nürnberg 1650 (Nachdr. der 4. Aufl. von 1664 Hildesheim 1978). – Nathan und Jotham 1–2. Nürnberg 1650. – Heraclitus und Democritus 1–2. Nürnberg [ca 1652]. – Der Geschichtspiegel. Nürnberg 1654. – Mercurius Historicvs. Hundert Neue und denckwürdige Erzehlungen. Hbg 1657.

Lit.: Narciss, G. A.: Studien zu den Frauenzimmergesprächspielen G. P. H.s (1607–1658). Lpz. 1928. – Kahle, M.: G. P. H.s Kurzgeschichtenslgen. Ein Beitr. zur Unterhaltungslit. des BarockZA.s. Diss. (masch.) Breslau 1941. – Kappes, E.: Novellistische Struktur bei H. und Grimmelshausen unter bes. Berücksichtigung des Grossen Schauplatzes Lust- und Lehrreicher Geschichte und des Wunderbarlichen Vogelnestes 1 und 2. Diss. (masch.) Bonn 1954. – Meid, V.: Barocknovellen? Zu H.s moralischen Geschichten. In: Euphorion 62 (1968) 72–76. – Weydt, G.: Zur Entstehung barocker Erzählkunst – Qu.n für Grimmelshausen im Schrifttum H.s und seiner Zeitgenossen. In: id.: Nachahmung und Schöpfung im Barock. Studien um Grimmelshausen. Bern/Mü. 1968, 47–187. – Brückner, bes. 106–111. – Mieder, W.: „Das Schauspiel Teutscher Sprichwörter" oder H.s Einstellung zum Sprichwort. In: Daphnis 3,2 (1974) 178–195 (mit Aufstellung aller dort verwendeten Sprichwörter). – Woeller, W.: Bemerkungen zu H.s „Schauplätzen". In: Jb. für Vk. und Kulturgeschichte 23 (1980) 59–64. – Helmer, K.: Weltordnung und Bildung. Versuch einer kosmologischen Grundlegung barokken Erziehungsdenkens bei G. P. H. Ffm./Bern 1982. – Krebs, J.-D.: G. P. H. (1607–1658) 1–2. Bern/Ffm. 1983. – Böttcher, I.: Der Nürnberger G. P. H. In: Steinhagen, H./Wiese, B. von (edd.): Dt. Dichter des 17. Jh.s. B. (1984), 289–346 (mit bibliogr. Angaben). – Theiß, W.: Nur die Narren und Halßstarrigen die Rechtsgelehrte ernehren ... Zur Soziologie der Figuren und Normen in G. P. H.s Schauplatz-Anthologien von 1650. In: Lit. und Volk im 17. Jh. ed. W. Brückner/P. Blickle/D. Breuer. Wiesbaden 1985, 899–916.

Gießen Winfried Theiß

Hartherzigkeit

1. Allgemeines – 2. Almosenfrevel, verweigerte Herberge – 3. Hartherzige Herren – 4. Hartherzige Verwandte und Geliebte – 5. H. Toten und Tieren gegenüber

1. Allgemeines. H. (Mot. W 155) wird zwar durch → Bosheit, → Geiz, → Grausamkeit und Undankbarkeit (→ Dankbarkeit und Undankbarkeit) motiviert, sie zeichnet sich jedoch weniger durch das Vorhandensein schlechter als durch das Fehlen sozial nützlicher und guter Eigenschaften wie Mitgefühl, Mitleid und → Barmherzigkeit aus (cf. → Charaktereigenschaften und -proben)[1]. „Der Gütige tut sich selber Gutes, der Hartherzige schneidet ins eigene Fleisch" (Spr. 11, 17): Da das Funktionieren einer Gesellschaft nur gewährleistet ist, wenn ihre Mitglieder materiell und psychisch mehr oder weniger gut versorgt sind, wurde H. Bedürftigen und Schutzbefohlenen gegenüber schon immer als verwerflich beurteilt. Außer der sozialen besitzt das Thema auch eine erzählerische Brisanz: Die einfache binäre Struktur → Schuld und Sühne inspiriert zu wirkungsvollen Erzählungen u. a. auch mit dem Thema H./Strafe (Mot. Q 291).

2. Almosenfrevel, verweigerte Herberge. Im Märchen steht die Darstellung der Almosenverweigerung im Dienste der epischen → Kontrastwirkung und des Prinzips des Gebens und Nehmens (→ Ethik): Während die hartherzigen (ha.en) älteren Brüder oder die böse Schwester alten Frauen und Männern Hilfe, Freundlichkeit und Almosen versagen, erweisen sich ihnen gegenüber der jüngste Bruder und die gute Schwester als mitleidig (cf. AaTh 513, 514, 480, 550, 551, 570)[2]. In didaktischen Erzählungen hingegen steht die Warnfunktion im Vordergrund: „Wenn bei dir ein Armer ist, einer deiner Brüder, [...] so sollst du nicht hartherzig sein" (Dtn. 15, 7 sq.). Die Motivation der Almosenverweigerung ist meist Geiz („ex avaritia enim immisericordia nascitur"[3]): Es sind vornehmlich Reiche, die Armen und → Bettlern die erbetenen Gaben vorenthalten (cf. → Arm und reich). In jüd. Anekdoten und Parabeln[4], in christl. Exempeln[5], in Volksliedern[6], in sozialen und religiösen Sagen[7] werden Unbarmherzigkeit und ihre diesund jenseitige Bestrafung in schier unendlichen Variationen geschildert (Mot. Q 286). Exemplarisch für die Anziehungskraft einzelner dramatischer Stoffe soll folgende in unterschiedlichsten Gattungen[8] verwendete Beispielerzählung erwähnt werden: Die ha.e Reiche versagt ihrer armen Schwester das erbetene Almosen. Als Strafe fließt aus ihrem → Brot Blut oder es wird zu Stein (cf. KHM 205, AaTh 368*: *The Punishment of the Lazy Woman*). Engel, Heilige, Christus und Gottvater prüfen die Menschen auf ihrer → Erdenwanderung: Sie belohnen die Guten und bestrafen die Ha.en. Im Märchen (AaTh 403 A: *The Wishes*), Le-

gendenmärchen (AaTh 750A, B: cf. *Die drei* → *Wünsche*, AaTh 751, 751 A: → *Bäuerin als Specht*) und in Untergangssagen[9] werden Strafen für Ungastlichkeit verhängt (→ Gast). Das Haus des Ha.en, der einen Bettler (Mot. N 177) oder einen Heiligen[10] abweist, steht am anderen Tag in Flammen. Die Mutter im Balladentyp *The Two Captives* versagt ihrem unerkannten Sohn ihr Haus und kann ihn nur noch als Toten aufnehmen[11]. In der Fabel hingegen wird gewarnt: Undank ist der Welt Lohn; das beherbergte Tier vertreibt gnadenlos den ursprünglichen Besitzer aus dessen eigener Höhle (cf. AaTh 80: → *Igel im Dachsbau*)[12].

Die Herbergssuche der Gottheiten geht nach T. → Dömötör auf Mythen zurück, die das juristisch noch nicht verbürgte Gastrecht sanktionieren wollten[13]. Von 378–341 a. Chr. n. stammt die ägypt. Stele mit der Fluchtgeschichte der Iris: Die schwangere Göttin wird auf ihrer → Flucht vor Seth von einer vornehmen Dame abgewiesen, im Haus eines Fischermädchens jedoch aufgenommen[14]. E. → Brunner-Traut erblickt in dieser Geschichte ein mythisches Urbild, das auch in → Mariä Leben auftaucht[15]. Nach D.-R. → Moser ist das Motiv der Herbergssuche der Hl. Familie vor 1450 nicht belegt; nachdem es nach 1500 jedoch voll ausgeprägt auftritt, entwickelt es sich zu einer der beliebtesten Episoden in Schauspiel, Lied und Brauch[16]. Auch in Ungarn erscheint die Herbergssuche der (oft verkleideten) Gottheit in verschiedenen Gattungen: in Legenden und Sagen, im Bettlerlied, Spiel und Zauberspruch[17]. Die Ballade vom Herberge suchenden Christus ist vor allem in Frankreich und Ungarn belegt[18]. Das ung. Legendenmärchen mit dem gleichen Thema (AaTh 750*: *Hospitality Blessed*) gehört zu den unterhaltenden Erzählungen, die die kirchliche Popularisierung der Barmherzigkeit bezwecken[19]. Tiere und Pflanzen werden verflucht und bestraft, wenn sie die flüchtende Gottheit verraten oder ihr die Hilfe versagen (cf. Mot. A 2231.7.1). Der zur endlosen Unruhe verdammte → Ewige Jude (AaTh 777) hatte Christus auf seinem Weg nach Golgatha die Ruhebank verweigert, und doch wird die Stadt, in der man dem Ewigen Juden gegenüber ha. war, mit dem Untergang bestraft[20].

Die theol.-moralische Antwort auf H. ist eine dringliche Aufforderung zur Umkehr: Legenden und Exempel lehren, daß es nie zu spät ist, Gutes zu tun, und daß die kleinste Absage an seinen Geiz dem Ha.en Gnade verheißt. Schon ein sumer. Sprichwort fordert, daß eine gute Tat, selbst wenn unwissentlich begangen, anerkannt werden muß[21]. Die byzant.-abendländ. Legende vom geizigen Zöllner Petrus Telonearius, der in Ermangelung eines Steines mit einem Brotlaib den zudringlichen Bettler vertrieb, propagiert, daß sogar ein Almosen wider Willen auf der Schale der Jenseitswaage die übrigen Sünden aufwiegt[22]. Ähnlich wird vor Gottes Richtstuhl einem ha.en röm. Patrizier bes. angerechnet, daß er einer Frierenden einst einen Mantel gab[23], und in einer jüd. Legende öffnet sich dem Ha.en das Paradies, weil er auf seinem Sterbebett einen Armen mit einem Ei beschenkte[24] (AaTh 809*: *Rich Man Allowed to Stay in Heaven for single deed of charity*; zum mißglückten Versuch, mit Hilfe einer einzigen guten Tat in den Himmel zu kommen cf. AaTh 804: → *Petrus' Mutter*[25]).

3. Hartherzige Herren. Bis ins hohe MA. hat es der Lehnsherr in der Hand, christl. misericordia und gratia den ihm Gehorsamspflichtigen gegenüber walten zu lassen[26]. Doch während die Verwerfung der H. Bettlern und Armen gegenüber vorwiegend theol.-moralisch fundiert ist, liegt Erzählungen über ha.e Herrschaften neben religiöser schon seit dem MA. auch eine sozialkritische Warnung zugrunde. In Exempeln, Sagen und Liedern mischen sich Darstellungen hist. möglicher Härtefälle mit solchen von Willkürakten, die ins Phantastische gesteigert sind: Abgaben, Zehnte und Schulden werden erbarmungslos eingetrieben[27]; der Bauer wird zur harten Fronarbeit angehalten[28] und mit unmenschlicher Strenge behandelt[29]. Er wird gezwungen, Frösche zum Schweigen zu bringen[30] und sich vor den Pflug zu spannen[31]. Seine letzte Kuh wird ihm weggenommen[32]. Wegen einiger Groschen verweigert man ihm Nahrungsmittel oder wirft ihn in den Schuldturm[33]. Zwing-, Burg- und Freiherren, Vögte und Amtsleute, Ritter, Tempel- und Klosterherren, Gräfinnen und Junker zeichnen sich durch H. gegen Leibeigene, Bauern, Dienstboten, Untertanen, Gefangene aus[34]. Während Frevler gegen Bettler und Arme meistens verflucht und/oder mit jenseitigen Qualen bestraft werden, erzählen Sozialsagen nicht nur vom Untergang der Ha.en und von ihren jenseitigen Strafen[35], sondern berichten oft auch über die Selbstjustiz der Opfer[36].

4. Hartherzige Verwandte und Geliebte. Erzählerisch bes. wirksam ist die Darstellung von H. in der → Familie, in der naturgemäß Liebe und Fürsorge herrschen sollte.

In Abenteuer- und Zaubermärchen besitzt H. indessen meistens nur eine epische Funktion: → Aussetzung und Vertreibung der Kinder sowie erbarmungslose Strenge und Nachstellungen der Eltern und Stiefmütter sorgen für die nötige Kontaktaufnahme mit der Außenwelt. In didaktischen Gattungen hingegen liefert das Thema der H. den eigentlichen Stoff. Weltweit verbreitet in der schriftl. und mündl. Tradition ist das Exempel vom herzlosen, undankbaren → Sohn (AaTh 980, 980 C–D; cf. auch AaTh 980 A–B: → *Großvater und Enkel*), der von seinem Vater oder vom eigenen Kind beschämt wird[37]. In AaTh 982: *Die vorgetäuschte → Erbschaft* bringt der alte Vater durch eine List seine Kinder dazu, ihm die gebührende Pflege zuteil werden zu lassen[38]. Mit greller Farbe wird die Strafe für H. ausgemalt: Die der Mutter verweigerte Speise springt als Kröte in des Sohnes Gesicht (AaTh 980D) oder wird zur würgenden Schlange[39]. In der Blümlisalpsage werden der seinen Eltern gegenüber ha.e Senn und seine Geliebte unter dem herabstürzenden Gletscher begraben (Mot. F 940; Q 552.2.3)[40]. Starker Hang zu Besitz, Geld und Ansehen motiviert oft auch elterliche H.: Im Balladentyp *Kádár Kata* können sich die standesgemäß ungleichen Liebenden nur als Grabblumen vereinigen (cf. AaTh 970: → Grabpflanzen) und in *Die Losgekaufte* weigern sich Eltern und Geschwister, das geraubte oder zum Tode verurteilte Mädchen freizukaufen[41].

Väterlicher Gewalt sowie dem Besitzanspruch des Mannes ausgeliefert, gilt die Frau, die sich der Liebe und der Ehe entzieht, als hochmütig und ha. Zwar wird die weibliche Keuschheit immer wieder verherrlicht, doch schon im Minnesang begegnet der Widerspruch zwischen geforderter Tugend und erwarteter Gewährung von Minnegunst[42]. So werden in dem um 1460 entstandenen Reimpaargedicht *Warnung an ha.e Frauen* (Übers. von *De Amore*, 5. Dialog des Andreas Capellanus) die entsetzlichen Qualen geschildert, die im Heerzug der toten Frauen auf diejenigen warten, die sich im Leben der Liebe verschließen[43]. Die ha.en Märchenheldinnen werden noch auf dieser Welt gebrochen: Der abgewiesene Freier erniedrigt oder besiegt sie in geistigem oder physischem Wettkampf (AaTh 900: → *König Drosselbart*, AaTh 851A: → *Rätselprinzessin*, AaTh 329: → *Versteckwette*, AaTh 519: → Heldenjungfrau). Die ha.e Braut in der Ballade wird verlassen (Mot. L 431.1) oder durch den Tod des Verschmähten zu später Reue bewegt[44].

5. H. Toten und Tieren gegenüber. Der Ha.e entzieht sich den ethischen Verpflichtungen gegenüber den Toten und der Verantwortung gegenüber den Tieren. Der erbarmungslose Gläubiger verweigert dem Toten den Schuldenerlaß, der Held im Märchen (AaTh 505–508: → *Dankbarer Toter*) oder die mildtätigen Dorfgenossen in der Sage erkaufen für den Leichnam, für die arme Seele die ewige Ruhe[45].

Der geizige Bauer in der Sage wird im → Jenseits bestraft, weil er sein Vieh mit Futter knapphielt[46]. Im Tiermärchen greifen die Opfer zur Selbstwehr: Mit List (AaTh 101: *Der alte → Hund*) oder Flucht (AaTh 130: → *Tiere auf Wanderschaft*) reagieren sie auf menschliche Undankbarkeit. In AaTh 248: → *Hund und Sperling* werden Hilfsbereitschaft des Tieres und H. des Menschen einander gegenübergestellt. AaTh 207 B: cf. → *Aufstand der Arbeitstiere* lehrt, daß der Ha.e sich ins eigene Fleisch schneidet. Ähnliche Aussage hat im Dreibrüdermärchen (cf. z. B. AaTh 550: → *Vogel, Pferd und Königstochter*, AaTh 551: → *Wasser des Lebens*) die Prüfung des wahren Helden: Die zwei Älteren verscherzen mit ihrer Unfreundlichkeit und H. die Hilfe der → dankbaren Tiere.

[1] DWb. 4, 2 (1877) 512; die Metaphern ‚steinhartes Herz‘, ‚duricordia‘, ‚H.‘ wurden indessen in der aus bibl. Tradition schöpfenden altchristl. Lit. weniger im humanitär-ethischen als im theol.-religiösen Sinn gebraucht: Als ha. wurden die Gottlosen bezeichnet, cf. Hermann, A.: Das steinharte Herz. Zur Geschichte einer Metapher. In: Jb. für Antike und Christentum 4 (1961) 77–107. – [2] Cammann, A./Karasek, A.: Donauschwaben erzählen 4. Marburg 1979, 396; Lüthi, M.: Die Gabe im Märchen und in der Sage. Diss. Bern 1943, 105 sq. – [3] Hilka, A. (ed.): Die Wundergeschichten des Caesarius von Heisterbach 3. Bonn 1937, 65. – [4] Schwarzbaum, 266, 76, 305, 172, 103; Bin Gorion, M. J.: Der Born Judas 6. Lpz. [1922], 161–167. – [5] Tubach, num. 174. – [6] Brednich, R. W.: Die Liedpublizistik im Flugblatt des 15. bis 17. Jh.s 1. Baden-Baden 1974, 232–234; Steinitz, W.: Dt. Volkslieder demokratischen Charakters aus sechs Jh.en 1. B. 1955, num. 35. – [7] cf. Almosenfrevel. In: HDS 1, 2 (1962) 375–383 und

Adel. ibid., 98–106, hier 102; ergänzend dazu: Müller/Röhrich H 5, 6, J 8, 9 und pass.; Burde-Schneidewind, G.: Hist. Volkssagen zwischen Elbe und Niederrhein. B. 1969, Reg. s. v. H., Strafe; ead.: Hist. Volkssagen aus dem 13. bis 19. Jh. 4. B. 1977, Reg. s. v. H., Strafe; Noy, D.: Jefet Schwili erzählt. B. 1963, num. 48. – [8] Erk/Böhme 1, num. 209; Hondorff, A.: Promptuarium exemplorum. Ffm. 1595, Bl. 291b, zitiert in: Schade, H.: Das Promptuarium exemplorum des Andreas Hondorff. Diss. Ffm. 1966, 86; Frenken, G.: Wunder und Taten der Heiligen. Mü. 1925, 214; Karlinger, F./Übleis, I.: Südfrz. Sagen. B. 1974, num. 20; Moser, D.-R.: Verkündigung durch Volksgesang. B. 1981, 412–416. – [9] Müller, J.: Sagen aus Uri 1. Basel 1926 (Nachdr. 1978), num. 112; Karlinger/Übleis (wie not. 8) num. 27; Arājs/Medne 751A*; Schwarzbaum, 244. – [10] Moser (wie not. 8) 503; Müller (wie not. 9) num. 110. –
[11] Vargyas, L.: Researches into the Mediaeval History of Folk Ballad. Bud. 1967, 14–17. – [12] Perry, num. 480; Dicke/Grubmüller, num. 289, 321; Schwarzbaum, Fox Fables, 56–60. – [13] Dömötör, T.: A népszokások költészete (Brauchtumsdichtung). Bud. 1974, 114. – [14] Brunner-Traut, E.: Altägypt. Märchen. MdW 1963, num. 14; cf. auch Ovid, Metamorphosen 8, 626–724 (Philemon und Baucis). – [15] Brunner-Traut (wie not. 14) 275 sq. – [16] Moser, D.-R.: Herbergsuche in Bethlehem. In: SAVk. 70 (1974) 1–25, hier 4 sq. – [17] Dömötör (wie not. 13) 110–119. – [18] Vargyas (wie not. 11) 35 sq. – [19] MNK 3, 15; cf. Karlinger/Übleis (wie not. 8) num. 23. – [20] Guntern, J.: Volkserzählungen aus dem Oberwallis. Basel 1978, num. 742 sq. –
[21] Gordon, E. I.: Sumerian Proverbs. Phil. 1959, 58 sq. – [22] Tubach, num. 171; Kretzenbacher, L.: Legende und Sozialgeschehen zwischen MA. und Barock. Wien 1977, 45–64. – [23] Hilka (wie not. 3) 181–183. – [24] Bin Gorion (wie not. 4) t. 2 [um 1917], 184. – [25] Schwarzbaum, 159 sq. – [26] Hundt, D.: Anklage-Motive im mhd. Minnelied. Diss. Mü. 1970, 42. – [27] Burde-Schneidewind 1977 (wie not. 7) num. 13, 18, 246, 258; Müller/Röhrich H 25; Brednich, R. W.: Der Edelmann als Hund. In: Fabula 26 (1985) 29–57. – [28] Burde-Schneidewind 1977 (wie not. 7) num. 84, 137, 209, 262. – [29] Burde-Schneidewind 1969 (wie not. 7) num. 19, 98. – [30] HDS 1, 102. –
[31] Burde-Schneidewind 1977 (wie not. 7) num. 54 sq. – [32] Burde-Schneidewind 1969 (wie not. 7) num. 26. – [33] ibid., num. 175; Moser (wie not. 8) 479 sq. – [34] Burde-Schneidewind 1977 (wie not. 7) num. 37, 46, 48, 135 sq., 158, 125, 124, 45, 99. – [35] Burde-Schneidewind 1969 (wie not. 7) Reg. s. v. Strafe bei Lebzeiten, s. v. Strafe nach dem Tode. – [36] Burde-Schneidewind 1977 (wie not. 7) num. 258, 155 sq., 322; cf. den drohenden Unterton in: Bauernpraktik und Bauernklage. Faks. Ausg. des Volksbuches von 1515/18 [...]. ed. H. Beckers. Köln 1985, 60 sq. – [37] Röhrich, Erzählungen 1, 93–112, 262–267; DVldr 5, num. 123; Schwarzbaum, 254 sq. – [38] ibid., 236. – [39] Hilka (wie not. 3) t. 1 (1933) 94, num. 77. – [40] Guntern (wie not. 20) num. 189–191. –
[41] Pohl, E.: Die dt. Volksballade von der „Losgekauften" (FFC 105). Hels. 1934; cf. Müller/Röhrich E 13. – [42] Hundt (wie not. 26) 50 sq. – [43] Des armen Schoffthors ‚Warnung an ha.e Frauen'. ed. A. Karnein. B. 1979, 88–90 [mit Paralleltext des lat. Orig.s sowie der dt. Prosaübers. Johann Hartliebs]. – [44] Schröer, A. (ed.): Percy's Reliques of Ancient English Poetry 1. B. 1893, 641–643. – [45] Müller (wie not. 9) t. 2 (1929) num. 984. – [46] ibid. 3 (1945) num. 1057, 1115.

Basel Katalin Horn

Hartland, Edwin Sidney, * Islington 25. 7. 1848, † Gloucester 19. 6. 1927, engl. Volkskundler, Ethnologe und Anthropologe, Rechtsanwalt und juristischer Beamter, Bürgermeister von Gloucester (1902)[1]. H. gehörte mit A. → Lang, G. L. → Gomme, A. → Nutt, E. → Clodd und W. A. → Clouston zu der von R. M. → Dorson als ‚The Great Team of Folklorists' bezeichneten Gruppe engl. Volkskundler[2]. Er war Leiter der Sektion Volkserzählung des Internat. Vk.kongresses (London 1891), Präsident der (brit.) Folk-Lore Soc. (1899–1901), Ehrendoktor der Univ. of St. Andrews und der Univ. of Wales (Bangor) und wurde durch die Huxley-Medaille (1923) geehrt[3].

H. widmete sich der Erzählforschung vor allem im ersten Jahrzehnt seiner wiss. Beschäftigung mit der Vk. (ca 1890–1900)[4], obwohl auch seine späteren völkerkundlichen Veröff.en über Institutionen primitiver Gesellschaften[5] oft über Hinweise hinaus auch Analysen von Volkserzählungen enthalten. Es ging H. vor allem um die Auswertung moderner Volkserzählungen zur Erforschung primitiver Glaubensformen und Bräuche sowie der Struktur und Entwicklung des menschlichen Geistes. Bes. interessant waren deshalb für ihn Ursprung und Bedeutung der Erzählungen, deren Evolution er durch anthropol. oder ethnol. Arbeitsmethoden zu erhellen suchte (→ Anthropol. Theorie). Vk. war für ihn die Wiss. von der Tradition – einer sich u. a. durch natürliche Auslese fortwährend erneuernden Tradition: Ästhetisch gröbere und ungelenkere Var.n werden ausgeschieden und künstlerisch wertvollere Fassungen erhalten und gefördert.

Obwohl H.s methodologische Grundprinzipien noch nicht als Typen- und Motivforschung im späteren Sinne anzusehen sind, nahmen sie doch schon mehrere Aspekte der finn. Schule (→ Geogr.-hist. Methode) vorweg. Seine *English Fairy and Other Folk Tales* (1890) unterteilte H. in Sagen, Märchen, Schwänke, Fabeln und Kettenmärchen, wobei er die ersten beiden Kategorien nach dem Kriterium der → Glaubwürdigkeit unterschied. *The Science of Fairy Tales* (1891) enthält nicht nur ein beispielhaftes Kapitel über den → Erzähler, dem H. eine wichtige Funktion bei allen Völkern und zu allen Zeiten zuschreibt, sondern auch einen umfassenden Überblick über die narrativen Erscheinungsformen der ‚Fairy Mythology'. In seinen *Notes on Cinderella* (1893), die vor allem ein Kommentar zu M. E. R. → Cox' *Cinderella* (L. 1893) sind, versuchte er, den Ursprung des *Aschenputtel*-Märchens (AaTh 510 A: cf. → *Cinderella*) durch die Tabulierung von Erzählelementen zeitlich und örtlich festzulegen, kam aber zu keinem überzeugenden Schluß. Die dreibändige Studie *The Legend of Perseus* (1894/95/96) verfolgte dieses Prinzip durch vergleichende Arbeiten zu einem einzelnen Erzählthema vor dem Hintergrund der Evolution menschlicher Kultur weiter. Sie ist noch immer die umfassendste Anwendung der anthropol. Methode auf eine traditionelle Erzählung. In gewissem Sinn hat H. in dieser Unters. Ideen in die Praxis umgesetzt, die er später in seiner kurzen Abhdlg *Mythology and Folktales: Their Relation and Interpretation* (1900) theoretisch formulierte.

[1] Haddon, A. C.: In Memoriam: E. S. H. (1848–1927). In: FL 37 (1926) 178–192 (mit Bibliogr.); Marett, R. R.: E. S. H. In: FL 38 (1927) 83–85. – [2] Dorson, R. M.: The British Folklorists. L. 1968, Kap. 7, bes. 239–248; cf. id.: The Great Team of English Folklorists. In: JAFL 64 (1951) 1–10, bes. 8 sq. – [3] StandDict. 1, 482. – [4] H., E. S.: English Fairy and Other Folk Tales. L. [1890]; id.: The Science of Fairy Tales. An Inquiry into Fairy Mythology. L. 1891; id.: Welsh Folklore: Its Collection and Study. Liverpool 1892; id.: Notes on Cinderella. In: The Internat. Folklore Congress of the World's Columbian Expedition, Chicago, July, 1893. ed. H. W. Bassett/F. Starr. Chic. 1898, 125–136 (abgedr. in: Cinderella: A Casebook. ed. A. Dundes. N.Y. 1983, 57–70); cf. H., E. S.: The Outcast Child. In: Folk-Lore J. 4 (1886) 308–349; id.: The Legend of Perseus: A Study of Tradition in Story, Custom and Belief 1–3. L. 1894–96; id.: Folklore: What Is It and What Is the Good of It? L. 1899; id.: Mythology and Folktales: Their Relation and Interpretation. L. 1900. – [5] id.: Primitive Paternity: The Myth of Supernatural Birth in Relation to the History of the Family 1–2. L. 1909–10; id.: Ritual and Belief: Studies in the History of Religion. L. 1914; id.: Matrilineal Kinship, and the Question of Its Priority. In: Memoirs of the American Anthropological Assoc. 4, 17 (1917) 1–87; id.: Primitive Soc.: The Beginnings of the Family and the Reckoning of Descent. N.Y. 1921; id.: Primitive Law. L. 1924.

Binghamton, N.Y. Wilhelm F. H. Nicolaisen

Hartmann von Aue

1. Lebensumstände, Werk – 2. Epische Dichtungen – 2.1. Artusromane – 2.2. Religiöse Epik – 3. Erzählweise, strukturelle Phänomene und Interpretationsprobleme.

1. Lebensumstände, Werk. H.v.A., * um 1160, † wohl nach 1205, mhd. Dichter alemann. Herkunft. Sein sozialer Status ist als der eines Ministerialen gesichert (*Armer Heinrich*, V. 5). Die Schaffenszeit H.s reicht von den 80er Jahren des 12. Jh.s bis in die ersten Jahre des 13. Jh.s. H. ist neben den jüngeren Zeitgenossen Wolfram von Eschenbach und Gottfried von Straßburg der bedeutendste Epiker der mhd. klassisch-höfischen Periode. Seine Wirkung beruht bes. auf der Einführung der durch → Chrétien de Troyes geschaffenen epocheprägenden epischen Subspezies des Artusromans (→ Artustradition) in den dt. Sprach- und Kulturraum. Das Gesamtwerk zeichnet sich durch eine vergleichsweise große Spannweite von Gattungen und weltanschaulichen Aspekten aus. Es bezieht sich auf säkulare und religiöse Werthorizonte, es umfaßt neben Epik auch Lyrik (Minnesang, Kreuzzugslyrik) und eine didaktische Dichtung (*Die Klage* oder *Das Büchlein*, eine Minnelehre in der Form eines Streitgesprächs zwischen herze und lîp). Aufgrund stilistischer, verstechnischer und sachlicher Kriterien ergibt sich folgende relative und absolute Chronologie: Die Minnelyrik, *Die Klage*, der *Erec* und vielleicht auch der Beginn des *Iwein* fallen in die höfisch orientierte Frühphase. In zeitlichem Zusammenhang mit den Kreuzzügen von 1189/90 oder 1197/98 entstehen die Kreuzzugslyrik sowie die religiös geprägten Erzählungen *Grego-*

rius und *Armer Heinrich*. Am Ende seines Schaffens kehrt H. mit dem *Iwein* zu einem spezifisch höfischen Sujet zurück.

2. Epische Dichtungen

2.1. Artusromane. H.s *Erec* (10192 V.e erhalten; → *Erek*) ist, obwohl schlecht überliefert (einigermaßen vollständig nur im *Ambraser Heldenbuch*), eines der einflußreichsten Werke der dt. höfischen Lit. Gegenüber der Vorlage, Chrétiens *Erec et Enide*, ist er zwar um mehr als 3000 Verse erweitert; dennoch bewahrt er deren wesentliche Konturen.

H.s → *Iwein* (8166 V.e), nach Ausweis der reich fließenden Überlieferung der repräsentative dt. Artusroman, hält sich enger als der *Erec* an die Quelle, Chrétiens *Yvain*.

2.2. Religiöse Epik. H.s → *Gregorius* (4006 V.e) ist eine Bearb. der altfrz. *Vie de saint Grégoire* (wohl Mitte des 12. Jh.). In der Geschichte des ritterlichen Helden, des ‚guten Sünders', der ohne Wissen und Willen der Schuld des → Inzests anheimfällt, hat H. Einzelheiten des Handlungsablaufes geändert sowie bes. der dominierenden Legendenstruktur Züge höfisch-romanesken Erzählens (cf. → Höfisches Leben) beigefügt. Die idealtypische Welt ritterlicher Verhaltensformen (Bewährung im Kampf, Minne) wird von einem christl. diesseitsskeptischen Standpunkt aus in Frage gestellt. Allerdings ist der dualistische Tenor final abgemildert: Mit der asketischen → Buße auf dem unwirtlichen Felsen im Meer endet nämlich nicht die Laufbahn des Helden; vielmehr wird er, auch wenn keine Erneuerung der ritterlich-feudalen Existenzweise stattfindet, durch göttliches Gnadenwirken als → Papst wieder an die menschliche Gemeinschaft herangeführt. Durch die Wiedervereinigung mit der Mutter stellt sich am Ende auch ein irdischer Glückszustand ein.

Der *Arme Heinrich*, H.s kürzestes episches Werk (1538 V.e), ist eine erbauliche Erzählung und weist als frühester dt. Vertreter bereits formale Züge der sonst erst im 13. Jh. verbreiteten Novellistik auf. Inhaltlich ist der *Arme Heinrich* durch das Motiv der Heilung von → Aussatz bes. mit der Legende von König Konstantin und dem hl. Silvester sowie der Erzählung von → *Amicus und Amelius* verwandt. H.s Quelle, die ihm nach seiner eigenen Aussage (V. 16 sq., 29) schriftl. vorgelegen hat, ist nicht bekannt; sie könnte in lat. Fassungen der Erzählung zu vermuten sein, wie sie etwa in zwei Breslauer Legendensammlungen (14. bzw. 15. Jh., zurückgehend auf Slgen des 13. Jh.s) überliefert sind.

Heinrich von Aue, ein nach Maßgabe der höfischen Ethik vorbildlicher Held, ermangelt bei all seinen lobenswerten weltlichen Eigenschaften des religiösen Rückbezuges. Auf dem Höhepunkt irdischen Glücks wird er von Gott durch Krankheit erniedrigt: Er wird vom → Aussatz befallen. Die berühmtesten Ärzte, deren Rat er sucht, teilen ihm mit, daß er einzig durch das Herzblut eines reinen Mädchens gesunden könne (Mot. D 1502.4.2.1, F 955.1; Tubach, num. 3022; → Kinderblut). Anfänglich akzeptiert er das Blutopfer eines ihm treu ergebenen Bauernmädchens. Als es aber entkleidet auf dem Tisch des Arztes liegt, verhindert Heinrich, der heimlich zusieht, das Opfer im letzten Augenblick. Dafür wird er von Gott geheilt. Nach der Rückkehr nimmt Heinrich das Mädchen zur Frau.

Im *Armen Heinrich* kommt gegenüber dem *Gregorius* wiederum eine stärker diesseitsbejahende Tendenz zum Ausdruck. Wohl wird zunächst, gerade aus objektiver Erzählerperspektive, mit der Vorstellung des memento mori und der vanitas mundi eine dualistische Diesseits-Jenseits-Spannung erzeugt. Zuletzt aber bringt die Erzählung mit der von Gott verfügten Restitution des einsichtigen Helden die säkulare und die religiös-transzendente Wertebene miteinander in Einklang. Schon Heinrichs Umdenken bei der Opferszene selbst steht unter der doppelten Motivation eines religiös-ethischen Appells und höfisch inspirierter Empfänglichkeit für die schöne weibliche Gestalt.

3. Erzählweise, strukturelle Phänomene und Interpretationsprobleme. Sämtliche epischen Werke H.s sind im traditionellen vierhebigen Paarreimvers verfaßt. Vor allem der *Arme Heinrich* und der *Iwein* erreichen hohe sprachlich-formale Meisterschaft. Der Abstand des wissenden, wenn auch nicht allwissenden, reflektierenden und kommentierenden Erzählers in H.s Werken bedeutet nicht weltanschauliche Distanzierung, sondern schafft den festen Pol, von dem her sich die dargestellte Welt als sinnorientiert ausnimmt. Sekundär variiert das Bild des Erzählers zwischen den Artusromanen und den religiösen

Epen durchaus. Während er hier verbindlichen religiösen Erwartungen entspricht, ist er dort zu einem den fiktionalen Charakter des Erzählens betonenden Rollenspiel in der Lage. Alle epischen Werke H.s setzen sich mit dem existentiellen Faktum von → Schuld und Sühne in spezifischer christl.-abendländischer Ausprägung auseinander; die konkreten Modalitäten sind freilich in der Forschung von Fall zu Fall umstritten. Unterschiedlich beurteilt werden auch H.s Verhältnis zu seinen Quellen (Problem der Adaptation vorgeprägter Sujets) sowie die konkreten sozialgeschichtlichen Implikationen seines Œuvres (H. als Angehöriger der Ministerialität, Interesse des Mäzens bzw. Auftraggebers).

Ausg.n (Ausw.): Erec. ed. A. Leitzmann. Neu bearb. von C. Cormeau/K. Gärtner. Tübingen ^{6}1985. – Iwein 1–2. ed. G. F. Benecke/K. Lachmann. Neu bearb. von L. Wolff. B. ^{7}1968. – Gregorius. ed. H. Paul. Neu bearb. von B. Wachinger. Tübingen ^{13}1984. – Der arme Heinrich. ed. H. Paul. Neu bearb. von G. Bonath. Tübingen ^{15}1984.

Bibliogr.: Neubuhr, E.: Bibliogr. zu H. v. A. B. 1977.

Lit.: Ehrismann, G.: Geschichte der dt. Lit. bis zum Ausgang des MA.s 2,1. Mü. 1927 (Nachdr. 1965), 141–212. – Sparnaay, H.: H. v. A. Studien zu einer Biogr. 1–2. Halle 1933/38 (Nachdr. Darmstadt 1975). – Wapnewski, P.: H. v. A. Stg. 1962 (^{7}1979). – Seiffert, L.: The Maiden's Heart: Legend and Fairy-Tale in H.'s „Der Arme Heinrich". In: DVLG 37 (1963) 384–405. – Cormeau, C.: H.s v. A. Armer Heinrich und Gregorius. Mü. 1966. – Ruh, K.: Höfische Epik des MA.s. 1: Von den Anfängen bis zu H. v. A. B. 1967 (^{2}1977). – Huby, M.: L'Adaptation des romans courtois en Allemagne au XIIe et au XIIIe siècle. P. 1968. – Kramer, H. P.: Erzählerbemerkungen und Erzählerkommentare in Chrestiens und H.s Erec und Iwein. Göppingen 1971. – Ruh, K.: H.s Armer Heinrich. In: Mediaevalia litteraria. Festschr. H. de Boor. Mü. 1971, 315–329. – Kaiser, G.: Textauslegung und gesellschaftliche Selbstdeutung. Aspekte einer sozialgeschichtlichen Interpretation von H.s Artusepen. (Ffm. 1973) Wiesbaden ^{2}1978. – Kuhn, H./Cormeau, C. (edd.): H. v. A. Darmstadt 1973. – Tobin, F. J.: Gregorius and Der arme Heinrich. Bern/Ffm. 1973. – Gössmann, E.: Typus der Heilsgeschichte oder Opfer morbider Gesellschaftsordnung? Ein Forschungsber. zum Schuldproblem in H.s Gregorius. In: Euphorion 68 (1974) 42–80. – Peters, U.: Artusroman und Fürstenhof. Darstellung und Kritik neuerer sozialgeschichtlicher Unters.en zu H.s Erec. In: Euphorion 69 (1975) 175–196. – Mertens, V.: Gregorius Eremita. Eine Lebensform des Adels bei H. v. A. in ihrer Problematik und ihrer Wandlung in der Rezeption. Mü. 1978. – id.: Laudine. Soziale Problematik im Iwein H.s v. A. B. 1978. – Cormeau, C.: Artusroman und Märchen. Zur Beschreibung und Genese der Struktur des höfischen Romans. In: Schröder, W. (ed.): Wolfram-Studien 5. B. 1979, 63–78. – Arndt, P. H.: Der Erzähler bei H. v. A. Göppingen 1980. – Cormeau, C.: H. v. A. In: Verflex. 3 (^{2}1981) 500–520. – Fischer, H.: Ehre, Hof und Abenteuer in H.s Iwein. Mü. 1983. – Voß, R.: Die Artusepik H.s v. A. Köln/Wien 1983. – Pérennec, R.: Recherches sur le roman arturien en vers en Allemagne aux 12e et 13e siècles. 1: H. v. A., „Erec", „Iwein". Göppingen 1984. – Cormeau, C./Störmer, W.: H. v. A. Epoche – Werk – Wirkung. Mü. 1985. – Giesa, G.: Märchenstrukturen und Archetypen in den Artusepen H.s v. A. Göppingen 1987.

Mainz Rudolf Voß

Hārūn ar-Rašīd, H. ibn Muḥammad ibn ʿAbdallāh (Ehrentitel ar-Rašīd: ‚Der Rechtgeleitete'), * ar-Raiy (bei Teheran) Muḥarram 149 (Febr. 766), † Ṭūs (bei Mašhad) 3. Ǧumādā aṯ-ṯānī (24. März 809), 5. Kalif der abbasid. Dynastie (ab 170/786)[1]; → Kristallisationsfigur für das Bild des gerechten → Herrschers in arab. (und orientalisierenden) Erzählungen, bes. den Märchen aus → *Tausendundeinenacht*.

H. kam nach dem mysteriösen Tod seines Bruders Mūsā al-Hādī (169/785–170/786) als ursprünglich Zweiter der Thronfolge an die Macht. Seine Herrschaft ist eng verknüpft mit der Familie der Barmakiden, deren Mitglieder Yaḥyā ibn Ḫālid sowie dessen Söhne al-Faḍl und Ǧaʿfar bis zu ihrer Entmachtung 187/803 zentrale Beratungs- und Verwaltungsfunktionen innehatten. H.s Regierungszeit ist geprägt von einer Reihe politischer Unruhen und Revolten, die u. a. Syrien, Ägypten, Nordafrika, Jemen und Iran erschütterten. Seine größten militärischen Erfolge errang er gegen das byzant. Reich, dessen Herrscherin Irene (797–802) sich zu einem Tributfrieden (798) mit ihm gezwungen sah. Über einen Austausch von Delegationen zwischen H. und → Karl dem Großen berichten nur westl. Quellen[2]. Durch die Entscheidung, das Reich nach seinem Tod unter seine Söhne aufzuteilen, trug H. wesentlich zur Destabilisierung des islam. Reiches bei.

Wirtschaftlich und kulturell war H.s Regierungszeit ein Goldenes Zeitalter. Die erst 762 gegründete neue Hauptstadt Bagdad profitierte von dem immensen Reichtum, der aus den Provinzen dorthin floß und Grundlage eines verschwenderischen Luxus der herrschenden Schichten wurde; H. selbst tat sich u. a. auch als Förderer der schönen Künste, bes. der Musik und Dichtkunst, hervor. Es sind fast ausschließlich diese Aspekte, die sich in der späteren populären Vorstellung widerspiegeln.

Bereits die arab. humoristische Kurzprosa des 9. – 12. Jh.s zeigt Tendenzen einer Kristallisation von Erzählinhalten in der Figur des H., als dessen ständige Begleiter der Wesir Ǧaʿfar al-Barmakī und der Dichter → Abū Nuwās ebenso wie der Scharfrichter Masrūr gelten; auch der Weise → Narr Buhlūl wird zu H.s enger Umgebung gezählt[3]. Symptomatisch für die Entwicklung ist etwa die folgende Erzählung:

Bei den Vorbereitungen zu einem Eßgelage kündigt jeder Teilnehmer an, was er mitbringen will. Als ein anwesender Schnorrer gefragt wird, welches denn sein Beitrag sei, antwortet er: „Ich werde die Verantwortung übernehmen für den Fluch Gottes (der mich treffen soll, da ich nichts mitbringe)!"

Während der bereits bei al-Ābī (gest. 421/1030) belegte Schwank in den frühen Quellen noch zu anonymen Protagonisten angeführt wird[4], fixiert → Ibn al-Ǧauzī (gest. 595/1200)[5] ihn auf H. und seine Umgebung. Ein ähnlicher Prozeß findet etwa in den folgenden schwankhaften Erzählungen aus der ma. arab. Lit., in denen H. genannt wird, statt: Unmögliches Rezept mit scherzhafter Bezahlung (Furz) entlohnt (cf. Mot. J 1431)[6]; Moses hat das Meer ausgegraben: Und wo ist der Aushub? (Mot. J 2377)[7]; Beduine akzeptiert geringe Entschädigung für Beleidigung als ‚Hurensohn' nicht: zahlt lieber selbst einen Dirham und nennt Mütter der anderen ‚Huren' (cf. Mot. J 1193.2)[8]. Hier wie auch in den späteren Quellen ist H. fast nie zentrale Figur der Erzählungen; vielmehr dient er hauptsächlich der zeitlichen Fixierung auf eine bestimmte Epoche und hierdurch der Schaffung einer fiktiven Atmosphäre, von der die Zuhörer eine relative – wenn auch nicht realistische – Vorstellung besitzen.

Die Rolle H.s in den Erzählungen aus *Tausendundeinenacht*, die das europ. Bild maßgeblich geprägt hat, ist von M. I. Gerhardt eingehend untersucht worden[9]. Ihre Feststellung, bei den Geschichten zu H., der aus der zeitlichen Entfernung in der Erinnerung romantisiert und idealisiert wird, handelte es sich um einen der → Artustradition vergleichbaren Zyklus, ist in ihrer Tragweite sicher nicht unproblematisch; immerhin aber enthält *Tausendundeinenacht* in seiner heute vorliegenden Redaktion über 60 Erzählungen[10], in denen H. eine mehr oder minder zentrale Rolle spielt. Die folgende Skizzierung stützt sich auf Gerhardts Darstellung:

H. ist von einem unaufhörlichen Verlangen nach Gesellschaft und Unterhaltung gedrängt; viele → Rahmenerzählungen beginnen damit, daß er schlaflos ist und unterhalten werden will. Er geht in → Verkleidung aus, erlauscht unerkannt die Probleme seiner Untertanen und bemüht sich, indem er Unrecht wiedergutmacht, Bedürftigen hilft und Liebende versöhnt, jedermann in seinem Reich glücklich zu machen (cf. auch → Erdenwanderung der Götter).

Die hist. Realität tritt dabei in den Hintergrund und wird den Erfordernissen der Erzählungen untergeordnet: Vor allem durch seine Großzügigkeit wird H. als „extremely winning figure"[11] porträtiert. Als Kulisse des Geschehens dient ausnahmslos Bagdad, wobei die Darstellung H.s statisch ist: Er wird nicht, sondern er ist Kalif; weder seine häufigen Pilgerfahrten nach Mekka noch seine Feldzüge werden geschildert. Ebenso steht im Mittelpunkt des Interesses nicht seine eigentliche Rolle als Herrscher, die sich etwa durch Amtshandlungen ausdrückte, sondern es wird an ihm dargestellt, was man am Kalifen für wichtig erachtete: öffentliches Auftreten, freundliches Verhalten und Großzügigkeit gegenüber den Untertanen.

Angesichts der Häufigkeit von H.s Erscheinen in *Tausendundeinenacht* überrascht im zeitgenössischen populären Erzählgut zunächst die Tatsache, daß er hier relativ selten vertreten ist; dies findet jedoch eine Erklärung darin, daß auch dem arab. Märchen eine unmittelbare hist. Fixierung wesenhaft fremd ist. Gelegentliche Nennungen von H. in Volkserzählungen widersprechen dieser Auffassung nicht, da H. auch dort – wie bereits zuvor – hauptsächlich der assoziativen Verknüpfung mit der Glanzzeit des arab. Reiches dient. Nennungen von H. sind u. a. belegt für zeitgenössische arab. Var.n von AaTh 449: → *Sidi Numan*[12], AaTh 961 F*: *„Geese from Rus"* [13], AaTh 841: *Die beiden* → *Bettler*[14], AaTh 951 C: cf. →

König und Räuber[15], AaTh 1262: *Fernwirkung des → Feuers*[16], AaTh 1556: *Die doppelte → Pension*[17], AaTh 1950: → *Faulheitswettbewerb*[18].

Nur gelegentlich enthalten die publizierten Sammlungen von Erzählgut aus der arab. Welt auch (pseudo-)hist. Geschichten[19]. Diese Tatsache steht jedoch wohl eher in Zusammenhang mit den Auswahlkriterien der Sammler als daß sie einer effektiven Repräsentation des vorhandenen Erzählgutes entspräche. Durch Material zu belegen und zu untersuchen bliebe somit die populäre Sichtweise H.s außerhalb klassifizierbarer Erzählungen. Diese dürfte zumindest im schiit.(-iran.) Umfeld, wo H. durch seine anti-alidische Einstellung zum Bösewicht par excellence stilisiert wird, erheblich von der ansonsten vorherrschenden romantisierenden Darstellung abweichen[20].

[1] Omar, F.: Hārūn al-Rashīd. In: EI² 3 (1971) 232–234; Hitti, P. K.: History of the Arabs. L./Basingstoke (¹⁰1970) Nachdr. 1979, 297–316; cf. neuerdings Clot, A.: Harun al-Raschid. Kalif von Bagdad. Mü./Zürich 1988 (populärwiss.). — [2] cf. Schmidt, F. F.: Karl der Große und Harun al-Rashid. In: Islamica 3 (1912) 409–411; Buckler, F. W.: Harunu'l-Rashid and Charles the Great. Cambr., Mass. 1931. — [3] Marzolph, U.: Der Weise Narr Buhlūl. Wiesbaden 1983, Index s. v. H. ar-R. — [4] al-Ābī, Manṣūr ibn al-Ḥusain: Naṯr ad-durr 2. ed. M. ʿA. Qarna. Kairo 1981, 238; cf. auch Basset 1, 255, num. 7. — [5] Ibn al-Ǧauzī, ʿAbd-arraḥmān ibn ʿAlī: Aḫbār aẓ-Ẓirāf wal-mutamāǧinīn. ed. M. ʿA. Baḥr al-ʿulūm. Naǧaf ²1967, 85. — [6] cf. Chauvin 5, 281, num. 165; frühester Beleg im 9. Jh. bei al-Ǧāḥiẓ, ʿAmr ibn Baḥr: Kitāb al-Qaul fī l-biġāl. ed. C. Pellat. Kairo 1375/1955, 38, num. 39. — [7] cf. Ibn al-Ǧauzī, ʿAbd-arraḥmān ibn ʿAlī: Aḫbār al-Ḥamqā wal-muġaffalīn. ed. K. al-Muẓaffar. Naǧaf 1386/1966, 173. — [8] Frühester Beleg im 10. Jh. bei an-Nahrawānī al-Ǧarīrī, Muʿāfa ibn Zakarīyā: al-Ǧalīs aṣ-ṣāliḥ al-kāfī [...] 2. ed. M. M. al-Ḫūlī. Beirut 1403/1983, 131. — [9] Gerhardt, M. I.: The Art of Story-Telling. Leiden 1963, 419–470. — [10] cf. Chauvin 6, 44, not. 1. — [11] Gerhardt (wie not. 9) 449. — [12] Nowak, num. 59. — [13] Nowak, num. 469. — [14] cf. Schwarzbaum, 271. — [15] Nowak, num. 464. — [16] Nowak, num. 377. — [17] cf. Schwarzbaum, 56. — [18] El-Shamy, H. M.: Folktales of Egypt. Chic./L. 1980, num. 62. — [19] cf. etwa Stumme, H.: Märchen der Berbern von Tamazratt in Südtunesien. Lpz. 1900, 51 sq., num. 7 (Sturz der Barmakiden). — [20] cf. Marzolph (wie not. 3).

Göttingen Ulrich Marzolph

Hasan von Basra (AaTh 936*), von S. → Thompson den Novellenmärchen zugerechneter Erzähltyp, der seine Benennung dem Protagonisten einer gleichnamigen Var. in → *Tausendundeinenacht*[1] verdankt:

(1) Ein Mann tritt in die Dienste eines Händlers (Gutsherrn), der ihm hohen Lohn für eine ungenannte Arbeit verspricht. Sie reisen zusammen zu einem unbesteigbaren → Berg, an dessen Fuß der Händler ihn in eine → Tierhaut (Aas) einnäht. Große Vögel (Adler, Raben) tragen ihn als vermeintliche Beute auf den Berg, wo er sich aus der Haut befreit und seinem Auftraggeber dort herumliegende Edelsteine (Gold) hinunterwirft. Danach läßt der Händler ihn hilflos auf dem Berg zurück. Durch eine glückliche Fügung (unterirdischer → Gang, Sturz ins Meer) kommt er unversehrt hinunter. (2) Später verdingt er sich unerkannt bei demselben Auftraggeber. Wieder am Berg angelangt, bringt er ihn mit List dazu, selbst in die Tierhaut zu schlüpfen (betäubt, Ungeschicktheit vorgetäuscht) und läßt ihn auf den Berg tragen. Nachdem er sich zu erkennen gegeben hat, muß der Händler ihm Edelsteine herunterwerfen. Dann läßt er ihn allein auf dem Berg zurück, wo er umkommt.

In dieser Form ist das Märchen in finn., russ., pers. und turkmen. Var.n belegt[2]. Kennzeichnend für selbständiges Vorkommen des Erzähltyps ist die Zweiteilung der Erzählung, wobei der zweite Teil als Wiederholung des ersten mit vertauschten Rollen dem Helden die → Rache für das unverschuldet erlittene Unrecht ermöglicht. Diese kann auch, wie in einigen arab. Belegen[3], ohne Wiederholung des Geschehens durch Tötung des Auftraggebers geübt werden.

Weit häufiger ist AaTh 936* nachgewiesen als Einl. zum Erzähltyp AaTh 400: → *Mann auf der Suche nach der verlorenen Frau*, der sich im Regelfall unter Auslassung der Episode (2) direkt an (1) anschließt. Der älteste Beleg für diese typische Kontamination ist die Geschichte H. v. B. in *Tausendundeinenacht*[4]; aus mündl. Überlieferung finden sich finn.-ugr. (mordwin., tscheremiss., wotjak.), ital., griech., türk., zentralasiat. (turkmen., tatar., uigur.) und nordafrik. (tunes., nub., ägypt.) Fassungen[5]. Nur in Var.n des türk. Einflußbereiches und in Sizilien findet auch hier gelegentlich eine Wiederholung des Geschehens statt, wenn der Held bei der Suche nach seiner Frau wieder auf den Berg gelangen will[6]. Eine weitere regional begrenzte Kontamination findet sich im pers. Umkreis, wo AaTh 936* Teil eines durch eine → Rahmenerzählung umspannten mehrgliedrigen Märchens ist[7].

Fast ausschließlich in den arab. Belegen[8] ist der Auftraggeber ein → Alchemist, der sich vom Berg das zur Goldherstellung benötigte spezielle Holz beschaffen lassen will. Die einzige sonst erkennbare ökotypische Charakterisierung des Auftraggebers bieten die griech. Belege[9], in denen es sich ausschließlich um einen → Juden handelt (→ Antisemitismus). Während eine turkmen. Var.[10] den Berg durch einen → Brunnen ersetzt, im übrigen aber beide Episoden analog bringt, ist das Grundmotiv der Beschaffung eines wertvollen Gegenstandes von einem unzugänglichen Ort unter Verkümmerung aller sonstigen Elemente marginal in einer Reihe regional verstreuter Erzählungen nachgewiesen[11].

Die Vorstellung von einem mit Pretiosen bestückten Berg scheint auf das ind. und klassische Altertum zurückzugehen, läßt sich in der hier angeführten Funktion aber nicht früher als die genannten Belege nachweisen[12]. Sie ist außerdem klar zu trennen vom Bild des Diamantberges (Mot. F 752.3.2), das andere Funktionen wahrnimmt (→ Ewigkeit)[13]. Mot. K 521.1.1: *Man sewed in animal's hide carried off by birds* findet sich im arab. Raum, dem vermutlichen Ursprungsgebiet der Erzählung, in der 2. Reise → Sindbads des Seefahrers[14] und im Abenteuerroman *al-Malik Saif (ibn Ḏī Yazan)*[15], aus dessen Quellen auch der Verfasser des → *Herzog Ernst*[16] und die Sage von Heinrich dem Löwen (Grimm DS 526; → Löwentreue) geschöpft haben mögen.

[1] Chauvin 7, 29–35; 1001 Nacht 5, 315–503. – [2] AaTh führt als Belege nur 2 finn. (Archivmaterial) und 7 russ. Var.n (nach Afanas'ev 3, 485 zu num. 243) an. Ergänzend hierzu: Marzolph (Var. 1, 3, 8); Stebleva, I.: Prodannyj son. Turkmenskie narodnye skazki. M. 1969, num. 38; Die Wunderblume und andere Märchen. B. 1958, 192–195 (turkmen.); cf. SUS (unklar, ob selbständiges Vorkommen oder Kontamination). – [3] Frobenius, L.: Märchen aus Kordofan. Jena 1923, num. 8; Kāmil, M.: Qiṣaṣ sūdānīya. Kairo 1963, 21–27 (= Nowak, num. 237); Stumme, H.: Tunis. Märchen und Gedichte 2. Lpz. 1893, num. 2. – [4] wie not. 1. – [5] Kecskeméti/Paunonen; Eberhard/Boratav, num. 198; Beke, Ö.: Tscheremiss. Märchen. Hels. 1938, num. 45; Munkácsi, B.: Volksbräuche und Volksdichtung der Wotjaken. ed. D. R. Fuchs. Hels. 1952, num. 86; Gonzenbach 1, num. 6; Hahn, num. 15; Klaar, M.: Tochter des Zitronenbaums. Märchen aus Rhodos. Kassel 1970, 97–105; FL 11 (1900) 452–454 (griech.); Stumme (wie not. 3); Reichl, K.: Märchen aus Sinkiang. MdW 1986, num. 16 (uigur.; erwähnt turkmen. und tatar. Var.n); Kronenberg, A. und W.: Nub. Märchen. MdW 1978, num. 13; Ibrāhīm, 'A. M.: Qiṣṣat al-Ḥasan al-Baṣrī bain at-turāṯ aš-šifāhī wal-mudauwan (Die Erzählung H. von Basra zwischen mündl. und schriftl. Überlieferung). In: al-Funūn aš-ša'bīya 13 (1970) 58–63. – [6] Eberhard/Boratav, num. 198 (a, e, f); Gonzenbach (wie not. 5); Marzolph (Var. 7). – [7] Marzolph (Var. 2, 5, 6); Levin, I.: Armen. Märchen. MdW 1982, num. 22; cf. Wentzel, L.-C.: Kurd. Märchen. MdW 1978, num. 10; unklar, ob kontaminiert: Jason; Arājs/Medne. – [8] Chauvin 7, 29–35; Frobenius, Kāmil, Stumme (wie not. 3); Kronenberg (wie not. 5); cf. auch Munkácsi (wie not. 5). – [9] Dawkins, R. M.: Forty-five Stories from the Dodekanese. Cambr. 1950, num. 40; Hahn, num. 15; Klaar, FL (wie not. 5); Laogr. 20 (1962) 321–328. – [10] Kekilov, A.: Turkmenskij jumor. Aščhabad 1962, 43–45. – [11] Baharav, Z.: Sixty Folktales [in hebr. Sprache]. ed. D. Noy. Haifa 1964, num. 43 (jüd. aus Jemen = Jason 936* [1]); Kúnos, I.: Türk. Volksmärchen aus Stambul. Leiden [ca 1905], 391–398 (+ AaTh 681); id.: Türk. Volksmärchen aus Adakale. Lpz. 1907, num. 12 (AaTh 560); Šakryl, K. S.: Abchazskie narodnye skazki. M. 1975, num. 69 (+ AaTh 400); ibid., num. 77 (+ AaTh 1137); Laogr. (wie not. 9) (+ AaTh 400 + AaTh 569); cf. Nowak, num. 53 (AaTh 506 + AaTh 936*). – [12] cf. Eberhard/Boratav, num. 234. – [13] cf. HDM 1, 386 sq.; EM 4, 591 sq. – [14] Chauvin 7, 9–14; 1001 Nacht 4, 115–126. – [15] cf. Lane, E. W.: The Thousand and One Nights 3. ed. E. S. Poole. (L. 1859) Nachdr. L./Kairo 1981, 479, not. 11. – [16] cf. BP 3, 412 sq.

Göttingen Ulrich Marzolph

Hasdeu, Bogdan Petriceicu, * Cristineşti (Hotin) 16. 2. 1836, † Cîmpina (Prahova) 25. 8. 1907, rumän. Historiker, Philologe, Folklorist, Schriftsteller. H. studierte 1855–57 in Charkow, war Direktor der Bukarester Staatsarchive (1876–1900), ordentlicher Professor an der Univ. Bukarest (1878–1901), Mitglied der Rumän. Akad. der Wiss.en (seit 1877) und anderer Akademien und wiss. Gesellschaften (St. Petersburg, Sofia, Belgrad, New York, Paris, Baltimore) und gab zahlreiche Periodika (*Traian, Columna lui Traian, Revista nouă* u. a.) heraus.

H. begründete die wiss. Folkloristik in Rumänien. Seine vergleichenden Unters.en sind eng mit Geschichte und Philologie verknüpft. Er definierte die wesentlichen Züge der Folkloristik[1], führte die moderne Terminologie ein, stellte eine allg. Klassifizierung der Gattungen zusammen[2], skizzierte das Prinzip der → geogr.-hist. Methode[3], setzte sich mit der Beziehung von Wunderbarem und Traumhaftem im Zaubermärchen auseinander[4], wertete Informationen der oralen Tradition programmatisch aus, um hist. unklare Zeiträume zu rekonstruieren und verfaßte Monographien über das Märchen *Povestea numerelor* (AaTh 812: → *Rätsel des Teufels* + AaTh 2010: cf. → Zwölf)[5] und die Ballade *Cucul și turturica* (→ Verwandlungswettkampf, → Kuckuck)[6]. Ferner förderte er die Sammel- und Forschungstätigkeit von G. D. Teodorescu, G. G. Tocilescu, L. → Șăineanu, M. → Gaster u. a. Die Bände mit Antworten auf H.s *Chestionar*[7] enthalten die umfassendsten Informationen über die volkstümliche rumän. Mythologie. H. war der Begründer der rumän. → Volksbuchforschung; er ging vor allem auf die → Apokryphen und die → Visionsliteratur ein[8], verfaßte aber auch Mikromonographien über → Alexander den Großen[9], → *Achikar* (AaTh 922 A)[10] und *Arghir și Elena* (AaTh 400: → *Mann auf der Suche nach der verlorenen Frau*)[11]; er beschäftigte sich mit den Parabeln: *Amărîta turturea* (→ *Physiologus*)[12], *Der Mann im → Brunnen* (Tubach, num. 5022)[13]. H. zeigte, daß die Beziehungen zwischen Folklore und Volksbuch in einem komplexen Prozeß gegenseitigen Durchdringens und keinesfalls in einseitiger Beeinflussung bestehen.

[1] Bîrlea 1974 (v. Lit.) 172–178. – [2] ibid., 178 sq.; Fundescu, I. C. (ed.): Basme, orații, păcăliturи și ghicitori. Buk. 1867, I–XIV (Vorw. B. P. H.); H., B. P.: Prelegeri de etnopsyhologie [1892]. In: Șezătoarea (1925) 104–120. – [3] Bîrlea 1974 (v. Lit.) 176 sq., 186; Mușlea/Bîrlea 1970 (v. Lit.) 32 sq. – [4] Etymologicum Magnum Romaniae 3. 1893 (v. Veröff.en) 2604–2619 (s. v. basm); id. in: Revista nouă 6 (1893/94) 369–390; Bîrlea 1974 (v. Lit.) 184–186. – [5] Cuvente den bătrîni. 2: Cărțile poporane ale românilor. 1879 (v. Veröff.en) 567–608; Bîrlea 1974 (v. Lit.) 186, 188 sq. – [6] H., B. P.: Cucul și turturica la români și la persiani. In: Columna lui Traian 7 (1876) 40–44, 8 (1877) 301–303; Cuvente den bătrîni 2. 1879 (v. Veröff.en) 501–566, 694–705; Bîrlea 1974 (v. Lit.) 186–188. – [7] Mușlea/Bîrlea 1970 (v. Lit.). – [8] Cuvente den bătrîni 2. 1879 (v. Veröff.en) XXXIII sq., XLIII–XLVI, 19–66, 179–200, 264, 277, 299–500. – [9] ibid., XXXVI; Etymologicum Magnum Romaniae 1. 1886 (v. Veröff.en) 858–861 (Alexandria). – [10] ibid. 2 (1887) 1500–1502. – [11] ibid., 1602–1606; Cuvente den bătrîni 2. 1879 (v. Veröff.en) XXXVII–XL. – [12] ibid., 442–445, 728–730. – [13] ibid., 707–716.

Veröff.en: Istoria critică a românilor 1–2. Buk. 1873–75 (Buk. ²1984. ed. G. Brâncuș/M. Neagoe). – Cuvente den bătrîni 1–3. Buk. 1878/79–80/81 (Buk. ²1983. ed. G. Mihăilă). – Etymologicum Magnum Romaniae. Dicționarul limbei istorice și poporane a românilor 1–4. Buk. 1886–87/87/93/98 (bis zum Art. bărbat; Buk. ²1976. ed. G. Brâncuș). – Scrieri istorice 1–2. ed. A. Sacerdoțeanu. Buk. 1973. – Investigații asupra mitologiei dacilor. ed. I. Oprișan. In: Manuscriptum (1977) H. 4, 71–84; (1978) H. 2, 101–113. – Studii de folclor. ed. N. Bot. Vorw. O. Bîrlea. Cluj-Napoca 1979. – Scrieri filosofice. ed. V. Vetișanu. Buk. 1985.

Lit.: Chițimia, I. C.: Folcloriști și folcloristică românească. Buk. 1968, 37–72. – Papadima, O.: Folclorul în periodicele lui H. In: Studii de istorie a literaturii române de la C. A. Rosetti la G. Gălinescu. Buk. 1968, 217–334. – Vrabie, G.: Folcloristică română. Evoluție, curente, metode. Buk. 1968, 183–243. – Nișcov, V.: Skizze einer Geschichte der rumän. Volksprosaforschungen. In: Aspekte der Volksprosaforschungen in Rumänien. Buk. 1969, 5–46, hier 9 sq., 12, 19 sq., 26. – Mușlea, I./Bîrlea, O.: Tipologia folclorului din răspunsurile la chestionarele lui B. P. H. Buk. 1970. – Florea, R.: Manifestări comparatiste românești în a doua jumătate a secolului al XIX-lea. In: Istoria și teoria comparatismului în România. ed. A. Dima/O. Papadima. Buk. 1972, 24–38. – Bîrlea, O.: Istoria folcloristicii românești. Buk. 1974, 171–195. – Ciubotaru, S.: B. P. H. și cultura populară. In: Anuar de lingvistică și istorie literară 26 (1977/78) 205–212. – Datcu, I./Stroescu, S. C.: Dicționarul folcloriștilor. Buk. 1979, 221–225. – Drăgoi, G.: H., B. P. In: Dicționarul literaturii române de la origini pînă la 1900. Buk. 1979, 424–430. – Șuiu, R.: Legende religioase apocrife. ibid., 495–500. – Moraru, M.: B. P. H. und Mircea Eliade. Über die Beziehungen zwischen Volksbüchern und Folklore. In: Dacoromania 6 (1981/82) 61–64. – Velculescu, C.: B. P. H. und die Unters. der Volksbücher. In: Rumän. Sprache, Lit. und Kunst. ed. D. Messner/J. Pögl. Salzburg 1988, 51–58.

Bukarest Cătălina Velculescu

Hase

1. Vorbemerkungen – 2. Dem H.n zugeschriebene physische, psychische und charakterliche Eigenschaften – 2.1. Schnelligkeit, Lauftechnik – 2.2. Ängstlichkeit, Furchtsamkeit – 2.3. H. und

Erotik — 2.4. Andere körperliche Eigenheiten — 3. Soziale Eigenschaften — 3.1. H. und andere Tiere — 3.2. H. und Mensch — 4. Zusammenfassung

1. Vorbemerkungen. H., hier sowohl der Feldhase (lepus europaeus), eine „Charaktertierart der offenen Kulturlandschaft“[1], wie auch das (Wild- und Haus-)Kaninchen (oryctolagus und lepus cuniculus), welches ein Höhlenbewohner ist bzw. sich als Stallhase mästen läßt. H.nerzählungen gehen im europ. Bereich seit der frühen Neuzeit weniger von uralten mythischen Vorstellungen aus (über welche sich zahlreiche spekulative und leichtsinnig verallgemeinernde Aussagen finden[2]) als vielmehr einerseits von der alltäglichen Begegnung und Auseinandersetzung sowie dem phantasiebeflügelten Umgang mit diesem weitverbreiteten Wildtier, dem bestimmte anthropospezifische Eigenschaften zugeschrieben werden; anderseits von der älteren naturwiss. didaktischen Lit.tradition bes. des mediterranen Kulturraums[3].

2. Dem H.n zugeschriebene physische, psychische und charakterliche Eigenschaften. Antike Naturwissenschaftler[4] wie → Claudius Aelianus (*De natura animalium* 13, 11–15) oder → Plinius d. Ä. (*Naturalis historia* 8, 81) oder auf diesen beruhende Kapitel in den lat. Enzyklopädien des MA.s (Isidor von Sevilla, *Etymologiae* 12, 1, 2359; Bartholomaeus Anglicus, *De proprietatibus rerum* 18, 68 [um 1230]) und volkssprachliche Übersetzungen von diesen (z. B. John Trevisas Übers. *On the Properties of Things* [1398], die bis zu Shakespeare wirkte) oder die Geschichte der vierfüßigen Tiere des Conrad → Gesner[5] tradieren folgende Charakteristika des H.n:

Er ist schnell, leichtfüßig (Pseudo-Etymologie: lepus = levipes) und rennt bergauf besser als bergab, weil seine Hinter-‚Sprünge‘ länger sind als die Vorder-‚Läufe‘; die Pfoten sind unten behaart; er entkommt den Hunden durch Hakenschlagen. Der Hund erreicht den H.n vor allem beim Bergab-Rennen, der Fuchs durch ständig neue Verfolgungsjagden, die den H.n ermüden. — Der H. ist überaus ängstlich, er fürchtet nicht nur die vierfüßigen Tiere, sondern auch die geflügelten, vor allem Raben und Adler; doch schützt er stets seine Jungen. — Der H. schläft mit offenen Augen (Mot. A 2461.1); die langen ‚Löffel‘ dienen dem Schutz der ‚Seher‘, treiben ihn aber auch beim Rennen an und steuern seine Laufrichtung. — Der H. ist abwechselnd männlichen und weiblichen Geschlechts[6]; auch der ‚Rammler‘ kann Junge gebären (cf. Mot. B 754.4); die Häsin zeichnet sich durch Superfötation aus (trägt gleichzeitig ein schon behaartes, ein noch nacktes, ein soeben gezeugtes Junges im Leib). — Vor allem das Kaninchen ist ungemein fruchtbar; u. a. auf den Balearen haben sie durch Auffressen der Feldfrüchte eine Hungersnot hervorgerufen. — Das Fleisch des H.n, auch seine in Blut gekochten Eingeweide sind wohlschmeckend; vor allem gelten ungeborene Föten (laurices) als Leckerbissen, das Fleisch als Aphrodisiakum. — In medizinischen Traktaten arab. Herkunft werden Haare, Hirn, Schädel, Fleisch, Magen, Lab etc. des H.n als heilkräftig gepriesen[7]; Bartholomaeus (*De proprietatibus rerum* 18, 68) empfiehlt die im H.n geronnene Milch („ruennynge“ = coagulum) gegen Gift und Leibesfluß, sein Blut gegen Schmerzen[8]. Hervorzuheben ist, daß sich bei Claudius Aelianus (*De natura animalium* 13, 11–15) kaum glaubliche H.ngeschichten finden, die er sich zwar von Jägern hatte erzählen lassen, deren Wahrhaftigkeit er indes unterstreicht (→ Jägerlatein). Zum Verhältnis von Raubvögeln und H.n bemerkt er, es gebe keinen ‚Friedensvertrag‘ zwischen diesen Tieren (cf. AaTh 62: → *Friedensfabel*).

Die vielfach literar. tradierten Charakteristika der H.nnatur finden sich immer wieder in populären Erzählungen sowie in Kleinformen der Volksliteratur (abergläubische Aussagen, Ätiologien, Exempla, Rätsel, Redensarten, Sprichwörter) mit oftmals didaktischer Tendenz. Hervorzuheben sind:

2.1. Schnelligkeit, Lauftechnik. Der H. suche bei der Flucht ansteigendes Gelände, erklärt der → *Physiologus*; das Exemplum demonstriert, der Mensch müsse zu Gott aufstreben, um dem Teufel (= den Hunden) zu entkommen. Johann → Geiler von Kaysersberg verwendet ebenfalls das Wissen von den zu kurzen Vorderbeinen und ermahnt in seiner Predigt *Der H. im Pfeffer* mit dem Berglauf-Beispiel den geistlichen Menschen zu höherem Eifer, gute Werke zu tun[9]. Da der H. so schnell rennen kann, wird er im Schwanktypus AaTh 1539: → *List und Leichtgläubigkeit* als Briefträger verkauft (Mot. K 131.1), oder er soll als Geldüberbringer dienen (Mot. J 1881.2.2); in afrik. Mythen wird er als → Götterbote zu den Menschen gesandt (Mot. B 291.3.2). Wenn die Freunde ihn alle im Stich lassen, bleibt ihm nur seine Schnelligkeit, um sich zu retten (Mot. H 1558.4). Bes. Bedeutung gewinnt die Schnelligkeit des H.n in den Erzählungen vom

→ *Wettlauf der Tiere*, wobei er sich zu Tode läuft (AaTh 275) oder durch Verschlafen den Sieg gegenüber Schildkröte oder Schnecke aus der Hand gibt (AaTh 275 A). In einem friaul. Schwank läßt sich ein H., dessen Füße vom Davonrennen wund sind, vom Gevatter Hund vier Stiefel machen. Ohne sie zu bezahlen, springt er damit in den Wald; der Hund kann ihn jetzt erst recht nicht einholen[10]. Die Redensarten ‚rennen wie ein H.'[11] oder ‚das H.npanier ergreifen' haben sowohl mit dessen Geschwindigkeit als auch mit seiner Ängstlichkeit zu tun.

2.2. Ängstlichkeit, Furchtsamkeit. Auf dem Flugblatt *Speculum bestialitatis* (Nürnberg um 1650) heißt es: „Der Hass ist ein forchtsam Thier / Gar bald wirfft er auff sein Panir / Bey der Trommel da hält er nicht [...]."[12] ‚H.nfuß' und ‚H.nherz' sind Metaphern für einen ängstlichen Menschen[13]; die Redensart vom ‚H.npanier' heißt schon bei Gesner „Des haasen banner annemmen"[14]. „H.n lassen sich nicht mit der Trommel fangen" bedeutet: Bei delikaten Problemen soll man diplomatisch vorgehen[15]. H.n, so ein Exemplum im *Libro de buen amor* (1. Hälfte 14. Jh.) des Arcipreste de Hita (i. e. Juan → Ruiz), halten gar das Rauschen des Waldes und der Meereswellen für gefährlich, sie sind „de coraçon flaco", aber sie überwinden diese eitle Furcht (Keller J 1812.2)[16]. Dennoch findet selbst der Hase ein Tier, das noch ängstlicher ist als er: Schaf, Fisch oder Frosch (AaTh 70: → *H.n und Frösche*). In der Volkserzählung heißt es aber auch, daß H.n eher vorsichtig als ängstlich sind[17]. Seine Jungen ermahnt der H., ihre Augen umsichtig zu benützen (AaTh 72*: *The Hare Instructs his Sons*)[18].

2.3. H. und Erotik. Die Vorstellungen vom Geschlechtswechsel des H.n (Mot. B 754.1.2)[19], von der Schwangerschaft des Rammlers (Mot. B 754.4) und von der übermäßigen Fruchtbarkeit der Häsin haben zu einer Reihe von erotischen Erzählungen und Zweideutigkeiten geführt. Bonaventure → Des Périers (*Nouvelles Récréations*, num. 66) trägt in einer Diskussion über die Arche Noah die Meinung vor, nur ein Rammler sei dort gewesen, das Weibchen sei Noah entwischt, und daher komme es, daß das Männchen trage wie das Weibchen. Das Schwankmäre *Häslein* (14. Jh.) spielt mit den Metaphern ‚Minne suchen'/ ‚Häslein geben' auf den Sexualverkehr an[20]. Durch solche Vorstellungen wird ‚Häslein' zum erotisierten Mädchen, engl. ‚coney' = Kaninchen (mit Anklang an frz. ‚conin', Diminutiv zu cunnus) zur Metapher für die weiblichen Geschlechtsteile, wie ein Schwanklied aus dem 17. Jh. zeigt[21]. Zahlreich sind die H.nbilder in der dt. Umgangssprache; ‚Skihase' und *Playboy*-‚Bunny' sind allg. bekannt[22]. Das medizinische Wissen von der Heilkraft gestockter H.nmilch und die Suche nach dieser (Mot. H 1361.5) könnten zu dem Aberglauben geführt haben, daß → Hexen in Gestalt von H.n → Milch stehlen. Milchhexen tauchen in schwed. Hexenprozessen des 17. Jh.s auf[23].

2.4. Andere körperliche Eigenheiten. Ätiologische Erzählungen erklären physiologische Besonderheiten des H.n, so sein Hoppeln (Mot. A 2441.1.11) oder seinen kurzen Schwanz (Mot. A 2378.4.1), der ihm, dem Fliehenden, bei der Erschaffung von Gott nachgeworfen (Mot. A 2215.2), von → Noah, der ein Loch in der Arche zu stopfen hatte, abgeschnitten[24] oder vom Hunde kurzgebissen wurde[25]. Die Ohren wurden dem H.n von einem anderen Tier langgezogen (Mot. A 2325.1; AaTh 136 B*: *The Hare and the Ram in Contest*); sie sind schwarz (Mot. A 2325.2), weil er vor Angst den Kopf in einen verkohlten Baum steckte (Mot. A 2212.1)[26]. G. Vogler sagt, sein Katechismus sei auch schon für Kinder bestimmt: Denn auch kleine H.n hätten schon lange Ohren[27]. Fritz Reuter erzählt, wie ein Bauer durch H.nohren, die ein Geschenk erahnen lassen, einen Richter foppt[28]. Mit der ikonographischen Spielerei von den drei H.n, die gemeinsam nur drei Ohren besitzen (Triquetrum), hat sich die Symbolforschung (Bedeutung: Sonnenwirbel oder auch Trinität) öfters und ausgedehnt beschäftigt[29]. Zu der gespaltenen Lippe des H.n heißt es, der H. habe übermäßig gelacht, als er einen Sack Insekten freiließ (Mot. A 2003), oder er habe gelacht, als der → Fuchs am Pferdeschwanz (AaTh 47 A) hängenblieb; dabei sei seine Lippe geplatzt[30]. In afrik. Ätiologien ist es der → Mond, welcher die Lippe des H.n spaltet (Mot. A 2216.3; A 2234.4). Um eine H.nscharte bei Neugeborenen zu vermeiden, beachtet die

Volksmedizin Taburegeln in bezug auf den Genuß von H.nfleisch[31] oder das Anschauen toter H.n[32]. Ein H. mit Hörnern wurde angeblich 1934 von zwei Tierpräparatoren in Douglas (Wyoming) erfunden und dort zu einer Tourismus-Attraktion[33]. Doch kannte schon Gesner den ‚lepus cornutus' und bildete ihn mehrfach ab[34]. In einer Fabel aus der → Äsop-Tradition wünscht sich der H. ein so schönes Geweih, wie der Hirsch eines hat, aber er stürzt unter dem Gewicht der Hörner[35]. In der Fabel *Der Hirsch. Der H. Der Esel* von J. W. L. → Gleim[36] bilden die Langohren sich ein, sie seien vom gleichen Geschlecht wie der Hirsch; dieser straft sie mit Verachtung – sozialer Aufstieg steht dem H.n nicht an. In afrik. Erzählungen legt sich der stolze H. Hörner aus Wachs zu, aber sie schmelzen am Feuer (Mot. K 1991). ‚Lièvres cornus' bedeuten dem Franzosen Hirngespinste[37].

3. Soziale Eigenschaften. Die Mehrheit der H.n-Erzählungen macht dieses schnelle, furchtsame und fruchtbare Tier zu einem schillernden Protagonisten bei Auseinandersetzungen mit anderen Tieren oder mit den Menschen.

3.1. H. und andere Tiere. Im Umgang mit anderen Tieren zeigt sich der H. als listig und witzig (→ Trickster), gutmütig, mutig und demokratisch gesonnen: Er verlangt gar gleiche Rechte für alle Tiere (Mot. J 975) oder wird König der Tiere (Mot. B 240.2; B 241.2.6). Aus der Fülle der tierischen Sozialbeziehungen seien genannt:

(1) H.n und → Adler liegen ständig miteinander im Streit (Mot. J 682.1): → Phädrus (1, 9) erzählt, der Spatz habe den H.n geschmäht, als der Adler ihn packte; da habe sich der H. gefreut, als der Habicht den Spatz schlug (Mot. J 885.1). (2) In Tierschwänken Neumexikos überredet → Brer Rabbit, als Coyote (→ Coyote stories) ihn fressen will, den Stärkeren, seine Augen mit Terpentin zu bestreichen (AaTh 8: → *Schönheitskur*)[38]. (3) In afrik. Erzählungen verbündet sich der H. mit dem → Elefanten auf einer Handelsreise (Mot. B 294.6) oder reitet auf einem geflügelten Elefanten (Mot. B 557.11.3). Als Bote des Mondes[39] zeigt er dem Elefanten an einem bewegten Gewässer, daß der Mond ärgerlich ist (AaTh 92 A: → *Spiegelbild im Wasser*). (4) Immer wieder versucht der → Fuchs, den H.n zu packen (z. B. Claudius Aelianus, *De natura animalium* 13, 11); er läßt ihn, wenn der Adler angreift, im Stich, auch wenn er mit ihm verbündet ist (Mot. J 682.1)[40]; er lenkt den Hund ab, der ihn jagt, und verweist ihn auf den H.n: der schmecke besser; dann lobt er sich, er habe den H.n gerühmt (Dicke/Grubmüller, num. 188). So mag es Zuhörer von Volkserzählungen, die sich mit dem Schwächeren identifizieren, befriedigen, wenn der listige Betrüger seinerseits gefoppt wird (cf. → Stark und schwach): Der H. heuchelt Lahmheit, läßt sich vom Fuchs tragen und gewinnt so eine Frau, die bis dahin den Fuchs bevorzugt hatte (AaTh 72: → *Kranker trägt den Gesunden*). Der H. kann auch Mensch und Fuchs gleichzeitig überlisten, um sich Fleisch zu verschaffen (AaTh 176*: *Hare Outwits Man and Fox*). In einer russ. Var. zu AaTh 43 (cf. → *Hausbau der Tiere*)[41] verjagt der Fuchs, dessen Eishaus geschmolzen ist, den H.n aus seinem Holzhaus. Weinend wendet sich dieser an Hunde, Bär und Ochsen, doch sie haben alle Angst vor den Morddrohungen des Fuchses. Nur der Hahn fordert ihn heraus und zerfetzt ihn mit einer Sense. H. und Hahn leben dann zusammen. In Zentralspanien erzählte 1983 eine 69jährige Landarbeiterin: Die Häsin überredet die Füchsin, sie nicht zu fressen (die Erzählerin erinnert sich nicht genau, wie – nämlich mit dem Hinweis darauf, daß Frieden zwischen den Tieren herrsche [cf. AaTh 62]). Als der Jäger mit dem Hund die Häsin jagt, schreit die Füchsin: „Sag's ihm doch! Die Häsin ruft zurück: Das ist jetzt nicht mehr nötig!"[42] Ein apul. Schwank erzählt, wie der Fuchs sich tot stellt, um den H.n zu überlisten. Dieser sagt, man habe ihm berichtet, ein toter Fuchs bewege noch den Schwanz. Der Fuchs bewegt sich also, und so weiß der H., daß er in eine Falle gelockt werden soll, und springt davon (AaTh 66 B: *Sham-dead [Hidden] Animal Betrays Self*)[43]. (5) H. und → Hund sind verfeindet (Mot. A 2949.4.4); der Hund kennt den H.n, selbst, wenn er als Jäger verkleidet ist (AaTh 70*: *The Hare is Dressed up as a Hunter*). H.n können den Hunden bei der Jagd entkommen (Mot. U 242). Bei dem Hund, der den H.n abwechselnd beißt und anwedelt, ist eine Entscheidung, ob er Freund oder Feind

sei, schwierig (Mot. K 2031; cf. Apk. 3, 16: „Weil du aber lau bist und weder warm noch kalt […]“). Der Haushund frißt lieber aus dem Napf als dem H.n nachzujagen (Mot. J 487). In der → Verkehrten Welt führt der H. den Hund[44]. (6) Als die H.n Reden über die Gleichheit hielten, erwiderten die → Löwen: Euren Argumenten fehlen unsere Klauen und Zähne[45]. Da die Löwen also die Macht haben, greifen die schwachen H.n abermals zur List: Der H. in der Löwenhaut erschwindelt sich Fleisch von der Löwin (Mot. K 362.5); der H. entkommt, in Dornensträucher gewickelt, dem Löwen (Mot. K 521.10); der Löwe läßt den H.n schlafen, verfolgt den Hirsch und verliert beide (Mot. J 321.3). Ein festgeklemmter Löwe wird gar vom H.n gefressen (Mot. K 714.9). (7) Beim Streit zwischen H. und Spatz frißt die Katze alle beide (Mot. K 815.7). (8) Das Stachelschwein bittet den H.n um Gastfreundschaft und vertreibt ihn dann mit seinen Stacheln aus dem eigenen Haus (Mot. P 332).

3.2. H. und Mensch. Der H. ist bevorzugtes Jagdwild des Menschen; es kann auch ohne Feuerwaffen, mit Netzen oder Hunden, ‚zur Strecke gebracht‘ werden. Der Tod des H.n ist jedoch nicht immer eine ausgemachte Sache, seine Errettung erscheint einmal als Mirakel-Motiv in der → Martins-(auch → Luther-)Legende[46], dann in Schwänken wie dem von der H.nsuppe (AaTh 1260 A: cf. → *Mahl der Einfältigen*, AaTh 1552*: *The Hare at Third Remove*)[47] oder in der vor allem in Afrika verbreiteten Erzählung von der → Teerpuppe (AaTh 175)[48], einer Leimpuppe, von der sich der H. befreien kann (cf. auch → Afroamerik. Erzählgut). Als unlösbare → Aufgabe soll der Held im Märchen H.n hüten (AaTh 570: → *H.nhirt*). Mit List entkommt der H. einem Jäger, dem er weismacht, er habe Angst vor Dornengestrüpp: Er wird in die Dornen geschmissen und entkommt (Mot. K 581.2). Die → Sieben Schwaben (AaTh 1231) fürchten sich gar vor dem ‚Drachen‘ (KHM 119) und lassen den H.n laufen. Oft gerät die H.njagd zur Komödie, und sie gibt Anlaß zu den tollsten Erfolgsmeldungen und Übertreibungen.

So erzählt schon 1579 der Lügenmärchensammler → Philippe le Picard von einer erfolgreichen H.njagd im Meer (*Nouvelle Fabrique*, num. 83), vom Zusammenkleben zweier rennender H.n mit Schusterpech (num. 7 = AaTh 1893 A*: *Two Hares Run into Each Other*) und von dem behenden Barbier, der einen springenden H.n rasieren konnte (num. 1 = AaTh 654: *Die behenden → Brüder*); er kennt auch die List der H.n: Einer entkommt, auf einem Holzstück schwimmend (num. 67), ein anderer tötet einen Jagdhund durch einen Steinwurf (num. 74), ein dritter schmeißt den Jäger, der seine Notdurft verrichtet, über den Haufen und schleift ihn an seinem Schwanz bis ins Dorf (num. 105)[49]. Auch vom → *Kaninchenfang* (AaTh 1891, 1893; cf. ferner AaTh 1226: *The Rabbit Catch*) wird viel Wundersames erzählt. In einem 1979 aufgezeichneten bergamask. Nonsense-Kettenmärchen, erzählt von dem 72jährigen Cesare Guelmani, geht es um „sieben Jäger, sechs nackt und einer ohne Hemd, mit sieben Gewehren, sechs kaputt und eines ohne Hahn“ etc., und der nicht gefangene H. wird schließlich in einer Pfanne ohne Boden gebraten (AaTh 1965: *Die schadhaften → Gesellen*)[50]. Ein kors. Schwank zeigt einen Jäger, der sich mit Hilfe eines erlegten H.n Essen, Trinken, ein Bett mit Frau und auch noch Geld verschafft[51]. Durch einen ausgestopften H.nbalg wird in einem engl. Schwanklied eine Reihe von Amateurjägern gefoppt[52]. Zum Thema der Verkehrten Welt gehört auch das Motiv von den H.n, die den Jäger fangen (braten, schießen, beerdigen), das auch in der Ikonographie weite Verbreitung gefunden hat[53]; Hans → Sachs fügt seiner Fabel (1550) die Moral hinzu, ein allzu strenger Tyrann müsse den Aufstand des Volkes fürchten: „Sanftmut bringt Gut“[54].

Eher als die Jagdabenteuer gehören die Begegnungen mit monströsen H.ngeburten zur Erfahrungswelt des Landmannes. Doch hat Gottfried August → Bürger auch aus dem mehrfach beschriebenen achtbeinigen (Doppel-)H.n[55] eine Lügengeschichte geformt[56]. Der dreibeinige H.[57] zählt indes eher zu den sagenhaften Erscheinungen; dabei entpuppt sich der angeschossene H. oft als Hexe (Mot. D 655.2, G 211.2.7)[58]. In den Jagdbereich fällt schließlich noch die aus der Lateinschulliteratur stammende H.nklage „Flevit lepus parvulus“, die bis ins Kinderlied des 20. Jh.s lebendig geblieben ist[59].

Ungenügend erklärt bleibt – neben der sagenhaften Gleichsetzung von H. und Hexe – die verbreitete Vorstellung von der Erscheinung (Epiphanie) toter Seelen als H.n (Mot. E 211.1, E 423.2.2, E 612.3, E 731.5; cf. auch Mot. D 117.2, D 315.5)[60]:

Als Ulrich, Diener des Grafen Eberhard von Württemberg, 1463 auf der Jagd war und einen H.n in den Ranzen steckte, rief eine Stimme nach dem toten Tier, dieses antwortete aus Ulrichs Sack und war dann verschwunden; der Jäger starb drei Tage später[61]. In einem Märchen aus Ems (Wallis) bezahlt der Held die Schulden einer Leiche, die ausgepeitscht wird. Die dankbare Seele des Toten hilft ihm später in Gestalt eines H.n (AaTh 506 B: cf. → *Dankbarer Toter*)[62]. Quelle war vielleicht ein Märchen aus Montale (Toscana), in welchem der jüngste von drei Brüdern die Schulden eines Toten bezahlt; dieser hilft ihm dreifach in Gestalt eines Häsleins[63]. In Friaul wird erzählt, ein Sargträger habe beim Begräbnis einer alten Frau mit seinem Kameraden Morra gespielt. Abends erscheint ihm ein weißer H. und ein Leichenzug; die tote Alte geht auf ihn zu; er entkommt ihr mit Schrecken[64]. In Tricarico bei Matera (Lucania) wurde 1977 von alten Landarbeitern erzählt, ein Jäger habe einen H.n getroffen, der nach seinem Kopf suchte; es war die Seele eines Enthaupteten[65].

4. Zusammenfassung. Abgesehen von solchen der Sage eigentümlichen H.nerscheinungen (H.nfrau, H.nseele) und Glaubensvorstellungen, zu denen auch der unerklärte Osterhase gehört[66], ergibt sich doch für die übrigen Erzählungen vom H.n ein relativ einheitliches Bild: Lepus europaeus, ein unbehaustes Tier (Mot. A 2233.2.1, J 2171.2.1), ein schwaches Geschöpf, das sich ständig auf der Flucht befindet, entkommt den stärkeren Jägern (Tier oder Mensch) mit Leichtfüßigkeit, Umsicht und List[67]. Da er nicht Krieg auf sein Panier schreiben kann, plädiert er, friedlich wie Albrecht Dürers H.[68], für die Lebensrechte und den Sieg des kleinen Mannes[69]. In einer Welt brutaler Vernunft spielt er den Narren[70], und es nimmt nicht wunder, daß in den 70er Jahren die Häschenwitze eine große Beliebtheit erreichten[71], daß moderne Kinderbücher den Mut des ängstlichen H.n hervorkehren[72] und von heilen Welten erzählen, wo Fuchs und H. sich noch gute Nacht sagen. Die Erinnerung an Mümmelmann, der die Ohren steif hält, bleibt wach, auch wenn H.ngeschichten nur noch in Schwundformen im Munde des Volkes tradiert werden.

[1] Engelhardt, W./Obergruber, R./Reichhof, J.: Lebensbedingungen des europ. Feldhasen (Lepus europaeus) in der Kulturlandschaft und ihre Wirkungen auf Physiologie und Verhalten. Laufen 1985, 6; cf. auch Zörner, H.: Der Feldhase. Lepus europaeus. Wittenberg 1981. — [2] z. B. „Der mythische Hase ist unzweifelhaft der Mond", cf. De Gubernatis, A.: Die Thiere in der idg. Mythologie. Lpz. 1874, 399. Kritische Vorsicht ist auch gegenüber Riegler, R.: H. In: HDA 3 (1930/31) 1504—1526 vonnöten; cf. auch Rowland, B.: Animals with Human Faces. L. 1974, 88—93; Chevalier, J./Gheerbrant, A.: Dictionnaire des symboles, mythes, rêves, coutumes, gestes, formes, figures, couleurs, nombres. P. (1969) ²1982, 571—573 (mit waghalsigen ahist. ethnogr. Sprüngen). — [3] Boyle, A. J.: The Hare in Myth and Reality. In: FL 83 (1973) 313—326; Braudel, F. (ed.): La Méditerranée. L'Espace et l'histoire. P. (1977) ²1985; immer noch lesenswert sind die alten Kompilationen von Waldung, W.: Lagographia. Natura leprorum [...]. Amberg 1619; Paullini, C. F.: Lagographia curiosa seu leporis descriptio. Augsburg 1691; allg. zur H.nlit. cf. Evans, G. E./Thomson, D. (edd.): The Leaping Hare. L. 1972; Brochier, J.-J.: Anthologie du lapin. P. 1987; reiche Materialien zum H.n im Sprichwort finden sich im Archiv des Thesaurus Proverbiorum Medii Aevi (‚Thesaurus Singer') bei der Stadt- und Univ.sbibl. Bern; das Typoskript ‚H.' wurde von H. U. Seifert bearbeitet. — [4] Zum H.n in der Antike allg. cf. Keller, O.: Die antike Tierwelt. 1: Säugetiere. (Lpz. 1909) Nachdr. Hildesheim 1963, 210—218; Gossen, H. von: H. In: Pauly/Wissowa 14 (1912) 2477—2486; zum Kaninchen cf. auch Hehn, V.: Kulturpflanzen und Haustiere in ihrem Übergang aus Asien nach Griechenland und Italien sowie in das übrige Europa. B. ⁶1894, 444—447. — [5] Gesner, C.: Allg. Thier-Buch [...] aller vierfüßigen [...] Thieren. (Ffm. 1669) Nachdr. Hannover 1980, 167—173; cf. ausführlicher id.: Historiae animalium lib. I de quadrupedibus viviparis. Zürich 1551, 681—716. — [6] Erste naturwiss. Widerlegung dieser Auffassung schon ibid., 585 sq.; dann bei Browne, Sir T.: Pseudodoxia epidemica 1. ed. R. Robbins. Ox. 1981, 226—232 (= 3,17). — [7] Ruiz Bravo-Villasante, C. (ed.): Libro de las utilidades de los animales. Madrid 1980, 30 sq. — [8] cf. auch Gesner 1551 (wie not. 5) 698—708; id. 1669 (wie not. 5) 170—173; zu neueren volksmedizinischen Vorstellungen über den H.n cf. Weiser-Aall, L.: Om haren i norsk overlevering. In: Norveg 10 (1963) 1—58. — [9] Schmidtke, D.: Geistliche Tierinterpretation in der dt.sprachigen Lit. des MA.s (1100—1500) 1. B. 1968, 303; Ramatschi, P.: Geilers von Kaysersbergs ‚Has im Pfeffer'. Ein Beispiel emblematischer Predigtweise. In: Theologie und Glaube 26 (1934) 176—191; Elschenbroich, A.: Purgare, illuminare, perficere. Geiler von Kaysersberg als Fabelerzähler. In: DVLG 61 (1987) 639—664, bes. 661—663. — [10] Appi, E. und R./Paroni-Bertoia, R.: Racconti popolari friulani. 14: Zona di Montereale Valcellina. Udine 1978, num. 3. — [11] Gottschalk, W.: Die sprichwörtlichen Redensarten der frz. Sprache. Heidelberg 1930, 43; Ziltener, W.: Repertorium der Gleichnisse und bildhaften Vergleiche der okzitan. und der frz. Verslit. des MA.s. 2,2: Belebte Natur. Bern 1983, num. 3094—3120; Röhrich, Redensarten 2, 391. — [12] Die Slg der Herzog August Bibl. in Wolfenbüttel. 1: Ethica, Physica. ed. W. Harms/M. Schilling. Tübingen 1985, 77, num. 1, 32. — [13] Lipperheide, F. von: SpruchWb. Mü. ²1909, 374; cf. auch Rolland, E.: Faune populaire de la France 7. P. 1906, 185, num. 25. — [14] Gesner 1551 (wie not. 5) 716. — [15] Düringsfeld, I./Reinsberg-Düringsfeld, O. von: Sprichwörter der germ. und rom. Sprachen 1. Lpz. 1872, num. 688; Gottschalk, W.: Die bildhaften Sprichwörter der Romanen 1. Heidelberg 1935, 89. — [16] Arcipreste de Hita: Libro de buen amor. ed. A. Blecua. Barcelona 1983, 213

sq. (Enxiemplo de las liebres). — [17] Zörner (wie not. 1) 60. — [18] Ergänzend zu AaTh: Ó Súilleabháin/Christiansen; Megas; Kippar; zu den offenen H.naugen cf. Gesner 1551 (wie not. 5) 715 („Er schlaaft den haasen schlaaf"); Rolland (wie not. 13) 182, num. 18. — [19] ibid., 183, num. 20; cf. Liebrecht, F.: Zur Vk. Heilbronn 1879, 362, num. 9. — [20] Hagen, F. H. von der: Gesammtabenteuer 2. Darmstadt [2]1961, num. 21; Verflex. 3 ([2]1981) 544 sq. — [21]Wehse, R.: Schwanklied und Flugblatt in Großbritannien. Ffm./Bern/Las Vegas 1979, 302, num. 91. — [22] cf. allg. Borneman, E.: Sex im Volksmund 1—2. Reinbek 1971; engl. H.nschimpfnamen aus dem späten 13. Jh. bei Ross, A. S. C.: The Middle English Poem on the Names of a Hare. In: Proc. of the Leeds Philosophical and Literary Soc. 3 (1932—35) 347—377. — [23] Wall, J.: Tjuvmjölkande väsen 1. (Diss. Uppsala 1977) Sth. 1977, 250—253; HDA 3, 1517 sq. — [24] Sébillot, P.: Le Folk-lore de France 3. P. 1906, 8 (aus dem Nivernais). — [25] Dh. 3, 47 sq. — [26] cf. Wlislocki, H. von: Tiermärchen der Wotjaken. In: Zs. für vergleichende Litteraturgeschichte N.F. 6 (1893) 399—405, bes. 399 sq. — [27] Metzger, W.: Beispielkatechese der Gegenreformation. Würzburg 1982, 241, num. 646. — [28] Reuter, F.: Läuschen un Rimels. In: id.: G. W. und Briefe 2. ed. K. Batt. Neumünster 1967, 172—175. — [29] Friedrichs, G.: Die drei mythischen H.n und ihre Verwandten an Kirchen und anderen Gebäuden und H.n in Märchen und Sagen. In: Mannus 18 (1926) 339—348; HessBllfVk. 30—31 (1931/32) 228; Jesse, W.: Beitr.e zur Vk. und Ikonographie des H.n. In: Vk.arbeit. Festschr. O. Lauffer. B./Lpz. 1934, 158—175 (4 Abb.en); Mössinger, F.: Drei H.n mit zusammen nur drei Ohren. In: HessBllfVk. 45 (1954) 74—77; Pfleger, E.: Trois Lièvres et trois oreilles: les triquètres des lièvres et des poissons en Alsace. In: Cahiers alsaciens d'archéologie, d'art et d'histoire (1957) 193—200 (12 Abb.en); Schmidt, L.: Werke der alten Volkskunst. Rosenheim 1979, 70—74 und 148, not. 2—4. — [30] cf. Dh. 3, 22 sq., 492; Dh. 4, 98 sq., 237; BP 3, 75. —

[31] Daß H.nfleisch Melancholie hervorrufe, bezeugen engl. Sprichwörter: The Oxford Dictionary of English Proverbs. ed. F. P. Wilson. Ox. [3]1970, 354. — [32] Weiser-Aall (wie not. 8) 15—28. — [33] Dorson, R. M.: Man and Beast in American Comic Legend. Bloom. 1982, 50—54. — [34] So noch im Gesnerus redivivus [...]. Oder Allg. Thier-Buch [...]. (Ffm. 1669) Nachdr. Hannover 1980, 173 sq.; cf. ferner Schütze, G.: Gesellschaftskritische Tendenzen in dt. Tierfabeln. Ffm./Bern 1973, 129—132. — [35] cf. Schwarzbaum, Fox Fables, 491—499; Dicke/Grubmüller, num. 253. — [36] Dithmar, R. (ed.): Fabeln, Parabeln und Gleichnisse. Mü. [3]1974, 181. — [37] Rolland (wie not. 13) 197 sq., num. 95. — [38] Robe, S. L.: Hispanic Folktales from New Mexico. Berk. 1977, 37. — [39] Zum Motiv ‚H. im Mond' (Mot. A 751.2) cf. Tallqvist, K.: Månen i myt och dikt, folktro och kult. Hels. 1947, 112, 161, 164, 170 sq. — [40] Dicke/Grubmüller, num. 259. —

[41] Afanas'ev 1, num. 14. — [42] Camarena Laucirica, J.: Cuentos tradicionales recopilados en la provincia de Ciudad Real. Ciudad Real 1984, num. 14. — [43] La Sorsa, S.: Fiabe e novelle del popolo pugliese. Bari 1927, 67. — [44] Majolika-Teller im Vk.-Museum Wien, Inventarnummer 22 529 (Salzburg um 1680). — [45] Schwarzbaum, Fox Fables, 155, not. 2 und p. 473 sq.; cf. Dicke/Grubmüller, num. 225, 262. — [46] Sulpicius Severus, Dialogi 2, 10; Brückner 302, num. 59; 310, num. 131. — [47] Ranke, K.: Der Schwank vom Schmaus der Einfältigkeit [1955]. In: id.: Die Welt der Einfachen Formen. B./N.Y. 1978, 212—223, bes. 215—217. — [48] Paulme, D.: La Statue enduite de glu. Un motif de conte et ses avatars africains. In: Le Conte, pourquoi? comment? ed. G. Calame-Griaule/V. Görög-Karady/M. Chiche. P. 1984, 55—74. — [49] cf. Thomas, G.: The Tall Tale and Philippe d'Alcripe. St. John's 1977, num. 83, 7, 1, 67, 74, 105. — [50] Anesa, M./Rondi, M.: Fiabe bergamasche. Milano 1981, 142—145. —

[51]Massignon, G.: Contes corses. P. [2]1984, num. 29 (in Frankreich heißt dieser Typus [nicht bei AaTh] mit Anspielung auf einen angeblich von F. Villon stammenden Text ‚Les Repues franches'). — [52] Wehse (wie not. 21) 482, num. 465. — [53] Ecker, G.: Einblattdrucke von den Anfängen bis 1555. t. 1. Göppingen 1981, Anh. num. 76; Pigler, A.: Barockthemen 2. Bud. 1956, 568 sq. (G. Glockendon d. J., G. Pencz, P. Potter); cf. Bolte, J.: Bilderbogen des 16. und 17. Jh.s. In: ZfVk. 17 (1907) 425—428. — [54] cf. Die Welt des Hans Sachs. Ausstellungskatalog Nürnberg 1976, 159, num. 166 und Abb. p. 206. — [55] Einblattdruck ohne Titel, Oppenheym 1505 (Staatsbibl. München, Signatur Einbl. I, 40); Holländer, E.: Wunder, Wundergeburt und Wundergestalt in Einblattdrucken des 15. bis 18. Jh.s. Stg. 1921, Abb. 32; Lycosthenes, C.: Prodigiorum ac ostentorum chronicon. Basel 1557, 551 (Bischofzell [Thurgau] 1533); weitere Belege (Ulm 1621 etc.) bei Jean Paul: Dr. Katzenbergers Badereise [[2]1823]. In: id.: Werke 6. ed. N. Miller. Darmstadt 1963, 129, 132, 1251 (not.). — [56] Bürger, G. A.: Wunderbare Reisen zu Wasser und Lande [...]. ed. M. Lüthi. Zürich 1978, 50 sq. — [57] So z. B. bei Schambach, G./Müller, W.: Niedersächs. Sagen und Märchen. Göttingen 1855, 191 sq.; Merkelbach-Pinck, A.: Aus der Lothringer Meistube 1. Kassel 1943, 106. — [58] Belege in HDA 3, 1508—1511; cf. auch Der Schlern 61 (1987) 407, 411. — [59] Rolland (wie not. 13) 206 sq.; Bolte, J.: Findlinge. In: Jb. für Volksliedforschung 2 (1930) 140—142, hier 142; Alpers, P.: Weltliches im Wienhäuser Liederbuch. ibid. 12 (1967) 93—102, hier 98 sq.; Klintberg, B. af: Harens klagan och andra uppsatser om folklig diktning. Sth. 1978, 127—150. — [60] Tobler, O.: Die Epiphanie der Seele in dt. Volkssage. Diss. Kiel 1911, 19 sq. —

[61] Huber, R.: Florilegium historicum Oder Hist. Lust- und Blumen-Garten. Schaffhausen 1665, 283; Alemannia 10 (1882) 3 (nach Misander [i. e. J. S. Adami], 1695); cf. ibid., 253 sq. — [62] Jegerlehner, J.: Sagen und Märchen aus dem Oberwallis. Basel

1913, 118—120, num. 142. — [63] Nerucci, G.: Sessanta novelle popolari montalesi. Firenze 1880, 430—437, bes. 431, 436; D'Aronco, Toscana, 51 (zu AaTh 301). — [64] Appi, E. und R./Sanson, U.: Racconti popolari friulani. 13: Zona di Azzano 10. Udine 1975, num. 42. — [65] Milillo, A.: La vita e il suo racconto. Roma 1983, 34—36. — [66] Sartori, P.: Osterei. In: HDA 6 (1934/35) 1327—1333; Hepding, H.: Ostereier und Osterhase. In: HessBllfVk. 26 (1927) 127—141; Wildhaber, R.: Der Osterhase und andere Eierbringer. In: SAVk. 53 (1957) 110—116; Newall, V.: An Egg at Easter. L. 1971. — [67] Das gilt nicht nur für afrik. Geschichten, cf. z. B. Kohl-Larsen, L.: Der H. mit den Schuhen. Tiergeschichten der Iraku. Kassel 1958, 11. — [68] Ein populäres politisches Plakat von Klaus Staeck: Zum Welttierschutztag (num. 90196, Heidelberg 1987) zeigt, als Protest gegen die Umweltbedrohung, Dürers H.n in eine Holzkiste verpackt. — [69] Heißenbüttel, H.: Mümmelmann oder die H.ndämmerung. Mainz/Wiesbaden 1978, 13 (nennt literar. H.ngeschichten von Hermann Löns, Beatrix Potter [Peter Rabbit-Bücher], Lewis Carroll [der March-Hare in „Alice in Wonderland"] und Richard Adams [„Watership Down"]). — [70] Zur H.n-Narren-Lit. (Centuria thesium de hasione et hasibili qualitate [1593] etc.) cf. Lindner, K.: Von der Haserey. In: Studien zur dt. Lit. und Sprache des MA.s. Festschr. Hugo Moser. B. 1974, 287—313. —
[71] Röhrich, L.: Ausgemachte Viechereien. Tierwitze. Fbg 1977, 47—53; id.: Der Witz. Stg. 1977 (Mü. 1980), 81 sq.; cf. auch die bibliogr. Notiz R. Schendas zu: Die besten Häschen-Witze (Mü. ⁴1977) in: Fabula 18 (1977) 338. — [72] Deblander, G.: Il leprotto coraggioso. Zürich 1982.

Zürich Rudolf Schenda

Hase und Igel → Wettlauf der Tiere

Haselhexe → Pelops, → Wiederbelebung

Hasen und Frösche (AaTh 70). Die sprichwörtliche Ängstlichkeit des Hasen (H.n) ist das Thema einer Fabel, die seit der Spätantike bis zur Gegenwart eine reiche Überlieferung aufweist:

Auf einer Versammlung führen die H.n Klage darüber, daß sie von Menschen und Tieren verfolgt werden und daher in beständiger Furcht leben müssen. Sie fassen den Beschluß, sich zu ertränken bzw. gemeinsam in ein anderes Land zu ziehen. Ihr Weg führt sie an einem Teich vorüber, an dessen Ufer → Frösche (F.e) sitzen. Vor dem Lärm der herannahenden H.nschar springen sie erschreckt ins Wasser. Ein alter weiser H. ermahnt daraufhin die übrigen zur Umkehr, weil es offensichtlich andere Tiere gebe, denen es noch schlechter ginge als ihnen selbst, und nirgendwo ein Land zu finden sei, in dem man ganz ohne Furcht leben könne.

Die literar. Tradition dieser Fabel setzt in lat. Sprache im ersten nachchristl. Jh. bei → Babrios[1] ein, führt über das *Romulus*-Corpus[2], *Anonymus Neveleti*[3], Alexander → Neckam[4] und findet ihren Niederschlag auch in der Exempelliteratur, z. B. bei → Vincent de Beauvais[5]. Die Lehre der Fabel ist als lat. Merkvers überliefert[6]. Dt.sprachige literar. Zeugnisse liegen, beginnend mit Ulrich → Boners *Edelstein*[7], in Hss. und Drucken des 15. und 16. Jh.s in großer Fülle vor, z. B. im *Leipziger Äsop*[8], bei Heinrich → Steinhöwel[9], Erasmus → Alberus[10] und Hans → Sachs[11]. Aus der rom. Fabeltradition sei die frz. Fassung im *Äsop* der → Marie de France[12] und die span. Version im *Libro de buen amor* des Juan → Ruiz[13], aus der jüd. Überlieferung die Fabelsammlung des → Berechja ha-Nakdan[14] genannt. Die gesamte literar. Tradition[15] von AaTh 70 ist inhaltlich sehr homogen, Abweichungen von der Motivfolge sind selten. So sind es im *Magdeburger Äsop*[16] anstelle von F.en Schafe, die vor den H.n fliehen, bei Berechja werden die H.n bei der Auswanderung in ein fremdes Land durch das Quaken von F.en erschreckt und anschließend von den Hunden getötet. Eine größere Variabilität dagegen entfaltet sich im Epimythion der Fabel, in dem die einzelnen Fabelautoren unterschiedliche Lehren aus der Handlung ziehen, meist aber in Richtung auf ein Sichabfinden mit den vom Schicksal gegebenen Lebensumständen; so etwa 1647 bei Christoph → Lehmann: „Lasset vns derowegen mit vnserm Glück vnd Vnglück friedlich seyn. Es ist keiner so elend, er findet noch einen Elendern, derhalben kan sich ein jeglicher selbst leichtlich trösten"[17], oder bei → La Fontaine: „Il n'est, je le vois bien, si poltron sur la terre/ Qui ne puisse trouver un plus poltron que soi."[18]

Im Gegensatz zu vielen anderen Fabeln weist AaTh 70 über die literar. Tradition hinaus eine breite und, bes. in Nordeuropa, dichte mündl. Verbreitung auf (allein 95 Archivaufzeichnungen aus Finnland bei AaTh). Die einfache Strukturierung der Fabel und die „Klarheit des moralischen Grundgedankens"[19] haben sicher wesentlich zu ihrer Popularität beigetragen. Ein Teil der oralen Überlieferung steht inhaltlich der antiken Fabel sehr nahe. Die Verbreitung der mündl. tradierten Var.n ist auf Europa beschränkt, mit einigen Ausstrahlungen nach Nordasien[20].

Auch in der Volksüberlieferung erweist sich der Fabelstoff als sehr stabil. In einigen Var.n, z. B. in einer dt.sprachigen aus Tadschikistan[21], ist von einem einzelnen H.n die Rede, der Selbstmord begehen will, in einem russ. Volksmärchen[22] will sich ein Bauer aus Kummer ertränken und wird im letzten Augenblick von den fliehenden F.en an seiner Absicht gehindert. Abweichend von der Mehrzahl der Var.n berichten einige schwed., finn. und estn. Aufzeichnungen, daß anstelle der F.e Enten, Fische oder Schafe die Flucht vor den H.n ergreifen[23]. In einem Teil des Var.nmaterials hat AaTh 70 eine jüngere ätiologische Erweiterung erfahren: Die H.n müssen am Ende über ihre eigene Torheit so lachen, daß sich ihre Oberlippe spaltet und sie seither eine H.nscharte haben. Var.n dieses Ökotyps liegen im EM-Archiv aus Frankreich, den Niederlanden, Norddeutschland, Skandinavien, den balt. Ländern und Polen vor. Das Motiv von der gespaltenen H.nlippe (Mot. A 2211.2) ist aus verschiedenen naturdeutenden Sagen bekannt[24] und könnte aus der verbreiteten Tiererzählung vom → *Fuchs am Pferdeschwanz* (AaTh 47 A) seinen Weg in die Fabel AaTh 70 gefunden haben. J. → Hertel hat auf eine verwandte buddhist. Tiererzählung im *Pāli-Jātaka*[25] aufmerksam gemacht, in der ein ängstlicher H. eine Massenflucht der Tiere vor einem vermeintlichen Weltuntergang hervorruft. Die von Hertel vermuteten Querverbindungen zur europ. Fabeltradition haben sich allerdings nicht bestätigt.

[1] Babrius/Perry, num. 25. — [2] Thiele, G.: Der lat. Äsop des Romulus und die Prosa-Fassungen des Phädrus. Heidelberg 1910, 112 sq., num. 35. — [3] Foerster, W.: Lyoner Yzopet. Heilbronn 1882, 111 sq., num. 28. — [4] Du Méril, M. E.: Poésies inédites du moyen âge. P. 1854, 203 sq., num. 34. — [5] Vincentius Bellovacensis: Speculum quadruplex sive speculum maius 2. Douai 1624 (Nachdr. Graz 1964/65), col. 292; Dvořák, num. 2221*. — [6] Walther, H.: Proverbia sententiaeque latinitatis medii aevi 4. Göttingen 1966, num. 29 503 a, 29 551 a. — [7] Pfeiffer, F.: Der Edelstein von Ulrich Boner. Lpz. 1844, num. 32. — [8] Eichhorn, K.: Mitteldt. Fabeln 2. Meiningen 1897, 21 sq., num. 26. — [9] Österley, H. (ed.): Steinhöwels Äsop. Tübingen 1873, num. 28. — [10] Braune, W.: Die Fabeln des Erasmus Alberus. Halle (Saale) 1892, num. 20. —
[11] Sämtliche Fabeln und Schwänke von Hans Sachs 1. ed. E. Götze. Halle (Saale) 1893, 66–68, num. 20; t. 3; ed. id./C. Drescher. (1900) 50 sq. Zu einer Fassung liegt ein ill. Flugblatt vor, gedr. bei A. Formschneyder in Augsburg (ca 1531), cf. Geisberg, M.: The German Single-Leaf Woodcut: 1500–1550. t. 3. N.Y. 1974, num. 1005. — [12] Warnke, K.: Die Fabeln der Marie de France. Halle (Saale) 1898, num. 22. — [13] Ruiz, J.: Libro de buen amor. ed. J. Corominas. Madrid 1967, 543. — [14] Schwarzbaum, Fox Fables, num. 38. — [15] Bis 16. Jh. cf. Dicke/Grubmüller, num. 260. — [16] Seelmann, W.: Gerhard von Minden. Bremen 1878, 121 sq., num. 83. —
[17] Lehmann, C.: Exilium melancholiae. Straßburg 643, num. 71. — [18] La Fontaine: Fables 1. ed. L. Moland. P. s. a., 128 (2, 14). — [19] Dh. 4, 98. —
[20] Ergänzend zu AaTh: Delarue/Tenèze; de Meyer, Conte; Ó Súilleabháin/Christiansen; Hodne; Arājs/Medne; Kecskeméti/Paunonen; SUS; Barag; Ėrgis; Megas; Eberhard/Boratav, num. 18; Jason, Types; Paasonen, H.: Mordwin. Volksdichtung 4. ed. P. Ravila. Hels. 1947, 846 sq.; Suvorov, I. I. (ed.): Evenkijskie skazki. Krasnojarsk 1960, 40 sq.; Kontelov, A.: Skazki narodov Sibiri. Novosibirsk 1956, 80. —
[21] Cammann, A.: Dt. Volksmärchen aus Rußland und Rumänien [...]. Göttingen 1967, num. 120. —
[22] Afanas'ev 3, num. 432. — [23] Dh. 4, 99 sq. —
[24] Dh. 3, 22–24. — [25] Hertel, J.: Zur Fabel von den H.n und den F.en. In: ZfVk. 19 (1909) 426–429.

Göttingen Rolf Wilhelm Brednich

Hasenhirt (AaTh 570) gehört zu der großen Gruppe von Erzählungen, in denen ein niedrigstehender Held (arm, jung, dumm) durch freundliche Behandlung eines übernatürlichen Wesens eine → Zaubergabe erlangt, mit der er vom König gestellte unlösbare → Aufgaben bewältigt und schließlich die Prinzessin bekommt. Die für den Erzähltyp charakteristischen vier Episoden haben folgenden Inhalt:

(1) Der König verspricht seine Tochter demjenigen, der eine Herde Hasen (900, 300, 100, 40, 25, 18, 12, 10; seltener Hähne, Schafe, Ziegen, Gänse, Rebhühner) drei Tage auf dem Feld hüten kann; oder er soll einen (drei, zwölf) entlaufenen Hasen wieder einfangen oder ein (drei) zahmes weißes Kaninchen pflegen und dressieren. (2) Der Held ist (im Unterschied zur Verhaltensweise seiner zwei älteren Brüder) freundlich zu einer alten Frau (Mann) und erhält von ihr eine magische Pfeife (Zauberstab, Glocke), mit deren Hilfe er die Tiere zusammenrufen kann (Mot. D 1441.1.2). (3) Um ihn zu überlisten, versuchen Mitglieder oder Beauftragte der königli-

chen Familie (drei Prinzessinnen; Prinzessin, Königin, König; selten Dienerin, Diener, Minister), teils in → Verkleidung, dem Helden gegen das Versprechen einer Belohnung (Gold, Juwelen, Medaillon, Ring) einen Hasen abzukaufen. Der Held fordert für den Tausch jedoch einen entwürdigenden Akt der Selbsterniedrigung, der nur selten relativ harmlos ist (eine halbe Stunde auf einem Bein hüpfen, dabei in der Nase bohren; Tanzen zur Musik der Pfeife; Purzelbaum schlagen; einen Topf am Hintern befestigen), häufiger brutal (Prügel; Fleisch [Haut] von der Nase [Hand, Rücken] schneiden; am Hintern → brandmarken; Kadaver eines Esels [Koyoten] mit den Zähnen ziehen), oft skatologisch (→ Arsch küssen, → Exkremente essen; Esel [Pferd; am Hintern] küssen [ablecken]), meist recht unverhüllt sexuell (→ Kuß für den Helden; → Koitus mit ihm; → Sodomie mit seinem Pferd). Trotz Erfüllung der ungewöhnlichen Forderungen und entsprechender Vorsichtsmaßnahmen (Hase eingesperrt in Sack [Kiste]; geschlachtet und zerstückelt) kehrt das Tier auf ein Pfeifen hin wohlbehalten zum Helden zurück. (4) Um die Niederlage nicht eingestehen zu müssen, stellt der König eine weitere Aufgabe. Der Held soll einen (drei) → Sack voll Lügen (und Wahrheiten) füllen (Mot. H 1045, cf. K. 1271.1.1). Als der König entdecken muß, daß die erzählten Lügen sich als Wahrheiten herausstellen, beschließt er die Sitzung vorzeitig mit den Worten „Der Sack ist voll“, um seine eigene öffentliche Blamage zu vermeiden.

Die frühesten Belege zu AaTh 570 enthalten im Rahmen des oft als Einl. fungierenden Erzähltyps AaTh 610: *Die heilenden → Früchte* hauptsächlich die weniger drastischen Episoden, so der Text in C. A. → Vulpius' anonym erschienener Slg *Ammenmärchen* (Episode 1, 2, 4)[1] und KHM 165 (ab der 3. Aufl. [1837]; Episode 1, 2, 3 [Hase ohne Gegenleistung gegeben]). Seit der Mitte des 19. Jh.s erscheinen Elemente von AaTh 570 dann in einer Vielzahl unterschiedlicher Texte, wobei eine exakte Typisierung durch die verschiedenen Kontaminationen oft nur marginaler Bestandteile von AaTh 570 erschwert wird[2]. Zwei wesentliche Kombinationsmöglichkeiten treten auf: Einerseits kann der Erzähltyp eine von mehreren Aufgaben der Haushaltsführung darstellen in Märchen wie AaTh 300, 306, 314, 328, 425, 461, 502, 531, 550, 552, 554, 561 oder 592. Andererseits ist er oft – entsprechend K. → Rankes treffender Charakterisierung als ‚schwankhaft‘[3] – verbunden mit Erzählungen von Klugheitsproben oder Trickstern wie AaTh 559, 566, 571, 621, 650, 851, 852, 853, 854 oder 860.

Neben diesen kontaminierenden Var.n, in denen AaTh 570 untergeordnet oder gleichrangig mit anderen Erzähltypen auftritt, sind auch selbständige Fassungen der Episoden (1)–(4) weit verbreitet; Episode (4) tendiert dabei zu größerer Unabhängigkeit (v. auch AaTh 1920: cf. → Lügenwette). Das zentrale Mot. D 1441.1.2 ist außerdem bei AaTh in singulär belegten Subtypen aufgeführt, so in AaTh 515*: *The Magic Pipe* (lapp.) und AaTh 570 B*: *The Sheep and the Magic Flute* (poln.). Obwohl die weite Verbreitung und die Koexistenz verschiedener Kontaminationsformen von AaTh 570 nahelegen, daß der Erzähltyp in der mündl. Überlieferung bereits vor seiner schriftl. Fixierung vorhanden war, ist nach dem derzeitigen Stand der Dokumentation ein abschließendes Urteil hierzu unmöglich; vor allem die Zuverlässigkeit der vorliegenden Texte, anhand derer die Forschung den Stellenwert des Erzähltyps in der mündl. Tradition zu klären sucht, ist nicht unumstritten. Dies liegt u. a. daran, daß AaTh 570 zu denjenigen Volkserzählungen gehört, in denen ein sexueller Akt als Handlungselement erscheint – eine Thematik, die in offenem Gegensatz zu dem romantischen Konzept der Erzählforscher des 19. Jh.s von der Reinheit und Unschuld des Volkes (cf. → Erotik, Sexualität) steht. Daher ist der geringen Anzahl früher Belege keine entscheidende Aussage hinsichtlich der Popularität von AaTh 570 beizumessen im Vergleich etwa mit implizit sexuellen Erzählungen wie AaTh 310: → *Jungfrau im Turm*, AaTh 410: → *Schlafende Schönheit* oder AaTh 709: → *Schneewittchen*. In den meisten veröff. Texten ist Episode (3) unter Verwendung von → Euphemismen radikal neu formuliert (→ Bearbeitung)[4]. Eine der frühen vollständigen Versionen wurde (anonym) von A. N. → Afanas'ev publiziert[5], der sich verpflichtet fühlte, einen derartigen ‚Schatz‘ der Nachwelt wegen seines authentischen, unverfälschten Ausdruckes der Gefühle des einfachen Volkes zu bewahren; die von ihm angeführte Var. ist mit AaTh 1000: cf. → *Zornwette* kontaminiert. Eine unveränderte bret. Var. wurde 1884 veröffentlicht[6]; hier sammelt der Held drei Hautstückchen (von der Hand eines Dieners, vom Rücken des Königs, Jungfernhäutchen der Prinzessin), die er später als ‚Wahrheiten‘ vorzeigt. In einer bosn. Version[7] beschläft der Held nacheinander die

Tochter und Frau des Popen, danach den Popen selbst (cf. → Homophilie). Zwei durch V. → Randolph von einem Informanten aufgezeichnete nordamerik. Var.n lassen vermuten, daß bereits beim Erzähler eine Art Zensurprozeß stattfindet, daß Tatbestände für unterschiedliche Zuhörerkreise verschiedenartig ausgestaltet werden: Die posthum 1976 veröff., unverhüllte Var. ist „for men only"[8], während die frühere Fassung für „mixed audiences"[9] nur Anspielungen auf den sexuellen Mißbrauch von Prinzessin, Königin und König enthielt.

AaTh 570 ist in etwa 400 Belegen aus fast jedem europ. Land nachgewiesen; Schwerpunkte der Dokumentation sind das dt.sprachige Gebiet, Finnland, Norwegen und Frankreich. Belege aus der Peripherie des Verbreitungsgebietes zeigen weniger prägnante Ausformungen, so Var.n vom Balkan (griech., bulg.)[10], die mit aus dem benachbarten islam. Kulturkreis beeinflußten Elementen angereichert sind, und Texte von den Brit. Inseln und Island[11]. Wohl durch Auswanderer hat sich der Erzähltyp auch außerhalb Europas verbreitet, ohne jedoch von der jeweiligen einheimischen Bevölkerung adaptiert zu werden. Von den Kapverd. Inseln sind vereinzelte Belege bekannt[12]; eine reichere Überlieferung findet sich in Lateinamerika, bes. in Mexiko[13]. Während die vier — fast identischen — angloamerik. Versionen[14] keine spezielle Herkunft erschließen lassen, deutet die Formulierung der drei frankokanad. Var.n[15] auf eine direkte Verbindung mit Frankreich hin. Ökotypische Ausprägungen lassen sich für keines der Verbreitungsgebiete eruieren.

Über den Kontext der Erzählung können anhand mangelnder Informationen wenig Angaben gemacht werden. Kommentare zu den publizierten Texten beziehen sich meist auf deren Anstößigkeit. Exemplarisch hierfür ist etwa die Bemerkung (1853) des tschech. Sammlers B. M. Kulda, „die auf der Weide gestellten Bedingungen seien so ‚schimpflich und häßlich, daß mein Ohr sich scheute, sie zu hören'"[16]. L. → Dégh stellte bei Feldforschungen in ung. bäuerlichen Gemeinschaften fest, daß dort AaTh 570 ähnlich wie andere Zaubermärchen mit skatologischen und sexuellen Implikationen einem männlichen Publikum vorbehalten war; die Informanten gaben an, ihre Erzählungen beim Militär (János Nagy) bzw. während der Tätigkeit als Bauarbeiter (Peter Pandur) gehört zu haben[17].

Wenn auch weitere soziokulturelle Hintergrundinformationen fehlen, so übermittelt der Text selbst zentrale Aussagen: Während der Held, einer bäuerlichen Erziehung entsprechend, anfangs noch durch Freundlichkeit und Bescheidenheit das magische Objekt erlangt, verwandelt er sich in der Szene auf der Weide in einen skrupellosen Geschäftsmann, der alles nimmt und nichts riskiert, dessen Ziel gleichzeitig aber weniger die Heirat mit der Prinzessin ist als vielmehr die Machtpositionen zu vertauschen[18]. So bemerkt S. → Thompson zu Recht, daß die erpresserischen Forderungen des Helden letztlich den charakteristischen Zug der Erzählung darstellen[19]. Zwar ist die Übergabe des Hasen ohne weitere Bedingungen denkbar, aber ein Sieg über die Gegenspieler wird nur durch eine Bloßstellung im sexuellen Bereich vollkommen. Dabei ist der Beischlaf mit Mutter und Tochter ohne Bedeutung, entscheidend ist die Auseinandersetzung mit dem männlichen Gegner: Erst als der Held in der Schlußepisode von den üblen Taten des Königs erzählen will, stoppt ihn dieser. So offenbart sich die Erzählung als allegorisierte Darstellung des Machtkampfes zwischen → Arm und Reich; im Sieg des niedrigstehenden Helden verwirklicht sich die Wunschvorstellung armer Bauern, die Träger derjenigen Überlieferungen sind, in denen die Schlauheit des Unterprivilegierten triumphiert (→ Wunschdichtung).

A. → Dundes' psychol. und morphologischer Interpretationsansatz[20] sucht demgegenüber anhand einzelner arbiträr ausgewählter Bestandteile der Erzählung nach deren symbolischen Äquivalenten (z. B. Gleichsetzung von magischem Objekt, Hase, Beischlaf mit Fruchtbarkeit, um einen phallischen Charakter der Geschichte nahezulegen). Die vorgelegte Analyse erreicht über die Feststellung einer universalen Verbreitung psychol. Symbole hinaus kaum einen befriedigenden Ansatz zur Deutung spezifischer Ausprägungen und Var.n einzelner Erzählungen.

[1] [Vulpius, C. A.:] Ammenmärchen 1. Weimar 1791, num. 3. — [2] Scherf, 204—207; ergänzend zu AaTh: SUS; Barag; Kecskeméti/Paunonen; Arājs/Medne; Hodne; Ó Súilleabháin/Christiansen; de Meyer, Conte; van der Kooi; Delarue/Tenèze; Cirese/Sera-

fini; Berze Nagy; Eberhard/Boratav, num. 232 (Var. b); Marzolph *857; Ting; Flowers; Hansen; Robe; über 150 Text-Var.n im EM-Archiv. — [3] Ranke 2, 264. — [4] Exemplarisch cf. z. B. die 17 Var.n bei Šmits, P.: Latviešu tautas teikas un pasakas 8. Waverly, Iowa [2]1967, num. 13. — [5] Kryptádia 1 (1883) 187—191, num. 53 (= Afanasjew, A. N.: Erotische Märchen aus Rußland. ed. A. Baar. Ffm. 1977, 88—92). — [6] Kryptádia 2 (1884) 45—53, num. 13. — [7] Anthropophyteia 4 (1907) 393—398, num. 621; cf. 2 (1905) 340—344, num. 421. — [8] Randolph, V.: Pissing in the Snow [...]. Urbana/Chic./L. 1976, num. 29. — [9] id.: Who Blowed up the Church House? N.Y. 1952, 17—19, 185 sq. — [10] Kretschmer, P.: Neugriech. Märchen. MdW 1917, num. 34 (AaTh 325 + 561 + 570); Sbornik za narodni umotvorenija nauka i knižnina [...] 6 (1901) 176 (bulg.); cf. Marzolph, U.: Pers. Märchen Miniaturen. Köln 1985, num. 5 (AaTh 570 + 325). — [11] cf. Árnason, J.: Islenzkar þjóðsögur og ævintýri 2. Lpz. 1864, 456 sq. (= Schier, K.: Märchen aus Island. MdW 1983, num. 39); Aichele, W./Block, M.: Zigeunermärchen. MdW 1962, num. 69 (aus Schottland). — [12] Parsons, E. C.: Folk-Lore from the Cape Verde Islands 1. Cambr., Mass./N.Y. 1923, num. 83 sq. — [13] Robe; cf. auch Flowers; Hansen. — [14] Baughman. — [15] Lemieux, G.: Les Vieux m'ont conté 2. Montréal/P. 1974, num. 23; 4 (1975) num. 15 (AaTh 850 + 570); 7 (1976) num. 3 (AaTh 557 + 1640 + 570). — [16] Jech, J.: Tschech. Volksmärchen. B. [2]1984, 494. — [17] cf. Ortutay, G.: Magyar népmesék 2. Bud. 1960, num. 96 (AaTh 935 + 854 + 570); 2 weitere Var.n im hs. Archiv Dégh (AaTh 400 + 570; AaTh 756 B + 854 + 570); cf. auch Dégh, L.: Folktales and Soc. Bloom./L. 1969, 67—69. — [18] cf. z. B. Haiding, K.: Märchen und Schwänke aus dem Burgenland. Graz 1977, num. 98 (Held statt Heirat ausbezahlt); Šmits (wie not. 4) Var. 9 (erhält 500 Rubel); Aichele (wie not. 11) (Prinzessin flieht mit dem H.en); Massignon, G.: Contes traditionnels des teilleurs de lin du Trégor (Basse-Bretagne). P. 1965, num. 8 (Heirat statt mit Prinzessin mit geliebter Kammerfrau); Šmits (wie not. 4) Var. 8 (mit Waisenkind). — [19] Thompson, S.: The Folktale [1946]. Nachdr. Berk./L.A./L. 1977, 155. — [20] Dundes, A.: The Symbolic Equivalence of Allomotifs in the Rabbit-Herd (AT 570). In: Arv 36 (1980) 91—98.

Bloomington Linda Dégh

Hasensuppe → Mahl der Einfältigen

Haß

1. Allgemeines — 2. H. der Götter — 3. Gruppenhaß — 4. Verwandten- und Nachbarnhaß — 5. Schluß

1. Allgemeines. Da die Popularethik nicht im Prinzip des „pacem cum hominibus, bellum cum vitiis habe" (Pseudo-Seneca, *De moribus*, 34)[1], gründet, spielt H., „das Gegenstück zur Liebe [...] als individualisierte emotionelle Ablehnung und der daraus erwachsende Gruppenhaß"[2] in vielen Volkserzählungen eine bedeutende und durchaus nicht immer negative Rolle. Das hinzukommende epische Interesse an ihm gründet darin, daß „die in ihm gelegene Forderung, dem Gehaßten die Gnade des Daseins zu entziehen, bis zum Einsatz der eigenen Existenz des Hassenden geht"[3]. Kritisch durchleuchtet wird diese Gefühlsregung (→ Gefühl), welche bewirkt, daß der Hassende seinen eigenen Tod nicht fürchtet, wenn auch sein Feind stirbt, in AaTh 1331: → *Neidischer und Habsüchtiger*[4].

2. H. der Götter. Gottes H. ist eine der ältesten Projektionen menschlicher Angst- und Schuldgefühle. Der Gottverhaßte ist zentrale Figur tragischen Geschehens in der Mythologie der Antike. Strafende und gekränkte Götter verfolgen den Schuldigen und Vermessenen, mitunter samt dessen Volksgenossen: Die verschmähte Ištar schickt den Himmelsstier gegen → Gilgamesch[5]; Lykaon (Ovid, *Metamorphosen* 1, 163—252), → Tantalus, → Sisyphus, Minos[6] und → Ödipus werden für ihre Frevel hart bestraft. Die von Paris beleidigte Hera ist gegen das Volk von Troja unversöhnlich (Homer, *Ilias* 24, 25—30), Poseidon zürnt → Odysseus des getöteten Kyklops wegen (Homer, *Odyssee* 1, 68 sq.) und Aphrodite vernichtet Hippolytos, der sich gegen ihre Macht versündigt hat (Euripides, *Hippolytos*, Prolog). Der Gott des A.T.s ist Feind der → Sünder[7], aber auch der gottesfürchtige → Hiob wähnt sich seinem Schöpfer verhaßt (Hi. 16, 1—18).

3. Gruppenhaß. Misanthropie[8], Xenophobie, religiöse Intoleranz, Misogynie und Misandrie entspringen oft der → Angst und/oder moralischer, sozialer und psychol. Frustration und werden aus meist klischeehaften Vorurteilen gespeist, die u. a. in verschiedenen popularliterar. Kommunikationsformen ihren Niederschlag finden (cf. → Diskriminierung).

Bereits in der griech.-röm. und in der alttestamentlichen Zeit wurde H. gegen Feinde als positiv bewertet, galt doch Mißtrauen gegen fremde Völker als Bedingung des Überlebens. Der Wunsch nach Untergang des Feindes ist wichtiges Thema des A.T.s und der antiken Dichtung[9]. Während der H. gegen Landesfeinde, der dem Gegner jegliche Menschlichkeit abspricht[10], noch durch reale Greueltaten teilweise begründet werden kann, spielen H.objekte aus ethnischen Minderheiten vollends die Rolle eines Sündenbocks. Dieser, wie er etwa in der Gestalt des → Juden (cf. → Antisemitismus, ethnische → Stereotypen) oder in neuester Zeit in der des Gastarbeiters in Erzählungen, Witzen, Liedern und Sprichwörtern gezeichnet wird, erfüllt eine Ventilfunktion[11].

Auch der Geschlechterhaß spielt in Erzählungen eine wichtige Rolle. Zwar sind der faule (Ehe-)Mann, der Pantoffelheld und der lüsterne Alte gängige Schwank- und Märchenfiguren, in erster Linie finden sich aber frauenfeindliche Erzählungen (→ Frau, Kap. 3.2). Diese gehören vornehmlich zu den satirischen Gattungen[12], doch gibt es auch durchaus ernsthafte Formen, die von weiblicher Niedertracht handeln.

In dem arab. Märchenroman *Die Geschichte von 'Arūs al-'arā'is* wird eine seltsame Methode angewendet, um einen seine tote Tochter beweinenden König zu trösten: „Mein König, [...] ich weiß eine schöne Geschichte, die geeignet ist, den König zu trösten und seinen Haß zu wecken wider die Frauen und Mädchen.“[13]

Auch in der literar. Gestaltung der Männer- bzw. Frauenhasser herrscht Ungleichgewicht: Während die Figur des misogynen Sonderlings, des durch Liebe bekehrten Frauenhassers, in der Hochliteratur seit der Antike karikiert wird[14], interessieren sich populäre Novellenmärchen vornehmlich für die gezähmte Männerfeindin (cf. AaTh 850, 851, 851 A: → *Rätselprinzessin*, AaTh 901: → *Zähmung der Widerspenstigen*, AaTh 900: → *König Drosselbart*)[15].

Man kann indessen eine neue, männerkritische Einstellung in der aufkeimenden Tradition gegenwärtiger feministischer Bewegungen beobachten, die nicht selten einen schon in den Massenmedien reflektierten Männerhaß signalisiert[16]. Politischer und kultureller Feminismus greift auf antike Geschichte, Mythologie und Märchen zurück, wobei negative und aggressive Gestalten bewußt als Identifikationsfiguren gewählt werden. → Lilith, → Medea, → Pandora, Xanthippe, oder die → Hexe im allg. leihen Frauenzeitschriften, -vereinen und -verlagen ihren Namen[17]. Bekannte Schwänke und Märchen der Brüder → Grimm erfahren männerfeindliche Umdichtungen (→ Parodie)[18].

4. Verwandten- und Nachbarnhaß. Während H. im undifferenzierten Gefühlsleben der Märchenhelden kaum existiert, wird die Handlung in etlichen Märchen durch H. und → Neid der Familienangehörigen vorangetrieben[19]. Der traditionelle Konflikt zwischen dem epischen Helden und seinem König, im Märchen zwischen Held und Schwiegervater (cf. AaTh 313: → *Magische Flucht*, AaTh 461: *Drei* → *Haare vom Bart des Teufels*)[20], kann ebenfalls in H. ausarten. Bruderhaß und Feindschaft unter Angehörigen eines Volkes galten seit der Frühzeit als schwere Sünde[21], so daß Mythen, Märchen und Sagen tödlich endende Konflikte unter Geschwistern und Nachbarn als verbrecherisch darstellen. → Eifersucht und Neid auf seinen Erfolg machen den sanfteren, im Märchen meistens → jüngsten, oft dummen → Bruder (cf. → Dummling) verhaßt: Seth verschwört sich gegen Osiris[22], → Kain erschlägt → Abel, die Brüder → Josephs (Gen. 37, 12–36) und die Älteren in AaTh 550: → *Vogel, Pferd und Königstochter*, AaTh 551: → *Wasser des Lebens* versuchen ihren Bruder zu töten und/oder zu verleumden (cf. für Schwestern: AaTh 707: *Die drei goldenen* → *Söhne*)[23]. Eine thematisch und strukturell ähnliche Rolle spielen die falschen Kameraden und Rivalen: Die Tugend des epischen Helden aktiviert den Gefühlskomplex von H. und Neid seiner bösen → Gegenspieler, die den König veranlassen, dem Helden unlösbare → Aufgaben zu stellen[24].

Gegenseitiger Mord im Kampf um Macht und Besitz ist nicht nur antiker Tragödienstoff (Eteokles und Polyneikes[25]), auch in neuzeitlichen Sagen verwickeln sich Brüder (seltener Schwestern) in oft tödlichen Streit[26]. In einer Reihe von Schloßsagen tötet ein Bruder oder Nachbar sein verhaßtes Gegenüber[27], und in Sagen aus dem dörflichen Milieu entwickelt sich zwischen feindseligen Nachbarn mitunter ein regelrechtes Schadenzauber-Duell (→ Fernzauber)[28]. Hinter dem Glauben an die Hexenbäuerin verbirgt sich die Angst vor Böswilligkeit und Rachsucht der Schädiger[29]. Da Grundbesitz und Vieh die Lebensgrundlage des Landadels und des Hofbauern bilden, spiegeln Geschichts- und Glaubenssagen, die von Streit und Sorge um Feld und Hof handeln, realen Existenzkampf. Ähnlich wirklichkeitsbezogen sind hist. Sagen über Bauernwiderstände sowie proletarische Kampfdichtungen gegen verhaßte Grundbesitzer und Verwalter bzw. Ausbeuter (→ Herr und Knecht)[30].

5. Schluß. Da H. → Gefahr impliziert, besitzt seine Darstellung eine hohe epische Wirksamkeit: Der Vernichtungswunsch erzeugt Spannung und treibt die Handlung voran (→ Dynamik)[31]. Außerdem bieten Erzählungen, die H. darstellen oder aus diesem gespeist werden, neben der schon erwähnten Ventilfunktion Konfliktlösungsmuster an. Vor allem Märchen werden von Psychologen als wichtige Projektionshilfe geschätzt: Sie würden die oft von widersprüchlichen Gefühlen (→ Ambivalenz) begleiteten Ablösungskonflikte bewältigen helfen, indem sie dem Kind ermöglichten, seinen H. etwa auf Hexen, Stiefmütter und Ungeheuer zu übertragen[32].

[1] cf. Procopé, J.: H. In: RAC 13 (1986) 677—714, hier 690. — [2] Eibl-Eibesfeldt, I.: Liebe und H. Mü. 1970, 17. — [3] Lersch, P.: Aufbau der Person. Mü. [8]1962, 186. — [4] Schwarzbaum, 53 sq., 166; Schwarzbaum, Fox fables, 343—345; Wienert, ET 500, ST 269′; ET 81, ST 270′; Noy, D.: Jefet Schwili erzählt. B. 1963, num. 169. — [5] Schott, A./Soden, W. von: Das Gilgamesch-Epos. Stg. [5]1982, 58—60 (V. 94—155). — [6] Graves, R.: The Greek Myths 1. Baltimore 1969, 293—295. — [7] RAC 13, 694. — [8] Frenzel, Motive, 524—535. — [9] RAC 13, 680, 693 sq. — [10] cf. EM 5, 310 sq. (not. 132). —
[11] Petzoldt, L.: Der ewige Verlierer. Das Bild des Juden in der dt. Volkslit. In: Pleticha, H. (ed.): Das Bild des Juden in der Volks- und Jugendlit. vom 18. Jh. bis 1945. Würzburg 1985, 29—60; Mieder, W.: Proverbs in Nazi Germany. The Promulgation of Anti-Semitism and Stereotypes through Folklore. In: JAFL 95 (1982) 435—464; Nierenberg, J.: „Ich möchte das Geschwür loswerden". Türkenhaß in Witzen in der Bundesrepublik Deutschland. In: Fabula 25 (1984) 229—240. — [12] Moser-Rath, Schwank, 101—108. — [13] Weisweiler, M.: Arab. Märchen 1. MdW 1974, num. 5, hier p. 123. — [14] Frenzel, Motive, 619—633. — [15] Thompson, S.: The Folktale. N.Y. [2]1951, 104 sq.; cf. 1001 Nacht 5, 3—88. — [16] Der Feminist 3, 2 (1978) 21—27; Schwarzer, A.: Der ‚kleine Unterschied' und seine großen Folgen. Ffm. 1984, 241—250. — [17] Pusch, L. F.: Lila Lotta Lesbeton. Die Kinder der Frauenbewegung und ihre Namen. In: Basler Magazin (1986) num. 8, 15. — [18] Reinig, C.: Kluge Else, Katherlieschen und Gänsemagd als Bremer Stadtmusikanten. In: ead.: Feuergefährlich. Gedichte und Erzählungen über Frauen und Männer. B. 1985, 89—92; weitere Beispiele cf. Heidebrecht, B. (ed.): Dornröschen nimmt die Heckenschere. Bonn 1985, pass. — [19] Horn, K.: Motivationen und Funktionen der tödlichen Bedrohung in den Kinder- und Hausmärchen der Brüder Grimm. In: SAVk. 74 (1978) 20—40, hier 24—28. — [20] Jackson, W. T. H.: The Hero and the King. N.Y. 1982. —
[21] RAC 13, 693. — [22] Brunner-Traut, E.: Altägypt. Märchen. MdW 1963, num. 12. — [23] Horn (wie not. 19) 26—28. — [24] ibid., 29; Radmehr, I.: Typik der Gefühlsdarstellung in der frühneuhochdt. Erzählprosa. Göttingen 1980, 39 sq., 145—148; Gottfried von Straßburg, Tristan, V. 8387—8423. — [25] Frenzel, Motive, 80—94. — [26] HDS, 101 sq.; Guntern, J.: Volkserzählungen aus dem Oberwallis. Basel 1978, num. 113, 329; Jegerlehner, J.: Walliser Sagen. Bern 1959 (Nachdr. Zürich 1985), 307—311. — [27] Rochholz, E. L.: Schweizersagen aus dem Aargau 2. Aarau 1856 (Nachdr. Zürich 1980), 74 sq. — [28] Balassa, I.: Karcsai mondák. Bud. 1963, num. 30, 41, 88, 91. — [29] Waibel, M.: Die volkstümliche Überlieferung in der Walserkolonie Macugnaga (Provinz Novara). Basel 1985, 125; Guntern (wie not. 26) num. 1804; Meyer, E. H.: Bad. Volksleben im neunzehnten Jh. Straßburg 1900 (Nachdr. Stg. 1984), 545. — [30] Burde-Schneidewind, G.: Hist. Volkssagen zwischen Elbe und Niederrhein. B. 1969, num. 247 sq., 252, pass.; Heintz, G. (ed.): Texte der proletarisch-revolutionären Lit. Deutschlands 1919—1933. Stg. 1980, 75; Mral, B.: Frühe schwed. Arbeiterdichtung. Diss. Uppsala 1985, 78. —
[31] Horn (wie not. 19) 26 sq., 35—37; Radmehr (wie not. 24) 39 sq., 220—227; Will, G.: Die Darstellung der Gemütsbewegungen in den Liedern der Edda. Hbg 1934, 40—42; zur morphologischen Funktion von H. cf. Propp, V.: Morphologie des Märchens. Ffm. 1975, 36—39. — [32] Lüthi, M.: Psychologie des Märchens und der Sage. In: Die Psychologie des 20. Jh.s 15. ed. G. Condrau. Zürich 1979, 935—947, hier 942 sq.; Bühler, C./Bilz, J.: Das Märchen und die Phantasie des Kindes. Mü. [2]1961, 91—95; Scherf, W.: Psychol. Funktion und innerer Aufbau des Zaubermärchens. In: Wehse, R. (ed.): Märchenerzähler — Erzählgemeinschaft. Kassel 1983, 162—174, hier 168 sq., 177.

Basel Katalin Horn

Hassenpflug, Geschwister → „Alte Marie", → Kinder- und Hausmärchen

Häßlichkeit → Schön und häßlich

Hatto von Mainz → Mäuseturm von Bingen

Haudent, Guillaume, * Anfang 16. Jh., † Rouen 1557[1], frz. Geistlicher, Bruderschaftskaplan, Präzeptor an verschiedenen Schulen von Rouen, Übersetzer (*Apophthegmata* des → Plutarch [Rouen 1546] und des → Erasmus von Rotterdam [Paris 1551, Lyon 1557][2], *Rusticus* des Angelo → Poliziano [Rouen ca 1550][3]), Fabeldichter[4].

Mit dem Humanismus gewinnen auch in Frankreich die → Äsopika an Bedeutung. Ab 1512 erscheinen in Antwerpen, Löwen, Straßburg, Augsburg, Leipzig, Basel, Gent, Köln etc., nicht zuletzt dank der Bemühungen ndl. Gelehrter (G. Goudanus [Willem van Gouda], H. Barlandus [Adriaan van Baerland], M. Dorpius [Maarten van Dorp]), eine Fülle lat. Fabelsammlungen für den Schulgebrauch[5]. Ab 1527 veröffentlichen Robert Estienne und andere Pariser, ab 1532 Lyoner Drucker (u. a. Sebastian Gryphius) die Fabeln des → Äsop in lat. Übers.en von Aulus Gellius, Erasmus von Rotterdam und Lorenzo Valla. H. kann insbesondere eine Estienne-Ausg. von 1534, 1537, oder 1545 in Händen gehabt haben[6]. 1542 erscheint in Paris die frz. Äsop-Ausg. in Versen von Gilles Corrozet[7], 1547 in Rouen (weitere Ausg.n Lyon 1556, 1558, jeweils gekürzt) H.s gereimte Übers. von 367 äsopischen Fabeln[8] nach lat. Übers.en, wie sie sich in der Dorpius-Kollektion finden[9]. H. war ein bemerkenswerter Fabel-Vermittler, aber kein hochstehender Dichter. Sein Werk wird heute nur noch gelegentlich im Zusammenhang mit den Quellen → La Fontaines[10] und in einzelnen Fabelmotiv-Studien (AaTh 200 B: *Warum → Hunde einander beriechen*[11], AaTh 293: → *Magen und Glieder*[12]) herangezogen. Die Ausg.n seiner Fabeln gehören jedoch zu den Rara.

[1] Dictionnaire de biographie française. Faszikel 99. P. 1986, col. 716; Dictionnaire des lettres françaises. Le seizième siècle. ed. G. Grente. P. 1951, 372 sq.; Cioranesco, A.: Bibliogr. de la littérature française du seizième siècle. P. 1959, 363. – [2] Margolin, J.-C.: G. H., poète et traducteur des Apophtegmes d'Érasme. In: Revue de littérature comparée 52 (1978) 202–222. – [3] Simoni, A. E. C.: G. H. and the First Translation of Poliziano's Rusticus. In: The Library 5th Series 8 (1953) 111–117. – [4] Gaillon, Marquis de: Un Fabuliste latin du XVIe siècle: G. H. In: Bulletin du bibliophile et du bibliothécaire (1859) 238–245; Millet-St.-Pierre, J.-B.: G. H., poète normand du XVIe siècle. Le Havre 1866; cf. auch Précis analytique des travaux de l'Académie de Rouen (1866) 204–228. – [5] Thoen, P.: Aesopus Dorpii. Essai sur l'Ésope latin des temps modernes. In: Humanistica Lovaniensia 19 (1970) 241–316, bes. 287 sq. – [6] Die u. d. T. Aesopi Phrygis vita et fabulae bei R. Stephanus erschienene Ausg. (P. 1546) ist in griech. Sprache gedruckt. – [7] Les Fables du très ancien Ésope [...] premièrement escriptes en grec, et depuis mises en rithme françoise. P. 1542; cf. allg. Tiemann, B.: Fabel und Emblem. Gilles Corrozet und die frz. Renaissance-Fabel. Mü. 1974; Stramignoni, A.: Le deuxième Livre des „Fables" de Corrozet. In: Épopée animale, fable, fabliau. Actes du IVe colloque de la Soc. internationale renardienne. ed. G. Bianciotto/M. Salvat. P. 1984, 585–595. – [8] Trois centz soixante et six [recte: 367] Apologues d'Esope, Tresexcellent Philosophe. Premierement traduictz de Grec en Latin, par plusieurs illustres Autheurs, comme Laurens Valle, Erasme, et autres. Et nouvellement de Latin en Rithme Françoyse, par maistre G. H. Rouen 1547; Nachdr. dieser Ausg. mit Einl., Übersicht und Glossar u. d. T. Trois cent soixante et six Apologues d'Esope [...]. ed. C. Lormier. Rouen 1877; cf. Mombello, G.: Le raccolte francesi di favole esopiane dal 1480 alla fine del secolo XVI. Genève/P. 1981, 122–128. – [9] Genaue Übersicht bei Thoen (wie not. 5) 314. – [10] Delassault, G.: Le Maître de Sacy et La Fontaine, traducteurs de Phèdre. In: Revue des sciences humaines (1952) 281–294; Margolin (wie not. 2) bes. 205 sq. –
[11] Bolte, J.: Gereimte Märchen und Schwänke aus dem 16. Jh. In: ZfVk. 21 (1911) 160–173, hier 169 sq. – [12] Peil, D.: Der Streit der Glieder mit dem Magen. Ffm./Bern/N.Y. 1986, 120; cf. auch EM 3, 1259.

Zürich Rudolf Schenda

Hauff, Wilhelm, * Stuttgart 29. 11. 1802, † ebenda 18. 11. 1827, dt. Dichter. Sohn einer schwäb. Beamtenfamilie, 1817 Seminarist in Blaubeuren, 1820 Tübinger Stiftler (kurzzeitig im Burschenschaftsverein), 1824–26 Hauslehrer in Stuttgart, 1825 Promotion, 1826 Reisen nach Frankreich, Holland, Hessen (am 4. 8. bei W. → Grimm) und Bremen, 1827 Schriftleiter des Cottaschen *Morgenblatts für gebildete Stände* (sein Bruder Hermann [1800–65] folgte ihm als Redakteur). Verwandt mit Justinus → Kerner, anerkannt von Ludwig → Uhland und Gustav → Schwab sowie in Verbindung mit zahlreichen literar. Kreisen.

H. ist der wohl populärste dt. Kunstmärchendichter[1]. Seine *Sämtlichen Werke* erschienen allein zwischen 1900 und 1950 in 27 Ausg.n[2]; die Aufl.nzahlen und die weltweite Verbreitung seiner Märchendichtungen sind nicht mehr zu überblicken.

H. gab im Gefolge der Liedersammlung *Des Knaben Wunderhorn* (1805–08) von → Arnims und → Brentanos *Kriegs- und Volkslieder* (Stg. 1824) heraus, zu denen er selbst u. a. die sehr bald volksläufigen Texte *Steh ich in finsterer Mitternacht* und (nach J. C. Günther und Volksliedmotiven) *Reiters Morgenlied* beisteuerte. Die 1826 [recte 1825] in Stuttgart anonym erscheinenden satirischen Schriften *Mittheilungen aus den Memoiren des Satan* und *Der Mann im Mond* erregten großes Aufsehen. 1826 folgten H.s Novellen *Othello, Die Sängerin* und *Die Bettlerin vom Pont des Arts* (nach C. W. Salice-Contessas *Manon* [1803]), in denen sämtlich Schicksal, Zufälle und Traumerlebnisse dominieren, sowie der damals wohl erfolgreichste hist. Roman in dt. Sprache *Lichtenstein* (Stg. 1826; in der Manier W. → Scotts). Unter den Arbeiten des letzten Lebensjahrs verdienen die Novellen *Das Bild des Kaisers, Jud Süß* und vor allem das erzählerische Meisterwerk *Phantasien im Bremer Rathskeller* (Stg. 1827; mit dem ins Humoristische gewandten Sagenmotiv des → Teufelspakts) Erwähnung. Gottfried → Keller rühmt H.s „einfachen, naiven und doch so tiefen und bezaubernden Stil“[3] – er ist wenig individuell, prägt aber in der Tat gleichermaßen diese Schriften wie die Märchen des ungemein fruchtbaren, phantasie- und humorvollen Erzählers, der stets frisch und erfolgreich zu produzieren vermochte, zumal er ein großer, zuweilen fast skrupelloser ‚Nehmer‘ vorgegebener Motive, Sujets und ganzer Stoffe war. H.s Schreibart beeinflußten die Dichter der sog. Schwäb. Romantik sowie bes. Jean Paul, Ludwig → Tieck, Friedrich de la Motte → Fouqué, E. T. A. → Hoffmann und Scott. Konzeption und Ausführung seiner Märchendichtungen sind eher aus dieser literar. Richtung als aus der Begegnung mit den Grimmschen → *Kinder- und Hausmärchen* erwachsen, was auch die Wahl der (zunächst fast ausschließlich orientalisierten) Stoffe bestätigt. Spezifisch romantische oder schaurige Züge wirken bei H. eher epigonal, während bürgerlich-realistische Sphären und Vorstellungen originär und zeitadäquat eingebracht sind.

Die Märchen erschienen in Stuttgart in drei Bänden u. d. T. *Mährchen-Almanach auf das Jahr 1826* [resp. 1827, 1828], *für Söhne und Töchter gebildeter Stände. Herausgegeben von W. H.* Der erste Erfolg war nicht außergewöhnlich, stellte sich aber rasch und vehement ein, als Schwab die H.schen Märchen als geschlossene Abteilung (t. 25–30) in dessen *Sämmtlichen Schr.* 1–36 (Stg. 1830–31) herausgab[4]. Als Separatdruck erschienen 1832 in Stuttgart die Almanache in 2. Aufl. (bis 1890 18 weitere Aufl.n). Dazu stellen sich die von A. L. → Grimm für die Jugend bearb. Ausw. (Lpz. 1870, [3]1878), die weitverbreitete Reclam-Ausg. (Lpz. 1871) sowie weitere Bearb.en (z. B. von W. Fronemann [5]1930, [37]1949) und ungezählte Einzelausgaben[5]. Die bekanntesten Einzeltitel wie *Der kleine Muck, Kalif Storch* („Mutabor“), *Zwerg Nase* oder *Das kalte Herz* wurden und blieben förmlich sprichwörtlich.

Zur Popularität trugen bedeutende Illustratoren und Umformungen in andere Gattungen bei[6]: u. a. das Drama *Der Sohn des Kalifen* (1896) von Ludwig Fulda, die Opern *Das kalte Herz* (1943) von Norbert Schultze, *Der junge Lord* (1965; nach einem Libretto von Ingeborg Bachmann) von Hans Werner Henze und *Das kalte Herz* (1969) von Klaus Hofmann, ein Libretto-Entwurf von Hugo von → Hofmannsthal sowie *Das steinerne Herz. Hist. Roman aus dem Jahre 1954* (1965) von Arno Schmidt und Verfilmungen (*Das kalte Herz, Die Geschichte vom kleinen Muck*, 1950).

Direkte Anregung zu seinen Märchenpublikationen gewann H. als Hauslehrer, der seinen Schülern aus ‚gebildetem Stand‘ Geschichten erzählte. Schon im April 1825 sandte er den ersten Band an den Verlag J. B. Metzler und schrieb[7]:

> „Er ist für Mädchen oder Knaben von 12–15 Jahren und giebt 7 meist orientalische Mährchen, wie sie für dieses Alter paßen; ich habe versucht sie so intereßant als möglich zu machen, habe dabey das streng-sittliche immer beobachtet ohne jedoch die Mährchen auf eine Nutzanwendung oder „fabula docet“ hinauslaufen zu laßen [...] die Idee eines solchen Almanachs ⟨ist⟩ neu und besonders in höhern Ständen vielleicht nicht unwillkommen.“

H. ist mit diesen Distributionsüberlegungen der modernste unter den Märchenverfassern seiner Zeit. Man braucht seine klar formulierten Ideen und Ausführungen nur mit dem disparaten Ton und dem unklaren (und entsprechend erfolg- und folgenlosen) Adressatenbezug der *Kinder-Mährchen* 1–2 (1816/17)[8] von Contessa, Fouqué und Hoffmann zu vergleichen. H.s Abzielen auf eine scharf definierte Lesergruppe läßt sein Programm in dieser Hinsicht sogar eindeutiger als das der KHM erscheinen. Dieser Strategie dient auch die programmatische Einl. *Mährchen als Almanach*[9], nach deren Allegorie das scheinbar unzeitgemäße Märchen (die erste Tochter der Königin Phantasie) gegen aufklärerische und literaturkritische Widerstände als Contrebande ausdrücklich „zu den Kindern"[10] will und kommt.

Die Almanache selbst sind jeweils in Form von → Rahmenerzählungen geboten: *Die Carawane, Der Scheikh von Alessandria und seine Sclaven, Das Wirtshaus im Spessart.* In den beiden ersteren treten der Räuber Orbasan und Almansor, der Sohn des Scheichs, nicht nur in Binnengeschichten, sondern auch im Rahmen selbst auf: Märchenerzähler und Märchenpersonal werden in eigentümlicher Realistik identisch, wie denn überhaupt das Festmachen des märchenhaft Phantastischen in einer real gesehenen Welt das beherrschende, von Hoffmann übernommene Stilprinzip ist. Ansonsten sind die Rahmenerzählungen sämtlich betont unmärchenhaft – vor allem die abschließende, in der die Figuren den Märchenerzählungen rational-skeptisch gegenüberstehen. Auch von den Binnengeschichten sind einige ohne jedes Märchenmotiv. Hier zeigt sich H. ebenso als nachromantischer, zu bürgerlichem Realismus tendierender Dichter wie in seiner eigentlichen Märchenbehandlung, die Elemente des Volksmärchens und des romantischen Kunstmärchens nur noch in Äußerlichkeiten beibehält. Die jenseitigen Mächte erschrecken zwar nicht die Märchenhelden, allerdings sind und handeln sie auch äußerst moderat. Die Helden streben ein unromantisches, meist kommerziell begründetes Glück an. Gefährdet sind sie durch übersteigerten Drang nach Reichtum, leichtsinnige Neugier oder hochmütiges Verhalten. So gesehen verstärkt das Kolorit des Orientalischen (*Carawane, Scheikh von Alessandria*), welches auch einer damaligen Mode entspricht (→ Exotik), oder des Hinterwäldlerischen (*Wirtshaus im Spessart*) noch den realistischen Zug, indem unfreiwillig suggeriert wird, nur hier sei noch Märchenhaftes anzutreffen.

Nur 14 der 18 Binnengeschichten stammen von H. In den 2. Band fügte er aus Stoff- und Zeitmangel Texte von Gustav A. Schöll und dem engl. Diplomaten und Reisenden James J. Morier sowie zwei Beitr.e von W. Grimm ein, dessen berühmten Namen er nutzen wollte (das spätere KHM 161 *Schneeweißchen und Rosenrot* sowie die bearbeitende Übertragung einer norw. Sage; die Grimms haben weder dieses Faktum noch den Namen H.s je erwähnt)[11]. Es ist zu bedauern, daß sämtliche Nachdrucke der Almanache die Fremdtexte ausgelassen, oft nicht einmal deren Existenz erwähnt haben[12], die dem 2. Almanach ein eigenartiges, für H. wohl zukunftsweisendes Gepräge geben.

H.s wichtigste Quellen waren → *Tausendundeinenacht* für die Erzählungen *Carawane, Kalif Storch, Abgehauene Hand, Errettung Fatmes, Scheikh von Alessandria*[13]; → Voltaire für *Vom falschen Prinzen, Abner der Jude*; Washington → Irving für *Gespensterschiff, Wirtshaus im Spessart.* Ferner schöpfte er aus → Musäus, Contessa, Hoffmann, Heinrich Clauren (i. e. C. G. S. Heun), Friedrich Hildebrand von Einsiedel, Schwab, Robert Pearce Gillies, aus den KHM u. a.[14].

Aufgrund dieser stofflich ungewöhnlich starken Quellenabhängigkeit gewinnen H.s Märchen eine eigene Stellung zwischen Textsammlung und erfundenem Kunstmärchen. H.s überbordende Erzählphantasie hat seine Vorlagen verschiedenster Nationalitäten, Epochen, Gattungen, Stilarten und Qualitäten zu einem einheitlichen Ganzen umgeschmolzen, das ob seiner Virtuosität sowie vor allem seiner breiten, bis heute ungebrochenen Wirkung Anerkennung und wiss. stärkere und objektivere Betrachtung als bislang verdient.

[1] Riebe, H.: H., W. In: LKJ 1 (1975) 524 sq., hier 524. – [2] cf. die Bibliogr. bei Ewers 1986 (v. Ausg.n) 414. – [3] Luck, R.: Gottfried Keller als Lit.kritiker. Bern/Mü. 1970, 290. Das von Riebe (wie not. 1) erwähnte Lob H. von Hofmannsthals ist nicht verifizierbar; dieser äußert sich eher kritisch zu H., cf. R. Strauss – H. von Hofmannsthal: Briefwechsel. ed. W. Schuh. Zürich 1964, 110; Kafka, F.: Ein Ber. für eine Akad. In: id.: Sämtliche Erzählungen. ed. P.

Raabe. Ffm. 1970, 166–174 wurde durch H.s Märchen „Der Affe als Mensch" angeregt. – [4] cf. Schwab, G.: W. H.s Leben. In: Schwab 1830 (v. Ausg.n) t. 1, 23 sq. – [5] cf. LKJ 1, 524 sq.; Ewers 1986 (v. Ausg.n) 414; cf. auch Wegehaupt, H.: Alte dt. Kinderbücher. Bibliogr. 1851–1900. B. 1985, num. 1188–1193. – [6] LKJ 1, 525. – [7] Pfäfflin 1981 (v. Lit.) 15. – [8] Ewers 1986 (v. Ausg.n) 448. – [9] Nach dem Vorbild [Münch, J. G.]: Das Mährleinbuch für meine lieben Nachbarsleute [...] von Peter Kling 1. Lpz. 1799, 9–15. – [10] Ewers 1986 (v. Ausg.n) 11. –
[11] Rölleke, H.: KHM 161 in der Grimmschen ‚Urfassung'. Zwei bislang unbekannte Briefe W. H.s an W. Grimm. In: Fabula 27 (1986) 265–287; cf. auch Holzapfel, O.: Aus dem Nachlaß der Brüder Grimm: ein Brief C. E. Steenblochs mit einer norw. Erzählung (1812). ibid. 18 (1977) 117–132. – [12] Erst Ewers 1986 (v. Ausg.n) bringt wenigstens die Grimm-Texte im Anh. seiner Ausg. – [13] Bondavalli, L.: W. H. e le ‚Mille e una notte'. In: Il paese altro. Presenze orientali nella cultura tedesca moderna. ed. M. E. D'Agostini. Napoli 1983, 127–150; Dūdū, A.: Fīlhīlm Hauf wa-alf laila wa-laila (W. H. und 1001 Nacht). In: al-Ma'rifa 191/192 (1978) 260–272. –
[14] Zusammenfassend Ewers 1986 (v. Ausg.n) 432–434.

Ausg.n: W. H.'s sämmtliche Schr. 25–30. ed. G. Schwab. Stg. 1830. – Sämtliche Werke. 2: Märchen, Novellen. ed. S. von Steinsdorff. Mü. 1970 (1988). – Sämtliche Märchen. ed. H.-H. Ewers. Stg. 1986.

Lit.: Mendheim, M.: Der ursprüngliche Text von H.s Märchenalmanach auf das Jahr 1827. In: Zs. für dt. Unterricht 5–6 (1895) 405–412. – Arnaudoff, J.: W. H.s Märchen und Novellen. Qu.nforschungen und stilistische Unters.en. Diss. Mü. 1915. – Klosse, J.: W. H.s Märchen in ihrem Verhältnis zum Volksmärchen. Diss. Breslau 1923. – Schulhoff, H.: H.s Märchen. In: Euphorion 29 (1928) 108–132. – Roggenhausen, P.: H.-Studien. In: ArchfNSprLit. 84 (1929) 161–168; 85 (1930) 13–25, 161–181. – Diez, M.: Metapher und Märchengestalt. In: Publ.s of the Modern Language Assoc. of America 48 (1933) 74–99, 488–507, 877–894, 1203–1222. – Jiriczek, O. L.: Zur Qu. von W. H.s Sage „Die Höhle von Steenfoll". In: GRM 25 (1937) 286–296. – Bloch, E.: Das Wirtshaus im Spessart. In: id.: Literar. Aufsätze. Ffm. 1965, 79–83. – Fatah, A. R. A.: W. H. und „1001 Nacht". Diss. Lpz. 1970. – Beckmann, S.: W. H. Seine Märchenalmanache als zyklische Kompositionen. Bonn 1976. – Frank, M.: Steinherz und Geldseele. Ein Symbol im Kontext. In: id.: Das kalte Herz und andere Texte der Romantik. Ffm. 1978, 233–257. – Pfäfflin, F.: W. H. Der Verfasser des „Lichtenstein". Chronik seines Lebens und Werkes. Stg. 1981. – Schwarz, E.: W. H.: Der Zwerg Nase, Das kalte Herz und andere Erzählungen (1826/27). In: Lützeler, P. M. (ed.): Romane und Erzählungen zwischen Romantik und Realismus. Stg. 1983, 117–135. – Klotz, V.: Das europ. Kunstmärchen. Stg. 1985, 208–232, 384 sq. – Ewers, H.-H.: Nachwort. In: id. 1986 (v. Ausg.n) 445–463.

Wuppertal Heinz Rölleke

Häufung des Schreckens (AaTh 2040), von A. → Taylor[1] als Kettenmärchen klassifizierter Erzähltyp in Form eines → Dialogs, der aus der schrittweise sich steigernden Mitteilung eines katastrophalen Ereignisses besteht:

Ein Mann berichtet einem Verreisten, wie es sich bei diesem zu Hause verhält. Beginnend mit der relativ unbedeutenden Nachricht vom Tod des Hundes (Rabe) teilt er auf erstauntes Fragen hin nach und nach mit, daß zuvor ein Nutztier (Kamel, Pferd, selten Kuh) gestorben sei, an dessen Fleisch der Hund sich überfressen habe. Außerdem seien enge Familienmitglieder (Sohn, Frau, seltener auch Mutter, Vater) verschieden und das Domizil (Haus, Stall, Palast) abgebrannt (eingestürzt). So steht der Verreiste vor dem völligen Ruin.

Die Geschichte und Verbreitung des Erzähltyps haben bes. H. Tardel[2] und H. → Schwarzbaum[3] behandelt; hierzu sind bisher unbekannte frühe arab. Belege zu ergänzen. Obwohl aus der Antike bislang keine Nachweise bekannt geworden sind, legt eine Stelle bei → Plutarch (*Bioi paralleloi*, Solon 6) die Vermutung nahe, daß die im klassischen griech. Drama beheimatete theatralische Technik der amblysia (‚Abstumpfen')[4] bereits früh im Erzählgut ihren Niederschlag fand. Die ersten konkreten Belege für AaTh 2040 weist die ma. arab. Lit. auf[5]. Während in der Anekdotenenzyklopädie von al-Ābī (gest. 421/1030) nur eine Nebenform (Zwillinge geboren: einer starb, dann der andere, darauf die Mutter) angeführt wird, die später ausschließlich in literar. Überlieferung erscheint[6], führt al-Ḫaṭīb al-Baġdādī (gest. 463/1071) in seinem Buch über → Geizige[7] zusätzlich die für die arab. Tradition charakteristische Normalform an:

Ein Beduine kommt zu einem Essenden. Da ihn dieser nicht zum Mitessen einlädt, will er sich zunächst durch das Überbringen (fingierter) guter Nachrichten einschmeicheln: Hund, Kamel, Sohn, Frau sind gesund, das Haus ist in bester Ordnung. Als diese Taktik nicht wirkt, rächt sich der Beduine, indem er in analoger Reihenfolge schlechte Nachrichten übermittelt: Der Hund hat sich an Kamelfleisch überfressen, das Kamel ist über das Grab der Frau gestolpert, die Frau starb aus Kummer über den Tod des Sohnes, den das einstürzende Haus erschlug.

Diese Fassung ist gleichfalls bei az-Zamaḫšarī (gest. 538/1144)[8] und an-Nuwairī (gest. 732/1332)[9] belegt und hat, wohl vor allem durch die Anführung in dem auch heute noch außerordentlich weitverbreiteten Werk des → Ibšīhī (gest. ca 850/1446)[10], auf die mündl. Überlieferung des islam. Orients gewirkt. Seit dem 19. Jh. finden sich dort arab.[11] und berber.[12], oft zu Ǧuḥā, dem arab. Gegenstück des → Hodscha Nasreddin[13], stehende Belege. Stärker der arab. literar. Tradition verhaftet sind Var.n aus dem pers. Raum[14], wo der früheste Nachweis zu AaTh 2040 bei dem Dichter Levā'i (frühes 17. Jh.)[15] auftritt.

Den Übergangspunkt des Erzähltyps in die europ. Lit. bildet die Version in der *Disciplina clericalis* (num. 27,5) des → Petrus Alphonsi, die mehr als → Jacques de Vitry (num. 205)[16] Einfluß auf die weitere Überlieferung hatte (u. a. → *Libro de los e[n]xemplos* [num. 124][17]; *Contes moralisés* [num. 122] des Nicole Bozon [14. Jh.][18]). Die im wesentlichen gleiche Ereigniskette wie dort (Hund, Pferd, Haus, Mutter) tradiert die Mehrzahl der insgesamt etwa 100 Nachweise aus rezenter mündl. Überlieferung (russ., weißruss., ukr., lett., lit., engl. [i. e. nordamerik.], ir., fries., dt., jidd. [auch hebr.], frz., okzitan., ung., rumän., serb., armen., ind.)[19]. Auch der äthiop. Beleg scheint von diesem Überlieferungsstrang abhängig zu sein[20].

Einen Einschnitt in der Tradierung des Erzähltyps stellt die Fassung des *Vademecum* (t. 6. [B.] 1772)[21] dar. Die dort vollzogene, in der bisherigen Forschung nicht erklärte Umwandlung des ersten Gliedes von Hund zu Rabe könnte — neben einer denkbaren freien literar. Gestaltung — ihren Ursprung in einer falschen Lesung des lat. Textes der Vorlage (corvus statt canis) haben. Über die Bearb. in Johann Peter → Hebels *Schatzkästlein des rhein. Hausfreundes* (1811)[22] erlangte diese Fassung zusätzliche Popularität; sie ist aus mündl. Tradition in Rußland, Weißrußland und Deutschland nachgewiesen[23]. Die von J. → Jacobs publizierte, als engl. bezeichnete Var. aus Nordamerika nimmt eine Mittelstellung ein: Hier wird der Hund mit dem Namen magpie bezeichnet[24]. Bei den von V. → Chauvin[25], T. Zachariae[26] und Tardel[27] aufgezeigten arab. Texten (aus Nordafrika)[28] aus der Mitte des 19. Jh.s handelt es sich ziemlich sicher ebenfalls um Versionen, die auf europ. (genauer frz.) Einfluß zurückgehen und nicht genuin arab. Ursprungs sind. Eine weitere Nuancierung des Erzähltyps tritt in einigen (ost)europ. Var.n auf: Hier beginnt die Ereigniskette mit einem zerbrochenen (verlorenen) Messer, mit dem der Hund (Pferd) abgehäutet wurde[29].

Bes. in der dt. Dichtung ist das Thema von AaTh 2040 mehrfach aufgegriffen worden; zu nennen sind außer Hebel u. a. die Gedichte *Der kalte Michel* von Christian Friedrich Daniel Schubart (1784), *Die Märe* von F. H. von der → Hagen (1816) und *Botenart* von Anastasius Grün (1825)[30]. Weitläufig verwandte Motivspuren finden sich darüber hinaus in Werken wie → Lessings *Nathan der Weise* (1, 1; 1779) oder E. T. A. → Hoffmanns Erzählung *Das Majorat* (1817)[31] wie auch Stefan Suhlkes Lied *Tiefenkaltenstein* (1987).

Eine Kontamination von AaTh 2040 mit anderen Erzähltypen ist bisher einzig in einer Paschto-Var.[32] belegt, die den berichtenden Diener als gewohnheitsmäßigen Lügner bezeichnet (cf. AaTh 1353: *Böses* → *Weib schlimmer als der Teufel*); ebenso präsentieren u. a. eine dt. sowie die durch S.-S. → Orbeliani publizierte armen. Var. das Erzählte als → Lügengeschichte[33]. Motivverwandtschaften können sich ansonsten zu Erzähltypen wie AaTh 925: → *Neuigkeiten für den König* oder AaTh 2014 A: → *Gut, nicht gut* ergeben. Aus dem Ursprungsgebiet der Erzählung ist noch auf ein seit dem 9. Jh. häufig zitiertes, gewissermaßen positives Gegenstück zu verweisen: Dort erbittet sich der Dichter Abū Dulāma vom Kalifen als Lohn für ein Gedicht zunächst nur einen Jagdhund und erhält nacheinander zusätzlich einen Diener, um den Hund zu beaufsichtigen, eine Sklavin als Frau für den Diener, ein Haus für beide zum Wohnen und Land zum Bestellen (cf. Mot. J 1282: *Trickster Chooses his Gift*)[34].

AaTh 2040 ist ein markantes Beispiel für die Anpassungsfähigkeit narrativer Inhalte beim Überschreiten kultureller Grenzen (→ Akkulturation), das zwangsläufig eine Konfrontation mit unterschiedlichen gesellschaftlichen und moralischen Wertmaßstäben mit sich bringt. Während die Struktur der Erzählung, die stufenweise Steigerung vom Unscheinbaren über das Wesentliche bis hin zum Unvorstellbaren, universal verständlich ist und somit übertragbar war, bedurften die ursprünglich zugrunde liegenden Wertvorstellungen einer Anpassung: In den arab. Belegen basiert die Pointe im wesentlichen auf der Rache des Beduinen an einem Geizigen, der die für ersteren lebensnotwendige beduinische Tugend der Gastfreundschaft nicht praktiziert. Diese Gewichtung, in ihrem vollen Ausmaß für die ma. europ. Feudalgesellschaft nicht nachvollziehbar, wurde auf das hier eher verständliche Muster einer Auseinandersetzung zwischen → Herr und Knecht (cf. → Arm und reich) verlagert. Ebenso wie die arab. Erzählung keinen eindeutigen Abschluß kennt (der Geizige ißt unbekümmert weiter; er verjagt den Gast; er läuft verschreckt nach Hause und überläßt den Rest der Mahlzeit dem Beduinen) sind auch die europ. Var.n nicht mit einer zwingenden Wertung verbunden: Je nach Intention des Erzählers kann dabei – wie etwa in der *Disciplina clericalis* – die Dummheit des Dieners verspottet werden oder – wie z. B. V. Ja. → Propp feststellt – eine scharfe Kritik an der herrschenden Schicht der Gutsbesitzer geäußert werden[35].

[1] Taylor, A.: A Classification of Formula Tales. In: JAFL 46 (1933) 77–88, hier 87; cf. HDM 2, 187. – [2] Tardel, H.: Stoff und Qu. des Gedichtes Botenart von Anastasius Grün. In: Neue Jb.er für das klassische Altertum, Geschichte und dt. Lit. 7 (1904) 601–607; id.: Zur Stoffgeschichte von Anastasius Grüns ‚Botenart'. ibid. 14 (1911) 160; id.: Das Motiv des Gedichtes „Botenart" von Anastasius Grün. In: Festschr. zum 16. Neuphilologentag in Bremen. Heidelberg 1914, 163–201; id.: Motivgeschichtliches. 2: „Botenart". In: Ndd. Zs. für Vk. 14 (1936) 217–221; cf. Köhler/Bolte 1, 507; Chauvin 9, 34 sq., num. 26. – [3] Schwarzbaum, H.: Internat. Folklore Motifs in Petrus Alphonsi's „Disciplina Clericalis". In: Sefarad 22 (1962) 322–344, hier 322–328, num. 27; cf. ibid. 23 (1963) 61; cf. Schwarzbaum, 334, 479. – [4] cf. Esar, E.: The Humor of Humor. L. 1954, 42–44, hier 42. – [5] Hammer, J. von: Rosenöl 2. (Stg./Tübingen 1813) Nachdr. Hildesheim/N.Y. 1971, num. 147; der Verweis auf Ǧābir b. Ḥaiyān (9. Jh.) als Autor des zitierten Werkes Muhaǧ an-nufūs kann nicht verifiziert werden und muß, auch unter Berücksichtigung anderer Unkorrektheiten bei von Hammers Quellenangaben, kritisch betrachtet werden. – [6] al-Ābī, Manṣūr ibn al-Ḥusain: Naṯr ad-durr 3. ed. M. ʿA. Qarna. Kairo 1984, 291; cf. al-Ḫaṭīb al-Baġdādī, Abū Bakr Aḥmad ibn ʿAlī: al-Buḫalā'. ed. A. Maṭlūb/Ḫ. al-Ḥadīṯī/A. N. al-Qaisī. Bagdad 1384/1964, 145 sq.; an-Nuwairī, Aḥmad ibn ʿAbdalwahhāb: Nihāyat al-arab […] 3. Kairo 1348/1930, 300 sq.; Basset 1, num. 219. – [7] al-Ḫaṭīb al-Baġdādī (wie not. 6) 146 sq. – [8] az-Zamaḫšarī, Maḥmūd ibn ʿUmar: Rabīʿ al-abrār […]. ed. S. an-Nuʿaimī 4. Bagdad 1982, 171; cf. Kabbani, S.: Altarab. Eseleien. Herrenalb 1965, num. 189. – [9] an-Nuwairī (wie not. 6) 301 sq. – [10] al-Ibšīhī, Šihābaddīn Muḥammad ibn Aḥmad: al-Mustaṭraf fī kull fann mustaẓraf 1. ed. M. M. Qumaiḥa. Beirut 1403/1983, 382; cf. Weisweiler, M.: Von Kalifen, Spaßmachern und klugen Haremsdamen. Düsseldorf/Köln 1963, 150 sq.; Spies, O.: Arab. Stoffe in der Disciplina Clericalis. In: Rhein. Jb. für Vk. 21 (1973) 170–199, hier 193. – [11] Nowak, num. 367; [Khati Cheglou:] Histoires arabes. P. 1926, 140 sq. – [12] Belkassem ben Sedira: Cours de langue kabyle. Alger 1887, num. 93. – [13] Bushnaq, I.: Arab Folktales. Harmondsworth 1986, 264 sq.; Nahum, A.: Histoires de ch'ha. P. 1986, 122–124; Mouliéras, A.: Lex Fourberies de Si Djeh'a [1892]. ed. J. Déjeux. P. 1987, 47–49 und not. p. 154 (= Hodscha Nasreddin, num. 401). – [14] Gladwin, F.: The Persian Moonshee 1. [2]1840, num. 66 (= Rosen, G.: Elementa Persica. [B. 1843] Lpz. 1915, num. 61 = Leszczyński, G. L.: „Hikayat". Pers. Schnurren. B. 1918, num. 35 = Hertel, J.: 92 Anekdoten und Schwänke aus dem modernen Indien. Lpz. 1922, num. 61); Scott, J.: Tales, Anecdotes and Letters. Shrewsbury 1800, 341–343. – [15] cf. J. asiatique (1843) H. 4, 125–127; Kuka, M. N.: The Wit and Humor of the Persians. Bombay 1894, 83–86 (= id.: Wit, Humor and Fancy of Persia. Bombay [2]1937, 126–129); Clouston, W. A.: Oriental Wit and Humor. In: id.: Flowers from a Persian Garden […]. L. 1890, 59–119, hier 95 sq.; cf. hierzu auch R[ousseau, J. B. L. J.]: Mémoire sur les trois plus fameuses sectes du musulmanisme […]. P./Marseille 1818, 39 sq. – [16] cf. Wesselski, A.: Mönchslatein. Lpz. 1909, num. 20. – [17] cf. Bulletin hispanique 39 (1937) 30, num. 195 (124). – [18] Bozon, N.: Les Contes moralisés […]. ed. L. T. Smith/P. Meyer. P. 1889, 145 sq., 212 sq., num. 122. – [19] Ergänzend zu AaTh: SUS; Barag; Arājs/Medne; Ó Súilleabháin/Christiansen; van der Kooi; Jason, Types; György; Stroescu, num. 3112; zusätzliche Texte: Henßen, G.: Volk erzählt. Münster 1935, num. 298 (münsterländ.); Zender, M.: Volksmärchen und Schwänke aus der Westeifel. B. 1935, num. 54; Dulac, É.: Histoires gasconnes. P. 1925, 190; Bladé, J.-F.: Contes et proverbes populaires recueillis en Armagnac. P. 1867, 37; Ranke, K.: European Anecdotes and Jests. Kop. 1972, num. 59 (rumän.); Filipović, M. S.: Život i običaji narodni u Visočkoj nachiji. Beograd 1949, 264; Vrčević, V.: Srpske narodne pripovijetke 2. Dubrovnik 1882, 84; Hoogasian-Villa, S.: 100 Armenian Tales […]. Detroit 1966, num. 95, 97. Der von Hermes, E.: Die drei Ringe. Göttingen 1964, 6 unter Berufung auf Banse, E.: Kleine Geschichten aus Asien. Stg. 1949, 171 sq. zitierte angeblich jap. Beleg ist eine recht plumpe Bearb., augenscheinlich nach Leszczyński (wie not. 13). Die in AaTh angeführten 36 ung. Belege beruhen auf einem Lesefehler S. Thompsons in J. Hontis Katalog; sie stehen dort zu „2050 und 2300". – [20] Moreno, M. M.: Cent Fables amhariques. P. 1947, num 60 (= Gankin, E. B.: Zolotaja zemlja. M. 1960, 127 sq.). –
[21] Tardel 1914 (wie not. 2) 187; Görner, O.: Vom Memorabile zur Schicksalstragödie. B. 1931, 22. – [22] Hebel, J. P.: Schatzkästlein des rhein. Hausfreundes. ed. W. Theiss. Stg. 1981, 170 sq. – [23] cf. Dal', V.: Tolkovyj slovar' živogo velikorusskogo jazyka. M. 1956, 55; Federowski, M.: Lud białoruski na Rusi Litewskiej 3. Kraków 1903, 262; Tewaag, F.:

Erzählungen, Märchen, Sagen und Mundarten aus Hessen. Marburg 1888, 94. — [24] Butler, N.: The Common School Speaker. Louisville, Ky 1856, 57 sq. (= Jacobs, J.: More English Fairy Tales. L. 1894, num. 77; hiernach DBF A 2, 199 sq.). — [25] Chauvin 9, 34 sq., num. 26. — [26] Zachariae, T.: Die Qu. des Gedichtes ‚Botenart' von A. Grün [1913]. In: id: Kl. Schr. zur ind. Philologie [...]. Bonn/Lpz. 1920, 191—197, hier 196 sq. — [27] Tardel 1914 (wie not. 2) 185 sq. — [28] Cherbonneau, A.: Exercises pour la lecture des manuscrits arabes [...]. P. [2]1853, 55 sq.; Mornand, F.: La Vie arabe. P. 1856, 136—138; Pharaon, F.: Spahis, turcos et goumiers. P. 1864, 187. — [29] cf. Afanas'ev, num. 417; Barag, L. G.: Beloruss. Volksmärchen. B. 1966, num. 87; Findeisen, H.: Sagen, Märchen und Schwänke von der Insel Hiddensee. Stettin 1925, num. 33; Kabašnikov, K. P.: Kazki i legendy rodnaga kraja. Minsk 1960, 160—164; Nikiforov, A. J.: Severnorusskie skazki. ed. V. Ja. Propp. M./Len. 1961, num. 30; Specht, F.: Ndd. Scherze. Hbg [4]1954, 37; Wossidlo, R.: Volksschwänke aus Mecklenburg. ed. S. Neumann. B. 1963, num. 26. — [30] cf. Tardel 1914 (wie not. 2) 180—184, 187—192. —
[31] Hoffmann, E. T. A.: Fantasie- und Nachtstücke. Mü. 1960 (Darmstadt 1971), 489—559, hier 493 sq. (Fenster zerbrochen, Wand eingefallen, Decke eingestürzt). — [32] Thorburn, S. S.: Bannu; or Our Afghán Frontier. L. 1876, 183 sq. — [33] Specht (wie not. 29); Orbeliani, S.-S.: Die Weisheit der Lüge. B. [ca 1933], num. 22. — [34] cf. Chauvin 5, 275 (zu num. 155); Hodscha Nasreddin, num. 523; Ben Cheneb, M.: Abû Dolâma. Alger 1922, 67 sq. — [35] Afanas'ev 3, 437.

Göttingen Ulrich Marzolph

Häufungsmärchen → Kettenmärchen

Haus, in Hinblick auf Seßhaftigkeit wichtigste kulturelle Errungenschaft mit diversen Schutzfunktionen (cf. auch → Dach), zugleich der Bereich elementarer Lebensbedürfnisse wie Nahrungszubereitung, Essen, Reinigung, Rasten, Schlafen und Geselligkeit. In vorindustriellen Gesellschaften kam auch Wirtschaftsgebäuden existentielle Bedeutung zu; Gefühlswerte verbanden sich jedoch mit Wohnhäusern als Stätten von Zeugung und Geburt, Hochzeit und Tod. Dementsprechend war das Verbum ‚hausen' — im Gegensatz zur heute negativen Sinngebung — ursprünglich gleichbedeutend mit ‚wohnen', und immer noch gilt das H. als der erstrebenswerteste Besitz. Komposita mit H. wie H.mittel, H.gebrauch, hausgemacht, H.verstand bezeichnen Gediegenes, Solides, Gewohntes[1]. Wer ‚unbehaust' war, galt als arm und rechtlos; Obdachlosigkeit ist nach wie vor ein gravierendes soziales Problem. Aus sehr alten Rechtsvorstellungen leitet sich der Begriff des H.friedens her, ursprünglich der durch Dachtraufe und Türschwelle begrenzte, vor dem unbefugten Eindringen Fremder geschützte Raum[2]; H.friedensbruch ist noch heute ein strafbares Delikt.

Im übertragenen Sinn steht H. für die Gesamtheit seiner Bewohner, weshalb der H.name oft wichtiger ist als der Familienname seiner jeweiligen Besitzer[3]. Fürstenfamilien bezeichnen Geschlecht und Abstammung mit ihrem H., die Kirche nennt man das H. Gottes[4]. Das → Jenseits, den Wohnort der Toten, stellte man sich vielfach als H. vor[5]; Gräber und Urnen wurden in frühen Kulturen häufig nach dem Vorbild menschlicher Behausungen gestaltet und ausgestattet, wie ja auch heute Särge eine gewisse Ähnlichkeit mit H.formen aufweisen. Die zur Rettung der gesamten Kreatur vor der → Sintflut erbaute Arche → Noahs wird zumeist als großes H.boot dargestellt. Märchenhafte Phantasie ließ sogar Sonne und Mond in H.ern wohnen (Mot. A 753.6). Auch das Schicksal residiert in einem H. (cf. AaTh 947 B*: *Goddess of Fate Allots Fate to People*)[6].

Für Figuren des Zaubermärchens, ob an sich königlicher Abkunft oder bei Erreichen des ihnen zugedachten → Glücks, ist ein → Schloß das angemessene Domizil. Auf dem Weg dahin jedoch ist oft ein in der → Einsamkeit des → Waldes oder einer Wildnis gelegenes bescheideneres H. der Schauplatz der Handlung, Ort des Zusammentreffens mit zauberkundigen Alten und sonstigen Helfern, sprechenden Tieren oder dämonischen Wesen. „Die Jenseitigen", sagt M. → Lüthi, „leben nicht mit den Diesseitigen. Selten trifft der Held sie in seinem Hause oder in seinem Dorf; er begegnet ihnen, wenn er in die Ferne wandert."[7] Diese Wanderung in der Zone zwischen Menschen- und Zauberwelt ist meist lang und in der Finsternis (cf. → Hell und dunkel) bes. gefährlich. Es mag durchaus realen Erlebnissen von Reisenden in früherer Zeit entsprochen haben, wenn sie von einem Baumwipfel aus nach einem Licht als Wegweiser zu einem H. als Zufluchtsort suchten, so etwa die Bremer

Stadtmusikanten (AaTh 130: cf. → *Tiere auf Wanderschaft*), der gelernte → Jäger (AaTh 304) oder der Däumling (AaTh 327 B: → *Däumling und Menschenfresser*)[8]. Das einsame H. kann menschenleer sein, gleichwohl für lange Jahre eine Wohnstätte bieten wie in Var.n zu AaTh 451: → *Mädchen sucht seine Brüder*, in AaTh 450: → *Brüderchen und Schwesterchen* und AaTh 706: → *Mädchen ohne Hände*, oder von Helfern wie den Zwergen in AaTh 709: → *Schneewittchen* bewohnt sein, also tatsächlich Schutz und Zuflucht bieten[9].

In anderen Fällen lauern in dem auf dem Wege liegenden H. neue → Gefahren. Die Bremer Stadtmusikanten (KHM 27) müssen zunächst Räuber verscheuchen, und auch so manches → Wirtshaus ist eine Verbrecherherberge. → Rotkäppchen (AaTh 333) wird im H. der Großmutter vom gefräßigen Wolf erwartet, und Mordgelüste beherrschen die Hexe im an sich so verlockenden Kuchenhaus (Mot. F 771.1.10) in AaTh 327 A: → *Hänsel und Gretel*[10] (cf. auch AaTh 334: → *Haushalt der Hexe*). De facto waren so manche Wohnstätten alter, oft heil- oder zauberkundiger Frauen abseits größerer Siedlungen als Hexenhäuser (cf. → Hexe, → Alte Leute) verschrieen. Der → Dienst beim Dämon, eine Lehrzeit mit → Bewährungsproben für positiv wie negativ gezeichnete Märchenfiguren, besteht häufig in alltäglichen H.arbeiten, die eine wohnliche Umgebung mit Möglichkeiten zur Wirtschaftsführung voraussetzen (cf. z. B. AaTh 480: *Das gute und das schlechte* → *Mädchen*, AaTh 431: → *H. im Walde*). H.geräte erfahren zuweilen eine Anthropomorphisierung (→ Gegenstände handeln und sprechen). Auch in Tiergeschichten spielt die Behausung eine Rolle, und zwar mit der belehrenden Tendenz, daß ein jeder rechtzeitig für den Witterungsschutz sorgen müsse und widrigenfalls nicht mit der Hilfe anderer rechnen könne (AaTh 280 A: → *Grille und Ameise*, cf. AaTh 43, 81, 130 A: → *Hausbau der Tiere*).

Ungeachtet seiner Schutzfunktion galt das H. sagenhafter Überlieferung nach als Domizil dämonischer Wesen (cf. → H.geister), die Bewohner in Angst und Schrecken versetzen konnten. Knacken im Gebälk alter Holzhäuser und andere unheimliche Geräusche, auch unerklärliche Lichterscheinungen bei Nacht ließen an → Gespenster (cf. auch AaTh 326: → *Fürchten lernen*) denken[11], an → Wiedergänger oder Arme Seelen etwa, die durch schuldhaftes Verhalten zu Lebzeiten oder Versäumnisse der Nachkommen keine Ruhe im Grabe finden konnten. Um solchen → Spuks Herr zu werden, mußte ein Furchtloser im H. übernachten[12]. Um → Geister fernzuhalten, waren schon bei der Wahl des Bauplatzes und der Grundsteinlegung, während des Baues und bei Bezug des H.es bestimmte im Volksglauben verankerte Regeln einzuhalten; zum weiteren Schutz der Bewohner wurden über der H.tür, am Giebel etc. Segenssprüche, Heils- und Abwehrzeichen angebracht[13]. Sollte etwa der Durchzug der → Wilden Jagd in den Zwölften, der unheimlichen Nächte zwischen Weihnachten und Dreikönig, verhindert werden, mußte das H. verschlossen bleiben.

Mancher Spuk in H.ern wurde dem → Teufel zugeschrieben, wogegen man sich mit einem Hufeisen über der Türe schützen oder → Exorzismen anwenden lassen konnte (Mot. G 303.15.3, G 303.16.17). Als bes. gefährdet galten leerstehende Bauten oder → Mühlen, die ihrer abseitigen Lage wegen als Quartier des Bösen angesehen wurden, z. B. die Teufelsmühle bei Wien, die schon → Abraham a Sancta Clara 1704 als „teifflmihl" bezeichnet hatte[14]. Kaspar → Goltwurm berichtete 1555 vom Teufel im H. eines Straßburger Gelehrten[15]. Für teuflisch hielt Martin → Luther auch einen H.geist mit Namen Heinzlein, wiewohl die 1540 bei Erasmus → Alberus erstmals erwähnten Heinzelmännchen, die mit der Lokalisierung auf Köln durch ein Gedicht von August Kopisch (1836) bes. populär geworden sind, ungemein hilfreich bei der H.arbeit gewesen sein sollen, solange sich die H.bewohner an das Gebot der Heimlichkeit hielten (cf. auch KHM 39: *Die Wichtelmänner*)[16]. Zu den dämonischen Lustigmachern im Puppenspiel um 1600 zählte L. → Schmidt außer dem Taterman, Meister Hemmerlin, Heinz und Kunz den Kobold, auch er eine Figur mit ambivalentem Charakter, der dem H. zu Wohlstand verhelfen, ebenso jedoch Schabernack treiben und, wenn verärgert, tückisch agieren konnte[17].

Ernsthafte Gefährdungen des H.es gingen von Bränden aus, deren man angesichts der verbreiteten Holzbauweise und mangels technischer Möglichkeiten oft kaum Herr werden konnte (→ Feuer, Kap. 7, → Feuersegen der Zigeuner). Schutz vor solchen Katastrophen wurde im kathol. Bereich von Heiligen erbeten, im süddt. Raum vor allem vom hl. Florian (gest. um 304), der der Legende nach ertränkt worden sein soll, weil er gefangenen Christen helfen wollte; daher wohl die Assoziation zum Wasser, das er auf den für ihn charakteristischen Darstellungen aus einem Schaff über ein in Flammen stehendes H. gießt[18]. Von den Heiligen soll einer Frau Brandschutz für ihr Haus gewährt worden sein; sie versorgte die Geistlichkeit regelmäßig mit Bier[19]. Der Gedanke wurde ins Protestantische übertragen: Luthers Geburtshaus in Eisleben galt als brandgeschützt[20].

Nicht immer konnte eine ersichtliche Ursache für das Entstehen eines Feuers im H. genannt werden (Mot. F 473.2.4), weshalb öfter Brandstiftung vermutet wurde (cf. auch → Brandstiftung durch Tiere). Mitunter thematisieren Schwänke das Abbrennen eines H.es durch Unverstand der Eigentümer. Seit dem MA. internat. verbreitet ist AaTh 1282: *House Burned Down to Rid it of Insects*[21]; nach einer ind. Var. wird das H. in Brand gesteckt, um die Ratten loszuwerden (Mot. J 2103.3). Ebenso närrisch verhält sich ein Mann, der selbst noch Holz in die Flammen wirft (Mot. J 2162.2)[22], oder ein anderer, der sein H. anzündet, weil ein Betrüger ihm einen hohen Preis für die Asche versprochen hat (Mot. K 941.2; cf. AaTh 1535: → *Unibos*)[23]. Daß Schadenfreude nicht angebracht sei, wenn außer dem eigenen auch des Pfarrers H. brenne, hielt Johannes → Mathesius seiner Zuhörerschaft vor Augen[24]. Protestant. Schwanksammler des 17. Jh.s mokierten sich über eine kathol. Bäuerin, die beim Brand der Dorfkirche deren Patron, den hl. → Leonhard, anrief und ihm eine Kuh zu opfern versprach; der Bauer jedoch meinte, wenn der Heilige sein eigenes H. nicht schützen könne, so sei wohl auch das Opfer vergeblich[25].

Mängel am H. ergeben sich aus Dummheit der Bauherren, so bei den → Schildbürgern, die bei der Errichtung die Fenster vergessen und dann das Licht in Truhen oder Säcken hineintragen wollen (AaTh 1245: → *Sonnenlicht im Sack*). In AaTh 1010: → *Hausreparatur* wird an Mauern und Mobiliar mehr zerstört als in Ordnung gebracht. → Hodscha Nasreddin besichtigt den Neubau seines Sohnes, verkennt den Zweck der Latrine und bedauert, daß die Tür für den Eßtisch zu schmal geraten sei (Mot. J 2236)[26]. Auf ma. arab. und pers. Zeugnisse läßt sich eine auch im span. Schelmenroman → *Lazarillo de Tormes* und von Hodscha Nasreddin überlieferte Anekdote zurückverfolgen: Angesichts eines Trauerzuges erklärt ein Mann seinem Sohn, der Tote ginge an einen dunklen Ort, wo es nichts zu essen und zu trinken gebe. Daraufhin der Sohn: „Er kommt doch wohl nicht in unser Haus?“ (Mot. J 2483)[27]. In einer bereits in der arab. Lit. des 9. Jh.s belegten Erzählung verfolgt ein Narr eine fragwürdige Logik beim Verkauf seines H.es: Da er nur die Hälfte besitzt, will er sie veräußern, um dann das ganze H. erwerben zu können (Mot. J 2213.6)[28]. Zu diesem Thema findet sich auch in der spätantiken Witzsammlung → *Philogelos* ein über die ma. arab. Lit. bis in Apophthegmatabüchlein des 17. Jh.s tradiertes Beispiel: Ein Mann will sein H. verkaufen und nimmt einen Stein als Muster mit[29]. Gleichfalls aus dem *Philogelos* stammt die Frage eines Dummen, wie ihm sein H. stünde[30]. Hingegen ist von → Sokrates eine seiner Weisheit angemessene Antwort auf kritische Bemerkungen über sein sehr klein geratenes H. überliefert: Er wünschte, genügend wahre Freunde darin beherbergen zu können (Phädrus 3, 9; Mot. J 401.1).

Ins Genre des Scherzhaften gehören ferner Kettenmärchen wie AaTh 2014 A: → *Gut, nicht gut*, auch diese auf einen Brand bezogen, oder AaTh 2035: → *H., das Jack baute*, mit einer formelhaften Beschreibung von H.gegenständen und Tätigkeitsabläufen. Ähnlich verhält es sich in AaTh 2035 A: *The House the Old Man was to Build*[31]. Es handelt sich hierbei eher um Sprachspielereien, die vor allem Kinder belustigen konnten.

Insgesamt wirkt das Erzählgut zur Thematik, gemessen an der Funktionsvielfalt und der existentiellen Bedeutung des H.es, nicht bes. variabel; oft ist die Wohnstätte nur der selbstverständliche Rahmen des Geschehens. Immerhin dürften in Erzählungen über die als Zuflucht aufgesuchten, vermeintlich von dämonischen Wesen bewohnten, realistischer noch über die von Feuersbrünsten heimgesuchten H.er Ängste und Nöte der Menschen in einer Natur voller Gefahren zum Ausdruck gekommen sein.

[1] Kluge, F.: Etymol. Wb. der dt. Sprache. ed. W. Mitzka. B. [18]1960, 293 sq.; Trübners Dt. Wb. 3. ed. A. Goetze. B. 1939, 355–362; zum sachkundlichen Aspekt cf. Bedal, K.: Hist. H.forschung. Eine Einführung in Arbeitsweise, Begriffe und Lit. Münster 1978. – [2] Hwb. zur dt. Rechtsgeschichte 1. B. 1971, 2022–2024; Kramer, K.-S.: Grundriß einer rechtlichen Vk. Göttingen 1974, 32 sq. – [3] Zum Begriff des „ganzen H.es" cf. Riehl, W. H.: Die Familie. Stg./Augsburg [3]1855, 142–162; kritisch dazu Weber-Kellermann, I.: Die dt. Familie. Versuch einer Sozialgeschichte. Ffm. 1974, 87–90. – [4] Röhrich, Redensarten, 398 sq.; zum H. im sprichwörtlichen Gebrauch cf. Wander, K. F. W.: Dt. Sprichwörter-Lex. 2. Lpz. 1870, 396–426. – [5] Reallex. der germ. Altertumskunde 4. Straßburg 1918/19, 334; Siuts, H.: Jenseitsmotive im dt. Volksmärchen. Lpz. 1911, 63–65. – [6] ibid., 46; zu AaTh 947 B* cf. Brednich, R. W.: Volkserzählungen und Volksglaube von den Schicksalsfrauen (FFC 193). Hels. 1964, 148–150. – [7] Lüthi, Europ. Volksmärchen, 10 sq.; zum Motiv des einsamen H.es cf. Scherf, 489. – [8] Scherf, 224–228. – [9] Scherf, W.: Bedeutung und Funktion des Märchens. Mü. 1982, 5 sq. – [10] von Beit 1, 133 sq.; zur Rolle der Hexe cf. Scherf, 496. –
[11] Wie Sinneseindrücke Gespensterfurcht nähren können, schilderte eindrücklich der Grazer Barockprediger Petrus Hehel (1679–1729), cf. Moser-Rath, Predigtmärlein, 54 sq. – [12] Von einem Spukhaus in Athen: Brückner, 157. – [13] Zu Glaubensvorstellungen um das H. insgesamt cf. Weiser-Aall, L.: H. In: HDA 3 (1930/31) 1552–1558; ead.: H.bau. ibid., 1558–1567. – [14] Gugitz, G.: Die Sagen und Legenden der Stadt Wien. Wien 1952, num. 29, hier p. 178. – [15] Brückner, 455. – [16] Kluge (wie not. 1) 300; Buchwald, G.: Volkskundliches bei Luther. Köln 1936, 20; BP 1, 365 sq. – [17] Schmidt, L.: Dämonische Lustigmachergestalten im dt. Puppenspiel des MA.s und der frühen Neuzeit. In: ZfVk. 56 (1960) 226–235, hier 228. – [18] Braun, J.: Tracht und Attribute der Heiligen in der dt. Kunst. Stg. 1943, 261–263. – [19] Tubach, num. 2699; zu einem Tag und Nacht erleuchteten H. einer bes. frommen Frau cf. Tubach, num. 2698. – [20] Brückner, 306. –
[21] Ergänzend zu AaTh: Tubach, num. 2697; Rausmaa; Arājs/Medne; SUS; Kovács, Rátódiádák; Ting; Jason. – [22] Tubach, num. 4726. – [23] Espinosa 3, num. 193; Thompson/Balys; de Vries 2, num. 274; nach einer ind. Var. (Thompson/Balys K 941.3) verbrennen verfeindete Nachbarn ihre H.er, um die Asche zu verkaufen. – [24] Brückner, 748. – [25] Moser-Rath, Schwank, 168. – [26] al-Ābī, Manṣūr ibn al-Ḥusain: Naṯr ad-durr 7. Ms. Istanbul, Köprülü 1403, fol. 412 a; Hodscha Nasreddin, num. 334. – [27] Marzolph, U.: Das H. ohne Essen und Trinken. Arab. und pers. Belege zu Mot. J 2483. In: Fabula 24 (1983) 215–222. – [28] Ibn Qutaiba, ʿAbdallah ibn Muslim: ʿUyūn al-aḫbār 2. Kairo [2]1963, 43; Hodscha Nasreddin, num. 336. – [29] Marzolph, U.: Philogelos arabikos. Zum Nachleben der antiken Witzeslg in der ma. arab. Lit. In: Der Islam 64 (1987) 185–230, hier 204 sq., num. 41; Moser-Rath, Schwank, 173, not. 13. – [30] Marzolph (wie not. 29) 194, num. 14; cf. Ranke, K.: Via grammatica. In: Fabula 20 (1979) 160–169, hier 164, num. 40. –
[31] Ergänzend zu AaTh: Arewa, num. 4277.

Göttingen Elfriede Moser-Rath

Haus auf Hühnerfüßen (russ. izbuška na kur'ich nožkach, eigentlich ‚Hüttchen auf Hühnerbeinchen'), bei den Ostslaven gängige Bezeichnung für die Behausung der → Baba-Jaga, aber auch des → Drachen oder des Waldschrats (cf. → Waldgeister). Das Hüttchen befindet sich nach Ausweis der russ. Volkserzählungen weit entfernt von menschlicher Siedlung, ‚hinter 30 Seen', ‚hinter einem Feuerstrom', ‚irgendwo im 30. Zarenreich', am → Ende der Welt, auf einer Lichtung oder an einem See tief in einem dunklen Wald versteckt. Der Zaun um die Hütte besteht aus menschlichen → Knochen, und darauf stecken Schädel mit Augen, die bei Dunkelheit glühen (cf. → Totenkopf); an Stelle von Riegeln sind Menschenfüße angebracht, an Stelle von Scharnieren Hände, und als Türschloß dient ein Mund mit scharfen Zähnen (in AaTh 480 B*: *Girl Sent to Watch for Fire* [1]; cf. auch AaTh 334: → *Haushalt der Hexe*). Das Hüttchen steht auf Hühnerbeinchen (oder auf einem Hühnerbein, auf Hühnerbeinchen und einem Hahnenkopf, auf Hühnerbeinchen und Widderhörnern etc.). Es ist drehbar (cf. Mot. F 771.2.6.1: *Circular house rotating on cock's claw*), und der Märchenprotagonist (in AaTh 300 A: → *Drachenkampf auf der Brücke* und AaTh 313: cf. → *Magische Flucht*)[2], der Vater der Heldin (in AaTh 480: *Das gute und das schlechte → Mädchen*)[3] bzw. die Protagonistin selbst (in AaTh 480 A*: *Three Sisters Set out to Save their Little Brother*, AaTh 313 E*: *Girl Flees from Brother who Wants to Marry her* + 327 A: → *Hänsel und Gretel*)[4] weiß den magischen Spruch, der das Hüttchen zugänglich macht: ‚Hüttchen, Hüttchen! Stell (Dreh) dich mit der Rückseite zum Wald, mit der

Vorderseite zu mir!‘ (in AaTh 465 A: cf. → *Mann wird wegen seiner schönen Frau verfolgt*, AaTh 313)[5]. In der Hütte auf Hühnerfüßen liegt oder sitzt die Baba-Jaga auf dem Ofen oder Fußboden ausgestreckt und füllt die ganze Hütte aus: ein Bein in der einen Ecke, das andere in der zweiten Ecke, die Lippen auf dem Türbalken, die Nase an der Zimmerdecke (in AaTh 315: *Die treulose* → *Schwester* + 300: cf. → Drache)[6]. Baba-Jaga stellt der Heldin schwierige → Aufgaben im Haushalt, dem Helden Hirtenaufgaben, deren Erfüllung mit Hilfe dankbarer Tiere, einer Dienerin der Baba-Jaga, magischer Objekte (z. B. einer von der toten Mutter geschenkten Puppe, in AaTh 480 B*)[7] etc. gelingt und von der Baba-Jaga mit Geschenken belohnt wird. In einigen russ. Märchen fragt die Baba-Jaga den Helden, dessen menschlicher (‚russ.‘, ‚christl.‘) → Geruch (→ Menschenfleisch riechen) ihr mißfällt und den sie zu fressen droht, ob er ‚Taten vollbringen oder davor fliehen wolle‘ (in AaTh 551: → *Wasser des Lebens*)[8]. Der Held erklärt entweder sofort, was ihn hergeführt habe, oder weist die Fragen der Baba-Jaga zurück und appelliert erfolgreich an ihre Rolle als Gastgeberin: Zuerst solle sie auftischen, dann erst könne sie Fragen stellen. Die Hexe wird daraufhin freundlich. Mit guten Ratschlägen und/oder Zaubergegenständen beschenkt, kann der Held schließlich weggehen.

Auf Grund dieser durch Testsituationen markierten Funktion der Hütte sowie ihres offenbar zu ‚jener‘ Welt gehörigen Wesens (Abgeschiedenheit, auf Hühnerbeinen stehend und Zauberformeln gehorchend) wurde die Behausung der Baba-Jaga wiederholt als Initiationshütte und die Baba-Jaga als Initiierende gedeutet (→ Initiation). Während noch A. A. Potebnja[9] 1865 die Hütte mit der Baba-Jaga selbst identifizierte und deren Knochenbein mit dem Hühnerbein gleichsetzte, favorisierte V. Ja. → Propp[10] – und in seiner Nachfolge B. Gobrecht, M.-G. Wosien, M. Shapiro u. a.[11] – unter Heranziehung auch völkerkundlichen Materials eine vorsichtigere Interpretation: Initiationshütten besitzen häufig Tiergestalt oder zoomorphe Attribute, und so könne angenommen werden, daß sich Reflexe eines archaischen Rituals in der Gestalt der Baba-Jaga-Hütte des Märchens finden, daß nämlich die Hütte, an der Grenze zweier Welten stehend, den Magen oder Uterus eines mythischen Wesens und damit die Stätte des mystischen Todes der Initianden und ihrer → ‚Wiedergeburt‘ als Erwachsene darstellt. Dabei wird die bes. Bedeutung des Huhns als Totemtier (→ Totemismus) und eueterisches Symbol auch bei den Slaven betont. Andere Deutungsversuche (von Propp, V. V. Ivanov und V. N. Toporov, M. Kravchenko[12]) rücken die Baba-Jaga und ihr H. auf Hühnerfüßen in den Bereich von archaischen → Todes- und → Jenseitsvorstellungen: Mit den Merkmalen einer Herrin des Waldes, der Tiere und der Erde ausgestattet (cf. → Herr der Tiere), spiegelt die Figur der Baba-Jaga mutmaßlich Züge eines chthonischen (nach K. D. Lauškin[13] ursprünglich schlangenartigen) Wesens und damit einer Herrscherin über die untere Welt, die Welt des Todes wider. Daß die Baba-Jaga in der Hütte wie aufgebahrt liegend und von Knochenelementen umgeben dargestellt wird, hat auch Anlaß gegeben, darin eine Verbindung zu dem vorchristl. Bestattungsbrauchtum der Ostslaven zu sehen (Aufstellung von Aschenurnen auf Holzpfählen etc.; cf. → Brauch).

Ähnliche Vorstellungen wie das russ. H. auf Hühnerfüßen gibt es im Märchen der Ungarn bzw. der uralalta. Völker allg. Hier handelt es sich um das Bild einer ständig auf einem Vogelbein rotierenden Drachen- oder Hexenburg, und ung. Forscher wie S. → Solymossy[14] bringen das Entenbein (Gänse-, Tauben-, Storchen-, Adler-, Elster-, Krähen-, Puten-, seltener Hühner- oder Hahnenbein) des uralalta. Märchens mit dem durch Vogelfiguren geschmückten → Weltenbaum der Schamanen in Verbindung (→ Schamanismus), dem Priorität vor der „russischen abgenutzten Form“ einzuräumen sei.

[1] Afanas'ev, num. 104. – [2] Afanas'ev, num. 137, 225 u. a. – [3] Afanas'ev, num. 102 u. a. – [4] Afanas'ev, num. 113 sq.; Nikiforov, A. J.: Severnorusskie skazki. ed. V. Ja. Propp. M./Len. 1961, num. 63 u. a. – [5] Afanas'ev, num. 215, 225 u. a. – [6] Afanas'ev, num. 204 u. a. – [7] Afanas'ev, num. 104; cf. auch Scherf, W.: Die Herausforderung des Dämons. Mü. u. a. 1987, 70–78. – [8] Afanas'ev, num. 172 sq. – [9] Potebnja, A. A.: O mifologičeskom značenii nekotorych obrjadov i poverij. 2: Baba-Jaga (Über die mythol. Bedeutung einiger Riten und Volksglaubensvorstellungen). In: Čtenija v Obščestve istorii i drevnostej rossijskich pri Moskovskom universitete 3 (1865) 85–232. – [10] Propp, V. Ja.: Istoričeskie

korni volšebnoj skazki. Len. [2]1986, 53–82 (= Die hist. Wurzeln des Zaubermärchens. Mü./Wien 1987, 60–75). – [11] Gobrecht, B.: Die Frau im russ. Märchen. In: Die Frau im Märchen. ed. S. Früh/R. Wehse. Kassel 1985, 89–110, hier 106 sq.; Wosien, M.-G.: The Russian Folk-Tale. Mü. 1969, 107–144; Shapiro, M.: Baba-Jaga. In: Internat. J. of Slavic Linguistics and Poetics 28 (1983) 109–135; cf. auch Novikov, N. V.: Obrazy vostočnoslavjanskoj volšebnoj skazki (Gestalten des ostslav. Zaubermärchens). Len. 1974, 133–146, 158–180; Becker, R.: Die weibliche Initiation im ostslaw. Zaubermärchen. Diss. B. (im Druck). – [12] Propp (wie not. 10) 69–71, 92–102 (81–83, 110–118); Ivanov, V. V./Toporov, V. N.: Baba-Jaga. In: Mify narodov 1. ed. S. A. Tokarev. M. 1980, 149; Kravchenko, M.: The World of the Russian Fairy Tale. Bern/Ffm./N.Y./P. 1987, 189–193. – [13] Lauškin, K. D.: Baba-Jaga i odnonogie bogi (Die Baba-Jaga und einbeinige Götter). In: Fol'klor i ėtnografija. ed. B. N. Putilov. Len. 1970, 181–186. – [14] Solymossy, S.: Die Burg auf dem Entenbein. In: Die Welt im Märchen. ed. J. Janning/H. Gehrts. Kassel 1984, 138–153, hier 139.

Hamburg Dagmar Burkhart

Haus, das Jack baute (AaTh 2035), von A. → Taylor als → Kettenmärchen klassifizierter, äußerst populärer Kinderreim in engl. Sprache[1].

Der engl. Reim beginnt mit „This is the house that Jack built", geht weiter mit „This is the malt that lay in the house that Jack built", und entwickelt sich durch wachsende Ergänzungen am Beginn einer jeden Wiederholung der Reihe zur folgenden Endform: „This is the farmer that sowed the corn that fed the cock that crowed in the morn, that waked the priest all shaven and shorn, that married the man all tattered and torn, that kissed the maiden all forlorn, that milked the cow with a crumpled horn, that tossed the [little] dog [over the barn], that worried the cat, that caught the rat, that ate the malt that lay in the house that Jack built."[2]

Kettengedichte, die ähnliche Gruppen von Tieren oder Gegenständen aneinanderreihen, sind in Skandinavien und Frankreich verbreitet[3]. Auch eine Reihe weiterer Kettenreime, die eine Serie von Interaktionen zwischen Tieren, Gegenständen und Menschen aufweisen (z. B. *Das ist das Haus vom hölzernen Mandl*), wird häufig als AaTh 2035 klassifiziert[4]. Nach M. → Haavio werden solche Texte mit dem Terminus ‚Kettengedichte' korrekter bezeichnet als mit ‚Kettenmärchen'[5]. Im Unterschied zu anderen Erzähltypen, die in AaTh als Kettenmärchen klassifiziert sind, ist *The House that Jack Built* ein im Gedächtnis behaltener poetischer Text, der nicht in einen Erzählrahmen eingebettet ist.

Der engl. Reim hat eine gut dokumentierte literar. Geschichte. Soweit bekannt, wurde er 1755 zum ersten Mal gedruckt; bis 1800 war er in wenigstens fünf weiteren Anthologien erschienen, und bis 1821 enthielten mindestens 21 verschiedene Bücher das Gedicht in fast unveränderter Form[6]. Veränderungen bestanden zumeist im Hinzufügen von Akteuren am Schluß der Kette: So endete die älteste gedruckte Fassung mit „the priest that married the man", bis 1820 kam „the cock" dazu und bis zum späten 19. Jh. „the farmer that sowed the grain". Die zahlreichen gedruckten Fassungen trugen zur Stabilisierung der mündl. engl. Texte bei.

Ein frühes Zeugnis für eine mögliche Existenz mündl. Versionen von AaTh 2035 geht auf das Jahr 1739 zurück, als in einer Zeitung der brit. Kolonie Massachusetts ein Hinweis auf diesen oder einen ähnlichen Reim erschien[7]. Auch für England gibt es indirekte Hinweise auf ältere mündl. Variationen[8]. Doch läßt sich schließen, daß die Übermittlung des Reims inzwischen fast gänzlich auf den gedruckten Text angewiesen ist. *The House that Jack Built* scheint weit mehr Veränderungen durch literar. Bearb. als durch mündl. Tradierung erfahren zu haben: Zwischen 1819 und 1853 war der Reim Gegenstand von wenigstens 22 getrennt veröff. populären Parodien[9].

Unter Verwendung engl. Belege haben J. O. → Halliwell u. a. über eine zeitlich weiter zurückliegende Herkunft von AaTh 2035 spekuliert. Der Bezug auf einen Priester „all shaven and shorn" wurde als Hinweis auf die im kathol. Klerus gebräuchliche Tonsur interpretiert, die im England der Mitte des 16. Jh.s kaum noch anzutreffen war[10]. H. P. Brewster, L. Eckenstein u. a. vermuteten in dem hebr. Lied *Had gadja* einen Vorläufer von *The House that Jack Built*.

Dieses Lied, das als Teil der jüd. Passahfeier gesungen wird, besteht aus einer Kette destruktiver Handlungen: Das Zicklein wird von einer Katze verschlungen, die von einem Hund gebissen, der von einem Stock geschlagen, der vom Feuer verbrannt, das durch Wasser gelöscht, das von einem Ochsen getrunken, der von einem Schlachter getötet, der vom Engel des Todes umgebracht, der seinerseits vom Allerheiligsten getötet wird[11].

Faktisch haben das hebr. Lied und das engl. Gedicht jedoch nur strukturelle und formale Gemeinsamkeiten. Inhaltlich stellt das hebr. Lied eine Tötungskette dar, in der die stärkeren Akteure die schwächeren nach und nach verschlingen oder auf andere Weise zerstören. Im Gegensatz dazu besteht AaTh 2035: *The House that Jack Built* nicht aus einer reinen Zerstörungskette; Handlungen höchst unterschiedlicher Art wechseln miteinander ab. Das hebr. Lied und seine Var.n sind eher Erzähltypen zuzuordnen wie AaTh 2021 – 2024: *Chains involving a death – animal actors*, AaTh 2030: *Die alte → Frau und das Schwein* (cf. AaTh 2030 D: *The Pear will not Fall*; AaTh 2030 E: *Der Bauer schickt den Jockel aus*) und AaTh 2031: → *Stärkste Dinge*. Ähnliche Lieder oder Reime zum Thema Tötungskette finden sich in dt., ndl., griech., Suaheli- und Hindi-Var.n[12].

Eine weitere Gruppe von Kettenmärchen, die AaTh 2035 subsumiert worden sind, beschreibt eine räumliche und statische – im Gegensatz zu einer zeitlichen, dynamischen – Reihe von Beziehungen zwischen verschiedenen Lebewesen und Gegenständen. Katalan., frz. und dt. Volkslieder weisen folgende Reihe auf: Auf dem Feld ist ein Baum, in dem Baum ist ein Ast, an dem Ast ist ein Zweig..., dann ein Nest, ein Vogel etc.[13]

Allg. läßt sich sagen, daß die Popularität des Reims (bes. in der engl.sprachigen Welt) so groß ist[14], daß der Terminus *Haus, das Jack baute* und die Typennummer AaTh 2035 von vielen Folkloristen benutzt worden sind, um jede Art Kettenmärchen zu bezeichnen, ohne Rücksicht darauf, ob es irgendwelche erkennbaren hist. Zusammenhänge mit dem engl. Reim gibt, ob formale oder thematische Übereinstimmungen vorliegen.

[1] Taylor, A.: A Classification of Formula Tales. In: JAFL 46 (1933) 72 – 88, hier 86; id.: Formelmärchen. In: HDM 2 (1934/40) 164 – 191, hier 187 – 189; der Reim wurde von Taylor in JAFL als Mot. Z 51, in HDM als Mot. Z 41.6 und schließlich in AaTh als Mot. Z 44 klassifiziert. – [2] Die bei AaTh 2035 abgedr. Form (ohne die eingeklammerte Phrase „little dog over the barn") ist am meisten verbreitet; Halliwell, J. O.: The Nursery Rhymes of England. L. ^{5}1853, 285, num. 594; Opie, I. und P.: The Oxford Dictionary of Nursery Rhymes. Ox. ^{2}1952, 229 – 232; Baring-Gould, S. und C.: The Annotated Mother Goose. N. Y. 1962, 43 – 45; DBF A 2, 535 – 537; die Zeile „over the barn" findet sich u. a. in Eckenstein, L.: Comparative Studies in Nursery Rhymes. L. 1906, 115 – 133; Green, P. B.: A History of Nursery Rhymes. L. 1899, 94 sq. – [3] Den engl. Reimen ähnlich, cf. Hodne; Kristensen, E. T.: Danske Dyrefabler og Kjæderemser. Århus 1896, num. 272 sq.; Durieux, A./Bruyelles, A.: Chants et chansons du Cambrésis. P. 1864, 116. – [4] Weniger eng verwandte Texte bei BP 2, 108; Thompson/Balys; Ó Súilleabháin/Christiansen; Haavio, M.: Kettenmärchenstudien 2 (FFC 88). Hels. 1929, 87 – 92; Eckenstein (wie not. 2) 115 – 133. – [5] Haavio (wie not. 4) 92 sq. – [6] Opie (wie not. 2) 231 sq. – [7] ibid., 231. – [8] Eckenstein (wie not. 2) 117 sq. – [9] Opie (wie not. 2) 232. – [10] Halliwell, J. O.: Popular Rhymes and Nursery Tales. L. 1849, 6. –
[11] Zum hohen Alter von AaTh 2035 oder seiner Verwandtschaft mit dem hebr. Lied cf. Folk-lore Record 2 (1879) 217; Brewster, H. P.: The House that Jack Built. In: JAFL 2 (1889) 209 – 212; Eckenstein (wie not. 2); Green (wie not. 2) 89 – 95; cf. auch Goebel, F. M.: Birnli. In: HDM 1 (1930/33) 256 – 260. – [12] Brewster (wie not. 11); Green (wie not. 2); Halliwell (wie not. 10) 6 sq.; Thompson, S.: The Folktale [1946]. Nachdr. Berk./L. A./L. 1977, 231 – 233. – [13] cf. die katalan. Var. bei AaTh; cf. Haavio (wie not. 4) 91 sq. (dt. Beispiel) und „L'Arbre est dans ses feuilles" (franko-amerik.), gesungen von Elby Deshotels auf „Songs of the Louisiana Acadians 1" (Arhoolie Records 5009). – [14] cf. Thompson (wie not. 12) 233.

Houston Carl Lindahl

Haus im Walde (AaTh 431), ein dem Umkreis der Märchen vom guten und schlechten → Mädchen (cf. AaTh 480) zuzurechnender Erzähltyp[1], dessen Beschreibung bei AaTh an KHM 169: *Das Waldhaus* orientiert ist:

(1) Drei Schwestern werden nacheinander ausgeschickt, um ihrem Vater das Essen zu bringen. Sie verirren sich und gelangen an ein Waldhaus, in dem ein Alter mit seinen drei Haustieren lebt. Er bietet den Mädchen Speise und einen Schlafplatz an. (2) Da die beiden ältesten Mädchen nur für sich selbst und den Alten kochen, die Tiere jedoch vernachlässigen, weigern sich diese, ihnen ein Nachtlager zuzuweisen; da die Mädchen obendrein beim Schlafengehen nicht auf den Greis warten, läßt er sie im Keller verschwinden. (3) Das jüngste Mädchen versorgt zunächst die Tiere, begnügt sich dann mit den Resten und begibt sich erst in sein Bett, nachdem der alte Mann sich niedergelegt hat. Es erwacht in einem Palast, statt des Alten liegt ein junger Königssohn neben ihm, der von einer Hexe verwünscht worden

war und als alter Mann mit seinen in Tiere verwandelten Dienern so lange allein in dem Waldhaus leben sollte, bis ein uneigennütziges, tierliebendes Mädchen zu ihm käme und ihn erlöste. (4) Das Mädchen und der Königssohn heiraten, die beiden Schwestern müssen als Mägde dienen, bis auch sie sich fürsorglich im Umgang mit Tieren zeigen.

Das Waldhaus (KHM 169, erstmals ⁴1840) wurde von K. → Goedeke in Delligsen bei Alfeld vermutlich im August 1838[2] aus mündl. Überlieferung aufgezeichnet[3]. Zwar ist die ursprüngliche Niederschrift bisher nicht aufgefunden worden, doch weist eine Äußerung Goedekes, in der er seine Anerkennung der Grimmschen Gestaltung zum Ausdruck bringt[4], darauf hin, daß seine Aufzeichnung für die Drucklegung bearbeitet wurde[5].

W. Grimm sah den Kern der Erzählung im Zusammenleben von Mensch und Tier gegeben, das Verwandlungsmotiv schrieb er späteren Umformungen zu[6]; auf derselben Beobachtung basiert L. → Röhrichs Zuweisung des Märchens zu einer nicht mehr jägerischen, sondern schon bäuerlichen Epoche: Ganz ausgeprägt sei der bäuerliche Grundsatz, vor allem anderen zuerst das Vieh zu versorgen[7].

Bereits die Grimmschen Anmerkungen erwähnen die Parallele zu KHM 24: *Frau Holle* (AaTh 480): Der Alte, der die Stelle Frau Holles vertrete, habe nur das gute Herz des Mädchens prüfen wollen[8]. Außerdem besteht große Motivähnlichkeit zu KHM 201: *Der heilige Joseph im Walde*[9]. Übereinstimmungen sind auch mit dem ersten Text der 1801 erschienenen anonymen Slg *Feen-Mährchen* festzustellen[10], der, obwohl den Grimms bekannt[11], von ihnen nur im Zusammenhang mit KHM 24 erwähnt wird[12]. Auffällig sind die analogen Begründungen der Tiere für die Verweigerung ihrer Hilfe; ähnliche Formulierungen wie in der anonymen Slg[13] und in KHM 169[14] finden sich später in Aufzeichnungen aus mündl. Überlieferung[15].

Aussagen zu deren Verbreitung sind äußerst problematisch. A. → Aarne bestimmte das Märchen 1910 wohl allein aufgrund von KHM 169 zum Erzähltyp[16]. 1946 merkte S. → Thompson an, daß *Das Waldhaus* viele aus anderen Märchen bekannte Motive aufweise; lediglich neun Versionen seien bisher aufgezeichnet worden – alle wahrscheinlich Nacherzählungen von KHM 169[17]. Dies wurde 1958 von K. → Ranke dahingehend relativiert, daß bei einigen neueren Fassungen durchaus ‚eigene' Herkunft festzustehen scheine[18]. Entgegen seiner vorherigen, offenbar enger an KHM 169 orientierten Praxis vereinigte Thompson 1961 bei der zweiten Revision des Typenkataloges unter AaTh 431 so heterogenes Material, daß sich die dort genannten ir., frz., dt., österr., ung., tschech., skr., russ., griech. (aus Kleinasien), türk., berber., palästin., frankoamerik., span.amerik. und südafrik. Erzählungen kaum auf einen gemeinsamen Nenner bringen lassen[19] – ein Dilemma, das in den mit AaTh korrespondierenden Typenkatalogen[20], in den Anmerkungen publizierter Slgen[21] und nicht zuletzt bei der Archivierung von Texten[22] immer wieder zutage tritt.

Aus dem vorliegenden Material ergibt sich folgendes Bild: Konstitutives Element in fast allen Fassungen ist die Gegenüberstellung eines guten Mädchens und seiner (Stief-) Schwester(n) weniger positiven Charakters (cf. → Fleiß und Faulheit, → Gut und böse)[23]. Wie in KHM 169 bewältigt in einer ganzen Reihe von Erzählungen das zuletzt der Prüfung (cf. → Brautproben, → Dienst beim Dämon) unterzogene Mädchen die gestellten Aufgaben[24], in zahlreichen weiteren Versionen verläuft die Handlung jedoch umgekehrt: Zunächst kommt das gute Mädchen reich belohnt zurück, → Neid und Habgier der Stiefschwester oder -mutter motivieren dann – wie in AaTh 480 – den Aufbruch der anderen Tochter[25].

In längst nicht allen Var.n stimmt die Ausgangssituation mit der in KHM 169 überein. So muß in einer schles. Version die ungeliebte Tochter mit den eigenen Haustieren allein daheim bleiben[26], in anderen Fassungen erhält das Mädchen die Tiere als Begleiter[27], folgt einer entlaufenen Kuh zu einem Schloß[28] oder einem rollenden Kuchen[29] (→ Wegweisende Gegenstände und Tiere). Neben diesen Var.n, in denen das Motiv des Waldhauses nur anklingt oder fehlt, sind auch solche Geschichten erfaßt, die die Uneigennützigkeit des Mädchens nicht primär anhand der Fürsorge für die Tiere, sondern z. B. in einer Mildtätigkeit gegen alte Leute fordernden Situation auf die Probe stellen[30]. Stärker motiviert als in KHM 169 erscheint die Bitte des Mädchens um den Ratschlag der Tiere in solchen Versionen, in denen es um das Verhalten gegenüber einem Einlaß begehrenden Eindringling geht[31]. Das in KHM 169 stark verharmlost dargestellte Motiv des Beilagers[32], das der Rückverwandlung (→ Erlösung)[33] des alten Mannes[34], Riesen[35] oder Tieres (cf. → Tierbräutigam)[36] in einen Königssohn als befreiende Handlung vorausgeht, findet sich häufiger; in einigen ist es, etwa durch die Aufforderung zum → Kuß[37], Auskleiden[38] oder durch die Beschreibung der inneren Widerstände des Mädchens[39], bewußt ausgestaltet.

Der Ausgang der Geschichte variiert ebenfalls. Die skand. und isl. Var.n z. B. sind mit Aschenputtel-Motiven verbunden (cf. AaTh 510 A: → *Cinderella*)[40]. Einer Reihe von Erzählungen fehlt das Verwandlungs- bzw. Entzauberungsmotiv; das gute Mädchen wird reich beschenkt[41] und heiratet später einen Bauernsohn[42] oder Grafen[43], in einer serb. Fassung aus der Mitte des 19. Jh.s ist der Prinz nur verkleidet, damit er unerkannt jagen kann[44]. Anders als in KHM 169 bekommt das schlechte Mädchen in den meisten aus mündl. Überlieferung stammenden Aufzeichnungen nicht die Möglichkeit, sich zu bessern: Sein Abenteuer findet ein oft drastisch geschildertes tödliches Ende[45].

[1] cf. Roberts, W. E.: The Tale of the Kind and the Unkind Girls. B. 1958, 146; gegen diese Zuordnung Scherf, 421–423, hier 423; Lur'e, S. Ja.: Dom v lesu. La maison dans la forêt. In: Jazyk i literatura 8 (1932) 159–193; HDM 2, 590 sq. – [2] Hs. Eintrag in KHM 3. B. 1822, p. 252 des Handexemplars von W. Grimm im Brüder Grimm-Museum Kassel: 8° Grimm 80 [3. (Mittlgen von H. Rölleke, Wuppertal und D. Hennig, Kassel); KHM (Nach der Aufl. ³1837). ed. H. Rölleke. Ffm. 1985, 1268. – [3] KHM 1–3 (Nach der Ausg. letzter Hand ⁷1857). ed. H. Rölleke. Stg. 1980, t. 3, 257, 506; cf. Leyen, F. von der: Das dt. Märchen und die Brüder Grimm. MdW 1964, 145 (nennt fälschlich „Bieligsen bei Ahlefeld"). – [4] Briefwechsel zwischen Jacob Grimm und Karl Goedeke. ed. J. Bolte. B. 1927, 49 (Brief vom 26. 11. 1840 an W. Grimm); cf. Mehlem, R.: Ndd. Qu.n der Grimmschen „Kinder- und Hausmärchen" unter bes. Berücksichtigung Niedersachsens. In: Archiv für Landes- und Vk. von Niedersachsen (1940) H. 2, 49–99, hier 79. – [5] Zur Grimmschen Bearb. der ebenfalls durch K. Goedeke aufgezeichneten Vorlagen zu KHM 193 und 171 cf. Märchen aus dem Nachlaß der Brüder Grimm. ed. H. Rölleke. Bonn ³1983, 54–61, 102 sq. – [6] KHM (wie not. 3) 258. – [7] Röhrich, Märchen und Wirklichkeit, 82. – [8] KHM (wie not. 3) 258. – [9] KHM 1985 (wie not. 2); cf. bes. die dt.-böhm. Erzählung bei BP 3, 458 sq. – [10] Feen-Mährchen. Braunschweig 1801, 1–43, hier 2, 10 sq., 28, 30 sq., 34–37, 39 sq., 42; Exemplar aus dem Besitz der Brüder Grimm mit hs. Eintragungen in Berlin, Staatsbibl. Preuß. Kulturbesitz: Libri impressi cum notis mss. oct. 505 (Mittlg von G. Dammann, Hamburg); cf. EM 3, 141 sq. –
[11] KHM (Vergrößerter Nachdr. der zweibändigen Erstausg. von 1812 und 1815) 1. ed. H. Rölleke. Göttingen 1986, XIX (zu KHM 24). – [12] ibid.; KHM (wie not. 3) 56, 342; Grimmsches Exemplar der „Feen-Mährchen" (wie not. 10) eingebundenes leeres Blatt mit hs. Notizen, recto; cf. BP 1, 213. – [13] Feen-Mährchen (wie not. 10) 42. – [14] KHM (wie not. 3) t. 2, 314, 316. – [15] BP 3, 458 sq.; Peuckert, W.-E.: Schlesiens dt. Märchen. Breslau 1932, 159 sq., num. 85 (bereits 1844 publiziert), 166 sq., num. 87; Nedo, P.: Sorb. Volksmärchen. Bautzen 1956, num. 41 (1867 aufgezeichnet); Kosch, M.: Dt. Volksmärchen aus Mähren. Kremsier [um 1898], num. 11; Spiegel, K.: Märchen aus Bayern. Würzburg 1914, num. 12 (1899 aufgezeichnet); Zaunert, P.: Dt. Märchen aus dem Donaulande. MdW 1926, 20 sq.; Tietz, A.: Das Zauberbründl. Märchen aus den Banater Bergen. Buk. 1958, 162–165; Jech, J.: Tschech. Volksmärchen. B. 1961, num. 15 (nicht in ²1984); Die gläserne Linde. ed. V. Gašparíková/J. Jech/H. Kapełuś/P. Nedo. Bautzen 1972, 193–195 (tschech.). – [16] Aarne, A.: Verz. der Märchentypen (FFC 3). Hels. 1910, num. 431, cf. auch p. IV. – [17] Thompson, S.: The Folktale. Nachdr. Berk./L.A./L. 1977, 100 sq. – [18] Ranke 2, num. 431. – [19] Bes. problematisch ist die Zuordnung bei Dawkins, R. M.: Modern Greek in Asia Minor. Cambr. 1916, 334 sq., 384–389; id.: Modern Greek Folktales. Ox. 1953, num. 11; Klipple 431 (= Bourhill, E. J./Drake, J. B.: Fairy Tales from South Africa. L. 1908, num. 18). – [20] Cirese/Serafini; de Meyer, Conte; Ó Súilleabháin/Christiansen; Arājs/Medne; SUS; Berze Nagy; Lőrincz, num. 163; Delarue/Tenèze; cf. Krzyżanowski, num. 431 A. –
[21] z. B. Nedo (wie not. 15) 388 sq.; Geramb, V. von: Kinder- und Hausmärchen aus der Steiermark. ed. K. Haiding. Graz ⁴1967, 243 sq.; Bošković-Stulli, M.: Narodne pripovijetke. Zagreb 1963, 321. – [22] Texte im EM-Archiv (soweit noch nicht erwähnt): Pramberger, R.: Märchen aus der Steiermark. Sekkau [um 1946] (Nachdr. Hildesheim/N.Y. 1975), 5–11; dazu: Rath, E.: Studien zur Qu.nkunde und Motivik obersteir. Volksmärchen aus der Slg Pramberger. Diss. (masch.) Wien 1949, 140–145; ead.: Austrian Märchen. In: FL 63 (1952) 79–90; Zingerle, I. und J.: Kinder- und Hausmärchen aus Tirol. Regensburg/Rom ²1916, 287–296; Henßen, G.: Ungardt. Volksüberlieferungen. Marburg 1959, 85, num. 16; Jech, J.: Lidová vyprávění z Kladska. Praha 1959, num. 64; Cammann, A.: Westpreuß. Märchen. B. 1961, 294–302 (2 Var.n); Gašparíková, V.: Zlatá podkova, zlaté pero, zlatý vlas 1. Bratislava 1984, 146–148, cf. 148 (slovak.); Beke, Ö.: Tscheremiss.

Märchen, Sagen und Erzählungen. Hels. 1938, 219–222; Åberg, G. A.: Nyländska Folksagor. Hels. 1887, num. 159, 251 sq.; Béaloideas 2,2 (1929) 213–215, 223, 227; Rédei, K.: Zyrian Folklore Texts. Bud. 1978, num. 187. – [23] Ausnahmen: Cammann (wie not. 22); Eberhard/Boratav, num. 46. – [24] z. B. Zingerle (wie not. 22); Spiegel (wie not. 15). – [25] z. B. Peuckert, Nedo (wie not. 15). – [26] Peuckert (wie not. 15). – [27] Gašparíková u. a., Tietz, Spiegel (wie not. 15). – [28] Haiding, K.: Österreichs Märchenschatz. Wien 1953, num. 49. – [29] BP 3, 458 sq. – [30] z. B. Pramberger (wie not. 22); Rael, J. B.: Cuentos españoles de Colorado y Nuevo Méjico 1. Stanford, Cal. [1957], num. 107. –
[31] z. B. Gašparíková u. a., Nedo (wie not. 15); cf. Daskalova, L./Dobreva, D./Koceva, J./Miceva, E.: Narodna proza ot Blagoevgradski okrŭg. Sofija 1985, num. 55–59. – [32] Bottigheimer, R. B.: Grimms' Bad Girls & Bold Boys. New Haven/L. 1987, 161 sq. – [33] cf. hierzu auch von Beit 2, 11–14. – [34] z. B. Pramberger (wie not. 22). – [35] Rittershaus, A.: Die neuisl. Volksmärchen. Halle 1902, num. 66. – [36] Jech (wie not. 15); Haiding (wie not. 28); Zingerle (wie not. 22). – [37] Spiegel (wie not. 15). – [38] BP 3, 458 sq. – [39] Haiding (wie not. 28). – [40] Åberg (wie not. 22); Rittershaus (wie not. 35) num. 66 sq. –
[41] Beke (wie not. 22); Zaunert (wie not. 15). – [42] Geramb (wie not. 22). – [43] Kosch (wie not. 15). – [44] Karadžić, V. S.: Volksmärchen der Serben. B. 1854, num. 34. – [45] Nedo, Tietz (wie not. 15); Eberhard/Boratav, num. 67 V; Beke (wie not. 22).

Göttingen Ingrid Tomkowiak

Hausarbeit getauscht (AaTh 1408), mit diversen schwankhaften Erzählungen ausgefüllter Erzähltyp (→ Konglomerat), der von den Mißgeschicken eines dummen Mannes (→ Dummheit) berichtet, welcher den Haushalt führen soll:

Mann und Frau einigen sich auf einen Arbeitstausch, zumeist infolge eines Streites, in dessen Verlauf sich der Mann darüber beklagt, er müsse zu viel arbeiten, während seine Frau es sich zu Hause bequem mache. Oder der Mann (Sohn) erweist sich als unfähig, Aufgaben außerhalb des Hauses zu erledigen: Da seine Frau (Mutter) nun diese Tätigkeit verrichtet, muß er in der Zwischenzeit den Haushalt versorgen. Oft erteilt die Frau ihrem Mann Anweisungen darüber, welche Arbeiten getan werden müssen, anderenfalls weiß er nicht, was zu erledigen ist. Auch geschieht es, daß er die Aufgaben unterschätzt und sich den halben Tag ausruht. Meist dauert der Arbeitstausch nur einen Tag; wenn die Frau mittags (abends) von der Feldarbeit (den Handelsgeschäften) zurückkehrt, findet sie ein völliges Chaos vor: Die Ausführung der H. ist dem Mann durchweg mißlungen[1]. Überwiegend enden die Erzählungen für die Eheleute mit der Einsicht, daß es das beste sei, wenn jeder wieder seiner eigenen, gewohnten Arbeit nachgehe; der Mann erkennt, daß er die Tätigkeit seiner Frau unterschätzt hat.

Abgesehen von dieser grundsätzlichen Struktur besitzt AaTh 1408 keine unabänderlichen Bestandteile, was auch eine eindeutige Klassifizierung des Erzähltyps erschwert. Allerdings finden sich einige Motive in einer Vielzahl von Var.n, ohne sich jedoch gegenseitig zu bedingen oder ausschließlich in Verbindung mit AaTh 1408 vorzukommen. Einige Erzählungen bestehen lediglich aus einer Episode; zumeist aber resultieren die Mißgeschicke gerade aus dem Bestreben des Mannes, mehrere Arbeiten gleichzeitig zu verrichten. Am häufigsten verzeichnet werden folgende Ungeschicklichkeiten und Dummheiten:

Während des Butterschlagens (Teigrührens) wird der Mann durstig und geht in den Keller, um sich Wein (Bier) zu zapfen. Als er hört, daß in der Küche das Schwein (Hund) den Rahmtopf umgestoßen hat (Teig [Butter, Hirse, Brot] frißt), eilt er hinauf, vergißt jedoch, den Zapfhahn zu schließen (cf. AaTh 1387: → *Kluge Else*)[2]. Manchmal versucht er, das Ausgelaufene mit Mehl aufzusaugen (Mot. J 2176.1). Diesen Brei will er mitunter an die Schweine verfüttern, die sich jedoch entweder bereits auf der Kellertreppe die Beine brechen oder davon fressen, bis sie tot umfallen. – Da die Bruthenne infolge seiner Ungeschicklichkeit getötet (fortgejagt) ist, setzt der Mann sich auf die Eier (teilweise mit Honig und Federn beschmiert), um sie weiter auszubrüten (AaTh 1218: cf. → *Eierbrüter*; cf. auch AaTh 1383, 1681: → *Teeren und federn*)[3]. – Um die Küken vor dem Zugriff des Habichts zu schützen, bindet der Mann sie alle einschließlich der Henne (Gans) mit einer Schnur aneinander. Als der Habicht nun nach einem Küken schnappt, trägt er alle zusammen davon (AaTh 1876: → *Gänse an der Leine*; cf. AaTh 78, 78 A, 278: → *Tiere aneinandergebunden*)[4]. – Die Kuh soll auf dem Dach des Hauses grasen; damit sie nicht herunterfällt, bindet der Mann sie mit einem Strick, den er durch den Schornstein führt, an seinem Körper fest. Als die Kuh herunterfällt, zieht sie ihn in den Schornstein; beide hängen nun auf halber Höhe und müssen warten, bis die heimkehrende Frau das Seil durchtrennt (AaTh 1210: → *Kuh auf dem Dach*)[5]. – Oft zerbricht der Rahmtopf durch die Ungeschicklichkeit des Mannes oder durch ein Haustier (Hund, Schwein, Katze); oder eines der Tiere holt sich Fleisch (Wurst, Hirse), aus dem eigentlich das Essen bereitet werden sollte[6]. Infolgedessen werden die Tiere in den Wald vertrieben (im Zorn erschlagen). – Der Mann bindet sich nun das Butterfaß auf den Rücken. Als er zum Brunnen geht und sich bückt, läuft ihm die Sahne über den Rücken und ergießt sich in den Brunnen[7]. – Die Wäsche, die der Mann im Fluß waschen will, wird ihm entweder gestohlen, als er sie am Flußufer liegenläßt, oder vom Strom davongetragen[8]. Das gleiche geschieht mit seiner Kleidung, die er abgelegt hat, um in das Wasser zu steigen. – Häufig ist er so wenig der Aufgabe gewachsen, das Kind zu betreuen, daß es stirbt: Er verbrüht es beim Waschen (Mot. J 2465.4); er drückt oder sticht ihm – in der Annahme, es handele sich um eine bösartige Blase – die Fontanelle ein; das Kind ertrinkt, erstickt, fällt oder wird mit einem Stein (Klotz), der das Umkippen der Wiege verhindern soll, erdrückt[9] (AaTh 1681 B: *Fool as Custodian of Home and Animals*; cf. → Mißverständnisse). – Oft will sich der verzweifelte Mann schließlich das Leben nehmen und ißt vermeintliches Gift, das tatsächlich jedoch eine Süßigkeit ist, die seine Frau für sich selbst verwahren wollte (AaTh 1313: cf. → *Mann glaubt sich tot*)[10].

Statt der überwiegenden Tendenz, die vorherigen Verhältnisse beizubehalten, schließen die Eheleute in einigen Var.n keinen Frieden: Die als boshaft und herrschsüchtig charakterisierte Frau schlägt ihren Mann, jagt ihn aus dem Haus oder verbrennt ihn sogar im Ofen, in den er sich geflüchtet hat[11].

Einzelne Elemente von AaTh 1408 finden sich bereits 1505 in der Fabelsammlung des Laurentius → Abstemius (num. 199). Zwar ist hier noch nicht ausdrücklich die Rede von einem Arbeitstausch, doch soll der Ehemann in Abwesenheit der Frau die Hühner beaufsichtigen und das Haus versorgen. Einzelne Bestandteile von AaTh 1408 finden sich u. a. auch bei Heinrich → Bebel (1514; num. 26)[12] und Girolamo → Morlini (1520; num. 49)[13], doch die früheste komplexe Fassung liefert Jacob → Frey (1556; num. 20)[14]:

Hier identifiziert sich der Mann mit seiner Rolle so weit, daß er sich für die Frau hält. Als im Haushalt alles schiefgeht, beklagt er, warum er nicht Mann geblieben sei. Nachdem ihm seine Kleidung gestohlen wurde, bedeckt er seine Blöße mit Gras, doch das Füllen beißt es ihm einschließlich der Genitalien weg. Als die Frau heimkehrt, verzeiht sie ihm alle Mißgeschicke; doch als sie erfährt, daß er auch ‚unsern fridenmacher' verloren hat, verstößt sie ihn[15].

Die gut 100 Belege des EM-Archivs aus literar. und oraler Tradition reichen vom 16. Jh. über zahlreiche Schwanksammlungen des 17./18. Jh.s[16] bis in die rezente mündl. Überlieferung; auch im Kinderbuch ist AaTh 1408 dokumentiert[17]. Das Verbreitungsgebiet umfaßt vorwiegend Europa mit Schwerpunkt in Nordosteuropa[18] und Abstrahlungen in zentralasiat. Gegenden[19]. Bei anderen außereurop. Fassungen, etwa einer philippin.[20], sind allenfalls vage Analogien zu bemerken. Unterschiedliche ökotypische Ausprägungen lassen sich kaum erkennen, sie beschränken sich auf die Nennung verschiedener Getränke (Wein, Bier, Fusel, Cidre) oder Haustiere (Schweine, Schafe).

Mitunter ergeben sich Kontaminationen mit anderen Dummenschwänken. AaTh 1696: → *„Was hätte ich sagen (tun) sollen?"* übernimmt zumeist die Funktion der Eingangsepisode: Aus dem Unvermögen des Mannes, sich situationsgerecht zu verhalten, ergibt sich die Notwendigkeit, daß die Frau (Mutter) diese Gänge erledigt, während der Mann (Sohn) zu Hause ihre Arbeit übernehmen muß[21]. Hier können wiederum zahlreiche andere Motive eingebunden werden, etwa daß der Mann die gekauften Töpfe auffordert, selbst nach Hause zu gehen (Mot. J 1881.1.3; → Ausschicken von Gegenständen oder Tieren)[22]. Var.n zu Mutter und Sohn als Handlungsträgern sind oftmals eingebettet in die Suche des Sohnes nach einer Braut (cf. AaTh 1685: *Der dumme → Bräutigam*): Die Geduld der Braut ist zu Ende, als der Bräutigam die Aufforderung seiner Mutter, seiner Braut freundliche Augen zuzuwerfen, → wörtlich nimmt und sie mit ausgestochenen Tieraugen bewirft (AaTh 1006: → *Augenwerfen*)[23]. Mitunter hält der Mann seine Frau für so dumm, daß er in die Welt hinauszieht, um zu sehen, ob es noch dümmere Menschen gibt (AaTh 1332: cf. → *Narrensuche*); dabei begegnet er vielen Dummen und beschließt, nun selbst den Haushalt zu führen[24].

Zuweilen demonstrieren Var.n auch die Wandelbarkeit des Glücks: Trotz seiner Einfalt kommt der Dumme unverhofft zu Reichtum. Bei → Basile (1,4) versucht der dumme Sohn nach mißglückter H., seine Ware an eine Statue zu verkaufen; als er von ihr kein Geld bekommt, zerschlägt er sie und findet in ihrem Inneren einen Topf voller Gold (AaTh 1643: → *Geld im Kruzifix*). In einigen Fällen steht AaTh 1653: → *Räuber unter dem Baum* im Anschluß an AaTh 1408: Der Dumme wird aus dem Haus gejagt und will die Nacht auf einem Baum im Wald zubringen; als er einen Gegenstand (zumeist die mitgenommene Tür, auf die er aufpassen sollte) fallenläßt, werden die unter dem Baum Schutz suchenden Räuber vertrieben. Der Mann ergreift ihre zurückgelassene Beute und wird von seiner Frau wieder aufgenommen[25].

AaTh 1408 liegt kein emanzipatorischer Gedanke zugrunde. Der Tausch resultiert nicht aus dem Bedürfnis der Frau, den Haushalt zu fliehen und einer Tätigkeit außerhalb des Hauses nachzugehen. Auch findet kaum Erwähnung, wie die Frau mit der ihr ungewohnten Arbeit zurechtkommt, meist scheint sie jedoch keinerlei Probleme damit zu haben[26]. Der Sinn des Erzähltyps liegt somit nicht eigentlich im Tausch oder im Aufzeigen der Dummheit des Mannes, er will vielmehr – vergleichbar einer ‚von Gott gewollten' → Ständeordnung – zum Ausdruck bringen, daß der Mann zur H. ungeeignet ist. Zwar weicht die anfängliche Unterbewertung der H. seitens des Mannes aufgrund seiner Erfahrungen der Anerkennung, doch führt diese andererseits zur Manifestierung der althergebrachten Rollenverteilung. Zudem wird durch das Mißlingen der Unternehmungen deutlich, daß H. den Mann lächerlich macht. Übersteigert wird die Unvereinbarkeit von ‚Frauenarbeit' und männlicher Identität in jenen Fassungen offensichtlich, in denen der Mann seiner Geschlechtsteile beraubt wird: Mit dem Verlust seiner Sexualität verliert er in den Augen seiner Frau auch seinen eigentlichen Wert.

[1] Ergänzend zu AaTh: MNK; SUS; Arājs/Medne; Kecskeméti/Paunonen; Rausmaa; Hodne; Ó Súilleabháin/Christiansen; van der Kooi; de Meyer, Conte; Cirese/Serafini; Stroescu, num. 3683. – [2] Henßen, G.: Berg. Märchen und Sagen. Münster 1961, num. 50; Anderson, W.: Novelline popolari sammarinesi 3. Tartu 1933, num. 59; Cornelissen, P. J./Vervliet, J. B.: Vlaamsche volksvertelsels en wondersprookjes. Lier 1900, num. 40. – [3] Meier, H.: Span. und port. Märchen. MdW 1940, num. 57 (port.); Tille, Soupis 1, 431 sq. – [4] Kralina, N.: Sto skazok udmurtskogo naroda. Iževsk 1961, num. 82; Mykytiuk, B.: Ukr. Märchen. MdW 1979, num. 53. – [5] Ramstedt, G. J.: Bergtscheremiss. Sprachstudien. Hels. 1902, num. 5; Galkin, P./Kitajnik, M./Kuštum, N.: Russkie narodnye skazki Urala. Sverdlovsk 1959, 127 sq. – [6] Nedo, P.: Lachende Lausitz. Ffm. 1957, 60–62; Szabó, L.: Kolalapp. Volksdichtung. Göttingen 1966, num. 28. – [7] Saltveit, L.: Norw. Volksmärchen. Wedel 1945, 42–44; Konkka, U. S.: Karel'skie narodnye skazki. Petrozavodsk 1959, 171–173. – [8] Daskalova, L./Dobreva, D./Koceva, J./Miceva, E. (edd.): Narodna proza ot Blagoevgradski okrŭg. Sofia 1985, num. 75; Polívka 5, num. 135. – [9] Haltrich, J.: Dt. Volksmärchen aus dem Sachsenlande in Siebenbürgen. B. 1856, num. 63; Parpulova, L./Dobreva, D. (edd.): Narodni prikazki. Sofia 1982, 359 sq. – [10] Moser-Rath, Predigtmärlein, num. 80; Peukkert, W. E.: Schlesiens dt. Märchen. Breslau 1932, num. 239. –
[11] Henßen, G.: Volksmärchen aus Rheinland und Westfalen. Wuppertal-Elberfeld 1932, 34–36; Anthropophyteia 1 (1904) 400 sq., num. 308 (skr.). – [12] Bebel/Wesselski 1, num. 26. – [13] Wesselski, A. (ed.): Die Novellen Girolamo Morlinis. Mü. 1908, num. 49. – [14] Frey/Bolte, num. 20. – [15] Dieses Ende auch z. B. bei Hnatjuk, V.: Das Geschlechtleben des ukr. Bauernvolkes [...] 2. Lpz. 1912, num. 238; Wisser, W.: Plattdt. Volksmärchen 2. Jena 1927, 243–246. – [16] Moser-Rath, Schwank, 10, 119, 289. – [17] McKee, D.: Die Kuh auf dem Dach. Stg. 1973; cf. Wehse, R.: Männerfeindliche Tendenzen in Witz und Schwank (?). In: ZfVk. 75 (1979) 57–65, hier 61. – [18] Asbjørnsen, P. C./Moe, J.: Norske folke-eventyr. Kristiania ³1866, num. 43; Schier, K.: Schwed. Volksmärchen. MdW ²1974, num. 80; Munkácsi, B.: Volksbräuche und Volksdichtung der Wotjaken. Hels. 1952, num. 106; Kryptádia 1 (1883) num. 27 (russ.); Jech, J.: Tschech. Volksmärchen. B. 1961, num. 47. – [19] Dolidze, N. J.: Gruzinskie narodnye skazki. Tiflis 1971, num. 74. – [20] Ramos, M.: Tales of Long Ago in the Philippines. Manila 1953, 87–90. –
[21] Kovács, Á.: Kalotaszegi népmesék 2. Bud. 1943, num. 47. – [22] Cadic, D.: Contes de Basse-Bretagne. P. 1955, num. 20. – [23] EM-Archiv: Jan Tambaur (ca 1660), 244–249. – [24] Henßen, G.: Volkserzählungen aus dem westl. Niedersachsen. Münster 1963, num. 66. – [25] Wossidlo, R.: Aus dem Lande Fritz Reuters. Lpz. 1910, 208–210. – [26] Wehse, R.: Schwanklied und Flugblatt in Großbritannien. Ffm./Bern/Las Vegas 1979, num. 247 (Sie macht auf dem Feld ebenfalls alles falsch), 248 (Sie ist der Männerarbeit gewachsen).

Göttingen Frauke Wedler

Hausbau der Tiere (AaTh 43, 81, 130 A); eine Erzählung über Konflikte zwischen Tieren, welche sich aus dem unterschiedlichen Bau ihrer Behausungen ergeben. Für AaTh 43: *The Bear Builds a House of Wood; the Fox, of Ice* ist folgender Handlungsablauf charakteristisch:

> Ein → Fuchs baut sich im Winter einen Unterschlupf aus Eis, ein → Hase dagegen aus Holz. Als der Sommer kommt, schmilzt der Bau des Fuchses. Der Fuchs will vom Hasen in dessen Bau aufgenommen werden.

Dieses Tiermärchen ist vor allem in Osteuropa verbreitet: bei den Ostslaven, den Syrjänen, Wotjaken, Mordwinen, Woten sowie bei den Esten, Letten, Litauern und Slovaken[1]. In Finnland ist es nicht bekannt; eine in A. → Aarnes finn. Typenkatalog erwähnte Var. stammt aus dem russ. Gouvernement Olonetz (karel.)[2]. Die Handlungselemente in der Überlieferung dieser Gebiete sind fast überall gleich. Der kurzlebige Bau wird aus Eis errichtet, der Erbauer ist häufig der Fuchs (selten Wolf, Bär). Erbauer des anderen, dauerhafteren Unterschlupfes kann außer dem Hasen ein Wolf, ein Fuchs, ein Schaf, eine Ziege sein. Als Baumaterial kommt außer Holz auch Stein, Eisen, Gras oder Wolle vor. In den meisten Fällen wird AaTh 43 als Einzelmärchen erzählt, manchmal aber auch mit langen Tiermärchenketten verknüpft: so bei den Letten die Kette AaTh 1 + 2 + 3 + 4 + 43 + 30[3], bei den Syrjänen AaTh 43 + 15, AaTh 43 + 212, AaTh 15 + 1 + 2 + 43[4]. Größere Abweichungen sind bei den außerhalb Europas verbreiteten Fassungen festzustellen: Bei Juden des kurd. Irak sind Schaf und Ziege die Handlungsträger[5], bei Indern z. B. Affen, Wölfe, eine Maus, ein Vogel, eine Krähe und ein Sperling[6]. Die minderwertige Behausung wird aus Dung oder Salz errichtet; als der Regen kommt, wird sie zerstört, und das Tier sucht Schutz in einem anderen, besseren Unterschlupf (Nest).

In chin. Texten ähnlichen Inhalts[7] liegt das Schwergewicht auf dem Schlußteil des Märchens: Ein Vogel baut sich einen Unterschlupf; ein anderer bittet um vorübergehenden Schutz, bemächtigt sich aber nach und nach des ganzen Nests und wirft den rechtmäßigen Besitzer hinaus. Ebenso baut sich in einer russ. Var.[8] ein Bär eine Behausung für den Winter; andere Tiere (Schafbock [Widder], Schwein, Gans, Hahn) glauben, ohne Unterschlupf auszukommen, wollen jedoch im Winter in den Bau des Bären aufgenommen werden. Im ostslav. Typenverzeichnis sind Var.n dieser Art AaTh 130: → *Tiere auf Wanderschaft* als Untertypen zugeordnet (SUS 130*, 130**, 130***).

In AaTh 130 A: *Animals Build themselves a House* bauen sich Tiere, die auf der → Flucht sind, einen Unterschlupf, oder ein Tier (oft Ochse, Stier) errichtet sich – wie im obigen russ. Märchen – eine Behausung, in welche die anderen Tiere ebenfalls aufgenommen werden wollen[9]. Gemäß einer Unters. von Aarne ist dieser Typus in Rußland entstanden, wohl unter dem Einfluß von AaTh 43[10]. Auch AaTh 130 A ist vor allem in Osteuropa bekannt: in Rußland, Estland, Litauen, Lettland und in den östl. Gebieten Finnlands.

Aus Frankreich stammt ein Märchen, in dem ein Mann (der hl. → Michael) eine Kirche (Burg, Mühle) aus Eis baut, der Teufel entsprechende Gebäude aus Stein (AaTh 1097: *The Ice Mill*). K. → Krohn hielt diesen anthropomorphen Typ für älter und den Ersatz der handelnden Personen durch Tiere für eine spätere Entwicklung[11]. Eine entsprechende Konstellation von einem fleißigen Tier, das für den Winter Vorräte anlegt, und von einem faulen Tier, das Nahrung erbettelt und z. T. in die Behausung des anderen aufgenommen werden will, liegt auch in der bekannten Fabel → *Grille und Ameise* (AaTh 280 A) vor.

In AaTh 81: *Too Cold for Hare to Build House in Winter* bleibt das Errichten einer Behausung nur eine Absicht[12]:

Ein Hase friert im Winter und nimmt sich vor, sobald im Sommer die Wärme käme, einen Unterschlupf für sich zu bauen. Aber im Sommer hat er keine Lust, mit dem Bau anzufangen, sondern tröstet sich, es sei auch im letzten Winter gegangen. Der Unterschlupf wird nicht gebaut.

Diese kleine Fabel ist auch schon in der Antike bekannt: → Plutarch erzählt sie von einem → Hund[13], der als Protagonist verbreiteter ist als der vor allem in den nord. Ländern erscheinende Hase. In der 1483 in Schweden gedr. lat. Fabelsammlung *Dialogus creaturarum moralizatus* (cf. → *Dialogus creaturarum*) erscheint auch das mit der Erzählung verknüpfte Bild vom Hasen unter dem Busch[14]; in Schweden wie in Norwegen sagt der Hase im Sommer: „Hus i var buske, hus i var buske“ (Ein Bau in jedem Busch)[15]. Als fauler Hausbauer kann auch der Fuchs (dt., finn.)[16] oder ein Vogel (griech.: Lerche, russ.: Birkhuhn, mongol.: Sperling, finn.: Schneehuhn) auftreten.

In AaTh 1238: *The Roof in Good and Bad Weather* wird das gleiche Motiv auf Menschen angewandt. Der faule Mann rafft sich bei Regen oder Sturm nicht dazu auf, das Dach zu decken oder auszubessern, bei schönem Wetter wiederum ist es nicht nötig[17]. Es ist oftmals schwierig zu unterscheiden, ob es sich um eine Tier- oder um eine Menschenversion handelt, weil in manchen Var.n nur die Vornamen der Handlungsträger ohne weitere Charakterisierung angegeben sind[18]. In Finnland existiert auch eine allg. verbreitete Redensart, die Faulheit und Mangel an Unternehmungsgeist verspottet: Wann arbeitet der Faule? (Wann bessert der Faule das Dach aus?): Im Sommer hat er keine Zeit, im Winter ist es ihm zu kalt[19].

[1] Ergänzend zu AaTh: SUS; STF; Arājs/Medne; Kippar; Kecskeméti/Paunonen; Loorits, O.: Estn. Volkserzählungen. B. 1959, num. 9; Viidalepp, R.: Estn. Volksmärchen. B. 1980, num. 9; Der gläserne Berg. Estn. Märchen. B. 1968, 5–8. – [2] Aarne, A.: Finn. Märchenvar.n (FFC 5). Hels. 1911, Typ 43. – [3] Šmits, P.: Latviešu pasakas un teikas 1. Riga 1925, num. 5, 7. – [4] Kecskeméti/Paunonen. – [5] Noy; Jason. – [6] Thompson/Roberts. – [7] Ting 43 A. – [8] Nikiforov, A. I.: Severnorusskie skazki. M./Len. 1961, num. 62. – [9] z. B. Haralampieff, K.: Bulg. Volksmärchen. MdW 1971, 28–33. – [10] Aarne, A.: Die Tiere auf der Wanderschaft (FFC 11). Hamina 1913, 169–172. –
[11] Krohn, K.: Bär (Wolf) und Fuchs. In: JSFO 6 (1889) 1–132, hier 109–111. – [12] Ergänzend zu AaTh: Megas; Ó Súilleabháin/Christiansen; Kovács, Állatmešek 205*B; Hodne; Kippar; SUS; Baughman; Dh. 3, 203 (Hinweis auf mehrere Var.n aus Rußland, der Mongolei, aus Estland, Lettland und Deutschland). – [13] Wienert, ET 269, ST 401′. – [14] Liungman 1, 15. – [15] ibid.; Schier, K.: Schwed. Volksmärchen. MdW 1971, 184; cf. auch Hodne. – [16] z. B. Grannas, G.: Plattdt. Volkserzählungen aus Ostpreußen. Marburg 1957, 64 sq. – [17] z. B. Pauli/Bolte, num. 599; ergänzend zu AaTh: Rausmaa; Arājs/Medne: Ó Súilleabháin/Christiansen; Cirese/Serafini; SUS. – [18] z. B. Dorson, R.: Negro Folktales in Michigan. Cambr., Mass. 1956, 44 sq. – [19] z. B. Sananlaskut (Sprichwörter). ed. K. Laukkanen/P. Hakamies. Vaasa 1984, 123.

Helsinki Pirkko-Liisa Rausmaa

Hauser, Kaspar, * angeblich 30. 4. 1812, † Ansbach 17. 12. 1833, abgeschlossen von der Außenwelt aufgewachsenes → Findelkind rätselhafter Herkunft, taucht 1828 in Nürnberg auf und erregt in der für Probleme der Erziehung ungemein aufgeschlossenen Gesellschaft sogleich großes Aufsehen. K. H.s kurzes öffentliches Leben ist bestimmt von wechselnden Vormundschaften in Verbindung mit einer ganzen Reihe von pädagogischen und psychol. Experimenten, die an dem augenscheinlich in völliger menschlicher Isolation aufgewachsenen und anfangs des Sprechens nur rudimentär mächtigen Menschen vorgenommen werden. Allmählich ist er mit einfachen Schreibarbeiten am Ansbacher Appellationsgericht beschäftigt und erhält Kontakt zu ersten Gesellschaftskreisen, dennoch bleibt die geistige Entwicklung begrenzt. Nachdem auf K. H. bereits 1829 ein Mordanschlag erfolgt war, erhält er am 14. 12. 1833 eine Stichwunde, an der er drei Tage später stirbt. Unters.en des Mordes brachten keine Klärung[1].

Die mit K. H. verbundenen Rechtsfragen lassen eine umfangreiche Sachliteratur entstehen, in der es u. a. speziell um die Ermittlung seiner Herkunft und allg. um die Rechtsstellung des Findelkindes sowie um die sozialen Pflichten der Gesellschaft geht. Bei der Frage nach seiner Abstammung kommen eventuelle dynastische Ansprüche in Deutschland (ein durch die Gräfin von Hochberg beiseite geschaffter Erbprinz von Baden), in Frankreich (Abkömmling Napoleons und einer poln. Gräfin) und in Rußland (Abkömmling des Zarenhauses) in Betracht; adlige Abkunft und ein politisches Ränkespiel um K. H. werden von Anfang an angenommen[2].

In den Bearb.en der K.-H.-Thematik als Sensationsbericht, Kriminalerzählung und biogr. Darstellung (Entwicklungsroman, Gesellschaftsroman) vermischen sich nicht selten berichtende und erzählende Formen. K. H. wird in erster Linie als Spielball gesellschaftlicher Kräfte angesehen, wobei sehr bald geheime politische Mächte für das Schicksal eines unschuldigen Menschen veranschlagt werden. Schon im Jahr nach dem Tod der hist. Gestalt erscheinen einige Kriminalerzählungen und -romane zur Thematik, so von Joseph Heinrich Garnier, Friedrich Seybold und Ludwig Scoper[3]. Das Eingreifen geheimer Mächte in das Leben K. H.s wird in Dramen im Zusammenhang mit der vermuteten frz. Herkunft dargestellt, so von Charles Désiré Dupeuty und Louis Marie Fontan, Auguste Anicet Bourgeois und Adolphe Philippe Dennery sowie neuerdings von Octave Aubry[4]. Die Auffassung, K. H. sei ein von der Gesellschaft Verstoßener, läßt kritische literar. Darstellungen, bes. im Gesellschaftsroman des 19./20. Jh.s, entstehen, wie die von Karl Gutzkow oder Karl Röttger publizierten Bearb.en des Stoffes[5]; hierzu gehört auch das Drama von Peter Handke[6]. In diesem Sinne hat Kurt Tucholsky das Pseudonym ‚K. H.' angenommen[7].

Das ungebildete, noch erziehungsfähige ‚Naturgeschöpf' K. H. interessiert im Hinblick auf die körperliche und geistige Entwicklung des Menschen, wobei die psychol., pädagogischen und moralischen Elemente eine Rolle spielen[8]. Auch der Bänkelsang, belegt u. a. durch die bildliche Darstellung eines Bänkelsängers auf dem Cannstatter Wasen von 1835, nimmt sich der K.-H.-Thematik an[9]. Das Bild von K. H. als Opfer berührt allg.menschliche Gefühle als „Trägheit des Herzens"[10]. Das Motiv der menschlichen Not führt zum Erfassen des Seelischen im lyrischen Gedicht wie bei Paul Verlaine, Georg Trakl oder Hans Arp[11]. Über die menschliche Not hinaus gesteigert erscheint K. H. sogar als Symbol des (menschlichen) Leides in der Art von Legendendichtungen, so in den Bearb.en von Philipp Konrad Marheineke, Erich Ebermayer, Klaus Mann und Herbert Lewandowski[12]. Der K.-H.-Stoff hat außerdem anthroposophische[13] und okkulte[14] Deutungen erfahren.

Zu den neuesten Interpretationen des K.-H.-Stoffes zählen Werner Herzogs Film *Jeder für sich und Gott gegen alle* (1974) sowie Reinhard Meys Chanson *Dann streu ich Blumen auf den Pfad* (ca. 1980).

[1] cf. allg. NDB 8 (1969) 119 sq.; Frenzel, Stoffe, 288–290; Stern, O.: K. H. in der Dichtung. Diss. Ffm. 1925; Peitler, H./Ley, H.: K. H. Ansbach 1927; Theisz, R. D.: K. H. im 20. Jh. Der Aussenseiter und die Ges. In: The German Quart. 49 (1976) 168–180; Leonhardt, U.: Prinz von Baden genannt K. H. Eine Biogr. Reinbek 1987. – [2] Feuerbach, A. von: K. H. Beispiel eines Verbrechens am Seelenleben des Menschen. Ansbach 1832; Daumer, G. F.: Enthüllungen über K. H. [Ffm. 1859]. ed. P. Tradowsky. Dornach 1984; Klee, F.: Neue Beitr.e zur K.-H.-Forschung. Nürnberg 1929. – [3] Garnier, J. H.: Einige Beitr.e zur Geschichte K. H.s. Straßburg 1834; Seybold, F.: K. H. Stg. 1834; Scoper, L.: K. H. oder die eingemauerte Nonne. Nordhausen 1834. – [4] Dupeuty, C. D./Fontan, L. M.: Le pauvre Idiot. P. 1838; Anicet-Bourgeois, A./Dennery, A. P.: Gaspard H. P. 1838; Aubry, O.: L'Orphelin de l'Europe. P. 1928. – [5] Gutzkow, K.: Die Söhne Pestalozzis. B. 1870; Röttger, K.: K. H.s letzte Tage oder das kurze Leben eines ganz Armen. B./Wien/Lpz. 1933. – [6] Handke, P.: K. Ffm. 1967. – [7] cf. Wiesinger, A. (ed.): K. H. Seine mysteriöse Ermordung. Sein hartnäckiges Weiterleben. Fbg 1983, 205. – [8] Forte, D.: K. H.s Tod. Ffm. 1979; cf. allg. Hörisch, J. (ed.): Ich möcht ein solcher werden wie ... Materialien zur Sprachlosigkeit des K. H. Ffm. 1985. – [9] Eichler, U. (ed.): Bänkelsang und Moritat. Katalog Stg. 1975, 18, 96, 99; cf. Lütkehaus, L.: K. H. oder „die Natur" in „der Gesellschaft". In: Wiesinger (wie not. 7) 149–167. – [10] Wassermann, J.: Caspar H. oder die Trägheit des Herzens. B. 1924. – [11] Verlaine, P.: Gaspar H. chante [1881]. In: id.: Œuvres poétiques complètes. ed. Y.-G. Dantec/J. Borel. P. 1977, 279; Trakl, G.: K. H. Lied [1913]. In: id.: Das dichterische Werk. ed. F. Kur. Mü. 1972, 55; Arp, H.: Der Vogel selbdritt [1920]. In: id.: Gesammelte Gedichte 1. ed. M. Arp-Hagenbach/P. Schifferli. Zürich/Wiesbaden 1963, 24 sq., cf. 26–43. – [12] Marheineke, P. K.: Das Leben im Leichentuch. B. 1834; Mann, K.: Vor dem Leben. Acht K.-H.-Legenden. Hbg 1925; Ebermayer, E.: K. H. Dramatische Legende. B. 1926; Lewandowski, H.: Das Tagebuch K. H.s. Utrecht/Lpz./B. 1928. – [13] Tradowsky, P.: K. H. oder das Ringen um den Geist. Dornach ³1983; Mayer, J./Tradowsky, P.: K. H. Das Kind von Europa. Stg. 1984. – [14] Wegener, W.: Die okkulte Mission des K. H. B. 1959.

Weimar Hans Henning

Hausgeister

1. Terminologie – 2. Formen der Überlieferung – 3. Phänomenologie – 4. Sozialreglements zwischen Geist und Mensch – 5. Funktionen und Aussagewert – 6. Herkunft und Entwicklungen

1. Terminologie. Wie das im Deutschen für H. gebräuchlichere Wort Kobold (aus ags. cofa, altnord. cofi: Haus, Gemach, Verschlag und altnord. bald: Walter, Herrscher[1]) ausweist, sind sie → Schutzgeister, übernatürliche Schirmherren über Haus und Hof, Menschen, Tiere und Güter; sie heben sich typol. ziemlich klar von den unzähligen anderen → Geistern im Haus[2] ab (Mot. F 480).

Es lassen sich – z. T. mit Überschneidungen – systematisieren: spezielle Raumgeister (Keller-, Stall-, Spinnstuben-, Bad- oder Saunageister)[3]; persönliche Dienstgeister und Reichtumsmehrer (Alraun, Flaschengeister [→ Geist im Glas], Heckemännchen, Hausdrache bzw. Drak [cf. → Drache])[4]; symbolische Glückstiere (Hausschlange, -grille, -ameise); spiritus familiaris[5]; Hauszwerge (Heinzelmännchen)[6]; Plage- und Druckgeister (Alp)[7], Poltergeister[8]. Untergruppen zu den H.n bilden spezielle Berufsgeister (Senn-, Erz- und Glashüttengeister, Weinkellergeister, → Klabautermann; cf. auch → Fliegender Holländer)[9], deren Wirkungsbereich sich auf die berufstechnischen Arbeitsvorgänge erstreckt, somit nicht Familien- und Hausgemeinschaften gilt.

In der dt. und ags. Sagenüberlieferung gibt es neben den Gattungsnamen für die H. eine Fülle von Eigennamen. Sie sind individuell nach Aussehen (Alter, Kleidung) oder Gestalt (als Mensch, Tier, Ding), nach Wirkungsort, dominanter Tätigkeit und Funktion gebildet oder bestehen in menschlichen Ruf- und Kosenamen[10]. Die personalisierenden → Namen weisen die H. als vertraute Mitbewohner im Haus aus. Sie sind letztlich aber doch distanzierende, tabuierende Umnennungen (→ Tabuvorstellungen), die → Ambivalenz verraten[11]. Der Glaube an H. ist ubiquitär. In der internat. Terminologie kreisen die Gattungsnamen um die Schutzfunktion und die Herrschaftslegitimierung als (früherer) Platzgeist oder als Hauserbauer (Ahn).

2. Formen der Überlieferung. Als Volksglaubensgestalten sind die H. dem Bereich der Sage zuzuordnen. Prosatexte seit dem 16. Jh. finden sich in Chroniken und den geistlichen und weltlichen Kuriositätenkompendien (z. B. den Hinzelmannbüchern)[12]. Diese ‚Schriftfolklore'[13] setzt sich seit der Romantik in den Erzählsammlungen des 19./20. Jh.s fort. Im Genre der Sage überwiegen breit schildernde Fabulate und sog. Volksglaubensberichte. Memorate wurden im Baltikum und in Finnland bis zur 1. Hälfte des 20. Jh.s aufgezeichnet, in der dt. und ags. Überlieferung nehmen sie sich bescheidener aus. Das Märchen ist kein Genre für H.: Seine Wichte und Männlein sind allesamt → Zwerge[14].

3. Phänomenologie. H. sind solitäre Wesen: „Jedes Haus hat seinen [eigenen] Hausgeist."[15] Gruppenweise oder als dämonischer Familienverband kommen sie nur in genealogischer Verknüpfung mit Zwergen und anderen Erdgeistern vor (so z. B. in ndd., dän., norw. Überlieferung)[16]. Sie sind in der Regel unsichtbar[17], werden jedoch auch visuell wahrnehmbar und gestalthaft gedacht. Aufgrund der ihnen eigenen Fähigkeiten zur → Verwandlung können sie Menschen-, Tier- und Dinggestalt annehmen. Ihre dominante Grundgestalt ist anthropomorph: Sie sind meist männlich, kleinwüchsig, ältlich aussehend und kretinhaft[18], tragen vorzugsweise graue, rote und z. T. grüne Kleidung, die in Farbe, Art (Mode) und Material dem sozialen Milieu ihres jeweiligen Wirkungsortes entspricht. Unter den Tiergestalten überwiegen schwarze Katzen, Hühner und Hunde sowie Fliege, Käfer, Schlange und Kröte (cf. AaTh 285: → *Kind und Schlange*)[19]. Gegenständliche Erscheinungsformen sind Strohbündel, Holzbeuge und derbe puppenartige Gebilde. Die dinghafte Vorstellung von H.n ist teilweise auf die Gleichsetzung der Geister mit ihrem vermuteten Wohnsitz zurückzuführen[20].

H. leben und wirken nach Vorstellung des Volksglaubens in bewohnten und bewirtschafteten Häusern. Sie sind schon immer darin, entweder als okkupierender Platzgeist[21] oder als Seele des Hauserbauers[22]. Es gibt auch die Vorstellung, daß man sie erwerben kann (Leipzig galt als Kobold-‚Markt') oder durch aufgelesene Gegenstände bzw. mit dem gefällten Bauholz (cf. → Baum) ins Haus bringt[23]. H. haben im Haus geisteigene, mit Tabu belegte Plätze, ihre Aufenthaltsorte sind Küche, Keller, Stall, Scheune, Dachboden etc.[24].

Ihr Wirken konzentriert sich auf Wohl und Gedeihen von Haus, Hof und Familie. Sie bewahren vor Unheil und Schaden, indem sie böse Mächte und Menschen (hierzu gehören auch → Fremde) vom Haus fernhalten, vor drohender Feuersbrunst warnen, Arbeitsunfälle verhüten etc., und stellen ihre übernatürlichen Fähigkeiten (Wissen, Weissagungsvermögen, magische Kräfte, praktische Fertigkeiten) in den Dienst der Menschen.

In dt. und ags. Überlieferung stellt man sich ihr Wirken recht konkret vor: Die H. besorgen für Kranke Arznei, wiegen und hüten Kleinkinder, schützen vor Vergewaltigung, verrichten Hausfrauenarbeiten (holen Holz und Wasser, ziehen Uhren auf, fegen und wischen Böden, spülen Geschirr, kochen u. a.), helfen im Stall bei der Fütterung und Pflege der Tiere (nur Pferd und Kuh) und bei der Versorgung und Verteilung der eingelagerten Vorratsgüter (Leitsatz: Nicht zuviel und nicht zuwenig)[25].

Neben Schutz vor äußerer Gefahr und Sicherung des Arbeitserfolgs gehört zur dritten Hausglückskomponente das konstruktive Verhalten und Arbeiten der Menschen selbst. Aufgabe der H. ist daher die Kontrolle des zwischenmenschlichen Verhaltens und Sanktion von Normverstößen (Lärmen, Fluchen, unmäßiges Trinken, Kartenspiel bis in die Nacht, Faulheit, Nachlässigkeit, sexuelle Ausschweifungen, Almosenverweigerung, Totenbeleidigung, Neugier etc.)[26].

4. Sozialreglements zwischen Geist und Mensch. Die Schutz- und Hilfswirkung der H. ist durch eine Fülle von Verhaltensvorschriften und Tabus bestimmt. Sie sind nur so lange freundlich, wie sie nicht gestört werden und ihr zutraulicher wie geselliger und zuweilen neckender Umgang mit den Menschen nicht mißbraucht wird[27]. Sie fordern für sich respektvolle Beachtung, regelmäßige Beköstigung durch ein bevorzugtes Familien- bzw. Hausmitglied[28], Einhalten des Geistplatztabus sowie des Sicht- und Anredetabus.

Vorsätzliche wie unabsichtliche Tabuverletzungen rächen die Hausgeister unnachsichtig durch Poltern und Lärmen, tätliche Angriffe auf Mensch und Tier, Verunreinigen der Speisen, Einstellen der Dienstbarkeit, Verlassen des Hauses[29]. Dieses Verhalten und die Sanktionsgewalt bewirken, daß die H. den (betroffenen) Menschen launisch und nur noch als Plagegeister erscheinen[30].

Aus der Ambivalenz entwickelt sich dann unweigerlich das Verlangen, selbst segensreiche H. loszuwerden. Man läßt sie durch einen ‚reinen' Geistlichen bannen oder aus dem Haus tragen, lohnt sie nach altem ländlichen Kündigungsrecht aus[31], vertreibt sie durch sittenwidriges Verhalten und durch unentwegte Nachstellungen. Die für die dt. Erzähltradition typische Art, die H. loswerden zu wollen, sind Hausabriß und -neubau an anderer Stelle, jedoch: der ‚Kobold zieht mit'[32].

5. Funktionen und Aussagewert. Kernthematik des Hausgeistglaubens ist das → Glück, die Sicherung und Förderung der häuslichen und familiären Prosperität; H. repräsentieren dieses Glück, ihre Abwesenheit bedeutet folgerichtig Verlust des Glücks und Niedergang[33].

Die Grundlagen des H.glaubens, in dem sich Wunschprojektionen bes. agrarisch strukturierter Lebensgemeinschaften ausdrükken dürften, liegen im menschlichen Sicherheitsverlangen. Zentral hierbei ist ein durch Normen geregeltes, hierarchisch strukturiertes Zusammenleben und Arbeiten. Das erhellt die patriarchalischen Züge der H.: Sie fungieren als übernatürliche Ordnungshüter und omnipräsente Stellvertreter des männlichen Hausvorstands. Die Vorstellung von ihnen diente früher mit Sicherheit dazu, die Mitglieder einer Familien- und Hausgemeinschaft zu → Fleiß und Tugendhaftigkeit (→ Tugenden und Laster) zu erziehen[34].

Erzählungen über Schabernack treibende Kobolde (sie ziehen Langschläfern die Bettdecke weg, zupfen sie an der Nase etc.) sind meist jüngere Überlieferung und aus der Distanz zum archaischen H.glauben erwachsen; sie lassen aber in ihrer relativen Harmlosigkeit der Streiche und in der Form der ‚Tücke des Objekts' noch deutlich die objektivierten, transzendierten Gewissensbisse und Ängste sozial Unterlegener spüren.

6. Herkunft und Entwicklungen. Der archaische H.glaube wurzelt wahrscheinlich im Platzgeist- und Okkupationsdenken[35] sowie im Toten- und Ahnenkult[36]; Relikte hiervon zeigen sich z. B. in der z. T. altertümlichen Kleidung der H., physiognomischen Ähnlichkeit mit lange Verstorbenen und ihren → Gaben für nachfolgende Generationen[37]. In der dt. Überlieferung dominiert die Totengeistherkunft; unverkennbar zeigt sich das am zentralen Erzählmotiv vom Kobold, der mitzieht[38]. Als Familienschutzgeister könnten die H. damit einer Untergruppe der Totensagen (sog. ungelöste Verbindung) zugerechnet werden[39].

Im Zuge der Christianisierung, später bes. durch die Reformation, sind die H. diabolisiert und um → Teufelsmotive (z. B. Erwerbbarkeit, Seelenpreis, Blutgebetsverweigerung, Exorzismus) erweitert worden[40]. Die Aufklärung säkularisierte und profanierte die H. dann und entmythisierte sie zu gehorsamen Dienstknechten[41]. Ergebnisse weiterer Auflösungen der Glaubenssubstanz sind die Vermischungen mit anderen Volksglaubensgestalten, z. B. mit dem Alp (nächtliches Drücken als Rache, Schrätteleszöpfe), mit → Gespenstern und Poltergeistern. Auch die in mehreren Häusern eines Ortes und außerhalb derselben wirkenden H. (sog. Ortshausgeister) sind Ausfluß profanierender Entwicklungen.

Die Gründe dafür, daß sich erstaunlich viele Motive des H.glaubens relativ konstant bis in die rezente Überlieferung erhalten haben, sind wohl im allg.menschlichen Verlangen nach Glück im Alltag zu suchen. Nicht von ungefähr haben sich bis heute Reminiszenzen in der Haushaltsgüterindustrie (Kobold als Produktname für Staubsauger und Regenschirme), in der Werbung und im Journalismus gehalten[42]. Als lustige und stets zu Streichen aufgelegte Gesellen leben die H. in der Kinderliteratur fort.

[1] Kluge, F.: Etymol. Wb. der dt. Sprache. ed. W. Mitzka. B. [14]1963, 385; DWb. 5 (1873) 1548–1551. — [2] cf. Johansons, A.: Der Schirmherr des Hofes im Volksglauben der Letten. Sth. 1964, 9, 49, 143. — [3] Honko, L.: Geisterglaube in Ingermanland 1 (FFC 185). Hels. 1962, 15–158. — [4] cf. Hävernick, W.: Wunderwurzeln, Alraunen und H. im dt. Volksglauben. In: Beitr.e zur dt. Volks- und Altertumskunde 10 (1966) 17–34; Uther, H.-J.: Zur Bedeutung und Funktion dienstbarer Geister in Märchen und Sage. In: Fabula 28 (1987) 227–244; Siebs, B. E.: Heck(e)taler. In: HDA 3 (1930/31) 1613–1624; Knopf, R.: Der feurige Hausdrache. Diss. (masch.) B. 1943. — [5] Norlind, T.: Spiritusglaube in Schweden. In: ZfVk. 25 (1915) 223–227; Biedermann, H.: Familiar. In: id.: Handlex. der magischen Künste von der Spätantike bis zum 19. Jh. Mü./Zürich 1976, 112. — [6] cf. Lindig, E.: H. Die Vorstellungen übernatürlicher Schützer und Helfer in der dt. Sagenüberlieferung. Ffm./Bern/N. Y./P. 1987, 165–167; Mackensen, L.: Heinzelmännchen. In: Ndd. Zs. für Vk. 2 (1924) 158–173. — [7] Lixfeld, G.: Der Alp. Magisterarbeit (masch.) Fbg 1979. — [8] Thurston, H.: Poltergeister. Luzern 1955; cf. Henke, O.: Der Gespensterglaube der Gegenwart. Mülheim 1881; Hennig, R.: Der moderne Spuk- und Geisterglaube. Hbg 1906. — [9] cf. Buss, R. J.: The Klabautermann of the Northern Seas. Berk./L. A./L. 1973; Gerndt, H.: Fliegender Holländer und Klabautermann. Göttingen 1971; Isler, G.: Die Sennenpuppe. Basel 1971; Wolfersdorf, P.: Die niedersächs. Berggeistersagen. Göttingen 1968; Heilfurth, G.: Bergbau und Bergmann in der dt.sprachigen Sagenüberlieferung Mitteleuropas 1. Marburg 1967. — [10] Lindig (wie not. 6) 35–45; cf. Briggs, K. M.: The Anatomy of Puck. L. 1959, 341–343. —
[11] cf. Röhrich, L.: Der Dämon und sein Name. In: Paul und Braunes Beitr.e zur Geschichte der dt. Sprache und Lit. 73 (1951) 456–468. — [12] Der vielförmige Hintzelmann. Lpz. 1704 (Faks.-Nachdr. Göttingen 1965); cf. Lindig, E.: Das Hinzelmannbuch von 1704. Staatsexamensarbeit (masch.) Fbg 1978. — [13] cf. Assmann, A.: Schriftl. Folklore. In: id./Hardmeier, C. (edd.): Schrift und Gedächtnis. Mü. 1983, 175–193. — [14] cf. Gebert, H. (ed.): Zwerge, Zwergenmärchen. Weinheim/Basel 1980; Poortvliet, R./Huygen, W.: Das große Buch der Heinzelmännchen. Ffm. 1983. — [15] Singer, S.: Hausgeist. In: HDA 3 (1930/31) 1568–1570; cf. Feilberg, H. F.: Der Kobold in nord. Überlieferung. In: ZfVk. 8 (1898) 1–20, 130–146, 264–277, hier 5; Jahn, U.: Die dt. Opfergebräuche bei Ackerbau und Viehzucht. Breslau 1884, 290. — [16] cf. Lindig (wie not. 6) 49–51; Ranke, F.: Die dt. Volkssagen. Mü. [2]1924, 159–175; Olsson, H.: Tomten i halländsk folktro. In: Folkminnen och Folktankar 24 (1937) 100–117, hier 105 sq.; Christiansen, R. T.: Gårdvette og Markavette. In: Maal og Minne 1,4 (1943) 137–160, bes. 139; Loorits, O.: Estn. Volksdichtung und Mythologie. Tartu 1932, 46–49; Arnaudov, M.: Der Familienschutzgeist im Volksglauben der Bulgaren. In: Zs. für Balkanologie 5 (1967) 129–137, bes. 129 sq.; zur Traditionsdominanz cf. Eskeröd, A.: Årets äring. Lund 1947, 77–83. — [17] Lindig (wie not. 6) 50–53; Honko (wie not. 3) 208; Arnaudov (wie not. 16) 130. — [18] Weiser-Aall, L.: Germ. H. und Kobolde. In: Ndd. Zs. für Vk. 4 (1926) 1–19; zur Beziehung zwischen Kretingestalt und -name cf. Rochholz, L.: Mundartliche Namen des Kretinismus. In: Zs. für dt. Philologie 3 (1871) 331–342; cf. DWb. 2 (1860) 587–591; Laistner, L.: Über den Butzenmann. In: ZfdA 32 (1888) 145–195. — [19] cf. Lindig (wie not. 6) 61–68; Röhrich, L.: Hund, Pferd, Kröte und Schlange als symbolische Leitgestalten in Volksglaube und Sage. In: Zs. für Religions- und Geistesgeschichte 3 (1951) 69–76. — [20] cf. Lindig (wie not. 6) 69–71; Weiser-Aall (wie not. 18) 9–13; ead.: Kobold. In: HDA 5 (1932/33) 29–47, hier 46 sq.; Webinger, A.: Puppe. In: HDA 7 (1935/36) 388–400; Paulson, I.: Die H. und ihre Idole in Nordeurasien. In: Tribus 12 (1963) 123–158. —
[21] cf. Honko (wie not. 3) 188–206; Johansons (wie not. 2) 54. — [22] cf. Feilberg (wie not. 15) 6. — [23] Lindig (wie not. 6) 75–79, 155. — [24] ibid., 79–83. — [25] ibid., 97–105. — [26] ibid., 105–108. — [27] ibid., 90 sq., 123–129; Feilberg (wie not. 15) 264–266; Briggs (wie not. 10) 15–17. — [28] Lindig (wie not. 6) 134 sq.; Weiser-Aall (wie not. 18) 9–16; Johansons (wie not. 2) 12; Loorits, O.: Grundzüge des estn. Volksglaubens 1. Lund 1949, 46–49; cf. allg. Rühmann, H.: Opfersagen des Hausgeist- und Zwergenkultes. (Diss. Kiel 1938) Limburg 1939; Koren, H.: Die Spende. Graz/Wien/Köln 1954. — [29] cf. Lindig (wie not. 6) 136–138. — [30] ibid., 118–123, 138. —
[31] Künzig, J.: Ausgelohnt. In: HDM 1 (1930/33) 152–154; cf. Könnecke, O.: Rechtsgeschichte des Gesindes in West- und Süddeutschland. Marburg 1912, bes. 588–670. — [32] cf. Lindig (wie not. 6) 144–146; Taylor, A.: The Pertinacious Cobold. In: J. of English and Germanic Philology 31 (1932) 1–9; Honko (wie not. 3) 203, not. 11. — [33] cf. ibid., 115–118; Johansons (wie not. 2) 9; Vilkuna, A.: Über den finn. haltija ‚Geist, Schutzgeist'. In: Hultkrantz, Å. (ed.): The Supernatural Owners of Nature. Sth. 1961, 158–165, bes. 158; Lindig (wie not. 6) 109. — [34] cf. Burkhardt, H.: Zur Psychologie der Erlebnissage. Diss. (masch.) Zürich 1951; Bürger, C.: Die soziale Funktion volkstümlicher Erzählformen. Sage und Märchen. In: Projekt Deutschunterricht 1 ([3]1973) 26–58; Wolf-Beranek, H.: H. und Kinderschrecker in den Sudetenländern. In: Jb. für ostdt. Vk. 15

(1972) 104—131. — [35] cf. Honko (wie not. 3) 192—197; Johansons (wie not. 2) 71—75. — [36] cf. Zaunert, P.: Familie und Sage. In: Germanien 9 (1937) 76—83, bes. 77 sq.; Birkeli, E.: Huskult og hinsidighetstro. Oslo 1944, 111; Haavio, M.: Suomalaiset kodinhaltiar (Die finn. H.). Porvoo/Hels. 1942, 39—71; Mackensen (wie not. 6) 168; Arnaudov (wie not. 16) 129. — [37] cf. Greverus, I.-M.: Die Geschenke des kleinen Volkes. KHM 182 = AT 503. In: Fabula 1 (1958) 263—279. — [38] wie not. 32. — [39] cf. Müller/Röhrich F1—F20. — [40] cf. Ranke (wie not. 16) 165; Johansons (wie not. 2) 34; Loorits (wie not. 28) 67; cf. Lecouteux, C.: Vom Schrat zum Schrättel. In: Euphorion 79 (1985) 95—108; cf. Klingner, E.: Luther und der dt. Volksaberglaube. Diss. B. 1912, 62—65. —
[41] Jobst, A.: Evangel. Kirche und Volkstum. In: Ndd. Zs. für Vk. 13 (1935) 54—85, 186—233; 14 (1936) 50—80, 185—215; 15 (1937) 68—110; cf. hier bes. 14 (1936) 61—80; Rumpf, M.: Wie war zu Cölln es doch vordem / mit Heinzelmännchen so bequem. In: Fabula 17 (1976) 45—74; Bausinger, W.: Aufklärung und Aberglaube. In: DVLG 37 (1963) 345—362; Johansons (wie not. 2) 10, 30. — [42] cf. Lindig (wie not. 6) 169—171; allg. cf. auch Bloch, E.: Technik und Geistererscheinungen [1935]. In: id: Literar. Aufsätze. Ffm. 1965, 358—365; Golowin, S.: Magische Gegenwart. Bern/Mü. 1964, bes. 31—38; Fetscher, I.: Der Nulltarif der Wichtelmänner. Ffm. 1984, bes. 150—154.

Freiburg/Br. Erika Lindig

Hausgerät → Gegenstände handeln und sprechen

Haushalt der Hexe (AaTh 334), ein zum Komplex der → Fressermärchen gehörender Erzähltyp, dem AaTh 333 B subsumiert werden sollte und der vor allem in balt., slav. und dt. Belegen bekannt ist[1]:

Ein Mädchen (zwei, drei Kinder, Mutter, Schwester, selten ein Mann) will seine Patin (Großmutter, eine alte Frau) besuchen (um Feuer zu erbitten) und sieht auf dem Weg und im Haus der Patin merkwürdige Dinge und Wesen (bes. in östl. Var.n: weißer, schwarzer, roter Reiter mit entsprechend farbigem Hund, → Köpfe auf Pfählen, Menschenhände oder -finger als Türklinken, Fässer voller Blut; in westl. Var.n: im Stiegenhaus tanzende Hausgeräte; seltsame Hunde und Katzen). Schließlich erblickt es seine Patin mit einem Tierkopf (ohne Kopf), während sie den eigenen Kopf laust. Auf eindringliches Befragen der Patin erzählt das Mädchen von den schrecklichen Begegnungen und erhält Erklärungen (z. B. Reiter = Tag, Nacht, Morgen- und Abendrot; Blut = Wein; Gegenstände und Tiere = Dienstboten oder Kinder der Patin). Als es zum Schluß auch vom Tierkopf der Patin berichtet, wird es von dieser getötet (seltener Flucht).

In diesem Märchen werden zwei Personen konfrontiert: meist ein kleines Mädchen und als Gegenspielerin eine alte Frau. Die beharrlichen Fragen der Alten nach dem, was das Mädchen unterwegs gesehen hat, sind Aufgaben, bei deren Nichterfüllung der Heldin das Recht auf Leben entzogen wird. Dies ist ein für Zaubermärchen typischer elementarer Zug: In der Konfrontation von → Jüngster und Ältester des Stammes wird ein junger Mensch einer → Prüfung unterzogen, um die Rechte als Mitglied eines Stammes zu erhalten. Handlung und Bilder dieses Zuges erinnern an archaische Zeremonien der → Initiation (cf. → Archaische Züge im Märchen)[2]. In AaTh 334 gerät die Heldin als Abhängige (Gast, Bittende) in eine ungewöhnliche Umgebung, beschreibt die Objekte nach äußeren Merkmalen, kann jedoch das Wesen der Dinge nicht erkennen und verrät dadurch der Gegenspielerin (→ Hexe, → Dämon), daß sie aus der → Fremde kommt. Dieses Sichnichtauskennen in der jenseitigen Welt ist ein häufiges Erkennungskriterium, z. B. in AaTh 424*: *The Youth Wed to a She-Devil.* Auch in AaTh 471: → *Brücke zur anderen Welt* und AaTh 840: → *Strafen im Jenseits* wird der Held, allerdings ohne Bestrafung, aufgeklärt (magere Schafe im Klee und fette im Sand entsprechen geizigen und freigiebigen Menschen).

Ein Bescheidwissen über Objekte aus dem → Jenseits, in semantischer Polarität kein negatives, sondern positives Resultat einer solchen Prüfung, ist bereits im altägypt. *Buch der Toten* überliefert[3], wird in anderen Märchen dargestellt (z. B. AaTh 500: → *Name des Unholds*, AaTh 460 A—B: → *Reise zu Gott*, AaTh 621: → *Lausfell erraten*) und läßt sich ansatzweise in einigen Var.n zu AaTh 334 finden; z. B. sagt eine Besucherin in einer dt. Var., der Kaffee schmecke gut, die Behausung der Gastgeberin sei schön, und entkommt[4]. Negative und positive Lösung können auch in einem Text dargestellt sein: In zwei litau. Var.n[5] ziehen zwei Personen aus, erst die zweite besteht die Prüfung. Aber auch der umgekehrte Fall ist möglich: Die zuerst ausgeschickte Stieftochter kennt sich in den Begrifflichkeiten der Dämonin aus und kehrt mit Feuer und anderen Gütern zurück, während die leibliche Tochter nur die äußeren Merkmale der Objekte nennen kann und getötet wird[6]; hier ist ein Übergang zum Erzähltyp AaTh 480: *Das gute und das schlechte* → *Mädchen* zu erkennen.

K. → Ranke, auf dessen Vorschlag hin AaTh 334 erst in den Typenkatalog aufgenommen wurde[8], demonstriert an diesem Märchen den Prozeß einer → Assimilation: Aus einem im Osten beheimateten Totenreichmythos, einer dämonisch-makabren Sage, wird auf der Wanderung nach Westen allmählich ein Märchen mit einem Happy-End, ja ein „possenhaft angehauchtes Märchen"[9]. Die schrecklichen Züge werden gemildert, Blut und Leichenteile weichen magischen Hausgeräten (→ Requisit). Der auch vertretenen Tendenz, AaTh 334 als → Schreck- oder Warnmärchen zu interpretieren — z. B. weist G. → Henßen auf die große Nähe rom. Var.n von AaTh 333: → *Rotkäppchen* zu den balt.-slav. Var.n von AaTh 334 hin[10] —, tritt W. → Scherf in seiner ausführlichen Analyse entgegen[11]. Er beobachtet ebenfalls einen östl. und westl. Ökotyp und plädiert für eine entsprechende Untergliederung des Erzähltyps bei AaTh in 334 A* und 334 B*[12]. Scherf sieht im Märchen von der ‚grausigen Wirtschaft der Kindsfresserin'[13] mit seinen mörderischen Details (cf. → Grausamkeit) ein eigentliches Kindermärchen, das hilft, Vernichtungsängste zu überleben und die engen Bindungen zum Mütterlichen abzulösen.

[1] Katalogskartothek der litau. Volksprosa im Inst. für Litau. Sprache und Lit. der Akad. der Wiss.en der Litau. SSR (Vilnius), num. 334 (40 Var.n); cf. Kerbelytė, B.: Litau. Volksmärchen. B. 1978, num. 27; Arājs/Medne 333 B, 334 (11 Var.n); Kecskeméti/Paunonen 333 B, 334; SUS 333 B, 334 (10 Var.n); Krzyżanowski 327 D; Nedo, P.: Sorb. Volksmärchen. Bautzen 1956, num. 32 a, b; Tille, Soupis 2, 159—161 (5 Var.n); Polívka 3, 400—402 (2 Var.n); Gašparíková, V.: Zlatá podkova [...] 1. Bratislava 1984, 174—176; Berze Nagy 344, 344 I (2 Var.n); Čajkanović, V.: Srpske narodne pripovetke 1. Beograd 1927, 369, num. 115; Zbornik za narodni život i običaje Južnih Slavena 17, 1 (1912) 159 sq., num. 35; Bošković-Stulli, M.: Narodne pripovijetke. Zagreb 1963, num. 24; Ranke 1, 272 sq. (31 Var.n); weitere dt.sprachige Var.n im EM-Archiv; cf. auch Ikeda. — [2] Kerbelytė, B.: Metodika opisanija struktur i smysla skazok i nekotorye eë vozmožnosti (Die Methodik der Beschreibung von Struktur und Bedeutung der Märchen und einige ihrer Möglichkeiten). In: Tipologija i vzaimosvjazi folklora narodov SSSR. ed. V. M. Gacak. M. 1980, 64—65, 85—90. — [3] Propp, V. Ja.: Istoričeskie korni volšebnoj skazki. Len. 1946, 49 (= Die hist. Wurzeln des Zaubermärchens. Mü./Wien 1987, 72). — [4] HessBllfVk. 45 (1954) 80. — [5] Hss.sammlung Litau. Folklore im Inst. für Litau. Sprache und Lit. der Akad. der Wiss.en der Litau. SSR (Vilnius), 407 (8), 3517 (438). — [6] ibid., 4927 (1). — [7] Ranke, K.: Grenzsituationen des volkstümlichen Erzählgutes [1963]. In: id.: Die Welt der Einfachen Formen. B./N. Y. 1978, 92—100, hier 98 sq. — [8] Ranke 1, 272. — [9] Ranke (wie not. 7) 99. — [10] Henßen, G.: Dt. Schreckmärchen und ihre europ. Anverwandten. In: ZfVk. 50 (1953) 84—97, hier 94 sq.; cf. Semrau, A.: Frau Trude. In: HDM 2 (1934/40) 224 sq.; Christiansen, R. T.: Gevatter, Herr. In: HDM 2 (1934/40) 614. —
[11] Scherf, W.: Die Herausforderung des Dämons. Mü. u. a. 1987, 25—75. — [12] ibid., 61. — [13] ibid., 64.

Vilnius Bronislava Kerbelytė

Hausmärchen → Kinder- und Hausmärchen

Hausreparatur (AaTh 1010), nicht selbständig vorkommender Erzähltyp innerhalb des Zyklus von der → *Zornwette* (AaTh 1000, 1002) zwischen dummem → Teufel (Troll, Riese, Pfarrer) und Listigem, bei dem vereinbart wird, daß derjenige, der zuerst zornig wird, die Wette verliert. Dies erreicht der Schlaue dadurch, daß er alle aufgetragenen Arbeiten falsch ausführt oder die Weisungen → wörtlich nimmt und so seinem Herrn großen Verlust zufügt.

In AaTh 1010 erhält der Knecht den Auftrag, ein Haus zu renovieren (aufzuräumen, einen Misthaufen in Ordnung zu bringen, einen Brunnen zu füllen). Er trägt alle Gegenstände nach draußen, reißt den Ofen und den Fußboden heraus, schlägt die Möbel kurz und klein, zerbricht das Geschirr, trägt alles zum Misthaufen, wirft es in den Brunnen etc. Eine eigene Gruppe bilden diejenigen Erzählungen, in denen der Knecht angewiesen wird, die gleiche Arbeit auszuführen, die der Nachbar verrichtet. Als beim Nachbarn ein altes Gebäude niedergerissen wird, macht sich der Knecht ebenfalls daran, das Dach des Hauses (das ganze Haus) abzureißen.

Die Episode ist zwar in weiten Teilen Europas bekannt, kommt aber nur sporadisch vor, so daß man nicht von einer kontinuierlichen Tradition ausgehen kann. Für die meisten Fassungen charakteristisch ist die knappe Darstellung innerhalb der Motivkette. Bes. häufig erscheint AaTh 1010 in Kontamination mit AaTh 1000—1008, 1012 (AaTh 1001: → *Holz hacken*, AaTh 1004: → *Schwänze in der Erde*,

AaTh 1006: → *Augenwerfen*), AaTh 1029: cf. → *Frau als unbekanntes Tier*, AaTh 1115: → *Mordversuch mit dem Beil.*

Typenkataloge und Var.n (ergänzend zu AaTh): Aräjs/Medne; de Meyer, Conte; Ó Súilleabháin/ Christiansen; Plenzat; SUS; Liungman 1, 383—385, 392—394. — Grundtvig, S.: Danske folkeæventyr. Kop. 1884, 78—95. — Kristensen, E. T.: Fra Bindestue og Kølle 2. Kop. 1897, 3—10. — Bødker, L./ Hole, C./D'Aronco, G.: European Folk Tales. Kop. 1963, 78—86 (dän.); Bødker, L./Hüllen, G.: Begegnung der Völker im Märchen 2. Schloß Bentlage 1966, 23—47 (dän.). — Qvigstad, J.: Lappiske eventyr og sagn 2. Oslo/Lpz. 1928, 230—233. — Campbell, J. F.: Popular Tales of the West Highlands 2. L. 1890, 318—332. — Šmits, P.: Latviešu tautas teikas un pasakas 11. Riga 1935, 22 sq., 23 sq. (lett.). — Kovács, Á.: Kalotaszegi népmesék 1. Bud. 1943, 201—209. — Ortutay, G.: Ung. Volksmärchen. B. 1961, 435—443. — Gaál, K.: Die Volksmärchen der Magyaren im südl. Burgenland. B. 1970, 187—190. — Toschi, P./Fabi, A.: Buonsangue romagnolo 2. Bologna 1960, 123—128. — Espinosa 1, num. 163. — Simonides, D.: Skarb w garncu. Opole 1979, num. 137 (tschech.). — Gašparikowa, V.: Słoneczny koń. Bajki słowackie. W. 1981, num. 43. — Čendej, L.: Skazki verchoviny. Užgorod 1959, 54. — Kralina, N.: Sto skazok udmurtskogo naroda. Iževsk 1960, num. 72. — Afzalov, M. I./Rasulev, Ch./Chusainova, Z.: Uzbekskie narodnye skazki 2. Taškent ²1963, 195—199.

Helsinki Pirkko-Liisa Rausmaa

Haustiere → Tier, Tiere

Hausväterliteratur. Die ‚Lehre vom ganzen Haus' hat eine weit zurückreichende europ. Tradition, die der Historiker O. Brunner für die Wiss. wiederentdeckt hat[1]. Er machte diesen Lehrbereich der praktischen Philosophie für Fragen der modernen Sozialgeschichtsforschung wieder fruchtbar[2], seine Arbeiten haben für die dt.sprachige Tradition innerhalb dieser Reihe alteurop. Ökonomik die Bezeichnung H. in der wiss. Diskussion durchgesetzt. Eingeführt hatte den Begriff, der in der Lit. toposartig zur Beschreibung der Sittenlehre wie der Praktik der alten Lebenseinheit des Hauses benutzt wird, aber schon die Landwirtschaftsgeschichte des 19. Jh.s.

Die röm. Agrarlehre[3] — ihrerseits auf die griech. Ökonomik[4] zurückgreifend —, die in den topischen ‚paterfamilias'-Kapiteln Sittenlehre für das → Haus einschließt, hat eine große Rolle für die Ausbildung der dt. Oeconomica gespielt[5]. Im Mittelpunkt stehen die Herrschaft des Mannes über die Ehefrau, die Herrschaft des → Vaters über die Kinder und die Herrschaft des Hausherrn über das → Gesinde (cf. → Patriarchat).

→ Luthers *Kleiner Katechismus*[6] und die daran anschließenden Schriften *Oeconomia Oder Bericht vom christl. Hauswesen [...]* (Wittemberg 1561) von J. → Mathesius und *Die Geistliche Haustafel [...]* (Wittenberg 1556) von C. Spangenberg zur Propagierung der luther. Hauslehre entwickeln daraus ein geistesgeschichtlich folgenreiches Ordnungsmuster der Untertänigkeit in dieser Welt (cf. → Ständeordnung; cf. AaTh 758: *Die ungleichen Kinder → Evas*). Die luther. Hauslehre ist die wirkungsgeschichtlich wichtigste Quellenschicht der H. Dem luther. Prediger J. Menius kommt bei der Koppelung von Oeconomia-Lehre luther. Provenienz und H. eine Schlüsselrolle zu; sein Verfahren entspricht dem in Luthers ‚Haustafeln'[7]. Entscheidend ist, daß der traditionsstiftende Zusammenhang zwischen griech. Ökonomik und christl. Hauslehre in jener geistlichen Begründung des Hauses liegt, die mit der Koppelung von Heiligung des Ehestands und Heiligung der Arbeit gegeben ist. Wichtig wird daher für die Tradition der ‚Oeconomia christiana' die topische Verwendung des → Paradies-Berichts[8]. An der Spitze des christl. Hauses steht der Herr, der sich als von Gott eingesetzt zu verstehen hat, so wie Gott → Adam in das Paradies und nach ihm alle Menschen in einen vorfindlichen Stand gesetzt hat. Das christl. Haus im Verständnis der alten Ökonomik verkörpert die Arbeit des Menschen vollkommen, weil das Gebot, das die Menschen aller Stände zur Arbeit verpflichtet, nirgends sinnfälliger erfüllt wird als in der Hierarchie des Hauses, die vom Herrn bis zum Knecht alle in der Pflicht der → Arbeit sieht. Das Haus ist Realität und sinnbildlicher Ort der menschlichen Arbeit zugleich. Die Arbeit wird Christenpflicht, insofern sie Dienst am andern wird. Deshalb sprechen die Zeugnisse wie *Der Adeliche Hausvatter [...]* (Lüneburg 1650) von J. Rist, *Oeconomia ruralis et domestica. Darin das gantze Ampt aller trewen Hauss-Vätter und Hauss-Mütter [...] begriffen* (Mainz 1665) von J. Coler,

Georgica Curiosa [...] (Nürnberg 1682) von W. H. von Hohberg und *Nützliche Hauss- und Feldschule [...]* (Nürnberg 1683) von G. A. Böckler davon, daß ein Stand am anderen hänge. Auch dafür stellt das Haus ein Ordnungsmuster bereit. Ordnung ist der Schlüsselbegriff, der das, was vom Reich Christi in Erscheinung tritt, mit der Wirklichkeit zu verbinden hat. Deshalb ist die H. als Anleitungsliteratur nicht nur Wirtschaftslehre für das Haus, sondern auch Sittenlehre für die Menschen des Hauses und ihr Verhalten in allen Lebenssituationen (z. B. Aufsicht über die → Spinnstube)[9]. Im ökonomischen Verständnis des Schöpfungsberichtes hatte das Haus eine Vermittlungsfunktion zwischen ‚Innen‘ und ‚Außen‘: Natur ist das Haus des Menschen, weil das Haus Abbild der Natur als Muster menschlicher Bindung ist.

Die Ablösung des alten Ordnungsmusters des ‚ganzen Hauses‘ läßt sich am deutlichsten im Wandel des Begriffsverständnisses von Ökonomie fassen. Zu den entscheidenden Faktoren gehört das Auseinandertreten von Natur als Gegenstand der Arbeit und dem Leben im Haus als dem Ort einer tendenziell vom Erwerbsleben getrennten Privatheit der Familie (O. von Münchhausen: *Der Hausvater* 1–6. Hannover 1764–73, C. F. Germershausen: *Die Hausmutter in allen ihren Geschäften* 1–5. Lpz. 1782–85). ‚Natur‘ wird einerseits im Zuge einer rasanten Verwissenschaftlichung und Spezialisierung der Gegenstände der alten Naturlehre zum bloßen Objekt der Landwirtschaft und andererseits zum Begriff der Reflexion des sich vom Haus emanzipierenden Subjekts. Schon seit Mitte des 18. Jh.s fällt der Typus des alten Hausbuchs in seiner Einheit von Sitten- und Arbeitslehre erkennbar auseinander. Die Vermehrung des Wissens im ‚ökonomischen Jh.‘ führte zur Ausdifferenzierung der einzelnen Wissensträger aus dem alten Hausbuch heraus. Am Endpunkt dieser Entwicklung stehen die im Rahmen der Volksaufklärung einzuordnenden Gattungen der populären Lit. (cf. → Kalender, → Lieddrucke, → Lesestoffe), in denen die H. unter Verwendung zahlreicher Erzählstoffe für ein breiteres Lesepublikum aufbereitet wird.

[1] Brunner, O.: Das ‚ganze Haus‘ und die alteurop. ‚Ökonomik‘. In: id.: Neue Wege der Verfassungs- und Sozialgeschichte. Göttingen [2]1968, 103–127; id.: Adliges Landleben und europ. Geist. Leben und Werk Wolf Helmhards von Hohberg 1612–1688. Salzburg 1949. — [2] Brunner hat die Bedeutung der antiken Ökonomik für die Rezeptionsgeschichte dargestellt, nicht aber die der ma. Ökonomie-Tradition, cf. dazu Krüger, S.: Die Oeconomica Konrads von Megenberg. Griech. Ursprünge der spätma. Lehre vom Haus. In: Dt. Archiv für Erforschung des MA.s 20 (1964) 475–561. — [3] Zur griech. Ökonomielit. cf. ibid., 478–502. — [4] cf. Hoffmann, J.: Die ‚H.‘ und die ‚Predigten über den christl. Hausstand‘. Lehre vom Hause und Bildung für das häusliche Leben im 16., 17. und 18. Jh. Weinheim/B. 1959; Frauendorfer, S. von: Ideengeschichte der Agrarwirtschaft und Agrarpolitik im dt. Sprachgebiet. 1: Von den Anfängen bis zum 1. Weltkrieg. Bonn/Mü./Wien 1957. — [5] cf. Brunner 1949 (wie not. 1) 265–267. — [6] Luther, M.: Der Kleine Katechismus 1529. ed. O. Albrecht (Weimarer Ausg. 30, 1). Weimar 1910, 239–345. — [7] Krüger (wie not. 2) 533. — [8] Diese programmatische Koppelung findet sich bei Menius schon 1528 in „Erynnerung was denen / so sich ynn Ehestand begeben / zu bedenken sey. Gedruckt zu Wittemberg / durch Nickel Schirlentz“, cf. Frühsorge, G.: Luthers Kleiner Katechismus und die ‚H.‘. Zur Traditionsbildung luther. Lehre vom ‚Haus‘ in der Frühen Neuzeit. In: Pastoral-Theologie 73 (1984) 380–393; id.: ‚Georgica Curiosa‘. Vom geistlichen Sinn der Anleitungslit. bei Wolf Helmhard von Hohberg. In: Die österr. Lit. Ihr Profil von den Anfängen im MA. bis ins 18. Jh. t. 1, 2. ed. H. Zeman. Graz 1986, 1071–1086. — [9] cf. id.: Die Begründung der ‚väterlichen Gesellschaft‘ in der oeconomia christiana. Zur Rolle des Vaters in der ‚H.‘ des 16. bis 18. Jh.s in Deutschland. In: Das Vaterbild im Abendland 1. ed. H. Tellenbach. Stg./B./Köln/Mainz 1978, 110–123.

Wolfenbüttel Andrea Ehlert
Gotthardt Frühsorge

Haut, äußere Bedeckung der Körperoberfläche beim Menschen; ihr entspricht beim Tier das Fell bzw. die → Tierhaut. Die H. nimmt neben Wärmeregulierung, Stoffaustausch und Reizaufnahme bes. eine Schutzfunktion wahr (→ Nackt, Nacktheit).

In Volkserzählungen wird die H. vor allem als separater, ablegbarer Bestandteil des Körpers vorgestellt; hieraus resultieren bes. bei Naturvölkern belegte Erzählungen mit → Verkleidungs- oder → Verwandlungsmotivik. Der Ursprung dieser Vorstellung dürfte u. a. in der Tatsache liegen, daß gewisse Reptilien (→ Eidechse, → Schlange) in der Lage sind, in einer Art → Verjüngungsprozeß (cf. auch → Unsterblichkeit[1]) ihre H. vollständig abzustreifen (Mot. A 1335.5; cf. A 1319.12.1, A 2250.2).

In einem nub. Märchen wird der Dämon Irkabi getötet, seine H. fällt ab; ein Mann zieht sie an und wird von Irkabis Frau für ihren Mann gehalten[2]. In einer Erzählung aus dem Tschad fressen Totendämonen eine Frau auf und fertigen aus ihrer H. einen Sack an; eine andere Frau tötet die Dämonen, holt Fleisch und Blut der Aufgefressenen aus ihrem Bauch, legt es zusammen mit den Knochen in die H. „und fängt an, die neu zusammengesetzte Frau mit einer Peitsche zu schlagen. Die Frau kommt wieder zum Leben."[3] Geschichten, die auf vergleichbaren Vorstellungen beruhen, sind u. a. auch bei nord- und südamerik. Indianern anzutreffen: Ein Schwindler zieht die H. des getöteten Mannes an, um dessen Frau zu verführen (Mot. K 1311.0.2); ein anderer gibt sich in der H. des Getöteten als dieser aus. Beim Lausen wird die Naht am Kopf entdeckt, er wird getötet (Mot. K 1941)[4]. Gelegentlich erscheint das Motiv der übergezogenen H. auch im europ. Volksmärchen, so z. B. in KHM 179 (AaTh 510 B: cf. → *Cinderella*)[5] oder in einer griech. Var. zu AaTh 314: → *Goldener*, in der der Held den Rat erhält, die H. eines Alten so lange zu schütteln, „bis die Knochen aus ihm herausfallen würden, und sich in dessen Haut zu stecken"[6].

In Nordamerika und Mexiko aufgenommene Texte berichten von einer Hexe, die sich durch einen Zauber von ihrer H. trennen kann (Mot. G 251.2); man kann sie vernichten, indem man während ihrer Abwesenheit die H. mit Salz und Pfeffer bestreut: Sie kann sie dann nicht wieder anziehen (Mot. G 229.1.1, G 275.8.1). Auf den Glauben, daß der Mensch sich durch Ablegen seiner H. verwandeln könne, geht wohl auch die Redensart ‚Aus der Haut fahren' zurück[7].

Eine effektive Verjüngung durch Wechsel der H. beim Menschen ist u. a. für die chin. (Mot. A 1319.12; cf. D 1866.2, D 1889.6) und die sibir. Überlieferung belegt[8]; hierzu wäre z. B. auch der Erzähltyp AaTh 753: → *Christus und Schmied* zu stellen, in dem Christus eine alte Frau im Feuer verjüngt (cf. auch → Altweibermühle). Die Schutzfunktion der H. findet ihren überhöhten Widerhall im Bild des von einer undurchdringlichen Hornhaut umgebenen Helden (Mot. D 1381.3.2; → Unverwundbarkeit), wie es etwa für → Achilleus oder → Sigurd belegt ist, der seine zweite H. durch ein Bad im → Blut des getöteten Drachen erhält; allerdings bleibt der Held an einer bestimmten Stelle verwundbar (cf. → Achillesferse). Andererseits hat sich die Schutzfunktion ins Gegenteil verkehrt in der Erzählung von der → Keuschheitsprobe einer ehebrecherischen Frau: Ihre H. verbrennt, als sie die Arme in kaltes Wasser steckt[9]. Auch die anderen natürlichen Funktionen der H. spiegeln sich im Erzählgut. So basiert AaTh 704: → *Prinzessin auf der Erbse* wohl auf der Reizempfindlichkeit der H. (cf. → Sybariten): Als → Zeichen edler Herkunft muß die Prinzessin so empfindlich sein, daß sie eine einzelne Erbse selbst durch mehrere Lagen dicker Matratzen spürt. Ein nordamerik. Schwank steht im Zusammenhang mit der Wärmeregulierung der H.: Ein nackter Indianer erwidert auf die Frage, ob ihm nicht kalt sei, er friere ebensowenig am Körper wie der Weiße im Gesicht: „Me all face!" (Mot. J 1309.1).

Das im europ. MA. neben Skalpieren und → Brandmarken als eine der ‚Strafen an H. und Haar'[10] praktizierte (teilweise) Abziehen der H., teils bei lebendigem Leib, teils posthum, hat in der Überlieferung reichen Nachhall gefunden. Dieses → Schinden ist vor allem belegt in Teufelssagen (Menschenhaut ist „Spezialität des Teufels"[11]), in denen die H. als → Pars pro toto dem Teufel Macht über die Seele des Menschen verleiht; zu nennen sind bes. die Sage von der Sennenpuppe[12] oder die von den fortwährend Reichtum spendenden ‚lapp. Hosen'[13], die aus der abgezogenen H. eines Toten gefertigt werden; nur gelegentlich wird das Schinden auch im Märchen erwähnt (z. B. AaTh 1000, 1002: → *Zornwette*; AaTh 570: → *Hasenhirt*; cf. auch AaTh 890: → *Fleischpfand*). In der literar. Überlieferung weit verbreitet ist das bereits bei → Herodot (5, 25) angeführte Exempel vom Perserkönig Kambyses, der die H. des ungerechten Sisamnes als Mahnung für seinen Nachfolger auf den Richterstuhl spannen ließ (Mot. J 167; Tubach, num. 2859).

Die Bedeutung der H.farbe steht im Rahmen der allg. Farbsymbolik (→ Farben). Eine schwarze H.farbe gilt im europ. Erzählgut als Strafe oder Fluch (cf. → Neger; ethnische → Stereotypen) und charakterisiert Menschen von schlechter Wesensart[14]; von dem fruchtlosen Versuch, einen solchen bessern zu wollen, wissen bereits die äsop. Fabeln zu berichten: Ein Mohr läßt sich nicht weiß waschen (Mot. J 511.1). Die im neuzeitlichen Europa lange Zeit vorherrschende Sitte des Adels, die H. durch Schutz vor Sonneneinstrahlung und Arbeit bes. hell und zart zu halten, karikiert ein seit dem 18. Jh. belegter Schwank: Die Hände der Gräfin bleiben durch Handschuhe aus Leder geschützt und zart; der Arsch des Bürgers ist trotz seiner Hose aus Leder „gelb und hart wie 'ne Quitt"[15].

Schließlich ist noch das sprichwörtlich gewordene Bild von den neun H.en der Frau[16] zu erwähnen, das u. a. Hans → Sachs (1539) in Verse gebracht hat: Der Mann muß erst durch → Schlagen die acht widerspenstigen Tierhäute herunterprügeln, bevor die Frau ihm letztlich zu Füßen fällt und um Verzeihung fleht; Vorläufer dieses misogynen Schwanks finden sich bereits, durch das *Florilegium* des Stobaios (5. Jh. n. u. Z.) überliefert, in der antiken griech. Lit.[17]

[1] cf. von Beit 2, 50. — [2] Kronenberg, A.: Nub. Märchen. MdW 1978, num. 21. — [3] Jungraithmayr, H.: Märchen aus dem Tschad. MdW 1981, num. 10. — [4] cf. auch Krickeberg, W.: Indianermärchen aus Nordamerika. MdW 1924, num. 8. — [5] BP 3, 305. — [6] Hahn 2, 197. — [7] Wander, K. F. W.: Dt. Sprichwörter-Lex. 2. Lpz. 1870, 437—447, hier 439. — [8] Kunike, H.: Märchen aus Sibirien. MdW 1940, num. 30; cf. von Beit 2, 41. — [9] Loomis, C. G.: White Magic. Cambr., Mass. 1948, 126. — [10] His, R.: Das Strafrecht des dt. MA.s 1. Lpz. 1920, 525—532. —
[11] Liungman, Volksmärchen, 286; cf. allg. Merkelbach, V.: Der Grabhügel. (Diss. Mainz 1963) Mainz 1964, bes. 91—121. — [12] Isler, G.: Die Sennenpuppe. Basel 1971. — [13] Bächtold-Stäubli, H.: H. In: HDA 3 (1930/31) 1581—1586, hier 1584 sq.; Simpson, J.: Icelandic Folktales and Legends. Berk./L.A. 1972, 167—169, 180 sq. — [14] Busquets i Molas, E.: La piel en el folklore. Vic 1977, 179—199; cf. z. B. Stroebe, K.: Nord. Volksmärchen 1. MdW 1922, num. 1 (dän.); Franz, M.-L. von: Bei der schwarzen Frau [1955]. In: Laiblin, W. (ed.): Märchenforschung und Tiefenpsychologie. Darmstadt 1969, 299—344, hier 315. — [15] Merkens, H.: Was sich das Volk erzählt [1]. Jena 1892, num. 135; cf. auch Weitnauer, A.: Lachendes Allgäu. Kempten s. a., 56; Schell, O.: Berg. Volkshumor. Lpz. 1907, 75; Gauss, W.: Das fröhliche Pommernbuch. Heilbronn 1951, 62; EM-Archiv: Vademecum 4 (1768), num. 281 (ältester Beleg). — [16] Röhrich, Redensarten, 401. — [17] cf. Harms, W./Kemp, C.: Die Slgen der hess. Landes- und Hochschulbibl. in Darmstadt. Tübingen 1987, 44 sq. (mit Lit.); weitere Belege EM 5, 122, not. 130.

Amherst Alan Soons

Haxthausen, August Freiherr von, * Bökendorf (bei Paderborn) 3. 2. 1792, † Hannover 31. 12. 1866, aus westfäl. Adelsgeschlecht, studierte von 1813—18 in Göttingen, nahm an den Freiheitskriegen teil. Seit 1819 tätig auf seinem Gut Bökerhof, war er 1829—38 in Preußen, 1843—44 in Rußland mit Agrarreformen befaßt, lebte im Alter versponnen auf Schloß Thienhausen[1]. 1817 gab er den ersten Neudruck von C. Reuters *Schelmuffsky* (1696) sowie von Januar bis Juni 1818 zusammen mit anderen die Zs. *Die Wünschelruthe* heraus (darin u. a. die von ihm verfaßte Quelle zu Annette von Droste-Hülshoffs *Judenbuche*[2] sowie Vorabdruck von KHM 4 und KHM 35 durch W. → Grimm[3]). Als literar. Ertrag seines Rußlandaufenthaltes veröffentlichte er *Transcaucasia* 1—2 (Lpz. 1856 [Nachdr. Hildesheim 1985]) mit volkskundlichen Beobachtungen und dem Erstdruck armen. Märchen[4]. 1850 gab er die wertvolle Slg *Geistliche Volkslieder* (Paderborn 1850) heraus, zu der er 1806 durch *Des Knaben Wunderhorn* angeregt worden war.

1811 hatte er die Brüder Grimm kennengelernt[5] und ihnen mit Hilfe seiner Verwandten (u. a. Annette und bes. Jenny von Droste-Hülshoff) zahlreiche Volkslied-[6], Sagen- und Märchenaufzeichnungen zukommen lassen. Aus diesem Bökendorfer Märchenkreis stammen ca 80, d. h. mehr als ein Drittel[7] der KHM, darunter fast sämtliche Kinderlegenden des Anhangs. Der Hinweis auf die „Güte der Familie Haxthausen, der wir so manches in dieser Sammlung verdanken"[8], ist neben dem Lob der Katharina Dorothea Viehmann die einzige öffentliche Nennung eines KHM-Beiträgers durch die Brüder Grimm. Im Grimm-Nachlaß finden sich darüber hinaus noch zahlreiche Niederschriften aus dem H.schen Kreis[9]. Die meisten Texte wurden wohl den Bediensteten des Adelshofs und der Dorfbevölkerung abgefragt; lediglich KHM 27 schrieb A. von H. ausschließlich sich und seiner eigenen Erinnerung zu (mündl. Familientradition).

[1] Als solcher wurde er zur literar. Figur, cf. Risse, J.: A. von H., ein westfäl. Freiherr und Nachfahr der Romantik im Spiegel der dt. Dichtung. Dortmund 1912. – [2] cf. Rölleke, H. (ed.): Die Judenbuche. Bad Homburg 1970, 87–104. – [3] cf. id.: Unbekannte Märchen von Wilhelm und Jacob Grimm. Köln 1987, num. 2 sq. – [4] cf. EM 1, 799. – [5] cf. Grimm, W. und J.: Freundesbriefe. ed. A. Reifferscheid. Heilbronn 1878, pass. – [6] Schulte-Kemminghausen, K.: Eine neu aufgefundene Volksliederslg aus der Zeit der Romantik. In: Zs. des Vereins für rhein. und westfäl. Vk. 30 (1933) 3–14; Brüder Grimm: Volkslieder 1. ed. C. Oberfeld. Marburg 1985. – [7] KHM 3. ed. H. Rölleke. Stg. 1980, 560, 563–565. – [8] ibid., 263. – [9] Schulte-Kemminghausen, K. (ed.): Die ndd. Märchen der Brüder Grimm. Münster 1932, pass.; Ballhausen, H. (ed.): Märchen aus Westfalen. Dortmund [ca 1940], pass.; Schulte-Kemminghausen, K. (ed.): Von Königen, Hexen und allerlei Spuk. Beitr.e des Droste-Kreises zu den Märchen und Sagen der Brüder Grimm. Schloß Bentlage (1957) (= id. [ed.]: Westfäl. Märchen und Sagen aus dem Nachlaß der Brüder Grimm. Münster [2]1963), pass.; Rölleke, H. (ed.): Märchen aus dem Nachlaß der Brüder Grimm. Bonn [3]1983, num. 8, 35.

Lit.: Arens, E.: Werner von H. und sein Verwandtenkreis als Romantiker. Aichach 1927. – Deneke, O. (ed.): Schelmuffsky. Göttingen 1927, 34–42. – Grauheer, J.: A. von H. und seine Beziehungen zu Annette von Droste-Hülshoff. Altena 1933. – Ernst, U.: Die Brüder Grimm und ihre Beziehungen zum Brakeler Raum. Brakel 1985.

Wuppertal Heinz Rölleke

Hazlitt, William Carew, * London 22. 8. 1834, † Richmond (Surrey) 8. 9. 1913, brit. Bibliograph und Schriftsteller, zeitweise Journalist, Tiefbauingenieur, Beamter im Kriegsministerium, Rechtsanwalt; Enkel von William H. (1778–1830), einem der berühmtesten Essayisten der engl. Romantik.

Hervorgetreten ist H. als → Shakespeare-Forscher, Biograph William H.s und Charles Lambs (1775–1834), Sprichwortforscher (*English Proverbs and Proverbial Phrases* [...]. L. 1869), Numismatiker, Herausgeber engl. Autoren und Kompilator umfänglicher, volkskundlich und motivgeschichtlich aufschlußreicher Kollektaneen (z. B. *Faiths and Folklore of the British Isles* 1–2. L. 1905). Zur ersten Garnitur brit. Folkloristen ist H. gleichwohl nie gerechnet worden. Aus heutiger Sicht sind H.s Arbeiten nicht unumstritten; so hat man ihnen Unzuverlässigkeit vorgeworfen und sie sogar als Plagiat bezeichnet[1].

Erzählforschung steht bei H. – wohl auch aus Legitimationsgründen – häufig im Dienste der Shakespeare-Philologie, so in seiner Ausgabe von J. Ritsons Zusammenstellung der → Fairy-Mythologie, die Shakespeares Dramen zugrunde gelegen haben mag (*Fairy Tales, Legends and Romances* [...]. L. 1875), und auch in seiner Anthologie alter engl. Schwankbücher (*Shakespeare Jest-Books* 1–3. L. 1864).

H. erscheint – z. B. auch in *The Confessions of a Collector* (L. 1897) – als eifriger, enzyklopädisch ausholender, auch sittengeschichtlich engagierter Sammler, den vornehmlich antiquarische und dokumentarische Beweggründe leiten, als unermüdlicher und leidenschaftlicher Bibliograph mit einem wachen Sinn für Kleinkunst und genres mineurs, für Kurioses und Anekdotisches: sein „bibliographical spirit and training“[2], die H. den nicht nur zu seiner Zeit vernachlässigten Formen der Volksliteratur wie Sprichwort, Fazetie, Schwank und Witz zugute kommen läßt (*Studies in Jocular Literature*. L. 1890), verdrängen letztlich jegliche genuin literaturhist. Ambition.

In all seinen Editionen und Sammelwerken bleibt H. dem Zeitgeist der viktorianischen Epoche verpflichtet. Er ist geprägt von einem materialgläubigen Positivismus, der sich bes. in seinen quellenkundlichen Unters.en niederschlägt (etwa *Shakespeare's Library*. L. [2]1875); er nimmt Rücksicht auf die zahlreichen Tabus seiner bürgerlichen Leserschaft und sieht sich veranlaßt, allzu Derbes, Zotiges und Sexuell-Explizites aus Blütenlesen auszuklammern. Hierbei orientiert er sich gelegentlich an dem Ideologem des Originalgenies, so bei seinem Bedauern, die gesamte neuere Jestbook-Lit. enthalte „not [...] a single anecdote, or a single criticism which has the slenderest pretension to originality“[3].

[1] cf. Drabble, M. (ed.): The Oxford Companion to English Literature. Ox. [5]1985, 445. – [2] H., W. C.: The Confessions of a Collector. L. 1897, 182. – [3] id.: Shakespeare Jest-Books 3. L. 1864, 6.

Lit.: Allibone, S. A.: A Critical Dictionary of English Literature [...] 1. Phil. 1881, 811. – Kirk, J. F.: A Suppl. to Allibone's Critical Dictionary of English Literature [...] 2. Phil. 1891, 798. – Davis, H. W. C./ Weaver, J. R. H. (edd.): The Dictionary of National

Biography. Third Suppl. 1912–1921. Ox. 1927, 245 sq. – Campbell, O. J./Quinn, E. G. (edd.): The Reader's Enc. of Shakespeare. N.Y. 1966, 309. – British Biographical Archive, Fiche 533, Feld 326–333.

Berlin Werner Bies

Hebamme

1. Als Helferin bei der → Geburt übt die H. eine der ältesten Tätigkeiten aus, wobei es sich zu Beginn allerdings „weniger um einen Beruf als um naturbedingte Aufgaben"[1] handelte. Ihre gesellschaftliche Stellung ist zweideutig: Wissen und Fähigkeit verleihen ihr Macht, trägt die H. doch zum Gelingen der Geburt und damit zum Fortbestand der Menschheit bei; andererseits wird sie auch mit der Unreinheit der Gebärenden (→ Schwangerschaft) assoziiert. Während H.n ausschließlich Frauen sind, ist ihr Wirken fast nur durch Berichte von Männern erfaßbar, die zumindest im westl. Kulturbereich vom Geburtsvorgang im wesentlichen ausgeschlossen blieben[2]. Die ersten H.n waren die Mütter und Schwiegermütter der Gebärenden, aber auch Nachbarinnen. Es gibt Anzeichen dafür, daß die H. u. a. für postnatale Riten verantwortlich war und oft eine der → Patin vergleichbare Rolle übernahm, gleichsam stellvertretend für die → Schicksalsfrauen, die in der Geburtsstunde das Schicksal des Kindes festlegen[3].

Während die H. im allgemeinen als gottesfürchtig und fromm dargestellt wird, ist sie gelegentlich auch negativ gezeichnet. So erstirbt im Marienleben *Driu Liet von der maget* (1172) von Priester Wernher einer H., die an der jungfräulichen Geburt zweifelt, nach der „unzüchtiglichen" Untersuchung die Hand[4]. Bereits im 13. Jh. hatten H.n die priesterliche Vollmacht, schwache Neugeborene zu taufen, um sie dem Teufel zu entreißen; andererseits waren sie selbst der Gefahr ausgesetzt, als → Hexe bezeichnet zu werden[5]. Das Wachstum des Gildenwesens im MA. ließ die Tätigkeit der H. zunehmend zu einer Berufsgattung werden. Die ersten H.nbücher, so z. B. Eucharius Rößlins *Der Swangern frawen und H.n Rosegarten* (Hagenau 1513), stellen ein Gemisch aus praktischen Ratschlägen und Volksglauben dar[6]. Parallel zur Entwicklung der modernen Gynäkologie und des Spitalwesens verliert die H. an praktischer Bedeutung[7]. Sie behält ihren Platz bei der Entbindung sowie der Vor- und Nachsorge, aber erst in jüngster Zeit erlangt sie wieder vermehrt Unabhängigkeit im Bereich von Hausgeburten.

In der volkstümlichen Sichtweise des 19. Jh.s nimmt die H. eine bedeutende Stellung ein: Man spricht ihr prophetische Kräfte zu, vertraut auf ihre volksmedizinischen Kenntnisse und ihren Schatz an helfenden Sprüchen[8], vermutet gleichzeitig aber auch magischen Gebrauch von Plazenta und toten Föten[9]. Schließlich wird die H. im Volks- und bes. im Kinderglauben analog zum → Storch als Kinderbringerin betrachtet[10]. In der Volkserzählung ist die H. außer in einer Gruppe von Sagen nur marginal dokumentiert[11]. Auch für den Volksglauben beschränkt sich das vorliegende Primärmaterial fast ausschließlich auf das europ. Umfeld[12].

2. Die Erzählung vom H.ndienst bei den Unterirdischen (Mot. F 372.1) ist einer der in den *Dt. Sagen* der Brüder → Grimm am häufigsten vertretenen Sagentypen[13].

Eine H. (Frau[14]) wird von einem Unterirdischen (Zwerg, Wassergeist, Elf, Waldgeist) zur Geburtshilfe geholt[15], oder sie begegnet einem Tier (Frosch, Kröte, Katze), das sich später als kreißendes übernatürliches Wesen herausstellt[16]. In einer chin. Var. wird die H. zu einer Tigerin gerufen, zum Dank erhält sie lebenslangen Schutz durch die Tigerjungen (Mot. B 387). Manchmal ist die Gebärende auch eine von Jenseitigen entführte Menschenfrau, der nur der Beistand einer Christin helfen kann[17]. In Var.n des ags. Raumes erhält die H. durch Bestreichen ihrer Augen mit einer speziellen → Salbe die Fähigkeit, Elfen sehen zu können[18]. Als → Belohnung für ihre Dienste bekommt die H. meist ein anscheinend minderwertiges Geschenk (Kohle, Laub, Abfall, auch Zwiebeln und Knoblauch[19]), das sie zum größten Teil wegwirft: Zu Hause bemerkt sie, daß sich das Geschenk in Gold verwandelt hat, findet aber das Fortgeworfene nicht wieder[20]. Manchmal birgt der Lohn auch Gefahr. So rät die Frau des Wassermanns der H., das kleinste Geschenk zu wählen, sonst werde ihr Mann sie töten[21]. Auch warnt die Kreißende vor Nahrungsaufnahme, da die H. sonst zum Bleiben verurteilt wäre[22].

Die Sage illustriert die → Ambivalenz des Status der H. Einerseits gehört sie zu den Privilegierten, die die andere Welt betreten dürfen, andererseits reicht ihr Wissen nicht aus, um mit Übernatürlichen wie mit Gleichgestellten zu verfahren: Sie selbst bedarf plötzlich des Rates, obwohl sie ursprünglich zu Hilfe geholt wurde. Seltener dokumentiert ist der Fall, daß ein übernatürliches Wesen der Menschenfrau als Geburtshelfer beisteht, so z. B. ein Meerweibchen, ein Erdmännchen, der Teufel (Mot. G 303.9.3.2) und → Rübezahl[23]. Jüngeren Ursprungs scheinen Erzählungen zu sein, in denen die H. des öfteren mit der Hexe gleichgestellt wird. Neben Texten aus dem → *Malleus maleficarum*[24] liegen hierzu bes. ung. Zeugnisse aus den sechziger Jahren des 20. Jh.s vor; die dort auch erwähnte Erscheinung der H. in Tiergestalt[25] schließt sich direkt an Motive aus Hexenerzählungen an.

3. Im Märchen wird der H.ndienst gelegentlich von neidischen Schwiegermüttern und Schwestern übernommen, welche die Mutter der Tötung ihrer Kinder oder der → Tiergeburt beschuldigen (cf. AaTh 451: → *Mädchen sucht seine Brüder*, AaTh 707: *Die drei goldenen → Söhne*). Nur im ind. Raum dokumentiert ist die Erzählung von der H., die ein totgeborenes Königskind durch ein lebendes Kind ersetzt (Mot. K 1923.5). In AaTh 1362 A*: → *Dreimonatskind* ist die H. Komplizin der Gebärenden, die dem gehörnten Ehemann erklärt, weshalb sein Kind schon wenige Monate nach der Heirat zur Welt gekommen sei. In einem ind. Ehebruchschwank wird die Rolle der H. auch zum Betrug des Ehemanns eingesetzt: Der Geliebte verkleidet sich als Schwangere, worauf der Ehemann selbst seine Frau als H. zu ihm schickt (Mot. K 1514.16). Weit verbreitet ist schließlich die Fabel vom Wolf, der sich dem Schwein als H. anbietet (Mot. K 2061.6; Tubach, num. 4554)[26].

[1] Gubalke, W.: Die H. im Wandel der Zeiten. Hannover 1964, 9. — [2] ibid., 11; zur Anwesenheit von Männern bei Geburten cf. Haggard, H. W.: Devils, Drugs, and Doctors. N.Y. 1929, 29; Findley, P.: Priests of Lucina. Boston 1939, 249. — [3] Jungwirth, H.: H. In: HDA 3 (1930/31) 1587—1603, hier 1588; Lid, N.: Light-Mother and Earth-Mother. In: Studia Norvegica 4 (1946) 3—20; cf. auch Brednich, R. W.: Volkserzählungen und Volksglaube von den Schicksalsfrauen (FFC 193). Hels. 1964, bes. 208. — [4] Gubalke (wie not. 1) 15, 64, Tafel XIII. — [5] ibid., 16; Forbes, T.: The Midwife and the Witch. New Haven/L. 1966; Hombel, A. G.: Hist. und volkskundliche Auszüge in Bezug auf den H.nberuf. In: Brabant. Folklore 214 (1977) 239—291. — [6] Donnison, J.: Midwives and Medical Men. L. 1977, 2—14; Kuhn, A./Rüson, J.: Frauen in der Geschichte. Düsseldorf 1982, 191—200; Klein, G.: Über H.nbücher aus 1½ Jahrtausenden. In: Bayr. H.nztg (1902) 3—13; Wille, P. F. C.: Frühe H.nbücher. In: Archiv für Gynäkologie 176 (1949) 100—108. — [7] cf. Eigel, S.: Die H. im sozialen Spannungsfeld. Magisterarbeit Fbg 1985, pass. — [8] HDA 3, 1591 sq., 1594 sq. — [9] Forbes (wie not. 5) 118. — [10] Meyer, E. H.: Bad. Volksleben im 19. Jh. Straßburg 1900, 12. — [11] Christiansen, R. T.: Midwife to the Hidden People. In: Lochlann 6 (1974) 104—117. — [12] Dömötör, T.: Die H. als Hexe. In: Probleme der Sagenforschung. ed. L. Röhrich. Fbg 1973, 177—188. — [13] Grimm DS 41, 49, 58, 65 sq., 68 sq., 304; Röhrich, L.: Sage und Märchen. Fbg/Basel/Wien 1976, 47. — [14] Christiansen (wie not. 11) 111, 113 sq.; cf. Pröhle, H.: Dt. Sagen. B. 1863, num. 28 (= ²1879, num. 31); Heine, H.: Die schönsten Sagen, Märchen und Bilder aus dem Harze. Lpz. 1878, 104. — [15] cf. Grimm, Mythologie 1, 378, 407; Vonbun, F. J.: Die Sagen Vorarlbergs. Innsbruck 1889, 6; Sébillot, P.: Le Folk-lore de France 2. P. 1968, 113—117; Vernaleken, T.: Alpensagen. Wien 1858, 215; Christiansen (wie not. 11) pass. — [16] cf. Dégh, L.: Folktales of Hungary. L. 1965, 296—299; Baader, B.: Volkssagen aus dem Lande Baden und den angrenzenden Gebieten. Karlsruhe 1851, 88. — [17] Christiansen (wie not. 11) 106—109. — [18] DBF B 1, 236, 310 sq., 324 sq. (Wasser statt Salbe). — [19] Abeghian, M.: Der armen. Volksglaube. Diss. Jena 1899, 107 sq.; Christiansen (wie not. 11) 114 sq. — [20] cf. Zingerle, I. V.: Sagen aus Tirol. Innsbruck ²1891, num. 581; Baader (wie not. 16) 231; Grässe, J. G. T.: Sagenbuch des preuß. Staates 2. Glogau 1871, 944—946; Walliser Sagen. ed. Hist. Verein von Oberwallis. Brig 1907, 2. — [21] Grässe (wie not. 20) t. 1 (1868) 303 sq. — [22] cf. Christiansen (wie not. 11) 110. — [23] cf. Müllenhoff, K.: Sagen, Märchen und Lieder der Herzogthümer Schleswig, Holstein und Lauenburg. Kiel ⁴1845, 339; Lütolf, A.: Sagen, Bräuche und Legenden aus den fünf Orten Lucern, Uri, Schwyz, Unterwalden und Zug. Lucern 1862, 476 sq.; Dégh, L.: Märchen, Erzähler und Erzählgemeinschaft. B. 1962, 404 sq.; Grässe (wie not. 20) 326. — [24] Der Hexenhammer von J. Sprenger und H. Institoris 2. Übers. J. W. R. Schmidt. B. 1920, 30 sq., 135—137; cf. Heyl, J. A.: Volkssagen, Bräuche und Meinungen aus Tirol. Brixen 1897, 295 sq. — [25] Dömötör (wie not. 12) 179. — [26] cf. Schwarzbaum, Fox Fables, 239—241.

Bloomington Regina Bendix

Hebel, Johann Peter, *Basel 10. 5. 1760, † Schwetzingen 22. 9. 1826, Theologe, Gymnasiallehrer, Mundartdichter, Kalendermann, Prälat. Die Eltern — der Vater Johann Jacob H. (gest. 1761) Leinenweber aus dem Hunsrück[1], die Mutter Ursula H. (gest. 1773) aus

Hausen im Wiesental (Baden) – arbeiteten im Sommer als Dienstleute in Basel und lebten im Winter in Hausen; an beiden Orten besuchte H. jeweils die Schule, von 1773 an die Lateinschule in Schopfheim und seit 1774 das Gymnasium in Karlsruhe. Nach vier Semestern in Erlangen legte er 1780 in Karlsruhe das Staatsexamen für evangel. Theologie ab. Es folgten drei Jahre als Privatlehrer. 1783 wurde er Präzeptorvikar am Lörracher Pädagogium, wo er vorzugsweise Latein unterrichtete. Prägend wurden hier der Freundeskreis[2] und seine Zuneigung zu G. Fecht, mit der er bis zum Tode in Korrespondenz blieb[3]. 1792 nahm er den Ruf als Subdiakon an das Karlsruher Gymnasium an. Die folgenden Jahre brachten verschiedene Beförderungen: 1808 wurde H. Lyzeumsdirektor, 1817 erster Prälat der Evangel. Landeskirche Badens, womit er ex officio dem Landtag angehörte. H. blieb unverheiratet.

Für die Erzählforschung bedeutsam sind einige der *Alemann. Gedichte*, vor allem aber seine → Kalendergeschichten[4]. Die zunächst anonym publizierten *Alemann. Gedichte* (Karlsruhe 1803) erschienen bereits 1804 – jetzt mit Namensnennung – in 2. Aufl. Zu H.s Lebzeiten kamen fünf Aufl.n heraus, jede mit Veränderungen und Erweiterungen (^{3}1806, ^{4}1808, Aarau ^{5}1820)[5]. Für die Geschichte der Dialektdichtung setzten die sagenartigen Kleinepen Maßstäbe. Das Werk wurde sofort äußerst positiv aufgenommen (u. a. Rez. der 1. Aufl. von Jean Paul, der 2. von → Goethe)[6].

Im *Statthalter von Schopfheim* (1, 176) transponierte H. den bibl. Stoff von Abigail (1. Sam. 25) ins bäuerliche Milieu des Wiesentals. Die → Rahmenerzählung – mit Details aus Volksbräuchen und -glaubensvorstellungen (Heischerecht, Geisterglaube) – gibt die Geschichte als lokale Sage aus. Wie frei H. mit dem Stoff umging, ergibt sich z. B. aus dem in der 3. Aufl. veränderten Schluß: War vorher der alte Statthalter einem Unfall in Basel zum Opfer gefallen, so ließ ihn H. jetzt im Hochwasser der Wiese ertrinken, weil die Statthalterin von Schopfheim im Unfall zu Basel eine Anspielung auf den Tod ihres Vaters zu erkennen vermeint hatte[7]. – Für die *Häfnet-Jungfrau* (1, 142) hielt er sich stärker an die volkstümliche Überlieferung. Eine von H.s Fassung abweichende und sicher von ihr unabhängige Var. der Geschichte von der eitlen Zwingherrentochter, die als Geist ungewaschene und ungekämmte Leute in die Zange nimmt, ist Mitte des 19. Jh.s publiziert worden[8]. – Zum *Geisterbesuch auf dem Feldberg* (1, 124; cf. die Vorstufe *Der Dengelegeist* [1, 183][9]) gab H. folgenden Kommentar: „Die Hirten auf dem Feldberge hören oft in der Nacht ein stetes und gleichförmiges Klopfen. Der Aberglaube [!] knüpft daran die einfache Sage, daß ein böser Geist alsdann eine Sense hämmere."[10] Auch hier lassen sich Parallelen in der Sagenüberlieferung nachweisen[11].

In seinem Aufsatz *Geister und Gespenster* (1, 494–503) distanziert sich H. vom Volksglauben, meint aber: „es wäre dem Beruf weiser Volkslehrer angemessener, ihn einzuschränken, ihn womöglich zu veredeln und durch besonnene Leitung unschädlich zu machen und zu moralischen Zwecken zu benutzen" (1, 498). In diesem Sinne sind weitere Gedichte zu verstehen.

So ist im *Karfunkel* (1, 53) das Exempel-Motiv vom Teufel, der zum Kartenspiel verleitet[12], Ausgangspunkt. Er heißt wie im Puppenspiel von Dr. → Faust Vizli Buzli, was M. Werners Vermutung[13] plausibel macht, H. habe sich von der Fausttradition im bad. Staufen[14] inspirieren lassen. Der oft getadelte Schluß entspricht durchaus H.s Aufsatz über die Geister: „Jo, der Vizli Buzli, das isch die bösi Versuechung." – In einer → Spinnstube wird *Riedligers Tochter* (1, 133) erzählt, die Geschichte einer angeblichen Hexentochter, die in Wirklichkeit Patenkind von ‚Erdmännlis Frau' ist und sich deshalb durch Tugend und Fleiß auszeichnet. Die Angst vor Hexen wird damit widerlegt, aber auch das Erdweiblein, das Züge frz. Feen trägt, ist nur als Allegorie zu verstehen. Der Fleiß ist es, der ‚heimlichen Segen' bringt, konstatiert am Ende die erzählende Mutter.

Zu den liedhaften Gedichten sei noch angemerkt, daß sich H. auch dafür an Vorbilder gehalten hat: an J. H. Voß und R. Z. Beckers *Mildheim. Liederbuch*[15]. Alles aber ist ins Wiesental und seine Mundart umgesetzt. Daß er nicht ‚naiv' gedichtet hat, wie man in Anlehnung an Goethes Rez. immer wieder behauptet, ergibt sich auch aus der Wahl des Hexameters für die epischen Stücke. Das antike Versmaß muß schon im Kreise der Lörracher Freunde, der ‚Proteuser'[16], für mundartliche Gelegenheitsdichtungen beliebt gewesen sein. Wie hoch H. den Dichter Voß geschätzt hat, zeigt auch der Nachlaßkatalog seiner Bücher[17].

Als Verf. des → Kalenders *Der Rheinländ. Hausfreund* (1808–15 und 1819)[18] wurde H., auch wenn er sich darin nirgends nannte, einem weiteren Publikum bekannt, erst recht, als der Verleger J. G. Cotta die literar. Kalenderbeiträge bis 1811 u. d. T. *Schatzkästlein des rhein. Hausfreundes* (Tübingen 1811, ^{2}1816

u. ö.) in Buchform herausgab. Ein 2. Band war geplant, aber H. schrieb Cotta 1823, es plage ihn „die alte Grille, ob der Prälat sich noch zu den Schwänken und Späßen des einst mitunter muthwilligen Professors [...] bekennen dürfe"[19]. H. hat die traditionellen Ingredienzien eines Kalenders beibehalten, allerdings, was Astrologie und Aderlaßmännchen betrifft, nur zum Schein; er unterrichtete die Leser über Astronomie und die Entwicklung des Weltgeschehens. Die hist. und naturkundlichen Betrachtungen sind für H.s Darstellungskunst ebenso aufschlußreich wie die erzählenden Stücke. Es gelingt ihm, mit den ‚geneigten Lesern' ein imaginäres Bündnis zu schließen, das ihm ermöglicht, auf frühere Stücke anzuspielen. Mit dem häufigen ‚Merke' läßt er es an unaufdringlicher → Moral nicht fehlen.

Für die Quellen der Erzählstoffe gibt H. selbst in der Vorrede zum *Schatzkästlein* den Hinweis, der Leser werde mehrere Geschichten schon gehört oder gelesen haben, „wäre es auch nur im Vademekum, von welcher Allmende oder Gemeinwiese sie der Verfasser selber gepflückt hat". Damit ist das anonym erschienene *Vademecum für lustige Leute* 1–10 (1765–92) Friedrich Nicolais gemeint[20]. Aktuelle Stoffe hat H. aus Kalendern oder der Presse entnommen (so die Napoleon-Anekdoten), sie aber immer stilistisch überarbeitet, ebenso wie die Geschichten, die ihm der ‚Adjunkt' (Legationsrat C. F. Kölle) und dessen ‚Schwiegermutter' (die von H. hochverehrte Schauspielerin Henriette Hendel) zugetragen hatten. H. verwertete alles, was ihm für den Kalender passend erschien, sicher auch Mündliches, aber deswegen darf sein Werk nicht als Spiegel des bad. Erzählschatzes gelten.

Auch die Suche nach dem Realitätsgehalt der Geschichten H.s führt meist in die Irre. So hat für die Figur des Zundelfrieder (2, 142, 174, 187, 209, 305, 332) zwar das südbad. Vagantengeschlecht Zundel den Namen geliefert, aber die Geschichte *Die drei Diebe* (2, 142) z. B. hat H. einem Gedicht von Voß entnommen[21]. Zu einer stehenden Figur wurde auch der Zirkelschmied (2, 177, 419, 432, 500, 507), den H. an die Stelle des Gaskoniers seiner Vorlage, des Vademecums, gesetzt hat. Er war mit der Tatsache, daß Schwank und Witz gern an bestimmte Figuren geknüpft werden, vertraut (→ Kristallisationsgestalten).

Meist hat H. seine Geschichten in die Gegenwart versetzt, auch wenn er auf alte (z. B. in *Der vorsichtige Träumer* [2, 84]; cf. *Philogelos*, num. 15) und internat. verbreitete Erzählstoffe bes. aus dem Schwankbereich[22] zurückgriff:

z. B. *Kindesdank und Undank* (2, 96; cf. AaTh 921 A: → *Focus: Teilung des Brotes oder Geldes* + AaTh 980 A: cf. → *Großvater und Enkel*), *Seltsamer Spazierritt* (2, 94; AaTh 1215: → *Asinus vulgi*), *Ein Wort gibt das andere* (2, 139; AaTh 2040: → *Häufung des Schreckens*), *Der kluge Sultan* (2, 176; Mot. J 1337: *Beggar claims to be emperor's brother*), *Das letzte Wort* (2, 184; AaTh 1365 C: cf. *Die widerspenstige* → *Ehefrau*), *Gutes Wort, böse Tat* (2, 185; AaTh 1847*: *Biblical Repartee*), *Der unschuldig Gehenkte* (2, 158; AaTh 1343: cf. → *Hängen spielen*), *Drei Wünsche* (2, 95; AaTh 750 A: cf. *Die drei* → *Wünsche*), *Drei andere Wünsche* (2, 135; cf. AaTh 1626: → *Traumbrot*) oder einige Geschichten vom Zundelfrieder (2, 174, 187; AaTh 1525 A, 1525 H_1, 1525 H_2: cf. → *Meisterdieb*).

Die Gattung Märchen ist von H. kaum berücksichtigt worden; die → *Kinder- und Hausmärchen* der Brüder → Grimm z. B. standen H.s Rationalismus offenbar fern[23]. Seine einzige Geschichte im Stil des frz. Märchengeschmacks ist *Drei Wünsche* (2, 95)[24]. Hingegen verwendet er Sprichwörter sehr häufig und in unterschiedlicher Weise (ablehnend, zustimmend, verfremdend)[25]. Seine Ansichten hierzu (2, 72, 211) sind deutlich von → Erasmus von Rotterdam beeinflußt[26]; eine Beobachtung, die mit R. Minders Formulierung von H., dem ‚erasmischen Geist'[27], übereinstimmt. Verschiedene Prosastücke des Kalenders haben ihm den Rang eines vielgelobten Dichters verschafft, so *Unverhofftes Wiedersehen* (2, 229)[28], in dem H.s eigenes Werk die Schilderung der Zeitspanne zwischen dem Tod des Bergmanns und dem Wiederauffinden ist, oder *Kannitverstan* (2, 123; AaTh 1700: → *„Kann nicht verstehen!"*)[29], in dem H. einen bad. Handwerksburschen zum Protagonisten der bittersüßen Geschichte gemacht hat. Die Nachwirkung der Kalendergeschichten war und ist bis heute stark[30]. Viele davon sind in Schullesebücher eingegangen[31], und sie haben bis Bert Brecht Nachahmer gefunden[32].

[1] Wohl verwandt: Hebel, F. W.: Pfälz. Sagenbuch. Kaiserslautern [um 1912]. – [2] cf. hierzu alle Biogr.n H.s, z. B. Kully, R. M.: J. P. H. Stg. 1969, 20–24, cf. 6–8 (Auflistung der Biogr.n). – [3] Unentbehrlich für jede Beschäftigung mit H. ist H., J. P.: Briefe

1–2. ed. W. Zentner. Karlsruhe (1939) [2]1957; die Briefe an H. wurden von den Erben vernichtet. – [4] Eine kritische Ausg. ist angekündigt, cf. Braunbehrens, A.: Anmerkungen zu H.s Texten. In: J. P. H. Eine Wiederbegegnung zu seinem 225. Geburtstag. Ausstellungskatalog Karlsruhe 1985, 159–173, bes. 171 sq.; zu den bisherigen Ausg.n cf. ibid., 258–268 und Kully (wie not. 2) 2–5; hier wird zitiert nach J. P. H.s Werke 1–2. ed. W. Altwegg. Zürich/B. [2]1958. – [5] Braunbehrens (wie not. 4) 162–170. – [6] cf. Kully (wie not. 2) 37 sq. – [7] Briefe (wie not. 3) num. 145. – [8] Baader, B.: Neugesammelte Volkssagen aus dem Lande Baden [...]. Karlsruhe 1859, num. 15 (= Künzig, J.: Schwarzwald-Sagen. Düsseldorf [2][1965], 52). – [9] Briefe (wie not. 3) num. 57. – [10] H.s Werke 1. ed. O. Behaghel. B./Stg. [1883], 139. –
[11] Müller, J.: Sagen aus Uri 2. Basel 1945, num. 666; Freuler, K./Thürer, H.: Glarner Sagen. Glarus 1953, 49 sq.; Osenbrüggen, E.: Neue culturhist. Bilder aus der Schweiz. Lpz. 1864, 30 sq.; cf. Kutter, W.: Schwäbisch-alemann. Fasnacht. Künzelsau 1976, 66. – [12] cf. Gantner, T.: Der Teufel beim Kartenspiel. In: Schweizer Vk. 56 (1966) 30 sq. – [13] Werner, M.: Studien zu J. P. H.s Alemann. Gedichten. Diss. Mü. 1924, 16 sq. – [14] cf. Künzig (wie not. 8) 36 sq. – [15] cf. Trümpy, H.: Volkstümliches und Literar. bei J. P. H. In: Wirkendes Wort 20 (1970) 1–19. – [16] cf. zuletzt Moehring, G.: „Den Blick zum Belchen gewendet." J. P. H. im Markgräflerland. In: Marbacher Magazin 23 (1982). – [17] Verzeichniß über diejenigen Bücher, welche aus der Verlassenschaft des [...] J. P. H. [...] versteigert werden. Karlsruhe 1826; cf. J. P. H. Eine Wiederbegegnung (wie not. 4) 243 (B 56; G. Moehring, Lörrach, danke ich für eine Kopie); neben 165 Theologica u. a. 172 Titel zur klassischen Philologie (num. 321–323 Theokrit), drei Gedichtbände (1785, 1795, 1825) von Voß (num. 506). – [18] J. P. H.: Der Rheinländ. Hausfreund. Faks.druck der Jge 1808–1815 und 1819. ed. L. Rohner. Wiesbaden 1981; cf. id.: Kritische Anmerkungen eines späten H.lesers. In: J. P. H. Eine Wiederbegegnung (wie not. 4) 196–208, bes. 203 sq.; cf. id.: Kalendergeschichte und Kalender. Wiesbaden 1978, 159–310; Funck, H.: Über den Rheinländ. Hausfreund und J. P. H. In: Festschr. zur 300 jährigen Jubelfeier des Großherzoglichen Gymnasiums in Karlsruhe. Karlsruhe 1886, 39–88; Röhrich, L.: J. P. H.s Kalendergeschichten zwischen Volksdichtung und Lit. Lörrach 1972. – [19] Briefe (wie not. 3) num. 494. – [20] cf. Behaghel (wie not. 10) t. 2 (Vorlagen aus dem Vademecum und aus Ztgen in den Anmerkungen abgedr.); cf. auch J. P. H.: Gesamtausg. 2. ed. W. Zentner. Karlsruhe 1968, v. Anhang A. –
[21] Gering, H.: Islendzk Æventyri 2. Halle 1883, num. 90, bes. p. 220, not. 1 (Nachweis der frz. Qu. von J. H. Voß). – [22] Zu Schwankbüchern in H.s Besitz cf. Verzeichniß (wie not. 17) num. 544 (Moscherosch, H.-M.: [...] Gesichte Philanders von Sittewald 1–2. Straßburg 1650), num. 551 (Unlust Vertreiber oder 2000 lehrreiche, scharfsinnige kluge Sprüche. Straßburg 1669), Anh., num. 26 (Zincgref, J. W.: Teutscher Nation Apophthegmatum [...]. Amst. 1653); num. 481 (Kuhn, A.: Der Anekdoten-Sammler. [...] B. 1810); das Vademecum ist nicht verzeichnet. – [23] cf. Briefwechsel zwischen Jacob und Wilhelm Grimm aus der Jugendzeit. ed. W. Schoof. Weimar [2]1963, 233 (Nach seinem Besuch bei H. schrieb J. Grimm 1814 an seinen Bruder: „von den Kindermärchen wußte er nichts"); nur der 1. Band der KHM – H. wohl von den Brüdern Grimm zugeschickt – ist im Verzeichniß (wie not. 17) als num. 460 angeführt. – [24] cf. Röhrich, Erzählungen 1, 62–79, 253–258. – [25] Mieder, W.: Das Sprichwort in J. P. H.s „Schatzkästlein des rhein. Hausfreundes". In: Forschungen und Ber.e zur Vk. in Baden-Württemberg 1971–1973. ed. I. Hampp/P. Assion. Stg. 1973, 153–163. – [26] In H.s Besitz die Adagia (Köln 1540) und die Colloquia familiaria. Ulm 1747 des Erasmus von Rotterdam, cf. Verzeichniß (wie not. 17) num. 217, 200. – [27] J. P. H. Werke 1. ed. E. Meckel. Lpz. 1968, Einl. – [28] cf. Frenzel, Stoffe, 92–94 (Bergwerk zu Falun). – [29] cf. Bolte, J.: H.s ‚Kannitverstan' und seine Vorläufer. In: ZfVk. 41 (1931) 173–178. – [30] cf. Rohner 1978 (wie not. 18) bes. 300–310; zur Popularität in den Niederlanden cf. van der Kooi, 250–253. –
[31] cf. Trümpy, H.: Vk. im Schulbuch des 19. Jh.s. In: SAVk. 67 (1971) 62–83, bes. 69. – [32] cf. z. B. Knopf, J.: Geschichten zur Geschichte. Kritische Tradition des ‚Volkstümlichen' in den Kalendergeschichten H.s und Brechts. Stg. 1973.

Basel Hans Trümpy

Heckpfennig (AaTh 745, 745 A), nicht ganz zutreffende Bezeichnung für eine Gruppe von Erzählungen, die von einem → Gold-, Geld-, → Schatzfund berichten, der dem Finder nicht zusteht, sondern dem ursprünglichen Besitzer, und bei widerrechtlicher Aneignung dem neuen Eigentümer Unglück bringt. Als H. (Wechseltaler etc.) wird eine Münze bezeichnet, die, nachdem man sie ausgegeben hat, stets zum Besitzer zurückkehrt, der sie meistens auf übernatürliche Weise bekommen hat (z. B. mit Hilfe des Teufels). Der Glaube an eine solche Zaubermünze ist bereits seit dem 10. Jh. belegt und in Sagen ungemein verbreitet (bes. in Europa)[1]. Die bei AaTh 745: *Hatchpenny* aufgeführten Texte bzw. Lit.hinweise entsprechen keinem spezifischen Erzähltyp, in dem dieses Motiv eine Rolle spielt, sondern lassen sich zu AaTh 745 A: *The Predestined Treasure* stellen oder sind recht heterogene → Schicksalserzählungen, in denen Zaubergeld (Geld, ein Schatz) stets den eigentlichen Bestimmungsort erreicht, unter keinen Umständen entwendet werden kann oder gerade deshalb dem unrechtmäßigen Eigentümer Unglück bringt. Der Anordnung von AaTh folgende Typenkataloge zeigen in Bezug auf AaTh 745 die gleichen Widersprüchlichkeiten[2].

Ein sehr wohl deutlich erkennbarer Erzähltyp ist hingegen AaTh 745 A, doch ist hinsichtlich der Geschichte, Verbreitung und Herkunft dieses Erzähltyps vieles noch unklar, insbesondere weil er nach Handlungsablauf, Motivik und Sinngehalt eine starke Affinität zu anderen Erzählungen aufweist, so zu AaTh 736 A: *Ring des → Polykrates*, AaTh 841: *Die beiden → Bettler*, AaTh 842, 947, 947 A: cf. → *Glück und Unglück*, AaTh 961, 961 B: → *Geld im Stock*. In der älteren Lit.[3] und in einigen Katalogen werden diese Typen nicht immer genügend getrennt.

Inhalt: Eine Stimme (Dämon, Teufel) sagt einem → Geizhals (reichen Mann, Jungen), daß sein Geld (ein Schatzfund) nicht für ihn bestimmt sei, sondern für einen anderen (Schmied, Zimmermann, Abraham, Herbergsvater). Der Geizige steckt es in einen hohlen Baumstamm (eine Schachtel) und wirft diesen ins Meer (einen Fluß), oder er verliert ihn durch eine Überschwemmung. Über einen Fischer (andere Person) gelangt der Baumstamm mit dem verborgenen Geld zu dem Schmied; manchmal findet der Schmied ihn selbst. Er entdeckt den Inhalt, als er das Holz bearbeitet (es zu Weihnachten in den Herd steckt).

Der ursprüngliche Besitzer besucht den Finder (tritt bei ihm in Dienst) und erzählt seine Geschichte. Er (seine Frau) gibt ihm drei Pasteten (Kästchen), füllt eine mit Erde, eine andere mit Totengebein und die dritte mit einem Teil des Schatzes und läßt ihn eine (oder zwei) wählen. Der Habsüchtige trifft nichtsahnend die falsche → Wahl. Zusätzlich versucht der neue Besitzer, dem ursprünglichen Eigentümer einen Teil des Geldes wieder zukommen zu lassen und schenkt ihm zum Abschied einen Kuchen mit Geld darin. Damit bezahlt er eine andere Ware, und der neue Besitzer gibt ihn – über mehrere Stationen – an den vorbestimmten Eigentümer zurück.

AaTh 745 A hat eine ältere literar. sowie eine jüngere mündl. Überlieferung. Bei der literar. lassen sich zwei Gruppen unterscheiden: eine ma. westeurop. und eine etwas jüngere, jedenfalls nicht eher belegbare jüd. Tradition. In der ersten Gruppe tritt gewöhnlich ein Schmied (Herbergsvater) auf, der entweder aus drei Pasteten auswählen läßt oder einen Kuchen mitgibt, in der zweiten der Zimmermann, der es bei dem einzigen Kuchen beläßt. Die ma. Var.n[4] finden sich vom 13. Jh. an in verschiedenen lat. Exempelsammlungen, z. B. bei → Étienne de Bourbon (num. 414) und in den → *Gesta Romanorum* (num. 109), woraus wiederum Übers.en in westeurop. Volkssprachen entstanden. In diesen Var.n der *Gesta Romanorum* überwiegt die Wahl aus drei Pasteten, in den Exempelsammlungen die Mitgabe des Geldes in einem Kuchen. Die jüd. Var.n, darunter eine aus dem jidd. → *Ma'assebuch* (1602), sind von M. → Gaster[5] und H. → Schwarzbaum[6] erschlossen worden.

In mündl. Überlieferung liegen Aufzeichnungen aus den meisten europ. Ländern vor, aus dem Nahen Osten und (vermutlich) aus Mittelamerika. In Europa wurde der Typ in Irland[7], England[8], Westfriesland[9], Schweden[10], Dänemark[11], Lettland[12], Litauen[13], bei den Polen[14], Tschechen[15], Slovaken[16], Weißrussen[17], Ukrainern[18], Russen[19] und ferner in Rumänien[20] und auf Rhodos[21] aufgezeichnet. Daß der Typ auch im Nahen Osten bekannt ist, zeigen jüd. Texte aus der Türkei und dem Irak[22] sowie ein Text aus Iran[23]. Aus dem rom. Südeuropa ist er nicht überliefert, war dort aber möglicherweise bekannt, wie ein Hinweis auf eine amerik. Version vermuten läßt[24]. Die mündl. Verbreitung umfaßt zwar ein geogr. weiträumiges Gebiet, doch scheint der Erzähltyp nicht bes. geläufig gewesen zu sein. In Westeuropa schließt die mündl. eng an die schriftl. Überlieferung an; literar. Einflüsse scheinen hier sehr stark zu sein. Der einzige rezente engl. Text z. B. stimmt bis hin zur Lokalisierung mit einem Text aus dem 13. Jh. überein[25], und der ebenfalls einzige fries. Text ist zweifellos aus einer *Gesta Romanorum*-Var. hervorgegangen[26]. Die mehr östl. mündl. Überlieferung zeigt eine größere Variabilität. Hier scheint eine längere und intensivere mündl. Tradierung nicht unwahrscheinlich. Gelegentlich finden sich Kombinationen mit der Thematik vom wandelbaren Glück (cf. → Fortuna; AaTh 947 A, 947 A*: *Bad Luck Refuses to Desert a Man*)[27].

Bislang offenbar nicht zu beantworten ist die Frage, ob es eine genetische Verbindung zwischen dem in China sehr populären Erzähltyp Ting 745 A (46 Var.n seit 1799) und der europ.-vorderasiat. Überlieferung gibt. N.-T.

→ Ting selbst nimmt dies offenbar an. Für ihn ist der chin. Ökotyp ein Beispiel für auf westl. moralischem Gedankengut basierende Erzählungen, die einen spezifisch chin. Zug erhalten haben[28]. Seiner Zusammenfassung: *Often the treasure has the name of the predestined owner inscribed on it, and the lucky owner is told about it by god, sometimes in a dream* fehlt es dazu jedoch an genügend Belegen, und auch die beiden in eine westl. Sprache übers. chin. Var.n[29] sprechen nicht dafür. Etwas wahrscheinlicher erscheint ein Zusammenhang zwischen AaTh 745 A und Ting 745 A_1: Ein Mann erwirbt durch Zufall ein Vermögen, oder er muß dieses bewachen. Ihm wird prophezeit, daß sein Glück nur zeitlich begrenzt sei und der Schatz zu gegebener Zeit wieder beim vorbestimmten Besitzer seinen Platz haben werde. Es gelingt ihm nicht, den Schatz für seine Familie zu bewahren. Für eine selbständige chin. Entwicklung dieses Typs spricht allerdings sein hohes Alter. Schon während der Yüan-Dynastie (1278–1368) taucht er in einem Theaterstück auf[30].

Eine thematisch verwandte Geschichte begegnet im pers. *Anvār-e Soheili* [...] des Ḥosein Vāʿeẓ Kāšefi (vor 1500)[31], einer → *Kalila und Dimna*-Paraphrase. Das den 2. Teil von AaTh 745 A konstituierende Motiv der Kästchenwahl (Mot. L 211: *Modest choice: three caskets type*; cf. kluge und törichte → Wahl) findet sich z. B. im ind. → *Vikramacarita* (Kap. 24)[32], im überaus populären → *Barlaam und Josaphat*-Roman (6, 41–42), der möglicherweise auf buddhist. Vorbilder zurückgeht, sowie im babylon. *Talmud* (*Baba Batra* 58 a)[33], jedoch jeweils in anderem Kontext. Außer der allg. Tendenz, Indien als Ursprungsland derartiger Erzählungen mit fatalistischer Tendenz anzusehen[34], vermutete W. → Liungman[35] für AaTh 745, daß die Erzählung aus der arab.-pers. Lit. stamme und von dort schon frühzeitig nach Europa gekommen sei. In der Tat sind viele Erzählungen von der Vorherbestimmtheit des → Schicksals vor allem in oriental. Überlieferung zu finden, so daß die von Liungman u. a. geäußerte Vermutung modifiziert durchaus zutreffen könnte: Nicht die Erzählung stammt aus der arab.-pers. Lit. – Inhalt, Datierung und Verbreitung weisen eher auf das ma./jüd. Europa hin –, sondern die Thematik von der Prädestination des Schicksals in europ. Erzählungen heterogener Ausprägung – die Kästchenparabel findet sich auch in der ital. Novellistik (z. B. Boccaccio 10, 1)[36], ist über lat. und dt. Bearb.en bis ins 18. Jh. tradiert worden[37] und Bestandteil einiger Märchen des Typs AaTh 480: *Das gute und das schlechte* → *Mädchen*[38] – dürfte auf oriental. Einflüsse bzw. religiös bestimmte islam. Vorstellungen[39] zurückzuführen sein.

[1] Siebs, T.: Heck(e)taler. In: HDA 3 (1930/31) 1613–1624. – [2] Ó Súilleabháin/Christiansen; Krzyżanowski, num. 3151; Arājs/Medne; SUS; Kurdovanidze. – [3] Braunholtz, E.: Die erste nichtchristl. Parabel des Barlaam und Josaphat. Halle 1884, 66; Gaster, M.: Studies and Texts in Folklore [...]. (L. 1928) Nachdr. N. Y. 1971, 1192–1202; Lee, A. C.: The Decameron, Its Sources and Analogues. L. 1909, 294–311; Schwarzbaum, 268–270. – [4] Tubach, num. 3613, 4954; Dvořák, num. 3613. – [5] Gaster, M.: The Exempla of the Rabbis. L./Lpz. 1924, num. 423; id.: Ma'aseh Book of Jewish Tales and Legends 2. Phil. 1934, num. 203. – [6] Schwarzbaum, 268–270. – [7] Ó Súilleabháin/Christiansen. – [8] DBF B 2, 268. – [9] van der Kooi. – [10] Liungman, Volksmärchen, 209; Liungman 2, 179 sq.; Gustavson, H.: Gotländska sagor 1, 2. ed. P. A. Säve. Uppsala 1952, 263–265. –
[11] Kristensen, E. T.: Bindestuens Saga. Kop. 1897, 21–26. – [12] Arājs/Medne; Šmits, P.: Latviešu tautas teikas un pasakas 9. Waverly, Iowa ²1967, 495–497. – [13] Balys, num. *934 B; Boehm, M./Specht, F.: Lett.-litau. Märchen. MdW 1924, 44. – [14] Krzyżanowski, num. 3151; cf. auch Vildomec, V.: Poln. Sagen. B. 1979, num. 109, 110. – [15] Dvořák, num. 3613. – [16] Polívka 4, num. 77 B 1, 2, 4. – [17] Barag. – [18] SUS 834_2. – [19] SUS 834_2. – [20] Gaster (wie not. 3) 1202; Bîrlea, O.: Antologie de proză populară epică 3. Buk. 1966, 459. –
[21] Hallgarten, P.: Rhodos. Die Märchen und Schwänke der Insel. Ffm. 1929, 125 sq. – [22] Jason. – [23] Marzolph. – [24] Liungman, Volksmärchen, 209 (ohne konkreten Hinweis; Robe verzeichnet keine Var. sub 745 bzw. 745 A); der Hinweis auf Flowers 563 bei AaTh 745 A ist falsch, es handelt sich um eine Var. von AaTh 947 A. – [25] Lee (wie not. 3) 306. – [26] cf. van der Kooi. – [27] z. B. Jason; Mode, H.: Zigeunermärchen aus aller Welt 1. Wiesbaden 1983, num. 64 (aus Bosnien-Herzegowina). – [28] EM 2, 1356. – [29] Eberhard, W.: Volksmärchen aus Südost-China (FFC 128). Hels. 1941, 143–145; id.: Erzählungsgut aus Südost-China. B. 1966, 198 sq. – [30] Graham, D. C.: Songs and Stories of the Ch'uan Miao. Wash. 1954, 242; cf. auch Eberhard, Typen, num. 229. –
[31] Chauvin 2, 128 sq., num. 137; EI² 4 (1978) 704 sq. – [32] Benfey 1, 407–409. – [33] Gaster (wie not. 5) num. 424. – [34] cf. Schick, J.: Corpus Hamleticum. 1, 4, 1: Die Scharfsinnsproben. Lpz. 1934,

bes. 222. — [35] Liungman, Volksmärchen, 209. — [36] Landau, M.: Die Qu.n des Dekameron. Stg. [2]1884, 189–191. — [37] Tubach, num. 3957. — [38] cf. Roberts, W.: The Tale of the Kind and the Unkind Girls. B. 1958, 163. — [39] cf. allg. Runggren, H.: Studies in Islamic Fatalism. Uppsala 1952.

Groningen Jurjen van der Kooi

Heiden

1. Begriff — 2. Wiss.sgeschichte — 3. Das Bild vom H. — 3.1. Der blinde Heide — 3.2. Der getaufte Heide — 3.3. Der gute Heide — 3.4. Der böse Heide — 3.5. Der imaginäre Heide

1. Begriff. H.tum ergibt sich als theol. und kirchenrechtlicher Aus- und Abgrenzungsbegriff aus dem Absolutheitsanspruch einer Glaubensüberzeugung, was nicht nur die christl., sondern auch andere Religionen betrifft[1]. In der Definition K. Rahners von 1960 sind H. die Angehörigen jener Völker, die „faktisch noch nicht vom Anspruch des Christentums geschichtlich erreicht sind oder sich ihm noch im Namen ihrer eigenen geschichtlichen Überlieferung verschließen"[2]. Hinter der These vom unvollkommenen Erkenntnisstand nichtchristl. Völker steht die evolutionistische Auffassung von Geschichte und Kultur. Die Unterscheidung zwischen Rechtgläubigkeit und H.tum beruht auf dem Spannungsfeld von Inklusivität und Exklusivität; indem sich die als katholos verstandene Kirche sowohl als Doktrin wie als Institution absolut setzt, schließt sie Abweichungen als heidnisch (h.) oder häretisch aus. Das cyprianische ‚extra ecclesiam nulla salus' (außerhalb der Kirche kein Heil) führte zur folgenschweren Behauptung des Konzils von Florenz (1439), daß alle → Juden, H., Häretiker (→ Ketzer) und Schismatiker zu ewigen Höllenqualen verdammt seien[3]. Die → Taufe (→ Bekehrung) beendet den Zustand des Verharrens im H.tum, während die Exkommunikation den offiziellen Ausschluß aus der Gemeinschaft der Gläubigen und damit die Zurückstufung ins H.tum bedeutet. Diese Kategorisierungen verlieren mit der zunehmenden Privatisierung der Religionen an Gewicht.

Nach kirchlicher Lehre umfaßt der Heilsplan Gottes alle Menschen. Dennoch hing das Verhältnis zu den nichtchristl. Religionsgemeinschaften vom Grad der ihnen zugewiesenen Erkenntnisfähigkeit ab. So galten im strengen Sinne die monotheistischen Systeme von Judentum und Islam nicht als H.tum. Die jüd. Theologie und die hebr. Sprache übten auf die ma. und nachma. Gelehrten große Anziehungskraft aus, während die Judenmission es als ihre Aufgabe betrachtete, die Juden durch Überzeugung von ihren exegetischen Irrtümern wieder mit Gott auszusöhnen[4]. Daß sich dennoch seit dem frühen MA. das gesellschaftliche Verhältnis zu diesen beiden Religionen radikal zu verschlechtern und man in den ‚Sarazenen' und ‚Türken' (→ Türke, Türkenbild) wie auch in den Juden die Verkörperung des Antichrist (→ Prophezeiungsliteratur) und damit des H.tums zu sehen begann, steht in direktem Zusammenhang mit wirtschaftlichen Entwicklungen und hist. Auseinandersetzungen, vor allem mit der Expansion des Islam. Diese Einstellung schlug sich u. a. in den Werken des Taufjuden → Petrus Alphonsi[5] und bei Thomas von Aquin nieder, der von der gewaltsamen Bekehrung der Mohammedaner sprach (*Summa contra gentiles* 1,6)[6]. Demgegenüber spiegeln der Koran (Sure 2, 256) sowie eine Reihe von Erzählungen aus → *Tausendundeinenacht* die islam. Toleranz gegenüber Nichtmuslimen wider[7].

Die anfänglich liberale ‚Opposition' des Christentums zu Juden und Muslims fand ihren Ausdruck z. B. in der geistigen Argumentation, so in — öffentlichen — Streitgesprächen. → Johannes Damascenus' *De haeresibus* entstand als Disputation zwischen einem Christen und einem ‚Sarazenen'[8]. Ähnlich bezeugen Theodor Abū Qurra (gest. ca 826) und der nestorian. Katholikos Timotheos I. (gest. 823) solche Rededuelle; letzterer überlieferte einen Bericht über eine Diskussion zwischen dem Katholikos und dem Kalifen al-Mahdī, die um 782 stattgefunden haben soll[9]. Im Missionsgedanken werden Emotionen gegenüber H. wirksam, die radikalen Bewegungen sowohl im Buddhismus und Islam wie im Christentum gemeinsam sind[10].

2. Wiss.sgeschichte. Die Klärung des Begriffs H. und seiner Verwendung aus der Sicht der volkskundlichen Kulturanalyse steht in enger Verbindung mit der Ideen- und Wiss.sgeschichte des späten 18. und des 19. Jh.s. Nach-

dem die Altertumskunde noch des 18. Jh.s die germ. Religion als verwildertes Christentum gedeutet hatte[11], erfuhr die Suche nach dem vorchristl. Ursprung im 19. Jh. vor dem Hintergrund nationalromantischer Ideen eine wesentliche Umbewertung. Sie beeinflußte nicht zuletzt die Erzählforschung nachhaltig[12]. Neben Brauch- und Glaubensformen sahen J. und W. → Grimm sowie die Epigonen der → Mythol. Schule vor allem in Märchen und Sagen Anklänge und Erinnerungen an das nun als positiv betrachtete vorchristl. H.tum. Die → Frau Holle des Märchens (KHM 24) deutete J. Grimm als germ. Göttin Holda[13], populäre Erzählungen wurden gemäß der Theorie von der Überformung h.en Glaubensgutes durch das Christentum (cf. Mot. G 303.1.3.4: *Pagan gods became devils*) zur wichtigen Quelle für die → Rekonstruktion der germ. Mythologie erklärt[14]. Das HDA geriet zur zentralen Schaltstelle für mythol. Interpretationen über die Narrativistik hinaus[15].

Ob eine altertumskundlich-mythol. orientierte Vk. grundsätzlich für Flurnamen und Bodendenkmäler mit Bezeichnungen wie ‚H.freithof‘[16] verantwortlich gemacht werden kann, bleibe hier dahingestellt; mit Sicherheit aber hat sie zur Deutung übernatürlicher und dämonologischer Gestalten und Phänomene wie der → Elfen, → Wassergeister, Saligen, Irrlichter (cf. → Geister; → Gespenster) und schließlich der → Teufel und → Dämonen als h. im populären Sprachgebrauch beigetragen.

3. Das Bild vom H.

3.1. Der blinde Heide. Im Anschluß an die theol. Definition von der mangelnden Erkenntnisfähigkeit leben die H., unfähig, den wahren Gott zu erkennen, in der Finsternis (cf. Augustinus, *Enarrationes in psalmos* 24, 14)[17]. Die zwei → Blinden vor Jericho (Mt. 20, 29—34) deutete Augustinus unter heilsgeschichtlichem Aspekt als Juden und H., zu deren Heilung Jesus gekommen sei (*Sermo* 88)[18]; damit begründete er eine bis weit ins MA. hinein verfolgbare Tradition der Allegorese: Die Juden sind mit Blindheit geschlagen. Die ma. Kunst stellt die Synagoga mit verbundenen, also nicht-sehenden Augen dar[19]. Mit der Blindheit der H. setzten sich ferner u. a. Richard von St. Viktor (*Sermo* 64)[20] und Petrus Lombardus (*In Psalmos* 47) auseinander[21]. Hrabanus Maurus benutzte das Bild vom Maulwurf, der zwar Augen besitzt, mit ihnen jedoch nicht sehen kann, für die blinden, tauben und stummen Götzenbilder und ihre Verehrer (*De universo* 8,2)[22].

Diese Vorstellungen fanden ihre Umsetzung in die Erzählung. Die → *Legenda aurea* erklärte, der Technik der ma. Etymologie folgend, den Namen der hl. Caecilia als caecis via (Weg der Blinden) oder caecitate carens (Die der Blindheit ermangelt), wodurch sie der h.en Umwelt zum Vorbild geworden sei[23]. Die hl. → Odilia wurde blind geboren und erhielt erst durch die → Taufe ihr Augenlicht[24]. Feirefiz, der Halbbruder → Parzivals, vermag mit seinen ‚h.en Augen‘ den → Gral nicht zu sehen, da ihm des „toufes kraft“ ermangelt (Wolfram von Eschenbach, *Parzival* 752, 24; 813, 27 sq.). Zum Umkreis der ma. Gralslegende gehört auch eine der beliebtesten Erzählungen des MA.s. Denn neben dem Hauptmann von Kapernaum (Mt. 8, 5—13) und dem syro-phönik. Weib (Mk. 7, 24—30) wird bes. der später mit Longinus identifizierte röm. Hauptmann unter dem Kreuz Christi (Mk. 15, 39) zum Sinnbild der h.en Welt, die das Evangelium annimmt[25]. Die Legende vergegenständlicht das Symbol von der Blindheit der H. durch das Heilungswunder: Der blinde Longinus wird, nachdem er → Christus mit seiner Lanze in die Seite gestochen hat, von einem Blutstropfen getroffen und geheilt (Tubach, num. 3086; Mot. D 1505.8.1)[26].

In den Exempelsammlungen ranken sich zahlreiche Berichte von der Bekehrung der H. um das Weihnachtsfest und um Epiphanie (Hll. → Drei Könige): Gott ist der Erleuchter aller Völker (Guerricus, *In epiphania domini*, sermo 3)[27], durch die Menschwerdung Christi offenbart er sich der in den drei Magiern personifizierten h.en Welt. Am „heiligen Christag [sic!]“ trugen sich, so Prokop von Templin, „zu Rom vnnd anderswo [...] grosse Wunderwerck“ zu, „theils auch“ andere „Prophecеyungen vnnd Weissagungen der Sybillen“[28]. In Neapel unterwies das Jesuskind in der Krippe einen Türken in den wichtigsten Glaubenslehren und forderte ihn zur Taufe auf. Er bekehrte sich, erkrankte und starb nach Empfang der Eucharistie eines glückseligen Todes[29]. Eine am Weihnachtstag des Jahres 1599 von den Jesuiten im ind. ‚Lahorae‘ aufgebaute Krippe übte bes. auf die Kinder eine starke Anziehungskraft aus. Ein wohlsituierter Mann ließ daraufhin seinen in der Christnacht geborenen Sohn taufen und trat selbst zusammen mit seiner Frau den Katechumenen bei[30].

Die Mission, die sich mit der Entdeckung Amerikas ein neues Tätigkeitsfeld erschloß, lag vor allem in den Händen der Jesuiten. Ihrer straffen Organisation sind auch die kontinuierlichen Tätigkeitsberichte aus den überseeischen Provinzen zu verdanken, die als Quelle für hist. Kompilationen, Länderbeschreibungen sowie für hagiographische und homiletische Werke dienten (→ Jesuit. Erzählliteratur). Zahllose Belegmaterien schildern die Bekehrungsversuche an den H., etwa diejenigen Athanasius → Kirchers. Sie lassen sich inhaltlich auf zwei Typen reduzieren, auf die oft von einem Wunder begleitete Konversion oder auf die gewaltsame Ablehnung der Taufe, was häufig übernatürliche Bestrafung nach sich zieht: Als in Japan ein Jesuitenpater nach grausamer Folter enthauptet wird, setzt ein Erdbeben ein[31].

3.2. Der getaufte Heide. Mit der Taufe vollzieht sich der endgültige Schritt vom H.tum zum Christentum. In der Hagiographie und in der religiösen Beispielerzählung wird sie zum zentralen Leitmotiv sowohl von Legenden über frühchristl. Heilige und ihr Martyrium wie über die nachträglich und auf wunderbare Weise vollzogene Taufe: → Maria erweckt ein totgeborenes Kind für kurze Zeit zum Leben, damit es getauft werden kann[32] (cf. Tubach, num. 2806: *Jewess converted during childbirth*).

Die Soteriologie der ungetauft verstorbenen Kinder bildete lange Zeit ein heftig umstrittenes theol. Problem. Es betraf nicht nur die Beisetzung am Rande des → Friedhofs, während die Verdammten in ungeweihter Erde bestattet werden mußten (→ Begräbnis; → Grab, Grabwunder)[33], sondern auch die Vorstellungen vom → Jenseits als einem Schattenreich ohne Schmerz und Freude zwischen → Himmel, → Hölle und → Fegefeuer. Der Niederschlag dieses Glaubens findet sich im populären Erzählgut. Ungetauft verstorbene Kinder irren als Lichter umher[34] oder schließen sich dem Wilden Heer (→ Wilde Jagd) an[35] und vergießen aus Trauer über ihr Los Tränen in ein Krüglein (cf. AaTh 769: → *Tränenkrüglein*)[36]. Dieses Motiv enthält insofern ein kulturhist. äußerst interessantes Detail, als man im 17. Jh. prähist. Urnen als Tränenkrüglein (olla lachymalis) bezeichnete[37].

3.3. Der gute Heide. Die Auseinandersetzung des Christentums mit den h.en Kulturen beruhte ebenso auf radikaler, u. a. aus der Superstitionenlehre heraus begründeter Ablehnung wie auf einem geistigen Stufenmodell, das die moralischen Tugenden der H. durch das Christentum überhöhen ließ. Die außerbibl. Typologie, wie sie u. a. Ambrosius in seiner Schrift *De officiis ministrorum*[38] mit der Satzform „quod si hi [...] quanto magis nos" (z. B. 1, 37)[39] formulierte, führte in den exempla ethnica zum stereotypen Vergleich: Die hl. Agnes, die zwölfjährig den → Märtyrertod erlitt, übertreffe in ihrer Standhaftigkeit jene pythagorä. Jungfrau, die dem Tyrannen ihre abgebissene Zunge ins Gesicht spie, um ihr Geheimnis zu wahren (Ambrosius, *De virginibus* 1, 4, 17–19)[40]. Die argumentative Technik der Erhöhung der christl. über die h.e und alttestamentliche Ethik blieb nicht nur auf die Kirchenväter-Lit. beschränkt, sondern findet sich auch in der Neuzeit[41].

Das Interesse an der antiken Geschichte verbindet sich im Bild vom guten H. mit apologetischen Absichten. Wenn z. B. G. → Stengel als Beispiel für den Fortbestand einer Ehe in guten wie in schlechten Tagen auf Theogena, die Gattin des Königs Agathokles von Sizilien, verweist, die sich nicht von ihrem Mann trennen wollte, als dieser schwer erkrankte[42], dann kann diese Darstellung nur durch das bereits bestehende Bild vom bösen H. wirksam werden: Auch das positive Türkenbild, das M. Tympius in einer Predigt zeichnete, um gegen die Modesucht seiner Gläubigen zu wettern[43], beruht auf der Kenntnis negativer Attitüden.

3.4. Der böse Heide. Die Figur des bösen H. ergibt sich nicht zuletzt aus kollektiven Ängsten vor dem → Fremden und Andersartigen. Voreingenommenheit spiegelt sich noch heute in Bezeichnungen für ursprünglich importierte Nahrungsmittel und Eßgewohnheiten (z. B. H.sterz, H.mehl)[44]. Zum narrativen Bild des H. trugen vielfältige Kulturkontakte wie das ma. → Wallfahrtswesen, die → Kreuzzüge, der Fernhandel und schließlich die militärische Auseinandersetzung mit dem Islam bei. Berichte über Sklaverei in Reiseberichten[45] oder Schilderungen von Grausamkeiten in den Volksbüchern (z. B. → *Herzog Ernst*) schufen Vorstellungsmuster, die sich fortsetzen und erweitern ließen, als die Türken zur konkreten Bedrohung für das christl.-abendländ. Europa wurden. Als Erzfeinde der Christenheit[46] ziehen sie mordend, brandschatzend und vergewaltigend durch die Lande. → Abraham a Sancta Clara predigte gegen sie[47], der Sieg in der Seeschlacht bei Lepanto wurde auch zum homiletischen Großereignis[48] und bald legendenhaft ausgeschmückt: Nach Aussage gefangengenommener Türken hätten Engel auf der Seite der Christen gekämpft[49], deren Leichen im Wasser mit dem Gesicht nach oben getrieben seien, während die toten Türken mit dem Gesicht nach unten geschwommen wären[50].

Daß es sich um stereotype Versatzstücke (→ Stereotypen) handelt, zeigen die zahlreichen Frevelsagen bes. aus den betroffenen kathol. Gebieten, in denen die gleichen Ängste und Erzählmotive auf die Schweden bezogen werden, die sich im 30jährigen Krieg an den Konfessionskriegen in Mitteleuropa beteiligt hatten[51].

3.5. Der imaginäre Heide. Im übertragenen Sinne bezeichnet H.tum das gesellschaftlichen Werten, Normen und Doktrinen entgegengesetzte Denken und Verhalten. Wenn Rabbi N. Bratzlaver in einer seiner Geschichten von einem h.en König erzählt, der wünschte, Jude zu werden, dann heißt das nicht, daß der König Heide war, sondern daß er ein frommer Jude sein wollte[52]. Die Zuweisung des Paganen steht hier in enger Nachbarschaft zur Superstitionenlehre und -theorie[53]. Als falsa religio bildet Aberglaube einen Gegenbegriff zur vera religio. Seine Gleichsetzung mit dem Götzendienst (idololatria), dem Kult fremder Gottheiten sowie dem falschen Kultvollzug entstammt der Auseinandersetzung mit der spätantik-h.en Welt. Augustinus etwa bezeichnete die Opfer des Alten Bundes als ,promissivae figurae' des einen wahren Opfers Christi, die h.en hingegen als ,sacrilega imitamenta', die nicht Gott, sondern den Dämonen galten (*Contra Faustum Manichaeum* 20, 21 sq.)[54]. Daraus resultiert die Aufnahme der → Magie in den Aberglaubenskanon ebenso wie die Gleichsetzung des Superstitiosen mit dem paganum (ethnicum). Aberglaube wird damit auch zu einem vielseitig anwendbaren Macht- und Positionsbegriff, der gleichermaßen in der Konfessionspolemik wie als Zuweisung des Bildungs- und Erkenntnisstandes Anwendung finden kann. So sah der Protestantismus in der röm. Lehre nicht nur eine ,superstitio pseudochristiana', sondern in den liturgischen Handlungen und dem Wunderglauben der Katholiken und ihres Oberhauptes, des Papstes, einen Ausdruck von H.tum[55]: Wer an magischen Ritualen, Heilmethoden oder Divinationstechniken festhält, handelt abergläubisch und denkt h.[56]

In Justus Lipsius' *Dissertatio de idolo Hallensi*[25] (s.l. 1605) argumentieren ein ,papista' und ein ,christianus', in der satirischen Reimschrift *Peder Smed og Adser Bonde* (um 1524) ein Schmied und ein Bauer über altkirchliche Bräuche. Im Barock verdammte G. D. Thies Werke wie die *Legenda aurea*, die → *Gesta Romanorum* oder die → *Vitae patrum* als „abergläubisch"[57], E. Pontoppidan bekämpfte in seinem Traktat *Fejekost* die Überreste des päpstlichen H.tums[58]. Die Qualifizierung als h. erhielt somit auch die Bedeutung von Bildungsdifferenzen. Wer weiterhin wider besseren Wissens überholte Meinungen vertrat, war den H. zuzurechnen. Die Gleichsetzung des ethnicus mit dem rusticus (Bauern) beruhte nicht nur auf der Etymologie (paganus: Landbewohner), sondern vor allem auf dem intellektuellen Defizit zwischen Unterschicht und Bildungselite[59]. Als h.-abergläubisch wurden nun jene → ,Ammenmärchen' (fabulae aniles) von Gespenstern und Dämonen, von Heiligen und Teufeln gebrandmarkt, an die nur noch die Törichten in der Dunkelheit der mangelnden Bildung glauben wollten.

[1] Diehl, C. G.: H.tum. In: RGG 3 (^{3}1959) 141–143; Vogel, A.: H. In: LThK 5 (1960) 67 sq.; Rahner, K.: H.tum. ibid., 73–76; Gensichen, H.-W./Sievers, J.: H.tum 1–2. In: TRE 14 (1985) 590–605; Fredouille, J.-C.: H. In: RAC 13 (1986) 1113–1149. – [2] LThK 5, 74. – [3] Heiler, F.: Erscheinungsformen und Wesen der Religion. Stg. 1961, 445. – [4] Daxelmüller, C.: Die Entdeckung der jüd. Erzähllit. In: Rhein. Jb. für Vk. 26 (1985/86) 7–36; Dobert, E. (ed.): Zeugnis für Zion. Erlangen 1971. – [5] cf. Daniel, N.: Islam and the West. Edinburgh 1960 (^{3}1966), 123. – [6] Waltz, J.: Muḥammad and the Muslims in St. Thomas Aquinas. In: Muslim World 66 (1976)

81–95. — [7] Paret, R.: Sure 2, 256: Lā ikrāha fī d-dīni. Toleranz oder Resignation? In: Der Islam 45 (1969) 299 sq.; cf. z. B. 1001 Nacht 3, 329 sq., 508 sq., 708–712, 731–736, 752–758 (Toleranz gegenüber Juden), 736–743, 743–747 (Toleranz gegenüber Christen). — [8] MPG 94, 763 sq., 1585–1596; 96, 1335–1348. — [9] cf. auch Fritsch, E.: Islam und Christentum im MA. Breslau 1930; Steinschneider, M.: Polemische und apologetische Lit. in arab. Sprache zwischen Muslimen, Christen und Juden. Lpz. 1877 (Nachdr. Hildesheim/N. Y. 1966). — [10] Mensching, G.: Toleranz und Wahrheit in der Religion. Heidelberg 1955. —
[11] z. B. Keysler, J. G.: Antiquitates selectae septentrionales et Celticae. Hannover 1720; cf. Daxelmüller, C.: Disputationes curiosae. Zum „volkskundlichen" Polyhistorismus an den Univ.en des 17. und 18. Jh.s. Würzburg 1979, 187–254. — [12] Holbek, B.: Interpretation of Fairy Tales (FFC 239). Hels. 1987, 219–229; Kamenetsky, C.: Folktale and Ideology in the Third Reich. In: JAFL 90 (1977) 168–178. — [13] Grimm, Mythologie 1, 220–225. — [14] ibid., IX–XVII (Vorrede zu [2]1844); Grimm DS 2 (1818) VII sq. — [15] cf. Winkler, G.: H. In: HDA 3 (1930/31) 1634–1653. — [16] Zingerle, I. V.: Sagen aus Tirol. Innsbruck [2]1891 (Nachdr. Graz 1969), num. 930. — [17] Schleusener-Eichholz, G.: Das Auge im MA. 1. Mü. 1985, 524–527 und pass. — [18] MPL 38, 544 sq.; cf. Madden, M. D.: The Pagan Divinities and their Worship [...]. Diss. Wash. 1930. — [19] cf. z. B. Seiferth, W.: Synagoge und Kirche im MA. Mü. 1964. — [20] MPL 177, 1099A. —
[21] ibid., 191, 461A. — [22] ibid., 111, 226D. — [23] Legenda aurea/Benz, 895 sq. — [24] cf. Uther, H.-J.: Behinderte in populären Erzählungen. B./N. Y. 1981, 39; Moser, D.-R.: Verkündigung durch Volksgesang. B. 1981, 562 sq.; Suppan, W.: Geistliche Volkslieder aus der Karpatho-Ukraine. In: Jb. des oberösterr. Musealvereins 108 (1963) 219–250, num. 47. — [25] Heiler (wie not. 3) 300 sq. — [26] Legenda aurea/Benz, 235 sq.; cf. Happ, E.: Die Rechtfertigung des Longinus. In: Euphorion 58 (1964) 186–188 (in Wolfram von Eschenbachs „Willehalm" [68, 23–27] fehlt das Heilungswunder); Kröner, C.: Die Longinuslegende [...]. Diss. Münster 1899; Leitzmann, A./Burdach, K.: Der Judenspieß und die Longinus-Sage. In: Neue Jbb. für das klassische Altertum, Geschichte und dt. Lit. 19 (1916) 21–56. — [27] MPL 185, 56C. —
[28] Prokop von Templin: Adventvale, ac Natale Iesv Christi. Mü. 1666, 823. — [29] Schneider, A.: Exempelkatalog zu den „Iudicia Divina" des Jesuiten Georg Stengel von 1651. Würzburg 1982, num. 249; Moser-Rath, Predigtmärlein, 288 sq., num. 137. — [30] Berlaymont, P. de: Paradisvs Pverorum. Köln 1619, 79 sq. —
[31] Schneider (wie not. 29) num. 408. — [32] Hahner, G.: Der Exempelgebrauch im Lauretanum Mariale des Laurentius Lemmer. Würzburg 1687. Würzburg 1984, num. 28. — [33] Ariès, P.: Geschichte des Todes. Mü./Wien 1980, 59–62. — [34] Grimm, Mythologie 2, 765. — [35] ibid., 765–793. — [36] ibid., 777 sq. —
[37] Seidel, M. F.: Thesaurus Orcivus Marchicus. ed. H. Kirchner. B. 1972, 80, num. 27. — [38] MPL 16, 25–184. — [39]ibid. 16, 78B; cf. Deman, T.: Le „De officiis" de Saint Ambrose dans l'histoire de la théologie morale. In: Revue des sciences philosophiques et théologiques 37 (1953) 409–424; Hiltbrunner, O.: Die Schrift „De officiis ministrorum" des hl. Ambrosius und ihr ciceronisches Vorbild. In: Gymnasium 71 (1963) 173–189. — [40] MPL 16, 193B–194B; cf. Ohly, F.: Außerbibl. Typologisches zwischen Cicero, Ambrosius und Aelred von Rievaulx [1976]. In: id.: Schr. zu ma. Bedeutungsforschung. Darmstadt 1977, 338–360, hier 342. —
[41] cf. Carlson, M. L.: Pagan Examples of Fortitude in the Latin Christian Apologists. In: Classical Philology 43 (1948) 93–104; Hatfield, H.: Aesthetic Paganism in German Literature. Cambr., Mass. 1964. —
[42] Schneider (wie not. 29) num. 433. — [43] Tympius, M.: Spiegel der Eheleuth. Münster 1625, 110. —
[44] Fischer, M. L./Kernmayr, H. G.: Alpenländ. Küche. Mü. 1980, 99. — [45] z. B. Schiltberger, J.: Als Sklave im Osman. Reich und bei den Tataren 1394–1427. ed. U. Schlemmer. Stg. 1983. — [46] Hondorff, A.: Promptuarium exemplorum. Ffm. 1595, 205^v; Brückner, 669. — [47] Loidl, F.: Menschen im Barock. Wien 1938, 7–10. — [48] z. B. Tympius, M.: Prozession Predigen. Münster 1625, 29 sq.; cf. Intorp, L.: Westfäl. Barockpredigten in volkskundlicher Sicht. Münster 1964, 81–84, hier 82; Pohlmann, C.: Das Türkenmotiv in der Barockpredigt. In: Franziskan. Studien 38 (1956) 212–217. — [49] Intorp (wie not. 48) 82. — [50] Schneider (wie not. 29) num. 251. —
[51] z. B. Brückner, K.: Am Sagenborn der Fränk. Schweiz. Wunsiedel 1929, 208–218. — [52]Kaplan, A. (ed.): Rabbi Nachman's Stories (Sippurey Ma-'asioth). s. l. 1983, 148. — [53] Harmening, D.: Aberglaube und Alter. In: id./Lutz, G./Schemmel, B./Wimmer, E. (edd.): Volkskultur und Geschichte. Festschr. J. Dünninger. B. 1970, 210–235; Harmening, D.: Superstitio. B. 1979. — [54] Heiler (wie not. 3) 223. — [55] z. B. Crusius, C. A. (Präses)/Schmid, C. F. (Respondent): Dissertatio secunda de superstitione. Lpz. 1766, 80 sq. (§ LXIV). — [56] ibid., 64 (§ LIV). — [57] Treuer, G. S. (Präses)/Thies, G. D. (Autor): De superstitionis conditoribus et propagatoribus. Helmstedt 1717, 5 (§ VI). — [58] Pontoppidan, E.: Fejekost til at udfeje den gamle surdejg [...]. ed. J. Olrik. Kop. 1923. — [59] Daxelmüller, C.: Das literar. Magieangebot. In: Brückner, W./Blickle, P./Breuer, D. (edd.): Lit. und Volk im 17. Jh. 2. Wiesbaden 1985, 837–863.

Freiburg/Br. Christoph Daxelmüller

Heidreksrätsel → Halslöserätsel

Heilbringer → Kulturheros

Heilen, Heiler, Heilmittel

1. Abgrenzungen, Ausgrenzungen — 2. Allg. Struktur von Heilungserzählungen — 3. Die Figur des Heilers — 3.1. Der göttliche Heiler — 3.2. Weltliche Heiler — 3.3. Tiere und Wesen der niederen Mythologie als Heiler — 4. Heilungstechniken — 4.1. Heilende Worte — 4.2. Heilende Objekte — 5. Heilungen — 6. Zusammenfassung

1. Abgrenzungen, Ausgrenzungen. → Geburt, Leben, Gesundheit/ → Krankheit, → Sterben, → Tod sind die Säulen des Natur-Gebäudes und die Grundbedingungen der conditio humana. Es gibt keinen Gesprächs- und Erzählstoff, dessen Frequenz höher läge als der von Zeugung, Wohlbefinden und Endlichkeit des Daseins. Insbesondere sind, hervorgerufen und befördert durch die Frage nach dem Befinden (,Wie geht's?'), direkte Mitteilungen (vom Telefongespräch bis zum Erlebnis-Dialog im Kaffeehaus) in bezug auf das Thema Krankheit/Gesundung so alltäglich und verbreitet, daß hier nur ausgewählte Hinweise auf dieses wirkliche Thema Nummer eins[1] geliefert werden können. Unter Krankheit wird dabei, im Sinne der World Health Organization (WHO), die Störung des physischen, geistigen oder sozialen Wohlbefindens verstanden[2], unter Heilen und Heilung der Prozeß der Wiederherstellung des gesunden status quo ante; Heiler ist eine männliche oder weibliche Person (ein Tier), welche(s) diesen Prozeß helfend fördert und bewerkstelligt (→ Arzt, ,Doktor', → Hexe, ,kluge [oder kundige] Leute', ,Kurpfuscher', ,Lachsner', ,Medizinmann', ,Quacksalber', ,Schamane' [→ Schamanismus], → ,Scharlatan', ,Weise Frau', → ,Zauberer' etc.). Die Darstellung beschränkt sich wegen der Materialfülle auf den christl.-europ. Kulturbereich seit der frühen Neuzeit[3]. Ausgeklammert bleibt ein großer Teil des Heil-Aberglaubens und der magischen Heilpraktiken[4]. Die zu berücksichtigenden Erzählgattungen sind: (mündl.) Alltags- und Erlebens-Bericht, autobiogr. Erzählung, Märchen und Sage, Sprichwort, Schwank und Witz; (literar.) bibl. Geschichten, Mirakel-, Exempel- und Legendenbücher, medizinische Kasus- und polyhist. Kompilationsliteratur.

2. Allg. Struktur von Heilungserzählungen. Aus medizinischen ,observationes' oder ,exempla' des 17. Jh.s läßt sich folgende Erzählstruktur herausschälen[5]: (1) Erkrankung einer Person; (2) Falsche Therapie durch Nichtstun, Selbstheilung oder Quacksalber; (3) Aggravation; (4) Richtige Diagnose und Therapie durch den zuletzt herbeigerufenen Arzt; (5) Heilung, Gesundung (auf Dauer). Dieses Schema dient offensichtlich der Selbstbestätigung des Arztes. Aus der Sicht eines erzählenden Patienten kann diese Struktur hingegen so aussehen: (1) Beschreibung der Krankheit; (2) Ärzte versagen, können nicht helfen[6]; (3) Lange Dauer der Krankheit; (4) Richtige Therapie durch den Helden der Erzählung; (5) Heilung. So erzählt ein → Franz von Assisi zugeschriebenes Exempel (Thomas de Celano, *Tractatus de miraculis beati Francisci*, 1250–53)[7]: Ein Junge aus Arezzo, Walter geheißen, litt an anhaltendem Fieber und an einem schmerzenden doppelten Geschwür. Alle Ärzte zweifelten an seinem Aufkommen. Als die Eltern dem seligen Franz ein Gelübde gemacht hatten, erlangte er die ersehnte Gesundheit zurück. M. Lovelace hat aus den Erzählungen des Heilers L. Ollerton aus Dorset eine vergleichbare Struktur herausgelöst: (1) Beschreibung, Diagnose der Krankheit eines Patienten; (2) Patient ist verzweifelt und zweifelt auch an der Fähigkeit des Heilers; (3) Dennoch wird der Heiler um Hilfe gebeten und sagt Heilung voraus; (4) Heilung erfolgt; (5) Patient wird gläubiger Anhänger des Heilers[8].

In jedem dieser Modelle geht es um die unerklärbare oder unheilbar scheinende Erkrankung einer Person und ihre Hilfesuche[9], um ein Spannungsverhältnis zwischen zwei unterschiedlichen, personifizierten Heilsystemen oder -methoden und um das Obsiegen der besseren Methode (des besseren Heilers; Legitimations-Funktion) und um eine glückliche Heilung und Gesundung (oft mit Lobpreisungs-Funktion). Eine Mehrheit der Heilungserzählungen folgt dieser Struktur (die sich auf die freilich allzu einfache Opposition Behinderung/Heilung = Aufgabe/Lösung weiter reduzieren läßt[10]). Sprichwörter liefern hingegen „Ratschläge bzw. Warnungen zum Verhüten von Krankheit oder zur Wiedergewinnung der Gesundheit"[11].

3. Die Figur des Heilers

3.1. Der göttliche Heiler. Götter spielten in der heidnischen Antike eine bedeutende

Rolle als Heiler[12] (Imhotep [Ägypten], Asklepios/Äskulap[13], Apoll[14], Mithras etc.; cf. Mot. A 454). So wie der griech. Asklepios als sōtēr (therapeutēs) galt, so nennt sich → Christus selbst hiatros (medicus)[15]. Diese Tradition hat sich über die reiche Exempelliteratur des MA.s und der frühen Neuzeit bis ins Legendenmärchen der Gegenwart erhalten: „y dijeron que el Señor era el mejor médico que había por aquellos contornos [...]"[16]. Dementsprechend sind → Engel (→ Tobias)[17] und → Heilige (Mot. V 221), bes. → Maria (Mot. V 256), zu → Wunderheilungen befähigt; bis heute werden sie im kathol. Glaubensbereich in schweren Krankheiten angerufen (cf. → Bonifatius, → Einäugig, → Elias, → Elisabeth etc.)[18]; religiös verkettete Heilungsberichte sind nach wie vor in zahlreichen kathol. Kleinschriften[19] zu finden. Der Tod (AaTh 332: → *Gevatter Tod*) oder ein Geist (AaTh 331: → *Geist im Glas*) können heilende Kräfte verleihen.

3.2. Weltliche Heiler. Kraft seiner gottgewollten Macht hat vor allem der frz. König thaumaturgische Kräfte[20]; von solchen Heilungen wurde vielfach erzählt[21]; auf einem Bilderbogen aus der Offizin Pellerin heilt Napoleon I. die Verwundeten im Lazarett zu Jaffa[22]; Krankenhausbesuche von Staatsoberhäuptern, im Fernsehen mitgeteilt, zeigen einen letzten Abglanz dieser Tradition. Von Folkloristen kaum aufgezeichnet[23], aber in Vergangenheit und Gegenwart alltäglich, sind Erzählungen von Alternativheilern (Kluge Frauen, ‚Praktiker' aller Art, Schäfer, Kapuziner-Patres)[24]; bei der chronischen medikalen Unterversorgung breiter Landstriche[25] und wegen allzu hoher Arztkosten mußten viele Kranke zur Selbstmedikation im Familienverband greifen oder bei Zauberheilern Hilfe suchen, die für heilkräftiger als die Ärzte gehalten wurden. Der „Lachsner" „cha mi as dis Lüt" oder „er hät ganz anderi gheimnißvolle Mitteli!"[26]

Der Glasergeselle Jacques-Louis Ménétra erzählt in seiner Autobiographie, wie er sich (um 1750) in der Abtei von Grandselves bei Toulouse als Fieberheiler ausgab und wie die Kranken zu ihm strömten: „J'avais guéri le comte du lieu qui avait les fièvres depuis six ans" etc.[27]. In Reisebüchern und Kuriositätensammlungen des 18. Jh.s finden sich Berichte über berühmte oder berüchtigte Heiler auf dem Lande[28]. Im ländlichen Frankreich des 19. Jh.s liefen zahlreiche Sagen von Heilern, dem Ursprung ihrer Kräfte, ihrem Reichtum und ihren Heilungen um[29]. Neuere Autobiographien bringen erzählende Erinnerungen an solche Heiler[30]. A. → Cammann und A. → Karasek haben Heilersagen mehrfach aufzeichnen können[31]. Im Märchen finden sich neben unfähigen Wunderärzten kräuterkundige Frauen und Heilung spendende Männer, die ihre Kunst von Jenseitigen erworben haben[32]. Der ebenso geschickte wie reklametüchtige Wund- und Wunderarzt J. A. Eisenbart (1663–1727) ging als Spottfigur in das Volkslied ein[33]. Die Schwankbücher kennen eine Fülle von gerissenen Quacksalbern und verspotteten Medizinern[34].

3.3. Tiere und Wesen der niederen Mythologie als Heiler. In brit. Volkserzählungen treten oftmals → Fairies als heilende Wesen auf (Mot. F 344); sie haben ein weißes Pulver, das kranke Menschen heilt (Mot. F 344.2). In KHM 182 (AaTh 503: → *Gaben des kleinen Volkes*) sind es Zwerge, die einen Buckligen heilen können (Mot. F 344.1); in dt. Sagen kennen sie mehrfach heilkräftige Kräuter und Arzneien (Mot. F 451.5.1.10)[35]. Sehr viel häufiger belegt sind indes Tiere (Schwein, Pferd, Ratte, Schlange, Fuchs, Vogel)[36], die als Heiler auftreten (Mot. B 510–B 516); sie zeigen den Menschen Heilmittel (AaTh 160: → *Dankbare Tiere, undankbarer Mensch*; AaTh 303: *Die zwei → Brüder*; AaTh 590: *Die treulose → Mutter*; AaTh 612: *Die drei → Schlangenblätter*) oder holen sie, auch für andere Tiere, herbei. In KHM 107 (AaTh 613: *Die beiden → Wanderer*) belauscht der blinde und im Wald zurückgelassene Kamerad drei Tiere und erfährt von ihnen Rezepte für sich selbst und die kranke Prinzessin. Bunte Vögel (cf. Mot. B 511.5) gelten seit den physiologi des MA.s als heilkräftig[37]; sie heilen auch durch ihren Gesang[38].

4. Heilungstechniken

4.1. Heilende Worte. Vornehmstes Zauber- und folglich auch Heilmittel ist das Wort[39]. In → *Tausendundeinenacht* heilt Schehrezād den Wahn des Schehrijār durch Geschichtenerzählen[40]. Auch der Heiler Ollerton wendet seine Erzählungen heiltechnisch an: Sie beinhalten jeweils einen Akt der Überzeugung von der Richtigkeit der Heilmethode[41]. Unübersehbar groß ist die Zahl der Zaubersprüche und Heilsegen[42]. Das A.T. liefert Vorbilder für das heilende Beten am Krankenlager[43]; die Heiligen der kathol. Kirche können entsprechend durch → Gebete heilen. Der Protestantismus übernimmt diese Gebetspraxis am Krankenbett[44]. Die Autobiographien der Pietisten enthalten denn auch zahlreiche Exempel für heilende Wirkungen von Gebet und frommem Gesang[45].

4.2. Heilende Objekte. In Märchen, Sagen und Schwänken tritt das heilende Wort ganz zurück hinter materielle Heilmittel, die entweder nach den Rezepturen alter Medizinbücher und traditioneller volksmedizinischer Praxis oder aber häufiger magisch-manipulierend angewendet werden (cf. Mot. D 1342, D 1500.1)[46]. In alphabetischer Reihenfolge lassen sich hervorheben:

Äpfel heilen Krankheiten oder erwecken Tote zum Leben (Mot. D 1342.2, D 1500.1.5.1). – Balsam heilt kranke Prinzessin (AaTh 611: → *Geschenke der Zwerge*)[47]. – Blut heilt Aussatz (cf. → Bad, baden) oder erweckt Tote zum Leben (z. B. AaTh 516: *Der treue → Johannes*); auch → Drachenblut als Heilmittel (AaTh 305) hilft[48]. – Bücher, bes. solche religiösen Inhalts, besitzen Heilkraft[49]. – Fleisch von Tieren heilt (Mot. K 961). – Früchte besitzen Heilkräfte (AaTh 610: *Die heilenden → Früchte*; cf. AaTh 653: *Die vier kunstreichen → Brüder*). – Das Herz eines Landtieres soll ein Seetier heilen (AaTh 91: → *Affenherz als Heilmittel*). – Hundebiß, sagt das Sprichwort, sei mit Hundshaar heilbar[50]. – Wird die giftige Kröte getrocknet und pulverisiert, hat sie heilende Wirkung[51]. – Die hl. Myrops heilte Kranke mit Saft aus heiligen Leichen [52]. – Milch bestimmter Frauen oder Tiere heilt (Mot. D 1500. 1.33.1)[53]. – Mist heilt Pocken[54]. – Öl von heiligen Gräbern (Quirinus-, Walburga-, Katharinen-Öl etc.) dient (noch heute) als Heilmittel (cf. Mot. V 221.0.1.1)[55]. – Pflanzen(blätter) heilen (AaTh 612: *Die drei → Schlangenblätter*)[56]. – Wasser aller Art, das oft durch eine Suchwanderung erworben wird, zeigt heilkräftige Wirkungen (AaTh 551: → *Wasser des Lebens*; AaTh 550: → *Vogel, Pferd und Königstochter*; AaTh 707: *Die drei goldenen → Söhne*).

Es fällt auf, daß viele dieser Heilmittel nicht dem Kräutergarten, sondern menschlichen und tierischen Körperausscheidungen (Blut, Harn, Kot, Milch, Säfte) oder Organen entstammen; sie werden oft nach dem Prinzip → similia similibus angewendet[57]. Dieses Phänomen, nach C. F. Paullini[58] fälschlich als ‚Dreck-Apotheke' bezeichnet, erklärt sich aus einem noch nicht durch Tabus ‚zivilisierten', unbefangenen Verhalten der Menschen der frühen Neuzeit zu Körperlichkeit, Körperöffnungen und -flüssigkeiten (cf. → Exkremente)[59].

5. Heilungen. Krankheiten erscheinen im Märchen nicht als konkrete und schmerzende Dysfunktionen bestimmter Körperorgane, sie sind unbestimmt und nicht diagnostizierbar[60]. Sie erfüllen im Geschehensablauf eine retardierende Funktion, stellen dem Helden oder der Heldin eine zusätzliche Aufgabe, die positiv gelöst sein will. Das Element der wunderbaren Heilung trägt also dazu bei, die Erzählhandlung letztlich zu einem glücklichen Ende zu führen.

Der getreue Johannes (AaTh 516)[61] vollzieht im Laufe seiner Heldenkarriere mehrere Heilungsakte (saugt drei Blutstropfen aus der Brust der ohnmächtigen Prinzessin, verbrennt das gefährliche Brauthemd, setzt den toten Zwillingen die Köpfe wieder an), und seine anhaltende Treue wird mit glücklichem Leben belohnt. – Im russ. Märchen vom fahnenflüchtigen Soldaten und dem Teufel (AaTh 1061: cf. → *Wettstreit mit dem Unhold*) wird der Held mit satanischer Hilfe erst Kaufmann, dann Arzt; er hält drei Nächte lang den Teufel von der kranken Prinzessin fern, heilt sie und darf sie heiraten; seine Seele fällt allerdings später dem Teufel zu[62].

Nur der Tod läßt sich nicht überlisten: In einem span. Märchen erhält der junge Mann von der Gevatterin Tod (‚la muerte') ein Fläschchen mit einem Heilmittel; er soll es jedoch nicht verwenden, wenn die Tödin am Fuß eines Krankenbettes steht (cf. AaTh 332: → *Gevatter Tod*). Als der Held die Prinzessin wider den Willen der Tödin heilt, müssen er, das Mädchen und der König sterben[63].

In der Legende bestätigt jede vollzogene Heilung (→ Wallfahrt, → Wunderheilung) die göttliche Kraft des Protagonisten. In Sage und Memorat legitimieren Heilungen die Macht eines Helden, den Ruhm eines Ortes (heilende → Brunnen oder → Steine) oder generell → Gottes Allmacht und Güte (S. → Goulart). Im Lebensbericht tragen Geschichten von Krankheit und Genesung zur Konstitution der Identität des Erzählers bei[64]. Nur im Schwank wird von gescheiterten Heilversuchen oder von irrwitzigen Genesungen erzählt.

Das Haus des Schulmeisters ist so armselig, erzählt Quevedo in seinem Schelmenroman *Historia de la vida del Buscón* (1626), daß darin alles verkehrt geht und Kranke gesund werden, sobald sie es betreten[65]. In der *Vida y hechos de Estebanillo González* (1646) sagt ein schwerverwundeter Soldat, er habe seinen Arm mit viel Wein kuriert[66]. In einem verschiedenen Narrenfiguren (u. a. → Eulenspiegel, → Gonnella) zugeschriebenen Schwank heilt der Protagonist alle Patienten eines Spitals mit der Drohung, wer zuletzt das Haus verlasse, werde verbrannt und zu einer Salbe für die Heilung der anderen verarbeitet (Mot. K 1955.1, F 958)[67]. Von einer Heilung wider Willen (Blinder und Lahmer in einer St.-Martins-Prozession) erzählt → Jacques de Vitry (num. 112 = Mot. X 531)[68]. In einem weitverbreiteten Schwank heilt ein Gauner die Augen einer alten Frau mit einem Zettel, der in ein → Amulett verpackt ist; als sie dieses später öffnet, findet sie eine derbe Beschimpfung (cf. AaTh 1845: *The Student as Healer*)[69].

6. Zusammenfassung. Volkserzählungen zeigen ein sehr komplexes Bild von Krankheiten aller Art und ihrer Heilung durch Heiler und mit Hilfe mannigfacher Heilmittel. Je poetischer der Text (Märchen), um so vager erscheint die Benennung der Gesundheitsstörung, um so magischer die Heiltechnik; je historischer die Erzählung (von Sage bis Erlebnisbericht), um so greifbarer werden Institutionen und Pharmakopöen. Aber für die Erklärung der Märchenmedikationen braucht man nicht auf die „germanischen Zauberer und heilkundigen Frauen" und auf das kaum bekannte „Brauchtum der Germanen"[70] zurückzugreifen, sie sind, bei aller Poesie, hist. genug[71], daß sie sich mit medizinhist. Fakten (die eher mit lat.-südeurop. Wiss.straditionen zu tun haben) des 15. bis 18. Jh.s in Zusammenhang bringen lassen. Heilpraktiken und Heilmittel in Volkserzählungen verweisen auf eine zwar noch nicht bürgerlich-zivilisierte und institutionalisierte, aber doch auch keineswegs barbarische Zeit. Die Grundstruktur solcher Erzählungen allein deutet auf allg. Menschliches: auf die Hinfälligkeit von Körper und Geist und auf den Wunsch nach allg. und fortdauerndem Wohlbefinden. Als universal gültig darf auch das Heilen mit Worten und mit Hilfsmitteln der belebten Natur (gewonnen aus Menschen, Tieren, Pflanzen) gelten. Die zahlreichen und überraschend vielfältigen Ausprägungen und Funktionen solcher Erzählungen und ihrer Elemente sind indes individuelle und kulturspezifische, also hist. Variablen, und bes. in bezug auf das Thema Heilung bleiben noch viele konkrete Abhängigkeiten und Wechselbeziehungen zu entdecken[72]. Nicht zuletzt sind Heilungserzählungen in Alltagsunterhaltungen der Gegenwart weitgehend unerforscht.

[1] Piper, H.-C.: Gesprächsanalysen. Göttingen ³1980; Plügge, H.: Der sprachliche Ausdruck für unser Befinden. In: Psyche 19 (1965) 269–285. — [2] Polgar, S.: Health. In: Internat. Enc. of the Social Sciences 6. N.Y. 1968, 330–336. — [3] Hempel, J.: Heilung als Symbol und Wirklichkeit im bibl. Schrifttum. Göttingen (1958) ²1965; Millon, G.: Maladie et guérison dans l'Ancien Testament. In: Études evangéliques 16 (1956) 1–24; Struys, T.: Ziekte en genezing in het Oude Testament. Amst. 1968; Seybold, K.: Krankheit und Heilung. Soziale Aspekte in den Psalmen. In: Bibel und Kirche 4 (1971) 107–111; id.: Das Gebet des Kranken im A.T. Stg. 1973; Schipperges, H.: Lebendige Heilkunde. Von großen Ärzten und Philosophen aus drei Jahrtausenden. Fbg 1962; Weinreich, O.: Antike Heilungswunder. Gießen 1909. — [4] Im HDA sind, obwohl angekündigt, die Artikel ‚Heilen', ‚Volksmedizin' und ‚Zauber' nicht erschienen; cf. jedoch einschlägige Stichwörter im Reg.-Band 10 (1942); Hovorka, O. von/Kronfeld, A.: Vergleichende Volksmedizin 1–2. Stg. 1908/09; Daxelmüller, C.: Heil- und Volksglaube. In: Wittstock, J. (ed.): Aus dem Alltag der ma. Stadt. Ausstellungskatalog Bremen 1982, 181–192; cf. auch Kurtz, E.: Heilzauber der Letten in Wort und Tat. Riga 1937; Bonomo, G.: Scongiuri del popolo siciliano. Palermo 1953; Hampp, I.: Beschwörung, Segen, Gebet. Stg. 1961; Favret-Saada, J.: Les Mots, la mort, les sorts. P. 1977; Devlin, J.: The Superstitious Mind. French Peasants and the Supernatural in the 19th Century. New Haven/L. 1987; Martí Pérez, J.: Encountering the Irrational: Some Reflections on Folk Healers. In: FL 99 (1988) 178–185. — [5] z. B. Fabricius, W.: Wund-Artzney. Übers. F. Greiff. Ffm. 1652, pass.; zur medizinischen Kasus-Lit. cf. Dornheim, J./Alber, W.: Ärztliche Fallber.e des 18. Jh.s als volkskundliche Qu. In: ZfVk. 78 (1982) 28–43. — [6] Hand, W. D.: Arzt. In: EM 1 (1977) 849–853 (zitiert AaTh 612, 613, 551, 610 sowie KHM 134); Günter 1949, 133 sq. — [7] Abgedruckt in: Analecta Franciscana 10,3 (1928) 298, num. 69. In aktuellen Lebenserinnerungen gelingt dem Arzt, der an die Stelle des Heiligen tritt, „wie durch ein Wunder" und „Gott sei Dank!" die Heilung, cf. Schenda, R./Böckli, R.: Lebzeiten. Zürich (1982) ³1983, 77, 85, 256. — [8] Lovelace, M.: A Folk Healer's Narratives and the Function in His Practice. In: Arv 37 (1981) 35–42, hier 41. — [9] cf. Böker, W.: Sprache, Ursachenkonzepte und Hilfesuchverhalten des Kranken in unserer Zeit. In: Mayer-Scheu, J./Kautzky, R. (edd.): Vom Behandeln zum Heilen. Wien/Göttingen

[2]1982, 9–22. – [10] cf. dazu Uther, H.-J.: Behinderte in populären Erzählungen. B./N.Y. 1981, 105 sq. – [11] Seidl, H. A.: Medizinische Sprichwörter im Englischen und Deutschen. Ffm./Bern 1982, 11. – [12] Hopf, L.: Die Heilgötter und Heilstätten des Altertums. Tübingen 1904; Jayne, W. A.: The Healing Gods of Ancient Civilizations. New Haven 1925. – [13] Kerényi, K.: Der göttliche Arzt. Darmstadt [2]1964; Lexicon iconographicum mythologiae classicae 2,2. Zürich/Mü. 1984, 631–669 (Text dazu t. 2,1, 863–901). – [14] Schipperges, H.: Lebendige Heilkunde. Olten/Fbg 1962, 17–28. – [15] Hauck, K.: Gott als Arzt. In: Meier, C./Ruberg, U. (edd.): Text und Bild. Wiesbaden 1980, 19–62, 15 Abb.en; Schipperges, H.: Zur Tradition des „Christus Medicus" im frühen Christentum und in der älteren Heilkunde. In: Arzt und Christ 11 (1965) 12–20; Fichtner, G.: Christus als Arzt. In: Frühma. Studien 16 (1982) 1–18. – [16] Camarena Laucirica, J.: Cuentos tradicionales recopilados en la Provincia de Ciudad Real. Ciudad Real 1984, num. 66. – [17] Wolpers, T.: Die engl. Heiligenlegende des MA.s. Tübingen 1964, 73 (Vita St. Cuthberti, Kap. 1, 4). – [18] Trüb, P.: Heilige und Krankheit. Stg. 1978; Betz, O./Fritsche, U.: Heilung/Heilungen. In: TRE 14 (1985) 763–774. – [19] Schenda, R.: Massenlesestoffe im kirchlichen Schriftenstand. In: Populus revisus. ed. H. Bausinger. Tübingen 1966, 157–166. – [20] Bloch, M. L. P.: Les Rois thaumaturges. Strasbourg 1924; Bloch, M.: The Royal Touch. Sacred Monarchy and Scrofula in England and France. L. 1973. –

[21] z. B. Alcalá Yáñez y Rivera, G.: J. de: El donado hablador, ó Alonso mozo de muchos amos. In: La novela picaresca española. ed. A. Valbuena y Prat. Madrid 1946, 1242 (1, 6); Childers, Tales D 2161.5.8*. – [22] Bonaparte touchant les pestiférés. Holzschnitt von J.-B. Thiébaut. Epinal (nach 1830). – [23] cf. jedoch Rudolph, E.: Die geheimnisvollen Ärzte. Olten/Fbg 1977. – [24] Steudel, J.: Heilkundige Frauen des Abendlandes. In: Zentralbl. für Gynäkologie 81 (1959) 284–295; Gullveig Alver, B./Klintberg, B. af/Rørbye, B./Siikala, A.-L.: Botare. En bok om etnomedicin i Norden. Sth. 1980; Hufford, D. J.: Folk Healers. In: Dorson, R. M. (ed.): Handbook of American Folklore. Bloom. 1983, 306–313; Kramer, K.-S.: Volksleben in Holstein. Kiel 1987, 283, 295–297; zum Henker als Heiler cf. Moser-Rath, Schwank, 248 sq. – [25] Schenda, R.: Stadtmedizin – Landmedizin. In: Kaufmann, G. (ed.): Stadt-Land-Beziehungen. Göttingen 1975, 147–170; id.: Der „gemeine Mann" und sein medikales Verhalten im 16. und 17. Jh. In: Telle, J. (ed.): Pharmazie und der gemeine Mann. Ausstellungskatalog Wolfenbüttel [2]1988, 9–20; zur diffusen und verwirrenden Hierarchie des städtischen Medikalsystems (Eisenach) cf. Duden, B.: Geschichte unter der Haut. Stg. 1987, 90–122. – [26] Heer, O./Blumer-Heer, J. J.: Der Kanton Glarus. St. Gallen/Bern 1846, 320; zu Heilungsriten cf. Eliade, M.: Kosmogonische Mythen und magische Heilungen. In: Paideuma 6 (1954/58) 194–204. – [27] Ménétra, J.-L.: J. de ma vie. ed. D. Roche. P. 1982, 77. – [28] Gruner, G. S.: Reisen durch die merkwürdigsten Gegenden Helvetiens 2. L. 1778, 62–64 (Michael Schüppach von Langnau [Emmental], 70 Jahre alt); [Schmidt, J. G.:] Curiöse Speculationes bey Schlaf-losen Nächten. Chemnitz/Lpz. 1707, 232–252 (über verschiedene Urin-Beschauer). – [29] Devlin (wie not. 4) 43–51. – [30] Scipion, M.: Le Clos du roi. P. 1978, 71–74 (Le Guérisseur à la pièce d'argent); Hugger, P.: Das war unser Leben. Buchs 1986, 156 sq. –

[31] Cammann, A./Karasek, A.: Ungarndt. Volkserzählung aus dt. Siedlung im altung. Raum 1. Marburg 1982, 51, 249 sq., 276–278. – [32] Herold, K.: Arzt. In: HDM 1 (1930/33) 124 sq.; cf. auch (mit Vorsicht gegenüber Verallgemeinerungen) Gehrts, H./Lademann-Priemer, G. (edd.): Schamanen und Zaubermärchen. Kassel 1986. – [33] Brethauer, K.: Eisenbart, J. A. In: NDB 4 (1959) 411; Kopp, A.: Eisenbart im Leben und im Liede. B. 1900; cf. ferner Pohl, W.: Doktor Johann Andreas Eisenbarth. Grafenau 1982. – [34] Moser-Rath, Schwank, 190–199. – [35] HDA 9, 1059 sq. – [36] cf. Liljeblad, S.: Fahrt nach dem Heilmittel. In HDM 2 (1934/40) 6–8. – [37] Roth-Bojadzhiev, G.: Studien zur Bedeutung der Vögel in der ma. Tafelmalerei. Köln/Wien 1985, 25. – [38] Leidecker, K.: Zauberklänge der Phantasie. Diss. Saarbrücken 1983, 43–48. – [39] Seppilli, A.: Poesia e magia. Torino 1962; Feldes, R.: Das Wort als Werkzeug. Göttingen 1976; Halpern, B. K./Foley, J. F.: The Power of the Word: Healing Charms as an Oral Genre. In: JAFL 91 (1978) 903–924; Geier, M.: Die magische Kraft der Poesie. Zur Geschichte, Struktur und Funktion des Zauberspruches. In: DVLG 56 (1982) 359–385. – [40] Clinton, J. W.: Madness and Cure in the Thousand and One Nights. In: Bottigheimer, R. B. (ed.): Fairy Tales and Soc. Phil. 1986, 35–51. –

[41] Lovelace (wie not. 8) 42. – [42] Hampp (wie not. 4); Feldes (wie not. 39) 42–69; Perkmann, A.: Gesundbeten. In: HDA 3 (1930/31) 772–780; Ohrt, F.: Krankheitssegen. In: HDA 5 (1932/33) 378–381. – [43] Seybold, K.: Das Gebet des Kranken im A.T. Stg. 1973, 59–62. – [44] Zsindely, E.: Krankheit und Heilung im älteren Pietismus. Zürich/Stg. 1962, 93–109. – [45] Reitz, J. H.: Historie der Wiedergebohrnen 1–4. ed. H. J. Schrader. Tübingen 1982, pass. – [46] Hand, W. D.: Curative Practice in Folk Tales. In: Fabula 9 (1967) 264–269; id.: The Curing of Blindness in Folk Tales. In: Volksüberlieferung. Festschr. K. Ranke. Göttingen 1968, 81–88; zu Heilpraktiken in Chronikerzählungen cf. Zehnder, L.: Volkskundliches aus der älteren schweiz. Chronistik. Basel 1976, 537–556. – [47] Zum Maria-Magdalenen-Öl cf. Ecker, G.: Einblattdrucke von den Anfängen bis 1555. t. 1. Göppingen 1981, Anh. num. 224; Massignon, G.: Contes corses. P. [2]1984, Reg. s. v. oindre, onguent; cf. Heissig, W.: Die Hei-

lung mit der „weißen" Arznei in der mongol. Heldendichtung. In: Heilen und Schenken. Festschr. G. Klinge. Wiesbaden 1980, 30–35; Melli, E. (ed.): I cantari di Fiorabraccia e Ulivieri. Bologna 1984, 106, 115, 117 sq. – [48] Klapper, MA., 23, 140 sq.; 234, num. 6; 340, num. 138. – [49] Boureau, A.: Adorations et dévorations franciscaines. In: Chartier, R. (ed.): Les Usages de l'imprimé. P. 1987, 25–27 (Exempel des Thomas de Celano); Keller, J. E./Kinkade, R. P.: Iconography in Medieval Spanish Literature. Lexington 1984, Tafel 32 (Exempel aus den Cantigas de Santa Maria, cantiga 209). – [50] Lehmann, C.: Florilegium politicum. Politischer Blumengarten. s. l. 1630, 397, num. 1; Seidl (wie not. 11) 300–303, num. 351; Salomon Maimons Lebensgeschichte. ed. K. P. Moritz/Z. Batscha. Ffm. 1984, 36 (zerquetschter Fuß mit totem Hund geheilt). –
[51] Hand 1967 (wie not. 46) 267; zur heilenden Kraft der Kröten cf. Paullini, C. F.: Bufo [...] breviter descriptus. Nürnberg 1686, 86–120. – [52] Günter 1949, 107 sq.; zum heilenden Gebrauch von Leichen cf. Camporesi, P.: La carne impassibile. Milano 1983. – [53] Zum Coagulum der Häsin cf. Paullini, C. F.: Lagographia curiosa seu leporis descriptio. Augsburg 1691, 287–304. – [54] Jamerey-Duval, V.: Mémoires. ed. J. M. Goulemot. P. 1981, 161–163 (der Glaube geht auf die Hiobsverehrung zurück, cf. Kretzenbacher, L.: Hiobs-Erinnerungen zwischen Donau und Adria. Mü. 1987, pass.). – [55] Günter 1949, 107, 134. – [56] Hand 1967 (wie not. 46) 267; Kell, K. T.: Tobacco in Folk Cures in Western Soc. In: JAFL 78 (1965) 99–114. – [57] Trümpy, H.: Similia similibus. In: SAVk. 62 (1966) 1–6. – [58] Paullini, C. F.: Heilsame Dreck-Apothecke. Ffm. 1696 (²1697, ³1699 und zahlreiche weitere Aufl.n). – [59] Bachtin, M.: Rabelais und seine Welt. Ffm. 1987, 345–412 (Die groteske Körperkonzeption und ihre Quellen); Duden (wie not. 25). – [60] Hand 1967 (wie not. 46) 265–267. –
[61] Blasius, W.: Krankheit und Heilung im Märchen. Gießen 1977, 10–36. – [62] Afanas'ev, num. 154. – [63] Camarena Laucirica (wie not. 16) num. 67. – [64] Schenda (wie not. 7) z. B. 77, 85, 256. – [65] Childers, Tales F 950.1.1*. – [66] ibid. F 953.2*. – [67] Moser-Rath, Schwank, 198 sq.; Uther, H.-J.: Eulenspiegel als Wunderheiler. Schalk und Scharlatan. In: Eulenspiegel heute. ed. W. Wunderlich. Neumünster 1988, 35–48. – [68] id. (wie not. 10) 74 sq. – [69] Moser-Rath, Schwank, 198. – [70] Blasius (wie not. 61) 51, 69. –
[71] Schenda, R.: Volkserzählung und Sozialgeschichte. In: Il confronto letterario 1 (1984) 265–279. – [72] cf. jetzt Barthel, G. (ed.): Heilen und Pflegen. Internat. Forschungsansätze zur Volksmedizin. Marburg 1986; Wiegelmann, G. (ed.): Volksmedizin heute. Münster 1987.

Zürich Rudolf Schenda

Heilige

1. Allgemeines – 2. H.nleben – 2.1. H.nerzählungen – 2.2. Erzählungsheilige – 2.3. Popularisierungsprozesse – 3. H. in profanem Erzählgut – 4. Kultpraxis als Ansatzpunkt von H.n-Erzählgut

1. Allgemeines. Den präzisesten Begriff des H.n hat die kathol. Dogmatik entwickelt: H. sind durch Gnade → Gottes im → Jenseits vollendete Glieder der Kirche, in denen diese als Ort des Heils erfahrbar wird; in den H.n sind geschichtlich wechselnde Möglichkeiten der Aneignung göttlicher Gnade in der imitatio Christi nachahmenswert verwirklicht; es ist gut und nützlich, H. zu verehren (venerari) und sie um ihre Fürbitte bei Gott (intercessio) anzurufen (invocare)[1]. Mit sehr unterschiedlicher Gewichtung, Verbindlichkeit und inhaltlicher Füllung bestimmen diese Faktoren göttlicher Erwähltheit, spiritueller Vollendung, (kultischer) Verehrungswürdigkeit und übernatürlicher (Hilfs-)Fähigkeiten das Bild des (und die Kontroversen[2] um den) H.n oder – wie es mangels allg.verbindlicher Definition oft heißt – ‚heiligmäßiger Personen'[3] und ihre Bedeutung für die Anhänger verschiedener Religionen; cf. den jüd. Zaddik[4], den islam. Freund Allahs (walī Allāh) und die Figur des Ḫaḍir (→ Chadir)[5], im Buddhismus den arahat (chin. lo-han, jap. rakan) und den Bodhisattva (→ Buddha), im Jainismus den tīrthankara, im Shintoismus den kami, im Taoismus den shen-hsien[6] (hl. Mensch[7]).

Schon diese Wesenszüge disponieren den H.n zu einer der exponiertesten und häufigsten[8] Erzählfiguren. Hinzu kommt, daß die H.nerzählung bes. vielfältigen Intentionen dienen kann: im Bereich geistlichen Erzählens vor allem der Darlegung von der Anwesenheit des Heils (kerygmatische Intention), der Exemplifikation von Glaubensinhalten (katechetische Intention; cf. → Katechese), der Empfehlung heilsförderlicher Lebensformen (paränetische Intention), der gemeinschaftsintegrierenden Kultpropaganda (cf. → Kult, → Kultlegende).

In profanen Erzählungen kommt die Figur des H.n vor allem den Bedürfnissen nach Erfassung übernatürlicher Phänomene sowie nach Vergewisserung von Normen entgegen. Schließlich resultiert ihre Beliebtheit auch aus der großen Zahl[9] und Autorität von H.n sowie aus den vielen und intensiven Formen ihrer Präsenz insbesondere in den vor- und nichtreformierten christl. Kulturkreisen: als hist. Person wie als literar. Figur, in Wort und Bild, im Diesseits und Jenseits, in erinnerter Vergangenheit, kultischer Gegenwart und künftig vollendet erhoffter communio sanctorum, als Identifikationsfigur für Gruppen wie als individueller Namenspatron[10].

Die EM bietet, entsprechend den Fragerichtungen der Erzählforschung, Einzelinformationen zu H.n bes. in folgenden Artikelgruppen:

Gattungen/Quellentypen: *Acta martyrum et sanctorum*, Apokryphen, Märtyrerlegenden etc.

Themen/Motive, Gegenstände/Attribute[11]: Fleiß und Faulheit, Kap. 2.3, Frömmigkeit, Gut und böse; Atem, Aussatz, Ausschicken von Tieren oder Gegenständen, Bann, Besessenheit; Biene, Brücke, Buch, Ente etc.

Erzählgut verschiedener Kulturkreise: Buddha, Buddhist. Erzählgut, Kap. 4.6, Byzant. Erzählgut, Kap. 6, Chassid. Erzählgut, China, Kap. 2.4, Christl. Erzählstoffe, Dunganen etc.

Einzelheilige/H.ngruppen: Anna, Antonius etc.; Apostel, Einsiedler, Jakobspilger, Vierzehn Nothelfer etc.

Hagiographen/-logen: Hagiographie, Jacobus de Voragine, L. Surius; Bollandisten, H. Delehaye etc.

Ergänzend wird hier versucht, am Beispiel des christl. Bereichs hauptsächliche Entstehungs-, Organisations- und Verbreitungsprozesse von Erzählgut um H. sowie Akzentuierungen des H.nbildes in wechselnden Funktions- und Erzählzusammenhängen überblickhaft zu skizzieren.

2. H.nleben

2.1. H.nerzählungen. Die Tradition der christl. → Legenden entstand, als sich die Absichten verbanden, erzählerisch nicht nur die Erinnerung an Personen zu wahren, die man als Zeugen (martyres) des euangelion und seiner Konsequenzen erlebt hatte, sondern diese Personen auch als Erwählte auszuweisen. Letzteres wurde u. a. auch durch den Einsatz von im nichtchristl. Umfeld (etwa um alttestamentliche Heilsgestalten oder antike Heroen) ausgebildeten Ausdrucksmustern erreicht[12]. Die Figur des H.n ist bes. disponiert, immer wieder die Vermischung christl. und nichtchristl. Erzählsysteme (und damit auch Spannungen zwischen kirchlich-offizieller und volkstümlicher Religiosität[13]) zu fördern (cf. → Assimilation, Kap. 1, → Hagiographie, → Kristallisationsgestalten)[14]. Entsprechende Motive fließen hauptsächlich in folgenden Situationen in die H.nerzählung ein (cf. die Einzelartikel in der EM)

beim Lebensbeginn: cf. Erkennungszeichen, Kap. 11, Erwachsen bei Geburt, Kind spricht im Mutterleib, Empfängnis: Wunderbare E. etc.;

zum Erweis von Erhabenheit über Naturgesetze (→ Exzeptionsprinzip): Bilokation, Erde, Kap. 5.5, Erdbeben, Ertränken, Ertrinken, Kap. 3.1, Feuer, Kap. 6.9, *Heiligkeit geht über Wasser* (AaTh 827), Sonnenstrahl: Kleider am S. aufhängen, Luftreisen etc.;

zum Erweis von Kontakten zum Jenseits: Engel, Entrückung, Divination, Vision etc.;

bei Machttaten, bes. im Sinne von ‚Bestätigungswundern‘[15] (H.r läßt → Blumen wachsen, → Bratenwunder etc.) und bei der Rolle des H.n als Gegenspieler des Bösen (allein 60 H. sind als Drachenkämpfer belegt[16], cf. → Georg).

Beachtlich und unbedingt zu berücksichtigen ist dabei stets der Aspekt christl. Anverwandlung (→ Adaptation): So entwickelte das puer-senex-Motiv beim hl. → Nikolaus die Variante, daß er schon an der Mutterbrust die Fasttage einhielt[17]; Wandeln auf dem Wasser, Elevation, Leben ohne Nahrung und Präszienz der zur Eremitin bekehrten Dirne → Maria Aegyptiaca erweisen diese als nicht mehr aus dem ‚Fleisch‘, sondern aus dem ‚Geist‘ Geborene[18] etc.

2.2. Erzählungsheilige. Die Dominanz der → Erbauungsabsicht vor der der memoria konnte bis zu Erzählungen um erfundene Gestalten führen, die von daher oft im Sinne einer Idee profiliert sind[19]. Dieser H.ntyp, bei dem nicht der Kult zur Erzählung, vielmehr diese später oft zum Kult führte, wird in der EM (konzeptionsgemäß) durch Einzelartikel bevorzugt, cf. Arsenius, *Barlaam und Josaphat*, *Christophorus* (AaTh 768), Cyprianus, Georg oder *Placidas* (AaTh 938; Eustachius, Hubertus) und für das westeurop. MA. Brandans Seefahrt, *Gregorius* (AaTh 933), Kümmernis, cf. auch Willehalm[20] oder den als Pilgerhelfer büßenden Elternmörder Julianus Hospitator[21]. Von der Erzählabsicht her wären am ehesten dieser Gruppe auch → Personifikationen wie die hl. Frau Sonntag[22] anzuschließen.

2.3. Popularisierungsprozesse. In der Rezeptionsgeschichte so entstandener hochliterar. H.nleben ist ein Prozeß hervorzuheben, der für die Entwicklung der Volkserzählung wie für die Modifizierung des H.nbildes von entscheidender Bedeutung war. Für die Seelsorge bes. der Bettelorden wurden seit dem 13. Jh. die hochliterar. H.nleben massenhaft abbreviiert und in Legendensammlungen (Legendaren) meist in der Ordnung des → Kalenders summiert[23], mit größtem Erfolg durch → Jacobus de Voragine (→ *Legenda aurea*). Die Legendare werden die Vermittlungsmedien schlechthin für die Deliterarisierung und Popularisierung der H.nleben auf schriftl.[24], bildlichem und mündl. Wege[25].

In den Abbreviationen[26] werden Autorenreflexionen, typol. und bibl. Rückbezüge, meditative Elemente, Figurendialoge, hist. und theol. Hintergründe und Erörterungen ausgelassen, die Lebensumstände auf reine Faktenfolgen und die H.n-Persönlichkeiten auf Typen reduziert, → Wunder und Todesart in den Vordergrund gestellt, Leben und nach dem → Tod erfolgte → Mirakel in einem Zug gleichgewichtig zusammengefügt[27], der Erzählstil[28] nivelliert, und durch stereotype Massierung des Ungewöhnlichen im H.n wird dieses als gewöhnlich erfahrbar (→ Stereotypen).

In der ebenfalls seit dem Spätmittelalter enorm anschwellenden Exempelliteratur werden imitable Verhaltensweisen aus den H.nleben exzerpiert oder diese so komprimiert, daß sie in → Exempelsammlungen zur Unterweisung des Volks unter Rubriken wie *de divina dispensatione* oder *van der othmodicheyt* geordnet werden können[29], womit das H.nbild einseitig als H.n v o r bild akzentuiert wird. Das kürzeste, contra curiositatem zu verwendende Beispiel: *Sara hiez ein hl. maget, die saz virzic iar alleine ob einer bach vnd gesach nie durch kurzwile inz wazzer*[30].

Gleichzeitig läßt sich, als Reflex der Frömmigkeitsgeschichte, in spätma. Fassungen von H.nleben eine Art Säkularisierung beobachten, insofern der Blick zunehmend mehr auf den H.n als Menschen statt auf das Wirken Gottes mit ihm, mehr auf das Leistungs- statt auf das Gnadenmoment gerichtet wird[31]. All dies trägt dazu bei, die Möglichkeit und Art des Auftretens von H.n auch in profanen Gattungen zu fördern.

Dem entgegen wirkt die reformatorische H.nkritik, insofern sie sich bes. gegen die ‚abgötterei und zäuberei‘ im Kult wendet, den traditionellen H.n nur noch als → Exempel, sein Leben als Ansatzpunkt für Lehre — bei fiktionalen H.nfiguren vermittels Allegorisierung — gelten läßt[32] und im Typ der Bekennerhistorie ein neues H.nbild favorisiert (Glaubenskämpfer, Vertreter der reynen lehr, iustus et peccator)[33].

3. H. in profanem Erzählgut. Häufig treten H. in Legendenmärchen auf, wobei im einzelnen oft schwer zu klären ist, ob der H. als populäre Gestalt in gängigen Erzählstoff ‚abstieg‘ (Profanierung des H.n[34]) oder ob dieser durch den H.n für eine religiöse Gemeinschaft[35] ‚gehoben‘ wurde (Verchristlichung des Stoffes). Im Ergebnis treffen sich beide Tendenzen. F. → Karlinger und B. Mykytiuk gaben unter dem Sammelbegriff *Legendenmärchen* Texte heraus[36], deren Spektrum, gattungsmäßig weiter ausdifferenziert, vom Exempel von Sünde und Gnade (num. 8, 41) bis zum Schwank (num. 17) tendiert, von der Natursage (num. 56)[37] bis zum Mirakel (num. 55), vom Wunderbericht (num. 48, 89) bis zum Schicksals- (num. 66), Tier- (num. 11) und Zaubermärchen (num. 4, 12, 36, 51, 74). In etwa der Hälfte der 95 Texte begegnen H.[38] Hier lassen sich Beobachtungen machen, die im wesentlichen auch für weiteres profanes Erzählgut gelten[39].

Es treten überwiegend männliche H. auf (Frauen nur: Theresa als Vermittlerin des → Tischleindeckdich [AaTh 563], num. 4; → Maria als Warnerin der sieben Geißlein, num. 11; AaTh 123: → *Wolf und Geißlein*), wobei sich in der Wahl der Personen generelle (Apostel: → Petrus zwölfmal, Paulus, Andreas[40], → Jacobus, Matthäus je einmal; Nikolaus sechsmal, Georg fünfmal, → Joseph dreimal, → Elias zweimal, → Kosmas und Damian zweimal, → Antonius Eremita und → Cyprianus je einmal), regionale (→ Kyrillos und Methodios, Kassian, Brandan, → Patrick) und lokale[41] (Guiem, num. 7; Magi, num. 8; Neot, num. 89) Vorlieben abzeichnen.

H. fungieren hier öfter als Neben- denn als Hauptfiguren[42]. Sie übernehmen allg. die Rollen von Schicksalsgestalten (cf. → Schicksalsfrauen)[43] und Naturgewalten[44] (num. 74; in anderen Var.n zu AaTh 465: → *Mann wird wegen seiner schönen Frau verfolgt* wird die Sonne durch Petrus, Paulus oder Georg ausgetauscht), von Erlösern (num. 12, 14, 36) und Helfern einzelner Personen (num. 4, 8, 11, 51; oft beim Bestehen der Märchenproben, num. 1, 16, 36, 70) oder ganzer Gemeinschaften (num. 40) — wobei sie im Unterschied zum Mirakel persönlich anwesend sind —, von Ratgebern (num. 66; im Traum, num. 1, 16), Gegenspielern des Teufels (num. 19, 21, 63) und ungleichen Brüdern (num. 71). Bezeichnend für die Funktionsbereiche der H.n ist es, wenn sie von

Gott direkt beauftragt werden: „gehet und sehet nach, was die Menschen tun" (num. 73; Rolle des Prüfers, statt des sich Bewährenden wie in der Legende), wenn sie den lieben Gott spielen müssen (num. 25), Erfahrungen machen, auch als dienende Begleiter bei Gottes Erdenwanderungen (num. 23, 43; für Ordnung sorgen (num. 29, 70), Wunder vollbringen (num. 48, 49), eifrigen Kult belohnen (num. 17) und lässigen bestrafen (num. 90, cf. AaTh 846*: *The Vengeful Saints*). Speziell auf die Rolle des Himmelspförtners ist Petrus festgelegt (num. 17, 43, 49, 52; cf. auch AaTh 800: → *Schneider im Himmel*), Kosmas und Damian treten als Ehestifter auf (num. 66).

In vielen dieser Rollen sind die H.n untereinander und mit anderen Trägern dieser Rollen austauschbar[45] (→ Einsiedler, → Mönch, Bischof; → Klerus etc.), wobei die Grenze zum Nicht-H.n fließend wird.

Als Kriterium, ob es sich um einen H.n handelt, bleibt oft nur die Nennung eines etablierten H.nnamens[46]. Falls aber, was wegen der Allgemeinheit der Rollen leicht möglich ist, H. lediglich als namenlose Typen auftreten (num. 12, 14; cf. Grimm DS 97), bleibt nur das Attribut ‚heilig' im Mund der Erzähler.

Das Bild der H.n wird am sinnfälligsten profaniert durch die Bevorzugung[47] der Situationen ‚als sie noch' oder daß sie ‚wieder einmal' auf Erden wanderten (→ Erdenwanderung der Götter), letzteres eine typische Vermengung der in der Hagiographie prinzipiell getrennten Bereiche von ‚diesseitiger' Vita und postmortalem Wirken aus dem Jenseits. Auch kehren die H.n nicht immer gern in den Himmel zurück (num. 43; AaTh 774 E: cf. → Petrusschwänke); sie rücken ganz in die Alltagswelt und Denkweise der Erzählgemeinschaft ein:

Der hl. Georg ist Schäfer (num. 19, 36), quält seine bösen Brüder (num. 36), hilft als Hochzeitsgeiger aus (num. 56), wird von Gott als ‚Kosak' angeredet (num. 63), Petrus „jucken die Ohren vor Neugier" (num. 43), Kassian will sein weißes Paradiesgewand nicht beschmutzen (num. 73), Nikolaus wird tolpatschig daran schuldig, daß Frauen Teufelsköpfe haben (num. 67; AaTh 1169: → *Köpfe vertauscht*). H. pakken gemeinschaftlich Arbeit an (num. 40), sind tierlieb (num. 11, 36), trinken gern (num. 63) etc.

Auch die Vorbild-, Verehrungs- und Fürbitterkomponente erfährt entsprechende Wendungen: H. werden von Gott – stellvertretend für die Zuhörer – in ihrem Verhalten (num. 29, 43, 56) und ihren Ansichten (num. 10, 23) zurechtgewiesen; sie sind eifersüchtig auf den Kult anderer H.r (num. 17, 25); sie müssen helfen, denn „keiner ißt im Himmel umsonst sein Brot" (num. 55), und werden verprügelt, wenn sie es nicht tun (num. 74).

Den Endpunkt solcher Entwicklung markieren Schwank und Witz[48], Rätsel[49] und Redensart[50]. Ausgehend von der Vorbildfunktion des H.n, zeitweise gefördert durch Entartungen des Kultes[51] und reformatorischen H.nspott, aber auch durch die Neigung des Insiders, mit Vertrautem allzu vertraulich umzugehen, werden hier mittels der Figur des H.n vor allem Scheinheiligkeit entlarvt, Normendruck abreagiert, individuelle Verhaltensweisen und kollektives Brauchtum karikiert[52].

4. Kultpraxis als Ansatzpunkt von H.n-Erzählgut. Während die Vergegenwärtigung des jenseitigen H.n in der Liturgie vor allem ‚Gott in seinen H.n' lobt[53], dominiert im volkstümlichen Kult aus dem Bedürfnis nach verfügbaren Heilsgarantien, bes. aber auch irdischer Existenzsicherung, der Aspekt ihrer mächtigen, direkten Hilfe (unter Vernachlässigung der intercessio-Lehre). Dies ist deutlich abzulesen an der Flut von Bittgebeten und -liedern oder an Beschwörungen unter Anrufung von H.n; schon im Erzählteil (‚spel') ahd. Segen erscheint → Martin als Hundehüter, wird → Stephans Pferd geheilt, wird ein hl. Tumbo erdichtet, damit sich entsprechende Bitten anschließen können[54]. (Pervertiert erscheint dieser Aspekt des H.n in Schelte und Kraftausdruck: hl. Bimbam.) Aus Daten der H.nleben, vom Namen[55] bis zum berichteten Wunder, entwickeln sich spezielle Zuständigkeiten (Patronate)[56], die, wiederum durch unzählige einschlägige Mirakelberichte, Votivbilder etc. bestätigt, das Bild der H.n einseitig als Krankheits-[57], Rechts-, Berufs-, Vieh- oder Wetterhelfer prägen. Diese führen die Menschen nicht hinauf ad superna, sondern greifen durch ein ‚Lichtloch'[58] aus der Höhe in das Weltgeschehen herab.

Die Fixierung des Kultes an bestimmte Gegenstände (→ Bilder vom Himmel, → H.nbild, → Reliquien) und Orte ist ein weiterer unerschöpflicher Ausgangs- oder Anziehungspunkt für Erzählgut um H. Viele Mirakel um Reliquien- oder Bildauffindungen und -translationen (z. B. → Bauplatzlegende, → Gespannwunder, → Schwemmwunder) lassen sich von ihrer Intention her als Ortssagen einstufen, in denen über die H.n selbst die Existenz oder Eigenart ihrer Kultstätte erklärt wird[59] oder auch Besitzansprüche angemeldet werden[60]. Kultpropaganda bringt neben ‚Vorzugslegenden'[61] auch den Mirakeltypus vom strafenden H.n hervor. In Ätiologien zu Naturphänomenen am Kultort (→ Fuß- und andere Körperspuren, → Brunnen, → Höhlen etc.) eröffnet sich ein weiter Kontaminationsraum von H.n mit Sagengestalten.

Ein ebenso reicher Quellenbereich für Erzählgut ist die Fixierung des Kultes an Zeiten und seine Ausprägungen in → Bräuchen. Hier ist der ‚Sitz im Leben' (H. → Gunkel) bes. für die Memoration von Leben und Mirakeln der H.n in verschiedenen Typen des Volkslieds[62]. Das Gedenken an die Todes-, d. h. an die ‚wahren Geburtstage' der H.n bestimmte jahrhundertelang den Kalender. Dadurch treten – einzig das sei hier hervorgehoben[63] – bestimmte H. in Merkverse[64], Redensarten und Wetterregeln ein, oft als Personifikationen volkstümlicher Meteorologie: Sie werden ‚Eisheilige', der hl. Urban rümpft die Nase und macht in die Hose[65], Martin wirft mit Nüssen (= Sturm), kommt auf einem Schimmel geritten (= Frost)[66] etc.

Oft ist auch die bildliche Präsentation der H.n, bes. ihre Attribute, nicht nur Umsetzung schriftl. oder mündl. Tradition, sondern Anlaß für die Entstehung neuen, jetzt folkloristisch akzentuierten Erzählguts (Antonius Eremita z. B. läßt sein Schwein zur Spukgestalt aufwachsen, sein H.nbild aus der Erde wühlen, schafft aus ihm den ersten Bretonen[67]).

[1] Denzinger, H.: Enchiridion symbolorum, definitionum et declarationum de rebus fidei et morum. Fbg [36]1977, num. 1821, 1824, 1867, 3014. – [2] Vauchez, A.: La Sainteté en Occident aux derniers siècles du Moyen Âge: D'après les procès de canonisation et les documents hagiographiques. Rom 1981; Brückner, 144–152, 178–259, 520–578, 722–726. – [3] Scharfe, H.: Der H. in der protestant. Volksfrömmigkeit. In: HessBllfVk. 60 (1969) 93–106, 101 (‚partieller H.r'). – [4] Schwarzbaum, Reg. s. v. Saint; Mach, R.: Der Zaddik in Talmud und Midrasch. Leiden 1957. – [5] Marzolph, Reg. s. v. Ḫeżr; Eberhard/Boratav, Reg. s. v. Hızır; Gramlich, R.: Die Wunder der Freunde Gottes. Theologien und Erscheinungsformen des islam. H.nwunders. Wiesbaden 1987. – [6] Eberhard, Typen, Reg. s. v. H. – [7] Wilson, S. (ed.): Saints and Their Cults. Cambr. 1983 (Lit.); Lanczkowski, G. u. a.: H./H.nverehrung. In: TRE 14 (1985) 641–672; Cohn, R. L.: Sainthood. In: The Enc. of Religion 13. N.Y. 1987, 1–6. – [8] Boor, H. de/Newald, R.: Geschichte der dt. Lit. 3, 2. Mü. 1987, 307; cf. Mot., t. 6, Reg. s. v. Saint etc.; Tubach, v. Reg. unter einzelnen H.n. – [9] Das von der Päpstlichen Lateran-Univ. ed. jüngste H.nlex. (Bibliotheca Sanctorum 1–12. Rom 1961–70) registriert ca 16 000 H. – [10] Huizinga, J.: Herbst des MA.s Stg. [11]1975, 229–245; Gurjewitsch, A. A.: Ma. Volkskultur. Mü. 1987, 68–125, 229–259. – [11] cf. Auflistung EM 1, 74–78; zur Systematisierung bes. der Wundermotive durch Toldo 1901–1909 und Günter 1949 cf. Karlinger, F.: Legendenforschung. Aufgaben und Ergebnisse. Darmstadt 1986, 81 sq., 112 sq. – [12]Bes. betrifft dies Eremiten, deren verborgene Lebensumstände erzählerischer Auffüllung bedurften, die von Hagiographen oft durch Sir. 20, 30 legitimiert wird: „Verborgene Weisheit und versteckter Schatz: was nützen sie beide?", Kunze, K.: Die Legende der hl. Maria Aegyptiaca. Ein Beispiel hagiographischer Überlieferung [...]. B. 1978, 30. – [13] Vauchez (wie not. 2); Kretzenbacher, L.: St. Lucia und die Lutzelfrau. Volksglaube und Hochreligion im Spannungsfeld Mittel- und Südosteuropas. Mü. 1959. – [14] Für die Antike cf. Kech, H.: Hagiographie als christl. Unterhaltungslit. Studien zum Phänomen des Erbaulichen anhand der Mönchsviten des hl. Hieronymus. Göppingen 1977; EM 2, 1385–1389, 1396 und 3, 388 (H. Usener u. a.); für altir. Erzählgut: Verflex. 1, 985–991 (Brandan); für Südamerika: Paredes de Nora, J.: Mitos y leyendas de Santos. Concepción 1979; für afrik. Einflüsse ibid.; Karlinger (wie not. 11) 64; umgekehrt treten in der Neuzeit Ausdrucksmuster der H.nleben bei der Stilisierung populärer Idole (Sportler etc.) auf: Gumbrecht, H.: Faszinationstyp Hagiographie. Ein hist. Experiment zur Gattungstheorie. In: Dt. Lit. im MA. H. Kuhn zum Gedenken. Stg. 1979, 37–84, bes. 74–84; Schmitt, J.-C. (ed.): Les Saints et les stars. Le texte hagiographique dans la culture populaire. P. 1983. – [15] Mensching, G.: Das Wunder im Glauben und Aberglauben der Völker. Leiden 1957, 9, 77. – [16] EM 3, 795 sq. – [17] Legenda aurea/Benz, 26; Günter 1949, 98 sq., cf. 94–212. – [18] Kunze (wie not. 12) 28 sq., 37, 43; cf. EM 3, 393. – [19] Beispiele v. Dorn, E.: Der sündige H. in der Legende des MA.s. Mü. 1967, 14 u. ö.; Ohly, F.: Der Verfluchte und der Erwählte. Vom Leben mit der Schuld. Opladen 1976. – [20] Rosenfeld, H.: Legende. Stg. [3]1972, 52, 57 sq. –
[21] Gaiffier, B. de: La Légende de S. Julien l'Hospitalier. In: Analecta Bollandiana 63 (1945) 145–219. – [22] Kretzenbacher, L.: Sveta Nedelja – Santa Domenica – Die hl. Frau Sonntag. Südslav. Bild- und Wortüberlieferungen zur Allegorie-Personifikation der Sonntagsheiligung mit Arbeitstabu. In: Welt der Slaven 27 (1982) 106–130. – [23] Überblick: Verflex. 5, 653–657; Philippart, G.: Les Légendiers latins et autres manuscrits hagiographiques. Turnhout 1977, 24, 45–48, 123 sq. und Ergänzungsheft (1985) 30; in den östl. Kirchen cf. die Synaxarien, LThK 9, 1224 sq. – [24] Dunn-Lardeau, B. (ed.): Legenda aurea. Sept siècles de diffusion. P./Montréal 1986; für

das dt. MA.: Williams-Krapp, W.: Die dt. und ndl. Legendare des MA.s. Tübingen 1986; spätere: Rosenfeld (wie not. 20) 70 sq.; Schmitt, A.: Die dt. H.nlegende von Martin von Cochem bis Alban Stolz. Fbg 1932; Hieber, W.: Legende, protestant. Bekennerhistorie, Legendenhistorie. Diss. Würzburg 1970. — [25] Durch Vorlesen: Karlinger (wie not. 11) 4; Predigtbuch/Legendar: Williams-Krapp (wie not. 24) 13—22. — [26] Wolpers, T.: Die engl. H.nlegende des MA.s. Tübingen 1964, 197—208; Verflex. 3, 622 sq.; 4, 452—456; die Entwicklung führt im Legendar ‚Der H.n Leben' zum „wahrhaften geistlichen Märchenbuch [...]", cf. Legenda aurea/Benz, XXXII. — [27] Was die Vorstellung vom H.n als „Zauberer und Heilkräftiger" fördert, cf. Gurjewitsch (wie not. 10) 43, 88—97. — [28] Höbing, M.: Legendarische Erzählformen des Wenzelpassionals. Münster 1935. — [29] So der hl. Gregorius: Mertens, V.: Gregorius Eremita. Mü. 1978, 112—117; cf. EM 3, 1132 sq. — [30] Palm, H.: Vitae Patrum. Der Veter buoch. Stg. 1863, § 131; bes. hoch ist der Anteil an H.nexempeln im Alphabetum narrationum, cf. EM 1, 335—338, cf. Moser-Rath, Predigtmärlein, pass. —

[31] Kunze, K.: Von der Fahrt durchs Meer der Sünde. Literar. Bild der hl. Pelagia [...]. In: Wiss. und Weisheit 48 (1985) 228—232, bes. 231 sq. — [32] Brückner, 144—152, 178—258, 520—578, 722—726; andererseits ist gerade auch die Profanierung eine der Bewältigungsstrategien der H.ntradition, cf. Scharfe, M.: Evangel. Andachtsbilder. Stg. 1968, 151—154. — [33] Hieber (wie not. 24). — [34] Bes. durch Verlust von mit dem tremendum-Aspekt verbundenen Zügen, der nach R. Otto (Das Heilige. Breslau 1917 u. ö.) neben dem fascinosum das Heilige bestimmt (cf. Lüthi, Märchen, 11). — [35] Karlinger, F./Mykytiuk, B.: Legendenmärchen aus Europa. MdW 1967, 280 sq.; typisch die Erzähllegitimation ibid., num. 7 („Da sie [die Hauptfigur des Märchens] Mutter von St. Guiem wurde, will ich euch ihre Geschichte erzählen"); Benz, E.: Russ. H.nlegenden. Zürich 1953, 443—498; Saintyves, P.: Des Contes et spécialement des contes des fées dans les vies des saints. In: Revue d'ethnographie et des traditions populaires 10 (1929) 74—96. — [36] Karlinger/Mykytiuk (wie not. 35); die im Text des Kap.s 3 folgenden Nummern beziehen sich auf diesen Band. — [37] Dazu Dh. 1, 261—264; cf. Dh. 2, 172—195 (Petrus, Paulus, Johannes), 242—268 (Maria, Joseph), v. Reg. unter einzelnen H.n. — [38] Dagegen z. B. in der Rubrik „Legendenartige Märchen" (num. 165—198) bei Peuckert, W.-E.: Schlesiens dt. Märchen. (Breslau 1932) Neudruck Darmstadt [1969], nur num. 165 (Gabriel), num. 166, 167, 170—172 (Petrus). — [39] Delarue/Tenèze 4, 13—15, 28—49, 101—109; zu H.n in den KHM cf. HDM 1, 363—366; Szövérffy, J.: A szent alakja a népmesében (Die H.ngestalt im Volksmärchen). Bud. 1948. — [40] cf. HDS 1, 519. —

[41] cf. Cross V 220—V 229; DBF B 2, 409—487. — [42] Ein H.r als solcher kann nie im Märchen Hauptfigur werden, da deren Glück sich im Diesseits vollendet, nur in mit Märchenzügen gemischten Gattungen (AaTh 750—849: Religious Stories). — [43] „Kosmas und Damian [...] werden Apostel oder Gottesgesandte genannt, so wußten sie alles, sogar das, was einem einst geschehen wird", Karlinger/Mykytiuk (wie not. 35) 199, num. 66. — [44] Mykytiuk, B.: Himmelskörper und Naturerscheinungen als handelnde Figuren in ukr. Märchen. In: Aus der Geisteswelt der Slaven. Festschr. E. Koschmieder. Mü. 1967, 305—327, bes. 325 sq. — [45] Röhrich, Märchen und Wirklichkeit, 38, 41 sq., 111; Karlinger, F.: Vom Austausch der Jenseitsgestalten und Wandel der Funktionen in der Volksprosa. In: Janning, J. (ed.): Gott im Märchen. Kassel 1982, 62—75. — [46] Grenzfälle cf. Karlinger/Mykytiuk (wie not. 35) num. 24 (Cyprian nur im Titel, nicht mehr im Text als H.r präsent), num. 71 (Kosmas und Damian lediglich als bekanntes Namenpaar, nicht aber als H.npaar übernommen). — [47] cf. ibid., num. 10, 23, 25, 29, 33, 36, 42, 43, 49, 52, 66, 67. — [48] Röhrich, L.: Der Witz. Stg. 1977, 24—26 (AaTh 805); Bemmann, H.: Der klerikale Witz. Olten 1970, 242—254 (stets Petrus); Nègre, H.: Dictionnaire des histoires drôles. P. 1971, Reg. s. v. Saint etc. — [49] „Wer ist der zerrissenste unter den Heiligen? Antwort: S. Otto, der hat zwey Löcher in seinem Namen", etc., cf. Moser-Rath, Predigtmärlein, 58. — [50] Röhrich, Redensarten, 297, 404; Wander, K. F. W.: Dt. Sprichwörter-Lex. 2. Lpz. 1870, 462—471; 5 (1880) 1420, den H.n als Typ betreffend; als Person v. unten, 4; Gottschalk, W.: Die sprichwörtlichen Redensarten der frz. Sprache 2. Heidelberg 1930, 362—389; id.: Die bildhaften Sprichwörter der Romanen 3. Heidelberg 1938, 94—105. —

[51] cf. Schwankbeispiel EM 5, 797. — [52] ‚Schöner H.r'; ‚nicht jeder H. kommt in den Himmel'; ‚den H.n die Füße abküssen' etc. — [53] Beissel, S.: Die Verehrung der H.n und ihrer Reliquien im MA. Nachdr. Darmstadt 1983, 96—105; H.nhymnen: Dreves, S. u. a. (edd.): Analecta Hymnica Medii Aevi. Reg. t. 2, 2: Liturgische Bestimmungen. Bern/Mü. 1978. — [54] Braune, W./Helm, K.: Ahd. Lesebuch. Tübingen [16]1979, Kap. XXXI, 2, 6, 8, 9; Stuart, H./Walla, F.: Die Überlieferung der ma. Segen. In: ZfdA 116 (1987) 53—79; Bonomo, G.: Scongiuri del popolo siciliano. Palermo 1953; Hampp, J.: Beschwörung, Segen, Gebet. Unters.en zum Zauberspruch aus dem Bereich der Volksheilkunde. Stg. 1967; Haver, J. van: Nederlandse incantatieliteratuur. Een gecommentarieed compendium van nederlandse Bezweringsformules. Gent 1964. — [55] Volksetymol. (mit-)motivierte Patronate z. B. Augustin/Augen, Valentin/Fallsucht, Lambert/Lahmheit, Blasius/Blasenleiden, Bonifatius/Bohnen, Donatus/Donner; volksetymol. als Anstoß für H.nsagen z. B. Altvatergebirge/Petrus, cf. HDS 1, 483; Schützeichel, R.: Kommholmich und Mariahilf. Zur Entstehung und sprachlichen Struktur volkstümlicher H.nbezeichnungen. In: Wandel der Volkskultur in Europa. Festschr. G. Wiegelmann. Münster 1987, 35—71. — [56] Überblick: Kerler, H. D.: Die Patronate der H.n. (Ulm 1905) Nachdr. Hildesheim 1968;

Wimmer, O./Melzer, H.: Lex. der Namen und H.n. Innsbruck [4]1982, 944–950. – [57] Der H. als Heiler: Trüb, P.: H. und Krankheit. Stg. 1978. – [58] Rettenbeck, L.: H.ngestalten im Votivbild. In: Kultur und Volk. Festschr. G. Gugitz. Wien 1954, 333–359. – [59] HDS unter einzelnen H.n; Ward, D.: The German Legends of the Brothers Grimm 2. Phil. 1981, Reg. s. v. Saint, St. – [60] z. B. Kunze, K. (ed.): Die Elsäss. ‚Legenda aurea' 2. Tübingen 1983, 24, 32–34, 332 sq. –
[61] Günter 1949, 263. – [62] Brednich, R. W./Röhrich, L./Suppan, W. (edd.): Hb. des Volkslieds 1. Mü. 1973, 282 (Bänkelsang), 323–342 (Legendenlied), 390–417 (Martinslied); 2 (1975) 276 sq. (Ballade); Erk/Böhme 3, 773–825; zu den speziellen Intentionen der Gegenreformation cf. Moser, D.-R.: Verkündigung durch Volksgesang. B. 1981. – [63] Aus Terminen entsteht auch viel neues Erzählgut, z. B. Andreas als Zukunftsweiser in der Andreasnacht, cf. HDS 1, 521–523; Loorits, O.: Der hl. Kassian und die Schaltjahrlegende (FFC 149). Hels. 1954. – [64] Verflex. 1, 1285–1289 (Cisioianus). – [65] Lühmann, W.: St. Urban. Würzburg 1968, 67–76. – [66] HDA 5, 1711; Wander (wie not. 50); cf. Dialektwörterbücher unter einzelnen H.n. – [67] HDS 1, 589, 591; Karlinger (wie not. 11) 13–17, 22 sq.; Kretzenbacher, L.: Das verletzte Kultbild. Mü. 1977; Ritz, J. M. /Schnürer, G.: St. Kümmernis und Volto Santo. Düsseldorf 1934; Sämtliche Fabeln und Schwänke von Hans Sachs 5. ed. E. Goetze/C. Drescher. Halle (Saale) 1904, num. 719 (Ätiologie zu St. Peters Glatze); Scharfe (wie not. 32) 139–196; Schenda, R.: Bilder vom Lesen – Lesen von Bildern. In: Internat. Archiv für Sozialgeschichte der dt. Lit. 12 (1987) 82–106.

Freiburg/Br. Konrad Kunze

Heiligenbild

1. Mit dem Begriff des → Heiligen und der Möglichkeit seiner Verehrung im christl. → Kult ist auch dessen bildliche Wiedergabe zum Zwecke der frommen Erinnerung und des erbaulichen Betrachtens als belehrenden Exempels für die Nachahmung gegeben. Bei dem verkürzenden Begriff H. geht es generell um die Kultbilder der christl. Kirchen. Diese waren zuvorderst, auch in hist. Entwicklungsfolge, Jesus der Gekreuzigte (→ Kreuzigung, → Kruzifix), das Antlitz → Christi, der dreifaltige Gott (→ Trinität) und → Maria als Mutter des Herrn. Erst dann folgten die übrigen Heiligen, deren Bildern in Sagen und Legenden das Gleiche widerfahren kann wie schon in früherer Zeit den genannten Prototypen von bildnerischen Kultobjekten[1]. Ihre numinose Mächtigkeit läßt sich strukturell unterscheiden von außerchristl. Magiehilfen (→ Bild, Bildzauber).

2. Hier ist zu handeln von Erzählmotiven, die an Kultbildern haften, nicht von → Legenden als Viten (→ Hagiographie), die sich aus bestimmten Heiligendarstellungen ableiten und als Ätiologien gelesen werden können, z. B. die Legende des hl. → Christophorus (AaTh 768) aus der Allegorese des Christusträgers im Herzen oder die Legende des hl. → Georg als Drachenkämpfer, nämlich gegen Teufel und Sünde, sowie der hl. → Margaretha, die den gleichen Teufelsdrachen mit dem Gürtel ihrer jungfräulichen Tugend bändigt. Hierfür ist – neben dem gelegentlich in der Religionswissenschaft verwandten Terminus ‚ikonische Mythe' – der Begriff ‚ikonographische Erzählung' vorgeschlagen worden[2]. Bild wird zu Wort, allegorische Darstellung oder metaphorische Rede zu erzählter Handlung. Sie formt die Legende des Heiligen oder ergänzt seine Daten, so das ikonographische Motiv der ma. Mantelkindschaft im Andachtsbild der Schutzmantelmadonna, das mit dem Exemplum aus → Caesarius von Heisterbachs *Dialogus miraculorum* (7, 59) korrespondiert, wo die zunächst vergeblich gesuchten Zisterziensermönche sich im Himmel unter dem Mantel Mariens finden.

Das ikonographische Erzählgut deckt jedoch nur einen Teil des komplexeren Bereichs der wunderbaren Entstehung bestimmter H.er ab, z. B.: Eine mißverstandene Caritas-Allegorie (das Christuskind sitzt vermeintlich auf dem falschen Arm) hat zur Erklärungssage des Marienbildes von Dimbach geführt[3]. Der Kinderkranz der → Vierzehn Nothelfer in Oberfranken geht auf eine Vision des 15. Jh.s zurück[4], desgleichen leiten sich die ikonographischen Konkretisierungen unserer Zeit in Lourdes, Fatima etc. von Marienerscheinungen ab: So – wie seitdem dargestellt – habe Maria ausgesehen respektive sei sie gekleidet gewesen[5]. Schon die hl. → Birgitta von Schweden hat im 14. Jh. in ihren *Revelationes* Bilder aus dem Leben Mariens geschaut, die Wesentliches zur ikonographischen Typologie des Spätmittelalters beitrugen[6]. Die unmittelbaren Wechselwirkungen von Wort und Bild lassen sich hier bes. deutlich greifen. Neuschöpfungen stammen aus zeitgenössischem Erzählgut der narrativen Theologie, während veraltete erzählerische Darstellungen zu mißverstandenen Bildern mit neuen Erzählungen führten, z. B. in der Umdeutung des Volto Santo zur hl. → Kümmernis[7] oder bei dem auf mystische Vorstellungen des hl. → Bernhard von Clairvaux zurückgehenden Umarmungs-Kruzifix des 14. Jh.s zu einer Diebesätiologie in der frühen Neuzeit (z. B. Würzburg); das Bild habe den Frevler festgehalten[8].

3. Der Bilderstreit des 8./9. Jh.s bildete die theol. Auseinandersetzung mit dem alttestamentlichen Bilderverbot des Dekalogs. Er führte in der Ostkirche einerseits zur bes. spirituellen Qualität der Ikone, andererseits zur Ablehnung aller dreidimensionalen Darstellungen und damit zum Fehlen jeglicher Plastik; diese wurde den heidnischen Götzen (cf. → Götzenbild) gleichgesetzt. Der Bildersturm des 16. Jh.s, voran vertreten durch Karlstadt (i. e. A. Bodenstein), Zwingli und Calvin[9], hat im Westen jegliches H. zu vernichten gesucht. → Luther hingegen bekämpfte lediglich die Vorstellung von der Fürbittmöglichkeit der Heiligen und eine falsch verstehbare kultische Verehrung, in deren Zusammenhang, bes. an → Wallfahrtsorten, H.er zu ‚Götzen' werden könnten[10]. Das Konzil von Trient schrieb für die kathol. Kirche den Gebrauch und die Verehrung von H.ern in seiner allerletzten Sitzung 1563 auf Wunsch des frz. Episkopates fest[11].

Für Luther war ein ‚Gnadenbild' allein das Bild des Gekreuzigten. Dieser Begriff kommt sprachlich erst in der Reformationszeit auf, bedeutet zunächst eigentlich Ablaßbild, nämlich Andachtsbild mit dazugehörigem Gebet und Ablaßversprechen. Auf kathol. Seite bezeichnet er seit den gegenreformatorischen Wallfahrtserneuerungen die ‚miraculosen' H.er, also die wundertätigen Bilder[12]. Davon abgeleitet spricht man heute von ‚Gnadenorten'. Es sind Stätten mit Kultobjekten, bei denen Gläubige außergewöhnliche ‚göttliche Gnadenerweise' erfahren haben wollen, die dann, in der Regel protokolliert, oft auch publiziert worden sind (→ Mirakelliteratur) und eine eigene Gattung volksläufiger Geschichten bilden. Deren optische Wiedergabe in Zyklen zu Propagandazwecken am Wallfahrtsort oder im geistlichen Bänkelsang (→ Bildquellen, Kap. 5) wird heute in der Fachliteratur als Mirakelbild bezeichnet, während ‚Gnadenbild' allein das mirakulose Kultobjekt meint[13]. Abbilder davon, die lediglich der ikonographischen Widergabetreue zu entsprechen brauchen, aber nicht selten am Original angerührt sind, also wie Kontaktreliquien (→ Reliquie) authentische Nähe besitzen, werden heute als Devotionalkopien bezeichnet[14], die Sekundärkulte hervorbringen können. Die kleinen Andachtsbilder und -medaillen haben millionenfach das Bekanntsein von H.ern und Gnadenbildern befördert und damit deren → Kultlegenden und → Mirakel verbreiten helfen.

Dem nachma. Gnadenbild des kathol. Abendlandes haftet etwas an, das dem normalen H. des Ostens, der Ikone, ex definitione eignet, nämlich mehr als bloßes Bild für Kirchenschmuck und Belehrung zu sein, wie das etwa die *Libri Carolini* 789/91 festlegten[15]. Nach Thomas von Aquin dienen H.er auch der Erweckung von Andacht; sie sind intentionale Zeichen, und darum gilt deren Verehrung den Dargestellten[16]. Die ostkirchliche Ikone aber besitzt eine noch weitergehende Qualität. Dies bezweckt schon der Herstellungsprozeß durch malende Mönche in einem religiösen Akt nach strengen geistlichen Regeln, denn in der Ikone soll qua Bild etwas Essentielles des Heiligen tradiert und vermittelt werden. Im Sinne der platonischen Ideenlehre ist das Urbild in der sichtbaren Erscheinung ansatzweise gegenwärtig und darum auch wirkmächtig wie der Schatten des Originals. Solcher Geist oder solche Ausstrahlungskraft von H.ern offenbart sich in den von ihnen stimulierten → Wundern. Diese betreffen zunächst die wunderbare Entstehung des Kultes in spezifischen Gründungssagen und, eng damit verknüpft, den Beginn der helfenden Wundertätigkeit in aufsehenerregenden Mirakeln an gläubigen Verehrern.

4. Eine Typologie der Erzählmotive um H.er müßte erst noch systematisch aufgearbeitet werden und könnte wie folgt aussehen[17]:

(1) Wunderbare Entstehung; (1.1) wahre Abbildungen durch Augenzeugenschaft; (1.1.1) Christus- und Marienbilder aus bibl. Zeit, etwa durch den hl. → Lukas; (1.1.2) visionäre Offenbarungen (ikonographische Spezifika bestimmter Epochen); (1.2) geheimnisvoller Ursprung, weil nicht durch Menschen-

hand entstanden (Acheiropoieta, → Bilder vom Himmel); (1.3) auf wundersame Weise veränderte Bilder, z. B. durch Verwechslungen (in der Regel Ätiologien).

(2) Wunderbare Herkunft; (2.1) Auffindung verborgener oder vergessener H.er im Baum, in der Erde, unter Gerümpel, durch Tiere oder durch Lichterscheinungen; (2.2) Rettung oder Unversehrtheit im Feuer oder im Wasser; (2.3) Traumweisung auf die Besonderheit eines H.es (Himmlische → Weisung).

(3) Wunderbare Verortung; (3.1) Engel-Transport (Loreto); (3.2) wanderndes H.; (3.3) angeschwemmtes H. (→ Schwemmwunder); (3.4) durch → Gespannwunder an seinen endgültigen Verweilort gebrachtes H.

(4) Wunderbare Eigenschaften; (4.1) bes. Maße (hl. Länge); (4.2) Wachsen der Haare; (4.3) Bewegen des Kopfes, Neigen des Oberkörpers; (4.4) Veränderung des Gesichtes; (4.5) Wenden der Augen; (4.6) Weinen; (4.7) Schwitzen; (4.8) Bluten (verletztes Kultbild)[18]; (4.9) Sprechen, Rufen; (4.10) Gegenwehr, z. B. durch Festhalten; (4.11) Wandern; (4.12) Verschwinden.

(5) Wunderbare Taten; (5.1) Strafen; (5.1.1) Zerspringen von Götzenbildern; (5.1.2) Angreifer werden selbst getroffen, Lästerer verstummen; (5.2) Hilfen; (5.2.1) H.er als Kampfschild und Siegespanier; (5.2.2) Segenskraft durch Anschauen und Berühren wie Schutz bei Krankheiten, Sterbehilfe etc.

(6) Übertragungen auf Lutherbilder[19]; (6.1) H. läßt sich nicht entfernen; (6.2) es straft Lästerer; (6.3) es schwitzt zu bes. Gelegenheiten.

[1] z. B. Leucht, V.: Miracula sive imaginum oder Hist. Beschreibung vieler herrlicher Miraculn und Wunderwercken [...]. Mainz 1591 (²1595). — [2] L. Kretzenbachers zahlreiche Legendenstudien zu ikonographischen Themen stehen für diese selten gebrauchte Begriffsbildung; cf. Vergleichende Vk. Bibliogr. L. Kretzenbacher. ed. H. Gerndt/G. R. Schroubek. Mü./Würzburg 1977, 57 sq., s. v. Bild- und Legendenmotive und -stoffe; zur religionswiss. Terminologie cf. Röhrich, L.: Sage. Stg. ²1971, 33 sq.; Bausinger, H.: Formen der „Volkspoesie". B. 1968, 195 sq. — [3] Brückner, W.: Nächstenliebe als Kinderfürsorge. In: Bayer. Bll. für Vk. 13 (1986) 67—75. — [4] Dünninger, J.: Die Wallfahrtslegende von Vierzehnheiligen. In: Festschr. W. Stammler. B./Bielefeld 1953, 192—205. — [5] Lechner, M.: Maria, Marienbild 6. In: LCI 3 (1971) 206—210, hier 209. — [6] cf. Feurstein, H.: Matthias Grünewald. Bonn 1930, 49 sq. — [7] cf. Wesselski, A.: Das bestohlene H. In: Mittlgen des Vereins für die Geschichte Berlins 45 (1928) 127—130. — [8] Schöppner, A.: Sagenbuch der bayer. Lande 1. Mü. 1874, num. 254; Dünninger, H.: Processio peregrinationis. Volkskundliche Unters.en zu einer Geschichte des Wallfahrtswesens im Gebiete der heutigen Diözese Würzburg 2. In: Würzburger Diözesangeschichtsbll. 24 (1962) 52—188, hier 157. — [9] cf. Englhardt, G.: Bilderverehrung. In: Lex. der Marienkunde 1. Regensburg 1967, 781—788. — [10] Deneke, B.: Zu einer Polemik gegen ndd. Wallfahrten. In: Rhein.-westfäl. Zs. für Vk. 8 (1961) 120—122; Brückner, Reg. s. v. Bild. — [11] Kummer, S.: Doceant Episcopi. Auswirkungen des Trienter Bilderdekrets im röm. Kirchenraum. Würzburger Antrittsvorlesung vom 5. 7. 1988 (masch.). — [12] Dünninger, H.: Ablaßbilder. Zur Klärung der Begriffe Gnadenbild und Gnadenstätte. In: Jb. für Vk. N. F. 8 (1985) 50—91; id.: Gnad und Ablaß — Glück und Segen. Das Verhüllen und Enthüllen hl. Bilder. ibid. 10 (1987) 135—150; Brückner, W.: Gnadenbild und Legende. Würzburg 1978. — [13] cf. Kriss, R.: Die Vk. der altbayr. Gnadenstätten 3. Mü. ²1956, 71—126; Gugitz, G.: Österreichs Gnadenstätten in Kult und Brauch 1—5. Wien 1955—58; Kriss-Rettenbeck, L.: Bilder und Zeichen religiösen Volksglaubens. Mü. 1963 (²1971), Reg. s. v. Bild. — [14] Aurenhammer, H.: Die Mariengnadenbilder Wiens und Niederösterreichs in der Barockzeit. Wien 1956, 3. — [15] cf. Englhardt (wie not. 8). — [16] ibid. — [17] cf. allg. Günter 1910 und 1949, Reg. s. v. Bilder. — [18] Kretzenbacher, L.: Das verletzte Kultbild. Mü. 1977; Brückner, W.: Das verletzte Kultbild. In: id.: Mariabuchen. Würzburg 1979, 76—89. — [19] Brückner, 308 sq., num. 115—118.

Würzburg Wolfgang Brückner

Heiligenbild: Das lebendige H. (AaTh 1829), Schwank, der die Vorstellung von der selbst in hölzernen, steinernen oder gemalten Abbildern wirksamen Macht → Heiliger parodiert[1]. Anhand der im EM-Archiv befindlichen Texte sowie der Angaben regionaler Typenkataloge lassen sich zwei unterschiedliche Ausprägungen ermitteln:

(1) Als der Festtag des Heiligen (Antonius, Leonhard, Rochus, Nikodemus, Crépin, Cramaire) bevorsteht, muß der Geistliche feststellen, daß das H. nicht mehr da ist. Es ist verrottet (verkauft oder beim Staubputzen derart beschädigt worden, daß es nicht mehr aufgestellt werden kann). Auf Rat des Kirchendieners (→ Küster) substituiert ein Schuhmacher (Schneider, Bettler) den Heiligen. Aus unvorhergesehenem Anlaß (störende Insekten, brennende Weihkerzen zu seinen Füßen) muß der unerkannt wirkende Stellvertreter jedoch kurz vor Ende des → Gottesdienstes seinen Platz fluchtartig (mit einem Fluch auf den Lippen) verlassen.

(2) Ein Bildhauer (Tischler) erhält den Auftrag zur Anfertigung von Heiligenfiguren, wird jedoch mit seiner Arbeit nicht rechtzeitig fertig und gewinnt einen oder mehrere Helfer, die vor der Abnahmekommission als → Statue posieren. Die Kirchenvertreter beanstanden die mangelhafte Ausführung der Arbeiten und veranlassen den Künstler zu sofortiger

Reparatur mit dem Messer (Hobel). Die Statue wird ‚lebendig' und ergreift die Flucht.

Die vor allem aus Ost-, Mittel-, West- und Südeuropa[2] stammenden und im 19./20. Jh. aufgezeichneten Texte sind sehr heterogen, ein Ökotyp ist nicht erkennbar. Eine größere Anzahl von Var.n ist aus Frankreich (20), dem dt.sprachigen Gebiet (11) und aus Lettland (10) bekannt; diese Tatsache könnte aber auch durch intensive Sammeltätigkeit bedingt sein. Ein in Neu-Mexiko und auf Kuba aufgezeichneter Text geht offenbar auf europ. Einfluß zurück[3] (ebenso ein Text aus Guadeloupe[4]), andere zu AaTh 1829 gestellte Texte außerhalb Europas (Indien[5], China[6]) behandeln die Thematik des sprechenden H.es, das zu eigenem Nutzen dem gläubigen Bittsteller Ratschläge erteilt (Der gefoppte → Beter)[7], oder schildern die Fütterung des als Statue verborgenen Liebhabers mit Keksen und dessen Vertreibung durch den Ehemann[8]. Vor allem bei Spaniern und Franzosen und von ihnen beeinflußten Kulturen[9] findet sich die 2. Ausprägung der Erzählung, aber auch z. B. in Niederösterreich[10]. Dabei erinnert die ‚Reparaturmaßnahme' motivlich an den weitverbreiteten Schwank über die Liebhaber, welche auf Anraten ihrer Geliebten bei der überraschenden Heimkehr des Ehemannes als Statue im Arbeitsraum des Bildhauers (Holzschnitzers) posieren[11] und, wie der Priester im Fabliau *Le Prêtre crucifié*[12], kastriert werden oder, wie z. B. bei Girolamo → Morlini[13] und Giovan Francesco → Straparola (8, 3), aus Angst vor körperlichen Blessuren für immer das Weite suchen (cf. AaTh 1359 C: *Husband Prepares to Castrate the Crucifix*, AaTh 1730: cf. → *Liebhaber bloßgestellt*).

AaTh 1829 begegnet auch in Kombination mit anderen Erzähltypen. Bes. häufig findet sich einleitend die Erzählung *Der naschhafte → Heilige* (AaTh 1572 C*, 1829 A*), die den schlechten Zustand der H.er bzw. deren Fehlen begründet[14]. Mitunter ergibt sich auch eine Verbindung zu dem Thema des unerwarteten Geld(Schatz)fundes, den ein Dummkopf unverhofft macht, als er seine Kuh nicht mehr wiederfindet, die er in einem kuriosen Handelsgeschäft einem H. verkauft hatte, deshalb das H. zertrümmert und darin eine Menge Geld findet (AaTh 1643: → *Geld im Kruzifix*)[15]. Darüber hinaus interessiert zwar auch der Beweggrund für die Flucht des zufällig aushelfenden, stets männlichen Wesens, doch ebenso aufschlußreich ist die Erzählerintention mit der geschilderten Reaktion der Gläubigen. Im ganzen sind vier Charakteristika (z. T. innerhalb einer Fassung) erkennbar:

(1) Der Substituend hat infolge äußerer Beeinträchtigungen genug von seiner Rolle und ergreift unter lautem Fluchen die Flucht. „Da soll der Teufel heiliger Antonius sein und nicht ich!" (schles.)[16] (2) Die Gläubigen bzw. Geistlichen begreifen die Lebendigkeit des H.es als ein neues Wunder. In einer frz. Fassung mit der 2. Erzählstruktur fallen der Kaplan und die Oberin auf die Knie und bitten um Rückkehr des hl. Dénigé[17]. Oder die Gläubigen rennen dem entschwundenen H. „tagelang nach mit Prozessionen, aber sie haben ihn nie mehr erwischt" (schles.)[18]. (3) Die übertriebene Verehrung von Statuen und Bildern (cf. auch → Götzenbild) ist Zielscheibe des erzählerischen Spotts. Bes. alten Frauen wird nachgesagt, sie hätten das Wasserlassen des H.es für heiliges Öl gehalten und sich damit die Augen bestrichen, „denn es soll für die Kurzsichtigen gut sein" (österr.)[19]. Eine Var. aus dem Böhmerwald bezeichnet die ‚Weiblein' als ‚liebesbrünstig', wie sie zum hl. Krispinus emporschauten „und spiegelten und glänzten vor Seligkeit"[20]. (4) Das Aufstellen der H.er bewirkt einen Vorteil für den Geistlichen (die Kirche). Der Geistliche verwendet bewußt ein lebendiges H., um dessen ‚Flucht' zum Anlaß zu nehmen, die Gemeinde zu großzügigen Spenden für die Anschaffung einer neuen Figur zu bewegen (österr.)[21]; dieses Motiv von der Flucht des Heiligen und seiner Wiederkehr unter bestimmten Umständen entspricht AaTh 1826 A*: *The Escaped Saint*[22]. In einer Var. aus Siebenbürgen[23] ist der Pfarrer schlagfertig und begründet dem anwesenden König das Verschwinden der H.er damit, sie hätten sich wohl wegen der kleinen und häßlichen Kirche vor dem Herrscher geschämt. Der König erweist sich als Mäzen und hinterläßt genügend Geld für einen Kirchenneubau.

So unterschiedlich wie der Anlaß für die Substitution von H.ern oder deren Entdeckung als lebendige H.er kann auch die Ausmalung einzelner Episoden selbst sein. Abgesehen von Fassungen, welche die Institution Kirche in ihrer Gesamtheit eher stabilisieren denn kritisieren und mögliche Beschädigungen heiligmäßiger Bilder und Statuen durch eine amüsante Geschichte zu erklären suchen, begegnen insbesondere parodistisch gefärbte Fassungen, welche die in bestimmten Gegenden anzutreffende übertriebene Wundergläubigkeit karikieren.

Der vielerorts mit der Anrufung einer höheren Instanz verbundene Glaube an die Kraft des → Gebets und an die Macht von H.ern (→ Bild, Bildzauber; cf. auch →Dingbedeutsamkeit, -beseelung)[24] mag die Genese solcher Erzählungen vor allem in kathol. Gegenden — gerade auch die Bitte an das H. zurückzukehren — gefördert haben. Die unchristl. Verspottung naiven Aberglaubens in AaTh 1829 und anderen Erzählungen ist nach K. → Ranke u. a. bes. dann als schwankhafte Umsetzung sog. ernster Motive — er spricht von einer → Schwundstufe — zu registrieren, je höher die sittlichen Kategorien seien[25]. Schwanktypisch scheint hier die bereits von M. → Lüthi betonte „Paradoxie des Geschehens"[26], d. h. die Inszenierung schalkhafter Handlungen an heiligem Ort. Solche ‚Kernmotive' könnten wohl unabhängig voneinander entstanden sein, „wo zu einer bildhaften Darstellung [...] eines Heiligen [...] gebetet wird" (L. → Röhrich)[27]. Für diese Annahme könnte die starke Heterogenität der Fassungen sprechen. Dabei ist jedoch zu bedenken, daß die hohe Konzentration von AaTh 1829 in Europa eine solche → generatio aequivoca zwar nicht ausschließt, aber auch nicht zwingend erkennen läßt.

[1] Uther, H.-J.: Das sprechende und handelnde H. In: Der Dämon und sein Bild. ed. L. Petzoldt/S. de Rachewiltz. Bern/Ffm./N. Y./P. 1988, 187—201. — [2] Revista de etnografia 6 (1966) 204—206; Espinosa 1, num. 42; Sánchez Pérez, J. A.: Cien cuentos populares. Madrid 1942, num. 44; Sébillot, P.: Contes populaires de la Haute-Bretagne 1. P. 1880, num. 33; ibid. 2 (1881) num. 45 (= Tegethoff, F.: Frz. Volksmärchen 2. MdW 1923, 122); Bladé, J.-F.: Contes populaires de la Gascogne 3. P. 1886, num. 16; Perbosc, A.: Contes de Gascogne. P. 1954, num. 47; Meyrac, A.: Traditions, coutûmes, légendes et contes des Ardennes. Charleville 1890, 437 sq.; Cadic, F.: Contes de Basse-Bretagne. P. 1955, num. 21; RTP 2 (1887) 9—15 (bret.) (= Delarue, P.: The Borzoi Book of French Folktales. N. Y. 1956, 322—331 [mit Lit. 398—400]); Cirese/Serafini (dort notierte Var.n gehören zum überwiegenden Teil nicht zu AaTh 1829); Toschi, P./Fabi, A.: Buonsangue romagnolo. Bologna 1960, num. 67; Ó Súilleabháin/Christiansen; Legros, E.: Un Examen, revision. In: Les Dialectes Belgo-Roman 19 (1962) 78—115, hier 112; de Meyer, Conte; Top, S.: Volksverhalen uit Vlaamse Brabant. Utrecht/Antw. 1982, num. 31; van der Kooi; Cox-Leick, A. M. A. /Cox, H. L.: Märchen der Niederlande. MdW 1977, num. 35 (von einem Flamen gehört); Haiding, K.: Märchen und Schwänke aus Oberösterreich. B. 1969, num. 48; Anthropophyteia 5 (1908) 132—134 (österr.); Henßen, G.: Volk erzählt. Münster 1935, num. 266; Schönwerth, F. X. von: Oberpfälz. Sagen, Legenden, Märchen und Schwänke. ed. K. Winkler. Kallmünz [2]1959, 289 sq.; Kapfhammer, G.: Bayer. Schwänke „dastunka und dalogn". Düsseldorf/Köln 1974, 130, 141 sq.; Neumann, S.: Ein mecklenburg. Märchenerzähler. Die Geschichten des August Rust. B. 1968, num. 79; Peuckert, W.-E.: Hochwies. Göttingen 1959, num. 204; id.: Schlesiens dt. Märchen. Breslau 1932, num. 258; Kubitschek, R.: Böhmerwäldler Bauernschwänke. Wien/Prag/Lpz. 1920, 40—42; Haltrich, J.: Dt. Volksmärchen aus dem Sachsenlande in Siebenbürgen. Mü. [6]1956, num. 45; Berze Nagy, num. 1789, 1826**; Krauss, F. S.: Tausend Sagen und Märchen der Südslaven 1. Lpz. 1914, num. 116; Narodna umjetnost 11—12 (1975) 82, num. 45 (cf. dazu auch Fabula 26 [1985] 65 sq.); Balys, num. *1730 B; Arājs/Medne; Krzyżanowski, num. 1777; SUS 1359 C, 1829; Barag, L. G.: Beloruss. Volksmärchen. B. 1966, num. 79. — [3] cf. Espinosa 2, 237. — [4] Flowers, 546 sq. — [5] Thompson/Roberts. — [6] Ting. — [7] Ting. — [8] Parker, H.: Village Folk-Tales of Ceylon 2. L. 1914, num. 124 (= Thompson/Roberts 1829). — [9] z. B. Sánchez Pérez (wie not. 2); cf. Espinosa 2, 236 sq. — [10] Anthropophyteia (wie not. 2). —
[11] cf. Köhler, R.: Der Maler mit der schönen Frau [1873]. In: Köhler/Bolte 2, 469 sq.; Frosch-Freiburg, F.: Schwankmären und Fabliaux. Göppingen 1971, 105—118; Kasprzyk, K.: Nicolas de Troyes et le genre narratif en France au XVIe siècle. W./P. 1963, num. 34 (mit Lit.). — [12] Montaiglon, A. de/Raynaud, G. (edd.): Recueil général et complet des fabliaux des XIIIe et XIVe siècles 1. (P. 1872) Nachdr. N. Y. 1963, num. 18. — [13] Die Novellen Girolamo Morlinis. ed. A. Wesselski. Mü. [1908], num. 73 (mit Lit.). — [14] z. B. Cox-Leick/Cox (wie not. 2). — [15] z. B. Schönwerth (wie not. 2). — [16] Peuckert 1932 (wie not. 2). — [17] Sébillot 1891 (wie not. 2). — [18] Peuckert 1959 (wie not. 2). — [19] Anthropophyteia (wie not. 2). — [20] Kubitschek (wie not. 2). — [21] Anthropophyteia (wie not. 2). — [22] Die von S. Thompson sub AaTh 1826 A* notierte Inhaltsbeschreibung basiert auf Berze Nagy 1826** = Berze Nagy 1789, 2 = AaTh 1829 A*; dort subsumierte Var.n gehören zu AaTh 1829, die Einführung des Erzähltyps AaTh 1826 A* erweist sich als unnötig. — [23] Haltrich (wie not. 2). — [24] cf. die zahlreichen Beitr.e L. Kretzenbachers (mit Lit.): Geheiligtes Recht. Aufsätze zu einer vergleichenden rechtlichen Vk. in Mittel- und Südosteuropa. ed. B. Sutter. Wien/Köln/Graz 1988. — [25] Ranke, K.: Schwank und Witz als Schwundstufe [1955]. In: id.: Die Welt der Einfachen Formen. B./N. Y. 1978, 61—78, hier bes. 61. — [26] Lüthi, M.: Von der Freiheit der Erzähler. In: Neue Zürcher Ztg vom 6. 6. 1971, 51 sq., hier 51. — [27] Röhrich, Erzählungen 2, 493.

Göttingen Hans-Jörg Uther

Heiliger Geist in der Kirche (AaTh 1837), kurze schwankhafte Erzählung, die das ma.

Pfingstbrauchtum der röm.-kathol. Kirche verspottet:

Ein Geistlicher vereinbart mit dem → Küster, an Pfingsten ein Wunder zu wirken und den H. G. beim → Gottesdienst in Gestalt einer → Taube durch eine Öffnung der Kirchendecke herabschweben zu lassen. Auf das vereinbarte Stichwort des Geistlichen hin erscheint statt der Taube der Kopf des Mesners im Gewölbeloch. Er ruft: ‚Den H. G. hat die Katze gefressen!'

Dieser Schwank ist im gesamten europ. Raum belegt und erfreut sich bes. in Finnland (93 Var.n), Lettland (45 Var.n) und Estland (22 Var.n) großer Beliebtheit[1]. Auch einige dt.sprachige Versionen liegen vor.[2]

Der Geistliche (Pfarrer, Pastor, Pope) inszeniert die Erscheinung des H. G.es, um seine Gemeinde im Glauben zu festigen, häufigeren Kirchenbesuch anzuregen oder die Spendenfreudigkeit zu beleben; in kirchenfeindlichen Var.n will er sich angeblicher Heiligkeit rühmen. Der vermeintliche H. G. ist meist eine (weiße) Taube, gelegentlich auch ein anderer Vogel (Schwalbe, zahmer Kanarienvogel)[3]. Als Helfer tritt der Kirchendiener, Diakon, Lehrer, Organist, Totengräber, Koch (Köchin), Chorknabe oder des Pfarrers eigener Sohn in Aktion. Neben der Katze (Kater) werden auch heimische Raubtiere (Iltis, Marder) genannt; gelegentlich steckt der Kirchendiener die Taube in seine Tasche, wo sie erstickt oder erdrückt wird[4]. Bei einigen Var.n (böhm., lett.)[5] streut der Mesner die übriggebliebenen Federn von oben herab. In einer Erzählung aus Dithmarschen will der Küster die Knochen herunterwerfen[6]. In einigen Fassungen heißt es, der ‚H. G. habe den Hals gebrochen'[7] oder ‚er sei verreckt'[8]. Auch andere Gründe können schuld daran sein, daß der ‚H. G.' nicht erscheint: Der Vogel ist entwischt[9], er hat einen Flügel gebrochen[10], er ist für das Loch im Gewölbe zu groß[11].

Die mißglückte Sendung des H. G.es wird in Var.n aus Deutschland, Ungarn und Südafrika noch weiter ins Lächerliche gezogen[12]: Der Küster oder gar die Köchin[13] bricht mit der unteren Körperhälfte durch das Deckengewölbe und ist z. T. ‚in puris naturalibus' zu sehen. Geistesgegenwärtig ruft der Pfarrer: „Wer hinaufschaut, wird blind!" Einer jedoch (in Ungarn ein Zigeuner) blinzelt neugierig nach oben und denkt: „Ein Auge will ich riskieren!"[14]

Eine Kontamination von AaTh 1837 mit anderen Erzähltypen läßt sich nur in einem schwed. Text nachweisen, in dem AaTh 1786: *The Parson in the Church on the Ox*[15] vorangeht. Hingegen gibt es eine ganze Reihe von mehr oder weniger eng verwandten Erzählungen:

In einem russ. Text befiehlt der Priester seinem Gehilfen, brennendes Werg von oben herabzuschütten, so daß es wie Feuer vom Himmel aussehe; zum Schluß erklärt der Mesner: „Das Werg ist alle."[16] Ganz ähnlich wirft der Küster in einer Var. aus der frz.sprachigen Schweiz glühende Holzkohlen auf das Volk, bis der Topf leer ist; da ruft der Pfarrer: „Wirf den Gluttopf herunter!"[17] In einer Erzählung aus dem dt.sprachigen Oberwallis ist der H. G. angeblich in einer Schachtel versteckt. Diese soll nicht geöffnet werden, bevor der Überbringer in der Kirche sei; als der Neugierige die Schachtel vorher öffnet, fliegt eine Hummel heraus (AaTh 1416: *Die neue → Eva*)[18]. In einer mehrfach belegten dän. Geschichte steckt der Priester einen Vogel (Lerche) in seine Brusttasche; während der Predigt über das Gleichnis vom Zöllner und dem Pharisäer (Lk. 18, 9–14) schlägt er an seine Brust, ruft aber plötzlich: „Ah, Tod und Teufel, meine Lerche!"[19]

Der Schwank vom H. G. in der Kirche liegt nur in Aufzeichnungen des 19./20. Jh.s vor. Er geht zurück auf das im MA. ausgebildete Brauchtum der röm.-kathol. Kirche, während des Pfingstgottesdienstes bunte Blumen, brennende Wergflocken, Zettel mit Bibelsprüchen oder Süßigkeiten von der Kirchendecke herabzuwerfen, um die Sieben Gaben des H. G.es und die „Zungen wie von Feuer" (Apg. 2, 2–3) darzustellen. Während der Sequenz „Veni, Sancte Spiritus"[20] ließ man eine lebende (später eine hölzerne) Taube als Symbol des H. G.es – entsprechend dem bibl. Bericht (Lk. 3, 22; cf. Mt. 3, 16–17; Mk. 1, 10)[21] – durch das sog. H.-G.-Loch in das Kirchenschiff hinab. Dieser Brauch des H.-G.-Schwingens wird im bayer.-österr. Gebiet – trotz früherer Verbote[22] – z. T. heute noch geübt[23]. Die H.-G.-Taube ist in Kirchenkanzeln über dem Platz des predigenden Geistlichen angebracht; als Deckenschmuck (sog. Unruh) war sie in den Bauernstuben ganz Europas beliebt[24].

Der Erzähltyp AaTh 1837 ist wohl aus rationaler Wunderkritik und aufklärerischem Mißtrauen gegenüber traditionellen → Bräuchen entstanden. Daher überrascht es nicht, den

Schwank gerade in protestant. Kreisen und im Bereich der Ostkirche zu finden, wo er auch eine antikathol. bzw. antiklerikale Tendenz hat. Weil der Pfarrer und sein Helfer das Kirchenvolk betrügen, aber dabei selbst eine Schlappe hinnehmen müssen, ist eine gewisse Schadenfreude und Kritik an kirchlichen Mißständen meist nicht zu verkennen.

[1] Ergänzend zu AaTh: Krzyżanowski (cf. hierzu Barag); SUS; Raudsep; Arājs/Medne; Rausmaa; Ó Súilleabháin/Christiansen; van der Kooi; Sinninghe; Stroescu, num. 4958 (= 5675); Berze Nagy; Coetzee; Texte: Dorson, R. M.: Polish Wonder Tales. Chic. 1949, num. 9; Jech, J.: Lidová vyprávění z Kladska. Prag 1959, num. 177; Knejčer, V. N.: S togo sveta. Antireligioznye skazki narodov SSSR. Char'kov 1959, 29 (russ.); Lintur, P. V.: Ukr. Volksmärchen. B. 1972, num. 115; Ambainis, O.: Lett. Volksmärchen. B. [2]1979, num. 111; Šmits, P.: Latviešu tautas teikas un pasakas 12. Riga [2]1968, 504; Hackman, O.: Finlands Svenska Folkdiktning 1, 2. Hels. 1920, num. 339 sq.; Skattegraveren 11 (1889) 54–56, num. 90–92; Kovács, Á.: Kalotaszegi népmesék 2. Bud. 1943, num. 56; Dobos, I.: Egy somogyi parasztcsalád meséi. Bud. 1962, num. 67; Revista de etnografia 6 (1966) 199 sq., 202, num. 122, 124. — [2] cf. z. B. Bronner, F. J.: Bayer. Schelmenbüchlein. Diessen 1911, 47; Henßen, G.: Volk erzählt. Münster 1935, num. 271 (münsterländ.); id.: Sagen, Märchen und Schwänke des Jülicher Landes. Bonn 1955, num. 477; Bodens, W.: Sage, Märchen und Schwank am Niederrhein. Bonn 1937, num. 1130; Wisser, W.: Plattdt. Volksmärchen [2]. MdW 1927, 114 sq.; Wossidlo, R.: Volksschwänke aus Mecklenburg. ed. S. Neumann. B. [3]1965, num. 242; Guntern, J.: Volkserzählungen aus dem Oberwallis. Basel 1978, num. 694; Hörmann, L.: Tiroler Volksleben. Stg. 1909, 97; SAVk. 15 (1911) 113, num. 6. — [3] ibid.; cf. Hoffmann-Krayer, E.: Schweiz. Maibräuche. In: Schweizer Vk. 11 (1921) 29–43, hier 43. — [4] cf. Knejčer und Lintur (wie not. 1); Lück, K.: Der Mythos vom Deutschen in der poln. Volksüberlieferung und Lit. Lpz. [2]1943, 94. — [5] Kubitschek, R.: Böhmerwäldler Bauernschwänke. Wien/Prag/Lpz. 1929, 28; Ambainis (wie not. 1). — [6] Wiepert, P.: Volkserzählungen von der Insel Fehmarn. Neumünster 1964, 155 sq. — [7] Kristensen, E. T.: Vore Fædres kirketjeneste [...]. Aarhus 1899, num. 130. — [8] Lück (wie not. 4); Zender, M.: Volksmärchen und Schwänke aus der Westeifel. B. 1935, num. 81; Joisten, C.: Contes populaires du Dauphiné. Grenoble 1971, num. 244.1. — [9] Bll. für Pommersche Vk. 10 (1902) 158, num. 4; Kristensen (wie not. 7) num. 129. — [10] Skattegraveren 11 (1889) 56, num. 92. — [11] Kristensen (wie not. 7) num. 128; Wiepert (wie not. 6) num. 178. — [12] Zender (wie not. 8); Berze Nagy; Coetzee. — [13] Merkens, H.: Was sich das Volk erzählt 2. Jena 1895, num. 211; Wagenfeld, K.: Zum Schwank von der „Pfingsttaube". In: Schweizer Vk. 11 (1921) 55; Dobos und Kovács (wie not. 1); Dittmaier, H.: Sagen, Märchen und Schwänke von der unteren Sieg. Bonn 1959, 169. — [14] Berze Nagy. — [15] Hackman (wie not. 1) num. 339. — [16] SUS 1837**; Loukatos, D. S.: Neoellēnika laographika keimena. Athen 1957, 312, num. 36. — [17] Joisten (wie not. 8) num. 244.3; cf. auch Revista de etnografia 6 (1966) 202, num. 124 (Blitz und Donner). — [18] Guntern (wie not. 2) num. 695. — [19] Kristensen (wie not. 7) num. 123–125. — [20] Text z. B. bei Zoozmann, R.: Laudate Dominum [...]. Mü. 1928, 796–799. — [21]cf. allg. Sühling, F.: Die Taube als religiöses Symbol im christl. Altertum. Fbg 1930. — [22] Stemplinger, E.: Wir Altbayern. Mü. 1946, 98; Churbaier. Regierungsbl. 17 (1803) 258 sq.; cf. [Richter, J.:] Bildergalerie kathol. Mißbräuche. Ffm./Lpz. 1784, 166 sq., Ill. neben p. 159. — [23] Aus der reichen Lit. cf. z. B.: Durandus, G.: Rationale divinorum officiorum. Antw. 1614, 403; Rituale Frisingense. Freising 1673, 607 sq.; Martène, E.: De antiquis ecclesiae ritibus 3. Antw. [2]1737, 546; HDA 6, 1684 sq.; Veit, L. A.: Volksfrommes Brauchtum und Kirche im dt. MA. Fbg 1936, 104; Gugitz, G.: Das Jahr und seine Feste im Volksbrauch Österreichs 1. Wien 1945, 287–293; Weiser, F. X.: Handbook of Christian Feasts and Customs. N.Y. [4]1958, 251–254; Kapfhammer, G. (ed.): Brauchtum in den Alpenländern. Mü. 1977, 218; Heinz-Mohr, G.: Das vergnügte Kirchenjahr. Gütersloh [3]1979, 84–90; Heim, W./Perler, T.: Christl. Brauchtum gestern und heute. Fbg (Schweiz) 1985, 63 sq. — [24] Andree-Eysn, M.: Volkskundliches. Aus dem bayer.-österr. Alpengebiet. Braunschweig 1910, 78–94; Heiliggeistkugeln aus dem Bayer. Wald. Ausstellungskatalog Straubing 1983.

Freising Rudolf Goerge

Heiliger: Der naschhafte H. (AaTh 1572 A*, 1829 A*), selbständiger, öfter jedoch mit AaTh 1829: *Das lebendige* → *Heiligenbild* kontaminierender Schwanktyp über einen vom Kirchendiener listig vertuschten → Diebstahl und die Düpierung des Geistlichen. Der im AaTh-Katalog unter AaTh 1572 A*: *The Saints Ate the Cream* und AaTh 1829 A*: *Saint's Image Smeared with Milk* unzulänglich beschriebene Erzähltyp[1] weist eine wesentlich weitere Verbreitung auf, als die insgesamt elf aus Litauen und Ungarn notierten Var.n im AaTh vermuten ließen. Nach den in der EM-Arbeitsstelle befindlichen ca 40 Var.n und den Angaben der regionalen Typenkataloge ergibt sich folgende Handlungsstruktur[2]:

In der Nähe eines Heiligenbildes (in der Speisekammer) stellt ein Geistlicher ein Gefäß mit Sauerrahm (Sahne, Milch, Speck, Honig) ab, das in seiner Abwesenheit vom Kirchendiener (Knecht) gestohlen (geleert) wird. Um den Verdacht von sich abzulenken, beschmiert der Dieb ein (mehrere) Heiligenbild(er) (-figur[en]) mit Sauerrahm. Der Geistliche fällt auf den Trick herein und glaubt sich von den Heiligenbildern bestohlen. Er beschimpft sie unflätig und läßt sie aus der Kirche entfernen (der Kirchendiener versteckt sie heimlich, und der Geistliche denkt, sie seien seinetwegen entflohen, cf. AaTh 1826 A*: *The Escaped Saint*[3]).

Erweiterung: Wegen eines bevorstehenden Feiertages (des Festtages des Heiligen) kommt der Geistliche in arge Not und beauftragt den Kirchendiener (gegen entsprechendes Entgelt), Ersatz zu beschaffen. Der Listige holt die von ihm zuvor versteckten und dann blankpolierten Bilder hervor und gibt vor, die Heiligen seien auf sein Zureden hin wieder zurückgekehrt. Der Geistliche verspricht den Heiligen, daß sie künftig ihre Leckereien ohne Repressalien zu sich nehmen könnten. Der Kirchendiener hat für alle Zeiten ausgesorgt.

Öfter dient AaTh 1829 A* als Eingangsthematik für AaTh 1829. In solchen Fällen hat der Geistliche in seinem Zorn über die vermeintlich diebischen Heiligen die Bilder (Statuen) kurz und klein geschlagen und sinnt auf Abhilfe, als der Festtag des Heiligen herannaht. Der hilfsbereite Kirchendiener besorgt ihm (gegen Entgelt) eine lebende Ersatzfigur, die aber während der Kirchenfeier, gestört durch Insekten oder ähnliches, fluchtartig das Weite sucht.

Der Erzähltyp begegnet vor allem in Mitteleuropa. Überliefert sind frz.[4], fläm.[5], ndl.[6], dt.[7], österr.[8], tschech.[9], slovak.[10], poln.[11], litau.[12], lett.[13], estn.[14], finn.[15], weißruss.[16], ukr.[17], russ.[18], syrjän.[19], rumän.[20], ung.[21], serb.[22] Var.n aus dem 19./20. Jh. Außereurop. Var.n sind nur aus Japan (55 Var.n)[23] bekannt, kennen aber auch das Motiv der des Diebstahls beschuldigten Heiligenbilder. Doch weicht die Handlungsstruktur zu sehr ab, als daß man von einer gemeinsamen Überlieferung sprechen könnte.

In der singulären syrjän. Var.[24] hält der Geistliche am Festtag des Heiligen keine Predigt ab aus Verärgerung darüber, daß der hl. → Nikolaus den für ihn bestimmten Sauerrahm aufgegessen habe. Die Kirche schließt er ab und verläßt seine Gemeinde. Auf seiner Wanderschaft trifft er einen alten Mann, dessen Brot er stiehlt. Nachdem er den Diebstahl mehrmals geleugnet hat, bekennt er schließlich die Entwendung (AaTh 785: → *Lammherz*). Darauf offenbart sich die beschuldigte Heiligenfigur und bittet den Geistlichen, sein Amt wiederaufzunehmen.

In jap. Fassungen redet ein Geistlicher einem ranghöheren Glaubensbruder ein, die Buddhastatue habe statt seiner die Kekse verzehrt. Als der Geistliche daraufhin die Statue mit dem Stock schlägt, entsteht ein Geräusch, das so ähnlich klingt wie: ‚Ich habe sie nicht gegessen.‘ Erneut in Verdacht geraten, weiß der Dieb eine weitere List und macht den anderen glauben, der Buddha werde in erhitztem Wasser schon die Wahrheit sagen. Und tatsächlich entsteht beim Sieden des Wassers ein Geräusch, das so klingt wie: ‚Ich habe sie doch gegessen.‘[25]

Unabhängig vom allg. Handlungsverlauf sind sehr heterogene Ausgestaltungen möglich. In einer Fassung aus Hochwies[26] handelt es sich um zwei Kirchendiener, von denen der geizige seinen Rahm scheinbar an die Heiligenfiguren verliert, da der andere sie vorsorglich mit einem kleinen Teil beschmiert hat. Eine bayer. Var.[27] erklärt den „angepappten Zeigefinger" des hl. Rochus damit, daß eine Bäuerin ihn des Diebstahls ihrer Milch bezichtigt und so heftig auf die Finger geschlagen hätte, daß der Zeigefinger abgefallen sei. Sozialkritisch begründet eine ukr. Var.[28] die Entwendung der Sahne durch den Knecht damit, daß der Pope ihm stets nur altes und trockenes Brot zukommen lassen habe, wie denn überhaupt die Popen ihre Knechte schlecht ernährten. In einer ung. Fassung[29] wird die Entfernung von Heiligenbildern aus protestant. Kirchen mit der Erzählung von den diebischen Heiligen erklärt. Der Glöckner, der die Heiligen mit Sahne beschmiert hat, freut sich zudem, daß er von nun an samstags die Heiligen nicht mehr abstauben muß.

Aus älterer Zeit sind nur einige wenige Erzählungen überliefert, die das Motiv des mit Milch beschmierten Christusbildes kennen, aber es ist nicht zu klären, ob die späteren Fassungen auf diesen Vorlagen beruhen. Am Palmsonntag, so heißt es bei Heinrich → Bebel, Johann → Hulsbusch, Nicodemus → Frischlin[30] sowie bei J. L. → Zincgref und J. L. Weidner[31], werde üblicherweise das Christusbild auf einem Esel durch die Straßen geführt. Ein einfältiger Kirchenbesucher läßt seinen Milchtopf neben dem rastenden Tier stehen und bezichtigt nach seiner Rückkehr das Grautier des Milchdiebstahls, als er dessen vollgeschmiertes Maul sieht, während in Wirklichkeit Umstehende sich einen Spaß erlaubt hatten.

Eine Reihe von schwankhaften Erzählungen basiert auf absurden Ausreden des Diebstahls Verdächtigter (z. B. AaTh 785; AaTh 785 A: → *Einbeiniges Geflügel*), wobei nicht nur Statuen oder andere Gegenstände als vermeintliche Diebe herhalten müssen[32]; selbst das Christusbild soll als heimlicher Gansverzehrer in Frage gekommen sein, macht ein gefräßiger Kaplan im Fabliau *L'Oie au chapelain* dem Pfarrer weis[33]. Die List, vom eigenen Diebstahl abzulenken und einen anderen während des Schlafs mit Honig einzuschmieren, kennt auch der Tierschwank: Auf diese Weise entgeht der Fuchs, der heimlich einen Teil des Honigs (der Butter) gefressen hatte, einer Bestrafung und kann auf den Wolf (Bären) als den ‚wahren' Dieb zeigen (AaTh 15: → *Gevatter stehen*).

Die im Volksglauben vorhandenen Vorstellungen von der ‚Macht' von Heiligenbildern und -statuen (cf. → Bild, Bildzauber, → Götzenbild) mögen die Genese solcher persiflierender Erzählungen begünstigt haben — als ein Indiz für die Ablehnung eines übertriebenen Bilderkults oder als Rechtfertigung für das Nichtvorhandensein eines Kults, wobei der Geistliche, der fast ausschließlich in der Rolle des Düpierten begegnet, mit seinem naiven Aberglauben Zielscheibe des Spotts wird. In der Kombination des beliebten Figurenpaars Geistlicher/Kirchendiener (→ Pfarrer, → Küster) zeigen derartige schwankhafte Erzählungen außerdem spielerisch den häufig anzutreffenden Typus des Übertrumpfungsschwanks, wonach der Schwächere über den Höherstehenden im sozialen Konflikt triumphiert[34].

[1] Eine Motivkongruenz zwischen AaTh 1572 A* und AaTh 1829 A* stellte schon W. Anderson anläßlich der Rez. des rev. AaTh-Kataloges fest, cf. ZfVk. 59 (1963) 93. — [2] Uther, H.-J.: Das sprechende und handelnde Heiligenbild. In: Der Dämon und sein Bild. ed. L. Petzoldt/S. de Rachewiltz. Bern/Ffm./N. Y./P. 1988, 187—201, hier bes. 195—197. — [3] cf. EM 6, 684. — [4] Pineau, L.: Les Contes du Poitou. P. 1891, 227—229; Meyrac, A.: Traditions, coutûmes, légendes et contes des Ardennes. Charleville 1890, 416 sq. — [5] de Meyer, Conte; Top, S.: Volksverhalen uit Vlaamse Brabant. Utrecht/Antw. 1982, num. 31. — [6] Cox-Leick, A. M. A./Cox, H. L.: Märchen der Niederlande. MdW 1977, num. 25 (fläm.). — [7] Henßen, G.: Volk erzählt. Münster 1925, num. 269; Kapfhammer, G.: Bayer. Schwänke „dastunka und dalogn". Düsseldorf/Köln 1974, 180; Peuckert, W.-E.: Hochwies. Göttingen 1959, num. 204. — [8] Haiding, K.: Märchen und Schwänke aus Oberösterreich. B. 1969, num. 35, 50. — [9] Kubín, J.: Povídky Kladské 2. Praha 1910—14, num. 85. — [10] Gašparíková, V.: Ostrovtipné príbehy i veliké cigánstva a žarty. Bratislava 1981, 81. — [11] Krzyżanowski, num. 1777. — [12] Balys, num. 2440. — [13] Arājs/Medne 1572 A*, 1829 A*. — [14] Raudsep, num. 267, 268. — [15] Rausmaa 1572 A*, 1829 A*. — [16] SUS 1572 A*; Barag 1359 D*; Barag, L. G.: Beloruss. Volksmärchen. B. 1966, num. 79; Ramanaŭ, E. R.: Belaruskija narodnyja kazki. Minsk 1962, 55. — [17] SUS 1572 A*; Suchobrus, H./Juvčenko, V.: Ukrains'ki narodni kazky, lehendy, anekdoty. Kyiv 1957, 349—351 (= Die Sonnenrose. Ukr. Märchen. B. ²1970, 91—94). — [18] SUS 1572 A*. — [19] Rédei, K.: Zyrian Folklore Texts. Bud. 1978, num. 145. — [20] Haltrich, J.: Dt. Volksmärchen aus dem Sachsenlande in Siebenbürgen. Mü. ⁶1956, num. 45. —
[21] Berze Nagy, num. 1789, 1826**. — [22] Krauss, F. S.: Tausend Sagen und Märchen der Südslaven 1. Lpz. [1914], num. 116. — [23] Seki, num. 339; Ikeda 1572 A. — [24] Rédei (wie not. 19). — [25] cf. Ikeda 1572 A. — [26] Peuckert (wie not. 7). — [27] Kapfhammer (wie not. 7). — [28] Suchobrus/Juvčenko (wie not. 17). — [29] Berze Nagy, num. 1789, 1. — [30] Belege bei Bebel/Wesselski 1, 2, num. 78. —
[31] EM-Archiv: Zincgref/Weidner 3 (1653), 116 sq. — [32] EM 3, 634 sq. — [33] Montaiglon, A. de/Raynaud, G. (edd.): Recueil général et complet des fabliaux des XIIIe et XIVe siècles 6. (P. 1890) Nachdr. N. Y. 1963, num. 143; cf. BP 3, 127. — [34] Neumann, S.: Der mecklenburg. Volksschwank. B. 1964, 38—41, 47 sq.; cf. auch Bausinger, H.: Bemerkungen zum Schwank und seinen Formtypen. In: Fabula 9 (1967) 118—136.

Göttingen Hans-Jörg Uther

Heiligkeit geht über Wasser (AaTh 827), legendenartige Erzählung, deren Grundform folgenden Verlauf hat:

Ein einfacher frommer Mann (Bauer) verehrt Gott auf seine eigene Weise, obwohl er nie in die Kirche geht. Ein reisender Prediger lehrt ihn, wie man in der rechten Weise beten soll, und zieht weiter. Weil er den Wortlaut des Gebets vergessen hat, läuft der Fromme auf dem → Wasser dem Schiff des Predigers nach. Dieser erkennt durch das → Wunder die Heiligkeit des Mannes und versteht, daß fromme Einfalt Gott wohlgefällig ist.

Das Motiv des wundersamen Gehens über Wasser (cf. Mot. D 1524, D 2125.1, V 51.1) hat seinen Ursprung in alten Mythen und ist bes. aus der bibl. Erzählung vom wasserwandelnden → Christus (Mt. 14, 25; Mk. 6, 48; Joh. 6, 19) bekannt[1]. Zu den ältesten Belegen von AaTh 827 gehören die Erzählung von den Erscheinungen des hl. Augustinus (354—430) in lat. Sprache (sie fand einen Widerhall im

Werk des Fürsten Andrej Kurbskij [16. Jh.])[2] und eine Var. bei Johannes → Pauli, in der Bischof Ambrosius einen auf einer Insel lebenden → Einsiedler besucht, der zwar nicht richtig zu beten versteht, jedoch von Gott die Gabe verliehen bekommen hat, über das Meer wie über festes Land zu gehen[3]. Derartige Erzählungen benutzten die Prediger, um die Gläubigen über den Unterschied zwischen wahrhafter und nur äußerlicher Frömmigkeit zu belehren[4].

In mündl. Form begegnen Erzählungen dieses Typs fast ausschließlich in Europa, wobei die größte Belegdichte im Baltikum und in Osteuropa anzutreffen ist. Unter Ergänzung der Angaben bei AaTh sind im einzelnen Var.n in russ., weißruss., ukr., poln., estn., lett., liv., litau., finn., schwed., dt., ndl., ung., skr., mazedon., bulg., span., katalan., bask. sowie in syrjän. und armen. Sprache nachgewiesen[5].

Dieselbe Rolle wie die Bischöfe Augustinus und Ambrosius in den frühen Belegen spielen der hl. Vinzenz in den span. Var.n[6], der Apostel → Petrus in einer kroat. und einer ukr. Var.[7] und der hl. → Nikolaus in einer serb. wie auch in einer weiteren ukr. Var.[8] Die wundersame Fähigkeit des Wasserwandelns ist zunächst wohl bestimmten Heiligen zugeschrieben worden, bevor die Rolle des Protagonisten auf einen anonymen heiligmäßigen Menschen übertragen wurde[9].

In den katalan. und ukr. Belegen holt der aufrichtig Fromme das Schiff zu Fuß ein[10], in der serb. Var. und in den mazedon. und armen. Texten gelangt er zum Schiff, indem er auf einem ausgebreiteten → Mantel (Pelz) schwimmt[11]. Oft springt der Protagonist Gott zu Ehren über einen Baumstamm, statt in die Kirche zu gehen: Er muß Vieh hüten und kann es nicht ohne Beaufsichtigung lassen[12]; er fühlt sich im Wald und auf dem Feld in Gottes Nähe[13]. In einer westpreuß. Var. schreitet der Bauer, der nie die Kirche besucht hat, wie Christus über das Wasser[14], und in einer weißruss. Var. wird über seinem Kopf ein Heiligenschein sichtbar, als er über den See wandelt[15]. In der katalan. Erzählung über den wundersamen Walderemiten von St. Benet de Montserrat lehrt ein Priester den Eremiten vorschriftsgemäß beten und maßregelt ihn wegen Ketzerei, tut jedoch Buße, als er sieht, daß der Eremit im Lauf über das Meer sein Schiff erreicht (mit seinem Wundermittel einen kranken Mönch rettet)[16].

In einer weißruss. Var. ist AaTh 827 mit einer deutlich ausgeprägten antiklerikalen satirischen Tendenz versehen: Ein Bauer, der nicht zur Kirche geht und dem Popen den Gehorsam verweigert, läßt sich im Wald nieder und wird Einsiedler. Er tritt in einen Wettstreit mit dem Popen, setzt ihn in Erstaunen durch seine Fähigkeit, über den → Fluß zu gehen und rettet den von ihm Blamierten vor dem Ertrinken[17]. Eine ähnlich scharfe Tendenz hat auch eine andere weißruss. Var.[18], ebenso eine bulg. Erzählung[19].

AaTh 827 kontaminiert oft mit AaTh 826: → *Sündenregister auf der Kuhhaut*:

Hier läßt sich der Fromme überreden, einmal in die Kirche zu gehen. Dort muß er jedoch aus einem nichtigen Anlaß während des Gottesdienstes lachen, woraufhin der Teufel ihn in das Sündenregister einträgt. Als er auf dem Heimweg wieder über das Wasser gehen will, versinkt er bis zu den Knöcheln (Knien) darin.

Daneben treten Kontaminationen des Erzähltyps mit verschiedenen Schwänken auf, die das Wunder des Wasserwandelns schwanktypisch → ad absurdum führen, wie in einer ukr. (AaTh 827 + AaTh 1450: cf. → *Kluge Else* + AaTh 1384: cf. → *Narrensuche* + AaTh 1210: → *Kuh auf dem Dach* + AaTh 1540 A*: *Lady sends Pig as Wedding Hostess*)[20] oder in einer ung. Var. (AaTh 827 + AaTh 1920 H: cf. → Lügenwette + AaTh 1137: cf. → *Polyphem* + AaTh 1199: → *Gebet ohne Ende*)[21]. In diesen Texten ist nur noch der Kern der alten Erzählung erhalten, ähnlich wie bei einer 1964 aufgezeichneten span. Var., die mit AaTh 931: → *Ödipus* verschmolzen ist[22].

In der regionalen Erzählüberlieferung begegnen ökotypische Ausprägungen, z. B. ostslav., in denen die Handlung auf den ‚Anbeginn der Welt' verlegt ist, die Zeit, in der die Heiligen, die Apostel, auf der Erde wandelten, sowie die nur in russ. Publ.en nachgewiesene Erzählung von zwei (drei) Greisen — den wahren Gerechten[23].

In Polen ist AaTh 827 im 19./20. Jh. wiederholt von Schriftstellern in Gedicht- oder Prosaform bearbeitet worden, so z. B. von Antoni Edward Odyniec[24]. Ein herausragendes literar. Werk stellt Lev Nikolaevič Tolstojs 1886 in der Zs. *Niva* publizierte Erzählung *Tri starca* (*Die drei Greise*) dar, deren mündl. Quelle allem Anschein nach eine Legende war, die der Dichter von dem nordruss. Märchenerzähler Vasilij Ščegolenok gehört hatte. Diese Fassung hat ihrerseits auf eine 1902 veröff. russ. Var. aus Sibirien eingewirkt[25]. Obwohl der internat. verbreitete Erzähltyp im Laufe seiner Jh.e währenden Geschichte unterschiedlichsten Einflüssen unterworfen war, hat sich seine ursprüngliche Form bis in die Neuzeit relativ stabil erhalten, wie auch das zentrale Motiv des Wasserwandelns in den verschiedenartigsten Ausprägungen belegt ist.

[1] allg. cf. Brown, W. N.: The Indian and Christian Miracles of Walking on the Water. Chic./L. 1928; Günter, H.: Buddha in der abendländ. Legende? Lpz. 1922, 218 sq.; Günter 1910 und 1949, Reg. s. v. Wasserwandeln; Loomis, C. G.: White Magic. Cambr., Mass. 1948, 40, 159. — [2] Kuncevič, G. Z.: ‚Tri starca' L. N. Tolstogo i ‚Skazanie o javlenijach svjatomu Avgustinu'. (‚Die drei Greise' Tolstojs und ‚Die Erzählung von den Erscheinungen des Augustinus'). In: Istoriko-literaturnyj sbornik. Festschr. V. I. Sreznevskij. Len. 1924, 291—296; Sreznevskij, V. I.: Kommentarii k rasskazu ‚Tri starca' (Kommentare zu der Erzählung ‚Die drei Greise'). In: Tolstoj, L. N.: Polnoe sobrannie sočinenij 25. ed. V. G. Čertkov. M. 1937, 707—709. — [3] Pauli/Bolte, num. 332. — [4] Javorskij, Ju. A.: ‚Tri starca' L. N. Tolstogo i ich narodno-literaturnaja rodnja (‚Die drei Greise' Tolstojs und ihre Verwandten in der Volkslit.). In: Čtenija v Istoričeskom obščestve Nestora-letopisca 19, 4 (1907) 97—102, hier 101. — [5] Ergänzend zu AaTh: SUS; Arājs/Medne; Kecskeméti/Paunonen; Krzyżanowski; György, num. 222; MNK; Texte: Setälä, E. N.: Näytteitä liivin kielestä (MSFO 106). Hels. 1953, 379 sq., num. 8; Simonsuuri, L./Rausmaa, P.-L.: Finn. Volkserzählungen. B. 1968, num. 67; Fokos-Fuchs, D. R.: Volksdichtung der Komi (Syrjänen). Bud. 1951, 182—184; Liungman, Volksmärchen, 222 sq., 369; Coleman, M. A.: A World Remembered. Cheshire, Conn. 1965, 231 sq. (poln.); Knoop, O.: Volkssagen, Erzählungen, Aberglauben, Gebräuche und Märchen aus dem östl. Hinterpommern. Posen 1885, 189 sq., num. 2; Bll. für Pommer. Vk. 7 (1899) 534 sq., 8 (1900) 5 sq., num. 2; Preuß, T.: Tiersagen, Märchen und Legenden. In Westpreußen gesammelt. Danzig 1912, 53—55; Henßen, G.: Sagen, Märchen und Schwänke des Jülicher Landes. Bonn 1955, 170 sq., num. 287; id.: Mecklenburger erzählen. B. 1957, num. 134 d—f; id.: Ungardt. Volksüberlieferungen. Marburg 1959, num. 42; Tenèze, M.-L./Hüllen, G.: Begegnung der Völker im Märchen 1. Münster 1961, num. 29 (frz.); cf. Haiding, K.: Österreichs Sagenschatz. Wien 1965, num. 256; Cammann, A.: Turmberg-Geschichten. Ein Beitr. zur westpreuß. Landes- und Vk. Marburg 1980, 234 sq.; Béres, A.: Rozsályi népmesék. Bud. 1967, 305—308, 471; Karadžić, V.: Srpske narodne pripovetke. Beograd 1937, 270, num. 9; Stojanović, M.: Pučke pripoviedke i pjesme. Zagreb 1867, num. 55; cf. Narodna umjetnost 11/12 (1975) 88 sq., num. 54 (skr.); Miliopoulos, P.: Aus mazedon. Bauernstuben. Hbg 1955, 107 sq.; Šapkarev, K. A.: Sbornik ot bŭlgarski narodni umotvorenija 2, 1, 8—9. Sofia 1892, 108—110, num. 86; Alcover, A. M.: Aplec de rondaies mallorquines 5. Palma de Mallorca 1950, 120—122, num. 1; Amades, num. 1628; Karlinger, F./Mykytiuk, B.: Legendenmärchen aus Europa. MdW 1967, num. 26; Karlinger, F./Laserer, E.: Bask. Märchen. MdW 1980, num. 28; Tchéraz, M.: L'Orient inédit. P. 1912, 124—126. — [6] Alcover (wie not. 5). — [7] Stojanović (wie not. 5). — [8] Karadžić (wie not. 5); Kravčenko, V. G.: Ėtnografičeskie materialy, sobrannye v Volynskoj i sosednej gubernijach 2. Žitomir 1914, num. 91. — [9] cf. Röhrich, Erzählungen 1, 116—119, 271 sq.; cf. Dvořák, num. 658*. — [10] Amades, num. 1628; Kievskaja starina (1888) H. 11, 267 sq.; Etnografičnyj zbirnik 12 (1902) num. 275; cf. ibid. 3 (1902) num. 417. — [11] Karadžić, Miliopoulos, Tchéraz (wie not. 5). — [12] Preuß (wie not. 5). — [13] Cammann (wie not. 5). — [14] ibid. — [15] Pietkiewicz, C.: Kultura duchowa Polesia Rzeczyckiego. W. 1938, 174. — [16] Amades, num. 1628. — [17] Seržputovskij, A. K.: Skazki i rasskazy belorusov-polešukov. St. Peterburg 1911, num. 54. — [18] Šejn, P. V.: Materialy dlja izučenija byta i jazyka russkogo naselenija Severo-zapadnogo kraja 2. St. Peterburg 1893, 376, num. 219. — [19] Šapkarev (wie not. 5). — [20] Materialy antropologiczno-archeologiczne i etnograficzne 2 (1897) 87—89, num. 57. — [21] Béres (wie not. 5). — [22] Karlinger, F./Ehrgott, U.: Märchen aus Mallorca. MdW 1968, 233—240, num. 27 (= Karlinger/Mykytiuk [wie not. 5] num. 8). — [23] SUS. — [24] Odyniec, A. E.: Poezye 1. W. 1874, 71—74. — [25] Zapiski Krasnojarskogo podotdela Vostočno-Sibirskogo otdela Russkogo geografičeskogo obščestva. Po ėtnografii 1,1 (1902) num. 25; zum Einfluß von Tolstojs Fassung auf diese Erzählung sowie zum mutmaßlichen mündl. Qu.nmaterial Tolstojs cf. Sreznevskij (wie not. 1); cf. auch Tolstoy, L.: What Men Live By. Russian Stories and Legends. N.Y. 1944, 69—77; Andreev, N. P.: ‚Tri starca' L. Tolstogo i rodstvennye legendy (‚Die drei Greise' L. Tolstojs und verwandte Legenden). In: Novoe delo 2 (1922) 24—32.

Ufa Lev G. Barag

Heilung des Hähnchens (AaTh 2032, 2033), Ketten- bzw. Häufungsmärchen, das davon handelt, daß ein Tier dem anderen einen Schaden zufügt, den es selbst (AaTh 2032: *The Cock's Whiskers*) oder das andere Tier (AaTh 2032 A: *Toad Asks Magpie in Tree to Throw* *down a Chestnut*) zu beheben sucht. In AaTh 2033: *A Nut Hits the Cock's Head* wird ein Tier von einer herabfallenden Frucht am Kopf getroffen und sucht fluchtartig mit anderen Tieren in der Furcht vor weiteren Schädigungen das Weite.

Die gezielte, unbeabsichtigte oder zufällige Verletzung eines Tieres bildet in allen Fällen die Eingangssequenz und scheint die einzige Gemeinsamkeit dieser Erzähltypen zu sein. Die seit der 2. rev. Aufl. bei AaTh 2032, 2032 A und 2033 beträchtlich vermehrten Hinweise auf Var.n erwecken den Anschein, als handle es sich bei allen Typen um weitverbreitete Erzählungen. Doch bei genauer Nachprüfung lassen sich die dort angeführten Var.n zum größten Teil AaTh 2021 A: *The Death of the Cock*, AaTh 2021 B: *The Cock Strikes out the Hen's Eye with a Nut* (AaTh 2021: cf. → *Tod des Hühnchens*), AaTh 2034: → *Maus und ihr Schwanz* und AaTh 20 C: cf. → *Tiere fressen einander* zuordnen. Die auch in verschiedenen Typenkatalogen, Archiven und Anthologien zu beobachtende Zufälligkeit bei der Bestimmung dieser Erzähltypen dürfte auf die unzureichende Beschreibung bei AaTh zurückgehen und auf dort (bis auf AaTh 20 C) nicht registrierte Kontaminationen mit anderen Erzähltypen. Ferner ergeben sich Überschneidungen mit Tiermärchen wie AaTh 20 C oder AaTh 295: → *Strohhalm, Bohne und Kohle*. Die von M. → Haavio[1], A. → Taylor[2] und A. → Wesselski[3] vorgelegten Unters.en zum Kettenmärchen haben hinsichtlich AaTh 2032, 2032 A und 2033 keine Klärung gebracht. Noch immer gilt Taylors[4] Feststellung, daß angesichts der spärlichen Belege Aussagen hinsichtlich Ursprung, Geschichte und Distribution schwer zu treffen sind.

Nach den Unterlagen des EM-Archivs[5] ergibt sich folgendes Bild: Die von S. → Thompson für AaTh 2032 erstmals 1928[6] festgehaltene Strukturbeschreibung basiert offensichtlich auf einer von F. H. Cushing[7] mitgeteilten Fassung der indian. Zuñi, die wiederum auf eine von Cushing den Zuñi selbst um die Jahrhundertwende erzählte Version aus Italien zurückgeht[8], inhaltlich aber beträchtlich verändert und vermehrt wurde, die gezielte Verletzung des Tieres als Racheakt für den von einem anderen Tier abgebissenen Schwanz erscheinen läßt (AaTh 2034) und als Ätiologie endet, welche Eigenschaften und Aussehen von Hahn und Maus erklärt[9].

AaTh 2032 scheint nur in einer Ausprägung in Italien sporadisch[10] aufgezeichnet worden zu sein und erinnert vom Ausgang her an Kettenmärchen, die die vergebliche Suche nach einer Gabe schildern und mit dem Tod des Tieres enden (AaTh 2021 – 2024: *Chains involving a death — animal actors*). Typisch hierfür erscheint die Version G. Zanazzos[11]:

Auf Bitten einer Maus wirft ihr ein Hahn Nüsse von einem Baum herab. Eine der Nüsse trifft die Maus und verletzt sie. Der Hahn macht sich aus dem Staub, die Maus wendet sich an eine alte Frau um Heilung (bittet um einen Lappen). Als Gegengabe verlangt die Frau Hundehaare. Die Maus bittet den Hund um ein paar Haare, der fordert als Gegengabe Brot; weitere Bitten und Gegengaben folgen, bis schließlich eine Quelle ohne Gegengabe das Verlangte erfüllt. Die Maus hat dies wohl nicht erwartet, ihr dreht sich der Kopf, sie fällt in die Quelle und ertrinkt. Andere Var.n enden mit der H. der Maus[12].

Wie viele Kettenmärchen ist die Erzählung charakterisiert durch das Frage-/Antwort-Spiel (→ Dialog) zwischen Mensch und Tier, Tieren untereinander und der Aushändigung eines bestimmten Gegenstandes nur unter der Bedingung einer Gegengabe. Entscheidend ist die → Formelhaftigkeit der verschiedenen Bittgesuche, die von Mal zu Mal zunimmt, die Freude an Sprachspielereien bezeugt und sicher auch dazu gedient hat, die Memorierfähigkeit von Kindern zu schärfen[13].

AaTh 2032 A ist nach dem Vorschlag von R. S. → Boggs als Erzähltyp erstmals in der 2. rev. Aufl. des AaTh (1961) vertreten und lediglich in einer span. Version[14] belegt; die Hinweise auf lett.[15] und kuban.[16] Var.n sind unzutreffend.

Eine Kröte bittet eine Elster, ihr eine Kastanie herabzuwerfen. Die Elster hat Angst, ihr werde der Schnabel brechen, und lehnt ab. Erst als die Kröte verspricht, in einem solchen Fall ein Pferdehaar zu besorgen und den Schnabel wieder zusammenzubinden, kommt sie der Bitte nach. Tatsächlich bricht der Schnabel, und nun macht sich die Kröte auf Reisen: Sie bittet den Esel, der aber verlangt Gras, der Schnitter dann ein Schaf, der Schäfer einen Hund, die Hündin Brot, der Bäcker Holz. Dies schneidet die Kröte, und so erhält sie, von Station zu Station zurückgehend, das Haar.

Auffällig erscheint die bedingte Übereinstimmung einzelner Ketten, die sowohl in AaTh 2032 als auch in verschiedenen Var.n zu

AaTh 2021 B und AaTh 2034 begegnen. All dies scheint eher dafür zu sprechen, die zu AaTh 2032, 2032 A gestellten Var.n AaTh 2021 B und AaTh 2034 zuzuordnen[17].

Eine wesentlich weitere Verbreitung läßt sich für den Erzähltyp AaTh 2033 feststellen.

Dort geht es nicht um eine H., sondern die durch eine zufällig herabfallende Frucht (Birne, Nuß, Eichel), ein Blatt oder durch ein nicht lokalisierbares Geräusch hervorgerufene Kopfverletzung bzw. Verängstigung veranlaßt ein Tier (Hahn, Kater, Hase, Koyote) zur sofortigen Flucht, öfter in der Annahme, nun sei das Ende der Welt nahe. Ihm zufällig begegnende Tiere (Hahn, Pferd, Löwe, Bär) werden informiert und ergreifen ebenfalls die Flucht. Der Ausgang ist sehr unterschiedlich: (1) Die Tiere erkennen die wahre Ursache und verurteilen das Tier (Ätiologie für die Feindschaft von Tieren)[18]; (2) ein Tier folgt dem Aufruf nicht leichtfertig, geht dem ‚Gerücht' auf den Grund und entdeckt die Wahrheit oder verschlingt aus Zorn die unbedachten Tiere (AaTh 20 C)[19]; (3) die Erzählung erklärt damit die Furchtsamkeit von Hase(n) (Kaninchen) und warnt als didaktische Erzählung vor der leichtfertigen Übernahme fremder Meinungen[20].

Das Kettenmärchen ist bes. in Mittel-, West- und Nordeuropa verbreitet[21], begegnet im afro-amerik. Erzählgut, vereinzelt in der Türkei und in mongol. und tibet. Erzählungen[22], die auf Bearb.en des ind. *Daddabha-Jātaka* (num. 322) zurückzugehen scheinen[23]. Die scherzhafte Umsetzung der → Eschatologie-Thematik, gelegentlich u. a. auch als Eingang für AaTh 130: → *Tiere auf Wanderschaft* und AaTh 170: *Der vorteilhafte* → *Tausch* bezeugt[24], wie auch die kettenartige Handlungsweise lassen vermuten, daß derartige Erzählungen bes. kindliche Zuhörer oder Leser ansprechen sollten. Für diese Hypothese spricht, daß es eine große Affinität zur Struktur von Kinderspielen und Kinderreimen gibt, worauf gelegentlich hingewiesen wurde[25], und daß das Kind durch die kettenartige Verknüpfung spielerisch Wörter und Sachen und ihre Zusammenhänge, auch durch Scherz und Übertreibung, kennenlernt.

[1] Haavio, M.: Kettenmärchenstudien 1–2 (FFC 88, 99). Hels. 1929/32. — [2] Taylor, A.: A Classification of Formula Tales. In: JAFL 46 (1933) 77–88; id.: Formelmärchen. In: HDM 2 (1934/40) 164–191. — [3] Wesselski, A.: Das Märlein vom Tode des Hühnchens und andere Kettenmärlein. In: HessBllfVk. 32 (1933) 1–51. — [4] HDM 2, 185. — [5] Durchsicht der sub AaTh 20 C, 2021, 2021 A, 2021 B, 2032, 2032 A, 2033, 2034 klassifizierten Texte sowie der dazugehörigen regionalen Typenkataloge. — [6] Aarne, A./Thompson, S.: The Types of the Folktale (FFC 74). Hels. 1928. — [7] Cushing, F. H.: Zuñi Folk Tales. N. Y./L. 1901, 411 sq. — [8] Crane, T. F.: Italian Popular Tales. Boston/N. Y. 1885, 252–254 (= Imbriani, V.: 12 conti pomiglianesi. Napoli 1877, 239). — [9] cf. dazu Wesselski (wie not. 3) 24 sq., 46–50. — [10] ibid., 43; Cirese/Serafini. —
[11] Zanazzo, G.: Novelle, favole e leggende romanesche. Torino/Roma 1907, num. 4. — [12] z. B. Crane (wie not. 8). — [13] Bausinger, 70–95. — [14] Boggs 2032 A* (= Llano Roza de Ampudia, A. de: Cuentos asturianos. Madrid 1925, num. 178). — [15] Arājs/Medne. — [16] Hansen. — [17] Auf die Affinitäten der Gabenkette machte auch schon Wesselski (wie not. 3) 44 aufmerksam. — [18] BP 2, 107 (norddt.). — [19] Wheeler, H. T.: Tales from Jalisco, Mexico. Phil. 1943, num. 212; Konitzky, G. A.: Nordamerik. Indianermärchen. MdW 1963, num. 36; Stöber, A.: Elsäss. Volksbüchlein. Mühlhausen ²1859, 97; Mittlgen der litau. litterarischen Ges. 2 (1887) 51 sq., 164–166; Jacobs, J.: English Fairy Tales. L. ²1892, 113–116 (= DBF A 2, 532 sq.); Halliwell, J. O.: Popular Tales and Nursery Rhymes. L. [1849], 29–31 (= DBF A 2, 515 sq.); Chambers, R.: The Popular Rhymes of Scotland. Edinburgh 1826, 59 (= DBF A 2, 531). — [20] Heissig, W.: Mongol. Märchen. MdW 1963, num. 30 (= Lőrincz 20 C); Kassis, V.: Prodelki djadjuški Denba. M. 1962, 86 sq. (tibet.). —
[21] Ergänzend zu AaTh: Ó Súilleabháin/Christiansen; de Meyer, Conte; Kecskeméti/Paunonen. — [22] cf. Heissig und Kassis (wie not. 20); Schiefner, F. A. von/Ralston, W. R. S.: Tibetan Tales. L./N. Y. [1882], 296. — [23] Chavannes 2, 448 (chin. Bearb.); dazu Wesselski (wie not. 3) 19. — [24] cf. BP 2, 107; Bll. für Pommersche Vk. 6 (1898) 135 sq. (+ AaTh 130); Cammann, A.: Dt. Volksmärchen aus Rußland und Rumänien. Göttingen 1967, num. 133 (+ AaTh 170). — [25] cf. EM 3, 1410 sq.

Prag Dagmar Klímová

Heimkehr des Gatten (AaTh 974). Der Erzähltyp wird durch die Charakterisierung bei AaTh aus der allg. Gruppe von Heimkehrersagen herausgehoben und auf das Motiv der H. des → Odysseus (→ Homer) konzentriert:

In Abwesenheit ihres Mannes, der in der Fremde (häufig exotische oder phantastische Länder) auf Wanderschaft (in Gefangenschaft) ist, wird die Frau gezwungen, sich einen neuen Mann zu wählen; der frühere Gatte kehrt (oft mit übernatürlicher Hilfe, während eines Schlafes, gewarnt durch einen Traum) am → Hochzeitstag zurück (häufig verkleidet oder unansehnlich als Bettler) und gibt sich seiner Frau zu erkennen (häufiges → Erkennungszeichen: Er läßt einen ihr bekannten → Ring in den Trinkbecher fallen), wird von den Haustieren (Pferd, Hund) erkannt oder antwortet auf Fragen der Frau richtig nach Kennzeichen am und im Haus, zuletzt nach intimen Malen an ihrem Körper (Folgemotiv: Rache an dem Nebenbuhler bzw. an den treulosen Hausgenossen).

Doch erscheint das Motiv von der H. d. G. (Mot. N 681) auch in Var.n anderer Erzähltypen wie z. B. AaTh 301: *Die drei geraubten → Prinzessinnen*, AaTh 400: → *Mann auf der Suche nach der verlorenen Frau* und AaTh 665: → *Mann, der wie ein Vogel flog und wie ein Fisch schwamm*. Wird die Abwesenheit des Gatten durch Pilgerschaft (→ Wallfahrt) begründet, erhält der Stoff einen religiösen Kontext, z. B. in den → *Gesta Romanorum* (num. 193). Hier wird zumeist von der Rückkehr (aus dem Heiligen Land) nach sieben Jahren — also nach einer symbolisch ‚langen' bzw. ‚angemessenen Frist' — gesprochen[1].

Auch in einem frz. Märchen[2] wird ein siebenjähriger → Kreuzzug in das Heilige Land gelobt und aufgenommen. Als Versucher des gefangenen Grafen und der alleingelassenen Frau tritt der Teufel auf, der jedoch überlistet wird. — Ohne Motivierung der Abwesenheit erscheint die Heimkehr des Ritters aus dem Morgenlande als Sage in der Westeifel[3]: Zerlumpt kehrt ein Graf am Tag der Wiederverheiratung seiner Frau aus türk. Gefangenschaft zurück; die Frau erkennt ihn durch die Ringhälfte und entscheidet sich — nach dem Gleichnis vom alten und neuen → Schlüssel[4] — für ihn. — Auch ein wotjak. Märchen[5] gehört zum Themenkreis AaTh 974 im weiteren Sinne: Nach 15jähriger Abwesenheit beim Militär eröffnet der Waldgeist dem Soldaten, daß seine Frau sich gerade einen neuen Mann nimmt. Auf übernatürlichem Wege kehrt er nach Hause zurück, wo er rechtzeitig zum Hochzeitstag ankommt und den neuen Freier vertreibt.

Vor allem (zumeist wohl mittelbar) von der *Odyssee* ausgehend liegt einerseits eine Fülle literar. Bearb.en in der Weltliteratur und davon abhängig auch in populärer Überlieferung vor[6], andererseits ragt der Stoff des „innere und äußere Gefahren überwindenden Dulders und schließlich siegreichen Heimkehrers"[7] aus märchenhaften Schichten in das heroische Epos hinein.

Da man wohl von einem jederzeit und bes. in Kriegszeiten verfügbaren Erzähltyp nach einem allg. menschlichen Grundmuster (Trennungsangst; Konfliktlösung, die heroisch überhöht wird) sprechen muß, sind unmittelbare Abhängigkeitsverhältnisse für die populäre Tradierung kaum zu rekonstruieren bzw. scheinen weltweite Parallelen u. a. in der katalan., kelt., altnord., slav., semit., türk., turksprachigen, kurd., afghan., chin. und jap. Volksüberlieferung[8] nicht verwunderlich. Ubiquitär schafft die Institution der → Ehe ähnliche Voraussetzungen für eine solche Erzählung; die jeweiligen Traditionen der → Gastfreundschaft prägen dabei die Wiedergabe der klassischen Odysseus-Situation.

‚Verwendbar' ist der Erzähltyp in vielfacher Hinsicht, und er taucht bereits in frühen Belegen im dt.sprachigen Raum auf: als Klostermärlein in *Casus sancti Galli* (Kap. 84) von Ekkehard IV. (um 980 — nach 1057)[9], in der spielmännischen Epik, gemünzt auf einen weiblichen Helden, im *König Rother* (um 1150)[10] und in der Exempelsammlung *Dialogus miraculorum* (5, 37) des → Caesarius von Heisterbach (um 1180 — um 1240)[11]. In der Sage dient die H. d. G. zur rechtzeitigen Verhinderung des → Ehebruchs[12], im Schwank führt sie beinahe zur Entdeckung eines anderen Liebhabers[13], wie z. B. in einer Liedfassung als ‚Liebesprobe'[14]; aber die Verwendung im Ehebruchschwank liegt wohl am Rande dessen, was man sinnvollerweise zum hier behandelten Erzähltyp rechnen sollte.

Im dt. Märchen ist die rechtzeitige H. d. G. oder Verlobten in KHM 92: *Der König vom goldenen Berge* und einer Var. dazu (cf. AaTh 400) thematisiert. In letzterer erfährt der Nebenbuhler, „wenn man den alten Schlüssel wiedergefunden [habe], bedürfe man des neuen nicht"[15]. In der Rolle des Rächers zum Abschluß der Handlung kommt der Protagonist hier der Figur des Odysseus am nächsten. Auch in KHM 217 (AaTh 506: cf. → *Dankbarer Toter*) ist das Motiv von dem unverhofften Erscheinen des totgeglaubten Gatten (Verlobten) auf der Hochzeit seiner Frau mit einem anderen Mann eingebaut[16]. Das Erkennen durch den in einen Becher geworfenen Ring ist als Element dieser Heimkehrergeschichten u. a. in KHM 93 (AaTh 401: → *Prinzessin als Hirschkuh*) und KHM 101 (AaTh 361: → *Bärenhäuter*) verwendet[17]. Im ersten Fall ist allerdings das Motiv vom Anspruch des rechtmäßigen Ehemannes in den Hintergrund getreten.

In der Legendenüberlieferung ist die Heimkehr von der Pilgerfahrt um 1950 in Kärnten und der Steiermark (Österreich) von L. → Kretzenbacher dokumentiert worden[18]:

Von einem Jakob aus der Laßnitz wird erzählt, daß er ins Heilige Land pilgerte und seine Frau sieben Jahre auf ihn warten sollte. Vor Ablauf dieser Frist erscheint er als Bettler an der Hochzeitstafel seiner sich wiederverheiratenden Frau, hinterläßt seinen Ring und geht fort. Die Frau erkennt den Ring, schickt den neuen Mann auf die Suche. Dieser ermordet den Jakob. Wunder nach dem Tod des Jakob (Unversehrtheit des Leichnams, Geruch der Heiligkeit, Gespannwunder) seien Anlaß gewesen, die Wallfahrtskirche Laßnitz in Kärnten zu bauen.

Zu trennen ist von diesem Erzähltyp das im Schwank und im Volksschauspiel der Alpenländer verwendete Motiv von der unerwünschten Heimkehr des Ehemannes, bei der ein Bauer, auf einer Wallfahrt durch einen Blick in einen Zauberspiegel mißtrauisch gemacht, im Tragekorb eines Hausierers in sein Haus zurückkehrt und die Liebenden überrascht (cf. AaTh 1360 C: *Der alte → Hildebrand*)[19].

In der Volksballade taucht die Rolle des heimkehrenden Gatten mehrfach auf, so in *Der heimkehrende Bräutigam*[20], der als Soldat nach sieben Jahren (im 8. Jahr) aus dem Krieg kommt, seine Verlobte bei der Hochzeitsfeier mit einem anderen findet und z. T. daran erkannt wird, daß er als einziger das Schwert des Verschollenen aus der Scheide ziehen kann, mit dem er die Hochzeitsgäste erschlägt, oder in *Der heimkehrende Soldat*[21], der von seiner neuverheirateten Frau für tot gehalten wurde. Dieses häufig belegte Lied gilt in der dt. Überlieferung als jüngste Ausgestaltung des Heimkehrermotivs, doch werden u. a. Beziehungen zum Lied von *Heinrich dem Löwen* (→ Löwentreue)[22] diskutiert, welches seinerseits als eine der ältesten Balladen gilt (mhd. nur erschließbar; Sagenlied auf Flugschriften des 16. Jh.s). Am Rande der dt. Balladenüberlieferung steht die *H. des Ehemannes*[23] mit einer Gottscheer Überlieferung als Bearb. des Odysseus-Themas (Wiedererkennung durch Ring; cf. dazu engl. *King Horn*, *Hind Horn* oder *Horn Child*[24]; skand. und frz. Parallelen; spielmännische Züge). Dazu gehört auch *Der edle Moringer*[25], der vor einer Wallfahrt nach ‚St. Thomasland‘ (= Indien) seine Frau bittet, sieben Jahre auf ihn zu warten, und durch ein Wunder (im Schlaf) wieder in die Heimat versetzt wird, wo ihn die Frau am Ring erkennt. Das Lied *Markgraf von Backenweil*[26] schließlich wurde im Anschluß an Flugschriften seit dem Ende des 18. Jh.s vor allem in Lothringen (grenzüberschreitende dt.-frz. Liedvermittlung) gesungen: Der von Ungarn gefangene Graf von Bacqueville gerät in die Sklaverei, findet erst nach sieben Jahren (durch ein Wunder, im Schlaf) wieder in die Heimat zurück und gibt sich seiner Frau am Hochzeitstag mit einem anderen zu erkennen. Diese Sage ist in *Le Pelerin de Lorete* (1604) des Jesuiten Louys Richeome belegt, worauf sich spätere Bearbeiter beziehen (Georg → Stengel, → Martin von Cochem, → Abraham a Sancta Clara u. a.)[27]. Ihren Niederschlag findet diese Erzähltradition offenbar zuletzt in dem Lothringer Märchen *Der Türkengraf*[28].

[1] Tubach, num. 3792; cf. Tubach und Dvořák, num. 1580; Wesselski, A.: Mönchslatein. Lpz. 1909, num. 95. — [2] Bladé, J.-F.: Contes populaires de la Gascogne 1. P. 1886, 43—53, num. 4. — [3] Zender, M.: Sagen und Geschichten aus der Westeifel. Bonn 1966, num. 458. — [4] BP 2, 59. — [5] Wichmann, Y.: Wotjak. Sprachproben 2. Helsingfors 1901, 164—172, num. 52. — [6] cf. Liebrecht, F.: Zur Vk. Heilbronn 1879, 167sq., 186sq., 212 (mit Verweis auf neugriech. Volkslieder); Splettstösser, W.: Der heimkehrende Gatte und sein Weib in der Weltlit. B. 1889; vielfach in der Lit. behandelt bis Seemann, E.: Widerspiegelungen der Mnēstērophonia der Odyssee in Liedern und Epen der Völker. In: Laographia 22 (1965) 484—490; Frenzel, Motive, 329—341; Frenzel, Stoffe, 558—565; Schirmunski, V.: Vergleichende Epenforschung. B. 1961, 56, 109sq.; Žirmunskij, V. M.: Skazanie ob Alpamyše i bogatyrskaja skazka (Die Erzählung über Alpamyš und das Heldenmärchen). M. 1960, 274—312. — [7] Frenzel, Stoffe, 558. — [8] Ergänzend zu AaTh: Ó Súilleabháin/Christiansen; Baughman; van der Kooi; Arājs/Medne; Kecskeméti/Paunonen; SUS; Barag; Schirmunski (wie not. 6); Jason; Žirmunskij (wie not. 6); Hein, J.: Das Buch des Dede Korkut. Zürich 1958, num. 3; Družinina, E. S.: Kurdskie skazki. M. 1959, 55—59; Lebedev, K.: Afganskie skazki. M. 1955, 21—25; Liebrecht (wie not. 6) 213sq.; Ikeda; Rumpf, F.: Jap. Volksmärchen. MdW 1938, num. 77. — [9] Verflex. 2 (²1980) 455—465, hier 462sq. — [10] Verflex. 5 (²1985) 82—94. —
[11] cf. Brückner, 444 (num. 131). — [12] z. B. DS 444 (Karls Heimkehr aus Ungerland). — [13] Roth, K.: Ehebruchschwänke in Liedform. Mü. 1977, 40sq., 267sq. — [14] cf. Bolte, J.: Ital. Volkslieder aus der Slg Hermann Kestners. In: ZfVk. 12 (1902) 7—64, hier 59; id.: Zum dt. Volksliede. ibid. 28 (1918) 65—78, hier 74sq., not. 2. — [15] BP 2, 319. — [16] BP 3, 514. — [17] BP 2, 348. — [18] Kretzenbacher, L.: H. von der Pilgerfahrt. In: Fabula 1 (1958) 214—227. — [19] Schmidt, L.: Das steir. Schwankspiel vom Bauern

und seinem Weib im Rahmen der Volksüberlieferungen vom Meister Hildebrand. In: Festschr. E. Castle. Wien 1955, 13–32. – [20] DVldr, num. 102; cf. Seemann (wie not. 6); cf. id.: Zum Liedkreis vom ‚Heimkehrenden Ehemann'. In: Beitr.e zur Sprachwiss. und Vk. Festschr. E. Ochs. Lahr 1951, 168–179; Vargyas, L.: Hungarian Ballads and the European Ballad Tradition 2. Bud. 1983, 486. – [21] DVldr, num. 103 (auch skand., frz., ital. u.a. Überlieferung); cf. Köhler/Bolte 3, 229–235. – [22] Erk/Böhme, num. 26; cf. Hoppe, K.: Die Sage von Heinrich dem Löwen. Bremen 1952; Mohrmann, W.-D. (ed.): Heinrich der Löwe. Göttingen 1980. – [23] DVldr, num. 11; cf. Siuts, H.: Volksballaden – Volkserzählungen. In: Fabula 5 (1962) 72–89, hier 79. – [24] Child, num. 17, cf. auch num. 53 und 252; davon offenbar abhängige Märchen und Sagen cf. DBF A 2, 407, 499–501; DBF B 2, 257sq.; im Dt. Volksliedarchiv, Freiburg (Material zu DVldr) sind Balladenparallelen in den meisten europ. Sprachen (bes. in Ost- und Südosteuropa) nachzuweisen. – [25] DVldr, num. 12, Hs. 1459 (Flugschriften Erfurt 1497, 1500; Nürnberg um 1510, 1515; Basel 1605 u.ö.); cf. Armistead, S. G./Silverman, J. H.: The Judeo-Spanish Ballad Chapbooks of Yacob Abraham Yoná. Berk./L.A./L. 1971, 301–318, pass. – [26] DVldr, num. 13; Eberle, M.: Die Bacqueville-Legende. Bern 1917 (frz. Sagen, verknüpft mit normann. Adelsgeschlecht und Personen des frühen 15. Jh.s). – [27] cf. Köhler/Bolte 1, 584sq.; Kretzenbacher, L.: Der Graf von Backenweil. Ein Heimkehrerspiel auf dem steir. Barocktheater. In: Festschr. J. F. Schütz. Graz/Köln 1954, 101–118. – [28] Merkelbach-Pinck, A.: Lothringer Volksmärchen. MdW 1984, num. 23 (mit Liedeinlage).

Freiburg/Br. Otto Holzapfel

Heimkehr des verlorenen Sohnes (AaTh 935), in vielen Teilen Europas (bes. Mittel-, Nord- und Osteuropa) bekanntes Novellenmärchen, das nach den im EM-Archiv befindlichen Var.n und Ausgaben regionaler Typenkataloge folgende Struktur aufweist[1]:

(1) Ein fauler oder dummer Sohn (oft Jüngster von zwei [drei] Brüdern) eines Bauern, Kohlenbrenners (seltener Edelmannes, Priesters) zieht in die Fremde und verschwendet dort sein Hab und Gut. (2) Er kommt zum Militär und erschwindelt sich von seinem Vater Geld, indem er (drei) Briefe schreibt, in denen er behauptet, Leutnant (Hauptmann etc.) geworden zu sein. Der Betrug wird entdeckt und der Sohn vom Vater verstoßen. (3) Durch Täuschung, List oder märchenhaften Zauber macht er sein Glück, indem er durch Heirat zum König avanciert. (4) Zu Macht und Reichtum gekommen, entscheidet sich der Held heimzukehren. (5) Unterwegs wird er von Räubern überfallen. Seine Begleiter werden ermordet, er kann fliehen, muß aber seine kgl. Kleider zurücklassen. (6) In ärmlichen Kleidern kommt er nach Hause, wo der Heimgekehrte bestraft und erniedrigt wird. (7) Seine Frau reist ihm nach und befreit ihn aus seiner Lage. (8) Er kleidet sich nun in sein kostbares Gewand und gibt sich als König zu erkennen. (9) Schließlich kehrt der Held abermals heim, doch nun an den Ort seines neuen Glücks.

Die bekannten Var.n weichen teilweise erheblich von diesem Schema ab, ohne daß sich aus der beschränkten Zahl (und der unterschiedlichen Qualität) der Belege hist. oder ökotypische Besonderheiten ableiten ließen; wohl aber treten bestimmte Motivkombinationen auf. Wo der Held nach seinem Auszug nicht zum Militär kommt (2), fehlt in der Folge durchweg das Betrugsmotiv und die daraus resultierende Entdeckung und Verstoßung. (3) Während der Sohn als Soldat die Gunst der Königstochter in einer Vielzahl der Fälle durch Täuschung erwirbt (er schleicht sich an Stelle ihres Liebhabers in ihr Schlafgemach), geschieht dies in abweichenden Var.n durch Zufall (Schatzfund) oder märchenhafte Prüfung (Erlösung eines verwunschenen Schlosses, Überwindung von dämonischen Rittern, Riesen, Lösung von Mutproben zur Gewinnung der Königstochter). Entsprechend der Charaktereigenschaften des Sohnes sind es oft Trägheit und Duldsamkeit, die hier zum Erfolg führen (er wird z. B. in drei aufeinander folgenden Nächten durch Riesen gequält, ohne daß er einen Laut von sich geben darf; cf. → Qualnächte), seltener Mut und Draufgängertum. Mit die größte Konstanz weist die Räuber-Episode (5) auf, die in etwa Dreiviertel aller Var.n begegnet. An die Stelle des Räuberhauses kann aber auch das Wirtshaus treten, wo der heimkehrende Sohn sein mitgeführtes Geld und vor allem seine Bekleidung verspielt. Selten verkleidet er sich vorsätzlich als Bettler, und nur in wenigen Ausnahmen erreicht er sein Elternhaus im Habit des reichen Mannes (nur dann wird er uneingeschränkt positiv aufgenommen). Die in fast allen Var.n zu beobachtende H. (6) in ärmlicher Kleidung[2] wird durch ihre Häufigkeit als eines der zentralen Elemente der Erzählung ausgewiesen. Aus ihr folgt die negative Aufnahme durch Eltern und Geschwister, die Erniedrigung durch die Zuweisung schwerer oder unwürdiger Arbeiten (Schweine-, Ziegen-, Schafe-, Gänsehüten).

Der Held muß im Stall nächtigen, wird verspottet, geschlagen. Auch in dieser Situation bleibt Passivität die vorherrschende Eigenschaft, nur die Minderheit der Var.n unterstellt dem Helden Vorausplanung oder Initiative (das Nachkommen der Frau wird von vorneherein verabredet, er benachrichtigt sie brieflich). (7) Initiativ wird hingegen meist die Frau des Helden, die ihm nachreist, durch Klugheit oder List (sie nimmt mehr Soldaten mit und setzt sie klüger ein, oder sie überlistet die Räuber, indem sie sich als Einsiedler, Priester, Bischof verkleidet) die Räuber tötet, den verlorenen Besitz zurückgewinnt und den Helden bei seinen Eltern findet. (8) Das Wiederfinden des Helden durch seine Frau und die Kontrastierung der ärmlichen Heimkehr und der schlechten Aufnahme durch die Eltern mit dem wahren Stand des Helden ist regelmäßig einer der am aufwendigsten ausgeschmückten Erzählbestandteile. Die Eltern verleugnen den Sohn gegenüber dem hohen Besuch, er darf das Haus nicht betreten, er muß die Königstochter im Beisein der Eltern bedienen, wobei er sich absichtlich tölpelhaft anstellt, Geschirr zerbricht oder ihr Kleid beschmutzt. Erst wenn der Sohn das Gewand des Königs anzieht oder morgens im Bett der Königin entdeckt wird, klärt sich die Situation, wobei die Eltern den Sohn auf Grund des Kleiderwechsels (hier wie in anderen Szenen) oft nicht auf Anhieb wiedererkennen[3]. Abschließend bittet nun entweder der Sohn die Eltern um Verzeihung für seine früheren Handlungen, oder die Eltern entschuldigen sich für die schlechte Behandlung des Helden. In der Regel läßt der Sohn seine Eltern an seinem Glück partizipieren, indem er sie reich beschenkt oder an den kgl. Hof mitnimmt. Es gibt aber auch Beispiele dafür, daß der Sohn sich an den Eltern bzw. seinen Geschwistern rächt.

An unterschiedlichen Stellen des Erzählverlaufs findet sich ein weiteres Motiv: Der Held erhält eine Flöte, auf der er bes. gut spielen kann. Damit betört er die Prinzessin, häufiger jedoch bringt er mit dem Spiel seiner Flöte nach seiner kläglichen Heimkehr Schweinen oder Ziegen des Exerzieren bei.

Das Motiv der H. eines in die Fremde gezogenen Sohnes hat in seiner anthropol. Universalität eine räumlich und zeitlich fast unbeschränkte Verbreitung erfahren[4]. Seine prototypische Ausgestaltung erfuhr der Stoff in einem Gleichnis des N. T.s (Lk. 15, 11–32).

Dort ist von dem reumütigen Heimkehrer die Rede, der sein Erbteil in der Fremde verschwendet hat und bis zum Schweinehirten abgesunken war. Trotzdem nimmt ihn der Vater liebevoll auf, verzeiht ihm, läßt für seinen Sohn ein Kalb schlachten und gibt ein großes Fest. Der zweite, ältere Sohn verweist jedoch auf seine in Treue geleistete Arbeit und kritisiert die großzügige Behandlung seines Bruders, doch die Liebe des Vaters belehrt ihn eines Besseren. Die Freude über das Wiederfinden des Verlorengeglaubten ist der erzählerische Höhepunkt der Parabel.

Die ma. Auslegung der Parabel sah in der H. die Rückkehr eines vom rechten Glauben Abgefallenen zu Gott und einen Verweis auf die Heilsgeschichte der Menschheit, die am Tag des → Jüngsten Gerichts aus der Fremde (der Welt) zu Gott heimkehren würde. Unterschiedliche Auslegung hat das Verhalten des älteren Bruders erfahren. Eine auf die Kirchenväter zurückgehende Deutung sah in ihm die mißgünstige Selbstgerechtigkeit des Judentums[5]. Im ZA. der Reformation und Gegenreformation erfuhr diese Erzählung von der H. in der Auseinandersetzung zwischen den Konfessionen eine neue Interpretation. So pocht in Burkart → Waldis' Fastnachtspiel *De parabell vam verlorn Szohn* (Magdeburg 1527) der Ältere auf die kathol. Vorstellung von der Werkgerechtigkeit, während der jüngere Bruder beispielhaft für die Gnadenlehre → Luthers am Ende des Stückes gerechtfertigt wird. Mehreren Bearb.en des Stoffes durch protestant. Autoren[6] der Reformationszeit folgte eine große Zahl kathol. Adaptionen[7] im Verlauf des 16.–18. Jh.s. Bes. die reuevolle Umkehr (→ Buße) eignete sich für die katechetischen Anliegen der Gegenreformation und erfuhr ihre entsprechende Ausgestaltung vor allem in jesuit. (Schul-)Dramen[8].

In der Liturgie der röm. Kirche ist die Parabel am Samstag nach dem 2. Fastensonntag als Evangelium zu finden[9]. Die Predigten zu diesem Termin dürften wesentlich zur Verbreitung der Parabel beigetragen haben, wie Johannes Meders 1495 erschienener Zyklus von 50 Predigten für die Tage von Sonntag Quinquagesima bis Ostern[10]. Neben Predigt und Schultheater fand der Stoff wohl auch über katechetische ‚Volks'-Lieder[11] Eingang in den Bereich populärer Erzählstoffe. Daneben ist seine Verbreitung durch eine lange Reihe weniger theol. ausgerichteter literar. Werke, durch die wandernden Theatertruppen und das Puppenspiel des 16. und 17. Jh.s belegbar[12], wobei sich bes. in der Lit. schon früh ein Zurücktreten transzendenter Begründungen zugunsten humanistisch-pädagogischer Ausführungen über die Kinderzucht[13] und bürgerlich-moralischer Reflexionen findet[14]. Eine entsprechend häufige Bearb. fand die bibl. Parabel in der bildenden Kunst, wo die Darstellung der H. seit dem MA. zu den gängigen Themen gehört[15], wie auch in populären Bildzeugnissen (ill. Flugblatt, Wandbild, Bilderbogen)[16].

Im Hinblick auf die bibl. Parabel und die darauf gründenden Adaptionen zeigen die aus oraler Tradition stammenden und zu AaTh 935 gestellten Erzählungen sowohl im Handlungsablauf als auch in der erkennbaren Intention ein sehr widersprüchliches Bild. Die Unterschiede sind so gravierend, daß der im AaTh durch die Typenbezeichnung hergestellte assoziative Zusammenhang relativiert werden muß, denn es sind gerade die wesentlichen Elemente der Parabel, die sich in der Volkserzählung einer radikalen Umwertung ausgesetzt sehen. An die Stelle einer heilsgeschichtlich bedingten Umkehr des reuigen Sünders, der endgültig zu seinem Vater zurückfindet, ist eine säkular motivierte Suche nach Glück und eine lediglich temporäre Rückkehr getreten. Verändernd wirkt allein das Glück, das allenfalls die nachteiligen Eigenschaften in bestimmten Situationen zu positiven Tugenden werden läßt; so kann der Faule die Prinzessin durch seine Trägheit (die ihn auch Schmerzen erdulden läßt) erlösen[17]. Vor allem die eigentliche H.szene verkehrt den Evangelientext in sein Gegenteil. Der Sohn ist nicht wirklich heruntergekommen, sondern reich, der Vater verzeiht nicht, sondern straft. Erst der Beweis des erlangten Reichtums führt zur Aussöhnung. Nicht von Hoffnung auf Gnade wird die Geschichte getragen, sondern allein von der Hoffnung auf Glück, das gerade auch dem Nicht-Tüchtigen winkt.

[1] Ergänzend zu AaTh: Ó Súilleabháin/Christiansen; van der Kooi; Ranke 3, 288–309; Dvořák, num. 4486*; MNK; SUS; Ėrgis, num. 233; Ting; Bünker, J. R.: Schwänke, Sagen und Märchen in heanz. Mundart. Lpz. 1906, num. 111; Ghetta, F./Chiocchetti, F.: Versioni ladine della parabola del „Figliuol Prodigo". Testi raccolti de Francesco Lunnelli nel 1841. In: Festschr. L. Heilmann. Vich 1986, 227–263; Henßen, G.: Volkserzählungen aus dem westl. Niedersachsen. Münster 1963, num. 53; Jech, J.: Das sorb. Märchen „Des Kohlenbrenners Sohn" (AaTh 935). In: Lětopis C 2, 12 (1968/69) 114–122; Leskien, A./Brugman, K.: Litau. Volkslieder und Märchen. Straßburg 1882, num. 18; Pramberger, R.: Märchen aus Steiermark. (Seckau 1946) Nachdr. Hildesheim/N. Y. 1975, 12–20; Wolf, J. W.: Dt. Märchen und Sagen. Lpz. 1845, num. 2; Mecklenburger erzählen. [...] aus der Slg R. Wossidlos ed. G. Henßen. B. [2]1958, num. 95. – [2] cf. Haiding, K.: Burgenländ. Spielformen zur H. des Helden in erbärmlichem Aufzuge. In: Rhein. Jb. für Vk. 10 (1959) 51–78. – [3] cf. Horn, K.: Das Kleid als Ausdruck der Persönlichkeit: Ein Beitr. zum Identitätsproblem im Volksmärchen. In: Fabula 18 (1977) 75–104, bes. 84–92. – [4] cf. Frenzel, Motive, 329–341. – [5] cf. Corpus scriptorum ecclesiasticorum Latinorum 32. Wien 1896, 388 sq.; cf. Vetter, E.: Der verlorene Sohn. Düsseldorf 1955, X. – [6] cf. z.B. Sachs, H.: Comedia mit 9 personen, der verlorn sohn, und hat 5 actus (1556). – [7] z.B. Salat, H.: Von dem verlornen [...] Son. Luzern 1537; weitere Belege bei Schuhladen, H.: Der verlorene Sohn. In: Dona Ethnologica Monacensia. Festschr. L. Kretzenbacher. Mü. 1983, 227–250. – [8] ibid.; Valentin, J.-M.: Le Théatre des Jésuites dans les pays de langue allemande 1–2. Stg. 1983/84, bes. t. 2, 984. – [9] cf. Beissel, S.: Entstehung der Perikopen des Röm. Meßbuches. Fbg 1907, 11. – [10] Meder, J.: Quadragesimale novum editum ac predicatum [...] de filio prodigo [...]. Basel 1495 (u. ö.). –
[11] cf. Moser, D.-R.: Verkündigung durch Volksgesang. B. 1981, bes. 74 sq. – [12] cf. Schuhladen (wie not. 7) 229. – [13] cf. Brüggemann, T. (ed.): Hb. zur Kinder- und Jugendlit. Vom Beginn des Buchdrucks bis 1570. Stg. 1987, 35, 841. – [14] cf. Frenzel, Stoffe, 702–707; Daemmrich, H. S. und I.: Themen und Motive in der Lit. Tübingen 1987, 331 sq.; Brettschneider, W.: Die Parabel vom verlorenen Sohn. B. 1978; Solomon, J. L.: Die Parabel vom verlorenen Sohn. Zur Arbeitsethik des 16. Jh.s. In: Grimm, R./Hermand, J. (edd.): Arbeit als Thema in der dt. Lit. vom MA. bis zur Gegenwart. Königstein 1979, 29–50. – [15] cf. Vetter (wie not. 5); Renger, K.: Lockere Gesellschaft. Zur Ikonographie des Verlorenen Sohnes und von Wirtshausszenen in der ndl. Malerei. B. 1970; Witwitzki, W.: Das Gleichnis des Verlorenen Sohnes in der Bildenden Kunst bis Rembrandt. Diss. Heidelberg 1930. – [16] Ill. Flugblätter des Barock. ed. W. Harms/J. R. Paas/M. Schilling/A. Wang. Tübingen 1983, num. 19; Strauss, W. L.: The German Single-Leaf Woodcut 1550–1600. t. 2. N. Y. 1975, 240; Alexander, D.: The German Single-Leaf Woodcut 1600–1700. t. 1–2. N. Y. 1977, t. 1, 810; t. 2, 611; Richard, P.: Analyse des images ou délires et cauchemars des iconographes. In: Ethnologie française 13 (1983) 231–249; Lankheit, K.: Bilderbogen. Dt. populäre Druckgraphik des 19. Jh.s. Karlsruhe 1973, num. 13; Pieske, C.: Bürgerliches Wandbild

1840–1920. Ausstellungskatalog Göttingen 1975, num. 125; EM 2, 354, not. 4; Mielke, H.-P.: Vom Bilderbuch des kleinen Mannes. Köln 1982, 58 (Liebig-Bild, Serie 119 [1887]). — [17] z. B. Ranke 3, 305.

München Daniel Drašček
Siegfried Wagner

Heine, Heinrich (ursprünglich Harry), * Düsseldorf 13. 12. 1797, † Paris 17. 2. 1856, dt. Dichter. Der Sohn jüd. Eltern konvertierte wegen der für Juden beschränkten Berufsaussichten 1825 zum Protestantismus. Nach Abschluß des Gymnasiums in Düsseldorf und einer abgebrochenen Kaufmannsausbildung studierte er Jurisprudenz in Bonn, Göttingen, Berlin und wiederum Göttingen (Dr. jur. 1825). Von 1831 bis zu seinem Tode lebte er in Paris, ab Ende der 40er Jahre krankheitsbedingt gefesselt an die von ihm so bezeichnete ‚Matratzengruft'. Erste dichterische Versuche unternahm er bereits als Gymnasiast, die erste Lyrikveröffentlichung geht auf das Jahr 1817 zurück. Als Lyriker (*Buch der Lieder*. Hbg 1827; *Neue Gedichte*. Hbg 1844; *Romanzero*. Hbg 1851; *Gedichte 1853 und 1854* [*Vermischte Schr*. 1. Hbg 1854]), Verf. der *Reisebilder* (Hbg 1826–31), Essayist, politischer Pamphletist (u. a. die Schrift *H. H. über Ludwig Börne*. Hbg 1840) und Journalist (*Frz. Zustände* [Hbg 1833] und *Lutezia* [*Vermischte Schr*. 2–3. Hbg 1854], Frankreich-Korrespondenzen aus den 30er und 40er Jahren) gilt H. heute allg. als „einer der frühen deutschen Berufsschriftsteller"[1], bedeutender Vertreter einer anti-restaurativen ‚littérature engagée' (u. a. Umkreis ‚Junges Deutschland' und ‚Vormärzlyrik'), sowie als Bindeglied „zwischen der Moderne des 20. Jahrhunderts und ihren frühen Vorläufern im späten achtzehnten"[2].

Als ‚romantique défroqué', ein der → Romantik entlaufener Romantiker[3], interessierte sich H. zeitlebens für volkstümlich-mythol. Überlieferungen, die er in eigener religions- und kulturphil. Interpretation z. B. in den *Elementargeistern* (*Der Salon* 3. Hbg 1837) und in *Die Götter im Exil* (*Vermischte Schr*. 1. Hbg 1854) — mitunter gezielt für das frz. Publikum — tradierte. Einzelmotive der (internat.) Volksdichtung (Lied, Sage, Märchen) durchziehen und prägen in unterschiedlicher Intensität und Kontextuierung das Gesamtwerk[4].

In der ‚dt. Periode' hatte H. über den Berliner Salon Rahel Varnhagens (ab 1821) sporadischen Kontakt zu renommierten Sammlern und Bearbeitern von Volksüberlieferungen wie Achim von → Arnim, Adelbert von → Chamisso und Friedrich de la Motte → Fouqué, mit denen er sich Anfang der 30er Jahre in dem Essay *Die romantische Schule* (Hbg 1836) kritisch auseinandersetzte. Für die Pariser Zeit ist u. a. der zeitweise Umgang mit Ludwig → Bechstein und Hans Christian → Andersen belegt.

H.s differenzierte Wertung der Romantik (Kritik vor allem an deren gegenwartsabgewandten, restaurativ-katholisierenden Tendenzen) bezieht auch das Märchen ein. Nach einem Gespräch mit H. notierte 1824 ein Göttinger Studienfreund: „Jetzt ist er ihr [der Romantik] abgeneigt [...]. Nur dem Märchen legt er noch einen ziemlichen Wert bei"[5].

Aufs Ganze gesehen nehmen die von Nachbarskindern und der Amme vernommenen Überlieferungen (Lied, Erzählung, populärer Aberglaube) einen breiten Raum in den Erinnerungen an die Düsseldorfer Kindheit und Jugendzeit ein. Die Sagen der rhein. Heimat bezeichnet H. mitunter als Märchen[6]. So stehen die Zeilen des bekannten → *Loreley*-Gedichts „Ein Mährchen aus alten Zeiten, / Das kommt mir nicht aus dem Sinn"[7] einerseits exemplarisch für einen spezifischen, auf das Märchen bezogenen Grundton des *Buchs der Lieder*: die „alte Mährchenlust"[8], „ein mährchenhaftes Weben"[9]; „Mir war als hört' ich verscholl'ne Sagen,/Uralte, liebliche Mährchen,/Die ich einst, als Knabe,/Von Nachbarskindern vernahm"[10]. Bildlich dient ihm der „alte Mährchenwald"[11] (nicht nur in der frühen Lyrik) als idealer Bereich jugendlicher Unschuld und Unbekümmertheit, verlockender Schauder-, Traum- und Zauberhaftigkeit[12], als Gegenwelt zur kruden (gesellschaftlichen wie privaten) Realität. Diese Realität, „das neue, häßliche Mährchen", überlagert andererseits die „alten, hübschen Mährchen"[13], deren Anachronismus den Autor — in Abwehr eines unkritischen Romantikbegriffs — gleichfalls immer wieder zu einer ironisch-intellektuellen Distanzierung herausfordert[14]. In der dennoch fortbestehenden Faszination der Volksdichtung greift das „politisch romantische“[15] Versepos *Deutschland ein Wintermährchen* (Hbg 1844) schließlich Stoffe der Volkserzählung auf, um sie als Ausdruck einer geheimen Befreiungsutopie zu deuten: Die Gänsemagd (KHM 89, AaTh 533: *Der sprechende → Pferdekopf*) symbolisiert das um seine Rechte betrogene Volk, das möglicherweise einst von seinem Sagenkaiser Rotbart (Barbarossa) erlöst werden wird (Kap. 14; cf. → Entrückung)[16].

Motivanleihen aus zeitgenössischen Märchen- und Sagensammlungen bezieht H. u. a. von Johann Karl August → Musäus, Johann Gustav → Büsching, aus den Erzählungen der Scheherezade in → *Tausendundeinenacht*[17], gelegentlich aus der frz. Märchenliteratur (z. B. Marie → Leprince de Beaumont und Charles → Perrault) sowie aus den Kunstmärchen der Romantik. In bes. Umfang rezipierte H. die Sammlungen der Brüder → Grimm, deren KHM in der *Harzreise* (Hbg 1826) deutliche Spuren hinterlassen haben[18]. Dieser 1. Teil der *Reisebilder* enthält ebenfalls einen Passus über die Begegnung mit Einheimischen, von denen sich H. „alte Bergmährchen [...] erzählen“[19] läßt. Gelegentlich wurde vermutet, daß der Autor hierzu durch die Vorrede zur 2. Aufl. der KHM (1819) und den Umgang mit dem jüngeren Grimm-Bruder Ferdinand zu Anfang der 20er Jahre angeregt wurde. Es läßt sich aber nachweisen, daß H. bei der Wiedergabe von Volkserzählungen in vielen Fällen nicht auf mündl. überlieferte, sondern auf gedr. Quellen zurückgriff, auch wenn er wie in der Vorrede zur frz. Ausg. seiner Deutschland-Schriften (*De l'Allemagne*. P. 1855) vorgibt, manche Volksüberlieferung „selber aufgegabelt“ zu haben, „am Herde bescheidener Hütten, wo ein alter Landstreicher oder die blinde Großmutter sie erzählte“[20]. Häufiger belegt ist indes die Bearb. mündl. überlieferter Volkslieddichtung, gelegentlich auch von nicht gedr. Volksstücken wie das von Doktor → Faust[21].

Die Aufzeichnungen der Brüder Grimm bestimmen über weite Strecken auch H.s Mitte der 30er Jahre entstandene Schrift *Elementargeister*[22]. Im Anschluß an die früheren kulturkritischen Essays der ‚frz. Periode‘ dient der kenntnisreiche und doch eigenständige Diskurs über die → Elementargeister dem Autor ein weiteres Mal zum Nachweis darüber, daß die sensualistischen (und pantheistischen) Elemente des Heidentums durch das spiritualistische Christentum gewaltsam verfälscht und dämonisiert worden sind, in der folkloristischen Tradition jedoch überdauern: „Es sind noch immer die alten lieben Brünnlein der Vorzeit, wohin das Volk wallfahrtet, und wo es gläubig seine Gesundheit schöpft, bis auf heutigen Tag“[23]. Bedingt durch politische Repression, die im Bundestagsverbot des Jungen Deutschland im Dez. 1835 kulminierte, treten die dem Thema in der früheren frz. Fassung noch eindeutig abgewonnenen sozialutopischen und antiklerikalen Aspekte in der dt. Version in den Hintergrund. Ironisch-resignativ schlägt H. in einem Brief vom 8. 3. 1836 seinem Verleger J. Campe vor, sein neues, die *Elementargeister* enthaltendes Buch „Mährchen“ zu betiteln[24].

Noch knapp zweieinhalb Jahre vor seinem Tod drängte H. den Hamburger Verleger, ihm neue Märchensammlungen zu schicken[25], die er wahrscheinlich für seine ‚Memoiren‘ verwenden wollte. Vielleicht sollten sie dem fast erblindeten Autor aber auch als Vorlesestoff dienen, der ihm half, das „trübe Mährchen meines Lebens“[26], wie er es schon in den 20er Jahren genannt hatte, und letztlich die Schmerzen der Matratzengruft leichter zu ertragen.

[1] Windfuhr, M.: H. H. Revolution und Reflexion. Stg. [2]1976, 11. — [2] Schanze, H.: Noch einmal: Romantique défroqué. In: H. Jb. (1970) 87—98, hier 98. — [3] ibid.; ferner Clasen, H.: H. H.s Romantikkritik. Hbg 1979. — [4] Hierzu cf. auch Mücke, G.: H. H.s Beziehungen zum dt. MA. B. 1908 (Nachdr. Hildesheim 1978), 92—103. — [5] Werner, M./Houben, H. H. (edd.): Begegnungen mit H. Hbg 1973, 93. — [6] cf. z. B. DHA 6 (v. Ausg.n) 180; 15, 90—99; 9, 33. — [7] DHA 1 (v. Ausg.n) 207. — [8] DHA 1 (v. Ausg.n) 355. — [9] DHA 1 (v. Ausg.n) 311. — [10] DHA 1 (v. Ausg.n) 361. —
[11] DHA 1 (v. Ausg.n) 11. — [12] cf. DHA 1 (v. Ausg.n) 827 sq.; zu den formalen Auswirkungen der Märchen-Rezeption auf die frühe Lyrik v. DHA 1 (v. Ausg.n) 658, 696. — [13] DHA 6 (v. Ausg.n) 198. — [14] cf. Arendt, D.: H. H.: „... ein Märchen aus alten Zeiten ...“. In: H. Jb. (1969) 3—20. — [15] HSA 22 (v. Ausg.n) 100. — [16] cf. DHA 4 (v. Ausg.n) 119—123, 1127—1133; zu weiteren Märchen-Motiven im politischen Kontext cf. z. B. DHA 11 (v. Ausg.n) 144 (Rotkäppchen); DHA 12 (v. Ausg.n) 210 („Blutstropfen in den Kindermährchen“); zur Rolle des Juden in Märchen, Sage, Aberglauben in Verbindung mit der Damaszener Judenverfolgung 1840 cf. DHA 13 (v. Ausg.n) 46. — [17] cf. Fendri, M.: Halbmond,

Kreuz und Schibboleth. H. H. und der islam. Orient. Hbg 1980, 149—173. — [18] Rölleke, H.: Märchenhaftes in H.s „Harzreise“. Nachträge zu einer Kommentierung. In: Wirkendes Wort 35 (1985) 1—3; cf. auch Loewenthal, E.: Studien zu H.s „Reisebildern“. B./Lpz. 1922, bes. 135—147; erhalten hat sich in H.s Nachlaß-Bibl. der Erläuterungsband 3 der KHM von 1822. — [19] DHA 6 (v. Ausg.n) 96. — [20] DHA 8 (v. Ausg.n) 502. —
[21] cf. dazu DHA 9 (v. Ausg.n). — [22] Weniger KHM (3 und 14) verpflichtet als Grimm DS und den Altdän. Heldenliedern, Balladen und Märchen (Heidelberg 1811) von W. Grimm; zu H.s Qu.n zur Elementargeister-Schrift (u. a. F. L. F. von Dobeneck, Paracelsus, J. Praetorius) cf. das ausführliche Kap. Quellenverarbeitung in DHA 9 (v. Ausg.n). — [23] DHA 9 (v. Ausg.n) 36. — [24] HSA 21 (v. Ausg.n) 142. — [25] cf. HSA 23 (v. Ausg.n) 299 sq.; eine ausführliche Liste der von H. ab Ende der 40er Jahre geäußerten Lektürewünsche bei Kruse, J. A.: H.s Leihpraxis und Lektürebeschaffung. In: Jäger, G./Schönert, J. (edd.): Die Leihbibl. als Institution des literar. Lebens im 18. und 19. Jh. Hbg 1980, 197—227, hier 210 sq. — [26] DHA 6 (v. Ausg.n) 220.

H.-Slgen: Umfangreiche Ms.-Konvolute und Nachlaß-Bibl. im H.-H. Inst., Düsseldorf; weitere größere Ms.-Bestände in der Bibliothèque Nationale, Paris.

Ausg.n: Sämtliche Werke 1—6. ed. K. Briegleb. Mü. 1968—76. — Säkularausg. Werke, Briefwechsel, Lebenszeugnisse. ed. Nationale Forschungs- und Gedenkstätten Weimar/Centre National de la Recherche Scientifique Paris. B./P. 1970 sqq. (noch nicht abgeschlossen) [= HSA]. — Hist.-kritische Gesamtausg. der Werke. ed. M. Windfuhr. Hbg 1973 sqq. (noch nicht abgeschlossen) [= DHA].

Düsseldorf Volker Kaukoreit

Heinrich der Löwe → Löwentreue

Heinzelmännchen → Hausgeister

Heirat → Hochzeit

Heiß und kalt aus einem Mund (AaTh 1342), eine im Rahmen der → Äsopika von der Antike bis ins 18. Jh. literar. tradierte und auch im Bereich mündl. Überlieferung nachweisbare Erzählung mit im wesentlichen gleichbleibender Motivik:

Ein Satyr (→ Waldgeist) schließt Freundschaft mit einem Mann (Jungen) oder beherbergt einen Wanderer bei winterlicher Kälte. Er beobachtet, wie der Mann die Hände anhaucht, und erfährt auf seine Frage hin, daß man auf diese Weise die klammen Finger wärme. Als danach das Essen auf den Tisch kommt, bläst der Mensch darauf mit der Erklärung, daß er so die heißen Speisen kühle. Der Satyr erschrickt über das ihm fremde menschliche Verhalten, eben die Möglichkeit, heiß und kalt aus einem Mund zu blasen, kündigt dem Besucher die Freundschaft auf oder jagt ihn davon (→ Atem).

Die Erzählung gehört zum ältesten Bestand äsopischer Fabeln[1], begegnet bei → Babrios[2] und bei → Avianus[3], dessen Text der hebr. Version → Berechja ha-Nakdans aus dem 13. Jh. zugrunde liegt[4]. Ein früher dt.sprachiger Beleg findet sich beim → Stricker[5], es folgen weitere in dt. Äsop-Ausg.n des Spätmittelalters und des 16. Jh.s, so etwa bei Ulrich → Boner[6], → Gerhard von Minden[7], Heinrich → Steinhöwel[8], Burkart → Waldis[9], Erasmus → Alberus[10] und Nathanael → Chytraeus[11]. Auf Avianus berief sich Hans → Sachs in einer Fabeldichtung und in einem Meisterlied[12]. Der damalige Bekanntheitsgrad der Erzählung in Deutschland zeigt sich daran, daß „warm und kalt aus einem Mund blasen“ oder ähnlich redensartlich gebraucht wurde, im Sinne von bald so, bald anders reden, als Paradigma für Doppelzüngigkeit, Falschheit, Heuchelei, so schon bei Walther von der Vogelweide und Reinmar von Zweter, bei Sebastian → Brant („Wer tun wil, das eim jeden gfalt / der muß han otem warm und kalt“), Martin → Luther („Das heißt auff deudsch / kalt vnd warm aus einem maul blasen“) etc.[13] Der Erzähltyp verbreitete sich nicht zuletzt durch Steinhöwel-Übers.en auch in andere Länder, z. B. nach Spanien (cf. Keller/Johnson J 1820.1.1*) und Dänemark (cf. Äsop/Holbek 2, 192, num. 175). Ferner ist er u. a. in die ma. Exempelsammlung des Tschechen → Klaret eingegangen (cf. Dvořák, num. 1752*).

An der dt.sprachigen Überlieferung des 17. und frühen 18. Jh.s waren wiederum Fabelbücher, wie etwa die Slg von J. → Camerarius, oder die polyhist. Kompilationsliteratur, z. B. L. → Beyerlincks *Theatrum vitae humanae* (Köln 1631), beteiligt[14], ferner geistliche Autoren beider Konfessionen, so die Jesuiten J. → Drexel[15] und C. → Casalicchio[16] sowie kathol. Volksprediger wie → Abraham a Sancta Clara, I. → Ertl, Heribert von Salurn oder C. Purselt[17]. Im protestant. Bereich verwendete vor allem der sächs. Pastor C. → Titius den Typ als Predigtexempel[18]. Mehr als diese im ZA. der Aufklärung und danach kaum noch gelesenen Quellen trug wohl die Aufnahme der Erzählung in die internat. bekannte Fabel-Slg von Jean de → La Fontaine (5, 7) zur Verbreitung bei. Zweifelhaft erscheint daher die Vermutung von M. Menghini, daß ein ital. Volksbüchlein (*L'Uomo Selvaggio*. Lucca 1890) von der Begegnung eines Alphirten mit einem Wilden Mann und dessen Bestürzung über menschliches Gehaben ganz unabhängig von literar. Tradition aus dem „Dunkel vorgeschichtlicher Zeiten“[19] herzuleiten sei.

An Aufzeichnungen aus mündl. Überlieferung konnte S. → Thompson zu AaTh 1342 nur einen katalan. und zwei ung. Belege anführen; eine entsprechende Nummer in seinem *Motif-Index* fehlt. Immerhin lassen sich nunmehr Versionen aus Finnland, der Ukraine, Ungarn, Rumänien und Bulgarien ergänzen[20], dazu mehrere dt. Texte, vor allem aus den Alpenländern[21]. Isoliert wirkt vorerst ein ind. Beleg[22].

Problematisch erscheint in der Forschung die sinn- und gattungsmäßige Zuordnung von AaTh 1342. W. → Wienert erwog zunächst, die Fähigkeit des Menschen, warmen und kalten Hauch zu erzeugen, auf Doppelzüngigkeit hin zu deuten, neigte aber letztlich dazu, in der Fabel eine „Satire gegen den Aberglauben“ zu sehen: „Die Dummheit, die aus Mangel an Erkenntnis des Kausalzusammenhanges Wunder annimmt“, werde im Verhalten des Satyrs „gegeisselt“[23]. W.-E. → Peuckert meinte, in der Erzählung einen Wandel der Auffassung von den Wilden Leuten im Spätmittelalter zu erkennen: Naturwesen wären kaum noch glaubhaft und würden ins Lächerliche gezogen, der kluge Mensch hingegen könne mit zwei Zungen reden[24]; der lehrhaft-moralisierende Charakter, heißt es an anderer Stelle, verdränge die sagenhaften Züge[25], eine insofern nicht ganz logische Argumentation, als der Verf. selbst auf die antike Tradition verweist und die sagenhafte Ausgestaltung sekundär wirkt. K. → Ranke war 1964 mit Hilfe einer Anfrage in der Zs. *Fabula* bemüht, das Verbreitungsbild von AaTh 1342 zu verdichten, und bezeichnete dabei die Plazierung im AaTh-Typenkatalog bei den Dummenerzählungen als verfehlt, „da es sich bei dieser Geschichte keineswegs um einen Schwank handelt“[26]. Dem widersprach unter Berufung auf Wienert und von oriental. Versionen ausgehend H. → Schwarzbaum; er sah im Unvermögen des Satyrs, das physikalische Phänomen unterschiedlicher Wirkungsweise des Atmens zu verstehen, in erster Linie die komische Situation[27].

Am ehesten läßt sich eine genremäßige Einordnung wohl von der Funktion der Erzählung her bestimmen. Sie findet sich vorwiegend in Fabelbüchern, also im Bereich des didaktischen Erzählguts, hingegen kaum einmal in Schwank-Slgen[28]. Ein aufklärender oder deutlich belehrender Nachsatz fehlt selten, ist mitunter, so etwa bei Hans Sachs oder Burkart Waldis, fast länger als die Geschichte selbst. Der exemplifizierende Gebrauch in der Predigt spricht für die Verwendbarkeit in moralisierender Absicht. Die Kritik am wechselhaften Verhalten des Menschen – bildhaft genug, um in die Redensart einzugehen – stand wohl eher im Vordergrund als die Komik, welche die Unwissenheit eines Waldgeists hervorrufen konnte. Insofern ist Rankes Zweifel an der Einordnung von AaTh 1342 durchaus berechtigt, nur gibt es bei AaTh keine Kategorien unter funktionalem Aspekt.

[1] Äsop/Halm, num. 64 (= Perry, 335, num. 35). – [2] Babrius/Perry, num. 35; Crusius, O. (ed.): Babrius. Lpz. 1897, num. 192. – [3] Duff, J. W. und A. M.: Minor Latin Poets. L./Cambr., Mass. 1934, num. 34. – [4] BP 4, 338; Schwarzbaum, Fox Fables, 308–311. – [5] Altdt. Wälder 3 [1816]. Nachdr. Darmstadt 1966, 225–227 (Waldschrat). – [6] Boner, U.: Der Edelstein. ed. F. Pfeiffer, Lpz. 1844, num. 91. – [7] Seelmann, W.: Gerhard von Minden. Bremen 1878, num. 86. – [8] Steinhöwels Äsop. ed. H. Österley. Tübingen 1873, num. 136; cf. auch Grubmüller, K.: Meister Esopus. Mü. 1977, 243. – [9] Waldis, B.: Esopus 1–2. ed. H. Kurz. Lpz. 1862, t. 1, 166, num. 11; t. 2, 83. – [10] Alberus, E.: Das buch von der Tugent und Weißheit [...]. Ffm. 1550, num. 23. –

[11] Chytraeus, N.: Hundert Fabeln aus Esopo [...]. Rostock 1571, num. 39. – [12] Goetze, E. (ed.): Sämtliche Fabeln und Schwänke von Hans Sachs 2. Halle 1894, num. 223 (mit Lit.). – [13] Röhrich, Redensarten 1, 132 (Brant- und Luther-Zitat); 3, 661 sq.; cf. Wander, K. F. W.: Dt. Sprichwörter-Lex. 2. Lpz. 1870, 483; weitere Nachweise: Peuckert, W.-E.: Dt. Volksglaube im SpätMA. Stg. 1942 (Nachdr. Hildesheim/N.Y. 1978), 219 zu p. 132. – [14] cf. Rehermann, 270, num. 22. – [15] Drexel, H.: Zungen-Schleiffer

[...] 1. Übers. M. J. Meichel. Mü. 1631, 159. — [16] EM-Archiv: Casalicchio, Utile cum dulci 1 (1702), 288. — [17] Moser-Rath, Predigtmärlein, num. 127 und not. p. 472. — [18] Rehermann, 270, num. 22; 301, num. 45; 349, num. 9. — [19] Menghini, M.: Kritische Übersicht über die ital. Volkslitteratur während des Jahres 1890. In: ZfVk. 1 (1891) 403—413, hier 411 sq. — [20] Ergänzend zu AaTh: Rausmaa; SUS; Wlislocki, H. von: Aus dem Volksleben der Magyaren. Mü. 1893, 17—19; Kovács, Rátótiádák (9 Var.n); Ure, J.: Pacala and Tandala and Other Rumanian Folk-Tales. L. 1960, 24 sq.; Stroescu, num. 3197, 3808; Strausz, A.: Die Bulgaren. Lpz. 1898, 274—278. — [21] Strackerjan, L.: Aberglaube und Sagen aus dem Herzogtum Oldenburg 1. Oldenburg ²1909, num. 257 s; Zingerle, I. und J.: Kinder- und Hausmärchen aus Süddeutschland. Regensburg 1854, 103 sq. (= Haiding, K.: Österreichs Sagenschatz. Wien 1965, num. 135); Heyl, J. A.: Volkssagen, Bräuche und Meinungen aus Tirol. Brixen 1897, 236; Bronner, F. J.: Bayer. Schelmen-Büchlein. Dießen 1911, 38 sq.; Lang-Reitstätter, M.: Lachendes Tirol. Mü. [1942], 151 sq.; Kapfhammer, G.: Bayer. Schwänke. Düsseldorf / Köln 1974, 14 sq. — [22] Kljagina — Kondrat'eva, M. I./Kraševinnikov, V. L.: Indijskie skazki. M. 1958, 76 sq.; cf. auch Shah, I.: The Pleasentries of the Incredible Mulla Nasruddin. L. [1968] 1975, 84. — [23] Wienert, ST 422', 423'; ET 466. — [24] Peuckert (wie not. 13) 84 sq. — [25] ibid., 133. — [26] Fabula 6 (1964) 264, num. 6. — [27] Schwarzbaum, Fox Fables, 308—310. — [28] EM-Archiv: Lustigmacher (1762), num. 4; als Schwankmotiv wurde AaTh 1342 erst in rezenten Slgen aufgefaßt, cf. not. 21.

Göttingen Elfriede Moser-Rath

Held, Heldin

1. Allgemeines — H.enlebenschemata, -typologien — 2. Der mythische und der epische H. — 2.1. Hist. Hintergründe, Entwicklung des H.enbegriffs und der Funktion des H.en — 2.2. Eigenschaften und Taten — 3. Märchenheld, Märchenheldin — 3.1. H. — 3.1.1. H.enmärchen — 3.1.2. Aufgabenmärchen — 3.1.3. Taten — 3.2. H.in — 3.2.1. Starke und zauberkundige H.in — 3.2.2. Aktive und leidende H.in — 3.3. Eigenschaften des H.en und der H.in. Unheld(in) — 3.4. Zusammenfassung — 4. Neue H.en der Trivialliteratur — 5. Das ‚heroische ZA.' Amerikas

1. Allgemeines — H.enlebenschemata, -typologien. Eine gültige Definition des mythischen und popularliterar. H.en stößt auf grundsätzliche Schwierigkeiten. Zum einen ist der H. nicht auf einen Typus reduzierbar, zum anderen bekleidet jeder H.entyp hist. und sozial wandelnde Funktionen, wenn auch seine jeweilige Gestalt anthropol. konstante Züge aufweist. Trotz dieser Einwände soll eine in ihrer Allgemeinheit plausible Definition zitiert werden: „Es scheint, daß der Held die Möglichkeiten dessen absteckt, was der Mensch in extremen Äußerungsformen wollen und tun kann. Er ist [...] eine der ‚Urformen menschlicher Selbstdarstellung'."[1] Auf diesem Feld der Möglichkeiten bewegt sich der H. zwischen zwei Polen: Er ist Gesetzgeber und Gesetzesbrecher[2]. Diese Definition umfaßt zwar ganz unterschiedliche H.entypen, in diesem Art. werden jedoch vornehmlich der Heros, der Krieger und die Kampfjungfrau sowie der H. und die H.in des Märchens untersucht. Der Kulturbringer ätiologischer Erzählungen, der göttliche, oft tierische Betrüger, der ambivalente H. werden unter → Kulturheros und → Trickster behandelt. Auch der Protagonist der Schwänke, der bald ein → Narr, bald ein Schelm (cf. → Schelmentypen) ist, mußte hier weitgehend unberücksichtigt bleiben. Die vorliegende thematische Unters. wird ferner durch die Darstellung der strukturellen und morphologischen Funktion der H.en im Art. → Handlungsträger ergänzt.

Unter H. R. Jauss' ästhetischen Interaktionsmustern zwischen Leser und literar. H. ist auf dem Gebiet der Volkserzählungen vor allem die admirative und die sympathetische Identifikation von Bedeutung[3]. Die weitgehend gesellschaftliche und hist. Funktion des H.en wird in sog. heroischen ZA.n sichtbar: Bei grundlegenden sozialen und politischen Änderungen wächst die Nachfrage nach dem ‚großen Menschen', der als hist. oder fiktives Idealbild die Gruppenidentität stärkt[4]. Sein Symbolcharakter ermöglicht es aber auch, daß man in ihm einen → Archetypus erblickt. Nach M.-L. von → Franz z. B. ist der H. mit dem ‚Ich' identisch, „das in Übereinstimmung mit dem Selbst funktioniert" und deshalb das jeweils gestörte Funktionieren seiner Gruppe wiederherstellen kann[5].

Die auffallenden Ähnlichkeiten vieler H.enbiographien (ungewöhnliche Geburt und Tod, gefährdete Jugend, Abenteuer-, Such-, Braut- und Jenseitsfahrt) haben zur Herausarbeitung sog. ‚Hero Patterns' (cf. auch → Hagiographie) geführt[6]. Die Problematik eines solchen Unternehmens wird etwa in der Arbeit des

Soziologen und Volkskundlers O. E. Klapp sichtbar: Er beantwortet die nun über 100 Jahre alte Frage, ob es einen ‚Universal Hero' gibt, mit einer Typologie. Er beschreibt den siegreichen, den klugen, den → unscheinbaren H.en, den Verteidiger und Befreier, den Wohltäter der Menschheit, den Kulturbringer und den → Märtyrer[7]. Daß das Problem des H.en aber nicht nur ein typol., sondern auch ein eminent geschichtliches ist, zeigt sich darin, daß es die Frage berührt, ob die Geschichte von Einzelnen oder von den Massen gelenkt wird[8]. Es ist daher nicht überraschend, daß T. C. Carlyle, der Verf. der ersten H.entypologie (1841), in der Gottheit die Urform des H.en sah und Geschichte als die Lebensgeschichte großer Männer betrachtete. Seine H.enliste umfaßt die Abschnitte Gottheit, Prophet, Dichter, Priester, Schriftsteller und König[9]. Das erste Lebensschema des mythischen und traditionellen H.en, das für die volkskundliche Erzählforschung von Bedeutung ist, stammt von J. G. von → Hahn. In seiner ‚Ar. Aussetzungs- und Rückkehr-Formel' exemplifiziert er an 14 hellen. und germ. H.en die konstanten Elemente einer heroischen Biogr. Die 1876 posthum erschienene Formel besteht vornehmlich aus Geburt, Jugend und Rückkehr des H.en. Diese Sequenzen sind in 16 Phasen unterteilt, die charakteristische Merkmale des H.enlebens bezeichnen, etwa: uneheliche → Geburt (cf. → Bastard), hohe Abstammung (→ Zeichen edler Herkunft), warnende Vorzeichen (→ Prodigien), → Aussetzung, Dienst in der Fremde (→ Dienst beim Dämon, → Bewährungsprobe), siegreiche → Rückkehr, → Herrschaftserwerb, außerordentlicher → Tod[10]. Von Hahns Arbeit eröffnete eine Reihe von Unters.en über das H.enlebenschema: Die von Mythen, H.ensagen und Märchen abstrahierten Modelle von O. → Rank[11], Lord Raglan[12], J. Campbell[13], J. de → Vries[14] und A. → Dundes[15] zeigen, bei unterschiedlicher Zahl der Sequenzen und bei veränderlicher Zusammensetzung des jeweiligen Korpus, eine bemerkenswerte Uniformität der Biogr. Wesentliche Unterschiede bestehen hingegen in ihren theoretischen Ergebnissen:

Mythen- und ritentheoretischen Ansätzen verpflichtet sind Hahn, Raglan und de Vries. Hahn erblickt in den ‚Sagenbildern' die auf menschliches Handeln übertragenen Äußerungen der Naturkräfte (cf. → Mythol. Schule)[16]; Raglans H. ist die Hauptperson eines rituellen Dramas, in welchem ursprünglich der König (Priester, Häuptling, Zauberer) die Prosperität seiner Gemeinschaft garantierte[17], und de Vries sieht im idg. Modell des H.enlebens einen Widerhall von → Initiationsriten bzw. von deren kosmogonischem Vorbild[18]. Tiefenpsychol. wird das H.enlebenschema von dem Freudschüler Rank und dem Jungianer Campbell gedeutet. Nach Rank ist die Laufbahn des H.en ein Projektionsmodell, in dem er die Rolle des Ichs spielt, das sich gegen den Vater auflehnt[19]. Campbells H. ist hingegen der durch Tod und Wiedergeburt initiierte Mensch, der sich seiner persönlichen und hist. Beschränkungen entledigt hat[20]. Campbell bietet außer seinem Schema (Aufbruch, Initiation, Rückkehr), das er nicht an einzelnen H.en verifiziert, eine Typologie an: Der Krieger, Geliebte, Kaiser und Tyrann, der Erlöser und Heilige sind die Transformationen des H.en[21]. Dundes, der am Leben Jesu die Hero Patterns seiner Vorgänger prüft und eine idg./semit. H.enbiographie konstatiert, vereint in seiner Unters. hist.-gesellschaftliche und psychoanalytische Methoden. Nach seiner These entspricht das H.enlebenschema männlichen Pubertätsriten (cf. → Reifung)[22].

Die mythische und psychol. Erforschung des H.entums sucht die Ursprünge ihres Gegenstandes in zeitlichen und seelischen Tiefenschichten und stellt übergeschichtliche Funktionen des H.enlebens heraus. Kulturhistoriker interessieren sich hingegen für den Prozeß der H.enschöpfung (making of a hero) als Interaktion von Angebot und Nachfrage[23]. So versucht auch P. Burke anhand seiner vier H.entypen der europ. Frühneuzeit (Herrscher, Krieger, Heiliger, Gesetzloser) die sozial-psychol. Funktionen und Grundlagen der populären Identifikationsmodelle freizulegen. Er zeigt, daß ritterliche Krieger und Heilige als Volkshelden von Kirche und Adel den Handwerkern und Bauern zur Verfügung gestellt wurden[24].

Die theoretische Schwäche der Hero-Pattern-Forschung liegt, sofern sie nach einer ‚Durchschnittssage' oder ‚Monomythe' sucht, in ihrem Reduktionalismus: Nach ihren Wesen und Funktionen grundsätzlich verschiedene Protagonisten mythischer und märchenhafter Erzählungen werden im Typ des H.en schematisiert. Die Forschung muß jedoch bei wesenhaften und funktionalen Unterschieden ansetzen. So ist es unerläßlich, zwischen dem H.en des Mythos und dem Märchenhelden, ferner zwischen Gott und Heros zu unterscheiden: Der mythische H. bekleidet eine tragische Rolle, der allzu menschliche Märchenheld, dessen richtiges Verhalten ihm zum → Glück verhilft, hingegen eine utopische (cf. → Optimismus, → Utopie)[25]. Im theol. Sinne ist aber auch der übermenschliche und halbgöttliche homerische H. nur ein Sterblicher. Sein Kult ist Totenkult: chthonisch und nicht olympisch[26]. Wenn es auch wahr ist, daß aus Göttern H.en werden und daß H.envergötterung eine Urtendenz ist, so ist die Definition Raglans „The god is the hero as he appears in ritual and the hero is the god, as he appears in myth"[27] wiss. unhaltbar.

2. Der mythische und der epische H.

2.1. Hist. Hintergründe, Entwicklung des H.enbegriffs und der Funktion des H.en. Stoff und Handlungsträger von H.endichtungen (→ Epos, → H.ensage) sind vielfach hist. Ereignisse und Gestalten (cf. auch → Historisierung und Enthistorisierung)[28]. Die oft in kleinräumigen Milieus, unter patriarchalischer Sippen- und Stammesorganisation geführten Fehden und Kämpfe werden aber häufig ins Monumentale erhöht. So ist z. B. die *Ilias* ein ins Mythische transzendierendes Epos über eine Stadteroberung[29]; oder in den Liedern über → Krali Marko, in dem altir. *Táin Bó Cuailnge* (→ Cú Chulainn), in der ostjak. H.endichtung werden u. a. Vieh- und Menschenraub heroisiert[30].

Die Könige Conchobor und Cormac Mac Airt, der Hunnenkönig → Attila, der Burgunderkönig Gunther, der Ostgotenkönig Theoderich der Große (→ Dietrich von Bern) leben fort im kelt. und germ. Erzählgut (cf. auch → Ulster-Zyklus). Gerechte Herrscher wie → Hārūn ar-Rašīd, der → Alte Fritz oder → Matthias Corvinus, Volks- und Nationalhelden wie Wilhelm → Tell, Arnold Winkelried, Jeanne d'Arc[31] wurden betrachtet als (oder waren tatsächlich) hist. Persönlichkeiten, die geschichtliche Fixierung dieser → Kristallisationsgestalten wird jedoch durch poetische Aneignungs- und Übertragungsprozesse erschwert. So werden schon die Gräber antiker H.en von verschiedenen Städten beansprucht[32], so sind etwa für den Drachentöter → Georg mehrere hist. Figuren in Betracht gezogen worden[33]. Auch Charakterzüge und Biogr. werden im epischen und/oder politischen Interesse entstellt, idealisiert und heroisiert: Das Leben des ung. Nationalhelden Fürst Rákóczi ist durch spannende Motive, das von Krali Marko durch märchenhafte Züge ergänzt[34]. Am Beispiel von Heinrich dem Löwen (→ Löwentreue) zeigt H. Gerndt den literar. und hist. Prozeß zwischen Humanismus und Romantik, durch den der Sachsenherzog aus dem 12. Jh. zum Sagenhelden stilisiert wurde[35]. Die allen epischen H.en zugeschriebenen übernatürlichen Taten erschweren die funktionelle Differenzierung zwischen hist. und märchenhaften H.endichtungen. Und obwohl die Art und Weise der Rezeption auch vom Grad der Bestimmbarkeit des H.en als einer hist. oder einer mythischen Figur abhängig ist, dürfte es wichtiger sein, die Entwicklung des H.enideals und -begriffs nachzuzeichnen als nach der geschichtlichen Realität des H.en zu fragen. Denn einerseits kann auch ein fiktiver H. gesellschaftliche Funktionen bekleiden, andererseits interessieren Dichtungen über hist. Persönlichkeiten primär nicht als Geschichtsquellen, sondern als Zeugnis einer hist. H.enbetrachtung[36]. Bedacht werden muß jedoch der Unterschied zwischen hist. und genetischem Alter des H.en, da sich in jüngeren H.endichtungen oft archaische Ideale wiederfinden[37].

Der Ursprung des H.enbegriffs ist gesellschaftlich-ethisch, nicht ästhetisch. In der Übereinstimmung des dichterischen und kulturellen Ideals zeigt sich jedoch die soziale Funktionalität der traditionellen H.endichtung, die in der Stärkung des Gruppenzusammenhalts angesichts dämonischer und menschlicher Gegner besteht[38]. Indem der epische H. idealisierter Vertreter der Gruppe ist, gleichzeitig aber einen Protest gegen das kollektive Mittelmaß verkörpert, ist seine Rolle immer auch problematisch: Sein Groll, seine blinde Kampfgier und Maßlosigkeit, sein Übermut führen zu tragischen Fehlern (z. B. Byrhtnoth in *The Battle of Maldon*; Gunnar im *Alten Atlilied*)[39].

Prototyp des heroischen Ordnungsstifters und Vorbild des mythischen H.en ist der babylon. Gott Marduk. Im Epos über den sterblichen → Gilgamesch finden sich jedoch erstmals die klassischen Motive einer heroischen Existenz. Gilgamesch repräsentiert gleichzeitig auch den Anfang einer politischen Kultur: den Übergang von nackter Gewalt zu politischer Macht[40].

Die Gestalt des → Herakles zeigt ebenfalls die Problematik archaischen H.entums: Indem → Homer ihm gegenüber die trojan. H.en bevorzugt, übt er möglicherweise implizite Kritik an einem älteren, primitiveren Ideal. In → Hesiods *Theogonie* erscheint aber Herakles schon als Vorbild griech. Siedler, der gegen zerstörerische Naturkräfte kämpft[41]. Denn in Frühzeiten wird H.entum als existenznotwendig gewertet, Aggression heroisiert[42]. Darum erscheint zwar der H. im Mythos oft als göttliches Wesen, Schamane oder als Tier[43], Protagonist traditioneller H.endichtung ist jedoch der starke menschliche Kämpfer[44]. Sozialer Hintergrund vorbürgerlichen H.entums ist eine kriegerische und hierarchische Gesellschaft. (V. M. → Žirmunskij ergänzt diese These mit Beispielen von patriotisch-demokratischen Idealen serb. Volksepen und russ. Bylinen.[45]) So bedeutet das Wort heros bei Homer zunächst nur Herr, Kämpfer, Krieger. Er bestimmte jedoch die weitere Entwicklung des H.enbegriffs in einer Zeit, in der → Krieg natürliche Grundlage der Gesellschaft war, indem er diese Krieger ins Zeitlos-Mythische verklärte[46]. Diese Tendenz findet sich in der germ. H.ensage nur spurenweise[47]. Gleichwohl zeichnet sich hier auch eine Entwicklung vom archaischen zum klassischen H.en ab:

K. Fuß erblickt die Vorform des Heldischen im aus → Neid und → Rache tötenden ‚archaischen Täter' (cf. z. B. → Wieland der Schmied). Erst die Tugend der → Tapferkeit mildere diese triebhafte Tat, wenn auch Tapferkeit anfänglich noch keinem Ideal untergeordnet ist (cf. z. B. → *Beowulf*). Im H.entum der germ. Frühzeit adele die schicksalsgegebene Aufgabe den H.en, der Repräsentant seines Stammes wird. Der klassische, einsame, durch Gesinnung erhöhte H. werde erst im *Hunnenschlachtlied* sichtbar[48].

Das H.enideal in der frühen germ. H.endichtung entspricht der Treue- und Todesbereitschaft der Gefolgschaft eines sich etwa seit 300/400 durchsetzenden Reiter- und Berufskriegertums (cf. *Hildebrandslied*, → *Nibelungenlied*)[49]. Das Ende der Völkerwanderungszeit bedeutet das Ende dieses H.entyps, dem im feudalen Lehnswesen und im Christentum die Grundlage fehlt. Doch bleibt das H.enideal vorerst noch im Dienst der Expansionsbestrebungen und der Kreuzzugspropaganda hart und kriegerisch; der Konflikt zwischen heidnischem Kriegsideal und christl. Ethik wird im Vorbild des miles Christi aufgelöst. Erst bei → Hartmann von Aue und Wolfram von Eschenbach treten neue Tugenden wie caritas und misericordia auf[50]. Im Frauendienst des Artusritters und in seiner Schutzfunktion erblickt W. Spiewok nichtsdestoweniger die Ethisierungsbestrebungen eines adeligen Gewinnstrebens. Bei Gottfried von Straßburg, dem → Stricker und Thomasin von Zerklaere zeichnet sich ein neues H.enideal ab: In der Gestalt des → Tristan etwa ergänzen intellektuelle Qualitäten die Kampfleistungen. Mit dem Entstehen bürgerlicher Tugenden erscheint der nichtkriegerische H.: Statt Kampfgier dominieren nun Fleiß, Klugheit und berufliche Tüchtigkeit (cf. → Boccaccio; *Knabenspiegel* [1554] von Georg → Wickram)[51]. Trotz ihrer schwindenden gesellschaftlichen Funktion bleibt jedoch das erzählerische und psychosoziale Interesse an den Leistungen des antiken Heros und des ma. Kriegers und Ritters bestehen: Ihre Kampftaten und ihre Bewahrer-, Beschützer- und Befreierrolle begegnen bis heute in den unterhaltenden und kompensatorischen H.enmärchen.

2.2. Eigenschaften und Taten. Der H. unterscheidet sich von seiner Gemeinschaft durch wunderbare → Eigenschaften und Fähigkeiten, oft durch → Unverwundbarkeit. Ihm ist entweder ein früher Tod oder ein unnatürlich langes Leben beschieden[52]. Er ist ein Wunderkind, das in Stunden und Tagen wächst (cf. wunderbare → Empfängnis, → Erwachsen bei Geburt). Der H. im kirgis. Epos *Manas* verlangt anderthalb Stunden nach seiner Geburt eine stählerne Rüstung, einen goldenen Helm und eine 300 Pud schwere Streitkeule[53]. Er wird oft von Tieren gesäugt (→ Säugen) und aufgezogen, ist tiersprachenkundig oder kann sich in ein Tier verwandeln. Zu seiner archaischen Erscheinung gehören Wunder und Zauber[54]. Sein Äußeres ist auffallend schön oder im Gegenteil furchterregend: Seine Glieder sind aus → Gold, oder er ist tier- und riesenhaft, begabt mit außergewöhnlicher → Stärke. Der estn. Tõll z. B. watet durch das Meer und schleudert Felsblöcke oder Ochsenwagen wie → Theseus[55]. Andere H.en besitzen mehr Glieder als der gewöhnliche Mensch oder sind verstümmelt[56]. Die ungewöhnlichen Waffen des H.en reichen von mächtigen Steinen und Keulen bis zu gold- und edelsteinverzierten Gewehren und Schwertern, sein → Pferd ist oft ein Zauberroß[57]: Als der pers. H. Rustam in die Schlacht zieht, verlangt er ein Pferd, das einem Elefanten, und eine Keule, die einem Berge gleicht[58]. Der H. ist dem Feind gegenüber grausam, und als Idealtyp des Kriegers schont er sich selbst nicht: Er ist ein ruhmsüchtiger Einzelkämpfer, der immer gegen eine Übermacht antritt, ein Vorkämpfer, der sich oft genug auch für sein Volk und Heer aufopfert[59]. Im Leben der klassischen H.en → Perseus, Herakles, Theseus, → Jason und → Achilleus sind bereits die wichtigsten Taten der starken, kämpferischen Märchenhelden vorgezeichnet: Kampf mit Ungeheuern (→ Drache) und Landesfeinden, Schaffung kultureller Voraussetzungen für menschliches Zusammenleben, Proben (z. B. → Braut-, → Freier-, → Kraft-, → Mutproben) und unlösbare → Aufgaben, → Such- und → Jenseitswanderung, → Rettung Unschuldiger und Gewinnung der → Braut[60].

3. Märchenheld, Märchenheldin.

3.1. H.

3.1.1. H.enmärchen. Ohne die Herkunft des Märchens und die genetischen Zusammenhänge zwischen Märchen, Mythos und H.ensage (cf. auch → Altersbestimmung des Märchens) hier untersuchen zu können, soll auf Forschungen hingewiesen werden, die diese Probleme sowie Fragen der strukturellen und motivischen Ähnlichkeiten in den genannten Gattungen zu ihrem Gegenstand haben[61]. Für die Wesensbestimmung des Märchenhelden ist hier die Tatsache von Bedeutung, daß Märchen, vornehmlich in West- und Mitteleuropa sowie in den Vereinigten Staaten, nicht geschichtsbezogen sind (cf. → ahistorisch)[62]: In den sozialen Schichten (Bürgertum, Bauerntum) und im familiären Kreis, wo sie zumindest seit den Brüdern → Grimm heimisch sind, verkörpert ihr H. nicht die Funktion eines kämpferischen oder nationalen Vorbildes, er ist vielmehr Träger einer unterhaltenden, abenteuerlichen Handlung, der gleichzeitig als Sinnbild des gefährdeten, jedoch zum Höchsten prädestinierten Menschen ein ästhetisches und psychol. Identifikationsmodell anbietet[63].

Formal entspricht das Bild des zauberkundigen oder starken, ohne jenseitige → Helfer oder als deren ebenbürtiger Mitkämpfer agierenden H.en weitgehend demjenigen des mythisch-archaischen und episch-ritterlichen H.en. Er kann sich in Tiere verwandeln, zaubern und verfügt über übernatürliches Wissen (AaTh 302, 325, 425, 433, 650–699). Seine große, oft zerstörerische Gewalt bedeutende Stärke rückt ihn in die Nähe des ‚archaischen Täters' (→ Bärensohn; AaTh 650 A: *Starker → Hans*), während der Ungeheuertöter, der Himmelskörperbefreier, der Erlöser und Kriegsgewinner dem klassischen und dem ritterlichen H.en entspricht (AaTh 300, 301, 314, 315, 328 A*, 502, 532, 590)[64].

3.1.2. Aufgabenmärchen. Nach E. → Moser-Rath sollte in der Märchenforschung künftig von der Etikettierung der positiv besetzten Hauptfigur als H./H.in Abstand genommen werden[65]. Wenn dieser Verzicht auf den auch in der Romanforschung gebräuchlichen Terminus schwierig sein dürfte, so fällt es in der Tat auf, daß die beliebtesten Märchenhelden nicht die Heroen, sondern die Unscheinbaren, Geprüften und Leidenden sind (Mot. L 101: *Unpromising hero*). Durch das Werk von M. → Lüthi zieht sich wie ein roter Faden der Gedanke, daß der H. ein Repräsentant des Mangelwesens Mensch ist, der im Märchen als ein Isolierter, aber gerade deswegen universal Beziehungsfähiger dargestellt wird (→ Allverbundenheit, → Isolation)[66]. Er vermag zu den Schicksalsmächten in Beziehung zu treten, und da es bei seinen Abenteuern oft auf ein moralisch neutrales Verhalten ankommt, interessiert er weniger von seinen heroischen oder ethischen Qualitäten als vielmehr von seinem Erfolg her. Lüthi spricht deshalb von einer → Ethik der Selbstentfaltung. Es überrascht daher nicht, daß in der Psychotherapie das Märchen als Verhaltensmuster, als entwicklungspsychol. Dramaturgie-Anleitung verwendet wird[67]. Die Wichtigkeit des richtigen Verhaltens impliziert jedoch keine Aktivität des H.en, im Gegenteil: Er ist oft, wenn auch in unterschiedlichem Maße, passiv, versteht es jedoch, Helfer und Zaubergaben an seiner Statt handeln zu lassen. Seinem unterschiedlichen Aktivitätsgrad entspricht eine veränderliche Größe der magischen Handlungspotenz. So führt unter anderen Methoden die Katalogisierung dieser Interaktionen auch zu einer Typologie des Märchenhelden[68].

3.1.3. Taten. Die Nähe der heroischen Märchen zu Mythos und H.endichtung zeigt sich nicht nur in den schon erwähnten formalen Ähnlichkeiten, vielmehr deuten die in Kampf und Sieg kulminierenden Taten ihrer H.en auf Spuren kosmischer Dimensionen und auf Interesse für kollektive Schicksale[69], während die Aufgabenlösungsmärchen sich vornehmlich für die Entschädigung der in der Familie mißbrauchten oder sozial benachteiligten H.en interessieren[70]. In seinem Typologiemodell unterscheidet daher E. M. → Meletinskij zwischen dem H.en, der kollektive, und dem H.en, der individuelle Probleme löst (→ Kollektivität, → Individualisierung)[71]. D. h., daß der letztere H.entyp nicht nach gemeinschaftlichen und mythisch-kosmischen, sondern nach persönlichen Werten strebt[72], die ihn letztlich zur → Ehe führen, so daß man oft auch von erotischen oder Liebes- und Brautwerbungsmärchen spricht. Im Gegensatz zum Ungeheuertöter gewinnt der H. hier seine Frau durch Prüfungen, unter welchen übersteigerte Kulturaufgaben mit dem Charakter von Freierproben (cf. → Hochzeit) häufig sind (AaTh 313 sqq., 326, 329, 465, 513 A, 513 B, 530, 554, 570, 571, 559, 621, 653, 665, 850, 851, 851 A, 852, 853, 853 A)[73]. Wenn der H. auszieht, um einen Wunsch des kgl. Vaters oder Auftraggebers zu erfüllen oder für dessen Krankheit Medizin zu suchen, erhält er die Braut als Dreingabe (AaTh 305, 531, 550, 551, 610)[74]. Auch in den → Erlösungsmärchen darf der H. die Braut heiraten, die er aus Verwünschung, Tiergestalt oder aus böser uneigentlicher Existenz erlöst hat (AaTh 306, 400, 401, 402, 505 – 508).

3.2. H.in

3.2.1. Starke und zauberkundige H.in. Wie weit die Seltenheit der Kämpferin in Geschichte und Tradition in der biologischen und/oder sozialen Situation der → Frauen gründet, ist bislang nur ungenügend geklärt[75]. Fest steht jedenfalls, daß die → H.enjungfrau als hist. oder fiktive Gestalt immer wieder zwiespältige Faszination ausübt[76]. Die genetischen Zusammenhänge zwischen kämpferischen und zauberkundigen Märchenheldinnen und den mythischen und epischen H.innen müssen jedoch noch untersucht werden. Denn es gibt eine markante Traditionslinie mit göttlichen und kriegerischen Frauengestalten: Athene, die Schlachthelferin, Amazonen wie Penthesileia und → Atalante, die Kampfjungfrauen Judith (*Buch Judith*), Scathach in *Táin Bó Cuailnge* und die hl. Johanna, wehrhafte Frauen, Schwestern, Schamaninnen in der oriental., germ., slav. und mongol. Tradition sind da exemplarisch zu nennen[77].

Vornehmlich in russ. Märchen begegnen mächtige Zarinnen und Heerführerinnen, mit dem H.en ringende und rachsüchtige H.enjungfrauen[78]. Die hist. Wurzeln dieser Gestalten werden u. a. in Amazonenmythen matriarchalischer Ordnungen mit exogamen Heiratssitten gesucht[79]. Auffallend ist jedoch, daß in den patriarchalisch-christl. überdeckten Märchen wehrhafte Frauen meistens in Bezug zu ihrem Gatten, zum Bruder und Vater gesehen werden: Ihre kriegerische Art ist nur eine voreheliche Lebensweise[80]; die Unterwerfung der H.enjungfrau ist oft die eigentliche Märchenprobe des H.en (AaTh 519: *The Strong Woman as Bride*). Andere H.innen ziehen bewaffnet aus, um ihre Männer oder Väter im Krieg zu unterstützen oder sie aus → Gefangenschaft zu befreien (cf. AaTh 888: *Die treue → Frau*; → Frau in Männerkleidung)[81]. Für sich selber kämpfen mit List und Waffe die Selbsthelferinnen in den Novellenmärchen → *Räuberbräutigam* (AaTh 955), *Das tapfere → Mädchen und die Räuber* (AaTh 956 B), → *Räuber unter dem Bett* (AaTh 956 D)[82]. Sowohl die Kämpferinnen als auch die zauberkundigen Frauen und Dämonentöchter (cf. AaTh 313 sqq.: → *Magische Flucht*; → Schwanjungfrau; AaTh 465: → *Mann wird wegen seiner schönen Frau verfolgt*) sowie die Tierbräute (AaTh 402: → *Maus als Braut*) sind neben der formalen Hauptperson[83] die eigentlichen H.innen, nicht bloß Helferinnen oder gar ‚Suchobjekte'[84]. Sie führen anstelle ihrer Freier schwere Aufgaben aus, erwecken ihren toten Bräutigam gar zum Leben[85].

3.2.2. Aktive und leidende H.in. Die volkstümlichsten und bekanntesten Märchenfiguren im europ. und nordamerik. Kulturkreis sind die passiven H.innen der KHM bzw. eines Märchenkanons, der auf deren *Kleine Ausgabe*

(B. 1825) zurückgeht[86]. Gesellschaftskritische und feministische Märchenforschung sieht im kulturell fixierten Frauenbild dieser stilistisch und ideologisch standardisierten Märchen ein Sozialisationsinstrument der patriarchalischen Industriegesellschaft[87]. So seien aus ursprünglich zauberkundigen, ja göttlichen Heldinnen unterwürfige oder böse und hexenhafte Gestalten geworden[88]. In der feministischen Lit. werden dafür neue Märchenheldinnen angeboten, die zu einer Umkehrung des Erziehungsideals, d. h. zur Selbstbefreiung verhelfen sollen[89]. Märchen- und Mythenanthologien mit starken und zauberkundigen H.innen verschiedener Kulturkreise erscheinen in rascher Folge[90]. Wichtig sind auch die neuen Ansätze in der Märchenforschung und -herausgebertätigkeit, die durch ihre Kritik am einseitigen Bild der Märchenheldin eine differenziertere Rezeption anregen: Die populäre Vorstellung von der Aschenputtelfrau stamme danach vornehmlich aus gedr. Kommerzausgaben und Walt → Disney-Filmen. In der mündl. Überlieferung und in wiss. Ausgaben würden die männlichen H.en und die aktiven H.innen[91] überwiegen. Aber auch in den vollständigen Ausgaben der KHM begegnen tatkräftige Frauengestalten.

Von Bedeutung ist es auch, daß die angeblich nur passive Dulderin differenzierter gesehen wird. So gibt Lüthi eine neue Interpretation Aschenputtels, der H.in, die ihren Namen für ein Neurosensymptom leihen mußte[92], und M. Tatar zeigt die zwiespältige Darstellung und ambivalente Funktion des → Spinnens, der Hauptbeschäftigung vieler Märchenheldinnen in den KHM[93]. Ebenfalls auf die KHM bezogen, schätzt H. → Rölleke die Caritas-Leistung barmherziger Mädchen (KHM 24, 153; cf. AaTh 480: *Das gute und das schlechte → Mädchen*; → *Sterntaler*) als Aktivität ein, während er Gretel (KHM 15, AaTh 327 A: → *Hänsel und Gretel*), Aschenputtel (KHM 21, AaTh 510 A: → *Cinderella*) und Allerleirauh (KHM 65, AaTh 510 B) zu den gemischten Typen zählt[94].

Mit der Freilegung möglicher geschichtlicher Wurzeln entdeckt man verschüttete mythische und soziale Elemente in sentimentalisierten Märchen: So sollen etwa Erzählungen mit den ins Waldexil geschickten Mädchen ursprünglich Initiationsberichte über Begegnungen mit Naturgeistern gewesen sein, welche die Kulturheroinnen mit Fähigkeiten, Wissen, Feuer und mit für die Gemeinschaft nötigen Gütern beschenken[95]. Aber die Verfechter derartiger Thesen bleiben gewöhnlich die Beweise für eine damit verbundene Überlieferung von den Anfängen menschlicher Kultur bis heute schuldig.

Eine neue Betrachtungsweise charakterisiert auch den Modellvorschlag H. → Jasons für Märchen mit aktiver H.in: Sie unterscheidet zwischen aktiven und unschuldig verfolgten H.innen. Die aktiven gewinnen ihre kgl. Gatten entweder durch Aufgabenlösung (z. B. AaTh 510, 511, 707, 708, 500, 870, 875, 881, 888) oder durch Erlösung (z. B. AaTh 425–437, 451, 441)[96]. Jason definiert also Aktivität großzügig: Demütiger Magd- und Küchendienst, wunderbare Mutterschaft, Besitz eines Wunderbaumes werden etwa mit Erlösung und Klugheit funktionell und morphologisch gleichgesetzt.

Die Partnerwahl der Frau wird im Märchen gegensätzlich dargestellt: Den selbständigen → Rätsel- und Versteckprinzessinnen (AaTh 850, 851, 851 A; cf. auch AaTh 329: → *Versteckwette*) stehen die demütigen, gezähmten Widerspenstigen gegenüber (AaTh 900: → *König Drosselbart*, AaTh 901: → *Zähmung der Widerspenstigen*). Durch einen schier unerträglichen Quietismus charakterisiert sieht Rölleke[97] die letzteren, neben die noch die Dulderinnen → Griseldis (AaTh 887) oder die Gänsemagd (KHM 89, AaTh 533: *Der sprechende → Pferdekopf*) gestellt werden könnten. Es ist für die reale Stellung der Frau auch bezeichnend, daß, während der männliche H. meistens externe → Gegenspieler bekämpft, die H.in vornehmlich von Familienmitgliedern bedroht wird. Die ganze Gruppe der Märchen von der unschuldig verfolgten Frau und vom unschuldig verleumdeten → Mädchen (AaTh 883 A) wird durch die Feindseligkeiten der in der Familienhierarchie höher stehenden Personen (oder im Gegenteil der in niedriger Position stehenden Dienstmagd) strukturiert[98]. Die weibliche Passivität wird in den → scheintoten H.innen ad absurdum geführt (AaTh 709: → *Schneewittchen*, AaTh 410: → *Schlafende Schönheit*).

Daß die leidende H.in, die ihr Exil und/oder ihre Deklassierung demütig erträgt und das Handeln ihren Gegenspielern überläßt, offenbar auch ein erzählerisches Interesse besitzt und einem Kompensationsbedarf entgegenkommt, wird durch Alter und Zählebigkeit des Themas bewiesen: Nach I. Nolting-Hauff soll das Vorbild der Liebesromane zwischen dem 16. und 18. Jh., nämlich der hellenist. Roman mit leidenden H.en, auf mündl. tradierte Verfolgungsmärchen zurückgehen[99].

3.3. Eigenschaften des H.en und der H.in. Unheld(in). Ein geschlechtsspezifischer Merkmalskatalog zu H./H.in, wie er etwa für den amerik. hist. Roman zusammengestellt wurde[100], würde vermutlich etliche Züge enthalten, die den Geschlechterrollen-Erwartungen entsprächen, jedoch auch zahlreiche Züge, die jenen entgegenständen[101]. So dürfte Lüthis Entwurf vom Menschenbild des Märchens, in dem das Gemeinsame bei H./H.in stärker hervortritt als das Unterscheidende, noch immer seine Gültigkeit haben[102]: Beide sind die äußersten Glieder im Sozialgefüge und in der Familie (→ Jüngste, Jüngster), wesenhaft Wandernde, auch wenn der H. meistens aus eigenem Antrieb, die H.in hingegen unter Zwang in die Ferne zieht. Beide sind die ‚Begabten' schlechthin, → Neugier und Ungehorsam (→ Gehorsam und Ungehorsam) machen sie aber auch zum ‚Umwegwesen'[103]. Das H.enmodell kann wohl unter wechselnden kulturellen Bedingungen eine wichtige Rolle im Sozialisationsprozeß spielen (cf. → Braut, Bräutigam, → Erziehung [in der Erzählung], → Initiation), im semantischen System zumindest des europ. Märchens sind die H.en heute zusammen mit den anderen Märchenfiguren integrierende Teile der vom Märchen dargebotenen → Weltanschauung[104]. Es ist daher wichtig, daß neben H./H.in, Gegenspieler und Helfer auch die Rolle der Unhelden oder falschen H.en untersucht wird. Die Unhelden sind Kontrastfiguren, die ihr Daseinsrecht einzig von ihrer Beziehung zu den H.en herleiten[105]. Eine genaue Abgrenzung vom Schadenstifter ist nicht immer einfach. Während V. Ja. → Propp deutlich zwischen ihnen unterscheidet[106], betrachtet C. → Lévi-Strauss den falschen H.en als Transformation des Schadenstifters (cf. auch → Schädigung)[107].

Im Sinne Lüthis lassen sich H. und Unheld als anthropol. Modelle für richtiges und falsches Verhalten betrachten. Lüthi zeigt, daß verschiedene Handlungsmöglichkeiten im Märchen auf verschiedene Gestalten verteilt, die negativen Eigenschaften des H.en also im Unhelden verkörpert werden (cf. → Flächenhaftigkeit). Mit ihrem tiefenpsychol. Ansatz gelangt H. von → Beit zu einem ähnlichen Ergebnis: Unter den archetypischen Figuren des Märchens repräsentierten die feindlichen Kameraden, Geschwister und die unterschobene Braut den ‚Schatten', d. h. die unterentwickelte Seite von H./H.in[108].

Dem H.en mit magischen Eigenschaften ist der Unheld mit ebensolchen beigeordnet (cf. → Bärensohn); anderen H.en entsprechen falsche H.en aus entgegengesetzter familiärer bzw. sozialer Sphäre[109]: Dem Jüngsten stehen seine älteren Geschwister gegenüber, dem → Dummling als dem typischen Märchenhelden seine vernünftigen Brüder, der Demütigen ihre hoffartigen Schwestern (→ Demut und Hochmut), dem Getreuen der ungetreue Kamerad (AaTh 531: → *Ferdinand der treue und F. der ungetreue*), der Königstochter die Dienstmagd (AaTh 533). Die Unhelden – manchmal die Lieblings- oder leiblichen Kinder der Eltern – sind oft hartherzig, hochmütig, neidisch, frech und ungehorsam, müssen es aber nicht sein: Ihre epische Rolle besteht einzig darin, sich konsequent falsch zu verhalten. Als „schwerlose Abbilder der unglücklichen [...] versagenden Täter der Sage"[110] weisen sie die Bitten der Jenseitigen ab oder schieben deren → Gaben beiseite; sie gelangen nie in den Besitz von magischen Dingen und Fähigkeiten; sie verschlafen und versäumen ihr Glück mit ihrem Leichtsinn, ihrer Risikoangst und materiellen Gier: Sie sind die erfolglosen ‚Vorahmer' des H.en[111], die sich nie bei der Märchenprüfung bewähren; sie versagen, im Gegensatz zu ihm, schon bei der Vorprobe[112]. Die moralisch oft indifferente Funktion dieser Kontrastfiguren manifestiert sich in der Inkonsequenz ihrer Bestrafung: Für ihre Treulosigkeit und Usurpation (→ Usurpator) erleiden sie grausame Todesstrafen oder erfahren großzügige Vergebung, erhalten gar einen Ministerposten oder eine Prinzessin[113].

Konsequent bestraft werden jedoch die erfolglosen Nachahmer der H.en: In den Erzählungen mit der binären Struktur Belohnung/Strafe und einer betont moralischen Funktion liegt die Strafe entweder bereits in der dummen Nachahmung, oder sie wird von einer jenseitigen Instanz verhängt[114]. Dem Korpus der Tier-, Zauber- und Schwankmärchen mit dem

Thema der fatalen Imitation (AaTh 403, 480, 503, 613, 676, 750 A, 753, 1535)[115] ist daher eine Tendenz zum Lehrhaften, ja zum Legendenhaften eigen. So untersucht R. Drory vier Märchentypen mit der Struktur ‚Reward-and-Punishment', die sich an der Gattungslinie Zaubermärchen-Legende entlang bewegen (AaTh 480, 613, 676, Jason 750* J), und stellt fest, daß auf der narrativen Ebene der Schenker die Unhelden und H.en auf die Probe stellt, während auf der semantischen Ebene diese in Wahrheit an ethischen Normen geprüft werden[116].

3.4. Zusammenfassung. Die Jugend des H.en und vor allem der H.in[117], ihre (sie oft mit dem Tod konfrontierenden) Abenteuer sowie der biogr. Ablauf ihrer Geschichte machen die Märchenprotagonisten zu erzieherischen und entwicklungspsychol. Modellfiguren. So interessieren sich Psychologen für die individualhygienische und -therapeutische Bedeutung einer ahist. Gattung, während Erzieher nach pädagogischen und didaktischen Standpunkten fragen[118]. Volkskundler und Religionswissenschaftler untersuchen kulturelle Unterschiede und Vorbilder. Die vornehmlich phänomenologischen Versuche, nationale Charakteristika im Erzählgut verschiedener Völker (cf. → Interethnische Beziehungen) zu beschreiben, haben dazu beigetragen, das H.enbild zu differenzieren[119]. Nach den Gründen der Verschiedenheit fragen Unters.en, die sich bemühen, narrative und kulturelle Überlieferung in Verbindung zu setzen[120] und die möglichen hist. Ursprünge des H.en freizulegen. So entdeckt etwa die ung. und russ. Märchenforschung in H./H.in Eigenschaften von Totem-Ahnen, Ahnengeistern und Kulturheroen, von Initianden und Schamanen, von mythischen H.en und Stammeskriegern (→ Totemismus)[121].

4. Neue H.en der Trivialliteratur. Die traditionellen H.en werden in veränderter Gestalt und mit neuen Funktionen in den H.en der massenhaft produzierten Lit. reaktualisiert. Sie führen als Projektionsfiguren verschiedener kultureller Bedürfnisse eine vom Text halb unabhängige Existenz.

Am Beispiel des Geheimagenten James Bond zeigt man z. B., wie ein und derselbe H. sich veränderten politischen Bedürfnissen anpassen kann: In seiner 30jährigen Geschichte hat sich Bond vom H.en des sog. Kalten Krieges bis zum H.en der Entspannung, vom brit.-nationalen Superhelden bis zum politischen und sexuellen Mittelstandsidol einer klassenlosen Modernität entwickelt, um schließlich zum entpolitisierten, übernationalen Liebling aller Klassen, Geschlechter und Generationen zu werden[122].

Kriegsromane und -hefte mit ihrer direkten Verherrlichung des Tötens üben ähnliche Funktionen aus wie ältere H.endichtungen: Sie intensivieren die Wehrbereitschaft und bieten Männern ein Identitätserlebnis an, welches ihnen durch sozioökonomische Nachteile verwehrt bleibt[123]. Im einsamen Sucher der ma. Romane wird das Vorbild des Weltraumfahrers der → Science fiction entdeckt[124], im griech. Heros und im Märchenhelden das der seriellen H.en der → Comics. Entsprechend der Ratlosigkeit in einer hochtechnisierten Welt sind die Aufgaben der Trivialhelden polyfunktional: → Superman, der Geheimagent oder der Science fiction-H. treten zwar immer als Retter der Menschheit auf, kämpfen für Ordnung und Gesetz, oft aber erklären sie den Krieg gegen die bedrohliche Entwicklung, die dieser Ordnung innewohnt. Sie kämpfen mit roher Kraft gegen zuviel Intelligenz, zuviel Technik und Automation und gegen Entfremdung von der Natur (cf. → Tarzan)[125]. Dies schließt wiederum nicht aus, daß andere H.en den falschen Glauben an einen unaufhaltsamen Fortschritt verkörpern[126]. Sowohl in ihrer Warn- als auch in ihrer Bewahrungsfunktion sind die populären zeitgenössischen H.en Projektionen einer in sich widersprüchlichen Zivilisation.

5. Das ‚heroische ZA.' Amerikas. Zu voller Blüte der literar. und mündl. H.enverehrung kommt es im heroischen ZA. der Neuen Welt: Die Gewinnung des Westens, Grenzgefechte, Indianerkämpfe, Unterwerfung der Natur, gefolgt von rascher Industrialisierung mit einer Verherrlichung des wirtschaftlichen Aufsteigers lösen eine unerhörte Nachfrage nach neuen H.en aus. Massenliteratur und -kommunikationsmittel stillen diese und erwecken immer neue Bedürfnisse, sie bauen oft reale Gestalten zum H.en auf. Diese neue H.enverehrung bringt moderne Entsprechungen von Sagen und Lügenmärchen hervor: Riesenstarke Jäger, Holzfäller, Cowboys, wie Daniel Boone, Davy → Crockett, → Paul Bun-

yan, Pecos Bill; der H. von mehr als tausend billigen Heften, Buffalo Bill; Mike Fink, der Piratenbekämpfer; Schiffer, Bergbauer, Ingenieure und Ölsucher mit schier übernatürlichen Fähigkeiten sind die oft schwankhaften, meistens aber bewunderten Identifikationsfiguren für die Tugenden der Landnahme und Industrialisierung[127]. Diese Tradition entbehrt auch der mythischen Dimensionen nicht: Der Grenzfechter und Gentleman-Killer ist gleichzeitig Märchenheld und halbgöttlicher Heros. Seine Hauptfunktion ist die Wiederherstellung einer gestörten Ordnung durch Töten, daher die pseudomythische Bedeutung seiner Waffen. Er ist ein einsamer Wanderer, ohne Furcht und Beruf, der bereit ist, auf alles, selbst auf sein Leben zu verzichten[128]. Als Vertreter einer Revolver-Justiz integriert er auch Züge des edlen → Räubers, seine Taten schwanken zwischen brutalen Verbrechen und Schutz und Rache für die Schwachen (cf. → Billy the Kid)[129].

Da die technologischen Triumphe des 20. Jh.s weniger durch unerhörte Einzelleistungen als durch gemeinsame Anstrengungen garantiert werden und der moderne Krieg auch keines heroischen Einzelkämpfers mehr bedarf, verlieren diese Krafthelden ihre ursprüngliche hist. Funktion. Angesichts der Bedrohung durch einen totalen Krieg treten neue öffentliche Figuren auf: der Friedensheld, die Friedensheldin. Dieser H.entyp ist jedoch auch nicht ohne Tradition: Ziviler und christl. Ungehorsam gegen Gewalt und Krieg gehören zur hist. Wirklichkeit und haben ihre Volkshelden. Johnny Appleseed (1774–1845) etwa ging säend unter die Indianer und wollte sie statt mit Waffen mit Liebe erobern[130].

[1] See, K. von: Was ist H.endichtung? In: id. (ed.): Europ. H.endichtung. Darmstadt 1978, 1–38, hier 38. – [2] Butler, B.: The Myth of the Hero. L. 1979, 9. – [3] Jauss, H. R.: Ästhetische Erfahrung und literar. Hermeneutik. Ffm. [4]1984, 264–277. – [4] Chadwick, H. M.: The Heroic Age. Cambr. 1926; Wecter, D.: The Hero in America. Ann Arbor (1963) [2]1966, 181–198; Klapp, O. E.: The Creation of Popular Heroes. In: American J. of Sociology 54 (1948/49) 135–141; Naumann, M.: Strukturwandel des Heroismus. Königstein 1984, 67. – [5] Franz, M.-L. von: Psychol. Märcheninterpretation. Mü. 1986, 55. – [6] cf. Taylor, A.: The Biographical Pattern in Traditional Narrative. In: JFI 1 (1964) 114–129 (mit Lit.); Wienker-Piepho, S.: Frauen als Volkshelden – Geschichtlichkeit, Legendenbildung und Typologie. Diss. Fbg 1987, 131–158. – [7] Klapp, O. E.: The Folk Hero. In: JAFL 62 (1949) 17–25; id.: The Hero as a Social Type. Diss. Chic. 1948. – [8] Naumann (wie not. 4) 50, 83–95. – [9] Carlyle, T.: Über H.en, H.enverehrung und das H.entümliche in der Geschichte. B. [5]1917; cf. Bentley, E: A Century of Hero-Worship. Boston [2]1957, 17–81. – [10] Hahn, J. G. von: Sagwiss. Studien. Jena 1876, Übersicht zwischen p. 340 und 341. – [11] Rank, O.: Der Mythus von der Geburt des H.en. Lpz./Wien 1909. – [12] [Somerset, F. R., Baron] Raglan: The Hero. A Study in Tradition, Myth and Drama. L. 1949, 178–189. – [13] Campbell, J.: The Hero with a Thousand Faces. Princeton [2]1968, 49–251. – [14] Vries, J. de: H.enlied und H.ensage. Bern/Mü. 1961, 281–301. – [15] Dundes, A.: The Hero Pattern and the Life of Jesus. In: id.: Interpreting Folklore. Bloom./L. 1980, 223–261; Kriničnaja, N. A.: Personaži predanij: Stanovlenie i ėvoljucija obraza (Die handelnden Personen in der Überlieferung: Entstehung und Evolution der Gestalt). Len. 1988. – [16] von Hahn (wie not. 10) 55–57. – [17] Raglan (wie not. 12) 120–151. – [18] de Vries (wie not. 14) 296–300. – [19] Rank (wie not. 11) 81. – [20] Campbell (wie not. 13) 19 sq. – [21] ibid., 315–356. – [22] Dundes (wie not. 15) 258. – [23] Wecter (wie not. 4); Klapp (wie not. 4, 7). – [24] Burke, P.: H.en, Schurken und Narren. Europ. Volkskultur in der frühen Neuzeit. Stg. 1981, 162–191. – [25] Langer, S. K.: Philosophie auf neuem Wege. Das Symbol im Denken, im Ritus und in der Kunst. Ffm. 1984, 176 sq. – [26] Russell, D. A.: Plutarch and the Antique Hero. In: The Yearbook of English Studies 12 (1982) 24–34, hier 24 sq.; Russell, W. M. S.: Heroes in Ancient Greece. In: Davidson, H. R. E. (ed.): The Hero in Tradition and Folklore. L. 1984, 112–141. – [27] Raglan (wie not. 12) 207; Schein, S. L.: The Mortal Hero. Berk./L.A./L. 1984. – [28] Bowra, C. M.: Heroic Poetry. L. 1952, 112–131, 508–536; Braun, M.: Heldische Lebensform. In: von See (wie not. 1) 377–384; Braun, M.: Die skr. Volksepik. ibid., 355–376; Murko, M.: Die Volksepik der bosn. Mohammedaner. ibid., 385–398; Schubert, G.: Der epische H. und seine Waffen. In: Zs. für Balkanologie 15 (1979) 161–189, hier 163–167; Chadwick, N. K./Zhirmunsky, V.: Oral Epics of Central Asia. Cambr. 1969, 312–315; Koppe, K.: Hist. Realität im „Chilengijn Gal" (Feuer des Zorns). In: Heissig, W. (ed.:) Fragen der mongol. H.endichtung 4. Wiesbaden 1987, 141–146; Patkanov, S. K.: Der Typ des ostjak. Helden in den ostjak. Bylinen und H.ensagen. Mü. 1975, 7, 96–98; Heissig, W.: Die mongol. H.enepen – Struktur und Motive (Rhein-Westfäl. Akad. der Wiss.en. Vorträge G 237). Opladen 1978, bes. 9–14; Riftin, B. L.: Ot mifa k romanu (Vom Mythos zum Roman). M. 1979. – [29] de Vries (wie not. 14) 261. – [30] von See (wie not. 1) 25 sq.; Patkanov (wie not. 28) 7. – [31] Chadwick (wie not. 4) 22–25; de Vries (wie not. 14) 260–280; Suter, B.: Arnold Winkelried, der He-

ros von Sempach. Diss. Zürich 1977; Wienker-Piepho (wie not. 6). — [32] Russel 1984 (wie not. 26) 117. — [33] Heath-Stubbs, J.: The Hero as a Saint: St. George. In: Davidson (wie not. 26) 1—15. — [34] Dömötör, T.: Typisierung der Dramatis personae in der ung. Volkssage. In: Hess. Bll. für Volks- und Kulturforschung 18 (1983) 141—146, hier 142 sq.; Schubert (wie not. 28) 167—169. — [35] Gerndt, H.: Das Nachleben Heinrichs des Löwen in der Sage. In: Mohrmann, W.-D. (ed.): Heinrich der Löwe. Göttingen 1980, 440—465. — [36] Wisniewski, R.: Ma. Dietrich-Dichtung. Stg. 1986, 173—178; Talbot, A.: The Hero as a Warrior: Sigfrid. In: Davidson (wie not. 26) 16—29, hier 21, 28; Gerndt (wie not. 35) 444; Kaschewsky, R./Tsering, P.: Zur Frage der Historizität des H.en Gesar. In: Heissig 1987 (wie not. 28) 390—405. — [37] Fuß, K.: Der H. In: Zs. für dt. Philologie 82 (1963) 295—312, hier 295 sq. — [38] Világirodalmi lexikon (Lex. der Weltlit.) 4. Bud. 1975, 609 sq.; Steadman, J. M.: The Arming of an Archetype. In: Burns, N. T./Reagan, C. (edd.): Concepts of the Hero in the Middle Ages and the Renaissance. L./Sydney/Auckland/Toronto 1976, 147—196, hier 150. — [39] von See (wie not. 1) 30—35. — [40] Naumann (wie not. 4) 56—66. — [41] Galinsky, G. K.: The Herakles Theme. Ox. 1972, 3—22. — [42] Wertheimer, J.: Der Heros als Leitfigur. In: id. (ed.:) Ästhetik der Gewalt. Ffm. 1986, 19—22. — [43] Pauly/Wissowa 8 (1913) 1119. — [44] Bowra (wie not. 28) 91, 97; Grimm, Mythologie 1, 282. — [45] Schirmunski, V.: Volkstümlich oder aristokratisch? In: von See (wie not. 1) 399—406. — [46] Russel 1984 (wie not. 26) 128. — [47] von See (wie not. 1) 24 sq. — [48] Fuß (wie not. 37) 295—312. — [49] Rosenfeld, H.: H.enballade. In: Brednich, R. W./Röhrich, L./Suppan, W. (edd.:) Hb. des Volksliedes 1. Mü. 1973, 59 sq. — [50] Schwietering, J.: Der Wandel des H.enideals in der epischen Dichtung des 12. Jh.s. In: id.: Philol. Schr. Mü. 1969, 304—313; Spiewok, W.: Funktion und Gestalt der Heroik in der dt. Lit. um 1200. In: id.: MA.-Studien. Göppingen 1984, 151—167, hier 151—156. — [51] ibid., 158—167; Branca, V.: The Myth of the Hero in Boccaccio. In: Burns/Reagan (wie not. 38) 268—291. — [52] Grimm, Mythologie 1, 325 sq. — [53] Schirmunski, V.: Vergleichende Epenforschung 1. B. 1961, 58 sq.; cf. Chadwick/Zhirmunsky (wie not. 28) 155 sq. — [54] Schirmunski (wie not. 53) 58, 60; Grimm, Mythologie 1, 324; Burke (wie not. 24) 185 sq.; Patkanov (wie not. 28) 62 sq. — [55] Laugaste, E./Liiv, E./Normann, E.: Muistendid Suurest Tõllust ja teistest (Sagen von Suur Tõll und anderen). Tallinn 1963, 82 sq. u. ö.; Chadwick/Zhirmunsky (wie not. 28) 155 sq.; Bowra (wie not. 28) 97. — [56] Grimm, Mythologie 1, 321. — [57] Chadwick/Zhirmunsky (wie not. 28) 313 sq.; Schubert (wie not. 28) 169—186. — [58] Das H.enbuch von Iran. Aus dem Schah Nameh des Firdussi. Übers. J. Görres. Köln 1942, 183. — [59] von See (wie not. 1) 26—35; Bowra (wie not. 28) 103; EM 5, 309; Suter (wie not. 31) 11—19; Finlay, A.: The Warrior Christ and the Unarmed Hero. In: Kartzmann, G./Simpson, J.: Medieval English Religious and Ethical Literature. Cambr. 1986, 19—29. — [60] Kerényi, K.: Die Heroen der Griechen. Zürich 1958; Hartland, E. S.: The Legend of Perseus 1—3. L. 1894—96. — [61] Propp, V.: Die hist. Wurzeln des Zaubermärchens. Mü./Wien 1987; Schirmunski (wie not. 53); Vries, J. de: Betrachtungen zum Märchen bes. in seinem Verhältnis zu H.ensage und Mythos (FFC 150). Hels. 1954; Reichl, K.: Beowulf, Er Töštük und das Bärensohnmärchen. In: Heissig 1987 (wie not. 28) 321—350, bes. 346; Bäcker, J.: Himmelshund, Zobelmädchen und Zielen auf den Himmelsburchan — Mythologie und Märchen im daghur. H.enepos. ibid., 206—256. — [62] Diese Eigenschaft teilen sie mit der H.enballade, cf. Rosenfeld (wie not. 49) 65. — [63] Lüthi, M.: Das Volksmärchen als Dichtung. Düsseldorf/Köln 1975, 168. — [64] Nagy, O.: A varázserejű hős egy archaikus meserepertoárban (Der zauberkundige H. in einem archaischen Märchenrepertoire). In: Ethnographia 84 (1973) 307—325; Kovács, Á.: The Literary Genres of Folktales and the Hungarian Folktale Catalogue. 1: The Heroic Tale. In: Honko, L./Voigt, V. (edd.): Adaptation, Change, and Decline in Oral Literature. Hels. 1981, 105—129; Kravchenko, M.: The World of the Russian Fairy Tale. Bern/Ffm./N.Y./P. 1987, 162, 166 u. ö.; Horn, K.: Der aktive und der passive Märchenheld. Basel 1983, 53—58, 61—88. — [65] cf. E. Moser-Raths Rez. zu Horn (wie not. 64). In: Fabula 25 (1984) 339—341. — [66] Lüthi, M.: Es war einmal ... Göttingen [3]1968, 103—115; Lüthi, Europ. Volksmärchen, 37—62. — [67] von Franz (wie not. 5); Scherf, W.: Die Herausforderung des Dämons. Mü. u. a. 1987. — [68] Horn (wie not. 64). — [69] Meletinskij, E.: Zur strukturell-typol. Erforschung des Volksmärchens. In: Propp, V.: Morphologie des Märchens. ed. K. Eimermacher. Ffm. 1975, 243—276, hier 263; cf. ibid., 53—55 (Funktionspaare Kampf/Sieg). — [70] Meletinskij (wie not. 69); cf. Propp (wie not. 69) 61—63 (Funktionspaare Prüfung, Schwere Aufgabe/Lösung). — [71] Meletinskij (wie not. 69) 275. — [72] ibid., 271. — [73] Zu den hier und weiterhin oft nur mit num. zitierten AaTh-Typen cf. ergänzend die Stichwortkonkordanz des EM-Art.s Erzähltypen (EM 4, 348—375). — [74] Meletinskij zählt allerdings die H.en von AaTh 550, 551 zu denen, die kollektive Probleme lösen, cf. id. (wie not. 69) 275. — [75] Ansätze dazu cf. Wienker-Piepho (wie not. 6); Matthews, J./Stewart, B.: Warriors of Arthur. L./N.Y./Sydney 1987, 79—90; Elshtain, J. B.: Women and War. Brighton 1987; Celtic Battle Heroes. ed. J. Matthews/B. Stewart. Poole/Dorset 1988, bes. 51—96; Banck, W.: Funktion und Charakteristika der „Schwertjungfrau" im chin. H.en- und Räuberroman. In: Fragen der mongol. Heldendichtung 3. ed. W. Heissig. Wiesbaden 1985, 206—236. — [76] Frenzel, Motive, s. v. Amazone. — [77] ibid.; Wienker-Piepho (wie not. 6) 109—113 u. ö.; Agoston-Nikolova, E.: The Hero Doesn't Grow Old. The

Dramatis Personae in Bulgarian and Serbo-Croat Oral Narrative Poetry. In: Baak, J. J. van (ed.): Signs of Friendship. Festschr. A. G. F. van Holk. Amst. 1984, 339–349, hier 341–343; Bäcker, J.: „Do Mergen und Činihua Hato" – Schamanen-H.innen und Unterweltsreise bei den Daghuren. In: Heissig (wie not. 75) 237–272. – [78] Gobrecht, B.: Die Frau im russ. Märchen. In: Früh, S./Wehse, R. (edd.): Die Frau im Märchen. Kassel 1985, 89–110, bes. 96–101; Kravchenko (wie not. 64) 162 sq. – [79] ibid., 101 sq., 162 sq.; Gobrecht (wie not. 78) 107 sq. – [80] Afanas'ev, num. 159. –

[81] Heissig, W.: Tsakhar-Märchen. Wiesbaden 1985, 18 sq., 96–106; Früh, S. (ed.:) Die Frau, die auszog, ihren Mann zu erlösen. Ffm. 1985, 103–112; cf. auch Seemann, E.: Die Gestalt des kriegerischen Mädchens in den europ. Volksballaden. In: Rhein. Jb. für Vk. 10 (1959) 192–212. – [82] cf. den Balladentyp Halewijn-Ulinger, DVldr, num. 41. – [83] Olrik, A.: Die epischen Gesetze der Volksdichtung. In: ZfdA 51 (1909) 1–12, hier 10 sq. – [84] Greimas, A.-J.: Sémantique structurale. P. 1966, 176–178; Lundell, T.: Folktale Heroines and the Type and Motif Indexes. In: FL 94 (1983) 240–245. – [85] Bäcker (wie not. 77). – [86] Rölleke, H.: Die Frau in den Märchen der Brüder Grimm. In: Früh/Wehse (wie not. 78) 72–88, hier 80. – [87] Zipes, J.: Der Prinz wird nicht kommen. ibid., 174–192; id.: Breaking the Magic Spell. L. 1979; Bottigheimer, R. B.: Grimms' Bad Girls and Bold Boys. The Moral and Social Vision of the Tales. New Haven/L. 1987. – [88] ead.: The Transformed Queen. In: Amsterdamer Beitr.e zur neueren Germanistik 10 (1980) 1–12; ead.: Tale Spinners: Submerged Voices in Grimms' Fairy Tales. In: New German Critique 27 (1982) 141–150; Göttner-Abendroth, H.: Die Göttin und ihr Heros. Mü. [5]1984. – [89] Zipes 1985 (wie not. 87) 186 sq.; Heidebrecht, B. (ed.): Dornröschen nimmt die Heckenschere. Bonn 1985; Zipes, J. (ed.): Don't Bet on the Prince. Contemporary Feminist Fairy Tales in North America and England. Aldershot 1986. – [90] z. B. Schmölders, C. (ed.): Die wilde Frau. Köln 1983; Früh (wie not. 81); Minard, R.: Womenfolk and Fairy Tales. Boston 1975. –

[91] Stone, K.: „Macht mit mir, was ihr wollt". Frauen und Erzählen heute. In: Früh/Wehse (wie not. 78) 164–173; Köhler-Zülch, I./Shojaei Kawan, C.: Schneewittchen hat viele Schwestern. Gütersloh 1988. – [92] Lüthi, M.: Der Aschenputtel-Zyklus. In: Janning, J./Gehrts, H./Ossowski, H. (edd.): Vom Menschenbild im Märchen. Kassel 1980, 39–58; Dowling, C.: The Cinderella Complex. Douglas 1982. – [93] Tatar, M.: The Hard Facts of the Grimms' Fairy Tales. Princeton 1987, 106–133. – [94] Rölleke (wie not. 86) 84 sq. – [95] Kravchenko (wie not. 64) 169–175. – [96] Jason, H.: The Fairy Tale of the Active Heroine: an Outline for Discussion. In: Calame-Griaule, G./Görög-Karady, V./Chiche, M. (edd.): Le Conte, pourquoi? comment? P. 1984, 79–95. – [97] Rölleke (wie not. 86) 85. –

[98] Dan, I.: The Innocent Persecuted Heroine. In: Jason, H./Segal, D. (edd.): Patterns in Oral Literature. The Hague 1977, 13–30; Jones, S. S.: The Structure of Snow White. In: Fabula 24 (1983) 56–71; Elwell-Sutton, L. P.: The Unfortunate Heroine in Persian Folk-Literature. In: Yād-Nāme-ye irāni-ye Minorsky. Teheran 1969, 37–50. – [99] Nolting-Hauff, I.: Märchenromane mit leidenden Helden. In: Poetica 6 (1974) 417–455. – [100] Dekker, G.: The American Historical Romance. Cambr. 1987, 220–271, bes. 228. –

[101] Röhrich, L.: Das Bild der Frau im Märchen und im Volkslied. In: Solms, W./Oberfeld, C. (edd.): Das selbstverständliche Wunder. Marburg 1986, 83–108. – [102] Lüthi (wie not. 63) 151. – [103] ibid., 152–161. – [104] Lüthi, Europ. Volksmärchen, 82. – [105] ibid. – [106] Propp (wie not. 69) 79 sq. – [107] Lévi-Strauss, C.: Die Struktur und die Form. ibid., 183–212, hier 205. – [108] von Beit 1, 174 sq. und Reg. s. v. Schatten. – [109] Meletinskij (wie not. 69) 274. – [110] Lüthi, Europ. Volksmärchen, 69. – [111]ibid., Reg. s. v. Unheld; Lüthi (wie not. 63) 118 sq.; Horn (wie not. 64) 5–52. – [112] Meletinskij (wie not. 69) 271–273. – [113] Lüthi, Europ. Volksmärchen, 71. – [114] Röhrich, L.: Märchen mit schlechtem Ausgang. In: HessBllfVk. 49/50 (1958) 236–248. – [115] cf. auch Dundes, A.: The Binary Structure of „Unsuccessful Repetition" in Lithuanian Folk Tales. In: WF 21 (1962) 165–174. – [116] Drory, R.: Ali Baba and the Forty Thieves. An Attempt at a Model for the Narrative Structure of Reward-and-Punishment Fairy Tale. In: Jason/Segal (wie not. 98) 31–48; cf. Roberts, W. E.: The Tale of the Kind and the Unkind Girls. B. 1958. – [117] Rölleke (wie not. 86) 82. – [118] Lüthi, M.: Psychologie des Märchens und der Sage. In: Psychologie des 20. Jh.s 15. ed. G. Condrau. Zürich 1979, 935–947, hier 939–943; Laiblin, W.: Märchenforschung und Tiefenpsychologie. Darmstadt [3]1986; Dinges, O./Born, M./Janning, J. (edd.): Märchen in Erziehung und Unterricht. Kassel 1986. – [119] Löwis of Menar, A. von: Der Held im dt. und russ. Märchen. Jena 1912; Boggs, R. S.: The Hero in the Folk Tales of Spain, Germany and Russia. In: JAFL 44 (1931) 27–42; Koechlin, E.: Wesenszüge des dt. und des frz. Volksmärchens. Basel 1945; Uffer, L.: Das Menschenbild im rätorom. Märchen. In: Janning/Gehrts/Ossowski (wie not. 92) 106–116. – [120] Sparing, M. W.: The Perception of Reality in the Volksmärchen of Schleswig-Holstein. Lanham/N.Y./L. 1984; Chang, C.-G.: Der Held im europ. und korean. Märchen. Basel 1981. –

[121] Nagy, O.: A táltos törvénye (Das Gesetz des Schamanen). Buk. 1978, 228–236; Kravchenko (wie not. 64) 97–183; Propp (wie not. 61) bes. 451–454; Kovács, Á.: Schamanistisches im ung. Volksmärchen. In: Gehrts, H./Lademann-Priemer, G. (edd.): Schamanentum und Zaubermärchen. Kassel 1986, 110–121; H. von Beit zeichnet den Märchenhelden als Träger einer Synthese archaischen und rationalen Denkens, cf. ead.: Das Märchen. Sein Ort in der

geistigen Entwicklung. Bern/Mü. 1965, 208—235. — [122] Bennett, T./Woollacott, J.: Bond and Beyond. The Political Career of a Popular Hero. Basingstoke/ L. 1987, 13—37. — [123] Amberger, W.: Männer, Krieger, Abenteurer. Der Entwurf des ‚soldatischen Mannes' in Kriegsromanen über den Ersten und Zweiten Weltkrieg. Ffm. 1984, 50 sq., 98 sq.; cf. ferner Geiger, K.: Kriegsromanhefte in der BRD. Tübingen 1973. — [124] Dispa, M.-F.: Héros de la science-fiction. Bruxelles 1976, 121—126. — [125] Ludwig, H.: Zur Handlungsstruktur von Comics und Märchen. In: Fabula 19 (1978) 262—286, hier 272—274; Wiener, O.: Der Geist der Superhelden. In: Zimmermann, H. D. (ed.): Vom Geist der Superhelden. Mü. 1973, 126—141; Dispa (wie not. 124) 152—155. — [126] EM 3, 97. — [127] Wecter (wie not. 4) 181—198, 341—363; Miller, O. B.: Heroes, Outlaws and Funny Fellows of American Popular Tales. N.Y. 1973. — [128] Byington, R. H.: The Frontier Hero. Refinement and Definition. In: Publ.s of the Texas Folklore Soc. 30 (1961) 140—155. — [129] Schöwerling, R.: Die Legendenbildung um Billy the Kid — ein Beitr. zum Verständnis eines populären ‚Mythos'. In: Lit. in Wiss. und Unterricht 17 (1984) 289—304. — [130] DeBenedetti, C. (ed.): Peace Heroes in Twentieth-Century America. Bloom. 1986; Wecter (wie not. 4) 193—197.

Basel Katalin Horn

Heldenjungfrau

1. Die H. ist ein Typus weiblicher Märchengestalten (cf. → Frau), der auch im Epos und im Heldenlied verschiedener Völker vorkommt (cf. AaTh 519: *The Strong Woman as Bride [Brunhilde]*). Im Gegensatz zu der leidenden oder verfolgten Märchenheldin (von H. → Jason als Protagonistin der ‚weiblichen Märchen' genannt)[1] und zu der mit Verstand und/oder List und Zauberkünsten ausgestatteten → Heldin (Kap. 3.2) oder → Helferin/Schädigerin zahlreicher Märchen (Typ kluges Mädchen; → Hexe) stellt die H. eine Hypostasierung der Eigenschaften Stärke und Heldenmut, Schönheit und Jungfräulichkeit (→ Jungfrau) dar.

Definiert sich die H. aus einer Kombination der vier genannten Konstituenten, so muß einerseits der seit der Antike ausgeprägte Typus der mythischen Jägerin (Artemis-Diana; Aphrodite) und Herrin der Tiere (→ Herr der Tiere) ausgeschlossen werden; andererseits soll auch der hist. belegte und vor allem in literar. Werken (Kunstepos, Drama) gestaltete Heerführerinnentypus (Jeanne d'Arc, Jungfrau von Orléans) im engeren Sinn hier nicht behandelt werden, auch wenn Berührungspunkte nicht zu übersehen sind.

2. Die H. des Märchens und der Sage erweist sich als solche erst in der Konfrontation mit dem Mann. So hat die Gewinnung der Jungfrau in vielen Fällen die Form einer Werbung, welche mit kriegerischen Wettkämpfen zwischen der → Braut und ihren → Freiern verbunden ist (wie z. B. in der Sage von Siegfrieds [→ Sigurd, Siegfried] Brautwerbung um Brünhild und ursprünglich in der oghus. Erzählung über *Bey Börek* in → *Dede Korkut*, num. 3). Der → Zweikampf findet in der Regel auf freiem Feld statt, und die von dem Freier bezwungene H. wird meist auf der Stelle seine Gattin bzw. Geliebte (so z. B. die von Digenis Akritas besiegte Amazone Maximo). Meist hat sie gelobt, nur dem angehören zu wollen, der sie im Kampf niederzuzwingen vermag. Im armen. Epos über David von Sassun erklärt Chandit ihrem Besieger: ‚Wer mich auf den Rücken legt, dem werde ich folgen. Du hast heute mit mir gerungen und mich zu Boden geworfen. Von jetzt ab bin ich deine Gemahlin. Führe mich, wohin du willst.'[2] In den von T. Frings angeführten Beispielen aus → *Tausendundeine Nacht* wird diese Formel mehrere Male wiederholt: „Ich habe einen Eid geschworen, mich nur mit dem zu vermählen, der mich besiegt."[3]

Auch im Heldenmärchen der Völker Südsibiriens und Zentralasiens begegnet die Schwurformel, z. B. in einem kasach. Märchen, in dem die H. zunächst auf den Helden schießt und ihn dann zum Ringkampf auffordert mit den Worten: „Wenn du mich besiegst, werde ich deine Frau."[4] Ganz ähnlich äußert sich in einer russ. Byline die Königstochter Nastasja, als sie von Dunaj im Kampf besiegt worden ist.[5] Zu dem Zweikampf zwischen Freier und Braut kommt in einer Reihe von Fällen noch das Motiv des Widerstands der heldischen Braut auf dem → Hochzeitslager. So widersetzt sich z. B. Brünhild im → *Nibelungenlied* und in der *Thidrekssaga* (cf. → Dietrich von Bern) ihrem schwachen Gemahl Gunther (Gunnar) und hängt ihn, mit ihrem → Gürtel gefesselt, an die Wand. Ähnlich verfährt in dem iran. Epos *Bānū-Gošasp-Nāme* Rustems Tochter Bānū-Gošasp mit ihrem physisch unterlegenen Gatten[6]. Während jedoch hier der Vater der H. als

Helfer des Ehemanns fungiert, spiegelt sich im *Nibelungenlied,* wo der Held Siegfried für den Bräutigam eintritt, die archaischere Sujet-Form wider, da nach „altem Brauch der Brautwerber und Wahlbruder, der als Vertreter der Sippe weitgehende Rechte auf die Braut seines Sippengenossen hatte, den Bräutigam auf dem Hochzeitslager vertritt“[7] (→ Ius primae noctis). Mit dem Verlust ihrer Jungfräulichkeit verliert die H. in den meisten Fällen ihre außergewöhnliche → Stärke.

3. Das H.-Sujet ist in einer relativ großen Zahl von Märchen gestaltet. Der zentrale Typ AaTh 519 ist vorwiegend für den russ., aber auch den ukr., weißruss., poln., tschech., dt., ung., estn., lett., schwed., tungus., burjät., kirgis. und westosset. Bereich bezeugt[8]. A. von → Löwis of Menar, der dem Erzählstoff eine Monogr.[9] gewidmet hat, kommt auf die Zahl von 34 meist russ. Var.n folgenden Inhalts:

(1) Ein Zar oder Zarensohn (Ivan Carevič) möchte eine schöne Zarentochter freien, die in einem fernen Land als ‚mächtige Fürstin‘, als ‚starke H.‘ (bogatyr'-devka, bogatyrica), als ‚große Zauberin‘ etc. (Mot. T 58) herrscht. Wer sie gewinnen will, muß ihr im Wettkampf ebenbürtig sein oder sie besiegen (seltener: ihre Rätsel lösen; cf. Mot. H 345; AaTh 850, 851, 851 A: → *Rätselprinzessin*). Erweist sich der Freier als der Unterlegene, zahlt er mit seinem Leben dafür (cf. → Atalante; AaTh 513 A: → *Sechse kommen durch die Welt*). Ein in der Funktion des Brautwerbungshelfers (Mot. F 601.2) auftretender reckenhafter Diener (mit sprechenden Namen wie Il'juška P'januška, Burja-bogatyr', Burza Volovič etc.) versucht, den Zaren von seinem gefährlichen Vorhaben abzubringen, doch vergeblich. (2) Nachdem der Zug des Brautwerbers vor dem gitterbewehrten Schloß der Zarentochter angelangt ist (und in manchen Var.n der starke Helfer des Freiers die Burggitter zerbrochen und ein ganzes Heer in die Flucht geschlagen hat), findet ein Zweikampf zur Erprobung des Bewerbers statt: zuerst ein Wettschießen mit dem Bogen der Zarentochter, den 50 Recken nur mit Mühe hochheben können, bzw. ein Wettschleudern mit der viele Pud schweren Streitkeule der Braut (Mot. H 345.1), dann ein Ritt auf dem ungezähmten Streitroß der Zarentochter, das zwölf Mann kaum mit Ketten zu halten vermögen (Mot. H 345.2). Da der Freier diesen Proben seiner Heldenhaftigkeit nicht standhält, vollführt an seiner Stelle (Mot. K 3) der Diener die Heldentaten mit Hilfe einer → Tarnkappe und gewinnt so seinem Herrn die Braut (→ Stellvertreter). (3) Auch in der Hochzeitsnacht, als der Bräutigam vom Gewicht der Gliedmaßen seiner Braut beinahe erdrückt wird (Mot. T 173.1) und unter einem Vorwand flieht, tritt der Helfer unerkannt an seine Stelle (Mot. K 1844.1) und macht die H. dadurch gefügig, daß er sie drei Nächte lang mit Ruten aus dreierlei Metallen schlägt, bis sie sich schließlich ergibt. (4) Als sie auf dem Weg zum Schloß des Zarensohns von dem Betrugsmanöver Kenntnis erhält, übt sie Rache (Mot. Q 261), indem sie dem Diener die Füße (Beine) abschlägt (Mot. Q 451.2; S 162), ihren Gatten verstößt und ihn zum Schweinehirten macht (Mot. K 1816.6). Im folgenden stellt das Märchen eine Kontamination mit dem Motiv vom → Lahmen und Blinden (Mot. N 886, Tubach, num. 690) dar, die sich zusammentun, um sich gegenseitig zu helfen. Es gelingt den beiden, ein dämonisches Wesen (meist eine Hexe, → Baba-Jaga oder einen Drachen) zu zwingen, ihre Verstümmelungen mit Hilfe von magischem → Lebenswasser zu heilen (Mot. D 1500.1.18). Als der geheilte Diener vom Schicksal seines Herrn erfährt, zähmt oder tötet er die Zarin und erreicht die Wiedereinsetzung des rechtmäßigen Herrschers (Mot. R 169.4).

Die russ. Märchen weisen deutliche Parallelen zu einem Teil der dt. *Siegfriedsage* auf (im mhd. *Nibelungenlied* wie in der norw. *Thidrekssaga* Siegfried als unsichtbarer Helfer Gunthers, als Sieger im Dreikampf [Speerwurf, Steinschleudern, Weitsprung] über Brünhild, als Stellvertreter in der Hochzeitsnacht[10]). Beim Kampf hat Siegfried der H. – und dies wird später ihm und den Burgundern zum Verhängnis – Gürtel und → Ring geraubt, die er dann seiner Gattin Kriemhild zum Geschenk macht, nicht ohne ihr die Herkunft der Schätze zu offenbaren. In der eddischen Überlieferung dagegen wird das Dornröschen-Motiv (AaTh 410: → *Schlafende Schönheit*) gestaltet, wenn Siegfried durch das magische Feuer (die Waberlohe) reiten muß, um zur Burg der H. vorzudringen und sie zu erwecken[11].

In den bisher behandelten Erzähltypen ist die Gewinnung der heldischen Braut nur mit Hilfe eines ihr ebenbürtigen oder überlegenen Werbungshelfers möglich – nach W. Ruben[12] eine ‚westl.‘ (d. h. russ.) Perversion, die aus der „Phantasie eines Volkes von Bauern und Knechten“ entstanden ist, „die ihren adligen Herren keine Heldenkämpfe mehr zutrauen“ und ihnen „einen starken Bauernsohn als Helfer beigeben“. Jedoch gibt es eine ganze Reihe von Ökotypen, in denen der Freier – und dies dürfte die ursprüngliche Form einer oriental. Wandererzählung sein (→ Epos, Kap. 4) – ohne Helfer auskommt und sich der H. im Kampf stellt. Vor allem bei den innerasiat. Turkvölkern ist der Typus der H. und des sie im Wettkampf (Pfeilduell, Wettreiten, Ringen) besiegenden Helden (cf. vor allem die oghus. Erzählungen *Dede Korkut*, num. 3, 6, Mot. H 331.5.3, H 1591, H 1562.9, und die von Ruben angeführten Var.n) so reich vertreten, daß „man schon deswegen Innerasien für die Heimat dieser Gestalten der Nachbargebiete halten muß"[13].

Im Gegensatz zu diesen Erzählungen, in denen die H. auf Grund ihrer physischen Stärke und ihres Kampfgeistes dem Helden zu schaffen macht bzw. ihn besiegt, ist in *Tausendundeine Nacht* (47. – 52. Nacht) die erotisch-novellistische Seite des Sujets hervorgehoben:

Šarkān, Sohn des Königs ʿUmar, stößt auf einem Feldzug gegen die Christen von Rūm eines Nachts im Wald auf eine Schar von Mädchen, deren Anführerin Abrīza alle anderen im Ringkampf besiegt. Šarkān möchte die H. erobern und ringt mit ihr, aber ihr nackter Körper und ihre Schönheit[14] lassen ihn die Besinnung verlieren, so daß das Mädchen dreimal siegt (Mot. H 331.6.1.1). Ebenso besiegt sie ihn im Schach. Als Mann verkleidet (→ Frau in Männerkleidung)[15] trägt sie später noch ein drei Tage dauerndes ritterliches Lanzenduell mit ihm aus, in dem er sie nur durch Zufall bezwingen kann. In Abwesenheit Šarkāns verliebt sich König ʿUmar in das Mädchen, das im Schlaf die Schönheit seines entblößten Körpers zeigt, und vergewaltigt (→ Vergewaltigung) es, woraufhin Abrīza geschwängert flieht. Noch bei der Niederkunft wird ihr die Schönheit zum Verhängnis und reizt den sie begleitenden Negersklaven, der sie tötet, als sie sich ihm verweigert.

Das Motiv der im Schlaf überwältigten schönen H. wird auch in einigen russ. Märchen (cf. Var.n zu AaTh 550: → *Vogel, Pferd und Königstochter*; AaTh 551: → *Wasser des Lebens*) gestaltet[16], hier allerdings mit Happy-End: Jahre nach ihrer Überwältigung zieht die Heldin mit ihren inzwischen herangewachsenen zwei Söhnen zum Schloß des Ivan Carevič, der die Schlafende vergewaltigt hatte, und fordert ihn als Gatten und Vater ihrer Kinder heraus, versöhnt sich mit ihm und nimmt ihn mit zu ihrem Schloß.

Falls die Kraft der H. auch nach der Heirat erhalten bleibt und die Frau durch die bloße Tatsache ihrer unverminderten Kampfesstärke den Gatten in seiner Mannesehre verletzt, spielt er mit dem Gedanken, sie zu töten (cf. *Dede Korkut*, num. 6), oder realisiert diese Idee halb bewußt, halb versehentlich (cf. die Byline über Dunajs Brautwerbung und den Wettkampf im Bogenschießen zwischen ihm und seiner Frau, der Königstochter Nastasja)[17].

4. Der Motivkomplex H. gehört – genau wie der Drachenkampf – zu dem Kreis archaischer Erzählstoffe (→ Archaische Züge im Märchen), ist er doch von der griech. Antike an im Mythos von den Amazonen, wie ihn Proklos, → Homer, Arktinos, Diodorus Siculus und Strabon überliefert haben[18], über Märchen, Heldenepen und epische Lieder bis hin zu Balladen der jüngeren Vergangenheit (vor allem vom Soldatenmädchen) nachzuweisen. Sozialhist. wie ideengeschichtliche Faktoren haben eine Rolle gespielt bei der enormen Gattungsstreuung, die im Falle dieses Stoffes zu beobachten ist, einschließlich der Überschreitung von Gattungsgrenzen (z. B. der Übernahme von Märchenelementen, hier vor allem des sog. russ. Brünhilde-Märchens, in das *Nibelungen-Epos*, oder Umformung eines ursprünglichen Märchen-Sujets in ein Heldenepos der feudalistischen Epoche wie in *Dede Korkut*, num. 3.)[19].

Die Vorstellung von der H. führte immer wieder zu Deutungsversuchen, die über eine rein psychol. Interpretation der Wunschbild-Projektion von der durch den Mann besiegten Jungfrau bzw. des Angstkomplexes von der starken Frau in Zeiten männlicher Vorherrschaft hinausgehen.

Während einige Forscher (z. B. V. M. → Žirmunskij, Ruben) die Ansicht vertreten, daß die Sagen über die Amazonen genauso wie die Gestalt der H. im Märchen und Epos in ihrer Urform auf matriarchalische (matristische) Gesellschaftsverhältnisse zurückgehen, formulieren andere (z. B. E. Seemann, L. → Röhrich) eine vorsichtigere Position, indem sie von Ausdrucksform oder Nachklang einer heroischen Epoche sprechen[20]. Zutreffend ist sicher die Annahme, daß der Stoff stets zur Mythenbildung animiert hat und daß mit einem Oszillieren zwischen hist.-faktisch fundierter Sachlage (nämlich der geschichtlich bezeugten Teilnahme von Frauen an Kampfgeschehen und Kriegszügen) und ihrer Gestaltung in Mythos, Märchen und epischer Hyperbolisierung zu rechnen ist.

5. Das Thema der H. ist – angefangen von den Amazonen-Darstellungen auf antiken griech. Vasen bzw. im Drama bis hin zu den sog. ‚Hosenrollen' in neueren Theaterstücken

oder Opern – stets erneut gestaltet worden. Immer wieder hat der Amazonen- oder Virago-Typ, sozusagen als Kontrapunkt zum ,Ewigweiblichen', Künstler zur Ausformung gereizt, so daß die Bandbreite der Möglichkeiten sehr weit gespannt erscheint und europ. Bilderbögen vom ,kriegerischen Mädchen' oder episch-dramatische Gestaltungen des Jeanne-d'Arc-Stoffes[21] (Chapelain, → Voltaire, Schiller) oder des Penthesileia-Sujets (Kleist) genau so umfaßt wie den in der Oper (→ Wagner) oder im Film (Fritz Lang) thematisierten Brünhild-Walküren-Stoff[22]. Die Revolutionärin oder Partisanin aus Befreiungskämpfen der jüngsten Vergangenheit oder Gegenwart (politischer Roman, Film, Massenmedien) tritt als vorerst letzte Version des Typus H. auf[23].

[1] Jason, H.: Ethnopoetry. Bonn 1977, 55 (,persecuted heroine' und ,heroine wins prince'); Jason greift damit auf die von A. I. Nikiforov (K voprosu o morfologičeskom izučenii narodnoj skazki [Zur Frage der morphologischen Erforschung des Volksmärchens]. In: Sbornik otdelenija russkogo jazyka i slovesnosti 101 [1927] 173–178) entwickelte Dichotomie zurück. Zur Diskussion über weibliche/männliche Märchen cf. Burkhart, D.: Aspekte des Weiblichen im bulg. Tier- und Zaubermärchen. In: Fabula 23 (1982) 207–220. – [2] cf. Mavrogordato, J. (ed.): Digenis Akritas. Ox. 1956, 208 sq.; David Sasunskij. ed. Akad. der Wiss.en der UdSSR. M./Len. 1939, 328. – [3] Frings, T./Braun, M.: Brautwerbung 1. Lpz. 1947, 73. – [4] Schirmunski, V.: Vergleichende Epenforschung. B. 1961, 48, not. 5. – [5] Danilov, K.: Drevnie rossijskie stichotvorenija (Altruss. Versdichtungen). M./Len. 1958, num. 11, Z. 254–256. – [6] Ethé, H.: Verwandte pers. und occidental. Sagenstoffe. In: id.: Essays und Studien. B. 1872, 254–301, hier 272; Heller, B.: Die Bedeutung des arab. ʿAntar-Romans für die vergleichende Litteraturkunde. Lpz. 1931, 80. – [7] cf. Schirmunski (wie not. 4) 49. – [8] Ergänzend zu AaTh: SUS; Barag; Arājs/Medne; Kecskeméti/Paunonen; van der Kooi; Delarue/Tenèze, app. (1 Var. aus Kanada); Berze Nagy; Ėrgis, num. 154, cf. num. 191; Eberhard/Boratav, num. 212; Jason (1 Var. aus Ägypten); Doerfer, G.: Sibir. Märchen 2. MdW 1983, num. 2; Bjazyrov, A. C.: Osetinskie narodnye skazki. Stalinir 1960, num. 4, 11; Eliasov, L. E.: Burjatskie skazki 1. Ulan-Ude 1959, 36–54. – [9] Löwis of Menar, A. von: Die Brünhildsage in Rußland. Lpz. 1923. – [10] cf. Frenzel, Stoffe, 549–557 (Nibelungen); KLL 16, 6719–6722; Geißler, F.: Brautwerbung in der Weltlit. Halle 1955; See, K. von: Die Werbung um Brünhild. In: ZfdA 88 (1957) 1–19; Beyschlag, S.: Dt. Brünhildenlied und Brautwerbermärchen. In: Märchen, Mythos, Dichtung. Festschr. F. von der Leyen. Mü. 1963, 121–145; Frings/Braun (wie not. 3) 72 sq.; Ruben, W.: Ozean der Märchenströme (FFC 133). Hels. 1944, 224. –
[11] Panzer, F.: Studien zur germ. Sagengeschichte. 2: Sigfrid. Mü. 1912; Schneider, H.: Germ. Heldensage 1. Lpz. 1928; Kroes, H.: Die Erweckung der Jungfrau hinter dem Flammenwall. In: Neophilologus 36 (1952) 144–157; Andersson, T.: The Legend of Brynhild. Ithaca/L. 1980; Beck, H. (ed.): Heldensage und Heldendichtung im Germ. B./N. Y. 1988. – [12] Ruben (wie not. 10) 224; zu der nur durch List zu besiegenden H. und Riesin in der archaischen Schicht der südslav. epischen Heldenlieder cf. Burkhart, D.: Unters.en zur Stratigraphie und Chronologie der südslav. Volksepik. Mü. 1968, 442–451. – [13] Ruben (wie not. 10) Zitat: 226, 206. – [14] cf. ibid., 221. – [15] Grundlegend dazu Seemann, E.: Die Gestalt des kriegerischen Mädchens in den europ. Volksballaden. In: Rhein. Jb. für Vk. 10 (1959) 192–212; Stojanović, M.: Hajduci i klefti u narodnom pesništvu (Haiduken und Klephten im Volksgesang). Beograd 1984, 159–175; Röhrich, L.: Die Auffassung der Frau im Volkslied. In: Anstöße 2 (1985) 50–68; cf. auch Eberhard, W.: Lex. chin. Symbole. Köln 1983, 199 (über das Heldenmädchen Mu-lan); Banck, W.: Funktion und Charakteristika der ,Schwertjungfrau' im chin. Helden- und Räuberroman. In: Fragen der mongol. Heldendichtung 3. Vorträge des 4. Epensymposions [...] 1983. ed. W. Heissig. Wiesbaden 1985, 206–236. – [16] z. B. Afanas'ev, num. 168, 174, 176; cf. Novikov, N. V.: Obrazy vostočnoslavjanskoj volšebnoj skazki (Gestalten des ostslav. Zaubermärchens). Len. 1974, 71–73; Kravchenko, M.: The World of the Russian Fairy Tale. Bern/Ffm./N. Y./P. 1987, 92 sq. – [17] Schirmunski (wie not. 4) 46 sq.; Ruben (wie not. 10) 239, 241 sq. – [18] Pauly/Wissowa 1 (1894) 1754–1789 (Amazones). – [19] Schirmunski (wie not. 4) 57, 53; EM 4, 81 sq. – [20] Schirmunski (wie not. 4) 45–48; Ruben (wie not. 10) 226 sq.; Seemann (wie not. 15) 192–194; Röhrich (wie not. 15) 50. –
[21] cf. Wienker-Piepho, S.: Frauen als Volkshelden. Geschichtlichkeit, Legendenbildung und Typologie. Ffm. u. a. 1988. – [22] Frenzel, Stoffe, 387–393 (Jungfrau von Orleans), 549–557 (Nibelungen), 6 (zu Penthesilea); auch im Witz findet sich das Brünhilde-Motiv wieder, cf. Legman, G.: Rationale of the Dirty Joke 2. N. Y. 1975, 449 sq., 264 sq. – [23] cf. z. B. Figner, V.: Nacht über Rußland. B. 1928 (Autobiographie einer russ. antizaristischen Terroristin und Revolutionärin); Trifonov, Ju.: Ungeduld. B. 1983 (hist. Roman über die russ. Revolutionäre und Revolutionärinnen des 19. Jh.s); Hemingway, E.: For Whom the Bell Tolls. N. Y. 1940 (Pilar, Maria als Prototypen im Span. Bürgerkrieg); Käutner, H.: Die letzte Brücke (Film 1953 über den jugoslaw. Befreiungskampf mit einer Partisanin als Protagonistin); Wahlöö, P.: Libertad. Reinbek 1980 (Kriminalroman über revolutionäre Aktivist[inn]en in einem südamerik. Land); Trotta, M. von: Das zweite Erwachen der Christa Klages (Film 1978 über politische Bewußtwerdung und terroristische Aktivitäten

einer Kindergärtnerin); ead.: Die bleierne Zeit (Film 1981 über Gudrun Ensslin und die RAF); Aust, S.: Der Baader-Meinhof-Komplex. Hbg 1985 u. ö. (dazu Spielfilm von R. Hauff: Stammheim [1986], Fernseh-Dokumentation von S. Aust: Tod in Stammheim. Der Weg der Ulrike Meinhof [1976], Oper „Ulrike", Libretto von L. Geerts, 1989 uraufgeführt in Gent); Askol'dov, A.: Die Kommissarin (Film 1967/1988 über eine bolschewistische Polit-Kommissarin im russ. Bürgerkrieg).

Hamburg Dagmar Burkhart

Heldensage

1. Allgemeines — 2. Quellen — 3. Die germ. H.n — 3.1. Die kontinentalgerm. H.n — 3.2. Die engl. H.n — 3.3. Die nordgerm. H.n

1. Allgemeines. Die H. ist eine weitverbreitete Erscheinung in vielen Kulturen; ob sie jedoch in allen anzutreffen ist und damit eine Art literar.-kulturelles universale ist, ist noch zu prüfen. Sie reicht vom → *Gilgamesch*-Epos über das mongol. Epos → *Džangar*, den zentralasiat. Zyklus um → Geser Khan, die frz. → Chanson de geste bis in das nachrevolutionäre Rußland, als → Bylinen auf den Revolutionsführer V. I. Lenin gedichtet werden (Bowra 1964). Drei Fragen stellen sich zuerst: (1) nach dem Wesen des → Helden, (2) nach der Form und (3) nach der → Funktion. Eine allg.gültige Definition läßt sich kaum geben, auch wenn man versucht hat, eine generelle ‚Heldenbiographie', ein pattern heldischen Lebens aufzustellen (de Vries 1961, Lord Raglan 1936). Es erscheint sinnvoller, das heldische Ideal mit den sozialen Gegebenheiten in Beziehung zu setzen, die es hervorbringen: Der Held repräsentiert eine soziale Kraft, die in der Werteordnung einer Gesellschaft einen hohen Stellenwert innehat (Czarnowski 1919, 7). Diese Ideale sind nach Zeiten, Ländern und Gesellschaften verschieden: körperliche Überlegenheit (z. B. → Achilleus), Geschicklichkeit und Schläue (Väinämöinen), Verschlagenheit (Odysseus), Erfüllung religiöser Pflichten (christl. → Märtyrer), Versöhnlichkeit (langobard. H.). Dieser Ansatz erlaubt es, auch christl. → Heilige in die Galerie der Helden aufzunehmen, z. B. → Patrick, den Nationalheiligen Irlands (cf. allg. → Hagiographie). Eine feste Form der H. läßt sich nicht ausmachen. Eine lange und noch keineswegs abgeschlossene Diskussion dreht sich um die Frage, ob es H. auch außerhalb der Dichtung gibt, geben kann (v. unten). Fast ausnahmslos gilt, daß H. nur in der Heldendichtung greifbar wird, sie ist die Quelle der H., ist in vielen Fällen die H. selbst. Man wird mit kürzeren und längeren Liedern, mit kürzeren und längeren → Epen (bis hin zu den ind. Großepen → *Mahābhārata* und → *Rāmāyana*) rechnen müssen. H. wird somit verstanden als Oberbegriff für die in dichterischer Form mündl. oder schriftl. überlieferten Zeugnisse wie für zum größten Teil rekonstruierte Vorstufen oder der Dichtung paralleler Prosatraditionen (ein Hinweis auf letzteres findet sich etwa in den Prosastellen des eddischen Heldenliedzyklus). Der ursprüngliche Ort der H. ist der mündl. Vortrag, die Verschriftlichung ist ein nachträgliches Phänomen und stellt bes. Probleme dar, so z. B., wenn Stoffe aus der germ. Völkerwanderungszeit (→ Germ. Erzählgut) in ein mhd. aristokratisch geprägtes Epos wie das → *Nibelungenlied* umgegossen werden oder wenn teils hist., teils sagenhafte, mit internat. Erzählmotiven angereicherte Stoffe aus der → Artustradition in höfische altfrz. Epen verwandelt werden. Man wird in jedem einzelnen Fall nach der Zeitbezogenheit der schriftl. Fassung zu fragen haben. Man hat auch versucht, allg. stilistische Charakteristika der H. ausfindig zu machen: angestrebter Realismus, Beschreibung von Gegenständen, Wiederholungen stereotyper Auftritte, feststehende Erzählmotive, sprachliche Formeln (cf. → Formelhaftigkeit). Die Beobachtung und Konstatierung der letzten drei Punkte haben zum Begriff der → Oral Poetry geführt: Ausgehend von → Homer und südslav. Heldenliedern schloß bes. M. → Parry (1971), daß es keine fest fixierten Heldenlieder gebe, die — einmal geschaffen — von Generation zu Generation unverändert tradiert würden. Vielmehr würden unter Verwendung von → Stereotypen Lieder immer wieder neu geschaffen. Dies mag für einige Kulturkreise, wie etwa den südslav., durchaus zutreffen, aber als eine generelle Regel wird man dies nicht ansehen dürfen. Formelhaftigkeit und Stereotypen sind nicht per se ein Zeichen von Mündlichkeit, sie können auch literar. vermittelt sein. In der germ. Heldendichtung, z. B. im → *Beowulf*, hat man ebenfalls Züge von Oral

Poetry sehen wollen, doch ist in jüngster Zeit hier eine gewisse Skepsis eingetreten (von See 1978). Ein wesentliches Element der H. scheint die Tendenz zur Zyklenbildung zu sein, zur Zusammenfügung ursprünglich getrennter H.n. Deutliche Beispiele sind die Heldenlieder der *Edda,* der Zyklus um Geser Khan, die Chanson de geste.

Auch was die Funktion der H. angeht, hat sich noch keine einheitliche Meinung durchgesetzt. Ein neuerer Ansatz (von See 1978) sieht in ihr die Faszination, die vom Helden ausgeht. Er steht oft gegen das Kollektiv, gegen die Gemeinschaft und ist daher nicht unbedingt vorbildhaft. Das Faszinierende liegt im Exorbitanten, im Regelwidrigen seiner Handlungen, Heldendichtung ist die Darstellung dessen, was dem Menschen in extremen Situationen möglich ist (z. B. Gunnar, Igor, Byrthnoth, → Roland, Achilleus). Ältere Anschauungen dagegen sahen in der H. Heldenverehrung (Höfler 1941) oder Heldenrühmung (Betz [2]1967), außerdem könne der Held auch mythische Urereignisse, wie die Überwindung des Chaos, wiederholen (cf. → Kulturheros; Höfler 1952, 1961, 1975, 1978, de Vries 1954, Hauck 1963), er könne einen → Archetypus repräsentieren (z. B. der jugendliche früh sterbende Siegfried (cf. → Sigurd, Siegfried). Hierdurch wird eine enge Verbindung mit dem Mythischen beschworen – mythische Herkunft der Helden und Heroen ist in der griech. H. gut belegt.

Die H. nimmt immer ihren Ausgangspunkt in hist. Ereignissen. Für jeden Kulturkreis gibt es ein „heroic age" (Chadwick 1926). Für den rom.-germ. Bereich lassen sich drei Helden-ZA. annehmen: (1) als umfassendstes die Völkerwanderungszeit, (2) die Maurenkämpfe (nur noch regional begrenzt: Spanien, Südfrankreich, Teile des karolingischen Reiches; Wolf 1988), (3) die Wikingerzeit (einschließlich der Landnahme Islands), die literar. nur noch im skand. Bereich genutzt wird. Das Verhältnis von H. und Geschichte (cf. → Geschichtlichkeit) ist unterschiedlich bewertet worden: Ursprünglich dürfte die H. eine Form der Geschichtsüberlieferung gewesen sein, wie die vergleichende H.nforschung nachgewiesen hat (Bowra 1964), für die Germanen kann man sich als ältestes Zeugnis auf → Tacitus (*Germania,* 2. Kap.) berufen, bei den Germanen seien Lieder die Form der Geschichtsüberlieferung. Dieser Form kommt es nicht auf die konkrete, hist.-politische Verifizierbarkeit der Ereignisse an, hist. Personen und Ereignisse werden mit großer Freiheit behandelt; H. ist aber eine „erstklassige Informationsquelle für die Gedanken und Gefühle der Menschen und Völker" (Bowra 1964, 591). Es stellt sich hierbei die Frage, ob dadurch Geschichte gedeutet wird (im mythol. oder hist. Sinn) oder ob die Sagenbildung nur von bemerkenswerten Taten ohne jede Darstellung der Geschichtsschau ausgeht (Wolf 1988, von See 1978).

Zu fragen ist noch nach der Entwicklung der H. A. Heusler (1905, 1920), der germ. H. und Heldendichtung identisch setzte, sah das Entstehen durch Privatisierung, Enthistorisierung (→ Historisierung und Enthistorisierung) und Entpolitisierung hist. Ereignisse bedingt; Heldendichtung habe sich von anderen Gattungen (Märchen, Legenden, Lokalsagen) scharf abgegrenzt, die hist. Entwicklung habe nur im rein literar. Raum stattgefunden, jede Veränderung sei eine individuelle Umformung (im stärksten Gegensatz hierzu steht natürlich die Oral Poetry-Theorie). Aus dem Lied der Völkerwanderungszeit sei das Kurzepos des Frühmittelalters geworden, aus diesem das Großepos des Hochmittelalters. Diese Anschauung findet immer noch gemäßigte Anhänger (von See 1978, Andersson 1987, 1988). Man wird jedoch die Gattungen nicht mehr so streng voneinander scheiden können und die gegenseitige Durchdringung stärker berücksichtigen müssen (Haug 1975, Hofmann 1976). Geht man im allg. von den hist. Grundlagen der H. aus, so ist doch auch die Meinung vertreten worden, nicht die geschichtlichen Ereignisse, sondern ein alteurop., literar. Handlungsschema sei vorgängig; Geschichte und Politik würden durch diese Erzählschemata gedeutet (Wais 1953, Haug 1981). Damit wird Heldendichtung primär zum „Medium für die Auseinandersetzung mit historischer Erfahrung" (Haug 1981, 215). Im Laufe der Entwicklung bis hin zur schriftl. Abfassung hat sich das Geschichtliche weitgehend verflüchtigt, ist nur in Rudimenten erspürbar.

Für das Helden-ZA. der Völkerwanderungszeit dürfte das 7. Jh. den Abschluß der produktiven Phase der Heldendichtung darstellen, dem eine lange rezeptive Periode folgte (Ebenbauer 1988), für das Helden-ZA. des Nordens, die Wikingerzeit, wäre das Ende mit dem 10. Jh. erreicht. Das ma. Epos, z. B. das *Nibelungenlied*, wird im Anschluß an Heusler (1905) auch heute noch als natürliche Weiterentwicklung und Endresultat hergebrachter Szenen und Formeln des Heldenliedes der Völkerwanderungszeit angesehen, doch dürfte der von Heusler angenommene Weg in Wirklichkeit sehr viel gewundener sein.

Schließlich scheint schon bald in der rezeptiven Phase der germ. Heldendichtung eine kritische Auseinandersetzung mit dem Heldenethos früherer Zeiten, d. h. der aristokratischen Kriegerkaste und ihrer Gefolgschaft der Völkerwanderungszeit, stattzufinden: Das Heldentum wird problematisiert, die von der H. vertretenen Werte werden nicht mehr als unbedingt vorbildhaft dargestellt. Dies läßt sich zeigen im *Hildebrandslied* (Stuart 1978/79), im *Beowulf* (Wolf 1988), im → *Waltharius* (Haug 1975, Wolf 1976), in *The Battle of Maldon* (Stuart 1978/79), in den *Hamðismál* (von See 1977), im *Nibelungenlied* (Müller 1974, Haug 1974), in der Gudrun (→ *Kudrun*)-Figur (Meulengracht Sørensen 1988). Kritik an der H. kommt auch aus der ma. lat. Historiographie: Bis 1100 ist das Heldenlied als Geschichtsüberlieferung angesehen worden (Hauck 1963), danach, seit Frutolf von Michelsberg, werden bes. die chronologischen Widersprüche zwischen Geschichtsschreibung und H. aufgedeckt, Otto von Freising bezieht Stellung gegen die Glaubwürdigkeit der H. allg., sodann nimmt die Kritik immer mehr zu (Gschwantler 1984, 1988). In der heutigen H.nforschung liegt der Akzent auf den erhaltenen literar. Texten und deren Interpretation, nicht mehr auf dem Versuch, nicht erhaltene Vorstufen zu rekonstruieren (Haug 1974; cf. auch → Fragmententheorie), zumal auch nicht feststeht, ob jede H. nur einen Kern, eine fest bestimmbare Urzelle hatte, von der aus sie sich weiterentwickelte.

2. Quellen. Für die germ. H. steht ein reiches Material zur Verfügung. Es besteht aus Auszügen und Hinweisen bei spätantiken Historikern (z. B. Jordanes, Priskos), bei fränk. (→ Gregor von Tours), langobard. (→ Paulus Diaconus), sächs. (Widukind von Corvey), engl. (Beda Venerabilis) und dän. (→ Saxo Grammaticus) Geschichtsschreibern, aus frühma. Urkunden (die germ. Namenmaterial enthalten können) und Briefen (Brief des Alkuin an den Abt von Lindisfarne, Briefe des Domschulmeisters Meinhard), aus Gesetzen (z. B. *Lex Burgundionum*), Andeutungen in volkssprachlicher Lit., die keinen H.nstoff zum Inhalt hat (z. B. → *Parzival*, ‚kenningar' und ‚heiti' der altnord. Skaldendichtung), aus Volksliedern des späten MA.s (dän. folkeviser, färö. Balladen), aus Volksbüchern und spät aufgezeichneten Sagen. Die Zeugnisse sind gesammelt von W. → Grimm (1829) und K. → Müllenhoff (^{3}1889; Ergänzungen). Dazu gesellen sich bildliche Darstellungen aus dem MA. (Lindqvist 1941, Hauck 1957, Ploss 1966, Düwel 1986). Zu diesem umfangreichen, allerdings disparaten Material, das die H. eher indirekt bezeugt, kommen die literar. Gestaltungen hinzu, d. h. die überlieferte Heldendichtung. Bei dieser ist jedoch immer zu berücksichtigen, daß sie den Endpunkt der Sagenbildung darstellt, sich zeitlich und ideologisch weit vom hist. Ausgangspunkt entfernt hat und daß sie dadurch vielen Einflüssen ausgesetzt worden ist. Die → Rekonstruktion der Vorstufen stellt immer ein bes. Problem dar. Stoffgeschichte und literar. Interpretation müssen einander ergänzen. Bei Durchmusterung aller Quellen dürfte sich das Nebeneinander von geformter und ungeformter Überlieferung deutlich darstellen, es wird „Heldensage vor und außerhalb der Dichtung" (Kuhn 1952) gegeben haben. Die gattungsmäßige Vielfalt unter den erhaltenen literar. Denkmälern ist groß: Heldenepos (*Beowulf*), Heldenromane (*Nibelungenlied*, *Kudrun*, späte Dietrichepik), kürzere und längere Heldenlieder (*Hildebrandslied*, eddische Lieder [→ *Edda*], *Battle of Maldon*, *Finnsburh-Lied*) und Prosaromane (*Vǫlsunga saga*, *Þiðreks saga*).

3. Die germ. H.n. Die folgende Übersicht über die germ. H. skizziert im wesentlichen nur die Stoffgeschichte (cf. auch → Germ. Erzählgut). Das Einteilungsprinzip ist ein hist.-geogr. nach dem geschichtlichen und lokalen Ausgangspunkt der Sage (mit Ausnahme des *Beowulf*). Dies bedeutet z. B., daß die skand. Zeugnisse der Siegfried-Burgunden-Sage zu den kontinentalgerm. Sagen gerechnet werden. Dieses Verfahren findet seine Berechtigung nur

unter stoffgeschichtlichen Aspekten. Die räumliche und zeitliche Entfernung zeigt dabei auch den Grad der Enthistorisierung an. Die Einteilung in kontinentalgerm., engl. und nordgerm. H.n hat sich bewährt.

3.1. Die kontinentalgerm. H.n. Unter den kontinentalgerm. H.n ragen die Siegfried-Burgunden-Sage (→ Sigurd, Siegfried) und die Dietrich-Sage (→ Dietrich von Bern) heraus. Auffällig ist hierbei die Verteilung innerhalb der Germania: Der Süden bevorzugt Dietrich-Theoderich, Skandinavien dagegen Sigurd (= Siegfried) und den Burgundenuntergang (das mhd. *Nibelungenlied* ist die Ausnahme). Die (hier zusammengefaßt so genannte) Nibelungensage enthält zwei deutlich voneinander unterschiedene Teile (im Deutschen fester, im Norden lockerer gefügt): die Sagen um Sigurd und um den Burgundenuntergang und → Attilas (mhd. Etzels, altnord. Atlis) Tod. Wichtigstes Ereignis aus Sigurds Jugend sind → Drachenkampf und Horterwerb (→ Schatz). Über die unterschiedliche Darstellung im Deutschen und Nordischen hinaus läßt sich als gemeinsamer Zug feststellen: Siegfried wächst bei einem → Schmied auf, mit dessen für ihn gefertigtem → Schwert er zwei in Erbstreit verwickelte Brüder erschlägt, deren Erbe er an sich nimmt (im *Nibelungenlied* sind Erbstreit und Drachenkampf getrennt, im Nordischen ist der Drache der Schatzbesitzer). Dieser Hort stellt die lose Verknüpfung zum Burgundenuntergang her. Der Drachenkampf, der auch sonst in der germ. H. vorkommt, hat auch außergerm. Parallelen. Seine wohl spektakulärste Interpretation stammt von O. Höfler (1959/61, 1978), der — im Anschluß an frühere Vermutungen — Siegfried mit dem Varro-Bezwinger Arminius zu identifizieren suchte. Geschichte sei unter mythischem Aspekt gedeutet worden, der hist. Feind habe die Gestalt eines unheilbringenden Drachen angenommen. Diese These ist stark angezweifelt worden (von See 1966, Beck 1985).

Folgt man der Siegfried-Biographie, ist die nächste bedeutende Station die Verbindung mit Brünhild/Brynhild und dem Burgundenhof um König Gunther/Gunnar. Der an seinen Königshof gelangende Siegfried heiratet Kriemhild/Gudrun, die Schwester König Gunnars, nachdem er ihm zur Heirat mit Brünhild verholfen hat. Der aufkommende Streit der Königinnen entzündet sich an der Trefflichkeit ihrer Männer. Siegfried wird schließlich unter Bruch geschworener Eide meuchlings ermordet. Diese Todesart ist in der germ. H. exzeptionell, da er nicht im Kampf fällt. Motiviert wird diese Erschlagung mit der Entdeckung des Werbungsbetrugs, denn es war Siegfried und nicht Gunther, der Brünhild überwunden hatte (so *Nibelungenlied*), mit Machtanspruch Siegfrieds (so im eddischen *Brot af Sigurðarkviðu*, Spuren auch im *Nibelungenlied*), mit Eifersucht Brynhilds (so in der eddischen *Sigurðarkviða in Skamma*). Ein hist. Vorbild der Siegfried-Figur hat sich nicht eindeutig festmachen lassen.

Der 2. Teil der Nibelungensage erzählt den Untergang der Burgunder und (nur im Nord.) den Tod Attilas. Nach Siegfrieds Tod heiratet Kriemhild/Gudrun den Hunnenkönig Etzel/Atli. Im Norden wird der Untergang mit Atlis Habgier, im Süden mit Kriemhilds Rache an den Brüdern für den Mord an Sigurd motiviert. Der Norden fügt dem noch Gudruns Rache für die Brüder am eigenen Mann zu, dem sie — analog zum Atreusmahl — die gemeinsamen Kinder als Speise (Mot. G 61) vorsetzt und ihn dann in seinem Bett ersticht. Ob die beiden Teile der Nibelungensage (Siegfried- und Burgundenkreis) von Anfang an verbunden waren — in den literar. Zeugnissen sind sie es —, läßt sich nicht eindeutig beantworten.

Der zweite große Held der germ. H. ist die Gestalt des Ostgotenkönigs Theoderich (um 455 — 526), und keine andere Figur ist fazettenreicher gestaltet als er. Zwei (voneinander unabhängige?) Sagenkreise ranken sich um seine Person, er ist einerseits der unglückliche, kaum tragisch zu nennende Verlierer im Kampf gegen Ermanarich (und als Vertriebener spielt er eine große Rolle in der Heldendichtung), andererseits ist sein außerordentliches Ende wesentlicher Bestandteil der Überlieferung. An der Anknüpfung an Theoderich besteht kein Zweifel, doch in der Geschichte der Sage haben bezeichnende Umgestaltungen stattgefunden: Vom siegreichen Rächer der ältesten hist. Stufen wird er zum Vertriebenen der mhd. Heldendichtung (Marold 1988).

Seine auch als Höllenfahrt aufgefaßte Bestrafung für die Tötung des Symmachus und die Gefangennahme des Papstes Johannes I. wird als gerechte Gottesstrafe angesehen. Gelegentlich wird in Volkssagen Dietrich als Anführer der → Wilden Jagd verstanden. Es muß fraglich bleiben, ob Dietrich zum mythisch enthobenen Heros, gar zu einer Odinshypostase geworden ist (Höfler 1952, 1975, de Vries 1953; dagegen Kuhn 1954, Wessén 1964). Es ist aufschlußreich für die Sagenbildung, gerade an diesem Stoff zu beobachten, wie Geschichte deformiert wird und wie von einer Person ausgehend zwei verschiedene, einander widersprechende Bilder entstehen können. Und ein weiteres ist an diesem Sagenkreis bemerkenswert: Man wird mit einem erheblichen Anteil ungeformter mündl. Überlieferung zu rechnen haben. Schließlich wird noch eine Tendenz der germ. H. sichtbar: die Verknüpfung einzelner Sagenkreise miteinander durch die Hauptfiguren. So tritt der bei Etzel weilende Dietrich im *Nibelungenlied* auf, Ermanarich gehört ursprünglich nicht zur Dietrichsage, sondern stammt aus der Svanhildsage und der Harlungensage, die ursprünglich getrennten Teile der Nibelungensage sind im Deutschen wie im Nordischen durch Verwandtschaftsbeziehungen aneinander gebunden worden, der nur im Norden auftretende Held Helgi (→ *Helgi-Lieder*) wird zum Halbbruder Sigurds (= Siegfrieds), Dietrichs Exil bei Etzel bildet den Hintergrund des *Hildebrandsliedes*, das man als Gestaltung einer sog. Sproßsage betrachten darf.

Kleinere Sagenkreise, d. h. solche, die keine derartige Verbreitung in der Germania gefunden haben, sind *Ermanarich*, *Hunnenschlachtlied*, → *Wieland*, *Walther* (→ *Waltharius*), *Hilde*, *Offa/Uffo* (cf. AaTh 710: → *Marienkind*), *Wolfdietrich/Ortnit*. Sie alle sind durch dichterische Zeugnisse wie durch Hinweise außerhalb der Dichtung gut belegt. Hinzu kommt noch insbesondere die langobard. H., die sich nur aus der Historiographie ableiten läßt (Gschwantler 1975, 1976, 1979), weshalb man oft – nicht ganz korrekt – von ‚verlorener' H. spricht.

3.2. Die engl. H.n. In mancher Hinsicht nimmt das literar. Altengland eine Sonderstellung ein. Eine original engl. H., d. h. mit engl. Stoff, hat es nicht hervorgebracht (vielleicht mit Ausnahme von *The Battle of Maldon*, dessen endgültige Zugehörigkeit zur H. aber umstritten ist). Dies ist bemerkenswert, da auch England über ein Helden-ZA. verfügt: die Landnahme durch die Angeln, die Sachsen und die Jüten (nur noch der Name des mythischen Anführers Hengest taucht im *Finnsburh-Fragment* auf). Die altengl. Gedichte *Deors Lament* und *Widsith* geben jedoch Aufschluß darüber, daß viele der germ. H.nstoffe auch in England im Umlauf waren. England hat sehr früh (wohl im 9. Jh.) ein Heldenepos hervorgebracht (mit skand. Stoff), daneben findet sich auch ein Fragment eines typisch germ. Kurzliedes (*Finnsburh-Lied*).

Im Zentrum des Epos → *Beowulf* steht der gleichnamige Held, Anführer und König der Geaten. Als kaum mehr wahrnehmbarer hist. Hintergrund ist die schwed.-dän. Geschichte des 6. Jh.s anzunehmen, allerdings dürfte Beowulf eine gänzlich unhist. Figur sein. Der im Epos angedeutete Gegensatz zwischen den Volksstämmen Geaten (Götaland) und Sweon (Mittelschweden) ist hist. nicht sicher nachweisbar, lebte aber in der nord. Überlieferung weiter. Legt man einen hist. Ausgangspunkt zugrunde, dann läßt sich zeigen, wie sich Mythen- und Märchenmotive angelagert haben. Der Grendelkampf trägt eher märchenhafte, der Drachenkampf eher mythol. Züge. Umstritten bleibt der christl.-patristische Anteil der erhaltenen Fassung und der Gestaltung eines altgerm. comitatus-Gedankens.

Das fragmentarisch überlieferte *Finnsburh-Lied* (gesamter Inhalt jedoch im *Beowulf* referiert) spielt vor dem Hintergrund einer hist. nicht nachweisbaren Auseinandersetzung zwischen Friesen und Dänen mit der typischen Umstilisierung politischer in persönliche Konflikte. Thema der Sage ist die tragische Wahl zwischen der Rache für die getöteten Herren und dem Bruch eidlich besiegelter Verträge. Finn, der Held, entscheidet sich für das erste, wofür er den Tod in Kauf nimmt.

3.3. Die nordgerm. H.n. Die nordgerm. H. wirft eigene Probleme auf: Bes. exzelliert hat sie in der Gestaltung südgerm. Stoffe. Die eddischen Lieder weisen neben sagengeschichtlich anscheinend alten Zügen durchgehend die formale Neuerung des strophisch gegliederten Liedes auf. Nur die wenigsten einheimischen Sagenstoffe sind in Liedern überliefert: der

Kreis um Helgi in der *Edda*, bei dem kein hist. Vorbild auszumachen ist, und das bruchstückhaft überlieferte Lied von Hrólfr kraki, die *Bjarkamál*, deren geschichtlicher Gehalt ganz im Vagen bleibt. Saxo Grammaticus berichtet von mehreren Helden der Vorzeit wie die isl. *Fornaldarsögur*, z. B. von → Hamlet, Hagbard und Signe, der Brávallaschlacht, doch bleibt deren Zugehörigkeit zur H. fraglich. Im Gegensatz zu diesem vorzeitlichen, hist. nicht festlegbaren Helden-ZA. gibt es ein anderes, das sich zeitlich bestimmen läßt: die Landnahme Islands um 900 herum. Mißt man dieser Periode den Status eines Helden-ZA.s bei, dann ist die isl. Familiensaga des 13. Jh.s über mündl., nicht fest geformte Vorstufen die letzte originale Fixierung der H.

Lit.: Grimm, W.: Die dt. H. Göttingen 1829 (ed. K. Müllenhoff. B. ²1867; ed. R. Steig. Gütersloh ³1889 [Nachdr. Darmstadt ⁴1957]). — Heusler, A.: Nibelungensage und Nibelungenlied. Dortmund 1905 (⁶1965). — Czarnowski, S.: Le Culte des héros et ses conditions sociales. Saint Patrick, héros national de l'Irlande. P. 1919. — Heusler, A.: Die Qu.n der Brünhildsage in Thidrekssaga und Nibelungenlied [1920]. In: id.: Kl. Schr. 1. B. 1943 (²1969), 65—102. — Schneider, H.: Germ. H. 1—2, 2. B. 1933/34 (t. 1. B. ²1962) (mit ausführlicher Bibliogr.). — Chadwick, H. M.: The Heroic Age. Cambr. 1926 (Nachdr. 1967). — Lord Raglan: The Hero of Tradition. In: FL (1934) 212—231. — id.: The Hero. A Study in Tradition, Myth and Drama. L. 1936. — Höfler, O.: Dt. H. [1941]. In: Hauck, K. (ed.): Zur germ.-dt. H. Darmstadt 1961, 52—81. — Lindqvist, S.: Gotlands Bildsteine 1—2. Sth. 1941/42. — Höfler, O.: Germ. Sakralkönigtum 1. Tübingen/Münster/Köln 1952. — Kuhn, H.: H. vor und außerhalb der Dichtung [1952]. In: Hauck 1961, 173—194 (= Kuhn, H.: Kl. Schr. 2. B. 1971, 102—118). — Vries, J. de: Das germ. Sakralkönigtum. In: GRM 34 (1953) 183—189. — Wais, K.: Frühe Epik Westeuropas und die Vorgeschichte des Nibelungenliedes 1. Tübingen 1953. — Kuhn, H.: Rez. der Arbeit von Höfler 1952. In: id.: Kl. Schr. 2. B. 1971, 352—363. — Vries, J. de: Betrachtungen zum Märchen, bes. in seinem Verhältnis zu H. und Mythos (FFC 150). Hels. 1954. — Hauck, K.: Germ. Bilddenkmäler des frühen MA.s. In: DVLG 31 (1957) 349—379. — Höfler, O.: Siegfried, Arminius und die Symbolik. In: Festschr. F. R. Schröder. Heidelberg 1959, 11—121 (erw. als Buchausg. Heidelberg 1961). — Vries, J. de: Heldenlied und H. Bern/Mü. 1961. — Hauck, K.: Heldendichtung und H. als Geschichtsbewußtsein. In: Festschr. O. Brunner. Göttingen 1963, 118—169. — Bowra, C. M.: Heldendichtung. Eine vergleichende Phänomenologie der heroischen Poesie aller Völker und Zeiten. Stg. 1964 (²1970). — Wessén, E.: Teoderik myt eller hjältesaga? In: Arkiv för nordisk filologi 79 (1964) 1—20. — Ploss, E. E.: Siegfried-Sigurd, der Drachenkämpfer. Köln 1966. — See, K. von: Germ. H. Ein Forschungsber. [1966]. In: id.: Edda, Saga, Skaldendichtung. Heidelberg 1981, 107—153. — Betz, W.: Die dt. H. In: Dt. Philologie im Aufriß 3 (²1967) 1871—1970. — Parry, M.: The Making of Homeric Verse. ed. A. Parry. Ox. 1971. — Uecker, H.: Germ. H. Stg. 1972 (mit Lit.). — See, K. von: Germ. H. Stoffe — Probleme — Methoden. Ffm. 1971 (²1981). — Haug, W.: Höfische Idealität und heroische Tradition im Nibelungenlied. In: Colloquio Italo-Germanico sul tema: I Nibelunghi (Academia Nazionale dei Lincei, Atti dei Convegni Lincei 1). Rom 1974, 35—50. — Müller, J.-D.: kunecman — eigenholt. Zur sozialen Problematik des Nibelungenliedes. In: Amsterdamer Beiträge zur älteren Germanistik 7 (1974) 85—124. — Gschwantler, O.: Versöhnung als Thema einer heroischen Sage. In: Beitr.e zur Geschichte der dt. Sprache und Lit. 97 (1975) 230—262. — Haug, W.: Andreas Heuslers H.nmodell. In: ZfdA 104 (1975) 273—292. — Höfler, O.: Theoderich der Große und sein Bild in der Sage. In: Sb.e der Österr. Akad. der Wissen., phil.-hist. Kl. 111 (1975) 349—372. — Gschwantler, O.: Die H. von Alboin und Rosimund. In: Festgabe O. Höfler. Wien 1976, 214—254. — Hofmann, D.: Zur Lebensform mündl. Erzähldichtung des MA.s im dt. und ndl. Sprachgebiet. Zeugnisse der Þidrekssaga und anderer Qu.n. In: Festschr. F. Wortmann. Köln/Wien 1976, 191—215. — Wolf, A.: Ma. H. zwischen Vergil, Prudentius und raffinierter Klosterlit. Beobachtungen zum ‚Waltharius'. In: Sprachkunst 7 (1976) 180—212. — Haymes, E. R.: Das mündl. Epos. Stg. 1977 (Übersicht zur Oral-Poetry-Forschung). — See, K. von: Guðrúnarhvǫt und Hamðismál [1977]. In: id.: Edda, Saga, Skaldendichtung. Heidelberg 1981, 250—258. — Höfler, O.: Siegfried, Arminius und der Nibelungenhort. Wien 1978. — See, K. von: Was ist Heldendichtung? [1978]. In: id.: Edda, Saga, Skaldendichtung. Heidelberg 1981, 154—193, bes. 168—176. — Stuart, H.: The Hildebrandlied. An Anti-Heroic Interpretation. In: German Life and Letters 32 (1978/79) 1—9. — Gschwantler, O.: Formen langobard. mündl. Überlieferung. In: Jb. für internat. Germanistik 11 (1979) 58—85. — Hoffmann, W.: Das Siegfriedbild in der Forschung. Darmstadt 1979. — Schubel, F.: Probleme der Beowulf-Forschung. Darmstadt 1979. — Haug, W.: Normatives Modell oder hermeneutisches Experiment: Überlegungen zu einer grundsätzlichen Revision des Heuslerschen Nibelungen-Modells. In: Masser, A. (ed.): Hohenemser Studien zum Nibelungenlied. Dornbirn 1981, 212—226. — Stuart, H.: The Meaning of Maldon. In: Neophilologus 66 (1982) 126—139. — Gschwantler, O.: Frutolf von Michelsberg und die H. In: Festschr. E. Stutz. Wien 1984, 196—211. — id.: Die H.-Passagen in den Quedlinburger Annalen und in der Würzburger Chronik. In: Festschr. B. Collinder. Wien 1984, 135—181. — Beck, H.: Zu Otto Höflers Siegfried-

Arminius-Unters. In: Beitr.e zur Geschichte der dt. Sprache und Lit. 107 (1985) 92–107. – Düwel, K.: Zur Ikonographie und Ikonologie der Sigurddarstellungen. In: Roth, H. (ed.): Zum Problem der Deutung frühma. Bildinhalte. Sigmaringen 1986, 221–271. – Andersson, T. M.: A Preface to the Nibelungenlied. Stanford 1987. – id.: Die Oral-Formulaic-Poetry im Germanischen. In: Beck 1988, 1–14. – Beck, H. (ed.): Heldendichtung und H. im Germanischen. B./N. Y. 1988 (mit Bibliogr. [seit 1960]). – Ebenbauer, A.: Heldenlied und ‚hist. Lied' im FrühMA. und davor. In: Beck 1988, 15–34. – Gschwantler, O.: Zeugnisse zur Dietrichsage in der Historiographie von 1100 bis gegen 1300. In: Beck 1988, 35–80. – Marold, E.: Wandel und Konstanz in der Darstellung der Figur des Dietrich von Bern. In: Beck 1988, 149–182. – Meulengracht Sørensen, P.: Guðrún Gjúkadóttir im Miðjumdalr. Zur Aktualität nord. H. im Island des 13. Jh.s. In: Beck 1988, 183–196. – Wolf, A.: Die Verschriftlichung von europ. H.n als ma. Kulturproblem. In: Beck 1988, 305–328.

Bonn Heiko Uecker

Helena: Die schöne H., im altgriech. Mythos die Frau, um derentwillen der Trojan. Krieg geführt wurde, ursprünglich eine Vegetationsgöttin, die an verschiedenen Orten, vor allem in Therapne bei Sparta, verehrt wurde.

H., Tochter des in einen → Schwan verwandelten Zeus und der Leda und Schwester der → Dioskuren, wurde der griech. Sage nach aus einem Schwanenei geboren (Apollodoros, *Bibliotheca* 3, 10, 6–9; Mot. T 542; → Ei). Als schönste Frau der Welt von allen bedeutenden griech. Helden umworben, wählte sie den Spartanerkönig Menelaos zum Gatten. Beim Schönheitswettbewerb der Göttinnen Hera, Athene und Aphrodite wurde sie dem als Schiedsrichter fungierenden trojan. Prinzen Paris von Aphrodite als Lohn versprochen (cf. Mot. T 12, T 68); darauf entfloh H. mit ihm oder wurde von ihm entführt (*Kypria* M–A 102 sq.; *Ilias* 22, 114–116; 24, 25–30). Menelaos und sein Bruder Agamemnon sammelten H.s frühere Freier zu einem Feldzug gegen Troja, das sie nach zehnjähriger Belagerung eroberten. Nach vielen Irrfahrten und langem Aufenthalt in Ägypten brachte Menelaos H. nach Sparta zurück und setzte sie wieder als Königin ein (*Odyssee* 4, 351–586).

In zusammenhängender Form ist H.s Geschichte erst aus der Spätantike überliefert, Teile davon finden sich jedoch seit den Anfängen der griech. Lit. in zahlreichen Texten. H. ist eine ambivalente Gestalt und wird verschieden beurteilt. In → Homers *Ilias* und *Odyssee* ist sie positiv gezeichnet: Gewissensbisse peinigen sie während ihres Aufenthalts in Troja (*Ilias* 3, 121–244; 6, 342–368), nach ihrer Rückkehr nach Sparta zeigt sie sich als ideale Gastgeberin (*Odyssee* 4, 120–154, 221–264; 15, 92–181). In der frühen lyrischen Dichtung wird sie von Stesichoros (15 sq. P) und Alkaios (42, 283 L–P) getadelt, von Sappho (16 L–P) hingegen verteidigt. Bei Äschylos (*Agamemnon*, 689 sq.) ist H. eine Frau, die sowohl nimmt als auch genommen wird. Sie ist in vielen anderen att. Tragödien des 5. Jh.s a. Chr.n. erwähnt und die Protagonistin von Euripides' *Helenē*. In der Folge behandeln unterschiedliche Gattungen das in der ganzen griech.-röm. Antike beliebte H.-Thema.

H. und der Trojan. Krieg bildeten einen zentralen Gegenstand der mündl. Überlieferung Griechenlands. Das Schicksal H.s ist lediglich ein Beispiel für das häufig wiederkehrende Erzählmuster vom Frauenraub (cf. → Brautraub) als Kriegsursache; → Herodot beginnt sein hist. Werk mit einer Reihe solcher Geschichten. Auf H. trifft dieses Muster in zweifacher Weise zu, da sie auch von → Theseus entführt worden war. In der griech. Kunst finden sich zahlreiche Darstellungen H.s; die erste sichere Abbildung erscheint auf einer Amphore aus Mykonos von ca 670 a. Chr.n.

Prosa- oder Vers-Erzählungen über Troja lebten vermutlich in kontinuierlicher mündl. Tradition bis zum MA. fort; Beispiele bilden u. a. ein Gedicht des byzant. Chronisten Johannes Malalas (6. Jh. p. Chr.n.) und die in Westeuropa weitverbreiteten, sowohl in lat. als auch in volkssprachlichen Versionen bekannten → *Troja-Romane*. H. spielte auch in ma. Chroniken und im → *Faust-Buch* eine Rolle. Ein anderes Zeugnis für ihr Weiterleben in der mündl. Überlieferung sind nach Troja benannte Labyrinthe und Spiele, in denen eine Frau aus solch einem Labyrinth entführt wird (Kern 1982). Seit dem Humanismus schöpfen Künstler bei der bildlichen, musikalischen oder literar. Darstellung H.s hauptsächlich aus den homerischen Epen.

Lit.: Rambaud, A.: Hélène dans les monuments populaires. In: id.: La Russie épique. P. 1876, 414–421. – Bethe, E.: Helene. In: Pauly/Wissowa 7 (1912) 2824–2832. – Armistead, S. G./Silverman, J. H. (edd.): El robo de Elena. In: idd.: The Judeo-Spanish Ballad Chapbooks of Yacob Abraham Yoná. Berk./L. A./L. 1971, 145–151. – Lindsay, J.:

Helen of Troy, Woman and Goddess. L. 1974. – Clader, L. L.: Helen. The Evolution from Divine to Heroic in Greek Epic Tradition. Leiden 1976. – Homeyer, H.: Die spartan. H. und der trojan. Krieg. Wiesbaden 1977. – Kern, H.: Labyrinthe. Erscheinungen und Deutungen. Mü. 1982, hier 99–111. – Frenzel, Stoffe, 301–306.

Kopenhagen Minna Skafte Jensen

Helena von Konstantinopel

1. Überlieferung – 2. Zyklische Verknüpfung – 3. Legendenhafte und epische Motive – 4. Ursprung – 5. Bezug zur Geschichte vom Mädchen ohne Hände

1. Überlieferung. Die altfrz. *Belle Hélène de Constantinople* (BH) ist in verschiedener Gestalt überliefert. In ihrer ältesten Form (drei vollständige Hss., ein Fragment; alle 15. Jh.) liegt sie als Chanson de geste (entstanden wohl um 1400) in Alexandriner-Laissen vor. Picard.-wallon. Dialektmerkmale lassen vermuten, daß der unbekannte Verf. des Orig.s aus der Picardie oder Wallonien stammte. Dem überlieferten Gedicht, das durch Einbau zahlreicher Episoden, Motivdoppelungen und Verknüpfung mehrerer Handlungsstränge im 2. Teil – wie für die Chansons de geste der Spätzeit üblich – beträchtlichen Umfang erreicht, dürfte eine Fassung vorangegangen sein, die dem Archetyp der Geschichte vom → *Mädchen ohne Hände* (AaTh 706) näherstand. Ob diese noch dem 12. Jh. angehört (Krappe 1937), ist durch literar. Zeugnisse nicht belegbar. Daneben existiert eine anonyme Prosafassung (drei Hss.; alle 15. Jh.), die die Versfassung sehr verkürzt wiedergibt, deren Handlungsschema nur in Umrissen bewahrt und teils bedeutende Umstellungen vornimmt. Jehan Wauquelins Prosaversion von 1448 (eine Hs., 15. Jh.) zeichnet sich im Gegensatz zur anonymen Prosa durch geringere Kürzungen der Versfassung aus, die durch Erweiterungen an anderer Stelle ausgeglichen werden. Als Volksbuch liegt BH in einer größeren Anzahl frz. Drucke vor, von denen etwa die Hälfte dem 16. Jh. angehört, während sich der Rest über das 17. bis 19. Jh. verteilt. Alle Drucke gehen auf die anonyme Prosafassung zurück. Vom 17. Jh. an ist zu beobachten, daß der Text nochmals z. T. erheblich gekürzt wurde. Das frz. Volksbuch diente außerdem als Vorlage für eine volkstümliche Dramatisierung, die bask. Pastorale von H. von K. Das Orig. dieses Mysterienspiels ist verloren, doch existieren mehrere vollständige oder bruchstückhafte Versionen in neun Hss. (ausgehendes 18. Jh. – Anfang 20. Jh.).

Volksbuch-Versionen der BH haben auch in den Niederlanden, in Skandinavien und Deutschland starke Verbreitung gefunden. J. von → Görres (1807, num. 18) hat als erster auf *Die geduldige H.* hingewiesen; O. L. B. Wolff hat sie für die bei O. Wigand erschienene Reihe *Volksbücher* (t. 37. Lpz. 1847) bearbeitet. Hinzu kommen die Versionen der Reutlinger Volksbuchproduktion (W. Raible, O. F. H. Schönhuth). Eine mündl. Fassung aus Lothringen wurde von A. → Merkelbach-Pinck (1940, 118–121) aufgezeichnet.

Haupthandlung: Kaiser Antoine von Konstantinopel verliebt sich in seine Tochter Hélène (→ Inzest) und erwirkt vom Papst Dispens, sie zur Frau zu nehmen. Hélène entflieht vor der Hochzeit nach England zu König Henri. Obwohl Hélène ihm ihre Abkunft verheimlicht, heiratet er sie gegen den Willen seiner Mutter. Als der Papst von Sarazenen bedrängt wird, leistet Henri ihm Beistand. Hélène bringt Zwillingssöhne zur Welt, doch ihre Schwiegermutter meldet dem König, sie habe zwei Ungeheuer geboren. Henris Anordnung, Hélène unter Bewachung zu stellen, wird von der Königinmutter zu einem Hinrichtungsbefehl verfälscht (cf. → Frau, Kap. 3.1.2: Die unschuldig verleumdete/verfolgte F.). Der Herzog von Gloucester als Regent läßt Hélène die rechte Hand abschlagen, um ihre vermeintliche Hinrichtung beweisen zu können, setzt aber die Königin und ihre Söhne in einem Schiff aus, nachdem er dem jüngeren Knaben ihre Hand um den Hals gehängt hat, und verbrennt seine Nichte, der er zuvor auch die rechte Hand abschneidet, damit sie bei ihrer Hinrichtung der Königin gleicht. Nach der Strandung des Schiffes werden Hélènes Söhne von einem Wolf und einem Löwen entführt und gelangen in die Obhut eines → Einsiedlers, der den Knaben mit der umgehängten Hand Brac, den anderen Lion nennt. Hélène verschlägt es nach Nantes. Henri erfährt vom Herzog von Gloucester von Hélènes Schicksal und trifft Antoine, der seine Tochter sucht. Henri läßt seine Mutter töten und begibt sich mit Antoine auf eine jahrelange Suche nach Hélène. Brac und Lion ziehen ebenfalls auf die Suche nach ihrer Mutter aus. Sie treten in den Dienst des Erzbischofs Martin von Tours, der sie Brice und Martin tauft. Auch Hélène lebt inzwischen unerkannt in Tours. Bei Antoines und Henris Begegnung mit Brice und Martin dient Hélènes Hand als Anagnorisma (cf. → Erkennungszeichen). Nach endlosem Umherirren wird Hélène von ihren Angehörigen in Tours aufgespürt und ihre Hand durch ein Wunder wieder angefügt.

2. Zyklische Verknüpfung. Obwohl metrisch und stilistisch eine Chanson de geste, ist BH nur locker mit der Heldendichtung verbunden, und zwar durch den Bericht vom Italienfeldzug des Frankenkönigs Clovis, dem während der Belagerung von Castres (Piacenza) durch einen Engel ein Schild mit dem Lilienwappen verliehen wird und der nach seinem Sieg das Christentum annimmt. Constants und Plaisances Sohn Joseran wird mit dem gleichnamigen Pair von Frankreich in *Floovant* identifiziert. Das Geschehen fällt damit in den Anfang des traditionellen Heldenzeitalters der altfrz. Epik.

3. Legendenhafte und epische Motive. Die meisten aus Heiligenlegenden und Heldenliedern entnommenen Motive der BH werden für die Darstellung des 2. Exils verwendet, also für den Teil, der gegenüber dem archetypischen Schema stark erweitert ist. Hélènes Leben als Bettlerin unter der Treppe ist der *Vie de Saint Alexis* (cf. → Alexius) nachempfunden. Die → Entführung ihrer Söhne durch wilde Tiere hat in der *Vie de Saint Eustache* (AaTh 938: → *Placidas*) ein Vorbild. Die von der Schwiegermutter erfundene → Verleumdung stammt aus den *Enfances du Chevalier au Cygne* (cf. → Schwanenritter), ebenso wie das Aufwachsen der Kinder bei einem Eremiten. Die → Suche junger Helden nach ihren Eltern und ihr Aufstieg im Dienst fremder Fürsten sind seit dem 13. Jh. ein gängiges Thema der → Chansons de geste (z. B. in der anglonormann. und 2. festländischen Fassung des *Bueve de Hantone* [cf. → *Beuve de Hampton*]; *Maugis d'Aigremont*; *Enfances Renier*), ebenso wie ihre Hilfeleistung für den bedrängten Vater (z. B. in *Floovant*; *Doon de La Roche*; *Orson de Beauvais*; *Maugis d'Aigremont*). Die Mutter, die ihren Sohn Henri beseitigen will und später von ihm bestraft wird, hat ihr Vorbild in der 1. und 3. festländischen Fassung des *Bueve de Hantone*. Der treue Vasall, der eigene Verwandte opfert, um das Leben der Angehörigen seines Lehnsherrn zu retten, findet sich schon in *Jourdain de Blaye* und *Daurel et Beton*. Kriege gegen heidnische Völker verweisen auf ein Hauptthema zahlreicher Chansons de geste, und auch die Liebe einer Sarazenenprinzessin zu einem christl. Ritter gehört zum Standardmotivbestand dieser Gattung seit der *Prise d'Orange*. Das Eingreifen Heiliger zugunsten von Christen, die im Kampf zu unterliegen drohen, ist der *Chanson d'Antioche*, Amauris Kriegslist bei der Einnahme Jerusalems der *Conquête de Jérusalem* entlehnt. Amauris Kreuzigung könnte durch eine Episode der *Narbonnais* angeregt sein.

4. Ursprung. Entgegen der Annahme vom engl. Ursprung (Suchier 1877, 1884; Gough 1902) liegt BH nach A. H. → Krappe (1937) wohl eine Volkserzählung byzant. Herkunft zugrunde; die Version, in der die Protagonistin vor den inzestuösen Wünschen ihres Vaters flieht und von ihrer Schwiegermutter drangsaliert wird, ist in hess., siebenbürg. und armen. Fassungen des 19./20. Jh.s sowie im west- und südslav. Raum (Krappe 1937) nachgewiesen. Der Vater ist ursprünglich ein Kaiser Constantin von Byzanz, dessen Tochter zunächst H. hieß; BH bewahrt den Namen der Protagonistin, während sie den ihres Vaters auf König Constant von Bordeaux, den späteren Kaiser von Rom, überträgt. Die Erzählung wanderte im 12. Jh. nach England, wodurch sich die engl. Schauplätze u. a. zweier altfrz. Dichtungen erklären (BH; Philippe de Beaumanoir, *La Manekine*). Das Motiv des Vater-Tochter-Inzests weist auf Heiratsbräuche in Herrscherhäusern des vorhellen. Griechenlands und des Vorderen Orients, von wo aus sie Eingang in die byzant. Erzählung finden konnten. Das Motiv der Schwiegermutter, die der Protagonistin nach dem Leben trachtet, ist sekundär; ursprünglich erklärt sich die Drangsalierung der Heldin mit ihrer Zwillingsgeburt, die Naturvölkern als unheilvoll gilt.

5. Bezug zur Geschichte vom Mädchen ohne Hände. BH gehört zum → Constanze-Zyklus, doch ist dessen Erzählschema hier mit der Geschichte vom *Mädchen ohne Hände* (AaTh 706) verknüpft. In AaTh 706 und literar. Fassungen, die dem Archetyp dieser Geschichte näherstehen, schlägt sich die Protagonistin selbst eine Hand ab, entweder um ihrer Mutter unähnlich zu werden, so daß ihr Vater sie nicht mehr heiraten darf (*Manekine*; *Lion de Bourges*), oder weil sie damit an

ihrem Vater sexuelle Handlungen vorgenommen hat (*Novella della figlia del re di Dacia*), oder sie läßt sich beide Hände abschneiden, weil der Vater sie wegen ihrer schönen Hände begehrt (*Historia del rey de Hungria*; *Historia de la regina Oliva*; Gutierre Diaz de Gamez, *Vitorial*; Basile 3, 2). In der Versfassung der BH ist der Verlust der Hand aus dem Zusammenhang gerissen; doch findet sich in der anonymen Prosafassung das stark abgeschwächte Motiv an seinem richtigen Platz. In Var.n zu AaTh 706 und einigen literar. Fassungen (*Rey de Hungria*; Basile 3, 2) bekommt die Protagonistin ihre Hände während ihres 2. Exils zurück. In den meisten literar. Fassungen ist dieser Zusammenhang jedoch nicht mehr greifbar: entweder erlangt die Protagonistin ihre Hände schon vor ihrer Heirat (*Figlia del re di Dacia*; *Regina Oliva*; *Vitorial*) oder erst nach ihrem 2. Exil wieder (BH; *Manekine*; *Lion*).

Lit.: Görres, J.: Die teutschen Volksbücher. Heidelberg 1807. – Nisard, C.: Histoire des livres populaires ou de la littérature du colportage 2. P. ²1864, 415–423. – Suchier, H. (ed.): Le Siège de Castres. In: Rom. Studien 1 (1871–75) 589–593. – id.: Über die Sage von Offa und Þryðo. In: Beitr.e zur Geschichte der dt. Sprache und Lit. 4 (1877) 500–521. – id. (ed.): Œuvres poétiques de Philippe de Remi sire de Beaumanoir 1. P. 1884, XXIII–XCVI. – Söderhjelm, W.: Saint Martin et le Roman de la belle Hélène de Constantinople. In: Mémoires de la Soc. néo-philologique à Helsingfors 1 (1893) 32–64 (cf. Rez. von G. Paris in Romania 22 [1893] 566). – Ruths, R.: Die frz. Fassungen des Roman de la belle Helaine. Diss. Greifswald 1897. – Gough, A. B.: The Constance Saga. B. 1902. – Bussmann, H.: Grammatische Studien über den „Roman de la belle Helaine" nebst einer Textprobe aus Hs. A (Arraser Stadt-Bibl. no. 766) und Hs. L (Lyoner Bibl. no. 685). Diss. Greifswald 1907. – Léon, A.: Une Pastorale basque: Hélène de Constantinople. Diss. Paris 1908. – Roy, E.: Philippe le Bel et la légende des trois fleurs de lis. In: Festschr. A. Thomas. P. 1927, 383–388. – Krappe, A. H.: La belle Hélène de Constantinople. In: Romania 63 (1937) 324–353. – Merkelbach-Pinck, A.: Lothringer Volksmärchen. Kassel [1940]. – Heurck, E. H. van: De vlaamsche volksboeken. Brüssel 1944, 48–54. – Brochon, P.: Le Livre de colportage en France depuis le XVIᵉ siècle. P. 1954, 52. – Brattö, O.: La belle Hélène de Constantinople. 1: Introduction. La version d'Arras. Diss. Göteborg 1959. – Schenda, R.: 1000 frz. Volksbüchlein. In: Archiv für Geschichte des Buchwesens 9 (1969) num. 125 a–d. – id.: 1000 dt. populäre Drucke aus dem 19. Jh. In: Archiv für Geschichte des Buchwesens 11 (1971) num. 336, 337, 433, 496, 768–770. – Verhuyck, P.: Les Manuscrits du poème de ‚La belle Hélène de Constantinople'. In: Studi francesi 16 (1972) 314–324. – Bernier, H.: La Fille aux mains coupées (conte type 706). Québec 1971. – Morin, A.: Catalogue descriptif de la Bibliothèque Bleue de Troyes (almanachs exclus). Genf 1974, num. 504–508, 996–999. – Roussel, C.: Chanson de geste et roman: remarques sur deux adaptations littéraires du conte de ‚La fille aux mains coupées'. In: Essor et fortune de la Chanson de geste dans l'Europe et l'Orient latin. Actes du IXᵉ congrès internat. de la Soc. Rencesvals 2. Modena 1984, 565–582. – Suard, F.: Chanson de geste et roman devant le matériau folklorique: le conte de la fille aux mains coupées dans ‚La Belle Hélène de Constantinople', ‚Lion de Bourges' et la ‚Manekine'. In: Ruhe, E./Behrens, R. (edd.): MA.bilder aus neuer Perspektive. M. 1985, 364–379.

Göttingen Michael Heintze

Helfer

1. Mythen, Legenden, Sagen – 1.1. Göttliche H. – 1.1.1. H. in Weltkatastrophen – 1.1.2. Schlacht- und Waffenhelfer, Nothelfer – 1.2. Heilige – 1.3. Gestalten der niederen Mythologie, Tote, helfende Natur – 1.4. Menschen als H. – 2. Märchen – 2.1. Allgemeines – 2.2. Übernatürliche H. – 2.2.1. Gott – 2.2.2. Alte Leute – 2.2.3. Übernatürliche Paten – 2.2.4. Tote und Geister – 2.2.5. Helfende Natur – 2.2.6. Gefährte, Braut des Helden – 2.3. Held/Heldin als H. – 3. Feindliche H. und Schenker, Teufel als H. – 4. Zusammenfassung

1. Mythen, Legenden, Sagen. Da der Mensch ein Mangelwesen ist, kann keine menschliche Gesellschaft ohne entlastende Werkzeuge und ohne gegenseitige Hilfe sowie Kooperation existieren[1]. Wo aber Selbst- und Nachbarhilfe versagen, wendet sich der Mensch allemal an die Götter um Hilfe und Schutz, bevölkert er „den Raum zwischen dem, was wir in der Hand haben, und dem unlenkbaren Erfolg mit helfenden Gestalten der Phantasie"[2].

So setzt auch der ma. Mensch seine Hoffnung auf Beistand bittkrafterfüllter H. (→ Heilige), die für ihn bei → Gott intervenieren[3]. Eine vergleichbare Vermittlerfunktion zwischen Menschen- und Geisterwelt übt in schriftlosen Gesellschaften der Schamane aus (→ Schamanismus)[4]. Da sozial und ökonomisch Unterprivilegierte in ihren Nöten bes.

auf Hilfe angewiesen sind, kommt dem H. in populären Erzählungen große Bedeutung zu.

1.1. Göttliche H.

1.1.1. H. in Weltkatastrophen. Die Geschichte des Heros, der mit göttlicher Hilfe einer → Sintflut entkommt[5], gibt nicht nur die Einsicht wieder, daß der Mensch ohne jenseitige Hilfe untergehen muß (cf. → Aussetzung); sie vermittelt auch die Hoffnung, daß er fähig ist, sich den Beistand göttlicher Mächte zu sichern. Es überrascht daher nicht, daß in der Forschung zwischen dem Flutmythos und dem ‚Helfermärchen' eine Verwandtschaft erblickt wird[6].

In der altoriental. Flutsage des → *Gilgamesch-Epos* (11. Tafel) und in seiner Vorstufe, dem akkad. *Altram-Ḫasīs-Epos* wird Utnapištim durch eine Eideslist von Gott Ea/Enki gerettet (→ Rettung). Eas Charakterzüge finden sich in dem ‚demiurgischen Trickster' Prometheus (→ Feuerraub), Wohltäter und H. der Menschheit, wieder (→ Demiurg)[7]. Sein Sohn Deukalion überlebt die vom erzürnten → Zeus ausgelöste Flut nur dank seines Rates. In einem altägypt. Mythos sind der strafende Gott und der listige H. identisch: Re beauftragt Hathor, das sündige Menschengeschlecht zu vernichten, bewahrt jedoch durch List einen Rest vor ihr[8]. Die Gottesvorstellung des A.T.s (Gen. 9, 11) kennt den schlauen H.gott nicht mehr, jedoch sind der strafende und der helfende Gott auch hier identisch[9]. In neuerer Zeit aufgezeichnet wurden Sintflut- und Weltbrandsagen etwa bei den Toba-Indianern[10].

1.1.2. Schlacht- und Waffenhelfer, Nothelfer. Neben Naturkatastrophen ist der → Krieg die zweite kollektive Heimsuchung, die die Betroffenen auf göttliche Hilfe hoffen läßt. Im Gegensatz zur Weltvernichtung ist er ein Konflikt unter Menschen. Doch indem Götter selbst in die Kämpfe eingreifen, wird die Schlacht in Heldendichtungen oft transzendiert. Bei → Homer z. B. helfen die Götter des Olymp beiden kämpfenden Parteien (*Ilias* 20, 24 sq., 32–40). Neben allmächtigen Himmelsgewalten sind die den Menschen näherstehenden → Dioskuren, niedere Gottheiten und christl. Heilige vertraute Kriegshelfer und Retter in Mythos, Legende und Heldendichtung[11]. Der Glanz des bibl. Helden wird durch den erflehten göttlichen Beistand erhöht, während sein Feind, der nur auf seine rohe Kraft vertraut, untergehen muß: → David besiegt Goliath im festen Glauben an die Hilfe Gottes (1. Sam. 17); Usia erfleht Gottes Hilfe durch ein Gebet und siegt (2. Chr. 26). In der antiken Lit. erfahren auch Wehrlose und Verfolgte göttliche Hilfe: Apollo löscht den Scheiterhaufen des Krösus (Herodot 1, 87), der → Götterbote Hermes hilft → Odysseus gegen die Zauberkraft der → Circe (Homer, *Odyssee* 10, 275–309), → Perseus kann nur dank Hermes und Athene seine lebensgefährliche Aufgabe lösen. Götter retten Unschuldige aus Gefangenschaft und vor der Hinrichtung, entführen sie durch die Luft und machen sie unsichtbar vor ihren Feinden (z. B. Homer, *Ilias* 3, 380 sq.). Vor allem christl. Heilige erfahren in ihrer Notlage himmlische Hilfe: Rettung, Heilung, Speisung und Bekleidung (→ *Acta martyrum et sanctorum*)[12].

1.2. Heilige. In Krisenzeiten sind Heilige durch die gemeinsame menschliche Natur den Gläubigen näher als ein ferner Gott. Die Wichtigkeit ihrer auch kirchlich sanktionierten Mittlerschaft für die Volksfrömmigkeit spiegelt sich in der reichen Legenden-, Mirakel- und Gebetsliteratur wider[13].

Es gibt eine Rangfolge der Heiligen entsprechend ihrer Wirksamkeit als H.; so ist mit Vorrang → Maria zu nennen, deren beschützende Rolle teilweise in Isis vorgebildet ist[14]. Auch der hl. → Nikolaus nimmt eine wichtige Stellung als volkstümlicher H. ein. Doch gibt es für verschiedene Notfälle und Bedürfnisse auch verschiedene Heilige, und es gibt hist. Verschiebungen im Glauben an die heiligen H. Im Kult der → Vierzehn Nothelfer im späten MA. und im Kult der ‚Sieben Zufluchten' in der Barockzeit wird das Verlangen der Menschen befriedigt, in allen Nöten kräftige H. zu haben. Humanistische und reformatorische Heiligenkritik stellt die Tauschgeschäfte mit den Heiligen in Frage und plädiert für christl. Lebenswandel und direkte Gottesverbindung; die Aufklärung pocht auf die Eigenverantwortung der Menschen. Schwank und Witz leiten aus dieser kritischen Haltung komische Pointen ab: Der Bedrohte, der ein Opfer für himmlische Hilfe gelobt hat, nimmt sein Versprechen bei schwindender Gefahr zurück (cf. AaTh 778, 1553A*: *Geloben der großen → Kerze*)[15].

1.3. Gestalten der niederen Mythologie, Tote, helfende Natur. Gestalten der niederen Mythologie sind ambivalent: Das Eingreifen der Überwelt in den menschlichen Bereich wird im mythischen Weltbild der Sage nicht nur als etwas Bedrohliches erfahren[16], vielmehr erhofft man auch Hilfe und Schutz. Mythische H. erscheinen in menschlicher, tierischer und dinglich-pflanzlicher Gestalt[17], als Kobolde, → Zwerge, Familien- oder → Hausgeister, Schiffsgeister (→ Klabautermann). Diese Gestalten könnten ihren Ursprung im Glauben an Ahnengeister einerseits und an Baumgeister andererseits[18] haben; auf christl. Boden entsteht der Glaube an die armen Seelen und helfenden Toten[19]. Dem Verlangen nach einer mit dem Tod nicht abbrechenden väterlichen und mütterlichen Schutzmacht entspringen Sagen vom schlafenden Befreier im Berg (cf. → Entrückung), vom toten → Herrscher, der seinem Volk zur Waffenhilfe eilt, ferner über helfende tote Eltern und Verwandte[20].

Im Gegensatz zu außereurop. mythischen Erzählungen, in denen Tierhelfer, die mit dem Totemtier in Beziehung gesetzt werden, eine wichtige Rolle spielen (→ Totemismus)[21], sind übernatürliche Tiere der europ. Sagen meist boshafte, unheimliche Wesen, als H. eher selten, dann aber treten sie vor allem als warnende und weisende Tiere auf[22]. Das helfende und weisende Tier ist auch wichtiger Handlungsträger in der Legende (cf. → Gespannwunder)[23]. Die Speisung eines Heiligen oder Einsiedlers durch ein wunderbares Tier tritt bereits in den → *Vitae patrum* auf (cf. → Speisewunder)[24]. In den → Kindheitslegenden Christi wird das Motiv des Tierhelfers mit ätiologischer Funktion verbunden: Ihre guten Eigenschaften oder ihr günstiges Schicksal verdanken einzelne Tiere ihrem hilfreichen Verhalten gegenüber dem Christuskind oder der hl. Familie auf der → Flucht[25]. Wie die elbischen und toten Wesen sind auch die Tierhelfer ambivalent. Die → Spinne z. B. ist oft gefürchtet, bekleidet jedoch auch die Rolle einer H.in (cf. AaTh 967: → *Spinngewebe vor der Höhle*)[26]. In Legenden und Sagen hilft die Natur mit ihren immanenten, wenn auch vermenschlichten Eigenschaften: Bäume ernähren, Bäume, Sträuche und Felsen verbergen Flüchtende (Mot. A 2711)[27]; Gewässer teilen sich vor Verfolgten (Mot. D 1551); die → Erde (Kap. 5. 7) erhebt sich, um dem auf ihr stehenden Heiligen zu helfen; ein → Erdbeben rettet Märtyrer oder bezeugt ihre Unschuld.

1.4. Menschen als H. Das Motiv vom → Dienst beim Dämon zeigt die gegenseitige Abhängigkeit zwischen menschlicher und übernatürlicher Welt. Der Gedanke, daß Götter für ihre Existenz des Menschen bedürfen, ist alt: Der babylon. Schöpfungsmythos *Enuma eliš* erzählt, wie Marduk den Menschen schuf: „Ihm auferlegt sei der Dienst der Götter zu ihrer Erleichterung.“[28] Die Beständigkeit dieses menschlichen Selbstverständnisses wird durch rezente außereurop. Erzählungen bezeugt: In einer Schöpfungsmythe der Quiché-Indianer wird der Mensch ebenfalls erschaffen, um den Göttern ‚Erhalter und Ernährer‘ zu sichern[29]. Der Höhere benötigt des Niederen Hilfe: Der ägypt. Sonnengott Re braucht Seths Kraft, um die Wolken zu besiegen[30]; die flüchtende Gottheit ist auf menschliche Herberge angewiesen[31]. Das gute Mädchen hilft der Mutter Gottes, das Jesuskind zu tragen (MNK 822A*, cf. auch den Christusträger → Christophorus [AaTh 768]). Der Fluthelfer der Toba-Indianer erscheint vor dem Menschen als schutzsuchender Hund, und der Blitz- und Donnergott braucht die Rauchsäule des Menschen, um wieder in den Himmel zu gelangen (Mot. A 189.1.1)[32]. Auch die armen Seelen in europ. Volkssagen bedürfen der menschlichen Hilfe, denn die Toten können sich selber nicht helfen[33].

2. Märchen

2.1. Allgemeines. Die in keine kanonische Hierarchie eingebauten H. sind nicht immer klar erfaßbar in ihrer Weltenzugehörigkeit und in ihrer morphologischen Funktion: Die Grenzen zwischen Jenseitigen und Irdischen können nicht scharf gezogen werden, und die gleiche H.funktion kann von tierischen, pflanzlichen und anthropomorphen H.n ausgeübt werden.

Den Begriff der Jenseitigen für den nichtirdischen H. (und Gegner) gebraucht vor allem M. → Lüthi. S. → Thompson bezeichnet die wunderbaren H. als supernatural helpers (cf.

AaTh 500–559)[34]. Die Eigenschaft der H. als Vertreter des → Jenseits betont auch F. → Karlinger[35]. M. → Eliade erblickt in den H.n und in den → Gegenspielern des → Helden ursprünglich mythische Figuren, die einen Konturverlust erlitten haben[36].

Nach Lüthi zeigt das Märchen den Menschen als ein zum Erfolg berufenes, kontaktsicheres Wesen. Dem entspricht es, daß dem Helden im entscheidenden Moment H. zur Verfügung stehen, → Gaben zuteil werden. Der von ihm geprägte Begriff der → Allverbundenheit des hilfsbedürftigen Helden entspricht der grenzenlosen ‚Weltoffenheit' des ansonsten unspezialisierten Menschen in der Anthropologie etwa A. Gehlens[37]. Die strukturalistische Forschung untermauert die Wichtigkeit der H.rolle: Der H. ist das Mittelglied zwischen den zwei wichtigsten Handlungsträgern, dem Helden und dem Gegenspieler[38]. In V. Ja. → Propps Handlungsschema wird dem H. und dem Schenker je einer der sieben Handlungskreise zugeordnet[39]. Die konstitutive Rolle des H.s macht auch die Systematisierung des Märchens nach den → Interaktionen zwischen Held und H. möglich[40].

2.2. Übernatürliche H.

2.2.1. Gott. Während sich im Zaubermärchen die Gottheit als H. hinter verschiedenen Jenseitsgestalten nur vermuten läßt[41], berufen sich religiös-didaktische Erzählungen direkt auf sie: Gott hilft denen, die auf ihn hoffen. Dieser Glaubenssatz wird oft mit dem Schema → Belohnung/→ Strafe verbunden: Diejenigen, die Gottes Hilfe geringschätzen, werden bestraft, die, welche auf sie bauen und Gott in ihrer Not anrufen, belohnt und gerettet (cf. z. B. AaTh 830, 830 A–C: → *Gottes Segen*; AaTh 841: *Die beiden → Bettler*)[42]. In kathol. Ländern ersetzt die Gottesmutter oft andere H.[43] Nach D.-R. → Moser war die Vorlage von KHM 3, AaTh 710: → *Marienkind* eine gegenreformatorische didaktische Erzählung, in der Maria als H.in des Bußsakraments auftrat[44].

2.2.2. Alte Leute. Urbild des jenseitigen Märchenhelfers ist der → Ratgeber, Schenker und Wegweiser auf dem Abenteuer- und Suchweg des mythischen Helden. So wie Hermes auf seinem Weg zu Circe Odysseus erscheint und ihn mit Rat und Zaubermitteln versieht[45], so tauchen in Zaubermärchen alte Frauen[46] und Männer (cf. → Alte Leute) auf. Neben antiken Göttern und dämonischen Gestalten sind die Vorbilder der geheimnisvollen Alten wohl → Einsiedler der ma. Romane, die einer jenseitigen Welt anzugehören scheinen und den suchenden und irrenden Rittern zur Selbstfindung und göttlichen Wahrheit verhelfen[47]. Wegweisung, Raumvermittlung, Rat und Zaubergaben im Märchen[48] sind ebenfalls wichtige Hilfen auf dem Entwicklungsweg des Helden[49].

2.2.3. Übernatürliche Paten. K. → Briggs führt die Patenfeen (Mot. F 311.1) auf die heidnischen → Schicksalsfrauen zurück und weist auf den Widerspruch zwischen der → Fairy als Patin und der christl. Funktion des → Paten (→ Taufe) hin[50]. Eine Inflation der helfenden, strafenden und schicksalsbestimmenden → Feen läßt sich in den → Contes de fées beobachten[51]. Der übernatürliche Pate im Volksmärchen schenkt seinem Taufkind wunderbare → Eigenschaften und Fähigkeiten (cf. AaTh 652: → *Prinz, dessen Wünsche in Erfüllung gingen*; AaTh 332: → *Gevatter Tod*) oder Gaben wie Zauberroß und Rüstung (cf. AaTh 531: → *Ferdinand der treue und Ferdinand der ungetreue*; AaTh 502: *Der wilde → Mann*)[52].

2.2.4. Tote und Geister. Das Fehlen numinosen Empfindens im Märchen (→ Eindimensionalität) bewirkt, daß der Held, im Gegensatz zum Sagenhelden, helfenden Toten und Geistern (Mot. N 813) ohne Schrecken begegnet. Dankbare Tote (cf. AaTh 505–508: → *Dankbarer Toter*) treten vor allem als H. in Brautwerbungs-Märchen auf[53], tote Eltern in Tier- oder Baumgestalt (cf. Mot. B 313.1) stehen den benachteiligten Jüngsten sorgend bei (cf. AaTh 510 A–B: → *Cinderella*; AaTh 511: → *Einäuglein, Zweiäuglein, Dreiäuglein*; AaTh 511A: *Der rote → Ochse*; AaTh 530: → *Prinzessin auf dem Glasberg*)[54]. → Geister, → Riesen, → Soldaten und andere dienstbare Wesen eilen aus Flaschen und Lampen (cf. AaTh 331: → *Geist im Glas*; AaTh 561: → *Alad(d)in*; AaTh 562: → *Geist im blauen Licht*), aus Ranzen, Säcken, Dosen oder Kürbissen (cf. AaTh 563: → *Tischleindeckdich*; AaTh 564: → *Pro-*

vianttasche) zu Hilfe[55]: Sie ernähren den Helden, erfüllen Aufgaben und leisten ihm Waffenhilfe. Geisterhelfer oriental. Märchen zeigen ambivalente Züge: → Dev, Ǧinn, Ġūl und Ġūla treten bald als H., bald als Schädiger (→ Schädigung) auf[56].

2.2.5. Helfende Natur. Übernatürliche Tiere treten im Märchen vornehmlich als H. auf (Mot. B 300 – B 599.3; cf. auch → Dankbare [hilfreiche] Tiere)[57]. Ebenso vielfältig wie ihre Erscheinungsformen ist die Art ihrer Hilfen[58]: Sie beschützen, ernähren, retten, beleben, bekleiden, befördern die Helden, sie schenken Zaubergaben, sind Fluchthelfer, Ratgeber, Brautwerber, Liebesboten[59], sie bauen ein Haus für ihren Schützling[60] und führen ihre scheinbar unlösbaren → Aufgaben aus. Oft helfen Tiere mit ihren natürlichen Eigenschaften: Das Pferd trägt den Helden, Wassertiere tauchen, Flugtiere kämpfen in der Luft für ihn. Vögel und Ameisen verlesen Körner, Wassertiere tragen den Helden über einen Fluß, Kuh und Hirschkuh ernähren ihn[61]. Häufig aber helfen die Tiere mit märchenspezifischen Eigenschaften (z. B. AaTh 545B: *Der gestiefelte → Kater*; AaTh 553: → *Rabe als Helfer*). Die Tierhelfer sind sehr verschiedener Natur: Es können verstorbene Verwandte, → Tierschwäger (AaTh 552), verzauberte Menschen (cf. AaTh 550: → *Vogel, Pferd und Königstochter*; → Tierbraut, Tierbräutigam), der → Herr der Tiere sein sowie Tiere, die der Held erbt, kauft, zum Dank verpflichtet, mit denen er gleichzeitig magisch geboren wurde[62].

In der Welt der Natur sind die Märchenhelden oft besser aufgehoben als in der Familie[63]. Die Natur dient nicht als Schauplatz, sondern wird als ‚Übernatur' in die Handlung einbezogen: Früchte und Blumen heilen, Bäume gewähren Schutz[64], Wege führen gerade zum Ziel[65]. Das Schilfrohr hilft Psyche bei ihrer schweren Aufgabe (Apuleius, *Metamorphosen* 6, 12, 2 – 5), Himmelskörper und Winde weisen den Weg (Mot. H 1232), Winde tragen die Heldin auf ihrer Suchwanderung[66]. Bäume schenken Kleider, Schätze und Pferde, sie üben Gerechtigkeit und sind Vermittler zwischen Liebenden[67]. Brunnen, Quellen, Flüsse und Bäche warnen vor Gefahr (cf. AaTh 450: → *Brüderchen und Schwesterchen*). In den Überlieferungen vieler Völker gilt der Brunnen auch als Stätte der Weissagung und Heilung[68]. In arab.-islam. Erzählungen ist dieser Wohnstätte hilfreicher Geister[69]. In der Märchenwelt gibt es kaum Gegenstände, die nicht handlungsbestimmend sein könnten: Zauberdinge ergänzen den Helden in Kampf und Abenteuer oder führen die ihm gestellten Aufgaben aus[70]; redende Früchte, Blutstropfen, Speichel, dankbare Gegenstände sind seine Fluchthelfer (Mot. D 1611; cf. auch → Gegenstände handeln und sprechen, → Pars pro toto, → Wegweisende Gegenstände und Tiere).

2.2.6. Gefährte, Braut des Helden. Im Gegensatz zum Abenteuermärchen, in dem sich der Held der Gefahr stellt, spielt in Erzählungen mit Brautwerbungsschema der H. oft die zentrale, ja manchmal stellvertretende Rolle. Er ist ein treuer Diener, Gefolgsmann oder magischer Bruder des Helden oder auch ein dankbarer Toter. Das Verhältnis zwischen Werbungshelfer und Held ist oft problematisch: Entweder ist der H. dem eigentlichen Werber überlegen (cf. → *Tristan und Isolde*; → Sigurd, Siegfried), oder er ist ein jenseitiges Wesen. Er handelt eigenmächtig oft scheinbar gegen den Helden (cf. AaTh 516: *Der treue → Johannes*)[71] und ist deshalb im allg. als Erzählfigur von größerem Interesse[72]. Auch im Märchen mit dem passiven Helden, so z. B. AaTh 507 C: → *Giftmädchen*, spielt der Werbungshelfer die eigentliche Hauptrolle[73].

Die außergewöhnlichen H. mit wunderbaren Eigenschaften (Mot. F 601) wirken hingegen eher blaß, doch mythische Bezüge erhöhen mitunter ihre Bedeutung. So weisen z. B. die vier Sterne als H. in einem Tsakhar-Märchen auf eine siderische Entstehungsmythe hin[74]. J. de → Vries zeigte, daß die → Argonauten, auf die einige Forscher die wunderbaren H. zurückführen wollen (cf. AaTh 513 A: → *Sechse kommen durch die Welt*; AaTh 513 B: → *Schiff zu Wasser und zu Lande*), teilweise göttliche Helden sind[75], ferner, daß die → Braut als H.in bei schwierigen Aufgaben ursprünglich wohl eine Göttin oder Priesterin war[76]. Sie und der Held stehen in gegenseitiger Abhängigkeit: → Theseus kann den Minotaurus nur dank Ariadne töten (AaTh 874*: → *Ariadne-Faden*), → Jason das Goldene Vlies nur mit Hilfe → Medeas holen. Gunnlöd verhilft Odin in *Skáldskaparmál* zum Dichtermet

(Boberg A 154.2). Sowohl in der Göttersage wie auch im Märchen liebt die H.in den Helden, und oft genug flieht sie mit ihm aus dem Reich des Vaters[77].

2.3. Held/Heldin als H. In einzelnen Erzähltypen tritt bei Held/Heldin selbst die Funktion der Hilfe in den Vordergrund. Im Novellenmärchen AaTh 888: *Die treue* → *Frau* zieht die Heldin aus, um ihren Ehemann aus der Gefangenschaft zu retten; die → Weiber von Weinsberg (Mot. J 1545.4.1) befreien ihre Männer durch List; in der mongol. Erzählung *Yaγudai* unterstützt die waffenkundige Ehefrau ihren Mann im Kampf[78]. In ihrer Familie und ihren H.n gegenüber üben (meist männliche) Märchenhelden oft selber H.funktionen aus. Sie besitzen nicht selten Merkmale eines → Kulturheros: Durch wunderbare → Geburt (cf. wunderbare → Empfängnis), durch → Zeichen edler Herkunft (→ Erkennungszeichen, Kap. 5) wird ihre Außergewöhnlichkeit angezeigt[79]; sie besitzen zauberische Eigenschaften, handeln als Selbsthelfer, als Befreier und Erlöser sowie als Schlachthelfer bedrängter Könige[80]. Am häufigsten manifestiert sich die H.rolle bei der Erlösung: Held und Heldin gehen bis zur → Selbstschädigung, um anderen zu helfen[81], sie erlösen ihre Geschwister, ihren Partner und ihren H.

Vollends verschmilzt die Gestalt des H.s mit der des Helden in den Comics und in verschiedenen Gattungen der populären Lit. Dem Leser wird hier suggeriert, daß der selbstlose Retter, daß → Superman und → Tarzan, der Detektiv und der Geheimagent (Jerry Cotton, James Bond) mit transzendenten Gewalten im Bunde stünden und die Welt sinnvoll determiniert sei. Denn der Superheld eilt jedem Opfer zu Hilfe und bestraft unfehlbar die Bösen. Ob die Unheilsituation im ‚Zurück zur Natur' (Tarzan) aufgehoben wird oder durch die technische Perfektionierung des Alltags (Superman, James Bond), die drei wichtigsten Handlungsträger sind immer: Opfer, Verfolger und Beschützer[82].

3. Feindliche H. und Schenker, Teufel als H. In einem gewissen Sinne sind fast alle Märchenhelfer ambivalent: Das richtige Verhalten des Helden löst ihre Hilfsbereitschaft, das falsche des Unhelden ihre Strafaktion aus (cf. AaTh 480: *Das gute und das schlechte* → *Mädchen*; AaTh 503: → *Gaben des kleinen Volkes*). Typische Verkörperungen dieser Ambivalenz sind der hilfreiche → Teufel und der feindliche H./Schenker.

Der Teufel unterstützt oft die Armen und holt sich ihre hartherzigen Gegenspieler: Er hilft dem Bauern als Fuhrmann[83] oder Tagelöhner (AaTh 820: → *Teufel als Tagelöhner*) oder leistet Rechtshilfe als Advokat (AaTh 821: → *Teufel als Advokat*). Der Handel mit dem Teufel garantiert dem Mutigen Reichtum, den Preis aber muß oft ein Dritter mit seiner Seele bezahlen (cf. auch AaTh 361: → *Bärenhäuter*). Gefahrlos sind dämonische Hilfen freilich keineswegs: Der geprellte Teufel rächt sich mitunter grausam, und die Annahme einer Bau- oder Spinnhilfe (→ Baumeister; cf. AaTh 500: → *Name des Unholds*), das Verdienen von Hexenpferden (AaTh 556 F*: *The Shepherd in the Service of a Witch*) haben oft den Charakter einer Existenzwette (cf. → Dienst beim Dämon). Die Handlungen dienstbarer Geister, deren Freiheit in der Hand des Helden liegt, sind ebenfalls unberechenbar. Sie müssen um ihre Freiheit bitten, weil sie in die Gefangenschaft des Helden geraten sind (AaTh 555), oder sie sind bereits gefangen, wenn ihnen der Held begegnet (cf. z. B. AaTh 321). Ihre angebotene Hilfe für den Fall ihrer Freilassung kann jedoch für den Helden in Strafe oder in Gefährdung umschlagen[84].

In der optimistischen Weltanschauung des Märchens kann der potentielle Gegner oft als H. gewonnen werden. Mit einem ‚Aggressionsstop' wird aus dem latenten Feind ein H. gemacht: In der Behausung des Unholds finden Held/Heldin dessen Frau, Mutter, Großmutter oder Tochter vor, die sie als Vermittlerin gewinnen (cf. AaTh 461: *Drei* → *Haare vom Bart des Teufels*)[85]. Die Mutter des Unholds, aber auch die Hexe Eisennase, die russ. → Baba Jaga, die Ġūla der arab. Märchen werden freundlich als Mutter angesprochen, durch Saugen an ihrer Brust als mütterliche H.in (cf. → Adoption) gewonnen[86].

4. Zusammenfassung. Im Gegensatz zu der von Schiller beklagten ‚entgötterten Natur'[87] wird in vielen Volkserzählungen eine Welt dargestellt, in der ein „Kontakt mit Fernwelten, mit Überwelt und Unterwelt, mit der

Natur"[88] möglich ist. Die Struktur, welche dieser Beziehung zugrunde liegt, entspricht der menschlichen Grundsituation ,Not – Ruf um Hilfe'. Während schon diese einfache binäre Struktur sowohl Beispielerzählungen[89], Psalmen und Gebete[90] als auch Märchen und Sagen generiert (cf. AaTh 956 D: → *Räuber unter dem Bett*; AaTh 958: → *Hilferuf des Schäfers*), wird sie im Zaubermärchen Vorspiel zum eigentlichen Abenteuer[91]. Der Märchenheld braucht, um sich entfalten zu können, Gegenspieler, ist dabei aber auf H. angewiesen[92]. Durch dieses exemplarische Entwicklungsmuster, welches durch das „Wohlwollen der Weltordnung"[93] garantiert ist, bietet das Märchen auch den Rezipienten Hilfe an: Sowohl in Lüthis Wesensbestimmung der Gattung als auch in der Tiefen- und Populärpsychologie werden Märchen als Lebenshilfe betrachtet[94]. Der Held ist eine Modellfigur für die Bewältigung von → Konflikten, seine und des H.s figurenhafte Zeichnung (→ Flächenhaftigkeit) garantieren den → Identifikationswert der Erzählung. Denn sowohl der Held als auch die H. sind oft unspezifiert[95]. Damit hängt wiederum die häufige → Unscheinbarkeit sowohl des Helden als auch des H.s (cf. → Dummling, Dümmling; → Jüngste, Jüngster; → Schein und Sein), aber auch die positive Bewertung der → Demut im Märchen zusammen. Die Funktion des H.s besteht im Garantieren des guten Ausgangs, der die Grundlage des Märchens bildet. Dessen optimistische Weltschau findet ihr Gegenstück etwa in den oft versagenden Erlösern der Sage oder den abwesenden H.n der modernen crime-victim-stories[96] und wird auch von der modernen Lit. oft hinterfragt: In der zeitgenössischen Mythen- und Märchenkritik und -parodie wird die Heilsgewißheit demontiert oder in eine ungewisse Zukunft verschoben[97].

[1] Gehlen, A.: Der Mensch. Wiesbaden [12]1978, 31–40. – [2] ibid., 383, cf. auch 381–404. – [3] Kretzenbacher, L.: Schutz- und Bittgebärden der Gottesmutter. Mü. 1981, 8 sq.; id.: Legendenbilder aus dem Feuerjenseits. Wien 1980, 6. – [4] Hultkrantz, Å.: Ecological and Phenomenological Aspects of Shamanism. In: Diószegi, V./Hoppál, M. (edd.): Shamanism in Siberia. Bud. 1978, 27–58, bes. 33–38. – [5] Caduff, G. A.: Antike Sintflutsagen. Göttingen 1986; Burkert, W.: Literar. Texte und funktionaler Mythos: zu Ištar und Atraḫasis. In: Assmann, J./Burkert, W./Stolz, F. (edd.): Funktionen und Leistungen des Mythos. Freiburg (Schweiz)/Göttingen 1982, 63–82, hier 69–74. – [6] Caduff (wie not. 5) 214, 278. – [7] Duchemin, J.: Prométhée. P. 1974, 33–46. – [8] Brunner-Traut, E.: Altägypt. Märchen. MdW 1963, num. 9. – [9] Caduff (wie not. 5) 279 und pass. – [10] Wilbert, J./Simoneau, K.: Folk Literature of the Toba Indians 1. L.A. 1982, num. 26 sq., 31. –

[11] Bowra, C. M.: Heroic Poetry. L. 1952, 85 sq.; Günter 1949, 31, 156–160. – [12] ibid., 30–41, 160–165; Toldo 1909, 454–457. – [13] Mörth, I.: Zwischen ,Aberglauben' und ,Ideologie'. In: Ebertz, M. N./Schultheis, F. (edd.): Volksfrömmigkeit in Europa. Mü. 1986, 88–98, hier 91; Schauerte, H.: Die volkstümliche Hl.nverehrung. Münster 1948, 9–12, 58, 90 sq. – [14] Ebertz, M. N.: Maria in der Massenreligiosität. In: id./Schultheis (wie not. 13) 65–83; Dunand, F.: Le Culte d'Isis dans le bassin oriental de la Méditerranée 3. Leiden 1973, 256–269, 284–286. – [15] cf. Neumann, N.: Vom Schwank zum Witz. Ffm./N.Y. 1986, 48–61; Moser-Rath, Schwank, 168 sq. – [16] Beyschlag, S.: Weltbild der Sage. In: Petzoldt, L. (ed.): Vergleichende Sagenforschung. Darmstadt 1969, 189–216, hier 194. – [17] ibid., 213. – [18] Lindig, E.: Hausgeister. Ffm./Bern/N.Y./P. 1987. – [19] Müller/Röhrich K; Hain, M.: Arme Seelen und helfende Tote. In: Rhein. Jb. für Vk. 9 (1958) 54–64; Röhrich, L.: Die dt. Volkssage. In: Petzoldt (wie not. 16) 217–286, hier 253 sq.; Müller, J.: Sagen aus Uri 1–3. Basel 1978, num. 93, 1030–1038. – [20] Lütolf, A.: Sagen, Bräuche und Legenden aus den fünf Orten Luzern, Uri, Schwyz, Unterwalden und Zug. (Luzern 1862) Nachdr. Hildesheim/N.Y. 1976, 91–93; Szöveggyüjtemény a régi magyar irodalomból 1. ed. J. Barta/T. Klaniczay. Bud. 1951, 60–62; Müller/Röhrich F 9–14. –

[21] Röhrich, Märchen und Wirklichkeit, 83–85; Wilbert/Simoneau (wie not. 10) Reg. s. v. Helpful animal. – [22] Müller (wie not. 19) num. 69, 407, 409; Rochholz, E. L.: Schweizersagen aus dem Aargau 2. (Aarau 1856) Nachdr. Zürich 1980, 385, 391. – [23] Günter 1949, 144 sq., cf. Reg. s. v. Tiere; Toldo 1908, 18–48. – [24] Gnädinger, L.: Eremitica. Studien zur altfrz. Heiligenvita des 12. und 13. Jh.s. Tübingen 1972, 220–226. – [25] Dh. 2, 13–18, 51–58; Lammel, A./Nagy, I.: Parasztbiblia. Bud. 1984, 291, 456. – [26] von Beit 1, 125 sq.; cf. Courlander, H.: Hopi Voices. Albuquerque 1982, XXXVI sq.; Frobenius, L.: Volksdichtungen aus Oberguinea 1 (Atlantis 11). Jena 1924, 214 sq., 226 sq. und pass.; Guntern, J.: Volkserzählungen aus dem Oberwallis. Basel 1978, num. 244; Dh. 2, 66–68. – [27] Dh. 2, 40–51; Lammel/Nagy (wie not. 25) 283, 287 sq. – [28] Eliade, M. (ed.): Die Schöpfungsmythen. Darmstadt 1977, 145. – [29] Krickeberg, W.: Märchen der Azteken und Inkaperuaner. MdW 1972, num. 18 a. – [30] Brunner-Traut (wie not. 8) 96, 273. –
[31] ibid., num. 14. – [32] Wilbert/Simoneau (wie not. 10) num. 26, num. 14. – [33] Röhrich (wie not. 19)

228. – [34]cf. Thompson, S.: The Folktale. (N.Y. 1946) Nachdr. Berk./L.A./L. 1977, 47–67. – [35] Karlinger, F.: Jenseitswanderungen in der Volkserzählung. In: Gehrts, H./Lademann-Priemer, G. (edd.): Schamanentum und Zaubermärchen. Kassel 1986, 178–191, hier 184; cf. id.: Vom Austausch der Jenseitsgestalten und Wandel der Funktion in der Volksprosa. In: Janning, J./Gehrts, H./Ossowski, M./Thyen, D. (edd.): Gott im Märchen. Kassel 1982, 62–75. – [36] Eliade, M.: Wiss. und Märchen. In: Karlinger, 311–319, hier 316 sq. – [37] Lüthi, Europ. Volksmärchen, 76–97; Gehlen (wie not. 1) 38 sq. – [38] Tenèze, M.-L.: Du Conte merveilleux comme genre. In: Arts et traditions populaires 18 (1970) 11–65, hier 29; allg. cf. Glazer, M.: Women Personages as Helpers in Turkish Folktales. In: Indiana Univ. Turkish Studies 1 (1978) 98–109; Novikov, N. V.: Obrazy vostočnoslavjanskoj volšebnoj skazki (Die Gestalten des ostslav. Zaubermärchens). Len. 1974. – [39] Propp, V.: Morphologie des Märchens. Ffm. 1975, 79 sq. – [40] Horn, K.: Der aktive und der passive Märchenheld. Basel 1983. – [41] Karlinger 1986 (wie not. 35) 62–75, bes. 62–65. – [42] cf. Elisséeff, N.: Thèmes et motifs des Mille et une nuits. Beyrouth 1949, 102, 133; Noy, D.: Folktales of Israel. Chic. [3]1969, num. 6. – [43] Robe 510, 709, Reg. s. v. Virgin; Karlinger, F.: Das Feigenkörbchen. Volksmärchen aus Sardinien. Kassel 1973, num. 7, 12; cf. id.: Ein byzant. Märchenmotiv in Sardinien. In: Märchen, Mythos, Dichtung. Festschr. F. von der Leyen. Mü. 1963, 39–46. – [44] Moser, D.-R.: Christl. Märchen. In: Janning u. a. (wie not. 35) 92–113, hier 99–103. – [45] cf. auch Graves, R.: The Greek Myths 1. Baltimore 1960 (Nachdr. 1969), 237–245. – [46] cf. z. B. Fadel, A.: Beitr.e zur Kenntnis des arab. Märchen [sic] und seiner Sonderart. Diss. Bonn 1979, 192–194; Kouassi, M.: Unters.en zu den Akan-Erzählungen. Ffm./Bern/N.Y. 1986, 156–159. – [47] Huchet, J.-C.: Les Déserts du roman médiéval. Le personnage de l'ermite dans les romans des XIIe et XIIIe siècles. In: Littérature 60 (1985) 89–108. – [48] z. B. Löwis of Menar, A. von: Russ. Volksmärchen. MdW 1959, num. 41; Csenki, S.: Ilona Tausendschön. Zigeunermärchen und -schwänke aus Ungarn. ed. J. Vekerdi. Kassel 1980, num. 1; Horn (wie not. 40) 75 sq.; ead.: Der Weg. In: Janning, J./Gehrts, H. (edd.): Die Welt im Märchen. Kassel 1984, 22–37, hier 26 sq., 33; cf. Gehrts, H.: Schamanistische Elemente im Zaubermärchen. In: id./Lademann-Priemer (wie not. 35) 48–89, hier 62 sq. – [49] Zur Parallelität zwischen Volksmärchen und Entwicklungsroman cf. Sauer, P. L.: Der Alte an der Wegbiegung. In: Informationsschrift zur Lehrerbildung [...] 30 (1985) 65–74. – [50] Briggs, K.: A Dictionary of Fairies. Harmondsworth 1977, 147. – [51] Tismar, J.: Kunstmärchen. Stg. 1977, 16 sq. – [52] cf. Kovács, Á: Schamanistisches im ung. Volksmärchen. In: Gehrts/Lademann-Priemer (wie not. 35) 110–121, hier 115. – [53] Geißler, F.: Brautwerbung in der Weltlit. Halle 1955, 153–156. – [54] Horn, K.: L'Arbre secourable dans le conte populaire allemand. In: Ethnologie française 4 (1974) 333–348, hier 334–341. – [55] ead.: Das Große im Kleinen: Eine märchenspezifische Übertreibung. In: Fabula 22 (1981) 250–271, hier 262, 256 sq. – [56] Nowak, 27. – [57] Röhrich, Märchen und Wirklichkeit, 81–88. – [58] Horn (wie not. 40) 77–86, 99–105. – [59] Geißler (wie not. 53) 154 sq. – [60] Krickeberg (wie not. 29) num. 40. – [61] Karlinger 1982 (wie not. 35) 69–71. – [62] Horn (wie not. 40) 78–80. – [63] Lüthi, M.: Familie und Natur im Märchen. In: id.: Volkslit. und Hochlit. Bern/Mü. 1970, 63–78. – [64] Horn (wie not. 54) 337 sq. – [65] ead. 1984 (wie not. 48) 25–29. – [66] Stroebe, K./Christiansen, T.: Norw. Volksmärchen. MdW 1973, num. 31. – [67] Horn (wie not. 54) 334–336, 338–343. – [68] Gose, E. B.: The World of the Irish Wonder Tale. Toronto/Buffalo/L. 1985, 74 sq.; cf. Heindrichs, U.: Der Brunnen. In: Janning/Gehrts (wie not. 48) 53–74, hier 57. – [69] Kronenberg, A. und W.: Nub. Märchen. MdW 1978, num. 44 und not. p. 292. – [70] Horn (wie not. 40) 68–73, 94–98. – [71] cf. Schmid-Cadalbert, C.: Der „Ortnit AW" als Brautwerbungsdichtung. Bern 1985, 60–69, 82–85 und pass. – [72] cf. Ziegler, H.-J.: Erzählen im SpätMA. Mü. 1985, 403. – [73] Horn (wie not. 40) 105–110. – [74] Heissig, W.: Tsakhar-Märchen. Wiesbaden 1985, 51. – [75] Vries, J. de: Betrachtungen zum Märchen (FFC 150). Hels. (1954) [2]1967, 88 sq. – [76] ibid., 90 sq. – [77] Horn (wie not. 40) 73–75; zu H. und Hilfen bei der Werbung cf. Geißler (wie not. 53) 88 sq., 153–156. – [78] Heissig (wie not. 74) 18, 96–106. – [79] Horn (wie not. 40) 43 sq. – [80] ibid., 54–57. – [81] Uther, H.-J.: Behinderte in populären Erzählungen. B./N.Y. 1981, 112 sq. – [82] Klotz, V.: Abenteuer-Romane: Sue, Dumas, Ferry, Retcliffe, May, Verne. Mü./Wien 1979, 228; Nusser, P.: Der Kriminalroman. Stg. 1980, 64, 66; Goimard, J.: Quelques Structures formelles du roman populaire. In: Europe 52 (1974) 19–30, hier 26; Bussière, F.: Le Roman de la violence et son esthétique. ibid., 31–50, hier 44 sq.; Savramis, D.: Der moderne Mensch zwischen Tarzan und Superman. In: Silbermann, A./Dyroff, H. D. (edd.): Comics and Visual Culture. Mü./N.Y./L./P. 1986, 254–264; Wesollek, P.: Jerry Cotton oder „Die verschwiegene Welt". Bonn 1976. – [83] Burde-Schneidewind, G.: Hist. Volkssagen zwischen Elbe und Niederrhein. B. 1969, num. 190. – [84] Röhrich, L.: Rumpelstilzchen. Vom Methodenpluralismus in der Erzählforschung. In: id.: Sage und Märchen. Fbg/Basel/Wien 1976, 272–291, hier 281–283; Csenki (wie not. 48) 170; Uther, H.-J.: Zur Bedeutung und Funktion sichtbarer Geister in Märchen und Sage. In: Fabula 28 (1987) 227–244. – [85] Tenèze (wie not. 38) 34–38; Mode, H./Hübschmannová, M.: Zigeunermärchen als aller Welt 1. Wiesbaden 1983, 39; Meletinskij, E. M./Nekljudov, S./Novik, E. S./Sagal, D. M.: Problemy strukturnogo opisanija

volšebnoj skazki (Probleme der strukturellen Beschreibung des Zaubermärchens). In: Trudy po znakovym sistemam 4 (1969) 86–135, hier 115–118. – [86] Nowak, 27; Tenèze (wie not. 38) 36; cf. die in ung. Märchen häufige Formel: „Dein Glück, daß du mich Mutter genannt hast [...]", z. B. Kovács, A.: Ung. Volksmärchen. MdW 1966, 36. – [87] Schiller, F.: Die Götter Griechenlands. In: Schillers Werke. Nationalausg. 2,1. ed. N. Oellers/S. Seidel. Weimar 1983, 363–367, hier 366. – [88] Lüthi, M.: Das Volksmärchen als Dichtung. Düsseldorf/Köln 1975, 156. – [89] Baasland, E.: Zum Beispiel der Beispielerzählungen. In: Novum Testamentum 28 (1986) 193–219, hier 203–209. – [90] z. B. Ps. 142, 70–72; cf. Huber, K./Schmid, H. H. (edd.): Zürcher Bibel-Konkordanz 2. Zürich 1971, 75 sq. – [91] Meletinskij, E.: Zur strukturell-typol. Erforschung des Volksmärchens. In: Propp (wie not. 39) 243–276, hier 271 sq. – [92] Lüthi (wie not. 88) 162. – [93] Honti, J.: Mese és legenda (Märchen und Legende). In: id.: Válogatott tanulmányok (Ausgewählte Studien). ed. G. Ortutay/T. Dömötör. Bud. 1962, 119–130, hier 129 sq. – [94] Lüthi, Europ. Volksmärchen, 79 sq.; cf. z. B. Kast, V.: Märchen als Therapie. Olten/Fbg 1986; Reutter, A.: Rapunzel – wo finde ich Dich? Eine Märchenmeditation. Einsiedeln 1987; Schäfer, M.: Märchen lösen Lebenskrisen. Fbg [2]1985; Wittmann, U.: Ich Narr vergaß die Zauberdinge. Märchen als Lebenshilfe für Erwachsene. Interlaken 1985; Scherf, W.: Die Herausforderung des Dämons. Mü. u. a. 1987. – [95] Lüthi, M.: Volksmärchen und Volkssage. Bern/Mü. [3]1975, 39–41; id. (wie not. 88) 154. – [96] Wachs, E.: „A Definitive Vision of the World". World View and the Crime-Victim Narrative. In: The 8th Congress for the ISFNR, Bergen, June 12th–17th 1984. Papers 2. ed. R. Kvideland/T. Selberg. Bergen 1984, 273–281. – [97] Fischer-Seidel, T.: Mythenparodie im modernen engl. und amerik. Drama. Heidelberg 1986, 40–42, 60–62, 138 sq. und pass.; Horn, K.: „The hair is black as ebony ...". The Function of the Märchen in Donald Barthelme's Snow White. In: Orbis litterarum 38 (1983) 271–279.

Basel Katalin Horn

Helgi-Lieder, drei altnord. Heldenlieder, mit denen in der Haupt-Hs. der → *Edda* (*Codex regius*, 13. Jh.) der Heldenliedteil einsetzt[1].

(1) Das 1. *Helgi(H.)-Lied, Helgakviða Hundingsbana in fyrri* (HH I), erzählt in 56 Strophen die glanzvolle Kriegerkarriere von H., Sigmunds Sohn. Nachdem er mit 15 Jahren Hundingr und seine Söhne geschlagen und sich dadurch den Beinamen Hundingstöter erworben hat, bittet ihn die Walküre Sigrún um Hilfe gegen ihren ungeliebten Verlobten. H. überwindet diesen und erhält Sigrún zur Frau. (2) Das sich anschließende Lied von H., Hjörvards Sohn, *Helgakviða Hjǫrvarðssonar* (HHv), umfaßt 43 durch längere Prosaabschnitte gegliederte Strophen. Zu Beginn berichtet es von König Hjörvards Werbung um die schöne Prinzessin Sigrlinn. Aus ihrer Verbindung entspringt der → Dummling H., dem die Walküre Sváva den Namen und ein Schwert schenkt. Mit der hervorragenden Waffe kann H. seinen Großvater an König Hródmar rächen. Er verlobt sich mit Sváva, fällt aber noch vor der Hochzeit durch Álfr, einen Sohn Hródmars. (3) Das 2. Lied von H. dem Hundingstöter, *Helgakviða Hundingsbana ǫnnor* (HH II), 51 wiederum mit Prosa durchsetzte Strophen, deckt sich im 1. Teil thematisch mit HH I, fügt darauf aber H.s Heirat mit der Walküre, seine Ermordung durch den eidbrüchigen Schwager sowie die Rückkehr des Toten aus dem Jenseits und die Liebesnacht im Grabhügel hinzu.

Gattungsspezifische Erzählstrukturen und typische Motive wie Vaterrache (cf. → Sigurd, Siegfried), Kampf um die Braut mit deren Verwandten und Tod des Helden (cf. Hildesage; → Germ. Erzählgut, Kap. 2.4), Walküre (→ Heldenjungfrau) als Kampfhelferin und Geliebte (Mot. A 171.1.2; A 485.2), Streitgespräch vor Kampfhandlung (Mot. H 507.5) verbinden zwei ursprünglich keineswegs aufeinander bezogene Sagenkreise über Helden gleichen Namens. Ein fiktiver Zusammenhang ist im *Codex regius* zudem durch die Angaben hergestellt, H. Hjörvardsson/Sváva seien als H. Hundingsbani/Sigrún, diese ihrerseits als H. Haddingjaskati/Kára wiedergeboren worden (→ Wiedergeburt). Die genealogische Anbindung der *H.-Lieder* an die *Sigurd-Lieder* ist ebenfalls jüngeren Datums; bes. zur dän. Skjöldungendichtung (→ Saxo Grammaticus u. a.) bestehen Stoffbeziehungen[2].

Versuche, die *H.-Lieder* in ihrer vorliegenden Form exakt zu datieren, müssen hypothetisch bleiben: HH II als ältester der drei Texte wird kaum vor der Jahrtausendwende entstanden sein (ca 990–1035); HHv (ca 1150–1250) gehört mit Sicherheit zur jüngsten Schicht der Eddalieder; für HH I, früher allg. in die 2. Hälfte des 11. Jh.s angesetzt, ist neuerdings eine extreme Spätdatierung (ca 1230–50) vorgeschlagen worden[3].

Die konkurrierenden Interpretationen der *H.-Lieder* haben einen für die Erforschung der germ. Heldendichtung paradigmatischen Verlauf genommen[4]. Neben Arbeiten zu philol. Problemen dominierte lange jene Richtung, die in der → Heldensage die Poetisierung hist. Ereignisse sah und ältere Liedstufen zu rekonstruieren suchte (→ Fragmententheorie); der

Kern der *H.-Lieder* läge dann in Kämpfen germ. Nachbarvölker im Raum südl. Ostsee/Dänemark[5]. Demgegenüber postulierte eine religionshist. Schule den urtümlichen ‚Lebenszusammenhang' von Heldensage und → Kult; sie bezog H.s Tötung im ‚Fesselhain' (HH II) auf rituelle Jahreszeitdramen oder sah darin gar Reflexe jenes sakralen → Menschenopfers im Semnonenhain, das → Tacitus (*Germania*, Kap. 39) erwähnt[6]. Heute ist man eher geneigt, die überlieferten Texte als solche ernstzunehmen. Gerade die möglicherweise unter Skandinaviern auf den Brit. Inseln entstandenen *H.-Lieder* lassen sich nämlich gut vor dem Hintergrund der wikingerzeitlichen Kultur des 11. Jh.s verstehen (HH I als Überarbeitung von HH II im Stil eines Preislieds für den norw. Hof). Auch ein ideologischer Bezug zur Entstehungszeit der *Edda* als Slg im Island des 13. Jh.s (Programmfunktion der *H.-Lieder*, bes. HH I für die Heldenlieder) ist in Betracht gezogen worden. Bei HHv wäre zudem der Anteil von Frauen am originären Produktions- und Rezeptionsprozeß genauer zu prüfen[7].

Neben der *Edda* als wichtigster Qu. tradieren verschiedene andere Werke des isl. und skand. (Spät-)MA.s Motive der *H.-Lieder* und dokumentieren eine weitreichende Popularität z. T. bis ins 19. Jh.; bes. ausgeprägt ist naturgemäß die isl. Überlieferung. Direkt oder mittelbar geht eine Reihe skand./engl.-schott. Balladen auf die *H.-Lieder* zurück; eventuell finden sich auch gewisse Einflüsse der *H.-Lieder* in den Erzählungen um → Holger Danske[8].

Die Forschung hat sich bes. mit dem Motiv der Rückkehr des verstorbenen Geliebten (Mot. E 310; cf. Mot. E 361, E 474, AaTh 365: → *Lenore*) in HH II (40—49) beschäftigt[9]. Darüber hinaus finden auch andere Motive Parallelen in der ma. Sagaliteratur und neuzeitlichen skand. Volkserzählungen, u. a. der Dummling, der nicht spricht und an dem kein Name haften bleibt, die Versteinerung der Riesin bei Sonnenaufgang (Mot. D 429.2.2.1), die Vorstellung vom weiblichen Folgegeist (in HHv)[10].

Der Motivindex von I. M. → Boberg verzeichnet außerdem folgende Motive:

Zu HH I und HH II: Boberg A 172: *Gods intervene in battle*; A 423: *Waves as girls, daughters or widows of the sea-god*; B 147.2.2.3: *Raven as bird of ill-omen*; D 12: *Transformation: man to woman*; D 131: *Transformation: man to horse*; D 983.3: *Magic leek*; E 481.3.1: *Abode of the dead in hills, barrows*; F 611.3.2: *Hero's precocious strength*; H 71.6: *Bright eyes as sign of royalty (nobility)*; K 521.4.1.3: *Man in danger of life dressed by hostess as woman and set to grinding corn*; K 2357.0.1: *Disguise to spy on enemy*; M 301.12: *Three fates, „norns", prophesy at child's birth*; Q 556: *Curse as punishment*; S 73.1: *Fratricide*; V 61.8: *Burial in grave-mound*; Z 71.6: *Formulistic number: nine.*

Zu HHv: A 172: *Gods intervene in battle*; A 1132: *Origin of dew*; B 101.8.2: *Cattle with golden horns*; B 216: *Knowledge of animal languages*; D 659.4.4: *Transformation to eagle in order to guard princess*; F 420.5.2.7.3: *Water-spirit („margýgr") wrecks ship*; F 531.1.6.3: *Giants with shaggy hair on their bodies*; F 531.5.7.0.3: *Giantesses pursue men in order to marry them*; F 833.7: *Sword with image of wolf or serpent*; M 119.3: *Vows taken as an old Norse custom at festivals, especially at Yule time*; M 146: *Vow to marry a certain woman*; T 51: *Wooing by emissary*; Z 71.6: *Formulistic number: nine.*

HH II und bes. HHv stehen zudem in enger Motiv- und Strukturgemeinschaft mit der kontinentalen Spielmanns- und Brautwerbungsepik einerseits, altisl. Vorzeitsagas andererseits[11] und dürfen aufgrund der charakteristischen Vers-Prosa-Mischform das Interesse der Sagaforschung allg. beanspruchen. Bemerkenswert in traditionshist., narratologischer (cf. → Oral Poetry) wie linguistischer Hinsicht sind die drei Scheltgespräche HH I (32—46), HH II (19—24), HHv (12—30)[12].

[1] Bibliogr. v. EM 3, 1002; Schier, K.: Edda, Ältere. In: Reallex. der Germ. Altertumskunde 6. B./N. Y. 1986, 355—394; Beck, H. (ed.): Heldensage und Heldendichtung im Germ. B./N. Y. 1988; cf. auch Gering, H./Sijmons, B.: Kommentar zu den Liedern der Edda 2. Halle 1931, 27—134. — [2] Lit. bei Schneider, H.: Germ. Heldensage 2, 1. B./Lpz. 1933. — [3] Kuhn, H.: Das Eddastück von Sigurds Jugend. In: id.: Kl. Schr. 2. B. 1971, 98—101; Andersson, T. M.: „Helgakviða Hjǫrvarðssonar" and European Bridal-Quest Narrative. In: J. of English and German Philology 84 (1985) 51—75; Klingenberg, H.: Edda — Slg und Dichtung. Basel/Stg. 1974, 113—115. — [4] See, K. von: Germ. Heldensage. Wiesbaden [2]1981. — [5] wie not. 2. — [6] Phillpotts, B. S.: The Elder Edda and Ancient Scandinavian Drama. Cambr. 1920; Höfler, O.: Das Opfer im Semnonenhain und die Edda. In: Festschr. F. Genzmer. Heidelberg 1952, 1—67; Ebenbauer, A.: H.sage und H.kult. Diss. (masch.) Wien 1970; id.: Ursprungsglaube, Herrschergott und Menschenopfer. In: Mayrhofer, M./Meid, W./Schlerath, B./Schmitt, R.: Antiquitates Indogermanicae. Innsbruck 1974, 233—249. — [7] von See (wie not. 4) 87; Harris, J.: Eddic Poetry as Oral

Poetry: The Evidence of Parallel Passages in the H. Poems for Questions of Composition and Performance. In: Glendinning, R. J./Bessason, H. (edd.): Edda: A Collection of Essays. [Winnipeg] ²1985, 210–242; Klingenberg (wie not 3); Foote, P.: Skand. Dichtung der Wikingerzeit. In: Neues Hb. der Lit.wiss. 6: Europ. FrühMA. Wiesbaden 1985, 356. – [8] Jonsson, B. R. u. a. (edd.): The Types of the Scandinavian Medieval Ballad. Sth./Oslo 1978, A 32, A 41–42, A 67, D 78, E 138–139; Bugge, S.: The Home of the Eddic Poems. N. Y. ²1972, 314–316; Vigfusson, G./Powell, F. Y. (edd.): Corpvs Poeticvm Boreale 1. N. Y. ²1965, cxxx. – [9] In A. Olriks Nachlaß in der Dansk Folkemindesamling befinden sich ungedr. Vorarbeiten zu t. 3–5 seiner Danmarks Heltedigtning. Die Kapsel DFS 1917/48 a–c enthält 6 Mappen mit z. T. druckfertigen Mss. über die H.-Lieder. Ausformuliert sind hier bes. Abschnitte über HHv sowie über die Ballade A 67 bei Jonsson (wie not. 8) und das Lenore-Motiv. Olrik bemerkt, daß HH II keinerlei Protesilaus-Element (Geist zieht Geliebte mit sich in den Tod, cf. AaTh 365), sondern einfach die sehr verbreitete Rückkehr des Toten aufweise. – [10] cf. Blum, I.: Die Schutzgeister in der altnord. Lit. Diss. Straßburg 1912. –
[11] Andersson (wie not. 3). – [12] Harris (wie not. 7); Clover, C. J.: The Germanic Context of the Unferþ Episode. In: Speculum 55 (1980) 444–468.

Zürich Jürg Glauser

Heliodoros von Emesa, griech. Romanschriftsteller, Sohn des Helios-Priesters Theodosios, Verf. der teils ins 3., teils ins 4. Jh. p. Chr. n. datierten zehn Bücher[1] *Aithiopika* (Äthiop. Geschichten)[2]. Das Werk schildert in stilistisch und kompositorisch ausgefeilter Technik (Verrätselung und Mystifizierung des Geschehens durch personale Erzählweise, Rückblenden und Verschachtelungen)[3] die Erlebnisse des Liebespaares Theagenes und Charikleia in einer pseudohist., von kriegerischen Auseinandersetzungen (Perser, Äthiopier), räuberischer Gewalt (Thyamis, Trachinos), erotischen Intrigen (Arsake, Demainete) geprägten Umwelt[4]. Neben den genrespezifischen thematischen Charakteristika des spätantiken Romans (Gefahren und Abenteuer, körperliche und seelische Leiden, Trennung und Wiedervereinigung, Verwirrungen und Versuchungen, Irrfahrten und Umwege zum endlichen Ziel) als Symptomen einer krisenhaften Zeit[5] finden sich noch einige weitere Eigentümlichkeiten, die u. a. den *Aithiopika* das Interesse und die Bewunderung auch der Nachwelt[6] gesichert haben: effektvolle Szenen von großer visueller Eindruckskraft[7], exotisches Kolorit in entsprechendem geogr. Rahmen[8], der Entwurf eines utopischen Wunschlandes (Äthiopien; cf. → Utopia)[9], Einbindung ethnisch-sozialer Besonderheiten (z. B. Hochzeitsbräuche)[10], symbolhaltige Vorgänge und prodigiöse → Träume mit Anklängen an mystisch-religiöse Riten und Lehren (spätantiker Helios-Kult, Charikleia Priesterin des Sonnengottes)[11], angeschlossen an die zwischen Priester, magischem Gaukler, Astrologen und Philosophen schillernde Gestalt des Ägypters Kalasiris[12].

Vereinzelt kommen zwar magische und mirakulöse Momente vor[13], doch treten die märchenhaften Züge eher zurück, so daß die auf eine strukturalistische Analyse gegründete Definition als ‚Märchenroman'[14] nur mit Vorbehalt zu verwenden ist[15]. Mit dem Märchen lassen sich allenfalls folgende Motive in Verbindung bringen:

(1) → Aussetzung eines Kindes durch die Mutter wegen seiner ungewöhnlichen (weißen) Hautfarbe (*Aithiopika* 4, 8)[16]; (2) Braut, die bei der Hochzeit stirbt (2, 29; cf. Apuleius, *Metamorphosen* 4, 33)[17]; (3) Mädchen und edler → Räuber (1, 18–23)[18]; (4) → Verleumdung eines Jünglings durch eine von ihm abgewiesene Frau (1, 9–11; Der keusche → Joseph)[19]; (5) Erringung der Jungfrau durch den idealen Helden nach vielen Abenteuern und Mutproben (10, 27–41)[20]; (6) Suche nach Heimat und Eltern; Helfergestalt des Kalasiris bzw. Sisimithres[21].

Für andere Einzelheiten erscheint der Einfluß der → Perseus-Andromeda-Sage wahrscheinlich (cf. 4, 8, 5)[22].

[1] Helm, R.: Der antike Roman. Göttingen ²1956, 37–43. – [2] Altheim, F.: Helios und Heliodor von Emesa. Amst. 1942, 24–30, 40; Holzbach, N.: Der antike Roman. Mü./Zürich 1986, 121–123 (3. Jh.); Keydell, R.: Zur Datierung der Aithiopika Heliodors. In: Polychronion. Festschr. F. Dölger. Heidelberg 1966, 345–350; Schwartz, J.: Quelques Observations sur les romans grecs. In: L'Antiquité classique 36 (1967) 536–552, hier 549–552; Lacombrade, C.: Sur l'Auteur et la date des Éthiopiques. In: Revue des études grecques 83 (1970) 70–89. – [3] Hefti, V.: Zur Erzählungstechnik in Heliodors Äthiopika. (Diss. Basel 1950) Wien 1950; Effe, B.: Entstehung und Funktion ‚personaler' Erzählweisen in der Erzähllit. der Antike. In: Poetica 7 (1975) 135–157, hier 152–156. – [4] Rogier, A.: Le Roi d'Éthiopie et les Syeneens chez Héliodore. In: Revue des études

grecques 95 (1982) 453–467; Morgan, J. R.: History, Romance and Realism in the Aithiopika of H. In: Classical Antiquity 1 (1982) 221–265; Rocca, R.: Eliodoro e i due ‚Ippoliti' euripidei. In: Materiali e contributi per la storia della narrativa greco-latina 1 (1976) 25–31. – [5] Scarcella, A. M.: Testimonianze della crisi d'un' età nel romanzo di Eliodoro. In: Maia 24 (1972) 8–41, hier 21–30. – [6] Oeftering, M.: Heliodor und seine Bedeutung für die Lit. B. 1901; Stechow, W.: Heliodors Aethiopica in Art. In: J. of the Warburg Institute 16 (1953) 144–152; Gärtner, H.: Charikleia in Byzanz. In: Antike und Abendland 15 (1968) 47–69. – [7] Bühler, W.: Das Element des Visuellen in der Eingangsszene von Heliodors Aithiopika. In: Wiener Studien N. F. 10 (1976) 177–185. – [8] Conti Rossini, C.: Meroe ed Aksum nel romanzo di Eliodoro. In: Rivista di studi orientali 8 (1919) 233–239; Feuillatre, E.: Études sur les Éthiopiques d'Heliodore. P. 1966, 33–42. – [9] Szepessy, T.: Die Aithiopika des Heliodoros und der griech. sophistische Liebesroman. In: Acta Antiqua Academiae Scientiarum Hungaricae 5 (1957) 241–259, hier 244–251. – [10] Scarcella, M.: Aspetti del diritto e del costume matrimoniali nel romanzo di Eliodoro. In: Materiali e contributi per la storia della narrativa greco-latina 1 (1976) 59–95. – [11] Merkelbach, R.: Roman und Mysterium in der Antike. Mü./B. 1962, 234–295; Reardon, B. P.: The Greek Novel. In: Phoenix 23 (1969) 291–309, hier 302; Hani, J.: Le Personnage de Charicleia dans les Éthiopiques. In: Bulletin de l'Association G. Budé (1978) 268–273. – [12] Liviabella, P.: L'astrologia nelle ‚Etiopiche' di Eliodoro. In: Giornale italiano di filologia 31 (1979) 311–324; Sandy, G. N.: Characterization and Philosophical Decor in Heliodorus' Aethiopica. In: Transactions of the Philological Assoc. 112 (1982) 141–167, hier 142–154; Winkler, J. J.: The Mendacity of Kalasiris and the Narrative Strategy of H.' Aithiopika. In: Yale Classical Studies 27 (1982) 93–158, hier 114–118, 137–158. – [13] Cumont, F.: Lux perpetua. P. 1949, 101; Capelle, W.: Zwei Qu.n des Heliodor. In: Rhein.Museum für Philologie N. F. 96 (1953) 166–180, hier 167, 176–179; Merkelbach (wie not. 11) 236, 265 sq., 270 sq., 278; Cataudella, Q.: Spunti e motivi cristiani nella poesia pagana antica. In: Vigiliae Christianae 29 (1975) 161–190, hier 173 sq. – [14] Nolting-Hauff, I.: Märchenromane mit leidenden Helden. In: Poetica 6 (1974) 417–455. – [15] cf. Effe (wie not. 3) 136. – [16] Dilke, O. A. W.: Heliodorus and the Colour Problem. In: Parola del Passato 35 (1980) 264–271; cf. Cosquin, E.: Le Lait de la mère et le coffre flottant. P. 1908, 20–22. – [17] Szepessy, T.: The Girl Who Died on the Day of Her Wedding. In: Acta Antiqua Academiae Scientiarum Hungaricae 20 (1972) 341–357. – [18] Rohde, E.: Der griech. Roman und seine Vorläufer. Darmstadt [4]1960, 384. – [19] Kérenyi, K.: Die griech.-oriental. Romanlit. in religionsgeschichtlicher Bedeutung. Darmstadt [2]1962, 251–253. – [20] Schneider, A.: Von Heliodors Aithiopika zu Wielands Oberon. In: Das Altertum 22 (1976) 49–55, hier 50. –
[21] Ruiz-Montero, C.: The Structural Pattern of the Ancient Greek Romances and the Morphology of the Folktale of V. Propp. In: Fabula 22 (1981) 228–238, hier 235. – [22] Billault, A.: Persée et les Éthiopiques d'Héliodore. In: Revue des études grecques 94 (1981) 63–75.

Göttingen Wolfgang Fauth

Hell und dunkel, eine der grundlegenden Oppositionen der dualistischen Weltanschauung, die die Wirklichkeit aus zwei entgegengesetzten Prinzipien erklärt (→ Dualismus). Infolge des natürlichen Wechsels von → Licht und Dunkelheit in der Natur fand der Begriff von h. und d., der auch in der Gegenüberstellung der → Farben Weiß und Schwarz zum Ausdruck kommt, seine Widerspiegelung bereits in prähist. Vorstellungen[1]. Sprachlich läßt sich diese Opposition, zusammen mit weiteren lexikalischen Antonympaaren, im Wortschatz der rekonstruierten ide. Ursprache[2], eventuell auch einer voride. Vergangenheit nachweisen[3].

Das Begriffspaar h./d. korreliert mit anderen Gegensatzpaaren, die ihren Ausdruck sowohl in der materiellen wie auch in der geistigen Kultur der Menschheit fanden[4], in Mythologie, Religion[5] und Folklore: Tag und Nacht[6], Sonne und Mond[7], Himmel und Erde, himmlische und unterirdische Welt, Leben und Tod, Gut und Böse etc. Der Untergang (‚Tod') der Sonne am Abend und ihre ‚Wiedergeburt' am Morgen, der Rhythmus von Zu- und Abnahme des Mondes waren schon früh mit Ritualen verbunden. C. F. Dupuis (1742–1809) suchte den Ursprung von Mythen in Verbindung mit Licht und Finsternis bzw. mit Sonnenauf- und -untergang zu erklären[8]. Seine Ideen wurden von den Vertretern der → mythol. Schule weiterentwickelt (→ Astralmythologie, → Mondmythologie, → Sonnenmythologie).

Die Korrelation der Oppositionen h./d. und Himmel/Erde spiegelt sich deutlich in der chin. Mythologie des 3./4. Jh.s p. Chr. n.: Das Helle und Klare wurde zum Himmel, das Verschleierte und Dunkle verwandelte sich in die Erde[9]. Bereits nach mesopotam. Vorstellung war Licht mit Leben (Wohlergehen) verbunden, Finsternis mit Tod und Unglück[10]. Dunkelheit ist in der volkstümlichen Vorstellung

Symbol des → Todes[11]. Finsternis umhüllt die Erde beim Tod des Helden (z. B. → Alexanders des Großen[12]); andererseits ist die → Geburt des Helden von Helligkeit begleitet: So strahlte die Aureole Zarathustras einer Legende zufolge in den letzten drei Tagen vor seiner Geburt im Mutterleibe so stark, daß sie das ganze Dorf erleuchtete[13].

Eine wesentliche Erkenntnis der strukturalen Anthropologie (cf. C. → Lévi-Strauss) besteht darin, daß in Ritualen und Mythen beständig ein Gleichgewicht zwischen binären Oppositionen angestrebt werde, das entweder durch Vermittlung zwischen ihnen oder durch ihre Vereinigung erreicht werden könne[14]. Nach den Oppositionen h./d., weiß/schwarz wurde sehr früh die Farbe Rot wahrgenommen. → Goethe stellte hierzu in seiner *Farbenlehre* (Tübingen 1810) fest, daß Rot in sich den dunklen, verdichteten und den h.en, verdünnten Zustand vereinige[15]. Ähnliche Vorstellungen liegen u. a. afrik. Mythen zugrunde[16]: In der Kosmologie der Fon (Dahomey) werden die → Demiurgen Mavu und Lisa als ein Mannweib angesehen, dessen einer Teil die Nacht (den Mond) verkörpert, während der andere den Tag (die Sonne) darstellt[17]. Licht und Dunkel erscheinen als gegensätzliche Wesenheiten des sumer. Gottes Nergal, der gleichzeitig Himmelsgottheit und Herr der → Unterwelt ist, der h.e und der dunkle Gott[18].

Nach V. W. Turner entspricht fast jede Form des Dualismus im Grunde einer Dreiteilung, die mit den Farben Weiß, Rot und Schwarz in Zusammenhang steht[19]. Eine solche Dreigliedrigkeit wird, z. B. in der altind. Mythologie, als Licht unterschiedlicher Intensität vorgestellt[20]. In den Visionen des Mystikers Bernhard Silvestris (12. Jh.) sind die Engel und Geister als h., weniger h. und als d. beschrieben[21]. In der populären Vorstellung der Svanen (Georgien) ist das Jenseits ein Feld, in dessen Mitte Christus thront; das Paradies, etwas entfernt, ist schwach beleuchtet, die Sonne scheint gewissermaßen durch die Wolken; die weit von Christus entfernten verlorenen Seelen sehen weder ihn noch sein Licht, bei ihnen ist es so d., daß sie einander nicht sehen können[22].

Die Welt der Menschen unterscheidet sich von der jenseitigen Welt in erster Linie durch das Lebensprinzip: Hier geht immer ein Wechsel von Tag und Nacht, von Licht und Finsternis vor sich; in der Welt, die hinter den Grenzen der Natur liegt, gibt es zwar auch h. und d., doch keinen Wechsel und keine Entwicklung: Im Himmel, bei Gott, ist immer nur Licht, im Reich der Toten herrscht nur Finsternis[23]. Im Zusammenhang mit der Zyklushaftigkeit des Wechsels von h. und d. wird die Entwicklung von der Finsternis zum Licht bzw. vom Licht zur Finsternis als ein wesentliches Merkmal der existierenden Welt angesehen. In den kosmogonischen Mythen vieler Völker wird die → Schöpfung der Welt aus einer absoluten Finsternis beschrieben[24]. Manchmal ist die Ausgangssituation auch ununterbrochene Helligkeit, so in Mythen der Ureinwohner Australiens[25] und Melanesiens[26], oder brasilian. Indianer[27]. Nach der Vorstellung der altind. *Bhagavadgītā* (8, 24–26; → *Mahābhārata*) gibt es zwei Wege, diese Welt zu verlassen, einen h.en und einen dunklen; nur wer im Hellen davongeht, geht in das Nirwana ein[28]. Auch nach der vergleichbaren Konzeption des Taoismus kehrt der in der Dunkelheit Abschiednehmende in diese Welt zurück[29].

Ähnliche Vorstellungen dürften Märchen zugrundeliegen, die den Märchenhelden einen dunklen Weg gehen lassen[30]. Bei der → magischen Flucht (cf. AaTh 313, 314) kann der Held auch eine entgegengesetzte Formel aussprechen: Licht ergieße sich vorne, Finsternis breite sich hinten aus (Mot. R 255). In dt.sprachigen Erzählungen des 19. Jh.s heißt es, der Verstorbene müsse bei Helligkeit davongehen, um die Hinterbliebenen nicht durch seine Rückkehr zu beunruhigen. Nimmt man ihm das bereitgestellte Licht, das ihm den Weg ins Jenseits zeigen soll, so wird er zurückkehren und ‚poltern'[31]. In ähnlicher Weise wird in russ. Totenklagen dem Verstorbenen davon abgeraten, des Nachts abzureisen[32]. Auch hinduist. Beerdigungszeremonien sollen, im Gegensatz etwa zur Hochzeitsfeier, tagsüber abgehalten werden[33].

Im Zusammenhang damit, daß der Märchenheld in die dunkle Nacht fortgeht, steht das Motiv der Verdunklung seines Äußeren, der Einfärbung mit schwarzer Farbe, der Beschmierung mit Ruß etc. (cf. auch Mot. K 1821.7.1). Dieses Motiv hängt ursprünglich wohl mit Initiationsriten zusammen[34] und entspringt dem Wunsch, unkenntlich zu sein[35].

So bittet z. B. in einer böhm. Legende zur Erklärung der schwarzen Madonnenbilder → Maria auf der Flucht nach Ägypten Gott darum, sie schwarz werden zu lassen[36]. Im heutigen Chile erzählt man, daß ein Soldat in ein Geschäft kommt und Schuhcreme kaufen will. Der Verkäufer fragt, ob es eine für trokkene oder für fettige Haut sein solle. Dieser Witz ist eine humoristische Verarbeitung des Umstandes, daß die Soldaten vor Zusammenstößen mit der Bevölkerung ihre Gesichter schwarz beschmieren, aus Furcht, sonst später erkannt zu werden[37].

Der Zusammenhang von h./d. mit gut/böse zeigt sich z. B. in den Visionen der Hildegard von Bingen (12. Jh.). Dort sind die Blumen des Gehorsams und die Gewänder der Erlösung von blendendem Weiß, während die Ungetauften ihr als schwarze Kinder erscheinen, die gefallenen Engel als schwarz wie Kohle[38]. In dt. Erzählungen von Armen Seelen ist das Symbol der wiedergewonnenen Unschuld ein strahlend weißes Licht[39]. Mit einem Lichtvergleich wird auch das Aussehen des Märchenhelden beschrieben. Oft wird hervorgehoben, daß es wegen seines starken Glanzes unmöglich sei, ihn direkt anzusehen[40]. Analog dazu wird stereotyp die Schönheit der Braut des Helden durch Strahlen und Leuchten dargestellt[41].

Die Symbolik von h. und d. bringt somit zum einen den Wechsel von Helligkeit und Finsternis als einer Existenzbedingung des Lebens in dieser Welt zum Ausdruck; zum anderen verweist sie auf die Notwendigkeit der Entwicklung des lichten (guten) Prinzips im Menschen und seines Sieges über das Böse.

[1] Mengis, C.: Farbe. In: HDA 2 (1929/30) 1189–1215, hier 1192. – [2] Gamkrelidze, T. V./Ivanov, V. V.: Indoevropejskij jazyk i indoevropejcy: Rekonstrukcija i istoriko-tipologičeskij analiz prajazyka i protokul'tury (Ide. Sprache und Indoeuropäer: Rekonstruktion und hist.-typol. Analyse von Ursprache und Urkultur) 2. Tiflis 1984, 783. – [3] Tërner, V.: Simvol i ritual (Symbol und Ritual). M. 1983, 98; cf. Illič-Svityč, V. M.: Opyt sravnenija nostratičeskich jazykov [...] 1. M. 1971, num. 37, 70, 82, 85, 148 sowie 99, 213. – [4] Aeppli, A.: Die Symbolik von Licht und D., die Farben und ihre Offenbarung. Uerikon 1936; Fässler, V.: H.-D. in der barocken Dichtung. Bern/Mü. 1971; Strauss, E.: Zu den Anfängen des Helldunkels. In: Hefte des kunsthist. Seminars der Univ. München 5 (1959) 1–19; Frick, K. R. H.: Licht und Finsternis. Graz 1986. – [5] Aalen, S.: Die Begriffe ‚Licht' und ‚Finsternis' im A.T., im Spätjudentum und im Rabbinismus. Oslo 1951. – [6] Grimm, Mythologie 2, 613 sq.; Afanas'ev, A. N.: Drevo žizni. Izbrannye stat'i (Der Baum des Lebens. Ausgewählte Aufsätze). M. 1983, 49 sq.; Meletinskij, E. M.: Paleoaziatskij mifologičeskij ėpos. Cikl vorona (Das paläoasiat. mythol. Epos. Der Zyklus des Raben). M. 1979, 84; Tërner (wie not. 3) 88, 95. – [7] Allg. cf. Lévi-Strauss, C.: Mythologica 3. Ffm. 1973. – [8] Dupuis, C. F.: Mémoire sur l'origine des constellations et sur l'explication de la fable par le moyen de l'astronomie. P. 1781; id.: Origine de tous les cultes ou religion universelle. P. 1795. – [9] cf. Janšina, Ė. M.: Formirovanie i razvitie drevnekitajskoj mifologii (Die Formierung und Entwicklung der altchin. Mythologie). M. 1984, 106. – [10] Soden, W. von: Licht und Finsternis in der sumer. und babylon.-assyr. Religion. In: Studium Generale 13 (1960) 647–653, hier 648. – [11] Jungbauer, G.: Nacht. In: HDA 6 (1934/35) 768–793, hier 771. – [12] Kostjuchin, E. A.: Aleksandr Makedonskij v literaturnoj i fol'klornoj tradicii (Alexander von Makedonien in der literar. und folkloristischen Tradition). M. 1972, 27. – [13] Mensching, G.: Die Lichtsymbolik in der Religionsgeschichte. In: Studium Generale 10 (1957) 422–432, hier 427. – [14] Ivanov, V. V.: K semiotičeskoj teorii karnavala kak inversii dvoičnych protivopostavlenij (Zur semiotischen Theorie des Karnevals als einer Inversion der zweigliedrigen Gegenüberstellungen). In: Trudy po znakovym sistemam 8 (1977) 45–64, hier 48 sq.; Lévi-Strauss, C.: Mythologica 1. Ffm. 1971, pass. – [15] Koch, J.: Über die Lichtsymbolik im Bereich der Philosophie und der Mystik des MA.s. In: Studium Generale 13 (1960) 653–670, hier 664. – [16] Tërner (wie not. 3) 90, 92; Baumann, H.: Das doppelte Geschlecht. Ethnol. Studien zur Bisexualität in Ritus und Mythos. B. ^{2}1980, pass. – [17] Ivanov (wie not. 14) 57. – [18] von Soden (wie not. 10) 651. – [19] Tërner (wie not. 3) 71. – [20] cf. Neveleva, S. L.: Mifologija drevneindijskogo ėposa (Die Mythologie des altind. Epos). M. 1975, 23. – [21] Koch (wie not. 15) 662. – [22] Gagulašvili, I. Š.: O simvolike cveta v gruzinskich zagovorach (Zur Farbsymbolik in georg. Zaubersprüchen). In: Fol'klor i ėtnografija: U ėtnografičeskich istokov fol'klornych sjužetov i obrazov. ed. B. N. Putilov. Len. 1984, 212–221, hier 213. – [23] Born, A. van den: Finsternis. In: Haag, H. (ed.): Bibel-Lex. Zürich ^{3}1982, 479. – [24] cf. Hornung, E.: Licht und Finsternis in der Vorstellungswelt Altägyptens. In: Studium Generale 18 (1965) 73–83, hier 73; Janšina (wie not. 9) 129; Rigveda. Izbrannye gimny (Ausgewählte Hymnen). ed. T. Ja. Elizarenkova. M. 1972, 263 (10, 129, 2 sq.); Leon-Portil'ja, M.: Mifologija drevnej Meksiki (Mythologie des alten Mexiko). In: Mifologii drevnego mira. ed. V. A. Jakobson. M. 1977, 432–454, hier 438; Popol'-Vuch. Rodoslovnaja vladyk Totonikapana (Ahnentafel der Herrscher von Totonicapán). ed. R. V. Kinžalov. M./Len. 1959, 10;

Kramer, S. N.: Sumerian Mythology. N.Y. 1961, 74; Meletinskij (wie not. 6) 205. — [25] Brough-Smith, R.: The Aborigines of Victoria 1. L./Melbourne 1878, 430. — [26] Codrington, R. H.: The Melanesians. Ox. 1891, 156. — [27] Allain, E.: Contes indiens du Brésil [...]. Rio de Janeiro 1883, 1—9; Dh. 3, 62; Wilbert, J. / Simoneau, K.: Folk Literature of the Gê Indians 1. L.A. 1978, num. 19—21. — [28] Bchaktivedanta Svami Prabchupada, A. S.: Bchagavad-gita kak ona est' (Die Bhagavadgītā, wie sie ist). M. u. a. 1984, 424. — [29] Mjall', L.: Svetlyj put' i temnyj put' (Der h.e und der dunkle Weg). In: Trudy po znakovym sistemam 16 (1983) 106—114, hier 107. — [30] cf. z. B. Afanas'ev, num. 272; Dmitriev, N. K. (ed.): Tureckie narodnye skazki. M. [2]1967, num. 27. — [31] Freudenthal, H.: Licht. In: HDA 5 (1932/33) 1240—1258, hier 1246. — [32] Čistjakov, V. A.: Predstavlenija o doroge v zagrobnyj mir v russkich pochoronnych pričitanijach XIX—XX vv. (Vorstellungen vom Weg ins Jenseits in den russ. Totenklagen des 19./20. Jh.s.). In: Obrjady i obrjadovyj fol'klor. ed. V. K. Sokolova. M. 1982, 114—127, hier 118. — [33] Guseva, N. G.: Religioznaja obrjadnost' v žizni indusskoj sem'i (Religiöse Zeremonien im Leben der Hindufamilie). In: Mifologija i verovanija narodov Vostočnoj i Južnoj Azii. ed. G. G. Stratanovič. M. 1973, 50—69, hier 60. — [34] Propp, V.: Die hist. Wurzeln des Zaubermärchens. Mü./Wien 1987, 164—167. — [35] Samter, E.: Geburt, Hochzeit, Tod. Lpz. 1911, 95; Mengis, C.: Schwarz. In: HDA 7 (1935/36) 1431—1455, hier 1444. — [36] Hanika, J.: Der Wandel Schwarz-Weiß als Erzähl- und Brauchmotiv. In: Bayer. Jb. für Vk. (1961) 46—60, hier 54. — [37] Draganov, D.: Chili: ‚On budet svergnut'!' (Chile: ‚Er wird gestürzt werden'!) In: Trud (7.1.1987) 3. — [38] Koch (wie not. 15); allg. cf. auch Mertens, V.: Mi-Parti als Zeichen. Remscheid 1983. — [39] Hanika (wie not. 36) 47. — [40] Rošijanu, N.: Tradicionnye formuly skazki (Traditionelle Märchenformeln). M. 1974, 98. — [41] allg. cf. Uther, H.-J.: Schönheit im Märchen. In: Lares 52 (1986) 5—16.

Novosibirsk Valerij I. Sanarov

Heller, Bernhard, * Nagybiccse 16. 3. 1871, † Budapest 26. 2. 1943, ung. Judaist, Arabist und Erzählforscher. Nach Abschluß seines Studiums an der ung. Landesrabbinerschule (1885—96) und an der Phil. Fakultät der Univ. von Budapest (1890—95) unterrichtete er 1896—1919 an einer Budapester Staats-Oberrealschule Französisch und Deutsch, 1919—22 war er Direktor verschiedener Budapester Gymnasien. 1922—31 wirkte er zugleich als Direktor der Landesrabbinerschule und als Leiter des dortigen Lehrstuhls für bibl. Wiss.en.

H. war als Erzählforscher Anhänger der vergleichenden Methode. Sein Interessenkreis war von seinen Lehrern V. Bacher, dem namhaften → Agada-Forscher, und I. → Goldziher, dem Begründer der Islamkunde, geprägt. In seiner Diss. (1894)[1] untersuchte H. die jüd. Wurzeln der → Parabel. In späterer Zeit widmete er seine Forschungstätigkeit dem Märchen und der Agada. Auch bei seinen Bibelstudien ging H. von der Märchenforschung aus; er ordnete einzelne Bibelgeschichten bestimmten Erzähltypen zu, so die Geschichte über die Auseinandersetzung zwischen → Jakob und → Esau[2] und die → Susanna-Geschichte[3]. Den Ursprung des Motivs vom Traum, den der Träumende erraten läßt (Mot. D 1819.7), sieht er aufgrund paralleler Züge in einer bibl. Erzählung (Dan. 2)[4].

Die Agada betrachtete H. — im Unterschied zu Bacher — als eine echte Folklore-Gattung. Er stellte fest, daß die Agada jahrhundertelang als das einzige Genre galt, in dem das jüd. Denken zum Ausdruck kam. Von dieser Agada-Auffassung ausgehend untersuchte er in einer Reihe von Abhdlgen u. a. die in der jüd. Agada, d. h. in den sich an die Bibel anknüpfenden legendären Überlieferungen, und in den Märchensammlungen des MA.s vorkommenden Erzähltypen und -motive AaTh 766: → *Siebenschläfer*[5], → Schwert zwischen den Schlafenden (Mot. T 351; → Symbolum castitatis)[6], → Lebenszeichen (Mot. E 761)[7] sowie die pers., griech., ägypt. und westeurop. Einflüsse auf die Erzählstoffe der Agada. Er schrieb über die Gründe für die Entstehung der agad. Legenden[8] und analysierte die sich aus der Funktion der Gattung Parabel ergebenden Wandlungen in den Var.n einzelner Motive[9]. Die verschiedenen Strömungen innerhalb der Geschichte der Agada faßte er in der *Enc. Judaica*[10] und in seinen Rez.en zu L. → Ginzbergs *The Legends of the Jews* (Phil. 1929—38)[11] zusammen.

Grundlegend ist auch sein Werk über die Geschichte des hebr. Märchens, das zuerst in ung., dann in erw. Form in dt. Sprache erschien[12], in dem er einen Überblick über die Märchen in Bibel und → Midrasch sowie über die selbständigen jüd. Märchensammlungen und die hebr. Var.n internat. Märchentypen gibt. Auch der Entwurf eines Arbeitsplanes vor der Aufnahme der Sammelarbeit in Palästina ist H. zu verdanken[13].

Auf dem Gebiet der Arabistik beschäftigte sich H. mit Legenden um bibl. Gestalten, die in islam. Legenden erscheinen (→ Abel, → Adam, → Kain, → Moses, → Noah). Seine Forschungsergebnisse wurden in dt. Sprache unter den jeweiligen Stichworten in der *Enz. des Islam* bzw. der *Enc. Judaica* veröffentlicht. H. verfaßte für das HDM zahlreiche Artikel, so auch die wichtige Übersicht zu den arab. Motiven der dt. Märchen[14]. In seiner Studie über den arab. *ʿAntar*-Roman[15] untersucht er, wie die Begegnung der arab. Kultur des MA.s mit der europ. Kultur widergespiegelt wird. Aufgrund paralleler Merkmale weist er pers., jüd. und christl. Elemente des Werkes nach und arbeitet hist. Züge der Romangestalten heraus. Er gibt ein anschauliches Bild des selbständigen, von der europ. Entwicklung unabhängigen Weges des arab. Ritterromans generell.

[1] H., B.: Az evangéliumi parabola viszonya az aggádához (Die Parabel im Evangelium und die Agada). Bud. 1894. — [2] id.: Der Erbstreit Esaus und Jacobs im Lichte verwandter Sagen. In: Zs. für die Alttestamentliche Wiss. 44 (1926) 317—320, 45 (1927) 155. — [3] id.: Die Susanna-Erzählung: ein Märchen. ibid. 54 (1936) 281—287; id.: Encore un Mot sur l'histoire de Suzanne dans la littérature juive. In: Revue des études juives 98 (1934) 85—88. — [4] id.: Das Traumerraten im Buche Daniel. In: Zs. für die Alttestamentliche Wiss. 43 (1925) 243—246. — [5] id.: Éléments parallèles et origines de la légende des Sept Dormants. In: Revue des études juives 49 (1904) 190—218, 53 (1907) 111—114. — [6] id.: Kard a hálótársak közt (Schwert zwischen Bettgenossen). In: Ethnographia 16 (1905) 257—268, 17 (1906) 214—218. — [7] id.: Notes de Folk-lore juif. In: Revue des études juives 52 (1926) 301—316. — [8] id.: Die Scheu vor Unbekanntem, Unbenanntem in Agada und Apokryphen. In: Monatsschrift für Geschichte und Wiss. des Judentums 83 (1939) 170—184. — [9] id.: Zur Geschichte der Parabel vom echten Ringe. In: Zs. für vergleichende Litteraturgeschichte N.F. 16 (1906) 479—485; id.: Az igaz gyűrűről szóló példázat (Die Parabel vom echten Ringe). In: Izraeliták Magyar Irodalmi Társulata évkönyve (1906) 45—67. — [10] id.: Agad. Lit. In: Enc. Judaica 1. B. 1928, 979—1036. — [11] id.: Ginzberg's Legends of the Jews. In: Jewish Quart. Review N. S. 24 (1933/34) 51—66, 165—190, 281—307, 393—418, 25 (1934/35) 29—52. — [12] id.: A héber mese 1—2 (Das hebr. Märchen 1—2). Bud. 1923—24; id.: Das hebr. und arab. Märchen. In: BP 4, 315—418. — [13] id.: Ḥōbōt ha-'etnografiah ve-ha-folklōr ha-yehudi bikʿlal u-b'areṣ ha-qodeš bipʿrat (Aufgaben der jüd. Ethnographie und Folklore im allg. und bes. im Heiligen Land). In: Zion 4 (1930) 72—94. — [14] id.: Arab. Motive in dt. Märchen und Märchendichtungen. In: HDM 1, 93—108. — [15] id.: Die Bedeutung des arab. ʿAntar-Romans für die vergleichende Litteraturkunde. Lpz. 1931.

Bibliogr.: Scheiber, A.: Bibliogr. der Schr. B. H.s. In: Festschr. B. H. Bud. 1941, 22—51 (num. 1—545), 325 sq. (num. 545—569); id.: Emlékezzunk H. Bernátra (Gedenken wir B. H.s). In: Új élet 7 (1951) H. 13, 6 (num. 570—594); Scheiber, S.: Bibliográfia. In: id. 1977 (v. Lit.) 395 sq. (num. 595—612).

Lit.: Honti, J.: H. Bernát. In: Ethnographia 54 (1943) 99 sq.; Scheiber, S.: H. Bernát élete és tudományos munkássága (B. H.s Leben und wiss. Tätigkeit). In: Izraeliták Magyar Irodalmi Társulata évkönyve (1943) 82—125; Loewinger, D. S.: H., Bernát. In: Enc. Judaica 8. Jerusalem 1971, 307; Scheiber, S.: H. Bernát élete és tudományos munkássága (B. H.s Leben und wiss. Tätigkeit). In: id.: Folklór és tárgytörténet 1. Bud. 1977, 331—396.

Budapest Ida Fröhlich

Hemd, das auf bloßem Körper getragene Kleidungsstück, bei Ägyptern, Römern und altoriental. Völkern das Hauptgewand. Erst im MA. wurden, weithin auch klimatisch bedingt, für beide Geschlechter im wesentlichen gleiche Schlupfkleider übereinander gezogen. Somit gewann das hautnahe Untergewand, je nach Stand und Vermögen aus Leinen oder Seide gefertigt, den Charakter eines Wäschestücks. Seit dem Ende des 15. Jh.s ließ man das H. an Hals und Brust ebenso wie die langen Ärmel sichtbar und so — vielfach mit Stickerei und Spitzen verziert — zum schmückenden Detail werden. Der Unterschied zwischen Männer- und Frauenhemden nahm, dem Wandel geschlechtsspezifischer → Kleidung folgend, im Lauf der Zeit zu; Nachthemden kamen im 17. Jh. auf, setzten sich jedoch, zumal in unteren Schichten, nur zögernd durch[1].

Unabhängig von Entwicklungen der Mode galt und gilt das ‚Im-bloßen-Hemd-dastehen' außerhalb der Intimsphäre als unangemessene Kleidung, beinahe so decouvrierend wie → Nacktheit. Das Bußhemd war ein Zeichen der Demütigung und Beschämung[2]. Außerdem wird das H. als unentbehrlicher Minimalbesitz angesehen: Redensarten wie ‚jemanden bis aufs H. ausziehen' (z. B. bei Raubüberfällen) oder

‚sein letztes H. hergeben' etc. stehen für das Erzeugen oder Hinnehmen äußerster Armut[3]. Letzteres ist im → Sterntalermärchen (KHM 153), einer allerdings deutlich poetisierten Erzählung[4], thematisiert: Der Verzicht des opferbereiten kleinen Mädchens auf all seine Habe, sogar auf das H., wird vom Himmel reichlich belohnt.

Das schon bei dem röm. Lustspieldichter → Plautus (254–184 a. Chr. n.) bezeugte, weit und in zahlreichen Var.n verbreitete Sprichwort ‚Das H. ist mir näher als der Rock' will besagen, daß einem das eigene Wohlbefinden wichtiger sei als das Ergehen anderer[5]. Aufgrund der Körpernähe wurde das H. in engen Zusammenhang mit der Person des Trägers gebracht, gewissermaßen als zweite → Haut, ja sogar als Hülle der Seele[6] gewertet; es sollte das Leben des Menschen positiv oder negativ bestimmende magische Wirkungen haben[7].

Schreckliche Pein verursachte → Herakles ein mit Blut des rachsüchtigen Zentauren Nessus bestrichenes H.; der Versuch, sich dieses vom Leib zu reißen, hinterließ tödliche Wunden (Mot. D 1402.5: *Nessus-shirt*)[8]. Als hilfreich erweisen sich hingegen in jüngerer Überlieferung Tarnhemden, die → unsichtbar machen (Mot. D 1361.37)[9], → Unverwundbarkeit bzw. Kugelfestigkeit erzeugen (Mot. D 1344.9.1)[10], insgesamt gegen feindliche Angriffe oder auch gegen Kälte und Hitze schützen (Mot. D 1381.5, D 1382.6). In einem dän. Märchen gewinnt der Besitzer das geraubte Wunschhemd zurück, nachdem er sich in einen Vogel, einen Apfelbaum und eine Ente verwandelt hat[11]. Ein Zauberhemd meldet sich beim Eigentümer, sobald es gestohlen worden ist (Mot. D 1612.5.1). Überhaupt können H.en telepathische Kräfte entfalten: So werden in einem griech. Märchen die vor einer gefährlichen Reise zurückgelassenen H.en zweier Brüder schwarz, sobald diese in Not geraten[12]. In einer Erzählung der → *Gesta Romanorum* und diversen Var.n von AaTh 888: *Die treue → Frau* gilt das H. als Beweis der → Keuschheit: Es bleibt weiß, solange die Eheleute einander treu bleiben, andernfalls soll es sich verfärben[13]. Auch im Totengedenken ist das H. noch von Bedeutung: Die Mahnung, sich der Trauer über den Tod eines Kindes nicht allzusehr hinzugeben, exemplifiziert die auf ma. Tradition zurückgehende Erzählung AaTh 769: → *Tränenkrüglein*; das verstorbene Kind erscheint der ununterbrochen weinenden Mutter und zeigt ihr das von Tränen durchnäßte Totenhemd, in dem es nicht zur Ruhe kommen kann[14]. Wenn nach kleinasiat. und südosteurop. Überlieferung eine Frau ein fremdes Kind oder – wie in Var.n zu AaTh 425: → *Amor und Psyche* – die Schlange unter ihr H. nimmt, so gibt sie damit ihre Bereitschaft zur → Adoption zu erkennen.

Eine schicksalhafte Verbundenheit mit dem Kleidungsstück zeigt sich auch in AaTh 844: → *H. des Glücklichen*. Ebenso ist das Geschick der → Schwanjungfrau (AaTh 400*) in ihrem Dasein zwischen Diesseits und Jenseits vom Besitz ihres → Federhemdes abhängig: Sie geht, offenbar nicht unwillig, die Ehe mit dem Mann ein, der es geraubt hat; wenn sie es wiederfindet, ist sie gezwungen, in die andere Welt zurückzukehren. In → Erlösungsvorgängen des Märchens übernimmt das H. mitunter die Funktion der → Tierhaut, die abgestreift und verbrannt werden muß, so in einer dän. Version von AaTh 433 B: → *König Lindwurm*[15]. H.en, von der Schwester unter Schweigegebot und äußerstem Leiden für die in Schwäne oder Raben verwandelten Brüder genäht, wirken in AaTh 451: → *Mädchen sucht seine Brüder* als Gegenzauber; das Nähen wird der Schwester noch insofern erschwert, als die Gewänder aus ungewöhnlichen Materialien sein sollen, in KHM 49: *Die sechs Schwäne* aus Sternblumen (Mot. H 1021.9.1), in anderen europ. Versionen aus Eichenlaub, Efeublättern, Schilf oder gar aus Brennesseln[16]. Ein H. aus Haar zu weben, wird in Var.n des Märchens von den klugen Rätsellösern (z. B. AaTh 875: *Die kluge → Bauerntochter*) als unlösbare → Aufgabe gestellt (Mot. H 1021.6.1)[17], und als unmöglich muß es gelten, ein H. aus Stein zu fertigen (Mot. H 1021.9). In jedem Fall ist in der Erzähltradition, der Realität entsprechend, die Herstellung von Leibwäsche Frauenarbeit schon der heranwachsenden Mädchen und der Bräute, die vielfach das Hochzeitshemd für den Zukünftigen nähen[18]. Sog. Nothemden, die nach seit dem MA. bezeugten Glaubensvorstellungen siegreich oder unverwundbar machen sollten, mußten von reinen → Jungfrauen gesponnen, gewebt und genäht sein, desgleichen die in allen Lebenslagen hilfreichen Glückshemden[19]. Als sträflich faul galt eine Frau, die nicht einmal für das Totenhemd des Mannes zu spinnen bereit war (AaTh 1370 B*: *Wife too Lazy to Spin*)[20].

Gemessen an dem alltäglichen Gebrauch und den Möglichkeiten komischer Situationen, die im Umgang mit H.en denkbar wären, weist die Schwanktradition, soweit ersichtlich, nicht allzu viele Beispiele auf, am ehesten noch im oriental. Bereich mit überwiegend hemdartiger Gewandung. Nach jüd. Überlieferung wird einem allzu gutmütigen Mann im Dampfbad sein neues H. gestohlen; er versichert seiner Frau, es sei wohl irrtümlich vertauscht worden, und der andere habe nur vergessen, das eingetauschte H. dazulassen[21]. Nach einer zuerst bei al-Ābī (gest. 421/1030) belegten Erzählung ist einem Beduinen das Kleidungsstück unbekannt: er hält es für die Hose des Teufels[22]. Nach → Ibn al-Ǧauzī (gest. 597/1200) will sich ein Dummkopf ein altes H. neu machen lassen[23]; dies beruht auf etwa dem gleichen Mißverständnis wie ein Witz in dt. Unterhaltungsbüchlein des 17./18. Jh.s, wonach ein Student seine Mutter um neue H.en bittet, um seine zerrissenen damit flicken zu können[24]. Wiederum bei Ibn al-Ǧauzī wird erzählt, ein Mann habe lauthals geschrien, und zwar mit der Begründung, sein H. sei die Treppe hinuntergefallen; auf die Feststellung, das sei doch kein Anlaß zu solcher Aufregung, erwidert er: ‚Wenn du darin gewesen wärst, hättest du dann nicht auch geschrien?'[25]. Damit verwandt erscheint eine aus rezenter Überlieferung bekannte Anekdote, in der → Hodscha Nasreddin sein bei Nacht auf der Leine hängendes H. für bedrohlich hält und darauf schießt; als er am Morgen den Pfeil darin stekken sieht, stellt er Betrachtungen an, was wohl geschehen wäre, hätte er es auf dem Leib gehabt (Mot. J 2235)[26]. Vollends in den Bereich der → Absurditäten gehört der Dummenschwank AaTh 1285: → *H. anziehen*, der beweist, daß dergleichen keineswegs auf den Orient begrenzt ist.

[1] Cunnington, C. W. und P.: The History of Underclothes. L. 1951; Boehn, M. von: Die Mode. Menschen und Moden im MA. Mü. 1925, 178; Junker, A./Stille, E.: Zur Geschichte der Unterwäsche 1700–1960. Ausstellungskatalog Ffm. 1988 (mit Lit.). – [2] cf. Dodewaard, J. van: Cilicium. In: LThK 2 (1958) 1203 sq.; Hermann, A.: Cilicium. In: RAC 3 (1957) 127–136. – [3] Röhrich, Redensarten, 410 sq. – [4] BP 3, 233 sq.; KHM 3 (Nach der Ausg. [7]1857). ed. H. Rölleke. Stg. (1980) 1984, 501 sq. – [5] Wander, K. F. W.: Dt. Sprichwörter-Lex. 2. Lpz. 1870, 499; Mackensen, L.: Zitate, Redensarten, Sprichwörter. Wiesbaden [2]1981, 119, num. 1381. – [6] von Beit 2, 49. – [7] Zur Bedeutung des H.es in Brauch, Volksmedizin und Aberglauben cf. Jungbauer, G.: H. In: HDA 3 (1930/31) 1709–1745. – [8] Hunger, H.: Lex. der griech. und röm. Mythologie. Wien 1953, 136; cf. Kl. Pauly 4, 78 sq.; zum Pech- und Schwefelhemd cf. auch von Beit 2, 429. – [9] Eberhard/Boratav, num. 175 III. – [10] Eberhard/Boratav, num. 86 IV; cf. EM 1, 21. – [11] BP 2, 206. – [12] Hahn, num. 69; cf. HDM 2, 91. – [13] Zum Keuschheitshemd cf. BP 4, 138 (Gesta Romanorum, num. 69). – [14] BP 2, 485–490; DVldr 5,2 (1967) num. 122. – [15] Stroebe, K.: Nord. Volksmärchen 1. MdW 1915, num. 1; Beit, H. von: Das Märchen. Bern/Mü. 1965, 15. – [16] HDM 2, 397; von Beit 2, 256. – [17] Vries, J. de: Die Märchen von den klugen Rätsellösern (FFC 73). Hels. 1928, 234. – [18] Child 5, 496; Boberg T 61.3; HDA 3, 1721. – [19] Grimm, DS, num. 255; HDA 3, 1712–1715; nach Eberhard/Boratav, num. 277 soll ein glückbringendes H. von einer Frau gefertigt werden, die ohne Kummer lebt. – [20] Ergänzend zu AaTh: Arājs/Medne; Kecskeméti/Paunonen; SUS; MNK. –
[21]Schwarzbaum, 311. – [22] al-Ābī, Manṣūr b. al-Ḥusain: Naṯr ad-durr 6. Ms. Istanbul, Koprülü 1403, fol. 350 b; cf. al-Ḥuṣrī, Ibrāhīm b. ʿAlī: Ǧamʿ al-ǧawāhir [...]. ed. ʿA. M. al-Biǧāwī. Kairo 1372/1953, 241; Kabbani, S.: Altarab. Eseleien. Herrenalb 1965, num. 198. – [23]Ibn al Ǧauzī, ʿAbdarraḥmān, b. ʿAlī: Aḫbār al-Ḥamqā wal-muġaffalīn. ed. K. al-Muẓaffar. Naǧaf 1386/1966, 186. – [24] Moser-Rath, Schwank, 174. – [25] Ibn al Ǧauzī (wie not. 23) 31; Kabbani (wie not. 22) num. 227, cf. num. 232; Keleti Szemle 1 (1900) 221, num. 1 (aus dem Nuzhat al-udabā'). – [26] Hodscha Nasreddin 1, 230 zu num. 79; cf. Der Islam 64 (1987) 201 (zu Philogelos, num. 28).

Göttingen Elfriede Moser-Rath

Hemd anziehen (AaTh 1285). Dieser Erzähltyp gehört zu der umfangreichen Kategorie von Schwänken, deren Tendenz und Funktion primär darauf gerichtet sind, die unbegrenzte → Dummheit und Beschränktheit von meist stereotyp geschilderten Handlungsträgern (einzelnen Personen, Männern, Frauen, öfters Ehepaaren) bloßzustellen. Den geistig und kulturell Zurückgebliebenen fehlt jedwede gesellschaftliche Fertigkeit, so daß sie nicht nur im Umgang mit (vor allem neueren) kulturellen Errungenschaften, sondern auch bei der Durchführung alltäglichster Handlungen vor unüberwindbare Probleme gestellt werden. Eine relativ kleine Gruppe von Typen verspottet dabei das Unvermögen, mit Kleidung umzugehen, sowie die Unwissenheit in bezug auf Form und Funktion der → Kleidung. Neben AaTh 1286: → *Sprung in die Hose* ist AaTh 1285 wohl das bekannteste Beispiel dieser Gruppe von → Mißverständnissen.

Eine Frau hat ein H. genäht, jedoch eine Öffnung für den Hals vergessen. Ohne Erfolg versucht sie, es ihrem Mann (Sohn, sich selbst) überzuziehen (oder dieser versucht es selbst). Am Ende beschließt sie, ihm den → Kopf abzuschneiden (oder sie versucht, durch heftiges Schlagen auf den Kopf eine Öffnung in das H. zu bekommen).

Die Erzählung ist in einem geogr. deutlich begrenzten Gebiet verbreitet (Nord-, Ostseeregion). Insbesondere in Finnland (sowohl bei Finnen als auch bei Finnlandschweden)[1] und Schweden[2] war/ist sie populär, doch wurde sie auch bei Lappen[3], Letten[4] und Litauern[5] sowie in Dänemark[6], Norddeutschland[7], den Niederlanden[8], vielleicht England[9], Irland[10], auf Island[11] und in Norwegen[12] aufgezeichnet. Außerhalb dieses Bereiches liegen nur einige slovak. Belege[13] vor. Die Erzählung taucht erstmals im 2. Viertel des 19. Jh.s auf. Die zur Verfügung stehenden Belege (Archive, volkskundliche Publ.en) weisen auf eine primär mündl. Überlieferung[14].

Als selbständige narrative Einheit erscheint AaTh 1285 nur ausnahmsweise. Meistens ist der Erzähltyp der (bescheidene) Teil eines wechselnden Konglomerats vergleichbarer Dummenschwänke, zu dem nach den im EM-Archiv vorhandenen Texten (u. a.) gehören können: AaTh 1210: → *Kuh auf dem Dach*, AaTh 1245: → *Sonnenlicht im Sack*, AaTh 1382: *Der törichte* → *Kuhhandel*, AaTh 1383: cf. → *Teeren und Federn*, AaTh 1385: → *Pfand der dummen Frau*, AaTh 1386, 1387, 1450: cf. → *Kluge Else*, AaTh 1540: → *Student aus dem Paradies* und AaTh 1541: *Für den langen* → *Winter*. Zumeist bildet AaTh 1384: cf. → *Narrensuche* die Rahmenerzählung. Für AaTh 1285 heißt das gewöhnlich: Ein Mann begibt sich auf die Suche nach drei Personen, die zumindest so dumm wie seine Frau sein müssen, und zeigt dem mit dem H. kämpfenden Ehepaar gegen eine hohe Belohnung, wie man mit einer Schere eine Halsöffnung schneiden kann.

[1] Rausmaa; Simonsuuri, L./Rausmaa, P.-L.: Finn. Volkserzählungen. B. 1968, num. 84; Hackman, O.: Finlands svenska folkdiktning. 1, A 2. Helsingfors 1920, 92–99. — [2] Liungman 1, 456–463; Gustavson, H.: Gotländska sagor 1. ed. P. A. Säve. Sth. 1952, num. 47. — [3] Kecskeméti/Paunonen; Qvigstad. — [4] Arājs/Medne; Šmits, P.: Latviešu tautas teikas un pasakas 11. Waverly, Iowa [2]1968, 307 sq. — [5] Balys. — [6] Kristensen, E. T.: Bindestuens Saga. Kop. 1897, 13–18. — [7] Meyer, G. F.: Plattdt. Volksmärchen und Schwänke. Neumünster 1925, 133–137 (= id.: Mannshand baben. Hbg [1925], 52–58). — [8] Sinninghe; van der Kooi. — [9] Nicht in DBF und Baughman; Liungman, Volksmärchen, 282 hingegen notiert: „in England [...] bekannt". — [10] Ó Súilleabháin/Christiansen. — [11] Sveinsson, num. 1384. — [12] Hodne 1285, 1384; Christiansen, R. T.: Folktales of Norway. L./Chic. 1964, 208–213. — [13] Polívka 5, num. C b 1–2; Simonides, D. (ed.): Skarb w garncu. Opole 1979, num. 37. — [14] cf. aber auch van der Kooi.

Groningen Jurjen van der Kooi

Hemd des Glücklichen (AaTh 844), wegen seines moralisierenden Untertons den Legendenmärchen zugeordneter Erzähltyp. Angesichts des Erzählinhalts, des nahezu vollständigen Fehlens religiöser Anklänge sowie des zumeist eher novellistisch-humoristischen als beschaulich-belehrenden Stils und Charakters der meisten Var.n erschiene eine Zuordnung unter die Novellenmärchen eher angebracht (z. B. in der Nähe von AaTh 945: → *Glück und Verstand*), die vor allem von dem untauglichen Versuch handeln, → Glück bzw. Unglück zu erzwingen. AaTh 844 hat eine relativ einfache Struktur, und der Erzählinhalt der verschiedenen Var.n zeigt nur wenig Variabilität:

Ein Herrscher (König, Fürstenpaar) ist krank (unglücklich, melancholisch). Ein Arzt (weiser Mann, Einsiedler) rät ihm, das H. (manchmal Schuhe) eines vollkommen glücklichen Mannes anzuziehen (zu suchen). Diener werden ausgesandt (er geht selbst auf die Suche), ein Glücklicher aber bleibt unauffindbar. Zu guter Letzt stoßen sie auf einen armen Mann (Schäfer, Jungen), der den Bedingungen entspricht. Es stellt sich jedoch heraus, daß dieser kein H. (keine Schuhe) besitzt. Der König stirbt (erkennt, daß sich Glück nicht kaufen läßt).

AaTh 844 ist aus literar. und mündl. Überlieferung bekannt und kommt zumeist selbständig vor. In der mündl. Überlieferung begegnet AaTh 844 in weiten Teilen Europas, vereinzelte Belege stammen aus dem Nahen

Osten, aus Nordafrika und aus Nordamerika. In Nordeuropa ist die Erzählung belegt in Schweden[1], im Baltikum bei den Esten[2], Liven[3], Litauern[4] und Letten[5], in Mitteleuropa in Deutschland[6], Ungarn[7] und in der Schweiz[8], in Westeuropa in Irland[9], den Niederlanden (bes. in Friesland)[10] und in Frankreich[11], und in Südeuropa in Spanien[12] und Italien[13] (auch auf Sardinien[14]); weiterhin noch in Slovenien und Kroatien[15] sowie in Rumänien[16]. Auffällig ist das Fehlen von Belegen aus Finnland und dem slav. Osteuropa. Zehn Var.n verzeichnet der türk. Typenkatalog[17], eine nordafrik. belegt U. Nowak[18], jeweils eine jüd. Var. für Irak, Afghanistan, Osteuropa weist H. → Jason[19] nach.

Diese relativ junge (2. Hälfte 19. und 20. Jh.) mündl. Überlieferung ist ziemlich uneinheitlich. Die meisten Länder bzw. Sprachgebiete weisen nur eine oder wenige Var.n auf. Etwaige Kerngebiete der mündl. Überlieferung oder auch Wege einer mündl. Verbreitung sind eigentlich kaum nachzuweisen. Freilich konnte hier und da ein etwas umfänglicheres Korpus von Texten zusammengetragen werden (z. B. für Irland 32 und für Friesland 8 Var.n), dies wird jedoch eher aus intensiveren Sammelaktivitäten als etwa aus bes. Popularität dieses Typs in jenen Gebieten resultieren.

Die literar. Überlieferung ist erst unzureichend bekannt[20]; es finden sich bisher lediglich Belege aus West- und Mitteleuropa (Frankreich, Deutschland, Niederlande[21], England [Walter → Scott: *The Search after Happiness*, [1817]), Italien, Griechenland und den Vereinigten Staaten von Nordamerika[22]. Die älteste bekannte Var. ist das Gedicht *Le Roi malade* (1802) des frz. Grafen P. A. B. Daru (1767–1829). Darin begegnen bereits alle geläufigen inhaltlichen Elemente: ein kranker König, ein Zauberer, der ihm das H. eines Glücklichen empfiehlt, eine lange, anfangs vergebliche Suche danach durch die Höflinge, ein glücklicher junger Mann ohne H. Aus derselben Periode stammt eine 1804 posthum in Paris herausgegebene Novelle des ital. Dichters Giambattista Casti (1724–1803) von dem an tödlicher Melancholie leidenden Sultan Arsaces von Ormus und einem glücklichen Hirten ohne H.[23]. In Deutschland wurde der Typ vor allem durch Bearb.en von Ludwig → Aurbacher (1827)[24] und August F. E. Langbein (1757–1835)[25] verbreitet.

Die Kontamination von AaTh 844 mit AaTh 992 A: → *Buße der Ehebrecherin* (AaTh 844 als Vorspann) ist in der jüngeren Vergangenheit lediglich in der Türkei belegt:

Eine arme Frau will für ihr Kind (ihren Sohn, der Soldat werden muß; ihre Tochter, die heiraten will) ein glückbringendes H. haben. Dieses soll von einer Frau genäht werden, die ohne Kummer lebt. Sie geht zur Sultanin (zu einer reichen Frau) und bittet sie, das H. zu nähen. Diese zeigt ihr, daß sie selbst nicht glücklich ist. Sie läßt sie aus einem Versteck zusehen, wie ihr Mann sie täglich züchtigt (weil sie die Ehe gebrochen hatte etc.)[26].

Die Suche nach dem H., das von einer Frau ohne Kummer genäht wurde (Rotunda H 1195), stellt nur eine der Möglichkeiten für einen Vorspann von AaTh 992 A dar, der immer um das vergebliche Suchen nach einer glücklichen Person kreist, die eine(n) Unglückliche(n) mit ihrem (seinem) Los versöhnt (Mot. N 135.3.1). Dieses Motiv kann auch eigenständig vorkommen, und es sollte als ein eigener, noch näher zu untersuchender und zu beschreibender Erzähltyp betrachtet werden; bekannt sind bislang Fassungen aus jüd.-oriental., arab. und pers. Überlieferung[27], was sicherlich auf eine große Beliebtheit dieses Typs schließen läßt. In der Türkei war er jedenfalls schon vor 1452 bekannt[28]. Auch in der Rahmenerzählung der orientalisierenden Sammlung → *Tausendundeintag* ist er vertreten.

Die bekannteste Var. stammt wohl aus dem *Alexanderroman*, und zwar aus dem sog. Pseudo-Kallisthenes (3, 33, 2–4), in dem sie allerdings lediglich in einem Ms. des 15. Jh.s in einer Unterrezension (7. Jh. oder später) begegnet: Der sterbende Alexander läßt seiner Mutter schreiben, sie solle ein prunkvolles Freudenmahl bereiten und hierzu alle laden. Doch niemand solle kommen, der Kummer hat (cf. Mot. J 1577.1). Als auf Olympias Einladung niemand kam, erkannte sie, daß Alexander sie mit seinem Schreiben trösten wollte[29]. Ältere Beispiele (aus dem 2. und 3. Jh.) sind bei → Lukian (*Demonax* 25) zu finden sowie bei Julian Apostata[30].

Die älteste Var. dieses Typs mit dem H.-Motiv (und mit AaTh 992 A) läßt sich 1378 im *Pecorone* (2, 1) des Giovanni Fiorentino nachweisen: Eine Frau sucht als Heilmittel für ihren kranken Sohn ein H., das von der glücklichsten Frau in der Stadt angefertigt sein muß. Als sie glaubt, eine solche Frau gefunden zu haben, enthüllt diese das Skelett ihres erschlagenen Liebhabers. Auf Giovanni geht *The Fruitless Enquiry* (1747) der Novellistin Eliza Haywood (1693–1756) zurück[31]. Es ist nicht unwahrscheinlich, daß irgendwo in Europa (im 18. Jh.?) ein Autor die selbständige Version von AaTh 844 auf der Basis der Florentiner Novelle bzw. eines darauf zurückgehenden Textes (oder doch auf der Basis einer Var. aus dem Nahen Osten?) geschaffen hat. Danach könnte diese, in erster Linie über literar. Kanäle, ihre genannte Verbreitung erhalten haben. Angesichts der zeitlichen Distanz zwischen den überlieferten Texten erscheint dies jedenfalls wahrscheinlicher als eine (dann schon recht frühe) Inkorporation von AaTh 844 als Vorspann für AaTh 992 A.

[1] AaTh verweist auf das Landsmåls- och folkeminnesarkivet, Uppsala; kein Nachweis bei Liungman. — [2] z. B. Viidalepp, R.: Estn. Volksmärchen. B. 1980, num. 109. — [3] Loorits 844*. — [4] Balys. — [5] Arājs/Medne; Šmits, P.: Latviešu tautas teikas un pasakas 10. ed. H. Biezais. Waverly, Iowa [2]1968, 185 sq. — [6] z. B. Busch, W.: Ut ôler Welt. Mü. 1910, 86 sq. — [7] MNK; Henßen, G.: Ungardt. Volksüberlieferungen. Marburg 1959, 300. — [8] Keller, W.: Am Kaminfeuer der Tessiner. Bern [2]1963, 138–141. — [9] Ó Súilleabháin/Christiansen; Ó Súilleabháin, S.: A Handbook of Irish Folklore. (Dublin 1942) Detroit [2]1970, 575. — [10]van der Kooi; Haan, T. W. R. de: Volksverhalen uit Groningen. Utrecht/Antw. 1979, 106–110. — [11] Delarue/Tenèze 4, 275; Seignolle, C.: Contes populaires de Guyenne 2. P. 1946, 179. — [12] Boggs; Amades, num. 446, 1950, 1966. — [13] Cirese/Serafini; Lombardi Satriani, R.: Racconti popolari calabresi 2. Napoli 1956, 54–58; Nerucci, G.: Sessanti novelle popolari montalesi. Firenze 1891, 223 sq. — [14] Fabula 16 (1975) 125. — [15] z. B. Bolhar, A.: Slovenske narodne pravljice. Ljubljana [7]1974, 196 sq. — [16] Schott, A. und A.: Rumän. Volkserzählungen aus dem Banat. ed. R. W. Brednich/I. Taloş. Buk. [2]1973, 234–237 (= Schullerus 949*); Bîrlea, O.: Antologie de proză populară epică 3. Buk. 1966, 466. — [17] Eberhard/Boratav, num. 277; Ruben, W.: Bir Türkistan Masalının Tahlili (Unters. eines turkestan. Märchens). In: Ülkü 17 (1941) 258–268. — [18] Nowak, num. 271. — [19] Jason. — [20] Der Hinweis auf H. C. Andersens „Lykkens Galoscher" (1838) bei AaTh ist falsch, das Märchen gehört in den Umkreis von AaTh 945 sqq.; zahlreiche Belege nennt Köhler, R.: Aufsätze über Märchen und Volkslieder. ed. J. Bolte/E. Schmidt. B. 1894, 118–135. — [21] wie not. 10; cf. auch Rhein. Jb. für Vk. 26 (1985/86) 166. — [22] The Shoes of Happiness von Edwin Markham (1852–1940); die einzige nordamerik. mündl. Var. aus Missouri (Baughman) geht zweifellos hierauf zurück. — [23] Köhler (wie not. 20) 119 sq. — [24] ibid., 121. — [25] Langbein, A. F. E.: Sämmtliche Schr. 2. Stg. [2]1841, 10–18. — [26] Eberhard/Boratav, num. 277. — [27] Jason; Jason, Types 844* A; Nowak, num. 272; Marzolph *461 B, *855 B. — [28] Nach A. Tietze (ʿAziz efendis muhayyelât. In: Oriens 1 [1949] 289) bereits nachweisbar in Ferec baʿd eş-şidde (ältestes Ms. 1451/52). — [29] Thiel, H. van: Leben und Taten Alexanders von Makedonien. Darmstadt 1974, 164 sq.; eine arab. Version findet sich bei Barhebräus, cf. Clouston, W. A.: Popular Tales and Fictions 2. L. 1887, 323. — [30] Epistulae. ed. J. Bidez/F. Cumont. P./Ox. 1922, num. 37; Köhler (wie not. 20) 131–133. — [31] Clouston (wie not. 29) 324–326; dort und bei Köhler (wie not. 20) 133 sq. auch Angaben über eine möglicherweise genetisch verwandte buddhist. Geschichte, die Legende von Kiságotamí.

Groningen Jurjen van der Kooi

Henderson, Hamish, * Blairgowrie (Schottland) 11. 11. 1919, schott. Volkskundler und Dichter. H. studierte moderne Sprachen am Downing College, Cambridge (1938–39; Studium durch Kriegsdienst unterbrochen) und schloß 1946 mit dem Magister artium ab. 1951–87 war er an der Univ. Edinburgh tätig. 1978 wurde er zum Präsidenten der Traditional Music and Song Assoc. of Scotland gewählt.

H. hat seit 1950 eine zentrale und führende Rolle bei der Sammlung von Volksliedern (bes. Balladen), Volkserzählungen, Überlieferungen zum Volksglauben etc. vor allem in den schott. Lowlands gespielt. Er entdeckte durch seine Feldarbeit unter den sog. Travellers Sänger und Sängerinnen wie Jeannie Robertson, die Stewarts aus Blair und die Sutherland Stewarts und machte deren reiches Repertoire der Wiss. zugänglich. H.s zahlreiche Tonbandaufnahmen befinden sich im Archiv der School of Scottish Studies. Viele wurden in Zss. wie *Scottish Studies* (2 [1958], 5 [1961]–10 [1966]) oder *Tocher* (ab 1971) veröffentlicht[1] oder stehen auf Schallplatten der Öffentlichkeit zur Verfügung[2]. Von Beginn seiner Sammeltätigkeit an hat H. dafür plädiert, die im Volk gesammelten Lieder und Erzählungen dem Volk und seiner Tradition wieder zurückzugeben. Sein Einfluß auf das Folksong Revival und auf jüngere Sänger und Wissenschaftler innerhalb und außerhalb Schottlands ist erheblich.

Auch als Dichter (*Elegies for the Dead in Cyrenaica*. L. 1948)[3] und Übersetzer (u. a. bereits 1974 A. → Gramscis *Lettere dal carcere*)[4] ist H. bekannt.

[1] cf. auch DBF A (42 Texte); DBF B (20 Texte); Dorson, R. M. (ed.): Folktales Told Around the World. Chic./L. 1975, 10–44; Daiches, D. (ed.): A Companion to Scottish Culture. L. 1981, 25–28 (Ballads), 377 sq. (Tinkers). – [2] U. a. auf Scottish Tradition, Tangent, Collector, Prestige International, Topic. – [3] cf. Chapman 42 (1985). – [4] Gramsci's Prison Letters. Lettere dal Carcere. Übers. und Einl. H. H. L. 1988.

Binghamton, N. Y. Wilhelm F. H. Nicolaisen

Henker, Scharfrichter

1. Begriff und Geschichte – 2. Populäre Vorstellungen vom H. – 3. Der H. als Thema in der Lit.

1. Begriff und Geschichte. Geschichte, Amt, Person und gesellschaftliche Position des H.s (Scharfrichter, Nachrichter) stehen in ursächlicher Verbindung mit der Körper- und → Todesstrafe (→ Hinrichtung) als offiziellem staatlichen Rechtsakt[1]. Die Verstümmelung oder Tötung eines Verbrechers, Ausdruck der Ausstoßung aus dem Rechtsverband[2] und legitimiert als kollektive wie individuelle Sühne, erforderte ursprünglich nicht die Institution des H.amtes, sondern oblag der Gemeinschaft bzw. einem von dieser für den Einzelfall bestimmten Mitglied[3]. Anklänge an Blutrache, Femegericht und Lynchjustiz, die für sich abseits des geltenden Rechts das Töten als einen privaten Rache- oder Sühneakt begründen, finden sich noch in zahlreichen Sagen über Gerichts- und Frevelorte[4]. Über das kanonische Recht vollzog sich im hohen MA. die Frührezeption des röm. Rechts[5], womit sich das H.amt vom ehrenamtlichen, gelegentlichen Rechtsakt hin zum gewerbsmäßigen Beruf auf Lebensdauer wandeln[6] und H.dynastien oft über mehrere Generationen hinweg begründen konnte. Die bislang erste (umstrittene) Bezeugung eines Berufsscharfrichters findet sich 1276 im Augsburger Stadtrechtsbuch[7].

Im Beruf und sozialen Ansehen wie im Eigenverständnis und Selbstbewußtsein des H.s bündelte sich die gespaltene Einstellung der Gesellschaft zur Todesstrafe[8]. Der Scharfrichter stand im Brennpunkt divergenter ethischer Meinungen: Er verstieß gegen das Tötungsverbot des → Dekalogs, aber er unterwarf sich auch als ausführendes Rechtsorgan dem Tötungsgebot, das sich letztlich aus dem erstmals im *Codex Hammurabi* belegbaren Vergeltungsprinzip ‚Auge um Auge' (ius talionis; → Talion) ableiten ließ. Die widersprüchliche kirchliche Einstellung zur Todesstrafe wird nicht zuletzt aus der vorgeschriebenen Anwesenheit eines Beichtvaters bei der Hinrichtung ersichtlich[9]. Von den Körperstrafen ist die kultische Tötung (→ Menschenopfer), vom H. der ein religiöses Ritual ausführende Priester zu trennen[10].

2. Populäre Vorstellungen vom H. Die Zuordnung des H.s zu den ‚unehrlichen' Gewerben, zu denen etwa die bisweilen ebenfalls vom Scharfrichter ausgeübten Tätigkeiten des Abdeckers und → Schinders gehörten, bedeutete soziale Isolation, Zurücksetzung bei kirchlichen Amtshandlungen (Taufe, Hochzeit, Begräbnis) und mangelnde berufliche Aufstiegsmöglichkeiten[11].

Auf die Unehrlichkeit bezieht sich ein Schwank, in dem der Verurteilte die Bemerkung des Schergen, er sei durch schlechte Gesellschaft in die mißliche Situation gelangt, mit der Antwort konterkariert, er habe sich nie in schlechterer Gesellschaft als jetzt befunden (→ Galgenhumor)[12].

Andererseits galten Berührungen und Körperausscheidungen des H.s als heilkräftig oder glückbringend. Der österr. Scharfrichter J. Lang (1855–1925) z. B. wurde um Urin zum Einreiben der Schläfen gebeten[13]. Durch ‚Losheiraten' von verurteilten Frauen konnte der Scharfrichter bisweilen eine Begnadigung der Betroffenen erreichen. Ein Gottscheer Volkslied berichtet von der Kindsmörderin Ursula, die von einem Priester unter Bruch des Beichtgeheimnisses verraten wurde; die Heirat, die ihr der H. anbot, lehnt sie ab. Nach der → Enthauptung flog eine weiße Taube zum Himmel empor[14].

Auffallenderweise ist die Figur des H.s in den einzelnen populären Erzählgenres recht blaß. Bei der → Folter oder Hinrichtung wird er zum anonymen

Handlungselement, was sich noch in faktitiven, kausativen und passiven Sprachkonstruktionen feststellen läßt: Eine Enthauptung ‚wird veranlaßt' oder „das Haupt abgeschlagen und auf einen Pfahl gesteckt" (KHM 191)[15]. In Erzählungen über das Martyrium von Heiligen oder die Tötung von → Hexen bleibt der H. oft der konturlose Vollstrecker, der bestenfalls für seine unrechte Tat, wie z. B. in der Legende vom hl. → Kilian, im nachhinein seine Strafe findet (cf. Mot. R 176: *Executioner miraculously blinded: condemned man saved*)[16].

Das Bild des H.s ist durchwegs negativ, worauf Sprichwörter wie ‚Was der H. erreichen kann, ist sein' oder ‚Wer sich nicht bessern will, den soll der H. in die Schule nehmen' ebenso Bezug nehmen wie generelle Charakterisierungen[17]. Infolge seines Berufs gilt er als von Natur aus grausam und gewalttätig, wogegen die Prozeßordnungen immer wieder einzuschreiten versuchten: Da die „Hencker-Knechte gemeiniglich grobe Gesellen seyn", dürfe man „den Scharffrichter mit dem Inquisiten bey der Tortur nicht allein lassen"[18].

Zudem stand der H. wegen der Öffentlichkeit der Hinrichtungen unter hohem Leistungsdruck, was bes. seine für die Enthauptung erforderliche Geschicklichkeit betraf. Berichte von der nahezu artistischen Kunstfertigkeit besitzen sagenhafte, oft auch anekdotenhafte Züge:

So soll der Hamburger Nachrichter K. Flugge 1488 in nur einer Stunde 75 Männer enthauptet haben, und zwar jeweils sechs auf einen Streich (cf. Mot. K 1951.1)[19].

Als sich 1209 drei Bewerber um die Lübecker Scharfrichterstelle bewarben, übertrafen sie sich gegenseitig: Der erste schlug so präzis, daß dem Missetäter der Kopf auf dem Hals sitzen blieb und nur ein roter Streifen sichtbar war. Dem zweiten glückte das Kunststück mit zwei Verurteilten, während der dritte dem Sünder zwei eiserne Halsringe anlegte, zwischen diese eine Erbse klemmte und sein Schwert durch den Zwischenraum sausen ließ; er erhielt den Posten (cf. Mot. F 667)[20]. Der Dresdener Nachrichter M. Wahl (gest. 1647) wurde angeblich geadelt, weil er einen von ihm Geköpften an der Hand noch über 30 Äcker geführt habe[21]. Auch der Witz nimmt sich dieser makabren Thematik an: Gefragt, wann die Hinrichtung nun endlich stattfinde, antwortet der H. dem Delinquenten, er brauche nur mit dem Kopf zu nicken[22].

Im Dunstkreis zwischen Angst und Faszination entstanden Vorstellungen von den zauberischen Fähigkeiten des H.s. Man glaubte, er könne → Diebe bannen (→ Bann, → Festbannen)[23], und schrieb ihm die Erfindung der ‚Passauer Kunst' zu (→ Hieb- und stichfest). Anklagen wegen Hexerei waren häufig, und noch in den juristischen Hbb.n finden sich Hinweise auf die magischen Künste der H.: Dem Inquisiten dürfe während der Folter ein Trunk zur Stillung des Durstes nicht verwehrt werden. Dabei aber sei auf die Scharfrichter zu achten; denn sie mischten bei Hexenprozessen ein spezielles Getränk, um die Wahrheit zu erfahren[24].

Letztlich dem gleichen Hintergrund verdankt der H. seinen Ruf als Heilkundiger[25]; dieser beruht auf seinen anatomischen Kenntnissen, die er sich für seinen Beruf – so fürs Knochenbrechen, gynäkologische Unters.en und das Leichensezieren – aneignen mußte.

Schließlich aber verfügte der H. über direkten Zugang zu Objekten im Umfeld der Hinrichtungsstätte und der → Leiche des Gerichteten wie Holz und Nägel vom → Galgen (→ Gehenkter), Alraunen, Teile des Stricks (cf. Mot. D 1502.2.3.1: *Hangman's noose cures scrofula*; Mot. D 1407.2: *Hangman's noose gives luck in gambling*) oder Leichenteile wie den Diebsdaumen, die Diebshand (→ Hand), Sperma oder Leichenfett[26]. Als bes. wirksam galt das → Blut des Enthaupteten, das bereits → Plinius d. Ä. zusammen mit den → Knochen aus dem Kopf eines Verbrechers als Heilmittel gegen Epilepsie erwähnt (*Naturalis historia* 28, 2). Das Trinken des Blutes eines Hingerichteten, das u. a. H. C. → Andersen beobachtete[27], wurde häufig von der Obrigkeit ausdrücklich gestattet[28].

3. Der H. als Thema in der Lit. Mit der sozialen und psychischen Desintegration des H.s beschäftigte sich die Erzählliteratur immer wieder. Sensationslüsternheit, Abscheu vor dem Töten und zugleich Neugierde auf Beschreibungen des ungewöhnlichen → Todes machten sog. Tagebücher und Autobiographien von H.n zu Bestsellern[29]. Allerdings erfordert die Mischung von Wirklichkeit und Fiktion erhöhte Bereitschaft zur Quellenkritik. So waren an den erstmals 1862/63 erschienenen Aufzeichnungen der von 1685 bis 1847 tätigen frz. H.dynastie Sanson nicht nur der letzte männliche Sproß der Familie, sondern auch Ghostwriter, unter ihnen vielleicht Alexandre Dumas, beteiligt. Auch die Novellistik nahm sich des Themas oft und in enger Anleh-

nung an die Realität an. Das als Sagenstoff bekannte Motiv von der Schwierigkeit, die Scharfrichterstochter zu heiraten[30], griff H. → Heine in seinen Memoiren auf[31]. A. Bierce schilderte den Ausschluß des H.s und seiner Familie aus der Wohnsiedlung wie aus der kirchlichen Liturgie[32]. Schließlich stehen der H. und seine Utensilien im Mittelpunkt zahlloser Horrorromane und -filme, die nur zu augenfällig die sadomasochistischen Träume ihrer Rezipienten ansprechen[33].

[1] allg. cf. Glenzdorf, J./Treichel, F.: H., Schinder und arme Sünder 1–2. Bad Münder 1970; Grimm, Rechtsalterthümer 2, 526–532; Helfer, C.: H.-Studien. In: Archiv für Kulturgeschichte 46 (1964) 334–359, 47 (1965) 96–117; Hentig, H. von: Vom Ursprung der H.smahlzeit. Tübingen 1958; Keller, A.: Der Scharfrichter in der dt. Kulturgeschichte. Bonn/Lpz. 1921 (Nachdr. Hildesheim 1968); Oppelt, W.: Über die „Unehrlichkeit" des Scharfrichters. (Diss. Würzburg) Lengfeld 1976; Schuhmann, H.: Der Scharfrichter. Seine Gestalt – seine Funktion. Kempten 1964; id.: H. In: Erler, A./Kaufmann, E. (edd.): Hwb. zur dt. Rechtsgeschichte 2. B. 1971, 75–77; Wilbertz, G.: Scharfrichter und Abdecker im Hochstift Osnabrück. Osnabrück 1979. – [2] Brunner, H.: Dt. Rechtsgeschichte 1. Lpz. 1887, 174. – [3] cf. Hovstad, J.: Mannen og samfunnet. Oslo 1943, 89 sq.; Schütze, G.: De cruentis Germanorum gentilium victimis humanis. Lpz. 1743. – [4] z. B. Peuckert, W.-E.: Niedersächs. Sagen 6. ed. G. Petschel. Göttingen 1983, num. 4187–4190. – [5] Oppelt (wie not. 1) 52. – [6] Beneke, O.: Von unehrlichen Leuten. Hbg 1863 (B. ²1889), 5. – [7] Schuhmann (wie not. 1) 1. – [8] cf. z. B. Alt, H.-P.: Das Problem der Todesstrafe. Mü. 1960; Ermecke, G.: Zur ethischen Begründung der Todesstrafe heute. Paderborn ²1963; Joyce, J. A.: The Right to Life. A World View of Capital Punishment. L. 1962; Rossa, K.: Todesstrafen. Bergisch Gladbach 1979; Wrede, R.: Die Körperstrafen bei allen Völkern [...]. Dresden 1898; cf. z. B. auch Lilienthal, M.: Zwo Kanzelreden, worinn erbauliche und vernünftige Gedanken von der Ehrlichkeit, Amt und Nutzen [...] der Scharf- und Nachrichter vorgetragen werden. Ffm. 1768. – [9] Ariès, P.: Geschichte des Todes. Mü./Wien 1980, 394 sq. – [10] cf. z. B. Barring, L.: Götterspruch und H.hand. Die Todesstrafen in der Geschichte der Menschheit. Bergisch Gladbach 1967; Heiler, F.: Erscheinungsformen und Wesen der Religion. Stg. 1961, 211–213. –
[11] Gernhuber, J.: Strafvollzug und Unehrlichkeit. In: Zs. der Savigny-Stiftung für Rechtsgeschichte, Germ. Abt. 74 (1957) 119–177, hier 167 sq.; Danckert, W.: Unehrliche Leute. Die verfemten Berufe. Bern/Mü. 1963; Kramer, K.-S.: Ehrliche/unehrliche Gewerbe. In: Erler/Kaufmann (wie not. 1) 855–858. – [12] Moser-Rath, Schwank, 188; cf. auch Senn, M. (ed.): Die Wickiana. Johann Jakob Wicks Nachrichtenslg aus dem 16. Jh. Küsnacht/Zürich 1975, 149. – [13] Schalk, O. (ed.): Scharfrichter Josef Lang's Erinnerungen. Lpz./Wien 1920, 88 sq. – [14] Moser, D.-R.: Verkündigung durch Volksgesang. B. 1981, 255; cf. Knapp, H.: Das Lochgefängnis. Nürnberg 1907, 57. – [15] cf. Röhrich, Märchen und Wirklichkeit, 140 sq. – [16] Fischer, E.: Die „Disquisitionum magicarum libri sex" von Martin Delrio als gegenreformatorische Exempel-Qu. Diss. Ffm. 1975, 276, num. 122. – [17] Graf, E./Dietherr, M.: Dt. Rechtssprichwörter. Nördlingen 1864, 110, 287; Röhrich, Redensarten, 411; cf. Wander, K. F. W.: Dt. Sprichwörter-Lex. 2. (Lpz. 1867) Nachdr. Augsburg 1987, 506–508. – [18] Ludovici, J. F.: Einl. zum Peinlichen Proceß. Halle ³1711, 81. – [19] Glenzdorf/Treichel 1 (wie not. 1) num. 998; Oppelt (wie not. 1) 241; cf. Angstmann, E.: Der H. in der Volksmeinung. Bonn 1928, 107. – [20] ibid., 107 sq. –
[21] Gräße, J. G. T.: Der Sagenschatz des Königreichs Sachsen 1. Dresden ²1874 (Nachdr. Lpz. 1980), num. 123. – [22] Oppelt (wie not. 1) 241 sq., not. 3. – [23] Angstmann (wie not. 19) 98. – [24] Ludovici (wie not. 18) 85. – [25] Hörnigk, L. von: Politia medica. Ffm. 1638, 172–192; cf. Schenda, R.: Der „gemeine Mann" und sein medikales Verhalten im 16. und 17. Jh. In: Telle, J. (ed.): Pharmazie und der gemeine Mann. Ausstellungskatalog Wolfenbüttel 1982, 9–20; Heinemann, F.: Die H. und Scharfrichter als Volks- und Viehärzte seit Ausgang des MA.s. In: SAVk. 4 (1900) 1–16; Horst, M.: Die Entwicklung des Medizinalwesens im Land Lippe unter bes. Berücksichtigung des Scharfrichterwesens und seiner Stellung in der Heilbehandlung. Diss. Münster 1947. – [26] Gräße (wie not. 21) num. 379. – [27] Andersen, H. C.: Levnedsbog 1805–31. ed. H. Topsøe-Jensen. Kop. 1971, 121–123. – [28] Strack, H. L.: Das Blut im Glauben und Aberglauben der Menschheit. Mü. ⁵⁻⁷1900, 43–48. – [29] Sanson, H.: Sept Générations d'exécuteurs 1688–1847 t. 1–2. P. 1862/63; id.: Tagebücher der H. von P. 1685–1847 t. 1–2. ed. E. Wesemann/K.-H. Wettig. Lpz./Weimar 1982; cf. auch Walheim, A.: Maister Franntzn Schmidts Nachrichters inn Nürnberg all sein Richten. In: Zs. für den dt. Unterricht 28 (1914) 701–709; Jacobs, J. C./Rölleke, H. (edd.): Das Tagebuch des Meister Franz, Scharfrichter zu Nürnberg. Dortmund 1980. – [30] Gräße (wie not. 21) num. 572. – [31] Heine, H.: Sämtliche Werke 7. ed. E. Elster. Lpz./Wien 1890, 499–511; cf. auch Abels, K.: Zum Scharfrichtermotiv im Werk Heinrich Heines. In: Heine-Jb. 12 (1973) 99–117; Kirsch, H.-C.: ... und küßte des Scharfrichters Tochter. Heinrich Heines erste Liebe. Ffm. 1981. – [32] Bierce, A.: The Monk and the Hangman's Daughter. In: id.: Collected Works 6. N. Y. 1966, 15–162. – [33] z. B. Laws, S.: Auf der Spur des Bösen. Mü. 1988 (Orig.: The Wyrm, 1987).

Freiburg/Br. Christoph Daxelmüller

Henmannus Bononiensis. Zur Person des H. B., der in der Hs. Kopenhagen, Gamle kongelige Samling Fol. 380 (Mitte 15. Jh.) als Kompilator eines dort überlieferten *Viaticum narrationum* genannt wird[1], ist Näheres nicht bekannt; eine urkundliche Bezeugung fehlt. Sprachliche Indizien der tradierten Textgestalt seines Werks rechtfertigen die Annahme einer niederrhein. Herkunft des Kompilators und die erschlossene Namensform Heinemann von Bonn[2]. Seine Slg muß um 1400 entstanden sein. Dies ergibt sich einerseits aus der Aufnahme der → *Griseldis*-Erzählung (num. 64; AaTh 887), die auf → Petrarcas Fassung (*Seniles* 17,3; 1373/74) zurückgeht, andererseits aus der Bearb. von 17 Geschichten des *Viaticum narrationum* in Hermann Korners *Chronica novella* (bereits im Entwurf von 1416), die ein bemerkenswertes Zeugnis für die literar. Nachwirkung der Slg darstellt[3].

Das *Viaticum narrationum* umfaßt 80 Exempla, die nach vorangestellten Stichwörtern alphabetisch geordnet sind (Abstinentia – Virtus Dei) und von denen fünf (num. 60, 73, 34, 74, 48) außerdem im Fragment Kopenhagen, Ny kongelige Samling Oct. 135c (15. Jh.) erhalten geblieben sind. Zu den bevorzugten Quellen[4] der Slg zählen die *Libri VIII miraculorum* und der *Dialogus miraculorum* des → Caesarius von Heisterbach, die *Scala celi* des → Johannes Gobii Junior sowie das *Speculum historiale* des → Vincent de Beauvais, denen, meist nur geringfügig bearbeitet, über die Hälfte der Stücke entstammt. Weitere Erzählungen lassen sich u. a. auf → Étienne de Bourbon, → Jacques de Vitry, → Petrus Alphonsi, das → *Alphabetum narrationum* und die → *Legenda aurea* zurückführen. Damit vermittelt die Slg einen guten Querschnitt durch die ma. Exempel- und Erzählliteratur, wobei eine Tendenz zu hagiographisch-mirakulösen Stoffen, bes. → Marienlegenden, unverkennbar ist. Das folgende Ausw.verzeichnis soll vornehmlich den Bestand internat. verbreiteter Erzähltypen im *Viaticum narrationum* dokumentieren:

num. 4 = AaTh 893: → *Freundesprobe.* – 5 = → Bürgschaft (Tubach und Dvořák, num. 2208). – 8 = AaTh 516 C: → *Amicus und Amelius.* – 9 = AaTh 893. – 13 = cf. AaTh 706: → *Mädchen ohne Hände* (ohne Motiv der abgeschnittenen Hände). – 21 = Tubach, num. 2811: *Jews struck dumb.* – 23 = AaTh 1501: → *Aristoteles und Phyllis.* – 31 = AaTh 933: → *Gregorius.* – 32 = Jugendgeschichte der hl. → Katharina (Tubach, num. 899). – 33 = AaTh 757: → *Jovinian.* – 34, 58 = verschiedene Fassungen[5] von AaTh 930: → *Uriasbrief.* – 36 = → Vision des Tundalus (Tubach, num. 4998)[6]. – 37 = AaTh 712: → *Crescentia.* – 39 = Tubach, num. 2806: *Jewess converted during childbirth.* – 40 = Tubach, num. 3030: *Leprosy prayed for* (→ Aussatz). – 44 = Tubach, num. 2419: *Hand restored by Virgin* (hl. → Johannes Damascenus). – 45 = AaTh 1855 A: *Jüdin verspricht,* → *Messias zu gebären.* – 46 = AaTh 470: → *Freunde in Leben und Tod.* – 47 = AaTh 1164 D: *The Demon and the Man Join Forces* (cf. AaTh 1164: → *Belfagor*). – 48 = AaTh 508: cf. → *Dankbarer Toter*[7]. – 51 = AaTh 706. – 54 = → Brot, am Tag der hl. → Margarete ohne Erlaubnis gebacken, verwandelt sich in → Blut (Tubach, num. 758). – 60 = cf. AaTh 706 (Motiv des inzestuösen Vaters fehlt, die Anfügung der Hände bewirkt der hl. → Martin [cf. → Helena von Konstantinopel])[8]. – 61 = Tubach, num. 3791: *Pilgrim miraculously carried home* (→ Luftreisen). – 65 = Tubach, num. 362: *Asceticism of duke's son* (mit Parallelen zur Legende des hl. → Alexius). – 71 = Tubach, num. 400: *Assenech and Joseph.* – 74 = → Berta (Tubach, num. 618)[9]. – 75 = → Theophilus (Tubach, num. 3572).

[1] Ausg. (mit Kürzungen) von Hilka, A.: Beitr.e zur lat. Erzählungslit. des MA.s. 3: Das Viaticum narrationum des H. B. B. 1935. – [2] Schröder, E.: Das Viaticum Narrationum des H. B. In: Corona quernea. Festschr. K. Strecker. Lpz. 1941 (²1962), 417 sq.; cf. Langosch, K.: Heinemann von Bonn. In: Verflex. 3 (²1981) 654. – [3] cf. Schwalm, J.: Die Chronica novella des Hermann Korner. Göttingen 1895, XXIII–XXV; zum Lübecker Geschichtsschreiber cf. Colberg, K.: Korner, Hermann OP. In: Verflex. 5 (²1985) 317–320. – [4] Übersicht bei Hilka (wie not. 1) 2. – [5] Schick, J.: Das Glückskind mit dem Todesbrief (Corpus Hamleticum 1, 2). Lpz. 1932, 154–157. – [6] Palmer, N. F.: „Visio Tnugdali". The German and Dutch Translations and Their Circulation in the Later Middle Ages. Mü. 1982, 24. – [7] Vollständiger Text in: ZfVk. 25 (1915) 376–379; Röhrich, Erzählungen 2, 178–180. – [8] cf. die Fassung bei Schmitt, M. (ed.): Der Große Seelentrost. Ein ndd. Erbauungsbuch des 14. Jh.s. Köln/Graz 1959, 224–226. – [9] Text auch in der Hs. Köln, Hist. Archiv, Signatur GB 4° 214 (15. Jh.), Bl. 37ᵛ–41ʳ.

Wolfenbüttel Udo Wawrzyniak

Henningsen, Gustav * Slagelse (Sjælland) 8. 7. 1934, dän. Folklorist. Er promovierte 1962 mit dem Thema *En strukturanalyse af heksetroen i et dansk kulturmiljø med hovedvægten lagt på nutidens tradition* (masch.) und ist seit

1962 als Archivar (Forschungsleiter) an der Dansk Folkemindesamling (Kopenhagen) tätig. Nach den frühen Arbeiten über Lügengeschichten[1] wandte sich H. von der Erzählforschung ab, um → Hexenstudien zu betreiben, sammelte 1965–71 in Spanien Materialien für seine Habilitationsschrift *The Witches' Advocate. Basque Witchcraft and the Spanish Inquisition (1609–1614)* (Reno 1980)[2] und hat seitdem eine ganze Reihe von Beitr.en zum europ., z. B. zum dän.[3] und sizilian.[4], Hexenglauben veröffentlicht.

[1] H., G.: The Art of Perpendicular Lying. In: JFI 2 (1965) 180–219; id.: Det store skib og den store gård. ATT 1960 H og E. In: Folkeminder 9 (1963) 196–213 (= The ‚Great Ship' and ‚The Great Farmhouse', AT 1960 H and E. In: JFI 3 [1966] 50–69); id.: Cuentos marineros. In: Revista de etnografia 7 (1965) 39–48. — [2] Neben schwed. und poln. Übers. cf. auch id.: Heksenes advokat. Historiens største hekseproces. Kop. 1981; El abogade de las brujas. Madrid 1983. — [3] id.: Hexenverfolgung und Hexenprozesse in Dänemark. In: Degn, C./Lehmann, H./Unverhau, D. (edd.): Hexenprozesse. Dt. und skand. Beitr.e. Neumünster 1983, 143–149. — [4] id.: Die ‚Frauen von außerhalb'. Der Zusammenhang von Feenkult, Hexenwahn und Armut im 16. und 17. Jh. auf Sizilien. In: Duerr, H. P. (ed.): Die Mitte der Welt. Aufsätze zu Mircea Eliade. Ffm. 1984, 164–182.

Fakse Bengt Holbek

Henßen, Gottfried, * Jülich 10. 6. 1889, † Marburg 25. 1. 1966, Erzählforscher, Begründer des Zentralarchivs der dt. Volkserzählung. H. studierte 1909–14 in Tübingen, Berlin und Bonn Germanistik, Romanistik, Geschichte, Geographie und Vk. Neben seinem Schuldienst in Elberfeld wandte er sich der Volkserzählung zu und trug auf vielen Sammelreisen, die sich zunächst auf den nordwestdt. Raum beschränkten, mündliche Überlieferungen zusammen. H. promovierte bei F. von der → Leyen 1927 in Köln mit der Diss. *Zur Geschichte der berg. Volkssage.*

Den strengen Maßstäben, die H. in seinen Aufzeichnungsmethoden anlegte, entsprach die → Authentizität seiner nach vorbildlichen Prinzipien edierten zahlreichen Textsammlungen. Unter seinen frühen Veröff.en hatten vor allem *Volk erzählt. Münsterländ. Sagen, Märchen und Schwänke* (Münster 1935) und *Volkstümliche Erzählerkunst* (Wuppertal-Elberfeld 1936) programmatischen Charakter und ließen gleichermaßen seinen empirischen und theoretischen Standort in der Erzählforschung erkennen. Als einer der ersten griff er die von F. → Ranke erhobene Forderung auf, beim Sammeln auch die näheren Umstände festzustellen, unter denen das Erzählen zustande komme, und bes. die Beziehungen zwischen dem Erzähler und seinen Geschichten zu erhellen[1], indem er ganz bewußt die persönliche Fühlungnahme mit den Überlieferungsträgern suchte (cf. → Biologie des Erzählguts, → Erzählen, Erzähler, → Repertoire).

H. äußerte nicht nur Skepsis gegenüber indirekten Erhebungsmethoden[2], sondern wandte sich auch gegen eine Unterschätzung der mündl. Überlieferung, wie er sie bei A. → Wesselski zu erkennen glaubte[3]. Bes. Aufmerksamkeit widmete H. außergewöhnlichen Erzählerpersönlichkeiten, denen er eine wichtige Rolle für den Tradierungsprozeß von Erzählstoffen zuerkannte. Leidenschaftlich gegen H. → Naumann gerichtet (→ Gesunkenes Kulturgut), stellte er fest, daß es schöpferische Menschen in allen Schichten der Bevölkerung gebe, die als Träger, Fortsetzer und Erneuerer der Kultur wirkten. Auch in J. Schwieterings Versuch, das Leben der Volkserzählung von der Gruppe her zu erschließen, fand H. die schöpferische Leistung begabter Erzählerpersönlichkeiten zu wenig beachtet. Er ging vielmehr davon aus, daß die Wechselwirkung von Gemeinschaft und Individuen erfaßt werden müßte[4].

1936 wurde H. von A. Spamer mit dem Aufbau des zunächst von der Dt. Forschungsgemeinschaft getragenen Zentralarchivs der dt. Volkserzählung in Berlin betraut. Die Initiative zur zentralen Erfassung der volkstümlichen Erzählüberlieferung eines jeden Landes ging von Vertretern der Finn. Schule aus (cf. → Geogr.-hist. Methode), die 1935 auf dem ersten Märchenforscherkongreß in Lund die Einrichtung derartiger Sammel- und Dokumentationsstellen gefordert hatten[5] und sich damit für ihre komparatistisch angelegten Studien eine erweiterte Quellenbasis bzw. größere Effizienz im Quellenzugang erhofften. Verbunden mit intensivierter Sammeltätigkeit gelang es H., die Quellenlage für das gesamte Themenspektrum der dt.sprachigen Märchen-, Sagen- und Schwanküberlieferung zu fixieren und unter Nutzung der internat. verbindlichen → Anordnungsprinzipien für die Forschung zu erschließen. Da sich H. gegenüber den politischen Gleichschaltungstendenzen des Nationalsozialismus kompromißlos zeigte, mußte er 1938 die Archivleitung abgeben und ging in den Schuldienst zurück. Nach 1945 war es seiner persönlichen Initiative und der ihm von S. → Thompson gewährten Hilfe zu verdanken, daß die während des Krieges ausgelagerten Berliner Archivbestände zusammen mit der berühmten Bibl. von J. → Bolte in die Obhut der Philipps-Univ. Marburg übergehen konnten. Neben der ihm erneut übertragenen Archivleitung vertrat H. ab 1951 hier auch als Honorarprofessor das Fach Vk. in der Lehre.

H.s Bedeutung für die Erzählforschung liegt einmal im Aufbau des Zentralarchivs der dt. Volkserzählung, das mit über 75 000 Belegen eine der umfangreichsten Dokumentationsstellen dieser Art ist, andererseits in der von ihm vertretenen ‚biologischen' Forschungsrichtung. Die genannten Frühwerke aus den 30er Jahren und vor allem die beiden Editionen *Überlieferung und Persönlichkeit. Die Erzählungen und Lieder des Egbert Gerrits* (Münster 1951) und *Ungardt. Volksüberlieferungen. Erzählungen und Lieder* (Marburg 1959) geben davon Zeugnis und brachten ihm die verdiente Anerkennung.

[1] H., G.: Slg und Auswertung volkstümlichen Erzählgutes. In: HessBllfVk. 43 (1952) 5–29, hier 6; Ranke, F.: Volkssagenforschung. Vorträge und Aufsätze. Breslau 1935, 114; Lüthi, Märchen, 88. — [2] H., G.: Volk erzählt. Münster 1935, 40. — [3] id.: Volkstümliche Erzählerkunst. Wuppertal-Elberfeld 1936, 5; cf. ferner Ranke, K.: Der Einfluß der Grimmschen Kinder- und Hausmärchen auf das volkstümliche dt. Erzählgut [1955]. In: id.: Die Welt der Einfachen Formen. B./N.Y. 1978, 79–86. — [4] H. (wie not. 3) 38. — [5] Resolution des ersten Märchenforscherkongresses in Lund [...]. In: ZfVk. 44 (1934) 314.

Lit.: Schwebe, J.: G. H. †. In: HessBllfVk. 57 (1966) 247–251. — Neumann, S.: In memoriam G. H. 1889–1966. In: DJbfVk. 13 (1967) 102–106.

Marburg Joachim Schwebe

Heptaméron → Marguerite de Navarre

Herakles, zentraler Held des griech. Mythos, der sich bes. durch gewaltige Kraft auszeichnet (cf. AaTh 650 A: → *Starker Hans*)[1]; die Hauptquelle der Kenntnisse über H. ist die *Bibliotheca* des Apollodoros (2. Jh. a. Chr. n.)[1]. Als von → Zeus mit Alkmene, der Frau des → Amphitryon, gezeugter Sohn ist H. schon als Kind wegen seiner außergewöhnlichen → Stärke berühmt. Sein menschliches Dasein ist geprägt von der Verfolgung durch Hera, Zeus' eifersüchtiger Gattin. In Zusammenhang hiermit erfuhr sein Name seit der Antike die Deutung ‚der durch Hera Berühmte'; neuere Etymologien sehen im Namen H. jedoch nicht mehr den Eigennamen der Göttin, sondern einen Bezug zur Eigenschaft einer mit dem Wort Heros gemeinsamen Wurzel[2].

H. ist, wie bes. J. de → Vries[3] betont, keine Märchenfigur; aber es gibt Beziehungen zur Märchenwelt schon in der Jugend des Helden (cf. → Erwachsen bei Geburt).

Acht oder zehn Monate nach seiner Geburt schickt Hera zwei gifttropfende Riesenschlangen ins Haus Amphitryons, um das Kind zu töten; H. erwürgt sie ohne Mühe (Apollodoros 2, 4, 8). Von Amphitryon erhält H. eine ritterliche Ausbildung in Waffentaten und den Artes; als Linos einmal den Musiklehrer vertritt, beweist H. seine Stärke und rohe Gemütsart, indem er Linos mit der Lyra erschlägt (Apollodoros 2, 4, 9). Nach der Freisprechung von diesem Mord stellt Amphitryon den Jungen als Hirten auf dem Gebirge Kithairon an.

Nachdem sich H. am Scheideweg gegen die Wollust und für die Tugend entschieden hat[4], unternimmt er mit 18 Jahren seine erste, selbstauferlegte Aufgabe. Er tötet den kithairon. Löwen, der die Rinder Amphitryons und des Königs Thespius vernichtet hatte. Während der 50 Nächte, die H. wegen der Jagd bei Thespius verbringt, schläft er mit jeder der 50 Töchter des Königs (Apollodoros 2, 4, 8–10; bei Pausanias 9, 27, 5, mit allen in einer Nacht).

Bei seiner Rückkehr von diesem Abenteuer begegnet H. den Boten des Königs Erginos, der einen jährlichen Tribut von den Thebanern verlangt. Nach Verstümmelung der Boten führt H. die theban. Soldaten gegen die Truppen von Erginos, der aus dem Hinterhalt erschlagen wird. Die Thebaner werden dadurch von ihrem Tribut erlöst. Als Belohnung für seine Taten gibt Kreon, König der Thebaner, H. seine Tochter Megara zur Ehe. Infolge eines von Hera verursachten Wahnsinnsanfalls ermordet H. später seine Frau und Söhne (Apollodoros 2, 4, 11–12). Als er wieder bei Verstand ist, meidet H. tagelang allen menschlichen Verkehr, sucht Reinigung beim König Thespius, und schließlich geht er nach Delphi, um das Orakel zu fragen. Hier wird H. mitgeteilt, er müsse zwölf Jahre im Dienste des Eurystheus von

Tiryns stehen und alle Taten ausrichten, die der König von ihm verlange (cf. → Dienst beim Dämon). Trotz der Erniedrigung, dem Schwächling dienen zu müssen, willigt H. ein und vollbringt die zwölf Taten (Dodekathlos; Apollodoros 2, 4, 11 – 5, 12; nach der abweichenden Tradition von Euripides verfällt H. erst nach Unternehmung der zwölf Arbeiten in Wahnsinn und tötet seine Familie)[5].

Nach J. Campbells Schema[6] gehören die einzelnen Arbeiten zum Bereich der mythischen Taten (→ Aufgaben, unlösbare), deren Ausführung einen Helden dem Göttlichen näherbringt. Die Reihenfolge der Taten ist in der am häufigsten angenommenen Chronologie (unterschiedlich z. B. bei Euripides) wie folgt:

(1) Eurystheus befiehlt H., den unverwundbaren neme. Löwen zu töten. H. versucht, ihn mit den von Apollo geschenkten Pfeilen zu erlegen. Da das Fell des Löwen nicht zu durchstechen ist, muß ihn H. erwürgen. Das Fell trägt er seither als Schutz. (2) H. soll die Hydra von Lerna (cf. → Drache) töten. Jedesmal wenn er einen ihrer Köpfe abschlägt, wachsen zwei neue. Außerdem schickt Hera einen Riesenkrebs, der H. von seiner Aufgabe abhält. Um die Tat zu vollbringen, fordert H. seinen Neffen Iolaos auf, die Köpfe beim Abschlagen auszubrennen. Das Gift der Hydra benutzt er für seine Pfeile, die daraufhin tödlich verwunden. (3) Die kerynit. Hirschkuh, die H. fangen soll, damit sie den Streitwagen der Artemis mitzieht, entkommt dem Helden ein Jahr lang, bis er sie lebendig fangen kann. (4) H. wird aufgetragen, den gefährlichen erymanth. Rieseneber lebendig nach Tiryns zu bringen; er lockt ihn in eine Schneewehe und fängt ihn mit seinem Netz. Während der Suche nach dem Eber hat H. sein erstes Abenteuer mit dem Zentaur Nessus, der später Anlaß seines Todes wird. (5) H. wird zu → Augias, einem Sohn des Helios, geschickt, um dessen mit Unrat gefüllte Ochsenställe in einem Tag zu säubern (Mot. H 1102). H. leitet die Flüsse Alpheios und Peneios durch die Ställe. (6) H. soll die mit ehernen Federn bewaffneten Vögel im Sumpf von Stymphalos töten. Als er eine Klapper aus Bronze tönen läßt, fliegen sie aus dem Sumpf, so daß er sie mit seinen giftigen Pfeilen erschießen kann. (7) H. zähmt den kret. Stier und bringt ihn zu Eurystheus. (8) H. soll die menschenfressenden Rosse des Diomedes, König der Bistonen, holen. Er gibt den wilden Tieren den getöteten König zu fressen, wodurch sie sofort zahm werden. (9) Im Auftrag der Admete, Tochter des Eurystheus, soll H. das Wehrgehänge der Amazonenkönigin holen. Hippolyte will dem Helden den Gürtel ohne Einwendung schenken, erregt aber hierdurch Heras Zorn. Als Amazone verkleidet, stiftet Hera die anderen an, H. anzugreifen. Da er glaubt, Hippolyte habe ihn verraten, tötet H. sie und verläßt das Land mit ihrem Gürtel. (10) Um Eurystheus die Rinder des dreiköpfigen Riesen Geryoneus zu holen, muß H. zur Insel Erytheia in den Westen fahren. Dort tötet er den ungeheuren Wächterhund Orthos und dessen Herrn, dann treibt er die Rinder zurück nach Griechenland. (11) H. soll die goldenen → Äpfel der Hesperiden, der Töchter des Titanen → Atlas, entwenden (Mot. H 1151.1). Nachdem H. Auskunft darüber erhält, wie er zum Garten der Hesperiden kommt, überredet er Atlas, ihm bei der Aufgabe zu helfen. Atlas holt die Äpfel, während H. mit Hilfe Athenes die Himmel auf seinen Schultern trägt. Da Atlas die Bürde nicht wieder aufnehmen will, spielt H. ihm vor, er brauche eine Pause; als Atlas ihn abgelöst hat, flieht er mit den Äpfeln zu Eurystheus. Auf dem Rückweg besiegt er den libyschen Riesen → Antaios, der solange unbesiegbar war, wie er die Erde berührte (Mot. D 1833; Tubach, num. 267): H. hob ihn beim Ringkampf in die Höhe und zerbrach ihm in der Luft die Rippen. (12) H. muß in die → Unterwelt hinabsteigen, um den Höllenhund → Cerberus des Hades zu entführen (Mot. H 1271). Hades verbietet dem Helden, seine Keule und Pfeile zu gebrauchen, um den → Hund zu besiegen. H. ringt mit Cerberus, bis das Tier unterliegt. Er trägt den Hund vor Eurystheus, bevor er ihn wieder zu Hades zurückbringt.

Nach Vollbringung der zwölf Aufgaben erhält H. von den Göttern das Versprechen der zukünftigen Unsterblichkeit nach einem menschlichen Tod. Sein ganzes Leben lang nimmt er an zahlreichen anderen Abenteuern teil, u. a. dem Zug der → Argonauten (Apollodoros 1, 9, 16; Mot. H 1332.1). Später wirbt er um Iole, die Tochter des Königs Eurytos von Oichalia. Obwohl H. den König und seine Söhne beim Bogenschießen (cf. → Freier, Freierproben) übertrifft, will ihm Eurytos seine Tochter nicht geben. H. rächt sich später an der Familie und nimmt Iole als Kebsweib (Apollodoros 2, 6, 1–2). Nach erfolgreichem Kampf gegen den Flußgott (→ Fluß, Kap. 1) Acheloos gewinnt H. Deianeira als Frau. Unterwegs nach Trachis erklärt sich der Zentaur Nessus bereit, Deianeira über den Fluß Euenos zu tragen. Als er versucht, sie zu vergewaltigen, erschießt H. ihn mit einem giftigen Pfeil. Der sterbende Zentaur rät Deianeira, sein → Blut aufzubewahren und als Liebeszauber bei H. zu benutzen (Apollodoros 2, 7, 6). Während seines letzten Abenteuers belagert H. das Reich des Eurytos, der ihm seine Tochter verweigert hatte. H. bestellt ein Opfergewand von Deianeira, das sie mit dem Blut des Nessus beschmiert (Mot. D 1402.5). Nach dem Anziehen des → Hemdes wird H. von großen Schmerzen gequält und läßt sich schließlich auf einem Scheiterhaufen auf dem Berg Oite verbrennen (Apollodoros 2, 7, 7; → Entrückung). Danach wird er dann unter die Götter aufgenommen und mit Hebe vermählt.

F. Prinz sieht den Ursprung des H., unter Zusammenfassung der bisherigen Forschungsergebnisse, in der ursprünglich dor. Sagengestalt des Alkaios. Durch seine „urtümliche

Stärke und Popularität"[7] habe H. mit der Zeit eine derartige Berühmtheit erreicht, daß er „in jeden anderen Sagenkomplex einzudringen vermochte und in Beziehung zu Sagengestalten und Wesen trat, die ursprünglich völlig eigenständig und unabhängig von ihm waren"[8]. Bereits B. Schweitzer hat das Weiterleben der H.-Gestalt in Erzählungen der Neuzeit ausführlich dokumentiert[9]; so sieht er u. a. eine Parallele zur Sage von H. und Linos in einer lothring. Var. zu AaTh 550: → *Vogel, Pferd und Königstochter*[10]. Über die von Schweitzer angeführten Belege hinaus findet sich etwa eine Analogie zur Säuberung des Augiasstalls in einem ir. Volksmärchen[11]. Die Episode des Löwenkampfes hat ein reiches Nachleben in rumän. Volksliedern[12]. Möglicherweise haben auch Volksbücher über H.[13] zur Popularität seiner Gestalt beigetragen, die sich in der Moderne etwa in der Prägung von Comic-Figuren wie Superman widerspiegelt[14].

Die Frage, ob die H.-Sage aus Märchenelementen entstand oder ihrerseits erst Ursprung von Märchen war[15], sollte undogmatisch angegangen werden: K. → Ranke hat am Beispiel der Erzählung vom Augiasstall exemplifiziert, daß dieser — im Widerspruch zu de Vries' orthodoxer Auffassung[16] — „sehr wohl ein altes Märchen zugrunde gelegen haben"[17] könnte.

[1] Allg. v. Zwicker, J.: H. In: Pauly/Wissowa 8 (1913) 516—528; Gruppe, O. F.: H. ibid. Suppl. 3 (1918) 910—1121; Prinz, F.: H. ibid. Suppl. 14 (1974) 137—196; Frenzel, Stoffe, 306—309. — [2] Zwicker (wie not. 1). — [3] Vries, J. de: Betrachtungen zum Märchen, bes. in seinem Verhältnis zu Heldensage und Mythos (FFC 150). Hels. 1954, 68. — [4] Wienert, ST 532'; cf. Schwarzbaum, Fox Fables, num. 72; Rehermann 150, 294, 497 sq., 537 sq. — [5] cf. Brommer, F.: H. Die zwölf Taten des Helden in antiker Kunst und Lit. Münster/Köln 1953. — [6] Campbell, J.: The Hero with a Thousand Faces. Princeton 1968, 30—40, 245—251. — [7] Prinz (wie not. 1) 195. — [8] ibid., 178. — [9] Schweitzer, B.: H. Aufsätze zur griech. Religions- und Sagengeschichte. Tübingen 1922, bes. 184—240. — [10] ibid., 185; Cosquin 1, num. 19. —
[11] Müller-Lisowski, K.: Ir. Volksmärchen. MdW 1923, num. 33. — [12] Taloş, I.: Der Sieg über den Löwen. Ein Motiv rumän. Colinden. In: Fabula 29 (1988) 96—138, bes. 124—126; cf. Herter, H.: Den Arm im Gewand. Eine Studie zu H. dem Löwentöter. In: Miscellanea di Studi Alessandrini in memoria di A. Rostagni. Turin 1963, 322—377. — [13] cf. Heurck, E. H. van: De vlaamsche volksboeken. Brüssel 1944, 61; Morin, A.: Catalogue descriptif de la Bibliothèque Bleue de Troyes (almanachs exclus). Genf 1974, num. 1078. — [14] cf. EM 3, 93 sq. — [15] cf. allg. Schweitzer (wie not. 9) 133—158; Radermacher, L.: Mythos und Sage bei den Griechen. Brünn/Mü./Wien 1943, pass. — [16] de Vries (wie not. 4). — [17] EM 1, 1015.

Madison Salvatore Calomino

Herberge → Wirt, Wirtin, Wirtshaus

Herberger, Valerius, * Fraustadt (heute Wschowa; Polen) 21. 4. 1562, † ebenda 18. 5. 1627, luther. Prediger, Erbauungsschriftsteller, Liederdichter. Der Sohn des Kürschners Martinus H. (gest. 1571) besuchte zunächst die Lateinschule in Fraustadt, ab 1579 die Lateinschule in Freystadt (heute Kożuchów), studierte 1582—84 Theologie an den Univ.en Frankfurt (Oder) und Leipzig. 1584 wurde er Lehrer, 1590 Diakon und 1598 Pastor in Fraustadt; dort war er, mit Konfessionsstreitigkeiten, Hexen- und Ketzerverfolgung, Kriegsunruhen und Pest konfrontiert, bis zu seinem Tod tätig — als Seelsorger geschätzt, durch seine Predigten und Schriften weit über die Grenzen seiner Vaterstadt bekannt[1].

H., der zu den Begründern der neuen Frömmigkeit im Protestantismus des frühen 17. Jh.s gezählt wird[2], hat ein umfangreiches Werk hinterlassen; eine ganze Reihe seiner zumeist bei T. Schürer in Leipzig veröff. Schriften hat mehrere Aufl.n erfahren, z. T. wurden sie im 18. und 19. Jh. erneut herausgegeben, und sogar noch im 20. Jh. ist H. auf dem Buchmarkt vertreten.

Sein erstes bedeutendes Werk sind die *Magnalia Dei* 1—10 (Lpz. 1606—16[3]), neben zahlreichen weniger bekannt gewordenen Publ.en folgten *Das Himlische Jerusalem* (Lpz. 1609, 1858), *Horoscopia Passionis Domini. Passionszeiger* (Lpz. 1611[4]), *Hertz Postilla* 1—2 (Lpz. 1613[5]), *Trawrbinden* 1—3 (Lpz. 1611—14[6]) und das *Psalter-Paradies* 1—4 (Lpz. 1624[7]). Postum erschienen die *Epistolische Hertz-Postilla* 1—2 (Lpz. 1697[8]), *Geistliche Hertzens-Lust und Freude* (Lpz. 1653[9]), *Sirachs Hohe Weißheit- und Sitten-Schule* (Lpz. 1698, Hof 1739) und die *Geistreiche Stoppel-Postilla* 1—2 (Lpz. 1715, 1736); späte Ausg.n sind *Die Hochzeit im Paradies. Eine Festgabe für Trauungstage* (Barmen 1860), ein *Merkblatt für Taufpaten* [...] (Zwickau 1911, ^{2}1913) und

Die erste Hochzeit auf Erden und die himmlische Hochzeit im ewigen Leben (Zwickau [1927]).

Ganz im Sinne der zeitgenössischen Kritik am Erzählen auf der Kanzel setzt sich der Prediger H. deutlich gegen die vorreformatorische Fabulierlust der „Mönche in Klöstern"[10] ab und verwahrt sich wiederholt gegen die Verwendung von nichtbibl. Erzählungen in der Predigt[11]: Antike Fabeln, Legenden und Märlein – für H. gleichbedeutend mit „leichtfertigen Sachen" und Lügen[12] – gehörten ebensowenig vor das Kirchenvolk[13] wie Zitate aus „der Jüden grossen Thalmud"[14], dem „Eulenspiegel, Terentius, Aristoteles und Albertus Magnus"[15]. Der Prediger „bringe keine risus paschales auff die Cantzel/ und mache kein Gelächter"[16] (→ Risus paschalis), auf „Grillen-Zoten-Possen-Bücher [...] oder unnütze Paßquillen und Schmähekarten"[17] verweise Christus ja auch nicht.

Trotz all dieser vehement vorgebrachten Erklärungen quillt H.s Werk von Erzählungen aller Art, Spruchweisheiten und Zitaten geradezu über. Die von H. Wolf zusammengestellten Belege für Fabeln, Legenden, Teufelsgeschichten, hist. Sagen, Anekdoten, Wunderzeichenberichte, novellen- und märchenhafte Erzählungen, Schwänke, Späße, Narrengeschichten und Sprichwörter ließen sich mühelos um ein Vielfaches ergänzen[18]. So führt H. in einer Leichenpredigt der *Trawrbinden* zu einem Abschnitt über den plötzlichen → Tod nicht weniger als 51 Exempel an[19]. In Predigten aus *Sirachs Hohe Weißheit- und Sitten-Schule* sind z. B. → Dankbarkeit und Undankbarkeit gegen Eltern und → alte Leute durch elf Geschichten veranschaulicht, zu → Ständeordnung und Hoffart liefert H. 21, zu den Folgen eines schlechten Gewissens 15 und zum Thema → Geiz 20 Beispiele[20].

Die Funktion seiner Exempel ist, meist unter Bezug auf die jeweilige Predigtintention, in der Mahnung zu einem gott- und obrigkeitsgefälligen Leben zu sehen. Zum Wahrscheinlichkeitsgrad der Geschichten nimmt H. nur selten Stellung, zwei Ausnahmen seien jedoch erwähnt: Für das Strafexempel vom undankbaren Sohn, der dreizehn Jahre eine giftige Kröte im Gesicht tragen muß (AaTh 980 D: cf. *Der undankbare → Sohn*)[21], nennt er einen Augenzeugen[22], die Legende vom Drachenkampf des hl. → Georg versieht er dagegen mit dem Kommentar, daß ihre Faktizität „aus keiner alten Historia zu beweisen" sei[23].

H.s Biographen beschreiben ihn als einen gelehrten und belesenen Mann, der, durch Schenkungen und gute Kontakte zum Verleger Schürer begünstigt, über eine große Bibliothek verfügte[24]. Für seine Schriften zog er eine Vielzahl von Quellen heran, die er jedoch, wenn überhaupt, meist nur mit dem Namen des Autors angibt. So finden sich u. a. Diodorus Siculus, → Valerius Maximus, → Claudius Aelianus, Aulus Gellius, Johann → Geiler von Kaysersberg, → Erasmus von Rotterdam, Sebastian Münster, Olaus Magnus, Sebastian → Franck, Johannes → Mathesius, Johannes Sleidanus, Johannes → Manlius; mit Abstand am häufigsten und in seltener Ausführlichkeit wird Theodor → Zwingers *Theatrum vitae humanae* (Basel 1565) zitiert. Äsopische Fabeln setzt H. in vielen Fällen als bekannt voraus[25].

H. und sein Werk haben langanhaltende und breite Wirkung gehabt. Barockzeitlichen Schriftstellern und Exempelkompilatoren wie Christoph Achatius Hager[26], Caspar → Titius, Daniel → Schneider, Johannes → Stieffler[27], Jacob Daniel → Ernst und Christian Friedrich Hilscher[28] dienten seine Schriften als Quelle für ihre Historien; Titius rechtfertigt den Gebrauch von Exempelgeschichten u. a. mit einem Verweis auf H.[29], und der letzte Roman Philipp von Zesens, → *Simson/eine Helden- und Liebes-Geschicht* (Nürnberg 1679), ist nachweislich von H.s *Magnalia Dei* beeinflußt[30].

Sowohl an der großen Beliebtheit seiner Postillen, die sich in der hohen Anzahl ihrer Aufl.n und späteren Ausg.n spiegelt[31], als auch an der ambivalenten Bewertung H.s innerhalb der Theologie hat der Exempel- und Sprichwortreichtum in H.s Predigten seinen Anteil. Während etwa am Ende des 17. Jh.s die Herausgeber-Vorreden zur *Evangel. Hertz Postilla* und zu *Sirachs Hohe Weißheit- und Sitten-Schule* die Fülle „merckwürdiger Geschichte[n]"[32] und „anmuthige[r] Historien"[33] ausdrücklich hervorheben, rühmen Predigtgeschichtsschreiber des späten 18. bis 20. Jh.s, die ihn zu den bedeutendsten Kanzelrednern der protestant. Kirche zählen, die herzliche Innigkeit seiner Predigten; den nahezu unerschöpflichen Schatz an Zitaten, Anspielungen und volksnahen wie volksläufigen Wendungen vermerken sie jedoch ebenso negativ wie seine stellenweise derbe Ausdrucksweise[34]. Um die Person H.s, die Wertschätzung seiner Schriften und um sein Grab wurden, bereits im 17. Jh. beginnend, eine Reihe von Geschichten erzählt; teilweise sind sie in den Neuauflagen seiner Werke zu lesen[35], und mit Vorliebe werden sie von seinen Biographen kolportiert[36].

[1] Biogr.n (Ausw.): Lauterbach, S. F.: Vita, fama et fata Valerii H.i. Lpz. 1708; Zwei und dreißig Leichenpredigten, genannt Trauerbinden, von V. H. ed. K. E. Ledderhose. Halle 1854, 153 sq. (autobiogr.); Pfeiffer, G.: Das Leben des V. H. Eisleben/Lpz. 1877; Wagenmann [, J. A. W.]: H. in: ADB 12 (1880) 28 sq.; Henschel, A.: V. H. Halle (Saale) 1889; V. H. und seine Zeit (Qu.n und Forschungen zur Heimatkunde des Fraustädter Ländchens 1). Fraustadt 1927; Michaelis, O.: Lebensbilder der Liederdichter und Melodisten. Göttingen 1957, 125–130; v. zusätzlich die Art. im Dt. biogr. Archiv; cf. auch Statuæ honoris & amoris, ad monumentum venerandi senioris [...] Valerii H.i. s. l. [1627] (Trauergedichte auf V. H.). – [2] Der Protestantismus des 17. Jh.s. ed. W. Zeller. Bremen 1962, XXV sq.; Winkler, E.: Die Leichenpredigt im dt. Luthertum bis Spener. Mü. 1967, 104–127, hier 104. – [3] Auch Lpz. 1611–18, ^{4}1678, ^{6}1728, Halle 1854. – [4] Auch Barmen 1705, Halle 1854. – [5] Auch u. d. T. Evangel. Hertz Postilla. Lpz. 1697, 1700, 1721, ^{21}1732, B. 1740, Lpz. ^{23} 1754, Sorau 1840, B. 1852–53, Meerane 1882. – [6] Auch Lpz. 1669, Halle 1854. – [7] Auch Halle 1857, ^{2}1862. – [8] Auch Lpz. ^{5}1724, ^{6}1736, B. 1851–52, 1853. – [9] Auch Lpz. 1698, 1711, 1729, Erlangen 1863. – [10] H., V.: Sirachs Hohe Weißheit- und Sitten-Schule. Lpz. 1698, 2. –
[11] cf. Wolf, H.: Erzähltraditionen in homiletischen Qu.n. In: Brückner, 705–756, hier 705–709; EM 3, 485. – [12] H. (wie not. 10) 792. – [13] ibid., 2, 4, 792; id.: Evangel. Hertz Postilla 1. Lpz. 1697, a 1^{v}; id.: Magnalia Dei 1–2. Lpz. 1678, hier t. 1, 3. – [14] ibid. – [15] H., zitiert nach Wolf (wie not. 11) 706 („Herzpostille I [1754], p. 185"). – [16] H. (wie not. 10) 324. – [17] id. 1678 (wie not. 13). – [18] Wolf (wie not. 11); cf. die Belege aus H.s „Erklärung des Haus- und Zucht-Buchs Jesus Sirach" (Hof 1739) bei Moser-Rath, Predigtmärlein, zu num. 25a (AaTh 980 C), 25b (AaTh 980 A), 42 (Mot. J 1545.4.1), 52, 76 (AaTh 298), 78 (AaTh 1365 A), 83, 94 (AaTh 1430), 126 (AaTh 155), 127 (AaTh 1342), 146 (Dicke/Grubmüller, num. 95), 153, 179 (AaTh 910 E), 192 (AaTh 1553), 236 (AaTh 34 A), 251 (AaTh 112), 264 (AaTh 1353), 266 (AaTh 50 A), die sich alle auch bei H. (wie not. 10) nachweisen lassen; Rehermann, 258, num. 3, 267 sq., num. 17, 275 sq., num. 34 (AaTh 766), 310, num. 63 (AaTh 156), 338, num. 12, 467, num. 24, 528, num. 3, 542, num. 7, 562 sq., num. 14; EM 3, 485 sq.; cf. dagegen Meid, V.: Sprichwort und Predigt im Barock. Zu einem Erbauungsbuch V. H.s. In: ZfVk. 62 (1966) 209–234, hier 223 sq. – [19] Winkler (wie not. 2) 114. – [20] H. (wie not. 10) 70–78, 78–85, 249–254, 254–262. –
[21] cf. dazu Wolf (wie not. 11) 740–742. – [22] H. (wie not. 10) 74. – [23] id. 1678 (wie not. 13) t. 2, 167. – [24] cf. Lauterbach (wie not. 1) 229 und weitere Biogr.n (wie not. 1). – [25] z. B. H. (wie not. 10) 221, 426 sq.; id. 1678 (wie not. 13) t. 1, 39. – [26] Pape, W.: Buchhaltung und Orthographie, christl. Erziehung und frühbürgerlicher Roman. C. A. Hagers Lehr- und Gebrauchsschriften. In: Lit. und Volk im 17. Jh. 2. ed. W. Brückner/P. Blickle/D. Breuer. Wiesbaden 1985, 797–815, hier 805. – [27] Rehermann, 47, 95, 201 sq., 211 sq., 542. – [28] Tomkowiak, I.: Curiöse Bauer-Historien. Zur Tradierung einer Fiktion. Würzburg 1987, 175. – [29] Rehermann, 47. –
[30] Meid (wie not. 18) 209, 229–234. –
[31] cf. not. 3–9. – [32] H. 1697 (wie not. 13) a 4^{r}. – [33] id. (wie not. 10) Vorrede des Herausgebers. – [34] Schuler, P. H.: Geschichte der Veränderungen des Geschmacks im Predigen 1. Halle 1792, 164 sq., cf. auch 206 sq.; Schenk, C. G. F.: Geschichte der dt.-protestant. Kanzelberedsamkeit. B. 1841, 45–47, 77; Ledderhose (wie not. 1) III sq.; Beste, W.: Die bedeutendsten Kanzelredner der luther. Kirche des XVII. Jh.s. Dresden 1886, 79; durchweg positiv bewertet bei Henschel (wie not. 1) 11; Michaelis (wie not. 1) 127 sq.; ablehnend Meid (wie not. 18) 219–225; Winkler (wie not. 2) pass., bes. 105, 113–116. – [35] z. B. H. 1697 (wie not. 13) [a 3^{v}–a 4^{r}]. – [36] z. B. Tholuck, A.: Lebenszeugen der luther. Kirche. B. 1859, 287–290; Pfeiffer (wie not. 1) 202–204; Henschel (wie not. 1) 20 sq., 26 sq., 38; Michaelis (wie not. 1) 127.

Göttingen Ingrid Tomkowiak

Herder, Johann Gottfried

1. Biogr. Abriß, wichtigste Veröff.en – 2. Mythopoiesis – 3. Hist. Interesse an Volkskultur – 4. Schriftl. Tradition – 5. Sammlung als ästhetische Form – 6. Deutung des Textes als Merkzeichen

1. Biogr. Abriß, wichtigste Veröff.en. *Mohrungen 25. 8. 1744, †Weimar 18. 12. 1803, Lit.kritiker, -theoretiker, Übersetzer, Pädagoge, Begründer des Konzepts der Volkspoesie (cf. → Naturpoesie). Nach dem Studium der Theologie in Königsberg wirkt er 1764–69 als Lehrer und Pastor adjunctus in Riga. Hier entstehen seine wichtigsten literaturkritischen Schriften: *Über die neuere dt. Litteratur* 1–3 (Riga 1767; Erstdruck anonym 1766/66/67), *Über Thomas Abbts Schriften* (Riga 1768) und *Kritische Wälder* 1–4 (Riga 1769; 4. Erlangen 1846). 1769 bricht er zu einer

Seereise nach Nantes auf, deren Eindrücke er im erst posthum veröff. *J. meiner Reise im Jahr 1769* (B. 1878), einer Art Programm für viele seiner späteren Arbeiten, festhält. Von September 1770 bis April 1771 hält er sich in Straßburg auf, wo er → Goethe kennenlernt und stark beeinflußt. In dieser Zeit entstehen H.s Preisschrift *Abhdlg über den Ursprung der Sprache* (B. 1772), der gemeinsam mit dem *Auszug aus einem Briefwechsel über Ossian und die Lieder alter Völker* veröff. Aufsatz über → *Shakespear* (Hbg 1773) und die Abhdlg über die *Plastik* (Riga 1778). Angeregt von der vermeintlichen → *Ossian*-Übers. J. Macphersons, vor allem aber T. → Percys *Reliques of Ancient English Poetry* (Edinburgh 1765, 1767), entschließt sich H., alte dt. Volkslieder zu sammeln und mit den Volksliedern anderer, meist ‚kleinerer' Lit.en und Kulturen (vor allem aus Nord- und Osteuropa) herauszugeben. Er regt auch Goethe zum Sammeln an, der elf Volkslieder aus mündl. Tradition aufzeichnet, von denen drei in H.s Anthologie *Volkslieder* 1—2 (Lpz. 1778/79), die übrigen in die *Wunderhorn*-Sammlung von Achim von → Arnim und Clemens → Brentano Eingang finden. 1771 tritt H. in Bückeburg die Stellung als Hofprediger und Konsistorialrat an. Hier werden die Straßburger Arbeiten fertiggestellt und durch den geschichtsphil. Entwurf *Auch eine Philosophie der Geschichte zur Bildung der Menschheit* (Riga 1774) sowie die Studie über ägypt. und hebr. Lit. und Kultur *Älteste Urkunde des Menschengeschlechts* 1—4 (Riga 1774/74/74/76) ergänzt. 1776 erhält H. den Ruf in die Generalsuperintendentur in Weimar, wo er auch die Oberaufsicht über alle Schulen übernimmt. Hier wandelt sich sein volkskundliches Interesse an der Volkspoesie in Richtung auf ein pädagogisches Bildungsinteresse, das schon in der endgültigen Gestalt der *Volkslieder*-Anthologie seinen Niederschlag findet. Die Hauptschriften dieser Periode sind die *Ideen zur Philosophie der Geschichte der Menschheit* 1—4 (Riga/Lpz. 1784/85/87/91), *Briefe zu Beförderung der Humanität* 1—10 (Riga 1793—97) sowie die *Kalligone* 1—3 (Lpz. 1800), H.s Antwort auf Kants *Kritik der Urteilskraft* (B. 1790). In dieser Zeit entstehen Pläne zu Märchen- und Fabelsammlungen, die seine *Volkslieder*, seine *Blumen aus der griech. Anthologie gesammlet* und seine z. T. übersetzten, teils nach-, teils neugedichteten Sammlungen von *Paramythien* nach griech. Fabeln und morgenländ. Sagen in den *Zerstreuten Blättern* 1—6 (Gotha 1785—97) ergänzen sollten. Als ein Seitenstück zu diesem Vorhaben kann man auch H.s *Cid*-Übers. betrachten, die er seit 1802 in der Zs. *Adrastea* 1—6 (Lpz. 1801—03) herausgibt.

2. Mythopoiesis. Im Einklang mit der im 18. Jh. überwiegenden Auffassung haben für H. Mythe, Sage, Fabel, Märchen und Volkslied fließende Gattungsgrenzen (cf. → Gattungsprobleme). Neu ist, daß H. diese Gattungen nicht mehr hist. aus ihrem faktischen Bestand, sondern anthropol. aus der mythenschaffenden Phantasie, aus der „analogischen Erfindungskraft" (SWS 15, 552)[1] des sinnlichen Menschen erklärt[2]. Für diesen Begründungstyp hat H. den Begriff der Naturpoesie gewählt. Als vor allem auf die Gegenwart zielender Erklärungsversuch muß er strikt vom geschichtsspekulativen Konzept der in Urzeiten vermuteten Naturpoesie bei den Brüdern → Grimm unterschieden werden, die ihm nur geringe poetische Aktualität, um so mehr aber philol. Bedeutung beimessen.

Bis in die frühe Weimarer Zeit dient die mythopoietische Begründung der Erweiterung des Kulturbegriffs, bes. aber der Überwindung der einseitigen Orientierung an der als „Letternkram" (SWS 5, 181) kritisierten gelehrten Kunstdichtung. Deren Kanon erweitert H. um bisher anders (z. B. religiös) kanonisierte oder aber ganz ausgeschlossene, teilweise mündl. Traditionen, die er in Anlehnung an die zeitgenössische Bibel- und Mythenkritik (z. B. C. G. Heyne: *De caussis fabularum seu mythorum veterum physicis*. Göttingen 1764) auf den ‚unteren Seelenkräften' begründet, im Unterschied zu ihr aber positiv wertet und unter dem Begriff der Volkspoesie zusammenfaßt. Der von M. de Montaigne entlehnte Begriff bezeichnet bei H. die Lit. von und für das Volk. Die Hinwendung zu ihr betrachtet H. im Anschluß an J. G. Hamann und J.-J. Rousseau als grundlegend für die Entwicklung einer demokratischen Kultur mit einer weltoffenen Nationalliteratur[3]. Für dieses gegenwartsbezogene kultur- und literaturkritische Verständnis von Volkspoesie hat das Interesse an innovativer Ursprünglichkeit Vorrang vor der Frage nach der individuellen oder anonymen Herkunft der einzelnen Dokumente.

Die Umsetzung seines schon im *J. meiner Reise im Jahr 1769* skizzierten mythopoietischen Programms in seinen theoretischen Arbeiten und fertiggestellten oder geplanten Sammlungen von Volksliedern, Märchen, Fabeln und Paramythien weist Brüche auf. Die seit der Straßburger Zeit zunächst ins Auge gefaßte Einheit ethnol., soziol. und ästhetischer Fragestellungen wird in Weimar schon bald von einer überwiegend pädagogisch-ästhetischen Orientierung abgelöst. Der mythopoietische Ansatz, der, aus seiner polemischen Spannung zur herrschenden ‚Letternkultur' heraus, mündl. Traditionen als Exponenten ethnischer Minderheiten und kulturell unterrepräsentierter sozialer Gruppen und Klassen entdecken hilft[4], wird jetzt normativ gewendet. Aus der Heuristik wird die Norm idealisierender Aktualisierung durch mündige Leser, die hinter den Buchstaben der gesammelten Texte den Geist idealer Mündlichkeit als Ausdruck der Einmütigkeit eines zur Nation gebildeten Volks suchen und produzieren.

3. Hist. Interesse an Volkskultur. Wo bei H. das hist. Interesse überwiegt, betont er in Abgrenzung zur chronikalen wie auch zur teleologisch-weltbürgerlichen Geschichtsschreibung die Notwendigkeit einer sozial- und kulturgeschichtlichen Umorientierung. Statt ‚Pathologie des Kopfs' fordert er eine ‚Physiologie des ganzen Nationalkörpers' (SWS 9, 523 sq.), in der bes. unterrepräsentierte und unterdrückte Gruppen und Klassen berücksichtigt werden sollen. In diesem Zusammenhang gilt Volkspoesie als authentischer Ausdruck sozial und ethnisch unterschiedener Völker: „Ihre Gesänge sind das Archiv des Volks [...]. Da malen sich alle, da erscheinen alle, wie sie sind" – und nicht, wie der „pragmatische Geschicht- und Reisebeschreiber beschreibt": „aus eigenem Kopfe, einseitig, gebildet" (SWS 9, 532). Mit der Methode des Fremdverstehens will H. den Alltag des Volks und seine materielle Kultur entdecken helfen – eines Volks, das dem Gebildeten sprachlich und kulturell fremder ist als andere fremdsprachige Lit.en. Volk ist hier ebenso wie Volkspoesie bloßer Sammelname: Beide Begriffe haben auch Anklänge an Volk als natio, bes. aber meinen sie Volk als vulgus[5]. Sozial und regional differenziert in Gruppen, Stände und Klassen, zudem durch „innere Mehrsprachigkeit"[6] charakterisiert, besitzt dies Volk nicht das „Volkslied", sondern „Volkslieder, Provinziallieder, Bauerlieder" (SWS 5, 189)[7].

4. Schriftl. Tradition. Aus alltäglichen Situationen versucht H. auch die Prozesse zu erklären, die für → Kontinuität und Wandel der Volkspoesie sorgen, denn vom Wandel, z. B. der Märchen (cf. SWS 25, 65 sq.) zu sprechen, hat nach H. nur Sinn, wenn auch die Kontinuität gesehen wird. Am Beispiel der Sage führt er aus, wie aus hist. Situationen hervorgehendes Erzählen fortlaufend verändert wird (SWS 15, 536 sq.; 23, 277). Völlig richtig sieht er, daß dies schnell zu „Sagen ohne Sinn", ohne einen archetypischen (cf. SWS 6, 393) oder symbolischen Gehalt (Personifikation, Geschlechterdualismus, Werden und Vergehen) im Sinen seines mythopoietischen Ansatzes (SWS 15, 535) führen würde, wenn nicht zumindest semiliterar. Prozesse die Tradition sicherstellen. Für H. sind dies zunächst die Konventionen, „gut" zu erzählen, „zuletzt" aber die „Schrift" (SWS 15, 537). Doch dieser bemerkenswerten Einsicht in die durch Schrift und Kunst vermittelte Tradition der Volkspoesie steht an anderer Stelle H.s Versuch gegenüber, Volkspoesie als reinen Gegensatz zur Kunstdichtung der ‚Letternkultur' zu begreifen. Der Sammlung der *Volkslieder* von 1778/79 schreibt er zu, „redende Gemählde von den Empfindungen und Seharten der verschiedenen Völker und Zeiten zu liefern" (SWS 13, 330, not.). Mehrfach hebt er hervor, daß Volkspoesie unmittelbar mündl. Ausdruck oder „lebendige Gedächtnißkunst" (SWS 32, 151) sei. Und auch im Kommentar der *Volkslieder* wird am Beispiel des estn. Liedes *Klage über die Tyrannen der Leibeigenen* der Gegensatz zwischen unmittelbarem Ausdruck und dichterischer Vermittlung hervorgehoben: bei diesem Lied handele es sich um die „Seufzer aus der nicht dichterisch, sondern würklich gefühlten Situation eines ächzenden Volks" (SWS 25, 537)[8]. Die Situation von Leibeigenen und ihre Gefühle sind eine Wirklichkeit; der Rezipient hat aber eine andere. Denn den „Sinn" (cf. SWS 15, 537) des Liedes überliefert ihm – nach H.s eigener Einsicht –

gerade die dichterische Gestalt. Als (schriftl.) Dichtkunst hat sie eine andere kommunikative Funktion, die das Lied ästhetischer Rezeption zugänglich macht und die wirklichen „Seufzer" für die räumlich und zeitlich getrennten Rezipienten in anderer Weise „tönen" läßt (SWS 25, 537).

5. Sammlung als ästhetische Form. Damit ist zum einen die Frage nach der Formbestimmung der Volkspoesie durch die schriftl. Überlieferung gestellt; sie betrifft die Stellung des Sammlers und Historikers zu den Dokumenten, die ihn in schriftl. Form „auch ohne lebendige Gegenwart" (SWS 32, 517) ansprechen. Zum andern stellt sich hier die Frage nach der Sammlung als Form[9]. Sie betrifft die Beziehung zwischen Sammlung und Leser. Im Ms. *Alte Volkslieder* von 1774 unterstreicht der Sammler im Einklang mit der programmatischen *Ossian*-Abhdlg sein hist. Interesse an innerer und internat. Mehrsprachigkeit durch die ethnol. Gruppierung der Lieder. Dagegen weist die Ausgabe von 1778/79 eine an Motiven, Themen und Stimmungen orientierte ästhetische Ordnung auf. Sie spricht den ästhetisch rezipierenden Leser an. Die Sammlung selbst wird zu einer ästhetischen Form, die ihren Inhalt in einem gewissen Umfang normiert. ‚Volkslied' und ‚Volk' werden zu normativen Begriffen, an die Stelle von Volk als vulgus tritt Volk als idealisierte Nation, die sich im Volkslied einmütig Ausdruck gibt. Die Sammlung von 1778/79 schließt den „Pöbelgeschmack" aus, d. h. gerade jene „Lieder des Volks [...] auf Straßen, und Gassen und Fischmärkten" (SWS 5, 189), die H. in der *Ossian*-Abhdlg gegen den Bildungsdünkel der Leserwelt zu sammeln auffordert. In der Vorrede zum 2. Teil der *Volkslieder* rechtfertigt er die Aufnahme von Kunstliedern in die Sammlung. Denn hier, „im Gartenbeet des weißen Papiers", wolle man die „gute Feldblume" doch nur „als Schmuck- und Kaiserblume" betrachten (SWS 25, 329 sq.). An die Stelle der Wirklichkeit der „würklich gefühlten Situation" eines Liedes treten auf seiten des Sammlers und Übersetzers die Treue zum „Ton" der Lieder (SWS 25, 333), auf seiten des Lesers das Verständnis des Liedes als „Ton", als Ausdruck allg. menschlicher Empfindungen, etwa im Sinne der Symbolik in der Fabeltheorie.

H. ist sich bewußt, daß solches Sammeln einerseits rettet, andererseits aber selbst zu den Zerstörungen beiträgt, vor denen es bewahren will. Hierbei denkt er nicht nur an → Karl den Großen, den Sammler der Bardenlieder und Zerstörer ihrer sozialen Grundlagen (cf. SWS 1, 365; 2, 246), sondern an das ästhetischen Kriterien gehorchende Sammeln überhaupt, das vor dem Verlust der multikulturellen Volkskultur bewahren will, in Gestalt schriftl. Dichtung aber nur die vereinheitlichende Kultur der Erinnerung in ästhetischen Anthologien zustande bringt (cf. SWS 15, 205, 551).

6. Deutung des Textes als Merkzeichen. Seit der Übersiedlung nach Weimar schätzt H. diese Dialektik von ästhetischem Sammeln und praktischer Unwirksamkeit als bildende Idealisierung eher positiv ein. Er plant eine „geläuterte Fabellese" (SWS 23, 271). Auch seine *Volkslieder* sind eine solche ‚geläuterte' Sammlung. In ihr geht es nicht mehr primär um die Dokumentation sozialer und internat. Mehrsprachigkeit als Ausdruck unterschiedlicher Erfahrungswelten, sondern um den Ausdruck menschlicher Grundbefindlichkeiten – um den Ausdruck des Menschen, während Anzeichen von Verschiedenheit jetzt eher als störend empfunden werden. Die Sammlung als ästhetische Form zielt auf die Rezeption des Gesammelten unter dem Aspekt zeitloser Aktualität. Methodisch bedeutet das die Verschiebung des Konzepts der Naturpoesie von der Heuristik zur Pädagogik (cf. z. B. J. G. H./A. J. Liebeskind: *Palmblätter. Erlesene morgenländ. Erzählungen für die Jugend* 1–4. Jena 1786–1800). An die Stelle der hist. und soziol. Aufwertung der Volkspoesie und der Erweiterung des Lit.kanons tritt jetzt eine pädagogisch orientierte Verstehens- und Einfühlungslehre, die dazu anleitet, Dichtung überhaupt als ideale Naturpoesie zu verstehen und zu produzieren[10]. Durch solche ‚Läuterung' wird der Kanon eingeengt. In der Vorrede zum 2. Teil der *Volkslieder* ist die an der griech. Antike erläuterte Präsenz von „epos, Mährchen, Sage, lebendige[r] Volkgeschichte" „im Ohr des Volks" (SWS 25, 313 sq.) ein Ideal, dem der einsame Leser ästhetischer Sammlungen gerecht wird, indem er den manifesten Text

als Zeichen des menschlichen Geistes versteht[11]. „Lied muß gehört werden, nicht gesehen; gehört mit dem Ohr der Seele." (SWS 25, 333) Hier wird nicht der „Pöbel auf den Gassen" vernommen, der nur „schreyt und verstümmelt" (SWS 25, 323), sondern Geist vom Geiste des Lesers. Am Beispiel der Sage erläutert H. den Effekt solcher idealisierenden Lektüre: Sie wirft die „rohen Schlacken der alten Sage" weg, indem sie den „Ton" der Sage moduliert und ihr das „Gepräge der Analogie" (SWS 15, 535 sq.) verleiht. In seiner Sprachphilosophie beschreibt H. diesen Vorgang systematisch als Ursprung menschlicher Sprache aus der Besonnenheit. „Das erste Merkmal, was ich erfaße, ist Merkwort für mich, und Mittheilungswort für Andre!" (SWS 5, 47) Auf die Volkspoesie angewendet, bedeutet das, daß jeder manifeste Text (Mittheilungswort) „Merk-Zeichen"[12] einer menschlichen Urszene ist, in die sich der besonnene Leser als „Mensch" einfühlen kann. So entsteht pädagogisch wertvolle Volkspoesie, in deren Namen gegen den „Pöbelgeschmack" des Volks als vulgus und gegen „niedrige Popularität der Dichtkunst" (SWS 18, 515 sq.) polemisiert wird, weil sie im manifesten Text nur situationsgebundene Erfahrungen bietet und sich der Integration in den Kanon der Dichtung als Ausdruck solcher Urszenen widersetzt. Als Pädagoge aber lehrt H., daß etwas verstehen bedeutet, es „mit eigenen Worten" zu sagen (SWS 30, 268), d. h., das „Mittheilungswort" in ein „Merkwort für mich" zu übersetzen und dann wieder mitzuteilen (→ Hermeneutik). Diesem Weg ist H. auch bei der Umarbeitung der Materialien zur *Volkslieder*-Sammlung gefolgt. An die Stelle der ursprünglich geplanten Übers. ethnogr. Dokumente tritt das am „Ton" orientierte Nach- und Weiterdichten des Verstandenen. Es liegt durchaus in der Konsequenz dieses Ansatzes, daß H.s eigene Lektüre von Fabeln und Märchen in die Produktion idealer *Paramythien* mündet. Ähnliches hat er wohl auch 1802 in der Märchentheorie[13] der *Adrastea* im Auge, in der er den Märchenleser zur idealisierenden Lektüre auffordert. „An uns ist es jetzt, aus diesem Reichtum zu wählen, in alte Mährchen neuen Sinn zu legen, und die besten mit richtigem Verstande zu gebrauchen. So neugeschaffen und neugekleidet, welch herrliches Werkzeug ist ein Mährchen!" (SWS 22, 289)

An der Stelle, wo dem modernen Leser die Aufgabe zufällt, eine vom Alltag gereinigte, zeitlose Aktualität der Volkspoesie zu inszenieren, haben im 19. Jh. Arnim und Brentano, aber auch zahlreiche Versuche ideologisch interessierter Produktion von Nationalpoesie anschließen können.

[1] Herder, J. G.: Sämmtliche Werke 1–33. ed. B. Suphan. B. 1877–1913 (= SWS); nützliches Hilfsmittel: Günther, G./Volgina, A. A./Seifert, S.: H.-Bibliogr. B./Weimar 1978; cf. auch Haym, R.: H. nach seinem Leben und seinen Werken 1–2. B. 1877–85; Adler, E.: H. und die dt. Aufklärung. Wien/Ffm./Zürich 1968; Becker, B.: H.-Rezeption in Deutschland. St. Ingbert 1987. – [2] cf. Gockel, H.: Mythos und Poesie. Zum Mythosbegriff in Aufklärung und Frühromantik. Ffm. 1981, 131–152; Anger, A.: H.s Fabeltheorien. In: Hasubek, P. (ed.): Die Fabel. B. 1982, 134–145; Brummack, J.: H.s Theorie der Fabel. In: J. G. H. 1744–1803. ed. G. Sauder. Hbg 1987, 251–266. – [3] cf. Streller, S.: Das Verhältnis von Nationalliteratur und Volksdichtung bei H. In: H.-Kolloquium 1978. ed. W. Dietze. Weimar 1980, 294–298; Kelletat, A.: H. und die Weltlit. Ffm./Bern 1984. – [4] H. als Entdecker und Vermittler wird diskutiert in: J. G. H. Zur H.-Rezeption in Ost- und Südosteuropa. ed. G. Ziegengeist u. a. B. 1978. – [5] cf. Moser, H.: Volk, Volksgeist, Volkskultur. Die Auffassungen J. G. H.s in heutiger Sicht. In: ZfVk. 53 (1956/57) 127–140; Strobach, H.: Volk und Volkspoesie in der Geschichtsauffassung H.s. In: H.-Kolloquium (wie not. 3) 289–293. – [6] cf. Kimpel, D. (ed.): Mehrsprachigkeit in der dt. Aufklärung. Hbg 1985. – [7] Insofern ist die Kritik von Klusen nicht gerechtfertigt, cf. Klusen, E.: Volkslied. Fund und Erfindung. Köln 1969, 132–138; dagegen Strobach, H.: H.s Volksliedbegriff. In: Jb. für Vk. und Kulturgeschichte N. F. 6 (1978) 9–55. – [8] cf. Rölleke, H.: Nachwort. In: id. (ed.): J. G. H. „Stimmen der Völker in Liedern". Volkslieder. Stg. 1975, 463–496, hier 494; dagegen Strobach (wie not. 7) 45, not. 245. – [9] cf. Pforte, D.: Die dt.sprachige Anthologie. In: id./Barke, J. (edd.): Die dt.sprachige Anthologie. Ffm. 1970, XIII–CXXIV. – [10] cf. Bausinger, 9–17; Bluestein, G.: H.'s Folksong Ideology. In: SFQ 26 (1962) 137–144; Schenda, R.: Mären von dt. Sagen. Bemerkungen zur Produktion von „Volkserzählungen" zwischen 1850 und 1870. In: Geschichte und Gesellschaft 9, 1 (1983) 26–48. –
[11] cf. Brummack (wie not. 2) 266. – [12] Gerndt, H.: Volkssagen. Über den Wandel ihrer zeichenhaften Bedeutung vom 18. Jh. bis heute. In: Jeggle, U. u. a.

(edd.): Volkskultur in der Moderne. Reinbek 1986, 397–409, hier 406. – [13] cf. Arnold, G.: H.s Projekt einer Märchensammlung. In: Jb. für Vk. und Kulturgeschichte N. F. 12 (1984) 99–106.

Göttingen Andreas Poltermann

Hermeneutik

1. Die Grundbedeutung des Wortes H. (gr. hermeneuein: Gedanken darlegen, [sich] verständlich machen) beinhaltet die gegensätzlichen Aspekte ‚ausdrücken' und ‚auslegen'. Sprachbelege aus der Antike, dem Hellenismus, dem Frühchristentum und dem Judentum der Diaspora lassen in drei Bedeutungsschwerpunkten die Abfolge von ‚verkünden' über ‚auslegen, erklären, deuten' bis hin zu ‚dolmetschen, übersetzen' erkennen. Die hermeneutische (h.e) Leistung besteht „immer darin, einen Sinnzusammenhang aus einer anderen Welt in die eigene zu übertragen"[1] mit dem Ziel zu verstehen (→ Interpretation). Gegenstand der Auslegung kann jede Lebensäußerung sein (Kunstwerke, Bräuche etc.); meist sind es überlieferte Texte aus den Gebieten der Religion, Dichtung, Jurisprudenz und Philosophie[2].

2. Die H. beschäftigt sich mit einem Komplex mehrerer zusammenhängender Problemfelder. Den Ausgang bildet die Frage, wie etwas Einmaliges zu einem Allgemeinen werden kann. Jede Mitteilung bringt individuelles Denken, Fühlen und Wollen in einem Zeichensystem mit allg. Anspruch zur Sprache, verwandelt sich in überindividuell geltende Worte, Sätze, Zusammenhänge (cf. → Individualisierung). Das den einzelnen Bewegende (das Auszudrückende) wird in eine bestimmte sprachliche Gestalt gebannt. Subjektives Meinen wird zu einem feststellbaren Gegenstand. Aus ‚Innerem' wird etwas ‚Äußeres', wird ein bestimmter Text, zu dem man in eine gewisse Distanz tritt. In der für andere gedachten Mitteilung hat man sich selbst ‚vor Augen', fixiert auf den Zeitpunkt der Abfassung, und ist darin dem geschichtlichen Wandel der Welt ausgesetzt. Nicht nur der Urheber des Textes begegnet darin seiner eigenen Vergangenheit, auch der spätere Leser trifft wieder auf sie, nachdem sich viele Generationen dazwischengeschoben haben. Die Eingrenzungsproblematik besteht in der Konfrontation mit Fremdsprachen, mit anderen Kulturen, Religionen, Sitten; hierbei geht es darum, sich vorerst Unverständliches verständlich zu machen, ohne die eigene Identität aufzugeben oder die fremde zu vereinnahmen (cf. → Akkulturation, → Identifikation). Der Text – tradiert nach Kriterien, wie sie jeweils im Zuge der Überlieferung für hinreichend allg. gehalten worden sind – muß wieder auf das gegenwärtige Niveau gebracht werden, um dem herrschenden Begriff allg. Gültigkeit zu entsprechen (dem Stand der Wissenschaft, dem Weltbild, den Gesellschaftsformen, Glaubensvorstellungen etc.). Hier schließt sich der Kreis der Problematik und führt in umgekehrter Reihenfolge wieder zum Ausgang zurück: Das durch den Text hier und jetzt in Geltung gesetzte Allgemeine muß wieder den einzelnen Menschen erreichen, also individuelles Denken, Fühlen und Wollen bewegen können. Die Mitteilung des Textes gilt als verstanden, wo das gelingt.

3. Die vielfältigen Bemühungen der methodischen Absicherung angemessenen Textverstehens sind insgesamt an zwei Zielen orientiert: Reduktion oder Entfaltung[3]. Erstrebtes Ziel der H. der Reduktion ist es, die zur h.en Problematik führenden Differenzen durch eine gemeinsame Ausrichtung zu überbrücken, in *einem* Sinn zusammenzubringen. Gewöhnlich schließen sich hierbei die als ideale Schnittstellen erwählten Konvergenzpunkte gegenseitig aus; sie werden irreduzibel zueinander gedacht. Demgegenüber folgt die H. der Entfaltung dem Ziel, unter Wahrung von Unterschieden (Personen, Zeiten, Ausdrucksmedien) den jeweils *möglichen* Sinn zu erschließen. Das läßt mehrere, auch entgegengesetzte Sinngebungen zu und setzt bewußt einen schöpferischen Akzent. In diesem H.-Verständnis kann eine methodisch geleitete Auslegung auch etwas ganz Neues aus einem Text herauslesen, der Leser (Hörer) hat am Text selbst wesentlichen Anteil. Gegenwärtig kehrt der Zwiespalt dieser Ziele in den jeweils zugrundeliegenden Sprachkonzeptionen wieder: Die am Ideal exakter Wissenschaft orientierten Ansätze sind darauf aus, alles Subjektive, Undeutliche, zufällig Einzelne auszuschalten, um zu eindeutigen Interpretationen zu kommen (Semiotik, Linguistik, Informationstheorie); das Ergebnis soll objektivierbar, allg. überprüfbar sein.

Demgegenüber meint die am Vorbild der Kunst orientierte Auffassung, der Spontaneität des Subjekts, der Möglichkeit sinnlich-ästhetischer Wertung und kollektiven Interessen verpflichtet zu sein (Lit.wissenschaft, Philosophie, Geschichtstheorie); der Text soll erlebbar, gestaltbar sein können, Gemeinsamkeit herbeiführen[4].

4. H.e Erzählforschung ist ein rezentes Phänomen. A. → Dundes war 1966 einer der ersten, die auf die Deutungsbedürftigkeit von Volkserzählungen hinwiesen[5]. 1984 war ‚The Quest for Meaning' dann eines der Hauptthemen des 8. Kongresses der Internat. Soc. for Folk Narrative Research[6]. Eine Vielzahl der dort vorgetragenen Referate beschäftigt sich mit h.er Thematik[7]. Deren Kernprobleme skizzierte L. → Röhrich folgendermaßen: Auch in Volkserzählungen gibt es „keine universellen Symbole, sondern nur kulturbezogene Systeme von Symbolen"[8]. Neben dieser hist. Relativität ist eine subjektive Relativität zu berücksichtigen, eine „von Individuum zu Individuum unterschiedliche Auffassung"[9]. In der Erzählung von dem Elefant und den Blinden (AaTh 1317: cf. *Irrige → Identität*) wird dies bildhaft vorgeführt: Jeder erfährt durch Betasten verschiedener Körperteile des Tieres eine subjektive Teilwahrheit, deren Verallgemeinerung aber falsch ist.

Grundsätzlich ist bei Volkserzählungen die H. des Verstehens in der mündl. Kommunikation zu bedenken; denn soweit schriftl. Texte vorliegen, sind es → Varianten, Realisationen einer Erzählung, die auch mündl. lebt. Ein weiteres Sonderproblem stellt das partielle Heraustreten der Volkserzählung aus geschichtlichen Bezügen dar (→ Geschichtlichkeit). Trotzdem ist sie natürlich immer hist. geprägt und von verschiedenen hist. Schichten bestimmt. Dies fordert eine bes. H. der Schwebe: Das hist. Bedingte und der überzeitliche Anspruch sind zu vermitteln, die Volkserzählung ist „Träger gleichzeitig von vergangener und gegenwärtiger Wirklichkeit"[10] (→ Realitätsbezüge).

Bei der Frage nach der Bedeutung von Volkserzählungen muß außerdem die jeweilige Textgattung berücksichtigt werden (cf. → Gattungsprobleme): Rätsel, Sprichwort und Witz etwa leben von Doppeldeutigkeit, während sich die Gattung des Märchens scheinbar einfacher Bilder bedient. Gerade die Einfachheit des Märchens (→ Eindimensionalität, → Flächenhaftigkeit) hat aber den Glauben herausgebildet, daß „das Märchen in Wirklichkeit etwas ganz anderes meine, als der Text aussagt"[11]. Das Märchen stellt hierbei insofern ein spezielles h.es Problem dar, als es in bes. Weise durch Zwecklosigkeit definiert ist. Bei einer „von den Bedingungen der Wirklichkeitswelt mit ihren Kategorien Zeit, Raum und Kausalität unabhängigen Erzählung wunderbaren Inhaltes, die keinen Anspruch auf Glaubwürdigkeit erhebt"[12], können offenkundig die zentralen h.en Grundprobleme gar nicht voll zum Zug kommen. Gerade weil das Märchen nicht geglaubt werden will (wie ein sakraler Text), weil es keinen Wahrheitsanspruch stellt (wie ein hist. Dokument), weil es kein leitendes Vorbild sein möchte (wie etwa ein klassisches Werk) und ohne verbindliche Reflexionen auskommen kann (wie ein phil. Text) und weil es keinerlei anweisende Kompetenz besitzt (wie ein Gesetzestext), läßt es dem Hörer die Freiheit, die Figuren mit individuellen Gehalten zu besetzen. Diese Freiheit wird „durch bewußte einseitige Deutung zerstört"[13].

Röhrich faßt drei Ebenen zusammen, auf denen Volkserzählungen verstanden werden können: (1) eine unmittelbare Ebene, die jedem zugänglich ist; (2) eine höhere, die nur Eingeweihten verständlich ist; (3) eine nur mit Hilfe strukturalistischer oder psychol. Interpretation erschließbare Ebene[14]. Dabei stellt die Notwendigkeit transzendierender Deutungen durchaus keine Abweichung von h.en Prinzipien dar: „Jedes einzelne Märchen hat seinen eigenen Sinn, es läßt sich nach verschiedenen Gesichtspunkten untersuchen und deuten" (M. Lüthi)[15]; „Alles ist deutungsbedürftig und deutbar; [...] Nichts ist mit Sicherheit deutbar."[16]

[1] Gadamer, H.-G.: H. In: Hist. Wb. der Philosophie 3. Basel/Stg. 1974, 1061–1073, hier 1061. – [2] Allg. cf. Ebeling, H.: H. In: RGG 3 ([3]1959) 242–262; Bormann, C. von/Schmidt, L./Schenk, W./Schröer, H.: H. 1–4. In: TRE 15 (1986) 108–156; Pépin, J./Hoheisel, K.: H. In: RAC 14 (1988) 722–771. – [3] Im folgenden nach Japp, U.: H. Mü. 1977, bes. 10 sq., 15–22, 136; cf. auch Gadamer, H.-G.: Wahrheit und Methode. Tübingen [3] 1972; Leibfried, E.: Literar. H. Tübingen 1980; Szondi, P.: Einführung

in die literar. H. Ffm. 1975; Jauß, H. R.: Ästhetische Erfahrung und literar. H. Mü. 1977. — [4] cf. allg. Nassen, U.: Texthermeneutik. Paderborn/Mü./Wien/Zürich 1979. — [5] Dundes, A.: Metafolklore and Oral Literary Criticism [1966]. In: id.: Essays in Folkloristics. New Delhi 1978, 39—42. — [6] Honko, L.: Folkloristic Studies on Meaning. In: Arv 40 (1984) 35—56. — [7] cf. Kvideland, R./Selberg, T. (edd.): Papers 1—4. The 8th Congress for the Internat. Soc. of Folk Narrative Research. Bergen 1984. — [8] Röhrich, L.: Zur Deutung und Be-Deutung von Folklore-Texten. In: Fabula 26 (1985) 3—28, hier 9. — [9] ibid., 10. — [10] Lüthi, Märchen, 117. — [11] Röhrich (wie not. 8) 24. — [12] Ranke, K.: Betrachtungen zum Wesen und zur Funktion des Märchens [1958]. In: id.: Die Welt der Einfachen Formen. B./N. Y. 1978, 1—31, hier 2. — [13] Lüthi, Europ. Volksmärchen, 89. — [14] Röhrich (wie not. 8) 26sq. — [15] Lüthi, Europ. Volksmärchen, 114. — [16] Röhrich (wie not. 8) 26.

Klagenfurt Wolfgang Kottinger

Hermes → Götterbote

Hero und Leander (AaTh 666*), zwei antike Gestalten in der Reihe berühmter Liebespaare, deren Verbindung mit dem Tod endet[1]. Der vollständige Stoff findet sich bei dem griech. Dichter Musaios Grammatikos (2. Hälfte 5. Jh.?)[2]. Sein kleines Epos *Ta kath' Hērō kai Leandron* (Geschichte von H. u. L.) stellt H. als Aphrodite-Priesterin in Sestos am europ. Ufer des Hellespont und L. als Jüngling aus Abydos am gegenüberliegenden kleinasiat. Ufer der Meerenge vor:

L. verliebt sich während des Adonisfestes in Sestos beim ersten Blick in H. und gewinnt ihre Liebe. Da H. von den Eltern zur Ehelosigkeit bestimmt worden ist, können die Liebenden nur heimlich zusammenkommen. L. schwimmt nachts über die Meerenge zu H., deren Turmlampe ihm leuchtet. In einer Sturmnacht erlischt das Licht, und L. erreicht das Ufer nur als Toter. H. erblickt ihn am Fuß des Turms und stürzt sich ins Meer, um mit L. noch im Tod vereint zu sein (→ Selbstmord).

Die Wurzeln der Geschichte von H. u. L., die sich von analogen Erzählstoffen bes. durch das Lampen- und Schwimmermotiv unterscheidet, reichen tief in die Vergangenheit. Die genetische Verbindung mit dem legendenhaften Schicksal von Sappho (um 600 v. u. Z.) scheint allerdings mehr als problematisch zu sein, und ein ind. Ursprung — Identifizierung mit dem Liebespaar Hīr und Rānjha — ist völlig auszuschließen[3]. Voraussetzungen für die tatsächliche Entstehung der Tradition von H. u. L. gehen bis zum 3. Jh.[4], erhaltene literar. Belege in das 1. Jh. v. u. Z. zurück[5]; es wird aber u. a. schon ein heute verlorenes Epyllion von Kallimachos (etwa 310—240)[6] oder von Euphorion (etwa 275—200)[7] für eine potentielle von Musaios gebrauchte Vorlage gehalten. Aus der Periode kurz v. und n. u. Z. belegen viele Zeugnisse die Popularität und Verbreitung dieser Liebesgeschichte, vorwiegend jedoch in Form von Erwähnungen und Anspielungen[8], z. B. bei → Vergil (*Georgica* 3, 258—263). Antipatros von Thessalonike faßt in einem sechsversigen Epigramm alle wesentlichen Elemente der Dichtung zusammen (schwimmender L. — Meerenge — H. im Turm — Lampe, die der Wind auslöscht — Vereinigung im Tod)[9]. Ein bes. Interesse für das tragische Schicksal des Liebespaares bekundet → Ovid nicht nur durch mehrere Andeutungen, sondern hauptsächlich mit dem Briefpaar (num. 18 und 19) in seinen *Heroiden*. In Übereinstimmung mit anderen fiktiven Episteln dieses Werkes verwandelt hier Ovid die legendären Gestalten in die sentimentalen Geliebten seiner Zeit[10].

Das Briefpaar Ovids wurde im MA. rezipiert[11], so im mhd. Gedicht *H. u. L.* (Anfang 14. Jh.), in dem bis auf die beiden Namen alles Antike getilgt und das Liebespaar in die höfisch-christl. Welt der ma. Dichtung versetzt wurde[12], oder im mittelndl. Gedicht *Der Minnen loep* (1409) von Dirk Potter, in dem die Namen der zwei Städte, Sestos und Abydos, angeführt werden und die Heldin Adonis heißt. Hier sind die Liebenden Königskinder, wodurch sich ein Zusammenhang mit dem offenbar in der Zeit zwischen den beiden ma. Fassungen entstandenen Volkslied *Es waren zwei Königskinder* (Löschung des Lichtes z. T. durch böse Frau, falsche Nonne)[13] zeigt; auch der Ausgang stimmt überein: Adonis springt mit der Leiche L.s in den Armen ins Meer. Zu erwähnen ist — wegen der Andeutung an L.s Schwimmen — die *Divina commedia* (*Purgatorio* 28, 71—75) von → Dante Alighieri; im Kommentar dazu von Jacopo della Lana (um 1330) wird die Geschichte von H. u. L. knapp erzählt[14], ebenfalls in einer mittellat. Synopse, die der zweite Mythographus Vaticanus wohl im 12. Jh. schrieb[15]. Im MA. erfüllte dieser Stoff auch die Funktion des Exempels[16] oder stand ihm nahe, wie z. B. eine völlige Umarbeitung des Themas in ein am Bodensee lokalisiertes Marienwunder des 12. Jh.s aus dem Kloster Admont[17]. Diese lat. christianisierte Prosafassung war offensichtlich tiefer verwurzelt, wie die Aufzeichnung des gleichen Textes in einer Schweizer Hs. des 13. Jh.s andeutet[18], und konnte einen Einfluß auf einige neuzeitliche orale Überlieferungen ausüben[19].

Durch die Rede von den Geliebten, die zueinander nicht kommen konnten, scheint die *Historia Die unglückhafft Lieb Leandri mit Fraw Ehron* (1541) von Hans → Sachs dem Volkslied nahe, doch ist die Hauptvorlage Musaios. Dieser steht für die Rezeption des Stoffes seit der Renaissance im Vordergrund, ohne daß Ovid vergessen worden wäre[20]. Der Stoff hat bis heute in den verschiedensten Ländern und Gattungen Fuß gefaßt: in Romanzen und Balladen, in Dramen, Opern etc.; daneben gab das Thema immer wieder Impulse für die bildende Kunst[21]. Aus der unübersehbaren Menge von Fassungen oder analogen bzw. unabhängigen Schöpfungen[22] sei lediglich erwähnt, daß Franz Grillparzer in seinem Drama *Des Meeres und der Liebe Wellen* (1831) aus Musaios schöpfte und daß Friedrich Schiller in seiner Ballade *H. u. L.* (1801) die Heimlichkeit der Liebe durch die Feindschaft der Väter wie im Stoff von → *Romeo und Julia* motiviert; so findet es sich auch später in einer kaschub. Volkserzählung[23] und in einer der dt. Var.n aus Pommern[24].

Von den Erzählungen in Prosa unterscheiden sich die Liedvarianten[25] schon durch eine wesentlich größere Frequenz und Variabilität, was bereits von der älteren Forschung festgestellt wurde[26], obwohl man zahlreiche slav. Var.n[27] nicht berücksichtigte. Viele Lieder besitzen Züge, die in der antiken Dichtung und in mündl. Erzählungen nicht vorkommen, wie die Bitte des Mädchens an den (die) Fischer, den Geliebten zu finden. Oftmals fehlen die Hauptelemente, das Lampen- und Schwimmermotiv, und es bleibt allein das Fischermotiv, so daß man solche Texte nur mit Vorbehalt als H. u. L.-Var.n bezeichnen kann[28].

In einer der Nachterzählungen von Giovan Francesco → Straparola (7, 2), die wahrscheinlich auf einer lokalen Überlieferung beruht[29] und in der die Protagonistenrollen vertauscht werden, treten zwar die Fischer auf, aber in einem anderen Zusammenhang: Die kühne Schwimmerin wird von ihnen an ihre Brüder verraten. Durch die vertauschten Rollen bei Straparola ergab sich die Assoziation mit einer jap. Var.[30]; auch in einer Var. aus Neuseeland[31] schwimmt das Mädchen zum Geliebten. Doch eben diese Beispiele sowie mehrere Verschiebungen der Akzente oder wichtige Abweichungen in anderen Prosaerzählungen stellen eine eindeutige Fortsetzung der antiken Tradition in Frage; vielmehr ist unabhängige Genese anzunehmen[32]. Auf der anderen Seite führt M. → Bošković-Stulli einen kroat. Beleg ähnlich dem Text Straparolas bereits für das 15. Jh. an (in der Reisebeschreibung des Tschechen Jan Hasištejnský z Lobkovic) und verweist auf die Lokalisierung der Erzählung Straparolas aus dem 16. Jh. in Dalmatien[33].

Die Variabilität der oralen Prosatexte zeigt sich am auffallendsten in der → Lokalisation der Handlung: z. B. an zwei Inseln im Chiemsee[34], an den Hügel Osberg und an die Felsenspitze Fesch in Oberbayern[35], an die Insel Ort im Traunsee, das Nonnenkloster in Traunkirchen und das Schloß an der Eisenau in Oberösterreich[36]. Das weitere Tradieren oder selbständige Entstehen der hierher gehörenden Erzählungen läßt sich in Gebieten mit vielen Seen voraussetzen, so in Pommern, wo das Thema häufig belegt ist[37]. Durch diese realen Bezüge wird bereits signalisiert, daß die Erzählungen überwiegend den Sagen angehören. Auch wird schon das kleine Epos von Musaios als Sage bezeichnet, und zwar als ätiologische Sage[38]. Diese Zuordnung bestätigt sich durch die Hinweise des Antipatros von Thessalonike auf mit der H. u. L.-Geschichte verbundene Orte in seinem Epigramm. Die Realität der Schwimmleistung des L. überprüfte übrigens Lord Byron, der Autor des Epos *The Bride of Abydos* (1813), indem er 1810 bei starkem Wind die Meerenge in 70 Minuten bewältigte[39]. Die bereits angeführte Sage aus Oberösterreich gibt drei Ortserklärungen: „Die Stelle, wo man die beiden Leichen fand, ist der ‚Antlaßstein', die Stelle, von der das Mädchen in die Tiefe sprang, ‚der Jungfernsprung'. Die Stelle, von der der junge Ritter oft über den See nach der Geliebten herübersah, heißt ‚Jungfernlueg' " (→ Jungfernsprung)[40].

Dagegen erscheint der H. u. L.-Stoff bei AaTh im Rahmen der Zaubermärchen, und zwar unter AaTh 666*[41] mit folgender Charakterisierung: *H. and L.* Prince swimming to visit mistress is drowned[42] and later brought back to life. Diese Charakterisierung, die sich auf zwei poln. Var.n beziehen soll, entstand aus Versehen. Sie entspricht keiner oralen Erzählung, denn sie stellt eine mechanische Kontamination von zwei verschiedenen Var.n bei J. → Krzyżanowski (num. 667) dar[43]. Krzyżanowski, num. 667 (a) gibt eine getreue Inhaltsangabe einer Erzählung, bis auf die Abweichung, daß nicht der Rivale selbst, sondern der Vater der Prinzessin das Licht auslöscht[44]. Krzyżanowski, num. 667 (b) faßt nur ungenau die Schlußepisode einer anderen Erzählung zusammen: Der Geliebte, den das adlige Mädchen vorher in den Krieg sandte, ist nicht ertrunken; das Mädchen sieht ihn, wie er zu ihr schwimmt, gebraucht – wie vorher auf der Flucht vor dem Feind – ihren Zauberstab, der Fluß verschwindet, und der Geliebte fällt ihr um den Hals[45]. Das Zauberelement (cf. AaTh 313, 314: → *Magische Flucht*) führte zur Einreihung unter die Zaubermärchen. Mit seinen realen Bezügen gehört dieser Text jedoch zu den Sagen; nach Krzyżanowski wird hier dem Widerhall des Aufstandes von 1863 Ausdruck gegeben. Als eine echte H. u. L.-Erzählung darf lediglich der erstgenannte Text bezeichnet werden. Seine Form ohne sagenhafte Elemente würde es erlauben, ihn unter die Märchen einzureihen, genauer unter die Novellen – sogar in Verbindung mit dem Epyllion von Musaios begegnet man der Charakteristik ‚poetische Novelle'[46] – und in ihrem Rahmen unter die → Schicksalsmärchen (AaTh 930–949). Für die Erzählungen von H. u. L. jedoch ist eher die Sagen- als die Märchenforschung zuständig[47].

[1] cf. Fischer, H.: Studien zur dt. Märendichtung. Tübingen 1968, 99 (Themenkreis 11). – [2] Färber, H.: H. u. L. Musaios und die weiteren antiken Zeugnisse. Mü. 1961. – [3] Köhler/Bolte 3, 243. – [4] Frenzel, Stoffe, 312–315, hier 313. – [5] Jellinek, M. H.: Die Sage von H. u. L. in der Dichtung. B. 1890, 2. – [6] Svoboda, L. (ed.): Encyklopedie antiky. Praha 1973, 395. – [7] Bahník, V. u. a.: Slovník antické kultury (Lex. der antiken Kultur). Praha 1974, 395. – [8] Hinweise bei Jellinek (wie not. 5); dazu ergänzend Köppner, F.: Die Sage von H. u. L. in der Lit. und Kunst des klassischen Altertums. In: Progr. des Kommunal-Obergymnasiums in Komotau. Komotau 1894, 3–32; Ludwich, A. (ed.): Musaios, H. und Leandros mit ausgewählten Var.n und Scholien. Bonn 1912, 6; Malten, L.: Motivgeschichtliche Unters.en zur Sagenforschung. 3: H. u. L. In: Rhein. Museum für Philologie N. F. 93 (1950) 65–81, bes. 66–71; cf. Färber (wie not. 2) 29–87 (gründliche Darstellung des griech. und lat. ‚Nachlebens', einschließlich des MA.s, u. a. das Gedicht von Balderich – Baudri de Bourgueil [1046–1130]). – [9] Ludwich (wie not. 8) 2 wählt als Motto dieses Epigramm und ergänzend dazu ein zweites, in welchem das tragische Los der H. in Zusammenhang mit analogen Unglücksfällen bei den Fahrten über den Hellespont gebracht wird; v. Färber (wie not. 2) 34 sq. – [10] F. Stiebitz im Vorw. zu Mertlík, R. (ed.): Písně pastvin a lesů (Lieder der Weiden und Wälder). Praha 1977, 15. –
[11] Murdoch, B.: Die Bearb.en des H.-u.-L.-Stoffes. Zur literar. Ovid-Rezeption im späten MA. In: Studi Medievali Serie 3, 18 (1977) 231–247. – [12] Verflex. 3 ([2]1981) 1122 sq. – [13] cf. z. B. Kommerell, H.: Das Volkslied „Es waren zwei Königskinder". Stg. 1931; DVldr 1, num. 20. – [14] Scarabelli, L. (ed.): Comedia di Dante degli Allagherii col commento di Jacopo della Lana bolognese 2. Bologna 1866, 339. – [15] Färber (wie not. 2) 74 sq. – [16] Tubach, num. 2580. – [17] Winkler, E.: Eine ma.-kirchliche Fassung der Sage von H. u. L. In: ArchfNSprLit. 132, N. S. 32 (1914) 405–408, 407 sq. (Text). – [18] Morel, G.: H. u. L. am Bodensee. In: Anzeiger für Kunde der dt. Vorzeit N. F. 12 (1865) 17 sq. – [19] Bechstein, L.: Dt. Sagenbuch. Lpz. 1853, 794 sq., num. 978; cf. id.: Mythe, Sage, Märe und Fabel im Leben und Bewußtsein des dt. Volkes 2. Lpz. 1855, 28 sq.; Panzer, F.: Bayer. Sagen und Bräuche 1. Nachdr. Göttingen 1954, 22, num. 31a. – [20] cf. [Lauremberg, J. W.:] Neue und vermehrte Acerra philologica. Ffm./Lpz. 1717, 397–399, num. 25, bes. 398. –
[21] Hinweise bei Färber (wie not. 2) 97. – [22] Jellinek (wie not. 5) pass.; Hagen, F. H. von der: Gesamtabenteuer 1. Darmstadt [2]1961, CXXVIII–CXXXIII; Frenzel, Stoffe, 314 sq.; Smerdel, T.: Stvaralački lik pjesnika Musaiosa (Die schöpferische Gestalt des Dichters Musaios). In: Musaios: Ljubav Heroje i Leandra. Zagreb 1954, 50–57; Brunner, K.: H. u. L. und die altengl. Elegien. In: ArchfNSprLit. 142, N. S. 42 (1921) 258 sq. – [23] Lorentz, F.: Teksty pomorskie (kaszubskie). Kraków 1924, 26 sq., num. 62. – [24] Haas, A.: H. u. L. in der pommerschen Volksüberlieferung. In: Unser Pommerland 9 (1924) 284–287, hier 284–286; dazu id.: Nachtrag zur H.-u.-L.-Sage in Pommern. ibid., 423 sq., hier 423. – [25] DVldr 1, num. 20; Haavio, M.: Jumalan osa ja sen tavoittelija. H. ja Leandros (Gottes Teil und der danach Strebende. H. u. L.). In: id.: Kansanrunojen maailmanselitys. Porvoo/Hels. 1955, 204–233, bes. 204–220. – [26] Jellinek (wie not. 5) 81 sq. – [27] Horálek, K.: H. a L. v slovanské lidové poezii (H. u. L. in der slav. Volkspoesie). In: ČL 50 (1963) 175–177,

178 (dt. Resümee). — [28] cf. Šrámková, M./Sirovátka, O.: České lidové balady (Tschech. Volksballaden). Praha 1983, 76—78, 207. — [29] Hagen (wie not. 22) CXXX. — [30] Minakata, K.: H. and L. A Japanese Variant. In: Notes and Queries 12, 9 (1921) 425 sq., 426 (Text); Ikeda 666. — [31] Köppner (wie not. 8) 32. — [32] Malten (wie not. 8) 80. — [33] Bošković-Stulli, M.: Usmena književnost. Zagreb 1978, 196—198. — [34] v. not. 19. — [35] Panzer (wie not. 19) 21 sq., num. 31. — [36] Petzoldt, L. (ed.): Dt. Volkssagen. Mü. 1970, num. 561; cf. Haiding, K.: Österreichs Sagenschatz. Wien 1965, num. 39. — [37] Haas (wie not. 24). — [38] Ludwich (wie not. 8) 5. — [39] Jellinek (wie not. 5) 82; Smerdel (wie not. 22) 50 sq.; Malten (wie not. 8) 77; Bahník (wie not. 7); Färber (wie not. 2) 97. — [40] Petzoldt (wie not. 36) 336. — [41] Berze Nagy, num. 666* enthält nicht den H. u. L.-Stoff, sondern cf. AaTh 432: Prinz als Vogel. — [42] Nur dieser Teil stimmt mit Mot. T 83 überein. — [43] Jech, J.: Prozaické zpracování látky H. a L. (H. u. L. in der Volksprosa-Bearb.) In: ČL 50 (1963) 178—180, 180 (dt. Resümee). — [44] Lorentz (wie not. 23). — [45] Zbiór Wiadomości do Antropologii Krajowej 16/2 (1892) 102 sq., num. 50. — [46] J. Nováková im Nachwort zur tschech. Übers. Musaios: H. a Leandros. Praha 1946, 43. — [47] Ergänzend zu Sagenvar.n cf. Jellinek (wie not. 5) 81 (bibliogr. Hinweise); Haiding (wie not. 36).

Paseky nad Jizerou Jaromír Jech

Herodot, * Halikarnassos (südwestl. Kleinasien) um 485 a. Chr. n., † Thurioi (?) um 425, griech. Geschichtsschreiber aus vornehmer griech.-kar. Familie. Gegen 460 soll er, nach Teilnahme an einer nicht geglückten Verschwörung gegen den Dynasten Lygdamis, als Verbannter nach Samos gegangen sein (cf. 2, 134 sq., Hauptquelle für die Vita des → Äsop), nach dessen Sturz gegen 454 kann er nach Halikarnassos zurückgekehrt sein. „Aus Freude am Wissen“ (1, 30) unternahm er ausgedehnte Reisen in Kleinasien, nach Ägypten, Phönikien, Mesopotamien, ans Schwarze Meer, nach Thrakien und Makedonien, im griech. Mutterland. Länger war H. in Athen, er wird allg. in die Nähe von Sophokles und Perikles gestellt. Schließlich lebte er (bis zu seinem Tod?) in der athen. Kolonie Thurioi in Unteritalien.

H.s Werk in neun Büchern, nach dem Eingangssatz die ‚Darlegung seiner Erkundung‘ (historiēs apodexis), ist das älteste erhaltene griech. Prosawerk, in den ersten Jahren des Peloponnes. Krieges abgeschlossen und gegen 425 veröffentlicht. Thema ist die Geschichte der Kriege zwischen Griechen und Barbaren, d. h. vor allem den Persern, bes. (5, 28—9) vom ion. Aufstand bis zu den Siegen der Griechen bei Salamis und Plataä (500/479), ausführlich auch deren Vorgeschichte (1—5, 27) seit dem Lyderkönig Krösus und dessen Niederlage gegen den Perser → Kyros (um 546); Rückgriffe und Einschübe berichten von noch älteren Ereignissen. H. gibt in diesem Rahmen eine große Menge heterogenen Materials weiter. Strittig ist, ob das überlieferte Werk sich in Schichten zerlegen läßt, die eine Entwicklung H.s etwa vom reisenden Geo- und Ethnographen zum Historiker der Perserkriege belegen können (Jacoby 1913, von Fritz 1967, Fornara 1971), oder ob er die Fülle seines Materials zu einer werkgenetisch nicht auflösbaren einheitlichen Konzeption verarbeitet hat (Regenbogen 1930, Immerwahr 1966, Cobet 1971).

H. als ‚pater historiae‘: an dieses von Cicero (*De legibus* 1, 1, 5) überlieferte Urteil ist die Einschränkung geknüpft, das Werk enthalte ‚innumerabiles fabulae‘. H.s Geschichtserzählung wird in der Tat von einzelnen Geschichten (→ Historie, Historienliteratur) beherrscht, die jedoch oft den großen Zusammenhang deuten, so die typischen Warnerszenen von Sandanis (1, 71) bis Demaratos (7, 101—104). Die Komposition gestaltet fünf Geschehenskreise, die Geschichte des Lyders Krösus und die pers. Expansion in der Abfolge der Könige Kyros, Kambyses, Dareios, Xerxes nachzeichnend; die vier ersten bereiten wiederum den letzten, Xerxes' Griechenlandzug (7—9), motivisch vor. Genealogien, chronikartige Abrisse, Geo- und Ethnographie, darunter die großen Abschnitte über Ägypten (2) und die Skythen (4, 2—82), viele sorgfältig ausgestaltete Einzelsituationen durchbrechen aber die Gradlinigkeit des Ereigniszusammenhangs, ohne ihn jedoch gänzlich zu verlassen. Kleine wie große Exkurse, oft mehrere ineinandergeschachtelt, gehen nicht in ihrer Funktion für die Haupterzählung auf, sondern bewahren eigene Pointen. K. Reinhardt (1940, 184) spricht von ‚symptomatischer Geschichtsschreibung‘: „Symptome aber werden nicht erst festgehalten, sondern auch schon wahrgenommen durch Erzählungsformen.“

H.s Quellenangaben, meist in der Form ‚die Korinther erzählen ...‘, selten mit dem Namen einer Person, für fiktiv zu halten (Fehling 1971), erscheint abwegig, sein Wahrheitsanspruch und die empirische Qualität der ‚Darlegung seiner Erkundung‘ stützen sich gegenseitig. „Ich fühle mich verpflichtet zu erzählen, was erzählt wird, nicht aber, alles zu glauben; das gelte für mein ganzes Werk“ (7, 152). Komposition und Stilmittel erinnern an mündl. Erzählkunst, repräsentieren aber eine bereits hochentwickelte literar. Form (Denniston 1952, Long 1987). Schwer zu bestimmen ist, in welchem Umfang H. schriftl. Quellen benutzte und in welchem Ausmaß die kunstvolle Geformtheit seiner Stoffe ihm selber oder bereits Gewährsleuten zu verdanken ist.

Wenngleich W. → Alys Unters. von H.s Stoffen und Motiven (Aly 1921) wegen seiner Vorstellung von dessen Werk als eines unselbständigen Sammelbeckens unterschiedlichster Traditionen problematisch ist, so hat sie es doch für die vergleichende Erzählforschung als wichtige Quelle erschlossen. Aly geht allerdings mit dem Begriff ‚echtes Märchen‘ sehr frei um und folgt der romantischen Vorstellung, H. überliefere Volkserzählungen nahezu ungebrochen. Bes. leuchtet es nicht ein, wenn Aly H. zweiteilt in den der Empirie verpflichteten Berichterstatter mit kühlem Realitätssinn und den Dichter, der viel Märchenhaftes erzähle, dessen Werk prinzipiell rationaler Deutung widerstrebe.

Auf H. bezieht sich Thukydides' Urteil über ältere Autoren, die „mit mythischen Erzählungen ihre Zuhörer ergötzen wollen“ (1,22). → Claudius Aelianus (*De natura animalium* 15, 16) nennt ‚Märchen‘ (mythos), was H. (3, 109) über das Gebären der Schlange erzählt. ‚Fast vollständiges Märchen‘ ist für Aly die makedon. Urgeschichte (8, 137 sq.: Jüngster von drei Brüdern ist der Klügste [cf. 4, 10]; Brotwunder; Sonnenstrahl mit magischem Kreis gefaßt; magische Flucht über Fluß; Zaubergarten des → Midas), aber formale Merkmale wie Dreizahl, Handlungsfreudigkeit, Schärfe des Kontrasts, Achtergewicht kennzeichnen für ihn alle Formen volkstümlicher Erzählung. Aly sieht jedoch auch, daß gegenüber dem Märchen bei H. Sagen (z. B. 1, 107–122: Kyros' Jugend), Legenden (z. B. 1, 24: Arion von Delphin gerettet) und Novellenmärchen (z. B. 3, 118 sq.: Frau des Intaphrenes; cf. AaTh 985: → *Bruder eher als Gatten oder Sohn gerettet*) überwiegen.

Die Erzählungen sind nach Raum, Zeit und Personen fest in H.s Geschichtswerk eingebunden. Er tastet die Grenzen der Empirie ab (2, 32: Zug der Nasamonen nach Süden; 4, 24: Kette von sieben Dolmetschern nach Norden) bis an die Ränder der Ökumene (3, 106–116; 4, 17–45), wo er vom Hörensagen (4, 25) nach Art von → Reiseberichten auch Unwirkliches wiedergibt (3, 17–24: Das glückliche Land der langlebigen Äthiopen; 3, 102: Goldgrabende riesige Ameisen [cf. Romm 1987]; 4, 27: Einäugige und goldhütende Greifen). Im allg. aber distanziert H. sich von Phantastischem (2, 28: Berge Krophi und Mophi; 2, 73: Phönix; 2, 75: geflügelte Schlangen; 4, 36: Hyperboräer; 4, 105: Neuren als Zauberer; 5, 10: Bienenschwärme nördl. des Istros) oder findet rationale Erklärungen (4, 31: ‚Federn‘, die im Norden die Luft erfüllten, seien Schnee). Den unsichtbar machenden Ring des → Gyges (Mot. D 1361.17) ersetzt H. in seiner Erzählung der Ablösung des lyd. Königs Kandaules (1, 8–12) durch eine psychol. Motivierung. Deutlich fällt H.s „Abschiedsgeste an den Mythos“ aus (Strasburger 1983, 387 zu 1, 1–5). Eine große Rolle spielen freilich → Träume (1, 107 sq.; 3, 124 sq.; 7, 12–19) und → Prodigien (1, 59; 1, 78; 8, 41; 9, 120). Beim magischen Umschreiten von Sardes war der Kreis an einer Stelle offen geblieben (1, 84), die Perser werden aber durch einen Zufall nicht übernatürlicher Art auf die Burg geführt. Der Ring des → Polykrates (cf. AaTh 736 A) ist nicht Träger magischer Wirkung, sondern Symbol für die Bestimmtheit von dessen Schicksal (3, 39–43).

H.s Werk enthält als erklärende Elemente viele volkstümliche Erzählmotive und Pointen. Neben lokal gebundenen → Denkmalerzählungen (2, 107: Sesostris; 2, 141: Sethos; 2, 124 und 2, 137: Tyrannen als Bauherren) treten internat. verbreitete Motive auf wie vorgetäuschter Überfluß (1, 21 sq.; 3, 123), Gier nach Gold (1, 30), übersehene → ‚Achillesferse‘ (1, 34–45; 1, 84), Wert bedürfnislosen Lebens (1, 71; 3, 21; 7, 102; 9, 82), Thyestesmahl (1, 73; 1, 119; → Kannibalismus), Aussetzung des königlichen Kindes (1, 108; 5, 92), unkeusche Frauen (2, 111), vertanzte Hochzeit

(6, 129); Warner und weise (schlaue) Männer wie Bias oder Pittakos (1, 27), Solon (1, 29–33), Krösus (1, 88 sq.; 1, 155; 1, 207; 3, 34) und Frauen wie Tomyris (1, 205–214), Nitokris (2, 100), Artemisia (8, 68 sq.; 8, 87 sq.). Schließlich gehören hierher Drastik und Bildhaftigkeit vieler Situationen wie Kyros' Belehrung der Perser (1, 125 sq.), Tomyris' gesättigte Gier (1, 214), die Antwort der Söldner des Psammetich (2, 30), die Rätselgeschenke an die Äthiopier (3, 20–22) und von den Skythen (4, 131 sq.), die grausame Bestrafung des Oiobazos (4, 84) und des Pythios (7, 38), Sisamnes' Haut als Richterstuhl (5, 25), Artayktes' Kreuzigung am Hellespont (9, 120).

Die ethische Färbung der Geschichten um die Lyderkönige Gyges (1, 8–13) und Krösus (1, 29–45; 1, 85–92), den Perser Kyros und die Massageten (1, 205–214) ist griech. Für das novellenartige Märchen über den Meisterdieb → Rhampsinit (AaTh 950; 2, 121) gibt es keine ägypt. Entsprechung, wohl aber die griech. Parallele von Trophonios und Agamedes und einen entsprechenden altbabylon. Erzählzyklus (Jason/Kempinski 1981, 4 sq.). Die griech. Färbung in der von H. vermittelten Tradition sagt nichts über die Herkunft dieser Motive aus.

H. war ein vielgelesener Autor noch in der späteren röm. Kaiserzeit. In Byzanz war er bekannt und geschätzt. Ma. Hss. sind aus dem 10. bis 14. Jh. erhalten. Auf der lat. Übers. von Lorenzo Valla (1474 u. ö.) beruhen die ersten Übers.en in ital. (1533), dt. (1535), frz. (1556) und engl. (1584) Sprache. Die ersten gedr. Editionen besorgten Aldus Manutius (Venedig 1502) und Joachim → Camerarius (Basel 1541).

H.s Werk ist, wie der Grimm-Nachlaß in der Staatsbibliothek Preuß. Kulturbesitz, Berlin, (1756 I sq.) dokumentiert, neben wenigen anderen Quellen antiker Lit. (u. a. auch Titus Livius) von den Brüdern → Grimm früh, vermutlich bereits vor 1810, exzerpiert und später für die Anmerkungen der KHM (cf. z. B. KHM 192) verwertet worden.

Ausg.n und Übers.en: Stein, H.: H.os [Kommentar] 1–5. B. [4–6]1893. – Hude, C.: H.i historiae. Ox. [3]1927. – How, C. W./Wells, J.: A Commentary on H.us. Ox. [2]1928. – Legrand, P.-E.: Hérodote. Histoires. Texte et traduction 1–10. P. 1932–54. – Godley, A. D.: H.us. With English Translation 1–4. L. [2]1946–57. – Groningen, B. A. van: H.us' historien. Inleiding, tekst, commentaar 1–5. Leiden 1945–55 (t. 1–4: [2]1959–66). – Feix, J.: H. Historien. Griech.-dt. Mü. 1963. – Horneffer, A.: H. Historien. Dt. Gesamtausg. ed. H. W. Haussig. Stg. [3]1963. – Marg, W.: H. Geschichten und Geschichte 1–2. Zürich/Mü. 1973/83.

Lit.: Pohlmann, W.: De arte qua fabellae H.eae narratae sint. Göttingen 1912. – Jacoby, F.: H.os. In: Pauly/Wissowa Suppl. 2 (1913) 205–520. – Aly, W.: Sage und Novelle bei H. und seinen Zeitgenossen. Göttingen 1921 ([2]1969). – Spiegelberg, W.: Die Glaubwürdigkeit von H.s Bericht über Ägypten im Lichte der ägypt. Denkmäler. Heidelberg 1926. – Aly, W.: Märchen. In: Pauly/Wissowa 14, 1 (1928) 254–281. – id.: Formprobleme der frühen griech. Prosa. Lpz. 1929. – Regenbogen, O.: H. und sein Werk. In: Die Antike 6 (1930) 202–248. – Schmid, W.: Geschichte der griech. Lit. In: Hb. der Altertumswiss. 7, 1, 2. ed. W. Otto. Mü. 1933, 550–673. – Pohlenz, M.: H., der erste Geschichtsschreiber des Abendlandes. Lpz. 1937. – Powell, J. E.: A Lexicon to H. Cambr. 1938. – Reinhardt, K.: H.s Persergeschichten. Östliches und Westliches im Übergang von Sage zu Geschichte. In: Geistige Überlieferung 1 (1940) 138–184. – Denniston, J. D.: Greek Prose Style. Ox. 1952, pass. – Diller, H.: Die Hellenen-Barbaren-Antithese im ZA. der Perserkriege. In: Fondation Hardt 8 (1962) 37–82. – Immerwahr, H. R.: Form and Thought in H. Cleveland 1966. – Strasburger, H.: Die Wesensbestimmung der Geschichte durch die antike Geschichtsschreibung (Sb.e der wiss. Ges. an der Johann Wolfgang Goethe-Univ. Frankfurt am Main 5, 3). Wiesbaden 1966, 41–96. – Fritz, K. von: Die griech. Geschichtsschreibung 1–2. B. 1967, t. 1, 104–475, t. 2, 79–220. – Cobet, J.: H.s Exkurse und die Frage nach der Einheit seines Werkes. Wiesbaden 1971. – Fehling, D.: Die Qu.nangaben bei H. Studien zur Erzählkunst H.s. B./N. Y. 1971. – Fornara, C. W.: H. An Interpretative Essay. Ox. 1971. – Meier, C.: Die Entstehung der Historie. In: Geschichte – Ereignis und Erzählung. ed. R. Koselleck/W.-D. Stempel. Mü. 1973, 251–305. – Manusperger, D.: Historiēs apodexis. In: KLL 1, 4540–4542. – Kazazis, J. N.: H. Stories and Histories: A Proppian Analysis of His Narrative Technique. Diss. Urbana, Ill. 1978. – Jason, H./Kempinski, A.: How Old Are Folktales? In: Fabula 22 (1981) 1–27, hier bes. 19 sq. – Marg, W.: H. Eine Ausw. aus der neueren Forschung. Darmstadt [3]1982 (mit Bibliogr.). – Schadewaldt, W.: Die Anfänge der Geschichtsschreibung bei den Griechen. Ffm. 1982, 7–219. – Strasburger, H.: H. als Geschichtsforscher. In: Marg (v. Ausg.n) t. 2, 383–465. – Strasburger, G.: Lex. zur frühgriech. Geschichte auf der Grundlage von H.s Werk. Zürich/Mü. 1984. – Long, T.: Repetition and Variation in the Short Stories of H.us. Ffm. 1987. – Müller, D.: Topographischer Bildkommentar zu den Historien H.s. Griechenland. Tübingen 1987. — Romm, J.: Dragons and Gold at the Ends of the Earth: A Folktale Motif Developed by H.us. In: Merveilles et Contes 1, 1 (1987) 45—54. — Cobet, J.: H. und mündl. Überlieferung. In: Ungern-Sternberg, J. von/Reinau, H.: Vergangenheit in mündl. Überlieferung. Stg. 1988, 226—233.

Essen Justus Cobet

Herold, Johann (Basilius, auch Acropolita), * Höchstädt (Donau) 17. 12. 1514 (unehelich), † Juni 1567, Übersetzer, Publizist, akademischer Gelegenheitsprosaist ohne Amt und Würden. Nach Schulbesuch in Donauwörth seit dem 11. Lebensjahr vagierender Student, unternahm er 1532—35 eine Italienwanderung, heiratete 1538 in Basel, verdiente mühsam sein Brot als Pfarrhelfer, Druckerei-Arbeiter und Herausgeber antiker und humanistischer Texte bei Johann Oporin (dem Schwager des Conrad → Lycosthenes) und Heinrich Petri (dort erschien u. a. seine → Petrarca-Ausg., 1554). Als reichs- und kaisertreuer Schwabe fand er in Basel wenig Freunde und karge Unterstützung; er starb in Armut[1].

Für die hist. Erzählforschung bedeutend ist H.s eigenwillige Übers. von Lycosthenes' *Prodigiorum ac ostentorum chronicon* (Basel 1557, 1567): *Wunderwerck oder Gottes vnergründtliches vorbilden* [...] (Basel 1557)[2]. Sie bietet den gleichen Reichtum an Holzschnitt-Illustrationen wie die lat. Ausgabe und divulgiert die Tausenden von → Monstren, → Mirakeln, → Prodigien und → Visionen der Lycosthenes-Kompilation. H.s Text ist oftmals sprachlich verwirrend; er enthält nicht alle Lit.nachweise des Originals, dafür aber eigenständige Ergänzungen. Es empfiehlt sich, neben dem *Wunderwerck* das *Chronicon* von Lycosthenes zu verwenden. Für Petri hat H. auch das Götter-Buch von Lilio Gregorio Giraldi übersetzt[3] und damit zur Kenntnis der antiken Mythologie beigetragen[4]. Nach dem Titelblatt seiner Ausg. beansprucht H. auch, die beigebundenen Editionen der Übers.en von Diodorus Siculus, Diktys von Kreta (cf. → *Troja-Roman*) und Horapollon von Neilopolis besorgt zu haben.

Die von H. herausgegebenen *Exempla virtutum et vitiorum, atque etiam aliarum rerum maxime memorabilium* [...] (Basel 1555) enthalten auf rund 1500 Quartseiten eine gewaltige Kompilation von → Tugend- und Laster-Beispielerzählungen und -Sentenzen von Nicolaus Hanapus (de Hanapis), → Valerius Maximus, → Claudius Aelianus, Marcantonio → Coccio, Aristoteles, Baptista Campofulgosus, Parthenios von Nikaia, Marcus Marullus Spalatensis und Sextus Iulius Frontinus. Sie hat späteren Kanzelrednern als Fundgrube für Predigtexempla gedient[5].

[1] Burckhardt, A.: Johannes Basilius H. Kaiser und Reich im protestant. Schrifttum des Basler Buchdrucks um die Mitte des 16. Jh.s. (Diss. Basel) Basel/Stg. 1966; zu H.s (nicht immer veröff.) Arbeiten cf. Lycosthenes, C.: Elenchus scriptorum omnium veterum scilicet ac recentiorum. Basel 1551, 568 sq.; Leu, H. J.: Allg. Helvet., Eydgenössisches oder Schweiz. Lexicon 10. Zürich 1756, 117 sq. — [2] Schenda, R.: Die dt. Prodigiensligen des 16. und 17. Jh.s. In: Archiv für Geschichte des Buchwesens 4 (1963) 637—710, hier 700 sq., num. 9 sq. — [3] Gyraldus, L. G.: De deis gentium varia & multiplex historia. Basel 1548 ([2]1560) (Faks.-Ausg. N. Y. 1976); Heydenweldt und irer Götter anfängklicher ursprung [...]. Durch Johann H. beschriben [...]. Basel 1554; cf. ferner Bietenholz, P.: Der ital. Humanismus und die Blütezeit des Buchdrucks in Basel. (Diss. Basel) Basel/Stg. 1959, 45. — [4] cf. Seznec, J.: La Survivance des dieux antiques. L. 1939, 207, not. 2, p. 283 (engl.: The Survival of the Pagan Gods. N. Y. 1953). — [5] Rehermann, 185 sq.

Zürich Rudolf Schenda

Herolt, Johannes (genannt Discipulus), * Nürnberg (?) spätes 14. Jh., † Regensburg Aug. 1468, Dominikaner-Prediger, einer der erfolgreichsten Exempelkompilatoren des Spätmittelalters. Er ist 1436 als Beichtvater der Nonnen des Katharinenklosters in Nürnberg bezeugt, 1438 als Prior des Dominikanerkonvents, 1451 als Generalvikar des Katharinenklosters.

H. nennt sich selbst Discipulus, nämlich einen ‚Schüler vorbildlicher Meister', was seine Quellen meint, deren Lehren und Geschichten er ‚für den Gebrauch der Prediger', ‚zum Nutzen des Volkes', ‚zu Lob und Ehre Gottes' tradiert (*Promptuarium exemplorum*, Prolog). Seine in Latein abgefaßten Schriften enthalten Materialien für den Prediger, vor allem Sammlungen von Exempla, Mirakel der hl. Jungfrau → Maria, eine katechetische Summe mit den wichtigsten Glaubenslehren, Predigten zum liturgischen Kirchenjahr (für Sonntage, Werktage, Heiligenfeste, Fastenzeit). Ihr Gebrauchswert war hoch. Ein Grund für die lange anhaltende Verbreitung liegt in der Aufbereitung der Kompendien für den Prediger nach ordnenden Gesichtspunkten, ein anderer in der Form der Darbietung dogmatischer und moralischer Lehre in Beispielerzählungen, was schon Dominikus, der Ordensgründer, für nützlich hielt, wie H. im Prolog seines *Promptuarium exemplorum* (1434) vermerkt. Das Werkverzeichnis von T. Kaeppeli[1] nennt elf zwischen 1416 und 1463/67 entstandene Schriften: neben dem *Promptuarium exemplorum secundum ordinem alphabeti* mit 643 vollständig ausgeführten und 224 nur mit Titel angegebenen Exempeln u. a. die *Sermones de tempore* (1418; 283 Exempel) und das *Promptuarium Discipuli de Miraculis Beatae Mariae Virginis* (1434; 100 Exempel). Ihre Überlieferungsgeschichte reicht von mehr als 450 Mss. des 15. Jh.s über 180 Inkunabeldrucke bis zu zahlreichen Drucken des 16. Jh.s und hier vor allem den für die Erzählforschung bes. wichtigen Promptuarien[2]. Die nachma. Wirkungsgeschichte läßt sich zunächst in der protestant. Polemik bei Hieronymus → Rauscher nachweisen, positiver bei Andreas → Hondorff und Wolfgang → Bütner[3]; von den ma. Exempelschreibern gehören die Namen → Caesarius von Heisterbachs und H.s zu den meistgenannten in protestant. Exempelsammlungen des 16. und 17. Jh.s[4]. Bei den kathol. Exempelautoren der Gegenreformation und des Barock begegnen einige der Marienmirakel, vornehmlich vermittelt über die lat. Ausg. *Maria Deipara Thronus Dei* (Köln 1619) und Pietro Antonio Spinelli, so in Laurentius Lemmers *Lauretanum Mariale* (Würzburg 1687, Mergentheim ^{2}1690)[5], Benignus → Kyblers *Wunder-Spiegl* (Mü. 1678) oder später in *Lehrreiches Exempel-Buch* (Augsburg 1757, ^{4}1793) des Dominicus → Wenz, der sich auf H.s *Discipulus redivivus seu sermones Discipuli Dominicales, quadragesimales et festivales, cum Promptuario Exemplorum* 1–2 (ed. B. Elers. Augsburg 1728) stützen konnte[6].

Das hier bes. interessierende *Promptuarium exemplorum*[7] ist nach Stichworten von abstinentia bis (h)ypocrita aufgebaut und handelt von Tugenden und Lastern, Freuden des Himmels und Schrecken der Hölle, über Männer und Frauen, Eltern und Kinder, Lebende und Verstorbene. Es schöpft aus folgenden, von H. selbst zu jedem Exemplum zitierten Autoren und Werken: Caesarius von Heisterbach (34mal), → Thomas Cantipratanus (17mal), → *Alphabetum narrationum* (11mal), → Jacques de Vitry (35mal[8]), → Étienne de Bourbon, → Geoffrey of Monmouth, → Gregor der Große, → Gregor von Tours, → Isidor von Sevilla, → Johannes Damascenus, → Petrus Alphonsi, → Vincent de Beauvais, → *Vitae Patrum*; Arnold von Geilhoven, Beda Venerabilis, Conrad von Eberbach, Gilbert episcopus, Robert Holcot, Hugo von St. Victor, Humbert de Romans, Petrus von Cluny, Wilhelm Perraud.

Das Menschenbild ist traditionsgebunden. Aus älteren Quellen gespeist, bleibt es lange gültig. Es wird an Frauen und Männern im weltlichen und geistlichen Stand exemplifiziert.

Dabei treten Adelige beiderlei Geschlechts bes. hervor: M 31 = Adelige Dame legt einen Aussätzigen in ihr Bett (Tubach, num. 3020); E 15 = Ein reicher Adeliger gibt seine Kleider einem Armen, behält aber sein Hemd, fällt daraufhin vom Pferd; C 4 = Ein adeliges Mädchen von 14 Jahren verehrt die Mutter Gottes. Sie bekommt das Jesuskind zum Spielen. Beim Tode des Mädchens singen Engel, der Jesusknabe nimmt die Seele in den Himmel mit[9].

Exempel über Frauen handeln von Ehefrauen, Witwen, Matronen, Mädchen, Jungfrauen, Mägden, Dirnen. F 4 = Eine am Festtag Brot backende Bäuerin steht für das Bild der auf Haus und Mann bezogenen Frau, aber auch Klosterfrauen besitzen als typisch weiblich angesehene gute und schlechte Eigenschaften. Geschlechtsspezifische Sünden werden durch Reue und Buße vergeben. Als hohe weibliche Tugend gilt die Jungfräulichkeit: V 18 = Eine zur Prostitution verurteilte christl. Jungfrau wird von einem Soldaten befreit, indem er ihr seinen Mantel umhängt (Tubach, num. 3072); V 17 = Löwe befreit Jungfrau aus dem Bordell (Tubach, num. 3072). – Frauen sind neugierig: O 12 = Eine neugierige Frau betritt das Backhaus gegen das Verbot ihres Mannes[10]. – Frauen sind unbeherrscht: C 14 = Ein Mädchen ißt, ohne sich zu bekreuzigen, gierig Lattich, auf dem der Teufel sitzt, und verschluckt ihn (Tubach, num. 3503). – Frauen sind geschwätzig: L 19 = Nach dem Tode einer keuschen, aber geschwätzigen Nonne sieht man ihren Körper von der Taille an aufwärts verbrennen (Tubach, num. 723). – Frauen sind bösartig: E 6 = Betrunkener wird zum Mönch gemacht (AaTh 1406: → *Wette der Frauen, wer den Mann am besten narrt*). – Alte Frauen sind kupplerisch: V 12 = Eine Alte führt mit Hilfe ihres weinenden Hundes einer Ehefrau einen Jüngling als

Liebhaber zu (AaTh 1515: *Die weinende → Hündin*). – Tanzvergnügen, Kleiderprunk, Kopfputz und Haarschmuck sollen Frauen meiden[11]: C 11 = Eine Jungfrau verzichtet auf Tanz und eitle Kleider. Sie wird dafür nach 30 Tagen in die himmlische Gesellschaft Mariens aufgenommen[12]; S 14 = Die Schwester des hl. → Bernhard will ihn reich herausgeputzt besuchen. Er empfängt sie nicht. Sie kleidet sich einfach (Tubach, num. 615); S 17 = Beim ‚Asperge' sieht ein Priester eine pfauengleich aufgemachte Frau. Auf ihrer langen Schleppe sitzen viele Teufel (Tubach, num. 1660). – Frauen sind zügellos: L 39 = Eine Mutter erstickt zwei Söhne nach der Geburt, um ihren Ehebruch zu vertuschen. In der Hölle martern zwei Drachen ihre Brüste, denn sie hatte nicht gebeichtet; L 40 = Nonne treibt Kind ab und stirbt daran. Sie wird mit dem brennenden Fötus im Arm gesehen. Auch sie hatte nicht gebeichtet. – Frauen schrecken isoliert aufgewachsene Männer: L 24 = Königssohn hält Frauen für Teufel (AaTh 1678: cf. → *Junge weiß nichts von Frauen*); L 23 = Junger Einsiedler hält Frauen für Gänse (cf. AaTh 1678).

H.s Angebot an Beispielliteratur über Männer ist in jeder Hinsicht reichhaltiger. Es wird nach Glaubenseinstellungen differenziert (Christ, Heide, Jude, Häretiker; → Antisemitismus): T 15 = Juden durchstechen den Gekreuzigten mit der Lanze (Tubach, num. 1373); B 5 = In Konstantinopel wirft ein Jude das Bild der Jungfrau Maria in die Latrine[13]; Y 2 = Jude wirft Bild Mariens in Kloake und entleert sich darauf. – Alle geistlichen Berufe sind vertreten vom Priester bis zum Papst, vom Konversen bis zum Abt, sowie die einzelnen Stände, Berufe und Altersstufen wie Kaiser, Könige, Fürsten, Advokaten, Richter, Bauern, Soldaten, Reiter, Handwerker, Krämer, Gärtner, Schmiede, Arme, Alte, Bettler, Pilger, Räuber: P 62 = Nero badet in der Hölle in Gold und lädt seine Freunde, die Advokaten, dazu ein (Tubach, num. 2505). – P 131 = Ein Kaufmann wirft Ring ins Meer und findet ihn in einem Fisch wieder (AaTh 736 A: *Ring des → Polykrates*). – M 67 = Aristoteles läßt sich verführen (AaTh 1501: → *Aristoteles und Phyllis*). – I 45 = Ein bestechlicher Advokat verliert seine Zunge (Tubach, num. 4904). – J 42 = Die eine Partei besticht den Richter mit einem Ochsen, die andere mit einer Kuh (AaTh 1861 A: cf. → Bestechung). – M 3 = Ein ungerechter Advokat wird vom Teufel entführt (AaTh 1186: → *Advokat und Teufel*). – I 43 = Ein ungerechter Richter, der die Sache einer Frau immer wieder aufschiebt, läßt sich von ihr die Hände salben[14]. – C 3 = Kleriker singen dem Teufel den Sack voll (Tubach, num. 1630; cf. AaTh 826: → *Sündenregister auf der Kuhhaut*). – T 8 = Ein mit seiner Frau singender Handwerker wird von Nachbarn beneidet (Tubach, num. 3845; cf. AaTh 754: → *Glückliche Armut*). – M 25 = Einem Räuber wird vergeben, ein Eremit verdammt (AaTh 756 A: *Der selbstgerechte → Eremit*). – I 14 = Der hl. → Makarios in der Einöde sieht den Teufel in einem Gewand, an dem Flaschen hängen (Tubach, num. 210). – O 4 = Markus wird von seinem Abt gerufen. Er gehorcht sofort und beendet seinen Brief nicht (Tubach, num. 3382). – E 13 = Nach dem Tode wird einer für seine Mildtätigkeit hundertfach belohnt (Tubach, num. 176)[15]. – V 41 = Bauer gelobt Kuh und Kalb zu St. Michael. Er widerruft und kommt in den Fluten um (Tubach, num. 1297). – V 8 = Ein Krüppel fürchtet, seinen Lebensunterhalt zu verlieren, wenn er durch St. Martin geheilt würde[16]. – F 15 = Sohn will seinen Vater im Alter ebenso schlecht behandeln wie dieser den seinen (AaTh 980 A–B: cf. → *Großvater und Enkel*). – T 7 = Der Sarazenenfürst stirbt nackt[17]. – C 41 = Ein Kreuzzugsprediger bittet → Jacobus de Voragine um ein Zeichen des Himmels. Maria zeigt sich mit ihrem Sohn[18]. – S 3 = Ein Wucherer zahlt Geld, um in der Kirche beerdigt zu werden (Tubach, num. 5031). – J 33 = Ein neidischer Mann erreicht, daß ihm ein Auge herausgenommen wird (AaTh 1331: → *Neidischer und Habsüchtiger*).

Die Exempel im *Promptuarium Discipuli de Miraculis Beatae Mariae Virginis* hat H. ebenfalls ‚aus vielen Büchern' (Prolog) gesammelt. Er nennt Vincent de Beauvais (11mal), Caesarius von Heisterbach (7mal). Die 99 oder 100 Wundergeschichten sind von A. Poncelet[19], der auf die Forschungen A. → Mussafias Bezug[20] nimmt, mit Incipit numeriert. H.s Intention ist zu zeigen, daß ‚Maria Männern, Frauen und Kindern im Leben, im Tode und nach dem Tode in allen Ängsten und Nöten zu Hilfe kommt' (Prolog) und selbst die ärgsten Sünder rettet. Nur ein einziges Exempel (num. 80) handelt von Bestrafung und zwar zweier Marienbildschänder:

num. 22 = Maria nimmt zwei arme Jungfrauen als Töchter an[21]. – num. 25 = Maria vertritt 15 Jahre lang eine sündige Nonne (AaTh 770: → *Nonne, die in die Welt ging*). – num. 32 = Maria setzt einem Kleriker seine abgeschnittene Zunge wieder ein (Tubach, num. 4901). – num. 33 = Maria läßt Johannes Damascenus die abgehauene Hand wieder anwachsen (Tubach, num. 2419). – num. 42 = Maria erhält durch ihre Fürbitte Gnade für den Teufelsbündner → Theophilus (Tubach, num. 3572). – num. 58 = Durch Maria erlangt ein verdammter Mönch, für den der hl. Petrus bittet, die Bewährungsgnade der Rückkehr ins Leben (Tubach, num. 3720). – num. 78 = Ein Kleriker begehrt Maria zum zweiten Mal zu sehen (Tubach, num. 4365).

Nach dem *Promptuarium exemplorum* weisen die *Sermones de tempore* die größte Anzahl von Exempeln in H.s Werken auf; sie erreichten ebenfalls eine weite Verbreitung (über 200 Hss. aus dem 15. Jh., etwa 45 Drucke zwischen

1474–1500[22]). Eine systematische Auswertung der *Sermones de tempore* und der *Sermones Discipuli de Sanctis. Promptuarium exemplorum* (Argentine 1484) erfolgte durch J. → Bolte[23].

[1] Kaeppeli, T.: Scriptores Ordinis Praedicatorum Medii Aevi 2. Rom 1975, 450–460; Paulus, N.: J. H. und seine Lehre. In: Zs. für kathol. Theologie 26 (1902) 417–447 (erstes Werkverz.); 27 (1903) 366–368. – [2] cf. Worstbrock, F. J.: H., J. In: Verflex. 3 (²1981) 1123–1127; cf. Welter, J.-T.: L'Exemplum dans la littérature religieuse et didactique du moyen âge. P./Toulouse 1927, 400, not. 9 (Auflistung der Exempel). – [3] Brückner, v. Namen-Reg. – [4] ibid., 628. – [5] Hahner, G.: Der Exempelgebrauch im Lauretanum Mariale des Laurentius Lemmer. Würzburg 1984. – [6] cf. Verflex. 3 (²1981) 1124 sq. – [7] Folgende Ausg. wurde benutzt: Sermonis Discipuli de sanctis, cum exemplorum promptuario, ac miraculis Beatae Virginis. Venedig 1603. – [8] Jacques de Vitry/Crane. – [9] Poncelet, A.: Miraculorum B. V. Mariae quae saec. VI–XV latine conscripta sunt index. In: Analecta Bollandiana 21 (1902) 241–360, hier num. 1245. – [10] Jacques de Vitry/Crane, num. 236. – [11] cf. Schüppert, H.: Frauenbild und Frauenalltag in der Predigtlit. In: Frau und spätma. Alltag (Sitzungsber.e der Österr. Akad. der Wiss.en, phil.-hist. Kl. 473). Wien 1986, 103–156, hier 125, 152. – [12] cf. Jacques de Vitry/Crane, num. 275. – [13] Mussafia, A.: Studien zu den ma. Marienlegenden 1–5. In: Sitzungsber.e der kaiserlichen Akad. der Wiss.en Wien 113 (1886) 917–994, 115 (1888) 5–92, 119 (1889) 9. Abhdlg, 123 (1891) 8. Abhdlg, 139 (1898) 8. Abhdlg, hier 123 (1891) 22. – [14] Jacques de Vitry/Crane, num. 38. – [15] Swietek, F. R.: The Alms Repaid a Hundredfold. In: Fabula 17 (1976) 169–181. – [16] Jacques de Vitry/Crane, num. 116; cf. Uther, H.-J.: Behinderte in populären Erzählungen. B./N. Y. 1981, 74 sq. – [17] Jacques de Vitry/Crane, num. 119. – [18] ibid., num. 121. – [19] Bei Poncelet (wie not. 9) ist die Zählung ab num. 68 um eins nach vorn verschoben: num. 68 = num. 69 etc.; Holik, F.: Index Miraculorum Marianorum indici A. Poncelet [...] superaddendus. Bud. 1920. – [20] Mussafia (wie not. 13). – [21] Poncelet (wie not. 9) num. 1200. – [22] Verflex. 3 (²1981) 1126. – [23] Pauli/Bolte, num. 11, 19, 129, 395, 562, 649; cf. auch Wesselski, A.: Mönchslatein. Lpz. 1909, num. 79, 94; cf. BP 3, 464.

Würzburg Annemarie Brückner

Herr sieht mehr als der Knecht (AaTh 162), Fabel aus dem Überlieferungskreis der → Äsopika[1].

Ein Hirsch ist auf der Flucht vor Jägern und verbirgt sich in einem Rinderstall (unter Mauleseln). Er beachtet nicht die Warnung eines anderen Tieres, daß ihm hier, im Stall vom Herrn, der 100 Augen habe, Gefahr drohe und er sich deshalb besser im Wald verbergen solle. Der Knecht und auch der Verwalter übersehen den fremden Eindringling; der Herr jedoch bemerkt sofort die Geweihstangen des Hirsches und läßt ihn töten (Mot. J 582.1, J 1032).

Die Erzählung findet sich bei → Phädrus (2, 8), im Handlungsablauf kaum variiert und wahrscheinlich von dort übernommen im → *Romulus*-Corpus (3, 19)[2]. Von dort aus hat sie in der spätma. und frühneuzeitlichen europ. Überlieferung eine relativ starke Verbreitung erfahren. Über einige spätma. Deszendenzen informiert bereits G. Thiele[3], umfassender und darüber hinaus auch die frühneuzeitliche Tradition einbeziehend finden sich weitere Angaben bei G. Dicke und K. Grubmüller[4]. Im 14. Jh. ist bei Johannes → Bromyard (*Summa predicantium* T 3, 5) eine abweichende Fassung der Erzählung nachweisbar, in der offenbar eine bewußt hergestellte Affinität zur antiken Mythologie auftritt. Die verfolgenden Jäger sind personifiziert als der den Hirsch im Stall übersehende → Polyphem (AaTh 1135–1137) und der umsichtige, ihn sofort entdeckende Argus. Diese Fassung übernimmt Johannes → Pauli[5].

Die im Epimythion der Phädrus- und der *Romulus*-Fassung ausgesprochene Moralität, das → Auge des Herrn sehe mehr als das des Knechts, ist Bestandteil nahezu aller späteren Fassungen und seit → Plinius (*Naturalis historia* 18, 43) auch als Sprichwort bekannt[6]. Sie besagt, daß die Menschen gemeinhin mit ihrem Eigentum wesentlich achtsamer umgehen als mit dem ihnen nur anvertrauten Gut. Daneben erscheinen in den Promythien und Epimythien zusätzlich weitere Moralitäten, die sich aus dem Handlungsablauf ableiten lassen, u. a. der Gedanke, daß es nützlich sein könne, rechtzeitig zu fliehen und damit einer Gefahr zu entgehen[7], daß man nie wissen könne, bei wem man Sicherheit finde[8], daß man einem guten Rat folgen solle[9] etc. Insbesondere in späteren Fassungen[10] begegnet häufiger auch die kirchlicher Didaktik verpflichtete Moralität, man könne des Menschen Auge täuschen, Gottes Auge jedoch nicht[11].

Die Fabel scheint vornehmlich für die Veranschaulichung christl. Wertsetzungen und Lehrinhalte (cf. → Didaktisches Erzählgut)

Bedeutung gehabt zu haben. Obwohl sie in so bekannte Slgen wie die von Heinrich → Steinhöwel[12], Burkart → Waldis[13], Hans-Wilhelm → Kirchhof[14] und Jean de → La Fontaine[15] Eingang fand, ist sie in der mündl. Überlieferung nur ganz vereinzelt anzutreffen. Das EM-Archiv verfügt einzig über drei Belege[16], die außerdem märchenhafte Züge tragen. In der Erzählstruktur verwandt sind dieser Fabel einige andere Tiererzählungen, die von einem Zuflucht suchenden Tier handeln, das z. T. keine Zurückweisung erfährt: → *Augenwinken* (AaTh 161)[17], die Fabel vom Hirsch, der sich, von Jägern verfolgt, in eine Höhle flüchtet, dort aber von einem Löwen getötet wird (Mot. N 255.1)[18], sowie die Fabel vom Ochsen, der sich vor dem ihn verfolgenden Löwen vergeblich in einer Höhle zu verbergen sucht, da deren Eingang von einem Bock verteidigt wird und der Ochse in der Fluchtsituation keine Zeit zum Kampf findet (Mot. J 371.1)[19].

[1] Wienert, ET 284; de Meyer, Conte; Äsop/Holbek, num. 92; Tubach und Dvořák, num. 4596; Dicke/Grubmüller, num. 276. — [2] Thiele, G.: Der lat. Aesop des Romulus und die Prosa-Fassungen des Phädrus. Heidelberg 1910, CXXII. — [3] ibid., CXXXI sq. — [4] Dicke/Grubmüller, num. 276. — [5] Pauli/Bolte, num. 645. — [6] cf. u. a. Wander, K. F. W.: Dt. Sprichwörter-Lex. 1. Lpz. 1867, 170 sq.; Schwarzbaum, Fox Fables, 192, not. 10; Dvořák, num. 4596; Dicke/Grubmüller, num. 317. — [7] Hervieux 2, 630 sq.; Leitzmann, A. (ed.): Die Fabeln Gerhards von Minden in mittelndd. Sprache. Halle 1898, num. 32. — [8] Kirchhof, Wendunmuth 4, num. 106. — [9] EM-Archiv: Abraham a Sancta Clara, Huy und Pfuy (1707), 132. — [10] cf. Moser-Rath, Predigtmärlein, num. 123; Rehermann, 133 sq. — [11] Pauli/Bolte, num. 645; Stieffler, J.: Loci theologiae historici. Das ist Geistlicher Historien-Schatz [...]. Jehna 1668, 40 sq.; Purselt, C.: Fons aquae triplici salientis in vitam aeternam. Ein Brunn des mit dreyfachen Quellen springenden Wasser ins ewige Leben [...] 3. Augsburg/Dillingen 1702, 82; EM-Archiv: Kobolt, Schertz und Ernst (1747), 276. — [12] Österley, H. (ed.): Steinhöwels Äsop. Tübingen 1873, num. 59. — [13] Kirchhof, Wendunmuth 4, num. 106; 5, 170 sq. — [14] Kurz, H. (ed.): Esopus von Burkhard Waldis 1. Lpz. 1862, num. 42. — [15] Fables de La Fontaine. P. 1830, 4, 21. — [16] Joos, A.: Vertelsels van het vlaamsche volk 1. Brugge 1889, num. 85; Joisten, C.: Contes populaires de l'Ariège. P. 1965, num. 14; Scheu, H./Kurschat, A.: Pasakos apie paukščius. Žemait. Tierfabeln. Heidelberg 1913, 244–250, num. 4. — [17] Dicke/Grubmüller, num. 621. — [18] ibid., num. 274. — [19] Schwarzbaum, Fox Fables, 119 sq.; die Inhaltsangabe bei Dicke/Grubmüller (num. 443) ist zu knapp gehalten.

Rotenburg (Wümme) Günter Petschel

Herr der Tiere

1. Definition — 2. Verbreitung — 3. H.en einzelner Tierarten — 4. Der H. d. T. im Märchen — 5. Alter — 6. Literar. Zeugnisse — 7. Psychomentale Grundlagen

1. Definition. H. d. T. (maître des animaux; master, lord of animals) ist ursprünglich ein Terminus der Ethnologie und Religionswissenschaft. Im Bereich der Erzählforschung bezeichnet er sog. Wildgeister (→ Geist, Geister), deren Aufgabe es ist, die Beziehungen zwischen dem Jäger und seiner Beute zu überwachen (→ Jagd, Jagen, Jäger). Diese Wildgeister treten unter den Namen verschiedener regionaler dämonischer Wesen auf (→ Dämon). Zu den Merkmalen der Tierherren gehört ebenso das Eigentumsrecht an Jagdtieren wie ihre Funktion als Schutzwesen für diese Tiere[1]. Die Jagdtiere des Menschen sind die Haustiere des H.n d. T.; er ist der ‚Hirte' und ‚Hüter' des Wildes; von Tierherr/-herrin sprechen die Tiere als ihrem ‚Vater' bzw. ihrer ‚Mutter'. Der H. d. T. hält Versammlungen der ihm zugehörigen Tiere ab[2]. Oft hat jedes einzelne Jagdtier seinen bes. Beschützer.

Der H. d. T. kennt Zahl und Namen der Tiere; er rächt sich, wenn Tiere ohne seine Erlaubnis getötet werden. Durch Verträge sucht der H. d. T. seine Schützlinge vor unnötigem Blutvergießen zu bewahren. Hält sich der Jäger an diese Abmachungen, so wird er durch Beutetiere belohnt; verstößt er gegen sie, ist er erfolglos oder kommt zu Schaden. Durch → Opfergaben (Speiseopfer wie Brot, Schnaps, Tabak) und → Gebete bittet der Jäger den Tierherrn um Jagderfolg; manchmal eignet er ihm das erste gefangene Tier zu[3]. Der H. d. T. kann die Tiere dem Jäger zuführen, sie aber auch fernhalten oder den Jäger in die Irre führen[4]. Er ist der Vermittler aller jägerischen Zaubermittel (magischer Fallen, treffsicherer Jagdwaffen) und Unterweiser des Jägers, dem ein → Schweigegebot auferlegt wird. Der H.

d. T. wacht darüber, daß Tiere nicht nutzlos getötet werden und das Fleisch aufgebraucht wird. Er achtet darauf, daß die Jagdtiere richtig getötet werden; sonst muß er Heilkräuter suchen, um das verwundete Wild zu heilen. Gegessene Tiere belebt er aus den vollständig zusammengetragenen → Knochen wieder (→ Pelops, → Wiederbelebung). Mit diesen Aspekten steht das gesamte Jagdritual in Beziehung: weidgerechtes Töten; die Bestattung der Jagdtiere bzw. ihrer Überreste; Riten der Tierversöhnung, wenn ein Tier aus der Herde des Wildgeistes erlegt wird.

Die äußeren Merkmale des H.n d. T. werden ganz verschieden imaginiert: Er ist entweder anthropomorph (→ Anthropomorphisierung), oder er tritt als ganz- oder halbtierisches Wesen auf (→ Theriomorphisierung). Oft stellt man ihn sich als großes Tier derjenigen Wildgattung vor, die für die Jagd von bes. Bedeutung ist. In Menschengestalt wird der H. d. T. teils männlich, teils weiblich vorgestellt. Manchmal ist er von riesenhaftem Wuchs oder auch von hohem Alter, z. B. ein ‚uralter Greis mit eisgrauem Bart'[5]. Öfter erscheint er von vorne als Mensch, von hinten wie ein Baumstamm mit bemoostem Rücken[6]. Häufig reitet er auf einem Jagdtier, z. B. auf einem Hirsch, Wolf, Kaninchen oder Wildschwein.

Dies sind die im wesentlichen gemeinsamen Vorstellungen von Jägervölkern unterschiedlicher Regionen. Sie haben sich auch dort noch in Resten erhalten, wo die Jagd heute nicht mehr die hauptsächliche Lebensform bildet, sondern von Viehzucht und Ackerbau überlagert oder verdrängt worden ist.

2. Verbreitung. Reichhaltiges Material zum H.n d. T. in den Erzählungen süd- und nordamerik. → Indianer haben T. Koch-Grünberg[7], O. Zerries[8], Å. Hultkrantz[9] sowie E. Rudolph[10] zusammengetragen; im Denken der südamerik. Jägervölker haben die Tierherren noch einen durchaus göttlichen Aspekt. Aus Afrika gibt es parallele Vorstellungen bes. von H.en der Antilopen[11]; H. → Baumann hat für die afrik. Buschgeistervorstellungen einen ausführlichen Motivkatalog erstellt und dabei aufzeigen können, wie sehr sich die jägerische Kultur noch in Mythologie und Religion der heute nicht mehr jägerischen Stämme auswirkt[12]. Für Indien ist der Vorstellungskomplex von E. Hofstetter[13] untersucht worden. Hultkrantz[14] und I. Paulson[15] haben Dokumentationen für die nordeuras. und arkt. Völker vorgelegt, zuvor aber auch schon E. W. Hawkes[16] und F. G. Speck[17]. Die Wildgeister der Mordwinen sind von U. Harva[18] behandelt worden.

In den skand. Ländern ist die Vorstellung vom H.n d. T. mit verschiedenen dämonischen Wesen, u. a. mit der Waldfrau (skogsfru, skogsnuva), mit Trollen und Huldren verbunden. Vor allem aber finden sich die skand. Waldgeistervorstellungen in den Volksüberlieferungen, die sich unter dem Begriff rå (herrschen, ein Machthaber sein) zusammenschließen[19]. Rå ist ein Sammelname, der eine ganze Gruppe mythischer Wesen verbindet; je nach Landschaft manifestiert sich rå als skogsrå (Wald-rå), als sjörå (See-rå), träskrå (Moor-rå) und als bergrå (Berg-rå). Die wilden Tiere gehören der Waldfrau oder auch einem Troll[20]. Der Tierherr weiß allein das Geheimnis des Jagderfolges: So bestimmt er z. B. in einer schwed. Erzählung, daß der Jäger sich in seinem eigenen Urin waschen müsse, erst dann könne er das Tier schießen[21]. Auch wird erwähnt, daß der Jäger der Waldfrau ihren Anteil am erlegten Wild gibt, indem er eine Falle nur für sie auslegt[22]. Eine verbreitete norw. Erzählung berichtet von einem Jäger, der einen Bären oder ein anderes Wild erlegt hat, das einem Übernatürlichen gehört[23]. In der norw. Tradition werden bes. → Bär und → Wolf als Haustiere der Tierherren betrachtet[24].

In der estn. populären Überlieferung[25] gibt es eine feminine Entsprechung zum Waldgeist (mets-haljas): die Waldmagd (metsa-piiga). Obwohl die damit verbundenen Vorstellungen meist erotischer Art sind, hängt von der Gunst oder Ungunst der Waldmagd das Glück des Jägers ab[26]. Um den Waldgeist zu gewinnen, legt der Jäger ein Stück Brot oder Pfannkuchen mit Salz bestreut auf einen Baumstumpf[27]. Aus dem Kaukasus hat A. Dirr Zeugnisse für die Vorstellung vom H.n d. T. zusammengestellt, die sich dort noch unter der Decke der offiziellen Religionen (Christentum, Islam) erhalten haben[28].

3. H.en einzelner Tierarten. Neben einem allg. H.n d. T. gibt es noch H.en einzelner Tierarten, d. h. jede einzelne Tiergattung

hat ihren speziellen Schutzgeist (cf. → Tierkönig). Es gibt z. B. einen H.n der Elefanten, der Rentiere, der Hasen[29]. Die Idee einer großen Mutter aller Vögel ist bei asiat. Völkern bekannt[30]. In einer vor allem in England, Skandinavien und Norddeutschland verbreiteten Untergruppe der Erzählungen vom Tod des Pan (AaTh 113 A: → *Pan ist tot*) lautet die Botschaft: ‚Der Katzenkönig ist tot'![31]. In den Erzählungen vom Schlangenbann (AaTh 672, 672 D: cf. → *Schlangenkrone, -stein*) rächt der → Schlangenkönig seine in einem Zauberfeuer getöteten Untertanen, indem er den Banner mit in den Tod zieht[32].

In den nord. Ländern gilt der Bär als H. des Waldes. Seine Jagd war mit einem bes. Zeremoniell, dem Bärenfest, verbunden. Dabei wurde nicht nur der Jäger von der Schuld des Tötens ‚entschuldigt' und das Opfer mit seinem Mörder ‚versöhnt'[33]; es fand auch eine magische Wiederbelebung des getöteten Bären aus seinen Knochen statt, wodurch erst neue Jagd wieder möglich wurde[34].

Der ostslav. Waldgeist wird stellenweise auch als H. der Wölfe angesehen. Um die Herde vor den Wölfen zu schützen, schließen die Hirten einen Vertrag mit ihm; auf diese Weise wird er zum Beschützer des Viehs[35]. Die Vorstellung vom Wolfshirten ist allen slav. Völkern gemeinsam und erscheint bes. motivreich in der skr. Überlieferung: Der Wolfshirt ist entweder ein Wolf oder ein Greis, der auf einem Wolf reitet[36]. Im Winter, häufig zu Weihnachten oder in der Neujahrsnacht, versammelt er seine Getreuen und bestimmt jedem seine Beute für das kommende Jahr[37].

Der vom Wolfshirten verkündete Schicksalsspruch ist unabwendbar: Ein Mensch wird zufällig Zeuge der Versammlung der Wölfe, auf welcher der Wolfshirt verkündet, sein Schicksal sei es, von einem Wolf gefressen zu werden; dennoch kann er sein Schicksal nicht abwenden (AaTh 934 B*: cf. → *Todesprophezeiungen*)[38]. In neueren, verchristlichten Aufzeichnungen dieser Sage sind Gott[39], Christus oder Heilige[40] an die Stelle des Wolfshirten getreten. In Rußland wird der hl. → Georg als Schutzherr der Wölfe betrachtet[41]. Ähnliche Prozesse sind allenthalben im Raum der russ.-orthodoxen Kirche eingetreten, wenn z. B. der hl. → Nikolaus als Hüter der vierbeinigen Landtiere, Georg als Hüter der Vögel und → Petrus als Hüter der Fische gelten und mit Gebeten um Jagdglück angerufen werden[42].

Auf die mitteleurop. Sagen-, Märchen- und Volksglaubensmotive um den H.n d. T. hat zuerst L. → Röhrich aufmerksam gemacht[43]. Im dt.sprachigen Erzählgut gibt es keine dämonische Figur, die vom Volk selbst als H. d. T. bezeichnet würde; vielmehr treten die Tierherren unter verschiedenen regionalen Bezeichnungen auf. Im gesamten Alpengebiet findet sich die Sage von einem H.n oder einer H.in der Gemsen. In dieser Funktion erscheinen z. B. Zwerge, Bergmännchen, Bergfräulein, Erdmännchen, Heiden, Wilde Leute, der ‚Gamsgoasser', Salige Frauen[44], auch ‚Gemsenfräulein' genannt, Wildfräulein, die Fänggen, der Salvang[45]. Die Tierherren werden auch in Gestalt einer großen oder einer weißen Gemse gedacht. Sie vermehren in wunderbarer Weise die durch die Jagd dezimierten Wildbestände; sie füttern die Gemsen im Winter in unterirdischen Ställen[46]. Alpensagen berichten von einem Vertrag zwischen Jäger und Gemsenherrin: Der Jäger verpflichtet sich, künftig nicht mehr zu jagen, und erhält dafür in regelmäßigen Abständen einen Gemsenbraten (einen nie endenden Gemskäse); als er den Vertrag verletzt und erneut eine Gemse erlegt, wird er einen Abgrund hinabgestürzt[47]. Der Tierherrin wird jedes Jagdunglück zugeschrieben[48]. Nach anderen Erzählungen ist jedem Jäger in seinem Leben nur ein bestimmtes Quantum an Gemsen zugebilligt; hat er dies erreicht, so wird er von einer unsichtbaren Stimme aufgefordert, mit dem Jagen aufzuhören[49]. Folgt der Jäger dieser Aufforderung nicht, so bedeutet es für ihn den sicheren Tod[50]. Wie schon im außereurop. Material werden auch in Erzählungen des Alpengebiets → Hunde als ein bes. Ärgernis für den Wildgeist angesehen[51].

Im ndd. Raum sind es vorwiegend → Riesen, die in der Funktion des Tierschützers, als H.en der Jagd- und Waldtiere auftreten[52]. Märk. und niedersächs. Sagen beschreiben die riesenhafte Frau Harke, die am Abend die wilden Tiere in einer Höhle sammelt, so daß nachts niemand jagen kann; sie vermag die Tiere für den Jäger unsichtbar zu machen und bestraft die Wildschützen[53]. Eine verhältnismäßig dichte Überlieferung von Tierherrensagen verschiedener, bes. riesischer Art findet sich in Siebenbürgen[54].

Zum Motivumkreis der alpinen Sagen vom H.n d. T. gehören auch die Erzählungen vom → Paradies der Tiere[55], das einem dämonischen Tierhüter unterstellt ist. Dorthin fliehen die wilden Tiere, die den nachstellenden Menschen entrinnen; die Zugänge sind verborgen[56]. In verchristlichter Form stehen solche Tabubezirke unter der Obhut heiliger Schutzpatrone[57].

Neben den Wildgeistern und H.en der Waldtiere gibt es auch die Vorstellung von einem H.n der Fische[58]. Im europ. Bereich erscheinen in dieser Funktion u. a. Nixen, Seejungfrauen, der Wassermann (→ Wassergeister), Zwerge, Riesen oder Wilde Leute. Entsprechende Sagen des dt. Sprachgebiets spielen so gut wie nie an der Küste des Meeres, sondern sind fast immer an Binnenseen lokalisiert[59]. Viele Belege kennt das Baltikum[60]. Bei den Fischen[61] gibt es stark differenzierte H.en einzelner Fischarten, z. B. H.en der Seeforellen, der Hechte, Barsche, Lachse und bes. der Zugfische[62]. In estn. Sagen belauscht ein Mensch ein Gespräch der ‚Fisch-Alten', der H.en einzelner Fischarten. Aus dem Gespräch erfährt er den augenblicklichen Aufenthalt der Fische. Er wirft dort sein Netz aus und tut den reichsten Fang seit Menschengedenken[63]. Für den Fischer gelten allg. ähnliche Bedingungen wie für den Jäger (→ Fisch, Fischen, Fischer). Auch eine Walroß-Mutter[64] und ein König der Krebse[65] kommen vor.

Weit verbreitet ist die Sage vom Suchruf nach dem verstümmelten Fisch. Darin sind die Fische Haustiere des Wassergeistes. Der Fischherr kennt alle seine Fische mit Namen und Zahl und ruft sie am Abend zusammen, wie ein Hirte seine Schweineherde zusammentreibt. Ein Fischer fängt nun einen einäugigen oder stumpfschwänzigen Fisch, der dem Fischherrn am Abend in seiner Herde fehlt und deshalb ins Wasser zurückgegeben werden muß[66].

4. Der H. d. T. im Märchen. Während die Sage noch geglaubte dämonische Wesen als H.en d. T. schildert, sind im Märchen die Begegnungen mit Wildgeistern zum formelhaften Erzählmotiv erstarrt. Am häufigsten finden sich entsprechende Motive in den Märchen von → dankbaren Tieren (AaTh 302, 316, 329, 400, 531, 552, 554, 559, 560, 665 u. a.). Z. B. ruft der dankbare H. der Fische bei den Suchwanderungen des Helden seine Untertanen herbei, um einen im Meer verlorenen Gegenstand für den Helden suchen zu lassen; oder ein Vogelkönig schickt die Vögel in alle Welt, um ein Geheimnis auszukundschaften[67].

Oft verlangt die → Dreigliedrigkeit des Märchens, daß die Macht über die verschiedenen Tiere auf drei Tierreiche aufgeteilt ist, in H.en über die Tiere des Waldes, über die Vögel und über die Fische[68]. Meist werden die Tierherren herbeigerufen, um Auskunft zu geben über etwas, das vom Helden gesucht wird[69]. Dabei ist ein häufig wiederkehrendes, dem Märchen-H.n d. T. zugehöriges Attribut sein → Horn (Pfeife), mit dem er alle Untertanen herbeirufen kann[70] (cf. auch AaTh 570: → *Hasenhirt*)[71]. Eine Erzählung von der Dankbarkeit eines H.n d. T. kennt schon → Claudius Aelianus[72]. Oft gibt der H. d. T. dem Helden die Möglichkeit, sich in ein Tier seiner Art zu verwandeln (→ Tierverwandlung)[73].

Es gibt eine Reihe von Einleitungsmotiven des Märchens, in denen Tierherren- und Wildgeistervorstellungen enthalten sind: (1) Der Held nimmt Jagdunterricht beim Waldgeist und bekommt von ihm ein Gewehr, das alles trifft, worauf er zielt[74]. In AaTh 667: → *Pflegesohn des Waldgeistes* erhält der dem Waldgeist versprochene Knabe von diesem die Gabe, sich in verschiedene Tiere verwandeln zu können (cf. die einleitende Episode in KHM 136, AaTh 502: *Der wilde* → *Mann*). (2) In der Einl. zu AaTh 780: → *Singender Knochen* verleiht der H. d. T. magische Jagdwaffen, verlangt aber ein Opfer[75]. (3) In der Einl. mancher Var.n von AaTh 425C: cf. → *Amor und Psyche* verirrt sich ein Vater im Wald und gerät in das Jagdgebiet eines dämonischen Wesens; der Vater, der das seiner Tochter versprochene Tier schließlich im Wald findet, vergreift sich damit am Eigentum des H.n d. T. (4) In einem Märchen aus der Gascogne wird der H. der Waldvögel um Jagderfolg gebeten, verweigert ihn aber[76].

5. Alter. Die Parallelität der Vorstellungen von Tierherren und Wildgeistern aus vier Erdteilen stellt die vergleichende Forschung vor noch nicht gelöste kulturhist. und kulturgeogr. Probleme. Paulson nennt die Wildgeister „die ältesten Gottheiten der Menschen"[77], und R. Grambo sieht den Ursprung solcher Vorstellungen in der Altsteinzeit[78]. Die rituelle Aufbewahrung von Tierknochen zum Zweck der Wiederbelebung des Wildes, etwa die Schädelsetzungen von Höhlenbären aus der Altsteinzeit, sind für einige Forscher kulturhist. Indi-

zien, daß man es hier mit frühesten religiösen Zeugnissen zu tun habe[79]. Mit Sicherheit kann eine solche Vorstellung ihren Ursprung nur in einer jägerischen Gesellschaft gehabt haben (→ Jägerzeitliche Vorstellungen), doch es ist schwer, eventuelle Wanderwege zu ermitteln. Es gibt gute Gründe dafür, unabhängige Entstehung an unterschiedlichen Orten anzunehmen (→ Polygenese)[80]. Die religiöse Bindung zwischen dem Jäger und seiner Beute ist zunächst charakteristisch für eine Jägerkultur; wenn hingegen – wie immer in den Sagen – zum Ausdruck kommt, die Jagdtiere seien die ,Haustiere des H.n d. T.', so können solche Sagen erst in viehbäuerlichen Verhältnissen oder in einer Hirtenkultur entstanden sein. Auch die Vorstellung vom reitenden Tierherrn ist ein Indiz für starke kulturelle Beeinflussung seitens einer Hirtenkultur[81].

Mutmaßungen und Spekulationen (cf. → Altersbestimmung des Märchens) müssen durch verbürgte hist. Daten ergänzt werden. Im europ. Kulturkreis reichen datierbare Wurzeln bis in die Frühgeschichte. E. → Mudrak sieht schon in der Enkidu-Figur des → *Gilgamesch*-Epos einen H.n d. T.[82]. Eine schützende Tierherrin gehört zu den frühesten und häufigen Darstellungen der altmediterranen Kunst. Der Kult der H.in d. T. ist vermutlich von Kreta aus auf das griech. Festland übergegangen und dort in den Artemis- und schließlich Diana-Kult eingemündet[83].

6. Literar. Zeugnisse. Die eindrucksvolle Schilderung eines H.n d. T. bringt in der ma. Epik (→ Artustradition) Kâlogrêants Abenteuer im Walde von Breziljân in → Hartmanns von Aue → *Iwein*. Der dort geschilderte wilde Mann weidet eine Herde von Wisenten und Auerochsen; er fungiert deutlich als H. d. T. und Wildhüter[84]. Obwohl die Situation hier schon märchenhaft übersteigert ist, scheint das Bild vom wilden Mann als Tierherrn noch allg. Vorstellungsgut des europ. MA.s gewesen zu sein[85]. Im 16. Jh. schildert der Luzerner Stadtschreiber R. Cysat (1545–1614) die Erdmännchen (,Herdmännlin') als Pfleger der wilden Tiere, bes. der Gemsen, die sie als zahme Haustiere halten; sie warnen die Jäger vor dem Erlegen der Gemsen und paktieren mit ihnen über die Zahl der für die Jagd erlaubten Tiere[86]. Durch J. → Praetorius sind im 17. Jh. auch auf → Rübezahl Züge eines H.n d. T. übertragen worden: Rübezahl duldet keinen Hund auf dem Gebirge; er will der alleinige Jäger sein; er bringt einen Jagdhund um und läßt ihn verschwinden. Auch fährt Rübezahl in einem von einem Wildschwein gezogenen Schlitten[87].

Die Sage vom Jäger und dem H.n der Gemsen ist in der dt. klassischen und romantischen Lit. wiederholt aufgegriffen worden. Zum volkstümlichen Zitat sind zwei Redezeilen des Tierherrn aus Schillers Ballade *Der Alpenjäger* geworden: „Raum für alle hat die Erde / Was verfolgst du meine Herde?"[88] Auch Friedrich Rückert verfaßte ein episches Gedicht unter dem Titel *Der Alpenjäger*[89]. 1813 ließ Johann Rudolf Wyss seine Sagengedichte mit schweiz. Themen erscheinen, von denen eines den Stoff aufgreift[90], das wiederum zur literar. Quelle für die Fassung der Brüder → Grimm (DS 302) geworden ist. Unter den späteren literar. Bearb.en ist Ferdinand → Raimunds moralisches Geisterstück *Der Alpenkönig und der Menschenfeind* (1828) zu nennen. Noch bis in die Gegenwart spukt der H. der Gemsen als Wildschützergeist im alpenländ. Heimatschrifttum[91].

7. Psychomentale Grundlagen. Die Wildgeistererzählungen entspringen einer elementar jägerischen Mentalität. Sie spiegeln die Bemühungen des Jägers (und Fischers) um einen guten und für den Lebensunterhalt notwendigen Fang wider. Das Tier ist dabei der wichtigste Daseinspartner des Menschen. Das Jagdwild ist der Erhalter seiner Existenz, zugleich damit aber auch der große Gegenspieler. Der vordergründige Aspekt der Volkserzählungen zu diesem Thema liegt in der Schwierigkeit des Jagderfolgs: Die Sagen zeigen die gefahrvollen Lebensbedingungen des Jägers, aus denen manche Vorstellungen von dem dämonischen H.n der Jagdtiere erwachsen sind. Die tiefere und geradezu religiöse Wurzel ist die Scheu des Menschen zu töten. Das Töten von Tieren, um sein eigenes Leben zu erhalten, hat der Mensch wohl immer als eine schuldhafte Belastung empfunden. So sind die Tierherrenerzählungen im Grunde psychische Resultate eines schlechten Gewissens. Die Volkserzählungen kennen diesen ,Tiertöter-Skrupulantismus'[92] des jägerischen Menschen in der Ein-

kleidung traditioneller Motive, die zugleich als allg. Aussage psychische Befreiungen von der Last des Tötens darstellen; sie sind Bemühungen des Menschen, mit dieser Verschuldung fertig zu werden.

Auch der Mensch der Gegenwart kann angesichts der von ihm vollzogenen Tötung (Schlachtung) von Tieren Schuld empfinden, d. h. es kann ihm auf schmerzhafte Weise bewußt werden, daß ein notwendiger Lebenszusammenhang irreparabel unterbrochen wird[93]. Dies erklärt Beliebtheit und Fortleben der Erzählungen vom H.n d. T. bis in die Gegenwart.

[1] Rudolph, E.: Schulderlebnis und Entschuldung im Bereich säkularer Tiertötung. Bern/Ffm. 1972, 68; cf. allg. Röhrich, L.: Europ. Wildgeistersagen [1960]. In: id.: Sage und Märchen. Fbg 1976, 142–195; id.: Die Sagen vom H.n d. T. In: Kongreß Kiel/Kopenhagen 1959, 341–349; Schotten, R. L.: The Master of Animals. A Study in the Symbolism of Hunting Religion. Diss. Chic. 1966. – [2] ibid., 119–121. – [3] Paulson, I.: Wald- und Wildgeister im Volksglauben der finn. Völker. In: ZfVk. 57 (1961) 1–25, hier 13. – [4] ibid., 7. – [5] Paulson, I.: Schutzgeister und Gottheiten des Wildes (der Jagdtiere und Fische) in Nordeurasien. Sth. 1961, 74. – [6] id. (wie not. 3) 14. – [7] cf. Koch-Grünberg, T.: Indianermärchen aus Südamerika. MdW 1920; Haeckel, J.: Der ‚H. d. T.' im Glauben der Indianer Mesoamerikas. In: Mittlgen aus dem Museum für Völkerkunde in Hamburg 25 (1959) 60–69; id.: H. d. T. In: RGG 3 (^{3}1959) 270 sq.; Hasler, J. A.: Chaneques und Tzitzimites. Ein Beitr. zum Problem des mesoamerik. H.n der Berge und der Tiere. In: Fabula 10 (1969) 1–68. – [8] Zerries, O.: Wild- und Buschgeister in Südamerika. Wiesbaden 1954. – [9] Hultkrantz, Å.: The Owner of the Animals in the Religion of the North American Indians. In: id. (ed.): The Supernatural Owners of Nature. Sth./Göteborg/Uppsala 1961, 53–64. – [10] Rudolph, E.: Indian. Tierherrenvorstellungen. In: Zs. für Ethnologie 99 (1974) 81–119. –

[11] Smith, E. W./Dale, A. M.: The Ila-Speaking Peoples of Northern Rhodesia 2. L. 1920, 131; Frobenius, L.: Volkserzählungen und Volksdichtungen aus dem Zentral-Sudan. Jena 1924, 66 sq.; cf. Friedrich, A.: Afrik. Priestertümer. Stg. 1939, 179 sq., 193. – [12] Baumann, H.: Afrik. Wild- und Buschgeister. In: Zs. für Ethnologie 70 (1938) 208–239. – [13] Hofstetter, E.: Der H. d. T. im Alten Indien. Wiesbaden 1980; cf. auch Heifetz, H./Rao, V. N.: For the Lord of the Animals. Poems from the Telugu. Berk. 1987. – [14] Hultkrantz (wie not. 9). – [15] Paulson (wie not. 5); id.: Die Schutzgeister und Gottheiten der Jagdtiere im Glauben der nordasiat. (sibir.) Völker. In: Zs. für Ethnologie 85 (1960) 82–117; id.: Wildgeister im Volksglauben der Lappen. ibid. 86 (1961) 141–151. – [16]Hawkes, E. W.: The Labrador Eskimo. Ottawa 1916, 154; cf. Bogoras, W.: The Chukchee. 2: Religion. Leiden/N. Y. 1907. – [17] Speck, F. G.: Naskapi. The Savage Hunters of the Labrador Peninsula. Norman, Okla 1935, 82–91; cf. Jensen, A. E.: Mythos und Kult bei Naturvölkern. Wiesbaden 1951, bes. 167 sq. – [18] Harva, U.: Die religiösen Vorstellungen der alta. Völker (FFC 125). Hels. 1938; id.: Die religiösen Vorstellungen der Mordwinen (FFC 142). Hels. 1952; cf. Friedrich, A./Buddruss, G.: Schamanengeschichten aus Sibirien. Mü. 1955. – [19] cf. Liungman, W.: Das Rå und der H. d. T. In: Hultkrantz (wie not. 9) 72–90; Grambo, R.: The Lord of Forest and Mountain Game in the More Recent Folk Traditions of Norway. In: Fabula 7 (1964) 33–52. – [20] cf. Hartmann, E.: Die Trollvorstellungen in den Sagen und Märchen der skand. Völker. Stg./B. 1936, 21–39. –

[21] ZfVk. 10 (1900) 194–202, hier 199. – [22] Feilberg, H. F.: Der Kobold in nord. Überlieferung. In: ZfVk. 8 (1898) 130–146, hier 139. – [23] Christiansen, Migratory Legends, num. 6060. – [24] Grambo (wie not. 19) 33; id.: Dyrenes herre i yngre norsk folketradisjon. In: Norsk Skogbruksmuseum årbok 3 (1961/62) 44–67. – [25] Loorits, O.: Grundzüge des estn. Volksglaubens 2. Lund 1951, 156–160. – [26] Für lett. H. d. T.-Vorstellungen findet sich ein wichtiges hist. Zeugnis bei Einhorn, P.: Widerlegunge der abgötterey vnd nichtigen aberglaubens [...]. Riga 1627, 4; id.: Historica lettica. Das ist Beschreibung der lett. nation. Dorpat 1649, 18. – [27] Mannhardt, W.: Wald- und Feldkulte 1. B. 1875, 138; cf. Frazer, J. G.: The Golden Bough. 5, 1–2: Spirits of the Corn and of the Wild. (L. ^{3}1912) Nachdr. 1951. – [28] Dirr, A.: Der kaukas. Wild- und Jagdgott. In: Anthropos 20 (1925) 139–147; cf. auch Virsaladze, E. B.: Gruzinskij ochotničij mif i poėzija (Der georg. Jägermythos und die Dichtung). M. 1976. – [29] Paulson (wie not. 5) 73. – [30] Grambo (wie not. 19) 48. –

[31] cf. Boberg, I.: Sagnet om de store Pans død. Kop. 1934, 161–168; Kleine, I.: Dildrum Katzenkönig. Kassel 1957, 93–95. – [32] Christiansen, Migratory Legends, num. 3060; cf. Grambo (wie not. 19) 41–43; Röhrich, L.: Die Sage vom Schlangenbann [1968]. In: id. 1976 (wie not. 1) 195–209; cf. Gaeffke, P.: The Snake-Jewel in Ancient Indian Literature. In: Indian Linguistics 14 (1954) 124–140. – [33] cf. Rudolph (wie not. 1) 87–89. – [34] Edsman, C.-M.: Bärenfest. In: RGG 1 (^{3}1957) 841 sq.; id.: Studier i jägarens religion. In: Annales Academiae Regiae Scientiarum Upsaliensis 2 (1958) 33–94. – [35] Paulson (wie not. 3) 13; id. (wie not. 5) 277. – [36] Schneeweiss, E.: Grundriss des Volksglaubens und Volksbrauchs der Serbokroaten. B. 1935, 26. – [37] Krauss, F. S.: Slav. Volksforschungen. Lpz. 1908, 142. – [38] Valjavec, M. K.: Narodne pripovjesti. Zagreb 1890, 93 sq.; cf. Dh. 3, 302. – [39] Karlinger, F./Mykytiuk, B.: Legendenmärchen aus Europa. MdW 1967, num. 65 (weißruthen.). – [40] cf. Bernhard, J.: Heilige und Tiere. Mü. 1937. –

[41] Loorits (wie not. 25) t. 1 (1949) 326–330; id.: Der hl. Georg in der russ. Volksüberlieferung Estlands. B. 1955. – [42] Paulson (wie not. 5) 59. – [43] Röhrich (wie not. 1). – [44] Avanzin, A. von: Salige als H.innen d. T. In: Der Schlern 38 (1964) 311 sq.; Börsken, M.: Die ‚Saligen Frauen‘ der Volkssagen. Magisterarbeit Fbg 1981. – [45] Alpenburg, J. N. von: Mythen und Sagen Tirols. Zürich 1857, 18–21; Graber, G.: Sagen und Märchen aus Kärnten. Graz 1944, 220; Vernaleken, T.: Alpensagen. Wien 1858, 120; Krainz, J.: Mythen und Sagen aus dem steir. Hochlande. Graz 1880, num. 297. – [46] Zingerle, I. V.: Sagen aus Tirol. Innsbruck ²1891, num. 75. – [47] z. B. Müller, J.: Sagen aus Uri 3. Basel 1945, num. 1335–1337; Reiser, K.: Sagen, Gebräuche und Sprichwörter des Allgäus 1. Kempten 1895, num. 142; Kohlrusch, C.: Schweiz. Sagenbuch. Lpz. 1854, 17 sq., 48. – [48] Kuoni, J.: Sagen des Kantons St. Gallen. St. Gallen 1903, 4 sq.; Lütolf, A.: Sagen und Bräuche aus den 5 Orten Lucern, Uri, Schwiz, Unterwalden und Zug. Lucern 1862, 48; Jegerlehner, H.: Sagen und Märchen aus dem Oberwallis. Basel 1913, 144, 174 sq.; cf. Bargheer, E.: Gemse. In: HDA 3 (1930/31) 629–633. – [49] Müller (wie not. 47) num. 1336c, 1530. – [50] ibid., num. 1336b. –
[51] Heyl, J. A.: Volkssagen, Bräuche und Meinungen aus Tirol. Brixen 1897, 24. – [52] Höttges, num. 52; Veckenstedt, E.: Wend. Sagen, Märchen und abergläubische Gebräuche. Graz 1880, num. 8. – [53] Kuhn, A.: Sagen, Gebräuche und Märchen aus Westfalen 1. Lpz. 1859, 326; id./Schwartz, W.: Norddt. Sagen, Märchen und Gebräuche. Lpz. 1848, num. 126. – [54] Müller, F.: Siebenbürg. Sagen. Wien/Hermannstadt ²1885, num. 293, 39, 50. – [55] Grimm DS 301; cf. Winkler, K.: Paradies. In: HDA 6 (1934/35) 1400–1458, bes. 1404–1406. – [56] Englert-Faye, C.: Alpensagen. Zürich ²1959, 12 sq. – [57] cf. Rudolph (wie not. 1) 111–114. – [58] Zerries (wie not. 8) 110 sq.; Paulson, I.: Die Wassergeister als Schutzwesen der Fische im Volksglauben der finn.-ugr. Völker. In: Acta Ethnographica 15 (1966) 181–194. – [59] Panzer, F.: Bayer. Sagen und Bräuche 1. ed. W.-E. Peuckert. Göttingen 1954, num. 152; Krainz (wie not. 45) num. 261. – [60] cf. Balys, J.: Lietuviu mitologiskos sakmes. L. 1956, num. 174. –
[61] cf. Wiepert, P.: Volkserzählungen von der Insel Fehmarn. Neumünster 1964, num. 78 (Riese als H. d. Fische). – [62] Paulson (wie not. 5) 71, 177. – [63] Loorits (wie not. 25) 251, 284–286. – [64] Paulson (wie not. 5) 64. – [65] Mudrak, E.: H. und H.in d. T. In: Fabula 4 (1961) 163–173, hier 168 sq. – [66] z. B. Kuhn/Schwartz (wie not. 53) num. 180; Schambach, G./Müller, W.: Niedersächs. Sagen und Märchen. Stg. 1948, num. 86; Kuhn (wie not. 53) num. 362–364; ZfVk. 12 (1902) 68 (nordthüring.); Grohmann, J. V.: Sagen aus Böhmen. Prag 1863, 150 sq. – [67] Haltrich, J.: Dt. Volksmärchen aus dem Sachsenlande in Siebenbürgen. Mü. 1956, 111 sq.; Wlislocki, H. von: Märchen und Sagen der transsilvan. Zigeuner. B. 1886, num. 47; Jahn, U.: Volksmärchen aus Pommern und Rügen. Norden/Lpz. 1891, num. 9; cf. Hendriks, H.: Die beseelten Tiergestalten des dt. Volksmärchens und ihre Entsprechung im Volksglauben. Diss. (masch.) Bonn 1952, 143 sq. – [68] Fox, N.: Volksmärchen. Saarlautern ⁸1943, 36–44; Jahn (wie not. 67) num. 56. – [69] Zusammenstellung solcher Motive bei Hendriks (wie not. 67) 122 sq.; cf. Röhrich, L.: Mensch und Tier im Märchen. In: SAVk. 49 (1953) 165–193. – [70] z. B. Schambach/Müller (wie not. 66) 249; cf. Hendriks (wie not. 67) 34. –
[71] Voigt, V.: Elemente des Vorstellungskreises vom ‚H.n d. T.‘ im ung. Volksmärchen. In: Acta Ethnographica 11 (1962) 391–430, hier 405. – [72] Marx, A.: Griech. Märchen von dankbaren Tieren und Verwandtes. Stg. 1889, 117 sq. – [73] Voigt (wie not. 71) 411. – [74] Haltrich (wie not. 67) num. 34. – [75] ibid., num. 43; Zenker-Starzacher, E.: Es war einmal ... Dt. Märchen aus dem Schildgebirge und dem Buchenwald. Wien 1956, 286–291; Henssen, G.: Ungardt. Volksüberlieferungen. Marburg 1959, num. 95. – [76] Bladé, J. F.: Contes populaires de la Gascogne 1. P. 1886, 287–304. – [77] Paulson (wie not. 5) 293. – [78] Grambo (wie not. 19) 33. – [79] Paulson (wie not. 5) 223, 228; Friedrich, A.: Die Forschung über das frühzeitliche Jägertum. In: Paideuma 2 (1941) 20–43; Schmidt, L.: Der „H. d. T.“ in einigen Sagenlandschaften Europas und Eurasiens [1952]. In: id.: Die Volkserzählung. B. 1963, 113–144. – [80] Grambo (wie not. 19) 50. –
[81] cf. Rudolph (wie not. 1) 72. – [82] Mudrak (wie not. 65) 170 sq. – [83] cf. Nilsson, M. P.: The Minoan-Mycenaean Religion and Its Survival in Greek Religion. Lund ²1950, bes. 503 sq.; Hoenn, K.: Artemis. Gestaltwandel einer Göttin. Zürich 1946. – [84] Hartmann von Aue: Iwein. ed. G. F. Benecke/K. Lachmann. B. ⁶1959, V. 403–517; cf. Pütz, H. P.: Der Wanderer und der H. d. T. In: ÖZfVk. 80 (1977) 100–115; cf. Edel, D. R.: The Lord of Animals in Early Irish Heroic Literature. In: 9th Congress of the International Society for Folk-Narrative Research. Folk Narrative and Cultural Identity. Summaries. Bud. 1989, 66. – [85] Bernheimer, R.: Wild Men in the Middle Ages. Cambr., Mass. 1952, 21–48; Leyen, F. von der/Spamer, A.: Die altdt. Wandteppiche im Regensburger Rathause. Regensburg 1910, 16–32; Die Wilden Leute des MA.s. Ausstellungskatalog Hbg 1963. – [86] Karbacher, D./Keller, A.: Renward Cysat (1545–1614). In: Sagenerzähler und Sagensammler der Schweiz. ed. R. Schenda unter Mitarbeit von H. ten Doornkaat. Bern/Stg. 1988, 139–160. – [87] Grässe, J. G. T.: Sagenbuch des Preuß. Staats 2. Glogau 1871, 312; cf. Peuckert, W.-E.: Die Sagen vom Berggeist Rübezahl. Jena 1926, Abb. p. 2, 63. – [88] Bonstetten, K. V. von: Schr. ed. F. Matthisson. Zürich 1793, 118 sq.; cf. Peuckert, W.-E.: Der Alpenjäger. In: Zs. für dt. Philologie 78 (1959) 337–349. – [89] Rückert, F.: Gesammelte Gedichte 2. Ffm. 1843, 43–45. – [90] Wyss, J. R.: Idyllen, Volkssagen, Legenden und Erzählungen aus der Schweiz. Bern/Lpz. 1813, 43–61; cf. Siegrist, U.: Johann Rudolf

Wyss (1781–1830). In: Schenda (wie not. 86) 203–222. – [91] Heer, J. C.: Der König der Bernina. Stg./B. 1924, 130 sq., 324 sq. Zur literar. Verarbeitung der Vorstellung vom H.n d. T. cf. weiterhin Röhrich 1976 (wie not. 1) bes. 152–155. – [92] Bilz, R.: Tiertöter-Skrupulantismus. In: Jb. für Psychologie und Psychotherapie 3 (1955) 226–244; cf. Jensen, A. E.: Über das Töten als kulturgeschichtliche Erscheinung. In: Paideuma 4 (1960) 23–38; Paulson (wie not. 5) 228; Rudolph (wie not. 1) 84–93. – [93] ibid., 126.

Freiburg/Br. Lutz Röhrich

Herr und Knecht

1. Einl. – 2. Forschungsgeschichte – 3. Märchen – 4. Schwank – 5. Sage

1. Einl. Das Begriffspaar H. und K. wird in der Volksprosa überwiegend symbolisch gebraucht, um den sozialen Gegensatz von → Herrschaft und Untertanen, Befehlenden und Gehorchenden, Adel (cf. → Ständeordnung) und Leibeigenen, Pfaffen (→ Pfarrer, → Klerus) und K.en, → Bauern und → Gesinde, → Meistern und Gesellen, Bürgern und Bediensteten auszudrücken. Der Grad der Abhängigkeit des K.s vom jeweiligen H.n kann vom Sklavenstatus mit absoluter Rechtlosigkeit bis zur geduldeten Ratgeberrolle des Subalternen reichen.

Einige der unter dem Stichwort H. und K. einzuordnenden Erzähltypen, bes. solche vom treuen Diener, lassen sich bis in antike Überlieferung zurückverfolgen[1]. In Erzählungen des christl. Europa wurde die Wortverbindung H. und K. seit dem 9. Jh. wahrscheinlich durch Bibelstellen (z. B. Mt. 10,24; 20,25–28; 25, 14–30 und pass.) sowie durch entsprechende geistliche und weltliche Lit. gefestigt[2]. Die Bewertung im N.T. ist nicht ganz eindeutig: Vom K. wird → Treue und → Gehorsam verlangt; doch wird das Dienen selbst auch aufgewertet.

In der Volkserzählung gibt es gattungsspezifische Akzente: Im Märchen hat das Treueverhältnis einen wenn auch geringen Niederschlag gefunden; die meisten Märchen mit H.-und-K.-Thematik zielen auf einen sozialen Konflikt und nähern sich hier Schwank und Sage. Der Schwank läßt – in komischer Umkehrung der Wirklichkeit – den K. über den H.n triumphieren[3]. Die erlebnisbezogene Sage hält reale soziale Konflikte fest, verweist aber auch auf ausgleichende → Gerechtigkeit nach dem Tode im → Jenseits (cf. → Konflikte, → Sozialkritik)[4].

2. Forschungsgeschichte. In der Forschung wurde die H.-und-K.-Thematik lange Zeit vernachlässigt. Zwar enthielten viele Slgen einzelne Belege; aber z. T. wurden – im Dienste einer harmonisierenden Volksideologie – sozialkritische Erzählungen auch unterschlagen und verfälscht. Erst nach 1945 setzte eine systematische Beschäftigung mit der H.-und-K.-Thematik ein, die vor allem durch W. → Steinitz initiiert und gefördert wurde. In Aufsätzen und Artikeln[5], bes. aber durch beispielgebende Publ.en aus dem sozialkritischen dt.sprachigen Volksliedgut[6] regte er entsprechende Editionen und Unters.en auch für Märchen, Sage und Schwank an[7].

Teils nach dem Vorbild dieser Publ.en, teils unabhängig davon erschienen in den 50/60er Jahren weitere Arbeiten und Anthologien, die ähnliche Erzähltraditionen in sozialhist. bzw. in gattungs- oder sujetspezifische Zusammenhänge stellten und interpretierten: 1949 hatte J. Kruse seine 1927 veröff. kleine Slg mit sozialkritischen Erzählungen über den starken K., eine in Schleswig-Holstein beheimatete Ausprägung des → Starken Hans (AaTh 650 A), vervollständigt[8]. Diese sowie W. Frahms[9] Ausgabe vorwiegend antifeudaler Sagen ergänzte die H.-und-K.-Slg aus dem norddt. Raum in vielfacher Weise[10]. Ähnliche Anregungen gab H. Fehrs Buch über das Recht in den Sagen der Schweiz[11] für die entsprechende Publ. aus dem dt.sprachigen Süden[12].

Einen starken Akzent auf hist. Bezüge im Spannungsfeld von H. und K. setzen die Unters.en von H. Prütting[13] zur geschichtlichen Volkssage und von U. Wandrey[14] zu den Märchen vom klugen K. in den KHM der Brüder → Grimm. Wandrey ordnet, wie die meisten der genannten Unters.en[15], die H.-und-K.-Problematik in der Volksüberlieferung dem gesellschaftlichen Gegensatz von → arm und reich zu.

Die Erkenntnisse über Funktion und Wandel von sozialkritischen Motiven und → sozialem Milieu lassen sich wie folgt zusammenfassen:

(1) Sah die ma. (Schwank-)Überlieferung den K. noch vorwiegend als treuen Vasallen des Feudalherrn

oder – vom Standpunkt des Klerus – als vorwitzig, possenhaft und betrügerisch, so treten mit dem Prozeß der gesellschaftlichen und politischen Veränderungen seit dem 17. Jh. in immer stärkerem Maße in allen Erzählgattungen kritische Züge bei der Gestaltung der handelnden Personen hervor, die vor allem in der Sagenüberlieferung des 19. Jh.s zu klassenantagonistischen Aussagen gelangen können[16]. Der K. (Magd) übernimmt mehr und mehr den ethisch und geistig wie körperlich überlegenen Part gegenüber dem H.n[17].

(2) Die Überlieferungsträger der Märchen, Schwänke und Sagen um H. und K. stammen, wie die Slgen des 18./19. Jh.s belegen, aus den ökonomisch und rechtlich nicht privilegierten Schichten, denen auch ihre Helden und Heldinnen angehören.

(3) Die jeweilige Erzählung kann die Absicht und den Wunsch ausdrücken, (a) das knechtische Abhängigkeitsverhältnis bzw. den H.n zu überwinden (z. B. AaTh 650 A; AaTh 1000: cf. → *Zornwette*); (b) die Dummheit des H.n (Herrin) der Lächerlichkeit preiszugeben und die Klugheit des K.s (Magd) durch Witz und Schlagfertigkeit ins rechte Licht zu setzen (z. B. AaTh 1218: cf. → *Eierbrüter*; AaTh 1567 G: *Gutes* → *Essen ändert den Gesang*); (c) den Zustand der Ohnmacht, des Ausgeliefertseins des sozial Abhängigen gegenüber dem Höhergestellten und dessen Privilegien anzuklagen oder die → Strafe, die der geizige und der grausame H. im Leben oder im Tode erleiden müssen, auszusprechen (z. B. AaTh 761: → *Reicher Mann als des Teufels Roß*; AaTh 475: → *Höllenheizer*); (d) in sozialkritischen Sagen die Auflehnung von Leibeigenen, K.en, Mägden gegen den oder die sie ausbeutenden H.en zu überliefern.

Der größere Teil der Prosa-Überlieferungen mit H.-und-K.-Thematik spielt im bäuerlichen Lebensbereich. Das hat zum einen seine Ursache im → Feudalismus als Entstehungszeit der meisten relevanten Erzähltypen, zum anderen hängt es damit zusammen, daß sich für den vom H.n abhängigen Bauern (Leibeigener, Fronbauer, Tagelöhner, Saisonarbeiter, Guts- und Dorfhandwerker) trotz harter Arbeit gerade bei vielen seiner Pflichten die Möglichkeit sprachlichen Austausches ergab. Bei diesen Gelegenheiten konnten sich auch Erzählungen und Berichte über Leiden und Unterdrückung durch Vertreter örtlicher oder regionaler Herrschaft im 20. Jh. lebendig erhalten. Die Belegdichte solcher Alltagsmärchen[18], Schwänke und Sagen, in denen das Spannungsverhältnis H. und K. sich mit bes. Schärfe ausdrückt, nimmt bei einem Vergleich in den Slgen aus den Regionen ehemaliger Leibeigenschaft bedeutend zu: Neben Gebieten wie Mecklenburg, Pommern, Holstein und Jütland[19] waren es in Europa vor allem die balt. Länder[20], weite Teile Rußlands[21], Österreich-Ungarns[22] und Polens[23], wo viele derartige Überlieferungen aufgezeichnet wurden.

3. Märchen. Mit Ausnahme des Zaubermärchens *Der treue* → *Johannes* (AaTh 516) und des Novellenmärchens *Der treue* → *Diener* (AaTh 889) zielen die zur H.-und-K.-Thematik gehörenden Märchentypen in Inhalt und Aufbau von Anfang an auf einen sozialen Konflikt, den am Ende der K. zu lösen hat und den er durch seine moralische und praktische Überlegenheit auch löst. Eine eindeutige soziale Zuordnung ist allerdings nicht immer möglich. K. kann ein Waisenjunge unbestimmter sozialer Herkunft werden[24] oder der mit übernatürlichen Kräften begabte → Bärensohn[25]; er übernimmt die Rolle des K.s erst, nachdem er einen Dienstherrn gefunden hat, einen Gutsherrn, Müller, Bauern, Offizier oder den Teufel[26] selbst. Die Eigenschaften dieser H.en werden zumeist als negativ geschildert: Gleichgültigkeit, → Geiz, → Hartherzigkeit, → Grausamkeit gegenüber Untergebenen bzw. dem arbeitsuchenden K.[27]. Für Erzähler und Zuhörer war stets die Möglichkeit einer → Identifikation mit dem jeweils ‚siegenden' Helden entscheidend, die die Märchenvariante ihnen bot. Dabei wurde die soziale Zugehörigkeit der H.-und-K.-Personen nicht selten erst durch den sozialen Status von Erzähler und Erzählgemeinschaft bestimmt, wodurch die Personen auswechselbar waren und sind[28]. Im Zaubermärchen kann nach den Wunschvorstellungen dieser Gattung ein Schweinehirt die Königstochter (AaTh 441: → *Hans mein Igel*) und ein Königssohn das Aschenbrödel (AaTh 510 A: cf. → *Cinderella*) heiraten; in der Hölle wird an Fronherren und Unterdrückern, an Gutsherren, Gutsvögten und an anderen vom Helden die Rache vollzogen[29].

Wenn der K. dem Teufel dient, so nutzt er – auf die Erde zurückgekehrt – in der Regel das, was er in der → Hölle gelernt oder an Zauberkraft und Reichtum erhalten hat, aus, um den Armen und Unterdrückten zu helfen und sie oder sich selbst an hartherzigen H.en zu rächen[30]. Wie auch sonst im Volksglauben ist hier die Rolle des Teufels als Helfer der Leidenden und Entrechteten akzentuiert. Er macht den leibeigenen Bauern, dem ein Unterteufel das letzte Essen weggenommen hat, reicher als dessen H.n (AaTh 810 A: → *Buße des Teufels*; cf. auch AaTh 795: *Der bestrafte → Engel*)[31], und er ruiniert den hartherzigen Gutsherrn in Gestalt des Leibeigenen, Tagelöhners oder Fronbauern (AaTh 820: → *Teufel als Tagelöhner*). Die verbreitetsten Erzähltypen mit der größten Var.nzahl des K.-Teufel-Zyklus bilden AaTh 761 und AaTh 475.

In einer estn. Var. von AaTh 475[32] z. B. findet der K. das Leben in der Hölle erträglicher als in seinem irdischen Arbeitsverhältnis. Beim Öffnen der von ihm zu heizenden Kessel erblickt er nacheinander seinen früheren H.n, dessen Vater und den ehemaligen Gutsvogt. Vom Teufel reichlich belohnt und auf die Erde zurückgekehrt, berichtet er seinem H.n. Dieser stirbt vor Angst, der Teufel hat wieder eine Seele, und der ehemalige Fronarbeiter kauft den Gutshof.

Die moralische Verurteilung des grausamen Gesindeherrn findet in einer ukr. Var. zu AaTh 756 C: *Die zwei → Erzsünder* eine Steigerung: Der Räuber und Mörder tut Buße mit einem Sack voller Steine auf dem Rücken, trifft auf einen Gutsherrn, der sich von seinem Gesinde schaukeln läßt, und tötet ihn. Darauf zerfällt der Sack als Zeichen dafür, daß dem Räuber die Sünden vergeben sind[33].

Einige wenige Var.n vom Erzähltyp *Zornwette*, der eigentlich dem Schwankbereich zuzuordnen ist, lassen den Teufel die Rolle des vom K. überlisteten H.n einnehmen[34], während sonst H.en aus unterschiedlichen sozialen Schichten die Gegenspieler des schalkhaften K.s sind.

4. Schwank. Der Schwankerzähler muß sehr viel präziser als der Gewährsmann von Zaubermärchen bei der Kennzeichnung von H. und K. verfahren, hängt doch fast immer die Pointe seiner Geschichte vom unterschiedlichen sozialen Stand beider Kontrahenten ab. Klassische Beispiele hierfür bilden u. a. die Märchenschwänke von der → Lügenwette (cf. AaTh 1920) oder der überwiegende Teil der Schalksnarren-Geschichten (→ Narr), in denen der Held (K.) seinen Kontrahenten schädigt, indem er die für sein jeweiliges Arbeitsverhältnis typischen Aufträge des H.n meist unter Wahl der falschen Synonymbedeutung wörtlich ausführt (cf. → Wörtlich nehmen).

Der Schwank kann als die Gattung der Volksdichtung gelten, die seit Jh.en den Wechselwirkungen von Schriftlichkeit und Mündlichkeit am stärksten unterworfen war. Dabei hat sich auch das Schema und der Stoff der H.-und-K.-Thematik gefestigt. Die Protagonisten sind hier nur selten auswechselbar.

Das einschlägige Material läßt sich drei Stoffgruppen zuordnen:

(1) Der dumme H. (H.in) wird durch den schlauen K. (Magd) der Lächerlichkeit preisgegeben: Eine Bäuerin läßt durch Angehörige ihres Gesindes Kükken ausbrüten; nachdem der Kutscher (Bediensteter) die reichliche Wochenbett-Bewirtung genossen hat, zündet er den Hühnerstall an (AaTh 1218)[35]. – Ein Beamten-Ehepaar entläßt sein Dienstmädchen, weil die Frau sparen und selbst kochen will. Sie wirft alle Speisen in einen Topf und muß letztendlich das Dienstmädchen zurückholen, da niemand ihr Essen genießen kann (AaTh 1339 E: cf. → *Speisen unbekannt*)[36]. – Die zahlreichen und weitverbreiteten Schwankerzählungen über den K. (Magd) als → Stellvertreter im Bett des H. (H.in) haben im Lauf der Jh.e kaum an Aktualität und Lebendigkeit eingebüßt und sind z. T. unverändert in die gegenwärtige Alltagserzählung eingegangen[37].

(2) K. und Magd erfinden selbst Tricks, um den H.n (H.in) zu übervorteilen: Z. B. preist ein Bauer seinem Gutsherrn ein Schaf an, das angeblich Wölfe vernichten kann. Der H. verliert sein Vieh (AaTh 1529 B*: *Wolf-hunting Sheep*)[38]. – Hungrige Dienstleute und Tagelöhner machen den H.n durch selbsterfundene Erzählungen oder Lieder auf ihren schlechten Zustand und ihre Bedürfnisse aufmerksam (AaTh 1567 E, F, G: cf. → Hungrigenschwänke). – Das Grundthema ,K. (Magd) überlistet den H.n' kann zum Schemazwang führen, so daß der Dienende und sozial Abhängige sich auch ohne direkten Anlaß seinem vorher als gut oder zumindest nicht negativ geschilderten H.n überlegen fühlt und ihn überlistet, wie z. B. in den Schwänken vom → *Meisterdieb* (AaTh 1525 sqq.), von → Lehrer und Schüler (AaTh 1565**: *Turnips as Bacon*), vom → Blinden und Blindenführer[39] etc.

(3) Der K. überwindet den H.n und ,bessert' ihn sogar in einigen Fällen durch die Anwendung von dessen eigenen betrügerischen Mitteln. Hier geht es u. a. darum, den Geiz der Bäuerin zu unterlaufen (AaTh 1389*: *The Stingy Peasant Woman Gives her Servant some Little and some Big Lumps of Sugar*), den beim Essen schummelnden Bauern nachzuahmen (AaTh 1560: *Wie das → Essen, so die Arbeit*), alle Mahlzeiten auf einmal zu essen, den Kulaken, der den Arbeitsalltag verlängern will, müde zu machen (SUS 1566 A** und 1566****). Es geht dem Gesinde der geizigen Gastwirtin darum, ihr abzugewöhnen, K. und Magd nur dünnes Bier zu geben (AaTh 1567 A: *Stingy Innkeeper Cured of Serving Weak Beer*), das zu zeitige Aufstehen abzuschaffen (AaTh 1566 A*: *Maids must Rise even Earlier*) und um viele Tricks mehr, die das Leben von K. und Magd erträglicher gestalten konnten.

Unter den bei AaTh angeführten Schwänken finden sich einige Erzähltypen, deren Inhalts- bzw. Interessendominanten eigentlich zu Sagen mit H.-und-K.-Thematik tendieren, wie z. B. AaTh 1538: → *Rache des Betrogenen*: Der ehemalige Jungknecht nimmt wiederholt Rache am Gutsherrn, der ihn einmal betrogen hatte; oder AaTh 1571*: *The Servants Punish their Master*: Landarbeiter lehnen sich gemeinsam gegen ihren Peiniger, den Gutsverwalter, auf; sowie AaTh 1329*: *To Keep the Croaking Frogs from Disturbing the Prince's Slumber*.

5. Sage. Die soziale Spannung zwischen H. und K. wird in der Sage mit deutlicherem → Realitätsbezug dargestellt als in anderen Prosagattungen. Löst sie sich im Märchen durch den Aufstieg des Helden in die Herrenklasse am Ende zumeist märchenhaft auf, überwindet der K. seinen H.n in der Schwankpointe durch Witz und Klugheit, so bleibt der Ausgang der Sagen mit H.-und-K.-Thematik entweder der Wirklichkeit des geschilderten Geschehens verhaftet, oder er wird durch lange Zeit tradierte Motive von ‚Vergehen und Strafe' gestaltet. Die Erzähler formen den Stoff und die Handlung so, wie sie selbst das jeweilige H.-und-K.-Verhältnis sahen bzw. in ihrem Umkreis gesehen haben wollten. Das Erzählgut war bes. eng an Personen und Orte gebunden, und die H.-und-K.-Sagen wurden häufig in der gleichen Gegend über viele Generationen tradiert. Für die unmittelbare Trägerschicht, die ‚K.e' und ‚Mägde', waren sie ein Bestandteil der jeweiligen Orts- und Regionalgeschichte, der Alltagsgeschichte, solange sie keine eigene Geschichtsschreibung oder andere Möglichkeiten der Geschichtsinformation besaßen[40].

Die Überlieferungsträger benannten die gesellschaftlichen Gegensätze nach ihrem Verständnis mit ‚H.' und ‚Untertanen', ‚H.' und ‚Leute', ‚H.' und ‚Bauer', ‚H.' und ‚K.' (‚Magd'). Als H.en galten alle Personen, von denen die Erzähler oder auch die Sagenhelden in irgendeiner Weise abhängig waren, außer Fron- und Gutsherren also auch deren Helfer: Vögte, Inspektoren, Verwalter. ‚H.' konnte der Pächter eines Gutes und der Bauer für das Gesinde sein. Andererseits wurde die Bezeichnung ‚Bauer', ‚armer Bauer', ‚armes Bauernmädchen' oftmals pauschal auch für bäuerliche Tagelöhner oder selbst das Gesinde angewandt. Traditionsgemäß konnte der Gutstagelöhner und Landarbeiter des 19. Jh.s in der Sage noch als ‚Bauer' bezeichnet werden, wenn ein Sagentyp, dessen Ursprung eindeutig in feudalistischen Verhältnissen lag, im Bereich der kapitalistischen Gutsherrschaft erneut aktualisiert wurde; ebenso blieb der Gutsherr, gleich, ob bürgerlicher oder adliger Herkunft, in einigen Sagenerzählungen noch lange stereotyp der hartherzige ‚Edelmann'[41]. Dagegen weisen exaktere Benennungen in mündl. überlieferten Sagen, wie z. B. ‚Landarbeiter', ‚Weber', ‚Verleger' (im Textilgewerbe), ‚Gutsinspektor', ‚Fabrikarbeiter' etc. auf eine Veränderung des sozialen Milieus im Prozeß der Tradierung und auf Erzählsituationen aus der 2. Hälfte des 19. Jh.s.

Eine ungefähre zeitliche Einordnung bestimmter Motivausformungen läßt sich für die Sage leichter als für Märchen und Schwank mit H.-und-K.-Thematik vermuten. Die korrekte Beschreibung von Foltergeräten z. B., in Europa jahrhundertelang von der Gutsherrschaft gegenüber ‚ungehorsamen' Leibeigenen, K.en und Mägden angewandt, konnte nur von Sagenerzählern gegeben werden, solange sie diese aus eigener Erfahrung kannten; ähnliches gilt von den zahlreichen Sagen und Anekdoten über die Abschaffung der Folter[42].

Die Themen des H.-und-K.-Stoffes in der Sage umfassen drei Schwerpunkte[43]:

(1) Klage von leibeigenen Bauern, Tagelöhnern, Gesinde, Bediensteten über die schlechte Behandlung seitens der H.en: Die Hunde des Ritters haben es besser als seine Untertanen, die jene im Frondienst täglich mit gutem Fleisch füttern müssen[44]. – Bauernmägde finden einen Schatz oder glühende Kohlen, die sich in Gold verwandeln. Bei der Dienstherrschaft zurück, müssen sie alles mit dieser teilen oder den Schatz ganz abgeben[45]. – In der Erntezeit zwingt der Graf seine Bauern am Sonntag zur Arbeit (während der Kirchzeit). Sein Schloß versinkt[46].

(2) Bestrafung des H.n nach dessen Tod für bes. harte Drangsalierung und Ungerechtigkeit gegenüber seinen Untergebenen (→ Wiedergänger, → Sisyphusarbeit, vom Teufel geholt etc.): Ein Bauer ist seinem K. einen größeren Teil des Lohnes schuldig. Als dieser ihn bei ihm anmahnt, leugnet er und flucht, der Teufel solle ihn beim siebenten Schritt holen, wenn das wahr sei. So geschieht es[47]. – Nach dem Tod des Gutsherrn fordert dessen Frau die schon bezahlte Pacht beim Gutsschäfer nochmals ein. Der Schäfer muß sich die Quittung beim H.n aus der Hölle holen[48]. – Geizige und hartherzige

H.innen plagen noch als Wiedergängerinnen das Hof- und Hausgesinde auf vielerlei Art[49].

(3) Memorate über einzelne oder kollektive Auflehnung gegen die Herrschaft: Ein nicht tilgbarer Blutfleck im Schloß bleibt als Zeugnis für einen Totschlag am H.n, der seine Leute grausam drangsalierte[50]. – Leibeigene erschlagen ihren H.n auf dem Acker, nachdem er sie dort mit Peitsche und Knüppel mißhandelt hat. Einige entkommen durch Zaubermittel (cf. → Grenze), andere werden bestraft. Der H. verliert sein Gut[51]. – Während der Revolution 1848 in Deutschland ziehen schlecht behandelte Gutstagelöhner vor das Schloß ihres H.n und veranlassen ihn, außer Landes zu gehen. Das Schloß wird in Brand gesteckt. Man hatte das Feuer schon als Vorzeichen (→ Prodigien) gesehen[52].

[1] cf. z. B. Pauli/Bolte, num. 361. – [2] cf. auch Frenzel, Motive, 38–50. – [3] cf. auch Neumann, S.: Schwank. In: Dt. Volksdichtung. ed. H. Strobach. Lpz. (1979) ^{2}1987, 155–194, hier 156; Bausinger, H.: Bemerkungen zum Schwank und seinen Formtypen. In: Fabula 9 (1967) 118–136. – [4] Burde-Schneidewind, G.: Sage. In: Strobach (wie not. 3) 83–117, hier 104 sq. – [5] Steinitz, W.: Der Kampf des werktätigen Volkes gegen Krieg und Unterdrükkung in der Volksdichtung. In: Wissenschaftler kämpfen für den Frieden. B. 1951, 191–203; id.: Lied und Märchen als Stimme des Volkes. In: DJbfVk. 2 (1956) 11–32. – [6] id.: Dt. Volkslieder demokratischen Charakters aus sechs Jh.en 1–2. B. 1954/62. – [7] Woeller, W.: Dt. Volksmärchen von arm und reich. B. 1959 (^{5}1979); ead.: Der soziale Gehalt und die soziale Funktion der dt. Volksmärchen. In: Wiss. Zs. der Humboldt-Univ. zu Berlin, Ges.s- und sprachwiss. Reihe 10 (1961) 395–459, 11 (1962) 281–307; Schneidewind, G.: H. und K. Antifeudale Sagen aus Mecklenburg. Aus der Slg R. Wossidlos. B. 1960; ead.: Der Sagenkreis um den mecklenburg. Gutsherrn Georg Haberland. In: DJbfVk. 5 (1959) 8–43; Hirsch, C.: Die Volkssage als Ausdruck der Sozialkritik der mecklenburg. Landbevölkerung, speziell in der Zeit der Aufhebung der Leibeigenschaft bis Aufhebung der Gesindeordnung. Diss. (masch.) B. 1960; Neumann, S.: Volksschwänke aus Mecklenburg. Aus der Slg R. Wossidlos. B. 1963 (^{3}1965); id.: Der mecklenburg. Volksschwank. Sein sozialer Gehalt und seine soziale Funktion. B. 1964; cf. auch folgende Sagenpubl.en mit regionalem Material: Burde-Schneidewind, G.: Hist. Volkssagen zwischen Elbe und Niederrhein. B. (1969) ^{2}1973; Griepentrog, G.: Hist. Volkssagen aus dem 13. bis 19. Jh. B. 1975; Burde-Schneidewind, G. (unter Mitarbeit von C. Agricola): Hist. Volkssagen aus dem 13. bis 19. Jh. t. 4. B. 1977. – [8] Kruse, J.: De starke Baas. Jena 1927; id.: Der starke Klas. Hbg 1949. – [9] Frahm, W.: Der Schrei nach Sühne. Sagenhafte Volkserzählungen aus dem Alstergebiet. Hbg 1953. – [10] Burde-Schneidewind ^{2}1973 (wie not. 7) pass. –

[11] Fehr, H.: Das Recht in den Sagen der Schweiz. Frauenfeld 1955. – [12] Burde-Schneidewind 1977 (wie not. 7). – [13] Prütting, H.: Zur geschichtlichen Volkssage. In: Bayer. Jb. für Vk. (1953) 16–26. – [14] Wandrey, U.: Brüder Grimm. Der kluge K. 22 Märchen von armen und reichen Leuten. Reinbek 1972, bes. 119–124 (Nachwort). – [15] cf. auch Röhrich, Märchen und Wirklichkeit, bes. 162–177; Weißer, H.: Die unterbäuerliche Schicht in der dt. Volkssage. Diss. (masch.) Göttingen 1954, bes. 115–121; Moser-Rath, Schwank, bes. 58, 229 sq., 151 sq., 247. – [16] cf. Burde-Schneidewind ^{2}1973 (wie not. 7) V–XV; Griepentrog (wie not. 7) 5–13. – [17] Zur Entwicklung der Überlegenheitsrolle von ‚Bedienten' in der europ. Lit. cf. Frenzel, Motive, 39 sq. – [18] Zu diesem Begriff cf. Pomeranzewa, E.: Russ. Volksmärchen. B. 1964 (^{14}1987), 613 sq., cf. num. 64–93. – [19] Bes. informativ hierzu Wisser, W.: Auf der Märchensuche. Hbg/B. [um 1926]; Jahn, U.: Volksmärchen aus Pommern und Rügen. Norden/Lpz. 1891 (Nachdr. Hildesheim/N.Y. 1973); id.: Volkssagen aus Pommern und Rügen. Stettin 1886 (B. ^{2}1889); Kristensen, E. T.: Danske Sagn 1–6. Kop. 1928–36; Stevnsborg, H.: „-af usikkert kan ikke komme sikkert". Evald Tang Kristensens sagnoptegnelser om konflikten mellem herremand og bonde. In: Fortid og Nutid 29 (1982) 375–408. – [20] Viidalepp, R.: Estn. Volksmärchen. B. 1980; Kerbelytė, B.: Litau. Volksmärchen. B. 1978 (^{3}1987); Ambainis, O.: Lett. Volksmärchen. B. 1979 (^{3}1982). –
[21] Pomeranzewa (wie not. 18); Lintur, P. V.: Ukr. Volksmärchen. B. 1972 (^{2}1981); Barag, L. G.: Beloruss. Volksmärchen. B. 1960 (^{10}1980). – [22] cf. u. a. Hnatjuk, V.: Das Geschlechtleben des ukr. Bauernvolkes. Lpz. 1909, num. 281; Bošković-Stulli, M.: Odnos kmeta i feudalca u hrvatskim usmenim predajama (Das Verhältnis zwischen Fronbauer und Feudalherrn in den kroat. mündl. Überlieferungen). In: Narodna umjetnost 10 (1973) 71–88 (mit dt. Resümee). – [23] cf. u. a. Bartmiński, J.: Lubleskie anegdoty o parobku i gospodarzu (The Lublin Anecdotes about a Landlord and a Farmhand). In: Literatura ludowa 18 (1974) 66–73 (mit engl. Resümee). – [24] cf. u. a. Jech, J. (ed.): Tschech. Volksmärchen. B. ^{2}1984, num. 21; Arājs/Medne 475. – [25] cf. u. a. Barag (wie not. 21) num. 72. – [26] ibid. – [27] cf. BP 2, 285–297, bes. 289, 293 sq. (hier auch zahlreiche europ. Var.n); Viidalepp (wie not. 20) num. 85; Barag (wie not. 21) num. 72. – [28] cf. EM 1, 789 sq.; Woeller 1959 (wie not. 7) 404–414. – [29] Viidalepp (wie not. 20) 426 sq. – [30] Ambainis (wie not. 20) num. 67; Jech (wie not. 24). –
[31] cf. u. a. Kerbelytė (wie not. 20) num. 93 (Hinweis auf zahlreiche balt. Var.n). – [32] Viidalepp (wie not. 20) num. 60. – [33] Lintur (wie not. 21) num. 83. – [34] Ambainis (wie not. 20) num. 58; cf. BP 2, 287, 289. – [35] z. B. Pomeranzewa (wie not. 18) num. 89; Barag (wie not. 21) num. 86. – [36] cf. u. a. Jech (wie not. 24) num. 67. – [37] Zur Motivik cf. Wehse, R.: Schwanklied und Flugblatt in Großbritannien.

Ffm./Bern/Las Vegas 1979, bes. 74, 112–227, 295, 307–390, 400–469. – [38] cf. u. a. Pomeranzewa (wie not. 18) num. 85; cf. auch SUS. – [39] cf. Uther, H.-J.: Behinderte in populären Erzählungen. B./N.Y. 1981, bes. 73 sq. – [40] Zu Funktion und Interessendominanz sowie zu ‚Vergehen und Strafe' cf. Burde-Schneidewind (wie not. 4) 96–117; ead.: Damshagen. Erzählüberlieferungen aus der Geschichte des Dorfes. In: DJbfVk. N.F. 3 (1975) 106–132. – [41] cf. Griepentrog (wie not. 7) 7 sq.; cf. auch EM 1, 1327–1338. – [42] cf. u. a. Bouchholtz, F.: Elsäss. Sagen. B./Lpz. 1922, num. 178; Frahm, L. (ed.): Norddt. Sagen [...]. Altona/Lpz. 1890, num. 213, 214; Hoffmann, H.: Zur Vk. des Jülicher Landes 1. Eschweiler 1911, num. 123; cf. auch Olsen, G.: Træhesten, hundehullet og den spanske kappe. Kop. 1960. – [43] Zur Gliederung cf. Schneidewind 1960 (wie not. 7) XX–XXII; v. auch Kramařík, J.: Česká pověst antifeudalní (Die tschech. antifeudale Sage). In: ČL 43 (1956) 87–100; id.: Klasifikace látek českých antifeudalních pověstí (Die Klassifizierung des Materials der tschech. antifeudalen Sagen). In: Československá etnografie 5 (1957) 327–333. – [44] Hoffmann (wie not. 42) t. 2 (1914) num. 87. – [45] Köhler, J. A. E.: Sagenbuch des Erzgebirges. Schneeberg/Schwarzenberg 1886 (Nachdr. Hildesheim/N.Y. 1978), num. 338. – [46] Schmidt, W.: Sagen aus dem Isarwinkel. Bad Tölz 1936, num. 56. – [47] Weichelt, H.: Hannoversche Geschichten und Sagen 1. Norden s. a., num. 43. – [48] Schneidewind 1960 (wie not. 7) num. 1 a. – [49] Burde-Schneidewind [2]1973 (wie not. 7) num. 110 und Reg. s. v. Wiedergänger. – [50] Schneidewind 1960 (wie not. 7) num. 188. –
[51] ibid., num. 186 a–g. – [52] ibid., num. 180, 181 a–j.

Berlin Gisela Burde-Schneidewind

Herr über uns (AaTh 1355 A, 1355 C), Bezeichnung für zwei miteinander verwandte Schwankerzählungen: einen Ehebruchschwank (AaTh 1355 A) und einen Schwank vom belauschten Liebesabenteuer (AaTh 1355 C; cf. auch AaTh 1355 B: cf. → *Ehebruch belauscht*). Eine Gemeinsamkeit vieler Fassungen der beiden Erzählungen ist ihre antiklerikale Tendenz, da oft Geistliche als negative Gestalten in Erscheinung treten.

1. AaTh 1355 A: *The Lord Above, the Lord Below*:

Eine buhlerische Frau betrügt ihren Mann mit mehreren Liebhabern. Zwei davon bestellt sie in Abwesenheit ihres Mannes für den Abend zum Stelldichein. Als der erste noch bei ihr ist, klopft schon der zweite an. Unter dem Vorwand, ihr Mann komme zurück, verbirgt sie ihn auf dem Dachboden. Der zweite flieht vor dem überraschend früher heimkehrenden Ehemann unter das Bett. Die Frau empfängt ihren Mann zur Ablenkung mit wüsten Schimpfworten und wirft ihm vor, sein Geld im Wirtshaus verschwendet zu haben. Er rechtfertigt sich und meint: ‚Der Herr über uns wird alles zahlen.' Darauf erwidert der auf dem Dachboden Verborgene, er fühle sich nur für die eine Hälfte verantwortlich, die andere Hälfte könne der unter dem Bett bezahlen.

Dieser Schwank weist eine überwiegend literar. Tradition auf. Die Bezeugung setzt mit dem ma. Fabliau *Du Clerc qui fu repus deriere l'escrin* ein, das dem Troubadour Jean de Condé (1275–1340) zugeschrieben wird[1]; im 15. Jh. findet die Geschichte dann Eingang in die frz. Novellensammlung → *Cent nouvelles nouvelles* (num. 34), die zwischen 1456 und 1467 am burgund. Hof entstanden ist und eine Vorliebe für Ehebruchgeschichten dieser Art aufweist. In der Folge entfaltet der Erzähltyp AaTh 1355 A in nachma. Zeit in Frankreich ein reiches literar. Leben und ist bis ins 18. Jh. immer wieder in Schwanksammlungen aufgenommen worden[2]. In Italien beginnt die Überlieferung bei Girolamo → Morlini (1520)[3]. Hier erscheint der Stoff leicht variiert:

Die ehebrecherische Frau wird bei ihrer Schäferstunde von einem Tölpel gestört, der einen Hund in das Haus verfolgt hat. Er preßt der Frau seinerseits eine Umarmung ab und flieht vor dem heimkehrenden Ehemann in den Kamin. Als der Ehemann ein Feuer entzündet, verrät sich der Verborgene und rechtfertigt sich: ‚Ich habe die Ehre eurer Frau nur einmal geschändet, der unter dem Bett wohl tausendmal.' Der Ehemann tötet den Nebenbuhler und muß den Tölpel mit einem Schweigegeld beschwichtigen.

Weitere ital. Fassungen liegen bei → Straparola (12,2; 1553) und Celio Malespini (1609)[4] vor. Als später Nachfahre ist eine Novelle von Domenico Batacchi (1748–1802)[5] zu erwähnen. In Deutschland wird der Schwank durch eine lat. Bearb. von Heinrich → Bebel (1508 u. ö.)[6] heimisch. Der eine der beiden Ehebrecher, ein Pfaffe aus Tübingen, nimmt hier seine Zuflucht im Ofen. Wenn Johann → Fischart in seiner *Geschichtklitterung* auf den „Tübingisch Mönch im Ofen"[7] anspielt, setzt dies höchstwahrscheinlich die Kenntnis dieses Schwanks voraus. Aus Bebel schöpfte die lat. Schwanksammlung *Ioci ac sales* (Augsburg 1524, num. 173) des Ottomar Luscinius[8], in der jedoch von drei Liebhabern der Frau die Rede ist. Die ersten Zeugnisse des Stoffes in dt. Sprache sind ein Meisterlied Hans Vogels[9] aus dem frühen 16. Jh. und eine Volksballade von ca 1530[10], beide inhaltlich von Bebel abhängig. Das *Antwerpener Liederbuch* von 1544 enthält ebenfalls eine balladeske Gestaltung des Stoffes[11]. Auch die Prosafassung in Hans Wilhelm → Kirchhofs *Wendunmuth* (num. 323) von 1563 steht in dieser von Bebel ausgehenden Traditionslinie, die sich in den dt. Schwanksammlungen bis ins ausgehende 17. und sogar ins 18. Jh. – hier mit einer modernisierten Fassung von einer lebenslustigen Danziger Pfarrfrau und zwei Offizieren als Liebhabern – fortsetzt[12]. Auf der populären Schwankliteratur fußt das launige Gedicht *Die Freunde*[13] von August Friedrich Ernst Langbein (1757–1835), in dem die beiden Liebhaber im ‚Himmel' und in der ‚Hölle' versteckt werden und die Ehefrau ihren sich über sein Pech am Spieltisch beklagenden Mann tröstet: „Der Freund im Himmel wird's erstatten", worauf dieser ruft: „Der in der Hölle muß die Hälfte dazugeben"; darauf der Ehemann: „Wie gut, wenn man im Himmel und in der Hölle Freunde hat!" Auch aus dem 19. Jh. liegt noch eine Gedichtfassung vor[14]. In Ungarn ist die Ehebruchgeschichte in der Anekdotensammlung *A mindenkor nevetö Demokritus* ([Der immer lachende Demokritus]. Buda 1782) vertreten[15]. Widerspiegelungen des Schwanktypus in der mündl. Überlieferung sind relativ selten. Es liegen Aufzeichnungen des 20. Jh.s aus Rumänien[16], Italien[17], Brasilien[18] und den USA[19] vor. Ein von L. → Schmidt[20] mitgeteiltes Kärntner Mundartgedicht des 19. Jh.s, das den Schwank im Milieu der Nachtfreierei ansiedelt, soll ebenfalls auf eine mündl. Lokalüberlieferung zurückgehen. Alles in allem hat der Schwank jedoch vor allem ein literar. Leben geführt.

2. AaTh 1355 C: *The Lord Above Will Provide*:

Ein Liebespaar vergnügt sich unter einem Baum oder in einer Scheune. Das Mädchen fürchtet die Folgen der Liebesbeziehung und fragt den Liebhaber: ‚Wer wird das Kind ernähren?' – ‚Der Herr über uns wird schon für es sorgen.' Der unfreiwillige Zeuge im Baum oder auf dem Dachboden: ‚Ich werde den Teufel tun!'

Dieser Schwank ist stärker in der mündl. Überlieferung beheimatet als AaTh 1355 A, weist aber ebenfalls eine literar. Frühgeschichte auf, die teilweise in den benachbarten Typus einmündet. Schon bei Luscinius gibt es im 16. Jh. die Szene, in der die Ehebrecherin ihren zweiten Besucher ängstlich fragt, wer das möglicherweise gezeugte Kind ernähren werde. Der Liebhaber antwortet: „Is qui supra nos est, curam eius rei habebit"[21]. Was hier nur Motiv ist, verselbständigt sich in der Folge zu einer eigenen Schwankerzählung, die in dt. Slgen des 17. und 18. Jh.s in mehreren Lesarten vorliegt[22]. Eine aus dem Französischen übersetzte Slg von 1671[23] zeigt, daß der Stoff auch in der Romania zu Hause ist. Aus einer dieser Slgen dürfte → Lessing den Stoff kennengelernt haben, den er während seiner Breslauer Zeit zwischen 1760 und 1770 für das offenherzige Gedicht *Der über uns* verwendet hat[24]. In der mündl. Überlieferung ist der Schwank im 19. und 20. Jh. vor allem aus dem Osten Europas reich bezeugt. Die vorhandenen Nachweise beziehen sich auf das finn.[25], estn.[26], lett.[27], litau.[28], ostslav. (russ., weißruss., ukr.)[29] und wotjak.[30] Sprachgebiet sowie auf Südosteuropa[31] und Italien[32]. Aus Mitteleuropa liegen Aufzeichnungen aus Mecklenburg[33], Friesland[34], Flandern[35], dem Elsaß[36] und dem Böhmerwald[37] vor. Bei mehreren dieser Aufzeichnungen aus dem Volksmund wird der Schwank in der ersten Person erzählt und mit autobiogr. Zügen versehen[38]. In der 2. Hälfte des 19. Jh.s ist der Stoff von Wiener Volkssängern im sog. *Galitziberg-Lied* verwendet worden[39]. Aus den USA sind Aufzeichnungen aus der mündl. Überlieferung[40] und Belege in Witzbüchern[41] bekannt, und in der dt. Witzüberlieferung der Gegenwart ist folgende Schwundstufe des Schwankes anzutreffen: Die sehr junge Frau eines greisen Mannes wird plötzlich schwanger. Sagt der Mann: „Dank sei dem Herrn, der über uns wohnt."[42]

[1] Montaiglon, A. de/Raynaud, G.: Recueil général et complet des fabliaux des XIIIe et XIVe siècles 4. P. 1880, num. 91; cf. Bédier, 453. – [2] z. B. Tombeau de la Melancolie. P. 1639, 114–116; L'Élite des contes du Sieur d'Ouville 2. ed. G. Brunet. P. 1883, 8–10; Roger Bontemps en belle humeur 2. Cologne 1708, 149; Amusemens françois ou contes à rire 2. s. l. 1752, 20. – [3] Die Novellen Girolamo Morlinis. ed. A. Wesselski. Mü. [1908], num. 30. – [4] Malespini, C.: Dugento novelle 1. Venedig 1609, num. 9; cf. Rotunda K 1525.1*. – [5] cf. Köhler/Bolte 3, 167. – [6] Bebel/Wesselski 3, num. 2, cf. p. 99sq. – [7] Fischart, J.: Geschichtklitterung (Gargantua) 1.

ed. A. Alsleben. Halle 1886, 33. — [8] Wiedergabe des Textes auch bei Bebel/Wesselski 3, 99 sq.; von Luscinius ist abhängig Sommer, J.: Emplastrum Cornelianum. s. l. 1605, num. 42; cf. Wesselski, A.: Johann Sommers Emplastrum Cornelianum und seine Qu.n. In: Euphorion 15 (1908) 1—19, hier 12. — [9] Abdruck bei Köhler/Bolte 3, 168 sq. — [10] Erk/Böhme 1, num. 152; cf. Roth, K.: Ehebruchschwänke in Liedform. Mü. 1977, 54 (mit Nachweisen). — [11] Antwerpener Liederbuch vom Jahre 1544. ed. H. von Fallersleben. Hannover 1855, num. 188. — [12] z. B. EM-Archiv: Talmuth (1696), 161 sq.; Lyrum Larum Lyrissimum 1 (1700), num. 168; Bienenkorb 8 (1772), num. 96; weitere Nachweise cf. Köhler/Bolte 3, 167 und Roth (wie not. 10) 54. — [13] Langbein, A. F. E.: Gedichte. Lpz. 1788, 306—309, Zitate 309. — [14] Haug, F.: Bacchus, Anti-Momus, Jocus und Sphynx. Ulm 1823, 292—294. — [15] György, L.: Kónyi János Democritusa. Bud. 1932, num. 12 (I 54); cf. György, num. 3. — [16] Schott, A. und A.: Rumän. Volkserzählungen aus dem Banat. ed. R. W. Brednich/I. Taloş. Buk. 1971, num. 46 (als Diebstahlgeschichte); Schullerus, num. 1380 II*; Stroescu, num. 3451, cf. num. 5439. — [17] Cirese/Serafini. — [18] Cascudo, L. da Câmara: Trinta „estórias" brasileiras. Lissabon 1955, 46—48. — [19] Baughman. — [20] Schmidt, L.: Der über uns. Ein Schwank- und Liedmotiv in doppelter Gestaltung. In: id.: Die Volkserzählung. B. 1963, 312—322, hier 317 sq. — [21] Bebel/Wesselski 3, 99. — [22] z. B. EM-Archiv: Fasciculus facetiarum 7 (1670), num. 12; Zeitvertreiber (1685), 338a; Historien-Schreiber 3 (1729), num. 18; Bienenkorb 7 (1771), num. 174. — [23] Parivall, J. N. d[e]: Sinnreiche, kurtzweilige und traurige Geschichte. Nürnberg 1671, num. 50. — [24] Lessing, G. E.: Sämtliche Schr. 1. ed. K. Lachmann. Stg. [3]1886, 190—192. — [25] Rausmaa; Simonsuuri, L./Rausmaa, P.-L.: Finn. Volkserzählungen. B. 1968, num. 86. — [26] Raudsep. — [27] Arājs/Medne. — [28] Geitler, L.: Litau. Studien. Prag 1875, 24 sq. — [29] SUS; Hnatjuk, V.: Das Geschlechtleben des ukr. Bauernvolkes in Österreich-Ungarn 2. Lpz. 1912, num. 89. — [30] Munkácsi, B.: Volksbräuche und Volksdichtung der Wotjaken. Hels. 1952, num. 99; cf. Kecskeméti/Paunonen. —
[31] Berze Nagy, num. 1655**; MNK; Anthropophyteia 1 (1904) num. 177 (serb.); Bîrlea, O.: Antologie de proză populară epică 3. Buk. 1966, 220—223, 500; weitere Var.n cf. Popvasileva, A.: Prikaznata — tip AT 1355 C kaj nekoi balkanski narodi (Der Erzähltyp AT 1355 C bei einigen Balkanvölkern). In: Makedonski folklor 19 (1986) 63—68. — [32] Cirese/Serafini. — [33] Wossidlo, R.: Volksschwänke aus Mecklenburg. ed. S. Neumann. B. 1964, num. 443; Neumann, S.: Ein mecklenburg. Volkserzähler. B. 1968, num. 149. — [34] van der Kooi. — [35] de Meyer, Conte. — [36] Anthropophyteia 4 (1907) num. 119. — [37] Blau, J.: Schwänke und Sagen aus dem mittleren Böhmerwald. Wien 1908, 129—132. — [38] cf. Popvasileva (wie not. 31). — [39] Schmidt (wie not. 20) 312—315. — [40] Hoffmann. — [41] Legman, G.: Der unanständige Witz. Hbg 1970, 782. — [42] Huffzky, K.: Wer muß hier lachen? Das Frauenbild im Männerwitz. Darmstadt/Neuwied 1979, 92; cf. Röhrich, L.: Der Witz. Stg. 1977, 75.

Göttingen Rolf Wilhelm Brednich

Herrschaft, Herrscher

1. Einführung — 2. Quellenbereiche und Gattungen — 3. Herrscher — 3.1. Herrscherkult — 3.2. Spektrum der Herrscherdarstellung — 3.3. Geschichtlichkeit und Popularität

1. Einführung. Das dt. Wort Herrschaft (ahd. hêrscaf[t] von hêr = grau[haarig], erhaben, würdig), an dessen zahlreichen Äquivalenten im Lateinischen (z. B. auctoritas, dignitas, dominium, imperium, iurisdictio, maiestas, potestas, principatus, regnum, territorium) und entsprechend im Französischen und Englischen schon seine Bedeutungsvielfalt erkennbar wird, „bezeichnet eine vorhandene Gewalt, die Personen, die diese Gewalt ausüben, Amt und Titel dieser Personen, das Gebiet, in dem diese Gewalt Geltung beansprucht[,] und schließlich jedes Gewaltverhältnis"[1].

Neben der Herrschaft → Gottes über den Menschen[2] umfaßt das Bedeutungsfeld dieses Begriffs vor allem die Herrschaft von Menschen über Menschen; diese reicht von den Rechtsverhältnissen im Haus (→ Ehe, → Familie, → Gesinde, → Meister und Geselle, cf. → Hausväterliteratur) über die verschiedenen zeitlich, national und regional zu differenzierenden Formen der Grundherrschaft (→ Feudalismus, → Herr und Knecht) bis hin zum Verhältnis von Herrscher (H.) und Beherrschten auf der Ebene von Kaiser und Reich[3]. Als ein auf Dauer angelegtes Verhältnis beansprucht Herrschaft Legitimität (→ Ständeordnung) und ist durch Institutionen geregelt[4].

Den von Glanz und Prunk bestimmten Attributen herrscherlichen Auftretens wie Titel, Insignien (z. B. → Krone), Gewandung (→ Mantel), Bauten (→ Schloß, → Garten), → Schatz, Waffen (→ Schwert), Herrschaftssymbole (→ Adler, → Drache, → Kreuz, → Löwe), Gefolge, → Feste, → Jagd, Turniere (cf. → Höfisches Leben) etc., die Macht und Anspruch des Regententums zum Ausdruck bringen sollen, sind die mit der Unterdrückung und Ausbeutung der Beherrschten und der Eroberung fremder Territorien (→ Krieg) verbundenen Verhaltensweisen (cf. z. B. → Grausamkeit, → Hartherzigkeit), Institutionen (z. B. → Folter, → Gefangenschaft, → Gottesurteil, → Hinrichtung, → Ius primae noctis, → Strafe, → Zehnter) und Konsequenzen (z. B. → Hunger, Hungersnot) zur Kennzeichnung von Herrschaft an die Seite zu stellen[5].

Traditionelle Erzählstoffe können Herrschaftsverhältnisse in verschiedener Weise darstellen, sie können sie definieren, legitimieren, stabilisieren oder kritisieren (→ Sozialkritik, → Soziales Milieu, → Proletariat, cf. auch → Deutschland, Kap. 2.17), hist. Gegebenheiten realitätsnah wiedergeben oder ein verfälschtes Bild zeichnen.

2. Quellenbereiche und Gattungen. Während sich im A.T. zahlreiche, aus der späteren Erzähltradition im Zusammenhang der Darstellung des H.s wohlbekannte Motive (cf. Kap. 3.2) finden (cf. → *Altes Testament*, → Salomo, Königin von → Saba)[6], spielen H.gestalten im N.T., sieht man von Herodes ab, keine große Rolle. Dort sind bes. die seit dem 4. Jh. herrschaftslegitimierend gedeuteten Aussagen (Mt. 22,21; Röm. 12,4; Röm. 13,1; 1. Kor. 12,1; 1. Petr. 2,13) zu beachten, die zusammen mit den H.exempla des A.T.s und seinen fürstenspiegelartigen Partien (Dtn. 17,14–20; Ps. 101) zum Grundbestand ma. theokratischen Denkens gehören und – verschränkt mit antiken Elementen – in die christl. Staatslehre eingehen. Diese wiederum hat größten Einfluß auf die politische Ethik und die Fürstenspiegel des MA.s[7].

Von nachhaltiger Bedeutung für später gängige Muster der H.darstellung sind die verschiedenen Bereiche ma. historiographischer Überlieferung. Vor dem Hintergrund einer exemplarisch orientierten Geschichtsauffassung, die auf dem von Cicero (*De oratore* 2,9,36) formulierten Verständnis der historia als magistra vitae aufbaut, sind H.exempla als Teilelemente der Geschichtsschreibung seit der Spätantike gebräuchlich. Wie z. B. schon bei → Valerius Maximus dienen die facta et dicta von H.n auch in der ma. Geschichtsschreibung als exempla virtutis (cf. → Tugenden und Laster); bibl., antike oder ma. H.gestalten werden als exempla regis jeweils einer bestimmten H.eigenschaft verstanden (so etwa → David als Beispiel für die Tugend der humilitas und Saul für das Laster der superbia). Im Sinne einer Exempeltheorie, die – auf der Vorstellung der similitudo beruhend – dem Exemplum persuasive wie imitative Funktion zuweist, ist herrscherliches Handeln durch H.exempla normativ formuliert. Sie werden in den Dienst der Unterweisung gestellt, einmal im Rahmen der Fürstenerziehung, dann aber auch in anderen literar. und semiliterar. Kontexten[8].

Konsequente pädagogische Anwendung erfährt die Auffassung von der Geschichte als Lehrmeisterin[9] in den humanistischen Fürstenspiegeln[10], deren Autoren – öfter unter Heranziehung zahlreicher Exempla fleißig lesender und bibliophiler Potentaten[11] – die Notwendigkeit und den großen Nutzen der Lektüre von H.exempla betonen:

Georg Lauterbeck etwa hebt in seinem *Regentenbuch* (Lpz. 1556) hervor, daß die zukünftigen Regenten anhand der Exempla lernen sollten, was ihnen zu tun gebühre, und daß sie sich vor Vermessenheit hüten sollten. Nicht nur ihr Regieren, sondern ihr ganzes Leben sollten sie danach einrichten und ihre Entscheidungen daran orientieren[12]. G. E. von Löhneys stellt in der *Hof-, Staats- und Regier-Kunst 1–3* (Ffm. 1679) in knapper und anschaulicher Zusammenfassung eine ganze Palette von H.exempla vor[13] und weist ausdrücklich auf deren Autorität hin: Der Regent könne „in Rathschlågen seine placita aus der antiquitåt mit Exempeln confirmiren/ […] damit jederman vor Augen sehe/ daß sie anzunehmen und seiner Meynung zu folgen sey“[14].

Wie schon die ma. Predigtliteratur[15] tradieren auch die Exemplasammlungen der frühen Neuzeit H.exempla weiter. Nicht ausschließlich, aber doch auch zum Zweck der Fürstenerziehung angelegt – so z. B. Andreas → Hondorffs *Promptuarium exemplorum* (zuerst Lpz. 1568)[16] oder Johannes Schramm(e)s *Fasciculus Historiarum* (Lpz. 1589)[17] –, haben die meisten dieser Kompilationen Rubriken zum Thema H.:

Das 25. Kap. von C. → Titius' *Loci theologici historici* (Wittenberg 1657) behandelt u. d. T. *Von Weltlicher Obrigkeit* u. a. die Untergruppen *Regierstand GOttes Ordnung* (num. 1 = AaTh 758: *Die ungleichen Kinder → Evas*), *Regiments-Beschwerung, Regenten-Ampt* und *Tyrannen*[18]; bei Hondorff, der sein *Promptuarium exemplorum* nach dem → Dekalog ordnet, finden sich zum 5. Gebot zahlreiche → Tyrannen-Geschichten und zum 9. und 10. Gebot

Historien von begierligkeit zu Regieren (→ Usurpator)[19]. Schramm führt u. d. T. *Von Regenten und Regimenten* 29 Kapitel auf, Samuel → Meiger im 1. Buch seines *Nucleus Historiarum 1–3* (Hbg 1598/99) zum Thema *Von Weltlicher Obrigkeit als von frommen Regenten und Tyrannen*[20] 27 Kapitel.

Die gängige Praxis des Exzerpierens und das Zusammenstellen immer neuer Kompilationen tragen dazu bei, daß H.exempla auch im 17. und 18. Jh. literar. präsent bleiben und nicht nur als integraler Bestandteil der Predigt[21], sondern auch über Sammlungen für ein nichtgelehrtes, z. T. analphabetisches Publikum[22] in Stadt und Land vermittelt werden sollen.

Eine weitere hier zu berücksichtigende Form der ma. Geschichtsüberlieferung sind die Gesta (cf. → Chansons de geste)[23], die das Leben und die Taten von (H.-)Persönlichkeiten, Völkern und Stämmen erzählend darstellen, so z. B. die um 835 entstandenen *Gesta Dagoberti* (→ Dagobert), die *Gesta Karoli Magni Imperatoris* (vermutlich 884/87) des → Notker Balbulus (cf. → Karl der Große[24]), die *Gesta Danorum* (ca 1185–vor 1222) des → Saxo Grammaticus, die → *Gesta Romanorum* (um 1300), Beispiel für die ma. Rezeption röm. Kaiser[25], und die Ende des 15. Jh.s entstandenen *Gesta Fresonum*.

Unerschöpflicher Bereich der H.darstellung ist die → Chronikliteratur, in der neben der antiken auch die ma. Heldensage mit ihren Gestalten begegnet[26] (z. B. → Oktavian, → Konstantin der Große, → Dietrich von Bern[27], Rudolf von Habsburg[28]).

Als bedeutend ist die *Kaiserchronik* (um 1150) zu nennen, die für die Zeit von der Gründung Roms bis zum Aufruf zum zweiten Kreuzzug (1147) Geschichte als Kaisergeschichte (in einem Heilszusammenhang) darstellt[29]. Wie in den hagiographischen Quellen (→ Hagiographie) und den Märtyrerakten (→ *Acta martyrum et sanctorum*) stehen auch in der *Kaiserchronik* den christl. Märtyrern röm. Kaiser gegenüber[30].

Mit der Absicht, England in der Gestalt des Artus (→ Artustradition) einen mythischen H. und Eroberer eines Großreiches zu geben, dessen Ruhm demjenigen Karls des Großen gleichkomme, und damit das Nationalgefühl zu stärken, verfaßt → Geoffrey of Monmouth (ca 1100–55) seine *Historia regum Britanniae*.

In Verbindung von Text und Graphik liefern auch manche Emblembücher in signifikante Lebensstationen aufgelöste H.biographien; in herrschaftslegitimierender Funktion sollen sie das Beispielhafte des H.lebens veranschaulichen und bestätigen[31].

Auf die regressive Funktion exemplarischen und traditionalen Erzählens in der Geschichtsschreibung hat die Forschung in jüngerer Zeit wiederholt hingewiesen. Indem das Prinzip von der historia als magistra vitae die Anpassung der Gegenwart an das aus der Vergangenheit Überlieferte verlangt, fördert es die Reproduktion anachronistischer Herrschaftsstrukturen[32]. Daß eine auf H.geschichte ausgerichtete Geschichtsschreibung zugunsten der „großen Einzelnen die vielen Einzelnen unterschlägt“[33], ist in diesem Zusammenhang ebenfalls zu beachten.

Zentrale Gattungen der Vermittlung von (positiven) H.bildern sind Anekdote und Apophthegma. Aus unterschiedlichsten literar. Kontexten (wie z. B. Chronik- und Exemplaliteratur) stammend, sind Fürstenanekdoten und -aussprüche nicht nur in den einschlägigen Sammlungen z. B. eines Lodovico → Domenichi, S. → Gerlach oder J. W. → Zincgref enthalten; Anekdotisches findet sich, z. T. solchen Kompilationen entnommen, z. T. auf aktuelle H.gestalten übertragen oder in Form von Episoden aus dem Leben des regierenden Fürsten neu erzählt, auch in Schwankbüchern, ebenso in Kalendern, Magazinen, Zeitungen und Lesebüchern[34].

So gesellschaftskritisch sich die Schwankliteratur des 17. und 18. Jh.s mit ihrer Kritik an den Zuständen bei Hof und einigen Verhaltensweisen des Adels und der Obrigkeit auch gibt, Herrschafts- oder H.kritik übt sie nicht. Da das in diesem Kontext überlieferte H.bild weitgehend den Maximen der zeitgenössischen Fürstenspiegel entspricht[35], läßt sich vielmehr sagen, daß hier Fürstenpropaganda betrieben wird: Das anekdotische Material der Schwankbücher dient der Stärkung der im absolutistischen Staat uneingeschränkten Machtposition des Monarchen[36]. Ganz deutlich wird das z. B., wenn der ursprünglich sozialkritisch verwendete Spruch „Als Adam hackt und Eva span, Wo war damals der Edelman?“ um den vielfach belegten Hinweis Maximilians I. auf sein Gottesgnadentum („Ich bin ein Mann wie ein ander Mann, Nur daß mir Gott der Ehren gann“) ergänzt und damit zur Herrschaftslegitimation umfunktioniert wird[37].

Ein Schwerpunkt der Stoffauswahl O. → Melanders für sein lat. Kompendium *Jocorum atque seriorum liber* (Ffm. [1603] 1622) liegt bei vorwiegend positiven Fürstenanekdoten, J. Talitz von Liechtensee widmet in seinem *Kurtzweiligen Reyßgespan* (Ulm 1663) 27 von 291 Nummern Fürsten und Hofpersonal, und auch der anonym erschienene *Kurtzweilige Zeitvertreiber* (s. l. [4]1685) bietet eine Gruppe von Fürstenanekdoten. Im späteren 18. Jh., im F. Nicolai zugeschriebenen *Vademecum für lustige Leute* (t. 1–6: s. l. 1765–72, t. 7–10: B. 1777–92), gewinnt die höfische Anekdote die Oberhand; neben den in den anderen Kompilationen häufig zitierten Fürstengestalten des Spätmittelalters und des 16. Jh.s treten hier auch Ludwig XIV. und als zeitgenössischer H. Friedrich II. von Preußen auf, als Friedrich ‚der Große' steht er für preuß. Selbstbewußtsein[38]. In den von R. → Wossidlo in Mecklenburg gesammelten Volksschwänken hingegen sind H. und Hofstaat kein Thema, nur Friedrich II. ist als → Alter Fritz zu einer Schwankfigur eigener Prägung geworden[39].

Der H. des Märchens ist in der Regel der → König (cf. → Prinz, Prinzessin)[40], der in dem entsprechenden EM-Artikel ausführlich behandelt wird.

Kaiser und weltliche Herren spielen in den mit dem fragwürdig gewordenen Begriff der hist. Sage[41] bezeichneten Erzählungen eine unübersehbare Rolle. Die für Sagensammler zum Vorbild gediehenen *Dt. Sagen* der Brüder → Grimm z. B. verzeichnen bes. im 2. Band (B. 1818) eine ganze Reihe von H.sagen, die zumeist aus der Chronikliteratur stammen[42].

Nicht alle hist. Sagen, in denen ein H. auftritt, sind jedoch H.sagen im engeren Sinne[43]. In zahlreichen → Gründungssagen etwa dienen die H.figuren nur dazu, das Alter und die Bedeutung des betr. Ortes zu unterstreichen; eine andere Gruppe von Sagen zeigt den H. in das Aktionsdreieck H. – Obrigkeit – Untertan eingebunden. In diesen Sagen, die eigentlich den Konflikt zwischen hartherziger lokaler Obrigkeit und der Landbevölkerung thematisieren, tritt der Regent als Beistand der Unterdrückten helfend und strafend auf und erweist sich so als gerechter Landesherr (cf. → Gerechtigkeit und Ungerechtigkeit)[44].

Allgemeines zur Darstellung von Herrschaft und H. in der Sage oder auch nur in Sagensammlungen zu äußern, ist schwierig, denn gerade bei den mit diesem Gattungsetikett versehenen Erzählungen gilt es genau zu differenzieren. Sagen stehen in immer wieder anderen Kontexten schriftl. oder mündl. Erzählens und können – wie Exempla – nicht als isolierte Texte betrachtet werden. Die Frage, ob Sagen repressiven oder emanzipatorischen Charakters sind, ist daher anhand des jeweiligen Verwendungszusammenhanges zu entscheiden[45]. Ein Musterbeispiel für die ideologische Indienstnahme einer H.sage ist die Kyffhäusersage (→ Entrückung)[46].

Für den auf Popularität hin konzipierten ‚hist.' Film sind H. und Hof seit langem ein attraktives Thema. Mythische wie hist. H.gestalten stehen hier im Zentrum (farben)prächtiger bewegter Bilder, die mit der hist. Realität nicht allzuviel gemein haben, sondern eher die Naturgesetzlichkeit hierarchischer gesellschaftlicher Verhältnisse propagieren[47] und nicht selten zur Schaffung neuer Mythen beitragen, wenn man z. B. an die zahlreichen Napoleon-Filme oder die drei *Sissy*-Filme (Österreich 1955–57) denkt[48]. Häufig werden mit den hist. Figuren altbekannte Erzählmotive verknüpft, wie das vom König, der verkleidet und unerkannt unterwegs ist, oder – oft damit verbunden – das vom Regenten, dem man Informationen über die wahren Zustände im Land vorenthält und der dann Genaueres durch seine Untertanen erfährt (cf. Kap. 3.2): so geschehen in dem Film *Mädchenjahre einer Königin* (Österreich 1954) am Beispiel der engl. Königin Victoria[49].

Ähnlich → ahistorisch und z. T. mythologisierend operiert die Regenbogenpresse (→ Illustrierte), die in Millionen-Aufl.n über die gekrönten Häupter, ihr Leben und ihr Schicksal ‚berichtet'[50] und z. B. den pers. Schah Reza Pahlewi gewissermaßen zum letzten dt. Kaiser hochstilisiert hat, der „Wie weiland der Kalif Harun al Raschid aus dem Märchen von 1001 Nacht auf dem Wege zu dem Ärmsten der Armen" (→ Hārūn-ar-Rašīd) anzutreffen war[51].

Eine aktuelle und nach wie vor praktizierte Form des Erzählens von Herrschaft und H.n ist der politische Witz, manchmal auch in Form der Gebetsparodie[52], auf dessen Inhalte und Theorie hier jedoch nicht eingegangen werden soll[53].

Auch auf metaphorischer und allegorischer Ebene findet die Auseinandersetzung mit Herrschaftsstrukturen statt. Hirt und Herde, Bienenstaat, Staatskörper, Staatsmaschine, Staatsgebäude und Staatsschiff – solche Metaphern und Denkmodelle beglaubigen nach der umfangreichen Unters. D. Peils das Prinzip der Alleinherrschaft, wobei der H. in unterschiedlichem Licht erscheint; das Bedeutungsspektrum der einzelnen Bildfelder ist weit, dementsprechend vielfältig sind ihre Funktionen: „Kritisches wie affirmatives Potential ist allen Bildfeldern inhärent; die zahlreichen Bildvarianten bieten sich panegyrischen wie paränetischen Intentionen an.“[54] Ein berühmtes Beispiel im Zusammenhang der organologischen Metaphorik ist die Fabel → *Magen und Glieder* (AaTh 293) des Menenius Agrippa[55].

Als eine der am meisten verwendeten Formen übertragener Herrschaftsdarstellung hat die Tierfabel zu gelten. Da sind zunächst die beiden oriental. Fürstenspiegel → *Pañcatantra* und → *Kalila und Dimna* mit ihren zahlreichen Bearb.en zu nennen (cf. u. a. → Johannes von Capua, Anton von → Pforr), die anhand von Tierfabeln junge Fürsten Verhaltensmaximen und politische Klugheit lehren sollen, wie auch die zahlreichen Fabeln der Äsop-Tradition, in denen die Fabeldichter des MA.s und der frühen Neuzeit das Machtgefälle innerhalb der Gesellschaft thematisieren. Zwar formulieren sie auch Kritik, im Fall von Burkart → Waldis etwa sogar in recht scharfer Form, doch wird an der als gottgewollt und naturgesetzlich legitimierten Ordnung der Welt nicht gerüttelt. Insgesamt läßt sich der Lehrinhalt Herrschaftsbestätigung konstatieren, so daß das von K. Grubmüller für die Fabel im Wirkungsbereich des → Strickers gezogene Resümee durchaus auf weite Bereiche der Fabelanwendung übertragbar ist: „Fabelmoral rechtfertigt Herrenmoral“[56] (zu höfischem Leben und H.kritik in der Fabeldichtung cf. auch → *Roman de Renart*, → *Reineke Fuchs*; zur Auslegungstradition einzelner Fabelstoffe cf. z. B. AaTh 277: → *Frösche bitten um einen König*, AaTh 51: → *Löwenanteil*, AaTh 111 A: → *Wolf und Lamm*).

3. Herrscher

3.1. Herrscherkult. Von prägender Wirkung auf H.bild und -darstellung sind die mit dem H.kult verbundenen herrschaftslegitimierenden Überzeugungen, nach denen ein H. selbst Gott oder der Sohn einer Gottheit ist (z. B. der ägypt. Pharao, der jap. Tenno, → Geser Khan), kraft eines göttlichen Auftrags regiert oder dank seiner hervorragenden Eigenschaften vergöttlicht wird[57].

In hellenist. Zeit ist es → Alexander der Große, der den Anspruch göttlicher Abkunft vertritt und für seine kultische Verehrung sorgt — ein Beispiel, auf das im Kontext der Warnung vor Vermessenheit z. B. die Fürstenspiegel zurückgreifen[58]. Der Kaiserkult der röm. Kaiserzeit, der z. B. in der wiss. Diskussion um die Gründe für die Christenverfolgung eine entscheidende Rolle spielt, nimmt nach der Bekehrung Konstantins des Großen zwar allmählich ein Ende, doch gehen einige seiner Elemente in die christl. Kaiserverehrung ein. Aus dem göttlichen H. wird für lange Zeit der (z. T. noch immer so bezeichnete) H. von Gottes Gnaden, an die Stelle der kultischen Verehrung tritt das Hofzeremoniell, und die Krönung wird, der Bischofsweihe angeglichen, zum sakralen Akt[59].

Eine mit dem sakralen Königtum bzw. der charismatischen Herrschaft häufig verknüpfte Vorstellung ist die von den thaumaturgischen Fähigkeiten des H.s (→ Heilen, Heiler, Heilmittel)[60]: So werden den Pharaonen und den jüd. Königen heilende Kräfte zugesprochen, → Tacitus (*Historiarum libri* 4,81) berichtet von den Wunderheilungen Vespasians[61], und von den Habsburgern wird erzählt, sie hätten die Gabe, Kröpfe zu heilen[62]. In Frankreich und England wird diese Kraft in Form der Berührung von Kranken durch den König institutionalisiert; der Brauch erreicht seinen Höhepunkt mit Ludwig XIV.[63], und Hoffnungen auf die Heilkraft des H.s verbinden sich lange danach noch mit Napoleon[64].

Ein weiterer Aspekt ist die Heiligkeit (→ Heilige) bestimmter H., z. B. Karls des Großen, die bes. in der hagiographischen Lit. ihre Gestaltung findet: Nach F. Graus taucht der Typus des hl. Königs im 6. Jh. auf und verschwindet im 14. Jh. In der Neuzeit erfindet man zwar noch Heilige zu Ehren einzelner H. — z. B. erhält im 19. Jh. Napoleon ‚seinen‘ Heiligen, den ‚Märtyrer Napoleon‘[65] —, doch die H. selbst werden nicht mehr zu Heiligen[66].

3.2. Spektrum der Herrscherdarstellung. Als konkrete Einzelgestalt steht der H. eher im Zentrum populären Erzählens als Abstrakta wie Herrschaft oder Reich[67]. Dennoch enthält die Darstellung des H.s Elemente allg. gängiger wie auch zeitimmanenter Herrschaftsvorstellungen. Nur scheinbar — etwa durch Namensnennung — auf spezifische Kennzeichnung und Individualität ausgerichtet, zeichnen H.geschichten unter Verwendung traditioneller Darstellungsmuster und übertragbarer Motive zumeist weniger die Person oder das Wesen eines bestimmten H.s als vielmehr einen H.typ (cf. → Individualisierung, → Stereotypen)[68].

Im Spätmittelalter und in der Renaissance baut man durch Aneinanderreihung von H.aussprüchen und anekdotischen Situationen zuweilen ein ganzes H.bild auf[69]; nicht selten werden die einem H. zugeschriebenen Einzelzüge so dominant, daß sie das Nachbild dieser hist. Gestalt recht eigentlich bestimmen (cf. Kap. 3.3)[70].

Als M. → Sachse auf dem Titelblatt seiner *Newen Keyser Chronica 1–4* (Magdeburg 1614/15) ankündigt, seine Arbeit werde für die einzelnen von ihm behandelten Kaiser Meldung geben „ihrer Ankunfft/ Stamms vnd Namens: Erziehung/ Gestalt/ Art vnnd Reime/ Empter/ Wahl: Ehestandes/ Kinder/ Regierung/ Thaten/ Tugenden vnd Laster: Kriege/ Zůge/ vnd Triumph: Kranckheit/ Todt vnd Begråbniß: Auch aller Wunderbaren Dinge/ so fůr jhrer Wahl vnd Todt geschehen sind", liefert er damit ein für die Strukturierung des Materials praktikables Muster.

Die allg. für die Biographie eines → Helden charakteristischen Elemente wie wunderbare Zeugung (Wunderbare → Empfängnis) und → Geburt, ungewöhnliches Verhalten bereits im Säuglingsalter (→ Erwachsen bei Geburt), Prodigien, Prophetien, Träume (z. B. AaTh 517, 725: → *Prophezeiung künftiger Hoheit*; AaTh 671: → *Tiersprachenkundiger Mensch*)[71] gelten häufig auch für die H.figur. Manche H. werden mit dem Signum der → Aussetzung umgeben: Als → Findelkinder waren sie entweder ohnehin edler Herkunft (cf. → Zeichen edler Herkunft), oder sie sind zum H. aufgestiegen[72]. In diesem Zusammenhang ist auch auf andere Erzählungen hinzuweisen, nach denen ein König ursprünglich geringer Herkunft war (z. B. Dagobert, cf. auch → Libussa)[73]; im 12. Jh. ist es geradezu literar. Mode, nicht einen mythischen Heros, sondern einen tüchtigen Mann geringer Herkunft an den Anfang einer Genealogie zu setzen[74]. In Märchen ist es nicht selten ein Bauernsohn, der mit der Hand der Prinzessin auch das halbe Königreich gewinnt (Mot. Q 112)[75]. Ein weiteres Erzählmotiv ist die illegitime Herkunft eines H.s (Mot. J 1274: *His father has been in Rome*; → Bastard)[76].

Die meisten H.erzählungen behandeln freilich die Zeit der Regentschaft, und hier ist die Darstellung vielfach am H.ideal[77] orientiert: Zentrale Kategorie für die Wertung des H.s ist der auf antiker wie bibl. Grundlage fußende Gegensatz von rex iustus und rex tyrannus, auf dem ein System von Eigenschafts- und Handlungsnormen aufbaut[78]. Die aus den allg. Ideen abgeleiteten konkreten H.ideale müssen nicht immer hist. Gestalten[79], sondern können auch fiktiver Natur sein[80]. Für lange Zeit bestimmend für die Vorstellung vom idealen H. ist die Lehre des Augustinus[81]; im Laufe der Jh.e verschmelzen profanes und kirchliches H.ideal[82], so daß das Inventar herrscherlicher Tugenden nicht nur auf keinen einheitlichen Nenner zu bringen ist, sondern über die vier Kardinaltugenden mit ihren Untergruppen hinaus[83] immens anwächst[84]: B. Singer führt im Reg. seiner Auswertung der Fürstenspiegel in Deutschland im ZA. des Humanismus und der Reformation ca 50 Fürstentugenden auf[85]; sie bilden in dieser Zeit kein System mehr, sondern sind eher zwanglos aneinandergereiht, in Form von Exempla der Historie entnommen[86]. In Übereinstimmung mit dem H.ideal[87] zeichnet sich der gute H. erzählter Wirklichkeit durch → Frömmigkeit[88], Gerechtigkeit (cf. AaTh 207 C: → *Glocke der Gerechtigkeit*)[89], → Demut und Bescheidenheit[90], Freigebigkeit (cf. AaTh 1689 A: → *Raparius*)[91], Fürsorglichkeit, Nächstenliebe[92] und andere Tugenden aus. Anlaß für manche Erzählungen ist auch das Aussehen des H.s[93]; satirisch mutet ein Exemplum an, das von Kaiser Antonius Pius berichtet, er habe im Alter ein Stützkorsett getragen, um aufrecht gehen und die Würde des H.s wahren zu können[94].

Dem rex iustus ist der rex tyrannus entgegengesetzt[95]. Ursprünglich nur auf den illegitimen H. bezogen, bezeichnet der Begriff Tyrann schon bald den schlechten, grausamen und verwerflichen H.[96] Fürstenspiegel- und Exemplaliteratur charakterisieren den Tyrannen als einen H., dem die Fürstentugenden fehlen bzw. der gegen sie verstößt, sein Hauptlaster ist die superbia (cf. → Hybris)[97]. Neben bibl. Beispielen wie Nimrod oder Herodes finden sich meist nichtchristl. H. der Antike, z. B. Nero oder der pers. König → Kyros[98]. Oft im Anschluß an die Tugend-Beispiele abgedruckt, zeigen Tyrannenexempla vielfach, wie der lasterhafte H. schließlich seinen Schwächen zum Opfer fällt und bestraft wird (z. B. AaTh 775: cf. → *Midas*), und dienen so zur Abschreckung[99].

Manchmal läßt er sich auch zum Besseren bekehren (→ Bürgschaft)[100].

Aufgrund der personalen Staats- und Geschichtsauffassung ist Tyrannenkritik (→ Gebet für den Tyrannen) in diesem Kontext nicht als systemändernde, sondern systemimmanente Kritik an der Person des jeweiligen H.s zu verstehen[101].

H.darstellung beschränkt sich nicht auf die Beschreibung normativer Idealzüge[102]. Häufig wird der H. in Interaktion präsentiert, und dann erfolgt die Charakterisierung durch sein Verhalten anderen gegenüber bzw. das Verhalten anderer gegenüber ihm. Das Verhältnis von H. und Hofbediensteten/Höflingen wird überwiegend negativ geschildert: Danach ist er von Schmeichlern, Neidern und korrupten Dienern umgeben, die ihm sogar nach dem Leben trachten (cf. AaTh 910 C: → *Barbier des Königs*, → Fliegen sollen nicht vertrieben werden; Mot. J 554: *Intemperance in service*)[103]. Kritik, Rat (→ Ratgeber) oder Aufforderung zum geistigen Schlagabtausch erhält der H. von einem Philosophen (cf. → Diogenes)[104] oder dem → Narren (z. B. → Claus Narr)[105], die ihm als Kontrastfiguren ebenso entgegengesetzt sind wie in hagiographischen Quellen der Heilige, der ihn tadelt, warnt, ihm befiehlt, handelnd eingreift und sogar Strafwunder vollbringt[106]. Einen treuen Begleiter hat der H., ist er auf der → Flucht, oft in seinem Diener.

Obwohl der H. de facto den Menschen auf dem Land wie in der Stadt fremd blieb[107] und der Dialog zwischen sozial nicht Gleichgestellten keineswegs selbstverständlich war[108], gibt es viele Erzählungen, die den H. in der Umwelt unterer Sozialschichten zeigen (cf. → Erdenwanderung der Götter).

Nach dem Vorbild Kaiser Trajans, der mit allen Menschen in gleicher Weise habe reden wollen[109], läßt sich der H. zuweilen zu einem Gespräch mit einem Untertanen herab, zeigt ihm sogar seinen Palast[110]. Andere Geschichten demonstrieren, wie ungeschickt ‚einfache Leute' auf den hohen Herrn reagieren (cf. Verkehrte → Begrüßungen). Welch große Belastung die Beherbergung eines Königs für einen Bauern darstellt, verdeutlicht eine Historie, in welcher der Gastgeber sich ausbittet, den fürstlichen Gast nie wiedersehen zu müssen[111]. Fürstliche Belohnungen belegen zum einen die Freigebigkeit[112], zum anderen suggerieren sie Anerkennung der bäuerlichen Arbeit oder Einstellung (z. B. AaTh 921 A: → *Focus: Teilung des Brotes oder Geldes*, AaTh 928: → *Bäume für die nächste Generation*[113], AaTh 1689 A). Dies gilt auch, wenn der H. selbst einmal einen Pflug in die Hand nimmt[114]. Im krassen Gegensatz dazu veranschaulicht die fürstliche Reaktion auf die Nachricht, daß die Bauern kein Brot hätten (AaTh 1446: *Laßt sie → Kuchen essen!*), die große Kluft zwischen dem im Überfluß lebenden H. und den in ihrer Existenz bedrohten Unterschichten.

Daß Leutseligkeit bzw. Herablassung[115] zu traditionellen Elementen des H.bildes werden, mag darin begründet sein, daß das Anhören und die Unterstützung der Armen im Sinne der cura humanitatis zu den sozialen Funktionen des H.s gehören[116].

Die internat. verbreitete und bis zu den Diktatoren des 20. Jh.s auf viele H. übertragene Erzählung von dem Regenten, der sich in → Verkleidung und unerkannt unter seine Untertanen begibt, um etwas über die Stimmung im Volk zu erfahren bzw. nach dem Rechten zu sehen (Mot. K 1812), hat ihre erzählerische Motivation häufig in der Vorstellung von der Isolation des H.s, der durch seine Hofbeamten über die wahren Zustände getäuscht und vom Volk ferngehalten werde. Zwei Aspekte werden an diesem Erzählmotiv deutlich. Zum einen läßt es Projektionen sozialer Problemlagen im H.bild erkennen[117], zum anderen aber steht es im Dienst der Bestätigung des Idealbildes vom fürsorglichen und gerechten pater patriae: Nur weil der Regent nicht gut informiert ist, kann es zu Fehlentscheidungen kommen. Unrecht und Willkür werden damit den Amtsträgern angelastet, die moralische Integrität des H.s bleibt gewahrt[118]. Für einige Verfasser von Fürstenspiegeln ist das Motiv ein Argument für die Notwendigkeit, daß der H. Bücher lese[119].

Erzählungen über den H. spiegeln dessen unterschiedliche Funktionen wider. Entsprechend dem Schema vom rex iustus und rex tyrannus zeigen sie ihn als gerechten bzw. ungerechten → Richter[120], als sanftmütigen oder grausamen Eroberer[121], als unerschrockenen und listigen Feldherrn[122]. Dessen menschliche Größe zeigt sich an der Fürsorge für seine Soldaten[123] und am Vertrauen auf die Hilfe Gottes im Kampf[124]. Vom 13. Jh. an häufig belegt ist der Vorschlag, H.zweikämpfe als Schlachtenersatz durchzuführen[125]. Als Regent im eigentlichen Sinn tritt der H. im Erzählgut kaum auf, hingegen gibt es unter zahlreichen Exempla, die die schwierige Stellung des H.s und das mühsame Geschäft des Regierens unterstreichen sollen, Beispiele von Herrschafts- und Thronverzicht[126].

Viele Erzählungen beschäftigen sich mit dem Privatleben des H.s. Sie zeigen ihn als → Freier (cf. → Braut, Bräutigam), Ehemann (cf. auch → Ehebruch) und → Vater (cf. → Vater-Sohn-Motiv[127]), angesprochen werden seine Sexualität (cf. → Impotenz, → Inzest; AaTh 873: → *König entdeckt seinen unbekannten Sohn*)[128] und seine Freizeitbeschäftigungen, bes. die Jagd[129].

Wichtig sind die Erzählungen, die sich um seinen → Tod ranken.

Wie überhaupt Naturerscheinungen mit dem Leben des H.s in Verbindung gebracht werden, ist auch sein Tod von solchen begleitet; dazu kommen Prophetien und eigene Vorahnungen[130]. Einen natürlichen Tod gestehen die Erzähler einem H. kaum zu, eher sehen sie ihn als Opfer einer Verschwörung und/oder eines Giftmordes[131]. Aufsehenerregend aber muß es zumindest zugehen, wie etwa bei den von Pierre → Boaistuau angeführten H.toden oder bei Enthaupteten, deren vom Rumpf getrennte Köpfe noch sprechen[132]. Bes. verbreitet und bis ins 20. Jh. auf die verschiedensten H. übertragen ist die Vorstellung, der H. sei in Wirklichkeit gar nicht gestorben – er lebe weiter und kehre irgendwann zurück[133]. Solches Denken kann so weit gehen, daß nicht einmal die öffentliche Zurschaustellung der Leiche eines H.s nach dessen Tod in der Schlacht die Sagenbildung verhindert[134]. Als Hintergrund derartiger Vorstellungen ist wohl die Unzufriedenheit mit der jeweiligen politischen Situation zu sehen, die mit der nostalgischen Verherrlichung der Regierungszeit des betr. H.s einhergeht und mit der Hoffnung auf bzw. Propaganda für eine paradiesische Zukunft verbunden wird (etwa die wiederholte Inanspruchnahme der Kyffhäusersage für ideologische Zwecke, die z. B. die nationalsozialistische Herrschaft in Deutschland als Erfüllung ma. Reichs- und Friedenssehnsucht zu verkaufen suchte[135]).

Nicht immer ist der H. auch Handlungsträger; vielfach bleibt er, obwohl z. B. wie im Märchen in der Vaterrolle für die Motivierung der Erzählung wichtig, eher im Hintergrund des Geschehens[136]. Manchmal ist seine Nennung auch nur als Einleitungsstereotyp oder Markierung der gesellschaftlichen Ebene, auf der sich eine Geschichte abspielt, zu verstehen[137].

3.3. Geschichtlichkeit und Popularität. Bestimmte Erzählmotive werden auf immer andere H.figuren übertragen. → Kristallisationsgestalten für solche → Wandermotive sind unter vielen anderen[138] Alexander der Große, → Holger Danske, → Krali Marko, → Matthias Corvinus, Hārūn ar-Rašīd, Friedrich der Große und auch Napoleon[139]. Die vielfache Übertragung von H.geschichten läßt zum einen darauf schließen, daß mit der → Faktizität dieser Erzählungen kaum zu rechnen ist. Darüber hinaus aber wird auch die im Erzählgut vorherrschende Tendenz deutlich, H.figuren dem H.ideal anzugleichen, die diesem in der Realität keineswegs entsprechen, z. B. Friedrich III. (1440–93) als Friedenskaiser erscheinen zu lassen, obwohl gerade dessen Regierungszeit von ständigen Kämpfen und Kriegen begleitet ist[140], oder aus dem Tyrannen Napoleon einen väterlich fürsorglichen und charismatischen H., nahezu einen Heiligen, zu machen[141].

Je nach Kontext und Erzählerstandpunkt kann die Beurteilung einzelner H. ganz unterschiedlich sein: So ist → Attila/Etzel in frz. und ital. Qu.n ein grausamer Tyrann, das ‚flagellum Dei', in dt. dagegen entspricht er dem Bild des guten Königs[142]; andere Beispiele sind Alexander der Große[143], Theoderich der Große/Dietrich von Bern[144], Vlad Ţepeş (cf. → Dracula) und Friedrich der Große[145]. Weiterhin ist zu beachten, daß das Bild eines H.s im Verlauf der Geschichte seiner Rezeption ebenfalls Wandlungen unterworfen ist. H. Wolfram spricht von der Tendenz jeder Gegenwart, ihr Vergangenheitsbild nach den Vorstellungen von einer erstrebenswerten Zukunft zu gestalten (cf. → Geschichtlichkeit, → Historisierung und Enthistorisierung)[146].

Die Stilisierung eines H.s zur Symbolfigur ist von literar. Moden abhängig und von unterschiedlicher Dauer. Graus unterscheidet H.gestalten mit kontinuierlicher literar. Existenz (Caesar, Karl der Große, Libussa) von denen, die in Vergessenheit geraten sind und im 19. Jh. neubelebt werden (Nibelungen [cf. → *Nibelungenlied*], Kyffhäusersage), deren Neubelebung nicht versucht wird oder mißlungen ist (Dietrich von Bern, verschiedene Helden der Chansons de geste), und den neuen Leitpersonen im 19. Jh., die im MA. keine nennenswerte Erwähnung finden (Vercingetorix, Arminius/Hermann der Cherusker, Herzog Widukind)[147].

Der Vorwurf bewußter Geschichtsfälschung greift nicht immer[148], schon gar nicht, was die H.darstellung im MA. angeht[149]. Die in diesen Geschichten mitgeteilte Realität (cf. → Realitätsbezüge) findet sich eben nicht in den vermeintlich hist. Ereignissen, auch nicht im Wesen des beschriebenen H.s, sondern ist in den Einstellungen zum H.amt zu sehen, wie sie in den Texten deutlich zum Ausdruck kommen[150]. Zudem wirken auch das Nachleben einer Persönlichkeit und die Überlieferung eines Ereignisses nachhaltig. Wie Graus betont, ist es nicht leicht, „die Frage zu beantworten, was letztlich geschichtsträchtiger gewesen ist, die Schlacht im Teutoburger Wald oder die Hermannslegende, Barbarossas Taten oder sein legendärer Ruhm im Kyffhäuser […], der Karl der Große der Geschichte oder der Charlemagne der französischen Chansons de geste“[151].

Wenn das, „was die Leute gern von ihrem Fürsten erzählen hörten“[152], mit dem H.ideal der Fürstenspiegel übereinstimmt, liegt der Schluß nicht allzu fern, daß das populäre H.bild nicht eigentlich auf einer im Volk entstandenen Vorstellung basiert[153]. Gefällig präsentiert, wird das elitäre H.ideal durch Predigt, Schule, populäre Lesestoffe und andere Medien propagiert und massenhaft rezipiert. Der Zweck dieser verordneten Popularität[154] liegt auf der Hand: Mit dem Bild des guten H.s im Kopf begehrt das Volk die Herrschaft nicht selbst.

[1] Koselleck, R./Moraw, P./Günther, H./Ilting, K.-H.: Herrschaft. In: Geschichtliche Grundbegriffe 3. ed. O. Brunner/W. Conze/R. Koselleck. Stg. 1982, 1–102, hier 55 (Zitat H. Günther). – [2] cf. Ström, Å. V. u. a.: Herrschaft Gottes/Reich Gottes. In: TRE 15 (1986) 172–244; cf. Graus, F.: Littérature et mentalité médiévales: le roi et le peuple. In: Historica 16 (1969) 5–79, hier 36; EM 2, 258–262; EM 3, 1427. – [3] Koselleck u. a. (wie not. 1) pass.; cf. Herrschaft. In: DWb. 4,2 (1877) 1152–1154. – [4] Herrschaft. In: Brockhaus Enz. 8. Wiesbaden [17]1969, 415 sq. – [5] Kleinschmidt, E.: H.darstellung. Zur Disposition ma. Aussageverhaltens, untersucht an Texten über Rudolf I. von Habsburg. Bern/Mü. 1974, 65–67; Knappe, K.-B.: Repräsentation und Herrschaftszeichen: Zur H.darstellung in der vorhöfischen Epik. (Diss. Kiel 1971) Mü. 1974; Schramm, P. E.: Herrschaftszeichen und Staatssymbolik. Stg. 1954; Kautsky, J. H.: Funktionen und Werte des Adels. In: Legitimationskrisen des dt. Adels 1200–1900. ed. P. U. Hohendahl/P. M. Lützeler. Stg. 1979, 1–16. – [6] Gunkel, H.: Das Märchen im A.T. Tübingen 1917, 140–152, cf. 16–19, 82, 132 sq. – [7] Anton, H. H. u. a.: Fürstenspiegel. In: Lex. des MA.s 4,5. Mü. 1988, 1040–1058, hier 1041; Peil, D.: Der Streit der Glieder mit dem Magen. Ffm./Bern/N.Y. 1985, 215, Reg. s. v. Biblia und pass.; Graus, F.: Volk, H. und Heiliger im Reich der Merowinger. Prag 1965, 392, not. 535; Steger, H.: David rex et propheta. Nürnberg 1961; Kleinschmidt (wie not. 5) 34–38. – [8] ibid., 77–90; Knape, J.: ‚Historie‘ in MA. und früher Neuzeit. Baden-Baden 1984, 370–374 und pass.; Moos, P. von: Geschichte als Topik. Das rhetorische Exemplum von der Antike zur Neuzeit […]. Hildesheim/Zürich/N. Y. 1988; Anton, H. H.: Fürstenspiegel und H.ethos in der Karolingerzeit. Bonn 1968, 419–446; Grundmann, H.: Geschichtsschreibung im MA. Göttingen [4]1987; Gellinek, C.: Herrschaft im HochMA. Bern/Ffm./Las Vegas 1980; Graus, F.: Lebendige Vergangenheit. Überlieferung im MA. und in den Vorstellungen vom MA. Köln/Wien 1975, 33–35; cf. id. (wie not. 7) 306 sq. – [9] cf. Kleinschmidt (wie not. 5) 80, not. 396; Brückner, 134, not. 58 (mit Lit.). – [10] Singer, B.: Die Fürstenspiegel in Deutschland im ZA. des Humanismus und der Reformation. Mü. 1981, 33–35. –
[11] ibid., 35–38; Anton u. a. (wie not. 7) 1050; Lauterbeck, G.: Regentenbuch. Lpz. 1556, Vorrede zu dem Leser, ← iij^{r-v}. – [12] ibid., Vorrede, *iiij^{r}, Vorrede zu dem Leser, ← ij^{v}, CLXII^{v}–CLXIII^{v}; cf. [Zanach, Jakob:] Erquick-Stunden […] zusammengetragen […] Durch Didacum Apolephtem [1. Teil]. Lpz. 1612. – [13] Löhneys, G. E. von: Hof-, Staats- und Regier-Kunst 1–3. Ffm. 1679, 27. – [14] ibid., 29. – [15] cf. Tubach, Reg. s. v. Darius, Emperor, Herod, Nero, Titus, Trajan u. a. – [16] Hondorff, A.: Promptuarium exemplorum. Lpz. 1572, Aij^{v} (Vorrede). – [17] Rehermann, E. H.: Die protestant. Exempelslgen des 16. und 17. Jh.s. In: Brückner, 579–645, hier 606. – [18] Titius, C.: Loci theologici historici. Wittenberg 1657, 1117–1145; ähnlich Schneider, D.: Titius continuatus et illustratus. Wittenberg 1680, 1487–1535. – [19] Hondorff (wie not. 16) 216^{r} sqq., 391^{r}–397^{v}. – [20] Rehermann (wie not. 17) 606 sq. – [21] z. B. Herberger, V.: Evangel. Hertz Postilla 1. Lpz. 1697, 624–635 ([fälschlich als 625 paginiert] zu Mt. 22: Aufzählung von Regenten-Tugenden, jeweils mit positiven und negativen Exempla veranschaulicht, sowie von Untertanenpflichten); cf. Moser-Rath, Predigtmärlein, num. 22 (AaTh 757), 144, 256 (AaTh 1531); Rehermann, pass. – [22] Hilscher, C. F.: Sonderbare Bauer-Exempel. Bautzen 1725, pass.; cf. dazu Tomkowiak, I.: Das Gute zur Nachfolge, das Böse zur Warnung. In: Jb. für Vk. N.F. 11 (1988) 219–228, bes. 224 sq. – [23] cf. KLL 9, 3912–3924. – [24] Folz, R.: Le Souvenir et la légende de Charlemagne dans l'empire germanique médiéval. P. 1950; Siegrist, T.: H.bild und Weltsicht bei Notker Balbulus. Zürich 1963; Graus, F.: Die H.sagen des MA.s als Geschichtsquelle. In: Archiv für Kulturgeschichte 51 (1969) 65–93, hier 68 sq., not. 6 (Lit.); id. (wie not. 8) 182–205. – [25] Schneider, J.: Das Fortleben der röm. Kaiser in den Gesta Romanorum. In: Klio 52 (1970) 395–409. – [26] EM 3,4. – [27] cf. Graus (wie not. 8) 39–48. – [28] Treichler, W.: Ma. Erzählungen und Anekdoten um Rudolf von Habs-

burg. Bern/Ffm. 1971; Kleinschmidt (wie not. 5). – [29] KLL 12, 5111–5113; Ohly, E. F.: Sage und Legende in der Kaiserchronik. (Münster 1940) Darmstadt [2]1968; Hellmann, M. W.: Fürst, H. und Fürstengemeinschaft. Diss. Bonn 1967. – [30] Zur H.darstellung in der Hagiographie der Merowingerzeit cf. Graus (wie not. 7); EM 5, 311. –
[31] EM 3, 1389 sq. – [32] Rüsen, J.: Die vier Typen des hist. Erzählens. In: Formen der Geschichtsschreibung. ed. R. Koselleck/H. Lutz/J. Rüsen. Mü. 1982, 514–605; cf. Schenda, R.: Volk ohne Buch. Ffm. (1970) [3]1988, 493. – [33] Habermas, J.: Der biogr. Schleier. In: Frankfurter H.e 12,5 (1957) 357–360, hier 357. – [34] cf. Moser-Rath, E.: Anekdotenwanderungen in der dt. Schwanklit. In: Volksüberlieferung. Festschr. K. Ranke. Göttingen 1968, 233–247, bes. 236; [Sulzer, J. G.:] Vorůbungen zur Erweckung der Aufmerksamkeit und des Nachdenkens 1–4 [Bearb. J. H. L. Meierotto]. B. 1780–82, pass.; Lesebuch für Bürgerschulen 4. ed. A. Lüben/C. Nacke. Lpz. [2]1853, 122–128; Paulsiek, K.: Dt. Lesebuch für Vorschulen höherer Lehranstalten 2. Bearb. A. Briese. B. 1913, 44–61; Das große dt. Anekdoten-Lex. (Erfurt [1843/44]) Nachdr. Lpz. 1985, pass. – [35] z. B. Seckendorff, V. L. von: Teutscher Fůrsten Stat. Ffm. 1656, 56–68 und pass.; cf. Verweyen, T.: Barockes H.lob. In: Der Deutschunterricht 28,2 (1976) 25–45. – [36] Moser-Rath, Schwank, 137–147, 174. – [37] Zitiert nach ibid., 138; cf. Tomkowiak, I.: Curiöse Bauer-Historien. Zur Tradierung einer Fiktion. Würzburg 1987, 149 sq. – [38] Moser-Rath, Schwank, 10, 18, 22 sq., 34. – [39] Neumann, S.: Volksschwänke aus Mecklenburg. Aus der Slg R. Wossidlos. B. 1965, num. 380–413. – [40] cf. z. B. Töpfer, A.: Der König im dt. Volksmärchen. Diss. Jena 1930; Lüthi, M.: Das Volksmärchen als Dichtung. Düsseldorf/Köln 1975, 173–175; Woeller, W.: Märchen. In: Dt. Volksdichtung. ed. H. Strobach. Lpz. [2]1987, 118–154, hier 146–148; Jean, G.: Le Pouvoir des contes. Tournai [2]1983, 88–91. –
[41] cf. Graus (wie not. 24) 71–74; Burde-Schneidewind, G.: Sage. In: Strobach (wie not. 40) 83–117, hier 103–107; Graf, K.: Thesen zur Verabschiedung des Begriffs der ‚hist. Sage'. In: Fabula 29 (1988) 21–47. – [42] Grimm DS, Vorrede (Ausg. Mü. 1956, 18–24). – [43] cf. z. B. Petzoldt, L.: Hist. Sagen 1. Mü. 1976, num. 124–209. – [44] Schneidewind, G.: Herr und Knecht. Aus der Slg R. Wossidlos. B. 1960, num. 11, 12; Burde-Schneidewind, G.: Hist. Volkssagen aus dem 13. bis 19. Jh. B. 1977, num. 147, 148, 150, 355; ead.: Hist. Volkssagen zwischen Elbe und Niederrhein. B. 1969, 8, 326, Reg. s. v. Landesherr greift ein; v. auch Lauterbeck (wie not. 11) LXVI^{r-v}; Hilscher (wie not. 22) num. 99; cf. Graus, F.: Social Utopias in the Middle Ages. In: Past und Present 38 (1967) 3–19, hier 16 sq. – [45] cf. Sagenerzähler und Sagensammler der Schweiz. ed. R. Schenda (unter Mitarbeit von H. ten Doornkaat). Bern/Stg. 1988, 11–90, bes. 12; Psaar, W./Klein, M.: Sage und Sachbuch. Paderborn/Mü./Wien/Zürich 1980, 13–18. – [46] cf. auch Holler, E.: Die geschichtliche Volkssage im Geschichtsunterricht. In: Geschichte in Wiss. und Unterricht 7 (1956) 267–273, hier 271. – [47] Osterland, M.: Gesellschaftsbilder in Filmen. Stg. 1970, 186–202; Seidl, C.: Der dt. Film der fünfziger Jahre. Mü. 1987, 122–162; Kreimeier, K.: Kino und Filmindustrie in der BRD. Kronberg 1973, 106–108. – [48] Schwalm, E.: Der Napoleonfilm von Sacha Guitry. In: Geschichte in Wiss. und Unterricht 7 (1956) 440–442; L'Ancien Régime au cinéma. Les Cahiers de la cinémathèque 51–52 [1989] (Themenheft). – [49] Osterland (wie not. 47) 196, 200. – [50] z. B. Schmidt, A.: Könige im Exil. Das lange Warten auf den Thron. In: Frau im Spiegel 27 (29. 6. 1989) 23–30, cf. 6 sq., 32–34 (über den spukenden Geist des Alten Fritz u. a.), 84 sq.; cf. Wollenweber, B.: Thesen zum Märchen. In: Ideologiekritik im Deutschunterricht. ed. H. Ide u. a. Ffm./B./Mü. 1972, 103–107, hier 104; Nutz, W.: Die Regenbogenpresse. Opladen 1971. –
[51] Schah Reza – der letzte dt. Kaiser. Dokumente aus der Regenbogenpresse. ed. R. Blank. Reinbek 1979, nach p. 94, zu Abb. [6]. – [52] Röhrich, L.: Der Witz. Stg. 1977, 210; Schenda (wie not. 32) 430 sq. – [53] Röhrich (wie not. 52) 206–216; Schmidt, A.: Politische Autorität im Witz. Diss. Marburg 1988. – [54] Peil, D.: Unters.en zur Staats- und Herrschaftsmetaphorik in literar. Zeugnissen von der Antike bis zur Gegenwart. Mü. 1983, Zitat p. 883. – [55] cf. id. (wie not. 7). – [56] Grubmüller, K.: Meister Esopus. Mü. 1977, 183–213, Zitat p. 213; Schütze, G.: Gesellschaftskritische Tendenzen in dt. Tierfabeln des 13. bis 15. Jh.s. Bern/Ffm. 1973; Rehermann, E.H./Köhler-Zülch, I.: Aspekte der Gesellschafts- und Kirchenkritik in den Fabeln von Martin Luther, Nathanael Chytraeus und Burkhard Waldis. In: Hasubek, P. (ed.): Die Fabel. B. 1982, 27–42, bes. 34 sq., 37–39, 42; cf. ferner Vollrath, M.: Die Moral der Fabeln im 13. und 14. Jh. in ihrer Beziehung zu den gesellschaftlichen Verhältnissen. Diss. (masch.) Jena 1966; Könneker, B.: Die Rezeption der aesopischen Fabel in der dt. Lit. des MA.s und der frühen Neuzeit. In: Die Rezeption der Antike. ed. A. Buck. Hbg 1981, 209–224. – [57] Ström, Å. V./Pöhlmann, W./Cameron, A.: H.kult. In: TRE 15 (1986) 244–255; Graus (wie not. 7) 313–334 und pass. (jeweils mit Lit.). – [58] Walther, G.: Vom ampt der weltlichen Oberkeit […]. Jena 1559, 14^{v}–17^{v}. – [59] H.kult. In: Brockhaus Enz. (wie not. 4) 416 sq.; Heil. ibid., 297 sq.; Gottesgnadentum. ibid. 7 ([17]1969) 518 sq.; Kaiserkult. ibid. 9 ([17]1970) 612 (jeweils mit Lit.). – [60] Bloch, M.: Les Rois thaumaturges. Strasbourg 1924; id.: The Royal Touch: Sacred Monarchy and Scrofula in England and France. L. 1973. –
[61] Graus (wie not. 7) 391, not. 530 (mit Lit.). – [62] Pauli/Bolte, num. 516. – [63] Burke, P.: Helden, Schurken und Narren. Europ. Volkskultur in der frühen Neuzeit. ed. R. Schenda. Stg. 1981, 185 sq.; cf. auch Petzoldt (wie not. 43) num. 126 b. –

[64] Schenda (wie not. 32) 341. — [65] Delehaye, H.: La Légende de St. Napoléon. In: Festschr. H. Pirenne 1. Bruxelles 1926, 81—88. — [66] Graus (wie not. 7) 390—437, hier 427; id. (wie not. 8) 159—180 (hl. Wenzel), 182—198 (Karl der Große); Folz, R.: Zur Frage der heiligen Könige: Heiligkeit und Nachleben in der Geschichte des burgund. Königtums. In: Dt. Archiv für Erforschung des MA.s 14 (1958) 317—344; id.: Les saints Rois du moyen âge en Occident: VIe—XIIIe siècles. Bruxelles 1984. — [67] Graus (wie not. 8) 203—205. — [68] Kleinschmidt (wie not. 5) 11—90, 263 sq.; Petzoldt, L.: Sage als aktualisierter Mythos. In: Wirkendes Wort 27 (1977) 1—9, hier 3; Graus (wie not. 2) 41, cf. 28, not. 60 (mit Lit.); Moser-Rath (wie not. 34) 237; cf. Schmidt, G.: Die Darstellung des H.s in dt. Epen des MA.s. Diss. (masch.) Lpz. 1951; Kirn, P.: Das Bild des Menschen in der Geschichtsschreibung von Polybios bis Ranke. Göttingen 1955; Skalweit, S.: Das H.bild des 17. Jh.s. In: Hist. Zs. 184 (1957) 65—80; Neuendorff, D.: Studie zur Entwicklung der H.darstellung in der dt.sprachigen Lit. des 9.—12. Jh.s. (Diss. B. 1979) Sth. 1982; cf. auch Sadan, J.: Vine, Women and Seas. Some Images of the Ruler in Medieval Arabic Literature. In: J. of Semitic Studies 34 (1989) 133—152. — [69] Kleinschmidt (wie not. 5) 85. — [70] Petzoldt (wie not. 68) 2. —
[71] Mudrak, E.: Die Berufung durch überirdische Mächte in sagtümlicher Überlieferung. In: Fabula 2 (1959) 122—138; EM 4, 1074. — [72] Grudzinski, S.: Vergleichende Unters. und Charakteristik der Sage vom Findelkind, das später Kaiser wird. In: Zs. für rom. Philologie 36 (1912) 546—576. — [73] Graus (wie not. 24) 87—89; id. (wie not. 8) 94 sq.; Hilscher (wie not. 22) num. 21, 22. — [74] Graus (wie not. 8) 77 sq. — [75] cf. id. (wie not. 24) 88. — [76] id. (wie not. 2) 32—34. — [77] cf. u. a. Sandrock, L.: Das H.ideal in der erzählenden Dichtung des dt. MA.s. Diss. Münster 1931; Straub, J.: Vom H.ideal in der Spätantike. (Diss. B. 1938) Stg. [1939]; Khalifah-Soltani, I.: Das Bild des idealen H.s in der iran. Fürstenspiegellit. [...]. Diss. Tübingen 1971; Knauth, W./Nadjmabadi, S.: Das altiran. Fürstenideal von Xenophon bis Ferdousi. Wiesbaden 1975. —
[78] Kleinschmidt (wie not. 5) 50—52; Graus (wie not. 7) 348—352. — [79] Wolfram, H.: Constantin als Vorbild für den H. des hochma. Reiches. In: Mittlgen des Inst.s für österr. Geschichtsforschung 68 (1960) 226—243; Ewig, E.: Das Bild Constantins des Großen in den ersten Jh.en des abendländ. MA.s. In: Hist. Jb. 75 (1956) 1—46. — [80] Graus (wie not. 2) 38 sq.; Kleinschmidt (wie not. 5) 51. —
[81] Graus (wie not. 7) 348 sq.; cf. Schücking, L. L.: Das Königsideal im Beowulf. In: Engl. Studien 67 (1932/33) 1—14, hier 5. — [82] Graus (wie not. 2) 37 sq.; Kleinschmidt (wie not. 5) 53. — [83] ibid., 52. — [84] cf. z. B. Spangenberg, C.: Adels Spiegel 1—2. Schmalkalden 1591/94, hier t. 2, 155 sqq.; Sekkendorff (wie not. 35); Herberger (wie not. 21). — [85] Singer (wie not. 10) 28—31, 349. — [86] ibid., 31. — [87] cf. auch Moser-Rath, Schwank, 139—143. —
[88] z. B. ibid., 140; Schneider, A.: Exempelkatalog zu den „Iudicia Divina" des Jesuiten G. Stengel von 1651. Würzburg 1982, num. 996; Hahner, G.: Der Exempelgebrauch im Lauretanum Mariale des L. Lemmer. Würzburg 1687. Würzburg 1984, num. 60; Metzger, W.: Beispielkatechese der Gegenreformation. G. Voglers „Catechismus in Außerlesenen Exempeln" Würzburg 1625. Würzburg 1982, num. 176; Sachse, M.: Newe Keyser Chronica 1. Magdeburg 1615, Vorrede. — [89] z. B. Moser-Rath, Schwank, 140. — [90] z. B. ibid., 143, cf. 158 sq.; Schneider (wie not. 88) num. 733; cf. Graus (wie not. 2) 35 sq.; id. (wie not. 7) 432 sq. —
[91] cf. Kleinschmidt (wie not. 5) 67—70. — [92] z. B. Brückner, 736; Childers, Tales P 367*; Treichler (wie not. 28) 132—135. — [93] ibid., 128—131; Petzoldt (wie not. 68) 2 sq.; Tomkowiak (wie not. 37) 116 sq., 177; Kleinschmidt (wie not. 5) 55. — [94] Schneider (wie not. 88) num. 736. — [95] Kleinschmidt (wie not. 5) 50—52; Graus (wie not. 7) 348—352, 434 sq. — [96] Andrewes, A.: The Greek Tyrants. L. ²1958; Diesner, H.-J.: Griech. Tyrannis und griech. Tyrannen. B. 1960; Berve, H.: Die Tyrannis bei den Griechen 1—2. Mü. 1967; Mossé, C.: La Tyrannie dans la Grèce antique. P. 1969; Kinzl, K. H. (ed.): Die ältere Tyrannis bis zu den Perserkriegen. Darmstadt 1979; cf. Waters, K. H.: Herodotos on Tyrants and Despots. Wiesbaden 1971. — [97] Hempel, W.: Übermuot diu alte ... Der Superbia-Gedanke und seine Rolle in der dt. Lit. des MA.s. Bonn 1970; weitere Fürstenlaster bei Singer (wie not. 10) 347 sq., 355. — [98] Graus (wie not. 2) 39—43; Anton (wie not. 8) 401—403. — [99] Lauterbeck (wie not. 11) CLXII^v^; Walther (wie not. 58) 52^v^—54^v^; Hondorff (wie not. 16) 216^r^—275^v^; Sachse (wie not. 88) Vorrede,)(iij^r^—)(iiij^v^; Metzger (wie not. 88) num. 177; Schneider (wie not. 88) num. 160, 1209, 1212; Titius (wie not. 18) 1137—1145; Schneider (wie not. 18) 1521—1535. — [100] cf. auch Frenzel, Motive, 360—372. —
[101] cf. auch Grosses vollständiges Universal Lexicon [...] 39. Lpz./Halle 1744, 1095; cf. Burke (wie not. 63) 187. — [102] cf. Kleinschmidt (wie not. 5) 50. — [103] cf. Graus (wie not. 2) 43; Moser-Rath, Schwank, 144—147; Schneider (wie not. 88) num. 1000. — [104] z. B. ibid., num. 1155, 1158. — [105] Moser-Rath, Schwank, 68—80; Marzolph, U.: Der Weise Narr Buhlūl. Wiesbaden 1983, num. 12, 13, 65, 66, 77, 78, 88, 94, 98, 105, 113, 115, 130, 140; Neumann (wie not. 39) num. 380—393; cf. Flögel, K. F.: Geschichte der Hofnarren. (Liegnitz/Lpz. 1789) Nachdr. Hildesheim/N.Y. 1977. — [106] Graus (wie not. 7) 372—374, 382—390. — [107] id. (wie not. 2) 55. — [108] Schenda, R.: Orale und literar. Kommunikationsformen im Bereich von Analphabeten und Gebildeten im 17. Jh. In: Lit. und Volk 2. ed. W. Brückner/P. Blickle/D. Breuer. Wiesbaden 1985, 447—464, hier 451. — [109] Pauli/Bolte, num. 166; cf. Kleinschmidt (wie not. 5) 75. — [110] Moser-Rath, Schwank, 142 sq.; Sulzer (wie not. 34) t. 1, 97; EM-Archiv: Wolgemuth,

Haupt-Pillen (1669), 142, num. 76; Ruckard, Lachende Schule (1736), 109, num. 85. — [111] Tomkowiak (wie not. 37) 103 sq., 173. — [112] Hilscher (wie not. 22) num. 5, 6, 17—21, 33, 114. — [113] cf. dazu Tomkowiak (wie not. 37) 185 sq. — [114] Hilscher (wie not. 22) num. 42; Haiding, K.: Kaiser Joseph II. in der Volkserzählung. In: ÖZfVk. 67 N.S. 18 (1964) 156—170, hier 160; anders dagegen die Beispiele pflügender H. im Kontext der Landlebendichtung, cf. Tomkowiak (wie not. 37) 150—152. — [115] cf. auch Bausinger, H.: Herablassung. In: „... aus der anmuthigen Gelehrsamkeit". Festschr. D. Geyer. Tübingen 1988, 25—39. — [116] Kleinschmidt (wie not. 5) 75; cf. Titius (wie not. 18) 1128—1137; Schneider (wie not. 18) 1505—1521; Burke (wie not. 63) 164 sq. — [117] Kleinschmidt (wie not. 5) 75 sq. — [118] Petzoldt (wie not. 68) 4 sq.; Graus (wie not. 24) 83—85; id. (wie not. 7) 391, not. 532; Moser-Rath, Schwank, 142, 450; Treichler (wie not. 28) 131 sq.; Burke (wie not. 63) 165, 167 sq., 184. — [119] z. B. Lauterbeck (wie not. 11) Vorrede zu dem Leser, ← iij^{r-v}; Singer (wie not. 10) 35. — [120] z. B. Lauterbeck (wie not. 11) LXIIII^{r}—LXVI^{r}; Walther (wie not. 58) 125^{v}—126^{r}; cf. Graus (wie not. 2) 42. —
[121] Hondorff (wie not. 16) 275^{v}—277^{v}; Schneider (wie not. 88) num. 159; Titius (wie not. 18) 1384—1406; Schneider (wie not. 18) 1859—1866; cf. Burke (wie not. 63) 163 sq.; Graus (wie not. 2) 46—48. — [122] Moser-Rath (wie not. 34) 238; Petzoldt (wie not. 43) 513 sq. — [123] ibid., num. 520; id. (wie not. 68) 3; Treichler (wie not. 28) 94 sq. u. ö. — [124] Hahner (wie not. 88) num. 61, 103, 126; Schneider (wie not. 88) num. 1206. — [125] Goez, W.: Über Fürstenzweikämpfe im SpätMA. In: Archiv für Kulturgeschichte 49 (1967) 135—163; Graus (wie not. 2) 47 sq. — [126] Schneider (wie not. 88) num. 159, 995, 997—999, 1113, 1114; Titius (wie not. 18) 1123—1128; cf. Singer (wie not. 10) 29—31, 162 sq., 165, 185, 196, 199, 289. — [127] cf. Frenzel, Motive, 690—707. — [128] Graus (wie not. 7) 432, 437; id. (wie not. 24) 86; id. (wie not. 2) 41 sq.; id. (wie not. 8) 185, 230—237; Treichler (wie not. 28) 127 sq.; Walther (wie not. 58) 84^{r-v}; Metzger (wie not. 88) num. 324; Schneider (wie not. 88) num. 472, 734, 1099, 1199; Hahner (wie not. 88) num. 17; Childers, Tales Q 171.1.2*; Petzoldt (wie not. 43) num. 151; Haiding (wie not. 114) 162—170. — [129] Graus (wie not. 2) 45 sq.; Moser-Rath, Schwank, 141 sq.; cf. Singer (wie not. 10) 349 sq., Reg. s. v. Fürstliche Kurzweil und Liebhabereien. — [130] Graus (wie not. 7) 383—386; Treichler (wie not. 28) num. 52; Sachse (wie not. 88) jeweils Kap. VIII; Burke (wie not. 63) 184. —
[131] Graus (wie not. 24) 85; id. (wie not. 2) 49—51. — [132] EM 4, 13. — [133] Graus (wie not. 24) 80—82; Petzoldt (wie not. 68) 5; Schenda, R.: Die drei Telle aus dem Modejournal. In: Neue Zürcher Ztg 267 (16./17. 11. 1985) 70. — [134] Graus (wie not. 24) 81. — [135] id. (wie not. 44) 17; id. (wie not. 7) 391 sq., not. 533; Burke (wie not. 63) 165 sq., 184; Schreiner, K.: Die Staufer in Sage, Legende und Prophetie. In: Die Zeit der Staufer 3. Ausstellungskatalog Stg. 1977, 249—262; Brune, T./Baumunk, B.: Wege der Popularisierung. ibid., 327—333; Petzoldt (wie not. 68) 5—8. — [136] Graus (wie not. 24) 68 sq.; id. (wie not. 7) 391 sq. — [137] cf. EM 5, 1203 sq. — [138] Haiding (wie not. 114) 156; Moser-Rath (wie not. 34) 236 sq.; Moser-Rath, Schwank, 138; cf. z. B. auch Waas, G. E.: The Legendary Character of Kaiser Maximilian. N.Y. 1941. — [139] cf. Graus (wie not. 24) 76, not. 25; Wesselski, A.: Der Müller von Sanssouci. In: id.: Erlesenes. Prag 1928, 46—63; Sébillot, P.: Le Folk-Lore de France 4. P. 1907, 393—399; Schenda (wie not. 32) 334—344; Petzoldt (wie not. 43) num. 423, 515—517; Fischer, H.: Erzählgut in der Gegenwart. Köln 1978, 135—138; Anekdoten-Lex. (wie not. 34) 213—223. — [140] Moser-Rath, Schwank, 138 sq.; Graus (wie not. 2) 51; id. (wie not. 8) 43; id. (wie not. 24) 75—79, 82 sq.; id. (wie not. 7) 393; Treichler (wie not. 28) 59 sq.; Petzoldt (wie not. 68) 3; Brune/Baumunk (wie not. 135) 331—333; Burke (wie not. 63) 183 sq.; cf. Sébillot (wie not. 139) 319—404; Geschichte, Ereignis und Erzählung. ed. R. Koselleck/W.-D. Stempel. Mü. 1973. —
[141] Schenda (wie not. 32) 343 sq. — [142] Graus (wie not. 2) 39 sq. — [143] id. (wie not. 8) 214—218; Köhler, I.: Der neubulg. Alexanderroman. Amst. 1973, 210—243. — [144] Graus (wie not. 8) 39—48. — [145] EM 1, 395. — [146] Wolfram (wie not. 79) 243; Graus (wie not. 24) 78—80; id. (wie not. 8); Treichler (wie not. 28) 92 sq.; cf. Hampe, K.: Kaiser Friedrich II. in der Auffassung der Nachwelt. Stg./B./Lpz. 1925; Kloos, R. M.: Alexander der Große und Kaiser Friedrich II. In: Archiv für Kulturgeschichte 50 (1968) 181—199; Müller, A.: Das Konradin-Bild im Wandel der Zeit. Bern/Ffm. 1972. — [147] Graus (wie not. 8) 379; cf. dagegen Kleinschmidt (wie not. 5) 266. — [148] Graus (wie not. 24) 71—74; Schenda (wie not. 32) 343 sq. (Idealisierung Napoleons als ‚kollektive Manipulation'). — [149] Kleinschmidt (wie not. 5) 262 sq.; cf. Knape (wie not. 8) 332—389. — [150] cf. ibid.; Graus (wie not. 24) 65—67, 73 sq., 90—93; Burke (wie not. 63) 162. —
[151] ibid., 67. — [152] Moser-Rath (wie not. 34) 236. — [153] cf. Graus (wie not. 24) 92 sq.; id. (wie not. 44) 16; id. (wie not. 2) 56 sq.; Kleinschmidt (wie not. 5) 65; Burke (wie not. 63) 183, 187; Schenda (wie not. 32) 487—494; id.: Die Lesestoffe der Kleinen Leute. Mü. 1976, 128—133. — [154] cf. auch Scharfe, M.: Geschichtlichkeit. In: Bausinger, H./Jeggle, U./Korff, G./Scharfe, M.: Grundzüge der Vk. Darmstadt 1978, 127—203, hier 141—161.

Göttingen Ingrid Tomkowiak

Herschel Ostropoler → Schelmentypen

Hertel, Johannes, * Zwickau 13. 3. 1872, † Leipzig 27. 10. 1955, Indologe. 1891—96

Studium der Klassischen sowie Deutschen, Englischen, Romanischen und Sanskrit-Philologie in Leipzig; 1896–1919 Gymnasiallehrer für moderne Sprachen in Zwickau und Döbeln; 1919 Berufung auf den indologischen Lehrstuhl in Leipzig, Emeritierung 1938.

Bereits zwei Jahre vor der Veröff. seiner Diss. *Über Text und Verf. des Hitopadeśa* (Lpz. 1897) hatte sich H. mit seiner Neuübersetzung des → *Hitopadeśa* einem breiten Leserpublikum vorgestellt. Die Erzählungsliteratur war bis etwa 1924 sein bevorzugtes Forschungsgebiet; sein Schr.verzeichnis zählt für 1895–1938 rund 100 Beitr.e hierzu. Bis etwa 1915 galt sein bes. Interesse der Erforschung der Entstehungs- und Verbreitungsgeschichte des → *Pañcatantra*, so daß M. Winternitz mit Recht feststellen konnte, H. habe sich – neben T. → Benfey – „um die Aufhellung dieser Geschichte das größte Verdienst erworben“[1]. In der Zeitspanne von Benfeys *Pañcatantra*-Übers. (1859) bis zur Jh.wende hatten sich die Möglichkeiten zum Studium hs. Materials so erheblich verbessert, daß es H. gelang, mit „strengster philologischer Methode“[2] den verlorengegangenen Urtext des *Pañcatantra* in einer ihm vermutlich sehr nahe kommenden Version, dem *Tantrākhyāyika*, aufzuspüren, die er als die wichtigste Sanskritfassung bezeichnete. Sie ermöglichte es ihm, die anderen Versionen entsprechend zu gruppieren und einen Stammbaum der Rez.en aufzustellen. In seinem Werk *Das Pañcatantra, seine Geschichte und seine Verbreitung* (Lpz./B. 1914) faßte er alle Erkenntnisse zur Entstehungsgeschichte zusammen und brachte eine ausführliche Darstellung der für die Erzählforschung so wichtigen Verbreitungsgeschichte dieses ind. Textes. H.s Argumente, in F. Edgertons *Pañcatantra*-Studie[3] als nicht überzeugungskräftig bezeichnet, sind neuerdings von R. Geib[4] aufgegriffen worden, dessen Unters.sergebnisse es erlauben, H.s entstehungsgeschichtlichen Stammbaum im Prinzip zu übernehmen und nur an einigen Stellen zu verbessern.

H.s Aussagen zu Problemen der Märchenforschung beruhen in der Regel auf Erkenntnissen, die er durch philol. und textgeschichtliche Unters.en am ind. Original gewonnen hatte. Sie sind es auch, die ihm die Gewißheit geben, „daß ein großer Teil der besten griechischen Fabeln aus Indien stammt“[5]. Hier widerspricht er ganz entschieden Benfey, dem Begründer der → Ind. Theorie, der Indien zwar für das Herkunftsgebiet der meisten Märchen hält, den Ursprung der Fabeln jedoch oft in Griechenland sieht. Wiederholt versucht H., seine These durch Einzelbeispiele zu belegen, so etwa durch die bei → Phädrus (1, 3) nachgewiesene Fabel von der Krähe, die sich mit Pfauenfedern schmückt (AaTh 244; cf. → *Tiere borgen voneinander*)[6], deren Bekanntheit er im Indien des 4. Jh.s v. u. Z. nachgewiesen zu haben glaubt[7]. Zwar weist H. berechtigterweise darauf hin, daß die durch die Religionen des Hinduismus, Jainismus und Buddhismus geschaffenen Grundgedanken ind. Religiosität dem Tier nur eine graduelle, jedoch keine essentielle Wesensverschiedenheit vom Menschen einräumen und es dadurch in eine viel größere Nähe zum Menschen bringen; dagegen steht Winternitz' Ansicht, H. gehe „entschieden zu weit, wenn er meint, daß sich Tiergeschichten ‚nur auf Grund derartiger Betrachtung der Welt entwickeln konnten‘ “[8].

Wichtig ist H.s in diesem Zusammenhang getroffene Feststellung: „Die Einteilung der Erzählungen in Märchen, Schwänke, Fabeln, Novellen, Sagen, Geschichte, Mythe usw. beruht auf der Weltanschauung der Europäer und den literarischen Formen ihres Schrifttums; für den Inder, der die Dinge, die ihn umgeben, mit völlig anderen Augen sieht als wir, hat diese Einteilung keinerlei Berechtigung.“[9] „So können die Inder denn auch weder Tiererzählung noch Märchen als besondere Gattungen empfinden [...]. Für die Hindu verschwimmen Geschichte und Märchen, Wirklichkeit und Dichtung völlig ineinander.“[10]

Der bes. Wert von H.s Gelehrtentätigkeit über die Grenzen des indologischen Fachgebiets hinaus liegt vor allem darin, daß er sich – wie nur wenige seiner Kollegen – neben der Herausgabe verläßlicher kritischer Texteditionen auch um Übers.en ind. Werke verschiedener literar. Epochen und Sprachen bemühte, womit er den Zweck verfolgte, „der Volkskunde, namentlich der vergleichenden Märchenkunde, Material zu ihren Forschungen [zu] liefern“[11]. Hier ist jedoch nicht so sehr an die den Textausgaben beigefügten Übertragungen gedacht, die in der Regel nur von Indologen zur Kenntnis genommen werden, sondern an die in ansprechender, bisweilen bibliophiler Ausstattung und als Teile von Serien einem breiten Publikum angebotenen Bände.

Neben einer gefälligen Sprache, in der H., „ohne das orientalische Kolorit zu verwischen“, „möglichste Treue in der Wiedergabe des Sinnes“[12] der Texte zu erreichen versucht, findet der Leser ausführliche philol. Anmerkungen. Nicht ohne Grund werden z. B. H.s *Ind. Märchen* (MdW 1919 u. ö. [zuletzt 1990]) auch heute noch gerne gelesen.

Als H. sich etwa seit Mitte der 20er Jahre fast ausschließlich der Erforschung der ältesten literar. Qu.n Indiens und des Iran zuwandte und vor allem im Zusammenhang mit dem *Ṛgveda* zu ganz neuen und sehr umstrittenen Ergebnissen hinsichtlich des Alters und der religiösen Kerngedanken dieses Textes kam[13], konnten ihm viele seiner Kollegen nicht mehr folgen. Doch jeder bewundert die außergewöhnliche Arbeitsleistung dieses Gelehrten und verzeiht ihm gerne die keinen Widerspruch duldende, aber auch keinen Rückzug auf unverbindlichere Positionen erlaubende Entschiedenheit, mit der er seine Thesen und Argumente darlegte.

[1] Winternitz, M.: Geschichte der ind. Litteratur 3. Lpz. 1920, 272. — [2] Hertel, J.: Das Pañcatantra, seine Geschichte und seine Verbreitung. Lpz. 1914, VI. — [3] Edgerton, F.: The Panchatantra Reconstructed 1—2. New Haven, Conn. 1924, bes. t. 2, 14—16, 89—127. — [4] Geib, R.: Zur Frage nach der Urfassung des Pañcatantra. Diss. Fbg 1969. — [5] Hertel, J.: Von Pāṇini zu Phaedrus. In: ZDMG 62 (1908) 113—118, hier 113. — [6] Dicke/Grubmüller, num. 470. — [7] Hertel (wie not. 5). — [8] Winternitz (wie not. 1) 296, cf. auch 311. — [9] Hertel, J.: Ind. Märchen. MdW 1953, 385. — [10] ibid., 391. — [11] id.: Ausgewählte Erzählungen aus Hēmacandra's Pariśiṣṭaparvan. Lpz. 1908, VI sq. — [12] ibid., VI. — [13] Hertel, J.: Die ar. Feuerlehre. Lpz. 1925; id.: Die Methode der ar. Forschung. Lpz. 1926; id.: Die Sonne und Mithra im Awesta. Lpz. 1927.

Veröff.en (Ausw.): Ausg.n und Studien: Über Verf. und Text des Hitopadeśa. Diss. Lpz. 1897. — Über das Tantrākhyāyika, die kaśmīr. Rez. des Pañcatantra. Lpz. 1904. — Das südl. Pañcatantra. Sanskrittext. Lpz. 1906. — The Panchatantra. A Collection of Ancient Hindu Tales in the Recension, Called Panchakhyanaka. Cambr., Mass. 1908. — Tantrākhyāyika, die älteste Fassung des Pañcatantra. B. 1910. — The Panchatantra-Text of Purnabhadra. Cambr., Mass. 1912. — The Panchatantra-Text of Purnabhadra and Its Relation to Texts of Allied Recensions. Cambr., Mass. 1912. — The Panchatantra. A Collection of Ancient Hindu Tales. Repr. from the Critical editio major. Cambr., Mass. 1915. Übers.en: Hitopadesa. Die freundliche Belehrung. Lpz. 1895. — Bunte Geschichten vom Himalaja. Novellen, Schwänke und Märchen von Somadewa aus Kaschmir. Mü. 1903. — Der kluge Vezier, ein kaschmir. Volksroman. In: ZfVk. 8 (1908) 66—76, 160—177, 379—393. — Tantrākhyāyika, die älteste Fassung des Pañcatantra 1—2. Lpz./B. 1909. — Ein altind. Narrenbuch. Lpz. 1912. — Ind. Märchen. MdW 1919. — Kathāratnākara. Das Märchenmeer. Eine Slg ind. Erzählungen von Hēmavijaya 1—2. Mü. 1920. — Die zehn Prinzen. Ein ind. Roman von Dandin 1—3. Lpz. 1922. — Zwei ind. Narrenbücher. Die 32 Bharataka-Geschichten und Sômadêwas Narrengeschichten. Lpz. 1922. — Kaufmann Tschampaka. Von Dschinakîrti. Pâla und Gôpâla. Von Dschinakîrti. Ratnatschûda. Von Dschnânasâgara. Lpz. 1922. — 92 Anekdoten und Schwänke aus dem modernen Indien. Aus dem Pers. übers. Lpz. 1922. — Pantschâkhjâna-Wârttika. Eine Slg volkstümlicher Märchen und Schwänke. Lpz. 1923.

Lit.: Schindler, B.: J. H. In: Asia Major 8 (1933) 1 sq.; ibid., 2—22 (H.s Schr.verz., bearb. von S. Behrsing). — Weller, F.: J. H. In: Jb. der Sächs. Akademie der Wiss.en zu Leipzig 1954—56 (1958) 259—262; ibid., 262—264 (Ergänzungen von U. Schneider zu H.s Schr.verz.).

Göttingen Heinz Braun

Hertz, Wilhelm Carl Heinrich von, * Stuttgart 24. 9. 1835, † München 7. 1. 1902, dt. Schriftsteller und Lit.historiker. Sein Studium der Philosophie, Lit. und Mythologie in Tübingen — u. a. bei W. L. Holland und Ludwig → Uhland, dessen Einfluß für ihn bestimmend blieb — beschloß H. 1858 mit der Diss. *Die epischen Dichtungen der Engländer im MA*. 1858 kam er zur Dichtergesellschaft Krokodil nach München, habilitierte sich an der Münchner Univ. 1862 für dt. Sprache und Lit., wurde 1869 an der Technischen Hochschule München außerordentlicher und 1878 ordentlicher Professor. 1885 wurde er außerordentliches, 1890 ordentliches Mitglied der Bayer. Akad. der Wiss.en, 1897 geadelt.

Neben verschiedenen, zu seiner Zeit viel gelobten dichterischen Werken (Lyrik, Balladen, Romanzen), Erzählungen zu ma. Themen (*Heinrich von Schwaben. Eine dt. Kaisersage*. Stg. 1867 [³1903]; *Die Sage von Parzival und dem Gral*. Breslau 1882 [→ Gral, → Parzival]) und Bearb.en ma. Lit. (*Spielmannsbuch. Novellen in Versen aus dem 12. und 13. Jh.* Stg. 1886 [³1905]; Gottfried von Straßburg: → *Tristan und Isolde*. Neu bearb. Stg. 1877 [⁶1907]; Wolfram von Eschenbach: *Parzival*. Neu bearb. Stg. 1898 [[5]1911]) veröffentlichte H. mehrere Beitr.e zur Sagenforschung. Seine Habilitationsschrift *Der Werwolf* (Stg. 1862; → Wolfsmenschen) stellt vor allem die entsprechenden Zeugnisse verschiedener Völker zusammen und diskutiert knapp einige Gesichtspunkte, die zur Entwicklung der Sage beigetragen haben (bes. mythische, aber auch rechtliche Vorstellungen). Umfänglicher ist sein Werk *Dt. Sage im Elsaß* (Stg. 1872), in dem mit durchaus nationalen Akzenten der ‚volle dt. Klang' des Sagen-Erbes des neuen ‚Reichslandes' aus kelt., röm. und germ. Zeit vorgeführt wird. Überlieferungen zu Aristoteles in den → Alexanderdichtungen des MA.s und Sagen von seinem Tod sowie eine Abhdlg über die → Lorelei enthalten die stoffreichen, von F. von der → Leyen herausgegebenen *Gesammelten Abhdlgen* (Stg./B. 1905). Populärere Darstellungen – etwa zur Mythologie der schwäb. Volkssagen – finden sich im Sammelband *Aus Dichtung und Sage* (ed. K. Vollmöller. Stg./B. 1907). H. steht ganz in der Tradition götter- und naturmythol. Interpretationen (→ Mythol. Schule); er versucht, an vielen Sagengestalten, wie etwa dem → Giftmädchen (AaTh 507 C; *Die Sage vom Giftmädchen*. Mü. 1893), den Absink- und Wandlungsprozeß heidnisch-religiöser Vorstellungen unter dem Einfluß des Christentums zu exemplifizieren und behandelt dieses Thema auch in seinem ehemals bekannten Versepos → *Bruder Rausch. Ein Klostermärchen* (Stg./B. 1882 [[5]1905]), das Motive eines spätma. Volksbuchstoffs verarbeitet.

Der literar. Nachlaß von H. liegt im Schiller-Nationalmuseum in Marbach, der wiss. in der Bayer. Staatsbibliothek in München. Letzterer enthält eine Fülle kaum ausgewerteter Materialien, so H.s Kollektaneen, Zettelschachteln und Kolleghefte wie auch eine umfangreiche Slg von Briefen an H.

Lit.: Weltrich, R.: W. H. Zu seinem Andenken. Stg. 1902. – Biogr. Jb. und dt. Nekrolog 10 (1907) 291–296. – NDB 8 (1969) 715.

München Helge Gerndt

Hervieux, Léopold (eigentlich Auguste-Léopold[1]), * Elbeuf 10. 3. 1831, † Paris März 1900, Rechtsanwalt am Handelsgericht, 1884–90 Stadtverordneter von Paris, vielseitiger Schriftsteller und Philologe; von seinen Werken (u. a. Lyrik, Versdramen, z. T. unter dem Pseud. St.-Amand; politische, hist., ökonomische Studien[2]) ist lediglich die kritische Textausgabe lat. Fabeldichter des MA.s[3] noch heute von Bedeutung.

Den Anstoß gab die Arbeit an einer Versübersetzung der Fabeln des → Phädrus, die H. zusammen mit dem lat. Text herausbrachte[4]. Das Fehlen einer zuverlässigen kritischen Ausg. veranlaßte H., die Hss. aller erreichbaren lat. Fabelsammlungen des MA.s in europ. Bibl.en zu kopieren oder kopieren zu lassen und die Abhängigkeitsverhältnisse zu untersuchen: Unter den direkten Nachahmern des Phädrus erkannte er das → *Romulus*-Corpus als wichtigste Quelle, da es zur Vorlage für zahlreiche andere Slgen in Prosa (z. B. → Vincents de Beauvais *Speculum historiale* und *Speculum doctrinale*, 13. Jh.) und Vers wurde (z. B. der von H. so genannte Gualterus Anglicus oder Anonymus Neveleti); Mischfassungen, die neben dem *Romulus* andere Quellen benutzen, stammen von → Marie de France (frz. Versfabeln, die früh in lat. Prosa nachgeahmt werden) und Alexander → Neckam (die zuletzt genannten alle 12. Jh.).

Die 1. Aufl. von H.s *Fabulistes latins* (t. 1–2) bot eine über 700seitige Studie der Beziehungen zwischen diesen Slgen mit detaillierten Beschreibungen aller bekannten Hss. und Drucke (t. 1) sowie die Ausg. der lat. Texte (t. 2). Die 2. Aufl. in fünf Bänden gibt zusätzlich die auf die Phädrus-Nachahmer bezogenen Teile in überarbeiteter Form und behandelt die auf → Avianus zurückgehenden Slgen (t. 3). → Odo of Cheriton und seine Nachahmer (t. 4), welche die 1. Aufl. noch in der direkten Phädrus-Nachfolge sah, werden jetzt wegen der nur losen Abhängigkeit von Phädrus für sich betrachtet. Dies gilt auch für die Slgen oriental. Ursprungs: → Johannes von Capua, Baldo, die lat. → *Kalila und Dimna*-Version von Raymon de Béziers (t. 5).

Die Einl.en zu den Bänden der *Fabulistes latins*, die z. T. auch separat publiziert wurden[5], stellen die nach wie vor gültige philol. Klassifikation der ma. lat. Fabelüberlieferung dar, obwohl neuentdeckte Hss. und Slgen das Bild mittlerweile bereichert haben und H.s Auffassungen, z. B. in Zuschreibungsfragen,

z. T. bestritten wurden; auch H.s kritische Textausgaben sind großenteils bis heute nicht ersetzt[6], obwohl sie den Anforderungen einer streng wiss. Textkritik nur teilweise gerecht werden. H., der über keine philol. Ausbildung verfügte, legte seinen Editionen meist eine (nicht immer die beste) Hs. zugrunde, die er nur unsystematisch aufgrund der übrigen Überlieferung verbesserte[7]. Trotzdem hat H. wesentlich dazu beigetragen, die Grundlagen für eine stoffgeschichtliche und narratologische Beschäftigung mit der ma. Fabelüberlieferung zu schaffen, obwohl entsprechende Fragestellungen in seinen eigenen Arbeiten nicht explizit thematisiert werden.

[1] z. B. bei Bloch, L.: Conseillers et maires de la Seine. P. 1889, 42–44; in H.s eigenen Publ.en stets nur Léopold. — [2] cf. Catalogue général des livres imprimés de la Bibl. Nationale. Auteurs. t. 71. P. 1920, 607–610. — [3] H., L.: Les Fabulistes latins depuis le siècle d'Auguste jusqu'à la fin du moyen âge. 1–2: Phèdre et ses anciens imitateurs directs et indirects. P. 1883/84 (²1893); t. 3: Avianus et ses anciens imitateurs. P. 1894; t. 4: Eudes de Cheriton et ses dérivés. P. 1896; t. 5: Jean de Capoue et ses dérivés. P. 1899. — [4] H., L.: Fables de Phèdre anciennes et nouvelles éditées d'après les manuscrits et accompagnées d'une traduction littérale en vers libres. P. 1885. — [5] cf. H., L.: Notice historique et critique sur les fables latins de Phèdre et de ses anciens imitateurs. P. 1884 (Zusammenfassung der Ergebnisse von t. 1–2 in der 1. Aufl.); Notice sur Eude de Chériton et son œuvre. P. 1895; Notice sur les fables latins d'origine indienne. P. 1898; Notice sur Raymon de Béziers et sur sa version latine du ‚Livre de Kalila et Dimna'. P. 1898. — [6] cf. die durchgehenden Verweise auf die ‚Fabulistes latins' bei Dicke/Grubmüller. — [7] cf. Grubmüller, K.: Meister Esopus. Mü. 1977, 67.

Heidelberg Albert Gier

Herz. Das H. hat als wichtigstes Körperorgan und ‚Sitz des Lebens' von alters her bei allen Völkern eine große Bedeutung in Kult, Glauben und Aberglauben, Denken und Dichten, in Kunst und Brauchtum[1]. Das Wort H. wird von Anfang an auch in übertragener Bedeutung für das ‚Innerste des Menschen' gebraucht. Die H.metaphorik spielt in vielen Sprachen und Lit.en in sakralem und profanem Zusammenhang eine bedeutende Rolle[2]. Im Andachtsbild nimmt das H. einen wichtigen Platz ein[3]; das äußerst populäre sog. *H.büchlein* (1812) J. Goßners wird bis heute aufgelegt[4]. In der profanen und religiösen Volkskunst begegnen zahlreiche H.darstellungen[5]. Das H. erscheint häufig in Sprichwörtern und sprichwörtlichen Redensarten[6]. Vielfach überschneiden sich in allen Bereichen die Begriffe H., → Seele und Geist; so wird das H. auch als Wohnung der Seele aufgefaßt[7]; dahinter steht die Vorstellung vom H. als Sitz der Lebenskraft und auch der Seele (domus animae, claustrum animae)[8]. Verstand und Mut, aber auch Angst und Feigheit werden in populärer Vorstellung im H. angesiedelt, ferner bösartige Eigenschaften, Gedanken und Laster[9]. Darüber hinaus gilt das H. vor allem als Sitz der weltlichen und geistlichen → Liebe[10].

Die H.symbolik[11] spielt in Text und Bild eine große Rolle. Oft begegnet das H. in Verbindung mit anderen Körperteilen wie Hand, Nieren, Hirn und Mund; bes. häufig sind Auge und Ohr mit dem H. verbunden: das Auge als Fenster des H.ens[12], durch das die Liebe ihren Weg in das H. nimmt[13]. Auch die Buchmetapher erstreckt sich auf das H. (das Buch des H.ens)[14].

In einer allegorischen Erzählung hält ein Herrscher (Gott) seine Tochter (Seele) in einem Schloß (Körper). Ein Diener (H.) kümmert sich um sie; Boten (Ohren und Zunge) verbinden sie mit der Welt (Tubach und Dvořák, num. 2493).

Auch in änigmatischen Zusammenhängen ist das H. anzutreffen: Ein Einsiedler betet um sein Seelenheil zu Gott. Angeblich als Bote Gottes begibt sich der Satan zu ihm und fordert als Opfer (1) ‚einen newen Mon', (2) ‚den Zirckel der Sonnen' und (3) ‚den vierten thail eines Rads'. Gott erbarmt sich des verzweifelten Einsiedlers und läßt ihm durch einen Engel erklären, es werde alles durch Buchstaben bedeutet (C-O-R): Wer sein H. Gott aufopfere, werde selig[15].

Das H. wird oft als Element von Erzählmotiven angetroffen. Anders als bei H.metaphorik, -emblematik und -symbolik kommt dabei auch das H. von Tieren vor. Am häufigsten, weltweit und über große Zeiträume hin verbreitet findet sich das Motiv vom Essen eines H.ens (bes. AaTh 992: → *H.märe*; → Kannibalismus); die dem H. von Tier und Mensch sowie seinem Besitzer zugeschriebenen Eigenschaften wie Kraft und Stärke sollen auf denjenigen, der das H. ißt, übergehen (Mot. E 714.4.1)[16]. Auch wird dabei die heilende (cf. AaTh 91: → *Affenherz als Heilmittel*) oder magische Wirkung des gegessenen H.ens gesucht (AaTh 567: *Das wunderbare → Vogelherz*).

Im einzelnen sind u. a. folgende Motive belegt: Das gegessene Feindesherz verschafft magische Stärke (Mot. D 1335.1.2; finn.), das Essen eines Menschenherzens hilft gegen Schlaflosigkeit (Mot. D 2161.4.13; arab.). Das Verspeisen eines Frauenherzens fördert die Empfängnisfähigkeit (Mot. T 511.6.1; isl.). Das H. (ungeborener) Kinder soll Räuber und Diebe unsichtbar machen (Mot. D 1361.8; schweiz.) und die Fähigkeit zum Fliegen verleihen (Mot. D 2135.1; engl.). Das gegessene Tierherz soll Weisheit (Geierherz[17]) und Tapferkeit (Mot. D 1358.1.1; isl.) verleihen. Andererseits erhält etwa der Lehmriese Mǫkkurkalfi in der → *Edda* ein Stutenherz eingesetzt, dem Feigheit sprichwörtlich nachgesagt wird[18]. Das Motiv vom Tier ohne H. bzw. vom heimlich gegessenen Tierherzen ist weit verbreitet (AaTh 52: → *Eselherzfabel*; AaTh 785: → *Lammherz*).

Ein → Tierherz als Ersatz für das verlangte Menschenherz begegnet z. B. in AaTh 671: cf. → *Tiersprachenkundiger Mensch* und AaTh 709: → *Schneewittchen*. Dieses Motiv ist dem H.enstausch (auch Vertauschung oder Ersatz des H.ens durch Stroh oder Holz) verwandt, der bes. in der ma. dt. Lit. vorkommt[19], so z. B. in Herborts von Fritzlar *Liet von Troye* (ca Ende 12. Jh.; → *Troja-Roman*), in dem Achill (→ Achilleus) über die Trennung von seiner Geliebten klagt (V. 9418–9431). Als Ausdruck vollkommener Liebe begegnet der H.enstausch mehrfach (z. B. Hartmann von Aue, *Iwein*, V. 2990–3028; Wirnt von Grafenberg, *Wigalois*, V. 4439, 8813; Ulrich von dem Türlin, *Willehalm* 298,3). Bes. Hexen schrieb man die Fähigkeit zu, das H. herausschneiden und Stroh an seine Stelle tun zu können (cf. Mot. F 281)[20]. Im alten Ägypten gab man Toten ein steinernes Ersatzherz in Form eines Skarabäus mit in das Grab[21]. In einem schott. Lied ist ebenfalls der Ersatz durch ein Steinherz thematisiert[22]. Umgekehrt ist auch die Ersetzung des steinernen H.ens durch ein H. aus Fleisch bibl. bezeugt (Ez. 11,19; 36,26).

Das Motiv vom steinernen H.en kennt schon die kelt. und germ. Mythologie (Mot. F 531.1.6.10.1). Am bekanntesten ist seine Verwendung in Wilhelm → Hauffs Märchen *Das kalte H.* (1828); in neuerer Zeit verwendet es Barbra Ring in dem Märchenspiel *Kongens Hjerte* (1922). Dem steinernen H.en entspricht die → Hartherzigkeit: Die isl. *Fóstbrœðra saga* (Kap. 2) erzählt, das H. des Thorgeir sei furchtlos, da es nicht von Blut gefüllt, sondern von einem kunstvollen Schmied gehärtet sei. Daß der Sitz des Mutes im H.en gedacht wird, führt zu der Vorstellung, einen herausragenden, sozusagen verdoppelten Mut mit einem doppelten H. zu verbinden[23]. Auch Frau Minne hat mit dem H. des Liebenden ein doppeltes H. oder sogar eine Vielzahl davon[24]. Sie nimmt H. und Mut des Liebenden als Geisel (*Wigalois*, V. 4145 sq.). Das heftige Klopfen des H.ens dient als Erkennungszeichen, so in der Erzählung vom langobard. König Agilulf bei → Paulus Diaconus (Grimm DS 404); in → Boccaccios *Decamerone* (3,2) wird der Stallknecht, der unrechtmäßig die Liebe der Königin genießt, so als Täter entlarvt (Mot. J 1142.2.1). Das H.klopfen als Zeichen heftiger Liebe wird selten einmal in einer Liebesgeschichte ausgelassen. Häufig belegt ist die Vorstellung von einem H. außerhalb des Wesens (→ External soul):

Im altägypt. → *Brüdermärchen* (AaTh 302 B, 516 B) z. B. verbirgt Bata sein H. in der Blüte einer Pinie und ist dadurch gegen Gefahr gefeit. Als der Pharao die Pinie fällen läßt und die Blüte zu Boden fällt, stirbt Bata. Sein Bruder Anubis findet das H., legt es ins Wasser und läßt es dann vom Toten verschlingen. Sobald das H. an seinen Platz kommt, wird Bata wieder lebendig (cf. AaTh 302: → *H. des Unholds im Ei*). Das Motiv vom H. des → Geizigen in der Stahlkassette (Mot. W 153.1) – das H. ist also nicht im Körper eingebettet – findet sich bereits im N. T. (Mt. 6,21; cf. Lk. 12,34) und in ma. Quellen (cf. Tubach, num. 2499).

Der Grundgedanke, des Menschen H. sei sein Leben, bestimmt das Motiv vom schrumpfenden und wieder aufquellenden H.: Das H. der Gemahlin Friedrichs von Isenburg sei im Todesschmerz zur Größe einer Bohne geschrumpft, berichtet → Caesarius von Heisterbach (*Vita Engelberti* 2, 17). Das überquellende H., das vor Glück oder Sorge zu zerspringen droht, wird durch ein H.band (AaTh 440: → *Froschkönig*) zusammengehalten. Ein ‚gebrochenes' H. führt in der Regel zum Tode (Mot. F 1041.1.1): In einer ital. Novelle stirbt eine Frau an gebrochenem H.en, nachdem sich die Rivalen gegenseitig getötet haben (Mot. T 86.1); in einer ir. mythol. Erzählung stirbt selbst ein Tier an gebrochenem H.en (Mot. F 981.6).

Das Motiv vom brennenden H.en ist in mystischer Lit. (von Christus entflammt) und weltlicher Liebesdichtung (vom Geliebten in Brand gesetzt) verbreitet. Das H. von Hexen (Mot. G 275.3.2; litau.) und Tyrannen oder Wucherern (Plinius, *Naturalis historia* 39,4) gilt gelegentlich als unbrennbar; in den → *Gesta Romanorum* (num. 23) wird von einem Kaiser erzählt, sein H. brenne nicht, da er vergiftet worden war; erst nachdem das Gift durch Theriak vertrieben war, konnte es verbrannt werden (Tubach und Dvořák, num. 2494).

Das H. eines Heiligen gilt als Inbegriff seiner Heiligkeit: Ein Bischof bringt in einer Kristallschale das noch frische H. des hl. Augustinus[25]; auf dem H. des hl. Ignatius fand man nach seinem Tode in goldenen Buchstaben den Namen Jesus Christus geschrieben (Tubach, num. 2498)[26]. Mit der Inschrift im H. läßt sich das H. des Märtyrers vergleichen, auf dem das Zeichen des Kreuzes erscheint (Mot. V 86.2; cf. auch → Ave Maria auf Lilien).

[1] cf. allg. DWb. 4,2 (1877) 1207–1223; Das H. 1: Im Umkreis des Glaubens; 2: Im Umkreis des Denkens; 3. Im Umkreis der Kunst. Biberach 1965/66/69; Bargheer, E.: Eingeweide. Lebens- und Seelenkräfte des Leibesinnern im dt. Glauben und Brauch. B./Lpz. 1931, 28–30; id.: H. In: HDA 3 (1930/31) 1794–1813; Morus [i. e. R. Lewinsohn]: Eine Weltgeschichte des H.ens. Hbg 1959; Klein, G.: Le Cœur dans l'art populaire d'Alsace. Strasbourg 1976; Boyadjian, N.: Das H., seine Geschichte, seine Symbolik, seine Ikonographie und seine Krankheiten. Antw. 1980. – [2] cf. Curtius, E. R.: Europ. Lit. und lat. MA. Bern/Mü. [3]1961, 147 sq.; Rüdiger, H.: Die Metapher vom H.en in der Lit. In: Das H. (wie not. 1) t. 3, 87–134; cf. auch Düwel, K.: Zu einer verkannten H.-Metapher des Wilden Mannes. In: GRM N. F. 14 (1964) 421–423; id.: Das Bild von den „Knien des H.ens" bei Heinrich von Kleist. In: Euphorion 68 (1974) 185–197 (mit Lit.). – [3] cf. Richstätter, K.: Die H.-Jesu-Verehrung des dt. MA.s. Paderborn 1919 (Regensburg [2]1924); Henkel, A./Schöne, A. (edd.): Emblemata. Stg. 1967, 1025–1033; Wirth, K. A.: Religiöse H.emblematik. In: Das H. (wie not. 1) t. 2, 63–105; LCI 2, 248–254; Düwel 1974 (wie not. 2); cf. ferner Spamer, A.: Das kleine Andachtsbild vom 14. bis zum 20. Jh. Mü. 1930, 149–157; Frei, K.: Das menschliche H. als Motiv im Andachtsbild. In: Zs. für Schweiz. Vk. 42 (1952) 33–37; Praz, M.: Studies in Seventeenth-Century Imagery 1. Rom [2]1964, 151–156. – [4] Goßner, J.: Das H. des Menschen ein Tempel Gottes oder eine Werkstätte Satans. Lahr/Dinglingen [33]1970; cf. Peuckert, W.-E.: Das H. in Sage und Märchen. In: Das H. (wie not. 1) t. 3, 135–158, hier 154 sq.; Nisard, C.: Histoire des livres populaires [...] 2. P. 1854 ([2]1864) 29–40. – [5] cf. Meyer-Heisig, E.: Das H. in der Volkskunst. In: Das H. (wie not. 1) t. 2, 107–136; Walzer, A.: Das H. als Bildmotiv. ibid., 137–179; Lurker, M.: Wb. bibl. Bilder und Symbole. Mü. [2]1978, 138–141. – [6] Wander, K. F. W.: Dt. Sprichwörter-Lex. 2. (Lpz. 1870) Nachdr. Darmstadt 1964, 602–623; Röhrich, Redensarten, 415–417. – [7] Frei (wie not. 3) 33; Ohly, F.: Cor amantis non angustum. Vom Wohnen im H.en. In: Gedenkschrift für W. Foerste. Köln 1970, 454–476. – [8] cf. Bargheer 1931 (wie not. 1) 28–56; HDA 3, 1797 sq.; Hildegardis causae et curae. ed. P. Kaiser. Lpz. 1903, 95, 31; cf. Plinius, Naturalis historia 11, 37; Bauer, G.: Claustrum animae. Unters.en zur Geschichte der Metapher vom H.en als Kloster 1. Mü. 1973. – [9] cf. HDA 3, 1803 sq.; Bargheer 1931 (wie not. 1) 36, 43 sq., 55 sq. – [10] ibid., 45–51 und pass.; Rüdiger (wie not. 2); Ertzdorff, X. von: Die Dame im H.en und Das H. bei der Dame. In: Zs. für dt. Philologie 84 (1965) 6–46; ead.: Das „H." in der lat.-theol. und frühen volkssprachigen religiösen Lit. In: Beitr.e zur Geschichte der dt. Sprache und Lit. 84 (1962) 249–301; Walzer, A.: Das H. im christl. Glauben. In: Das H. (wie not. 1) t. 1, 107–147; Richstaetter, C.: Die H.-Jesu-Verehrung des dt. MA.s. Paderborn 1919; Vermeersch, A.: Die Verehrung des hist. H.ens Jesu. Innsbruck 1925; Carter, E. J.: The Sacred Heart. Diss. Wash. 1966. – [11] Niedermeier, H.: Die H.symbolik in der Volksfrömmigkeit des MA.s. In: Bayer. Jb. für Vk. (1968) 58–64; Rosenberg, A.: Die christl. Bildmeditation. Mü. 1955, 114, 160; Bauerreiß, R.: Pie Jesu. Mü. 1931, 117–128; Lerch, D.: Imagerie et société: L'imagerie Wentzel de Wissembourg au XIX siècle. Strasbourg 1982, 281, 291. – [12] cf. Wander (wie not. 6) num. 60, 341, 393, 406; Röhrich, Redensarten, 415 sq.; Düwel 1974 (wie not. 2) 194–196; Rüdiger (wie not. 2) 92, 111; Cline, R. H.: Heart and Eyes. In: Romance Philology 25 (1971/72) 263–297; Gewehr, W.: Der Topos „Augen des H.ens". In: DVLG 46 (1972) 626–649. – [13] Ertzdorff, X. von: Studien zum Begriff des H.ens und seiner Verwendung als Aussagemotiv in der höfischen Liebeslyrik des 12. Jh.s. Diss. Fbg 1958, 33 sq.; ead. 1962 (wie not. 10) 288 sq., 291; Wenzel, H.: Frauendienst und Gottesdienst. B. 1974, 155–186, bes. 175–177; id.: Fernliebe und Hohe Minne. In: Liebe als Lit. ed. R. Krohn u. a. Mü. 1983, 187–208, hier 191–195. – [14] Kibelka, J.: der ware meister. Denkstile und Bauformen in der Dichtung Heinrichs von Mügeln. B. 1963, 300. – [15] Albertinus, A.: Hirnschleiffer. ed. L. S. Larsen. Stg. 1977, 344–350. – [16] Bargheer 1931 (wie not. 1) 34, 258–263; Ranke, K.: Die Sage vom Räuber Pape Döne [1954]. In: id.: Die Welt der einfachen Formen. B. 1978, 110–134, hier 132. – [17] Salomon et Marcolfus. ed. W. Benary. Heidelberg 1914, 24–26. – [18] Die jüngere Edda. Übers. G. Neckel/F. Niedner. Jena 1925, 146. – [19] Bargheer 1931 (wie not. 1) 46; HDA 3, 1801 sq.; Ertzdorff 1965 (wie not. 10); Peuckert (wie not. 4) 140–142;

Rüdiger (wie not. 2) 109; Gellinek, C.: Zu Hartmann von Aues H.enstausch: „Iwein" vv. 2956–3028. In: Amsterdamer Beitr.e zur älteren Germanistik 6 (1974) 133–142. – [20] cf. Grimm, Mythologie 2, 904 sq.; BP 2, 554 sq. – [21] cf. Hermann, A.: Das steinharte H. Zur Geschichte einer Metapher. In: Jb. für Antike und Christentum 4 (1961) 77–107, hier 101–104. – [22] Child, num. 39; cf. BP 2, 554; Peuckert (wie not. 4) 139 sq. – [23] Grimm, Mythologie 3, 247. – [24] Mareiner, M. (ed.): Mhd. Minnereden und Minneallegorien [...] 16,1. Bern/Ffm./N. Y. 1984, 600. – [25] cf. Wenz, D.: Lehrreiches Exempel-Buch. Augsburg [4]1793, 582 sq. – [26] cf. HDA 3, 1802; Bargheer 1931 (wie not. 1) 50.

Göttingen Klaus Düwel

Herz des Unholds im Ei (AaTh 302), Zaubermärchen um einen übernatürlichen Gegenspieler, dessen → Seele sich außerhalb des Körpers befindet (Mot. E 710; → External soul). Nach der Unters. von C. Tuczay[1] ist der Erzähltyp durch drei Episoden gekennzeichnet, von denen Episode (2) und (3) als eigentlich konstitutive Elemente gelten können:

(1) Häufige Einleitungen[2]: (1.1) Sterbend befiehlt der Vater, die Tochter dem erstbesten Freier zu geben. Kaum verheiratet wird die Frau von einem → Unhold (→ Dämon) geraubt (→ Brautraub; → Entführung). (1.2) Ein Held wird von einem übernatürlichen Gegner besiegt, der daraufhin seine Frau raubt. (1.3) Ein Held will eine Braut gewinnen; er erfährt, daß ein Mädchen von einem Unhold entführt wurde. (1.4) Während die Brüder auf Brautschau ausziehen, bleibt der Jüngste zu Hause. Ein Unhold bringt die Brüder und deren Söhne zu Schaden; der Held zieht aus, sie zu retten. (1.5) Die übernatürliche Stiefmutter will den Sohn der ersten Frau ihres Mannes ins Verderben schicken. (2) Der Held will die vom Unhold entführte Königstochter befreien; durch ihre Hilfe erfährt er, in welchem Versteck sich die Seele des Unholds befindet (wie er getötet werden kann). Als Gegenspieler des Helden fungieren dabei etwa Zauberer, Hexen, Menschenfresser, Riesen[3], Trolle[4], Drachen[5], Meeresungeheuer (Meerjungfrau, Wassermann)[6], Devs, in russ. Var.n Koščej bessmertnyj[7], in indian. aus Nordamerika Manobozho[8], in ind. ein Rākṣasa[9]. (3) Der Held befolgt die Anweisungen, findet die Seele des Unholds und vernichtet ihn, indem er diese zerstört.

Der Subtyp AaTh 302 A: *The Youth Sent to the Land of the Ogres*, der auch das Motiv der external soul aufweist, ist wie der häufig mit ihm zusammenstehende Typ AaTh 462: *The Outcast Queens and the Ogress Queen* (cf. AaTh 590: *Die treulose → Mutter*) fast ausschließlich in Indien belegt. Der Subtyp AaTh 302 B: *Hero with Life Dependent on his Sword* handelt nicht von einem Unhold, sondern einem Helden, dessen Seele sich außerhalb des Körpers befindet; er ist dem Erzähltyp *Das ägypt. → Brüdermärchen* zuzuordnen. Der von K. → Horálek ergänzend aufgestellte Typenvorschlag 302 C* für eine im slav. Raum häufige Erzählung ist problematisch, da hier das konstitutive Element der external soul ganz fehlt: Der Unhold wird durch sein eigenes Pferd erschlagen[10].

Die früheste neuzeitliche Aufzeichnung von AaTh 302 ist eine 1895 von A. Ahlström veröff. Erzählung aus einer schwed. Hs. von 1702[11], die von einem Riesen handelt, dessen → Herz in einem → Ei verborgen ist. Von dieser Fassung leiten sich vermutlich viele der skand. und norddt. Var.n ab[12]. In → Musäus' *Chronika der drei Schwestern* (1782)[13] sowie in KHM 197: *Die Kristallkugel* (seit [6]1850) steht das Motiv der external soul am Schluß einer Erzählung vom Typ AaTh 552: → *Tierschwäger*. Aus rezenter mündl. Überlieferung ist AaTh 302 in ganz Europa belegt[14]; wohl aufgrund der intensiven Sammeltätigkeit sind die Nachweise aus Irland[15] und Island[16] bes. zahlreich. Aus dem außereurop. Raum sind eng verwandte Erzählungen bes. in Zentralasien und dem ostasiat. Raum nachgewiesen sowie aus Mittel- und Südamerika[17]. Demgegenüber zeigen afrik. Texte, die zumeist ethnol. Forschungsmaterial entstammen, nur vage Übereinstimmungen[18]. Ind. und vorderoriental. Var.n, in denen die entführte Königstochter oft durch Köpfen in eine Art → Zauberschlaf versenkt ist, sind eher AaTh 302 B zuzuordnen[19]. Bei nord- und südamerik. Indianern sind neben Var.n, die sich wenig von den europ. Fassungen unterscheiden, auch Erzählungen aufgezeichnet, die allg. von einer mystischen Verbindung eines Menschen mit einem Tier berichten (cf. → Totemismus)[20].

Die Seele des Unholds, mehr oder weniger in verschiedenen Behältnissen eingeschachtelt (Schachtelseele), muß vom Helden gefunden und zerstört werden; entsprechende Vorstellungen sind bereits aus dem altägypt. Erzählgut bekannt. Daß die Seele oft als in einem Ei geborgen imaginiert wird, mag mit einer mythischen Interpretation der dem Ei innewohnenden Zeugungs- und Lebenskraft zusammenhängen, die sich auch u.a. etwa in seiner Verwendung im griech. Totenkult[21] oder in der Alchemie[22] widerspiegelt. Häufig sind Vögel, bes. die → Ente, die auch als Reittier des → Schamanen belegt ist, Behältnis der Seele[23]. Andere oft genannte → Seelentiere sind etwa Fliege, Käfer, Eber, Pferd, Löwe, Schlange, Drache, Kröte oder Fisch[24].

Die Unholde in AaTh 302 lassen Zusammenhänge mit dem Bereich der Unterwelt erkennen; sie sind analog zu sehen zum → Tod, der gleichfalls das raubende, entführende Moment darstellt. In der Mythologie ist der mädchenraubende Unhold der Märchen oft als Totendämon bezeugt, so z.B. in der Gestalt der ind. Dämonen ohne Seele, der Rākṣasas[25]. J. de → Vries sieht ähnliche Verbindungen mit der Unterwelt auch bei den germ. → Riesen[26].

AaTh 302 hat verschiedene Deutungsversuche erfahren. J. G. → Frazers Materialsammlung zum Glauben an eine external soul (*The Golden Bough* 7,2. L. ³1913) war eine der vollständigsten seiner Zeit; Frazer versteht das Motiv als Widerspiegelung von Glaubensvorstellungen eines ‚primitiven' ZA.s, die in → Naturvölkermärchen noch heute existierten. M. → Eliade sieht den Erzähltyp in Zusammenhang mit schamanistischen → Initiationsriten, bei denen der Initiand sich Wissen aneignen muß, mit Hilfe dessen er seine Seele in einem Vogel oder anderen Tier vor dem Dämon verbergen kann[27]. Eine etwa von W. → Schwartz oder de Vries vertretene naturmythol. Interpretation (→ Naturmythologie) deutet den Kampf des Helden gegen den Unhold als Reflex von Naturerscheinungen: Der russ. Koščej wäre demnach als Verkörperung einer Gewitterwolke zu sehen, die Hüllen seines Lebenseis als bestimmte Wolkenformationen[28]. L. → Frobenius deutet den Tod des Unholds im Sinn der → Astralmythologie: So wie die Strahlen des Sonneneis das Licht der Sterne auslöschen, stirbt der Riese, wenn das Sonnenei aus dem Wasser emportaucht[29]. H. von → Beit interpretiert den Dämon mit seiner eingeschachtelten Seele aus Sicht der Schule C. G. → Jungs als Symbol der Vielheit in der Einheit[30]; demnach kann der Held, der mit dem Unhold kämpft, als archetypisches Bild eines sich neu formenden Bewußtseins gesehen werden, der tiefere Sinn des Motivs ließe sich so als Erkenntnisprozeß verstehen; hierdurch käme im Motiv der external soul das Bestreben des Menschen zum Ausdruck, das ihn umgebende Geheimnis kraft seiner eigenen Anstrengung zu überwinden[31].

Das Motiv der external soul hat in mit AaTh 302 verwandten Erzählungen eine gewisse Resonanz im Schauspiel zu verzeichnen. Auf Musäus' Geschichte geht das von Wenzel Müller komponierte Singspiel *Adler, Fisch und Bär* (1820) von Joseph Alois Gleich zurück; einen ähnlichen Handlungsverlauf hat auch Bernhard Severin Ingemanns dän. Schauspiel *Reinald Underbarnet* (1815). Das Libretto zu Igor Stravinskijs Ballett *Der Feuervogel*, höchstwahrscheinlich von Michail Fokin, basiert auf fünf Märchen der Sammlung A. N. → Afanas'evs[32].

[1] Tuczay, C.: Der Unhold ohne Seele. Eine motivgeschichtliche Unters. Wien 1982. — [2] cf. ibid., 40–47. — [3] Christiansen, R. T.: Studies in Irish and Scandinavian Folktales. Kop. 1959, 43–46. — [4] cf. Hartmann, E.: Die Trollvorstellungen in den Sagen und Märchen der skand. Völker. Stg./B. 1963, 153 sq. — [5] cf. Schmaus, A.: Volksmythologie und Heldenepik. In: Kontakte und Grenzen. Festschr. G. Heilfurth. Göttingen 1969, 121–128; Dukova, U.: Das Bild des Drachen im bulg. Märchen. In: Fabula 11 (1970) 209–252; Burkhardt, D.: Zum Drachenkampfthema. In: Zs. für Balkanologie (1967) 146–159. — [6] cf. Zelenin, D. K.: Der Austritt der Wasserdämonen ans feste Land. In: Internat. Archiv für Ethnographie 31 (1932) 144–155; Benwell, G./Waugh, A.: Sea Enchantress. L. 1961, 145 sq.; Pomeranceva, Ė.: Der Wassermann in der russ. Volksdichtung. In: DJbfVk. 15 (1969) 50–65. — [7] cf. Novikov, N. V.: O specifike obraza v vostočnoslavjanskoj skazke — Koščej bessmertnyj (Über die Spezifik der Gestalt im ostslav. Märchen — Der unsterbliche Koščej). In: RusF 10 (1966) 149–175; Vercellin, G.: Sull'eventuale prototipo iranico del russo Koščej. In: Gururājanmañjārika. Festschr. G. Tucci. Neapel 1974, 321–333. — [8] cf. Helbig, A.: Manobozho. Trickster, Guide and Alter Ego. In: Michigan Academician 7 (1975) 357–371. — [9] cf. Norton, R.: The Life-Index. A Hindoo Fiction-Motif. In: Festschr. M. Bloomfield. New Haven 1920, 211–224. — [10] Horálek, K.: Über den Typus AaTh 302 (302 C*) in Mittel- und Osteuropa. In: DJbfVk. 13 (1967) 260–267. —

[11] Ahlström, A.: Om Folksagorna (De Svenska Landsmålen ock Svenska Folkliv 11,1). Sth. 1895, 89 sq. — [12] cf. BP 3,435. — [13] Musäus, J. K. A.: Volksmärchen der Deutschen. ed. N. Miller. Mü. [1961] Neuaufl. 1976, 19–72. — [14] Ergänzend zu AaTh: SUS; Barag; Arājs/Medne; Kecskeméti/Paunonen; Hodne; Ó Súilleabháin/Christiansen; Baugh-

man; de Meyer, Conte; van der Kooi; Cirese/Serafini. — [15] Ó Súilleabháin/Christiansen. — [16] cf. BP 3, 436. — [17] Jason; Jason, Types; Nowak, num. 82, 110, 115, 135, 177, 247; Kurdovanidze; Jason, H.: Types of Indic Oral Tales (FFC 242). Hels. 1989; Ting; Ikeda; Flowers; Robe; cf. Marzolph 467; Ėrgis, num. 229. — [18] cf. Parkinson, J.: Note on the Efik Belief in the Bush-Soul Man. L. 1906, 121 sq. — [19] cf. Cosquin, E.: Les Contes indiens et l'Occident. P. 1922, 18—30. — [20] cf. Haekel, J.: Zum Problem des Individualtotemismus in Nordamerika. In: Internat. Archiv für Ethnographie 35 (1938) 14—22; id.: Die Vorstellung vom zweiten Ich in den amerik. Hochkulturen. In: Wiener Beitr.e zur Kulturgeschichte und Linguistik 9 (1953) 124—188. — [21] Nilson, M.: Geschichte der griech. Religion. Mü. 1951, 3 sq. — [22] Federmann, R.: Die kgl. Kunst. Stg. 1964, 50 sq. — [23] cf. Schmaus, A.: Das „Seelentier" der Fee. In: Festschr. M. Woltner. Heidelberg 1967, 219—228; Buddruss, G.: Schamanengeschichten aus Sibirien. Mü. 1955, 44 sq., 138, 158 sq.; Lommel, A.: Die Welt der frühen Jäger, Medizinmänner, Schamanen, Künstler. Mü. 1965, 45 sq. — [24] cf. Tuczay (wie not. 1) 40—47. — [25] cf. Gonda, J.: Die Religionen Indiens. Stg. 1976, 88 sq. — [26] Vries, J. de: Altgerm. Religionsgeschichte 1. B. 1956, 241—252. — [27] Eliade, M.: Schamanismus und archaische Ekstasetechnik. Ffm. 1975, 79 sq. — [28] Schwartz, W.: Idg. Volksglaube. B. 1885, 111; cf. Vries, J. de: Kelt. Religion. Stg. 1961, 216—281. — [29] Frobenius, L.: Das ZA. des Sonnengottes. Wien 1904, 391 sq. — [30] Beit, H. von: Ein Beitr. zum Motiv der Seele außerhalb. In: Kongreß Kiel/Kopenhagen 1959, 16—20. —
[31] Franz, M.-L. von: Das Problem des Bösen im Märchen. In: Das Böse (Studien aus dem C. G. Jung-Institut Zürich 13). Zürich/Stg. 1961, 91—160, hier 114 sq. — [32] cf. Bendix, R.: The Firebird. From the Folktale to the Ballet. In: Fabula 24 (1983) 72—85.

Wien Christa Tuczay

Herzband → Froschkönig

Herzmäre (AaTh 992), eine in der Lit. des ma. Europa weitverbreitete Erzählung über die Bluttat eines → Eifersüchtigen:

Ein Ritter wirbt um eine verheiratete Frau; ihr Mann fühlt sich (zu Recht oder Unrecht) betrogen, tötet seinen Rivalen, läßt dessen → Herz vom Koch zubereiten und seiner Frau vorsetzen. Als diese die Speise lobt, verrät er ihr, was sie gegessen hat, mit der Bemerkung, der Geliebte gefalle ihr tot genauso wie lebend. Sie stürzt sich aus dem Fenster (verweigert von da an jede Nahrung, stirbt auf der Stelle vor Schmerz). Der Ehemann bereut seine Tat (wird vom Herrscher, den Verwandten der Frau bestraft).

Ähnliches findet man schon in der antiken Lit. So läßt Atreus seinen Bruder Thyestes, der der → Liebhaber seiner Frau war, mit dem Fleisch von dessen Kindern speisen (Aischylos, *Agamemnon*, 1216—1220; Sophokles, *Aias*, 1293); ebenso rächt sich Prokne an ihrem Mann Tereus wegen der Verführung ihrer Schwester Philomela (Apollodoros 3,193—195; Pausanias 1,41,8; cf. → Aëdon)[1]. Gegen die u. a. von G. → Paris ausgesprochene Vermutung eines ind. Ursprungs der Erzählung spricht, daß keine ind. Fassungen vor dem 19. Jh. belegt sind[2]. Die ersten Zeugnisse stammen aus Frankreich: Der *Tristanroman* (ca 1170) des Thomas (→ Tristan und Isolde) faßt in acht Versen den Inhalt eines Lai zusammen, in dem ein eifersüchtiger Graf seiner von Guirun geliebten Frau dessen Herz zu essen gibt[3]. Im burlesken *Lai d'Ignaure* (ca 1200)[4] des Renaut de Beaujeu wird die offenbar bereits als allg. bekannt vorausgesetzte Geschichte parodierend ins Obszöne gewendet: Ignaure hatte lange zwölf Geliebte gleichzeitig; deren Ehemänner töten ihn und lassen sein Herz und sein Geschlechtsteil zu einer Pastete für ihre Frauen verarbeiten. Ähnliches wird im 12. Jh. im prov. *Ensenhamen* des Arnaut Guillem de Marsan[5] erwähnt; auch im ital. → *Novellino* (num. 62) liebt das Opfer mehrere Frauen.

Einige Jahrzehnte später wird der prov. Troubadour Guillem de Cabestany (bezeugt 1175—1212) zum Protagonisten des H., wohl wegen der unbedingten Hingabe an die Liebe, die in seinen Gedichten zum Ausdruck kommt, und vielleicht wegen eines wirklichen — allerdings nicht tödlich verlaufenen — Eifersuchtsdramas in seinem Leben[6]. In Guillems in vier Fassungen überlieferter *Vida*[7] zeigt der Ehemann seiner Frau das abgeschlagene Haupt des Dichters als Beweis und greift sie mit dem Schwert an, als sie den Vorsatz äußert, nie mehr Nahrung zu sich zu nehmen; auf der Flucht stürzt sie vom Balkon, die Liebenden werden im gleichen Grab beigesetzt (Mot. T 86). Auf der prov. Version oder einer anderen, verlorenen Quelle[8] basiert → Boccaccios *Decamerone* (4,9): Der Held ist hier kein Dichter, der Tod der Dame kein Unfall, sondern Selbstmord. Diese Fassung bildet u. a. die Vorlage für die Versionen von Giovanni → Sercambi (*Il Noveliere*, num. 134) und von Juan Bautista de Loyola (*Viaje y naufragios del Macedonio.*

Salamanca 1587)[9]. Der *Bremberger*, eine dt. Volksballade (16. Jh.), macht den Minnesänger Reinmar von Brennenberg (gest. 1276) zum Protagonisten der Begebenheit (cf. Grimm DS 500)[10]. Die *Vida* des Guillem de Cabestany diente noch einer frz. Fassung von 1537[11] und wohl auch dem kurzen Resümee in den *Mémoires de la cour d'Espagne* (1690) der Madame d' → Aulnoy[12] als Vorlage (Ehefrau setzt dem Mann das Herz seiner Geliebten vor). Daß der Stoff bis in die Gegenwart hinein fasziniert, zeigt z. B. die Nacherzählung, die der argentin. Schriftsteller Manuel Mújica Laínez in seinen Roman *El unicornio* (1965) integriert hat[13].

Im altfrz. *Roman du castelain de Couci et de la dame de Fayel* (ca 1300, in Versen)[14] ist die Brutalität der ursprünglichen Fassung auf Kosten der Wahrscheinlichkeit gemildert:

Der Held, wie Guillem de Cabestany ein Dichter von Liebesliedern (Ende 12./Anfang 13. Jh.), von denen einige in die fiktive Geschichte integriert wurden, wird auf einem Kreuzzug verwundet und stirbt während der Heimreise. Vorher befiehlt er seinem Knappen, sein Herz einzubalsamieren und es der Geliebten zu bringen. Der eifersüchtige Ehemann fängt den Boten ab und läßt das Herz für seine Frau zubereiten. Nachdem sie die Wahrheit erfahren hat, verweigert sie alle weitere Nahrung und stirbt bald darauf.

In dieser Form ist die Geschichte in MA. und Neuzeit weit verbreitet: Direkt auf den *Roman du castelain de Couci* gehen eine frz. Prosafassung des 15. Jh.s, ein mittelndl. Gedicht des 14. Jh.s und eine mittelengl. Romanze des 15. Jh.s zurück[15]. Die zentrale Episode des *Roman du castelain de Couci* findet sich bereits vor dessen Entstehung in → Konrads von Würzburg (gest. 1287) *Herzmaere* (namenloser Protagonist). Auf seiner Fassung könnte ein lat. Predigtexempel des 15. Jh.s basieren, das die ‚Verblendung' der Liebenden verurteilt[16]. Eine gekürzte Fassung der Prosaauflösung des *Roman du castelain de Couci* wurde 1581 von Claude Fauchet veröffentlicht[17]; ein engl. Chapbook von 1707 verlegte die Geschichte in das zeitgenössische engl. Kleinbürgertum[18]. In Frankreich machte die Fauchet folgende Version in den *Anecdotes de la cour de Philippe-Auguste* der Mademoiselle de Lussan (1733) den Stoff wieder populär: Die Dame ist hier eine geborene de Vergi, wodurch eine Beziehung zur → *Châtelaine de Vergi* entsteht. Hierauf basieren eine Ballade des Duc de La Vallière (1752), mehrere Dramen, so die Tragödie *Gabrielle de Vergi* von Pierre Laurenz Buirette de Belloy (1770), und – über ital. Übers.en dieser Werke – mehrere ital. Opern, Ballette etc. des 19. Jh.s[19]. L. → Uhland hat den Stoff in der Ballade *Der Kastellan von Couci* behandelt.

In Europa ist das H. nahezu ausschließlich auf die Hochliteratur beschränkt geblieben. In die mündl. Überlieferung scheint es nur in Frankreich und Katalonien eingedrungen zu sein; eine entfernte ndl. Var. ist in einem Märchen von Trijntje → Soldaats belegt[20].

In der Haute-Bretagne wird das H. – sicher literar. Vorbildern folgend – in seiner üblichen Form erzählt, mit dem Zusatz, daß die Frau jedes Jahr am Todestag ihres Geliebten ihr Grab verläßt, um für drei Tage zu ihm zu gehen[21]. In einer Version aus der Basse-Normandie tötet der Ehemann seine Frau, fängt ihr → Blut auf und überzieht mit ihrer Haut einen Stuhl. Dann lädt er ihren Liebhaber ein, läßt ihn auf dem Stuhl sitzen und bewirtet ihn mit dem Herzen der Geliebten; nachher sagt er ihm, was er gegessen hat, und tötet ihn. Mit dem vermischten Blut beider streicht er sein Haus an und flüchtet[22]. In einer katalan. Var.[23] mit dem gleichen Schluß fließt das Blut von den Wänden herab und färbt den Berg rot, der von da an Mont-roig (roter Berg) heißt. In einer katalan. Marienlegende wird dem Opfer auf das Gebet der Geliebten hin das Leben wiedergegeben, nur in der Wange, von der ein Stück weggenommen wurde (hier wird also nicht das Herz gegessen), bleibt ein Grübchen (→ Kleiner Fehler, kleiner Verlust; cf. Mot. E 33)[24].

Außerhalb Europas ist die H.-Thematik verschiedentlich bei den nordamerik. Indianern[25] bezeugt. Dort erhält die ehebrecherische Frau Herz oder → Genitalien ihres Liebhabers, einer → Schlange, vorgesetzt. Entfernte Ähnlichkeit zeigt eine in Norwegen[26], bei kanad. Eskimo[27], den afrik. Ewe [28], auf den Kapverd. Inseln[29] und auf Hawaii[30] überlieferte Geschichte:

Ein junges Mädchen liebt einen Fisch, den es durch ein Lied an die Wasseroberfläche lockt. Ihr Vater tötet ihn, läßt ihn zubereiten und einen Teil für seine Tochter aufheben. Als sie davon ißt, überkommt sie eine Ahnung; sie geht zum Wasser, versinkt und wird mit ihrem Geliebten vereinigt (Norwegen), versinkt in die Erde (Ewe), oder der Fisch kehrt in menschlicher Gestalt zurück (Kapverd. Inseln). In der hawai. Var. erbrechen die beiden Mädchen, die einen Aal und eine Seegurke zu Geliebten hatten, kleine Ebenbilder ihrer Liebhaber, die der Vater verbrennt. In der Erzählung der Eskimo schneidet der Ehemann einen Penis ab, der aus dem Wasser kommt.

Markantester Zug des H. ist, daß die Frau unwissentlich vom Herzen des Geliebten ißt. Davon zu trennen ist z. B. → Dantes Traumvision von Amor, der die widerstrebende Beatrice zwingt, das Herz des Liebenden zu verspeisen (*Vita nova*, Kap. 3)[31]. Deutlich unterschieden werden muß auch die zwischen Troubadours geführte Diskussion, ob die Mächtigen oder die Damen vom Herzen eines verstorbenen Ritters essen sollten, um an seiner Tapferkeit oder seinem Edelmut teilzuhaben, bzw. die Vorstellung, man könne Eigenschaften des Getöteten durch Verspeisen seiner Eingeweide (Herz, Leber) erwerben (→ Kannibalismus)[32].

Bei Boccaccio (4,1) überrascht Tancredi von Salerno seine Tochter Ghismonda mit dem Diener Guiscardo. Er läßt ihn töten und schickt ihr sein noch blutendes Herz in einem goldenen Gefäß. Ghismonda vergiftet sich (Mot. Q 478.1.1), ihr Vater bereut seine Tat und läßt die Liebenden gemeinsam bestatten. Diese Geschichte war im 15. und 16. Jh. noch beliebter als das H., es gibt zahlreiche erzählende und dramatische Versionen (auch in lat. Sprache) aus Italien, Frankreich und England[33]. Hierauf beruht das dt. Volksbuch *Guiscard und Sigismunda* von Niclas von Wyle, verfaßt nach der lat. Fassung des Brunus Aretinus (15. und 16. Jh.)[34]. Im 18. Jh. behandelt Gottfried August → Bürgers Ballade *Lenardo und Blandine* den gleichen Stoff[35]. Die Erzählung ging auch in die mündl. Überlieferung ein, wie im 19. Jh. aufgezeichnete ital.[36] und engl. Balladen zeigen[37]. Eine erstmals 1757 gedr. schwed. Ballade[38] verbindet Züge des H. mit der Geschichte von Ghismonda und Guiscardo: Der König läßt den Geliebten seiner Tochter ins Gefängnis werfen; als die Liebe der beiden auch nach 15 Jahren unverändert ist, läßt er ihn töten und das Herz für seine Tochter zubereiten. Als sie die Wahrheit erfährt, bittet sie um ein Glas Wein; sobald sie getrunken hat, stirbt sie, die Liebenden werden gemeinsam beigesetzt. Im Gegensatz zum literar. H. läßt diese Geschichte volkstümliche Züge erkennen.

[1] cf. Hauvette, H.: La 39e Nouvelle du Décaméron et la légende du „cœur mangé". In: Romania 41 (1912) 184–205, bes. 195. – [2] Thompson/Balys Q 478.1; cf. Paris, G.: La Légende du Châtelain de Couci dans l'Inde. In: Romania 12 (1883) 359–363; Patzig, H.: Zur Geschichte des H. Progr. B. 1891, 3–10; Matzke, J. E.: The Legend of the Eaten Heart. In: Modern Language Notes 26 (1911) 1–8; Frenzel, Stoffe, 315–318. – [3] cf. Rossi, L.: Il cuore, mistico pasto d'amore: dal „Lai Guirun" al Decameron. In: Studi provenzali e francesi 82 (1983) 28–128, bes. 35–47. – [4] Lejeune, R. (ed.): Renaut. Le Lai d'Ignaure ou Lai du prisonnier. Bruxelles 1938; cf. Rossi (wie not. 3) 38–42. – [5] Guillem de Marsan: Ensenhamen. ed. K. F. Bartsch. In: Prov. Lesebuch. Elberfeld 1855, 134, V. 83–135, V. 5. – [6] cf. Rossi (wie not. 3) 61–70. – [7] cf. ibid., 78–93; Boutière, J./Schutz, A.-H./Cluzel, I.-M. (edd.): Biographies des troubadours. P. 1964, 530–555. – [8] So Matzke (wie not. 2) 8; cf. Neuschäfer, H.-J.: Die „H." in der altprov. Vida und in der Novelle Boccaccios. In: Poetica 2 (1968) 38–47. – [9] cf. Williams, J. D.: Notes on the Legend of the Eaten Heart in Spain. In: Hispanic Review 26 (1958) 91–98, bes. 94 sq.; zu auf Boccaccio basierenden Fassungen cf. auch Lee, A. C.: The Decameron. L. 1909, 143–152. – [10] Zahlreiche dt. und ndl. Fassungen des 16./17. Jh.s, cf. DVldr, num. 16 sq.; Child, num. 269; Kopp, A.: Bremberger-Gedichte. Wien 1908; Rostock, F.: Mhd. Dichterheldensage. Halle 1925, 16–18; Meier, J.: Drei alte dt. Balladen. In: Jb. für Volksliedforschung 4 (1934) 1–65, hier 56–65; Hayn, H./Gotendorf, A. N. (edd.): Bibliotheca Germanorum Erotica et Curiosa 1. (Mü. [3]1912) Nachdr. Hanau 1968, 437–439; Verflex. 1 ([2]1978) 1014–1016. –
[11] Contes amoureux par Madame Jeanne Flore. ed. G.-A. Pérouse. Lyon 1980, 219–224. – [12] Carey, B. (ed.): La Cour et la ville de Madrid vers la fin du XVIIe siècle 2. P. 1876, 108; cf. Williams (wie not. 9) 97. – [13] Dt. Übers. Mújica Laínez, M.: Die Sage von der schönen Melusine, von ihr selbst erzählt. Stg. 1986, 169–189. – [14] Roman du castelain de Couci. ed. M. Delbouille. P. 1936. – [15] cf. ibid., LXXIX–XCI. – [16] cf. Paris, G.: Le Roman du Châtelain de Couci. In: Romania 8 (1879) 343–373, bes. 367, not. 2. – [17] cf. Matzke, J. E.: The Roman du Châtelain de Couci and Fauchet's Chronique. In: Festschr. A. M. Elliot 1. Baltimore/P./L. 1913, 1–18. – [18] cf. Clouston, W. A.: Popular Tales and Fictions 2. Edinburgh/L. 1887, 191. – [19] cf. Lorenz, E.: Die Kastellanin von Vergi in der Lit. Frankreichs, Italiens, der Niederlande, Englands und Deutschlands. Halle 1909, 117–138. – [20] Huizenga-Onnekes, E. J.: Groninger volksvertellingen. 1: Het boek van Trijntje Soldaats. Groningen (1928) [2]1958, 24–26. –
[21] cf. Sébillot, P.: Le Folk-Lore de France 4. P. 1907, 302 sq. – [22] ibid., 303. – [23] Amades, num. 1647, cf. 1637, 1866. – [24] Amades, num. 1812. – [25] Thompson, S.: Tales of the North American Indians. Bloom./L. [2]1966, 344, not. 241. – [26] Dasent, G. W.: Popular Tales from the Norse. N. Y./Edinburgh [3]1888, 437. – [27] Boas, F.: The Eskimo of

Baffin Land and Hudson Bay 1. N.Y. 1901, 222 sq. – [28] Spieth, J.: Die Ewe-Stämme. B. 1906, 576. – [29] Parsons, E. C.: Folk-Lore from the Cape Verde Islands 1. Cambr., Mass./N.Y. 1923, 140 sq. – [30] Beckwith, M.: Hawaiian Mythology. Honolulu (1940) 1976, 136. –
[31] Rossi (wie not. 3) 111–120. – [32] Hauvette (wie not. 1) 195 sq., 198. – [33] cf. Hagen, F. H. von der (ed.): Gesammtabenteuer 1. (Stg./Tübingen 1850) Nachdr. Darmstadt [2]1961, CXXII–CXXIV; Lee (wie not. 9) 116–123. – [34] cf. Schmitt, A.: Die dt. Volksbücher 2. Diss. (masch.) B. 1973, Anhang 2, Tab. 19. – [35] Tittmann, J. (ed.): Gedichte von Gottfried August Bürger. Lpz. 1869, 85–94. – [36] Child 5, 29 sq.; cf. Fabula 16 (1975) 350 sq. – [37] Child 5, 29–38. – [38] Child 5, 30 sq. (auch zu dän. Fassungen); dt. Übers. in: Schwed. Volkslieder der Vorzeit. Übers. R. Warrens. Lpz. 1857, 99–108.

Heidelberg Albert Gier

Herzog Ernst. Um 1170–80 im mittelfränk. Raum entstanden, gehört der Abenteuerroman H. E. zu den beliebtesten Erzählungen des MA.s[1]. Die älteste Fassung A ist nur fragmentarisch überliefert[2], zwei Bearb.en hiervon, B und D, sind in vollständigen Hss. des 15. Jh.s erhalten[3]. Neben diesen mhd. Versionen sind aus dem 13. Jh. drei lat. Übers.en bekannt: E, Odos von Magdeburg Hexameterdichtung[4], Erf. (Erfurter Prosa)[5] und C, beide Prosadichtungen[6]. F, die frühnhd. Übers. von C aus dem 15. Jh., ist Grundlage der späteren Volksbücher[7]. Das Volksbuch H. E., zwischen 1476 und 1536 zwölfmal und zwischen 1560 und 1830 vierzehnmal gedruckt[8], ist eine gekürzte Fassung von F, die den Erzählschwerpunkt auf die kuriositätenbeladenen Episoden verlagert. Im 14. Jh. entstand ein kurzes strophisches Gedicht bzw. Lied G[9], das 1597 eine jidd. Bearb. erfuhr[10]. Die im 15. Jh. angefertigte tschech. Übers. von D (*Vévoda Arnošt*)[11] weist Parallelen zu den mit Heinrich dem Löwen (→ Löwentreue) verbundenen Überlieferungen auf. Außerdem liegt eine isl. Übers. aus dem 17. Jh. vor[12]. Neuere Bearb.en des Stoffes liegen u.a. von Ludwig → Uhland (1817), Gustav → Schwab (1836), Gotthard Oswald Marbach (1842), Karl → Simrock (1846), Felix Dahn (1902) und Peter Hacks (1956) vor[13].

Der H. E. setzt sich aus einem hist. Teil, der Eingang und Schluß liefernden → Rahmenerzählung, und aus einem Reiseroman zusammen. Im hist. Teil wird die Erinnerung an den Aufstand (953) Liudolfs, des ältesten Sohnes von Otto dem Großen (936–973), mit der an die Rebellion (1026–27) des Bayernherzogs Ernst II. gegen seinen Stiefvater Konrad II. (1024–39) vermengt.

Vom Pfalzgrafen Heinrich bei seinem Stiefvater verleumdet, empört sich H. E., ermordet seinen Widersacher vor den Augen Kaiser Ottos und wird von ihm geächtet. Nach langem Widerstand muß er das Reich verlassen und schifft sich mit seinen treuen Mannen ein. Auf der Orientfahrt vernichtet ein Sturm zwölf Schiffe. H. E. wird mit den Seinen über drei Monate lang von den Winden umhergetrieben und landet endlich im Lande Grippia. Am Hafen steht eine herrliche, menschenleere Burg mit reich gedeckten Tischen. Deren Bewohner – es sind Kranichschnäbler – kommen bald von einem Raubzug aus Indien zurück, bei dem sie eine Prinzessin entführt haben. H. E. und sein treuer Vasall Graf Wetzel befreien sie, aber sie stirbt an ihrer Verwundung.

Die Weiterfahrt führt zum Lebermeer (cf. Mot. F 711.2) und zum → Magnetberg (cf. AaTh 322*), wo das Schiff festsitzt. Viele Besatzungsmitglieder verhungern, und Greife (→ Phönix) tragen die Leichen fort. Nur H. E., Wetzel und sechs Mann bleiben am Leben. Wetzel rät seinem Herrn, sie sollten sich in → Tierhäute einnähen lassen. Dies wird getan, und die Greife tragen sie bis zu ihrem Nest (cf. AaTh 936*: → *Hasan von Basra*). Die Helden töten sie und versuchen, das Land zu verlassen. Auf einem Floß befahren sie einen unterirdischen Strom, wobei H. E. einen Edelstein vom Felsen abschlägt, der später als der sog. ‚Waise' in der dt. Kaiserkrone glänzen wird[14]. Sie gelangen ins Freie, kommen im Land der Einsterne (Arimaspi, Kyklopen; → Einäugiger) an, werden freundlich empfangen und helfen dem König gegen die Platthufer (Skiapoden, Schattenfüßler)[15] und die Ohrenmenschen (Panotii)[16]. In der Nähe leben die Prechami (Pygmäen)[17], denen H. E. gegen die Kranichschnäbler hilft. Schließlich befreien H. E. und Wetzel den Kyklopenkönig von den kanaanä. → Riesen[18], die von ihm Tribut fordern. Nach sechs Jahren verschlägt der Sturm ein Kaufmannsschiff ans Land. H. E. und Wetzel verlassen die Einsterne, wobei sie einen jungen Riesen und je zwei Pygmäen, Langohren und Platthufer mitnehmen. Sie gelangen ins Mohrenland, kämpfen gegen den König von Babylon und verteidigen das Heilige Land. Als H. E. erfährt, daß Kaiser Otto das ihm angetane Unrecht eingesehen hat, reist er heimlich nach Bayern. Zu Weihnachten, bei einem Hoftag in Bamberg, versöhnt er sich mit ihm.

In D werden die Abenteuer durch Motive aus dem → *Alexanderroman* erweitert. In G liegt der Schwerpunkt auf dem Abenteuer bei den Kranichschnäblern, Riesen und Zwerge ersetzen die anderen Monstren. Dem H. E.-Dichter ist die Einführung von → Fabelwesen und phantastischen Motiven in die dt. Erzählliteratur zu verdanken. Unmittelbare Quellen sind nicht bekannt. Der Dichter lehnt sich an die littérature savante, wahrscheinlich die *Imago mundi* des Honorius Augustodunensis[19], den *Alexanderroman* und oriental. Erzählungen wie die von → *1001 Nacht* an. Die Kranichschnäbler erinnern an die Vogelköpfigen der *Geschichte des Prinzen von Karizme*[20], die unterirdische Fahrt an die 6. Reise → Sindbads des Seefahrers[21]. Der H. E.-Dichter hat die abendländ. Form der Magnetbergsage geprägt, die sich fortan aus dem Komplex Lebermeer – Magnetberg – Greifenrettung zusammensetzt[22]. Das Motiv vom Entenfuß der Schattenfüßler geht wahrscheinlich auf einen Lesefehler von Honorius' *Imago mundi* zurück[23]. Bei den Kranichschnäblern kann sich der Dichter an die Sage vom mißgestalteten Sohn Bertas von Burgund erinnert haben[24]. Zusammen mit → *Brandans Seefahrt* zeugt der H. E. von der frühen Verbreitung oriental. Erzählmotive im Abendland seit dem letzten Viertel des 12. Jh.s.

[1] Verflex. 3 ([2]1981) 1170 – 1191; KLL 10, 4406 sq.; Schröder, W. J.: Spielmannsepik. Stg. [2]1967, 37 – 50. – [2] Bartsch, K.: H. E. Wien 1809, 3 – 12; Benennung der Hss. nach Schröder (wie not. 1). – [3] Bartsch (wie not. 2) 15 – 186; Hagen, F. H. von der/Primisser, A.: Dt. Gedichte des MA.s. B. 1808; zur Verfasserschaft cf. Lecouteux, C.: Kleine Beitr.e zum H. E. In: ZfdA 110 (1981) 210 – 221. – [4] Martène, E./Durand, U.: Ernestus. In: Thesaurus novum anecdotorum 3. P. 1717, 307 – 366. – [5] Lehmann, P.: Gesta Ernesti ducis de Saxonia. In: Sb.e der Bayer. Akad. der Wiss.en, phil.-hist. Kl. 32,5 (1927) 3 – 38. – [6] Haupt, M.: Historia ducis Ernesti. In: ZfdA 7 (1849) 193 – 252. – [7] Bartsch (wie not. 2) 227 – 308. – [8] Koppitz, H.-J.: Studien zur Tradierung der weltlichen mhd. Epik im 15. Jh. und beginnenden 16. Jh. Mü. 1980, 238 sq.; Schenda, R.: Tausend dt. populäre Drucke aus dem 19. Jh. In: Archiv für Geschichte des Buchwesens 11 (1971) 1465 – 1652, num. 445 – 447, 468, 611; Heitz, P./ Ritter, F. (edd.): Versuch einer Zusammenstellung der Dt. Volksbücher [...]. Straßburg 1924, 22 – 25; Eppelsheimer, H. W.: Hb. der Weltlit. Ffm. [3]1960, 248. – [9] King, K. C.: Das Lied von H. E. B. 1959; Bartsch (wie not. 2) 189 – 213; zur Balladenüberlieferung cf. DVldr 1 (1935) num. 10. – [10] Verflex. 3 ([2]1981) 1175. –
[11] Loriš, J. (ed.): Sborník hraběte Baworowského (Slg des Grafen Baworowsky). Prag 1903; cf. Baumann, W.: Die Lit. des MA.s in Böhmen. Mü./Wien 1978, 156 – 159; zur Bedeutung dieses Textes für die Sage Heinrichs des Löwen cf. Lecouteux, C.: H. E. V. 2164 ff., das böhm. Volksbuch von Stillfried und Bruncwig und die morgenländ. Alexandersage. In: ZfdA 108 (1979) 306 – 322; Baumann, W.: Die Sage Heinrichs des Löwen bei den Slaven. Mü. 1975. – [12] Watkins, D. K.: Saga af Hertuga Ernesto oc Greifa Vetzelo. Bloom. 1969. – [13] Frenzel, Stoffe, 318 sq. – [14] Rosenfeld, H.-F.: ‚H. E.' und die dt. Kaiserkrone (Annales Academiae Scientiarum Fennicae, Serie B 39). Hels. 1961 (das Motiv fehlt in D). – [15] Gerhardt, C.: Die Skiapoden in den H. E.-Dichtungen. In: Lit.wiss. Jb. 18 (1977) 13 – 87 (grundlegend); Lecouteux, C.: H. E., les monstres dits Sciapodes et le problème des sources. In: Études germaniques 34 (1979) 1 – 21. – [16] id.: Les Panotéens: sources, diffusion, emploi. ibid. 35 (1980) 253 – 266. – [17] id.: Les Monstres dans la littérature allemande du moyen âge 1 – 3. Göppingen 1982, hier t. 1, 270 – 272. – [18] id. (wie not. 15) 18 – 21; cf. Chauvin 7,74 – 79. – [19] Verflex. 4 ([2]1983) 122 – 131. – [20] Lecouteux, C.: A Propos d'un épisode de H. E.: La rencontre des hommes-grues. In: Études germaniques 33 (1978) 1 – 15. –
[21] id. (wie not. 11) mit Verweisen auf verwandte arab. Texte. – [22] id.: Die Sage vom Magnetberg. In: Fabula 25 (1984) 35 – 65. – [23] Gerhardt (wie not. 15) 26 – 28. – [24] Lecouteux, C.: Die Kranichschnäbler in der H. E.-Dichtung, eine mögliche Qu. In: Euphorion 75 (1981) 100 – 102.

Gagny Claude Lecouteux

Herzschießen → Schuß auf den toten König

Hesiod, *Kyme (nordwestl. Kleinasien) oder Askra (Böotien) ca 750 – 720 a. Chr. n., † Askra ca 690 – 660, Bauer und epischer Dichter. Der Vater aus dem äol. Kyme ließ sich nach Mißerfolgen im Seehandel in Askra nieder. Dessen bescheidenen bäuerlichen Besitz erbte H. zur Hälfte. „Die Musen lehrten ihn den Gesang, als er am Helikon die Schafe weidete" (*Theogonie*, V. 22 sq.). Er reiste offenbar kaum, nur einmal nach Chalkis auf Euböa, wo er bei den Leichenspielen für Amphidamas im Sängerwettstreit siegte (*Erga*, V. 650 – 662). Fraglich ist, ob er selber als einer der fahrenden Rhapsoden, von denen er sicher gelernt hat, wirkte und auch fremde Dichtung vortrug. Die volkstümliche Erzählung von einem Wettstreit zwischen → Homer und H. (Schadewaldt 1959 [v. Ausg.n]) ist spätere Erfindung.

Überliefert sind zwei Gedichte H.s, die → *Theogonie* (Th.), eine Götter- und Weltentstehungslehre, und die jüngeren *Erga kai hēmerai*

(E.; Werke und Tage), ein Lehrgedicht zu den Nöten des bäuerlichen Alltags. Sprache und Versmaß der Werke sind die des homerischen Epos, das H.s Themen allerdings nicht den entsprechenden Formelschatz bietet. Wie Homer steht H. an der Schwelle von der Mündlichkeit zur Schriftlichkeit, seinen aufgezeichneten Dichtungen geht die Übung des mündl. Vortrags voraus. H. ist der erste Dichter, der von sich selber spricht, in E. sogar seine individuelle Betroffenheit zum Ausgangspunkt seines Arguments macht. Parataktisch fügt H. verschiedene Erzähleinheiten und Formen aneinander, die gedankliche Fügung ist nicht streng. Das Ende beider Gedichte ist unsicher; nicht von H. stammen die *Ehoien* (Frauenkataloge), eine genealogische Ordnung der griech. Sagenwelt, für die ein unmittelbarer Anschluß an Th. überliefert ist, und das mit Th. und E. überlieferte Einzelgedicht *Aspis* (Schild).

Th. beginnt mit einem langen Hymnus auf die Musen (1–115). Am Anfang der Schöpfung (116 sqq.) steht das Chaos, die Leere, dann entstehen Gaia (Erde) und Eros. Gaia bringt aus sich, dann mit dem Sohn Uranos (Himmel) die ersten Glieder in der Kette der Göttergeschlechter hervor. Das genealogische Prinzip, meist in einfacher Katalogform, stellt die Beziehungen zwischen allen Gliedern des Pantheon her. H. schafft dabei einen Zusammenhang zwischen den aus Kultus und Mythos bekannten olympischen Göttern und einer reichen Welt von Phantasiegestalten wie Einäugigen, Kyklopen, Monstren, Fabel- und Halbwesen, Echidna (halb Mädchen, halb Schlange), Hydra, Kerberos, Sphinx, Pegasus, Chimäre (aus Löwe, Ziege und Schlange), Harpyien, Graien und Gorgonen; als Schicksalsfrauen erscheinen die drei Moiren, als Rachegeister Keren und Erinyen, als gute Geister Hekate, Horen, Chariten, schließlich die Nereïden, Okeaniden und Nymphen als Wassergeister. Durch → Personifikation werden in die genealogische Konstruktion auch Berge, Meer und Flüsse, Phänomene wie Schlaf, Tod, Hunger und Schmerz sowie Abstrakta wie Recht, Friede, Ordnung (Themis, Dike, Eirene, Eunomia) einbezogen. Die genealogischen Kataloge werden gegliedert und pointiert durch den großen Sukzessionsmythos über die Abfolge der Herrschaft in den drei Generationen von Uranos über Kronos zu Zeus: Gaia und Kronos, Mutter und jüngster Sohn, überlisten dessen Vater Uranos; Kronos schneidet Uranos' Scham mit einer Sichel ab (→ Trennung von Himmel und Erde) und wirft sie rückwärts hinter sich (154–210). Durch List der Mutter, Rheia, gelangt als jüngster Kronossohn → Zeus zur Welt und entgeht den Nachstellungen des Vaters, der einen Nachfolger fürchtet und seine Kinder verschlingt (459–506). In einem großen Kampf besiegt Zeus die ‚früheren Götter', die Titanen (617–731), in einem zweiten Anlauf (820–868) Typhon, ein Ungeheuer mit 100 Schlangenköpfen und flammenden Augen. Indem Zeus den Göttern die Kompetenzen zuweist, schließt er die Kosmogonie ab; er ist der gerechte Weltenherrscher, Garant dauernder Ordnung, nicht aber ein Schöpfergott.

Ausgangssituation der E. ist ein Erbstreit H.s mit dem Bruder Perses, ihr roter Faden die Mahnung: ‚Bearbeite dein Erbteil mit Fleiß statt um mehr zu streiten, dann hast du dein Auskommen!' Damit wird eine Mahnung an die ‚Könige' verbunden: ‚Richtet unbestechlich, dann gedeiht die Stadt!' Mahnrede, Appell und Paränese werden durch andere Formen unterbrochen. Der Mythos (logos; 106) von Prometheus (→ Feuerraub) und → Pandora (47–105) und der von den Zeitaltern (106–201) begründen den Verlust des Paradieses und die Mühsal menschlichen Daseins; die vergangenen Geschlechter leben dabei als Dämonen (122) unter den Menschen, die Heroen auf der Insel der Seligen (170). Als Gleichnis für die Gewalt des Faustrechts erzählt H. (202–212) die Fabel (ainos; 202) von Habicht und Nachtigall (Dicke/Grubmüller, num. 239). Spruchweisheiten (327–382, 695–723, 760–764) prägen soziale Regeln ein. Ein Kalender schließlich gliedert in der Form von Anweisungen den bäuerlichen Arbeitszyklus (383–617) und Zeiten der Seefahrt (618–694).

W. → Aly (1921 [v. Lit.], 26) ging noch davon aus, daß H. ‚aus den Schätzen der Volkserzählung' schöpfte. Doch selbst volkstümlich klingende Spruchweisheiten wie das Oxymoron ‚Das Halbe ist mehr als das Ganze' (E., 40) oder Alltagsweisheiten wie ‚Der Nachbar beneidet den Nachbarn' (E., 23) sind bereits in den Lit.en des Alten Orients belegt. Sogar Form und Motivverkettung der E. insgesamt finden sich in der Weisheitsliteratur der Ägypter und Babylonier vorgeprägt. Dasselbe gilt sowohl von Abstraktheit und Komplexität im Weltbild der Th. als auch von den zentralen Mythen, bei denen Parallelen mit dem A. T., altpers. Überlieferung, schließlich den wiedergewonnenen altägypt. und Keilschriftliteraturen bis in Einzelheiten gehen: Schöpfungsmythos und Sukzessionsmythos in Th.; der ZA.mythos in den E., bei diesem Vierzahl, Metallsymbolik (Gold, Silber, Bronze, Eisen), das verlorene Glück des Goldenen → Zeitalters (E., 118), das Prinzip der Degeneration, der Zusammenbruch aller sakrosankten Beziehungen (E., 181–201) als Eschatologie; schließlich in Th. (510–610) und E. (47–105) der Mythos von Prometheus und Pandora und hierbei der Gedanke, daß die Frau nach dem

Mann geschaffen wurde, „Schöpfung aus dem Erdenkloß" (Gen. 2,7), das Motiv vom Sündenfall (→ Adam und Eva), das Bild vom Weib als schönem Übel, als fleißige Biene oder faule Drohne, die Ehe als notwendiges Übel (Th., 594–612).

Mit Blick auf die Dichte all dieser Bezüge folgert M. L. West (1966 [v. Ausg.n], 31) pointiert: „Greek literature is a Near Eastern literature". Als ein Indiz für mögliche Verbindungswege der bäuerlichen Welt Griechenlands an der Schwelle zur archaischen Epoche und der sog. orientalisierenden Phase in Kunst und Kunsthandwerk zum Alten Orient können die griech. Emporien Al Mina und Sukas an der nordsyr. Küste gelten, einer Region, in der Assyrerreich, Urartu, späthethit.-aram. und phönik. Stadtstaaten einander berührten. Dauerhaftes Monument dieser griech. Kontakte ist ihr nicht lange vor H. von den Phönikern entlehntes Alphabet.

H. ist in der ganzen Antike eine Autorität neben Homer (zur Th. cf. Herodot 2,53; zu den E. cf. Aristophanes, *Frösche*, 1034), die viel gelesen und von der Philologie, auch wieder von den Byzantinern, traktiert wurde. In der reichlich fließenden Überlieferung der ma. Hss. dominieren die E. Diese erscheinen auch zuerst im Druck (Mailand 1482); in lat. Übers. werden E. (Rom 1471) und Th. (Ferrara 1474) allerdings bereits vorher herausgegeben. Die frühesten Gesamtausgaben entstanden Ende des 15. Jh.s (Mailand 1493; Venedig 1495). Weitere Übers.en der E. erschienen seit der Mitte des 16. Jh.s: frz. (Lyon 1547), lat. (Clajus, J.: *Variorum carminum libri V.* Görlitz 1568), engl. (L. 1618), frühe Übers.en beider Gedichte: engl. (L. 1728), ital. (Padua 1747), frz. (Bergier, N. S.: *L'Origine des dieux du paganisme* [...] *suivie de quelques poesies d'H.e* 1,2. P. 1767), dt. (Bergier, N. S.: *Ursprung der Götter des Heidentums* [...] 1. Bamberg/Würzburg 1788, 305–408; selbständige Übers. Hbg 1797).

Ausg.n und Übers.en: Voß, J. H.: H.s Werke und Orfeus der Argonaut. Heidelberg 1806. – Rzach, A.: H.i carmina (ed. maior). Lpz. 1902. – Mazon, P.: H.e. P. 1928. – Sinclair, T. A.: H. Works and Days. L. 1932. – Evelyn-White, H. G.: H. The Homeric Hymns and Homerica. L. ³1936. – Schadewaldt, W.: Legende von Homer dem fahrenden Sänger. Zürich/Stg. 1959. – West, M. L.: H. Theogony. Ox. 1966. – Merkelbach, R./West, M. L. (edd.): Fragmenta H.ea. Ox. 1967. – Marg, W.: H. Sämtliche Gedichte. Zürich/Mü. 1970. – Pérez Jiménez, A./Martínez Diéz, A.: H. Obras y fragmentos. Madrid 1978. – West, M. L.: H. Works and Days. Ox. 1978. – Athanassakis, A. N.: Theogony, Works and Days, Shield. Baltimore 1983. – Frazer, R. M.: The Poems of H. Norman, Okla. 1983. – Solmsen, F.: H.i Theogonia, Opera et Dies, Scutum, Fragmenta Selecta. Ox. ²1983. – Arrighetti, G.: Opere e giorni. Milano 1985. – Verdenius, W. J.: A Commentary on H. Works and Days vv. 1–382. Leiden 1985. – Mette, H. J.: Fragmenta H.ea 1967–1984. In: Lustrum 27 (1985) 5–21. – Lamberton, R.: H. New Haven/L. 1988.

Lit.: Hölderlin, F.: Parallele zwischen Salomons Sprüchwörtern und H.s Werken und Tagen [1790]. In: id.: Sämtliche Werke 4, 1. ed. F. Beissner. Stg. 1961, 176–188. – Rzach, A.: H.os. In: Pauly/Wissowa 8 (1912) 1167–1240. – Aly, W.: Sage und Novelle bei Herodot und seinen Zeitgenossen. Göttingen 1921, 26 sq. – Hb. der Altertumswiss. 7,1,1. Mü. 1929, 246–289. – Burn, A. R.: The World of H. L. 1936. – Solmsen, F.: H. and Aeschylus. Ithaca, N. Y. 1949. – Lesky, A.: Griech. Mythos und vorderer Orient. In: Saeculum 6 (1955) 35–52. – Heubeck, A.: Mythol. Vorstellungen des Alten Orients im archaischen Griechentum. In: Gymnasium 62 (1955) 508–525. – Steiner, G.: Der Sukzessionsmythos in H.s Theogonie und ihren oriental. Parallelen. Diss. (masch.) Hbg 1958. – Dornseiff, F.: Antike und alter Orient. Lpz. ²1959, 35–95, 409–411. – Schwartz, J.: Pseudo-H.eia. Recherches sur la composition, la diffusion et la disparition ancienne d'œuvres attribuées à H.e. Leiden 1960. – Dain, A.: H.'s Fable. In: Transactions of the American Philological Assoc. 92 (1961) 45–51. – Fränkel, H.: Dichtung und Philosophie des frühen Griechentums. Mü. ²1962, 104–146. – H.e et son influence (Fondation Hardt. Entretiens 7). Genf 1962. – Krafft, F.: Vergleichende Unters.en zu Homer und H. Göttingen 1963. – Detienne, M.: Crise agraire et attitude religieuse chez H.e. Bruxelles 1963. – Nicolai, W.: H.s Erga. Heidelberg 1964. – Troxler, H.: Sprache und Wortschatz H.s. Diss. Zürich 1964. – Erbse, H.: Oriental. und Griech. in H.s Theogonie. In: Philologus 108 (1964) 2–28. – Ford, G. B.: An Interpretation of the Fable of the Hawk and Nightingale in H.'s Works and Days. In: Orpheus 12 (1965) 3–9. – Walcot, P.: H. and the Near East. Cardiff 1966. – Heitsch, E. (ed.): H. Darmstadt 1966. – Schwabl, H.: H.os. In: Pauly/Wissowa Suppl. 12 (1971) 434–486. – Edwards, G. P.: The Language of H. in its Traditional Context. Ox. 1971. – Neitzel, H.: Homer-Rezeption bei H. Bonn 1975. – Peron, J.: L'Analyse des notions abstraites dans les Travaux et les jours d'H.e. In: Revue des études grecques 89 (1976) 265–291. – Burkert, W.: Griech. Religion. Stg. 1977, 196 und pass. – West, M. L.: Is the ‚Works and Days' an Oral Poem? In: Brillante, C. u. a. (edd.): I poemi epici rapsidoci non omerici e la tradizione orale. Padova 1981, 53–73. – Helck, W.: Die Beziehungen Ägyptens und Vorderasiens zur Ägäis bis ins 7. Jh. v. Chr. Darmstadt 1979, 235–252. – Briquel, D.: La Théogonie d'H.e. In: Revue d'histoire des religions 197 (1980) 243–276. – Lenz, A.: Das Proöm des frühen griech. Epos. Bonn 1980, 123–251. – Renehan, R.: Progress in H. In: Classical Philology 75 (1980) 339–358. – Eisenberger, H.: War H. ein Rhapsode? In: Gymnasium 89 (1982) 57–66. – Janko, R.: Homer, H. and the Hymns. Cambr. 1982. – Murray, O.: Das frühe Griechenland. Mü. 1982, 26 sq., 45–48, 86–129. – Haas, V.: Vorzeitmythen und Götterberge in altoriental. und griech. Überlieferung. Konstanz 1983. – Schmidt, J.-U.: H.s Ainos von Habicht und Nachtigall. In: Wort und Dienst (1983) 55–76. – Millet, P.: H. and His World. In: Proc. of the Cambr. Philological Soc. N. S. 30 (1984) 84–115. – Burkert, W.: Die orientalisierende Epoche in der griech. Religion und Lit. (Sb.e der Heidelberger Akad. der Wiss.en, phil.-hist. Kl. 1984, 1). Heidelberg 1984. – West, M. L.: The H.ic Catalogue of Women. Ox. 1985. – Hofinger, M.: Lexicon H.eum cum indice inverso 1–4. Leiden 1973–78, Suppl. 1985. – Schmidt, J.-U.: Adressat und Paraineseform. Zur Intention von H.s ‚Werken und Tagen'. Göttingen 1986. – id.: Die Einheit des Prometheus-Mythos. In: Hermes 116 (1988) 129–156. – Beall, E. F.: The Contents of H.'s Pandora Jar. ibid. 117 (1989) 227–230. – Lonsdale, S. H.: H.s Hawk and Nightingale. ibid., 403–412. – Solmsen, F.: The Two Near Eastern Sources of H. ibid., 413–422.

Essen Justus Cobet

Hesse, Hermann (Pseud. Emil Sinclair), * Calw (Württemberg) 2. 7. 1877, † Montagnola (Tessin) 9. 8. 1962, dt. Dichter. Der Sohn eines baltendt. Missionars und einer in Indien geborenen Tochter des Missionars und Sprachgelehrten H. Gundert konnte sich nach schwierigen Jugend- und Lehrjahren (u. a. 1892 Flucht aus dem evangel. Klosterseminar Maulbronn, 1892–93 Besuch des Cannstatter Gymnasiums, 1894–95 Praktikum in einer Calwer Turmuhrenfabrik, 1895–98 Buchhändlerlehre in Tübingen, 1899–1903 Buchhandelsgehilfe in Basel) bereits mit dem Erscheinen des *Peter Camenzind* (B. 1904) als freier Schriftsteller etablieren. 1911 unternahm er seine ‚Indien'-Reise (Ostindien, Ceylon), seit 1912 lebte er in der Schweiz (Einbürgerung 1924). Während des 1. Weltkriegs leitete H. die Bücherzentrale der Dt. Gefangenenfürsorge und gab Gefangenenzeitschriften heraus. Der „Irrsinn des Krieges"[1] und der gleichzeitige Zusammenbruch seines Privatlebens (u. a. beginnende Schizophrenie seiner ersten Frau) lösten eine Identitätskrise aus, die einen Wendepunkt in seinem Schaffen markiert. Zu H.s bedeutendsten Werken zählen *Demian* (B. 1919), *Siddhartha* (B. 1922), *Der Steppenwolf* (B. 1927), *Narziß und Goldmund* (B. 1930), *Das Glasperlenspiel* (Zürich 1943). 1939–45 waren H.s Schriften in Deutschland unerwünscht. 1946 erhielt er den Nobelpreis für Literatur, 1955 den Friedenspreis des Dt. Buchhandels.

H., vom literar. Establishment gern abgetan als schwäb. Idylliker, als „durchschnittliche[r] [...] Innerlichkeitsromancier" (Gottfried Benn)[2], war ein eigensinniger Außenseiter[3], dem es vordringlich um Probleme der Einsamkeit und Entfremdung, um Sinnsuche und Selbstfindung vor dem Hintergrund einer Synthese aus europ. und fernöstl. Gedankengut zu tun war. Sein vielschichtiges und facettenreiches Œuvre, das (vielleicht aufgrund der stark autobiogr. Prägung) einen hohen Identifikationswert besitzt, wurde in bes. Maße von einer jugendlichen Leserschaft rezipiert. Einige von H.s Büchern sind zu populären → Lesestoffen geworden, die über eine außerordentliche internat. Verbreitung hinaus beispiellose gesellschaftliche Wirkungen hatten. Begeisterten *Peter Camenzind* und *Knulp* (B. 1915) die Anhänger des Wandervogels und wurde *Demian* zur Bibel der Jugendbewegung, so erlebten *Der Steppenwolf* und *Siddhartha* ein halbes Jh. später in den USA eine Renaissance ohnegleichen als Kultbücher der Hasch- und LSD-Generation ebenso wie einer mehr oder weniger politisch engagierten, größtenteils studentischen Jugend; der Autor selbst wurde zum Guru und Heiligen der Hippies wie zum romantischen Anarchisten als Identifikations- und Leitfigur der Vietnamkriegsgegner stilisiert[4]. Inzwischen ist der Apostel der Gegenkultur schon wieder als Klassiker institutionalisiert[5]. H. ist heute der internat. meistgelesene dt. Schriftsteller des 20. Jh.s (1989: Gesamtauflage über 70 Millionen[6], Übers.en liegen in 38 Sprachen vor[7]).

Für die volkskundliche Erzählforschung im engeren Sinne ist H. vor allem als Verf. von Kunstmärchen und als Kenner traditionellen Erzählmaterials[8] von Bedeutung. Seine zwischen 1887 und 1932 entstandenen, zunächst verstreut, dann in verschiedenen Sammelbänden veröff. Märchendichtungen[9], deren Spektrum von der Satire bis hin zu offenkundig unter dem Einfluß der Psychoanalyse entstandenen Traumberichten reicht, können nur mit Mühe auf einen Nenner gebracht werden[10]. H.s Märchenbegriff scheint eher fließend zu sein, angesiedelt zwischen Sage (cf. z. B. *Siddhartha* über die Berichte von Buddha: „Diese

Sage, dies Gerücht, dies Märchen"[11]) und Traum (cf. z. B. *Knulp*: „eine Geschichte und auch ein Märchen, beides beieinander. Es ist nämlich ein Traum."[12]), wobei die Benennungen austauschbar sind (cf. → Gattungsprobleme). Nicht immer sind Elemente des Wunderbaren (bei H. häufig: handelnde und sprechende Tiere — bes. Vögel — und Gegenstände, tiersprachenkundige Menschen, Verwandlungen) oder Irrealen präsent, hingegen läßt sich fast durchgängig eine Verfremdungstechnik beobachten, durch die Bekanntes zwar kenntlich bleibt, aber aus dem Konkreten ins Allgemeine gehoben wird (cf. → Abstraktheit)[13]: Napoleon ist ein „fremde[r] Fürst[...] und Eroberer, welcher das Land schwer unterdrückt hatte", Bismarck ein „großer, kraftvoller Staatsmann" (*Das Reich* [1918])[14], van Gogh ein „sehr berühmte[r] holländische[r] Maler" (*Märchen vom Korbstuhl* [1918])[15].

Einige Märchen besitzen prominente literar. Vorbilder: Die frühe Märchennovelle *Lulu* aus *Hermann Lauscher* (Düsseldorf ²1907)[16] verschmilzt Märchenwelt und Wirklichkeit nach Art von E. T. A. → Hoffmanns *Der goldne Topf*[17]; *Iris* (1918)[18] erinnert an → Novalis' Märchen von Hyazinth und Rosenblüte, die blaue Blume — eine weitere Novalis-Reminiszenz — symbolisiert hier sowohl die Geliebte als auch die Mutter[19]. Merkmale einer Heiligenvita[20] trägt *Augustus* (1913)[21]; *König Yu* (1929)[22] ist die entmythologisierte, psychol. motivierte Version einer Episode aus einem populären chin. Geschichtswerk[23], die in ihrer Grundstruktur einer äsopischen Fabel entspricht (AaTh 1333: *Der lügenhafte → Hirt*). Z. T. im Stil einer sagenkundlichen Abhandlung verfaßt ist *Vogel* (1932)[24]; hier wie auch in der verwandten Erzählung *Die Morgenlandfahrt* (B. 1932) klingen neben einer Fülle biogr. und literar. Anspielungen zahlreiche Märchenmotive an.

Mündl. Erzählen im natürlichen Kontext ist in H.s Frühwerk immer wieder beschrieben, beginnend mit Erinnerungen an die Kindheit in *Hermann Lauscher* (Basel 1901): Von seiner Mutter, die eine außerordentliche Erzählgabe besaß, hört er Bibelgeschichten und Märchen (H. nennt → *Rotkäppchen* [AaTh 333], den *Treuen → Johannes* [AaTh 516] und → *Schneewittchen* [AaTh 709], andernorts auch → *Aladin* [AaTh 561]), der Vater berichtet von den Gestalten des Altertums, H. selbst erfindet sich eine von Zauberwesen und Unholden bevölkerte Welt, und er erregt sich schrecklich über eine halbgeflüsterte schaurige Glockensage[25].

Des öfteren stellt H. typische Erzählsituationen dar, z. B. abendliche Zusammenkünfte der Dienstmägde zu Spielen, Liedern, Scherzfragen, Witzen und Schreckgeschichten — das Märchen vom → *Fürchtenlernen* (AaTh 326) aber sei „bloß für Kinder" (*Der Lateinschüler* [1905])[26] — oder das → alltägliche Erzählen unter Handwerksburschen, wobei Berichte über Auseinandersetzungen mit dem Meister oder ‚Fabriklern' sowie Geschichten von gewaltigen Essern und Trinkern zum besten gegeben werden (*Unterm Rad* [B. 1906])[27].

Berthold (1907/08), Fragment eines Romans aus dem 30jährigen Krieg, zitiert eine Fülle von Sagenstoffen, u. a. die Geschichte vom Fischer von Speyer, der die auswandernden Zwerge übersetzt (Mot. F 451.9.5, F 451.5.10.6), vom Teufel, der mit drei Gesellen in der Kirche Karten spielt (cf. Mot. G 303.6.1.5, N 4, H 1421), und zwei Bauopfersagen (cf. → Einmauern)[28]. Auf Themen der Legenden- und Sagenüberlieferung greifen auch einige von H.s ‚Legenden'[29] zurück:

Aventiure ... Nach alten Quellen erzählt (1904)[30]: → *Witwe von Ephesus* (AaTh 1510). — *Der Meermann* (1907)[31]: Abgesandter des Poseidon verlangt Sühne für Errichtung einer Kirche am alten Tempelstandort. — Gleich fünf Legenden handeln von den frühchristl. → Einsiedlern in der ägypt. Wüste, z. T. unter Berufung auf die → *Vitae patrum*: *Der verliebte Jüngling* (1907)[32]: Liebeszauber, Exorzismus durch hl. Hilarion (Mot. D 1355.3, D 1355.19, D 1900; Tubach, num. 3093, 1598). — *Der Feldteufel* (1907)[33]: Bekannte Motive der → Antonius- und → Paulus-Vita (Tubach, num. 280, 3581); die Speisung mit himmlischem → Brot (Tubach, num. 757) ist auch thematisiert in *Die süßen Brote* (1908)[34] und *Die beiden Sünder* (1909)[35]. — *Daniel und das Kind* (1911)[36]: Fürbitte bewirkt Geburt eines Kindes (Mot. T 548.1), das bezeugt, wer sein rechtmäßiger Vater ist (→ Erwachsen bei Geburt). — *Drei Linden* (1912)[37], eine auf drei Brüder übertragene Variation der → Freundschaftssagen: Als der Jüngste in Mordverdacht gerät, bezichtigen sich seine beiden Brüder der Tat. Zur Entscheidung bedient sich der Richter eines Gottesurteils: Jeder solle eine Linde pflanzen, mit dem Wipfel in die Erde und den Wurzeln in die Luft; wessen Baum dennoch wachse, sei unschuldig. Alle drei Linden schlagen aus. Eine Kurzfassung ohne die Lokalisierung auf Berlin bringt H. bereits in *Berthold*[38].

Seit seiner Basler Zeit beschäftigte sich H. intensiv mit der Kultur des MA.s und der Renaissance[39]. Inspiriert durch seine Italienreisen schrieb er 1904 eine Biogr. sowie eine Würdigung der künstlerischen Leistung → Boccaccios[40] und eine Monogr. über → Franz von Assisi[41], der für H. zum menschlichen Ideal schlechthin wurde[42]; ihren Niederschlag hat H.s Franziskus-Verehrung vor allem auch in *Peter Camenzind* gefunden. Im MA., der „Blütezeit des europäischen Christentums und des intuitiven Seelenlebens"[43], sucht H. Möglichkeiten der Rückbesinnung und Neuorientierung, und er beklagt, daß „unsere deutsche Vorzeit und die gesamte Kultur des christlichen Mittelalters" zugunsten einer an der Antike orientierten Bildung „in einer kaum begreiflichen Weise vergessen und verdrängt" worden sei[44]. Bes. schätzt er den *Dialogus miraculorum* des → Caesarius von Heisterbach, daneben die Stoffe („keineswegs d[ie] kirchlich-klerikalen Tendenzen"[45]) der → *Gesta Romanorum.* Aus beiden Werken publizierte er verschiedentlich ausgewählte Geschichten, u. a. 1918 u. d. T. *Aus dem MA.* zusammen mit Nacherzählungen von vier Versdichtungen (darunter eine Version von *Die drei* → *Wünsche* [cf. AaTh 750 A])[46].

Von H.s weiteren Editionsarbeiten[47], die z. T. erst in den letzten Jahren zugänglich wurden, seien erwähnt: Ausg.n altital. und altfrz. Novellen und Sagen[48]; eine Version der → Merlin-Sage und Elisabeth von Nassau-Saarbrückens Prosaroman *Loher und Maller* (1437) in der Bearb. und Übertragung Friedrich Schlegels[49]; oriental. Geschichten[50]; Berichte über Zauberei, Hexenfahrten und Vampirwesen (z. T. unter Berufung auf Autoritäten wie Jean → Bodin, Erasmus → Francisci, Martin → Zeiller oder den → *Malleus maleficarum*), das Fegefeuer des hl. → Patrick und allerhand Spukgeschichten aus dem *Denkwürdigen und nützlichen Rhein. Antiquarius* des Polyhistors C. von Stramberg (Mitte 19. Jh.)[51]; Fälle von Hellseherei, Besessenheit und Geistererscheinungen aus den von Justinus → Kerner herausgegebenen *Blättern aus Prevorst*[52].

Gelegentlich kommen okkulte Phänomene auch in eigenen Erzählungen H.s vor: mitternächtlicher Auftritt des Ahnherrn als romantischer Liebhaber (*Wenkenhof* [1905])[53], spiritistische Spielereien (*Das schreibende Glas* [1922])[54], Vorführung eines von Mephistopheles entwickelten Schallapparats, der die Zukunft hörbar macht (*Ein Abend bei Doktor Faust* [1928])[55]. Den Überlieferungen von → Wolfsmenschen angenähert erscheint die Steppenwolf-Metapher in einer Kurzgeschichte, derzufolge der in Raubtiergestalt bei einer Menagerie engagierte „bekannte[...] Steppenwolf Harry", der „seine eigenen Memoiren als Buch herausgegeben" hat, eine Verehrerin beißt und vor Gericht gestellt wird; dieses hat zu entscheiden, „ob der Steppenwolf nun eigentlich ein Tier sei oder ein Mensch" (*Vom Steppenwolf* [1927])[56].

Die bei H. geschilderten übersinnlichen Praktiken und Vorgänge sind in Zusammenhang mit jener magischen Betrachtungsweise zu sehen, zu der ihn eine Umwertung aller Werte, Ergebnis der persönlichen und kulturellen Krise, führte. Magisches Denken ist die Vereinigung der Gegensatzpaare, der Einklang zwischen Innenwelt und Außenwelt, Vergangenheit und Zukunft[57]. Direkt ins Leben wirken „die Techniken der seelischen Konzentration, die Mittel zur Erzeugung schöpferischer Seelenzustände": Edmund folgt den Anweisungen eines ind. Tantras, als er den Professor tötet (*Edmund* [1930])[58]; „mit gesammelter Seele" unterwirft Siddhartha den Ältesten der Asketen seinem Willen[59]. Konzentrationsübungen, die der Gedankenübertragung und dem Gedankenlesen dienen, sind auch ein zentrales Thema des *Demian*[60], und einen Höhepunkt magischen Erlebens bildet das surrealistische Magische Theater im *Steppenwolf*, das „eine Art bewußtseinserweiterndes Erlebnis der Ganzheit" vermitteln will[61].

[1] H., H.: Politik des Gewissens. Die politischen Schr. 1: 1914–32. ed. V. Michels. Ffm. 1981 (erw. Nachdr. der Ausg. Ffm. 1977), 351. – [2] cf. Pfeifer, M. (ed.): H. H.s weltweite Wirkung. Ffm. 1977, 30, 58. – [3] cf. H., H.: Eigensinn. In: id. (wie not. 1) 229–234; Wilson, C.: The Outsider. L. 1956 (löste den amerik. H.-Boom aus und ist seinerseits zum Kultbuch geworden). – [4] Pfeifer (wie not. 2) bes. 7–38, 155–204; Michels, V. (ed.): H. H. Rezeption 1978–83. Ffm. (im Druck); Ziolkowski, T.: Der Schriftsteller H. H. Wertung und Neubewertung. Ffm. 1979, 186–215; Michels, V. (ed.): Über H. H. 1–2. Ffm. 1976/77, hier t. 2, 33–50, 68–101, 110–148; Pfeifer, M.: H. H. 1977. Bibliogr. des Sekundärschrifttums im Jahr seines 100. Geburtstags. Hanau-Mittelbuchen 1979, 10–13. – [5] Ziolkowski, T.: H. H. in den USA. In: Hsia, A. (ed.): H. H. heute. Bonn 1980, 1–24. – [6] Davon im dt. Sprachgebiet seit 1970 ca 14 Millionen (freundliche Mittlg von V. Michels, Suhrkamp Verlag, Ffm.); cf. ferner H. H. Ffm. 1987, [14] (Werbe-Ztg des Suhrkamp Verlags): USA: 16 Millionen, Japan: 15 Millionen, Lateinamerika: 6 Millionen. – [7] Pfeifer (wie not. 2) 277–348. – [8] cf. H., H.: Eine

Bibl. der Weltlit. [1929]. In: id.: G. W. 1–12. Ffm. 1970, hier t. 11, 335–372; cf. auch ibid., t. 12, 15–88. – [9] id.: Die Märchen. ed. V. Michels. Ffm. 1975; wiss. Unters.en (Ausw.): Dow, J. R.: H. H.'s Märchen. A Study of Sources, Themes, and Importance of H.'s Märchen and Other Works of Fantasy. Diss. Iowa City 1966; Karr, S. E.: H. H.'s Fairy Tales. Diss. Seattle 1973; Hsia, A.: H. H. und China. Ffm. 1974, 174–184, 187–196; Field, G. W.: H. H. Kommentar zu sämtlichen Werken. Stg. 1977, 166–170, 176 sq., 178–181; Mileck, J.: H. H. Dichter, Sucher, Bekenner. Biogr. Mü. 1979, 106–123; Field, G. W.: H.H.s moderne Märchen. In: Hsia (wie not. 5) 204–232; Tismar, J.: Das dt. Kunstmärchen des 20. Jh.s. Stg. 1981, 47–56; Ziolkowski (wie not. 4) 39–60; Wührl, P.-W.: Das dt. Kunstmärchen. Heidelberg 1984, 96–100, 235–237; Soukup, W.: H. H. Märchen. Magisterarbeit Eichstätt 1986. – [10] cf. z. B. Ziolkowski (wie not. 4) 42–51; Soukup (wie not. 9) 123–139. –
[11] H. (wie not. 8) t. 5, 370. – [12] ibid., t. 4, 482. – [13] cf. auch Tismar (wie not. 9) 48; Ziolkowski (wie not. 4) 59. – [14] H. (wie not. 9) 171–176, hier 172. – [15] ibid., 182–185, hier 183. – [16] id. (wie not. 8) t. 1, 253–293. – [17] cf. Tismar (wie not. 9) 47; Mileck (wie not. 9) 106 sq. – [18] H. (wie not. 9) 186–203. – [19] Tismar (wie not. 9) 50–53; Wührl (wie not. 9) 97–99. – [20] Tismar (wie not. 9) 49. –
[21] H. (wie not. 9) 68–90. – [22] ibid., 245–251. – [23] Rose, E.: The Beauty from Pao. Heine – Bierbaum – H. In: The Germanic Review 32,1 (1957) 5–18; Hsia (wie not. 9) 187–196. – [24] H. (wie not. 9) 252–269. – [25] id. (wie not. 8) t. 1, 224–229; zu Aladin cf. id.: Weihnacht mit zwei Kindergeschichten [1950]. ibid., t. 8, 522–530, hier 529. – [26] ibid., t. 2, 274–279, 289, Zitat 278. – [27] ibid., 167 sq., 171 sq. – [28] id.: Gesammelte Erzählungen 1–6. ed. V. Michels. Ffm. 1987, hier t. 3, 46–93, Beispiele 62, 66. – [29] Der von V. Michels zusammengestellte Band (H., H.: Legenden. Ffm. 1983) versammelt 21 zwischen 1902 und 1959 entstandene Erzählungen, darunter so unterschiedliche Stücke wie „Casanovas Bekehrung" (1906) und „Chin. Parabel" (undatiert). – [30] ibid., 10–24. –
[31] ibid., 77–83. – [32] ibid., 84–90. – [33] ibid., 91–99. – [34] ibid., 99–105. – [35] ibid., 105–118. – [36] ibid., 140–150. – [37] ibid., 159–164. – [38] H. (wie not. 28) 68 sq. – [39] Völker-Hezel, B.: H. H. und die Welt des MA.s. In: Festschr. K. H. Halbach. Göppingen 1972, 307–325; Wagner, F.: H. H. and the Middle Ages. In: The Modern Language Review 77 (1982) 378–386; id.: Nachwort [1982]. In: H., H. (ed.): Geschichten aus dem MA. Ffm. s. a., 219–234; Mileck (wie not. 9) 51–55. – [40] H., H.: Boccaccio [1904]. In: id.: Italien. Schilderungen, Tagebücher, Gedichte, Aufsätze, Buchbesprechungen und Erzählungen. ed. V. Michels. Ffm. 1983, 388–417; H., H.: Giovanni Boccaccio als Dichter des „Decamerone" [1904]. ibid., 305–314. –
[41] id.: Franz von Assisi. ed. V. Michels. Ffm. 1988 (enthält u. a. Vita, fünf Legenden und Orig. der „Laudes creaturarum" mit Übers.). – [42] Wagner, F.: Franz von Assisi und H. H. ibid., 98–128, hier 104, 121; Mileck (wie not. 9) 54. – [43] Wagner, Nachwort (wie not. 39) 228. – [44] H. (wie not. 39) 10. – [45] ibid., 179. – [46] Wagner, Nachwort (wie not. 39) 221–229; Wagner, H. H. and the Middle Ages (wie not. 39) 382–385. – [47] Zu H.s Herausgebertätigkeit cf. ferner Waibler, H.: H. H. Eine Bibliogr. Bern/Mü. 1962, 50–52; Mileck, J.: H. H. Biography and Bibliography 2. Berk./L.A./L. 1977, 865–869. – [48] Novellino. Novellen und Schwänke der ältesten ital. Erzähler. ed. H. H. Bern [1922]; Keller, A. von: Zwei altfrz. Sagen. ed. H. H. Bern [1924]; Die Geschichte von Romeo und Julie. ed. id. B. 1925. – [49] Schlegel, F.: Romantische Sagen des MA.s. ed. H. H. Ffm. 1986. – [50] Morgenländ. Erzählungen (Palmblätter). Nach der von J. G. Herder und A. J. Liebeskind besorgten Ausg. ed. H. H. Lpz. 1913 (^{2}1957; Neuaufl. Ffm. 1979); Sesam. Oriental. Erzählungen. ed. id. B. 1925. –
[51] Spuk- und Hexengeschichten aus dem „Rhein. Antiquarius". ed. id. Ffm. 1986. – [52] Bll. aus Prevorst. Eine Ausw. von Ber.en über Magnetismus, Hellsehen, Geistererscheinungen [...] aus dem Kreise Justinus Kerners und seiner Freunde. ed. H. H. B. 1926 (Neuaufl. Ffm. 1987). – [53] id. (wie not. 28) t. 2, 35–38. – [54] ibid., t. 6, 7–12. – [55] id. (wie not. 8) t. 4, 304–309. – [56] ibid., t. 6, 445–452. – [57] cf. Ziolkowski (wie not. 4) 51–53, 91–97; H., H.: Innen und Außen [1919]. In: id. (wie not. 8) t. 4, 372–386. – [58] ibid., t. 6, 432–438, Zitat 434. – [59] ibid., t. 5, 372 sq. – [60] z. B. ibid., 39–43, 54–60, 90 sq. –
[61] Ziolkowski (wie not. 4) 193; cf. auch Baumer, F.: Das magische Denken in der Dichtung H. H.s. Diss. (masch.) Mü. 1951.

Göttingen Christine Shojaei Kawan

Heuschrecke. Der H. (volkstümliche Bezeichnung verschiedener Gruppen der Geradflügler) werden, wie auch Mücke oder Floh, in populären Überlieferungen öfter negative Eigenschaften zugeschrieben, etwa als Verkünderin drohenden Unheils. Zugleich aber ist mit der H. auch die gegensätzliche Vorstellung eines nutzbringenden Insekts (H.n als Speise in Notzeiten; cf. auch Mt. 3,4 über → Johannes Baptista: „Seine Speise waren Heuschrecken und wilder Honig"), das gegen allerlei Krankheiten zu helfen vermag, tradiert[1]. In den schriftl. und mündl. Überlieferungen haben sich vor allem Memorate über die durch (Wander-)H.nschwärme hervorgerufenen beträchtlichen Ernteschäden bes. im mediterranen Gebiet und auf dem afrik. Kontinent erhalten. Erinnerungsberichte mit Schreckensschilderungen von H.nplagen lassen sich in griech., röm. und oriental. Quellen finden[2], gleichen sich sowohl im Ablauf als auch in der Schilderung der verheerenden Wirkung und sind keineswegs als Phantasieberichte abzutun, auch wenn die Autoren die H.narten zunächst nicht zu unterscheiden wußten. Ein breiter Überlieferungsstrang sorgte dafür, daß die Erinnerung an die Plagegeister nicht verblaßte, und wurde gestützt durch immer wiederkehrende Berichte über die ohne Vorwarnung einfallenden H.nschwärme.

Solche Geschehnisse sind sowohl in die Chronik- und Historienliteratur als auch in Reisebeschreibungen eingegangen[3], finden sich aber auch als Sensationsbericht in Flugschriften[4] – mit der Überschrift *Armee-zug der H.n* werden z. B. unter Bezug auf einen H.nschwarm aus dem Jahre 1693 zwölf weitere Beispiele von 272–1543 zitiert[5] – oder boten, bes. im 17./18. Jh.[6], Anlaß zu gelehrter Disputation. Auch die Predigt-, Exempel- und Legendenliteratur der Neuzeit nimmt sich dankbar der Thematik an, begreift die H.nschwärme als Vorboten noch drückenderer Plagen wie der → Pest, ganz im Sinne der eschatologischen Grundstimmung insbesondere des 16. Jh.s (K. → Goltwurm, C. Irenäus, J. → Fincel)[7], und vermischt reale Nachrichten mit prodigiösen Schilderungen wie Blutregen[8] zu einem Kaleidoskop göttlicher Strafen für menschliche Unzulänglichkeit bzw. Fehlverhalten (*Frag: Was bedeuten die H.n? Eccho: Schröcken! Das ist: Moralische Kirchweyh-Predig* […]. Augsburg 1750).

Noch heute stellt die „Invasion der Unersättlichen"[9] eine reale Gefährdung dar, die sich wie eine dunkle Wolke vor die Sonne schieben, ländergroße Regionen kahlfressen und Millionen Menschen um die Erträge ihrer Ernten bringen[10].

Der ‚fliegende Fluch' gilt seit alters als Strafe Gottes. Als 8. Plage, heißt es im A. T. (Ex. 10), habe Gott dem uneinsichtigen Pharao H.nschwärme mit dem Ostwind gesandt, welche das ganze Land bedeckt hätten (Ex. 10,15). Erst der Westwind habe der Plage ein Ende gemacht, seien doch dadurch die H.n ins Meer bzw. in die Wüste getrieben worden.

In der *Apokalypse* sind die H.n als Wesen mit übernatürlichen Kräften geschildert, „denen Macht gegeben wurde, wie sie die Skorpionen der Erde haben. Und es wurde ihnen gesagt, sie sollten dem Gras der Erde, allem Grünen und allen Bäumen kein Leid tun, sondern nur den Menschen, die das Siegel Gottes nicht auf der Stirn haben" (Apk. 9,3 sq.). Der Einsatz der Insekten ist hier auf vermeintliche Sünder bezogen, und diese Ausdeutung läßt sich in der Überlieferung immer wieder finden[11]. Eine weitere Deutung, z. T. unter Bezug auf andere Bibelstellen (Ps. 1,2; 25,13; 104,14; Spr. 27,25; Gal. 3,21; Joh. 1,29; Röm. 3,25; Apk. 2,10), findet sich auch in der geistlichen Tierinterpretation des MA.s[12] und in der emblematischen Lit.[13] in dem Bild der H., die nicht auf der Erde bleibt, aufspringt und doch wieder ihres unzulänglichen Gefieders wegen zurückfällt – wie der sündige Mensch, der stets seine eigene Schwäche und Unzulänglichkeit bedenken sollte.

Der hohe durch H.nschwärme verursachte materielle Schaden hat offenbar schon früh die erzählerische Phantasie in der Erfindung von Abwehrmaßnahmen beflügelt. Verschiedene Apotropäen wie das Aufkochen von Lupinen und wildgewachsenen Gurken mit Meerwasser sollten gegen die Schädlinge helfen[14]; beim Auftauchen von H.n müsse man sich in den Häusern verkriechen, heißt es nach Demokritos in einem im MA. vielbenutzten Sammelwerk über Landwirtschaft (*Geoponica* 13,1) oder bei Palladius (1,35,12), dann zöge der H.nschwarm weiter[15]. Es wird empfohlen, die H.n zu verfolgen, zu töten, eine Brühe aus ihnen zu kochen und sie in eine Grube zu schütten, dann werde man am nächsten Tage alle anderen H.n schlafend darin vorfinden und könne sie dann töten (*Geoponica* 13,1,5–8)[16] etc.

Diese H.nbeschreibungen in naturgeschichtlichen und volksmedizinischen Werken der ersten nachchristl. Jh.e haben ebenso dafür gesorgt, daß das Wissen um die Schaden verursachenden Insekten erhalten blieb, wobei die hoch- und spätma. Autoren die bis dato bekannten Vorstellungen und symbolischen Zuordnungen noch erweitert und z. T. phantastisch ausgemalt haben[17]: Während gewöhnlich die vielen Arten von H.n in den Überlieferungen nicht unterschieden werden, hat offenbar die punktierte bzw. getüpfelte H. die Phantasie des homo narrans angeregt. So glaubte man etwa Buchstaben auf den Flügeln zu entdecken, welche I. R. A. D. E. I. (lat. ira dei: Zorn Gottes) bedeutet und mithin die damit verbundene Strafaktion angezeigt hätten etc.[18] Gerade bei den Berichten über H.nplagen finden sich bis weit ins 18. Jh. hinein derlei Mutmaßungen, wenn etwa der Gymnasiallehrer P. Jetze über die 1712 in Schlesien eingefallenen H.n und die auf ihren Flügeln vermeintlich sichtbaren Buchstaben B. E. S. orakelte: „Bedeutet erschreckliche Schlachten; Bedeutet erfreuliche Siege; Boshaftig erstorbene Sünder; Bereuet euern Stolz; Beseufzet eure Schinderey; Beschauet eure Strafe"[19].

Doch gab es nicht nur solche Phantastereien, um das Auftreten der üblen Plagegeister vor allem in Frankreich, Italien und den angrenzenden Ländern zu erklären, sondern es wurden bereits seit der Antike, abgesehen von dem massenhaften Einsatz gegen die H.nschwärme, andere nicht rationale Versuche unternommen, sich der H.nplage durch Bannung zu erwehren. Schon Apollo galt als H.nvertreiber (Pausanias 1,24), und solche übernatürlichen Fähigkeiten sind u. a. auch dem Theodosius von Jerusalem (4. Jh.) und Valerius (ca 620) zugeschrieben[20]; so habe etwa Theodosius den H.n befohlen, sich mit Dornen zu begnügen und die Ernte nicht anzutasten[21]. Wie solche Vorstellungen noch nachwirkten, bezeugen die H.nbannungen Papst Benedikts XIII. (Juni 1725) oder der vom Bischof von Lausanne, Benedict von Montserrand, angestrengte → Tierprozeß (1479) gegen die H.n[22]. Doch führten solche Maßnahmen in keinem Fall zum Erfolg, wie die zahllosen zeitgenössischen Quellen zu berichten wissen[23].

Im Vergleich zu anderen Insekten wie etwa Ameise oder Biene hat die H. in den Erzählgattungen – vor allem Märchen, Sage, Fabel und ätiologische Erzählung – wenige Spuren hinterlassen. Hingegen findet sich z. B. das rührselige Kunstmärchen *Der Heuschreck und die Blumen*[24], das das Zusammenleben einer H. mit Blumen und Tieren beschreibt, oder das ‚Wiesenabenteuer' *Schreck der Geiger*, das den Jahreslauf einer H. bei Biene und Ameise behandelt[25]. Das einzelne Tier verbreitet keinen Schrecken und erscheint als Handlungsträger austauschbar, so in der bekannten Fabel → *Grille und Ameise* (AaTh 280 A). Allenfalls ätiologische Erzählungen sehen die H. in negativer Konnotation. So erklärt eine ältere rumän. Sage die Verfluchung der H. durch Gott wegen ihrer Gefräßigkeit und setzt hinzu, auch heute würden die H.n nie satt[26]; oder Gott schickte dem Kaiser zur Strafe H.nschwärme, weil er die Geistlichen und Nonnen nicht eingeladen habe (rumän.)[27]. Während den H.n in rezenten Aufzeichnungen aus Europa aufgrund fehlender H.nplagen keine Bedeutung mehr zukommt und öfter nur von der verwandten Grille erzählt wird[28], existiert vor allem im mediterranen Gebiet eine bis heute zu beobachtende reichhaltige, z. T. schwankhafte Überlieferung. H.n sind Teufelsgeschöpfe, vom Satan aus Pferdekopf, Elefantenaugen, Stierhals etc. erschaffen, und sollen sich, so eine alger. dualistische Schöpfungssage, stark vermehren, habe Gott befohlen[29], und die Berber erzählen, daß H.nmaden im Innern der Sahara aus verfaulten Ungeheuern ausgebrütet worden seien[30]. In pers., arab. und türk. Var.n zu AaTh 1641: → *Doktor Allwissend* nennt sich ein Mann H. und gerät, zufällig diesen Namen gebrauchend, in den Ruf der Allwissenheit[31]. Ein Dummkopf begrüßt die erste H. des Jahres ebenso freudig wie Frühobst und legt sie sich zur Segnung aufs Auge (arab., 9. Jh.)[32]. Zum → *Mahl der Einfältigen* (AaTh 1260 A) gehören Var.n aus der ma. arab. Lit., wonach ein Wiedehopf die Armee des → Salomo zum Essen einlädt, eine H. ins Meer wirft und sagt, wer kein Fleisch erhalte, bekäme wenigstens etwas von der Brühe[33].

Andere Überlieferungen aus den unterschiedlichsten Regionen (H. verliert Wette mit Wolf im Zauberwettkampf[34], läßt sich nur in bestimmten Städten nieder[35], hält sich tagsüber versteckt[36], H.n besiegen Adler[37]) sind ohne Kontext und Erzählbezug nur schwer einzuordnen.

[1] Keller, O.: Die antike Tierwelt 2. (Lpz. 1913) Nachdr. Hildesheim 1963, 455–459; Brunner-Traut, E.: H. In: Lex. der Ägyptologie 2. Wiesbaden 1977, 1179 sq.; Weber, M.: H. In: RAC 9, Lfg 111–112 (1988) 1231–1250; Knortz, K.: Insekten in Sage, Sitte und Lit. Annaberg 1910, 118–126; Fehrle, E.: Die H. im Aberglauben. In: HessBllfVk. 11 (1912) 207–218; Vidossi, G.: Ancora sui nomi della cavalletta. In: id.: Saggi e scritti minori di folklore. Torino 1960, 343–346; Lenko, K./Papa-

vero, N.: Insetos no folclore. São Paulo 1979. — [2] Überblick bei Keller (wie not. 1). — [3] z. B. Hammer, M.: Rosetum historiarum. Zwickau 1654, 386—388, 593; Praetorius, J.: Anthropodemus plutonicus. Magdeburg 1666, 445; Berckenmeyer, P. L.: Vermehrter curieuser Antiquarius [...]. Hbg [5]1720, 436, 735; id.: Forts. des curieusen Antiquarii [...]. Hbg [1720], 296, 324; zahlreiche weitere Nachweise in Krünitz, J. G.: Oeconomische Enc., oder allg. System der Staats-, Stadt-, Haus- und Landwirtschaft [...] 23. B. 1781, 377—503, bes. 498—503 (Lit.); cf. auch (weniger informativ) Grosses vollständiges Universal-Lexicon 11. Halle/Lpz. 1735, 1957—1968. — [4] Harms, W./Schilling, M./Wang, A. (edd.): Die Slg der Herzog August Bibl. in Wolfenbüttel. Kommentierte Ausg. 2: Historica. Mü. 1980, Tafel 298; cf. auch EM 4, 1346. — [5] Kupferstich: Armee-zug der H.n, So auf Befehl Gottes, dessen Gerechten Zorn und Eyffer auszuüben, einen Anfang zumachen, als Vor-Bothen an uns gesandt werden, cf. Schenda, R.: Die dt. Prodigienslgen des 16. und 17. Jh.s. In: Archiv für Geschichte des Buchwesens 4 (1963) 637—710, hier 710. — [6] Beispiele cf. Krünitz (wie not. 3) 498—503. — [7] Brückner, 131, 345 sq., 356; Schenda (wie not. 5) 694. — [8] z. B. Legenda aurea/Benz, 976 sq. (Papst Pelagius). — [9] Meister, M.: Der fliegende Fluch. In: Geo 3 (1989) 58—76. — [10] Wiederholtes Thema in Wochenzss., z. B. Klingholz, R.: Das große Fressen. In: Zeitmagazin 42 (1986) 80—90; Gschwind, A.: Trauma in der Wüste. In: Die Zeit 44. Jg, num. 16 (15. 4. 1988) 44; Der Spiegel 43. Jg, num. 19 (1988) 197. —
[11] cf. Beispiele bei Schenda (wie not. 5) 694. — [12] Lauchert, F.: Geschichte des Physiologus. Straßburg 1889, 162 sq.; Schmidtke, D.: Geistliche Tierinterpretation in der dt.sprachigen Lit. des MA.s (1100—1500). 1: Text. Diss. B. 1968, 305 sq. — [13] Emblemata. ed. A. Henkel/A. Schöne. Stg. 1967, 937. — [14] Fehrle (wie not. 1) 210 sq. — [15] ibid., 209 sq. — [16] ibid., 213 sq. — [17] cf. Bächtold-Stäubli, H.: H. In: HDA 3 (1930/31) 1823—1827. — [18] Krünitz (wie not. 3) 391. — [19] ibid. — [20] Günter 1949, 183; Toldo 8 (1908) 21. —
[21] Toldo 8 (1908) 21. — [22] cf. auch Krünitz (wie not. 3) 469. — [23] Amira, K. von: Thierstrafen und Thierprocesse. In: Mittlgen des Inst.s für österr. Geschichte 12 (1891) 545—601; Carson, H. L.: The Trial of Animals and Insects. In: Proc. of the American Philosophical Soc. 56 (1917) 410—415. — [24] Dingler, M.: Der Heuschreck und die Blumen. Oldenburg [1925]. — [25] Schreck der Geiger. Text von G. Kaiser. Wien 1954. — [26] Dh. 2, 82. — [27] Dh. 3, 250. — [28] cf. Mot., Reg. s. v. Cricket, Grasshopper(s), Locust(s). — [29] Dh. 1, 146, 168 sq. — [30] Dh. 3, 171. —
[31] Marzolph; Nowak, num. 467; Eberhard/Boratav, num. 311. — [32] al-Ǧāḥiẓ, ʿAmr ibn Baḥr: al-Bayān wat-tabyīn 2. ed. M. ʿA. Hārūn. Bagdad/Kairo 1380/1961, 238. — [33] Basset 1, 356, num. 76; cf. Ranke, K.: Der Schwank vom Schmaus der Einfältigkeit [1955]. In: id.: Die Welt der Einfachen Formen. B./N. Y. 1978, 212—223. — [34] Dh. 3, 142 (nordamerik. Indianer). — [35] JAFL 31 (1919) 235 (Pueblo; Mot. A 2434.3.1). — [36] Thompson/Balys A 2491.5 (Himalaya-Region). — [37] Nogaj, A.: Nogajskie narodnye skazki. M. 1979, num. 1.

Göttingen Hans-Jörg Uther

Hexe

1. Religionsgeschichtliche Grundlagen — 2. Die H. in der Volkserzählung — 2.1. Märchen — 2.2. Sage — 2.2.1. Allgemeines — 2.2.2. Tierverwandlung, H.nflug, H.nsabbat — 2.2.3. Schadenzauber — 2.2.3.1. Schadenzauber im bäuerlichen Umfeld — 2.2.3.2. Schadenzauber an Menschen — 3. Rezeption

1. Religionsgeschichtliche Grundlagen. Der H.nglaube, wie er vor allem in rechtlichen, theol. und literar. Zeugnissen des späten MA.s und der frühen Neuzeit erscheint, stellt ein außerordentlich kompliziertes Geflecht aus Glaubensvorstellungen dar, die kulturhist. z. T. sehr alten Schichten entstammen, sich dabei aber gleichwohl veränderten geistigen und gesellschaftlichen Verhältnissen anpassen konnten. Die Frühgeschichte der Entwicklung, die möglicherweise bis in matriarchale Schichten zurückreicht, liegt noch sehr im dunkeln[1]. Sicher unterscheiden lassen sich Elemente der oriental. und griech.-röm. Religionen sowie Einflüsse aus der nord.-germ. Glaubenswelt, manichäische Vorstellungen der Katharer und unterschiedliche theol.-phil. Spekulationen der ma. Kirche (cf. allg. → Dämonologie, → Dualismus, → Gnosis, → Magie, → Zauber).

Unverkennbare Vorläufer des späteren H.nglaubens finden sich bes. in der antiken Glaubenswelt. Die griech. Göttin Hekate[2], ursprünglich eine kleinasiat. Allgottheit, wurde in hellenist. Zeit zur Göttin der → Unterwelt und zur Herrin von → Spuk und Zauberei. Ihr Kult entwickelte sich zuerst in Thessalien, dem klassischen H.nland schon der Antike. Sie war Patronin der → Zauberinnen, die ihr an → Wegkreuzungen Opfer brachten. Bei den Römern verschmolz sie mit der als Mondgöttin verehrten Diana[3], deren Anrufung mit magischen Zauberformeln an Kreuzungen und in → Höhlen geschah und deren Kult auch den Brauch, Zauberkräuter bei Nacht zu suchen, kannte. Den Hekate- wie Dianakult übten meist Frauen. Der Dianakult scheint sich weit nach Norden ausgebreitet zu haben: Noch im 6. Jh. p. Chr. n. soll bei Trier eines ihrer Standbilder zerstört worden sein, und im *Canon episcopi* (9. Jh.) ist von Frauen die Rede, die mit der Heidengöttin Diana durch die Nacht zu reiten meinen[4].

Daneben ist der H.nglaube durch den Glauben an verschiedene → Dämonen beeinflußt worden — darunter zahlreiche furchterregende weibliche Gestalten wie die Strigen, häßliche Vögel, die Kinder aus der → Wiege rauben, um ihnen das → Blut auszusaugen, oder die vielgestaltigen → Lamien und Empusen[5]. Nicht sicher ist, ob die Antike in diesen Gestalten Dämonen, Totengeister oder menschliche, auf Tötung ausgehende Zauberinnen sah; zumindest für die Strigen ist durch → Ovid belegt, daß man sie nicht für übernatürliche Wesen, sondern für in Vogelgestalt verwandelte Frauen hielt[6].

In der nord. Mythologie wird vor allem die Göttin Freyja mit ältesten Zeugnissen des H.nglaubens in Verbindung gebracht; z. B. wird über die von ihr ausgeübte Seidkunst, einen Zauber schamanistischer Prägung, berichtet[7]. Im mediterranen wie nord. Kulturkreis wurden vorwiegend → Frauen magische Kräfte zugeschrieben. Ist in Griechenland eine → Ambivalenz ihnen gegenüber zu beobachten (→ Medea und → Circe sind faszinierend wie erschreckend)[8], so überwiegt schon in der röm. Kaiserzeit die Furcht vor den sagae, strigae, veneficae und malae mulieres als → Schadenzauber treibenden bösen Frauen[9]. Ähnlich uneinheitlich stellt sich die Entwicklung im vor- und frühchristl. Nordeuropa dar: Die Aussage von → Tacitus (*Germania* 8,4,61) über das hohe kultische Ansehen der Frau bei den Germanen bleibt problematisch angesichts der vielen literar. Zeugnisse für die Furcht, die man der Zauberin gegenüber hegte[10].

In vielen frühen Gesellschaftsordnungen hatten Frauen vermutlich als Trägerinnen von Rechtsordnung und Kult ein wesentlich größeres Gewicht als in patriarchalischen Strukturen (→ Matriarchat). Im Zentrum frühgeschichtlicher Religionen steht eine Muttergottheit[11]. Frauen waren mächtige Priesterinnen, die als bes. bewandert in geheimen Künsten (Wahrsagerei, Heilkunde etc.) galten. — Vorstellungen von der Großen Mutter, nach denen deren Priesterinnen ihren Zauber aufgrund einer magischen Erdverbundenheit ausüben, spiegeln sich noch in den hist. H.nprozessen. Dort wurden mit den Angeklagten manchmal Prozeduren zur Brechung der Erdkraft vorgenommen: Man setzte sie in kupferne Körbe und hängte diese an der Mauer auf. Derselbe Glaube dürfte auch der Anschauung, daß H.n hängend zu verbrennen seien, zugrunde liegen[12].

Diese Vorstellungen wurden von christl. Einflüssen überlagert. Selbst der dt. Begriff H., meist von hagazussa (Zaunweib)[13] abgeleitet, setzt sich erst relativ spät (16. Jh.) im Zuge der verstärkten kirchlichen H.nverfolgungen endgültig durch. Zuvor wurde der Terminus Zauberin benutzt; ma. Schriftquellen bevorzugen meist lat. Begriffe wie striga, lamia, furia, saga, incantatrix, praestigiatrix, pythonissa, mala mulier, malefica, venefica, herbaria, tempestaria — Bezeichnungen, die mehr die magischen Einzelpraktiken wie → Kannibalismus, → Vampirismus, → Wahrsagerei, Wettermachen, Kräuterkunde, → Giftmischen etc. charakterisieren[14].

Während der Germanenmissionierung bekämpfte die Kirche alte Volksglaubensvorstellungen (u. a. Wetterzauber, Tierverwandlung, nachtfahrende Frauen) als abergläubische Verletzungen des christl. Glaubens und belegte sie mit Kirchenbuße; für ‚echte' Malefizien (Handlungen, die Krankheit und Tod herbeiführen oder Schaden an fremdem Gut verursachen sollten) sah die weltliche Gesetzgebung Geldstrafen vor; → Karl der Große stellte unter Strafe zu glauben, jemand sei eine striga und esse Menschen[15]. Zum Kern des erst im 15. Jh. voll ausgebildeten christl. H.nbildes wird die Vorstellung vom → Teufelspakt, durch den die H. ihre magischen Fähigkeiten erhalte. Zauberei wird mit Häresie gleichgesetzt, H.rei wird zum crimen exceptum und unabhängig von realer Schadenswirkung mit dem Tod bestraft. Bes. seit dem 13. Jh. im Zusammenhang mit dem Kampf der Kirche gegen Katharer und andere Sekten (→ Bogomilen) wandelt sich der dem → Teufel gleichberechtigte männliche Teufelsbündner zu dessen Vasall[16], und des Teufelsbunds verdächtigt werden immer mehr schadenstiftende Frauen als Männer (→ Faust). Mit dem Teufelspakt wird nun die Teufelsbuhlschaft, die → Sodomie und → Ehebruch impliziert, als größtes

H.nverbrechen verbunden[17]. Hinzu tritt erst relativ spät (16. Jh.) der Vorwurf des in Prozeßakten meist als Teufelstanz bezeichneten H.nsabbats (→ Sabbat), der ebenfalls Parallelen zu Anklagen in den → Ketzerprozessen zeigt (Teufelsanbetung, Schwarze Messen mit sexuellen Orgien und Pervertierung der christl. Liturgie)[18]. 1484 sanktionierte die berühmte H.nbulle von Papst Innozenz VIII. den Glauben an H.n; der berüchtigte *H.nhammer* (1487; → *Malleus maleficarum*) brachte die H.nlehre in ein System und löste in Europa Wellen von Prozessen (Massenverfolgungen bis Ende 17. Jh.) aus, denen Zehntausende (zu 80% Frauen) zum Opfer fielen[19]. Die durch → Folter und vorgegebene Fragekataloge erhaltenen Geständnisse in den H.nprozessen geben weit mehr über gelehrte kirchliche Vorstellungen Aufschluß als über wirklich existierende magische Praktiken. Vermutlich stammte die Mehrzahl der Opfer aus ländlichen Unterschichten. Neben soziol. Ansätzen, die diese H.nverfolgungen in Zusammenhang mit der Umstrukturierung der Agrargesellschaft sehen, stehen Versuche, sie im Rahmen der Konfessionalisierungsprozesse als Kampf gegen von christl. Religion nur schwach berührte Volkskultur zu erklären (z. B. für Frankreich) oder als Unterdrückung eines H.nwesens, das als eigenständige vorchristl. Religion mit Riten und Gemeinschaftsformen (Dianakult) praktiziert worden sei[20]. Trotz regionaler Nachweise vom Weiterleben heidnischer Relikte[21] konnte die These von einer geschlossenen Geheimreligion und einem organisierten H.nkult bisher nicht schlüssig bewiesen werden[22].

2. Die H. in der Volkserzählung. In Volkserzählungen (Mot. G 200 – G 299) figurieren H.n „auf der Grenze vom menschlichen zum dämonischen Bereich“[23]. Während die H. der Sage ein in die Gesellschaft integrierter schadenzaubernder Mensch ist, der seine magischen Kräfte erst durch Verbindung mit dem Teufel erhält und damit zur Schädigung der Mitmenschen vertraglich verpflichtet ist, erscheint die Märchenhexe – von christl. Gedankengut weniger beeinflußt – als ein übernatürliches Wesen, dem seine Zauberkraft als selbstverständlich gegeben ist[24].

2.1. Märchen. In allen Kulturen finden sich Märchen von Frauengestalten mit zauberischen Fähigkeiten[25]. Die folgenden Aussagen gelten der H. im europ. Märchen, da den unterschiedlichen kulturspezifischen Ausprägungen hier nicht nachgegangen werden kann. Nur einige außereurop. Beispiele für Zauberinnen seien angeführt, die auch die Ambivalenz solcher Frauengestalten außerhalb des abendländ. Kulturkreises zeigen:

Nach einem Märchen der Kabylen soll „die erste Mutter der Welt, die nur alles entzweite und verdarb“, alles Unglück in die Welt gebracht haben, „weil sie eine große Zauberin war und alles beherrschen wollte und Freude am Unglück hatte“[26]. In Nigeria verfügt die Magierin Ogboinba von Kindheit an über die Gabe des Zweiten Gesichts und ist eine gesuchte Heilerin[27]; in einem Märchen der südamerik. Maué-Indianer kennt die Zauberin die heilenden Kräfte sämtlicher Pflanzen[28]; die jakut. Schamanin Aitaly kann mit Unterstützung ihrer Hilfsgeister Tote wieder zum Leben erwecken[29]. Ein araukan. Märchen schildert die Zauberin als eine begabte Töpferin und Gerberin, aber auch als bösartige Schadenstifterin[30].

Auch für Europa ergibt sich ein komplexes Bild, da sich in den Erzählungen die Wirkungsbereiche der verschiedenen zauberkundigen weiblichen Jenseitigen überschneiden. Die Laima der balt. Märchen z. B. ist den → Schicksalsfrauen zuzurechnen; u. a. hexenähnlich agiert die → Fairy (cf. → Fee) im kelt. Bereich wie im isl. und norw. die → Riesin und die Trollfrau; die ostslav. → Baba-Jaga ist ambivalenter Natur, sie übernimmt z. B. Aufgaben, die in dt. Märchen zum einen der H. und zum anderen dämonischen Frauengestalten wie → Frau Holle (KHM 24, AaTh 480: *Das gute und das schlechte → Mädchen*) zugewiesen werden.

Gemäß des abstrahierenden Märchenstils (cf. → Polarisation, → Gut und böse, → Schön und häßlich) sind die Darstellungen z. T. spärlich, lassen jedoch darauf schließen, daß im europ. Märchen zauberische schadenstiftende Frauen meist alt und häßlich sind (cf. → Alte Leute):

Die H. ist steinalt, auf eine Krücke gestützt, wakkelt mit dem Kopf, hat rote Augen (KHM 15, AaTh 327 A: → *Hänsel und Gretel*); Baba Jaga hat ein Eisen-(Knochen-)bein, ihre Nase reicht bis zur Decke, die Lippen sind auf dem Türbalken (russ.)[31]; Blauvör ist das ‚schrecklichste‘ Riesenweib (isl.)[32]; die H. ist ein altes Weib (finn.)[33] oder eine häßliche alte Zigeunerin (südslav.)[34].

Die Synthese Alte Frau/H. findet für die dt. Märchen ihre volle Ausprägung im 19. Jh., in den Slgen der Brüder → Grimm und bes. L. → Bechsteins[35].

Als dämonisches Wesen kann die H. ihre Gestalt verändern. Sie macht sich unkenntlich, indem sie das Aussehen einer anderen Frau annimmt (KHM 11, AaTh 450: → *Brüderchen und Schwesterchen*; KHM 53, AaTh 709: → *Schneewittchen*)[36], verwandelt sich in ein Tier (meist Katze [→ Kater] und → Eule; KHM 69, AaTh 405: → *Jorinde und Joringel*) oder in einen unbelebten Gegenstand (z. B. in einen wandernden Heustapel; finn.)[37]. Die Wohnstätte der H. liegt fernab von allen Menschen tief im → Wald (KHM 22, AaTh 851: cf. → *Rätselprinzessin*; KHM 68, AaTh 325: → *Zauberer und Schüler*; KHM 123, AaTh 442: *The Old Man in the Forest*)[38]. Dieser sowie die Umgebung gehören zum dämonischen Machtbereich und bedeuten für den Menschen eine Gefahrenzone (→ Grenze). Das → Haus der H. ist im dt. Märchen meist klein und unscheinbar (KHM 68, 123), selten ein Schloß (KHM 122, AaTh 566: → *Fortunatus* und AaTh 567: *Das wunderbare* → *Vogelherz*). Ausnahmen sind das Brot- und Kuchenhaus in AaTh 327 A oder das schreckliche mit Menschenköpfen und -händen versehene Haus der Dämonin in KHM 43, AaTh 334: → *Haushalt der H.* (cf. → Köpfe auf Pfählen). Im ostslav. Märchen bewohnt die Baba Jaga ein sich drehendes → Haus auf Hühnerfüßen, das Analogien zur sich auf einem Vogelbein drehenden H.nburg ung. und uralalta. Märchen aufweist.

Das häßliche Äußere der H. und ihre abgeschiedene Wohnung entsprechen ihrem bösen, dem Menschen feindlichen Charakter. Die H. verkörpert das Prinzip des Bösen und tritt stets als → Gegenspielerin des Helden auf. Sie bekämpft ihn mit magischen Künsten, die von Versenken des Helden in einen Zauberschlaf[39], Verbannung (KHM 12, AaTh 310: → *Jungfrau im Turm*), Verwandlung in ein Tier (AaTh 450), einen Baum (KHM 43, 123) oder Stein (AaTh 303: *Die zwei* → *Brüder*) bis zur Giftmischerei (KHM 22, 53; cf. → Zaubertrank) reichen. Charakteristisch für die H. sind auch ihre kannibalistischen Züge: Sie tritt als Menschenfresserin auf in den verschiedenen europ. Var.n zu AaTh 327 A, AaTh 327 C: → *Junge im Sack der H.*, AaTh 327 F: → *H. und Fischerjunge*, AaTh 333 A: → *Caterinella* sowie AaTh 334. Fast ausschließlich werden in diesen → Fressermärchen Kinder bedroht (cf. → Schreckmärchen)[40].

In vielen Märchen, die mit der → *Magischen Flucht* (AaTh 313 sqq.) verbunden sind, besiegt der Held die H. nur mit Hilfe ihrer Tochter, Stieftochter oder seiner von der H. verwandelten Braut, die ihm bei den schweren → Aufgaben hilft und mit ihm aus dem Machtbereich der H. flieht. Eine Bestrafung der H. ist stets ein Todesurteil. Die → Hinrichtungsformen erscheinen grausam (→ Grausamkeit), entsprechen jedoch z. T. hist. → Strafen wie → Ertränken (KHM 9, AaTh 451: → *Mädchen sucht seine Brüder*; KHM 13, cf. AaTh 403: *Die schwarze und die weiße* → *Braut*; cf. auch → Nagelfaß), Zerreißen durch wilde Tiere (KHM 11) und vor allem Verbrennen (KHM 9, 15). Bes. der Feuertod verweist auf die hist. H.nprozesse. Die Hinrichtung der H. im Märchen läßt sich auch als Zauberhandlung, als eine Art Wiedergutmachungszauber, verstehen: Der von ihr angerichtete Schadenzauber wird erst durch ihre totale Vernichtung beseitigt[41]. Nicht selten wird die H. von ihren Opfern überlistet und erfährt das ihnen zugedachte Schicksal (u. a. AaTh 327 A), spricht sich selbst das Urteil (cf. → Selbstschädigung) oder zerplatzt, weil sie auf der Verfolgungsjagd einen Teich (Fluß) austrinkt[42]. Als echter Dämon kann die Märchenhexe sich aber auch jeder Bestrafung entziehen (KHM 69).

Im Unterschied zu den H.n im Märchen, die isoliert und ohne soziale Bezüge zu ihren Opfern stehen, konzentrieren H.n, die als → Stiefmütter oder Schwiegermütter (→ Schwiegereltern) auftreten, ihren Zauber auf einzelne, bestimmte Menschen. Meist ist die H. Gegenspielerin einer Heldin, oft aus → Neid auf deren Schönheit: Die Stiefmutter empfindet das Mädchen entweder als persönliche Rivalin (KHM 53) oder – häufiger – als Konkurrentin ihrer eigenen häßlichen Tochter (KHM 11). Zu berücksichtigen ist, daß die Stiefmutter manchmal mit der leiblichen Mutter identisch zu sein scheint. Insgesamt spiegelt die Stiefmutterhexe des Märchens – allen psychoanalytischen und damit ideologisch weitgehend verengten Deutungsversuchen zum Trotz[43] – eine hist. Entwicklungsstufe, die ihre Wurzeln in ganz bestimmten sozialen Gegebenheiten der Familien- und Sippenbildung haben dürfte[44]. Findet sich die Stiefmutterhexe oft in Märchen über die unterschobene → Braut (cf. AaTh 403), so spielt die Schwiegermutterhexe ihre Rolle häufig im Komplex der unschuldig verfolgten Frau (cf. KHM 9)[45]. Auch in Sage[46] und Ballade (cf. *Willie's Lady* und *Von der bösen Schwiegermutter*)[47] ist die zauberkundige Schwiegermutter thematisiert worden.

2.2. Sage

2.2.1. Allgemeines. Sagen über H.n sind äußerst zahlreich und in ganz Europa verbreitet[48]. Verglichen mit der Märchenhexe zeigt die Gestalt der H. in der Sage ein sehr viel differenzierteres Bild. Die Sagen sind lokalisiert und knüpfen nicht selten direkt an namentlich bekannte Personen an[49]. Anders als im Märchen ist die H. der Sage auch nicht auf das Klischee alt und häßlich festgelegt: Als H.n verdächtigt werden Kinder, schöne junge Mädchen, Ehefrauen, alte Weiber oder einfach die Bäuerin, Magd, Nachbarin oder eine nicht näher spezifizierte Frau. Die weitaus größte Zahl aller Sagen schildert die H. als weiblich, kennt aber auch den (männlichen) H.nmeister und Schwarzkünstler[50], der zu unterscheiden ist vom positiv als H.nbanner auftretenden H.r oder H.rich (späte Analogiebildung zu H.).

Volksglaubensvorstellungen über die H., die sich in der Sage fassen lassen, entsprechen zum großen Teil den Darstellungen einer seit dem MA. ständig wachsenden H.nliteratur, die vom *H.nhammer* mit seiner Systematisierung der H.nlehre über die ‚Geständnisse' in den Prozeßakten bis zu einer wiederum darauf beruhenden gelehrten Lit. reicht (cf. z. B. Johannes → Nider, Jean → Bodin, *Theatrum de veneficis*[51], Martin → Delrio). Theol. Ansichten wurden auf diese Weise ständig reproduziert. Ein nicht unbeträchtlicher Multiplikatoreffekt ist in den bis zum Ende des 17. Jh.s massenhaft stattfindenden H.nprozessen zu sehen. Doch der H.nglaube, wie er sich in Sagensammlungen zeigt, hat andere Schwerpunkte als die gelehrte Lit.

So berichten relativ wenige Sagen, wie Frauen zu H.n werden: Auf der einen Seite gilt die H.nkunst als erblich (zur Zeit der H.nprozesse wurden Kinder oft zusammen mit ihren Müttern hingerichtet[52]), und das Kind macht bei der Mutter (auch Taufpatin, ältere Verwandte) eine regelrechte Lehrzeit durch[53], auf der anderen Seite werden – z. T. in Not geratene – Erwachsene vom Teufel geworben und müssen durch Eintragung ins Buch des Teufels und Blutunterschrift einen förmlichen Pakt mit diesem abschließen[54]. Auch Belege für die Teufelsbuhlschaft finden sich in der mündl. Überlieferung relativ selten[55]. Der Glaube an → Incubus und Succubus (cf. auch → Mißgeburt, → Monstrum) scheint weitgehend im theol. Bereich verblieben zu sein[56]. Von H.nsabbat und H.nsalbe, seit dem 15. Jh. ein stehendes Requisit des H.ntreibens bei Flug und Tierverwandlung[57], wird auch in den Sagen berichtet, doch nicht mit ausführlichen Detailbeschreibungen und Spekulationen wie in der dämonologischen Lit. des MA.s und der frühen Neuzeit, in welcher der H.nsabbat als Fest mit Teufelskult, rituellem Kindsmord und sexuellen Orgien eine zentrale Stellung[58] einnimmt und als Kombination erotischer Phantasien und Wunschvorstellungen mit verschiedensten volkskulturellen und gelehrt-theol. Traditionen erscheint[59]. Ebenso sind H.nflug (Wahnvorstellung oder Realität; cf. → Schamanismus[60]) und → Salbe Themen des *H.nhammers* und anderer Lit., greifen dabei jedoch stärker als beim H.nsabbat auf tatsächlich ausgeübte Praktiken zurück. Die Anwendung der H.nsalbe, angeblich eine Mischung magischer und pflanzlicher Mittel der Volksmedizin, wird auch mit sexuellen Motiven erklärt: Frauen hätten, da die männliche Bevölkerung durch ständige Kriege stark dezimiert wurde, aus sexueller Not zur H.nsalbe gegriffen, die sie in einen narkotischen Schlaf mit erotischen Träumen fallen ließ (→ Narkotika)[61]. Wiss. Versuche mit solchen Salben bezeugen übereinstimmend lebhafte Träume, u. a. mit Halluzinationen eines Fluges[62] und der Verwandlung in ein Tier[63].

2.2.2. Tierverwandlung, H.nflug, H.nsabbat. Die Fähigkeit zur Tierverwandlung, die eine bedeutende Rolle im Glauben und Kult vieler Völker spielt, ist fester Bestandteil der H.nvorstellung und in vielen Sagen thematisiert; nur z. T. ist sie mit Flug und H.nsalbe verbunden. Mit Ausnahme von Lamm und Taube, christl. Symbolen der Reinheit, können sich H.n der Sage nach in fast alle Tierarten verwandeln. Mit Vorliebe erscheint die H. als Katze, aber auch als anderes Haustier (Hund, Pferd, Schwein, Kuh), als dreibeiniger → Hase, als Fuchs, Kröte, Vogel (Rabe, Eule, Ente) oder Insekt[64], gelegentlich auch als Gegenstand[65]. In Werwolfsagen (→ Wolfsmenschen) überschneidet sich der Tätigkeitsbereich der H.

mit dem anderer dämonischer Wesen. Die H. verwandelt sich durch Umlegen eines → Gürtels oder auch durch Gebrauch einer magischen Salbe[66]. Sofern die H. als tierischer Schädling (Maus, Ratte, Käfer, Schnecke etc.) auftritt, vergreift sie sich meist an Feldfrüchten; erscheint sie als Haustier, so verletzt oder tötet sie hauptsächlich Menschen. In Katzen- oder auch Hasengestalt stiehlt die H. → Milch, Speck, Brot, Kohl und andere Lebensmittel[67]; als → Kröte saugt sie Kühen die Milch aus dem Euter[68], entzieht dem Acker des Nachbarn Dung und führt ihn auf den eigenen[69] oder verursacht Unwetter und Überschwemmungen[70]. Als Hase oder Fuchs narrt sie mit Vorliebe → Jäger. Da sie kugelfest ist, versagt das Gewehr, oder der Jäger trifft beim Schuß sich selbst. Die H. muß ihre wahre Gestalt annehmen, wenn man einen Rosenkranz über sie wirft oder die Büchse mit einem geweihten Gegenstand lädt (cf. → Hieb- und stichfest)[71].

Die Katze (→ Kater), vor allem die schwarze Katze, ist sowohl die bevorzugte tierische Erscheinungsform der H. als auch ihr charakteristisches Begleittier (Katzen wurden zur Zeit der H.nverfolgungen nicht selten zusammen mit den H.n verbrannt[72]):

Nach älteren Vorstellungen werden Katzen im 7., 9. oder 14. Lebensjahr automatisch zu H.n, weshalb man alte Katzen ungern im Hause behält[73]. Gelegentlich erscheint die Katze als koboldartiger Begleiter und Hilfsgeist der H. im Haushalt (mistet aus, spaltet Holz, wäscht, bringt ihrer Herrin jede gewünschte Speise)[74]. Für ihre Dienste muß die Katze vor allem nach engl. Sagen mit Blut gefüttert werden[75].

Katzenhexen werden neben dem wohl auf realen Beobachtungen[76] fußenden Diebstahl von Lebensmitteln auch Tätigkeiten zugeschrieben wie das Behexen von Vieh, das Stehlen und Töten von Kindern oder das Anhexen von Krankheiten[77]. Auch soziale Kontrolle wird der H. als Katze nachgesagt: Sie spioniert hinter Liebespaaren her[78], folgt ihrem eigenen Geliebten auf Schritt und Tritt[79] und beaufsichtigt das Gesinde bei Arbeiten in Haus und Feld[80]. Die H. wird identifiziert, wenn der Katze eine Pfote abgehackt oder sie sonstwie verletzt wird und eine Frau hernach die entsprechenden Verletzungen aufweist[81]. Mit Vorliebe treiben diese Katzen ihr Unwesen in einsamen Wirtschaftsgebäuden (Brauereien, Färberküchen, vor allem Mühlen), und gewöhnlich entpuppt sich die Meisterin selbst als Anstifterin[82]. Manche Sagen berichten von regelrechten Versammlungen unheimlicher Katzen, die zu greulicher Katzenmusik tanzen – ein Typus, der in enger Beziehung zu den Sagen über H.nfahrt und -sabbat steht, in denen die H.n vielfach in Gestalt von Katzen erscheinen[83].

Viele Sagen berichten über einen → Sabbat der H.n und ihre → Luftreise dorthin. Die H.n reiben sich mit Salbe ein und setzen sich u. a. auf Strohhalme, → Besen, Stöcke, Ofen- und Mistgabeln[84]. Sie benutzen auch Tiere als Transportmittel, unter deren Gestalt sich der Teufel selbst verbirgt[85], oder fahren in mit schwarzen Tieren bespannten Wagen[86]. Eine bes. Art des Ausfahrens in Sagen geschieht mit Hilfe des H.nhalfters:

Durch Überwerfen eines magischen Zaumzeugs verwandelt die H. einen Mann, meist einen ihrer Knechte, in ein Pferd, auf dem sie dann zum Sabbat reitet. Dem von der H. Gerittenen gelingt es, den Zaum abzuschütteln: Wieder zum Menschen geworden, wirft er diesen der H. um, reitet auf ihr zum nächsten Schmied und läßt das Pferd beschlagen; die H. stirbt an den erlittenen Verletzungen (cf. auch → Pfaffenköchin)[87].

Auch die heimliche Beobachtung der H. bei ihrer Ausfahrt, u. a. durch den Kamin[88], und der Versuch einer Nachahmung sind in Lit. und Sage thematisiert worden. So fliegt die Zauberin Pamphile in den *Metamorphosen* des → Apuleius in Gestalt einer Eule davon, während der neugierige Beobachter infolge eines Griffs in den falschen Salbentopf in einen Esel verwandelt wird[89]. In dem verbreiteten Sagentyp von der nachgeahmten H.nfahrt spricht der unberufene Teilnehmer an der H.nfahrt statt der vorgeschriebenen Worte „Oben aus und nirgends an" oder „Über Stauden und Hecken" „Oben aus und überall an" bzw. „Durch Stauden und Hecken" und wird daraufhin durch Dornen und Gesträuch geschleift und kommt zerschunden an[90]. Die H.nsalbe bewirkt zwar den Flug, aber zu dessen ‚richtigem' Verlauf gehört eben auch ein magisches Wissen, das sich im richtigen → Zauberspruch ausdrückt.

Die gelehrten Vorstellungen vom H.nsabbat haben auch die Sagenbildung beeinflußt. H.n versammeln sich zu bestimmten Terminen im Jahr (vor allem an Johannis, im Advent, in den Zwölften, zu Weihnachten, Ostern und Pfingsten)[91] oder an bestimmten Wochen- und Monatstagen (vor allem am Donnerstag und Freitag)[92]. Haupttermin ist die Nacht zum 1. Mai, die Walpurgisnacht; der Name der Äbtissin Walburga (gest. 779), Schutzpatronin gegen böse Zauberei, ist erst sekundär mit diesem Zeitpunkt eines auch vorchristl. Frühlingsfestes verknüpft worden[93].

Für ihre Treffen bevorzugen die H.n der Sage nach Orte, die entweder für Menschen schwer oder gar nicht zugänglich sind (z. B. die Kirchturmspitze)[94] oder aber als Spukorte in Verruf stehen (z. B. Kreuzwege, → Friedhöfe, Richtstätten, versteckt liegende Seen, Wald-, Moor- und Heidegebiete oder verlassene Scheunen)[95], aber auch Wiesen- und Waldlichtungen[96]. Sog. H.nringe – runde Stellen, die entweder graslos oder mit bes. hohem Gras bewachsen sind – gelten als H.ntanzplätze, ebenso Stellen, wo viele Pilze im Kreise wachsen[97]. Mit Vorliebe treffen sich die H.n auf Berggipfeln. Ein bekannter Versammlungsplatz ist der Brocken, die höchste Erhebung des Harzes. Die volkstümliche Bezeichnung Blocksberg ist weniger ein Eigen- als vielmehr ein geogr. nicht näher fixierter Gattungsname für Orte, an denen nächtliche H.nfeste stattfinden sollen. Der schwed. Sammelplatz heißt Blåkulla, der dän. Trommenfjeld; ital. H.nberge sind der Barco di Ferrara und der Paterno do Bologna; in Litauen kommen die H.n auf dem Szatria zusammen[98].

Die in der Lit. herausgehobene Rolle des Teufels beim Blocksbergfest spiegelt sich in den Sagensammlungen nicht wider, im Mittelpunkt steht hier das Gelage mit Essen, Musik und Tanz[99] – ein deutlicher Abglanz bäuerlicher Festlichkeiten[100]. Wenn hier auch gewisse sozialkritische Züge gesehen werden können (fehlendes Essen wird durch Diebstahl bei Reichen beschafft[101]), so bleibt letztlich doch die Ständestruktur unangetastet:

> Beim H.nsabbat auf dem Nägelesee, einem Haupttreffpunkt der Freiburger H.n, „führte ‚die dicke Bärbel' vom Fischmarkt" – eine Bäckersfrau – „in einem stattlichen Pelze den Vorsitz, musterte die Kleider der Angekommenen und hielt auf Ordnung"[102]. Beim Festmahl sitzen bessergestellte H.n an der Tafel, arme müssen bedienen, abwaschen etc. Arme H.n trinken aus einfachen Holz- und Zinnbechern, reiche aus goldenem und silbernem Geschirr[103]. Alte müssen nicht nur Teller spülen, sondern auch als Lichtstöcke fungieren (sie stehen auf dem Kopf, und der Teufel steckt ihnen die Lichter in den Hintern – eine Dämonisierung sexueller Vorgänge)[104].

In den Spielleuten beim H.ntanz (oft zufällig als Gäste) findet die theol. geprägte Vorstellung vom → Spielmann als Sprachrohr des Teufels ihren bes. Ausdruck, der mit der gesellschaftlichen Randstellung dieser Berufsgruppe korrespondiert (cf. → Gaukler). – Die Spielleute verwenden ihre eigenen[105] oder vom Teufel zur Verfügung gestellte Musikinstrumente, die sich bei Tagesanbruch als Katzenschwänze, Schweinsköpfe, Pferdeschädel, Totenknochen und ähnliches erweisen[106] – als teuflisches Blendwerk. Die H.ntänze selbst spiegeln deutlich die von kirchlichen und weltlichen Obrigkeiten bekämpften Modetänze (→ Tanz) – vor allem wohl wegen ihrer Wildheit und ihres erotischen Einschlags[107]; getanzt wird wild durcheinander, mit Gesang und hohen Sprüngen, teilweise auf Seilen mehrere Meter über der Erde[108] (ein Abglanz spielmännischer Seiltänzerkunststücke) – vor allem aber, gemäß dem Prinzip des Sabbats als satanischer Gegenkirche, links herum und mit dem Gesicht nach außen[109]. Geht um Mitternacht (im Morgengrauen, beim Hahnenschrei) das Fest zu Ende, erweisen sich Speisen und Eßgeschirr als Kohlen, Roßäpfel, Knochen, Hufe etc.[110].

Der heimliche Lauscher muß seine Kühnheit bei Entdeckung nicht selten mit dem Leben bezahlen, sofern es ihm nicht gelingt, die H.ngesellschaft durch Abwehrzauber zu verscheuchen oder sich zu retten, indem er Geheimhaltung verspricht und sich bereiterklärt, selbst zur H. zu werden[111].

Den hist. H.nprozessen und der Sagenüberlieferung nach dient der Sabbat auch dazu, dem Teufel Bericht über begangene Untaten zu erstatten, neue Befehle entgegenzunehmen oder nötige Zaubermittel herzustellen[112], was u. a. zu einer breiten Darstellung von Schadenzauber führt.

2.2.3. Schadenzauber. Den Lebensverhältnissen der bäuerlichen Bevölkerung entsprechend tritt die H. in erster Linie als Schädigerin der bäuerlichen Produktion auf[113]. Dieser u. a. durch konkrete materielle Interessen beeinflußte Glaube an → Schaden- und → Abwehrzauber ist in zahllosen Sagen dokumentiert und im Unterschied zu Vorstellungen vom H.nsabbat z. T. noch heute verbreitet[114].

2.2.3.1. Schadenzauber im bäuerlichen Umfeld. Im Bereich der Feldwirtschaft überschneidet sich das Wirken der H. zum Teil mit dem des Bilwis, eines Korndämons, der sich seit dem 14. Jh. von einem ambivalenten Fruchtbarkeitsdämon in einen menschlich gedachten Zauberer und Teufelsbündner wandelte[115]. Sein weibliches Pendant in der Sage ist die Getreidehexe: Drischt diese einige Ähren von fremden Feldern aus, so hat sie deren gesamten Nutzen[116]; das geschnittene Korn des eigenen Ackers fliegt auf ihren Befehl von selbst in den Stadel[117]; mittels eines Wirbelwinds, des sog. H.nwinds, stiehlt sie Heu, Korn und Obst[118]; durch austrocknende Winde schädigt sie die Ernte[119].

Die Magie einer Windhexe kann unter Umständen aber auch positiven Charakter haben: Eine alte Frau besänftigt den → Wind, indem sie unter Beschwörungen Mehl und Salz hinein streut – eine Abwandlung des sog. Windfütterns, einer alten Form der Elementeopfer[120]. Als Beherrscherin der Winde kann die H. diese auch verkaufen, indem sie sie in ein mehrfach verknotetes Tuch einschließt: Das Lösen des ersten und zweiten Knotens bewirkt günstigen Wind, das ausdrücklich verbotene Lösen des dritten aber gefährlichen Sturm[121].

Der Glaube an → Wetterzauber reicht weit zurück, und die hierzu verwendeten Riten sind bei allen Völkern ähnlich; ihre häufigsten Formen sind Beschwörung, Opfer und magische Analogiehandlungen[122]. Als heidnisches Erbe (cf. Vegetations- und Fruchtbarkeitsriten der Antike[123] oder früh belegte Beispiele bes. des Windzaubers bei Fischern und Schiffern Nordeuropas[124]) ist der Wetterzauber auch im christl. Einflußbereich trotz kirchlicher Gegenmaßnahmen außerordentlich volkstümlich geblieben. War zunächst die Möglichkeit einer zauberischen Einflußnahme auf das Wetter überhaupt abgelehnt worden, so dachte man später, der Teufel sei Urheber vor allem von Unwettern, seit dem hohen MA. dann auch, Menschen seien durch Teufelspakt in der Lage, im bösen Sinn das Wetter zu lenken: Wetterzauber ist in den Zauber- und H.nprozessen des 15. bis 18. Jh.s ein häufiger Anklagepunkt.

Diese Diabolisierung eines ursprünglich positiv gedachten Wetterzaubers hat auch in der Volkserzählung einen Niederschlag gefunden, wobei je nach geogr. und klimatischen Besonderheiten gewisse Unterschiede bestehen: In den Alpenländern taucht die Wetterhexe bes. häufig auf, für Küstenregionen ist die Windhexe typisch[125]. In Gegenden mit rasch wechselndem Wetter erklärt man plötzlich auftretende Unwetter als H.nwerk[126]. Im Hochgebirge wird ihnen darüber hinaus das Entstehen von Lawinen, Erdrutsch, Steinschlag und das Ausbrechen von Wildwassern zugeschrieben[127]. Z. T. werden auch die magischen Praktiken der Wetterhexe in den Sagen beschrieben[128]. Der den H.n angelastete Schadenzauber stellt sich dabei als pervertierter, ins Gegenteil verkehrter Fruchtbarkeitsritus dar. Bei den in Sagen geschilderten Abwehrpraktiken sind ältere Formen des Abwehrzaubers äußerlich übernommen, in ihrer Funktion aber von christl. Inhalten weitgehend überlagert worden: Aus ursprünglich rein physisch wirkenden Waffen wurden geweihte Kugeln oder auch einfach Gegenstände des christl. Kultus, die die Macht der H. brechen (cf. → Messer, → Glocke)[129].

Bis weit ins 20. Jh. hinein sind Tierkrankheiten als Einwirkung von H.n aufgefaßt worden, die es auf das Vieh als Wohlstandsquelle ganz bes. abgesehen haben sollen. Als Motive solcher Viehhexen werden in Sagen häufig Neid oder Rachsucht, nicht selten aber auch reine Bosheit und Freude an zauberischer Schädigung genannt, für die der H. vielfältige Mittel zur Verfügung stehen[130] und die sich über den gesamten Viehbestand erstreckt[131].

Die Behandlung kranker Tiere lag bis zur Mitte des 18. Jh.s, als sich allmählich die Veterinärmedizin herauszubilden begann, in der Hand der Besitzer bzw. von Hirten, Schmieden, Abdeckern und Scharfrichtern, aber auch Angehörigen gelehrter Berufe[132]. In Volksglauben und Sage stehen die Viehdoktoren oftmals als Wundertäter und Zauberer in hohem Ansehen, auch wenn sie es oft mit dem ‚Bösen' halten sollen[133], ebenso wie H.nbanner, die über Abwehrpraktiken verfügten. Auch von ‚Bauerndoctorinnen' – nicht mit H.n zu verwechseln – wird berichtet[134], ebenso von tierheilkundigen Frauen, die sich ein wenig auf ‚Zauberei' verstünden[135]. Die Heilkunst stellt hier, wie die Volksmedizin generell, oft eine Mischung aus empirischem Wissen und religiös-magischen Praktiken dar[136]. In den Sagen werden vielfältige Formen des Schutzzaubers zur Abwehr bösartiger Viehhexen – bis hin zu ihrer Vernichtung – genannt[137].

Eine im bäuerlichen Milieu sehr verbreitete H.nkunst ist der Milchzauber[138], der sich auch im Volksglauben der Gegenwart noch findet. In den Sagen schafft sich der Neid der bäuerlichen Umgebung auf wirtschaftlich besser als erwartet Vorwärtskommende durch H.rei-Verdächtigungen ein Ventil[139]. Beim Milch- und Butterzauber kommt es nicht nur darauf an, die Mitmenschen zu schädigen, sondern auch darauf, den eigenen Hausstand mit dem Notwendigsten zu versorgen[140]. Sagen schildern die verschiedensten Zauberpraktiken wie Melken fremder Kühe ohne Berührung durch die H.[141], Fütterung der eigenen Kühe mit Frühtau von fremden Wiesen[142], Einmischen von Kräutern in fremde Futtertröge[143] oder Beleben von Gegenständen zu tiergestaltigen Wesen, die der H. Milch fremder Kühe bringen[144]. Auf H.rei wird auch das Auftreten von roter, blutiger Milch (typisch für Euterkrankheiten) oder von anderen Milchfehlern zurückgeführt[145]. Um die Milchhexe unschädlich zu machen, wird wie bei der Viehhexe Analogiezauber angewendet: Zu den verbreitetsten Methoden gehören Bedrohungen, Schlagen, Stechen, Brennen oder Kochen (Räuchern) der verhexten Milch[146].

Eng mit der Milchhexe ist die Butterhexe verbunden, welche die Butter stiehlt oder mit Hilfe u. a. von Zaubersprüchen, Kobolden oder dem Teufel selbst buttert; oft wird eine Person als Milch- und Butterhexe verdächtigt[147].

2.2.3.2. Schadenzauber an Menschen. Dem teuflischen Zauber der H.n sind auch die Menschen selbst ausgesetzt[148]. H.n gelten als Verursacher von → Krankheit und → Tod: Ihrem boshaften Wirken werden u. a. das Auftreten von Ungeziefer (Läuse), Abmagerung, Schwindsucht, eitrigen Geschwüren, Starrsucht, Veitstanz und alle möglichen Anzeichen geistig-seelischer Störungen, sog. → Besessenheit durch einen teuflischen Dämon, zugeschrieben[149]. Für schwere Seuchen wie → Pest oder Pocken wurden neben Juden und Totengräbern auch H.n verantwortlich gemacht[150]. Es sind vor allem plötzlich und lokal auftretende Symptome, die auf den Schadenzauber einer H. zurückgeführt werden.

Die häufigste Deutung für solches Entstehen von Krankheiten ist die Projektil-Erklärung: Weltweit ist der Glaube verbreitet, die Beschwerden würden durch einen konkreten Gegenstand im Körper verursacht, der von einem dämonischen Wesen auf den Betreffenden abgeschossen worden sei, ohne die Haut zu verletzen[151]. Der Glaube, daß auch H.n solche Projektile absenden, ist in Prozeßakten und entsprechend in den Sagen vielfach dokumentiert[152] und hat sich in der Bezeichnung H.nschuß bis heute erhalten[153]. In der kirchlichen Tradition spielt er seit dem MA. eine Rolle und findet sich u. a. bei → Luther[154]. Neben dem H.nschuß gibt es andere Formen des Analogie- bzw. → Sympathiezaubers[155]. Nicht selten erfolgt der Ausbruch angehexter Krankheiten unmittelbar nach einem Streit zwischen der H. und ihrem Feind[156]. Hier wie im sog. → Bildzauber mag ein Mechanismus von Suggestion und Autosuggestion zugrunde liegen. Der Analogiezauber, bei dem eine den zu Behexenden darstellende Wachsfigur im Feuer geschmolzen, mit Nadeln durchbohrt oder verstümmelt wird, gehört zu den bekanntesten Formen des Schadenzaubers[157] und wird auch im Liebeszauber verwendet[158]. Für ihren schädlichen Zauber benutzen die H.n u. a. Knochen, Haare oder Nägel von Toten, die sie an der Türschwelle des Opfers vergraben[159], oder sie praktizieren Federkränze in Betten und Kissen[160].

Bes. gefährdet sind Kinder, vor allem ungetaufte, die daher durch Gegenzauber geschützt werden müssen[161]. Die hohe Säuglings- und Kindersterblichkeit früherer Jh.e hat ihren Niederschlag in entsprechenden Sagen gefunden: H.n (Truden[162]) sind schuld, wenn das Neugeborene nicht trinken will, unentwegt schreit, geschwollene Brüstchen hat, durch sog. H.nmilch (Kolostrum) krank wird[163] oder bald nach der Geburt stirbt.

Zur Ausübung ihres Schadenzaubers genügt der H. schon das bloße Ansehen des Opfers: der Böse Blick[164], nicht selten ergänzt durch entsprechende Verbalsuggestionen (Schimpf- und Drohworte) oder einfachen Berührungszauber[165]. Der alte Glaube an die Zauberkraft des → Auges und die schädigende Wirkung des Blicks (cf. → Graien, → Basilisk, → Gorgonen) wurde ins theol. System der ma. Kirche aufgenommen. Der *H.nhammer* handelt ausführlich über den Bösen Blick[166], und in Prozessen sind häufig Frauen deshalb verurteilt worden[167].

Seltener ist in der Sage von einem positiven Wirken der H. die Rede[168]. Zwar galt der Versuch, mit Salben, magischen Praktiken und Sprüchen statt mit Gebeten gegen Krankheit vorzugehen, in der ma. Theologie als Teufelswerk[169], jedoch scheint in der vorindustriellen Gesellschaft die große Volksmasse → Heilung bei einem „medikalen Subsystem von Heilern“

zu suchen, „die von den Heiligen bis zu den ‚Hexen‘ reichten – weisen Frauen also, aber auch wissenden Männern, die bei Krankheitsfällen raten und helfen konnten, und das oftmals kostenlos“[170]. Auch die Sage berichtet von solchen Laienheilern, die nicht selten im Ruf der H.rei stehen[171]. Die weise Frau, die mit ihrer Kenntnis natürlicher pflanzlicher Mittel eine Art vorwiss. Heilkunst betreibt, hat – z. T. ins Mythische überhöht – in der abendländ. Kultur- und Medizingeschichte einen festen Platz[172]. In der Volkserzählung erscheint sie gelegentlich als einfaches Kräuterweib[173], häufiger als übernatürliches Wesen[174] und schließlich als H., die mit ihren Zaubertränken ebensogut heilen wie schaden kann[175]. Die Dämonisierung der heil- und kräuterkundigen Frau hat ihre Wurzeln einerseits in dem für Außenstehende nicht einsehbaren Spezialwissen, zum anderen darin, daß neben oft überraschenden Heilerfolgen auch manche Fehlschläge vorkamen, die dann als Schadenzauber aufgefaßt wurden; schließlich befähigte die genaue Kenntnis pflanzlicher Gifte eine Kräuterfrau dazu, eine schädliche Wirkung durchaus gezielt herbeizuführen[176]. Unter den bekannten mit magischen Zeremonien gepflückten Zauberpflanzen[177] ist die berühmteste die → Mandragora oder Alraunwurzel, Heilpflanze und Glücksbringer; ihr Besitz konnte den Eigentümer in den Verdacht der H.rei bringen[178]. Neben pharmakologisch wirksamen Kräutern verwendet die heilkundige H. nach Volksglauben und Sage auch Mittel rein magischen Charakters[179].

Vor diesem Hintergrund ist die Gestalt der Hebammenhexe zu sehen; der *H.nhammer* betont ausdrücklich die negative Rolle der → Hebamme[180], der seit Jh.en überall in Europa übernatürliche Macht zugeschrieben wurde (cf. Synonyme wie ‚Weise Frau‘, sagefemme[181]). Vor allem der Vorwurf, neugeborene Kinder dem Teufel zu weihen[182], ist in den hist. H.nprozessen häufig erhoben worden. Eine Basis für Verdächtigungen wegen H.rei boten u. a. auch die wohl häufigen Unglücksfälle bei Entbindungen und die von Hebammen auf Wunsch vorgenommenen, offiziell aber verbotenen Abtreibungen und schließlich ganz generell die Anwendung abergläubisch-magischer Mittel und Praktiken der Volksmedizin[183].

Oft verfügen Hebammen auch über Kenntnisse in Liebeszauber und Giftmischerei; gelegentlich sind die Gestalten der Hebamme und der H. eng verbunden mit der Hure (→ Prostitution)[184]. Da Liebeszauber als ein ‚typisch weibliches‘ Delikt gilt, ist die Tätigkeit der Sagenhexe auf diesem Gebiet sehr vielfältig: Sie umfaßt das Bereiten von Liebestränken und diversen sympathetischen Mitteln zum magischen Erzwingen von Liebe ebenso wie das Stellen von → Orakeln, um den künftigen Partner zu erkennen, aber auch magische Praktiken, um an untreuen Liebhabern Rache zu nehmen[185]. Neben magischen Mitteln werden Extrakte benutzt, die sexuell stimulierend wirken, je nach Dosierung aber auch schwere Vergiftungserscheinungen hervorrufen können[186]. In Antike und Renaissance war das Verfertigen von Liebestränken wie von Verhütungs- und Abtreibungsmitteln vor allem Sache altgewordener Dirnen, für die es eine wichtige, oft die einzige Verdienstquelle darstellte[187]. In den Sagen sind Frauen, die Liebeszauber ausüben, ebenso verdächtig wie die, die ihre Kunst in Anspruch nehmen[188]. Da soziale Besserstellung allein die Ehe garantierte, erzählen viele Sagen von Dienstmägden, die einen Liebeszauber anwenden, um eine ‚gute Partie‘ zu machen[189]; selten ist es ein unebenbürtiger Liebhaber, der sein Glück durch Magie zu erzwingen sucht[190]. Liebe soll auf magisch-sympathetischem Wege (etwa durch Verabreichen bestimmter Speisen, durch ‚Herbeikochen‘ oder verschiedene Formen des → Pars-pro-toto-Zaubers[191]) herbeigezwungen werden. Bleibt dies erfolglos, kann man Treulose durch einen → Fernzauber schädigen, wobei ebenfalls eine sympathetische Beziehung zum potentiellen Opfer hergestellt wird[192]. Das Nestelknüpfen, ein alter Analogiezauber, der im Sinn magischer Entsprechungen Bindungen bewirken oder Lösungen verhindern soll, dient als Schadenzauber, um Empfängnis und Geburt unmöglich zu machen und → Impotenz des Mannes zu verursachen[193]. Aus manchen H.nsagen lassen sich Gegebenheiten einer patriarchal geprägten Gesellschaft ablesen: H.n sind schuld, wenn in der Ehe Probleme auftreten; sie haben ‚Unfrieden‘ ins Ehebett gestopft oder sonstige Zaubermittel angewendet, die das Paar auseinanderbringen[194]; andererseits bietet die Beschuldigung wegen H.rei auch ein gutes Mittel, sich eines nicht mehr genehmen Ehepartners zu entledigen[195].

3. Rezeption. Nach wie vor lebendig ist das Interesse am H.nwesen in Dichtung, bildender und darstellender Kunst[196]. Schon seit dem 16. und 17. Jh., die eine Fülle von H.nbüchern hervorbringen, verläuft parallel zu einer gelehrten und theol.-spekulativen Tradition die literar. Verwertung des Themas, die von Hans → Sachs[197], Johann → Praetorius[198] und Johann Jakob Christoph von → Grimmelshausen[199] über die Dramen Shakespeares und seiner Zeitgenossen[200] bis zu den berühmten H.nszenen in Goethes *Faust*[201] reicht. Das 19. Jh. mit seinem hist.-antiquarischen Interesse brachte nicht nur erste wichtige Ansätze zur Erforschung des hist. H.nwahns, sondern knüpfte auch in literar. Produktionen hier an: 1843 veröffentlicht der pommersche Pfarrer Wilhelm Meinhold den hist. Roman *Maria Schweidler, die Bernsteinhexe*[202]; 1847 folgt Sidonie von Borcks *Die Klosterhexe*. 1854 erscheinen die Hexengeschichten Bechsteins, in denen der Verf. den Versuch unternimmt, anhand von Aktenmaterial, Chroniken und Flugblättern einige bes. prägnante Berichte von H.n und H.nprozessen zu rekonstruieren und literar. zu beleben[203]. Dichter wie E. T. A. → Hoffmann[204], Ludwig → Tieck[205], Wilhelm Raabe[206], Theodor Storm[207] und Theodor Fontane[208] haben das H.nthema in ihren Werken verschiedentlich aufgegriffen. Kurzgeschichten mit H.nmotiven sind seit Mitte des 19. Jh.s in größerer Zahl entstanden; die Verf. entstammen vor allem dem ags., aber auch dem frz., dt. und russ. Raum, wie Honoré de Balzac, Nikolaj → Gogol', Walter → Scott, Robert L. → Stevenson und heute weitgehend vergessene Autoren wie William H. Ainsworth, Montague R. James, Algernon Blackwood, Howard P. Lovecraft und Karl Emil Franzos[209]. Bis auf wenige Ausnahmen wird die H.nthematik von diesen Erzählern nicht vom aufklärerischen Standpunkt aus behandelt, sondern ordnet sich ein in die Tradition der literar. → Schauerromantik bzw. okkultistischer Interessen und Spekulationen des 19. Jh.s, wobei sich mythol. Reminiszenzen, sexuelle Symbolik und Ansätze psychoanalytischer bzw. parapsychol. Deutungsversuche (z. T. vor der Folie hist. H.nverfolgung) eigentümlich mischen; die H. wird nicht als Phantasieprodukt der Verfolger oder Ergebnis gewisser inquisitorischer Praktiken, sondern durchaus real aufgefaßt[210]. Im 20. Jh. sind mehrere recht widersprüchliche Tendenzen feststellbar: Während ein großer Teil der (gehobenen) Lit. zum Thema H. hist. Ereignisse als Qu.nmaterial benutzt, vor deren Hintergrund häufig Bezüge zur Gegenwart hergestellt und so die Gültigkeit und Bedeutsamkeit geschichtlicher Begebenheiten auch für die Jetztzeit betont werden[211], konzentriert sich die triviale → Horrorliteratur[212] vor allem auf die psychol. Seite des H.nmythos[213].

In der modernen Kinder- und Jugendliteratur ist die H. eine wichtige Figur. Während Jugendbücher die Gefahren abergläubischer Vorurteile bewußt und anhand einzelner Fälle – gestützt auf oft umfangreiche kulturhist. Qu.nstudien – die vielschichtigen Hintergründe dieses hist. Massenwahns verständlich zu machen suchen, erscheint die H. im phantastischen Kinderbuch – obwohl in vielem der Grimmschen Märchenhexe nachgebildet – nicht mehr als dämonischer Unhold mit kannibalischen Gelüsten, sondern in neuem Gewand als eher harmloses, eigenwilliges, aber liebenswertes Wesen bei allerlei Nonsens-Späßen[214]. Ebenfalls am Bild der Märchenhexe orientiert sich der Maskentyp der ‚Fasnetshex', die erst spät (um 1933 mit Vorläufern im 19. Jh.) als Personifikation des Bösartigen und Animalisch-Wilden Eingang in die südwestdt. Fastnacht gefunden hat[215].

Heute ist die H. nicht nur religiöses Versatzstück und Zugpferd einer ganzen Unterhaltungs- und Konsumgüterindustrie geworden[216], sie hat im Rahmen der neuen Frauenbewegung auch eine politische Funktion erhalten. Die vielbeklagte Geschichtslosigkeit der Frauen, die die Entwicklung eines weiblichen Selbstverständnisses erschwert, führte – in ironischer Anpassung an eine frauenfeindliche Geschlechtsmetaphysik – zur spontanen Aufnahme der H. in das Bild- und Sprachrepertoire des Feminismus; das Ergebnis ist eine Flut teils neuer, teils neu aufgelegter Lit., in der sich hist. Phänomene und metaphorische Deutungen auf problematische Weise miteinander vermischen. Diese Lit. betrachtet die H. einerseits als Symbol der Unterdrückung des weiblichen Geschlechts, stilisiert sie aber andererseits projektiv („nach dem falschen Grundsatz: ‚je mehr wir verfolgt werden, umso mächtiger sind wir wohl' "[217]) zu einem Urbild weiblicher Freiheit und Kampfkraft[218]. Neben Sachbüchern zum Thema hist. H.nverfolgung zählen hierzu literar. Formen wie H.nlieder[219], eine Reihe meist autobiogr. Selbstdarstellungen mit provozierenden Titeln wie *Ich bin eine Hexe*[220], außerdem Thriller[221], Fantasy-Erzählungen[222] oder auch politische Manifeste, die in romanhafter Verkleidung Elemente des Phantastischen zum Erreichen feministischer Zielsetzungen verwenden[223].

[1] cf. u. a. Mayer, A.: Erdmutter und H. Eine Unters. zur Geschichte des H.nglaubens und zur Vorgeschichte der H.nprozesse. Mü./Freising 1936; Runeberg, A.: Witches, Demons and Fertility Magic. Analysis of Their Significance and Mutual Relations in West-European Folk Religion. Hels. 1947; Lethbridge, T. C.: Witches. Investigating an Ancient Religion. L. 1962; Heiler, F.: Die Frau in den Religionen der Menschheit. ed. A. M. Heiler. B./N. Y. 1977; Göttner-Abendroth, H.: Die Göttin und ihr Heros. Die matriarchalen Religionen in Mythos, Märchen und Dichtung. Mü. 1980; Biedermann, H.: Die großen Mütter. Bern/Mü. 1987. — [2] cf. Kirfel, W.: Die dreiköpfige Gottheit. Bonn 1948, 101—110; Kraus, T.: Hekate. Heidelberg 1960. — [3] Hoenn, K.: Artemis. Gestaltwandel einer Göttin. Zürich 1946. — [4] Baroja, J. C.: Die H.n und ihre Welt. Stg. 1967, 85 sq. — [5] cf. die einschlägigen Art. bei Hunger, H.: Lex. der griech. und röm. Mythologie. Wien [6]1969. — [6] cf. Luck, G.: H.n und Zauberei in der röm. Dichtung. Zürich 1962, 54; Scobie, A.: Strigiform Witches in Roman and Other Cultures. In: Fabula 19 (1978) 74—101. — [7] Buchholz, P.: Schamanistische Züge in der altisl. Überlieferung. Diss. Münster 1968; cf. auch Schier, K. (ed.): Die Edda. Düsseldorf/Wien 1981, 78 sq., 134. — [8] cf. Kerényi, K.: Töchter der Sonne. Betrachtungen über griech. Gottheiten. Zürich 1944, 65—116. — [9] Luck (wie not. 6); Baroja (wie not. 4) 40—64. — [10] Buchholz und Schier (wie not. 7). —
[11] Mayer, Runeberg, Lethbridge, Heiler, Göttner-Abendroth und Biedermann (wie not. 1). — [12] Mayer (wie not. 1) 55—61. — [13] Auflistung der einschlägigen Belege bei Franck, J.: Geschichte des Wortes H. In: Hansen, J.: Qu.n und Unters.en zur Geschichte des H.nwahns und der H.nverfolgung im MA. Bonn 1901, 614—670; Kluge, F./Mitzka, W.: Etymol. Wb. der dt. Sprache. B./N.Y. [22]1989, 308; cf. Lauffer, O.: Die H. als Zaunreiterin. In: Volkskundliche Ernte. Festschr. H. Hepding. Gießen 1938, 114—130; Peukkert, W.-E.: Traufe und Flurgrenze. In: ZfVk. 50 (1953) 66—83. — [14] cf. Franck (wie not. 13); Lecouteux, C.: Hagazussa — Striga — H. In: Hess. Bll. für Volks- und Kulturforschung N. F. 18 (1985) 57—70. — [15] cf. dazu Blum, E.: Das staatliche und kirchliche Recht des Frankenreichs in seiner Stellung zum Dämonen-, Zauber- und H.nwesen. Paderborn 1936, bes. 25—62, 58 (zu Karl dem Großen); Kiessling, E.: Zauberei in den germ. Volksrechten. (Diss. Ffm. 1940) Zeulenroda 1941, bes. 18—33, 44—59. — [16] Soldan, W. G./Heppe, H.: Geschichte der H.nprozesse 1—2. (Mü. [3]1912) Nachdr. Darmstadt 1972, hier t. 1, 145—150. — [17] cf. ibid., 151—165; Masters, R. E. L.: Die teuflische Wollust. Sex und Satanismus. Mü. 1968. — [18] Qu.n bei Zacharias, G.: Satanskult und Schwarze Messe. Wiesbaden [2]1970; cf. auch Borst, A.: Die Katharer. Stg. 1953. — [19] cf. Soldan/Heppe (wie not. 16); Der H.nhammer. Entstehung und Umfeld des Malleus maleficarum von 1487. ed. P. Segl. Köln/Wien 1988; Schormann, G.: H.nprozesse in Deutschland. Göttingen 1981; id.: H.n. In: TRE 15 (1986) 297—304; Behringer, W.: „Erhob sich das ganze Land zu ihrer Ausrottung [...]". H.nprozesse und H.nverfolgungen in Europa. In: H.nwelten. ed. R. van Dülmen. Ffm. 1987, 131—169; cf. Henningsen, G.: The Witches' Advocate. Basque Witchcraft and the Spanish Inquisition (1609—1614). Reno, Nev. 1980; Ankarloo, B./Henningsen, G. (edd.): Häxornas Europa 1400—1700. Lund 1987; Blauert, A. (ed.): Ketzer, Zauberer, H.n. Ffm. 1990. — [20] cf. u. a. Grimm, Mythologie 2, 873—880; Michelet, J.: Die H. Lpz. 1863 (Neuausg. Mü. 1974. ed. T. König mit Beitr.en von R. Barthes und G. Bataille); Leland, C.: Aradia. Die Lehre der H.n. Mü. 1979; Murray, M. A.: The Witch Cult in Western Europe. Ox. 1921 ([4]1971); ead.: The God of the Witches. L. 1931 (Ox. [4]1973); Gardner, G. B.: Ursprung und Wirklichkeit der H.n. Weilheim 1965; Peuckert, W.-E.: Geheimkulte. Heidelberg 1951 (Nachdr. Hildesheim 1988); Baroja (wie not. 4). —
[21] cf. Ginzburg, C.: Die Benandanti. Feldkulte und H.nwesen im 16. und 17. Jh. Ffm. 1980; id.: „H.nsabbat". Entzifferung einer nächtlichen Geschichte. B. 1990. — [22] cf. Forschungsber.e: Henningsen, G.: The European Witch-Persecution. Kop. 1973; Lehmann, H.: H.nverfolgungen und H.nprozesse im Alten Reich zwischen Reformation und Aufklärung. In: Jb. des Inst.s für dt. Geschichte in Tel Aviv 7 (1978) 13—70; Hehl, U. von: H.nprozesse und Geschichtswiss. In: Hist. Jb. 107 (1987) 349—375; Kriedtke, P.: Die H.n und ihre Ankläger. Zu den lokalen Voraussetzungen der H.nverfolgungen in der frühen Neuzeit. In: Zs. für hist. Forschung 14 (1987) 47—71; Behringer, W.: Erträge und Perspektiven der H.nforschung. In: Hist. Zs. 249 (1989) 619—640. —
[23] Röhrich, L.: Sage. Stg. [2]1971, 15. — [24] cf. ibid.; Röhrich, Märchen und Wirklichkeit, 17 sq. — [25] cf. u. a. Schulz, B.: Die Schöne und das Tier. Bergisch Gladbach 1983; Schmölders, C.: Die wilde Frau. Mythische Geschichten zum Staunen, Fürchten und Begehren. Köln [3]1984; Früh, S.: Märchen von H.n und Weisen Frauen. Ffm. 1986; Ziegler, M.: Die Frau im Märchen. Eine Unters. dt. und nord. Märchen. (Diss. Greifswald 1936) Lpz. 1937. — [26] Ko-

nitzky, G. A.: Nordamerik. Indianermärchen. MdW 1963, num. 22. — [27] Schild, U.: Westafrik. Märchen. MdW 1975, num. 85. — [28] Karlinger, F./Zacherl, E.: Südamerik. Indianermärchen. MdW 1976, num. 43. — [29] Schmölders (wie not. 25) 60—63. — [30] Kößler-Ilg, B.: Indianermärchen aus den Kordilleren. MdW 1982, num. 57. —
[31] Löwis of Menar, A. von: Russ. Volksmärchen. MdW 1980, num. 23; Afanas'ev, num. 204 u. a. — [32] Poestion, J. C.: Isl. Märchen. Wien 1884, num. 12. — [33] Löwis of Menar, A. von: Finn. und estn. Märchen. MdW 1981, num. 21. — [34] Schütz, J.: Volksmärchen aus Jugoslawien. MdW 1960, num. 31. — [35] Bechstein, L.: Sämtliche Märchen 1—2. ed. W. Scherf. Mü. 1988, 59, 208, 580; cf. auch Vordemfelde, H.: Die H. im dt. Volksmärchen. In: Festschr. E. Mogk. Halle 1924, 558—574; Dingeldein, H. J.: „H." und Märchen. Überlegungen zum H.nbild in den KHM der Brüder Grimm. In: Früh, S./Wehse, R. (edd.): Die Frau im Märchen. Kassel 1985, 50—59; Bottigheimer, R. B.: The Face of Evil. In: Fabula 29 (1988) 326—341. — [36] cf. Poestion (wie not. 32). — [37] Löwis of Menar (wie not. 33). — [38] Stroebe, K.: Nord. Volksmärchen 1. MdW 1915, 282, num. 19. — [39] Zaunert, P.: Dt. Märchen seit Grimm. MdW 1981, num. 39. — [40] cf. Scherf, W.: Die Herausforderung des Dämons. Mü. u. a. 1987, Reg. s. v. H. —
[41] Röhrich, Märchen und Wirklichkeit, 144 sq. — [42] Löwis of Menar (wie not. 33); Aichele, W./Block, M.: Zigeunermärchen. MdW 1980, num. 59. — [43] cf. Jacoby, M.: Die H. in Träumen, Komplexen und Märchen. In: id./Kast, V./Riedel, I.: Das Böse im Märchen. Fellbach 1978, 195—212; Scherf, W.: Die H. im Zaubermärchen. In: van Dülmen (wie not. 19) 219—252. — [44] cf. Weber-Kellermann, I.: Die dt. Familie. Ffm. 1974, 32—37. — [45] Ziegler (wie not. 25) 236—239, 244. — [46] cf. Greiff, I.: Die Frau in der dt. Volkssage. Diss. (masch.) Göttingen 1945, 34 sq. — [47] cf. Child, num. 6; Stein, H.: Zur Herkunft und Altersbestimmung einer Novellenballade (DVldr Nr. 76 und Nr. 77) (FFC 224). Hels. 1979. —
[48] Weiser-Aall, L.: H. In: HDA 3 (1930/31) 1827—1920; Wittmann, A.: Die Gestalt der H. in der dt. Sage. Diss. Heidelberg 1933; Peuckert-Archiv im Inst. für Vk., Freiburg (Kopie im Seminar für Vk. in Göttingen); Zentralarchiv der dt. Volkserzählung in Marburg; Bruford, A.: Scottish Witch Stories. A Provisional Type-List. In: Scottish Studies 11 (1967) 13—47; Polner, Z.: Jegykendö a forgószélben: Csongrád megyei boszorkánytörténetek (H.ngeschichten aus dem Komitat Csongrád). Szeged 1987; Vukanović, T. P.: Witchcraft in the Central Balkans. In: FL 100 (1989) 9—24, 221—236; Pócs, É.: Fairies and Witches at the Boundary of South-Eastern and Central Europe (FFC 243). Hels. 1989. — [49] Wittmann (wie not. 48) 81; cf. Ithen, A.: Über H.n und H.reien. In: SAVk. 2 (1898) 106—115, hier 106—112; cf. Soldan/Heppe (wie not. 16) t. 2, 324—326. — [50] cf. Petzoldt, L.: Dt. Volkssagen. Mü. 1970, num. 22—81; cf. Kretzenbacher, L.: Teufelsbündner und Faustgestalten im Abendlande. Klagenfurt 1968. —
[51] Theatrum de veneficis [...]. Ffm. 1586; cf. Brückner, 500—509. — [52] Petzoldt (wie not. 50) num. 41; cf. Behringer, W.: Kinderhexenprozesse. In: Zs. für hist. Forschung 16 (1989) 31—47. — [53] Wittmann (wie not. 48) 11 sq. — [54] ibid., 12, 73 sq.; Peuckert, W.-E.: Niedersächs. Sagen 2. Göttingen 1966, num. 1013; cf. Merkel, E.: Der Teufel in hess. H.nprozessen. Diss. Gießen 1939; Grimm DS 251. —
[55] Quensel, P.: Thüringer Sagen. Jena 1926, 271; Hinze, C./Diederichs, U.: Ostpreuß. Sagen. Köln 1983, 104; cf. Wittmann (wie not. 48) 69 sq. — [56] cf. Masters (wie not. 17) 56—120. — [57] HDA 3, 1851. —
[58] cf. die Zeugnisse bei Zacharias (wie not. 18); Peukkert, W.-E.: H.nsalben. In: Medizinischer Monatsspiegel (1960) H. 8, 169—174, hier 170 sq.; Francisco de Osuna: Flagellum Diaboli (1602), zitiert bei Biedermann, H.: Handlex. der magischen Künste 1. Graz ³1986, 207 sq. — [59] Dülmen, R. van: Imaginationen des Teuflischen. Nächtliche Zusammenkünfte, H.ntänze, Teufelssabbate. In: id. (wie not. 19) 94—130, hier 129. — [60] cf. Eliade, M.: Schamanismus und archaische Ekstasetechnik. Zürich 1957. —
[61] cf. Fühner, H.: Solanazeen als Berauschungsmittel. In: Archiv für experimentelle Pathologie und Pharmakologie 111 (1926) 281—294; Peuckert (wie not. 58). — [62] Richter, E.: Der nacherlebte H.nsabbat. Zu W.-E. Peuckerts Selbstversuch mit H.nsalben. In: Forschungsfragen unserer Zeit 7 (1960) 97—100. — [63] cf. Fühner (wie not. 61) 284, 286. —
[64] Meyer, G. F.: Schleswig-Holsteiner Sagen. Jena 1929, 288; Kampf, K.: Das Tier in der dt. Volkssage der Gegenwart. Diss. Ffm. 1933, 85—96. — [65] HDA 3, 1871. — [66] Meyer (wie not. 64) 307 sq. — [67] Stöber, A.: Die Sagen des Elsasses. St. Gallen 1858 (Nachdr. Lindlar 1979), num. 263; Künzig, J.: Bad. Sagen. Lpz. 1923, num. 181; Wittmann (wie not. 48) 33, 36. — [68] Gaál, K.: Angaben zu den abergläubischen Erzählungen aus dem südl. Burgenland. Eisenstadt 1965, num. 86—90. — [69] Schönwerth, F.: Aus der Oberpfalz 1. Augsburg 1857, 378; Kühnau, R.: Schles. Sagen 3. Lpz./B. 1913, num. 1412. —
[70] Vernaleken, T.: Alpensagen. Wien 1858 (Nachdr. Graz 1970), num. 106 b. —
[71] Wittmann (wie not. 48) 35—39. — [72] cf. Dale-Green, P.: Cult of the Cat. L. 1963, 74—143. —
[73] Kühnau (wie not. 69) num. 1381, 1425. —
[74] Baader, B.: Volkssagen aus dem Lande Baden [...]. Karlsruhe 1851, num. 69; Künzig, J.: Schwarzwald-Sagen. Jena 1930 (Düsseldorf/Köln ³1976), 20. —
[75] Dale-Green (wie not. 72) 85—94. — [76] Stöber (wie not. 67) num. 263. — [77] Wittmann (wie not. 48) 34. — [78] ibid. — [79] Zaunert, P.: Hessen-Nassau. Sagen. Jena 1929, 281. — [80] Kühnau (wie not. 69) num. 1381; Wittmann (wie not. 48) 33 sq. —
[81] Kühnau (wie not. 69) num. 1381; Stöber (wie not. 67) num. 263. — [82] Schell, O.: Berg. Sagen. Elberfeld 1897, num. 15; Hebel, F. W.: Pfälz. Sagenbuch. Kaiserslautern 1912, num. 72. — [83] Kühnau (wie not. 69) num. 1422, 1426; Wittmann (wie not. 48) 13,

30–32. – [84] Sieber, F.: Harzland-Sagen. Jena 1928, 271 sq.; Wittmann (wie not. 48) 13 sq.; cf. auch Kurtz, O.: Beitr.e zur Erklärung des volkstümlichen H.nglaubens in Schlesien. Diss. Greifswald 1916, 79–84. – [85] Sieber (wie not. 84) 268–272. – [86] Baader (wie not. 74) num. 269; Künzig (wie not. 74). – [87] Müllenhoff, K.: Sagen, Märchen und Lieder der Herzogtümer Schleswig Holstein und Lauenburg. ed. O. Mensing. Schleswig 1921, num. 362; Petzoldt (wie not. 50) num. 33. – [88] Abb. bei Halbey, M.: 66 Hexen. Kult und Verdammung. Dortmund 1987, 37. – [89] Apuleius: Der goldene Esel. Mü. 1961, 55; cf. Schönwerth (wie not. 69) 374. – [90] Alpenburg, J. N. Ritter von: Dt. Alpensagen. Wien 1861, num. 124; Petzoldt (wie not. 50) num. 30–32. – [91] Diederichs, U./Hinze, C.: Norddt. Sagen. Düsseldorf/Köln 1977, 232; Wittmann (wie not. 48) 13. – [92] Baader (wie not. 74) num. 69. – [93] Kuhn, A.: Sagen, Gebräuche und Märchen aus Westfalen [...] 1–2. Lpz. 1859/69, hier t. 2, num. 432–436; Beinhoff, J.: Der H.nglaube in der Walpurgisnacht und die Blocksbergsage. Diss. Lpz. 1923. – [94] Kühnau (wie not. 69) num. 1352 sq. – [95] Kuhn (wie not. 93) t. 1, num. 197; Heyl, J. A.: Volkssagen, Bräuche und Meinungen aus Tirol. Brixen 1897, 290 sq., num. 109, 293 sq., num. 111; Petschel, G.: Volkssagen aus Niedersachsen. Husum [2]1982, num. 68. – [96] Kapff, R.: Schwäb. Sagen. Jena 1926, 94. – [97] Raff, H.: Geschichten aus Franken. In: ZfVk. 13 (1903) 434–436, hier 435 sq., num. 5; cf. Brøndegaard, V. J.: Elfentanz und H.nring. In: Rhein. Jb. für Vk. 19 (1968) 162–210. – [98] cf. Grimm, Mythologie 2, 879 sq.; Beinhoff (wie not. 93); Peuckert, W.-E./Bertau, K. H.: Der Blocksberg. In: Zs. für dt. Philologie 75 (1956) 346–356; HDA 1, 1423 sq.; 3, 1880. – [99] Alpenburg (wie not. 90) num. 141; Künzig (wie not. 74) 13 sq. – [100] cf. H.n. Gerichtsbarkeit im kurköln. Sauerland. Ausstellungskatalog Schmallenberg-Holthausen 1984, 27, 36; Petzoldt (wie not. 50) num. 32. –

[101] Zingerle, J. von: Die H.n fahren um Salz. In: Zs. für dt. Mythologie und Sittenkunde 4 (1859) 149 sq.; Agricola, C.: Schott. Sagen von Elben und Zauber. Wiesbaden 1988, num. 147; Ehrentreich, A.: Engl. Märchen. Mü. s. a., 159. – [102] Künzig (wie not. 74) 8; cf. Schreiber, H.: Die H.nprozesse Freiburg i. Br., Offenburg i. d. Ortenau und Bräunlingen auf dem Schwarzwald [...]. Fbg 1836, 68 sq. – [103] Müllenhoff (wie not. 87) num. 336; Künzig (wie not. 74) 13; cf. auch HDA 3, 1887–1889. – [104] Künzig (wie not. 74) 8; cf. H.n (wie not. 100) 43, 46. – [105] cf. Hammerstein, R.: Diabolus in Musica. Bern/Mü. 1974, 13–62. – [106] Sieber (wie not. 84) 273 sq.; Meyer (wie not. 64) 289; Grimmelshausen, H. J. C. von: Abenteuerlicher Simplicius Simplicissimus 2, Kap. 17; cf. HDA 1, 1428; 3, 1887. – [107] cf. Böhme, F. M.: Geschichte des Tanzes in Deutschland 1. Lpz. 1886, 21 sq., 91–106; Otterbach, F.: Die Geschichte der europ. Tanzmusik. Wilhelmshaven [2]1983, 73–85. – [108] Meyer (wie not. 64) 289; cf. H.n (wie not. 100) 36, 38, 46. – [109] Hinze/Diederichs (wie not. 55) 51–53; Praetorius, J.: Blockes-Berges Verrichtung. (Lpz. 1669) Nachdr. Hanau 1968, 326–334; cf. Biedermann, H.: H.n. Graz 1974, 28–30; Grimmelshausen (wie not. 106); Hammerstein (wie not. 105) 38–49. – [110] Wittmann (wie not. 48) 20–22. – [111] Baader (wie not. 74) num. 69, 111. – [112] Grimm DS 251; Diederichs/Hinze (wie not. 91) 231–234. – [113] cf. Grässe, J. G. T.: Der Sagenschatz des Königreichs Sachsen 2. Dresden [2]1874 (Nachdr. Lpz. 1978), num. 805; Frischbier, H.: H.nspruch und Zauberbann. Ein Beitr. zur Geschichte des Aberglaubens in der Provinz Preußen. B. 1870, bes. 106–139; Jahn, U.: H.nwesen und Zauberei in Pommern. Breslau 1886 (Nachdr. Niederwalluf 1970), 6. – [114] Röhrich (wie not. 23) 16 sq.; cf. ferner Baeyer, W. von: Formen des H.nwahns. In: Zs. für die gesamte Neurologie und Psychiatrie 133 (1931) 676–709; Kruse, J.: H.n unter uns? Magie und Zauberglauben in unserer Zeit. Hbg 1951 (Nachdr. Leer 1978); cf. dazu Baumhauer, J. F.: Johann Kruse und der „Neuzeitliche H.nwahn". Neumünster 1984; Auhofer, H.: Aberglaube und H.nwahn heute. Fbg 1960; Risso, M./Böker, W.: Verhexungswahn. Ein Beitr. zum Verständnis von Wahnerkrankungen südital. Arbeiter in der Schweiz. Basel/N. Y. 1964; Schöck, I.: H.nglaube in der Gegenwart. Tübingen 1978; Schiffmann, A. C.: The Witch and Crime: The Persecution of Witches in Twentieth-Century Poland. In: Arv 43 (1987) 147–165. – [115] Sieber, F.: Sächs. Sagen. Jena 1926, 241 sq.; cf. Deboy, W.: Der Bilwis. Diss. (masch.) Marburg 1954. – [116] Jungbauer, G.: Böhmerwald-Sagen. Jena 1924, 201. – [117] Alpenburg (wie not. 90) num. 188. – [118] Gaál (wie not. 68) num. 143–148. – [119] Kühnau (wie not. 69) num. 1358. – [120] Birlinger, A./Buck, M. N.: Volksthümliches aus Schwaben 1. Fbg 1861, num. 300 sq.; Sieber (wie not. 84) 232, 238. –

[121] Müllenhoff (wie not. 87) num. 351. – [122] cf. Andrian, F. von: Über Wetterzauberei. In: Mittlgen der Anthropol. Ges. in Wien 24 (1894) 1–39. – [123] cf. Homer, Odyssee 11, 7; 12, 149; Ovid, Metamorphosen 7, 197–205; 14, 365–368; cf. Berkusky, H.: Regenzauber. In: Mittlgen der Anthropol. Ges. in Wien 43 (1913) 273–310; Gesemann, G.: Regenzauber in Deutschland. Diss. Kiel 1913, bes. 67–69. – [124] cf. HDA 9, 646–649; cf. Dana, R. H.: Zwei Jahre vor'm Mast. Vom Sklavenleben auf den alten Segelschiffen [1840]. Neuausg. Nördlingen 1987, 43 sq.; Ravila, P.: Reste lapp. Volksglaubens. Hels. 1934, 32–38. – [125] cf. Wittmann (wie not. 48) 50–57. – [126] Künzig (wie not. 74) 16–18; Grimm DS 251; Sieber (wie not. 84) 232. – [127] Alpenburg (wie not. 90) num. 188, 320; cf. Rehsener, M.: Wind, Wetter, Regen, Schnee und Sonnenschein in Vorstellung und Rede des Tiroler Volks. In: ZfVk. 1 (1891) 67–77. – [128] Petzoldt (wie not. 50) num. 41; Grimm DS 251; Künzig (wie not. 74) num. 186. – [129] Alpenburg (wie not. 90) num. 92, 362, 388; cf. Gaerte, W.: Wetterzauber im späten MA. nach gleichzeitigen bildlichen Darstellungen. In: Rhein. Jb. für Vk. 3 (1952) 226–273. – [130] Wittmann (wie not. 48) 47–

50, bes. 48; cf. Froehner, R.: Von H.n und Viehverzauberung. Lpz. 1925. —
[131] Künzig (wie not. 74) num. 172, 174; cf. Klee: Das Zopfflechten. In: Die Oberpfalz 20 (1926) 150—152, 169 sq., 191—193, 224—226; Muuß, R.: Nordfries. Sagen. Stedesand 1932, 81 sq.; Kapfhammer, G.: Bayer. Sagen. Ffm./B./Wien 1984, 68; Haas, A.: Pommersche Sagen. B. 1912, 82, num. 143; Zender, M.: Sagen und Geschichten aus der Westeifel. Bonn 1966, num. 974; Alpenburg, J. N. Ritter von: Mythen und Sagen Tirols. Zürich 1857 (Nachdr. Niederwalluf 1971), num. 8; Birlinger, A.: Aus Schwaben 1. Wiesbaden 1874, num. 137. — [132] cf. Froehner, R.: Kulturgeschichte der Tierheilkunde 2. Konstanz 1954, 3—77. — [133] Alpenburg (wie not. 90) num. 384. — [134] Sieber (wie not. 84) 236; Agricola (wie not. 101) num. 137. — [135] Panzer, F.: Bayer. Sagen und Bräuche 2. Mü. 1855, 180 sq.; Heyl (wie not. 95) 292 sq., num. 110; Künzig (wie not. 74) 23; Agricola (wie not. 101) num. 137, 157; Lichtenberger, S.: Das Bild der H. im ehemaligen Kreis Wetzlar im 20. Jh. In: Mittlgen des Wetzlarer Geschichtsvereins 33 (1988) 275—292, hier 285. — [136] cf. Marzell, H.: Neidkräuter. In: Bayer. Jb. für Vk. (1953) 78—81. —
[137] Sieber (wie not. 84) 238, 240, 260; Tettau, W. J. A. von/Temme, J. D. H.: Die Volkssagen Ostpreußens […]. B. 1837 (Nachdr. Hildesheim 1974), 269 sq.; Froehner (wie not. 132) 10—20; Kühnau (wie not. 69) num. 1376, 1399. — [138] Künzig (wie not. 74) num. 172; Agricola (wie not. 101) num. 134; Wuttke, A.: Der dt. Volksaberglaube der Gegenwart. B. [3]1900 (Nachdr. Lpz. 1970), num. 706. — [139] Rosegger, P.: Das Volksleben in Steiermark […] 2. Graz 1875, 57; Wittmann (wie not. 48) 41—47. — [140] Diederichs/Hinze (wie not. 91) 214; Gaál (wie not. 68) num. 61. —
[141] Petzoldt (wie not. 50) num. 39 sq.; Wittmann (wie not. 48) 42; Abb. einer Milchhexe u. a. bei Halbey (wie not. 88) 33; Sprenger, J./Institoris, H.: Der H.nhammer. Teil 2. ed. J. W. R. Schmidt. B. 1906 (Nachdr. Darmstadt 1974), 148; Ranke, F.: Die dt. Volkssagen. Mü. [2]1924, 31. — [142] Jungbauer (wie not. 116) 202. — [143] Peuckert, W.-E.: Schles. Sagen. Jena 1924 (Nachdr. Weinheim [2]1966), 101 sq.; Schönwerth (wie not. 69) 380; cf. Schlappinger, H.: Verhexte Milch. In: Beitr.e zur Geschichte der Veterinärmedizin 1 (1938) 96—106, 164—171, 202—211, 274—287; Dittmaier, H.: Sagen, Märchen und Schwänke von der unteren Sieg. Bonn 1950, num. 176; Neuhaus, U.: Des Lebens weiße Qu.n. Das Buch von der Milch. B. 1954, 34 sq. — [144] Maurer, K.: Isl. Volkssagen der Gegenwart. Lpz. 1860, 93; Kohl-Larsen, L.: Die steinerne Herde. Kassel 1975, 136—140; cf. Wall, J.: Tjuvmjölkende väsen 1. (Diss. Uppsala 1977) Lund 1977. — [145] Dittmaier (wie not. 143) num. 176 sq.; cf. Neuhaus (wie not. 143). —
[146] Petzoldt (wie not. 50) num. 39; Stöber (wie not. 67) num. 222; Kühnau, R.: H.n und H.nzauber […]. In: Mittlgen der Schles. Ges. für Vk. 7 (1905) 82—98, hier 93 sq.; Jungandreas, W.: Herbeikochen einer H. im 16. Jh. In: Mittlgen der Schles. Ges. für Vk. 33 (1933) 189—191; weiteres Material bei Martiny, B.: Aberglaube im Molkereiwesen. Bremen 1891, 17—29; cf. zum Erkennen der H.: Petzoldt (wie not. 50) num. 23; Klein, V.: Der ung. H.nglaube. In: Zs. für Ethnologie 66 (1934) 374—402, hier 382 sq.; Weber-Kellermann, I.: Der Luzienstuhl im dt. und ung. Volksglauben. In: HessBllfVk. 49/50 (1958) 295—316. — [147] Wittmann (wie not. 48) 45; Rosegger (wie not. 139) 57 sq.; Lübbing, H.: Fries. Sagen. Jena 1928, 187; Zaunert, H.: Westfäl. Sagen. Jena 1927 (Düsseldorf [2]1967), 268; Kohl-Larsen (wie not. 144); cf. Pauls, E.: Niederrhein. Molken=Zauberformeln. In: Zs. für Kulturgeschichte 5 (1898) 305—320; Müller, J.: Die Butterhexe. In: Zs. des Vereins für rhein. und westfäl. Vk. 10 (1913) 267—272; Schambach, G./Müller, W.: Niedersächs. Sagen und Märchen. Göttingen 1855, num. 184 sq.; Petzoldt (wie not. 50) num. 37; Reiterer, K.: H.n- und Wildaberglauben in Steiermark. In: ZfVk. 5 (1895) 407—413, hier 408; Lütolf, A.: Sagen, Bräuche und Legenden aus den fünf Orten Lucern, Uri, Schwyz, Unterwalden und Zug. Lucern 1865, num. 157. —
[148] Wittmann (wie not. 48) 58. — [149] Kühnau (wie not. 69) num. 1419 sq.; Zaunert (wie not. 79) 280; cf. Petzoldt, L.: Besessenheit in Sage und Volksglauben. In: Rhein. Jb. für Vk. 15/16 (1964/65) 76—94. — [150] Künzig (wie not. 74) 19; Nachtigall, W./Werner, D.: Der böse Advokat […]. Hanau 1986, 270—274, 285—293; Lehmann, C.: Erzgebirgsannalen des 17. Jh.s. ed. H. Obst. Würzburg 1986, 106—109; cf. Rouffié, J./Sournia, J.-C.: Die Seuchen in der Geschichte der Menschheit. Stg. 1987, 17—65. —
[151] cf. Honko, L.: Krankheitsprojektile (FFC 178). Hels. 1967. — [152] Kühnau (wie not. 69) num. 1419—1421; Peuckert (wie not. 58) 102; Kurtz (wie not. 84) 120—125; Petzoldt (wie not. 50) num. 27. —
[153] Röhrich, Redensarten, 419. — [154] Klingner, E.: Luther und der dt. Volksaberglaube. B. 1912, 74; cf. Honko (wie not. 151) 46 sq. — [155] Kühnau (wie not. 69) num. 1449; Sieber (wie not. 84) 245. —
[156] Bischof, H.: Im Schnookeloch. Sagen und Anekdoten aus Baden und dem Elsaß. Kehl [3]1985, 118; id.: Im Schwarzwald und am Hohen Rhein. Kehl [2]1983, 307. — [157] Lübbing (wie not. 147) 184; Agricola (wie not. 101) num. 127—129. — [158] cf. Brückner, W.: Überlegungen zur Magietheorie. Vom Zauber mit Bildern. In: Petzoldt, L. (ed.): Magie und Religion. Darmstadt 1978, 404—419. — [159] Wittmann (wie not. 48) 62. — [160] Henßen, G.: Neue Sagen aus Berg und Mark. Elberfeld 1927, 42 sq.; Lübbing (wie not. 147) 185; Wittmann (wie not. 48) 59 sq. —
[161] ibid., 60. — [162] cf. ibid., 67—69; Szendrey, A.: H. — H.ndruck. In: Acta Ethnographica 4 (1955) 129—168. — [163] Schönwerth (wie not. 69) 188; Peiper, A.: Chronik der Kinderheilkunde. Lpz. [3]1958, 465 sq. — [164] Meisen, K.: Der böse Blick, das böse Wort und der Schadenzauber durch Berührung im MA. und in der neueren Zeit. In: Rhein. Jb. für Vk. 3 (1952) 169—225; Hauschild, T.: Der Böse Blick.

B. [2]1982, 20–27, 157–166. – [165] Wittmann (wie not. 48) 58 sq.; Kühnau (wie not. 69) num. 1396. – [166] Sprenger/Institoris (wie not. 141) t. 1, 83; t. 2, 27 sq., 133, 151 sq., 190; t. 3, 92 sq., 119. – [167] Alpenburg (wie not. 90) num. 62, 125; Wittmann (wie not. 48) 59. – [168] Birlinger/Buck (wie not. 120) num. 1; Meyer, G. F.: Amt Rendsborger Sagen. Rendsburg 1925, num. 108; Wittmann (wie not. 48) 66. – [169] Szasz, T. R.: Die Fabrikation des Wahnsinns. Olten/Fbg 1974, 132–146. – [170] Schenda, R.: Der „gemeine Mann" und sein medikales Verhalten im 16. und 17. Jh. In: Pharmazie und der gemeine Mann. ed. J. Telle. Ausstellungskatalog Braunschweig 1982, 9–20, hier 9. –

[171] Lütolf (wie not. 147) num. 156; Haas (wie not. 131) num. 8; Petzoldt (wie not. 50) num. 59; Lichtenberger (wie not. 135) 288 sq.; Prenn, F.: Bäuerliche Medizin. In: Der Schlern 24 (1950) 66 sq. – [172] cf. Schönfeld, W.: Frauen in der abendländ. Heilkunde vom klassischen Altertum bis zum Ausgang des 19. Jh.s. Stg. 1947. – [173] Bader, J.: Bad. Sagenbuch. Fbg 1898, 296 sq.; Haiding, K.: Alpenländ. Sagenschatz. Wien/Mü. 1977, num. 245, 272; Gaál (wie not. 68) 17. – [174] cf. Schrödter, W.: Pflanzengeheimnisse. Kleinjörl bei Flensburg [3]1981, 210–216. – [175] Petzoldt, L.: Hist. Sagen 2. Mü. 1977, num. 381; Schultz, B.: Sagen aus Skandinavien. Ffm. 1981, 55 sq.; cf. KHM 22; Ehrentreich (wie not. 101) 80 sq. – [176] Lehane, B.: Macht und Geheimnis der Pflanzen. Ffm. 1978, 122–176; Engel, F.-M.: Zauberpflanzen – Pflanzenzauber. Hannover 1978, 13–106. – [177] Müllenhoff (wie not. 87) num. 352; Meiche, A.: Sagenbuch der Sächs. Schweiz und ihrer Randgebiete. Dresden [2]1929, num. 124; cf. Marzell, H.: Zauberpflanzen – H.ntränke. Brauchtum und Aberglaube. Stg. 1964. – [178] Grimm DS 84; Petzoldt (wie not. 50) num. 434 sq.; cf. Peuckert, W.-E.: Alraune (Mandragora). In: HDS 1, 2 (1962) 404–422. – [179] Quensel (wie not. 55) 276; Schultz (wie not. 175) 55 sq.; Kapfhammer (wie not. 131) 208; Künzig (wie not. 74) 13 sq.; cf. Fletcher, R.: The Witches' Pharmacopeia. In: Bulletin of the John Hopkins Hospital Baltimore 7, 65 (1896) 147–156; cf. HDA 4, 1336 sq.; Köhler, R.: Das Lied von der verkauften Müllerin. In: Zs. für dt. Mythologie und Sittenkunde 4 (1859) 180–185. – [180] Sprenger/Institoris (wie not. 141) t. 1, 159. –

[181] cf. Virkkunen, M.: Die Bezeichnungen für Hebamme in dt. Wortgeographie [...]. Gießen 1957. – [182] Heyl (wie not. 95) num. 114; Barüske, H.: Skand. Volksmärchen. Ffm. [3]1974, 107 sq., num. 29; Kapfhammer (wie not. 131) 97; cf. Dömötör, T.: Die Hebamme als H. In: Probleme der Sagenforschung. ed. L. Röhrich. Fbg 1973, 177–189. – [183] Forbes, T. R.: The Midwife and the Witch. New Haven/L. 1966. – [184] cf. Dömötör (wie not. 182) 180 sq. – [185] Schönwerth (wie not. 69) 125–134, 137–140; cf. Kummer, B.: Liebeszauber. In: HDA 5 (1932/33) 1279–1297; Opitz, M.: Schaefferey von der Nimfen Hercinie. ed. P. Rusterholz. Stg. 1969, 49–52; cf. Wittmann (wie not. 48) 65 sq. – [186] Gifford, E. S.: Liebeszauber. Stg. 1964. – [187] cf. Schweizer, H.: Aberglaube und Zauberei bei Theokrit. Diss. Basel 1937; Luck (wie not. 6). – [188] Grimm DS 115–119; Depiny, A.: Oberösterr. Sagenbuch. Linz 1932, num. 142; Peuckert (wie not. 58) 76 sq., 80; cf. Böck, R.: Liebesorakel bei Abraham a Sancta Clara. In: Bayer. Jb. für Vk. (1951) 151–153; Quensel (wie not. 55) 273–276. – [189] Zingerle (wie not. 101) num. 783; Grimm DS 120. – [190] Depiny (wie not. 188) num. 473. –

[191] Schönwerth (wie not. 69) 131–133; Künzig (wie not. 74) 12; Grimm DS 120; Petzoldt (wie not. 50) num. 44 sq.; Quensel (wie not. 55) 273; Schulz, B.: Sagen aus Japan. Ffm. 1979, 44. – [192] Petzoldt (wie not. 50) num. 46. – [193] cf. Byloff, F.: Nestelknüpfen und -lösen. In: Archiv für Geschichte der Medizin 19 (1927) 203–208; Steinleitner, F.: Mittel aus dem Tierreich zum Anhexen der Impotenz und Heilen der angezauberten Mannesschwäche. In: ZfVk. 42 (1933) 146–163. – [194] Müllenhoff (wie not. 87) num. 354; Schönwerth (wie not. 69) 129; Depiny (wie not. 188) num. 127. – [195] Peuckert (wie not. 54) 215 sq. – [196] cf. Baroja (wie not. 4) 241–251; Knortz, K.: H.n, Teufel und Blocksbergspuk in Geschichte, Sage und Lit. Annaberg 1913; Halbey (wie not. 88); Schade, S.: Kunsthexen – H.nkünste. H.n in der bildenden Kunst vom 16. bis 20. Jh. In: van Dülmen (wie not. 19) 170–218; Giesen, R.: „Queens of Horror", böse Märchenhexen, zauberhafte Frauen, H.nfiguren in Film, Trickfilm und Filmkomödie. ibid., 253–281. – [197] Sachs, H.: Ein wunderlich gesprech von fünff unhulden (1531). In: Aus der Zeit der Verzweiflung. Zur Genese und Aktualität des H.nbildes. ed. G. Becker u.a. Ffm. 1977, 365–368. – [198] Praetorius (wie not. 109). – [199] Grimmelshausen (wie not. 106); cf. Battafarano, I. M.: H.nwahn und Teufelsglaube im Simplicissimus. In: Argenis 1 (1977) 301–372. – [200] cf. Poritzky, J. E.: Shakespeares H.n. B. 1909; Weber, F.: Volkskundliche Streifzüge durch Shakespeare. In: Bayer. H.e für Vk. 1 (1914) 187–200, 233–269; Briggs, K. M.: Pale Hecate's Team. An Examination of the Beliefs on Witchcraft and Magic among Shakespeare's Contemporaries and His Immediate Successors. L. 1962. –

[201] cf. Gerlach, H./Mahal, G.: H.n – Brocken – Walpurgisnacht. Ausstellungskatalog Knittlingen 1980; Schöne, A.: Götterzeichen, Liebeszauber, Satanskult. Neue Einblicke in alte Goethetexte. Mü. 1982. – [202] Meinhold, W.: Maria Schweidler, die Bernsteinhexe. Der interessanteste aller bisher bekannten H.nprozesse, nach einer defecten Hs. ihres Vaters [...]. ed. E. Kiderlen. Ffm. 1978. – [203] Bechstein, L.: H.ngeschichten. Halle 1854 (Neuausg.n Hildesheim 1984, Ffm. 1986). – [204] cf. Terpstra, J. U.: H.nspruch, Eierzauber und Feind-Komplex in E. T. A. Hoffmanns Fragment „Der Feind". In: Euphorion 80 (1986) 26–45. – [205] Tieck, L.: Der H.n-Sabbath. In: Novellenkranz auf das Jahr 1832 (1831) 211-512. – [206] Raabe, W.: Else von der Tanne [1865]. In: id.: Werke 1–4. ed. K. Hoppe. Mü. 1967, t. 4, 95–130. – [207] Storm, T.: Renate [1878]. In: id.:

Sämtliche Werke 1–2. ed. K. Pörnbacher. Mü. 1977, t. 1, 1078–1138. – [208] Fontane, T.: Sidonie von Borcke (1879/82), Fragment. – [209] cf. zu Scotts Beschäftigung mit H.n Dorson, R. M.: The British Folklorists. L. 1968, 115–118; cf. u.a. Haining, P. (ed.): Spuk. 13 teuflische Stories über Zauberei, Schwarze Magie und Voodoo. Ffm. 1974; Gerlach, H. (ed.): Im Bund mit dem Teufel. Alte H.ngeschichten. Fbg 1981; Franck, E. M. (ed.): H.ngeschichten. Mü. 1988. – [210] cf. Praz, M.: Diebe, Tod und Teufel. Die schwarze Romantik 1–2. Mü. 1970; Zondergeld, R. A.: Lex. der phantastischen Lit. Ffm. 1983. –
[211] cf. Mitterer, E.: Der Fürst der Welt. ed. R. Roček. Wien/Köln/Graz 1988 (die Erstausg. erschien 1940, mit deutlichen Parallelen zum Hitler-Reich); cf. auch Miller, A.: The Crucible. N. Y. 1953; cf. auch Levin, D.: Salem Witchcraft in Recent Fiction and Drama. In: The New England Quart. 28 (1955) 537–546. – [212] cf. etwa Schelwokat, G. M. (ed.): 11 H.n-Stories. Mü. 1973; außerdem zahlreiche einschlägige Titel aus der Produktion der Verlage Heyne (München), Ullstein (Berlin), Bastei-Lübbe (Bergisch-Gladbach), Pabel (Rastatt); speziell bei Groschenromanen Titel zur H. in folgenden Reihen: Bastei-Lübbe („Geisterjäger John Sinclair", „Tony Ballard", „Professor Zamorra", „Gespenster-Krimi"); Pabel („Vampir Horror-Roman", „Gaslicht"). – [213] Beauvoir, S. de: Das andere Geschlecht. Hbg 1968, 175. – [214] Kuhn, H.: H.n (f)liegen in der Luft. Reflexionen über H.n in modernen Kinderbüchern. In: Das gute Jugendbuch 19 (1969) 1–9; cf. Dierks, M.: Aberglauben. In: LKJ 1 (1975) 10–14, bes. 13 sq.; Klingberg, G.: Die phantastische Kinder- und Jugenderzählung. In: Kinder- und Jugendlit. ed. G. Haas. Stg. ²1976, 220–241, hier 228–230. – [215] cf. Künzig, J.: Die alemann.-schwäb. Fasnet. Fbg 1980, 19; Kutter, W.: Schwäb.-alemann. Fasnacht. Künzelsau 1976, 50, 58, 78; Die Fasnetshex. Narrenfigur mit Rollenproblemen. Dokumentation der Tagung in Weingarten 29./30. Okt. 1988 (Materialien der Akad. der Diözese Rottenburg/Stg. 8/88); Kraus, J.: Der Weg der H. in die Fasnacht. In: Wilde Masken. Ausstellungskatalog Tübingen 1989, 57–76. – [216] cf. Harmening, D./Bauer, D. R. (edd.): H.n heute (im Druck). – [217] Zurmühl, S.: Ohne Feuertod und Himmelspodeste. Überlegungen aus Anlaß einer H.nausstellung. In: Courage (6. Juni 1979) 31–34, hier 34. – [218] Einen brauchbaren Überblick über den derzeitigen Stand der Entwicklung bieten Gaube, K./Pechmann, A. von: Magie, Matriarchat und Marienkult. Frauen und Religion. Reinbek 1986; Hauschild, T.: Die alten und die neuen H.n. Mü. 1987; cf. auch Bovenschen, S.: Die aktuelle H., die hist. H. und der H.nmythos. In: Becker (wie not. 197) 259–312. – [219] Lau, E./Brasse, B. (edd.): Frauen-Lieder-Buch. Mü. 1979, 142–144; Latz, I. (ed.): Frauen-Lieder. Ffm. 1980, 196 sq.; Meussling, G.: H.nlieder. Bonn 1980. – [220] Jannberg, J.: Ich bin eine H. Erfahrungen und Gedanken. Aufgeschrieben von G. Meussling. Bonn 1983; cf. dazu Unverhau, D.: „Ich bin eine H." – Frauenbewegung und hist. H.nverfolgung. In: Kieler Bll. zur Vk. 18 (1986) 61–89; cf. den Lit.bericht von Gerlach, H.: H.n-Einmaleins. In: Esotera (Nov. 1988) 73–80. –
[221] Russo, J.: Blutschwestern. H.n-Thriller. Mü. 1988. – [222] Shwartz, S. M. (ed.): H.n-Geschichten. Von zauberischen Frauen, ihren Taten, ihrer Macht und ihrer Liebe. Bergisch-Gladbach 1985. – [223] Morgner, I.: Amanda. Ein H.nroman. Darmstadt/Neuwied 1983.

Freiburg/Br. Hildegard Gerlach

Hexe und Fischerjunge (AaTh 327 F), ein in zahlreichen litau., lett., russ., weißruss. und ukr. Var.n[1] belegtes Zaubermärchen:

(1) Eine Hexe will einen Fischerjungen fangen, indem sie die Worte und → Stimme seiner Mutter nachahmt, die ihm täglich das Essen ans Ufer bringt. Erst als die Hexe vom Schmied ihre Zunge feinhämmern läßt, gelingt ihr die Täuschung, und sie schleppt den Jungen zu sich nach Hause. (2) Die Tochter der Hexe soll den Jungen braten, doch dieser stößt sie selbst in den Ofen. (3) Der Junge versteckt sich auf einem Baum, ruft der Hexe zu, sie habe ihre Tochter aufgefressen (Hexe findet Ring oder Zopf der Tochter) und wird entdeckt. (4) Die Hexe fällt den Baum, auf dem der Junge sitzt, doch im letzten Augenblick retten Vögel den Jungen (er macht sich Flügel), und er fliegt nach Hause (Tiere zertrampeln die Hexe, oder sie platzt, als sie beim Trinken das Spiegelbild des Jungen im Wasser sieht).

Der Kern dieses Märchens (2) – der Held rettet sein Leben, indem er einer anderen Person den ihm zugedachten Tod widerfahren läßt – findet sich in identischer Form in den Erzähltypen AaTh 327 A: → *Hänsel und Gretel*, AaTh 327 C: → *Junge im Sack der Hexe* und AaTh 327 G: *The Boy at the Devil's (Witch's) House* sowie in analoger Weise in AaTh 327 B: → *Däumling und Menschenfresser*, die insgesamt mit AaTh 327 F semantisch und strukturell eng verwandt sind[2]. Charakteristisch für H. u. F. ist das Eingangselement (1), das schildert, wie der Held in die Abhängigkeit des → Gegenspielers, meist eines weiblichen mythischen Wesens (→ Baba-Jaga) gerät. Die Täuschung des Helden durch Verstellen der Stimme ist auch in anderen Erzähltypen anzutreffen, so in dem in Litauen und Lettland verbreiteten Märchen AaTh 702 B*: *The Girl who Originated from a Berry, and the Shepherd boy*[3], in AaTh 123: → *Wolf und Geißlein*[4] oder z. B. auch in einer arab. Var.

zu AaTh 315: *Die treulose* → *Schwester*[5]. In einigen Var.n wird nach der ersten Episode (1) ein erfolgloser Befreiungsversuch des Jungen geschildert: Er täuscht der Hexe Magerkeit vor, versucht sie zum Einschlafen zu bringen oder überredet sie, sich zu waschen, und kriecht aus dem Sack heraus, wird jedoch wieder eingefangen[6]. Dieser Fluchtversuch aus dem Sack erschwert eine Abgrenzung der Var.n von AaTh 327 C und AaTh 327 F.

Häufig dient als Einleitung zu AaTh 327 F das Motiv der Kinderlosigkeit eines älteren Ehepaars und ihres Wunsches nach einem Kind, das sie auf wunderbare Art erhalten (Junge entsteht aus einem Stück Holz etc., cf. → Unfruchtbarkeit)[7].

Das Märchen H. u. F. stellt exemplarisch die Beziehungen des Menschen zu → Fremden dar: (1) Der Held nähert sich dem gefährlichen Gegenspieler und gerät in dessen Abhängigkeit. (2) Der Held setzt an seine Stelle eine andere Person und bleibt dadurch am Leben (hier enden acht litau. Var.n[8]). (3) Dem Helden gelingt es nicht, sich zu verstecken (vorzutäuschen, er befände sich an dem vom Gegenspieler bestimmten Platz), und er gerät in eine gefährliche Situation (so der Schluß von zehn litau. Var.n[9]). (4) Der Held hindert den Gegenspieler — solange dieser gefährlich ist — daran, sich ihm zu nähern, und befreit sich.

Als eine „nach dem rein Märchenhaften hin erweiterte Form der ursprünglichen Schreckgeschichte" und als „ausgesprochenen Mischtypus" charakterisiert G. → Henßen[10] H. u. F. in Verbindung mit dem Erzähltyp AaTh 334: → *Haushalt der Hexe*, den er als slav. Ökotyp der → Schreckmärchen bezeichnet (AaTh 327 C als germ., AaTh 333: → *Rotkäppchen* als rom. Ökotyp). Er schließt aus der Vielgestaltigkeit dieser Ökotypenentwicklung auf ein hohes Alter des Grundschemas und stellt eine Wandlung der Schreckmärchen in optimistische → Kindermärchen fest. Der Wertung als typische Kindererzählung entsprechen auch die Aussagen P. V. Linturs, H. u. F. sei das bekannteste und beliebteste Kindermärchen in der Ukraine[11], oder N. V. → Novikovs, dieses relativ kurze und mit Verseinlagen versehene Märchen lebe im kindlichen Bereich, es werde von Erwachsenen Kindern oder unter den Kindern selbst erzählt[12]. Auf die wichtige Rolle des Motivs von der wunderbaren Entstehung des Kindes, das sich auch in Var.n zu AaTh 327 C findet, macht W. → Scherf gerade in Hinsicht auf ein kindliches Publikum aufmerksam[13].

[1] Ergänzend zu AaTh: Katalogskartothek der litau. erzählenden Folklore des Inst.s für litau. Sprache und Lit. der Akad. der Wiss.en der Litau. SSR (115 Var.n); Arājs/Medne (30 Var.n); SUS 327 C/F (85 Var.n); Nedo, P. (ed.): Die gläserne Linde. Bautzen 1972, 100—103 (slovak.); gedr. litau. Var.n: z. B. Acta Universitatis Tartuensis 23 (1930) 11; Kerbelytė, B.: Litau. Volksmärchen. B. [2]1981, num. 33; Dovydaitis, J.: Lietuvių liaudies pasakos su dainuojamaisiais intarpais. Vilnius 1987, num. 32, 33, 35. — [2] Kerbelytė, B.: Sjužetnyj tip volšebnoj skazki (Der Erzähltyp des Zaubermärchens). In: Fol'klor. Obraz i poetičeskoe slovo v kontekste. ed. V. M. Gacak. M. 1984, 203—250, hier 211—225. — [3] z. B. Kerbelytė (wie not. 1) num. 37; Litau. volkskundliche Hss.slg des Inst.s für litau. Sprache und Lit. der Akad. der Wiss.en der Litau. SSR 208(8), 337(32), 368(66,178), 724(126), 953(24). — [4] cf. hierzu AaTh 327 F nahestehende litau. Var.n bei Kerbelytė (wie not. 1) num. 36; zu schwarzem Kind unter einer Eisdecke (im Brunnen) cf. auch Hss.slg (wie not. 3) 270(501), 4159(218). — [5] Jahn, S. al Azharia: Arab. Volksmärchen. B. 1970, num. 16. — [6] Katalogskartothek (wie not. 1) 327 F (47 Var.n); SUS 327 C, F. — [7] Novikov, N. V.: Obrazy vostočnoslavjanskoj volšebnoj skazki (Gestalten des ostslav. Zaubermärchens). Len. 1974, 174; z. B. Lintur, P. V.: Ukr. Volksmärchen. B. [2]1981, num. 37; Katalogskartothek (wie not. 1) 327 F (13 Var.n). — [8] z. B. Hss.slg (wie not. 3) 346(163), 768(350), 2628(56), 2941(14). — [9] z. B. ibid. III 161(294), 262(189 a), 320(7), 768(259). — [10] Henßen, G.: Dt. Schreckmärchen und ihre europ. Anverwandten. In: ZfVk. 50 (1953) 84—97, Zitat 95. — [11] Lintur (wie not. 7) 662 (zu num. 37). — [12] Novikov (wie not. 7). — [13] Scherf, W.: Die Herausforderung des Dämons. Mü. u. a. 1987, 104—111.

Vilnius Bronislava Kerbelytė

Hexendienst → Dienst beim Dämon

Hexenhammer → Malleus maleficarum

Hexenmeister → Zauberer und Schüler

Hexensalbe → Salbe, salben

Hieb- und stichfest. Der Glaube, sich durch → Amulette, pflanzliche, mineralische und tierische Stoffe (z. B. Teile von Fledermäusen), Alraunen, Nothemden, Devotionalien oder Segens- und Beschwörungszettel (Himmelsbriefe; cf. → Brief) unverwundbar zu machen, läßt sich bis in die Antike zurückverfolgen[1]. Er erlebte vor allem in Kriegs- und Notzeiten, so während des 30jährigen Krieges (1618–48), Hochkonjunktur und konnte vereinzelt noch im Ersten Weltkrieg (1914–18) nachgewiesen werden. Die Bezeichnung ‚Passauer Kunst' oder ‚Passauer Zettel' steht mit dem Passauer Scharfrichter Caspar Neithardt (nach anderer Überlieferung: Christian Elsenreiter) in Verbindung, der 1611 talergroße Papierdrucke mit magischen Charakteren, u. a. der Satorformel, verkaufte[2]; sie sollten, verschluckt oder am Körper getragen, h. machen.

Die Verwendung magischer, → Unverwundbarkeit garantierender Objekte (→ Magie) beschränkte sich nicht nur auf die Schicht der → Soldaten[3], sondern war auch Teil des Jagdzaubers (→ Jagd, Jagen, Jäger)[4] sowie alltäglicher Rituale zum Schutz vor Gefahren etwa durch Räuber und wilde Tiere. Die Praktiken des H.machens reagierten dabei sehr sensibel auf konkrete Situationen wie auf waffentechnische Entwicklungen (Pfeil, Lanze, Gewehrkugel). Grundsätzlich gehört der Wunsch nach Unverwundbarkeit, der seinen narrativen Ausdruck etwa in der antiken → Achilleus- (cf. auch → Achillesferse) oder in der ma. Siegfriedsage fand (→ Sigurd, Siegfried), zu den konstanten Utopien menschlicher Existenz und reflektiert zudem in ma. wie nachma. Zeit die Angst vor dem jähen → Tod.

Formeln zum H.machen finden sich in zahlreichen volkssprachlichen Beschwörungen, so z. B. in den ‚Schildwachtbüchern'[5], im ‚Tobiassegen'[6], im ‚Ölbergspruch', im ‚Kugel-' und ‚Kaiser Karl-Segen' oder im ‚Grafenamulett' (‚Graf Philipp von Flandern-Segen')[7], für die Vorläufer teilweise bereits im 8. Jh. namhaft gemacht werden können[8]. Wie allerdings die Beschwörungsliteratur zeigt, darf das auf die eigene Person bezogene H.machen nicht vom Versuch einer Einflußnahme auf Fremde getrennt werden; mit dem ‚Waffensegen' (‚Waffenstellung') sollten die feindlichen Waffen unwirksam gemacht werden[9].

Die Wirkung legitimiert sich durch eine ätiologische Legende[10]: Das H.machen beruhe etwa auf den Leiden Jesu; er habe der hl. → Brigitta, der hl. → Elisabeth und der hl. Mechtild erzählt, daß er u. a. 102 Ohrfeigen von den Juden, im Garten Gethsemane 30 Fausthiebe auf den Mund empfangen, man ihm 5475 Wunden zugefügt habe und 10430 Blutstropfen aus seinem Körper geflossen seien[11]. König Sero konnte nicht enthauptet werden[12], da er sich im Besitz eines Himmelsbriefs befand[13].

Zum vieldiskutierten Modethema geriet das H.machen im kriegerischen 16. und 17. Jh.; so setzten sich Andreas Libavius aus pharmakologischer[14], Kaspar Schott aus magiologischer Sicht anhand zahlreicher Exempla damit auseinander[15]. Auf frühneuzeitlicher[16] und barokker Kompilationsliteratur[17] beruhen die Sagen vom kugelfesten Nothemd (Grimm DS 255) und vom Festmachen (Grimm DS 256; cf. → Festbannen). Doch populäre Erzählungen spiegeln auch die Skepsis gegenüber der Realität des Magischen wider: Bei der Leiche eines Ertrunkenen sei ein Zettel mit einem Segensspruch gegen unverhofftes Ertrinken und Verbrennen gefunden worden[18]. Im Ersten Weltkrieg begannen schließlich Herzschutzplatten aus Stahl, für die verschiedene Hersteller in Zss. und Tageszeitungen warben, an die Stelle traditioneller Magica zu treten; das Nothemd wurde durch die kugelsichere Weste ersetzt.

[1] Peuckert, W.-E.: festmachen 1–2. In: HDA 2 (1929/30) 1353–1368; Fogel, E. M.: The Himmelsbrief. Phil. 1908; Hausmann, L./Kriss-Rettenbeck, L.: Amulett und Talisman. Mü. 1966; Le Blant, E.: Note sur quelques anciens talismans de bataille. In: Mémoires de l'Institut National de France, Académie des Inscriptions et Belles-Lettres 34 (1895) 113–123; Stübe, R.: Der Himmelsbrief. Tübingen 1918. – [2] Glenzdorf, J./Treichel, F.: Henker, Schinder und arme Sünder 2. Bad Münder 1970, num. 3014; Oppelt, W.: Über die „Unehrlichkeit" des Scharfrichters. (Diss. Würzburg 1974) Lengfeld 1976, 653 sq. – [3] Flemming, H. F. von: Der Vollkommene Teutsche Soldat [...]. Lpz. 1726, 355 u. ö.; Kronfeld, E. M.: Der Krieg im Aberglauben und Volksglauben. Mü. 1915. – [4] cf. z. B. Dammann, E.: Die Religionen Afrikas. Stg. 1963, 195–209; Paulson, I./Hultkrantz, Å./Jettmar, K.: Die Religionen Nordeurasiens und der amerik. Arktis. Stg. 1962, 357–415. – [5] Wanderer, K.-P.: Gedr. Aberglaube. Diss. Ffm. 1976, 155–163. – [6] Spamer, A.: Romanusbüchlein. ed. J. Nickel. B. 1958, 158–166. – [7] ibid., 334–340. – [8] Franz, A.: Die kirchlichen Benediktionen im MA. 2. Fbg 1909, 270. – [9] Spamer (wie not. 6) 331–351. – [10] cf. Hampp, I.: Beschwörung–Segen–Gebet. Stg. 1961, pass. –

[11] Dornbusch, J.: Schildwachtbücher. In: Zs. für dt. Kulturgeschichte 4 (1875) 447 sq.; Wanderer (wie not. 5) 159. — [12] Birlinger, A.: Besegnungen aus dem 17. Jh. In: Alemannia 14 (1886) 67—70. — [13] Stübe (wie not. 1) 16 sq. — [14] Libavius, A.: Tractatus de impostoria vulnerum [...]. Ffm. 1594; cf. auch Lanus, G.: De unguento armario. Lpz. 1680. — [15] Schott, C.: Thaumaturgus physicus, sive magiae universalis naturae et artis pars 4. Würzburg 1659, 453—470. — [16] Weier, J.: De praestigiis daemonvm. Von Teuffelsgespenst [...]. Ffm. 1586. — [17] z. B. Bräuner, J. J.: Physikalisch- und hist.-erörterte Curiositaeten. Ffm. 1737, 365; cf. auch Greverus, I.-M.: Die Chronikerzählung. In: Volksüberlieferung. Festschr. K. Ranke. Göttingen 1968, 37—80, hier 61. — [18] Gräße, J. G. T.: Der Sagenschatz des Königreichs Sachsen 1. Dresden [2]1874, num. 427.

Freiburg/Br. Christoph Daxelmüller

Hieronymus, Hl. (Sophronius Eusebius H.), *Stridon (Dalmatien) ca 347, † Bethlehem 30. 9. 419 oder 420[1], lat. Kirchenlehrer. H. wurde in Rom in Grammatik, Rhetorik und Philosophie ausgebildet. Nach Wanderjahren im Vorderen Orient, wo er griech.[2] und hebr.[3] Sprachkenntnisse erwarb, kehrte H. nach Rom zurück, wurde Sekretär des Papstes Damasus (gest. 384), verließ Rom 385 und ließ sich 386 in Bethlehem nieder, wo er ein Männerkloster und drei Frauenklöster gründete. H.' unbändiges, bisweilen zur maßlosen Polemik neigendes Temperament und seine Unerbittlichkeit verbanden sich mit eminenter Gelehrsamkeit und asketischer Spiritualität. Neben Augustinus gilt H. als der gelehrteste und einflußreichste Kirchenvater[4].

Schwerpunkte seiner über 45 Jahre umfassenden literar. Produktion sind die Übers. des Bibeltextes (seit dem 13. Jh. als *Vulgata* bezeichnet)[5] sowie des 2. Teils der Chronik des Eusebius (mit eigener Ergänzung von 327 bis 380 p. Chr. n.). H. kommentiert zum anderen nach dem Schriftsinn und mythisierend-allegorisch zahlreiche Bücher des A. T.s und N. T.s[6], wobei seine Auslegung des Buches *Daniel* historiographisch höchst folgenreich war[7]. Neben dem ersten in lat. Sprache abgefaßten Kirchenschriftsteller-Lex. *De viris illustribus*[8] schreibt H. für die → Hagiographie exemplarisch wirkende Viten des Paulus von Theben, des Malchus und des Hilarion (cf. → Einsiedler), die H.' monastische Ideale widerspiegeln[9]. Exegetischen und monastischen Problemen sowie Fragen der christl. Lebenspraxis sind H.' Briefe (ca 120 sind echt) gewidmet, während er in seinen dogmatisch-polemischen Schr. den Primat der Jungfräulichkeit vor der Ehe (*Adversus Jovinianum*), die Virginität → Marias (*Adversus Helvidium*) oder Heiligen- und Reliquienverehrung (*Contra Vigilantium*) verteidigt oder dogmatische Probleme (*Contra Joannem Hierosolymitanum, Adversus libros Rufini*) thematisiert[10]. Gerade in seinen Streitschriften wird H.' Neigung zur satirischen Polemik[11], die sich des tradierten Arsenals von Sprich-[12] und Schimpfwörtern[13] bedient, überdeutlich.

Wegen H.' großen Ansehens im MA. überrascht es nicht, daß ihm zahlreiche Werke fälschlicherweise zugeschrieben wurden, so viele Briefe, die für die ma. Legendentradition grundlegenden → *Vitae patrum*[14] oder das *Martyrologium Hieronymianum*[15].

Dem umfassend gebildeten H. stand neben jüd. Qu.n (→ Agada, das *Leben Adams und Evas*[16], Flavius → Josephus[17]) und → Apokryphen[18] die gesamte pagane Lit. zur Verfügung[19], wobei ihm die griech. Autoren wohl nur aus zweiter Hand bekannt waren. Er stützte sich hier vor allem auf Seneca d. J. und Cicero. Senecas verlorene Schrift *De matrimonio*, die nur durch H.' Benutzung (*Adversus Jovinianum* 1,41—49, v. Tubach, num. 1232: *Continence*) bekannt ist, bot ihm umfangreiches Exempelmaterial zu treuen bzw. untreuen Ehefrauen[20]. Der durch die intensive Lektüre paganer Autoren evozierte religiöse Konflikt manifestiert sich im ‚Prügeltraum' des H. (Tubach, num. 2772, 2774), der zum oft zitierten ma. Topos wurde[21].

H.' Œuvre weist eine Vielzahl der Qu.n und Themenbereiche auf. Die Erzählforschung hat bislang kaum systematisch H.' Werke erforscht. Evident ist H.' außerordentliche Vorliebe für das Exemplum, wie vor allem die misogyne und ehefeindliche Schrift *Adversus Jovinianum* zeigt. Die häufige Verwendung von Exempla legitimiert H. damit, daß bereits die Bibel und frühere christl. Autoren pagane Exempla benutzt haben (*Epistolae* [E] 70, 2,1)[22], und er weiß um den Gebrauch von Exempla bei Syrern und Palästinensern (*In Matthaeum* 3,18,23)[23]. H. zieht gern Anekdoten aus der Philosophiegeschichte im Sinne der christl. Paränese heran, so die Kyniker → Diogenes[24] und Krates sowie → Sokrates[25].

Singulär ist H.' Information über die Geburtslegende des → Buddha[26]; spärlich sind seine literatursoziol. Notizen zur fiktionalen Prosa der *Miles. Geschichten*[27] und zum ältesten lat. Tier-Testament, dem *Testamentum Porcelli*[28] (*In Isaiam* 12, Prolog; *Adversus Rufinum* 1,17).

Während H. nur sporadisch Fabeln verwendet (E 29,7 = AaTh 34 A: → *Hund verliert das Fleisch*; E 79,3 = AaTh 41: → *Wolf im Keller* [vollgefressene Maus]; E 22,38; 147,11 = AaTh 123 B: → *Wolf im Schafspelz*; *In Ezechiel* 2,6,12 = AaTh 280 A: → *Grille und Ameise*; E 108,15 = AaTh 244: → *Tiere borgen voneinander* [Krähe mit fremden Federn]; E 27,1; 61,4 = Mot. J 512.4: → Esel als Lautenspieler[29])[30], nutzt er seine reichen naturkundlichen Kenntnisse meist zur allegorischen Deutung[31]. So behandelt er Adler[32], Eule[33], Rebhuhn[34], Strauß[35], den Flug der Kraniche (E 125,15) und die Fledermaus[36] ebenso wie Elefant[37], Hasen[38], den Schlangen verzehrenden Hirsch[39], die Hyäne (*Adversus Jovinianum* 2,6), den Igel[40] und das Chamäleon[41]. H.' Interesse gilt auch Zikaden[42], Flöhen, Wanzen, Heuschrecken und Ameisen[43], in deren Kleinheit sich die Schöpfungsmacht Gottes manifestiere[44]. Ferner gilt der Teufel als Gott der Fliegen (*In Ecclesiasten* 10,1). Der lüsterne Esel symbolisiert den Leib mit seinen Begierden[45]. H. popularisiert auch die nicht kanonische Anbetung des Christuskindes durch Ochs und Esel (Tubach, num. 3558)[46]. Die traditionelle Tiersymbolik der vier Evangelisten geht ebenfalls auf H. zurück (*In Matthaeum*, Prolog)[47]. Schließlich stellt H. die singuläre Qu. für den getauften Löwen in den apokryphen *Acta Pauli* dar[48]. Eine bes. allegorisierende Vorliebe hat H. für die paganen Mischwesen der Sirenen entwickelt[49], wie er auch die Chimäre kennt[50].

H. kritisiert nicht nur pagane Bräuche (Fluchtafeln[51], Augurien, Nativitätssteller[52]) und den Sternenkult[53], er lehnt auch radikal das Badewesen[54] ab (Mot. C 721). Wie die anderen Kirchenväter bekämpft er entschieden das antike Theater[55]. Er verwirft zwar die Sitte der jüd.-christl. Amulette, akzeptiert jedoch das christl. Bibellosen[56] und die Vorstellung, daß unberührte Jugendliche und makellose Eremiten mantische Kräfte besitzen[57].

H. kommentiert die Bibelstellen von der nekromantischen → Hexe von Endor (1. Sam. 28)[58] und vom Mittagsdämon (Ps. 90,3–6)[59], wobei er pagane und christl. Vorstellungen amalgamiert. Er kennt auch → Hausgeister (larvae), die in dunklen Ecken schwatzen und Kinder schrecken (*Quaestiones in Genesim*, Prolog)[60]. Nach H.' → Dämonologie hat zwar jeder Mensch von Geburt an einen Schutzengel zur Seite[61]. H. vertritt jedoch nicht die traditionelle Meinung, der Mensch habe auch einen eigenen → Dämon neben sich. Vielmehr teilt er jeder Sünde einen → Teufel zu (*In Habacuc* 2,3,14 sq.)[62]. Für H. besitzt der Teufel mit einer unbekannten Zahl böser Geister ein wohlgeordnetes Reich[63]. Sie kennen ihr eigenes Schicksal nicht und, um die Beschränkung ihres Wissens zu verhüllen, sind ihre Weissagungen mehrfach auslegbar[64]. Die Macht der Dämonen ist durch Gottes Macht beschränkt. Da aber erst durch die Parusie Christi deren Macht gebrochen wird, ist das Leben der Christen ein täglicher Kampf wider die bösen Geister. H. verwirft die These, daß den Dämonen noch die Möglichkeit zur Bekehrung offen steht (Apokatastasis)[65]. Vor allem im hagiographischen Werk beschreibt H. des öfteren Dialoge zwischen Dämon und Heiligem sowie → Exorzismen[66]. H. bietet auch den frühesten lat. Beleg eines bockfüßigen → Incubus (*Vita Pauli* 8)[67].

H.' jahrzehntelangem Aufenthalt in Palästina sind mehrere lokalgeschichtliche Notizen zu verdanken, so die Nachricht von Hebesteinen (Mot. F 624.2, cf. → Kraftproben)[68], von → Adams Grab auf Golgatha[69], von → Abels Ermordung in Damaskus[70], vom angeblichen Adonis-Heiligtum in der Geburtshöhle von Bethlehem[71] sowie vom 40. Tag im christl. Totenkult[72].

Die Vita des H., der als Patron der Asketen, Studenten und Gelehrten[73] verehrt wird, basiert vor allem auf den weitverbreiteten, vorgeblich von Eusebius, Augustinus und Cyrillus verfaßten *H.-Briefen* (entstanden wahrscheinlich 12./13. Jh.)[74]. Hier finden sich z. B. die Erzählungen vom Galgenwunder (Tubach und Dvořák, num. 2236)[75] oder von der Gleichsetzung des H. mit → Johannes Baptista und den Aposteln (Tubach, num. 2829)[76]. Einen ähnlich großen Einfluß übt die auf älterem Material beruhende → *Legenda aurea* aus, die vom dienstbaren Löwen (AaTh 156: → *Androklus und der Löwe*) als Hüter des Esels und

Holzschlepper (→ Dankbarkeit und Undankbarkeit) sowie vom ‚Prügeltraum' des H. berichtet[77]. Der Legendenstoff, der im 14./15. Jh. auch ins Toskanische und Sizilianische übertragen wurde[78], inspiriert entscheidend die ikonographische H.-Darstellung[79]. Von einem blutige Tränen vergießenden H.-Bild (1524) berichtet der *Atlas Marianus* (→ Blutwunder)[80].

Die noch nicht systematisch erforschte Nachwirkung von H.' Werk ist fast unüberschaubar und kann nur grob skizziert werden[81]. H., dessen Mönchs-Viten auch ins Griechische übersetzt sind[82], wird bereits von → Gregor dem Großen herangezogen[83]. Im 7./8. Jh. läßt sich Aldhelm von Malmesbury von der *Vita Pauli* beeinflussen, deren Spuren sich ebenfalls auf dem Ruthwell-Kreuz (8. Jh.) finden[84]. Die pseudo-gelehrte *Cosmografia* des sog. Aethicus Ister gibt sich im 8. Jh. als lat. Übers. des H. aus einem griech. Urtext aus[85]. Während sich H. bei Flodoard von Reims (10. Jh.)[86] und Otloh von St. Emmeram (11. Jh.) eher sporadisch nachweisen läßt[87], ist die außerordentliche Wirkung von *Adversus Jovinianum* im 12. Jh. auf Abaelard und seinen Schülerkreis[88] sowie auf Johannes von Salisbury[89] unübersehbar. Diese H.-Renaissance setzt sich bei Walter → Map fort[90]. → Giraldus Cambrensis[91], Bartholomaeus Anglicus (gest. ca 1250)[92] und → Thomas Cantipratanus[93] oder → Dante[94] benutzen H. bisweilen, während → Chaucer[95] ihn intensiv berücksichtigt. Auch Ulrich → Boner (num. 58) greift auf H. zurück[96].

Ungewöhnlich stark hat H. auf die spätma. Exempelsammlungen gewirkt (cf. u. a. → Étienne de Bourbon[97], → *Alphabetum narrationum*[98], → *Dialogus creaturarum*[99], → *Mensa philosophica*[100])[101]. Die H.-Rezeption erlebt in der Renaissance einen Höhepunkt, wie Kult und zahlreiche Hymnen zeigen[102]. Auch die nachma. kathol. Exempelsammlungen spiegeln das anhaltende Interesse an H. wider, so das *Magnum* → *speculum exemplorum*[103], die kanonistische Sammlung von Martin → Delrio[104] oder die *Iudicia divina* des Georg → Stengel[105].

Im Jesuitendrama tritt H. als Theaterfigur auf[106]. Die hl. Theresia von Ávila (16. Jh.) soll sich durch die Lektüre der Briefe des H. für den Ordensberuf entschieden haben[107]. Wenngleich → Luther, der mit den hagiographischen Standardwerken durchaus vertraut ist, H. kritisiert[108], wird H. auch von den protestant. Theologen des 16. und 17. Jh.s des öfteren zitiert, so von Kaspar → Goltwurm, Hieronymus → Rauscher, Johannes → Weyer, Jodocus Hocker, Johannes → Manlius, Samuel → Meiger, Andreas → Hondorff[109] sowie von Ludwig Rabus[110]. Mehrfach wird H. als Zeuge gegen den anstößigen → Risus paschalis genannt[111].

Im Gegensatz zu → Goethe, der H. kaum erwähnt[112], läßt sich → Herder nicht allein in seinen theoretischen Schriften[113], sondern auch in seinen poetischen ‚Legenden'[114] von H. inspirieren. Ludwig → Tieck beschreibt in *Franz Sternbalds Wanderungen* Dürers Kupferstich von ‚H. im Gehäuse'[115]. In dem parodistischen Epos *Leben, Meinungen und Taten von Hieronimus Jobs* (1784) von Karl Arnold Kortum (1745–1824), das von Wilhelm → Busch (1872) illustriert wurde, ist der Name des H. eindeutig satirisch verwendet[116]. E. T. A. → Hoffmann nutzt H. des monastischen Kolorites wegen in *Die Serapions-Brüder* und in *Klein Zaches*[117]. Thomas Mann verwendet H.' Namen in parodistischer Brechung der Savonarola-Figur in *Gladius Dei*[118] und stützt sich in der Qu.nliteratur zu *Joseph und seine Brüder* auf H.[119]. Während Karl Marx den ‚Prügeltraum' zitiert[120], gehört eine H.-Darstellung zu den bevorzugten Bildern Sigmund → Freuds[121].

Typen- und Motivverz. (Ausw.)[122]: (1) Bibel-Kommentare: *Quaestiones in Genesim* 11,28 = → Abraham im glühenden Ofen. – 30,32 sq. = Ehebrecherin versichert Ehemann, Mohrenkind beruhe auf ‚Versehen' (Mot. J 2238)[123]. – 37,36 = Asseneth und Joseph (Tubach, num. 400). – *Tractatus in Psalmos* 90,6 = Teufel erscheint am Mittag (Mot. G 303.6.1). – *In Isaiam* 12,40,27–31 = Adler verjüngt sich in Sonne (Tubach, num. 1837) + Adler prüft Augen der Jungen (Tubach und Dvořák, num. 1839). – 12,41, 21–24 = Doppeldeutige Orakel (Krösus, Pyrrhus; cf. Mot. M 305). – 18,66, 13 sq. = Adler und Schlange (Adlerstein; cf. Tubach und Dvořák, num. 1831)[124]. – *In Ieremiam* 3,75 = Rebhuhn brütet fremde Eier (Tubach, num. 3605). – *In Ezechielem* 1,4, 9–12 = Tabu: Bohnen essen (Pythagoras; cf. Mot. C 224.1). – 2,5,5 sq. = Nabel der Erde (Mot. A 875.1)[125]. – 8,27,11 = Pygmäen auf den Mauern von Tyrus (Tubach, num. 4014). – *In Michaeam* 2,7,5–7 = Damon und Pythias (Tubach und Dvořák, num. 2208)[126]. – 2,7,14–17 = Timon der Menschenfeind[127]. – *In Matthaeum*

3,18,20 = Damon und Pythias (Tubach und Dvořák, num. 2208). – 3,19,28 = Krates wirft Gold ins Meer (Tubach, num. 2343). – 3,20,23 = → Johannes Evangelista ins siedende Öl geworfen (Mot. Q 414.1). – 3,21,16 = Feuer leuchtet aus Christi Augen bei der Vertreibung der Wechsler (Mot. F 541.1)[128]. – *Ad Galatas* 3,6,10 = Tag ohne Freigebigkeit verloren (‚Diem perdidi'; cf. Tubach und Dvořák, num. 1459). – *Ad Ephesios* 1,1,7 = Selbstaufopferung des Codrus, Marcus Curtius, der Decii Mures (Tubach und Dvořák, num. 1136). –

(2) Streitschriften: *Adversus Helvidium*, Kap. 16 = Herostratus (Pauli/Bolte, num. 636). – *Adversus Jovinianum* 1,26 = Johannes Evangelista ins siedende Öl geworfen, überlebt verjüngt (Mot. Q 414.1 + Mot. D 1885). – 1,28 = Wer nicht streitet, ist unverheiratet (Varius Geminus; cf. Mot. T 251.1). – 1,41 = Der Unzucht verdächtigte Vestalin lebendig begraben (Mot. Q 456). – Entehrte Jungfrauen stürzen sich in Brunnen (Tubach und Dvořák, num. 5160). – 1,42 = Geburt Buddhas aus Seite der Mutter (Mot. T 584.1); Platos Mutter durch Erscheinung Apollos schwanger (Mot. T 518). – 1,43 = Dido verweigert zweite Ehe (Dvořák, num. 1670**). – 1,44 = Ind. Witwenverbrennung (Mot. T 211.2.1); Witwe des Alkibiades (Dvořák, num. 89*). – 1,45 = Zweite Ehe von Witwen verweigert (Tubach und Dvořák, num. 3180); Admetos und → Alkestis (AaTh 899; cf. Tubach, num. 51). – 1,46 = → Lucretia und Sextus (Tubach und Dvořák, num. 3095)[129]; Vorwurf wegen übelriechenden Atems (Tubach und Dvořák, num. 775). – 1,48 = → Sokrates und Xanthippe (Mot. T 251.4); alle Schwiegermütter hassen alle Schwiegertöchter (Pauli/Bolte, num. 133); der drückende Schuh (Tubach, num. 4339); → Gyges und sein Ring (Tubach, num. 2391); Epikur gegen die Ehe (Tubach, num. 1904). – 2,6 = Galle der Hyäne heilt Blindheit (Tubach, num. 2710). – 2,7 = → *Altentötung* (AaTh 981); Kannibalismus (Mot. G 10); Lebendig begraben (Mot. S 123). – 2,9 = Platon und die Akademie (Diogenes beschmutzt Teppiche; cf. Tubach, num. 3819); Krates wirft Gold ins Meer (Tubach, num. 2343). – 2,11 = Diogenes ißt Kohl (Tubach, num. 822); Ernährung des Epikur (Tubach, num. 1905); Genügsamkeit des Curius (Tubach, num. 1403). – 2,14 = Diogenes wirft den Trinkbecher fort (Tubach, num. 1674); Diogenes bekämpft das Fieber (Tubach, num. 2021). – *Contra Ioannem Hierosolymitanum*, Kap. 5 = Schlagfertige Antwort eines Richters: Gut, doch wozu gut (Mot. J 1280)[130]. – *Adversus Rufinum* 1,30 = Crassus lachte nur einmal im Leben (Mot. F 591). – 3,31 = Scheinwunder (Feuer atmender Bar Kochba hat brennenden Strohhalm im Mund; cf. Mot. K 1970)[131]. –

(3) Mönchsbiogr.n: *Vita Pauli*, Kap. 3 = In Versuchung Geführter spuckt Verführerin Stück Zunge ins Gesicht (Tubach, num. 4911). – 6 = Palme sorgt für Lebensunterhalt (Tubach, num. 3581). – 8 = Satyr (Mot. B 24). – 10 = → Antonius Eremita und → Paulus Eremita (Tubach, num. 280); Rabe bringt Antonius und Paulus Brot (Tubach, num. 757). – 16 = Löwen scharren Grab (Mot. B 431.2); Löwen lecken Heiligen Füße und Hände (Mot. B 251.2.3). – *Vita Hilarionis*, Kap. 5 = Askese des Hilarion (Tubach, num. 363). – 7 sq. = Einsiedler in Versuchung (Mot. T 330). – 8 = Teufel springt auf Hilarions Rücken (Tubach, num. 1622). – 12 = Schlagfertige Antwort gegenüber Räubern (Mot. J 1390). – 13 = Geburt als Folge von Gebet (Mot. T 548.1). – 15 = Heiliger heilt Blindheit (Mot. V 221.12; cf. auch Tubach, num. 704: Hilarion heilt blinde Frau). – 21 = Liebeszauber (Mot. D 1355.3) + Wunderheilung von Liebe (Mot. T 25). – 32 = Regen durch Gebet (Mot. D 2143.1.3). – 40 = Heiliger kontrolliert Flut (Mot. D 2151.1). – 41 = Schiff wird durch Gebet aufgehalten (Mot. D 2072.0.3). – 46 = Geruch der Heiligkeit (Mot. V 222.4.1). – *Vita Malchi* = Gastfreundliche Löwin überläßt verfolgten Christen Höhle (geraffte Nacherzählung der *Vita Malchi*; cf. Tubach, num. 3074). – 6 = Keusche Ehe nach gegenseitiger Absprache (Mot. T 315.1). –

(4) Briefe: E 7,5 = Crassus lachte nur einmal im Leben (Mot. F 591). – 22,30 = ‚Prügeltraum' des H. (Tubach, num. 2774) + Vorwurf wegen → Vergil-Lektüre (Tubach, num. 2772). – 39,2 = Mahnworte des Sklaven an röm. Triumphator (Tubach, num. 4126)[132]. – 53,2 = Beredsamkeit des Demosthenes von Äschines beklagt (Tubach, num. 1516). – 54,16 = Holophernes und Judith (Tubach und Dvořák, num. 2593). – 57,3 = Fabricius und Pyrrhus (Tubach und Dvořák, num. 3761). – 58,7 = Ananias und Saphira (Tubach und Dvořák, num. 42). – 60,5 = Anaxagoras und Tod des Sohnes (Tubach, num. 202); Xenophon und Tod des Sohnes (Tubach und Dvořák, num. 5397); Römer und Tod des Sohnes (Tubach, num. 4124)[133]. – 60,18 = Xerxes beklagt Kürze des Lebens (Tubach, num. 5399)[134]. – 68,2 = Ananias und Saphira (Tubach und Dvořák, num. 42); Krates wirft Gold ins Meer (Tubach, num. 2343). – 70,3 = Tod des Julian Apostata (Tubach, num. 2881). – 71,3 = Krates wirft Gold ins Meer (Tubach, num. 2343). – 72,2 = Lustvolle Stiefmutter wird von zehnjährigem Sohn schwanger (Mot. T 418). – 74,2 = → Salomon und die richtige Mutter (Tubach, num. 4466). – 84,4 = Doppeldeutige Orakel (Krösus, Pyrrhus; cf. Mot. M 305). – 107,4 = → Alexander nimmt Fehler seines Lehrers Leonides an (Tubach, num. 91)[135]. – 118,5 = Krates wirft Gold ins Meer (Tubach, num. 2343). – 123,7 = Dido verweigert zweite Ehe (Dvořák, num. 1670**); Lucretia und Sextus (Tubach und Dvořák, num. 3095). – 123,9 = Eheschwank: 20mal verheirateter Ehemann trägt als Sieger Ehefrau zu Grabe, die bereits 22mal verheiratet war. – 125,3 = Paradiesvorstellungen; Fluß entspringt dem Paradies (Mot. F 162.2) + Goldene Berge, die Drachen bewachen (Mot. F 752.1, B 11.6.2) + Herkunft der Perlen (Mot. A 2827)[136]. – 125,15 = Kraniche folgen einem Führer (Tubach, num. 1314 b). – 130,13 = Crassus lachte nur einmal im Leben (Mot. F 591). –

130,14 = Ananias und Saphira (Tubach und Dvořák, num. 42). –
(5) Chronicon: 68b,6 = Selbstaufopferung des Codrus (Tubach und Dvořák, num. 1136). – 97b,16 = Arion vom Delphin gerettet (Mot. B 551.1). – 102b,7 = → Äsop in Delphi ermordet. – 104a,5 sq. = Lucretia und Sextus (Tubach und Dvořák, num. 3095). – 123,11 = Sohn auf Befehl des Vaters (Manlius Torquatus) hingerichtet (Dvořák, num. 4479*). – 184,13 = → Senecas Selbstmord (Tubach, num. 4225). – 189,4 = Tag ohne Freigebigkeit verloren (,Diem perdidi'; cf. Tubach und Dvořák, num. 1459). – 240,6 = Antonius Eremita. –
(6) Pseudo-H. E 18[137]: 187 A = Pelikan und Junge werden von der Schlange getötet (Tubach, num. 3657)[138]; Adler verjüngt sich (Tubach, num. 1837)[139]. – 187 B = Phönix erhebt sich aus den Flammen (Tubach, num. 3755)[140]. – 187 C = Schlange stirbt nach erstem Schlag, lebt nach zweitem Schlag weiter (Mot. E 11.1)[141]. – 187 D = Fuchs stellt sich tot (Tubach, num. 2176)[142]. – 188 A = Freundlicher Panther (Tubach, num. 3583)[143]; Rebhuhn brütet fremde Eier (Tubach, num. 3605)[144].

[1] Übersichtsart. mit reicher Bibliogr. in LThK 5 (1960) 326–329; Penna, A./Casanova, M. L.: H. In: Bibliotheca Sanctorum 6 (1965) 1109–1137; Enc. Judaica 9 (1971) 1376–1378; Verflex. 3 (²1981) 1221–1233; TRE 15 (1986) 304–315; Hagendahl, H./Waszink, J. H.: H. In: RAC 15 (1989) 117–139. – [2] Berschin, W.: Griech.-lat. MA. Bern/Mü. 1980, 63–69. – [3] Thiel, M.: Grundlagen und Gestalt der Hebräischkenntnisse des frühen MA.s. Spoleto 1973, 5, 14–21. – [4] Gesamtdarstellungen: A Monument to Saint Jerome. ed. F. X. Murphy. N. Y. 1952; Testard, M.: Saint Jérôme. P. 1969; Antin, P.: Recueil sur saint Jérôme. Brüssel 1968; Kelly, J. N. D.: Jerome. His Life, Writings and Controversies. Worcester/L. 1975; v. ferner Hagendahl, H.: Von Tertullian zu Cassiodor. Göteborg 1983. – [5] TRE 6, 174 sq. – [6] Herzog, R.: Metapher – Exegese – Mythos. In: Terror und Spiel. ed. M. Fuhrmann. Mü. 1971, 157–185, bes. 174–176; Pépin, J.: La Tradition de l'allégorie de Philon d'Alexandrie à Dante. P. 1988, 188 sq. – [7] Marsch, E.: Biblische Prophetie und chronographische Dichtung. B. 1972, 18–31; Rauh, H. D.: Das Bild des Antichrist im MA. von Tyconus zum dt. Symbolismus. Münster ²1979, 130–138. – [8] Opelt, I.: H.' Leistung als Literarhistoriker in der Schrift ,De viris illustribus'. In: Orpheus 1 (1980) 52–75; Blum, R.: Die Lit.verzeichnung im Altertum und MA. Ffm. 1983, 98–113. – [9] Hoster, D.: Die Form der frühesten lat. Heiligenviten von der Vita Cypriani bis zur Vita Ambrosii und ihr Heiligenideal. Diss. Köln 1963; Fuhrmann, M.: Die Mönchsgeschichten des H. In: Entretiens sur l'antiquité classique 23 (1976) 41–94; Kech, H.: Hagiographie als christl. Unterhaltungslit. Studien zum Phänomen des Erbaulichen anhand der Mönchsviten des hl. H. Diss. Konstanz 1977; Opelt, I.: Des H. Heiligenbiogr. als Qu. der hist. Topographie des östl. Mittelmeerraumes. In: Röm. Quartalschrift 74 (1979) 145–177; Uytfanghe, M. van: Heiligenverehrung 2 (Hagiographie). In: RAC 14 (1988) 150–183, hier 155, 170 sq. – [10] Opelt, I.: H.' Streitschriften. Heidelberg 1973. –
[11] Wiesen, D. S.: St. Jerome as a Satirist. Ithaca/N. Y. 1964; Deschner, K.: Kriminalgeschichte des Christentums 1. Reinbek 1988, 169–181. – [12] Otto, A.: Die Sprichwörter und sprichwörtlichen Redensarten der Römer. Lpz. 1890 (Nachdr. Hildesheim 1964), Reg. s. v. H.; Häußler, R.: Nachträge zu A. Otto. Darmstadt 1968, z. B. 19 sq., 26 sq., 30 sq., 40 sq., 95–121, 132 sq., 136, 232–248. – [13] Opelt, I.: Die Polemik in der christl. lat. Lit. von Tertullian bis Augustin. Heidelberg 1980, pass. – [14] LThK 10, 821; Batlle, C. M.: Die ,Adhortationes sanctorum patrum' (,Verba seniorum') im lat. MA. Münster 1972, 1–9. – [15] Dekkers, E.: Clavis patrum Latinorum. In: Sacris Erudiri 3 (1961) 133–148 (Liste sämtlicher echter und unechter Werke; mit Druckorten); Altaner, B./Stuiber, A.: Patrologie. Fbg/Basel/Wien ⁸1978, 394–402, 633 sq.; cf. auch Verflex. 3 (²1981) 1226 sq. – [16] Grätz, H.: Hagadische Elemente bei den Kirchenvätern. In: Monatsschrift für Geschichte und Wiss. des Judentums 3 (1854) 381–387, hier 385 sq.; ibid., 428–431; ibid. 4 (1855) 186–192; Ginzberg 1,152; 5,139,172; cf. auch 7,591–593 (Reg.); RAC 13,348; Friedman, J. B.: The Monstrous Races in Medieval Art and Thought. Cambr., Mass./L. 1981, 96 sq. – [17] Schreckenberg, H.: The Works of Josephus and the Early Christian Church. In: Feldman, L. H./Hata, G.: Josephus, Judaism and Christianity. Leiden 1987, 315–324, hier 318 sq. – [18] Bauer, J. B.: Sermo peccati. H. und das Nazaräerevangelium. In: Biblische Zs. 4 (1960) 121–128. – [19] Schneiderhan, A.: Die exempla bei H. Diss. Mü. 1916; Lübeck, E.: H. quos noverit scriptores et ex quibus hauserit. Lpz. 1871; Hagendahl, H.: Latin Fathers and the Classics. Göteborg 1958, 91–328; id.: Jerome and the Latin Classics. In: Vigiliae Christianae 28 (1974) 216–227. – [20] Trillitzsch, W.: H. und Seneca. In: Mittellat. Jb. 2 (1965) 42–54; Gaiser, K.: Für und wider die Ehe. Mü. 1974, 81; Neuhausen, K. A.: H., Seneca und Theophrasts Schrift ,Über die Freundschaft'. In: Jb. für Antike und Christentum, Suppl. 11 (1984) 257–286, hier 261 sq. –
[21] RAC 3, 114 sq.; Antin, P.: Autour du songe de S. Jérôme. In: id. (wie not. 4) 71–100; Schwarz, F. F.: H. flagellatus. Überlegungen zum literar. Schlagschatten Ciceros. In: Acta Antiqua 30 (1982–84) 363–378; Röckelein, H.: Otloh, Gottschalk, Tnugdal: Individuelle und kollektive Visionsmuster des HochMA.s. Bern/Ffm./N. Y. 1987, 41–57; Moos, P. von: Geschichte als Topik. Hildesheim/Zürich/N. Y. 1988, 349. – [22] RAC 6, 1245, 1250 sq.; Moos (wie not. 21) 159, 203 sq., 477–481. – [23] Meuli, K.: Gesammelte Schr. 1. Basel/Stg. 1975, 400 sq. – [24] RAC 3, 1072. – [25] Opelt, I.: Das Bild des Sokrates in der christl. lat. Lit. In: Jb. für Antike und Christentum, Suppl. 10 (1983) 192–207, hier 201 sq. –

[26] Dihle, A.: Buddha und H. In: id.: Antike und Orient. Heidelberg 1984, 99–101. – [27] Trenkner, S.: The Greek Novella in the Classical Period. Cambr. 1958, 177; Hägg, T.: Eros und Tyche. Mainz 1987. – [28] Tardel, H.: Die Testamentsidee als dichterisches Formmotiv. In: Ndd. Zs. für Vk. 4 (1926) 72–84, hier 74 sq.; Lehmann, P.: Die Parodie im MA. Stg. [2]1963, 172; Baldwin, B.: The Testamentum Porcelli. In: Festschr. C. Sanfilippo 1. Mailand 1982, 41–52. – [29] Antin, P.: Saint Jérôme et le monde des sons, physiques et spirituels. In: id. (wie not. 4) 197. – [30] Dicke/Grubmüller, num. 114,216,307,642; RAC 7, 148 sq., 151 sq. –
[31] Zusammenstellung bei Wellmann, M.: Der Physiologos. Lpz. 1930, 39 sq. – [32] RAC 1, 92; Henkel, N.: Studien zum Physiologus im MA. Tübingen 1976, 32,194. – [33] RAC 6, 897 sq. – [34] Henkel (wie not. 32) 198. – [35] In Michaeam 1,1,6,9 (Stelle nicht bei Henkel [wie not. 32] 199). – [36] RAC 7, 1101 sq. – [37] RAC 4, 1020. – [38] RAC 13, 672; Bauer, J. B.: Lepusculus Domini. Zum altchristl. Hasensymbol. In: Zs. für kathol. Theologie 79 (1957) 457–466. – [39] Kolb, H.: Der Hirsch, der Schlangen frißt. In: Festschr. H. de Boor. Mü. 1971, 583–610, hier 585 sq. – [40] Henkel (wie not. 32) 192. –
[41] RAC 2, 1031; Bambeck, M.: Zur Geschichte vom die Farbe wechselnden ‚Chamäleon'. In: Fabula 25 (1984) 66–75, hier 69 sq. – [42] Antin, P.: La Cigale dans la spiritualité. In: id. (wie not. 4) 283–290; Egan, R. B.: Jerome's Cicada Metaphor (ep. 22,18). In: Classical World 77 (1984) 175 sq. – [43] RAC 1, 377; cf. auch Pauli/Bolte, num. 689. – [44] Bartelink, G. J. M.: H. und die minuta animalia. In: Vigiliae Christianae 32 (1978) 289–300. – [45] RAC 6, 586. – [46] RAC 6, 590; Zahn, T.: Die Geburtsstätte Jesu in Geschichte, Sage und bildender Kunst. In: Neue kirchliche Zs. 32 (1921) 669–691, hier 682 sq. – [47] Brenk, B.: Welchen Text illustrieren die Evangelisten in den Mosaiken von S. Vitale in Ravenna? In: Frühma. Studien 16 (1982) 19–24, hier 21 sq. – [48] Schneemelcher, W.: Der getaufte Löwe in den Acta Pauli. In: Jb. für Antike und Christentum, Suppl. 1 (1964) 316–326, hier 319 sq. – [49] Antin, P.: Les Sirènes et Ulysse dans l'œuvre de saint Jérôme. In: id. (wie not. 4) 59–70; Courcelle, P.: L'Interprétation évhémériste des sirènes-courtisanes jusqu'au XIIe siècle. In: Ges., Kultur, Lit. Festschr. L. Wallach. Stg. 1975, 35–48, hier 38. – [50] Antin, P.: Jérôme, ep. 125,18,2–3. In: id. (wie not. 4) 209–217, hier 210, 217. –
[51] RAC 8, 25. – [52] Harmening, D.: Superstitio. B. 1979, 86, 185 sq. – [53] Lardet, P.: Culte astral et culture profane chez S. Jérôme. In: Vigiliae Christianae 35 (1981) 321–345. – [54] RAC 1, 1142. – [55] Jürgens, H.: Pompa diaboli. Die lat. Kirchenväter und das antike Theater. Stg./B. 1972; Weismann, W.: Kirche und Schauspiele. Würzburg 1972. – [56] Harmening (wie not. 52) 244 sq., 193 sq. – [57] RAC 3, 1242,1246. – [58] Smelik, K. A. D.: The Witch of Endor. In: Vigiliae Christianae 33 (1977) 160–179, hier 165; Harmening (wie not. 52) 210–216. –
[59] Speyer, W.: Mittag und Mitternacht als heilige Zeiten in Antike und Christentum. In: Jb. für Antike und Christentum, Suppl. 11 (1984) 314–326, hier 323; Arbesmann, R.: The Daemonium meridianum and Greek and Latin Patristic Exegesis. In: Traditio 14 (1958) 17–31, hier 25 sq. – [60] MacCulloch, J. A.: Medieval Faith and Fable. L./Bombay/Sidney 1932, 41. –
[61] RAC 9, 993. – [62] Browe, P.: Die eucharistischen Wunder des MA.s. Breslau 1938, 85. – [63] RAC 8, 726, 728. – [64] RAC 8, 747 sq. – [65] RAC 8, 757 sq. – [66] RAC 7, 105 sq.; Valcarel, V.: Portenta vocum o voces horridae en la hagiografía latina. In: Helmantica 35 (1984) 407–424; Günter 1910, 113. – [67] Günter, H.: Legenden-Studien. Köln 1906, 130; Schmitt, J.-C.: Der hl. Windhund. Stg. 1982, 35 sq.; Blöcker-Walter, M.: Imago fidelis – Incubus. Die Umdeutung eines Traumbildes im MA. In: Festschr. H. F. Haefele. Sigmaringen 1985, 205–209, hier 207. – [68] Opelt, I.: Der ‚Hebestein' Jerusalem und eine Hebekugel auf der Akropolis von Athen in der Deutung des H. von Sach. 12,1/3. In: Jb. für Antike und Christentum, Suppl. 11 (1984) 287–294. – [69] Ginzberg 5,125 sq.; Kampers, F.: Ma. Sagen vom Paradiese und vom Holze des Kreuzes Christi. Köln 1897, 27 sq. – [70] Ginzberg 1,152; 5,139,172; Busse, H.: Der Islam und die bibl. Kultstätten. In: Der Islam 42 (1966) 113–143, hier 117,130. –
[71] Benz, E.: Die hl. Höhle in der alten Christenheit und in der östl.-orthodoxen Kirche. In: Eranos-Jb. 22 (1953) 365–432, hier 391–397; Welten, P.: Bethlehem und die Klage um Adonis. In: Zs. des Dt. Palästina-Vereins 99 (1983) 189–203. – [72] Ranke, K.: Idg. Totenverehrung 1 (FFC 140). Hels. 1951, 1,35, cf. auch 71,328. – [73] Kerler, D. H.: Die Patronate der Heiligen. Ulm 1905 (Nachdr. Hildesheim 1968), 446 (Reg.). – [74] MPL 22,239–326; Verflex. 3 ([2]1981) 1233–1238; Bauer, E.: ‚H.' und ‚Hieronymianus'. Johannes Andreae und der H.kult. In: Daphnis 18 (1989) 199–221. – [75] MPL 22,304 sq.; Lotter, F.: Heiliger und Gehenkter. Zur Todesstrafe in hagiographischen Episodenerzählungen des MA.s. In: Ecclesia et Regnum. Festschr. F.-J. Schmale. Bochum 1989, 1–19, hier 15. – [76] MPL 22, 287 sq., 323 sq. – [77] Legenda aurea/Benz, 756–762. – [78] Libru di lu transitu et vita di misser sanctu Iheronimu. ed. C. di Girolamo. Palermo 1982. – [79] LCI 6, 519–529; Friedmann, H.: A Bestiary for Saint Jerome. Wash. 1980; Russo, D.: St. Jérôme en Italie (XIIIe–XVe siècle). P./Rom 1987; Wiebel, C.: Askese und Endlichkeitsdemut in der ital. Renaissance. Weinheim 1988. – [80] Kretzenbacher, L.: Das verletzte Kultbild. Mü. 1977, 112. –
[81] Mehr oder weniger detaillierte Übersichten bei Laistner, M. L. W.: The Study of St. Jerome in the Early Middle Ages. In: Murphy (wie not. 4) 235–256; Antin, P.: St. Jérôme dans l'hagiographie. In: id. (wie not. 4) 401–405; Opelt, I.: H. bei Dante. In: Dt. Dante-Jb. 51/52 (1976/77) 65–83, hier 65–71; Smalley, B.: The Study of the Bible in the Middle Ages. Ox. [3]1983. – [82] Halkin, F.: Publ.s récentes de

textes hagiographiques grecs. In: Analecta Bollandiana 64 (1946) 245–257, hier 252 sq. – [83] Grégoire le Grand: Dialogues 3. ed. A. de Vogüé. P. 1980, 304 sq. – [84] Edmondson Haney, K.: The Christ and the Beasts Panel on the Ruthwell Cross. In: Anglo-Saxon England 14 (1985) 215–231, hier 219 sq. – [85] Brunhölzl, F.: Geschichte der lat. Lit. des MA.s 1. Mü. 1975, 63 sq.; zur H.-Benutzung cf. Hillkowitz, K.: Zur Kosmographie des Aethicus 2. Ffm. 1973, 119–130. – [86] Jacobson, P. C.: Flodoard von Reims. Leiden 1978, 95 sq., 107,184. – [87] Schröbler, I.: Otloh von St. Emmeram und H. In: Beitr.e zur Geschichte der dt. Sprache und Lit. 79 (1957) 355–362; cf. auch Röckelein (wie not. 21). – [88] Delehaye, P.: Le Dossier anti-matrimonial de l'Adversus Jovinianum et son influence sur quelques écrits latins du XIIe siècle. In: Mediaeval Studies 13 (1951) 65–86; Fraioli, D.: The Importance of Satire in Jerome's Adversus Jovinianum as an Argument against the Authenticity of the Historia Calamitatum. In: Fälschungen im MA. 5 (MGH SS 33,1). Hannover 1988, 167–200; Mews, C. J.: Un Lecteur de Jérôme au XIIe siècle: Pierre Abélard. In: Jérôme entre l'Occident et l'Orient. ed. Y.-M. Duval. P. 1988, 429–444. – [89] Liebeschütz, H.: Mediaeval Humanism in the Life and Writings of John of Salisbury. L. 1950, 67–73; Moos (wie not. 21) 335 sq., 347 sq., 477–482. – [90] Map, W.: De nugis curialium. ed. M. R. James/C. N. L. Brooke/R. A. B. Mynors. Ox. 1983, 288 sq. –
[91] Gerald of Wales: The Jewel of the Church. ed. J. J. Hagen. Leiden 1979, 1, 3. – [92] Bartholomaeus Anglicus: De rerum proprietatibus. Ffm. 1601 (Nachdr. 1964), 1067 sq. – [93] Liber de natura rerum. ed. H. Boese. B./N.Y. 1973, 97,99,160,253,279. – [94] Enciclopedia dantesca 3. Rom 1971, 209 sq.; Opelt (wie not. 81) 71–83. – [95] Miller, R. P.: Chaucer. Sources and Backgrounds. N.Y. 1977, 391–401,411–436. – [96] Grubmüller, K.: Meister Esopus. Zürich/Mü. 1977, 314 sq. – [97] Welter, J.-T.: L'Exemplum dans la littérature religieuse et didactique du Moyen Âge. P./Toulouse 1927, 219. – [98] Banks, M. M.: An Alphabet of Tales 1–2. L. 1904/05, num. 135,138,143,201,428,438 (Löwe des H.), 565,585, 590,597,630,664. – [99] Grässe, J. G. T.: Die beiden ältesten Fabelbücher des MA.s. Tübingen 1880 (Nachdr. Hildesheim 1965), num. 31,32,122. – [100] Mensa philosophica. Heidelberg 1489, 2,4,28–31; Welter (wie not. 97) 447 sq. –
[101] Weiteres ibid. (Reg.). – [102] Rice, E. F., Junior: Jerome in the Renaissance. Baltimore/L. 1985; Szövérffy, J.: The Enigma of the St. Jerome Hymns. In: id.: Psallat Chorus Caelestium. B. 1983, 97–133. – [103] Magnum speculum exemplorum. Douai 1603, 593, num. 17,18; 677, num. 173; lib. 7 greift auf den sog. Cyrillus-Brief zurück; cf. Alsheimer, R.: Das Magnum Speculum Exemplorum als Ausgangspunkt populärer Erzähltraditionen. Bern/Ffm. 1971, 175 sq. – [104] Fischer, E.: Die ‚Disquisitionum Magicarum Libri Sex' von Martin Delrio als gegenreformator. Exempel-Qu. Diss. Ffm. 1975, 274, num. 114. –
[105] Schneider, A.: Exempelkatalog zu den ‚Iudicia Divina' des Jesuiten Georg Stengel von 1651. Würzburg 1982, num. 79, 86, 537, 543, 544, 582, 585, 641, 796, 948, 949, 953, 971, 1557 (die unidentifizierten num. 545, 547 = Adversus Jovinianum 1, 46). – [106] Szarota, E. M.: Das Jesuitendrama im dt. Sprachgebiet 3,2. Mü. 1983, 1222–1228, 2215 sq. – [107] Moser, D.-R.: Verkündigung durch Volksgesang. B. 1981, 456, cf. auch 154. – [108] Brückner, 527, 534. – [109] ibid., 128, 244, 445, num. 144, 474, num. 457, 475, num. 473, 546 sq., 608, 654, 664; cf. auch Rehermann, 46 (zu C. Titius), 191 (A. Hondorff). – [110] Hieber, W.: Legende, protestant. Bekennerhistorie, Legendenhistorie. Diss. Würzburg 1970, 157. –
[111] Wendland, V.: Ostermärchen und Ostergelächter. Ffm./Bern/Cirencester 1980, 60, 86, 92, 153. – [112] Grumach, E.: Goethe und die Antike. Potsdam 1949, 925. – [113] Herders sämtliche Werke 7. ed. B. Suphan. B. 1884, 481 sq., 522,556; ibid. 10 (1879) 298 (Prügeltraum); ibid. 18 (1883) 360 (Prügeltraum). – [114] ibid. 28 (1884) 186–190,196–198. – [115] Tieck, L.: Franz Sternbalds Wanderungen. Stg. 1966, 83. – [116] Dickerhoff, H.: Die Entstehung der Jobsiade. Münster 1908, 27–36; Wiechert, K.: Wie aus Kortums Jobsiade eine Buschiade wurde. In: Wilhelm-Busch-Jb. (1968) 29–40. – [117] Hoffmann, E. T. A.: Die Serapions-Brüder. ed. W. Müller-Seidel. Darmstadt 1967, 21,27,28,1037 sq.; Hoffmann, E. T. A.: Späte Werke. ed. W. Müller-Seidel. Darmstadt 1966, 13, 33 sq., 854, 856. – [118] Wich, J.: Thomas Manns ‚Gladius Dei' als Parodie. In: GRM 53 (1972) 389–400. – [119] Berger, W. R.: Die mythol. Motive in Thomas Manns Roman ‚Joseph und seine Brüder'. Köln/Wien 1971, 111 sq. – [120] Marx, K.: Das Kapital 1 (Marx Engels Werke 23). B. 1969, 118. –
[121] Freud, S.: Briefe 1873–1939. ed. E. und L. Freud. Ffm. 1980, 385; Maaz, W.: Psychologie und Mediävistik. Geschichte und Tendenzen der Forschung. In: Klio und Psyche. ed. T. Kornbichler. Pfaffenweiler 1990, 49–72, hier 50. – [122] Tubach hat H. kaum, Dvořák lediglich ‚Adversus Jovinianum' ausgewertet. – [123] Maaz, W.: Brotlöffel, haariges Herz und wundersame Empfängnis. In: Tradition und Wertung. Festschr. F. Brunhölzl. Sigmaringen 1989, 107–118, hier 116 sq. – [124] RAC 1, 94. – [125] Arentzen, J.-G.: Imago Mundi Cartographica. Münster 1984, 217 sq. – [126] Neuhausen (wie not. 20) 263 sq. – [127] Frenzel, Motive, 524–535. – [128] Silvestre, H.: Le ‚plus grand Miracle' de Jésus. In: Analecta Bollandiana 100 (1982) 1–15. – [129] Klesczewski, R.: Wandlungen des Lucretia-Bildes im lat. MA. und in der ital. Lit. der Renaissance. In: Festschr. E. Burck. Mü. 1983, 313–335. – [130] Cameron, A.: Pliny's Letters in the Later Empire. In: Classical Quart. 12 (1967) 421 sq. –
[131] Speyer, W.: Religiöse Betrüger. In: Fälschungen (wie not. 88) 321–343, hier 330. – [132] Köves-Zulauf, T.: Reden und Schweigen. Röm. Religion bei Plinius Maior. Mü. 1972, 126 sq., 148. – [133] Moos, P. von: Consolatio. Testimonienband. Mü. 1972, 288 sq. – [134] ibid., 42 sq. – [135] Hagendahl 1988 (wie not. 19)

200. – [136] Desanges, J.: Philologica quaedam necnon Aethiopica. In: Mélanges L. S. Senghor. Dakar 1977, 106–120, hier 117 sq. – [137] MPL 30, 182 C–188 B. – [138] Henkel (wie not. 32) 195. – [139] ibid., 193. – [140] ibid., 203. –
[141] Wesselski, A.: Erlesenes. Prag 1928, 18–25, hier 21. – [142] Henkel (wie not. 32) 189. – [143] ibid., 168. – [144] ibid., 198.

Ausg.n: Kritischer Katalog bei Dekkers (wie not. 15). – Vollständige Edition in: MPL 22–30; MPL Suppl. 2, 18–328. – Schr. zur Bibel und Bibelkommentare in: Corpus Christianorum. Series Latina 72–78 (v. Liste in: TRE 15 [1986] 314). – Epistulae (Corpus Scriptorum Ecclesiasticorum Latinorum 54–56). ed. J. Hilberg. Wien 1910–18. – Adversus Jovinianum 1, 41–49, 2,5–14, kritisch ed. in: Bickel, E.: Diatribe in Senecae Philosophi Fragmenta. Lpz. 1915, 382–420. – Hieronymi Chronicon (Eusebius Werke 7). ed. R. Helm. B. 1956.

Berlin Wolfgang Maaz

Hildebrand: Der alte H. (AaTh 1360 C)

1. Inhalt, Aufbau, Erscheinungsformen – 2. Forschungsgeschichte, Dokumentation, Alter – 3. Verbreitung, Variation – 4. Aussage, Funktion

1. Inhalt, Aufbau, Erscheinungsformen. *Der alte H.* ist ein populärer Schwank, in dem der Ehemann mit fremder Hilfe den → Ehebruch seiner Frau aufdeckt. W. → Anderson gibt in seiner ausführlichen diesem Schwank gewidmeten Monogr. folgende Inhaltsangabe[1]:

„Eine untreue Frau stellt sich krank und schickt ihren Mann weit fort, um ihr ein bestimmtes Heilmittel zu holen. Der Ehemann begegnet unterwegs einem anderen Manne und lässt sich von diesem in einem großen Korbe (bezw. Sacke oder Strohbündel) nach Hause zurücktragen. Unterdessen hat die Frau ihren Liebhaber zu sich eingeladen. Der Mann mit dem Korbe wird eingelassen und nimmt an dem Gelage des Liebespaars teil. Man beschliesst Strophen zu singen: zuerst singt die Frau eine Strophe, dann der Liebhaber, dann der Gast; nicht selten singt auch der Ehemann aus dem Korbe heraus eine Schlussstrophe. Der Ehemann steigt aus seinem Korbe, und das Ganze endet mit einer Prügelszene."

Anderson charakterisiert den Schwank als „eine einfache Geschichte von straffem, dramatischem Aufbau, die [...] trotz aller Abweichungen und Variationen der einzelnen Aufzeichnungen immer leicht wiederzuerkennen ist"[2]. Auslöser der Handlung ist die List der ehebrecherischen Frau (cf. Mot. K 1521.6), die der Ehemann aber mit fremder Hilfe durchschaut (cf. Mot. K 1342.0.1, K 1514.5, K 1551); zentrale Szene ist die dramatische Aufdeckung des Ehebruchs durch das Rezitieren oder Singen von Strophen (Mot. K 1556) und die Bestrafung des Liebhabers, der meistens ein Geistlicher ist. Der Schwank gehört dem sog. Ausgleichstyp[3] an und ist unter Typ 2 (Ehebruch bestraft) in die → Ehebruchschwänke einzuordnen.

Der Einfachheit des Aufbaus steht die Vielfalt der Formen gegenüber, in denen dieser Schwank erscheint. Die handlungstragende Funktion der → Verse bedingt, daß er nur selten als reiner Prosaschwank auftritt. Seine typische Erscheinungsform ist vielmehr die → Cante fable, also die Durchmischung von Prosa mit strophischen Einlagen[4], die die Herkunft aus einer dramatischen Bearbeitung nahelegt. In Niederdeutschland erscheint der Stoff um 1600 als Flugblattballade *Der Kaufmann von Stralsund*[5], auf welche wahrscheinlich die im späten 18. Jh. aufgezeichnete russ. Byline vom Kaufmann Terentij zurückgeht[6]. In Großbritannien seit 1655 in Chapbooks und Flugblättern publiziert[7], wurde die Cante fable in Schottland auf ein balladeskes Lied reduziert[8]. Der handlungsbetonte Charakter des Stoffes hat zu einer Reihe populärer Dramatisierungen geführt: von der ndl. Posse *Een cluijte van plaijerwater* des frühen 16. Jh.s[9], deren Bekanntheitsgrad u. a. durch ein Bild von Pieter Brueghel d. Ä. und seine Kopien im 16. Jh. deutlich wird[10], über Jakob → Ayrers nahe verwandtes Singspiel vom *Münch im Keßkorb*[11], ein (verlorengegangenes) dt. Puppenspiel des frühen 17. Jh.s[12], das in enger Beziehung zur iber. mündl. Überlieferung stehende span. *Entremés de los chirlos mirlos* (1. Hälfte 18. Jh.) des wenig bekannten Francisco de Castro[13], das Singspiel *Moskal'-čarivnyk* (Der Moskauer als Zauberer; 1841) des Klassikers der ukr. Lit. Ivan Kotljarevs'kyj[14] und das auf die Byline zurückgehende Lustspiel *Terentij muž Danilevič* (Der Mann Terentij Danilevič; 1867) von Dmitrij Vasilevič Averkiev[15] bis hin zu österr. Volksschauspielen des 19. Jh.s[16].

2. Forschungsgeschichte, Dokumentation, Alter. Der Schwank vom alten H. gehört zu den relativ gut erforschten Erzählstoffen. Nach den wichtigen philol.-kompara-

tistischen Vorarbeiten J. → Boltes und J. → Polívkas in den Anmerkungen zu KHM 95: *Der alte H.*[17] widmete ihm Anderson 1931 eine bedeutende Monogr., die ganz auf der geogr.-hist. Methode basiert und in deren Entwicklung eine wichtige Rolle gespielt hat[18]. Andersons Suche nach der Urheimat und der Urform des Schwanks kann jedoch kaum überzeugen, da er sich nur auf fünf vor 1800 gedr. bzw. aufgezeichnete Fassungen stützte, während ihm aus dem 19. und 20. Jh. 183 Var.n vorlagen[19]; auch die ermittelten Wanderwege, die 21 Redaktionen und die Zuordnung der engl. Var.n[20] bedürfen der Überprüfung. L. → Schmidt[21] geht es zum einen um die Dramatisierungen des Schwanks und deren Widerspiegelung in der fläm. Malerei, die hier zur wichtigen Quelle der Erzählforschung wird, zum andern um die Liedbearbeitungen. Die Prosa-Lied-Beziehungen und bes. die Funktion der Verse untersucht auch K. Roth[22] anhand der dt.- und engl.sprachigen Überlieferung.

A. M. → Espinosa senior[23] bringt den Schwank in enge Verbindung mit AaTh 1510: → *Witwe von Ephesus* und älteren chin. Erzählungen und schreibt dem Stoff oriental. Herkunft zu. Zwar geht es in allen Erzählungen um die Prüfung der Treue der Ehefrau, doch unterscheiden sich die Typen so stark im Handlungsaufbau und in vielen Details, daß allenfalls von einer typol. Nähe gesprochen werden kann. Trotz der inzwischen bekanntgewordenen asiat. Var.n (v. Kap. 3) muß mit Anderson bzw. F. von der → Leyen angenommen werden, daß der Schwank im frühen 15. Jh. entweder in Nordfrankreich oder aber in Italien entstanden ist[24]. Die ndl. Posse des frühen 16. Jh.s ist der erste Beleg. Noch nicht endgültig geklärt ist auch die Frage der Verbindung zwischen dem Schwank und der *Hildebrandsage* und dem jüngeren *Hildebrandlied*, die engstens mit der Frage des Namens ‚H.‘ verbunden ist. Der Held der frühesten schriftl. Belege trägt durchweg andere Namen (Werenbracht in der ndl. Posse, namenloser Koepman in der ndd. Ballade, William of Wansor im Chapbook von 1655), während ‚H.‘ dann im 19./20. Jh. in allen dt. wie auch in vielen dän., norw. und ndl. Var.n auftritt. Nahmen die Brüder → Grimm einen direkten Zusammenhang des Schwanks „mit der Sage von dem alten Hildebrand und Frau Ute“ an[25], so geht Bolte aufgrund literar. Hinweise aus dem 17. Jh. auf das (verlorene) dt. Puppenspiel davon aus, daß erst in diesem Spiel der Held den Namen ‚H.‘ erhielt, der durch einen Fehlreim im → *Lalebuch* von 1597 bereits einen ‚komischen Klang‘ hatte[26]. Für wesentlich älter hält C. Gerhardt die Verbindung des gehörnten ‚alten H.‘ des Schwanks mit jenem der *Hildebrandsage* und des *Hildebrandliedes*, denn bereits in der 97. Fabel des → Gerhard von Minden (wohl spätes 14. Jh.) sei ‚Hillebrant‘ der heimkehrende Hahnrei, dem seine Frau weismacht, er sei das Opfer einer optischen Täuschung (cf. AaTh 1423: *Der verzauberte → Birnbaum*, AaTh 1419 C: *Der einäugige → Ehemann*). Hieraus und aus anderen Indizien folge, daß „die Schwankfigur nicht so ohne weiteres von dem Sagenhelden zu trennen“ sei[27]. Neben den inhaltlichen Gemeinsamkeiten deutet auch die in die allg. Entwicklung sich fügende Wendung vom Tragischen zum Komischen auf eine engere Beziehung zwischen Sage und Schwank hin (cf. → Schwundstufe).

3. Verbreitung, Variation. Obwohl entgegen Andersons Annahme[28] inzwischen Var.n aus mehreren asiat. Ländern bekannt sind (Japan, China, Mongolei, Sri Lanka, Abchasien, Iran, Türkei, Israel)[29], liegt dennoch der Schwerpunkt der Überlieferung sehr deutlich in Europa, wo der Schwank in fast allen Ländern bes. des rom.[30], germ.[31] und slav.[32] Sprachraums mit z. T. vielen Var.n belegt ist[33]. Das deutliche Übergewicht norddt. Belege im dt. Sprachraum ist teilweise durch die intensive Sammeltätigkeit R. → Wossidlos in Mecklenburg zu erklären[34]. Im europ. beeinflußten Amerika liegen aus Kanada sowie den USA[35], Mexiko[36], Kuba[37], Argentinien[38] und Chile[39] Aufzeichnungen vor. Die Beziehung zwischen der asiat. und der europ. Überlieferung ist noch nicht geklärt, doch zeigen sich in den asiat. Texten z. T. erhebliche Unterschiede zur recht einheitlichen Gestalt in der europ. Tradition.

Die Variabilität des Schwanks liegt nicht im Aufbau und Handlungsverlauf, sondern im Detail[40]. Die Ermittlung der Beziehungen, Wanderwege und Redaktionen beruht daher auf der Analyse von einzelnen Zügen (wie Namen und Beruf der Handelnden, weshalb und wohin die Frau ihren Mann fortschickt, sein Versteck, Art der Strophen etc.). Aufgrund der geringen hist. Tiefe (95% der Var.n sind 1830—1930 aufgezeichnet) bleiben viele Ergebnisse Andersons hypothetisch; seither bekanntgewordene Var.n aus England[41], Osteuropa[42] und Asien[43] machen zudem die Revision einiger Einzelergebnisse notwendig. Der Schwank kontaminiert, wenn überhaupt, vor allem mit anderen Ehebruchschwänken (AaTh 1350, AaTh 1380, AaTh 1419 H, AaTh 1535—1537)[44].

4. Aussage, Funktion. Kern des Schwanks ist das im Spätmittelalter und der frühen Neuzeit zentrale Thema der Frauenlist (→ Frau) und des Ehebruchs. Der alte → Hahnrei kann sich der List nur dadurch erwehren, daß er einen (z. T. als zauberisch oder übernatürlich gekennzeichneten) → Helfer findet bzw. dieser seine Hilfe anbietet oder sogar aufdrängt. Mit dieser misogynen Einstellung verfolgte der Schwank bei männlichen Zuhörern nicht nur eine unterhaltende, sondern sicher auch eine erzieherische und belehrende Absicht. G. → Legmans[45] psychoanalytische Deutung, bei dem Schwank stünde die ‚Kameraderie' zwischen Ehemann und Liebhaber, die ‚Verbrüderung mit dem Feind', im Vordergrund und er sei daher Ausdruck ‚getarnter Homosexualität', findet (auch in den engl. Texten) keinerlei Bestätigung und muß als abwegig zurückgewiesen werden. Nicht zu übersehen ist, daß in allen frühen Fassungen und in ca 70% aller Var.n der Liebhaber ein Geistlicher (Mönch, Pfarrer, Diakon, Abt etc.) ist[46]; der Spott über den ‚geilen Pfaffen' und die oft aggressiv antiklerikale Tendenz (→ Klerus) ist in den mündl. Var.n später Reflex der religiösen Auseinandersetzungen des 16.—17. Jh.s, hat jedoch im 19. Jh. oft auch eine sozialkritische Funktion.

[1] Anderson, W.: Der Schwank vom alten H. Dorpat 1931, 1. — [2] ibid. — [3] Bausinger, H.: Bemerkungen zum Schwank und seinen Formtypen. In: Fabula 9 (1967) 118—136, hier 126. — [4] cf. Moser, D.-R.: Märchensingverse aus mündl. Überlieferung. In: Jb. für Volksliedforschung 13 (1968) 85—122, hier 109—111. — [5] Röhrich, L./Brednich, R. W.: Dt. Volkslieder 1. Düsseldorf 1965, 267—271; Anderson (wie not. 1) 37 sq. — [6] ibid., 81—83. — [7] ibid., 83—97; ibid., 311—316; Wehse, R.: Schwanklied und Flugblatt in Großbritannien. Ffm./Bern/Las Vegas 1979, 413 sq. — [8] Roth, K.: Peter Buchans ‚Secret Songs of Silence'. In: Jb. für Volksliedforschung 16 (1971) 170—179, hier 176 sq. — [9] Anderson (wie not. 1) 10—32; EM 3, 488. — [10] Schmidt, L.: Der Schwank vom Meister H. im Volksschauspiel und in der bildenden Kunst [1955]. In: id.: Die Volkserzählung. B. 1963, 327—342, hier 336—338 (= u. d. T. Das steir. Schwankspiel vom Bauern und seinem Weib im Rahmen der Volksüberlieferung vom Meister H. In: Festschr. E. Castle. Wien 1955, 13—32); cf. Anderson (wie not. 1) 31—33, 306—311. —
[11] Schmidt (wie not. 10) 334; Baskervill, C. R.: The Elizabethan Jig and Related Song Drama. Chic. 1929, 309—311, hier 309 sq. — [12] Anderson (wie not. 1) 43—46. — [13] ibid., 46—57. — [14] Barag 1360 C. — [15] Anderson (wie not. 1) 83—97. — [16] Schmidt (wie not. 10) 327—331, 340; EM 3, 488. — [17] BP 2, 373—380. — [18] wie not. 1. — [19] ibid., 179—182. — [20] cf. Roth, K.: Ehebruchschwänke in Liedform. Mü. 1977, 102. —
[21] Schmidt (wie not. 10). — [22] Roth (wie not. 20) 129—132; cf. Moser (wie not. 4). — [23] Espinosa 2, 355—367. — [24] Anderson (wie not. 1) 278—281; Leyen, F. von der: Das dt. Märchen und die Brüder Grimm. MdW 1964, 304. — [25] Zitiert nach BP 2, 377, not. 1. — [26] BP 2, 376 sq.; cf. Anderson (wie not. 1) 44 sq. — [27] Gerhardt, C.: Vrou Uotes triuwe. In: ZfdA 87 (1976) 1—11, hier 8 sq. — [28] Anderson (wie not. 1) 183. — [29] Ikeda; Ting; Lőrincz; Parker, H.: Village Folk-Tales of Ceylon 1. L. 1910, 284—290; Šakryl, K. S.: Abchazskie narodnye skazki. M. 1975, num. 60; Marzolph; Nowak, num. 210; Eberhard/Boratav, num. 273; Walker, W. S./Uysal, A. E.: Tales Alive in Turkey. Cambr., Mass. 1966, 212—214; Jason; Noy, D.: Jefet Schwili erzählt. B. 1963, num. 122. — [30] Polain, E.: Il était une fois ... P. 1942, num. 46; Von Prinzen, Trollen und Herrn Fro. Schloß Bentlage 1961, 130—133, 79—81 (frz., span.); Lombardi Satriani, R.: Racconti popolari calabresi 2. Neapel 1956, 237—239; Toschi, P./Fabi, A.: Buonsangue romagnolo. Bologna 1960, num. 98 b—c; Espinosa 2, num. 93; Chevalier, M.: Cuentos folklóricos en la España del Siglo de Oro. Barcelona 1983, num. 122; Stroescu, num. 3465; cf. Schott, A. und A.: Rumän. Volkserzählungen aus dem Banat. Neuausg. ed. R. W. Brednich/I. Taloş. Buk. ²1973, num. 33,9; Bîrlea, O.: Antologie de proză populară epică 3. Buk. 1966, 488; cf. Muşlea, I.: Variantele româneşti ale snoavei despre femeia necredinciosa. In: Anuarul Arhivei de folclor 2 (1933) 195—216; 3 (1935) 169—176. —
[31] Liungman; Hodne; van der Kooi; Wossidlo, R.: Volksschwänke aus Mecklenburg. ed. S. Neumann. B. 1963, num. 279; Grannas, G.: Volk aus dem Ordenslande Preußen erzählt [...]. Marburg 1960, num. 97; Henssen, G.: Volkserzählungen aus dem westl. Niedersachsen. Münster 1963, num. 76; id.: Sagen, Märchen und Schwänke des Jülicher Landes. Bonn 1955, num. 472; Bodens, W.: Sage, Märchen und Schwank am Niederrhein. Bonn 1937, num.

1147; id.: Vom Rhein zur Maas. Bonn 1936, num. 42; Zender, M.: Volksmärchen und Schwänke aus Eifel und Ardennen. Bonn 1984, num. 31; Merkelbach-Pinck, A.: Lothringer Volksmärchen. Kassel [um 1940], 263—265; Benzel, U.: Volkserzählungen aus dem oberpfälz.-böhm. Grenzgebiet. Münster 1965, num. 169; Lixfeld, H.: Der alte H. In: Schwänke aus mündl. Überlieferung. Authentische Tonaufnahmen 1952—1970. ed. J. Künzig/W. Werner. Fbg 1973, 105 sq. (Kommentar). — [32] SUS; Barag; Tille, Soupis 2, 391 sq.; Satke, A.: Hlučínský pohádkář Josef Smolka. Ostrava 1958, num. 14; Krzyżanowski; Narodna umjetnost 9 (1972) 109—111, num. 28 sq.; Parpulova, L./Dobreva, D.: Narodni prikazki. Sofia 1982, 369—374; Daskalova, L. u. a.: Narodna proza ot Blagoevgradski okrŭg. Sofia 1985, num. 183. — [33] cf. Ó Súilleabháin/Christiansen; Arājs/Medne; Kecskeméti/Paunonen; MNK; Berze Nagy, num. 1751*; László, S.: Pallag Rózsa. Bud. 1988, 41—45; Laographia 11 (1934/37) 513, num. 43; 16 (1955/56) 165—167, num. 21. — [34] Über die Hälfte aller dt. Var.n stammt aus dem Wossidlo-Archiv, cf. Anderson (wie not. 1) 111—130. — [35] JAFL 29 (1916) 122—124; Baughman; Flowers; Espinosa, J. M.: Spanish Folk Tales from New Mexico. N.Y. 1937, num. 80. — [36] Robe. — [37] Hansen. — [38] Chertudi, S.: Cuentos folklóricos de la Argentina 1. Buenos Aires 1960, num. 79. — [39] Pino Saavedra 3, num. 175. — [40] Anderson (wie not. 1) 202. — [41] Wehse (wie not. 7) 413 sq.; Roth (wie not. 20) 400 sq. — [42] Arājs/Medne; SUS; Barag u. a. — [43] wie not. 29. — [44] cf. Anderson (wie not. 1) 302. — [45] Legman, G.: Der unanständige Witz. Hbg 1970, 776 sq. — [46] Anderson (wie not. 1) 195 sq.

München Klaus Roth

Hildegardis, * um 758, † in der lothring. Pfalz Diedenhofen 30. 4. 783, aus dem fränk.-alemann. Geschlecht der Udalrichinger stammend[1], seit 771 zweite Gemahlin Kaiser → Karls des Großen, Mutter von neun Kindern, darunter Ludwigs des Frommen, wird in St. Arnulf zu Metz beigesetzt[2]. Im hohen MA. berufen sich die Klöster Reichenau, Ottobeuren, St. Arnulf zu Metz und Kempten auf H. als Garantin und Förderin des Klosterbesitzes[3]. Seit dem späten 15. Jh. wird H. fast ausschließlich in Kempten als nicht kanonische Heilige verehrt[4], die auch in Sage und Brauchtum eingegangen ist[5]. Im Gegensatz zum pseudohist. → *Crescentia*- (AaTh 712) oder → *Genovefa*-Stoff figuriert H. vom 13. Jh. an als Protagonistin einer hist. Sage aus dem Themenkreis der wegen → Ehebruchs (Kap. 3.3.2) fälschlich verleumdeten und verfolgten → Frau (Kap. 3.1.2; cf. auch Tubach und Dvořák, num. 1898).

Um die moralische Makellosigkeit und Freigebigkeit der eng mit dem Metzer Kloster St. Arnulf verbundenen H. hervorzuheben, berichtet die anonym tradierte *Historia St. Arnulfi Mettensis* in einem Einschub des 13. Jh.s von folgendem Mirakel[6]:

Karl läßt die Großen seines Reiches in der Klosterkirche zusammenkommen, um seine des Ehebruchs bezichtigte Gattin H. — ein Ankläger wird nicht genannt — einem → Gottesurteil zu unterziehen. Zuvor legt H. ihre Handschuhe auf einem in die Kirche scheinenden Sonnenstrahl (Mot. F 1011.1; cf. Kleider am → Sonnenstrahl aufhängen) ab. Karl erkennt aufgrund des Wunders H.' → Unschuld. Danach bedenken beide das Kloster mit Gütern und Schätzen.

Voll entfaltet sich der Erzähltyp in Kempten im ausgehenden 15. Jh., als sich die Konflikte zwischen Reichsstadt und Kloster, dessen Hoheitsrechte gefährdet waren, verschärften[7]. Johannes Birk[8] (seit 1465 Leiter der Kemptener Stiftsschule) — seine Autorschaft einer lat. *Vita H.*[9] ist umstritten — nimmt in seine nach 1481 (vielleicht 1484/85) entstandene dt. Klosterchronik[10] die Erzählung von der Bedrängnis der Kaiserin H. auf, um deren Publizität als dankbare Stifterin und Förderin des Kemptener Klosters zu erhöhen[11]:

Karl vertraut während seiner Abwesenheit (Feldzug gegen die Heiden) H. seinem Bruder Taland (unhist.) an. Dieser bedrängt H., die ihn jedoch mit einer List bis zu Karls Rückkehr in einem Palast mit drei Türen einschließt. Karl befiehlt, H. zu ertränken, die im Falle einer Rettung → Maria einen Klosterbau verspricht. H. wird gerettet und gelangt an einen Fürstenhof, wo sie von Taland und Karl entdeckt wird. Karl befiehlt seinen Knechten, H. in den Wald zu führen und ihr die Augen auszustechen (→ Blendung). Ein Ritter von Freudenberg befreit H. und rät den Knechten, seinem Hund die Augen auszustechen und diese Karl zu bringen (Mot. K 512.2). H., die Maria und die hl. → Odilia angefleht hat, verläßt ihre Heimat und erwirbt im Dienste Marias und Odilias die Kunst, Krankheiten zu heilen (vor allem Blindheit; cf. → Wunderheilung) und Schwangeren beizustehen. Der Papst ruft sie daher nach Rom. Der inzwischen lepröse und erblindete Taland reist mit Karl nach Rom, um die berühmte Ärztin zu konsultieren. H. trägt Taland auf zu beichten; er bekennt jedoch zunächst seine Untat nicht. Nach einer von H. befohlenen zweiten Beichte und erniedrigenden Buße heilt sie Taland. Nach der Wiedererkennung verzeiht H. ihrem Gatten und dem Verleumder. Karl will Taland töten lassen; auf H.' Bitten jedoch wird er statt dessen übers Meer verbannt. Ihrem Gelübde gemäß erbaut H. mit Karls Hilfe das Kloster Kempten und beschenkt es reich[12].

Während S. Stefanović die Ableitung des H.-Stoffes aus der *Crescentia*-Legende der *Kaiserchronik* bestreitet und ihn als eine Vorstufe der ältesten kontaminierten Form auffaßt[13], stellt die H.-Version nach A. Wallensköld eine sekundäre Übertragung der vereinfachten *Crescentia*-Legende auf die Gattin Karls des Großen dar[14]. Nach K. Baasch könnte die vom Marien-Mirakel abgeleitete H.-Sage – eventuell unter zusätzlicher Benutzung der *Crescentia*-Legende – eine Schwundstufe repräsentieren[15].

Wie beliebt der H.-Stoff, den vor allem Caspar Bruschius (gest. 1559) und der Tübinger Polyhistor Martin Crusius (1526–1607) popularisiert hatten, in der Neuzeit wurde, zeigen die reichen Belege bei Wallensköld und Stefanović[16]; zu den Fassungen z. B. des Hans Wilhelm → Kirchhof, Nicodemus → Frischlin[17], → Abraham a St. Clara, → Martin von Cochem oder der Brüder → Grimm (DS 442) lassen sich noch zwei Jesuitendramen (*Comedi von der H. Hiltegard*, 1617; *Talandus Tragoedia*, 1721)[18], eine Fassung bei Erdmann Uhsen (1712)[19], ein umfangreiches Versepos von S. Schmitt (1810)[20] und ein Versfragment von August von Platen[21] nachweisen.

Während die H.-Version des Johannes Birk mit Hilfe der hist. Autorität Karls des Großen und der H. der Abtei Kempten einen unumstößlichen Rechtsstatus zu garantieren sucht, läßt sich der Erzählstoff auch in einer bislang übersehenen Kärntner ätiologischen Sage über die alljährliche Armengabe belegen.

Diese aus dem 17. Jh. stammenden Viten der Kärntner Volksheiligen[22] Agatha H. (5. Febr.), die nicht mit der Gattin Karls identisch ist, sondern die Mutter des Bischofs Albuin von Brixen (ca 975–1006) gewesen sein soll, stimmen darin überein, daß H., die ursprünglich Agatha hieß, von ihrem Schwager (oder ihrer Magd) nach Rückkehr des Gatten der Untreue bezichtigt wird. Vor Zorn stößt sie dieser in die Drau hinab. H. wird von Engeln gerettet (Mot. V 232.2) und nach Stein gebracht. Zur Sühne läßt sich der Gatte die Augen ausstechen (Mot. S 165), oder er wird von diesem Wunder geblendet. Die Magd wird versteinert aufgefunden (Mot. Q 551.3.4). H. macht den Gatten, der Albuin bzw. Paul Hildegard heißt, nach dessen Pilgerfahrt wieder sehend. Er stirbt als reuiger Sünder. H. stiftet eine Armenspende, die alljährlich am Festtag der hl. Agatha[23] verteilt werden soll (cf. das Agathenbrot)[24].

Die Beziehungen beider H.-Sagen zueinander sind noch nicht erforscht.

[1] Althoff, G.: Über die von Erzbischof Liutbert auf die Reichenau übersandten Namen. In: Frühma. Studien 14 (1980) 219–242, hier 230–233. – [2] Haefele, H. F.: Hildegard. In: LThK 5 (1960) 341; Viard, P.: Ildegarda. In: Bibliotheca Sanctorum 7 (1966) 760; Werner, F.: Hildegard. In: LCI 6 (1974) 535 sq.; Blickle, P.: Kempten. In: Hist. Atlas von Bayern. Teil Schwaben. H. 6. Mü. 1968, 11–15; Schreiner, K.: „H. regina". Wirklichkeit und Legende einer karoling. Herrscherin. In: Archiv für Kulturgeschichte 57 (1975) 1–70; Pötzl, W.: St. Hildegard – Leben, Legende und Kult. In: Allgäuer Geschichtsfreund N. F. 83/84 (1984) 79–96; Goffart, W.: Paul the Deacon's ‚Gesta Episcoporum Mettensium' and the Early Design of Charlemagne's Succession. In: Traditio 42 (1986) 59–93, hier 79–87; Folz, R.: Tradition et culte de Hildegard. In: Actes du Colloque „Autour d'Hildegarde". ed. P. Riché/C. Heitz/F. Héber-Suffrin. P. 1987, 19–25; Heidrich, I.: Von Plectrud zu Hildegard. In: Rhein. Vierteljahrsbll. 52 (1988) 1–15, hier 10–12. – [3] Schreiner (wie not. 2) 15–23. – [4] ibid., 23–40; Folz (wie not. 2) 22–25; cf. auch Bibliotheca Hagiographica Latina 1. Brüssel 1898/99, 586 (num. 3934 sq.); ibid. Novum Supplementum. ed. H. Fros. Brüssel 1986, 429 (num. 3935 c). – [5] Reiser, K.: Sagen, Gebräuche, Sprichwörter des Allgäus 1. Kempten 1895, num. 511, 541, 542; Schreiner (wie not. 2) 69 sq. – [6] MGH Scriptores 24 (1879) 534 sq.; Wallensköld, A.: Le Conte de la femme chaste convoitée par son beau-frère. Hels. 1907, 69, not. 5; Schreiner (wie not. 2) 22 sq.; Folz (wie not. 2) 20. – [7] Frenz, T.: Die angeblichen Gründungsprivilegien des Klosters Kempten und ihre Rolle im Streit zwischen Stift und Reichsstadt Kempten. In: Fälschungen im MA. (MGH SS 33,1). Hannover 1988, 611–624. – [8] Johanek, P.: Birk, Johannes. In: Verflex. 1 (^{2}1978) 870–875. – [9] AS April 3,793–802; Schreiner (wie not. 2) 24–27; Folz (wie not. 2) 22 sq. – [10] Baumann, L.: Eine Kemptener Kronik des 15. Jh.s. In: Alemannia 9 (1881) 186–210, hier 189; Wallensköld (wie not. 6) 65; Folz, R.: Le Souvenir et la légende de Charlemagne dans l'empire germanique médiéval. P. 1950, 481–484; Johanek (wie not. 8) 872 sq. – [11] Schreiner (wie not. 2) 29. – [12] Text nach der Kraelerschen Hs. (cf. Verflex. 1 [^{2}1978] 870–875) bei Reiser (wie not. 5) num. 542; einen nahezu identischen Text tradiert die Würzburger Hs. M. ch. f. 97 (15. Jh.), abgedruckt von Stammler, W.: Spätlese des MA.s. 1: Weltliches Schrifttum. B. 1963, 47–53, 97–100; cf. auch Hüttner, F.: Chroniken des Klosters Kempten. In: Neues Archiv der Ges. für ältere dt. Geschichtskunde 28 (1902) 751–756, hier 755; weitere Sagen zu H. bei Reiser (wie not. 5) num. 511, 541–543, 591. – [13] Stefanović, S.: Die Crescentia-

Florence-Sage. In: Rom. Forschungen 29 (1911) 461–556, hier 508–511. — [14] Wallensköld (wie not. 6) 80 sq. — [15] Baasch, K.: Die Crescentialegende in der dt. Dichtung des MA.s. Stg. 1968, 56, 58 sq., 63. — [16] Wallensköld (wie not. 6) 70–79; Stefanović (wie not. 13) 504–507; Schreiner (wie not. 2) 42–44. — [17] Strauß, D. F.: Leben und Schriften des Dichters und Philologen Nicodemus Frischlin. Ffm. 1856, 116 sq.; Lebeau, J.: Salvator mundi. L'exemple de Joseph dans le théâtre allemand au XVIe siècle 1. Nieuwkoop 1977, 300; Elschenbroich, A.: Eine textkritische Nikodemus Frischlin-Ausg. In: Jb. für internat. Germanistik 12 (1980) 179–195, hier 184 sq.; cf. auch den Aufführungsbericht vom 13. Juni 1600 des Martin Crusius in: Diarium Martini Crusii 1600–1605. ed. R. Stahlecker/E. Staiger. Tübingen 1958, 100. — [18] Szarota, E. M.: Das Jesuitendrama im dt. Sprachgebiet 2,1. Mü. 1980, 1229–1244 und ibid. 2,2 (1980) 2356–2359. — [19] Grundmann, W.: Die Kemptener H.-Sage in einer barocken Fassung. In: Die 7 Schwaben 21 (1971) 64–71. — [20] [Schmitt, S.:] Hildegarde, die Gemahlin Karls des Großen. Ein episches Gedicht in 16 Gesängen 3. Bad Kreuznach 1810 (cf. Goedeke 7,7,2 [²1906] 248 sq., num. 32); der Autor gibt (t. 1, 181) neben Frischlin als Quelle Schopperus, J.: Neue Chorographia und Historie dt. Nation. Ffm. 1582, 808 an. — [21] Frenzel, Stoffe, 401; August Graf von Platens epische Dichtungen. ed. E. Petzet. Lpz. 1910, 154–157; cf. auch Schlösser, R.: August Graf von Platen. Mü. 1910, 289 sq. — [22] Vollständiges Heiligen-Lex. 1. ed. J. E. Stadler/F. J. Heim. Augsburg 1858 (Nachdr. Hildesheim 1975), 70; Schauerte, H.: Die volkstümliche Heiligenverehrung. Münster 1948, 92. — [23] Zender, M.: Agatha. In: Lex. des MA.s 1. Mü./Zürich 1980, 202. — [24] Graber, G.: Sagen aus Kärnten. Lpz. ²1914, num. 352; id.: Hildegard von Stein (Zur Kritik der Sage und des Brauches). In: Festschr. E. Mogk. Halle 1924, 525–535 (Graber kennt die Birk-Version nicht); Dinklage, K.: Die Hildegardsspende zu Stein im Jauntal und ihre Geschichte. In: Carinthia 162 (1972) 467–490, bes. 467–469; cf. auch EM 6, 29.

Berlin Wolfgang Maaz

Hilfe → Helfer

Hilfe beim Nichtstun (AaTh 1950 A), ein zu den Faulheitsschwänken (cf. → Fleiß und Faulheit) zu zählender Witz in Gesprächsform (→ Dialog):

Ein Herr oder Vorgesetzter fragt zwei Arbeiter, was sie gerade tun. Der erste antwortet: Ich tue nichts. Der zweite: Ich helfe ihm dabei.

Zu diesem Witz, der — wohl aufgrund von G. Laports 1932 erschienenem wallon. Typenkatalog[1] — 1961 als AaTh 1950 A Eingang in das internat. Verz. der Erzähltypen fand[2], führt S. → Thompson je eine wallon., ndl., dt. und ital. Var. an, allerdings entspricht nur der wallon. Text in seinem ersten Teil der gegebenen Beschreibung[3]. Die verzeichnete dt. Version ist AaTh 1561: *The Lazy Boy Eats Breakfast, Dinner, and Supper One after the Other* zuzurechnen[4], der ital.[5] und der ndl.[6] Text sind ebenfalls nicht zutreffend. Neben der genannten wallon. Fassung sind aus Aufzeichnungen mündl. Erzählens und schriftl. Einsendungen westfries.[7], mecklenburg.[8], sudetendt.[9], lett.[10] und bulg.[11] Var.n von AaTh 1950 A in Archiven und Publ.en erfaßt. J. van der → Kooi, der für seinen Typenkatalog fries. Erzählguts auch J. Wardropers Auswahl von Schwänken und Witzen aus engl. Jestbooks ausgewertet hat, lieferte 1984 den Hinweis auf eine literar. Verwendung des Witzes: In der anonym veröff. Slg *The Jolly Jester; or The Wit's Complete Library, by Marmaduke Momus [...], President of the Imperial Society of Grinners* (L. 1794) erscheint er in einen Erzählrahmen eingebettet und dadurch eindeutig als fiktiv gekennzeichnet[12]. Ein Schauspieler habe die ‚story' stets auf die herrschende Regierung bezogen, heißt es dort; Schauplatz des Gesprächs ist eine Brigg. Mit diesem Bild vom Regierungsschiff greift der Text auf gängige Herrschaftsmetaphorik zurück[13].

Weitere literar. Verwendung fand AaTh 1950 A in nordostndl. Kalendern aus der Mitte des 19. Jh.s[14] und 1941 bei dem amerik. Schriftsteller Walter Hard[15]; eine politische Deutung jedoch legen diese ebensowenig wie die auf mündl. oder hs. Quellen zurückgehenden publizierten Fassungen nahe, hier lassen sich lediglich Ausweitungen oder strukturelle Veränderungen feststellen. Die wallon. Var. z. B. erhält eine weitere Pointe: Auf die Frage des Aufsehers, warum er schlafe, entgegnet ein dritter Arbeiter, er könne nicht ausruhen, ohne etwas zu tun[16]. Der 1931/32 von einem Studienrat eingesandte mecklenburg. Text[17] gibt ein Kettengespräch wieder, das sich beliebig verlängern ließe und nach folgendem Muster verläuft: Johann, was machst du? — Ich helfe Karl. — Was macht Karl? — Der hilft Heiner etc. Am Ende der Reihe steht die Frage: Was macht Ludwig? — Ludwig liegt in der Ecke und schläft.

Auch wenn die Belege für AaTh 1950 A bisher eher spärlich sind, ist die Annahme einer breiteren Kenntnis und Verwendung des Witzes wohl nicht ganz abwegig. Seine Kürze, innere Logik, Alltagsnähe und sein Wahrscheinlichkeitsgrad sprächen jedenfalls dafür. Auch könnten gerade diese Eigenschaften zu seiner geringen Beachtung seitens der Forschung geführt haben.

[1] Laport 1950 C*. — [2] Weder Aarne, A.: Verz. der Märchentypen (FFC 3). Hels. 1910 noch die erw. Fassung Aarne, A./Thompson, S.: The Types of the Folk-Tale (FFC 74). Hels. 1928 verzeichnen den Typ. — [3] Laport 1950 C*. — [4] Meyer, G. F.: Plattdt. Volks-Märchen und Schwänke. Neumünster 1925, num. 200, cf. p. 298, wo Meyer den Text Aarne (wie not. 2) num. 1561 zuordnet. — [5] Pinguentini, G.: Bonumore triestino. Verona 1958, num. 91 (= Cirese/Serafini 1950 A). — [6] Cohen, J.: Nederlandsche sagen en legenden 2. Zutphen 1917, 377, cf. 287—291 (= AaTh 1561). — [7] van der Kooi. — [8] Volksschwänke aus Mecklenburg. Aus der Slg R. Wossidlos. ed. S. Neumann. B. [3]1965, num. 533. — [9] Fischer, H. W.: Lachende Heimat. B. 1933 (B./Darmstadt 1955), 402 sq. — [10] Arājs/Medne. — [11] Daskalova, L./Dobreva, D./Koceva, J./Miceva, E.: Narodna proza ot Blagoevgradski okrŭg. Sofija 1985, num. 291, cf. auch 292. — [12] van der Kooi; Wardroper, J.: Jest upon Jest. A Selection from the Jestbooks and Collections of Merry Tales Published from the Reign of Richard III to George III. L. 1970, num. 236, cf. p. 153, 196. — [13] cf. Peil, D.: Unters.en zur Staats- und Herrschaftsmetaphorik in literar. Zeugnissen von der Antike bis zur Gegenwart. Mü. 1983, 700—870. — [14] Freundliche Mittlg von J. van der Kooi, Groningen (5 Belege). — [15] cf. Dorson, R. M.: Jonathan Draws the Long Bow. Cambr., Mass. 1946, 255. — [16] Laport 1950 C*. — [17] Neumann (wie not. 8) und p. 207.

Göttingen Ingrid Tomkowiak

Hilfe des Schwachen (AaTh 75), eine alte, weitverbreitete Fabel binärer Struktur, deren auf das Geschäft der Gegenseitigkeit zugespitzte Moral bes. in der europ. literar. Überlieferung große Popularität gewann: Milde und Erbarmen zahlen sich aus, weil man mit Dank rechnen darf; der Mächtige namentlich soll den Armen und den Untergebenen schonen (‚Nütz mag er sin, der nicht mag schaden'[1]); der Arme soll den Reichen und Mächtigen ehren und ihm helfen. Von Anfang an richtete sich diese Fabel vor allem an die Reichen und Mächtigen; ihre Popularität dürfte jedoch auch daran gelegen haben, daß sie dem Schwächeren die Möglichkeit bot, sich dem Starken und daher Mächtigeren gegenüber ebenbürtig zu zeigen (→ Stark und schwach).

Die europ. Überlieferung war lange relativ stabil und wurde im allg. durch die Fassungen des → Babrios[2] (2. Jh. p. Chr. n.) und des sog. *Pseudo-Dositheus*[3] (3./4. Jh. p. Chr. n.) bestimmt:

Ein Löwe hat eine Maus auf der Jagd gefangen (*Pseudo-Dositheus*: Eine Maus stört einen Löwen im Schlaf, und dieser ergreift sie). Die Maus bittet um Schonung und stellt ihren Dank für später in Aussicht. Der Löwe lacht über dieses Versprechen, gibt aber die Maus frei. Später wird er in einem Netz (Grube) gefangen (mit einem Strick an einen Baum gebunden). Die Maus kommt heimlich (bei Nacht) und befreit ihn durch Zernagen des Netzes (Strickes).

Diese äsopische Fabel ist im MA. vor allem über lat. Fabelbücher verbreitet worden, und zwar durch Rez.en und Extravaganten des sog. → *Romulus*-Corpus[4], später u. a. auch durch Exempelsammlungen[5] (cf. z. B. → Jacques de Vitry[6], → *Dialogus creaturarum*[7], → Vincent de Beauvais' *Speculum historiale* 3,3[8]). Im MA. und in der frühen Neuzeit wurden auch Fassungen tradiert, die bestimmte Aspekte des Inhalts mehr oder wenig variierten.

Im Cyrillus zugeschriebenen *Speculum sapientiae* (13. Jh.?) z. B. wird neben dem Löwen auch ein Fuchs gefangen; die Maus weigert sich, diesen zu retten, weil es ihm gegenüber keinen Grund zur Dankbarkeit gibt[9]. Im sog. *Romulus Nilantinus* (11. Jh.) befreit die Maus mit Hilfe von Artgenossen den Löwen aus einer Grube, indem sie diese mit Erde auffüllen, eine hinsichtlich ind. Überlieferung analoge Fassung[10].

Beide Versionen haben sich allerdings in Europa gegenüber der Grundform des Typs nicht durchsetzen können, obwohl die älteste volkssprachliche Var., die der → Marie de France[11], der des *Romulus Nilantinus* verpflichtet ist. Weitere volkssprachliche Var.n bis 1600 sowie lat. und dt. aus dem Erzähltyp hervorgegangene Sprichwörter sind bei G. Dicke und K. Grubmüller aufgelistet, die dt. vollständig (u. a. Ulrich → Boner, Heinrich → Steinhöwel, Burkart → Waldis, Hans → Sachs, Hans Wilhelm → Kirchhof), frz., ital., span., engl., ndl., jidd. und hebr. (→ Berechja ha-Nakdan) in Auswahl[12]. Des Realitätsbezuges wegen ist noch die Bearb. Clément Marots hervorzuheben, der 1525 vom Gefängnis aus mit dieser Fabel seinen Freund Lyon Jamet um Hilfe anfleht[13].

Die sehr umfangreiche europ. literar. Überlieferung vom 17.–19. Jh., mit Var.n u. a. von Otho → Melander, Samuel → Gerlach, Leo → Wolff, → La Fontaine (2,11), → Abraham a Sancta Clara[14] und Ivan Andreevič → Krylov (9,9), ist noch unzureichend untersucht; dies gilt auch für die jüngere mündl. Überlieferung, die zwar ein geogr. weiträumiges Gebiet umfaßt, aber doch in den meisten Ländern bzw. Sprachgebieten nicht bes. geläufig gewesen zu sein scheint. Es liegen z. T. über AaTh[15] hinaus Belege vor aus Irland[16], Friesland[17], Estland[18], Lettland[19], Finnland, Ungarn[20], Slovenien, Italien[21] und Katalonien sowie aus dem dt.[22], ostslav.[23] und griech. Sprachbereich[24]. Im Süden und Westen folgt die mündl. Tradition gemeinhin der literar. – mehrere Kataloge betonen die Einwirkung der Schulbücher[25] –, im Norden und Osten treten öfters auch einheimische Tiere wie Bär und Eichhörnchen als Akteure auf.

Die außereurop. mündl. Überlieferung ist disparat und wenig einheitlich, und es ist nicht immer deutlich, inwieweit gleichartige, aber genetisch nicht mit AaTh 75 verwandte Erzählungen von hilfreichen Nagetieren diesem Typ zugeordnet wurden[26]. Häufig treten statt Löwe und Maus einheimische Tiere auf, ist die Befreiung in strukturell andere Kontexte eingebaut und/oder zeigt sich das befreite Tier überhaupt nicht dankbar, sondern frißt oder tötet seinen Retter. Mit diesen Einschränkungen gibt es Var.n von AaTh 75 u. a. aus dem asiat. Teil der Sowjetunion, der Mongolei[27], aus China[28], Tibet[29], Iran[30], der arab. Welt[31], Israel (dem. jüd. Orient)[32], Afrika[33] und Westindien[34]. Aus Süd- und Nordamerika ist der Erzähltyp nicht belegt; es wäre jedoch zu untersuchen, ob Mot. A 728.1: *Sun-snarer: burnt mantle*, eine seit 1637 nur in nordamerik. mythol. Erzählungen, bes. der östl. Algonkinindianer, belegte Fassung, nicht eine unter europ. Einfluß entstandene Kontamination von AaTh 75 und Mot. A 728: *Sun caught in snare* ist[35].

Im arab. und jüd. Orient und in Nordafrika bis in den Sudan ist AaTh 75 neben anderen Kontaminationen öfters mit AaTh 157 A: cf. *Tiere lernen* → *Furcht vor den Menschen* als Vorspann kombiniert[36] (bereits in einer hellenist. Var. der ägypt. sog. *Tefnut*-Legende, 2. Jh. p. Chr. n.[37]). Im modernen Indien findet sich AaTh 75 mündl. offenbar nicht[38], aber es gibt in der älteren literar. ind. Überlieferung einige Erzählungen von rettenden Nagetieren, von denen die folgende als eine Var. zu AaTh 75 betrachtet wird:

Ein Elefant (mehrere Elefanten) leistet Mäusen (Ratten) einen Dienst, indem er sie aus einem Topf (Falle) befreit (ihre Wohnungen schonen, sie über einen Strom tragen). Bald darauf wird der Elefant in einer Grube gefangen (Elefanten mit Stricken an Bäume gefesselt) und von den Mäusen durch Zerwühlen der Grubenwand (Zernagen der Stricke) befreit.

Diese Fassung ist bes. in jüngeren (ab 1199) südl., jainist. → *Pañcatantra*-Rez.en[39] überliefert (in Tibet auch mündl.[40]). Doch schon am Mendut-Tempel auf Java (7. Jh.) findet sich eine Abbildung von Mäusen, welche die Taue eines gefesselten Elefanten durchnagen[41]. Geschichten vom König Löwe, der durch einen dankbaren Schakal aus einem Brunnen befreit wird, im buddhist. → *Tripiṭaka* (num. 338; ca 400)[42] machen einen frühen Bekanntheitsgrad dieser Fassung in Indien wahrscheinlich. Während in einer offenbar älteren → *Jātaka*-Geschichte[43] eine Schildkröte den Strick eines gefangenen Tiers zernagt (cf. Medaillon des Steinzauns der Stupa von Bharhut, ca 2. Jh. a. Chr. n.[44]), übernimmt dies in *Pañcatantra*-Rez.en (schon im *Tantrākhyāyika*, ca 3./4. Jh. p. Chr. n., aber auch jüngeren wie → Somadevas *Kathāsaritsāgara*[45]) eine Maus. In jüngeren ind. Slgen, wie dem → *Hitopadeśa* (9.–14. Jh.) und → *Kathāratnākara* (1600/1601)[46], ist dieser Erzählung die Geschichte vom Schakal als treulosem Freund an die Seite gestellt[47]. Die beiden letzten Erzählungen entsprechen dem Erzähltyp AaTh 239: *The Crow Helps the Deer Escape from the Snare*, der auch in Var.n mit der Rettung durch ein Nagetier (Maus, Ratte, Eichhörnchen) u. a. aus der jüngeren mündl. Überlieferung Indiens[48], aus China[49], der Mongolei[50] und bei islam. Völkern der Sowjetunion[51] belegt ist. Über die *Pañcatantra*-Rezeption im pers. und islam. Orient[52] drang AaTh 239 im Spätmittelalter und in der frühen Neuzeit auch bis nach Europa vor, wurde u. a. von A. von → Pforr, Kirchhof[53], später La Fontaine (12, 15)[54] und Ludwig →

Bechstein[55] bearbeitet, fand jedoch keinen Eingang in die mündl. Überlieferung.

Eine dritte, bes. in *Pañcatantra*-Rez.en überlieferte ind. Erzählung von in Netzen gefangenen Vögeln[56] – möglicherweise genetisch mit AaTh 75 verbunden – muß hier außer acht gelassen werden (AaTh 233 B: cf. → *Vögel und Netz*).

Alter und Herkunft von AaTh 75 sind umstritten. Die ältere Forschung – u. a. T. → Benfey[57] und H. Ahrens[58] – befürwortet eine Herkunft aus Indien, die jüngere – u. a. E. → Brunner-Traut[59], H. → Schwarzbaum[60] und H. → Jason[61] – eine ägypt. Letztere stützen sich auf das vermutliche Alter der *Tefnut*-Legende, deren Vorlage dem 14. Jh. a. Chr. n. zuzuweisen wäre. Diese Legende jedoch ist eine Rahmenerzählung, und es gibt keine einwandfreien Beweise, daß AaTh 75 von Anfang an darin aufgenommen war. Somit bleibt vorläufig die griech. Fassung, die laut B. E. → Perry[62] – der von einer assyr.-babylon. Herkunft der äsopischen Fabeln ausgeht – schon in der *Aesopeia* des Demetrios von Phaleron (ca 350 – ca 280 a. Chr. n.) zu finden ist, der älteste Beleg.

[1] Der Edelstein von Ulrich Boner. ed. F. Pfeiffer. Lpz. 1844, num. 21; cf. auch Schütze, G.: Gesellschaftskritische Tendenzen in dt. Tierfabeln des 13.–15. Jh.s. Bern/Ffm. 1973, 91–93. – [2] Babrius/Perry, num. 107. – [3] Hermeneumata Pseudodositheana. ed. G. Goetz. Lpz. 1892, num. 2. – [4] Dicke/Grubmüller, num. 391. – [5] Tubach, num. 3052; Herbert, 104, num. 39 (Nicole Bozon). – [6] Jacques de Vitry/Crane, num. 145. – [7] Grässe, J. G. T.: Die beiden ältesten lat. Fabelbücher des MA.s. Tübingen 1880 (Nachdr. Hildesheim 1965), 164 sq. – [8] Hervieux 2, 237. – [9] Grässe (wie not. 7) 24 sq. – [10] Hervieux 2, 523 sq.; Bødker, Indian Animal Tales, num. 763. –
[11] Die Fabeln der Marie de France. ed. K. Warnke. Halle 1898, num. 16. – [12] Dicke/Grubmüller, num. 387; cf. auch Keller B 371.1; Äsop/Holbek 2, 164, num. 51; Tubach und Dvořák, num. 3052; Schwarzbaum, Fox Fables, 87–95. – [13] Œuvres de J. de la Fontaine 1. ed. H. Regnier. P. 1883, 162, 444 sq. – [14] cf. Kirchhof, Wendunmuth 5, 157; Moser-Rath, Predigtmärlein, num. 54; Moser-Rath, Schwank, 287. – [15] Die AaTh-Angaben für Flandern und die Niederlande sind falsch. – [16] Ó Súilleabháin/Christiansen. – [17] van der Kooi. – [18] Kippar. – [19] Arājs/Medne; Neuland B 371.1, B 371.1*; Ambainis, O.: Lett. Volksmärchen. B. 1979, num. 28. – [20] MNK. –
[21] Cirese/Serafini. – [22] z. B. Neumann, S.: Mecklenburg. Volksmärchen. B. [2]1973, num. 20; Tolksdorf, U.: Eine ostpreuß. Volkserzählerin. Marburg 1980, num. 4. – [23] SUS. – [24] Megas (118 Var.n). – [25] z. B. Ó Súilleabháin/Christiansen; Kippar; cf. auch Liungman, Volksmärchen, 14; cf. auch Tomkowiak, I.: Traditionelle Erzählstoffe im Lesebuch. In: Fabula 30 (1989) 96–110, hier 106. – [26] cf. z. B. Ėrgis, num. 9 (Fuchs frißt Kinder eines Alten, wirft ihn in eine Schlucht. Der Alte wird von Hermelinen, Polarfüchsen und Mäusen befreit); Belege bei Ikeda, Choi und Haring, num. 1.2.75 sind unzutreffend, Haring, num. 1.2.75 entspricht AaTh 240*; cf. jedoch auch Haring, num. 2.1.75. – [27] Lőrincz, num. 36. – [28] Ting. – [29] Kassis, V.: Prodelki djadjuški Dėnba. Tibetskoe narodnoe tvorčestvo. M. 1962, 81 sq. – [30] Marzolph. –
[31] Nowak, num. 23 (5–6), 48 (5), 50 (3). – [32] Noy. – [33] Klipple; Coetzee (Löwe und Maus, zurückzuführen auf Schulbuch); Johnston, H. A. S.: A Selection of Hausa Stories. Ox. 1966, num. 9 (Löwe und Termite); Schmidt, S.: Europ. Volkserzählungen bei den Nama und Bergdama. In: Fabula 11 (1970) 32–53, hier 39, 44 (Schakal, Hyäne, drei Mäuse); Haring, num. 2.1.75 (Eber und Ratte). – [34] Flowers. – [35] Thompson, S.: Tales of the North American Indians. Nachdr. Bloom./L. 1966, 290 sq.; Luomala, K.: Oceanic, American, Indian, and African Myths of Snaring the Sun. Honolulu 1940, bes. 5–24; ead.: Motif A 728: Sun Caught in Snare and Certain Related Motifs. In: Fabula 6 (1964) 213–252; Müller, W.: Die Religion der Waldlandindianer Nordamerikas. B. 1956, 45–47. – [36] z. B. Frobenius, L.: Märchen aus Kordofan. Jena 1923, 91–97; Stevens, E. S.: Folk-Tales of Iraq. L. 1931, num. 20; El-Shamy, H. M.: Folktales of Egypt. Chic./L. 1980, num. 48. – [37] Brunner-Traut, E.: Ägypt. Tiergeschichte und Fabel. Darmstadt 1977, 37–39; cf. EM 1, 200–203. – [38] Die drei Var.n bei Thompson/Roberts mit Tiger und Mäusen stimmen übersetzt fast wörtlich überein, obwohl sie aus ganz verschiedenen drawid. und ide. Sprachen stammen; sie sind wohl auf eine engl. literar. Qu. zurückzuführen. – [39] Bødker, Indian Animal Tales, num. 760, 762 sq.; Benfey 2, 208–210. – [40] cf. Hermanns, M.: Himmelsstier und Gletscherlöwe. Kassel 1955, 203 sq. –
[41] Meyer, M. de: Iconographie des contes d'animaux indiens. In: Fabula 10 (1969) 132–141 (Abb. 10). – [42] Chavannes 2, 268; 4, 174 sq. – [43] Cowell, E. B.: The Jātaka or Stories of the Buddha's Former Births 1. Nachdr. L. 1969, num. 206; Bødker, Indian Animal Tales, num. 731. – [44] Lüders, E.: Buddhist. Märchen. MdW 1921, gegenüber 256. – [45] Bødker, Indian Animals Tales, num. 730. – [46] ibid., num. 503. – [47] cf. auch Cowell (wie not. 43) num. 16. – [48] z. B. Parker, H.: Village Folk-Tales of Ceylon 3. L. 1914, 9–12. – [49] Ting. – [50] Lőrincz, num. 33 A* (= Heissig, W.: Mongol. Volksmärchen. MdW 1963, num. 21). –
[51] z. B. Ševerdin, M. I.: Karavan čudes. Uzbekskie narodnye skazki. Taschkent 1961, num. 1; Paasonen, H.: Mischärtatar. Volksdichtung. ed. E. Karahka.

Hels. 1953, num. 20. — [52] Chauvin 2, 93 sq. — [53] Dicke/Grubmüller, num. 424. — [54] Œuvres (wie not. 13) t. 3 (1885) 272—274, 401—404. — [55] Bechstein, L.: Sämtliche Märchen. ed. W. Scherf. Darmstadt 1966, 263—266, 816; 272—280, 817 sq. — [56] Bødker, Indian Animal Tales, num. 735; Benfey 2, 156—161. — [57] Benfey 1, 329. — [58] Ahrens, H.: Die Fabel vom Löwen und der Maus in der Weltlit. Diss. Rostock 1920, Auszug 2. — [59] Brunner-Traut (wie not. 37). — [60] Schwarzbaum (wie not. 12). — [61] Jason, H.: How Old Are Folktales? In: Fabula 22 (1981) 1—27, hier num. 22b. — [62] Perry, B. E.: Demetrius of Phalerum and the Aesopic Fables. In: Transactions of the American Philological Assoc. 93 (1962) 287—346.

Groningen Jurjen van der Kooi

Hilferuf des Mädchens → Räuber unter dem Bett

Hilferuf des Schäfers (AaTh 958), eine vor allem als Sage verbreitete Volkserzählung, die auf dem als hist. real anzunehmenden Hintergrund von Almstreitigkeiten und Viehdiebstahl zu sehen ist.

Ein → Hirte (Hirtin, seltener Schäfer[in]) wird auf der Alm von Räubern (Soldaten, Bewohner des Nachbartals) überfallen. Dem bedrohten Hirten gelingt es — manchmal mit einem Trick —, eine Melodie auf der Flöte (Milchtrichter, → Horn) zu spielen (singen, rufen), die im Tal von Dorfbewohnern (Geliebte, Schwester, Bruder, Eltern) gehört und verstanden wird. Die Dorfbewohner (Schwester, Bruder) eilen zu Hilfe, das Vieh kann gerettet werden.

Nach R. → Wildhaber[1] lassen sich eine nordeurop., eine schweiz. und eine südeurop. Gruppe feststellen. Unter den nordeurop. Var.n finden sich zahlreiche skand.[2] und finn.[3] sowie einige estn.[4] Belege. Die älteste schriftl. belegte schwed. Var. geht auf das Jahr 1651 zurück[5], die älteste norw. auf das Jahr 1743, wobei hier bereits vorher eine reiche mündl. Überlieferung angenommen werden kann[6].

In den skand. Var.n gilt der Überfall fast immer Frauen, zu deren Aufgabenbereich die Hirtentätigkeit in diesem geogr. Raum gehört. Die Angreifer sind Räuberbanden; der von Vergewaltigung und/oder Mord bedrohten Hirtin gelingt es, sich auf einen Baum zu flüchten, von wo aus sie um Hilfe bläst[7]. Hingegen ist der Handlungsträger in den finn. Var.n männlich, er wird fast immer von Räuberbanden oder Soldaten überfallen, die aus Rußland über die Grenze kommen. Diesen letzteren Zug haben die finn. Var.n mit den wenigen belegten estn. gemein[8].

In der Schweiz ist der Erzähltyp seit 1816 in Chroniken und Sagensammlungen dokumentiert[9] und tritt hier in Verbindung mit Alpstreitigkeiten auf, die als eigenständige Sagen bereits eine ältere Tradition aufweisen[10]. Bei vollständiger Ausprägung von AaTh 958 finden sich folgende weitere Handlungselemente: Die von Nachbarn überfallenen Hirten und/oder das Vieh werden in siedender Molke ertränkt, die Angreifer von einem zur Führung gezwungenen Hirten in die Irre geführt, der entkommene Hirt stirbt von der Anstrengung, als er um Hilfe bläst. Seine Geliebte hört das Hilfelied und rettet mit den Dorfbewohnern das Vieh[11].

Häufig spielen sich die Alpstreitigkeiten zwischen benachbarten Tälern oder Kantonen ab, wobei je nach der Zugehörigkeit des Erzählers Angreifer und Verteidiger ihre Rollen tauschen können. Es kommt auch zu spezifischen Ausprägungen lokaler Var.n, wie beispielsweise der Bezugnahme auf religiöse Konflikte in einer Sage aus dem Habkerntal[12], in der die kathol. Bewohner der Innerkantone den protestant. des Berner Oberlandes das Vieh rauben.

Die von Wildhaber postulierte südeurop. Gruppe umfaßt mit poln., kroat., serb., rumän., bulg. und griech. Var.n[13] im wesentlichen Südosteuropa. Außerdem ist ein Beleg aus Mallorca[14] hier hinzuzurechnen.

Mit Ausnahme von Rumänien, wo der Erzähltyp eine größere Verbreitung erfahren hat, handelt es sich nur um ein vereinzeltes Auftreten mit einem uneinheitlichen Erscheinungsbild. Das Motiv des *Hilferufs des Schäfers* taucht nicht nur in Sagen, sondern auch in der epischen Dichtung Serbiens und Kroatiens und in bulg. Hirtenliedern auf[15]. Die älteste rumän. Aufzeichnung datiert aus dem Jahre 1866[16]. In dieser Gruppe ist der Handlungsträger ein Schäfer oder eine Schäferin. Bei den Überfallenden handelt es sich wie bei den nordeurop. Var.n um Räuber, die analog zu den finn. und estn. Belegen Fremde sein können (Türken, Haiduken). Je nach der geogr. Zugehörigkeit der Var.n kann die Hilfe von anderen Schäfern kommen, aber auch von der Schwester (bulg.)[17] oder von den Eltern (rumän.)[18]. Diese Sagen weisen folgende zusätzliche Elemente auf: Erschießen der Hunde, Sieden des größten Schafbocks, Verstümmelung der Schäferin.

Über Wildhabers Klassifikation hinaus läßt sich eine vierte Gruppe feststellen, die geogr. vor allem im Nahen Osten angesiedelt ist. Hierher gehören eine arab.-palästin.[19], drei jüd. (aus Irak und Afghanistan)[20], zwei aserbaidschan.[21] und die beiden von Wildhaber zur südeurop. Gruppe gerechneten kaukas. Var.n (osset.[22] und georg.[23]).

Aufgrund des Alters, des hohen Verbreitungsgrades und einheitlichen Erscheinungsbildes nimmt Wildhaber die nordeurop. Gruppe als Ursprungsgruppe an[24]. Hingegen handele es sich bei den schweiz. und den südosteurop. Var.n wahrscheinlich um jüngere Gruppen; dies mag auch für die nahöstl. Var.n gelten. Zu vermuten ist jedoch, daß diese Erzählung auch unabhängig in verschiedenen Hirtenkulturen entstehen konnte.

Bemerkenswert für alle Verbreitungsgebiete ist die Bekanntheit und Beliebtheit des Hilfeliedes[25]. Es wird oft in Versen tradiert (manchmal wird auch den Instrumenten die Fähigkeit zugeschrieben, ihre Melodie in Worten gestalten zu können), wobei jede Region ihre eigenen Erscheinungsformen hat. So wird z. B. in finn. Var.n das Hilfelied im → *Kalevala*-Versmaß gestaltet. In Einzelfällen kann es sogar selbständig auftreten[26].

[1]Wildhaber, R.: AaTh 958 „Hilferuf des Hirten". In: Fabula 16 (1975) 233—256; die bei AaTh angeführten russ., katalan. und ung. Var.n weisen zwar ein Hilferuf-Motiv auf, das jedoch in einem völlig anderen situativen Kontext steht und keinen Hirten oder Schäfer als Handlungsträger aufweist, cf. Andreev 959*B; Amades, num. 1639; Berze Nagy, num. 726**. — [2] v. Christiansen, Migratory Legends, num. 8025; Liungman, Volksmärchen; Kristensen, E. T.: Danske sagn 4. Århus 1896, num. 1504—1507; cf. auch Wildhaber (wie not. 1) 246 sq. — [3] Simonsuuri, L./Rausmaa, P.-L.: Finn. Volkserzählungen. B. 1968, num. 528. — [4] Loorits, O.: Estn. Volkserzählungen. B. 1959, num. 199. — [5] Liungman, Volksmärchen. — [6] Wildhaber (wie not. 1) 247. — [7] cf. ibid. — [8] Simonsuuri/Rausmaa (wie not. 3); Wildhaber (wie not. 1) 248. — [9] [Jecklin, D./Decurtins, C.:] Volksthümliches aus Graubünden. Chur 1916, 282—284; Jegerlehner, J.: Sagen und Märchen aus dem Oberwallis. Basel 1913, 28 sq., num. 41; Niderberger, F.: Sagen und Gebräuche aus Unterwalden. Nachdr. Zürich 1978, 123—126; Sooder, M.: Zelleni us em Haslital. Basel 1943, 193 sq.; Vernaleken, T.: Alpensagen. Wien 1858, 36—38, num. 26, 277—279, num. 198; Wildhaber (wie not. 1) 236—240. — [10] z. B. die hs. Chronik (um 1600) von Renward Cysat, cf. Brandstetter, R.: Renward Cysat (1545—1614). Luzern 1909, 74 (Nachdr. in: SAVk. 14 [1910] 239 sq.). — [11] cf. Wildhaber (wie not. 1) pass. — [12] cf. Trümpy, H.: Der Wandel im Sagenbestand eines schweiz. Bergdorfes während eines Jh.s. In: HessBllfVk. 58 (1967) 69—93, hier 76. — [13] Wildhaber (wie not. 1) 249. — [14] Ludwig Salvator, Erzherzog: Märchen aus Mallorca. Würzburg/Lpz. 1896, 242—244; cf. auch Cirese/Serafini. — [15] cf. Wildhaber (wie not. 1) 249 sq. — [16] ibid., 252. — [17] ibid., 250. — [18] ibid., 252. — [19] Bauer, L.: Das palästin. Arabisch. Lpz. 1926, 213 sq. — [20] Jason. — [21] Marzolph. — [22] Benzel, U.: Kaukas. Märchen. Regensburg 1963, 110—112. — [23] Wildhaber (wie not. 1) 253. — [24] ibid., 249. — [25] cf. Grambo, R.: Verses in Legends. In: Fabula 12 (1971) 48—64, hier 54; auch Wildhaber (wie not. 1) pass. — [26] cf. Christiansen, Migratory Legends, 215.

Göttingen Andrea Schäfer

Hilfreiche Tiere → Dankbare (hilfreiche) Tiere

Hilka, Alfons, * Walzen (Oberschlesien) 30. 7. 1877, † Göttingen 21. 6. 1939, Romanist, Textherausgeber und Erzählforscher auf den Gebieten der altfrz. und mittellat. Lit. H., Sohn eines Chausseezollpächters, studierte in Breslau (ein Semester in Berlin) rom., engl. und klassische Philologie, vergleichende Sprachwissenschaft und Sanskrit. Er promovierte 1902 (Diss. *Die direkte Rede als stilistisches Kunstmittel in den Romanen des Chrestien de Troyes*) und habilitierte sich 1912. 1903—18 als Oberlehrer tätig, vertrat er 1914/15 das Ordinariat für Rom. Philologie in Bonn und wurde 1918 ordentlicher Professor in Greifswald, 1921 in Göttingen. Seit 1925 war er ordentliches Mitglied der Ges. (später Akad.) der Wiss.en zu Göttingen.

H. war ein hervorragender Kenner der altfrz. und mittellat. Lit., für die letztere einer der Pioniere. Seine höchst produktive Tätigkeit betraf einerseits die Textedition, andererseits, aber aufs engste damit zusammenhängend, die Erzählforschung, speziell die vergleichende Stoff- und Motivgeschichte. Die wiss.geschichtliche Entwicklung brachte es mit sich, daß er sich auf beiden Gebieten intensiv mit J. → Bédier auseinanderzusetzen hatte.

Für die Editionstechnik war H. großgeworden mit der sog. Lachmannschen Methode (→ Philol. Methode), die H. in seinen frühen Ausg.n praktizierte. Doch bereits in seiner Habilitationsschrift, der Edition des altfrz. → *Athis und Prophilias*[1], geht H. ganz eigenständig von dem Verfahren ab, weil hier ‚menschlicher Subjektivismus' zu einer ‚einseitigen Ausgestaltung' führen könne, und folgt auf weite Strecken einer Leithandschrift. So kam Bédiers radikale Ablehnung der Lachmannschen Methode[2] für H. nicht ganz überraschend. In der Folgezeit versuchte er, mit Bédier ‚Mischtexte' zu vermeiden, ohne jedoch vor ma. „Kopistenwerk" eine „übertriebene Verbeugung" zu machen[3] (v. auch unten seine Ausg.n der *Historia de preliis*, Rez. J[1]).

In der Erzählforschung ging H., entsprechend der zu seiner Studienzeit herrschenden Meinung, von der sog. → Ind. Theorie aus. Wiederum war es Bédier, der diese Theorie erschütterte und durch eine Art Agnostizismus (→ Agnostische Theorie) ersetzen wollte[4], und wiederum trat H. – so in seiner Unters. zum Erzähltyp → *Dankbare Tiere, undankbarer Mensch* (AaTh 160) – ein für eine „Versöhnung [...] der Hauptgegner beiderseits, also [...] der Verfechter der indischen oder auch allgemein orientalischen Herkunft vieler literarischer Stoffe" und „der Anhänger der allgemein volkstümlichen Überlieferung innerhalb bestimmter Mittelpunkte bei den einzelnen Völkern selbst"[5]. H. selbst freilich widmete sich mit Vorliebe den Motivwanderungen von Ost nach West, z. B. für die genannte Tiernovelle, für die Erzählung von der → *Inclusa* (AaTh 1419 E) oder für mehrere Motive aus *Peregrinaggio di tre giovani figliuoli del re di Serendippo* (→ Christoforo Armeno)[6]. Weitere stoffgeschichtlich interessante Unters.en und Editionen betreffen die Legende von der Hl. → Katharina, das Thema des → Narziß oder den *Liber de monstruosis hominibus Orientis* aus → Thomas Cantipratanus (→ Monstrum)[7].

Wie H. auf die beschriebene Weise in der Editionstechnik und in der Erzählforschung zu einer ausgewogenen Position gelangte, spiegeln seine zahlreichen, reich kommentierten Ausg.n vor allem mittellat., motivgeschichtlich wichtiger Texte (hier in Ausw.). Eine mit W. Söderhjelm unternommene Ausg. gilt der lat. und den frz. Fassungen der *Disciplina Clericalis* des → Petrus Alphonsi[8]. Die → *Sieben weisen Meister* sind repräsentiert durch eine von H. aufgefundene lat. Übers. der hebr. Version und durch den von → Johannes de Alta Silva verfaßten lat. Text, der zum okzidental. Zweig gehört[9]. In den Abhdlgen der Ges. der Wiss.en zu Göttingen erschienen drei Slgen von Erzählungen bzw. Fabeln: der letzten Endes auf das → *Pañcatantra* zurückgehende *Novus Aesopus* des Baldo, eine lat. Übers. der griech. Version von → *Kalila und Dimna* sowie die 80 Stücke enthaltende Kompilation des → Henmannus Bononiensis[10]. Eine Fülle von Erzählmotiven ist in den Exempla, Predigten und *Libri VIII miraculorum* des → Caesarius von Heisterbach enthalten[11]. Sein Leben lang hat sich H. mit der Alexandersage beschäftigt, bes. mit den interpolierten Rez.en (*Historia de preliis*) J[1] und J[2] zur Fassung des Archipresbyters Leo (→ Alexander der Große, Kap. 5). J[2] gab er (ohne Var.n) im Paralleldruck zum altfrz. Prosa-*Alexanderroman* heraus[12]; seine kompletten Editionen mit einem das riesige Hss.material auswertenden Var.napparat erschienen postum, für J[2] unverändert, für J[1] mit Einarbeitung weiterer Hss.[13].

Seit ca 1930 bemühte sich H. um eine umfassende Bestandsaufnahme mittellat. Dichtung. Hierzu gehören postum erschienene, auf H.s Vorarbeiten beruhende Publ.en wie die Neuausgabe der *Carmina Burana*, ein alphabetisches Verz. der Versanfänge mittellat. Dichtungen und eine Slg lat. Sprichwörter und Sentenzen des MA.s[14]. Darüber hinaus hat H. eine ungewöhnlich große Zahl druckfertiger und mehr oder weniger weit fortgeschrittener Mss. hinterlassen[15]. Er konnte bei weitem nicht alles ernten, was er gesät hatte, zumal äußere Schwierigkeiten dem entgegenstanden, vor allem ein in den 20er und 30er Jahren um sich greifendes Desinteresse an seiner Art der Forschung[16]. Erst heute erscheint eine gerechte Einschätzung seiner Leistung wieder möglich.

[1] Li Romanz d'Athis et Prophilias (L'Estoire d'Athenes). Nach allen bekannten Hss. [...] 1–2. ed. A. H. Dresden 1912/16, Zitate t. 1, IX. – [2] Bédier, J. (ed.): Le Lai de l'Ombre par Jean Renart. P. 1913; id.: La Tradition manuscrite du Lai de l'Ombre. Réflexions sur l'art d'éditer les anciens textes. In: Romania 54 (1928) 161–196, 321–356. – [3] Der Percevalroman (Li Contes del Graal) von Christian von Troyes [...].

ed. A. H. Halle 1932, hier IX. — [4] Bédier. — [5] H., A.: Die Wanderung einer Tiernovelle. In: Mittlgen der Schles. Ges. für Vk. 17 (1915) 58—75, hier 58; v. auch id.: Neue Beitr.e zur Erzählungslit. des MA.s. In: Jahres-Ber. der Schles. Ges. für vaterländische Cultur 90, Abt. 4, c (1912) 1—24. — [6] id.: Die Wanderung der Erzählung von der Inclusa aus dem Volksbuch der Sieben weisen Meister. In: Mittlgen der Schles. Ges. für Vk. 19 (1917) 29—72; Fick, R./H., A. (edd.): Die Reise der drei Söhne des Königs von Serendippo. Aus dem Ital. ins Dt. übers. von T. Benfey (FFC 98). Hels. 1932. — [7] u.a. H., A.: Eine ital. Version der Katherinenlegende. In: Zs. für rom. Philologie 44 (1924) 151—180; id.: Der afrz. Narcisuslai. ibid. 49 (1929) 633—675; id.: Eine afrz. moralisierende Bearb. des Liber de monstruosis hominibus Orientis aus Thomas von Cantimpré [...]. B. 1933. — [8] H., A./Söderhjelm, W. (edd.): Petri Alfonsi Disciplina Clericalis 1—3. Hels. 1911/12/22; H., A.: Die Disciplina Clericalis des Petrus Alfonsi [...] (Kleine Ausg. [des lat. Textes]). Heidelberg 1911. — [9] id.: Historia septem sapientum 1—2. Heidelberg 1912/13. — [10] id.: Beitr.e zur lat. Erzählungslit. des MA.s. 1: Der Novus Aesopus des Baldo, 2: Eine lat. Übers. der griech. Version des Kalila-Buchs. B. 1928; 3: Das Viaticum narrationum des Henmannus Bononiensis. B. 1935. —
[11] id.: Die Wundergeschichten des Caesarius von Heisterbach 1/3. Bonn 1933/37 (t. 3 enthält u.a. die beiden ersten Bücher der „Libri VIII miraculorum"; t. 2 mit dem „Dialogus miraculorum", als bis auf die Kommentierung druckfertig angegeben, ist nicht erschienen). — [12] id.: Der altfrz. Prosa-Alexanderroman [...] nach der Berliner Bilderhs. nebst dem lat. Orig. der Historia de preliis (Rez. J^2). Halle 1920. — [13] Historia Alexandri Magni (Historia de preliis). Rez. J^2 (Orosius-Rez.). ed. A. H. 1. Teil. Zum Druck besorgt durch H.-J. Bergmeister. 2. Teil. Zum Druck besorgt von R. Grossmann. Meisenheim 1976/77; Historia Alexandri Magni (Historia de preliis). Rez. J^1. ed. A. H./K. Steffens. Meisenheim 1979; v. auch Die Historia de preliis Alexandri Magni [...]. Synoptische Ed. der Rez.en des Leo Archipresbyter und der interpolierten Fassungen J^1, J^2, J^3 (Buch 1—2). ed. H.-J. Bergmeister. Meisenheim 1975 (hier H.s Nachlaß bereits herangezogen). — [14] Carmina Medii Aevi Posterioris Latina. 1: Initia Carminum ac Versuum Medii Aevi Posterioris Latinorum. Unter Benutzung der Vorarbeiten A. H.s ed. H. Walther. Göttingen 1959 (^{2}1969); t. 2: Proverbia Sententiaeque Latinitatis Medii Aevi 1—6. Gesammelt und ed. von H. Walther. Göttingen 1963 (^{2}1974)—1969; Proverbia Sententiaeque Latinitatis Medii ac Recentioris Aevi. N.S. 7—9. Aus dem Nachlaß von H. Walther ed. P. G. Schmidt. Göttingen 1982—86 (6 enthält das Reg. für 1—5 und 7—9). — [15] Der Nachlaß (mit allen Hss.-Kopien) befindet sich jetzt in Göttingen (Niedersächs. Staats- und Univ.-Bibl., Seminar für Rom. Philologie); zum mittellat. Teil des Nachlasses gibt es ein Verz. von H. Walther, für die übrigen Teile (altfrz. und rom., Zettelkästen zur Motivgeschichte, Vorlesungen u.a.) ein im Seminar unter der Leitung von W. Kellermann erstelltes Verz. — [16] In dieser Zeit brach auch H.s vorher weitgespannte Tätigkeit als Betreuer von Serienveröff.en ab: Slg mittellat. Texte (1911—29), Zs. für rom. Philologie (1920—34), Rom. Bibl. (1921—34), Slg rom. Übungstexte (1925—34).

Bibliogr. (mit Biogr.): Baum, R./Christmann, H. H.: Verz. der Schr. von A. H. In: Rom. Jb. 18 (1967) 56—66 (nicht ganz lücken- und fehlerfrei).

Lit.: Långfors, A.: A. H. In: Romania 65 (1939) 558. — E. S[chröder]: Nachruf auf A. H. In: Jb. der Akad. der Wiss.en in Göttingen 91 (1939/40) 37 sq. — Schütte, L.: A. H. †. In: Matthesia 14 (1939) 49—52. — Wenig, O. (ed.): Verz. der Professoren und Dozenten der [...] Univ. zu Bonn 1818—1968. Bonn 1968, s.v. H. — Elwert, W. T.: H., A. In: NDB 9 (1972) 145.

Tübingen Hans Helmut Christmann

Himmel

1. Begriff — 2. Anschauungen — 2.1. Kosmologie — 2.2. Mythologie — 2.3. A.T. — 2.4. N.T. — 2.5. H.fahrt — 2.6. MA. — 3. Erzählmotive — 3.1. Legende und Exempel — 3.2. Märchen, Schwank, Witz und Redensarten

1. Begriff. Das Wort H. ist mehrdeutig. Seit der Antike sind zwei Bedeutungen miteinander verknüpft: Ouranos bezeichnet sowohl die stofflich-natürliche wie die mythol. Seite. Auch in der weiteren geschichtlichen Entwicklung und in anderen Sprachen wurde kaum zwischen naturalistischer und religiöser Bedeutung unterschieden (cf. ciel, nebo, heaven; eine Ausnahme ist sky, das nur auf den natürlichen H. angewandt wird).

2. Anschauungen

2.1. Kosmologie. Bei → Homer ruht das H.sgewölbe (Firmament) als eine hohle Halbkugel über der Erde auf Säulen, die → Atlas trägt. Der H. ist ehern, eisern, gestirnt[1]. Er dient den Himmlischen als Wohnung, vor allem → Zeus. Der größte Abstand ist der zwischen Tartaros (cf. → Unterwelt) und Uranos. Anaximander (6. Jh. a. Chr. n.) brach mit dem homerischen Weltbild: Der H., das Unbegrenzte (= apeirōn) entläßt alle Dinge ins Dasein, und „um einander Buße und Strafe zu zahlen für ihre Ungerechtigkeit nach der Ordnung der Zeit" kehren sie durch ihren Untergang zurück, und die Gestirne ziehen durch den H.sraum[2]. Bei Platon (*Timaios* 28 b) ist der H. Abbild des Seins. Er umfaßt alles nur denkbare Leben und kann gleichgesetzt werden mit pān und kosmos. Der eine H. ist Gleichnis für das Vollkommene, die Freiheit, die Erkenntnis, die Unsterblichkeit. Aristoteles' Lehre vom H. als dem ersten unbeweglichen Beweger, der die Welt an sich zieht wie das Geliebte den Liebenden (Plato, *De coelo* 1,3,270 b,5–9), wurde im MA. – überliefert durch arab. Schriften – die Grundlage für Theologie, Philosophie und Lit., aber auch für die Erneuerung der sachlichen Disziplinen[3]. Für die Theologen des MA.s war Gott die erste Ursache, der die Intelligenzen und die H.ssphären schafft. Die Intelligenzen sind Engel, welche die Welt – Gott untergeordnet – leiten und die H.ssphären bewegen.

2.2. Mythologie. In der vorhomerischen Religion ist Uranos (= H.) ein Gott. Dieser vereinigt sich mit der Erde und bringt den Kronos hervor, Zeus ist der Sohn des Kronos. Der H. ist aber auch der Wohnsitz (Olymp) der unsterblichen Götter, der H.sbewohner. Platon nennt Zeus den großen Beherrscher des H.s. Man schwört beim H. In der orphischen Lehre von der → Seelenwanderung, dem Herabsinken der Seelen ins Erdenleben und der Rückkehr der geläuterten Seelen zu den Göttern, werden der Mensch göttlich und H. und Erde als Einheit gesehen. Hier begegnet auch das Bild des Welteneis (→ Ei), aus dessen Schale beim Zerplatzen der H. entsteht (cf. Mot. A 641). Möglicherweise babylon. Ursprungs ist das Bild vom H. als Weltenmantel. Auf den ägypt. Zauberpapyri ist der H. das Firmament, das den H.sozean abschließt. In den gnostischen Schriften sind H. und Erde völlig abgetrennt: Der H. ist verschlossen, und aus den Göttern sind Dämonen geworden. Die Seele des Menschen kann die H.ssphären durchschreiten, dabei muß sie mehrere Prüfungen bestehen[4].

2.3. A.T. Im altisrael. Weltbild ist der H. ausgespannt (Ps. 103,11), hat Fenster, Säulen, Grundfesten (2. Sam. 22,8), Gott kann ihn zerreißen (Jes. 63,19). Der Kosmos hat drei Teile: H., Erde und die chaotischen Wasser unter der Erde (Ex. 20,4). Von mythischen Zusammenhängen ist nicht die Rede. Der H. ist ein ausgerolltes Buch (Jes. 34,4).

Jahwe hat den H. geschaffen (Gen. 1,1; 2,4 u. ö.), er wohnt im H. (Hi. 22,12), aber auch im Allerheiligsten, im Tempel und auf dem Sinai (Dtn. 5,4). Für Menschen ist der H. unzugänglich. H. und Erde erzittern, wenn Gottes Stimme erschallt (Jo. 4,16). Da H. und Erde geschaffen sind, können beide auch zerstört werden (Jes. 51,6), es kann eine kosmische Katastrophe geben. Der H. ist aber für den Glauben Israels nicht von zentralem Interesse, denn das Heil Israels kommt auf die Erde. Für die Endzeit wird eine neue → Schöpfung erwartet. Das → Paradies – ähnlich wie im Islam[5] ein für die Menschen nach dem Tode bestimmter, angenehmer Ort, ein Garten mit Schatten, Bäumen und Früchten, schönen Frauen – ist nicht der H., dieser ist allein Gott vorbehalten. So heißt es z. B. in einer jüd. Sage aus Polen, das Paradies sei ein lichter, prächtiger Garten mit dem Lebensbaum, in dessen silbernen und goldenen Kronen die Seelen Gott lobten, während Gott selbst im Siebenten H. throne[6].

2.4. N.T. Im N.T. kommt das Wort H. 284mal vor. Der H. ist wie im antiken Weltbild eine feste Wölbung, an der die Gestirne über der flachen Erde befestigt sind; er ist ausschließlich Gottes Bereich. Von der Vorstellung aus Judentum, Hellenismus und Urchristentum ausgehend ist der H. im frühen Christentum das ‚Oben' der Gottheit. Der Begriff H. hat immer Gleichnischarakter als Heimat des Göttlichen. H. und Erde sind von Gott geschaffen (Apg. 4,24; 14,15; 17,24). Mit der Erde wird der H. vergehen (Mk. 13,31 u. ö.) und neu geschaffen werden. H. und Erde stehen unter der Herrschaft Gottes und sind Leihgaben Gottes an den Menschen.

Die Kommunikation zwischen H. und Erde geschieht als Wille Gottes, ‚wie im Himmel so auf Erden'. Der H. bleibt aber Ausgangspunkt des schöpferischen Handelns Gottes, dessen Sohn der Menschensohn Jesus ist. Aufgrund der Auferstehung und der H.fahrt (Erhöhung) wird die Wiederkunft → Christi vom H. erwartet. Anders als im jüd. Glauben ist der H. im Christentum den Menschen zugänglich. Im H. ist die ewige Heimat des Menschen. Verstorbene Heilige sind bereits im H., d. h. bei Gott.

Der H. als Heimat aller Menschen setzt allerdings die Läuterung (cf. → Fegefeuer) voraus. Von der kosmischen Bedeutung Christi spricht Paulus (Eph. 1,10 sq.): „Alle Dinge im Himmel und auf Erden wurden zusammengefaßt in Christo, durch welchen wir auch zum Erbteil gekommen sind“[7].

2.5. H.fahrt. Die Verbindung zwischen unten und oben, zwischen Mensch und H., Mensch und Gott, Mensch und Götter- und Dämonenwelt ist schon in frühen Kulten und Erzählungen greifbar. Im Zusammenhang mit der hist.-kritischen Exegese der H.fahrtserzählungen bei Lukas (Lk. 24,50–53; Apg. 1,9–11) analysiert G. Lohfink die H.fahrten in der griech. und röm. Antike. Er fragt nicht nur nach den einzelnen Erzählelementen, sondern auch nach dem jeweiligen Sitz im Leben. Dabei ergeben sich für die Erzählungen der H.fahrten einerseits in der sog. Mithrasliturgie und andererseits bei den Kaiserapotheosen die beiden Textgruppen H.sreise der Seele (→ Jenseits, → Jenseitsvisionen, → Jenseitswanderungen) und → Entrückung[8]. Die H.sreise der Seele geschieht aus der Perspektive der Seele selbst. Sie schildert die Gefahren des Reisewegs oder die Ankunft in der himmlischen Welt. Der Leib bleibt auf der Erde zurück, durch Zauber oder sonstige Techniken vom Leib getrennt (cf. → Schamanismus). Nach dem Tod hat die H.sreise der Seele endgültigen Charakter[9]. Bei den Entrückungserzählungen wird ein Mensch aus der Welt genommen und zu den Göttern entrückt. Stereotype Wendungen sind: ‚aus den Menschen‘, ‚zu den Göttern‘, ‚in den H.‘. Erzählt wird vom irdischen Standpunkt aus, die Entrückung geschieht vor Zuschauern, es wird im allg. der Ort und die Art bezeichnet (Berg, Scheiterhaufen, Blitzstrahl, Sturmwind, Wagen, Adler, Wolke), der ganze Mensch ist betroffen, nicht nur die Seele; es ist Gott, der entrückt. Das Wunder bedarf der Beglaubigung durch Epiphanie oder durch Erscheinungen anderer himmlischer Personen, der Entrückte wird kultisch verehrt (Apotheose)[10].

Die H.fahrt Jesu bei Lukas steht in der Tradition der antiken Entrückungserzählungen: Die Auffahrt findet auf einem → Berg statt (Apg. 1,12), Jesus führt ein Abschiedsgespräch mit seinen Jüngern, er wird von einer Wolke aufgenommen, die Jünger fallen nieder, es erfolgt eine himmlische Bestätigung durch Engel, und am Ende steht der Lobpreis Gottes. Es wird vom Standpunkt der Zuschauer aus erzählt.

Der Ursprung des Glaubens an die H.fahrt liegt in den Visionen der ersten Zeugen nach Ostern. Nach R. K. Bultmann[11] und seiner Schule ist die H.fahrtslegende entstanden, um das nachösterliche Erzählen von realistisch verstandenen Erscheinungen des Auferstandenen (mit der H.fahrtserzählung) zu beenden. Lohfink dagegen spricht von einem ‚transzendenten Ereignis‘: Jede Vorstellung eines H.s in Räumen oder Zeiten sei mythisches Denken[12].

2.6. MA. Auferstehung und H.fahrt beflügelten das Sprechen vom H. im MA. in einer unvorstellbaren Weise. Der H. ist das wiedergewonnene Paradies, zu dem der Mensch Zugang erlangt hat. Nicht nur die liturgischen Texte, wie z. B. frühe Osterhymnen[13], beginnen mit dem Jubel von H. und Erde, auch die Dichter, z. B. Venantius Fortunatus und → Notker Balbulus, besingen die Erneuerung des Lebens durch die Erlösung. Der gesamte Kosmos mit dem Sternenhimmel wird zur Mitfreude aufgerufen[14]. Der H. ist nun Ziel des Menschen geworden. Einerseits braucht es literar. Bildung, um vom H. sprechen zu können, andererseits muß man alle Bildung hinter sich lassen, um zum H. zu gelangen. Im MA. hat das Verlangen nach dem H. einen Höhepunkt erreicht. In Visionen beschreiben Mönche ihre eigenen Bilder und Gedanken vom H. Der H. ist das himmlische Jerusalem[15]. In Gedichten zur Kirchweihe wird der Kirchenbau als irdisches Abbild des himmlischen Jerusalem gefeiert[16]. Vom H. wird die heilige Stadt herunterschweben, Fenster bedeuten H.slicht, die Kirche ist der Ort, in dem sich H. und Erde begegnen[17]. Wer durch das dreiteilige Westportal tritt, geht – verwandelt – durch die porta caeli zum wahren Licht[18]. ‚H.spforten‘ war ein beliebter Klostername, bes. bei den Zisterziensern[19].

Die Lit. hat die jeweils vorherrschenden Vorstellungen und Topographien der H. nicht nur widergespiegelt, sondern auch mitgeprägt und vorformuliert: → Dante gibt in *Convivio*[20] die Reihenfolge der neun H. an und fährt fort: „Außerhalb all dieser Himmel nehmen die Katholiken das Empyreum an, was so viel heißen will wie Flammen- oder Lichthimmel. Ihm schreiben sie Unbeweglichkeit zu, da er bis ins kleinste Teilchen hinein alles in sich besitze, wonach seine Materie Sehnsucht habe [...]. Dieser ruhige und friedliche Himmel ist die Wohnung der höchsten Gottheit, die allein sich selbst vollkommen schaut."

Die Anzahl der H. differiert in der ma. Lit.[21] wie auch schon in der *Bibel* (2. Kor. 12,2). In Redensarten wie ,Er ist im siebten Himmel', d. h. er ist in höchster Wonne, oder ,Jemanden in den dritten Himmel erheben', d. h. übermäßig loben, ist die Vorstellung von mehreren H.n noch vorhanden[22].

3. Erzählmotive

3.1. Legende und Exempel. Die christl. Erzählüberlieferung in Legende und Exempel fußt auf der ma. theol. Ausdeutung vom H. als dem Raum des Möglichen, von dem Musik, Gesang, Tanz, Licht, Malerei, Dichtkunst, Edelsteine kommen, → Engel schweben und durch den die Unterscheidung zwischen gut und böse eindeutig wird.

Die Heiligenviten erzählen auch von der Anziehungskraft, die der H. auf die Menschen ausübt: „[...] verhoffet gute Gelegenheit zur Märter Cron zu haben" heißt es von der Äbtissin Austrebertha (gest. 690)[23] und nach dem Tod des hl. Rupert von Salzburg (730): „Und sihe, indem die Jünger sehr weynen und trawren haben etlich geistlich Gotesförchtige Männer Himmelische Gesänge gehört, und gesehen, daß die Engel Gottes deß H. Manns Seel zu dem Himmelischen Jerusalem geführet haben [...]."[24] → Franz von Assisi meinte, die Sehnsucht nach dem H. halte die Menschen warm auch in der kältesten Nacht (Tubach, num. 2190). → Caesarius von Heisterbach weiß von einem Eremiten, der die Seele eines reuigen Sünders zum H. auffahren sieht (Tubach, num. 3695), und von einer Nonne, die im H. von der Jungfrau → Maria willkommen geheißen wurde (Tubach, num. 3597). Offenbarungen aus dem H. sind nicht nur die Schriften des A.T.s und N.T.s, es werden auch Stimmen vom H. gehört, die Verdienste der → Märtyrer, bes. der → Vierzehn Nothelfer, bestätigen[25]. H. → Günter weist auf Vorwegnahmen der H.sstimmen im *Talmud* hin[26]. Die Karfreitags-Improperien soll beim Erdbeben in Konstantinopel (446) ein verzückter Knabe den Engeln abgelauscht haben[27]. Das *Salve Regina*, der Rosenkranz, die Feste der Geburt und Empfängnis Mariä, das Fronleichnamsfest stammten vom H.[28]

Licht vom H. sei auf den hl. Piato[29] gefallen. Auch H.sschriften, vom H. gefallene → Briefe, tauchen im Abendland frühzeitig auf[30]. Feuer vom H. erbetete Abt Alexander, um Zweifel an den Wundern des → Elias zu zerstreuen[31]. Feuer verzehrte den Vater der hl. → Barbara, der sich selbst enthauptet hatte[32].

Himmlische → Weisungen erhielten die Stifter von Orden und Kongregationen für ihr Habit[33]: Stephan von Cîteaux (gest. 1134) den schwarzen Gürtel von Maria, Dominikus seine Ordenstracht nach dem Gesichte des Magisters Reginald, Alexius de Falconeriis in Florenz den schwarzen Habit des Servitenordens und Simon Stock 1251 sein Skapulier.

Zahlreich sind die Beispiele für H.sgaben[34]: Bei der Enthauptung der hl. → Dorothea erschien ein Knabe mit drei Rosen und drei Äpfeln von ihrem himmlischen Bräutigam; Äpfel bekam Zeno beim Tod der hl. Justina; Bischof Jakob (um 300) erhielt ein Brett der Arche Noah, als er auf dem Berg Ararat weilte; dem hl. Dominikus überbrachte Maria den Rosenkranz zur Erneuerung des Erdkreises; einen Schleier erhielten die Heiligen Menna, Attracta und Glodesindis; ein Edelstein glitt dem hl. Lupus bei der Messe in den Kelch; der hl. → Petrus übergab den goldenen Schlüssel von Maastricht dem Bischof → Hubertus; in Estella in Navarra fand man nach einem Sternenfall in einer Schlangengrube ein Madonnenbild mit Jesuskind; eine in Lausanne aufbewahrte Decke stammt von der Benediktinerin Amadea, die sie von der Mutter Gottes geschenkt bekam; der bret. Pfarrer Ivo Halori (gest. 1303) bekam drei Brote, der Diakon Anastasius von Konstantinopel (gest. 518) eine Papierrolle von der Jungfrau Maria, die er verschlingen mußte und wodurch er zum Poeten wurde.

Engelsmusik vom H. wird häufig erwähnt[35]: Bischof Bonus, nachts in einer Michaelskirche versehentlich eingeschlossen, betete, hörte zuerst himmlische → Musik, sah dann eine Prozession von Engeln und Heiligen mit Maria, der H.skönigin; St. Severin sah, wie Engel den hl. → Martin singend zum H. führten (Tubach, num. 4304). H.szeichen kündigen Krieg oder

Teuerung an (→ Prodigien); der H. öffnet sich, und Heilige, bes. die Jungfrau Maria, steigen herab (→ Vision, Visionsliteratur).

→ Bilder vom H. sind nicht von Menschenhand gemachte, sondern sog. Urbilder[36]. Engel malten das Bild der Maria für König Ferdinand von Kastilien (gest. 1252)[37], ein Bild Christi fiel vom H. (Tubach, num. 1003). Das Motiv begegnet öfter bei Gnadenbildern (cf. → Heiligenbild), ist aber auch schon in der Antike geläufig: → Pausanias erzählt, daß das Bild der Athene auf der Akropolis vom H. gefallen sei[38].

Die H.sleiter → Jakobs (Gen. 25,12)[39] ist Prototyp für die Leiter zum H., die dem hl. Viktor, einem Schüler Cyprians von Karthago, bereitstand, ebenso dem Bischof Sadoth von Seleucia (gest. um 345) und dem hl. Pardulph (gest. um 740); St. Romuald sah im Traum, wie Mönche seines Ordens auf der Leiter zum H. aufstiegen, so auch Abt Bernardus Ptolomäus von Siena (gest. 1348)[40]. Der Satan hinderte die hl. Perpetua, auf einer messergespickten schmalen H.sleiter emporzusteigen[41]. Populär geworden ist das Motiv in der Druckgraphik als ‚Weg zum H.', im Gegensatz zum einfachen, bequemen ‚Weg zur Hölle'[42]. Ein Gasthaus in Würzburg trägt bis heute den Namen H.sleiter, möglicherweise nach einem Bild. H.sleiter, H.sseil und kosmische → Kette spielen auch im außerchristl.-jüd. Bereich eine Rolle[43].

Der Sehnsucht nach dem H. in der Legende als gläubige Hoffnung, die sich ausdrückt als Vernachlässigung der Erde, Verdrängung irdischer Mühsal, aber auch als Anerkenntnis übernatürlicher Schöpfung mit möglicher menschlicher Teilhabe, entspricht in späteren Gattungen der H. als Symbol, als Redeweise aus menschlicher Erfahrung. Die Anthropozentrik erlaubt ein Spielen mit der himmlischen Welt, ein Transzendieren ohne Transzendenz.

3.2. Märchen, Schwank, Witz und Redensarten. Im Märchen muß dem Helden um jeden Preis geholfen und der Wahrheit zum Sieg verholfen werden. Die *Religious Tales* (AaTh 750–849) stehen den Legenden nahe[44]: Der H. ist Gottes Ort, Gott belohnt und straft (AaTh 750–779), himmlische Personen greifen in das weltliche Treiben ein und verhelfen der Wahrheit ans Licht aufgrund eines Gesetzes, dem sich auch himmlische Geister beugen müssen (AaTh 780–788). AaTh 800–809 handeln von Menschen im H. Es sind schwankhafte Erzählungen wie z. B. vom → Schneider im Himmel (AaTh 800), der während Gottes Abwesenheit dessen Fußschemel nach einer diebischen Frau auf der Erde wirft, und vom → Meister Pfriem (AaTh 801), der träumt, er sei gestorben und klopfe an die H.stür, er kann aber nicht eingelassen werden, weil er, trotz Warnung durch Petrus, seine Kritik nicht lassen kann. Weitere Erzählungen berichten vom reichen Bauern, der in den H. kommt und dessen Ankunft wegen der Seltenheit des Ereignisses mit Tanz und Gesang gefeiert wird (AaTh 802: → *Bauer im H.*); von einem, der sich durch einen guten Menschen ein Zimmer im H. reservieren lassen will (AaTh 802 C*: *The Rooms in Heaven*); von einem reichen Mann, der durch das Schlüsselloch seinen Bruder im H. auf Gottes Thron sitzen sieht und nach 200 Jahren Gaffen genug davon hat (AaTh 802 B*: *Rich Man's Vision*), oder von einem Reichen, der wegen einer einzigen guten Tat im H. bleiben darf (AaTh 809*: *Rich Man Allowed to Stay in Heaven*)[45]. Hierher gehören auch AaTh 330: cf. → *Schmied und Teufel* (Schmied will in den H., der Eintritt wird ihm verweigert, weil ihn niemand dort kennt) und AaTh 330 C: *The Winning Cards* (Teufel will den Kartenspieler nicht in der Hölle haben, aber der H. nimmt ihn auf)[46] und auch Var.n zu AaTh 1531: → *Bauer wird König für einen Tag* (Bauer glaubt im H. gewesen zu sein).

Die psychol. Märchendeutung der Richtung C. G. → Jungs weist dem H. nicht mehr Gewicht zu als der unterirdischen Welt, dem Wald oder den Tiefen der Erde[47]. Für H. von → Beit ist H. im Märchen ein magischer Ort, ein unbewußter Seelentraum: Auf- und Abstieg des Helden zum H. und vom H. bedeuteten den Weg des Bewußtseins zum Unbewußten, die Suche nach der eigenen Persönlichkeit[48]. Die Erlösung des Helden geschehe in der angstfreien Überwindung des gegensätzlichen Unbekannten. Der Held erreicht die himmlische Oberwelt mit Hilfe der H.sleiter, des Mondstrahls, eines Seils, von Tieren, eines Pfeils[49], einer Kette[50].

Das Motiv des Aufsteigens zum H. begegnet auch im Lügenmärchen: An einer → Bohnenranke, einem Buchweizenhalm, einem über Nacht gewachsenen Tannenbaum[51], einer Kürbisstaude[52] oder auf einer Treppe[53] gelangt der Held in den H.

In der dt. Schwankliteratur ist der H. nur Gegenstück zur → Hölle. Unterhaltung und Moral sind Zweck der Geschichten: Ein Narr erreicht, daß sein Ritter das Leben ändert – aus Angst vor der Hölle[54]; ein Priester verfehlt den H., den er sich zu leicht mit seinen fünf letzten Worten verdienen wollte[55]; einer will nicht in den H., weil seine Frau schon darin ist[56]; Landsknechte kommen in den H., weil sie Petrus an der H.stür laut an dessen dreimalige Verleugnung des Herrn erinnern und er fürchten muß, die Engel und Heiligen könnten es hören[57]. Dieser Themenbereich wird z. T. bis heute in Form von Witzen tradiert, wenn z. B. ein Wallfahrer zum Kreuzberg 1988 in seiner Erzählung ebenfalls nicht in den H. will, weil seine Frau bereits dort sei[58], oder von der Kölner Witzfigur Tünnes berichtet wird, er sei nur dadurch in den H. gekommen, weil er Petrus an die Verleugnung des Herrn erinnert habe[59]. Im Witz über den H. entsteht Spannung durch die gewollte Gleichsetzung der Sinnbereiche H. und Erde. Petrus z. B. zeigt sich erstaunt, daß der Juniorchef heiraten wolle, als eine Nonne als Braut Christi Eingang in den H. begehrt[60]. Außer dem H.spförtner Petrus treten im Witz der Erzengel Gabriel und andere Engel und vor allem Gott als Chef auf[61]. Trotz seiner spöttischen Perspektive bezeugt der Witz, daß die traditionellen Vorstellungen über den H. noch lebendig sind. Das gleiche gilt von Redensarten, wie etwa ‚Der H. steht offen', ‚Jemanden in den H. heben', ‚H. auf Erden', ‚Im siebten H.', ‚H. und Erde in Bewegung setzen', ‚Das Blaue vom H. lügen', ‚Es schreit (stinkt) zum H.', ‚Der H. hängt voller Geigen', ‚Engel im H. singen hören', ‚Kein Meister fällt vom H.', ‚Um H.swillen nochmal', ‚Rechnung mit dem H. machen' etc.[62]

Nach der sukzessiven Reduzierung der ‚Sache' H. in den Gattungen Legende, Märchen, Schwank und Witz erzeugt der metaphorische Ausdruck H. zumindest immer noch die „Bewußtseinslage der doppelten Bedeutung"[63], von Aberglauben zu sprechen, wäre zu einfach. Selbst als Sinn-Ruine in einem engl. Werbespot: „Im Anfang schuf Volkswagen den Käfer ..."[64] soll der ‚Schöpferhimmel' ein gefühlsmäßiger Anknüpfungspunkt für den Käufer sein.

[1] Traub, H./Rad, G. von: ouranos. In: Theol. Wb. zum N.T. 5. ed. G. Friedrich. Stg. 1933, 496–543. – [2] Zeller, E.: Grundriß der Geschichte der griech. Philosophie. Lpz. [10]1911, 38. – [3] Dante Alighieri: Das Gastmahl. ed. C. Sauter. Mü. 1965, 290. – [4] Zu H. in anderen Religionen cf. Morenz, S.: H. In: RGG 3 ([3]1959) 328–331; Brunner-Traut, E.: Altägypt. und ma.-christl. Vorstellungen von H. und Hölle, Gericht und Auferstehung. In: ead.: Gelebte Mythen. Darmstadt 1981, 55–98; Braginskaja, N. V.: Nebo (H.). In: Mify narodov mira 2. ed. S. A. Tokarev. M. 1982, 206–208; cf. Wb. der Mythologie 1 sqq. Stg. 1965 sqq. – [5] Zu Paradiesvorstellungen im Islam cf. Barrucand, M.: Gärten im westl. Islam. In: Der Islam 65 (1988) 244–267; Gardet, L.: Djanna. In: EI[2] 2 (1965) 447–452. – [6] Lud 8 (1902) 350–352. – [7] cf. Moltmann, J.: Gott in der Schöpfung. Mü. [2]1985, 179; Zahrnt, H.: Die Sache mit Gott. Die protestant. Theologie im 20. Jh. Mü. 1966, 129–133. – [8] Lohfink, G.: Die H.fahrt Jesu. Mü. 1971, 32. – [9] ibid., 34. – [10] ibid., 46. – [11] Bultmann, R. K.: Urgemeinde. In: RGG 15 (1913) 1514–1522. – [12] Lohfink (wie not. 8) 278. – [13] Brinkmann, H.: Ma. Hermeneutik. Darmstadt 1980, 148 sq. – [14] ibid., 150. – [15] Leclercq, J.: Wiss. und Gottvertrauen. Zur Mönchstheologie des MA.s. Düsseldorf 1963, 66; Klauck, H. J.: Die hl. Stadt. In: id. (ed.): Gemeinde – Amt – Sakrament. Mü. 1989, 101–129. – [16] Brinkmann (wie not. 13) 127; Ohly, F.: Zum „himmlischen Jerusalem". In: ZfdA 90 (1960) 36–40. – [17] Kunze, K.: H. in Stein. Fbg [6]1988, 18. – [18] Brinkmann (wie not. 13) 131. – [19] Krausen, E.: H.(s)pforte. In: LThK 5 (1960) 365 sq. – [20] Dante (wie not. 3) 57 sq. – [21] DWb. 4,2 (1877) 1332. – [22] Röhrich, Redensarten 1, 420 sq.; Winkler: H. In: HDA 4 (1931/32) 3–16, hier 13. – [23] Leucht, V.: Vitae Sanctorum. Köln 1660, 126. – [24] ibid., 228; cf. Günter 1910, 44. – [25] Günter 1910, 92. – [26] ibid. – [27] Franz, A.: Die kirchlichen Benediktionen des MA.s 2. Fbg 1909, 76. – [28] Günter 1910, 92. – [29] ibid., 151. – [30] ibid., 91. – [31] Günter 1949, 217. – [32] ibid., 144. – [33] ibid., 103. – [34] ibid., 104 sq. – [35] Günter 1910, 44; cf. Hammerstein, R.: Die Musik der Engel. Unters.en zur Musikanschauung des MA.s. Bern/Mü. 1962. – [36] Kolb, K.: Eleüsa. Tauberbischofsheim 1968, 51. – [37] Günter 1910, 90. – [38] ibid., 52. – [39] Brückner, W.: H.sleiter. In: LCI 2 (1970) 283 sq.; Martin, J. R.: The Illustration of the Heavenly Ladder of J. Climacus. Princeton 1954; cf. Stegmüller, O.: Akathistos. In: Lex. der Marienkunde 1. ed. K. Algermissen u. a. Regensburg 1967, 96–98 (zum Anruf Mariens: „Sei gegrüßt, Himmelsleiter, darauf Gott herniederstieg [...]"); Salzer, A.: Die Sinnbilder und Beiworte Mariens in der dt. Lit. und lat. Hymnenpoesie des MA.s. Linz 1893, 536; Kretzenbacher,

L.: „H.sleiter" und „Heilige Stiege". In: Actes du premier congrès internat. des études balkaniques et sud-est-européennes 2. ed. D. Dimitrov u. a. Sofia 1969, 837—843. — [40] Günter 1949, 216. — [41] ibid., 72. — [42] cf. Harms, W.: Homo viator in bivio. Studien zur Bildlichkeit des Weges. Mü. 1970. — [43] Fauth, W.: Narrative Spielarten in den Erzählungen von H.sseil, H.sleiter und kosmischer Kette. In: Fabula 24 (1983) 86—109. — [44] cf. Mot., Reg. s. v. Heaven. — [45] Ergänzend zu AaTh: Delarue/Tenèze (app.); Jason; Jason, Types; Jason, Iraq; Coetzee. — [46] Ergänzend zu AaTh: de Meyer, Conte; Pujol. — [47] von Beit 1,21. — [48] ibid., 57—60. — [49] cf. ibid. 3, Reg. s. v. H. — [50] cf. Fauth (wie not. 43). — [51] BP 2, 511. — [52] Heissig, W.: Mongol. Märchen. MdW 1963, num. 23. — [53] Fauth (wie not. 43) 99, 105. — [54] Pauli/Bolte, num. 46. — [55] Wickram/Bolte, num. 3. — [56] Frey/Bolte, num. 45. — [57] Kirchhof, Wendunmuth 1, num. 108. — [58] Mündl. Mittlg eines Wallfahrers. — [59] Bemmann, H. (ed.): Der klerikale Witz. Olten/Fbg [5]1973, 306 sq. — [60] ibid., 294. — [61] ibid., 294—310. — [62] Röhrich, Redensarten 1, 420 sq.; cf. Wander 2, 645—657. — [63] cf. Nieraad, J.: Bildgesegnet und bildverflucht. Darmstadt 1977, 113. — [64] py [i. e. H.-H. Pardey]: Gefühlssache. In: Frankfurter Allg. Ztg (4. 7. 1989).

Würzburg Annemarie Brückner

Himmelsbaum → Baum: Der himmelhohe B.

Himmelsreise → Jenseitswanderungen

Himmelszeichen → Prodigien

Hinken, Hinkender

1. Allgemeines — 2. Negative Stereotypen — 3. Behindertenspott — 4. Der Kompensationsgedanke

1. Allgemeines. Die angeborene oder durch Verletzung hervorgerufene Gehbehinderung wird in Volkserzählungen, wie andere Behinderungen (z. B. → Blind, Blindheit, → Krüppel, → Lahm, Lahmheit), ambivalent betrachtet[1]: Das Spektrum der Erzählungen reicht thematisch von der Ausgleichung des → Mangels (Kompensationsgedanke; cf. auch → Wunderheilung) und der Sympathie für H.de, verkörpert vor allem durch das Figurenpaar → Lahmer und Blinder, bis zu negativen, z. T. in die Antike zurückgehenden Vorstellungen, wobei die äußerliche Abweichung vom ‚Normalen' auch mit seelischer Disharmonie in Verbindung gebracht wurde (z. B. H. als ‚Verletzung des Ebenmaßes' körperlicher und geistiger Vollkommenheit: Kalokagathie als Bildungsideal im antiken Griechenland)[2].

Bei manchen Völkern (in der Antike bei Römern, Griechen, Juden) galten Verkrüppelungen als Schickung der Götter bzw. des Gottes. Z. T. gehörten Deformierungen der Gliedmaßen zu den gängigen Körperstrafen und bildeten einen festen Bestandteil vieler Strafgesetzbücher[3].

Eine positive Einstellung gegenüber den Behinderten läßt sich im Zuge der Ausbreitung der christl. Religion beobachten[4]. Das Christentum (auch Buddhismus, Taoismus, Konfuzianismus, Islam) nimmt Partei für die Schwachen und Gebrechlichen und fordert seine Anhänger auf, jene bes. zu unterstützen, wie aus verschiedenen Stellen des A.T.s und des N.T.s eindeutig hervorgeht. Armen- und Behindertenfürsorge gehörten zu den Aufgaben der ersten christl. Gemeinden, wie denn auch die Kirchenväter für die Verwirklichung des Caritasgedankens eintraten. Gleichwohl war ein großer Teil der Körperbehinderten auf Bettelei angewiesen, geduldet auf öffentlichen Plätzen und an Kircheneingängen, bei familiären und öffentlichen Festen als Almosenempfänger. Im Gefolge der sozialen und religiösen Krisen des 13.—16. Jh.s in Europa war eine erhebliche Zunahme verkrüppelter (z. T. simulierender) → Bettler zu verzeichnen, die zu den größten Problemen der rasch wachsenden Städte gehörten und häufig zur Landplage wurden. In diesem Umfeld entstanden Erzählungen über H.de, die von negativen Einstellungen geprägt sind und dazu beitragen, daß solche → Stereotypen bis heute nachwirken.

2. Negative Stereotypen. Die bereits angesprochene Devianz vom ‚Normalen' hat sich im Bereich populärer Überlieferungen bes. in Sprichwörtern und sprichwörtlichen Redensarten niedergeschlagen, wobei nicht alle Behinderungen (wie z. B. Blindheit) davon gleichermaßen betroffen sind. So heißt es z. B.: ‚Hüte dich vor den Gezeichneten' (Cave a signatis), ‚Je krümmer, je schlimmer' (oder ‚je tümmer'), ‚Vor Hinkern, Schielern und roten Haaren möge mich der Herr bewahren' etc.[5] Der kör-

perliche Defekt, so wird suggeriert, weist auf einen inneren Mangel. Die Abwehr und → Diskriminierung des Anormalen trägt gleichzeitig zu einer Eigenstabilisierung bei. Dies könnte auch ein Grund mit sein, daß negativ gedachte Handlungsträger in schriftl. und mündl. Überlieferungen mit solchen ‚Häßlichkeitsmerkmalen' charakterisiert werden. So dient menschliche Deformierung zur Verstärkung von Alterstypologien (→ Alte Leute). Schadhafte Wesen des Märchens und der Sage (Mot. K 2270 – K 2273.1) verfügen häufiger über einen körperlichen Defekt, und diese Charakterisierung (und auch Visualisierung) findet sich ebenso in Volksbüchern, Comics, Science fiction-Lit., im Kriminalroman und in der Trivialliteratur. Die → Hexe z. B. ist oft bucklig und hinkt[6]; die Gestalt des hinkenden → Teufels (Hinkebein, Diable boiteux)[7] ist allg. bekannt. Zauberinnen werden als lahm dargestellt[8]. Bes. in Erzählungen aus Südosteuropa hinkt der (böse oder teuflische) Fuchs[9], gespenstische Tiere wie der dreibeinige Hase lahmen[10]. Körperliche Defekte als äußerlich sichtbare Zeichen signalisieren die Anti-Rolle der Handlungsträger. Schwarzweißmalerei (→ Extreme) verstärkt die zugedachten negativen Züge: Edle und gütige Menschen zeichnen sich durch entsprechende positive körperliche Merkmale wie → Schönheit und Größe aus, Bösewichter hingegen sind häßlich, krumm und klein. Diese Kontrastierung begegnet auch in der Hochliteratur, wenn z. B. → Shakespeare in *Richard III.* (ca 1592/93) den von Geburt an lahmen Gloster durch Verschlagenheit, Meineid und Meuchelmord zum Thron aufsteigen läßt. Auch die Trivialliteratur und Science fiction-Comics kennen hinkende Schurken zuhauf[11]. Nach M. → Lüthi sind behinderte Gegenspieler „Extrembilder für jene körperlich Geschädigten, die nicht über ihr Gebrechen hinauskommen [...], die auch moralisch sich zu Krüppeln machen lassen", andere zu verderben suchen und „damit schließlich nur sich selbst treffen"[12]. Ein ausgeprägter Hang, den Antagonisten als H.den darzustellen, ist jedoch in der oralen und literar. Überlieferung nicht festzustellen.

Aber die Gehbehinderung dient nicht nur zur Charakterisierung der von menschlichen Normen abweichenden Handlungsträger, sondern damit werden auch Neugierige und Frevler bestraft. Solche Strafwunder bei der Begegnung von Menschen mit Jenseitigen (in antiken Mythen Strafe für unkeusches Verhalten und Götterfrevel)[13] treffen z. B. einen Kutscher in einer sächs. Sage, dessen Pferd zu lahmen beginnt, nachdem er dem wilden Jäger begegnet ist[14], oder einen Geistlichen, der durch Zauberei einen Schatz heben will: Der Einsturz der Mauer macht ihn zum H.den (cf. Mot. Q 551.8: *Deformity as punishment*)[15].

3. Behindertenspott. Abgesehen von diesen Erzählbeispielen existiert eine nicht geringe Anzahl von Witzeleien über H.de in der Schwank- und Anekdotenliteratur. Es ist z. T. „gutmütiger Spott"[16] wie im *Überaus lustigen und kurtzweiligen Scheer-Geiger* (1673)[17], wo ein knappes Dutzend Erzählungen über H.de im Abschnitt *Hundert Annemliche Schertz-Reden/ Die Zwerge/ Bucklichten/ Großnaßsichten etc. betreffend* abgedruckt sind. Einige davon gehören zum gängigen Repertoire, andere wiederum scheinen singulär in der Überlieferung zu sein.

So heißt es z. B. von einem H.den, der von einem Pferd gefallen war, daß Schweizer ihm aufhelfen wollten und versucht hätten, sein eines Bein zu strekken, nicht ahnend, daß sie einen H.den vor sich hatten[18]. – Eine Mutter tröstet ihren nach einem Streit hinkenden Sohn damit, er hätte sich sehr tugendhaft verhalten[19]. – Ein Mann will eine Braut mit einem hölzernen Bein nicht heiraten. Dafür hätte er den Kaufpreis nicht entrichtet[20]. – H.de Soldaten seien gute Soldaten, sie könnten nicht fliehen (Mot. J 1494), heißt es sarkastisch[21]. – Zwei H.de heiraten, und der Mann beklagt sich bei seiner Ehefrau. Sie: „Was beschlossen ist, ist beschlossen" (cf. Mot. X 143)[22]. – Schlagfertig reagiert dagegen ein Ehemann, der eine H.de geheiratet hat und deshalb verspottet wird: „Ich habe sie nicht zu dem Ende genommen, daß ich sie auf das Hasen-Jagen gebrauchen will."[23]

Nicht immer ist der H.de dem Spott ausgesetzt, sondern er weiß sich auch zu wehren. Doch scheinen die dazugehörigen Erzählungen aus dem Umfeld der *Clever verbal retorts* (Mot. J 1250 – J 1499) in der Besetzung der Handlungsträger austauschbar, wenn etwa in der Begegnung zweier Behinderter der Redegewandtere siegt. So gibt es zu der bekannten Geschichte vom → Buckligen und Einäugigen (AaTh 1620*: *The Conversation of the One-eyed Man and the Hunchback*) auch einige wenige Var.n, in denen ein H.der schlagfertig reagiert, etwa: „Ein Krumhälsiger sagte zu einem Hinckenden: ‚Er solte ihme was sagen/ weil er den gantzen Tag in der Stadt hin und her gehe?‘ Er antwortet: ‚so neige dann dein Haupt zu mir.‘“[24] Zurückgesetzt sieht sich ein hinkender Soldat, als er wegen seiner Behinderung verspottet wird, weiß aber sofort zu antworten, nicht das Laufen sei gefragt, er werde seinen Feinden den Kopf bieten[25].

4. Der Kompensationsgedanke. Die bei vielen Völkern seit alters verbreitete Vorstellung, daß Behinderte Eigenschaften und Fähigkeiten besitzen, die sie in hohem Maße gegenüber Nichtbehinderten qualifizieren, der Mangel gewissermaßen kompensiert wird, hat sich zwar in vielen Volkserzählungen niedergeschlagen, betrifft aber bes. Blinde, weniger Gehbehinderte[26]. Es ist eher die Ausnahme, wenn das dreibeinige Pferd – gegen alle Erwartungen – nicht hinkt, sondern, im Gegenteil, ebenso schnell wie das vierbeinige läuft[27]. Die vor allem von Lüthi festgestellte Verankerung der Kombination von Behinderung und Heilung (das Gebrechen sei „Auszeichnung, die Andersartigkeit Zeichen einer höheren Möglichkeit“[28]) im Strukturprinzip des Märchens gilt kaum für die H.den. Sie sind keine zentralen Handlungsträger des Märchens, so daß die sonst zu konstatierende Leitbildfunktion hier nicht zutrifft. Im Zusammenhang ist jedoch die Figur des → Schmieds von Interesse, der bei vielen Völkern als H.der oder Einäugiger dargestellt ist[29], sich aber durch vortreffliche Schmiedekunst (cf. auch → Wieland der Schmied) auszeichnet. Seine Begabung ist der Ausgleich für den körperlichen Defekt. C. G. → Jung geht noch einen Schritt weiter, wenn er Defekt und Kompensation in direkter Abhängigkeit sieht und die Behinderung gleichsam als Opfer für Mehrwissen und Mehrkönnen betrachtet[30].

[1] cf. Überblick bei Uther, H.-J.: Behinderte in populären Erzählungen. B./N.Y. 1981; cf. auch Zimmermann, B.: Behinderte in der Kinder- und Jugendlit. B. 1982; Azarnoff, P.: Health, Illness, and Disability. A Guide to Books for Children and Young Adults. N.Y./L. 1983. – [2] cf. Pagel, F.: Der Abnorme in der schönen Lit. In: Enzyklopädisches Hb. der Heilpädagogik 1. Halle [7]1934, 1602–1626. – [3] Quanter, R.: Die Leibes- und Lebensstrafen bei allen Völkern und zu allen Zeiten. Lpz. [2]1906 (Nachdr. Aalen 1970). – [4] Zum folgenden cf. Uther (wie not. 1) 5–8; cf. auch Sachse, C./Tennstedt, F.: Geschichte der Armenfürsorge in Deutschland. Stg./B./Köln/ Mainz 1980. – [5] Beispiele bei Wander 2, s. v. H., H.der, Hinker; Würtz, H.: Zerbrecht die Krücken. Lpz. 1932, 367–370; Röhrich, Redensarten, s. v. H.; Bebel/Wesselski, num. 227; cf. auch Schlegel, K. F.: Der Körperbehinderte in Mythologie und Kunst. Stg./N.Y. 1983. – [6] Heyl, J. A.: Volkssagen, Bräuche und Meinungen aus Tirol. Brixen 1897, num. 122. – [7] cf. Sas, S.: Der H.de als Symbol. Zürich 1964; Sokolicek, F.: Der H.de im brauchtümlichen Spiel. In: Festschr. O. Höfler 2. Wien 1968, 423–432, bes. 430 (H.er als Unheilsträger); Schenda, R.: Tausend frz. Volksbüchlein aus dem 19. Jh. In: Archiv für Geschichte des Buchwesens 9 (1969) 779–952 (num. 127); Morin, A.: Catalogue descriptif de la Bibliothèque Bleue de Troyes. Genf 1974, num. 58–59. – [8] Bächtold-Stäubli, H.: H. In: HDA 4 (1931/32) 58–61; id.: Lahm. In: HDA 5 (1932/33) 887–889. – [9] HDM 2, 279. – [10] Vekkenstedts Zs. für Vk. 1 (1889) 348, num. 6. – [11] cf. Ludwig, H.: Zur Handlungsstruktur von Comics und Märchen. In: Fabula 19 (1978) 262–286; Hinkel, H.: Visualisierungsmechanismen in Comics. In: Pforte, D. (ed.): Comics im ästhetischen Unterricht. Ffm. 1974, 104–150, bes. 142–150. – [12] Lüthi, M.: Gebrechliche und Behinderte im Volksmärchen [1966]. In: id.: Volkslit. und Hochlit. Bern/ Mü. 1970, 48–62, hier 56 sq., 62. – [13] Esser, A.: Das Antlitz der Blindheit in der Antike. Leiden (1939) [2]1961, 150–181; cf. Uther (wie not. 1) 18–25. – [14] Sieber, F.: Sächs. Sagen. Jena 1926, 170; HDA 5, 888. – [15] Janson, S.: Jean Bodin – Johann Fischart. Ffm./Bern/Cirencester 1980, num. 103. – [16] cf. Moser-Rath, Schwank, 260. – [17] EM-Archiv: Scheer-Geiger (1673), 111–160. – [18] ibid., 152, num. 90; Talitz von Liechtensee, Reysgespan (1663), 392, num. 272; Wolgemuth, Haupt-Pillen (1669), 144, num. 82; Harpagiander, Lexicon (1718), 199, num. 943; Freudenberg, Etwas für alle (1731), 183, num. 243. – [19] Scheer-Geiger (1673), 141, num. 68. – [20] ibid., 142, num. 70. – [21] u. a. Zincgref/Weidner, Apophthegmata 2 (1653), 65 sq.; Hilarii Jocoseria (1659), 378, num. 787; Curieuser Zeitvertreib (1693), 111, num. 195. – [22] Wossidlo, R.: Volksschwänke aus Mecklenburg. ed. S. Neumann. B. 1964, num. 461; ähnlich Merkelbach-Pinck, A.: Aus der Lothringer Meistube 1. Kassel [1943], 210. – [23] EM-Archiv: Hanß-Wurst (1712), 227, num. 445; ähnlich Scheer-Geiger (1673), 117 sq., num. 19. – [24] EM-Archiv: Scheer-Geiger (1673), 159, num. 100; cf. auch ibid., 141, num. 69. – [25] Das Buch der Weisen und Narren […]. Lpz. 1705, num. 298. – [26] Uther (wie not. 1) 41–50. – [27] Lüthi, Europ. Volksmärchen, 14. – [28] Lüthi (wie not. 12) 51. – [29] Sas, Sokolicek (wie not. 7); Ruben, W.: Eisenschmiede und Dämonen in Indien. Leiden 1939; Eliade, M.: Schmiede und Alchimisten. Stg. [1960]; Marold, E.: Der Schmied im germ. Altertum. Diss. Wien 1967; Beck, H.: Der kunstfertige Schmied

[...]. In: Medieval Iconography and Narrative. ed. F. G. Andersen u. a. Odense 1980, 15–37; Leroy, M.-M.: À Propos de pieds d'or. La claudication du forgeron indo-européen en Europe occidentale. In: Ethnologie française 12 (1982) 291–296. – [30] Jung, C. G.: Gestalten des Unbewußten. Zürich 1950, bes. 32; cf. EM 3, 1186.

Göttingen Hans-Jörg Uther

Hinrichtung

1. Die H. als Teil des Strafvollzugs – 2. H.en in der erzählenden Lit. – 3. Rettung vor der H.

1. Die H. als Teil des Strafvollzugs. Die Ausführungen beziehen sich vorwiegend auf Mitteleuropa. Nach ma. Recht wurde die → Todesstrafe unmittelbar nach dem Urteilsspruch vollstreckt. Die *Constitutio criminalis Carolina* (1532) setzte eine dreitägige Frist zwischen Urteil und Exekution fest, verbot die Exekution an Sonn- und Feiertagen und gebot einen Aufschub bei Schwangerschaft. Die Öffentlichkeit der H. wurde zur Regel. Das Ziel der öffentlichen Vollstreckung des Todesurteils war die „nachträgliche Einholung der Zustimmung des Volkes zu einem Urteil, das ohne seine Mitwirkung gefällt worden war und das dem vorgeworfenen und vom Missetäter eingestandenen Verbrechen entsprach"[1]. Gleichzeitig mit dem Verbrecher sollte auch das Verbrechen aus der Welt geschafft werden, es ging bei der H. um eine Art ritualisierter Selbstreinigung der Gesellschaft. Die starke Ritualisierung der öffentlichen H.szeremonien verlieh den einzelnen Strafaktionen Rechtscharakter, führte aber im Laufe der Zeit auch zu Theatralisierung und zur Hervorkehrung religiös-moralisierender Tendenzen, so daß das peinliche Strafsystem seinen allg. Abschreckungscharakter einbüßte und zum „Bändigungs- und Ausgrenzungsmittel von unteren Volksschichten, die sich den Normen und Anforderungen der ‚ständischen' Gesellschaft nicht fügten"[2], verkam. Die in der Aufklärungszeit verstärkt einsetzende Kritik an dieser Art der öffentlichen Demonstration der Wiederherstellung von Recht und Ordnung führte im 19. Jh. zur Abschaffung der H.en mit Volksfestcharakter[3].

Ursprünglich gab es in der Gerichtspraxis gemäß dem Prinzip der spiegelnden → Strafe (→ Talion, Antitalion) einen engen Zusammenhang zwischen dem den Malefikanten vorgeworfenen Verbrechen und der Art der Abstrafung. Ma. H.srituale, die noch bis ins 17. Jh. hinein vorwiegend als Frauenstrafen geübt wurden, waren das Verbrennen (bes. der → Hexen), → Ertränken und Lebendigbegraben (mit oder ohne Pfählung). Diese zielten auf vollkommene Vernichtung und Auslöschung der Missetäterinnen, von denen keine Spur übrig bleiben sollte[4]. Ma. Männerstrafen, die bei bes. schweren Verbrechen bis in die frühe Neuzeit eine Rolle spielten, waren das Rädern und Vierteilen[5]. Die am häufigsten angewandten Todesstrafen waren das unehrenhafte Erhängen am → Galgen (→ Gehenkte[r], → Henker) für heimlich geübte Verbrechen wie Diebstahl oder Einbruch und die als ehrenhaft geltende → Enthauptung mit dem Schwert für öffentlich begangene Gewaltverbrechen, die von modernen H.sarten (Guillotine, elektrischer Stuhl, Gaskammer, Erschießen[6]) verdrängt wurden.

2. H.en in der erzählenden Lit. Da H.en früher relativ häufig stattfanden[7], gab es kaum jemanden, der nicht in seinem Leben selbst einmal Zeuge eines solchen Geschehens geworden war. Bes. die in großen Städten[8] zum barocken Festkult entwickelten H.en versäumten nicht ihren nachhaltigen Eindruck auf die zu Tausenden erschienenen Zuschauer. Wiederholt ist in diesem Zusammenhang von ‚Erzähllust' des Volkes die Rede[9], ohne daß hiervon allerdings direkte Zeugnisse vorliegen. Als Ersatz für die heute kaum noch zugängliche hist. Kommunikation über öffentliche H.sereignisse können die populären Lesestoffe dienen, die seit der Frühphase ihrer Existenz in vielen westeurop. Ländern durch ill. Flugblätter und Flugschriften[10], Lesehefte[11], Liedrucke[12], Kolportageromane[13] etc. ihre Leser an dem Schicksal von Kapitalverbrechern und ihrer oft grausamen Abstrafung teilnehmen ließen und die Kunde davon auch an jene Orte brachten, an denen die direkte Teilnahme am öffentlichen Ritual nicht möglich war. Innerhalb der populären Lesestoffe entstand das eigene Genre der sog. Armesünderblätter, Urgichten oder Urteln mit den Taten der Verbrecher, dem Schuldeingeständnis und dem Gerichtsurteil. Sie wurden oft schon vor der Urteilsverkündung von speziellen Kolporteuren

(in Wien z. B. ‚Urteilsweiber' genannt) vertrieben[14]. Über die Taten und letzten Lebensstunden von berühmten → Räubergestalten wie dem Bayer. Hiasl[15] oder dem Schinderhannes[16], die zu Volkshelden wurden, erzählte man oft noch Jahre nach ihrer H. Die populären Lesestoffe entwerfen ein äußerst realistisches Bild vom Ablauf der einzelnen H.sarten und profitieren unter dem Deckmantel der Abschreckung und Warnung von der Sensationslust der Rezipienten.

Auch im Märchen spielen H.en eine wichtige Rolle (→ Grausamkeit). „Das Register der im Märchen vorkommenden verschiedenen Hinrichtungsformen ist fast noch umfangreicher als das der Vergehen selbst"[17]. Die KHM beispielsweise kennen u. a. Ertränken (KHM 28, 61), Lebendigbegraben (KHM 16), Zerstükkeln (KHM 47) und Vierteilen (KHM 76, 111), Verbrennen (KHM 3, 9, 11, 49, 60, 96, 193), Zerreißen durch wilde Tiere (KHM 11), den Tod im → Nagelfaß (KHM 13, 89) und durch Enthauptung (KHM 191). Nach L. → Röhrich entsprächen diese H.smotive des Volksmärchens sehr genau der hist. Rechtswirklichkeit, im Märchen sei ein genaues Empfinden für das tatsächliche Rechtsleben vergangener Zeiten vorhanden[18]. So wird innerhalb dieses Genres das Lebendigbegraben oder → Einmauern nur gegenüber Frauen angewandt, was dem alten Rechtsbrauch entspricht[19], ebenso trifft das Verbrennen ausschließlich Hexen und böse → Stiefmütter.

Das Märchen beachtet darüber hinaus den Grundsatz, daß Verbrechen und Strafe analog dem alten Volksrecht gehandhabt werden. Z. B. versucht in einem Märchen der Siebenbürger Sachsen eine verleumderische Frau vergebens, sich zu erhängen und danach zu ertränken, erst durch das Lebendigbegraben findet sie den Tod[20]. Als wichtiger Unterschied zur Blutrünstigkeit populärer Lesestoffe muß aber festgehalten werden, daß das Märchen in der Schilderung der H.en eher abstrakt verfährt (→ Abstraktheit, → Extreme, → Gut und böse, → Polarisation). Entsprechend werden die einzelnen H.sarten nur benannt, das in ihnen enthaltene Grausige wird jedoch nicht ausgekostet; „die extremen Strafen und Belohnungen des Märchens sind ein Element des das ganze Märchen durchdringenden Stils"[21].

Auch in Sage und Exempel spielen H.en eine große Rolle, aber hier geht es nicht so sehr um die Wirklichkeit des Strafvollzugs, sondern es wird das weitere Schicksal des Hingerichteten in der jenseitigen Welt wichtig. Die H. erscheint gleichsam wie ein plötzliches Abreißen des Lebensfadens oder die Nichterfüllung des Lebensplanes.

In einem Exempel bei Johannes → Pauli[22] verflucht eine Mutter ihren 18jährigen Sohn, er möge innerhalb eines Jahres gehenkt werden (Mot. F 1044). Er wird zum Dieb und endet am Galgen. Dort wächst dem Gehenkten ein langer, grauer Bart wie einem Neunzigjährigen. Ein Priester erklärt dieses Wunder so: Gott wolle damit anzeigen, daß der Sohn 90 Jahre alt geworden wäre, wenn seinem Leben nicht durch den Fluch der Mutter und durch Diebstahl ein vorzeitiges Ende gesetzt worden wäre.

Hingerichtete finden der Sage nach keine Ruhe, müssen wiederkehren, spuken um den Galgen; mit dem Schwert Gerichtete gehen als → Kopflose um[23]. Dagegen sind andere Delinquenten nach erfolgter H. noch imstande, eine bestimmte Strecke zu durchlaufen und Mitschuldige freizulösen[24] oder ihren Hinterbliebenen ein Stück Land zu gewinnen[25]. In bes. Maße beschäftigte sich die volkstümliche Phantasie mit dem Schicksal von unschuldig Hingerichteten. Schon während der Exekution ist an Zeichen des Himmels zu erkennen, daß unschuldiges Blut vergossen wird (Mot. H 215): Es beginnt zu regnen[26], es erscheint ein Regenbogen[27] oder eine weiße Taube[28], das Blut des Hingerichteten verwandelt sich in Milch[29] (→ Prodigien). Der Enthauptete läuft zum Beweis seiner Unschuld so lange mit dem Kopf unter dem Arm umher, bis der wahrhaft Schuldige erkannt ist[30].

In der Legende bleiben vielfach unschuldig zum Tod am Galgen Verurteilte durch die Anrufung eines Heiligen am Leben[31]. Die berühmteste ma. Legende von der wunderbaren Errettung vor der H. am Galgen gehört zum Umkreis der → Jakobspilgerlegenden. Im übrigen bestehen ma. Heiligenlegenden oft in stereotyper Weise aus der Motivabfolge Verhör, → Folter und H. (cf. → Hagiographie).

Im Schwank findet sich das Thema H. bes. ausgeprägt in den dem → Galgenhumor zugeordneten Erzählungen. Die Phänomene Leichenabstrafung und Bildnishinrichtung (executio in effigie) spielen in der Erzählüberlieferung keine erkennbare Rolle[32].

3. Rettung vor der H. Hier ist zu unterscheiden zwischen den Gründen, die der hist. Rechtswirklichkeit entstammen, und denen, die der erzählerischen Phantasie zuzurechnen sind. Bis zum letzten Augenblick vor der H. war eine Begnadigung des Delinquenten durch die richterliche Obrigkeit möglich[33]. Im Frankreich des 16. Jh.s z. B. konnte der Vollzug eines Todesurteils durch einen Gnadenbrief an den König (lettre de rémission) verhindert werden. Voraussetzung dafür war, daß der Bittsteller in ausführlicher Form darüber Rechenschaft ablegte, wie es zu dem Mord oder Totschlag gekommen war. Die in frz. Archiven in reicher Zahl vorhandenen Briefe zeigen, daß auch einfache Frauen oder Männer in der Lage waren, eine entsetzliche Tat in eine Geschichte zu verwandeln und mit ihrer Hilfe ihren Kopf aus der Schlinge zu ziehen[34].

Bis ins 19. Jh. hielt sich im Volk die Vorstellung, daß eine Jungfrau einen Delinquenten durch Heirat vor der H. erretten könne (Mot. P 512.1), Nachleben eines Rechtsbrauchs, der tatsächlich in nachma. Zeit hie und da noch in Übung war[35]. Umgekehrt konnte auch der Henker eine Verurteilte befreien, indem er sie zur Ehefrau nahm (Mot. P 512). In einer schles. Sage heißt es, ein Scharfrichter sei von den Reizen einer armen Sünderin derart angerührt worden, daß er von seinem Recht Gebrauch machen wollte, sie durch Heirat von dem Henkertod zu befreien. Die Verurteilte verschmähte es jedoch, das Weib des Henkers zu werden, und zog den Tod durch seine Hand vor[36]. Im Erzähltyp AaTh 985: → *Bruder eher als Gatten oder Sohn gerettet* erreicht eine Frau die Begnadigung eines zum Tode Verurteilten. Das Freibitten eines zur H. Bestimmten durch eine Frau, die dreimal nackt den Galgen umrundet, wie es in der Ballade *Erlösung vom Galgen*[37] geschildert wird, gehört dagegen in die Volksphantasie. Vielfältigen Anlaß zu Erzählungen bieten auch die mißlungenen H.en, bei denen nach ungeschriebenem Volksrecht der Malefikant mit einer Verschonung rechnen konnte, z. B. wenn der Galgenstrick riß (Mot. H 215.2)[38], ein ins Wasser Gestoßener nicht ertrank[39] oder der Henker mit dem Richtschwert mehrere Fehlschläge tat[40]. Nach einer pommerschen Sage hat der Schinder bei einer Enthauptung drei Streiche frei; trifft er nicht, ist er selbst des Todes[41]. Auch hier ist die Sage Spiegel einstiger Rechtswirklichkeit[42].

In den Bereich der phantasievollen Ausschmückung gehören solche Motive der Volkserzählung, in denen es auf wunderbare Weise gelingt, die H. aufzuschieben oder zu verhindern: durch nicht endenwollendes Erzählen (Mot. J 1185, → *Sieben weise Meister*, → *Tausendundeinenacht*), durch Spielen eines Instruments (→ Horn, letzte → Gnade, AaTh 592: → *Tanz in der Dornhecke*)[43], durch die Äußerung von drei Wünschen (Mot. J 1181.2)[44], die Lösung von Rätseln (AaTh 927: → *Halslöserätsel*), mit Hilfe des Teufels als Fürsprecher (AaTh 821: → *Teufel als Advokat*), durch Zauberflügel (AaTh 575: → *Flügel des Königssohnes*) oder sonstige magische Objekte (AaTh 562: → *Geist im blauen Licht*).

[1] Dülmen, R. van: Theater des Schreckens. Gerichtspraxis und Strafrituale in der frühen Neuzeit. Mü. 1985, 180sq.; Hyldahl, N./Salomonsen, B.: H. In: RAC 14, Lfg 115 (1989) 342–365. – [2] van Dülmen (wie not. 1) 184. – [3] id.: Das Schauspiel des Todes. H.srituale in der frühen Neuzeit. In: id./Schindler, N. (edd.): Volkskultur. Zur Wiederentdekkung des vergessenen Alltags (16.–20. Jh.). Ffm. 1984, 203–245, hier 245. – [4] Hentig, H. von: Die Strafe. 1: Frühformen und kulturgeschichtliche Zusammenhänge. B./Göttingen/Heidelberg 1954, 296–330. – [5] ibid., 288–296, 338–355. – [6] Leder, K. B.: Die Todesstrafe. Ursprung, Geschichte, Opfer. Mü. [2]1987, 185–219; Hentig, H. von: Die Strafe. 2: Die modernen Erscheinungsformen. B./Göttingen/Heidelberg 1955. – [7] cf. die Zahlenangaben bei van Dülmen (wie not. 1) 113–117, 187–193. – [8] z. B. Moser, D.-R.: Fest, Volk und Lit. im barocken Wien. In: Lit. in Bayern 17 (1989) 23–34, hier 33sq. – [9] Angstmann, E.: Der Henker in der Volksmeinung. Bonn 1928, 105; Müller-Bergström, W.: Hingerichteter, Armsünder, H. In: HDA 4 (1931/32) 38–58, hier 40. – [10] Fehr, H.: Das Recht im Bilde. Erlenbach 1923, pass.; Harms, W. (ed.): Dt. ill. Flugblätter des 16. und 17. Jh.s 2. Mü. 1980, Abb. 21, 23, 87, 111, 115, 138; Kunzle, D.: The Early Comic Strip 1. Berk./L. 1973, 57–96; Le Fait divers. Katalog P. 1982, 42–49, num. 42–52. –
[11] Schenda, R.: Tausend dt. populäre Drucke aus dem 19. Jh. In: Archiv für Geschichte des Buchwesens 11 (1971) 1465–1652 (s. v. H.en 36 Titel); Séguin, J.-P.: L'Information en France avant le périodique. 512 canards imprimés entre 1529 et 1631. P. 1964, 69–82. – [12] Petzoldt, L.: Bänkelsang. Stg. 1974, 68–71; Richter, L.: Der Berliner Gassenhauer. Lpz. 1970, 38sq.; Braungart, W. (ed.): Bänkelsang. Texte – Bilder – Kommentare. Stg. 1985, 15–53; Wodsak, M.: Die Complainte. Zur Geschichte einer

frz. Populärgattung. Heidelberg 1985, 95 sq.; Shepard, L.: The History of Street Literature. Newton Abbot 1973, 196–199. – [13] Schenda, R.: Volk ohne Buch. Ffm. [3]1988, 310–314 (über den Roman „Der Scharfrichter von Berlin“ von V. von Falk/H. Sochaczewsky. B. 1890); cf. ibid., 364–366. – [14] Gugitz, G.: Die „Liederweiber“ in Alt-Wien. In: Zs. für Bücherfreunde 20 (1928) 10–16, 24–35; id.: Lieder der Straße. Die Bänkelsänger im josephin. Wien. Wien 1954, 1–29; Petzoldt (wie not. 12) 69 sq. – [15] Rattelmüller, P. E.: Matthäus Klostermaier vulgo Der Bayr. Hiasl. Mü. 1971. – [16] Elwenspoek, C.: Schinderhannes, der rhein. Rebell. Trier [2]1953; Franke, C.-M.: Der Schinderhannes in der dt. Volksüberlieferung. Diss. (masch.) Ffm. 1958. – [17] Röhrich, Märchen und Wirklichkeit, 143. – [18] ibid., 144. – [19] Feucht, D.: Grube und Pfahl. Ein Beitr. zur Geschichte der dt. H.sbräuche. Tübingen 1967, 32–37. – [20] Haltrich, J.: Dt. Volksmärchen aus dem Sachsenlande in Siebenbürgen. Mü. [6]1956, num. 1. –
[21] Lüthi, M.: So leben sie noch heute. Göttingen [2]1976, 19. – [22] Pauli/Bolte, num. 656. – [23] Nachweise bei Müller/Röhrich E 5; HDA 4, 53–55. – [24] Grimm DS 500; Angstmann (wie not. 9) 108, not. 2. – [25] Waibel, J./Flamm, H.: Bad. Sagenbuch 2. Fbg 1899, 288 sq. – [26] Grimm DS 361. – [27] Grimm DS 360. – [28] Grimm DS 260. – [29] Grimm DS 98. – [30] Müller/Röhrich D 17. –
[31] Beispiele bei Böckel, O.: Dt. Volkslieder aus Oberhessen. Marburg 1885, VIII sq.; cf. Gaiffier, B. de: Un Thème hagiographique. Le pendu miraculeusement sauvé [1943]. In: id.: Études critiques d'hagiographie et d'iconologie. Bruxelles 1967, 194–226. – [32] cf. Brückner, W.: Bildnis und Brauch. B. 1966, 228–282; von Hentig (wie not. 4) 19–50. – [33] Schué, K.: Das Gnadebitten in Recht, Sage, Dichtung u. Kunst. In: Zs. des Aachener Geschichtsvereins 40 (1918) 143–286; van Dülmen (wie not. 1) 149. – [34] Zemon Davis, N.: Fiction in Archives. Pardon Tales and Their Tellers in Sixteenth-Century France. Stanford, Calif. 1987 (dt.: Der Kopf in der Schlinge. Gnadengesuche und ihre Erzähler. B. 1988). – [35] van Dülmen (wie not. 1) 149 sq.; Kaufmann, A.: Ueber das Freibitten Verurtheilter durch Jungfrauen. In: Monatsschrift für die Geschichte Westdeutschlands 7 (1881) 257–270; Taylor, A.: Release from Execution at a Woman's Request or by Marriage to Her. In: JAFL 60 (1947) 185. – [36] Kühnau, R.: Schles. Sagen 1. Lpz. 1910, num. 557; cf. Angstmann (wie not. 9) 84–87. – [37] DVldr 1, num. 22. – [38] Marschall, D.: De Laqueo Rupto. Die mißlungene H. durch den Strang. Bonn 1968; Sagenbeispiel in: Sagenerzähler und Sagensammler der Schweiz. ed. R. Schenda unter Mitarbeit von H. ten Doornkaat. Bern/Stg. 1988, 20. – [39] von Hentig (wie not. 4) 299 sq. – [40] Angstmann (wie not. 9) 108 sq. –
[41] Jahn, U.: Volkssagen aus Pommern und Rügen. Stettin 1886, num. 440. – [42] cf. van Dülmen (wie not. 1) 153–160. – [43] Wesselski, MMA, 199; BP 2, 501. – [44] Wesselski, MMA, 230; Köhler/Bolte 2, 651–655.

Göttingen Rolf Wilhelm Brednich

Hiob

1. Grundlagen – 2. Judentum – 3. Islam – 4. Christentum

1. Grundlagen[1]. Die Geschichte vom Leben und Leiden des H. (hebr. Ijjob, griech. Jōb, lat. Job, arab. Ayyūb) gehört in der jüd., muslim. und christl. Welt zu den weitverbreiteten Legendenstoffen. Grundlage sind in den meisten Fällen die Ausführungen im bibl. *Buch H.*, das selbst aber schon auf älterer (cf. Ez. 14,14; 14,20), z. T. außerjüd. Überlieferung beruht[2] und bereits unterschiedliche H.bilder widerspiegelt. Ob unabhängig davon Reste vorbibl. H.erzählungen weitergewirkt haben, ist unsicher[3].

Die Rahmenerzählung (Hi. 1,1 sq.; 1,13; cf. 42,7–17) berichtet von einem Nomadenscheich, der auf Grund einer Vereinbarung zwischen → Gott und dem Satan (→ Teufel) seine Habe und Kinder verliert und mit → Krankheit geschlagen wird. Von seinen Freunden deswegen beklagt und von seiner Frau angegriffen, bewahrt er dennoch seine Gottesfurcht und wird am Ende für seine → Geduld im Ertragen des Leidens mit neuem Reichtum und neuer Familie belohnt. Demgegenüber zeichnet die H.-Dichtung (Hi. 3,1–42,6) den Protagonisten als reichen Städter, der gegen sein Schicksal rebelliert, Mahnungen der Freunde zur Einsicht in seine eigene → Schuld nicht gelten läßt und Gottes → Gerechtigkeit in Frage stellt.

2. Judentum[4]. Das älteste Zeugnis der weitverzweigten jüd. Überlieferung bietet (neben Sir. 49,9) die griech. Übers. des H.buches durch die *Septuaginta* (LXX). In ihr wird H. als König heidnischer Herkunft eingeführt (LXX Hi. 42,17b: ursprünglicher Name Jobab; 42,17c: Nachkomme → Esaus), betont als Dulder herausgestellt (2,9a; 6,11; 7,3; 7,16; 14,14; 19,26), seine göttliche Belohnung zusätzlich transzendiert in der Verheißung der Auferstehung (42,17a), ferner die Rolle seiner Frau als Gegenpart ausgebaut (2,9a–e).

Diese Züge werden im *Testament H.* (Test. Hi.), der ersten in sich geschlossenen, literar.

selbständigen H.erzählung in nachbibl. Zeit, weiter ausgestaltet. In diesem aus der griech.-sprachigen Diaspora des 1./2. Jh.s stammenden Werk[5] wird die H.geschichte in Form der Vermächtnisrede des sterbenden H. an seine Kinder dargeboten:

H., ein heidnischer König (Test. Hi. 28,7: ‚Herrscher über ganz Ägypten'), der nach dem wahren Gott sucht, wird von einem im Traum erscheinenden Engel über das satanische Wesen des in seinem Reich verehrten → Götzen aufgeklärt. Er zerstört den Götzentempel, worauf der Satan gegen ihn vorgeht (in verschiedenen Gestalten: 6,4: Bettler; 17,2: Perserkönig; 23,1: Händler), seinen gesamten Besitz vernichtet (Grundlage von Wohltätigkeit und Gastfreundlichkeit: 9–15) sowie H. und seine Kinder mit einer furchtbaren Plage schlägt (20 sq.: Wurmfraß). H. läßt sich aber weder hierdurch noch durch Versuchungen seiner sich zwar um ihn kümmernden (39,1 sq.: Verdingung als Magd; 24,9 sq.: Verkauf des eigenen Haares), aber dennoch vom Satan bestimmten Frau oder durch Einwände seiner Freunde beeinflussen. Er bezwingt durch seine Geduld den Satan (27,3–6), erweist sich durch seine Einsicht in das Wesen der himmlischen und zukünftigen Welt (23,3–9; 28,1–8; 39,12–40,3) gegenüber Frau und Freunden überlegen und empfängt am Ende den verheißenen Lohn: Wiederherstellung der Gesundheit und des Besitzes, Gründung einer neuen Familie. Ein Anhang schildert das Ende H.s und die Verteilung des Erbes an seine Kinder, bes. die Töchter: magische → Gürtel, die einst H. heilten (47,4), jetzt zur Schau der Engel und zum Verstehen und Sprechen ihrer Sprache befähigen (48,1–51,4), den Tod H.s, Himmelfahrt der Seele (52,8–10), Totenklage (53,1 sq.) und Begräbnis des Leibes (53,5–7).

In den weiteren jüd. H.überlieferungen, in *Talmud* und *Midrasch* und den daran anschließenden ma. Erzählungen[6], begegnen teilweise die gleichen Motive[7], daneben aber eine Fülle z. T. gegenläufiger Darstellungen, wobei u. a. die Herkunft H.s strittig ist (Jude oder Heide). Im jüd. Brauchtum gehört das H.buch zur Lektüre im Trauerhaus (cf. *Babylon. Talmud, Ta'anit* 30a). Dem entspricht, daß die volkstümlichen Erzählungen meist das Bild H.s als des im Leiden ausharrenden Frommen malen[8].

3. Islam. Im *Koran* wird H. ausdrücklich neben anderen bibl. Gestalten erwähnt (Sure 4,163; 6,84; 21,83 sq.; 38,41–44)[9]. Ausführliche H.erzählungen beinhalten arab. Historiographien und Legendensammlungen[10]. Wie in der jüd. Überlieferung, so erscheint H. auch in der muslim. als Prototyp des Frommen, der sich von seinem Vertrauen auf Gott und dessen → Barmherzigkeit durch kein Leid abbringen läßt und am Ende dafür belohnt wird.

Größtenteils werden Motive aus der jüd. Agada weiter ausgesponnen: z. B. Herkunft H.s von Esau, seiner Frau von → Jakob; Verwandlungen des Satans; Freigebigkeit H.s gegenüber Witwen und Armen; Einsatz von H.s Frau als Magd[11]; Einreihung H.s unter die Propheten. Darüber hinaus finden sich aber auch in jüd. Qu.n bisher nicht nachgewiesene Motive: Beschreibung H.s als großer Mann mit fettem, krausen Haar, schönen Augen; Bezifferung der Söhne und Töchter auf je zwölf; Kennzeichnung der Freunde als vom Satan bestimmte Versucher; Darstellung der Heilung und Wiederherstellung H.s: H. läßt durch Aufstampfen der Füße eine Quelle hervorsprudeln (→ Quellwunder), durch deren Wasser die Krankheitswürmer in Seidenwürmer bzw. ‚Honigwespen' verwandelt werden; Wolken füllen seine Tennen mit Gold und Silber.

4. Christentum. Im Ur- und Frühchristentum scheint die Gestalt H.s keine bes. Rolle gespielt zu haben (einzige Erwähnung im N. T.: Jak. 5,11 im paränetischen Topos der ‚Geduld H.s'). Spätestens seit Clemens von Alexandria und Origenes gehört H. aber zu den bevorzugten ‚Heiligen'-Gestalten der christl. Kirchen[12]; alle großen Theologen des Ostens wie des Westens behandeln das bibl. *Buch H.* und die Person seines Helden[13]. Das Test. Hi. wird in den Ostkirchen als Heiligenlegende übernommen (im Westen so nicht eindeutig belegt)[14].

Die (auch ikonographischen) H.darstellungen[15] schließen sich zunächst motivisch der jüd. Überlieferung an. Spezifisch christl. sind die Deutungen H.s als bibl. Prototyp des christl. → Märtyrers (cf. Origenes, *In Job*) sowie bes. als Präfiguration des leidenden → Christus und der in der Welt angefochtenen Kirche (cf. Gregor der Große, *Moralia in Job*, Praefatio 14). Darüber hinaus gewinnt H. im Bereich volkstümlicher → Frömmigkeit an Bedeutung. Im Vordergrund steht die Verehrung als Nothelfer bei schweren Erkrankungen, bes. der → Haut: In Zauberformeln, Segenssprüchen und -liedern wird H. u. a. bei Beulenpest (Lepra), Skorbut, Wurmkrankheiten, Mundfäule sowie Geschlechtskrankheiten (Syphilis als ‚H.skrankheit')[16] angesprochen (Wurm-, Mundfäulesegen)[17]. Regional wird H. als Patron der Musik und Musikanten verehrt (ab 13. Jh.; Nordfrankreich, Flandern, Brabant, Niederlande, Niederrhein)[18]; in slov. Überlieferungen des 19. Jh.s wird von (meist) drei

Musikanten erzählt, die dem halbtoten H. aufspielen und dafür als Lohn einige seiner Krankheitswürmer erhalten, die sich in Goldstücke verwandeln[19]. Ferner gilt H. als Schutzheiliger der Zucht von → Bienen und Seidenraupen[20]. Die Zusammenhänge mit der bereits in der muslim. Legende erwähnten Verwandlung von H.s ‚Würmern' sind kaum zufällig, sondern weisen auf Verbindungen der christl. H.verehrung im Adria-Donau-Raum zur muslim. Überlieferung.

Die Verankerung H.s in der kirchlichen Verkündigung und im Volksglauben hat sich in vielfachen Verarbeitungen des H.stoffes niedergeschlagen. H.motive finden Eingang in literar. Werke, z. B. → Hartmanns von Aue *Der arme Heinrich*[21], H.szenen werden vielfältig illustriert[22]. Gehäuft kommt es zu Nachdichtungen der H.geschichte in Prosa, Lyrik und Drama[23]; bes. im engl.-, frz.- und dt.sprachigen Bereich werden liturgische Mysteriendramen und geistliche Volksstücke verfaßt, die gern auch als Passionsspiele aufgeführt wurden[24]. Hier zeigt sich wiederum eine große Bandbreite der Verwendung der H.geschichte. Bestimmend ist fast immer das Bild H.s als gottergebener Dulder; seine Darstellung als Rebell gegen Gott und damit die Frage nach der Gerechtigkeit Gottes angesichts von Unrecht und Leiden (Theodizeeproblem) fehlen weithin, sie werden erst in der neuzeitlichen Theologie, Philosophie und Lit. aufgenommen und entfaltet[25].

[1] allg. cf. Ebach, J.: H., H.buch. In: TRE 15 (1986) 360–380; Dassmann, E.: H. In: RAC 15, Lfg 115 (1989) 366–442. – [2] Müller, H.-P.: Das H.problem. Seine Stellung und Entstehung im Alten Orient und im A. T. Darmstadt 1978, 49–72. – [3] cf. id.: H. und seine Freunde. Traditionsgeschichtliches zum Verständnis des H.buches. Zürich 1970. – [4] Grünbaum, M.: Neue Beitr.e zur semit. Sagenkunde. Leiden 1893, 262–271; Glatzer, N.: Jüd. Ijjobdeutungen in den ersten christl. Jh.en. In: Freiburger Rundbrief 26 (1974) 31–34. – [5] Schaller, B.: Das Testament H.s. In: Jüd. Schr. aus hellenist.-röm. Zeit 3,3. ed. W. G. Kümmel. Gütersloh 1979, 303–385, hier 309–312; Knibb, M./Horst, P. W. van der (edd.): Studies on the Testament of Job. Cambr., Mass. 1989. – [6] Ginzberg 2, 223–242; ibid. 5, 381–390; cf. Müller (wie not. 2) 31 sq. – [7] cf. Schaller (wie not. 5) 326, 341, 361 sq. (zu Test. Hi. 1,6a; 20,8c; 41,5c; 43,2a). – [8] z. B. Safrani, H.: Une Histoire de Job en judéo-arabe du Maroc. In: Revue des études juives 36 (1968) 279–314. – [9] Jeffery, A.: Ayyūb. In: EI² 1 (1960) 795–797. – [10] cf. Robles, F. G.: Leyendas moriscas 1. Madrid 1885, 225–311; Apt, N.: Die H.serzählung in der arab. Lit. Diss. Heidelberg 1913; Basset 3, num. 76; Sidersky, D.: Les Origines des légendes musulmanes dans le Coran et dans les vies des prophètes. P. 1933, 69–72; Müller (wie not. 2) 26–31. –
[11] Schaller (wie not. 5) 331, 343, 350 (zu Test. Hi. 6,4a; 7,2b; 23,7a; 31,2a). – [12] Gedenktag: 6. Mai griech. und slav., 10. bzw. 14. Mai röm., 27. April äthiop., 29. August kopt., 22. Mai Jerusalemer Kirche; cf. Bibliotheca Sanctorum 6 (1965) 483. – [13] Kannengiesser, C.: Job chez les Pères. In: Dictionnaire de spiritualité ascétique et mystique 8. P. 1974, 1218–1225. – [14] cf. Schaller (wie not. 5) 320. – [15] Budde, R.: Job. In: LCI 2 (1970) 407–414. – [16] cf. Kretzenbacher, L.: H.s-Erinnerungen zwischen Donau und Adria (Bayer. Akad. der Wiss.en. Phil.-hist. Kl. Sb.e 1987, 1). Mü. 1987, 14–33. – [17] Ohrt, F.: H. in den Segen. In: HDA 4 (1931/32) 68–72. – [18] cf. Denis, V.: Saint Job patron des musiciens. In: Revue belge d'archéologie et d'histoire de l'art 21 (1952) 253–298; Völlerle, V.: H. Schutzpatron der Musiker. In: Musik und Kirche 23 (1953) 225–233; Brennecke, W.: H. als Musikheiliger. ibid. 24 (1954) 257–261. – [19] cf. Kretzenbacher (wie not. 16) 116–128. – [20] ibid., 134–138 (und Abb. 10–14), 140. –
[21] Datz, G.: Die Gestalt H.s in der kirchlichen Exegese und der „Arme Heinrich" Hartmanns von der Aue. Göppingen 1973; Hunter, J. A.: ‚Sam Jôben den Rîchen': Hartmann's ‚Der arme Heinrich' and the Book of Job. In: Modern Language Review 68 (1973) 358–366. – [22] Weisbach, W.: L'Histoire de Job dans les arts. In: Gazette des beaux arts 78 (1961) 102–112; Kretzenbacher (wie not. 16) 102–114 und Abb. 1–16. – [23] Wasselynck, R.: Les Compilations des „Moralia in Job" du VIIe au XIIIe siècle. In: Recherches de théologie ancienne et médiévale 29 (1962) 5–32; Maag, V.: H. Wandlung und Verarbeitung des Problems in Novelle, Dialogdichtung und Spätfassungen. Göttingen 1982. – [24] Kretzenbacher (wie not. 16) 46–83, 157–178; Bessermann, L. L.: The Legend of Job in the Middle Ages. Cambr., Mass./L. 1979, 66–113. – [25] cf. Goldschmidt, H. L.: H. im neuzeitlichen Judentum. In: Weltgespräch 2 (1967) 41–55; Hedinger, U.: Reflexionen über C. G. Jungs H.-Interpretation. In: Theol. Zs. 33 (1967) 340–352; Sanders, P. S. (ed.): Twentieth Century Interpretations of the Book of Job. Englewood Cliffs, N. J. 1968; Levenson, J. D.: The Book of Job in Its Time and in the Twentieth Century. Cambr., Mass. 1972; Strolz, W.: Die H.interpretation bei Kant, Kierkegaard und Bloch. In: Kairos 23 (1981) 75–81.

Göttingen Berndt Schaller

Hirlanda. Die Erzählung von der Herzogin H. gehört von ihrem Motivbestand her am ehesten zu jenem Typ der unschuldig verleumdeten und verfolgten → Frau (Kap. 3.1.2)[1], der u. a. in AaTh 712: → *Crescentia* skizziert ist.

Inhalt (nach René de Cériziers und → Martin von Cochem)[2]: H. ist mit dem Herzog Artus verheiratet, der wegen eines Feldzuges seine schwangere Frau allein zurücklassen muß. Zur gleichen Zeit erkrankt der König von England an → Aussatz. Ein jüd. Arzt eröffnet dem entsetzten König, er könne nur mit dem Blut und Herzen eines neugeborenen, ungetauften Kindes, das außerdem aus fürstlichem Geschlecht stammen müsse, geheilt werden (→ Kinderblut). Als Helfer bietet sich Fürst Gerhard, Bruder des Herzogs Artus, an, der seinen Bruder haßt und sich Hoffnung auf das Erbe gemacht hatte. Er inszeniert einen Kindesraub, läßt H. wissen, daß sie ein totes Kind geboren habe und daß er von Artus beauftragt sei, sie deshalb zu töten. H. flüchtet daraufhin auf einen weit entfernten Edelsitz und dient dort als Viehmagd. Inzwischen ist die Entführung des Kindes vereitelt worden: Ein Engel hat dem Abt von St. Malo befohlen, das Kind vor der Einschiffung nach England zu retten. Der Abt läßt es taufen und erziehen. Sieben Jahre später unternimmt der Herzog eine Wallfahrt. Dabei verläßt einer seiner Gefolgsleute die Reisegesellschaft, um Verwandte zu besuchen. Dieser Ritter findet H., erkennt sie, kann den Herzog von ihrer Unschuld überzeugen, und beide Ehegatten versöhnen sich wieder. Auch der üble Schwager spielt den Reuigen und erschleicht sich H.s Verzeihung. Als die Herzogin nach einiger Zeit ein Mädchen bekommt, wird sie erneut von ihrem Schwager verleumdet: Mit Hilfe eines falschen Briefes und durch das falsche Zeugnis eines gewissenlosen Edelmannes wird H. des Ehebruchs bezichtigt. Herzog Artus befiehlt die Wegnahme des Kindes und die Einkerkerung seiner Frau; er verurteilt sie zum Feuertod, der durch ein Gottesurteil im Zweikampf mit jenem Edelmann verhindert wird. In letzter Minute erscheint ein fremder Ritter, der den Bösewicht besiegt. Der Sieger gibt sich als H.s Sohn zu erkennen. Die Intrigen des Fürsten Gerhard werden in vollem Umfang aufgedeckt, zur Strafe werden ihm Hände und Füße abgeschlagen. Bald darauf stirbt er im Gefängnis.

An Bekanntheit steht die H.-Erzählung heute deutlich hinter denjenigen über → Genovefa und → Griseldis (AaTh 887) zurück, wenngleich sie seit dem 17. Jh. weit verbreitet war. 1640 stellte sie der frz. Jesuitenpater Cériziers (1603–62) in *Les trois Estats de l'innocence* als Exempel für die über die Bosheit triumphierende → Unschuld[3] dar; was die Herkunft des Stoffes betrifft, behauptet Cériziers, die H.-Erzählung in einer Hs. aus Autun gefunden zu haben. H. Steinberger macht wahrscheinlich, daß der bret. Stoff (Cériziers bezeichnet H. als ‚duchesse de Bretaigne') aus Gründen der Verehrung auf den bekannten Bischof Pierre Bertrand von Autun (gest. 1349) übertragen worden sei, dessen Name zufällig mit dem des Retters des Herzogkindes (Bertrand von St. Malo) identisch war. Für die Datierung ergibt sich hieraus, daß Cériziers' Vorlage „wohl nicht vor der Mitte des 14. Jh.s entstanden ist"[4]. R. → Köhler verweist auf ein älteres Mysterienspiel von der hl. Tryphine[5], Prinzessin von Irland, das vermutlich auf mündl. Überlieferung basiert. Cériziers' Fassung wurde ins Englische und Italienische übersetzt[6]; auf Deutsch erschien eine anonyme Übers. (*Die Unschuld in drey unterschidlichen Ständen* [...]. Dillingen 1685), die Martin von Cochem 1687 bearbeitete und der er den Titel *Von der Verfolgung der unschuldigen Hertzogin H.*[7] gab. Anders als beim Genovefa-Stoff gelang Martin mit der H.-Erzählung jedoch keine durchschlagende Popularisierung im dt.sprachigen Gebiet: H. stand in der Gunst ihrer Leser und späteren Bearbeiter immer hinter der Genovefa zurück, vielleicht weil in der H.-Erzählung bei ähnlichem Motivbestand die idyllischen Momente weitaus weniger ausgeprägt sind als bei der Genovefa-Erzählung. Jenen Autoren des 19. Jh.s, die sich der Bearb. und Neuausgabe von Volksbuch-Stoffen widmeten, diente die Fassung Martins als Vorlage: J. von → Görres (1807), G. → Schwab (1835), G. O. Marbach (1838), K. → Simrock (1839), O. F. H. Schönhuth (1848)[8]. Einen weiteren Überlieferungsstrang bilden die lat. Schuldramen: Unmittelbar aus Cériziers schöpft ein Ingolstädter Jesuitendrama von 1657, *H. et Bertrandus tragoedia*. Bis weit ins 19. Jh. hinein sind Theateraufführungen in Deutschland, der Schweiz und Österreich bis nach Rennes und in den Böhmerwald nachgewiesen, wobei sich das lat. Schuldrama in ein dt.sprachiges Volksschauspiel wandelte und 1824 auch in Form eines Epos bearbeitet wurde[9].

Wie auch bei anderen Volkserzählstoffen zu beobachten, hat H. schließlich in die Kinder- und Jugendliteratur des späten 19. und frühen 20. Jh.s Eingang gefunden[10].

[1] Zum Strukturmodell cf. auch Dan, I.: The Innocent Persecuted Heroine: An Attempt at a Model for the Surface of the Narrative Structure of the Female

Fairy Tale. In: Jason, H./Segal, D. (edd.): Patterns in Oral Literature. The Hague 1977, 13–30. – [2] Zum ganzen Komplex cf. Köhler, R.: Sainte Tryphine et Hirlande [1871]. In: Köhler/Bolte 2, 657–662; id.: Die dt. Volksbücher von der Pfalzgräfin Genovefa und von der Herzogin H. [1874]. ibid. 2, 662–668; Steinberger, H.: Unters.en zur Entstehung der Sage von H. von Bretagne sowie zu den ihr am nächsten verwandten Sagen. Diss. Mü. 1913. – [3] Köhler/Bolte 2, 658, not. 2; zum Frauenbild cf. EM 3, 1046; EM 5, 115. – [4] Steinberger (wie not. 2) 59. – [5] Köhler/Bolte 2, 657; in der Erklärung und Herleitung des Namens stimmen Köhler/Bolte (2, 657) und Steinberger überein: aus der namenlosen ‚princesse d'Irlande' sei über die Schreibung ‚princesse (H)Irlande' der Name ‚Hirlande', dt. ‚H.', entstanden. Tryphine/Trefine/Trifine sei eine bret. Heilige, von der ein der H. ähnliches Schicksal erzählt wurde; cf. Steinberger (wie not. 2) 13–15. – [6] Einzelnachweise Köhler/Bolte 2, 658; neben Cériziers' verbreiteter Fassung existierte im 17. Jh. noch ein bret. Mysterienspiel mit dem Titel ‚Santez Tryphina hag ar Roue Arzur' (= Sainte Tryphine et le Roi Arthur), cf. Steinberger (wie not. 2) 10. – [7] Martin von Cochem: Außerlesenes History-Buch 1. Dillingen 1687, 523–552, num. 70. – [8] cf. Schenda, R.: Tausend dt. populäre Drucke aus dem 19. Jh. In: Archiv für Geschichte des Buchwesens 11 (1971) num. 451, 452, 464, 878–880. – [9] Köhler/Bolte 2, 662 sq., not. 1; H. als Vorlesestoff: Leydi, R./Pianta, B.: Brescia e il suo territorio. Milano 1976, 276 sq. – [10] cf. Schenda (wie not. 8); Wegehaupt, H.: Alte dt. Kinderbücher. Bibliogr. 1851–1900. Stg. 1985, num. 3542.

Gießen Winfried Theiß

Hirsch, Hirschkuh. In Europa sind von der großen Familie der H.e hauptsächlich Rothirsch (cervus elaphus) und Damhirsch (dama dama) vertreten. Der kleinere und hellere Damhirsch ist in Asien beheimatet und erst mit dem Artemiskult im antiken Europa bekannt geworden[1]. Bes. die Jägersprache kennt eine Vielzahl volkstümlicher Bezeichnungen für den H.[2]; er ist häufig in auch populären bildlichen Darstellungen zu finden[3].

In der griech. Mythologie[4] ist der H. das Tier der Jagd- und Mondgöttin Artemis[5]. Sie selbst besitzt die Fähigkeit, sich in eine H.kuh zu verwandeln, so daß auch die Erzählung von der Verfolgung einer Hindin mit goldenem Geweih (→ Herakles und die herkyn. Hindin)[6] auf Artemis und Apollo ausgedeutet werden kann[7]. Neben Sprungkraft und Schnelligkeit wurde dem H. von antiken Schriftstellern vor allem Furchtsamkeit (etwa Homer, *Ilias* 1, 225; 4, 243) als herausragende Eigenschaft zugeschrieben[8], ebenso eine bes. Vorliebe für die Musik[9]. In der germ. Mythologie werden H.e erwähnt, die vom Laub der Weltesche Yggdrasil fressen[10]; als Sonnenhirsch (Zugtier des Sonnenwagens) und Lichtsymbol ist der H. in kultischem Gebrauch belegt[11]. Durch seine Verwendung im Odinkult erschien der H. auch als Königssymbol[12]. Das periodische Abwerfen und Erneuern seines Geweihs im Frühjahr, das schon die antiken Autoren beschrieben[13], bindet ihn in den jahreszeitlichen Zyklus ein; ma. Autoren deuteten diesen Vorgang sinnbildhaft als die Neugeburt des geläuterten Sünders[14]. Möglicherweise auf der Grundlage mythol.-kultischer Vorstellungen hat sich die häufig belegte Sage vom weißen H. entwickelt[15]. Die → Farbe ist Signum seiner Auserwähltheit und wird mit prophetischer Gabe in Zusammenhang gebracht[16].

Die → Jagd auf den (weißen) H. gehört bes. zum Stoffrepertoire der → Artustradition: → Gawein jagt eine weiße H.kuh; sie entkommt ihm, nachdem sich ein Hufeisen seines Pferdes gelöst hat[17]. Im *Roman de Fergus* erlegt → Parzival einen weißen H.[18] Im → *Mabinogion* erwirbt sich Artus durch die erfolgreiche Jagd das Recht, der schönsten Dame des Hofes den H.kopf als Trophäe zu überreichen[19], ein Motiv, das in → Hartmanns von Aue → *Erec* (V. 1107, 1114 sq., 1122, 1144) höfisch zum Kußrecht stilisiert ist.

Häufig erscheint der (weiße) H. als → wegweisendes Tier[20]. So wird in der *Historia Francorum* (2, 37) des → Gregor von Tours Chlodovech im Krieg gegen die Arianer an eine Furt geführt[21]; im Ritterroman von → Holger Danske wird das Heer → Karls des Großen über den großen St. Bernhard gewiesen[22]; in → *Fierabras* leitet eine weiße Hindin Richard von der Normandie durch einen Fluß[23]; ein H. zeigt Kaiser Karl eine gangbare Furt[24]. In der Epik vermittelt der weiße H. dabei funktionell zwischen der realen und der numinosen Welt, etwa in *Partonopeus de Blois*, in dem ein Ritter zu einer Fee und in eine märchenhafte Wunschwelt geleitet wird[25]. In Gottfrieds von Straßburg → *Tristan*-Epos (V. 17275–17455) führt ein weißer H. König Marke zur Minnegrotte[26]. Noch in einer Dolomitensage erscheinen weiße H.e als Teil einer vorgeschichtlichen paradiesischen Welt[27]. Der H. als weisendes Tier tritt auch in einer Vielzahl märchen- oder sagenhafter Erzählungen auf[28]. Er kann dabei gelegentlich negativ akzentuiert sein, etwa wenn er den Jäger in einen Abgrund oder in die Unterwelt führt[29]. Mit Hilfe eines goldenen H.es lockt der hl. → Oswald den Heidenkönig weg, um dessen Tochter zu entführen[30].

Ein goldener (schwarzer) H. begegnet vor allem in Märchen und Sagen und ist bes. aus dem Harz reichlich belegt[31]. Das Farbattribut ist dabei meist auf das Geweih bezogen[32], gelegentlich auch auf das ganze Tier. In Grimm DS 445 (cf. Plinius, *Naturalis historia* 8, 119) trägt der H. ein goldenes Halsband. Die *Vǫlsunga saga* (34) erzählt von einem Traum Gudruns (→ Kudrun), in dem ihr → Sigurd als goldener H. angedeutet wird[33]. Daneben gibt es Erzählungen von einem künstlich angefertigten H. aus Gold (AaTh 854: *Der goldene → Bock*), in dem sich eine Person versteckt, um (zumeist) eine Prinzessin zu erringen[34]. In einem türk. Märchen versteckt sich die Tochter in einem goldenen H. vor ihrem eigenen Vater, der sie heiraten will[35].

Die H.jagdallegorik der ma. Dichtung besitzt häufig erotische Konnotationen[36], so bereits in dem ahd. Fragment *H. und Hinde* (Anfang 11. Jh.)[37]. Die Patristik kleidete die Situation der vom Teufel verfolgten Seele in die Allegorie der H.jagd (Ps. 22,1)[38]. Dagegen steht das Bekehrungserlebnis bei der H.jagd, zu dem die Eustachiuslegende (AaTh 938: → *Placidas*) der → *Gesta Romanorum* (num. 110) eine breite Überlieferung bietet:

Placidus, der Heermeister des röm. Kaisers Trajan, verfolgt auf der Jagd einen H., der auf einer Felskuppe stehen bleibt; zwischen seinem Geweih erscheint ein glänzendes → Kreuz, und Christus ruft Placidus zur Bekehrung auf. Im 15. Jh. wird die auch in verschiedenen anderen Heiligenviten begegnende[39] H.erscheinung Bestandteil der Legende des hl. → Hubertus, der seitdem als Schutzpatron der Jäger gilt.

In der ma. Hagiographie begegnen H. und H.kuh häufig[40]: In der Legende des Goar treten drei H.kühe im Zeichen der göttlichen Trinität auf, mit deren Milch der Heilige zwei dem Hungertod nahe Priester rettet[41]; in der Legende des hl. Ägidius (→ Vierzehn Nothelfer) wird ein Eremit durch die Milch einer Hindin genährt. Von einem H. als Reittier[42] berichtet die *Vita Merlini* → Geoffreys of Monmouth[43]; einen H.ritt erwähnt (schwankhaft) auch eine rezente ungarndt. Erzählung[44].

Der H. gilt als Feind der Schlange bzw. des Drachen[45]. In der allegorischen wie emblematischen Darstellung eines H.es, der Schlangen frißt, verbinden sich spätantike naturgeschichtliche Vorstellungen[46] mit ma. Bibelexegese (Ps. 42, 2) zum Sinnbild für den Durst des Menschen nach geistlicher Nahrung[47]. In der Tradition antiker Naturlehre manifestiert sich im Verschlingen der Schlange sowie dem anschließenden Trunk des H.es aus der Quelle, die in der Sinnbildkunst auch getrennt dargestellt werden[48], ein Verjüngungsprozeß, der spirituell gedeutet wird[49]. Der sinnbildliche Gehalt ist dabei ebenso vielgestaltig wie ambivalent: So kann etwa das Emblem des mit dem Pfeil im Körper fliehenden H.es sowohl auf das schlechte Gewissen des Gottlosen wie auch auf Sehnsucht nach der Geliebten verweisen[50].

Die Vorstellung der Verwandlung eines Menschen in einen H. (cf. auch → Reh; → Tierverwandlung) könnte – ähnlich wie stereotyp in vorderoriental. Überlieferung für die Gazelle belegt[51] – mit den ‚menschlichen' Augen des Tieres zusammenhängen. Im späthöfischen Ritterroman → *Friedrich von Schwaben* erlöst Friedrich drei Jungfrauen, die tagsüber in H.e verwandelt waren (cf. AaTh 401: → *Prinzessin als H.kuh*). Das Verwandlungsmotiv, das u. a. in KHM 163: *Der gläserne Sarg* und AaTh 450: → *Brüderchen und Schwesterchen* erscheint, wurde – wohl in Anlehnung an eine Erzählung aus → *Tausendundeinenacht* – im Märchenspiel *Il re cervo* (1762) von Carlo → Gozzi aufgegriffen.

Der H. gehört seit der Antike zum prominenten Personal der Fabeltradition; hierzu zählen etwa die Geschichten vom eitlen H., der bei der Flucht vor dem Jäger mit seinem Geweih im Dickicht hängen bleibt (AaTh 77: cf. *Die eitlen → Tiere*), oder vom H., der sich im Ochsenstall vor seinen Verfolgern verstekken will (AaTh 162: → *Herr sieht mehr als der Knecht*)[52].

[1] Keller, O.: Thiere des classischen Alterthums in culturgeschichtlicher Beziehung. Innsbruck 1887, 73 sq. – [2] cf. Orth, E.: H. In: Pauly/Wissowa 8 (1913) 1936–1950, hier 1948 sq.; Rolland, E.: Faune populaire de la France 1. P. 1877, 94–101; Lübben, A.: Zur dt. Lexikographie. In: Zs. für dt. Philologie 13 (1882) 367–381, hier 369. – [3] Walzer, A.: Liebeskutsche, Reitersmann, Nikolaus und Kinderbringer. Konstanz/Stg. 1963, 55–62; cf. Puech, H.-C.: Le

Cerf et le serpent. In: Cahiers archéologiques 4 (1949) 17–60. – [4] cf. allg. Pöschl, V.: Bibliogr. zur antiken Bildersprache. Heidelberg 1964, 494. – [5] Pauly/Wissowa 8, 1945–1948; cf. De Gubernatis, A.: Die Thiere in der idg. Mythologie. Lpz. 1874, 404–409. – [6] Okladnikow, A. P.: Der H. mit dem goldenen Geweih. Wiesbaden 1972. – [7] Pschmadt, C.: Sage von der verfolgten Hinde. Diss. Greifswald 1911, 8–29; Peuckert, W.-E.: H. In: HDA 4 (1931/32) 86–110, hier 92. – [8] Pauly/Wissowa 8, 1941. – [9] Aristoteles, Historia animalium 9, 5; Plinius, Naturalis historia 8, 114; cf. Lewis, G. J.: Das Tier und seine dichterische Funktion in Erec, Iwein, Parzival und Tristan. Bern/Ffm. 1974, 42; cf. auch Eberhard/Boratav, num. 25. – [10] Simrock, K.: Hb. der dt. Mythologie 1. Bonn 1874, 37 sq., 41. – [11] HDA 4, 90. – [12] Vries, J. de: Altgerm. Religionsgeschichte. B. ²1956/57, § 257. – [13] Aristoteles, Historia animalium 9,5; Plinius, Naturalis historia 8, 118 sq.; 28, 151. – [14] cf. Gnädinger, L.: Eremitica. Tübingen 1972, 229. – [15] cf. Sälze, K.: Tier und Mensch – Gottheit und Dämon. Mü. 1965, 36; Bezzola, R. R.: Liebe und Abenteuer im höfischen Roman. Hbg 1961, 94 sq. – [16] Mit merklicher Skepsis Plinius, Naturalis historia 8, 117; cf. Lewis (wie not. 9) 43. – [17] Chrestien de Troyes: Perceval. Übers. K. Sandkühler. Stg. ⁴1973, 102. – [18] Li Roman de Fergus. ed. E. Martin. Halle 1872, 1–8. – [19] Gereint Son of Erbin. Übers. G. und T. Jones. L. 1963, 241 sq.; Lewis (wie not. 9) 42; Minis, C.: Die Bitte der Königin und das H.kopf- oder Kußmotiv in Erec. In: Neophilologus 29 (1944) 154–158. – [20] Grimm, Mythologie 2, 955. –
[21] cf. auch Schneider, A.: Exempelkatalog zu den „Iudicia Divina" des Jesuiten Georg Stengel von 1651. Würzburg 1982, num. 201, cf. num. 128 sq. – [22] Raimbert de Paris: La Chevalerie Ogier de Danemarche 1. ed. J. Barrois. P. 1842, V. 271–277. – [23] Eine schöne kurzweilige Historia von dem Riesen Fierabras genannt. ed. K. Simrock. Ffm. [1849], 128. – [24] Bodel, J.: La Chanson des Saxons 2. ed. F. Michel. P. 1839, 35 sq.; cf. auch Bangert, F.: Die Tiere im altfrz. Epos. Marburg 1885, 145 sq. – [25] Pabst, W.: Venus und die mißverstandene Dido. Hbg 1955, 88. – [26] cf. Tristrams Saga ok Isondar. ed. E. Kölbing. Heilbronn 1878, 80 (Kap. 65); Gruenter, R.: Der vremede hirz. In: ZfdA 86 (1955/56) 231–237; Rathofer, J.: Der ‚wunderbare H.' der Minnegrotte. ibid. 95 (1966) 27–42; Einhorn, J. W.: Spiritalis unicornis. Mü. 1976, 166 sq.; Ernst, U.: Gottfried von Straßburg in komparatistischer Sicht. In: Euphorion 70 (1976) 1–72, bes. 52–60. – [27] Wolff, K. F.: Dolomitensagen. Innsbruck/Wien/Mü. ¹³1974, 78–80. – [28] cf. etwa Haiding, K.: Das „weisende Tier" in steir. Volkssagen. In: Zs. des hist. Vereines für Steiermark 62 (1971) 209–227. – [29] Simrock (wie not. 10) 329–331, 433. – [30] cf. Ehrismann, G.: Geschichte der dt. Lit. bis zum Ausgang des MA.s 2,1. Mü. 1922, 328–337. –
[31] Pröhle, H.: Ueber einige Märchen und Sagen vom H. In: id. (ed.): Unterharz. Sagen. Aschersleben 1856, 187–198. – [32] cf. allg. Wildhaber, R.: Das Tier mit den goldenen Hörnern. In: Conventus de Ethnographia Alpium Orientalium 7 (1975) 93–123. – [33] cf. Grimm, W.: Die dt. Heldensage. Darmstadt ⁴1957, 443. – [34] cf. Pröhle (wie not. 31) 187; Wolf, J. W.: Dt. Hausmärchen. (Göttingen/Lpz. 1851) Nachdr. Hildesheim/N. Y. 1972, 73–81. – [35] Eberhard/Boratav, num. 244 (f). – [36] Gruenter (wie not. 26) 231. – [37] Denkmäler dt. Poesie und Prosa aus dem 8.–12. Jh. ed. K. Müllenhoff/W. Scherer. B./Zürich ⁴1964, 20. – [38] Blankenburg, W. von: Heilige und dämonische Tiere. Lpz. 1943, 155 sq. – [39] Günter, H.: Legenden-Studien. Köln 1906, 38 sq.; Günter 1949, 186. – [40] z. B. Dömötör, T.: Les Variantes hongroises des légendes médiévales du cerf. In: Littérature hongroise – Littérature européenne. Bud. 1964, 51–68; Günter 1910, 82, 103, 174; cf. auch Eberhard/Boratav, num. 181 (H.e helfen Heiligem beim Bau eines Grabmals). –
[41] Keller, H.: Reclams Lex. der Heiligen und der bibl. Gestalten. Stg. 1979, 230 sq. Zur H.kuh als Ernährerin cf. auch Günter 1906 (wie not. 39) 39. – [42] cf. Walzer (wie not. 3) 55–62, Abb. 78–86. – [43] Vielhauer, I. (ed.): Das Leben des Zauberers Merlin. Amst. 1964, 55. – [44] Cammann, A./Karasek, A.: Ungarndt. Volkserzählungen [...] 1. Marburg 1982, 154–157. – [45] Plinius, Naturalis historia 8, 118; Gerlach, P.: H. In: LCI 2 (1970) 286–289. – [46] Physiologus. Übers. O. Seel. Stg. 1960, 26 sq.; Isidor von Sevilla, Etymologiae 12, 1, 18. – [47] Kolb, H.: Der H., der Schlangen frißt. In: Mediaevalia litteraria. Festschr. H. de Boor. Mü. 1971, 583–610. – [48] Henkel, A./Schöne, A. (edd.): Emblemata. Stg. 1967, 469–471. – [49] Kolb (wie not. 47) 604. – [50] cf. Henkel/Schöne (wie not. 48) 471 sq. –
[51] cf. z. B. Littmann, E.: Arab. Märchen. Lpz. 1957, 261; Nowak, num. 102, 135; Eberhard/Boratav, num. 215 III 1. – [52] Dicke/Grubmüller, num. 272, 276; cf. ibid., Reg. s. v. Damhirsch, H., H.kuh.

Wuppertal Lothar Bluhm

Hirsch und Geweih → Tiere: Die eitlen T.

Hirsch im Stall → Herr sieht mehr als der Knecht

Hirt, Hüter von Haustieren. Nach Art der gehüteten Tiere unterscheidet man Schafhirten (Schäfer), Pferde-, Rinder-, Ziegen-, Schweine-, Gänsehirten etc.; nach den Besitzverhältnissen wird differenziert zwischen Guts-, Hof-, Gemeinde-, Genossenschaftshirten; nach der Wirtschaftsform in Wander- oder Standweidehirten[1].

Die soziale Situation des H.en stellt sich in verschiedenen Zeiten und Regionen sehr unterschiedlich dar[2]. Im Bereich der Schäferei konnten sich einzelne unter bestimmten sozioökonomischen Bedingungen (Pachtschäferei) einen beachtlichen Wohlstand erwerben, während das Gros der H.en am unteren Ende der sozialen Stufenleiter rangierte, z. T. sogar aus der ländlichen Gesellschaft ausgegrenzt war[3]. Entsprechend differenziert ist das Bild des H.en in der Volkserzählung. Bes. dort, wo sich eine ausgeprägte H.enkultur findet, haben H.en ihren festen Platz sowohl unter dem Personal der Volkserzählungen als auch — mit deutlichem Einfluß auf die Erzählperspektive — unter den Hauptträgern der Überlieferung[4].

Das Märchen kennt den H.en als armen Mann, der sein Leben einsam, oft außerhalb der Gesellschaft lebend, verbringt. Als solcher dient er häufig als Kontrastfigur zu den Reichen und Mächtigen, zu Königen und Prinzen[5]. Im Gegensatz zum → Bauern, der eine ähnliche Funktion wahrnimmt, tritt der H. im Märchen selten in Hauptrollen auf und wenn, dann ist das H.endasein zumeist ein Durchgangsstadium. Während dem Schäfer dabei eine gewisse Weisheit zugeschrieben wird (cf. AaTh 922: → *Kaiser und Abt*), soll das Leben als Schweinehirt größtmöglichen gesellschaftlichen Abstieg ausdrücken. Idealtypisch wird dies in der bibl. Parabel vom verlorenen Sohn (Lk. 15,11—32) ausgedrückt, aber auch in AaTh 935: → *Heimkehr des verlorenen Sohnes*; dort wird der Held nach seiner Rückkehr ins Elternhaus damit bestraft, daß er Schweine (Ziegen, Gänse) hüten und teilweise mit diesen im Stall leben muß. Doch gerade der erniedrigte Held ist auch hier oft bes. klug und erfolgreich (AaTh 441: → *Hans mein Igel*; cf. auch AaTh 1268*, 1675*, 1861*: → *Bürgermeisterwahl*). So finden sich in verschiedenen (Rätsel-) Märchen und Weisheitsproben Beispiele für den Aufstieg vom armen, unbedarften H.enjungen zum König (z. B. AaTh 314 A: → *H. und die drei Riesen*, AaTh 515: → *H.enknabe*, cf. AaTh 314: → *Goldener*)[6]; dieses Handlungsmuster findet analog auch auf H.innen Anwendung (z. B. AaTh 870 A: → *Gänsemagd [Nachbarstochter] als Freierin*; cf. AaTh 533: *Der sprechende* → *Pferdekopf*). Eine dritte märchentypische Variation dieses Spiels mit sozialen Extremen begegnet dort, wo sich ein Herrscher in → Verkleidung als H. inkognito unter das Volk mischt[7].

Wesentlich facettenreicher und oft von größerem Realitätsbezug ist die Darstellung des H.en in anderen Gattungen der Volkserzählung, bes. in der Sage. Das lange Verweilen außerhalb dörflicher Umfriedungen, das z. T. fremdartige Verhalten und das wettergeprägte Äußere verleihen dem H.en die Rolle eines Vermittlers zum Außergewöhnlichen, Numinosen. Die aus dem engen, selbständigen Umgang mit ihren Tieren erwachsenen und teilweise über Generationen tradierten Kenntnisse der Heilkunde werden in der populären Vorstellung folglich immer wieder auf magische Kräfte (Hilfe von Zwergen, Wilden Leuten, Moos- oder Waldweibchen, einen Teufelspakt) zurückgeführt[8]. Sie sind Thema zahlreicher Überlieferungen ebenso wie die vermeintliche Fähigkeit, Feinde, Diebe oder Raubtiere zu bannen (→ Bann, → Festbannen)[9] und Unfälle und Seuchen abzuwehren. Nicht zufällig ist der hl. → Wendelin als wichtigster Schutzheiliger der Schäfer auch für Seuchen zuständig[10]. Hiermit steht die Vorstellung in Zusammenhang, daß sich der H. einer Reihe magischer Hilfsmittel bedient. So vermag er mittels seines H.enstabes, in dem er → Hostien versteckt hat, seine Herde in Abwesenheit zu hüten; dafür muß er allerdings nach seinem Tod als → Wiedergänger geistern. Neben dem H.enstab ist das charakteristische Attribut des H.en in den Volkserzählungen die Flöte, die in seinen Händen z. T. außergewöhnliche Eigenschaften entfaltet (cf. Mot. D 1223.1; → Musikinstrumente; cf. auch AaTh 570: → *Hasenhirt*). Mit ihrer Hilfe kann er über Tiere und Menschen Herrschaft erlangen, indem er sie etwa nach seinem Willen tanzen läßt (AaTh 592: → *Tanz in der Dornhecke*)[11].

Darüber hinaus werden dem H.en seherische und wetterprognostische Fähigkeiten zugeschrieben[12]. Der berufsbedingte Zwang zur genauen Naturbeobachtung, psychol. Einfühlungsvermögen und tradiertes Wissen mögen mit einer gewissen Berechtigung zu einer solchen Einschätzung geführt haben. Nicht unterschätzt werden darf jedoch der Einfluß etwa der Hausväterliteratur auf populäre Vorstellungen, wie z. B. der diversen, einem ‚Schäfer Thomas' zugeschriebenen weitverbreiteten

Schriften (z. B. *Allgemeines Vieharzneibuch* [...]. Glogau [4]1846; *Geheim- und Sympathiemittel des alten Schäfers Thomas.* Altona [3]s. a.)[13].

Das Leben des H.en am Rande der Zivilisation verleiht ihm eine ähnlich ambivalente Rolle wie dem → Köhler oder dem → Einsiedler. Wichtigster natürlicher Gegenspieler des H.en ist der → Wolf (cf. auch AaTh 1333: *Der lügenhafte → H.*), dessen → Namen er nicht auszusprechen wagt und den er mit allen möglichen, auch magischen Mitteln zu bekämpfen sucht[14]. Selten geht der H. mit diesem Raubtier einen Kontrakt ein. Oft finden sich Belege von Kämpfen mit Werwölfen (→ Wolfsmenschen)[15]. Der H. kann auch selbst zum Werwolf werden und in die eigene Herde einbrechen[16]. Zahlreich belegt sind Schilderungen von nächtlichen Begegnungen der H.en mit umgehenden → Grenzfrevlern, der → Wilden Jagd und anderen spukhaften Gestalten.

Als genauer Kenner der Landschaft gehört der H. zu jenen Personen, denen ein bes. Gespür beim Auffinden von → Schätzen zugeschrieben wird. Man muß es wohl als eine Konzession an die realen Verhältnisse betrachten, wenn es der Held regelmäßig nicht versteht, einen gefundenen Schatz zu behalten. Entweder mißlingt ihm die Hebung des Schatzes, oder er versäumt den richtigen Augenblick (aus Sorge um seine Herde), oder er verliert den Schatz, weil er bestimmte Bedingungen (z. B. Schweigegebot) nicht einhält[17].

Eine teils mahnende, teils pejorative Erzählhaltung gegenüber dem H.enwesen drückt sich da aus, wo als typisch erachtete Verfehlungen thematisiert werden. Hierzu gehören neben allg. Vergehen (→ Frevel) wie Betrug, Brotfrevel, Versündigung gegen Heiligenbilder und Verspottung des Klerus vorwiegend Grenzverletzungen, Weideübertretungen[18] und die nachlässige Behandlung der Tiere. Solche Verfehlungen ziehen die unterschiedlichsten Strafen nach sich. So muß der H. als Wiedergänger z. B. immer wieder ein Tier die Bergweide hinauftragen (→ Sisyphus)[19]. Eine Sonderform bilden die sog. Sennenpuppensagen, die beispielhaft die Bestrafung frevelhaften Handelns darstellen[20]. Sie thematisieren – ebenso wie Erzählungen von sexuellen Kontakten zwischen H.en und ihren Tieren (→ Sodomie)[21] – sehr deutlich die geschlechtliche Notlage des Almhirten. Andere Geschichten erzählen, wie ein H. Geliebter einer unsterblichen Frau wird, die ihn auf der Weide aufsucht[22].

Einen wichtigen, sozialgeschichtlich aufschlußreichen Komplex bilden Erzählungen von Weidestreitigkeiten mit anderen H.en oder mit Gemeinden und Herrschaften (cf. AaTh 958: → *Hilferuf des Schäfers*), die – meist aus der Perspektive des H.en – gerne die oft genug gewaltsam ausgetragenen sozialen Antagonismen darstellen; andererseits fehlt es auch nicht an harmonisierenden Erzählungen, in denen von einem ausgesprochenen Vertrauensverhältnis zwischen Herren und H.en gesprochen wird; so z. B. in der Erzählung vom Schäfer Barthel, dem für seine Unbestechlichkeit und die Treue zu seinem Herrn das Markgröninger Schäferfest gestiftet worden sein soll[23].

Zahlreiche Erzählungen handeln von frommen H.en, wie sie bes. in ätiologischen → Wallfahrtslegenden (z. B. von Maria Taferl in Niederösterreich) begegnen[24]. Die Legendenbildung um den frommen und gottesfürchtigen H.en, dem die hl. Jungfrau → Maria erscheint, der wundertätige Reliquien findet oder Kapellen erbaut, die später zu Wallfahrtsorten werden, ist mit Bedacht durch die gegenreformatorische Propaganda gefördert worden. Im ZA. des Barock sind als Predigtthemen der ‚Gute H.e', die weihnachtliche Verkündigung an die H.en und ‚Maria als gute H.in' beliebt; diese Themen werden auch ikonographisch, u. a. durch die Andachtsgraphik, verbreitet[25]. Im geistlichen Lied ist der H. gewöhnlich Sinnbild Christi oder des Klerus[26]. Grundlegend hierfür ist die reiche alttestamentliche Tradition mit Prototypen von H.en wie → Abel, → David, → Jakob, → Moses etc.[27] Im N.T. sind die Parabel vom guten H.en (Joh. 10,1–6) und das Gleichnis vom verlorenen Schaf (Lk. 15,3–7; Mt. 18,12–14) für die Erzähltradition von Bedeutung[28]. Das Motiv des ‚Guten H.en' ist seit der Spätantike ein Topos, der auch in der bildenden Kunst seine Umsetzung fand[29]. Stark beeinflußt ist die spätantike christl. Tradition des Guten H.en durch die Bukolik[30]. Mittels liturgischer und homiletischer Schriften wurde dieses Motiv über das MA. bis in die Neuzeit tradiert, seit der Renaissance parallel zu einer reichen weltlichen Überlieferung (H.endichtung, Schäferroman, H.endrama)[31].

Den literar. Produkten folgend, wird in vielen idyllisierenden H.enliedern vorwiegend das (Liebes-)Leben des Schäfers und der Schäferin, seltener des Kuh-, Ziegen- oder Schweinehirten besungen[32]. Dabei stehen sowohl weltliche als auch geistliche ,Volkslieder' in der Tradition der klassischen Bukolik sowie der höfischen Idyllendichtung und sind den Sujets der Malerei des 18. Jh.s verwandt. Realistischere Züge weisen allein einige erzählende Lieder auf, so z. B. die seit dem 18. Jh. nachweisbare Volksballade *Schäfer und Edelmann*[33] oder die Ballade *Rabenmutter*[34].

Auf der Basis des bibl. Textes (bes. Lk. 2,8—20) haben weihnachtliche H.enspiele eine starke Verbreitung gefunden[35]. Im MA. noch eher selten, übten die span. H.enspiele des 15./16. Jh.s über die Jesuitenaufführungen des 16. Jh.s starken Einfluß auf die geistlichen Barockbühnen und das Volksschauspiel aus. Im ZA. der Gegenreformation gewinnen diese Spiele an Bedeutung. Die seitdem verbreiteten Weihnachtsspiele setzen sich aus Verkündigungsszene, Herbergssuche, H.enspiel, Anbetungsszene und Herodesspiel zusammen; teilweise hat sich das H.enspiel — durch H.entänze und H.enlieder ergänzt — verselbständigt[36]. In derselben Tradition stehen die in vielen Orten bekannten H.ensinger[37].

[1] Allg. cf. Jacobeit, W.: Schafhaltung und Schäfer in Zentraleuropa bis zum Beginn des 20. Jh.s. B. 1961 (^{2}1987), bes. 56—126; Carlen, L.: Das Recht der H.en. Aalen 1970, bes. 17—24. — [2] cf. Belényesy, M./Gunda, B.: Viehzucht und H.enleben in Ostmitteleuropa. Bud. 1961; Gabler, A.: H.en, Flurer und Bader in den Ries- und Hesselbergdörfern. In: Bayer. Jb. für Vk. (1961) 108—114; Wildhaber, R.: H.enkulturen in Europa. Basel 1966; Gunda, B.: Das H.enwesen als kultureller Faktor im Karpatenraum. In: Europ. Kulturverflechtungen im Bereich der volkstümlichen Überlieferung. Festschr. B. Schier. Göttingen 1967, 169—175; Schöller, R. G.: Der gemeine H.e. (Diss. Erlangen 1968) Nürnberg 1973; Martin, P./Vogeding, R./Bedal, K.: H.en, Schäfer und Arme Leute. Bad Windsheim 1984. — [3] cf. Danckert, W.: Unehrliche Leute. Bern/Mü. 1963, 174—180. — [4] cf. Jacobeit (wie not. 1) 418; Hornberger, T.: Der Schäfer. Stg. 1955, 218; Uffer, L.: Das Bild des H.en in der volkstümlichen Lit. der Rätoromanen. In: Alpes Orientales 6 (1972) 115—120; Hugger, P.: H.enleben und H.enkultur im Waadtländer Jura. Basel 1972, 214—218. — [5] cf. die Indices bei AaTh (s. v. shepherd); Mot. (s. v. herdsboy, herdsman, shepherd); Eberhard/Boratav (s. v. H.); Schwarzbaum und Schwarzbaum, Fox Fables (s. v. herdsman, shepherd); Tubach, num. 4321—4325. — [6] cf. Eberhard/Boratav, num. 122, 137, 188, 193, 212, 217, 245, 258, 313. — [7] cf. Eberhard/Boratav, num. 71, 72, 156, 195, 206, 355; Schwarzbaum, 115 sq. — [8] cf. Jungwirth, H.: H.e. In: HDA 4 (1931/32) 124—139; id.: Schäfer. ibid. 9 (1938/41) Nachträge 123—126; Mackensen, L.: Ein pommersches H.enbuch des 18. Jh.s als Qu. zur religiösen Vk. In: Vk.arbeit. ed. E. Bargheer/H. Freudenthal. B./Lpz. 1934, 196—213; Weiss, R.: Nebelheilen, Teufelheilen, Notfeuerbereitung und Wetterzauber als H.enbrauch. In: SAVk. 45 (1948) 225—261; Grabner, E.: Heilpraktiken der H.en. In: Alpes Orientales 6 (1972) 105—114; Gerstner-Hirzel, E. (ed.): Aus der Volksüberlieferung von Bosco Gurin. Basel 1979, 56—58. — [9] cf. Petzoldt, L.: Dt. Volkssagen. Mü. ^{2}1978, num. 69, 70. — [10] Weitere bes. verehrte Heilige sind Bartholomäus, Wolfgang und Martin. Letzterer ist der bedeutendste H.enpatron in Slovenien, cf. Lozar, H.: H.englaube und H.enbrauch im slowen. Flachlande. In: Alpes Orientales 6 (1972) 69—76, hier 72 sq. —
[11] cf. Schmidt, L.: Volksinstrumente in einigen H.ensagen. In: Jb. für Volksliedforschung 27/28 (1982/83) 278—284, hier 280 sq. — [12] cf. HDA 4, 130. — [13] cf. Jacobeit (wie not. 1) 409—414. — [14] Habenicht, G.: Die Musik der rumän. Hirtentrompeten. In: DJbfVk. 13 (1967) 248 sq.; Jacobeit (wie not. 1) 391 sq.; Mais, A.: Die skr. Ziehbauern. Diss. (masch.) Wien 1947, 59. — [15] cf. z. B. Gredt, N.: Sagenschatz des Luxemburger Landes 1. Neudruck Esch-Alzette 1963, num. 836, 841, 843, 844, 846, 848—850. — [16] In diesen Zusammenhang gehört auch die Vorstellung vom Wolfshirten; cf. Mais (wie not. 14) 57—59. — [17] cf. Hirschberg, S.: Schatzglaube und Totenglaube. Breslau 1934, 15; Jacobeit (wie not. 1) 420—422; Petzoldt (wie not. 9) num. 534. — [18] cf. z. B. Meier, E.: Dt. Sagen, Sitten und Gebräuche aus Schwaben. Stg. 1852, num. 106. — [19] cf. Röhrich, L.: Sage. Stg. ^{2}1971, 13, 42; Buhociu, O.: Die rumän. Volkskultur und ihre Mythologie. Wiesbaden 1974, bes. 233 sq. — [20] cf. Isler, G.: Die Sennenpuppe. Basel 1971; die Sage wurde 1989 von G. Tressler nach einem Drehbuch von F. Seitz u. d. T. „Sukkubus" verfilmt. —
[21] cf. Wackernagel, H. G.: Altes Volkstum der Schweiz. Basel 1956, 36. — [22] z. B. von Rossi de S.ta Juliana, H.: Märchen und Sagen aus dem Fassatale. ed. U. Kindl. Vigo di Fassa 1984, num. 2; cf. allg. Haiding, K.: Über eine Wildfrauensage aus der Umgebung Trofaiachs. In: Leobener Strauß 3 (1975) 85—94; Petzoldt, L.: Die Haare der Saligen. In: id./Rachewiltz, S. de (edd.): Der Dämon und sein Bild. Ffm./Bern/N.Y./P. 1989, 85—102. — [23] cf. Tomschik, E. (ed.): Der Markgröninger Schäferlauf. Ludwigsburg 1971, bes. 4 sq. — [24] cf. Schmidt, L.: H.en und Halter. In: Festschr. Schier (wie not. 2) 151—167, hier 160 sq. — [25] cf. Schneeweis, E.: Das Bild des H.en in der religiösen Ikonographie. In: Alpes Orientales 6 (1972) 141—154. — [26] cf. Moser, D.-R.: Verkündigung durch Volksgesang. B. 1981,

549; Schroubek, G. R.: H.enidyll und Schäferallegorie im süddt.-alpenländ. Wallfahrtslied. In: Alpes Orientales 6 (1972) 135–140. – [27] cf. Gunkel, H.: Das Märchen im A.T. Tübingen [2]1921, pass. – [28] cf. Dvořák, num. 4320. – [29] cf. allg. Legner, A.: Der Gute H.e. Düsseldorf 1959; Engelmann, J.: Guter H. In: Lex. des MA.s 4,9 (1989) 1802sq. – [30] cf. Frenzel, Motive, 27–37. –
[31] cf. Carnap, E. G.: Das Schäferwesen in der dt. Lit. des 17. Jh.s und die H.endichtung Europas. Diss. Ffm. 1939; Anger, A.: Literar. Rokoko. Stg. [2]1968, 65–80; Hoffmeister, G.: Die span. Diana in Deutschland. B. 1972; Garber, K.: Der locus amoenus und der locus terribilis. Köln/Wien 1974; Lohmeier, A.-M.: Beatus ille. Studien zum „Lob des Landlebens" in der Lit. des absolutistischen ZA.s. Tübingen 1981; Rusterholz, P.: Schäferdichtung – Lob des Landlebens. In: Dt. Lit. 3. ed. H. A. Glaser. Reinbek 1985, 356–366. – [32] cf. Vitolins, J.: Die lett. H.enlieder. In: DJbfVk. 13 (1967) 213–222; Kundegraber, M.: Der Wirklichkeitsgehalt der Almlieder. In: Alpes Orientales 6 (1972) 121–133. – [33] cf. Jacobeit (wie not. 1) 453–470. – [34] cf. Mackensen, L.: Die Ballade von der Rabenmutter. In: Oberdt. Zs. für Vk. 5 (1931) 28–46; Dt. Volkslieder mit ihren Melodien 5. Fbg 1967, num. 114. – [35] cf. Schmidt, L.: Zur Entstehung und Kulturgeographie der dt. H.enspiele. In: Wiener Zs. für Vk. 38 (1933) 101–107; Pailler, W.: Weihnachtslieder und Krippenspiele aus Oberösterreich und Tirol 1–2. Innsbruck 1883, bes. t. 1, 158–191 (H.enlieder) und t. 2, 45–225, num. 380–481 (H.enspiele); Schier, B.: Die H.enspiele des Karpathenraumes. B. 1943. – [36] cf. Kutter, W.: Das Illertisser H.enspiel oder Gori-Lied. In: Schwäb. Weihnachtsspiele. ed. H. Bausinger. Stg. 1959, 127–156. – [37] cf. Mayerhofer, J.: Bräuche und Trachten. Wien/Mü. 1969, 56sq.

München Daniel Drašček
Siegfried Wagner

Hirt und die drei Riesen (AaTh 314 A), bezeichnet ein aus Eingang und zwei Hauptteilen zusammengesetztes Märchen des Erzählkomplexes Kampf gegen den → Unhold (cf. auch → Riese). Da nur der 1. Hauptteil die Identität von AaTh 314 A konstituiert, wird verständlich, warum – nach frühen Ansätzen von E. → Cosquin und J. → Bolte[1] – erst K. → Ranke und P. → Delarue einen eigenen Typ *H. und die drei Riesen* herausgestellt haben[2], der dann in die 2. Revision von AaTh (1961) aufgenommen wurde. S. → Thompson hat sich dabei nicht dem Vorgehen Delarues angeschlossen, der den Typ als num. 317 zählt, sondern mit Ranke *H. und die drei Riesen* als AaTh 314 A neben AaTh 314 (→ *Goldener*) plaziert. Da die Definitionen u. a. in Typenkatalogen[3] sehr knapp ausfallen und Probleme bei der Zuordnung von Var.n[4] auftreten, sei die Handlung von AaTh 314 A ausführlich beschrieben; Grundlage der Analyse sind ca 100 Texte aus dem EM-Archiv, Göttingen.

(1.) Eingang. Die Funktion des Eingangs innerhalb der Handlungslogik liegt darin, den Helden für den ersten Hauptteil, den Sieg über drei Riesen, adäquat auszustatten. Zur Ausw. stehen dafür die folgenden – aus anderen Märchentypen entliehenen – Episoden:

(1.1.) Empfang von → Zaubergaben. (1.1.1.) Der Held, fast immer niedriger Herkunft und arm, eventuell (1.1.1.1.) jüngster von drei Brüdern, begegnet einem oder mehreren Helfer(inne)n und (1.1.2.) ist gut zu ihm (ihnen). (1.1.3.) Als Belohnung empfängt er (1.1.3.1.) einen Stock, ein Schwert oder einen anderen Gegenstand, mit dem er jeden Gegner vernichten, und/oder (1.1.3.2.) eine Flöte, Pfeife, Geige oder ein anderes Instrument, womit er jedes Lebewesen zum Tanz zwingen oder eine Herde zusammenrufen kann (z. T. übereinstimmend mit AaTh 592 I: → *Tanz in der Dornhecke*, AaTh 570 II: → *Hasenhirt*), und/oder (1.1.3.3.) ein → Tischleindeckdich und/oder (1.1.3.4.) andere Zaubergaben, darüber hinaus manchmal (1.1.3.5.) genaue Handlungsanweisungen. Mehrfach (1.1.4.) werden die Gaben auch ohne vorherige Bewährung geschenkt, oder (1.1.5.) der Held findet sie ohne Helfer[5]. (1.2.) Motive aus AaTh 650 A (→ *Starker Hans*). In diesem Fall wird neben (1.2.1.) der außergewöhnlichen → Stärke und/oder (1.2.2.) dem enormen Appetit des Helden bes. (1.2.3.) die Episode AaTh 650 A II mit seinem Fortgang (Mot. F 612.2 und F 614.1) herangezogen[6]. (1.3.) Zaubergabe durch die Eltern. Der Held empfängt als (1.3.1.) Reisegeschenk oder (1.3.2.) einziges Erbstück von Vater oder Mutter einen Säbel oder Hammer[7]. (1.4.) In mehreren Fällen setzt die Erzählung mit einer recht vollständigen Durchführung von AaTh 511 A (*Der rote* → *Ochse*) ein[8].

Der Eingang kann auch ganz fehlen. In einer Reihe von Beispielen wird dann die Ausstattung des Helden – in der Form (1.1.5.) oder (1.1.6.) – während des ersten Hauptteils nachgeholt.

(2.) Erster Hauptteil. Diese den Typ konstituierende Episode verläuft in ihrer entwickelten Form wie folgt:

(2.1.) Der Held tritt als Hirt in den Dienst eines Königs. (2.1.1.) Ihm wird auferlegt, sein Vieh – meist (2.1.1.1.) Schafe, oft auch (2.1.1.2.) Kühe, seltener (2.1.1.3.) Schweine oder (2.1.1.4.) Ziegen – nicht über eine → Grenze auf ein benachbartes Territorium zu treiben, das drei Riesen gehöre. (2.1.2.) Öfter, bes. wenn (2.1.1.) fehlt, wird erwähnt, daß frühere Hirten getötet worden oder verschwunden sind. (2.2.) Der Held überschreitet die Grenze (2.2.1.) wegen Abweidung des bisherigen Platzes oder (2.2.2.) einfach aus Mutwillen, oder (2.2.3.) sein Vieh verläuft sich, während er schläft, über die Grenze. (2.3.1.) (Meist) drei Riesen, (2.3.1.1.) zu denen als vierter Unhold eine Hexe als ihre Mutter treten kann oder (2.3.1.2.) die durch andere Unholde ersetzt sein können, fordern an aufeinanderfolgenden Tagen Rechenschaft für die Verletzung ihres Territoriums. (2.3.2.) Der Held besiegt sie durch (2.3.2.1.) seine Zaubergaben oder (2.3.2.2.) Stärke oder (2.3.2.3.) List. (2.4.) Er gelangt – eventuell (2.4.1.) nachdem die Riesen gegen (dann nicht gewährte) Verschonung ihm ihre Reichtümer angezeigt haben oder (2.4.2.) er selbst Schlüssel bei ihnen gefunden hat – entweder (2.4.3.) nach jedem Sieg oder (2.4.4.) nach dem letzten Sieg in Schloß, Haus oder Höhle der Riesen. (2.5.) Dort trifft er auf (2.5.1.) Pferde und Rüstungen in drei Farben (Metallen) sowie (2.5.2.) unermeßliche Reichtümer und manchmal (2.5.3.) (weitere) Zauberwaffen und/oder (2.5.4.) dienstbare Geister oder (2.5.5.) gefangene oder verwunschene Personen. (2.6.) Beim abendlichen Heimtrieb erregt der Held Aufsehen und Zuneigung (2.6.1.) durch das Schauspiel seiner – nach Flötenspiel tanzenden – Herde oder (2.6.2.) durch – auf der Wiese oder im Schloß der Riesen gefundene – Blumen oder Juwelen sowie (2.6.3.) durch das fett gewordene Vieh; (2.6.4.) die (jüngste) Königstochter (2.6.4.1.) erhält die Blumen (Juwelen) und/oder (2.6.4.2.) verliebt sich in den Helden. (2.7.) Der Held erzählt niemandem von seinem Sieg und seinen Reichtümern[9].

(3.) Zweiter Hauptteil. Hier erfolgt die Nutzung der in Schloß oder Höhle gewonnenen Möglichkeiten bis zur Heirat mit der Königstochter. Zwar fehlt dieser Teil öfter, wobei der Held dann bereits im ersten Hauptteil entweder eine Königstochter aus der Gewalt der Riesen befreit oder allein durch seinen nützlichen Sieg sich die Heirat verdient hat[10]; in der Mehrzahl der Fälle jedoch liegt die Realisierung eines eigenen zweiten Hauptteils durch eine der folgenden – wieder aus anderen Märchentypen entliehenen – Episoden vor:

(3.1.) Turnier um die Hand der Königstochter in Anlehnung an AaTh 530 II–III (→ *Prinzessin auf dem Glasberg*)[11]. (3.2.) Rettung der Königstochter aus der Gewalt des → Drachen in meist sehr genauer Realisierung von AaTh 300 II–VII[12]. (3.3.) Beistand für den König in einem Krieg in enger Anlehnung an AaTh 314; die Wahl dieser Episode ist deutlich seltener als (3.1.) und (3.2.)[13].

Wichtiger als die kgl. Heirat mit Thronfolge scheint im Happy End von *H. und die drei Riesen* der Reichtum zu sein, den der Held sich in Schloß oder Höhle der Riesen angeeignet hat, wo er oft auch – statt am Hof – mit seiner Frau Wohnung nimmt. Der soziale Aufstieg findet in einer Reihe von Var.n durch den Zusatz von AaTh 935 (→ *Heimkehr des verlorenen Sohnes*) eine wesentliche Akzentuierung[14].

Das vorliegende Material zeigt ein Verbreitungsgebiet, das sich auf Europa westl. einer Linie Baltikum–Balkan beschränkt; Var.n finden sich ferner im span.- und frz.sprachigen Amerika sowie in China. Man stützt eine Datierung und Deutung von AaTh 314 A am plausibelsten wohl auf die wirtschafts- und sozialgeschichtlichen Elemente im konstituierenden ersten Hauptteil. Die Grenze zwischen dem (armen oder abgeweideten) Territorium des ‚Königs', für den der Held arbeitet, und den (tabuierten reichen) Ländereien der ‚Riesen' ist demnach weniger als eine Grenze zum Jenseits zu interpretieren denn konkreter auf den späten → Feudalismus des 17. und 18. Jh.s zu beziehen, in dem die ma. Weiderechte der Dorfgemeinschaften durch die grundherrliche Schäfereigerechtigkeit weitgehend verdrängt waren[15]. Das Märchen *H. und die drei Riesen* wird deutlich nicht aus der Perspektive des im Gutsbetrieb stehenden (Pacht-)Schäfers, der sich Übergriffe auf das Land der Bauern leistet, sondern umgekehrt aus der des Lohnhirten erzählt, der dem seit langem unterlegenen Dorf wieder zu einem Sieg gegen die Grundherrschaft verhilft und der, gattungstypisch genug, dann selber das ‚märchenhaft' reiche Schloß der getöteten Herrschaft übernimmt.

[1] Cosquin 2, 89–97; BP 3, 112 sq. – [2] Ranke 1, 175–184; Delarue, 275–279. – [3] cf. AaTh; Delarue, 276; van der Kooi; de Meyer, Conte; Pujol; Ting; Scherf, 451–453. – [4] z. B. Ranke 1, 15 (Redaktion C von AaTh 300); Pino Saavedra 2, 307. – [5] Michel, R.: Slowak. Märchen. Wien 1944, 107–114; Peuckert, W.-E.: Schlesiens dt. Märchen. Breslau 1932, num. 35; Ranke 1, 25 sq., 179–184. – [6] Haiding, K.: Österreichs Märchenschatz. Wien 1953, num. 1; Kristensen, E. T.: Æventyr fra Jylland 3. Kop. 1895, num. 7; Müller-Lisowski, K.: Ir. Volksmärchen. MdW 1923, num. 23. – [7] Henßen, G.: Ungardt. Volksüberlieferungen. Marburg 1959, num. 27; Wolf, J. W.: Dt. Märchen und Sagen. Lpz. 1845, num. 2. – [8] Béaloideas 2 (1929) 268–272 (ir.); JAFL 29 (1916) 31–37 (kanad.). – [9] Beispiele eines recht vollständigen 1. Hauptteils: Müller-Lisowski (wie not. 6); Pfaff, F.: Märchen aus Lobenfeld. In: Festschr. zur 50jährigen Doktorjubelfeier K. Weinholds. Straßburg 1896, 68–71; Skattegraveren 6 (1886) num. 823 (dän.); Tietz, A.: Sagen und Märchen aus den Banater Bergen. Buk. 1956, 97–100; Visentini, I.: Fiabe mantovane. Torino/Roma 1879, num. 5. – [10] JAFL 30 (1917) 79–81 (kanad.); Peukkert (wie not. 5) num. 36; Pino Saavedra 2, num. 76, 78; Tietz (wie not. 9); Wolf (wie not. 7). –

[11] Cosquin 2, 89–93; Haiding, K.: Märchen und Schwänke aus dem Burgenlande. Graz 1977, num. 12, 27; Michel (wie not. 5); Skattegraveren (wie not. 9). – [12] Aitken, H./Michaelis-Jena, R.: Schott. Volksmärchen. MdW 1965, num. 2, 10; Peuckert (wie not. 5); Ranke 1, 24 sq., 25 sq., 176–178; Skattegraveren 6 (1886) num. 698 und 7 (1887) num. 726 (dän.). – [13] Henßen (wie not. 7) num. 19; Lintur, P. V.: Ukr. Volksmärchen. B. 1972, num. 55 (aufgezeichnet im Raum des heutigen Jugoslawien); Merkelbach-Pinck, A.: Lothringer Volksmärchen. MdW 1961, num. 7. – [14] Peuckert (wie not. 5) num. 36; Ranke 1, 24 sq., 25 sq., 179–184; Skattegraveren 7 (1887) num. 726 (dän.); Wolf (wie not. 7). – [15] Jacobeit, W.: Schafhaltung und Schäfer in Zentraleuropa bis zum Beginn des 20. Jh.s. B. 1961 (^{2}1987), 128–146, 153–164, 169, 425–429.

Hamburg Günter Dammann

Hirt: Der lügenhafte H. (AaTh 1333), Fabel aus dem ältesten überlieferten äsopischen Korpus[1], die sich auch in den → Babrios-Prosaparaphrasen[2] findet:

Ein H. macht sich wiederholt einen Spaß daraus, um Hilfe vor dem Wolf zu rufen, und lacht die herbeieilenden Bauern aus. Als der Wolf dann wirklich kommt, glaubt keiner mehr seinen Hilferufen, und er verliert seine Schafe.

Die Rezeption dieser Fabel scheint erst mit der lat. Äsop-Übertragung des Remicius (Rinuccio; Mitte 15. Jh.)[3] einzusetzen; ihre Bekanntheit hat sie sicher nicht zuletzt der für ganz Europa wirkungsreichen Slg H. → Steinhöwels (ca 1476) zu verdanken[4].

Ein eher kindisch zu nennender Scherz – der Protagonist ist häufig ja auch ausdrücklich als Knabe bezeichnet[5] – wird hier meist als Exempel zur Warnung vor Lüge herangezogen (abweichend E. Le Noble und R. L'Estrange[6]), oft analog dem internat. nachgewiesenen Sprichwort ‚Wer einmal lügt, dem glaubt man nicht, und wenn er auch die Wahrheit spricht'[7]. Da es im Grunde um infantiles Verhalten geht, liegt die Verwendbarkeit der Fabel für den Unterricht auf der Hand. Schon J. → Camerarius hatte sie auch in seine Schulausgabe (1545) übernommen[8]; eine systematische Unters. dt. Schullesebücher von 1770 bis 1920 ergibt etwa 20 Belege[9]. Ferner finden sich Nachweise zum Gebrauch von AaTh 1333 als Unterrichtslektüre für England[10], Iran[11] und Indien[12].

In ca 30 Var.n aus populärer Überlieferung, die mehr oder weniger der äsopischen Tradition verpflichtet sind, ist AaTh 1333 vor allem in Europa sowie auf dem ind. Subkontinent dokumentiert[13]. Detailabweichungen betreffen bes. die Erzählfiguren (Zigeuner[14], Holzarbeiter[15] statt H.; Tiger[16], Löwe[17], Panther[18], Räuber[19] als Angreifer), auch den Ausgang (Tod des Protagonisten[20]). Gelegentlich erscheinen Erklärungen für das Verhalten des ‚Lügners': Ein H.enknabe will sich die Langeweile vertreiben[21], ein Kind kann mit seinem Vater nicht Schritt halten[22].

Über die äsopische Tradition hinaus besitzt der Erzähltyp zahlreiche Nebenformen: AaTh 1333 zuzurechnen sind alle Texte mit der Grundstruktur ‚Falscher Alarm, der Ausbleiben der Hilfeleistung nach sich zieht'[23]. Die älteste Ausformung wies A. → Scheiber in der *Kyrou paideia* (1, 6, 19; nach 366 a. Chr. n.) des Xenophon nach: Der Vater des → Kyros warnt seinen Sohn vor der Weckung trügerischer Hoffnungen mit dem Gleichnis vom Jäger, der seinen Hunden vortäuscht, es sei Wild in der Nähe[24]. Auf → Horaz (cf. *Epistulae* 1, 17,58–62) beruft sich B. → Waldis (1548) für die Geschichte vom Knaben, der sich oft stellt, „Als ob er het ein Bein zerbrochen"[25]. Diese auch in den Sprichwortsammlungen von S. → Franck (1541) und C. Egenolph (1548) belegte Erzählung vom ‚Lotterbuben'[26] ist bei Waldis mit der äsopischen H.enversion kombiniert; H. W. → Kirchhof (1563) führt beide Fassungen wieder getrennt auf[27]. Aus mündl. fries. Tradition wurden ebenfalls beide Versionen aufgezeichnet[28].

Als Tiererzählung ist AaTh 1333 in Tibet nachgewiesen: Das vom Fuchs gestohlene Kalb, das zuerst zum Spaß gebrüllt hat, wird vom Wolf gefressen[29]. In einer Erzählung aus Mexiko lassen sich zwei Liebespärchen durch das verabredete Warnsignal des Dieners nicht stören, da sie es für einen erneuten Proberuf halten[30]. Ferner begegnet das Thema ‚falscher Alarm' als Zaubermärchenmotiv: Nach ind. Var.n zu AaTh 707: *Die drei goldenen → Söhne*[31] gibt der König seiner schwangeren Frau vor einer Reise eine Glocke, um ihn herbeizurufen, wenn sie Hilfe brauche; weil sie das Signal aber mißbraucht, erscheint der König im entscheidenden Moment nicht mehr[32]. Eine weitere Variation erfährt die Thematik in der Episode vom Untergang der Chou-Dynastie aus dem chin. hist. Roman *Tung-chou lieh-kuo chih*:

Die Konkubine des Tyrannen Yu-wang ist erst zum → Lachen zu bringen, als ihr zur Freude ein Barbarenüberfall geprobt wird: Sie mokiert sich über die Gesichter der umsonst herbeigeeilten Vasallen. Später können die Barbaren ungehindert ins Land eindringen, da die Vasallen keine Hilfe mehr leisten.

Diese Geschichte bildet u. a. die Vorlage für Otto Julius Bierbaums Roman *Das schöne Mädchen von Pao* (1899) und Hermann → Hesses Märchen *König Yu* (1929)[33].

[1] Perry, num. 210; Babrius/Perry, app., num. 210; Irmscher, J. (ed.): Antike Fabeln. B./Weimar 1978, 116, num. 226. — [2] Crusius, O.: Babrii fabulae Aesopeae. Lpz. 1897, num. 169. — [3] Aufgenommen in zahlreiche Fabelausg.n, z. B. Fabvlarvm qvae hoc libro continentvr [...]. Magdeburg 1585, 175. — [4] Österley, H. (ed.): Steinhöwels Äsop. Tübingen 1873, num. 107; weitere Nachweise bei Äsop/Holbek 2, num. 146; Jacobs, J. (ed.): The Fables of Aesop as First Printed by William Caxton in 1484 [...] 1. L. 1889, 257, RE. X; Kurz, H. (ed.): Esopus von Burkhard Waldis 2. Lpz. 1862, app., 62, num. 62; Kirchhof, Wendunmuth 7, num. 136; Chevalier, M.: Cuentos folklóricos en la España del Siglo de Oro. Barcelona 1983, num. 100; Desbillons, F. J.: Fabulae Aesopiae [...] 1. Mannheim 1768, num. 2,6. — [5] z. B. Neveletus, I. N.: Mythologia Æsopica. Ffm. 1610, num. 270; Desbillons (wie not. 4). — [6] Contes et fables de Mr. Le Noble [...] 1. Amst. 1699, num. 42; Les Fables d'Esope [...] de Monsieur le Chevalier Lestrange. Amst. 1714, num. 62. — [7] Wander 3, 268, num. 109, cf. num. 106—108, 110; Schwarzbaum, Fox Fables, xviii, xlv, not. 75; Scheiber, A.: Antike Motive in der Aggada [1969]. In: id.: Essays on Jewish Folklore and Comparative Literature. Bud. 1985, 251—255, hier 253; BP 4, 319; cf. Mayeda, N./Brown, W. N.: Tawi Tales. New Haven, Conn. 1974, 433; Jacobs (wie not. 4). — [8] Camerarius, J.: Fabellae Aesopicae qvaedam notiores, et in scholis vsitatae [...]. Lpz. 1578, 35. — [9] Freundliche Mittlg von I. Tomkowiak, Göttingen; cf. ead.: Traditionelle Erzählstoffe im Lesebuch. In: Fabula 30 (1989) 96—110, hier 108; v. auch Zender, M.: Sagen und Geschichten aus der Westeifel. Bonn [2]1966, num. 424. — [10] cf. Jacobs (wie not. 4). — [11] Fārsi. Dovvom-e dabestān. Teheran 1353/1974, 160 (1366/1987, 102 sq.). — [12] cf. Mayeda/Brown (wie not. 7) 432 sq.; keine Schulbuch-Belege für Irland (cf. Ó Súilleabháin/Christiansen), obwohl auch Lesebücher ausgewertet wurden. — [13] Ergänzend zu AaTh: Ó Súilleabháin/Christiansen; de Meyer/Sinninghe; van der Kooi; Arājs/Medne; SUS (ukr.); Jason, Types (europ. Aschkenasim); Kovács, Rátótiádák; Stroescu, num. 3810; Marzolph; Jason, Indic Oral Tales; Zender (wie not. 9); Cammann, A.: Dt. Volksmärchen aus Rußland und Rumänien. Göttingen 1967, num. 155 (Siebenbürgen); Sheikh-Dilthey, H.: Märchen aus dem Pandschab. MdW 1976, num. 65; Mayeda/Brown (wie not. 7) num. 41; Zaborowski, H.-J.: Märchen aus Korea. MdW 1975, num. 7; Reinisch, L.: Die Somali-Sprache 1. Wien 1900, num. 31. — [14] Stroescu, num. 3810. — [15] Zaborowski (wie not. 13). — [16] Grierson, J. A.: Linguistic Survey of India 9,3. Calcutta 1907, 114. — [17] Sheikh-Dilthey (wie not. 13). — [18] Reinisch (wie not. 13). — [19] Flowers J 2172.1. — [20] Sheikh-Dilthey, Cammann (wie not. 13). — [21] Sheikh-Dilthey (wie not. 13). — [22] Mayeda/Brown (wie not. 7) 433. — [23] cf. Rausmaa. — [24] Scheiber (wie not. 7) (Hinweis auf Phädrus unzutreffend); ähnlich Stroescu, num. 3810. — [25] Kurz (wie not. 4) t. 1, 101 sq. (num. 1,62). — [26] Franck, S.: Annder theyl der Sprichwörter. (Ffm. 1541) Nachdr. Hildesheim/Zürich/N.Y. 1987, 131; [Egenolph, C.:] Sprichwörter/Schöne/Weise Klugreden [...]. Ffm. 1560, 143. — [27] Kirchhof, Wendunmuth 7, num. 134, 136. — [28] van der Kooi. — [29] Bødker, Indian Animal Tales, num. 1012. — [30] Robe. — [31] cf. Thompson/Roberts 707; Thompson/Balys J 2199.1.2; Mayeda/Brown (wie not. 7) 432. — [32] z. B. Frere, M.: Old Deccan Days. L. [4]1889, num. 4; Day, L. B.: Folk-Tales of Bengal. L. [10]1908, num. 19. — [33] cf. Rose, E.: The Beauty from Pao. Heine — Bierbaum — Hesse. In: The Germanic Review 32 (1957) 5—18.

Göttingen Christine Shojaei Kawan

Hirtenknabe (AaTh 515), selten belegtes Zaubermärchen um einen → Hirten.

Ein → Findelkind findet auf der Weide nacheinander drei Zaubergegenstände (Glasschuhe, -uhr, -glöckchen), die von ihren Besitzern zurückgefordert werden. Zur Belohnung hilft ihm ein → Riese, drei Prüfungen zu bestehen (über Löwen springen, tosenden Fluß überqueren, über Feuer springen). Danach tötet er den Riesen auf dessen Verlangen hin und erhält die Tochter des hierdurch entzauberten Königs zur Frau.

Von den bei AaTh angeführten Nachweisen treffen nur die schwed. zu, für alle anderen als AaTh 515 klassifizierten Texte, so auch die lett.[1], bildet die Typennummer eine Art Sammelbecken disparater Belege[2]. Schon S. → Liljeblad erkannte, daß das Märchen „von sehr zweifelhafter Echtheit"[3] ist, und W. → Liungman urteilte, daß es „der schwedischen mündlichen Überlieferung nicht anzugehören"[4] scheint.

Die schwed. Var.n des Märchens gehen zurück auf einen 1844 von G. O. → Hyltén-Cavallius und G. Stephens veröff. uppländ. Text[5]. Dieser beruht auf einer nicht erhaltenen Aufzeichnung des aus Deutschland stammenden Papierfabrikbesitzers C. von Zeipel, der dem romantischen Literatenkreis in Uppsala angehörte. Zur Herkunft des Textes ist nichts bekannt, von Zeipels sonstige Aufzeichnungen sind in mehreren anderen Fällen als ,falsch oder unvollständig' gewertet worden[6]. Die gotländ. Var. bei P. A. Säve[7] hängt vermutlich eng mit diesem Text zusammen; Säve verkehrte während seiner Studien (1830–33) in Uppsala wohl auch in diesem Literatenkreis[8]; zudem ist bekannt, daß sein Bruder Carl direkten Kontakt mit Hyltén-Cavallius hatte[9]. Der dritte schwed. Beleg, eine in den Anmerkungen bei Hyltén-Cavallius angeführte gotländ. Var.[10], ist ziemlich sicher mit dem Text bei Säve identisch. Dieses Märchen wurde von der mit Säve verwandten Engel Lisa Kahl erzählt, die vermutlich gut mit der damaligen schwed. Lit. vertraut war, wahrscheinlich 1846[11].

Insofern dürfte es sich relativ eindeutig um ein Kunstmärchen, d. h. um eine – unter Umständen im literar. Umkreis von Zeipels erfundene – Mischung traditioneller volkstümlicher und literar. phantastischer Motive handeln.

[1] Šmits, P.: Latviešu tautas teikas un pasakas 6. Waverly, Iowa [2]1966, 281–308, 447–452. – [2] Loorits 515 gehört zu AaTh 325; Andreev 515 bringt nur die russ. Übers. von AaTh ohne Belege; Eberhard/Boratav, num. 170 ist zu AaTh 563 zu stellen; ein fläm. Beleg ist bei de Meyer, Conte nicht mehr verzeichnet. Auch Lőrincz 515 A* und Ėrgis, num. 234 entsprechen nicht AaTh 515. – [3] Liljeblad, S.: Die Tobiasgeschichte und andere Märchen mit toten Helfern. Lund 1927, 99, not. 10. – [4] Liungman, Volksmärchen, 138. – [5] Hyltén-Cavallius, G. O./Stephens, G.: Svenska folk-sagor och äfventyr 1, 1. Sth. 1844, num. 6 (dt. Übers. u. d. T. Schwed. Volkssagen und Märchen. Wien 1848, num. 6). – [6] Hyltén-Cavallius, G. O./Stephens, G.: Sagor. ed. J. Sahlgren/S. Liljeblad (Svenska sagor och sägner 4). Sth. 1942, 13–15, hier 15. – [7] Säve, P. A.: Gotländska sagor. ed. H. Gustavson (Svenska sagor och sägner 10). Sth. 1952, num. 2. – [8] Andrén, S.: Carl Samuel Frederik von Zeipel. In: Svenska män och kvinnor. Biografisk uppslagsbok 8. Sth. 1955, 464 sq.; cf. Gustavson, H.: Per Arvid Säve. In: Saga och sed (1961) 63–67. – [9] cf. Bringéus, N. A.: Gunnar Olof Hyltén-Cavallius som etnolog. Sth. 1966, 113. – [10] Hyltén-Cavallius/Stephens (wie not. 5) t. 1, 2 (1849) 484. – [11] cf. Bjersby, R.: Traditionsbärare på Gotland vid 1800-talets mitt. En undersökning av P.-A. Säves sagesmän. Uppsala 1964, 266 sq.

Lund Jan-Öjvind Swahn

Historie, Historienliteratur. Im Singular bezeichnet der Terminus Historie (H.) im Deutschen zunächst ,die Geschichte' als Weltenlauf und die Wiss. davon. Im Plural bedeutet er ,Geschichten', so wie das Wortspiel ,Geschichte in Geschichten' u. d. T. ,H.n und H.' für einen Forschungsaufriß zur Erzählliteratur des 16./17. Jh.s gebraucht worden ist, in dem die zeitgenössische lat. Terminologie typologisiert wird[1]. Doch auch die dt. Entsprechungen stammen aus dem 16. Jh., während die Erzählforschung bislang keine einheitlichen Festlegungen getroffen hat. Die Geschichtswissenschaften hingegen reflektieren gemeinsam mit den Philologien genauer über ihren Ursprungsnamen und dessen methodologische Implikationen[2]. Danach stellen die historiae in der lat. Bildungsliteratur des MA.s eine Kategorie der topischen Rhetorik dar, während sich die Eindeutschung ,H.n' seit dem 15. Jh. als erzähltechnischer Gattungsbegriff in verschiedenen Bereichen (chronographische, exemplarische, biogr., liturgische H.) durchsetzte[3]. Der spätere Kollektivsingular H./Geschichte[4] wurde weiterhin vor allem von der Chronikliteratur abgedeckt. Daneben breitete er sich als literar. terminus technicus im Zusammenhang poetologischer Distinktionen über den Wahrheitsgehalt fiktiver Texte aus, so für Schelmen- und andere Prosaromane, die sich H.n betiteln[5]. Eine Sonderentwicklung stellen die Bild-H.n des 16./17. Jh.s im illustrierten → Flugblatt dar, ausgehend von der älteren Bedeutung des Wortes H. für szenische Darstellungen in der Malerei, die Mitte des 16. Jh.s auch im Deutschen geläufig war[6].

Näher an die spezifischen Fragen der Erzählforschung führen Unters.en zu bestimmten Texten fest umrissener Gattungsstruktur. So sind jüngst die historiae im *Policraticus* des Johannes von Salisbury (Mitte 12. Jh.), die man aus Sicht der Erzählforschung u. a. als → Memorabilien bezeichnen würde, ,rhetorische Exempla' im Rahmen von ,Geschichte als Topik' genannt worden[7]. Derartige Erörterungen über den literar. Gebrauch denkwürdiger Präzedenzfälle vertiefen die Kenntnis vom Funktionsumkreis des modernen Hilfsbegriffs → Exemplum; zugleich verweisen sie auf die sprachliche wie sachliche Fortentwicklung vom Beispiel der vor-hist. Denkformen zur → Geschichte als erzählter Faktizität in der hist. Forschung der Moderne, auch wenn letzterer Begriff in der volkskundlichen Erzählforschung bislang lediglich von A. → Wesselski gebraucht wurde, dessen Definition heute weitgehend nur noch von hist. Interesse ist. Wesselski postulierte eine → Einfache Form des Tatsachenberichtes, der ‚sich von selbst macht', von tatsächlich oder vermeintlich Geschehenem berichtet und somit den Anfang allen Erzählens darstellt. Der passende lat. Terminus wäre res gesta, Tatsachenbericht, im Gegensatz zur erzählenden historia. So hat man im 16. Jh. ‚Geschichte' als Geschehensschilderung der damals sog. ‚Fabel' oder dem ‚Märlein' als fiktionaler Gattung entgegengesetzt. → Luther spielt diesen vordergründigen Wirklichkeitsbezug (cf. → Geschichtlichkeit) am deutlichsten im Legendenstreit wider die falschen Heiligenviten (‚Lügenden') aus: Sie seien ‚Gedicht' und nicht ‚Geschicht'[8]; nur wahre Geschichte aber legitimiere zum Gebrauch auf der Kanzel, allenfalls gut erfundene Geschichten, die sich für die Allegorese eigneten wie die Erzählungen von → Christophorus (AaTh 768) oder dem hl. → Georg. Dahinter steht → Melanchthons Geschichtstheologie in der Tradition der ma. Drei-Bücher-Offenbarung: Bibel, Buch der Natur, Fingerzeig Gottes in der Geschichte.

So wurde H. im 16. Jh. „in einzigartiger Weise zum Schlüsselbegriff im Bereich narrativer Literatur"[9] und von nun an historia an den protestant. Univ.en gelehrt. Dieses Fach zog H.n zur Moralisierung aus der H., vornehmlich der eigenen Reformationsgeschichte, und sammelte sie in hist. → Kalendarien, zuerst Paul Ebers *Calendarium historicum* (Wittenberg 1550). So kommt es, daß die nun einsetzende protestant. Kompilationsliteratur nach → Loci communes, d. h. nach alphabetischen Gliederungspunkten der theol. Lehre und der ethischen Nutzanwendung (→ Tugenden und Laster), in den barocken Bibliotheken und Studienanleitungen der Geschichtswissenschaft zugeordnet wurde, weil sie H.nliteratur ist, d. h. aus historiae besteht. Auch die bibl. Geschichte zerlegte man in solche Geschichten, z. B. Kaspar → Goltwurms *Die schöne und tröstliche Historia von Joseph* (Wittenberg 1551).

Im Endzeitbewußtsein der Reformation war die Geschichtswissenschaft nochmals wie im MA. als Magd der Theologie definiert worden, womit auch die → Prodigien und ‚Wunderzeichen' als reale Eingriffe Gottes in das Weltgeschehen gegenüber den papistischen → Mirakeln literaturwürdig wurden. Jede ‚Neue Zeitung' konnte so zur echten historia werden und ging darum konsequenterweise in die → Chronik-, → Kompilations- und → Kuriositätenliteratur des 16./17. Jh.s ein. Hieraus vereinzelten u. a. die Brüder → Grimm die Erzählungen wieder zu → Sagen; deshalb ist es geschichtlich angemessen, hier von H.nliteratur zu sprechen. Im weiteren Sinne zählt dann auch die konfessionelle Parallelproduktion der → jesuit. Erzählliteratur dazu. Beides will – jedenfalls in der Theorie – gegenüber den ma. → Exempelsammlungen einem modernen geschichtlichen Wahrheitsbegriff verpflichtet sein und bezieht daher Ereignisse der eigenen Zeit verstärkt ein. Auswahlkriterium ist die verwertbare Relevanz des Geschehenen als Geschichte. Sie lautet in der zeitgenössischen Terminologie ‚Denk-' oder ‚Merkwürdigkeit'. Historia wird etwas nur, wenn es der Erinnerung wert ist, d. h. wenn es im exemplarischen Geschehen göttliche Offenbarung, also konkrete Handlungsweisen aufscheinen läßt. Deshalb dominieren die Strafexempel der Zuchtrute Gottes und die vorbildhaften Tugendleistungen geschichtlicher Gestalten.

Das von A. → Jolles unter den Einfachen Formen in bes. Weise herausgestellte Memorabile besitzt hier seinen geschichtlichen Ort und Namen, auch wenn er es als bloß zeitungsmäßige Sensationsmeldung auffaßte. Geschichten weitererzählen um ihrer erinnerungswerten Denkwürdigkeit willen lautet das didaktisch-katechetische Programm der H.nliteratur. Das 17. Jh. hat dafür als neuen Relevanzbegriff den seit dem späten 18. Jh. dann wieder verpönten der curiositas (Kuriositätenliteratur; cf. → Deutschland, Kap. 1.7.2) auch auf das Feld der H. ausgedehnt; kuriös meinte ‚memorabile'[10].

Eine Systematisierung der protestant. Beispiel- und H.n-Slgen des 16./17. Jh.s kann nach folgenden Kategorien erfolgen[11]:

(1) Theol.-kirchengeschichtliche und humanistisch-polyhist. Qu.nkompendien sowie deren popularisierende Kleinformen; (1.1) Biblica und Ecclesiastica; (1.2) Historica (hauptsächlich facta et dicta profana); (1.3) Universalkompilationen exemplarisch dargestellter Geschichte; (1.4) Spezial- und Lokalkompendien von Memorabilia; (2) Epitomatorische Werke mit betont didaktisch-homiletischen Intentionen; (2.1) Taschenbuchlektüre; (2.2) die eigentlichen luther. Universalkompilationen mit geistlicher Zielsetzung.

[1] Brückner, W.: H.n und H. In: Brückner, 13—123. — [2] Koselleck, R./Stempel, W. D.: Geschichte — Ereignis und Erzählung. Mü. 1973. — [3] cf. allg. Knape, J.: „H." in MA. und früher Neuzeit. Begriffs- und gattungsgeschichtliche Unters. im interdisziplinären Kontext. Baden-Baden 1984, bes. 93—212. — [4] Keuck, K.: Historia. Geschichte des Wortes und seiner Bedeutungen in der Antike und in den rom. Sprachen. Diss. Münster 1934; Hennig, J.: Das Wort „Geschichte". In: DVLG 16 (1938) 511—526; Geiger, P.: Das Wort „Geschichte" und seine Zusammensetzungen. Diss. Fbg 1908. — [5] Knape (wie not. 3) 296—365. — [6] ibid., 401—430. — [7] Moos, P. von: Geschichte als Topik. Das rhetorische Exemplum von der Antike zur Neuzeit und die historiae im „Policraticus" Johanns von Salisbury. Hildesheim/Zürich/N.Y. 1988. — [8] Brückner, A. und W.: Zeugen des Glaubens und ihre Lit. In: Brückner, 521—578, hier 528 sq.; zum Verhältnis von Fabel und H. im 16. Jh. cf. jetzt auch Knape (wie not. 3) 349—355. — [9] Knape (wie not. 3) 390. — [10] cf. allg. Daxelmüller, C.: Disputationes curiosae. Zum „volkskundlichen" Polyhistorismus an den Univ.en des 17. und 18. Jh.s. Würzburg 1979. —
[11] cf. Brückner, 120 sq.

Würzburg Wolfgang Brückner

Historienbuch → Volksbuch

Historisierung und Enthistorisierung

1. Definition — 2. Dialektik von H. und E. — 3. Gattungsspezifik — 4. Forschungstendenzen

1. Definition. Unter H. soll hier nicht allg. die → Geschichtlichkeit von Erzählungen verstanden werden, sondern der Vorgang, daß geschichtlich unbestimmte oder gar als → ahistorisch konzipierte Erzählungen im Gang der Überlieferung in hist. Zusammenhänge gestellt werden. E. ist entsprechend die Ausblendung hist. Elemente und die Herauslösung von Erzählungen aus ihrem hist. Zusammenhang.

2. Dialektik von H. und E. Das Grundmodell der H. ist gegeben in der geschichtlichen Festlegung eines ursprünglich mythisch verstandenen Geschehens (→ Mythische Apperzeption, → Mythos, A. N. → Afanas'ev). Was sich in der Zeitlosigkeit des Himmels, der Götterwelt abspielte, wird auf die Erde versetzt, einem bestimmten Ort und einer bestimmten Zeit zugeordnet. Da die Erzählforschung lange von der Priorität des Mythischen ausging, wurde mit diesem Modell auch bei Überlieferungen operiert, für die ein hist. Hintergrund erkennbar war. Als Beispiel mag die Tradition um Wilhelm → Tell dienen, die aus einer ‚Naturmythe' abgeleitet wurde. E. L. Rochholz, der sich ausführlich mit der Überlieferungsgeschichte auseinandersetzte, leitete sein Buch[1] bezeichnenderweise mit einem Kapitel ein, in dem er fast ausschließlich jahreszeitlich, an den Gang der Natur gebundene Bräuche aufzählt: In solchen „Naturfesten"[2] und „Spielen der freischaffenden Volksphantasie"[3] sieht Rochholz auch die Telltradition verankert.

Er führt freilich die Entwicklungslinie weiter und zeigt auch, wie die Tellsage mehr und mehr ins Geschichtliche gerückt wird. Die Sage — für Rochholz zunächst das „mit religiöser Liebe Geglaubte"[4] — erhält einen hist. Anstrich und damit eine neue Legitimation: Sie „flüchtet sich zuletzt sogar in das Lager ihrer Gegnerin, gleichsam wie auf Gnade und Ungnade, und sonderbarer Weise geschieht es alsdann, daß ihr von der Geschichte das Leben erst geschenkt wird"[5]. Was von Rochholz so in poetischer Sprache charakterisiert wird, ist der dialektische Zusammenhang von H. und E. Die hist. Festlegung einer zuerst vermeintlich unhist. Tradition gibt dieser Tradition Dauer und arbeitet so der erneuten E. vor. Es ist freilich nur eine relative E.: Die Dauer der Überlieferung ist abhängig von der Gruppe der Überlieferungsträger, die in der betreffenden Geschichte ein Mittel der → Integration sehen[6].

Der Zusammenhang zwischen H. und E. kann auch am Beispiel des Märchens erörtert werden. In den KHM der Brüder → Grimm spielen → König und Königin eine große Rolle. Feudalistische und vor allem absolutistische Vorstellungen[7] wurden so in die Märchenhandlung hineingetragen. Das Königtum wurde aber von den Brüdern Grimm gewissermaßen als Naturform verstanden; die Gültigkeit der Märchen sollte durch diese Festlegung nicht auf eine bestimmte Epoche begrenzt, sondern gerade auf Dauer gestellt werden. Man kann den Vorgang ebenso als enthistorisierende H. wie als historisierende E. bezeichnen.

Die Annahme, daß für die späteren Phasen einer Überlieferung grundsätzlich die Tendenz zur H. charakteristisch ist, erweist sich jedenfalls als falsch. H. Gerndt hat am Beispiel des → Fliegenden Holländers gezeigt[8], wie das Motiv zunächst stärker in realistisch gefaßte, hist. Zusammenhänge eingebunden bleibt, sich dann aber in romantischer Zeit entschieden in allgemeinere mythische Vorstellungen hineinbewegt, die auch für andere Sagen charakteristisch sind — die Tradition wird also eher enthistorisiert.

3. Gattungsspezifik. Das Verhältnis von H. und E. ist in den unterschiedlichen Erzählgattungen verschieden.

Die Anekdote, charakterisiert durch das Merkmal der → Faktizität, berichtet Historisches[9]; der sekundäre Vorgang der H. scheint hier keinen Platz zu haben. Aber die Häufigkeit von Wanderanekdoten[10] zeigt, daß offenbar oft die Erzählhandlung als solche Priorität hat und daß sie erst sekundär mit einer bestimmten Person oder Personengruppe in Verbindung gebracht wird (cf. → Kristallisationsgestalten). Anekdoten sind also in vielen Fällen nicht einfach hist. Berichte, sondern das Ergebnis von H.sprozessen.

Ein ähnlicher Zusammenhang kann für die Legende, aber auch für Schwank und Witz postuliert werden. Genetisch betrachtet ist die Legende nicht die Erzählung über → Heilige, die Wunder vollbrachten, sondern die Erzählung über Wunder, die einem oder einer bestimmten Heiligen zugeschrieben werden. Schwank- und Witzmotive werden aktualisiert, indem sie realen Personen zugewiesen werden. Im Schwank kann verfolgt werden, wie seit dem späten MA. die gleichen lustigen Begebenheiten von ganz verschiedenen hist. oder auch pseudohist. Gestalten erzählt werden. Im Witz vollzieht sich die Annäherung der oft sehr alten, manchmal schon in der Antike bezeugten Motive im allg. über erfundene Gestalten (wie Graf Bobby oder Klein Erna)[11], die aber ein bestimmtes, meist der Gegenwart angenähertes Zeitkolorit transportieren. Insofern kann auch hier von H. gesprochen werden.

In der Sage spielt das Problem der H. und E. eine zentrale Rolle. W.-E. → Peuckert stellt fest: „die Sage historisiert, zielt auf geschichtliche Aussage und Erklärung"[12]. Der Begriff des Historisierens ist hier sicher nicht streng gefaßt; aber es ist richtig, daß in der Sage häufig hist. Zustände und Ereignisse anvisiert werden. Auf der anderen Seite ist es ebenso richtig, daß das hist. Interesse nicht zentral ist: „Wer aber den Erzählern dieser Gattung wirklich zuhört, merkt schnell, daß sie mit Geschichte nichts im Sinn haben und weder nach der Vergangenheit forschen noch historische Abläufe betrachten wollen. Dagegen drückt sich in ihren Berichten über das ‚Früher' in diesem Kulturraum jenes Staunen über unerhörte Vorgänge aus, das für die Sage allgemein typisch ist."[13] Vereinfacht könnte man sagen, daß H.en der Sage dazu dienen, jenes Unerhörte glaubwürdig zu machen. In modernen Sagen und Gerüchten ist dies ganz offenkundig: Sie werden mit genau bestimmten Personen in Verbindung gebracht, weil dann das ‚Unglaubliche' nicht einfach beiseite geschoben werden kann.

Es gibt aber auch Sagen, die tatsächlich in einem strengeren Sinne H.en darstellen. Dies gilt für die ätiologischen Sagen, soweit diese ihre Erklärungen nicht in rein mythischen Bereichen ansiedeln. Eine merkwürdige Vertiefung in einem Fels kann als Fußabdruck des Teufels oder eines Riesen gedeutet werden; sie kann aber auch auf einen bestimmten Raubritter zurückgeführt werden, der von hier aus mit seinem Roß zum nächsten Felsen sprang (cf. → Jungfernsprung). In diesem Fall handelt es sich um H., selbst dann, wenn der betreffende Ritter hist. nicht nachweisbar ist. Orts- und Flurnamen werden ätiologisch-hist. erklärt[14]; erstaunliche Geländebildungen werden mit versunkenen Siedlungen in Verbindung gebracht; unerklärte Denkmäler und Zeichen werden aus einem — tatsächlichen oder nur postulierten — hist. Ereignis abgeleitet.

Daß Prozesse der H. das Märchen verändern können, wurde oft verkannt. Trotz der lange Zeit vorherrschenden Tendenz, für alle Märchen grundsätzlich ein sehr hohes Alter anzunehmen (→ Altersbestimmung des Märchens), wurden Märchen aufgrund einzelner Motive oder auch nur Gegenstände in jüngere Zeiten datiert – wenn etwa Schürzen oder Strümpfe in einem Märchen erwähnt werden, schien damit die Entstehung nach der Mitte des 16. Jh.s gesichert[15]. Unabhängig von der Frage des tatsächlichen Ursprungs und Alters ist jedenfalls diese Beweisführung problematisch: Einzelzüge des Märchens und vor allem bloße → Requisiten können ohne Schaden für die Handlungsstruktur ausgewechselt werden, und historisierende bzw. aktualisierende Requisitverschiebungen waren beim Märchen durchaus nicht ungewöhnlich[16]. In Gebieten mit einer relativ ungebrochenen Erzähltradition tauchen selbst moderne technische Requisiten auf[17]. W. Grimm hat das Wesen der Requisitverschiebung durchaus erkannt:

In der Vorrede zum 2. Band der KHM (1815) spottet er über Argumentationen, „welche aus Soldaten, Handwerksburschen oder aus Kanonen, Tabakspfeifen und andern neuen Dingen in den Märchen auch ihre neue Erdichtung ableiten wollen, da doch gerade diese Sachen, wie Wörter der heutigen Sprache, nach dem Munde der Erzählenden sich umgestalten und man sicher darauf zählen kann, dass sie im sechszehnten Jahrhundert statt der Soldaten und Kanonen Landsknechte und Büchsen gesetzt haben und der unsichtbar machende Hut zur Ritterzeit ein Tarnhelm gewesen ist"[18].

Andererseits sieht W. Grimm wirksame Schranken für die Requisitverschiebung – die sekundäre Einfügung ital., frz. oder oriental. Erzählungen in ein dt. Milieu hält er für unmöglich[19]. In diesem Sinne setzt er auch selbst in seinen Märchenbearbeitungen der Veränderung von Requisiten deutliche Grenzen; ja, die Tradition, die sich in der Zeit der Brüder Grimm herausgebildet hat und die von ihnen geprägt wurde, ging in die entgegengesetzte Richtung. In ihr wird die Patina zum essentiellen Bestandteil der Märchen; sie werden auf hist. Gegenstände, aber auch hist. Sozialverhältnisse fixiert[20]. Die historisierende Festlegung hat dabei nicht die Funktion, die Märchen in einer bestimmten geschichtlichen Epoche anzusiedeln; sie zielt vielmehr auf die angebliche Zeitlosigkeit der Märchen und bestätigt so noch einmal die Dialektik von H. und E.

4. Forschungstendenzen. Akzentverschiebungen zwischen der Tendenz zur H. und der Tendenz zur E. müssen in engem Zusammenhang mit der Forschung gesehen werden. Die Brüder Grimm postulierten in ihrer Theorie einen letztlich unhistorischen, zeitlosen Ursprung der Volksdichtung. Ihr Begriff der → ‚Naturpoesie' zielt nicht nur auf die ‚natürliche' Einfachheit der Strukturen, sondern vor allem auf einen aller hist. Differenzierung vorgelagerten Ausgangspunkt dieser kulturellen Erscheinung[21]. So lag es für sie, bei aller hist. Akribie, nahe, Volkspoesie nach Möglichkeit ins Zeitlose zu stilisieren. Alles in allem dürften sie die hist. Einflüsse und Brüche unterschätzt haben.

Wo diese in den Vordergrund gestellt werden, entsteht auch ein anderes Verhältnis zur aktuellen Schöpfung und Überlieferung von Volkserzählungen. Dies ist deutlich geworden in den gesellschaftskritisch motivierten Versuchen der beiden letzten Jahrzehnte, Märchen historisierend umzudeuten und beispielsweise feministische und auch im weiteren Sinne emanzipative Tendenzen zur Geltung zu bringen[22]. Die populär immer noch vorherrschende Auffassung des Märchens, die auch dessen stabile Konjunktur mit begründet, ist aber eher unhist. Sie kann sich auf populärwiss. vermittelte Theorien berufen, die in den Märchen einen Ausdruck zeitloser psychischer Tiefenstrukturen sehen und für die alle H.en lediglich belanglose Oberflächenveränderungen darstellen (→ Archetypus, → Tiefenpsychologie).

[1] Rochholz, E. L.: Tell und Gessler in Sage und Geschichte. Heilbronn 1877. – [2] ibid., 16. – [3] ibid., 18. – [4] ibid. – [5] ibid. – [6] cf. Graus, F.: Lebendige Vergangenheit. Überlieferung im MA. und in den Vorstellungen vom MA. Köln/Wien 1975; cf. Graf, K.: Thesen zur Verabschiedung des Begriffs der ‚hist. Sage'. In: Fabula 29 (1988) 21–47, hier 24 (Zusammenfassung der Überlegungen von Graus: „Die Funktion einer historischen Überlieferung ist somit ihre Integrationsleistung für eine Gruppe, ihren Träger."). – [7] cf. EM 4, 1064. – [8] cf. auch McWilliams, P.: The Alamo Story: From Fact to Fable. In: JFI 15 (1978) 221–233. – [9] cf. Grothe, H.: Anekdote. Stg. 1971, 87sq. – [10] cf. Moser-Rath, E.: Anekdotenwanderungen in der dt. Schwanklit. In: Volksüberlieferung. Festschr. K. Ranke. Göttingen 1968, 233–247. –
[11] cf. Bausinger (^{2}1980), 143. – [12] Peuckert, W.-E.: Sagen. Geburt und Antwort der mythischen Welt. B. 1965, 23. – [13] Baumgartner, H.: Bair. Sagen. Kassel 1983, 118. – [14] Neuere Beispiele v. Fischer,

H.: Erzählgut der Gegenwart. Köln 1978, 38–46. – [15] cf. die eingehende Kritik von Kahlo, G.: Wege zur Altersbestimmung der Märchen. In: HDM 1 (1930/33) 55–62, bes. 57–59. – [16] cf. Bausinger, H.: „Historisierende" Tendenzen im dt. Märchen seit der Romantik. In: Wirkendes Wort 10 (1960) 279–286; Schmidt, L.: Die Volkserzählung. B. 1963, 48–54. – [17] cf. Röhrich, Märchen und Wirklichkeit, 191–199. – [18] Grimm, W.: Kl.re Schr. 1. ed. G. Hinrichs. B. 1881, 332. – [19] ibid. – [20] cf. Bausinger (wie not. 16). –
[21] cf. Bausinger, H.: Natur und Geschichte bei Wilhelm Grimm. In: ZfVk. 60 (1964) 54–69. – [22] z. B. Mieder, W. (ed.): Mädchen, pfeif' auf den Prinzen! Märchengedichte von Günter Grass bis Sarah Kirsch. Köln 1983; Lerche, D./Gmelin, O. F.: Märchen für tapfere Mädchen. Gießen 1978; cf. Doderer, K. (ed.): Über Märchen für Kinder von heute. Weinheim/Basel 1983.

Tübingen Hermann Bausinger

Hitopadeśa (hita-upadeśa: freundliche Belehrung), eines der bekanntesten und beliebtesten Werke der ind. Erzählungsliteratur in Sanskrit. Als ein Nītiśāstra, ein Lehrbuch der politischen Führungskunst, dient der H. wie die umfangreichere und ihn an Bedeutung und Verbreitung übertreffende Vorlage – das → *Pañcatantra* – dazu, mit Hilfe von Fabeln in Prosa und von Versen aus der Spruchdichtung staatsmännische Klugheit, praktische Lebensweisheit und Menschenkenntnis zu vermitteln.

Die Rahmenhandlung erzählt, wie König Sudarśana (*Pañcatantra*: Amaraśakti), der in der Stadt Pāṭaliputra (heute Patna) residiert, feststellt, daß seine drei Söhne ohne die richtige Erziehung aufwachsen. Aus dem Kreis seiner Gelehrten erklärt sich Viṣṇuśarman bereit, die Prinzen innerhalb von nur sechs Monaten in der Lehre von der „Herzens- und Verstandesbildung eines Fürsten für den Verkehr im privaten wie im politischen Leben"[1] zu unterrichten. Er bringt die vier Themen seiner Unterweisung in die Form von drei → Rahmenerzählungen, in die – je nach Ausg. und Übers. – 36–42 Fabeln von sehr unterschiedlicher Länge eingewoben sind. Die drei Rahmenerzählungen verteilen sich folgendermaßen auf das Werk: Die 1. Erzählung mit dem Thema Gewinnung von Freunden (mitralābha) bildet das 1. Kap. (*Pañcatantra*, 2. Buch: mitraprāpti); die 2. Erzählung mit dem Thema Entzweiung von Freunden (suhṛdbheda) ist das 2. Kap. (*Pañcatantra*, 1. Buch: mitrabheda); die 3. Erzählung umfaßt die beiden Themen Krieg (vigraha) und Frieden (saṃdhi) und bildet das 3. und 4. Kap. (*Pañcatantra*, 3. Buch: saṃdhivigraha).

Das bes. beliebte und als ind. Erfindung anzusehende Mittel der Verschachtelung von Erzählungen wird auch hier angewandt: Eine oder mehrere Personen einer Rahmenhandlung beginnen ihrerseits, ein Geschehen durch eine passende Geschichte zu erläutern, deren Handlungsträger wiederum eine Geschichte erzählen etc. Die Akteure der Erzählungen sind überwiegend Tiere, die sich im Denken, Reden und Handeln durch nichts vom Menschen unterscheiden; sie sind allenfalls durch eine charakteristische, ihnen gefühlsmäßig zugeschriebene oder eine tatsächlich vorhandene Eigenschaft auf bestimmte Handlungsweisen festgelegt: Der → Schakal besitzt die Eigenschaften des Fuchses in der europ. Fabel, dem → Löwen steht wegen seiner Kraft und Stimme die Königswürde zu, das Reh ist einfältig und schutzbedürftig etc. In etwa 60% der Erzählungen sind die Tiere unter sich, zu je 20% agieren Mensch und Tier gemeinsam bzw. sind die Menschen die alleinigen Handlungsträger.

Erzählmotive (Ausw.; nach Hertel 1895): Kap. 1, Rahmen = AaTh 233 B: cf. → *Vögel und Netz*. – 1, num. 1 = Wanderer wird von Tiger in Sumpf gelockt, dort getötet (cf. Mot. K 910). – 1, 2 = Schakal rät gefangenem Reh, sich → tot zu stellen; Reh kommt frei, Schakal wird von nachgeworfenem Knüppel des Bauern getötet. – 1, 4 = Maus ist so lange kräftig, wie ihre Vorratskammer gefüllt ist (Mot. N 135.2). – 1, 6 = AaTh 180: *The Rebounding Bow*. – 1, 8 = Elefant von Schakalen in den Sumpf gelockt, wo sie ihn töten (cf. Mot. K 910). –

2, Rahmen = AaTh 59*: *The Jackal as Trouble-Maker*. – 2, 1 = Neugieriger Affe will Keil aus Balken ziehen, klemmt Hoden ein (AaTh 38: cf. → *Einklemmen unholder Wesen*). – 2, 2 = AaTh 214: → *Esel will den Herrn liebkosen*. – 2, 3 = Katze nur so lange für Löwen nützlich, bis sie Maus getötet hat (cf. Mot. A 2493.18). – 2, 5b = AaTh 1417: *Die abgeschnittene* → *Nase*. – 2, 6 = AaTh 1419 D: *The Lovers as Pursuer and Fugitive* (→ Ehebruchschwänke und -witze). – 2, 7 = Mot. K 401.2.2: *Necklace dropped by crow into snake's hole leads men to kill snake which had eaten the crow's fledgelings*. – 2, 8 = AaTh 92: cf. → *Spiegelbild im Wasser*. – 2, 9 = Meer raubt die Eier des Strandläuferpärchens (cf. Mot. J 1968). –

3, Rahmen = Krieg der Vögel (cf. Mot. K 2042). – 3, 1 = AaTh 241: *The Officious Bird and the Monkey*. – 3, 2 = AaTh 214 B: → *Esel in der*

Löwenhaut. – 3, 3 = AaTh 92 A: *Hare as Ambassador of the Moon*. – 3, 4b = Krähe, die von Milch des Hirten getrunken hat, fliegt schnell weg; unschuldige langsame Wachtel wird getötet (cf. AaTh 282 C*: cf. → *Laus und Floh*). – 3, 5b = Ehebrecherin preist ihren Mann unter dem Bett als besten aller Ehemänner (cf. Mot. K 1532). – 3, 6 = Mot. J 2131.5.6: *Jackal's head caught in pot of blue dye*. –
4, 1 = AaTh 225 A: cf. → *Fliegen lernen*. – 4, 2 = Kluger Fisch flieht, halbkluger stellt sich tot, dummer wird gefangen (AaTh 246: *The Hunter Bends the Bow*). – 4, 4 = Mot. K 401.1.1: *Trail of stolen goods made to lead to dupe*. – 4, 6 = AaTh 231: → *Kranich und Fische*. – 4, 7 = AaTh 1681*: cf. → *Luftschlösser*. – 4, 9 = Mot. K 962: *Camel induced to offer himself as sacrifice*. – 4, 10 = Alte Schlange muß als Reittier für Froschkönig dienen; frißt nacheinander Frösche, zuletzt auch Froschkönig (Mot. J 352.2, K 815.6). – 4, 12 = AaTh 178 A: → *Hundes Unschuld*.

Wie so oft in der ind. Lit. sind über den Autor bzw. Kompilator und die Entstehungszeit des Werkes entweder nur sehr spärliche oder überhaupt keine Angaben zu erhalten. In den Schlußversen des H. werden nur die Namen des Autors Nārāyaṇa und seines fürstlichen Gönners Dhavalacandra, der das Werk durch Kopisten verbreiten ließ, genannt. Der Vermutung von A. W. von Schlegel und C. Lassen[2], daß es sich bei diesen Versen um das Ergebnis einer Interpolation handele und daß Viṣṇuśarman, der Erzähler der Fabeln im H. und *Pañcatantra*, als Autor anzusehen sei, konnte sich schon P. Peterson[3] nicht anschließen. J. → Hertel[4] und F. Edgerton[5] haben nachgewiesen, daß der H. im nordöstl. Indien, vermutlich in Bengalen, entstanden ist. Nach Peterson[6] kann seine Entstehung auf die Zeit vom Beginn des 9. Jh.s bis zum Jahre 1373 eingegrenzt werden, dem Datum der Niederschrift der ältesten und von ihm für seine Ausg. benutzten Hs. aus Nepal.

Bereits 1787 wurde der H. von C. Wilkins[7] ins Englische übersetzt, und fast unübersehbar ist die Zahl der seitdem erschienenen Übertragungen in andere Sprachen. Unter den dt. Übers.en[8] verdient die von Hertel[9] wegen ihrer sprachlichen Genauigkeit und des ausführlichen Anmerkungsteils und Anhangs bes. Beachtung[10]. 1804 kam die erste ind.[11], 1810 die erste europ.[12] und 1829/31 die erste dt. Druckausgabe[13] des Sanskrit-Textes dieses Werkes heraus. Von den zahlreichen, auf verschiedenen hs. Versionen basierenden Ausg.n werden die von F. Johnson[14] und M. R. Kāle[15], bes. aber die von Peterson[16], häufig zitiert.

Bis jetzt ist es nicht gelungen, den Urtext des H. zu entdecken bzw. zu rekonstruieren. Damit eng verbunden ist auch die Frage, ob der H., wie einige ind. Gelehrte vermuten, ein eigenständiges Werk ist oder, wie M. Winternitz[17] meint, nur eine Kompilation von Teilen aus anderen Werken darstellt. Anlaß für die Formulierung dieser These ist die Tatsache, daß der Autor/Kompilator selbst zu Beginn der Einl. seines Werkes bekennt, Teile aus dem *Pañcatantra* und aus einem ‚anderen Buch' genommen zu haben. L. Sternbach, einer der besten Kenner dieses Bereichs der ind. Lit., versucht auf der Grundlage der umfangreichsten Version und unter Einbeziehung aller älteren Forschungsergebnisse, das folgende Bild der Entstehungsgeschichte des H. zu entwerfen[18]:

Der H. besteht aus 42 Prosaerzählungen, in denen 71 Erzählmotive enthalten sind. In diese Erzählungen sind 786 Verse eingestreut. 32 Erzählungen mit 56 Erzählmotiven sind auch im *Pañcatantra* wiederzufinden. Von den fast 800 Versen lassen sich mehr als 70% – abgesehen vom Vorhandensein eines großen Teils von ihnen im *Pañcatantra* – als Entlehnungen aus anderen Werken der Sanskritliteratur, bes. aus den überaus populären und weit über die Grenzen des Subkontinents hinaus verbreiteten Slgen ind. Spruchweisheit nachweisen. Im 1. und 2. Kap. seines Werkes greift Nārāyaṇa sehr häufig auf die zahlreichen mit dem Namen Cāṇakya, dem wegen seiner politischen Klugheit und diplomatischen Gewandtheit geschätzten ersten Minister am Hofe des Maurya-Herrschers Candragupta (4./3. Jh. a. Chr. n.), verbundenen Spruchsammlungen zurück. Im 3. und 4. Kap. sind es vornehmlich das 9. und 18. Kap. des *Nītisāra* des Kāmandaki (*Kāmandakīyanītisāra*), denen er die passenden Verse entnimmt. Für 10 Erzählungen mit 15 Motiven und für fast 30% der Verse ist noch keine Quelle gefunden worden, so daß sie entweder dem ‚anderen', noch unbekannten Buch entnommen oder vom Autor selbst verfaßt worden sind. Aber auch in identifizierten Textteilen lassen sich Spuren des Eingriffs von Nārāyaṇa erkennen, sei es, daß er Erzählungen erweitert, verkürzt oder in Einzelheiten verändert und stilistisch gegenüber der Vorlage, dem

Pañcatantra, verbessert, sei es, daß er – nicht immer überzeugend – Verse umgestaltet oder solche ähnlicher Thematik an passender oder mitunter auch unpassender Stelle einfügt. Die kleineren Mängel in seiner Bearb. des Erzählungsstoffes sind nach Sternbach jedoch so unbedeutend, daß sie die außerordentliche Wertschätzung, die dieses Werk in Süd- und Südostasien genießt, in keiner Weise beeinträchtigen.

[1] H. Die freundliche Belehrung. Eine Slg ind. Erzählungen und Sprüche in der Recension des Nārājana. Übers. J. Hertel. Lpz. 1895, 181. – [2] Hitopadesas, id est institutio salutaris 1–2. ed. A. Guilelmus a Schlegel/C. Lassen. Bonn 1829/31, hier t. 2, 196. – [3] H. by Nârâyaṇa. ed. P. Peterson. Bombay 1887, IV sq.; cf. auch Hertel, J.: Über Text und Verf. des H. Diss. Lpz. 1897, 20–25, 36 sq. – [4] id.: Das Pañcatantra, seine Geschichte und seine Verbreitung. Lpz./B. 1914, 39 sq. – [5] Edgerton, F.: The Pañchatantra Reconstructed 2. New Haven, Conn. 1924, 20. – [6] Peterson (wie not. 3) II, V. – [7] The Hēētōpădēs of Vēēshnōō-Sărmā, in a Series of Connected Fables, Interspersed with Moral, Prudential, and Political Maxims. Übers. C. Wilkins. Bath 1787. – [8] Hitopadesa. Eine alte ind. Fabelslg aus dem Sanskrit zum ersten Mal in das Deutsche übers. von M. Müller. Lpz. 1844; Boltz, A.: Ausgewählte Fabeln des Hitopadesa, im Urtexte (in lat. Umschrift) nebst metrischer dt. Übers. Offenbach 1868; Der Hitopadescha. Altind. Märchen und Sprüche. Übers. J. Schönberg. Wien 1884; Hitopadeça. Ein ind. Lehrbuch der Lebensklugheit in Erzählungen und Sprüchen. Übers. L. Fritze. Lpz. 1888. – [9] Hertel (wie not. 1). – [10] J. Mehlig hat in seiner Neuausg. (Lpz./Weimar 1987, Mü. 1988) Hertels Vorw., seine Anmerkungen und Bemerkungen zu Text und Übers. in Anhang 2 durch ein Nachwort ersetzt und das Reg. geändert. –
[11] Hitópadéśa, or Salutary Instruction. In the Original Sanskrit. ed. H. T. Colebrooke. Serampore 1804. – [12] The Hitōpadēśa in the Sanskrita Language. ed. A. Hamilton. L. 1810. – [13] Schlegel/Lassen (wie not. 2). – [14] H.: The Sanskrit Text with a Grammatical Analysis Alphabetically Arranged by F. Johnson. Hartford/L. [2]1864. – [15] The H. of Nārāyaṇa. ed. M. R. Kāle. Bombay 1896 ([6]1967). –
[16] Peterson (wie not. 3). – [17] Winternitz, M.: Geschichte der ind. Litteratur 3. Lpz. 1920, 291. – [18] Sternbach, L.: The H. and Its Sources. New Haven, Conn. 1960, 1–20.

Göttingen Heinz Braun

Hnatjuk, Volodymyr Mychajlovyč, * Velesniv (Gebiet Ternopol'ska, Bezirk Monastyrysk) 9. 5. 1871, † Lemberg (ukr. L'viv) 6. 10. 1926, ukr. Folklorist und Ethnograph. Er studierte 1894–98 klassische Philologie und Ukrainistik an der Univ. Lemberg. Seit 1898 bis zu seinem Tode war er Sekretär der Lemberger Ševčenko-Ges. der Wiss.en, 1898–1907 zugleich Direktor des Verlags Ukrajins'ka vydavnіča spilka (Ukr. Verlagsverein) und Redakteur der Zs. *Literaturno-naukovyj vistnyk* (Lit.-wiss. Anzeiger). Bleibende Verdienste erwarb er sich seit 1900 als Hauptredakteur der durch die Ševčenko-Ges. publizierten Periodika *Etnohrafičnyj zbirnyk* (Ethnogr. Sammelschrift) und *Materijaly do ukrajins'koji etnolohiji* (Materialien zur ukr. Ethnologie). H. wurde Mitglied zahlreicher wiss. Ges.en in seiner Heimat und im Ausland. In seinem Geburtsort wurde ihm zu Ehren 1969 ein Museum gegründet.

In der Persönlichkeit H.s verbindet sich der Feldforscher mit dem Organisator der Sammeltätigkeit und Herausgeber von Folkloresammlungen. In den von ihm geleiteten Periodika, bes. im *Etnohrafičnyj zbirnyk*, erschienen seine grundlegendsten Werke, vor allem Slgen von Volkserzählungen (Märchen, schwankhafte Erzählungen, Sagen). Die erste Stelle nehmen – als die wichtigste Slg der ukr. Volksprosa – die monumentalen *Etnohrafični materijaly z Uhors'koji Rusi* (Ethnogr. Materialien aus Ung.-Rußland)[1] ein. Dieses 466 Märchen und Sagen enthaltende Werk entstand als Ergebnis mehrerer Forschungsreisen (Karpato-Ukraine, zwei Bände; ostslovak. Gebiet von Prešov, ein Band; ehemalige südung. Komitate, drei Bände)[2]. Bes. die letzten drei Bände mit den unter ukr. Kolonisten in der Theiß- und Donauebene aufgezeichneten Texten hält P. V. Lintur für sehr bedeutungsvoll, da das Material zur Lösung wichtiger Probleme der slav. und allg.europ. Folkloristik beitragen könne: Die ruthen. Siedler im Banat und in der Bačka, die seit der Mitte des 18. Jh.s unter Ungarn, Rumänen, Deutschen, Serben, Kroaten und anderen Völkern wohnten, hätten einerseits die Grundlage der ostslav. Folklore bewahrt, jedoch andererseits auch viele Sujets und Motive ihrer Nachbarn übernommen[3]. H. konzentrierte sich bei der Aufzeichnung auf talentierte Erzähler, brachte viele Informationen über hervorragende Interpreten, entschloß sich jedoch für eine Anordnung der Texte nach Erzählstoffen[4]. Ähnlich wie in seinen anderen

Editionen fügte er den Texten kurze dt. Inhaltsangaben bei.

An mehreren Ausg.n H.s beteiligten sich auch weitere Sammler, z. B. O. Rozdol's'kyj und I. → Franko, die mit zahlreichen Aufzeichnungen hauptsächlich zur Slg *Halyc'ko-rus'ki narodni lehendy* 1–2 (Galiz.-russ. Volkslegenden)[5] mit 440 Texten (darunter 148 Aufzeichnungen vom Herausgeber und 57 aus veröff. Qu.n) beitrugen. Wegen des Umfangs und Reichtums an Typen und Motiven findet man für diese Slg wie auch für die Slg *Ukrajins'ki narodni bajky* 1–2 (Ukr. volkstümliche Tiermärchen)[6] mit 400 Texten keine Parallele in der slav. Welt. Ebenfalls im *Etnohrafičnyj zbirnyk* und mit zahlreichen fremden Beiträgen erschienen u. a. Slgen von schwankhaften Erzählungen[7], Räubergeschichten[8] und dämonologischen Erzählungen[9].

Unter den außerhalb des *Etnohrafičnyj zbirnyk* veröff. Slgen[10] ist sein in den Beiwerken der → *Anthropophyteia* erschienenes Werk *Das Geschlechtleben des ukr. Bauernvolkes* 1–2 (Lpz. 1909/12) zu nennen, dessen 1. Band Aufzeichnungen von P. Tarasevs'kyj enthält (→ Erotik, Sexualität). H.s der Volksprosa gewidmete wichtige komparatistische Studien finden sich vor allem in den Einl.en der zitierten Slgen, in den Mittlgen der Ševčenko-Ges.[11] und in einem späteren Ausw.-Band[12]. Seine Abhdlg über den slovak. Räuber Janošík z. B. ist für die heutige Forschung immer noch von Bedeutung[13].

H. beschäftigte sich auch mit Fragen der Klassifizierung von Folklore und verfaßte einige methodische Anleitungen zum Sammeln[14]. Neben der Volksprosa widmete er sich anderen Gattungen und edierte u. a. Slgen von Scherzliedern[15], Weihnachtsliedern[16], Liederspielen und Liedern, die in der Osterzeit auf dem Kirchhof gesungen wurden[17], Hochzeits-[18] und Begräbnisbräuchen[19]. Von Interesse sind auch seine Beiträge zu weiteren Gebieten der Ethnographie, zur Sprachwiss., Geschichte und Demographie; fast 100 seiner Arbeiten gelten den Karpato-Ukrainern (die Umsiedler in das rumän. Banat und in die jugoslaw. Bačka inbegriffen)[20], zu deren Kenntnis er wesentlich beigetragen hat.

[1] H., V. M.: Etnohrafični materijaly z Uhors'koji Rusi (Ethnogr. Materialien aus Ung.-Rußland). In: Etnohrafičnyj zbirnyk 3 (1897), 4 (1898), 9 (1900), 25 (1909), 29 (1910), 30 (1911) (Nachdr. Novi Sad 1985–87). – [2] cf. BP 5, 159 sq. – [3] Lintur, P. V.: Ukr. Volksmärchen. B. [2]1981, 615. – [4] Polívka, J.: Neuere Arbeiten zur slaw. Vk. In: ZfVk. 22 (1912) 414–428, hier 424 sq. – [5] H., V. M.: Halyc'ko-rus'ki narodni lehendy 1–2 (Galiz.-russ. Volkslegenden). In: Etnohrafičnyj zbirnyk 12, 13 (1902). – [6] id.: Ukrajins'ki narodni bajky 1–2 (Ukr. volkstümliche Tiermärchen). ibid. 37, 38 (1916). – [7] id.: Halyc'ko-rus'ki anekdoty (Galiz.-russ. Anekdoten). ibid. 6 (1899). – [8] id.: Narodni opovidannja pro opryškiv (Volkserzählungen über Räuber). ibid. 26 (1910). – [9] id.: Znadoby do ukrajins'koji demonolohiji 1–3 (Beitr.e zur ukr. Dämonologie). ibid. 15 (1904); 33, 34 (1912). – [10] id.: Barons'kyj syn v Ameryci (Barons Sohn in Amerika). L'viv 1917; id.: Narodni novely (Volksnovellen). L'viv 1917; id.: Narodni bajky (Volkstümliche Tiermärchen). L'viv 1918; id.: Narodni kazky (Volksmärchen). L'viv 1913; id.: Narodni opovidannja pro tjutjunariv (Volkserzählungen über Tabakschmuggler). In: Zapysky Naukovoho tovarystva imeni Ševčenka 122 (1915) 167–211; id.: Jak postav svit? (Wie entstand die Welt?). L'viv 1926; id.: Lehendy z Chytars'kogo zbirnyka 1-oji polovyny 18 stolittja (Legenden aus der Sammelschrift im Dorf Chytaraus der 1. Hälfte des 18. Jh.s). In: Zapysky Naukovoho tovarystva imeni Ševčenka 16,2 (1897) 1–38. – [11] u. a. id.: Viršovana lehenda pro rycarja i smert' (Legende in V.en vom Ritter und Tod). ibid. 85,5 (1908) 140–151; id.: Lehenda pro try žinoči vdači (Legende von den drei Naturen der Frauen). ibid. 97,5 (1910) 74–85; id.: Zapropaščena zbirka uhrorus'kych kazok (Die verlorene Slg der ung.-russ. Märchen). ibid. 117–118 (1913) 235–243. – [12] id.: Vybrani statt'i pro narodnu tvorčist' (Ausgewählte Aufsätze über das Volksschaffen). ed. O. I. Dej. Kyjiv 1966 (mit Einl. von M. T. Jacenko). – [13] id.: Slovac'kyj opryšok Janošyk v narodnij poeziji (Der slovak. Räuber Jánošík in der Volksdichtung). In: Zapysky Naukovoho tovarystva imeni Ševčenka 31–32, 5–6 (1899) 1–50. – [14] v. z. B. id.: Ukrajins'ka narodna slovesnist' (Die ukr. Volksdichtung). Wien 1917. – [15] id.: Kolomyjky 1–3 (Scherzlieder). In: Etnohrafičnyj zbirnyk 17–19 (1905–07). – [16] id.: Koljadky i ščedrivky 1–2 (Weihnachtslieder und Glückwünsche). ibid. 35, 36 (1914). – [17] id.: Hajivky. In: Materijaly do ukrajins'koji etnolohiji 12 (1909). – [18] id.: Ukrajins'ki vesil'ni obrjady i zvyčaji (Ukr. Hochzeitsbräuche und -sitten). ibid. 19, 20 (1919). – [19] id.: Pochoronni zvyčaji ta obrjady 1–2 (Begräbnissitten und -bräuche). In: Etnohrafičnyj zbirnyk 31, 32 (1912). – [20] id.: Rusíni v Uhrách (Die Ruthenen in Ungarn). In: Slovanský přehled 1 (1899) 216–222, 418–427; id.: Rus'ki oseli v Bačci (Russ. Siedlungen in der Bačka). In: Zapysky Naukovoho tovarystva imeni Ševčenka 22,2 (1898) 1–58; id.: Rusyny Prjaševs'koji jeparchiji i jich hovory (Die Ruthenen der Prešover Eparchie und ihre Mundarten). ibid. 35–36,3–4 (1900) 1–70; id.: Uhrorus'ki duchovni

virši (Ung.-russ. geistliche V.e). 46,2 (1902) 1—68; 47,3 (1902) 69—164; 49,5 (1902) 165—272 (Nachdr. Etnohrafični materijaly z Uhors'koji Rusi 1. Novi Sad 1985).

Lit.: H. V. In: Ottův slovník naučný 28. Praha 1909, 578. Nachträge in Ottův slovník naučný nové doby 2, 2. Praha 1933, 1156. — Jacenko, M. T.: V. H. Žyttja i fol'klorystyčna dijal'nist' (V. H. Leben und folkloristische Tätigkeit). Kyjiv 1964. — Mušynka, M.: V. H. i Zarkarpattja (V. H. und die Transkarpatengebiete). In: Zapysky Naukovoho Tovarystva imeni Ševčenka 190 (1975). — id.: V. H. Žyttja ta joho dijal'nist' u fol'klorystyci, literaturoznavstvi ta movoznavstvi (V. H. Sein Leben und seine Tätigkeit in der Folkloristik, Lit.wiss. und Sprachwiss.). ibid. 207 (1987). — id.: V. H. Bibliohrafija joho drukovanych prac' (V. H. Bibliogr. seiner gedr. Arbeiten). Edmonton 1987.

Bratislava Viera Gašparíková

Hochmut → Demut und Hochmut, → Hybris

Hochmut bestraft (AaTh 836), eine vor allem in Nordeuropa als Sage aufgezeichnete Erzählung, die ähnlich wie AaTh 830: cf. → *Gottes Segen* die Folgen einer Leugnung der Allmacht Gottes aufzeigt:

Ein reicher Mann (Frau) brüstet sich (oft während des Kirchenbesuchs) in Gedanken (im Gespräch) damit, sein Reichtum sei so groß, daß nicht einmal Gott ihm diesen nehmen könne. Als er heimkehrt, ist sein Besitz vollständig zerstört (verbrannt), und er bleibt für den Rest seines Lebens arm.

Eine verwandte Thematik behandelt der Erzähltyp AaTh 736 A: *Ring des → Polykrates*, in dem ein Mensch meint, sein Glück sei so sicher, wie es gewiß sei, daß der Ring, den er ins Meer wirft, nicht zu ihm zurückkehre; das geschieht jedoch. Die thematische Nähe führt in der mündl. Überlieferung zur Vermischung dieser beiden als lokale Glaubenssagen aufgezeichneten Erzähltypen; z. B. erzählen finn. Belege beide Geschichten von demselben Hof oder Hofherrn[1]. Aus diesem Sachverhalt erklärt sich die Klassifizierungssituation: Hatte A. → Aarne in seinem finn. Katalog[2] weder AaTh 836 noch AaTh 736 A angeführt, so erscheint in seinem estn. Katalog und im Ergänzungsheft zu den finn. Märchenvarianten[3] die Nummer 836, die S. → Thompson 1928 in seine bearbeitete Übersetzung übernahm[4]. Erst im revidierten, 1961 erschienenen AaTh-Typenkatalog ist die *Polykrates*-Sage durch eine eigene Nummer — AaTh 736 A — ausgewiesen. So stellte z. B. W. → Liungman[5] noch alle Var.n vom *Ring des Polykrates* zu AaTh 836, was vermutlich einen Einfluß auf weitere Klassifikatoren hatte. Da beide Geschichten in Sagenform auftreten, ist das Aufzeichnungsmaterial meist, z. B. in schwed.[6] wie finn.[7] Archiven, unter den Sagen eingeordnet worden.

Bes. in dt. und nord. Sagen wurde das Motiv vom im Fischbauch wiedergefundenen Ring im Kontext christl. → Frevelsagen tradiert[8], was die Vermischungstendenzen der beiden Geschichten über einen hochmütigen, sich von Gott unabhängig wähnenden Menschen erklärt. Für die finn. Überlieferung unterscheidet L. → Simonsuuri Var.n mit dem Ringmotiv (Simonsuuri F 261) und Var.n ohne dieses Motiv (Simonsuuri F 141), wobei F 261 mit 36 und F 141 mit 67 Var.n im finn. Archiv belegt sind[9]. F 141 (= AaTh 836) stellt Simonsuuri in den Abschnitt *Gotteslästerer, Kirchenschänder*, F 261 (= AaTh 736 A) hingegen in den Abschnitt *Das Begehen einer im Volksglauben für Sünde geltenden Handlung*. Ein Kriterium zur Unterscheidung beider Typen ist, daß AaTh 836 von frevlerischem Denken und AaTh 736 A von frevlerischem Handeln erzählt. Meist geht es in den finn. Belegen zu AaTh 836 um einen Mann, der verarmt — wie in den Var.n zu AaTh 736 A. Unter den AaTh 736 A zugeordneten schwed. Belegen finden sich ca 50 Var.n zweier westschwed. Lokalsagen, die von einer hochmütigen reichen Frau und ihrer Verarmung durch eine Feuersbrunst erzählen — in elf Var.n brennt ihr Besitztum während ihres Kirchenbesuchs ab[10]. Diese wären als Belege für AaTh 836 anzusehen. Weitere Aufzeichnungen liegen aus dem Baltikum mit neun litau. und zwei estn. Var.n vor[11]. Texte in dt. Schulbüchern sowie Hinweise aus jüd. Lit. deuten auf Verwendung dieses Themenkomplexes in der Predigtliteratur[12]. Der Erzähltyp AaTh 836 ist eine von verschiedenen Ausdrucksformen der Glaubensvorstellung, daß → Hybris die sichtbare → Strafe Gottes erfordere.

[1] cf. z. B. Rausmaa, P.-L.: Suomalaiset kansansadut 2. Hels. 1982, num. 75; Simonsuuri, L./Rausmaa, P.-L.: Finn. Volkserzählungen. B. 1968, num. 344; freundliche Mittlg von P.-L. Rausmaa, Helsinki. —

[2] Aarne, A.: Finn. Märchenvar.n (FFC 5). Hamina 1911. – [3] id.: Estn. Märchen- und Sagenvar.n (FFC 25). Hamina 1918; id.: Finn. Märchenvar.n. Ergänzungsheft 1 (FFC 33). Hamina 1920. – [4] id./Thompson, S.: The Types of the Folk-Tale (FFC 74). Hels. 1928. – [5] Liungman, Volksmärchen. – [6] Freundliche Mittlg von J.-Ö. Swahn, Lund. – [7] Mittlg von P.-L. Rausmaa. – [8] Künzig, J.: Der im Fischbauch wiedergefundene Ring in Sage, Legende, Märchen und Lied. In: id.: Kleine volkskundliche Beitr.e aus fünf Jahrzehnten. Fbg 1972, 63–81, hier 76 sq.; Peuckert-Archiv im Inst. für Vk., Freiburg (Kopie im Seminar für Vk., Göttingen) Kasten 30, Abt. 15. – [9] Mittlg von P.-L. Rausmaa. – [10] Mittlg von J.-Ö. Swahn; cf. Geer, Y. de: Polykrates och rika frun. (masch.) Inst. för folklivsforskning, Univ. Sth. 1984, bes. 5 sq. –
[11] Balys; Aarne 1918 (wie not. 3); Loorits, O.: Estn. Volkserzählungen. B. 1959, num. 166; die bei AaTh außerdem angeführten ir. und slov. Belege konnten nicht überprüft werden; die bei Jason und Jason, Types angeführten Var.n treffen nicht zu. – [12] Freundliche Mittlg von I. Tomkowiak, Göttingen; Hinweis auf jüd. Predigtmärlein von H. Jason, Jerusalem.

Göttingen Andrea Schäfer

Hochzeit

1. Einführung – 2. Zauber- und Novellenmärchen – 2.1. Heirat in Märchen mit einem Helden – 2.1.1. Zweimalige Heirat – 2.2. Heirat in Märchen mit einer Heldin – 2.3. Hochzeit – 3. Schwank und Witz – 4. Sagen

1. Einführung. → Ehe als traditionelle soziale Institution und Hochzeit (H.) als rituelles → Fest der Heirat (He.) finden sich in vielen Formen und Funktionen in der Volkserzählung. Treffend stellte Simone de Beauvoir fest[1]:

„Il y a un paradoxe obscène dans la superposition d'une cérémonie pompeuse à une fonction animale d'une brutale réalité. Le mariage expose sa signification universelle et abstraite: un homme et une femme sont unis selon des rites symboliques sous les yeux de tous; mais dans le secret du lit ce sont des individus concrets et singuliers qui s'affrontent et tous les regards se détournent de leurs étreintes."

Vielleicht ist dieses Paradoxon dafür verantwortlich, daß He. und H. eine solch zentrale Stellung in den traditionellen Formen der Folklore einnehmen. Eheliche Ereignisse erscheinen als erzählerische Episoden und Motive mit hoher Variabilität in Kombination von Phantasie und erfahrener Lebensrealität. Sie reichen von Beschreibungen geradezu ethnogr. Genauigkeit bis hin zu phantastischen, symbolisch kodierten Projektionen. Sie werden als Rahmen für wichtige Nachrichten und zur Erhellung kritischer Wendepunkte benutzt. Außerdem dienen sie als verbindende, beschreibende Bilder, die die Geschwindigkeit schnell ablaufender Handlungen vermindern. Erzählungen beschreiben und dokumentieren sozial etablierte und kontrollierte → Normen (→ Ethik, → Moral) und Verhaltensmuster in bezug auf He. Jeder Erzähler einer Geschichte versucht, wenn er eine neue Version konstruiert, die Treue zur Tradition zu wahren, während er Verbesserungen vornimmt, um die Erzählungen dem gegenwärtigen Stand der Dinge anzupassen. Daher bieten Prosaerzähler wertvolle und authentische Information sowohl über vergangene als auch gegenwärtige He.sbräuche als Übergangsriten (→ Initiation).

Der zentrale Stellenwert von He. und H. als festlicher Höhepunkt innerhalb des Lebenszyklus ist in Erzählungen gut dokumentiert. Jede Geschichte, die Menschen erzählen können, beinhaltet ein biogr. Element, gleichgültig ob es den ganzen Lebenslauf oder nur einen Ausschnitt davon repräsentiert. Dabei kann es sich sowohl um einen einfachen persönlichen Bericht als auch um eine künstlerische Projektion in die magische Welt der Wunscherfüllung (→ Wunschdichtung) handeln: eine Lebensgeschichte (Märchen oder Novelle); eine kurze Episode, ein didaktisches oder humorvoll unterhaltendes Segment des Lebens (Schwank, Witz, Exempel); eine Alltagsgeschichte oder Sage (eine übernatürliche Erfahrung), konzentriert auf den mittleren Lebensabschnitt. Diese relativ kurze, aber äußerst aktive Periode beginnt mit dem Ende der Kindheit und dem Anfang des verantwortungsbewußten Erwachsenenlebens – ein Zeitraum, in dem Lebensziele gewählt und realisiert werden, die He. als Erfüllung soziobiologischer Erwartungen einschließen. Das auf diese Periode konzentrierte Erzählgut enthält eine Fülle von Abenteuern auf der Suche nach Lebensweg und He., wobei diese häufig voneinander abhängen.

Das Konzept von He. und H. im europ. Erzählgut folgt einer sozialen Hierarchie, die sich auf die monogame patriarchalische → Familie stützt (→ Patriarchat). Die Ehepartner konstituieren die Kernfamilie als fruchtbare Vereinigung und gleichzeitig als sozioökonomisches Unternehmen, das auf einer geschlechtsspezifischen Trennung von Arbeitsbereich und Verantwortung basiert. In dieser symbiotischen Beziehung und gegenseitigen existentiellen Abhängigkeit sind die Männer aktiv und kreativ, die Frauen passiv, gehorsam und hilfreich im Dienste der Interessen des Mannes. Der Bereich des → Mannes ist öffentlich und insofern wichtig, der der → Frau privat und zweitrangig. Dieser Status quo muß jahrhundertelang durch konsequentes Einüben und indoktrinierende Maßnahmen verstärkt worden sein. In den letzten 150 Jahren erzählforscherischer Sammeltätigkeit haben die Folkloristen festgestellt, daß diese patriarchalische Ehe-Ideologie sowohl im ländlichen als auch im städtischen Bereich unverändert überdauert hat. Eltern fahren damit fort, in der He. das Lebensziel zu sehen und rüsten ihre Kinder mit den für eine erfolgreiche Ausfüllung ihrer traditionellen geschlechtsspezifischen Rollen notwendigen Fähigkeiten aus. In den unterhaltenden Geschichten, die sie erzählen, wird dies sichtbar.

2. Zauber- und Novellenmärchen. Sie sind zu einem großen Teil Lebensgeschichten zentraler Helden oder Heldinnen und wurden in der Forschung als narrative Interpretationen männlicher und weiblicher Lebensläufe betrachtet. Der Prozeß des Erwachsenwerdens wird parallel zu feierlich ausgeübten Übergangsriten erzählt, die die Fähigkeit im Umgang mit Mühsal und Bedrängnis erproben und mit der Initiation und der Einnahme des vorgesehenen Platzes in der Welt der Erwachsenen enden. Aber der Weg des Aufstiegs in den Erzählungen mit männlichen und weiblichen Helden variiert aufgrund des Unterschiedes in den durch die Gesellschaft festgelegten geschlechtsspezifischen Bestimmungen sehr stark. So schreibt M. Tatar[2]: „While wealth is the explicit goal of most fairy-tale heroes, it usually stands on no more than equal footing with a happy marriage.“ L. → Röhrich zitiert A. von → Löwis of Menars Schätzung, daß sich 72% aller Zaubermärchen um einen brautwerbenden Helden[3] gruppieren (→ Braut, Bräutigam). Auch für den Strukturalisten E. M. → Meletinskij sind Suche nach einem Ehepartner, Überwinden der sich dabei ergebenden Hindernisse (rituelle Eheprüfungen) und glückliche He. von zentraler Bedeutung für das Zaubermärchen[4]. Er führt Märchenelemente z. T. auf H.sbräuche, Riten und soziale Institutionen der Vergangenheit zurück und sieht in der He. auch den sozialen Aufstieg des Helden, „und zwar so, daß er formal den traditionellen Regeln des ehelichen Tausches die Treue bewahrt, und gleichzeitig, daß sich die Exogamie an und für sich aus einer ‚horizontalen‘ (die Stämme nach Gebieten gegliedert) gleichsam zu einer ‚vertikalen‘ (zu gesellschaftlich gegliederten ‚Schichten‘) umbildet“[5].

Nicht alle Märchenhelden suchen einen He.spartner, manche nur indirekt und marginal aus Bequemlichkeit – als einen Teil des Handels, der den Machtgewinn erleichtert. Niemand hat je von einem Märchenkönig oder einer -königin ohne einen Hinweis auf den königlichen Gatten gehört. Volksmärchen definieren → Glück und Wunscherfüllung ebenso wie moderne Zeitungsanzeigen, die magische Artikel anpreisen, die benachteiligten Kandidaten → Reichtum, Macht (Status) und Gesundheit versprechen. → Liebe (eheliche Gemeinschaft und Nachkommen) stellt in diesem Zusammenhang eine Notwendigkeit dar, um einen respektablen und leichten Aufstieg zur Macht zu erlangen.

2.1. Heirat in Märchen mit einem Helden. Wenn der männliche Held sein Elternhaus verläßt, hat er das Ziel, Unabhängigkeit zu erlangen und seine Fähigkeiten zu erproben. Seine Bemühungen sind nicht rein altruistisch und seine → Belohnungen nichts weniger als Ruhm und ein Königreich (cf. → Freier, Freierproben). Er schließt mit dem König einen Handel, wonach er eine Aufgabe lösen soll, die eine Hausarbeit sein kann (AaTh 300, 314, 400, 465, 532, 552, 560, 570, 850), oder er tritt als Kämpfer auf (AaTh 300, 301, 306, 307, 328, 463 A*, 468, 506, 507, 530, 550, 551, 851 A).

Das Unternehmen ist riskant (Todesstrafe bei Mißlingen), aber im Falle des Erfolgs bedeutet es den Thron. Nicht in allen, aber den meisten Heldenmärchen schließt die Belohnung die Hand der Königstochter ein. Der

König bietet sie dem Helden als selbstverständlich an – als Bestandteil der Machtübergabe eines herrschenden Patriarchen. Dies entspricht der Tradition des elterlichen Privilegs, die He. der Kinder gemäß den familiären Interessen zu arrangieren. In der Interpretation sowohl der bäuerlichen als auch der städtischen Mittelklasse stellt He. eine ökonomische Transaktion dar, die dann funktioniert, wenn die Partner alle Eigenschaften zum Erfolg besitzen.

Eine andere Gruppe von Heldenmärchen ist direkter auf He. mit dem Ziel der Statuserhöhung zu königlicher Macht orientiert. In Märchen, deren Helden explizit die Absicht haben, einen He.spartner zu finden, ist nicht Liebe, sondern praktische Verwertbarkeit das angestrebte Ziel. Von wenigen Ausnahmen abgesehen kennt der Sucher die zukünftige Braut nicht, sondern nur Gerüchte von ihrer → Schönheit – das formelhafte Standardkennzeichen aller Märchenheldinnen (→ Fernliebe). Die sog. Brautwerbungsmärchen[6] sind auch Wettkämpfe um einen festgesetzten Preis: Der Gewinner erhält die Prinzessin. Sie wird unter Aufsicht ihres Vaters bei einem Turnier vorgeführt (AaTh 530: → *Prinzessin auf dem Glasberg*, AaTh 468: cf. *Der himmelhohe* → *Baum*); sie ist in einem Turm eingesperrt (AaTh 310: → *Jungfrau im Turm*), in einer Höhle (AaTh 870: → *Prinzessin in der Erdhöhle*) oder in einem speziellen Gebäude (AaTh 575: → *Flügel des Königssohns*, AaTh 854: *Der goldene* → *Bock*) oder auf andere Weise eifersüchtig von Männern abgeschirmt, bis sie alt genug ist, um zu heiraten. Die Bewerber müssen das Geheimnis ihres Muttermals erraten (AaTh 850: cf. → *Rätselprinzessin*) oder andere intime Kennzeichen bezeugen. In vielen Fällen sind die eingesperrten Prinzessinnen keineswegs behütete Jungfrauen (AaTh 310; AaTh 516: *Der treue* → *Johannes*), sondern explizit sexuelle Wesen, attraktiv auch für ihre Väter (AaTh 510 B: cf. → *Cinderella*, AaTh 706: → *Mädchen ohne Hände*). Die Besitzergreifung durch den Prinzen ist ein wichtigerer Faktor in den Märchen als die → Keuschheit der Prinzessin, und noch wichtiger ist ihre Fruchtbarkeit. In einigen Brautwerbungsmärchen findet der Held seinen Weg zu der Höhle, dem Turm, Baum oder Schloß und schwängert das Mädchen. So entsteht aus dem Wettstreit das Kind, das den Vater nachträglich identifiziert und die elterliche Vereinigung legalisiert (AaTh 304: *Der gelernte* → *Jäger*, AaTh 873: → *König entdeckt seinen unbekannten Sohn*). Die Prinzessin ist im He.swettstreit jedoch nicht immer nur ein Preis, und häufig ergibt sie sich nicht in ihr Schicksal. Oft stellt sie sich selbst dem Wettstreit, um ihre Freier in Verlegenheit zu bringen und lächerlich zu machen. ‚Rätselprinzessinnen' treffen sich mit ihren Herausforderern in einem Redewettstreit[7]. Wenn das Mädchen gewinnt, ist es charakteristisch, daß der gedemütigte Freier es nicht heiraten kann (AaTh 940: *Das hochmütige* → *Mädchen*, AaTh 879: → *Basilikummädchen*), bevor es nicht ‚gezähmt' ist (AaTh 900: → *König Drosselbart*, AaTh 901: → *Zähmung der Widerspenstigen*). Der Wettkämpfer muß das gescheite Mädchen besiegen (AaTh 851–854) und es der Rolle der gehorsamen Hausfrau unterwerfen, die es eifrig akzeptiert. Die kluge → Bauerntochter (AaTh 875) heiratet dank ihres Verstandes den König, aber als Königin darf sie gemäß eines Abkommens ihre überragende Intelligenz nicht mehr nutzen; nur durch Selbstdemütigung kann sie die Ehe retten.

2.1.1. Zweimalige Heirat. Märchen, die mit der He. beginnen, der Trennung fortfahren und der Wiedervereinigung enden, sind variabel, können aber zusammenfassend als realistische Liebesgeschichten über die Höhen und Tiefen des Ehelebens definiert werden. Der Held trifft zufällig ein unschuldiges Mädchen, das lebensbedrohenden Bedingungen entflohen ist, im Exil lebt und seine wahre Identität verbirgt (AaTh 403, 407, 450, 451, 705, 706, 707). Oder der Held verliebt sich in ein Feenmädchen in Schwierigkeiten (AaTh 408: *Die drei* → *Orangen*) und zwingt es, ihn zu heiraten, indem er seine Kleider stiehlt (AaTh 400: → *Mann auf der Suche nach der verlorenen Frau*). In weiteren Märchen wirbt der Held in Tiergestalt um das Mädchen, das ihn dann erlöst (AaTh 425: cf. → *Amor und Psyche*).

Diese Ausgangssituationen (cf. → Struktur) ziehen verschiedene Abenteuer nach sich: Substitution, Verwandlung und Tod der Heldin durch habgierige Betrüger; Martern und Bewährungsproben für den Helden, der seine geflohene Feenfrau sucht; die endlose Suchwanderung der schwangeren Frau, die die Aussöhnung mit dem Ehemann wünscht, der inzwischen wieder geheiratet und sie vergessen hat. In der symbolischen Sprache des Märchens erzählen diese Abenteuer vom Suchen und Finden eines Gefährten, vom Eintritt in eine eheliche Beziehung und von der Meisterung der Schwierigkeiten auf dem steinigen Weg zu einer glücklichen Ehe. Die Anwendung der Metapher vom alten und neuen → Schlüssel zur Rückgewinnung der richtigen Ehefrau (AaTh 313: cf. → *Magische Flucht*, AaTh 425) illustriert die Freiheit der männlichen Untreue versus weibliche Treue in ehelichen Beziehungen.

2.2. Heirat in Märchen mit einer Heldin. Manche Märchen beginnen damit, daß der Prinz bei seiner Suche nach einer Braut das Gespräch dreier Prinzessinnen belauscht. In der Version von AaTh 707: *Die drei goldenen* → *Söhne* des ung. Erzählers Mihály Fedics verspricht die älteste Prinzessin, wenn der Prinz sie heiraten würde, den Hof und die Armee des Prinzen aus einem einzigen Hanfstengel einzukleiden, die mittlere, diese mit Brot aus einer einzigen Weizenähre zu versehen, und die jüngste, ihm goldhaarige Kinder zu gebären, wie sie die Welt und Ungarn nicht gesehen hat[8]. In ihren He.splänen sind diese Mädchen nicht so sehr mit ihrem eigenen Fortkommen beschäftigt als vielmehr mit der Förderung des Wohlergehens des Prinzen und seines Landes. Die Frauen schlagen vor, wie sie sich in ihren traditionellen Hausfrauenrollen übertreffen können: Nähen, Kochen, Kinder gebären (cf. → Brautproben).

In → Frauenmärchen verlassen die Heldinnen ihr Elternhaus nicht, um Karriere zu machen, Abenteuer zu erleben oder einen Ehemann zu finden, sondern um einem unglücklichen Schicksal zu entfliehen. Oft werden sie, ihres Status beraubt, verjagt, mit Gewalt ergriffen und sollen ermordet werden. Es ist unwichtig, welchen Gefahren sie begegnen, welche Hindernisse sie überwinden, welche Proben sie bestehen und wie sie ihre Freier während der Zeit der Werbung foppen und demütigen (AaTh 400; AaTh 519: cf. → Heldenjungfrau), letztendlich erhalten sie ihren Status zurück, indem sie sich der ehelichen Abhängigkeit im Haushalt des mächtigen Königs unterordnen. Obwohl in den meisten Märchen mit Heldinnen die He. das angestrebte Ziel ist, geben doch einige der bekanntesten Erzählungen dem Reichtum den Vorrang vor der He. So ist z. B. in AaTh 327: *The Children and the Ogre*, AaTh 328: → *Corvetto*, AaTh 333: → *Rotkäppchen* und AaTh 480: *Das gute und das schlechte* → *Mädchen* kein Bewerber in Sicht, und die Belohnung, die das Mädchen für sein Leiden erhält, ist Geld (Schatz). In anderen Märchen erscheint der Retter symbolisch erst gegen Ende – quasi pflichtgemäß, um das Bild abzurunden (AaTh 709: → *Schneewittchen*, AaTh 451: → *Mädchen sucht seine Brüder*).

Der Unterschied zwischen männlichen und weiblichen Heldencharakteren wird in der männlichen Version (AaTh 532: *Das hilfreiche* → *Pferd*) und der weiblichen des → *Cinderella*-Märchens (AaTh 510) sichtbar.

Dieses komplexe Zaubermärchen hat eine eigentümlich wandlungsfähige Struktur. Nach Einführung des niedrigen Helden teilt sich sein/ihr Charakter in zwei Identitäten, deren Aktivitäten sich bis zum Schluß parallel auf zwei kontrastierenden Ebenen entwickeln. Am Ende werden sie identifiziert und vereint, was mit einem showdown endet: Belohnung, Bestrafung und eine H.sfeier. Das männliche Aschenputtel täuscht vor, ein Dummkopf zu sein, und verwüstet den königlichen Haushalt, in dem es angestellt ist. Das weibliche Aschenputtel dagegen ist eine mißhandelte Stieftochter, die in der Küche mit demütigenden Diensten beschäftigt wird.

Die Unterschiede in den beiden analogen Erzählungen von erniedrigten Helden sind geschlechtsspezifisch. Die männliche Erzählung enthält mehr Episoden als die weibliche, doch scheinen diese Episoden eher Variablen als konstituierende Elemente zu sein. Andererseits ist der männliche Handlungsträger bestimmter, selbstbewußter, zielgerichteter und geht strategischer vor, während der weibliche von übernatürlichen Helfern, die seinen verzweifelten Wunsch zu fliehen erfüllen, geleitet wird.

2.3. Hochzeit. Sie beschließt die biogr. Märchenhandlung vieler Zaubermärchen mit der → Schlußformel ‚Und wenn sie nicht gestorben sind, so leben sie noch heute'. Niemand ist daran interessiert, was nach der H. mit dem Paar geschieht.

Die H. stellt ein öffentliches Ereignis dar, an dem das ganze Land teilnimmt. Gleichzeitig ist sie eine Prozession, ein Siegesmarsch für das glückliche Paar.

In Zsuzsanna Palkós Var. von AaTh 304 und AaTh 532 findet sich eine reich ausgeschmückte Beschreibung vom triumphalen Einzug des Brautpaares in den königlichen Palast. Braut und Bräutigam, die in funkelndes Gold gekleidet sind, und der livrierte Kutscher auf dem Kutschbock, der die vier schwarzen Pferde mit einer Peitsche aus purem Gold lenkt, lassen die Menge jubeln. Die Leute wundern sich: ‚Das kann kein König sein, das muß ein Kaiser sein', und ‚Als der König seinen Sohn und seine Tochter neben ihrem Ehemann stehen sah, erkannte er sie nicht'[9].

Aber die H. ist auch ein showdown, bei dem die Edlen belohnt und die Verräter bestraft werden und das mit der Versöhnung der Familie endet. In den vielfältigen Formen der Märchen mit Drachentötung als zentraler Episode (AaTh 300) beginnt das Ereignis mit den Vorbereitungen für die H. der Prinzessin mit einem Betrüger. Nachdem der Held beim Eintritt in königlicher Kleidung den Beweis seiner Identität erbringt (Drachenzungen), wird der Gerechtigkeit Genüge getan, und die richtige H. kann beginnen. Was folgt – die Beschreibung der Festlichkeit, des Essens, Trinkens, Tanzens und der Lustbarkeit zu Ehren der Neuvermählten –, stellt für manche Erzähler eine wahre Tour de force dar. Darin haben nicht nur die königlichen Gäste, sondern auch das Volk (der Erzähler und seine Bekannten) eine gute Zeit. Weil sie wegen ihrer Anwesenheit bei dem königlichen Fest in leichter Verlegenheit sind, benehmen sie sich töricht und gelangen durch ein lustiges lügenmärchenhaftes Mirakel ins Dorf zurück. Mit den Worten des Fischers János Nagy in seiner Var. zu AaTh 570: → *Hasenhirt*[10]:

„Es war eine großartige Hochzeit, der gelbe Saft floß von Kisida bis Nagyida. Zu jener Zeit schossen sie das Vivat. Ich war dort als ein Junger, ungefähr 35, 40 Jahre alt, und half in der Küche aus. Viele hungrige Leute standen herum. Mein Kumpel, András Berkó [ein rivalisierender Erzähler], leckte sich die Lippen: ‚Kannst du mir etwas geben? Ehrlich, drei Tage lang habe ich nichts gegessen.' ‚Sicher, kann ich, warte eine Minute.' Er wartete. Plötzlich kam der König und befahl mir, das Vivat zu schießen. Es gab eine große Kanone. Ich mußte sie mit zwei Scheffeln Pulver laden [...]. Tante Sophie [die Frau eines weiteren rivalisierenden Erzählers] war auch da und leckte sich die Lippen." Der Erzähler berichtet weiter, wie er seine Bekannten im Kanonenrohr versteckte, diese durch den Schuß weit in die Luft bis zu ihrem Heimatdorf flogen und sich dabei verletzten. Er schließt mit dem Hinweis, diese noch immer nicht verheilten Verletzungen (nämlich Umschreibungen für → Genitalien) zeigten, daß er die Wahrheit erzählt habe.

Ähnliche Schlußformeln bringen die Zuhörerschaft des Märchens geschickt wieder in die Realität des Alltags zurück[11].

In den europ. Märchen vermischen sich Konventionen traditioneller Bauernhochzeiten mit den Vorstellungen des Volkes vom luxuriösen Leben der Könige. In bäuerlichen Gesellschaften ist die H. als einmalige Feier im Leben von außerordentlicher Bedeutung, die auch unter großem ökonomischen Opfer wahrgenommen werden muß[12]. In Zsuzsanna Palkós Var. zu AaTh 812: → *Rätsel des Teufels* bemüht sich das arme Paar sehr, die H.sfeier vorzubereiten, aber es scheitert. Unwissentlich akzeptiert es die Hilfe des Teufels, um die notwendigen Mittel für ein fröhliches Fest zu erlangen. Nur die Barmherzigkeit Gottes rettet seine Seelen[13]. Im bäuerlichen Sinn bedeutet H. Feiern und Geselligkeit, die einzige Gelegenheit für Ehepaare, es sich gut gehen zu lassen (Tanzen, Singen und Trinken in der Öffentlichkeit).

3. Schwank und Witz. Humoristische Geschichten von Männern und Frauen im heiratsfähigen Alter spiegeln die Probleme des Zusammenlebens direkter als die vielschichtigen Kategorien des Märchens. Sie beleuchten sozial nicht akzeptables Verhalten und illustrieren seine Absurdität, indem sie es mit einem prototypischen Individuum identifizieren. Sie sind erzieherisch-moralisch und bereiten den jungen Menschen auf das Leben vor. Die traditionelle Gesellschaft hat ihre Verhaltensregeln dem Überleben unterworfen, und der Ungehorsame untergräbt seine eigene Lebensfähigkeit. Das Mädchen, das die Haushaltspflichten nicht erfüllen kann (Spinnen, Nähen, Weben, Putzen, Kochen, Waschen), das nicht gesellig ist (nicht tanzen, sich unterhalten, Besuche machen, mit Verwandten und Nachbarn umgehen kann), das nicht geschäftstüchtig ist, nicht kaufen und verkaufen, einen Garten pflegen, auf Kinder und alte Leute aufpassen kann, wird auch ein Risiko für das Überleben der Gesellschaft darstellen. Geschichten, in denen Mädchen auf die Probe

gestellt werden, sind zahlreicher, als die Nummern des internat. Verzeichnisses (AaTh 1440–1524) zeigen. Nationale Verzeichnisse[14] ergänzen die Nummern, indem sie das nationale Archivmaterial, das wegen seiner Obszönität und expliziten Sexualität früher nicht berücksichtigt wurde, sowie auch neue Sammlungen auswerten. Diese Erzählungen – auch als → Spinnstubengeschichten bekannt – wurden nicht ausschließlich von Frauen für Frauen, sondern oft von Erzählern zur Unterhaltung der arbeitenden jungen Mädchen erzählt. Bäuerliche Erzähler sprechen von ihnen als ‚Mädchen-Erziehung'[15]. Ein paralleles didaktisches Repertoire, das Jungen auf die He. vorbereitet, gibt es im Grunde nicht. Am populärsten sind Dummenschwänke bes. über die Unkenntnis in sexuellen Dingen (AaTh 1685: *Der dumme → Bräutigam*). Oder es wird erzählt, wie ein Dummkopf vom Erfolg des Prinzen bei der Erlösung einer in ein Ferkel verwandelten Prinzessin beeindruckt ist und deshalb ein Schwein heiratet und allerdings auch, wie durch den Betrug eines Tricksters die dumme Braut sich in der H.snacht mit einer Ziege im Bett findet[16]. Die Geschlechterrollen der Jungen sind durch patriarchalische Regeln der Gesellschaft vorgegeben und geschützt, im Interesse der Mädchen hingegen liegt es, heiratsfähig zu sein: kräftig, gesund, fleißig und sparsam. Wenn der Bewerber kommt, muß sie ihre Mängel verbergen, oder sie wird eine → alte Jungfer. Und wenn ihre Unkenntnis später aufgedeckt wird, schickt man sie zu ihrer Mutter zurück. Es ist der Mann, der die Entscheidungen fällt, und die Frau, die Konzessionen macht.

In nächster Nähe zu den didaktischen Erzählungen für Mädchen stehen unter den städtischen Witzen solche von He.svermittlern, die während der Verhandlungen mit einem möglichen Ehemann die Unzulänglichkeiten des Mädchens vorsichtig verbergen. He.svermittler sind bereits seit der Mitte des 19. Jh.s in europ. Städten gut bekannt, und He.svermittlung wurde durch Zeitungsanzeigen in der modernen Welt der Technik eine wichtige Institution und ein großes Geschäft. Trotzdem gibt es mit Ausnahme der jüd. Schadchen-Witze[17] wenig Informationen über vergleichbare Witzgruppen in anderen Kulturen. Eine andere Kategorie ist etwas verbreiteter und betrifft die → Hochzeitsnacht und ihre schockierenden Enthüllungen: körperliche Deformierungen, äußerste Naivität und Unkenntnis oder zuviel Erfahrung, elterliche Störungen, Mißverständnisse etc.[18]

4. Sagen. He. und H. erscheinen meist in denjenigen Sagen, die auf dem Glauben an eine übernatürliche Beziehung zwischen Lebenden und Toten basieren (→ Wiedergänger). Die Wiederkehr des Toten kann wegen unnatürlichen oder vorzeitigen Todes erfolgen oder weil sich der Tote nicht vollständig von seinem Platz im Leben lösen kann. Diese Vorstellungen manifestieren sich meist in Form von Sagen, aber z. T. auch in bestimmten Typen von Zaubermärchen. Ob der jeweilige Stoff als Sagen- oder Märchenvariante auftritt, ist abhängig von der Art des Erzählens. So sind z. B. die Erzähltypen AaTh 365: → *Lenore* und AaTh 407: → *Blumenmädchen* durch ihren identischen soziokulturellen und religiös-ideologischen Kontext eng miteinander verknüpft. Beide sind im Dorfleben angesiedelt, teilen den Glauben an übernatürliche Kräfte und die Wiederkehr des Toten; beide Heldinnen werden von ihrem sexuell motivierten Wunsch nach einem He.spartner bestimmt. Die Sehnsucht ist so stark, daß der tote Bräutigam erscheint, um sein Anrecht zu verlangen. Einen weiteren Märchen-Sagen-Mischtyp stellt AaTh 506 A: cf. → *Dankbarer Toter* dar; hier beansprucht der Tote die Braut, die der Held mit seiner Hilfe gewonnen hat, und nur ein exorzistisches Ritual kann ihn vertreiben[19].

Die Hauptmerkmale des Ahnenkultes im vorchristl. Europa (Respekt und Angst vor dem Tod) verbinden Begräbnis und H. – zwei Ereignisse im Lebenszyklus mit traditioneller ritueller Praxis. Nach K. → Ranke beweist die Sagentradition unzweideutig, daß „in der Beteiligung der verstorbenen Ahnen an der Hochzeit der Nachkommen" ein weitverbreiteter Totenkult zu sehen ist. „Das tritt besonders deutlich in der Sitte hervor, von der auch die Brautsteinsagen berichten: in der Eheschließung am Grabe der toten Vorfahren."[20] L. → Petzoldt[21] weist auf die symbolische Einladung der verstorbenen Eltern zum H.smahl hin. Weitverbreitete Begräbnisbräuche stellen eine noch engere Parallele zwischen Tod und H. her. Wenn junge Leute sterben, wird die Totenhochzeit vollzogen. Die ‚Braut Christi' und der ‚Bräutigam des Himmels' werden in H.sgewänder gekleidet. Es gibt Musik und Tanz anstelle von Wehklagen. Bis in das erste Jahrzehnt des 20. Jh.s wurden die Toten von ihren Freunden in einer Prozession zum Friedhof gebracht — wie bei einem H.szug — und nach einem abschließenden Tanz (mit jemandem, der den Tod darstellt) begraben[22].

Der Märchentyp AaTh 470: → *Freunde in Leben und Tod* kommt auch als Sage vor, in der der Tote die Einladung zur H. seines Freundes annimmt. Nach dem Besuch begleitet ihn der Bräutigam hinaus, sie rauchen eine Pfeife zusammen, hören einem Lied zu, und 300 Jahre sind vergangen, oder ein Mann besucht vor seiner H. das Grab seines Freundes, lauscht einem Lied und stirbt nach der Rückkehr[23]; der Tote besucht, für die anderen unsichtbar, die H. seines Freundes, auf dem Weg zum Tor vergehen 40 Jahre in zehn Minuten, und als der Bräutigam zurückkehrt, ist seine Frau 60 Jahre alt[24]. Geisterbegegnungen traditioneller Dorferzählungen enthalten auch die Phantom-Kutsche, die mit der fröhlich singenden H.sgesellschaft durch die Luft fliegt und von Hexen zu ihrer Versammlung entführt wird[25]. Oder es wird berichtet, wie bei einer H. das Essen vom Tisch verschwindet[26]. Tanzen, Zechen und Trinken sind Vergnügungen des Teufels, infolgedessen werden H.en auch als Sakrileg betrachtet, das einzelne Tänzer oder die ganze H.sgesellschaft in die Hölle führt[27].

Jüngere Slgen zeigen eine allg. Popularität von Sagen über die Rückkehr der toten Braut oder des Bräutigams (Mot. E 214, E 221.1, E 320). In einem Auto oder durch einen Unfall der Kutsche am H.stag getötete Paare wiederholen die Tragödie am Jahrestag an der gleichen Stelle[28]; ein totes Paar wird von einem toten Priester um Mitternacht in der Ruine einer Kapelle getraut[29]; eine Braut, die an ihrem H.stag getötet wurde, sucht ihren Bräutigam, näht ihr H.skleid und wartet auf die Trauung[30]. Oder es kommt der tote Gatte zurück, um dem Überlebenden zu helfen oder ihn zu stören (Mot. E 310—E 322, E 221)[31]. So versucht der tote Ehemann (Ehefrau), die Wiederverheiratung zu verhindern, indem er in der Rolle des neuen Gatten seine Hand ausstreckt, wenn die Ringe getauscht werden, indem er sich dem neuen Paar im Brautgemach beigesellt oder es auf andere Art peinigt[32]. Nicht immer ist es ein Toter, der die zweite He. stört, sondern auch ein abgewiesener Bewerber mit magischen Kräften, der sich (in Tiergestalt) unter dem Bett der Frischvermählten versteckt[33].

[1] Beauvoir, S. de: Le deuxième Sexe 2. [P.] 1949, 217. — [2] Tatar, M.: The Hard Facts of the Grimms' Fairy Tales. Princeton, N.J. 1987, 23 sq. — [3] Röhrich, Märchen und Wirklichkeit, 104. — [4] Meletinsky, E.: Die Ehe im Zaubermärchen. In: Acta Ethnographica 19 (1970) 281—292, hier 281; cf. auch Meletinskij, E. M.: Geroj volšebnoj skazki (Der Held des Zaubermärchens). M. 1958; Propp, V.: Morphologie des Märchens. Ffm. 1975, 64 sq., 125. — [5] Meletinsky (wie not. 4) 292; cf. auch Bajburin, A./Levinton, G.: Tezisy k probleme ‚Volšebnaja skazka i svad'ba'. In: Quinquagenario. Festschr. Ju. M. Lotman. Tartu 1972, 67—85. — [6] Röhrich, Märchen und Wirklichkeit, 104—111. — [7] Goldberg, C.: Turandot's Sisters: A Folktale Study. Diss. Bloom. 1981. — [8] Ortutay, G.: Fedics Mihály mesél. Bud. 1940, 109. — [9] Dégh, L.: Märchen, Erzähler und Erzählgemeinschaft. B. 1962, 212—214 (engl. erw. Ausg. u. d. T. Folktales and Soc. Bloom./Indianapolis ²1989, 218—221); cf. auch Haiding, K.: Österreichs Märchenschatz. Wien 1953, 112; Erdész, S.: Ámi Lajos meséi 1. Bud. 1968, 199. — [10] Ms. von 1951, Slg Dégh; cf. auch Ortutay, G.: Magyar népmesék 1—3. Bud. 1960, hier t. 1, 139, 297, t. 2, 21 sq.; Haiding (wie not. 9) 168; Sirovátka, O.: Tschech. Volksmärchen. MdW 1980, 13; Pomeranzewa, E.: Russ. Volksmärchen. B. 1964, 145; Hoţopan, A.: Poveştile lui Mihai Purdi. Bud. 1977, 55. — [11] BP 4, 27—30. — [12] cf. Tessedik, S.: Der Landmann in Ungarn [...]. [Pesth] 1784. — [13] Dégh, L.: Kakasdi népmesék 1. Bud. 1955, 335—341. — [14] cf. z. B. MNK 7 B; Stroescu, num. 3340—3543, num. 5107—5158. — [15] cf. Sebestyén, Á.: Bukovinai székely népmesék 2 (Volksmärchen der Szekler aus der Bukowina). Szekszárd 1981, 405 (Kommentar von Á. Kovács); Nagy, O.: Personality and Community as Mirrored in the Formation of Klára Győri's Repertoire [1962]. In: Dégh, L. (ed.): Studies in East European Folk Narrative. [Bloom.] 1978, 473—557, hier 486. — [16] Vom Erzähler László Nagy aus Tiszamogyorós, Kreis Szabolcs, 1962, Ms. Slg Dégh; Béres, A.: Rozsályi népmesék. Bud. 1967, num. 89. — [17] Röhrich, L.: Der Witz. Mü. 1980, 280 sq. — [18] ibid., 159—162, 175; cf. Legman, G.: Rationale of the Dirty Joke 1. N.Y. 1968, 437—663; Uther, H.-J.: Behinderte in populären Erzählungen. B./N.Y. 1981, 87—90. — [19] z. B. Dégh ²1989 (wie not. 9) 141 sq., 328 sq. — [20] Ranke, K.: Brautstein und Rosengarten [1939]. In: id.: Die Welt der Einfachen Formen. B./N.Y. 1978, 320—333, hier 322. — [21] Petzoldt, L.: Der Tote als Gast (FFC 200). Hels. 1968, 85—87. — [22] László Károly, S.: „Halott lakodalma" (Totenhochzeit). In: Magyar Néprajzi Lex.

2. Bud. 1979, 445–448; Segschneider, E. H.: Totenkranz und Totenkrone im Ledigenbegräbnis. Köln/Bonn 1976. – [23] z. B. Bihari E III 1/A–B. – [24] Bihari E III 1/C. – [25] Bihari L/1 X 1/A; Dégh, L.: Pandur Péter meséi 1 (Péter Pandurs Märchen). Bud. 1942, 286–288. – [26] Zender, M.: Sagen und Geschichten aus der Westeifel. Bonn [2]1966, num. 1284. – [27] Müller/Röhrich H 24; cf. auch Zender (wie not. 26) num. 876; Bihari J V/3. – [28] cf. Baughman E 334.2.3; Baker, R. L.: Hoosier Folk Legends. Bloom. 1982, 60. – [29] z. B. Müller/Röhrich F 14; cf. Mot. E 495. – [30] Müller/Röhrich E 12. – [31] cf. Baughman E 211.2, E 221.1, E 214.1 (Störung einer zweiten He.); cf. auch Zeitungssagen wie „Widow gets messages from husband through his old typewriter" in: Weekly World News (25.11.1986); „Dead husband's ghost makes love to widow" in: Sun (9.7.1985). – [32] cf. Müller/Röhrich F 21. – [33] Zender (wie not. 26) num. 1110.

Bloomington Linda Dégh

Hochzeitsnacht. Die H. gehört seit alters bei vielen Völkern als Ritual zum festen Bestandteil bei der Begründung ehelicher Gemeinschaft (→ Ehe)[1]. Die Werbung (→ Freier, Freierproben) von → Braut oder Bräutigam zählt zu den zentralen Themen des Zaubermärchens und der Heldensage. Während das optimistisch eingestellte Märchen oftmals mit der → Hochzeit von Held oder Heldin endet und zugleich eine glückliche, von allen materiellen Sorgen befreite Zukunft prognostiziert, berichtet es seltener vom Verlöbnis, von der H. oder vom dortigen sexuellen Geschehen (cf. aber Erzählungen zu den Themenbereichen → Entführung, → Ius primae noctis[2], → Symbolum castitatis[3]).

Vorstellungen von vermeintlichen Gefahren (Vagina dentata: Mot. F 547.1.1)[4], die den Ehemann in der H. beim Akt der Defloration (→ Koitus) treffen würden, könnten sich in vorderasiat. und osteurop. Var.n des → *Giftmädchens* (AaTh 507 C) widerspiegeln[5]. Diese seit dem MA. auch in Europa bekannte Erzählung berichtet von einer Prinzessin, deren Freier die H. nicht überlebten, bis schließlich ein Helfer des Helden am Brautlager wacht und eine aus dem Leib der Frau herauskommende Schlange oder andere bedrohliche Tiere tötet. Vom Hunnenkönig → Attila wird überliefert, daß er in der H. einem Blutsturz erlegen sei. Diese Todesursache könnte Anlaß für die Entstehung von Heldenliedern geboten haben, in denen das hist. Ereignis in Verbindung mit dem Untergang der Burgunden (→ *Nibelungenlied*) zu einer Rachegeschichte umfunktioniert wurde[6]. Rache ist auch das auslösende Motiv für die Vielzahl der Märchen von der → Heldenjungfrau (AaTh 519), die auf dem ehelichen Beilager durch eine List von einem überstarken → Stellvertreter bezwungen wird[7].

Zu den Hochzeitsvorbereitungen bei vielen Völkern gehörte auch – als eine Art Apotropäum – die rituelle Reinigung der Braut von schädlichen Einflüssen, bevor sie dem Bräutigam übergeben wurde[8]: Von einem → Bad in der H. (oft in Milch), das die Braut von ihrem verzauberten Geliebten erlöst, erzählen dt., dän. und norw. Var.n aus dem Zyklus vom → *Dankbaren Toten* (AaTh 505–508), wie etwa Hans Christian → Andersens *Der Reisekamerad* (AaTh 507 C). Umgekehrt muß der seine Bräute verschlingende → Tierbräutigam in → *König Lindwurm* (cf. AaTh 433 B) zu seiner → Erlösung ebenfalls ein solches Bad über sich ergehen lassen und erhält dazu noch Schläge mit Ruten. In Var.n des Märchens → *Ferdinand der treue und F. der ungetreue* (AaTh 531) erfüllt der Held die Bitte seines treuen Tierhelfers und läßt ihn in der H. vor dem Bett der Schlafenden ruhen. Während der Nacht erwacht der Held von furchtbarem Lärm und erblickt, wie in einer isl. Var.[9], statt des ruhenden Hundes nur dessen → Tierhaut, die er dann in der Diele verbrennt. Auf diese Weise erlöst er unwissentlich einen Prinzen, der von der bösen Stiefmutter in einen Hund verwandelt war. Psychologen betrachten solche Erzählungen, bes. wenn es sich dabei direkt um einen in der H. erlösten Tierbräutigam (z. B. AaTh 440: → *Froschkönig*) oder um eine Tierbraut handelt, als eine Widerspiegelung des ambivalenten Verhältnisses der Geschlechter, in denen sich das Umschlagen von Abneigung in Zuneigung manifestiere[10]. Manche Erzählungen berichten von → Tabuvorstellungen. Sie erinnern an die sog. Tobiasnächte (Tob. 6,8), in denen während der ersten Nächte eheliche Enthaltsamkeit (→ Keuschheit) gefordert wird. So antwortet in einer Erzählung der Karpatendeutschen der jüngste von zwölf Brüdern der Hexe auf die Frage nach der H.: „Bei uns ist die erste Nacht so, nichts ausziehen und Hut am Kopf!"[11] Oder die Erlösung der 18 Prinzessinnen kann nur gelingen, wenn Braut und Bräutigam „ruhig und stille" liegen und „keiner reden oder sich rühren [darf], bis es reveille schlägt" (AaTh 304: *Der gelernte → Jäger*)[12]. Manche Erzählungen spiegeln den alten Brauch wider, wonach die Braut von Eltern, nahen Verwandten oder einem Brautwerber ausgesucht und dem Bräutigam erst in der H. ‚zugeführt' wurde[13]. Doch gibt es umgekehrt auch die selbstbewußte Entscheidung der Prinzessin, die sich über soziale Schranken hinwegsetzt und den Armen (meist einen Fischer) gar zur Heirat überreden muß. Als sie in der H. den Fischer wegen seiner niedrigen Herkunft beleidigt, sucht er das Weite (AaTh 879 A: → *Fischer als Ehemann der Prinzessin*)[14]. Andere Erzählungen handeln davon, daß sich die Braut in der Brautnacht vertreten läßt. Die Gründe dafür können ganz unterschiedlich sein.

So bittet die von → Tristan verführte Isolde ihre Vertraute Brangäne, sie in der H. mit König Marke zu vertreten[15], um ihm Jungfräulichkeit (→ Jungfrau, Jungfernschaft) vorzuspiegeln. Die aus → Adenet le Rois Epos bekannte Titelheldin → Berta glaubt den Einflüsterungen ihrer Amme Margiste, daß ihr Ehemann Pippin sie in der H. zu töten beabsichtige, läßt sich zum Rollentausch überreden und muß dafür lange Zeit in der Welt umherirren, bis sie als die ‚rechte' Braut wiedererkannt wird.

Seltener dagegen sind Märchen, in denen die Unterschobene als Stellvertreterin der Braut in der H. – wie in → *Gänsemagd als Freierin* (AaTh 870 A) – ihre Ansprüche als die rechte Braut beim Prinzen geltend machen kann. Er akzeptiert die sozial Niedrigstehende und läßt sich überzeugen, daß seine Wahl einer standesgemäßen Braut falsch gewesen sei.

Die Unterschiebung der Braut in der H. kann aber auch von den Brauteltern ausgehen, die auf diese Weise zunächst die ältere ihrer Töchter versorgt wissen wollen – so wie Laban seine ältere Tochter Lea dem → Jakob statt der versprochenen Rahel unterschob (Gen. 29). Derlei Geschichten sind seit dem Hochmittelalter in Epik und Novellistik weit verbreitet[16] und haben, bes. im mediterranen Gebiet, in der häßlichen Alten (AaTh 877: *Die geschundene → Alte*) oder der Frau mit dem Tiergesicht (Jason 873*A) ihre charakteristische Ausprägung gefunden. Doch wird hier märchengemäß die Häßliche schließlich mit Jugend und/oder Schönheit begabt.

Im Unterschied zum Zaubermärchen thematisieren bes. Witze und Schwänke mit ihrer dem Alltagsleben stärker zugewandten Einstellung das eheliche Zusammenleben und die H. (→ Eheschwänke und -witze)[17]: „Fast alles, was mit der Hochzeit zusammenhängt, wird als Anlaß für mehr oder weniger derbe und zuweilen feindselige Scherze und Anspielungen benutzt."[18] Eine z. T. groteske Komik basiert auf den in der H. sich vermeintlich abspielenden Geschehnissen. Nicht das Normale wird thematisiert, sondern Abnormitäten, Konflikte und Überraschungen. Dabei lassen sich drei Komplexe unterscheiden:

(1) Ein wesentliches Kriterium ist die sexuelle Unerfahrenheit von Braut oder Bräutigam, wobei nicht selten die Eltern als Ratgeber auftreten.

Als Dummkopf erweist sich der Bräutigam, der die liebeshungrige Frau in der Meinung zurückweist, sie wolle ihn erwürgen. Auf Anraten der Mutter findet er jedoch wieder zu seiner frisch Angetrauten zurück[19]. – In Episoden des Schwanks *Der dumme → Bräutigam* (AaTh 1685) heiratet der Einfältige erst, nachdem ihm seine Mutter versichert hat, daß er Hühner auch künftig zu essen erhalten werde. In der H. verlangt er danach, während die Braut denkt, er wolle nun die sexuelle Vereinigung beginnen. Infolge von → Sprachmißverständnissen geschieht gar nichts, und erst nach weiteren Mißverständnissen lernt er die Freuden der Ehe kennen (Hoffmann 1685**). In einer anderen Episode (Mot. K 1223.1; Martinez K 1223.1) stellt die Frau in der H. fest, daß ihr Mann nicht einer der Klügsten zu sein scheint, und will ihn heimlich verlassen. Doch der Mann hat vorgesorgt und sie an eine lange Leine gebunden. Dieses Ende des Seils bindet sie jedoch einem Ziegenbock an. In seiner Einfältigkeit ertastet der Mann die Gliedmaßen des Ziegenbocks (Bart, Hoden, Hörner) und gibt seiner Mutter dazu kuriose Antworten[20]. – Als die Angetraute in der H. ein Kind zur Welt bringt (cf. AaTh 1362 A*: → *Dreimonatskind*), verfällt der Ehemann in Schwermut und befürchtet, nach jedem Beischlaf Vater zu werden; doch eine Frau aus der Nachbarschaft kann ihn überzeugen, daß jede Frau ein Kind unter dem Leibe trüge, das erst nach dem Beischlaf mit dem Ehemann geboren werden könne. Der Mann gibt sich mit dieser Erklärung zufrieden[21]. – In verschiedenen Var.n von *Die geschwätzige → Braut* (AaTh 886) lehnt es die Braut in der H. ab, sich auszuziehen. Als der wütende Ehemann ihr androht, eine Axt zu holen, um seinen Keil in ihr Schloß einzuschlagen, erwidert sie, dies sei nicht nötig, schon vor drei Jahren habe des Vaters Knecht einer Axt nicht bedurft[22]. – In einer Erzählung aus dem *Kitāb al-Ḥayawān* (Buch der Tiere) des ʿAmr ibn Baḥr al-

Ǧāḥiẓ (gest. 283/864)[23] befragt die neugierige und unerfahrene Tochter die Mutter so lange zu anatomischen Einzelheiten der männlichen → Genitalien, bis die Mutter entnervt daran erinnert, weitere Nachfragen nicht mehr lebend überstehen zu können.

(2) Ein weiteres unerschöpfliches Thema beschäftigt sich mit verborgenen körperlichen Defekten von Braut und Bräutigam, die erst in der H. zutage treten. Zahlreiche Var.n vor allem aus Mittel- und Südeuropa belegen die Freund-/Feind-Geschichte (→ Einäugiger heiratet), in der ein Behinderter in der H. seiner Angetrauten vorhält, sie sei keine Jungfrau mehr. Die Schlagfertige antwortet, dies sei kein Schaden, schließlich hätten Freunde ihr dies zugefügt, sein Schaden (Kriegsverletzung) hingegen stamme von seinen Feinden[24]. Die Jungfräulichkeit seiner Frau setzt auch der Matrose voraus, der glaubt, kein Seemannsliebchen geheiratet zu haben, in der H. jedoch feststellen muß, daß sie sich in der Seemannssprache bestens auskennt[25]. In anglo-amerik. Erzähltradition ist eine Zote verbreitet (AaTh 1379*: *False Members*)[26], die nach G. → Legman dem Themenkreis ‚Frau als Vagina' zuzuordnen ist[27], mithin wie andere Erzählungen auf die Misogynie abhebt, und ebenfalls von kaschierten körperlichen Defekten handelt[28]:

In der H. erlebt ein Mann böse Überraschungen, als seine junge Frau sich auszieht. Sie entpuppt sich als Schwerstbehinderte, die ihre Defekte mit Prothesen, Perücke und Make-up sorgsam verhüllt hat. Fassungslos ruft schließlich der Ehemann aus: „Throw me a buttock for a pillow" (Hansen **1379).

(3) Ein unerschöpfliches Thema bieten auch die Potenz-Witze, die unterschwellig auf die sexuelle Unterlegenheit des Mannes (→ Impotenz) der Frau gegenüber anspielen. Ein charakteristischer Witz schildert, wie der junge Ehemann im Hochzeitsappartement vor dem Spiegel steht und sich bewundert. „Drei Zentimeter mehr, und ich wär' ein König", sagt er stolz. „Ja", erwidert die Braut, „drei Zentimeter weniger, und du wärst eine Königin."[29]

[1] Schmidt-Wiegand, R.: Hochzeitsbräuche. In: Hwb. zur dt. Rechtsgeschichte 2. B. 1978, 186–197; Hartwich, A./Kraus, G./Kind, A.: Die Brautnacht. Eine ethnol.-kulturgeschichtliche und sexualphysiologische Schilderung ihres Wesens und ihrer Bedeutung. Wien/B./Lpz. 1931; Deneke, B.: Hochzeit. Mü. (1971), bes. 124–132. – [2] MacPhilib, S.: Ius Primae Noctis and the Sexual Image of Irish Landlords in Folk Tradition and in Contemporary Accounts. In: Béaloideas 56 (1988) 97–140; Sorlin, E.: La Croyance au droit du seigneur dans les coutumes du moyen âge. In: Le Monde Alpin et Rhodanien (1987) H. 2–4, 69–87. – [3] Heller, B.: L'Épée symbole et gardienne de chasteté. In: Romania 36 (1907) 36–49 und ibid. 37 (1908) 162 sq.; Graber, G.: Das Schwert auf dem Brautlager. In: ARw. 35 (1938) 131–138. – [4] Kooi, J. van der: Wêrom 't Alva Lake Vagina dentata. In: Festschr. E. G. A. Galama. Grins 1982, 107–120; Hallissy, M.: Venomous Woman. Fear of the Female in Literature. N.Y./L. 1987. – [5] Ergänzend zu EM 5,1240–1243: Tubach, num. 3830; Ó Súilleabháin/Christiansen; MNK; Nowak, num. 288; Ting; Delarue/Tenèze (app.). – [6] EM 5, 1079. – [7] Kalinke, M. E.: The Misogamus Maiden Kings of Icelandic Romance. In: Scripta Islandica 37 (1986) 47–71; Wienker-Piepho, S.: Frauen als Volkshelden. In: Volksdichtung zwischen Mündlichkeit und Schriftlichkeit. ed. L. Röhrich/E. Lindig. Tübingen 1989, 147–162. – [8] Röhrich, Märchen und Wirklichkeit, 115 sq. – [9] Rittershaus, A.: Die neuisl. Volksmärchen. Halle 1902, num. 7. – [10] Lüthi, M.: Volksmärchen und Volkssage. Bern/Mü. 1961, 11. –
[11] Cammann, A./Karasek, A.: Volkserzählung der Karpathendeutschen – Slowakei 1. Marburg 1981, 170–173, hier 171. – [12] Zaunert, P.: Dt. Märchen seit Grimm. MdW 1922, 101. – [13] Röhrich, Märchen und Wirklichkeit, 112–115. – [14] Deltion tēs historikēs tēs Hellados 4 (1892) 696; Archeion tou Thrakikou Laographikou kai glōssikou thēsaurou 7 (1940/41) 206–208, 209 sq. – [15] Buschinger, D. (ed.): La Légende de Tristan au moyen âge. Göppingen 1982; Simmer, H.: Dermat und Tristan. Diss. Saarbrücken 1988. – [16] Arfert, P.: Das Motiv von der unterschobenen Braut in der internat. Erzählungslitteratur. Diss. Schwerin 1897. – [17] Röhrich, L.: Der Witz. Stg. 1977, 158–162. – [18] Legman, G.: Der unanständige Witz. Hbg 1970, 499–513, hier 500 (II,1–3). – [19] Benzel, U.: Volkserzählungen aus dem oberpfälz.-böhm. Grenzgebiet. Münster 1965, num. 135. – [20] Meier, E.: Dt. Volksmärchen aus Schwaben. Stg. 1852, num. 52; cf. auch Hoffmann 1685*; BP 1, 320. –
[21] Kirchhof, Wendunmuth 3, num. 237. – [22] EM-Archiv: Maynhincklers Sack (1612), num. 50; cf. auch Bebel/Wesselski 2,52 (3, num. 118). – [23] Weisweiler, M.: Von Kalifen, Spaßmachern und klugen Haremsdamen. Düsseldorf/Köln 1963, 122–124. – [24] Uther, H.-J.: Behinderte in populären Erzählungen. B./N.Y. 1981, 87. – [25] Hoffmann F 111.7, J 1772, X 12.4; cf. Hansen, W. F.: The Story of the Sailor Who Went Inland. In: Folklore Today. Festschr. R. M. Dorson. Bloom. 1976, 221–230; Moser, D.-R.: Die Homerische Frage und das Problem der mündl. Überlieferung in volkskundlicher Sicht. In: Fabula 20 (1979) 116–136, hier 120–123; Hansen, W. F.: Odysseus and the Oar. A Folkloric Approach to Greek Myth. ed. L. Edmunds. Balti-

more 1990, 241–272. – [26] Ergänzend zu AaTh: van der Kooi. – [27] Legman (wie not. 18) 396 sq. – [28] Uther (wie not. 24) 88. – [29] Röhrich (wie not. 17) 159 (mit weiteren Belegen).

Göttingen Hans-Jörg Uther

Hodscha Nasreddin

1. Allgemeines – 2. Entwicklung der Überlieferung – 2.1. Ǧuḥā – 2.2. Nasreddin Hoca – 3. Verbreitung – 3.1. Islam. Orient – 3.1.1. Türkei, turksprachiger Raum – 3.1.2. Arab. Raum – 3.1.3. Restliches Asien – 3.2. Europa – 3.2.1. Balkan, Südeuropa – 3.2.2. Restliches Europa, europ. Einflußbereich – 4. Inhaltliches; Interpretation und Rezeption – 5. Erzählmotive

1. Allgemeines. Hodscha Nasreddin ist die von A. → Wesselski[1] geprägte dt. Bezeichnung für Nasreddin Hoca (N.H.), die zentrale → Kristallisationsgestalt humoristischer Kurzprosa (→ Narr; → Schelmentypen) im gesamten Einflußbereich islam. Kultur. Sein Name besteht aus zwei Teilen: Der eigentliche Personenname ist N. (aus arab. naṣr ad-dīn: Sieg der Religion); H. (aus pers. ḫ͏ˇāǧe Herr; ursprünglich allg. Ehrentitel) ist die Berufsbezeichnung eines religiösen Lehrers, als der N.H. im türk. Bereich meist vorgestellt wird.

N.H. wurde in Westeuropa im 18. Jh. durch das Geschichtswerk des moldau. Gelehrten D. Cantemir[2] eingeführt; auch → Goethe kannte ihn[3]. Es gibt eine Vielzahl populärer Darstellungen; darüber hinaus haben sich seit dem ausgehenden 19. Jh. westl. Wissenschaftler mit der Figur beschäftigt, so bes. R. → Basset[4], I. → Kunós[5], Wesselski[6], L. → György[7], F. Bajraktarević[8], G. I. Constantin[9] und P. N. → Boratav[10]. Sie haben, gegen den z. B. von J.-A. → Decourdemanche[11] vertretenen Agnostizismus (→ Agnostische Theorie), die Grundlagen der folgenden Darstellung erarbeitet.

2. Entwicklung der Überlieferung. Zwar hat die Figur des N.H. mit zunehmender geogr. Verbreitung das Repertoire unterschiedlicher regionaler Narren integriert; mit der arab. Figur des Ǧuḥā ist sie jedoch eine derart enge Verbindung eingegangen, daß beide im Großteil des zeitgenössischen Erzählgutes des gesamten Verbreitungsgebietes als ein und dieselbe Figur behandelt werden müssen.

2.1. Ǧuḥā. Der Arabist Basset war noch der Ansicht, die türk. Slg der Schwänke N.H.s beruhe direkt auf dem bereits im Buchhändlerkatalog (verfaßt 377/987) des Ibn an-Nadīm erwähnten *Kitāb Nawādir Ǧuḥā* (Buch der Erzählungen von Ǧuḥā)[12]; dieses sei im 15./16. Jh. ins Türkische übersetzt, der Protagonist mit dem dort bereits existierenden N.H., einer „personnification de la naïveté“[13], identifiziert worden. Demgegenüber zeigen neuere Unters.en, daß sich die Erzählrepertoires zu Ǧuḥā und N.H. bis zu den gedr. Ausg.n des 19. Jh.s weitgehend unabhängig voneinander entwickelten. Die ma. arab. Lit. betrachtet Ǧuḥā als eine hist. Person des 8. Jh.s[14]. Nach → Ibn al-Ǧauzī war er durchaus intelligent, aber ‚jemand, der ihm Schaden zufügen wollte, legte ihm Geschichten bei‘[15]. Diese Witze und Schwänke, die Ǧuḥā teils als tölpelhaft, teils als gewitzt darstellen, sind seit Mitte des 9. Jh.s nachweisbar[16]. Das sich ständig erweiternde Repertoire umfaßte im 17. Jh. im anonymen → *Nuzhat al-udabā'* (Unterhaltung der Gebildeten)[17] 31, im *Iršād man naḥā ilā nawādir Ǧuḥā* (Rechtleitung derjenigen, die eine Vorliebe für Ǧuḥā-Anekdoten haben) des Yūsuf ibn al-Wakīl al-Mīlawī[18] bereits 73 Texte.

Dennoch stützt sich die erste gedr. arab. Ausg., *Nawādir al-Ḫv[ā]ǧah Naṣraddīn Afandī Ǧuḥā ar-Rūmī* ([Būlāq] 1280/1864), und abhängig von ihr alle späteren Ausg.n, kaum auf die genuin arab. hs. Überlieferung. Vielmehr stellt sie eine direkte Übers. (in Ausw.) der ersten gedr. türk. Ausg. (*Leṭā'if* [Feinsinnige Erzählungen]. Istanbul 1253/1837) dar, die mit humoristischen Kurzerzählungen aus der ma. arab. Lit. – und zwar nicht unbedingt ‚klassischen‘ Ǧuḥā-Anekdoten – von 134 auf 233 Erzählungen erweitert wurde[19]. Diese Slg ist in der Fassung der auf 420 Texte erweiterten Ausg. von Ḥ.Š. aṭ-Ṭarābulsī[20] Grundlage der rezenten arab. (schriftl.) Überlieferung, die Ǧuḥā und N.H. explizit als identische Figuren auffaßt.

Die arab. Überlieferung zu Ǧuḥā und N.H. ist, vermischt mit türk. Einfluß, Ursprung der pers. Überlieferung. Ǧuḥā (pers. auch Ǧuḥi) wurde zunächst von den pers. Dichtern des 11.–13. Jh.s rezipiert[21], später auch von Anekdotenschreibern wie ʿObeid-e Zākāni (gest. 772/1371)[22] oder ʿAli Ṣafi (gest. 939/1532). Alle waren vom arab. Vorbild beeinflußt oder von ihm abhängig; eine selbständige, etwa in hs. Slgen nachweisbare Überlieferung hat in pers. Sprache nicht existiert[23]. Demgegenüber war der türk. N.H. (pers. Mollā Naṣroddin) um die Mitte des 19. Jh.s offensichtlich dem pers. Publikum so vertraut, daß die pers. Übers. (s. l. 1299/1881) der gedr. arab. Ausg. assoziativen Anklang fand; sie praktiziert vergleichbare Auswahl- und Ergänzungskriterien wie die arab. Vorlage. Die heute maßgebliche pers. Ausg. stammt von M. Ramażāni[24]. Seine 593 Anekdoten umfassende Slg ist aus nicht genauer bezeichneten türk., pers. und arab. Qu.n zusammengestellt. Über eine russ. Übers.[25] hat sie das Bild der sowjet. Forschung vom ‚pers.' N.H. geprägt.

2.2. Nasreddin Hoca. Über den hist. N.H. kann wenig mehr gesagt werden, als daß eine Person dieses Namens ca im 13./14. Jh. im südl. Zentral-Anatolien gelebt haben mag. Obwohl geeignete Qu.n fehlen, wird die Historizität N.H.s heftig diskutiert. Auf den türk. Reisenden Evliya Çelebi, der Mitte des 17. Jh.s N.H.s angebliches Grabmal in Akşehir besuchte, geht eine erste hist. Fixierung zurück. Er zitiert eine Anekdote, in der N.H. den Wert des Herrschers Timur (Tamerlan; 1336–1405) im Bad angeben soll: N.H. schätzt ihn auf den Wert des Badetuchs[26]. Diese Anekdote ist zwar in älteren Qu.n einem anderen Protagonisten zugeschrieben, die Festlegung auf N.H. als Zeitgenossen des Timur wurde aber durch Cantemir[27], J. von → Hammer-Purgstall[28] und die auf ihnen basierende Hofnarrenliteratur[29] zur vorherrschenden Ansicht in europ. Unters.en. Lāmi'ī Çelebi (gest. 939/1531), dessen fünf in den *Leṭā'if*[30] zitierte N.H.-Anekdoten neben zwei anderen im *Saltuqnāme* (Saltuq-Buch) des Ebūl Ḫayr-i Rūmī (gest. 885/1480)[31] die ältesten in einer türk. Sprache überlieferten darstellen, schildert N.H. als einen Zeitgenossen des Şeyyād Ḥamza (14. Jh.)[32]. Auf ein pers. *Salǧuqnāme* (Buch der Seldschuken) stützt sich eine Bestimmung von N.H.s Todesdatum auf 700/1300[33].

Die immer wieder zitierte Jahreszahl 386 auf dem Grabmal des N.H. in Akşehir hat keinerlei Beweiskraft, da sie rein spekulativ interpretiert worden ist: 386 ergäbe, gewissermaßen als letzter Scherz des N.H., rückwärts gelesen das angebliche Todesjahr 683/1284[34]. Auch die zur „Bestärkung dieser immerhin gekünstelten Vermutung"[35] Anfang des 20. Jh.s von Köprülüzāde Meḥmed Fu'ād angeführten, mit 655/1257 bzw. 665/1266 datierten Stiftungsurkunden, in denen ein N.H. erwähnt wird[36], überzeugen nicht. Die gleiche Skepsis ist angebracht hinsichtlich weiterer im Zuge des türkeitürk. Folklorismus aufgefundener dokumentarischer Zeugnisse und ihrer Interpretationen[37].

Das schmale Repertoire der frühesten Mss. von N.H.-Anekdoten (ab 16. Jh.)[38] ist in späteren Mss. wesentlich erweitert[39]. Die erste gedr. Ausg. (Istanbul 1253/1837) umfaßt 134, die diversen teils ill. Drucke und Lithographien des 19. Jh.s jeweils ca 125 Anekdoten[40]. Bahā'ī (i. e. Veled Çelebi [İzbudak]), aus dessen Slg *Leṭā'if-i Naṣreddin Ḫoǧa raḥmetü llāhi 'aleyh* (Feinsinnige Erzählungen von N.H., die Gnade Gottes sei über ihm. Istanbul 1323/1907, ²1325/1909, ³1334/1918 u. ö.[41]) die jüngeren türk. Ausg.n überwiegend schöpfen, veröffentlichte bereits 392 Anekdoten, indem er die früheren Ausg.n aus mündl. Überlieferung und aus Sammelhandschriften ergänzte. Die umfangreichste türkeitürk. Ausg. ist bislang diejenige M. A. Aksoys mit 445 Anekdoten aus nicht angegebenen Qu.n, wohl hauptsächlich Bahā'ī[42].

Aus dem Bereich der anderen Turksprachen kennt man ein spät-tschagataj. Ms. aus Mittelasien (spätes 19./frühes 20. Jh.)[43]. Die ältesten tatar. Drucke (*Lätaifi Xuğa Nasiretdin Äfändi*. Kazan 1261/1845; insgesamt 31 weitere Aufl.n[44]) enthalten 123 Anekdoten und sind fast identische Übernahmen von osman. Vorlagen; sie dürften die Grundlage fast aller nordwest- und mittelasiat.-turksprachigen Ausg.n sein[45]. Über den großen Anteil der allen Turksprachen gemeinsamen Anekdoten hinaus, der durch die Kazaner Drucke und die russ. Übers. des Bahā'ī-Materials durch V. A. Gordlevskij[46] zweifach auf dem türkeitürk. Material basiert, werden verschiedenen Einzelvölkern aufgrund sprachlicher Kriterien autochthone Texte zugeschrieben[47].

3. Verbreitung

3.1. Islam. Orient

3.1.1. Türkei, turksprachiger Raum. Der anatol.-türk. N.H.-Zyklus hat die Überlieferung des ehemaligen osman. Herrschaftsbereiches (inklusive Balkan) sowie bes. diejenige der islamisierten Turkvölker Asiens geprägt. Er integriert ursprünglich unabhängiges Material aus anderen Erzählzyklen und von anonymen oder lokalen Protagonisten; Boratav vermutet, daß der heutige N.H.-Zyklus selbst durch Zusammenlegung eines kleinen N.H.-Repertoires und eines Bestandes von Anekdoten über die einfältigen Bewohner von Sivrihisar entstanden sei[48]. Im übrigen turksprachigen Bereich wird der N.H.-Zyklus ergänzt durch rezentes Material, teils aus mündl. Überlieferung, teils etwa auch aus Witzspalten von Zss.; außerdem nimmt er das Repertoire von ursprünglich eigenständigen Narrengestalten auf, so z. B. Ahmet Akaj (krimtatar.), Mokyt oder Mändi (tatar.), Kemine (turkmen.), Navoi oder Mašrab (usbek.), Žirenše (kasach.), Aldarkösö (kirgis.) etc., wie aus den teils sehr umfangreichen neueren Slgen hervorgeht[49]. Die aserbaidschan. Überlieferung zu Molla Näsräddin[50] (erste gedr. Ausg. Tiflis 1324/1906[51]) weist schon im Namen des Protagonisten eine starke pers. Prägung auf; der kasach. Name des N. H., Qoža Nasyr, geht wohl auf die Kazaner Drucke (Nasiretdin) zurück; die mittelasiat. Bezeichnungen Ependi, Apandi und ähnlich (aus türk. Efendi: Herr; respektvolle Anrede) verweisen auf die osman. Herkunft des Protagonisten.

3.1.2. Arab. Raum. Auch im arab. Raum dominieren die von den osman. Vorlagen abhängigen gedr. Ausg.n[52]. Unabhängig davon ist die reichhaltige mündl. Überlieferung zu Ǧuḥā in neueren dialektologischen Studien[53] und Erzählungssammlungen[54] dokumentiert: Ǧuḥā war seit dem 10. Jh.[55] sprichwörtlich und ist es bis heute geblieben[56].

Durch arab. Einfluß ist Ǧuḥā (Si Djeh'a) bei den nordafrik. Berbern vertreten[57]. Ob die Figur auch im Afrika südl. der Sahara bekannt ist, muß vorläufig offen bleiben. Denkbar ist eine Verbreitung im ostafrik. Raum, worauf bereits zwei von Wesselski angeführte Texte hinweisen[58]. Seither ist zumindest eine weitere Juha-Geschichte, eine Var. von AaTh 1675: → *Ochse als Bürgermeister*, aus einem Swahili-Dialekt veröffentlicht worden[59].

Zum Erzählgut des arab. Raumes ist die jüd. Überlieferung zu Goha zu rechnen, die bei nordafrik.[60] sowie den ehemals span.[61] Juden dokumentiert ist. Jüd. Informanten aus dem iran. Raum kennen eher Mollā Naṣroddin[62]. Die zu N.H. veröff. hebr. Slg[63] ist offenbar – ebenso wie die armen. Ausg.n – unmittelbar nach einer türk. Vorlage entstanden[64].

3.1.3. Restliches Asien. Die Überlieferung zum pers. Mollā Naṣroddin ist zunächst weitgehend vom arab. Überlieferungsstrang abhängig, erreicht jedoch in späteren Veröff.en eine große Eigenständigkeit. Hierfür ist möglicherweise auch die volkstümliche Identifizierung Mollā Naṣroddins mit dem pers. Gelehrten Naṣiroddin Ṭusi (gest. 672/1274) verantwortlich[65]. Geschichten zu Mollā Naṣroddin werden seit der Mitte des 20. Jh.s in einer Flut von billigen, meist die Ausg. von Ramażāni[66] plagiierenden Heftchen verbreitet; Erzählungen aus der reichhaltigen rezenten mündl. Überlieferung sind hingegen bisher nur in Einzelfällen veröffentlicht worden[67]. Eine wiss. Diskussion über die extrem populäre Figur findet in Iran nicht statt. Die pers. Überlieferung hat diejenige der hist. eng mit Iran verbundenen Regionen mitgeprägt, so offensichtlich auch die syr.-aram.[68] Im Kaukasus ist N.H. bei vielen der kleinen Sprachgruppen belegt, bes. in Dagestan[69]. Das um die Jh.wende von O. Mann gesammelte kurd. Material ist inhaltlich von zweifelhafter Authentizität[70]; verläßlichere Belege zur kurd. Überlieferung liefert etwa die Sprichwort-Lit.[71]

Während die Urdu-Ausg.n[72] ebenso wie ein vereinzelter Beleg in Paschto[73] deutlich vom Einfluß der pers. gedr. Ausg.n zeugen, scheint die tadschik. Überlieferung eher von derjenigen in zentralasiat. Turksprachen beeinflußt zu sein. Der tadschik. N.H. ist Mullo Nasriddin, meist nur kurz mit seinem Beinamen Afandi zitiert[74]. Über das Repertoire des auf chin. Territorium ansässigen Turkvolkes der Uiguren kam es zu chin. Ausg.n der Schwänke[75], während die jap. Ausg.[76] eine rezente Übers. aus dem Türkeitürkischen ist. Wie weit die Ausstrahlung der Figur des N.H. im südostasiat. Raum reicht, läßt sich nach der heutigen Qu.nlage nicht sicher entscheiden; womöglich stehen sogar die „Streiche des Djonaha, des Batakschen Eulenspiegels"[77] mit ihr bzw. dem arab. Ǧuḥā in Verbindung.

3.2. Europa

3.2.1. Balkan, Südeuropa. Auf dem Balkan, der bis zum Zusammenbruch des Osman. Reiches mehrere Jh.e lang intensivem türk.-oriental. Einfluß ausgesetzt war, ist auch heute noch eine reiche Überlieferung zu N.H. nachzuweisen[78].

Bereits 1848 erschienen zwei griech. Ausg.n[79], kurze Zeit später die – aus dem frz. Orig. übers. – Ausg. von N. Mallouf[80]. Auch die zahlreichen karaman. Ausg.n (türk. in griech. Schrift), die möglicherweise eine Vermittlerrolle zwischen den türk. und griech. Ausg.n einnehmen, sind hier zu erwähnen[81]. Anfang des 20. Jh.s scheint die griech. Ausg. aus der Schriftenreihe des Verlages M. Saliveros[82] bes. populär gewesen zu sein. Beispiele aus rezenter mündl. Überlieferung finden sich in der Witzsammlung von E. G. Orso[83].

In Albanien sind Anekdoten zu N.H. erst Anfang des 20. Jh.s nachgewiesen[84], wenngleich sie bereits wesentlich früher existiert haben werden[85]. F. Baron Nopcsa verzeichnet N.H. singulär als „Erfinder der Schneereifen"[86]. Die alban. mündl. Überlieferung ist gut dokumentiert[87]; sie dürfte trotz ihrer relativen Isolation auf Dauer nicht unbeeinflußt von den seit einiger Zeit erscheinenden Übers.en aus dem Türkischen[88] bleiben.

Bei den Südslaven ist der Name N.H. bereits im 18. Jh. belegt; das Buch, das ihn im Titel führt, ist zwar eine serb. Übers. des ital. Volksbuches → *Bertoldo*[89], impliziert aber eine frühe Vertrautheit mit N.H. Am reichsten ist die Überlieferung in den Gebieten mit muslim. Bevölkerung, d. h. im mazedon. und skr. Sprachraum, belegt[90]. Kennzeichnend für sie ist neben einer starken Beeinflussung durch türk. Vorlagen[91] eine intensive literar. Rezeption sowie eine ungebrochene Beliebtheit der Figur des N.H. im mündl. Erzählgut bis in die heutige Zeit[92]. Das mazedon. Repertoire[93] weist in der Konfrontation des ‚türk.' N.H. mit dem mazedon. Helden Iter Pejo eine starke Affinität zum bulg. auf[94]. Die in Bulgarien seit dem Ende des 19. Jh.s propagierten Anekdoten[95] besitzen eine bes. starke ideologische und sozialkritische Komponente, die V. Vŭlčev wohl zu Recht in engem Zusammenhang mit dem Befreiungskampf des bulg. Volkes sieht[96]; aber auch das rezente Erzählgut behandelt noch die siegreiche Auseinandersetzung des ‚schlauen' Bulgaren Chitŭr Petŭr mit seinem türk. Antagonisten[97].

In Rumänien wird eine ähnliche Rolle von Păcală wahrgenommen[98]. Im allg. hat es jedoch eher den Anschein, als sei hier das Repertoire zu N.H. demjenigen des autochthonen Păcală einverleibt worden. Zwar existiert in der Versbearbeitung (1853) einiger N.H.-Schwänke durch Anton Pann[99] ein populäres Werk rumän. Lit., N.H. ist aber – gegen den Augenschein der in jüngerer Zeit erscheinenden Ausg.n[100] – offensichtlich nie voll in das nationale Erzählrepertoire integriert worden.

Im weiter westl. gelegenen südeurop. Bereich überwiegt der Einfluß der arab. Überlieferung: In Malta ist vorwiegend Ġaħan bekannt[101]; erst in jüngster Zeit machen sich Übers.en aus dem Türkischen dessen Popularität für die Vermarktung N.H.s zunutze[102]. Während in span. Sprache nur zwei neuere Übers.en aus dem Arabischen[103] nachzuweisen sind, bietet die ital. mündl. Überlieferung zahlreiche Nachweise zu Giufà (Giucca, Iuxà etc.), dem „typical Sicilian booby"[104]; G. → Pitrè hat ausgiebig Material für Sizilien[105] und die Toskana[106] präsentiert; bes. in den südital. Provinzen ist Giufà bekannt[107]. Möglicherweise erklärt sich die Beliebtheit des Namens im ital. Raum durch die Nähe zum ital. Giovanni[108].

3.2.2. Restliches Europa, europ. Einflußbereich. Einzig für Ungarn[109] mögen noch Reste einer direkten Verbindung zur frühen mündl. Überlieferung vorliegen. Alle anderen europ. Ausg.n hängen mit unterschiedlicher Intensität von oriental. Vorlagen oder deren europ. Übers.en ab.

In Frankreich wurden bereits 1834 einige Anekdoten zu N.H. veröffentlicht[110]. Decourdemanche stellte Ende des 19. Jh.s die umfangreichsten frz. Übers.en zusammen[111]. Neuere Ausg.n in frz. Sprache basieren überwiegend auf türk. Vorlagen[112] oder sind in der Türkei publiziert[113]; für Frankreich ist kürzlich untersucht worden, inwieweit sich traditionelles Erzählgut, so u. a. N.H.-Anekdoten, bei türk. Gastarbeitern findet[114]. In frz. Sprache liegen auch einige Slgen zum arab. Ǧuḥā vor[115]. Die dt. Ausg. von Wesselski, die insgesamt 555 Erzählungen mit ausführlichen komparatistischen Anmerkungen dokumentiert, basiert zunächst auf dem sog. türk. ‚Volksbuch' (Ausg. Istanbul 1266/1849), das Wesselski in frz. und dt. Übers.en zugänglich war[116]. Spätere dt. Ausg.n sind fast ausschließlich gefällige Präsentationen[117] ohne die Zielsetzung einer kritischen Reflexion. Gleiches gilt für die zahlreichen engl.sprachigen Ausg.n[118], wenngleich hier auch einige Texte aus rezenter (türk.) mündl. Tradition vorliegen[119]. Im engl. Raum ist zudem, wohl bedingt durch die hist. Verbindungen zu Iran, eine stärkere Präsenz des pers. Mollā Naṣroddin festzustellen[120]. Diese gipfelt seit den 60er Jahren in den unkritischen Ausg.n I. Shahs[121], die im Zuge einer sich ausweitenden N.H.-Euphorie zahlreiche Neuauflagen und Übers.en erfahren, so u. a. in dt., ndl., frz., griech., span. und sogar thailänd. Sprache[122]. Im skand. Bereich liegen Texte zu N.H. u. a. in schwed., dän. und isl. Sprache vor[123]; bes. Beachtung verdient die von A. → Christensen besorgte dän. Ausg. einiger Ǧuḥā-Schwänke[124]. Russ. Publ.en zu N.H., meist unkritische Übers.en aus den Turksprachen, sind bereits erwähnt worden[125]; darüber hinaus existieren im slav. Bereich tschech. Übers.en[126]. Nordamerik. Folkloristen haben Erzählgut zu N.H. u. a. bei griech., armen. und türk. Auswanderern dokumentiert[127].

4. Inhaltliches; Interpretation und Rezeption. Die bereits in den frühen Mss. vorgegebene Gliederung der Erzählungen zu N.H. in die Abschnitte ‚Anekdoten um N.H. (und seinen Esel)', ‚N.H. und seine Frau', ‚N.H. und sein Sohn' wird weitgehend auch noch in rezenten Slgen beibehalten. Ansätze zu einer Neuordnung finden sich etwa bei Kemal Şükrü[128], der in die Abschnitte ‚Kindheit', ‚Jugend', ‚Alter', ‚N.H. und Timur' gliedert.

Bemerkenswert ist eine in der hs. Tradition, Lithographien und rezenten Textausgaben durchgängige Tendenz zur ‚Domestizierung' des Protagonisten: Der in frühen Mss. erhebliche Anteil obszöner, skatologischer, blasphemischer und absurder Anekdoten wird fortlaufend reduziert[129]. Parallel dazu werden der sprachliche Ausdruck und die Pointen entschärft. Diese Entwicklung findet ihren Höhepunkt in der Ausg. Bahāʾīs[130] in Verniedlichung der Inhalte und sprachlichem Schwulst. Nachfolgende Ausg.n revidieren die sprachlichen Entstellungen, behalten die inhaltlichen aber bei[131].

Die Interpretation der Figur des N.H. hat im 20. Jh. mehrere Phasen durchlaufen: Während bei Bahāʾī[132] eine religiös-moralisierende, bei A. Gölpınarlı[133] eine realistisch-populistische Sichtweise dominierte, wird N.H. in der heutigen Türkei als Volksphilosoph, von vielen Autoren diffus chauvinistisch interpretiert, gesehen[134]. In der Sowjetunion wird ein antiklerikaler, klassenkämpferischer N.H. propagiert[135], uigur. Ausg.n feiern ihn als gesellschaftskritischen Aufklärer[136]. Selbst gegen eine politisch-nationalistische[137] oder eine pantürkistisch gefärbte[138] Interpretation ist N.H. nicht gefeit. Allg. gilt, daß sich auch die über solche meist plakativen Projektionen hinausgehende ernsthafte Auseinandersetzung mit dem Charakter N.H.s weitestgehend auf die Auswertung der schriftl. Qu.n beschränkt; einer Würdigung der immensen Lebendigkeit in der mündl. Überlieferung, in der der Bezug auf viele N.H.-Anekdoten in der komprimierten Form sprichwörtlicher Redensarten zum selbstverständlichen Allgemeingut gehört, wird kein Platz eingeräumt[139].

Aufmerksamkeit verdient die Frage einer Affinität N.H.s zur islam. Mystik. Bereits der primär obszönen Pointe einer der ältesten Anekdoten im *Saltuqnāme* (15. Jh.) wird eine mystisch inspirierte sekundäre Deutung unterlegt[140]. Für das Repertoire des späten 19. Jh.s liegt der Versuch einer mystischen Ausdeutung des gesamten Repertoires durch den Mevlevi-Derwisch Seyyit Burhaneddin Çelebi (1814–1897) vor[141].

An N.H.s vermeintlicher Grabstätte in Akşehir hat sich ein populärer Kult entwickelt, der N.H. als heiligmäßige Person verehrt[142]; hierzu wird z. B. von Bahāʾī eine bereits im 18. Jh. belegte[143] Legende kolportiert, nach welcher N.H. nahe bei seinem Mausoleum eine Gebetsgemeinde vor dem sicheren Tod bewahrt haben soll[144]. Bes. in der Türkei hat sich zudem ein profaner N.H.-Kult ausgeprägt, der in einer Fülle von Gedenkveranstaltungen[145], der Errichtung von Monumenten[146] oder der Herausgabe von Briefmarken[147] seinen Niederschlag findet. Er hat einen vorläufigen Höhepunkt in der jüngst im Dienste der Tourismus-Industrie propagierten Funktion N.H.s als eines weltweiten Sympathieträgers türk.

Mentalität. Die große Beliebtheit der Figur bedingt neben der Allgegenwart in Produkten des Andenkengeschäftes bes. im turksprachigen Raum häufige Verarbeitungen in der Kunst (Film, Theater, Oper)[148]. Den bemerkenswerten Fall der Umsetzung einer Figur aus der Volksliteratur in ein Symbol für aufklärerisches, modernistisches, sogar revolutionäres Gedankengut stellt die Anfang des 20. Jh.s erschienene aserbaidschan. satirische Zs. *Molla Näsräddin* dar, die noch heute viel Beachtung findet[149].

Auch für die arab. Überlieferung ist eine breite Rezeption der Figur des Ǧuḥā in der Kunst, von der Skulptur über die Lit. bis zum Theater, festzustellen[150], die für die frz.sprachige alger. Lit. durch J. Déjeux exemplarisch aufgearbeitet ist[151]. Die Verfilmung des von Albert Adès und Albert Josipovici verfaßten frz. Romans (1919)[152] — mit dem jugendlichen Omar Chérif (Sharif) in der Titelrolle — wurde 1958 in Cannes ausgezeichnet[153].

Einen hohen Verbreitungsgrad besitzt der russ. Roman Leonid Solov'evs (1939)[154], der erst jüngst durch eine (west-)dt. Neuauflage[155] sowie eine griech. Übers.[156] zur weiteren Verbreitung der spezifisch klassenkämpferischen Perspektive N.H.s beitrug. In China hatte der uigur. Afanti längere Zeit eine regelmäßige Kolumne in der Pekinger Abendzeitung[157], allg. ist der Terminus ‚Afanti-Geschichte' Inbegriff für kritischen Humor geworden[158]. Ein rezenter Versuch der Aktualisierung liegt vor in Helmut Steenkens Buch, in dem ein verschmitzter N.H. sich im zeitgenössischen Deutschland bewegt[159]. Daß sich die vielschichtige Figur keiner auch noch so abgelegenen Art der Rezeption verschließt, demonstrieren Einsätze auf dem Titelbild eines Bandes *Symmetry Principles at High Energy*[160], im Dienste der frz. Semiologie[161] oder der Politik: M. Gorbačov zitierte 1985 in Paris nach der Teilnahme an den Abrüstungsgesprächen AaTh 1215: → *Asinus vulgi* mit ‚Hodja Aristine' als Protagonist[162].

Bes. im dt.sprachigen Raum ist N.H. oft als türk. → Eulenspiegel apostrophiert worden[163]. Bereits Mitte des 19. Jh.s hat R. → Köhler dagegen argumentiert, daß N.H. im Gegensatz zum ursprünglich böswilligen Eulenspiegel „ein echter Narr, d. h. ein Gemisch von grenzenloser Einfalt und Dummheit und von Geist und Witz"[164] sei. Obwohl auch eine neuere Unters. auf breiter Materialbasis[165] diese Ansicht bestätigt, wird die griffige Assoziation nach wie vor angewandt[166].

5. Erzählmotive. Die bisher umfangreichste Slg von N.H.-Schwänken[167] umfaßt 1238 Erzählungen aus 24 Sprachen. Die folgende Übersicht (nach der Ausg. Istanbul 1266/1849[168]) kann daher nur eine kleine Ausw. präsentieren:

num. 1 = Predigt braucht nicht gehalten zu werden: Diejenigen, die wissen, was ich sagen will, mögen es denen mitteilen, die es nicht wissen (Mot. X 452; AaTh 1826: *The Parson has no Need to Preach*, cf. → Predigtschwänke). — 2 = Dankt Gott, daß Kamele keine Flügel haben (Mot. J 2564). — 3 = Luft ist überall gleich, genauso wie die Sterne (Mot. J 2274.2). — 4 = Weil er seine Stimme im Bad schön findet, ruft N.H. (zur falschen Tageszeit) vom Minarett zum Gebet (Mot. J 2237). — 5 = Gieriger Träumer schließt die Augen wieder, als er beim Erwachen kein Geld findet (Mot. J 1473). — 7 = Gemüsedieb wurde angeblich vom Sturm in den fremden Garten geweht (AaTh 1624: *Thief's Excuse: the Big Wind*, cf. → Dieb, Diebstahl). — 9 = Tage des Fastenmonats Ramadan mit Steinchen in einem Topf gezählt (cf. AaTh 1848 A: → *Kalender des Pfarrers*). — 10 = Alter Mond wird angeblich zu Sternen verarbeitet (Mot. J 2271.2.2). — 12 = N.H. verkauft zehn Eier für den Preis, für den er vorher neun gekauft hatte: Hauptsache, man ist im Geschäft (Mot. J 2083.4). — 14 = Einer von zehn Blinden, die durch den Fluß geleitet werden, ertrinkt: Nicht weiter schlimm, dann zahlt ihr eben nur für neun (Mot. J 2566). — 15 = Erraten, was das ist: außen weiß und innen gelb. N.H.: Eine ausgehöhlte Rübe mit einer Möhre darin (Mot. J 2712.1). — 16 = N.H. stiehlt ein Kalb. Als der Eigentümer den Diebstahl eines Ochsen bekanntgibt, protestiert er (Mot. J 1213.1). — 17 = Wie steht der Mond? N.H.: Ich handle nicht mit Monden (Mot. J 1354). — 18 = N.H. rechtfertigt sich, als er mit einer Leiter in einem fremden Garten ertappt wird: Leitern verkauft man, wo man sie gerade hat (Mot. J 1391.2). — 19 = Hühnern schwarze Tücher umgebunden: Sie trauern um ihre Mutter (Mot. J 1886). — 20 = Ochse eine Woche später verprügelt: Er weiß schon, was er angestellt hat (Mot. J 1861; → Tierstrafen). — 22 = N.H. will nach seinem Tod in ein altes Grab, um der Befragung durch die Todesengel zu entgehen (Mot. J 2212.2). — 23 = AaTh 1293: → *Dauerpisser*. — 27 = Trauer um den ‚Vater meines Sohnes' (Mot. J 1304). — 31 = In Erwartung des Jüngsten Tages läßt sich N.H. überreden, ein Lamm zu schlachten. Im Gegenzug verbrennt er die Kleider der Leute: Nicht mehr gebraucht (Mot. J 1511.7). — 32 = Dem Dieb gefolgt, der alle seine Sachen gestohlen hat: Ich dachte, wir ziehen um (Mot. J 1392.1). — 34 =

Warum hat Gott mir Geld genommen, um es mir später wiederzugeben? (Mot. J 2215.1). – 35 = AaTh 1592 B: → *Topf hat ein Kind.* – 37 = Storch zu ‚richtigem' Vogel gemacht: Schnabel und Beine abgeschnitten (Mot. J 1919.1). – 39 = Fragen nur so lange beantwortet, wie die mitgebrachten Äpfel reichen (Mot. K 265). – 40 = Brot ins Wasser getaucht, in dem Enten saßen: Entensuppe (cf. AaTh 1260 A: cf. → *Mahl der Einfältigen*). – 41 = Fleisch gestohlen: Versuchen, wie es der Sperber macht (Mot. J 1381.4). – 43 = Anderen Mann mit den gleichen Kleidern für sich selbst gehalten (AaTh 1284: cf. *Irrige* → *Identität*). – 46 = N.H. legt sich probeweise in ein offenes Grab und erschreckt vorbeikommende Maultiere (cf. AaTh 1313 A*: *In the Open Grave*). – 48 = Schüler im Wolfsbau beschwert sich über den Staub, den der wütende Wolf aufwirbelt: Wenn der Schwanz reißt, wirst du noch ganz anderen Staub sehen (AaTh 1229: *If the Wolf's Tail Breaks*). – 49 = AaTh 1240: → *Ast absägen* + Prophezeiung vom Tod, wenn der Esel zweimal furzt, geglaubt (AaTh 1313 A: cf. → *Mann glaubt sich tot*) + Als ich noch lebte, bin ich immer diesen Weg gegangen (AaTh 1313 C: *Dead Man Speaks Up*; cf. auch num. 121). – 51 = AaTh 1830: → *Wettermacher.* – 52 = N.H. wundert sich über Leute, die sich am Ende des Fastenmonats über den neuen Mond freuen: Bei uns zu Hause kümmern sich die Leute noch nicht einmal um den Vollmond (cf. AaTh 1334: *Der lokale* → *Mond*). – 54 = AaTh 1543: *Keinen* → *Pfennig weniger* + AaTh 1642 A: cf. *Der gute* → *Handel.* – 55 = AaTh 1558: → *Kleider machen Leute.* – 56 = Warum kann nicht jeder Tag ein Festtag sein? (Mot. J 2231). – 57 = N.H. preist seine unverheiratete Tochter analog zu der trächtigen Kuh als schwanger an (AaTh 774 B: cf. → Petrusschwänke). – 59 = Überbringer der freudigen Nachricht erhält keine Belohnung: Gott muß ich danken – aber dir? (Mot. J 1358). – 60 = Esel sagt angeblich, er wolle nicht ausgeliehen werden (Mot. J 1552.1). – 61 = Esel soll den Sattel erst wiederbekommen, wenn er sagt, wer den Mantel gestohlen hat (Mot. J 1862). – 62 = Dieb des Mantels fühlt sich angesprochen, als N.H. zu seinem Esel redet (cf. AaTh 1641: → *Doktor Allwissend*). – 63 = Esel als Kadi (cf. AaTh 1675: → *Ochse als Bürgermeister*). – 64 = Um den Esel einzuholen, muß N.H. sich selbst auch Salmiak in den Hintern stecken (AaTh 1142: *Hot Tin under the Tail of the Ogre's Horse*). – 65 = Esel brüllt gerade, als N.H. sagt, er sei nicht zu Hause: Glaubst du etwa dem Esel mehr als mir? (Mot. J 1552.1.1). – 66 = Mit kalten Händen und Füßen hält sich N.H. für tot; so vertreibt er die Wölfe nicht, die seinen Esel fressen (Mot. J 2311.7). – 69 = Geld als Belohnung für die Frösche, deren Quaken den Esel gewarnt hat (cf. AaTh 1642). – 70 = AaTh 922: → *Kaiser und Abt.* – 71 = AaTh 1689: *Das kleinere* → *Übel.* – 72 = Im Regen Kleider unter dem Hintern versteckt: Pferd ist angeblich schneller als der Regen gelaufen (Mot. K 134.2). – 73 = Ochse war als Kalb schnell, ausgewachsen wird er noch schneller sein (Mot. J 2212.6). – 74 = Unschickliches Verhalten: Herrscher mit Esel verglichen (Mot. H 571.1) + Furz beim ungezogenen Herrscher war nicht schlimm. – 75 = AaTh 785 A: → *Einbeiniges Geflügel.* – 76 = N.H. probiert aus, ob man sich in das eigene Ohr beißen kann (Mot. J 2376). – 77 = Zwei Streitende stehlen seine Decke: Streit ging um die Decke (Mot. J 2672). – 79 = Gottseidank war ich nicht in dem Mantel, auf den ich nachts geschossen habe (Mot. J 2235). – 81 = Einfältiger Dieb glaubt, daß man sich an einem Mondstrahl vom Dach herunterlassen könne (Mot. K 1054). – 82 = Ochse, den er reiten will, wirft ihn ab. Er tröstet sich: Zumindest die Neugier befriedigt (Mot. J 2375). – 83 = Vielleicht finden Diebe etwas, das ich ihnen dann abnehmen könnte (Mot. J 2223). – 84 = Durch Boten bei der Frau angefragt, ob er weit genug weggegangen sei (AaTh 1409 B: cf. *Der gehorsame* → *Ehemann*). – 86 = Trauert dereinst um mich als jemanden, der vom Beischlaf nicht genug bekommen konnte (Mot. J 1301). – 93 = Aus lauter Sehnsucht, seine Freunde zu sehen, vergißt er sich anzuziehen (Mot. J 2517). – 96 = Nur mit Schuhen auf Baum klettern: Vielleicht gibt es dort oben einen Weg (Mot. J 1521.1). – 97 = Die ‚Suppe der Suppe der Suppe' des Hasen serviert, den ein gemeinsamer Freund vor langer Zeit als Geschenk gebracht hatte (AaTh 1552*: *The Hare at Third Remove*). –

100 = Pferd erst gefunden, als alle anderen die ihren genommen haben (Mot. J 2023) + Pferd verkehrtherum bestiegen: Es ist linkshändig (Mot. J 2024). – 104 = Wie soll man im Dunkeln rechts und links auseinanderhalten? (Mot. J 1735.1). – 105 = Tierkreiszeichen ‚Zicklein' wächst zum ‚Ziegenbock' (AaTh 1832 N*: → *Hammel Gottes*). – 108 = Ochse geprügelt, weil er dem Kalb keine guten Sitten beigebracht hat (Mot. J 1863). – 109 = Alter Mond wird angeblich zu Blitzen verarbeitet (Mot. J 2271.2.1). – 110 = AaTh 1225 A: → *Kuhfladen auf dem Pfahl.* – 113 = Bettler läßt N.H. vom Dach steigen, um eine Gabe zu erbitten. Er läßt den Bettler auf das Dach steigen, um ihm zu sagen, daß er nichts erhält (Mot. J 1331). – 115 = Frau hat von der heißen Suppe Tränen in den Augen, sagt, daß sie um ihre Mutter weine. Als es N.H. ebenso ergeht, sagt er, daß er weine, weil ihre Mutter sie im Tod nicht mitgenommen habe (Mot. J 1478). – 120 = N.H. nimmt den Mantel des stockbesoffenen Kadi an sich. Später erzählt er, daß er den Mantel von einem Säufer habe, an dem sein Diener sich sexuell vergangen habe. Der Kadi verzichtet auf den Mantel (Mot. J 1211.2.1). – 124 = Mond aus dem Brunnen ‚gerettet' (AaTh 1335 A: cf. → *Spiegelbild im Wasser*).

[1] Wesselski, A.: Der Hodscha Nasreddin. Türk., arab., berber., maltes., sizilian., kalabr., kroat., serb. und griech. Märlein und Schwänke 1–2. Weimar 1911. – [2] Cantemir, D.: Histoire de l'empire ottoman 1. P. 1743, 164–167; cf. Constantin, G.: Démètre Cantemir et Nasr ed-din Khodja. In: Türk Kül-

türü Araştırmaları 15 (1976) 289–310. – [3] Bajraktarević, F.: Goethes Interesse für N. Chodscha. In: Festschr. J. Deny. Ankara 1958, 31–37. – [4] Basset, R.: Recherches sur Si Djoh'a et les anecdotes qui lui sont attribuées. In: Mouliéras, A.: Les Fourberies de Si Djeh'a. P. 1892, 1–97, 183–187 (Neudruck ed. J. Déjeux. P. 1987, 141–201); Basset, R.: Contribution à l'histoire du sottisier de Nasr Eddin Hodja. In: Keleti Szemle 1 (1900) 219–224. – [5] Kúnos, I.: Naszreddin Hodsa tréfái. Bud. 1899; id.: Die Späße des Hodža N. – ein Beitr. zur Kenntnis der türk. Volkslit. In: Die Donauländer 1 (1899) 260–353; cf. Hazai, G.: İgnacz Kunoş ve N.H. In: Türk Folklor Araştırmaları 8, 180 (1964) 3454 sq. – [6] Hodscha Nasreddin; cf. die Rez.en von R. Basset. In: RTP 27 (1912) 537–540; R. Tschudi. In: ZDMG 67 (1913) 237 sq.; T. Menzel. In: Der Islam 5 (1914) 212–220. – [7] György, L.: Magyar anekdotáink Naszreddin-kapcsolatai (Die Verbindungen unserer ung. Anekdoten zu N.). In: Erdélyi Tudományos Füzetek 27 (1933) 65–85. – [8] Bajraktarević, F.: Nasredin-hocin problem. In: Prilozi za književnost, jezik, istoriju i folklor 14 (1934) 81–152; id.: Naṣr al-dīn. In: EI[1] 3 (1936) 946–948. – [9] Constantin, G. I.: „Nasr ed-Din Khodja" chez les Turcs, les peuples balkaniques et les Roumains. In: Der Islam 43 (1967) 90–133; zu weiteren, teils unveröff. Arbeiten cf. Calin, C.: Türk halkbilimi ile ilgili romen kaynakçası [Bibliogr. rumän. Arbeiten zur türk. Folklore]. In: Türk Halkbilim Araştırmaları Yıllığı 1977 (1979) 389–425, hier num. 50–64. – [10] Boratav, P. N.: À Propos de quelques tentatives d'identification de N. Hodja. In: Kongreß Kiel/Kopenhagen 1959, 21–25; id.: Autour de N.H. In: Oriens 16 (1963) 194–223; id.: Sur N.H. et son pays d'origine, Sivrihisar. In: Hazai, G./Zieme, P. (edd.): Sprache, Geschichte und Kultur der alta. Völker. B. 1974, 139–143; id.: N.H. Fıkraları İçin Bir „Kaynak Kitap" Tasarısı (Projekt eines „Qu.nwerks" für die N.H.-Anekdoten). In: Boğaziçi Üniversitesi Halkbilimi Yıllığı (1975) 39–45; id.: N.H.'nın Kişiliğini ve Fıkralarını Yorumlama Denemeleri Üzerine (Zu Versuchen einer Interpretation der Persönlichkeit N.H.s und seiner Anekdoten). In: Türk. Miszellen. Festschr. R. Anhegger. Istanbul 1988, 69–84. –
[11] Decourdemanche, J. A.: Les Plaisanteries de Nasr-Eddin Hodja. P. 1876 ([2]1908); id.: Sottisier de Nasr-Eddin-Hodja. Bruxelles 1878, hier X sq. – [12] Dodge, B. (Übers.): The Fihrist of al-Nadim 1–2. N.Y./L. 1970, 735, 1025. – [13] Basset 1892 (wie not. 4) 4; cf. Hartmann, M.: Schwänke und Schnurren im islam. Orient. In: ZfVk. 5 (1895) 40–67, hier 47 sq., not. 3. – [14] cf. allg. Pellat, C.: Djuḥā. In: EI[2] 1 (1960) 590–592. – [15] Ibn al-Ǧauzī, Abū l-Faraǧ ʿAbdarrahman: Aḫbār al-Ḥamqā wal-muġaffalīn (Nachrichten von den Dummen und Narren). ed. K. al-Muẓaffar. an-Naǧaf 1386/1966, 30–33, hier 30. – [16] Marzolph, U.: Cuha, the Arab N., in Mediaeval Arabic Literature. In: III. Milletlerarası Türk Folklor Kongresi Bildirileri 2. Ankara 1986, 251–258. – [17] Basset 1900 (wie not. 4). –
[18] Marzolph, U.: Zur Überlieferung der N.H.-Schwänke außerhalb des türk. Sprachraumes. In: Türk. Sprachen und Kulturen. ed. I. Baldauf/K. Kreiser/S. Tezcan. Wiesbaden 1990, 275–285, hier 278. – [19] Konkordanz der Schwankslgen in den jeweils ersten osman., arab. und pers. Druckausg.n von K. Biniakowski und B. Schünemann. Hausarbeit Köln (masch.) 1986. – [20] aṭ-Ṭarābulsī, Ḥ. Š.: Nawādir Ǧuḥā al-kubrā. (Kairo 1927) Nachdr. Beirut [2]1980. –
[21] cf. Christensen, A.: Júhí in the Persian Literature. In: Festschr. E. G. Browne. Cambr. 1922, 129–136. – [22] Horn, P.: Zu Hodža N.s Schwänken. In: Keleti Szemle 1 (1900) 66–72; Christensen, A.: Les Facéties de ʿUbaïd-i-Zākānī. In: Acta Orientalia 3 (1924) 1–37. – [23] cf. Marzolph, U.: Persian N.iana. A Critical Review of Their History and Sources. In: I. Milletlerarası N.H. Sempozyumu Bildirileri (im Druck). – [24] Ramażāni, M.: Mollā Naṣroddin. Teheran 1315/1936 ([2]1316/1937, [3]1329/1950, [4]1333/1954, [5]1339/1960). – [25] Osmanov, N. (Übers.): Molla N. M. 1970 (nach der Aufl. Teheran [4]1333/1954). – [26] Hodscha Nasreddin, num. 234; cf. Menzel (wie not. 6) 219 sq.; Constantin (wie not. 9) 97. – [27] Cantemir (wie not. 2). – [28] Hammer-Purgstall, J.: Geschichte des Osman. Reiches 1. Pest 1827, 186, 629. – [29] Flögel, K. F.: Geschichte der Hofnarren. (Liegnitz/Lpz. 1789) Nachdr. Hildesheim/N.Y. 1977, 176–179; Doran, J.: The History of Court Fools. (L. 1858) Nachdr. N.Y. 1966, 73–75; Gazeau, M. A.: Les Bouffons. P. 1882, 191–208. – [30] Lāmiʿī Çelebi: Leṭā'if-Nāme. Ms. Istanbul, Ayasofya Kütüphanesi 4233, fol. 17[b]–18[a], 31[b], 34[b], 35[b]–36[a]. –
[31] Ebü'l Hayr-i Rumi: Saltuk-Nâme 2. ed. Ş. H. Akalın. Istanbul 1988, 140–142, 181 sq. – [32] Zur Datierung cf. jetzt Adamović, M.: Konjugationsgeschichte der türk. Sprache. Leiden 1985, 7. – [33] Danişmend, İ. H.: N.H. kim? (Wer ist N.H.?) In: Türk Folklor Araştırmaları 9, 192 (1965) 3793 sq.; Jŭldoševa, F.: Ŭzbek latifalarida Nasriddin Afandi obrazi (Die Gestalt des N. Afandi in den usbek. Anekdoten). Taschkent 1979, 18. – [34] EI[1] 3, 946; cf. auch Shah, I.: The Subtleties of Mulla Nasrudin. In: id.: The Sufis. L. 1971, 56–97, hier 57 sq. – [35] Spies, O.: Hodscha N., ein türk. Eulenspiegel. B. 1928, 11. – [36] Köprülüzāde Meḥmed Fu'ād: N.H. Istanbul 1918, 8 sq.; Köprülü, F.: Manzûm N.H. Fıkraları (Gereimte N.H.-Anekdoten). ed. A. Çatıkkaş. Istanbul 1980, 14 sq.; cf. Tecer, A. K.: N.H. In: İslam Ansiklopedisi 9. Istanbul 1964, 109–114, hier 112. – [37] z. B. Önder, M.: Akşehir Müzesinde N.H.'nın Kızlarına Ait Mezartaşı (Zwei Grabsteine von N.H.s Töchtern im Museum von Akşehir). In: I. Milletlerarası N.H. Sempozyumu. Bildiri Özetleri. Ankara 1989, 44 sq. – [38] Burill, K. R. F.: The N.H. Stories. 1: An Early Ottoman Manuscript at the University of Groningen. In: Archivum Ottomanicum 2 (1970) 7–114. – [39] Zu den Mss. cf. Bozyiğit, A. E.: N.H. Bibliografyası. Ankara 1987, num.

95–127. – [40] cf. Constantin (wie not. 9) 93, not. 18; Bozyiğit (wie not. 39) num. 128–144. – [41] cf. ibid., num. 309–315. – [42] Aksoy, M. A.: N.H. ve hikayeleri (N.H. und seine Geschichten). Istanbul 1958. – [43] cf. Jŭldoševa (wie not. 33) 4. – [44] Kärimullin, Ä. G.: Ädäbijat kürsätkeče (Lit.-verz.). Unveröff. Ms., deponiert am Inst. Galimğan Ibrahimov der Akad. der Wiss.en, Kazan. – [45] cf. Kut, T. A.: N.H. fıkra kitaplarının Kazan baskıları (Die Kazaner Drucke der N.H.-Anekdoten). In: III. Milletlerarası Türk Folklor Kongresi Bildirileri 2. Ankara 1986, 221–230, hier 228. – [46] Gordlevskij, V. A.: Anekdoty o Chodže N.e. M./Len. 1935 (²1957). – [47] cf. Boratav, P. N.: N.H. Fıkralarının Çeşitlenmelerinde Türlü Etkenler Üzerine (Zu verschiedenen Faktoren bei der Herausbildung von Var.n zu N.H.-Anekdoten). In: Folklor ve Etnografya Araştırmaları (1985) 79–87; Tatar xalyk iğaty. Mäzäklär (Tatar. Volkslit. Witze). Kazan 1979, 9. – [48] Boratav 1974 (wie not. 10). – [49] Ausw.: Kocjubinskij, S. D.: Anekdoty o Chodže N.e i Achmet Achae. Simferopol 1937; Constantin, G. I.: Akhmet Akhaj, der Doppelgänger des Odschas N. bei den Krimtataren. In: Turcica 3 (1971) 90–99; N. Ependi. Aschchabad 1937; Xalmuxammedov, S.: Türkmen xalk jumorynyn ve satirasynyn žanr özbolušlygy (Die Originalität der Genres von turkmen. volkstümlichem Humor und Satire). Aschchabad 1977, 20–26; Muxamedov, M. A./Gadymov, Š.: Ependi. Aschchabad 1981; Latifalar. Taschkent 1965; cf. Bojbekova, F./Sultonova, M./Nosirova, M./Olimxŭğaeva, M.: Ŭzbek adabijoti (1940–1958) [Bibliogr. usbek. Lit.]. Taschkent 1963, 922–925 (53 N.H.-Ausg.n); cf. Razzoqov, H.: Ŭzbek xalq oγzaki iğodida satira va jumor (Satire und Humor in der usbek. Volkslit.). Taschkent 1965, 95–113; Sidel'nikov, V. M.: Kazachskie skazki 1. Alma Ata 1958, 421–423; ibid. 3 (1964) 379–391; Äbdiraxmanov, T.: Qožanasyr ängimeleri. Alma Ata 1965 (²1977); Constantin, G. I.: 18 kirgis. Anekdoten über Nasr ed-Din Khodja. In: Fabula 14 (1974) 44–70; Kotan, E./Zakiev, B.: Apendiniŋ žaruktarynan. Frunze 1985; Xuğa Nasretdin kölmästäre. Ufa 1960; Säjfullin, Ä.: Xuğa Nasretdin mäzäktäre. Ufa 1980; Xolaev, A. Z./Axmatov, I. X.: Xoğa. Nal'čik 1981; Hämraev, M./Sabitov, R.: Näsirdin Äpändiniŋ lätipiliri. Alma Ata 1965; Turdi, A.: Näsridin Äpändi lätipiliri. Ürümči 1979; Gigliesi, P./Friend, R. C. (Übers.): The Effendi and the Pregnant Pot. Peking 1982 (u. ö.); cf. allg. Permjakov, G. L.: Prodelki chitrecov (Schelmenstücke der Schlauköpfe). M. 1972, 220–488, bes. 355–395. – [50] Müznib, A. A.: Molla Näsräddinin mäzhäkäsi. Baku 1327/1909 (weitere Aufl.n 1911, 1927); Tähmasib, M. H.: Molla Näsräddin lätifäläri. Baku 1939 (weitere Aufl.n 1956, 1965, 1978; russ. Übers.: Tachmasib, M. G.: Anekdoty Molly N.a. Baku 1958 [weitere Aufl.n 1962, 1966, 1975]); Mämmädov, Ju.: Molla Näsräddin lätifäläri. Baku 1950 (weitere Aufl.n 1951, 1952, 1954, 1956, 1960); Ahundov, E.: Azerbaycan halk yazını örnekleri (Proben aserbaidschan. Volkslit.). Übers. S. Tezcan. Ankara 1978, 359–369; Tähmäzov, M.: Kimdir Molla Näsräddin? (Wer ist Molla N.?) In: Azärbajğan (1984) H. 6, 180–185. – [51] cf. Azärbajğan Kitaby 1780–1920 [Bibliogr. aserbaidschan. Bücher 1780–1920]. Baku 1963, num. 355–357, 487, 663, 1019, 1120. – [52] cf. Farrāğ, ʿA. A.: Aḫbār Ğuḥā. Kairo [1954] (²s. a., ³1980); al-ʿAqqād, ʿA. M.: Ğuḥā aḍ-ḍāḥik al-muḍḥik (Ğuḥā, der lachende Spaßmacher). Kairo 1956 (u. ö.; Nachdr. Beirut 1389/1969). – [53] cf. Marzolph (wie not. 18) 283, not. 40. – [54] Scelles-Millie, J.: Contes sahariens du Souf. P. 1963, 247–266; ead.: Contes arabes du Maghreb. P. 1970, 103–110; ead.: Contes mystérieux d'Afrique du Nord. P. 1972, 167–173; El-Shamy, H. M.: Folktales of Egypt. Chic. 1980, num. 58–61; Perco, D.: Nota sulla narrativa di tradizione orale in Egitto. In: Studi magrebini 14 (1982) 203–228. – [55] Ḥamza [...] al-Iṣbahānī, Abū ʿAbdallāh: ad-Durra al-fāḫira [...] 1. ed. A. Qaṭāmiš. Kairo 1976, num. 125. – [56] Feghali, M.: Proverbes et dictons syro-libanais. P. 1938, num. 65, 203, 664, 1002, 2438; Freyha, A.: Modern Lebanese Proverbs. Beirut 1953, num. 3219. – [57] cf. Hodscha Nasreddin, num. 392–418; Basset, R.: Essai sur la littérature des Berbères. Alger 1920, 170–179; Frobenius, L.: Volksmärchen der Kabylen 1. Mü. 1920, num. 36; Déjeux, J.: Djoh'a, héros de la tradition orale arabo-berbère. Sherbrooke 1978, 67–90; Topper, U.: Märchen der Berber. MdW 1985, num. 31. – [58] Hodscha Nasreddin, num. 96, 555. – [59] J. of the East African Swahili Committee (1958) 92 sq.; cf. auch Velten, C.: Prosa und Poesie der Suaheli. B. 1907, 10–12. – [60] Larrea Palacín, A. de: Cuentos populares de los judíos de Marruecos 1. Tetuán 1952, num. 77; Noy, D.: Soixante et onze Contes populaires racontés par des Juifs du Maroc. Jerusalem 1965, num. 10–12; Elbaz, A. E.: Folktales of the Canadian Sephardim. Ottawa/Toronto 1982, num. 22; cf. auch Memmi, A.: Le Personnage de Jeha dans la littérature orale des Arabes et des Juifs. Jerusalem 1973; Nahum, A.: Histoires de ch'ha. P. 1986. – [61] Molho, M.: Literatura sefardita de Oriente. Madrid/Barcelona 1960, 119 sq., 130–133, num. 5–10; Haboucha, R.: The Folklore and Traditional Literature of the Judeo Spanish Speakers. In: Ben-Ami, I. (ed.): The Sephardi and Oriental Jewish Heritage. Jerusalem 1982, 571–588, hier 587. – [62] Mizrahi, H.: Yehude Paras (Die Juden Persiens). Tel Aviv 1959, 185 sq.; Noy, D.: Folktales of Israel. Chic. 1963 (afghan.). – [63] Cohen, A.: ʿAlilotav ve-taʿalulav šel Nasr a-Din. [Haifa] 1965. – [64] cf. Pamukcıyan, K.: N.H. Fıkralarının Ermeni Harfli Türkçe İlk Baskısı (Die erste Druckausg. der N.H.-Schwänke auf Türk. in armen. Schrift [Istanbul 1853]). In: Türk Folkloru 1, 5 (1979) 4 sq.; Nasrettin Hočayi zouarčalik'nerě. Beirut 1953. – [65] Modarres, M. ʿA.: Reiḥānat al-adab 6. Tabriz ²1349/1970, 189–191; cf. für den aserbaidschan. Raum ähnlich bei Tachmasib 1962 (wie not. 50) 15–17; Färzälijev, T. A.: Azärbajğan xalġ lätifäläri (Aserbaidschan. Volks-Anekdoten). Baku 1971, 50. – [66] Ramažāni (wie not. 24). –

[67] cf. Marzolph (wie not. 18) 282, not. 36. – [68] cf. Matveev, K. P.: Istrebitel' koljuček. M. 1974, 170–172, 321 sq., 334 sq. – [69] Uslar, P. K.: Ėtnografija Kavkaza (Ethnographie des Kausasus) 2. Tiflis 1888, 57–67; ibid. 5 (1892) 241–253; ibid. 6 (1896) 267 sq.; ibid. 7 (1979) 451–486; Amirov, A.: Darginskija skazanija o Mulle Nasr'-ėddine (Dargin. Erzählungen über Molla N.). In: Sbornik Svedenij o Kavkazskich' Gorcach' 7 (1873) 32–42; Talp, M. E.: Kabardinskij fol'klor (Kabardin. Folklore). ed. G. I. Brojdo. M./Len. 1936, 476–512; Fatuev, R.: Sto skazok o prodelkach i zloključenijach Mully Nasr-Ėddina (100 Geschichten von den Streichen und Mißgeschicken des Molla Nasroddin). Pjatigorsk 1937; Dalgat, U. B.: Fol'klor i literatura narodov Dagestana (Folklore und Lit. der Völker Dagestans). M. 1962, bes. 181–205; Chalilov, Ch.: Skazki narodov Dagestana. M. 1965, num. 101–107; Gacak, V. M.: Čečenskie i ingušskie narodnye skazki. M. 1969, 192–198. – [70] Hadank, K.: Die Mundarten von Khunsâr [...]. B./Lpz. 1926, CIV sq., 160–165; id.: Mundarten der Zâzâ [...]. B. 1932, 41, 335–337; cf. auch Lerch, P. J. A.: Forschungen über die Kurden und die iran. Nordchaldäer 1. St. Petersburg 1857, 6–16; Bakaev, C. Ch.: Jazyk azerbajdžanskich kurdov (Die Sprache der aserbaidschan. Kurden). M. 1965, 150 sq., 161. – [71] Džalil, O. und D.: Kurdskie poslovicy i pogovorki (Kurd. Sprichwörter und Redensarten). M. 1972, num. 35, 1032–1037; Fattāḥi Qāżi, Q.: Amṣāl va ḥekam-e kordi (Kurd. Sprichwörter und Redensarten). Tabriz 1364/1985, 403, 450. – [72] Muḥammad Ḫān ʿAziz, S.: Mollā Naṣroddin. Lahore 1966; Aḥmad, S.: Mollā Naṣroddin laṭife. Lahore/Rawalpindi/Karachi [1987]; Sām, M.: Molla Naṣroddin. Karachi u. a. [ca 1987]. – [73] Penzl, H.: A Reader of Pashto. Ann Arbor 1965, 79 sq. – [74] Amonov, R./Ulug-zade, K.: Tadžikskie narodnye skazki. Stalinabad 1957, 399–424; Dechoti, A.: Tadžikskij narodnyj jumor. Stalinabad 1958, 25–49; Šermuhammadov, B./Zehnijeva, F.: Afsonahoi Samarqand 1. Dušanbe 1965, 215–227; Levin, I.: Märchen vom Dach der Welt. MdW 1986, 233–239. – [75] Afanti de gushi. Peking 1959. – [76] Mori, M.: N.H. monogatari. Tokyo 1965 ([2]1988). – [77] Bezemer, T. J.: Volksdichtung aus Indonesien. Haag 1904, 196–204, hier 196. – [78] Vrabie, G.: N.H. Ein Till Eulenspiegel Südosteuropas. In: Die Weltlit. 6/7 (1943) 91–95; Ressel, S.: Oriental.-osman. Elemente im balkanslav. Volksmärchen. Münster 1981, 160–167; Păunovici, A.: Nasr ed-din Khodja dans le monde pontique. In: Revue des études sud-est européennes 20 (1982) 269–275; Boratav, P. N.: N. Hodja dans les Pays balkaniques. In: Makedonski Folklor 19 (1986) 15–20; Eren, İ.: Güney islav atasözleri ve deyimlerinde N.H. (N.H. in südslav. Sprichwörtern und Redewendungen). In: III. Milletlerarası Türk Folklor Kongresi Bildirileri 2. Ankara 1986, 101–115. – [79] Diigimata asteia [...] tou Nastradin Chodja. Konstantinopel 1848; Ho Nasredin Chotzas. Smyrna 1848 (mit karaman. Paralleltext). – [80] Mallouf, N.: Plaisanteries de Khodja Nasr-ed-din Efendi. (Smyrna 1854) Konstantinopel [2]1958 (griech. Übers. u. d. T. Nasredin Chotza asteia [...]. Smyrna 1861). – [81] cf. Salaville, S./Dallegio, E.: Karamanlidika (Karaman. Bücher) 3. Athen 1958, 66, 74; Balta, E.: Karamanlidika. Additions (1584–1900). Athen 1987, num. 39, cf. auch num. 81; id.: Karamanlidika. XXe siècle. Athen 1987, num. 37, 58, 77, 84, 87. – [82] Ho Nasr-edin Chotzas [...]. Athen 1914 (u. ö.). – [83]Orso, E. G.: Modern Greek Humor. Bloom./L. 1979, num. 118–123. – [84] Wesselski, A.: Italiän. Volks- und Herrenwitz. Mü. 1912, 288–293; Lambertz, M.: Alban. Märchen. Wien 1922, 53–63. – [85] cf. Plana, Ş.: Arnavutlar arasında Nasrettin H. (N. H. bei den Albanern). In: Çevren 5, 15 (1977) 101–104; Çetta, A.: Nastradin Hoxha në tregimet popullore shqiptare dhe serbokroate (N.H. in alban. und skr. Volkserzählungen). In: Gjurmimet Albanologjike 11 (1981) 53–59. – [86] Nopcsa, F. Baron: Aus Šala und Klementi. Sarajevo 1910, 55. – [87] cf. z. B. Panajoti, J. (ed.): Folklor shqiptar (Alban. Folklore) 1, 5. Tirana 1972, pass. (56 Anekdoten). – [88] [Yaşaroğlu, A. H.:] Nasradin Hoxha. Priština 1953. – [89] Palikuća, N.: Himbenost pritankog veleznanstva Nasradinova (Die Gaunerei der verfeinerten Vielwisserei des N.). Jakin 1771. – [90] Bajraktarević 1934 (wie not. 8); Popovic, A.: N.H. en Yougoslavie. In: Questions et débats sur l'Europe centrale et orientale 4 (1985) 137–147; Maglajlić, M.: Nasruddin Khoja in Bosnia. In: III. Milletlerarası Türk Folkloru Kongresi Bildirileri 2. Ankara 1986, 231–236; id.: Nasrudin-Hodža na srpskohrvatskom jezičnom prostoru (N.H. im skr. Sprachraum). In: Makedonski Folklor 19 (1986) 45–49; Hadžiosmanović, L.: Nasrudin-Hodža u Bosni i Herzegovini i njegova paralela u Turskoj (N.H. in Bosnien und der Herzegovina und seine Parallele bei den Türken). ibid., 33–38. – [91] cf. [Tevfik, M.:] Nasradin-hodža [...]. Belgrad s. a. (weitere Ausg.n Novi Sad 1903, 1909, Belgrad 1922, 1928, 1933); [Yaşaroğlu, A. H.:] Nasrudin Hodža. Sarajevo 1952. – [92] cf. Eschker, W.: Der Zigeuner im Paradies. Kassel 1986, num. 31–35, 101. – [93] cf. z. B. id.: Mazedon. Volksmärchen. MdW 1972, num. 52; Sazdov, T.: Zasdničkoto i specifičnoto vo anegdote za Nasradin Odža i Iter Pejo (Allg. und Spezifisches in den Anekdoten um N.H. und Iter Pejo). In: Makedonski Folklor 19 (1986) 39–44. – [94] Stajnova, M.: Les Personnages de Hităr Petăr (Pierre le finaud) et de N. Hodja dans la littérature populaire bulgare. In: Études Balkaniques 4 (1966) 199–206. – [95] cf. Bŭlgarski knigi 1878–1944 [Bibliogr. bulg. Bücher 1878–1944]. t. 4. Sofia 1979, num. 30 665. – [96] Vŭlčev, V.: Chitŭr Petŭr i Nastradin Chodža. Sofia 1975. – [97] cf. z. B. Daskalova, L./Dobreva, D./Koceva, J./Miceva, E.: Narodna proza ot Blagoevgradski okrŭg. Sofia 1985, num. 237 sq., 240–256, 258. – [98] Vulcănescu, R.: La Fortune de N. Hodja en Roumanie. In: Ethnologica (1979) 79–93, 130–132; cf. Stroescu, num. 3000,

3006, 3023, 3030, 3324, 3658, 3835 etc. – [99] Pann, A.: Năsdrăvăniile lui Nastratin Hogea. Buk. 1853, [2]1887 u. ö.; cf. Mihăileanu, M.: Anton Pann, povestea vorbii şi Nastratin Hogea. Buk. 1922, pass. – [100] z. B. Drumes, M.: Nastratin Hogea. Buk. 1943; Dinescu-Székely, V.: Nastratin Hogea. Buk. 1974. –
[101] Cassar Pullicino, G.: Stejjer ta' Niesna. s. l. 1967, num. 13–19; Galley, M.: Two Folkloristic Articles. In: J. of Maltese Studies 7 (1971) 64–70. – [102] [Köprülü, M. F.:] Il-Praspar ta' Nasr id-Din Hoġa. Valetta 1980. – [103] Cherif, H. B. [aṭ-Ṭarābulsī]: Las grandes anécdotas de Yehá. Kairo 1346/1928; García Figueras, T.: Cuentos de Yehá. Jerez de la Frontera [1934] (Tétouan [2]1950). – [104] Clouston, W. A.: The Book of Noodles. L. 1888, 97. – [105] Pitrè, G.: Fiabe, novelle e racconti popolari siciliani 3. Palermo 1875, 353–379; cf. Lo Nigro 650, 1004, 1009, *1011, *1012, *1016, 1029, *1262, 1381 etc.; cf. Jeha en Sicilie. In: Presse de Tunisie (13.2.1987). – [106] Pitrè, G.: Novelle popolari toscane 1. Rom 1939, num. 31–36; cf. D'Aronco, Toscana 1006 [b], 1013 [b], [1222–1225], 1642. – [107] cf. Cirese/Serafini 1004, 1006, 1009, *1011, 1011*, *1012, 1016, *1016, 1218, 1240 etc.; Augimeri, M. C.: Calabrese Folklore. Ottawa 1985, 198–200, 211–217. – [108] cf. Peirone, F. J.: I racconti di Jeha. In: Africa 18, 4 (1963) 171, 184; Pellegrini, G. B.: Gli arabismi nelle lingue neolatine […] 1. Brescia 1972, 74 sq., num. 390. – [109] cf. Kúnos (wie not. 5); György, pass.; id. (wie not. 7); id.: Konyi János Democritusa. Bud. 1932, pass. – [110] J. asiatique 2, 14 (1834) 488–492. –
[111]Decourdemanche (wie not. 11). – [112] Garnier, J.-P.: N. Hodja et ses histoires turques. P. 1958 (dt. Übers. u. d. T. N. Hodscha, der türk. Till Eulenspiegel. Mü. 1965); Lecureux, R.: Nasredine Hodja, l'insaisissable. P. 1979. – [113] Gemici, R.: Contes de N. Hodja. Ankara 1958; Batu, H.: Nasrettin Hodja. Ankara 1975. – [114] Boratav, P. N.: The Folklore of Turkish Immigrant Workers in France. In: Indiana Univ. Turkish Studies 5 (1985) 57–65, hier 61. – [115] Finbert, E.-J.: Les Contes de Goha. P./Neuchâtel 1929; Ben Danon, E.: Les Aventures de Djoha. P. 1973; Delais, J.: Les mille et un Rires de Dj'ha. P. 1986. – [116] Decourdemanche 1876 (wie not. 11); Camerloher, W./Prelog, W.: Meister N.s Schwänke […]. Triest 1855. – [117] Hetzel, G.: Ein Heiliger, der kein Heiliger war. Potsdam 1931; Kukula, W.: N. der Schelm. Wien/Mü. 1968; Frank, G.: Der türk. Eulenspiegel. Fbg 1980; Glade, D./Duman, N./Ergül, C.: Unbelehrbar ist der Esel […]. Istanbul 1986; Melzig, H.: Wer den Duft des Essens verkauft. (B. 1966) Reinbek 1988. – [118] z. B. Borrow, G.: The Pleasantries of Cogia Nasr Eddin Effendi. Cleveland 1916; Barnham, H. D.: Tales of Nasr-ed-Din Khoja. L. 1923; Hikmet, M.: One Day the Hodja. Ankara 1959 ([2]1962, [3]1970); Flanders, M.: Nasrudin the Wise. L. 1974; Muallimoğlu, N.: The Wit and Wisdom of Nasraddin Hodja. N.Y. 1986. – [119] Uysal, A. E.: Traditional Turkish Folktales for Children. Ankara 1986, pass.; cf. Archive of Turkish Oral Narrative. Preliminary Catalogue 1. [Lubbock, Tex. s. a.] Kap. 7. – [120] Arratoon, N.: Gems of Oriental Wit and Humour […]. Calcutta [ca 1894]; Kelsey, A. G.: Once the Mullah. N.Y./L./Toronto 1954 ([2]1958; pers. Übers. u. d. T. Mollā Naṣroddin. Teheran 1338/1959); Daenecke, E.: Tales of Mullah Nasir-ud-Din. N.Y. 1960; id.: More Tales […]. N.Y. 1961; Aryanpur, A.: Stories of Mulla Nasr-ed-Din. Teheran 1970 ([2]1973). –
[121]Shah (wie not. 34); id.: The Exploits of the Incomparable Mulla Nasrudin. L. 1966; id.: The Pleasantries of the Incomparable Mulla Nasrudin. L. 1968; id.: The Subtleties of the Inimitable Mulla Nasrudin. N.Y. 1973. – [122] z. B. id.: Die verblüffenden Weisheiten und Späße des unübertrefflichen Mullah N. Reinbek 1975; id.: De grappen van de ongelofelijke Moela Nasroedin. Wassenaar 1976; id.: Les Exploits de l'incomparable Mulla Nasrudin. P. 1979 ([2]1985); id.: Hoi apisteutes istories tou Moula Nasrentin. Athen 1985; id.: Las ocurrencias del increíble Mulá Nasrudín. Barcelona/Buenos Aires/México 1986; Nasrudin kon edo sam ran. Bangkok [4]2528/1984. – [123] Böök, F.: N. Hodscha. Sth. 1928; Nart, S.: 111 histories med N. Hodja. Herning 1984; Gíslason, Þ.: N. Reykjavík [1940]. – [124] Christensen, A.: Djoha, en orientalisk Till Uglspejl. Kop. 1931. – [125] Gordlevskij 1957 (wie not. 46); Tachmasib 1962 (wie not. 50). – [126] Hrdlička, R.: Žerty a příhody N.a Chodži. Tabor 1913; Saman, P.: Šprymý hodži Nasr-ed-dína efendiho. Prag 1932; cf. [Bahā'ī:] Príbehy Hodžu Nasreddína. Bratislava 1968 (slovak.). – [127] Lee, D.: Greek Tales of Nastradi Hodjas. In: FL 57 (1946) 190–195; Georges, R. A.: Greek-American Folk Beliefs. N.Y. 1980, 110–126; Kirwan, L. V.: Armenian Stories of Hodja. In: California Folklore Quart. 2 (1943) 27–29; Jansen, W. H.: Some Turkish Folktales. In: Hoosier Folklore 5 (1946) 136–149; Wilson, B.: Merry Tales from Turkey. In: New York Folklore Quart. 7 (1951) 125–130. – [128] Kemal Şükrü (Orbay): N.H. 1–4. Istanbul 1931 (frz. Übers. u. d. T. Vie de N.e Hodja. Stambul [ca 1930]; pers. Übers. u. d. T. Zendegāniye Ḫ^vāǧe Naṣroddin […]. Teheran [ca 1935]). – [129] cf. Boratav 1988 (wie not. 10). – [130] wie not. 41. –
[131] cf. Gölpınarlı, A.: N.H. Istanbul 1956, 11 sq., 39, 87 (not. 17). – [132] cf. Gordlevskij 1957 (wie not. 46) 253, 257. – [133] cf. Orhan Veli (Kanık): Nasrettin H. hikayeleri. Istanbul 1949, Einl. – [134] z. B. Tokmakçıoğlu: Bütün yönleriyle Nasrettin H. (N.H. unter allen seinen Aspekten). Ankara 1981, 20. – [135] cf. Tatar xalyk iğaty (wie not. 47) bes. 21–25; Kyrgyz el žomoktoru (Kirgis. Volksmärchen). Frunze 1957, 11; Brudnyj, D./Ešmambetov, K.: Kirgizskie narodnye skazki (Kirgis. Volksmärchen). Frunze 1977, 266–286; Davletov, K.: O proischoždenii i značenii obraza N.a Afandi (Zur Entstehung und Bedeutung der Figur des N. Afandi). In: Voprosy uzbekskoj jazyka i literatury (1959) 445–459, bes. 459; cf. id.: O proischoždenii obraza Chodži N.a

(Zur Entstehung der Figur des N.H.). Tomsk 1962; Jŭldoševa (wie not. 33) bes. 31–57, 67–83. – [136] Turdi (wie not. 49) 3–5. – [137] z. B. Adalı, K.: Nasrettin H. ve Kıbrıs. In: I. Milletlerarası N.H. Sempozyumu. Bildiri Özetleri. Ankara 1989, 15. – [138] Nasrattinoğlu, İ. Ü.: Çin Halk Cumhuriyeti ve S.S.C.B.'de N.H. ile ilgili tesbitler (Zeugnisse im Zusammenhang mit N.H. in der Volksrepublik China und der UdSSR). In: Çevren 16, 72 (1989) 114–127, hier 114. – [139] cf. Tokmakçıoğlu (wie not. 134) 41–43; Karabaş, S.: The Function of the Nasraddin Hodja Phenomenon in the Turkish Society. In: Internat. J. of Turkish Studies 2 (1981) 89–100. – [140] Ebü'l Hayr-i Rumi (wie not. 31) 140–142; cf. Gölpınarlı (wie not. 131) 87. – [141] cf. Gordlevskij 1957 (wie not. 46) 253; Halıcı, F.: Mevlevi şairi Burhaneddin'in N.H.'nın fıkralarını şerheden eseri (Ein Werk des Mevlevi-Dichters Burhaneddin zur Auslegung der N.H.-Anekdoten). In: Milli Kültür (3.3.1981) 24–26; Türkmen, F. (ed.): Letâif-i N.H. (Burhaniye Tercümesi) (Feinsinnige Erzählungen von N.H. [Die Auslegung des Burhaneddin]). Ankara 1989. – [142] cf. Akşehir'de H. ile ilgili gelenekler (Mit dem H. zusammenhängendes Brauchtum in Akşehir). In: Türk Folklor Araştırmaları 9, 192 (1965) 3798. – [143] cf. Boratav 1988 (wie not. 10) 72, not. 32. – [144] Bahā'ī: Leṭāif-i H.N. [...]. Istanbul 1921, 201 sq. (der Text gibt sich als „von Ihrem Leser A. zugesandt" aus), 7–11. – [145] 1988: 20. traditionelles (und zugleich) 15. Internat. N. H.-Festival, Akşehir; 1989: 1. Internat. N.H.-Symposium, Ankara. – [146] Bemerkenswertestes Monument ist sicherlich die Statue vor dem Hauptbahnhof in Ankara, welche die alten und neuen Elemente ‚türk.' Kultur harmonisch repräsentieren soll: N.H. reitet rückwärts auf einem assyr. Löwen. – [147] cf. Sa'd, F.: Ǧuḥā wa-nawādiruhū. Beirut (1982) ³1986, 58; Michel Europa-Katalog. Mü. 1981, 1804, num. 2395–2397. – [148] cf. Bozyiğit (wie not. 39) 87–91; Nasrattinoğlu (wie not. 138). – [149] Axundov, N.: „Molla Näsräddin" žurnalynyn näšri tarihi (Die Publikationsgeschichte der Zs. Molla Näsräddin). Baku 1959; [Kljaštorina, V.:] The J. „Molla N." and Its Influence on Political Satire in Revolutionary Persia 1905–1911. In: Central Asian Review 8 (1960) 14–23; Bennigsen, M.: „Molla N." et la presse satirique musulmane de Russie avant 1917. In: Cahiers du monde russe et soviétique 3 (1962) 505–520; Axundov, N.: Azärbajǧan satira žurnallary 1906–1920 (Die aserbaidschan. satirischen Zss. von 1906–1920). Baku 1968; Peifun, M.: Ruznāme-ye Mollā Naṣroddin (Die Zs. Mollā Naṣroddin). In: Nāme-ye anǧoman-e ketābdārān-e Irān 9 (2535/1976) 12–62; Hüsejnov, F.: ‚Molla Näsräddin' vä Mollanäsräddinčilär (Die satirische Zs. ‚Molla Näsräddin' und ihr Kreis). Baku 1986; Paksoy, H. B.: Elements of Humor in „Central Asia". The Example of the J. Molla N. in Azerbaijan. In: Turkestan [...]. Festschr. B. Hayit. Köln 1988, 164–180; cf. auch Šarif, A.: Molla Näsräddin (Ǧalil Mämmätǧulizadä). Baku 1945 (russ. Übers. M. 1959). – [150] cf. Landau, J. M.: Studies in the Arab Theater and Cinema. Phil. 1958, 121 sq.; al-Miṣrātī, 'A. M.: Ǧuḥā fī Lībīyā (Ǧuḥā in Libyen). Tripoli 1958 (³1985); El Hakim, R.: Goha chez les écrivains égyptiens d'expression française. In: La Revue égyptienne de littérature et de critique 1 (1961) 79–94; Salamé, G.: Le Théâtre politique au Liban (1968–1973). Beirut 1974, 68–76; an-Naǧǧār, M. R.: Ǧuḥā al-'arabī (Der arab. Ǧuḥā). Kuwait 1398/1978, 354–360; Sa'd (wie not. 147) pass.; Budair, Ḥ: Aṯar al-adab aš-ša'bī fī l-adab al-ḥadīṯ (Spur[en] der Volkslit. in der modernen Lit.). Kairo 1986, 94, 171–175. –

[151] Déjeux, J.: Djoha, héros de la tradition orale, dans la littérature algérienne de langue française. In: Revue de l'Occident musulman et de la Mediterranée 22 (1976) 27–35; id. (wie not. 57). – [152] Adès, A./Josipovici, A.: Le Livre de Goha le simple. P. 1919; cf. hierzu Lunde, P.: A Man of Many Names. In: Aramco World Magazine 22 (1971) 8 sq. – [153] cf. Filmlexicon [...]. Aggiornamenti e integrazioni 1958–1971. t. 1. Rom 1973, 195; Halliwell, L.: Halliwell's Film Guide. L./Toronto/Sydney/N.Y. ³1981, 391. – [154] Solov'ev, L.: Vozmutitel' spokojstva. Chodža Nasreddin v Buchare (Der Ruhestörer. N.H. in Buchara). M. 1946 (u. ö.); cf. Constantin (wie not. 9) 96; Kol'cova, I.: Po sledam N.a (Auf den Spuren N.s). Taschkent 1980; zu einer tadschik. Verfilmung cf. Mollā Naṣroddin dar Boḫārā (Mollā Naṣroddīn in Buchara). In: Payām-e nou 1, 1 (1323/1944) 57. – [155] Solowjow, L.: Die Schelmenstreiche des Hodscha N. (B. 1959) Ffm. 1988. – [156] Solowiof, L.: O Nastredin Chotzas. Athen [ca 1988]. – [157] Nieter, U.: Zur Funktion der modernen chin. Tagespresse, dargestellt an der Figur des Afanti der Pekinger Abendztg (Jg 1980). Magisterarbeit Köln [1985]. – [158] Qi Lianxiu: Shaoshu minzu jizhirenwu gushi xuan (Ausw. von Geschichten um die Schelmenfiguren der Minderheitenvölker). Shanghai 1978, 123–275; Zhao Shijie: Afanti he 'Afanti'men. (Afanti und die ‚Afantis'). Peking 1986, 2–146, 334–354. – [159] Steenken, H.: Wie findet Hodscha N. Oldenburg? Oldenburg 1986; cf. auch z. B. Der Kessel in den guten alten bösen Zeiten. In: Die Brücke 14 (1983) 53 sq. (N.H. zur Zeit der „DDr.Dreggrr-Mutherrschaft"). – [160] cf. Sop, I.: Les mille et une Facéties de N. Hodja. In: Le Courrier de l'UNESCO (1976) H. 4, 16–21. –

[161] Gasmi, L.: Djoh'a et le Muezzin. In: Exigences et perspectives de la sémiotique. Festschr. J. Greimas. Amst. 1985, 927–952. – [162] Le Monde (6./7.10.1985) 3. – [163] Zuerst von Hammer-Purgstall (wie not. 28); cf. auch Ethe, H.: Ein türk. Eulenspiegel. In: id.: Essays und Studien. B. 1872, 233–254. – [164] Köhler, R.: Nasr-eddins Schwänke [1864]. In: id.: Kl.re Schr. ed. J. Bolte. Weimar 1898, 481–509, hier 484. – [165] Krause-Akidil, İ.: N. Hodscha und Till Eulenspiegel. Marburg (masch.) 1975; cf. ead.: N. Hodscha und Till Eulenspiegel. In: Eulenspiegel-Jb. (1980) 21 sq. – [166] z. B. Spies (wie not. 35); Vrabie (wie not. 78); Garnier 1965 (wie not.

112); Frank (wie not. 117); cf. auch Christensen (wie not. 124). – [167] Charitonov, M. S.: Dvatcat' četyre N.a [N. in 24 Sprachen]. M. [2]1986 (Erstausg. u. d. T. Dvatcat' tri N.a [N. in 23 Sprachen]. M. 1978). – [168] Diese Ausg. war über die Übers.en von Decourdemanche 1876 (wie not. 11) sowie Camerloher/Prelog (wie not. 116) Grundlage von Wesselski (wie not. 1), seinerseits für AaTh und Mot. ausgewertet.

Göttingen Ulrich Marzolph
Bamberg Ingeborg Baldauf

Hoffmann, Ernst Theodor Amadeus (als Schriftsteller E. T. A. H.), * Königsberg 24. 1. 1776, † Berlin 25. 6. 1822, Dichter, Jurist, Komponist, Zeichner. H., Sohn eines Advokaten am Königsberger Hofgericht, studierte 1792–95 Jura in Königsberg. 1796–1807 führten ihn juristische Amtstätigkeiten von Glogau nach Posen, dann nach Plock und schließlich nach Warschau, wo H. auch musikalisch, vor allem als Dirigent, tätig war. 1808–12 verbrachte H. als Theaterdirektor und Musiklehrer in Bamberg, wo auch sein dichterisches Schaffen begann. Von 1815 bis zu seinem Tod lebte H. in Berlin, arbeitete im Justizministerium und wurde 1816 zum Kammergerichtsrat ernannt.

Während seiner intensiven poetischen Schaffensperiode von 1809 bis 1822, die wie ein ,Nachtleben' neben seinen anderen Tätigkeiten einherlief, schuf der phantasiebegabte Dichter außer zwei Romanen, zahlreichen Erzählungen und musikalischen Schriften auch sieben große Kunstmärchen, die zu den innovativsten ihrer Gattung und den „eigentümlichsten Leistungen"[1] H.s gehören. Sein erstes und bekanntestes Märchen *Der goldne Topf* entstand 1814 während der Belagerung und Eroberung Dresdens. 1816 und 1817 schuf H. die zwei ,Kindermärchen' *Nußknacker und Mausekönig* und *Das fremde Kind. Klein Zaches genannt Zinnober* (1819) ist H.s satirischstes Märchen und bezeichnet die Wende zu den zunehmend stärker verfremdeten späten Märchen: *Prinzessin Brambilla* und *Die Königsbraut* (1820/21 entstanden). Das letzte Märchen, *Meister Floh*, brachte dem schwerkranken Dichter 1822 wegen seiner zeitkritischen Persiflagen auf das Rechtswesen ein Disziplinarverfahren ein.

An den Dichtern, zu denen der Vielleser und Eklektiker H. eine geistige Affinität empfand (Sterne, Jean Paul, → Shakespeare, → Rabelais, Rousseau, → Gozzi, → Wieland, → Fouqué), läßt sich ablesen, daß für H. die Kombination von Phantastik und Humor wesentliches Merkmal seines Dichtens ist. Bes. bestimmt dies sein komplex artistisches Märchenschaffen, in dem Volksmärchen-Motive zwar vielfach, aber nur kaleidoskopisch und verfremdet vorkommen. R. → Benz vertritt die Auffassung, daß in der „eigenen, einzigen Welt" von H.s Märchen „von irgendeiner Beziehung zu dem, was sonst Märchen heißt, zum Volksmärchen vor allem, nicht eine Spur zu finden ist"[2]. Erwartet man jedoch nicht mehr als sporadische und äußerliche Motivzusammenhänge, so sind Märchenmotive von Autoren wie → Straparola, → Basile, → Perrault und → Musäus ebenso zahlreich wie Motive aus den → *Kinder- und Hausmärchen* der Brüder → Grimm. A. Sakheim[3] meint, an 53 Grimm-Märchen „hoffmanneske Möglichkeiten" nachweisen zu können. Auch Kunstmärchen der Romantik haben anregend auf H.s Märchen gewirkt, so etwa → Tiecks *Die Elfen* (1812) auf *Das fremde Kind*, *Klingsohrs Märchen* (1797/98) von → Novalis auf *Der goldne Topf* oder → Goethes *Die neue Melusine* (1816/17) auf *Die Königsbraut*. Als bes. wichtige Quellen für H.s Märchen, die ja durchweg ,Märchen aus der neuen Zeit' (Untertitel zu *Der goldne Topf*) darstellen, sind aber ganz andere, nämlich naturphilosophische, magisch-mythol. und pseudo-wiss. Studien zu berücksichtigen wie G. H. Schuberts *Ansichten von der Nachtseite der Naturwissenschaft* (1808) und *Die Symbolik des Traumes* (1814), J. C. Wieglebs *Unterricht in der natürlichen Magie* (1779–1805) sowie *Graf von Gabalis oder Gespräche über die verborgenen Wiss.en* (1782), die dt. Übers. eines Werks des Abbé de Montfaucon de Villars (1670), denn das Märchen- und Zauberhafte in H.s Kunstmärchen berührt sich immer mit Elementen praktizierter Magie, Hypnose oder naturwiss. Erkenntnis.

Grundlegend für die Struktur von H.s ,modernen' Märchen ist seine Überzeugung, daß sich märchenhaft-wunderbare und alltägliche Ereignisse meist im ,gewöhnlichen Leben' überschneiden, unterschieden nur durch die Perspektive oder ,Optik', aus der sie erlebt und wahrgenommen werden. Seinen Glauben an eine triadische Menschheitsentwicklung (cf. Schelling, Schubert)[4] von ursprünglicher Harmonie über Verlust der Harmonie zu Wiedergewinn der Einheit von Mensch und Natur überträgt H. in eine volksmärchenähnliche Handlungsstruktur, die mit dem Mangelzustand (Harmonieverlust) beginnt (moderne Zeit) und meist den erlösungsfähigen Helden (Anselmus-Typ in *Der goldne Topf*) über Prüfungen hinführt zum Wiedergewinn der Harmonie. Dabei helfen dem Helden jene eigentümlichen Märchen-Personen (Lindhorst-Typ in *Der goldne Topf*), die als Meister, Zauberer, Feen, Magier, Elementargeister (Phosphorus) in guten wie bösen Variationen jedes der Märchen bevölkern und als ‚Doppelgestalten' gleichzeitig im Bereich des Alltags und im zeitlosen Bereich des Mythos (Urdarquelle in *Prinzessin Brambilla*) oder des Märchens (Dschinnistan in *Klein Zaches genannt Zinnober*) oder der Tier- und Pflanzenwelt (im *Meister Floh*) existieren. Magische Märchenrequisiten wie der goldene Topf, drei feuerfarbene Haare (*Klein Zaches genannt Zinnober*), das Zauberglas (*Meister Floh*), der Zauberring (*Die Königsbraut*), die Nuß Krakatuk (*Nußknacker und Mausekönig*) etc. fördern ebenfalls, teils helfend, teils schädigend, den Handlungsablauf. Bes. grotesk wirken in H.s Märchen die sprechenden Märchentiere, die im frühen Kindermärchen *Nußknacker und Mausekönig* als putzig-schauerliches Mäusevolk das feindliche Lager ausmachen; im späten *Meister Floh* hingegen nimmt der magische Floh als erotisch-pikanter, aber weiser Führer des erlösungsbedürftigen Helden die Helferrolle des Märchenmeisters ein.

H.s Märchen erfassen durchaus „wesentliche Grundstrukturen und Basiselemente des Volksmärchens"[5] und erweisen sich als eigenwillige Varianten des Typs → Erlösungsmärchen.

[1] Ellinger 1 (v. Ausg.n) CII (Ellinger bezeichnet H.s Märchendichtungen sämtlich als „allegorischer Art"). – [2] Benz, R.: Märchen-Dichtung der Romantiker. Gotha 1908, 146. – [3] Sakheim, A.: E. T. A. H. Studien zu seiner Persönlichkeit und zu seinen Werken. Lpz. 1908, 143–153, not. 199, 151 (H.s Märchensinn sei „weitentfernt von dem harmonischen [...] Wesen W. Grimms", der H. „widerwärtig fand"). – [4] cf. Wührl 1984 (v. Lit.) 164 sq. – [5] Karlinger, F.: Grundzüge einer Geschichte des Märchens im dt. Sprachraum. Darmstadt 1983, 65.

Ausg.n: Ellinger, G. (ed.): E. T. A. H. Werke 1–15. B. [2][1927]. – H., E. T. A.: Fantasie- und Nachtstücke. ed. W. Müller-Seidel. Mü. 1960. – Die Serapionsbrüder. ed. id. Mü. 1963. – Späte Werke. ed. id. Mü. 1965.

Lit.: Buchmann, R.: Helden und Mächte des romantischen Kunstmärchens. Lpz. 1910, pass. – Olbrich, K.: E. T. A. H. und der dt. Volksglaube. In: Mittlgen der schles. Ges. für Vk. 12 (1910) 121–149. – Reimann, O.: Das Märchen bei E. T. A. H. Diss. Mü. 1926. – Hewett-Thayer, H.: H. Author of the Tales. Princeton 1948. – Mühlher, R.: Liebestod und Spiegelmythe in E. T. A. H.s Märchen Der goldne Topf. In: id.: Dichtung der Krise. Wien 1951, 41–95. – Martini, F.: Die Märchendichtungen E. T. A. H.s. In: Der Deutschunterricht 1 (1955) 55–78. – Planta, U.: E. T. A. H.s Märchen Das fremde Kind. Bern 1958. – Tecchi, B.: Le Fiabe di E. T. A. H. Firenze 1962. – Negus, K.: E. T. A. H.'s Other World. Phil. 1965. – Beardsley, C.: E. T. A. H. Die Gestalt des Meisters in seinen Märchen. Bonn 1975. – Schumacher, H.: Narziß an der Quelle. Das romantische Kunstmärchen. Wiesbaden 1977, 107–149. – Loecker, A. de: Zwischen Atlantis und Frankfurt. Märchendichtung und Goldenes ZA. bei E. T. A. H. Ffm. 1983. – Wührl, P.: Das dt. Kunstmärchen. Heidelberg 1984, bes. 160–190. – Klotz, V.: Das europ. Kunstmärchen. Stg. 1985, bes. 196–207. – Vitt-Maucher, G.: E. T. A. H.s Märchenschaffen: Kaleidoskop der Verfremdung in seinen sieben Märchen. Chapel Hill 1989.

Columbus, Ohio Gisela Vitt-Maucher

Hoffmann, Heinrich → Struwwelpeter

Höfisches Leben

1. Herrschaft und Kultur. Hist. und soziol. Wörterbücher führen den Begriff Höfisches Leben nicht gesondert auf. In ihn spielt die Bedeutung von Hof als curia (Siedlungsanlage eines adeligen Herrn, Regierungssitz) hinein, er bezieht sich auf die adelige, vornehmlich hochadelige Familie. Das Höfische Leben (H. L.) bedarf der Möglichkeit von → Herrschaft und des Willens zur Kultur, es ist durch soziale und ideologische Komponenten geprägt, deren Ineinander seinen spezifischen (hohen) Gefühlswert ausmacht. Das H. L. bindet die, die es führen können, durch ein starkes Wir-

Gefühl zusammen, und der Hof als Machtzentrum versteht sich als Träger der ‚höheren' ethischen und kulturellen Werte der Gesellschaft (legitimatorische Funktion des H.n L.s für den Adel). H.s L. ist also nicht ausschließlich als politisch-soziale Lebensform bestimmbar, es ist eine kulturgeprägte exklusive Form des Daseins, deren materiale Basis der (im allg. politisch einflußreiche) Adelshof ist (Kontrapunkt: Leben der Untertanen mit deren eigenen Kulturformen). Merkmal des H.n L.s ist die Schönheit (im weitesten Wortsinne), es ist eine hochästhetisierte Lebensform (Kontrapunkt: Häßlichkeit, → ‚Natur', cf. → Schön und häßlich). Ordnung, Regelhaftigkeit, Ruhe, Prunk, Glanz etc. konstituieren die Schönheit, die sich u. a. in Kleidung und Wohnsitz, Essen und Trinken, Sprache und Gestik, politischem und militärischem Handeln offenbart; es ist ein affektkontrolliertes, auf den Prinzipien der platonischen und stoischen Philosophie aufbauendes Dasein, das sich vor allem im → Fest verwirklichen kann. H.s L. bedeutet also nicht Hofleben schlechthin, vielmehr umschreibt es von diesem bloß einen von ethischen, ästhetischen und zivilisatorischen Grundwerten getragenen Ausschnitt. Zusammen mit der urbanen und industriellen Kultur, zusammen aber auch mit der christl. Kirche verantwortet es die hist. Entfremdung des Menschen von der Natur.

Das H. L. verbindet sich vorzugsweise mit den Höfen der Feudalgesellschaft(en), in Westeuropa also mit den Höfen der alteurop. Gesellschaften (die Höfe dominieren die Gesellschaften, die Parlamente bestimmen noch nicht die Geschicke der Nationen). Die Frz. Revolution versetzte dem H.n L. den Todesstoß, es starb in Europa im allg. während des 19. Jh.s (cf. → Feudalismus, → Ständeordnung).

Mhd. hövesch, hövisch, höfsch, hüvesch, hübesch, hübsch (seit Mitte 12. Jh. belegt) bildete sich in engem Kontakt mit lat. curialis und frz. courtois zum Programmwort aus. Es ist schillernd, Wertung und Gebrauch hängen von den jeweiligen zeitbedingten Ansichten über Hof und Hofleben ab (cf. Zotz 1990). Auf der einen Seite steht die Bewunderung für den hohen zivilisatorischen Standard (‚höfische Kultur'), für edle Sitten, Urbanität und Bildung, für Höflichkeit und Freigebigkeit; auf der anderen die Hofkritik, die Ablehnung eines naturfernen, weltlichen und arroganten Lebensstils (cf. Szabó 1990). Eine Zusammenfassung der idealen Form der curialitas findet sich z. B. in *De regimine principum* des Aegidius Romanus (Ende 13. Jh.): curia ist das Haus der Adeligen und Großen, die man curiales nennt, weil sie edle Sitten haben, freigebig sind, mit Anstand essen, gute Konversation betreiben können und nicht den Frauen und Töchtern ihrer cives nachstellen (v. Szabó 1990).

Die Germanistik des 19. Jh.s siedelte – mit weitreichenden Folgen für die Lit.geschichtsschreibung – am Hof die sog. Kunstpoesie an, die sie von der (heimischen) sog. Volks- oder → Naturpoesie trennte (→ Romantik, → Mittelalterrezeption; cf. Ganz 1977; Bumke 1986, 78–82).

2. Struktur der Hofgesellschaft. Die Hofgesellschaft bestand neben dem Herrn und seiner Familie aus der Hofgeistlichkeit und dem Hofadel (Ahnenprobe, cf. → Zeichen edler Herkunft, → Apfelprobe, → Bastard). Die Geistlichkeit war außer mit den kirchlichen auch mit den medizinischen, architektonischen, diplomatischen und pädagogischen (Prinzenerziehung) Aufgaben betraut, vor allem aber mit der Kanzlei (Schriftverkehr). Der Hofadel hatte die Hofämter inne, seit merowing. Zeit die obersten Beamten des Palastes und Landes: Marschall, Mundschenk, Seneschall (mit ihm wuchs das Amt des Truchseß zusammen), Kämmerer, bald auch Kanzler. Den Amtsträgern stand ein bestimmtes Personal zur Verfügung, und sie lebten in der Regel mit den engsten Familienangehörigen am Hof. Die Ämter wurden erblich und zu Lehen gegeben. In den einzelnen Ländern verlief die weitere Entwicklung sehr unterschiedlich. Die Zahl der Ämter wuchs stetig, bes. in den Bereichen Nahrung und Protokoll (z. B. Küchen-, Stall-, Jagd-, Forst-, Hof-, Zeremonienmeister), Ende des MA.s wurden sie in Stufen (Chargen) gegliedert (u. a. Oberst-, Oberhofmeister etc.): allmähliche Herausbildung eines umfangreichen ‚Hofstaates', der zu Unterhalt und Schutz eine große Zahl Diener und Reisige benötigte. Spätestens seit Anfang des 14. Jh.s gehörte schließlich der → Narr zum üblichen Bild am Hof.

3. Geschichte des Höfischen Lebens. Beispielhaft werden im folgenden drei Höfe vorgestellt: der Hof → Karls des Großen, der Hof der Stauferzeit und der Hof Ludwigs XIV.

3.1. Der Hof Karls des Großen. Dieser entwickelte sich in drei Phasen. Die Frühphase (768–780/81) war noch stark von der pippin. Tradition bestimmt: Hof als ambulantes Herrschaftszentrum, dem eine Reihe von Pfalzen zur Verfügung stand, die Zeit des H.n L.s war der Winter (Ruhezeit). Die Mittelphase (780/81–794) war von einer kulturellen Wende durch Karls Italienreise geprägt: Hof als für Klöster und Land vorbildliches Bildungszentrum (→ Paulus Diaconus, Alkuin). In der Schlußphase (seit 794, Festsetzung des Hofes in Aachen) dominierte der Ausbau der Vorbildrolle und die heilsgeschichtliche Überhöhung (Aachen ist Rom, Athen und Jerusalem): Ablösung der ausländischen Lehrer durch Franken (Einhart als Nachfolger Alkuins: Leiter der Hofschule und der Aachener Bauhütte), Pflege einer intensiven und hochkultivierten Freundschaft, Gleichberechtigung der Frauen im exklusiven H.n L. (Teilnahme an den gelehrten Unterhaltungen, Arbeit an theol. Werken), Antikerezeption, lat. poetische Produktion (Lobes-, Widmungs- und Freundschaftsgedichte für die Männer, Preis von Schmuck und Schönheit für die Frauen; noch keine erotische Dichtung). Im H.n L. des Karlshofes verbinden sich fränk.-germ., antike und christl., vorzugsweise alttestamentliche Traditionen zur Pflege eines (heilsgeschichtlich überhöhten) legitimatorischen Geschichtsbewußtseins. Karls Erhebung zum Kaiser und die Konkurrenz zum byzant. Kaisertum verlangten eine gesteigerte höfische Repräsentation, die sich allerdings im internat. Rahmen noch sehr bescheiden ausnahm.

3.2. Der Hof der Stauferzeit. Anders als in den übrigen europ. Ländern lebten die dt. Könige und Fürsten in der Regel nicht in festen Residenzen. Das ambulante Leben bedurfte einer ausgefeilten Organisation (kgl. Gefolge um die Mitte des 12. Jh.s ca 1000 Mitglieder, steter Wechsel der Adeligen, Ansteigen der Zahl auf den großen Reichs- und Hoftagen), man unterwarf sich zwar demselben Verhaltenskodex, bildete aber „in Hinblick auf Vermögen und Herkunft eine äußerst vielgestaltige Gesellschaft" (Keen 1987, 40). Seit dem 11. Jh., aber bis zu Beginn des 13. Jh.s nur langsam, verließen die Hochadelsgeschlechter ihre angestammten Höfe und Herrensitze, um wehrhafte Burgen zu errichten:

Neuformierung des H.n L.s durch diese (Herrschaftszeichen gegenüber dem Volk) und den (relativ) weiten, je später, desto eher architektonisch und künstlerisch repräsentativ ausgestatteten Lebensraum (cf. Burg Münzenberg in der Wetterau), Mittelpunkt war der gewöhnlich im ersten Stock des Palas eingerichtete Festsaal. Er konnte bemalt oder mit Teppichen behangen sein: reiche Ausschmückung auch der herrschaftlichen Wohnräume (cf. die Burgen Rodeneck und Runkelstein in Südtirol). Herr und Begleitung wohnten auf den Reisen bisweilen in prachtvoll verzierten Zelten, nach dem Vorbild der Burg errichtet. Die Burg wurde zum → Schloß weiterentwickelt: Die primär militärische Anlage öffnete sich als Zentrum der Herrschaftsbildung der Ästhetik des H.n L.s, unter gewachsenem Repräsentationsdruck und als Zeichen der Entfremdung zwischen Herr und Untertan verbreiteten sich Luxus und Verschwendung. Die Residenz entfaltete als gesellschaftlicher und kultureller Mittelpunkt eine große Anziehungskraft auf ihre Umgebung, das H. L. blieb jedoch weiterhin eine (gewöhnlich an das Fest gebundene) Ausnahmesituation.

Die Neuformierung des H.n L.s in Deutschland um die Mitte des 12. Jh.s (begünstigende Faktoren: Scheitern des 2. → Kreuzzugs und damit verbundener [antiklerikaler] säkularer Schub, Herrschaftsübernahme des ‚Hoffnungsträgers' Friedrich I. Barbarossa, beachtliches → Cultural lag gegenüber dem Westen) vollzog sich im wesentlichen als Rezeption der frz. Adelskultur (daneben: byzant. und vorderoriental. Einflüsse). Die großen Fürstenhöfe als „Sammelpunkte von Angehörigen verschiedener aristokratischer Gesellschaftsschichten [...] und Zentren einer säkularen literarischen Kultur" (Keen 1987, 53) hatten im Frankreich des 12. Jh.s die ritterlich-höfischen Sitten und Lebensformen zur Vollendung ausgebildet. Die offene europ. Gesellschaft dieser Epoche begünstigte deren rasche Verbreitung (cf. kontrapunktisch die im 11. Jh. sich im engl.-normann. Raum verstärkt entwickelnde Hofkritik, die sich nun nicht mehr nur gegen die geistliche, sondern auch gegen die weltliche Prunksucht wandte, cf. Szabó 1990).

Den pädagogischen Sektor beherrschte weiterhin die Geistlichkeit (Führung der frz. Kathedralschulen), doch verstand die sich säkularisierende Dichtung sich auch als ‚Erzieherin' zu H.m L. Im frz. → Klerus war die klassische lat. Philosophie (Stoa, namentlich Cicero) rezipiert und damit die wichtigste Vorarbeit für Terminologie und Ausgestaltung des neuen H.n L.s geleistet worden (cf. Jaeger 1985). Die dt. Künstler nahmen diese Rezeption auf und erarbeiteten unter dem Thema ‚Liebe und Abenteuer' nach frz.-provenzal. Vorbild (cf. → Amadis, → Beuve de Hampton, → Chrétien de Troyes, → Geoffrey of Monmouth, → Guillaume d'Orange, → Chansons de geste, Lyrik der Troubadours und Trouvères, → Spielmann) eine neue, für den Adel konzipierte und von ihm geförderte Dichtung, wobei sie ihre Grundlagentexte durchaus in eigener Weise akzentuieren, nuancieren und aktualisieren konnten (→ Artustradition, → Adaptation). Sie prägten auch das Bild vom H.n L. in der religiösen (→ Legende, → Hartmann von Aue) und der (bislang vorwiegend mündl. tradierten) heimischen Lit. (→ Epos, → Heldensage, → *Nibelungenlied*, → *Kudrun*). Diese vom gesellschaftlichen Repräsentationsbedarf geförderte ‚hohe' Lit., deren Exklusivität gerade den literar. produktiven ärmeren Rittern als hilfreiches Mittel zur Anerkennung in der höheren Aristokratie erscheinen mochte – die Troubadours gestanden den armen Rittern nur gelegentlich courtoisie zu –, fingierte das H. L. als Lebensziel, sie schilderte es ausführlich und in vielfältigen Varianten, deren Nähe zum gelebten Leben am Hof einmal stärker, einmal schwächer sein konnte. In die epischen Handlungsabläufe konnten Programme höfischer Ausbildung und Erziehung eingewoben werden, sei es explizit (z. B. die Lehren des Gurnemanz in Wolframs von Eschenbach → *Parzival*), sei es implizit, etwa in der Gestaltung einer idealisierten Heldenbiographie oder eines idealen Frauenportraits (cf. → Held, Heldin). Am Bild von Ritter und Dame wurde der vollkommene (adelige) Mensch gestaltet, dessen Lebensziel es sein mußte, in Übereinstimmung mit den göttlichen und weltlichen (höfischen) Geboten zu handeln. Im H.n L. berührten sich Fiktion und Wirklichkeit in einer Dichte (→ Fiktionalität), die in späteren Lebensformen kaum noch erreicht wurde (cf. auch die um 1200 entstandene mlat. Versnovelle → *Asinarius* [AaTh 430], ein Spiegel des H.n L.s der Epoche).

Das der Affektkontrolle und der Ästhetik unterworfene äußere H. L. wurde planvoll durchstilisiert:

Aufwendigere (ständetypische) Kleidung, gruppengebundene Haartracht (lange, gelockte Frisur), Taillierung der (ehedem eher sackförmigen) Gewänder – insgesamt also Betonung und damit Erotisierung des Körpers, zugleich dessen Einschnürung. Waffen und Reitpferde wurden kostbar ausgestattet, im → Turnier fügte sich der sportive → Ritter, anders als in Krieg und Fehde, dem regelgeleiteten Kampf. Sein repräsentativ-demonstratives Gebaren verband sich mit spezifischen Wertvorstellungen, z. B. vrümekeit (lat. fortitudo, probitas), zuht, schœne site, lop und êre, mâze (d. h. harmonisches Handeln). Das luxuriöse Schauverhalten charakterisierte das H. L. schließlich auch bei den Mahlzeiten: edles Tafelgeschirr, prunkvolle Gefäße, zeremonielle Servierung, exklusive, dem Volk nicht erreichbare Speisen und Getränke, Tischzuchten (seit dem 12. Jh., zunächst von der Geistlichkeit entwickelt zur Eindämmung der ungehemmten Genußsucht) – damit auch Entwicklung eines neuen Hygienebewußtseins.

Sprache und Gestik wurden der Exklusivität und Ruhe angepaßt: Übernahme einer Unzahl einschlägiger frz. Wörter in den Dichtungen, die z. T. auch in die gesprochene Sprache gelangten, eine sich von der Alltagssprache abhebende Diktion. Das H. L. förderte aus diesen Gründen die volkssprachliche Lit.produktion (‚höfische Dichtung').

Die reinste Form des H.n L.s entwickelte sich im Fest (mhd. hôchgezît; → Hochzeit), der Zeit der Freude (mhd. vröude). Maßstäbe setzendes Beispiel war das dreitägige Mainzer Hoffest (Pfingsten 1184). Dieses Fest folgte dem in den Dichtungen häufig zu findenden Festschema: Einladung (gerne für Pfingsten: religiöse Weihe), Vorbereitung, Ankunft und Empfang der Gäste (→ Gruß als rechtlich-symbolisches Zeichen der Gewährung von Friede und Huld), Mahlzeit, Unterhaltung und Geselligkeit mit Spielen (verschiedene Brett- und Ballspiele, z. T. mit den Damen; Akrobatik, Gesang, Musizieren, Tanz, ritterliche Kampfspiele [→ Zweikampf], schließlich Verehrung der Damen [Frauendienst] und gepflegte Konversation), Abschied der Gäste und Beschenkung (also Demonstration der milte).

Zu den Höhepunkten des H.n L.s gehörte das Turnier, der Kontrapunkt zum militärischen Alltag, den es zugleich idealisierend überhöhte (Zieltugenden: Tapferkeit, Ruhm und Ehre). Als möglicher Teil des Frauendienstes war es, wie das gesamte H. L., erotisch übertönt (Transformation von Sexualität in ein hocherotisiertes Spiel zeremonial geleiteter Worte und Gesten). Die Dame (mhd. vrouwe, „Herrin“) spornte den Ritter zu tugendhaftem Handeln an und versetzte ihn dadurch in die Stimmung des hôhen muot. Die sog. höfische Liebe mochte die literar. Fiktion als Spiel im H.n L. bisweilen verlassen, in Frankreich eher als in Deutschland (cf. Andreas Capellanus), ihre Relevanz für die Realität bestand aber hauptsächlich in ihrem Modellcharakter: der Einübung von Affektenkontrolle (rationalem Handeln) durch ein ausgeprägtes Zeremonialhandeln.

3.3. Der Hof Ludwigs XIV. (Barockhof). Kennzeichen der weiteren Entwicklung des H.n L.s ist die Ausprägung der erotischen Kultur (→ Rokoko; cf. Casanovas *Mémoires*), der politischen Komponente (Absolutismus), der Ästhetisierung der Natur (Schloßgärten-Architektur) und der dekorativen Elemente des Rittertums (Abnahme der militärischen Bedeutung des Rittertums, Nostalgiephase von der 2. Hälfte des 15. Jh.s bis zu Anfang des 16. Jh.s: Kaiserhof Maximilians). Insgesamt wurde das Zeremonialhandeln verschärft, das H. L. theatralischer und vernunftgeleiteter (Zielpunkt: → Aufklärung). Ausgangspunkt war der urbane ital. Hof des Trecento (der Adel Italiens lebte hauptsächlich in den Städten, ohne ‚bürgerlich‘ zu sein) mit seiner Ausrichtung an der röm. Antike (cf. die [freilich umstrittene] Hoftheorie in Baldessare Castigliones *Libro del cortegiano* [Venedig 1528]: Forderung der Kalokagathie, der Anmut von Körper, Gestik und Sprache, des Frauendienstes und einer der Vernunft untergeordneten Liebe, nach Verfeinerung der Sitten, Ausbildung der Künste und Wiss.en). Das Fürstenbild wurde idealisierend überhöht, der um Vollendung bemühte cortegiano sollte den Fürsten lieben und gleichsam anbeten, ihm auf gefällige Art und ohne zu schmeicheln die Wahrheit sagen und Rat erteilen. Der frz. Königshof beerbte (über die Familie der Medici) diesen Renaissancehof und entwickelte jene verschärfte Zentralisierung der Staatsgewalt mit einem intensivierten Zeremonialhandeln, die für die Höfe der dt. Staaten zum Vorbild wurde: Vertiefung der Distanz zwischen König und Adel sowie zwischen beiden und dem Volk, Ausdehnung des H.n L.s auf das gesamte Hofleben (also nicht schwerpunktmäßig nur auf das Fest). Die persönlichsten Aktionen des Herrschers wurden zu Staatsaktionen, und der Hof erlebte gesellschaftliche Fremdzwänge als Selbstzwänge. Er wurde zum höchsten Ziel des Adels, er bedeutete die Welt, war das „Modell der Barockgesellschaft“ (Burger 1963, 87), galt selbst seinen Kritikern als „ ‚erhabener Schauplatz‘, auf welchen aller Augen gerichtet waren“ (Moser-Rath 1984, 143; Johann Michael Moscherosch sah im Hofleben das compendium vitae et actionum humanarum). Entsprechend begriff der höfische Staatsroman des → Barock das menschliche Leben als „ein bloßes Schauspiel, in welchem zwar die Personen verändert werden, das Spiel aber einerlei ist“ (Daniel Caspar Lohenstein, cf. Burger 1963, 86). Antonio de → Guevara (cf. auch Aegidius → Albertinus) formulierte das strenge, quasikulturelle hierarchische Zeremoniell des span. Hofes, der Hofmann ist jetzt auf Karriere und Überleben bedacht (ähnlich der des Italieners Lorenzo Ducci [*Arte aulica*. Ferrara 1601] und des span. Jesuiten Baltasar Gracián [*El héroe*. Madrid 1637; *El discreto*. Huesca 1646; *Oráculo manual y arte de prudencia*. Huesca 1647: Politik ist Lebenskunst als Kunst der Menschenbehandlung, auf diese muß sich der Mensch der Gegenwart verstehen]: Lohenstein übersetzte Graciáns *El político Don Fernando el Católico* [1640] ins Deutsche [Breslau 1672], Eberhard von Weyhe rezipierte das ital.-span. Höflingsbild in seinem *Aulicus politicus*. Hannover 1596, ähnlich Hippolytus à Collibus im *Palatinus sive aulicus*. Hannover 1599). In England hatten die religiös orientierten Hoflehren Konjunktur (W. Cecil [Lord Burghley], Sir Walter Raleigh, Lady A. Bacon, John Reynolds, Edward Walsingham). Am Ende der Epoche formulierte in Deutschland Christian Thomasius eine Hofphilosophie (*Introductio ad philosophiam aulicam*. Lpz. 1688) für Studierende, die eine praktische Anleitung für das Erlernen der höfischen Eleganz suchten. Neben der Feier des H.n L.s blühte dessen Kritik (Antonio de Guevara, Enea Silvio Piccolomini, Pietro → Aretino, Noël → Du Fail: Preis des Landlebens [cf. Lohmeier 1981]; cf. in Deutschland

u. a. Sebastian → Brant, → Erasmus von Rotterdam, Ulrich von Hutten, Agrippa von Nettesheim, Martin → Luther, → Abraham a Sancta Clara, in England: Thomas Morus). Es ist ein auf antike und bibl. Tradition zurückgehender Topos, den vor allem der → Humanismus aktivierte (cf. Moser-Rath 1984) und der im → *Bertoldino* popularisiert wurde: Man beklagte das Elend der Hofleute und deren Sitten, verurteilte die Abhängigkeit vom Fürsten und die Praxis der Ämtervergabe sowie die Schwerfälligkeit der höfischen Bürokratie, verdammte die Schmeichelei und die Launenhaftigkeit gegenüber Bittstellern, die Titelsucht und die Servilität.

Der Adel verbrachte nun einen großen Teil seines Lebens am Hof, daneben besaß er ein hôtel in der Stadt (cf. → Perraults *La Barbebleue*, AaTh 312: cf. → *Mädchenmörder*). Der gesteigerte Zwang zur Selbstbehauptung und Fremdbeobachtung in Verbindung mit der schwindenden politischen Bedeutung führte zu intimer Selbst- und Menschenbeobachtung, die eine melancholische Stimmungslage begünstigte. Melancholie wurde zur kompensatorischen Mode (cf. Lepenies 1972; Moser-Rath 1984, 52–55). Die Relevanz des Kulturbetriebs wuchs, das Erzählen stand hoch im Kurs.

Das H. L. zeigt sich in den Volkserzählungen dem → sozialen Milieu der jeweiligen → Erzähler angepaßt. In den frz. Feenmärchen (→ Cabinet des fées, → Contes de[s] fées) wurden ältere folkloristische Typen und Motive höfisch-ständisch überarbeitet. Ihre Tradition und der barocke Hof prägen das H. L. im Märchen. Der Märchenhof, dem ein oder mehrere prunkvolle Schlösser zur Verfügung stehen, ist die Heimat des absolut herrschenden, nicht selten leicht melancholischen Königs und seines Hofstaates. Man trifft den König, die herrliche Prinzessin oder den tapferen Prinzen feiernd in den weiträumigen Gemächern des Schlosses, in prächtiger Kutsche oder im Wald zur → Jagd (→ König, Königin, → Prinz, Prinzessin). Jeder, auch der intriganteste Minister, beachtet peinlich das fein ausgeprägte Protokoll. Das Märchen schmeichelt bisweilen dem Bild vom guten König und setzt in der gelegentlichen Aufhebung von Standesschranken die Träume des Volkes vom H.n L. frei (→ Glück, → Wunschdichtung). Nicht zuletzt dadurch ist es ein Beispiel für die hohe Anziehungskraft dieser Lebensform.

Lit.: Huizinga, J.: Herbst des MA.s. Mü. 1924. – Naumann, H./Müller, G.: Höfische Kultur. Halle 1929. – Schrader, W.: Studien über das Wort höfisch in der mhd. Dichtung. Würzburg 1935. – Bloch, M.: La Société féodale. P. 1939 (dt. u. d. T. Die Feudalgesellschaft. Ffm./B./Wien 1982). – Elias, N.: Über den Prozeß der Zivilisation. Basel 1939 (Neudruck Ffm. 1976). – Burger, H. O.: ‚Dasein heißt eine Rolle spielen'. Mü. 1963. – Goetz, H. W.: Leben im MA. Mü. 1964. – Waas, A.: Der Mensch im dt. MA. Graz/Köln 1964. – Braunfels, W. (ed.): Karl der Große. Lebenswerk und Nachleben 1–4. Düsseldorf 1965–67. – Elias, N.: Die höfische Ges. Neuwied 1969. – Eifler, G. (ed.): Ritterliches Tugendsystem. Darmstadt 1970. – Köhler, E.: Ideal und Wirklichkeit in der höfischen Epik. Tübingen 1970. – Fleckenstein, J.: Friedrich Barbarossa und das Rittertum. In: Festschr. H. Heimpel 2. Göttingen 1972, 1023–1041. – Lepenies, W.: Melancholie und Ges. Ffm. 1972. – Morris, C.: The Discovery of the Individual 1050–1200. L. 1972. – Borst, A.: Lebensformen im MA. Ffm. 1973. – Wetzel, H. H.: Märchen in den frz. Novellenslgen der Renaissance. B. 1974. – Uhlig, C.: Moral und Politik in der europ. Hoferziehung. In: Festschr. L. Borinski. Heidelberg 1975, 27–51. – Ehrismann, O./Kaminsky, H. H.: Lit. und Ges. im MA. Kronberg 1976. – Fleckenstein, J.: Rittertum und höfische Kultur. In: Jb. der Max-Planck-Ges. (1976) 40–52. – Ganz, P.: Der Begriff des ‚Höfischen' bei den Germanisten. In: Wolfram-Studien 4 (1977) 16–32. – Eichberg, E.: Leistung, Spannung, Geschwindigkeit. Stg. 1978. – Bumke, J.: Mäzene im MA. Mü. 1979. – Duby, G.: Die Zeit der Kathedralen. Ffm. 1980. – Smith, N. B./Snow, J. T.: The Expansion and Transformations of Courtly Literature. Athens 1980. – Buck, A. u. a. (edd.): Europ. Hofkultur im 16. und 17. Jh. 1–3. Hbg 1981. – Lohmeier, A.-M.: Beatus ille. Studien zum ‚Lob des Landlebens' in der Lit. des absolutistischen ZA.s. Tübingen 1981. – Müller, J.-D.: Gedechtnus. Lit. und Hofgesellschaft um Maximilian I. Mü. 1982. – Sprandel, R.: Ges. und Lit. im MA. Paderborn 1982. – Moser-Rath, Schwank (1984). – Steinhausen, G.: Der vollkommene Hofmann. In: Zs. für Kulturgeschichte N. F. 1 (1984) 414–425. – Brückner, W./Blickle, P./Breuer, D. (edd.): Lit. und Volk im 17. Jh. 1–2. Wiesbaden 1985. – Jaeger, C. S.: The Origins of Courtliness. Phil. 1985. – Bumke, J.: Höfische Kultur. Mü. 1986. – Fleckenstein, J. (ed.): Das ritterliche Turnier im MA. Göttingen 1986. – Goetz, H.-W.: Leben im MA. Mü. 1986. – Haymes, E. (ed.): The Medieval Court in Europe. Mü. 1986. – Heers, J.: Vom Mummenschanz zum Machttheater. Europ. Festkultur im MA. Ffm. 1986. – Kaiser, G./Müller, J.-D. (edd.): Höfische Lit., Hofgesellschaft, höfische Lebensformen um

1200. Düsseldorf 1986. – Powis, J.: Der Adel. Paderborn 1986. – Keen, M.: Das Rittertum. Zürich 1987. – Braungart, G.: Hofberedsamkeit. Tübingen 1988. – Lippe, R. zur: Vom Leib zum Körper. Reinbek 1988. – Schultz, U. (ed.): Das Fest. Mü. 1988. – Ehrismann, O.: H.s L. und Individualität. In: Aspekte der Germanistik. Festschr. H.-F. Rosenfeld. Göppingen 1989, 99–122. – Haferland, H.: Höfische Interaktion. Mü. 1989. – Le Goff, J. (ed.): Der Mensch des MA.s. Ffm./N. Y./P. 1989. – Fleckenstein, J. (ed.): Curialitas. Göttingen 1990 (im Druck). – Szabó, T.: Der ma. Hof zwischen Kritik und Idealisierung. In: Fleckenstein 1990. – Zotz, T.: Urbanitas. Zur Bedeutung und Funktion einer antiken Wertvorstellung innerhalb der höfischen Kultur des hohen MA.s. ibid.

Gießen Otfrid Ehrismann

Hofmannsthal, Hugo von, * Wien 1. 2. 1874, † Rodaun 15. 7. 1929, Dichter. Das Jurastudium in Wien (1892–94) schloß er mit der 1. Staatsprüfung ab, sein Romanistikstudium (1895–98) mit der Promotion (Diss.: *Über den Sprachgebrauch bei den Dichtern der Plejade*). H. verzichtete 1901 auf die Habilitation (eingereichte Habilitationsschrift: *Studie über die Entwickelung des Dichters Victor Hugo*) und entschied sich für eine Existenz als freier Schriftsteller. Im gleichen Jahr heiratete er Gertrud M. L. P. Schlesinger und zog nach Rodaun bei Wien, wo er bis zu seinem Tod lebte.

Seit 1890 veröffentlichte H. seine ersten genialen Gedichte (nach dem sog. *Chandos-Brief* von 1902 als Lyriker verstummt) und seit 1891 lyrische Dramen, die sofort Anerkennung fanden. Bereits aus dieser Zeit datiert seine Freundschaft mit Richard Beer-Hofmann, Arthur Schnitzler u. a. 1899 erschien *Das Bergwerk zu Falun* (Zentralmotiv des Unverweslichen), seit der *Elektra*-Aufführung unter Max Reinhardt in Berlin (1903) war H. als Dramatiker bekannt, seine berühmten Lustspiele entstanden nach dem 1. Weltkrieg; er verfaßte Opernlibretti für Richard Strauss. H. gilt überdies als Prosaschriftsteller und Essayist von europ. Wirkung.

Weit über das Maß der bei den symbolistischen oder neuromantischen Dichtern um die Jh.wende gegebenen Affinität zu Märchenhaftem und zum Märchen hinaus läßt sich H.s rezeptive und produktive Auseinandersetzung mit der Gattung, deren typischen Stoffen und Motiven fast durchgängig in seinen Schriften nachweisen. Neben einer folgenreichen Beschäftigung mit → *Tausendundeinenacht* dürfen H.s Bewunderung der Grimmschen → *Kinder- und Hausmärchen* und deren Einfluß auf sein Werk – fast gleichrangig mit den oriental. Einflüssen – nicht verkannt werden. Berühmt wurde H.s Einleitung zur ersten vollständigen dt. Ausg. von *Tausendundeine Nacht* 1–12. (Lpz. 1907)[1], in der er seine Faszination zum Ausdruck bringt und dieses Werk in eine Reihe mit den Werken Homers und Dantes stellt. H.s bedeutendstes Kunstmärchen *Das Märchen der 672. Nacht* (1895) weist schon im Titel, aber auch mit seinem Fluidum auf die oriental. Slg hin[2]; es erzählt vom gräßlichen Tod des jungen Ästheten; an die Stelle von Märchenwundern ist alptraumhafte Bedrückung getreten. 1897 erschien das ebenfalls durch Motive aus *Tausendundeinenacht* angeregte Drama *Die Hochzeit der Sobeide*. Unter den nachgelassenen Märchenskizzen gehen *Amgiad und Assad, Der goldene Apfel, Die schwarze Perle, Die Prinzessin auf dem verzauberten Berg* auf die gleiche Quelle zurück[3]. Das zweite vollendete Kunstmärchen *Die Frau ohne Schatten* (entworfen seit 1913, gedr. 1919 – cf. auch die Librettofassung[4]) mit dem Thema frevelhafte Kinderlosigkeit und seiner eigentümlichen Abwandlung und Ausdeutung des Schlemihl-Motivs (→ Schatten) ist daneben stärker von den Märchen → Gozzis und → Goethes beeinflußt; Goethe und die romantischen (Märchen-)Dichtungen regten auch das bedeutsame Fragment *Das Märchen von der verschleierten Frau* an[5].

Für die Gattungsdiskussion interessant sind die Bezeichnungen, die H. weiteren Skizzen gab: „Ehemärchen“, „Literaturmärchen“, „Halbmärchen“, „Persönliches Märchen“[6]. Offen hat sich H. zu den Grimmschen Märchen bes. in seinem Aufsatz *Bücher für diese Zeit* (1914) und in seinem *Dt. Lesebuch* (1922) bekannt. Er verstand sie als „tiefe und schöne Geschichten, in denen das wahre Herz des Volkes“ sei und denen er nichts im Bereich der dt. Dichtung – die Gedichte Goethes eingeschlossen – zur Seite zu stellen wüßte[7]. W. → Grimms Vorrede zum 1. Band der KHM von 1812 gab er in seiner Anthologie dt. Musterprosa, dem *Dt. Lesebuch*, breiten Raum. Für die ‚verdeckten‘ Adaptionen von KHM-Motiven, die noch nicht zureichend nachgewiesen sind, ist als Beispiel die Parallele zu KHM 25 (AaTh 451: → *Mädchen sucht seine Brüder*) im *Märchen der 672. Nacht* beim Eintritt ins Todesreich des → Glasbergs bzw. der Glashäuser anzuführen: Der kleine Finger wird (un)freiwillig geopfert (cf. → Kleiner Fehler, kleiner Verlust)[8]. In H.s *Xenodoxus*-Notizen (die Gesamtstruktur des geplanten Dramas ist eng mit KHM 19 [AaTh 555: → *Fischer und seine Frau*] verwandt[9]) finden sich Anspielungen etwa auf KHM 4 („vom runden Totenschädel laß ihn zu der Kegelkugel greifen"; AaTh 326: → *Fürchten lernen*), KHM 101 („Ein Gesicht voll Unflat, daß man hätte Rübsamen hinein säen können"; AaTh 361: → *Bärenhäuter*), KHM 110 („Laß mich so geigen, daß alle närrisch werden"; AaTh 592: → *Tanz in der Dornhecke*), KHM 147 („laß mich aus einer Alten eine Junge herausreißen"; AaTh 753: → *Christus und der Schmied*).

In der Vorrede zum *Jedermann* (1911) beruft H. als Vorbild für sein aus alten Vorlagen überarbeitend kontaminiertes und mit zahlreichen sprichwörtlichen Redensarten[10] durchsetztes ‚Geistliches Spiel' ausdrücklich Wirkabsicht, Methodik und Erfolg der Brüder Grimm bei Konzeption, Ausarbeitung und Wirkung ihrer KHM[11]: „Die deutschen Hausmärchen [...] wurden von Mund zu Mund weitergetragen, bis am Ende langer Zeiten, als Gefahr war, sie könnten vergessen werden [...] zwei Männer sie endgültig aufschrieben. Als ein solches Märchen mag man auch die Geschichte von Jedermann [...] ansehen".

[1] Vorabdruck in: Der Tag. (25. 11. 1906); G. W. Schoeller (v. Ausg.n) Reden und Aufsätze 1, 362—369. — [2] Sämtliche Werke (v. Ausg.n) t. 28 (1975) 213; Mathes, J.: Überlegungen zur Verwendung der Zahlen in H.s Erzählungen — Die „672. Nacht". In: GRM N. F. 32 (1982) 202—214; Rölleke, H.: Nochmals zum Rätsel der 672. Nacht bei H. In: GRM N. F. 33 (1983) 344 sq. — [3] Sämtliche Werke (v. Ausg.n) t. 29 (1978) 37—42 (Amgiad und Assad), 91—106 (Der goldene Apfel), 89—91 (Die schwarze Perle), 199 (Die Prinzessin auf dem verzauberten Berg). — [4] ibid. 28, 109—196; cf. Klintberg, B. af: Die Frau, die keine Kinder wollte. In: Fabula 27 (1986) 237—255. — [5] Sämtliche Werke (v. Ausg.n) t. 29, 135—147; zu dem 1911 von H. geplanten Libretto zu W. Hauffs „Das kalte Herz" cf. Sämtliche Werke (v. Ausg.n) t. 18 (1987) 554—557. — [6] cf. not. 3, 344, 151, 347, 372. — [7] G. W. Schoeller (v. Ausg.n) Reden und Aufsätze 2, 367—374, bes. 370. — [8] Rölleke, H.: Ein Grimm-„Zitat" in H.s „Märchen der 672. Nacht". In: Wirkendes Wort 34 (1984) 65 sq. — [9] G. W. Schoeller (v. Ausg.n) Dramen 3, 591—613, bes. 593. — [10] Rölleke, H.: Sprichwörtliche Redensarten in H. v. H.s „Jedermann". In: Wirkendes Wort 36 (1986) 347—353. — [11] G. W. Schoeller (v. Ausg.n) Dramen 3, 89.

Bibliogr.n: Weischedel, H.: H.-Forschung 1945—1958. In: DVLG 33 (1959) 63—103. — Weber, H.: H. v. H. Bibliogr. des Schrifttums 1892—1963. B. 1966. — Ständige Ergänzungen: H.-Bll. 1 sqq. (1968 sqq.).

Ausg.n: G. W. in Einzelausgaben 1—15. ed. H. Steiner. Stg./Ffm. 1945—59. — G. W. [1—10]. ed. B. Schoeller (in Beratung mit R. Hirsch). Ffm. 1979. — Sämtliche Werke. Kritische Ausg. 1 sqq. ed. H. O. Burger u. a. Ffm. 1975 sqq.

Lit.: Reuschel, K.: Über Bearb.en der Geschichte des Bergmanns von Falun. In: Studien zur vergleichenden Lit.geschichte 3 (1903) 1—28. — Pröpstl, E.: Neuromantische Prosa-Märchendichtung. Diss. masch. Mü. 1950. — Reuscher, T.: H. v. H.s Erzählung „Die Frau ohne Schatten". Diss. masch. Köln 1953. — Pfaff, G.: H. v. H.s Märchendichtung „Die Frau ohne Schatten". Diss. Ffm. 1957. — Workman, J. D.: H.s „Märchen der 672. Nacht". In: Monatshefte für dt. Unterricht, dt. Sprache und Lit. (1961) 303—314. — Schiller, I.: Art und Bedeutung des Religiösen im Prosawerk H. v. H.s. Unter bes. Berücksichtigung der beiden Erzählungen „Das Märchen der 672. Nacht" und „Die Frau ohne Schatten". Diss. Würzburg 1962. — Brion, M.: Versuch einer Interpretation der Symbole im „Märchen der 672. Nacht" von H. v. H. In: Interpretationen 4. ed. J. Schillemeit. Ffm./Hbg 1966, 284—302. — Schings, H.-J.: Allegorie des Lebens. Zum Formproblem in H.s „Märchen der 672. Nacht". In: Zs. für dt. Philologie 86 (1967) 533—561. — Hagedorn, G.: Die Märchendichtung H. v. H.s. Diss. Köln 1967. — Böker, U.: H. v. H.s „Märchen der 672. Nacht". In: ArchfNSprLit. 206 (1969—70) 16—38. — Köhler, W.: H. v. H. und „Tausendundeine Nacht". Bern/Ffm. 1972. — Apel, F.: Die Zaubergärten der Phantasie. Zur Theorie und Geschichte des Kunstmärchens. Heidelberg 1978, 257—276. — Wilpert, G. von: Der verlorene Schatten. Stg. 1978, 88—111 („Die Frau ohne Schatten"). — Rieckmann, J.: Von der menschlichen Unzulänglichkeit: Zu H.s Das Märchen von der 672. Nacht. In: German Quart. 54 (1981) 298—310. — Lewis, H. B.: The Arabian Nights and the Young H. In: German Life and Letters N.S. 37 (1984) 186—196. — Yūsuf, M.: Hūfmānstāl wa-alf laila (H. und 1001 Nacht). In: Tārīḫ al-ʿarab wal-ʿālam 8 (1986) 42—52.

Wuppertal Heinz Rölleke

Hofnarr → Narr

Höhle. Die geologische Anlage der H. als ein dem Tageslicht entzogenes System von

Hohlräumen und Gängen (cf. Unterirdischer → Gang) mit entsprechenden klimatischen Bedingungen erschwert menschlichen Zugang zu diesem Bereich der Natur. Prähist. Funde bezeugen, daß H.n dem Menschen seit frühester Zeit als natürliche Wohnstätte sowie auch als Bestattungsort und Sakralraum dienten, und in verschiedenen Kulturräumen kommen ihnen diese Funktionen auch heute noch zu. Mit dem Bau von Behausungen rückt die H. aus populärer Sicht in den Bereich des Mysteriösen und Gefährlichen, der allenfalls gesellschaftlichen Außenseitern oder übernatürlichen Wesen Schutz und Wohnung bietet; dementsprechend sind in der Volksliteratur die Beschreibungen von H.nbewohnern, Schätzen und menschlichen Abenteuern in der H. oft phantasievoll ausgestaltet. Die meisten regionalen und nationalen Sagenausgaben enthalten H.nsagen; eine Anzahl von Slgen mit H.nerzählungen besteht für den dt.sprachigen Raum[1]. Analytische Studien sind dagegen selten[2]. Die speläologische Fachliteratur umgeht Volksliteratur und Volksglauben fast völlig. Die oft dramatischen Erlebnisse von H.nforschern werden höchstens in sensationellen Zeitungsberichten und in Formen des alltäglichen Erzählens überliefert[3].

In der Mythologie vieler Völker werden bes. → Jenseits und → Unterwelt als H.n vorgestellt. Verwandt hiermit sind Darstellungen ungewöhnlicher Landschaften innerhalb hohler → Berge. In afrik., ind. sowie nord- und südamerik. Überlieferung finden sich Mythen über die → Schöpfung, in denen das Menschengeschlecht aus einer H. oder Felsspalte erscheint (Mot. A 1232.3); andererseits kann die H. Zuflucht vor einer Sintflut bieten (Mot. A 1024). Oft werden H.n als Wohnsitz elementarer Kräfte angesehen: Sonne und Mond steigen aus einer H. auf (Mot. A 713, haitian.), die Sonne verbirgt sich in einer H. (Mot. A 734.1, ind.); die Weltwinde hausen in H.n (Mot. A 1122; cf. A 532, F 757.2); das für den menschlichen Fortschritt unabdingbare → Feuer brennt zunächst in einer H. (Mot. A 1414.7.3, Marquesas-Inseln; cf. auch die Lebenslichterhöhle in KHM 44, AaTh 332: → *Gevatter Tod*), aus der es erst gestohlen werden muß, so z. B. im griech. Mythos durch Prometheus (→ Feuerraub). Gefürchtete Fabelwesen der griech. Mythologie, wie z. B. die → Skylla oder die Zyklopen (cf. AaTh 1135–1137: → *Polyphem*), bewohnen H.n. Wer den Göttern mißfällt, wird in eine H. verbannt: So fristet Heras Sohn Hephaistos sein Dasein als Schmied in einer H. Eine eher sakrale Wertung der H. findet sich dagegen in der Bibel: → David schont König Saul, der ihm in einer H. schlafend ausgeliefert ist (1. Sam. 24,3–8). In Darstellungen der Ostkirche wird Jesus in einer als Stall dienenden H. geboren, die westl. Ikonographie stellt den Geburtsort als einen von Menschen gebauten Stall dar[4].

In der Sage findet das Bild der H. seinen reichsten Niederschlag, wobei die Topographie der H. nur in literar. Bearb.en von Volkserzählungen eindringlich geschildert wird. Eine warnende oder abschreckende Funktion ist den mit der H. verbundenen Motiven fast durchweg gemeinsam. Verschiedene H.nnamen machen die H. zum Vorhof der → Hölle, zugehörige Sagen schreiben die Existenz einer H. dem um seinen Lohn betrogenen → Teufel zu, der in seiner Wut z. B. „ein Loch in den Felsen reißt"[5]. Neben gefährlichen Tieren wie Bären und Wölfen bewohnen auch übernatürliche Ungeheuer wie Drachen und Einhörner H.n, und übermenschliche Völker, bes. Zwerge (Mot. F 451.4.1.1) und Riesen (Mot. F 531.6.2.1), hausen ebenfalls in unterirdischen Gewölben. Einerseits bedrohen diese Gestalten den Menschen, etwa durch den Raub von Kindern und Frauen[6]. Andererseits sollen H.n nach der populären Phantasie jedoch auch unermeßliche Reichtümer beinhalten, die den Menschen immer wieder anlocken und ins Verderben bringen. Das Zwergenvolk soll durch den Bergbau (→ Bergmann) Gold und Edelsteine gewinnen, und unscheinbare Gaben der Unterirdischen, die sich in → Schätze verwandeln, bestätigen solche Vermutungen (cf. die Erzählung von der Belohnung der → Hebamme durch die Unterirdischen). Kehrt der Belohnte jedoch zur Zwergenhöhle zurück, läßt sich der Eingang nicht mehr finden[7]. Schlimmer ergeht es der gierigen Frau, die ob der entdeckten Schätze ihr Kind in der H. vergißt und den Eingang später nicht mehr finden kann[8]. Selbst dem genügsamen Schatzheber droht letzten Endes Unglück von habgierigen Mitmenschen. Seelische und körperliche Reinheit, Sonntagsgeburt und ein bes. geheiligter Termin gehören zu den Bedingungen für erfolgreiche Schatzgewinnung, die in der Sage allerdings meist durch menschliche Fehlhandlungen vereitelt wird[9].

Einige Frauengestalten des Volksglaubens sollen H.n bewohnen: Perchten, Wildfrauen, Nixen, die schwarze Frau, die Stempa, die Saligen, die Nachkommen der verleugneten Kinder Adams und die Mütter der von Herodes ermordeten Kinder sind alle mit H.n verbunden[10]. Andere Sagen berichten von in H.n gebannten Jungfrauen. Der Jüngling, der ihre Erlösung unternimmt, sieht sich schrecklichen Aufgaben gegenüber und entflieht; Wahnsinn und ein früher Tod sind das Resultat dieser H.nbegegnungen[11].

Die scheinbare Zeitlosigkeit des H.ndunkels mag Ursprung der Sagenkreise um in H.n schlafende Heroen (Barbarossa, → Holger Danske; → Entrückung) sein. In manchen Var.n schläft der Held mitsamt Gefolge oder Heer. Entdeckt werden die Schläfer von vor Unwetter Schutzsuchenden oder von Menschen, die einem Tier in eine H. folgen. Ein Mensch, der in einer H. einschläft, wacht erst Jahrzehnte oder Generationen später auf (AaTh 766: → *Siebenschläfer*; cf. AaTh 471 A: → *Mönch und Vöglein*)[12].

Einer gesellschaftlichen Realität entstammen Sagen, welche die H. zur Zufluchtsstätte von Außenseitern und Kriminellen machen. Heimatlose, Räuber und Mörder, Aussätzige und sog. Hexen wohnen am Rande der Gesellschaft in H.n[13]. In Zeiten der Verfolgung und des Krieges wird die H. hingegen zum Versteck aller, sei es, um sich der Einberufung zu entziehen oder um sich vor dem Feind zu verbergen (cf. auch AaTh 156: → *Androklus und der Löwe*; AaTh 967: → *Spinngewebe vor der H.*; → Flucht). Nur die der Askese verschriebenen → Einsiedler wählen die H. aus freien Stücken als Aufenthaltsort. Ihre Gegenwart trägt zur Verwandlung einer H. von einer magischen in eine religiöse Stätte bei[14]. Bereits im vorchristl. Volksglauben finden sich positive Assoziationen zur H. und einigen wenigen H.nwesen, die Fruchtbarkeit und Kinderreichtum bescheren sollen[15]. Bes. die kathol. Interpretation solcher H.n als Marienhöhlen und -grotten (analog zum Lourdes-Phänomen; → Wallfahrt) trug entschieden zum erneuten Sakralstatus vieler H.n bei[16].

Auch im Märchen dient die H. als Wohnort oder Versteck von übernatürlichen Wesen. Ungeheuer halten Prinzen oder Prinzessinnen in H.n gefangen (Mot. G 94.1, hawai.); entsprechend den Intentionen der Gattung gelingt es jedoch den Märchenprotagonisten zu fliehen. Auch H.nschätze (Mot. N 512) oder in der H. verborgene magische Objekte (cf. Mot. D 845.1, isl.) wie z. B. → Aladdins (AaTh 561) Wunderlampe können im Märchen entdeckt werden. So überlistet → Ali Baba (AaTh 676, 954) die Räuber und wird durch die von ihnen in einer H. verborgenen Schätze reich. Eine Nacht in der H. kann als Buße (Mot. Q 524.1, ir.) oder als Prüfstein für den, der das → Fürchten lernen (AaTh 326) will, dienen. Oft werden Protagonisten von Tieren zu H.nabenteuern geführt (cf. AaTh 301: *Die drei geraubten → Prinzessinnen*); seltener ist das Tier, das den Helden zum Verderben in eine H. lockt (Mot. K 714.7, ind.). In Var.n von AaTh 66 A: → *Hallo, Haus!* entdeckt ein Tier die Gegenwart eines Feindes in seiner Behausung, indem es die H. auffordert, seine Begrüßung zu beantworten.

H.nmotive der Volkserzählung leben auch in populären und literar. Lesestoffen weiter. Bereits im 18. Jh. finden sich Beispiele hierzu[17], doch bes. Autoren von Kinder- und Jugendliteratur des 20. Jh.s haben sich der H.nfaszination bedient[18]. Der Trivialroman[19] wie auch die Abenteuerromane Karl → Mays[20] gebrauchen H.n- und Grottenmotivik. John Ronald Reuel Tolkiens Trilogie *The Lord of the Rings* (1 – 3. L. 1954 – 55) macht reichen Gebrauch von traditionellen H.nszenarien und -bewohnern, und auch die Science Fiction-Lit. bearbeitet Erzählmaterial aus den verschiedensten Kulturkreisen[21].

[1] Hünnerkopf, R.: H. In: HDA 4 (1931/32) 175 – 183; Hartmann, P.: Das Goldloch in der Arni bei Engelberg. In: Die Alpen 4 (1928) 361 – 368; Heller, H.: H.nsagen aus dem Land unter der Enns. Wien 1924; Müllner, M.: Der Pilatussee. Ein Streifzug durch Niederösterreichs H.nsagenwelt. Wien 1955; Schmidt, L.: Mythen und Sagen um österr. H.n. In: Österr. Hochschulztg 13 (1961) 12; Maclean, J.: Sgenlachdan nan uamh (Erzählungen von H.n). In: Transactions of the Gaelic Soc. of Inverness 39/40 (1963) 36 – 62; Kittel, E.: H.nsagen aus den Alpen. Linz 1970. — [2] Fielhauer, H.: Sagengebundene H.nnamen in Österreich. Wien 1969; Lesser, W.: The Life below the Ground. Boston 1987. — [3] Franke,

H. W.: Wildnis unter der Erde. Die H.n Mitteleuropas als Erlebnis und Abenteuer. Wiesbaden 1956; Murray, R. K. /Brucker, R. W.: Trapped! The Story of the Struggle to Rescue Floyd Collins […]. N. Y. 1979; Jackson, G. F.: Wyandotte Cave Folk Tales. In: Cavers, Caves and Caving. ed. B. Sloane. New Brunswick 1977, 105–126; Pennick, N.: The Subterranean Kingdom. A Survey of Man-made Structures beneath the Earth. Wellingborough 1981. – [4] Heinz-Mohr, G.: Lex. der Symbole. Düsseldorf 1971, 138; Wilhelm, P.: Geburt Christi. In: LCI 2 (1970) 86–120, bes. 101 sq. – [5] Fielhauer (wie not. 2) 65. – [6] HDA 4, 178 sq. – [7] cf. Guntern, J.: Volkserzählungen aus dem Oberwallis. Basel 1978, num. 1884. – [8] Jacoby, A.: Die Sage vom verlorenen Kind in der Schatzhöhle. In: Volkskundliche Ernte. Festschr. H. Hepding. Gießen 1938, 93–102. – [9] Fielhauer (wie not. 2) 33–37. – [10] ibid., 43–49. – [11] cf. z. B. Grässe, J. G. T.: Sagenbuch des Preuß. Staats 1. Glogau 1867, num. 607. – [12] HDA 4, 180. – [13] Broens, M.: Les Souterrains: refuges pour les vivants ou pour les esprits? P. 1976. – [14] Clay, R. M.: The Hermits and Anchorites of England. L. 1914; Hartmann, M. R. (ed.): St. Beatushöhlen. Legende, Geschichte, Erforschung. Sundlauenen s. a. – [15] HDA 4, 182. – [16] Fielhauer (wie not. 2) 11. – [17] z. B. [anon.]: Die H. des alten Kinderfressers. Wien/Prag 1799. – [18] z. B. Achermann, F. H.: Auf der Fährte des H.nlöwen. Olten 1918; Sonnleitner, A. T.: Die H.nkinder 1–3. Stg. 1921–25; Opahle, G.: Das Geheimnis der Drachenhöhle. Düsseldorf 1934; Spitzler, M.: Der Schatz in der H. Köln 1947. – [19] Thalmann, M.: Der Trivialroman des 18. Jh.s und der romantische Roman. B. 1923, 91 sq. – [20] Bröning, I.: Die Reiseerzählungen Karl Mays als lit.pädagogisches Problem. Ratingen/Kastellaun/Düsseldorf 1973, 128–130. – [21] z. B. Asimov, I.: The Case of Steel. N. Y. 1954.

Portland, Oregon Regina Bendix

Holbek, Bengt Knud, * Kopenhagen 1. 4. 1933, dän. Folklorist. Sein Studium der dän. und lat. Philologie und Folkloristik (bei L. → Bødker) an der Univ. Kopenhagen schloß H. 1962 mit dem Magister Artium in skand. Vk. ab. Von 1962–70 war er als Archivar an der Dansk Folkemindesamling tätig, seit 1970 lehrt er am Inst. for Folkemindevidenskab (Bezeichnung seit 1988 Inst. for Folkloristik) der Univ. Kopenhagen. 1987 erschien in Helsinki seine Diss. (dän. Habilitationsschrift) *Interpretation of Fairy Tales. Danish Folklore in a European Perspective* (FFC 239).

H.s wiss. Veröff.en bewegen sich vor allem im Umkreis der volkskundlichen Erzählforschung[1]. In seiner Magisterarbeit *Æsops levned og fabler. Christiern Pedersens oversættelse af Stainhöwels Æsop* 1–2 (Kop. 1961/62), einem wichtigen Nachschlagewerk der vergleichenden Fabelforschung, ediert und untersucht H. die erste dän. Ausg. von → Äsops Leben und Fabeln (1556), eine Übers. der Ausg. H. → Steinhöwels (1476). Dabei geht er u. a. anhand der Überlieferungsgeschichte von → Fabelbüchern und -sammlungen allg. sowie der Verbreitung der einzelnen Fabeln in antiker, ma. und neuerer mündl. europ. Tradition sowohl den Quellen Steinhöwels als auch der Wechselbeziehung zwischen schriftl. und mündl. Überlieferung nach. Neben der Fabel widmete er sich dem Sprichwort[2] und dem Rätsel[3], arbeitete über → Fabelwesen[4] und beschäftigte sich bes. mit jütländ. Volksüberlieferung und Aufzeichnungsgeschichte[5]. Eine Reihe von Publ.en verschiedenster Art ist als Vorarbeit[6] zu seiner breit angelegten Diss. über das Zaubermärchen zu sehen, wie die Bibliogr.n über strukturalistische und psychol. Interpretationen von Volkserzählungen[7], Unters.en, die sich auf die Überlieferungsträger der Folklore konzentrieren und nach der Relevanz der Folkloristik in der modernen Welt fragen[8], oder Studien zur Geschichte und Theorie der Folkloristik[9].

Seine Diss. *Interpretation of Fairy Tales* stützt sich als Materialgrundlage auf Aufzeichnungen des späten 19. Jh.s, die Zaubermärchen aus der jütländ. Slg E. T. → Kristensens. H. stellt die Frage nach der Bedeutung der Zaubermärchen für ihre Überlieferungsträger in den Mittelpunkt seiner Studie und entwickelt unter Einbeziehung psychol., strukturalistischer und sozialgeschichtlicher Forschungsrichtungen einen neuen Ansatz zur Textanalyse und zu einer allg. Theorie des → Märchens. Seine Analysen der jeweiligen sozialen und ökonomischen Situation und der Alltagsverhältnisse der Erzähler(innen) sowie der relevanten und signifikanten Textsymbolik führen zu einer Wertung des Zaubermärchens als eines spezialisierten Diskurses realer psychol. und sozialer Probleme einer ländlichen Erzählgemeinschaft, die der untersten Schicht einer sozial gegliederten Gesellschaft angehört. Auch in weiteren Forschungen gilt H.s Interesse diesen Unterprivilegierten und der Differenzierung zwischen ihren und den mit bürgerlichen Schichten verbundenen Märchen[10].

[1] cf. u. a. außer den im folgenden genannten: On the Classification of Folktales. In: Laographia 25 (1964) 158–161; The Ballad and the Folk. In: Arv 29/30 (1973/74) 5–25; The Ethnic Joke in Denmark. In: Miscellanea. Festschr. K. C. Peeters. Antw. 1975, 327–335; Danish Folklore and Danish Nationality. In: NIF Newsletter 7 (1979) 12–16; (zusammen mit C. Dollerup, I. Reventlow, C. Rosenberg Hansen): The Ontological Status, the Formative Elements, the „Filters" and Existences of Folktales. In: Fabula 25 (1984) 241–265; Tolkning af trylleeventyr. Kop. 1989; Danske trylleeventyr. Kop. 1989; Äsop. In: EM 1 (1977) 882–889; Dänemark. In: EM 3 (1981) 273–284; Epische Gesetze. In: EM 4 (1984) 58–69; Formelhaftigkeit, Formeltheorie. ibid., 1416–1440. — [2] (zusammen mit I. Piø): Alverdens ordsprog. Kop. 1964; cf. bes. (zusammen mit I. Kjær): Ordsprog i Danmark. Kop. 1969. — [3] (zusammen mit L. Bødker/B. Alver/L. Virtanen): The Nordic Riddle. Terminology and Bibliography. Kop. 1964. — [4] (zusammen mit I. Piø): Fabeldyr og sagnfolk. Kop. 1967 ([2]1969). — [5] (ed.): Jeppe Aakjær. Jyske folkeminder. Kop. 1966; Evald Tang Kristensen. In: Arv 25/26 (1969/70) 239–243; Nordic Research on Popular Prose Narrative. In: SF 27 (1983) 145–162. — [6] cf. auch Strukturalisme og folkloristik. In: Folk og Kultur (1972) 51–64; Eine neue Methode zur Interpretation von Zaubermärchen. In: Jb. für Vk. und Kulturgeschichte 23 (1980) 74–79. — [7] Formal and Structural Studies of Oral Narrative. A Bibliography. In: Unifol 1977 (1978) 149–194; Psychological Interpretations of Folktales and Myths: a Bibliography. In: Merveilles & Contes 1 (1987) 144–160. — [8] De magtesløses spil. In: Herranen, G./Saressalo, L. (edd.): NIF: s andre nordiska folkloristika ämneskonferens, Bergen 21.–23. 10. 1976. Turku 1976, 53–78 (= Games of the Powerless. In: Unifol 1976 [1977] 10–33); The Social Relevance of Folkloristics. In: Unifol 1977 (1978) 21–43. — [9] Stiltiende forudsætninger. In: Norveg 22 (1980) 209–219 (= Tacit Assumptions. In: Folklore Forum 14 [1981] 121–140); Folkemindevidenskab. In: Københavns Universitet 1479–1979 t. 11. Kop. 1980, 49–85 (= Folkloristik. In: Daxelmüller, C. [ed.]: Bjarne Stoklund, Europ. Ethnologie, B. H., Folkloristik. Würzburg/Mü. 1981, 37–76); Moderne folkloristik og historisk materiale. In: Herranen, G. (ed.): Folkloristikens aktuella paradigm. Turku 1981, 129–146. — [10] What the Illiterate Think of Writing. In: Literacy and Soc. ed. K. Schousbœ/M. T. Larsen. Kop. 1989, 183–196; Hans Christian Andersen's Use of Folktales. In: The Telling of Stories. Approaches to a Traditional Craft. ed. F. G. Andersen/I. Piø. Odense 1990 (im Druck); Betrachtungen zum Begriff „Lieblingsmärchen". In: Märchen in unserer Zeit. ed. H.-J. Uther. Mü. 1990, 149–158.

Freiburg/Br. Otto Holzapfel

Holger Danske (Ogier le Danois), Gestalt der frz. Heldensage mit Zügen des hist. Langobardenkönigs Authari (Autcharius, Audegarius; gest. 590) und eines legendären Mönches Othgerius (aus dem Kloster St. Faro in Meaux [Département Seine-et-Marne]; um 1180). Aus der Figur eines Gegners → Karls des Großen (vermischt mit Elementen u. a. aus der → Artustradition) wird als Sohn des dän. Königs (dän. Chronik Anfang 14. Jh. für das Jahr 768: „Godefridus, pater Ozzyari Dani"[1]) ein mächtiger Streiter des Frankenkönigs gegen die → Heiden. In der Tradition der *Chanson de Roland* (Ogier de Danemarche; → Roland) wird H. D. im *Rolandslied* des Pfaffen Konrad (um 1170) Oigir von Denemarke genannt. In den altfrz. (und lat.) Vorlagen der Chroniküberlieferung ist auch von Olgerius Dacus (i. e. der Daker) bzw. Olgerius de Dacia die Rede.

Von Raimbert de Paris (Ende 12. Jh.) stammt ein Epos *Ogier de Danemarche*, das Ogiers Kampf gegen den Riesen Brunamont schildert. Abenteuer von Ogiers Jugend werden Ende des 13. Jh.s von → Adenet le Roi (gest. nach 1297) als *Les Enfances Ogier* umgedichtet[2]. Diese frühen frz. Quellen hatten einerseits Nachwirkungen in der Romania (ital. Volksbücher)[3]; über die Vermittlung der altnord. Übers. nach Raimbert in der *Karlamagnús saga* (2: *Oddgeirs Þáttr*: 2. Buch der Saga; norw. Fragment Ende 13. Jh., isl. Hss. um 1400, schwed. und dän. Drucke um 1480/1509) und vielleicht auch über ndd. und ndl. Quellen taucht H. D. andererseits als Figur der dän. Volksballaden in der Überlieferung des 15./16. Jh.s auf (auch norw. und schwed.[4]). Hier gerät H. D. in den Umkreis der → Dietrich-Epik[5]; der Held wird personifiziert im Kampf u. a. gegen Burmand (frz. Brunamont) und offenbar bereits ideologisch darüber hinaus in einem dt.-dän. Gegensatz dargestellt (dän. Liedflugschriften seit 1685 bis um 1800; Aufzeichnungen bis um 1900).

In der dän. Ballade *H. D. og Burmand*[6] hält der Riese Burmand um die Hand der Königstochter Gloriant an, die ihn jedoch ablehnt. Aus dem Burgverlies holt sie den aus unbekannten Gründen gefangengehaltenen H. D. und gibt ihm ein Schwert und ein Pferd. H. D. kämpft für sie gegen Burmand und tötet den Riesen. Der Refrain dieser Volksballade steht unter einer Wandmalerei des H. D. in der schwed. Kirche von Floda (Södermanland; um 1480/1500). Noch die dän. Kalkmalereien in der Kirche von Skævinge (Seeland; ca 1550), vielleicht auch Estruplund (Jütland; 1542), zeigen H. D. als christl. Kämpfer gegen die Ungläubigen. Christiern Pedersen, dän. Historiker des Humanismus, nennt das Lied von Olger und Burmand, schreibt jedoch seine *Kong Olger Danskes Krønike* (1534) auf der Grundlage des frz. Prosaromans *Ogier le Dannoys* (15. Jh.) unter nationalpatriotischen Aspekten. Diese Chronik inspiriert wiederum über die populär überlieferte Form eines Volksbuches von H. D., das in Dänemark noch um 1800 beliebt war, den Nationalromantiker Bernhard Severin Ingemann zu seinem Gedichtzyklus H. D. (1837)[7]. Dort erscheint bes. das Nachleben der Heldensagengestalt interessant:

H. D. wird zu einem sagenhaften dän. König, der im Berg (Grabhügel; → Entrückung) oder unter dem Schloß Kronborg ruht und in schwerer Zeit sein Volk retten wird. Er ist nicht tot, sondern kehrt wieder, wenn man ihn braucht (Mot. D 1960.2), sein Bart ist durch den Steintisch gewachsen; er sitzt im Havrebjerg bei Slagelse, in der Nähe des ‚Olgerwalls' in Schleswig; in Viborg tränkte er sein Pferd, bei Horsens wurde sein Schwert gefunden. Auch andere Sagenmotive wachsen dem typischen Heldenleben zu (sein magisches Pferd ist aus einem → Ei gekrochen; Mot. B 19.3)[8].

Ingemanns Gedicht blieb bis heute, u. a. in dem volkstümlichen Lied *I alle de riger og lande*, populär[9]. Eine literar. Fehde (H.fehde) entstand um Jens Baggesens Operntext H. D. (1789) als angeblich zu sehr dt. beeinflußt (P. A. Heiberg: „H. Tyske")[10]. H. C. → Andersen berief sich mit seinem ‚neuen Märchen' H. D. (1845) auf dän. Volkssagen und benützte offenbar auch Ingemann; damit wirkte er in den dt.-dän. Streit um Schleswig-Holstein hinein, in dem in der Ständeversammlung 1847 der Ruf ‚Friedrich Barbarossa' mit dem dän. ‚H. D.' gekontert wurde. H. D. gab auch einer dän. Widerstandsbewegung im Zweiten Weltkrieg den Namen.

[1] Scriptores rerum Danicarum medii ævi 1. ed. J. Langebeck. Hafniæ 1772, 227; cf. Grundtvig, S. (ed.): Danmarks gamle Folkeviser 1. Kop. (1853–54) Nachdr. 1966, 385. – [2] Henry, A. (ed.): Les Enfances Ogier (Les Œuvres d'Adenet le Roi 3). Gent 1956; Woledge, B.: Bibliogr. des romans et nouvelles en prose française antérieurs à 1500. Suppl. 1954–73. Genf 1975, 109; cf. auch [Reichard, H. A. O. (ed.):] Bibl. der Romane 4. B. 1779, 42–45; Voretzsch, K.: Ueber die Sage von Ogier dem Dänen und die Entwicklung der Chevalerie Ogier. Halle 1891; Gautier, L.: Bibliogr. des chansons de geste. P. 1897, 150–154. – [3] Rajna, P.: Uggeri il Danese nella letteratura romanesca degl'Italiani. In: Romania 2 (1873) 153–169; Sander, M.: Le Livre à figures italien depuis 1467 jusqu'à 1530. Milano 1942, 2307; Santoro, C.: Stampe popolari della Biblioteca Trivulziana. Milano 1964, 19, num. 27. – [4] Ek, S.: Norsk kämpavisa i östnordisk tradition. Göteborg 1921, 51–83. – [5] Grundtvig (wie not. 1) num. 30, cf. num. 7,16,17; Grimm, W.: Altdän. Heldenlieder. Heidelberg 1811, num. 79; Lukman, N.: H. D. In: Kulturhistorisk leksikon for nordisk middelalder 1. Kop. 1961, 634–637; Togeby, K.: Ogier le Danois dans les littératures européennes. Kop. 1969; Jonsson, B. u. a. (edd.): The Types of the Scandinavian Medieval Ballad. Sth. 1978, num. E 133. – [6] Grundtvig (wie not. 1) num. 30. – [7] Kunøe, M.: H. D. In: KLL 11, 4589; cf. Feilberg, H. F.: H. D. og antikrist. In: DSt. (1920) 97–125. – [8] id.: Bidrag til en ordbog over jyske almuesmål 1. Kop. 1886, 640 b sq. – [9] Folkehøjskolens sangbog. Odense [16]1981, num. 179. – [10] cf. Schmitz, V. A.: Dän. Dichter in ihrer Begegnung mit dt. Klassik und Romantik. Ffm. 1974, 15 sq.

Freiburg/Br. Otto Holzapfel

Holinshead, Raphael → Shakespeare, W.

Hölle

1. Allgemeines

1.1. Begriff. Das dt. Wort H. (got. halja, ahd. hella [von ahd. helan = verbergen], mhd. hel [Jenseits, Unterwelt]) bildet die Übers. des lat. Begriffs infernum, der in der *Vulgata* den jenseitigen Strafort bezeichnet. Das griech. N.T. verwendet für die → Unterwelt die Namen Abyssos (von griech. Abgrund, abgrundtief: Lk. 8,31; Apk. 17,7; Röm. 10,7), Hades (nach dem Totenreich der griech. Mythologie: Mt. 11,23; 16,18) oder Gehenna, das als Ort des Gerichtes über die Frevler galt (Mt. 5,22)[1]. Seit der Scholastik wird die H. als jenseitiger Strafort mit Ewigkeitscharakter deutlich abgegrenzt vom → Fegefeuer (Purgatorium) und den beiden sog. Vorhöllen. In den limbus puerorum gelangten demnach die ungetauft verstorbenen Kinder, während der limbus patrum den alttestamentlichen Patriarchen als zwischenzeitlicher Aufenthaltsort diente, bis sie von → Christus bei dessen H.nfahrt befreit wurden. In der kathol. Dogmatik gehört die H. neben → Tod, → Jüngstem Gericht und → Himmel zu den Endzuständen, den sog. Vier letzten Dingen des Menschen (cf. → Eschatologie)[2].

1.2. Bibel. Nach alttestamentlicher Auffassung gelangten die Seelen der Verstorbenen in den Scheol (hebr. Ödland), einen Ort der Stille und der Finsternis, wo sie weder → Strafe noch Lohn erwartete. Dieses Totenreich lokalisierte man schon früh unter der Erde und brachte es mit Trostlosigkeit und Gottesferne in Zusammenhang (Ps. 6,5; Hi. 10,21 sq. u. ö.). Erst als seit dem 2. vorchristl. Jh. zunehmend apokalyptische Elemente in die jüd. Religion eindrangen, wandelte sich der Scheol zu einem in mehrere Abteilungen untergliederten, zeitlich befristeten Aufenthaltsort, an dem die Toten das Endgericht erwarteten (hebr. Hen. 22, 9–11)[3]. Diese Konzeption getrennter jenseitiger Räume wirkte im N.T. nach, wenn der reiche Prasser in der Unterwelt durch einen unüberwindlichen Abgrund von → Abrahams Schoß getrennt gesehen wurde (Lk. 16,19). Im Unterschied zum jüd. Scheol ist der neutestamentliche Strafort für → Sünder stets durch → Feuer und Schwefel charakterisiert (Mt. 5,22; 25,41; 2. Thess. 1,8; Apk. 14,10 u. ö.)[4]. Die spätere Exegese sah den H.nrachen in dem alttestamentlichen Ungeheuer → Leviathan personifiziert (Jes. 27,1; Ps. 74,14; 104,26; Hi. 3,8; 40,25)[5]. Auch der → Drache, „die alte Schlange" (Apk. 20,2), wurde zur H.nvorstellung in Beziehung gesetzt.

1.3. Antike. Die griech. Unterwelt, nach dem Gott der Toten Hades genannt, galt als unterirdischer Aufenthaltsort der Schatten, wo Frevler wie → Tantalus oder → Sisyphus ihre Strafe fanden. Bei → Homer (*Odyssee* 24) liegt die Unterwelt, das Totenland, am Rande der Erde im äußersten Westen, vom Land der Lebenden durch die Ströme der Unterwelt getrennt. Die griech. Mythologie nennt diese → Flüsse Styx, Acheron, Cocytus, Lethe und Pyrephlegthon und weist ihnen bestimmte Haltungen zu: Haß, Trauer, Klage, Vergessen und Hitze (Mot. A 672). Platon sprach vom trichterähnlichen Schlund Tartaros und von den brodelnden Schlammseen im Hades[6]. → Cerberus, der Wachhund der Unterwelt, heißt die Schatten der Verstorbenen freundlich willkommen, läßt sie aber nicht wieder hinaus (Hesiod, *Theogonie*, 769–773). Um ihn zu überlisten, wird ihm Honigkuchen vorgeworfen (Mot. B 325.1). Die H.nhunde begegnen seither in der Erzähltradition als Wächter und Seelengeleiter immer wieder (Mot. E 752.5). Die röm. Mythologie übernahm die griech. Vorstellungen (cf. Ovid, *Metamorphosen* 4, 443), wobei bereits → Vergil eine deutliche räumliche Trennung zwischen Elysium und Tartarus vornahm (*Aeneis* 6).

1.4. Christl. MA. Die christl. Theologie behielt die bibl. H.nnamen bei und ergänzte das Spektrum der Bezeichnungen durch zahlreiche Übernahmen aus der griech. und röm. Mythologie (cf. Isidor von Sevilla, *Etymologiae* 14,9)[7]. In den ersten drei Jh.en spielte die H. im theol. Denken noch eine eher untergeordnete Rolle, obwohl man an den bibl. Vorgaben – ewige Strafe für → Teufel und Verdammte in einer Feuerhölle – festhielt. Vor allem betonte die Kirche die Ewigkeit der H. und H.nstrafen und distanzierte sich damit von der Apokatastasislehre des Origenes und anderer Kirchenväter, die die Möglichkeit der göttlichen Verzeihung für die → Dämonen und Verdammten am Ende der Zeiten nicht ausschloß[8]. Erst im augustinischen Zweistaatenmodell, das der Heilsgemeinschaft der civitas Dei die civitas diaboli gegenüberstellte, die der ewigen Verdammnis anheimfallen werde, erfuhr die H. als Endzustand eine theol. Aufwertung. Augustinus diskutierte die Strafen der Verdammten ausführlich im 21. Buch seines Hauptwerkes *De civitate Dei.* Neben seiner eher abstrakten Behandlung dieses Themas stehen die nicht minder einflußreichen, aber wesentlich konkreteren Beschreibungen der H. bei → Gregor dem Großen (*Dialogi* 4). Beide, Augustinus und Gregor, legten so die Grundlage für die moralisch-didaktische Verwendung des Topos H., die Abschreckung oder Verhaltensänderung der Gläubigen bewirken sollte. Bes. die Visions- und Exempelliteratur (→ Jenseitswanderungen, → Jenseitsvisionen, → Vision) und die davon inspirierte bildende Kunst zeichnen sich durch eindringliche Bildhaftigkeit bis ins Detail aus[9]. Als einflußreich im Spätmittelalter erwies sich hier bes. → Dantes *Inferno* aus der *Divina commedia*. In der altisl. Dichtung findet sich die Vorstellung von der H. als dem ‚Haus des Teufels', einer Gegenbildung zum ‚Haus Gottes', dem Himmel[10]. Zu diesem Teufelshaus paßt auch der Nobiskrug, eine euphemistische, vor allem im 14. und 15. Jh. in Texten und auf Bildern belegte Bezeichnung für die H. Wie weit Himmel und H. voneinander entfernt sind, weiß nach einer span. Erzählung nur der Satan (cf. AaTh 922: → *Kaiser und Abt*)[11].

Die → Topographie der H., die sich an antike und apokryphe Vorbilder anlehnte, trug irdische Züge und war geprägt von Bergen, feurigen Flüssen, steilen Abgründen und brodelnden Schwefelseen. Als Eingang zur H. galten seit Gregor die Vulkane (*Dialogi* 5,3,1; cf. Caesarius von Heisterbach, *Dialogus miraculorum* 12, 13). → Petrus Damianus schildert in der Lebensbeschreibung des hl. Odilo von Cluny die Qualen der in den Abgründen des Vesuvs Leidenden[12]. Der Glaube an die unterirdische Lage der H. führte dazu, daß man einsam gelegene, unheimliche Gegenden und enge, dunkle Räume als H. bezeichnete (cf. H.ntal, H.nbach) oder in → Höhlen und tiefen Seen den Eingang zur Unterwelt vermutete[13]. Das antike Motiv von → Herakles am Scheideweg wurde im MA. zur Alternative zwischen dem breiten → Weg zur H. und dem schmalen zum Himmel (Mot. F 95.2) weitergebildet[14]. Der Weg ins → Jenseits führt nach alter, schon vorchristl. Meinung über eine Seelenbrücke, die von den Guten ungefährdet überquert wird, während die Bösen von ihr in die H. hinabfallen[15]. Vor der H. steht nach traditioneller Auffassung ein Galgen, an den diejenigen gehängt werden, die die ‚himmelschreiende' Sünde begangen haben, Witwen und Waisen zu unterdrücken[16]. Einzelne Theologen lehnten die Annahme, daß sich die H. „in localibus spatiis corporalibusque carceribus" befinde, ab und verwiesen auf das Gewissen als den wahren Ort der H.[17] Die kirchliche Dogmatik kannte nur zwei Arten der Strafe, die poena damni (ewiger Ausschluß von der Anschauung Gottes) und die poena sensus, die als Feuerstrafe unmittelbar auf die Verdammten einwirke[18]. Die Allgemeinheit dieser lehramtlichen Festlegung ließ seit jeher den Spekulationen der Theologen breiten Raum. Zu den Grundprinzipien der ma. H.nkonzeption zählt die Vorstellung von der spiegelnden Strafe, daß nämlich die Strafe mit der begangenen Sünde in Zusammenhang stehe: „Man wird mit dem gestraft, womit man sündigt" (Weish. 11,15). Schon die apokryphe *Petrus-Apokalypse* (2. Jh.) und die *Paulus-Vision* (4. Jh.) kannten zahlreiche Strafarten für verschiedene Sünder[19]. Gregor der Große (*Dialogi* 4,36; *Moralia in Iob* 9,65) faßte die Verdammten mit gleicher Schuld in Gruppen zusammen, unter Hinweis auf das Gleichnis vom Unkraut unter dem Weizen (Mt. 13,36) und das Herrenwort von den vielen Wohnungen im Hause des Vaters (Joh. 14,2). Auch in der Visionsliteratur und den bildlichen H.ndarstellungen, die eine Blüte im 14. und 15. Jh. erlebten (Fra Angelico, Hans Memling, Hieronymus Bosch), dominiert die Trennung der Verdammten nach Sündenart, wobei häufig das scholastische Schema der sieben Hauptsünden zugrunde liegt. Hin und wieder spielen auch irdischer Stand oder Religionszugehörigkeit eine Rolle[20]. Das höllische Personal setzt sich aus Teufeln zusammen, die sich als Engel gegen Gott aufgelehnt hatten und denen nach dem sog. Engelsturz die H. als Strafort zugewiesen worden war. Hier fungieren sie außerdem als Folterknechte, die die verdammten Seelen peinigen. Die Teufel erfuhren im Laufe des MA.s eine zunehmende Differenzierung und Hierarchisierung. Dem obersten Teufel → Luzifer stellte man zahllose Spezialteufel zur Seite, die für bestimmte Sündergruppen zuständig waren.

1.5. Reformation und Gegenreformation. Da die Reformatoren die Möglichkeit einer Einflußnahme der Lebenden auf das Schicksal der Toten (Ablaß) entschieden verneinten, fiel im protestant. Weltbild das Fegefeuer weg. → Luthers Erkenntnis, daß nur das Vertrauen des Sünders auf die Gnade Gottes die Angst vor den Schrecken der Verdammnis überwinden könne, führte zur Ablehnung der Schreckbilder, mit denen die ma. Kirche die Gläubigen in Angst versetzt hatte[21]. Trotzdem spielte die H. auch in der protestant. Erzähltradition eine Rolle[22]. Die protestant. Tendenz, den jenseitigen Strafort zu verharmlosen, zeigt sich noch in der rev. Fassung der Lutherbibel von 1964/75, wo im Unterschied zur Ausg. von 1545 der Begriff H. durch → Euphemismen wie ‚Grube', ‚Reich der Toten', ‚Tiefe des Todes' oder ‚unter der Erde' ersetzt wurde[23]. Die kathol. Theologie der Gegenreformation hielt an der ma. H.nkonzeption fest und vermittelte weiterhin das Bild einer stinkenden und feurigen H., in der die Verdammten unaussprechliche → Qualen erlitten. Große Bedeutung gewann für die Folgezeit vor allem *Die Besinnung über die H.* in den *Exerzitien* des Ignatius von Loyola[24], der von den Exerzitanden (in der fünften Übung) verlangte, unter Zuhilfenahme der fünf Sinne ‚die großen Flammen' zu sehen ‚und die Seelen wie in brennenden Leibern', ‚Weinen, Wehklagen, Geheul, Geschrei und Lästerungen gegen Gott' zu hören, ‚Rauch, Schwefel und Faulendes' zu riechen, ‚Tränen, Trübsal und den Wurm des Gewissens' zu schmecken und zu tasten, ‚wie die Feuergluten die Seelen erfassen und entzünden'. Die Protagonisten zahlreicher Jesuitendramen wie der Erzbischof Udo von Magdeburg bei Jakob Gretser oder der Doktor von Paris, Cenodoxus, bei Jakob → Bidermann wurden in ungemein theatralischen Aktionen von den Teufeln in die H. geholt, um dort den Lohn für ihr sündhaftes Leben zu erhalten. Der Jesuit Georg Bernhardt dramatisierte 1622 die *Visio Tnugdali*, eine der beliebtesten ma. Jenseitsvisionen, wobei mehrere Szenen ausschließlich in den subterranea regna spielen. Die Sünder werden dabei auf offener Bühne gebraten, mit flüssigem Metall getränkt, mit Folterinstrumenten kosmetisch behandelt, auseinandergerissen und wieder zusammengesetzt[25]. Damit in der H. auch alles ‚ordentlich' zugeht, d. h. die Teufel ihren Strafdienst kompromißlos ausüben, wird sie durch eigene H.nwächter bewacht, bes. durch Kassian, den Heiligen der Schaltjahrlegende, aber auch durch Christus oder durch → Salomo[26].

1.6. Aufklärung und Gegenwart. Das traditionelle H.nbild der christl. Kirchen, dessen Zweck letztlich die Verhaltenssteuerung der Gläubigen bildete, entsprach in keiner Weise den moralischen Vorstellungen der Aufklärer, die die eschatologische Ausrichtung des Christentums generell kritisierten. Die phil. Auseinandersetzung mit dem Bösen wurde säkularisiert, H. und Teufel verloren in der von der Theologie nun endgültig emanzipierten Philosophie ihre Bedeutung. Der Begriff der H. erfuhr dabei eine Schwächung, die es erlaubte, ihn auf beliebige ‚heiße Orte' zu übertragen, wie etwa auf die ‚Ofenhölle' bei Lessing[27]. Eine säkularisierte, aufgeklärte Haltung äußerte sich auch darin, daß man die H. als einen gemütlichen Ort beschrieb, an dem es sich recht gut leben lasse (cf. KHM 100, AaTh 475: → *H.nheizer*)[28], oder die Frage aufwarf, wie denn eine ‚moderne' H. auszusehen habe[29]. Gegen diese rationalistische Wendung erfolgte vor allem auf kathol. Seite eine Rückkehr zu den Positionen der Scholastik, so daß noch bis ins 20. Jh. hinein an der Vorstellung einer real existierenden Feuerhölle festgehalten wird[30]. Zahlreiche Beispielerzählungen über die Existenz, die Ewigkeit und die Strafen der H. wurden weiterhin über die Kanzeln vermittelt[31]. In Lit. und bildender Kunst äußert sich die schwächer werdende Jenseitsbezogenheit in einer zunehmenden Verweltlichung der H., die einerseits – aller Schrecken ledig – zum Objekt von Witz und Schwank werden kann, etwa mit der Geschichte, daß das alte Weib in die H. will, wenn es dort nur warm ist (AaTh 1833 G: *Old Woman Prefers Hell*)[32], andererseits aber die vom Menschen verschuldeten Greuel der Kriege des 20. Jh.s und ihrer Massenvernichtung spiegelt. Dieser Gedanke wirkt bis in den jede Transzendenz ablehnenden Existentialismus des 20. Jh.s nach, wenn Jean Paul Sartre in seinem Stück *Huis clos* (P. 1945) die H. vermenschlicht: „L'enfer, ce sont les autres".

1.7. Außerchristl. H.nvorstellungen. Auch wenn die H. im engeren Sinn als spezifisch christl. Begriff verstanden werden muß, erscheinen parallele Motive in den Jenseitsvorstellungen zahlreicher Kulturen. Es entspricht offenbar dem menschlichen Gerechtigkeitsbedürfnis, vom Weiterleben nach dem Tod einen Ausgleich für unbefriedigende irdische Verhältnisse zu erwarten. Häufig steht dabei eine Gerichtsverhandlung über den Menschen und seine Taten an der Grenze zwischen Tod und Leben im Mittelpunkt (→ Vorladung vor Gottes Gericht). Differenzierung und Ausschmükkung des Strafortes hängen im allg. von der Intensität der Jenseitsbezogenheit einer Kultur ab. So stellten sich die Ägypter eine Umkehrung des Diesseits vor, wobei mehrere Bezirke der Belohnung oder Bestrafung vorbehalten waren. Die Frevler erwartete ewige Folter durch dämonische Wesen[33]. Im alten China erzählte man sowohl von einem H.nkönig, dem die Uralten anheimfallen[34], als auch von einem Richter der Unterwelt, der die Strafen bestimmt und ausführen läßt[35]. Die islam. H. geht im wesentlichen auf die gleichen Qu.n zurück wie die christl., und der *Koran* behandelt ausführlich die Strafen der Verdammten[36]. Nach der Lehre des Buddhismus gibt es acht Haupthöllen mit je 16 Nebenhöllen, in denen die Lebewesen entsprechend ihres bösen Verhaltens auf Erden wiedergeboren werden können[37]. In allen Kulturen entsprechen die H.nstrafen den irdischen Foltermethoden der jeweiligen Zeit, die durch in der Realität nicht praktizierbare Techniken und Steigerungen (Gleichzeitigkeit verschiedener Martern, Ewigkeit, keine Erlösung durch den Tod) verschärft werden. Das Totenreich der germ. Mythologie, Hel, stellt anfangs keinen Strafort dar, sondern nur das Land, in das die Gestorbenen aufgenommen werden. (‚Nach Hel kommen' bedeutet in den Liedern der → *Edda* und in der Skaldik lediglich ein Synonym für Sterben.) Erst im Verlauf der christl. Germanenmission nahm Hel, das Land der gleichnamigen Göttin der Unterwelt, Züge des christl. H.nbildes an.

2. Einzelne Motive

2.1. Entstehung der H. Nach allg. christl. Auffassung hat Gott auch die H. geschaffen, indem er „das Licht von der Finsternis" schied (Gen. 1,4). Nach Mt. 11,8 sq. werden „die Kinder des Reiches in die Finsternis hinausgeworfen; dort wird Heulen und Zähneknirschen sein". Häufig finden sich Hinweise auf die Notwendigkeit der H., daß nämlich Gottes Gerechtigkeit einen Aufenthaltsort für die gestürzten → Engel und Menschen verlangt habe, an dem sie für ihre Vergehen gestraft würden; das böse Verhalten der Menschen bilde insofern die Ursache für die Existenz der H. (cf. Mot. A 671 sq.). Das dt. Wort ‚Pein' für H. erinnert an die poena (lat.: Strafe), die an diesem Ort vollzogen wird. Nach litau. Überlieferung soll Christus aus seinem Blut das H.nfeuer hervorgebracht haben (Mot. A 671.0.2.1).

2.2. H.nfahrt Christi. Das Motiv descensus Christi ad inferos (Mot. V 211.7) stammt aus dem apokryphen *Nikodemus-Evangelium,* das davon berichtet, wie Christus im Zeitraum zwischen Kreuzestod und Auferstehung das erste Menschenpaar und die alttestamentlichen Patriarchen aus der Vorhölle befreit habe[38]. Während diese Szene vor allem im Rahmen der ma. Osterspiele eine ausführliche literar. Gestaltung erfuhr, spielte sie in der Erzählpraxis eine weit geringere Rolle[39]. Immerhin bot der descensus Christi das Vorbild für die christl. H.nbesuche, die später der Gottesmutter → Maria und einigen Heiligen nachgesagt und gern in die Form von Visionen gekleidet wurden[40]. Während es den antiken Jenseitswanderern wie → Odysseus, → Orpheus oder → Äneas um die Bewältigung aktueller Lebenssituationen ging, wobei sie vom Wissen der Unterweltsbewohner profitierten oder Prüfungen zu bestehen hatten, sind die christl. H.nbesuche im Sinne der katechetischen Nutzbarkeit erzählt (→ Jenseitswanderungen).

2.3. Urlaub von den Qualen. Nach einer verbreiteten Legendentradition erhalten die → Seelen zu bestimmten Zeiten Urlaub von ihren Qualen, meist von Freitag bis Sonntag oder Montag. Während der H.nfahrt Christi seien auch die Teufel von ihrem Amt, die Verdammten zu quälen, entbunden gewesen[41]. In jüngeren Erzählungen bewirkt die Gottesmutter Maria aufgrund ihrer Gnadenmittlerschaft die zeitweise Befreiung von den Qualen (Mot. E 755.2.0)[42].

2.4. Zeuge aus der H. In christl. Volkserzählungen beziehen die Lebenden ihr Wissen über die H. zumeist von Visionären. Dank der Gerechtigkeit Gottes kann ein → Zeuge aus der Hölle (AaTh 756 C*) zurückkehren, um eine Aussage vor Gericht zu bestätigen[43] oder um Verwandte durch Schilderung seiner Qualen zu bekehren (AaTh 840: → *Strafen im Jenseits*). Gelegentlich wird von Betrügern erzählt, die behaupteten, in der H. gewesen zu sein. In einem lat. Gedicht des 10. Jh.s, das unter dem Namen des Erzbischofs Heriger (913–927) läuft, berichtet ein Schwindler dem Erzbischof, daß in der H. alles mit Bäumen bepflanzt sei, und wird für seinen Schwindel bestraft[44]. Zu den unmöglichen → Aufgaben für den Märchenhelden gehört es, aus der H. drei → Haare vom Bart des Teufels (AaTh 461) oder einen → Brief (Mot. Q 564) zu holen.

2.5. H.nstrafen. Die Warnung vor den Folgen eines sündhaften Lebenswandels steht als übergeordneter Zweck hinter allen christl. H.nerzählungen. Die Schilderung der Qualen nimmt dementsprechend einen breiten Raum ein. Zur Grundausstattung der H. gehört in jedem Fall das Feuer, dazu kommen Pech, Schwefel, Blut sowie ungeheurer Lärm (Heulen und Zähneknirschen), mißtönende Geräusche (Katzenmusik)[45] und Gestank (Mot. E 752.1.2.1, Q 560–Q 569.5, E 755.2 – E 755.2.8)[46]. In dieser Bildhaftigkeit ist die H. deutlich als Gegenbild zum → Paradies konzipiert, wo Wohlgeruch, Schönheit, Ruhe und angenehme Atmosphäre herrschen. Bes. Teufelsbündnern (→ Teufelspakt) wird das Privileg einer eigenen H.nfahrt zuteil, so etwa dem jh.elang durch Volksbücher, Balladen und Puppenspiele geisternden Doktor → Faustus, der nach einer Sagentradition mit dem Herzog von Luxemburg in der H. zusammentrifft und mit ihm ein Totengespräch führt[47]. Die verdammten Seelen werden in Kesseln, Öfen oder auch in riesigen Seen voller Pech und Schwefel gekocht (poln., oberschles.)[48], sie werden mit allerlei Gerätschaften gefoltert, z. B. mit dem glühenden Bett (Mot. Q 561.1), oder dienen als Teufelsroß. Die weitverbreitete Ballade vom Teufelsroß beschreibt das Schicksal einer Pfaffendirne, die vom Teufel geritten wird[49]. In den zisterziensischen *Distinctiones monasticarum*, einer Bedeutungslehre aus dem 12. Jh., heißt es, daß jeder (z. B. auch der reiche Mann; cf. AaTh 761: → *Reicher Mann als des Teufels Roß*) zum Teufelsroß werde, der dem Teufel wegen einer Todsünde verfallen sei. Hier wird auf das Bild der apokalyptischen Reiter zurückgegriffen, die Tod, Sünde und Unterwelt versinnbildlichen[50]. Beliebte Erzählmotive sind das feurige Bad (Tubach, num. 504, 2505) und das messerbestückte Bett, das einen Räuber erwartet (AaTh 756 B: → *Räuber Madej*; → Kind dem Teufel verkauft oder versprochen)[51]. Bestimmte Stände und Berufsgruppen müssen mit speziellen Strafen in der H. rechnen. Dies betrifft vor allem Adlige, Advokaten und Pfarrer, die Amtsmißbrauch betrieben hatten (Mot. P 422.1, X 312, X 438, J 883.2)[52], aber auch als unehrlich verdächtigte Handwerker wie Müller, Schneider oder Schmiede (Mot. P 441.3, 447.4)[53]. Für Wucherer, Geizhälse, Fresser und Säufer halten die Teufel den sog. H.ntrunk bereit, der in Form von Pech, Schwefel oder geschmolzenem Gold den Verdammten eingeflößt wird (Mot. Q 273.3)[54].

2.6. Befreiung von den H.nstrafen. Im Zusammenhang mit dem Ablaßhandel breitete sich die Meinung aus, daß man durch Gebete und gute Werke die Seelen der Verdammten selbst aus der H. befreien könnte. Der Franziskanerprediger → Berthold von Regensburg warnte vor Betrügern, die behaupteten, daß es möglich sei, wie die Armen Seelen aus dem Fegefeuer auch die endgültig Verworfenen aus der H. zu befreien[55]. Bekannt ist der Schwank vom Fahrenden Schüler, der einem(r) anderen gegenüber behauptet, er sei in der H. gewesen und habe dort dessen (deren) Vater und Mutter gesehen (AaTh 1430: → *Student aus dem Paradies*). Die Kirche lehrt, daß ein Rückholen aus der H. nicht möglich sei.

[1] Teyssèdre, B.: Le Diable et l'enfer au temps de Jésus. P. 1985, 21–25. – [2] cf. Brinktrine, J.: Die Lehre von den Letzten Dingen. Paderborn 1963, 140–164; Schmaus, M.: Kathol. Dogmatik. 4,1: Die vier Letzten Dinge. Mü. [5]1959. – [3] Rießler, P.: Altjüd. Schrifttum außerhalb der Bibel. Augsburg 1928 (Fbg [5]1984), 370; Tromp, N. J.: Primitive Conceptions of Death and the Nether World in the Old Testament. Rom 1969. – [4] Maas, W.: Gott und die H. Studien zum Descensus Christi. Einsiedeln 1979; Greshake, G. (ed.): Ungewisses Jenseits? Himmel, H., Fegefeuer. Düsseldorf 1986, 20–31. – [5] Köhler/Bolte 2, 17–20; Zellinger, J.: Der geköderte Leviathan im Hortus Deliciarum der Herrad von Landsberg. In: Hist. Jb. 45 (1925) 161–177. – [6] Rüegg, A.: Die Jenseitsvorstellungen vor Dante und die übrigen literar. Voraussetzungen der „Divina Commedia" 1–2. Einsiedeln/Köln 1945, 92. – [7] cf. Winkler: H. In: HDA 4 (1931/32) 184–257. – [8] Breuning, W.: Zur Lehre von der Apokatastasis. In: Communio 10 (1981) 19–31; Kretzenbacher, L.: Versöhnung im Jenseits. Zur Widerspiegelung des Apokatastasis-Denkens in Glaube, Hochdichtung und Legende. Mü. 1971. – [9] Dinzelbacher, P.: Vision und Visionslit. im MA. Stg. 1981, 90–101. – [10] Schottmann, H.: Die isl. Mariendichtung. Mü. 1974, 124. –
[11] Caballero, F.: Cuentos, oraciones, adivinas y refranes populares é infantiles. Lpz. 1878, 92. – [12] MPL 144, 936; Franz, A.: Die Messe im dt. MA.

(Fbg 1902) Nachdr. Darmstadt 1963, 225. — [13] Peuckert, W.-E.: Schles. Sagen. Jena 1924 (Düsseldorf/Köln [2]1966), 267 sq.; Kühnau, R.: Schles. Sagen 1—3. Lpz. 1910/11/13, t. 2, num. 1061, 1252, 1286, 832, 1320; t. 3, num. 1683; Knoop, O.: Sagen aus der Provinz Posen. B.-Friedenau 1913, 86; Pröhle, H.: Unterharz. Sagen. Aschersleben 1856, num. 8. — [14] Harms, W.: Homo viator in bivio. Studien zur Bildlichkeit des Weges. Mü. 1970. — [15] Schmidt, L.: Die Messersäule des Mephistopheles. In: id.: Die Volkserzählung. B. 1963, 285—292, hier 287. — [16] Wander 2, 743, num. 30. — [17] Zitiert nach Dinzelbacher (wie not. 9) 91. — [18] Bautz, J.: Die H. Mainz [2]1905; Brinktrine (wie not. 2) 152. — [19] Hennecke, W./Schneemelcher, E.: Neutestamentliche Apokryphen in dt. Übers. 1—2. Tübingen [5]1987/[3]1964, t. 2, 475—479, 554. — [20] Dinzelbacher, P.: Klassen und Hierarchien im Jenseits. In: Miscellanea Medievalia 12 (1979) 20—40. —

[21] Luther, M.: Werke. Kritische Gesamtausg. 2. Weimar 1884, 686; ibid. 47 (1912) 441. — [22] Brückner, 212 sq., 287, 292, 464, 753; Rehermann, 152 sq., 154, 157 sq. — [23] Frettlöh, R.: Die Revision der Lutherbibel in wortgeschichtlicher Sicht. Göppingen 1986, 279. — [24] Balthasar, H. U. von (ed.): Ignatius von Loyola. Die Exerzitien. Einsiedeln 1954, 26 (Exercitia spiritualia: Die 5. Übung). — [25] Jakob Gretser, Udo von Magdeburg. In: Rädle, F. (ed.): Lat. Ordensdramen des 16. Jh.s. B./N.Y. 1978, 368—433; Bidermann, J.: Cenodoxus. Der Doktor von Paris. ed. R. Tarot. Stg. 1965; Bernhardt, G.: Dramen. 2: Tundalus 1622. ed. F. Rädle. Amst. 1985, 87 sq.; Drexel, J.: Infernus damnatorum carcer et rogus. Mü. 1631; Dionysius von Luxemburg: Entdeckter Hoellen-Weeg / allen Sündern zu fliehen. Dillingen 1688. — [26] cf. Loorits, O.: Der hl. Kassian und die Schaltjahrlegende (FFC 149). Hels. 1954, 151—155. — [27] Schmidt, L.: Der über uns. In: id. (wie not. 15) 312—322, hier 318 sq. — [28] Röhrich, Märchen und Wirklichkeit, 216, 240. — [29] id.: Teufelsmärchen und Teufelssagen [1965]. In: id.: Sage und Märchen. Fbg/Basel/Wien 1976, 252—272. — [30] Bautz, J.: Die H. Mainz [2]1905; Panneton, G.: Die H. Innsbruck/Mü. 1963. —

[31] Scherer, A./Lampert, J. B.: Exempel-Lex. für Prediger und Katecheten 2. Fbg 1907, 666—678. — [32] Ergänzend zu AaTh: Raudsep, num. 183; Rausmaa; Bemmann, H.: Der klerikale Witz. Olten/Fbg [5]1973, 294 sq. — [33] Brunner-Traut, E.: Gelebte Mythen. Beitr.e zum altägypt. Mythos. Darmstadt 1981, 55 sq.; Hornung, E.: Altägypt. H.nvorstellungen. B. 1968. — [34] Eberhard, Typen, 206—208; Religiöse Malerei aus Taiwan. Die H.ntexte. Aus dem Chin. übers. J. Ebert/B. Kaulbach. Ausstellungskatalog Marburg 1981. — [35] Eberhard, W.: Volksmärchen aus Südost-China (FFC 128). Hels. 1941, 114. — [36] Salih, S.: La Vie future selon le Coran. P. 1971; cf. auch Gardet, L.: Djahannam. In: EI[2] 2 (1965) 381 sq. — [37] Law, B. C.: Heaven and Hell in Buddhist Perspective. (Diss. Calcutta [ca 1924]) Nachdr. Varanasi 1973; Matsunaga, D. und A.: The Buddhist Concept of Hell. N.Y. 1972. — [38] Hennecke/Schneemelcher (wie not. 19) t. 1, 414 sq.; Kroll, J.: Der Gott vor dem H.ntor. Festschr. K. Arnold. Köln/Opladen 1955, 81—99; Maas (wie not. 4); Saly, A.: Le Thème de la descente aux enfers dans le „credo“ épique. In: Travaux de linguistique et de littérature 7,2 (1969) 47—63. — [39] Grimm DS 534; Mélusine 4 (1888/89) 196 (bulg.); cf. Kunstein, E.: Die H.nfahrtsszene im geistlichen Spiel des dt. MA.s. Diss. Köln 1972. — [40] Franz (wie not. 12) 219 sq. —

[41] Gaster, M.: Hebrew Visions of Hell and Paradise. In: J. of the Royal Soc. of Great Britain and Ireland (1893) 584—604; Landau, M.: H. und Fegfeuer in Volksglaube, Dichtung und Kirchenlehre. Heidelberg 1909, 180—185; Merkle, S.: Die Sabbatruhe in der H. In: Röm. Quartalschrift 9 (1895) 489—505; Kretzenbacher, L.: Richterengel am Feuerstrom. Östl. Apokryphen und Gegenwartslegenden um Jenseitsgeleite und H.nstrafen. In: ZfVk. 59 (1963) 205—220; id. (wie not. 8) 150—176. — [42] Müller, L.: Die Offenbarung der Gottesmutter über die H.nstrafen. In: Die Welt der Slaven 6,1 (1961) 26—39, hier 27 sq.; RTP 9 (1894) 684 (russ.); Matl, J.: H. und H.nstrafen in den volksreligiösen Vorstellungen der Bulgaren und Serben. In: Vorträge auf der Berliner Slawistentagung (11.—13. Nov. 1954). B. 1956, 162—175, hier 164. — [43] Kretzenbacher, L.: Der Zeuge aus der H. In: Alpes Orientales (1959) 33—78. — [44] Schnürer, G.: Kirche und Kultur im MA. 2. Paderborn 1929, 164 sq. — [45] Hammerstein, R.: Die Musik der Engel. Bern/Mü. 1962, 102 sq.; id.: Diabolus in Musica. Studien zur Ikonographie der Musik im MA. Bern/Mü. 1974. — [46] Tubach, num. 3591, 2514, 2517, 2518; Köhler/Bolte 2, 131—133; Cammann, A.: Westpreuß. Märchen. B. 1961, 212—215. — [47] Kretzenbacher, L.: Heimat im Volksbarock. Klagenfurt 1961, 15 sq.; Kippenberg, A.: Die Sage vom Herzog von Luxemburg und die hist. Persönlichkeit ihres Trägers. Lpz. 1901, 224 sq. — [48] Lud 14 (1881) 200, 207; Kühnau, R.: Oberschles. Sagen geschichtlicher Art. Breslau 1926, 441. — [49] Röhrich, L.: Die Ballade vom Teufelsroß. In: Der Deutschunterricht 15,2 (1963) 73—89, hier 73 sq.; Müller/Röhrich H 60; Moser, D.-R.: Verkündigung durch Volksgesang. Studien zur Liedpropaganda und -katechese der Gegenreformation. B. 1981, 552 sq.; Birlinger, A.: Volksthümliches aus Schwaben. Fbg 1861 (Nachdr. Hildesheim 1974), 5. — [50] Pitra, J. B. (ed.): Spicilegium Solesmense 2. P. 1855, 92. —

[51] Moser, D.-R.: Die Tannhäuser-Legende. B./N.Y. 1977, 71. — [52] Depiny, A.: Oberösterr. Sagenbuch. Linz 1932, 90; Schambach, G./Müller, W.: Niedersächs. Sagen und Märchen. Stg. 1948, num. 239; Moser-Rath, Schwank, 145, 225, 389, 441; Tubach, num. 5015, 3847, 3433, 2944, 4857, 2515, 3847, 4214, 4767. — [53] RTP 10 (1895) 573 (frz.); RTP 13 (1898) 309 (frz.). — [54] Tubach, num. 5027; Köhler/Bolte 1, 68. — [55] Berthold von Regensburg: Vollständige Ausg. seiner Predigten 2. ed. F. Pfeiffer/J. Strobl.

(Wien 1880) Nachdr. B. 1965, 34; Franz (wie not. 12) 226.

Lit. (soweit nicht in den not. erwähnt): Bastian, A.: Die Verbleibsorte der abgeschiedenen Seelen. B. 1893. – Maurer, K.: Die H. auf Island. In: ZfVk. 4 (1894) 256–269. – id.: Weiteres über die H. auf Island. In: ZfVk. 8 (1898) 452–454. – Becker, E. J. A.: A Contribution to the Comparative Study of the Medieval Visions of Heaven and Hell. Diss. Baltimore 1899. – Henke, J.: Dantes H. Erklärung der H.ngliederung und H.nstrafen. Dortmund 1911. – Heid, G.: Die Darstellung der H. in der dt. Lit. des ausgehenden MA.s. Diss. Wien 1957. – Kretzenbacher, L.: Die Seelenwaage. Zur religiösen Idee vom Jenseitsgericht auf der Schicksalswaage in Hochreligion, Bildkunst und Volksglaube. Klagenfurt 1958. – Schnitzer, K.: Die Darstellung der H. in der erzählenden Dichtung der Barockzeit. Diss. Wien 1961. – Winklhofer, A.: Eschatologie. In: Hb. theol. Grundbegriffe 1. Mü. 1962, 327–336. – Dando, M.: The Conception of Hell, Purgatory and Paradise in Medieval Provençal Literature. Diss. L. 1965. – Klostermeyer, M.: H. und Teufel im dt.sprachigen Theater des MA.s und der Renaissance. Diss. Wien 1966. – Maple, E.: The Domain of Devils. L. 1966. – Hughes, R.: Heaven and Hell in Western Art. L. 1968. – Kretzenbacher, L.: Eschatologisches Erzählgut in Bildkunst und Dichtung. Erscheinungsform und exemplum-Funktion eines apokryphen H.nstrafe-Motives. In: Volksüberlieferung. Festschr. K. Ranke. Göttingen 1968, 133–150. – Heer, F.: Abschied von H.n und Himmeln. Mü./Eßlingen 1970. – Owen, D. D. R.: The Vision of Hell. Infernal Journeys in Medieval French Literature. Edinburgh/L. 1970. – Paine, L.: The Hierarchy of Hell. L. 1972. – Rahner, K.: H. In: Herders Theol. Taschenlex. 3. Fbg 1972, 305–308. – Denzinger, H./Schönmetzer, A.: Enchiridion symbolorum definitionum et declarationum de rebus fidei et morum. Fbg u. a. [35]1973, 925 (Nachweise). – Galpern, J. R. M.: The Shape of Hell in Anglo-Saxon England. Diss. Berk. 1977. – Masters, A.: The Devil's Dominion. The Complete Story of Hell and Satanism in the Modern World. N.Y. 1978. – Le Don, G.: Structures et significations de l'imagerie médiévale de l'enfer. In: Cahiers de civilisation médiévale 22 (1979) 363–372. – Kretzenbacher, L.: Legendenbilder aus dem Feuerjenseits. Wien 1980. – Himmelfarb, M.: Tours of Hell. An Apocalyptic Form in Jewish and Christian Literature. Phil. 1983. – Heissig, W.: Erzählstoffe rezenter mongol. Heldendichtung 1–2. Wiesbaden 1988, Reg. s. v. H.

München Isabel Grübel
Dietz-Rüdiger Moser

Höllenheizer (AaTh 475), ein vor allem in Mittel- und Westeuropa, Skandinavien und dem Baltikum verbreitetes Märchen aus dem Bereich der Arbeitsverträge mit Jenseitigen (→ Dienst beim Dämon). Das bislang kaum untersuchte Märchen[1] zeichnet sich durch eine Vielfalt von Episoden aus. Es läßt sich folgende Handlungsstruktur ermitteln:

(1) Begegnung mit dem Jenseitigen. (1.1) Aus freien Stücken akzeptiert ein → Soldat (Knecht, Holzfäller, Bauer), meistens aus Geldmangel, das oftmals befristete (sieben Jahre) Arbeitsangebot eines → Fremden oder des → Teufels, häufig ohne konkrete Vereinbarung einer Entlohnung, aber mit bestimmten Verpflichtungen. (1.2) Der unbedachte → Fluch von Vater oder Mutter, der Teufel möge das überaus gefräßige Kind holen, wird Wirklichkeit. (2) Dienst in der → Hölle unter Einhaltung bestimmter Auflagen (→ Tabuvorstellungen). (2.1) Dort hat der H. das Feuer unter den Kesseln, auch in Abwesenheit seines Auftraggebers, aufrechtzuerhalten, (2.2) darf nicht in die Kessel sehen, (2.3) ein bestimmtes Zimmer nicht betreten, (2.4) sich nicht säubern: muß Haare und Bart wachsen lassen (fast ausschließlich KHM 100 und Derivate), (2.5) muß Tiere versorgen. (3) Tabuüberschreitung. (3.1) Trotz des Verbots blickt er aus Neugierde in die Kessel, sieht dort ehemalige Vorgesetzte (hartherzige Gutsherrn, unfreundliche Verwandte) als Sünder büßen und legt Feuer nach, (3.2) erlöst die seiner Meinung nach zu Unrecht dort befindlichen Armen Seelen bzw. die in Tiere verwandelten Sünder. (3.3) Der Teufel entdeckt die Tabuverletzung, entläßt den H. ohne Strafe (weil er Feuer nachgelegt hat), (3.3.1) gibt ihm zum Dank einen Sack voll Kohlen (Müll, Späne) mit, die sich in Gold verwandeln; (3.3.2) der H. erbittet – öfter auf Rat eines Erlösten/Tieres – vom Dämon etwas Unscheinbares wie ein zerschlissenes Kleidungsstück, das allerdings wunderbare Eigenschaften hat. (3.4) Mit Hilfe der Zaubergabe (auch eines Tieres) entfernt sich der H. aus der Hölle. (4) Heimkehr des H.s. (4.1) Ein Wirt gewährt dem finster aussehenden H. Quartier, nachdem jener das Gold bzw. seinen Zaubergegenstand vorgezeigt hat, und bestiehlt danach den H. Mit Hilfe des Teufels gewinnt der H. sein Eigentum zurück. (4.2) Der H. erhält als Wettgewinn die Tochter des Verlierers zugesprochen oder (4.3) erwirbt als Spielmann die Gunst des Königs, heiratet dessen Tochter und erhält das Königreich.

Der mit mehr als 180 Var.n in weiten Teilen Europas (vor allem Finnland, dt.sprachige Gebiete, Baltikum, Frankreich) unterschiedlich belegte Erzähltyp (in Italien, Spanien und Portugal nicht bzw. kaum bekannt[2]; zwei frankokanad. Var.n sind vermutlich auf europ. Einfluß zurückzuführen[3]) vereinigt offenbar „Züge aus mehreren sonst getrennten Märchen"[4] und scheint erst im 19. Jh., vermutlich durch KHM-Übers.en (KHM 100: *Des Teufels rußiger Bruder*), bekannt geworden zu sein.

Die Figur des abgedankten und mittellosen Soldaten (1.1), der märcheneigentümlich sein Glück macht[5], findet sich öfter im Eingang von Volkserzählungen; sie begegnet u. a. auch im frühneuzeitlichen → *Bärenhäuter*-Märchen (AaTh 361), das schon die Säuberungsverbote (cf. → Bart) als → Bewährungsprobe im Dienst beim Jenseitigen ebenso wie das unerkannte Auftreten des Ungewaschenen in abgetragener Kleidung (cf. AaTh 935: → *Heimkehr des verlorenen Sohnes*) kennt. Der andere Eingang von AaTh 475 mit der Figur des Nimmersatt erinnert an AaTh 650 A: → *Starker Hans*. Mit AaTh 361 und AaTh 650 A sind auch verschiedentlich Kontaminationen festzustellen[6]. Erbittet der Held einen Zaubergegenstand als Belohnung für seine Dienste (3.3.2), ergibt sich meist eine Kombination mit AaTh 592: → *Tanz in der Dornhecke* (vor allem frz. Var.n)[7], was wiederum für die Handlung bedeutet, daß der H. ohne die Hilfe des Teufels auskommt und sich der zugedachten Verurteilung zum Tode (Verleumdung wegen Diebstahls) durch Spielen auf der Geige/Pfeife entzieht. Erlöst er zudem noch die Armen Seelen, so sind sie seine Begleiter (als Zauberpferd) und Ratgeber, wenn er, seltener belegt, vor dem Dämonischen flüchtet und/oder sich als Gärtner bei einem König verdingt (AaTh 314: → *Goldener*)[8] oder vom Teufel selbst aus Furcht aus der Hölle verjagt und wegen der erlösten Seelen in den Himmel aufgenommen und als Heiliger verehrt wird[9]. In der überwiegenden Zahl der Var.n begegnet der Teufel jedoch als gutmütiger Helfer und niemals dem H. überlegen, als „Vollstrecker der sozialen Gerechtigkeit, der die Unterdrücker bestraft und weiteres Unheil verhindert" (cf. → Herr und Knecht)[10]. In einer lett. Var. wirft der H. den Jenseitigen selbst in einen der Kessel[11] oder bannt ihn, in einer Fassung aus Venetien[12], in seinen Zaubersack (AaTh 330: cf. → *Schmied und Teufel*).

Im Unterschied zu dämonischen Sagen und vielen anderen Teufelserzählungen werden in AaTh 475 die üblichen negativen Attribute wie körperliche Defekte (→ Hinken) und Aussehen nicht geschildert und sind auch für den Handlungsverlauf unerheblich, allenfalls Zuweisungen wie der ‚schwarze Mann'[13] oder der ‚Herr im grünen Frack'[14] erinnern an den Teufel. Diese „große Distanz zu den Teufelspakterzählungen der Sage"[15] gilt bekanntlich nicht nur für AaTh 475, sondern für die neueren Märchen mit jenseitigen Handlungsträgern überhaupt[16].

Von den einzelnen Handlungsabschnitten hat bes. die zentrale 3. Episode die Erzähler/innen veranlaßt, mit geradezu diebischer Freude die Aktionen des H.s beim Hochheben der Kesseldeckel zu schildern. Den in der Hölle schmorenden ehemaligen Vorgesetzten bzw. Dienstherren wird ihrem Rang/Ansehen gemäß tüchtig eingeheizt:

In einer estn. Fassung z. B. erblickt der H. zuerst seinen früheren Herrn, danach den Gutsvogt, der ihn „stets mit seinem Ebereschenstock verbleut hat und zudem immer zu Unrecht", hernach den alten Gutsherrn, dem er u. a. zuruft: „Ich habe gehört, wie dich die älteren Menschen verflucht haben, weil du ihnen Hautstreifen aus dem Rücken geschnitten und den jungen Frauen die Brustwarzen abgebissen hast; es ist schon richtig, daß du hier dampfst!"[17]

Spürbar wird hier wie auch in anderen Fassungen des 19. und beginnenden 20. Jh.s die → Sozialkritik an der patriarchalischen Haltung der Feudalherrn gegenüber ihrem Gesinde: „‚Wenig Essen und viel Prügel', war der Grundsatz des neuen Herrn", heißt es etwa in einer schles. Var. vom Beginn des 20. Jh.s[18]. Auch die Verwandtschaft bleibt nicht ausgespart[19], ebensowenig wie der örtliche Pfarrer als Vertreter des Klerus[20].

Die Hölle erscheint zwar analog zu christl. Höllen- und → Fegefeuervorstellungen als Ort des Schreckens, wird aber „aus der Perspektive des kleinen Mannes"[21] zu einer letzten Station sozialer Gerechtigkeit. Für den H. ist der Aufenthalt in der Hölle nur vorübergehend, er bringt ihm, märcheneigentümlich, Glück, der Teufel erweist sich als großzügiger Helfer und verhilft dem H. zu sozialem Aufstieg.

[1] cf. BP 2, 423–426; Tenèze, M.-L.: Le Chauffeur du diable. Les „contextes" d'un conte. In: Le Conte, pourquoi? comment? […] Actes des journées d'études en littérature orale […]. Paris, 23–26 mars 1982. ed. G. Calame-Griaule/V. Görög-Karady/M. Chiche. P. 1984, 347–377. – [2] Zusätzlich zu AaTh: Kecskeméti/Paunonen; Hodne; Arājs/Medne; Ó Súilleabháin/Christiansen; Laport *475 A; Delarue/Tenèze; Pujol; MNK; SUS; Simonsuuri, L./Rausmaa, P.-L.: Finn. Volkserzählungen. B. 1968, num. 39; Bødker, L.: European Folk Tales. Kop. 1963, 1–10 (finn.);

Kristensen, E. T.: Fra Bindestue og Kolle 1. Kop. 1896, num. 8; Hackman, O.: Finlands svenska folkdiktning I A. Hels. 1917, 247 sq.; Larminie, W.: West Irish Folk Tales and Romances. L. 1893, 188—195; Béaloideas 25—26 (1967/68) 90—97 (ir.); Eesti muinasjutud. ed. R. Viidalepp. Tallinn 1967, num. 68 (= id.: Estn. Volksmärchen. B. 1980, num. 60); Loorits, O.: Estn. Volkserzählungen. B. 1959, num. 82; Ambainis, O.: Litau. Volksmärchen. B. 1979, num. 98; Barag, L. G.: Beloruss. Volksmärchen. B. 1966, num. 6; Piprek, J.: Poln. Volksmärchen. Wien 1918, 192 sq.; Polívka 4, 124 sq.; Jech, J.: Lidová vyprávěni z Kladska. Praha 1959, num. 226; id.: Tschech. Volksmärchen. B. ^{2}1984, num. 21; Horák, J.: Tschech. Volksmärchen. Prag 1971, 162—164; Zbornik narodni život i običaje Južnih Slavena 16,2 (1911) 302—304 (südslav.); Čajkanović, V.: Srpske narodne pripovetke 1. Beograd 1927, num. 42, 43; Bošković-Stulli, M.: Istarske narodne priče. Zagreb 1959, num. 16; Plenzat, K.: Die goldene Brücke. Lpz. 1930, 52—58 (ostpreuß.); Wossidlo, R.: Mecklenburger erzählen. ed. G. Henßen. B. 1957, num. 41; Neumann, S.: Mecklenburg. Volksmärchen. B. 1971, num. 88; Ranke 2, 90; Moser-Rath, Predigtmärlein, num. 40; Zentralarchiv der dt. Volkserzählung, Marburg, num. 185 286 (steiermärk.); Bundi, G.: Märchen aus dem Bündner Land. Basel 1935, 83—85; Uffer, L./ Wildhaber, R.: Schweizer Volksmärchen. MdW 1971, num. 6. — [3] Delarue/Tenèze 2 (app.). — [4] BP 2, 423. — [5] cf. Leyen, F. von der: Held, Ritter und Soldat im dt. Märchen. In: Bayer. H.e für Vk. 5 (1918) 242—249; Woeller, W.: Der soziale Gehalt und die soziale Funktion der dt. Volksmärchen (1). In: Wiss. Zs. der Humboldt-Univ. zu Berlin. Ges.s- und sprachwiss. Reihe 10 (1961) 395—459, hier 449—454; Röhrich, Märchen und Wirklichkeit, 194, 213 sq., 226 sq.; Bošković-Stulli, M.: O starom vojniku kome nema mjesta ni u paklu ni u raju (Von dem alten Soldaten, der weder in der Hölle noch im Paradies Platz finden kann). In: Usmena književnost kao umjetnost riječi. Zagreb 1975, 251—262; Fink, G.-L.: The Fairy Tales of the Grimms' Sergeant of Dragoons J. F. Krause as Reflecting the Needs and Wishes of the Common People. In: McGlathery, J. M.: The Brothers Grimm and Folktale. Urbana/ Chic. 1988, 146—163. — [6] z. B. mit AaTh 361: Béaloideas, Bødker, Simonsuuri/Rausmaa, Kristensen, Jech 1959, ^{2}1984 (wie not. 2); Schiller, A.: Schles. Volksmärchen. Breslau 1907, num. 13; mit AaTh 650 A: Jech ^{2}1984 (wie not. 2); Massignon, G.: Contes de l'Ouest. P. 1953, num. 14. — [7] Delarue/Tenèze 2, 187; ferner Moser-Rath, Predigtmärlein, num. 40; Plenzat (wie not. 2); Toeppen, M.: Aberglauben aus Masuren [...]. Danzig ^{2}1867, 147 sq.; Dowojna-Sylwestrowicz, M.: Podania żmujdzkie 1. W. 1894, 158—164; Zbornik, Čajkanović, Bošković-Stulli (wie not. 2). — [8] Wossidlo, Neumann, Piprek (wie not. 2); Peuckert, W.-E.: Schlesiens dt. Märchen. Breslau 1932, num. 56. — [9] Loorits (wie not. 2). — [10] Langer, G.: Das Märchen in der tschech. Lit. von 1790 bis 1860. (Diss. Ffm. 1977) Gießen 1979, 329. — [11] Ambainis (wie not. 2). — [12] Jb. für rom. und engl. Lit. 7 (1866) 263—268. — [13] Viidalepp (wie not. 2). — [14] Bundi (wie not. 2). — [15] EM 3, 232; cf. zur Figur des ‚entwirklichten' Teufels auch Röhrich, Märchen und Wirklichkeit, 21, 68, 122 sq. — [16] Röhrich, L.: Teufelsmärchen und Teufelssagen [1965]. In: id.: Sage und Märchen. Fbg 1976, 252—272, 328 sq. — [17] Viidalepp (wie not. 2) 149. — [18] Schiller (wie not. 6) 55. — [19] Meier, E.: Dt. Volksmärchen aus Schwaben. Stg. 1852, num. 74. — [20] Tenèze, M.-L./Hüllen, G.: Begegnung der Völker im Märchen 1. Münster 1961, num. 9 (frz.). — [21] Röhrich (wie not. 16) 269.

Göttingen Hans-Jörg Uther

Höllenwanderung → Jenseitswanderungen

Hollen, Gottschalk, * Körbecke bei Soest um 1411, † Osnabrück Jan. 1481, dt. Prediger. H. trat 1425 in das Augustinereremitenkloster Herford ein und wurde 1434/35 zum Priester geweiht. Seine theol. Studien setzte er am Studium generale der Augustiner in Perugia fort, übte eine Lehrtätigkeit in der sächs.-thüring. Ordensprovinz aus, erwarb in Siena 1440 den Grad eines Lektors, kehrte nach Herford zurück, wirkte hier mehr als ein Jahrzehnt. Danach begab er sich wegen der Richtungskämpfe zwischen Konventualen und Observanten in das Augustinerkloster von Osnabrück, wo er seit 1450 als Prediger, Lektor und Prior wirkte[1].

Für die Erzählforschung ist bes. H.s *Sermonum opus* (Hagenau 1517, ^{2}1519/20) von Interesse (1 = *Pars hiemalis*, 2 = *Pars aestivalis*, 3 = *Tractatus de dedicatione*)[2]. H. setzt Erzählungen als Exempel ein; er sieht den Vorteil des Kirchenbesuches bei den Bettelmönchen gegenüber demjenigen in der Pfarrkirche darin, daß in der letzteren zuweilen darüber gepredigt wird, wie man Bier brauen oder ein Haus bauen muß, während in den Mendikantenkirchen die Hl. Schrift von gelehrten Männern ausgelegt wird (1, 50 E). H. hält sich an dieses Prinzip insofern, als er in seinen Predigten von einem Schriftwort ausgeht, dann aber hält er eine thematische Predigt, die gut gegliedert und zeitbezogen ist.

Die Anziehungskraft, die von H.s Predigten ausging — er spricht einmal von ungefähr 200

Zuhörern (1, 48 B) –, beruht auch auf den einbezogenen erzählerischen Elementen, die von der jeweiligen theol. Argumentation abgegrenzt sind: Eine Erzählung wird mit narrare, exemplum ponere, recitare eingeführt, während in der theol. Argumentation respondere und dicere verwendet werden (2, 29 E; 2, 33 E; 2, 66 B; 2, 95 B; 2, 97 C). Das aus schriftl. Quellen geschöpfte Material entstammt den gängigen ma. Exempelsammlungen, so etwa den → *Gesta Romanorum* oder dem → *Alphabetum narrationum* sowie den Werken von → Caesarius von Heisterbach, → Étienne de Bourbon, → Odo of Cheriton oder → Jacques de Vitry; zahlreiche Übereinstimmungen finden sich zum *Promptuarium exemplorum* des zeitgenössischen Johannes → Herolt. Daneben führt H. auch Selbstgehörtes (1, 28 D; 1, 42 E; 1, 47 F; 1, 50 C; 1, 64 D), Selbstgesehenes (1, 44 C; 1, 52 C; 1, 62 C; 2, 16 F; 2, 61 C; 2, 78 F) und Selbsterlebtes (1, 33 H; 1, 39 G; 1, 47 C, D, F; 2, 29 E; 2, 94 A) an. Diese Erzählungen, kurzen Anspielungen und Hinweise stammen aus seiner Studienzeit in Italien, aus dem klösterlichen Bereich und bes. aus der Stadt Osnabrück (1, 27 E; 1, 45 E; 2, 5 C; 2, 29 C; 2, 53 D; 3, 2 A).

Zur Illustration menschlichen Verhaltens greift H. auf bekannte Geschichten zurück, mit deren Hilfe er verdeutlicht, wie sich der Schwache durch Schlauheit gegen den Starken wehren kann. Dabei warnt er vor törichtem Verhalten und Selbstüberschätzung und fordert dazu auf, die eigenen Grenzen zu erkennen und einzuhalten. Den Mächtigen legt er nahe, ihre Herkunft nicht zu vergessen und folglich gegen die Niedrigen Barmherzigkeit zu üben.

Das folgende Verz. biete einen Überblick über die bekanntesten im *Sermonum opus* (Hagenau [2]1519/20) vertretenen traditionellen Erzählstoffe:

1, 12 E = AaTh 759: → *Engel und Eremit.* – 1, 13 E; 1, 38 D; 2, 18; 2, 51 F = Der Löwe entschuldigt die Vergehen der Großen, nicht jedoch die Übertretung des Esels (Dicke/Grubmüller, num. 558). – 1, 17 B = Maulesel will seine Mutter nicht nennen (Mot. J 954.1; cf. AaTh 47 E: → *Esels Urkunde*). – 1, 18 H = AaTh 214 B: → *Esel in der Löwenhaut.* – 1, 20 B; 1, 25 E = → Karl der Große konnte Reiter und Roß mit einem einzigen Schwertstreich spalten. – 1, 27 A = AaTh 920 C: → *Schuß auf den toten König.* – 1, 27 F = AaTh 1950: → *Faulheitswettbewerb.* – 1, 30 A = Adler verjüngt sich, wenn er ein Nachlassen seiner Kräfte spürt (Mot. B 758). – 1, 36 H = AaTh 51: → *Löwenanteil.* – 1, 39 C = Urteil des Paris (Mot. H 1596.1). – 1, 39 E; 2, 53 C = AaTh 62: → *Friedensfabel.* – 1, 40 H = AaTh 50: *Der kranke* → *Löwe.* – 1, 45 D = AaTh 48*: *The Bear who Went to the Monkey for the Gold Chain* (Fuchs und Wolf). – 1, 47 E = Ring der Erinnerung und des Vergessens (Mot. D 1076, D 1365.5). – 1, 51 F = AaTh 285: → *Kind und Schlange.* – 1, 54 G = AaTh 214: → *Esel will den Herrn liebkosen.* – 1, 63 A = Pelikan tötet seine Jungen, wiederbelebt sie mit seinem eigenen Blut (Mot. B 751.2). – 2, 9 E; 2, 50 D = AaTh 244: → *Tiere borgen voneinander.* – 2, 16 C; 2, 51 D = AaTh 276: → *Krebs und seine Jungen.* – 2, 16 F = AaTh 277: → *Frösche bitten um einen König.* – 2, 16 H = AaTh 1591: *Die drei* → *Gläubiger.* – 2, 16 L; 2, 52 C = → Fliegen sollen nicht vertrieben werden (Mot. J 215.1). – 2, 20 E = AaTh 50 A: *Fußspuren vor der* → *Löwenhöhle.* – 2, 37 E = AaTh 76: → *Wolf und Kranich.* – 2, 39 F = AaTh 278: cf. → *Tiere aneinandergebunden.* – 2, 43 D = AaTh 243 A: cf. → *Ehebruch verraten.* – 2, 45 C = AaTh 660: *Die drei* → *Doktoren.* – 2, 45 F = AaTh 285 D: cf. → *Feindschaft zwischen Tieren und Mensch.* – 2, 45 G = AaTh 1626: → *Traumbrot.* – 2, 47 F = AaTh 1: → *Fischdiebstahl.* – 2, 64 F = Vermählung der Prinzessin von Kleve mit einem → Schwanenritter. – 2, 78 E = AaTh 75: → *Hilfe des Schwachen.* – 2, 100 E = Fuchs lehnt Esel, Wolf, Löwe und Hund als Begleiter auf der Wallfahrt ab (Dicke/Grubmüller, num. 204). – 2, 102 E = AaTh 1416: *Die neue* → *Eva.*

Neben den angeführten Fabeln und Märchen kommen bei H. noch andere Erzählungen vor. Diese lassen sich zu folgenden Gruppen zusammenfassen.

(1) Moralische Geschichten: 1, 48 D = Der vor einem Einhorn Fliehende bleibt bei seinem Sturz in die Tiefe an einem Zweig hängen; ihm werden beim Anblick des Grauens in der Tiefe die Gefahren bewußt, die auf ihn lauern (Tubach und Dvořák, num. 5022). – 2, 84 A = Der röm. Soldat Curtius opfert sich für Rom (Tubach und Dvořák, num. 2745).

(2) Beispielerzählungen christl. Verhaltens: 1, 4 C = Die prächtigen Kleider eines Predigers dürfen nicht im Widerspruch zu den demütigen Worten stehen, die er einschärfen will (cf. Tubach, num. 1114). – 1, 48 F = Das ewige Leben wird nicht denen zuteil, die ein gutes Leben beginnen und dann abtrünnig werden, sondern denen, die bis zum Ende ausharren. – 1, 58 B = Eine Frau verschwieg bei der Beichte, daß sie zwei ihrer Kinder getötet hatte, sie konnte nach ihrem Tode nicht verwesen. – 2, 21 G = Ein aus armen Verhältnissen stammender Bischof erkannte seine Mutter erst an, als sie ihre alten, ärmlichen Kleider wieder angezogen hatte (Tubach, num. 3420). – 2, 80 C = Der künstliche Apfel

des Aristoteles konnte sein Leben verlängern; wieviel mehr vermochte dies der Baum des Lebens.

(3) Erzählungen aus dem Leben von Philosophen und Heiligen: 1, 18 C = Als → Sokrates Gift im Namen des einen Gottes trinken mußte, starb er nicht; der Tod trat jedoch ein, als er den Gifttrank im Namen der Götter zu sich nahm. – 1, 53 C = Der keusche Hippokrates geriet selbst durch das nachdrückliche Bemühen einer Athener Dirne nicht ins Wanken. – 1, 57 M = → Diogenes überließ einem Dieb sein Geld mit der Bemerkung, nun könne er ruhig schlafen. – 1, 9 B = Der hl. → Nikolaus von Myra bewahrte durch seine Geldspenden drei Mädchen vor der Prostitution. – 1, 9 B = Der hl. Paulinus von Nola verkaufte sich selbst als Sklave, um die Tochter einer Witwe auszulösen. – 1, 9 B = Der hl. Nikolaus von Tolentino bettelte, um den Erlös den Armen zu geben. – 1, 18 E = Beim Seelenamt für Erzbischof Thomas von Canterbury unterbrechen Engel den Gesang des Requiems durch eine Lobpreisung.

(4) Vorkommnisse aus dem Augustinerorden, die H. teilweise als eigene Erlebnisse ausgibt: 1, 48 B = Junge, der gegen den Willen des Vaters in den Orden eintreten möchte, will dem Vater gehorchen, wenn dieser das Übel abschaffen kann, daß ein junger Mann genauso stirbt wie ein Greis. – 1, 52 A = Wunderheilung durch Hartmann von Gotha und Erscheinung des gekreuzigten und verklärten Christus. – 1, 7 E; 2, 4 G = Teufel erschien in Gestalt eines Riesen und bedrohte den unandächtig betenden Konvent mit einer glühenden Keule. – 2, 24 F = Ordensmann bezeichnet sich selbst als Sünder, braust aber auf, als ein anderer dies bejaht. – 1, 5 B = Augustiner heilte eine Frau, die Traum und Wirklichkeit nicht mehr unterscheiden konnte, dadurch, daß er ihr anhand von Zeugen klarmachte, sie habe den Raum nicht verlassen.

(5) Geschichten, in denen der Teufel vorkommt: 1, 15 G = Zur Weihnachtszeit in Verkleidung herumziehende Personen folgen nicht Christus, sondern dem Teufel. – 1, 50 F = Wer im Geist des Hochmuts zum Gottesdienst kommt, der wird vom Teufel geritten. – 1, 52 D = Erscheinen des Teufels in Gestalt Christi. – 1, 67 E = Zeugung → Merlins durch die Verbindung einer Jungfrau mit einem Dämon. – 2, 6 L = Teufel wird durch das Androhen der Wiederverheiratung des Besessenen mit seiner schlimmen Frau ausgetrieben. – 2, 18 = Orden der Templer verehrte den Teufel, damit er sie reich mache. – 2, 23 D; 2, 101 B = Mann verkauft seine Seele an den Teufel (Mot. M 211.1). – 3, 6 E = Teufel will einen Betrunkenen dazu verführen, seine Eltern umzubringen (cf. AaTh 839: *Die drei → Sünden des Eremiten*). – 2, 87 E = Spuk wird nicht nur durch Dämonen verursacht. – 2, 102 C = Es ist vermessen, den Teufel zu einem Kampf herauszufordern.

(6) Schwankhafte Erzählungen: 1, 7 E; 2, 4 H = AaTh 1834: → *Pfarrer mit der feinen Stimme*. – 1, 21 B = Angebliches → Amulett enthält Verwünschungen (cf. AaTh 1845: *The Student as Healer*). – 1, 30 F = Zwei Nachbarinnen verbünden sich gegen den Ehemann der einen und führen ihn hinters Licht. – 1, 33 C = Frau will sich bei sternklarer Nacht die Zukunft ihres Neugeborenen voraussagen lassen. Der Astrologe stößt mit dem Kopf an einen Gegenstand und büßt seine Glaubwürdigkeit ein (cf. Mot. J 2133.8). – 1, 35 D = Angebliche Wahrsagerin prophezeit bei der Inspektion des Gürtels des dicken Pfarrers eine Schwangerschaft. – 1, 35 G = AaTh 1331: → *Neidischer und Habsüchtiger*. – 1, 35 H = Dumme alte Frau hält Piepsen des Vogels für Wahrsagung, sie habe noch länger zu leben (Mot. J 2285.1). – 1, 39 E; 2, 82 E = AaTh 1365 A: cf. *Die widerspenstige → Ehefrau*. – 2, 17 E = Neugierige Frau glaubt den angeblichen Senatsbeschluß, daß jeder Mann zwei Frauen haben dürfe (cf. AaTh 1381 D: cf. *Die geschwätzige → Frau*). – 2, 20 E = AaTh 778: *Geloben der großen → Kerze*. – 2, 22 R = AaTh 1661: *Die dreifache → Steuer*. – 2, 24 H = AaTh 1842: → *Testament des Hundes*. – 2, 65 C = AaTh 1804 B: cf. → *Scheinbuße*. – 2, 101 D = Betrunkener davon geheilt, alles doppelt zu sehen: Seine Frau läßt ihn eine glühende Pflugschar anfassen (cf. Mot. J 1623).

Darüber hinaus hat H. in seine Predigtausführungen eine Fülle von Sprichwörtern und Redensarten, sog. ‚Lebensweisheiten' oder Anspielungen an solche aufgenommen:

1, 18 G = Schlechte Gesellschaft verdirbt die Sitten. – 1, 25 C = Früh übt sich [...]. – 1, 25 C = Es ist niemand so alt, daß er nicht meint, er könne noch ein Jahr lang leben. – 1, 26 D; 2, 3 E = Lange Haare, kurzer Verstand. – 1, 30 G = Niemand steigt dem anderen gegen dessen Willen auf den Rücken. – 1, 32 F = Man bekommt, was man wert ist. – 1, 34 B; 2, 52 F = Wenn du das Geld nicht willst, dann nimmt es der Priester. – 1, 38 C = Gleich und gleich gesellt sich gern. – 1, 42 E; 2, 9 K; 2, 24 H = Wer ungestraft leben will, möge Kleriker werden. – 1, 45 E = Wer zwei Frauen hat, kommt in Teufels Küche. – 1, 45 F = Es ist sinnlos, Hasen zähmen und Frauen behüten zu wollen. – 1, 48 F = Wie der Wolf den Hirten ernährt, so der Teufel die Kleriker. – 1, 48 F = Wenn der andere schlechter ist als du, bist du deshalb nicht besser. – 1, 55 B = So vergeht der Ruhm der Welt. – 1, 60 C = Das Lasttier muß gezähmt, darf aber nicht getötet werden. – 1, 70 F = Wie der Fisch nicht ohne Wasser, so kann der Mönch nicht ohne Kloster leben. – 1, 5 F = Die Besonderheit der Heiligen darf man nicht zur Regel machen. – 2, 16 H = Den Richter ‚schmieren' (cf. Mot. J 2475). – 2, 22 K = Wer im Ofen ist, sucht sich einen Gefährten. – 2, 31 C = Je schlechter die Dirne, um so näher steht sie dem Chore. – 2, 32 B = Jede Burg kann erobert werden, die ein mit Gold beladener Esel erklettern kann.

[1] Eckermann, W.: G. H. OESA († 1481). Leben, Werke und Sakramentenlehre. Würzburg 1967, 29–61; id.: H., G. In: Verflex. 4 ([2]1983) 109–116;

id.: Eine unveröff. hist. Quelle zur Lit.geschichte der westfäl. Augustiner des SpätMA.s. In: Analecta Augustiniana 34 (1971) 185—238, bes. 215—217; id.: Reform als Abwendung vom Eigenen und Hinwendung zum Gemeinsamen. Die Rezeption der Augustinusregel durch G. H., OESA († 1481). ibid. 52 (1989) 5—27. — [2] cf. Zumkeller, A.: Mss. von Werken der Autoren des Augustiner-Eremitenordens in mitteleurop. Bibl.en. Würzburg 1966, 119—122, num. 264—273; 577, num. 264, 265a.

Vechta Willigis Eckermann

Holovac'kyj, Jakiv Fedorovyč, * Čepeli (Bezirk Lemberg, ukr. L'viv) 20. 10. 1814, † Wilna (litau. Vilnius) 13. 5. 1888, ukr. Dichter, Gelehrter und Pädagoge. Nach dem Studium an der Univ. in Lemberg war er dort seit 1841 als Professor vor allem für ukr. Sprache und Lit. und 1864—67 als Rektor tätig und lebte danach bis zu seinem Tod in Wilna.

In den 30er Jahren gab H. als Mitglied des studentischen Zirkels *Rus'ka Trijcja* gemeinsam mit M. Šaškevyč und I. Vagilevyč den literar. Almanach *Rusalka Dnistrovaja* [Die Rusalka vom Dnjestr]. Bud. 1837) heraus. Bedeutend ist H.s Slg *Narodnye pesni Galickoj i Ugorskoj Rusi* 1—4 ([Volkslieder aus der galiz. und ung. Rus]. M. 1878), während ihn Märchen in geringerem Maße interessierten. Er publizierte ukr. Märchen aus der Slg V. I. → Dal's in einem von seinem Bruder veröff. Almanach[1] sowie Märchen und Fabeln, von denen z. T. die Aufzeichnungen seiner Korrespondenten vorliegen, in populären Anthologien[2], aus denen sie wiederum in zahlreiche Slgen für Kinder, Schulchrestomathien etc. übernommen wurden.

[1] Holovac'kyj, I. F. (ed.): Vinok rusynam na obžynky 2 (Ein Kranz den Russen zur Ernte). Viden' 1847, 109—206, 240—396. — [2] Zorja. Čytanočka dlja sil'skych ljudej 1 (Der Stern. Lesebüchlein für Leute vom Lande). L'viv 1869, 36—38, 44—46; Čytanka rus'ka dlja nyžčych kljasiv serednich škil 1 (Russ. Lesebuch für die unteren Klassen der Mittelschule). L'viv 1871, 29, 70—72.

Lit.: Šaškevyč, M. Vagilevyč, I. H., Ja. Bibliografičnyj pokažčyk. ed. H. Ju. Herbil's'kyj. L'viv 1962, 99—122.

Kiev Ivan Pavlovyč Berezovs'kyj

Holz hacken (AaTh 1001), Erzählung aus dem Umkreis der Märchen vom dummen → Teufel, die meist als Episode im Rahmen von AaTh 1000, 1002: → *Zornwette* steht.

Der Knecht des Teufels soll einen Stapel Baumstämme zu Brennholz hacken. Seine Axt spaltet das Holz nicht (Holzstapel wird mit jedem Schlag größer). Er untersucht den Stapel und findet darunter eine Katze (→ Kater, Katze), die er tötet. Danach kann er seine Arbeit zu Ende bringen.

Die Episode ist fast ausschließlich in Finnland vertreten (49 Texte im Archiv der Finn. Lit.gesellschaft; aufgezeichnet ca 1850—1910); zusätzlich sind je zwei Versionen von Finnlandschweden und aus Schweden[1] sowie eine ukr. Version[2] bekannt.

Die finn. Versionen sind untereinander sehr ähnlich. Als Gegenspieler tritt fast ausschließlich der Teufel oder ein anderes böses Wesen auf; nur in zwei Texten handelt es sich um einen Landwirt oder Pfarrer. Das Wesen, das der Knecht unter dem Holzhaufen findet, ist in 31 Versionen eine (schwarze oder graue) Katze. In vier Versionen wird eine → Schlange erwähnt, so auch in einem der finnlandschwed. Texte; dort bezeichnet der Teufel die vom Knecht getötete Schlange als sein ‚Glück'[3]. In vier Versionen liegt unter dem Holzstapel der Sohn oder die Mutter des Teufels oder ein anderer Teufel. Im allg. wird nicht erläutert, warum und wodurch die Katze den Knecht behindert. Es ist jedoch klar, daß die dämonische Katze dem Teufel gehört und er über ihren Tod zornig wird. In sechs ostfinn. Versionen wird erwähnt, daß die Katze oder der Sohn des Teufels um so mehr Stämme in den Stapel trägt, je mehr der Knecht hackt.

Es scheint, daß AaTh 1001 — wie überhaupt die Märchen vom dummen Teufel — bes. zur Überlieferung von Männern gehört: Von 37 erwähnten Erzählern sind 33 Männer und nur vier Frauen. Außerdem fällt auf, daß das Märchen bei Jugendlichen beliebt ist: 15 Erzähler sind jünger als 20 Jahre.

[1] Hackman, O.: Finlands svenska folkdiktning I A 2. Helsingfors 1920, num. 202, 1; ibid., num. 318, 3; Liungman 2, 235 sq.; Liungman, Volksmärchen, 254. — [2] SUS. — [3] Hackman (wie not. 1) num. 318, 3.

Helsinki Pirkko-Liisa Rausmaa

Holzkauf (AaTh 1048), Schwankepisode aus dem Erzählumkreis der Überlistung dummer Gegenspieler.

Ein armer Mann (öfter der jüngste von drei Brüdern) verdingt sich bei einem Unbekannten (Rothaariger, Hauswirt, Gott, Teufel) und erhält den Auftrag (→ Bewährungsprobe, cf. → Dienst beim Dämon), einen Wald zu kaufen (im Wald weder gerades noch krummes Holz oder halbkrummes und halbgerades zu gleichen Teilen zu beschaffen). Der Mann holzt den Wald ab und schädigt so zugleich den Auftraggeber, der ihn schleunigst ziehen läßt (ihm eine weitere Aufgabe überträgt).

Kerngebiet der Verbreitung ist Finnland mit 96 Var.n[1], aus Estland sind sechs Texte bekannt[2]; in der Umgebung der Pyrenäen und auf Mallorca sind sporadisch einige katalan. Texte aufgezeichnet worden[3], welche u. a. ebenfalls die Episode mit der Holzbeschaffung enthalten.

Die durchweg aus dem 19. und 20. Jh. stammenden Erzählungen sind mit ähnlichen Schwankepisoden kontaminiert wie AaTh 1049: *The Heavy Axe* oder AaTh 1060: *Squeezing the (Supposed) Stone*, die als → *Wettstreit mit dem Unhold* innerhalb der → *Zornwette* (AaTh 1000, 1002) begegnen, wo der Listige in der Figur des → Starken Hans (cf. AaTh 650 A) agiert[4], oder innerhalb des Erzähltyps → *Tapferes Schneiderlein* (AaTh 1640) das → David- und Goliath-Prinzip demonstrieren.

Die sehr umfangreichen katalan. Fassungen werden eingeleitet mit den klugen → Ratschlägen (AaTh 910 A) des Vaters an den Sohn, u. a. einem → Rothaarigen nicht zu trauen[5]. Die in anderen Typenkatalogen bislang nicht nachgewiesene Episode scheint nur regionale Bedeutung zu haben.

[1] Freundliche Mittlg von P.-L. Rausmaa, Helsinki; cf. auch Allardt, A./Perklén, S.: Nyländska folksagor och -sägner. Helsingfors 1896, 94–96; Hackman, O.: Finlands svenska folkdiktning I A 2. Helsingfors 1920, num. 14. — [2] cf. Aarne, A.: Estn. Märchen- und Sagenvar.n (FFC 25). Hamina 1918, Typ 1048; der Hinweis auf russ. Var.n bei AaTh 1048 ist falsch. — [3] Maugard, G.: Contes des Pyrénées. P. 1955, num. 23; Serra i Boldú, V.: Rondalles populars 1. Barcelona [2]1932, 9–19; Sales, J.: Rondalles gironines i valencianes. Barcelona 1951, 67–87; Aplec de rondaies mallorquines d'en Jordi des Recó [A. M. Alcover] 16. Palma de Mallorca 1957, 9–46. — [4] cf. BP 2, 293. — [5] z. B. Sales, Serra i Boldú (wie not. 3).

Budapest Ákos Dömötör

Holzladung (AaTh 1242), Erzählung aus dem Bereich der Dummenschwänke (→ Dummheit; → Dümmling, Dummling) mit einfacher Struktur:

Ein einfältiger Mensch fährt mit einem von Pferden (Ochsen) gezogenen Wagen in den Wald. Das Fuhrwerk wird vom Dummen überladen, in der Annahme, die Zugtiere könnten jede Last ziehen. Aber die zu schwere Last können die Zugtiere nicht fortbewegen. Daraufhin lädt der Dummkopf die Holzscheite einzeln wieder ab. ‚Könnt ihr das nicht ziehen, denn könnt ihr das auch noch nicht ziehen.' Der Wagen bleibt schließlich ohne Ladung.

Der innerhalb Europas regional verbreitete Dummenschwank ist aufgrund der gedr. Sammlungen und Kataloge in Deutschland[1], Dänemark[2], Estland[3], Finnland[4], Schweden[5] und Norwegen[6] belegt. Fassungen dt. Herkunft sind auch in den Vereinigten Staaten von Amerika aufgezeichnet worden[7]. Im Laufe der Tradierung sind verschiedene Ökotypen entstanden. Nach der Art des Zugtieres sind zwei Var.ngruppen bei den Esten festzustellen: die Pferd(e)-Redaktion zeigt nach Westen[8], die Ochsen-Redaktion[9] dagegen nach Skandinavien. Wie bei den westl. Var.n ist der Dumme stets männlichen Geschlechts. AaTh 1242 ist auch in Westfinnland aufgezeichnet worden; in elf (von 35) registrierten Var.n[10] begegnet hier eine Frau in der Rolle des Dummkopfs. Für die finn.-skand. und estn. Fassungen gilt allg., daß der Schwank als → Ortsneckerei dient[11]: Die Dänen verspotten die Bewohner von Fünen damit[12], die Finnen die Bewohner der Landschaft Häme[13], die Esten den ‚Küstenmenschen'[14]. In einigen Fällen erwähnen sowohl die finn. wie die estn. Var.n den Vornamen des Dummkopfs.

Der Dummenschwank könnte eine negative erzählerische Umsetzung der sprichwörtlichen Redensart[15] sein, die besagt, daß man nicht mehr auf den Wagen laden darf, als Pferde etc. ziehen können[16].

[1] Grüner, G.: Waldeck. Volkserzählungen. Marburg 1964, num. 567; Neumann, S.: Volksschwänke aus Mecklenburg. Aus der Slg R. Wossidlos. B. 1963, num. 340; id.: Ein mecklenburg. Volkserzähler. Die Geschichten des August Rust. B. 1968, num. 119. — [2] v. AaTh. — [3] Aarne, A.: Estn. Märchen- und Sagenvar.n (FFC 25). Hamina 1918. — [4] id.: Finn. Märchenvar.n (FFC 5). Hamina 1911; Hackman, O.: Finlands svenska folkdiktning 1, A 2. Hels. 1920, num. 237. — [5] Liungman, Volksmärchen, 278. — [6] Hodne. — [7] Brendle, T. R./Troxell, W. S.: Pennsylvania German Folk Tales. Norristown 1944, 163;

Dorson, R. M.: Buying the Wind. Chic./L. 1964, 131. — [8] Nach freundlicher Mittlg von P. Kippar, Tallinn: E (= Eesti NSV Kirjandusmuuseum) 39407/7/.; 1900/?/: H II 56, 1064/5/.; 1938: ERA (= Eesti Rahvaluule Arhiiv) II 192, 309/82/. — [9] wie not. 8: 1896: E 27972; ERA II 161, 421/2/5/. — [10] Freundliche Mittlg von P.-L. Rausmaa, Hels. — [11] Liungman, num. 235; Hackman (wie not. 4). — [12] Kristensen, E. T.: Molbo- og Aggerbohistorier. Viborg 1892, num. 84 A (= Christensen, A.: Molboernes Vise Gerninger. Kop. 1939, num. 86). — [13] Finn. Var. h 4 des Typs AaTh 1242 im Volksdichtungsarchiv der Finn. Lit.gesellschaft; freundliche Mittlg von P.-L. Rausmaa, Hels. — [14] Estn. hs. Var.n (wie not. 8): E 27972; E 39407/7/. — [15] Wander 4, s. v. Wagen. — [16] Neumann (wie not. 1) num. 340.

Budapest Ákos Dömötör

Homer

1. Leben und Werke — 2. Ilias — 3. Odyssee — 4. Märchenhaftes — 5. Die homerischen Hymnen — 6. Die Tradition des Trojan. Krieges — 7. H. als Erzählfigur — 8. Die homerische Frage — 9. H. und die orale Theorie

1. Leben und Werke. H. lebte im ion. Kulturraum ca 700 a. Chr. n. Er ist Verf. der zwei altgriech. Epen *Ilias* (I.) und *Odyssee* (O.). Selbst diese spärlichen Angaben der herrschenden Ansicht sind unsicher. I. und O. sind beide in Hexametern abgefaßt und in 24 Gesänge eingeteilt. Sie handeln vom Feldzug der Griechen gegen Troja (Ilion); die Ereignisse finden teils auf der Erde, teils im Himmel statt, aus dem die olympischen Götter oft in die Handlung eingreifen.

Der Krieg entzündete sich an einem Streit, der auf der Hochzeit von → Peleus und Thetis entstand. Peleus hatte alle Götter eingeladen, nur Eris, die Göttin des Streites, nicht. Sie rächte sich, indem sie zwischen die Feiernden einen goldenen → Apfel warf, auf dem die Worte ‚Der Schönsten' geschrieben waren. Hera, Athene und Aphrodite forderten den Apfel für sich, und der trojan. Prinz Paris wurde als Schiedsrichter bestellt. Paris entschied für Aphrodite, die ihm als Belohnung die schönste Frau der Welt, Königin → Helena von Sparta, versprach. Nachdem Paris mit Hilfe Aphrodites Helena entführt hatte, sammelten ihr Ehemann Menelaos und sein Bruder, König Agamemnon von Mykene, alle griech. Könige zu einem gemeinsamen Rachefeldzug gegen Troja.

Weder I. noch O. erzählen die ganze Geschichte des Krieges; trotz ihrer Länge beschränken sie sich auf je eine Episode. Viele der berühmtesten Ereignisse des Krieges werden gar nicht (‚Zankapfel') oder nur ganz knapp (Urteil des Paris; I. 24, 28—30) erwähnt.

Unter dem Namen H. sind auch andere, kürzere Gedichte überliefert: Der → *Frosch-Mäuse-Krieg*, 33 Hymnen, einige sog. Epigramme und einige Fragmente eines komischen Gedichts, *Margites*.

2. Ilias. Die I. (15 613 V.e) beschreibt den Zorn des → Achilleus.

Die Griechen haben Troja neun Jahre lang belagert. In einem Streit über die Verteilung von Kriegsbeute wird Agamemnon vom stärksten Held, Achilleus, in Gegenwart des ganzen Heeres beleidigt, und als Strafe nimmt er ihm die schöne Kriegsgefangene Briseis ab. Zornig bleibt Achilleus mit seinen Männern dem Kampf fern. Er klagt seiner Mutter Thetis seine Not, und sie überredet → Zeus, den Trojanern das Kriegsglück zu schenken. Die Schlacht hat jedoch kaum begonnen, als sie schon unterbrochen wird: Die zwei Hauptgegner Menelaos und Paris sollen im Zweikampf den Krieg entscheiden; als Menelaos fast gesiegt hat, hebt Aphrodite den Paris vom Schlachtfeld hinweg, die Waffenruhe wird unterbrochen, und erst nach vielen Verwicklungen haben die Trojaner Glück (8. Gesang). Agamemnon schickt eine Gesandtschaft an Achilleus mit der Botschaft, Briseis werde zurückgegeben und zahlreiche Geschenke würden hinzugefügt; Achilleus müsse jedoch Agamemnon noch immer als obersten Herrn anerkennen. Achilleus lehnt ab. In der Schlacht des folgenden Tages (11.—18. Gesang) verwunden die Trojaner eine ganze Reihe der bekanntesten Griechen, schlagen das Heer in die Flucht, dringen ins Lager ein und erreichen die Küste, wo sie anfangen, die Schiffe in Brand zu stecken. Achilleus' Freund Patroklos fleht ihn an, seinen Zorn aufzugeben, aber jener lehnt ab. Er leiht jedoch Patroklos seine Waffen und läßt ihn seine Truppen in die Schlacht führen. Patroklos schlägt die Feinde zurück, wird aber selbst vom Trojaner Hektor getötet (16. Gesang). Hektor raubt auch die Rüstung, doch es gelingt den Griechen, den Leichnam zu bergen. In Trauer und Zorn über den Tod des Freundes kümmert Achilleus sich kaum mehr um Agamemnon und denkt nur an Rache für Patroklos. Thetis bewegt den Schmiedegott Hephaistos, neue Waffen anzufertigen — die ausführliche Beschreibung des prachtvollen Schildes, dessen Schmuck eine ganze Kosmologie darstellt, ist ein Höhepunkt des Gedichtes (18, 478—608) —, und der wieder bewaffnete wütende Achilleus mäht alle ohne Unterschied nieder (20. Gesang). Selbst die Götter gehen in die Schlacht. Achilleus tötet endlich Hektor, nachdem er ihn dreimal um Troja herum verfolgt hat, und schleppt seine Leiche hinter dem Streitwagen ins Lager. Danach hält er ein Prachtbegräbnis für Patroklos. Hektors alter Vater Priamos wagt sich zum feindlichen Lager hinüber und erwirkt die Erlaubnis, den toten Sohn nach Troja zu holen. Das Gedicht schließt mit dem Begräbnis Hektors.

3. Odyssee. In der O. (12 110 V.e) steht die Person des → Odysseus im Vordergrund.

Die Handlung setzt neun Jahre nach der Zerstörung Trojas ein, und die anderen Helden sind seit langem zurückgekehrt. Nur Odysseus ist an einer fernen Insel gescheitert, wo ihn die Göttin Kalypso festhält. Während seiner Irrfahrt ist ihm der Meeresgott Poseidon gram geworden, der aber jetzt auf einer Reise zu den frommen Negern ist. Athene nutzt seine Abwesenheit und erbittet von Zeus die Heimkehr des Helden. Sie fährt selbst zu seiner Heimatinsel Ithaka, wo sie alles in größter Unordnung vorfindet. Die Frau des Odysseus, Penelope, wird von Freiern bedrängt, die sie jedoch mit List hinhält: Sie webt an einem Leichentuch für ihren Schwiegervater und will sich keinen neuen Gatten nehmen, ehe sie diese Arbeit fertiggestellt hat. Jede Nacht zieht sie auf, was sie während des Tages gewebt hat. Jetzt ist sie aber verraten worden, und die Freier fordern eine Entscheidung. Athene schlägt Telemachos, Odysseus' Sohn, vor, nach seinem Vater zu suchen, und begleitet ihn selbst in Menschengestalt. Die Reise geht nach Pylos, wo der alte Nestor wohnt, und nach Sparta, wo Menelaos mit Helena friedvoll wiedervereint lebt. Dieser hat gehört, daß Odysseus auf der Insel der Kalypso ist, und außerdem berichten sowohl Nestor als auch Menelaos über die Heimfahrten der griech. Helden von Troja. Zeus schickt den → Götterboten Hermes zu Kalypso, die daraufhin Odysseus abfahren läßt (5. Gesang). Unterwegs wird Odysseus aber vom zurückkehrenden Poseidon entdeckt, der sofort einen Sturm schickt. Odysseus erleidet Schiffbruch, wird von einem Meerweib gerettet und erreicht die Insel Scheria. Hier lebt das Schiffervolk der Phäaken in einer Idealgesellschaft. König Alkinoos läßt Odysseus fürstlich bewirten, und am Abend beim Festessen erzählt er seine Erlebnisse (9. – 12. Gesang).

Die Fahrt des Odysseus hat ihn von der bekannten Welt zu immer märchenhafteren Völkern geführt (cf. → Fabelwesen)[1]. Zuerst kam er zu den Kikonen, einem gewöhnlichen griech. Stadtstaat, den er ausplünderte. Danach besuchte er die Lotosesser, deren Speise, die Lotosblume, Vergessenheit bewirkt; zwei von den Gefährten aßen davon und wollten nicht mehr heimkehren. Weiter ging es zu den Zyklopen, → einäugigen Schäfern und Menschenfressern. Odysseus erkundete mit seinen Männern die Höhle des Polyphem und blendete diesen mit List, nachdem einige seiner Männer gefressen worden waren. Hierdurch zog sich Odysseus den verhängnisvollen Zorn von Polyphems Vater Poseidon zu. Weiter ging es zu Aiolos, dem Gott der → Winde. Er stopfte alle Winde in einen Sack, nur den günstigen nicht, der sie nach Ithaka treiben sollte. Sie hatten beinahe die Heimat erreicht, als Odysseus einschlief und seine Männer den Sack öffneten; die Winde flogen heraus, und ein tobender Sturm jagte sie zu Aiolos zurück, der ihnen aber nicht mehr helfen wollte. Sie kamen zu einem weiteren Kannibalenvolk, den Laistrygonen; hier verlor Odysseus elf der zwölf Schiffe, mit denen er von Troja abgefahren war. Die nächste Station war die Insel der Hexe → Circe, bei der Odysseus und seine Gefährten ein Jahr blieben. Von da aus fuhren sie an den äußersten Rand der Erde, wo die Kimmerier am Fluß Okeanos wohnen; hier ist auch der Eingang zum Totenreich (→ Unterwelt). Odysseus rief die Seele des Sehers Teiresias hervor, der ihm den Weg nach Hause erklärte. Nach dem Besuch im Hades kehrte Odysseus zu Circe zurück und bekam neue Anweisungen; am wichtigsten sei es, sich nicht an den Rindern des Sonnengottes Helios zu vergreifen. Odysseus fuhr mit seinen Männern an den → Sirenen sowie an → Skylla und Charybdis vorbei, und sie kamen zur Insel Thrinakia, wo Helios' Rinder weideten. Da sie schlechten Wind hatten und hungerten, schlachteten die Männer, während Odysseus schlief, einige der Rinder. Nachher bekamen sie Wind, aber auf offener See überfiel sie ein Sturm, den nur Odysseus überlebte, der bei Kalypso strandete. Hier endet seine Erzählung.

Die Phäaken haben dem Bericht mit Begeisterung zugehört und bringen Odysseus auf einem Zauberschiff nach Hause. Odysseus wird in tiefem Schlaf mit reichen Geschenken ans Land getragen, wo ihn Athene empfängt. Sie verwandelt Odysseus in einen alten runzligen Bettler, der so unerkannt seinen Hausstand und seine Frau prüfen kann. Er gibt sich allmählich zu erkennen; nur sein Hund Argos erkennt ihn von selbst wieder. Endlich holt Penelope Odysseus' Bogen und verspricht, den zu heiraten, der einen Pfeil durch zwölf Axtlöcher schießen könne. Keinem der Freier gelingt es, den Bogen zu spannen, nur Telemachos schafft es beinahe. Als aber Odysseus seinen eigenen Bogen in die Hand bekommt, besteht er die Probe und tötet nachher alle Freier. Erst dann folgt das Wiedererkennen mit Penelope – und auch erst, nachdem sie ihn nochmals auf die Probe gestellt hat: Sie befiehlt, daß Odysseus' Bett für den Fremden aus der Kammer herausgetragen werden soll; Odysseus, der selbst sein Bett auf den Stumpf eines Ölbaumes gezimmert hat, weiß, daß es sich nicht verrücken läßt, und beweist dadurch endgültig seine Identität. Abschließend wird Odysseus mit seinem alten Vater wiedervereint und mit den Familien der Freier versöhnt.

4. Märchenhaftes. Sowohl in der I. als auch in der O. kommen märchenhafte Elemente vor, allerdings in reduzierter und rationalisierter Form[2].

In der I. finden sich solche Elemente meist in Abschweifungen von der hauptsächlichen Handlung oder in dem als bekannt vorausgesetzten Erzählstoff. Andererseits zeigt die I. in den zentralen Fragen über Freundschaft, Liebe und Tod eine thematische Verwandtschaft zum sumer.-akkad. → *Gilgamesch-Epos*. Zwar werden die märchenhafte Lebensgeschichte des Achilleus mit der Hochzeit seiner Eltern, bei der ein Gast verhängnisvollerweise uneingeladen blieb (cf. das Eingangsmotiv von AaTh 410: → *Schlafende Schönheit*), wie auch seine → Unverwundbarkeit (→ Achillesferse) nicht erwähnt, Achilleus ist aber auch in der I. der Sohn eines Meerweibs, hat göttliche Waffen und unsterbliche Pferde (16, 866 sq.). Stereotype Erzählelemente werden zur Hervorhebung seines tragischen Schicksals eingesetzt: Er hat die Wahl zwischen einem langen ruhmlosen Leben oder einem frühen Tod und ewigwährendem Ruhm (9, 410–416) – um so mehr kränkt ihn Agamemnons Übergriff (1, 352–354) und um so tragischer ist sein Entschluß, Patroklos zu rächen. Daß er damit seinen eigenen baldigen Tod beschließt, wird durch die Wahrsagung seines Pferdes hervorgehoben (19, 404–417; Mot. B 141.2). Auch mit anderen Personen der I. sind volkstümliche Erzählelemente verbunden, z. B. mit Paris, Helena, → Äneas und Odysseus. Die Geschichte von → Bellerophon wird in der I. von einem seiner Nachkommen erzählt (6, 152–205). Ebenso wird → Meleager erwähnt, weil der alte Phoinix ihn dem Achilleus als Beispiel vorhält (9, 524–599)[3]. Eine Erzählung Nestors von einigen Taten aus seiner Jugend (11, 671–761) kann bis in Einzelheiten mit der alttestamentlichen Erzählung von → David und Goliath verglichen werden[4]. Im eigentlichen Verlauf des Epos leiht sich Hera, um Zeus zu verführen, Aphrodites Liebesgürtel (14, 214–221) und holt den Gott des Schlafes, der sich als Vogel in einen bis in den Himmel reichenden Baum setzt (14, 225–291)[5]. Der Wunderschmied Hephaistos hat belebte Puppen als Helfer (18, 417–420; cf. → Automat). Priamos' Fahrt zu Achilleus (24, 188–697) ist als eine Reise ins Totenreich gesehen worden: Der Alte wird von dem Seelenführer Hermes begleitet, muß einen Fluß überschreiten und will einen Toten zurückbringen[6].

Die → Rahmenerzählung der O. handelt von einem Mann, der lange in der Fremde weilt und gerade in dem Augenblick zurückkommt, als seine Frau mit einem anderen Hochzeit hält (cf. AaTh 974: → *Heimkehr des Gatten*). Er ist arm, wird nicht erkannt (→ Verkleidung als → Bettler) und muß seine Identität mit → Erkennungszeichen beweisen; das Bogenschießen ist eine → Bewährungs- und eine → Freierprobe; Penelopes List mit dem Gewebe (Mot. K 1227.2) ist von dem Mädchen, das nicht heiraten wollte, bekannt, und die Probe mit dem Bett erinnert an die Aufgaben einer → Rätselprinzessin. Im Besuch des Odysseus bei den Phäaken hat man einen zweiten großen Märchenkomplex gesehen; L. Radermacher bespricht eine Reihe von Parallelen, von welchen die älteste ein ägypt. Märchen (ca 2000 a. Chr. n.) ist. Die einzelnen Stationen der Irrfahrt bieten auch viel Märchenhaftes, so die Besuche bei Polyphem, Circe und im Hades. Die Lotosesser und Kalypso sind als Varianten des Totenreichs gesehen worden[7]. Sowohl Odysseus als auch Menelaos fragen einen Wahrsager um Rat, als sie gescheitert sind, nämlich Teiresias (11, 90–151) bzw. Proteus (4, 363–569)[8]; zum Rat des Teiresias, wie Odysseus Poseidon versöhnen soll, sind neugriech. Parallelen angemerkt worden[9]. Die schwimmende Insel des Aiolos und die Winde im Sack deutete Radermacher als ätiologische Sagen und die Rinder des Helios als typisches Märchenrequisit[10]. D. L. Page hat jedoch argumentiert, daß solches vom ursprünglichen Publikum als durchaus realistisch erlebt worden sein muß[11].

Wie man die märchenhaften Elemente im Gesamtbild der Dichtung verstehen soll, ist umstritten. G. Gerland meinte bewiesen zu haben, daß einige Elemente so allg. bekannt waren, daß sie der ‚Phantasie der urältesten Menschheit' angehört hätten; andere haben wie K. Meuli auf verlorene literar. Vorbilder verwiesen (cf. → Argonauten) und sogar behauptet, daß die homerische Fassung des Polyphemabenteuers die Quelle aller anderen sei; demgegenüber hat Page eine uridg. Theorie verteidigt[12].

5. Die homerischen Hymnen. Auch die Hymnen enthalten Anklänge an volkstümliches Erzählgut: → Demeter versucht, ein menschliches Kind durch Härten im Feuer unsterblich zu machen, wird aber von der Mutter daran gehindert (cf. AaTh 753: → *Christus und der Schmied*); ihre Tochter Persephone ißt den

Kern eines Granatapfels im Totenreich und kann es nicht mehr endgültig verlassen. Sowohl Apollo als auch Hermes sind → erwachsen bei Geburt, Hermes wird als ein → Trickster dargestellt, und Apollo ist ein → Drachentöter[13].

6. Die Tradition des Trojan. Krieges. Seit den Anfängen der griech. Lit. und Kunst sind Szenen aus dem Trojan. Krieg beliebt. Viele der frühen Lyriker beziehen sich darauf, und in der Vasendekoration kommen trojan. Darstellungen so früh vor, wie man überhaupt Bilder gestaltet; die früheste unbestrittene Vasendekoration ist eine Abbildung (um 670 a. Chr. n.) des → Trojan. Pferdes. Überhaupt sind Szenen von der Zerstörung Trojas häufig. Die vorklassischen Darstellungen des Trojan. Krieges in der griech. Kunst zeigen überwiegend Motive, die in der I. und der O. gerade nicht vorkommen; nur die → Polyphemgeschichte (AaTh 1137) erscheint mehrmals[14]. Ein gesamter Bericht der Ereignisse ist erst aus spätantiker Zeit (Pseudo-Apollodoros, ca 2. Jh. p. Chr. n.) erhalten. Darüber hinaus beinhalten die sog. kyklischen Gedichte, die nur im Referat bekannt sind, den ganzen Verlauf von der Episode mit dem ‚Zankapfel' bis zum Tod des Odysseus, so die *Kyprien, Aithiopis, Ilias mikra, Iliou persis, Nostoi, Telegonia.* Während diese Epen früher als romanhafte Weiterfabulierung von I. und O. angesehen wurden, wollen die ‚Neoanalytiker' sie seit den späten 30er Jahren als wertvolle Quellen des Sagenstoffes hinter I. und O. verstehen; demgegenüber verstehen Anhänger der oralen Theorie alles als verschiedene Ausbildungen einer allg. Tradition, eng mit anderen Traditionen verbunden. bes. mit → Hesiod[15].

7. H. als Erzählfigur. Man kennt einige unterschiedliche Prosabiographien H.s, die darin übereinstimmen, daß sie ihn als einen fahrenden, gelegentlich → blinden Sänger darstellen. Wie andere Helden ist H. demnach außerehelich geboren, wie andere weise Männer stirbt er, als er ein Rätsel nicht lösen kann: Einige Fischer sagen ihm, daß sie das Gefangene weggeworfen haben, das nicht Gefangene aber behalten (ihr Fang waren Läuse, nicht Fische). Daß Teile dieser Überlieferung sehr alt sind, zeigt sich daran, daß sie Simonides (Fragment 581 Page), Heraklit (Fragment B 56 Diels) und Platon (*Phaedrus* 264 d) bekannt sind[16].

8. Die homerische Frage. H. wurde immer von den Griechen als ihr größter Dichter bezeichnet, oft nur ‚der Dichter' genannt. Dabei wurde durchaus nicht immer dasselbe unter dem Namen H. verstanden. Er wird zum ersten Mal von dem Dichter Kallinos (1. Hälfte 7. Jh. a. Chr. n.; Fragment 6 West) als Verf. eines epischen Gedichts über den Krieg um Theben erwähnt. Im 6. Jh. kritisiert Xenophanes (Fragment 1 West) H.s Darstellung der Götter – dies könnte sich unter Umständen auf I. und O. beziehen, muß es aber nicht unbedingt. Bei → Herodot findet sich die erste Diskussion der Verf.schaft der homerischen Gedichte. Herodot (2, 117) merkt an, daß *Kyprien* und I. in einem Detail nicht übereinstimmen, und folgert daraus, daß sie nicht beide von H. sein können. Sowohl die Fragestellung als auch der Lösungsvorschlag wurden in der späteren H.forschung fortgesetzt: die Beobachtung von einander widersprechenden Stellen und die Schlußfolgerung mehrerer Verf. Thukydides (1,9–10; 2,34; 3,104) kennt den 2. Gesang der I. in der auch heute vorliegenden Form, die mittleren Gesänge aber nicht; er hält den *Apollo-Hymnus* für ein Werk H.s. Erst Platon, der H. oft zitiert, verbindet eindeutig dasselbe mit dem Namen wie die heutige Vorstellung. Aristoteles (*Poetica* 1448b 34–1449a 2; 1459a 30–b 16) differenziert zwischen H. als Autor von I., O. und *Margites* und ‚anderen Dichtern' als Verf.n der *Kyprien* und der *Ilias mikra*.

In dem hellenistischen Forschungszentrum, dem ‚Museion' in Alexandria, entwickelte sich eine hohe philol. Sachkunde, nicht zuletzt durch das Studium von I. und O. Man verglich verschiedene Fassungen und stieß auf viele Probleme: Unstimmigkeiten der Handlung, Widersprüche zwischen Stellen. Außerdem nahm man an der Darstellung der Götter Anstoß. Man meinte, die Ursache hierfür darin finden zu können, daß das Werk H.s von späteren Epigonen überarbeitet und entstellt worden war, und suchte die Fehler zu korrigieren. Kürzere oder längere Abschnitte mußten entfernt werden; in der Praxis begnügte man sich damit, die Stellen anzumerken und in Kommentaren zu kritisieren. Einige Kritiker fanden auch I. und O. so verschieden, daß sie annahmen, sie müßten von zwei Dichtern verfaßt worden sein; dies ist der sog. ‚chorizontische' Standpunkt[17]. Die heutigen Fassungen von I. und O. gehen auf die Ausg. Aristarchs (ca 150 a. Chr. n.) zurück; es scheint auch gesichert, daß er als Grundlage seiner Edition den offiziellen att. Text hatte[18].

Die weitere mit den Gedichten verbundene philol. Arbeit des Altertums behandelte meistens Grammatik, Sprachgeschichte und Metrik, während die Entstehungsfrage außer acht gelassen wurde. I. und O. blieben immer grundlegende Texte in der griech. Schule, und ihre Autorität als die größten Dichtwerke der Welt war unangefochten auch in Rom, wo sie z. B. → Vergils *Äneis* inspirierten. Während des MA.s geriet Griechisch als Lit.sprache in Westeuropa in Vergessenheit, und H. wurde auf einen Namen reduziert, bewahrte jedoch seinen Ruhm. Die Ereignisse des Trojan. Krieges wurden durch → Troja-Romane weiter überliefert. Als die ital. Humanisten anfingen, Griechisch zu lernen, war eine treibende Kraft der Wunsch, H. lesen zu können, und seine Gedichte wurden mehrmals ins Lateinische übersetzt, zum ersten Mal 1360 von Leonzio Pilato. Vor allen Dingen der *Frosch-Mäuse-Krieg* war im Spätmittelalter und in der Renaissance sehr beliebt. Die erste gedr. Ausg. von I. und O. wurde von Demetrios Chalkondyles (Florenz 1488) besorgt.

Nach der ersten Begeisterung folgte Enttäuschung: H. hielt nicht, was man sich versprochen hatte, und konnte sich jedenfalls mit Vergil nicht messen. Abbé d' → Aubignac, der die Kritik in seinen *Conjectures académiques ou dissertation sur l'Iliade* (P. 1715) programmatisch äußerte, konnte jedoch sein Ms. zu Lebzeiten nur privat zirkulieren lassen. Die zweite Wiederentdeckung H.s fand gegen Ende des 18. Jh.s statt, durch eine frühromantische Begeisterung von Originalität gefördert[19]. Zwei epochemachende Bücher, R. Woods *An Essay on the Original Genius of H.* (L. 1769, ^{2}1775) und F. A. Wolfs *Prolegomena ad H.um* (Halle 1795), waren beide von dem neuentdeckten Phänomen der Volkspoesie (→ Naturpoesie) tief beeinflußt, erreichten aber entgegengesetzte Ergebnisse: Wood war von dem genialen Epos begeistert, Wolf meinte, daß I. und O. in der überlieferten Form nur unvollkommen das Werk des Dichters wiedergaben, da sie nicht von ihm selbst niedergeschrieben worden waren. Stark vereinfacht waren die Forschungsrichtungen der nächsten 150 Jahre damit abgesteckt: Es gab eine ‚analytische' Schule, die die Fehler und Widersprüche betonte, und eine ‚unitarische', die nur das geniale Gesamtwerk sehen wollte. Die meisten Forschungen der ‚analytischen' Schule erschienen in dt., diejenigen der ‚unitarischen' in engl. Sprache. Die Verbindung zwischen Volkskunde und H.forschung hielt sich am stärksten unter den Analytikern, so bei dem Komparatisten K. Lachmann, der die ‚Liedertheorie' aufgrund sowohl des → *Nibelungenliedes* als auch von I. und O. entwickelte (cf. → Epos, → Fragmententheorie)[20].

Die Diskussion hatte als Ergebnis vor allem ein detailliertes Wissen von den zwei Gedichten, wie es z. B. in den Kommentaren und Hbb. von W. Leaf, P. Cauer und E. Bethe niedergelegt ist[21]. Außerdem eine gründliche Kenntnis der Sprache: Für keine andere traditionelle Kunstsprache weiß man so genau, wie dichterische Tradition und sprachliche Entwicklung sich gegenseitig beeinflussen[22]. Über die Entstehungsgeschichte der homerischen Gedichte herrscht aber bisher keine überzeugende Einigkeit, und ihre Datierung ist nach wie vor umstritten[23].

9. H. und die orale Theorie. Die Theorie der → oralen Tradition hat die komparatistische Auseinandersetzung um H. neu belebt. Sie wurde mit M. → Parrys philol.-statistischen H.forschungen[24] begründet und mit A. B. → Lords *The Singer of Tales* (Cambr./L. 1960) breiteren Kreisen bekannt; während der folgenden Jahrzehnte entwickelte sie sich zur zentralen Frage der H.forschung und erlangte auch Bedeutung für verwandte Gebiete wie MA.philologie, Ethnologie und Volkskunde (cf. → Formelhaftigkeit, Formeltheorie, Kap. 1)[25].

Die orale Theorie ist in der H.forschung noch umstritten, obwohl sich behaupten ließe, daß sie durch ihre Synthese des analytischen und unitarischen Ansatzes eine Lösung der homerischen Frage ermöglicht. Die von den Analytikern herausgearbeiteten Unstimmigkeiten im Handlungsverlauf und Widersprüche in der Darstellung, das gleichzeitige Vorkommen von sprachlichen und inhaltlichen Elementen mit hist. sehr unterschiedlichem Hintergrund, die großen Unterschiede in Geschmack und Weltanschauung dürfen nicht wegerklärt werden, sondern lassen sich aus dem Willen des Rhapsoden verstehen, die Tradition möglichst genau festzuhalten. Die unitarische Feststellung der Leistung des Dichters darf aber auch nicht verworfen werden; sie spricht vom künstlerischen Vermögen des Rhapsoden, dem I. und O. zu verdanken sind. Das einzelne Werk einer mündl. Tradition läßt sich mit einer Äußerung in einer natürlichen Sprache vergleichen: Die Tradition ist die ‚langue', das konkrete Werk die ‚parole'[26].

Eine solche Auffassung hat aber wenig Anhänger. Im Gegenteil lehnt die H.forschung die Theorie von Parry und Lord tendenziell immer mehr ab oder reduziert sie so, daß sie nur für die Vorläufer des Dichters und nicht für ihn selbst von Relevanz sei. Es wird hervorgehoben, daß die Gesamtkomposition mit dem raffinierten symmetrischen Muster und der eleganten Einheit der Handlung ohne Verwendung von Schrift nicht denkbar ist[27]. Doch hat die orale Theorie immer noch Anhänger, bes. unter amerik. und ital. klassischen Philologen[28].

[1] Vidal-Naquet, P.: Valeurs religieuses et mythiques de la terre et du sacrifice dans l'Odyssée. In: Finley, M. I. (ed.): Problèmes de la terre en Grèce ancienne. P./La Haye 1973, 269–292. – [2] Gerland, G.: Altgriech. Märchen in der O. Magdeburg 1869; Hackman, O.: Die Polyphemsage in der Volksüberlieferung. Hels. 1904; Radermacher, L.: Die Erzählungen der O. Wien 1915; Meuli, K.: O. und Argonautika [1921]. In: id.: Gesammelte Schr. Basel/Stg. 1975, 593–676; Aly, W.: Märchen. In: Pauly/Wissowa 14 (1928) 254–281; Leyen, F. von der: Volkstum und Dichtung. Jena 1933, 77–80; Herzog-Hauser, G.: Märchenmotive in H.s I. In: Geistige Arbeit 4,21 (1937) 1 sq.; Carpenter, R.: Folk Tale, Fiction and Saga in the Homeric Epics. Berk./L. A. 1946; Reinhardt, K.: Die Abenteuer der O. In: id.: Von Werken und Formen. Godesberg 1948, 52–162; Merkelbach, R.: Unters.en zur O. Mü. 1951; Röhrich, L.: Die ma. Redaktionen des Polyphem-Märchens (AT 1137) und ihr Verhältnis zur außerhomerischen Tradition [1962]. In: id.: Sage und Märchen. Fbg 1976, 234–252; Seemann, E.: Widerspiegelungen der Mnēstērophonia der O. in Liedern und Epen der Völker. In: Laographia 22 (1965) 484–490; Broholm, H. C.: Odysseus og Polyphem. Kop. 1966; Page, D. L.: Folktales in H.'s O. Cambr., Mass. 1973; Fehling, D.: Amor und Psyche. Wiesbaden 1977, bes. 94–96; Petersmann, H.: H. und das Märchen. In: Wiener Studien 94 (1981) 43–68. – [3] Kakridis, J. T.: Homeric Researches. Lund 1949. – [4] Mühlestein, H.: Jung Nestor jung David. In: Antike und Abendland 17 (1971) 173–190. – [5] Herzog-Hauser (wie not. 2). – [6] Whitman, C. H.: H. and the Heroic Tradition. Cambr., Mass. 1958. – [7] Gerland (wie not. 2) 50–52; Radermacher (wie not. 2) 10–12, 27–31; Carpenter (wie not. 2) 151; Page (wie not. 2) 3–21; zu Kalypso v. Nagler, M. N.: „Dread Goddess Endowed with Speech". In: Archaeological News 6 (1977) 77–85. – [8] Zu Proteus v. Detienne, M.: Les Maîtres de vérité dans la Grèce archaïque. P. 1967. – [9] Hansen, W. F.: Odysseus' Last Journey. In: Quaderni urbinati di cultura classica 24 (1977) 27–48. – [10] Radermacher (wie not. 2) 18–21, 23–26. – [11] Page (wie not. 2) 73–83. – [12] Gerland (wie not. 2) 49; Meuli (wie not. 2); die wichtigste auf der oralen Theorie basierende Märchen-Unters. bleibt Carpenter (wie not. 2). – [13] Teske, A.: Die H.-Mimesis in den homerischen Hymnen. Greifswald 1936; Brown, N. O.: Hermes the Thief. Madison 1947; The Homeric Hymn to Demeter. ed. N. J. Richardson. Ox. 1974; Kahn, L.: Hermès passe ou Les ambiguïtés de la communication. P. 1978. – [14] Schefold, K.: Frühgriech. Sagenbilder. Mü. 1964; Friis Johansen, K.: The Iliad in Early Greek Art. Kop. 1967; Touchefeu-Meynier, O.: Thèmes odysséens dans l'art antique. P. 1968; Moret, J.-M.: L'Ilioupersis dans la céramique italiote 1–2. Rome 1975; Schefold, K.: Götter- und Heldensagen der Griechen in der spätarchaischen Kunst. Mü. 1978. – [15] Zu den Neoanalytikern v. Schadewaldt, W.: I.studien. Lpz. 1938; Pestalozzi, H.: Die Achilleis als Qu. der I. Zürich 1945; Kakridis (wie not. 3); Schadewaldt, W.: Einblick in die Erfindung der I. [1951]. In: id.: Von H.s Welt und Werk. Stg. [3]1959, 155–202; Kullmann, W.: Die Qu.n der I. Wiesbaden 1960; Schoeck, G.: I. und Aithiopis. Zürich 1961; Kullmann, W.: Oral Poetry Theory and Neoanalysis in Homeric Research. In: Greek, Roman and Byzantine Studies 25 (1984) 307–323. Zu den Oralisten v. Havelock, E. A.: Preface to Plato. Ox. 1963; Notopoulos, J. A.: Studies in Early Greek Oral Poetry. In: Harvard Studies in Classical Philology 68 (1964) 1–77; Pavese, C. O.: Tradizioni e generi poetici della Grecia arcaica. Roma 1972; id.: Studi sulla tradizione epica rapsodica. Roma 1974; Peabody, B.: The Winged Word. Albany 1975; Jensen, M. S.: The Homeric Question and the Oral-Formulaic Theory. Kop. 1980; Aloni, A.: Tradizioni arcaiche della Troade e composizione dell'Iliade. Milano 1986; id.: L'aedo e i tiranni. Ricerche sull'inno omerico a Apollo. Rom 1989. – [16] West, M. L.: The Contest of H. and Hesiod. In: Classical Quart. 17 (1967) 433–450. – [17] Pfeiffer, R.: History of Classical Scholarship from the Beginnings to the End of the Hellenistic Age. Ox. 1968; Reynolds, L. D./Wilson, N. G.: Scribes and Scholars. Ox. 1968. – [18] Gro-

ningen, B. A. van: Traité d'histoire et de critique des textes grecs. Amst. 1963, 36 sq.; West, S.: The Ptolemaic Papyri of H. Köln/Opladen 1967, 7 sq., 283–287. – [19] Simonsuuri, K.: H.'s Original Genius. Cambr. 1979, 11–13. – [20] Lachmann, K.: Betrachtungen über H.s I. B. 1837–41. Forschungsberichte über die homerische Frage: Dodds, E. R.: H. In: Platnauer, M. (ed.): Fifty Years (and Twelve) of Classical Scholarship. Ox. 1968, 1–49; Heubeck, A.: Die homerische Frage. Darmstadt 1974. Eine kurze und sehr kritische Zusammenfassung gibt Latacz, J.: H. Eine Einführung. Mü./Zürich 1985, 17–20. Obwohl die Unitarier heute die Oberhand haben, gibt es noch Analytiker, z. B. Thiel, H. van: Telemachie und O. In: Museum Helveticum 36 (1979) 65–89; id.: Iliaden und Ilias. Basel 1982. – [21] Leaf, W. (ed.): The Iliad. L. (1886) ²1900–02; Cauer, P.: Grundfragen der H.kritik 1–2. Lpz. (1895) ²1921–23; Bethe, E.: H., Dichtung und Sage 1–3. Lpz. 1914–27. – [22] Chantraine, P.: La Langue de l'Iliade. In: Mazon, P. u. a. (edd.): Introduction à l'Iliade. P. 1943, 89–123. – [23] Vertreter einer späteren als der gewöhnlichen Datierung (ca 700 a. Chr. n.): Merkelbach, R.: Die pisistratische Redaktion der homerischen Gedichte. In: Rhein. Museum N. F. 95 (1952) 23–47; Burkert, W.: Das hunderttorige Theben und die Datierung der I. In: Wiener Studien 10 (1976) 5–21; Schefold, K.: Frühgriech. Sagenbilder. Mü. 1963; Jensen (wie not. 15); zur Datierung der I. vor der O. v. z. B. Gordesiani, R.: Kriterien der Schriftlichkeit und Mündlichkeit im homerischen Epos. Ffm./Bern/N. Y. 1986, 103. – [24] Parry, M.: L'Épithète traditionnelle dans Homère. P. 1928; id.: Les Formules et la métrique d'Homère. P. 1928. – [25] Parrys Werk liegt postum gesammelt vor: Parry, M.: The Making of Homeric Verse. ed. A. Parry. Ox. 1971. Forschungsberichte über die orale Theorie: Haymes, E. R.: A Bibliogr. of Studies Relating to Parry's and Lord's Oral Theory. Cambr., Mass. 1973; Latacz, J.: H. Tradition und Neuerung. Darmstadt 1979; Edwards, M. W.: H. and Oral Tradition. The Formula 1–2. In: Oral Tradition 1 (1986) 171–230; 3 (1988) 11–60; cf. ferner Kirk, G. S.: The Songs of H. Cambr. 1962; Whallon, W.: Formulas for Heroes in the „Iliad" and in „Beowulf". In: Modern Philology 63 (1965) 95–104; Nagler, M. N.: Spontaneity and Tradition: A Study in the Oral Art of H. Berk. 1974; Kirk, G. S.: H. and the Oral Tradition. Cambr./L./N. Y./Melbourne 1976; Russo, J. A.: Is Oral or Aural Composition the Cause of H.'s Formulaic Style. In: Stolz, B. A./Shannon, R. S.: Oral Literature and the Formula. Ann Arbor 1976, 31–71; Kiparsky, P.: Oral Poetry. ibid., 73–106; Moser, D.-R.: Die Homerische Frage und das Problem der mündl. Überlieferung aus volkskundlicher Sicht. In: Fabula 20 (1979) 116–136; Nagy, G.: Homerische Epik und Pindars Preislieder. Mündlichkeit und Aktualitätsbezug. In: Raible, W. (ed.): Zwischen Festtag und Alltag. Tübingen 1988, 51–64. Die Theorie hat mit „Oral Tradition" seit 1986 ihr eigenes Organ. – [26] Jensen (wie not. 15). – [27] Lohmann, D.: Die Komposition der Reden in der I. B. 1970; Heubeck (wie not. 20); Latacz (wie not. 25); Kullmann 1984 (wie not. 15); Gordesiani (wie not. 23). – [28] Cantilena, M.: Oralisti di ieri e di oggi. In: Quaderni urbinati di cultura classica 42 (1983) 165–186.

Ausg.n: H.i opera 1–5. ed. D. B. Monro/T. W. Allen. Ox. 1902–1912. – H.i Odyssea. ed. P. von der Mühll. Basel 1946. – Die homerischen Epigramme. ed. G. Markwald. Hain 1986. – Die Hymnen. ed. C. Cassola. Mailand 1975.

Kopenhagen Minna Skafte Jensen

Homophilie

1. Terminologie – 2. Kulturhist. Hintergrund – 3. Erzählgut – 3.1. Allgemeines – 3.2. Humoristische Gattungen

1. Terminologie. Homophilie wird hier verstanden als Oberbegriff für alle Arten gleichgeschlechtlicher Liebe[1]. Der Terminus umfaßt somit einerseits den gesamten Bereich von impliziten homoerotischen Elementen bis hin zur konkreten Ausübung homosexueller Handlungen; andererseits bezieht er sich gleichermaßen auf das männliche wie das weibliche Geschlecht. Im allg. Sprachgebrauch werden die auf der Terminologie des Psychiaters R. von Krafft-Ebing (1840–1902) beruhenden Ausdrücke Homophilie, Homoerotik und Homosexualität (H.) heute – wohl durch Einfluß volksetymol. Ableitung (von lat. homo: Mann; statt richtig von griech. homos: gleich) – überwiegend auf das männliche Geschlecht angewandt; für weibliche H. finden die Begriffe Tribadie, Sapphismus sowie lesbische Liebe Anwendung. H. (engl. auch sodomy) wird in der älteren Lit. unter Einfluß der euphemistischen bibl. Schilderung des ‚unmentionable vice'[2] der Bewohner von → Sodom und Gomorrha (cf. u. a. Gen. 19,5–11; Lev. 18,22; Dtn. 23,18 sq.; Ri. 19,22–25; Rö. 1,26 sq.) gelegentlich als → Sodomie (heute: Geschlechtsverkehr mit Tieren; engl. bestiality) bezeichnet; andere Termini wie z. B. der Mitte des 19. Jh.s von C. H. Ulrichs geprägte Begriff Urning[3] haben sich nicht durchgesetzt.

2. Kulturhist. Hintergrund. Die Zuneigung zum gleichen Geschlecht ist ein natürlicher und zugleich wesentlicher Faktor in der Entwicklung der menschlichen Persönlich-

keit[4]. Diese Tatsache kann als Erklärungsansatz dafür dienen, daß dauerhafte homophile Neigungen in allen kulturellen oder hist. Kontexten entstehen können; allerdings muß häufig mit — unterschiedlich akzentuierten — → Tabuvorstellungen gerechnet werden. Zu differenzieren ist nach den der Homophilie/H. zugrundeliegenden Faktoren in (1) H. aus (psychischer) Veranlagung, (2) institutionalisierte oder ritualisierte H. sowie (3) H. ‚faute de mieux'[5]. Alle drei Ausprägungen haben nach dem heutigen Forschungsstand seit frühester Zeit in den unterschiedlichsten Kulturen existiert. Im Blickwinkel der Forschung lag dabei vor allem der zweite Bereich, zu dem bes. für das antike Griechenland intensive Studien vorliegen[6]. Das wiss. Interesse für die Wurzeln der europ. Kultur bedingte darüber hinaus Aufmerksamkeit gegenüber dem Faktum der institutionalisierten H. in anderen Regionen, so dem klassischen China[7], sowie für die neuere Zeit etwa bei nordamerik. Indianern[8], in der melanes. Kultur[9] oder bei den nordafghan. Usbeken[10].

Im westl. Kulturbereich ist H. seit der röm. Kaiserzeit mit z. T. drastischen Strafen belegt[11]. In der Folgezeit bedingt die restriktive christl. Sexual- und Moralethik eine weitgehende Diffamierung und Kriminalisierung von Homosexuellen bis zur Mitte des 20. Jh.s[12]. Erst die um die Mitte des 19. Jh.s beginnende psychol. und juristische Auseinandersetzung mit H. und deren Ursachen hat eine objektivere Sichtweise gefördert. Damit einher geht seit den emanzipatorischen Bewegungen der 60er Jahre des 20. Jh.s eine liberalere gesellschaftliche Einstellung zur H.[13], die heute Ausdruck findet in einer Vielzahl wiss., literar., soziol. und anthropol. Publ.en[14]. Die Beschäftigung mit homosexueller Folklore ist ein relativ rezentes Phänomen[15].

3. Erzählgut

3.1. Allgemeines. Zwar gibt es eine große Anzahl literar. Behandlungen der Thematik; die reale Häufigkeit von H. spiegelt sich aber nicht proportional im Erzählgut. Augenscheinlich wurde H. selbst in kulturellen Kontexten, in denen sie geduldet oder offen praktiziert wurde, als sexuell außergewöhnlich gewertet. Diese Einstellung mag zusammen mit der selektiven Aktivität der Sammler (cf. → Erotik, Sexualität, bes. Kap. 4) als verantwortlich dafür gesehen werden, daß homosexuelle Inhalte im dokumentierten populären Erzählgut — bis auf die humoristischen Gattungen — fast völlig fehlen. Bes. aufschlußreich ist in diesem Zusammenhang der Negativbefund, daß noch nicht einmal zentrale psychol. Werke wie etwa dasjenige H. von → Beits dieser gerade aus psychol. Sicht hochinteressanten Thematik im Zusammenhang der Erzählforschung Rechnung tragen[16]. So läßt sich hier nur, ohne Anspruch auf Vollständigkeit oder Repräsentativität für das tatsächliche Vorkommen von H. in der Volkserzählung, eine Reihe disparater Erwähnungen anführen.

Der griech. Mythos kennt zahlreiche Nennungen von H., so etwa die Entführung des Ganymedes durch → Zeus[17]. Die homoerotischen Elemente von ‚Männerfreundschaften' wie der des → Achilleus mit Patroklos[18] sind dabei wohl ähnlich zu deuten wie die bedingungslose Treue der Helden der → Artustradition zu ihrem Herrscher: Nicht von ungefähr heißt ein Berliner Fachbuchladen für Homosexuellen-Lit. ‚Prinz Eisenherz'[19]. Eine ätiologische Erzählung des → Phädrus (4, 16) erklärt das Vorhandensein von H. in der Welt damit, daß der Schöpfergott Prometheus (→ Feuerraub) in betrunkenem Zustand die → Genitalien der von ihm erschaffenen Wesen vertauscht hat. Das im türk.- und iran.sprachigen Raum verbreitete Epos von → Köroğlu enthält in der Zuneigung mehrerer Männergestalten zum Knaben Ayvaz (turkmen. Övez, tadschik. Avaz) deutlich homoerotische Elemente[20]. Ein Mythos der südamerik. Gê-Indianer berichtet davon, daß am Anfang der Welt die Männer allein waren und sexuell miteinander verkehrten; sie konnten zwar schwanger werden, waren aber nicht in der Lage zu gebären[21].

Weder im Märchen noch in der Sage sind häufigere Ausprägungen homophiler Motivik dokumentiert (cf. Mot. T 463; Hoffmann X 740). Zu erwähnen wären hier etwa die homosexuelle Rache des Tricksters in Var.n von AaTh 570: → *Hasenhirt*, die päderastischen Eskapaden des → Abū Nuwās in → *Tausendundeinenacht* [22], der häßliche Neger des türk. Märchens, der den Prinzen entführt und ihn sich sexuell gefügig machen will[23], oder der Derwisch eines pers. Märchens, der den jugendlichen Prinzen zur Erfüllung ungenannter (und somit der Phantasie überlassener) Dienste abholt[24].

Die Legenden- und Exempel-Lit. erwähnt u. a. die Versuchung des christl. Knaben Pelagius durch den ‚sodomitischen türk. Tyrannen' von Córdoba[25], die verleumderische Behauptung homosexueller Kontakte des hl. Andreas[26] oder die Hinrichtung eines (reuigen) ‚abscheulichen Sodomiten' im kolonialen Peru[27]. Auch hier gilt jedoch die Feststellung E. → Moser-Raths (zu den Themenbereichen der Schwankliteratur des 17. und 18. Jh.s), daß die realiter „zweifellos vorhandene Homosexualität [...] für die Kompilatoren jener Zeit keine Sujets"[28] lieferte.

3.2. Humoristische Gattungen. Reichhaltiges Material zum Thema aus dem Bereich des populären Erzählgutes beinhalten einzig Witz und Schwank. Diese Gattungen sind wohl am ehesten dazu geeignet, den der Thematik innewohnenden sozialen und sexuellen Konflikt durch ihre humoristische Vorgehensweise zu lösen[29]. Bes. das außereurop. Material ist durch einen relativ unbefangenen Umgang mit der Thematik gekennzeichnet. So vermitteln die vorliegenden Materialsammlungen (klassische ostasiat.[30] sowie ma. arab.[31] Lit.en; zeitgenössischer nordamerik. Witz[32]) ein relativ detailliertes Bild von H. und ihren Ausprägungen im Spiegel humoristischer Kurzprosa.

Ganz allg. bestätigt die humoristische Thematisierung von H. die schon von S. → Freud getroffene Feststellung, daß H. immer dann unvermeidlich scheint, wenn gleichgeschlechtliche Gemeinschaften institutionalisiert (Armee, Kloster, Harem) oder über einen längeren Zeitraum (z. B. Internat, Gefängnis) vom anderen Geschlecht abgeschlossen leben[33]. Zentrales Thema im Homosexuellen-Witz etwa der ma. arab. Lit. ist der anale → Koitus (cf. → Arsch) mit einer breiten Palette skatologischer Elemente (→ Skatologie):

Ein Homosexueller zu einem anderen: „Wie häßlich dein Hintern ist!" Grobe Antwort: „Meinst du nicht, zum Scheißen sei er noch gut genug?"[34] – Nostalgische Unterhaltung der Homosexuellen: „Es gibt nicht mehr so schöne Penisse wie früher!" Der andere: „Doch, nur sind unsere Hintern nicht mehr so eng wie damals!"[35] – Dem passiven Homosexuellen wird vorgeworfen, er habe sich von einem schwarzen Sklaven durch den Beischlaf erniedrigen lassen. Er rechtfertigt sich: „Nein, vielmehr habe ich ihn erniedrigt: Schließlich hat er sein edelstes Körperteil [Penis] in mein unedelstes [Anus] gesteckt!"[36].

Neben gesellschaftlich tolerierten Homosexuellen (cf. u. a. das österr. Witzpaar Graf Bobby und Baron Mucki[37]) erscheinen professionelle männliche Prostituierte, Päderasten und Transvestiten ebenso wie der vom ‚sexuellen Notstand' betroffene Mönch (Pfarrer) und der häßliche Alte oder der ewig geile Hyperpotente, dem letztlich egal ist, in welcher Öffnung er seine Lust befriedigt[38].

Wenn auch im Witz Material zu weiblicher H. extrem rar ist, so hängt dies außer mit dem spezifischen Blickwinkel der Sammler wohl damit zusammen, daß weibliche H. sozial weniger auffällig ist und somit eher geduldet wird. Zu vermuten bleibt, daß auch hier (aus männlicher Perspektive) die – in diesem Fall nicht ausgeübte – Penetration thematisiert wird. So sagt – wiederum in Beispielen aus der ma. arab. Lit. – etwa eine lesbische Frau, die von einem Mann beschlafen wurde: „Die Wahrheit ist gekommen!"[39] – Eine andere, frisch verheiratete vormalige Lesbierin distanziert sich von der Tribadie: „Ein Schloß kann ein Schloß nicht öffnen. Jetzt aber habe ich den Schlüssel gefunden!"[40]

Die vorläufig modernste charakteristische Ausprägung hat der Homosexuellen-Witz in der Form der sog. AIDS-Witze erfahren, die sich hauptsächlich auf die zunächst im Zentrum der öffentlichen Erregung stehende Zielgruppe der Homosexuellen konzentrieren[41]. In ihnen verbinden sich jahrhundertealte Vorurteile gegen eine gesellschaftliche Randgruppe mit der Angst vor einer real todbringenden Infektion zu dem Versuch der Bewältigung eines außergewöhnlichen Tatbestandes, der in seiner Bedrohlichkeit die Norm so sehr in Frage zu stellen scheint, daß sogar der homo narrans weitgehend verstummt.

[1] allg. cf. Herdt, G.: Homosexuality. In: Enc. of Religion 6. N.Y./L. 1987, 445–453; Bilder-Lex. der Erotik 2. Wien/Lpz. 1929, 514–518; ibid. 3 (1930) 394–404; ibid. 4 (1931) 294–302. – [2] cf. Goodich, M.: The Unmentionable Vice. Homosexuality in the Later Medieval Period. Santa Barbara, Cal./L. 1979. – [3] Ulrichs, C. H.: Das Rätsel der mannmännlichen Liebe 1–12. Lpz. [2]1898, pass.; cf. Schmidt, G.: Das grosse Der Die Das. Reinbek [2]1988, 117–127. – [4] cf. allg. Morgenthaler, F.: H.,

Heterosexualität, Perversion. Ffm./P. 1984. — [5] cf. Ess, J. van: Anekdoten um ʿAḍudaddīn al-Īǧī. In: Die islam. Welt zwischen MA. und Neuzeit. Festschr. H. R. Roemer. Beirut 1979, 126—131, hier 129. — [6] Knapp, O.: Die Homosexuellen nach hellen. Qu.nschr. In: Anthropophyteia 3 (1906) 254—260; Dover, K. J.: Greek Homosexuality. L. 1978 (dt. u. d. T.: H. in der griech. Antike. Mü. 1983); Patzer, H.: Die griech. Knabenliebe. Wiesbaden 1982; Koch-Harnack, G.: Knabenliebe und Tiergeschenke. Ihre Bedeutung im päderastischen Erziehungssystem Athens. B. 1983. — [7] cf. Gulik, R. H. van: Sexual Life in Ancient China. Leiden 1961, 48, 62, 92, 163, 274. — [8] Whitehead, H.: The Bow and Burden Strap: A New Look at Institutionalized Homosexuality in Native North America. In: Ortner, S. B./Whitehead, H. (edd.): Sexual Meanings. Cambr. u. a. 1981 (Nachdr. 1987), 80—115. — [9] Herdt, G. (ed.): Homosexuality in Melanesia. Berk. 1984. — [10] Baldauf, I.: Die Knabenliebe in Mittelasien: Bačabozlik. B. 1988. — [11] cf. Lilja, S.: Homosexuality in Republican and Augustan Rome. [Hels.] 1983. — [12] Boswell, J.: Christianity, Social Tolerance and Homosexuality. Chic./L. 1980. — [13] Bleibtreu-Ehrenberg, G.: H. Die Geschichte eines Vorurteils. Ffm. 1978; Stümke, H.-G./Finkler, R.: Rosa Winkel, Rosa Listen. Homosexuelle und „Gesundes Volksempfinden" von Auschwitz bis heute. Reinbek 1981. — [14] cf. Herzer, M.: Bibliogr. zur H. Verz. des dt.sprachigen nichtbelletristischen Schrifttums [...] 1466—1975 [...]. B. 1982; Maggiore, D. J.: Lesbianism: An Annotated Bibliography. Metuchen, N. J. 1988. — [15] cf. Krauss, F. S.: H. und Vk. In: Anthropophyteia 5 (1908) 197—203; Dresser, N.: „The Boys in The Band Is not Another Musical": Male Homosexuals and Their Folklore. In: WF 33 (1974) 205—218; Wortelkamp, K.: Homosexuelle Lebenswelten. Eine volkskundliche Unters. Magisterarbeit Freiburg 1985; Newall, V.: Folklore and Male Homosexuality. In: FL 97 (1986) 123—147; Goodwin, J. P.: More Man than You'll Ever Be. Gay Folklore and Acculturation in Middle America. Bloom./Indianapolis 1989. — [16] von Beit 3 (Reg.-Band) enthält kein Stichwort Homophilie, H. oder ähnlich. — [17] Sergent, B.: Homosexuality in Greek Myth. L. 1987, bes. 205—213. — [18] Licht, H.: Homoerotik in den homerischen Gedichten. In: Anthropophyteia 9 (1912) 291—300; Sergent (wie not. 17) 250—258. — [19] cf. Herzer (wie not. 14) num. 3400 a. — [20] cf. z. B. Görogly. Türkmen halk eposy. ed. A. Govšut. Ašgabat 1941, 119—198. — [21] Wilbert, J./Simoneau, K.: Folk Literature of the Gê-Indians 2. L.A. 1984, num. 21. — [22] cf. Burton, R. F.: Arabian Nights 10. (Benares [recte L.] 1885) Nachdr. Beirut 1966, 205—254. — [23] cf. Eberhard/Boratav, num. 95 V, 102 IV, 103, 188 III, 204 V. — [24] cf. z. B. Marzolph *303*. — [25] Pauli/Bolte, num. 681 (= MPL 137, 1093). — [26] Legenda aurea/Benz, 17 sq. — [27] Wenz, D.: Lehrreiches Exempel-Buch. Augsburg 1757, 270—276. — [28] Moser-Rath, Schwank, 85. — [29] cf. Grotjahn, M.: Vom Sinn des Lachens. Mü. 1974, 37 sq., 98, 167; Röhrich, L.: Der Witz. Stg. 1977, 12, 153, 166 sq. — [30] Levy, H. S.: Korean Sex Jokes in Traditional Times. Wash. 1972, num. 102, 118, 120, 177, 199; id.: Japanese Sex Jokes in Traditional Times. Wash. 1973, 9 und num. 175—188; id.: Chinese Sex Jokes in Traditional Times. Taipei 1974, 12—14 und num. 66, 207, 309 sq., 323, 325—327, 334, 360—386. — [31] cf. Marzolph, U.: Motiv-Index der arab. literar. Anekdote. In: Fabula 24 (1983) 276 sq. — [32] Legman, G.: Rationale of the Dirty Joke 2. N.Y. 1975, 55—183. — [33] cf. Freud, S.: G.W. 5. Ffm. [3]1961, 38 sq.; ibid. 13 ([5]1967) 158. — [34] al-Ābī, Manṣūr ibn al-Ḥusayn: Naṯr ad-durr 5. ed. M. ʿA. Qarna. Kairo 1987, 286. — [35] Ibn abī ʿAwn al-Kātib: Kitāb al-Aǧwiba al-muskita. ed. M. ʿA. Aḥmad. Kairo 1985, 137. — [36] at-Tawḥīdī, Abū Ḥayyān: al-Baṣā'ir wad-ḏaḫā'ir 3. ed. I. al-Kaylānī. Damaskus [1966], 551. — [37] Grill, S.: Graf Bobby und Baron Mucki in Wien. Mü. 1940, bes. 76; cf. Röhrich (wie not. 29) 167. — [38] cf. hierzu bes. die Beispiele bei Krauss, F. S.: Südslav. Volkserzählungen, die sich auf den Geschlechtsverkehr beziehen. In: Anthropophyteia 2 (1905) 265—439, hier 392—439 (Kap. 22: Vom Mißbrauch des Afters von Männern und Frauen). — [39] ar-Rāġib al-Iṣfahānī, al-Ḥusayn ibn Muḥammad: Kitāb Muḥāḍarāt al-udabā' [...] 3. Beirut 1961, 273. — [40] al-Ābī (wie not. 34) t. 4 (1985) 260. — [41] cf. zuletzt Tannen, H./Morris, D.: AIDS Jokes: Punishment, Retribution, and Renegotiation. In: Southern Folklore 46 (1989) 147—157.

Göttingen Ulrich Marzolph

Homunkulus. Den auf chemischem Wege in einem Glas erzeugten Miniaturmenschen, mit dem man sich bes. im ausgehenden MA. befaßte, nannte → Paracelsus[1] H. (Menschlein). Die Idee von einem H. war schon vor Paraelsus verbreitet. In den *Homilien* (2, 26)[2] und ausführlicher in den *Recognitiones*[3] der *Pseudoclementinen* (2./3. Jh. p. Chr. n.) findet sich der Ber. über → Simon Magus, der einen Menschen aus Luft, die er erst in Wasser, danach in Blut und schließlich in Fleisch verwandelt, erschaffen haben soll[4]. Der griech. Alchemist Zosimos von Panopolis (4. Jh.) schildert eine Vision von einem Gefäß mit darin kochenden Menschen, aus denen neues Leben entstehen soll; auch die Transmutation der Metalle will er visionär beobachtet haben: Aus einem als Phiole gestalteten Altar sah er beim Schmelzprozeß ein Geschöpf aufsteigen, das nacheinander Kupfermenschlein, Silbermenschlein und am Ende Goldmenschlein wurde[5]. In die Linie der H.idee gehören auch die von Agrippa von Nettesheim (1486–1535) entwickelten Gedanken über den mittels ‚Concoction' und ‚Digestion' von Materie lebenerzeugenden Einfluß der Gestirne, welcher zu Geschöpfen monströser Art führen kann. Agrippa spricht von einem „Kunststück, wodurch sich in einem einer Bruthenne unterlegten Ei eine menschenähnliche Gestalt erzeugen läßt", der wunderwirkende Kraft nachgesagt und die als ‚wahre Alraune' bezeichnet wurde[6].

Sind die von Alchemie und Magie beeinflußten H.vorstellungen in schriftl. Form und vor allem durch gelehrte Lit. tradiert worden, so ist auch unter dem Aspekt einer Wechselwirkung sowohl auf mündl. Überlieferungen über die in ein Glas gebannten hilfreichen Geister (cf. Grimm DS 85; AaTh 331: → *Geist im Glas*) als auch über den Alraun oder das Galgenmännlein (z. B. Grimm DS 84)[7], die aus Sperma oder Urin eines → Gehenkten und der → Mandragorawurzel entstünden, hinzuweisen[8].

In der häufig mißverstandenen Symbolik der → Alchemisten hat der → Stein der Weisen den gleichen Stellenwert wie die Erschaffung des Menschen: Beim alchemistischen Werk, dem ‚Kind', das in neun Monaten im phil. Ei reift, spricht man von Zeugung und Geburt. Paracelsus führt aus, daß die ‚Putrefaction' alle Dinge in ihre erste Gestalt transmutiere und der Anfang der Generation und Vervielfältigung sei. Jede Art von nicht zu Zeugungszwecken verwendetem Sperma ist für Paracelsus eine mögliche materia homunculi. In psychoanalytischer Sicht stellt der H.gedanke deshalb eine Ersatzphantasie dar, die aus einer Hochschätzung der Onanie oder anderer sexueller Praktiken, bei denen der Samen ‚verschwendet' wird, zu erklären ist[9].

Dem → Blut als Lebensträger schrieb man ebenfalls die Kraft des Spermas zu. So soll der engl. Mediziner und Rosenkreuzer Robert Fludd (1574–1637), ein Anhänger des Paracelsus, Blut destilliert und der Retorte, in der er schreckliches Geschrei wie von einem brüllenden Löwen oder Ochsen hörte, einen Menschenkopf mit Gesicht, Augen, Nase und Haaren entnommen haben[10]. In verschiedenen Mythen entstehen Menschen aus Blut (Mot. A 1263.1): So wird in einer Zulu-Erzählung einer unfruchtbaren Frau geraten, sich einen Blutstropfen zu entnehmen und ihn in einem verschlossenen Topf neun Monate aufzubewahren; danach findet sie darin das ersehnte Kind[11]. Große Bedeutung für das Zustandekommen der H.praktiken hat außerdem die Idee von der Palingenese, wobei sich wiederum Parallelen zu Vorstellungen in Mythen und Märchen zeigen (cf. → Zerstückelung, → Wiederbelebung, → Pelops, → Verjüngung). Man meinte, daß ein getötetes Lebewesen nach einer Kochprozedur verjüngt und mit neuer Kraft ausgestattet wieder zum Leben erwachen könne (cf. AaTh 753: → *Christus und der Schmied*)[12].

Während es bei der Schöpfung des → Golem darum geht, die Erschaffung des Menschen durch Gott zu imitieren, ist mit der Herstellung des H. vor allen Dingen ein Bessermachen gemeint. Der Mensch soll künftig, wie es in → Goethes *Faust* II (2, 6847) heißt, einen „höhern Ursprung haben". Das Ziel gewöhnlicher Alchemisten war, mit Hilfe arkanischen Wissens Stoffe wie Blei oder Quecksilber zur Transmutation zu bewegen und auf diese Weise Gold und Silber zu gewinnen. Die esoterischen Alchemisten dagegen befaßten sich mit der Gewinnung phil. Goldes. Statt Metallverwandlung erstrebten sie eine Weltverwandlung. Sie waren zugleich Erfinder und Entdecker, die Entwürfe einer besseren Welt liefern wollten. Goldbereitung und Beförderung der Humanität gingen im Rosenkreuzertum durchaus zusammen, z. B. bei Michael Maier (1568–1622), dem Hofarzt Rudolfs II. in Prag[13]. Der Stein der Weisen in der *Chymischen Hochzeit* (hs. seit 1604) des Theologen Johann Valentin Andreä (1586–1654) war zugleich der Eckstein Christus[14]. „Alchymie und Chiliasmus zusammen liefen so in die hermetischen Sekten ein, mit Metallverwandlung als Vorspiel zum ‚wahren' Homunculus oder zur Geburt des neuen Menschen."[15]

Während Johann → Praetorius in seinem Buch *Anthropodemus plutonicus* über die „Ungmůgligkeit des Homunculi Chymici" schreibt[16], zeigt Goethe, durch dieses gegen Paracelsus gerichtete Kap. mit dem Vorstellungskomplex bekanntgemacht, allergrößtes Interesse für die Idee des H., die sich ohne weiteres in den Zusammenhang seiner vitalistischen Naturphilosophie einordnen läßt. Der H. im *Faust* will ‚entstehen', d. h., er will aus einem bloß geistigen in körperliches Dasein übergehen[17].

Die Homunkuli wurden im Gegensatz zu den Golems, Alraunen, Flaschenteufelchen oder dem im Labor geschaffenen → Frankenstein nicht so häufig als literar. Figuren verwendet[18]. Achim von → Arnim benutzt in seinem Roman *Die Päpstin Johanna* (entstanden 1812/13) – gut 20 Jahre vor Goethes *Faust* II – u. a. das H.motiv: Hier bemüht sich → Luzifer, Gott zu übertreffen, indem er in der Retorte ein „reines Kind" erzeugen will, und meint, es sei ihm mit der Schaffung eines Mädchens, der späteren → Päpstin Johanna, gelungen[19]. In Robert Hamerlings episch-satirischer Dichtung H. (1888) ist der Held Homunkel das chemisch erzeugte Geschöpf eines Gelehrten und dient als Metapher für die in Hamerlings Augen unheilvoll materialistische Gesinnung seiner Zeit: Das Homunkeltum, das das künstliche Geschöpf auf Erden etablieren möchte, ist die Vision einer von Geld und Technik verunstalteten Welt, die ihren eigenen Untergang heraufbeschwört.

Ein spätes Echo chymisch-alchemistischer Praktiken und Phänomene, die in die Gegenwart des Wilhelminischen ZA.s verlegt sind, hat sich in einigen Novellen Gustav Meyrinks niedergeschlagen: In der Erzählung *Wachsfigurenkabinett* z. B. ist die Attraktion eines Panoptikums ein künstlich erzeugtes Doppelgeschöpf, das ein pers. Schausteller aus einem einzigen Kinde geschaffen hat[20]. In einem → Freimaurer-Jahrbuch veröff. Material, das die gängigen alchemistisch-mythol. H.motive wiedergibt, benutzt William Somerset Maugham in seinem Roman *The Magician* (1908) und läßt im Monstrositätenkabinett des Magiers einen H. auftreten, der mit geballten Fäusten an die Glaswände seines Käfigs trommelt[21]. U. a. auf die H.vorstellungen des Paracelsus greift Sven Delblanc im Roman *Homunculus* (1965) zurück, der die Gefahren einer modernen Kriegstechnologie – die Supermächte versuchen die Formel für den künstlichen Menschen zu erfahren – thematisiert[22]. Neue Bio- bzw. Gentechnologien diskutieren inzwischen die Evolution eines ‚molekularen Homunculus'[23].

[1] Paracelsus, T.: Werke 1–5. ed. W.-E. Peuckert. Darmstadt [2]1976, hier t. 3, 427–438 (Liber de homunculis); t. 5, 62 sq. (De natura rerum 1 [Anleitung zur Herstellung eines H. innerhalb von 40 Tagen; Urin, Sperma und Blut, Träger des Seelenstoffes, als materia prima]). – [2] Clementis, R.: Quae feruntur homiliae viginti. ed. A. R. M. Dressel. Göttingen 1853, 61 sq. – [3] MPG 1, 94; nicht als Erzeugung eins H., sondern als nekromantisches Kunststück interpretiert den Text Silberer, H.: Der Homunculus. In: Imago 3,1 (1914) 37–79, hier 42 sq. – [4] cf. Jacoby, A.: Homunculus. In: HDA 4 (1931/32) 286–289, Zitat 289. – [5] ibid. – [6] Zitiert nach Silberer (wie not. 3) 44 (Agrippa von Nettesheim, H. C.: De occulta philosophia 1. Stg. 1855, Kap. 36). – [7] Peuckert, W.-E.: Alraune (Mandragora). In: HDS 1, 2 (1962) 404–422; Hävernick, W.: Wunderwurzeln, Alraunen und Hausgeister im dt. Volksglauben. In: Beitr.e zur dt. Volks- und Altertumskunde 10 (1966) 17–34; Daxelmüller, C.: Disputationes curiosae. Würzburg 1979, 194–197, 229–235; Uther, H.-J.: Zur Bedeutung und Funktion dienstbarer Geister in Märchen und Sage. In: Fabula 28 (1987) 227–244. – [8] Silberer (wie not. 3) 58–64; id.: Probleme der Mystik und ihrer Symbolik. Wien 1914, 92 sq. – [9] Silberer (wie not. 3) 77; id. (wie not. 8) 89 sq., 93. – [10] cf. Fludd, R.: Schutzschrift für die Aechtheit der Rosenkreuzergesellschaft. Übers. Ada Mah Booz [i. e. A. M. Birkholz]. Lpz. 1782; cf. auch HDA 4, 287. –

[11] Frobenius, L.: Das ZA. des Sonnengottes 1. B. 1904, 237. – [12] Silberer (wie not. 8) 92. – [13] Maier, M.: Atalanta fugiens [...]. (Oppenheim 1618) Faks.druck Kassel 1964. – [14] cf. Frey-Jaun, R.: Die Berufung des Türhüters: Zur „Chymischen Hochzeit Christiani Rosencreutz" von Johann Valentin Andreae. (Diss. Zürich 1987/88) Bern u. a. 1989. – [15] Bloch, E.: Das Prinzip Hoffnung 2. B. 1955, 207. – [16] Praetorius, J.: Anthropodemus plutonicus. Das ist eine Neue Welt = beschreibung [...]. Magdeburg 1666, 156–206 (Von chymischen Menschen), Zitat 164; cf. Völker, K. (ed.): Künstliche Menschen. Mü. 1971, 60 sq. (Teilabdruck). – [17] cf. Müller, J.: Die Figur des Homunculus in Goethes ‚Faust' (Sb.e der sächs. Akad. der Wiss.en zu Leipzig, philol.-hist. Kl. 108,4). B. 1963, 3–37. – [18] cf. zum H. in der Lit.: Ludwig, A.: Homunculi und Androiden 1–3. In: ArchfNSprLit. N. S. 37 (1918) 137–153; N. S. 38 (1919) 141–155; N. S. 39 (1919) 1–25; Völker (wie not. 16) 31–70 (Texte), 454–466 (Kommentar); Frenzel, Motive, 513–524. – [19] cf. Ludwig 1919 (wie not. 18) 142 (Arnim habe als erster in der dt. Lit. einen selbständig handelnden künstlichen Menschen geschaffen und eine „förmliche Galerie von ‚Homunculi und Androiden'" zusammengebracht). – [20] Meyrink, G.: G. W. 4. Lpz./Mü. s. a., 129–148. –

[21] dt. Ausg.: Maugham, W. S.: Der Magier. Bern 1958; zu Brabbée, G.: Ber. über die wahrsagenden Geister des Grafen Kueffstein. In: Die Sphinx. ed. E. Besetzny. Wien 1873, 119 sq. cf. Silberer (wie not. 3) 66–75. – [22] cf. Sjöberg, L.: Delblanc's ‚Homun-

culus': Some Magic Elements. In: The Germanic Review 49 (1974) 105–124. – [23] cf. Eigen, M.: Homunculus im ZA. der Biotechnologie. Göttingen 1984, bes. 41 sq.

Berlin Klaus Völker

Hondorff, Andreas, * Naumburg (Saale) um 1530, † Droyßig 13. 1. 1572, protestant. Pfarrer, erster und zugleich erfolgreichster protestant. Universalkompilator.

Über Herkunft, Bildungsgang und Lebensumstände der frühen Jahre sind, auch in seinen Werken, keine Nachrichten erhalten. 1545 nimmt H. das Studium der Theologie in Wittenberg auf. Nach → Luthers Tod wechselt er 1546 an die Univ. Leipzig und wird 1547 in Merseburg zum Pfarrer ordiniert. Zunächst Hilfspfarrer in Goldschau, erhält er 1551 seine erste Pfarrstelle in Großgestewitz; ab 1563 ist er in Kistritz tätig und von 1567 bis zu seinem Tod Pfarrer in Droyßig.

Die Erstausgabe seines *Promptuarium exemplorum. Historien- und Exempelbuch* (PE; [Lpz.] 1568) erlebte bis in die 80er Jahre des 17. Jh.s etwa 40 Aufl.n und Bearb.en, ab 1575 erschien es auch in lat. Übers.[1] Gleichzeitig mit dem PE kamen 1568 in Leipzig zwei von H. verfaßte Gebrauchsbüchlein bescheidenen Umfangs und Inhalts heraus: *Lob und Unschuld der Ehefrauen* und *Der Eltern und der Kinder Spiegel*[2]. Erst posthum (1573) wurde H.s umfangreiches *Calendarium sanctorum et historiarum*[3], ein für den Predigtgebrauch konzipiertes Kompendium, mit dem H. an kathol. Legendensammlungen und frühe protestant. Kalendarien anknüpfte, in Leipzig veröffentlicht. Es ist mit einer Vorrede von Vinzenz Sturm versehen, der nach H.s Tod auch spätere Aufl.n des PE betreute. In ständig erweiterter und verbesserter Form entwickelte es sich zu einem in seiner Zeit gern und viel gelesenen volkstümlichen Kalendarium. Keines der angeführten Werke H.s erreichte jedoch eine ähnliche Wirkung und Verbreitung wie das PE, H.s Lebenswerk.

Das PE ist nach dem → Dekalog eingeteilt, jedes Gebot wiederum nach acht bis zehn Hauptschlagworten (→ Loci communes) gegliedert, denen H. das umfangreiche und vielfältige Exempelmaterial sinngemäß zuordnete[4]. Der protestant. Geistlichkeit stand mit diesem Kompendium ein gut sortierter und leicht benutzbarer Vorrat an Beispielerzählungen zur Verfügung[5]. Laut H.s Vorrede sollten Exempel sowohl dem Prediger zur Illustration seines Anliegens und der allg. christl. Lehre und Unterweisung als auch dem Laien zur Gestaltung eines christl. Lebens dienen. Damit ist die Entwicklung des PE vom homiletischen Hilfsmittel zum christl. Haus- und Erbauungsbuch vorgezeichnet.

Als erster protestant. Exempelsammler führt H. ein Verz. der benutzten und ausgeschriebenen Quellen an[6]: Neben der *Bibel* sind dies die Kirchenväter und die alten Kirchenhistoriker, zahlreiche profane Autoren der Antike und des MA.s, der Renaissance und der Reformationszeit und die bekanntesten Chroniken und Geschichtswerke des 15. und 16. Jh.s, ferner Predigt-, Exempel-, Legendensammlungen kathol. Provenienz sowie Erbauungsschriften aus dem protestant. Umkreis. Zahlreiche Exempel entnimmt er der Prodigien- und Teufelsliteratur bekannter protestant. Autoren. Die Prediger schätzten diese Stoffe und wußten sie als ‚Zeichen der Zeit' zu deuten.

Neben den Textstellen aus der Bibel haben für H. die Exempel, die er Historien nennt, das größte Gewicht. Sie erfüllen ihren belehrenden Zweck besser als volkstümliche Erzählstoffe, da sie durch die Überlieferung und Autorität hist. Persönlichkeiten und durch genaue Quellenangaben verbürgt und glaubwürdig erscheinen. Zu jedem Gebot hat H. eine Fülle passender Historien ausgewählt. Sie handeln von Aposteln, Märtyrern, Kirchenvätern, Bischöfen und Heiligen, vor allem der alten Kirche, von Glaubenszeugen und Bekennern (auch des Protestantismus), von Kaisern, Königen und Fürsten aller Jh.e, von Angehörigen aller übrigen geistlichen und weltlichen Stände und Berufe. Deren → Tugenden und Laster sind ein Spiegel der Welt.

Unter diesen Exempeln[7] finden sich zahlreiche Erzählstoffe, die als protestant. Legenden bezeichnet werden können, mit der Einschränkung, daß ihnen das → Wunder fehlt. Sie alle berichten von Bekenntnis und Verfolgung, Leid und Sterben der Glaubenszeugen (→ Hagiographie). Luther, seine Vorgänger und Mitstreiter stehen in dieser Reihe, nicht nur im Kampf gegen den Papst und die kathol. Kirche, sondern auch gegen Verirrte (z. B. Wiedertäufer) und Andersgläubige wie → Türken und → Juden. Groß ist die Anzahl warnender Berichte, die List und Macht des → Teufels zum Thema haben samt allen Helfern und Werkzeugen des Bösen wie Schwarzkünstlern, → Zauberern und → Hexen, → Dämonen und schlimmen → Träumen. Für seine didaktischen Absichten hat H. gern altbekannte Sagenstoffe aus seinen Quellen ausgezogen und nicht selten an mehreren Stellen seines PE als passende Beispielerzählung empfohlen, so die Sage vom Bischof Hatto und dem → Mäuseturm von Bingen zum 5. und 7. Gebot (PE. Lpz. ³1573, fol. 220ʳ, 347ʳ; Popiel II. zugeschrieben: 220ʳ) und die Sage vom → Rattenfänger von Hameln zum 2. und 4. Gebot (76ʳ, 185ᵛ).

Sagen mit geschichtlichen Stoffen nehmen einen großen Raum ein. Es finden sich darunter die Sagen von der → Päpstin Johanna (306ᵛ), von Heinrich und → Kunigunde (294ᵛ, 409ᵛ), von der hl. → Elisabeth (292ʳ, 415ᵛ), vom Grafen von Gleichen (300ʳ; Grimm DS 581), von den → Weibern von Weinsberg (298ʳ; Grimm DS 493), den Tänzern von Kölbigk (100ᵛ; Tubach, num. 1419: → Tänzersage), von Wilhelm → Tell (427ᵛ) etc.

Andere Exempel variieren Motive, die in volkskundlichen Aufzeichnungen seit dem frühen 19. Jh. zur Kategorie der Märchen gezählt werden, wenngleich es zumeist typische Predigtexempel oder Prodigienmeldungen sind: so das zeitlose Moralexempel vom undankbaren Sohn (173ᵛ, 175ʳ; AaTh 980 B: cf. → *Großvater und Enkel*) und die Erzählung → *Kinder spielen Schweineschlachten* (AaTh 2401; 183ᵛ sq.), die zu H.s Zeit schon den Charakter einer Sensationsmeldung hatte. Schwankhafte Elemente haben am besten ihren ursprünglichen Charakter bewahrt. Sie sollen auch im PE mehr unterhalten als belehren. Vieles stammt aus den *Tischreden* Luthers — wie z. B. die Geschichte vom toten Juden im Apfelweinfaß (327ʳ)[8] — und blieb damit durch die Autorität des Reformators gedeckt.

Mit seinem PE setzte H. im 16. Jh. die Reihe der ma. Exempelbücher fort. Er kannte die wichtigsten Sammlungen und knüpfte, indem er einige von ihnen als Quellen benutzte, bewußt an altkirchliche Tradition an. Diese hatte für ihn in → Caesarius von Heisterbach ihren ersten Vertreter und endete im *Promptuarium exemplorum* des Johannes → Herolt. Das Exempel, auf kathol. Seite mit dem Aufkommen der Reformation vernachlässigt, wurde mit und nach H. ganz bewußt zum Hilfsmittel der protestant. Predigt und Lit. Das rege Interesse, das sein PE nach dem Erscheinen fand[9], veranlaßte neben dem Verlag Berwaldt in Leipzig, der nach H.s Tod durch Sturm und dessen Sohn Wenzeslaus verschiedene erw. Aufl.n besorgen ließ, auch andere Verlage, das erfolgreiche Buch herauszubringen. Ab 1571 erschien es bei P. Schmidt in Frankfurt, 1574 auch als ill. Ausg., und wurde ab 1581 mit *Der Ander Theil Promptuarii exemplorum*, verfaßt von Zacharias → Rivander, ergänzt. Auch die Leipziger Ausg. wurde ab 1586 mit einem *Ander Theil Promptuarii exemplorum* versehen und damit zu einem zweibändigen Kompendium. 1575 brachte der Verlag Feyerabend (Ffm.) eine lat. Übers. von Philipp Lonicer auf den Markt, das *Theatrum historicum illustrium exemplorum*. Das PE in dt. Sprache erreichte jedoch die weitaus größte Popularität und Verbreitung.

Erzähltypen und -motive (Ausw.)[10]:

PE (Lpz. ³1573) fol. 75ʳ = Frevler vom Teufel durch die Luft entführt und tot fallengelassen[11]. — 101ᵛ = In Landsknechtskleidung predigender Mönch verspottet → Petrus und → Paulus Eremita (Mot. J 1263.4.2). — 100ᵛ = Mäher findet Geldstück als Belohnung, weil er am Feiertag nicht gemäht hatte. — 174ʳ = AaTh 982: *Die vorgetäuschte → Erbschaft*. — 183ʳ = Ungeratener Sohn am Galgen, zeigt seiner Mutter die Feige. — 201ᵛ = Warnung vor Fahnenflucht: Die Soldaten sollen ihren König, den sie nicht sehen, mehr fürchten als die Feinde (Mot. J 216.1). — 207ᵛ = Hund verrät Mörder seines Herrn (Mot. J 1145.1). — 265ᵛ = AaTh 293: → *Magen und Glieder*. — 326ʳ = → Fliegen sollen nicht vertrieben werden (Mot. J 215.1). — 442ʳ = AaTh 38: → *Einklemmen unholder Wesen* (Milo-Sage). — 342ʳ = AaTh 775: → *Midas*. — 346ᵛ = AaTh 1186: → *Advokat und Teufel*. — 352ʳ, 356ᵛ = Bestrafung eines ungerechten Richters: Haut wird auf Schemel gespannt (Mot. J 167). — 361ʳ = Herrscher läßt ehebrecherischem Sohn ein Auge ausstechen, sich das andere (Tubach und Dvořák, num. 1944)[12]. — 456ᵛ = AaTh 736 A: *Ring des → Polykrates*.

Calendarium (Lpz. 1573) 110ᵛ = Gregor von Nazianz bewegt einen Berg (Tubach, num. 3424; → Glaube versetzt Berge). — 112ᵛ = Ehebruch durch Gottesurteil offenbar; die in den Brunnen gesteckte Hand der Frau fällt ab (Mot. H 411.11; cf. → Bocca della verità).

[1] Überblick (mit Bibliogr.) bei Schade, H.: Das PE des A. H. Volkskundliche Studien zum protestant.

Predigtexempel im 16. Jh. Diss. Ffm. 1966; ead.: A. H.s PE. In: Brückner, 647—703; cf. auch Rehermann, bes. 180—197. — [2] Ausg.n bei Brückner, 699 sq.; Brüggemann, T.: Hb. zur Kinder- und Jugendlit. Vom Beginn des Buchdrucks bis 1570. Stg. 1987, 1062 sq. — [3]Ausg.n bei Brückner, 701—703; zum Calendarium cf. auch Scharfe, M.: Evangel. Andachtsbilder. Stg. 1968, 141—144, 157 sq., 162. — [4] Brückner, 652—663; Rehermann, bes. 38—43. — [5] Brückner, 663—673; Wolf, H.: Das Predigtexempel im frühen Protestantismus. In: HessBllfVk. 51/52 (1960) 349—369, hier 363; id.: Das Predigtexempel im frühen Protestantismus. In: Der Deutschunterricht 14 (1962) 76—99, hier 90; Hieber, W.: Legende, protestant. Bekennerhistorie, Legendenhistorie. Diss. Würzburg 1970, 51 sq., 81 sq., 92—95. — [6] Zusammenstellungen bei Brückner, 654, 686— 689, 692; Rehermann, 72, 180—197; Schenda, R.: Die dt. Prodigiensigen des 16. und 17. Jh.s. In: Archiv für Geschichte des Buchwesens 4 (1963) 637—710, bes. 669—671. — [7] Zum folgenden cf. Schade 1966 (wie not. 1) 74—89; Brückner, 661—689. — [8] cf. Ranke, K.: Zum Motiv „Accidental Cannibalism" (Thompson X 21) [1973]. In: id.: Die Welt der Einfachen Formen. B./N. Y. 1978, 286—290. — [9] Brückner, 457—472, num. 278—435 (Katalog von H.s Teufelserzählungen); zum Nachleben ibid., 689—693; Dömötör, Á.: H.-Hátasok Keresszegi Herman István Exemplumaiban (H.s Wirkung in den Exempeln von István Keresszegi Herman). In: Acta Historiae Litterarum Hungaricarum 25 (1988) 15—30; Sagenerzähler und Sagensammler der Schweiz. ed. R. Schenda (unter Mitarbeit von H. ten Doornkaat). Bern/Stg. 1988, 34 (S. Goulart). — [10] Außer Schade, Rehermann (wie not. 1) cf. Nachweise bei Pauli/Bolte 2, 255—446. —
[11] Denecke, B.: Materialien aus dem Umkreis der Sage vom „Überzähligen". In: ZfVk. 57 (1961) 195—229. — [12] Uther, H.-J.: Behinderte in populären Erzählungen. B./N. Y. 1981, 56 sq.

Berlin Heidemarie Schade

Honduras → Mittelamerika

Honig. Der H. wurde bereits in prähist. Zeit vielfältig genutzt, vor allem als Nahrungsmittel[1], zum Süßen von Speisen, zur Schönheitspflege, als Medikament, zur Einbalsamierung oder Konservierung[2]. Er war ‚der Zucker der Alten': Zucker aus Zuckerrohr war vermutlich bereits im 4. Jh. p. Chr. n. bekannt, fand jedoch erst mit den Kreuzzügen Verbreitung im Abendland und galt noch bis Ende des 17. Jh.s als Luxusartikel. Da bis in die Antike die Herkunft des H.s von den gelehrten Autoren auf unterschiedliche Weise gedeutet wurde (obwohl bereits im Altertum bekannt war, daß der H. von den → Bienen gesammelt wird)[3], verknüpften sich mit ihm zahlreiche mythol. und kultische Vorstellungen: H. als Speise der Himmlischen[4], als erste Nahrung göttlicher Kinder (→ Zeus- und Dionysos-Mythos)[5], als Opferspeise[6], Grabbeigabe[7], Schutz vor Dämonen und Fruchtbarkeitssymbol[8].

Im metaphorischen Sinn ist H. gleichbedeutend mit der Süße des Wortes. Die *Ilias* → Homers (als frühester Beleg) beschreibt Nestor als einen Redner, „dem von der Zunge die Worte noch süßer wie Honig entglitten"[9]. Hier steht Süße für Überzeugungskraft — eine Vorstellung, die religiöses Denken auf das Wort Gottes übertrug[10]. Häufiger ist der Vergleich des H.s mit der Süße des Dichterwortes[11], so etwa bei Simonides (ca 557/556—468/467), der „den süßen Honig" seiner Dichtung aus bitterem Thymian saugt[12]. In dieser Tradition steht noch Clemens → Brentanos *Klopfstock*-Märchen (cf. AaTh 653: *Die vier kunstreichen → Brüder*), das im zottigen Äußeren des Trilltrall und in seiner poetischen Rede — „wie Honig so süß" — das Bild einer unkonventionellen, dichterisch-romantischen Lebensweise zeichnet[13].

H. (bes. auch in der Verbindung mit → Milch) gehört zum festen Bestandteil antiker Beschreibungen eines Goldenen → Zeitalters[14] bzw. eines Landes der Seligen ebenso wie zur Vorstellungswelt vom A.T. und N.T.[15] Flüsse von Milch und H. fließen im Götterland und im himmlischen Paradies[16]. Dieser Mythos findet vielfältigen Ausdruck in den diversen Ausformungen des → *Schlaraffenland*-Stoffs (KHM 158, AaTh 1930). So erzählt der span. Dichter Lope de Rueda (ca 1510—65) von einem H.fluß, neben dem ein anderer aus Milch fließe, und zwischen beiden Flüssen gebe es einen Brunnen, aus dem Butter und Schichtkäse in den H.fluß hineinflössen, und sie schienen zu sagen: ‚Eßt uns! Eßt uns!'[17] Ein ir. Lied aus dem 14. Jh. beschreibt im fernen Land ‚Cokanien' die „Flüsse groß und fein/ mit Öl und Milch, mit Honig und Wein"[18]. In einer reizvollen Verbindung von süßer Rede und schlaraffischem Wohlleben bietet ein Flugblatt aus dem 17. Jh. *Ein schöns new gebachens und wolgeschmackes H.süsses Liede, von dem aller besten Landt, so auff Erden ligt*, wo es regnet „lauter Honig fein"[19]. In Sagen und

Märchen ist trotz dieser zahlreichen Vorbilder der H. als sinntragendes Element kaum vertreten. In KHM 158 entspricht das Bild vom H.fluß den christl. Überlieferungen[20], während der faule Heinz (KHM 164, AaTh 1430: cf. → *Luftschlösser*) ebenso wie der Einsiedler in Hans → Sachs' *Der Einsiedel mit dem H.krug* (1538)[21] im H.topf die eher zufällig anmutende Quelle allen erträumten Reichtums sieht.

Eine spezielle Bedeutung erhält der H. als Lieblingsnahrung des betrügerischen → Fuchses (AaTh 15: → *Gevatter stehen*). H. ist auch die Lieblingsnahrung des → Bären, der damit vom Fuchs angelockt und schließlich durch → Einklemmen gefangen wird (AaTh 38: *Claw in Split Tree*; AaTh 49: *The Bear and the Honey*). In dieser aus dem → *Roman de Renart* (1,492—744) und anderen Bearb.en des Tierepos bekannten Fabel wird auch auf die bittere Kehrseite aller süßen Genüsse angespielt[22]. Diese Erkenntnis spiegelt sich in der antinomischen Verbindung von Galle und H. wider, die, basierend auf antiken und bibl. Vorbildern[23], zum Topos wurde und bes. häufig in der mhd. Lit. begegnet[24] — wohl als Ausdruck der ma. Einsicht in die Unzulänglichkeit irdischen Glücks. Auch das Sprichwort bedient sich dieses Kontrastbildes: als eigenständige Sentenz (z. B. ,H. auf den Lippen, Galle im Herzen') wie auch als Handlungselement in literar. Texten bzw. als Bestätigung und Bekräftigung literar. Aussagen (,Galle ist immer bitter, soviel H. man auch daraufstreicht')[25].

[1] 2. Sam. 17,27—29; cf. auch Mt. 3,4; allg. Schuster, M.: Mel. In: Pauly/Wissowa 29 (1931) 364—384, hier 373 sq.; Wiegelmann, G.: Zucker und Süßwaren im Zivilisationsprozeß der Neuzeit. In: Teuteberg, H. J./Wiegelmann, G.: Unsere tägliche Kost. Münster 1986, 135—152; Baxa, J./Bruhns, G.: Zucker im Leben der Völker. B. 1967. — [2] Pauly/Wissowa 29, 373—375; Eckstein, F.: H. In: HDA 4 (1931/32) 289—310. — [3] Im allg. wurde die Vorstellung angeführt, daß der H. als Tau vom Himmel falle (cf. Aristoteles, Historia animalium 5, 22, 4; Vergil, Georgica 4, 1; Plinius, Naturalis historia 11, 12). Nach anderen Vorstellungen sah man ihn aus Eichen quellen (Horaz, Epoden 16, 47; Ovid, Metamorphosen 1, 112), oder die Bienen gaben H., nachdem sie ein Blatt aus dem Paradies gefressen hatten (1001 Nacht 4,78); allg. dazu cf. Roscher, W. H.: Nektar und Ambrosia. Lpz. 1883, 13—22. — [4] ibid., 13, 28—33, 60 sq.; Usener, H.: Kl. Schr. 4. Lpz./B. 1913, 389 sq. — [5] Roscher (wie not. 3) 62 sq.; Usener (wie not. 4) 400. — [6] HDA 4, 295—299. — [7] cf. etwa Homer, Odyssee 24,67 sq.; Rohde, E.: Psyche. Seelencult und Unsterblichkeitsglaube der Griechen 1. Nachdr. Darmstadt 1974, 16 sq. — [8] HDA 4, 298 sq. — [9] Homer, Ilias 1, 249 (in der Übers. von T. von Scheffer). — [10] cf. auch Ps. 119,103; Legenda aurea/Benz, 290 (Von St. Ambrosius); Ohly, F.: Geistige Süße bei Otfried. In: id.: Schr. zur ma. Bedeutungsforschung. Darmstadt 1977, 93—127, hier 96—98. —
[11] Pauly/Wissowa 29, 382 sq.; Waszink, J. H.: Biene und H. als Symbol des Dichters und der Dichtung in der griech.-röm. Antike. Opladen 1974; Roscher (wie not. 3) 69—73; in diesem Zusammenhang sind auch die zahlreichen Beispiele bei Ohly (wie not. 10) zu sehen: Süße hier gleichbedeutend mit H., da im MA. Zucker noch weitgehend unbekannt war. — [12] cf. Fränkel, H.: Dichtung und Philosophie des frühen Griechentums. Mü. 1962, 369. — [13] Brentano, C.: Das Märchen von dem Schulmeister Klopfstock und seinen fünf Söhnen. In: id.: Werke 3. ed. F. Kemp. Mü. 1965, 449; cf. auch Rölleke, H.: Nebeninschriften. Brüder Grimm — Achim und Brentano — Droste-Hülshoff. Bonn 1980, 147, 151. — [14] cf. z. B. Aristophanes: Die Frösche. In: Antike Komödien. ed. H.-J. Newiger. Mü. s. a., 487; Horaz, Epoden 16, 47. — [15] Ex. 3,8; Bietenhard, H.: Die himmlische Welt im Urchristentum und Spätjudentum. In: Wiss. Unters.en zum N.T. ed. J. Jeremias/O. Michel. Tübingen 1951, 161. — [16] Richter, D.: Schlaraffenland. Geschichte einer populären Phantasie. Köln 1984, 24; Ovid, Metamorphosen 1, 111. — [17] Zitiert nach Richter (wie not. 16) 13. — [18] ibid., 135—140; weitere literar. Belege 231—233. — [19] ibid., 152—159. — [20] KHM 3 (^{3}1856) 239. —
[21] Sämtliche Fabeln und Schwänke von Hans Sachs. ed. E. Goetze/C. Drescher. Halle 1900, num. 94; cf. BP 3, 262. — [22] z. B. Goethe, J. W.: Reineke Fuchs in zwölf Gesängen. B. 1987 (Neudruck der Ausg. 1846), 2. Gesang (bes. V. 80, 84). — [23] Fechter, W.: Galle und H. In: Beitr.e zur Geschichte der dt. Sprache und Lit. 80 (1958) 107—142, hier 128—130. — [24] cf. etwa bei Gottfried von Straßburg, Tristan, V. 11 890; Hartmann von Aue, Der arme Heinrich, V. 152; Konrad von Würzburg, Die goldene Schmiede, V. 1012 sq.; allg. und mit weiteren Beispielen cf. Fechter (wie not. 23). — [25] Frauenlist. In: Dt. Erzählungen des MA.s. ed. U. Pretzel. Mü. 1971, 164—175, hier 171; cf. auch Wander 2, 766—774, hier 767; Röhrich, Redensarten 1, 433; Otto, A. (ed.): Die Sprichwörter und sprichwörtlichen Redensarten der Römer. Lpz. 1890, 216 sq.

Wuppertal Jutta Rißmann

Honigtopf des Mönchs → Luftschlösser

Honko, Lauri, * Hanko 6. 3. 1932, finn. Folklorist und Religionswissenschaftler, Mitbegründer der empirischen Kulturforschung in Skandinavien. H. promovierte 1959 in Helsinki mit der Arbeit *Krankheitsprojektile. Unters. über eine urtümliche Krankheitserklärung* ([FFC 178]. Hels. 1959), wurde 1961 von der Univ. Helsinki zum Dozenten für Folkloristik und Vergleichende Religionswissenschaften ernannt und 1963 zum Professor der Folkloristik und der Vergleichenden Religionswissenschaften an die Univ. Turku berufen (Extraordinarius, seit 1971 Ordinarius). Seit dem Jahr 1972 leitet H. das Nordic Institute of Folklore in Turku, das zur Aufgabe hat, die Erforschung volkstümlicher Überlieferungen in Skandinavien zu koordinieren und zu fördern. H. ist eine herausragende Gestalt der finn. Folkloristik; neben zahlreichen Ehrenaufgaben in internat. Wiss.organisationen hatte er u. a. auch das Amt des Präsidenten der Internat. Soc. for Folk Narrative Research (1974–89) inne. H. ist Hauptherausgeber der → *Folklore Fellows Communications* (seit 1969), von *Temenos* (1965–68, seit 1975), *NIF Newsletter* (seit 1972) und *Studia Fennica* (seit 1981).

H. bemühte sich in den 60er Jahren in der skand. Folkloristik um eine Ausrichtung auf die empirische Erforschung lebendiger Traditionen, die schnell die früheren hist. Fragestellungen verdrängte. Das Verhältnis von Mensch und Tradition, die Bedeutung mündl. Überlieferung sowie die Feldforschung standen denn auch im Mittelpunkt des Interesses der Forschungsschule, die sich um H. gebildet hat. Charakteristisch für H.s Arbeit ist ihre interdisziplinäre und internat. Ausrichtung. In den 80er Jahren bemühte sich H. u. a. um die Förderung der Folkloreforschung in den Entwicklungsländern; seit 1984 ist er Mitglied einer internat. Expertenkommission der UNESCO zur Bewahrung von Folklore.

H.s Forschungsinteressen sind breit gefächert (Volksmedizin, Geisterglaube, Schamanismus, Mythos und Ritual, Klagelieder, Erzähltradition). Der wesentliche Teil seiner Arbeitsleistung lag jedoch in der Erneuerung der folkloristischen und religionswiss. Theorie und Methodologie. In der Diskussion um die Analyse der Folkloregattungen (→ Gattungsprobleme) hat H. u. a. die Bedeutung der Genre-Analyse für die Differenzierung des Informationswertes von mündl. Überlieferung betont (cf. die Unterscheidung von Geschichte und Memorat). Als Leitfigur einer überlieferungsökologischen Forschungsmethode richtete H. sein Augenmerk auf die Mechanismen, mit deren Hilfe sich weitverbreitete Überlieferungsmotive regionalen Gemeinschaften anpassen (→ Adaptation, → Akkulturation). Als Religionsforscher widmete H. seine Unters.en bes. dem religiösen Menschen, seiner sozialen und psychischen Erlebniswelt (Schwerpunkte: Rollentheorie, Initiationsritentheorie, → Funktionalismus), aber er beschäftigte sich auch mit Problemen der Riten-Taxonomie und der Mythendefinition. In den 80er Jahren richtete H. bei der Beschäftigung mit der Beziehung zwischen → *Kalevala* und nationaler Identität sein Augenmerk auch auf die epische Tradition der Entwicklungsländer Asiens und Afrikas. Außer in Finnland und der Sowjetunion betrieb er seine Feldforschungen auch in Tansania, China und Indien.

H.s Bibliogr. enthält über 300 Veröff.en. Die beigefügte Auswahl beschränkt sich auf umfangreichere Werke und Aufsätze, die in internat. Sprachen erschienen sind.

Veröff.en (Ausw.): On the Effectivity of Folk-Medicine. In: Arv 18/19 (1962/63) 290–300. – Geisterglaube in Ingermanland 1 (FFC 185). Hels. 1962. – Memorates and the Study of Folk Belief. In: JFI 1 (1964) 5–19. – Genre Analysis in Folkloristics and Comparative Religion. In: Temenos 3 (1968) 48–66. – Role-Taking of the Shaman. In: Temenos 4 (1969) 26–55. – Der Mythos in der Religionswiss. In: Temenos 6 (1970) 36–67. – The Problem of Defining Myth. In: Scripta Instituti Donneriani Aboensis 6 (1972) 9–17. – Uskontotieteen näkökulmia (Aspekte der Religionswiss.). Porvoo/Hels. 1972. – Finn. Mythologie [1963/65]. In: Wb. der Mythologie 2. ed. H. W. Haussig. Stg. 1973, 261–322. – Tradition Barriers and Adaptation of Tradition. In: Ethnologia Scandinavica (1973) 30–49. – Balto-Finnic Lament Poetry. In: SF 17 (1974) 9–61. – Zur Klassifikation der Riten. In: Temenos 11 (1975) 61–77. – Genre Theory Revisited. In: SF 20 (1976) 20–25. – The Role of Fieldwork in Tradition Research. In: Ethnologia Scandinavica (1977) 75–97. – Folkmedicinen i utvecklingsperspektiv. (Volksmedizin und Entwicklungsperspektive). In: Tradisjon 8 (1978) 1–26. – Metodiska och terminologiska betraktelser i folkloristik (Methodische und terminologische Betrachtungen zur Folkloristik). Sth. 1980. – The Formation of Ecotypes. In: Folklore on Two Continents. Festschr. L. Dégh. Bloom., Ind. 1980, 280–285. – Folkloristika paradigm: en introduktion (Folkloristische Paradigmen:

Eine Einführung). In: Herranen, G. (ed.): Folkloristikens aktuella paradigm. Åbo 1981, 5–13. – Forskningsmetoderna inom prosatraditionen och deras framtid (Die Forschungsmethoden innerhalb der Prosatraditionen und ihre Zukunft). ibid., 15–65. – Folk Medicine and Health Care Systems. In: Arv 38 (1982) 57–85. – Four Forms of Adaptation of Tradition. In: Jerusalem Studies in Jewish Folklore 3 (1982) 139–156. – Folkloristic Studies on Meaning: An Introduction. In: Arv 40 (1984) 35–56. – Empty Texts, Full Meanings: On Transformal Meaning in Folk-Lore. ibid., 95–125. – The Problem of Defining Myth. In: Dundes, A. (ed.): Sacred Narrative: Readings in the Theory of Myth. Berk./L. A./L. 1984, 41–52. – Zielsetzung und Methoden der finn. Erzählforschung. In: Fabula 26 (1985) 318–335. – Types of Comparison and Forms of Variation. In: J. of Folklore Research 23 (1986) 105–124. – The Kalevala – Myth or History? In: The Heroic Process: Form, Function and Fantasy in Folk Epic. ed. B. Almqvist/S. Ó Catháin/P. Ó Héalaí. Dublin 1987, 279–292.

Joensuu Anna-Leena Siikala

Honti, János, * Budapest 20. 10. 1910, † Kópháza März 1945, Sohn des bekannten ung. Philologen Rezső Honti, studierte in Budapest Germanistik und promovierte 1932 in Pécs (Fünfkirchen) mit einer Arbeit über die ung. Bezüge des → *Nibelungenliedes*. Danach war er kurze Zeit als Mittelschullehrer, später als Bibliothekar in der Széchényi-Bibl. in Budapest tätig. Von 1937 bis 1939 arbeitete er in Paris im Office de documentation folklorique, wo er auch mit der Katalogisierung der frz. Volksmärchen nach AaTh begann. Bei Ausbruch des 2. Weltkrieges kehrte er nach Ungarn zurück, wurde ab 1942 mehrmals als sog. ‚Arbeitsdienstler' einberufen und starb mit 34 Jahren im Konzentrationslager Kópháza in der Nähe von Sopron (Ödenburg) wenige Tage vor Kriegsende in Ungarn.

Schon als Mittelschüler befaßte sich H. mit Volksdichtung. Er war 1927 in Verbindung mit K. → Krohn und den Folklore Fellows getreten und veröffentlichte 1928 noch vor dem Abitur sein *Verz. der publizierten ung. Volksmärchen*. In der Reihe der → *Folklore Fellows Communications* erschien 1931 auch sein zweites Buch *Volksmärchen und Heldensage*. Bereits als Student schrieb er mehrere Beiträge für das HDM[1]. H. war ein ungewöhnlich produktiver Forscher. In der kurzen Zeit seiner wiss. Tätigkeit publizierte er fast 100 Arbeiten. Er war nicht nur Folklorist, sondern zugleich humanistischer Kulturphilosoph: Ihm galt die mündl. und schriftl. tradierte Dichtung als ebenbürtiges Quellenmaterial für das menschliche Denken. In seiner kurzen Tätigkeit lassen sich verschiedene Perioden unterscheiden: In der frühen Jugend interessierte er sich bes. für die Heldenepik und die Wechselbeziehungen zwischen dt. und ung. Erzählgut. In Ungarn arbeitete er zusammen mit K. Kerényi, seinem Lehrer und Freund, später war H.s Vorbild vor allem A. → Jolles. H.s Hauptwerke befassen sich ebenfalls mit dem Problem der → Einfachen Formen, d. h. mit den epischen Prosagattungen der europ. Volksdichtung. In Paris arbeitete H. hauptsächlich mit isl. Sagas und ma. ir. Reiseberichten. Sein Buchprojekt *Insel-Legenden* kam nicht mehr zustande[2].

Nach I.-M. → Greverus legte H. „besonderes Gewicht auf das Grund- oder Zentralmotiv, wofür er auch den Ausdruck Grundgedanke benutzt[e]"[3]. Zunächst folgte er der von der finn. Schule vertretenen → geogr.-hist. Methode. Später orientierte er sich in seinen Unters.en der Grundideen von Volksprosagattungen ähnlich wie z. B. L. → Katona an Forschungsansätzen, die am ehesten als morphologisch oder phänomenologisch bezeichnet werden können[4]. Trotz ihrer großen Zahl blieb die Auswirkung von H.s Publikationen auf die internat. Erzählforschung beschränkt, teils wegen der politischen Ereignisse und wegen seines frühen Todes, teils aber sicher auch aufgrund der Tatsache, daß viele von ihnen in ung. Sprache veröffentlicht wurden. In Ungarn selbst nahm J. → Berze Nagy H.s Typenkatalog zwar zur Kenntnis, benutzte ihn aber bei der Erstellung seiner eigenen ung. Typologie „weitaus weniger folgerichtig"[5] als etwa A. → Aarnes *Verz. der Märchentypen* ([FFC 3]. Hels. 1910). Trotz dieser Einschränkungen gilt H. zu Recht als erster bedeutender ung. Erzählforscher des 20. Jh.s[6].

[1] Art. von H. in HDM 2: Die goldene Gans; Geld mit Scheffeln messen; Geschirrverkauf; Die drei schadhaften Gesellen; Gestohlene Leber; Die drei Glückskinder; Der arme Junge im Grab. – [2] cf. auch H., J.: Szigetek legendái (Insellegenden). In: Ethnographia 56 (1945) 15–17; Dömötör (v. Lit.) 40 sq. – [3] Greverus, I.-M.: Thema, Typus und Motiv. In: Laogr. 22 (1965) 130–139, hier 133. – [4] cf.

Dömötör (v. Lit.) 75. — [5] Berze Nagy 1, 77 sq. — [6] Vezényi, P.: Die Geschichte der ung. Märchen- und Aberglaubenforschung im XX. Jh. Diss. Freiburg (Schweiz) 1960, 26—38.

Veröff.en (Ausw.): Verz. der publizierten ung. Volksmärchen (FFC 81). Hels. 1928. — Volksmärchen und Heldensage (FFC 95). Hels. 1931. — Hungarian Popular Balladry. In: J. of the English Folk Dance and Song Soc. (1934) 166—172. — Magyar epikus hagyomány (Ung. epische Überlieferung). In: Magyarságtudomány 1 (1935) 126—136. — Mesetudomány és vallástörténet (Märchenwiss. und Religionsgeschichte). In: Népünk és nyelvünk 7 (1935) 107—124. — Celtic Studies and European Folk-Tale Research. In: Béaloideas 6 (1936) 34—39. — Mese és legenda (Märchen und Legende). In: Ethnographia 47 (1936) 281—290. — A mese világa (Die Welt der Märchen). Bud. 1937 ([2]1975). — A sziget kelta mythosáról (Über den kelt. Inselmythos). In: Argonauták 1 (1937) 3—13. — Zum Eingliederungsproblem der ung. epischen Überlieferungen. In: Ung. Jbb. 18 (1938) 153—174. — Märchenmorphologie und Märchentypologie. In: Folk-Liv 3 (1939) 307—318. — On a Type of Saga Incidents. In: Helicon 4 (1940) 65—73. — Vinland and Ultima Thule. In: Modern Language Review (1940) 159—172. — Late Vinland Tradition. In: Modern Language Quart. 1 (1940) 114—116. — Anonymus és a hagyomány (Der Anonymus und die Überlieferung). Bud. 1942. — Notice sur le conte égyptien du Prince prédestiné. In: Oriens antiquus (1945) 66—73. — Válogatott tanulmányok (Ausgewählte Studien). ed. G. Ortutay/ T. Dömötör. Bud. 1962 (mit vollständiger Bibliogr. von V. Voigt). — Studies in Oral Epic Tradition [Slg von Aufsätzen]. Bud. 1975.

Lit.: Dömötör, T.: J. H. — Leben und Werk (FFC 221). Hels. 1978 (mit weiterführender Lit.).

Budapest Tekla Dömötör

Horák, Jiří, * Benešov u Prahy (Mittelböhmen) 4. 12. 1884, † Martin (Mittelslovakei) 14. 8. 1975, tschechoslovak. Literarhistoriker und Folklorist. Er studierte 1902—08 Slavistik an der Karls-Univ. und Germanistik an der damaligen dt. Univ. in Prag. 1908—19 war H. Gymnasiallehrer in Prag und habilitierte sich 1919 für vergleichende Geschichte der slav. Lit.en und der Volksüberlieferung. 1922—26 lehrte er als Professor an der Masaryk-Univ. in Brno (Brünn), 1927—53 an der Karls-Univ., unterbrochen durch seine Tätigkeit als tschechoslovak. Botschafter in der UdSSR (1945—48). 1956—63 war er Direktor des Ústav pro etnografii a folkloristiku (Inst. für Ethnographie und Folkloristik) der Tschechoslovak. Akad. der Wiss.en.

Neben der tschech. und slav. Lit.geschichte[1] widmete sich H. der Geschichte der Vk.[2] und vor allem der tschechoslovak. und slav. Volksdichtung. Er ist im Umkreis von J. → Polívka, seinem Lehrer, und V. → Tille, seinem älteren Univ.skollegen, zu sehen: Wie die beiden in der Erzählforschung, so hat er ähnliche Verdienste auf dem Gebiet des Volksliedes[3] erworben. Das nahe Verhältnis zu Polívka hatte sein Interesse auch für Märchenforschung zur Folge. Polívka beteiligte ihn an dem gemeinsam mit J. → Bolte herausgegebenen Werk (BP), hauptsächlich am letzten Band. Die enge Beziehung zu seinem Lehrer zeigt sich auch in der Tätigkeit H.s als Herausgeber: Er organisierte die Festschr. zum 60. Geburtstag Polívkas[4], zu der er eine Bibliogr.[5] beitrug; gemeinsam mit Tille bereitete er eine zweibändige Auswahl von monogr. Abhdlgen über sechs Märchentypen vor[6], wobei im 2. Band sein Anteil überwiegt. Als Slavist gab H. die Slgen von K. J. → Erben heraus[7] sowie Anthologien der beloruss.[8] und sorb.[9] Volksdichtung. Ähnlich wie andere tschech. Märchenforscher war er Verf. von Nacherzählungen des tschech. Erzählguts; bis heute populär sind die Märchen mit der Hauptgestalt des tschech. Honza (Hans)[10] und die auch in vielen fremdsprachigen Versionen erschienenen Bearb.en von Märchen aus den tschech. Slgen des 19. und 20. Jh.s[11]. Das Nachwort zum letztgenannten Buch erweiterte er zu einem monogr. Abriß über das tschech. Volksmärchen[12]. Die breite Interessensphäre H.s deuten die in der Festschr. anläßlich seines 85. Geburtstages enthaltenen Beitr.e an[13].

[1] v. z. B. H., J.: Z dějin literatur slovanských. Stati a rozpravy (Aus der Geschichte der slav. Lit.en. Aufsätze und Abhdlgen). Praha 1948. — [2] Bes. id.: Národopis československý. Přehledný nástin (Tschechoslovak. Vk. Übersichtlicher Abriß). In: Československá vlastivěda 2. ed. V. Dědina. Praha 1933, 305—472, 607—608; id.: Jacob Grimm und die slav. Vk. In: DJbfVk. 9 (1963) 11—70. — [3] cf. die H.-Bibliogr. Z. Urbans in Robek u. a. (v. Lit.). — [4] H., J. (ed.): Sborník prací věnovaných prof. dr. J. Polívkovi k šedesátým narozeninám (Sammelband von Arbeiten, die Prof. Dr. J. Polívka zum 60. Geburtstag gewidmet sind). Praha 1918. — [5] ibid., 239—256. — [6] Polívka, J.: Lidové povídky slovanské (Slav. Volkserzählungen) 1—2. ed. J. H./V. Tille. Praha 1929/39. — [7] Erben, K. J.: Vybrané báje a

pověsti národní jiných větví slovanských (Ausgewählte Volksmythen und -sagen anderer slav. Zweige). ed. J. H. Praha 1925 (Neue Ausg. 1953); id.: Slovanské pohádky (Slav. Märchen). ed. J. H. Praha 1940 ([2]1948). — [8] H., J.: Běloruské lidové pohádky a povídky (Weißruss. Volksmärchen und -erzählungen). Praha 1957. — [9] id.: Pohádky a písně Lužických Srbů (Märchen und Lieder der Lausitzer Sorben). Praha 1959. — [10] id.: Český Honza. Lidové pohádky (Der tschech. Honza. Volksmärchen). Praha 1940 ([14]1987). — [11] id.: České pohádky (Tschech. Märchen). Praha 1944 ([2]1945, von der 3., neu bearb. Aufl. an u. d. T.: Čarodějná mošna. České pohádky [Der Zauberbeutel. Tschech. Märchen]. Praha 1958, [7]1981). — [12] id.: Česká pohádka v lidové a sběratelské tradici (Das tschech. Märchen in der Volks- und in der Sammeltradition). In: Červenka, J. (ed.): O pohádkách. Praha 1960, 25—62. — [13] Jech, J./Skalníková, O. (edd.): Lidová tradice. Přátelé k 85. narozeninám akademika Jiřího Horáka (Volkstradition. Freunde zum 85. Geburtstag des Akademiemitglieds J. H.). Praha 1971.

Lit.: Robek, A./Petr, J./Urban, Z.: Bibliografický soupis prací akad. J. Horáka s přehledem jeho činnosti (Bibliogr. der Arbeiten des Akademiemitglieds J. H. mit einem Überblick über sein Schaffen). Praha 1979, cf. 199—206 (49 Angaben zu Lit. über H.).

Bratislava Viera Gašparíková

Horálek, Karel, * Rajhrad (Kreis Brno-venkov, Brünn-Land) 4. 11. 1908, tschechoslovak. Slavist. Er studierte 1935—39 Philosophie und slav. Philologie an der Masaryk-Univ. in Brünn, u. a. bei R. → Jakobson. 1940—47 war er Assistent in der Redaktion des Tschech. Wb.s in Prag, dort habilitierte er sich 1946, war 1947—76 Professor der slav. Philologie, 1972—78 zugleich Direktor des Ústav pro jazyk český (Inst. für tschech. Sprache) der Tschechoslovak. Akad. der Wiss.en. 1984 wurde ihm der Gottfried-Herder-Preis verliehen.

Die Interessen H.s erstrecken sich auf mehrere humanistische Disziplinen. Drei Bereiche sind hervorzuheben: (1) slav. Philologie (Erforschung bes. der altslav., kirchenslav., bulg., russ. und tschech. Sprache hinsichtlich der lexikologischen, phonologischen und grammatischen Probleme sowie der Problematik der Schriftsprachen und deren Pflege etc.); (2) slav. Verslehre, vor allem aufgrund des tschech. Materials; (3) slav. Folkloristik auf einer breiten, den slav. Rahmen weit überschreitenden Basis.

Während er sich innerhalb der Folklore zunächst dem Volkslied[1] widmete, orientierte er sich später immer mehr auf die Volksprosa hin. H. interessierten u. a. theoretische, textologische und vergleichende Fragen, die mit der Volksdichtung, bes. den Märchen, verbunden sind. Seine wiss. Tätigkeit auf diesem Gebiet läßt sich hauptsächlich in folgende Schwerpunkte teilen: (1) allg. Arbeiten über die tschech. und slav. Volksdichtung, bes. über Märchen, in Zss.-Beiträgen[2] und in Buchform[3]; (2) monogr. Unters.en zum *ägypt.* → *Brüdermärchen* (AaTh 318 u. a.), zu dem er immer wieder mit Ergänzungen und neuen Gesichtspunkten zurückkehrt[4]; (3) Monogr.n über verschiedene Erzähltypen[5]; Unters.en (4) zu den kulturellen Kontakten zwischen Europa und dem Orient (u. a. balkanologische Aspekte)[6] und (5) zur Wechselwirkung von Folklore und Lit.[7].

[1] v. z. B. Příspěvek k historické a srovnávací poetice české lidové písně (Ein Beitr. zur hist. und vergleichenden Poetik des tschech. Volksliedes). In: F. Wollmanovi k sedmdesátinám. Praha 1958, 383—396. — [2] Ausw.: Hauptprobleme der volkskundlichen Balkanistik. In: Kongreß Kiel/Kopenhagen 1959, 113—117; J. Polívka und V. Tille. In: Beitr.e zur Geschichte der Slawistik. ed. H. H. Bielfeldt/K. H. B. 1964, 58—80; Einige Bemerkungen zur Theorie des Märchens. In: Beitr.e zur Sprachwiss., Vk. und Lit.wiss. ed. A. V. Isačenko/W. Wissmann/H. Strobach. B. 1965, 157—162; Zur typol. Charakteristik der tschech. Volksmärchen. In: Zs. für Slawistik 14 (1969) 85—109; Folk Poetry in Its Historical Perspective. In: Current Trends in Linguistics 12. ed. T. A. Sebeok. The Hague/P. 1974, 741—807. — [3] Staré veršované legendy a lidová tradice (Alte Legenden in Versen und die Volksüberlieferung). Praha 1948; Studie o slovanské lidové poezii (Studien über die slav. Volkspoesie). Praha 1962; Slovanské pohádky. Příspěvky k srovnávacímu studiu (Slav. Märchen. Beitr.e zum vergleichenden Studium). Praha 1964; Pohádkoslovné studie (Märchenkundliche Studien). Praha 1964; Studie ze srovnávací folkloristiky (Studien zur vergleichenden Folkloristik). Praha 1966; Folklór a světová literatura (Folklore und Weltlit.). Praha 1979. — [4] Brüdermärchen: Das ägypt. B. In: EM 2 (1979) 925—940 (hier Verweise auf seine Beitr.e zu diesem Thema); v. ferner Staroegyptská pohádka o dvou bratřích — Anup a Batu — a její novodobé folklórní paralely (Das altägypt. Märchen von zwei Brüdern — Anup und Batu — und seine neueren folkloristischen Parallelen). In: H. 1979 (wie not. 3) 174—215. — [5] v. z. B. Zur slav. Überlieferung des Märchentyps AaTh 331 (Der Geist im Glas). In: Festschr. M. Woltner. Heidelberg 1967, 83—90; auch

Art. Geist im Glas. In: EM 5 (1987) 922–928; Flügel des Königssohnes. In: EM 4 (1984) 1358–1365; Zur slaw. Überlieferung des Typus AT 707 (Die neidischen Schwestern). In: Volksüberlieferung. Festschr. K. Ranke. Göttingen 1968, 107–114; Frau im Schrein. In: EM 5 (1987) 186–192; andere monogr. Aufsätze über einzelne Erzähltypen in den Büchern H.s (v. not. 3). – [6] Ausw.: Ein Beitr. zu dem Studium der afrik. Märchen. In: Archiv orientální 32 (1964) 501–521; Oriental. Märchen in der balkan. Überlieferung. In: Les Études balkaniques tchécoslovaques 1. ed. S. Heřman/J. Smrčková. Praha 1966, 69–78; Märchen aus Tausend und einer Nacht bei den Slaven. In: Fabula 10 (1969) 155–195; Zu den christl. Legenden oriental. Herkunft. In: Das heidnische und christl. Slaventum. ed. F. Zagiba. Wiesbaden 1969, 81–98; v. auch H. 1979 (wie not. 3); Les Relations entre l'Europe et l'Orient. Praha 1969. – [7] Ausw.: Le Spécimen folklorique du roman byzantin „Kallimachos et Chrysorrhoé". In: Laographia 22 (1965) 174–178; Beitr. zur Textologie oriental. Märchen. In: Asian and African Studies 2 (1966) 24–37; Türk. Volksbücher und balkan. Volksmärchen. In: Les Études balkaniques tchécoslovaques 2. ed. J. Smrčková/S. Heřman. Praha 1967, 69–86.

Lit.: Kurz, J.: Vědecká práce prof. K. H. (Wiss. Arbeit Prof. K. H.s). Bibliografie Slovanské knihovny. Praha 1958. – Řeháček, L.: Šedesát let prof. K. H. (60 Jahre Prof. K. H.). In: Bulletin Ústavu ruského jazyka a literatury 12 (1968) 7–23; Petr, J./Řeháček, L.: K sedmdesátinám prof. K. H. (Zum 70. Geburtstag Prof. K. H.s). In: Slovo a slovesnost 39 (1978) 177–179.

Bratislava Viera Gašparíková

Horaz (Horatius Flaccus, Quintus), * Venusia 8. 12. 65, † Rom 27. 11. 8 a. Chr. n., röm. Dichter; Sohn eines Freigelassenen, Studium in Rom und Athen, 42 in der Schlacht von Philippi auf Seiten der Cäsarmörder. Danach beginnt er ‚aus Armut' zu dichten[1]. Um 38 wird er von → Vergil und Varius bei Maecenas eingeführt, der ihm später ein Landgut in den Sabiner-Bergen schenkt. Früheste Dichtungen: *Sermones* (S), zwei 35 bzw. 30 veröff. Bücher mit zehn bzw. acht Satiren; ebenfalls ca 30 entstehen Epoden (*Iambi* [I]), 17 Gedichte. Ca 30–23 arbeitet H. an den ersten drei Odenbüchern (*Carmina* [C]). Das 1. Buch der Briefe (*Epistulae* [E]) erscheint ca 20, im Jahr 17 dichtet er im Auftrag des Augustus das Lied zur Jh.feier (*Carmen saeculare*), ab etwa 15 verfaßt und publiziert er das 4. Odenbuch und das 2. Buch der Episteln mit den drei Lit.briefen an Augustus, Florus und die Pisonen (letzterer: *Ars poetica* [AP]).

In den Oden und Epoden finden sich vornehmlich mythol. Motive: Die ganze Vielfalt der antiken Götter- und Heldensagen ist präsent. Dabei ist der Mythos aber meist nicht als solcher Gegenstand der Dichtung, sondern dient nur als Exempel. Diese Funktionalisierung im Sinne einer paradigmatischen Verwendung ist, neben literarhist. Gründen, auf H.' phil. Anschauung zurückzuführen: Gerade als Epikureer[2] bedient er sich der Mythen in allegorisch-moralisierender Interpretation.

Einige Beispiele: Der Mythos von → Danae, die von Jupiter in Gestalt eines Goldregens geschwängert wurde, dient H. als Symbol für die Macht des Geldes, das verschlossene Türen öffnet (C 3,16). Hier ist die Diskrepanz zwischen dem ursprünglichen ‚Sinn' des Mythos und seiner Funktionalisierung bes. kraß, so daß etwa E. Fraenkel von einer „frostigen Allegorie"[3] spricht. Traditioneller ist das Beispiel der Gigantomachie (C 3,4,42–80; Mot. A 162.1): Jupiters Sieg über die Titanen und Giganten galt seit jeher als Sinnbild für den Sieg der Ordnung über das Chaos und steht daher für die ‚Befriedung' des Erdkreises durch Augustus[4]. Wieder anders ist der Mythos z. B. in der 3. Epode verwendet, in der H. die Zauberkünste → Medeas beschwört, um die üble Wirkung des Knoblauchs zu lindern[5]. Moralisierend, ideologisierend, komisch – so könnte man die Spannbreite der Mythenadaption charakterisieren[6].

In den Satiren und Episteln treten Mythen zugunsten der Tierfabel zurück[7]. Der paränetische Charakter dieser Gattungen und ihre Nähe zum gesprochenen Wort (sermones = Gespräche) begünstigten die Einbeziehung der moralisierenden Erzählung, zumal schon H.' Vorgänger, so auch Quintus Ennius (239–169), sie benutzt hatten. Von dessen Satiren sind nur wenige Bruchstücke erhalten; es ist aber noch kenntlich, daß bereits er die Tierfabel gebraucht hat[8]. Hauptvorbild für H. war Gaius Lucilius (169–102)[9], von dem H. viele Fabelmotive übernahm, so z. B. auch die Fabel vom Fuchs und dem kranken Löwen (E 1,1, 73–75; AaTh 50: *Der kranke → Löwe*)[10].

H. will „lachend die Wahrheit sagen" (S 1,1,24), und so karikiert er das Menschlich-Allzumenschliche, die Laster und Schwächen seiner Zeitgenossen. In der sog. Erbschleichersatire z. B., in der der Seher Teiresias den homerischen → Odysseus in die Technik der Erbschleicherei einführt, erwähnt H. einen gewissen Nasica, der seine Tochter mit einem seiner

Gläubiger verheiratet hatte in der Hoffnung, ihn zu beerben; doch Nasica ging leer aus, und so vergleicht ihn H. mit dem gierigen Raben, der, weil er zuviel wollte, auch noch das Wenige verlor, was er besaß (S 2,5,56–57; cf. E 1,17,50–51; AaTh 57: → *Rabe und Käse*). Ausführlich erzählt H. (S 2,6, 79–117) die Fabel von → *Feldmaus und Stadtmaus* (AaTh 112). Dadurch, daß diese anilis fabella (S 2,6,77–78; cf. → Ammenmärchen) im Rahmen eines Symposions über phil. Gegenstände erzählt wird, kommt ein gewisser ironischer Unterton ins Spiel: Ähnlich wie in der 2. Epode, in welcher der Geldverleiher Alfius in sentimentaler Weise vom Landleben schwärmt, nimmt H. die Landsehnsucht der Städter – also auch seine eigene – aufs Korn[11]. Für einen Vergleich mit dem bankrotten, aber größenwahnsinnigen Kunsthändler Damasipp zieht H. die Fabel vom Frosch, der sich zur Größe eines Kalbes aufblasen wollte, heran (S 2,3,314–320; E 1,11,27; AaTh 277 A: cf. *Der aufgeblasene* → *Frosch*); die Fabel vom Fuchs, der merkte, daß alle Spuren nur in die Höhle des Löwen, keine aber hinausführten (E 1,1,74; AaTh 50 A: *Fußspuren vor der* → *Löwenhöhle*), dient H. als Begründung für seinen Nonkonformismus; die Forderung des Maßhaltens illustriert H. mit der Fabel von der Krähe, die in ein Faß kroch und sich so vollfraß, daß sie nicht wieder herauskam (E 1,7,29–33; AaTh 44: → *Wolf im Keller*)[12]; den Verlust der inneren Freiheit durch den Reichtum symbolisiert H. durch das Pferd, das sich vom Menschen Zügel anlegen ließ (E 1,10,34–38)[13]. Schließlich geht eine Reihe von Sprichwörtern auf H. zurück, z. B. „Es schrekken die Spuren" (E 1,1,74), „Treib die Natur mit der Mistgabel aus, sie kehrt doch zurück" (E 1,10,24), „Bring kein Holz in den Wald" (S 1,10,34), „Berge kreißen, heraus kommt ein lächerliches Mäuslein" (AP 139; Mot. K 114)[14]. Die Nachwirkung des H. kann kaum überschätzt werden[15]; als wichtigste Typen und Motive können gelten (soweit noch nicht erwähnt)[16]:

S 1,9,78 = Gottheit als Helfer (Mot. N 817). – S 2,1,64 = cf. → *Esel in der Löwenhaut* (AaTh 214 B). – I 13,11–16 = Held zieht kurzes ruhmvolles Leben langem ruhmlosen vor (Mot. M 365.1). – I 16,41–66 = Inseln der Seligen (Mot. A 692). – C 1,3,27–28 = Feuerraub (Mot. A 1415). – C 1,10,9–12 = Gott als Dieb (Mot. A 177). – C 1,16,20–21 = Pflügen an bestimmten Orten tabu (Mot. C 522). – C 2,17,27–30 = Helfender Baumgeist (Mot. N 815.0.1). – C 2,20,9–12 = Verwandlung von Mensch in Schwan (Mot. D 161.1). – C 3,16,1–8 = Jungfrau eingesperrt zur Verhinderung einer Schwangerschaft (Mot. T 381). – E 1,3,18–20 = Dohle als König der Vögel (Mot. B 242.1.6). – E 1,7,46–98 = → *Glückliche Armut* (cf. AaTh 754).

[1] E 2,2,52–53; zur Biogr. cf. Fraenkel, E.: H. Darmstadt 1963 (engl. Orig.: Ox. 1957) 1–28 (grundlegend); allg. zu H. cf. Kytzler, B.: H. Eine Einführung. Mü./Zürich 1985; H.-Bibliogr. von W. Kissel. In: Aufstieg und Niedergang der röm. Welt II. 31.3. ed. H. Temporini/W. Haase. B. 1981, 1403–1558. – [2] cf. Lebek, W. D.: H. und die Philosophie. In: Temporini/Haase (wie not. 1) 2031–2092. – [3] Fraenkel (wie not. 1) 271. – [4] cf. Marg, W.: Zum Musengedicht des H. In: Monumentum Chiloniense. Festschr. E. Burck. Amst. 1975, 385–399. – [5] cf. auch S 1,9,78 (Apollo rettet H. vor dem Schwätzer). – [6] cf. Oksala, T.: Religion und Mythologie bei H. Hels. 1973; Gall, D.: Die Bilder der horazischen Lyrik. Königstein 1981, 81–117. – [7] cf. Archibald, H. T.: The Fable in Horace. In: Transactions of the American Philological Assoc. 41 (1910) 14–19; Jacob, O.: Le Rat de ville et le rat des champs. In: Les Études classiques 4 (1935) 130–154. – [8] Die Fragmente bei Vahlen, I.: Ennianae poesis reliquiae. Lpz. 1928, 204–211; zur Tierfabel cf. Gellius 2,29,20 = Ennius, Saturarum liber incertus, p. 209. – [9] Die ca 1400 Fragmente bei Krenkel, W.: Lucilius: Satiren 1–2. Leiden 1970. – [10] ibid., Fragmente 1074–1079. –
[11] Anders Seel, O.: H.' sabinisches Glück. In: id.: Verschlüsselte Gegenwart. Stg. 1972, 13–93, bes. 85–88. – [12] cf. Holfelder, H. H.: Zu H., Ep. 1,7,29–33 und Cyrill, Speculum sapientiae 3,11. In: Hermes 96 (1968) 638–640; cf. auch BP 2, 110. – [13] Eine von Aristoteles (Rhetorik 1393 b 10–18) überlieferte Fabel des Stesichoros. – [14] cf. Athenaios 14,616 d; Lukian, De historia conscribenda 23. – [15] cf. Stemplinger, E.: Das Fortleben der horazischen Lyrik seit der Renaissance. Lpz. 1906 (Nachdr. Hildesheim 1976); id.: H. im Urteil der Jh.e. Lpz. 1921. – [16] cf. auch Schwarzbaum, Fox Fables, 62, 137 sq., 169, 172, 179, 210–216, 530–532 und pass.

Ausg.n und Kommentare: Brink, C. O.: Horace on Poetry 1–3. Cambr. 1963/71/82. – Q. Horatius Flaccus 1–3. Erklärt von A. Kießling. Bearb. R. Heinze. Nachtrag E. Burck. B./Dublin ¹³1968 (C/I)/ ¹⁰1968 (S)/⁹1970 (E). – Nisbet, R. G. M./Hubbard, M.: A Commentary on Horace: Odes 1–2. Ox. 1970/78 (C 1 und 2). – Syndikus, H. P.: Die Lyrik des H. 1–2. Eine Interpretation der Oden. Darmstadt 1972/73. – Q. Horati Flacci opera. ed. S. Borzsák. Lpz. 1984. – Q. Horati Flacci opera. ed. D. R. Shackleton Bailey. Stg. 1985.

Übers.en: H. Satiren und Episteln. Lat. und dt. von O. Schönberger. B. 1976. – H. Oden und Epoden. Lat. und dt. von B. Kytzler. Stg. [3]1983. – H. Werke in einem Band. Übers. M. Simon/W. Ritschel. B. [2]1983. – H. Sämtliche Werke. Lat. und dt. von H. Färber/W. Schöne. Mü. [10]1985.

Bochum Reinhold Glei

Horn

1. Allgemeines – 2. Gehörnte Tiere – 3. Gehörnte Gestalten – 4. Trinkhorn – 5. Füllhorn – 6. H. als Musikinstrument

1. Allgemeines. Als Waffe verschiedener furchtgebietender Tiere gaben H.er Anlaß zu einer Fülle von Glaubensvorstellungen, die in Bräuchen[1], Redensarten und im Erzählgut[2] vieler Völker ihren Niederschlag fanden. Ausgeprägt sind sowohl Gestalt- (lunare Symbolik, cf. → Mondmythologie) als auch Stoffheiligkeit[3]. So ist bes. im Mittelmeerraum die Verwendung von H.ern und → Amuletten in H.form als → Abwehrzauber gegen den bösen Blick verbreitet[4], sollen nach dt. Volksglauben H.er und H.teile u. a. gegen Schlangen, Seuchen und Blitze schützen[5]; bereits seit der Antike wurden dem H. des Einhorns heilende Kräfte zugeschrieben, auch gilt das H. des Nashorns als Aphrodisiakum und das H. allg. als phallisches Symbol[6]. Bei → Homer ist die Pforte, aus der wahre Träume hervorgehen, aus H., während Trugbilder aus der elfenbeinernen Pforte kommen (*Odyssee* 19,560 – 567); die Haut aus H. kennzeichnet die → Unverwundbarkeit des Helden (cf. → Sigurd, Siegfried; *Der gehörnte → Siegfried*; → Achillesferse).

Als Träger der Lebenskraft haben H.er erlegter Tiere große Bedeutung in den Opferritualen der → Jäger; im Kaukasus wurden als Opfer an den Schutzgeist der Jagd Gehörn und Geweih an heiligen Stätten aufgehäuft; in diesem Sinn deutet K. Meuli sowohl die H.eraltäre der Antike als auch die Geweihpyramiden der Indianer Nordamerikas[7]. Als Kultgebäcke dürften schließlich auch die vielen hornförmigen Backwaren entstanden sein[8].

2. Gehörnte Tiere. Verschiedene ätiologische Erzählungen berichten darüber, wie ein Tier seine H.er erhalten hat oder warum es keine H.er besitzt (cf. Mot. A 2326). Die Cherokee erzählen, daß bei einem Wettlauf der → Hirsch das schnellste Tier gewesen sei und als Preis sein Geweih erhalten habe[9]. In einer ind. Erzählung stiehlt das → Reh (→ Ziege) dem Hund die H.er (Mot. A 2326.2.2). Nach liv. Vorstellungen hat die Ziege keine H.er, da Gott sie vom Himmel stürzte, wobei ihre H.er abbrachen, und die ursprünglich dem Teufel gehörenden Kühe erhielten erst von Gott ihr zweites H.[10] Auch über die Art und Weise, wie es zu bestimmten Formen von H.ern kam, wird erzählt: Die Jicarilla-Apachen erklären z. B. die gebogenen H.er der Büffel dadurch, daß man sie als Leiter zur Oberwelt benutzte; in ind. Erzählungen werden die gedrehten H.er des Rehbocks (Antilope) auf eine Prinzessin zurückgeführt[11]. Die Entstehung bestimmter Berge und Hügel wird im ir. Erzählgut durch H.er erklärt, die kämpfende Rinder verloren hätten (Mot. A 967.1, B 301.6.1).

Didaktische Tendenzen zeigen die Fabeln vom Kamel, das den Stier um seine H.er beneidet und dem daraufhin von Jupiter zur Strafe die Ohren gekürzt werden[12], oder vom Hirsch, der seine Beine verachtet und übermäßig stolz auf sein Geweih ist, das ihn schließlich an der Flucht hindert (AaTh 77: cf. *Die eitlen → Tiere*).

In Lügengeschichten dienen auch H.er als Objekte der Übertreibung. So hat ein Bauer → Ochsen, deren H.er dermaßen anwachsen, daß die Ochsen nicht mehr durch das Tor passen; oder ein Ochse ist so groß, daß ein Vogel einen Tag (Woche, Jahr) braucht, um von einem H. des Ochsen zum anderen zu fliegen (AaTh 1960 A: cf. *Die ungewöhnliche → Größe*).

3. Gehörnte Gestalten. H.er sind ein Zeichen der Stärke und Macht, wie zahlreiche horngekrönte Gottheiten und Heroen dokumentieren: Z. B. wird → Alexander der Große bereits im *Koran* (18,82 – 98) als der Zweigehörnte bezeichnet oder ist nach einem kirgis. Märchen mit einem H. auf dem Kopf geboren und wird mit diesem H. – so die Prophezeiung – seine ganze Kraft verlieren[13]. Auch im A.T. gilt das H. als Symbol der Macht: Gott ist ein H. des Heils (Ps. 18,3), er erhöht das H. seines Volkes (Ps. 148,14) und schlägt jenes von Moab ab (Jer. 48,25). Die legendären H.er

des → Moses, mit denen er seit dem 11. Jh. dargestellt wird, gehen wohl auf eine Fehlinterpretation des ‚strahlenden Antlitzes' zurück (facies cornuta statt facies coronata)[14].

Gehörnte und Geweihtragende kommen in der Felsbildkunst der Vorzeit bes. oft vor[15]; man spricht in diesem Zusammenhang oft vom H.erkopfputz der Schamanen. In sibir. Erzählungen werden ‚durchsichtige H.er' erwähnt, die dem Schamanen auf dem Kopf wachsen[16]. Der Erlebnissphäre des → Schamanismus könnte auch das Motiv vom (magischen) Ritt im Hirschgeweih (KHM 163: *Der gläserne Sarg*) entsprungen sein.

Der → Teufel wird frühestens seit dem 12. Jh. mit H.ern dargestellt[17]. In Volkserzählungen erhalten auch → Hexen gelegentlich H.er: In einer ir. Sage z. B. treten zwölf Hexen auf, die erste mit einem H., die zwölfte mit zwölf H.ern[18]. Eine Hexe mit zwei großen H.ern erscheint in einer dt. Var. zu AaTh 310: → *Jungfrau im Turm*[19]. In einer Schweizer Sage hingegen werden die H.er der Hexe erst beim Entlausen entdeckt (Mot. G 253)[20].

Das plötzliche Wachsen von H.ern in Märchen gilt als Strafe und wird verspottet: In AaTh 566: → *Fortunatus* findet der Held eine Zauberfrucht, die H.er wachsen, und eine andere, die sie wieder verschwinden läßt; mit ihrer Hilfe zwingt er den Dieb, die gestohlenen Zaubergegenstände zurückzugeben. Eher humoristisch ist die Erzählung von einem buddhist. Schüler, der über die Vorstellung meditiert, H.er zu haben, bis sie ihm tatsächlich wachsen[21].

Schließlich ist auf den Gehörnten, den → Hahnrei, hinzuweisen: Die H.ergeste (gehörnte Hand) ist schon auf Grabmalereien des 6. Jh.s v. u. Z. bezeugt; sie dürfte schon damals sowohl als Abwehrgeste mit geschlechtlicher Nebenbedeutung als auch als Spottgebärde auf den betrogenen Ehemann gegolten haben[22].

4. Trinkhorn. Das vielleicht älteste Trinkgefäß der Menschheit, das Trinkhorn, wird bes. im nordeurop. Erzählgut häufig erwähnt. In der *Snorra* → *Edda* trinkt Mímir aus dem Gjallarhorn das Wasser aus dem Mímirbrunnen und erlangt so die Fähigkeit zur Weissagung. Hier wird auch → Thors gescheiterter Versuch beschrieben, das Trinkhorn des riesenhaften Utgard-Loki zu leeren; der Riese bemerkt spöttisch, es gebe keinen in seinem Gefolge, der das H. nicht in drei Zügen leertrinke. In Walhall ist es Aufgabe der Walküren, Göttern und Einheriern Trinkhörner zu reichen[23].

Eine große Rolle spielen in skand. Erzählungen die Trinkhörner der → Elfen: Wem es gelingt, ein solches zu entwenden und über einen Fluß zu tragen, ohne den Inhalt auszuschütten, erwirbt ein glückbringendes Kleinod (cf. Mot. F 352). Bes. wertvolle Trinkhörner, die durch Generationen vererbt wurden, gaben Anlaß zu literar. Bearb.en des Elfenhorn-Motivs, z. B. den skand. Ljungbyhornsagen und der genealogischen Sage vom Oldenburger H. (Grimm DS 547)[24]: In beiden Fällen reicht eine (Troll-)Jungfrau einem Grafen (Diener) ein H. mit einem verderblichen Trunk; dieser schüttet ihn jedoch aus (Tropfen davon versengen das Fell seines Pferdes) und entwendet das H., das zu einem genealogischen Wahrzeichen wird. Für das Titelbild des 2. Bandes von *Des Knaben Wunderhorn* schuf W. → Grimm eine Zeichnung nach einer Abb. des Oldenburger H.s[25]. Auch → Lohengrin hinterläßt seinem Geschlecht, bevor er zum Gral zurückkehrt, neben Schwert und Ring ein H. (Wolfram von Eschenbach, *Parzival* 826,19).

5. Füllhorn. Das Füllhorn war ursprünglich das Trinkhorn der Amaltheia, der Amme des → Zeus (später auch als Ziege gedacht), die ihn daraus ernährte. Das H. gelangt in den Besitz des Flußgottes Acheloos, dem es durch → Herakles entrissen wird. Die Najaden füllen es mit Blumen und Früchten und geben es der Göttin Copia, Personifikation der Fülle (Ovid, *Metamorphosen* 9,85–92). Später wird es zum Attribut der Fortuna, der Concordia etc.[26]

Eine ähnliche Vorstellung zeigt sich in einer chin. Mythe über den Ursprung der Menschen, in der aus H.ern Blumen sprießen, deren Früchte die Menschen sind (Mot. A 1263.5).

Dem antiken Füllhorn wesensverwandt sind die segenspendenden H.er in den verschiedenen Var.n von AaTh 511: → *Einäuglein, Zweiäuglein, Dreiäuglein*. Nachdem die Stiefmutter das helfende Tier des Waisenkindes töten läßt, wachsen aus den vergrabenen Körperteilen (oft aus den H.ern) wunderbare Bäume. In der ältesten Version von Martin → Montanus (um 1560) wächst aus Schwanz, H.ern und Hufen des Erdkühleins ein wunderbarer Apfelbaum;

in einer siebenbürg. Fassung ersteht der getötete Stier wieder aus seinem H.; in einer skr. Variante nimmt der Held aus dem linken H. des Stiers Nahrung, aus dem rechten Viehherden[27].

6. H. als Musikinstrument. Die Rolle, die das H. als Musikinstrument in der Volkserzählung spielt, leitet sich großenteils von den beiden Funktionen als apotropäisches Lärmgerät und als Signalinstrument ab. H.erschall soll Geister, Hexen, Seuchen, Gewitter und Mondfinsternis vertreiben[28] sowie Wölfe von den Herden fernhalten[29]. H.er sind untrennbar mit dem alpenländ. Maskenbrauchtum verbunden[30]. Aber auch Teufel und Hexen werden als H.bläser bezeichnet[31]. In einer Var. zu AaTh 650 A: → *Starker Hans* läßt der Teufel mit seinem H. die ganze Welt erzittern[32], und in Sagen vom Hexensabbat bläst er auf einem verdrehten H., das sich als Katzenschwanz entpuppt[33]. Häufig erwähnen Sagen die gespenstischen H.ertöne unerlöster Türmer, Postillions, Regimentstrompeter oder von Jägern der → Wilden Jagd[34]. In Münchhausiaden frieren die vom Postillion geblasenen Töne ein, und das H. fängt erst im warmen Wirtshaus an zu spielen (AaTh 1889F: → *Gefrorene Worte*).

Jagdhörner finden in Epen häufig Erwähnung, wie Siegfrieds goldenes Jagdhorn im → *Nibelungenlied* (16,951) oder z. B. die Jagdhörner des Sir Bertilak in *Sir Gawain and the Green Knight*[35]. Auch das Schlachthorn gehört zum Instrumentarium ma. Epen: → Roland schützt noch im Sterben sein H. Olifant ebenso wie sein Schwert[36]; im → *Beowulf* (V. 1423) werden die Dänen durch ein Schlachthorn zur Verfolgung Grendels und seiner Mutter angefeuert[37]; im *Igorlied* heißt es über die Helden, sie wären ‚in Schlachthörnern gewickelt, unter Helmen gestillt' worden[38].

Das H. ist Instrument des Wächters und Herolds. Sieben Engel mit sieben Posaunen – in der ma. Kunst oft als H.er dargestellt – kündigen in der *Apokalypse* des Johannes (8,2) das → Jüngste Gericht an, so wie Heimdall mit dem Gjallarhorn den Beginn des Endkampfes in der *Edda* ankündigt[39]. Ein Nachklang solch apokalyptischer H.er findet sich z. B. in der Sage vom Nachtwächter, dessen H.blasen eine Vision der zukünftigen Greuel des 30jährigen Krieges heraufbeschwört[40].

Die verschiedenen, hier nur angedeuteten Vorstellungen über das H. lassen den Gedanken an ein Zauberhorn verständlich werden: Aus dem Schlachthorn z. B., das noch meilenweit gehört wird und Kampfgenossen zu Hilfe ruft, wird ein Wunderhorn, das übernatürliche Helfer herbeibläst. Das Zauberhorn ist im Märchen meist ein Geschenk jenseitiger Wesen oder helfender Tiere. Als Instrument der Elfen werden auf das H. oft Eigenschaften anderer elbischer Zauberinstrumente wie Pfeife und Flöte übertragen[41], in engl. Balladen z. B. erzeugt das Elfenhorn häufig ein unwiderstehliches Liebesverlangen (Mot. D 1355.1.3)[42]. Im frz. Epos → *Huon de Bordeaux* schenkt der Elfenkönig → Oberon dem Helden ein H., das sanft geblasen zur Freude lockt, durch stärkeren Ton aber den König mit 100 Bewaffneten zu Hilfe ruft und in späteren Bearb.en die Gegner zum Tanz zwingt (cf. auch AaTh 592: → *Tanz in der Dornhecke*)[43]. Durch die erbetene letzte → Gnade, vor der Hinrichtung noch einmal blasen oder spielen zu dürfen, retten sich Helden noch unter dem Galgen: Salman (→ *Salomon und Markolf*) stößt dreimal in sein H. und ruft sein Heer herbei[44]; ähnliches geschieht in der Byline von Vasilij Okulovič[45] oder in Var.n von AaTh 920: → *Sohn des Königs und Sohn des Schmieds*. Um Erwerb, Verlust und Wiedererwerb eines Zauberhorns geht es im Erzähltyp AaTh 569: → *Ranzen, Hütlein und Hörnlein*, in dem das H. Soldaten und anderes Kriegsvolk herbeizaubert oder mit seinem Schall, wie die Posaunen im A.T. (Jos. 6,1–21), Städte und Türme zertrümmert[46]. Häufig sind es (helfende) Tiere, die dem Ruf des Zauberhorns folgen: In einer ind. Erzählung geben dankbare Büffel dem Helden ein Lusthorn und ein Zornhorn; solange es ihm gut geht, soll er das fröhliche H. blasen, geht es ihm aber schlecht, das zornige (Mot. B 501.1.1; cf. AaTh 534: *The Youth Who Tends the Buffalo Herd*[47]). Um den Aufenthalt der geraubten Jungfrau zu erfragen, ruft die Waldfrau in einem dt. Märchen mit ihrem H. alle Tiere des Waldes zusammen[48]. Einem Zauberhorn gehorchen neben ‚allen Tieren der Welt'[49] schließlich auch Riesen und – wohl in Anlehnung an die Posaunen des Jüngsten Gerichts – auch die Toten[50].

[1] Scheftelowitz, I./Seemann, E.: H. In: HDA 4 (1931/32) 325–337. – [2] Wander 2, 782–785; Röh-

rich, Redensarten 2, 434–438; Mot., Reg. s. v. H., H.s, Drinking H., Antlers. – [3] Schmidt, L.: Gestaltheiligkeit im bäuerlichen Arbeitsmythos. Wien 1952, 84–86. – [4] Wagner, M. L.: Phallus, H. und Fisch. In: Festschr. C. Jaberg. Zürich/Lpz. 1937, 77–130, hier 99–109. – [5] HDA 4, 325. – [6] Wellmann, M.: Einhorn. In: Pauly/Wissowa 5, 2114 sq.; Wagner (wie not. 4). – [7] Meuli, K.: Gesammelte Schr. 2. Basel/Stg. 1975, 961 sq. – [8] HDA 4, 326; cf. auch Eckstein, F.: H.affen. ibid., 337–339; Fiala, K.: Salzburger H.erbrote und Volksmeinungen über H. und Gehörn. In: Wiener Zs. für Vk. 31 (1926) 92 sq. – [9] Dh. 3,30–32. – [10] Loorits, 88, num. 66 und 63. –
[11] Dh. 3,30. – [12] Dicke/Grubmüller, num. 329. – [13] Jungbauer, G.: Märchen aus Turkestan und Tibet. MdW 1923, num. 19; cf. Scheftelowitz, I.: Das H.ermotiv in den Religionen. In: ARw. 15 (1912) 451–487; Rahmann, R.: The H. Motif in Mythology and Folklore with Special Reference to the Philippines. In: Philippine Quart. of Culture & Soc. 2 (1974) 103–114 (H. als Macht- und Strafsymbol); Avalon, J.: La Corne dans la médecine, l'art et la littérature. In: Æsculape 41 (März 1958) 3–9; Lurker, M.: Zur Symbolbedeutung von H. und Geweih. In: Symbolon N.F. 2 (1975) 83–104; Guénon, R.: Simboli della scienza sacra. Milano 1975, 170–174. – [14] Herder Lex. Symbole. Fbg 1978, 78; Kalt, E.: Bibl. Reallex. 2. Paderborn 1939, 200. – [15] Biedermann, H.: Bildsymbole der Vorzeit. Graz 1977, 37 sq., 60, 179. – [16] Friedrich, A./Buddruss, G.: Schamanengeschichten aus Sibirien. Mü. 1955, 60, 167. – [17] Röhrich, L.: Sage und Märchen. Fbg/Basel/Wien 1976, 254. – [18] Yeats, W. B.: Irish Folk Stories and Fairy Tales. L. 1892, 153. – [19] BP 1,97. – [20] Jegerlehner, J.: Sagen und Märchen aus dem Oberwallis. Basel 1913, 101, num. 128. –
[21] EM 2,1012. – [22] Röhrich, Redensarten 2,436; cf. Blok, A.: Widder und Böcke – Ein Schlüssel zum mediterranen Ehrkodex. In: Europ. Ethnologie. ed. H. Nixdorff/T. Hauschild. B. 1982, 165–183; Avalon, J.: Les Cartes postales de cocus. In: Æsculape 41 (März 1958) 59–61. – [23] cf. The Prose Edda of Snorri Sturluson. ed. J. I. Young. Berk. 1966, 43; EM 3,990 sq.; Wb. der Mythologie 2. Stg. 1973, 95; cf. auch Kinsella, T.: The Tain. L./N.Y./Ox. 1970 (Nachdr. 1975), 5 (bes. Erwähnung der Trinkhörner des Conchobor als Teil seines kgl. Hausrats). – [24] Lövkrona, I.: Sägnen om Ljungby horn och pipamuntlig tradition eller booklore? In: Årsbok 3 (1982) 33–87; ead.: Det bortrövade dryckeskärlet. Diss. Lund 1982; Dageförde, H.: Die Sage vom Oldenburger H. Oldenburg 1971. – [25] Arnim, L. A. von/Brentano, C.: Des Knaben Wunderhorn 6. ed. H. Rölleke. Stg./B./Köln/Mainz 1979, 3–6. – [26] Tervarent, G. de: Attributs et symboles dans l'art profane. Genève 1958, 116–122; Avalon, J.: La Corne d'abondance. In: Æsculape 41 (März 1958) 11–51. – [27] BP 3, 61 sq., 66. – [28] HDA 4, 327–330. – [29] Bittarelli, A.: Pieve Torina. Camerino 1982, 49 (cf. corno scaccialupi); Brüchle, B./Janetzky, K.: Kulturgeschichte des H.s. Tutzing 1976. – [30] Meuli (wie not. 7) t. 1 (1975) 471–484. –
[31] DWb. 4,2 (1877) 1822; Schmeller, J. A.: Bayer. Wb. 1. Neudruck Aalen 1961, 1164 sq. – [32] Schönwerth, F.: Aus der Oberpfalz 2. Augsburg 1858, 271–275. – [33] HDA 4, 336. – [34] HDA 4, 332–334. – [35] Sir Gawain and the Green Knight. Übers. B. Stone. Baltimore 1959, Stanzen 46 sq., 56 sq., 64. – [36] The Song of Roland. Übers. D. L. Sayers. Baltimore 1957, Stanze 174, V. 2359. – [37] Braswell, L.: The H. at Grendel's mere. In: Neuphilol. Mittlgen 74 (1973) 466–472. – [38] The Song of Igor's Campaign. Übers. V. Nabokov. N.Y. 1960, 33. – [39] The Prose Edda (wie not. 23) 87. – [40] Laade, W. (ed.): Musik und Musiker in Märchen, Sagen und Anekdoten der Völker Europas. Baden-Baden 1988, 50. –
[41] cf. Goldmann, E.: Pfeife, pfeifen, Flöte, flöten. In: HDA 6 (1934/35) 1577–1598. – [42] Child 1, 15–17, 23, 55, 367; Heller, E. K.: Story of the Magic H.: a Study in the Development of a Medieval Folktale. In: Speculum 9 (1934) 38–50. – [43] BP 2, 501 sq.; cf. Heckscher, K.: Gebotszauber. In: HDM 2 (1934/40) 323–350, hier 325 sq. – [44] ibid.; cf. auch Tubach, num. 2604, 4462. – [45] Propp, V. Ja./Putilov, B. N. (edd.): Byliny 2. M. 1958, 60–66. – [46] HDM 2,326. – [47] Ergänzend zu AaTh: Arājs/Medne; Jason, Indic Oral Tales. – [48] Zaunert, P.: Dt. Märchen seit Grimm 2. MdW 1923, 192–194. – [49] HDM 2, 325. – [50] HDA 4, 329 sq.

Brunnenburg/Dorf Tirol
Siegfried de Rachewiltz

Hornhaut → Achillesferse, → Unverwundbarkeit

Horrorgeschichte, Horrorliteratur

1. Allgemeines – 2. Kinderschreckgestalten – 3. Schreckmärchen – 4. Andere traditionelle Horrorgeschichten – 5. Literar. Horrortradition – 6. Kindliche Horrorgeschichten – 7. Die Kultur der Angst

1. Allgemeines. Horrorgeschichte ist ein allg. bekannter, weitgefaßter Terminus für Erzählungen über schauerliche, grausige und furchterregende Begegnungen unterschiedlicher Art, der bisher nicht klar definiert worden ist. Unter dem Oberbegriff Horror (H.) lassen sich kommerzielle Schöpfungen (H.geschichte, H.film, H.comic) sowie traditionelle Formen mündl. Überlieferung zusammenfassen; was Lit.wissenschaftler und Volkskundler

als H.literatur, H.geschichte, tale of terror or mystery oder Gothic novel (→ Schauergeschichte, Schauerroman) und Traditionsträger als Schreck- oder → Spukgeschichte (→ Schreckmärchen) bezeichnen, die einem tödlichen Schrecken einjagt[1], stand seit den frühesten Quellen bis heute in symbiotischem Zusammenhang: „Ängste gehören gleichsam organisch zu unserem Leben, wenn sie mit körperlichen, seelischen oder sozialen Entwicklungsschritten zusammenhängen"[2]; „Die Angst ist eine Konstante des Menschen, und sie hat tausend Gesichter"[3]. → Angst vor dem Unbekannten und vor lebensbedrohenden → Gefahren gehört zu den allg. menschlichen seelischen Prädispositionen. Die Projektion bedrohlicher Bilder und die Umsetzung von Schreckenserlebnissen in Erzählungen sind universelle kulturelle Phänomene. Erzählungen, bes. Sagen und Märchen, „verarbeiten ‚Urängste' "[4], doch sind sie entsprechend der vielfältigen Rahmenbedingungen, in denen die Subjekte und Objekte der Angst existieren, veränderlich.

Hinsichtlich Stil und Wiedergabe können H.geschichten gleichermaßen Züge alltäglicher Erzählungen, von Sagen (Memorate, Fabulate) oder Zaubermärchen tragen. H.geschichten scheinen die Gegensätze von Sage und Märchen zu vereinen, indem sie Faktisches mit Fiktionalem, Bilder realistischer Greuel mit Schreckensbildern der dichterischen Phantasie verbinden.

Eine maßgebliche engl.sprachige Definition von H. basiert hauptsächlich auf literar. H.geschichten und differenziert zwischen „action of trembling or shuddering, [...] a painful emotion of intense fear, dread or dismay" und „quality of inspiring [...] themes or incidents of extreme violence, cruelty, or weird or macabre quality"[5]. Analog hierzu bedeutet im dt. Sprachgebrauch H.literatur „Schreckliches, Grausames, Abstoßendes behandelnde Literatur"[6].

Aus psychol. Sicht ist Angst eine existentielle Erfahrung. Märchen werden bes. von Kinderpsychologen dazu eingesetzt, um phantastische Bilder zu kanalisieren und eine schockfreie Entwicklung als Vorbereitung auf die wahren Gefahren des Lebens zu erreichen[7]. Generationen von Wissenschaftlern und Erziehern haben über die schädlichen oder nützlichen (kathartischen) Wirkungen grausamer Märchen (→ Grausamkeit)[8] und anderer, vom breiten Publikum als ‚Volkserzählungen' betrachteter Buchgeschichten unterschiedlicher Herkunft[9] auf Kinder der städtischen Mittelschicht diskutiert. Zu einer klaren Entscheidung über das Für und Wider kam es nie, und letztlich bleibt es den Eltern überlassen, ob sie ihren Kindern Schreckgeschichten erzählen oder nicht. Ob mit oder ohne elterliche Erlaubnis, Konsum und Weitergabe von H.geschichten beginnen sehr früh und entwickeln sich entsprechend der kindlichen Fähigkeiten, zusammenhängende Geschichten zu formulieren[10].

Seit der klassischen Antike werden Kindern H.geschichten erzählt (→ Erzählen, Erzähler)[11]: Mütter, Ammen und alte Dienstmädchen unterhielten sie mit Geschichten, die sie lehrten, Angst zu empfinden und zu überwinden, wie dies bes. durch AaTh 326: → *Fürchten lernen* illustriert wird[12]. Johann Aventinus (gest. 1534) spricht von „alter Weiber Rockenmärlein, damit man die jungen Kinder schreckt"[13]. Reginald Scott führt in *The Discoverie of Witchcraft* (1584) Fabelwesen, Dämonen und Geister auf, mit denen die Kinder in solchen Schrecken versetzt wurden, „that we are afraid of our owne shadows"[14]. Mit wohligem Schauer erinnert sich G. W. Rabener 1759 an das Märchen von Mum Mum[15], und Mark Akenside beschreibt in *The Pleasures of Imagination* (1744) ausführlich die H.geschichten von bösen Geistern, lebenden Leichnamen und spukenden Mitternachtsgespenstern, mit denen ‚alte Mütterchen' die Kinder fesselten[16]. Offenbar wollte man den Kindern durch diese Art der Unterhaltung gleichzeitig einen Spaß bereiten sowie die Phantasie anregen und die geistige Reifung fördern. H.geschichten gingen Hand in Hand mit Geschichten zum Lachen, wie es auch bei Ludwig → Tieck heißt: „Es ist der Kindheit zauberreiche Grotte, / In der der Schreck und liebe Albernheit / Verschlungen sitzen"[17]. Das abwechselnde Erzählen grauenerregender, wunderbarer und lustiger Geschichten verwischt die Grenzen zwischen ihnen. Oft sind es nur Nuancen, die das Furchtbare vom Absurden und Grotesken trennen. Wenn das Schreckliche zu stark übertrieben wird, schlägt es leicht ins Komische um.

2. Kinderschreckgestalten. Neben dem Unterhaltungseffekt erfüllen H.geschichten bei Kindern auch eine Disziplinierungs- und Schutzfunktion. H. wird personifiziert durch traditionelle Schreckgestalten aus der übernatürlichen wie der wirklichen Welt. → Hexen, → Teufel, → Vampire, → Wiedergänger, Tiere mit menschlichen Zügen und reale Gefährdungen verkörpernde Personen wie → Fremde (Fahrende), → Krüppel, Geistesgestörte und Verbrecher sind zentrale Handlungsträger in

dem Drama, das frühkindliche Kindermordphantasien als Abwehrmechanismen benutzt. D. Bloch stellte bei der Unters. der Angstphantasien drei- bis fünfjähriger Kinder fest, daß die bloße namentliche Nennung solcher Schreckfiguren genügt, damit sie ihren Eltern gehorchen und nicht von zu Hause fortlaufen[18].

Das Interesse der Forscher des 18./19. Jh.s galt bes. der sprachwiss. Analyse mundartlicher Namen von Kinderschreck-Gestalten, die sie als Survivals einer zu rekonstruierenden archaischen Mythologie betrachteten[19]. Auch die neuere Forschung setzt die Schreckfiguren in Bezug zum Volksglauben, legt den Schwerpunkt aber mehr auf zeitgenössische Vorstellungssysteme. M. Hoppál stellt bei der Klassifizierung seines seit 1967 in ung. Dörfern gesammelten Materials fest, daß es zu den geläufigsten Dingen des täglichen Lebens gehöre, kleine Kinder zu erschrecken; bei der Klassifizierung des Materials stellt er neben die realen Schreckgestalten (Menschen, wilde Tiere) zusätzlich zu übernatürlichen Figuren aus Märchen und Sage auch andere irreale, vermutlich onomatopoetische Gestalten[20].

Schreckfiguren oder furchterregende Gestalten, die menschliche Ängste verkörpern, gibt es nach J. Widdowson in jeder Kultur. In seiner Unters. des verbalen Einsatzes von Schreck- und Drohbildern der sog. ‚Bogeymen' im anglo-amerik. Kontext[21] stellt er fest, daß fast jede Gestalt zu einem Schreckwesen gemacht werden kann, wobei zwischen Figuren, die an sich furchterregend sind, und anderen, die zu diesem Zweck erfunden oder zurechtgemacht werden, zu differenzieren ist[22]. Ganz allg. können Jenseitige, Menschen, Tiere und Dinge als Kinderschreck-Gestalten erscheinen.

3. Schreckmärchen. Märchen, in denen Schreckgestalten die Hauptrolle spielen, sind internat. verbreitet. G. → Henßen plädierte für die getrennte Klassifizierung von → Schreckmärchen für Kinder und Schreckerzählungen für Erwachsene[23]; eine funktionsorientierte Klassifizierung nach C. W. von → Sydow[24] erweist die inhaltliche und strukturelle Einheitlichkeit von Kinderschreckmärchen. Henßen, der jeweils ausgeprägte germ., rom. und slav. Ökotypen erkennt, dokumentiert die weite Verbreitung folgenden Grundmusters: Von ihren Eltern getrennte Kinder, die allein zu Hause sind oder sich im Wald verirrt haben, fallen feindlichen Mächten zum Opfer. An menschenfressenden Tieren, kannibalistischen Hexen und Werwölfen oder bösen Menschen konkretisiert sich der kindliche Alptraum vom Gefressenwerden durch ein Ungeheuer, oft nach vorheriger Mästung und Zerstückelung (z. B. AaTh 123, 327A, 327 B, 333, 333 A, 336; → Fressermärchen)[25].

Neben dem genannten Prototyp ist eine andere Gruppe von Schreckmärchen zu nennen, die sich an Jugendliche im kritischen Alter der Reifung wendet, in dem eine bes. Empfindlichkeit für sexuelle Greueltaten besteht. Erzählungen wie AaTh 311, 312: → *Mädchenmörder*, AaTh 365: → *Lenore* oder AaTh 407 B: cf. → *Blumenmädchen* warnen vor Gefahren wie Entführung, Vergewaltigung und Mord, vor krankhafter Sehnsucht nach dem Geliebten und völliger Loslösung von der Familie.

4. Andere traditionelle H.geschichten. Daß populäre Erzählungen Vorkommnisse von äußerster Brutalität enthalten, ist bekannt[26]; gerade in Geschichten, die sich auf die Biogr. eines Protagonisten konzentrieren (z. B. AaTh 510 A–B: → *Cinderella*, AaTh 706: → *Mädchen ohne Hände*, AaTh 707: *Die drei goldenen* → *Söhne*), basiert der zentrale Handlungsverlauf oft auf einer Folge von Ungerechtigkeiten, die dem Helden oder der Heldin in der Familie und in der diesseitigen wie in der jenseitigen Welt widerfahren. Die wirklichen oder übernatürlichen Feindgestalten besitzen bemerkenswerte Ähnlichkeiten mit denen des Schreckmärchens, und die von ihnen ausgehende, oft sehr realistisch beschriebene Bedrohung ist von ebensolcher Grausamkeit. Aber neben Erzählungen, in denen das Leiden zu Macht und Erfolg führt, gibt es auch solche, die direkt auf die Vorliebe Erwachsener für blutige Grausamkeiten abzielen. Sie lassen sich von den Erzählern sowohl als Zaubermärchen, Sage oder Mischform beider Gattungen ausgestalten. Am bezeichnendsten hierfür sind neben AaTh 365 und AaTh 407 B Erzählungen aus dem Komplex → *Dankbarer Toter* (AaTh 505–508), z. B. AaTh 506: *The Rescued Princess*, AaTh 507 A: *The Monster's Bride* und AaTh 507 B: *The Monster in the Bridal Chamber*[27]. Weitere Beispiele solcher H.märchen

sind AaTh 720: → *Totenvogel*, AaTh 307: → *Prinzessin im Sarg* und AaTh 326. Zur Sage tendieren AaTh 366: → *Mann vom Galgen*, AaTh 476*: *In the Frog's House* und die mündl. Prosaform der literar. H.geschichte AaTh 939 A: → *Mordeltern*, zum Schwank AaTh 1676: *Was* → *tot ist, soll tot bleiben*, AaTh 1676 B: → *Tod durch Schrecken*, AaTh 1676 C: *Voices from Graveyard.*

5. Literar. H.tradition. Die → Schauergeschichte befriedigt Empfindungen in Zusammenhang mit der Angst vor dem Unbekannten[28]; hiervon ist die H.geschichte insofern eine Subkategorie, als das Geheimnisvolle in ihr Schreckliches und Grauenhaftes betrifft. Dabei scheint das literar. Genre, das sich an ein städt. Elitepublikum in Westeuropa und Amerika wendet, relativ jung zu sein. J. Cawelti sieht das Paradoxon des Vergnügens am in der Phantasie erlebten tödlichen Schrecken als ein Eskapismus-Phänomen an: H. domestiziere das Entsetzen, indem er es objektiviere[29]; ähnlich betonen andere Forscher, daß die Schrecknisse, die die Anziehungskraft der H.literatur ausmachen, von wirklichen Ängsten ablenkten[30]. R. → Schenda beurteilt das „Phänomen der Drohung und der Bedrohung, die den Menschen zu einem vor Ängsten zitternden Wesen reduziert", als „Übergang zu der verdeckten Violenz, die umso bösartiger ist, als sie sich, wie die böse Königin im Märchen vom Schneewittchen, hinter allen Arten von heuchlerischen Masken verbergen kann"[31].

Die Gothic novel, als engl. Form des Schauerromans durch *The Castle of Otranto* (1765) von Horace Walpole initiiert, war einigen Lit.wissenschaftlern zufolge eine brit. Reaktion auf den Rationalismus[32]. Im Verlauf des 19. Jh.s versuchten sich fast alle bedeutenden engl. Autoren an Geistergeschichten oder realistischeren, in der zeitgenössischen Gesellschaft angesiedelten H.geschichten. Insbesondere die von Mary Shelley für ihren pseudowiss. Roman → *Frankenstein* (1818) erfundene Gestalt des aus Leichenteilen zum Leben erweckten künstlichen Menschen wirkt noch heute fort. Ähnlich wie *Frankenstein* begründete Bram Stokers Vampirroman → *Dracula* (1897) eine neue populäre Tradition im Film und in anderen Massenmedien des 20. Jh.s[33]. In Frankreich ist die Gattung der H.literatur weniger bedeutsam; vergleichbare Elemente enthalten etwa *Les Mystères de Paris* (1842/43) und *Le Juif errant* (1844/45) von Eugène Sue[34]. Die dt. Schauerromantik kam zu ähnlicher Blüte wie die brit., welche sie seit Ende des 18. Jh.s erheblich beeinflußte[35]. Der Amerikaner Edgar Allan → Poe setzte neue Standards in der realistischen Verarbeitung von Übernatürlichem und Pathologischem zu höchst artistischen Erzählungen über die unmenschliche Seite der menschlichen Natur[36]. Sehr starken Einfluß auf die amerik. Sagenüberlieferung übten Washington → Irvings Erzählungen *Rip van Winkle* (1819), *The Spectre Bridegroom* (1819) und *The Devil and Tom Walker* (1824) sowie die u. a. von Mark Twain nacherzählte grausige amerik. Version (*The Golden Arm*; 1897) von AaTh 366 aus[37]. Slgen brit. Gespenstergeschichten waren auf dem Buchmarkt ebenso zahlreich wie Auswahlausgaben von → Grimms Märchen und gelangten in der mündl. Überlieferung der Anglo-Amerikaner zu neuem Leben.

Die literar. Tradition wiederum lebte im 20. Jh. in neuen Medien auf, im Film, auf Schallplatten, in Groschenromanen und Comic strips. Die Visualisierung der H.gestalten und ihres Reichs steigerte den Appetit des westeurop. und amerik. Publikums auf das Unheimliche. In den ersten beiden Jahrzehnten des 20. Jh.s gaben Ungeheuer, leichenfressende Dämonen, Gespenster, Vampire, Hexen und → Wolfsmenschen ihr Debüt auf der Leinwand. Der Erfolg früher Verfilmungen wie *Nosferatu* (1921; die erste Dracula-Filmversion) führte zu zahlreichen Remakes und Fortsetzungen[38]; zu solchen H.filmgestalten kommen als neuere Kinoschrecks geistesgestörte Mörder, Killer, Sexomane, Bucklige, menschenähnliche → Monstren[39], riesenhafte Reptilien, → UFO-Insassen, Dämonen und Teufel hinzu. Ihre Folklorisierung geht nicht nur auf ständige Nachahmungen und Wiederholungen – z. B. zu Halloween (Vorabend von Allerseelen) oder in Spätsendungen des Fernsehens – zurück, sondern auch auf die gleichzeitige Kommerzialisierung der Figuren und charakteristischer Bestandteile der Geschichten in Form von Spielzeug, Mal- und Bilderbüchern, Groschen- und Fortsetzungsromanen[40] und Comic strips. Der Schrecken gehört heute zum festen Bestandteil der westl. Unterhaltungsindustrie[41].

Das Repertoire der wegen der in ihnen enthaltenen Grausamkeiten und Greueltaten oft als schädlich für die Jugend verurteilten[42] H.comics bietet den vielleicht vollständigsten Vorrat an H.geschichten. Dennoch ist die thematische Variabilität, die in gewissem Grade modeabhängig ist, recht beschränkt, wie eine zufällige Auswahl von Titeln der Zeit von 1973–89 zeigt, die alle beinahe jährlich nachgedruckt wurden: *It's Midnight ... the Witching Hour; The Monsters Are Coming ... Beware!; The Tomb of Dracula; Do You Dare to Enter the House of Mystery;*

Where Monsters Dwell. Weird H. Tales; Ghostly Haunts; Giant Size Man Thing; Three Faces of Fear; Vampire; The Haunted Mountain; Fright Night; Baron Weirwulf's Haunted Library; Werewolf by Night.

Nicht weniger schreckenerregende Titel enthalten Kinderbuchkataloge. Ein Weihnachtskatalog für 1989 z. B. bietet Victor G. Ambrus' Buch *Son of Dracula* so an: „Are you tired of going to school? Then join the Son of Dracula at Tombstown, the famous ‚finishing off' school. You'll learn chemistry from Dr. Jekyll (and Mr. Hyde) and French with Mr. Quasimodo."[43] Auch der 1954 von Hunderten von Kindern auf einem Glasgower Friedhof durchgeführten Vampirjagd, die sich durch wechselnde Medien bis 1985 hielt, lagen vielfältige literar. Vorstellungen zugrunde[44].

In ihrer Unters. von Erzählungen mit übernatürlicher Thematik bei Sechstkläßlern stellt S. A. Grider fest, daß die Nacherzählungen vorwiegend übernatürlicher H.geschichten aus nächtlichen Fernsehsendungen oder Comics spontan vorgetragen werden, gleichrangig mit Witzen, Märchen und Sagen. Nach Grider besteht eher eine symbiotische Beziehung zwischen den Medien und oraler Tradition, als daß eine Ablösung der einen durch die anderen zu bemerken wäre[45]. In einer modernen Industriegesellschaft ist es unvermeidlich, daß professionelle Erzeugnisse, die auf traditionellen narrativen Modellen beruhen, ihrerseits wieder in die populäre Erzähltradition eingehen. Das Neuerzählen gleicher Geschichten durch unterschiedliche Medien schafft medienabhängige Variationen. Mehrmals neuerzählte literar. H.geschichten, die wieder zur ‚Volksüberlieferung' geworden sind, tragen zum Fortbestehen der ihnen zugrundeliegenden, nunmehr konventionalisierten traditionellen Vorstellungen, Bräuche und Rituale bei[46]. Nach S. Stewart kann die H.geschichte sowohl den erzählerischen Techniken der direkten mündl. Kommunikation, des gedr. Textes und des Kinos wie den Inszenierungen der Vergnügungsparks angepaßt werden[47].

6. Kindliche H.geschichten. Sammler moderner städtischer Folklore weisen darauf hin, daß H.geschichten für Kinder nicht notwendigerweise Warnerzählungen sind und von Erwachsenen ausgehen, auch wenn viele davon z. B. den Zweck erfüllen sollen, Kinder in Pfadfinderlagern davon abzuhalten, daß sie die umliegenden Wälder auf eigene Faust erforschen[48]. Obwohl das Erschreck-Spiel in Amerika zur Erziehung gehört – Eltern nehmen ihre Kinder an gruselige Orte mit (Halloween-Spukhäuser)[49], lesen ihnen Gespenstergeschichten vor, erschrecken sie bei den Heischegängen zu Halloween[50], kaufen H.puppen, -spielzeug und -spiele –, entwikkeln Kinder eigene, jeweils altersspezifische Repertoires, an denen ihre Eltern keinen Anteil haben. Schreckfiguren und ihre Gewalttaten sind gesellschaftliches Allgemeingut, daher die frühe Vertrautheit der Kinder mit ihnen. Zweibis Fünfjährige berichten von Hexen, Geistern, Ungeheuern, Vampiren, menschenfressenden Riesen und wilden Tieren[51], Volksschulkinder von Gewalttaten – Folter, Blutvergießen, Verstümmelung[52]. Kleine Kinder erzählen Einzelmotive aus H.geschichten, deren ausgefeiltere Darbietung in späterem Alter stattfindet. Die Anziehungskraft des Grausigen und die Faszination des Pathologischen, Makabren, Abstoßenden und Gewalttätigen scheint typisch für etwa zehnjährige Jungen und Mädchen, die auf Themen wie Tod, Begräbnis und Verwesung mit gleichzeitigem Schaudern und Kichern reagieren[53]. Sehr beliebt sind Gespenstergeschichten (modernisierte Versionen von AaTh 326 und AaTh 366), die unerwartet damit enden, daß der Erzähler die Zuhörer erschreckt, indem er sie packt oder ‚Buh' schreit[54]. Nach E. G. Tuckers Beobachtung sind solche Geschichten bei Kindern bis zur 5. Klasse von zentraler Bedeutung für die Entwicklung der Erzählfähigkeit; darüber hinaus sind sie eine Vorbereitung auf den Umgang mit ernsteren traditionellen Erzählungen vom Übernatürlichen[55].

Wissenschaftler, die dem Schrecken einen positiven Effekt zuschreiben und in erster Linie das Humorvolle, Parodistische oder die groteske Seite des Bösen sehen, wobei sie betonen, daß es nicht um echtes Entsetzen, sondern um Nervenkitzel gehe, bezeichnen solche Geschichten gewöhnlich als ‚shaggy dog stories'[56]. Diese Geschichten erzählen in durchaus realistischer Weise von Kindern, die an einem Spukort in eine ausweglose Situation geraten. Die bekanntesten von ihnen sind *The Ghost of the Black Eye*[57] oder *The Walking Coffin*[58].

7. Die Kultur der Angst. Cawelti stellt eine Faszination von H.geschichten bes. auf

ein junges und relativ anspruchsloses Publikum fest[59]. Schrecken zu empfinden bedeutet in der modernen Industriegesellschaft, sich der Herausforderung einer geheimnisvollen, gefährlichen, unbekannten Welt auszusetzen und durch ihre Überwindung zu reifen. Der Schritt ins Erwachsenenleben ist ein Übergang, der physisch wie psychisch in bes. Maße mit Angst verbunden ist. Als archetypische Geschichte wird AaTh 326 in unzähligen Var.n neu erzählt, da Angst durch aktive Suche erlebt und unschädlich gemacht werden muß. Jugendliche und junge Erwachsene bereiten sich geistig und körperlich auf das Erlebnis vor, begeben sich an den unheimlichen Ort und provozieren das unheimliche Ereignis durch ein Ritual, zu dem auch das Erzählen von H.geschichten gehört[60].

H.sagen wenden sich vorwiegend, wenn auch nicht ausschließlich, an Männer und Frauen zwischen 15 und 30. Sie thematisieren jeweils geschlechtsspezifische Ängste: Furcht und Neugierde in bezug auf die Sexualität, Konflikte zwischen gesellschaftlichen Normen und persönlicher Freiheit, Angst vor gewaltsamen Tabuüberschreitungen; es gibt jedoch keine getrennten Repertoires.

In Amerika trägt die alljährliche, kalendarisch festgelegte Epiphanie der Toten zur Verstärkung der Furcht als kultureller Ideologie bei. Halloween wird im wesentlichen bestimmt durch eine Reihe miteinander verflochtener H.sagen; den Vordergrund der sich allmählich entwickelnden Kultur der Angst bilden gruselige Poster und Dekorationen an privaten und öffentlichen Gebäuden. Das Verhalten der gesamten Gemeinschaft ermöglicht es ihren einzelnen Mitgliedern, abwechselnd Schreckgestalt und Erschreckter zu sein[61]. Die grauenerregenden Geschichten sind oft unmittelbar mit den Halloween-Nächten verknüpft, in denen Selbstmörder, Mord- und Unfallopfer am Ort ihres vorzeitigen Todes umgehen sollen, aber auch andere H.geschichten nicht übernatürlichen Charakters werden erzählt. Erzählgelegenheiten bieten sich auf Kostümfesten, beim Schlangestehen vor kommerziellen Halloween-Spukhäusern oder auf der Fahrt zu regionalen Spukorten.

In seinem Typen- und Motivindex engl. und nordamerik. Erzählungen führt E. W. → Baughman H.geschichten als separate Kategorie ein, in der er grausige oder seltsame Geschichten ohne übernatürliche Elemente erfaßt[62]. Die meisten Folkloristen hingegen übernehmen den Begriff ‚scary story' in derselben Bedeutung wie ihre Informanten (Tucker und Grider benutzen bei Kindern gebräuchliche Benennungen, J. H. Brunvand spricht von ‚teenage horror legends' und ‚screamers'[63]), dagegen definiert D. Roemer ‚scary story legend' als eine Sagenform, die sowohl unter 10–11jährigen Schulmädchen als auch 19–20jährigen Studentinnen im 1. Semester kursiert[64]. Gemeinsames Element der H.geschichten dieser Altersgruppen ist die Bedrohung eines Mädchens durch eine merkwürdige Person oder einen seltsamen Gegenstand. Roemer unterscheidet nicht zwischen übernatürlichen und realistischen Begebenheiten, ihre Slg enthält Erzählungen von verschwindenden Anhaltern und anderen Straßengeistern[65] neben realistischen Schockern, z. B. *Fatal Initiation*[66], *The Hook*[67], *The Boyfriend's Death*[68] und *The Murderer Upstairs*[69].

In dem Maße, in dem die Gefahren des technologischen Wachstums, der Verstädterung, der Massenproduktion von Konsumgütern und Veränderung der ethnischen Struktur der Stadtbevölkerung mehr und mehr H.geschichten hervorbrachten, begannen die Folkloristen sich auf städtische, zeitgenössische Erzählungen (cf. die Termini ‚urban legends', ‚contemporary legends') und die in ihnen widergespiegelten Phantasien über reale Bedrohungen des einzelnen durch Regierungskomplotte und internat. Machenschaften sowie Gewalt, Verbrechen und Wahnsinn in der eigenen engeren Umgebung zu konzentrieren. Die Theorie einer neuen, sich von der traditionellen grundlegend unterscheidenden Sagenüberlieferung als direktem Produkt der städtischen Zivilisation, der Vermassung und Entfremdung fand großen Anklang und konnte sich bald auf eine breite Materialbasis stützen[70]. Die Schwäche dieser Theorie, die sich auf auffallende, jedoch nicht wesentliche Züge der Oberflächenstruktur stützte, wurde aber schnell bemerkt: Vergleichende Analysen ergaben, daß die ‚neuen' Sagen alte Geschichten in neuem Gewande waren[71]. Eine tendenziöse Sammeltätigkeit[72] führte zu dem Eindruck, daß in der zeitgenössischen Sagenüberlieferung der westl. Industrienationen städtische H.geschichten ohne übernatürliche Züge vorherrschen. Dies mag für einige Gebiete in Europa zutreffen, in England und Amerika scheinen jedoch Spukgeschichten verbreiteter zu sein. So gibt es in jeder Stadt Großbritanniens und der Vereinigten Staaten Spukhäuser, über die persönliche Erlebnisse erzählt werden. Gespenstergeschichten sind konventioneller und anpassungsfähiger als die realistischeren H.geschichten und lassen traditionelle Muster wieder aufleben. Da sie eher der mündl. Verbreitung im informellen privaten Kreis vorbehalten bleiben und für die Presse weniger interessant sind, unterliegen sie auch nicht so wie die städtischen H.geschichten den Klischees der Massenmedien.

Erzählungen von übernatürlichen Geschehnissen scheinen gegenwärtig stark im Kommen zu sein. Entsprechende wiss. Unters.en fehlen zwar bislang, aber Zeitungsberichte, Talkshows und Dokumentarfilme weisen auf eine Welle übernatürlicher Schrecksagen hin, deren Verbreitung in Zusammenhang mit einem schnell wachsenden Kontingent fundamentalistischer Sekten steht, religiöser Erweckungsbewegungen, welche die bevorstehende Jahrtausendwende als Zeitpunkt für den Kampf des Satans gegen das Reich des Herrn (cf. → Eschatologie) propagieren. Vor diesem Hintergrund ist ein neuer Zyklus von H.geschichten über satanische Besessenheit (Menschenopfer und Massenmord unter dem teuflischen Einfluß von Rockmusik und Drogen) zu sehen[73].

[1] Dégh, L.: The Living Dead and the Living Legend in the Eyes of Bloomington Schoolchildren. In: Indiana Folklore and Oral History 15 (1986) 127–152, hier 130 sq.; Hall, G.: The Big Tunnel. In: Indiana Folklore 6,1 (1973) 139–173. – [2] Riemann, F.: Grundformen der Angst. Mü./Basel 1984, 10. – [3] Röhrich, L.: Sage – Märchen – Volksglauben. Kollektive Angst und ihre Bewältigung. In: Eifler, G./Saame, O./Schneider, P. (edd.): Angst und Hoffnung. [Mainz 1984], 173–202, Zitat 197. – [4] ibid. – [5] Webster's Third New Internat. Dictionary 2. Chic. u. a. 1981, 1092. – [6] Brockhaus Enz. 8. Wiesbaden [17]1969, 687. – [7] Meyer zu Capellen, R.: Kinder hören ein Märchen, fürchten sich und wehren sich. In: Und wenn sie nicht gestorben sind ... ed. H. Brackert. Stg. 1980, 210–222; Ellwanger, W./Grömminger, A.: Märchen – Erziehungshilfe oder Gefahr? Fbg 1977. – [8] Bettelheim, B.: The Uses of Enchantment. N.Y. 1976 (dt. u. d. T.: Kinder brauchen Märchen. Stg. 1977). – [9] cf. Schenda, R.: Die Lesestoffe der Kleinen Leute. Mü. 1976, 111, 119. – [10] Sutton-Smith, B.: The Folkstories of Children. Phil. 1981. –
[11] BP 4, 41–94, bes. num. 1 und 6, ferner num. 77 sq., 83, 101, 111, 113, 137, 153, 156, 172, 175, 181, 186, 190. – [12] cf. Grider, S.A.: The Supernatural Narratives of Children 1–2. Diss. Bloom. 1976, t. 1, Kap. 3; t. 2, 587–600. – [13] Zitiert nach BP 4, 58. – [14]Zitiert nach BP 4, 64. – [15] BP 4, 77 sq. – [16] BP 4, 87. – [17] Zitiert nach BP 4, 84. – [18] Bloch, D.: „So the Witch Won't Eat Me". Fantasy and the Child's Fear of Infanticide. Boston 1978, 17–41. – [19] cf. Ipolyi, A.: Magyar Mythologia. Pest 1854, 73; Kálmány, L.: Kinderschrecker und Kinderräuber in der magyar. Volksüberlieferung. In: Ethnol. Mittlgen aus Ungarn 3 (1889) 171–173, 188–193, 213–219. – [20] Hoppál, M.: Gyermekijesztő (Kinderschrecken). In: Magyar Néprajzi Lex. 2. Bud. 1979, 349. –
[21]Widdowson, J.: The Bogeyman. In: FL 82 (1971) 99–115. – [22] ibid., 104 sq. – [23] Henßen, G.: Dt. Schreckmärchen und ihre europ. Anverwandten. In: ZfVk. 50 (1953) 84–97. – [24] von Sydow, 60–85. – [25] Rumpf, M.: Ursprung und Entstehung von Warn- und Schreckmärchen (FFC 160). Hels. 1955. – [26] Röhrich, Märchen und Wirklichkeit, 123–158; Darnton, R.: The Great Cat Massacre and Other Episodes in French Cultural History. N.Y. 1984, 9–74. – [27] Dégh, L.: Adalékok a hálás halott epizód mesei és mondai formálódásához (Zur Gestaltung der Episode des ‚Dankbaren Toten' in Märchen und Sage). In: Ethnographia 68 (1957) 307–318. – [28] cf. Lovecraft, H. P.: Supernatural H. in Literature. N.Y. (1954) [2]1973, 12–22. – [29] Cawelti, J. G.: Adventure, Mystery, and Romance. Chic./L. 1976, 47–49. – [30] Daniels, L.: Living in Fear. A History of H. in the Mass Media. N.Y. 1975, 1 sq. –
[31] Schenda (wie not. 9) 113 sq. – [32] Daniels (wie not. 30) 29; Day, W. P.: In the Circles of Fear and Desire. A Study of Gothic Fantasy. Chic./L. 1985. – [33] Barber, J.: Vampires, Burial and Death. New Haven, Conn. 1988. – [34] Schenda (wie not. 9) 114. – [35] Haining, P.: Gothic Tales of Terror 1–2. Baltimore, Md 1973, 13; cf. auch Conrad, H.: Die literar. Angst. Das Schreckliche in Schauerromantik und Detektivgeschichte. Düsseldorf 1974. – [36] Lovecraft (wie not. 28) 53. – [37] Mark Twain: How to Tell a Story and Other Essays. N.Y. 1897, 7–15; Grider (wie not. 12) t. 1, 203–207, 244. – [38] Frank, A. G.: The H. Film Handbook. N.Y. 1982; cf. auch Kling, B.: H. In: Seeßlen, G./Kling, B.: Unterhaltung. Lex. zur populären Kultur 1. Reinbek 1977, 135–175. – [39] Halpin, M./Ames, M. M.: Manlike Monsters on Trial. Vancouver 1980. – [40] cf. Daniels (wie not. 30) hier 115–125 (zur seit 1923 erschienenen Serie „Weird Tales"). –
[41] Phillips, P./Robie, J. H.: Halloween and Satanism. Lancaster, Pa 1987, 13. – [42] Wertham, F.: Seduction of the Innocent. Wash. 1953. – [43] Katalog der Citadel Press (Secaucas, N.J.) Winter 1989, 11. – [44] Hobbs, S./Cornwell, D.: Hunting the Monster with Iron Teeth. In: Monsters with Iron Teeth. Perspectives on Contemporary Legend 3. ed. G. Bennett/P. Smith. Sheffield 1988, 115–137. – [45] Grider (wie not. 12) t. 1, 345 sq. – [46] cf. Brednich, R. W.: Nacherzählen. Moderne Medien als Stifter mündl. Kommunikation. In: Röhrich, L./Lindig, E. (edd.): Volksdichtung zwischen Mündlichkeit und Schrift-

lichkeit. Tübingen 1989, 177–186. – [47] Stewart, S.: The Epistemology of the H. Story. In: JAFL 95 (1982) 33–50, hier 33. – [48] Leary, J.: The Boondocks Monster of Camp Wapehani. In: Indiana Folklore 6 (1973) 174–190; Ellis, B.: The Camp Mock-Ordeal Theater of Life. In: JAFL 94 (1981) 486–505. – [49] Dégh, L./Vázsonyi, A.: Does the Word ‚Dog' Bite? In: J. of Folklore Research 20 (1983) 5–34; Magliocco, S.: The Bloomington Jaycees' Haunted House. In: Indiana Folklore and Oral History 14 (1985) 19–28. – [50] Dégh (wie not. 1). –
[51] Sutton-Smith (wie not. 10); Pitcher Goodenough, E./Prelinger, E.: Children Tell Stories. N.Y. 1963. – [52] Vlach, J. M.: One Black Eye and Other H.s. In: Indiana Folklore 4,1 (1971) 95–140. – [53] Opie, I. und P.: The Lore and Language of Schoolchildren. L. 1959, 32–35. – [54] Baughman Z 13.1. – [55] Tucker, E. G.: Tradition and Creativity in the Storytelling of Pre-Adolescent Girls. Diss. Bloom. 1977, 121–141; Knapp, M. und H.: One Potato, Two Potato ... The Secret Education of American Children. N.Y. 1976, 242–253; Grider (wie not. 12). – [56] Brunvand, J. H.: Shaggy Dog Stories. In: JAFL 76 (1963) 42–68; Grider (wie not. 12) t. 1, 163. – [57] Vlach (wie not. 52). – [58] Clements, E. M.: The Walking Coffin. In: Indiana Folklore 2,2 (1969) 3–10. – [59] Cawelti (wie not. 29) hier 48; cf. auch Brunvand, J. H.: The Vanishing Hitchhiker. N.Y./L. 1981, 47. – [60] cf. Dégh, L.: The „Belief Legend" in Modern Soc. In: American Folk Legend. ed. W. D. Hand. Berk./L.A./L. 1971, 55–68; ead.: The Haunted Bridges Near Avon and Danville and Their Role in Legend Formation. In: Indiana Folklore 2,1 (1969) 54–89; ead.: The Roommate's Death and Related Dormitory Stories in Formation. ibid. 2,2 (1969) 55–74; Grider, S. A.: Dormitory Legend-Telling in Progress. Fall, 1971 – Winter, 1973. ibid. 6,1 (1973) 1–32; Hall (wie not. 1). –
[61] Dégh (wie not. 1) hier 127. – [62] Baughman Z 500*–Z 552* (a). – [63] Tucker (wie not. 55); Grider (wie not. 12); Brunvand (wie not. 59) 7, 9. – [64] Roemer, D.: Scary Story Legends. In: Folklore Annual of the Univ. Folklore Assoc. 3 (1971) 1–16. – [65] cf. Brunvand (wie not. 59) 24–46. – [66] Baughman Z 510*. – [67] Brunvand (wie not. 59) 48–52. – [68] ibid., 5–10. – [69] ibid., 53–57. – [70] zuletzt u. a. Brednich, R. W.: Die Spinne in der Yucca-Palme. Mü. 1990 (mit Lit.). –
[71] Sanderson, S. F.: The Modern Urban Legend. L. 1981; Williams, N.: Problems in Defining Contemporary Legend. In: Perspectives on Contemporary Legend 1. ed. P. Smith. Sheffield 1984, 216–228; Smith, P.: Contemporary Legend. A Legendary Genre. In: The Questing Beast. Perspectives on Contemporary Legend 4. ed. G. Bennett/P. Smith. Sheffield 1989, 91–101. – [72] Bennett, G.: Problems in Collecting and Classifying Urban Legends. A Personal Experience. In: Perspectives on Contemporary Legend 2. ed. G. Bennett/P. Smith/J. D. A. Widdowson. Sheffield 1987, 15–30; Brednich (wie not. 70). –
[73] Dégh, L.: Are Sectarian Miracle Stories Contemporary American Folk Legends? In: Storytelling in Contemporary Soc. ed. L. Röhrich/S. Wienker-Piepho. Fbg (im Druck); Ellis, B.: Death by Folklore. Ostension, Contemporary Legend, and Murder. In: WF 68 (1989) 201–220.

Bloomington Linda Dégh

Hörspiel. Das H. (engl. radio drama, frz. pièce radiophonique), „ein aus der freien Phantasie mit funkischen Mitteln gestaltetes, menschlich berührendes Geschehen"[1], gilt im dt.sprachigen Bereich als die rundfunkeigene Form schlechthin, aus der die Ästhetik des Hörfunks entwickelt worden ist[2]. Es ist gelegentlich als die Sendeform bezeichnet worden, die für den dt. → Rundfunk charakteristisch sei[3]; E. K. Fischer nennt es „die einzige geschlossene Textform, die [...] kein Fenster in unsere Wirklichkeit offen läßt, sondern eine fiktive Welt in einem geschlossenen geistigen Raum darstellt"[4]. Die Beziehung des H.s zur geschriebenen Lit. war stets eng; W. Hagemann nennt das H. „in Szene gesetzte Literatur"[5]. Als H. gelten sowohl Adaptationen aus anderen literar. Bereichen als auch eigens als H. verfaßte Werke: Von 458 Sendespielen der Funkstunde Berlin in den Jahren 1923–29 waren nur 17% Originalhörspiele[6]. Das H. adaptiert überwiegend den tradierten literar. Kanon oder verarbeitet die von der Gegenwartsliteratur behandelten Probleme. Märchen werden nur soweit einbezogen, als sie Teil dieses Kanons sind, also reduziert auf die Brüder → Grimm, Wilhelm → Hauff, Ludwig → Bechstein sowie Hans Christian → Andersen.

Für die Adaptation von Lit. gelten folgende Faustregeln: Das H. hat eine steilere Geschehenskurve als das Bühnenstück, was einer kürzeren, aber intensiveren Handlungsmotivation entspricht; es gibt keine Auftritte und Abgänge; eine starke, einprägsame Fabel wird benötigt, die in kurzen, rasch aufeinander folgenden Aktionsphasen abläuft; das Geschehen muß einfach und geradlinig sein und darf nicht durch Nebenhandlungen belastet werden[7]. Die Texte des volkstümlichen Erzählguts werden bei ihrer H.verarbeitung einem Prozeß unterworfen, den L. → Petzoldt als „Ästhetisierung" beschrieben hat: Die volkstümliche

Überlieferung wird zum Sprachkunstwerk stilisiert, falls die Vorlage nicht selbst schon literar. Charakter hat; wenn dies der Fall ist, liegt der ursprünglich narrative Text des Märchens in einer bearbeiteten und stilistisch erstarrten Form vor, der Stil und Zielgruppe bestimmt. Von der Gattung bleibt lediglich die spezifische Thematik erhalten, während Form, Struktur und Motivfolge der Erzählhaltung untergeordnet werden[8]. Geradheit und Durchsichtigkeit der Erzählung im H. werden nicht mit Rücksicht auf den Märchenstil, sondern im Hinblick auf die jugendliche Zielgruppe erwartet und ausgeübt[9].

Das H. ruft Bildvorstellungen vor das innere Auge. Es ist daher besser als → Film und Fernsehen (→ Television) zur Darstellung des Außergewöhnlichen und Wunderbaren geeignet, das nicht in ein unvollkommenes Bild übersetzt werden muß. Zur Unterscheidung von Riesen und Zwergen genügt z. B. der Einsatz ‚kleiner' und ‚großer' Stimmen.

Das H. wird als ‚Einsesseltheater' bezeichnet, seine Kennzeichen sind die Intensität der Übermittlung und die Intimität des Verhältnisses von Kommunikator und Rezipient, die ‚Hautnähe des Beisammenseins' von Sender und Hörer, aus der die Illusion entsteht, in das Innere anderer Menschen lauschen zu können[10]. Der Hörer hat aber keine Möglichkeit direkter Einflußnahme auf das Gehörte. Die mündlich tradierte Volkserzählung benötigt dagegen Gestik (cf. → Gebärde), Mimik, Pantomime des Erzählers, die mitwirkende Reaktion der Zuhörer oder das Frage- und Antwortspiel im Erzählkreis. Märchen werden deshalb nicht unmittelbar, sondern literar. aufbereitet in H.e umgesetzt. Ein Versuch der Einbeziehung des Hörers im Rahmen des ‚Neuen Hörspiels' ist ablösbar vom Märcheninhalt. In Konrad Wünsches H. *Sendung* stellt die Sprecherstimme anhand der Geschichte vom Hirtenbuben und dem Wolf (AaTh 1333: *Der lügenhafte → Hirt*), die die eigentliche H.fabel bildet, Fragen an den Hörer, die ihn zum eigenen Weiterspielen und Überdenken der Geschichte anregen sollen:

> „Sie haben gehört/Sie können sich selbst ein Urteil bilden/Wer ist der Wolf/Wer ist der Hirtenknabe, der jämmerlich lachte und schrie/Schreiben Sie auf, wer Ihnen einfällt/Nehmen Sie jetzt Papier und Kugelschreiber zur Hand und schreiben Sie/Wir werden dann prüfen, ob Sie sich selbst ein Urteil gebildet haben/Aber vielleicht reizt es Sie, der Sache einen anderen Schluß zu geben/Tun Sie das/Oder einen anderen Anfang/Tun sie das [...]."[11]

In dem H. *Straße des Eulenspiegels* von Günter Bruno Fuchs, das in der Gegenwart spielt, wird die Zähmung dieses subversiven und rabiaten Schwank-Helden der Volksliteratur zu einer literar. Kunstfigur sichtbar, die mit dem überlieferten → Eulenspiegel nur den Namen gemeinsam hat, auch wenn sie ebenso wie dieser den Ansprüchen und Zumutungen ihrer Umwelt mit Kritik entgegentritt:

> „Ein Eulenspiegel-Denkmal soll enthüllt werden. Eulenspiegel nimmt es mit Schrecken zur Kenntnis. Denn er will keine Statue sein; er will nicht für immer fixiert und damit registrierbar, katalogisierbar, identifizierbar sein. Die Enthüllungsfeier wird so für den versonnenen und melancholischen Till fast zur Begräbniszeremonie. Doch nur fast! Während nämlich seine Gefährten Josef und Albert die Feier zu stören versuchen, kramt Till in seinen Taschen und findet ein zerknittertes Schriftblatt mit dem Text auf ein neues Jahr: ‚Noch einmal/Am kalten Morgen dieser Winternacht/Geh ich zu meinem Vaterland/In Untermiete/Bei täglicher Kündigungsfrist.' "[12]

Die von ihrem tradierten Inhalt gelöste Märchenform wird im übrigen von den jeweiligen Gegenwartsautoren vielfältig für publizistische Ziele eingesetzt, Walter Benjamin ist z. B. Verf. des medienkritischen Kinderhörspiels *Radau um Kasperl*[13].

H.e, die erwachsene Hörer ansprechen möchten, nutzen die Märchenform häufig zu Satire und Kritik, z. B. *Schneewittchen und die Schönheitsköniginnen* von R. T. Odeman (Nordwestdt. Rundfunk 1953), nach Presseberichten als ein Märchen für große Leute gedacht. Doch, wie der Kritiker ausführt, „das Märchen ging leider verloren [...]. Die Mischung von gezügeltem Witz mit einiger Modernität und allgemeinen Gefühlen in beweglicher Form geboten – und begleitet von hübscher Musik – war freilich nicht sehr erregend, aber bekömmlich für große Leute mit täglichen Sorgen"[14]. Hingegen finden derartige Umsetzungen Beifall, wenn sie aus einem anderen Kulturkreis importiert werden, wobei das exotische Flair die Kollision der Grundhaltungen überlagert. Das exotische Märchen, dessen Realitätsbezug vom Hörer weniger gut eingeschätzt werden kann als der des eigenen Kulturbereichs, geht als quasi-‚realistisch' durch. So sendete der Westdt. Rundfunk 1963 eine Reihe von H.en aus Japan. Der Kritiker entdeckt in dem Motiv der Verwandlung einer Füchsin in ein liebendes Mädchen in dem H. *Geschichte eines Witwers* „eine unserer Undine verwandte schwermütige Legende" und „den zarten Duft von Andersen-Märchen" in der Bekehrung eines Einbrechers durch eine aus der Anstalt entwichene Irre[15].

Nicht selten erscheinen Märchenreminiszenzen als Interpretationshilfe, so in Max Frischs H. *Rip van Winkle*[16]. Ein ‚Fremder' wird in einer Kleinstadt festgenommen und behauptet, Rip van Winkle zu heißen, obgleich er als der berühmte Bildhauer Anatol Wadel erkannt wird. Er weigert sich, seine alte Identität wieder anzunehmen und wird durch ein Gerichtsurteil dazu gezwungen. Der Staatsanwalt erinnert an das Märchen (cf. AaTh 766: → *Siebenschläfer*) und kann die Geschichte damit plausibel machen.

Die Entwicklung des ‚Neuen H.s' seit Beginn der 70er Jahre, das auf die literar. Vorlage verzichtet und typol. in die Nähe des Lettrismus führt, entfernte das H. von der Volkserzählung[17]. Die Rundfunkanstalten betonen jedoch, daß sie – neben ihrem Einsatz für die strikt literar. bzw. radiophon konsequenten Formen des H.s – mit Vorrang darum bemüht seien, auch literar. weniger geübte Hörerschichten zu gewinnen; die Programmpalette reiche dafür vom Kriminal- und Science Fiction-H. über die Radiokomödie und das sozialkritische H. bis hin zum Kinderhörspiel (über dessen Inhalte jedoch nichts ausgesagt wird)[18].

Die Bezeichnung Märchen wird im Bereich der Massenmedien ubiquitär und unspezifisch verwandt. Das Kunstmärchen der Medien übernimmt die Motivik des überlieferten Märchens, oft auch Kulissen und Figuren, diese aber ohne zwingende Notwendigkeit. Sie werden als übertragbare Symbole behandelt[19]. Beispielhaft dafür steht das H. *Nasrin oder die Kunst zu träumen* von Herbert Asmodi:

„In einer einsamen Gegend Andalusiens finden drei Reisende ihren seit langer Zeit verschollenen Freund wieder. Er behauptet nichts Geringeres, als daß er eine wahrhaft ideale Geliebte besitze und mit ihr in vollkommenem Glück lebe. Wenn sie auch feststellen können, daß es sich dabei um eine Einbildung, um ein Phantom handelt, so müssen sie doch die Entdeckung machen, daß er fliegen und in der Luft spazierengehen kann. Gerade das aber macht ihn für eine frühere Freundin aufs neue attraktiv. Sie beschließt, ihn von seinem Phantom zu befreien, der Seele seines Glücks [...]."[20]

So ist die paradoxe Situation entstanden, daß der Rundfunk seine eigene Position als Nachfolger des Erzählers oraler Lit. definiert, wenn etwa A. Paffenholz, Leiter der Abteilung ‚Kultur und Ges.' bei Radio Bremen, 1988 feststellt: „Das Radio ist das letzte Refugium der Erzählkultur", ohne daß das Märchen als eine Hauptform des Erzählens in den Sendungen, auf die rekurriert wird, eine Rolle spielte; der Begriff Märchen wird reduziert auf das Aufregende und Ungewöhnliche und kann dann z. B. auf Sendungen angewandt werden, die Erinnerungen an den Span. Bürgerkrieg zum Inhalt haben[21]. Ein 1985 vom Westdt. Rundfunk und der Dt. Welle ausgeschriebener H.wettbewerb für afrik. Länder führte zu Rezeptionsschwierigkeiten der eingereichten Texte afrik. Autoren beim europ. Publikum, wenn die selbstverständlich verwendeten Formen oraler Tradition (Dankgebet, Klage um den Verstorbenen, didaktische Anweisungen für die Erziehung der Jugend) das erzählerische Moment überlagerten[22].

In der Konkurrenz zum Fernsehen wird der Hörfunk erst für Kinder ab zehn Jahren im häuslichen Bereich interessant, wie eine Unters. des Internat. Zentralinstituts für das Jugend- und Bildungsfernsehen München und der Schweiz. Radio- und Fernsehgesellschaft 1979 ergab[23]. Je nach Altersgruppe wurde dabei die Wirkung realistischer Stoffe aus dem kindlichen Lebensraum (*Marios Trompete, Claudia, oder wo ist Timbuktu*) und sachinformativer Produktionen (*Der Wald*) untersucht.

Bei der für den Rundfunk typischen Rückkoppelung zwischen Programmgestaltung und Einschaltquoten fiel das Märchen als ernstzunehmender Inhalt des Kinderfunks in den 70er Jahren mehr und mehr aus. Im Jahr des Kindes 1979 wurden im Schul- und Kinderfunk Kinder an der Gestaltung von Sendungen beteiligt. Die von den jugendlichen Hörern favorisierten Reihen hießen etwa *Die Kinderkonferenz* (Norddt. Rundfunk) oder *Kinder & Co.* (Radio Bremen)[24]; 1981 führte die European Broadcasting Union einen Wettbewerb ‚Kinder Europas schreiben für den Funk' durch, an dem sich der Bayer. Rundfunk federführend für die Arbeitsgemeinschaft der Rundfunkanstalten

Deutschlands (ARD) beteiligte. Zu der dafür vom Bayer. Rundfunk produzierten Geschichte *Das Geheimnis des schwarzen Waldes* schrieben 1300 Kinder Forts.en, ohne daß das Thema Märchen eine bes. Rolle gespielt hätte. Hingegen stand die phantastische Lit. beim Süddt. Rundfunk 1981 mit einer dreiteiligen H.fassung des Michael Ende-Bestsellers *Die unendliche Geschichte* im Mittelpunkt[25]. Die dramaturgischen und ästhetischen Möglichkeiten des H.s und seine typol. Verwandtschaft zum Märchen werden von den Erzeugnissen des Kindermedienmarktes kaum genutzt[26]. Die Belebung der dialogisierten Erzählung durch Geräusche, Musik und Stimmklang erfolgt nur selten. Auf Kassetten werden die Vorlagen häufig auf etwa zwei Minuten je Märchen und damit auf die knappe Inhaltsangabe verkürzt. Aufwendigere Produktionen verfehlen häufig die kindliche Zielgruppe, wie der tschech. Autor Ota Hofman (*Pan Tau*) feststellt: „Da interessieren sich vor allem die Erwachsenen für Märchen und Phantasiegeschichten [...], während die Kinder sich oft lieber mit Computerspielen in den Warenhäusern beschäftigen."[27]

Aufgrund der ungünstigen Quellenlage werden H.e nur selten in Überlegungen zur Medienvolkskunde einbezogen. So wurde die Unters. der Aufarbeitung von Sagen in der dramatischen Lit., in Musik, Film und Fernsehen gefordert, um Aussagen über die Motivverbreitung machen zu können, ohne daß das H. erwähnt wurde[28]. Die wenigen Arbeiten, die das Verhältnis von Volkserzählung und Massenkommunikationsmitteln behandeln, exemplifizieren ihre Thesen am Film oder an der Tagespresse; die Sendeformen des Hörfunks werden in der Regel nicht erörtert[29].

Die Massenkommunikationsmittel behandeln das Märchen — wie jede Form der Volkserzählung — als literar. Quelle. Die inhaltlichen und formalen Veränderungen der Vorlage im Kommunikationsprozeß sind vom Medium unabhängig und durch folgende Charakteristika gekennzeichnet: (1) Reduktion der Zielgruppe auf Kinder und Berücksichtigung pädagogischer Kriterien bei der Umsetzung der Quelle; (2) dramaturgische Anpassung des Märchens an die vom Medium bereits benutzten Formen, nicht umgekehrt Anpassung des Mediums an die Form des Märchens; (3) Bevorzugung allg. bekannter Märchentypen oder ausgesprochen exotischer Varianten; (4) Veränderung des konkreten Geschehensablaufs zugunsten freier Motivkombinationen; (5) ‚Aufforstung' der Vorlage durch Schauwerte und Zeitfüller; (6) Aufgabe der möglichen funktionalen Mehrdeutigkeit von Märchenfiguren zugunsten eines klaren Gut-Böse-Schemas; (7) Rationalisierung und Psychologisierung der Handlung; (8) Geschehen und Milieu werden emotionalisiert, häufig bis zur Sentimentalität; (9) Humor wird, überwiegend in seiner grotesken Abart, auch in solche Geschehenstypen eingebracht, die bisher mit ernster Grundhaltung überliefert worden sind.

[1] Hagemann, W.: Fernhören und Fernsehen. Heidelberg 1954, 124. — [2] Kritische Stichwörter zur Medienwiss. ed. W. Faulstich. Mü. 1979, 214. — [3] Schirokauer, A.: Frühe H.e. Kronberg 1976, 157 (W. Paulsen). — [4] Fischer, E.: Der Rundfunk. Stg. 1949, 69. — [5] Hagemann (wie not. 1). — [6] Faulstich (wie not. 2). — [7] Film, Funk, Fernsehen. ed. H. Eisner/H. Friedrich. Ffm. 1958, Stichwort H. — [8] cf. Petzoldt, L.: Volkslit. im Lesebuch. In: Direkte Kommunikation und Massenkommunikation. ed. H. Bausinger/E. Moser-Rath.Tübingen 1976, 75—87, hier 75. — [9] Lauscher, B.: Kinderhörspiele vertragen keine Tricks. In: Westdt. Allg. (Essen, 30. 7. 1955). — [10] Schmitthenner, H.: Zur Dramaturgie des H.s. In: Die Neue Ztg (Berliner Ausg., 23. 8. 1953). — [11] Süddt. Rundfunk vom 17. 12. 1969, zitiert nach Döhl, R.: Das neue H. Darmstadt 1988, 17. — [12] Süddt. Rundfunk 1971, cf. Südfunk 5 (1988) 10. — [13] Südwestdt. Rundfunk vom 10. 3. 1932, cf. Döhl (wie not. 11) 152, not. 164. — [14] Zorn, H.: Schneewittchen und die Schönheitsköniginnen. In: Telegraf (Berlin, Ausg. B, 28. 2. 1953). — [15] Gatermann, H.: H.e aus Japan. In: Kölner Stadtanzeiger (18. 1. 1963). — [16] Frisch, M.: Rip van Winkle. In: Kreidestriche ins Ungewisse. ed. G. Prager. Darmstadt 1960, 369—414. — [17] cf. Hörfunk 1979. In: ARD-Jb. 12 (1980) 139. — [18] Buggert, C.: Geisel H.? In: ARD-Jb. 17 (1985) 99—118. — [19] Neues vom Rumpelstilzchen. ed. H.-J. Gelberg. Weinheim/Basel [2]1981, 9. — [20] H.e im Westdt. Rundfunk, 2. Halbjahr 1967. Köln 1967, 57. —
[21] Bayer. Rundfunk/Westdt. Rundfunk vom 14. 11. 1967, cf. Paffenholz, A.: Überlegungen zur Lit. im Radio. In: ARD-Jb. 20 (1988) 47—66. — [22] Zahn, I.: Chancen, das Fremde hören zu lernen: H.e aus Afrika, eine Initiative des WDR und der Dt. Welle. In: Die Welt (Berlin, 19. 3. 1985). — [23] Bad. Neueste Nachrichten (Karlsruhe, 11. 8. 1979); Hat das Radio bei den Kindern eine Chance? In: Tagesanzeiger (Zürich, 8. 6. 1979). — [24] wie not. 17. — [25] Hörfunk 1981. In: ARD-Jb. 14 (1982) 139. — [26] Plog-Handke, U.: Rechts die Chips und links die Märchen — was

den Kleinen angeboten wird und was sie fasziniert. In: Hannoversche Allg. Ztg (10./11. 11. 1979) Wochenendbeilage „Der siebente Tag"; cf. Jensen, K./Rogge, J.-U.: Der Medienmarkt für Kinder in der Bundesrepublik. Tübingen 1980. — [27] Mundzeck, H.: Eine Lanze für die Märchen. Prix Jeunesse. Seminar zum Thema „Phantasie und Wirklichkeit im Fernsehprogramm für Kinder". In: Frankfurter Rundschau (21. 6. 1983). — [28] So z. B. bei Humburg, N.: Neueste Forschungen zur Hamelner Rattenfängersage. In: Rhein. Jb. für Vk. 26 (1985) 197—208, hier 200. — [29] cf. etwa Bruns, B.: Märchen in den Medien. In: Zs. für Pädagogik 26 (1980) 331—352 (beschränkt ihre Ausführungen trotz des Titels auf den Film).

Textslgen: H.buch. Ffm. 1950 sqq. (internat. Texte). — H.e. B. 1960 sqq. (Texte der DDR).

Lit. (soweit nicht in den not. erwähnt): Dt. Rundfunkschrifttum und Dt. Bücherei 1 (1930) — 13 (1942), ab März 1934 als Beilage zu „Archiv für Funkrecht", ab Jan. 1938 als Anhang zu „Rundfunkarchiv". — Huth, W.: Funkische und epische Gestaltung bei Märchen und Sage. Meisenheim 1961. — Funke, H.-G.: Die literar. Form des dt. H.s in hist. Entwicklung. Diss. Erlangen 1962. — Schwitzke, H.: Das H. Dramaturgie und Geschichte. Köln/B. 1963. — Fischer, E.: Das H. Form und Funktion. Stg. 1964. — Schwitzke, H.: Reclams H.führer. Stg. 1969. — Keckeis, H.: Das dt. H. 1923—73. Ein systematischer Überblick mit kommentierter Bibliogr. Ffm. 1973. — Rosenbaum, U.: Das H.: eine Bibliogr. Texte, Dokumente, Lit. Hbg 1974. — Hörburger, C.: Das H. der Weimarer Republik. (Diss. Tübingen 1975) Stg. 1975. — Das H.: ein Lit.verz. 1: Texte. Bearb. von H. Niggemeyer; 2: Sekundärlit. Bearb. von K.-D. Emmler; 3: Mss. Bearb. von K.-D. Emmler. Köln ²1976/78/78. — Schmitthenner, H.: Erste dt. H.dokumente. In: Rundfunk & Fernsehen 26 (1978) 229—245. — Würffel, S. B.: Das dt. H. Stg. 1978. — Kutsch, A./Lang, R.: Dokumente, Materialien und Unters.en zur Geschichte des dt. Rundfunkprogramms. Auswahlbibliogr. dt.sprachiger Publ.en 1945—80. Köln 1981.

Berlin Willi Höfig

Hostie, Hostienwunder

1. Definition — 2. Eucharistiefrömmigkeit — 3. H.nwunder und H.n(frevel)sagen — 4. Aktualisierte H.n(frevel)wunder

1. Definition. H. (lat. hostia: Schlachtopfer, Opferlamm) bezeichnet in frühchristl. Zeit allg. die Opfergabe, seit dem MA. eine Scheibe des ungesäuerten Abendmahlbrotes, wie sie in der röm. und luther. Kirche gebraucht wird. Anstelle der ursprünglichen großen runden Kuchenform entwickelte sich schon früh die heutige, seit dem 12. Jh. auch mit Bildprägungen (IHS-Inschrift, Agnus Dei, Kreuz oder kreuztragender Christus) verzierte H.nform. Als Attribut kommt die H. meist in Verbindung mit einem Kelch bei den Heiligen → Barbara, Klara, Norbert, → Antonius von Padua und anderen Heiligen vor; sie weist auf eine Eucharistieverehrung oder ein H.nwunder hin[1].

2. Eucharistiefrömmigkeit. Berichte und Erzählungen von H.nwundern breiten sich vornehmlich vom 12. bis 15. Jh. aus. Sie spiegeln zeitgenössische Eucharistievorstellungen bei Volk und Klerus, „theologische Kontroversen, kultische Entwicklungen, volksmäßige Vorstellungen und Bräuche und zeitgeschichtliche Ereignisse"[2] (cf. auch → Heiligenbild, → Kultsage, Kultlegende, → Sakramente).

Nach einer Zeit des ‚Niedergangs' des eucharistischen Kultes im frühen Hochmittelalter formieren sich seit dem 12. Jh. Kräfte einer ‚eucharistischen Wiedergeburt'[3]. Die Sakramentsfrömmigkeit des MA.s spannt sich von devotionaler H.nschau bis zu Eucharistieaberglauben. Anstöße dazu kommen von kontroversen Eucharistielehren und dem kultischen Schauverlangen der Zeit in der Neuerung der Elevation, die volkstümlichste eucharistische Frömmigkeitsübung wird.

Ma. Eucharistielehren etwa des Berengar von Tours (ca 1010—88) und der häretischen Bewegungen (Katharer), die die Realpräsenz leugnen[4], führen zu theol. Kontroversen, zugleich aber auch zur Klärung des Transsubstantiationsbegriffes: die „wirkliche Gegenwart des Leibes Christi in der Eucharistie nach der Wandlung, die Identität dieses Leibes mit dem von der Jungfrau Maria geborenen und die Art und Weise der Verwandlung des Brotes in den Leib Christi"[5]. Die theol. Auseinandersetzungen werden auch in → Mirakelerzählungen erfahrbar, von ihnen reflektiert; Eucharistiewunder fungieren als Beweismittel für die reale Gegenwart Christi im Sakrament.

Gleichzeitig verbindet sich die Sakramentstheologie mit dem kultischen Schauverlangen der Zeit[6]. Der Ritus der Elevation verbreitet sich im 11. Jh. von Cluny ausgehend. Die

Elevation wird populärste Frömmigkeitsübung des späten MA.s: Anblick der H. wird einziger und ausschließlicher Wert des Messebesuches; es reicht, die H. angeschaut zu haben; man eilt von Kirche zu Kirche, um möglichst oft die Elevation mitzuerleben; man ist davon überzeugt, es gäbe nichts Heilkräftigeres als das Anschauen der H.[7]

Die maßlos und abergläubisch werdende Schaudevotion schlägt um in Schaumagie und Eucharistieaberglauben[8]. Die H. wird abergläubisch-magischen Zwecken dienstbar gemacht: „Nicht nur Liebe zu erzaubern, traute das Volk dem geheimnisvollen Sakramente zu; es hielt seine Kraft auch wirksam, um sich zu schützen und Gefahren von Leib und Leben abzuwenden, um Reichtum zu erwerben und Armut abzuwehren."[9]

3. H.nwunder und H.n(frevel)sagen[10]. Erzählungen über Sakramentsmirakel handeln von Erscheinungen der Eucharistie ohne sakramentale Verwandlung (z. B. Unversehrtheit im Feuer, Tieranbetung, Engelspeisung) oder von verwandelten Gestalten (Blut- und Fleischhostie, bildhaft als Knäblein oder leidender Heiland).

Unwürdigen Priestern oder Laien wird die H. entzogen. Sie werden bestraft:

Einem unwürdigen Priester bleibt, nachdem er die H. verzehrt hat, der Mund offen stehen. Er stinkt fürchterlich und stirbt einen qualvollen Tod (Tubach, num. 2263)[11].

Als ein sündiger Priester während des Gottesdienstes die H. küssen will, nimmt das Brot die Gestalt eines Kindes an, das sich gegen den Kuß sträubt. Der Priester bessert sein Leben. Nun verweigert sich ihm die H. nicht mehr (Tubach, num. 2689 c)[12].

Heilige oder fromme Ordensleute erfahren eine wunderbare Speisung:

Der Eremit → Onuphrius lebt in seinen ersten 30 Jahren als Einsiedler nur von Palmfrüchten und Kräutern. Später ist die hl. Kommunion, die ihm ein Engel jeden Samstag bringt, seine einzige Nahrung (cf. Tubach, num. 1158; → Brot, → Brotlegenden)[13].

Die gottesfürchtige Bertranda von Carpentras wünscht sehnsüchtig, an einem hohen Festtag während der Messe kommunizieren zu können. Ein Engel erscheint und bringt ihr ein Stück der Priesterhostie[14].

Eucharistieaberglaube begründet zahlreiche H.nfrevel (abergläubischer Mißbrauch, Diebstahl zu Zauberzwecken, Judenfrevel, andere Verunehrungen; → Frevel). Die magische Wertschätzung der H. findet in vielfältigen H.nsagen ihren Niederschlag, z. B. den → Freischützsagen. Die H. dient als Glücksbringer, als Segens- und Heilmittel, zum Liebes- und Schadenzauber[15].

Als Heilmittel verwendet, legt man sie bei Krankheit auf oder nimmt sie ein; Bauern oder Hirten benutzen sie als Glücksmittel, indem sie das Opferbrot im Hirtenstab, im Stall oder in der Truhe aufbewahren.

Auch dient das Sakrament zum Liebeszauber:

„Ein, zwei oder gar dreimal hatte ich sogar Zauberer vor mir, die für Schadenzauber eine Hostie mißbrauchten. Einmal tatsächlich einen sonst seriösen Kleriker, der die heilige Hostie selbst empfangen und – um geliebt zu werden – einen Teil davon aufaß, während er häßliche, ruchlose Worte dazu sprach, die hier nur schwerlich wiedergegeben werden können. Den anderen Teil schickte er der begehrten Frau, und zwar pulverisiert und präpariert, um mit Speise und Trank verzehrt werden zu können."[16]

Mirakelerzählungen berichten von der Eucharistieverehrung durch Pflanzen und Tiere: Bienen umhüllen die H. im Bienenstock mit Wachs[17]; eine Viehherde kniet vor der H. nieder, die in einem Hirtenstab geborgen war[18].

Die Masse der H.nmirakel bilden die → Blutwunder (eucharistische Verwandlungswunder)[19]. Die H. verwandelt sich während der Messe in Fleisch und Blut (Gregoriusmesse):

→ Gregor der Große reichte die H. einer Frau, die dabei lachte. Gefragt nach dem Grunde ihres Lachens, antwortet sie: „Ich dachte daran, daß dies das Brot sei, welches ich eben gebacken, und lachte, weil du es den Leib unseres Herrn nanntest." Gregor bittet Gott um ein Wunder, worauf sich die H. in einen Klumpen Fleisch verwandelt (Tubach, num. 4943)[20].

An konsekrierten H.n zeigen sich blutstropfenähnliche Erscheinungen. Blutflecken tropfen aus verunehrten H.n, vornehmlich bei → Juden zugeschriebenen H.nmartern (z. B. Tubach, num. 2641, 2687, 2689, 2802), die oftmals Judenpogrome hervorrufen (cf. auch → Antisemitismus)[21].

Bei der hist. Beurteilung der Blutmirakel ist an „mangelnde religiöse Bildung, Suggestibilität, Hang zum Aberglauben bei den einen, Betrug und Fälschung in Verbindung mit skrupelloser Gewinnsucht bei den anderen und in vielen Fällen" an den „im Mittelalter eingefleischten Judenhaß"[22] zu denken. Blutende H.n mögen auf Täuschung beruhen, wobei es sich wohl meist um den H.npilz (bacterium prodigiosum) handelt, der auf Brotspeisen blutstropfenartige Flecken erzeugt. Auch können Bluthostien Betrug zuzuschreiben sein, wenn Geistliche H.n gefärbt haben, um z. B. Ablaßstiftungen zu erreichen.

Seit dem ersten Auftreten der Bluthostienwunder erörtern theol. Summen (z. B. Alexander von Hales [ca 1185–1245], *Summa theologica*) und Lehrbücher die Frage nach der realen Verwandlung. Nach Auffassung Thomas' von Aquin ist bei den Verwandlungen nicht wirkliches Fleisch und Blut gegenwärtig, vielmehr bringt Gott an Stelle der sekundären Akzidentien der Form und Farbe wunderbarerweise Form und Farbe von Fleisch und Blut hervor. Die theol. Beurteilung gilt auch dem Fragenkomplex nach dem Zweck solcher Wundererscheinungen (z. B. Strafwunder: Bestrafung von H.nfrevel und -verunehrung; Belehrungswunder: Bekehrung von Ungläubigen und Glaubenszweiflern, Bestärkung im Glauben an die wirkliche Gegenwart Christi im Sakrament), nach der liturgischen Praxis (Aufbewahrung der verwandelten eucharistischen Gestalten) und nach der Verehrungswürdigkeit der Mirakelhostien[23].

So gelten Eucharistiemirakel, schon im 13. Jh. als Belegbeispiele gegen Glaubenszweifler herangezogen, vor allem in der Gegenreformation als Wunderbeweis zur Bestätigung der orthodoxen Eucharistielehre, wie sie auch in der protestant.-kathol. Legendenpolemik breiten Raum einnehmen[24]. Dogmatisch-apologetische Eucharistietraktate und volkskatechetische Eucharistiebücher des 16. bis 18. Jh.s suchen die kathol. Lehre zu rechtfertigen und den Eucharistiekult zu fördern[25]. Sammlungen des 19. Jh.s greifen sie auf, um reduzierte Frömmigkeitsformen zu erneuern und die Sakramentsfrömmigkeit zu fördern[26].

In Form verorteter H.nfrevelwunder begründen Sakramentsmirakel zahlreiche → Wallfahrten oder wallfahrtsähnliche Kulte, die sich teilweise bis zur Gegenwart erhalten haben. Zu den einst bedeutenderen H.nkultorten zählen Bettbrunn (1125), Augsburg (1194), Deggendorf (1337), Wilsnack (1383), Andechs (1388) oder Boxmeer (um 1400)[27].

4. Aktualisierte H.n(frevel)wunder. Nach dem 2. Vatikan. Konzil (1962–65) greifen Traktate, Flugschriften oder auch Exorzismusdokumentationen traditionalistischer Bewegungen H.nfrevelgeschichten als Argumentationshilfe in der innerkirchlichen Kontroverse um die Handkommunion auf, die in die kathol. Meßliturgie eingeführt wurde. In Traditionalistenkreisen[28] werden H.nfrevel und davon handelnde Erzählungen aktualisiert, z. B. der H.ndiebstahl von Ettiswil (1447)[29], und neue erzählt; sie dienen als Belegbeispiele für die „unheilvolle Übung der Handkommunion"[30]:

Ein Mädchen kommuniziert in der Kirche die H. nicht, sondern nimmt sie mit nach Hause und bewahrt sie zur Anbetung im Kleiderschrank auf[31].

In einer Kirche bemerken Gläubige, wie ein Mann die H. in die Tasche steckt, einige gehen ihm nach und fordern ihn auf, die H. herauszugeben, er aber sagt, er werde diese H. an die gnostische Kirche für ‚Schwarze Messen' verkaufen[32].

Bei der Austeilung der Kommunion verlangt eine Studentin, der Priester solle die H. ihrem Hund geben. Da der Priester sich weigert, nimmt die Studentin ihre H. und läßt den Hund daran schnuppern. Der Priester kann die H. in Sicherheit bringen, in ein Schüsselchen mit Wasser geben und in der Erde vergraben[33].

H.nwunder beinhalten auch Visionsberichte von Sehern, die dem traditionalistischen Umfeld zuzurechnen sind, z. B. von der belg. ‚Botin' Marguerite: Bei der Austeilung der Kommunion hält der Priester eine rote H. in den Fingern, nach deren Empfang spürt die Frau einen herben Geschmack von Blut in ihrem Mund[34].

Ferner spielen H.ndiebstähle und -frevelberichte eine Rolle in neueren Exorzismusfällen[35]: Im berühmten Besessenheitsfall ‚Magda' soll die Besessene zu 378 H.ndiebstählen verführt worden sein, sie habe H.n an Hühner oder Pferde verfüttert oder sie an Bäume genagelt[36].

[1] cf. Döring, A.: H., H.nwunder. In: TRE 15 (1986) 604–606. – [2] Heuser, J.: „Heilig-Blut" in Kult und Brauchtum des dt. Kulturraumes. Diss. (masch.) Bonn 1948, 84; cf. Browe, P.: Die eucharistischen Wunder des MA.s. Breslau 1938; Brückner, W.: Sagenbildung und Tradition. In: ZfVk. 57 (1961) 26–74; id.: Blutwunder (Hl. Blut, Bluth.n). In: Lex. des MA.s 2. Mü./Zürich 1981, 292 sq.; Torsy, J.: Eucharistische Frömmigkeit im späten MA. In: Archiv für mittelrhein. Kirchengeschichte 23 (1971)

89–102. – [3] cf. Matern, G.: Zur Vorgeschichte und Geschichte der Fronleichnamsfeier bes. in Spanien. Münster 1962, 4–38. – [4] cf. Fearns, P.: Peter von Bruis und die religiöse Bewegung des 12. Jh.s. In: Archiv für Kulturgeschichte 48 (1966) 311–335; Matern (wie not. 3) 4–6; Gescher, H.: Eucharistie. In: LThK 3 (1959) 1142–1159, hier 1149 sq. – [5] Matern (wie not. 3) 9; Sanktionierung des Transsubstantiationsbegriffes durch das 4. Laterankonzil (1215); LThK 3, 1150. – [6] cf. Meyer, H. B.: Die Elevation im dt. MA. und bei Luther. In: Zs. für kathol. Theologie 85 (1963) 162–217. – [7] ibid., 192. – [8] cf. Franz, A.: Die Messe im dt. MA. Fbg 1902, 100–103; Meyer (wie not. 6). – [9] Browe, P.: Die Eucharistie als Zaubermittel im MA. In: Archiv für Kulturgeschichte 20 (1930) 134–154, hier 137. – [10] cf. allg. die Auflistungen bei Tubach (ca 100 Exempla) und Dvořák, Reg.; cf. auch Moser, D.-R.: Verkündigung durch Volksgesang. B. 1981, 303–305. –

[11] Alsheimer, R.: Das Magnum Speculum Exemplorum als Ausgangspunkt populärer Erzähltraditionen. Ffm. 1971, 138, num. 80. – [12] ibid., 138, num. 79. – [13] Schneider, A.: Exempelkatalog zu den „Iudicia Divina" des Jesuiten Georg Stengel von 1651. Würzburg 1982, XVIII sq., num. 67. – [14] ibid., XIX, num. 69. – [15] cf. Browe (wie not. 9); Franz (wie not. 8) 94; Heuser (wie not. 2) 72 sq. – [16] Fischer, E.: Die „Disquisitionum Magicarum Libri Sex" von Martin Delrio als gegenreformatorische Exempel-Qu. Diss. Ffm. 1975, 265 sq., num. 95 a. – [17] Tubach und Dvořák, num. 2662; cf. Kretzenbacher, L.: Die Legende von der H. im Bienenstock. In: ZfVk. 56 (1960) 177–193; Brückner 1961 (wie not. 2); Ringler, S.: Die Bienenkirche (Die H. im Bienenstock). In: Verflex. 1 (^{2}1978) 859–862. – [18] cf. Döring, A.: St. Salvator in Bettbrunn. Hist.-volkskundliche Unters. zur eucharistischen Wallfahrt. In: Beitr.e zur Geschichte des Bistums Regensburg 13 (1979) 35–234, hier 59–61. – [19] cf. Browe, P.: Die eucharistischen Verwandlungswunder des MA.s. In: Röm. Quartalschrift für christl. Altertumskunde und für Kirchengeschichte 37 (1929) 137–169. –

[20] Metzger, W.: Beispielkatechese der Gegenreformation. Georg Voglers „Catechismus in Außerlesenen Exempeln". Würzburg 1625. Würzburg 1982, 178, num. 269; nach Legendenvar.n erscheint Christus als Schmerzensmann, cf. Browe (wie not. 2) 113–117; Thomas, A.: Gregoriusmesse. In: LCI 2 (1970) 199–202; Westfehling, U.: Die Messe Gregors des Großen. Vision, Kunst, Realität. Köln 1982. –

[21] cf. Browe, P.: Die H.nschändungen der Juden im MA. In: Röm. Quartalschrift für christl. Altertumskunde und für Kirchengeschichte 34 (1926) 167–197; Schroubek, G. R.: Der „Ritualmord" von Polná. In: Antisemitismus und jüd. Geschichte. Festschr. H. A. Strauss. B. 1987, 149–171. – [22] Matern (wie not. 3) 16. – [23] cf. Browe, P.: Die scholastische Theorie der eucharistischen Verwandlungswunder. In: Theol. Quartalschrift 110 (1929) 305–332; Heuser (wie not. 2) 79–84; Schmid, F.: Die eucharistischen Wundererscheinungen im Lichte der Dogmatik. In: Zs. für kathol. Theologie 26 (1902) 492–517. – [24] cf. Schenda, R.: Hieronymus Rauscher und die protestant.-kathol. Legendenpolemik. In: Brückner, 178–259, hier 230–235. – [25] z. B. Garetius, J.: De vera praesentia corporis Christi in sacramento eucharistiae [...]. Antw. 1561; Guilelmus a Gent: Exempla illustrium aliquot miraculorum dei beneficio in sacrosancta eucharistia [...]. Köln 1584; Laghi di Lugano, N.: I miracoli del santissimo sacramento. Venetia 1597; Leucht, V.: Speculum illustrium miraculorum ss eucharistiae. Mainz 1598; Pinelli, L.: Meditationes de sanctissimo eucharistiae sacramento [...]. Köln 1608; Bridoul, T.: Escole de l'eucharistie [...]. Lille 1672; Rosignoli, C.: Maraviglie di Dio nel divinissimo sacramento, e nel santissimo sacrificio. Milano 1701; Lenhart, A.: Cultus practicus sanctissimae eucharistiae praeclaris exemplis sanctorum, beatorum, venerabilium et ancillarum Dei. Passau 1751; cf. Brückner 1961 (wie not. 2); Döring (wie not. 18) 63–68. – [26] z. B. Ott, G.: Eucharistie-Buch. Regensburg/N.Y./Cincinnati ^{5}s. a.; Eucharistische Denkwürdigkeiten. Regensburg 1881; Reiners, A.: Die vornehmsten hist. beglaubigten Wunder der hl. Eucharistie von der Apostelzeit bis zum 20. Jh. Kempen 1904. – [27] Einen chronologischen Abriß verorteter Eucharistiemirakel bietet Browe (wie not. 2) 139–146, eine systematische Übersicht Bauerreiss, R.: Pie Jesu. Das Schmerzensmann-Bild und sein Einfluß auf die ma. Frömmigkeit. Mü. 1931, 79 sq.; Heuser (wie not. 2) 2–33. – [28] cf. Heim, W.: Wandel der Volksfrömmigkeit nach dem II. Vatikanum. In: Baumgartner, J. (ed.): Wiederentdeckung der Volksreligiösität. Regensburg 1979, 37–52; Baumer, I.: Das Frömmigkeitsbild der Traditionalisten. ibid., 53–82; Döring, A.: Dämonen geben Zeugnis. Teufelsglaube und Exorzismus in traditionalistischen Bewegungen. In: SAVk. 81 (1985) 1–23. – [29] cf. Heim, W.: Aufgewärmte H.nfrevel-Legenden. In: Schweizer Vk. 60 (1970) 43–45, hier 44. – [30] Ein furchtbarer Frevel gegen das hist. Altarsakrament in Regensburg am Gründonnerstag 1987. In: Loreto-Bote 11 (1988) 19. –

[31] Heim (wie not. 29) 44. – [32] ibid. – [33] Ein furchtbarer Frevel (wie not. 30). – [34] Marguerite: Botschaft der barmherzigen Liebe an die kleinen Seelen. Bulle 1972, 33. – [35] Zur H.nfrevelthematik in Exorzismen und Hexenprozessen im 16. und 17. Jh. cf. Ernst, C.: Teufelsaustreibungen. Die Praxis der kathol. Kirche im 16. und 17. Jh. Bern 1972; Browe (wie not. 9) 141–143. – [36] Rodewyk, A.: Dämonische Besessenheit heute – Tatsachen und Deutungen. Aschaffenburg 1966, 138 sq.

Bonn Alois Döring

Hrinčenko, Borys Dmytrovyč (Pseud.e Vartovyj, B. Vil'chivs'kyj, Vasyl' Čajčenko, Perekotypole, L. Javorenko u. a.), *Chutor Vil'chovyj Jar (bei Rus'ki Tyšky, heute Bezirk Charkov) 9. 12. 1863, † Ospedaletti (Norditalien; bestattet in Kiev) 6. 5. 1910, ukr. Schriftsteller, Publizist, Pädagoge, Lexikograph, Volkskundler, Vertreter der demokratischen national-ukr. Bewegung. 1879 von der Realschule in Charkov wegen Verbreitung verbotener politischer Schriften relegiert, bildete H. sich autodidaktisch weiter und legte 1881 die Prüfung als Grundschullehrer an der Univ. Charkov ab. Er arbeitete als Lehrer, aber auch in verschiedenen kleinen Ämtern in den Dörfern der Gouvernements Charkov, Jekaterinoslav, Cherson, Černigov u. a. Seit 1902 betätigte er sich in Kiev als vielseitiger Herausgeber, widmete sich organisatorischen Fragen der Volksbildung – u. a. der nationalen ukr. Schule – und trat in der Presse mit kritischen Artikeln auf.

Zusammen mit seiner Frau M. N. H. (Pseud. Marija Zagirnja), aber auch mit Hilfe zahlreicher Korrespondenten sammelte H. systematisch seit Ende der 70er Jahre folkloristisch-ethnogr. Material, aus dem als grundlegende Publ. die dreibändige Slg *Etnografičeskie materijaly, sobrannye v Černigovskoj i sosednich s nej gubernijach* ([Ethnogr. Materialien, gesammelt in Černigov und benachbarten Gouvernements]. Černigov 1895/97/99) hervorging. In den ersten beiden Bänden wurden auf der Grundlage der Systematisierung M. P. → Drahomanovs (*Malorusskie narodnye predanija i rasskazy* [Kleinruss. Volkssagen und -erzählungen]. Kiev 1876) vor allem Volkserzählungen (über 300 Erzähltypen) aufgenommen, der dritte Band ist dem ukr. Liedgut gewidmet.

Faktisch als Fortsetzung der *Etnografičeskie materijaly* erschien die Slg *Iz ust naroda* ([Aus dem Volksmund]. Černigov 1900/01), in der ebenfalls ukr. Erzählgut, nach denselben Kriterien klassifiziert, stark vertreten ist. Bes. wertvoll sind an diesen Ausg.n die sorgfältigen Verzeichnisse ukr. Var.n aus verschiedenen zeitgenössischen, nicht nur ausschließlich ukr. Publ.en. H.s Schwanksammlung *Veselyj opovidač* ([Der lustige Erzähler]. Kiev 1913) wurde mehrmals und jeweils mit z. T. recht beträchtlichen Ergänzungen neu aufgelegt.

Eine bes. Gruppe bilden H.s Märchenausgaben für Kinder, wie *Ukraïns'ki narodni kazky dlja ditej* ([Ukr. Volksmärchen für Kinder]. Kiev 1907), die bedeutendste unter ihnen, und kleinere wie *Bidnyj vovk* ([Armer Wolf]. Charkov 1885), *Kolosky* ([Ähren]. Odessa 1891), *Mudra divčyna* ([Das kluge Mädchen]. Černigov 1900). Umfassend bezog H. ukr. Volkserzählgut als Lesestoff in Chrestomathien und Lehrbücher für Grundschulen ein, z. B. in *Ridne slovo* ([Muttersprache]. Kiev 1912) oder *Ukraïns'ka gramatyka* ([Ukr. Grammatik]. Kiev 1907). Außer Volkserzählungen sammelte und erforschte H. auch die ukr. Volkslieder (Duma), hist. Lieder, Brauchlieder u. a. Darüber hinaus ist H. der Autor einer der ersten ukr. Bibliogr.n, der *Literatura ukrainskogo fol'klora, 1777–1900* ([Die Lit. der ukr. Folklore. 1777–1900]. Černigov 1901), in der u. a. das Material zur ukr. Erzählforschung einen breiten Raum einnimmt.

Lit.: Kleine slav. Biogr. Wiesbaden 1958, 237 sq. – Pogrebennyk, V. F.: Fol'klorystyčna dijal'nist' B. D. Hrinčenka (Das folkloristische Schaffen B. D. H.s). In: Narodna tvorčist' ta etnografija (1988) num. 6, 18–30.

Kiev Ivan Pavlovyč Berezovs'kyj

Hubertus, Hl. (Fest: 3. Nov.), * um 655 (?), † Tervueren (bei Brüssel) 30. 5. 727. Er folgt seinem Lehrer, dem hl. Lambertus, nach dessen Ermordung auf dem Bischofsstuhl von Tongern und Maastricht (703/705), verlegt den Bischofssitz nach Lüttich (717/18) und missioniert in Brabant und den Ardennen. Er ist einer der großen Kirchenfürsten der Merowingerzeit. Zuerst in Lüttich beigesetzt, werden seine Gebeine am 3. 11. 743 erhoben und am 21. 9. 825 in das Kloster Andain in den Ardennen, danach St. Hubert genannt, übertragen[1]. Von dort aus verbreitet sich der Kult seit dem 9. Jh. in Belgien, Holland, Luxemburg, Nordfrankreich und Westdeutschland[2]. Am Ausgang des MA.s erlebt die Verehrung vor allem im Rheinland einen Aufschwung durch die Stiftung des H.ordens (1444) durch Herzog Gerhard von Jülich-Berg am H.tag[3]. H. ist Patron der Jäger, Förster und Schützenbruderschaften und hilft gegen Tollwut[4]. Dargestellt wird er als Bischof mit kreuztragendem → Hirsch (→ Kreuz), → Horn, → Schlüssel oder Stola oder als Jäger mit Horn und Hunden[5].

H. ist bis in das 20. Jh. hinein einer der volkstümlichsten Heiligen. Er gehört zur Nothelfergruppe der sog. Vier Marschälle[6]. Das Brauchtum ist ursprünglich eng mit den Schutzmaßnahmen gegen die Tollwut verbunden[7]. Aus vielen Orten zogen Wallfahrten zu seinem Grab, zahlreiche Kirchen und Kapellen im rhein. Raum, vor allem in der Eifel, wurden ihm geweiht[8]. In der Gegenwart blieb die Feier des H.tages durch die Jäger (H.messe als Beginn der Großwildjagd) erhalten (→ Jagd, Jagen, Jäger)[9].

Die Kultverbreitung ist von Anfang an mit den Lebensgeschichten des hl. H. verbunden. Wohl im Zusammenhang mit der Elevation entsteht um 743 die *Vita prima sancti Huberti*[10], die weithin der Vita des Arnulf von Metz (7. Jh.) entnommen ist[11]. Ihr entspricht die *Vita secunda*, die Bischof Jonas von Orléans 825 niederschreibt[12]. Doch erst mit der *Vita tertia*, die wie die *Vita quarta* und *Vita quinta* auf die Lebensgeschichte des hl. Lambertus zurückgreift, beginnt die Legende ihr Eigenleben[13]. Die *Vita quarta* erzählt, nach einer Aufzeichnung des 15. Jh.s, die Bekehrung des hl. H.[14]:

H. ist Pfalzgraf des Königs von Neustrien. An einem hohen Feiertag versäumt er den Gottesdienst und geht auf die Jagd. Ein Hirsch, der zwischen dem Geweih ein Kreuz trägt, bewegt ihn zur Einsicht. Er gibt das Jagen auf und verläßt Frau und Kind. Als Schüler des hl. Lambertus erwirbt er höchste Gottesfurcht. In Rom denkt er seine Tugenden zu vervollkommnen. Der Papst benennt ihn zum Nachfolger seines Lehrers als Bischof von Tongern und Maastricht. H. lehnt aus Bescheidenheit und Demut ab. Das Eingreifen Gottes führt jedoch zur Sinnesänderung. Engel bringen die priesterlichen Gewänder des hl. Lambertus nach Rom. Im Auftrag der Gottesmutter überreicht ein Engel die Stola. Während der Bischofsweihe im Petersdom erscheint → Petrus und vertraut ihm einen goldenen Schlüssel an. Unterdessen wird in Maastricht der tote Bischof zu Grabe getragen. Eine Stimme verkündet, daß die Wahl zum Nachfolger des Verstorbenen auf H. gefallen ist. Er verläßt die hl. Stadt mit Stola und Schlüssel und wird mit Glanz in seiner Heimat empfangen.

Das Motiv des Hirschwunders ist der Legende des hl. Eustachius (AaTh 938: → *Placidas*) entnommen und wird auch auf buddhist. Quellen in Indien zurückgeführt[15]. In kopt. Legenden erscheint dem hl. Theodor bei der Verfolgung einer Kamelherde eine Hirschkuh, die in ihrem Gehörn einen Cherubimwagen mit dem Gotteslamm trägt und den Heiligen bekehrt[16]. Das Hirschmotiv verbindet sich mit der Gestalt des Jägers. Bereits um 1100 ist H. in der 2. Slg der Mirakel, die ihm zugewiesen werden, ein Jäger[17]. Die Kombination beider Motive im 15. Jh. begründet die Beliebtheit des hl. H. und seiner Legende.

In den folgenden Jh.en werden Leben und Wundertätigkeit in vielen Schriften, u. a. zur Förderung der Wallfahrt nach St. Hubert, verbreitet[18]. Die mündl. Überlieferung verarbeitet die einzelnen Geschehnisse der Legende, wobei das Hirschwunder meistens in lokalen Adaptionen erscheint: H. geht am Sonntag auf die Jagd, trifft auf einen Hirsch mit einem Kreuz im Geweih und bekehrt sich[19]. Ein Kreuz an einem bestimmten Ort erinnert an diesen Vorfall[20]. Ähnliches geschieht Jägern, die das Sonn- und Feiertagsgebot mißachten (cf. → Frevel): Sie werden von einer Stimme gewarnt, oder sie begegnen einem kreuztragenden Hasen[21]. Die Jagdleidenschaft des H. wird aber auch bestraft. Als Wilder Jäger muß er bis zum → Jüngsten Gericht durch die Luft ziehen[22]. In Warnsagen wird das Strafmotiv auf andere Sagengestalten und Tiere übertragen[23]. Allg. bewahrt der hl. H. vor der vernichtenden Wirkung der → Wilden Jagd[24]. Weit bekannt sind Berichte von heilkundlichen Bräuchen. Wer von einem rasenden Hund gebissen wurde, wallfahrtet zum Grab des H. oder wird dorthin gebracht. In St. Hubert brennt man ihm mit dem Schlüssel den Biß aus. Man schneidet (ritzt) dem Verletzten die Stirn ein und legt in die Wunde ein Fädchen von der Stola[25]. Der auf diese Weise Geheilte und ‚Geweihte' kann mit einer Nachbildung des H.schlüssels selbst Behandlungen ausführen und Vorbeugung bei Mensch und Tier betreiben[26]. Wird jemand hingegen von einem tollwütigen Hund gebissen und ‚feiert H.' nicht, dann verfällt er der Krankheit und stirbt[27]. H. vertreibt die Hexen[28]. Aus legendarischen Elementen entwickelten sich diese brauchtümlichen Handlungen.

[1] Lampen, W.: H. In: LThK 5 (1960) 503; Rousseau, F.: Le Personnage historique de St. Hubert. In: Le Folklore de St. Hubert. Bruxelles 1979, 19–32. – [2] Lepique, T.: Der Volksheilige H. in Kult, Legende und Brauch. Diss. (masch.) Bonn 1951, 20 sq. – [3] Koenig, A.: Die Verehrung des hl. H. Luxemburg 1910; Heurck, E. H. van: St. Hubert et son culte en

Belgique. Verviers 1925; Lahrkamp, H.: Der Jülicher H.orden. In: Düsseldorfer Jb. 49 (1959) 3–49. – [4] Huyghebaert, L.: St. Hubert, patron des chasseurs. Anvers 1927; id.: St. H., patroon van de jagers in woord en beeld. Historie, legende, folklore. Antw. 1949. – [5] Puhr, K.: Die Legende des hl. H. und ihre Darstellung in der Kunst. Diss. (masch.) Graz 1947; Boinet, A.: St. Hubert. Iconographie et pèlerinage. In: Sanctuaires et pèlerinages 14 (1959) 21–28; Werner, F.: Hubert von Lüttich. In: LCI 6 (1974) 547–551. – [6] Felten, W.: Zur Geschichte der hl. vier Marschälle. In: Annalen des Hist. Vereins für den Niederrhein 104 (1920) 121–149. – [7] Wrede, A.: Hubert, hl. In: HDA 4 (1931/32) 425–434; Martin, A.: Geschichte der Tollwutbekämpfung in Deutschland. In: HessBllfVk. 13 (1914) 48–101; Kyll, N.: Sakrale Therapie des Trierer Landes im Namen des hl. H. In: Vierteljahresbll. der Trierer Ges. für nützliche Forschungen 9 (1963) 3–14. – [8] Deschamps, V.: Le Pèlerinage de St. Hubert. Tournai 1864; Fagnoul, K.: Geschichtliche Notizen über die H.pilger aus dem Jülicher Land. In: Zwischen Venn und Schneifel 5 (1969) 57–60. – [9] Paffrath, A.: Die Legende vom Hl. H. Ihre Entstehung und Bedeutung für die heutige Zeit und für die H.feiern. Hbg/B. 1961. – [10] AS Nov. 1 (1887) 798–805. – [11] ibid., 759–797, 852–930. – [12] ibid., 806–828. – [13] ibid., 829–831; AS Sept. 5 (1887) 602–617; cf. Essen, L. van der: Étude critique et littéraire sur les vitae des saints mérovingiens de l'ancienne Belgique. Louvain/P. 1907, 65. – [14] AS Nov. 1 (1887) 829–835. – [15] Lemieux, G.: Placide-Eustache. Sources et parallèles du conte-type 938. Québec 1970, bes. 49–52; Garbe, R.: Indien und das Christentum. Tübingen 1914, 87. – [16] Kosack, W.: Die Legende im Kopt. Bonn 1970, 56. – [17] AS Nov. 1 (1887) 823–828. – [18] cf. Roberti, J.: Historia St. Huberti [...]. Luxemburg 1621; Abrégé de la vie de S. Hubert prince du sang de France, duc d'Aquitaine, premier évêque et fondateur de la ville de Liège et apôtre des Ardennes [...]. Namur 1631 (Liège 1725, 1733, 1737, 1744, 1769); Het leven en de mirakelen van H. H. [...]. Leuven 1665; [Jong, C. de:] Histoire en abrégé de la vie de S. Hubert [...]. P. 1668; Kurzer Begriff des Lebens und Wunderwerks des Hl. Huberti Ardenner Patron. Luxemburg 1785; Korte beschryvinge van het leven en mirakelen van den H. H. [...]. Maastricht 1794; Kneip, N.: St. H.-Büchlein. Nachricht über das Leben, den Körper, die Stola und das beständige Wunder des Hl. H., Apostels der Ardennen. Luxemburg 1874. – [19] Kuhn, A.: Sagen, Gebräuche und Märchen aus Westfalen 1. Lpz. 1859, num. 357; Laport, G.: Le Folklore des paysages de Wallonie (FFC 84). Hels. 1929, 297–303, hier 300; Fischer, H.: Erzählgut der Gegenwart. Köln 1978, num. 1298; Marquet, L.: Légendes de Belgique. Anvers 1980, 42–44. – [20] Zender, M.: Sagen und Geschichten aus der Westeifel. Bonn [2]1966, num. 426. –
[21] ibid., num. 1777, 1778. – [22] Kuhn (wie not. 19) num. 136, 193, 357; Gaidoz, H.: La Rage et St. Hubert. P. 1887, 39; Staudt, G./Peuckert, W.-E. (edd.): Nordfrz. Sagen. B. 1968, num. 172. – [23] cf. Gräße, J. G. T.: Der Sagenschatz des Königreichs Sachsen 2. Dresden [2]1874, num. 836. – [24] Haupt, K.: Sagenbuch der Lausitz 1. Lpz. 1862, num. 145; cf. Korten, M.: Die Namen und Substitutionen des Wilden Jägers innerhalb der dt. Landschaften. Diss. (masch.) Bonn 1951, 249–251. – [25] Dietz, J.: Aus der Sagenwelt des Bonner Landes. Bonn 1965, num. 228–232; Zender (wie not. 20) num. 491, 492. – [26] Dietz (wie not. 25) num. 233, 234. – [27] ibid., num. 231, 322. – [28] Bodens, W.: Sage, Märchen und Schwank am Niederrhein. Bonn 1937, num. 264.

Lit. (Ausw.): Fetis, E.: Légende de St. Hubert, précédée d'une préface bibliographique et d'une introduction historique. Bruxelles 1846. – Desgranges, C.: La Vie de S. Hubert. Moulins 1872. – Teitscheid, J.: Der Volksbrauch des St. H.schlüssels und der H.kult im Bergischen. In: Monatsschrift des Berg. Geschichtsvereins 21 (1914) 90–96. – Coens, M.: Une Relation inédite de la conversion de S. Hubert. In: Analecta Bollandiana 45 (1927) 84–92. – id.: Notes sur la légende de S. Hubert. ibid., 345–362. – Daverkosen, H.: St. H., der Patron der Jäger, und seine Verehrung am Niederrhein. In: Heimat 8 (1929) 269–271. – Becker, A.: H. und sein Hirsch. In: Germanien (1936) 141–149. – Carton de Wiart, H.: St. Hubert. P. 1943. – Coens, M.: La „Conversion de St. Hubert" dans un manuscrit de Francfort. In: Analecta Bollandiana 68 (1950) 289–300. – Rooy, F. C. de: La Vie de St. Hubert dite d'Hubert le Prevost [...]. Zwolle 1958. – Zender, M. (ed.): Atlas der dt. Vk. N. F. Erläuterungen 1. Marburg 1959–64, 199, num. 199. – Peltzer, L.: H.fest. In: Rhein.-westfäl. Zs. für Vk. 7 (1960) 238–241. – Heiden, C.: Ein Stolafädchen gegen die Tollwut. Fußprozession zu Ehren des Hl. H. nach St. Hubert in den Ardennen. In: Eifeljb. (1966) 102–104. – Krükel, L.: Der St. H.-Schlüssel zu Ütterrath. In: Heimatkalender Geilenkirchen-Heinsberg 17 (1967) 82 sq. – Fischer, H.: Die Verehrung des Tollwutpatrons H. in der Pfarrkirche St. Simon und Judas in Hennef. In: Beitr. zur Geschichte der Gemeinde Hennef-Sieg 3 (1972) 41–59. – Zender, M.: Die Verehrung des hl. H. und die St. H. Schützenbruderschaften. In: Festschr. 1575–1975. 400 Jahre St. H. Schützenbruderschaft Bonn. Bonn 1974, 25–41. – Roland, J.: Le Mythe du cerf. In: Folklore de St. Hubert. Bruxelles 1979, 55–66. – Lempereur, F.: St. Hubert dans la chanson populaire. ibid., 76–96. – Doucet, J.-M.: La Localisation de la conversion légendaire de St. Hubert à „La Converserie": Supercherie monastique? Tradition populaire? Initiative des chasseurs romantiques du XIXe siècle? In: Cahiers d'histoire 5 (1981) 3–62.

Hennef Helmut Fischer

Huet, Gédéon Busken, * Haarlem (Niederlande) 31. 5. 1860, † Paris 10. 11. 1921, Bibliothekar und Erzählforscher, Abkömmling einer berühmten protestant. Predigerfamilie frz. Abstammung, Sohn des Autors und Lit.kritikers Conrad Busken H. (1826–1886). Ausbildung als Archivar an der École Nationale des Chartes in Paris (Schüler von G. → Paris und P. Meyer [1840–1917]), seit 1885 Bibliothekar an der Bibliothèque Nationale. H., dessen Studien ausschließlich schriftl. Texten gelten, war Spezialist für ma. Philologie. Im Zentrum seiner Überlegungen zu Volkserzählungen stehen die Beziehungen zwischen populärer und literar. Überlieferung.

H. erkennt die Arbeiten von M. → Müller, T. → Benfey und A. → Lang als durchaus fruchtbar für die Märchenforschung an, wirft aber ihren Theorien mit J. → Bédier vor, dogmatisch zu sein[1]. Demgegenüber bekennt er sich ausdrücklich zu den Methoden der finn. Schule (cf. → Geogr.-hist. Methode), wobei er allerdings weniger die Rekonstruktion eines Archetyps für wichtig erachtet; vielmehr müsse es hauptsächlich darum gehen, den Weg der Ausbreitung des Erzählgutes hist. und geogr. zurückzuverfolgen. H. ergreift deutlich Partei für einen monogenetischen Ursprung der Märchen, weist jedoch die extreme Position der → Ind. Theorie Benfeys zurück. Wie Paris ist er der Ansicht, daß Indien nicht allein gegeben, sondern auch erhalten habe, und – so fügt er hinzu – nicht nur aus Ägypten und Babylon, sondern auch von Mykene, Kreta, aus Kleinasien, Medien und Persien[2].

H.s teilweise polemischer Art. *Authenticité et valeur de la tradition populaire* (1916) wendet sich gegen L. Foulets am Beispiel des → *Roman de Renart* vorgetragenen Standpunkt, daß die Volkserzählung sich im allg. von schriftl. Qu.n herleite. Ohne die Existenz von Elementen schriftl. Ursprungs zu bestreiten, welche in die mündl. Tradition einfließen konnten, vertritt H. vielmehr die Ansicht, daß Volkserzählungen alt, manchmal sehr alt seien; daher müsse der Lit.historiker das Recht haben, sie bei seinen Überlegungen einzubeziehen. So bringt er das Motiv von der unterschobenen Braut (cf. → Braut, Bräutigam, Kap. 6) in Zusammenhang mit Königin → Berta, die → *Magische Flucht* (AaTh 313 sqq.) mit → Jason und → Medea, den Erzähltyp AaTh 300 A: → *Drachenkampf auf der Brücke* mit dem → *Tristanroman*, AaTh 1137: cf. → *Polyphem* mit der *Odyssee*, AaTh 314: → *Goldener* mit → *Robert der Teufel*. In allen diesen Fällen folgert er, daß die mündl. Überlieferung ursprünglicher sei als die erhaltenen schriftl. Quellen.

In *Les Contes populaires* (1923) versucht H. eine Typologie des Märchens und entwickelt die Idee regional begrenzter Typen (→ Ökotyp). Er interessiert sich auch für Erzählsituationen und macht darauf aufmerksam, daß einige Märchen spezifisch weibliche Schöpfungen seien (cf. → Frauenmärchen). Die Volkserzählung definiert er durch ihre mündl. Tradierung. Obwohl er sich der Möglichkeit eines schriftl. Ursprungs bewußt ist, schließt er auch populäre Schöpfungen nicht aus; als Beispiel dafür verweist er auf die zahlreichen Märchen, welche über eine Heirat zwischen sozial ungleichen Partnern berichten, und auf solche, in denen die einfachen Leute sich über die Mächtigen lustig machen. Dabei lehnt H. aber ausdrücklich die Theorie einer Volksdichtung ab, die von der anonymen Menge des Volkes geschaffen worden sei: „le peuple a ses artistes à lui, qui travaillent pour lui et qui, pour être anonymes, n'en sont pas moins des artistes individuels"[3]. In dieser Frage ergreift er Partei für Achim von → Arnim gegen J. → Grimm.

[1] H., G.: Les Contes populaires. P. 1923, 33. – [2] ibid., 57 sq. – [3] ibid., 74.

Veröff.en (Ausw.): Le Château tournant dans la suite du Merlin. In: Romania 40 (1911) 235–242. – La Légende de Charlemagne bâtard et le témoignage de Jean Boendale. In: Moyen Âge 2, 15 (1911) 161–173. – Saint Julien l'Hospitalier. In: Mercure de France (1. 7. 1913) 44–59. – La Légende de la statue de Vénus. In: Revue de l'histoire des religions 68 (1913) 193–217. – Le Thème de Camaralzaman en Italie et en France au moyen âge. In: Festschr. E. Picot. P. 1913, 113–119. – Un Récit de la „Scala Celi". In: Bibliothèque de l'École des Chartes 75 (1915) 299–314. – Authenticité et valeur de la tradition populaire. In: Revue de l'histoire des religions 73 (1916) 1–51. – Fragments de la traduction néerlandaise en vers du „Roman de Troie". In: Bibliothèque de l'École des Chartes 77 (1917) 415–427. – Ami et Amile. Les origines de la légende. In: Moyen Âge 2, 21 (1919) 162–186. – L'Arménie dans certaines versions de „Bovon de Hantone". In: Revue des études arméniennes 1 (1920) 55–62. – Les Contes populaires. P. 1923.

Lit.: StandDict. 1, 509.

Kopenhagen Michèle Simonsen

Hufeisenlegende (AaTh 774 C), Legendenmärchen mit schwankhaften Zügen[1]:

→ Christus und der hl. → Petrus finden während ihrer → Erdenwanderung ein Hufeisen. Petrus ist nicht bereit, sich danach zu bücken. Christus hebt das Hufeisen auf und verkauft es. Vom Erlös kauft er Kirschen, die er einzeln fallen läßt. Der durstige Petrus muß sich jetzt nach jeder Kirsche bücken.

Die Frage nach der Entstehung und frühen Ausbildung der Erzählung bleibt weitgehend offen. Eine gelegentlich vermutete Verbindung zwischen den → Petrusschwänken (AaTh 774 sqq.) und den apokryphen Petrus-Legenden der Ostkirche ist nicht zu beweisen[2]. Obwohl Petrus-Geschichten schon den protestant. Autoren des 16. Jh.s in großer Zahl bekannt waren[3], findet sich der erste schriftl. Nachweis der H. in dem Werk *Sylvula parabolarum* (Lpz. 1631) des Merseburger evangel. Predigers J. Lysthenius[4].

In dieser Fassung, die mit den Worten „Die Alten haben gar schön fingiret" ausdrücklich auf eine noch ältere (bisher aber nicht nachweisbare) Überlieferung hinweist, steht statt des Hufeisens ein Pfennig, anstelle der Kirschen ist von zwölf Birnen die Rede. An die Erzählung knüpft Lysthenius die Lehre, daß man die kleinen Dinge wertschätzen, sich der Kleinheit des Menschen und der Endlichkeit seines Verstandes bewußt sein und die Bedeutung der Demut erkennen solle. Im zweiten Teil dieser Lehre wird also nicht die Faulheit des Petrus kritisiert, sondern das fehlende Bewußtsein der ihm von Gott zugeteilten Rolle innerhalb der Ständeordnung. Zur Stützung dieser Interpretation fügt Lysthenius hinzu: „Was deines Ampts nicht ist, da laß deinen Fürwitz" (Sir. 3,22).

Diese Deutung ist in der nächsten nachweisbaren Fassung, einer Versbearbeitung → Goethes, nicht mehr zu finden. Der mit dieser Säkularisierung einhergehende Bedeutungsverlust des Textes ist ein gutes Beispiel dafür, daß dieselbe Handlung für mehrere Lehren herangezogen werden kann. Die Betonungsverschiebung innerhalb der Elemente der Erzählung[5] verändert den Sinn des ganzen Textes, und gegenüber der theologisierenden Tendenz tritt der moralische Zug in den Vordergrund: Anfängliche Faulheit bringt oft größere Mühe ein. Goethes Bearb. entstand zusammen mit mehreren anderen Balladen 1797 in Jena. Seine unmittelbare Quelle ist unbekannt[6]; möglicherweise hat er das Thema aus mündl. Überlieferung geschöpft. Die Requisiten Hufeisen und Kirschen erscheinen bei ihm zum ersten Mal.

1816 teilte J. G. Kunisch, Lehrer am Breslauer Friedrichsgymnasium, eine „aus mündlicher Überlieferung wörtlich aufgezeichnete altdeutsche Heiligensage" mit, die alle wesentlichen Züge von Goethes Gedicht enthält[7]. Die einzige größere Abweichung besteht in der Lokalisierung: Hier spielt die Handlung in Jerusalem, bei Goethe in einer ungenannten Stadt. Beim Vergleich der beiden Texte läßt sich nicht entscheiden, ob die Prosafassung den ersten Ansatz zur populären Überlieferung des Gedichtes darstellt oder ob es sich um eine von Goethes Gedicht unabhängige Var. handelt. J. → Bolte hat hierzu zunächst den ersten[8], kurze Zeit später den zweiten Standpunkt eingenommen[9]. Bolte hat außerdem als erster auf die Prosaerzählung *Das Hufeisen* (Mitte 19. Jh.) des Augsburger Domherren und Kinderschriftstellers Christoph von → Schmid hingewiesen, die nach seiner Vermutung aus Goethes Gedicht hervorgeht[10]. Hier stehen für Christus und Petrus Vater und Sohn, ansonsten stimmt die Handlung mit der des Goethe-Gedichtes überein. In dt. Schulbüchern des 19./20. Jh.s ist die H. kontinuierlich nachgewiesen, teils wird Goethe, teils Schmid als Quelle angegeben[11].

Eine parallele schriftl. Tradierung der Erzählung ist u. a. auch in Ungarn zu beobachten, wo die H. bes. weit verbreitet ist. Goethes Gedicht erscheint in ung. Sprache zum ersten Mal 1821 in Wien u. d. T. *Szent Péter. Legenda* (Der hl. Petrus. Legende), und zwar in einer almanachartigen Publ. ohne Nennung Goethes[12]; erst in der Ausg. Pest 1853 wird Goethes Name erwähnt[13]. Eine ung. Prosafassung wird zuerst 1848 in J. Gáspárs Lesebuch für Kleinkinder[14] publiziert, das neben seinen weiteren ung. Aufl.n auch in dt., slov., kroat. und rumän. Sprache veröffentlicht wurde; so erreichten seine Texte einen großen Bekanntheitsgrad[15]. Gáspár, ein Kenner der dt. pädagogischen Lit., stützte sich auf den entsprechenden Text des Lesebuches von W. Curtmann[16], der indirekt wahrscheinlich auf Goethes Gedicht zurückgeht[17]. Eine der aus ung. mündl. Überlieferung 1894 publizierten frühen Var.n der H., die aus dem Paloczendorf Vály (Nordungarn) stammte, wurde 1896 in die später sehr populäre Märchensammlung E. → Benedeks aufgenommen[18]. Es dürfte feststehen, daß die aus mündl. Überlieferung aufgezeichneten

Var.n der H. überwiegend nach Goethes Gedicht durch die Vermittlung von Schul- und anderen Lesebüchern und durch die wechselseitige Beeinflussung von schriftl. und mündl. Tradition in Europa verbreitet wurden.

AaTh 774 C ist in zahlreichen Var.n des 19./20. Jh.s in ganz Europa dokumentiert (fläm., wallon., frz., bask., katalan., span., ital., kroat., slov., ung., slovak., tschech., poln., ukr., dt., lett., norw.[19]; die Hinweise bei AaTh 774 C auf dän. und griech. Var.n beziehen sich auf AaTh 774 A, 1169: → *Köpfe vertauscht*[20]). Eine bes. große Zahl von Var.n findet sich auch heute noch in der ung. Überlieferung: Es ist beinahe so, daß die Kompetenz eines Erzählers daran abzuschätzen ist, ob er diese Geschichte kennt[21]. Ungeklärt ist noch, worauf die weite Verbreitung der H. und anderer Petrusgeschichten im Karpatenbecken zurückzuführen ist und warum keine einzige Var. dieser Erzählung im außereurop. Bereich bekannt ist.

Bei den insgesamt relativ einheitlichen Var.n bilden Christus und Petrus meist den Mittelpunkt. Gelegentlich werden aber auch andere Figuren erwähnt: In einigen Texten findet man Christus und Wanderer, Schuster und Königin, Vater und Sohn als handelnde Personen. Zu der Tatsache, daß das Hufeisen auch in der populären Überlieferung mit der Erzählung verknüpft blieb, hat vielleicht die magische Bedeutung dieses Gegenstandes im Volksglauben[22] sowie sein Vorkommen in anderen Erzähltexten (z. B. AaTh 753: → *Christus und der Schmied*) beigetragen. Statt des Hufeisens wird in einigen Fällen ein Geldstück von geringem Wert gefunden[23]; dies führt zu einer Verkleinerung des Motivbestandes, da der Verkauf des Hufeisens entfällt. Anstelle der Süßkirschen stehen z. B. in einer poln. Var. Sauerkirschen[24]; ein slov. Text erwähnt Haselnüsse, hierdurch verändert sich das Motiv des Durstes in das des Hungers[25].

Ein Teil der vorliegenden Texte ist von den Erzählern mit anderen Legendenschwänken kontaminiert worden. Fast ausnahmslos handelt es sich hierbei um Petrusschwänke (z. B. AaTh 774 D, 774 F, 774 H, 774 L, 774 N, 750 A, 752 A, 753, 753 A, 785, 791, 822). Im ung. Material ist die Kontamination mit AaTh 791, 752 A: → *Christus und Petrus im Nachtquartier* am häufigsten, oft treten aber auch Verbindungen mit AaTh 785: → *Lammherz*, AaTh 822: → *Christus als Ehestifter* und AaTh 774 F: *Peter with the Fiddle* auf. In den kontaminierten Erzählungen bildet die H. oft den Ausgangspunkt, sie kommt aber auch als Zwischenglied oder als Schlußteil einer Erzählfolge vor.

AaTh 774 C gehört zu jenen Petrusschwänken, die nicht mit einer Ätiologie verbunden sind, vielmehr handelt es sich um ein Exempel, z. T. in Dialogform. Christus straft die Faulheit des Petrus und lehrt so die Sparsamkeit, die Wertschätzung der kleinen Dinge. Damit trägt der Text zur Strukturierung und Stabilisierung des bürgerlichen Normen- und Wertsystems bei.

[1] cf. allg. Nagy, I.: Szent Péter legendák a magyar folklórban (Die Legenden vom hl. Petrus in der ung. Volksüberlieferung). In: Csak tiszta forrásból. ed. I. Szépfalusi. Bern 1980, 54–65, hier 62. – [2] Schwänke aus mündl. Überlieferung. Textheft. Kommentare H. Lixfeld. Fbg 1973, 74–76; Kovács, Á.: Szent Péter és a lópatkó (Der hl. Petrus und das Hufeisen). In: Magyar Néprajzi Lexikon 4. Bud. 1981, 668. – [3] z. B. Agricola, J.: Sybenhundert und Fünfftzig Teütscher Sprichwörter […]. Hagenau 1534, num. 354; Waldis, B.: Esopus 2. ed. H. Kurz. Lpz. 1862, num. 69; cf. Brückner, 726, 743. – [4] Bolte, J.: Zu Goethes Legende vom Hufeisen. In: ZfVk. 35/36 (1925/26) 180; cf. Jöcher, C. G.: Allg. Gelehrten-Lexicon 2. (Lpz. 1750) Nachdr. Hildesheim 1961, 2636; id.: Forts.en und Ergänzungen […] 4. (Bremen 1813) Nachdr. Hildesheim 1961, 287. – [5] Daxelmüller, C.: Exemplum und Fallbericht. In: Jb. für Vk. N.F. 5 (1982) 149–159, hier 156. – [6] Düntzer, H.: Goethe's lyrische Gedichte 3. Lpz. ²1876, 569 (³1898, 320); Goethes Werke 1. Hamburger Ausg. ed. E. Trunz. Mü. ¹¹1978, 266 sq., 622–625. – [7] Düntzer (wie not. 6) 569 sq. – [8] Bolte, J.: Goethesche Stoffe in der Volkssage. In: Goethe-Jb. 19 (1898) 303–308, hier 307. – [9] id.: Zur Legende vom Hufeisen. ibid. 21 (1900) 257–262, hier 257. – [10] ibid., 262. – [11] Tomkowiak, I.: Traditionelle Erzählstoffe im Lesebuch. In: Fabula 30 (1989) 96–110, hier 108. – [12] Edvi Illés, P. (Übers.): Szent Péter. Legenda. In: Igaz, S. (ed.): Zsebkönyv. Bécs 1821, 167–169. – [13] Edvi Illés Pál elszórt költészetei. Pest 1853, 95–97. – [14] Gáspár, J.: Csemegék olvasni még nem tudó gyermekek számára. Kolozsvár 1848, 64 sq., num. 66 (weitere Aufl.n Kolozsvár 1854, 1863). – [15] Gragger, R.: Ung. zu Goethes Legende vom Hufeisen. In: Ung. Rundschau für hist. und soziale Wiss.en 4 (1915) 938–942, hier 940. – [16] Curtmann, W.: Geschichten für Kinder, welche noch nicht lesen. Offenbach 1840. – [17] Gragger (wie not. 15) 941. – [18] Magyar Nyelvőr 23 (1894) 236; Benedek,

E.: Magyar mese- és mondavilág 5. Bud. 1896, 223 sq.; cf. Gragger (wie not. 15) 939. — [19] Ergänzend zu AaTh: de Meyer, Conte; Laport 759 (cf. Legros, É.: Un Examen, révision. In: Les Dialectes Belgo-Romans 19 [1962] 78–115, hier 110 sq.); Delarue/Tenèze; Pujol; MNK; Polívka 4, 23 sq.; Krzyżanowski 752 D; SUS (nur ukr.); Arājs/Medne; Hodne; Polain, E.: Il était une fois ... P. 1942, num. 24; Sánchez Pérez, J. A.: Cien cuentos populares. Madrid 1942, num. 22; Toschi, P./Fabi, A.: Buonsangue romagnolo. Bologna 1960, num. 43; Gaál, K./Neweklowsky, G.: Erzählgut der Kroaten im südl. Burgenland. Wien 1983, num. 7; Karlinger, F./Mykytiuk, B.: Legendenmärchen aus Europa. MdW 1967, num. 25 (slov.); Dégh, L.: Folktales of Hungary. L. 1965, num. 22; Lammel, A./Nagy, I.: Parasztbiblia. Bud. 1985, 380 sq., 595; Vildomec, V.: Poln. Sagen. B. 1979, num. 252. — [20] cf. Schwarzbaum, Studies, 109. —
[21] Nagy (wie not. 1) 55. — [22] cf. Freudenthal, H.: Hufeisen. In: HDA 4 (1931/32) 437–446; Carnat, C.: Le Fer à cheval à travers l'histoire et l'archéologie. P. 1951. — [23] z. B. Gaál, K.: Die Volksmärchen der Magyaren im südl. Burgenland. B. 1970, num. 38. — [24] Vildomec (wie not. 19) num. 252. — [25] Polívka 4, 23 sq.

Budapest Gábor Tüskés
Éva Knapp

Hufnagel (AaTh 2039), aus einem Sprichwort entstandene didaktische Erzählung.

Zweimal wird ein heimreisender Kaufmann während einer Rast darauf aufmerksam gemacht, daß seinem Pferd am linken Hufeisen ein Nagel fehle. Er läßt die Warnung unbeachtet und meint, es werde die paar Stunden noch überstehen. Das Tier fängt an zu lahmen, dann zu stolpern und bricht sich schließlich ein Bein. Der Reiter muß es liegen lassen und mit seiner Habe zu Fuß weitergehen. Erst spät in der Nacht gelangt er nach Hause. Er gibt dem Pferd die Schuld für diese Verspätung.

Die so beschriebene Erzählung findet sich erstmals 1843 in der 5. Aufl. der KHM (KHM 184: *Der Nagel*)[1] und geht auf Ludwig → Aurbachers *Vom Reiter und seinem Roß* (1834)[2] zurück. Aurbacher hat die Geschichte vielleicht nicht ganz ohne Hintersinn (sein Vater war Nagelschmied) in seine anonym erschienene Slg aufgenommen, möglicherweise erst nach einem Sprichwort ersonnen, zumal er für seine Kurzprosa auch Sprichwortsammlungen heranzog[3].

Schon J. → Bolte vermutete als Ursprung der Geschichte ein Sprichwort, das auf die elementare Bedeutung des Nagels abhebt, und verwies auf einen seit dem 12. Jh. nachweisbaren Spruch: „Ein nagel behalt ein îsen, ein îsen ein ros, ein ros ein man, ein man ein burch, ein burch ein lant"[4], der so und ähnlich z. B. bei Freidank und Reinmar von Zweter und später vor allem als Sprichwort begegnet[5], etwa bei Christoph → Lehmann innerhalb der Rubrik *Gering/geringfügig*: „Umb eines Huffeysens willen verdirbt offt ein Roß".[6]

Die didaktische Zielsetzung der narrativen Umsetzung ist unschwer in Aurbachers erbaulicher Erzählung zu erkennen. Bereits einleitend heißt es: „Wer im Kleinen nicht Sorge trägt, muss im Grossen Schaden leiden", und dieses Motto wird am Schluß noch einmal bekräftigt: „Vorgethan und nachbedacht, hat manchen schon in Schaden gebracht."[7] Die Brüder → Grimm hingegen halten die Spannung des Handlungsverlaufs bei und schließen lapidar mit dem sprichwörtlich bekannten → „Eile mit Weile" (cf. auch AaTh 288 B*)[8], das auf Suetons ‚Festina lente' (*De vita Caesarum, Octavianus* 25)[9] zurückgeht und in abgewandelter Form auch – allerdings erst seit der 6. Aufl. (1850)[10] – den Schluß des Schwanks *Der faule Heinz* (KHM 164, AaTh 1430: cf. → *Luftschlösser*) bildet: „Eilen tut nicht not."

Vergleichbare Erzählungen sind sporadisch aus ir., frz., ukr. und jüd. (aus Irak) Überlieferung bezeugt[11]; z. T. begegnen sie auch in Form eines Kettenmärchens[12], etwa in Benjamin Franklins *The Way to Wealth* (1757): „A little neglect may creed great mischief; for want of a nail the shoe was lost, for want of a shoe the horse was lost, for want of a horse the rider was lost, being taken and slain by the enemy; all for want of a little care about a horseshoe nail" (cf. Mot. Z 45)[13]. Doch erscheint die von A. → Taylor vorgeschlagene Einordnung von AaTh 2039 innerhalb der Kettenmärchen problematisch und aufgrund der Belege nicht gerechtfertigt[14].

[1] cf. BP 3, 335 sq. — [2] [Aurbacher, L.:] Büchlein für die Jugend. Stg./Tübingen/Mü. 1834, 71 sq. — [3] Mackensen, L.: Aurbachers Märchen. In: HDM 1 (1930/34) 148–152, hier 151. — [4] BP 3, 335. — [5] cf. die Angaben bei BP 3, 336 sq. (mit Hinweisen bes. auf mittel- und südeurop. sowie türk. Sprichwörter). — [6] Lehmann, C.: Florilegium politicum [1639]. ed. W. Mieder. Bern/Ffm./N. Y. 1986, 261, num. 39. — [7] Aurbacher (wie not. 2). — [8] Rölleke, H. (ed.): „Redensarten des Volks, auf die ich immer

horche." Das Sprichwort in den Kinder- und Hausmärchen der Brüder Grimm. Bern/Ffm./N. Y./P. 1988, 180 sq. — [9] Binder, W.: Novus thesaurus adagiorum Latinorum. Stg. 1861 (Nachdr. Wiesbaden 1971), num. 1131. — [10] KHM 3. ed. H. Rölleke. Stg. 1980, 505. —
[11] Ergänzend zu AaTh: Ó Súilleabháin/Christiansen; SUS; Jason, Iraq. — [12] Taylor, A.: Formelmärchen. In: HDM 2 (1934/40) 164—191, hier 169, 171. — [13] cf. Wiggin, K. D.: Tales of Laughter. A Third Fairy Book. Garden City, N. Y. 1954, 152. — [14] Taylor, A.: A Classification of Formula Tales. In: JAFL 46 (1933) 77—88, hier 87.

Göttingen Hans-Jörg Uther

Huhn → Hahn, Huhn

Hulsbusch, Johannes, süddt. Schwankbuchkompilator des 16. Jh.s, genauere Lebensdaten nicht bekannt[1]. In der Blütezeit des Prosaschwanks Mitte des 16. Jh.s erschien 1568 in Basel die *Sylva sermonum iucundissimorum*[2], eine von J. H. zusammengestellte und bis heute nicht näher untersuchte Slg ‚neuer' Historien, Exempla und Fazetien (insgesamt 264 Stücke; nicht numeriert)[3]. H. empfahl seine nur einmal aufgelegte Sammlung laut Untertitel und zeitgemäß wie alle anderen Vertreter der Buntschriftstellerei als „omnibus itinerantibus & comessantibus cum gratissima, tum lectu lepidissima". Die zumeist nicht mehr als ein bis zwei Druckseiten umfassenden Erzählungen stammten aus zeitgenössischen Schwankbüchern und waren wortwörtlich in ein ‚bisweilen schnurriges' [4] Latein übertragen. Insbesondere nach den Forschungen von J. → Bolte[5] steht fest, daß H. vornehmlich die Sammlungen von Johannes → Pauli (66 Texte), Martin → Montanus (10), Jackob → Frey (43), Georg → Wickram (46), Valentin → Schumann und Bernhart Hertzog (*Schiltwacht*, 1560) herangezogen hatte, die wiederum ihre Erzählungen — allerdings häufig verändert und mit Lokalkolorit versehen — lat. und ital. Fazetien- und Exempelsammlungen entnommen oder voneinander abgeschrieben hatten.

Thematisch hielt sich H. in seiner Ausw. an die üblichen Klischees. Wie seine Zeitgenossen bietet er Erzählungen über sexuelle Ausschweifungen der Geistlichkeit und über deren oftmals einfältiges Handeln (z. B. p. 51 sq., 74—76, 78—80, 81—83, 98 sq., 150 sq., 151, 151—153, 248, 264, 271 sq.) dar, spottet über die Dummheit der Bauern (37 sq., 83—85, 257) und ergießt seinen Hohn über den niederen Adel (49 sq., 89—91, 133 sq.) und Gelehrte (265 sq.) ebenso wie über geldgierige und zu düpierende Wirtsleute (39 sq., 76—78, 246 sq., 270 sq., 272). Seine Sympathie gilt mitunter Kaufleuten (45, 58—60, 106 sq.) und Landsknechten (55 sq.), auch Schelmenfiguren wie → Claus Narr (40 sq., 235, 238 sq.). Die Erzählungen sind zeittypisch geprägt von Misogynie (293, 293 sq., 295), deftige Ehebruchschwänke und -witzeleien finden sich in nicht geringer Zahl (108 sq., 146 sq., 147—149, 149 sq., 262 sq., 269 sq.).

Während die dt.sprachigen Prosaschwänke des 16. Jh.s eine breite Rezeption erfahren[6], bleibt die Nachwirkung der *Sylva sermonum* eher bescheiden. Dies ist zugleich ein Indiz für den Rückgang der in lat. Sprache verfaßten Unterhaltungsbüchlein, sieht man von den *Facetiae* des Nicodemus → Frischlin (posthum 1600) oder Otho → Melanders *Joco-Seria* (1600) ab. Nachgewirkt haben H.s witzige Erzählungen einzig in den mehrfach aufgelegten *Facecje polskie* (1624 u. ö.), die auch in einer Ausw. ins Russische übersetzt worden sind[7]. Spätere, bes. dt., frz., engl., ndl. und dän. Schwankkompilationen haben lieber auf die populären Schwankbücher eines Frey, Montanus u. a. zurückgegriffen.

Typen- und Motivverz. (Ausw.): 13 = AaTh 1231: → *Sieben Schwaben.* — 18 sq. = Warum die Teufel keinen Landsknecht in die Hölle lassen. — 31 sq. = AaTh 1288 A: *Numskull cannot Find Ass he is Sitting on.* — 36 sq. = AaTh 1735: *Die zehnfache → Vergeltung.* — 37 = Bäuerin furzt beim Dornausziehen. — 38 = Wurst in der Tasche des Pastors (cf. AaTh 1785 A: *The Sexton's Dog Steals the Sausage from the Parson's Pocket*). — 39 sq. = Wirt verlangt von Reiter, der seinen Hund mitführt, doppelte Bezahlung. Der Reiter läßt daraufhin den Hund im zweiten Bett übernachten, wird vom Wirt verklagt, aber vom Gericht freigesprochen. — 42—44 = AaTh 1540: → *Student aus dem Paradies.* — 45 = Kaufmann lockt Bauern aus dem Haus, indem er vorgibt, ihm einen Taler auf den Zaun gelegt zu haben. — 60 sq. = Angeklagter stellt sich stumm und entgeht der ihm zugedachten Strafe (AaTh 1534 D*: *Sham Dumb Man Wins Suit*). — 61 sq. = AaTh 1585: → *Patelin.* — 62 sq. = AaTh 778*: → *Kerzen für den Heiligen und den Teufel* + AaTh 1645 B: *Der gesiegelte → Schatz.* — 63—65 = Landsknecht verliert im Wettspringen gegen Witwe und deren hübsche Tochter und erhält keine Herberge. —

74–76 = cf. AaTh 1848 A: → *Kalender des Pfarrers.* – 78–80 = AaTh 1791: *The Sexton Carries the Parson* (cf. → Küster). – 80 sq. = Arzt diagnostiziert Alkoholsucht und rät, das Trinken aus Bechern und Gläsern einzustellen. Darauf der Kranke: ‚Dann will ich mich jetzt auf das Trinken aus der Flasche beschränken' (Mot. J 1324). – 81–83 = AaTh 1775: cf. *Der hungrige → Pfarrer.* – 85 sq. = Einem des Italienischen nicht mächtigen Bediensteten wird in Italien wider Willen ein Zahn gezogen (AaTh 1699: → *Sprachmißverständnisse*). – 93 = Dumme Magd uriniert in Honigtopf. – 95 sq. = Putzsüchtige Ehefrau bittet ihren Mann, das Haus erst dann wieder zu betreten, wenn sich der Staub gelegt habe. Er bleibt eine Woche im Wirtshaus. Seine Frau gelobt Besserung (cf. AaTh 1409 B: *Der gehorsame → Ehemann*). – 102 sq. = Kaufmann schüttet nachts Urin in die Schranktür, die er für das Fenster hält (cf. AaTh 1337 C: *Die lange → Nacht*). – 108 = AaTh 1347: *Lebendes → Kruzifix gewünscht.* – 133 sq. = Mönch droht Edelmann, der ihm ein Stück Stoff gestohlen hat, das müsse er am Jüngsten Tag zurückgeben. Der Edelmann: ‚Dann sollte ich lieber gleich alles nehmen' (Mot. J 1261.7). – 144 = Kardinal befiehlt, Wind zu machen, und sagt zu Bedienstetem: ‚Mach es nach deiner Art'. Der Bedienstete läßt einen Furz streichen. – 149 sq. = Witwe will wieder heiraten und sucht Mann als ‚Friedensstifter' (Mot. K 2052.4.2). – 150 sq. = Fastenschwank: Bischof kann am Freitag Rebhühner zu Fisch machen (Mot. J 1269.5). – 151 = Bischof mit vier Füßen (seine und die der Nonne) im Bett (Mot. J 2283). – 151–153 = Ehebrecherischer Mönch hinterläßt Hose und gibt sie als ein Heiligtum aus (Mot. K 1526). – 158 = Ein Spötter zu einer Frau: ‚Die Vorhaut des Esels grüßt dich!' Sie antwortet: ‚Und du siehst aus wie sein Bote!' (cf. Mot. J 1352). – 188 sq. = AaTh 1281: cf. → *Katze als unbekanntes Tier.* – 235 = Claus Narr uriniert in den Wagen der Fürstin. – 240 sq. = Wallfahrt: Der unentschlossene Jakobspilger. – 242–244 = AaTh 940: *Das hochmütige → Mädchen.* – 244 sq. = AaTh 1533: → *Ochse für fünf Pfennig.* – 246 sq. = Zechpreller setzt sich ab, als der Wirt ihn auffordert, er solle am Tisch Platz machen. – 250 = Mädchen beichtet Bettnässen: Das Brüderchen kann es noch besser. – 250 sq. = AaTh 1804: cf. → *Scheinbuße.* – 252 = AaTh 1341 B: → *Gott ist auferstanden.* – 255 sq. = AaTh 1533: *Die sinnreiche → Teilung des Huhns.* – 256 = Galgenhumor: Verurteilter mahnt Zuschauer, langsam zu gehen; ohne ihn fände die Hinrichtung nicht statt. – 257 = Mißverständnis: Tauber Bauer versteht Frage nicht (AaTh 1698 D: cf. → Schwerhörig). – 259 sq. = AaTh 1215: → *Asinus vulgi.* – 262 sq. = Rezeptvertauschung mit fatalen Auswirkungen: Ein Alter erhält ein Abführmittel, ein Junger ein Aphrodisiakum. – 265 = AaTh 1950: → *Faulheitswettbewerb.* – 269 sq. = AaTh 237: → *Elster und Sau.* – 270 sq. = Gast scheißt dem Wirt auf den Tisch. – 271 sq. = AaTh 1741: → *Priesters Gäste.* – 272 = Verschwender weist Maul und Arsch vor statt Rechnung zu bezahlen. – 279 = AaTh 1631: → *Pferd geht nicht über Bäume.* – 290 = AaTh 165 B*: *Wolf Punished by Being Married.* – 293 = AaTh 1463: cf. → *Brautproben.* – 295 = AaTh 1353: *Böses → Weib schlimmer als der Teufel.*

[1] Keine Angaben in einschlägigen bio-bibliogr. Werken oder Abhdlgen; sporadische Erwähnung bei Straßner, E.: Schwank. Stg. 1968, 59; innerhalb der einschlägigen Basilensia keinerlei Angaben zu H. (freundliche Mittlg von H. Trümpy, Basel). – [2] H., J.: Sylva sermonum iucundissimorum. In qua novae historiae, & exempla varia. facetiis undique referta, continentur [...]. Basel 1568 (benütztes Exemplar: Bayer. Staatsbibl. München, Signatur L. eleg. m 758). – [3] Rupprich, H.: Die dt. Lit. vom späten MA. bis zum Barock 2 (Geschichte der dt. Lit. 4,2). Mü. 1973, 211. – [4] Wickram/Bolte, XIII. – [5] Pauli/Bolte 2, *26, 193–195; Montanus/Bolte, XVIII; Frey/Bolte, XXXIV; Wickram/Bolte, XIII. – [6] Moser-Rath, Schwank; Tomkowiak, I.: Curiöse Bauer-Historien. Zur Tradierung einer Fiktion. Würzburg 1987. – [7] Brückner, A.: Neuere Arbeiten zur slaw. Vk. (1903). 1: Poln., Kleinruss., Böhm. In: ZfVk. 14 (1904) 328–339, hier 333.

Göttingen Hans-Jörg Uther

Humanismus

1. Allgemeines – 2. Charakteristika humanistischen Erzählguts – 3. Entstehung und Verbreitung – 4. Gründe für die Abfassung – 5. Autorenbewußtsein; Quellen – 6. Form und Sprache – 7. Einwirkung auf andere Gattungen

1. Allgemeines. Unter dem erst im 19. Jh. geprägten Begriff faßt die Forschung eine der wesentlichen Geistesbewegungen des 14.–16. Jh.s, die im Gegensatz zum MA. (von dem sie sich von Anfang an abheben will) und in steter Auseinandersetzung mit Spätmittelalter und → Reformation den Menschen in den Mittelpunkt stellt. Der H. hat damit teil an dem in der Regel als → Renaissance bezeichneten kulturellen und gesellschaftlichen Wandel dieser Jh.e. Da der Mensch im Zentrum steht, ist der H. vor allem eine Bildungsbewegung (Francesco → Petrarca). Wesentliches Element ist die Hinwendung zur Antike. In der Aufnahme ihrer Vorstellungen und Werte und der Auseinandersetzung mit diesen soll sich der in jeder Hinsicht mündige, moralisch verantwortliche Mensch entwickeln. Angestrebt wird so letztlich die Bildung eines Geistesadels. Konse-

quenz der Beschäftigung mit der Antike ist, daß den Studia, damit den Sprachen und Literaturen Roms und Griechenlands zentrale Bedeutung zukommt. Dabei steht neben der Suche nach antiken Texten und deren Edition die eigene Lit.produktion. Sie ist vor allem auf den korrekten und kreativen Umgang mit den Sprachen, bes. dem Lateinischen, ausgerichtet. Die Beherrschung der Sprachen aber soll Mittel sein zur Wiederbelebung antiker Dichtung und Beredsamkeit, zur Bildung in allen Bereichen menschlichen Schaffens.

Die Bemühungen der Humanisten zielen aber auch auf das Volk: Vittorino da Feltre soll 1423–46 in Mantua Kindern aller Schichten eine umfassende humanistische Bildung vermittelt haben[1]. Darüber darf aber die elitäre Einstellung vieler Humanisten, ja der grundsätzliche Widerspruch zwischen einer Geisteselite und dem Volk nicht übersehen werden[2]. Damit stellt sich auch die Frage nach dem Verhältnis der Humanisten zur Volkserzählung. Nach dem bisher Ausgeführten ist klar, daß von einer ‚humanistischen Volkserzählung' nicht gesprochen werden kann. Wohl aber gelangt elitär-humanistisches Bildungs- und Erzählgut zu einem noch schmalen lesefähigen Publikum und von dort durch semiliterar. Prozesse (Predigten, Vorleseakte) zu einem breiteren Zuhörerkreis. Dieses Erzählgut ist dabei vielfältigen Zwecken dienstbar, humanistischen (z. B. dem Erlernen des Lateinischen), aber z. B. auch denen der Reformation[3]. Die (angeblich) aus der mündl. Überlieferung stammenden Texte haben die Auseinandersetzung mit der Realität (die oft mittels der Sprache geführt wird) zum Gegenstand und werden später angeblich oder tatsächlich ‚vom Volk' tradiert. Für die Erstellung der internat. gängigen Typen- und Motivbeschreibungen haben die Erzählungen aus der Zeit des H. eine wesentliche Grundlage abgegeben[4].

2. Charakteristika humanistischen Erzählguts. Die wesentlichen Charakteristika dieser Lit. sind folgende: Sie erscheint unter den verschiedensten, im Einzelfall oft nur schwer zu unterscheidenden Gattungsbezeichnungen (→ Anekdote, → Apophthegma, Biographie, → Exemplum, → Fabel[5], → Fazetie[6], → Novelle, → Rätsel[7], → Redensart, → Schwank, → Sprichwort). Die meisten Autoren (Ausnahme: → Erasmus von Rotterdams Vorwort zu seinen *Adagia*, cf. auch Jovianus Pontanus[8]) zeigen eine weitgehende Indifferenz gegenüber Gattungsfragen. So wird z. B. ‚fabula' oft für Geschichten jeglicher Art gebraucht[9], Giovanni → Sercambi bezeichnet seine Novellen als Exempel, Jacob → Frey charakterisiert seine Schwanksammlung als „Schimpffreden, Spaywerck [= Spott] und sunst kurtzweilig bossen von Historien und Fabulen"[10]. Viele Autoren mischen in ihren Sammlungen die verschiedensten Erzählformen: Die *Trecentonovelle* des Franco → Sacchetti enthalten auch Anekdoten und Exempla, die *Facetiarum exemplorumque libri VII* des Lucius Domitius → Brusonius bringen Sentenzen, Apophthegmata, Anekdoten, Fazetien und Witzworte berühmter Persönlichkeiten; ähnlich vielgestaltig sind die *Nouvelles Récréations et joyeux dévis* des Bonaventure → Des Périers. Am ehesten ist noch, wohl wegen der Wirkungsmächtigkeit von → Boccaccios *Decamerone*, bei der Novelle ein gewisses Gattungsbewußtsein zu erkennen. Insgesamt aber ist eine Gliederung des Materials nach Gattungen kaum möglich und auch nur bedingt sinnvoll; sie entspräche nicht der Lebensform dieser Lit.

Wie aus den Bezeichnungen deutlich wird, handelt es sich ausnahmslos um literar. Kleinformen. Bedingt durch die Kürze der Texte (wenige Zeilen bis etliche Druckseiten) legen die Autoren ausnahmslos Sammlungen vor, wobei sie sich der unterschiedlichsten Ordnungsprinzipien bedienen: Novellen werden, dem Vorbild Boccaccios folgend, häufig in einen Erzählrahmen (Cornice; → Rahmenerzählung) gestellt (Giovanni Fiorentino: Zwei Liebende, die einander im Kloster Novellen erzählen; Sercambi: Pest in Lucca; cf. auch → Straparola, → Marguerite de Navarre, → Chaucer), aber auch gewollt unsystematisch präsentiert (Matteo → Bandello). Sebastian → Brants *Narrenschiff* ist eine Narren-Revue, die *Facetiarum exemplorumque libri VII* des Brusonius erscheinen alphabetisch nach Schlagwörtern angeordnet. Der Inhalt vieler Sammlungen, so z. B. der Johannes → Paulis, wird in den zeitgenössischen Drucken durch Sachindizes erschlossen.

3. Entstehung und Verbreitung. Der Erfolg dieser Erzählformen war im 14.–16.

Jh. ganz außerordentlich. Die Verbreitung der Texte erfolgte sowohl schriftl. als auch mündl., was viele Autoren betonen (z. B. Boccaccio, Lodovico → Domenichi, Des Périers, → Philippe de Vigneulles, → Nicolas de Troyes). Die enorme schriftl. Verbreitung erklärt sich dadurch, daß schon die 1. Hälfte des 15. Jh.s eine teils manufakturartig organisierte, jedenfalls massenhafte Produktion von Hss. und Ms.teilen kennt, später kommt die rasche Entfaltung des Buchdruckes dem Erfolg der Sammlungen zugute. So wird z. B. der → *Novellino* des späten 13. Jh.s erstmals 1525 gedruckt (cf. auch Fiorentinos *Pecorone*, Ende 14. Jh., Erstdruck 1558). Daneben gibt es natürlich auch ‚erfolglose', erst in der Neuzeit publizierte Sammlungen (Sacchetti, Sercambi, Philippe de Vigneulles). Beliebte Sammlungen werden von ihren Autoren oder späteren Bearbeitern ergänzt, umgeformt (Vers/Prosa) und vielfältig übersetzt, erfolgreiche Titel plagiiert (z. B. Martin → Montanus' *Ander Theyl der Garten Gesellschaft* durch Frey).

Was Priorität, Dauer und Tiefe des Einflusses auf andere Länder betrifft, so ist Italien das wichtigste Land. Der Einfluß von Boccaccios *Decamerone* und von → Poggios *Facetiae* ist kaum zu überschätzen. Weitere wichtige Werke und Autoren (in chronologischer Reihenfolge): *Il Novellino*, Sacchetti, Fiorentino, Sercambi, Enea Silvio Piccolomini (*Euryalus und Lukretia*, verfaßt 1444), Antonio Beccadelli (*De dictis et factis Alphonsi regis Aragonum*, verfaßt 1455), → Masuccio Salernitano, Angelo → Poliziano, Laurentius → Abstemius, Marcantonio → Coccio, Brusonius, Bandello, Pietro → Aretino, Domenichi, Straparola, Anton Francesco → Doni, Lodovico → Guicciardini)[11].

Die Lit. Frankreichs ist zunächst noch stark dem MA. verhaftet (→ *Cent nouvelles nouvelles*), greift später aber vielfach ital. Vorbilder auf. Marguerite de Navarre läßt das schon 1411/14 von Laurent de Premierfait aus dem Lateinischen übertragene *Decamerone* erneut ins Französische übersetzen und schreibt mit ihrem *Heptaméron* ein frz. Gegenstück. Daneben gelangt man zu durchaus eigenständigen, teils in den Roman übergehenden Lösungen (Antoine de → La Sale, → Rabelais). Weitere wichtige Autoren: François de → Belleforest, Charles de → Bourdigné, Philippe de Vigneulles, Des Périers, Gilbertus Cognatus (i. e. G. Cousin, Sekretär des Erasmus; *Silva narrationum*, 1548), Nicolas de Troyes, Noël → Du Fail, → Philippe le Picard[12]. Wie in Italien (Straparola) werden auch in Frankreich in einige Sammlungen Märchen aufgenommen[13].

In den dt.sprachigen Ländern veröff. Texte sind in bes. Maße durch Übers.en und das Nebeneinander von Latein und Deutsch gekennzeichnet (Arigos [i. e. Heinrich Schlüsselfelder] dt. *Decamerone* [1478], Niklas von Wyles *Translatzen* [1472 oder 1473], Augustin → Tüngers zweisprachige Fazetiensammlung). Bes. ausgeprägt ist weiterhin das Nebeneinander von Werken, die stärker ma. Traditionen, und solchen, die den Ideen des H. oder denen der Reformation verpflichtet sind. Großer Beliebtheit erfreut sich die Figur des → Narren (Brant, Johann → Geiler von Kaysersberg, Erasmus, Thomas → Murner; cf. auch → Schelmentypen). Von europ. Bedeutung sind Brants *Narrenschiff* und die Sammlungen des Erasmus. Weitere Autoren: Heinrich → Steinhöwel, Albrecht von Eyb (u. a. *Ehebüchlein*, ca 1472; *Spiegel der Sitten*, verfaßt 1474), Anton von → Pforr, Tünger, Geiler von Kaysersberg, Johannes Adelphus (*Margarita facetiarum*, 1508), Othmar Luscinius (*Ioci ac sales*, 1524), Bebel, Murner, Pauli, Adrianus Barlandus (*Iocorum veterum* [...] *libri tres*, 1529), Johannes → Gastius, Erasmus → Alberus, Johann → Herold, Frey, Nathanael → Chytraeus, Johann → Fischart, Nicodemus → Frischlin, Johannes → Hulsbusch, Georg → Wickram, Montanus, Michael → Lindener, Valentin → Schumann, Wolfgang → Bütner, Laurentius → Beyerlinck[14].

England bringt neben den *Canterbury Tales* des Chaucer, einer noch ma. Sammlung von allerdings großer Bedeutung und lang anhaltender Wirkung im 16. Jh., einige stark von Italien und Frankreich beeinflußte Geschichtensammlungen, u. a. von William Painter (ca 1525–94), Geoffrey Fenton (ca 1539–1608), George Pettie (1548–89), hervor[15]. Thomas Morus überträgt zusammen mit Erasmus Texte → Lukians (*Luciani viri* [...] *opuscula* [...], 1506).

In Spanien sind neben den – nur zu kleinen Teilen hierher gehörenden – Werken der Kompilatoren Antonio de → Guevara, Pedro → Mexía und Antonio de → Torquemada die

Sammlungen des Juan de → Timoneda, Luis de Pinedo (16. Jh.), Luis Zapata de Chaves (16. Jh.), Esteban de Garibay y Zamalloa (1525–99) und schließlich → Cervantes zu nennen[16].

Die Internationalität des humanistischen Lit.betriebes führt, trotz stärker werdender nationaler Tendenzen, zu einer kaum überschaubaren Vielfalt gegenseitiger Beeinflussungen in Gestalt von Übers.en ganzer Sammlungen, Entlehnungen bzw. Übernahmen einzelner Erzählungen oder ganzer Gruppen in neue Sammlungen. Dabei haben lat. Fassungen oft eine vermittelnde Funktion, doch begegnet im 16. Jh. mehrfach auch direkter Austausch zwischen den einzelnen Nationalsprachen. Bes. rege sind die Beziehungen zwischen Italien und dem dt. Reich. Die Exempla des Coccio werden z. B. 1508 durch Beatus Rhenanus ediert, 1535 erscheinen sie in dt. Übers., 1555 nimmt sie Herold in seine *Exempla virtutum et vitiorum* auf. Die Sammlung des Brusonius benutzen Bütner und später Andreas → Hondorff. Domenichi schöpft aus Poliziano, Gastius und vielen weiteren Quellen, seine Sammlung beeinflußt Nicolas de Troyes und Timoneda. Die *Hore di recreazione* des Guicciardini von 1568 werden ins Französische (1571), Deutsche (1574) und Englische (1666) übertragen.

4. Gründe für die Abfassung. Ihre Beschäftigung mit den erzählerischen Kleinformen glauben viele Humanisten rechtfertigen zu müssen. Dabei wird vor allem auf Alter und Würde der Tradition verwiesen: Wer Fazetien verschmähe, wisse nicht, daß Männer wie Sokrates, Cato, Cicero und andere solche gesammelt hätten (Bebel im Brief an Peter von Arlon[17]). Daneben wird immer wieder – oft unter Heranziehung der antiken Tradition – das Argument der (geradezu medizinischen) Heilsamkeit des → Lachens betont (La Sale, Bebel). Neben dem delectare steht natürlich das prodesse: Die Erzählungen enthalten Lebensweisheit, nützliche Lehren. Vor allem die Novelle bietet deshalb vielfach – wie schon die ma. Mären und Fabliaux – eine meist moralische Auslegung, die als Fazit des Erzählers (z. B. bei Sacchetti und Masuccio) oder als Kommentar der Zuhörer (z. B. bei Marguerite de Navarre) vorgetragen wird. In vielen Sammlungen, vor allem solchen des 15. Jh.s, wird der moralisch-ethische Nutzen der Lektüre außerdem durch Rekurs auf die sittliche Qualifikation der Binnenerzähler belegt: Sie sind meist Standespersonen, die schon durch ihre gesellschaftliche Stellung für die Wohlanständigkeit des Erzählten bürgen (Boccaccio, Vorrede des *Decamerone*; die *Cent nouvelles nouvelles* werden von Mitgliedern der burgund. Hofgesellschaft erzählt; Adelphus referiert in seiner *Margarita facetiarum* Dicta Geilers).

Wesentlich für die Beschäftigung der Humanisten mit den hier behandelten Erzählformen ist weiterhin folgendes: Die meisten von ihnen weisen eine orale, häufig dialogische Grundstruktur auf. Diese aber ist eines der Hauptkennzeichen humanistischer Denk- und Lit.-formen (Vorliebe des H. für den Brief und das Colloquium, humanistische Gesprächskultur). Die Texte werden von einem Binnenerzähler dem – aktiv partizipierenden – Publikum vorgetragen oder vom Autor als Aussprüche, Redensarten etc. einer bestimmten Persönlichkeit ausgegeben. Vor allem die kürzeren Formen (Sprichwort, Apophthegma, Anekdote) bedürfen der genauen, treffenden Formulierung, d. h. einer präzisen, die Pointe oder Sentenz nicht verfehlenden literar. Gestaltung, was dem Interesse der Humanisten an Fragen der Rhetorik und Stilistik entgegenkommt.

5. Autorenbewußtsein; Quellen. Die Literaten, unter deren Namen die Texte erscheinen, verstehen sich hinsichtlich der Erzählinhalte als Sammler und Vermittler; Autoren sind sie nur in bezug auf die literar. Gestaltung, bei der sie vielfach antiken Mustern folgen oder dies zumindest behaupten. Dementsprechend kommt der Frage nach den Quellen hohe Bedeutung zu. Sehr oft wird festgestellt, man habe eine Erzählung gehört (z. B. Nicolas de Troyes, Straparola). Dabei beruft man sich auf Gewährsleute aus allen Schichten des Volkes. Diese Gewährsleute können sowohl fiktive als auch, zur Steigerung der → Glaubwürdigkeit, hist. Persönlichkeiten (z. B. *Cent nouvelles nouvelles*) sein. Im 16. Jh. ist vielfach eine Enthistorisierung (cf. → Historisierung, Enthistorisierung) zu beobachten. Man verweist jetzt in zunehmendem Maße darauf, daß Mythen und Fabeln vom Volk erzählt würden (Erasmus: „Quicquid enim vulgo circumfertur sermone populi, fabula dicitur"[18]; Bebel be-

zeichnet das Proverbium als „plebis rudi philosophia“[19]). Außenseiter der verschiedensten Art erscheinen als → Kristallisationsgestalten, die einzelne Motive und ganze Erzählungen auf sich vereinen (→ Gonnella, Arlotto → Mainardi, Bourdignés Pierre Faifeu, → Eulenspiegel, → Claus Narr; cf. auch → Faust).

Bei den Erzählinhalten wird Anknüpfung an reale Ereignisse vielfach vorgetäuscht (z. B. bei Sacchetti, der in seinen *Trecentonovelle* hist. Personen wie → Karl den Großen, Friedrich II., → Dante und Giotto auftreten läßt, bei Beccadelli, der Taten des Königs Alfons V. wiedergibt, bei Bebel[20], bei Philippe de Vigneulles, der im Vorw. zu seinen *Cent nouvelles nouvelles* behauptet, Geschichten zu erzählen, die er selbst erlebt oder gehört habe). Mitunter ist diese Anknüpfung an die Realität tatsächlich gegeben, so gelegentlich bei Erasmus[21] und bei Brant: Pfeifer von Niklashausen und Türkengefahr im *Narrenschiff* (Kap. 11, 99); cf. auch *Euryalus und Lukretia*.

Neben der reichen, im einzelnen aber schwer nachweisbaren mündl. Tradition kommen als Quellen in Betracht: (1) das seit dem Einsetzen des H. und bes. der Entfaltung des Buchdrucks (Editionen, Übers.en[22]) verfügbar werdende antike Erzählgut. Neben den seit langem bekannten röm. Klassikern (z. B. → Ovid) sind es Autoren wie → Plutarch (Lebensbeschreibungen, Apophthegmata), Lukian (Gespräche), Diogenes Laërtios (Leben, Meinungen und Aussprüche berühmter Philosophen; cf. → Diogenes), → Valerius Maximus (Memorabilia), Aulus Gellius ([ca 125–170] *Noctes Atticae* [Buntschriftstellerei]), → Claudius Aelianus (Bestiarien; *Varia historica* [Buntschriftstellerei]); (2) das stofflich häufig identische Erzählgut des MA.s, das vielfach in Sammelhandschriften vorlag (→ Fabliau, → Märe, → Exempelsammlungen) und an das die Autoren des H. auch genetisch gesehen anknüpfen konnten (Übergang vom Fabliau/Märe zur Novelle[23]); cf. → Eginhard und Emma, → Notkers *Gesta Karoli Magni*, → *Alphabetum narrationum*, → Henmannus Bononiensis, Boccaccio, die *Cent nouvelles nouvelles*, Doni (König Artus). Antik-heidnisches und christl.-ma. Erzählgut wird in vielen Sammlungen bunt gemischt (cf. z. B. Schumann[24]).

Gegen den Vorwurf, der den Humanisten vielfach gemacht wurde, sie wollten zurück zum ‚Heidentum der Antike‘, setzen sich nur wenige Autoren zur Wehr, so Coccio, der erklärt, er habe heidnische Fabeleien durch vorangestellte christl. unschädlich gemacht[25]. Wohl aber betonen viele Autoren, daß ihre Erzählungen moralisch unanstößig sind. Barlandus will auf „lascivae et infacetae facetiae, quales Poggianae, quales et Bebelianae“ verzichten (ähnlich Gastius), Bebel betont seinerseits, er habe nur ‚anständige‘ Geschichten aufgenommen[26].

6. Form und Sprache. Im Bereich der Sprache und Form ist, bedingt durch die Internationalität des Erzählgutes, ein ausgesprochener Synkretismus zu beobachten. Neben den dominierenden Prosatexten stehen – wenige – Versbearbeitungen, vor allem im Bereich der Fabel (Alberus, Burkart → Waldis), die Gonnella-Schwankbiographien erscheinen zuerst in Versen, dann in Prosa; Bourdigné bietet seine Faifeu-Geschichten gereimt.

Boccaccios *Decamerone* bricht, nach anfänglicher Ablehnung durch die Humanisten, der Volkssprache Bahn. In der Folge existieren – wie schon bereits früher im Bereich der → Fabelbücher und → Legenden – lat. Sammlungen neben volkssprachigen, ohne daß, abgesehen von den elitär-humanistischen Sammlungen etwa eines Erasmus, eine Differenz hinsichtlich des Anspruchsniveaus zu erkennen wäre. Das Lateinische besorgt vor allem die Vermittlung von Erzählungen in andere Länder. Novellen des Boccaccio werden – teils durch Petrarca (z. B. AaTh 887: → *Griseldis*) – ins Lateinische übertragen und auf dieser Basis wieder in die Volkssprache übersetzt. 1568 überträgt Hulsbusch 43 Stücke der Sammlung Freys ins Lateinische, lat. Erzählungen des Gastius werden in andere Volkssprachen übersetzt und von da aus wieder ins Lateinische. (Wie internat. der Humanismus hinsichtlich der Sprachen ausgerichtet ist, zeigt auch Jean Lemaire des Belges, der sich in seiner *Concorde des deux langages* [1513] eine gegenseitige Durchdringung der frz. und toskan. Sprache und Kultur wünscht.) Daneben existieren Sammlungen, die von vornherein mehrsprachig angelegt sind, so die Tüngers (lat.-dt.) und die Domenichis, was darauf hinweist, daß die Sammlungen auch als Sprachlehrbücher dienten. Für die Humanisten ist dieser Aspekt wesentlich: Sowohl Poggio[27] als auch Bebel[28] erklären, es sei leichter, Fazetien in der Volkssprache zu erzählen, sie hätten sich aber, der Pflege der lat. Sprache wegen, der Mühe unterzogen, sie lat. darzubieten.

7. Einwirkung auf andere Gattungen. Außerhalb der hier behandelten Erzählformen finden sich deren Themen und Stoffe auch in anderen Gattungen, so z. B. im Spiel (→ Fastnachtspiel, → Volksschauspiel), für das vor allem Boccaccio Material lieferte (cf. Macchiavelli [1469–1527], Hans → Sachs); cf. auch die Spiele Ludovico → Ariostos, Brants[?] *Tugent Spyl* und die des Pamphilus Gengenbach; Albrecht von Eyb arbeitet Stücke des → Plautus zu Prosa-Dialogen um (*Spiegel der Sitten*); Paulus Niavis verfaßt Gesprächsnovellen (*Historia occisorum in Culm* und *Iudicium Iovis in valle amoenitatis habitum*, beide ca 1495). Ähnlich wie die Chroniken des MA.s vielfältig als Sammelbecken für alte und umlaufende Erzählstoffe und -motive gedient hatten, so setzt sich diese Tradition in den Chroniken der Zeit weiter fort[29]. Auch der sich erst im 16. Jh. entfaltende Roman (cf. Matteo Maria → Boiardo, Ariost, → Amadis, Rabelais, Fischart) wird von den kleineren Erzählformen beeinflußt. Nur verwiesen werden kann auf die Verwendung vor allem des Sprichworts und der Fabel in der (gelehrten) → Emblemliteratur[30]. Nicht geklärt ist die Frage, ob und wieweit die Schelmenliteratur (→ Schelmenroman) in humanistischem Kontext gesehen werden muß.

[1] Ruegg 1990 (v. Lit.) 192; cf. auch Wesselski, A.: H. und Volkstum. In: ZfVk. 44 (1936) 1–35. – [2] Unters.en zum Verhältnis H./Humanisten – Volk scheinen zu fehlen, cf. aber Wilsdorf, H.: Volkskundliches, Völkerkundliches, Anthropol. bei den Renaissance-Humanisten. In: Jb. für Vk. und Kulturgeschichte 27 (1984) 68–84; wie kompliziert die Verhältnisse hier liegen, zeigt exemplarisch die Autobiogr. des Basler Schulmeisters Thomas Platter (Lebensbeschreibung. ed. A. Hartmann. Basel 1944); cf. dazu Herzog, H.: Gehen statt fliegen. Zur Autobiographie des T. Platter. In: Verlust und Ursprung. Festschr. W. Weber. Zürich 1989, 294–312. – [3] cf. Brückner. – [4] cf. AaTh, Mot., Childers, Rotunda. – [5] Elschenbroich, A.: Die dt. und lat. Fabel in der Frühen Neuzeit 1–2. Tübingen 1990. – [6] Vollert, K.: Zur Geschichte der lat. Facetienslgen des 15. und 16. Jh.s. B. 1912. – [7] Hain, M.: Rätsel. Stg. 1966, 19–23. – [8] Walser, E.: Die Theorie des Witzes und der Novelle nach dem ‚De Sermone' des Jovianus Pontanus. Straßburg 1908. – [9] cf. EM 4, 102 sq.; Heinrich Bebels Facetien. ed. G. Bebermeyer. Lpz. 1931, 46. – [10] EM 5, 334. – [11] Branca, V. (ed.): Dizionario critico della letteratura italiana. Torino 1986. – [12] cf. Art. in Beaumarchais, J.-P. de: Dictionnaire des littératures de langue française. P. 1984; Giraud, Y./Jung, M.-R.: La Renaissance 1. P. 1972; speziell zur Novelle: Wetzel, H. H.: Die rom. Novelle bis Cervantes. Stg. 1977; Wehle, L.: Novellenerzählen. Mü. 1984. – [13] Wetzel, H. H.: Märchen in den frz. Novellenslgen der Renaissance. B. 1974. – [14] Für die Zeit bis 1500 cf. Verflex. (1. und 2. Aufl.); ferner Rupprich, H.: Die dt. Lit. vom späten MA. bis zum Barock 1–2. Mü. 1970/73, bes. t. 1, 555–597 und t. 2, 154–207; Ristow, B.: H. In: RDL (^{2}1958) 693–727. – [15] cf. Lewis, C. S.: English Literature in the Sixteenth Century. Ox. 1954. – [16] cf. Sainz de Robles, F. C. (ed.): Cuentos viejos de la vieja Espana. Madrid 1957; Chevalier, M. (ed.): Cuentos españoles de los siglos XVI y XVII. Barcelona 1982; zum Einfluß Spaniens auf die dt. Slgen cf. Schenda, R.: Jämmerliche Mordgeschichte. In: Tradition und Volkskultur. Festschr. W. Brückner. Würzburg 1990, (im Druck). – [17] Bebermeyer (wie not. 9) 46. – [18] EM 4, 103, not. 17; cf. Trümpy, H.: Theorie und Praxis volkstümlichen Erzählens bei Erasmus von Rotterdam. In: Fabula 20 (1979) 239–248. – [19] Proverbia Germanica [1508]. ed. W. H. D. Suringar. Leiden 1879, 8. – [20] cf. EM 2, 7. – [21] EM 4, 103 sq. – [22] Für Deutschland cf. Worstbrock, F. J.: Dt. Antikerezeption 1450–1550. 1: Verz. der Übers.en antiker Autoren. Boppard 1976. – [23] Neuschäfer, H.-J.: Boccaccio und der Beginn der Novelle. Mü. 1969. – [24] Valentin Schumanns Nachtbüchlein. ed. J. Bolte. Tübingen 1893, 8. – [25] EM 3, 83. – [26] EM 4, 107, not. 38; Bebermeyer (wie not. 9) 105 sq. – [27] Poggio, 20 sq. – [28] Bebermeyer (wie not. 9) 4; cf. auch Knape, J.: Das Dt. der Humanisten. In: Besch, W. (ed.): Sprachgeschichte 2, 2. B./N.Y. 1985, 1408–1415. – [29] Sprandel, R.: Kurzweil durch Geschichte. In: Ruhe, E./Behrens, R. (edd.): MA.bilder aus neuer Perspektive. Mü. 1985, 344–363. – [30] Tiemann, B.: Fabel und Emblem. Gilles Corrozet und die frz. Renaissance-Fabel. Mü. 1974.

Lit.: Zur Orientierung über den H. cf. Hb.art. (mit Lit.): Spitz, L.W.: H./H.forschung. In: TRE 15 (1986) 639–661; Rüegg, W. u. a.: H. In: Lex. des MA.s 5,1. Mü. 1990, 186–205. – Zu den Autoren im ZA. des Erasmus cf. Bietenholz, P. G./Deutscher, T. B. (wedd.): Contemporaries of Erasmus 1–3 (Erasmus, Desiderius: Works. Suppl.). Toronto 1985–87.

Göttingen Volker Honemann

Humor wird phil. definiert als „eine Mischung von Heiterkeit und Ernst, die zum Lächeln über das bei allem Ernste des Komischen nicht entbehrenden Leben in verschiedenen seiner Situationen und Gestalten reizt"[1]. H. bezeichnet also eine Grundeinstellung zu Welt und Leben. In ihm liegt ein gelassenes Urteil über alle erfahrbaren Phänomene, bes. solche, die mit Mängeln behaftet sind. H. schafft einen Ausgleich, durch den die Unzulänglichkeiten des Lebens psychisch überwunden werden können[2]. Die Art des H.s wird dabei durch Zeit, Ort und soziale Zugehörigkeit bestimmt[3]. H. ist Teil der ästhetischen Grundgestalt des Komischen[4]. Während das Komische und die → Komik jedoch „als ästhetische Kategorie und als objektiv geistige Struktur"[5] verstanden werden können, wird mit H. zunächst eine psychische und subjektiv-geistige Struktur, d. h. eine Anlage, Fähigkeit oder Bereitschaft bezeichnet. Umgangssprachlich kann allerdings alles mit → Lachen oder Lächeln in Beziehung Stehende als H. bezeichnet werden[6]. Im Rahmen der vergleichenden Erzählforschung bezeichnet H. die theoretische Disposition, welche ihre Umsetzung in Komik findet und sich in verschiedenen Ausprägungen (z. B. → Absurdität, → Galgenhumor, → Ironie, → Schwarzer H.) bzw. literar. Gattungen (z. B. → Anekdote, → Parodie, → Satire, → Schwank, → Witz) konkretisiert. Die sprachgeschichtliche Entwicklung sowie die Verwendung des Begriffes H. in einer Vielzahl unterschiedlicher Disziplinen bewirkt, daß Definitionen für seine Nuancierung in den verschiedenen europ. Sprachen kaum eindeutig festzulegen sind.

Das Wort H. bedeutet anfänglich nur Laune oder Stimmung. Dies geht zurück auf die seit der antiken (Hippokrates, Galenos) bis zur ma. Medizin gültigen Anschauung, die Temperamente des Menschen und somit seine jeweilige Gemütsverfassung beruhten auf der verschiedenen Mischung von Körpersäften (humores)[7]. Der Begriff gelangt über das Altenglische und Altfranzösische in das Deutsche; dort nimmt er im 18. Jh. seine heutige Bedeutung an: H. als Grundeinstellung, die der Komik als Ausdrucksmittel bedarf, ohne deshalb identisch mit ihr zu sein. Diese Auffassung wird in den meisten Interpretationsmodellen bis heute durchgehalten. Eine gewisse Dichotomie besteht zwischen der phil. Statuierung des H.s als eines hist. (nicht reflektierten) Grundzugs der Weltanschauung und der zunehmenden Psychologisierung der Theorien bis zu S. → Freuds Erklärung des H.s als Affektersparnis durch Verschiebung großer Besetzungsmengen vom Ich auf das Über-Ich[8]. J. Ritter knüpft an Jean Paul, den ersten dt. Theoretiker des H.s[9], an, wenn er, gerichtet gegen Psychologisierung und Positivismus, den H. als die Bewegung begreift, in der gegen die Einschränkungen der Vernunft der unendliche und nicht faßbare Sinn des Daseins und Seins ausgespielt wird[10].

Neben Philosophie, Lit.wiss. und Linguistik[11] hat sich vor allem die Soziologie mit dem H.begriff auseinandergesetzt[12]. A. C. Zijderfeld versucht eine systematisch-soziol. Theorie aufzustellen, in der H. auf die soziale Wirklichkeit der Institutionen bezogen wird; er nennt H. „das Spielen mit [...] bestehenden und institutionalisierten Sinninhalten in der Gesellschaft"[13], wobei er Sinn unter dem Einfluß des amerik. symbolischen Interaktionismus als die Qualität in menschlichen Interaktionen definiert, die es den Partnern ermöglicht, das gegenseitige Verhalten zu begreifen und bis zu einem gewissen Maß vorauszusagen. In seiner Schlußfolgerung sieht er den von ihm als anarchisch apostrophierten H. nicht als von den Intentionen und Motiven des Produzenten abhängig, sondern vielmehr von der Einschätzung der Situation durch Dritte sowie von der sozio-kulturellen Umgebung, die diese Einschätzung beeinflußt. Nach W. R. Schweizers methodologischer Forderung sollte jede Unters. des H.s vom komischen Ergebnis ausgehen; er weist vier konstanten Trieben die entscheidende Rolle im H. zu: Spiel- und Formtrieb als primären Trieben sowie Selbstbehauptungs- bzw. Selbstbestätigungs- und Geschlechtstrieb als sekundären Trieben[14]. Eine sehr intensive, eigenständige Analyse des H.s betreibt die Psychologie, deren Forschungsergebnisse die Studien anderer Disziplinen gravierend beeinflussen[15].

Untrennbar mit der Erforschung des H.s verbunden sind neben dem Studium der Komik auch Unters.en verschiedener wiss. Fächer zum Lachen[16], dessen soziale Funktion schon H. Bergson herausstellte[17]. Es ist einerseits Voraussetzung für die Existenz des H.s, andererseits als Reaktion auf das konkrete Komische physisches und psychisches Ausdrucksmittel des H.s.

Intensiviert wurde die Beschäftigung mit dem Phänomen H. seit den 70er Jahren des 20. Jh.s durch verschiedene interdisziplinäre Konferenzen vorrangig im ags. Raum, die Gründung von Organisationen wie z. B. der Western H. and Irony Membership (WHIM) und das ebenfalls interdisziplinäre Publikationsorgan *Humor* (1988 sqq.). In einem programmatischen Aufsatz fordert M. L. Apte die Etablierung eines eigenen Forschungsfeldes für die von ihm so benannte Disziplin ‚Humorologie‘ als Forum für Forschungen und Ergebnisse aus Ethnologie, Vk., Anthropologie, Geschichtswissenschaft, Linguistik, Lit.wissenschaft, Mathematik, Medizin, Philosophie, Psychologie, Soziologie und Computerwissenschaften[18].

[1] H. In: Wb. der phil. Begriffe 1. B. ^{4}1927, 641; allg. cf. auch Preisendanz, W.: H. In: Hist. Wb. der Philosophie 3. Basel/Stg. 1976, 1232–1234. – [2] Weigand, J.: H. In: RDL 1 (^{2}1958) 727–733, hier 727. – [3] cf. auch Neumann, S.: Volksprosa mit komischem Inhalt. Zur Problematik ihres Gehalts und ihrer Differenzierung. In: Fabula 9 (1967) 137–148, hier 139. – [4] H. In: Brockhaus Enz. 8. Wiesbaden ^{17}1969, 739. – [5] Wellek, A.: Witz, Lyrik, Sprache. Beitr.e zur Lit.- und Sprachtheorie [...]. Bern/Mü. 1970, 13. – [6] Dies wird bes. deutlich in Titeln von Slgen, die mehrere Arten komischer Gattungen enthalten, z. B. Kibort, J.: H. ludu żmujdzkiego (H. des zamait. Volkes). In: Wisla 4 (1893) 584–590; Merkens, H.: Was sich das Volk erzählt. Dt. Volkshumor 1–3. Jena 1892–[ca 1900]; Wossidlo, R.: Aus dem Lande Fritz Reuters. H. in Sprache und Volkstum Mecklenburgs. Lpz. 1910; Néphumor (Volkshumor). In: Népélet (1923–24) 43 sq.; Rehm, H. S.: Das Lachen der Völker. Dreitausend Jahre Welthumor. Lpz. 1927; Fraenger, W. (ed.): Dt. H. aus fünf Jh.en. B. [ca 1919]; Skjerven, O.: H.en i ei fjellbygd på Vestlandet. In: Syn og segn (1949) 205–218; Rooyen, G. H. van: Voortrekkerhumor. In: Tydskrift vir vk. en volkstaal 17,4 (1961) 34–37; Weisweiler, M.: Von Kalifen, Spaßmachern und klugen Haremsdamen. Arab. H. Düsseldorf/Köln 1963; Simonides, D. (ed.): Skarb w garncu. H. ludowy słowian zachodnich (Der Schatz im Topf. Volkshumor der Westslaven). W. 1979; Orso, E. G.: Modern Greek H. A Collection of Jokes and Ribald Tales. Bloom./L. 1979. – [7] cf. Steiger, L.: H. In: TRE 15 (1986) 696–701, hier 696 sq. – [8] Freud, S.: Der H. In: id.: G. W. 14. ed. A. Freud u. a. Ffm. ^{3}1963, 383–389. – [9] Jean Paul: G. W. 6: Vorschule der Ästhetik. ed. N. Miller. Mü. 1963. – [10] Ritter, J.: Über das Lachen. In: Bll. für dt. Philosophie 14 (1940) 16–31, hier 18. – [11] z. B. Floegel's Geschichte des Grotesk-Komischen. Neu. bearb. und erw. F. W. Ebeling. (Lpz. 1862) Nachdr. Dortmund 1978; Boyle, R.: H. und H.e. In: Zs. für vergleichende Litteraturgeschichte N.S. 8 (1895) 1–23; Behaghel, O.: H. und Spieltrieb in der dt. Sprache. In: Neophilologus 8 (1922) 180–193; Jünger, F. G.: Über das Komische. Ffm. ^{3}1948; Baum, G.: H. und die Satire in der bürgerlichen Ästhetik. B. 1959; Fromm, H.: Komik und H. in der Dichtung des dt. MA.s. In: DVLG 36 (1962) 321–339; Preisendanz, W.: H. als dichterische Einbildungskraft. Mü. ^{2}1976; Raskin, V.: Semantic Mechanisms of H. Dordrecht/Boston/Lancaster 1984. – [12] z. B. Dupreet, E.: Le Problème sociologique du rire. In: Revue philosophique 106 (1928) 213–260; Stephenson, R. M.: Conflict and Control Function of H. In: American J. of Sociology 56 (1951) 569–574; Bateson, G.: The Position of H. in Human Communication. In: Cybernetics. ed. H. von Foerster. N.Y. 1953, 16–28; Douglas, M.: The Social Control of Cognition. Some Factors of Joke Perception. In: Man 3 (1968) 361–376. – [13] Zijderveld, A. C.: H. und Gesellschaft. Eine Soziologie des H.s und des Lachens. Graz/Wien/Köln 1976, 23. – [14] Schweizer, W. R.: Der Witz. Bern/Mü. 1964, hier 27. – [15] cf. neben Freud (wie not. 8) u. a. Bra, K.: Beitr.e zur Psychologie des H.s. Diss. Jena 1913; Höffding, H.: H. als Lebensgefühl. Lpz. ^{2}1930; Piddington, R.: The Psychology of Laughter. A Study in Social Adaption. N.Y. ^{2}1963; Wolfenstein, M.: Children's H. A Psychological Analysis. (Glencoe 1954) Bloom./L. 1978; Legman, G.: No Laughing Matter. An Analysis of Sexual H. 1–2. Bloom. ^{2}1982; Goldstein, J. H./McGhee, P. E.: The Psychology of H. N.Y. 1972; Lauer, W.: H. als Ethos. Eine moralpsychol. Unters. Bern/Stg./Wien 1974; Grotjahn, M.: Vom Sinn des Lachens. Mü. 1974. – [16] Lalo, C.: Esthétique du rire. P. 1949; Bergler, E.: Laughter and the Sense of H. N.Y. 1956; Süss, W.: Lachen, Komik und Witz in der Antike. Zürich/Stg. 1969; Hertzler, J. O.: Laughter. N.Y. 1970; Propp, V. Ja.: Problemy komizma i smecha (Probleme des Komischen und des Lachens). M. 1976; Porteous, J.: H. as a Process of Defence. In: Humor 1 (1988) 63–80. – [17] Bergson, H.: Das Lachen. Meisenheim 1948, 10. – [18] Apte, M. L.: Disciplinary Boundaries in Humorology. An Anthropologist's Ruminations. In: Humor 1 (1988) 5–25.

Lit.: Vischer, F. T.: Über das Erhabene und Komische. Ein Beitr. zur Philosophie des Schönen. (Stg. 1837) Ffm. 1967. – Bahnsen, J.: Das Tragische als Weltgesetz und der H. als ästhetische Gestalt des Metaphysischen. Lauenburg 1877. – Backhaus, W.-E.: Das Wesen des H.s. Lpz. 1894. – Pirandello, L.: L'umorismo. Lanciane 1908. – Bruns, M.: Über den H., seine Wege und sein Ziel. Mü. 1921. – Eastman, M.: The Sense of H. N.Y. 1922. – Lipps, T.: Komik und H. Eine psychol.-ästhetische Unters. Hbg/Lpz. 1898 (Lpz. ^{2}1922). – Goebel, H.: Vom Weltgefühl des H.s. Hannover 1923. – Kambouropoulou, P.:

Individual Differences in the Sense of H. and Their Relation to Temperamental Differences. N.Y. 1930. — Janentzky, C.: Über Tragik, Komik und H. In: Jb. des Freien Dt. Hochstifts (1936/40) 3—51. — Schopenhauer, A.: Zur Theorie des Lächerlichen. In: id.: G. W. 3: Die Welt als Wille und Vorstellung 2. ed. A. Hübscher. Lpz. 1938, 99—112. — Aubouin, E.: Les Genres du risible. Ridicule, comique, esprit, humour. Marseille 1948. — Potter, A.: Sense of H. N.Y. 1954. — Janson, F.: Le Comique et l'humour. Brüssel 1956. — Schütz, K. O.: Geschichte des Wortes H. und Entstehung des H.begriffs (England — Deutschland). Diss. Bonn 1957. — Grober-Glück, G.: Über H. und Witz in der Vk. In: ZfVk. 55 (1959) 52—66. — Fry, F. W.: Sweet Madness. A Study of H. Palo Alto, Calif. 1963. — Schmidt-Hidding, W. (ed.): H. und Witz. Mü. 1963. — Stewart, J. F.: An Anatomy of H. L.A. 1967. — Levine, J. (ed.): Motivation in H. N.Y. 1969. — Feinberg, L.: The Secret of H. Amst. 1978. — Richlin, A.: The Garden of Priapus. Sexuality and Aggression in Roman H. New Haven 1983. — McGhee, P. E./Goldstein, J. H. (edd.): Handbook of H. Research 1—2. N.Y. 1983. — Apte, M. L.: H. and Laughter. An Anthropological Approach. Ithaca, N.Y. 1985. — Blacher Cohen, S. (ed.): Jewish Wry: Essays on Jewish H. Bloom. 1987. — Dudden, A. P.: American H. N.Y./Ox. 1987. — Davis, C.: Ethnic H. Around the World. A Comparative Analysis. Bloom./Indianapolis 1990. — Mintz, L. E.: H. in America. L./Westport (im Druck).

Göttingen Rainer Wehse

Humperdinck, Engelbert → Märchenoper

Hund

1. Abgrenzungen. Der H. (canis familiaris: Haushund) ist ein wahrscheinlich vom → Wolf (nicht Schakal) abstammendes[1], seit etwa 12000 Jahren domestiziertes[2] Säugetier, von dem mehr als 200 Rassen bekannt sind[3]. Verbreitung und Bedeutung des Haus-, Hirten- und Jagdhundes haben eine entsprechende Fülle volkstümlicher H.egeschichten und -vorstellungen (cf. auch → Hyäne, → Schakal) hervorgebracht[4], die hier nur in groben Kategorisierungen und exemplarisch dargestellt werden können, im wesentlichen beschränkt auf den von der Antike beeinflußten christl.-europ. Kulturbereich seit dem späten MA. Nicht behandelt werden die linguistischen Felder der H.ebezeichnungen[5], der Eigennamen[6] (sprechende H.enamen spielen eine Rolle in AaTh 1530*: *The Man and his Two Dogs*)[7] und der auf den H. bezogenen Sprichwörter[8] und (weniger häufigen) Rätsel[9].

2. Grundsätzliche Bewertungen. Den meisten Erzählungen liegt eine generelle Bewertungsopposition zugrunde, die teilweise auf kulturspezifischen Mentalitäten beruht: So gilt der H. für den Islam als „a fundamentally unclean animal [...], generally if not despised, then at least avoided"[10], aber doch auch als ein nützlicher Helfer des Menschen[11]. Die Bewertungen beruhen indes vor allem auf der stets wiederholbaren Alltagsbeobachtung und der schon früh einsetzenden naturwiss. Beschreibung von H.en[12]. Solche Werturteile folgen hier in zwei alphabetischen Listen.

2.1. Negative Eigenschaften[13]. (1) H.e sind aggressiv und erzeugen Angst. Vom ‚cave canem' an altröm. Häusern bis zu heute omnipräsenten Warnungen wird auf die Gefährlichkeit bissiger H.e[14] hingewiesen. Molosser und andere starke H.erassen wurden in der Antike als reißende Kriegshunde eingesetzt[15]; die Konquistadoren ließen von solchen H.en die Indianer zerfleischen[16].

Aktaion wurde in Hirschgestalt von seinen eigenen H.en getötet[17]. → Étienne de Bourbons Exemplum von der H.eschlacht von Mont-Aimé[18] dient auch anderen Predigern als Metapher für „Calumnianten, Afterredner und Ehrabschneider"[19]. In der Fabel von H. und Schaf darf der Stärkere nach dem Urteil des Wolfes das Schwächere reißen[20]. H.e mögen im Hause freundlich sein, vor demselben zeigen sie dem Gast die Zähne[21].

Furcht vor bissigen H.en ist in der schönen Lit.[22] ebenso dokumentiert wie in Autobiographien[23]; sie ist häufig Gegenstand von Alltagsberichten[24]. Sie findet ihre Steigerung in der Angst vor dem Biß eines tollwütigen Tieres[25].

(2) Der H. kehrt zu seinem Auswurf zurück. Die einprägsame Metapher (2. Petr. 2,22: „Bei ihnen [den Irrlehrern] erweist sich die Wahrheit des Sprichworts: Der Hund frißt wieder, was

er ausgespien hat [...]"; cf. auch Spr. 26,11) findet sich in den *Regulae pastorum* → Gregors des Großen[26] ebenso wie in den Bestiarien des 13. Jh.s[27] und anderen Texten geistlicher Tierinterpretation[28] bis hin zur Fabelliteratur der Neuzeit[29]. Ein hoher Bekanntheitsgrad dieses didaktischen Topos darf angenommen werden.

(3) Der H. ist faul, zumal wenn er zuviel gefressen hat.

Ein reicher Mann, der bereits zwei faule Wachhunde hat, läßt einen dritten hungern, damit er munter bleibe[30]. Der faule H. par excellence wacht nur auf, um neuerlich zu fressen (Mot. W 111.5.4). Die rom. Sprachen kennen mehrere Ausdrücke, die H. mit Schlaf und Trägheit assoziieren[31]. Var.n von ‚fauler Hund' gehören zum stehenden dt. Schimpfvokabular[32].

(4) Die H.e sind gefräßig, ja so gierig, daß sie einen Fluß leerzusaufen versuchen, um eine Haut auf dem Grund des Wassers zu erreichen[33]. Ihr ewiger Streit um einen Knochen ist sprichwörtlich[34]; ein großer H. nimmt selbstverständlich dem schwächeren den Knochen ab und setzt sich dabei über alle Regeln der Freundschaft hinweg[35].

Die Gefräßigkeit[36] geht so weit, daß zwei H.e es schaffen, eine ganze „Witwe Wagner" bis auf „weniges Gerippe" zu verschlingen[37]. Die Freßsucht der H.e thematisieren auch die Erzähltypen → *H. als Schuhmacher* (AaTh 102), → *H. imitiert den Wolf* (cf. AaTh 47 D) und → *H. verliert das Fleisch* (AaTh 34 A). In der weitverbreiteten Alraunsage (Grimm DS 84; cf. → Mandragora) zieht der freßgierige H. die Wurzel heraus und stirbt hernach. Die Fabel vom H. in der Krippe (Mot. W 156) zeigt, wie das gierige Tier das Heu von Pferd oder Kuh beansprucht[38].

(5) Der H. ist häßlich und gemein[39]: Der Name der Frauenfressergestalt ‚Chicheface'[40] bedeutet vermutlich ‚H.egesicht'[41]. Ein häßlicher H. kann sich nur im Märchen in einen hübschen Mann verwandeln[42].

(6) H.e sind neidisch (cf. auch [4]): Der Vorwurf findet Anwendung in der geistlichen Tierinterpretation[43] und in der barocken Bilderwelt[44]. „Der Neid, der uberall regirt,/Am Hund gantz recht wird adumbrirt", heißt es in einem Nürnberger Flugblatt der Zeit[45].

(7) H.e sind schamlos, ja sodomitisch (→ Sodomie) veranlagt: „La race canine symbolise la lubricité."[46]

Schon in der Antike waren zumindest die Straßenhunde wegen der „Ungeniertheit ihrer Paarung" verachtet[47]. In der barocken Malerei kann ein Hündchen als Attribut von Frauen Sinnlichkeit bedeuten[48]. Der Begriff Schoßhündchen für die kleinen Malteser oder Bologneser[49] impliziert, daß das Tier nicht nur auf dem Schoße einer Frau sitzen, sondern auch auf ihr liegen kann. Diese Vorstellung ist tabuiert (Mot. C 113, Q 253)[50], doch berichtet die populäre Sensationsliteratur seit dem 15. Jh. von Monstren, die aus der sexuellen Vereinigung von Frau und H. entstanden[51]; an → Luthers Tisch wurde offen darüber geredet[52], die barocke Kompilationsliteratur findet an dem Thema starkes Gefallen[53]. In vielen Märchen wird die Königin von der Schwiegermutter, Höflingen oder anderen ihr feindlich Gesinnten bei ihrem Mann durch die Behauptung diskreditiert, sie habe H.e zur Welt gebracht; manchmal werden ihr H.e unterschoben (cf. z. B. AaTh 707: *Die drei goldenen → Söhne*, AaTh 710: → *Marienkind*). Im Ungarischen bedeutet ebagos (eb = H., agos = greisenhaft) „ein mit großen und behaarten Ohren geborenes Kind"[54]. Vorstellungen von H.emenschen (cf. hier 4.2) sind vor allem in der populären Sagenliteratur lebendig geblieben[55].

(8) Das Leben der H.e ist unehrenhaft und schandbar: Herrenlose H.e wurden durch den (ehrlosen) Scharfrichter totgeschlagen[56]. Man solle einen totschlagen wie einen H. (oder Wolf), einen Rezensenten oder Napoleon[57], gehört zu den geflügelten Ausdrücken tiefster Verachtung. Papst Bonifatius IX., so berichtet der Protestant C. Hedion, sei „zum bapstumb kommen wie ein fuchs, hat regiert wie ein wolff, ist gestorben wie ein hund"[58]. Die → Heiden werden in der ma. Epik als H.e beschimpft[59]. Einen H. auf dem Rücken tragen zu müssen (Kynophorie), galt im MA. als schmachvolle Strafe[60].

(9) H.e sind unsauber: Bes. ‚Paria' gelten als schmutzige Straßenreiniger, als Aas- und Abfallfresser[61]. Die H.e verschmutzen die Straßen mit ihrem Kot und Urin, und zudem bringen sie Flöhe ins Haus[62]. ‚H. bleibt H.' – er will, wie der Eselstreiber, Kot riechen, nicht Parfum[63]. H.e sind stinkende Tiere[64].

(10) Die H.in mit den jungen Welpen ist unsozial: Sie bittet eine Nachbarin, in deren Hütte ihre Jungen werfen zu dürfen. Nach der Geburt der Welpen läßt sie sich nicht mehr aus dem Haus verdrängen (Phädrus 1,19)[65]. U. a. hat → Marie de France die Geschichte vulgarisiert[66]; in der Exempelliteratur fand sie starke Verbreitung[67].

Die negativen Eigenschaften des H.es sind oftmals Projektionen tugendorientierter, zivilisationsbewußter und auf die helfende Mitarbeit des H.es angewiesener Menschen. Die zeitgenössische Tendenz übertriebener Zuwendung zu diesem Tier möchte aber verschweigen, daß des Pudels Kern solche repulsiven Elemente seit jeher auch enthalten hat.

2.2. Positive Eigenschaften. Die negativen Urteile über H.e werden durch positive kräftig aufgewogen[68].

(1) H.e können als Boten[69] ausgesandt werden (→ Ausschicken von Gegenständen oder Tieren)[70]. Gott schickt z. B. einen H., um den Hl. Rochus zu versorgen. Ein zuverlässiger H. kauft beim Metzger Fleisch, ohne es selbst anzurühren[71]. Kommen jedoch andere H.e dazu, die seinen Einkaufskorb bedrohen, dann frißt er das Fleisch lieber selbst (AaTh 201 A*: *Dog Carries a Basket with a Sausage*)[72]. J. de → La Fontaine legt die Fabel so aus: Einer, der die Staatsfinanzen bewahren möchte, bedient sich bald auch selbst[73]. In der Sage vom H.chen zu Bretten (Grimm DS 96) hackt ein Metzger dem Ware holenden Tier den Schwanz ab und legt ihn, dem Herrn des H.es zum Spott (aus religiöser Mißachtung), in den Korb; der H. erhält ein Denkmal[74].

(2) H.e heilen, helfen und retten: Die H.e des Asklepios heilten mit leckender Zunge Wunden und Geschwüre[75]. Die Rochus-Ikonographie zeigt den H., wie er die Schwären des Heiligen leckt[76]. Lk. 16,21 (→ Lazarus) hat auch die geistliche Tierinterpretation beeinflußt[77]. H.ebiß wird nach dem Prinzip → Similia similibus mit H.shaar geheilt (Mot. D 2161.4.10.3)[78]. Ein totgeschlagener H. heilte den kontrakten Fuß des jungen Salomon Maimon[79].

Das Motiv *Helpful Dog* (Mot. B 421) nimmt im Mot. breiten Raum ein[80].

Eine herausragende Volkserzählung mit drei helfenden H.en[81] wird AaTh 300 (cf. → Drache, Drachenkampf, Drachentöter) zugerechnet: Ohne die Hilfe der drei H.e — sie heißen etwa ‚Bring Speisen', ‚Zerreiss'n' und ‚Brich Stahl und Eisen'[82] oder ‚Spezza-ferru', ‚Spezza-muntagni' und ‚Passa-tutto'[83] oder ‚Rompe-hierros', ‚Ponme-la-mesa' und ‚Tráeme-dineros'[84] — wäre der Held handlungsunfähig (cf. auch AaTh 562: → *Geist im blauen Licht*). Die drei helfenden H.e können verzauberte Menschen sein[85]. Der H. als Lebensretter wird vor allem durch den Bernhardiner Barry repräsentiert, der um 1850 40 Menschen in Schneenot das Leben gerettet haben soll[86]. M. Leach glaubt berichten zu dürfen, Barry sei von einem Wanderer, der ihn für einen Wolf hielt, getötet worden[87]. ‚Barry' ist jedoch Kristallisationsfigur für eine lang tradierte Reihe von Geschichten, in denen Menschen durch H.e aus Schneenot[88], vor Ertrinken[89] (cf. auch AaTh 540: → *H. im Meer*) oder Erfrieren[90] errettet wurden. Das Thema findet sich sowohl in der bürgerlichen Salonliteratur[91] als auch auf populären Bilderbogen[92]. Geschichten von Errettungen durch H.e gehören zum Standardrepertoire der Regenbogenpresse und der Tiermagazine.

(3) H.e jagen und kämpfen: Seit Jahrtausenden existiert, zu beiderseitigem Nutzen, die Jagdgemeinschaft zwischen Mensch und H. Jagdhunde wurden in der Antike hoch verehrt[93], sie sind bes. das Attribut der Artemis/Diana[94]. Das Wortfeld Jagd/H. ist in allen Sprachen ein ausgedehntes[95]; ‚hunter' bedeutet H.eführer (kynēgetēs)[96]. Jagdhunde begleiten die Helden der ma. Epen[97].

Freilich gab die Hochschätzung von adliger Jagd und Jagdhunden auch Anlaß zu bürgerlichen Parodien auf Jagdabenteuer (→ Münchhausiaden), so vor allem die Lügengeschichte AaTh 1889: *Lie: The Split Dog* vom gespaltenen H., der doppelt weiterjagt[98]. → Philippe le Picard hat eine ganze Serie von solchen Tall tales über H.e aufgezeichnet[99].

Von dem Mut des Jagdhundes Harm berichtet eine Verserzählung des 14. Jh.s[100]. Der berühmteste Jagd- und Kampfhund der Weltliteratur ist das gewaltige Tier, das → Alexander dem Großen in Indien geschenkt worden sein soll[101]. Dieser H., auf kleinere Gegner gehetzt, rührte sich nicht; erst gegenüber Löwen und Elefanten zeigte er seinen ungeheuren Mut[102]. Ein Abkömmling des Alexanderhundes, Mataleones, kämpft noch im span. Schelmenroman *La peregrinación sabia* — gegen bewaffnete Bauern[103].

Die Opposition (freier) Jagdhund/(angeketteter) Haushund liegt einer Reihe von Fabeln zugrunde. Für den Jagdhund ist der Haushund, der Fleisch zu fressen bekommt, ein Schmarotzer, doch dieser entschuldigt sich: Er sei von seinem Herrn so erzogen[104]. Der magere H. (Löwe, Wolf) zieht die Freiheit dem reichlichen Essen des H.es an der Kette vor (AaTh 201: *Der freie → Wolf [H.]*). Der Hofhund, der auf seine Kette stolz ist, wird von dem freien Tier aufgeklärt: Sie sei nur Zeichen der Knechtschaft[105].

(4) Klugheit der H.e: In seiner *Apologie pour Raimond Sebond* (1580) demonstriert Michel de Montaigne u. a. mit mehreren Exempeln die Vernunftfähigkeit von H.en[106]; Philipp → Camerarius meinte, „wenn sie, wie wir Menschen, reden könnten, so würden sie ihre Sach gar künstlich und weißlich fürbringen"[107].

Vier → Jakobspilger, die sich gegenseitig ihre Schlechtigkeiten erzählen, werden von einem klugen H. zum Galgenberg geführt, erzählt eine legendisierende und moralisierende Novelle des → Nicolas de

Troyes[108]. H.e besitzen eine ungewöhnliche Menschenkenntnis[109] und können, wie der Capitaine Pelisse in Siena, als Späher im Kriege Verwendung finden[110]. Bekannt ist auch, nach → Plutarch, wie Montaigne angibt[111], das Beispiel des H.es, der geschickt ein für sein Maul unzugängliches Ölgefäß leerzuschlecken verstand[112].

Daß H.e die Sprache des Menschen verstehen, ist H.ekennern wohlbekannt[113]; von einem schwarzen H., der menschlich sprechen konnte, wird schon in den apokryphen *Petrusakten* erzählt[114], von G. W. Leibniz 1715 gar in einem Brief an den Abbé de Saint-Pierre als in Zeitz erfahren berichtet[115].

So sind denn sprechende H.e auch in Volkserzählungen zu finden[116]; in Schwänken machen sich die Erzähler allerdings lustig über den Glauben eines Pfarrers, man könne einen H. das Sprechen lehren: Der Sprachlehrer des H.es zieht sich aus der Affäre, indem er droht, der H. werde das Liebesleben des Geistlichen ausplaudern (AaTh 1750 A: cf. → *Tiere lernen sprechen*)[117]. Die Sprache des H.es selbst wird nicht nur von Tieren (Mot. B 215.2.1), sondern auch von Märchenhelden verstanden (AaTh 671: cf. → *Tiersprachenkundiger Mensch*). Der beredte H. ist seit Jes. 56,10 Metapher für den Prediger[118]; das Bellen gehört zur Natur des H.es wie das Beißen; H.e, die nicht bellen können, sind kuriose Seltenheit[119].

(5) H. und Liebe: Insbesondere die jungen H.chen und die kleinwüchsigen H.erassen gelten als zärtlich und liebenswert[120]; Isoldes H.chen Petitcreiu ist – im Gegensatz zu → Tristans jagendem Hiudan/Husdent – ein häusliches Streichelwesen und zwischenmenschlich ein Liebes-Zeichen[121].

Im Märchen kann eine Fee, die Reichtümer verstreut und zu einer Liebesnacht verhilft[122], als H.chen erscheinen[123]. Ein Liebhaber bellt wie ein H.chen, wenn er bei seiner Dame Einlaß begehrt; er wird dann freilich durch das Gebell eines ‚großen H.es' vertrieben, der schon vorher mit List Liebeserfolg errungen hat[124]. Auch die Kupplerin benützt trügerisch ein H.chen, um den Liebhaber zum Ziel gelangen zu lassen (AaTh 1515: *Die weinende → H.in*).

Der H. ist nicht nur Symbol des Eros, sondern auch der Caritas[125]. Der reiche H. gibt vorbildlich dem armen die Hälfte seines Essens[126]. Mitleid kann selbst der grimmige Kriegshund empfinden. Der Molosser Bezerillo des Spaniers Diego Salazar verschonte eine alte Indianerin, die ihn mit der Anrede ‚Herr H.' um Gnade anflehte[127].

(6) Die Liebe der H.e geht so weit, daß sie sich für den Menschen opfern[128]:

Ein H. frißt etwas Giftiges, um den Schäfer zu warnen und die Schafe zu retten, und stirbt daran[129]. In AaTh 178 A: → *H.es Unschuld* setzt der H. sein Leben für das in der Wiege bedrohte Baby ein und wird dafür vom heimkehrenden Ritter unbedacht getötet.

(7) Riechen, Spuren finden, vorausschauen: Wegen seines außergewöhnlich feinen Geruchssinnes[130] erregt der H. die Verwunderung des Menschen[131].

Ein H. konnte in Spoleto riechen, wann sich sein Herr Servius von Rom aus auf den Heimweg machte[132]. Ein anderer lief seinem Herrn, 14 Tage nach dessen Abreise, von Altenklingen (Thurgau) bis Paris nach[133]. Wieder einer fand ein Geldstück seines Herrn in der Hose eines entfernt wohnenden Fremden und brachte diese nach Hause[134]. Gleich erstaunlich ist die Fähigkeit der H.e zu Vorahnungen, etwa von Gewitter[135] oder Todesfällen[136]. In → Cervantes' *Coloquio de los perros* (1613) will ein H. gar eine Stadt vor Prostituierten warnen[137].

H.e haben nicht selten zur Entdeckung von Mordtaten beigetragen (Mot. B 134.2).

Das antike Vorbild für solche weitverbreiteten Geschichten ist, nach Plutarch, der von König Pyrrhus in Gesellschaft einer Leiche aufgefundene H., der später die Mörder seines Herrn aufspürte (cf. AaTh 960 A: → *Kraniche des Ibykus*)[138]. Der H. des Otto von Dachau brachte dessen tote Hand nach Hause und half so, die Leiche zu entdecken[139].

Star der Mörderdetektive (Mot. J 1145.1) ist der auch ‚chien de Montargis' genannte H. in der frankoital. Chanson de geste *Macaire*[140], der 1371 den Mörder seines Herrn entdeckt und im Zweikampf getötet haben soll[141]. Ein *Nouveau Chien de Montargis* erscheint um 1840 als ‚canard' in Rouen[142], ein noch neuerer in einer afro-amerik. Erzählung[143]. An Var.n fehlt es nicht: Ein H. legt einem Greis einen Totenschädel in den Schoß; der Alte bekennt, 30 Jahre zuvor einen Studenten getötet zu haben[144].

Die Barockkompilatoren kennen, in einer Zeit ohne weltliche Kriminalinstanzen, eine Reihe von weiteren detektivischen Spürhunden[145]. Johann Peter → Hebel hat das Motiv ebensowenig verschmäht[146] wie der populäre Romancier Jules → Verne[147].

(8) H.e als Schauspieler: In Hector Malots Kinderbuch *Sans Famille* (P. 1878) vollbringen die H.chen Capi[tano] und Zerbino des Schaustellers Vitalis Kunststücke. Auch diese liebenswürdigen Tiere haben ihre Vorbilder.

Plutarch und Zonaras (letztes Viertel 11. Jh. – Mitte 12. Jh.) berichten schon von solchen abgerichteten Zirkushündchen[148]. In der Chronikliteratur zieht ein Italiener mit einem blinden roten H. herum, der in bezug auf das Herausfinden von Münzen so begabt war wie jener des Zonaras[149]. Das soll im Jahre 1043 gewesen sein, berichtet E. W. → Happel nach Hedion[150]. In Wirklichkeit wird es zahlreiche solche H.chen im Laufe der Jh.e gegeben haben; sie sind noch heute Stars in der Manege kleiner Wanderzirkusse.

(9) Die Treue der H.e: Eine der hervorragendsten Eigenschaften des H.es ist seine Anhänglichkeit[151], sein standhaftes Dabei-Bleiben und Zur-Seite-Stehen, eine Tugend, die sich vorzüglich zu moralisierenden Exempeln verarbeiten läßt.

Das apokryphe Buch *Tobit* erzählt von einem treuen H., der den Engel Raphael und des → Tobias Sohn begleitete[152]. Schon in der Antike wurden Geschichten von treuen H.en erfunden[153]; so ist die von dem H. eines Sklaven, welcher der Leiche seines hingerichteten Herrn in den Tiber folgte, „gut verbürgt“[154]. Die Erzählung wirkt noch in Adelbert von → Chamissos populärer Ballade *Der Bettler und sein H.* (1829)[155] nach.

In Indien weit verbreitet ist der Erzähltypus AaTh 178 B: *The Faithful Dog as Security for a Debt*[156]:

Ein H.ebesitzer gibt sein treues Tier als Pfand für eine Geldanleihe. Der H. leistet dem neuen Herrn gute Dienste und wird, als er die Schulden abgearbeitet hat, nach Hause entlassen. Eine entsprechende Nachricht trägt das heimkehrende Tier bei sich. Der Erstbesitzer tötet es unbedacht in der Meinung, es sei pflichtvergessen fortgelaufen; nach Erkenntnis des Sachverhaltes trauert er über den H. oder tötet sich selbst.

Die zahllosen Berichte über treue H.e in der Kuriositätenliteratur oder der heutigen Massenpresse können hier nicht referiert werden. In San Rocco di Camogli bei Genova werden jährlich Preise für H.etreue vergeben[157]. Denk- und Grabmäler mit Grabschriften für treue H.e sind seit der Antike belegt[158]; oft beschrieben wurde das Grabmal des 1605 verstorbenen H.es Roldano, errichtet „per la sua molta fede“ von Andrea Doria zu Genova[159]. H.egrabmäler auf Menschenfriedhöfen und an öffentlichen Plätzen[160] fördern sagenhafte Erzählungen und Erklärungen (cf. AaTh 1842: → *Testament des H.es*). Nicht immer freilich lohnt der Mensch Treue und Tugend des H.es:

Der alte → H. (AaTh 101) erhält sein Gnadenbrot nur, weil er das vom Wolf zum Schein geraubte Kind gerettet hat[161]. Die Tiere organisieren also die Altersversorgung untereinander. Auch in einer anderen Erzählung möchte der Wolf dem H. helfen; als dieser jedoch den Stärkeren imitieren will, wird er erschlagen (AaTh 117*: cf. → *H. imitiert den Wolf*). Im Tiermäre *Des hundes nôt* (Anfang 14. Jh.) helfen Lerche und Wolf dem alten H. (cf. AaTh 248: → *H. und Sperling*)[162]. In einem tschech. Volksmärchen kann sich der alte H. zumindest gegenüber dem jüngeren behaupten[163]. Altes Brot und Salz, erklärt ein russ. Märchenhund, sind bald vergessen (AaTh 155: → *Undank ist der Welt Lohn*)[164].

(10) H.e sind wachsam: Der H. als Wächter (cf. Mot. B 134.3)[165] dient wiederum als Symbol[166] bei der moralischen Unterweisung zu einem bewußten und bekennenden christl. Leben[167]. Bei Valerius → Herberger steht er für das allzeit hellhörige böse Gewissen[168]. In der Staatsmetaphorik wacht der H. (= die Beamten) zum Wohle von Hirt (= Fürst) und Schafen (= Untertanen)[169]. Als die Schafe sich über die Bevorzugung des H.es durch den Schäfer beklagen, verteidigt sich der H. mit seiner Wach- und Schutzfunktion gegen die Wölfe (= Staatsfeinde)[170]. Auch durch einen Dieb (Wolf), der ihn bestechen will, läßt sich der H. nicht vom Bellen abhalten (Mot. K 2062)[171].

Wachhunde machen auch Militärgeschichte: Die H.e von Castello di San Pietro (gegenüber der Insel Kos) konnten Christen von Türken unterscheiden und zerrissen nur die ‚Heiden‘[172]. Ausschließlich H.e bewachten die Stadt St.-Malo[173]. Die Wachhündin Missi des Flugstützpunktes Shaw (South Carolina) wurde 1985 mit allen militärischen Ehren beigesetzt[174]. Die H.e an der dt./dt. Grenze haben bis 1989 von sich reden gemacht.

Auch die positiven Konnotationen des Geschichtenbildes von H.en entsprechen mehr menschlichen Erwartungen als der Lebensrealität und Kooperations- oder gar Tugendfähigkeit des Tieres. Die Feinsinnigkeit des H.es (bes. Geruch und Gehör) verleitet dazu, ihm eine menschliche Vernunft zuzurechnen oder seinen (unbezweifelt hohen) tierischen Verstand in anthropol. und humanmoralischen Kategorien zu beschreiben. Die folgenden Erzählkomplexe sind noch weiter von einer Ethologie des H.es entfernt und ziehen ihn noch näher an das Menschenbild heran.

3. H.e, Jenseits und Tod. In der antiken Mythologie mehrerer Kulturen erscheint der H. als Hüter des Totenreiches[175]. Anubis (Anpu), Totengott der Ägypter, liegt als schwarzer H. (Schakal) (cf. hier 3.2[2]) auf einem ‚Geheimniskasten‘ und bewacht die Eingeweide der Toten[176]. → Cerberus ist ein düste-

rer, zwei- oder dreiköpfiger Wächter unterirdischer Schätze[177]. Hekate, Herrin der Totengeister, wird mit einem H. assoziiert[178]. H.e haben in der Vorstellung vieler Völker wegen ihrer Funktion als Aasbeseitiger (cf. 2.1[9]) mit dem Tod[179], konkreter mit Leichen zu tun.

H.e graben die Leiche eines gehenkten und heimlich bestatteten Mörders aus der Erde, zerreißen sie und deuten damit die Notwendigkeit einer mehrfachen Exekution ohne Begräbnis an[180]. Einen hingerichteten Heiligen lassen die Säuberungshunde allerdings unberührt[181]. Eine euphemistische Entschuldigung für den leichenfleddernden H. ist die: er sei eben hungrig gewesen[182]. Vollends vom Vorwurf der Leichenfledderei gereinigt sind die H.e, die nach altüberlieferten Berichten der Leiche ihres verstorbenen Herrn folgten und den Tod der Treue starben[183].

3.1. Teuflische H.e. Der H. als Herr der Unterwelt und Begleiter dorthin – eine nicht nur bei den Indogermanen[184] verbreitete Vorstellung[185] – wird im Christentum mit dem Teufel gleichgesetzt, anders gesagt: Der Jenseitsdämon trägt die Maske des H.es und umgibt sich mit diesen Tieren (‚Höllenhunde‘)[186].

H.e, die sich um Leichen scharen, bedeuten in der Exempelliteratur Teufel, welche die Seele in die Hölle zerren[187]. Auch Lebende können vom Teufelshund angefallen werden[188]; in einer span. Straßenballade zerreißen sie den Verführer einer Nonne[189]. Ein bes. großer schwarzer H. wird als Teufel identifiziert[190]. Sagen von teuflischen H.en sind weit und breit erzählt worden[191]. So läßt sich in Niederbayern der Teufel auf der (Seelen-)Jagd von H.en begleiten[192]. Eine ungarndt. Frau, die den Geistlichen zum Versehgang zu ihrem sterbenden Mann holen will, sieht vor dem Pfarrhaus den schwarzen Teufelshund stehen[193]. Dem Teufel, der für den durch ihn zustandegebrachten Brückenbau ein Opfer fordert, schickt man einen H. statt eines Kindes (AaTh 1191: → *Brückenopfer*)[194].

3.2. Gespenstische H.e. Verwandt mit dem Bild des Teufelshundes ist die Vorstellung, daß die Seelen Abgeschiedener aus Hölle oder Fegefeuer als H.e erscheinen[195].

Ein solcher H., dessen Körper wie Milchglas erscheint, begegnete zwei Mädchen auf dem Dachboden[196]. In der Schweiz nennt man ein solches Gespenst Äuli-, Ribi-, Valeis- oder Welthund[197]. Solche H.e können Regen[198] oder Feuer vorhersagen[199]. Die Fülle ähnlicher Belege in den Sagensammlungen kann hier nur angedeutet werden[200].

(1) Feurige und schwarze H.e: Teuflische oder gespenstische H.e geben sich durch bes. Merkmale zu erkennen; dabei erinnert ‚Feuer‘ wiederum an ‚Hölle‘, die Farbe ‚Schwarz‘ an die Düsterkeit der Unterwelt[201].

So ein feuriger H. kann an der Straße stehen (Mahnung an Wirtshausbesucher und Liebhaber)[202] oder am Gartentor[203], oder er springt im Haus herum[204]. Ein schwarzer H. mit Feueraugen erscheint dem Kardinal Crescentius vor dessen Tod beim Konzil von Trient[205]. Die in Europa unzählige Male erscheinenden schwarzen Sagenhunde bedeuten selten etwas Gutes. Nur im Märchen kann der schwarze Pudel eine verzauberte Prinzessin sein[206]. Gelegentlich sind Geisterhunde auch rot[207] oder weiß erschienen[208].

(2) H.e als → Schatzhüter: Aus dem schwarzen Anubis mit der Leichenlade (cf. Kap. 3) wird, über viele Zwischenstufen der Tradierung, in der Volkssage der H. als Grab-[209] oder Schatzwächter. Das *Bestiaire d'amour* (13. Jh.) weist warnend darauf hin, daß die Gier nach Geld diesem Schatzhund und auch den kleinen Leuten nichts hilft[210]. Doch zeigt die große Zahl populärer Erzählungen, wie stark der Traum von einer das Glück bergenden Schatzhöhle[211] auf Leser und Zuhörer solcher Geschichten wirkte.

Ein Priester grub vor der Stadt Nürnberg nach einem Schatz; als er zu dem H. mit der Kiste gelangt, stürzt die Höhle ein[212]. In Glarus meinten die Leute, der Schatz mit dem Wachhündlein gehöre den Bergmännchen und diese würden einen Dieb schrecklich strafen[213]. In Vorarlberg taucht neben dem schwarzen H. wieder ein zu erlösendes Schloßfräulein (cf. Grimm DS 13) auf[214]. Ähnliche Sagen sind in zahlreichen Sammlungen des 19. und 20. Jh.s zu finden.

Die ehemals komplexen mythischen Vorstellungen von einer jenseitigen Welt mit begleitenden und wachenden H.en reduzieren sich in der Volkserzählung auf wenige kräftige Restzeichen: die Farbe Schwarz, das Element Feuer, das Behältnis mit wertvollem Inhalt. Die Erinnerung an den heidnischen Toten- und Seelenkult ist bei dem von christl. Schriftstellern gelenkten Tradierungsprozeß verlorengegangen.

4. Zauberhunde und Hundezauber. Der schwarze Pudel der großen Magier nimmt teil an deren Zauberwerken[215]. Zauberhunde (Mot. B 182.1) können sich zu angsterregender Größe aufblähen (Mot. F 983.0.1)[216], sie können Geld und Silber speien (Mot. B 103.4.3)

oder mit ihrem feurigen Atem Leichen verbrennen (Mot. D 1566.1.6). Bei → Basile (1,7) ziehen beide Brüder mit je einem Zauberhündchen aus; das des Meo weckt den Cienzo mit zwei Haaren aus dem Zauberschlaf (AaTh 303: *Die zwei → Brüder*)[217]. Weit verbreitet ist die Vorstellung, Menschen könnten (zur Strafe) in H.e verzaubert werden (Mot. Q 551.3.2.7)[218].

4.1. H.everwandlungen. Von Polymestor verwünscht, wurde Hekuba in eine H.in verwandelt[219]. In AaTh 449: → *Sidi Numan* verwandelt die untreue Frau ihren Gatten in einen H. (Mot. T 257.2.3). In der Flugblatt- und Exempelliteratur des 17./18. Jh.s verbreitet und in den Bereich der Volksballade eingedrungen ist die Geschichte von dem in einen H. verwandelten (poln.) Edelmann[220]. Schelmenhaft wird das Motiv in dem Volksbuch *Der wunderbare H.* verwendet: Eine Hexe verzaubert dort einen Steuereintreiber in einen Pudel[221].

4.2. H.emenschen, Menschenhunde. Im Kölner Hause Weinsberg lebte 1530 der H. Canis so, „als were es ein mensch gewest"[222]. Die Mutter des hl. Dominikus hatte vor dessen Geburt das Gefühl, sie habe einen H. im Leib[223]. H.e- und Menschennatur scheinen sich zu vermischen:

Halbwesen wie → H.sköpfige treten vielfach auf, umgekehrt können H.e mit Menschengesichtern erscheinen[224]. Die physiognomischen Ähnlichkeiten zwischen beiden Gattungen werden gern karikiert[225]. Ein Bauer, so erzählt Philipp Camerarius, konnte 1590 einen H. nach allen Eigenheiten täuschend imitieren[226]. Die modernen Gazetten berichten von einem Menschenkind, das drei Jahre lang von einer H.in aufgezogen wurde: Es benahm sich ganz wie ein Tier[227]. Umgekehrt wiederum kann sich der H. als Mensch, als Fürst[228], als König aufführen (Mot. B 292.10)[229].

Die Identität Mensch – H./H. – Mensch wird hier als Möglichkeit erprobt, wenn auch nicht erwiesen. Die Natur des H.es nähert sich der Kultur des Menschen, geht aber nicht in ihr auf.

5. Ätiologien. Die H.e behalten eine Natur-Nische, in der sie sich anders verhalten als die Menschen, und diese suchen in ‚Why-Stories'[230] nach Gründen, warum dies so sei.

H.e heben beim Mingieren das Bein gegen die Mauer, um diese zu stützen, denn sie war schon einmal von dem vielen Urinieren eingestürzt (Mot. A 2473.1)[231]. Sie pissen an die Kirchentüre aus Rache, weil sie von der hl. Messe ausgeschlossen wurden[232]. Sie urinieren so häufig, weil sie den Pilgerweg nach Santiago markieren müssen[233]. – H.e beschnüffeln sich unter dem Schwanz, weil sie nach Pfeffer suchen (AaTh 200 B: *Warum → H.e einander beriechen*). – Die neugeborenen Welpen sind blind, weil die H.in zu schnell wirft[234]. – Der H. jagt den Hasen, weil dieser ihm die Fußsohlen rasiert oder die Socken gestohlen hat (AaTh 119 A*: *Dog's Feet Shaven*)[235]. – H. und Katze sind verfeindet, weil die Katze der Maus ein Adelspatent, das sie für den H. aufbewahren sollte, zum Zerreißen überließ (AaTh 200, 200 A: → *Privileg der H.e*). In dem ital. Volksbuch *Cani e gatti*[236] usurpiert der → Kater das Recht des H.es, eine große Einkaufstasche zu tragen. Aus dem Rechtsstreit entsteht ein großer H.e-Katzen-Krieg (AaTh 103, 104: cf. → *Krieg der Tiere*). – H. und Katze entstanden in einem Wettstreit zwischen Christus und Teufel, wer das schönste Tier erschaffen könne: Christus machte den H., der Teufel die Katze als Imitation (Mot. A 1755)[237]. Der H. lebt außen, die Katze innen, weil bei einem Wettrennen die Katze zuerst ins warme Haus gelangte (AaTh 200 D*: *Why Cat is Indoors and Dog is Outside in Cold*)[238]. In dem Kinderfilm *Miez und Mops* von Masanori Hata (1982) werden H. und Katze indes, ganz im Trend der Tiervermenschlichung, als ‚zwei tierische Freunde' vorgestellt.

6. Zusammenfassung. Dem langen Prozeß der Domestizierung des H.es ist ein zweiter, ebenso ausgedehnter der Zivilisierung und Humanisierung dieses adaptionsfähigen Tieres gefolgt. Dieser Wandel vom Natur- zum Kulturwesen, ja zum Verwandten des Menschen, ist in populären H.eerzählungen seit der Antike vorgebildet, seit Renaissance und Humanismus stärker faßbar, seit der Tierschutzbewegung im 18. und 19. Jh. evident und in der Gegenwart zu einem bereits problematischen massenliterar. Phänomen angewachsen. H.e haben nicht nur ihre eigenen Restaurants, Lebensmittelindustrien, Körperpflegeinstitute, Schönheitswettbewerbe, Kliniken, Friedhöfe[239] und Gottesdienste[240], über sie wird auch eine Unmenge von Buchliteratur produziert, das Thema beschäftigt eigene ill. Zss.[241], und jährlich werden Tausende von H.e-Geschichten ausgeplaudert und (z. T. in Wettbewerben) geschrieben[242]. Die moderne Sagenforschung hat neue Geschichten von unheimlichen H.en entdeckt[243]. Schließlich sind H.e

seit *Lassie* (1943; blond/weiß, tapfer und gut)[244] Lieblingshelden von Film und Fernsehen[245]. H.e sind mehr und mehr zu ‚kommunikativen Ressourcen' geworden[246]. Die Geschichte der H.egeschichten zeigt, wie sich der Mensch aus diesem gelehrigen Tier nicht nur ein Schreckbild, sondern auch ein Vorbild geschaffen hat; ein geschöntes Ebenbild schließlich, auf welches er, erzählend und nacherzählend, seine eigenen Laster und Tugenden, seine Ängste und Wunschträume, sein eigenes H.eleben projiziert.

[1] Herre, W.: Über Schakale, Pudel und Puschas. In: Kleintierpraxis 16 (1971) 150–156; Zeuner, F. E.: Geschichte der Haustiere. Mü. 1967, 69–98 (engl. Orig. L. 1963); Clutton-Brock, J.: Domesticated Animals from Early Times. L. 1981, 34–45. — [2] Delort, R.: Der Elefant, die Biene und der hl. Wolf. Mü. 1987, 361–380 (Les Animaux ont une histoire. P. 1984). — [3] Zu den vor- und frühgeschichtlichen H.erassen cf. Zeuner (wie not. 1) 81–90; zu den heute stark vermehrten Rassen cf. eine der zahlreichen H.e-Enz.en, z. B. The Complete Dog Book. N.Y. [16]1979 oder Hamilton, F.: The World Enc. of Dogs. L. 1971 (N.Y./L. [2]1975). — [4] Leach, M.: God Had a Dog. The Folklore of the Dog. New Brunswick, N.J. 1961; zu literar. Überlieferungen cf. Brackert, H./Kleffens, C. van: Von H.en und Menschen. Geschichte einer Lebensgemeinschaft. Mü. 1989. — [5] u. a. DWb. 4,2 (1877) 1910–1942; Sainéan, L.: La Création métaphorique en français et en roman. Images tirées du monde des animaux domestiques, le chien et le porc. Halle 1907, 2–50; Leach (wie not. 4) 369–382; Battaglia, S.: Grande dizionario della lingua italiana 2. Torino 1962, 626–630; Imbs, P. (ed.): Trésor de la langue française 5. P. 1977, 703–708; Ziltener, W.: Repertorium der Gleichnisse und bildhaften Vergleiche der okzitan. und der frz. Verslit. des MA.s. Bern 1989, 176–191. — [6] Keller, O.: Die antike Tierwelt 1. Lpz. 1909, 134–136; Leach (wie not. 4) 354–368; Brackert/van Kleffens (wie not. 4) 180 sq. — [7] Ergänzend zu AaTh: Rausmaa; Arājs/Medne; Ó Súilleabháin/Christiansen; van der Kooi; MNK; Jason; Robe. — [8] u. a. Lehmann, C.: Florilegium politicum. s. l. 1630, 397 sq.; Wander 2, 818–898; Düringsfeld, O. von: Sprichwörter der germ. und rom. Sprachen 1. Lpz. 1872, 395–408; Röhrich, Redensarten 1, 445–453. — [9] Leach (wie not. 4) 350–353; Schupp, V.: Dt. Rätselbuch. Stg. 1972, 22, 42, 60, 181. — [10] Viré, F.: Kalb. In: EI[2] 4 (1978) 489–492, hier 489. —
[11] cf. The Book of the Superiority of Dogs over Many of Those who Wear Clothes by Ibn al-Marzubān. ed. G. R. Smith/M. A. S. Abdel Haleem. Warminster 1978. — [12] Keller (wie not. 6) 91–151; Orth, [F.]: H. In: Pauly/Wissowa 8 (1913) 2540–2582. —
[13] cf. auch allg. Camerarius, P.: Tertia centuria historica. Lpz. 1630, 486 (mit Hinweisen auf Mißachtung des H.es in der Bibel); Keller (wie not. 6) 97 sq. (Abneigung gegen H.e in der griech.-röm. Antike, Bedeutung des Begriffs Kyniker); Gnädinger, L.: Hiudan und Petitcreiu. Gestalt und Figur des H.es in der ma. Tristandichtung. Zürich/Fbg 1971, 9 sq.; Hoofacker, G.: Avaritia radix omnium malorum. Barocke Bildlichkeit [...]. Ffm./Bern 1988, 149 sq.; Delort (wie not. 2) 370–372; Brackert/van Kleffens (wie not. 4) 49, 78–80, 84; in der Karikatur: Volker Kriegels kleine H.ekunde. Zürich [2]1989. — [14] Rolland, E.: Faune populaire de la France 4. P. 1881, 13. — [15] Keller (wie not. 6) 103–114, 126–128. — [16] Happel, E. W.: Mundus mirabilis tripartitus 3. Ulm 1689, 32. — [17] Pauly/Wissowa 1 (1894) 1209–1211. — [18] Tubach, num. 1713. — [19] Albertinus, A.: Lucifers Königreich und Seelengejaidt. ed. R. von Liliencron. B./Stg. [1883–86], 283–285. — [20] Dvořák, num. 4307*; Dicke/Grubmüller, num. 305. —
[21] Tubach, num. 1703. — [22] z. B. Jean Paul: Blumen- Frucht- und Dornenstükke [...] des Armenadvokaten F. St. Siebenkäs [...] 1–3. B. 1796/97, hier t. 1, Kap. 2. — [23] Hagemann, J.: Wachsen und Werden. St. Gallen 1925, 6. — [24] Rutschky, K.: „Beißt er?" Kleine Einführung in die H.etheorie. In: Der Alltag (1986) H. 3, 37–45. — [25] Exempla z. B. bei Misander [i. e. Adami, J. S.]: Theatrum tragicum. Dresden 1699, 66–75; cf. Rolland (wie not. 14) 74–80; ein Heilungsbeispiel bei Schneider, A.: Exempelkatalog zu den „Iudicia divina" des Jesuiten Georg Stengel von 1651. Würzburg 1982, num. 313; Tollwutschwänke bei Philippe d'Alcripe: La nouvelle Fabrique des excellents traicts de vérité. ed. F. Joukovsky. Genève 1983, num. 42. — [26] MPL 77, 110 A. — [27] Gnädinger (wie not. 13) 13 sq. — [28] Schmidtke, D.: Geistliche Tierinterpretation in der dt.sprachigen Lit. des MA.s (1100–1500). Diss. B. 1968, 315 (I); rom. Belege bei Ziltener (wie not. 5) 188 sq. — [29] Schwarzbaum, Fox Fables, 274, not. 8; zu dieser Vorstellung gehört auch der Vorwurf, der H. fresse das Sputum seines Herrn, er sei ‚Speichellecker' (DWb. 10,1 [1905] 2069 sq.); cf. Pfeffel, G. K.: Politische Fabeln und Erzählungen. ed. H. Popp. Nördlingen 1987, 93 sq. — [30] Tubach, num. 1719. —
[31] Sainéan (wie not. 5) 52. — [32] Küppers, H.: Wb. der dt. Umgangssprache 1. Hbg [3]1963, 244–249; id.: Ill. Lex. der dt. Umgangssprache 4. Stg. 1983, 1339–1343; Aman, R.: Bayr.-österr. Schimpfwb. Mü. [1973] (u. ö.). — [33] Dicke/Grubmüller, num. 313. — [34] Rolland (wie not. 14) 14–17. — [35] Seybold, J. G.: Viridarium [...]. Lustgarten von auserlesenen Sprüchwörtern. Nürnberg 1677, 139; Laßberg, J. von: Lieder Saal 2. St. Gallen/Konstanz 1846, 608–610; cf. Claudius, M.: Sämtliche Werke. ed. J. Perfahl. Mü. [5]1984, 111. — [36] Sainéan (wie not. 5) 52. — [37] Misander (wie not. 25) 2, 79, num. 114; Appi, E./Cesselli, A.: Racconti popolari friulani 13. Udine 1975, num. 181 (H.e fressen sich gegenseitig auf). — [38] Trencsényi-Waldapfel, I.: Der H. in der

Krippe. In: Acta Orientalia Academiae Scientiarum Hungaricae 14 (1962) 139–143; Dicke/Grubmüller, num. 301; Ziltener (wie not. 5) 189 (mit weiterer Lit.). — [39] ibid., 183 sq. — [40] Bolte, J.: Bilderbogen des 16. und 17. Jh.s. In: ZfVk. 19 (1909) 58–63; Novati, F.: Bigorne et Chicheface. Ricerche d'iconografia popolare. In: Festschr. E. Picot 2. P. 1913, 67–81. —
[41] Sainéan (wie not. 5) 51. — [42] Lüthi, M.: Das Volksmärchen als Dichtung. Düsseldorf/Köln 1975, 45; Holbek, B.: Interpretation of Fairy Tales (FFC 239). Hels. 1987, 528 sq. — [43] Schmidtke (wie not. 28) 317 (VIII). — [44] Tervarent, G. de: Attributs et symboles dans l'art profane. Genève 1958, 93. — [45] Harms, W./Schilling, M. (edd.): Die Slg der Herzog August Bibl. in Wolfenbüttel 1. Tübingen 1985, 77, num. I, 32. — [46] Rolland (wie not. 14) 4. — [47] Keller (wie not. 6) 97 sq. — [48] Pignatti, T.: L'opera completa di Pietro Longhi. Milano 1974, num. 23, 25, 27, 43, 119, 144, 158. — [49] Brackert/van Kleffens (wie not. 4) 64–66. — [50] Leach (wie not. 4) 312. —
[51] Schenda, R.: Kleinformen der Triviallit. In: Beitr.e zur dt. Volks- und Altertumskunde 10 (1966) 49–61, hier 61, num. 1, fol. a3 (ital. Volksbuch „Attila flagellum Dei" [Venezia 1472 u. ö.]); cf. Brakkert/van Kleffens (wie not. 4) 56 sq. (zweiköpfiges H.emonstrum in H. Schedels „Weltchronik" von 1493, fol. 198 sub anno 1153); cf. Schenda, R.: Die frz. Prodigienlit. in der 2. Hälfte des 16. Jh.s. Mü. 1961, 112 (Hinweis auf J. Wolf, Lectionum memorabilium centenarii [Lauingen 1611] 911). — [52] Luther, M.: Werke. Kritische Gesamtausg. Tischreden 5. Weimar 1919, num. 6347. — [53] Boaistuau, P.: Histoires prodigieuses. P. 1560 (u. ö.), Kap. 37 (= 38); Happel, E. W.: Der italiän. Spinelli 3. Ulm 1685, 251; Buchner, E.: Das Neueste von gestern 1. Mü. 1911, 210 (1686), 242 (1687); ibid. 2 (1912) 199 (1728); Goeze, J. A. E.: Europ. Fauna oder Naturgeschichte [...] 1. Lpz. 1791, 108 sq.; Arrêt rendu par la Cour d'Assises du départment de l'Aveyron [...]. Chalon-sur-Saône 1893 (Ber. von H.egeburten der Giftmörderin M. Frisquette im Gefängnis). —
[54] Dégh, L.: Märchen, Erzähler und Erzählgemeinschaft. B. 1962, 129. — [55] Hutter, F.: Zu den Sagen von H.emenschen. In: ÖZfVk. 60 (1957) 68. —
[56] Döpler, J.: Schau-Platz derer Leibes- und Lebens-Straffen 1. Sondershausen 1693, 544, 1094; selbst ein Hl. (St. Julian) darf einen H. totschlagen, der es wagt, gesegnetes Brot zu fressen: Toldo 1908, 24. —
[57] Goethe, J. W. von: Rezensent [1744]. In: Goethe: Werke 1. Ffm. 1965, 35; Kleist, H. von: Germania an ihre Kinder. In: id.: Sämtliche Werke 4. ed. K. Siegen. Lpz. [1902], 184; zum Prügeln der H.e cf. Ziltener (wie not. 5) 185 sq. — [58] Hedion, C.: Chronica der Alten Christl. Kirchen. Straßburg 1545, fol. 448v°. — [59] Schmidtke (wie not. 28) 316 (V); Ziltener (wie not. 5) 183 sq. — [60] Schneider (wie not. 25) num. 1069; Döpler (wie not. 56) 1080–1095; Abele von Lilienberg, M.: Metamorphosis telae judiciariae. Nürnberg 71705, 351; Danckert, W.: Unehrliche Leute. Bern/Mü. 1963, 186. —
[61] Keller (wie not. 6) 95–98. — [62] Rolland (wie not. 14) 21 sq., 37; die aktuellen heftigen Diskussionen um Tausende von Tonnen täglichen H.ekotes führen selbstverständlich zu Tausenden von entsprechenden Gesprächsthemen. — [63] Tubach, num. 3645; Mot. U 133.1; cf. Baudelaire, C.: Sämtliche Werke/Briefe. 8: Le Spleen de Paris. ed. F. Kemp/C. Pichois. Mü. 1985, 136 („Le Chien et le flacon", 1872). — [64] Ziltener (wie not. 5) 184. — [65] cf. Schwarzbaum, Fox Fables, 56–60. — [66] Marie de France, Fables, num. 8; Branca, V.: Esopo toscano dei frati e dei mercanti trecenteschi. Venezia 1989, 89–91. — [67] Dicke/Grubmüller, num. 289; Dvořák, num. 660. — [68] cf. allg. Keller (wie not. 6) 128–133; Isidor von Sevilla, Etymologiae 12, 2, 25–28; Hildegard von Bingen: Naturkunde. ed. P. Riethe. Salzburg 1959, 131; Boaistuau (wie not. 53) Kap. 30; Camerarius, P.: Operae horarum succivisarum sive meditationes historicae. Altdorf 1591, Kap. 24; Harsdörffer, G. P.: Poetischer Trichter 3. (Nürnberg 1653) Nachdr. Darmstadt 1969, 274 sq.; Happel (wie not. 16) 31–41; Brenner, J.: Plaidoyer pour les chiens. P. 1972; Brackert/van Kleffens (wie not. 4) pass. — [69] Childers, Tales B 291.2.2.1*. — [70] Leucht, V.: Vitae Sanctorum. Köln 1593, 587; Loomis, C. G.: White Magic. Cambr., Mass. 1948, 61 sq. —
[71] Happel (wie not. 16) 256. — [72] Ergänzend zu AaTh: Arājs/Medne; Schwarzbaum, Fox Fables, 254, not. 8; Goeze (wie not. 53) 110. — [73] La Fontaine, Fables 8,7. — [74] cf. Baader, F.: Sagen des Neckarthals, der Bergstraße und des Odenwaldes. Mannheim 1843, 425–428; Meier, E.: Dt. Sagen, Sitten und Gebräuche aus Schwaben. Stg. 1852, num. 395; Wackernagel, W.: Das H.chen von Bretzwil und von Bretten. Ein Versuch in der Mythenforschung. In: Neues Schweiz. Museum 5 (1865) 339–350 (Persiflage auf J. J. Bachofen, mißverstanden von Franck, J.: Das H.lein von Bretten. In: Anzeiger für Kunde der dt. Vorzeit [1880] 332–335). — [75] Keller (wie not. 6) 141; eine Subkategorie ‚Dog as Healer' fehlt bei Mot. B 511: Animal as Healer. — [76] Mörgeli, C. (ed.): Der Pestpatron Rochus, Roque, Rocco, Roch. Zürich 1987; cf. Fabula 29 (1988) 274. — [77] Schmidtke (wie not. 28) 315 (II). — [78] Seidl, H. A.: Medizinische Sprichwörter im Englischen und Deutschen. Ffm./Bern 1982, num. 351. — [79] Salomon Maimons Lebensgeschichte. ed. K. P. Moritz/Z. Batscha. Ffm. 1984, 36. — [80] cf. Childers, Tales B 421 – B 421.2. —
[81] Holbek (wie not. 42) 500–502. — [82] Bechstein, L.: Sämtliche Märchen. ed. W. Scherf. Mü. 1965, 221–226. — [83] Pitrè, G.: Fiabe e leggende popolari siciliane. Palermo 1888, 15–32; ibid., 33 sq. (weitere H.enamen-Triaden und Nachweise). — [84] Camarena Laucirica, J.: Cuentos tradicionales recopilados en la provincia de Ciudad Real. Ciudad Real 1984, num. 41. — [85] Peuckert, W.-E.: Hochwies. Göttingen 1959, num. 234; Cammann, A./Karasek, A.: Volkserzählungen der Karpatendeutschen – Slowakei 1. Marburg 1981, 202–207. — [86] Tschudi, F. von: Wo der Adler haust. ed. E. Fischer. Einsiedeln

1944, 308–316. – [87] Leach (wie not. 4) 259 sq. – [88] Goeze, J. A. E.: Nützliches Allerley 1. Lpz. 1785, 277–280; id. (wie not. 53) 113 sq.; Museum des Wundervollen 10,5 (1810) 422 sq. – [89] Goeze (wie not. 53) 112 sq.; Museum des Wundervollen 10,1 (1810) 24 sq.; wenn der Herr bereits ertrunken ist, versucht sein H. doch wenigstens, ihn anständig zu begraben, cf. Zeiller, M.: Ein Hundert Dialogi oder Gespräch. Ulm 1653, 518. – [90] Museum des Wundervollen 10,1 (1810) 23 sq. –
[91] Pitaval, G. de: Esprit des conversations agréables 2. P. 1731, 32–34. – [92] Lerch, D.: Imagerie et société. Strasbourg 1982, 283 sq. – [93] Keller (wie not. 6) 131–133, 136. – [94] Tervarent (wie not. 44) 96. – [95] Rolland (wie not. 14) 42–56; cf. Berens, K./Seilmeier, G.: Jagdlex. Mü./Wien/Zürich ³1985. – [96] Brackert/van Kleffens (wie not. 4) 15; cf. ibid., 67–76, 135–145. – [97] Langosch, K.: Waltharius, Ruodlieb, Märchenepen. Darmstadt 1956, 88 sq.; cf. Gnädinger (wie not. 13) pass. – [98] Leach (wie not. 4) 226–228; Buchan, D.: Scottish Tradition. L. 1984, num. 30. – [99] cf. Schenda, R.: Philippe le Picard und seine Nouvelle Fabrique. In: Zs. für frz. Sprache und Lit. 68 (1958) 43–61, hier 52–54. – [100] Williams-Krapp, W.: Harm der H. In: Verflex. 3 (²1981) 475 sq. –
[101] Schenda 1961 (wie not. 51) 119 (P. Boaistuau, G. Bouchet, M. de Montaigne, A. de Torquemada). – [102] Camerarius (wie not. 68) 105; Happel (wie not. 16) 36; Döpler (wie not. 56) 1088 sq.; Jean Paul: Des Feldpredigers Schmelzle Reise nach Flätz [1807]. In: id.: Werke 6. ed. N. Miller. Darmstadt 1963, 17. – [103] Childers, Tales B 263.9*. – [104] Dicke/Grubmüller, num. 286. – [105] Dvořák, num. 1707*. – [106] Montaigne, M. de: Essais 2. ed. M. Rat. P. 1952, 146–166. – [107] Camerarius (wie not. 13) 477–479. – [108] Kasprzyk, K.: Nicolas de Troyes et le genre narratif en France au XVIᵉ siècle. W./P. 1963, num. 12. – [109] Goeze (wie not. 53) 106 sq. – [110] Schenda 1961 (wie not. 51) 72 sq.; Happel (wie not. 16) 38 sq. –
[111] Montaigne (wie not. 106) 148. – [112] Museum des Wundervollen 10,4 (1810) 312; weitere kluge H.e ibid. 10,6 (1810) 508–518. – [113] Goeze (wie not. 53) 107. – [114] Michaelis, W. (ed.): Die apokryphen Schr. zum N.T. Bremen ³1962, 349–351; Leach (wie not. 4) 278–281. – [115] Zitiert bei Ludovici, C. G.: Ausführlicher Entwurf einer vollständigen Historie der Leibnizschen Philosophie 1. Lpz. 1737, 490, § 499. – [116] Cammann, A./Karasek, A.: Ungarndt. Volkserzählung aus dt. Siedlung im altung. Raum 1. Marburg 1982, 87. – [117] Der Bauernkalender auf das Jahr 1856. Langnau 1855, s. p. („Der verrätherische H."); Béraud-Williams, S.: Contes populaires de l'Ardèche. La Bégude de Mazenc 1983, num. 78. – [118] Brackert/van Kleffens (wie not. 4) 83; Klapper, MA., num. 11. – [119] Happel (wie not. 16) 31 sq. – [120] Sainéan (wie not. 5) 54 sq. –
[121] Gnädinger (wie not. 13) pass. – [122] Ariosto, Orlando furioso, 43, 71, 106–114; La Fontaine hat dieses Thema in seinen „Contes et Nouvelles" (1671) verarbeitet, cf. Bornäs, G.: Le petit Chien qui secoue de l'argent et des pierreries. In: Studia Neophilologica 46 (1974) 87–101. – [123] Addari Rapallo, C.: Il bandito pentito e altri racconti popolari sardi. Cagliari 1977, num. 7. – [124] Tubach, num. 661; Despériers, Nouvelles Récréations, num. 54. – [125] Tervarent (wie not. 44) 93 sq. – [126] Tubach, num. 1698. – [127] Camerarius (wie not. 68) 161 sq.; id. (wie not. 13) 429; Happel, E. W.: Gröste Denkwürdigkeiten der Welt 1. Hbg 1683, 555 sq.; id. (wie not. 16) 33; Döpler (wie not. 56) 1091, num. 31. – [128] cf. Rahner, H.: Griech. Mythen in christl. Deutung. Basel ⁴1984, 207–214. – [129] Leach (wie not. 4) 268; eine mißverstandene und daher ungereimte Var. bei Schulenburg, W. von: Wend. Volkssagen und Gebräuche aus dem Spreewald. Lpz. 1880, 79. – [130] Tervarent (wie not. 44) 95. –
[131] Goeze (wie not. 53) 82 sq. – [132] Happel (wie not. 16) 38. – [133] Goeze (wie not. 53) 84. – [134] ibid., 83 sq. – [135] ibid., 106. – [136] Güntert, H.: H. In: HDA 4 (1931/32) 470–490; Leach (wie not. 4) 275–279. – [137] Childers, Tales B 521.1.3*. – [138] cf. Rehermann, 583 (Nachweise zu AaTh 960 A). – [139] Schneider, D.: Titius continuatus et illustratus. Wittenberg 1680, 694. – [140] Ferrier, J. M.: Seulement pour vous endoctriner. The Author's Use of Exempla in le Ménagier de Paris. In: Medium Aevum 48 (1979) 77–89, hier 82; Krauss, H.: Epica feudale e pubblico borghese. Padova 1980, 183 sq. –
[141] Schenda 1961 (wie not. 51) 72–74; Belleforest, F. de: Histoires tragiques 5. P. 1572, fol. 285ᵛ; Eyering, E.: Proverbiorum copia 2. Eisleben 1603, 160 sq.; Goeze (wie not. 53) 114–117; als Theaterstück in Weimar, 14. April 1817: Goethes Leben und Werk in Daten und Bildern. ed. B. Gajek/F. Götting. Ffm. 1966, 389, 445; Leach (wie not. 4) 247 sq. – [142] Seguin, J.-P.: Les ‚Canards' de faits divers de petit format en France, au XIXᵉ siècle. In: Arts et Traditions Populaires 4 (1956) 30–45, hier 38, Tafel 2. – [143] Dorson, R. M.: Negro Tales from Pine Bluff, Arkansas and Calvin, Michigan. Bloom. 1958, 110. – [144] Schneider (wie not. 25) num. 1502. – [145] Titius, C.: Loci theologici historicae. Wittenberg 1657, 475, num. 14; Schneider (wie not. 139) 690 sq.; Hueber, I.: Theatrum annuum historico-morale heroinarum. Augsburg/Grätz 1717, 103; Goeze (wie not. 53) 117 sq.; Museum des Wundervollen 10,1 (1810) 13–15; Hitzig, J. E.: Annalen der dt. und ausländischen Criminal-Rechts-Pflege 2. B. 1828, 93–96; ibid. 3 (1829) 137. – [146] Hebel, J. P.: Schatzkästlein des rhein. Hausfreunds [1811]. ed. W. Theiß. Stg. 1981, 246–248, 400 sq. (ohne Qu.nangabe). – [147] Verne, J.: Un Capitaine de quinze ans. P. [1879], Kap. 19. – [148] Keller (wie not. 6) 134; Camerarius (wie not. 68). – [149] Haffner, F.: Der klein Solothurner allg. Schaw-Platz. Solothurn 1666, 201. – [150] Happel (wie not. 16) 34 sq. –
[151] Tervarent (wie not. 44) 94 sq. – [152] The Book of Tobit. ed. F. Zimmermann. N.Y. 1958, 9 sq., 78 sq., 103–105; zur moralischen Auslegung cf. Ambrosius, Hexaemeron 6,4 (17). – [153] Keller (wie not. 6)

131. — [154] ibid., 130 sq. (nach Cassius Dio und Plinius); Camerarius (wie not. 13) 483; Happel (wie not. 16) 34; Goeze (wie not. 53) 118. — [155] Chamisso, A. von: Sämtliche Werke 1. ed. A. Bartels. Lpz. s. a., 173 sq.; cf. dazu Fliegende Bll. 34 (1861) 16. — [156] Ergänzend zu AaTh: Ting; Bødker, Indian Animal Tales, num. 101; cf. ferner Lőrincz 178 C*; in den weiteren Zusammenhang des Themas ‚Treuer H. und Geld' gehört die alte Geschichte (Claudius Aelianus, De natura animalium 7, 29) von dem Tier, das bis zur Erschöpfung beim verlorenen Geldsack seines Herrn sitzen bleibt (Keller [wie not. 6] 130); sie wurde noch 1880 im Spreewald erzählt (von Schulenburg [wie not. 129] 79). — [157] Ein Preis für treue H.e. In: Augsburger Ztg vom 19. 8. 1985. — [158] Keller (wie not. 6) 131 – 134. — [159] Happel (wie not. 16) 39; id. (wie not. 53) t. 2, 36 sq.; Keyssler, J. G.: Neueste Reisen durch Deutschland [...], Italien und Lothringen 1. Hannover ^{2}1751, 319 (dort auch weitere Nachweise von Inschriften); cf. Camerarius (wie not. 13) 485; weitere Var.n in Zeiller, M.: 606 Episteln oder Sendschreiben von allerhand [...] Sachen. Ulm 1656, 76. — [160] Krassler, J.: Die Sage vom steinernen H. und ihr geschichtlicher Kern. In: Bll. für Heimatkunde 24 (1950) 118 – 121. —

[161] Branca (wie not. 66) 148 – 150; Dicke/Grubmüller, num. 290; Dvořák, num. 1704*. — [162] Grubmüller, K.: Des H.es Nôt. In: Verflex. 4 (^{2}1983) 306 sq.; Dicke/Grubmüller, num. 319. — [163] Jech, J.: Tschech. Volksmärchen. B. ^{2}1984, 15 – 17 (AaTh 102 + 104); cf. auch die Fabel von dem alten H., der den jungen tadelt: Äsop/Holbek, num. 159; Dicke/Grubmüller, num. 306. — [164] Afanas'ev, num. 27. — [165] Leach (wie not. 4) 281 – 288. — [166] Tervarent (wie not. 44) 95. — [167] Ambrosius, Hexaemeron 244. — [168] Herberger, V.: Der andere Hauptteil Magnalium Dei de Jesu. Lpz. 1678, 378 a. — [169] Peil, D.: Unters.en zur Staats- und Herrschaftsmetaphorik in literar. Zeugnissen von der Antike bis zur Gegenwart. Mü. 1983, 122 – 139. — [170] Cousin, G.: Narrationum sylva [...] 8. Basel 1567, 27. —

[171] Dvořák, num. 1695*; Branca (wie not. 66) 138 sq.; Dicke/Grubmüller, num. 295; Kirchhof, Wendunmuth 7, num. 110; Keller/Johnson und Martinez K 2062; Schwarzbaum, Fox Fables, 251 – 254; im Lesebuch: [Sulzer, J. G./Meierotto, J. H. L.:] Vorübungen zur Erweckung der Aufmerksamkeit und des Nachdenkens 1. B. 1780, 102. — [172] Camerarius (wie not. 68) 106; Happel (wie not. 16) 35. — [173] Schenda 1961 (wie not. 51) 119 (Belleforest, Boaistuau, G. Bouchet u. a.). — [174] Tages-Anzeiger (Zürich) vom 19./20. 1. 1985. — [175] Danckert (wie not. 60) 187 sq. — [176] Heerma van Voss, M.: Anubis. In: The Enc. of Religion 1. P. 1987, 330 sq. — [177] Keller (wie not. 6) 140. — [178] ibid., 137 sq.; Rahner (wie not. 128) 206. — [179] Lurker, M.: H. und Wolf in ihrer Beziehung zum Tode. In: Antaios 10 (1969) 199 – 216. — [180] Schneider (wie not. 25) num. 1571; cf. Tubach, num. 1718. —

[181] Schneider (wie not. 25) num. 1557. — [182] Childers, Tales S 139.2.2.2.1*. — [183] Keller (wie not. 6) 131; Tubach, num. 1700; Happel (wie not. 16) 33 sq. — [184] Schlerath, B.: Der H. bei den Indogermanen. In: Paideuma 6 (1954/58) 25 – 40, bes. 27 – 33. — [185] Lurker (wie not. 179) 206 – 210. — [186] Toldo 1902, 332; Schade, H.: Dämonen und Monstren. Regensburg 1962, 74 – 76 und Tafel 22, 43 sq. — [187] Tubach, num. 1714. — [188] Tubach, num. 1712. — [189] Marco, J.: Literatura popular en España en los siglos XVIII y XIX. t. 2. Madrid 1977, 494 – 497. — [190] Francisci, E.: Der höllische Proteus. Nürnberg ^{2}1695, 43 – 46. —

[191] cf. Woods, B. A.: The Devil in Dog Form. Berk./L.A. 1959. — [192] Böck, E.: Sagen aus Niederbayern. Regensburg 1977, num. 313 – 317, 338; zu den Sagen von der ‚Wilden Jagd' cf. Sainéan (wie not. 5) 55 – 57. — [193] Cammann/Karasek (wie not. 116) 265. — [194] Grimm DS 337; cf. Schenda, R.: J. und W. Grimm: Dt. Sagen Nr. 103, 298, 337, 340, 350, 357 und 514. In: SAVk. 81 (1985) 196 – 206, bes. 198 sq.; Kindermann-Bieri, B.: Heterogene Qu.n – homogene Sagen. Philol. Studien zu den Grimmschen Prinzipien [...]. Basel 1989, 353 – 355. — [195] Tobler, O.: Die Epiphanie der Seele in dt. Volkssage. Diss. Kiel 1911, 48 sq. — [196] Suter, P./Strübin, E.: Baselbieter Sagen, Nachlese. Liestal 1978, num. 1045. — [197] iid.: Baselbieter Sagen. Liestal 1976, num. 375, 754, 922; weitere Gespensterhunde ibid., num. 28, 85, 129, 134, 148 und pass.; Senti, A.: Sagen aus dem Sarganserland. Basel 1974, num. 152 – 159, 184 – 187. — [198] Trümpy, H.: „drno sygs cho rägne". Wetterfühligkeit und Sagenbildung. In: Schweizer Vk. 72 (1982) 65 – 68. — [199] Böck (wie not. 192) num. 26. — [200] cf. noch Cammann/Karasek (wie not. 116) 38, 101, 142. —

[201] Zum H. als ‚chthonisches Tier' cf. Rahner (wie not. 128) 206 sq. — [202] Böck (wie not. 192) num. 170; Appi/Cesselli (wie not. 37) num. 79. — [203] Cammann/Karasek (wie not. 116) 101. — [204] Büchli, A.: Mythol. Landeskunde von Graubünden 1. Disentis ^{2}1989, 288; zum H. als spiritus familiaris cf. Lindig, E.: Hausgeister. Ffm./Bern/N.Y./P. 1987, 40, 63. — [205] Goulart, S.: Histoires admirables 3. P. 1601, Kap. 65; Titius (wie not. 145) 1674, num. 11 (nach A. Hondorff); Döpler (wie not. 56) 1094. — [206] Holbek (wie not. 42) 505 sq. (AaTh 425 P). — [207] Alinei, M.: Silvane latine, aquane ladine. In: Mondo ladino 9,3 – 4 (1985) 49 – 78, bes. 59 – 61. — [208] Sainéan (wie not. 5) 55. — [209] Grimm DS 172; Güntert (wie not. 136) 484 sq. — [210] Le Bestiaire d'amour rimé. ed. A. Thordstein. Lund 1941, 61, V. 1834 – 1840. —

[211] Weite Verbreitung fand die Sage von dem Basler Handwerksmann in der Höhle von Augst (Grimm DS 13), cf. Sagenerzähler und Sagensammler der Schweiz. ed. R. Schenda unter Mitarbeit von H. ten Doornkaat. Bern 1988, 31, 100 sq., 109. — [212] Titius (wie not. 145) 530, num. 7. — [213] Heer, O./Blumer-Heer, J. J.: Der Kanton Glarus. St. Gallen/Bern 1846, 315. — [214] Vonbun, F.: Märchen aus Vorarlberg. In: Zs. für dt. Mythologie und Sittenkunde 2 (1855) 173 sq. — [215] Danckert (wie not. 60)

187 sq. — [216] Robe, S. L.: Hispanic Legends from New Mexico. Berk./L.A./L. 1980, num. 556, 557. — [217] cf. auch Basile 1,9; 2,1; 5,4. — [218] Rolland (wie not. 14) 71 sq. — [219] Roscher, W. H.: Ausführliches Lex. der griech. und röm. Mythologie 1,2. Lpz. 1886—90, 1882 sq. — [220] Brednich, R. W.: Der Edelmann als H. In: Fabula 26 (1985) 29—57; id.: Der in einen H. verwandelte Edelmann. In: Presse und Geschichte 2 (1987) 159—170; cf. auch Naselli, C.: L'esame di coscienza e la confessione dei peccati in alcune stampe e formule popolari. In: Studi e materiali di storia delle religioni 23 (1951/52) 67—90, bes. 73—75 und Tafel 2. —
[221] cf. Görres, J. von: Die teutschen Volksbücher. Heidelberg 1807, num. 37; zur dt. Tradierung von Cervantes' „Coloquio de los perros" (1613) cf. KLL 3, 2082 (dort nicht erwähnt: Hoffmann, E. T. A.: Nachricht von den neuesten Schicksalen des H.es Berganza [1813]. In: id.: Werke 1. ed. G. Spiekerkötter. Zürich 1965, 51—107). — [222] Das Buch Weinsberg 1. ed. K. Höhlbaum. Lpz. 1886, 69; cf. auch not. 137. — [223] Schneider (wie not. 25) num. 527. — [224] Müller, J.: Sagen aus Uri 2. Basel 1929, num. 505. — [225] Brackert/van Kleffens (wie not. 4) 193—203. — [226] Happel (wie not. 16) 39 sq. — [227] Blick (Zürich) vom 19. 7. 1982, 5 (Manila). — [228] Tervarent (wie not. 44) 94. — [229] Happel (wie not. 16) 37 (Bengalen); Leach (wie not. 4) 244 sq.; cf. Weiser-Aall, L.: En studie over sagnet om hundekongen. In: Maal og minne (1933) 133—149; Avanzin, A.: H.emenschen und H.könig. In: ÖZfVk. 59 (1956) 140—144. — [230] Leach (wie not. 4) 199—225. —
[231] Sébillot, P.: Le Folk-Lore de France 3. P. 1906, 77; Amades, J.: L'Origine des bêtes. ed. M. Albert-Llorca. Carcassonne 1988, num. 242. — [232] ibid., num. 243. — [233] ibid., num. 244. — [234] Rolland (wie not. 14) 60. — [235] Ergänzend zu AaTh: MNK; Megas; zum ambivalenten Verhältnis zwischen Hasen und H.en cf. Mot. K 2031; von einer H.in, die Hasen säugte, Philippe d'Alcripe (wie not. 25) num. 69. — [236] Schenda, R.: Ital. Volkslesestoffe im 19. Jh. In: Archiv für Geschichte des Buchwesens 7 (1965) 209—300, hier num. 3—3a; Bianchi, P./Franzese, R.: Le stampe popolari della raccolta Imbriani. Bibliografia. Napoli 1986, 152, num. 588. — [237] Amades (wie not. 231) num. 240. — [238] Ergänzend zu AaTh: Ó Súilleabháin/Christiansen. — [239] Ne, M. F./Shavit, I./Fabre, M.: A Propos de cimetières — reflet du monde des vivants. In: Voyages ethnologiques (1976) 236—244, bes. 241—244; Gaug, C.: Unser liebes Mentschi. In: Profil (11. 1. 1988) 55 (Tierfriedhof Assisi bei Wien). — [240] Für einmal waren H.e in der Kirche [Gustav-Wasa-Kirche, Sth.] willkommen. In: Tages-Anzeiger (Zürich) vom 7. 10. 1986; Tiere in der Kirche [Rom]. In: Schweizer H.e Revue (Febr./März 1988) 7. —
[241] In der Schweiz z. B. die Schweizer H.e Revue (Zürich) und das H.e-Magazin (Regensdorf). — [242] Thalmann, R.: Der H. im Volksleben. „Stellenwert" und Erscheinungsbild des Vierbeiners in der Presse. In: SAVk. 73 (1977) 224—230. — [243] Fischer, H.: Der Rattenhund. Das Beispiel einer „neuen" Sage. In: Rhein. Jb. für Vk. 26 (1985/86) 177—195; Brednich, R. W.: Die Spinne in der Yucca-Palme. Mü. 1990, num. 66. — [244] Magill's Survey of Cinema 2,3. Englewood Cliffs, N.J. 1981, 1307—1309; The Motion Picture Guide 5 (1986) 1603 sq.; Rororo Filmlex. 2. Reinbek 1978, 379. — [245] Friedberg, A. B.: Der vierbeinige Andere und die Projektion im Kino. In: Frauen und Film 47 (1989) 4—13. — [246] Bergmann, J. R.: Haustiere als kommunikative Ressourcen. In: Soziale Welt. Sonderband 6: Kultur und Alltag. ed. H.-G. Soeffner. Göttingen 1988, 299—312.

Zürich Rudolf Schenda

Hund: Der alte H. (AaTh 101), eine schwerpunktmäßig in Europa, vor allem im Norden und Osten, belegte Geschichte[1] vom Undank der Menschen gegenüber einem altersschwachen Haustier, dem dieses durch listiges Handeln gemeinsam mit einem wilden Tier erfolgreich begegnet:

Ein H. wird vom Herrn (Herrin) verjagt (soll getötet werden), da er alt ist und zu nichts mehr taugt. Er klagt sein Leid dem → Wolf (mexikan. Kojote), der Hilfe anbietet: Er wolle das kleine Kind (selten Schaf, Schwein, Huhn) der Bauersleute entführen und es sich vom H. wieder abjagen lassen; so käme dieser als Kindesretter wieder zu Ehren. Der Plan gelingt, und der H. hat nun ein besseres Leben als je zuvor.

Manche Var.n enden mit dieser Rehabilitierung des H.es[2]; doch meist wird die Erzählung damit fortgeführt, daß der Wolf nun seinerseits vom H. einen Freundschaftsdienst verlangt und den H. vor die Entscheidung stellt, dankbar gegenüber seinem Retter oder loyal gegenüber seinem Herrn zu sein. Die verschiedenen Texte zeigen unterschiedliche Lösungsmöglichkeiten. Die meisten Var.n, vor allem balt. und ostslav., aber auch zwei mexikan., kontaminieren mit AaTh 100: cf. *Der singende → Wolf*[3]:

Der dankbare H. schmuggelt den hungrigen Wolf während einer Hochzeit (Taufe, Seelenmahl) ins Haus seines Herrn. Hier spricht der Wolf trotz der Warnungen des H.es (gemeinsam mit ihm) auch dem Alkohol zu, fängt an zu ‚singen' und wird entdeckt. Manchmal entkommt der Wolf, z. T. mit Hilfe des H.es[4], manchmal werden beide verjagt[5], oder aber der Wolf wird totgeschlagen[6].

Ist der Wolf mit knapper Not entronnen, wirft er oft dem H. vor, an allem schuld zu sein, und fordert ihn zum Kampf auf (AaTh 103, 104: cf. → *Krieg der Tiere*)[7]. Sind beide Tiere fortgejagt worden, versucht der H., sich als Schuhmacher durchzuschlagen, und betrügt dabei fast immer den Wolf (AaTh 102: → *H. als Schuhmacher*), was wiederum zum Krieg der Tiere führt[8].

Manche Var.n von AaTh 101 kontaminieren ohne Zwischenstufe mit AaTh 103 und 104[9]: Der H. zeigt gegenüber seinem Retter keinerlei Dankbarkeit, verrät den Wolf an seinen Herrn und provoziert dadurch den Krieg der Tiere. Zu dieser Gruppe gehört die Fassung der Brüder → Grimm *Der alte Sultan* (KHM 48), die auch in dt. Schullesebüchern abgedruckt wurde[10]; zwar nennen bis auf einen alle vorliegenden, im Zeitraum von 1840 bis 1915 erschienenen 14 Schulbuchtexte die Grimms als Quelle, doch nur zwei bringen die vollständige Fassung, ohne Hinweis auf Kürzung schließen die übrigen mit dem Verrat des H.es[11]. Als bisher ältester Beleg für AaTh 101 mit der vorgetäuschten Kindesentführung und der Kontamination mit AaTh 103/104 steht der KHM-Text mit seinem Kommentar nicht nur am Anfang der Aufzeichnungen aus mündl. Überlieferung, sondern bestimmte auch das Forschungsinteresse, das vor allem dem zweiten Teil, dem Krieg der Tiere, galt.

In einigen Var.n von AaTh 101 versorgt der Wolf vor der Kindesentführung den abgemagerten H. mit Nahrung; singulär kann dies zur Nachahmung durch den H., zur Verbindung mit AaTh 47 D: cf. → *H. imitiert den Wolf*, führen (z. B. Afanas'ev, num. 59: wie hier der Bär dem H., so will dieser der Katze helfen).

Strukturelle Nähe zur mündl. Überlieferung zeigt eine Geschichte vom hungrigen H. und vom hilfreichen Wolf aus der ma. Fabeltradition (Dicke/Grubmüller, num. 627). Sie erscheint in den → Romulus-Extravaganten[12], in der lat. Übers. der griech. → *Kalila und Dimna*-Version, dem *Novus Aesopus* (num. 26) des Italieners Baldo (12. Jh.), allerdings als ein nicht aus *Kalila und Dimna* stammender Text[13], und in den Extravaganten (num. 12) von Heinrich → Steinhöwels *Esop* sowie dessen verschiedenen volkssprachlichen Übers.en[14]:

Nach dem Plan des Wolfes läßt hier ein von seinem geizigen Herrn schlecht gefütterter Hirtenhund den Wolf zweimal ein Schaf rauben, täuscht bei der Verfolgungsjagd Schwäche vor und erhält daraufhin besseres Essen. Als der Wolf eine Gegenleistung fordert, löst der H. das Dankbarkeit/Treue-Dilemma pragmatisch, indem er dem Wolf den Weg zur Speisekammer seines Herrn weist, für deren Bewachung er nicht zuständig sei. Nicht durch Verrat des H.es, sondern durch sein lautes ‚Singen‘ nach Alkoholgenuß wird der Wolf entdeckt und totgeschlagen.

Bereits hier findet sich also eine frühe Form der in der mündl. Tradition häufigen Kontamination von AaTh 101 mit AaTh 100. Tradiert wurde die Steinhöwel-Fassung u. a. von Burkart → Waldis (am Schluß entkommt hier der Wolf)[15]. Die Fabel lehre, so das Epimythion bei Waldis und das Pro- und Epimythion bei Steinhöwel, zum einen, Hausväter sollten ihrem Gesinde gegenüber nicht zu geizig sein, sonst hätten sie den größeren Schaden (Waldis: die Not mache aus Mägden und Knechten Diebe), und zum anderen, niemand solle etwas gegen seine Natur tun, sonst erleide er wie der Wolf durch übermäßiges Trinken ebenfalls Schaden.

In der mündl. Überlieferung hingegen wird der Undank des Herrn betont: Der H. klagt darüber, daß der Herr seine früheren Verdienste vergessen habe und ihn im Alter dem Hungertod aussetze. Eine unterschiedliche Tendenz ist auch durch den jeweiligen Handlungsverlauf bedingt: Im Unterschied zur schriftl. Überlieferung hatte der Wolf in den Volkserzählungen von AaTh 101 noch keinen Nutzen und der Herr keinen realen Schaden. Bezieht sich das Fazit in der Fabel auf den Diebstahl von zwei Schafen, so steht in der mündl. Überlieferung die Existenz des H.es im Vordergrund – quasi eine Geschichte aus zwei Perspektiven.

[1] Ergänzend zu AaTh: Ó Súilleabháin/Christiansen; Kippar; Arājs/Medne; Kecskeméti/Paunonen; SUS; Berze Nagy; MNK; Megas; van der Kooi; Delarue/Tenèze; Pujol; Robe; Seki; cf. Dh. 4, 210 sq. – [2] cf. Viidalepp, R.: Estn. Volksmärchen. B. 1980, 436 (zu num. 16); z. B. Benzel, U.: Sudetendt. Volkserzählungen. Marburg 1962, num. 150; Seignolle, C.: Contes populaires de Guyenne 2. P. 1946, num. 54; Scheu, H./Kurschat, A.: Pasakos apie paukščius. Žemait. Tierfabeln. Heidelberg 1913, num. 64; Gankin, E. B.: Zolotaja zemlja. M. 1960, 75 sq. (amhar.). – [3] cf. Kerbelytė, B.: Litau. Volksmärchen. B. 1982, 416 (zu num. 7); Ambainis, O.: Lett. Volksmärchen. B. 1979, 419 sq. (zu num. 23); Kippar; Barag (weißruss., ukr.); Robe, S. L.: Mexican Tales and Legends from Los Altos. Berk./L.A./L. 1970, num. 4 sq. – [4] z. B. Javorskij, Ju. A.: Pamjatniki galicko-russkoj

narodnoj slovesnosti. Kiev 1915, num. 61; Lintur, P. V.: Ukr. Volksmärchen. B. 1972, num. 12; Mykytiuk, B.: Ukr. Märchen. MdW 1979, num. 59; Viidalepp (wie not. 2) num. 16. — [5] z. B. Robe (wie not. 3) num. 5; Barag, L. G.: Beloruss. Volksmärchen. B. 1966, num. 102. — [6] z. B. Kerbelytė (wie not. 3) num. 7; Konkka, U.S.: Karel'skie narodnye skazki. Petrozavodsk 1959, 66 sq.; Kapełuś, H./Krzyżanowski, J.: Die Kuhhaut. Lpz./Weimar 1987, num. 2. — [7] z. B. Ambainis (wie not. 3) num. 23; Švābe, A.: Latvju tautas pasakas 2. Riga 1923, num. 25 g; Kabašnikaŭ, K. P.: Kazki i lehendy rodnaha kraju. Minsk 1960, 39—41; cf. Kippar (mit Einschub von AaTh 3,4). — [8] Barag (wie not. 5); Viidalepp (wie not. 2) num. 16 (ohne AaTh 103, 104); Dowojna-Sylwestrowicz, M.: Podania żmujdzkie 1. W. 1894, 340—342 (ohne AaTh 100). — [9] cf. Kippar; MNK; Ikeda; Švābe (wie not. 7) num. 25 a; Bolhár, A.: Slovenske narodne pravljice. Ljubljana 1955, 114—116; Neumann, S.: Mecklenburg. Volksmärchen. B. 1971, num. 23. — [10] Freundliche Mittlg von I. Tomkowiak, Göttingen; cf. Liungman (KHM-Übers. als schwed. Schillingsdruck von 1824). —
[11] z. B. Stern, W.: Drittes Sprach- und Lesebuch für die Oberschüler dt. Elementarschulen. Karlsruhe 1840, 37 sq.; Seemann, O.: Dt. Lesebuch für die untern und mittleren Classen der Gymnasien, Real- und höhern Bürger-Schulen. Altenburg ³1858, 80 sq. — [12] Hilka, A.: Beitr.e zur ma. Fabellit. In: Jahres-Ber. der Schles. Ges. für vaterländische Cultur 91,1 (1913) 4. Abt., Sektion c, 1—21, hier 7, 11. — [13] id.: Beitr.e zur lat. Erzählungslit. des MA.s (Abhdlgen der Ges. der Wiss.en zu Göttingen, phil.-hist. Kl. N.F. 21,3). B. 1928, bes. 4, 16, 47 sq. — [14] Steinhöwels Äsop. ed. H. Österley. Stg. 1873, 218—222; cf. z. B. Äsop/Holbek, 106 sq. — [15] Waldis, B.: Esopus 1. ed. H. Kurz. Lpz. 1862, 388—395 (3,93); cf. Sachs, H.: Sämtliche Fabeln und Schwänke 4. ed. E. Goetze/C. Drescher. Halle 1903, num. 516 (Abschrift nicht erhalten).

Göttingen Ines Köhler-Zülch

Hund: Feindschaft zwischen H. und Katze → Privileg der H.e

Hund verliert das Fleisch (AaTh 34 A), eine der ältesten und am weitesten verbreiteten äsopischen Fabeln.

Ein H. (in einer einzigen europ. Version[1] ein Fuchs) watet (schwimmt) durch einen Bach (läuft am Wasser entlang, über eine Brücke) und trägt ein Stück Fleisch (Wurst, einen Knochen, Käse) im Maul. Als er sein Spiegelbild im Wasser sieht, hält er es für einen anderen H. mit einem (größeren) Fleischstück. Er schnappt danach (springt ins Wasser, bellt den ‚anderen H.' an) und verliert dabei seine Beute, die in den Bach fällt.

Die kurze Erzählung läßt sich in Griechenland bereits im 4. Jh. a. Chr. n. für Demokrit nachweisen[2]; die lat. Fabelsammlungen des → Phädrus (1,4)[3] und → Romulus (1,5)[4] vermitteln sie an das europ. MA. In den späteren lat. oder volkssprachigen Slgen wird sie bis in die Neuzeit nahezu immer unverändert — in wenigen Sätzen oder Versen — erzählt[5]; nur gelegentlich werden begleitende Umstände hinzugefügt (der H. hat das Fleisch gestohlen[6]; er will es seinen Jungen bringen[7]; als er seiner Beute hinterherspringt, kommt er im Wasser um[8]). Versionen, die sich bewußt um eine breitere Ausgestaltung bemühen, sind extrem selten[9].

Die moralische Ausdeutung der Fabel verfolgt zwei Hauptgedanken: Schon Phädrus sieht in dem H. die Habgier verkörpert, die nach fremdem Gut strebt; der Habgierige läuft Gefahr, seinen eigenen Besitz zu verlieren. Diesen Gedanken verbindet der Verf. der Romulus-Versfassung[10] mit der Warnung, nicht sicheren Besitz wegen vager Hoffnungen aufzugeben. Das ‚Sichere' wird gelegentlich mit der ewigen Seligkeit im Gegensatz zur vergänglichen Welt gleichgesetzt[11]. Manchmal werden diese Gedanken konkret auf einen Stand oder dergleichen bezogen, wenn → Luther (1530) sich z. B. über Dienstboten äußert: „Als die fünffte Fabel vom Hund mit dem Stück Fleisch im Maul bedeutet, wenn einem Knecht oder Magd zu wol ist, und wils bessern, so gehets jm wie dem Hund, das sie das gute verlieren und jenes bessere nicht kriegen."[12] Eine in ihrem Pessimismus ‚modernere' Moral formuliert → La Fontaine (6,17): „Chacun se trompe ici-bas."[13]

Die Geschichte fand vor allem ihrer Prägnanz wegen Eingang in ma. Exempelsammlungen[14]. Sie findet sich auch im → *Pañcatantra*[15] und gelangte über → *Kalila und Dimna* u. a. in die griech., lat. (→ Johannes von Capua[16], Raimond de Béziers[17]) und span.[18] Übers.en. In ma. Enz.en wird das Verhalten des H.es als typisch für seine Art beschrieben[19]; hier schwimmt er meist durch den Bach, ohne daß das u. a. von → Lessing[20] kritisierte Faktum, daß er im aufgewühlten Wasser sein Spiegelbild nicht sehen könne, Anstoß erregt.

Wegen des hohen Bekanntheitsgrads der Fabel können sich Sentenzen mit Anspielungen auf das Geschehen begnügen (z. B. lat.: „Os cui non caderet, canis infelix nimis esset"[21]); in der Neuzeit haben neben Fassungen in Fabel-[22] oder Schwanksammlungen[23] sprichwörtliche Redensarten[24] dazu beigetragen, die Fabel zu verbreiten.

Belege aus ir., fries., dt., lett., estn., litau., ukr., span., griech., jüd., alta., iran., äthiop., südafrik. und ind. Überlieferung sind bekannt[25]; Lücken dürften z. T. auf die wenig intensive Sammeltätigkeit im Bereich der Tierfabel zurückzuführen sein[26]. Die mündl. Überlieferung dürfte im wesentlichen auf schriftl. Vorlagen zurückgehen, wie im Fall des mecklenburg. Erzählers August Rust, der ausdrücklich das Schullesebuch als Quelle nennt[27].

Eine weitere Variation von AaTh 34 A enthält das ind. *Pañcatantra* (cf. *Jātaka*, num. 374)[28]:

Hier wird eine Frau, die ihren Mann verlassen hat, von ihrem Liebhaber um Geld und Kleidung gebracht. Während sie nackt am Fluß sitzt, kommt ein Schakalweibchen mit einem Stück Fleisch im Maul, bemerkt einen großen Fisch am Ufer, läßt das Fleisch fallen und läuft hin; der Fisch springt ins Wasser, ein Geier stürzt sich auf das Fleisch. Die Frau verspottet die Schakalin, diese hält ihr hämisch ihre eigene Situation vor.

Diese Var. findet sich auch im *Ṭuṭi-Nāme* (→ *Papageienbuch*), in der mündl. Überlieferung des heutigen Tibet[29] und abgewandelt auf den Philippinen[30]: Dort raubt ein Falke das Fleisch, das eine Krähe zurückgelassen hat, um erfolglos hinter der Beute eines kleinen Vogels herzujagen. In den arab. Fabeln des → Luqmān scheinen europ. und ind. Versionen verbunden: Ein H., der mit einem Fleischstück den Fluß überquert, läßt es wegen des Spiegelbildes fallen, ein Geier raubt es[31].

Wie meist in der Fabeltradition zu beobachten, bleibt trotz weiter Verbreitung der Inhalt von AaTh 34 A konstant. Die Zusammenhänge mit der auch in anderen Erzähltypen vorkommenden Thematik → *Spiegelbild im Wasser* (AaTh 34, 92, 1141, 1335–1336 A) und der Austauschbarkeit der Handlungsträger (Menschen statt Tiere) bedürfen weiterer Unters.en.

[1] cf. Spicilegium Solesmense 3. ed. J. B. Pitra. P. 1855 (Nachdr. Graz 1963), 65 sq. – [2] cf. Pauly/Wissowa 6,2 (1909) 1726. – [3] Phaedri Augusti Liberti Fabulae Aesopicae. ed. L. Müller. Lpz. 1903, 3. – [4] Der lat. Aesop des Romulus und die Prosa-Fassungen des Phädrus. ed. G. Thiele. Heidelberg 1910, 22 sq. – [5] Zu den Qu.n cf. Dicke/Grubmüller, num. 307; zu Fassungen des 16. bis 19. Jh.s cf. auch Bodemann, U.: Der aesopische H. in sechs Jh.en. In: Fabula docet. Ausstellungskatalog Wolfenbüttel 1983, 136–151. – [6] z. B. in einem lat. Ostermärchen des 15. Jh.s, cf. Wendland, V.: Ostermärchen und Ostergelächter. Ffm./Bern/Cirencester 1980, 129. – [7] So im Novus Aesopus des Baldo, cf. Hilka, A.: Beitr.e zur lat. Erzählungslit. des MA.s. B. 1928, 21. – [8] z. B. Christensen, A.: Textes ossètes. Kop. 1921, 22 sq. – [9] cf. etwa die altfrz. Fassung des Ysopet de Lyon (13. Jh.): Bastin, J. (ed.): Recueil général des Isopets 2. P. 1930, 92–94 (34 V.e Erzählung, 20 V.e Auslegung). – [10] ibid., 11 (Gualterus Anglicus, auch als Anonymus Neveleti bezeichnet). –

[11] cf. z. B. ndd. Bearb. der Fabelslg H. Steinhöwels (ca 1492): Dat boek van deme leuende vnde van den fabelen des hochgelereden fabeldichters esopi geheten; Bodemann (wie not. 5) 137 sq. – [12] Zitiert nach Leibfried, E./Wehrle, J. (edd.): Texte zur Theorie der Fabel. Stg. 1978, 8. – [13] La Fontaine, J. de: Fables 1. ed. G. Michaut. P. 1927, 275. – [14] cf. Tubach und Dvořák, num. 1699; cf. auch Lit.hinweise bei Christensen (wie not. 8). – [15] cf. Benfey 1, 79. – [16] Beispiele der alten Weisen des Johann von Capua. ed. F. Geißler. B. 1960, 38. – [17] Hervieux 5, 441. – [18] Calila e Dimna. ed. J. M. Cacho Blecua/M. J. Lacarra. Madrid 1984, 114. – [19] cf. Pseudo-Hugo von Folieto (12. Jh.), De bestiis et aliis rebus 2,17. In: MPL 177, 65, 66; MPL 87 (lib. 3 eines anderen Verf.s); Vincent de Beauvais, Speculum naturale 19, 10; Latini, B.: Li Livres dou trésor. ed. F. J. Carmody. Berk./L.A. 1948, 1.184.2. – [20] Lessing, G. E.: Abhdlgen über die Fabel. In: id.: Werke. Mü. 1972, 479. –

[21] Walther, H. (ed.): Proverbia sententiaeque Latinitatis medii aevi 3. Göttingen 1965, num. 20 403, 20 401, 20 460. – [22] cf. Dicke/Grubmüller, num. 307; weitere Nachweise bei Bodemann (wie not. 5). – [23] Pauli/Bolte, num. 426. – [24] cf. Wander 2, 831, num. 281; 836, num. 419; Erwähnungen: Franck, S.: Paradoxa [1534]. ed. S. Wollgast. B. 1966, 160; EM-Archiv: Zincgref-Weidner, Apophthegmata 4 (1655), 477a; Helmhack, Fabel-Hannß (1729), num. 143; Neiner, L.: Nacht und Morgen. Lpz. s. a., 1463. – [25] Ó Súilleabháin/Christiansen; van der Kooi; Neumann, S.: Ein mecklenburg. Volkserzähler. Die Geschichten des August Rust. B. [2]1970, num. 208; Loorits 201; Kippar; Scheu, H./Kurschat, A.: Pasakos apie paukščius. Žemait. Tierfabeln. Heidelberg 1913, num. 14; SUS; Espinosa 3, 271; Megas; Noy; Radloff, W.: Proben der Volkslitteratur der türk. Stämme Süd-Sibiriens 1. St. Petersburg 1866 (Nachdr. Lpz. 1965), 216 sq.; Marzolph; Christensen (wie not. 8); EM 1, 940; Coetzee; die häufig AaTh 34 A zugeordnete Erzählung bei Callaway, H.: Nursery

Tales. Traditions and Histories of the Zulus 1. L. 1868 (Nachdr. Nendeln 1970), 357 gehört zu AaTh 1336; Thompson/Balys J 1791.4; Bødker, Indian Animal Tales, num. 950. — [26] cf. Schwarzbaum, Fox Fables, 18. — [27] Neumann (wie not. 25) 172. — [28] Bødker, Indian Animal Tales, num. 1265; Schwarzbaum, Fox Fables, 19 (mit not. 14). — [29] Hermanns, M.: Himmelsstier und Gletscherlöwe. Eisenach/Kassel 1955, 177 sq.; Hatami, M.: Unters.en zum pers. Papageienbuch des Naḫšabi. Fbg 1977, 71—73. — [30] Fansler, D. S.: Filipino Popular Tales. (N.Y. 1921) Nachdr. Hatboro 1965, 391 sq. —
[31] cf. Schwarzbaum, Fox Fables, 20.

Bamberg Albert Gier

Hund als bester Freund → Freund: Der beste F., der schlimmste Feind

Hund: Der gelehrte H. → Tiere lernen sprechen

Hund im Meer (AaTh 540), ein in Nordeuropa vorkommender, insgesamt nur für das späte 19. Jh. selten belegter Erzähltyp, der ausschließlich mündl. tradiert zu sein scheint[1].

Ein in Not geratener Seemann stürzt sich ins Meer, um seinem Leben ein Ende zu setzen, und begegnet unter Wasser (an Land) einem schwarzen H. (Pudel), der ihm seine Hilfe anbietet (cf. → Dankbare [hilfreiche] Tiere). Auf Geheiß des H.es läßt er ein Boot bauen, heuert eine Mannschaft an und fährt mit dem H. an Bord auf das Meer hinaus. Nach drei schweren Stürmen (mehreren Jahren) befiehlt der H. dem Seemann, ins Meer zu springen. Dieser trifft vor einem Schloß auf dem Meeresgrund eine schöne Frau, vor deren Verführungskünsten ihn der H. gewarnt hatte, und tötet sie. Im Schloß wartet bereits der H. auf ihn, dem der Seemann nach Überstehen dreier → Qualnächte[2] (Erfüllen bestimmter Aufgaben[3]) den Kopf abschlägt und so den von der Schwiegermutter (Hexe, Vater) verwunschenen Königssohn aus seiner Tiergestalt erlöst.

Die Beschreibung im Märchenverzeichnis von A. → Aarne[4] beruht auf einer in S. → Grundtvigs Klassifizierungssystem aufgenommenen Fassung[5], der wahrscheinlich eine von N.C. Christensen am 3. Nov. 1855 an Grundtvig eingesandte, wohl den frühesten Beleg darstellende und inhaltlich mit dem 1879 bei J. Kamp abgedruckten Text[6] übereinstimmende Erzählung[7] zugrundeliegt:

In beiden Fassungen wird nicht nur der Helfer erlöst, sondern auch dessen in einen Löwen verwandelter, im Schloß in Ketten gefangengehaltener Vater, dem Kopf und Schwanz abgehauen und umgekehrt wieder angesetzt werden müssen oder dessen Tierhaut mit einem Messer blutig geschnitten werden soll. In der schwed. Var., die wie auch die finn. Versionen nur bedingt mit den dän. Fassungen übereinstimmt, ist der verzauberte H. kein Mensch, sondern ein Trollprinz[8]. In der publizierten finn. Fassung entzaubert sich der H. selbst durch einen Sprung ins Wasser[9], die zweite nur als fragmentarischer Archivtext vorhandene finn. Var. weicht in ihrem Inhalt noch stärker ab[10].

In den von S. → Thompson 1928 erw. Typenkatalog wurde AaTh 540 zunächst nicht übernommen[11]. Erst in der zweiten Revision von 1961 ist der Erzähltyp mit finn. und dän. Var.n sowie einer vorgeblichen[12] russ. Fassung erneut belegt. So wirkt diese den Erlösungsmärchen zuzuordnende Erzählung trotz der Bekanntheit der vorkommenden Motive (z. B. Mot. D 711; → Erlösung durch → Enthauptung) isoliert.

[1] Huizenga-Onnekes, E. J.: Groninger volksvertellingen 1. Groningen ²1958, 60—64; Vk. Tijdschrift voor nederlandsche folklore 13 (1900/1901) 200—202; Hackman, O.: Finlands svenska folkdiktning 1, A 1. Hels. 1917, 79 sq.; Christensen, N. C.: Folkeeventyr fra Kær herred. ed. L. Bødker. Kop. 1963—67, num. 84 und p. 300. — [2] Vk. (wie not. 1) 201. — [3] Rausmaa, P.-L.: Suomalaiset kansansadut 1. Hels. 1988, num. 84 und p. 492. — [4] Aarne, A.: Verz. der Märchentypen (FFC 3). Hels. 1910. — [5] Lunding, A.: The System of Tales in the Folklore Collection of Copenhagen (FFC 2). Hels. 1910, num. 86. — [6] Kamp, J.: Danske folkeæventyr 1. Kop. 1879, num. 8 und p. 221. — [7] Christensen (wie not. 1). — [8] Hackman (wie not. 1). — [9] Rausmaa (wie not. 3). — [10] Der Text des Volksdichtungsarchivs der Finn. Lit.ges. wurde freundlicherweise von P.-L. Rausmaa, Helsinki, zur Verfügung gestellt. — [11] Thompson, S.: The Types of the Folk-Tale (FFC 74). Hels. 1928. — [12] cf. Andreev: Typ 540 ist dort lediglich als Lemma aufgeführt, nicht aber durch russ. Var.n belegt.

Göttingen Susanne Ude-Koeller

Hund des Richters (AaTh 1589), Schwank über einen schlauen Rechtsanwalt.

Ein Schlachter beobachtet einen H. beim Diebstahl von Fleischbrocken, verfolgt ihn und stellt fest, daß der H. einem Rechtsanwalt gehört. Bei ihm erfragt er die Strafe für derartige Vergehen und erfährt, daß wenigstens der entstandene Schaden zu ersetzen sei. Erst danach erzählt er dem Rechtsanwalt, daß jener der Besitzer des betr. H.es sei. Der → Advokat leistet den geäußerten Schadensersatz, ruft aber dann den Geschädigten zurück und verlangt eine weit höhere Summe (das Doppelte seines üblichen Honorars) als Bezahlung für seinen Rat.

Wie in manchen anderen Erzählungen erweist sich hier der Advokat dem Rechtsuchenden überlegen und schlägt entsprechend der sprichwörtlich gewordenen Geldgier seines Berufsstandes aus dem durch seinen H. entstandenen Schaden noch einen Gewinn. Solche Texte sind in der engl., ir., nordamerik., port., fläm., fries. und lett. Überlieferung des 19./20. Jh.s belegt[1]; ein Text wurde 1948 in einer chin. Witzsammlung veröffentlicht[2].

Bereits in dem engl. Schwankbuch *Mery Tales, Wittie Questions and Quicke Answeres* (L. 1567) begegnet ein ähnlicher Rechtsfall:

Dort beschuldigt sich der Fragende zunächst selbst, sein Stier habe des Richters Kuh getötet. Als der Richter erfährt, daß in Wirklichkeit sein Tier den Schaden verursacht hat, antwortet er: „this is another matter“[3]. Aber damit läßt sich der geschädigte Tierhalter nicht abspeisen: „Verely it is all one thyng: and you haue truely iudged.“[4]

Für diese Fassung diente dem anonymen Kompilator der mehrfach ausgeschriebene → Erasmus von Rotterdam als Vorlage, den auch Gilbertus Cognatus in seiner *Sylva narrationum* (ca 1537/38) als Quelle heranzog[5]. Erasmus führt die Erzählung im Register innerhalb seiner ‚Exempla in argumentando‘ auf, „als Beispiel für die Wirksamkeit eines als Factum präsentierten Exempels gegenüber dem Gleichnis“[6].

In unterschiedlichem Kontext verwendet, dient die Erzählung in der dt.sprachigen Schwank- und Predigtliteratur bes. des 17./18. Jh.s[7] als Polemik gegenüber Juristen (Obrigkeit) – eine Ständesatire als Beispiel ungerechten Teilens, weniger ein Beleg für bäuerliche List und Verschlagenheit.

Bei AaTh ist eine analoge Erzählung, unter Hinweis auf fünf schwed. Var.n, als AaTh 1734*: *Whose Cow was Gored* zu den Pfarrerschwänken gestellt worden, wohl weil es sich bei dem Handlungsträger häufig um einen Pfarrer handelt. Doch lassen sich zahlreiche weitere Belege mit anderen Handlungsträgern, zumeist jedoch vereinzelt, auch in finn., lett., rumän., jüd., pers. und ind. Überlieferung nachweisen[8]. Die Verbindung zu Erzählungen des Typs AaTh 1589 ist evident und zeugt insgesamt von einer weitverbreiteten Abneigung bzw. Skepsis gegenüber Urteilssprüchen sozial Höherstehender.

[1] Ergänzend zu AaTh: Baughman; DBF A 2, 34, 150; Ó Súilleabháin/Christiansen; Ranke, K.: European Anecdotes and Jests. Kop. 1972, num. 213 (ir.); Revista de etnografia 4 (1965) 449sq. (port.); de Meyer, Conte; Top, S.: Volksverhalen uit Vlaams Brabant. Utrecht/Antw. 1982, num. 33; van der Kooi; Arājs/Medne. – [2] Ting. – [3] Hazlitt, W. C. (ed.): Shakespeare Jest-Books 1,2. (L. 1864) Nachdr. L. 1881, 134; cf. auch DBF A 2, 34, 150. – [4] Hazlitt (wie not. 3). – [5] Erasmus von Rotterdam: Ecclesiastes sive de ratione concionandi. Lyon 1543, 358; Stiefel, A. L.: Die Qu.n der engl. Schwankbücher des 16. Jh.s. In: Anglia 31, N.F. 19 (1908) 453–520, hier 508, 520. – [6] Tomkowiak, I.: Curiöse Bauer-Historien. Zur Tradierung einer Fiktion. Würzburg 1987, 175. – [7] ibid., 175, num. 70 (zahlreiche Nachweise); cf. auch Moser-Rath, Schwank, 336, not. 10. – [8] Ergänzend zu AaTh: Rausmaa; Arājs/Medne; Stroescu, num. 3328; Jason, Types; Jason, Iraq; Vakiliyān, A.: Tamṯil va maṯal 2. Teheran 1366/1987, 80; Sandhu, J. L.: Folk Tales from Kashmir. Bombay/Calcutta/New Dehli 1962, 166.

Göttingen Hans-Jörg Uther

Hund als Schuhmacher (AaTh 102), ein fast ausschließlich in Kontamination mit anderen Erzähltypen auftretendes Tiermärchen mit äußerst unterschiedlichen regionalen Redaktionen, das bisher in wiss. Unters.en kaum Berücksichtigung fand:

In unlauterer Absicht drängt ein Tier ein anderes dazu, bei ihm Schuhe (Pelzmantel) zu bestellen, die es angeblich selbst produzieren will, und fordert dazu vom Besteller das Rohmaterial an.

AaTh 102 ist im AaTh-Katalog – wie das Lemma *The Dog as Wolf's Shoemaker* zeigt – auf die europ. Redaktion mit den Akteuren H. und Wolf ausgerichtet, die in spezifischen Kontaminationen fast ausschließlich in Nord- und Osteuropa durch zahlreiche Var.n belegt ist[1]. Den Eingang bildet oft AaTh 101: *Der alte → H.* Ist AaTh 102 keine andere Erzählung vorgeschaltet, so wird der Erzähltyp auf die gleiche Weise wie AaTh 101 motiviert:

Ein alter H. wird von seinem undankbaren Herrn von zu Hause fortgejagt. Er kommt in die Gewalt des Wolfs (trifft ihn zufällig; singulär Bär) und verspricht ihm für den Winter Stiefel, wenn dieser ihm das dazu notwendige Material verschaffe. Der Wolf willigt ein und bringt das geforderte Kalb. Der H. frißt es auf und stellt weitere Forderungen (Schaf, Schwein). Als der Wolf sich nicht mehr hinhalten läßt, gibt der H. vor, die Stiefel seien gestohlen worden[2], läßt den Wolf durch eine Jauchegrube laufen und behauptet, der am Wolf klebende Schmutz sei das Schuhwerk[3], übergibt dem Wolf Hufe der aufgefressenen Tiere als Schuhe[4].

Der Wolf durchschaut den Betrug – nur singulär bildet AaTh 102 den Abschluß einer Erzählkette[5] – und fordert sein Recht oder will Rache nehmen; es folgt die Kontamination mit AaTh 103, 104: cf. → *Krieg der Tiere*[6]. Eine Vermischung mit AaTh 130: cf. → *Tiere auf Wanderschaft* bietet eine sudetendt. Var.[7]; Kontaminationen mit AaTh 47 A: cf. → *Fuchs (Bär) am Pferdeschwanz* sind in Estland aufgezeichnet worden[8].

Im iran. Raum läßt sich eine Redaktion feststellen, die durch die Akteure Fuchs und Wolf sowie den Wunsch des Wolfes nach einem Pelzmantel gekennzeichnet ist[9].

Der Fuchs gibt sich als Kürschner aus und will dem Wolf einen Pelz für den Winter nähen, wenn dieser ihm Schafe (Ziegen) dazu liefere. Nach z. T. mehrmaligen, vom Fuchs aufgefressenen Lieferungen merkt der Wolf den Betrug und will den Fuchs stellen. Dieser entzieht sich zunächst durch Verstekken oder Flucht.

In selteneren Fällen verursacht der Fuchs den Tod des ihn verfolgenden Wolfs[10], meist entgeht er ihm durch eine List: Dem Fuchs, der seinen Schwanz verloren hat, gelingt es, andere Füchse ebenfalls schwanzlos zu machen, so daß der Wolf ihn nicht mehr erkennen kann (AaTh 2 A: *The Buried Tail*)[11]. In dieser Redaktion erscheint AaTh 102 oft als eine Episode unter vielen, die von den auch aus anderen narrativen Kontexten bekannten Taten des Fuchses erzählen, wie AaTh 60: → *Fuchs und Kranich*, AaTh 225: cf. → *Fliegen lernen* oder AaTh 41: → *Wolf im Keller*[12].

Obwohl eine Gruppe arab., berber. und jüd. Var.n in der Strukturierung der Erzählkette Nähe zu der Redaktion des Mittleren Ostens zeigt, muß sie als eigene Redaktion angesehen werden, da sie sich nicht nur durch die Akteure Schakal und Löwe sowie das Betrugsobjekt – statt Pelz wieder Schuhe – unterscheidet, sondern auch durch eine unterschiedliche thematische Ausrichtung[13]:

Genau wie der Schakal möchte auch der Löwe (singulär Panther) Sandalen besitzen. Auf Geheiß des Schakals schafft er eine Kuh (Kamele, Schafe) herbei, läßt sich vom Schakal unter Schmerzen die frische Kuhhaut auf seinen Tatzen festnähen und setzt sich zur Heilung auf dessen Ratschlag hin der Sonne aus. Die trockene, zu Fesseln gewordene Kuhhaut bereitet dem Löwen noch größere Schmerzen und macht ihn bewegungsunfähig. Zufällig vorbeikommende Tiere (Rebhühner, Hase) retten ihn; der Löwe sinnt auf Rache.

In allen bis auf einen[14] der vorliegenden Texte folgt die Episode von der Schwanzlosigkeit des Betrügers, der dieses Erkennungszeichen listenreich wertlos macht (AaTh 2 A). Wie in der mittelöstl. Redaktion steht AaTh 102 hier in einer Reihe anderer Abenteuer des → Trickster-Tiers und zeigt mit dieser z. T. identische Kontaminationen. Inhaltlich gesehen ist die Idee einer bequemen Nahrungsbeschaffung völlig hinter der Absicht zurückgetreten, einem anderen Tier, und zwar, wie aus den Texten deutlich wird, dem ranghöchsten in der Tierhierarchie, übel mitzuspielen.

Ebenfalls als Tat einer typischen Tricksterfigur erzählen zwei Texte aus dem subsahar. Afrika die Geschichte; diese zentralafrik. Texte mit den Protagonisten Häsin und Hyäne wären als eine 4. Redaktion zu bezeichnen[15].

Die Häsin redet der Hyäne ein, sie habe ihr bei einem Abenteuer eingebüßtes Rückenfell abgezogen und für sich und ihre Kinder zu Schuhen verarbeitet. Die Hyäne möchte auch Schuhe haben und läßt sich die Haut abziehen, die von der Häsin zur Zubereitung von Speisen verwendet wird. Als die Hyäne erscheint, versteckt sich die Häsin mit ihren Kindern in einem Krug; die Hyäne findet die Speise, ißt davon (des Verzehrs der eigenen Haut bewußt) und nimmt den Vorratskrug als Entschädigung für den Verlust der Haut mit.

Häsin und Kinder können entkommen; die Hyäne stirbt an ihren Verletzungen oder – auf den Geschmack gekommen – ißt vom eigenen Fleisch, bis ihre Kinder sie völlig auffressen (→ Selbstschädigung, → Kannibalismus)[16]; cf. zum Motiv ‚Geschmack an Menschenfleisch' im europ. Märchen z. B. verschiedene Eingänge von AaTh 450: → *Brüderchen und Schwesterchen*.

Während der H. geradezu atypisch in der Betrügerrolle erscheint, sind der Fuchs und die regionalen Pendants wie Schakal oder Hase typische Tricksterfiguren, deren Abenteuer in bestimmten Erzählzyklen tradiert werden. Bereits R. → Basset[17] wies auf Parallelen hin, die von Archilochos (für AaTh 105: → *Listensack des Fuchses*) über die ma. Tierepik und Heinrich → Steinhöwels Extravaganten (cf. AaTh

33: cf. → *Rettung aus dem Brunnen*, Sich → tot stellen) bis zu verschiedenen mündl. Traditionen von → schwanzlosen Tieren (AaTh 64, 157***, 2 A) reichen. Die Redaktion des Mittleren Ostens zeigt, daß gleiche Inhalte nicht die gleichen Erzählketten bedingen: Sie steht inhaltlich der 1. Redaktion nahe, stimmt aber in den Kontaminationen mit der 3. Redaktion überein. Die 3. und 4. Redaktion wiederum zeigen eine gemeinsame inhaltliche Tendenz: In ihren Texten wird das Opfer nicht nur materiell geschädigt, sondern muß seinen Wunsch nach Schuhen mit Leiden am eigenen Leib bezahlen. Der Erzähltyp AaTh 102 demonstriert zum einen verschiedene Konkretisierungsmöglichkeiten einer narrativen Grundstruktur, und zum anderen bietet er — trotz der Mischformen[18] — ein Beispiel für die Herausbildung von klar abgrenzbaren Ökotypen und deren Stabilität.

[1] Ergänzend zu AaTh: Kecskeméti/Paunonen; Arājs/Medne; Kippar; SUS; Polívka 5,142; Berze Nagy; MNK; cf. auch Coetzee; der bei AaTh angeführte Beleg von den Kapverd. Inseln ist nicht AaTh 102 zu subsumieren, die dort angegebene frankoamerik. Var. konnte nicht eingesehen werden. — [2] z. B. Benzel, U.: Sudetendt. Volkserzählungen. Marburg 1962, num. 146; Peuckert, W.-E.: Schlesiens dt. Märchen. Breslau 1932, num. 9; Barag, L. G.: Beloruss. Volksmärchen. B. 1966, num. 102. — [3] Kapełuś, H./Krzyżanowski, J.: Die Kuhhaut. Lpz./Weimar 1987, num. 3; Peuckert (wie not. 2) num. 8; Lintur, P. V.: Ukr. Volksmärchen. B. 1972, num. 11. — [4] Ambainis, O.: Lett. Volksmärchen. B. 1979, num. 22; Švābe, A.: Latvju tautas pasakas 2. Riga 1923, num. 26 a, b. — [5] Viidalepp, R.: Estn. Volksmärchen. B. 1980, num. 16; Ambainis (wie not. 4); Peuckert (wie not. 2) num. 8 (Mann und Löwe); cf. auch Mode, H.: Zigeunermärchen aus aller Welt 3. Wiesbaden 1984, num. 149 (Mann und Wolf). — [6] z. B. Švābe (wie not. 4); Peuckert (wie not. 2); Kapełuś/Krzyżanowski (wie not. 3); Jech, J.: Tschech. Volksmärchen. B. [2]1984, num. 2 (alter und junger H.). — [7] Benzel (wie not. 2). — [8] Kippar. — [9] Marzolph; STF, p. 361; Noy 102, 2. Var.; cf. auch MacDonald, M. R.: The Storyteller's Sourcebook. A Subject, Title, and Motif Index to Folklore Collections for Children. Detroit 1982, 271 (Mot. K 254.1.1*). — [10] Hadank, K.: Mundarten der Gûrân [...]. B. 1930, 326—329, num. 12; Osmanov, N.: Persidskie skazki. M. 1958, 497—503; STF 394. — [11] STF 92; cf. Marzolph. — [12] cf. Marzolph. — [13] Nowak, num. 4 (Fellmantel), 9, 11; Basset, R.: Nouveaux Contes berbères. P. 1897, num. 68 sq.; Frobenius, L.: Volksmärchen der Kabylen 3. Jena 1921, num. 3, 11; Noy, D.: Contes populaires racontés par des Juifs de Tunisie. Jérusalem 1968, num. 2 (Fuchs und Löwe); cf. Noy; cf. Fabula 4 (1961) 184, 188. — [14] Frobenius (wie not. 13) num. 3. — [15] Jungraithmayr, H.: Märchen aus dem Tschad. MdW 1981, num. 33; Fuchs, P.: Afrik. Dekamerone. Stg. 1961, 42—44. — [16] Jungraithmayr (wie not. 15). — [17] Basset (wie not. 13) num. 68. — [18] Reichl, K.: Karakalpak. Märchen. Bochum 1985, 15—54 (schwanzloser Schakal und Wolf; Pelzmantel); Macalister, R. A. S.: The Language of the Nawar or Zutt, the Nomad Smiths of Palestine. L. 1914, 103 sq. (= Aichele, W./Block, M.: Zigeunermärchen. MdW 1977, num. 1 [Fuchs und Panther; Pelz]); cf. MacDonald (wie not. 9); cf. auch Hermann, A./Schwind, M.: Die Prinzessin von Samarkand. Köln 1951, 130 sq. (Nachdichtung einer ma. armen. Fabel; Katze und H.; Fellmütze).

Göttingen Ines Köhler-Zülch

Hund und Sperling (AaTh 248), Tiermärchen, das im wesentlichen aus zwei Episoden besteht:

(1) Ein → Vogel (meist Sperling) schließt Freundschaft mit einem → H. und besorgt ihm zu essen und zu trinken. Als der H. gesättigt auf der Straße (in der Fahrrinne) eingeschlafen ist, überfährt ihn trotz der Warnung des Vogels ein Bauer mit seinem Wagen. (2) Der Vogel rächt den Tod des H.es. (2.1) Er ärgert den Fuhrmann durch freche Sprüche; als jener versucht, den Vogel zu erschlagen, fügt er sich selbst Schaden zu (→ Selbstschädigung, Selbstverstümmelung): Der Mann tötet versehentlich das Pferd (Pferde), zertrümmert ein Faß (Bier, Wein), seine Frau erschlägt das Kind (Mot. K 946), oder er schlägt seine ganze Hauseinrichtung entzwei. (2.2) Schließlich fängt der Mann den Vogel und verschlingt ihn (teils auf dessen Rat) lebendig (Mot. B 171.1.1). Als der Vogel seinen Kopf aus dem Hintern (Mund) des Mannes heraussteckt, versucht die Frau (Knecht), ihm den Kopf abzuschlagen. Dabei verletzt (tötet) sie versehentlich den Mann, der Vogel fliegt unversehrt fort (cf. Mot. F 912).

AaTh 248 ist hauptsächlich in Europa verbreitet: Im einzelnen sind finn., estn., lett., litau., schwed., dt., ndl., fläm., ir., schott., frz., ital., rumän., ung., tschech., slovak., russ., weißruss., ukr. und poln. Var.n bekannt[1]. Aus dem außereurop. Raum sind in selbständiger Form nur kurze Texte aus Mittelamerika[2] belegt; im Anschluß an AaTh 715: → *Halbhähnchen* ist AaTh 248 in der ostslav. und balt. sowie der (vorder)oriental. Überlieferung nachgewiesen[3]. Gelegentlich enden die Texte mit einer Ätiologie (‚Seit jener Zeit hat der Mensch einen gespaltenen Hintern')[4].

In der ältesten bekannten Var., einem zwischen 1800 und 1804 niedergeschriebenen ndl. Text, frißt der H. so viel, daß er sich nicht mehr aus der Wagenspur herausbewegen kann (cf. AaTh 41: → *Wolf im Keller*)[5]. KHM 58 beginnt, ebenso wie die zwei mittelamerik. Var.n[6], damit, daß der hungerleidende H. seine undankbare Herrschaft verläßt (cf. auch AaTh 101: *Der alte → H.*, AaTh 130: cf. → *Tiere auf Wanderschaft*); der freundliche Vogel besorgt ihm zu essen und trinken, indem er durch vorgetäuschte Hilflosigkeit die Menschen ablenkt. Oft beginnt AaTh 248 mit der unmotivierten Freundschaft zwischen H. und Vogel. Als Einleitung zu AaTh 248 steht gelegentlich AaTh 56 B: cf. → *Fuchs und Vogeljunge*: In einer mecklenburg. Var. tötet der H. den Wolf, der die Jungen des Sperlings gefressen hat, wird daraufhin vom Sperling mit Essen versorgt und schläft überfressen in der Fahrrinne ein[7]; in einem weißruss. Text tobt der Specht, der sich zu schwach fühlt, um sich am Fuchs zu rächen, seine hilflose Wut am Bauern aus[8].

Das häufig einleitend angeführte Motiv, daß der Vogel dem H. zu essen verschafft, bringt AaTh 248 in eine enge typol. Verwandtschaft zu AaTh 223: *The Bird and the Jackal as Friends*, dessen erster Teil wiederum AaTh 56 B*: *The Fox Drinks and Laughs* bzw. AaTh 248 A*: *The Clever Bird* entspricht. Diese Erzähltypen sind mit sporadischen Nachweisen sowohl im ost- und südeurop. Raum als auch verstärkt im Vorderen Orient, Süd- und Zentralasien bis nach China belegt[9].

Der Vogel (Wachtel, Amsel, Rebhuhn) verschafft dem Wolf (Fuchs, H.; teilweise aufgrund einer Drohung; im Anschluß an AaTh 56 B aus Dankbarkeit für die erwiesene Hilfe) zu essen und zu trinken. Danach soll er den Wolf zum → Lachen bringen: Er setzt sich einem Menschen (wechselweise zwei Personen) auf den Kopf; beim Versuch, ihn zu schlagen, wird der Mensch auf den Kopf getroffen (cf. AaTh 1586, 1586 A: → *Fliege auf des Richters Nase*). Schließlich soll der Vogel dem Wolf Angst einjagen: Er führt ihn mit geschlossenen Augen unter die Menschen; nur mit knapper Not entkommt der Wolf.

Die Verwandtschaft zu AaTh 56–56 C und AaTh 223, von denen AaTh 248 oft nicht klar unterschieden wird, hat zu der fälschlichen Aussage geführt, AaTh 248 sei gleichfalls in Indonesien und Jamaika verbreitet[10]. Auch die Behauptung, der älteste Beleg finde sich im → *Roman de Renart* (11, 761), ist durch eine unscharfe Trennung der Erzähltypen entstanden[11]: Der *Roman de Renart* enthält nur eine erweiterte Fassung von AaTh 56 B, in der der H. die Rache des Vogels ausführt, nachdem der Vogel ihm listig etwas zu essen besorgt hat[12].

Die u. a. von W. → Liungman erwähnte Beziehung von AaTh 248 zu dem im Orient verbreiteten Erzähltyp AaTh 248 A: *The Elephants and the Lark* ist sehr vage[13]. Hingegen besteht eine engere Verwandtschaft mit → Anansi-Erzählungen auf Jamaika[14] oder bei den afrik. Haussa[15].

Anansi, das Spinnenmännchen, frißt alleine den Brei, während das Rebhuhn geht, um die von Anansi absichtlich zurückgelassenen Löffel zu holen. Später rächt sich das Rebhuhn: Es setzt sich auf den Kopf des Spinnenweibchens, dann des Sohnes, und Anansi tötet mit einem Schlag zuerst das Weibchen und dann den Sohn. Als sich das Rebhuhn auf seinen eigenen Kopf setzt, verletzt sich Anansi schließlich selbst tödlich.

Die Lit. zu AaTh 248 konstatiert anhand der engen Verbindung mit AaTh 56 B eine mögliche oriental. (ind.) Herkunft[16]. Dabei wird AaTh 56 als ursprünglich angesehen, Kontaminationen mit AaTh 248 werden als Erweiterungen betrachtet[17], die ihren Ursprung vielleicht auf dem Balkan haben[18].

Stärker als in Märchen vom Typ AaTh 715 wird in AaTh 248 der Listenreichtum des Vogels betont, außerdem besteht ein Zusammenhang mit → Fressermärchen (AaTh 2027, 2027 A, 2028): Der Held geht in den Verschlingenden hinein, um ihn zu töten[19]: In manchen Var.n von AaTh 248 ist es gerade der Vogel, der den Fuhrmann überredet, ihn bei lebendigem Leibe zu verschlucken[20]; dann durchlöchert er seinen Bauch, um wieder hinauszugelangen[21].

B. D. → Hrinčenko u. a. Forscher haben AaTh 56 B und AaTh 248 im Hinblick auf die Erforschung der genetischen Wechselbeziehungen zwischen dem Tier- und dem Zaubermärchen genutzt. Danach repräsentieren seine Protagonisten eine Gesellschaft, die in vier Stände geteilt ist: Der Fuchs entspräche dem Priester (‚Ich werde deine Kinder taufen', sagt er dem Vogel[22]), der H. dem Krieger (der Sperling sucht jemanden, der gegen den Wolf [Fuchs][23] ‚Krieg führen' könne), der Vogel dem

Bauern (er füttert den H. mit Produkten aus Ackerbau und Viehzucht), der Fuhrmann dem König (Wahl des Königs, wenn der Vogel sich auf seinen Kopf setzt).

[1] Ergänzend zu AaTh: Kippar; Arājs/Medne; Ó Súilleabháin/Christiansen; Legros, É.: Un Examen, révision. In: Les Dialectes belgo-romans 19 (1962) 78–115, hier 95; Delarue/Tenèze; Cirese/Serafini; MNK; Polívka 5, 144–146; Krzyżanowski; SUS; Säve, P. A.: Gotländska sagor 2, 1. ed. H. Gustavson. Uppsala 1955, num. 178; Sirovátka, O.: Tschech. Volksmärchen. MdW [2]1980, num. 37. – [2] Hansen. – [3] z. B. Eberhard/Boratav, num. 33; STF, num. 23; Marzolph 235 C* (2). – [4] Hrinčenko, B. D.: Etnografičeskie materialy […] 2. Černigov 1897, num. 5. – [5] Volkskunde 14 (1901/02) 80sq.; cf. Meyere, V. de: De vlaamsche vertelselschat 4. Antw. 1933, num. 349; Huizenga-Onnekes, E. J.: Groninger volksvertellingen 1. Groningen [2]1958, 6–8. – [6] Hansen. – [7] Neumann, S.: Mecklenburg. Volksmärchen. B. 1971, num. 51. – [8] Barag, L. G.: Beloruss. Volksmärchen. B. 1966, num. 99. – [9] Ergänzend zu AaTh: Kecskeméti/Paunonen 56 B*, 248 A*; SUS 248 A*; Arājs/Medne 56 B*; Kippar 56 B*, 248 A*; Delarue/Tenèze 56 B*; Cirese/Serafini 56 B*; STF 223; Ting 223; Bødker, Indian Animal Tales, num. 208; Karlinger, F./Pögl, J.: Katalan. Volksmärchen. MdW 1989, num. 20; Pitrè, G.: Novelle popolari toscane 1. Rom 1941, num. 53; Volkov, A. A.: Karakalpakskie narodnye skazki. Nukus 1959, num. 12; Lajpanov, Ch.: Karačaevskie i balkarskie narodnye skazki. Frunze 1957, 68sq.; Kralina, N.: Sto skazok udmurtskogo naroda. Iževsk 1961, 95. – [10] Thompson, S.: The Folktale. Berk./L.A./L. [1946] 1977, 222sq.; Liungman, Volksmärchen. – [11] BP 1, 517sq.; Liungman, Volksmärchen; Barag. – [12] Kolmačevskij, L.: Životnyj ėpos na zapade i u Slavjan (Das Tierepos im Westen und bei den Slaven). Kazan' 1882, 152–163; Sudre, L.: Les Sources du Roman de Renart. P. 1893, 301–310. – [13] Liungman, Volksmärchen, 33; ergänzend zu AaTh: Bødker, Indian Animal Tales, num. 32; Jason; STF. – [14] Beckwith, M. W.: Jamaica Anansi Stories. N.Y. 1924, num. 34. – [15] Johnston, H. A. S.: A Selection of Hausa Stories. Ox. 1966, 14–17. – [16] Kolmačevskij (wie not. 12); Reissenberger, K.: Des hundes nôt. In: Progr. Bielitz 17 (1892/93) 1–39, hier 3; Thompson (wie not. 10). – [17] Bahder, K.: Des H.es Nôt. In: Germania 31 (1886) 105–109, hier 109; cf. Grubmüller, K.: ‚Des hundes nôt'. In: Verflex. 4 ([2]1983) 306sq. – [18] Kolmačevskij (wie not. 12); Reissenberger (wie not. 16) 16sq.; Gerber, A.: Great Russian Animal Tales. Baltimore 1891, 61sq. – [19] Propp, V. Ja.: Istoričeskie korni volšebnoj skazki. Len. 1986, 237 (dt.: Die hist. Wurzeln des Zaubermärchens. München/Wien 1987, 298). – [20] Huizenga-Onnekes (wie not. 5). – [21] Polívka 5, 144sq. – [22] Hrinčenko (wie not. 4) num. 5; ibid., t. 1 (1895) num. 155; Berezovs'kyj, I. P. (ed.): Kazky pro tvaryn. Kiev 1976, num. 436sq. – [23] ibid., num. 438.

Novosibirsk Valerij I. Sanarov

Hund imitiert den Wolf (AaTh 47 D, 101*, 117*, 119 C*). Obwohl es sich bei dem im AaTh-Katalog unter vier verschiedenen Typennummern angeführten Tiermärchen H. i. d. W. im wesentlichen um einen einzigen, bestenfalls ökotypisch variierten Erzähltyp handelt, ist diese Tatsache auch in neueren Regionalkatalogen selten entsprechend berücksichtigt. So finden sich jeweils unterschiedlich Nachträge sowohl zu AaTh 47 D: *The Dog Imitating a Wolf Wants to Slay a Horse*[1] als auch zu AaTh 101*: *The Dog Wants to Imitate the Wolf*[2], AaTh 117*: *A Dog Imitates a Bear (Wolf)*[3] und AaTh 119 C*: *The Wolf Goes Three Times Round the Horses*[4]. Das diesen vier Erzähltypen zugrundeliegende Tiermärchen hat etwa folgende Struktur:

(1) Ein Wolf (Löwe, Bär) mästet einen ausgehungerten, entkräfteten Hund (Fuchs). Bei der Vorbereitung zur Jagd zwingt er ihn zu bestätigen, daß er ein schreckliches Aussehen annehme. (2) Der wieder zu Kräften gekommene Hund beschließt, selbständig zu jagen, und nimmt ein anderes schwaches Tier (Hund, Katze, Hase) zum Gefährten; diesem macht er ebenfalls zur Auflage zu sagen, daß sein Aussehen bei der Jagd furchterregend sei. (3) Voller Überheblichkeit ahmt der Hund den Wolf nach und überfällt ein Pferd (Hirsch, Kamel). Dabei erhält er einen tödlichen Schlag gegen den Kopf. Hierauf bemerkt der Gefährte sarkastisch, daß er jetzt wirklich schrecklich aussehe: mit blutunterlaufenen Augen.

Der Erzähltyp geht in der westl. Überlieferung offensichtlich zurück auf eine Fabel (num. 20) des Aphthonius (ca 4./5. Jh. n. u. Z.; → Nevelet), die u. a. von H. → Steinhöwel (num. 94)[5] rezipiert wurde. Mit der antiken Überlieferung ist vielleicht auch die armen. Fassung in der mit dem Namen Vardan verbundenen Fabelsammlung *Aġuesayir* (Fuchsbuch; 13. Jh.) verknüpft, die in einer georg. und einer arab. Fassung erhalten ist[6]. T. → Benfey vermutete angesichts der ‚auffallenden Identität' mit einer Fabel der ind.-buddhist. → *Jātakas* (num. 143, inhaltlich identisch mit num. 335) im vorliegenden Fall einen oriental.

Ursprung[7], eine Ansicht, die u. a. auch H. → Schwarzbaum vertrat[8]:

> Der beutesuchende Schakal wird unterwürfiger Diener des Löwen. Er muß ihn vor der Jagd mit den Worten ‚Leuchte auf, Gebieter!' verehren, worauf der Löwe in der Lage ist, selbst das stärkste Tier zu reißen. Gegen den Rat des Löwen beschließt der Schakal, ihn nachzuahmen: Er wird von einem Elefanten zermalmt.

Benfey wertete als wichtiges Indiz für einen ind. Einfluß die Tatsache, daß der → Fuchs, der in der Antike grundsätzlich als kluger → Trickster dargestellt werde, in vielen Var.n die Rolle eines Tölpels innehabe, die in der ind. Überlieferung stereotyp mit dem → Schakal besetzt werde; eine konkrete Verbindung des oriental. Überlieferungsstranges mit dem westl. läßt sich allerdings nicht nachweisen.

Die wenigen ind. Var.n aus rezenter mündl. Überlieferung[9] gehen wohl ebenso wie verwandte chin. Texte[10] auf die buddhist. Erzählung zurück. Das hauptsächliche Verbreitungsgebiet des Erzähltyps liegt hingegen – möglicherweise beeinflußt durch die Popularität der bei A. N. → Afanas'ev vertretenen Var. (num. 59) – im osteurop. Raum, wo lett., litau.[11], poln.[12], russ., ukr. und weißruss.[13] Belege bekannt sind. Darüber hinaus finden sich Var.n aus Zentralasien (tibet.[14], kalmück.[15], kasach.[16], tadschik.[17]), dem kaukas. Dagestan[18] und Griechenland[19] sowie – wohl durch Vermittlung (nicht nachweisbarer) span. Zwischenglieder – in Mittelamerika (Mexiko, Panama)[20]. Auch ein berber. Text aus Marokko, in dem ein Schakaljunges sich anmaßt, die Königstochter heiraten zu wollen, kennt das Motiv der blutunterlaufenen Augen[21].

Ökotypische Ausprägungen lassen sich nicht feststellen. Hingegen gibt es gelegentlich Übereinstimmungen in Details: In der antiken Fassung lehnt der Wolf es nacheinander ab, Schweine, Schafe oder Kühe zu reißen, und greift erst das Pferd an; ähnlich erscheinen in einer weißruss. Var.[22] nacheinander Gänse, Schweine und Pferde und in einem ukr. Text[23] Schafe, Gänse und Pferde. Kontaminationen mit anderen Erzähltypen sind äußerst selten; nur in ostslav. Texten erscheint gelegentlich die Verknüpfung mit AaTh 100: cf. *Der singende → Wolf* und AaTh 101: *Der alte → Hund.*

Die implizite Moral der Erzählung unterstützt die geltenden Machtverhältnisse: Einerseits wird die Fürsorgepflicht des Herrschers für seine Untertanen unterstrichen; andererseits wird betont, daß der Schwache sich nicht die Rolle des Starken anmaßen soll, sonst nehme es ein schlechtes Ende mit ihm.

[1] Ergänzend zu AaTh: Robe; STF 1, num. 267, 307, 371. – [2] Ting (relevant sind hier nur die drei Texte, welche die Episode II c enthalten). Die bei AaTh 101* angeführten vier poln. Belege (Krzyżanowski, num. 107) werden bei Barag mit einer Korrektur (3 poln., 1 ukr.) als analog zu Typ 117* behandelt. – [3] Barag; SUS. Die Hinweise bei AaTh 117* entsprechen exakt den bereits bei AaTh 47 D angeführten. – [4] Arājs/Medne; Megas; Lőrincz. – [5] Dicke/Grubmüller, num. 607. – [6] Marr, N. Ja.: Sborniki pritč Vardana (Slg der Fabeln des Vardan) 1. St. Peterburg 1899, 483 sq., 479; Orbeli, J.: Basni srednevekovoj Armenii (Fabeln des ma. Armenien). M./Len. 1956, 21, 79. – [7] Benfey 1, 104. – [8] Schwarzbaum, Fox Fables, 42, cf. 456. – [9] Thompson/Roberts 47 D; cf. Bødker, Indian Animal Tales, num. 939. – [10] Ting. – [11] Arājs/Medne 119 C*; Kerbelytė, B.: Litau. Volksmärchen. B. 1982, num. 9. – [12] Krzyżanowski, num. 107. – [13] Barag 117*; SUS 117*. – [14] Hoffmann, H.: Märchen aus Tibet. MdW 1965, num. 19. – [15] Lőrincz 119 C*. – [16] Sidel'nikov, V. M.: Kasachskie skazki 1. Alma-Ata 1958, 199 sq. – [17] Amonov, R./Ulug-zade, K.: Tadžikskie narodnye skazki. Stalinabad 1957, 39 sq.; STF 1, 47 D. STF 47 D[1] (= Marzolph *30 A) entspricht AaTh 30: cf. EM-Art. Rettung aus dem Brunnen. – [18] Dirr, A.: Kaukas. Märchen. MdW 1920, 155–157. – [19] Megas 119 C*. – [20] Robe 47 D. – [21] Laoust, H.: Contes berbères du Maroc 2. P. 1949, num. 17. – [22] Ramanaŭ, E. R.: Belaruskija narodnyja skazki. Minsk 1962, 307–309. – [23] Lintur, P. V.: Ukr. Volksmärchen. B. 1972, num. 15.

Ufa Lev G. Barag

Hund des Zaren → Sidi Numan

Hunde: Warum H. einander beriechen (AaTh 200 B), ätiologisches Tiermärchen.

(1) Die Versammlung der H. (1.1) Die H. (König der Tiere) veranstalten ein Festmahl und entdecken beim Kochen der Speisen, daß (1.1.1) ihnen Pfeffer fehlt, (1.1.2) der Pfeffer gestohlen ist. (1.2) Ein Hund ist todkrank und benötigt Medizin. (2) Sie beauftragen einen Hund (wegen der ihnen drohenden Gefahren ein anderes Tier), das Gewürz (Arznei) aus der Stadt (andere Region) herbeizuschaffen und geben Geld mit. (3) Der Botendienst gerät zum Mißerfolg.

(3.1) Das Tier verschwindet für immer. (3.2) Das Tier kehrt zurück, hat (3.2.1) den Pfeffer verloren (unter dem Schwanz aufbewahrt) oder (3.2.2) die Medizin (Rosinen) aufgegessen (3.3) und gibt vor, das Gewürz (Medizin) sei ihm weggenommen worden. (4) Seit der Zeit riechen die H. anderen H.n unter dem Schwanz (in H.kot), (4.1) um auf diese Weise den Gewürzholer zu identifizieren, (4.2) um den Dieb zu entdecken.

AaTh 200 B — erst in der 2. rev. Aufl. des AaTh-Typenkatalogs berücksichtigt (nach Balys *202) — erweist sich mit dieser Aussage über ein charakteristisches H.verhalten als ein Seitenstück zu der alten und in Europa weitverbreiteten Fabel vom Verlust des → *Privilegs der H.* (AaTh 200, 200 A), die als Ätiologie das gegenseitige Beriechen der H. mit der Suche nach einem verlorengegangenen Dokument (AaTh 200 A: *Dog Loses his Patent Right*) zu erklären sucht[1].

Die Ätiologie AaTh 200 B ist erstmals Mitte des 19. Jh.s aufgezeichnet und ausschließlich aus mündl. Tradition bekannt[2]. Allerdings existieren bis heute nur einige wenige Belege in geogr. weit auseinanderliegenden Gebieten (frz., dt., poln., estn., litau., lett., weißruss., ukr., ung., ital., skr., griech.), was allerdings auch auf die ungenügenden Sammelaktivitäten zurückzuführen sein könnte[3]. In der Handlung ergeben sich einige Abweichungen, z. B. verhängt die Muttergottes als Strafe für den Diebstahl den H.n so lange ein Sprechverbot, bis der Schuldige wiedergefunden ist (Rheinland)[4]. Oder der Hund wird zur Arztausbildung von Griechenland nach Europa geschickt, damit die H. künftig nicht mehr wie H. (d. h. ohne Arzt) krepierten (griech.)[5]. In der bislang ältesten Fassung[6] schickt der Koch nacheinander alle Hofhunde fort, frischen Pfeffer zu besorgen (und läßt zuvor jeden Hund am Gewürz riechen, damit er es auch erkenne): Bis heute suchen die H. ihren Artgenossen, der den Pfeffer bringen soll. Auch sexuelle Var.n fehlen nicht: Weil ein ‚Köter' wegen des Umfangs seines Genitals nicht kopulieren kann, wird ein Hund mit Geld losgeschickt, Schmalz zu besorgen, und kehrt nicht wieder zurück[7].

Das gegenseitige Beschnüffeln der H. hat eine biologisch einfache Erklärung: Aufgrund ihres ausgeprägten → Geruchssinns können sich die Tiere einander durch Beriechen der in der Aftergegend befindlichen kleineren Drüsenanhäufungen erkennen. Gleichwohl hat dieses Phänomen „offensichtlich die Fabeldichter Jahrhunderte hindurch interessiert"[8] und ist außer in AaTh 200 A und AaTh 200 B noch in einer Reihe weiterer Erzählungen mit differierenden Begründungen belegt[9].

Der ganze Komplex AaTh 200 einschließlich der Subtypen bedarf weiterer Unters.en, zumal die AaTh-Beschreibungen zu undifferenziert sind und z. T. zu falschen Klassifikationen geführt haben[10].

[1] cf. zum ganzen Komplex Dh. 4, 103—142; BP 3, 542—555; Dicke/Grubmüller, num. 317. — [2] Zs. für dt. Mythologie und Sittenkunde 1 (1853) 225. — [3] Var.nüberblick bei Dh. 4, 135—137 und BP 3, 543, 551, 553 sq.; ergänzend zu AaTh ferner Neumann, S.: Mecklenburg. Volksmärchen. B. 1971, num. 36; Dietz, J.: Lachende Heimat. Bonn 1951, num. 50; Aleksynas, K.: Šiaures lietuvos pasakos. Vilnius 1974, num. 19; Toschi, P./Fabi, A.: Buonsangue romagnolo. Bologna 1960, num. 20; Delarue/Tenèze; Balys, num. *202; Arājs/Medne; SUS; MNK; MNK 200_2*, BP 3, 553 (skr.); Megas. — [4] Dietz (wie not. 3). — [5] Politēs, N. G.: Paradoseis 2. Athen 1904, num. 1010. — [6] Zs. für dt. Mythologie (wie not. 2). — [7] Hnatjuk, V.: Das Geschlechtleben des ukr. Bauernvolkes 2. Lpz. 1912, num. 378. — [8] Liungman, Volksmärchen, 27. — [9] z. B. Borde, V.: Texte aus den La Plata-Gebieten in volkstümlichem Span. und Rotwelsch. Lpz. 1923, num. 2; Gaudes, R.: Kambodschan. Volksmärchen. B. 1987, num. 88, 91; cf. auch Dh. 4, 103—142. — [10] Der Hinweis auf Plenzat bei AaTh 200 B ist unrichtig, die Var.n zählen zu AaTh 200 A; van der Kooi 200 B ist eher bei AaTh 200 A zu subsumieren.

Göttingen Hans-Jörg Uther

Hundert → Zahl

Hundes Unschuld (AaTh 178 A), Erzählung über die ungerechte Tötung eines Tiers, verbunden mit der Warnung vor übereilten Entschlüssen.

Ein → Hund ([H.], oft ein Windhund), alleingelassen zum Hüten eines in der Wiege befindlichen → Kindes, rettet es vor dem Biß einer → Schlange, die er tötet. Während des Kampfes zwischen beiden Tieren stürzt die Wiege um. Beim Anblick des blutbefleckten H.es und im Glauben, daß dieser den Sohn totgebissen habe, tötet der zurückgekehrte Vater den H. Als die Schreie des Kindes ihm seinen Irrtum klarmachen, bedauert er zutiefst die ungerechte Tat.

In dieser oder ähnlicher Form hat die Erzählung mit austauschbaren Handlungsträgern – z. B. ein Ichneumon (Wiesel, Hermelin) in der Rolle des H.es – weite Verbreitung von Indien über die arab. Länder bis nach Westeuropa gefunden, und zwar vom 3. Jh. a. Chr. n. bis zur Gegenwart[1] und gehört heutzutage noch zu den oralen Überlieferungen Indiens[2]. Aus Indien stammt auch die früheste Version im *Tantrākhyāyika*, der ältesten Fassung des → *Pañcatantra*[3]. Ein → Brahmane und seine Frau, ein Ichneumon, den sie zusammen mit ihrem Sohn erziehen, und eine Schlange sind die Handlungsträger. Unabhängig davon kennt man auch eine griech. Version des → Pausanias (*Periēgēsis tēs Hellados* 10,33; ca 160–180 p. Chr. n. entstanden) über den Ursprung der Stadt Amphiklea in Phokis:

Der Angreifer ist hier ein Wolf, der Beschützer des Kindes dagegen eine Schlange, die der Vater aus Versehen zusammen mit seinem Sohn tötet. Der Vater verbrennt die Schlange und seinen Sohn auf demselben Scheiterhaufen. Seit jener Zeit erzählt man, daß die Erde der ganzen Gegend der Asche des Scheiterhaufens gleiche und die Stadt den Namen der Schlange Ophitea angenommen habe. Die erheblichen Abweichungen bei Pausanias (Schlange als Verteidigerin, nicht Angreiferin, Tod des Kindes, Tötung durch den Vater) scheinen dafür zu sprechen, daß die griech. Version mit der langen Reihe oriental. Versionen nichts gemein hat[4].

Die *Pañcatantra*-Erzählung gelangte über eine verlorene pers. (Pahlawi) Zwischenstufe ins arab. → *Kalila und Dimna* und dessen griech. Übers., wovon ausgehend sich zwei Überlieferungsträger feststellen lassen:

(1) Einerseits gibt es die gut belegten syr., griech., hebr., arab. und pers. Übers.en der sog. *Sindbad*-Tradition (→ *Sieben weise Meister*), die stets die Erzählung vom zu Unrecht getöteten H. enthalten. An die arab. Version schließt die Fabel des *Novus Aesopus* von Baldo (12. Jh.; Hermelin statt H.)[5] an und bes. die lat. Übers. des 14. Jh.s im *Liber de Dina et Kalila*[6] des Raimond de Béziers. Ins Hebräische wurde die arab. Version von Rabbi Joel übertragen (*Mischle Sindebar*, Mitte 13. Jh.), die → Johannes von Capua zwischen 1263 und 1278 in seinem *Directorium vitae humanae* ins Lateinische übersetzte[7]. Dieses Werk wurde auch in verschiedene Volkssprachen übertragen, z. B. ins Deutsche als *Buch der Beispiele der alten Weisen* (Anton von → Pforr) oder ins Spanische (*Exemplario contra los engaños y peligros del mundo* [Kap. 7])[8].

(2) Andererseits läßt sich bereits früher ein anderer Überlieferungsstrang vermuten, dessen genauer Verbreitungsweg zwar nicht ganz zu erhellen ist, der aber schon 1155 zu der versifizierten altfrz. Version *Les sept Sages de Rome* (Kap. 7)[9] führt und zu der lat. Version des *Dolopathos* (→ Johannes de Alta Silva)[10], die von einem gewissen Herbert (Anfang 13. Jh.) in *Li Romans de Dolopathos* ins Französische übertragen wurde[11]. Wie alle anderen Erzählbeispiele auch dient das Exemplum vom zu Unrecht getöteten H. dazu, in didaktischer Weise Geduld und Überlegung zu lehren, hier einem jungen Schüler. *Les sept Sages de Rome* ist im 13./14. Jh. sowohl im Französischen (versifiziert oder in Prosaauflösung) als auch im Lateinischen (*Liber de septem sapientibus*; verlorene Fassung aus dem 13. Jh.) verbreitet, wobei die letztere Fassung nur in der verkürzten Form über die *Scala celi* (um 1330) des → Johannes Gobii Junior bekannt ist: Das Exemplum ist unter dem Stichwort *Canis* innerhalb des Abschnitts *Femina* erwähnt und hebt ab auf die Nachlässigkeit der drei mit der Bewachung des Kindes beauftragten Ammen. Zwei weitere, leicht divergierende lat. Fassungen sind gleichermaßen für das 14. Jh. belegt[12]. Die → *Gesta Romanorum* (num. 189) bieten das Exemplum innerhalb der die *Sieben weisen Meister* einschließenden Texttradition, wobei das angreifende Tier den Teufel symbolisiert[13]. Daneben verbreitet sich das Exemplum innerhalb der Drucke durch die *Sieben weisen Meister*. Die im 16. Jh. entstehenden Schwank- und Exempelbücher greifen das Beispiel auf und warnen – mit gleicher Intention – vor unüberlegtem Handeln[14].

Zu den dt. (Teil-)Übers.en der *Sieben weisen Meister*, wie sie etwa in Johannes → Paulis *Schimpff und Ernst*[15] begegnen, oder auch zu der Fabel des Hans → Sachs *Der Ritter mit dem getreuen H.*[16] finden sich vom Ausgang des 14. Jh.s bis zum 16. Jh. oftmals Illustrationen, die die Tötung des H.es darstellen[17]. Später erscheinen ikonographische Darstellungen seltener; ein Pariser Kupferstich von Codoni-Aîné illustriert um 1835 ‚Die Kindheit bewacht durch die Treue‘: Der H. tötet die Schlange am Fuße des Bettes, in dem das nackte Kind schläft[18].

Außer diesen durch Moralisationen, Sentenzen und dergleichen eindeutig bestimmbaren didaktischen Erzählungen sind seit dem MA. Fassungen bekannt, die man ‚populär' nennen könnte. Die bemerkenswerteste ist die Legende vom hl. Windhund Guinefort, wie sie von dem Dominikaner → Étienne de Bourbon Mitte des 13. Jh.s berichtet wird[19]. Obwohl der gelehrten Tradition der *Sept Sages de Rome* nahestehend, kann man diese Version nicht mit Gewißheit damit verknüpfen.

Étiennes Version erklärt die Ursprünge einer Wallfahrt zum vermeintlichen Grab des Märtyrerhundes in einem Wald ungefähr 40 Kilometer nördl. von Lyon. Dieser Wald soll an der Stelle des zerstörten Schlosses, das einst dem unwürdigen Herrn des Windhundes gehörte, entstanden sein. Die ‚Verwüstung' des Ortes wurde von den Bauern als eine göttliche Strafe erklärt. Durch die Gedenkfeier für den H. leisten sie nun eine Wiedergutmachung für seinen ungerechten Tod. Der rituelle und legendäre Komplex erhellt die sozialen Beziehungen zwischen Bauern und Feudalherren. Im übrigen war es die Existenz dieses ‚abergläubischen' Kultes, die Étienne — damals Inquisitor von Lyon — zu seinem Bericht bewog; abschließend erklärt er, er habe den Hain abholzen, die Gebeine des toten H.es ausgraben und alles zusammen verbrennen lassen. Dennoch hat die Wallfahrt bis Anfang des 20. Jh.s fortbestanden. Die rezente mündl. Überlieferung ist möglicherweise periodisch durch die Veröffentlichung des Étienne-Textes (1877)[20] und die danach einsetzenden Unters.en von Volkskundlern und Historikern auf der Kultstelle selbst sowie durch den 1987 erschienenen Film *La Sorcière*[21] wiederbelebt worden.

Eine andere ‚populäre' Version der Erzählung ist ziemlich früh für das nördl. Wales belegt und mit dem Namen des walis. Prinzen Llewellyn des Großen und seines Lieblingshundes Gelert verbunden. Nach der Tötung des H.es soll Llewellyn ihn begraben haben lassen und ihm ein Grabmal errichtet haben. Ein Mausoleum des letzten Jh.s erinnert an den Mut und den ungerechten Tod des H.es und bietet eine Erklärung für den Namen des benachbarten Dorfes Beddgelert (= Grab des Gelert)[22]. Obwohl die erste schriftl. Version der Llewellyn-Legende aus einem Gedicht von William Spencer (1800) herrührt[23], findet sich bereits wesentlich früher, in der *Warwick Roll* von John Rous (1483/84), eine Abb., wo die Gestalt des in der Wiege sitzenden Windhundes die Stelle des Helmschmucks, der das Wappen des Prinzen von Wales krönt, einnimmt[24].

Die walis. Erzählung besitzt wie Étienne de Bourbons Legende soviel Lokalkolorit, daß man meinen könnte, eine bodenständige Erzählung vor sich zu haben. Auch andere vereinzelte Versionen sind belegt: 1713 machte der Abt Drouet de Maupertuy die Legende vom hl. H. Ganelon bekannt, der zu Unrecht von seinem Herrn getötet worden war, dessen Kind er gerettet hatte. Es sind die Bauern aus der Auvergne, die den H. als heilig verehrt haben sollen. Diese Information wurde 1714 vom *J. des savants* übernommen[25]. 1954 erwähnte der ital. Regisseur Roberto Rossellini eine ähnliche Erzählung über den H. Bonino[26].

Es ist wahrscheinlich, daß die seit dem 13. Jh. auftauchenden ‚populären' Erzählungen ihren Ursprung in den seit dem 12. Jh. intensiv verbreiteten Versionen der *Sieben weisen Meister* haben. Denkbar ist auch eine ide. Polygenese, welche sowohl die ind. Überlieferungen, die von Pausanias berichtete griech. Erzählung als auch die frz. Legende Étiennes aus der Nähe von Lyon erklären würde. Beide Hypothesen sind nicht widersprüchlich. Weder die z. T. singuläre, geogr. weit auseinanderliegende Verbreitung der Erzählung vom zu Unrecht getöteten H. in mündl. Überlieferungen des 19./20. Jh.s[27] noch die Kombination mit anderen Erzähltypen wie z. B. AaTh 910: *Die klugen* → *Ratschläge*[28] oder mit dem bes. im Vorderen Orient und auf dem ind. Subkontinent bekannten Erzähltyp AaTh 916: *The Brothers Guarding the King's Bedchamber and the Snake* lassen eindeutige Schlüsse zu (cf. auch AaTh 160: → *Dankbare Tiere, undankbarer Mensch*; → Dankbarkeit und Undankbarkeit)[29]: Hier hindert ein Falke (Pferd) seinen Besitzer daran, Wasser zu trinken, wird von diesem geschlagen oder getötet. Erst danach erkennt der Herr, daß das Wasser vergiftet war (cf. auch AaTh 178: *The Faithful Animal Rashly Killed*[30]).

[1] Schmitt, J.-C.: Le saint Lévrier. Guinefort, guérisseur d'enfants depuis le XIIIe siècle. P. 1979 (dt.: Der hl. Windhund. Die Geschichte eines unheiligen Kults. Stg. 1982). — [2] Thompson/Balys B 331.2.2; cf. auch Bødker, Indian Animal Tales, num. 100. — [3] cf. Benfey 1, 479—485; Mehlig, J.: Buddhist. Märchen. Wiesbaden 1982, 35sq.; Pañcatantra. ed. E. Lancereau. P. 1965, 315, 365sq. (not.). — [4] cf. zum folgenden Schmitt 1982 (wie not. 1) bes. 61—70. — [5] Poésies inédites du moyen âge. ed. E. du Méril. P.

1854, 242 sq. — [6] Bibliothèque Nationale, Paris: Ms. lat. 8504, 8505. — [7] Beispiele der alten Weisen des Johann von Capua. ed. F. Geißler. B. 1960, 268—273 (7. Kap.); cf. auch Hervieux 5, 258—261. — [8] Geißler, F.: Anton von Pforr: Das Buch der Beispiele der alten Weisen 1—2. B. 1964/74, 7. Kap. — [9] Paris, G.: Deux Rédactions du Roman des sept sages de Rome. P. 1876, 6—9, 74—79; Campbell, K.: The Seven Sages of Rome. Boston/N.Y./Chic./L. 1907, LXXVIII—LXXXII; Keller, H. A. (ed.): Li Romans des sept sages. Tübingen 1836, bes. 46. — [10] Iohannis de Alta Silva: Dolopathos, sive de rege et septem sapientibus. ed. H. Oesterley. Tübingen 1873, 42—45. — [11] Li Romans de Dolopathos. ed. C. Brunet/A. de Montaiglon. P. 1856, 168—178. — [12] Version H von 1342: Die „Historia septem sapientium" nach der Innsbrucker Hs. […]. ed. G. Buchner. Erlangen/Lpz. 1889, 16—18; Version I, genannt Versio Italica: Mussafia, A.: Beitr.e zu der Geschichte der sieben weisen Meister. In: Sb.e der Kaiserlichen Akad. der Wiss.en, Phil.-hist. Klasse 57,1. Wien 1867, 37—118, hier 100. — [13] cf. Tubach und Dvořák, num. 1695. — [14] cf. Nachweise zu Pauli/Bolte, num. 257. — [15] ibid. — [16] Hans Sachs: Sämtliche Fabeln und Schwänke 4. ed. E. Goetze/C. Drescher. Halle 1903, num. 355. — [17] cf. Illustrated Bartsch (N.Y. 1867—77) t. 13, num. 155; 82, num. 8280; 83, num. 8381; 84, num. 8483; 86, num. 8688. — [18] Douce, F.: Illustrations of Shakespeare, and of Ancient Manners […] 1—2. L. 1807, hier t. 2, 379—383; Dorson, R. M.: The British Folklorists. L. 1968, 57—61, hier bes. 59 sq. — [19] Anecdotes historiques, légendes et apologues tirés du recueil inédit d'Étienne de Bourbon […]. P. 1877, num. 370. — [20] ibid.; cf. auch Schmitt 1982 (wie not. 1) 165—189. — [21] La Sorcière (1987) von Suzanne Schiffman, Drehbuch Pamela Berger. — [22] Mehlig (wie not. 3) 35; Schmitt 1982 (wie not. 1) 68. — [23] Baring-Gould, S.: Curious Myths of the Middle Ages. L. 1888, 134—144; Ranelagh, E. L.: The Past We Share. The Near Eastern Ancestry of Western Folk Literature. L./Melbourne/N.Y. 1979, 244. — [24] Russel, G. B.: The Rous Roll. In: Burlington Magazine 30 (1917) 23—31; Wright, C. E.: The Rous Roll. The English Version. In: British Museum Quart. 20,4 (1956) 77—81. — [25] Saintyves, P.: En Marge de la Légende dorée […]. P. 1931, 411—444. — [26] cf. Rossellinis Kommentar zu seinem Film „Le Miracle" in Cahiers du cinéma 7, num. 37 (Juli 1954) 4. — [27] Ergänzend zu AaTh 178 A: Kecskeméti/Paunonen; MNK; Ó Súilleabháin/Christiansen; van der Kooi; SUS; Arewa, num. 3506; Jason; Jason, Types; Schwarzbaum, Fox Fables, 131 sq.; Lőrincz; Bødker, Indian Animal Tales, num. 100; Ting; Ehrentreich, A.: Engl. Volksmärchen. MdW 1938, num. 48; Emerson, P. H.: Welsh Fairy Tales and Other Stories. L. 1894, 19—21; Cammann, A.: Dt. Volksmärchen aus Rußland und Rumänien. B. 1967, num. 129; Kapełuś, H./Krzyżanowski, J.: Sto baśni ludowych. W. 1957, num. 5; Lidzbarski, M.: Geschichten und Lieder aus den neuaram. Hss. […]. Weimar 1896, 140, num. 1; Heissig, W.: Mongol. Märchen. MdW 1963, num. 4; Taube, E.: Tuwin. Volksmärchen. B. 1978, num. 51. — [28] Gaudes, R.: Kambodschan. Volksmärchen. B. 1987, num. 43 (AaTh 910 + 1381 C, 893 + 178 A). — [29] Ergänzend zu AaTh 916: Jason; Noy, num. 178; Schwarzbaum, 474; Jason, Iraq; Marzolph, U.: Die 40 Papageien. Walldorf 1979, 21 sq., 69 sq.; Bødker, Indian Animal Tales, num. 105; Ting; Ikeda. — [30] Ergänzend zu AaTh: Noy; SUS; Arewa, num. 3506.

Paris Jean-Claude Schmitt

Hündin: Die weinende H. (AaTh 1515), in Asien und Europa weitverbreiteter, zumeist literar. überlieferter Schwank über eine erfolgreich verlaufene Kuppelei.

Ein → Kaufmann (Ritter) begibt sich auf Reisen (Wallfahrt). Seine treue und unbescholtene Frau läßt er ohne Aufsicht zurück. Ein junger Mann verliebt sich in sie, doch seine Annäherungsversuche bleiben ohne Erwiderung. Krank vor Sehnsucht vertraut er sich einer Alten (Nonne) an. Sie verspricht Hilfe. Die Alte gibt ihrer H. zwei Tage nichts zu fressen und erst am dritten Tage eine mit Senfmehl gekochte Speise (Pfefferkörner), welche die Augen tränend macht. Mit der nun ‚weinenden' H. begibt sich die Alte (oft auch als Nonne oder Derwisch verkleidet) zur Angebeteten des Jünglings. Angesprochen auf den Zustand der H., will sie zunächst — und auch scheinbar widerstrebend — keine Auskunft geben. Dann macht sie die Frau glauben, die H. sei in Wahrheit ihre keusche Tochter (Schwester), welche die übergroße Liebe eines Mannes nicht erwidert habe, deshalb in ein Tier verwandelt worden sei und ständig weinen müsse. Die junge Frau ist von ihrem bisherigen Fehlverhalten überzeugt, läßt sich zuraten und beauftragt die Alte als → Kupplerin, um ihr eine Begegnung mit dem Jüngling zu ermöglichen.

Im Umfeld weiterer Geschichten über die → Listen der → Frauen begegnet die Erzählung[1] in der *Śukasaptati* (→ *Papageienbuch*)[2] und in → Somadevas *Kathāsaritsāgara*[3] sowie in verschiedenen Redaktionen der → *Sieben weisen Meister*[4]. Die Vermittlung nach Europa erfolgte nach allg. Auffassung durch arab. Quellen[5] (→ *Tausendundeinenacht*[6]) über jüd. Zwischenstufen (bes. → Petrus Alphonsi[7]). Nahezu übereinstimmend gilt Indien in der Forschungsliteratur als Ursprungsland der Erzählung von der weinenden H.[8], da dort einerseits Frauenlistgeschichten eine lange Tradition hätten und andererseits die Thematik der

→ Seelenwanderung ind. Weltsicht entspräche[9].

AaTh 1515 findet sich in bedeutenden mittellat. und volkssprachlichen Slgen des Hochmittelalters und der frühen Neuzeit[10]: u. a. bei → Jacques de Vitry[11], → Vincent de Beauvais[12], in der *Compilatio singularis exemplorum* (2. Hälfte 13. Jh.)[13], im → *Alphabetum narrationum*[14], in den → *Gesta Romanorum*[15], in der → *Mensa philosophica*[16], bei → Konrad von Würzburg[17], Nicole Bozon (13. Jh.)[18], im → *Libro de los exemplos*[19], bei → Johannes Gobii Junior[20], Gottschalk → Hollen[21], Sebastian → Brant[22], Hans → Sachs[23], in einer späteren Ausg. Johannes → Paulis[24], bei Hieronymus → Rauscher[25] und Leo → Wolff[26] sowie in weiteren Predigt- und Exempelsammlungen.

Trotz einer beachtlichen Stabilität im Handlungsverlauf haben sich während der jahrhundertelangen Tradierung unterschiedliche Fassungen ausgebildet, die Änderungen für die jeweilige Funktion und die Bewertung der Handlungsträger zur Folge hatten.

Im *Kathāsaritsāgara* sind die Liebhaber vier Kaufleute. Die H. gehört der tugendhaften Hausherrin, und eine Priesterin gibt vor, in der H. eine Lebensgefährtin aus einem früheren Leben wiedererkannt zu haben. Die Tugendhafte ahnt Betrug, bittet aber zum Schein um eine Zusammenkunft mit einem Mann. Sie beauftragt eine Dienerin als → Stellvertreterin (Mot. K 1223.2), die alle vier trunken macht. Auf der Stirn werden sie mit einem Hundefuß gebrandmarkt (→ Brandmarken), der Kupplerin und ihrer Helferin Nase und Ohren abgeschnitten. Im folgenden begibt sich die Frau zum Aufenthaltsort ihres Mannes, kann ihre Unschuld erweisen und erhält noch ein hohes Lösegeld für die Freilassung der Gebrandmarkten. Sie beschließt, den Ehemann nie wieder allein fortzulassen. Die *Kathāsaritsāgara*-Fassung gehört zum Motivkreis der treuen Frau, und ähnliche Motive finden sich u. a. auch in AaTh 882, 892: → *Cymbeline* und im Komplex → Frau in Männerkleidung.

Ohne derartige drastische Folgen für die Liebhaber und die Kupplerin und eher auf die listenreiche Ehefrau abhebend, existiert eine weitere Version, die die Erzählung gleichfalls fortsetzt.

Auch dort bittet die Ehefrau die Kupplerin um Vermittlung. Sie vermag den liebeshungrigen Jüngling nicht mehr aufzuspüren, will sich aber gleichwohl den ‚Lohn' nicht entgehen lassen. Sie trifft auf einen Mann (zufällig der heimkehrende Ehemann) und verspricht ihm ein Liebesabenteuer. Als die Frau ihren Mann erkennt, schwenkt sie blitzartig um, beginnt handgreiflich zu werden, beschimpft ihn als Ehebrecher und gibt vor, die Verabredung als Falle für ihn inszeniert zu haben. Auf diese Weise ist sie exkulpiert, der Mann in der Rolle des Ehebrechers und die alte Vettel um den Kuppellohn geprellt.

Diese Version hat weit stärker als die des *Kathāsaritsāgara* nachgewirkt und findet sich u. a. sowohl in der *Compilatio singularis exemplorum*, in Bearb.en der *Sieben weisen Meister*, bei Konrad von Würzburg und in *Tausendundeinenacht*. Das Beispiel soll die Tücken der Frauen demonstrieren, heißt es doch abschließend z. B. in der *Compilatio*: ‚So entging die Frau durch ihre Bosheit der Schande, und ihr Mann mußte die Schuld auf sich nehmen'[27], oder in *Tausendundeinenacht* kommentiert der Erzähler seine Geschichte, dies sei „nur eins der vielen Beispiele von der List und Tücke der Weiber"[28]. Darüber hinaus existiert der zweite Teil dieser Version auch selbständig (u. a. in pers. Bearb.en des *Papageienbuchs*)[29]. Doch geht es dabei eindeutig um eine liebeshungrige Frau, die mit Hilfe einer Vermittlerin Männerbekanntschaften anbahnt und ihren Mann durch die Täuschung als den einzig Schuldigen bloßstellt.

Weitaus größere Nachwirkung im Westen hatte jedoch die Fassung des Petrus Alphonsi, der ebenfalls in einem nachgestellten Dialog den Topos des Frauentadels verwendet[30]. Während Alphonsi als Ursache der Verwandlung in eine H. nur angibt, es habe sich um eine Bestrafung gehandelt, ist dies in späteren Versionen zu einer Strafe Gottes hochstilisiert worden, um die ‚verabscheuungswürdige' Tat noch stärker zu betonen. Daß eine Transformation als Strafe auch in der antiken Lit. nicht unbekannt war, bezeugt → Ovid (*Metamorphosen* 14, 624–764): Dort erzählt Vertumnus in Verkleidung einer alten Frau der Pomona, um sie zur Erfüllung seiner Wünsche geneigter zu machen, daß Anaxarete zur Strafe für ihr abwehrendes Verhalten gegenüber ihrem Liebhaber, der den Freitod gesucht hatte, in einen Stein verwandelt worden sei[31].

Innerhalb der Konfessionspolemik kommt später noch eine weitere Zielsetzung hinzu, indem weniger die Frau selbst, sondern die Rolle der Kupplerin diffamiert wird. Bei Wolff heißt es etwa sowohl zu Beginn als auch zum Ende, niemand schade mehr als die, „so under dem Schein der Heiligkeit ihre Boßheit verüben thun"[32]. Und Rauscher kommentiert bissig, das ganze Papsttum sei voll solcher kupplerischer Huren[33].

Die Rezeption von AaTh 1515 verläuft weitestgehend über schriftl. Quellen und taucht in Thomas Manns *Doktor Faustus*[34] als Beispiel einer erheiternden, aber „gründlich unmoralischen Fabel" auf[35]. Aus mündl. Überlieferung sind nur zwei Texte aus Nordafrika bekannt, die die Handlung in Anlehnung an *Tausendundeinenacht* schildern[36].

[1] Tobler, O.: Die weinende H. In: Zs. für Rom. Philologie 10 (1887) 476–480; Wolff, E.: Unters.en über die Geschichte von der weinenden H. Mü. 1911; The Ocean of Story 1. ed. N. M. Penzer. L. 1923, 169–171; Liungman, Volksmärchen, 301; Petrus Alfonsi: Die Kunst, vernünftig zu leben (Disciplina clericalis). Übers. E. Hermes. Zürich/Stg. 1970, 16–24; motivgeschichtlich umfassend Schwarzbaum, H.: Internat. Folklore Motifs in Petrus Alphonsi's „Disciplina Clericalis". In: Sefarad 22 (1961) 17–59, hier 24–28 und ibid. 23 (1963) 54–73, hier 59. – [2] cf. Die Śukasaptati (Textus ornatior). Übers. R. Schmidt. Stg. 1899, 23–26. – [3] Die Mährchenslg des Somadeva Bhatta aus Kaschmir 1. Übers. H. Brockhaus. Lpz. 1843, Kap. 13; Penzer (wie not. 1) Kap. 13; Günter, H.: Buddha in der abendländ. Legende? Lpz. 1922, 110sq. – [4] Historia septem sapientum. 1: Eine bisher unbekannte lat. Übers. einer oriental. Fassung der Sieben weise Meister (Mischle Sendabar). ed. A. Hilka. Heidelberg 1912, num. 5; cf. Schwarzbaum (wie not. 1) 25; Comparetti, D.: Researches Respecting the Book of Sindibâd. L. 1882, 46–49; Stohlmann, J.: Orient-Motive in der lat. Exempla-Lit. des 12. und 13. Jh.s. In: Miscellanea Mediaevalia 17 (1985) 123–150, hier 148–150. – [5] cf. Belege bei Chauvin 8, 45sq., num. 13 und 9, 22, num. 11. – [6] 1001 Nacht 4, 291–297; Gerhardt, M. I.: The Art of Story-Telling. Leiden 1963, 316–318. – [7] Petrus Alfonsi (wie not. 1) num. 13; cf. Schwarzbaum (wie not. 1). – [8] Loiseleur Deslongchamps, A.: Essai sur les fables indiennes et sur leur introduction en Europe. P. 1838, 107; dagegen Perry, B. E.: The Origin of the Book of Sindbad. In: Fabula 3 (1960) 1–94, hier 40. – [9] z. B. Schwarzbaum (wie not. 1) 26; Petrus Alphonsi (wie not. 1) 18; Stohlmann (wie not. 4) 148 (einschränkend: „indisch-arabischer Charakter dieser Motive"). – [10] cf. Nachweise bei Tubach und Dvořák, num. 661; Äsop/Holbek, num. 193; Pauli/Bolte, num. 873; Küster, C. L.: Ill. Aesop-Ausg.n des 15. und 16. Jh.s 2. Diss. Hbg 1970, Reg. s. v. ‚Alte Frau mit weinendem Hund'; Schwarzbaum (wie not. 1). –
[11] Jacques de Vitry/Crane, num. 250. – [12] Vincentius Bellovacensis: Speculum quadruplex. Duaci 1624, 1395 (3,9,5). – [13] Hilka, A.: Neue Beitr.e zur Erzählungslit. des MA.s. In: Jahrber. der Schles. Ges. für vaterländische Cultur 90,1 (1912) 4. Abt., Sektion c, 1–24, hier 20, num. 18. – [14] cf. An Alphabet of Tales 2. ed. M. M. Banks. L. 1905, num. 537. – [15] Gesta Romanorum, num. 28. – [16] Mensa philosophica. Lpz. 1603, fol. 38 r (4,19). – [17] Hagen, F. von der: Gesammtabenteuer 1. Stg./Tübingen 1850, num. 9. – [18] Bozon, N.: Les Contes moralisés. ed. L. T. Smith/P. Meyer. P. 1889, num. 138. – [19] Boggs; cf. Krappe, A. H.: Sources du Libro de Exemplos. In: Bulletin Hispanique 39 (1937) 5–54, hier num. 306. – [20] Gobius, J.: Scala coeli. Argentine 1483, fol. 124 r. –
[21] Hollen, G.: Sermonum opus. Hagenau 1517, fol. 142 b. – [22] [Brant, S.:] Esopus Leben und Fabeln. (Fbg 1535), CII. – [23] Sachs, H.: Sämtliche Fabeln und Schwänke 3. ed. E. Goetze/C. Drescher. Halle 1900, num. 234; id.: Sämtliche Fastnachtspiele. ed. E. Goetze 5. Halle 1884, num. 61. – [24] Pauli/Bolte, num. 873. – [25] Brückner, 214sq. (mit Textabdruck). – [26] Wolff, L.: Rugitus Leonis, Geistliches Löwen-Brüllen. Augsburg 1702, 720–724. – [27] Hilka (wie not. 13) 18sq. – [28] 1001 Nacht 4, 302–307. – [29] Hatami, M.: Unters.en zum pers. Papageienbuch des Naḫšabī. Fbg 1977, 53sq., num. 14. – [30] Petrus Alfonsi (wie not. 1) 167. –
[31] Landau, M.: Die Qu.n des Dekameron. Stg. ^{2}1884, 287. – [32] Wolff (wie not. 26) 720, 724. – [33] cf. Brückner, 215. – [34] Mann, T.: Doktor Faustus. Sth. 1947, 485sq. (Kap. 31). – [35] cf. Hinweis von Gerhardt (wie not. 6) 316, not. 2. – [36] Littmann, E.: Arab. Märchen und Schwänke aus Ägypten. Wiesbaden [1955], num. 15 (Kommentar 162sq.); Laoust, E.: Contes berbères du Maroc. P. 1949, num. 85.

Göttingen Hans-Jörg Uther

Hundsköpfige

1. Begriff – 2. Antike – 3. MA. – 4. Volksüberlieferung – 5. Erklärungsansätze

1. Begriff. Als H. (Mot. B 25.1, B 25.1.2) bezeichnet man → Fabelwesen mit menschlichem Körper und dem → Kopf eines → Hundes; sie bellen wie Hunde und leben in primitiven Verhältnissen[1]. Einige frühe Qu.n zeichnen sie eher als edle → Wilde, spätere Qu.n dagegen betonen ihre tierische Roheit, Grausamkeit und Neigung zum → Kannibalismus. Gelehrte antike und ma. Autoren zählen sie gewöhnlich zusammen mit anderen → Monstren auf; in der Volksüberlieferung können sie Züge annehmen, die sonst mit Wesen wie den einäugigen arimaspoi oder monommatoi in Verbindung gebracht werden[2].

2. Antike[3]. Die frühesten Zeugnisse, aus verlorenen Texten von → Hesiod und Äschylos stammend, zitiert Strabo (*Geographika* 1,2,35; 7,3,6). Hesiod spricht von ‚Halbhunden' (hemikynas)[4], während Äschylos als erster den Begriff H. (kynokephaloi) verwendet. Nach Strabo sehen die beiden Autoren H. genauso als mythische Wesen an wie die in denselben Texten erwähnten Langköpfigen (makrokephaloi), Pygmäen, → Kopflosen (sternophthalmoi) und Einäugigen. → Herodot (4,191) schreibt, sie lebten westl. des Flusses Triton (im heutigen südl. Tunesien)[5]; er begründet damit den sog. libyschen oder äthiop. Strang der klassischen Überlieferung. Die ausführlichste antike Darstellung beinhalten die *Indika* des Ktesias (ca 400 a. Chr. n.)[6]:

Die 120 000 H.n leben in den Bergen am oberen Hyparchus (wahrscheinlich Ganges). Sie sind dunkelhäutig, haben lange Zähne, Klauen wie Hunde und behaarte Schwänze, und sie paaren sich wie Tiere. Sie sind ausgezeichnete Bogenschützen und sehr schnelle Läufer, die ihre flüchtende Beute jederzeit einholen können, doch züchten sie auch Schafe, Ziegen und Esel. Sie leben in Höhlen, bereiten ihre Mahlzeiten nicht auf dem Feuer zu und waschen sich höchstens gelegentlich die Hände. Sie bekleiden sich gewöhnlich mit Fellen und schlafen auf Stroh oder Laub. Sie haben keine artikulierte Sprache, sondern unterhalten sich durch Bellen; doch verstehen sie die ind. Sprache und geben wie Taubstumme Zeichen mit den Händen zur Antwort. Sie können nicht unterworfen werden, weil sie in unwegsamen Bergen leben, aber sie treiben Handel mit ihren Nachbarn und zahlen Tribut an den König von Indien, der ihnen dafür Waffen gibt. Sie werden bis zu 200 Jahre alt und haben einen extremen Gerechtigkeitssinn.

Diese Beschreibung findet sich zusammengefaßt bei → Plinius d. Ä. (*Naturalis historia* 7,2,23), Aulus Gellius (*Noctes Atticae* 9,4,9), → Claudius Aelianus (*De natura animalium* 4,46) und späteren Autoren. Sie bildet die Grundlage für den sog. ind. Strang der klassischen Überlieferung. Plinius (*Naturalis historia* 6,35,195) erwähnt außerdem einen Stamm der Hundemelker (kynamolgoi) mit Hundeköpfen, der westl. des oberen Nils lebe, und Claudius Aelianus (*De natura animalium* 10,25) schreibt, daß Hundegesichter (kynoprosopoi) nach einer Sieben-Tage-Reise durch die Wüste jenseits der ägypt. Oase anzutreffen seien.

Ihre Gestalt, das Fehlen menschlicher Sprache und ihr Vorkommen in Indien oder Äthiopien (zwei Regionen, die häufig verwechselt werden) sind diejenigen Angaben über H., die im Bereich der Gelehrtenkultur vorrangig überliefert werden. Die Weitergabe ins MA. läuft über Autoren wie Augustinus (*De civitate Dei* 16,8), der den spirituellen Status der Monstren diskutiert, Solinus[7], → Isidor von Sevilla (*Etymologiae* 11,3,15; 12,2,32) und über die Briefe im *Alexanderroman*, nach denen → Alexander der Große[8] H. in Indien gesehen hat.

3. MA.[9] Dieselben dürftigen Angaben erscheinen in einer Reihe ma. Enzyklopädien, Kosmographien und Naturhistorien[10]. In ma. Bildquellen werden H. auch als einander anbellendes Paar dargestellt[11]. Ma. Landkarten zeigen manchmal das Vorkommen von H.n im Osten an. Die Bezeichnung der östl. H.n als gigantes auf der Weltkarte von Hereford[12] beruht zweifellos darauf, daß sich ein weiteres Paar von H.n auf der linken Seite der Karte (i. e. Norden), wohl in Finnland, ihren Namen zugelegt hat. Diese Doppelung spiegelt Vorstellungen wider, die sich auf Aethicus (ca 8. Jh.)[13] zurückführen lassen; er siedelt die H.n auf der unbekannten Insel Munitia im östl. Baltikum an und beschreibt sie als eine menschliche Gattung, die in extrem primitiven Verhältnissen lebt. Nördl. H. werden gleichfalls von → Paulus Diaconus (*Historia Langobardorum* 1,11) erwähnt[14]. Auch Adam von Bremen[15] will von H.n im Nordosten gehört haben; allerdings seien nur die Männer H. Ebenso berichten eine chin. Qu. (10. Jh.) und Johannes de Plano Carpini, der 1246 als päpstlicher Nuntius den mongol. Khan in Nordchina besuchte, von der Existenz einer solchen Rasse[16]. Hierbei könnte ein Zusammenhang bestehen mit dem bis nach Grönland bekannten und auf zahlreiche Stämme übertragenen Abstammungsmythos, wonach eine Frau sich mit einem Hund paarte[17].

Über H. wird auch von den südasiat. Inseln berichtet. Marco → Polo siedelt sie auf den Andamanen und Odorico da Pordenone (1286–1331) auf der nicht identifizierbaren Insel Vacumeran an[18]. Der arab. Kosmograph al-Qazwīnī (gest. 682/1283)[19] erzählt von einer Insel im Ind. Ozean, die von H.n bewohnt sei, welche bei wenigstens einer Gelegenheit versucht hätten, arab. Forschungsreisende gefangenzunehmen. Bei Jehuda ben Elija Hadassi (1075–1160)[20] findet sich eine Erzählung mit Motiven, die sowohl an die Abenteuer des → Odysseus (Homer, *Odyssee* 9,82–104, 193–542; 10,80–132) und die 4. Reise → Sindbad des Seefahrers[21] als auch an gewisse Kindermärchen erinnern (cf. AaTh 327 A: → *Hänsel und Gretel*):

Zwei Kaufleute werden in ind. Gewässern von hundsköpfigen Piraten gefangengenommen. Sie sollen gemästet und gegessen werden, doch einer der beiden wird krank und appetitlos. Mit Entsetzen beobachtet er, wie sein Gefährte, nachdem er einmal zu essen begonnen hat, nicht aufhören kann, sich vollzustopfen, und zu einem vernunftlosen Klumpen Fleisch anschwillt. Er flieht bei der ersten Gelegenheit.

Im Verlauf des MA.s werden H. zum Symbol christl. Ideen. Die von Augustinus aufgeworfene Frage nach dem spirituellen Status der H.n wird von späteren Autoren wiederholt diskutiert[22]. Ein wichtiger Beitrag ist ein Brief des Rathramnus aus Corbie (ca 865)[23]: Nach sorgsamer Abwägung der Zeugnisse über die soziale Organisation der H.n, ihre Sitten und moralischen Einstellungen kommt er zu dem Schluß, daß sie trotz ihrer tierischen Eigenschaften im Grunde doch menschlich seien.

Diese Eigenschaften werden zur Grundlage moralischer Belehrung: Mss. des engl. Zweigs der Bestiarien[24] sehen H. als Verleumder und Aufwiegler an; in den → *Gesta Romanorum* (num. 175) stehen sie für „Priester […], welche alle mit Thierfellen bekleidet sein sollen, d. h. mit strenger Buße, um Andern ein gutes Beispiel zu geben"[25]. In einigen Bildquellen sind die H.n Teufel, die die Sünder in die Hölle werfen[26]. Tierköpfigkeit, in der Antike und im frühen MA. als Zeichen der Göttlichkeit oder menschlicher Erhabenheit[27] angesehen, erhält zunehmend die Bedeutung von tierischem Wesen und Fehlen göttlicher Gnade. Die in Ps. 22,17 erwähnten Hunde wurden als Prophezeiung der Passion Christi ausgelegt und als Juden, allg. als Ungläubige oder Ketzer gedeutet[28]. Diese Interpretation findet ihren Ausdruck in der östl. christl. Kunst seit dem 9. Jh. In Darstellungen der Auferstehung Christi werden die Völker, denen die Apostel in allen Sprachen predigten, durch zwei Figuren vertreten: die eine in byzant. Tracht steht für die christl. Welt, während die andere durch oriental. Kleidung, schwarze Hautfarbe und einen Hundekopf charakterisiert ist, wodurch Sündhaftigkeit und tierische Natur symbolisiert werden sollen. Hunde werden nun als verachtenswerte Kreaturen angesehen und Moslems von den Christen häufig als ‚heidnische Hunde' bezeichnet. Nichts kann daher als größerer Erfolg gelten als die Bekehrung eines H.n, von der z. B. die ägypt. Bartholomäus-Akten berichten[29]:

Als Andreas und Bartholomäus sich der Hauptstadt der Parther nähern, erscheint einer der hundsköpfigen Kannibalen. Ein Engel befiehlt ihm, die beiden heiligen Männer nicht zu belästigen, und bedroht ihn mit einem wunderbaren Feuerkreis, so daß er in Furcht gerät. Er fleht Gott um Gnade an, bekehrt sich und wird zum Führer der Apostel.

Diese Legende beeinflußte diejenige des → Christophorus (AaTh 768)[30] und, in geringerem Maße, die des Mercurius[31]. Einer bereits Rathramnus bekannten Legende zufolge war Christophorus selbst ein H.r gewesen, während Mercurius hundsköpfige Helfer hatte.

Zum ma. Vermächtnis der H.n-Überlieferung gehört schließlich auch der sog. ‚Hunde-Türke' (→ Türke, Türkenbild). In der lat. Fassung der Reisen des Jean de → Mandeville wird der Großkhan der Mongolen Can genannt, ein Wort, das in einer der dt. Übers.en[32] mit Hund wiedergegeben wird, zweifellos aufgrund einer Verwechslung mit lat. canis. Von Einfluß mag auch die weitverbreitete Sage vom Hundekönig (Cangrande) gewesen sein[33]. Die Europäer des späten MA.s unterschieden nicht klar zwischen Mongolen und Türken. Die Bedrohung Mitteleuropas durch die gefürchteten Türken, die gerade Byzanz erobert hatten, rief die Vorstellung vom unheilvollen ‚Hunde-Türken' hervor, der später als hundsköpfiger Menschenfresser zum populären Feindbild wurde[34].

4. Volksüberlieferung. Das ZA. der Entdeckungen setzte dem Vorkommen von H.n in Kosmographien und Naturhistorien ein Ende, ebenso nahm ihre Verwendung als religiöses Symbol ab; doch in der Volksüberlieferung lebten die H.n weiter, bes. in Mittel- und Osteuropa. Sehr verbreitet sind Erzählungen über H. im östl. Slovenien und im nördl. Kroatien[35]:

Die bekannteste Erzählung von H.n endet damit, daß die Mutter der H.n von dem Gefangenen, der für ein Fest gemästet werden soll, in ihrem eigenen Backofen verbrannt wird (cf. AaTh 327 A; AaTh 1121: cf. → *Teufel tötet Frau und Kinder*). – Eine andere Erzählung spiegelt vielleicht ma. Berichte von Kreuzfahrern wider, die im Land der ‚Ungläubigen' aus dem Gefängnis entkommen waren: Ein schönes Mädchen, das von den Türken gefangengenommen wurde, wird in den Harem eines Paschas in Konstantinopel gebracht. Dort findet es seinen alten Onkel, und sie fliehen zusammen. Sie werden von einem einäugigen und einfüßigen H.n, der das Blut von Christen von weitem riechen kann (→ Menschenfleisch riechen), verfolgt, doch sie entkommen, indem sie sich im Wasser verstecken. – In einer dritten Erzählung gelingt einem gefangenen Mädchen die Flucht, und es verbirgt sich in der Schmiede seines Vaters. Die H.n, die es verfolgen, finden ein Loch, durch welches sie sich nacheinander in das Haus schleichen, doch als sie kommen, schlägt das Mädchen ihnen den Kopf ab (AaTh 956 B: *Das tapfere → Mädchen und die Räuber*).

Erzählungen über H. sind auch von der Ukraine bis nach Ost-Skandinavien belegt[36]. Dort wird häufig erzählt, daß die H.n am → Ende der Welt (oder im Kaukasus) leben. Ein schon aus dem *Alexanderroman* bekanntes Motiv besagt, daß sie hinter einer großen Bergkette eingeschlossen seien; wenn sie entkämen, würden sie die ganze Welt überrennen (cf. → Gog und Magog). In finn. und estn. Erzählungen werden H. als Soldaten russ. Armeen erwähnt. Auch die Geschichte von den Christen, die gefangengenommen und für späteren Verzehr gemästet werden, ist in diesem Gebiet bekannt. Die ukr. Versionen verlaufen im allg. nach dem Muster der → *Polyphem*-Sage (AaTh 1137); in Griechenland und auf dem südl. Balkan wird das Motiv der Hundsköpfigkeit oft mit der → Lamia-Tradition verbunden[37]. Einer schwed. Erzähltradition zufolge machte Karl XII. (1697–1718) während seines Aufenthaltes in der Türkei große Schulden. Die ‚Hunde-Türken' forderten die Bezahlung in Form von 100 Fässern Christenfleisch pro Jahr, mit deren Beschaffung die schwed. → Freimaurer betraut wurden[38].

5. Erklärungsansätze. Zur Erklärung der Vorstellung von H.n liegen verschiedene Theorien vor: (1) H. sind Paviane. Dies stimmt mit dem äthiop. Überlieferungsstrang und mit einigen der klassischen Beschreibungen überein; überdies wurden Paviane in naturhist. Werken seit Aristoteles kynokephaloi genannt. (2) H. sind ein negroides Volk, das früher in Indien lebte. Hundegesichtigkeit und Bellen gehen auf Vorurteile gegenüber fremden Rassen zurück (→ Rassismus); der Rest von Ktesias' Bericht ist weitgehend glaubwürdig, mit Ausnahme der Langlebigkeit, eines aus der ind. Sage von Uttara Kuru entlehnten Zuges[39]. (3) H. sind seltene, aber reale Individuen, deren Köpfe und manchmal auch Körper mehr oder weniger vollständig behaart sind (hypertrichosis)[40]. (4) H. stehen in Zusammenhang mit dem schakalköpfigen ägypt. Gott Anubis; ägypt. Bilder von H.n, die die aufgehende Sonne grüßen, schaffen eine Verbindung zu der Vorstellung vieler Quellen, daß H. im äußersten Osten leben[41]. (5) H. sind aus der ind. Mythologie bekannte Figuren; Ktesias verfügte jedoch nicht über die Mittel, Mythos und Wirklichkeit auseinanderzuhalten[42]. (6) Zahlreiche Völker in Nordosteuropa, Nord- und Ostasien, Nordamerika und Grönland beanspruchen für sich, mythischer Abstammung von Hunden oder Wölfen zu sein – eine Tatsache, die im Laufe der Überlieferung entstellt worden ist[43]. (7) H. sind Kriegerscharen, mit Hunde- oder Wolfsbälgen maskiert. Solche Scharen existierten unter den germ. Kriegern während der Zeit der Völkerwanderung und vermutlich schon früher[44].

Jede dieser Theorien kann einen oder mehrere Aspekte der Überlieferung von H.n erklären, zur Erklärung sämtlicher Aspekte scheint sich keine zu eignen.

[1] Allg. cf. Kretzenbacher, L.: Kynokephale Dämonen südosteurop. Volksdichtung. Mü. 1968; Anderson, W.: I cinocefali. In: Etnografia e folklore del mare. Napoli 1956, 15–19. – [2] Herodot (4,27) zufolge erstmals erwähnt in Aristeas' verlorenem Gedicht „Arimaspeia" (7. Jh. a. Chr. n.); cf. Aulus Gellius, Noctes Atticae 9,4,6; Klinger, W.: H. Gestalten in der antiken und neuzeitlichen Überlieferung. In: Bulletin internat. de l'Académie polonaise des sciences et des lettres. Classe de philologie, classe d'histoire et de philosophie 1936 (1937) 119–122 (möglicher Hinweis auf H. bei Aristophanes, Hippeis 416). – [3] cf. Fischer, C. T./Wecker, O.: Kynokephaloi. In: Pauly/Wissowa 12 (1924) 24–26; Kretzenbacher (wie not. 1) 27–36; Wittkower, R.: Marvels of the East. In: J. of the Warburg and Courtauld Institutes 5 (1942) 159–197; Pfister, F.: Von den Wundern des Morgenlandes. In: DJbfVk. 1 (1955) 127–156; Breglia, A.: La leggenda dei cinocefali nell'antichità. In: Folklore 10 (Neapel 1956) 68–80. – [4] ibid., 77–79; Anderson (wie not. 1) siedelt diese H.n jenseits des Schwarzen Meeres

an. — [5] Breglia (wie not. 3) 73—76. — [6] McCrindle, J. W.: Ancient India as Described by Ktêsias the Knidian. Calcutta/L. 1882, 21—25. — [7] Julii Solini Collectanea rerum memorabilium. ed. T. Mommsen. B. 1864, Kap. 27,58; 30,8. — [8] cf. Anderson (wie not. 1) 18 sq. — [9] cf. Kretzenbacher (wie not. 1) 37—57; Wittkower und Pfister (wie not. 3); Friedman, J. B.: The Monstrous Races in Medieval Art and Thought. Cambr., Mass./L. 1981, v. Reg. s. v. Cynocephali; Übersicht der dt. ma. Qu.n bei Avanzin, A.: Hundemenschen und Hundekönig. In: ÖZfVk. 59 (1956) 140—144. — [10] cf. Tubach, num. 3258; Wittkower (wie not. 3) 169—171. — [11] cf. ibid., gegenüber p. 173. — [12] Crone, G. R.: The World Map by Richard of Haldingham in Hereford Cathedral. L. 1954; cf. Wittkower (wie not. 3) 174. — [13] Wuttke, H. (ed.): Die Kosmographie des Istrier Aithikos. Lpz. 1853, XVIII—XXIII, 15; Leake, J. A.: The Geats of Beowulf. Madison/Milwaukee/L. 1967, 65 und pass. — [14] Friedman (wie not. 9) 71 sq. sieht die H.n-Episode als Var. der Mercurius-Legende an; demgegenüber meint Kretzenbacher (wie not. 1) 81—103, es habe eine Schar grimmiger, als Hunde maskierter Krieger gegeben. — [15] Fontes saeculorum noni et undecimi historiam ecclesiae Hammaburgensis nec non imperii illustrantes. ed. W. Trillmilch/R. Buchner. B. 1961, 458 sq. (Buch 4,19), 468 sq. (Buch 4,25); cf. Friedman (wie not. 9) 84 sq.; Leake (wie not. 13) 76 sq., 89. — [16] Cordier, H.: Les Monstres dans la légende et dans la nature. 1: Les Cynocéphales. In: RTP 5 (1890) 71—89, hier 82, 76; Eberhard, Typen, 71—76. — [17] Cordier (wie not. 16) 76 sq.; Koppers, W.: Der Hund in der Mythologie der zirkumpazif. Völker. In: Wiener Beitr.e zur Kulturgeschichte und Linguistik 1 (1930) 359—399, bes. 375—378 (zu den Yao-tze in Südchina). — [18] Marco Polo: La Description du monde. ed. L. Hambis. P. 1955, 249; Cordier (wie not. 16) 76 sq. — [19] Zakarja ben Muhammed ben Mahmûd el-Kazwîni's Kosmographie. ed. H. Ethé. Lpz. 1868, 229; cf. auch Chauvin 7,74—77. — [20] Scheiber, A.: Éléments fabuleux dans l'„Eshkôl Hakôfer" de Juda Hadasi. In: Revue des études juives 108 (1948) 41—62. —
[21] 1001 Nacht 4,144—146. — [22] Friedman (wie not. 9) 188—190 und pass. — [23] MPL 121, 1154 sq. — [24] Friedman (wie not. 9) 124 sq.; White, T. H.: The Bestiary. A Book of Beasts. N.Y. 1960, 35. — [25] Gräße, J. G. T.: Gesta Romanorum 2. Lpz. 1905, 119; cf. Friedman (wie not. 9) 125. — [26] Kretzenbacher (wie not. 1) 56. — [27] Ameisenowa, Z.: Animal-Headed Gods, Evangelists, Saints and Righteous Men. In: J. of the Warburg and Courtauld Institutes 12 (1949) 21—45. — [28] Kretzenbacher (wie not. 1) 56; Friedman (wie not. 9) 61. — [29] ibid., 70 sq.; Piankoff, A.: Saint Mercure Abou Seifein et les cynocéphales. In: Bulletin de la Soc. d'archéologie copte 8 (1942) 17—24. — [30] cf. bes. Loeschke, W.: Sanctus Christophorus Canineus. In: Festschr. E. Redslob. B. 1955, 33—82; Kretzenbacher, L.: Hagios Christophoros Kynokephalos. Der Heilige mit dem Hundskopf. In: SAVk. 71 (1975) 48—58; Newall, V.: The Dog-Headed St. Christopher. In: Folklore on Two Continents. Festschr. L. Dégh. Bloom. 1980, 242—249. —
[31] Piankoff (wie not. 29); Sandwith, G.: Der hl. Mercurius und die Hundsköpfe. Ein Beispiel visionärer Kunst aus Äthiopien. In: Antaios 4 (1962) 251—260; cf. Friedman (wie not. 9) 71 sq. — [32] Görres, J.: Die teutschen Volksbücher. (Heidelberg 1807) Nachdr. Hildesheim/N.Y. 1982, 69. — [33] Avanzin (wie not. 9); Kulturhistorisk leksikon for nordisk middelalder 7. Kop. 1962, 82 sq., s. v. Hundekonge; Kretzenbacher (wie not. 1) 99—102. — [34] Feilberg, H. F.: Ordbog over jyske almuesmål 1. Kop. 1886, s. v. hundetyrk; cf. Skjelbred, A. H. B.: The Turks in Norway. In: Fabula 31 (1990) 64—69. — [35] Kretzenbacher (wie not. 1) 5—26; cf. auch Bošković-Stulli, M.: Kroat. Volksmärchen. MdW 1975, num. 9. — [36] Loorits, O.: Grundzüge des estn. Volksglaubens 1. Lund 1949, 444 sq.; 3 (1960) 31, 321, 369, 459 sq.; Balys, num. 3911; Rausmaa, 92; Kvideland, R./Sehmsdorff, H. K.: Scandinavian Folk Belief and Legend. Minneapolis 1988, 360. — [37] Hackman, O.: Die Polyphemsage in der Volksüberlieferung. Helsingfors 1904, num. 65—69; Kretzenbacher (wie not. 1) 126—128. — [38] Bergstrand, C.-M.: Frimurerna och hundtyrken. Göteborg 1956, 20—27. — [39] McCrindle (wie not. 6) 65—91, hier 84. — [40] Cordier (wie not. 16) 86—88; Gaidoz, M. H.: St. Christophe à tête de chien en Irlande et en Russie. In: Mémoires de la Soc. nationale des antiquaires de France 8, 6 (1924) 192—218, hier 213—215; Newall (wie not. 30) 246. —
[41] Saintyves, P.: St. Christophe, successeur d'Anubis, d'Hermès et d'Héraclès. P. 1936; seine Theorie wird widerlegt bei Rosenfeld, H.: Der hl. Christophorus und seine Verehrung. Åbo 1937, 353—357, jedoch vorsichtig verteidigt von Ameisenowa (wie not. 27); cf. auch Kretzenbacher (wie not. 1) 63; Piankoff (wie not. 29). — [42] Rohde, E.: Der griech. Roman und seine Vorläufer. Lpz. [3]1914, 189; Anderson (wie not. 1) erwähnt zwei frühe ind. Qu.n, beide jedoch wenigstens 1000 Jahre jünger als Ktesias. — [43] wie not. 17. — [44] Kretzenbacher (wie not. 1) 81—103. Eine ähnliche Erklärung der kynamolgoi des oberen Nils bei Vivien de Saint-Martin, L.: Le Nord de l'Afrique dans l'antiquité grecque et romaine. P. 1863, 190 sq.

Fakse Bengt Holbek

Hunger, Hungersnot

1. Abgrenzungen — 2. Zur Sozialgeschichte des H.s — 3. H.-Lit. — 4. H. in Volkserzählungen — 4.1. Märchen — 4.2. Sagen und Legenden — 4.3. Andere Textsorten — 5. Bes. H.motive und -themen — 5.1. H. bei Belagerungen — 5.2. Menschenopfer bei H.snöten — 5.3. Tod durch Verhungern — 5.4. Kannibalismus — 6. Zusammenfassung

1. Abgrenzungen. H. ist nicht nur „eine Empfindung, welche uns zu dem Genusse derer Speisen antreibet" (1735)[1], „la pulsion qui incite l'homme à manger" (1983)[2] und auch nicht nur „der Mangel nöthiger Lebensmittel, es sey wegen Mißwachs, Kriegsverherung, verhinderter Zufuhr oder durch andere Zufälle"[3], nicht nur das Fehlen von bestimmten lebensnotwendigen Nährstoffen, welches zu schweren Krankheiten und/oder zu frühzeitigem Tode führt[4]. H. produziert auch gesellschaftliche Veränderungen, er „hurt und bettelt" (G. Büchner 1835)[5], korrumpiert also Moral und Sozialwesen; H. erzeugt aber auch Wunschträume und eine spezifische „mentalité d'hommes traqués, avec ses superstitions, ses mouvements de colère, ses sensibilités trop vives, qui ressort de cette sous-alimentation chronique"[6]. Die Wunschvorstellungen hungernder und unterernährter Menschen (cf. AaTh 1930: → *Schlaraffenland*, AaTh 563: → *Tischleindeckdich*) verdichten sich in konkreten Bildern von der großen Freiheit, viel und gut zu essen (cf. AaTh 983: *Das gleiche* → *Essen*, AaTh 1560: *Wie das* → *Essen, so die Arbeit*, AaTh 1567 G: *Gutes* → *Essen ändert den Gesang*, → Gargantua, → Speise und Trank, → Vielfraß). Der Tisch wird dabei immer wieder, wie schon in der bibl. Geschichte vom reichen Mann und armen → Lazarus (Lk. 16,20)[7], zum Träger für die Oppositionen ‚oben reich gedeckt/Abfälle unten'[8], ‚Überfluß/Unterernährung', oder er ist Bühne für ‚Fülle und Völlerei/Leere und knurrende Mägen'[9]. Pieter Brueghel d. Ä. hat diesen Gegensatz in seinen Zeichnungen (Stiche von P. van der Heyden, 1563) *Die arme Küche/Die reiche Küche*[10] treffend dargestellt.

2. Zur Sozialgeschichte des H.s. Mißernten nach langen Winterperioden oder nach schlechter Witterung im Sommerhalbjahr, Naturkatastrophen, Kriege und handelspolitische Feindseligkeiten erzeugten in Europa vom frühen MA. bis in die Periode der Industrialisierung kleinräumig oder auch großflächig mit unregelmäßiger Frequenz (durchschnittlich drei große Krisen pro Jh.) Lebensmittelknappheit, starkes Ansteigen der Preise für Grundnahrungsmittel (Teuerungen) und H.snöte, welche mit allg. Wirtschaftskrisen, Epidemien (→ Pest), erhöhten Sterblichkeitsraten vor allem bei Kleinkindern und Greisen, Volkserhebungen, Fluchtbewegungen, Phänomenen des Wuchers und der Verarmung, aber auch Zeugnissen der Barmherzigkeit (später: ‚Wohltätigkeit') einhergehen konnten[11].

Über diese H.snöte und Einzelfälle von hungernden Menschen liegen Gesamt- und Detailstudien zahlreicher Wirtschaftshistoriker vor[12], zusätzlich unterrichtet auch die volkskundliche Lit. und Sachkunde durch eine Fülle von Einzelbelegen gut darüber. So wurde etwa das Gedächtnis an die H.jahre 1816/17 nicht nur durch mündl. Erzählungen, sondern mehr noch durch in Familien und Gemeinden aufbewahrte Erinnerungsblätter und -tafeln, Chroniknotizen, Preistabellen und populäre Bilderbogen mit H.sprüchen festgehalten und weitergereicht[13]. Direkte Aussagen von Betroffenen sind z. B. in Auswanderungsgesuchen enthalten; ein Zimmermann erklärte 1770: „Meine sieben Kinder schreyen nach Brod, und ich weiß nicht, wo ich nur vor eines soll was hernehmen. Ich selbs komme beynahe vor Hunger um."[14] Reich an H.geschichten ist die autobiogr. Lit.[15]; an H.erlebnisse erinnern sich nicht nur Kriegsgefangene[16], sondern auch zahlreiche Angehörige ziviler Unterschichten, die von Oral History-Forschern befragt wurden[17]. Für die vergangenen Jh.e finden sich H.erinnerungen in Chroniken[18] und – oft aus zweiter und dritter Hand zitiert – in der Kompilationsliteratur des 16. und 17. Jh.s[19]. Insgesamt handelt es sich hier um Hunderte von schriftl. fixierten Einzelbelegen mit einem wiederkehrenden Motivbestand. Eine lebhafte Wechselbeziehung zwischen mündl., literar. und abermals mündl. Tradition darf bei einem so vitalen Thema angenommen werden (cf. Kap. 4.1–3).

3. H.-Lit. Das Thema H. wird auch in anderen Textsorten mehrfach angesprochen, so etwa in der Schelmenliteratur[20], vor allem aber in der Devotionalliteratur (→ Erbauung). H.predigten wurden im 16./17. Jh. mehrfach vorgetragen[21]; die populären Andachtsbücher enthalten nicht selten H.gebete[22], die Gesangbücher H.lieder[23]. → Abraham a Sancta Clara stellte 1707 in seinem *Huy! und Pfuy! der Welt* für „Poet[en], Prediger und waserley Standes-Personen" Informationen auch über den H. zusammen und zog zu diesem Zweck die Bibel, den Hl. Chrysostomus (über die H.snot bei

der Belagerung von Jerusalem; Tubach, num. 1976), Chroniken, eine Sage und eine Fabel heran[24]. Sowohl die Prediger als auch die Sänger (in der Kirche, in Bürgerstuben[25] oder auf dem Marktplatz[26]) hielten für ein breites Publikum von Zuhörern H.erinnerungen und H.phantasien wach. Insbesondere seit dem 16. Jh. mit seiner verstärkten Produktion von Druckwerken ist also damit zu rechnen, daß H.erfahrungen breiter Bevölkerungsschichten nicht nur aus eigenen Mangel- und Schmerzerlebnissen, sondern auch, sekundär vermittelt, aus einem kommunikativen Gemisch[27] von Mündlichkeit und Schriftlichkeit stammten.

4. H. in Volkserzählungen. E. Weber hat sich schon 1981 gegen eine Art von psychoanalytischer Märcheninterpretation gewendet, welche die ‚hard facts' der Sozialgeschichte nicht aus den Texten herauslesen mag[28]. Es fragt sich in der Tat, ob die H.- und Nahrungs-Symbolik des Märchens und anderer populärer Textgattungen mit ‚Muttergottheit', ‚Mutterleib' oder ‚Begehren nach Welt und Wirklichkeit'[29] hinreichend erklärt ist.

4.1. Märchen. Auch Märchen, zu bestimmten Zeiten von bestimmten Erzähler(inne)n mit bestimmten (wenn auch nicht immer rekonstruierbaren) soziopsychischen Konstitutionen produziert, sprechen in bezug auf das verbreitete H.phänomen eine deutliche Sprache.

Ein armer Holzhacker „hatte wenig zu beißen und brechen, und einmal, als große Teuerung ins Land kam, konnte er auch das täglich Brot [Vaterunser-Bitte] nicht mehr schaffen", heißt es in KHM 15 (AaTh 327 A: → *Hänsel und Gretel*). Bei einem armen Fischer geht es „von Hand zu Mund", zu dem Angebot des goldenen Fisches sagt er: „Was hilft mir ein Schloß, wenn ich nichts zu essen habe?" (KHM 85, AaTh 303: *Die zwei → Brüder*). Ein anderer Armer mit 12 Kindern muß Tag und Nacht arbeiten, „damit er ihnen nur Brot geben konnte" (KHM 44, AaTh 332: → *Gevatter Tod*)[30]. In einer tschech. Var. von AaTh 1536 A: *Die → Alte in der Kiste* haben Mann und Frau so großen H., daß der Mann stehlen gehen muß[31].

Es sind bes. die Kinder, welche unter H.snöten zu leiden haben: „Dem Armen aber fehlte an manchen Tagen ein Stück Brot, und seine Kinder [...] weinten und jammerten vor Hunger" (russ.)[32]. Der Junge aus dem Tessin, „der immer Hunger hatte", wird von seiner Mutter verwünscht und in einen hungrigen Wolf verwandelt[33]. Hänsel und Gretel (AaTh 327 A) werden nicht nur in KHM 15 im Wald ausgesetzt (ihre Wanderung erinnert übrigens an die hist. belegten H.-Emigrationen einzelner Familien[34]): Periquito und Mariquita (aus der Provinz Ciudad Real) sind „asustaditos y muertos de hambre" oder „estaban tan hambrientos", und der Hexe erklären sie: „veníamos con mucha hambre"[35]. Jeannot (aus der Auvergne) hat so großen H., daß ihm selbst der Schweinefraß in des Teufels Stall bekömmlich erscheint: „Il dévorait et il engraissait."[36] Die Brüder → Grimm verharmlosen das Phänomen der H.-Bettelzüge, wenn sie in *Die Kinder in H.snot* (KHM 57 [1815]) formulieren: „ich will ausgehen und sehen, daß ich etwas zu essen kriege ohne Bettelei", halten es aber für annehmbar, daß die Mutter ihre Töchter vor H. töten will; sie lassen die Mädchen nicht etwa an H.ödemen krepieren, sondern in einen tiefen ewigen Schlaf fallen. ‚Crever de faim' wäre aber hier der zutreffende Ausdruck eines lebenserfahrenen und lebendigen Erzählers gewesen[37]. Auch KHM 153 (→ *Sterntaler*), „nach dunkeler Erinnerung aufgeschrieben" (KHM 3 [1856] 238), verniedlicht die dahinterliegende brutale Realität von hungernden und frierenden Bettelkindern.

Reale H.snöte, die Erinnerung daran oder die Angst davor, erzeugten Wunschvorstellungen von → Reichtum und → Glück, von Helfern, die Speisen bringen[38], oder von Zaubergaben wie dem stets gedeckten Tischlein oder einem Wunschsack, in dem sich immer etwas zu essen findet[39]. Das russ. Märchen von der verzauberten Königstochter gönnt dem entlassenen und hungrigen Soldaten einen reich gedeckten Tisch mit allem, „was die Seele begehrte"[40]. Die Brüder Grimm hingegen warnen vor dem Schlaraffenland-Traum vom ewig vollen Kochtopf: Im Märchen *Der süße Brei* (KHM 103, AaTh 565: → *Wundermühle*) wird die satte Zufriedenheit gestört und wieder aufgehoben, das Genügen entwickelt sich zum nicht mehr kontrollierbaren (→ Zauberlehrling) Überfluß, der als „die größte Not" bezeichnet wird[41]. Der Wunsch, „alle Tage Gesottenes und Gebratenes" bei geregelter Arbeit zu bekommen (KHM 24, AaTh 480: *Das gute und das schlechte → Mädchen*), ist indes auch in Märchen präsent, die nicht direkt mit dem H.problem zu tun haben[42].

4.2. Sagen und Legenden. Dem Wesen der Gattung entsprechend treten in den Sagen die hist. Tatsachen aus den Erinnerungen der Erzähler/innen oder der Schreiber deutlicher hervor.

Johannes von Winterthur erzählt, eine Gruppe von Elsässern habe wegen der H.snot von 1315[43] nach Ungarn auswandern wollen. Als sie sich auf einem Donaukahn befanden, habe der Schiffer sein Schiff umgestoßen, die abgemagerten Leute ersäuft und gesagt, es sei besser, daß sie im Fluß umkämen, als daß sie sich in Ungarn durchfräßen[44]. Auf das Suchen nach einem Schatz „auß hungers not" verweist die Sage von der Höhle zu Raurach bei Basel (Beatus Rhenanus, J. Stumpf etc.)[45]. Hinter der Sage von einem Holländer, der 1818 einen Karren Brot in die Eifel führen wollte, aber durch Zauberei daran gehindert werden sollte[46], steht wohl das Phänomen der für das hungernde Volk unerklärlichen Einfuhrsperre für ausländische Lebensmittel[47]. Weitverbreitete Sagen von H.brunnen, welche, wenn sie zu bestimmten Zeiten reichlich fließen, Teuerungen ankündigen, deuten auf die Tatsache, daß langanhaltende Regenfälle die Ernten vernichten können[48]. Von ohnmächtiger Wut des Volkes und revoltierenden Rache- und Straf-Phantasien geben die zahlreichen Sagen Zeugnis, die von bestraftem → Geiz oder → Wucher erzählen. Sie folgen einer einheitlichen Struktur: Reiche(r) Adelige(r) (Amtmann, Bauer, Bischof, Burgfrau, Edelfräulein, König[in]) weist eine hungrige bettelnde Person oder eine Gruppe von Nahrung Fordernden zurück (manchmal mit höhnischen Bemerkungen: Laßt sie → Kuchen essen [AaTh 1446][49] oder: „Höret wie die Brodratzen und Mäuse pfeiffen!"[50]) und wird bestraft durch Blitzschlag (Brotversteinerung, monströse Geburt, Gefressenwerden durch Mäuse/Ratten, Krankheit, Schlangenbiß, Selbsttötung, Wegfliegen des Korns)[51].

Um die verschiedenen Grade der H.snöte abzustufen (fames magna, valida, maxima, horrenda [inaudita]), greifen die Erzähler und Schreiber zur bildlichen Beschreibung von Ersatz-Speisen, welche von der Normalnahrung (Brot, Hülsenfrüchte, Fleisch von Rind, Schaf oder Schwein) immer stärker abweichen und sich in einer H.katastrophen-Skala zusammenfassen lassen. Bei H.snöten wurden demnach gegessen: (1) Brot aus unreinem Mehl (vermischt mit zermahlenen Bohnen, Wurzeln, Kräutern, Eicheln, Rinden, Laub, Stroh, Erde); (2) Fleisch von unreinen oder krepierten Tieren (Hunde, Katzen, Mäuse, Pferde, Frösche, Schlangen); (3) ungenießbare Tier- und Pflanzenabfälle (→ Aschenkuchen, Horn, Knochen, Leder, Talg; Nußschalen, Spreu, Holz, Papier [Pergament]; Exkremente); (4) frisches Menschenfleisch und Leichenteile (cf. Kap. 5.4)[52].

Es darf als zweifelhaft gelten, ob vor allem die letzten Steigerungen der Realität entsprechen oder ob sie metaphorischer Ausdruck des ‚horrenden' H.leidens sind. Bemerkenswert scheint, daß in einer Serie von Tessiner Kinderreimen den Hungrigen, die nach Brot verlangen, empfohlen wird, Hund, Mauer, Ratte oder Kot zu essen[53].

Obwohl F. Curschmann festhielt, die Heiligen hätten „nie ein [generelles] Wunder gegen die Hungersnot vollbracht"[54], ist hier doch auf einige christl. Legendenmotive zu verweisen, zumal ja → Christus selbst den H. der Vier- oder Fünftausend zu stillen gewußt hat (cf. → Brot, → Brotlegenden)[55].

Einige Heilige tragen ein Brot als Attribut, weil sie in H.snöten das Werk der Barmherzigkeit, Hungrige zu speisen, übten[56]. Anderseits wird den hungrigen Heiligen auf mannigfache Weise, z. B. durch Engel oder Tiere (z. B. → Antonius Eremita), Speise gebracht[57]. Männliche Heilige sollen hungrige Kinder auch an der Brust gestillt haben (cf. → Säugen)[58]. Die von den Heiligen gereichten oder erhaltenen Speisen bedeuten jeweils „Gottesgaben, mit denen dem Menschen sowohl im materiellen als auch im geistig-religiösen Sinn geholfen wird"[59]. Der kathol. Brauch, in Dürre- und H.perioden Bittprozessionen mit Statuen oder Schreinen von Heiligen zu veranstalten (so am 16. Mai 1709 in Paris mit den Heiligen Marcel und Geneviève)[60], ist noch heute (in Süditalien mehrfach im Februar/März 1989) lebendig.

4.3. Andere Textsorten. Von List und Witz der Hungernden erzählen zahlreiche → Hungrigenschwänke.

In der Fabel-Lit. ist vereinzelt vom hungrigen Fuchs (cf. AaTh 115: *The Hungry Fox Waits in Vain for the Horse's Lips [Scrotum] to Fall off*) oder Wolf die Rede. Der Wolf oder der hungrige Hund ziehen ihre Freiheit der Sattheit des Kettenhundes vor (AaTh 201: *Der freie → Wolf [Hund]*). Die von Abraham a Sancta Clara 1707 erzählte ‚Fabel' von dem Mann, der Holzbirnen verschmäht und frevlerisch bepißt, sie aber dann aus H. essen muß[61], geht auf die Sammlung des Laurentius → Abstemius (num. 46) zurück.

Die Exempel-Lit. berichtet von Mönchen oder Einsiedlern, die auf unterschiedliche und nicht immer vorbildhafte Weise mit dem Problem H. fertig wurden[62]; ein Sarazene wird wegen seiner Mildtätigkeit in einer H.snot belohnt (Tubach, num. 1975). In Predigten können Menschen, die den H. tapfer ertrugen, beispielhaft auftreten[63]. Georg Lauterbeck lobt in seinem *Regentenbuch* einen byzant. Hauptmann, der seine Stadt aufgab, um eine H.snot für unschuldige Weiber und Kinder zu vermeiden[64].

Es sind bes. die Sprichwörter, welche Zeugnis geben von Sorgen und Nöten, die der H. mit sich führt[65]. Die alte Weisheit, H. sei der beste Koch, gehört heute allerdings nicht mehr zum ‚sprichwörtlichen Minimum' der Alltagssprache[66]. Alte[67] und neue Sprichwortsammlungen[68] zeugen von ehemals mannigfacher lehrhafter bis witziger Bewältigung des Problems. In der heutigen Umgangssprache bedeuten Wortkombinationen mit H. oft sexuelle Enthaltsamkeit[69] – ein weiterer Hinweis auf veränderte Bedürfnisbewertungen in der Neuzeit. Daß zahlreiche → Fingererzählungen einen Bezug zur Kultur des Darbens enthalten, ist heute ebenfalls kaum noch bewußt[70].

5. Bes. H.motive und -themen. Aus der Fülle der hist. H.erfahrungen schälen sich einige Motive heraus, die als bes. erinnerungswürdig galten; sie haben alle mit der extremen Situation von → Sterben und → Tod zu tun.

5.1. H. bei Belagerungen. Eine belagerte Burg oder Stadt, von Nahrungsmittelzufuhr abgeschlossen, wird insgesamt zu einem hungerleidenden Bauch, welcher aus Hunderten einzelner H.höhlen zusammengesetzt ist und mit 1000 Stimmen nach Brot schreit: „et tous les jours en venoient les plaintes, li plour et li cri à Phelippe d'Artevelle", erzählt Jean Froissart von der Belagerung der Stadt Gent (1382)[71]. In Ermangelung von Grundnahrungsmitteln greift die (Armen-)Bevölkerung von belagerten Orten zu Ersatzspeisen (cf. oben Kap. 4.2).

In dem altfrz. Epos von *Renaus de Montauban* (→ *Haimonskinder*) aus dem späten 12. Jh. entsteht bei der Belagerung von Montauban durch → Karl den Großen eine so große H.snot, daß die Pferde geschlachtet werden sollen; selbst Reinholds edles Roß Bayard gerät dabei in Gefahr. Der Vater Aymon rettet die Eingeschlossenen, indem er ihnen Lebensmittel statt Steine über die Stadtmauern schleudern läßt[72]. Traurige Berühmtheit in der Geschichte des H.s erlangte die Belagerung der protestant. Stadt Sancerre (1573) durch die Beschreibung des vielgelesenen Historikers J. A. de Thou (Thuanus, 1553–1617)[73] oder durch die Darstellung in Christoph Rabs *Märtyrbuch*[74]. Die Topoi von gegessenen Tierresten, Menschen und Leichen finden sich wieder in den Zeitungsbeschreibungen der Belagerung von La Rochelle (1627/28)[75]. Die Details von H.horror wiederholen sich in den Belagerungschroniken von Paris (1590)[76] oder Breisach (1638)[77].

Über die Kompilationsliteratur des 17. Jh.s sind solche Erzählungen in die Sagensammlungen des 19. Jh.s und von dort wieder in lokale Traditionen der Gegenwart gelangt[78].

5.2. Menschenopfer bei H.snöten. Die Nöte einer H.krise lassen sich in Volkserzählungen auch durch Menschenopfer lindern oder beseitigen. Die sozial Schwächsten werden dabei zuerst liquidiert: die Armen (cf. → Arm und reich), → Alte Leute (AaTh 981: → *Altentötung*) und die Kinder (AaTh 327: *The Children and the Ogre*). Um dem angedrohten Tode zu entrinnen, bedarf es der List (z. B. Mot. K 231.1.1: *Mutual agreement to sacrifice family members in famine*), des guten Rates einer alten Frau (die Hungernden auswandern zu lassen[79]) oder eines mirakulösen Eingriffs:

Als ein Vater, der mit seiner Familie vor der H.snot flieht, sein Kind schlachten will, treiben ihm Wölfe einen Hirsch zu (oder er findet ein von Wölfen gerissenes Reh), und er kann die Seinen, ohne Kindermord zu begehen, ernähren (Var.: Ein Edelmann rettet das Kind)[80].

Das frz. Volkslied *Il était un petit navire* hängt mit der Sage von hungernden Schiffbrüchigen zusammen, die ihr Schlachtopfer durch das Los bestimmten[81].

5.3. Tod durch Verhungern. Das Töten von Menschen durch H. und Durst gehört seit der Antike zu den Leibes- und Lebensstrafen (Mot. S 132)[82]. Der Guelfen-Fürst Ugolino della Gherardesca wurde von den Ghibellinen mit seinen Kindern und Enkeln in einer Grube ausgehungert[83]. Der Tyrann Donat von Vaz in Graubünden soll seine Gefangenen verhungern lassen und ihre Klagen so kommentiert haben: „Iste sunt aviculae meae dulciter in meis auribus personantes" (Das sind meine Vögelchen, sie zwitschern süß in meinen Ohren)[84]. Das Thema ‚starvation' hat im Schauerroman um 1800 weiteste Verbreitung gefunden[85].

Vereinzelt tauchen Belege von H.streiks auf, die bis zum Suizid führten. So nahm sich 1529 eine Wiedertäuferin im Basler Gefängnis durch H.n das Leben[86]. Ähnliches wird von einem Francesco Spiero berichtet, der an Gottes Barmherzigkeit zweifelte[87]. Salomon Maimon erzählt in seiner Autobiographie, der jüd. Gelehrte Simon aus Lubtsch habe sich zu Tode gehungert, um seine Sünden abzubüßen[88]. Tiere sollen sich aus Anhänglichkeit zu ihrem verstorbenen Herrn zu Tode gehungert haben (Mot. B 301.1).

5.4. Kannibalismus. Radulphus Glaber beschreibt in seinem Historienbuch von 1045 die auf Mißernten beruhende europ. Teuerung und H.snot von 1032, welche angeblich verbreitete Formen von → Kannibalismus (mit gebratenem Menschenfleisch), Kinderschlachtungen (als Lockspeise diente ein Apfel [!] oder ein Ei), Nekrophagie, Menschenfleischhandel, Verbrennung von Schändern und abermaliges Fressen der im Feuer Hingerichteten zeitigte[89]. Vergleichbare Nachrichten („fames [...] excrevit [...] ut homines homines, fratres fratres ac matres filios comedere coegit" [der Hunger nahm so überhand, daß er Männer Männer, Brüder Brüder und Frauen Kinder zu essen zwang]) sind aus dem 8. und 9. Jh. mehrfach belegt[90]. Abermals sind es Chronisten, Kompilatoren und Prediger, welche solche in der Bibel (2. Kön. 6, 24–31) und von den antiken Geschichtsschreibern[91] überlieferten Schrekkensnachrichten kolportieren und popularisieren[92]. Bei einer so reichen gedr. Traditionskette erstaunt es nicht, Kannibalismus-Motive (Mot. G 78.1), hie und da vermischt mit Elementen kulinarischer Zivilisierung (→ Perraults *La Belle au bois dormant*)[93], mit mythol. Überlieferungen von Wald- und Wildwesen (‚ogre', ‚orco') oder mit dämonologischen Vorstellungen einer ebenso reichen Buchtradition, bei einer Reihe von schriftl. und mündl. überlieferten Märchen wiederzufinden, insbesondere in AaTh 327 A und B, AaTh 720 (→ *Totenvogel*)[94], welche Motive der Gruppe Mot. G 50–G 79 enthalten. Es handelt sich jeweils nicht um Erinnerungsreste aus archaischen Kulturen noch um Zeugnisse realer Menschenfresserei im ma. Europa, sondern um metaphorische Übernahmen aus einer ungewöhnlich reichen hist. Dokumentation von H.snöten und ihren das biologische und das soziale Leben stark verändernden Konsequenzen.

6. Zusammenfassung. Die Frequenz und Intensität der Krisenzeiten in vergangenen Jh.en[95] sind kaum noch bewußt; die verheerenden H.snöte in der Dritten und Vierten Welt[96] berühren nur einen minimalen Teil von engagierten Europäern. Optimale Ökonomien, Transportbedingungen und Lebensmittel-Konservierungstechniken haben die Überflußgesellschaften vergessen lassen, daß H. und Not nach wie vor weite Teile der Welt regieren[97]. Die sprechenden H.erinnerungen aus der eigenen Geschichte, festgehalten in fast allen mündl. und schriftl. Textgattungen, mögen – auch wenn sie nicht immer den Wert von Augenzeugenberichten besitzen – dazu beitragen, die heutige Präsenz von H.snöten bewußter zu machen.

[1] [Zedler, J. H.:] Grosses vollständiges Universal-Lexicon aller Wiss.en und Künste 13. Lpz. 1735, 1228–1230, hier 1228. – [2] Cépède, M./Gounelle de Pontanel, H./Autret, M.: La Faim. P. [4]1983, 5 (hier auch Definitionen von ‚appétit' [Eßfreude], ‚appétence' [Eßlust] und ‚boulimie' [Freßsucht]). – [3] Zedler (wie not. 1) 1230. – [4] Cépède (wie not. 2) 7. – [5] Büchner, G.: Dantons Tod. In: id.: Werke und Briefe. ed. K. Pörnbacher u. a. Mü. [5]1984, 12. – [6] Mandrou, R.: Introduction à la France moderne (1500–1640). P. 1961, 5. – [7] Zu den zahlreichen Tisch-Metaphern in der Bibel cf. Große Konkordanz zur Lutherbibel. Stg. 1979, 1401 sq. – [8] cf. KHM 60 (AaTh 303: Brüder: Die zwei B.): „Die zwei Knaben gingen in des Reichen Haus ab und zu und erhielten von dem Abfall manchmal etwas zu essen." – [9] Cusatelli, G.: Ucci ucci. Piccolo manuale di gastronomia fiabesca. Milano 1983, 5–19; Coltro, D.: Fiabe venete. Milano 1987, 40. – [10] Hollstein, F. W. H.: Dutch and Flemish Etchings, Engravings and Woodcuts, ca 1450–1700. t. 3. Amst. s. a., 286 sq. – [11] Curschmann, F.: H.snöte im MA. Ein Beitr. zur dt. Wirtschaftsgeschichte des 8. bis 13. Jh.s. Lpz. 1900; Abel, W.: H.snöte und Absatzkrisen im SpätMA. In: Festschr. H. Aubin 1. Wiesbaden 1965, 3–18; Stein, E.: Hungrige speisen. Ulm 1966, 31–44; Werveke, H. van: De middeleeuwse hongersnood. Brüssel 1967; Teuteberg, H. J./Wiegelmann, G.: Der Wandel der Nahrungsgewohnheiten unter dem Einfluß der Industrialisierung. Göttingen 1972, 70–73; Pallach, U. C. (ed.): H. Qu.n zu einem Alltagsproblem seit dem 30jährigen Krieg. Mü. 1986. – [12] Lucas, H. S.: The Great European Famine of 1315, 1316 and 1317. In: Speculum 5 (1930) 343–377; Labrousse, E.: Esquisse du mouvement des prix et des revenus en France au XVIIIe siècle 1–2. P. 1933; Woodham-Smith, C.: The Great H. Ireland 1845–49. L. (1962) [5]1964; Langer, C.: Die H.jahre 1771 und 1772 nach zeitgenössischen Qu.n. In: Sächs. Heimatbll. 9 (1963) 360–367; Verhulst, A. E.: Karoling. Agrarpolitik. Das Capitulare de Villis und die H.snöte von 792/93 und 805/06. In: Zs. für Agrargeschichte und -soziologie 13 (1965) 175–189; Lebrun, F.: Les Hommes et la mort en Anjou aux 17e et 18e siècles. P./La Haye 1971, 338–347; weitere Lit. bei Pallach (wie not. 11) pass.; Kershaw, I.: The Great Famine and Agrarian Crisis in England 1315–1322. In: Past & Present 59 (1973) 3–50; Abel, W.: Massenarmut und H.krisen im vorindu-

striellen Europa. Hbg/B. 1974; Schärer, M. R.: Ein Kolloquium zur Geschichte des H.s. In: Schweiz. Zs. für Geschichte 32 (1982) 175–177. — [13] Spamer, A.: Bair. Denkmale aus der „theuren zeit" vor 100 Jahren. In: Bayer. H.e für Vk. 3 (1916) 145–266; Stein (wie not. 11) 15–28; Medick, H.: Teurung, H. und „moralische Ökonomie von oben". Die H.krise der Jahre 1816/17 in Württemberg. In: Beitr.e zur hist. Sozialkunde 15 (1985) 39–44; Stucky, H.: H. im Sarganserland und Werdenberg. Die H.snot von 1816/17. In: Terra plana (Sommer 1988) 30–35; zum H.jahr 1847 cf. Werner, L. F.: Aus einer vergessenen Ecke. Langensalza 1909, 24–27. — [14] Mattmüller, M.: Die H.snot der Jahre 1770/71 in der Basler Landschaft. In: Bernard, N./Reichen, Q. (edd.): Ges. und Ges.en. Festschr. U. Im Hof. Bern 1982, 271–291, hier 279; cf. Medick (wie not. 13) 41 sq. — [15] z. B. Bräker, U.: Lebensgeschichte. Zürich 1978, 223–226 (Mein erstes H.jahr); cf. Lipp, C.: „Uns hat die Mutter Not gesäugt an ihrem dürren Leibe". Die Verarbeitung von H.erfahrungen in Autobiogr.n von Handwerkern, Arbeitern und Arbeiterinnen. In: Beitr.e zur hist. Sozialkunde 15 (1985) 54–59; Schenda, R./Böckli, R.: Lebzeiten Autobiogr.n der Pro-Senectute-Aktion. Zürich [3]1983, 49, 91 sq., 144 sq.; Messerli, A. (ed.): Flausen im Kopf. Schweizer Autobiografien aus drei Jh.en. Zürich 1984, 50 sq., 161 sq. — [16] Lehmann, A.: Zwangskultur — H.kultur. In: Wandel der Volkskultur in Europa 1. Festschr. G. Wiegelmann. Münster 1988, 205–215. — [17] z. B. Revelli, N.: L'anello forte. La donna: storie di vita contadina. Torino 1985, pass.; cf. Lüdtke, A.: H.erfahrungen, Essens-„Genuß" und Politik bei Fabrikarbeiterinnen und Arbeiterfrauen. In: Beitr.e zur hist. Sozialkunde 15 (1985) 60–66. — [18] z. B. Fabricius, G.: Rerum Misnicarum libri 7. Lpz. 1569, cf. Reg. s. v. annonae caritas; Sachse, M.: Newe Keyser Chronica 4. Magdeburg 1615, 85 („Die Leute lagen in den Mülen heuffig, leckten das Meel von der Erden auff. Viel Menschen storben hungers."); cf. Zehnder, L.: Volkskundliches in der älteren schweiz. Chronistik. Basel 1976, 357–361; Sagenerzähler und Sagensammler der Schweiz. ed. R. Schenda unter Mitarbeit von H. ten Doornkaat. Bern 1988, 23, 36, 100. — [19] z. B. Zwinger, T.: Theatrum vitae humanae. Basel 1565, 1257–1259; Goulart, S.: Thresor d'histoires admirables et memorables 3–4. Genève [2]1628, 712–721; Zeiller, M.: Hb. von allerley nützlichen Erinnerungen 1. Ulm 1665, 457–463; id.: 606 Episteln oder Sendschreiben von allerhand Sachen. Ulm 1656, 120 sq.; Titius, C.: Loci theologici historici. Wittenberg 1657, 1411 sq. — [20] Cameron, W. J.: The Theme of H. in the Spanish Picaresque Novel. Diss. Iowa City 1956 (cf. Diss. Abstracts 16 [1956] 2157); Childers, Tales, pass. —

[21] Lavater, L.: Von thüwre vnd hunger dry Predigen [...]. Zürich 1571; Rorarius, T.: Fünff und zwentzig nothwendiger Predigten: Von der grausamenn regierenden Thewrung. Ffm. 1572; Praetorius, Z.: Sylva Pastorum. Magdeburg 1575, fol. 59^r–60^r; cf. Butschky, S. von: Des 1630 hunger- und kummerjahrs gedenckmahl [...] von hunger und hungersnoth in gemein [...]. Lpz. 1633. — [22] Arndt, J.: Paradißgärtlein voller Christl. Tugenden. Goslar 1621, 398–400 (B. 1851, 172 sq. und pass.); Schmolck, B.: Gottgeheiligtes Herzens-Opfer [...]. Schweinfurt [9]1771, 142 sq.; Berchtold, J. A.: Der rechtschaffene Christ in seinen täglichen Verrichtungen. Augsburg [8]1800, 110–112. — [23] Seelen-erquickendes Harpfen-Spiel [...]. Schweinfurth [9]1771, 540–543, num. 504–507; Pallach (wie not. 11) 156 sq. (Brandenburg.-Bayreuth. Gesang- und Gebet-Buch 1750, num. 588, 645). — [24] Abraham a Sancta Clara: Huy! und Pfuy! der Welt. Würzburg 1707, Titelbl. und p. 187 sq. — [25] Liliencron, R. von: Die hist. Volkslieder der Deutschen 1. Lpz. 1865, 163, 179 sq. (H. im Würzburger Städtekrieg, 1400); Die Teuerung zu Augsburg in den Jahren 1570 und 71 in Versen beschrieben von Barnabas Holzmann. In: Zs. des hist. Vereins für Schwaben und Neuburg 19 (1892) 45–87. — [26] Petzoldt, L.: Freudlose Muse. Mü. 1978, 190–192, num. 30. — [27] cf. Schenda (wie not. 18) 17 sq. — [28] Weber, E.: Fairies and Hard Facts: The Reality of Folktales. In: J. of the History of Ideas 42 (1981) 93–113; cf. auch Schenda, R.: Volkserzählung und Sozialgeschichte. In: Il confronto letterario 1 (1984) 265–279. — [29] von Beit 1, 133 (zu KHM 15), 782 (zu KHM 107); Bettelheim, B.: Kinder brauchen Märchen. Stg. 1977, 19 sq., 160. — [30] Das Motiv von 12 hungrigen Kindern wanderte über Italien nach Nordamerika: Mathis, E./Raspa, R.: Italian Folktales in America. Detroit 1985, 128, num. 6. — [31] Jech, J.: Tschech. Volksmärchen. B. [2]1984, num. 71. — [32] Afanas'ev, num. 303. — [33] Todorović-Strähl, P./Lurati, O.: Märchen aus dem Tessin. Köln 1984, 171 sq. (cf. Mot. F 321.1.2.2: Changeling always hungry). — [34] Curschmann (wie not. 11) 62–68 (Wanderungen der Notleidenden). Abweisungen der Hungernden waren dabei nicht seltener als Hilfeleistungen; das Fortziehen einzelner ist ebenso belegt wie die Abwanderung größerer Gruppen; zur Aussetzung von Kindern cf. auch Perraults Märchen „Le petit Poucet". — [35] Camarena Laucirica, J.: Cuentos tradicionales recopilados en la Provincia de Ciudad Real. Ciudad Real 1984, 135, num. 62. — [36] Méraville, M.-A.: Contes populaires de l'Auvergne. P. 1970, num. 22. — [37] Marcel Volpilière vom Mont Lozère gebraucht diese Wendung mehrfach; cf. Coulomb, N./Castell, C.: La Barque qui allait sur l'eau et sur la terre. Carcassonne 1986, num. 8.1, 17, 18, 49. — [38] Lüthi, M.: Die Gabe im Märchen und in der Sage. Diss. Bern 1943, 34–37. — [39] Todorović-Strähl/Lurati (wie not. 33) 38. — [40] Afanas'ev, num. 271, 272. —

[41] Eine vergleichbare Warnung vor dem Mißbrauch des Zuviel enthält KHM 194: Die Kornähre; cf. auch das Predigtexempel von dem Bauern, der glaubt, der Jüngste Tag sei nahe, alle seine Vorräte verzehrt und dann hungern muß, bei Rehermann, 173, num. 115; 275, num. 33. — [42] Cusatelli (wie not. 9) pass. — [43] Lucas (wie not. 12) 375. — [44] Text bei Curschmann

(wie not. 11) 207 sq. — [45] Schenda (wie not. 18) 100. — [46] Zender, M.: Sagen und Geschichten aus der Westeifel. Bonn 1966, num. 1037. — [47] cf. Mattmüller (wie not. 14) 273. — [48] Scheuchzer, J. J.: Der Natur-Histori des Schweitzerlandes 2. Theil. Zürich 1717, 131; Grimm DS 105; Bechstein, L.: Die Sagen des Rhöngebirges und des Grabfeldes. Würzburg 1842, 265; Runge, H.: Der Quellkultus in der Schweiz. Zürich 1859, 16 sq.; Haiding, K.: Alpenländ. Sagenschatz. Wien/Mü. 1977, num. 125. — [49] Es ist zu vermuten, daß in älteren Fassungen statt ‚Kuchen' Kot oder Kacke beim Namen genannt werden, cf. Titius (wie not. 19) 551, num. 2 (nach J. Fincel und W. Bütner): Die Adlige wird durch ihr zynisches Wort zur Koprophagie getrieben. — [50] Engel [Angelus], A.: Annales Marchiae Brandenburgicae [...]. Frankfurt (Oder) 1598, 396 sq. (Sagen von Hatto, Pompilius [Popiel] u. a.). —

[51] Rorarius (wie not. 21) fol. 90, 95—97; Titius (wie not. 19) 552, num. 4, 1414—1416; Kapf, R.: Schwäb. Sagen. Jena 1926, 113; Zender (wie not. 46) num. 521, 522; Haiding (wie not. 48) num. 222; Todorović-Strähl/Lurati (wie not. 33) 148 sq. — [52] Zu allen Punkten zahlreiche Belege in der bisher zitierten hist. Lit.; cf. ferner Curschmann (wie not. 11) 57—60; Aly, W.: Volksmärchen, Sage und Novelle bei Herodot und seinen Zeitgenossen. Göttingen 1921, 88 (Hinweis auf volkstümlichen Topos beim Motiv der Ersatzspeisen). — [53] Todorović-Strähl, P.: Parole in ritmo. Basel 1987, num. 234—249. — [54] Curschmann (wie not. 11) 5. — [55] LCI 1 (1968) 409—419; Nilgen, U.: Brotvermehrung. ibid., 326—330. — [56] Feldbusch, H.: Brot. In: RDK 2 (1948) 1221 sq.; Stein (wie not. 11) 91—138 (Hl. Adelindis, Agathe, Casilda, Diego, Edmund, Elisabeth, Gottfried, Gregor, Hugo, Konrad, Ludwig, Nikolaus, Notburga, Oda, Odilo, Wolfgang etc.). — [57] Schneider, A.: Exempelkatalog zu den „Iudicia divina" des Jesuiten Georg Stengel von 1651. Würzburg 1982, num. 89, 92, 93, 104, 105. — [58] Lionetti, R.: Latte di padre. Brescia 1984, 26—28. — [59] Moser, D.-R.: Verkündigung durch Volksgesang. B. 1981, 144—146, 522—529 (Zitat 526). — [60] Mercure historique et politique 46 (1709) 633—636; Kaplan, S. L.: Religion, Subsistence, and Social Control. The Uses of Saint Genevieve. In: Eighteenth-Century Studies 13 (1979/80) 142—168. —

[61] Abraham a Sancta Clara (wie not. 24) 188 (angegebene Qu.: G. Stengel, De iudiciis [cf. not. 57]). — [62] Tubach, num. 2704 sq.; Titius (wie not. 19) 510. — [63] Hutter, L.: Oratio parentalis de vita et obitu Salomonis Gesneri. Wittenberg 1605, fol. B4^v—C1^r; Scriver, C.: Seelen-Schatzes 4. Theil. Ffm. 1681, 408. — [64] Lauterbeck, G.: Regentenbuch. Lpz. 1556, Vorrede. — [65] Gadola, G.: La fom el proverbi romontsch. In: Il Glogn 16 (1942) 4—26. — [66] Mieder, W.: Moderne Sprichwörterforschung zwischen Mündlichkeit und Schriftlichkeit. In: Röhrich, L./Lindig, E. (edd.): Volksdichtung zwischen Mündlichkeit und Schriftlichkeit. Tübingen 1989, 187—208, hier 190—192. — [67] Franck, S.: Sprüchwörter, schöne weise Klugreden. Ffm. 1548, 27, 142; Seybold, J. G.: Viridarium [...]. Nürnberg 1677, 173. — [68] Düringsfeld, I. von/Reinsberg-Düringsfeld, O. von: Sprichwörter der germ. und rom. Sprachen 1. Lpz. 1872—75, num. 774—788; Lipperheide, F. von: SpruchWb. Mü. ²1909, 415 sq.; The Oxford Dictionary of English Proverbs. Ox. 1970, 392 sq.; Maloux, M.: Dictionnaire des proverbes, sentences et maximes. P. 1986, 179 sq. — [69] Borneman, E.: Sex im Volksmund. Reinbek 1971, v. Reg. — [70] Schenda, R.: „Das ist der Daumen" oder: Vom kleinsten Kindertheater der Welt. In: Kinderwelten. Festschr. K. Doderer. Weinheim/Basel 1985, 154—169. —

[71] Raynaud, G. (ed.): Chroniques de J. Froissart 10. P. 1897, 202. — [72] Michelant, H. (ed.): Renaus de Montauban. Stg. 1862, 345—357, 492 sq. (Inhalt). — [73] Thou, J. A. de: Hist. Beschreibung deren namhafftigen [...] Geschichten 1. Ffm. 1621, 1563 sq. (= 55. Buch, für das Jahr 1573); cf. auch Guyon, L.: Les diverses Leçons 3. Lyon 1617, 183 sq. (= 1.1,24). — [74] Rab, C.: Märtyrbuch: Denckwürdige Reden und Thaten [...]. Herborn 1608, 688—690. — [75] Jouhaud, C.: Imprimer l'Événement. La Rochelle à Paris. In: Chartier, R. (ed.): Les Usages de l'imprimé. P. 1987, 385; Ein dt. Ztgsdruck findet sich in der Zentralbibl. Zürich (Signatur: XVIII.181/8): Zeittung auß Franckreich [...] Belägerung der Statt Rochel [...]. s. l. s. a. — [76] Zeiller, M.: Ein Hundert Dialogi oder Gespräch von unterschiedlichen Sachen. Ulm 1653, 466 sq. — [77] Happel, E. W.: Mundus mirabilis tripartitus oder Wunderbare Welt 3. Ulm 1689, 465 (tote Kinder ausgegraben und gefressen; Kriegsgefangene fressen tote Kameraden; Soldaten schlachten Bäkkerssohn; 2000 Tierhäute [Preis: je fünf Gulden] gefressen). — [78] cf. Grimm DS 510 und Haiding (wie not. 48) num. 72. — [79] Piø, J.: Nye veje til folkevisen. Kop. 1985, 106 (dän. Ballade Langobarderne). — [80] Schneider (wie not. 57) num. 119; Abraham a Sancta Clara (wie not. 24) 188 („ex Pithæo in Annal. Franc., Baron. tom. 10, an. 850"); Brückner, 493 (Katalog Bütner). —

[81] Davenson, H.: Le Livre des chansons [1944]. P. ⁴1977, 327—329, num. 48; Hammer, M.: Rosetum historiarum. Zwickau 1654, 279; cf. auch Döpler, J.: Theatrum poenarum 2. Lpz. 1697, 458. — [82] ibid. 1, 188 sq. (H.folter); 2, 450—460 (Töten durch H.); Childers, Tales, Q 111.2.1, Q 421.0.1.1; cf. von Beit 1, 513 („Verhungernlassen bedeutet: keine seelische Energie zuwenden, keinen Lebensanteil gewähren."). — [83] Dante Alighieri, Divina commedia (Inferno 33, 1—90); cf. Dictionnaire des personnages. P. 1960, 979; zum Fortleben der Ugolino-Episode cf. EM 3, 338; Zwinger, T.: Theatrum vitae humanae. Basel 1586/87, 3487^a (= 19,1) (nach G. Villani). — [84] Die Chronik Johannes' von Winterthur. ed. F. Baethgen. B. 1924, 114; Haiding (wie not. 48) num. 15. — [85] Tracy, A. B.: The Gothic Novel 1790—1830. Plot Summaries and Index to Motifs. Lexington 1981, 204. — [86] Wurstisen, C.: Basler Chronik [1580]. Genève 1978, 581. — [87] Goulart, S.: Histoires admirables et memorables de nostre temps 1. P.

1600/01, 1re partie, fol. 17 r° (nach R. Estienne). — [88] Salomon Maimons Lebensgeschichte. ed. K. P. Moritz/Z. Batscha. Ffm. 1984, 89 sq. — [89] Glaber, R.: Les cinq Livres de ses histoires (900—1044). ed. M. Prou. P. 1886, 99—101 (= 4,4). — [90] Curschmann (wie not. 11) 59, 91 (Zitat), 98. — [91] Josephus Flavius, Bellum Judaicum 6,3. — [92] Boaistuau, P.: Les Histoires prodigieuses. P. 1560 (u. ö.), Kap. 34 (mit Holzschnitt von einem zerstükkelt aufgetischten Kind); Goltwurm, C.: Wunderzeichen: Das ist Warhafftige Beschreibunge aller [...] zeichen [...]. Ffm. 1567, fol. 121; Zwinger 1586/87 (wie not. 83) 2239[b]—2240[a] (= 9,2); Hosmann, A.: Lacrymae, Oder Klag- und Trauerschreiben [...]. Lpz. 1612, 57 sq.; Sachse (wie not. 18) 153; Guyon (wie not. 73); Titius (wie not. 19) 1412 sq.; Happel, E. W.: Gröste Denkwürdigkeiten [...] Relationes curiosae 5. Hbg 1691, 99 sq.; cf. noch im 19. Jh. die Süddt. Miscellen 3 (1813) 272. — [93] Cusatelli (wie not. 9) 76. — [94] Joisten, C.: Contes populaires du Dauphiné 1. Grenoble 1971, num. 59. — [95] Graus, F.: Pest—Geißler—Judenmorde. Das 14. Jh. als Krisenzeit. Göttingen 1987 (Hinweise auf H.krisen); cf. auch Hunecke, V.: Überlegungen zur Geschichte der Armut im vorindustriellen Europa. In: Geschichte und Ges. 9 (1983) 480—512. — [96] Cépède (wie not. 2) pass.; Pallach (wie not. 11) 379—416. — [97] Bennett, M. K.: Famine. In: Internat. Enc. of the Social Sciences 5 (1968) 322—326; Nelson-Pallmeyer, J.: The Politics of Compassion: A Biblical Perspective on World H. Maryknoll/N. Y. 1986; O'Neill, O.: Faces of H. An Essay on Poverty, Justice and Development. L./Boston 1986; Wennergren, E. B. u. a.: Solving World H. Cabin John, Md 1986.

Zürich Rudolf Schenda

Hungrigenschwänke beziehen sich zumeist weniger auf die allg. Unterernährung der Armen bzw. weiter Bevölkerungskreise in Not- und Kriegszeiten, sondern auf Mißstände in der Dienstbotenkost. Sie artikulieren auf witzige Weise das gravierende Alltagsproblem des allgegenwärtigen → Hungers. Das → Gesinde hatte de facto oft genug über unzureichende Versorgung mit → Speise und Trank zu klagen, war aber infolge bestehender Verträge für einen bestimmten Zeitraum an die jeweilige Herrschaft gebunden (cf. → Herr und Knecht). Eine einseitige Auflösung des Dienstvertrags konnte die Gefährdung der Existenz bedeuten, Streitfälle um eine den Leistungen entsprechende Verpflegung gab es viele[1]. Unter diesem Druck der sozialen Verhältnisse kam einer witzigen Bewältigung von → Arbeitssituation und Verköstigung Ventilfunktion zu (cf. AaTh 1560: *Wie das → Essen, so die Arbeit*).

Einschlägige Erzählungen sind hauptsächlich AaTh 1567: *Hungry Servant Reproaches Stingy Master* bzw. Mot. J 1340: *Retorts from hungry persons* zugeordnet. Nach dem vor allem in Finnland, im Baltikum und in Norddeutschland verbreiteten Erzähltyp AaTh 1567 A: *Stingy Innkeeper Cured of Serving Weak Beer* lassen die Dienstgeber ihre Untergebenen viel trinken, damit ihre Mägen angefüllt und sie danach schneller satt sind; die Dienstboten behaupten jedoch, das Getränk habe erst recht Platz für die Speisen geschaffen und essen um so mehr[2]. In dt. Belegen des 17./18. Jh.s ist diese Erzählung mit einem Wortspiel verbunden: Der Herr, der seinen Knechten stark gewässerten Wein auftischen läßt und sie beim Essen reichlich zulangen und eifrig kauen sieht, fragt, wann ihre Mühle denn zum Stillstand kommen werde; er bekommt zur Antwort: „Herr, noch sobald nicht, weil Wasser gnugsam da ist."[3] In dem in balt. Var.n belegten Erzähltyp AaTh 1567 B: *Softening Breadcrusts* wird der → Geizige, der seinen Knecht mit Brotrinde abspeisen möchte, düpiert; der Knecht gibt vor, vom weichen Brot schneller satt zu werden, so daß er schließlich beides erhält[4]. Zur Ergänzung seiner dürftigen Brotration gelangt auch ein Arbeiter in dem in Rußland, Ungarn und bei irak. Juden belegten Erzähltyp AaTh 1562 B*: *Dog's Bread Stolen*: Er soll das Brot als Hundefutter verwenden, höhlt den Laib jedoch aus und ißt sich an der Krume satt. Für den Hund bleibt nur die Rinde übrig[5].

Hungrige → Gäste machen in verklausulierter Form auf ihre mangelhafte Kost aufmerksam. Der Pfaffe Arlotto → Mainardi z. B. bemängelt bei einem Mahl die allzu dünne Suppe und gibt vor, sich ausziehen und in den Topf steigen zu wollen, um die wenigen Erbsen zu finden[6]. Dies entspricht dem in rezenten finn., schwed. und ung. Var.n belegten Erzähltyp AaTh 1562 F*: *Boy Puts both Hands into Soup Bowl*[7]. Ganz ähnlich findet → Hodscha Nasreddin einmal die ihm vorgesetzte Suppe zu dünn und fragt nach den Hunden des Hausherrn: Sie sollen den Reis im Suppentopf aufspüren (Mot. J 1341.3).

Auf antike Tradition geht der u. a. bei → Erasmus von Rotterdam und Hans → Sachs bezeugte Schwank AaTh 1567 C: *Den großen → Fisch befragen* zurück, in dem es dem schlauen Gast (Knecht) gelingt, auf seine dürftige Bewirtung mit kleinen Fischen hinzuweisen und so die Gastgeber (Dienstherren) zu beschämen[8]. In dem span. Schwank AaTh 1567 D: *Two Eggs* hält ein Schneider seiner Wirtin in einem Liedchen vor, nur ein Ei bekommen zu haben; sie gibt ihm daraufhin zwei, und er weiß das auf weitere, auch ein Würstchen etc. zu steigern. Wie Tagelöhner ihre Tätigkeit mit Sprechgesang begleiten und je nach Güte der Verpflegung dessen Tempo und damit den Arbeitsrhythmus bestimmen, ist Thema der weitverbreiteten Cante fable AaTh 1567 G: *Gutes → Essen ändert den Gesang*. Seine knappe Ration durch immer neue Forderungen zu mehren, bemüht sich auch ein Lehrling in dem in Spanien und Mexiko überlieferten Erzähltyp AaTh 1567 E: *Hungry Apprentice's Lies Attract Master's Attention*, dessen Thematik bes. in China sehr häufig belegt ist: Er diffamiert den Meister, oft in Gegenwart von Gästen, durch Lügen und ist nur mit mehr Reis, Bohnen oder Eiern zum Schweigen zu bringen; dabei büßt der Herr seine Vorräte ein[9]. Als schlagfertig erweist sich ein Schafhirt in AaTh 1567 F: *Hungry Shepherd Attracts Attention*, einer in ir., fries., fläm., dt., frz., ital., span. und mexikan. Var.n bekannten Erzählung: Als er nicht zum Essen eingeladen wird, berichtet der Hirt von einer Kuh (Geiß) mit vier Zitzen, die jedoch fünf Kälber (Zicklein) habe; auf die Frage, was das fünfte mache, während die anderen genährt würden, meint er: ‚Es tut dasselbe wie ich und sieht zu.' Daraufhin wird auch er an den Tisch geholt[10].

Wiederum aus dem Handwerkerhaushalt, bezeichnenderweise von dem gemeinhin als geizig verrufenen → Schneider, wird schon in dt. Schwänken des 18. Jh.s erzählt, daß der Meister beim Essen mit Lehrlingen und Gesellen aus einer Schüssel bemüht ist, die Butter im Gemüse (Fleischbrocken) auf seine Seite zu bringen; die Untergebenen wissen das zu verhindern (AaTh 1568*: *Die umgedrehte → Schüssel*)[11]. Solche Erzählungen kennzeichnen soziale Konflikte, bieten aber auch eine Quelle für zeitübliche Eßgewohnheiten.

Hungrig unterwegs waren zweifellos viele, nicht nur Bettler, Obdachlose und Handwerksburschen, sondern auch Mönche und mittellose Geistliche. Ihre Tricks, sich Unterkunft und Nahrung zu beschaffen, waren beliebte Schwankmotive (cf. AaTh 1691, 1775: *Der hungrige → Pfarrer*).

[1] Kuczynski, J.: Geschichte des Alltags des dt. Volkes 1. Köln 1982, 312—316. — [2] Ergänzend zu AaTh: Rausmaa; Arājs/Medne; Raudsep, num. 266; Böhm, M.: Lett. Schwänke und verwandte Volksüberlieferungen. Reval 1911, 9; Neumann, S. (ed.): Volksschwänke aus Mecklenburg. Aus der Slg R. Wossidlos. B. [3]1965, num. 28, 61. — [3] EM-Archiv: Exilium melancholiae (1643), 193, num. 72; weitere Belege cf. Moser-Rath, Schwank, 152. — [4] Ergänzend zu AaTh: Arājs/Medne; Ambainis, O.: Lett. Volksmärchen. B. 1979, num. 113. Die Zuordnungen von Seki und Ikeda zu diesem Erzähltyp sind nicht überzeugend. — [5] Ergänzend zu AaTh: SUS; MNK; Jason, Iraq. — [6] Wesselski, Arlotto 2, num. 105. — [7] Ergänzend zu AaTh: Rausmaa; György, num. 27. — [8] Ergänzend zu EM 4, 1218—1221: van der Kooi; MNK; cf. Stroescu, num. 4705. — [9] Ergänzend zu AaTh: Robe; Ting. — [10] Ergänzend zu AaTh: Ó Súilleabháin/Christiansen; van der Kooi; Robe; Legros, É.: Un Examen, révision. In: Les Dialectes belgo-romans 19 (1962) 77—115, hier 109; Meyrac, A.: Traditions, coutumes, légendes et contes des Ardennes. Charleville 1890, 448 sq.; Millien, A./Delarue, P.: Contes nivernais et du Morvan. P. 1953, num. 25; Rossi, M. L.: L'aneddoto di tradizione orale nel comune di Subbiano. Firenze 1987, num. 87; Llano Roza de Ampudia, A. de: Cuentos asturianos. Madrid 1925, num. 156. — [11] Moser-Rath, Schwank, 209 sq.

Göttingen Elfriede Moser-Rath

Hunt, Robert, * Plymouth Dock (heute Devenport) 6. 9. 1807, † London 17. 10. 1887, wiss. Autor und Folklorist, Englands erster regionaler Feldforscher. Durch einen ererbten Besitz mit der Grafschaft Cornwall verbunden, unternahm er dort 1829 eine zehnmonatige Wanderung, um „every existing tale of its ancient people"[1] zu sammeln. U. a. durch J. O. → Halliwells Studien[2] wurde er zur Herausgabe seiner *Popular Romances of the West of England; or, The Drolls, Traditions, and Superstitions of Old Cornwall* (L. 1865; [2]1896) ermutigt. Dies ist bis heute die größte Sammlung traditioneller engl. Erzählungen, die er in über 30 Jahren zusammengetragen hatte. Sie umfaßt 337 Texte, hauptsächlich Lokalsagen, daneben andere, nach Themenkreisen geordnete individuelle Überlieferungen. Die Informanten sind oft nicht vermerkt, und auch die Erzählungen werden nicht im genauen Wortlaut wiedergegeben.

1829 begegnete H. noch zwei der traditionellen korn. droll-tellers (wandernde Sänger, Erzähler und Neuigkeitskrämer), von denen er einiges aufzeichnete. Wie H. beschreibt, schmückten sie ihre langen Erzählungen nicht nur nach eigener Lust und Laune (und der ihrer Zuhörer) aus und lockerten sie mit Gesang auf, sondern führten auch hist. und lebende Personen, die den Dörflern bekannt waren, in die Handlung ein; wenn sich z. B. jemand den Haß seiner Nachbarn zugezogen hatte, ließen sie ihn als dämonisches Wesen agieren. Die droll-tellers verloren mit dem Aufkommen von Zeitungen an Bedeutung; sie existierten etwa noch bis 1850.

H.s berufliche Tätigkeit und sein Interesse an der volkstümlichen Überlieferung gingen Hand in Hand: Als Sekretär der Royal Cornwall Polytechnic Soc. und Angestellter der Bergwerksbehörde kam er auf Besuchen der Bergwerksbezirke und der landwirtschaftlichen Gebiete mit Arbeitern und Bauern zusammen, bei denen er sammelte. 1862 beauftragte H. den dichtenden ehemaligen Postboten C. Taylor Stephens, alle existierenden Überlieferungen der abgelegenen Pfarrbezirke von Zennor und Morva aufzunehmen, und mußte dabei feststellen, daß manches, was man ihm selbst 30 Jahre zuvor ‚ohne Zögern' erzählt hatte, nicht in dem von Stephens gesammelten Material enthalten war. H. schloß daraus, daß diese Geschichten entweder inzwischen verschwunden waren oder die Leute befürchteten, sich damit lächerlich zu machen. Andere Beiträger H.s waren T. Q. Couch und W. Botterell.

H. sah in der vormaligen Abgeschiedenheit Cornwalls und seinen schlechten Verkehrsverbindungen einen Grund dafür, daß sich die von ihm gesammelten Erzählungen dort bewahrt hatten. Er erkannte schon früh den Stellenwert der Überlieferungen einzelner Berufszweige, so der Bergleute, Fischer und Seeleute. Ein R. H. Memorial Museum befindet sich in Redruth, Cornwall.

[1] H., R.: Popular Romances of the West of England. L. [2]1896, 21. — [2] Halliwell, J. O.: Rambles in Western Cornwall by the Footsteps of the Giants. L. 1861.

Lit.: Botterell, W.: Traditions and Hearthside Stories of West Cornwall. Penzance 1870, pass. — Hamilton Jenkin, A. K.: Cornwall and its People. L. 1945, 255—315. — Briggs, K. M./Tongue, R. L.: Folktales of England. L. 1965, xiii sq. — Dorson, R. M.: The British Folklorists. L. 1968, 319—323. — Dictionary of National Biography 28. L. 1891, 277 sq.

London Venetia J. Newall

Huon de Bordeaux

1. Überlieferung und Datierung — 2. Inhalt — 3. Hist. Bezüge — 4. Verlorene Fassungen und Sagengeschichte — 5. Zyklische Verknüpfung — 6. Quellen — 7. Zyklische Ausgestaltung — 8. Fortwirken — 9. Ausländische Bearb.en

1. Überlieferung und Datierung. *Huon de Bordeaux* (HB) ist als in Zehnsilberlaissen abgefaßte altfrz. Chanson de geste in drei vollständigen Hss. und einem Fragment erhalten, die aus dem 13., 14. und 15. Jh. stammen. Diese Version ist etwa 1260 von einem picard. Dichter verfaßt worden. In der jüngsten Hs. bestehen die ersten beiden Laissen bereits aus Alexandrinern. Aus dem 15. Jh. ist eine ganz in Alexandrinerlaissen abgefaßte, teils kürzende, teils ausschmückende Umdichtung erhalten (1 Hs.). 1454 wurde das Lied in einen Prosaroman aufgelöst, der als Volksbuch in zahlreichen Drucken vorliegt, die zu etwa einem Drittel dem 16. Jh. angehören, während sich der Rest — zunehmend, aber uneinheitlich gekürzt — über das 17. bis 19. Jh. verteilt. 1778 benutzt Louis-Élisabeth de La Vergne, Graf von Tressan, jüngere Drucke für seine modernisierende Nacherzählung, in der er die Handlung durch Weglassung vieler Episoden und Personen strafft und oriental. Exotik sowie galant-sentimentale Liebesszenen bes. ausmalt. Der Stoff ist auch für die Bühne bearbeitet worden: 1557 wurde in Paris ein *Mystère de HB* gespielt, das nicht überliefert ist, und 1923 erschien von Alexandre Arnoux ein Verspassagen, Gesangs- und Tanzszenen enthaltendes Stück (*HB, mélodrame féerique en neuf tableaux*), das die epischen und abenteuerlichen Episoden des ma. Heldenliedes zugunsten der Märchenmotive und der zauberisch-magischen Elemente zurückdrängt.

2. Inhalt. Die älteste Version von HB hat folgenden Inhalt:

Als → Karl der Große auf dem Hoftag in Paris seinen Sohn Charlot zu seinem Nachfolger krönt, klagt der Verräter Amauri de la Tor de Rivier Huon und Gerart, die Söhne des toten Grafen Sewin de Bordeaux, an, ihren Lehnseid gebrochen zu haben. Einer Aufforderung Karls, bei Hofe zu erscheinen, leisten die Brüder Folge. Amauri und Charlot bereiten ihnen einen Hinterhalt, und der Verräter hofft, der Kronprinz möge ebenfalls erschlagen werden, damit er selbst den Thron erben könne. Der Anschlag mißlingt, nur Charlot fällt im Kampf gegen Huon. Der Kaiser läßt sich zwar herbei, den Schuldigen in einem → Zweikampf zu überführen, stellt aber die gegen den Rechtsbrauch verstoßende Zusatzbedingung, der Verlierer müsse seine Schuld gestehen, sonst werde er den Sieger verbannen. Huon besiegt Amauri, der vor seinem Tod ein Geständnis ablegt, das Karl nicht hören kann. Als die Pairs sich der Verbannung Huons widersetzen, befiehlt ihm Karl ersatzweise, am Hof des Sarazenen Gaudisse einen von dessen Gefolgsleuten zu töten, Gaudisses Tochter Esclarmonde dreimal zu küssen und Gaudisse auszurichten, er solle Karl einen Tribut sowie seinen Schnurrbart und vier Backenzähne übersenden; bei seiner Rückkehr müsse sich Huon ohne Umweg über Bordeaux zum Kaiserhof begeben. Huon wird unterwegs vom Feenkönig Auberon (→ Oberon) mit einem für einen sündenfreien Menschen stets gefüllten Weinbecher und einem Elfenbeinhorn (→ Horn), mit dem er Auberon rufen kann, beschenkt (→ Zaubergaben). Huon erwirbt sich in Dunostre im Kampf gegen den Riesen Orgueilleux einen einstmals Auberon gehörigen Harnisch, der seinen sündenfreien Träger unverwundbar macht. Am Hof Gaudisses erfüllt Huon Karls Befehl und wird eingekerkert, jedoch von der zu ihm in Liebe entbrannten Esclarmonde versorgt. Gaudisse läßt ihn schließlich frei, da Agrapart, der Bruder des Orgueilleux und Herausforderer Gaudisses, nur durch Huon besiegt werden kann. Huon tötet Gaudisse und tritt mit dessen Bart und Zähnen die Rückreise an, auf der er durch einen Seesturm zeitweilig von Esclarmonde getrennt wird. Nach ihrer Landung in Frankreich werden Huon, Esclarmonde und sein Weggefährte Geriaume von Gerart, der in das Verrätergeschlecht Gibouarts von Sizilien eingeheiratet hat, nach Bordeaux verschleppt. Gerart bringt den Bart und die Zähne an sich, so daß Huon nicht mehr beweisen kann, Karls Befehl ausgeführt zu haben. Der Kaiser strengt gegen Huon in Bordeaux einen Prozeß an, doch gelangen die Pairs zu keinem Urteil, so daß Auberon Huons Unschuld erweisen muß. Gerart und Gibouart werden hingerichtet, und Karl versöhnt sich mit Huon, dem Auberon befiehlt, nach Ablauf von drei Jahren seine Nachfolge im Feenreich anzutreten.

3. Hist. Bezüge. Ebenso wie der epische Karl der Große lassen sich Charlot und Sewin de Bordeaux auf hist. Gestalten zurückführen. Der älteste Sohn des Kaisers hieß ebenfalls Karl und starb einige Jahre vor seinem Vater, hat aber darüber hinaus mit Charlot nichts gemein. Zwischen 778 und 845 lebten drei Grafen oder Herzöge von Bordeaux namens Siguinus, 977 und 980 ist in La Réole bei Bordeaux ein Vizegraf Seguinus bezeugt, doch ist deren Beziehung zum epischen Sewin undurchsichtig. Der von den *Annales Bertiniani* und dem *Chronicon* Reginos von Prüm (9. Jh.) unter dem Jahr 866 berichtete Tod Karls von Aquitanien, eines Sohnes Karls des Kahlen, kommt als HB zugrundeliegendes Ereignis, trotz gewisser Ähnlichkeiten der Umstände, kaum in Frage. Der Rechtsstreit zwischen Huon und Karl spielt eher auf die Bemühungen Ludwigs IX. von Frankreich an, die unabhängige Gerichtsbarkeit des Feudaladels der Kontrolle durch die Krone zu unterwerfen. So könnte HB eine in epische Distanz umgesetzte Adelsopposition gegen das 1259 erlassene Verbot des gottesgerichtlichen Zweikampfs und den von Ludwig IX. im selben Jahr angestrengten Prozeß gegen Enguerran de Couci zum Ausdruck bringen (Rossi 1975).

4. Verlorene Fassungen und Sagengeschichte. Es sind sowohl ältere als auch mit dem überlieferten HB konkurrierende Fassungen erschließbar. Daß der Stoff im letzten Drittel des 12. Jh.s bekannt gewesen sein muß, beweist zum einen das Auftreten eines HB, seines Bruders Seguin und seines Sohnes Gerart in den Chansons de geste *Garin le Loherain* (um 1170) und *Gerbert de Metz* (um 1180), zum anderen die Erwähnung eines sarazen. Königs Auberon in der *Bataille Loquifer* und die Figur des sarazen. Boten Auberon in Jehan Bodels *Jeu de Saint Nicolas* (um 1200). Im *Roman de la Violette* (1227/29) zählt Gerbert de Montreuil Esclarmonde zu den wegen ihrer Schönheit berühmten Frauen. Alberich von Trois-Fontaines gibt in seinem *Chronicon* (1232/52) den Abriß eines HB, in dem der Weggefährte Huons Aliaume statt Geriaume heißt. Daneben existierte ein HB, in dem Huon nicht den Thronfolger, sondern einen Grafen aus dem kgl. Gefolge erschlägt und verbannt wird, keinen Bruder hat und sein Aufenthalt in der Fremde einen anderen Verlauf nimmt. Diese Fassung ist dem Prolog einer aus dem 14. Jh. stammenden Hs. der Lothringer-Epen

sowie Anspielungen in *Maugis d'Aigremont* und *Gaufrey* (13. Jh.) zu entnehmen. Wegen ihrer einfacheren Handlungsführung kann sie als ein Jh. älter als die überlieferten Versionen gelten.

Letztlich sind in HB zwei fränk. Brautfahrtsagen verschmolzen: eine, in der der Held infolge eines Vergehens verbannt wird, die Tochter des fremden Herrschers, der ihm Gastrecht gewährt, gewinnt und sich nach seiner Rückkehr mit seinem König versöhnt; eine andere, in der der Held mit Unterstützung seines Elbenvaters eine Königstochter aus der Gewalt eines Riesen befreit, vorübergehend von ihr getrennt wird und Gefahr läuft, von einem Betrüger um seine Braut gebracht zu werden, sich jedoch durch Vorzeigen von Körperteilen des Riesen als dessen wahrer Bezwinger (cf. → Drache, → Zunge) erweisen kann (Voretzsch 1900).

5. Zyklische Verknüpfung. Die Stellung von HB in der altfrz. epischen Chronologie ergibt sich aus einer Anspielung auf das → *Rolandslied* und einer ausführlichen Wiedergabe der *Chevalerie Ogier* (CO; → *Holger Danske*): Die in diesen Liedern besungenen Ereignisse gelten als vergangen. Da Charlot bereits in CO als zentrale Gestalt erscheint, kann HB als direkte Fortsetzung jenes Liedes verstanden werden. Die enge Verbindung zwischen HB und CO erklärt sich durch ihre Zugehörigkeit zu den Empörer-Epen. Vom Grundmuster dieses Epentyps weicht HB allerdings insofern ab, als der von seinem tyrannischen Lehnsherrn ungerecht behandelte treue Vasall sich nicht gegen den König erhebt und ihr Streit ausschließlich mit rechtlichen Mitteln ausgetragen wird. Erstmals muß in HB eine überirdische Macht in Gestalt Auberons den Konflikt in der epischen Feudalgesellschaft lösen. Zwar fällt der Ausgleich zugunsten des Vasallen aus, doch deutet die angekündigte Übersiedlung Huons ins Feenreich an, daß für den Feudaladel im Karlsreich kein Platz mehr ist. Als Kompensation wird ihm der Aufstieg zur Königswürde in einem überirdischen Reich und damit eine Machtfülle zuteil, die kein Vasall im Karlsreich je hätte erringen können und selbst diejenige Karls weit übertrifft.

6. Quellen. Trotz der Versuche, die Motive von HB aus kelt. Sagen abzuleiten (Krappe 1934) oder Parallelen dazu aus der internat. Märchenliteratur beizubringen (Scheludko 1928), kommen als Quellen vornehmlich altfrz. Chansons de geste und Romane in Betracht. Die Gestalt Charlots ist in CO vorgegeben, seine Krönung derjenigen Ludwigs im *Couronnement de Louis* nachgebildet. Die Auseinandersetzung zwischen dem Vasallen und seinem Lehnsherrn, der ihm sein Recht vorenthält und ihn mit seinem Haß verfolgt, stammt aus der Empörer-Epik. Die Drohung, mit der die Pairs Karl die Rücknahme seines Verbannungsurteils abringen, ist *Renaut de Montauban* (cf. → *Haimonskinder*) entnommen. Die Ausfahrt, auf der der Held erstmals seinen Verwandten begegnet, hat ihr Vorbild in *Aiol* und im *Conte du Graal* → Chrétiens de Troyes. Die Auberons Becher zugeschriebenen Eigenschaften erinnern an den → Gral im *Prosa-Lancelot* (→ *Lancelot*), ebenso wie die Beschreibung der Automaten am Eingang von Dunostre. Der Name dieser Burg und die sich dort abspielenden Ereignisse sind dem *Fergus* des Guillaume le Clerc entlehnt. Die Liebe einer Sarazenenprinzessin zu einem christl. Ritter ist seit der *Prise d'Orange* (cf. → *Guillaume d'Orange*) ein gängiges episches Motiv, doch weist die Beziehung Esclarmondes zum eingekerkerten Huon Parallelen bes. zu → *Fierabras* und *Floovant* auf. Im übrigen sind Huons Gefangenschaft bei Gaudisse und die Umstände seiner Freilassung CO nachgebildet. Die Trennung der Liebenden durch einen Seesturm und ihr Schicksal bis zu ihrer Wiederzusammenführung ähneln den im → *Apolloniusroman* und in *Jourdain de Blaye* geschilderten Ereignissen. Das Motiv der feindlichen Brüder ist in *Mainet* und im *Roman de Thèbes* vorgeprägt.

7. Zyklische Ausgestaltung. Vom Ende des 13. Jh.s an wird HB um Forts.en und eine Vorgeschichte erweitert. Die älteste Hs. kennt diese Zudichtungen noch nicht. Es ist erschließbar, daß in einer ersten Erweiterungsstufe die *Chanson d'Esclarmonde* (CE), deren Schluß Huons Krönung zum Feenkönig bildet, *Clarisse et Florent* (CF) und *Yde et Olive* (YO) mit einem deren Sohn Croissant gewidmeten Schlußteil hinzugefügt wurden. Die Zehnsilber-Fassung des 14. Jh.s repräsentiert eine zweite Erweiterungsstufe, die dem Stammlied den *Roman d'Auberon* (RA) voranstellt, YO um die ursprünglich selbständige Episode von

Huons Riesenkampf erweitert und die *Chanson de Godin* (CG) hinzudichtet. Gegenüber diesem Maximalumfang des Zyklus beschränken sich die Versfassungen des 15. Jh.s auf ausgewählte Episoden aus den frühen Forts.en; nur *Huon le Desvé* und *Huon et Callisse* kommen noch hinzu. Der Prosaroman erzählt außer CE und CF auch den Anfang von YO nach und schließt mit einer wesentlich ausgeschmückten Croissant-Episode.

RA erzählt von den Vorfahren Auberons, des von Judas Macchabaeus abstammenden Sohnes Julius Caesars und der Fee Morgue (→ Fee, Feenland), von den Jugendtaten Auberons und seines Bruders, des hl. → Georg, sowie von der Herkunft von Auberons Becher, Horn und Harnisch. CE schildert erneute wechselvolle Seefahrten Huons, die ihn u. a. zu → Judas, → Kain und ins irdische Paradies führen, und seine Krönung zum Feenkönig gegen den Widerstand König Arthurs. CF ist die Geschichte der Liebe von Huons Tochter Clarisse zu Florent von Aragon und der Hindernisse, die sie bis zu ihrer von Huon gestifteten Vereinigung überwinden müssen. In YO flieht Yde vor den inzestuösen Wünschen ihres Vaters Florent und tritt, als → Frau in Männerkleidung, in den Dienst des Königs von Rom, dessen Tochter Olive sich in sie verliebt. Durch ein Gotteswunder wird Ydes Geschlecht umgewandelt (→ Geschlechtswechsel), so daß die Liebenden heiraten können. Ihrer Verbindung entspringt als ältester Sohn Croissant. CG besingt die Entführung von Huons spätgeborenem Sohn Godin zu den Sarazenen, Godins mit Huons Hilfe erfochtenen Sieg über die von Karl dem Großen verbannten Renegatensöhne Gibouarts sowie Godins Entrückung ins Feenreich.

8. Fortwirken. HB hat das Vorbild abgegeben für die franko-ital. Chanson de geste *Huon d'Auvergne* (Anfang 14. Jh.) und die Geschichte Archefers in der Prosakompilation *Histoire de Charles Martel* (1448). Beide Helden werden von Karl Martell auf Höllenfahrten geschickt, die Parallelen zu Huons Orientreise aufweisen. Auberon erscheint auch in der Chanson de geste *Lion de Bourges* (Mitte des 14. Jh.s), die in derselben Hs. überliefert ist wie die jüngste Zehnsilber-Redaktion von HB. Lion besiegt Auberon und wird daraufhin ins Feenreich – hier im Ardennerwald angesiedelt – eingeladen; nach seiner Versöhnung mit Karl dem Großen und dem Sieg über seine Feinde geht er endgültig ins Feenreich ein. *Ysaïe le Triste*, ein Prosaroman des 14. Jh.s, erzählt abweichend von RA das Schicksal Auberons vor dem Antritt seiner Herrschaft im Feenreich.

9. Ausländische Bearb.en. Die Fragmente eines ndl. Versepos über Huon, das an Episoden und Personen reicher als alle erhaltenen altfrz. Redaktionen war, stammen aus dem Ende des 14. Jh.s. Hingegen ist das ndl. Volksbuch aus dem Anfang des 16. Jh.s knapper und folgt der altfrz. Zehnsilber-Version ohne ihre Zudichtungen. Gemeinsame Vorlage war ein um 1300 entstandenes, verlorenes ndl. Huon-Epos, das die Übers. einer der erhaltenen Zehnsilber-Fassung ähnlichen altfrz. Aliaume-Version von HB gewesen sein muß. 1534 übersetzte Sir John Bourchier, Lord Berners, das frz. Volksbuch ins Englische und regte damit ein 1593 in London aufgeführtes, nicht erhaltenes Stück über Huon an. Auf → Shakespeare (*A Midsummer Night's Dream*, 1595) und dem Grafen von Tressan fußt Christoph Martin → Wielands Verserzählung *Oberon* (1780), die, von William Sotheby u. d. T. *Oberon or HB* ins Englische übertragen, dem ursprünglich engl. Libretto von Carl Maria von Webers romantischer Feenoper *Oberon, König der Elfen* (1826) als Vorlage diente.

Ausg.n: Ruelle, P. (ed.): HB. Bruxelles/P. 1960. – Sinclair, K. V. (ed.): Un nouveau Manuscrit de la version décasyllabique de HB. In: Le Moyen Âge 85 (1979) 445–464. – Subrenat, J. (ed.): Le Roman d'Auberon, prologue de HB. Genève 1973. – Schweigel, M. (ed.): Esclarmonde, Clarisse et Florent, Yde et Olive. Drei Forts.en der Chanson von HB nach der einzigen Turiner Hs. zum erstenmal veröff. Marburg 1889. – Meunier, F. (ed.): La Chanson de Godin, chanson de geste inédite. Louvain 1958. – Schäfer, H. (ed.): Über die Pariser Hss. 1451 und 22 555 der HB-Sage. Beziehung der Hs. 1451 zur Chanson de Croissant; die Chanson de Huon et Callisse; die Chanson de Huon, roi de féerie. Marburg 1892. – Stengel, E. (ed.): Mittheilungen aus frz. Hss. der Turiner Univ.s-Bibl. Halle 1873, 25–29. – Comte de Tressan: Corps d'extraits de romans de chevalerie 2. P. 1782, 161–314. – Wolf, F. (ed.): Huyge van Bourdeus. Ein ndl. Volksbuch. Stg. 1860. – Kalff, G. (ed.): Middelnederlandsche epische fragmenten. Groningen 1885/86, 221–249. – Lee, S. L. (ed.): The Boke of Duke Huon of Burdeux Done into English by Sir John Bourchier, Lord Berners, 1–4. L. 1882–87. – Suard, F. (Übers.): Histoire de HB et Auberon, roi de féerie, chanson de geste du XIIIe siècle. P. 1983.

Lit. (Ausw.): Wolf, F.: Über die beiden wiederaufgefundenen ndl. Volksbücher von der Königinn Sibille und von Huon von Bordeaux. In: Denkschriften der Kaiserlichen Akad. der Wiss.en, Phil.-hist. Classe 8 (Wien 1857) 180–282, bes. 193–263. – Paris, G.: HB [1861]. In: id.: Poèmes et légendes du moyen âge. P. 1900, 24–96. – Nisard, C.: Histoire des livres populaires ou de la littérature du colportage 2. P. ²1864, 478–481. – Longnon, A.: L'Élément historique de HB. In: Romania 8 (1879) 1–11. – Paris, G.: Sur HB. In: Romania 29 (1900) 209–218. – Voretzsch, C.: Die Composition des Huon von Bordeaux nebst kritischen Bemerkungen über Begriff und Bedeutung der Sage. Halle 1900. – Brugger, E.: ‚HB' and ‚Fergus'. In: Modern Language Review 20 (1925) 158–173. – Pamfilova, X.: Séguin et l'abbaye d'Eysses. In: Romania 54 (1928) 484–492. – Scheludko, D.: Neues über HB. In: Zs. für Rom. Philologie 48 (1928) 361–397. – Levin, L. M.: The Folie of HB. Its Dramatic Function. In: Studies in Philology 30 (1933) 445–454. – Krappe, A. H.: Über die Qu.n des HB. In: Zs. für Rom. Philologie 54 (1934) 68–88. – Owen, D. D. R.: The Principal Source of HB. In: French Studies 7 (1953) 129–139. – Monfrin, J.: Sur la Date de HB. In: Romania 83 (1962) 90–101. – Adler, A.: Rückzug in epischer Parade. Studien zu [...] HB. Ffm. 1963, 257–290. – O'Gorman, R.: The Legend of Joseph of Arimathea and the Old French Epic HB. In: Zs. für Rom. Philologie 80 (1964) 35–42. – Calin, W.: The Epic Quest. Studies in Four Old French Chansons de Geste. Baltimore 1966, 172–235. – Morin, A.: Catalogue descriptif de la Bibliothèque Bleue de Troyes (almanachs exclus). Genève 1974, num. 459–468, 694–701. – Rossi, M.: Loyauté et déloyauté dans HB. In: Soc. Rencesvals. VIᵉ congrès internat., Aix-en-Provence, 29 août – 4 septembre 1973. Actes. Aix-en-Provence 1974, 375–387. – Johnson, P.: HB et la sémantique de l'enfes. In: Zs. für Rom. Philologie 91 (1975) 69–78. – Rossi, M.: HB et l'évolution du genre épique au XIIIᵉ siècle. P. 1975. – Subrenat, J.: Merveilleux chrétien et merveilleux païen dans le prologue d'HB. In: Soc. Rencesvals. Proc. of the Fifth Internat. Conference, Ox. 1970. Salford 1977, 177–187. – Rossi, M.: Sur un Passage de la Chanson d'Esclarmonde (vs. 2648–2826). In: Le Diable au moyen âge (Doctrine, problèmes moraux, représentations). Aix-en-Provence/P. 1979, 461–472. – Rossi, M.: Sur le HB de Tressan: Source ancienne? Vocabulaire ‚médiéval'? In: Festschr. A. Lanly. Nancy 1980, 313–328. – Suard, F.: Le Cycle en vers de HB. Étude des relations entre les trois témoins français. In: La Chanson de geste et le mythe carolingien 2. Festschr. R. Louis. Saint-Père-sous-Vézelay 1982, 1035–1050. – Rossi, M.: Sur quelques Aspects littéraires de la version en alexandrins de HB (B. N. 1451). In: Festschr. A. Planche 2. P. 1984, 429–438.

Göttingen Michael Heintze

Hure → Prostitution

Hurt, Jakob, * Himmaste (Estland) 22. 7. 1839, † St. Petersburg 13. 1. 1907, Pastor und Folklorist. H. studierte 1859–64 Theologie (Diplom 1865) in Dorpat (Tartu). Für seine sprachwiss. Arbeit *Die estn. Nomina auf nepurum* verlieh ihm die Univ. Helsinki 1886 den Doktortitel (Gutachter J. → Krohn). Weil H. wegen Aversion der Behörden infolge seiner gesellschaftlichen Aktivitäten nicht zum Pastor ordiniert wurde, arbeitete er als Hauslehrer in Hellenurme (1865–66), als Gymnasiallehrer auf der Insel Kuressaare (Ösel [1868]) und in Dorpat (1868–72). 1872 durfte er als Pastor nach Otepää berufen werden, 1880–1901 diente er als Pastor der Johannisgemeinde in St. Petersburg[1].

Als Kämpfer für Aufklärung und muttersprachliche Bildung der → Esten wandte sich H. gegen Versuche der Eindeutschung bzw. Russifizierung. Für die Geschichte des Volkes in den Ostseeprovinzen des Zarenreiches, für die Erforschung seiner Mentalität und für sein Geschichts- und Weltbild früherer Zeiten bot gerade das rezente mündl. Erzählgut H.s Meinung nach die einzige zuverlässige Quelle. Mehrfach wandte er sich in Aufrufen (u. a. 1871/72; starke Beachtung fand der Aufruf von 1888)[2] an die lesekundige, national erwachte Öffentlichkeit, auch geistige Werte, etwa Lieder und Erzählstoffe, wortgetreu aus dem Gedächtnis aufzuschreiben und ihm als dem Präsidenten der Ehstländ. Litterärischen Ges. zukommen zu lassen. Aufgrund seiner editorischen Arbeiten (an Liedern) erweist sich H. mit den dabei angewandten Dokumentationsmethoden (philol. Verfahren, Textkritik, Aufzeichnungsdaten) als Vorläufer einer geogr.-hist. Methode.

H. schien sich zuerst an eine gehobene Leserschaft wenden zu wollen, um sie für das Estentum zu interessieren. Daher kamen seine *Beitr.e zur Kenntnis estn. Sagen und Ueberlieferungen. Aus dem Kirchspiel Pölwe* (Dorpat 1863) in dt. Sprache heraus, wo er nicht nur, wie bei Estophilen üblich, seine Beobachtungen als Experte, sondern auch seine Aufzeichnungen aus dem Volksmund auswertete. Später schrieb er meistens aufgrund authentischer Aufzeichnungen direkt für das Volk in dessen Umgangssprache, um das Selbstbewußtsein des Bauernvolkes gegenüber der dt.sprachigen Oberschicht zu stärken und um das Interesse der Esten für ihre einheimische Kultur zu wekken. Die Brüder → Grimm schätzte er wegen ihrer Bemühungen um mündl. Überlieferungen, ebenso anerkannte er die von E. Lönnrot u. a. forcierten Bestrebungen zur Erfassung der Runendichtung (→ *Kalevala*). Die zu sammelnden ‚Erinnerungen aus dem Gedächtnis' gliederte H. in fünf Teile: Neben (1) Runenliedern mit Stabreim, (2) Weistümern (Sprichwörtern etc.), (3) Sitten und (5) Bräuchen gehörten – als selbständiger Bestandteil – dazu (4) die ‚alten Erzählungen' (Sagen, Schwänke, Märchen u. a.)[3]. Für die Bezeichnung der Gattung Märchen führte er den bei Esten bis heute gültigen Begriff muinasjutt (uralte Erzählung) ein. Diesen Märchen, aber auch anderen Gattungen recht verschiedener Provenienz, maß H. ein hohes Alter, zugleich aber aktuellen pädagogischen und ästhetischen Wert zu.

H.s Bedeutung liegt vor allem in seiner ausgedehnten Sammelarbeit und der Organisation solcher Aktivitäten (darüber verfaßte er mehr als 150 Artikel in Zeitungen)[4]. Durch über 1000 freiwillige Helfer unterstützt und von Informanten aus dem gesamten estn. Sprachraum zusammengetragen, wuchs die Sammlung estn. Folklore, hauptsächlich zwischen 1888 und 1906, auf rund 122 000 Ms.-Seiten an; allein zehn Helfer haben jeweils acht- bis zehntausend Seiten geliefert. Insgesamt ergaben sich 170 Bände. Aufgezeichnet wurde eine Viertelmillion Texte, darunter 17 000 Volkserzählungen, u. a. zahlreiche Märchen.

Nach H.s Tod gelangte die H.sche Sammlung unter der Obhut von K. → Krohn, mit dem H. eine jahrzehntelange wiss. Korrespondenz führte[5], nach Finnland, wo A. → Aarne die Märchen und Sagen katalogisierte. Erst 1927 erhielt das neugegründete Eesti Rahvaluule Arhiiv (ERA; Leitung O. → Loorits) die Bestände zurück, die dann mit den Materialien der Ehstländ. Litterärischen Ges. (M. J. → Eisen) und anderen Kollektaneen vereinigt wurden und der internat. Forschung zugänglich sind.

Der bes. kulturgeschichtliche Wert von H.s Slg[6] liegt in der repräsentativen, fast synchronen Erfassung des mündl. Repertoires gegen Ende des 19. Jh.s. Die zu jener Zeit ungewöhnliche Quantität der Belege ermöglichte (und forderte) eine neue exakte Qualität der Behandlung und bes. Edition und begründete den hohen Stand estn. Folkloristik. Daß sich innerhalb der Materialien auch Pseudofolklore-Texte befinden, haben W. → Anderson, R. → Viidalepp u. a. nachweisen können, doch schmälert es nicht den Wert der Slg. Vielmehr läßt sich aufgrund des Vergleichsmaterials auch die 100 Jahre alte Pseudofolklore nach wiss. Methoden untersuchen, zumal neuerdings oft genug frühere ‚echte Folklore' quasiwiss. manipuliert wird (cf. u. a. → Conduit-Theorie, → Folklorismus, → Strukturalismus).

[1] Krohn, K.: Übersicht über die wiss. Thätigkeit des Pastors Dr. J. H. In: Otčet Imperatorskogo Russkogo Geografičeskogo Obščestva za 1904 god. St. Petersburg 1905, 73–76; Rudnev, A.: Jakov Ivanovič H. St. Petersburg 1907; Mohrfeldt, A.: J. H. Tartu 1934; Kruus, H.: J. Hurda kõned ja avalikud kirjad (J. H.s Reden und offene Briefe). Tartu 1939; Põldmäe, R.: Noor J. H. (Der junge J. H.). Tallinn 1989; Tedre, Ü.: J. H. 150. In: Keel ja Kirjandus (1989) H. 7, 385–391; Viires, A.: Kuidas J. H. omandas doktorikraadi (Wie J. H. den Doktortitel erwarb). ibid., 436–439. – [2] Mälk, V.: Eesti Kirjameeste Seltsi osa eesti folkloristika arengus (Der Anteil der Ehstländ. Litterärischen Ges. an der Entwicklung der estn. Folkloristik). Tallinn 1963; Laugaste, E.: Eesti rahvaluuleteaduse ajalugu (Die Geschichte der estn. Folkloristik). Tallinn 1963, 192–233; Jansen, E.: J. H. ja ühine isamaa töö (J. H. und die gemeinsame vaterländische Arbeit). In: Looming (1988) H. 2, 244–251; Pino, V.: Über die Organisierung des Sammelns der estn. Folklore durch Dr. J. H. In: J. H. Vier Abhdlgen über seine folkloristische Tätigkeit (Eesti Teaduste Akadeemia, Humanitaar- ja Ühiskonnateaduste Osakond. Preprint KKI 63). Tallinn 1989, 5–12; Põldmäe, R.: Materjale J. Hurda vanavara kogumise loost (Materialien zur Folkloresammelgeschichte J. H.s). Tallinn 1989. – [3] cf. Viidebaum [später Viidalepp], R.: Jakob Hurda kaastöölised (Über J. H.s Mitarbeiter). In: Eesti rahva muuseumi aastaraamat 9–10 (1933/34) 231–245; Viidalepp, R.: J. H. ja Hans Anton Schultz. In: Keel ja Kirjandus (1982) H. 5, 252–261; id.: Jakob Hurda üleskutse „Paar palvid" (J. H.s Aufruf „Zwei Bitten"). ibid. (1980) H. 5, 285–289; Põldmäe, R.: J. Hurda koostööst korrespondentidega (Von J. H.s Zusammenarbeit mit Korrespondenten). ibid. (1986) H. 12, 726–735; Pino, V.: Eesti rahvaluule suurkogumine aastail 1888–1906 (Die große Slg estn. Folklore in den Jahren 1888–1906). ibid., 409–416; ead. (wie not. 2). – [4] ibid. – [5] Tedre, Ü.: J. H. und Kaarle Krohn. In: J. H. 1989 (wie not. 2) 20–37. – [6] cf. Hiiemäe, M.: Die heutige Anwendung der Prinzipien des Folkloresammelns von J. H. ibid., 38–46.

Veröff.en (Ausw.): Mis lugu rahva mälestustest pidada (Was man von den Volkserinnerungen halten soll). In: Eesti Postimees 26/27 (1871) 160 (Beilage). – Vana kannel (Alte Harfe) 1–2. Tartu 1875–86/1886. – Setukeste laulud (Setukes. Lieder)

1–3. Tartu 1904/05/07. – Mida rahvamälestustest pidada. Artiklite kogumik (Sammlung von Aufsätzen). ed. Ü. Tedre. Tallinn 1989. – Kõned ja kirjad (Reden und Briefe). ed. Ü. Tedre. Tallinn 1989.

Leningrad Isidor Levin

Hüsing, Georg, * Liegnitz 4. 6. 1869, † Wien 1. 9. 1930, dt. Historiker, Linguist und Mythologe. Er studierte Geschichte, Alt-Semitistik, Indogermanistik, Iranistik und Germanistik in Breslau, Berlin und Königsberg, wo er 1897 mit einer Diss. über *Die iran. Eigennamen in den Achämeniden-Inschriften* promovierte. H. wirkte zunächst als Privatgelehrter in Berlin und Breslau, ab 1912 als Privatdozent, dann als außerordentlicher Professor für Geschichte der alten Völker Vorderasiens an der Univ. Wien. Er war Mitglied des dortigen Forschungsinstituts für Osten und Orient, der Anthropol., Geogr. und Prähist. Ges. und am Lehrgang für Dt. Bildung tätig.

Neben philol. Studien, bes. zu Sprache und Kultur Elams, beschäftigte ihn die Frage, ob der von L. von Schröder postulierten ‚ar. Sonnenreligion' (→ Sonnenmythologie) nicht ein älterer Mondglauben (→ Mondmythologie) vorausgegangen sei. In seiner Studie *Die iran. Überlieferung und das ar. System* (Lpz. 1909) z. B. polemisierte er gegen die seines Erachtens irreführende Bevorzugung der Zahlen Sieben und Zwölf in den KHM der Brüder → Grimm, während ihm und den Anhängern der von ihm begründeten Wiener → Mythol. Schule das auf den Zahlen Drei und Neun basierende System des Mondkalenders als grundlegend für die gesamte Märchentradition erschien. Die alle Arbeiten H.s bestimmenden Deutungsmuster werden vor allem dort fragwürdig, wo er um die Popularisierung komplizierter, vielfach auch konstruierter mythol. Zusammenhänge im Sinne der dt.-nationalen Jugendbewegung bemüht war, z. T. in selbstgewählter Orthographie und eigenartiger Wortbildung. In dem auf die Jahreslaufbräuche bezogenen Büchlein *Die dt. Hochgezeiten* (Wien 1927) und der gemeinsam mit Emma H. edierten Slg *Dt. Lieder und Laiche* (Wien 1932) wird die Hinwendung zu einer ersonnenen ‚arteigenen' Kultur bes. deutlich.

Veröff.en (Ausw.): Elam. Studien 1. B. 1898. – Beitr.e zur Kyros-Sage. B. 1906. – Der Zagros und seine Völker. Lpz. 1908. – Kraaspa im Schlangenleibe und andere Nachträge zur iran. Überlieferung. Lpz. 1911. – Beitr.e zur Rostahmsage. Lpz. 1913. – Der elam. Gott Memnon. In: Oriental. Studien. Festschr. F. Hommel. Lpz. 1917, 36–68.

Lit.: Schmidt, L.: Geschichte der österr. Vk. Wien 1951, 131, 134–136. – Österr. biogr. Lex. 1815–1950. t. 3. Graz/Wien 1965, 5 sq. (mit weiterer Lit.).

Göttingen Elfriede Moser-Rath

Hut, Kappe und Mütze haben als Bestandteil der → Kleidung die gleiche Funktion: Sie bedecken den → Kopf als Sitz der Hauptsinnesorgane, von Lebens- und Seelenkräften[1]. Daher werden sie oft mit dem Kopf gleichgesetzt, der seinerseits als → Pars pro toto mit der Person identifiziert wird. Diese Gleichsetzung findet im internat. Brauchtum und Erzählgut ihren Niederschlag.

Kopfbedeckungen gehörten in alter Zeit bei vielen Völkern zu den Grabbeigaben; in ländlichen Regionen Südosteuropas ist diese Sitte noch heute nachweisbar[2]. In einer litau. Legende kehrt ein Verstorbener auf die Erde zurück, weil er ohne Kappe beigesetzt wurde (Mot. E 412.3.1). In einer dän. Erzählung wird die Grabrede in den H. des Verstorbenen gesprochen, um ein Herumirren der toten Seele zu verhindern (Mot. E 431.1).

In der griech. Antike war der H. ebenso wie die → Krone zunächst ein Attribut von Göttern. Attis, Adonis, → Perseus u. a. sind mit der Tiara, Bendis, → Orpheus und Thamyras mit der phryg. Mütze dargestellt. Nach Göttern erhielten deren Priester die Tiara. Auf altoriental. mützenartige Kopfbedeckungen der Könige gehen die Tiara des Papstes und die Mitra von Bischöfen zurück. In Rom erscheint der H. als weltliches Symbol: Der pileus wurde hier zum Zeichen des Freigelassenen, der nun das röm. Bürgerrecht besaß. Aus dem Freiheitszeichen entwickelte sich ein Zeichen für politische Manifestationen (cf. Jakobinermütze)[3].

Bei der Belehnung der Würdenträger im Dt. Reich wurde durch den Herrscher ein H. als Symbol der Investitur verliehen. In diesem Zusammenhang bedeutete das Abnehmen des H.es vor dem Kaiser Huldigung; erst später entwickelte sich daraus eine Höflichkeitsgeste.

Der Kardinalshut und der Doktorhut stellen ursprünglich ebenfalls Investitursymbole dar[4]. Als Gerichtssymbol verkörpert der H. Rechtshoheit: In der Schweizer Sage von Wilhelm → Tell läßt der Landvogt Gessler einen H. an der Spitze einer Stange befestigen; die Bewohner des Dorfes werden angewiesen, dem H. so Reverenz zu erweisen, als sei der König oder er, der Landvogt, persönlich anwesend.

Reflexe der alten Rechtsvorstellungen finden sich in einer Reihe von Erzählungen zu Eidtäuschungen, so in AaTh 1590: → *Eid auf eigenem Grund und Boden*[5], wo der Listige seinen H. bei einem zweideutig formulierten Schwur einsetzt. In einem serb. Heldenlied leistet der Königssohn Marko Kraljević (→ Krali Marko) einen Falscheid, indem er die Kappe vom Kopf nimmt, sie auf sein Knie legt und schwört, er werde die Königstochter heiraten[6]. In Var.n von AaTh 330: → *Schmied und Teufel* findet der Trickster dadurch Einlaß in den Himmel, daß er seine Kappe über das Tor wirft (Mot. K 2371.1.1)[7]. AaTh 1528: → *Neidhart mit dem Veilchen* erzählt von einem Schelm, der angeblich einen schönen Vogel unter dem auf dem Boden liegenden H. versteckt hat, unter dem in Wirklichkeit Mist liegt. In AaTh 1130: → *Grabhügel* läßt der Schlaue sich vom dummen Teufel Geld in einen durchlöcherten H. füllen, den er über eine Grube hält.

Aus der Gleichsetzung von Kopfbedeckung und Person ergibt sich eine in patriarchalischen Sozialordnungen bes. ausgeprägte Einheit. Nimmt der Mann den H. zum → Gruß ab, so gibt er seine ‚Selbstbehauptung' auf und unterwirft sich einem Höheren[8]. Ganz allg. schließen H. und Kappe das Ich des Menschen nach oben und gegenüber der Außenwelt ab; um sich zu öffnen, muß die Kopfbedeckung erst abgelegt werden.

In KHM 89, AaTh 533: *Der sprechende → Pferdekopf* fordert die Gänsemagd den Wind auf, dem frechen Kürdchen das Hütchen vom Kopf zu wehen. Aschenputtel (AaTh 510 A: → *Cinderella*) wünscht sich das erste Reis, das dem Vater auf dem Heimweg von der Messe den H. vom Kopf stößt; aus diesem Reis, das sie auf das Grab ihrer Mutter pflanzt, wächst der Baum, der Gold und Silber herunterschüttelt. → Rotkäppchen (AaTh 333) gefällt sich in seiner roten Samtkappe so sehr, daß es nichts anderes mehr trägt. → Goldener (AaTh 314) behält seine Kopfbedeckung auf, um seine wahre Identität nicht vorzeitig zu verraten.

Aus Leder gefertigte Helme, Repräsentanten des entsprechenden Totemtieres, besaßen bei idg. Völkern sowohl praktische als auch magische Schutzfunktion[9]. In Zusammenhang mit der Kraft, die einer Kopfbedeckung innewohnt, steht die populäre Vorstellung, daß bes. H.e und Kappen von → Zwergen Wünsche erfüllen und zaubern können[10]. In dem lapp. Märchen AaTh 581*: *The Wishing-Hat* stiehlt ein Junge den Wunschhut von den Elfen. Hiermit verwandt erscheint auch der nordgerm. Volksglaube von einem Zauberhut, der Wind vertreiben und Regen herbeizaubern kann[11].

Eine Vielzahl singulär belegter Motive dokumentiert die zauberische Kraft von Kopfbedeckungen: Ein magischer H. verleiht Weisheit (Mot. D 1067.2; cf. AaTh 328: → *Corvetto*) oder wahrsagerische Kräfte (Mot. D 1323.10), in AaTh 566: → *Fortunatus* hebt er den Träger in die Lüfte. Magische H.e schaffen die Fluten herbei (Mot. D 1542.1.3; nordamerik. Indianer), drehen die Sonne um (Mot. D 1546.1.1; dän.), arbeiten selbständig (Mot. D 1601.3; nordamerik. Indianer) oder sprechen sogar (Mot. D 1610.26.2; philippin.). Mit Hilfe einer → Tarnkappe (Mot. D 1363.14), die nach populärer Vorstellung bes. Kobolde (Mot. F 455.5.3) und Zwerge (Mot. F 451.3.3.8) besitzen, kann man sich → unsichtbar machen. In AaTh 569: → *Ranzen, Hütlein und Hörnlein* zaubert einer von den drei Brüdern u. a. mit Hilfe seines abgegriffenen Hütleins. AaTh 1539: → *List und Leichtgläubigkeit* erzählt von einem angeblichen Zauberhut, der unerschöpflich Geld spendet. Auf der populären Vorstellung magischer Fähigkeiten des H.es beruht noch heute der Umstand, daß Zauberkünstler auf der Bühne für ihre Darstellungen stets auch einen H. verwenden.

Zahlreichen mythischen Gestalten verleihen H. und Kappe numinose Kraft, so z. B. der mit Edelsteinen besetzte Fes der Mauthia bei den Albanern[12], die rote Kappe bei vielen Völkern den Dämonen der Unterwelt, Hexen und Waldgeistern. Im Volksglauben der Südslaven trägt auch der Teufel eine blaue, schwarze oder rote Kappe[13]. In dem serb. Märchen *Ćoso, Joso i Moco* verhilft sie Ćoso dazu, Zar zu werden[14]. In skand. und mitteleurop. Sagen werden Zwerge stereotyp mit einer roten

Kappe beschrieben (Mot. F 451.2.7.1), ähnlich wie in Erzählungen der Engländer, Iren und Waliser die Fairies (Mot. F 236.3.2).

Die Tatsache, daß in dt. Sagen der Teufel oft einen H. trägt (Mot. G 303.5.2.1), interpretiert A. → Wünsche im Sinne der Naturmythologie: Das Bild Wotans als Jäger sei in der populären Vorstellung auf den Teufel übergegangen; Mantel und H. seien dabei als „bekannte Bilder für die Wolke"[15] zu deuten. Aus heutiger Sicht ist fraglich, ob der H. nicht auch hier, in Anpassung an die menschliche Kleidung, als Herrschaftszeichen zu verstehen ist.

[1] Jungbauer, G.: H. In: HDA 4 (1931/32) 513–543, hier 514. – [2] cf. Balassa, I./Ortutay, G.: Ung. Vk. Bud./Mü. 1982, 350. – [3] Schrader, O.: Reallex. der idg. Altertumskunde 1. ed. A. Nehring. B./Lpz. ²1917–23, 623–628. – [4] Allg. cf. Hadwig, R.: Die rechtssymbolische Bedeutung von H. und Krone. Diss. (masch.) Mainz 1952; Merzbacher, F.: Der H. im Recht. In: Jb. für fränk. Landesforschung 34/35 (1974/75) 839–851; Schröder, R./Künßberg, E. von: Lehrbuch der dt. Rechtsgeschichte. B./L. ⁶1922, 434, 487, 511, 903; Erler, A.: H. In: Hwb. zur dt. Rechtsgeschichte 2. B. 1978, 275 sq. – [5] cf. Uther, H.-J.: Eulenspiegel und die Landesverweisung (Historie 25, 26). In: Eulenspiegel-Jb. 25 (1985) 60–74. – [6] Karadžić, V. S.: Srpske narodne pjesme 2. Beograd 1929, num. 63; Čajkanović, V.: Studije iz religije i folklora. Beograd 1924, 86 sq. – [7] z. B. Espinosa, num. 83. – [8] Meyer, R.: Die Weisheit der dt. Volksmärchen. Ffm. 1981, 230 sq. – [9] Schrader (wie not. 3). – [10] HDA 9, 1031. – [11] HDA 4, 519. – [12] Wb. der Mythologie 2. Stg. 1973, 491. – [13] Kulišić, Š./Petrović, P. Ž./Pantelić, N.: Srpski mitološki rečnik. Beograd 1970, 164. – [14] Hs. Slg J. Vorkapić (Ethnographisches Archiv Beograd, Inventarnum. 103), num. 28. – [15] Wünsche, A.: Der Sagenkreis vom geprellten Teufel. Lpz./Wien 1905, 34.

Berlin Gabriella Schubert

Huth, Otto, * Bonn 9. 5. 1906, Religionswissenschaftler, Germanist, Volkskundler; 1925–32 Studium der Mathematik, Naturwissenschaften, Evangel. Theologie, Philosophie, Psychologie und Religionswissenschaft in Bonn, Kiel, Marburg und Berlin; Promotion 1932 mit der Diss. *Janus. Beitr. zur altröm. Religionsgeschichte* (Bonn 1932); Habilitationsschrift *Vesta. Unters.en zum idg. Feuerkult* (Bonn 1943). 1936–37 gab H. Schr. von E. M. → Arndt (*Nord. Vk.* Lpz. 1936) und J. von → Görres (*Dt. Bekenntnisse.* B. 1937) heraus. 1940–42 war er Dozent in Tübingen, 1942–45 Professor in Straßburg, seit 1945 Privatlehrer und 1961–71 wiss. Mitarbeiter an der Univ.sbibliothek Tübingen. Im Alter befaßt sich H. zunehmend mit religions- und literaturwiss. Forschungen; die Auswirkung seiner erzählforscherischen Studien ist begrenzt.

In Übereinstimmung mit den politischen Gegebenheiten der Zeit gründen H.s frühe Studien zur Erzählforschung in der Überzeugung, der Ursprung des Märchens sei in der idg. Megalithkultur zu suchen (→ Altersbestimmung des Märchens). Bes. den Glauben an die → Seelenwanderung betrachtet er als zentral für diese Kultur[1]. Das Märchen sieht H. „als letzten Endes religiöses Überlieferungsgut"[2] an; die das Glück des Märchens vollendende → Hochzeit beinhaltet aus seiner Sicht wie die Jenseitsreise (→ Jenseitswanderungen) eine Darstellung von → Initiations- und Totenriten (cf. → Ritualistische Theorie)[3]. H.s Symbolforschung behandelt schwerpunktmäßig den → Glasberg im Märchen[4] und die Symbolik von → Kupfer, Silber und Gold sowie diejenige der Sonnen-, Mond- und Sternenkleider[5]. Beim Vergleich des germ. Feuerkultes mit dem latin. Vestakult griff er zurück auf das Sagengut der weißen Frauen (→ Schicksalsfrauen) sowie die Motive der → Schwanjungfrauen, der → Jungfrau im Turm (AaTh 310) und der → Zwillingsbrüder (z. B. AaTh 567: *Das wunderbare → Vogelherz*)[6].

[1] Wesen und Herkunft des Märchens, Märchen und Gnosis. In: Universitas 4 (1949) 651–654. – [2] Märchen und Megalithreligion. In: Paideuma 5 (1950) 12–22, Zitat 12. – [3] ibid., 18–21. – [4] Der Glasberg [1961]. In: Die Welt im Märchen. ed. J. Janning/H. Gehrts. Kassel 1984, 139–156. – [5] Das Sonnen-, Mond- und Sternenkleid. In: Märchenforschung und Tiefenpsychologie [1942]. ed. W. Laiblin. Darmstadt 1969, 151–160. – [6] Der Feuerkult der Germanen. Hat der latin. Vestakult eine germ. Entsprechung? In: ARw. 36 (1939) 108–134.

Veröff.en (Ausw.): Der Durchzug des Wilden Heers. In: ARw. 32 (1933) 193–210. – Die Fällung des Lebensbaumes. B. 1936. – Der Lichterbaum. Germ. Mythos und dt. Volksbrauch. B. 1938. – Weltberg und Weltbaum. In: Germanien (1940) 441–446. – Ernst Moritz Arndt und unsere Zeit. In: Die Weltlit. N.F. 16 (1941) 49–51. – Sagen,

Sinnbilder, Sitten des Volkes. B. 1942. – Sigfrid und Chrimhild. Religionsgeschichtliche Bemerkungen zum Nibelungenlied. In: Antaios 12 (1971) 437–447. – Raabe und das N.T. In: Festschr. H. Oppermann. Braunschweig 1965, 103–111. – Raabe und Tieck. Essen 1985.

Lit.: Kürschners Dt. Gelehrten-Kalender. B. [15]1987, 1993.

Berlin Diann D. Rusch-Feja

Hyäne. Bei der in drei Arten bekannten Familie der H.n (Verbreitung Afrika, Südwestasien bis Vorderindien) handelt es sich um den Schleichkatzen verwandte Raubtiere (Aas- und Kleintierfresser; Großtiere werden erjagt). Morphologische (mächtiges Gebiß) wie auch verhaltensmäßige Charakteristika (kreischende Rufe, Nachttier, angriffslustig und feige zugleich[1]) haben die Phantasie des homo narrans in bes. Maße beeinflußt.

H.nbeschreibungen in naturwiss. und medizinischen Werken der Antike enthalten zahlreiche Vermutungen über die H.n[2]: Man hielt sie für eine Mischung aus → Wolf und → Hund, verglich sie in Größe und Farbe mit dem Wolf und schrieb ihr über den ganzen Rücken verlaufende, stark wechselnde Augen zu (Plinius, *Naturalis historia* 8,72 und 8,105–108; Aristoteles, *Historia animalium* 579 b, 594 a–b, 607 a). Während Aristoteles den alten Volksglauben, wonach die H. männliche und weibliche Genitalien zugleich habe und jährlich ihr Geschlecht wechsle (Mot. B 754.1.1), als nicht erwiesen ansah, wurde gerade diese Vorstellung von → Plinius d. Ä., → Claudius Aelianus u. a. bis in → *Physiologus*-Bearbeitungen tradiert. Der vermeintliche → Geschlechtswechsel der H. und damit verbundene Unreinheit symbolisiert in den Bestiarien die Lauen, die weder ungläubig noch rechtgläubig sind, oder die Israeliten, welche zuerst an den lebendigen Gott geglaubt, dann aber die Abgötter verehrt hätten[3].

Andere antike Vorstellungen beziehen sich darauf, daß die unersättliche H. auf der Suche nach Eßbarem Gräber aufwühle, die Ruhe der Toten mißachte, die menschliche Stimme nachahme und dadurch Menschen anlocke, um sie zu fressen. Der Schatten der H. könne Tiere hypnotisieren. Der aus ihren Augen zu gewinnende Edelstein Hyaenia verleihe seherische Gaben (u. a. Plinius, *Naturalis historia* 37,168). Die Körperteile und Exkremente der H. schätzte man wegen heilender und anderer Sympathiewirkungen: ‚Unter allen Tieren ist es die H., von der die Zauberer am meisten Wunder erzählen' (Plinius, *Naturalis historia* 28). Ma. und frühneuzeitliche Autoren nahmen die H.nvorstellungen unkritisch auf und ergänzten die Eigenschaften der H. und ihre Wirkungen auf den Menschen. So beruft sich z. B. Brunetto Latini (1230–94) ausdrücklich auf Plinius in bezug auf die Zauberkraft der H.[4]; Nicole Bozon berichtet von ihrer hypnotischen Fähigkeit oder davon, daß die H. menschliche Stimmen nachahmen oder ihre Galle Blindheit heilen könne (Tubach, num. 2712, 2713, 2710). Sebastian → Brant wiederum zitiert Aristoteles und führt aus, daß in der H. „die zaubery und schwartzkunst stecke"[5]. Daneben finden sich, u. a. in den → *Vitae patrum* oder bei Bartholomäus Anglicus, Erzählungen von einer dankbaren H., die den hl. → Makarius mit einem Schaffell beschenkt (Tubach, num. 2714), oder einem Einsiedler den Weg aus dem Wald gewiesen haben soll (Tubach, num. 2711). Die H., bereits in ma. Kunst verschiedentlich dargestellt[6], wurde auch in späterer Zeit vor allem als Verwandlungs- und Zaubertier gesehen. Bei Jean → Bodin entspricht die H. dem Werwolf (→ Wolfsmenschen) als einem in ein Tier verwandelten und menschenfressenden Hexenmeister, wenn er von ‚H. oder Werwolf' spricht[7]. Als Beispiel eines unersättlichen Aasfressers, zugleich eines Grabschänders sondergleichen, muß die H. in emblematischer Lit., etwa bei Joachim → Camerarius[8], herhalten, und gerade diese Eigenschaft der H. wird in gelehrten Abhandlungen vor allem des 17. Jh.s in Verbindung mit Berichten über → Wiedergänger und → Vampire gern zitiert. So hat etwa H. → Kornmann die H. in seinem Werk *De miraculis mortuorum* (s. l. 1610) innerhalb des 21. Kap.s unter den Grabschändern angeführt.

In Pestzeiten soll in einigen dt. Gebieten der Glaube verbreitet gewesen sein, wonach die Toten in ihren Gräbern kauten, um die Lebenden zum Sterben zu bringen. Als rationale Erklärung für die an den Gräbern zu vernehmenden Geräusche führten einige die Anwesenheit einer H. am Grab an[9]. Diese Behauptung wiederum versuchte P. Rohr in gelehrter Disputation dadurch zu widerlegen, daß das Tier in Europa gar nicht vorkomme[10].

Während der H. als Zauber- und Verwandlungstier in neueren mitteleurop. Überlieferungen keine Bedeutung zukommt[11], begegnet sie als hauptsächliche Verkörperung des unter dem Namen Bête du Gévaudan bekanntgewordenen Fabeltiers, das zwischen 1764 und 1767 Frauen und Kinder verschlungen haben soll[12]. Ihm sagte man auch nach, es habe wie eine H. sprechen können. In populären bildlichen Darstellungen[13] aus dem frz. und dt. Raum wird dieses Untier als H. dargestellt. Konzentriert erscheinen die mit der H. verbundenen zumeist negativen Vorstellungen in der Sensationsliteratur, etwa in *Merkwürdige und schreckliche Gräuelszenen, welche sich kürzlich in Ungarn durch das blutrünstigste Raubthier der ganzen Erde, einer H., zugetragen hat* (s. l. [1859]). Als Leichenfledderin und Aasfresserin erscheint die H. noch in Friedrich Wilhelm Murnaus Vampirfilm *Nosferatu, eine Symphonie des Grauens* (1921)[14].

In afrik. und ind. Erzählungen erscheint die H. als ein ambivalentes Tier: bald ein unheilvolles Wesen, ein menschenfressendes Ungeheuer, bald ein dummes Tier, das von anderen Tieren überlistet wird. Dabei besitzen die ind. Erzählbelege offenbar nur sporadischen Charakter: Z. B. unterliegt die H. in einer Santāli-Version zu AaTh 50: *Der kranke → Löwe* dem trickreichen Schakal[15]; in Erzählungen aus dem Pandschab kann sie sich durch → Totstellen aus der Gefangenschaft befreien (AaTh 33: cf. → *Rettung aus dem Brunnen*)[16].

Hingegen ist die (bes. nord-, ost- und zentralafrik.) Erzähltradition wesentlich stärker ausgeprägt[17]. Nach J. Laurent erklärt sich die Ambivalenz der H. im afrik. Naturglauben daraus, daß sie ihre Opfer durch einen Zauber beherrscht, den man bloß umzukehren brauche, um sie machtlos zu machen; das wichtigste Charakteristikum der H. sei ihre übermäßige Freßsucht, und nur zu diesem Zweck setze sie ihre magische Kraft (auch Verwandlungszauber) ein[18]. Typisch dafür ist die Überlieferung der Karanga (Rhodesien), wonach sich dämonisch gedachte Menschen in H.n verwandeln können, andere täuschen (etwa durch Tanz oder Gesang; Mot. F 913) und verschlingen. Aber die freßgierige H. muß dafür stets, so heißt es, mit ihrem Leben bezahlen[19]. Ein solcher Glaube an H.n-Menschen findet sich u. a. auch im Sudan in der Gestalt des ‚kverenkvere'[20] oder in Ghana[21]. Bei den Lovedu Transvaals dient die H. als dämonischer Hexenhelfer[22]. Als Reittier des äthiop. Bouda, eines Menschen mit dem bösen Blick[23], erfüllt die H. dieselbe Funktion wie der Wolf als Reittier der Hexe in ma. europ. Erzählungen[24].

Daneben begegnen Erzählungen, welche die Feindschaft (Mot. A 2494.3 – A 2494.3.5) oder Freundschaft der H. mit anderen Tieren (z. B. mit dem Panther[25] oder dem Eichhörnchen[26])[27] oder bestimmte Wohnorte (H. lebt im Busch, weil das Erdhörnchen sie überlistet hat[28]) und das Aussehen der H. (buntscheckig[29]; cf. auch Mot. B 731.14) erklären. Berichtet wird von ungerechter Beuteteilung zwischen H. und Zecke[30], und ebenso wie hier die H. unterlegen ist, zieht sie auch den kürzeren im Damespiel oder im Stärkewettkampf mit dem Schaf[31]. Nur selten kann sie eine Beuteteilung zu ihren Gunsten entscheiden wie in einer Erzählung aus dem Sudan (Überlistung des Löwen)[32] oder andere Tiere wie Löwe und Panther hereinlegen[33].

Bes. zahlreich sind die Erzählungen, welche die Freßgier der H. thematisieren. Sie geht sogar so weit, blutbefleckte Steine für Fleisch zu halten, und versucht, sie zu verschlingen[34], oder frißt die eigene Mutter oder die eigenen Kinder[35]. Die Freßsucht der H. ist oftmals auch der Anlaß für ihre Düpierung durch einen Trickster. So suggeriert ein von der H. gefangener Mann ihr, er müsse erst noch etwas trinken, dann sei sein Fleisch schmackhafter – und nutzt die Gelegenheit zur Flucht (AaTh 122 F, G: cf. → Dick und fett)[36], oder ein Schakal malträtiert das Fell der H., die seine ganzen Fischbestände aufgefressen hatte, mit einem scharfen Messer, nachdem er ihr eingeredet hatte, dies diene der Verschönerung (Haussa; AaTh 8 A: cf. → *Schönheitskur*)[37]. Anhand von Trickster-Erzählungen der Kaguru zeigte T. O. Beidelman, daß diese zur Veranschaulichung von zwei Verhaltensweisen dienen[38]: Der schlaue Hase symbolisiere den Kaguru, der die Sitten achte, sein Gegner, der Hexenmensch-Kaguru, werde von der H. verkörpert.

[1] Jeannin, J.: La Faune africaine. P. 1951, 212. – [2] Keller, O.: Die antike Tierwelt 1. (Lpz. 1909) Hil-

desheim 1963, 89 sq., 152–157; Steier, A.: H. In: Pauly/Wissowa Suppl. 4 (1924) 761–768; Heimpel, W.: Tierbilder in der sumer. Lit. Rom 1968, 274; Lex. der Ägyptologie 3. Wiesbaden 1980, 91–93; Rowland, B.: Animals with Human Faces. Knoxville 1973, 112 sq. – [3] Schmidtke, D.: Geistliche Tierinterpretation in der dt.sprachigen Lit. des MA.s (1100–1500) 1. Diss. B. 1968, 320; Henkel, N.: Studien zum Physiologus im MA. Tübingen 1976, 175 sq. – [4] Latini, B.: Li Livres dou trésor. ed. P. Chambaille. P. 1863, 246. – [5] Zitiert nach der Ausg. [Brant, S.:] Esopus leben und fabeln […]. (Fbg 1535), 164[a–b], hier 164[b]. – [6] ibid., 164[a]; cf. Rowland (wie not. 2). – [7] Bodin, J.: Le Théâtre de la nature universelle. Lyon 1597, 497. – [8] Camerarius, J.: Symbolorum & emblematum ex animalibus, quadrupedibus desumtorum centuria altera. Nürnberg 1595, num. 53; cf. auch Emblemata. ed. A. Henkel/A. Schöne. Stg. 1978, 407 sq. – [9] Faivre, T.: Les Vampires. P. 1962, 42. – [10] Rohr, P.: Dissertatio historico-philosophica de masticatione mortuorum. Lpz. [ca 1679], 10 (Thesis 4). –
[11] cf. Stemplinger, E.: H. In: HDA 4 (1931/32) 547. – [12] Abbé Pourcher: Histoire de la bête de Gévaudan, véritable fléau de Dieu. (Saint-Martin-de-Boubaux 1889) Nachdr. Marseille 1981, 295; Pic, X.: La Bête qui mangeait le monde en pays de Gévaudan et en Auvergne. Mende 1968. – [13] Mellerio, A.: Essai iconographique sur la bête de Gévaudan. In: Favre, F.: La Bête de Gévaudan. Floury 1930, 173–177. – [14] Bouvier, M./Leutrat, J. L.: Nosferatu. P. 1981, 314 sq. – [15] Bompas, C. H.: Folklore of the Santal Parganas. L. 1909, num. 119; cf. Schwarzbaum, Fox Fables, 435, not. 7. –
[16] Bødker, Indian Animal Tales, num. 996. –
[17] Kambe, A. K.: Hyena-Mythology. In: Uganda J. 35,2 (1971) 209–211; Boneh, D.: Mystical Powers of Hyenas. Interpreting a Bedouin Belief. In: FL 98 (1987) 57–64. – [18] Laurent, J.: Les Contes de l'Hyène affamée. Contribution à la connaissance de la littérature orale des peuples voltaïques. P. 1971, 80. – [19] Sicard, H. von: Karangamärchen. Lund 1965, 57, 67, 79, 85, 169, 177–179, 182 sq., 183 sq., 202, 340; cf. auch Zwernemann, J.: Erzählungen aus der westafrik. Savanne. Stg. 1985, Reg. s. v. H. (Belege aus Togo und Burkina Faso [Obervolta]). –
[20] Calame-Griaule, G./Ligers, Z.: L'Homme-hyène dans la tradition soudanaise. In: Revue française d'anthropologie 1,2 (1961) 89–118. –
[21] Cardinall, A. W.: In Ashanti and Beyond. L. 1927, 205. – [22] Parrinder, G.: Witchcraft. L. 1958, 139. –
[23] Griaule, M.: Le Livre de recettes d'un Dabtara abyssin. P. 1930, 140 sq. – [24] Hansen, J.: Qu.n und Unters.en zur Geschichte des Hexenwahns. (Bonn 1901) Nachdr. Hildesheim 1963, 529. – [25] Jungraithmayr, H.: Tschad-Märchen. MdW 1981, num. 8. – [26] cf. Eguchi, P. K.: Fulfulde Tales of North Cameroon 1. Tokyo 1978, num. 8,11. – [27] cf. auch Werner, A.: Myths and Legends of the Bantu. L. 1933, Reg.; Al-Shahi, A./Moore, F. C. T.: Wisdom from the Nile. A Collection of Folk-Stories from Northern and Central Sudan. Ox. 1978, Reg.; Ebert, K. H.: Sprache und Tradition der Kara (Tschad) 1. B. 1975, num. 13 sq. –· [28] Jungraithmayr (wie not. 25) num. 7; cf. auch Dh. 3,204 sq. (Niger, Togo). –
[29] Dh 4,240. – [30] Jungraithmayr (wie not. 25) num. 34. –
[31] ibid., num. 45. – [32] Nowak, num. 28. –
[33] Jungraithmayr (wie not. 25) num. 43. –
[34] Uganda J. 35,2 (1971) 209. – [35] Laurent (wie not. 18) 82; Beidelman, T. O.: Hyena and Rabbit. A Kaguru Representation of Matrilinear Relations. In: Africa 31 (1961) 61–74. – [36] Nowak, num. 46. –
[37] Bleek, W. H. I.: Reineke Fuchs in Afrika. Weimar 1870, 83 sq., cf. auch weitere H.nerzählungen ibid., 84–95. – [38] Beidelman, T. O.: Ambiguous Animals. Two Theriomorphous Metaphors in Kaguru Folklore. In: Africa 45 (1975) 183–200; cf. auch Paulme, D.: Hyène, monture de lièvre. In: Cahiers d'études africaines 15 (1975) 619–633.

Paris Michel Meurger

Hybris, im engeren Sinne ein Begriff der antiken griech. Ethik, bezeichnet eine egozentrische Haltung, die sich in übergroßem Vertrauen in die eigenen Fähigkeiten äußert und zum Überschreiten der dem Menschen gesetzten Grenzen drängt – „als Frevel gegen die Götter, als Mangel an Ehrerbietung gegen Höherstehende, als Mangel an Schonung gegen Gleichstehende oder Hilfsbedürftige, als Hinübergreifen in eine fremde Rechtssphäre, als Hinwegsetzen über Sitte und Gesetz oder als Versuch[,] gegen die Naturbedingungen des Daseins anzukämpfen“[1]. H. fordert göttlichen Unwillen und Vergeltung (Nemesis) heraus[2]. Sie erlangt bes. in der griech. Tragödie entscheidende Bedeutung[3], wird in der christl. → Tyrannen-Lehre vom 2. Jh. an zum Merkmal des autonomen gottfeindlichen → Herrschers[4] und geht in die superbia-Lehre des ma. Christentums ein[5]. Vor dem Hintergrund dieser Entwicklung impliziert H. im weiteren Sinne auch Analogien und verwandte Begriffe in anderen kulturellen Kontexten, insbesondere aber den komplexen Begriff der superbia[6] mit seinen verschiedenen Entsprechungen (z. B. frz. orgueil, engl. pride, dt. Hoffart[7]).

Der ma. superbia-Gedanke, per definitionem an einen Gegenpol (ordo) gebunden, umfaßt mehrere Vorstellungskreise[8]:

Reale Grundlage des Konzepts sind die empirischen Erscheinungsformen der Egozentrik; sie werden in ein Quaternalsystem gegliedert: ex se = die

Person schreibt sich selbst alles zu und hält sich für unabhängig von Gott; pro meritis = die Person glaubt, die Gaben Gottes für eigene Verdienste und Tugenden zu bekommen; falso = die Person hält sich für mehr, als sie ist – ein Erscheinungsbild, das in seiner extremen Form im Kontext der Psychiatrie mit dem relativ jungen[9] Wort Größenwahn (Megalomanie) bezeichnet wird und als Form bzw. Folge der Paranoia gilt[10]; plus omnibus = die Person mißachtet alle anderen und möchte als etwas Einzigartiges erscheinen und eine bes. Stellung einnehmen. Über die sich auf der Basis dieses Quaternalsystems[11] herausbildenden zahlreichen Derivate (arrogantia, vana gloria, iactantia, praesumptio, contumacia, curiositas, hypocrisis, inoboedientia, pertinacia, temeritas u. a.) erhält der Komplex der superbia eine außerordentlich weite Anwendbarkeit, bis hin zum geringsten Anzeichen von Eigenwillen oder Selbstbewußtsein. Von → Gregor dem Großen bei seiner Umformung der Kardinalsündenlehre nach *Ecclesiasticus* (10, 15) zur Wurzel allen Übels und Ausgangspunkt aller anderen Hauptlaster erklärt (Filiationstheorie), entwickelt sich die superbia zur zentralen Kategorie der ma. Sündenlehre, durch Predigt, Tauf- und Beichtkatechese auf breiter Ebene popularisiert und spätestens seit dem 9. Jh. im Denken der Allgemeinheit verankert[12]. Als diejenige Haltung, die sowohl den Sturz → Luzifers als auch den Sündenfall veranlaßt habe, gilt die superbia zudem als hist. Ursprung aller Sünde, als initium der Weltgeschichte. Indirekte Stärkung erfährt das Konzept durch die hohe Wertschätzung der humilitas. Zusammen mit dieser ihr diametral entgegengesetzten christl. Grundtugend (cf. → Demut und Hochmut, → Tugenden und Laster) wird die superbia zum entscheidenden Beurteilungsmaßstab in Politik und Geschichtsschreibung und liegt z. B. der Unterscheidung von rex iustus und rex tyrannus zugrunde[13].

Mit ihrem reichen Schatz an Typen, Symbolen, metapherähnlichen Bildern und allegorischen Komplexen erlangt die superbia auch einen erheblichen Stellenwert in der bildenden Kunst und der erzählenden Lit.[14]. Diverse Fabeln in der Äsop-Tradition, die die fehlende Einsicht in die dem einzelnen gesetzten Grenzen thematisieren, warnen vor der Hoffart und ihren Folgen[15], z. B. AaTh 214 B: → *Esel in der Löwenhaut*, AaTh 225: cf. → *Fliegen lernen*, AaTh 277 A: cf. *Der aufgeblasene* → *Frosch*, AaTh 244: cf. → *Tiere borgen voneinander*; cf. Mot. J 950 – J 982: *Presumption of the lowly* (innerhalb des Abschnitts *Humility*). Exemplasammlungen und andere Bereiche der Kompilationsliteratur stellen ganze Kapitel mit Beispielen hybriden Verhaltens zusammen[16], die Sprichwörter zum Thema sind zahllos und z. T., wie ‚Hochmut kommt vor dem Fall', allg. bekannt[17]. Berühmtes Märchenbeispiel für H. ist AaTh 555: → *Fischer und seine Frau*, doch auch andere Märchen, in denen auf Hochmut Erniedrigung folgt, z. B. AaTh 900: → *König Drosselbart*, sind als Warnung vor der superbia zu verstehen[18]. In zahlreichen Sagen wird von Strafen für Gotteslästerung (→ Blasphemie, cf. → Fliegender Holländer), Verstößen gegen religiöse oder gesellschaftliche Normen oder Vergehen gegen die Natur (→ Frevel) erzählt.

Die Vorstellung einzelner Menschen, selbst Gott oder größer als Gott zu sein bzw. ohne Gott Erfolg zu haben, und ihr Scheitern werden in vielen Quellen angesprochen:

Scharfe Verurteilung erfährt der antike Herrscherkult; ein in der Kompilationsliteratur vielzitiertes Beispiel eines Herrschers, der sich als Gott habe verehren lassen, ist → Alexander der Große[19]. In einem anderen Exemplum bekommt ein Arzt, der mit Gott angesprochen sein will, Weihrauch als Speise vorgesetzt[20]. Ajax will ohne die Hilfe der Götter im Krieg den Sieg erringen[21], der Schwedenkönig Gustav Adolf will sogar Gott besiegen[22]. Einige Versionen von AaTh 774 D: cf. → Petrusschwänke nehmen ihren Ausgang mit der Kritik des hl. → Petrus an der göttlichen Regierung[23]; aus Ärger über ein Gewitter läßt Caligula Pfeile gegen Jupiter richten (cf. → Schuß in den Himmel)[24]. In Erzählungen des Typs AaTh 836: → *Hochmut bestraft* prahlt der Reiche damit, daß Gott nicht die Macht habe, ihn arm zu machen; Var.n zu AaTh 830, 830 A – C: → *Gottes Segen* berichten von Personen, die auf Gottes Segen verzichten wollen bzw. meinen, etwas ohne Gottes Hilfe erreicht zu haben; Timotheus besteht darauf, alles seiner eigenen Geschicklichkeit zu verdanken[25].

Neben den direkten Angriffen gegen Gott wird der Versuch, die göttliche Schöpfung zu imitieren (cf. → Automat, → Frankenstein, → Golem, → Homunkulus, → Pygmalion) oder der Natur ihre Geheimnisse abzutrotzen, also z. B. fliegen zu lernen (cf. → Dädalus und Ikarus, → Fluggeräte), als Frevel gegen Gott gewertet, so nicht nur im Fall des → Simon Magus, der mit seinem Flug die Himmelfahrt Christi verhöhnen will[26], sondern auch beim Flugversuch des Schneiders von Ulm[27]. Als Beispiele für Hoffart gegenüber der Natur gelten die Berichte von Herrschern, die meinen, über Fluß und Meer gebieten zu können[28]; umgekehrt zeigt ein König den Schmeichlern, die ihm einreden wollen, seine Macht sei mehr als menschlich, daß das Wasser ihm nicht gehorcht[29].

Auch mangelnde Achtung vor gesellschaftlich Höherstehenden wird als Hoffart angesehen, z. B. wenn die Bürger von Mailand die Frau Friedrich Barbarossas umgekehrt auf einen Maulesel setzen[30] oder wenn ein Künstler dem Kaiser die Ehrerbietung verweigert, weil er sich durch seine Kunst für bedeutender hält[31].

Politische Verhältnisse konservieren sollen bes. die Beispiele, in denen es darum geht, das Streben in einen höheren Stand (cf. → Ständeordnung) als hoffärtig zu brandmarken[32]:

Ausgehend von *Ecclesiasticus* (3, 18–30) mahnt V. → Herberger seine Zuhörer/Leser in einer Predigt, in ihrem Stand zu bleiben[33]. Zu den zahlreichen Exempla, an denen er das Scheitern verwerflichen Strebens und das Lobenswerte der Demut veranschaulicht, zählen die Fabeln von dem Kamel, das Jupiter bittet, ihm Hörner zu geben, und zur Strafe dafür auch noch um seine Ohren kommt (Dicke/Grubmüller, num. 329), und AaTh 34 A: → *Hund verliert das Fleisch*[34] sowie die Geschichte eines ,Gern-Groß', den man zu glauben veranlaßt, mit Hilfe von Salben während des Badens größer werden zu können, jedoch damit betrügt, daß man seine Kleider enger macht[35]. Im Anschluß an das Predigtbeispiel von einem Bauern, der, nachdem er von einem Baum gestürzt ist, den Rat erhält, künftig nicht wieder auf einen solchen zu steigen (Mot. J 2244), warnt → Abraham a Sancta Clara eindringlich davor, sich aus Ehrsucht nach oben zu orientieren[36]. Die H. des Sündenfalls parallelisiert die Erzählung AaTh 1416: *Die neue → Eva*, die in vielen Fassungen in den Dienst der Stabilisierung der Ständeordnung gestellt wird. Dieselbe Auslegung erfährt die Fabel vom aufgeblasenen Frosch (AaTh 277 A) z. B. in einem Lehrbuch des 18. Jh.s[37].

Auch von Hoffart im Umgang mit Gleichgestellten oder Untergebenen gibt es Beispiele, so etwa das Exemplum von einem freigelassenen Knecht, der, inzwischen emporgekommen, sagt, er pflege sich mit seinen Dienern nicht so gemein zu machen, daß er mit ihnen rede[38]. Die Willkür des Landvogts Geßler (cf. Wilhelm → Tell) wird als Hoffart gewertet[39], ebenso das Verhalten Papst Pauls III., der sich von Kaiser Karl V. die Füße habe küssen lassen[40].

Die Prachtentfaltung der Kirchenfürsten oder weltlichen Herrscher ist ein häufiger Anklagepunkt in diesem Zusammenhang. In der Schwankliteratur vielfach belegt ist z. B. die Anekdote vom Bischof als geistlichem und weltlichem Herrn: Auf des Bischofs Begründung für sein prunkvolles Auftreten, er sei auch ein weltlicher Herr, fragt ein Bauer, wo denn der geistliche Herr bleibe, wenn der weltliche in die Hölle komme (Mot. J 1289.2)[41]. Buhlūl ermahnt einen Edlen, der mit Gepränge durch die Stadt zieht, er sei nicht Gott[42]. Die negativen Folgen von Kleiderpracht werden auch an niederen Ständen demonstriert: Ein Handwerker, der der Unersättlichkeit seiner Frau in dieser Hinsicht nachgibt, will sie dafür in der Hölle sehen[43].

Die Täuschung anderer, um sich selbst in ein günstiges Licht zu rücken[44], wird in Exemplasammlungen ebenso zur Hoffart gezählt wie die Selbstüberschätzung eines Königs, der sich für den mächtigsten Herrscher aller Zeiten hält[45], oder des Pompejus, der sich rühmt, ganz Asien müsse erzittern, wenn er nur seinen Fuß auf dessen Erdboden setze[46]. Um Größenwahn im klinischen Sinne handelt es sich bei dem Mann, der sich einbildet, alle in den Hafen einlaufenden Schiffe gehörten ihm[47].

Als Mittel gegen das Laster der superbia gilt die Anschauung der Vergänglichkeit[48]: Als einer der vier Könige, die der siegreiche Sesostres vor seinen Wagen spannt, damit sie ihn ziehen, ihn an das Oben und Unten des Rades der → Fortuna erinnert, läßt er von seiner Hoffart ab[49]. In der Mehrzahl der Erzählungen jedoch ist von der Bestrafung oder den schlimmen Folgen hoffärtiger Haltung die Rede.

Im Gegensatz zur psychol. Lit., die den Größenwahn weitgehend als Ausdruck einer Leidentlastungstendenz interpretiert[50], findet sich in den hier herangezogenen Quellen vielfach die Ansicht, H. oder Hoffart entstehe aus der Erfahrung von Glück oder gutem Gelingen[51] – ein Gedanke, der es ermöglicht, mit Hilfe der superbia-Exempla den Erfolg eines Menschen als „Zeichen der Verdampnis"[52] zu werten und bereits der Sehnsucht nach irdischem Wohlergehen einen verwerflichen Charakter zuzuschreiben.

[1] Schmidt, L.: Die Ethik der alten Griechen 1. B. 1882, 253. – [2] Geisau, H. von: H. In: Pauly/Wissowa Suppl. 9 (1962) 1897–1899; Rieks, R.: H. In: Hist. Wb. der Philosophie 3. Basel/Stg. 1974, 1234–1236; Bertram, G.: hybris [...]. In: Theol. Wb. zum N. T. 8. Stg./B./Köln/Mainz 1969, 295–307, hier 295–299. – [3] ibid.; Rieks (wie not. 2); cf. z. B. Fraenkel, J. J.: H. Diss. Utrecht 1941; Del Grande, C.: H. Napoli 1947; Doyle, R. E.: Olbos, koros,

hybris and atē from Hesiod to Aeschylus. In: Traditio 26 (1970) 293–303; Dirat, M.: L'H. dans la tragédie grecque 1–2. Diss. Lille 1973; cf. auch Gronicka, A. von: Humanität und H. im dt. Drama. In: The Germanic Review 38 (1963) 121–133. – [4] Bertram (wie not. 2) 307. – [5] Hempel, W.: Übermuot diu alte... Der Superbia-Gedanke und seine Rolle in der dt. Lit. des MA.s. Bonn 1970, 6–9; Bertram, G.: „Hochmut" und verwandte Begriffe im griech. und hebr. A.T. In: Die Welt des Orients 3 (1964) 32–43; id. (wie not. 2). – [6] Zur ambivalenten Bedeutung von superbia im klassischen Latein (= Übermut, Hoffart, Stolz, Frevelmut – Hochgefühl, stolzes Selbstgefühl) cf. Hempel (wie not. 5) 2, cf. auch 226–231; Fuchs, H.-J./Weier, W.: Hochmut. In: Hist. Wb. der Philosophie (wie not. 2) 1150–1156, hier 1150. – [7] Zum ahd. und mhd. superbia-Wortschatz cf. Hempel (wie not. 5) 42–63, 117–130; Schabram, H.: Superbia. Studien zum altengl. Wortschatz 1. Mü. 1965. – [8] cf. hier und im folgenden bes. Hempel (wie not. 5) 2–6, 15–37. – [9] DWb. 4,1,6 (1935) col. 535. – [10] Jaspers, K.: Allg. Psychopathologie. B./Heidelberg/N.Y. [8]1965, 342–344; Avenarius, R.: Der Größenwahn. B./Heidelberg/N.Y. 1978; Freud, S.: Psychoanalytische Bemerkungen über einen autobiogr. beschriebenen Fall von Paranoia (dementia paranoides) [1911]. In: id.: G.W. 8. ed. A. Freud u.a. L. 1943, 239–320, hier 309 sq.; cf. auch Jones, E.: Der Gottmensch-Komplex [1913]. In: Psyche 12 (1958) 1–17. –

[11] cf. Sinner, F.: Demut, die Grundtugend des christl. Lebens. Wiesbaden 1925, 85–91 (unterscheidet nach demselben System tierische, teuflische, menschliche und pharisäische Hoffart). – [12] Hempel (wie not. 5) 79, 90, 96 sq. u.ö.; Gothein, M.: Die Todsünden. In: ARw. 10 (1907) 416–484; cf. Gayler von Kayserßberg, J.: Von den siben schwerten/der siben houptsünden [...] Geprediget [...] zu Straßburg [...] 1499. s.l. s.a., aaiij[v]–aaiij[v]; Albertinus, A.: Lucifers Königreich und Seelengejaidt [Mü. 1616]. ed. R. von Liliencron. B./Stg. [1883–86], 26. – [13] Hempel (wie not. 5) 97 sq., 183. – [14] ibid., 188–209; Payne, R.: Hubris. A Study of Pride. N.Y. (1951) 1960; Katzenellenbogen, A.: Allegories of the Virtues and Vices in Mediaeval Art. (L. 1939) Nachdr. Nendeln 1968, pass.; Gothein (wie not. 12) 438; Harms, W./Schilling, M. (edd.): Die Slg der Herzog August Bibl. in Wolfenbüttel 1. Tübingen 1985, 92 sq.; Henkel, A./Schöne, A.: Emblemata. Stg. [2]1976, 414 sq., 486 sq., 506, 613, 909 sq., 1104 sq., 1171, 1187, 1279, 1614–1616, 1653, 1656 sq., 1660–1662, 1667 sq., 1845 sq. – [15] Wienert, 91–94 (= ST 33'–80'); Grubmüller, K.: Meister Esopus. Mü. 1977, 180, 193–202, 210, 338. – [16] Pauli/Bolte, num. 157–175; Westphal, J./Spangenberg, C.: Wider den Hoffarttheuffel. In: Theatrum diabolorum. Ffm. 1569, 424[v]–500[v]; Hondorff, A.: Promptvarivm exemplorvm. Ffm. 1574, 348[v]–356[r]; [Zanach, J.:] Erquickstunden [...] / Durch Didacum Apolephtem [1]. Lpz. 1612, 671–689, cf. 557–561; Beyerlinck, L.: Magnum theatrum vitae humanae 7. Lugduni 1678, 406–413; Schneider, D.: Titius continuatus et illustratus. Wittenberg 1680, 347–368, cf. 429–431. – [17] z.B. Lehmann, C.: Florilegium politicum. ed. W. Mieder. Bern/Ffm./N.Y. 1986, 403–405; Wander 2, 692–694; Walther, H.: Proverbia sententiaeque Latinitatis medii aevi 6. Göttingen 1969, 186, s.v. superbia. – [18] v. bes. Basile 4, 10; Todorović-Strähl, P.: Märchen aus dem Tessin. MdW 1984, num. 34; Bechstein, L.: Sämtliche Märchen. ed. W. Scherf. Mü. 1988, 431–435 (AaTh 955). – [19] Schneider (wie not. 16) 347–350; Hondorff (wie not. 16) 350[v]–351[r]; cf. Burke, P.: Helden, Schurken und Narren. Stg. 1981, 166. – [20] Schneider (wie not. 16) 350. –

[21] ibid.; Herberger, V.: Sirachs Hohe Weißheit- und Sitten-Schule. Lpz. 1698, 82. – [22] Petzoldt, L.: Hist. Sagen 1. Mü. 1976, num. 191. – [23] Dh. 2, 188–190. – [24] Schneider (wie not. 16) 347. – [25] ibid., 350. – [26] Herberger (wie not. 21) 84 (erwähnt); Hennig, R.: Zur Vorgeschichte der Luftfahrt. In: Beitr.e zur Geschichte der Technik und Industrie 18 (1928) 87–94, hier 91 sq. – [27] Minor, J.: Die Luftfahrten in der dt. Lit. In: Zs. für Bücherfreunde N.F. 1 (1909) 64–73. – [28] Schneider (wie not. 16) 351; Hondorff (wie not. 16) 349[r-v]. – [29] Hb. für Kinder von reiferem Alter [...]. Nürnberg 1776, 109 sq. – [30] Hondorff (wie not. 16) 355, cf. auch 349[r-v]. –

[31] ibid., 350[r]. – [32] cf. Grubmüller (wie not. 15) 265 sq., 271–273, 355 sq. – [33] Herberger (wie not. 21) 78–85. – [34] ibid., 83. – [35] ibid., 79 sq. – [36] EM-Archiv: Abraham a Sancta Clara, Huy und Pfuy (1707), 98. – [37] Batteux [, C.]: Einl. in die Schőnen Wissenschafften 1. ed. K. W. Ramler. Lpz. [3]1769, 272 sq.; cf. Dicke/Grubmüller, num. 168. – [38] Schneider (wie not. 16) 367. – [39] Hondorff (wie not. 16) 355[r]. – [40] ibid. –

[41] Pauli/Bolte, num. 158; cf. Moser-Rath, Schwank, 158, 394 sq., 449; cf. auch Hondorff (wie not. 16) 352[v]–353[r]. – [42] Marzolph, U.: Der weise Narr Buhlūl. Wiesbaden 1983, num. 72; cf. auch Schneider (wie not. 16) 352. – [43] Westphal/Spangenberg (wie not. 16) 479[v]–480[r], cf. auch 457[r]–458[r]. – [44] Schneider (wie not. 16) 351, 354–356. – [45] Hondorff (wie not. 16) 349[v]. – [46] Herberger (wie not. 21) 84. – [47] [Sulzer, J. G.:] Vorůbungen zur Erweckung der Aufmerksamkeit und des Nachdenkens 3. Bearb. J. H. L. Meierotto. B. 1781, 97 sq. – [48] cf. Harms/Schilling (wie not. 14) 92. – [49] Herberger (wie not. 21) 80. – [50] Avenarius (wie not. 10) 9, cf. 72, 84 und pass.; Jaspers (wie not. 10) 342. –

[51] z.B. Lauterbeck, G.: Handtbůchlein. Vom fůrstlichen Ampt [...]. Eisleben 1567, 102[v]–103[r]; Henkel/Schöne (wie not. 14) 1662 (Motiv ist jeweils der gescheiterte Himmelsritt des Bellerophon auf dem Pegasus); Hondorff (wie not. 16) 350[v] (Alexander

der Große); Walther, G.: Vom ampt der weltlichen Oberkeit [...]. Jena 1559, 14v–17v; Wander 2, 191 sq.; Schmidt (wie not. 1) 256, 267–271. – [52] Pauli/Bolte, num. 635 (AaTh 736 A).

Göttingen Ingrid Tomkowiak

Hyde, Douglas (gäl. Dubhglas de hÍde, Pseud. An Craoibhín Aoibhinn) * Castlerea (County Roscommon) 17. 1. 1860, † Dublin 12. 7. 1949, Lit.wissenschaftler, Politiker, Verfechter der Wiederbelebung der gäl. Sprache und einer der bedeutendsten Sammler ir. Folklore vor der Gründung der Irish Folklore Commission (1935). H., Sohn eines protestant. Geistlichen, beendete 1888 seine Studien (moderne Lit., Theologie, Recht) am Trinity College in Dublin, 1890 wurde er Mitglied der Royal Irish Academy, 1893 war er Gründungsmitglied (und bis 1915 erster Präsident) der Gaelic League, 1909–32 erster Professor für modernes Irisch am Univ. College Dublin, 1927 Gründungsmitglied der Folklore of Ireland Soc. Von 1938 bis 1945 war D. H. erster Präsident der Republik Irland.

Im Gegensatz zu früheren ir. Folkloristen, deren Arbeit er in *Beside the Fire. A Collection of Irish Gaelic Folk Stories* (L. 1890; Faks.-Nachdr. der Ausg. L. 1910: Dublin 1978) kritisch würdigte, beherrschte H. die gäl. Sprache. Wahrscheinlich nach dem Vorbild von J. F. → Campbells *Popular Tales of the West Highlands* 1–4 (Edinburgh 1860–62) begann er etwa 1875, mündl. Überlieferungen in gäl. Sprache zu sammeln, bes. in Connacht. In H.s Publikationen (meist gleichzeitig in Dublin und London erschienen) finden sich neben Volkserzählungen ebenso Volkslieder und Gedichte, Gebete und Beschwörungsformeln. *Leabhar Sgeulaigheachta* [Ein Geschichtenbuch]. Dublin 1889), die erste Slg von Geschichten in gäl. Sprache, zeigt den bes. Charakter der ir. Märchen. Die Slg setzte hohe Maßstäbe hinsichtlich der Authentizität der Inhalte und der Sprache und betonte die Wichtigkeit der Angaben zum Kontext; sie wurde bereits früh in Auswahl ins Französische übersetzt (Dottin, G.: *Contes irlandais*. Rennes 1893). In *Beside the Fire*, einer zweisprachigen Slg von Erzählungen, setzte H. sich außerdem mit Sammel- und Übersetzungstechniken auseinander. *An Sgéaluidhe Gaedhealach* ([Der ir. Geschichtenerzähler]. Rennes 1895–1901; weitere Ausg.n L./Dublin 1901; Dublin 1933; Neuausg. mit frz. Übers. u. d. T. *Contes irlandais*. ed. G. Dottin. Rennes/P. 1901) enthält 35 Märchen und Finnsagen (→ Finnzyklus), *Sgéaluidhe Fíor na Seachtmhaine* ([Der wahre Geschichtenerzähler der Woche]. Dublin 1909) gibt ein Beispiel von → Rahmenerzählungen im Stil oriental. Märchen. Populäre religiöse Überlieferungen, die aus dem Gälischen übersetzt wurden, erschienen in *Legends of Saints and Sinners* (Dublin 1915; cf. O'Flaherty, G.: *The Stone of Truth and Other Irish Folktales*. Dublin 1979). H.s Konzentrierung auf das Repertoire einzelner Erzähler in *Ocht Sgéalta ó Choillte Mághach* ([Acht Geschichten aus Kiltimagh]. Dublin 1936) und *Sgéalta Thomáis Uí Chathasaigh. Mayo Stories Told by Thomas Casey* (Dublin 1939) reflektiert das moderne Interesse am engen Zusammenhang zwischen den Texten und dem Erzähler.

H. war mit den mythol. Theorien von M. → Müller und H. Spencer vertraut und sah den Ursprung einiger ir. Märchen in ir. Mythen, bei anderen hingegen vermutete er eine ar. Qu. Im Prinzip vertrat er die Theorie einer Monogenese von Märchen und der Verbreitung durch Auswanderung und Kolonisation.

Veröff.en (sofern nicht bereits genannt; Ausw.): Cois na Teineadh (Neben dem Feuer). Dublin 1892. – Abhráin Grádh Chúige Connacht; or, Love Songs of Connacht. Dublin 1893 (Nachdr. Shannon 1968). – A Literary History of Ireland, from Earliest Times to the Present Day. L. und N.Y. 1899. Neuausg. L. 1980. – Trí Sgéalta (Drei Geschichten). Dublin 1902. – Abhráin atá leaghta ar an Reachtúire; or, Songs Ascribed to Raftery. Dublin 1903. – Abhráin Diadha Chúige Connacht; or, The Religious Songs of Connacht. Dublin 1906 (Nachdr. Shannon 1972). – Amhráin Chúige Chonnacht. Songs of Connacht. ed. B. Ó Conaire. Dublin 1985. – Language, Lore and Lyrics. Essays and Lectures. ed. B. Ó Conaire. Dublin 1986.

Lit.: BP 5, 59. – Coffey, D.: D. H. Dublin 1938. – O'Hegarty, P. S.: A Bibliography of Dr. D. H. Dublin 1939. – The Dictionary of National Biography. 1941–1950. Ox. 1959, 419 sq. – O'Sullivan, S.: Folktales of Ireland. L. 1966, xxiii–xxvi. – Dorson, R. M.: The British Folklorists. L. 1968, 431–439. – Ó Tuama, S. (ed.): The Gaelic League Idea. Cork/

Dublin 1972, pass. – NUC Pre-1956 Imprints 262. L. 1973, 426–433. – Daly, D.: The Young D. H. Dublin 1974. – Dunleavy, G. W.: D. H. N.Y./L. 1974.

Dublin Patricia Lysaght

Hyginus, Gaius Julius, *ca 60 a. Chr. n., †ca 17 p. Chr. n., Leiter der Palatinischen Bibl. und Polyhistor der auguste. Zeit, Verf. eines umfangreichen hist.-antiquarischen, jedoch nur sehr fragmentarisch erhaltenen Œuvres[1] (z. B. *De familiis Troianis*[2], Ursprungssagen italischer Städte[3] oder eine wahrscheinlich von → Valerius Maximus benutzte Exempelsammlung[4]). Unter H.' Namen sind ferner ein astronomisches, auch Sternsagen umfassendes Werk[5] sowie ein mythol. Hb. (*Genealogiae*) aus dem 2. Jh. p. Chr. n. tradiert, dessen Titel seit der auf einer einzigen (mittlerweile verlorenen) Hs. basierenden Editio princeps (1535) *Fabulae* lautet[6].

Dieses dem sog. Mythographus H. zugeschriebene, durch Überlieferungsfehler entstellte und nicht mehr in der ursprünglichen Anordnung tradierte Hb. besteht aus drei Teilen: Stammbäume von Göttern und Heroen, 220 ‚fabulae' und tabellarische Exzerpte (z. B. Listen der Sieben Weisen, der Sieben → Weltwunder, berühmter Freundespaare oder Erfinder[7]). Dem in holprigem Latein verfaßten Fabelbuch liegt vermutlich ein griech. mythol. Hb. zugrunde, das indirekt vor allem auf → Homer, → Hesiod, den Zyklikern und den att. Tragikern basiert, wodurch die Rekonstruktion verlorener Tragödien erleichtert wird[8]; röm. Autoren, z. B. → Ovid, sind nur vereinzelt herangezogen. Die Bedeutung des Hb.s liegt darin, daß das mythol. Wissen der Antike umfassend kompiliert ist und es eine bequeme Orientierung bietet.

Motivausw.: num. 3,12–23 = → Argonauten. – 4 = cf. → Bettplatztausch (Themisto). – 24–26 = → Medea. – 29–36 = → Herakles. – 38 = → Theseus (Mot. G 313sq., G 321). – 40 = → Dädalus und Ikarus. – 57 = → Bellerophon. – 63 = → Danae. – 67 = → Ödipus. – 75 = → Geschlechtswechsel (Teiresias). – 82 = → Tantalus. – 83–84 = → Pelops, → Köpfe auf Pfählen. – 92 = Die schöne → Helena. – 95, 105, 125–127 = → Odysseus. – 141 = → Sirenen. – 142 = → Pandora[9]. – 144 = → Feuerraub. – 146–147 = → Demeter. – 153 = → Sintflut (Deukalion und Pyrrha). – 162 = → *Siebenschläfer* (AaTh 766)[10] (Thespiaden). – 165 = → Schinden (Marsyas). – 167 = → Schwangerschaft[11] (Zagreus, Semele). – 168 = → Danaiden. – 171–174 = → *Meleager* (AaTh 1187)[12]. – 176 = → Wolfsmenschen (Lykaon). – 185 = → Atalante, → Geschicklichkeitsproben. – 187 = → Aussetzung[13] (Alope). – 191 = cf. → *Midas* (AaTh 775). – 194 = → Delphin (Kap. 1) (Arion). – 198 = → Haar[14] (Skylla und Nisus). – 203 = → Daphne. – 214 = → Narziß. – 223, 240, 243 = → Semiramis[15]. – 257 = Geplanter Tyrannenmord der Freundespaare Moerus und Selinuntius (→ Bürgschaft) sowie Harmodius und Aristogiton (AaTh 893: → *Freundesprobe*). – 274 = Novellenstoff von Agnodike, der Begründerin der Hebammenkunst (→ Frau in Männerkleidung, Mot. K 1825.1.1 = Frau als Arzt verkleidet)[16].

Einige ‚fabulae' berichten vom frühen Brauch der Einbalsamierung in Honig (136 = Mot. N 339.1)[17] oder sind später für eine vermutete Vorstufe der *Johannes-Apokalypse* (12,1–9; 140 = → Drache, Drachenkampf, Drachentöter)[18] sowie für den Eleusin. Mysterienkult (147)[19] herangezogen worden.

Das Werk tradiert (152 A, 154) nicht nur die älteste Fassung der Phaeton-Sage (Mot. A 724.1.1)[20], sondern bietet auch sonst seltene oder singuläre Angaben, so zur Niobe (9–11, 69 = Mot. C 452)[21] oder zur Herkunft der → Gorgonen (151)[22].

H.' Einfluß auf die bildende Kunst läßt sich gerade wegen des kompilatorischen Charakters kaum eindeutig nachweisen[23]. Während bereits zu Beginn des 3. Jh.s p. Chr. n. ein Teil des Werkes ins Griechische übersetzt wird[24] und der sog. Mythographus Vaticanus I (ca 5.–8. Jh.) indirekte Berührungspunkte zu H. aufweist[25], sind im MA. (im Gegensatz zum astronomischen Hb.) kaum Rezeptionsspuren zu eruieren[26]. Unübersehbar ist H.' Wirkung auf die dt. Lit. des 18. und 19. Jh.s[27]. Für die Vermittlung sorgte u. a. B. Hederichs mythol. Nachschlagewerk, der auch H. exzerpierte[28]. Neben → Lessing[29], → Goethe[30] und August Wilhelm Schlegel[31] ist vor allem Schillers durch num. 257 (*Innige Freundschaften*) inspiriertes Gedicht *Die Bürgschaft* (1798) zu nennen[32]. Ferner benutzt Franz Grillparzer num. 14 und 22 als Grundlage seines Dramas *Das goldene Vließ* (Uraufführung 1821)[33]. → Herder entlehnt den Stoff seines Gedichts *Das Kind der Sorge* (1787) der ‚Cura'-Fabel (220 = Mot. A 1241 + A 1281.6)[34]. Über Goethe, der dadurch zur Allegorie der Sorge in *Faust*

2 angeregt worden ist[35], gelangt die anthropol. argumentierende Fabel durch M. Heidegger[36] und H. Blumenberg[37] in die phil. Reflexion der Moderne.

[1] Diehl/Tolkiehn: C. Julius H. In: Pauly/Wissowa 10,1 (1917) 628–651; Schmidt, P. L.: H. In: Kl. Pauly 2 (1977) 1263 sq.; Duret, L.: Dans l'Ombre des plus grands 1. In: Aufstieg und Niedergang der röm. Welt 30, 3. ed. H. Temporini/W. Haase. B./N.Y. 1983, 1447–1560, hier 1539–1543; Fragmente cf. Serra (v. Ausg.n) 9–21. – [2] Bäumerich, H. J.: Über die Bedeutung der Genealogie in der röm. Lit. Diss. Köln 1964, 20, 77 sq.; Toohey, P.: Politics, Prejudice, and Trojan Genealogies. In: Arethusa 17 (1984) 5–28, hier 8–12. – [3] Poucet, J.: Les Origines mythiques des Sabins. In: Études étrusco-italiques. Louvain 1963, 155–255, hier 203–213. – [4] Lumpe, A.: Exemplum. In: RAC 6 (1966) 1238 sq. – [5] H.: L'Astronomie. ed. A. Le Bœuffle. P. 1983; Hübner, W.: Nachlese zu H. In: Hermes 113 (1985) 208–224; engl. Übers. des für die Erzählforschung relevanten, hier jedoch vernachlässigten 2. Buches von Grant (v. Ausg.n) 181–229. – [6] Mader (v. Ausg.n) XXIV–XXVIII; Reeve, M. D.: H. In: Texts and Transmission. ed. L. D. Reynolds. Ox. 1983, 187–190, hier 189 sq.; Häußler, R.: Grundzüge antiker Mythographie. In: Mythographie der frühen Neuzeit. ed. W. Killy. Wiesbaden 1984, 1–23, hier 3, 7, 16 sq. (Forschungsreferat). – [7] Kremmer, M.: De catalogis heurematum. Diss. Lpz. 1890, 64–94; RAC 5 (1962) 1209 sq., 1217, 1230, 1233–1240. – [8] z. B. zu num. 4 und 8 cf. Luppe, W.: Euripides-Hypotheseis in den Hygin-Fabeln ‚Antiope' und ‚Ino'. In: Philologus 128 (1984) 41–59; zu num. 137 und 184 Vysocky, Z. K.: Der Kresphontes von Euripides. In: Strahovská knihovna 5/6 (1970/1971) 5–21; zu num. 186 id.: Die beiden Fassungen der Melanippe-Fabel bei Euripides. In: Listy filologické 87 (1964) 17–32; zu num. 201 Maschiadri, V.: Autolykos und der Silen. Eine übersehene Szene des Euripides bei Tzetzes. In: Museum Helveticum 44 (1987) 1–7. – [9] Berg, W.: Pandora. Pathology of a Creation Myth. In: Fabula 17 (1976) 1–25; Piccaluga, G.: Pandora e i doni di nozze. In: Philias charin 5. Festschr. E. Manni. Rom 1980, 1737–1750. – [10] Rhode, E.: Sardin. Sage von den Neunschläfern. In: id.: Kl. Schr. 2. Tübingen/Lpz. 1901, 197–208, hier 199. –
[11] Devereux, G.: Frau und Mythos. Mü. 1986, 122, 307; v. auch RAC 14 (1988) 1102. – [12] Brednich, R. W.: Volkserzählungen und Volksglaube von den Schicksalsfrauen (FFC 193). Hels. 1964, 18. – [13] EM 1,1055–1057 (mit weiteren H.-Verweisen). – [14] Cipriani, G.: Una nuova versione della fine di Scilla megarese? (Hygin., Fab. CXCVIII). In: Siculorum Gymnasium 26 (1973) 349–355. – [15] Marx, A.: Griech. Märchen von dankbaren Tieren und Verwandtes. Stg. 1889, 90; Dronke, P.: Poetic Individuality in the Middle Ages. L. [2]1986, 101. – [16] Bonner, C.: The Trial of Saint Eugenia. In: American J. of Philology 41 (1920) 253–264, hier 257–259 (v. auch Tubach, num. 1915, 3380); King, H.: Agnodike and the Profession of Medicine. In: Proc. of the Cambr. Philological Soc. 212 (1986) 53–77; v. ferner RAC 10 (1978) 26, 47. – [17] RAC 4 (1959) 806 sq. – [18] Saffrey, H. D.: Relire l'Apocalypse à Patmos. In: Revue biblique 82 (1975) 385–417, hier 410–412. – [19] Rapetti, R.: Paniassi ed Eracle iniziato ai misteri eleusini. In: La parola del passato 21 (1966) 131–135. – [20] Bömer, F.: P. Ovidius Naso. Metamorphosen 1–3. Heidelberg 1969, 220 sq.; Mader (v. Ausg.n) 383. –
[21] Wiemann, E.: Der Mythos von Niobe und ihren Kindern. Worms 1986, 10. – [22] Mader (v. Ausg.n) 383. – [23] Zu Übereinstimmungen von num. 72 (Argeia) mit einem röm. Sarkophag (Ende 2. Jh. p. Chr. n.) und von num. 96 (Achilles als Pyrrha auf Skyros) mit einem span. Mosaik (4./5. Jh.) cf. Lexicon Iconographicum Mythologiae Classicae 1,1. Zürich/Mü. 1981, 819, 56; evident ist H.' Einfluß auf Mantuaner Fresken des Giulio Romano (1538), cf. Talvacchia, B. L.: Homer, Greek Heroes and Hellenism in Giulio Romano's Hall of Troy. In: J. of the Warburg and Courtauld Institutes 51 (1988) 235–242, hier 236 sq. – [24] Rose (v. Ausg.n) 172–181; Krevelen, D. A. van: Zu H. In: Philologus 110 (1966) 315–318. – [25] Krill, R. M.: The Vatican Mythographers. In: Manuscripta 23 (1979) 173–177, hier 175; Rose (v. Ausg.n) 181 sq. – [26] ibid., 183–194 (in Scholienmaterial); die Nachweise von M. Manitius (Geschichte der lat. Lit. des MA.s 3. Mü. 1931, 647) bei Simon Aurea Capra (12. Jh.) und von E. J. Benkov (H.' Contribution to Chrétien's ‚Philomène'. In: Romance Philology 36 [1983] 403–406) sind wegen Vernachlässigung der „Mythographi Vaticani" nicht gesichert. – [27] Brock, J.: Hygins Fabeln in der dt. Lit. Mü. 1913 (bisweilen spekulativ und unkritisch). – [28] Hederich, B.: Gründliches Mythol. Lex. Lpz. 1770 (Nachdr. Darmstadt 1986), XXXIII. – [29] G. E. Lessings Sämtliche Schr. 9. ed. K. Lachmann. Stg. 1893, 338, 349–355, 383 sq. – [30] Grumach, E.: Goethe und die Antike 2. Potsdam 1949, 918 sq.; Goethe, J. W.: Dramen 1776–1790. ed. D. Borchmeyer/P. Huber. Ffm. 1988, 1017–1019. –
[31] Schlegel, A. W.: Vorlesungen über dramatische Kunst und Lit. 1. ed. E. Lohner. Stg./B. 1966, 107, 238. – [32] Schillers Werke 29. ed. N. Oellers/F. Stock. Weimar 1977, 169, 268 sq., 273, 509, 617 sq. – [33] F. Grillparzers Sämtliche Werke 1, 17. ed. A. Sauer/R. Backmann. Wien 1931, 292; Grillparzer, F.: Dramen 1817–1828. ed. H. Bachmaier. Ffm. 1986, 799 sq. – [34] Herders Sämtliche Werke 29. ed. B. Suphan. B. 1889, 75 sq.; Bernays, J.: Herder und Hygin. In: Rhein. Museum 15 (1860) 158–163; Rooth, A. B.: Motive aus griech. Mythen in einigen europ. Märchen. In: Antiker Mythos in unseren Märchen. ed. W. Siegmund. Kassel 1984, 35–42, hier 38. – [35] Burdach, K.: Faust und die Sorge. In: DVLG 1 (1923) 1–60, hier 40–46. – [36] Heidegger,

M.: Sein und Zeit. Ffm. 1976, 261–265. – [37] Blumenberg, H.: Arbeit am Mythos. Ffm. 1979, 548, not. 54; id.: Die Sorge geht über den Fluß. Ffm. 1987, 197–200.

Ausg.n: H.: Fabularum liber. ed. J. Micyllus. Basel 1535 (Nachdr. N.Y./L. 1976). – Hygini fabulae. ed. H. J. Rose. Leyden 1933 (²1963). – id.: Second Thoughts on H. In: Mnemosyne 11 (1958) 42–48 (Nachträge zur Ausg.). – The Myths of H. ed. M. Grant. Lawrence 1960 (mit Mot.- und AaTh-Nachweisen). – C. Iulius H. Historicus et Mithographus. ed. F. Serra. Pisa 1976. – Griech. Sagen. Apollodoros. Parthenios. Antonius Liberalis. H. ed. L. Mader. Zürich/Stg. 1963.

Berlin Wolfgang Maaz

Hyltén-Cavallius, Gunnar Olof, * Vislanda (Småland) 18. 5. 1818, † Skatelöv (Småland) 5. 7. 1889, schwed. Altertums- und Erzählforscher. H.-C. stammte sowohl väter- als auch mütterlicherseits aus alten småländ. Pfarrerfamilien. Ab 1835 besuchte er die Univ. Uppsala, wo er 1839 das Magisterexamen ablegte. 1839–56 war er an der Kgl. Bibl. in Stockholm angestellt; 1843 gehörte er zu den Gründungsmitgliedern von Svenska Fornskriftssällskapet. 1856–60 leitete er das Kgl. Theater in Stockholm, 1861 wurde er als schwed.-norw. Generalkonsul nach Rio de Janeiro entsandt. 1864 zog er sich aus gesundheitlichen Gründen vom diplomatischen Dienst zurück und ließ sich bis zu seinem Lebensende als Landwirt und Privatgelehrter in Småland nieder.

Während seiner Studienzeit hatte H.-C. die Ausg. schwed. Volkslieder von E. G. Geijer und A. A. → Afzelius (*Svenska folk-visor från forntiden* 1–3. Sth. 1814–16) kennengelernt. Die Lektüre regte ihn dazu an, als einer der ersten schwed. Feldforscher während einer Reihe von Jahren in seinen Sommerferien Volkslieder, Märchen, Sagen, Rätsel aufzuzeichnen und Dialektstudien zu betreiben. Zusammen mit dem engl. Sprachwissenschaftler G. Stephens publizierte H.-C. eine Slg schwed. Volksmärchen (*Svenska folksagor och äfventyr* 1–2. Sth. 1844/49). Er nahm sich dabei die KHM der Brüder → Grimm, denen auch der erste Band gewidmet ist, zum Vorbild. H.-C. war verantwortlich für die Texte, während Stephens Kommentare und Hinweise auf gedr. Parallelen beisteuerte. Bereits kurze Zeit nach der Veröff. wurde H.-C.' Märchensammlung ins Deutsche (*Schwed. Volkssagen und Märchen*. Wien 1848; *Schwed. Volksmärchen*. Lpz. 1881) und in Auszügen ins Englische (Thorpe, B.: *Yule-tide Stories*. L. 1853) übersetzt. Darüber hinaus verfaßte H.-C. u. a. eine Studie über → Dietrich von Bern (*Sagan om Didrik af Bern*. Sth. 1850–54) und – zusammen mit Stephens – einen Band mit hist. Liedern (*Sveriges historiska och politiska visor*. Sth. 1853).

Die Märchenaufzeichnungen hatte H.-C. für die Veröff. in archaisierendem Stil überarbeitet; diese Art der → Bearbeitung wurde später, u. a. von N. G. → Djurklou, heftig kritisiert. Da die Pläne für eine weitere Ausg. schwed. Märchen nicht durchgeführt wurden, blieb der größte Teil von H.-C.' Märchen- und Liedersammlungen der Nachwelt in ursprünglicher Form erhalten. Die nachgelassenen Märchenaufzeichnungen wurden 1937–42 veröffentlicht (Sahlgren, J./Liljeblad, S. [edd.]: *Svenska sagor och sägner*. 1: *Mickels i Långhult sagor*. Sth. 1937; 2: *Sven Sederströms sagor*. Sth. 1938; 3: *Sagor från Småland*. Sth. 1939; *Sagor ur G. O. H.-C. och George Stephens samlingar*. Sth. 1942).

G.-H.' Interesse galt über die Erzählforschung hinaus bes. der Altertumsforschung im weitesten Sinn. Seine umfangreiche sachkundliche Slg bildete den Grundstock von Smålands Museum, Schwedens erstem Provinzmuseum. Die späten Jahre nutzte er dazu, seine umfassenden Aufzeichnungen und Auszüge aus Gerichtsbüchern zu bearbeiten, die er in *Wärend och wirdarne. Ett försök i svensk ethnologi* (Sth. 1863–68; Faks.-Ausg. ed. N.-A. Bringéus. Sth. 1972) herausgab. Dieses Werk orientierte sich vor allem an J. Grimms *Dt. Mythologie* (1–3. Göttingen 1835) sowie der Arbeit *Skandinaviska nordens ur-invånare* (Lund 1838–43) des schwed. Archäologen S. Nilsson; es enthält reiches folkloristisches und ethnol. Material.

Lit.: Bringéus, N.-A.: G. O. H.-C. som etnolog. En studie kring Wärend och wirdarne. Sth. 1966. – id.: G. O. H.-C. (1818–1889). In: Arv 25/26 (1969/70) 89–106. – id.: H.-C., G. O. In: Svenskt biografiskt Lex. 19 (1971–73) 552–557. – id.: G. O. H.-C. och hembygden. In: Skatelövs hembygdsförenings årsskrift 12 (1974) 9–19.

Lund Nils-Arvid Bringéus